CLT

Consolidação das Leis do Trabalho comentada

LEONE PEREIRA
MARCOS SCALERCIO
RENATO SANTIAGO

CLT

Consolidação das Leis do Trabalho comentada

2022

EDITORA JusPODIVM
www.editorajuspodivm.com.br

EDITORA *Jus*PODIVM
www.editorajuspodivm.com.br

Rua Canuto Saraiva, 131 – Mooca – CEP: 03113-010 – São Paulo – São Paulo
Tel: (11) 3582.5757
• Contato: https://www.editorajuspodivm.com.br/sac

Diagramação: Luiz Fernando Romeu *(lfnando_38@hotmail.com)*

Capa: Maitê Coelho *(maitescoelho@yahoo.com.br)*

P436c Pereira, Leone.
Consolidação das Leis do Trabalho Comentada / Leone Pereira, Marcos Scalercio e Renato Santiago – São Paulo: Editora JusPodivm, 2022.
1.056 p.

Bibliografia.
ISBN 978-65-5680-683-9.

1. Direito do trabalho. I. Pereira, Leone. II. Scalercio, Marcos. III. Santiago, Renato. IV. Título.

CDD 342.6

AGRADECIMENTOS

Dedico esta obra a Deus, por ser a fonte inspiradora inesgotável de energia para enfrentarmos as provas e expiações da jornada da vida.

À minha família: Leone Pereira da Silva, Cecilia Suriani da Silva, Irene Suriani (in memoriam) e Leandro Suriani da Silva, por serem pessoas fundamentais da minha existência. Gratidão imensa por todo o apoio e incentivo.

À minha namorada Gabriela Mesquita Zampiva, pelo apoio incondicional e horas de convívio que são furtadas para estudo e produção científica.

Aos meus amigos Marcos Scalercio e Renato Santiago, pela amizade e profissionalismo paradigmático em nossos Projetos. Gratidão.

A todos os operadores e operadoras do Direito do Trabalho, do Direito Processual do Trabalho e do Direito Previdenciário por militarem, estudarem e debaterem ciências jurídicas belas, com nítido viés social e humanitário.

Aos meus(minhas) alunos(alunas) e leitores(leitoras), pelos incentivos, sugestões e críticas construtivas.

Leone Pereira

Dedico esta obra aos meus pais, Mario e Maria, meus irmãos, minhas sobrinhas queridas, por sempre estarem ao meu lado, me apoiando em todas as minhas decisões e iniciativas.

Agradeço aos meus colegas e amigos, Leone Pereira e Renato Santiago pela parceria no projeto.

E, acima de todos, a Deus, por me dar força, sensibilidade e energia para realizar o presente trabalho.

Marcos Scalercio

Larissa, dedico esta obra a você! Muito obrigado por tudo o que você representa na minha vida: amor, amizade, abrigo, companheirismo, calmaria e felicidade. Te agradeço por abrir mão de um período significativo e importante de convívio, para que este sonho se tornasse possível! Sem o seu amor, compreensão, paciência e incentivo não seria possível.

Também dedico esta obra aos meus filhos, Moroni e Anthony. Eu amo vocês!

Agradeço aos meus pais, Laurindo e Maria, por serem exemplos de integridade, trabalho e superação.

Agradeço à minha irmã, Ana Paula, pelos conselhos, amizade e parceria; ao meu irmão, Edgar, por ser um grande exemplo de dedicação e estudo.

Deixo registrado os meus agradecimentos à minha sogra, Eliana, pelo incentivo e apoio.

Sou imensamente grato aos meus amigos, mestres e mentores, Leone Pereira e Marcos Scalercio. É uma honra ter a amizade de vocês e poder fazer parte deste projeto.

E, por fim, não poderia deixar de expressar gratidão ao meu Pai Celeste, pelas inúmeras bençãos derramadas sobre a minha vida!

Renato Monteiro Santiago

APRESENTAÇÃO

É com enorme alegria que apresentamos a todos a 1ª edição da nossa *CLT Comentada*. Analisamos os principais artigos do Diploma Consolidado, comentando cada um deles, tomando como base a doutrina, a jurisprudência atual dos Tribunais, além dos aspectos práticos acerca dos temas.

Fizemos um estudo das recentes alterações legislativas ocorridas nos últimos meses, apontando os seus reflexos no Direito Material e Processual do Trabalho, entre elas: i) a Lei n. 14.205/2021, que modificou as regras sobre o direito de arena; ii) a Lei n. 14.133/2021, que disciplina a nova Lei de Licitações e Contratos Administrativos; iii) a Lei n. 14.151/2021, que disciplina sobre o afastamento da empregada gestante das atividades de trabalho presencial durante a pandemia do novo coronavírus; iv) a Lei n. 14.112/2020, que alterou substancialmente a Lei de Falência e Recuperação Judicial; v) a Lei n. 14.020/2020, que instituiu o Programa Emergencial de Manutenção do Emprego e da Renda e as medidas complementares para enfrentamento do estado de calamidade e da emergência de saúde pública decorrente do coronavírus; vi) a Lei n. 13.709/2018, que dispõe sobre a Proteção de Dados Pessoais (LGPD); vii) a Lei n. 13.874/2019, que instituiu a Declaração de Direitos de Liberdade Econômica; viii) a Portaria n. 1.065 de 23 de setembro de 2019 do Ministério da Economia, que regulamenta a Carteira de Trabalho Digital.

Abordamos, também, sobre os impactos gerados pela pandemia do coronavírus, e as respectivas medidas de enfrentamento, no Direito do Trabalho, principalmente no que diz respeito ao meio ambiente do trabalho; enquadramento (ou não) como doença ocupacional; teletrabalho; redução proporcional de salário e jornada de trabalho; suspensão do contrato de trabalho; e suspensão dos prazos prescricionais.

Tratamos a respeito da repercussão das novas tecnologias e das plataformas digitais nas relações de trabalho: *uberização*; teletrabalho; subordinação disruptiva; subordinação por algoritmo; *telessubordinação*; privacidade, proteção e tratamento de dados pessoais dos empregados; Carteira de Trabalho Digital; Cartão de ponto por aplicativo, dentre outros assuntos.

Esta *CLT Comentada* tem o propósito de auxiliar os estudantes e profissionais da área trabalhista a compreender os principais temas de Direito e Processo do Trabalho, a partir da doutrina moderna, da jurisprudência recente dos Tribunais e da perspectiva prática vivenciada pelos autores.

Procuramos utilizar uma linguagem simples, clara e precisa, apresentando os temas de forma didática. Transcrevemos as principais bases legais ao final de cada nota, além da jurisprudência consolidada nos tribunais, na tentativa de facilitar os estudos.

Esperamos, caro(a) leitor(a), que este livro seja útil e possa ajudá-lo em suas pesquisas, estudos e na compreensão da matéria.

Março de 2022.

Os autores

Prof. Dr. Leone Pereira (PhD)

Marcos Scalercio

Renato Monteiro Santiago

SUMÁRIO

EXPOSIÇÃO DE MOTIVOS

DA CONSOLIDAÇÃO DAS LEIS DO TRABALHO

DECRETO-LEI Nº 5.452, DE 1º DE MAIO DE 1943

Sr. Presidente da República: Tenho grande honra de apresentar a Vossa Excelência o projeto definitivo de Consolidação das Leis de Proteção ao Trabalho, relevante cometimento jurídico e social, cuja redação última foi procedida, havendo sido escrupulosamente apreciadas as sugestões e emendas propostas ao anteprojeto, após uma verdadeira autocrítica, que a própria Comissão efetuou, do texto original divulgado pelo Diário Oficial de 5 de janeiro do corrente ano.

2. A Comissão cotejou e julgou cerca de dois mil reparos, observações ou comentários feitos à Consolidação.
3. Peço vênia a Vossa Excelência, preliminarmente, para ressaltar o esforço, a cultura, a inteligência com que, no desempenho da difícil incumbência, se houveram os signatários do Relatório incluso no aprofundado exame da matéria.
4. Durante quase um ano, em longas reuniões diárias, entregaram-se à tarefa complexa e ilustre, com uma dedicação e um espírito público que bem demonstram o patriotismo que os inspirou. Desejo, por isso, antes de mais nada, e perante V. Exa., patentear o meu reconhecimento e a minha admiração por esses notáveis colaboradores da obra ministerial.
5. É da mais alta significação social e merece uma referência especial o interesse suscitado pela divulgação do anteprojeto.
6. Juristas e magistrados, entidades públicas, empresas privadas e associações culturais concorreram com a judiciosa reflexão de sua experiência para sugerir um ou outro retoque.
7. Revelando, não só a repercussão alcançada pelo monumento legal projetado, mas, principalmente, uma vigorosa consciência sindical – prova plena de um regime social já radicado –, manifestaram-se as classes de empregadores e de empregados, através das respectivas instituições representativas. Esta foi, na realidade, a contribuição mais palpitante trazida à Comissão, quer pelo teor original da discussão das teses, quer pela eficiência patente do sistema paritário de equilíbrio social, evidenciando-se, do contraste de interesse, sob a luz de um pensamento público de bem comum, a fórmula de composição harmônica das forças do capital e do trabalho.
8. A Consolidação corresponde a um estágio no desenvolvimento do progresso jurídico.
9. Entre a compilação ou coleção de leis e um código – que são, respectivamente, os momentos extremos de um processo de corporificação do direito – existe a consolidação, que é a fase própria da concatenação dos textos e da coordenação dos princípios, quando já se denuncia primeiro o pensamento do sistema depois de haverem sido reguladas, de modo amplo, relações sociais em determinado plano da vida política.
10. Projetada a ação do Estado em várias direções, para atender ao tratamento de situações especiais e constantes em uma mesma órbita jurídica, impõe-se, desde o instante em que se surpreende a unidade interna desses problemas, perscrutar a sua inteligência ordenadora, que será então a *ratio legis* do sistema normativo necessário.
11. Esse o significado da Consolidação, que não é uma coleção de leis, mas a sua coordenação sistematizada. Não é apenas um engenho de arquitetura legislativa, mas uma recapitulação de valores coerentes, que resultaram de uma grande expansão legislativa anterior, em um dado ramo do direito.
12. É o diploma do idealismo excepcional do Brasil, orientado pela clarividência genial de V. Exa., reajustando o imenso e fundamental processo de sua dinâmica econômica, nas suas relações com o trabalho, aos padrões mais altos de dignidade e de humanidade da justiça social. É incontestavelmente a síntese das instituições políticas estabelecidas por V. Exa., desde o início de seu governo.
13. Empenhou-se, por isso, a Comissão na articulação dos textos legais vigentes, na exata dedução dos princípios, na concordância essencial das regras,

na unidade interna do sistema. As lacunas preenchidas propuseram-se a tornar explícitas verdades inerentes às leis anteriores. Algumas inovações aparentes não passam de necessárias consequências da Constituição. As omissões intencionalmente ocorridas restringiram-se a excluir do conjunto as leis tipicamente transitórias e que, para atender a situações de emergência decorrentes do estado de guerra, ficaram à margem dos postulados do nosso direito social.

14. O que importa salientar é ter havido a preocupação dominante de subordinação às leis preexistentes e não como se procedesse à organização de um código, para o qual se permite modernamente a originalidade inicial e onde é mesmo espontânea e essencial a livre criação do direito, sem qualquer dependência do regime vigente.

15. A Consolidação representa, portanto, em sua substância normativa e em seu título, neste ano de 1943, não um ponto de partida, nem uma adesão recente a uma doutrina, mas a maturidade de uma ordem social há mais de um decênio instituída, que já se consagrou pelos benefícios distribuídos, como também pelo julgamento da opinião pública consciente, e sob cujo espírito de equidade confraternizaram as classes na vida econômica, instaurando nesse ambiente, antes instável e incerto, os mesmos sentimentos de humanismo cristão que encheram de generosidade e de nobreza os anais da nossa vida pública e social.

16. No relatório elaborado pela Comissão respectiva, que corresponde a um prefácio admirável da obra monumental, e no qual se filia a presente exposição de motivos, encontrará V. Exª minucioso e brilhante estudo das doutrinas, dos sistemas, das leis, dos regulamentos e das emendas sugeridas, comprovando que a Consolidação representa um documento resultante da instituição do gênio com que Vossa Excelência vem preparando o Brasil para uma missão universal.

17. A estrutura da Consolidação e a ordenada distribuição das matérias que lhe compõem o texto evidenciam claramente não só um plano lógico como também um pensamento doutrinário.

18. A sucessiva disposição das matérias, nos Títulos e Capítulos, corresponde a uma racional precedência.

19. Assim, sem fazer injúria ao bom-senso geral, exemplificarei, entretanto; o contrato individual do trabalho pressupõe a regulamentação legal de tutela do empregado, não lhe podendo ser adversa; a organização sindical pressupõe igualmente a condição de emprego ou o exercício de profissão e a constituição da empresa; o contrato coletivo de trabalho seria, por sua vez, inviável sem a prévia formação sindical das classes.

20. Essa uma distribuição em que os institutos jurídico-políticos são alinhados, não ao sabor de classificações subjetivas ou sob a sugestão irrefletida de padrões quaisquer, mas sim, e verdadeiramente, de acordo com dados racionais derivados do próprio valor e da função social que lhes é essencial.

21. Para melhor compreensão, dividiu a Comissão o Título II do anteprojeto em dois Títulos, visando a tornar ainda mais intuitivo o esquema da consolidação: ocupando-se essas duas divisões, respectivamente, "Das Normas Gerais de Tutela do Trabalho" e "Das Normas Especiais de Tutela do Trabalho", que constituem exatamente os princípios institucionais e básicos da proteção do trabalho.

22. Mais uma vez nota-se nessa concepção um ânimo de ordem que resultou de uma meditação exclusiva sobre os institutos concatenados.

23. O pormenorizado exame, nesta exposição, de todos os temas ali discutidos, importaria reproduzir, quase na íntegra, o referido relatório, com prejuízo talvez de sua harmonia e da lógica irretorquível com que se apresenta.

24. Peço licença, entretanto, para assinalar alguns aspectos principais do trabalho da Comissão.

25. No concernente à identificação profissional, há quem incorra em absoluto equívoco, ignorando o sentido exato dessa instituição jurídica.

26. Houve quem lhe apontasse apenas a utilidade de mero instrumento de contrato do trabalho, quando, na verdade, é este, embora de grande alcance, apenas um aspecto da carteira profissional, cujo caráter fundamental é o de documento de qualificação profissional, constituindo mesmo a primeira manifestação de tutela do Estado ao trabalhador, antes formalmente "desqualificado" sob o ponto de vista profissional e a seguir, com a emissão daquele título, habilitado à ocupação de um emprego ou ao exercício de uma profissão. Não há como subordinar essa criação típica do Direito Social ao papel acessório de prova do contrato de trabalho, quando, como se vê, a sua emissão antecede livremente o ajuste do emprego e agora, pela Consolidação, passará até a constituir uma condição obrigatória para o trabalho.

27. Foi, aliás, considerando a importância da carteira profissional como elemento primacial para manutenção do cadastro profissional dos trabalhadores, como título de qualificação profissional, como documento indispensável à colocação e à inscrição sindical e, finalmente, por servir de instrumento prático do contrato individual do trabalho – que a Comissão encontrou razões bastantes para a reputar uma instituição fundamental de proteção do trabalhador e não admitir fosse relegada à inoperância da franquia liberal, tornando-a, então, obrigatória.

28. Em relação aos contratos de trabalho, cumpre esclarecer que a precedência das "normas" de tutela sobre os "contratos" acentuou que a ordem institucional ou estatutária prevalece sobre a concepção contratualista.
29. A análise do conteúdo da nossa legislação social provava exuberantemente a primazia do caráter institucional sobre o efeito do contrato, restrito este à objetivação do ajuste, à determinação do salário e à estipulação da natureza dos serviços e isso mesmo dentro de standards e sob condições preestabelecidas na lei.
30. Ressaltar essa expressão peculiar constituiria certamente uma conformação com a realidade e com a filosofia do novo Direito, justificando-se assim a ênfase inicial atribuída à enumeração das normas de proteção ao trabalho, para somente em seguida ser referido o contrato individual.
31. Nem há como contestar semelhante método, desde que o Direito Social é, por definição, um complexo de normas e de instituições voltadas à proteção do trabalho dependente na atividade privada.
32. Entre as inúmeras sugestões trazidas, uma houve que suscitou singular estranheza, dada a sua procedência de uma entidade representativa de empregados.
33. Objetava contra a exclusão da permissão contida no inciso final do parágrafo único do art. 4o da Lei no 264, de 5 de outubro de 1936, e reclamava a sua incorporação à Consolidação.
34. Esse texto propositadamente omitido colidia rigorosamente com um dispositivo legal posterior – art. 12 do Decreto-lei nº 2.308, de 13 de junho de 1942 – em que se anunciava uma regra irrecusável de proteção ao trabalhador.
35. Como se tolerar, efetivamente, que possa um empregado realizar os encargos de sua função, por mais rudimentar que esta seja, durante oito horas sucessivas, sem um intervalo para repouso ou alimentação?
36. Talvez uma incompreensão tivesse surgido na consideração desse preceito legal vigente: há, na realidade, determinadas funções de supervisão e de controle, tais como as exercidas por encarregados de estações ou usinas elétricas, cujo trabalho é intermitente, não exigindo uma atenção constante e um esforço continuado, sendo benéfica, então, para esses empregados a exclusão da hora de repouso pela redução que se dá no tempo de permanência no serviço, facilitada, por outro lado, a organização das tabelas de rodízio dos ocupantes desses cargos pelas empresas.
37. Essa hipótese, constituindo tipicamente o caso do trabalho descontínuo, segundo a conhecida definição de Barassi, não se enquadra, entretanto, na determinação do citado art. 12 do Decreto-lei nº 2.308, que apenas abrange o "trabalho contínuo", conforme foi incluído à Consolidação no Capítulo "Da Duração do Trabalho", parecendo, portanto, resolvida a dúvida.
38. O trabalho dos menores, entre quatorze e dezoito anos, ou tem como finalidade a preparação dos mesmos para um ofício, uma profissão, ou, então, constitui uma exploração e um aniquilamento da juventude.
39. Esse pensamento fez com que o Decreto-lei nº 3.616, de 13 de setembro de 1941, salvo nos casos excepcionais de força maior ou de interesse público, proibisse para os menores a prorrogação da duração normal de trabalho. Tal a fonte do dispositivo idêntico que se encontra na Consolidação, sem incorrer em inovação.
40. Atentando, também, nos deveres impostos aos empregadores de menores, ver-se-á que são eles obrigados a permitir a esses seus empregados a frequência às aulas, quer as de instrução primária, conforme sempre foi estabelecido, como também as de formação profissional a cargo do Serviço Nacional de Aprendizagem dos Industriários, de acordo com o estatuído pelo Decreto-lei nº 4.481, de 16 de julho de 1942.
41. Acreditamos que não se levantará mais qualquer argumento contra a razoabilíssima disposição legal de proibição da prorrogação do horário normal do trabalho dos menores, justificada não só por óbvias considerações biológicas de preservação da saúde dos adolescentes, como também por motivos educacionais irrefutáveis.
42. A clara e total definição que do contrato individual do trabalho foi dada pelo anteprojeto da Consolidação, provocou algumas divergências de mero gosto polêmico.
43. A emenda então apresentada não pôde ser aceita. Revelava, primeiramente, incompreensão do espírito institucional tantas vezes salientado nesses empreendimentos. Repetia ainda um conceito prévio e básico já formulado, qual seja o de empregado.
44. O que os objetantes não alcançaram foi o deliberado propósito de se reconhecer a correspondência e equivalência entre a "relação de emprego" e o "contrato individual do trabalho", para os efeitos da legislação social, correspondência essa que a escola contratualista italiana nega, exigindo a expressa pactuação.
45. Na concepção do projeto, admitido, como fundamento de contrato, o acordo tácito, é lógico que a "relação de emprego" constitui o ato jurídico suficiente para provocar a objetivação das medidas

tutelares que se contêm no direito do trabalho em vigor.

46. O conceito firmado na Consolidação é tanto mais justo e relevante quanto é o que se evidencia em face de contratos formalmente nulos ou substancialmente contrários à ordem pública dos preceitos da legislação de proteção ao trabalho.

47. Embora seja plenamente positivo o texto da Consolidação, diante de dúvidas propostas, urge repetir que o projeto não feriu nenhum direito, garantindo até simples expectativas de direito, uma vez que todos os empregados bancários admitidos até a data da vigência do decreto-lei que aprovar a Consolidação terão assegurada a estabilidade em dois anos, nos termos do art. 15 do mesmo Decreto no 24.615, de 9 de julho de 1934.

48. O que não poderia ser admitido, em uma Consolidação que se propõe a sistematizar os princípios do nosso Direito Social, era a persistência de um singular privilégio para uma categoria de trabalhadores, quando o prestígio das instituições públicas exige exatamente uma igualdade de tratamento para situações sociais idênticas.

49. Fosse uma medida de proteção especial correlata de peculiares condições de trabalho, e não teria havido a menor dúvida em se manter tal regime, conforme aliás procedeu a Comissão, conservando do estatuto profissional dos bancários todos os preceitos que lhes fossem favoráveis e suprimindo os que não se equiparassem às disposições gerais de proteção à duração de trabalho, tais como os que legitimavam a prorrogação a horas suplementares independentemente de pagamento extraordinário.

50. Houve, portanto, estrita justiça.

51. Conforme ficou esclarecido inicialmente, a redação final que tenho a subida honra de apresentar a Vossa Excelência foi precedida de um meticuloso exame de todas as sugestões apresentadas, não constituindo menor contribuição a que cada um dos membros da Comissão procurou trazer, corrigindo e completando o anteprojeto.

52. Na revisão realizada, a Comissão assumiu uma posição censora de sua própria obra, promovendo consequentemente o aprimoramento do respectivo teor.

53. Na introdução aperfeiçoou a redação dos artigos; inseriu a definição de empregador, que integra o conceito definitivo da relação de emprego, acompanhando-a da noção legal de empregadora única dada pela Lei no 435, de 17 de maio de 1937; removeu, outrossim, para o Capítulo pertinente, a declaração da igualdade de salário por trabalho do mesmo valor sem distinção de sexo. Foi, por outro lado, suprimida a afirmação concernente à proibição da renúncia de direitos, que entendeu a Comissão ser elementar do princípio de ordem pública, mediante o qual são nulos os atos praticados no intuito de excluir a eficácia da legislação social.

54. O Título das normas institucionais foi reconstituído em dois outros, para mais fácil apresentação dos preceitos nele contidos.

55. O Capítulo sobre a identificação profissional e os registros de empregados foi melhorado na nomenclatura, na redação e na disposição das Seções.

56. Sofreu alteração o texto que reproduziu o parágrafo único do art. 18 do Decreto no 22.035, de 29 de outubro de 1932, eliminando-se agora da carteira profissional a averbação de notas desabonadoras, as quais, somente quando resultarem de sentença transitada em julgado, serão inscritas no prontuário do portador da carteira.

57. Ligeiros retoques foram dados ao Capítulo sobre a duração geral do trabalho.

58. Considerou-se de justiça equiparar o regime de trabalho dos operadores das empresas de serviços telefônicos aos das que exploram serviços de telegrafia, radiotelegrafia e radiotelefonia, cujas condições de fadiga são idênticas.

59. A duração do trabalho nos serviços ferroviários foi reexaminada de acordo com sugestões do Sindicato dos Empregados Ferroviários do Rio de Janeiro, e das empresas responsáveis por esses serviços, principalmente a Companhia Paulista de Estradas de Ferro, cuja cooperação inteligente favoreceu a racionalização imprimida ao projeto, com a supressão, pela qual se batia a Comissão, do confuso e prejudicial sistema de ciclos de 96 horas em 14 dias, com duração máxima diária de 16 horas, do citado Decreto no 279, de graves consequências para a saúde dos ferroviários.

60. As disposições destinadas à regulamentação das condições de trabalho nos serviços de estiva mereceram igual reexame, atendidas, em harmonia, as sugestões da Comissão de Marinha Mercante, do Sindicato dos Estivadores do Rio de Janeiro e do Sindicato dos Trabalhadores em Estiva de Minérios desta Capital.

61. Houve também a preocupação de atender tanto quanto possível à equiparação, pleiteada pelo Sindicato dos Operários nos Serviços Portuários de Santos, entre os serviços de estiva e os de capatazias, que realmente funcionam em necessária coordenação.

62. Uma lacuna estava a exigir, há longa data, fosse coberta na nossa legislação. Recomendado, reiteradas vezes, pelo Presidente da República, diante da insuficiência da lei geral, não se ultimara, entretanto, até o presente, o projetado decreto-lei especial

amparando as condições de trabalho em minas de subsolo. Coligindo os dados apurados pelo Departamento Nacional do Trabalho, depois de sucessivas e conclusivas investigações locais, foi constituída uma Seção prevendo as reduções do horário nos trabalhos em minas subterrâneas, trabalhos esses árduos e particularmente ruinosos para a vida dos respectivos operários.

63. Na Seção em que se regula o exercício da profissão de químico, foi adotada a indicação da Federação das Indústrias do Estado de São Paulo, no sentido de ficarem declinados os tipos de indústrias em que se torna obrigatória a admissão de um químico. De acordo com a sugestão e segundo o critério do Instituto Nacional de Tecnologia deste Ministério, ficou resolvida essa questão e homologada a orientação prática deste Ministério.

64. O Capítulo da Nacionalização do Trabalho recebeu pequenas emendas de redação, tendo sido suprimido o dispositivo do anteprojeto relativo aos cargos de chefia. Reconsiderando a matéria, verificou a Comissão que o problema, que suscitava a emenda aditiva ao anteprojeto, encontrava solução no próprio texto legal quando este disciplina que os ocupantes de funções técnicas somente ficarão à margem da proporcionalidade na falta de trabalhadores nacionais especializados. Sem gerar confusões que não haviam sido, aliás, pretendidas pelo preceito ora suprimido, o qual não continha qualquer restrição à desejada colaboração de iniciativas e de capitais estrangeiros, restará sempre no dispositivo acima referido o remédio para o Governo proporcionar garantias às elites de técnicos nacionais.

65. O regime de Higiene e Segurança do Trabalho, pela revisão efetuada, adquiriu maior eficácia, por força da explícita declaração, que constitui formalidade longamente seguida, da exigência de prévia verificação e aprovação das instalações dos estabelecimentos industriais para o respectivo funcionamento.

66. Estabeleceu-se, igualmente, a obrigatoriedade do uso, pelos empregados, dos equipamentos de defesa pessoal fornecidos pelos empregadores e aprovados pelas autoridades de Higiene do Trabalho.

67. Quanto aos Capítulos da proteção ao trabalho das mulheres e dos menores, as correções limitaram-se a erros de impressão, tendo sido, por outro lado, restabelecido o preceito inscrito no parágrafo único do art. 16 do antigo Decreto nº 22.042, de 3 de novembro de 1932, que, pela referência feita no § 3º do art. 16 do Decreto-lei nº 3.616, de 13 de setembro de 1941, é intuitivo concluir fora omitido, involuntariamente, neste último diploma legal.

68. Os deveres impostos aos empregadores para o efeito da habilitação profissional dos respectivos empregados menores e consubstanciados no Decreto-lei nº 4.481, de 16 de julho de 1942, corporificando normas de tutela dessa classe de empregados, cujo trabalho tem de ser orientado pelo alto escopo da educação técnica, passaram a integrar a Seção correspondente do Capítulo versando esse regime especial.

69. É oportuno salientar que a legislação social, universalmente, vem atribuindo um remarcado desvelo pelas condições de trabalho dos menores.

70. Em consonância com as convenções internacionais e as recomendações de congressos, e mesmo a estas se antecipando, o Brasil, pela pessoal inspiração de Vossa Excelência, vem realizando, através deste Ministério, uma salutar ação pública de preservação da juventude que trabalha.

71. O prosseguimento dessa política especializada é um imperativo e pareceu à Comissão dever ser assim ponderado na revisão, a que se procede, do Código de Menores, pois os seus preceitos atinentes ao trabalho foram totalmente melhorados e anexados à nossa legislação trabalhista, cujo Decreto-lei nº 3.616, consolidado agora, consagra a melhor solução de articulação e distinção entre a competência dos magistrados de menores e a das autoridades de trabalho, conferindo àqueles a plenitude das funções morais, jurisdicionais e supletivas do pátrio poder, que lhes são eminentemente reservadas, e atribuindo às autoridades deste Ministério a efetivação do regime de proteção ao trabalho.

72. O Título em que se compendiam as regras constitutivas do contrato individual de trabalho careceu apenas de pequenas especificações do pensamento já expresso, acrescentando-se-lhe, entretanto, as normas pertinentes aos contratos de autores teatrais e congêneres, oriundos da celebrada Lei Getúlio Vargas, cuja atualização vinha sendo ultimamente promovida por uma Comissão interministerial, da qual provieram os artigos de lei aditados ao presente projeto.

73. Estatuiu a Consolidação que aos trabalhadores rurais se aplicam as regras básicas do contrato individual do trabalho, inclusive o aviso prévio, não lhes atingindo, porém, o regime de garantias em caso de rescisão, a que não tenham dado motivo, nem o instituto da estabilidade. A essa conclusão chegou a Comissão, em voto preponderante, sob a alegação de serem imprescindíveis maiores esclarecimentos das exatas condições das classes rurais, inibidas, no momento, por falta de lei, da representação sindical dos respectivos interesses.

74. Em seu relatório, manifesta a Comissão, consequentemente e em princípio, a sua restrição quanto ao projeto do Código Rural, publicado no Diário Oficial de 16 de janeiro último, na parte referente ao Contrato de Trabalho, objeto preciso desta

Consolidação e não de um Código em que, com exclusividade, deveriam ser tratados os problemas relativos à produção na agricultura e em atividades conexas.

75. A revisão dos artigos compreendidos no Título da Organização Sindical ofereceu oportunidade para pequenas adaptações, sem afetar o sistema.

76. Procedeu-se à consolidação do Decreto-lei nº 5.242, de 11 de fevereiro de 1943, que dispôs sobre a exigência da sindicalização para o exercício da função de representação social em órgão oficial, bem como para o gozo de favores ou isenções tributárias.

77. Suprimiu-se a emenda constante do anteprojeto tendente à instituição do regime de tomada de contas dos sindicatos. A eficiência do sistema de controle contábil do patrimônio das entidades sindicais e o regime de recolhi- mento dos sindicatos. A eficiência do sistema de controle contábil do patrimônio das entidades sindicais e o regime de recolhimento do imposto sindical, posteriormente criados pela Portaria Ministerial nº 884, de 5 de dezembro de 1942, veio indicar ser prescindível esse processo de tomada de contas, que poderia determinar a burocratização desses órgãos de classe, por todos os títulos evitável, a fim de se conservar a espontaneidade e originalidade do regime sindical.

78. A Federação das Indústrias do Estado de São Paulo propôs e foram aceitos os aumentos, de um para sete, do número máximo de membros da diretoria das entidades de grau superior, e de Cr$ 20,00 para Cr$ 30,00, da importância mínima correspondente ao imposto sindical de empregadores.

79. A Comissão de Enquadramento Sindical, dado o crescente desenvolvimento de sua atividade, teve a respectiva composição ampliada, incluindo um representante do Ministério da Agricultura na previsão da próxima sindicalização das classes rurais.

80. Ligeiros reparos foram feitos ao Capítulo do Imposto Sindical, na base do regime estabelecido pelo Decreto-lei nº 4.298, de 14 de maio de 1942, introduzindo-se apenas um artigo destinado a facultar a ação executiva, com os privilégios da Fazenda Pública, excluído o foro próprio, para a cobrança do imposto sindical, quando houver débito certificado pela autoridade competente deste Ministério.

81. Finalmente, quanto à Justiça do Trabalho, deliberou-se a exclusão de toda a parte consistente em regimento de órgãos e serviços, bem como dos assuntos referentes à administração dos seguros sociais.

82. O julgamento dos agravos foi elevado ao seu verdadeiro nível, que é o da instância superior, necessário à adequada conceituação desses recursos e à jurídica apreciação da respectiva substância. Apurou-se, outrossim, a definição do prejulgado, estabelecendo-se a forma do seu processamento e os efeitos que gera.

83. Tais, em rápida resenha, as principais modificações operadas no anteprojeto publicado. De todas essas alterações deflui um único pensamento – o de ajustar, mais e mais, a obra constituída às diretrizes da Política Social do Governo, fixadas de maneira tão ampla e coerente no magnífico quadro das disposições legais que acabam de ser recapituladas.

84. Ao pedir a atenção de Vossa Excelência para essa notável obra da construção jurídica, afirmo, com profunda convicção e de um modo geral, que, nesta hora dramática que o mundo sofre, a Consolidação constitui um marco venerável na história de nossa civilização, demonstra a vocação brasileira pelo direito e, na escureza que envolve a humanidade, representa a expressão de uma luz que não se apagou.

Apresento a vossa Excelência os protestos do meu mais profundo respeito.

Rio de Janeiro, 19 de abril de 1943.

Alexandre Marcondes Filho

CONSOLIDAÇÃO DAS LEIS DO TRABALHO

Decreto-lei n. 5.452, de 1º. de maio de 1943[1]

Aprova a Consolidação das Leis do Trabalho.

O Presidente da República, usando da atribuição que lhe confere o art. 180 da Constituição, decreta:

Art. 1º Fica aprovada a Consolidação das Leis do Trabalho, que a este Decreto-lei acompanha, com as alterações por ela introduzidas na legislação vigente.

Parágrafo único- Continuam em vigor as disposições legais transitórias ou de emergência, bem como as que não tenham aplicação em todo o território nacional.

Art. 2º O presente Decreto-lei entrará em vigor em 10 de novembro de 1943.

Rio de janeiro, 1º de maio de 1943; 122° da Independência e 55° da República.

GETÚLIO VARGAS

COMENTÁRIOS[1]

DEFINIÇÃO E EVOLUÇÃO HISTÓRICA

O Direito do Trabalho é definido como um "complexo de princípios, regras e institutos jurídicos que regulam a relação empregatícia de trabalho e outras relações normativamente especificadas, englobando, também, os institutos, regras e princípios jurídicos concernentes às relações coletivas entre trabalhadores e tomadores de serviços, em especial através de suas associações coletivas"[2].

A doutrina aponta que o Direito do Trabalho surgiu com a sociedade industrial e o trabalho assalariado, sucedendo o período denominado de "sociedade pré-industrial", no qual predominava o trabalho escravo – o trabalhador era coisificado, isto é, visto como uma coisa –, servil e as corporações de ofício, período no qual não existia um ordenamento jurídico justrabalhista. A sociedade industrial e o trabalho assalariado foram potencializados pela Revolução Industrial do Século XVIII, transformando profundamente as relações de trabalho, na medida em que o Estado, então Liberal, passa a intervir nas relações de trabalho com o escopo de proteger o trabalhador hipossuficiente e criar melhores condições de trabalho, pressionados por movimentos sindicais[3].

A Constitucionalização do Direito do Trabalho (ou "Constitucionalismo Social"), isto é, ao movimento de inserção das normas trabalhistas nas Constituições, teve início com o surgimento da Constituição do México (1917) e da Alemanha (1919). Em 1927 a "Carta Del Lavoro", que serviu de inspiração para a Constituição brasileira de 1934 e 1937, tinha como "princípio a intervenção do Estado na ordem econômica, o controle do direito coletivo do trabalho e, em contrapartida, a concessão por lei de direitos dos trabalhadores"[4].

No Brasil o modelo justrabalhista foi construído entre 1930 até 1988, fase o Direito do Trabalho era corporativista e autoritário[5], o que inviabilizou a sistematização das normas trabalhistas.

Amauri Mascaro do Nascimento resume a evolução histórica das regras de direito do trabalho nas constituições brasileiras:

> *"Em resumo: todas as Constituições brasileiras, desde a de 1934, passara, a ter normas de direito do trabalho, assim ocorrendo com as Constituições de 1937, 1946, 1967, a Emenda Constitucional de 1969 e a Constituição de 1988; a de 1934 pouco acrescentou, a não ser o pluralismo sindical, autorização para a criação, na mesma base territorialide mais de um sindicato da mesma categoria profissional ou econômica; a de 1937 expressou a concepção política do Estado Novo e as restrições ao movimento sindical, segundo a ideia de organização da economia pelo Estado, com um Conselho Nacional*

---

1 Art. 180 citado é da CF de 1937. A vigente Constituição diz competir à União, privativamente, legislar sobre direito processual e do trabalho.

2 Maurício Godinho Delgado. Curso de Direito do Trabalho. 18. ed. São Paulo: LTr, 2019.

3 Amauri Mascaro do Nascimento. Iniciação ao Direito do Trabalho. 41. ed. São Paulo: LTr, 2018.

4 Idem. Nascimento, 2018.

5 Idem. Delgado, 2019.

de Economia, o enquadramento de sindicatos em categorias definidas pelo Estado na proibição da greve, que foi considerada um recurso antissocial de nocivo à economia; a de 1946 acolheu princípios liberais na ordem política, mas conservou, embora restabelecendo direito de greve, as mesmas diretrizes, na medida em que não respaldou o direito coletivo do trabalho. Destaque-se, na mesma Constituição, a transformação da Justiça do Trabalho, até então de natureza administrativa, em órgão do Poder Judiciário; a de 1967exprimiu os objetivos dos governos militares iniciados em 1964 e introduziu o Fundo de Garantia do Tempo de Serviço, que havia sido criado por lei ordinária em 1966; a de 1988 valorizou o direito coletivo com a proibição de interferência do Poder Público na organização sindical, embora mantendo o sistema do sindicato único, iniciou, desse modo, uma tentativa de ampliação dos espaços do movimento sindical e enumerou a uma série de direitos individuais dos trabalhadores (art. 7º)"[6].

A Consolidação das Leis do Trabalho reuniu as leis trabalhistas existentes na época, produzindo algumas alterações na legislação vigente até então.

Consolidar significa a solidificar, endurecer, unir, fundir, compilar, tornar sólido, forte, firme ou estável. E foi justamente isso que o legislador fez: reuniu as normas justrabalhistas existentes à época da sua aprovação. Por isso, não é considerada um código, tendo em vista que não criou ou sistematizou novas leis, sem qualquer vínculo com o regime vigente, mas, tão somente, reuniu normas trabalhistas já preexistentes[7].

A Exposição de Motivos da CLT deixa claro esse intento do legislador. Vejamos:

> *"9. Entre a compilação ou coleção de leis e um código – que são, respectivamente, os momentos extremos de um processo de corporificação do direito – existe a consolidação, que é a fase própria da concatenação dos textos e da coordenação dos princípios, quando já se denuncia primeiro o pensamento do sistema depois de haverem sido reguladas, de modo amplo, relações sociais em determinado plano da vida política. [...]11. Esse o significado da Consolidação, que não é uma coleção de leis, mas a sua coordenação sistematizada. Não é apenas um engenho de arquitetura legislativa, mas uma recapitulação de valores coerentes, que resultaram de uma grande expansão legislativa anterior, em um dado ramo do direito. [...] 14. O que importa salientar é ter havido a preocupação dominante de subordinação às leis preexistentes e não como se procedesse à organização de um código, para o qual se permite modernamente a originalidade inicial e onde é mesmo espontânea e essencial a livre criação do direito, sem qualquer dependência do regime vigente".*

Trata-se de um Decreto-Lei (número 5.452), aprovado em 1º de maio de 1943, cuja vigência teve início em 10 de novembro de 1943.

O decreto-lei era uma medida legislativa à disposição do Presidente da República, semelhante à medida provisória prevista (art. 62, CF/88), por meio do qual era possível a edição de leis, sobre certas matérias, em caso de urgência ou de interesse público relevante.

Com a promulgação da Constituição Federal de 1988, as normas infraconstitucionais elaboradas antes do advento da nova constituição (normas pré-constitucionais), que não contrariavam a nova ordem, foram recepcionadas.

Gilmar Ferreira Mendes e Paulo Gustavo Gonet Branco ensinam que o fenômeno da recepção "**corresponde a uma revalidação das normas que não desafiam, materialmente, a nova Constituição"** [8]. Ou seja, as normas pré-constitucionais que forem compatíveis com a nova ordem constitucional serão revalidadas, ou melhor, recepcionadas. Os referidos juristas esclarecem que " *ato normativo se exprima por instrumento diferente daquele que a nova Carta exige para a regulação de determinada matéria, permanecerá em vigor e válido se houver a concordância material, i. é, de conteúdo, com as novas normas constitucionais. Por isso o Código Penal, editado como decreto-lei na vigência da Constituição de 1937, continua em vigor, mesmo não prevendo a Carta atual a figura do decreto-lei".*

De igual maneira, a Consolidação das Leis do Trabalho – Decreto-Lei nº 5.452 de 1º de maio de 1943 – foi recepcionada pela Constituição Federal de 1988 como lei ordinária.

TÍTULO I
INTRODUÇÃO

Art. 1º Esta Consolidação estatui as normas que regulam as relações individuais e coletivas de trabalho, nela previstas.

COMENTÁRIOS (ART. 1º)

1. ABRANGÊNCIA DO DIREITO DO TRABALHO

O Direito do Trabalho abrange a relação empregatícia de trabalho e outras relações normativamente especificadas, bem como as relações coletivas entre trabalhadores e tomadores de serviços, notadamente por meio de entes coletivos[9]. Desse conceito vislumbra-se que o direito material do trabalho regula as relações individuais e coletivas de trabalho.

O direito individual do trabalho se debruça sobre as relações justrabalhistas de natureza contratual,

6 Idem. Nascimento, 2018.

7 Idem.

8 Gilmar Ferreira Mendes, Paulo Gustavo Gonet Branco. Curso de direito constitucional. 12. ed. São Paulo: Saraiva, 2017.

9 Idem. Delgado, 2019.

especialmente a relação empregatícia, estudando os sujeitos, o conteúdo e modalidades desse contrato.

Para Mauricio Godinho Delgado o direito individual do trabalho pode ser conceituado como "*complexo de princípios, regras e institutos jurídicos que regulam, no tocante às pessoas e matérias envolvidas, a relação empregatícia de trabalho, além de outras relações laborais normativamente especificadas*"[10]. *Na mesma linha,* Luciano Martinez explica que no direito individual do trabalho estuda as regras e princípios referentes à ***contratação de sujeitos singularmente considerados***[11].

Já o direito coletivo do trabalho se ocupa dos princípios, regras e instituições que regulam os entes sindicais, os conflitos coletivos, intersindicais, entre o trabalhador e o sindicato, instrumentos normativos, ou seja, os empregados e empregadores coletivamente reunidos[12]. Vólia Bomfim Cassar, de forma concisa, define do direito coletivo como aquele com enfoque nos "interesses abstratos do grupo de trabalhadores (categoria) ou de empresários"[13].

Como adverte Eduardo Gabriel Saad: "No direito coletivo, do lado patronal, é possível que o sujeito de uma relação seja um único patrão, ao passo que no que tange ao operário, jamais é ele encarado individualmente"[14].

Segundo o princípio da territorialidade as normas de Direito do Trabalho, a rigor, têm aplicabilidade limitada ao território ou espaço geográfico do Estado que a criou.

Encontramos esses ensinamentos nas lições da professora Carla Tereza Martins Romar. Vejamos: "*Em razão da soberania estatal, o sistema de direito positivo de cada Estado é aplicável no espaço delimitado por suas fronteiras. Portanto, as normas jurídicas têm uma* ***vigência espacial, obrigando, como regra, somente no território nacional****. Trata -se do* ***princípio da territorialidade***"[15].

No mesmo sentido Henrique Correia anota que "*a* ***eficácia territorial*** *da norma trabalhista consiste na sua aplicação em todo o território nacional*"[16].

De acordo com o art. 1º do Decreto-lei 4.657/1942 (Lei de Introdução às Normas do Direito Brasileiro – LINDB) a lei começará a vigorar ***em todo o país*** – isto é, no território nacional – 45 (quarenta e cinco) dias depois de oficialmente publicada, salvo disposição em contrário. E, quando admitida a lei brasileira nos Estados estrangeiros (extraterritorialidade), terá vigência 3 (três) meses depois de oficialmente publicada (§1º, do art. 1º, da LINDB).

A Convenção Internacional de Direito Privado de Havana (1928), conhecida como Código Bustamante, incorporada ao ordenamento jurídico interno pelo Decreto nº 18.871 de 13 de agosto de 1929, regula que a legislação sobre acidentes de trabalho e proteção social do trabalhador será regulada pela legislação territorial (art. 198).

Baseando-se nessa convenção o Tribunal Superior do Trabalho (TST) sedimentou o entendimento de que a relação trabalhista deveria ser regida pelas normas vigentes no país em que o trabalhador prestasse serviços – princípio da ***lex loci executionis***, também designado de princípio do local execução dos serviços ou princípio da territorialidade –, conforme redação da Súmula 207[17]. Isso significa dizer que o empregado contratado no Brasil para prestar serviços no Chile, estaria subordinado à legislação trabalhista chilena, local de prestação dos serviços.

Esse enunciado foi cancelado em abril de 2012, abrindo espaço para corrente doutrinária em sentido contrário, que defende a aplicação do princípio da norma mais favorável nessa hipótese.

Para essa corrente, majoritária, o empregado brasileiro contratado no Brasil para prestar serviços no exterior ou transferido para trabalhar no exterior, terá direito à aplicação da lei brasileira de proteção ao trabalho, naquilo que não for incompatível com a Lei 7.064/1982, quando mais favorável do que a legislação territorial estrangeira, no conjunto de normas e em relação a cada matéria (art. 3º, inciso II, da Lei 7.064/1982).

A coexistência de mais de uma norma aplicável ao contrato de trabalho, segundo os preceitos protetivos do Direito do Trabalho, conduz, a rigor, à aplicação da norma mais vantajosa ao trabalhador. Três teorias procuram informar os critérios de aplicação deste princípio[18]:

> *"a) Teoria do Conglobamento: defende a aplicação do diploma normativo que, no conjunto de normas, forem mais favoráveis ao trabalhador, sem fracionar os institutos jurídicos. É a posição tradicional; b) Teoria da Acumulação ou da Atomização: defende a aplicação dos dois diplomas normativos, extraindo-se de cada um*

10 Idem.

11 Luciano Martinez. Curso de direito do trabalho – 11. ed. – São Paulo: Saraiva Educação, 2020.

12 Casarino Junior apud Alice Monteiro de Barros. Curso de Direito do Trabalho 1ª ed. – São Paulo: Ltr, 2016.

13 Vólia Bomfim. Direito do trabalho – 9. ed. – Rio de Janeiro: Forense; São Paulo: Método, 2014.

14 Eduardo Gabriel Saad; Ana Maria Saad Castello Branco; José Eduardo Duarte Saad. Consolidação das Leis do Trabalho: comentada. – 51. ed. – São Paulo: LTr, 2019, p. 66.

15 Carla Teresa Martins Romar; coordenador Pedro Lenza. Direito do trabalho – 5. ed. – São Paulo: Saraiva Educação, 2018.

16 Henrique Correia; Élisson Miessa. Súmulas e OJs do TST comentadas. 8. ed – Salvador: Juspodivm, 2018.

17 Súmula 207 do TST: CONFLITOS DE LEIS TRABALHISTAS NO ESPAÇO. PRINCÍPIO DA "LEX LOCI EXECUTIONIS" (cancelada). A relação jurídica trabalhista é regida pelas leis vigentes no país da prestação de serviço e não por aquelas do local da contratação.

18 Leone Pereira. Trabalhista. Coleção Prática Jurídica – 10.ed. -São Paulo: Saraiva Educação, 2020.

as regras mais favoráveis ao trabalhador, isoladamente consideradas. Perceba que um terceiro instrumento normativo será criado, formado pelo conjunto de regras jurídicas mais favoráveis ao trabalhador dos outros dois instrumentos [...]; c) Teoria do Conglobamento Mitigado, Orgânico, por Instituto, Intermediária ou da Incindibilidade dos Institutos: defende a criação de um terceiro diploma normativo, formado pelas regras jurídicas mais favoráveis ao trabalhador, respeitando-se a unidade do instituto ou matéria (critério da especialização)".

No que diz respeito ao marítimo e o trabalho desempenhado em aeronave, cuja atividade é desenvolvida com movimentação constante dos trabalhadores, não se fixando em um local de prestação de serviços, a professora Vólia Bomfim Cassar aponta que prevalece "*a lei do país da* ***bandeira, matrícula*** *ou* ***pavilhão*** *da embarcação ou aeronave, isto é, a nacionalidade de quem explora a atividade econômica*"[19], pois não é razoável a sujeição do armador a diversas leis trabalhistas, de países diferentes, ante a diversidade de origem dos seus empregados (tripulantes). Justifica tal posicionamento previsão dos arts. 274 a 282 do Código Bustamante (Convenção de Havana de 1928, retificada no âmbito Decreto nº 18.871 de 13 de agosto de 1929)[20].

Contudo, a jurisprudência tem afastado a Convenção de Havana afastando a aplicação da lei trabalhista da bandeira navio ou aeronave ("lei do pavilhão", ou seja, a lei do local da matrícula da embarcação) aos tripulantes recrutados no Brasil ou embarcados para trabalhar a bordo de cruzeiros marítimos, em navio estrangeiro, cuja prestação de serviços se deu em águas territoriais de diversos países.

A 5ª Turma do Tribunal Superior do Trabalho (TST), no julgamento do recurso de revista autuado sob o nº TST-RR-10285-19.2016.5.09.0001 (Informativo 204 do TST), sob a Relatoria do Ministro Douglas Alencar Rodrigues, entendeu que embora a Convenção de Havana contemple o princípio da territorialidade (***lex loci executionis***) e o Brasil seja signatário da *Convenção das Nações Unidas sobre Direito do Mar,* a internalização dessas normas internacionais ao ordenamento jurídico pátrio "***não configuram, objetivamente, renúncia ao sistema jurídico nacional de proteção social dos trabalhadores****, notadamente em face do que se contem no § 2º do art. 5º da CF, segundo o qual 'Os direitos e garantias expressos nesta Constituição não excluem outros decorrentes do regime e dos princípios por ela adotados, ou dos tratados internacionais em que a República Federativa do Brasil seja parte'.* ***Ainda relevante notar que os direitos trabalhistas, como espécie de direitos humanos fundamentais, estão vinculados ao espectro de proteção presente no caput do art. 7º da CF, que consagra****, de modo expresso, o princípio da proibição do retrocesso, disso resultando que a mera incorporação de diplomas internacionais de conteúdo genérico – como no caso da Convenção das Nações Unidas sobre Direito do Mar –* ***não pode significar a exclusão dos direitos assegurados na legislação doméstica****"*.

Na visão do TST as regras internacionais devem se alinhar ao conjunto de direitos e garantias já consagrados na Constituição Federal. Acrescente-se que se aplica à controvérsia a Lei 7.064/82, editada muitos anos após a ratificação das Convenções, que garante expressamente a aplicação da legislação brasileira quando for mais favorável ao trabalhador contratado no Brasil para prestar serviços no exterior.

Com base nisso, o Tribunal decidiu pela aplicação da legislação nacional aos trabalhadores contratados ou selecionados no Brasil que trabalham a bordo de navio estrangeiro, eis que se trata de norma mais benéfica em relação à Convenção de Havana e das Nações Unidas sobre Direito do Mar, por expressa imposição dos arts. 5º, § 2º, da CF, 9º da LINDB e 3º, II, da Lei 7.064/82 e 19, item 8, da Constituição da Organização Internacional do Trabalho (OIT).

2. PRINCÍPIOS

Os princípios são proposições nucleares que têm o escopo de informar, inspirar, suprir lacunas no ordenamento jurídico, interpretar e dar clareza às regras jurídicas dúbias.

Segundo Celso Antônio Bandeira de Mello (apud Martins, 2019)[21] o princípio

> *"é, por definição,* **mandamento nuclear de um sistema, verdadeiro alicerce dele**, *disposição fundamental que se* **irradia sobre diferentes normas** *compondo-lhes o espírito e* **servindo de critério para sua exata compreensão e inteligência,** *exatamente por definir a lógica e a racionalidade do sistema normativo, no que lhe confere a tônica e lhe dá sentido humano. É o conhecimento dos princípios que preside a intelecção das diferentes partes*

[19] Idem. Bomfim, 2014.

[20] Decreto nº. 18.871 de 13 de agosto de 1929: Art. 274. A nacionalidade dos navios prova-se pela patente de navegação e a certidão do registro, e tem a bandeira como signal distinctivo apparente. Art. 275. A lei do pavilhão regula as formas de publicidade requeridas para a transmissão da propriedade de um navio. Art. 276. Á lei da situação deve submetter-se a faculdade de embargar e vender judicialmente um navio, esteja ou não carregado e despachado. Art. 277. Regulam-se pela lei do pavilhão os direitos dos credores, depois da venda do navio, e a extinção dos mesmos. Art. 278. A hypotheca maritima e os privilegios e garantias de caracter real, constituidos de accôrdo com a lei do pavilhão, têm offeitos extraterritoriaes, até nos paizes cuja legislação não conheça ou não regule essa hypotheca ou esses privilegios. Art. 279. Sujeitam-se tambem á lei do pavilhão os poderes e obrigações do capitão e a responsabilidade dos proprietarios e armadores pelos seus actos. Art. 280. O reconhecimento do navio, o pedido de pratico e a policia sanitaria dependem da lei territorial. Art. 281. As obrigações dos officiaes e gente do mar e a ordem interna do navio subordinam-se á lei do pavilhão. Art. 282. As precedentes disposições deste capitulo applicam-se tambem ás aeronaves.

[21] Nunes Júnior, Flávio Martins Alves. Curso de direito constitucional. – 3. ed. – São Paulo: Saraiva Educação, 2019.

componentes do todo unitário que há por nome sistema jurídico positivo. Violar um princípio é muito mais grave que transgredir uma norma. **É a mais grave forma de ilegalidade ou inconstitucionalidade,** *conforme o escalão do princípio atingido,* **porque representa insurgência contra todo o sistema, subversão de seus valores fundamentais, contumélia irremissível a seu arcabouço e corrosão de sua estrutura mestra".**

Como aponta Mauricio Godinho Delgado[22], essas funções permitem "qualifica-los como 'normas-chaves de todo o sistema jurídico' (Paulo Bonavides), 'fundamento da ordem jurídica' (Federico de Castro), 'superfonte' (Flórez-Valdez), 'verdadeiros mandamentos de otimização' da ordem jurídica (Robert Alexy).

Indica, ainda, a existência de princípios constitucionais do trabalho e princípios gerais de direito – não necessariamente trabalhista, mais aplicáveis ao ramo do Direito do Trabalho – dentre os quais se destacam o princípio da dignidade da pessoa humana (ou dignidade da pessoa do trabalhador), princípio da valorização do trabalho e do emprego, princípio da justiça social, princípio da não-discriminação, princípio da igualdade, princípio da vedação ao retrocesso social, princípio da razoabilidade, princípio da inalterabilidade contratual (lesiva) e o princípio da boa-fé[23].

As matrizes do Direito do Trabalho variam de acordo a divisão interna das normas justrabalhistas – direito individual e coletivo do trabalho – que são dotadas de regras, institutos e princípios peculiares.

O núcleo basilar do Direito Individual do Trabalho é composto dos seguintes princípios:

A) Princípio da proteção – também denominado de princípio tutelar tuitivo ou protetivo: as normas justrabalhistas têm o objetivo de tutelar os interesses dos trabalhadores – parte mais vulnerável na relação jurídica trabalhista – reequilibrando a desigualdade fática existente no contrato de trabalho. É considerado o eixo principiológico do Direito do Trabalho, justificando a sua construção histórica e científica. Nesse contexto o Estado (latu sensu) assegura direitos trabalhistas mínimos ao obreiro – um patamar civilizatório mínimo – implementado por normas trabalhistas estatais cogentes, imperativas ou de ordem pública. O jurista uruguaio, Américo Plá Rodrigues, subdividiu princípio da proteção em: i) **Princípio "in dubio pro operario" ou "in dubio pro misero":** A ideia básica desse princípio é a adoção da interpretação mais favorável ao trabalhador quando houver várias interpretações sobre a mesma norma. É uma adaptação do princípio do "in dubio pro reo" do Direito Penal, segundo o qual a norma penal dúbia deverá ser interpretada em favor do réu, em razão da presunção de inocência que milita naquela esfera. No Direito do Trabalho, por sua vez, a interpretação mais favorável ao empregado justifica-se no dever de proteção ao trabalhador, decorrente do desequilíbrio contratual. A existência desse princípio é questionada por parte da doutrina, pois, segundo essa corrente, o princípio da norma mais favorável abrange a dimensão interpretativa das normas trabalhistas, sendo, portanto, redundante e inútil o princípio "*in dubio pro misero*"[24]. Outra feição divergente desse princípio diz respeito à sua aplicabilidade no Direito Processual do Trabalho. Alguns defendem interpretação favorável ao réu em caso de dúvida do juiz em face do conjunto probatório existente e das presunções aplicáveis. Contudo, prevalece a inaplicabilidade no campo processual, haja vista a colisão com a teoria do ônus processual e com as características próprias desse ramo do direito; ii) **Princípio norma mais favorável:** quando existir mais de uma norma aplicável, utiliza-se aquela que for mais favorável ao trabalhador, independentemente da sua posição hierárquica. Na hierarquia das normas no Direito Comum o ápice da pirâmide não é ocupado pela norma hierarquicamente superior, mas pela norma mais favorável, ainda que esteja numa posição inferior nessa escala hierárquica. A Reforma Trabalhista flexibilizou esse princípio na medida em que instituiu a prevalência do negociado sobre o legislado (art. 611-A da CLT), bem como a superioridade do acordo coletivo sobre a convenção coletiva de trabalho (art. 620 da CLT), hierarquizando, nesse aspecto, as fontes do Direito do Trabalho; iii) **Princípio da condição mais benéfica (ou cláusula mais vantajosa):** As vantagens oriundas de regulamento empresarial ou do próprio contrato individual de trabalho serão incorporadas definitivamente no patrimônio jurídico do trabalhador. Não podendo ser suprimidas ou reduzidas ao longo do vínculo empregatício.

B) Princípio da primazia da realidade: No confronto entre a verdade real e a verdade formal prevalece a verdade real. A verdade real que tem íntima relação com a verdade dos fatos. Mauricio Godinho Delgado esclarece que "o conteúdo do contrato não se circunscreve ao transposto no correspondente instrumento escrito, incorporando amplamente todos os matizes lançados pelo cotidiano da prestação de serviços"[25].

[22] Idem. Delgado, 2019, p. 225.

[23] Idem. Delgado, 2019, p. 227

[24] Nesse ponto, preciosas são as lições de Maurício Godinho Delgado: "No que tange a sua primeira debilidade, o princípio in dubio pro misero tornou-se redundante e, por consequência, inútil. De fato, uma das dimensões da velha diretriz é aquela que informa que o operador jurídico, em situações de confronto entre interpretações consistentes de certo preceito normativo, deve optar pela mais favorável ao trabalhador. Ora, essa dimensão do velho princípio é válida e importante, sem dúvida, mas já está, hoje, atendida, com precisão, pelo princípio da norma mais favorável (que tem três dimensões, conforme sabido, sendo uma delas a interpretativa) – in Curso de Direito do Trabalho. – 18. ed. – São Paulo: LTr, 2019, p. 249.

[25] Idem. Delgado, 2019, p. 244.

Em virtude disso, o contrato individual do trabalho é denominado de contrato-realidade.

C) **Princípio da imperatividade das normas trabalhistas:** As normas trabalhistas são imperativas, ou seja, de observância obrigatória, de modo que se sobrepõe à vontade das partes.

D) **Princípio da inalterabilidade contratual lesiva (inalterabilidade ou intangibilidade contratual objetiva):** esse princípio tem raízes no Direito Civil, na inalterabilidade dos contratos – "*Pacta sunt servanda*", ou "os pactos devem ser cumpridos". Foi adequado ao Direito do Trabalho, de modo que o empregador não pode alterar o contrato de trabalho em prejuízo ao empregado (art. 468, "caput", da CLT). O *jus variandi* ordinário empresarial é exceção a esse princípio, permitindo ao empregador promover mudanças unilaterais no contrato de trabalho – mudanças de menor importância – sem que isso implique na alteração cláusulas contratuais sensíveis[26]. Igualmente, há permissivos legais ou autorização prevista em norma coletiva que viabilizam alteração contratual lesiva. Nesse aspecto, a Reforma Trabalhista (Lei 13.467/2017) mitigou esse princípio, possibilitando a livre estipulação dos direitos previstos no contrato de trabalho quando se tratar de empregado hiperssuficiente – profissionais com diploma de nível superior e salário mensal igual ou superior a duas vezes ao teto previdenciário, conforme previsto no art. 444 da CLT.

E) **Princípio da continuidade da relação de emprego:** Em regra, o contrato de trabalho é por tempo indeterminado. Essa presunção decorre das finalidades do próprio Direito do Trabalho, cujo objetivo é inserir o trabalhador na dinâmica e estrutura empresarial por um longo período, assegurando uma fonte de sustento ao trabalhador e, por via reflexa, a dignidade da pessoa humana, a valorização do trabalho e do emprego, bem como a justiça social.

F) **Princípio da indisponibilidade dos direitos trabalhistas** (conhecido como *princípio da indisponibilidade ou inderrogabilidade dos direitos trabalhistas*): os direitos trabalhistas são indisponíveis, não sendo suscetíveis a renúncia ou transação. São irrenunciáveis em decorrência do desequilíbrio contratual, haja vista a presença da subordinação do empregado perante o empregador. A renúncia é um ato unilateral, isto é, a manifestação de vontade de uma das partes. A transação, de outro lado, é um ato bilateral de disposição de direitos. O trabalhador não tem livre disposição do direito, pois é assegurado por uma intervenção estatal, exceto em algumas situações (Súmula 51, II, do TST, art. 477-B, 764, 846 e 850 da CLT). Esse princípio desdobra-se em: i) **Princípio da irredutibilidade salarial** – é proibida a diminuição dos salários do trabalhador, salvo se houver previsão em acordo ou convenção coletiva de trabalho (art. 7º, inciso VI, da CF). A redução do salário ou da jornada de trabalho prevista em acordo ou convenção coletiva de trabalho deverá prever proteção dos empregados contra dispensa imotivada durante o período de vigência do instrumento coletivo (art. 611-A, § 3º, da CLT); ii) **Princípio da intangibilidade salarial** – veda o desconto no salário do empregado, salvo se houver previsão legal ou em instrumento de negociação coletiva (art. 7º, inciso VI, da CF e art. 462 da CLT).

3. LEGISLAÇÃO RELACIONADA

▶ **Art. 7º da CF:** São direitos dos trabalhadores urbanos e rurais, além de outros que visem à melhoria de sua condição social:

I – relação de emprego protegida contra despedida arbitrária ou sem justa causa, nos termos de lei complementar, que preverá indenização compensatória, dentre outros direitos;

II – seguro-desemprego, em caso de desemprego involuntário;

III – fundo de garantia do tempo de serviço;

IV – salário mínimo, fixado em lei, nacionalmente unificado, capaz de atender às suas necessidades vitais básicas e às de sua família com moradia, alimentação, educação, saúde, lazer, vestuário, higiene, transporte e previdência social, com reajustes periódicos que lhe preservem o poder aquisitivo, sendo vedada sua vinculação para qualquer fim;

V – piso salarial proporcional à extensão e à complexidade do trabalho;

VI – irredutibilidade do salário, salvo o disposto em convenção ou acordo coletivo;

VII – garantia de salário, nunca inferior ao mínimo, para os que percebem remuneração variável;

VIII – décimo terceiro salário com base na remuneração integral ou no valor da aposentadoria;

IX – remuneração do trabalho noturno superior à do diurno;

X – proteção do salário na forma da lei, constituindo crime sua retenção dolosa;

XI – participação nos lucros, ou resultados, desvinculada da remuneração, e, excepcionalmente, participação na gestão da empresa, conforme definido em lei;

XII – salário-família pago em razão do dependente do trabalhador de baixa renda nos termos da lei; (Inciso com redação dada pela Emenda Constitucional nº 20, de 1998)

XIII – duração do trabalho normal não superior a oito horas diárias e quarenta e quatro semanais, facultada a compensação de horários e a redução da jornada, mediante acordo ou convenção coletiva de trabalho;

XIV – jornada de seis horas para o trabalho realizado em turnos ininterruptos de revezamento, salvo negociação coletiva;

XV – repouso semanal remunerado, preferencialmente aos domingos;

XVI – remuneração do serviço extraordinário superior, no mínimo, em cinquenta por cento à do normal;

XVII – gozo de férias anuais remuneradas com, pelo menos, um terço a mais do que o salário normal;

XVIII – licença à gestante, sem prejuízo do emprego e do salário, com a duração de cento e vinte dias;

XIX – licença-paternidade, nos termos fixados em lei;

XX – proteção do mercado de trabalho da mulher, mediante incentivos específicos, nos termos da lei;

[26] Idem. Delgado, 2019, p. 241.

XXI – aviso prévio proporcional ao tempo de serviço, sendo no mínimo de trinta dias, nos termos da lei;

XXII – redução dos riscos inerentes ao trabalho, por meio de normas de saúde, higiene e segurança;

XXIII – adicional de remuneração para as atividades penosas, insalubres ou perigosas, na forma da lei;

XXIV – aposentadoria;

XXV – assistência gratuita aos filhos e dependentes desde o nascimento até 5 (cinco) anos de idade em creches e pré-escolas; (Inciso com redação dada pela Emenda Constitucional nº 53, de 2006)

XXVI – reconhecimento das convenções e acordos coletivos de trabalho;

XXVII – proteção em face da automação, na forma da lei;

XXVIII – seguro contra acidentes de trabalho, a cargo do empregador, sem excluir a indenização a que este está obrigado, quando incorrer em dolo ou culpa;

XXIX – ação, quanto aos créditos resultantes das relações de trabalho, com prazo prescricional de cinco anos para os trabalhadores urbanos e rurais, até o limite de dois anos após a extinção do contrato de trabalho; (Inciso com redação dada pela Emenda Constitucional nº 28, de 2000)

a) (Alínea revogada pela Emenda Constitucional nº 28, de 2000)

b) (Alínea revogada pela Emenda Constitucional nº 28, de 2000)

XXX – proibição de diferença de salários, de exercício de funções e de critério de admissão por motivo de sexo, idade, cor ou estado civil;

XXXI – proibição de qualquer discriminação no tocante a salário e critérios de admissão do trabalhador portador de deficiência;

XXXII – proibição de distinção entre trabalho manual, técnico e intelectual ou entre os profissionais respectivos;

XXXIII – proibição de trabalho noturno, perigoso ou insalubre a menores de dezoito e de qualquer trabalho a menores de dezesseis anos, salvo na condição de aprendiz, a partir de quatorze anos; (Inciso com redação dada pela Emenda Constitucional nº 20, de 1998)

XXXIV – igualdade de direitos entre o trabalhador com vínculo empregatício permanente e o trabalhador avulso.

Parágrafo único. São assegurados à categoria dos trabalhadores domésticos os direitos previstos nos incisos IV, VI, VII, VIII, X, XIII, XV, XVI, XVII, XVIII, XIX, XXI, XXII, XXIV, XXVI, XXX, XXXI e XXXIII e, atendidas as condições estabelecidas em lei e observada a simplificação do cumprimento das obrigações tributárias, principais e acessórias, decorrentes da relação de trabalho e suas peculiaridades, os previstos nos incisos I, II, III, IX, XII, XXV e XXVIII, bem como a sua integração à previdência social. (Parágrafo único com redação dada pela Emenda Constitucional nº 72, de 2013)

▶ **Art. 8º da CF:** É livre a associação profissional ou sindical, observado o seguinte:

I – a lei não poderá exigir autorização do Estado para a fundação de sindicato, ressalvado o registro no órgão competente, vedadas ao poder público a interferência e a intervenção na organização sindical;

II – é vedada a criação de mais de uma organização sindical, em qualquer grau, representativa de categoria profissional ou econômica, na mesma base territorial, que será definida pelos trabalhadores ou empregadores interessados, não podendo ser inferior à área de um Município;

III – ao sindicato cabe a defesa dos direitos e interesses coletivos ou individuais da categoria, inclusive em questões judiciais ou administrativas;

IV – a assembleia geral fixará a contribuição que, em se tratando de categoria profissional, será descontada em folha, para custeio do sistema confederativo da representação sindical respectiva, independentemente da contribuição prevista em lei;

V – ninguém será obrigado a filiar-se ou a manter-se filiado a sindicato;

VI – é obrigatória a participação dos sindicatos nas negociações coletivas de trabalho;

VII – o aposentado filiado tem direito a votar e ser votado nas organizações sindicais;

VIII – é vedada a dispensa do empregado sindicalizado a partir do registro da candidatura a cargo de direção ou representação sindical e, se eleito, ainda que suplente, até um ano após o final do mandato, salvo se cometer falta grave nos termos da lei.

Parágrafo único. As disposições deste artigo aplicam-se à organização de sindicatos rurais e de colônias de pescadores, atendidas as condições que a lei estabelecer.

▶ **Art. 9º da CF:** É assegurado o direito de greve, competindo aos trabalhadores decidir sobre a oportunidade de exercê-lo e sobre os interesses que devam por meio dele defender.

§ 1º A lei definirá os serviços ou atividades essenciais e disporá sobre o atendimento das necessidades inadiáveis da comunidade.

§ 2º Os abusos cometidos sujeitam os responsáveis às penas da lei.

▶ **Art. 10 da CF:** É assegurada a participação dos trabalhadores e empregadores nos colegiados dos órgãos públicos em que seus interesses profissionais ou previdenciários sejam objeto de discussão e deliberação.

▶ **Art. 11 da CF:** Nas empresas de mais de duzentos empregados, é assegurada a eleição de um representante destes com a finalidade exclusiva de promover-lhes o entendimento direto com os empregadores.

▶ **Art. 22 da CF:** Compete privativamente à União legislar sobre:

I – direito civil, comercial, penal, processual, eleitoral, agrário, marítimo, aeronáutico, espacial e do trabalho; [...] Parágrafo único. Lei complementar poderá autorizar os Estados a legislar sobre questões específicas das matérias relacionadas neste artigo.

▶ **Art. 170 da CF:** A ordem econômica, fundada na valorização do trabalho humano e na livre iniciativa, tem por fim assegurar a todos existência digna, conforme os ditames da justiça social, observados os seguintes princípios: I – soberania nacional; II – propriedade privada; III – função social da propriedade; IV – livre concorrência; V – defesa do consumidor; VI – defesa do meio ambiente, inclusive mediante tratamento diferenciado conforme o impacto ambiental dos produtos e serviços e de seus processos de elaboração e prestação; VII – redução das desigualdades regionais e sociais; VIII – busca do pleno emprego; IX - tratamento favorecido para as empresas de pequeno porte constituídas sob as leis brasileiras e que tenham sua sede e administração no País. Parágrafo único. É assegurado a todos o livre exercício de qualquer atividade econômica, independentemente de autorização de órgãos públicos, salvo nos casos previstos em lei.

▶ **Art. 193 da CF:** A ordem social tem como base o primado do trabalho, e como objetivo o bem-estar e a justiça sociais.

4. INFORMATIVOS DO TST

MS. Antecipação dos efeitos da tutela. Art. 273 do CPC. Possibilidade. Cessação de benefício previdenciário. Retorno ao trabalho obstado pelo empregador. Restabelecimento dos salários. Manutenção do plano de saúde. Valor social do trabalho. Princípio da dignidade da pessoa humana. Constatada a aptidão para o trabalho, ante a cessação de benefício previdenciário em virtude de recuperação da capacidade laboral atestada por perícia médica do INSS, compete ao empregador, enquanto responsável pelo risco da atividade empresarial, receber o trabalhador, ofertando-lhe as funções antes executadas ou outras compatíveis com as limitações adquiridas. Com esses fundamentos, a SBDI-II, concluindo que a decisão que antecipou os efeitos da tutela para obrigar a reclamada a restabelecer o pagamento dos salários, bem como manter o plano de saúde do empregado, está, de fato, amparada nos pressupostos que autorizam o deferimento das medidas liminares inaudita altera pars, consoante o art. 273 do CPC, conheceu do recurso ordinário em mandado de segurança e, no mérito, negou-lhe provimento. No caso, ressaltou-se que a concessão da tutela antecipada é medida que se impõe como forma de garantir o valor social do trabalho e a dignidade da pessoa humana, pois o empregado, já sem a percepção do auxílio-doença, ficaria também sem os salários, ante a tentativa da empresa de, mediante a emissão do Atestado de Saúde Ocupacional (ASO) declarando-o inapto para as atividades que desempenhava, obstar o seu retorno ao serviço. TST-RO-33-65.2011.5.15.0000, SBDI-II, rel. Min. Alberto Luiz Bresciani de Fontan Pereira, 3.4.2012. (Informativo 4 do TST)

CBTU. Reajuste salarial concedido apenas aos ocupantes de cargo de confiança. Extensão aos empregados públicos exercentes de cargo de carreira. Impossibilidade. Ausência de identidade de situações. A concessão, pela Companhia Brasileira de Trens Urbanos (CBTU), de reajuste salarial somente aos empregados ocupantes de cargo de confiança não ofende o princípio constitucional da isonomia (art. 5º, caput, da CF), porquanto ausente a identidade de situações. Com esse entendimento, a SBDI-I, por maioria, vencido o Ministro Augusto César Leite de Carvalho, conheceu do recurso de embargos interposto pelo Sindicato dos Trabalhadores em Empresas Ferroviárias, Similares e Afins nos Estados da Bahia e Sergipe, e, no mérito, negou-lhe provimento, mantendo a decisão da Turma que não estendeu o reajuste aos empregados públicos exercentes de cargo de carreira ao fundamento de que o tratamento diferenciado não foi discriminatório, mas fruto do poder potestativo da CBTU de valorização de determinados cargos. TST-E-ED-RR-273000-37.2001.5.05.0006, SBDI-I, rel. Min. Renato de Lacerda Paiva, 12.4.2012. (Informativo 5 do TST)

Ação anulatória. Trabalho em feriados no comércio em geral. Autorização em acordo coletivo. Impossibilidade. Exigência de previsão em convenção coletiva. Art. 6º-A da Lei nº 10.101/00. Nos termos do art. 6º-A da Lei nº 10.101/00, conforme alteração introduzida pela Lei nº 11.603/07, o trabalho no comércio em geral em feriados é possível tão somente mediante autorização firmada em convenção coletiva de trabalho, ou seja, negociação ajustada entre os sindicatos representativos das categorias econômica e profissional. Trata-se de dispositivo de interpretação restritiva que, fundada no princípio da proteção ao trabalho, não pode ser alargada para abarcar as autorizações concedidas em sede de acordo coletivo. Assim, a SDC, por unanimidade, deu provimento ao recurso ordinário do Sindicato do Comércio Varejista de Itapetininga para, julgando parcialmente procedente a ação anulatória, declarar a nulidade da cláusula quadragésima quarta (calendário de funcionamento do comércio em datas especiais) do ACT 2009/2010, firmado entre o réu e a empresa Arthur Lundgren Tecidos S.A. – Casas Pernambucanas, e da cláusula quadragésima terceira (calendário de funcionamento do comércio em datas especiais) do ACT 2009/2010, firmado entre o réu e a empresa Cofesa – Comercial Ferreira Santos Ltda. TST-RO-13955-13.2010.5.15.0000, SDC, rel. Min. Kátia Magalhães Arruda, 13.8.2012 (Informativo 17 do TST)

Gratificação de função percebida por dez ou mais anos. Reversão ao cargo efetivo. Incorporação devida. Pagamento a menor. Prescrição parcial. A prescrição aplicável à hipótese, em que se postula o pagamento de diferenças salariais decorrentes do pagamento a menor da gratificação de função incorporada em decorrência do exercício por dez ou mais anos de cargo/função de confiança, é a parcial. Na espécie, prevaleceu o entendimento de que a reclamada, ao destituir o empregado da função de confiança e aplicar norma interna da empresa, que previa somente o pagamento em percentuais escalonados, variáveis conforme o tempo de exercício da função, afrontou o princípio constitucional da irredutibilidade salarial, previsto no art. 7º, VI, da CF, e da estabilidade financeira, consoante o preconizado na Súmula n.º 372 do TST. Assim, tem-se que a lesão resultante do pagamento parcial da gratificação incorporada pelo empregado se renova mês a mês, porquanto ostenta natureza continuada, não havendo que falar em alteração contratual a atrair a incidência da Súmula n.º 294 do TST. Com esse entendimento, a SBDI-I, por unanimidade, conheceu dos embargos, por divergência jurisprudencial, e, no mérito, por maioria, deu-lhes provimento para afastar a prescrição total, determinando o retorno dos autos ao TRT da 3ª Região para que prossiga no julgamento do recurso ordinário interposto pela reclamada, como entender de direito. Vencidos os Ministros Brito Pereira, Milton de Moura França, João Oreste Dalazen, Ives Gandra Martins Filho, Maria Cristina Irigoyen Peduzzi e Renato de Lacerda Paiva. TST-E-RR-87300-36.2006.5.03.0016, SBDI-I, rel. Min. Lelio Bentes Corrêa, 16.8.2012 (Informativo 18 do TST)

Jornada mista. Trabalho prestado majoritariamente à noite. Adicional noturno. Súmula nº 60, II, do TST. Na hipótese de jornada mista, iniciada pouco após às 22h, mas preponderantemente trabalhada à noite (das 23:10h às 07:10h do dia seguinte), é devido o adicional noturno quanto às horas que se seguem no período diurno, aplicando-se o entendimento da Súmula nº 60, II, do TST. Assim, a SBDI-I, por unanimidade, conheceu dos embargos por divergência jurisprudencial e, no mérito, negou-lhes provimento. No caso, ressaltou-se que a interpretação a ser dada ao item II da Súmula nº 60 do TST não pode estimular o empregador a adotar jornada que se inicia pouco depois das 22h com o propósito de desvirtuar o preceito. Ademais, a exegese do art. 73, §§ 3º e 4º, da CLT, à luz dos princípios da proteção ao trabalhador e da dignidade da pessoa humana, permite concluir que, para garantir a higidez física e mental do trabalhador, o adicional noturno deve incidir sobre o labor executado durante o dia em continuidade àquele majoritariamente prestado à noite. TST-E-RR-154-04.2010.5.03.0149, SBDI-I, rel. Min. Augusto César Leite de Carvalho, 4.10.2012 (Informativo 24 do TST)

Cesta básica. Exclusão de empregados em contrato de experiência. Impossibilidade. A exclusão dos trabalhadores em contrato de experiência do pagamento de cesta básica não se coaduna com o princípio consagrado pelo art. 3º, IV, parte final, da Constituição da República, que veda qualquer forma de discriminação na promoção do bem de todos. Com base nesse entendimento, a SDC, por unanimidade, deu parcial provimento ao recurso ordinário do sindicato da categoria profissional, suscitante do dissídio de natureza econômica, para deferir a "Cláusula Oitava – Cesta básica" conforme a redação proposta pelo sindicato suscitado, porém incluindo os empregados em contrato de experiência. TST-RO-20260-19.2010.5.04.0000, SDC, Min. Kátia Magalhães Arruda, 9.10.2012 (Informativo 25 do TST)

Arguição de inconstitucionalidade. Trabalhador portuário avulso. Art. 27, §3º, da Lei n.º 8.630/93. Aposentadoria espontânea. Manutenção da inscrição junto ao OGMO. O Tribunal Pleno decidiu, por maioria de votos, rejeitar a arguição de inconstitucionalidade do art. 27, §3º, da Lei n.º 8.630/93 e, conferindo-lhe interpretação conforme a Constituição Federal, declarar que a aposentadoria espontânea do trabalhador avulso não implica o cancelamento da inscrição no cadastro e registro do trabalhador portuário junto ao Órgão de Gestão de Mão-de-Obra – OGMO. Invocou-se, na hipótese, o princípio da isonomia, especificamente previsto no art. 7º, XXXIV, da CF, e os fundamentos adotados pelo STF ao declarar a inconstitucionalidade do §2º do art. 453 da CLT com relação aos empregados com vínculo de emprego permanente (ADI 1721/DF), para sustentar que os princípios constitucionais ali enumerados, a saber, o valor social do trabalho, a existência digna e a busca do pleno emprego e o primado do trabalho, alcançam igualmente os trabalhadores avulsos, de modo que a aposentadoria espontânea, da mesma forma que não extingue automaticamente o vínculo de emprego, também não cancela a inscrição dos trabalhadores avulsos perante o OGMO. Vencidos os Ministros Aloysio Corrêa da Veiga, Antônio José de Barros Levenhagen, Brito Pereira, Maria Cristina Irigoyen Peduzzi, Maria de Assis Calsing, Renato de Lacerda Paiva, Lelio Bentes Corrêa, Alberto Luiz Bresciani de Fontan Pereira, Dora Maria da Costa e João Oreste Dalazen, que não conferiam a interpretação conforme a Constituição. Vencido, ainda, por fundamento diverso, o Ministro Luiz Philippe Vieira de Mello Filho. ArgInc-395400-83.2009.5.09.0322, Tribunal Pleno, rel. Min. Pedro Paulo Teixeira Manus, 15.10.2012 (Informativo 26 do TST)

Radialista. Enquadramento. Lei nº 6.615/78. Registro. Ausência. Princípio da primazia da realidade. A ausência de registro perante a Delegacia Regional do Trabalho não é óbice para o enquadramento do empregado na condição de radialista, desde que preenchidos os requisitos essenciais previsto na Lei nº 6.615/78, quais sejam, a prestação de serviço à empresa equiparada à de radiodifusão (art. 3º) e o exercício de uma das funções em que se desdobram as atividades mencionadas no art. 4º da referida lei. No caso, prevaleceu a tese de que a inobservância de exigência meramente formal não afasta o enquadramento pretendido, em atenção ao princípio da primazia da realidade e à não recepção da norma limitativa da liberdade de expressão pela Constituição Federal de 1988, na esteira da jurisprudência do STF quanto à exigência de diploma de jornalista. Assim, a SBDI-I, por unanimidade, no tópico, conheceu dos embargos do reclamante, por divergência jurisprudencial e, no mérito, deu-lhes provimento para restabelecer a decisão do Regional, que enquadrou o empregado como radialista. TST-E-ED-RR-2983500-63.1998.5.09.0012, SBDI-I, rel. Min. José Roberto Freire Pimenta, 7.3.2013 (Informativo 39 do TST)

Atividade Docente. Instrutora de informática. Curso profissionalizante. Reconhecimento da condição de professora. Princípio da primazia da realidade. Tendo em conta o princípio da primazia da realidade que rege as normas de Direito do Trabalho, a empregada contratada para o exercício da atividade de instrutora de informática, em estabelecimento que oferece cursos profissionalizantes, tem direito ao reconhecimento da condição de professora e à percepção das parcelas trabalhistas próprias dessa categoria. As exigências formais previstas no art. 317 da CLT são dirigidas aos estabelecimentos particulares de ensino. Assim, a SBDI-I, por unanimidade, conheceu dos embargos, por divergência jurisprudencial, e, no mérito, negou-lhes provimento. TST-E-ED-RR-6800-19.2007.5.04.0016, SBDI-I, rel. Min. João Oreste Dalazen, 11.4.2013 (Informativo 42 do TST)

Desvio de função. Caracterização. Pessoal escalonado em funções específicas em organograma de cargos e salários. Ausência de detalhamento das atribuições de cada cargo. Comprovação da modificação das atividades do empregado sem o respectivo aumento salarial. Princípios da igualdade e da primazia da realidade. Prevalência. A ausência de quadro de carreira ou a existência de pessoal escalonado em funções específicas em organograma de cargos e salários, mas sem que haja o detalhamento das atribuições de cada cargo, não têm o condão de obstar o deferimento de diferenças salariais com base no desvio de função, impedindo apenas o pleito de reenquadramento. No caso, deve prevalecer os princípios da igualdade e da primazia da realidade, sendo imprescindível, tão somente, a comprovação da modificação das atribuições originalmente conferida ao empregado, destinando-o a atividades mais qualificadas sem o respectivo acréscimo salarial. Com esses fundamentos, a SBDI-I, por unanimidade, conheceu dos embargos do reclamante, por divergência jurisprudencial, e, no mérito, deu-lhes provimento, para, reconhecendo o desvio de função, julgar procedente o pedido de diferenças salariais. Ressalvou entendimento o Ministro Renato de Lacerda Paiva. TST-E-RR-39000-14.2009.5.04.0015, SBDI-I, rel. Min. Augusto César Leite de Carvalho, 17.10.2013 (Informativo 63 do TST)

Empresa de telefonia. Terceirização ilícita. Atividade de call center. Reconhecimento de vínculo empregatício com a tomadora. Aplicação dos benefícios previstos nas normas coletivas celebradas pela real empregadora. Princípio da isonomia. Na hipótese em que reconhecido judicialmente o vínculo de emprego entre a reclamante e a tomadora de serviços, uma vez configurada a ilicitude da terceirização realizada em atividade fim da empresa de telefonia, no caso, call center, impõe-se a aplicação dos benefícios estabelecidos nas normas coletivas celebradas pela real empregadora, sob pena de ofensa ao princípio da isonomia. Nesse sentido, o fato de a reclamante cumprir carga horária de 36 horas por semana e a cláusula do acordo coletivo, ao assegurar o pagamento do auxílio-alimentação a todos os empregados da tomadora, fazer menção às jornadas de 40 e 44 horas semanais não pode ser tido como óbice ao pagamento do benefício. Tal referência objetivou apenas diferenciar os valores devidos aos empregados, sem, contudo, instituir limites à percepção do referido auxílio, o qual, no caso em tela, deverá ser pago observando-se a proporcionalidade entre a carga horária efetivamente trabalhada e o valor nominal individual previsto para os empregados da tomadora dos serviços na norma coletiva. Com esse entendimento, a SBDI-I, por unanimidade, conheceu dos embargos interpostos pela reclamada, por divergência jurisprudencial, e, no mérito, por maioria, negou-lhes provimento. Vencido o Ministro Renato de Lacerda Paiva. TST-E-ED-RR-1936-41.2011.5.03.0107, SBDI-I, rel. Min. João Oreste Dalazen, 20.3.2014 (Informativo 76 do TST)

Dispensa por justa causa. Desídia. Art. 482, "e", da CLT. Princípios da proporcionalidade e da gradação da pena. Inobservância. Falta grave afastada. Para a caracterização da desídia de que trata o art. 482, "e", da CLT, faz-se necessária a habitualidade das faltas cometidas pelo empregado, bem como a aplicação de penalidades gradativas, até culminar na dispensa por justa causa. Os princípios da proporcionalidade e da gradação da pena devem ser observados, pois as punições revestem-se de caráter pedagógico, visando o ajuste do empregado às normas da empresa. Nesse contexto, se o empregador não observa a necessária gradação da pena, apressando-se em romper o contrato de trabalho por justa causa, frustra o sentido didático da penalidade, dando azo à desqualificação da resolução contratual em razão do excessivo rigor no exercício do poder diretivo da empresa. Com esse entendimento, a SBDI-I, por unanimidade, conheceu dos embargos interpostos pela reclamada, por divergência jurisprudencial, e, no mérito, negou-lhes provimento. TST-E-ED-RR-21100-72.2009.5.14.0004, SBDI-I, rel. Min. Luiz Philippe Vieira de Mello Filho, 10.4.2014 (Informativo 79 do TST)

Turnos ininterruptos de revezamento. Regime de 4X2. Norma coletiva. Fixação de jornada superior a oito horas. Invalidade. A extrapolação habitual da jornada de oito horas, ajustada por negociação coletiva para o trabalho realizado em turnos ininterruptos de revezamento no regime de 4x2, invalida o ajuste, por frustrar a proteção constitucional prevista no art. 7º, XIV, da CF, além de ofender os princípios de proteção da dignidade da pessoa humana e dos valores sociais do trabalho. Assim, uma vez que a norma coletiva não produz efeitos jurídicos, aplica-se ao caso concreto a jornada de seis horas, devendo o período excedente à sexta hora ser pago como extra. Com esse entendimento, a SBDI-I, por unanimidade, negou provimento ao agravo regimental interposto pelo reclamado visando reformar decisão que denegara seguimento aos embargos por não vislumbrar divergência jurisprudencial específica, nem contrariedade à Súmula nº 423 do TST. TST-Ag-E-ED-RR-97300-08.2011.5.17.0121, SBDI-I, rel. Min. João Oreste Dalazen, 26.2.2015 (Informativo 100 do TST)

Empresa Brasileira de Correios e Telégrafos – ECT. Automação de serviços. Aproveitamento do empregado em função diversa, com acréscimo da jornada de trabalho. Licitude. Pagamento do período acrescido de forma simples, sem o adicional. O aproveitamento de empregado da Empresa Brasileira de Correios e Telégrafos – ECT sujeito à jornada reduzida do art. 227 da CLT em outra função com carga horária maior, e com o objetivo de preservar o emprego frente à automação de serviços (substituição das antigas máquinas de Telex por computadores) é lícito, devendo o período acrescido ser pago de forma simples, sem o adicional de horas extras. Na espécie, ressaltou-se que, não obstante a imutabilidade das cláusulas essenciais do contrato de trabalho, prevista no art. 468 da CLT, a jornada especial a que inicialmente submetido o empregado decorre de imperativo legal, sendo inafastável pela vontade das partes. Assim, não há falar em direito adquirido à jornada de seis horas, e, cessando a causa motivadora da jornada diferenciada, é permitido ao empregador exigir a duração normal do trabalho a que se refere o caput do art. 58 da CLT. Noutro giro, registrou-se que a partir do implemento de duas horas adicionais à jornada de trabalho, sem qualquer acréscimo remuneratório, houve patente redução de salário, em afronta ao princípio constitucional da irredutibilidade salarial (art. 7º, VI, da CF). Desse modo, mostra-se razoável garantir ao empregado o pagamento das 7ª e 8ª horas de forma simples, sem o adicional, pois a partir da adoção da jornada de oito horas o que ocorreu foi uma espécie de novação objetiva no contrato de trabalho e não dilatação da jornada normal. Com esse posicionamento, o Tribunal Pleno decidiu, por unanimidade, conhecer dos embargos da ECT, por divergência jurisprudencial, e, no mérito, por maioria, negar-lhes provimento, mantendo, portanto, a decisão turmária que determinara o pagamento das 7ª e 8ª horas de forma simples. Vencidos os Ministros

Márcio Eurico Vitral Amaro, relator, Ives Gandra Martins Filho, Brito Pereira, Renato de Lacerda Paiva, Aloysio Corrêa da Veiga, Dora Maria da Costa, Fernando Eizo Ono, Guilherme Augusto Caputo Bastos e Antonio José de Barros Levenhagen, os quais davam provimento ao recurso para reformar o acórdão da Turma e julgar improcedente o pedido. Decidiu-se, outrossim, submeter o tema à Comissão de Jurisprudência e de Precedentes Normativos para a elaboração de projeto de súmula contemplando a tese consagrada no presente caso. TST-E-RR-110600-80.2009.5.04.0020, Tribunal Pleno, rel. Min. Márcio Eurico Vitral Amaro, red. p/ acórdão Min. João Oreste Dalazen, 24.3.2015 (Informativo 102 do TST)

Dano moral. Princípio da dignidade humana. Limitação ao uso do banheiro. Empregada que labora na "linha de produção" de empresa de processamento de carnes e derivados. Ininterruptividade de atividade laboral. NR-36 da Portaria MTE nº 555/2013. A limitação ao uso do banheiro por determinação do empregador, ainda que a atividade laboral se dê nas denominadas "linhas de produção", acarreta constrangimento e exposição a risco de lesão à saúde do empregado, ao comprometer-lhe o atendimento de necessidades fisiológicas impostergáveis. A simples sujeição do empregado à obtenção de autorização expressa da chefia, para uso do banheiro, em certas circunstâncias, em si mesma já constitui intolerável constrangimento e menoscabo à dignidade humana. Tal conduta do empregador viola o princípio da dignidade humana e assegura o direito à indenização por dano moral, com fundamento no artigo 5º, X, da Constituição Federal e no artigo 186 do código Civil. No caso, entendeu-se, em sintonia com a NR-36 da Portaria MTE nº 555/2013, que a ininterruptividade do labor da empregada em "linha de produção" de empresa de processamento de carnes e derivados, não autoriza a restrição do acesso ao toalete a apenas duas vezes ao longo da jornada de labor, dependendo as demais do controle e autorização expressa da chefia. Sob esse entendimento, a SBDI-1, por unanimidade, conheceu dos embargos, por divergência jurisprudencial, e, no mérito, por maioria, vencido o Ministro Renato de Lacerda Paiva, deu-lhes provimento para condenar a reclamada ao pagamento de indenização por dano moral, que ora se fixa em R$ 30.000,00. TST-E-RR-3524-55.2011.5.12.0003, SBDI-1, rel. Min. João Oreste Dalazen, 8.10.2015. (Informativo 120 do TST)

Empregado com mais de um ano de serviço. Assistência sindical e homologação da rescisão do contrato de trabalho. Ausência. Nulidade do pedido de demissão. Art. 477, § 1º, da CLT. Presunção de demissão sem justa causa. Irrelevância da confissão de rescisão a pedido pelo empregado. A rescisão de contrato de trabalho de empregado que prestou serviços por mais de um ano deve ser homologada pelo sindicato respectivo ou por autoridade do Ministério do Trabalho, nos termos do art. 477, § 1º, da CLT. Do contrário, é inválido o pedido de demissão do empregado, ainda que ele confesse em juízo a sua disposição inicial de desligamento contratual, devendo a despedida ser reconhecida como imotivada. Com efeito, a norma é cogente e assegura a prevalência do princípio da indisponibilidade dos direitos trabalhistas, de modo que a declaração de que o pedido de demissão se deu sem vício de vontade não supre o requisito da assistência sindical, imposto pela lei. Sob esse entendimento, a SBDI-I, por maioria, conheceu do recurso de embargos do reclamante, por divergência jurisprudencial, vencidos os Ministros Hugo Carlos Scheuermann, relator, Ives Gandra da Silva Martins Filho, Renato de Lacerda Paiva e Walmir Oliveira da Costa. No mérito, por unanimidade, a Subseção deu provimento aos embargos para, declarada a invalidade do pedido de demissão, determinar o retorno dos autos ao juízo de origem para novo julgamento como entender de direito, agora sob a premissa de que a despedida ocorreu sem justa causa. TST-E-RR-825-12.2010.5.09.0003, SBDI-I, rel. Min. Hugo Carlos Scheuermann, 19.11.2015 (Informativo 124 do TST)

Auxílio-doença. Suspensão do contrato de trabalho. Falta praticada em período anterior à suspensão. Demissão por justa causa. Possibilidade. A suspensão do contrato de trabalho em virtude de gozo de auxílio-doença não impede a dispensa por justa causa, ainda que a prática do ato faltoso imputado ao trabalhador tenha sido anterior ao afastamento. Conquanto o recebimento de auxílio-doença constitua causa de suspensão do contrato de trabalho, ainda prevalecem, nesse período, os princípios norteadores da relação de emprego, a exemplo da lealdade, boa-fé, confiança recíproca, honestidade, etc. Assim, estando comprovado o justo motivo, a suspensão do contrato de trabalho não tem o condão de impedir o direito potestativo do empregador de pôr fim ao pacto laboral de imediato. A quebra de confiança compromete um importante pilar da contratação, sendo irrelevante o momento em que ocorreram os fatos ensejadores da demissão. Sob esses fundamentos, a SBDI-I, por unanimidade, conheceu do recurso de embargos por divergência jurisprudencial, e, no mérito, por maioria, deu-lhe provimento para restabelecer o acórdão do Regional, no particular. Vencidos os Ministros Lelio Bentes Corrêa, relator, e Aloysio Corrêa da Veiga. TST-E-ED-RR-20300-40.2008.5.01.0263, SBDI-I, rel. Min. Lelio Bentes Corrêa, red. p/ acórdão Min. Renato de Lacerda Paiva, 1º.12.2016 (Informativo 150 do TST)

Radialista. Acúmulo de funções dentro do mesmo setor. Direito a um adicional para cada função exercida. Inteligência do art. 13 da Lei nº 6.615/78. Princípio da isonomia e da proteção ao trabalhador. O empregado radialista que exerce diferentes funções dentro de um mesmo setor tem direito a um adicional por cada função acumulada. O pagamento de somente um adicional importaria em flagrante ofensa ao princípio da isonomia, pois o trabalhador que acumulasse mais de duas funções e, consequentemente, trabalhasse mais, receberia a mesma quantia daquele que acumulasse apenas duas funções. Ademais, o art. 13 da Lei nº 6.615/78, ao prever o pagamento de adicional mínimo pela função acumulada, deve ser interpretado no sentido de que seu objetivo foi garantir ao radialista remuneração proporcional ao aumento da responsabilidade e do trabalho decorrente do acúmulo de funções, em respeito ao princípio da proteção ao trabalhador. Sob esses fundamentos, a SBDI-I, por unanimidade, conheceu dos embargos quanto ao tema, por divergência jurisprudencial e, no mérito, por maioria, negou-lhes provimento. Vencidos os Ministros João Oreste Dalazen e Márcio Eurico Vitral Amaro. TST-E-ED-RR-2983500-63.1998.5.09.0012, SBDI-I, rel. Min. José Roberto Freire Pimenta, 9.3.2017 (Informativo 154 do TST)

Ação anulatória. Gestante. Garantia de emprego. Ampliação do prazo. Cláusula restrita às empregadas contratadas por prazo indeterminado. Validade. Inexistência de afronta ao princípio da isonomia. É válida cláusula de acordo coletivo de trabalho que aumenta, de 180 para 210 dias, o prazo da estabilidade provisória das empregadas gestantes admitidas por prazo indeterminado. O tratamento diferenciado em relação às empregadas contratadas por prazo determinado não ofende o princípio da isonomia, pois a natureza do vínculo de trabalho, nas duas situações, é distinta. Ademais, a norma em questão é resultado da negociação entre os atores sociais e contou com a aprovação inequívoca da categoria profissional. Sob esses fundamentos, a SDC, por maioria, deu provimento ao recurso ordinário para julgar improcedente o pedido de nulidade da Cláusula Vigésima Sexta – Garantia de Emprego ou Indenização Gestantes, constante do acordo coletivo de trabalho firmado entre a Souza Cruz S.A. e o Sindicato dos Empregados Vendedores e Viajantes do Comércio no Estado do Pará. Vencido o Ministro Mauricio Godinho Delgado. TST-RO-422-69.2016.5.08.0000, SDC, rel. Min. Maria de Assis Calsing, 5.6.2017 (Informativo 160 do TST)

Dano moral. Configuração. Intermediação fraudulenta de mão de obra mediante cooperativa. A contratação de empregado para atuar na atividade fim da empresa, condicionada à filiação a cooperativa fraudulenta, enseja o pagamento de indenização por danos morais, pois constitui prática de ato ilícito que precariza a relação laboral e desvirtua a finalidade social do trabalho, estando em desalinho com os princípios constitucionais da dignidade da pessoa humana e do valor social do trabalho. Sob esse fundamento, a SBDI-I, por unanimidade, conheceu dos embargos, por divergência jurisprudencial, e, no mérito, por maioria, negou-lhes provimento. Vencidos os Ministros Maria Cristina Irigoyen Peduzzi e Ives Gandra Martins Filho. TST-E-RR-216100-08.2008.5.02.0027, SBDI-I, rel. Min. Augusto César Leite de Carvalho, 15.3.2018 (Informativo 174 do TST)

Adicional de insalubridade. Estipulação de base de cálculo mais benéfica que o salário mínimo. Adoção do salário básico por liberalidade da empresa. Direito adquirido dos empregados. A estipulação, por mera liberalidade da empresa, de base de cálculo mais vantajosa que o salário mínimo para o pagamento do adicional de insalubridade configura direito adquirido dos empregados. Assim, não pode a empregadora, a pretexto de ajustar-se ao entendimento fixado pelo Supremo Tribunal Federal na Súmula Vinculante 4, passar a utilizar o salário mínimo como base de cálculo do adicional de insalubridade, em detrimento do salário básico anteriormente adotado, sob pena de haver alteração contratual lesiva, a que se refere o art. 468 da CLT, e afronta ao princípio da irredutibilidade salarial. Sob esses fundamentos, a SBDI-I, por unanimidade, conheceu dos embargos, por divergência jurisprudencial, e, no mérito, por maioria, deu-lhes provimento para restabelecer o acórdão do Tribunal Regional, que determinara o cálculo do adicional de insalubridade sobre o salário básico e o pagamento das diferenças salariais advindas do pagamento da referida parcela sobre o salário mínimo. Vencidos os Ministros Guilherme Augusto Caputo Bastos, relator, Alberto Luiz Bresciani de Fontan Pereira e Márcio Eurico Vitral Amaro. TST-EARR-11693-79.2015.5.18.0017, SBDI-I, rel. Min. Guilherme Augusto Caputo Bastos, red. p/acórdão Min. Hugo Carlos Scheuermann, 7.6.2018 (Informativo 180 do TST)

Fornecimento de desjejum. Supressão. Dano moral coletivo. Não configuração. (...) DANO MORAL COLETIVO. SUPRESSÃO DO FORNECIMENTO DE DESJEJUM. 1 – A controvérsia entre as partes relaciona-se a definir se a suspensão do fornecimento de desjejum aos empregados da ré, em desrespeito ao direito adquirido daqueles trabalhadores que já usufruíam do benefício, resulta em dano moral coletivo. 2 – A ofensa a direitos transindividuais, que enseja a indenização por danos morais coletivos é a lesão à ordem jurídica, patrimônio jurídico de toda a coletividade. Assim, não cabe perquirir acerca da lesão subjetiva a cada um dos componentes da coletividade ou mesmo da verificação de um sentimento social de indignação, desapreço ou repulsa, mas da gravidade da violação infligida à ordem jurídica, mormente às normas que têm por finalidade a tutela dos direitos mínimos assegurados aos trabalhadores, em atenção aos princípios constitucionais da dignidade da pessoa humana e do equilíbrio entre os valores sociais do trabalho e da livre iniciativa. 3 – Na espécie, o Tribunal de origem, com fulcro nas provas produzidas, concluiu que a conduta da demandada de não fornecer desjejum a todos os empregados a partir de 14/2/2015 configura dano moral coletivo, porquanto gerou repercussão nos direitos da coletividade dos empregados atingidos, arbitrando à indenização o valor de R$ 70.000,00. 4 – A suspensão de desjejum, direito de natureza contratual a ser respeitado quanto aos empregados contratados anteriormente, em que pese representar inquestionável conduta antijurídica, não se apresenta com gravidade o bastante que possa configurar dano moral coletivo. Com efeito, dano moral coletivo não se configura pelo mero descumprimento de norma imperativa, de modo a demandar a existência de efetiva lesão ao patrimônio imaterial da coletividade, situação não configurada nos autos. Dessa forma, patente a violação dos arts. 186 e 927 do Código Civil diante da condenação da empresa ré ao pagamento de indenização por dano moral coletivo. 5 – Recurso de revista conhecido e provido. (TST-ARR-166-39.2015.5.17.0121, 6ª Turma, rel. Min. Kátia Magalhães Arruda, julgado em 22.5.2019) (Informativo 196 do TST)

Reenquadramento sindical. Normas coletivas da categoria anterior mais benéficas. Violação do princípio da boa-fé objetiva. "(...) BENEFÍCIOS PREVISTOS EM NORMAS COLETIVAS ADOTADAS DURANTE TODO O PACTO LABORAL. NOVO ENQUADRAMENTO SINDICAL. NORMA MENOS FAVORÁVEL. PREJUÍZO AO EMPREGADO. VIOLAÇÃO DO PRINCÍPIO DA BOA-FÉ OBJETIVA. No caso ora em apreço, extrai-se da leitura do acórdão regional que, por ocasião da ruptura contratual, a autora foi surpreendida com a negativa da empregadora em conceder-lhe direitos previstos nas normas coletivas que eram correntemente aplicadas durante todo o pacto laboral, o que fez sob o fundamento de equívoco no enquadramento sindical adotado. Entretanto, ao determinar o reenquadramento, a ré deixou de cumprir as normas da categoria profissional até então observadas, mais benéficas que as do novo enquadramento e assim causou prejuízo à trabalhadora dispensada. Trata-se aqui da questão da boa-fé contratual e da aplicação de três princípios basilares de Direito do Trabalho: o da primazia da realidade, o da condição mais benéfica e o da razoabilidade. Deveras, o procedimento da ré, ao alterar a norma de conduta sedimentada para o desenvolvimento do contrato (artigo 422 do Código Civil), para não cumprir as normas coletivas sempre observadas pelas partes, invocando novas normas para negar-se ao cumprimento das anteriores, ofendeu o princípio da boa-fé objetiva. Por outro lado, pelo princípio da primazia da realidade, há de prevalecer a realidade dos fatos na execução do contrato, para fins de proteção das relações de trabalho. Com efeito, se as normas coletivas estabelecidas para o contrato de trabalho da reclamante foram as negociadas entre o SINDUSCON e a categoria econômica dos trabalhadores da construção civil, para o qual a empresa vertia as contribuições obrigatórias e eram mais benéficas do que as do adequado enquadramento, essa é a realidade a ser observada e, pelo princípio da razoabilidade, a solução capaz de realizar o direito, ou seja, a justiça do caso concreto (artigo 170, caput, da Constituição Federal). Finalmente, pelo princípio da condição mais benéfica, a norma posterior (do novo enquadramento) não pode suprimir ou reduzir direitos já incorporados ao patrimônio do empregado, porque mais benéfica a condição existente. Outrossim, a cláusula geral de boa-fé objetiva também abrange a máxima nemo potest venire contra factum proprium ("ninguém pode se voltar contra fato próprio"). Tal instituto estabelece a proibição de atitudes contraditórias das partes, evitando-se a frustração de expectativas legítimas do outro integrante da relação contratual, situação verificada in casu. Destarte, por entender maculado o princípio da boa-fé objetiva no contrato de trabalho em análise, merece reforma o acórdão regional para restabelecimento da sentença que julgou procedente o pedido de condenação da ré ao deferimento dos direitos previstos nas normas coletivas anteriores ao reenquadramento. Recurso de revista conhecido por violação do artigo 422 do Código Civil e provido.(...)" (TST-RR-1214-79.2014.5.07.0013, 3ª Turma, rel. Min. Alexandre Agra Belmonte, julgado em 5.6.2019) (Informativo 198 do TST)

Vestimenta padronizada. Exigência. Desproporcionalidade entre o custo e o salário recebido. Abuso do poder diretivo. Configuração. "(...) RECURSO DE REVISTA DO RECLAMANTE EM FACE DE DECISÃO PUBLICADA NA VIGÊNCIA DA LEI Nº 13.015/2014. EXIGÊNCIA DE VESTIMENTA PADRONIZADA. DRESS CODE. TRAJE SOCIAL. INDENIZAÇÃO. PRINCÍPIO DA ALTERIDADE. PODER DIRETIVO DO EMPREGADOR. LIMITES. Não há dúvidas de que o estabelecimento de dress code (ou código de vestimenta) se insere no poder diretivo do empregador de conduzir sua atividade da forma que melhor lhe aprouver, conforme o disposto no artigo 2º da CLT. Tal direito, contudo, deve ser exercido em observância aos princípios da razoabilidade e proporcionalidade e em respeito à dignidade do empregado. Assim, entende-se que na sua definição, o empregador deve observar: a) a razoabilidade da exigência em si, materializada na compatibilidade da vestimenta com a função exercida, critério que varia de acordo com os costumes da profissão, tempo, lugar e demais circunstâncias do caso concreto; e b) em se tratando de peça de vestuário de uso não comum no dia-a-dia, à proporcionalidade entre o seu custo e a remuneração do empregado, de modo que os valores despendidos não represente comprometimento significativo do seu salário, a caracterizar a transferência ilegal dos riscos do negócio. A análise, portanto, é casuística, a depender dos elementos fáticos de cada caso. A exigência de terno e gravata para advogados em escritórios de advocacia, ou para executivos em grandes empresas, por exemplo, é diferente da mesma determinação para trabalhadores de outros ramos. No presente caso, constou do quadro fático que a reclamada exigia a utilização de traje social, costume composto de terno, camisa de manga longa, calça social, sapatos e gravata. A própria ré afirmou em contestação que o maior salário do autor, contratado para a função de "auxiliar operacional", foi de R$ 1.601,94. Ainda, descreveu que suas atividades consistiam em: "-Inibição, pela mera força de sua presença, a ocorrência de furto e roubo; – Observação da entrada e saída de clientes e funcionários das lojas/escritórios, visando detectar eventuais problemas.". Quanto ao primeiro critério, verifica-se que a exigência se mostra razoável, considerando ser comum o uso do referido traje por profissionais da área descrita pela reclamada, especialmente no ambiente em que o autor trabalhava – joalheria de luxo. Por outro lado, ao contrário do decidido pelo Tribunal Regional, ainda que o traje social seja composto de roupas de uso comum, com grande variedade de oferta no mercado, não se trata de indumentária indispensável, utilizada no dia-a-dia pela maioria dos trabalhadores nos diversos ramos de atividade. Ao contrário, hoje, constitui exceção à regra, restrito aos ambientes formais e de negócios, sendo que até mesmo nestes tem sido relativizado. Ademais, considerando a remuneração informada pela ré (R$1.601,94) e que, por certo, o autor necessitava de mais de um traje para executar suas atividades diárias, resulta patente, no presente caso, a desproporcionalidade entre o custo da referida vestimenta e o salário recebido. Caracterizado, portanto, o abuso do poder diretivo e a transferência ilegal dos riscos do empreendimento. Recurso de revista conhecido e provido." (TST-ARR-1328-76.2012.5.04.0011, 7ª Turma, rel. Min. Cláudio Mascarenhas Brandão, julgado em 28.8.2019) (Informativo 203 do TST)

Trabalho a bordo de cruzeiros marítimos. Navio estrangeiro. Pré-seleção no Brasil. Serviços prestados em águas territoriais de países diversos. Aplicação da legislação brasileira. "(...) 3. CONTRATO INTERNACIONAL DE TRABALHO A BORDO DE NAVIO DE CRUZEIROS MARÍTIMOS. EMPREGADO PRÉ-SELECIONADO NO BRASIL PARA TRABALHAR EM NAVIO ESTRANGEIRO. DESEMPENHO DAS ATIVIDADES EM ÁGUAS TERRITORIAIS DE DIVERSOS PAÍSES E TAMBÉM NA COSTA BRASILEIRA. LEGISLAÇÃO APLICÁVEL. 1. Caso em que a Corte Regional concluiu que o contrato de trabalho mantido entre as partes – trabalhador nacional e empresa que explora cruzeiros marítimos – deveria ser regulado pela CLT, norma mais benéfica em relação à Convenção das Nações Unidas sobre o Direito do Mar e que foi incorporada ao ordenamento jurídico pátrio por meio do Decreto n.º 99.165, de 12/03/1990. A Corte Regional concluiu que o contrato de trabalho mantido entre as partes – trabalhador nacional e empresa que explora cruzeiros marítimos – deveria ser regulado pela CLT, norma mais benéfica em relação à Convenção das Nações Unidas sobre o Direito do Mar e que foi incorporada ao ordenamento jurídico pátrio por meio do Decreto n.º 99.165, de 12/03/1990. A motivação adotada pelo Regional está amparada na seguinte ordem de considerações: a) o trabalho em embarcações é regulado, em princípio, pela "lei do pavilhão" – lei do local da matrícula da embarcação (Código de Bustamante); b) entre as exceções à regra do pavilhão, construídas pela doutrina e jurisprudência, está a chamada "bandeira de favor", aplicável quando não há vínculo entre o país em que matriculada a embarcação e o explorador da atividade (armador); c) no caso, situado o armador em Nassau, Bahamas, é inaplicável a legislação maltesa, cumprindo examinar o local da contratação e da prestação de serviços; d) a prova produzida revelou que a segunda reclamada possui sede em São Paulo e que a pré-contratação do reclamante foi feita no Brasil, tendo ele atuado, pelo menos em alguns meses do ano, em águas brasileiras; e) aplicável o art. 8º da Resolução Normativa nº 71/2006, do Conselho Nacional de Imigração (MTE), segundo o qual "Os brasileiros recrutados no Brasil e embarcados para laborar apenas durante a temporada de cruzeiros marítimos pela costa brasileira deverão ser contratados pela empresa estabelecida no Brasil ou na ausência desta, pelo agente marítimo responsável pela operação da embarcação, cujo contrato de trabalho será vinculado à legislação trabalhista brasileira aplicável à espécie."; f) cancelada a Súmula 207 do TST, deve prevalecer a norma mais favorável, na forma do art. 3º, II, da Lei 7.064/82 (alterada pela Lei 11.962/2009); e g) a Convenção das Nações Unidas sobre Direito do Mar (CNUDM) não contempla conteúdo material protetivo de direitos humanos e, portanto, não se sobrepõe à CLT. A situação fática e jurídica de trabalhadores nacionais admitidos para atuação em empresas de cruzeiros marítimos é singular e diferenciada, sujeitando-se a tratamento normativo próprio e específico, composto, entre outras normas, pela Convenção das Nações Unidas sobre o Direito do Mar (ratificada pelo Decreto n.º 99.165, de 12/03/1990) e pela Resolução Normativa nº 71/2006 do Conselho Nacional de Imigração do Ministério do Trabalho e Emprego. Buscando equacionar conflitos de leis no espaço, o art. 9º da LINDB dispõe que "Para qualificar e reger as obrigações, aplicar-se-á a lei do país em que se constituírem." No campo das relações de trabalho, o Código de Bustamante (Convenção de Havana) consagra o princípio da territorialidade, segundo o qual "Também é territorial a legislação sobre acidentes do trabalho e proteção social do trabalhador" (art. 198). No entanto, a aplicação desse princípio da territorialidade, inscrito no art. 198 do Código de Bustamante, e a própria incorporação da Convenção das Nações Unidas sobre Direito do Mar não configuram, objetivamente, renúncia ao sistema jurídico nacional de proteção social dos trabalhadores, notadamente em face do que se contem no § 2º do art. 5º da CF, segundo o qual "Os direitos e garantias expressos nesta Constituição não excluem outros decorrentes do regime e dos princípios por ela adotados, ou dos tratados internacionais em que a República Federativa do Brasil seja parte." Ainda relevante notar que os direitos trabalhistas, como espécie de direitos humanos fundamentais, estão vinculados ao espectro de proteção presente no caput do art. 7º da CF, que consagra, de modo expresso, o princípio da proibição do retrocesso, disso resultando que a mera incorporação de diplomas internacionais de conteúdo genérico – como no caso da Convenção das Nações Unidas sobre Direito do Mar – não pode significar a exclusão dos direitos assegurados na legislação doméstica. Significa dizer, ainda com fundamento no § 2º do art. 5º da CF e seguindo a linha histórico-evolutiva ou da progressividade dos direitos humanos, que o conjunto de direitos e garantias já consagrados pela Carta Política pode ser acrescido por direitos e garantias outros, desde que compatíveis com o regime e princípios por ela reconhecidos ou que sejam originários de normas internacionais. Feitas essas considerações, observa-se que a Convenção das Nações Unidas sobre Direito do Mar, relativamente às questões sociais ligadas ao trabalho, apenas estatui obrigações para os Estados signatários no sentido de garantir medidas necessárias para garantir a segurança no mar, no que se refere, "à composição, condições de trabalho e formação das tripulações, tendo em conta os instrumentos internacionais aplicáveis" (art. 94, III, b), também fixando a obrigação aos países de exercício de "(...) sua jurisdição de conformidade com o seu direito interno sobre todo o navio que arvore a sua bandeira e sobre o capitão, os oficiais e a tripulação, em questões administrativas, técnicas e sociais que se relacionem com o navio." (art. 94, II, b). A Lei 7.064/82, editada muitos anos após a ratificação das Convenções de Havana (Bustamante) e das Nações Unidas sobre Direito do Mar, disciplina a situação de trabalhadores contratados no Brasil ou transferidos para prestar serviço no exterior, assegurando-lhes "a aplicação da legislação brasileira de proteção ao trabalho, naquilo que não for incompatível com o disposto nesta Lei, quando mais favorável do que a legislação territorial, no conjunto de normas e em relação a cada matéria." (art. 3º, II). Por sua vez, o art. 19, item 8, da Constituição da Organização Internacional do Trabalho (OIT), no qual inscrito, em plano internacional, o princípio da norma mais favorável ao trabalhador, assim dispõe": "Em caso algum, a adoção, pela Conferência, de uma convenção ou recomendação, ou a ratificação, por um Estado-Membro, de uma convenção, deverão ser consideradas como afetando qualquer lei, sentença, costumes ou acordos que assegurem aos trabalhadores interessados condições mais favoráveis que as previstas pela convenção ou recomendação". Desse complexo sistema de normas jurídicas, de origem doméstica e internacional (nesse caso incorporadas com status de lei ordinária), resta claro que deve prevalecer o postulado da norma mais favorável ao trabalhador. No caso presente, das premissas fáticas contidas no acórdão regional, extrai-se que as tratativas antecedentes à contratação e a própria contratação ocorreram no Brasil, por empresa sediada na cidade de São Paulo, havendo labor em águas brasileiras e estrangeiras. Consta também que o embarque dos "préselecionados" em navios dependia da exibição de carta de emprego. Logo, além de competente a Justiça brasileira, o conteúdo obrigacional do pacto jurídico celebrado apenas poderia ser fixado a partir da legislação nacional, mais benéfica em relação à Convenção das Nações Unidas sobre Direito do Mar, por expressa imposição dos arts. 5º, § 2º, da CF, 9º da LINDB e 3º, II, da Lei 7064/82 e 19, item 8, da Constituição da Organização Internacional do Trabalho (OIT). Não se divisa, portanto, ofensa aos artigos 5º, II e §§ 2º e 3º, da CF, 9º da Lei de Introdução às Normas do Direito Brasileiro, 1º, 2º e 3º da Lei nº 7.064/82 e 198 da Convenção de Havana. A matéria não foi prequestionada à luz do disposto nos artigos 274, 279 e 281 da Convenção de Havana, 91 da Convenção da ONU sobre o Direito do Mar de 1982, 27 da Convenção de Viena da ONU sobre o Direito dos Tratados de 1969, 1º e 2º da Declaração relativa aos princípios e direitos fundamentais do trabalho da OIT, 427 e 435 do Código Civil (Súmula 297 do TST). Sem embargo da discussão processual fundada na admissibilidade do recurso de revista, diante dos limites objetivos do art. 896 da CLT, não foi examinada pela Corte de origem a sugerida contrariedade à Tese 210, fixada em regime de repercussão geral no julgamento dos RE's 636.331 e 466.343-1 (Súmula 297 do TST). Recurso de revista não conhecido. (...)" (TST-RR-10285-19.2016.5.09.0001, 5ª Turma, rel. Min. Douglas Alencar Rodrigues, julgado em 4.9.2019) (Informativo 204 do TST)

Dano moral. Configuração. Professor. Dispensa imotivada. Início do semestre letivo. "RECURSO DE REVISTA INTERPOSTO SOB A ÉGIDE DAS LEIS Nºs 13.015/2014, 13.105/2015 E 13.467/2017. PROFESSOR. DISPENSA IMOTIVADA NO INÍCIO DO SEMESTRE LETIVO. DANO MORAL. CONFIGURAÇÃO. Em reverência ao princípio da continuidade da relação de emprego, o legislador constituinte erigiu a proteção contra despedida arbitrária à garantia fundamental dos trabalhadores. Nesse aspecto, ressoa o inciso I do art. 7º da Constituição Federal. Há situações em que nem mesmo as compensações adicionais (arts. 7º, XXI, e 10, "caput" e inciso I, do ADCT) se propõem a equacionar a desigualdade social inaugurada pelo desemprego. É o caso. A jurisprudência deste Tribunal segue no sentido de reconhecer que a dispensa imotivada do professor no início do semestre letivo impossibilita a sua recolocação no mercado de trabalho, configurando o dano moral. Assim, cabível a reparação pelos danos a direito de personalidade. Precedentes. Recurso de revista conhecido e provido." (TST-RR-1820-34.2015.5.20.0006, 3ª Turma, rel. Min. Alberto Luiz Bresciani de Fontan Pereira, julgado em 11.9.2019) (Informativo 205 do TST)

Ação rescisória. Art. 485, V, do CPC de 1973. Professor. Readaptação em função administrativa. Cômputo da jornada de trabalho tendo em conta a hora-relógio e não a hora-aula assegurada à categoria de origem. Violação do art. 7º, VI, da CF. Configuração. Assegurada a irredutibilidade salarial. Em razão do princípio constitucional da irredutibilidade salarial, o professor readaptado em função administrativa tem direito à manutenção dos salários que percebia quando do exercício de suas atribuições anteriores, incluindo as vantagens pessoais e os reajustes posteriormente concedidos à categoria de origem. No caso, a sentença rescindenda entendeu lícita a conduta do empregador que, após a readaptação da empregada, passou a exigir o cumprimento da jornada de 30 horas semanais tendo em conta a hora-relógio e não a hora-aula de 50 min (diurna) ou 45 min (noturna), ao fundamento de que o Estatuto do Magistério rege apenas o trabalho prestado por professores, categoria diferenciada em função da natureza da profissão. Todavia, a readaptação do docente em nova função não pode implicar redução salarial, pois é alternativa de trabalho para empregado que sofreu redução de sua capacidade laborativa, e tem por objetivo promover a dignidade da pessoa humana. Sob esse entendimento, a SBDI-II, por unanimidade, conheceu do recurso ordinário e, no mérito, por maioria, deu-lhe parcial provimento para, julgando procedente a ação rescisória (art. 485, V, do CPC de 1973), por violação do art. 7º, VI, da CF, desconstituir parcialmente a sentença rescindenda e, em juízo rescisório, julgar procedentes em parte os pedidos formulados na ação matriz para determinar ao empregador o cumprimento do Estatuto do Magistério e das demais normas correlatas à atividade de docência enquanto perdurar a readaptação, e condená-lo ao pagamento de horas extras e reflexos. Vencidos os Ministros Renato de Lacerda Paiva e Alexandre Agra Belmonte. TST-RO-1583-61.2012.5.15.0000, SBDI-II, rel. Min. Douglas Alencar Rodrigues, 8.10.2019 (Informativo 205 do TST)

"(...) DANOS MORAIS. SUPRESSÃO DA GRATIFICAÇÃO DE FUNÇÃO DURANTE O GOZO DE FÉRIAS. VIOLAÇÃO DA BOA-FÉ E DA DIGNIDADE DO TRABALHADOR. 1. Trata-se de hipótese em que o reclamante teve suprimida a gratificação de função em circunstâncias que violaram os princípios da boa-fé e da dignidade da pessoa humana. 2. Conforme consignou o Regional, o autor foi destituído do cargo de gerente quando estava em gozo de férias, sequer tomando ciência, e, após, passou a exercer a função de técnico bancário em um guichê. Além disso, o cargo de gerência ocupado pelo autor continuou a existir, ainda que sob outra denominação, tanto que veio um funcionário de fora para ocupá-lo. Concluiu as instâncias ordinárias, com base na prova produzida, que a destituição do cargo comissionado não se deu dentro dos limites do poder diretivo do empregador. 3. Assim, evidenciada a conduta ilícita do reclamado ao proceder ao descomissionamento do reclamante, é devida a indenização por danos morais, não havendo falar em violação dos artigos indicados. Recurso de revista não conhecido." (TST-RR-1308-20.2013.5.09.0041, 2ª Turma, rel. Min. Maria Helena Mallmann, julgado em 15.10.2019) (Informativo 209 do TST)

"[...] 2. INDENIZAÇÃO POR DANOS MORAIS. ISOLAMENTO E ESVAZIAMENTO DAS FUNÇÕES. DESRESPEITO AOS PRINCÍPIOS FUNDAMENTAIS DA DIGNIDADE DA PESSOA HUMANA, DA INVIOLABILIDADE PSÍQUICA (ALÉM DA FÍSICA) DA PESSOA HUMANA, DO BEM-ESTAR INDIVIDUAL (ALÉM DO SOCIAL) DO SER HUMANO, TODOS INTEGRANTES DO PATRIMÔNIO MORAL DA PESSOA FÍSICA. DANO MORAL CARACTERIZADO. A conquista e afirmação da dignidade da pessoa humana não mais podem se restringir à sua liberdade e intangibilidade física e psíquica, envolvendo, naturalmente, também a conquista e afirmação de sua individualidade no meio econômico e social, com repercussões positivas conexas no plano cultural – o que se faz, de maneira geral, considerado o conjunto mais amplo e diversificado das pessoas, mediante o trabalho e, particularmente, o emprego. O direito à indenização por dano moral encontra amparo no art. 5º, V e X, da Constituição da República; e no art. 186 do CCB/2002, bem como nos princípios basilares da nova ordem constitucional, mormente naqueles que dizem respeito à proteção da dignidade humana, da inviolabilidade (física e psíquica) do direito à vida, do bem-estar individual (e social), da segurança física e psíquica do indivíduo, além da valorização do trabalho humano. O patrimônio moral da pessoa humana envolve todos esses bens imateriais, consubstanciados, pela Constituição, em princípios fundamentais. Afrontado esse patrimônio moral, em seu conjunto ou em parte relevante, cabe a indenização por dano moral, deflagrada pela Constituição de 1988. No caso vertente, o Tribunal Regional reformou a sentença que considerara caracterizado o dano moral ensejador da reparação pretendida, decorrente do isolamento vivenciado pelo Reclamante, no ambiente de trabalho e do esvaziamento de suas funções. Para tanto, registrou o TRT que 'inexiste prova cabal de que o reclamante não foi convidado para participar de reuniões importantes, na medida em que se mostra insuficiente ao convencimento do julgador a mera assertiva de uma testemunha no sentido de que avistava de seu posto de trabalho a sala de reunião e ali não via o autor. Registre-se, ainda, que tarefas no depósito não se mostram estranhas à rotina de um assistente de gerente de supermercado (...)'. A alteração funcional aponta para evidente retaliação empresarial, já que o Autor era assistente de gerente e, abruptamente, foi transferido para exercer funções no depósito e, além disso, foi impedido de participar das reuniões das quais os assistentes de gerente sempre participaram, causando ao Obreiro abalo emocional. Diante da submissão do Obreiro a situações que atentaram contra a sua dignidade, a sua integridade psíquica e o seu bem-estar individual – bens imateriais que compõem seu patrimônio moral protegido pela Constituição -, tem ele, de fato, direito à reparação moral, conforme autorizam o inciso X do art. 5º da Constituição Federal e os arts. 186 e 927, caput, do CCB/2002. Recurso de revista conhecido e provido no tema. (TST-RR-986-15.2014.5.06.0181, 3ª Turma, rel. Min. Maurício Godinho Delgado, julgado em 6/5/2020.) (Informativo 218 do TST)

Embargos. Recurso de Revista. Empresa Brasileira de Correios e Telégrafos – ECT. Empregado reabilitado em função interna após acidente de trabalho. Manutenção do Adicional de Atividade de Distribuição e/ou Coleta Externa (AADC). Possibilidade. Art. 7º, VI, da CF. Princípio da irredutibilidade salarial. A SBDI-1, por unanimidade, conheceu do recurso de Embargos e, no mérito, por maioria, vencidos os Ministros Alexandre Luiz Ramos e Maria Cristina Irigoyen Peduzzi, deu-lhe provimento para condenar a reclamada ao pagamento do Adicional de Atividade de Distribuição e/ou Coleta Externa (AADC) ao empregado da ECT readaptado em decorrência de acidente de trabalho, que passou a exercer atividade interna na empresa, mas que já recebia o adicional por exercício de atividade externa antes do afastamento.

A decisão foi fundamentada no princípio constitucional da irredutibilidade salarial, consubstanciado no art. 7º, VI, da CF, que tem como consectário a proteção à estabilidade financeira, e no art. 461, § 4º, da CLT, que inviabiliza a equiparação salarial quando o paradigma for trabalhador readaptado em face de acidente de trabalho ou doença ocupacional, havendo, portanto, previsão legal para que esse trabalhador receba parcelas não compatíveis com sua atual função, como condição personalíssima. TST-E-ARR 10927-50.2016.5.09.0014, SBDI-I, rel. Alberto Luiz Bresciani de Fontan Pereira, 20/8/2020. (Informativo 223 do TST)

"RECURSO DE REVISTA. LEI Nº 13.015/2014. CPC/2015. INSTRUÇÃO NORMATIVA Nº 40 DO TST. LEI Nº 13.467/2017. ECT. INCORPORAÇÃO DE FUNÇÃO. ESTABILIDADE FINANCEIRA. IRRETROATIVADADE DA LEI Nº 13.467 DE 2017. DIREITO ADQUIRIDO. LIMITAÇÃO DO PERÍODO A SER CONSIDERADO PARA A INCORPORAÇÃO DAS GRATIFICAÇÕES. TRANSCENDÊNCIA JURÍDICA DA CAUSA RECONHECIDA. A discussão dos autos se refere à incorporação de gratificação de função em razão de atividades exercidas pelo empregado no período de 2005 a 2018. Logo, de início, é preciso estabelecer as regras de direito intertemporal aplicáveis ao caso, tendo em vista o advento do artigo 468, § 2º, da CLT, norma de caráter material introduzida pela Lei nº 13.467/2017. No tema em particular, esta Corte Superior já se manifestou no sentido de que, para as situações constituídas anteriormente à vigência da Lei nº 13.467/2017 (preenchimento do requisito necessário ao reconhecimento da pretensão em período anterior à novel legislação), será mantido o direito do empregado à incorporação das funções exercidas. Entendimento contrário implicaria violação da garantia constitucional da irretroatividade da lei (artigo 5º, XXXVI) que assegura proteção ao direito adquirido (artigo 6º da Lei de Introdução às Normas do Direito Brasileiro). Ou seja, tendo recebido as referidas gratificações por dez ou mais anos, considerando a data limite de 11/11/2017 (vigência da lei), deverá ser observado o entendimento contido na Súmula nº 372 do TST, vigente à época dos fatos. O verbete sumular traz consigo posicionamento firmado por esta Corte Superior – antes das alterações provenientes da Lei nº 13.467/2017 – que visou a materializar o princípio da estabilidade econômica nas relações de trabalho. Tal preceito, oriundo do Direito Administrativo, representa a possibilidade de manutenção dos ganhos do empregado, quando convive, durante longo período – fixado pela jurisprudência em dez anos -, com determinado padrão remuneratório e representa exceção à regra geral de retorno ao cargo efetivo, consubstanciada no artigo 499 da CLT. Acrescente-se que nada impede que se assegure esse direito ao empregado público, pois os entes integrantes da Administração Pública devem seguir integralmente a legislação trabalhista, quanto à proteção dos servidores celetistas. No caso dos autos, o Tribunal Regional, soberano na análise da matéria fática, registrou que a parte autora exerceu funções de confiança por mais de dez anos, entre 1/4/2005 a 1/4/2018. Com isso, reconheceu, corretamente, o direito do autor à incorporação das gratificações. Sucede que, em descompasso com as regras de direito intertemporal, estipuladas, inclusive, no julgado recorrido, a Corte de origem determinou que fosse restabelecida a função comissionada recebida pela empregada, "devendo o respectivo pagamento considerar a média das gratificações no decênio que antecedeu a supressão da função em 01/04/2018" (destaquei). Não observou, desse modo, o prazo limite determinado pela modificação trazida no artigo 468, § 2º, da CLT (11/11/2017). Assim, merece modificação o julgado, a fim de que, na apuração do valor a ser incorporado a título de gratificação de função, seja observada a média atualizada das funções exercidas nos 10 (dez) anos anteriores a 11/11/2017. Recurso de revista conhecido e parcialmente provido." (TST-RR-2090-90.2017.5.09.0007, 7ª Turma, rel. Min. Cláudio Mascarenhas Brandão, julgado em 16/9/2020.) (Informativo 225 do TST)

Cartão "E-CPF". Instrumento necessário ao desempenho das funções laborais. Imposição de encargo financeiro ao trabalhador. Impossibilidade. Nos termos da Portaria Detran/SP nº 31/2010, os instrutores de Auto Moto Escolas e Centros de Formação de Condutores necessitam do certificado digital (cartão E-CPF) para cadastro e acesso aos sistemas do DETRAN. O TRT da 15ª Região, ao julgar dissídio coletivo de natureza econômica ajuizado pelo sindicato obreiro, deferiu cláusula que determinava o custeio do cartão, em partes iguais, por empregado e empregador, ao entendimento de que o cartão, embora instrumento de trabalho necessário às atividades do trabalhador em favor de sua empregadora, também é utilizado pelo obreiro em sua vida privada. Recurso ordinário do sindicato patronal pretendia que o custo do cartão E-CPF fosse custeado exclusivamente pelo empregado. A SDC entendeu que se cada instrutor for obrigado a custear a aquisição do referido cartão para possibilitar a realização do trabalho para sua empregadora, isso se traduziria em transferência do custo da atividade econômica para o empregado. Outrossim, consignou não ser juridicamente possível, a partir de uma interpretação teleológica do art. 114, § 2º, da CF, que a sentença normativa crie norma dessa natureza, imputando exclusivamente ao empregado – como pretende o sindicato patronal – o encargo financeiro da aquisição de um instrumento necessário ao desempenho das funções laborais, invertendo a lógica da assunção dos riscos do empreendimento (art. 2º da CLT) e desrespeitando o princípio da intangibilidade salarial. Sob esses fundamentos, a SDC, por unanimidade, conheceu do recurso ordinário e, no mérito, por maioria, negou-lhe provimento, mantendo a cláusula nos termos delimitados pelo Tribunal de origem (ou seja, divisão dos custos do "Cartão e-CPF" entre empregador e empregado). Vencidos os Ministros Ives Gandra da Silva Martins Filho, relator, Maria Cristina Irigoyen Peduzzi e Emmanoel Pereira, que davam provimento ao recurso do sindicato patronal, por não se tratar de norma preexistente ou conquista histórica da categoria. TSTRO-7430-05.2016.5.15.0000, SDC, red. p/ acórdão Min. Maurício Godinho Delgado, 19/10/2020. (Informativo 227 do TST)

"[...] DANO MORAL COLETIVO – CARACTERIZAÇÃO – DESCUMPRIMENTO DA OBRIGAÇÃO DE INTEGRAR GORJETAS À REMUNERAÇÃO DOS EMPREGADOS. O TRT reconheceu que o descumprimento contratual dos haveres trabalhistas gera transtornos na vida financeira de qualquer indivíduo. Nada obstante, afastou a obrigação da reclamada ao pagamento de indenização por dano moral coletivo, ao fundamento de que o mero fato de as gorjetas não terem sido integradas aos salários seria incapaz de caracterizar ofensa extrapatrimonial à classe dos trabalhadores, nomeadamente porque os empregados foram posteriormente ressarcidos pela quitação das parcelas devidas. De início, é importante ressaltar que não remanesce qualquer discussão nos autos de que a não integração das gorjetas à remuneração dos empregados era prática corriqueira da reclamada antes do ajuizamento da ação civil pública. Assentada essa circunstância, há de se recordar que o dever de indenizar a coletividade pressupõe a existência de ato antijurídico, de lesão injusta e intolerável aos valores fundamentais da sociedade e de relação de causa e efeito entre a conduta do ofensor e o prejuízo suportado de forma transindividual pelos ofendidos. Tais pressupostos são plenamente identificáveis na espécie. O artigo 457 da CLT dispõe que as gorjetas compõem a remuneração dos empregados para todos os efeitos legais. Desta feita, tal modalidade de pagamento caracteriza-se como salário em sentido estrito, devendo ser integrado na base de cálculo do 13º, das férias, do FGTS e das contribuições previdenciárias. O descumprimento do referido comando legal repercute de forma negativa nos valores finais auferidos pelo trabalhador ou recolhidos ao INSS, configurando apropriação indébita e sonegação fiscal sobre parte do montante que deveria ser adimplido pelo empregador. Examinando a questão pelo viés da prova efetiva do prejuízo psíquico suportado por cada um dos trabalhadores de maneira individual, cabe sublinhar e repisar amiúde a natureza alimentar das verbas salariais. Há de se pontuar que normalmente é a remuneração auferida em razão do dispêndio da força de trabalho que propicia às famílias o acesso aos insumos básicos para a sua subsistência. Imagine-se, pois, o que pode significar para qualquer trabalhador, costumeiramente provedor de sua prole, ter uma parcela nada desprezível de seus rendimentos comprometidos de forma unilateral pelo seu empregador. É notória a percepção de que o alijamento do fruto do trabalho – mesmo que seja de parte dele – possui carga suficiente para afrontar a honra e a dignidade de qualquer indivíduo, que dirá quando isso ocorre de forma arbitrária e ilegal, como no caso dos autos. Aliás, o

Tribunal Superior do Trabalho possui entendimento pacífico de que o inadimplemento do salário – ou seu atraso contumaz – acarreta prejuízo extrapatrimonial manifesto e que fala por si próprio (damnum in re ipsa), sendo, portanto, desnecessária sua comprovação em juízo. Nessa linha, precedentes da SBDI-1 e de todas as Turmas desta Corte. Evidentemente, a caracterização do dano coletivo depende de que o incômodo infligido ao patrimônio moral particular desborde para um sentimento universal de repulsa contra a violação dos interesses ou direitos pertencentes a toda a coletividade. Ora, a ideia de que empregados possam ser cerceados no seu direito de receber integralmente pela energia espargida no labor depõe contra o que ordinariamente se espera de uma conduta empresarial atenta e respeitosa às garantias mínimas previstas no artigo 7º, X, da CF, na legislação protetiva e nos princípios basilares do Direito do Trabalho. Não parece razoável, na espécie, subestimar a percepção geral de que a conduta da reclamada, voltada ao descumprimento de normas de indisponibilidade absoluta, atingiu frontalmente valores muito caros à unidade dos trabalhadores. Por tais razões, conclui-se que a conduta ilícita da empresa demandada, que por anos a fio deixou de integrar as gorjetas à remuneração de seus empregados, extrapolou os interesses individualmente considerados na situação para atingir o patrimônio imaterial de toda a sociedade. E nem se requeira juízo diverso em virtude de que a ré corrigiu sua conduta no curso do presente processo. Isso porque referido expediente não é capaz de, por si só, compensar o sentimento comum de violação da ordem jurídica, que perdurou por lapso temporal significativo. De mais a mais, devem remanescer os objetivos punitivo e pedagógico da medida, os quais funcionam de maneira dissuasória à futura replicação dos ilícitos. Assim, a conduta da ré em regularizar a situação das gorjetas apenas após o ajuizamento da ação, não legitima a conduta antijurídica que deve receber o devido caráter sancionatório e pedagógico. Tal medida deve ser levada em consideração apenas para fixação do valor da indenização por dano moral coletivo, que ora se arbitra em R$ 50.000,00 (cinquenta mil reais). Recurso de revista conhecido por violação dos artigos 186 e 927 do CCB e provido. [...]" (TST-RR-632-48.2014.5.05.0009, 3ª Turma, rel. Min. Alexandre de Souza Agra Belmonte, julgado em 02/12/2020.) (Informativo 230 do TST)

Art. 2º Considera-se empregador a empresa, individual ou coletiva, que, assumindo os riscos da atividade econômica, admite, assalaria e dirige a prestação pessoal de serviço.

§ 1º Equiparam-se ao empregador, para os efeitos exclusivos da relação de emprego, os profissionais liberais, as instituições de beneficência, as associações recreativas ou outras instituições sem fins lucrativos, que admitirem trabalhadores como empregados.

§ 2º Sempre que uma ou mais empresas, tendo, embora, cada uma delas, personalidade jurídica própria, estiverem sob a direção, controle ou administração de outra, ou ainda quando, mesmo guardando cada uma sua autonomia, integrem grupo econômico, serão responsáveis solidariamente pelas obrigações decorrentes da relação de emprego.

§ 3º Não caracteriza grupo econômico a mera identidade de sócios, sendo necessárias, para a configuração do grupo, a demonstração do interesse integrado, a efetiva comunhão de interesses e a atuação conjunta das empresas dele integrantes.

COMENTÁRIOS (ART. 2º)

1. EMPREGADOR

O empregador é o sujeito da relação jurídica empregatícia responsável pela admissão, pagamento da remuneração do trabalhador, direção da prestação dos serviços e pelos riscos oriundos da atividade econômica.

O legislador celetista considerou como empregador a "empresa", ou seja, a atividade econômica organizada, com o escopo de produzir ou circular bens ou serviços no mercado. Há uma crítica doutrinária acerca dessa designação prevista em lei, porquanto, na visão destes, o conceito de empregador não se limita a uma engrenagem institucional. Ao contrário, a definição de empregador é mais abrangente do que o texto legal, compreende as pessoas físicas e jurídicas.

Octavio Bueno Magano (apud Leite, 2019) conceitua o empregador como "*toda entidade a utilizar-se de trabalhadores subordinados. Fala-se em entidade para se estabelecer que empregador não é apenas a pessoa física ou jurídica senão também outros entes não dotados de personalidade jurídica*"[27].

A professora Vólia Bomfim Cassar não vê como absurda a definição legal, de considerar como empregador a empresa, ao invés da pessoa física ou jurídica, isso porque, a empresa, como elemento básico do contrato de trabalho, tratar-se-ia da atividade econômica organizada (o empreendimento), desvinculada da pessoa que a explora (o empresário). Esta premissa justifica, por exemplo, a possibilidade de manutenção do contrato de trabalho na hipótese de sucessão trabalhista, ou seja, a alteração no quadro societário (mudança de titularidade) ou a alteração na estrutura jurídica da empresa não afetará os contratos de trabalho existentes (arts. 10, 10-A, 448, 448-A, da CLT)[28].

No mesmo sentido o professor Homero Batista Mateus da Silva propõe:

> *"A melhor forma de entender a palavra empresa e poder se livrar das armadilhas propostas pela CLT é fazer a associação desse vocábulo com empreendimento. Assim, ficará mais fácil entender que os dispositivos da CLT que fizerem menção à empresa não queriam dizer pessoa jurídica, loja ou fábrica, mas apenas um empreendimento qualquer, desde que tenha admitido trabalhadores como empregados. E, como reforço de argumento, o conceito ajuda a entender por que se diz que empresa é o destinatário dos direitos – o objeto do direito –, e não necessariamente o personagem principal – o sujeito do direito. A empresa é o empreendimento, a atividade desempenhada, a empreita, a tarefa, e não propriamente uma pessoa jurídica regularmente constituída"*[29].

27 Carlos Henrique Bezerra Leite. Curso de direito do trabalho – 11. ed. – São Paulo: Saraiva Educação, 2019.

28 Idem. Bomfim, 2014.

29 Silva, Homero Batista Mateus da CLT comentada. – 2. ed. São Paulo: Thomson Reuters Brasil, 2018.

Decreto-Lei 5.452/1943

A doutrina denomina essa característica de "despersonalização" ou "despersonalização da figura do empregador" que se traduz na possibilidade de modificação do sujeito passivo da relação de emprego, sem que isso acarrete qualquer prejuízo ao vínculo empregatício. Simplificando, a pessoalidade é um dos elementos da relação empregatícia que guarda relação apenas com a figura do empregado – componente indispensável para definir o sujeito ativo da relação empregatícia – sendo irrelevante para o enquadramento do sujeito passivo como empregador – prevalecendo, assim, a impessoalidade do empregador[30].

As definições retro citadas buscam conceituar o empregador a partir da análise textual do art. 2º da CLT.

Amauri Mascaro do Nascimento (apud Leite, 2019), por sua vez, estabeleceu um ponto de partida diverso: o próprio empregado. Para esse jurista o empregador:

> *"**é todo ente**, dotado ou não de personalidade jurídica, com ou sem fim lucrativo,* **que tiver empregado (...)**. *Não cabe aqui dar o conceito de empresa. Pertence ao direito comercial e não há uniformidade de conclusões.* **Para o direito do trabalho** *é irrelevante, uma vez que* ***o conceito de empregador é reflexo*****. Será empregador o ente que tiver empregado.**

Chega-se à identificação do empregador através da presença de empregados"[31]. Esse posicionamento também é adotado pelo jurista Mauricio Godinho Delgado[32].

Majoritariamente, portanto, o empregador é a pessoa física ou jurídica, ente despersonalizado (condomínios, espólios e massas falidas, por exemplo) que admitir empregado, remunerá-lo, dirigir a prestação de serviços, assumindo os riscos da atividade econômica (princípio da alteridade). Isso significa dizer que nos momentos de baixo retorno financeiro do empreendimento, ou de crise econômica, os riscos do empreendimento ou do próprio trabalho serão assumidos integralmente e exclusivamente pelo empregador, de forma que não poderá transferi-lo ao empregado, promovendo, por exemplo, a redução salarial.

Aliás, a principal obrigação do empregador no contrato individual de trabalho é o pagamento da remuneração ao empregado. O empregador se obriga a colocar a sua força de trabalho à disposição, e o empregador a pagar uma remuneração como forma de contraprestação aos serviços executados em seu proveito.

No Direito do Trabalho o salário recebe uma proteção especial sendo proibida, redução do salário do empregado, a alteração salarial em prejuízo do empregado, ou a realização de descontos impróprios e abusivos do empregador, sob pena de violação dos princípios da irredutibilidade salarial, inalterabilidade salarial e da intangibilidade salarial.

A redução salarial pode ocorrer, como regra, somente quando houver instrumento de negociação coletiva com a participação do sindicato da categoria profissional, conforme os art. 7º, VI, e art. 8º, VI, da Constituição Federal.

Em época de crise econômica, entretanto, é comum o legislador adotar medidas com vista a mitigar o princípio da alteridade, a exemplo do que ocorreu em 2015: a instituição do Programa de Proteção ao Emprego (PPE), através da Medida Provisória 680 de 6 de julho de 2015, posteriormente convertida na Lei 13.189 de 19 de novembro de 2015. A Lei 13.456/2017 alterou a redação da Lei 13.189/2015, bem como a denominação do Programa, passando a ser denominado de Programa Seguro-Emprego.

Tal diploma normativo permitiu ao empregador em situação de dificuldade financeira aderir ao programa até 31 de dezembro de 2017, para reduzir temporariamente a jornada de trabalho e dos salários do empregado, em percentual de até 30%, por meio de acordo coletivo de trabalho com o sindicato da categoria profissional. O prazo de duração da medida é de até 6 meses, prorrogáveis por períodos de 6 meses, desde que o período total não ultrapasse 24 meses (inciso IV do art. 5º da Lei 13.189/2015). O valor do salário pago pelo empregador, após a redução, não pode ser inferior ao salário mínimo (art. 4º, § 2º, da Lei 13.189/2015).

A pandemia do coronavírus também desencadeou uma grave crise econômico-financeira, diante da necessidade de isolamento social, levando à adoção de medidas trabalhistas para enfrentamento do estado de calamidade pública reconhecido pelo Decreto Legislativo nº 6, de 20 de março de 2020, e da emergência de saúde pública de importância internacional de que trata a Lei nº 13.979, de 6 de fevereiro de 2020.

A Medida Provisória nº 927 de 22 de março de 2020 possibilitou a adoção do regime de teletrabalho, a antecipação de férias individuais, a concessão de férias coletivas, o aproveitamento e a antecipação de feriados, a criação de banco de horas negativo, a suspensão de exigências administrativas em segurança e saúde no trabalho, o direcionamento do trabalhador para qualificação e o diferimento do recolhimento do Fundo de Garantia do Tempo de Serviço – FGTS. O

---

30 Idem. Delgado, 2019.

31 Carlos Henrique Bezerra Leite. Curso de direito do trabalho – 11. ed. – São Paulo: Saraiva Educação, 2019.

32 Segundo Delgado "A noção jurídica de empregador, como se percebe, é essencialmente relacional à de empregado: existindo esta última figura no vínculo laborativo pactuado por um tomador de serviços, este assumirá, automaticamente, o caráter de empregador na relação jurídica consubstanciada" (Mauricio Godinho Delgado. Curso de direito do trabalho – 18. ed. – São Paulo: LTr, 2019, p., 492).

Senado Federal deixou de submeter a MP 927/2020 à votação, por divergências político-partidárias, ocorrendo a caducidade (rejeição tácita) no dia 19 de julho de 2020[33].

E não para por aí. O legislador instituiu medidas trabalhistas complementares ara enfrentamento do estado de calamidade pública por meio da Medida Provisória 936 de 1º de abril de 2020, convertida na Lei 14.020 de 6 de julho de 2020, autorizando a redução proporcional de jornada de trabalho e de salário e a suspensão temporária do contrato de trabalho.

A justificativa para a adoção dessas medidas foi a preservação do emprego e da renda, garantir a continuidade das atividades laborais e empresariais, e reduzir o impacto social decorrente das consequências do estado de calamidade pública e da emergência de saúde pública (art. 2º da MP 927/20, art. 2º da MP 936/20 e art. 2º da Lei nº 14.020/20).

Em 2021, com a escalada do estado pandêmico, o Governo Federal editou as Medidas Provisórias (MPs) nº 1.045 e 1.046, reproduzindo as regras previstas na MP n. 927 e na Lei n. 14.020/2020, com o propósito de arrefecer os impactos econômicos gerados pelo estado de calamidade pública. Essas medidas provisórias não foram convertidas em lei, tendo em vista o encerramento do prazo de vigência da MP n. 1.045/2021, bem como a rejeição tácita da MP n. 1.046/2021.

Mais uma vez, para minorar os impactos socioeconômicos sem precedentes, gerados pela pandemia do novo coronavírus, o Governo Federal editou a Medida Provisória n. 1.109, de 25 de março de 2022, objetivando a preservação do emprego e a renda, garantir *a continuidade das atividades laborais, empresariais e das organizações da sociedade civil sem fins lucrativos e reduzir o impacto social oriundo da ocorrência de estado de calamidade pública nos entes federados. Autoriza o empregador adotar as seguintes medidas trabalhistas: a) a adoção do regime de teletrabalho; b) a antecipação de férias individuais; c), a concessão* de férias coletivas; d) o aproveitamento e a antecipação de feriados civis; e) a instituição de regime diferenciado de banco de horas; f) o pagamento diferido do Fundo de Garantia do Tempo de Serviço – FGTS; g) a redução proporcional da jornada de trabalho e do salário; h) a suspensão temporária do contrato de trabalho.

Outra hipótese em que é possível atenuar o princípio da alteridade é a instituição do "lay-off", que consiste no afastamento temporário do empregado mediante remuneração, por período de 2 a 5 meses, através de acordo ou convenção coletiva de trabalho (art. 476-A da CLT). Durante o afastamento o empregado participará de curso ou programa de qualificação profissional e o contrato de trabalho ficará suspenso. Caso não seja ministrado o curso ou programa de qualificação ou, ainda, o empregador permaneça trabalhando, a suspensão do contrato de trabalho estará descaracterizada, acarretando ao empregador o dever de pagamento imediato dos salários e encargos referente ao período de afastamento, sem prejuízo de eventuais penalidades previstas no instrumento de negociação coletiva (art. 476-A, § 6º, da CLT).

2. EMPREGADOR POR EQUIPARAÇÃO

O empregador típico é reconhecido no "caput" do art. 2º da CLT. O parágrafo 1º do mesmo dispositivo, prevê aqueles que são considerados empregador por equiparação, para os efeitos exclusivos da relação de emprego, entre eles:

a) os profissionais liberais – aqueles que exercem profissão regulamentada, de forma autônoma, como, por exemplo o advogado, o dentista, o médico, o corretor;

b) as instituições de beneficência – aquelas que prestam serviços de cunho social ou coletivo (hospitais, instituições filantrópicas);

c) as associações recreativas – a pessoa jurídica de direito privado constituída pela reunião de pessoas, com finalidade não econômica, que visa proporcionar lazer e entretenimento aos seus respectivos associados (clubes);

d) as instituições sem fins lucrativos – aqui inseridas as associações de classe, instituições criadas com o objetivo de fomentar a cultura, educação, ciência, assistência à pessoa, por exemplo.

A locução *"empregador por equiparação"* é considerada imprópria por parte da doutrina.

Carlos Henrique Bezerra Leite é um dos defensores da impropriedade dessa expressão, pois considera os sujeitos elencados no referido parágrafo como empregadores típicos, vejamos: "Parece-nos impróprio, segundo a doutrina majoritária, falar-se em empregador por equiparação quanto às pessoas físicas (profissionais liberais) ou jurídicas (instituições de beneficência, associações recreativas ou outras instituições sem fins lucrativos) elencadas no § 1º do art. 2º da Consolidação das Leis do Trabalho, na medida em que estas são autênticas empregadoras"[34].

Essa inadequação decorre da opção do legislador em definir o empregador como "empresa", daí porque

[33] Pedro Lenza ensina que: "[...] não havendo apreciação pelo Congresso Nacional, a medida provisória perderá a eficácia desde a sua edição (rejeição tácita), operando efeitos retroativos, ex tunc, devendo o Congresso Nacional disciplinar as relações jurídicas dela decorrentes por decreto legislativo" (Direito Constitucional Esquematizado. Pedro Lenza. – 23. ed. – São Paulo: Saraiva Educação, 2019).

[34] Idem. Leite, 2019.

todas as demais figuras que admitirem trabalhadores como empregado são equiparáveis ao empregador ("empresa"). Isso não se justifica, pois a figura do empregador não exige qualidade especial e a sua definição é reflexa (ou relacional) ao conceito de empregado. Basta, portanto, a utilização da força de trabalho, com a presença de todos os elementos fáticos-jurídicos da relação empregatícia, para que o sujeito passivo seja considerado reflexamente empregador típico[35].

3. GRUPO ECONÔMICO: POR SUBORDINAÇÃO OU COORDENAÇÃO

O grupo econômico é caracterizado pela reunião de empresas, com personalidade jurídica própria, com laços de direção ou coordenação.

Segundo as lições do jurista Mauricio Godinho Delgado o grupo econômico é "a figura resultante da vinculação justrabalhista que se forma entre dois ou mais entes favorecidos direta ou indiretamente pelo mesmo contrato de trabalho, em decorrência de existir entre esses entes laços de direção ou coordenação em face de atividades industriais, comerciais, financeiras, agroindustriais ou de qualquer outra natureza econômica"[36].

O conceito de grupo econômico, sob a ótica justrabalhista, não guarda relação com as definições encontradas em outros ramos do Direito. Por essa razão não se exige prova da formalização ou registro cartorial do grupo empresarial, bastando evidencias probatórias do interesse integrado, comunhão de interesses e atuação conjunta das empresas[37].

O grupo econômico está previsto no art. 2º, § 2º, da CLT e no art. 3º, § 2º, da Lei 5.889/1973. A lei utiliza a expressão empresa para tipificar o grupo econômico. A posição dominante na doutrina é da exigência de uma qualidade específica ao sujeito jurídico componente do grupo econômico: ter dinâmica e fins econômicos[38].

Antes da Reforma Trabalhista (Lei 13.467/2017) o grupo empresarial configurava-se pela relação de controle ou hierarquia interempresarial, exigindo a demonstração da direção, controle ou administração por uma das empresas, pressupondo, portanto, a existência de uma empresa-mãe ou empresa-líder. Essa formação é denominada pela doutrina de "grupo econômico por subordinação" ou "grupo econômico vertical".

Na época, a doutrina defendia a possibilidade de formação do grupo empresarial por mera coordenação entre as empresas, chamado de "grupo econômico por coordenação" ou de "grupo econômico horizontal"[39].

Para essa corrente doutrinária a redação anterior do art. 2º, §2º, da CLT, disciplinava apenas uma das modalidades de formação do grupo empresarial, o que não impede a configuração por outros critérios, sendo, portanto, admissível o reconhecimento do grupo empresarial quando demonstrada a existência de comunhão de interesses entre as empresas, ainda que não houvesse hierarquia entre as empresas.

De outro lado, a vertente interpretativa em sentido contrário argumentava é pressuposto para a formação do grupo econômico a existência de controle, direção ou administração por uma empresa-líder, isto é, a existência de comando hierárquico de uma empresa em relação as demais. Acrescentam que o reconhecimento do grupo empresarial, sob o fundamento de coordenação entre as empresas, caracteriza violação ao princípio da legalidade (art. 5º, inciso II, da CF), na medida em que impõe uma responsabilidade à empresa sem que haja previsão legal.

Nesse aspecto, a jurisprudência do Tribunal Superior do Trabalho era dividida. Vejamos as ementas abaixo:

> *Grupo econômico. Reconhecimento com base na relação de coordenação entre as empresas. Transcendência política reconhecida. Violação do art. 5º, II, da CF. Configuração. "(...) II – RECURSO DE REVISTA SUBMETIDO À LEI Nº 13.467/2017. TRANSCENDÊNCIA POLÍTICA. EXISTÊNCIA. PROCEDIMENTO SUMARÍSSIMO. GRUPO ECONÔMICO. IMPOSSIBILIDADE DE RECONHECIMENTO COM BASEAPENAS NA EXISTÊNCIA DE RELAÇÃO DE COORDENAÇÃO ENTRE AS EMPRESAS. Na esteira do atual entendimento da Subseção I Especializada em Dissídios Individuais do TST, a formação de grupo econômico entre empresas pressupõe a existência de controle e fiscalização por uma empresa líder, não sendo suficiente a mera ocorrência de sócios em comum ou a relação de coordenação entre as pessoas jurídicas. O Tribunal Regional, ao manter a responsabilidade solidária da recorrente com base no artigo 2º, § 2º, da CLT, ao fundamento de que estaria presente a coordenação entre as empresas, incorreu em violação do princípio da legalidade, na medida em que instituída obrigação sem previsão legal. Precedente da SBDI-1 reconhecendo a violação do artigo 5º, inciso II, da Constituição Federal. Recurso de revista conhecido e provido." (TST--RR-10338-24.2017.5.03.0165, 5ª Turma, rel. Min. Emmanoel Pereira, julgado em 21.8.2019) – Informativo 203 do TST*
>
> *Grupo econômico. Reconhecimento com base na relação de coordenação entre as empresas. Possibilidade. "AGRAVOS EM RECURSO DE REVISTA COM AGRAVOS INTERPOSTOS DE DECISÃO PUBLICADA NA VIGÊNCIA DA LEI Nº 13.015/2014. EXECUÇÃO. GRUPO ECONÔMICO POR COORDENAÇÃO. CARACTERIZAÇÃO. POSSIBILIDADE. NULIDADE DO ACÓRDÃO RECORRIDO. NEGATIVA DE PRESTAÇÃO JURISDICIONAL. NÃO CONFIGURAÇÃO. As agravantes não logram afastar os fundamentos da decisão agravada. Em relação ao reconhecimento de*

35 Idem. Delgado, 2019, p. 493.
36 Idem.
37 Idem. Delgado, 2019, p. 502.
38 Idem. Delgado, 2019.
39 MAGANO, Octavio Bueno apud Gustavo Filipe Barbosa Garcia. Curso de direito do trabalho – 11ª – Rio de Janeiro: Forense, 2017.

grupo econômico, esta Corte uniformizadora de jurisprudência vem firmando entendimento no sentido da possibilidade da configuração de grupo econômico "por coordenação", mesmo diante da ausência de hierarquia entre as empresas integrantes do grupo, desde que comunguem dos mesmos interesses. Assim, não se cogita em afronta ao artigo 2º, §2º, do Texto Consolidado, o qual disciplina apenas uma das modalidades de formação do grupo econômico, não impedindo que sua configuração possa se estabelecer por outros critérios, razão pela qual, na espécie, as empresas integrantes do grupo econômico devem responder solidariamente pelo adimplemento dos débitos trabalhistas. Precedentes do TST nesse sentido, alguns proferidos em execuções contra as ora agravantes. No que tange à pretensa nulidade do julgado por incompleta prestação jurisdicional, o exame dos autos revela que a Corte a quo proferiu decisão completa, válida e devidamente fundamentada, não prosperando a arguição de nulidade, assomando-se constituir mero inconformismo contra decisão desfavorável à parte. Não se divisa, portanto, violação direta e literal aos artigos 5º, II, XXXV, LIV e LV, e 93, IX, da Constituição Federal, na forma imposta pelo §2º do artigo 896 da CLT e a Súmula nº 266 do TST. Agravos conhecidos e não providos." (TST-Ag-ARR-206-03.2013.5.03.0114, 7ª Turma, rel. Min. Cláudio Mascarenhas Brandão, julgado em 21.8.2019) Informativo 203 do TST

A redação do § 2º do art. 2º da CLT foi alterada pela Lei 13.467/2017, passando a prever o seguinte:

> *Art. 2º [...] § 2º Sempre que uma ou mais empresas, tendo, embora, cada uma delas, personalidade jurídica própria,* **estiverem sob a direção, controle ou administração de outra** *[grupo econômico por subordinação],* **ou ainda quando, mesmo guardando cada uma sua autonomia** *[grupo econômico por coordenação], integrem grupo econômico, serão responsáveis solidariamente pelas obrigações decorrentes da relação de emprego. (Redação dada pela Lei nº 13.467, de 2017)*

A Reforma Trabalhista pôs fim a essa controvérsia, na medida em que possibilitou a as duas formas de grupo econômico: a) **grupo econômico por subordinação** – quando ocorrer a direção, controle ou administração de uma empresa por outra. Sobre esse aspecto, vale destacar que o controle se concretiza quando uma empresa exerce uma influência dominante dobre a outra. Temos, de um lado, uma empresa dominante, cujas decisões são prevalecentes, e, do outro, uma empresa subordinada. A direção, por sua vez, representa o exercício efetivo do controle, sujeitando os bens da empresa aos fins do conglomerado empresarial. Já a administração é a interferência de uma empresa nos órgãos administrativos de outra; b) **grupo econômico por coordenação**, quando a empresa integrar grupo econômico, mesmo guardando a sua autonomia.

Inovação importante sobre a temática foi a inserção do § 3º ao artigo 2º da CLT, prevendo expressamente os requisitos para a configuração do grupo econômico: a) interesse integrado – significa a associação ou junção das empresas na busca por vantagens ou utilidades (comuns); b) efetiva comunhão de interesses – é a corporificação incontestável da busca pelos mesmos objetivos; c) atuação conjunta das empresas – consiste na execução das atividades econômicas de forma aglutinada.

A partir da definição legal de grupo econômico, Luciano Martinez indica a necessidade dos seguintes pressupostos constitutivos: a) Formação de um grupo, ou seja, de uma aglutinação de pessoas com personalidades diversas; b) Exploração de atividade econômica; c) Potencial relação de subordinação ou de coordenação entre os integrantes do grupo econômico[40].

A mera identidade de sócios no quadro societário das empresas, por si só, não caracteriza o grupo empresarial. Mesmo antes das modificações da CLT pela Reforma Trabalhista, o Tribunal Superior já vinha adotando esse entendimento, conforme Informativo 203 do TST[41].

4. RESPONSABILIZAÇÃO DAS EMPRESAS INTEGRANTES DO GRUPO ECONÔMICO: SOLIDARIEDADE ATIVA E PASSIVA. TEORIA DO EMPREGADOR ÚNICO

A responsabilização das empresas integrantes do grupo econômico, por subordinação ou por coordenação, está delineada no § 2º do art. 2º da CLT: ***"serão responsáveis solidariamente pelas obrigações decorrentes da relação de emprego."***.

O Código Civil (CC) em seu art. 264 preceitua que "Há solidariedade, quando na mesma obrigação concorre mais de um credor, ou mais de um devedor, cada um com direito, ou obrigado, à dívida toda".

Com base nisso, a doutrina civilista entende que "existe solidariedade quando, na mesma obrigação, concorre uma pluralidade de credores, cada um com direito à dívida toda (solidariedade ativa), ou uma pluralidade de devedores, cada um obrigado à dívida por inteiro (solidariedade passiva). Embora não haja previsão legal específica, consignada nas disposições gerais da solidariedade no Código Civil, nada impede que se fale também em solidariedade mista, constituída pela vontade das partes, submetida, intuitivamente, às regras que regulam as duas primeiras"[42].

A solidariedade não se presume – não se baseia em indícios, suposições ou interpretação. Decorre da expressa previsão legal ou da vontade das partes, nos termos do art. 265 do CC.

Na doutrina trabalhista alguns questionamentos surgiram acerca da responsabilidade das empresas

40 Idem. Martinez, 2020

41 Precedente: Informativo 203 do TST: TST-RR-10338-24.2017.5.03.0165

42 Pablo Stolze Gagliano e Rodolfo Pamplona Filho. Manual de direito civil: Vol. único. São Paulo: Saraiva, 2017.

integrantes do grupo econômico: A responsabilização solidária é apenas passiva ou também ativa?

Para uma primeira corrente doutrinária a solidariedade do grupo econômico será exclusivamente passiva, ou seja, todas as empresas do conglomerado empresarial respondem pelas obrigações decorrentes da relação empregatícia mantida com os seus empregados. Os defensores dessa corrente anotam que o grupo econômico no Direito do Trabalho tem o viés protetivo, objetivando resguardar o adimplemento da obrigação trabalhista em benefício do empregado. Ainda, defendem que o vínculo empregatício é formado apenas entre o trabalhador e a empresa que procedeu a contratação, de modo que o empregado não estará subordinado às demais empresas do grupo empresarial. Em decorrência disso, a prestação de serviços pelo empregado a outra empresa do grupo econômico acarreta na formação de um segundo vínculo empregatício[43].

Existe outra corrente interpretativa sustentando que a solidariedade no grupo econômico não é apenas passiva, mas, também, ativa. A solidariedade é, portanto, **dual ou biforme** (passiva e ativa). Logo, todas as empresas do grupo econômico são, ao mesmo tempo, empregadores dos funcionários contratados por qualquer empresa pertencente ao grupo (teoria do empregador único).

Octavio Bueno Magano (apud Delgado, 2019)[44], em suas brilhantes lições, destacou que

> *"A apontada ideia de empregador único corresponde à concepção do empregador real, contraposto ao empregador aparente, consoante a qual a existência daquele fica geralmente encoberta pelo véu da personalidade jurídica atribuída a cada uma das empresas do grupo, ressurgindo, porém, toda vez que se levante o véu, lifting the corporate veil, para satisfazer tal ou qual interesse, como o da representação de trabalhadores no âmbito do grupo; o da negociação coletiva ao nível do grupo; o da garantia de condições uniformes de trabalho; o da transferência de trabalhadores; o da soma de períodos de serviços prestados a mais de uma empresa; o da garantia de reintegração do trabalhador em empresa matriz, quando o seu contrato se rescinde junto à filial; o da distribuição de lucros, etc.".*

Aparentemente o Tribunal Superior do Trabalho filiou-se à segunda corrente doutrinária – teoria da solidariedade dual ou biforme (ativa e passiva), nas hipóteses de grupo econômico – ao dispor que não coexiste mais de um contrato de trabalho quando o empregado prestar serviços a mais de uma empresa do mesmo grupo econômico durante a mesma jornada de trabalho, exceto se houver ajuste em sentido contrário, conforme previsto na Súmula 129 do referido Tribunal[45].

Na mesma linha, observam os defensores da responsabilidade dual que a Súmula 93 do TST, avigora a tese da solidariedade ativa, na medida que não obsta a *"colocação ou venda de papéis ou valores mobiliários de empresas pertencentes ao mesmo grupo econômico (...) no horário e no local de trabalho"*[46].

Outra discussão originada pela Reforma Trabalhista é se a alteração da parte final do §2º do art. 2º da CLT eliminou a teoria do empregador único, isto é, a tese de solidariedade ativa do grupo econômico.

O texto anterior dispunha expressamente a responsabilidade solidária da empresa principal e cada uma das subordinadas, para efeitos da relação de emprego. A redação atual, entretanto, passou a dispor que as empresas do grupo empresarial *"serão responsáveis solidariamente **pelas obrigações** decorrentes da relação de emprego"*.

A partir dessa discussão surgiram duas correntes doutrinárias, como aponta Henrique Correia: "A discussão passa a ser resumida em duas teorias: 1) Teoria restritiva: Nesse caso, sustenta-se que a responsabilidade pelas obrigações previstas na nova redação dada pela Lei nº. 13.467/2017 restringe-se tão somente à solidariedade passiva, não podendo as demais empresas do grupo aproveitar o trabalho do trabalhador que presta serviços a uma delas; 2) Teoria ampliativa: Para essa teoria, a Reforma Trabalhista não modificou a figura do empregador único, pois as obrigações decorrentes da relação de emprego não se resumem a obrigação de pagar quantia em decorrência do inadimplemento. Além dessas, todas as empresas do grupo econômico estão sujeitas às obrigações de fazer e de não fazer decorrentes da relação de emprego, que compreendem, inclusive a obrigação de assegurar que os trabalhadores tenham condições adequadas no meio ambiente de trabalho com respeito às normas de saúde e segurança do trabalho. Entendemos que essa teoria é a mais adequada, pois todas as obrigações e não apenas decorrentes do inadimplemento das verbas trabalhistas estendem-se às demais empresas do grupo. Dessa

[43] Maurício Godinho Delgado anota que os juristas defensores da solidariedade exclusivamente passiva são: "Orlando Gomes, Cesarino Jr., Antônio Lamarca, Cássio Mesquita de Barros Jr., Aluysio Sampaio. Igualmente, Amauri Mascaro Nascimento" (in Curso de Direito do Trabalho. – 18. ed.– São Paulo: LTr, 2019, p. 507).

[44] Idem. Delgado, 2019, p. 508

[45] Súmula 129 do TST. CONTRATO DE TRABALHO. GRUPO ECONÔMICO. A prestação de serviços a mais de uma empresa do mesmo grupo econômico, durante a mesma jornada de trabalho, não caracteriza a coexistência de mais de um contrato de trabalho, salvo ajuste em contrário (RA 26/1982, DJ, 4-5-1982).

[46] Súmula 93 do TST. BANCÁRIO. Integra a remuneração do bancário a vantagem pecuniária por ele auferida na colocação ou na venda de papéis ou valores mobiliários de empresas pertencentes ao mesmo grupo econômico, se exercida essa atividade no horário e no local de trabalho e com o consentimento, tácito ou expresso, do banco empregador (RA 121/1979, DJ, 27-11-1979).

forma, permanece a teoria do grupo econômico como empregador único"[47].

5. ASPECTOS PROCESSUAIS DO GRUPO ECONÔMICO

A jurisprudência do Tribunal Superior do Trabalho exigia a participação do corresponsável, integrante de grupo econômico, na fase cognitiva da relação jurídica processual, bem como a sua indicação no título executivo judicial como codevedor, para responder pelo débito, conforme prescrevia a Súmula 205 do TST[48].

A necessidade de participação do responsável solidário tinha uma razão muito simples: a garantia fundamental ao devido processo legal, contraditório e ampla defesa, conforme previsto no art. 5º, incisos LIV e LV, da CF.

O enunciado do TST foi cancelado, viabilizando a apuração da existência (ou não) do grupo econômico – através de prova sumária – na fase de execução.

Mauricio Godinho Delgado adverte que apesar disso prevalece "significativa controvérsia sobre a existência do grupo econômico, somente ultrapassável por meio de complexa investigação probatória, o instrumento jurídico hábil a vencer tal desafio será, sem dúvida, o processo de cognição trabalhista, com as amplas prerrogativas de alegação, defesa e provas que lhe são inerentes"[49].

A previsão legal expressa de requisitos para a configuração do grupo econômico (art. 2º, § 3º, da CLT), tornou a comprovação da existência do grupo econômico mais complexa, o que dificulta a prova sumária na fase de execução.

É importante esclarecer que o objeto da prova não será a responsabilidade solidária – efeito automático da lei ou do ajuste entre as partes –, mas, sim, a existência do grupo econômico.

6. LEGISLAÇÃO RELACIONADA

▸ **Art. 455 da CLT:** Nos contratos de subempreitada responderá o subempreiteiro pelas obrigações derivadas do contrato de trabalho que celebrar, cabendo, todavia, aos empregados, o direito de reclamação contra o empreiteiro principal pelo inadimplemento daquelas obrigações por parte do primeiro.

▸ **Lei n. 5.889/73, art. 3º, § 2º:** Sempre que uma ou mais empresas, embora tendo cada uma delas personalidade jurídica própria, estiverem sob direção, controle ou administração de outra, ou ainda quando, mesmo guardando cada uma sua autonomia, integrem grupo econômico ou financeiro rural, serão responsáveis solidariamente nas obrigações decorrentes da relação de emprego.

▸ **Súmula 129/TST: Contrato de trabalho. Grupo econômico.** A prestação de serviços a mais de uma empresa do mesmo grupo econômico, durante a mesma jornada de trabalho, não caracteriza a coexistência de mais de um contrato de trabalho, salvo ajuste em contrário.

▸ **Precedente Administrativo n. 59:** Registro. Contrato de trabalho. Grupo econômico. O trabalho prestado pelo empregado a várias empresas do mesmo grupo econômico configura apenas um contrato de trabalho, sendo desnecessário o registro do empregado em cada uma das empresas. Autuação improcedente.

▸ **Súmula 93/TST:** Bancário. Integra a remuneração do bancário a vantagem pecuniária por ele auferida na colocação ou na venda de papéis ou valores mobiliários de empresas pertencentes ao mesmo grupo econômico, se exercida essa atividade no horário e no local de trabalho e com o consentimento, tácito ou expresso, do banco empregador.

▸ **Súmula 239 /TST:** Bancário. Empregado de empresa de processamento de dados. É bancário o empregado de empresa de processamento de dados que presta serviço a banco integrante do mesmo grupo econômico, exceto quando a empresa de processamento de dados presta serviços a banco e a empresas não bancárias do mesmo grupo econômico ou a terceiros.

▸ **Súmula n. 363 /TST:** Contrato nulo. Efeitos. A contratação de servidor público, após a C.F/1988, sem prévia aprovação em concurso público, encontra óbice no respectivo art. 37, II e § 2.º, somente lhe conferindo direito ao pagamento da contraprestação pactuada, em relação ao número de horas trabalhadas, respeitado o valor da hora do salário mínimo, e dos valores referentes aos depósitos do FGTS.

▸ **OJ 185 da SD1-1 do TST:** CONTRATO DE TRABALHO COM A ASSOCIAÇÃO DE PAIS E MESTRES — APM. INEXISTÊNCIA DE RESPONSABILIDADE SOLIDÁRIA OU SUBSIDIÁRIA DO ESTADO. O Estado-Membro não é responsável subsidiária ou solidariamente com a Associação de Pais e Mestres pelos encargos trabalhistas dos empregados contratados por esta última, que deverão ser suportados integral e exclusivamente pelo real empregador.

▸ **OJ 191 da SD1-1 do TST:** CONTRATO DE EMPREITADA. DONO DA OBRA DE CONSTRUÇÃO CIVIL. RESPONSABILIDADE. Diante da inexistência de previsão legal específica, o contrato de empreitada de construção civil entre o dono da obra e o empreiteiro não enseja responsabilidade solidária ou subsidiária nas obrigações trabalhistas contraídas pelo empreiteiro, salvo sendo o dono da obra uma empresa construtora ou incorporadora.

▸ **OJ 225 da SD1-1 do TST:** CONTRATO DE CONCESSÃO DE SERVIÇO PÚBLICO. RESPONSABILIDADE TRABALHISTA. Celebrado contrato de concessão de serviço público em que uma empresa (primeira concessionária) outorga a outra (segunda concessionária), no todo ou em parte, mediante arrendamento, ou qualquer outra forma contratual, a título transitório, bens de sua propriedade: I — em caso de rescisão do contrato de trabalho após a entrada em vigor da concessão, a segunda concessionária, na condição de sucessora, responde pelos direitos decorrentes do contrato de trabalho, sem prejuízo da responsabilidade subsidiária da primeira concessionária pelos débitos trabalhistas contraídos até a concessão; II — no tocante ao contrato de trabalho extinto antes da vigência da concessão, a responsabilidade pelos direitos dos trabalhadores será exclusivamente da antecessora.

▸ **OJ 411 da SD1-1 do TST:** SUCESSÃO TRABALHISTA. AQUISIÇÃO DE EMPRESA PERTENCENTE A GRUPO ECONÔMICO. RESPONSABILIDADE SOLIDÁRIA DO SUCESSOR POR DÉBITOS TRABALHISTAS DE EMPRESA NÃO ADQUIRIDA. INEXISTÊNCIA. O sucessor não responde

---

47 Idem. Correia e Miessa, 2018, p. 187.

48 Súmula 205 do TST. GRUPO ECONÔMICO. EXECUÇÃO. SOLIDARIEDADE – CANCELADA. O responsável solidário, integrante do grupo econômico, que não participou da relação processual como reclamado e que, portanto, não consta no título executivo judicial como devedor, não pode ser sujeito passivo na execução (Res. 11/1985, DJ, 11-7-1985). Ver Resolução TST n. 121, de 28-10-2003, DJU, 19-11-2003, que cancelou o Enunciado n. 205.

49 Idem. Delgado, 2019, p. 510.

solidariamente por débitos trabalhistas de empresa não adquirida, integrante do mesmo grupo econômico da empresa sucedida, quando, à época, a empresa devedora direta era solvente ou idônea economicamente, ressalvada a hipótese de má-fé ou fraude na sucessão.

▸ **OJ 30 da SD1-1 Transitória do TST**: CISÃO PARCIAL DE EMPRESA. RESPONSABILIDADE SOLIDÁRIA. PROFORTE. É solidária a responsabilidade entre a empresa cindida subsistente e aquelas que absorverem parte do seu patrimônio, quando constatada fraude na cisão parcial.

▸ **OJ 66 da SD1-1 Transitória do TST: SPTRANS.** RESPONSABILIDADE SUBSIDIÁRIA. NÃO CONFIGURAÇÃO. CONTRATO DE CONCESSÃO DE SERVIÇO PÚBLICO. TRANSPORTE COLETIVO. (DEJT divulgado em 03, 04 e 05.12.2008). A atividade da São Paulo Transportes S/A — SPTrans de gerenciamento e fiscalização dos serviços prestados pelas concessionárias de transporte público, atividade descentralizada da Administração Pública, não se confunde com a terceirização de mão-de-obra, não se configurando a responsabilidade subsidiária.

Vide art. 31 da Instrução Normativa SIT n. 144, de 18-5-2018.

Vide art. 173 da CF.

Vide art. 15 da Lei n. 8.036, de 11-5-1990.

Vide OJs 383 da SDI-1 do TST.

Vide art. 265 da Lei n. 6.404, de 15-12-1976.

Vide OJ 59 da SDI-1-T do TST.

Vide art. 25-A da Lei n. 8.212 de 24-7-1991.

7. INFORMATIVOS DO TST

Existência de sócios comuns. Grupo Econômico. Não caracterização. Ausência de subordinação. **O simples fato de duas empresas terem sócios em comum não autoriza o reconhecimento do grupo econômico**, pois este, nos termos do art. 2º, § 2º, da CLT, pressupõe subordinação à mesma direção, controle ou administração, ou seja, exige uma relação de dominação interempresarial em que o controle central é exercido por uma delas (teoria hierárquica ou vertical). Na hipótese, ressaltou-se que não obstante as empresas em questão terem os mesmos sócios, uma delas é voltada para o mercado imobiliário, enquanto que a outra atua no ramo de segurança e transporte de valores, bem como importação e exportação de equipamentos eletrônicos, não guardando, portanto, qualquer relação entre os respectivos objetos comerciais a indicar laços de direção entre elas. Com esse entendimento, a SBDI-I, em sua composição plena, por maioria, conheceu dos embargos interpostos pela reclamante, por divergência jurisprudencial, vencidos os Ministros Horácio Raymundo de Senna Pires, relator, Antonio José de Barros Levenhagen, Brito Pereira e Aloysio Corrêa da Veiga, que não conheciam do apelo. No mérito, também por maioria, a Subseção negou provimento ao recurso, vencidos os Ministros Lelio Bentes Corrêa, Augusto César Leite de Carvalho, José Roberto Freire Pimenta e Hugo Carlos Scheuermann, que davam provimento aos embargos para restabelecer a decisão proferida pelo TRT que, adotando a teoria horizontal ou da coordenação, entendeu configurado o grupo econômico porque existente nexo relacional entre as empresas envolvidas, pois além de terem sócios em comum, restou demonstrado que houve aporte financeiro dos sócios de uma empresa na outra. TST-E-ED-RR-214940-39.2006.5.02.0472, SBDI-I, rel. Min. Horácio Raymundo de Senna Pires 22.5.2014 (**Informativo nº 83**)

Execução. Responsabilidade solidária. Grupo econômico. Configuração. Existência de sócios em comum. Ausência de demonstração de relação hierárquica entre as empresas. Art. 5º, II, da CF. Violação direta.* **Viola o princípio da legalidade insculpido no art. 5º, II, da CF, por impor obrigação não prevista no art. 2º, § 2º, da CLT, decisão que, na fase de execução de sentença, reconhece a configuração de grupo econômico e atribui responsabilidade solidária a empresa distinta daquela com a qual se estabeleceu o vínculo de emprego, com fundamento estritamente na existência de sócios comuns, sem a demonstração de relação hierárquica de uma empresa sobre a outra.** Sob esse entendimento, a SBDI-I, por unanimidade, conheceu dos embargos por divergência jurisprudencial e, no mérito, por maioria, negou-lhes provimento, mantendo, portanto, o acórdão turmário que, após reconhecer afronta à norma do art. 5º, II, da CF, afastou a responsabilidade solidária imputada a Amadeus Brasil Ltda. pela decisão do Regional que reconhecera a formação de grupo econômico com a Massa Falida de Rio Sul Linhas Aéreas S.A., executada, com fundamento estritamente na existência de sócios em comum. Vencidos os Ministros Aloysio Corrêa da Veiga, relator, Augusto César de Carvalho, José Roberto Freire Pimenta e Cláudio Mascarenhas Brandão, que entendiam que eventual ofensa ao princípio da legalidade somente se daria de forma reflexa ou indireta, em total desconformidade com o art. 896, §2º, da CLT e a Súmula nº 266 do TST. TST-E-ED-RR-92-21.2014.5.02.0029, SBDI-I, rel. Min. Aloysio Corrêa da Veiga, red. p/ acórdão Min. João Oreste Dalazen, 5.10.2017 (**Informativo nº 167**)

Grupo econômico. Não configuração. Mera ocupação do mesmo espaço físico. Prestação concomitante de serviço a mais de uma empresa. **Não é suficiente à configuração de grupo econômico a mera ocupação do mesmo espaço físico ou que os empregados prestem serviço a mais de uma empresa de forma concomitante.** O art. 2º, § 2º, da CLT exige a subordinação à mesma direção, controle ou administração, embora cada uma das empresas possua personalidade jurídica própria. Sob esse fundamento, a SBDI-I, por unanimidade, conheceu dos embargos, no tópico, por divergência jurisprudencial, e, no mérito, por maioria, negou-lhes provimento, mantendo a decisão turmária que excluiu a responsabilidade solidária imposta a uma das reclamadas por entender necessária a relação hierárquica entre as empesas, bem como o efetivo controle de uma sobre as outras para a configuração de grupo econômico. Vencidos os Ministros Augusto César Leite de Carvalho e José Roberto Freire Pimenta. TST-E-ED-RR-996-63.2010.5.02.0261, SBDI-I, rel. Min. Brito Pereira, 12.5.2016 (**Informativo nº 136**)

Incidente de Recursos de Revista Repetitivos. "Tema nº 0007 – TAP Manutenção e Engenharia Brasil S.A. Ilegitimidade passiva. Grupo econômico. Responsabilidade solidária. Empresa que não mais integra o grupo econômico". O Tribunal Pleno, por maioria, definiu a seguinte tese jurídica para o **Tema Repetitivo nº 0007** – TAP MANUTENÇÃO E ENGENHARIA BRASIL S.A. ILEGITIMIDADE PASSIVA. GRUPO ECONÔMICO. RESPONSABILIDADE SOLIDÁRIA. EMPRESA QUE NÃO MAIS INTEGRA O GRUPO ECONÔMICO: nos termos dos **artigos 60, parágrafo único, e 141, II, da Lei nº 11.101/2005,** a TAP Manutenção e Engenharia Brasil S.A. **não poderá ser responsabilizada por obrigações de natureza trabalhista da Varig S.A. pelo fato de haver adquirido a Vem S.A., empresa que compunha grupo econômico com a segunda.** Vencidos os Ministros Márcio Eurico Vitral Amaro, revisor, Augusto César Leite de Carvalho e Aloysio Corrêa da Veiga, os quais entendiam inaplicável o preceito insculpido no art. 60, parágrafo único, da Lei nº 11.101/2005 aos casos envolvendo a venda de ativos da Vem S.A, e os Ministros Kátia Magalhães Arruda, Mauricio Godinho Delgado, José Roberto Freire Pimenta e Delaíde Miranda Arantes, que entendiam inaplicáveis o art. 60 da Lei nº 11.101/2005 e a Orientação Jurisprudencial nº 411 da SBDI-I. TSTIRR-69700-28.2008.5.04.0008, Tribunal Pleno, rel. Min. Guilherme Augusto Caputo Bastos, 22.5.2017 (**Informativo nº 159**)

Grupo econômico. Reconhecimento com base na relação de coordenação entre as empresas. Transcendência política reconhecida. Violação do art. 5º, II, da CF. Configuração. *"(...) II – RECURSO DE REVISTA SUBMETIDO À LEI Nº 13.467/2017. TRANSCENDÊNCIA POLÍTICA. EXISTÊNCIA. PROCEDIMENTO SUMARÍSSIMO. GRUPO ECONÔMICO. IMPOSSIBILIDADE DE RECONHECIMENTO COM BASE APENAS NA EXISTÊNCIA DE RELAÇÃO DE COORDENAÇÃO ENTRE AS EMPRESAS. Na esteira do atual entendimento da Subseção I Especializada em Dissídios Individuais do TST, a formação de grupo econômico entre empresas pressupõe a existência de controle e fiscalização por uma empresa líder, não sendo suficiente a mera ocorrência de sócios em comum ou a relação de coordenação entre as pessoas jurídicas.* ***O Tribunal Regional, ao manter a responsabilidade solidária da recorrente com base no artigo 2º, § 2º, da CLT, ao fundamento de que estaria presente a coordenação***

entre as empresas, incorreu em violação do princípio da legalidade, na medida em que instituída obrigação sem previsão legal. Precedente da SBDI-1 reconhecendo a violação do artigo 5º, inciso II, da Constituição Federal. *Recurso de revista conhecido e provido."* TST-RR-10338-24.2017.5.03.0165, 5ª Turma, rel. Min. Emmanoel Pereira, julgado em 21.8.2019 (**Informativo 203 do TST)**

Grupo econômico. Reconhecimento com base na relação de coordenação entre as empresas. Possibilidade. *"AGRAVOS EM RECURSO DE REVISTA COM AGRAVOS INTERPOSTOS DE DECISÃO PUBLICADA NA VIGÊNCIA DA LEI Nº 13.015/2014. EXECUÇÃO. GRUPO ECONÔMICO POR COORDENAÇÃO. CARACTERIZAÇÃO. POSSIBILIDADE. NULIDADE DO ACÓRDÃO RECORRIDO. NEGATIVA DE PRESTAÇÃO JURISDICIONAL. NÃO CONFIGURAÇÃO. As agravantes não logram afastar os fundamentos da decisão agravada. Em relação ao reconhecimento de grupo econômico,* ***esta Corte uniformizadora de jurisprudência vem firmando entendimento no sentido da possibilidade da configuração de grupo econômico "por coordenação", mesmo diante da ausência de hierarquia entre as empresas integrantes do grupo, desde que comunguem dos mesmos interesses.*** *Assim, não se cogita em afronta* ***ao artigo 2º, §2º, do Texto Consolidado, o qual disciplina apenas uma das modalidades de formação do grupo econômico, não impedindo que sua configuração possa se estabelecer por outros critérios****, razão pela qual, na espécie, as empresas integrantes do grupo econômico devem responder solidariamente pelo adimplemento dos débitos trabalhistas. Precedentes do TST nesse sentido, alguns proferidos em execuções contra as ora agravantes. No que tange à pretensa nulidade do julgado por incompleta prestação jurisdicional, o exame dos autos revela que a Corte a quo proferiu decisão completa, válida e devidamente fundamentada, não prosperando a arguição de nulidade, assomando-se constituir mero inconformismo contra decisão desfavorável à parte. Não se divisa, portanto, violação direta e literal aos artigos 5º, II, XXXV, LIV e LV, e 93, IX, da Constituição Federal, na forma imposta pelo §2º do artigo 896 da CLT e a Súmula nº 266 do TST. Agravos conhecidos e não providos."* TST-Ag-ARR-206-03.2013.5.03.0114, 7ª Turma, rel. Min. Cláudio Mascarenhas Brandão, julgado em 21.8.2019 (**Informativo 203 do TST)**

Art. 3º Considera-se empregado toda pessoa física que prestar serviços de natureza não eventual a empregador, sob a dependência deste e mediante salário.

Parágrafo único. Não haverá distinções relativas à espécie de emprego e à condição de trabalhador, nem entre o trabalho intelectual, técnico e manual.

COMENTÁRIOS (ART. 3º)

1. RELAÇÃO DE TRABALHO E RELAÇÃO DE EMPREGO

1.1. RELAÇÃO DE TRABALHO

O núcleo básico da relação jurídica no Direito do Trabalho concentra-se na relação de trabalho, mais propriamente na relação de emprego.

A doutrina enxerga uma distinção entre os termos: relação de trabalho e relação de emprego. A primeira expressão tem caráter genérico referindo-se a toda relação jurídica caracterizada por uma prestação de serviços consubstanciada no trabalho humano. Abrange, portanto, a relação de emprego, o trabalho autônomo, o trabalho eventual, o trabalho avulso, o trabalho rural, dentre outros. A relação de emprego, de outro lado, é uma espécie de relação de trabalho, pois a sua configuração depende da existência de alguns requisitos dispensáveis às demais relações de trabalho. É a modalidade de pactuação de trabalho mais relevante, sendo certo que as normas jurídicas foram construídas em torno da relação de emprego.

Délio Maranhão (apud Leite, 2019) difere as expressões com exatidão, anotando que a "***relação jurídica de trabalho*** *é a que resulta de* ***um contrato de trabalho****, denominando-se de* ***relação de emprego*** *quando se trata de um contrato de* ***trabalho subordinado****"* [50].

Em outras palavras, a relação de trabalho é gênero e não se confunde com a relação de emprego, que é a modalidade mais importante de relação de trabalho. Amauri Mascaro do Nascimento se vale da dicção *"contrato de trabalho"* para se referir à relação de trabalho (gênero) e do termo *"contrato de emprego"* em alusão à relação de emprego (espécie)[51].

Jean Vicent (apud Barros, 2016) utiliza a expressão "contrato atividade" para denominar a relação de trabalho, definindo-a como "os contratos nos quais a **atividade pessoal** de uma das partes **constitui objeto de convenção ou uma das obrigações** que ela comporta"[52].

A relação de trabalho tem caráter abrangente, englobando toda modalidade de contratação de trabalho humano: trabalho autônomo, trabalho voluntário, trabalho eventual, trabalho avulso, estágio, incluindo a relação de emprego.

A relação de emprego, por sua vez, é um tipo de relação de trabalho com características particularizadas, dentre as quais se destacam a subordinação e a habitualidade.

Exemplificativo.

Relação de emprego (Espécie).

Relação de trabalho (gênero).

Pessoa física que presta serviço.

Exemplo 1: voluntário (não tem remuneração) ex.: portuário;

Exemplo 2: autônomo (detalhes sobre o contrato de trabalho)

- ✓ Pessoa física
- ✓ Onerosidade
- ✓ Subordinação
- ✓ Pessoalidade
- ✓ Habitualidade/Não eventualidade.

A Constituição Federal de 1988 estabelecia, inicialmente, a competência material da Justiça do Trabalho apenas para conciliar e julgar as controvérsias decorrentes da

50 Idem. Leite, 2019.

51 Amauri Mascaro do Nascimento. Curso de direito do trabalho. – 26. ed. – São Paulo: Saraiva, 2011.

52 Alice Monteiro de Barros. Curso de Direito do Trabalho – 10. ed. – São Paulo: LTr, 2016, p.147.

Decreto-Lei 5.452/1943

relação de emprego – entre empregados e empregadores – e, de forma excepcional, algumas relações de trabalho.

Com a Emenda Constitucional 45 de 30 de dezembro de 2004 a redação do art. 114 da Constituição Federal[53] foi modificado, ampliando as margens de atuação da Justiça do Trabalho, passando a prever a competência material para processar e julgar todas as modalidades de relação de trabalho.

Atenção: Compete à Justiça estadual processar e julgar a ação de cobrança ajuizada por profissional liberal contra cliente, conforme preceitua a Súmula 363 do STJ.

1.2. MODALIDADES DE RELAÇÃO DE TRABALHO

A relação de trabalho tem caráter abrangente, envolvendo todas as modalidades de contratação de trabalho humano.

Analisaremos, as principais espécies de relação de trabalho.

A) Trabalhador autônomo

Trata-se de uma prestação de serviço por uma pessoa física, **sem** qualquer subordinação, ou seja, possui plena liberdade para gerir o seu serviço e assume o risco do negócio.

Delgado leciona que "O trabalhador autônomo consiste, entre todas as figuras próximas à do empregado (...). Os diversificados vínculos de trabalho autônomo existentes afastam-se da figura técnico-jurídica da relação de emprego essencialmente pela ausência do elemento fático-jurídico da subordinação"[54].

A Reforma Trabalhista (Lei 13.467/2017), acrescentou o art. 442-B à CLT, possibilitando a contratação do trabalhador autônomo, **com ou sem exclusividade**, ainda que cumprida todas as formalidades legais, afastando a sua qualificação como empregado.

A doutrina recebeu muitas críticas da doutrina, por permitir a exclusividade no trabalho autônomo. Uma das características marcantes do trabalho autônomo é justamente a liberdade de prestar serviços a outros tomadores, sem se fixar a um único tomador.

Em seguida, o Governo Federal editou a Medida Provisória 808 de 14 de novembro de 2017, objetivando o aprimoramento pontual de alguns dispositivos inseridos ou alterados pela Reforma Trabalhista, dentre eles art. 442-B da CLT[55]. Foram acrescentados sete parágrafos ao dispositivo citado. A redação do caput foi modificada, substituindo-se a expressão "exclusividade" por "continuidade". Além disso, o legislador vedou expressamente a celebração de clausula de exclusividade no contrato de trabalho autônomo, sob pena de reconhecimento do vínculo empregatício.

A medida provisória foi rejeitada tacitamente – caducou – visto que o Congresso nacional não se manifestou sobre a medida provisória no prazo legal, encerrando o prazo de vigência no dia 23 de abril de 2018[56].

Buscando suprir a caducidade da medida provisória, o Ministério do Trabalho editou a Portaria nº 349 de 23 de maio de 2018, estabelecendo regras voltadas à execução da Lei 13.467/2017, especialmente sobre o contrato de trabalho autônomo.

Essencialmente, reiterou as disposições que o Governo pretendia modificar via medida provisória, admitindo: a prestação de serviços de qualquer natureza a outros tomadores de serviços, sob qualquer modalidade de contrato de trabalho, inclusive como autônomo; a possibilidade de recusa de realizar atividade demandada pelo contratante, sem prejuízo de eventual penalidade, caso prevista em contrato.

Ainda, a Portaria, de forma exemplificativa, indica algumas profissões que poderão ser enquadradas como autônomos: motoristas, representantes

53 Art. 114, CF/88 – "Compete à Justiça do Trabalho processar e julgar: I - as ações oriundas da relação de trabalho, abrangidos os entes de direito público externo e da administração pública direta e indireta da União, dos Estados, do Distrito Federal e dos Municípios;" (...) (Grifo nosso).

54 Idem. Delgado, 2019, p. 399.

55 Exposição de Motivos da MP 808/2017: "9 .Disto isto, a presente proposta de Medida Provisória tem por objetivo o aprimoramento de dispositivos pontuais, relacionados a aspectos discutidos durante a tramitação do PLC nº 38, de 2017, no Senado Federal. Se, por um lado, tais aspectos refletem o profundo processo de diálogo e análise realizado pelo Senado Federal, por outro, esta Casa Legislativa observou a desnecessidade de alteração do projeto no momento de sua tramitação, o que implicaria atrasos desnecessários à eficácia deste importante diploma legal. É neste sentido que, como consequência da atuação do Senado Federal, e sem maiores atrasos, aguardamos a entrada em eficácia da Lei nº 13.467, de 2017 em da data de 11 de novembro de 2017. [...] Trabalhador autônomo e cláusula de exclusividade. 10.8 Com a inclusão dos §§ 1º ao 6º ao art. 442-B do Decreto-Lei nº 5.452, de 1943, pretende-se conferir maior clareza à contratação do trabalhador autônomo, inclusive para aquelas atividades e profissões reguladas por leis específicas, vedando cláusula de exclusividade em contratos dessa natureza, sob pena de reconhecimento de vínculo empregatício, caso cumpridos os requisitos previstos no art. 3º da CLT. 10.9 As modificações visam salvaguardar a atividade dos autônomos, especialmente aqueles que, por uma questão prática, prestam serviços a apenas um tomador. Caso permaneçam a descoberto, atividades como a de venda direta de produtos serão postas em risco, haja vista a insegurança jurídica promovida por diferentes decisões judiciais de reconhecimento de vínculo empregatício. Ao mesmo tempo, o texto proposto assevera que, preenchidos os requisitos previstos no art. 3º da CLT, notadamente a subordinação jurídica, será reconhecido o vínculo empregatício.".

56 ATO DECLARATÓRIO Nº 22, DE 24 DE ABRIL DE 2018: "O Presidente da Mesa do Congresso Nacional, nos termos do parágrafo único do art. 14 da Resolução nº 1, de 2002-CN, faz saber que a Medida Provisória nº 808, de 14 de novembro de 2017, que "Altera a Consolidação das Leis do Trabalho – CLT, aprovada pelo Decreto-Lei nº 5.452, de 1º de maio de 1943", teve seu prazo de vigência encerrado no dia 23 de abril do corrente ano". SENADOR EUNÍCIO OLIVEIRA. Este texto não substitui o publicado no DOU de 25.4.2018

comerciais, corretores de imóveis, parceiros, e trabalhadores de outras categorias profissionais reguladas por leis específicas relacionadas a atividades compatíveis com o contrato autônomo.

Impõe, por fim, o reconhecimento do vínculo empregatício se houver a presença de subordinação jurídica, desnaturando o trabalho autônomo.

Não obstante isso, Delgado adverte que "estando reunidos, no caso concreto, os cinco elementos da relação de emprego – inclusive a subordinação jurídica, é claro – o vínculo empregatício deve ser reconhecido (art. 9º, CLT: fraude)"[57].

Segundo o art. 511 da CLT é lícita a associação sindical dos empregados, agentes ou trabalhadores autônomos.

> **Atenção**: O trabalhador que presta serviços com intermediação de plataformas digitais ou aplicativos, o pastor – por uma questão ideológica –, a cabeleireira e a manicure, a princípio, são considerados autônomos. Há, entretanto, posicionamentos na doutrina e na jurisprudência que qualificam tais profissionais como empregados, em algumas situações[58].

B) Empreitada

É prestação de serviço para a realização de uma determinada obra, ou seja, o empreiteiro é contratado para um resultado e não para uma atividade, como ocorre com o empregado. O empreiteiro pode contribuir apenas com seu trabalho ou, também, com fornecimento de materiais, conforme dispõe o art. 610 do Código Civil.

No contrato de empreitada não há subordinação ou pessoalidade. O empreiteiro pode enviar outra pessoa em seu lugar para a realização do serviço (subempreiteiro).

Luciano Martinez define o contrato de empreitada como o "negócio jurídico por meio do qual um dos sujeitos, o empreiteiro oferece seu **conhecimento técnico especializado** e sua força laboral para a **execução de um serviço especificado**, previamente **delimitado no tocante à extensão**, a outro sujeito, o dono da obra, que se incumbirá de realizar, **em decorrência do resultado alcançado**, o **pagamento do preço certo** estabelecido dentro do prazo e das condições previamente ajustadas"[59].

No tocante ao subempreiteiro, este, irá responder pelas obrigações derivadas do contrato de trabalho que celebrar, sendo possível aos empregados ingressar com reclamação trabalhista contra o empreiteiro principal, para cobrar os créditos oriundos trabalhistas inadimplidos pelo subempreiteiro (art. 455 da CLT). Ao empreiteiro, nessas situações, é assegurado o direito de regresso, nos termos da lei civil.

O Tribunal Superior do Trabalho, majoritariamente, entendeu que não há responsabilidade solidária ou subsidiária entre o dono da obra e o empreiteiro, salvo se for empresa incorporadora ou construtora (OJ 191 da SDI-1 do TST)[60].

As ações envolvendo o contrato de empreitada inseriam-se na competência material da Justiça do Trabalho, mesmo antes da reforma promovida pela Emenda Constitucional 45/2004, conforme preceitua o art. 652, "a", III, CLT.

C) Representante comercial

Trata-se da prestação de serviço com o objetivo de realizar negócios mercantis. Enquadra-se no conceito de relação de trabalho, porquanto não há pessoalidade e o representante comercial assume o risco do negócio, ou seja, arcar com eventuais despesas da prestação do serviço.

Dispõe o art. 31 da Lei 4.886/65, que regulamenta a representação comercial, que é lícito às partes estabelecer exclusividade de representação, sem presumir a ausência de ajuste expresso (art. 31 da Lei).

Já o art. 43 da mesma Lei, veda inclusão da cláusula "del credere" que permite o desconto do valor pago ao representante na hipótese de inadimplência do cliente, bem como, se a transação for cancelada ou desfeita.

57 Idem. Delgado, 2019, p. 399.
58 Vide Informativo nº. 132 do TST
59 Idem. Martinez, 2020.

60 É válido citar que o Tribunal Superior do Trabalho, no julgamento do Incidente de Recurso de Revista Repetitivo nº 190-53.2015.5.03.0090, de relatoria do Min. João Oreste Dalazen, passou a admitir a responsabilidade do dono da obra, à luz da função social do contrato e do valor social do trabalho. Vejamos o seguinte trecho do julgado: "INCIDENTE DE RECURSO DE REVISTA REPETITIVO. TEMA Nº 0006. CONTRATO DE EMPREITADA. DONO DA OBRA. RESPONSABILIDADE. ORIENTAÇÃO JURISPRUDENCIAL Nº 191 DA SbDI-1 DO TST VERSUS SÚMULA Nº 42 DO TRIBUNAL REGIONAL DO TRABALHO DA TERCEIRA REGIÃO 1. A exclusão de responsabilidade solidária ou subsidiária por obrigação trabalhista, a que se refere a Orientação Jurisprudencial nº 191 da SbDI-1 do TST, não se restringe a pessoa física ou micro e pequenas empresas. Compreende igualmente empresas de médio e grande porte e entes públicos. 2. A excepcional responsabilidade por obrigações trabalhistas, prevista na parte final da Orientação Jurisprudencial nº 191 da SbDI-1 do TST, por aplicação analógica do artigo 455 da CLT, alcança os casos em que o dono da obra de construção civil é construtor ou incorporador e, portanto, desenvolve a mesma atividade econômica do empreiteiro. 3. Não é compatível com a diretriz sufragada na Orientação Jurisprudencial nº 191 da SbDI-1 do TST jurisprudência de Tribunal Regional do Trabalho que amplia a responsabilidade trabalhista do dono da obra, excepcionando apenas "a pessoa física ou micro e pequenas empresas, na forma da lei, que não exerçam atividade econômica vinculada ao objeto contratado". 4. Exceto ente público da Administração direta e indireta, se houver inadimplemento das obrigações trabalhistas contraídas por empreiteiro que contratar, sem idoneidade econômico-financeira, o dono da obra responderá subsidiariamente por tais obrigações, em face de aplicação analógica do art. 455 da CLT e de culpa in elegendo (TRIBUNAL SUPERIOR DO TRABALHO. Incidente de Recurso de Revista Repetitivo Nº 190-53.2015.5.03.0090. Min. Rel. João Oreste Dalazen. Julgamento: 11/05/2017. Publicação: 30/06/2017).

Nas palavras do jurista Luciano Martinez a clausula "del credere" ou "stare del credere" é compreendida como "aquela por meio da qual se impõe ao vendedor o não recebimento da comissão quando o comprador não vier a promover a liquidação de seu compromisso. Trata-se de situação em que o comissário responderá solidariamente com as pessoas com quem houver tratado em nome do comitente"[61].

A doutrina diverge em relação à hipótese de insolvência do cliente, com conhecimento do representante.

De um lado, existe corrente doutrinária admitindo a validade do desconto. Justifica a inaplicabilidade da clausula "del credere", no fato da existência de igualdade jurídica entre o representante e o representado. Ou seja, as partes estão em posições jurídicas equivalentes.

De outro lado, corrente em sentido contrário, defende a impossibilidade do desconto, considerando o dever de boa-fé entre as partes.

Vale ressaltar que a vedação ad cláusula "del credere" se estende ao empregado vendedor pracista ou viajante (art. 7º da Lei nº 3.207/1957)[62], apesar de ser bastante questionável, diante da imposição legal dos riscos da atividade empresarial exclusivamente ao empregador (art. 2º da CLT).

É importante dizer que o art. 39 da Lei 4.886/65 estabelece a competência da Justiça Estadual para julgar conflitos envolvendo os contratos de representação comercial[63]. Tal dispositivo se contrapõe frontalmente ao art. 114 da Constituição Federal, que estabelece a competência material da Justiça do Trabalho para processar e julgar os dissídios decorrentes da relação de trabalho.

O Supremo Tribunal Federal, ao enfrentar a questão no julgamento do Recurso Extraordinário (RE 606003), com repercussão geral (Tema 550), por maioria de votos, fixou a seguinte tese: "Preenchidos os requisitos dispostos na Lei 4.886/65, compete à Justiça Comum o julgamento de processos envolvendo relação jurídica entre representante e representada comerciais, uma vez que não há relação de trabalho entre as partes".

A controvérsia, no "leading case", versava sobre a (in)competência material da Justiça do Trabalho para julgar ações envolvendo cobrança de comissões atrasadas referentes à relação jurídica entre representante comercial autônomo – sem vínculo empregatício – e empresa por ele representada.

O Tribunal Superior do Trabalho reconheceu competência da Justiça do Trabalho, com base na EC nº 45/2004 (Reforma do Judiciário) que ampliou da competência material da Justiça Especializada para abarcar não apenas as relações de emprego, mas, também, as relações de trabalho (art. 114, I a IX, da CF).

Ao analisar a controvérsia, o Supremo Tribunal Federal entendeu que **a natureza jurídica da atividade de representação comercial autônoma não foi afetada pelas alterações promovidas pela EC nº 45/2004. Ou seja**, a representação comercial autônoma – sem vínculo empregatício – **não tem natureza jurídica trabalhista** (relação de emprego ou relação de trabalho), **mas natureza jurídica comercial**, regida por legislação especial (Lei nº 4.886/65).

Restou decidido, ainda, que "A proteção constitucional ao trabalho não impõe que toda e qualquer relação entre o contratante de um serviço e o seu prestador seja protegida por meio da relação de trabalho (CF/1988, art. 7º)", acrescentando-se que o pedido de pagamento de comissões atrasadas não tem natureza trabalhista, reforçando a competência do Juízo Comum para o julgamento desses casos.

Pensamos que a tese prevalecente está equivocada.

A apreensão da natureza jurídica de um determinado fenômeno perpassa pela análise da sua definição (essência), bem como da correspondente classificação (posicionamento comparativo)[64]. Como se depreende das preciosas lições do jurista Maurício Godinho Delgado, "*Encontrar a natureza jurídica de um instituto do Direito* (ou até de um ramo jurídico, como o Direito do Trabalho) *consiste em se apreenderem os elementos fundamentais que integram sua composição específica, contrapondo-os, em seguida, ao conjunto mais próximo de figuras jurídicas* (ou de segmentos jurídicos, no caso do ramo justrabalhista), *de modo a classificar o instituto enfocado no universo de figuras existentes no Direito*[65].

De acordo com art. 1º da Lei nº 4.886/65 define a atividade dos representantes comerciais autônomos como aquela exercida por "pessoa jurídica ou a pessoa física, **sem relação de emprego**, que desempenha, **em caráter não eventual por conta de uma ou mais pessoas**, a mediação **para a realização de negócios mercantis**, agenciando propostas ou pedidos, **para,** transmiti-los aos representados, praticando ou não atos relacionados com a execução dos negócios".

Numa análise comparativa, o contrato de representação comercial autônomo aproxima-se mais das

61 Idem. Martinez, 2020.

62 Lei n. 3.207/57, Art. 7º: Verificada a insolvência do comprador, cabe ao empregador o direito de estornar a comissão que houver pago.

63 Art. 39 da Lei 4886/65 – "Para julgamento das controvérsias que surgirem entre representante e representado é competente a Justiça Comum e o foro do domicílio do representante, aplicando-se o procedimento sumaríssimo previsto no art. 275 do Código de Processo Civil, ressalvada a competência do Juizado de Pequenas Causas."

64 Idem. Delgado, 2019, p. 82.

65 Idem. Delgado, 2019, p. 83.

características dos contratos de natureza trabalhista, do que dos contratos de natureza civil.

A representação comercial autônoma guarda estreita relação com a figura do trabalhador autônomo, assim considerado o trabalhador que realiza as suas atividades sem, essencialmente, estar subordinado ao tomador dos serviços. Em algumas situações a pessoalidade também é dispensável. O art. 442-B da CLT, possibilita, inclusive, a contratação do trabalhador autônomo com ou sem exclusividade – autorizando, portanto, a prestação de serviços a mais de um tomador.

De amis a mais, no contrato de representação comercial, quando executado por pessoa física, **o representado se utiliza da força de trabalho *útil* do representante comercial** – e principalmente da habilidade de negociações do trabalhador – objetivando a concretização de negócios mercantis, agenciamento de propostas ou pedidos. Em contrapartida, o representante recebe uma retribuição (ou contraprestação) pelo trabalho *útil* prestado, denominada de comissão.

Fala-se em trabalho útil porque as comissões não decorrem da mera prestação de serviços, mas, sim, da contraprestação resultante da conclusão do negócio ou à proporção da sua realização pelo interessado[66].

O contrato de representação comercial, mesmo sem relação de emprego, assume feições preponderantemente de uma relação de trabalho. Vejamos os pontos de toque:

a) a figura do representante comercial autônomo se assemelha à figura do trabalhador autônomo, que presta serviços "por conta própria" – a rigor, sem subordinação jurídica e pessoalidade – a um ou mais tomadores de serviço, com ou sem exclusividade (art. 442-B da CLT);

b) a retribuição material é estipulada em comissões – típica parcela contraprestativa paga pelo tomador dos serviços ao empregado/trabalhador, no contexto da relação de trabalho/emprego (art. 457, §1º, e art. 466 da CLT; art. 4º da Lei n. 3.207/58; arts. 31 e 32 da Lei nº 4.886/65);

c) a contraprestação (comissão) será paga mensalmente, salvo ajuste em contrário – característica própria da remuneração dos trabalhadores (art. 459 da CLT; art. 33, § 2º, da Lei nº 4.886/65)

d) as hipóteses de rescisão por justa causa do contrato de representação comercial autônomo se assemelham às hipóteses justa causa aplicáveis à relação de emprego (art. 482 e 483 da CLT; arts. 35 e 36 da Lei nº 4.886/65), dentre as quais destacamos: a desídia do representante; a condenação definitiva [do representante] por crime considerado infamante; redução de esfera de atividade do representante; e, o não pagamento da retribuição ao representado na época devida;

e) a rescisão imotivada do contrato de representação comercial acarreta o dever de pagamento de indenização à parte contrária, além da concessão de aviso prévio (art. 7º, incisos I e XXI, da CF; art. 487 da CLT; art. 42, §§ 2º e 3º da Lei nº 4.886/65)

Com efeito, os elementos fundamentais que integram a relação jurídica entre o representante comercial pessoa física e o representado é de natureza precipuamente trabalhista, razão pela qual insere-se na competência material da Justiça do Trabalho (art. 114, I e IX, da CF).

Ainda, sobre a temática, merece destaque dois fundamentos consignados no voto (vencido) do Ministro Marco Aurélio Melo, proferido por ocasião do julgamento do RE 606003/RS:

> *i) **"O que houve em decorrência da Emenda Constitucional nº 45/2004? A ampliação marcante** – talvez considerados os novos ares da Justiça do Trabalho, com a anterior exclusão dos leigos – **da competência.** Impôs-se adoção de óptica diversa, **abandonando-se o critério de relação de emprego e adotando-se a relação de trabalho como base maior, muito mais abrangente e genérica, congregando inúmeros vínculos de trabalho.** [...] Assim, controvérsias decorrentes, mesmo que de maneira indireta, da relação de trabalho devem ser julgadas pela Justiça especializada, como é o caso das envolvendo representantes comerciais". ii) **"A Constituição Federal é um documento rígido.** A adjetivação gera a supremacia. **Está no ápice da pirâmide das normas jurídicas, e todo diploma a ela deve obséquio, respeito.** A Lei nº 4.886/1995, mais precisamente o artigo 39 dela constante, não se coaduna com a ordem constitucional decorrente da Emenda de nº 45/2004".*

Atenção: O Supremo Tribunal Federal, no julgamento do RE 606003, fixou a competência da Justiça Comum para o julgamento de processos envolvendo relação jurídica entre representante e representada comerciais, considerando que não há relação de trabalho entre as partes. Com base nessa decisão podemos afirmar que a Justiça do Trabalho será competente apenas quando houver fraude na relação jurídica entre o representante e representada (art. 9º da CLT), com o intuito de ocultar a existência de uma relação de emprego (art. 2º e 3º da CLT), bem como nas situações em que a atividade de representação ou agenciamento comercial se der no contexto de uma relação de trabalho ou emprego.

D) Eventual

Trata-se da prestação de serviço, por uma pessoa física **sem** habitualidade.

[66] Idem. Delgado, 2019, p. 720.

Segundo Amauri Mascaro do Nascimento o trabalhador eventual: "*é aquele que presta a sua atividade para alguém, ocasionalmente*. As características da relação jurídica que o vincula a terceiros podem ser assim resumidas: a) a *descontinuidade*, entendida como a não permanência em uma organização de trabalho com ânimo definitivo; b) **a *impossibilidade de fixação jurídica a uma fonte de trabalho*, consequente dessa mesma descontinuidade e inconstância e da pluralidade de tomadores de serviços;** c) a *curta duração* de cada trabalho prestado"[67].

Alice Monteiro de Barros, por seu turno, define o trabalho eventual como o "que não se insere no âmbito das atividades normais de uma empresa, como é o caso de um técnico chamado momentaneamente para reparar o elevador de um estabelecimento comercial"[68].

A doutrina apresenta quatro teorias para caracterizar o trabalho eventual:

- **Teoria da Descontinuidade:** O empregado é aquele que presta serviços de maneira contínua, sem interrupções.
- **Teoria do Evento ou Acontecimento:** O empregado é aquele que presta serviços não vinculados a determinado evento ou acontecimento.
- **Teoria da Fixação Jurídica na Empresa:** O empregado é aquele que presta serviços a um determinado tomador, fixando-se a uma fonte de trabalho, enquanto o eventual é aquele que não se fixa a uma fonte de trabalho. É uma teoria criticável porque nada impede o trabalhador ter vínculo com mais de uma empresa.
- **Teoria dos fins normais da empresa ou do empreendimento:** É a teoria mais prestigiada na doutrina e jurisprudência. O empregado é aquele contratado para desenvolver habitualmente as atividades normais da empresa.

O trabalhador eventual possui como direito, **apenas** o pagamento do trabalho realizado.

E) Trabalho voluntário

O trabalho voluntário está previsto na Lei 9.608 de 18 de fevereiro de 1998.

A definição está abalizada no art. 1º do Diploma citado: Considera-se serviço voluntário a atividade não remunerada prestada por pessoa física a entidade pública de qualquer natureza ou a instituição privada de fins não lucrativos que tenha objetivos cívicos, culturais, educacionais, científicos, recreativos ou de assistência à pessoa.

Logo, o trabalho voluntário é aquele desempenhado com o ânimo e desígnio benevolente, filantropo, altruísta.

A doutrina traça duas dimensões do trabalho voluntário: i) dimensão subjetiva – consiste na intenção, ânimo, desejo de dispor da sua força de trabalho em condições de benevolência; ii) dimensão objetiva – está vinculada a causa do serviço ofertado[69].

Sendo assim, o critério subjetivo configura-se quando o trabalhador não tem a expectativa de receber uma contraprestação pelos serviços prestados em benefício da entidade ou instituição, o que não ocorre na relação de emprego, por exemplo. Nesse, o empregado espera o pagamento de uma contrapartida (salário), em virtude do dispêndio da sua força de trabalho, sendo, portanto, oneroso. Naquele, o trabalho é gracioso.

Já o critério objetivo, é o serviço de a causa benevolente, sem finalidade lucrativa ou de concentração de renda.

Segundo o art. 1º da Lei 9.608/98 o tomador de serviços deve ser uma entidade pública ou instituição privada sem fins lucrativos. Esse dispositivo prevê, ainda, de forma exemplificativa os objetivos da atividade altruística: objetivos cívicos, culturais, educacionais, científicos, recreativos ou de assistência à pessoa.

O trabalho voluntário não gera vínculo de emprego ou qualquer obrigação previdenciária (art. 1º da Lei 9.608/98). Evidentemente, se houver dissimulação, é possível o reconhecimento do vínculo empregatício com base no princípio da primazia da realidade.

Para Luciano Martinez o voluntarismo não é considerado um trabalho. O referido autor diferencia o "trabalho" e a "atividade", sustentando que

> *"Enquanto o **"trabalho"**, indispensavelmente remunerado (ou a remunerar), tem por escopo o sustento próprio e, se for o caso, familiar do trabalhador, a forma identificada como **"atividade em sentido estrito"**, prestada, em regra, sem qualquer onerosidade ou mediante uma contraprestação meramente simbólica, tem objetivos diferentes, que podem estar relacionados com o intento de aperfeiçoamento ou associados a ações meramente solidárias"*[70].

Escorando-se nessas premissas, delineia que o prestador de serviço voluntário *"não é juridicamente um trabalhador, sendo verdadeira atecnia falar-se em 'trabalho voluntário'. Sendo 'trabalho', não poderia ser outorgado sem contraprestação"*. Conclui, ressaltando que em nenhum momento o legislador utilizou a palavra 'trabalho' na Lei n. 9.608/98, mas unicamente 'serviço'[71].

67 Idem. Nascimento, 2011, p. 1045.
68 Idem. Barros, 2016, p 148.
69 Idem. Delgado, 2019, p. 415.
70 Ibidem. Matinez, 2020.
71 Idem

A lei prevê a celebração de termo de adesão entre as partes para o serviço voluntário, devendo constar o objeto e as condições do trabalho (art. 2º). Todavia, parcela da doutrina estande que essa relação jurídica não é formal (solene), configurando-se, mesmo sem a presença desta formalidade[72].

A execução da atividade benevolente pode gerar despesas ao trabalhador. O ressarcimento dos custos para o cumprimento do trabalho voluntario, expressamente autorizado pela entidade ou instituição, poderá ser realizado (art. 3º). Não se trata de salário ou remuneração, mas, sim, de uma recomposição financeira decorrente de um gasto durante a execução do trabalho voluntário.

F) Estagiário

O estágio consiste em um ato educativo, escolar, supervisionado, desenvolvido no ambiente de trabalho, cujo objetivo é preparar o educando para o trabalho produtivo (art. 1º da Lei 11.788/2008)[73].

Sergio Pinto Martins conceitua o estágio da seguinte maneira: "é, portanto, considerado ato educativo escolar. É uma forma de integração entre o que a pessoa aprende na escola e aplica na prática na empresa"[74].

O estágio faz parte do projeto pedagógico do curso, bem como integra a grade de formação do educando (art. 1º, §1º, da Lei 11.788/2008).

Tem como finalidade propiciar o aprendizado de competências próprias da atividade profissional e à contextualização curricular, além do desenvolvimento do educando para a vida cidadã e para o trabalho (art. 1º, § 2º, da Lei 11.788/2008).

Difere-se do contrato de trabalho, ou melhor, da relação empregatícia, porque a sua finalidade é eminentemente pedagógica. Embora preencha os elementos fáticos-jurídicos da relação de emprego, o estagiário é um profissional em formação. Já os empregados, a rigor, são profissionais formados ou com a qualificação – pessoal ou técnica – necessária para o cargo.

As modalidades de estágio estão tipificadas no art. 2° da Lei de Estágio:

a) Estágio obrigatório: é aquele cuja carga horária é requisito para a aprovação e formação do educando. Em tal modalidade, a remuneração é facultativa;

b) Estágio facultativo ou não obrigatório: trata-se do estágio desenvolvido como atividade opcional, ou seja, **não é requisito** para a formação do educando. Em tal modalidade o pagamento é obrigatório.

As atividades de extensão, de monitorias e de iniciação científica na educação superior somente poderão ser equiparadas ao estágio caso haja previsão no projeto pedagógico do curso.

O contrato de estágio é formado por uma relação trilateral: entre o educando (estagiário), a instituição de ensino e o órgão concedente (pessoa jurídica de direito privado, órgãos da administração pública, profissional liberal de nível superior, devidamente registrado no respectivo conselho de fiscalização profissional – art. 9º da Lei).

Ilustração: Contrato de estágio válido

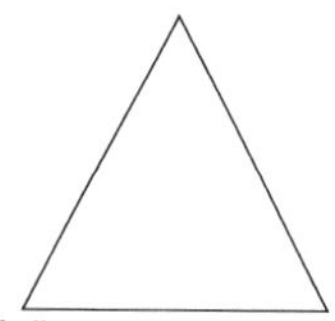

Segundo o art. 9º da Lei de Estágio a parte concedente deverá: celebrar termo de compromisso e zelar por seu cumprimento; oferecer instalações que tenham condições de proporcionar ao educando atividades de aprendizagem social, profissional e cultural; indicar funcionário de seu quadro de pessoal, com formação ou experiência profissional na área de conhecimento desenvolvida no curso do estagiário, para orientar e supervisionar até 10 estagiários simultaneamente; contratar seguro contra acidentes pessoais em favor do estagiário – essa obrigação pode ser assumida pela instituição de ensino em caso de estágio obrigatório; entregar termo de realização do estágio, por ocasião do desligamento do estagiário, indicando as atividades desenvolvidas, os períodos e da avaliação de desempenho; manter os documentos que comprovem a realização do estágio à disposição da fiscalização; enviar relatório do estágio à instituição de ensino, com periodicidade mínima de 6 meses.

Atenção: A instituição de ensino e o órgão concedente *podem* recorrer à serviços de agentes de integração. O art. 5°, §1°, da Lei, prevê que cabe a tal agente identificar as oportunidades de estágio, ajustar as condições de realização do estágio, fazer acompanhamento administrativo, cadastrar os estudantes e encaminhar a negociação de seguros contra acidentes pessoais.

É **vetado** cobrar do estudante qualquer valor dos serviços mencionados e o agente de integração será

[72] Idem. Delgado, 2019.

[73] Lei 11.788/2008, art. 1º: "Estágio é ato educativo escolar supervisionado, desenvolvido no ambiente de trabalho, que visa à preparação para o trabalho produtivo de educandos que estejam frequentando o ensino regular em instituições de educação superior, de educação profissional, de ensino médio, da educação especial e dos anos finais do ensino fundamental, na modalidade profissional da educação de jovens e adultos".

[74] Sérgio Pinto Martins. Direito do Trabalho. – 32.ed. São Paulo: Saraiva Educação, 2020, p. 289.

responsabilizado civilmente, se sindicar estagiários para atividades não compatíveis com sua grade curricular.

A validade do contrato ou termo de compromisso de estágio (obrigatório e não-obrigatório) depende da observância dos seguintes pressupostos (art. 3º da Lei 11.788/2008):

a) **Ato solene:** é necessária a forma escrita, por meio da celebração do termo de compromisso firmado entre o estagiário, o órgão concedente e a instituição de ensino. Tal solenidade ocorre também durante a execução do contrato, tendo em vista a necessidade de apresentação de relatório de relação de atividades, em **prazo não superior a seis meses.** A falta do termo de compromisso **afasta** a validade do contrato de estágio, podendo ocorrer o vínculo de emprego com a parte concedente, não se aplica o princípio da primazia da realidade. Neste sentido, a interpretação do art. 3º, § 2º, da Lei 11.788/08.

b) **Celebração do termo de convênio de concessão,** trata-se de um pacto firmado **por escrito**, entre a instituição de ensino e o órgão concedente, no qual se estabelece todo processo educativo.

c) **Matrícula e frequência regular do educando,** no curso da instituição de ensino. O estagiário **deve** frequentar as aulas, perdendo a validade do contrato, na hipótese de término do curso. Em tal situação, é possível inclusive ocorrer o vínculo de emprego direto.

d) Compatibilidade entre as atividades desenvolvidas no estágio e as atividades previstas no termo de compromisso. Nesse sentido, o trabalho realizado deve ter relação com o curso que o estagiário faz.

e) Acompanhamento do estágio por um professor orientador da instituição de ensino, bem como, por um funcionário do órgão concedente, para supervisionar o estágio.

O contrato de estágio não pode ultrapassar o prazo de dois anos, **salvo**, para o estagiário com deficiência (art. 11 da Lei 11.788/08).

Ultrapassado o prazo de vigência do contrato, a relação de estágio se descaracterizará, formando-se o vínculo empregatício direto entre o estagiário e o órgão concedente. O mesmo ocorre se houver desrespeito a qualquer requisito essencial à formação da relação de estágio (art. 3º, § 2º, da Lei de Estágio).

O art. 17 da Lei, apresenta um limite na quantidade de contratação de estagiários no órgão concedente, na seguinte proporção:

QUANTIDADE DE EMPREGADOS NA EMPRESA	PODE CONTRATAR
1 a 5 empregados	1 estagiário
6 a 10 empregados	2 estagiários
11 a 25 empregados	5 estagiários
+ 25 empregados	20% estagiários

Esse limite não se aplica aos estágios de nível superior e de nível médio profissional. De outro lado, se a parte concedente contar com várias filiais ou estabelecimentos, o limite será aplicado a cada um deles.

A Lei de Estágio assegura 10% das vagas de estágio oferecidas às pessoas com deficiência (§5º do art. 17 da ei 11.788/2008). A cota de ***estágio*** para pessoas com deficiência não se confunde com aquela destinada aos empregados com deficiência (art. 93 da Lei 8.213/1991).

O estagiário terá direito a carga horária compatível, com o horário escolar. De acordo com o art. 10 da Lei de Estágio, o estagiário será submetido à seguinte jornada de trabalho: a) 4 h diárias e 20h semanais – no caso de estudantes de educação especial e dos anos finais do ensino fundamental. Na modalidade profissional de educação de jovens e adultos; b) 6h diárias e 30 semanais – para estudantes do Ensino Superior, da educação profissional de nível médio e do ensino médio regular; c) até 40h semanais – nos estágios relativos a cursos que alternam teoria e prática, nos períodos em que não estão programadas aulas presenciais, desde que previsto no projeto pedagógico do curso e da instituição de ensino.

Na hipótese de a instituição de ensino adotar verificações de aprendizagens periódicas ou finais, nos períodos de avaliação a carga horária de estágio será reduzida, pelo menos, à metade – conforme previsto no termo de compromisso para garantir o bom desempenho do estudante.

Se ultrapassada a jornada de trabalho, prevalece o entendimento de que o contrato de estágio será descaracterizado, cabendo vínculo de emprego e o reconhecimento de todos os direitos trabalhistas, inclusive as horas extras. Corrente minoritária defende apenas o pagamento das horas extras.

A bolsa auxílio ou outra forma de compensação será devida compulsoriamente no caso de estágio não-obrigatório, bem como o auxílio-transporte. Em se tratando de estágio obrigatório, de outro lado, a bolsa auxílio será facultativa – a critério do órgão cedente (art. 12 da Lei de Estágio).

O estagiário tem direito, também, ao auxílio transporte, sendo que eventual concessão de benefícios relacionados a alimentação, saúde e transporte não caracterizam vinculo de emprego (art. 12, §1º, da Lei de Estágio).

A bolsa auxílio não é considerada como salário e, por isso, não haverá incidência de contribuição previdenciária (INSS) ou recolhimento do FGTS sobre a parcela em questão.

Vale ressaltar que o estagiário é considerado segurado facultativo do Regime Geral de Previdência Social, podendo o educando, a seu critério e encargo, inscrever-se e recolher as contribuições previdenciárias (art. 12, § 2º, da Lei de Estágio; art. 11, § 1º, VII, do Decreto 3.048/1999 e art. 13 da Lei 8.213/1991). Se o estágio for prestado em desacordo com as regras da Lei de Estágio, este, será considerado segurado obrigatório do Regime Geral de Previdência Social, de modo que caberá ao empregador realizar o recolhimento das contribuições previdenciárias (art. 9º, I, "h", do Decreto 3.048/1999 e art. 3º, § 2º, e art. 15 da Lei 11.788/2008).

É devido, ainda, um recesso de 30 dias ao estagiário, caso o estágio tenha com duração igual ou superior a um ano. Tal período será gozado **preferencialmente**, durante as férias escolares (art. 13 da Lei 11.788/2008).

O recesso será remunerado quando o estagiário receber bolsa ou outra forma de contraprestação.

É importante dizer que o recesso, ainda que remunerado, não é considerado férias. Por essa razão, a doutrina defende não ser devido o pagamento do terço constitucional, nem há possibilidade de fracionamento ou abono do recesso[75].

De igual maneira, não será devido o pagamento de décimo terceiro salário (gratificação natalina) ao estagiário, pois a Lei 11.788/2008, não impõe tal dever ao órgão cedente. Isso não impede, entretanto, a convenção do referido direito pelas partes.

O art. 14 da Lei de Estágio determina a aplicação da legislação relacionada à saúde e segurança no trabalho ao estagiário. A implementação dessas normas é de responsabilidade da parte concedente.

Há debate na doutrina se é aplicável ao estagiário o adicional de insalubridade e periculosidade.

Para uma primeira corrente o estagiário tem o direito aos adicionais de insalubridade e periculosidade, tendo em vista que os adicionais consistem em norma de saúde e segurança e a Lei de Estágio não apresenta qualquer restrição nesse aspecto. Nesse sentido, há máxima efetividade do direito fundamental à saúde, previsto no artigo 6º da CF/88, bem como a previsão dos adicionais no rol dos direitos do artigo 7º da Lei Maior aplicável a todos os trabalhadores.

Corrente em sentido contrário, predominante, defende que o estagiário não tem direito aos adicionais, pois não há menção expressa na lei. O dispositivo em análise se refere apenas às normas que buscam zelar pelo meio ambiente do trabalho e não para pagamento dos adicionais. Inclusive, apontam que ao estagiário sequer é garantido o pagamento de remuneração para servir de base de cálculo do adicional de periculosidade.

Se o estagiário inventar algo ou criar algum modelo de utilidade, utilizando recursos, dados, meios, materiais, instalações ou equipamentos da parte cedente, ressalvada expressa disposição contratual em contrário, terá direito sobre o objeto inventado (art. 91 da Lei 9.279/1996).

O estagiário tem direito a um seguro contra acidentes pessoais (art. 9º, IV). A previsão de tal direito faz surgir o debate sobre a possibilidade de estabilidade acidentária ao estagiário.

Para uma primeira corrente o direito existe já que o artigo 118 da Lei 8.213/91, que prevê a estabilidade, não apresenta qualquer exceção. Nesse sentido ainda, há a função social da empresa e o inciso III da Súmula 378 do TST que garante a estabilidade, ainda que seja contrato por prazo determinado.

Corrente contrária, que prevalece, defende que não há direito, pois não previsto na lei de forma específica. Ademais, o estagiário não é considerado empregado para se falar em estabilidade. Por fim, trata-se de um contrato por prazo determinado, o que também prejudica o direito.

E não para por aí. Discute-se, ainda, se a estagiária gestante tem direito à garantia provisória de emprego. Atualmente, prevalece o entendimento de que não há direito à estabilidade.

> **Atenção:** O desvirtuamento do contrato de estágio com a Administração Pública, celebrado na vigência da Constituição Federal de 1988, não acarreta o vínculo empregatício com o ente da Administração Pública, em da necessidade de prévia aprovação em concurso público (art. 37, II, da CF/1988), conforme OJ 366 da SDI-1 do TST. Entretanto, são garantidas as parcelas previstas na Súmula 363 do TST referente salários e FGTS.

G) Cooperativa

A cooperativa é uma sociedade de trabalhadores para o exercício de atividades laborais com proveito comum, autonomia, auto-gestão, na busca de obter melhor qualificação, remuneração e condições gerais de trabalho.

Valentim Carrion conceitua a cooperativa como "a associação voluntária de pessoas que contribuem

[75] Nesse sentido é o posicionamento do jurista Sergio Pinto Martins: "Não há previsão na lei de pagamento de um terço a mais na remuneração. O inciso XVII do art. 7º da Constituição trata de férias anuais remuneradas e não de recesso. Logo, não se estende ao estagiário" (in Direito do Trabalho. 36.ed. – São Paulo: Saraiva Educação, 2020, p. 299).

com seus esforços pessoais ou suas economias, a fim de obter para si as vantagens que o grupamento possa propiciar"[76].

A cooperativa é regida pela Lei 12.690/2012 e, naquilo que não houver conflito, aplica-se a Lei 5.764/1971. De acordo com o art. 2º da Lei 12.690/2012 as cooperativas de trabalho é a *"sociedade constituída por trabalhadores para o exercício de suas atividades laborativas ou profissionais com proveito comum, autonomia e autogestão para obterem melhor qualificação, renda, situação socioeconômica e condições gerais de trabalho".*

A autonomia deve ser exercida de forma coletiva e coordenada, mediante a fixação, em Assembleia Geral, das regras de funcionamento da cooperativa e da forma de execução dos trabalhos. Já a autogestão representa o processo democrático no qual a Assembleia Geral define as diretrizes para o funcionamento e as operações da cooperativa, e os sócios decidem sobre a forma de execução dos trabalhos.

A validade da cooperativa depende da observância das seguintes características:

a) liberdade de filiação: o cooperado deve ter liberdade para se associar ou não a cooperativa, ou seja, a adesão deve ser voluntária;

b) espontaneidade de criação: a cooperativa deve ser criada pelos próprios cooperados, ou seja, por vontade deles e não por imposição de terceiros.

c) gestão democrática: a cooperativa pode ser administrada pelos próprios cooperados com a participação de todos na Assembleia.

d) autonomia dos cooperados: a cooperativa não pode ter cooperados subordinados.

e) não variação dos cooperados: os membros da cooperativa devem buscar permanecer na cooperativa e não ocorrer uma variação entre outras cooperativas.

Os princípios e valores da sociedade cooperativa estão arrolados no art. 3º da Lei 12.609/2012[77], dentre os quais se destacam dois princípios:

i) Princípio da dupla qualidade: o trabalhador filiado a cooperativa tem que ter ao mesmo tempo a qualidade de cooperado e cliente, auferindo vantagens dessa duplicidade;

ii) Retribuição pessoal diferenciada: a cooperativa deve permitir que o cooperado tenha uma retribuição diversa do que teria se fosse empregado, ou seja, deve ter benefícios superiores aos de um empregado.

A formação da cooperativa depende de, no mínimo, 7 (sete) sócios (art. 6º da Lei 12.690/2012).

Segundo o artigo 4º da Lei 12.690 as cooperativas podem ser de duas modalidades: **i) Cooperativa de trabalho de produção:** em tal modalidade os cooperados contribuem com o trabalho para a produção em comum de bens. Nesse sentido, a cooperativa detém a qualquer título os meios de produção; **ii) Cooperativa de trabalho de serviço:** em tal espécie os cooperados prestam serviços especializados a terceiros, sem a presença dos requisitos da relação de emprego. Sobre o tema o artigo 5º da norma prevê que é vedada a utilização de cooperativa de trabalho para a intermediação de mão de obra subordinada.

Vólia Bomfim aponta, ainda, a existência de cooperativas *"de **crédito**, quando se destinarem ao empréstimo em condições mais vantajosas que as do mercado; de **consumo**, quando seu objetivo for a aquisição de produtos alimentícios, caseiros, eletrônicos etc.; [...] em forma de **consórcio**, quando se destinarem à venda facilitada de veículos ou outros produtos etc."*, advertindo, entretanto, que apenas as cooperativas de trabalho (de serviço ou produção) interessam ao Direito do Trabalho[78].

O tomador dos serviços da cooperativa de trabalho responde solidariamente pelo descumprimento das normas de saúde e segurança do trabalho, quando os serviços forem prestados no seu estabelecimento ou em local por ele determinado (art. 9º da Lei 12.690/2012).

Inexiste vínculo empregatício entre o cooperado e a cooperativa, ou entre o cooperado e o tomador de serviços, conforme determina o art. 442, parágrafo único, da CLT.

Nesse ponto, Mauricio Godinho Delgado, elucida que a lei não criou uma excludente legal absoluta da relação de emprego, mas, sim, uma presunção relativa de ausência de vínculo de emprego. Explica que "O objetivo da lei foi retirar do rol empregatício relações próprias às cooperativas — desde que não comprovada a roupagem ou utilização meramente simulatória de tal figura jurídica"[79].

Portanto, o texto legal deve ser interpretado à luz do princípio da primazia da realidade, ou seja, deve-se analisar se a relação cooperativista observa os critérios previsto em lei, ou tem o escopo de camuflar a relação de emprego, podendo ou não se verificar o vínculo empregatício.

---

76 apud Vólia Bomfim Cassar. Direito do trabalho. – 9.ª – Rio de Janeiro: Forense; São Paulo: Método, 2017, p. 314.

77 Art. 3º da Lei 12.690/2012 – "A Cooperativa de Trabalho rege-se pelos seguintes princípios e valores: I – adesão voluntária e livre; II – gestão democrática; III – participação econômica dos membros; IV – autonomia e independência; V – educação, formação e informação; VI – intercooperação; VII – interesse pela comunidade; VIII – preservação dos direitos sociais, do valor social do trabalho e da livre iniciativa; IX – não precarização do trabalho; X – respeito às decisões de assembleia, observado o disposto nesta Lei; XI – participação na gestão em todos os níveis de decisão de acordo com o previsto em lei e no Estatuto Social."

78 Idem. Bomfim, 2017, p. 314.

79 Idem. Delgado, 2019, p. 388.

O artigo 7º da Lei das Cooperativa de Trabalho assegura aos cooperados: retiradas não inferior ao piso da categoria ou ao salário mínimo; limite de jornada 8 (oito) horas diárias e 44 (quarenta e quatro) horas semanais, exceto quando a atividade, por sua natureza, demandar a prestação de trabalho por meio de plantões ou escalas, facultada a compensação de horários; repouso semanal remunerado; repouso anual remunerado – a lei não menciona o terço constitucional; retirada para o trabalho noturno superior ao diurno; seguro por acidente do trabalho; e, o adicional sobre retirada para as atividades insalubres e perigosas.

Atenção: É assegurada garantia provisória de emprego aos diretores de cooperativa, não abrangendo os suplentes, na forma da OJ 253 da SDI-1 do TST e do art. 55 da Lei nº 5.764/71. Ainda, no âmbito do TST é pacífico o entendimento de que os empregados de cooperativas de crédito não se equiparam a bancário, para efeito de aplicação do art. 224 da CLT, em razão da inexistência de expressa previsão legal, conforma OJ 379 da SDI-1 do TST.

H) Avulso

A doutrina conceitua do trabalho avulso como aquele exercido por um curto período, a diversos tomadores de serviços, sem que o trabalhador se fixe a qualquer empreendimento.

Existe dissenso quanto a classificação deste trabalhador.

Para uma corrente doutrinária o trabalho avulso é uma modalidade de trabalho eventual, já que o trabalhador presta serviços a diversos tomadores de serviços, por um curto período, sem se fixar a qualquer empreendimento. Esse é o posicionamento de Mauricio Godinho Delgado[80], Carla Tereza Martins Romar[81] e Sérgio Pinto Martins[82].

Corrente doutrinária em sentido contrário defende que o trabalhado avulso é dotado de características próprias, inexistindo contratação direta pela empresa tomadora; intermediação do sindicato no recrutamento e colocação do trabalhador; ocasionalidade da prestação de serviços e inexistência de pagamento direto da contraprestação pelo tomador; intermediação da mão de obra pelo sindicato ou órgão gestor de mão de obra (OGMO), responsável pelo recrutamento, colocação dos trabalhadores e distribuição do rateio do preço global dos serviços; ausência de vínculo empregatício com o sindicato ou com o OGMO, pois, este, não exerce atividade lucrativa, nem pagam salário aos trabalhadores. Posicionam-se desta maneira, os juristas Amauri Mascaro do Nascimento[83], Vólia Bomfim[84], Luciano Martinez[85], Gustavo Felipe Barbosa Garcia[86] e Gabriel Saad.

Para Mozart Victor Russomano[87], o avulso é enquadrado como trabalhador autônomo, mas, por força de norma constitucional (art. 7º, XXXIV, da CF) goza dos mesmos direitos conferidos aos empregados.

Carlos Henrique Bezerra Leite, em seu conceito, entende que existe subordinação atípica no trabalho avulso[88].

O traço distintivo entre as referidas figuras é muito bem descrito por Sérgio Pinto Martins:

> *"Distingue-se, porém, o avulso do trabalhador eventual, pois o primeiro tem todos os direitos previstos na legislação trabalhista, enquanto o eventual só tem o direito ao preço avençado no contrato e à multa por inadimplemento do pacto, quando for o caso. O avulso é arregimentado pelo sindicato, enquanto o eventual não tem essa característica. Distingue-se também o avulso do autônomo. Este presta serviços com continuidade a uma ou mais empresas de uma empresa, enquanto o avulso não o faz. O autônomo não é arregimentado pelo sindicato da categoria profissional, enquanto o avulso tem essa característica. Não é o trabalhador avulso subordinado nem à pessoa a quem presta serviços, muito menos ao sindicato [...]".*

Podemos, assim, elencar as principais características do trabalho avulso: a) a liberdade na prestação desserviços; b) ausência de exclusividade; c) intermediação da mão de obra pelo sindicato ou pelo OGMO; d) brevidade na prestação de serviços ao tomador.

O trabalho avulso é uma relação jurídica trilateral, isso porque os sujeitos desta relação jurídica são: o trabalhador avulso, o sindicato ou OGMO (intermediador, recrutamento, colocação dos trabalhadores e distribuição do rateio do preço global dos serviços) e o tomador dos serviços.

A lei divide o trabalho avulso em duas espécies: i) trabalho avulso portuário, regulamentado pela Lei 12.815/2013; e, o ii) trabalho avulso não portuário, previsto na Lei 12.023/2009.

80 Idem. Delgado, 2019, p. 405.
81 Idem. Romar, 2018.
82 Idem. Martins, 2020, p. 283.

83 Idem. Nascimento, 201, p. 1056.
84 Idem. Bomfim, 2017, p 285-286.
85 O referido jurista esclarece que esse "tipo de vínculo envolve a necessária intermediação da mão de obra do trabalhador avulso (singularmente considerado) pelo OGMO ou pelo sindicato da categoria. A ausência de uma dessas intermediações descaracteriza o instituto e faz com que a natureza jurídica do trabalho e do trabalhador sejam diversas. A ausência de intermediação afasta a tese da existência do trabalho avulso e faz surgir em seu lugar a figura de um trabalhador meramente eventual ou, até mesmo, de um empregado" (in Idem. Martinez, 2020)
86 Idem. Garcia, 2017.
87 Apud Leite, 2019, p. 282.
88 Idem. Leite, 2019.

A primeiro é executado nos portos e instalações portuárias, executados por trabalhadores portuários com vínculo empregatício (por tempo indeterminado) e por trabalhadores portuários avulsos. Esses profissionais exercem as seguintes atividades (art. 40, §1º, da Lei 12.815/2013):

a) capatazia: atividade de movimentação de mercadorias nas instalações **dentro do porto**, compreendendo o recebimento, conferência, transporte interno, abertura de volumes para a conferência aduaneira, manipulação, arrumação e entrega, bem como o carregamento e descarga de embarcações, quando efetuados por aparelhamento portuário;

b) estiva: atividade de movimentação de mercadorias nos **conveses ou nos porões das embarcações** principais ou auxiliares, incluindo o transbordo, arrumação, peação e despeação, bem como o carregamento e a descarga, quando realizados com equipamentos de bordo;

c) conferência de carga: **contagem** de volumes, anotação de suas características, procedência ou destino, **verificação do estado das mercadorias**, assistência à pesagem, conferência do manifesto e demais serviços correlatos, nas operações de carregamento e descarga de embarcações;

d) conserto de carga: reparo e restauração das embalagens de mercadorias, nas operações de carregamento e descarga de embarcações, reembalagem, marcação, remarcação, carimbagem, etiquetagem, abertura de volumes para vistoria e posterior recomposição;

e) vigilância de embarcações: atividade de **fiscalização da entrada e saída de pessoas a bordo das embarcações atracadas ou fundeadas** ao largo, bem como da movimentação de mercadorias nos portalós, rampas, porões, conveses, plataformas e em outros locais da embarcação; e

f) bloco: atividade de **limpeza e conservação de embarcações** mercantes e de seus tanques, incluindo batimento de ferrugem, pintura, reparos de pequena monta e serviços correlatos.

A segunda espécie é residual, abrangendo todos os trabalhos avulsos desenvolvidos em áreas urbanas ou rurais – ou seja, fora dos portos e instalações portuárias – sem vínculo empregatício, mediante intermediação obrigatória do sindicato da categoria (art. 1º da Lei 12.023/2009). Citamos como exemplo, a atividade desempenhada pelo transporte com empilhadeiras, carga e descarga em feiras livres (art. 2º da Lei 12.023/2009).

No trabalho portuário a intermediação é realizada, a rigor, pelo Órgão Gestor de Mão de Obra (OGMO), que possui as seguintes funções (33 da Lei 12.815/2013):

i) Administrar o fornecimento da mão de obra do portuário avulso ou com vínculo de emprego;

ii) Treinar e habilitar o portuário;

iii) Selecionar e registrar em seu cadastro o portuário;

iv) Fornecer os documentos para identificação do portuário;

v) Arrecadar e repassar os valores devidos pelos operadores portuários ao trabalhador avulso;

vi) Aplicar penalidade ao portuário (advertência verbal ou escrita, suspensão no registro pelo período de 10 a 30 dias, cancelamento do registro);

O OGMO não responde por prejuízos causados pelo trabalhador avulso aos tomadores ou a terceiros. Contudo, nos termos do § 2º do artigo 33, o OGMO responde solidariamente com os operadores portuários, pela remuneração devida ao trabalhador avulso, bem como, pelas indenizações decorrentes de acidente do trabalho.

Em razão dessa responsabilidade, o OGMO pode exigir do operador uma garantia prévia dos respectivos pagamentos dos trabalhadores.

Segundo o art. 33, II, *b* da Lei 12.815/2013, o OGMO poderá promover treinamento multifuncional do trabalhador portuário (empregado ou avulso), de modo que o trabalhador portuário poderá exercer diversas funções. Tal figura é uma tendência moderna, sendo exigida para qualquer trabalhador.

A gestão da mão de obra do trabalho portuário avulso deve observar as normas do contrato de trabalho, além da convenção ou acordo coletivo de trabalho.

A seleção e o registro do trabalhador portuário avulso serão feitos OGMO (art. 42 da Lei 12.815/2013).

O órgão de gestão de mão de obra pode ceder trabalhador portuário avulso, em caráter permanente, ao operador portuário.

As atribuições legais do OGMO não implicam vínculo empregatício com trabalhador portuário avulso, conforme dispõe o art. 34 da Lei 12.815/2013.

O operador portuário (tomador dos serviços) responderá perante o trabalhador portuário pela remuneração dos serviços prestados e respectivos encargos, e perante o órgão local de gestão de mão de obra do trabalho avulso pelas contribuições não recolhida, nos termos do art. 26, incisos IV e V, da Lei 12.815/2013.

O trabalho avulso não portuário, previsto na Lei 12.023/2009, será intermediado pelo sindicato.

O ente sindical tem o dever de divulgar amplamente as escalas de trabalho dos avulsos, distribuir as equipes e funções com equilíbrio, exibir comprovantes de pagamento sujeitos à fiscalização (externa) ou ao tomador e firmar instrumento de negociação coletiva.

Além disso, terá que repassar os valores referente à remuneração do trabalho avulso aos beneficiários, no prazo de 72 horas úteis contadas a partir do seu arrecadamento (art. 5º, III, da Lei 12.023/2009), bem como fiscalizar o cumprimento das normas de segurança, higiene e saúde no trabalho. Nesse ponto, cabe esclarecer que as empresas tomadoras do trabalho avulso são responsáveis pelo fornecimento dos EPIs e cumprir as normas de segurança no trabalho.

O sindicato ou o OGMO elaborará a escala de trabalho e as folhas de pagamento dos trabalhadores avulsos, com a indicação do tomador do serviço e dos trabalhadores que participaram da operação.

As empresas tomadoras do trabalho avulso respondem ***solidariamente*** pela efetiva *remuneração* do trabalho contratado e *são responsáveis* pelo recolhimento dos encargos fiscais, contribuição previdenciária ou outras importâncias devidas à Previdência Social (art. 8º da Lei 12.023/2009).

Atenção: O TST já tratou da matéria em diversas oportunidades, solidificando os seguintes posicionamentos:

- os terminais privados destinados à navegação de cabotagem ou de longo curso, não é obrigatória a requisição de vigia portuário indicado por sindicato (Súmula 309 do TST)

- A hora noturna no regime de trabalho no porto, compreendida entre dezenove horas e sete horas do dia seguinte, é de sessenta minutos (OJ 60, Item I, da SDI-1 do TST)

- O adicional de risco é devido apenas para aqueles que trabalham na área portuária, devendo ser proporcional ao tempo efetivo no serviço considerado sob risco (OJ 316 da SDI-1 do TST)

- A submissão prévia de demanda a comissão paritária, não é pressuposto para o ajuizamento de demanda trabalhista (OJ 402 da SDI-1 do TST)

- Aplica-se ao trabalhador avulso a prescrição bienal, prevalecendo o entendimento de que será contado a partir do término da relação jurídica com o OGMO ou sindicato (OJ 384 da SDI-1 do TST)

I) Trabalhador Temporário

O trabalhador temporário é, por definição legal, aquele prestado por pessoa física contratada por uma empresa de trabalho temporário que a coloca à disposição de uma empresa tomadora de serviços, para atender à necessidade de substituição transitória de pessoal permanente ou à demanda complementar de serviços. É regulamentado pela Lei 6.019/1974).

Esse trabalhador é admitido por uma pessoa jurídica devidamente registrada no Ministério do Trabalho, mediante contrato escrito (art. 9º da Lei), que coloca os trabalhadores temporários à disposição de outras empresas temporariamente (art. 4º da Lei). O contrato de trabalho temporário é composto dos seguintes sujeitos: a) trabalhador temporário; b) empresa de trabalho temporário (prestadora dos serviços); e, c) empresa contratante (tomadora dos serviços).

O prazo de duração do contrato de trabalho temporário não poderá ter período superior a 180 dias – consecutivos ou não –, em relação ao mesmo tomador de serviços, sendo possível a sua prorrogação por até 90 dias, além do prazo anterior, desde que provada a manutenção das condições que motivaram o contrato.

Prazo de duração do contrato de trabalho temporário	**Prorrogação** (manutenção das condições que motivaram o contrato)	**Prazo máximo de duração** do contrato de trabalho temporário
180 dias	+ (até) 90 dias	270 dias

O funcionamento e o registro da empresa de trabalho temporário no Ministério do Trabalho e Previdência (recriado pela MP n. 1.058/2021, convertida na Lei 14.261/2021) depende da comprovação de inscrição no Cadastro Nacional de Pessoa Jurídica (CNPJ), do registro perante a Junta Comercial do local em que está localizada a sede da empresa, além da prova da integralização do capital social de, no mínimo, R$ 100.000,00 (cem mil reais), conforme previsto no art. 6º da Lei 6.019/74.Com efeito, a empresa de trabalho temporário loca a mão de obra a outra empresa que necessitar, por um curto período de tempo[89]. O contrato de trabalho temporário tem por escopo o atendimento da necessidade de substituição transitória de pessoal permanente ou à demanda complementar de serviços da empresa contratante (art. 2º, *caput*, da Lei).

A demanda de serviços complementar se caracteriza quando os serviços decorrem de fatores imprevisíveis ou, quando decorrente de fatores previsíveis, tem natureza intermitente, periódica ou sazonal.

O trabalho temporário pode ser desenvolvido tanto na atividade-meio quanto a atividade-fim da empresa tomadora dos serviços (art. 2º, § 2º, da Lei 6.019/74). A ***atividade-meio é considerada como*** aquela que visa facilitar o alcance dos propósitos da empresa, são atividades periféricas, como, por exemplo, atividades ligadas ao serviço de limpeza, conservação, vigilância. A ***atividade-fim,*** por outro lado, é entendida como a tarefa relacionada ao objetivo social da empresa, a atividade principal, normalmente identificado em seus estatutos constitutivos.

Não é possível a contratação do trabalho temporário para a substituição de trabalhadores em greve, salvo nos casos previstos em lei (art. 2º, § 1º, da Lei 6.019/74). Ou seja, durante a greve, o art. 7º, parágrafo único, da Lei 7.783/89, será permitida a contratação de trabalhadores

[89] Amauri Mascaro do Nascimento. Iniciação ao Direito do Trabalho – 41.ed. – São Paulo: LTr, 2018, p. 207.

substitutos: i) quando não garantida a prestação no serviço mínimo, na hipótese de uma atividade em que a paralisação vai gerar um prejuízo irreparável pela deterioração irreversível de máquinas e equipamentos (artigo 9º da Lei); ou, b) na hipótese de a greve ser considerada abusiva, em razão do não atendimento mínimo em atividade essencial (artigo 14 da Lei).

A empresa contratante (tomadora) terá a responsabilidade de prover as condições de segurança, higiene e salubridade dos trabalhadores temporário, quando o trabalho for desempenhado em local que indicar ou nas suas dependências (art. 9º, § 1º, da Lei 6.019/74). Também, incumbirá à empresa contratante o dever garantir as mesmas condições de alimentação assegurada aos seus empregados, quando oferecida em refeitório, serviços de transporte, atendimento médico e ambulatorial, treinamento, além de medidas de proteção à saúde e segurança no trabalho, enquanto forem executados os serviços em benefício da tomadora.

Em caso de falência da empresa de trabalho temporária (prestadora de serviços), a empresa tomadora ou cliente é *solidariamente responsável* pelo recolhimento das contribuições previdenciárias, pela remuneração e indenização previstas na Lei 6.019, no tocante ao tempo em que o trabalhador esteve sob suas ordens, conforme previsto no art. 16 da Lei 6.019/74.

Ainda, haverá responsabilidade subsidiária do contratante (tomador) pelas obrigações trabalhistas do período que for beneficiado pelo trabalho temporário, nos termos do art. 10, § 7º, da Lei 6.019/74, desde que tenha participado da relação jurídica processual (Súmula 331, itens IV e V, do TST).

1.3. RELAÇÃO DE EMPREGO

Os critérios para a caracterização da relação de emprego passam necessariamente pelo conceito de empregado e empregador, delineados nos artigos 2º e 3º da CLT, *in verbis*:

> *Art. 2º Considera-se empregador a empresa, individual ou coletiva, que, assumindo os riscos da atividade econômica, admite, assalaria e dirige a prestação pessoal de serviço.*
>
> *Art. 3º Considera-se empregado toda pessoa física que prestar serviços de natureza não eventual a empregador, sob a dependência deste e mediante salário.*

De acordo com esses dispositivos, os elementos essenciais para a caracterização do vínculo empregatício – também conhecidos como elementos fáticos-jurídicos ou pressupostos da relação de emprego – são: (a) prestação de trabalho por uma pessoa física; (b) pessoalidade; (c) não eventualidade; (d) onerosidade (e) subordinação.

A prestação de trabalho necessariamente deve ser uma ***pessoa física ou natural***, uma vez que a legislação trabalhista foi criada para proteger o trabalho humano, excluindo de tal proteção às pessoas jurídicas. Essa característica justifica-se nos bens jurídicos tutelados pelo Direito do Trabalho – vida, saúde, bem-estar, lazer, integridade física e psíquica, dentre outros – inerentes à pessoa natural. Outro fundamento para esse pressuposto, como anota Mauricio Godinho Delgado, é "a própria palavra *trabalho* já denota, necessariamente, atividade realizada por pessoa natural, ao passo que o verbete *serviços* abrange obrigação de fazer realizada quer por pessoa física, quer pela jurídica" [90].

A relação empregatícia também é ***"intuitu personae"*** *(pessoalidade ou infugibilidade), ou seja,* representa a contratação de uma pessoa determinada, em virtude das suas qualidades pessoais, de modo que o empregado não poderá enviar outra pessoa para prestar serviços em seu lugar. Há situações, porém, em que a lei autoriza a fungibilidade do empregado, sem desnaturar o vínculo empregatício.

O art. 450 da CLT permite o empregador substituir um empregado por outro, para ocupar interinamente – ou seja, em caráter eventual ou temporário – cargo diverso daquele habitualmente exercido na empresa. A substituição normalmente em razão do afastamento de empregado (chamado de substituído), motivado por alguma hipótese de interrupção ou suspensão do contrato de trabalho, como, v.g., acidente de trabalho, férias, licença-maternidade, etc. O empregado substituto terá direito ao salário contratual do substituído enquanto durar a substituição, além de outras vantagens referente ao cargo (art. 450 da CLT e Súmula 159, item I, do TST). A legislação trabalhista autoriza, ainda, a contratação de empregado por prazo determinado para realizar a substituição, conforme art. 443, § 2º, alínea "a", da CLT e Lei 6.019/1974 (contrato de trabalho temporário).

A pessoalidade é característica exigível apenas para a qualificação do trabalhador como empregado, sendo dispensável, no entanto, ao empregador. A alteração da titularidade, propriedade ou estrutura jurídica da empresa, não afeta os contratos de trabalhos dos empregados, justamente porque o empregador é uma figura despersonalizada, fungível, substituível (art. 10, 10-A, 448 e 448-A da CLT). Com efeito, a alteração subjetiva do contrato de trabalho é admitida – desde o sujeito seja o empregador – sem que isso represente um prejuízo à continuidade da prestação dos serviços ou às elementares fáticas-jurídicas do vínculo empregatício.

Outro pressuposto essencial à relação de emprego é a ***não eventualidade***. Significa dizer que a prestação de serviços deve ser realizada de forma habitual, não ocasional, traduzindo a ideia de permanência.

---

90 Idem. Delgado, 2019, p. 338.

A doutrina clássica anota que a permanência verificada sob dois prismas: "de um lado, na **duração do contrato empregatício, que tende a ser incentivada ao máximo** pelas normas justrabalhistas.

Rege esse ramo jurídico, nesse aspecto, o ***princípio da continuidade*** da relação de emprego, pelo qual **se incentiva, normativamente, a permanência indefinida do vínculo de emprego,** emergindo como exceções as hipóteses de pactuações temporalmente delimitadas de contratos de trabalho.

De outro lado, a ideia de permanência vigora no Direito do Trabalho no próprio instante da configuração do tipo legal da relação empregatícia. Por meio do elemento fático-jurídico da ***não eventualidade***, o ramo justrabalhista esclarece que a noção de permanência também é relevante à formação sociojurídica da categoria básica que responde por sua origem e desenvolvimento (a relação de emprego).

Nesse sentido, para que haja relação empregatícia ***é necessário que o trabalho prestado tenha caráter de permanência (ainda que por um curto período determinado), não se qualificando como trabalho esporádico***"[91].

Várias teorias buscam traçar o conceito de eventualidade. Vejamos:

1º Teoria: Teoria da Descontinuidade: O empregado é aquele que presta serviços de maneira contínua, sem interrupções.

2º Teoria: Teoria do Evento ou Acontecimento: O empregado é aquele que presta serviços não vinculados a determinado evento ou acontecimento.

3º Teoria: Teoria da Fixação Jurídica na Empresa: O empregado é aquele que presta serviços a um determinado tomador, fixando-se a uma fonte de trabalho, enquanto o eventual é aquele que não se fixa a uma fonte de trabalho. É uma teoria criticável porque nada impede o trabalhador ter vínculo com mais de uma empresa[92].

4º Teoria: Teoria dos fins normais da empresa ou do empreendimento: É a teoria mais prestigiada na doutrina e jurisprudência. O empregado é aquele contratado para desenvolver habitualmente as atividades normais da empresa[93].

Delgado[94], conjuga as referidas teorias indicando que o trabalho de natureza não eventual pressupõe:

i) descontinuidade da prestação do trabalho, entendida como a não permanência em uma organização com ânimo definitivo; ii) não fixação jurídica a uma única fonte de trabalho, com pluralidade variável de tomadores de serviços; iii) curta duração do trabalho prestado; iv) natureza do trabalho tende a ser concernente a evento certo, determinado e episódico no tocante à regular dinâmica do empreendimento tomador dos serviços; v) em consequência, a natureza do trabalho prestado tenderá a não corresponder, também, ao padrão dos fins normais do empreendimento[95].

A eventualidade não se confunde com a intermitência (art. 452-A da CLT). Neste, existe continuidade na relação de emprego (permanência) e *caráter cíclico continuado* (o serviço seja prestado com espaçamento). Naquele, não há fixação jurídica ou fixação nos fins normais da empresa ou empreendimento[96].

O requisito da ***onerosidade*** compreende no valor econômico da força de trabalho colocada à disposição do empregador. Ou seja, é a contrapartida econômica em benefício do trabalhador em virtude da prestação dos serviços.

Aliás, essa é a principal expectativa do trabalhador ao pactuar o contrato de trabalho: receber a remuneração pelos serviços prestados. Esse anseio é ínsito da vontade do trabalhador no momento da constituição do contrato de trabalho – tal como é, para o empregador, a expectativa de receber a prestação de serviços – sendo denominado pela doutrina de "*animus contrahendi*"[97].

O trabalho gratuito não é considerado como relação de emprego. Pode ser enquadrado como trabalho voluntário, por exemplo (art. 1º da Lei 9.608/1998)[98].

[91] Idem. Delgado, 2019, p. 341

[92] Segundo Amauri Mascaro do Nascimento a impossibilidade de fixação jurídica a uma fonte de trabalho é critério do trabalho eventual: "Trabalhador eventual é aquele que presta a sua atividade para alguém, ocasionalmente. As características da relação jurídica que o vincula a terceiros podem ser assim resumidas: a) a descontinuidade, entendida como a não permanência em uma organização de trabalho com ânimo definitivo; b) a impossibilidade de fixação jurídica a uma fonte de trabalho, consequente dessa mesma descontinuidade e inconstância e da pluralidade de tomadores de serviços; c) a curta duração de cada trabalho prestado" (in Curso de Direito do Trabalho. – 26. ed. – São Paulo: Saraiva, 2011, p. 1045).

[93] Alice Monteiro de Barros é signatária dessa teoria: "Filiamo-nos à corrente segundo a qual o trabalho eventual é aquele que não se insere no âmbito das atividades normais de uma empresa, como é o caso de um técnico chamado momentaneamente para reparar o elevador de um estabelecimento comercial" (in Curso de Direito do Trabalho. 10. ed. – São Paulo: LTr, 2016, p 148).

[94] Mauricio Godinho Delgado. Curso de direito do trabalho. 18. ed.– São Paulo: LTr, 2019.

[95] Idem. Delgado, 2019, p. 344

[96] Idem. Nascimento, 2011.

[97] Gustavo Filipe Barbosa Garcia. Curso de direito do trabalho – 11ª ed. – Rio de Janeiro: Forense, 2017.

[98] Lei 9.608/1998, art. 1º: Considera-se serviço voluntário, para os fins desta Lei, a atividade não remunerada prestada por pessoa física a entidade pública de qualquer natureza ou a instituição privada de fins não lucrativos que tenha objetivos cívicos, culturais, educacionais, científicos, recreativos ou de assistência à pessoa. Parágrafo único. O

A ***subordinação*** é a característica central da relação empregatícia, pois coloca o trabalhador "sob a dependência do empregador", ou seja, sujeita ao empregado aos poderes diretivos do empregador, viabilizando a direção, organização e controle da prestação pessoal de serviços.

Segundo a etimologia o termo "subordinação" deriva de ***sub*** (baixo) e ***ordinare*** (ordenar), traduzindo a noção um estado de dependência ou obediência em relação a uma hierarquia de posição ou de valores.

Nesse ponto, são válidas as lições de Mauricio Godinho Delgado que, com propriedade, pontifica que a subordinação pode ter as seguintes feições: a) ***Subordinação jurídica*** – aquela que deriva do contrato de trabalho e do poder de direção empresarial, resultante da relação de emprego; b) ***Subordinação econômica*** – coloca o empregador no vértice da pirâmide socioeconômica. Significa que o empregado é dependente economicamente do empregador. Essa definição é muito criticada pelos teóricos, já que em algumas situações o empregado é economicamente superior em relação ao empregador; c) ***Subordinação técnica*** – o empregador detém o conhecimento indispensável ao processo de produção em que se encontra inserido o empregado. Essa definição também é criticada pela doutrina, pois não representa uma correta visualização do processo organizativo, porquanto há processos produtivos que a tecnologia é adquirida e controlada pelo empresário, sem necessidade de um conhecimento intelectual sobre o objeto controlado[99].

Ainda, a ***subordinação*** pode ser analisada sob o prisma ***social***, isto é, pela posição social inferior do empregado em relação ao empregador – posição amplamente criticada.

E não para por aí. Há quem classifica a subordinação como:

i) ***subordinação clássica ou tradicional***, caracterizada pela submissão do empregado ao poder de direção do empregador, manifestando-se na intensidade das ordens do empregador ao trabalhador;

ii) ***subordinação objetiva***, a inserção do trabalhador nos fins e objetivos do empreendimento; e,

iii) ***subordinação estrutural, organizacional ou reticular, caracterizada integração do empregado*** na dinâmica organizacional da empresa, independentemente de receber (ou não) ordens diretas do empregador. É comum em empresas multinacionais com estrutura hierárquica complexa.

serviço voluntário não gera vínculo empregatício, nem obrigação de natureza trabalhista previdenciária ou afim.

99 Idem. Delgado, 2019.

Atenção: A doutrina contemporânea aponta a existência de mais duas espécies de subordinação: a) **"telessubordinação" ou "subordinação virtual"** – é aquela que decorre do teletrabalho. Trata-se de uma subordinação à distância, uma subordinação mais tênue do que a normal, uma subordinação indireta[100]; b) ***"subordinação por algoritmo"*** **ou "subordinação jurídica disruptiva"** – consiste no vínculo jurídico, entre o empregado e o empregador, originado pelo uso de aparatos tecnológicos no processo produtivo, por meio do qual exerce a gestão, o controle e o poder disciplinar sobre a força de trabalho contratada[101].

A doutrina vislumbra outros aspectos e conceitos ligados a subordinação: a parassubordinação. O conceito de parassubordinação não é unânime, entretanto, como ensina a professora Vólia Bomfim Cassar[102], "a parassubordinação é a manifestação tênue sutil da subordinação".

Sérgio Pinto Martins explica que "A diferença básica entre a parassubordinação e a subordinação é que a primeira diz respeito a um regime de colaboração entre as partes e não exatamente de subordinação, pois há autonomia na prestação de serviços. O regime de colaboração pressupõe que as partes têm objetivos em comum a ser atingidos. [...] O empregado fica submetido ao poder de direção do empregador"[103].

É um modelo intermediário entre o trabalho subordinado e o trabalho autônomo, no qual o trabalhador exerce as suas funções em regime de colaboração, coordenação ou continuidade, sem efetiva subordinação.

A exclusividade não é requisito do vínculo empregatício, o que viabiliza a celebração de mais de um contrato de trabalho simultaneamente. Também, prevalece o entendimento de que a alteridade não é requisito do vínculo empregatício, mas, característica atávica à figura do empregador.

1.4. UBERIZAÇÃO E PLATAFORMAS DIGITAIS NAS RELAÇÕES DE TRABALHO: SUBORDINAÇÃO POR ALGORITMO

A evolução tecnológica está rompendo as matrizes das relações jurídicas tradicionais, na medida em que a interação entre os indivíduos está cada vez mais digital.

100 Sergio Pinto Martins aduz que no teletrabalho "a subordinação acaba ficando mitigada. Em alguns casos, poderá se verificar muito mais autonomia do que subordinação. São diluídas as ordens de serviço. [...] Acaba criando a nova tecnologia uma nova forma de subordinação, pois o empregado pode até não ficar subordinado diretamente ao empregador, mas indiretamente. Passa a existir uma telessubordinação". (in Direito do Trabalho. 36.ed. – São Paulo: Saraiva Educação, 2020, p. 252).

101 Fausto Siqueira Gaia. Uberização do Trabalho. São Paulo, SP: Lumen Juris, 2019.

102 Cassar, Vólia Bomfim. Direito do Trabalho. 11 ed. Rio de Janeiro: Forense, 2015.

103 Idem. Martins, 2020, p. 237-238.

O uso intenso das ferramentas tecnológicas modificou sobremaneira a execução de tarefas simples, como assistir um filme, agendar um compromisso, escutar músicas, pedir um táxi ou meio de transporte, de se comunicar com os amigos ou familiares – tudo através de aplicativos ou plataformas digitais.

No campo econômico-social não é diferente. As tecnologias têm exercido uma influência determinante no contexto atual, alterando completamente as características econômicas e consequentemente as relações de trabalho.

Como afirmou Paulo Nader "**o direito deve estar sempre se refazendo, em face da mobilidade social**. A necessidade de ordem, paz, segurança, justiça, que o direito visa a atender, exige procedimentos sempre novos. **Se o direito se envelhecer, deixa de ser um processo de adaptação, pois passa a não exercer a função para qual foi criado.** Não basta, portanto, o ser do direito na sociedade, é indispensável o ser atuante, o ser atualizado. Os processos de adaptação devem-se renovar, pois somente assim o direito será um instrumento eficaz na garantia do equilíbrio e harmonia social" (OLIVEIRA 1997) destaca que.

A doutrina estrangeira define essas mudanças como *"capitalismo de plataformas", "capitalismo de algoritmos"*[104], no qual as tecnologias são as principais ferramentas para a organização das empresas.

Em alguns casos as empresas utilizam-se de expedientes preponderantemente tecnológicos para o seu funcionamento como é o caso das *"**startups**", "fintechs"*, e aquelas que se valem do uso de inteligência artificial e ***"Big Data"***. No mercado atual podemos citar como exemplo as empresas ***Uber, Airbnb, Ifood, Loggi, Nubank, QuintoAndar***.

As empresas recebem as demandas através de aplicativos e distribui os serviços aos prestadores de serviços. No caso dos serviços de transporte ou entrega, o algoritmo distribui os serviços ao prestador que estiver mais próximo da localidade do cliente.

A doutrina e a jurisprudência utilizam a designação ***"peer-to-peer platforms"*** ou ***"peer platform markets"*** (mercado de plataformas de parceria), para se referir ao compartilhamento de bens entre pessoas, por meio de sistema informatizado, e "sharing economy" (economia compartilhada), em alusão à prestação de serviços por detentores de veículos particulares é intermediada por aplicativos geridos por empresas de tecnologia.

Essa nova relação jurídica – entre o trabalhador e a empresa de tecnologia – ascendeu a discussão sobre a natureza jurídica desse vínculo.

Para uma vertente interpretativa o vínculo entre as partes é de natureza civil, pois decorre de um contrato de intermediação digital, competindo à Justiça Estadual Comum apreciar eventuais dissídios daí decorrentes. Para outros, a relação jurídica entre a plataforma e o prestador de serviços é de natureza trabalhista, enquadrando a atividade como relação de trabalho "lato sensu" – trabalho autônomo -, de modo que a Justiça do Trabalho é materialmente competente para apreciação de eventuais litígios. Nesse ponto, O STJ[105], no julgamento de um conflito de competência, que se trata de relação de natureza civil, de modo que a competência será da Justiça Estadual Comum.

De outro lado, a Justiça do Trabalho tem reconhecido a natureza juslaboral da relação jurídica nesta circunstância, por considera-la uma atividade pessoal prestada por uma pessoa física em benefício de um tomador de serviços (a plataforma), conforme art. 114, I, da CF.

E não para por aí. No campo do Direito do Trabalho discute-se, ainda, se a atividade é classificada como relação de trabalho ou relação de emprego.

Para uma primeira vertente interpretativa, o serviço prestado com intermediação de plataformas digitais ou aplicativos se aproxima do trabalho autônomo, haja vista que não há subordinação entre o trabalhador e a plataforma digital, pessoalidade, nem mesmo habitualidade na prestação dos serviços.

De outro lado, corrente em sentido contrário, defende o enquadramento da situação-tipo como relação de emprego, destacando que: a *habitualidade* consiste na expectativa da prestação de serviços, tanto pelo trabalhador quanto pela empresa que administra a plataforma digital ou aplicativo; a *pessoalidade* reside na impossibilidade de substituição do trabalhador, na medida em que o prestador de serviços deve ser cadastrado previamente na plataforma e passar por um rigoroso processo de habilitação; a *onerosidade*, caracteriza-se com o pagamento dos valores pagos pela plataforma ao trabalhador – ressaltando-se a ausência de liberdade do trabalhador para fixar, majorar ou minorar aas taxas de serviços, traço característico do trabalho autônomo; e, por fim, a ***"subordinação por algoritmo"***, caracterizada pelo controle das atividades por meio de plataforma digital ou sistema de aplicativo, que distribui e monitora instantaneamente o cumprimento das tarefas.

A "subordinação por algoritmo" é reconhecida inclusive no âmbito internacional. A Corte Francesa, no julgamento do Recurso Nº. S 19-13.316, o trabalhador que se conecta à plataforma digital se incorpora ao serviço organizado da empresa organizada por algoritmo,

104 PERULLI, Adalberto, "Capitalismo delle piattaforme e diritto del lavoro: verso un nuovo sistema di tutele?", en PERULLI, A. (a cura di), Lavoro autónomo e capitalismo delle piattaforme, Università Ca Foscari Venezia – Dipartamento di Economia. Collana del Centro studi giuridici, nº 14, Wolters Kluwer – CEDAM, Milano, 2018, p. 122.

105 (CONFLITO DE COMPETÊNCIA Nº 164.544 – MG (2019/0079952-0) – STJ – RELATOR: MINISTRO MOURA RIBEIRO)

sendo fiscalizado através da rota é pré-determinada, do monitoramento das viagens, além de receber sanções – inclusive o banimento – em caso de descumprimento das tarefas que lhe forem designadas.

A "*subordinação por algoritmo*" também é denominada de "subordinação jurídica disruptiva".

Fausto Siqueira Gaia ensina que a subordinação jurídica disruptiva "é o liame jurídico, oriundo do uso de aparatos tecnológicos no processo produtivo, que vincula o empregado ao empregador, por meio do qual este, em razão da dependência funcional do uso da força de trabalho para o desenvolvimento da atividade produtiva, exerce a gestão, o controle e o poder disciplinar sobre a força de trabalho contratada. É disruptiva porque rompe com as construções tradicionais apresentadas para o conceito de subordinação jurídica, ora vinculado apenas aos aspectos subjetivos da relação entre empregado ora associado apenas aos aspectos objetivas da atividade desenvolvida. [...] A programação de algoritmos, que dita e distribui os locais de atuação dos motoristas por meio de aplicativos, que informa à plataforma tecnológica em tempo real e qual a frequência o trabalhador vem recusando serviços, e que serve de canal para a avaliação e para a punição do trabalhador, substituiu a atuação pessoal e presencial do empregado e seus prepostos no exercício dos poderes de gestação, de organização e disciplinar" [106].

Há quem defenda que essa nova forma de economia compartilhada, é uma forma de precarização das relações de trabalho e retrocesso social, na medida em que o trabalhador passou a compartilhar os custos do negócio com o empregador, adquirindo os bens (bicicleta, patinete, moto, carro, etc.) para executar os serviços e as vantagens auferidas dessa relação não asseguram um patamar civilizatório mínimo ao trabalhador[107].

A esse respeito citamos o entendimento consignado nos autos da Ação Civil Pública nº. 1001058-88.2018.5.02.0008, firmado em primeira instância pela 8ª Vara da Justiça do Trabalho de São Paulo/SP:

> *"Conforme os fins e objetivos da Organização Internacional do Trabalho, constantes da Declaração da Filadélfia (1944), ratificada pelo Brasil em 13/04/1948, por intermédio do Decreto de Promulgação nº 25.696/1948, estabeleceu-se que 'o trabalho não é mercadoria'. O preambulo da Constituição Federal de 1988 confirma que a Constituinte pretendeu 'instituir um Estado Democrático de Direito destinado a assegurar o exercício dos direitos sociais e individuais (...) o desenvolvimento, a igualdade e a justiça como valores supremos de uma sociedade fraterna, pluralista e sem preconceitos, fundada na harmonia social e comprometida, na ordem interna e internacional, com a solução pacífica das controvérsias (...)". No art. 1º da Constituição Federal de 1988 constam como fundamentos da República a cidadania, a dignidade da pessoa humana, os valores sociais do trabalho e da livre iniciativa. Estas são, portanto, as pilastras sobre s quais se erigiu a República então democrática de 1988. O art. 3º previu os objetivos fundamentais desta República, dentre os quais a construção de uma sociedade livre, justa e solidária, a garantia do desenvolvimento nacional, a erradicação da pobreza e da marginalização, a redução das desigualdades sociais e regionais, a promoção do bem de todos sem discriminação. No Brasil atual, o trabalho, a segurança e a previdência social são direitos sociais garantidos pelo art. 6º da Constituição Federal de 1988. Os direitos sociais foram alçados a direitos fundamentais, sendo o trabalho protegido o patamar mínimo civilizatório para a dignidade do trabalhador. A valorização do trabalho restou disposta como fundamento da ordem econômica do País, conforme art. 170, caput, da Constituição Federal de 1988, e o seu inciso VII estipulou pleno emprego como princípio geral da atividade econômica. Consolidaram-se os direitos mínimos aos trabalhadores urbanos ou rurais no art. 7º, dispondo-se sobre a igualdade de direitos entre o trabalhador com vínculo permanente e o avulso (CF, art. 7º, XXXIV). Daí se percebe que a constituição Federal abrangeu todos os trabalhadores que trabalham à conta de outrem [...]".DA PROTEÇÃO AO TRABALHADOR POR APLICATIVO Como se viu, o motorista de van ou o motofretista atendem aos clientes da LOGGI e da LB4, recebendo da LOGGI a determinação de seu frete, sua rota, seu trabalho, tempo de entrega, forma de entrega, tudo pelo aplicativo. Portanto, não é a utilização de meios tecnológicos que desnatura a contratação entre as partes como relação de emprego. De fato, a nova modalidade de prestação de serviços não pode colidir com outras normas cogentes do ordenamento, como os arts. 2º e 3º da CLT, que definem o conceito de empregador e empregado, bem como o art. 9º do mesmo diploma, que imputa a nulidade aos atos praticados com o objetivo de desvirtuar, impedir ou fraudar a aplicação dos preceitos contidos na CLT. Como dispôs o preâmbulo da nossa Constituição Federal de 1988, o Estado Brasileiro constituiu-se para assegurar os direitos sociais e dentre eles estão o trabalho, a segurança e a Previdência Social (art. 6º). Alijar os trabalhadores por aplicativos dos direitos sociais constitui evidente afronta à Constituição. Note-se que sequer se possibilita a supressão de tais direitos aos avulsos (art. 7º, XXXIV da CF), que não são identificáveis num primeiro momento, nem trabalham com a antiga noção de subordinação de um laborista com vínculo empregatício. Como se falar em harmonia social, em cidadania, em dignidade da pessoa humana sem se estender a todos os trabalhadores os direitos sociais constitucionalmente assegurados? Como se atingir os objetivos da República previstos no art. 3º sem a redução das desigualdades sociais, sem a redução da marginalização – aí incluída a do trabalho – sem a erradicação da pobreza, atrasando-se, por consequência, o desenvolvimento nacional e a construção de uma sociedade justa? Deixar o trabalhador por aplicativo à margem das garantias e dos direitos sociais afigura-se inconstitucional, repita-se. Deixá-lo à margem da garantia de segurança, de limitação de jornada, de férias, de descanso semanal remunerado, de décimo terceiro salário significa retroceder nos direitos sociais a um tempo muito anterior à própria CLT de 1943. Significa*

[106] Fausto Siqueira Gaia. Uberização do Trabalho. São Paulo, SP: Lumen Juris, 2019.

[107] Idem.

o retrocesso à Idade Média, ao "laissez faire", mas sem qualquer proteção. A exclusão de tais trabalhadores do manto dos direitos sociais é um retorno ao momento anterior à Revolução Industrial, ocorrida há dois séculos atrás. Há dois séculos atrás, na França e na Inglaterra já se estipulava a limitação à jornada, o direito ao DSR. Há um século já se regulava salário-mínimo, a proteção contra acidentes, os seguros sociais. Por que então retroceder? Houve muita luta, muitas mortes para que se estabelecessem direitos trabalhistas mínimos no mundo todo. Não há como se dar as costas à História: a evolução humana demonstrou ser este o melhor caminho. A imposição de um patamar mínimo de civilidade é que fará o País progredir, com mais renda e proteção social aos que vendem sua força de trabalho a um aplicativo que também representa progresso. Não há como a nação progredir como tal deixando cidadãos à margem da evolução e das conquistas sociais. Uma nação não pode ser próspera apenas para o topo da pirâmide, sob pena de ser, no seu todo, pobre e desafortunada. [...] Para que uma nação seja próspera, cada qual deve ter a exata noção de seu valor e de sua responsabilidade: deve o trabalhador cumprir seu ofício com dedicação e eficiência, deve o empregador dar condições dignas de trabalho e remuneração justa e cabe ao Estado fornecer tanto ao empregador quanto ao trabalhador todas as condições para que ambos possam desenvolver suas atribuições no máximo de suas capacidades. Enquanto alguns países desenvolvidos tentam fixar um patamar civilizatório mínimo, regulando a manutenção de direitos sociais, outros tentam se beneficiar da venda de produtos barateados em decorrência de trabalho indigno. Isso representa "dumping social", que precisa ser coibido mundialmente e o Brasil não pode se esquivar deste esforço. É necessária a escolha pelo patamar mínimo civilizatório, a fim de afrontar os preceitos da Constituição Federal de 1988. [...] Reconhecer vínculo empregatício entre empregado de pequena empresa de frete e não reconhecer com as maiores do segmento implicaria em chancelar franca concorrência desleal entre as empresas, com indevido favorecimento de mercado. A lei preserva a livre concorrência, mas não a concorrência desleal, como se sabe. Também não se avilta o direito à propriedade, na medida em que toda propriedade privada deve atender à sua função social. Não se pretende atrapalhar o empreendimento fundado na brilhante criação de plataformas de aplicativos para a facilitação de serviços e de sua prestação, no caso, a logística. Apenas há que se respeitar direitos preexistentes e preestabelecidos, sob pena de se ofuscar o ganho que traz a genialidade dos aplicativos com um trabalho miserável, cansativo e perigoso, tratando de forma desigual os condutores que trabalham por aplicativo. Trabalhadores com maior poder de consumo, segurança e lazer, são a base de qualquer economia saudável, com qualidade de vida. Diante de todo o exposto, julga-se procedente o pleito de declaração de relação de emprego entre a LOGGI TECNOLOGIA LTDA. e os condutores profissionais que prestam serviços de transporte de mercadoria através de suas plataformas digitais. A declaração de emprego desta sentença, em que pese o número de fretistas ligados às rés, cerca de 15.000, não merece comoção. A decisão não visa alterar a pequena liberdade dos condutores no aceite ou não da proposta de entrega ofertada pela LOGGI. A presente serve à melhoria das condições de trabalho e segurança dos condutores. E visa à inserção das rés na construção de um promissor modelo de condições de trabalho por aplicativo, do ponto de vista social e econômico. Ressalte-se que a presente declaração de emprego vincula toda e qualquer relação jurídica de condutores com a LOGGI, visto que se dá no bojo de uma Ação Civil Pública. A exceção se dá para as ações de improcedência individuais acobertadas pelo manto da coisa julgada, única relação jurídica imune à decisão do presente processo. (Ação Civil Pública nº. 1001058-88.2018.5.02.0008; 8ª Vara da Justiça do Trabalho de São Paulo/SP, Juíza Lávia Lacerda Menendez, Data da Publicação: 06/12/2019)

A ação supracitada está sobrestada, por versar sobre a matéria discutida no tema 1.075 – Constitucionalidade do art. 16 da Lei 7.347/1985, segundo o qual a sentença na ação civil pública fará coisa julgada erga omnes, nos limites da competência territorial do órgão prolator – conforme determinado no *"leading case"* (RE 1101937), de relatoria do Ministro Alexandre de Moraes.

Recentemente, o Tribunal Superior do Trabalho afastou o vínculo empregatício entre uma plataforma de aplicativos e um motorista, por entender que não havia subordinação no caso analisado. Na decisão, o Relator do caso, Ministro Breno Medeiro, consignou em seu voto que o trabalhador admitiu a possibilidade de ficar "off-line", e tal fato "traduz, na prática, a ampla flexibilidade do autor em determinar sua rotina, seus horários de trabalho, locais que deseja atuar e quantidade de clientes que pretende atender por dia". Ainda, destacou que "possibilidade de avaliação dos motoristas pelos usuários, e vice-versa, sequer tangencia com a presença de subordinação, consubstanciando, em verdade, ferramenta de feedback para os usuários finais quanto à qualidade da prestação de serviços do condutor, de interesse de todos os envolvidos". Vejamos a ementa:

> *RECURSO DE REVISTA. ACÓRDÃO PUBLICADO NA VIGÊNCIA DA LEI Nº 13.015/2014. VÍNCULO DE EMPREGO. MOTORISTA. UBER. AUSÊNCIA DE SUBORDINAÇÃO. TRANSCENDÊNCIA JURÍDICA RECONHECIDA. Destaque-se, de início, que o reexame do caso não demanda o revolvimento de fatos e provas dos autos, isso porque a transcrição do depoimento pessoal do autor no acórdão recorrido contempla elemento fático hábil ao reconhecimento da confissão quanto à autonomia na prestação de serviços. Com efeito, o reclamante admite expressamente a possibilidade de ficar "off line", sem delimitação de tempo, circunstância que indica a ausência completa e voluntária da prestação dos serviços em exame, que só ocorre em ambiente virtual. Tal fato traduz, na prática, a ampla flexibilidade do autor em determinar sua rotina, seus horários de trabalho, locais que deseja atuar e quantidade de clientes que pretende atender por dia. Tal autodeterminação é incompatível com o reconhecimento da relação de emprego, que tem como pressuposto básico a subordinação, elemento no qual se funda a distinção com o trabalho autônomo. Não bastasse a confissão do reclamante quanto à autonomia para o desempenho de suas atividades, é fato incontroverso nos autos que o reclamante aderiu aos*

serviços de intermediação digital prestados pela reclamada, utilizando-se de aplicativo que oferece interface entre motoristas previamente cadastrados e usuários dos serviços. Dentre os termos e condições relacionados aos referidos serviços, está a reserva ao motorista do equivalente a 75% a 80% do valor pago pelo usuário, conforme consignado pelo e. TRT. O referido percentual revela-se superior ao que esta Corte vem admitindo como bastante à caracterização da relação de parceria entre os envolvidos, uma vez que o rateio do valor do serviço em alto percentual a uma das partes evidencia vantagem remuneratória não condizente com o liame de emprego. Precedentes. Recurso de revista conhecido e provido.

O tema ainda é incipiente. Não há unanimidade na jurisprudência quanto a natureza jurídica ou do correto enquadramento das atividades desenvolvidas com intermediação de plataformas digitais.

Apesar disso, nota-se um movimento mundial no sentido de regulamentar essa atividade, com o objetivo de evitar a precarização da relação de trabalho e conferir segurança jurídica à matéria.

1.5. APRENDIZ

O aprendiz é um empregado com idade entre 14 e 24 anos, admitido mediante contrato de trabalho especial escrito, por prazo determinado, inscrito em programa de aprendizagem formação técnico-profissional metódica (art. 428 da CLT).

É um contrato solene, ou seja, depende do cumprimento de certas formalidades para ser considerado válido. A lei exige a presença dos seguintes requisitos de validade: a) contrato de trabalho escrito – pressupõe a anotação na carteira de trabalho (CTPS), conforme dispõe o § 1º, do art. 428, CLT; b) inscrição do trabalhador em programa de aprendizagem formação técnico-profissional metódica (art. 428, *caput*, da CLT); c) matrícula e frequência do aprendiz à escola, caso não haja concluído o ensino fundamental, excepcionalmente dispensável, nas localidades onde não houver oferta de ensino médio e desde que o empregado tenha concluído o ensino fundamental (art. 428, § 7º, CLT).

O prazo máximo de duração do contrato de trabalho de aprendizagem será de 2 anos. A duração poderá ser ajustada por tempo inferior a dois anos, porém, não poderá ultrapassar esse limite. O desrespeito ao prazo previsto em lei, implicará na conversão do contrato de aprendizagem em contrato de trabalho por tempo indeterminado[108].

Ao aprendiz com deficiência não se aplica o referido prazo de duração dos contratos de aprendizagem, diante da excepcionalidade prevista no § 3º do art. 428 da CLT. Do mesmo modo, não se aplica aos aprendizes com deficiência o limite máximo de idade (§ 5º do art. 428 da CLT).

Em regra, as empresas são obrigadas a empregar e matricular aprendizes nos cursos dos Serviços Nacionais de Aprendizagem, em percentual mínimo de 5%, e máximo de 15%, dos trabalhadores existentes em cada estabelecimento (art. 429 da CLT). A cota de aprendizagem será dispensável quando o empregador for entidade sem fins lucrativos, que tenha por objetivo a educação profissional (§ 1º-A do art. 429 da CLT), ou se tratar de microempresas e as empresas de pequeno porte (art. 51, III, da Lei 123/2006).

É assegurado aos aprendizes:

i) jornada de trabalho de 6 horas diárias, sendo proibida a prorrogação e a compensação de jornada. Esse limite poderá ser elastecido até 8 horas diárias aos aprendizes que já tiverem completado o ensino fundamental, se nelas forem computadas as horas destinadas à aprendizagem teórica (art. 432, § 1º, da CLT);
ii) salário mínimo-hora (art. 428, § 2º, da CLT);
iii) recolhimento dos depósitos do FGTS em percentual de 2% sobre o valor da remuneração (art. 15, § 7º, da Lei 8.036/1990);
iv) vale-transporte (art. 70 do Decreto 9.579/2018).

Preceitua o art. 433 da CLT, que o contrato de trabalho de aprendizagem cessará quando escoar o prazo máximo de duração (2 anos), ou quando o aprendiz completar 24 anos (o critério etário não se aplica ao aprendiz com deficiência), ou, de forma antecipada quando: o desempenho for insuficiente ou houver inadaptação do aprendiz (exceto para o aprendiz com deficiência quando desprovido de recursos de acessibilidade, de tecnologias assistivas e de apoio necessário ao desempenho de suas atividades); falta grave (art. 482 da CLT); faltas injustificada à escola que resulte em perda do ano letivo; e quando o aprendiz pedir demissão.

Vemos, portanto, como afirma Luciano Martinez, que o contrato de aprendizagem é **"um negócio jurídico com corpo de emprego e alma de estágio"**[109].

1.6. EMPREGADO DOMÉSTICO

Doméstico é aquele que presta serviços de forma contínua, subordinada, onerosa e pessoal e de finalidade não lucrativa à pessoa ou a família no âmbito residencial destas.

A categoria doméstica não recebeu qualquer regulamentação jurídica durante muito tempo. A CLT excluiu

[108] Henrique Correia. Direito do Trabalho. – 4.ed. – Salvador: Juspodivm, 2018, p. 441.

[109] Idem. Martinez, 2020.

expressamente os empregados domésticos das normas protetivas no art. 7º, "a". Apenas em 1972 o trabalho doméstico recebeu foi regulamentado timidamente, com a edição da Lei n. 5.859/72, que conferiu três direitos ao trabalhador doméstico[110].

A Lei n. 5.859/72 definia o empregado doméstico como *aquele que presta serviços de natureza contínua e de finalidade não lucrativa à pessoa ou à família, no âmbito residencial destas* (art. 1º).

Com o surgimento da Constituição Federal de 1988 o trabalho doméstico foi positivado no art. 7º, parágrafo único, que acrescentou mais oito direitos: salário mínimo; irredutibilidade de salário; 13º salário; repouso semanal remunerado, preferencialmente aos domingos; gozo de férias anuais remuneradas com, pelo menos, um terço a mais do que o salário normal; licença à gestante, sem prejuízo do emprego e do salário, com duração de cento e vinte dias; licença-maternidade, nos termos fixados em lei; aviso-prévio proporcional ao tempo de serviço, sendo no mínimo trinta dias, nos termos da lei; aposentadoria).

Em 2013, o referido dispositivo foi alterado, através da Emenda Constitucional nº 72, ampliando o rol de direitos dos empregados doméstico.

A Lei Complementar 150, de 1º de julho de 2015, regulamentou o trabalho doméstico, prescrevendo que o empregado doméstico é "aquele que presta serviços de forma contínua, subordinada, onerosa e pessoal e de finalidade não lucrativa à pessoa ou à família, no âmbito residencial destas, por mais de 2 (dois) dias por semana".

Com base nesse dispositivo extrai-se os elementos configuradores da relação empregatícia doméstica: (i) trabalho desempenhado por uma pessoa física; (ii) pessoalidade; (iii) onerosidade; (iv) subordinação; (v) continuidade – a prestação de serviço de natureza contínua, por mais de dois dias por semana; (vi) a prestação de serviço para pessoa ou família; (vii) a realização do serviço na residência de pessoa ou família ou no âmbito residencial desta; e (viii) a participação em atividade sem fins lucrativos.

O novo conceito teve a preocupação de aprimorar o conceito anterior com a inserção dos requisitos caracterizadores do vínculo empregatício: subordinada, onerosa e pessoal.

Havia uma discussão se o empregado doméstico tinha vínculo empregatício ou não. O empregado doméstico, acima de tudo, é um empregado, portanto, possui vínculo empregatício. Não há mais dúvida com relação a isso.

No passado já foi possível o reconhecimento de um doméstico que ia trabalhar uma vez por semana, durante longos anos, justificando tal reconhecimento na ***continuidade*** da relação de emprego.

No âmbito da relação urbana a habitualidade não é muito clara. Não há especificação da quantidade de dias. No caso do professor, por exemplo, não há uma regra definida na CLT sobre a quantidade de dias que caracterizaria a habitualidade.

Desde a Lei 5.859/72 a lei mencionada a expressão "continuidade".

A doutrina questiona se a continuidade equivale a não eventualidade. Há quem defenda que não. Existe corrente que defende que a continuidade é mais densa, como a professora Alice Monteiro de Barros[111]. A referida jurista, já defendia o estabelecimento de um critério temporal claro para a caracterização da continuidade na relação empregatícia doméstica, para possibilitar a distinção com o trabalho doméstico intermitente, isto é, com a chamada diarista.

Com o surgimento da Lei Complementar 150/2015, essa celeuma terminou. O art. 1º, do referido diploma, afirma que será considerado empregado doméstico aquele que trabalha mais de dois dias. Daí, podemos afirmar com segurança que o empregado diarista será aquele que presta serviços no âmbito doméstico por até 2 dias.

O fato de o trabalhador ser contratado como diarista não retira a competência da Justiça do Trabalho para processar e julgar eventuais litígios surgidos dessas relações, nem mesmo a responsabilidade do tomador de serviços – o empregador doméstico, no sentido *lato sensu* da expressão –, v.g., pelo pagamento dos salários ou pelo acidente de trabalho.

Uma nova discussão que surgiu a respeito da continuidade é ser a expressão "mais de dois dias", prevista na Lei Complementar 150/2015, significa dizer que o trabalho doméstico deve ser aquele desempenhado por período igual a 3 dias.

Há uma linha acadêmica que defende que ainda que seja superior a 2,5 dia de prestação de serviços já caracterizaria a relação de trabalho doméstico, pois a lei estabelece categoricamente período superior a 2 dias.

Outro requisito específico da relação de emprego doméstica é a *finalidade não lucrativa.*

Se os serviços domésticos tiverem objetivos lucrativos, ainda que de forma indireta, o enquadramento não será mais como empregado doméstico.

Exemplo prático: *Empregado doméstico que lavava louça que era utilizada pela família para fazer refeições*

[110] Idem. Delgado, 2019.

[111] Apud Martinez, 2020.

que a família vendia (finalidade lucrativa). Juiz entendeu que a louça era derivada da atividade lucrativa da família, afastou o vínculo doméstico e deu vínculo como se empregado urbano fosse.

O aproveitamento da mão de obra do trabalhador doméstico em serviços de natureza lucrativa – denominado de serviços mistos ou ***"promiscuidade nos serviços doméstico"*** – acarreta o reconhecimento da relação empregatícia urbana ou rural, pois são mais vantajosas ao trabalhador.

Outro requisito importante na relação empregatícia doméstica é que o ***serviço deve ser prestado para pessoa ou família***. Significa dizer que a pessoa jurídica jamais poderá ser empregadora doméstica.

É importante dizer que todos os integrantes do núcleo familiar, desde que juridicamente capazes, são solidariamente responsáveis pelo pagamento das obrigações oriundas da relação de trabalho, uma vez que todos se beneficiam da prestação dos serviços doméstico (sendo credores dessa prestação de serviços) e, como consequência, são devedores da contraprestação correspondente.

Segundo doutrina e a jurisprudência dominante não é possível a sucessão de empregadores na relação empregatícia doméstica, isso porque tal instituto jurídico é incompatível com as peculiaridades do trabalho doméstico.

O empregador doméstico pode ser representado em juízo por qualquer integrante do núcleo familiar (art. 843, §§1º e 3º, da CLT e Súmula 377 do TST).

Além disso, o serviço deve ser prestado no *âmbito residencial de pessoa ou família*.

Luciano Martinez[112], ensina que

> *"Entende-se como 'âmbito residencial' a esfera, o campo por onde se estendem as atividades familiares, sem que elas necessariamente estejam restritas ao interior das casas residenciais. Assim, o trabalho prestado pelo motorista particular, que leva e traz os integrantes do núcleo familiar da casa para o trabalho/escola e vice-versa, é considerado doméstico. Do mesmo modo, considera-se materialmente doméstico o serviço prestado pelo jardineiro de área externa ao imóvel familiar, o piscineiro, o marinheiro do iate de passeio ou, piloto de e ou, ainda, o guarda-costas estritamente familiar.*

Como regra, portanto, o serviço é prestado no interior da residência do empregador doméstico. Contudo, esse conceito pode ser abrangido para a área externa ao imóvel familiar.

O parágrafo único do art. 7º da Lei Maior, com redação dada pela EC 72/2013, menciona a aplicação do inciso XXXIII, ao trabalho doméstico. Por essa regra, a idade mínima de 16 anos seria admitida para fins de trabalho doméstico.

Entretanto, esse dispositivo colide com a Convenção 182 Organização Internacional do Trabalho (OIT) – ratificada no Brasil pelo Decreto 6.481/2008 – que prevê a idade mínima de 18 anos para o trabalho doméstico.

Esse choque normativo, foi resolvido com a Lei Complementar 150/2015, na medida em que estipulou expressamente a idade mínima dos 18 anos, para o serviço doméstico, se alinhando à Convenção da OIT.

Dentre todos os direitos conquistados pelo empregado doméstico a limitação da jornada de trabalho é o mais importante, isso porque a limitação da jornada está intimamente ligada às normas de proteção à saúde e higiene do trabalho. É importante preservar a incolumidade física e psíquica do trabalhador, já que o serviço doméstico, embora pouco reconhecido, é um serviço desgastante.

A partir da EC 72/2013 os incisos XIII e XVI do art. 7º, a jornada de trabalho está limitada 8 horas diária e 44 horas semanais. Além do direito à duração do trabalho normal não superior a oito horas diárias e quarenta e quatro semanais, tornou-se possível a compensação de jornada ao trabalhador doméstico.

Essa compensação foi regulamentada pela Lei Complementar 150 de 2015 que estabeleceu a dispensa de acréscimo de salário e instituído regime de compensação de horas, mediante acordo individual escrito entre empregador e empregado (art. 2º, §§ 4º e 5º, da LC 150/2015).

Ainda, tornou possível a instituição de jornada de trabalho em regime de 12 por 36 (art. 10 da LC 150/2015): ***"É facultado às partes, mediante acordo escrito entre essas, estabelecer horário de trabalho de 12 (doze) horas seguidas por 36 (trinta e seis) horas ininterruptas de descanso, observados ou indenizados os intervalos para repouso e alimentação".***

Também, regulamentou-se que tempo de repouso, as horas não trabalhadas, os feriados e os domingos livres em que o empregado que mora no local de trabalho nele permaneça não serão computados como horário de trabalho (§ 7º do art. 2º da LC 150/2015).

No que diz respeito ao intervalo intrajornada, será obrigatória concessão de intervalo para refeição e descanso pelo período de, no mínimo, 1 hora e, no máximo, 2 horas, sendo possível a sua redução para 30 minutos, mediante acordo escrito entre empregador e empregado.

Caso o empregado resida no local de trabalho o intervalo pode ser desmembrado em dois períodos de no mínimo 1 hora, cada um deles, estando limitado a 4 horas ao dia.

112 Idem. Martinez, 2020.

O controle do horário de trabalho do empregado doméstico é obrigatório (art. 12). Logo, o empregador deve manter o registro da jornada de trabalho do empregado doméstico, seja por meio manual, ou mecânico, ou eletrônico, ou qualquer outro meio idôneo.

Como se trata de uma imposição legal instituída pelo legislador, caso o empregador seja demandado, terá o ônus de provar a jornada de trabalho, pois a lei impôs a produção de prova específica. Do contrário, a jornada será tida como verdadeira (presunção relativa de veracidade), na forma da súmula 338 do TST.

Além da jornada de trabalho, o Fundo de Garantia do Tempo de Serviço foi outra grande conquista do empregado doméstico.

Na vigência da Lei 5.859/72 a inclusão do empregado doméstico no regime do FGTS era facultativa. A inclusão era um direito potestativo do empregador que podia ou não incluir o empregado em tal regime.

A partir da EC n. 72/2013, o FGTS passou a ser direito de todo doméstico, independentemente da vontade do empregador.

Nesse sentido, a Lei complementar 150/2015 regulamentou tal direito, dispondo que "*é devida a inclusão do empregado doméstico no Fundo de Garantia do Tempo de Serviço (FGTS), na forma do regulamento a ser editado pelo Conselho Curador e pelo agente operador do FGTS, no âmbito de suas competências, conforme disposto nos arts. 5º e 7º da Lei n. 8.036, de 11 de maio de 1990, inclusive no que tange aos aspectos técnicos de depósitos, saques, devolução de valores e emissão de extratos, entre outros determinados na forma da lei*" *(art. 21).*

Também, institui que o empregador depositará 8% a título de FGT sobre a remuneração do empregado doméstico, bem como a importância de 3,2% sobre a remuneração devida, no mês anterior, a cada empregado, destinada ao pagamento da indenização compensatória da perda do emprego, sem justa causa ou por culpa do empregador.

A obrigatoriedade de inscrição e de efetuar os depósitos do FGTS tornou-se possível após a regulamentação realizada por meio Resolução do Conselho Curador do FGTS 780/2015, da Circular CAIXA 694/2015 e da Portaria Interministerial 822/2015.

1.7. EMPREGADO RURAL

A Constituição Federal, em seu art. 7º da de 1988, equipara os direitos trabalhista aos trabalhadores urbanos e rurais.

O trabalho rural é regido pela Lei 5.889, de 8 de junho de 1973. O art. 2º desse diploma legal, define o trabalhador rural como "toda pessoa física que, em propriedade rural ou prédio rústico, presta serviços de natureza não eventual a empregador rural, sob a dependência deste e mediante salário".

A doutrina diverge a respeito do conceito de trabalhador rural.

Vólia Bomfim didaticamente, divide a controvérsia em duas, indicando as correntes doutrinarias existentes:

> *"a) Quando o empregador é urbano (indústria, comércio, banco etc.), mas tem empregados que trabalham no campo, em atividade rural, há quatro correntes para definir se estes são ou não empregados rurais: A primeira prioriza a atividade do empregado, se ligada à agricultura e à pecuária o trabalhador será rural; a segunda posição realça a atividade do empregador, se indústria, seus empregados serão industriários, se rural, seus empregados serão rurais; a terceira, reúne dois requisitos para enquadrá-lo como rural: a atividade do empregado, desde que trabalhe em propriedade rural ou prédio rústico e a última vertente que condiciona seu enquadramento legal ao local de trabalho. b) Quando o empregador é rural, mas tem empregados exercendo atividades atípicas (motorista, carpinteiro, pedreiro) ou fora do campo (atividades burocráticas em escritório), a corrente majoritária defende que as atividades atípicas estão incluídas no conceito de empregado rural. [...] há duas correntes: uma defendendo que mesmo fora do prédio rústico ou propriedade rural é trabalhador rural quem trabalha para empregador rural e, uma segunda corrente no sentido oposto, fora do campo o trabalhador é urbano, mesmo que trabalhe para patrão rural. que relata conceitua o trabalhador rural como "aquele que trabalha para empregador rural""*[113].

Nas palavras de Luciano Martinez o empregado rural "está invariavelmente ligado ao de empregador rural. Isso significa que é necessária a investigação acerca da atividade patronal para que se possa certificar se o trabalhador é ou não um rurícola. [...] será empregado rural quem trabalhe nas ***propriedades rurais*** ou nos ***prédios rústicos*** de onde provenham estes bens[114].

1.8. EMPREGADO PÚBLICO

A Administração Pública é integrada por agentes públicos que prestam às pessoas jurídicas de direito público interno (art. 41 do Código Civil)[115], bem como às pessoas jurídicas de direito privado instituídas pelo Poder Público (sociedades de economia mista, empresas públicas, por exemplo).

---

[113] Idem. Bomfim, 2017, p. 389-390.

[114] Idem. Martinez, 2020.

[115] CC, Art. 41. São pessoas jurídicas de direito público interno: I – a União; II – os Estados, o Distrito Federal e os Territórios; III – os Municípios; IV – as autarquias, inclusive as associações públicas; V – as demais entidades de caráter público criadas por lei. Parágrafo único. Salvo disposição em contrário, as pessoas jurídicas de direito público, a que se tenha dado estrutura de direito privado, regem-se, no que couber, quanto ao seu funcionamento, pelas normas deste Código.

A doutrina clássica de Direito Administrativo subdivide os agentes públicos em quatro categoria: a) ***agentes políticos*** – componentes de cargos estruturais das organizações políticas do Estado (Chefes do Poder Executivo federal, estadual, municipal, seus respectivos Ministros e secretários, membros do Poder Legislativo)[116]; b) ***servidores públicos***; c) ***militares***; e, d) ***particulares em colaboração com o poder público***.

Os servidores públicos, em sentido amplo, são "as pessoas físicas que prestam serviços ao Estado e às entidades da Administração Indireta, com vínculo empregatício e mediante remuneração paga pelos cofres públicos"[117].

A doutrina classifica os servidores públicos em estatutários, empregados públicos e servidores temporários.

Joé dos Santos Carvalho Filho conceitua as referidas figuras jurídicas da seguinte maneira:

> *"Servidores públicos estatutários são aqueles cuja relação jurídica de trabalho é disciplinada por diplomas legais específicos, denominados de estatutos – tradicionalmente denominados de funcionários públicos –. Nos estatutos estão inscritas todas as regras que incidem sobre a relação jurídica, razão por que nelas se enumeram os direitos e deveres dos servidores e do Estado. [...] A segunda categoria é a dos servidores públicos trabalhistas (ou celetistas), assim qualificados porque as regras disciplinadoras de sua relação de trabalho são as constantes da Consolidação das Leis do Trabalho. Seu regime básico, portanto, é o mesmo que se aplica à relação de emprego no campo privado [...]. A última categoria é a dos servidores públicos temporários, os quais, na verdade, se configuram como um agrupamento excepcional dentro da categoria geral dos servidores públicos. A previsão dessa categoria especial de servidores está contemplada no art. 37, IX, da CF, que admite a sua contratação por tempo determinado para atender à necessidade temporária de excepcional interesse público"*[118].

Com efeito, os servidores públicos trabalhistas ou "celetistas" são regidos pela legislação trabalhista, aplicando-se os preceitos contidos na CLT à essa categoria. Diferente do regime estatutário – cuja relação jurídica não decorre de contrato entre as partes, mas, sim, dos diplomas legais de natureza jurídica não contratual –, a relação jurídica dos servidores públicos trabalhistas é de natureza contratual, ou seja, o servidor pactua um contrato de trabalho com o Estado, nos mesmos moldes dos empregados que prestam serviços aos empregadores do setor privado[119].

Por se tratar de uma relação empregatícia, embora constituída com o Poder Público, os servidores públicos "celetistas" são alcançados pela competência material da Justiça do Trabalho (art. 114, I, da CF), inclusive os casos envolvendo acidente de trabalho, visando a responsabilização do Estado, enquanto empregador.

Sobre esse tema, é válido destacar que os servidores públicos trabalhistas integrantes de empresa pública ou sociedade de economia mista também são abrangidos pelas normas trabalhistas contidas na CLT, tendo em vista que estão sujeitas a regime jurídico próprio das empresas privadas, inclusive quanto as obrigações trabalhistas (art. 173, §1º, II, CF).

O servidor público é investido no cargo ou emprego público mediante prévia aprovação em concurso público (art. 37, II, da CF). O concurso público também é exigido para o ingresso em empresas públicas ou sociedades de economia mista.

1.9. ATLETA PROFISSIONAL

1.9.1. DESPORTO

A expressão "desporto" geralmente é vista como sinonímia de esporte[120], ou de qualquer exercício ou prática que tenha como objetivo o aprimoramento da saúde ou do físico[121].

Rafael Terreiro Fachada, em sua tese de mestrado, defende que "[...] não há diferenciação, ao nosso ver, entre os significados dos vocábulos, sendo meramente a origem das palavras de culturas diversas", destacando que expressão "desport" – e as suas variações, como, por exemplo, *disport* (em inglês), *deporte* (em espanhol) e desporto (em português) – era comumente empregada para descrever uma recreação, jogo, ou competição de habilidades físicas, inexistindo qualquer distinção entre elas[122].

Para justificar o seu posicionamento cita as definições da Carta Europeia do Desporto (1992) e o Estatuto do Conselho Federal de Educação Física. Vejamos.

> *"No artigo segunda da Carta Europeia do Desporto, de 1992, podemos encontrar uma definição que procuramos: 'Entende-se por desporto todas as formas de atividades físicas que, através de uma participação organizada ou não, têm por objetivo a expressão ou o melhoramento da condição física e psíquica, o desenvolvimento das relações sociais ou a obtenção de resultados da competição a todos os níveis.' A análise e elaboração de uma definição pátria passam ainda,*

---

116 Hely Lopes Meirelles apud Maria Sylvia Zanella Di Pietro. Direito Administrativo – 31. ed. – Rio de Janeiro: Forense, 2018.

117 Maria Sylvia Zanella Di Pietro. Direito Administrativo – 31. ed. – Rio de Janeiro: Forense, 2018.

118 José dos Santos Carvalho Filho. Manual de Direito Administrativo – 33. ed. – São Paulo: Atlas, 2019.

119 Idem, Carvalho Filho, 2019.

120 Instituto Antônio Houaiss de Lexicografia. Pequeno Dicionário Houaiss da Língua Portuguesa. – 1. ed. – São Paulo: Moderna, 2015.

121 Amauri Mascaro do Nascimento. Curso de direito do trabalho. – 26. ed. – São Paulo: Saraiva, 2011.

122 Rafael Terreiro Fachada. Direito Desportivo Enquanto uma Disciplina Autônoma. Mestrado em Direito. São Paulo: PUC/SP, 2016. Fonte: https://tede.pucsp.br/bitstream/handle/19325/2/Rafael%20Terreiro%20Fachada.pdf [acessado em 10/10/2020]

obrigatoriamente pelo Estatuto do Conselho Federal de Educação Física (CONFEF), que conceitua o termo: Art. 9º (...) §2º – O termo desporto/esporte compreende sistema ordenado de práticas corporais que envolve atividade competitiva, institucionalizada, realizada conforme técnicas, habilidades e objetivos definidos pelas modalidades segundo regras pré-estabelecidas que lhe dá forma significado e identidade, podendo também ser praticado com liberdade e finalidade lúdica estabelecida por seus praticantes, realizado em ambiente diferenciado, inclusive na natureza (jogos: da natureza, radicais, orientação, aventura e outros). A atividade esportiva aplica-se, ainda, na promoção da saúde e em âmbito educacional de acordo com o diagnóstico e/ou conhecimento especializado, em complementação a interesses voluntários e/ou organização comunitária de indivíduos e grupos não especializados". (grifos acrescidos)

Entretanto, existe vertente interpretativa em sentido contrário. O Ministro Alexandre Agra Belmonte entende que o *"Desporto não é sinônimo de esporte. Quando se fala em praticar esporte, emprega-se a palavra no sentido de modalidade de exercício, jogo ou atividade física. Já o termo desporto significa a prática organizada do esporte, o esporte federado, o esporte regulamentado e organizado por federações, geralmente visando à competição".* [123]

Amauri Mascaro do Nascimento[124] apontava que a expressão desporto tem origem na *"linguagem gremial dos marinheiros mediterrâneos, que, à sua vida trabalhosa do mar, opunham a sua vida deliciosa do porto. Desporte é estar de portu. Na cultura de Provença aparecem as palavras deports e solatz, a primeira significando mais o jogo de conversação e poesia, a segunda representando exercícios corporais, caça, danças etc".*

Acrescenta que "na Antiguidade foi usado para assegurar, durante a paz, o estado físico dos soldados. Integrou os rituais religiosos. A Grécia o exaltou, e os vencedores dos jogos olímpicos eram elevados à condição de heróis nacionais".

Esse conjunto de princípios e regras recebem o designativo de Direito Desportivo, embora há quem utilize a locução Direito Esportivo por entender que são expressões de sentido semelhante.

Baseando-se nessas premissas podemos conceituar o Direito Desportivo como um conjunto de princípios e regras que disciplinam a prática de atividades físicas, de forma organizada ou não, com o escopo de promover a saúde (física e psíquica) ou atividade competitiva.

Por se tratar de um campo temático específico, com teoria, metodologia e legislação particular, é considerada uma disciplina autônoma.

Os princípios que norteiam o Direito Desportivo são[125]:

a) "Princípio do jogo limpo ou flair play – é o dever de honestidade durante as práticas desportivas, exigindo um comportamento ético do atleta;

b) Princípio da Igualdade ou par conditio – é o dever de paridade entre os atletas, sob o ponto de vista do evento e da capacidade físico-intelectual, para que tenham as mesmas condições técnico-desportivas;

c) Princípio pró-competição ou pro competitione – consiste na impossibilidade de alterar o resultado das competições, exceto quando verificada a ocorrência de fato grave que ocasione reflexos no resultado da disputa, como, v.g., o doping.

d) Princípio da autonomia desportiva – é a desvinculação do desporto ao governo ou política, de modo que é assegurada a liberdade de associação, criação das associações, sem que haja interferência estatal na sua organização e funcionamento (art. 217, I, da CF).

e) Princípio da diferenciação profissional – dissocia-se, por esse princípio, a figura do atleta profissional e o amador (não-profissional). O atleta profissional é aquele que possui um contrato especial de trabalho desportivo, auferindo o seu sustento, como regra, a partir do vínculo empregatício mantido com a entidade desportiva (Lei 9.615/98). De outro lado, o atleta amador (não-profissional) é aquele que pratica atividade esportiva de forma recreativa, sem retirar daí o seu sustento, mesmo que participe de competições.

f) Princípio da proteção e fomento às modalidades de criação nacional – é o dever de proteção e difusão das modalidades esportivas nacionais como, por exemplo, o futebol de salão, a peteca, os jogos indígenas, etc.

g) Princípio do esgotamento da Justiça Desportiva – é importante que se diga a Justiça Desportiva, prevista no art. 217 da CF, não pertence ao Poder Judiciário, embora tenha as mesmas características estrutural deste. É um órgão administrativo cuja a incumbência é processar e julgar administrativamente os litígios desportivos, referentes à disciplina e às competições. É imprescindível o exaurimento das instâncias da Justiça Desportiva, para, então, submeter o conflito desportivo ao Poder Judiciário (art. 217, §1º, CF)".

Além disso, o Direito Desportivo é categorizado em: i) Direito Desportivo Disciplinar – regula os princípios e regras de conduta dos atletas, bem como a aplicação de sanções administrativas pelos órgãos de competentes; ii) Direito Desportivo Internacional Privado – é um

123 Alexandre Agra Belmonte. Direito Desportivo, Justiça Desportiva e principais aspectos jurídico-trabalhistas da relação de trabalho do atleta profissional. Revista TRT 1ª Região. 47 ed. – Rio de Janeiro: TRT-1, 2010.

124 Idem. Nascimento, 2011.

125 Idem. Fechada, 2016.

plexo de normas desportivas internacionais, geralmente regulamentada por entidade desportiva privada internacional; iii) Direito Desportivo Internacional Público – são políticas públicas implementadas por organismos internacionais (por exemplo, a ONU ou UNESCO), com o desígnio propagar o esporte como meio de promover a educação, saúde, o desenvolvimento do ser humano e a paz; iv) Direito Desportivo Empresarial – abrange os atos negociais realizado entre entidades desportivas e as relações comerciais da entidade de prática desportiva, como, por exemplo, a transferência entre atletas; v) Direito Desportivo do Trabalho – disciplina a relação de trabalho dos atletas com as entidades de prática desportiva[126].

De acordo com o art. 217 da Constituição Federal de 1988 o Estado deve promover políticas públicas de incentivo ao esporte formal e não-formal (informal).

A Lei Pelé (Lei 9.615/1998), que regulamenta as normas gerais de desporto, prevê no § 2º do art. 1º, que a prática desportiva informal é caracterizada pela liberdade lúdica dos seus participantes, ou seja, de forma recreativa. Aqui estão abrangidos, por exemplo, o desporto educacional e o desporto de participação (art. 3º, I e II, da Lei Pelé)

Já o esporte formal, em regra, é caracterizado pela pratica profissional do desporto, em alto rendimento, ou seja, segundo as regras de prática desportiva, nacionais e internacionais, com a finalidade de obter resultados, mediante remuneração pactuada em contrato especial de trabalho desportivo entre o atleta e a agremiação de prática desportiva (art. 3º, III e § 1º, da Lei Pelé).

Em tempos de pandemia, as relações jurídicas desportivas foram fortemente afetadas.

O setor desportivo movimenta bolhões de dólares anualmente (cerca de 750 bilhões de dólares)[127]. Com pandemia do coronavírus, e o consequente *lockdown*, as práticas desportivas foram paralisadas ou adiadas – devido ao risco de contágio aos atletas e principalmente ao público que acompanha regularmente os espetáculos desportivos – dentre elas vários campeonatos de futebol, ligas de basquete, automobilismo, até mesmo as Olimpíadas de 2020, resultando em perdas financeiras incalculáveis, inclusive ao *e-sports* (esporte de jogos eletrônicos).

As relações desportivas do trabalho não ficaram imunes ao impacto da pandemia do coronavírus.

No Brasil, o legislador buscou editar medidas de emergência específicas para regulamentar as relações de trabalho durante a pandemia e preservar o emprego e a renda: Medida Provisória 927/20 e a Lei 14.020/20 (resultante da conversão da Medida Provisória 936/20 em Lei).

Evidentemente os trabalhadores que não exercem atividade desportiva estão abrangidos pelas referidas medidas.

De outro lado, paira dúvida se tais medidas podem ser aplicadas aos atletas.

O Ministro Alexandre Agra Belmonte[128] defende a possibilidade de aplicação de tais medidas ao contrato de trabalho desportivo, sob o seguinte argumento:

> *"[...] A Presidência da República, então, expediu várias medidas provisórias para minimizar de forma emergencial e excepcional os impactos nas receita empresarial. Essa receita, em última análise, é a responsável pelo pagamento dos salários dos trabalhadores. E se um por acaso as entidades desportivas ou entidades de outra natureza ficarem sem receita, como será realizado o pagamento dos salário desses trabalhadores? A indagação é se as medidas provisórias podem ser utilizadas pelas entidades de prática desportiva para obtenção de crédito emergencial e também para suspender o contrato de trabalho do atleta e, também, para reduzir a jornada de trabalho do atleta com a consequente redução salarial. [...] Tal qual acontece com os cinema, teatro, casa de shows, essas atividades que tiveram que paralisar totalmente o seu funcionamento, são atividades muito próximas das entidades de prática desportiva. Se alguém precisa desta medida [provisória] 936/2020 é exatamente essas entidades de prática desportiva, porque elas não estão funcionando. Se não estão funcionando não estão promovendo jogos, promovendo campeonatos e promovendo receitas. E se não estão promovendo receita como que ela irão pagar os salários dos jogadores de futebol, por exemplo?"*

Embora esses mecanismos não indiquem de forma expressa, a legislação trabalhista emergencial alcança as atividades esportivas, de forma que as entidades de prática desportiva puderam se valer dessas normas para antecipar as férias dos atletas, suspender temporariamente o contrato de trabalho, ou, ainda, reduzir proporcionalmente o salário e a jornada de trabalho dos atletas.

Segundo o art. 28, § 4º, da Lei Pelé, "Aplicam-se ao atleta profissional as normas gerais da legislação trabalhista e da Seguridade Social, ressalvadas as peculiaridades constantes desta Lei [...]".

Os incisos do § 4º, do referido dispositivo, estabelece que o atleta terá direito a férias anuais remuneradas, coincidente com o recesso das atividades desportivas,

126 Idem. Fechada, 2016.

127 Fonte: https://exame.com/negocios/coronavirus-esporte-perde-bilhoes-e-nem-games-estao-salvos/ [acessado em 11/10/2020]

128 Webpalestra: Os impactos da covid-19 nas relações esportivas. Ministro do TST Alexandre de Souza Agra Belmonte e Flávio de Albuquerque Moura – Advogado e Presidente da Comissão de Direito Desportivo da OAB/AL. Organização: Escola Judicial do TRT2. Fonte: https://www.youtube.com/watch?v=2ykql9Or-CM [acessado em 11/10/2020]

bem como a jornada normal de trabalho de 44 horas semanais.

Se tais direitos são conferidos aos atletas, em condições similares às dos trabalhadores regidos pela Consolidação das Leis do Trabalho, por qual razão não estariam abrangidos pelas medidas emergenciais trabalhistas?

Não há qualquer óbice na legislação geral desportiva ou qualquer ressalta na legislação trabalhista emergencial quanto a aplicação dessas normas ao contrato de trabalho desportivo. Se assim desejasse teria feito, tal como ocorreu com os servidores públicos (estatutários e celetistas) da União, dos Estados, do Distrito Federal e dos Municípios, aos órgãos da administração pública direta e indireta, bem como das empresas públicas, sociedades de economia mista, inclusive às suas subsidiárias, e organismos internacionais (art. 3º, parágrafo único, da Lei 14.020/20).

1.9.2. MEIO AMBIENTE DO TRABALHO DO ATLETA PROFISSIONAL

A Constituição Federal consagra a dignidade da pessoa humana, os valores sociais do trabalho a livre iniciativa como fundamentos do Estado Democrático de Direito (art. 1º, III e IV, CF), bem como o direito à saúde (art. 6º), a redução dos riscos inerentes ao trabalho, por meio de normas de saúde, higiene e segurança (art. 7º, XXII).

O art. 225, V, da Constituição Federal estabelece que "Todos têm direito ao meio ambiente ecologicamente equilibrado, bem de uso comum do povo e essencial à sadia qualidade de vida, impondo-se ao Poder Público e à coletividade o dever de defendê-lo e preservá-lo para as presentes e futuras gerações", incumbindo ao Poder Público "controlar a produção, a comercialização e o emprego de técnicas, métodos e substâncias que comportem risco para a vida, a qualidade de vida e o meio ambiente".

Raimundo Simão de Melo[129] aponta que

> *No inciso XIII do art. 7º assegura-se a "duração do trabalho normal não superior a oito horas diárias e quarenta e quatro semanais, facultada a compensação de horários e a redução da jornada, mediante acordo ou convenção coletiva de trabalho"; no inciso XIV, 'jornada de seis horas para o trabalho realizado em turnos ininterruptos de revezamento, salvo negociação coletiva'; e, no inciso XXIII, 'adicional de remuneração para as atividades penosas, insalubres ou perigosas, na forma da lei'. São exemplos de tutela constitucional do meio ambiente do trabalho que visam a eliminação ou diminuição dos riscos para saúde e integridade física dos trabalhadores".*

No âmbito do internacional as Convenções nºs 148, 155, 161 e 170 da Organização Internacional do Trabalho regulamentam a matéria.

A esse conjunto de normas protetivas, sob a ótica do Direito do Trabalho, dá-se o nome de meio ambiente do trabalho, ou seja, um conjunto de normas que visam propiciar um ambiente salubre e seguro ao empregado, evitando o surgimento de doenças e acidentes de trabalho.

A doutrina classifica o meio ambiente em: (a) meio ambiente natural; (b) meio ambiente artificial; (c) meio ambiente cultural; e, (d) meio ambiente do trabalho.

A esse respeito, Ricardo Jahn e Gustavo Borges[130] ensinam que:

> *"O meio ambiente natural ou físico é constituído de solo, água, flora e fauna, representando o equilíbrio dinâmico entre os seres vivos na terra e o meio em que vivem (CF, art. 225, § 1º, inc. I e VII). [...] O meio ambiente artificial é o espaço urbano habitável, constituído pelo conjunto de edificações, ligado ao conceito de cidade (não exclui os espaços rurais artificiais criados pelo homem). Diz respeito aos espaços fechados e equipamentos públicos, sendo seu principal valor a sadia qualidade de vida e a dignidade da pessoa humana. [...] O meio ambiente cultural diz respeito à história, formação e cultura de um povo. Embora artificial, como sendo obra do homem, difere do anterior, que é cultural, tendo assim um sentido especial. [...] O meio ambiente do trabalho é o local onde as pessoas desempenham suas atividades laborais, sejam remunerados ou não, cujo equilíbrio está baseado na salubridade do meio e na ausência de agentes que comprometam a incolumidade físico-psíquica dos trabalhadores, independente da condição que ostentam (homens ou mulheres, maiores ou menores de idade, celetistas ou servidores públicos, autônomos, etc.)".*

Para Sidnei Machado (LTr, 2001, p. 66-67 apud Carlos Henrique Bezerra Leite, 2019), o meio ambiente de trabalho é *"conjunto das condições internas e externas do local de trabalho e sua relação com a saúde dos trabalhadores"*.

Carlos Henrique Bezerra Leite indica que o conceito de meio ambiente de trabalho deve ser analisado sob uma concepção moderna, pois relaciona-se com o direitos humanos – notadamente o direito à vida, à segurança e à saúde -, superando, portanto, a concepção tradicional que reduzia o meio ambiente de trabalho às normas técnicas da CLT e das Normas Regulamentadoras do Ministério do Trabalho[131].

[129] Raimundo Simão de Melo. Impactos da reforma trabalhista sobre o meio ambiente do trabalho e a saúde dos trabalhadores. Revista do Advogado. Ano XXXVIII N'137. São Paulo: AASP, março de 2018.

[130] RICARDO JAHN e GUSTAVO BORGES. SAÚDE E SEGURANÇA DO TRABALHADOR E "NOVAS" RELAÇÕES DE TRABALHO. Revista de Direito do Trabalho. ___: Revista dos Tribunais, janeiro de 2019.

[131] Leite, Carlos Henrique Bezerra. Curso de direito do trabalho. – 11. ed. – São Paulo: Saraiva Educação, 2019.

O direito constitucional ao meio ambiente salubre e equilibrado é um direito fundamental individual do trabalhador, como medida protetiva à saúde, à vida, à dignidade do trabalhador, bem como um direito social ou coletivo, pois, segundo a melhor doutrina, trata-se de um direito fundamental de terceira geração.

No âmbito infraconstitucional a Lei 6.938/81, que dispõe sobre a política nacional do meio ambiente, define a expressão "meio ambiente", como *"o conjunto de condições, leis, influências e interações de ordem física, química e biológica, que permite, abriga e rege a vida em todas as suas formas"*.

A Consolidação das Leis do Trabalho reservou um capítulo exclusivamente para tratar das normas de segurança e medicina do trabalho (arts. 154 a 201), considerando a relevância da matéria.

Segundo o art. 155 da CLT compete ao órgão de âmbito nacional, em matéria de segurança e medicina do trabalho, a incumbência de: a) estabelecer normas de saúde, higiene e segurança de trabalho; b) coordenar, orientar, controlar e supervisionar a fiscalização e as demais atividades relacionadas com a segurança e a medicina do trabalho em todo o território nacional, inclusive a Campanha Nacional de Prevenção de Acidentes do Trabalho; c) conhecer, em última instância, dos recursos, voluntários ou de ofício, das decisões proferidas pelos Delegados Regionais do Trabalho, em matéria de segurança e medicina do trabalho.

A competência para regulamentar sobre segurança, medicina e saúde do trabalho é do Ministério do Trabalho e Previdência (recriado pela MP n. 1.058/2021, convertida na Lei 14.261/2021).

A esse respeito é importante ressaltar que existe um movimento, no cenário político atual, que pretende a "modernizar *as NRs*", com a revogação de boa parte dessas normas – atualmente trinta e sete normas regulamentadoras – sob o pretexto de simplificar as regras e melhorar as regras vigentes.

Para uma linha de pensadores essa medida seria inconstitucional, pois representaria um retrocesso social, na medida que violariam os direitos humanos (a dignidade da pessoa humana; o direito à vida e à saúde) os direitos fundamentais previsto na constituição, bem como o princípio da máxima eficácia e efetividade das normas definidoras dos direitos fundamentais, do princípio da confiança e da própria noção do mínimo essencial[132].

J. J. Gomes Canotilho (apud Guilherme Guimarães Feliciano; Paulo Douglas de Almeida Moraes, 2019) afirma que:

> *"o princípio da proibição do retrocesso social pode formular-se assim: o núcleo essencial dos direitos sociais já realizado e efetivado através de medidas legislativas deve considerar-se constitucionalmente garantido, sendo inconstitucionais quaisquer medidas que, sem a criação de esquemas alternativos ou compensatórios, se traduzam na prática em uma anulação, revogação ou aniquilação pura e simples desse núcleo essencial".*

Esse princípio decorre da finalidade do Estado Democrático de Direito, da efetivação do princípio estruturante do sistema jurídico constitucional – a dignidade da pessoa humana –, encontra amparo no compromisso com o desenvolvimento progressivo dos Estados na efetivação dos direitos sociais, de acordo com o art. 26 da Pacto de San José da Costa Rica.

Guilherme Guimarães Feliciano e Paulo Douglas de Almeida Moraes[133] explicam que:

> *"Trata-se da norma–princípio identificada por Sebastião Geraldo de Oliveira como princípio do risco mínimo regressivo; e que, bem sabemos, nada mais é que a manifestação, no campo do Direito Ambiental do Trabalho, do princípio da melhoria contínua, enunciado por diversos jusambientalistas e assim positivado, inclusive, no item 6.1 do Anexo 13-A da NR-15 (para os contextos de exposição ocupacional ao benzeno)"*

Os referidos juristas destacam a importância das normas regulamentadoras, sob o prisma dos direitos fundamentais positivados na Constituição Federal e das normas internacionais ratificadas pelo Brasil, destacando ocorre um acidente de trabalho a cada quarenta e nove segundos e que a diminuição do conjunto de regras protetivas à saúde do trabalhador levaria à impactos econômicos estrondosos, já que, segundo as estatísticas da Organização Internacional do Trabalho, os acidentes de trabalho e as doenças ocupacionais, impactam em 4% do PIB de cada país.

> *"Vê-se, pois, diante dos dados notificados, que convivemos com a média de um acidente de trabalho a cada 49 segundos. Dentre estes, 17.315 (dezessete mil, trezentos e quinze) acidentes resultaram em óbito, configurando uma morte decorrente de acidente de trabalho a cada 3 horas, 43m e 42s. Vê-se, ainda, o quão falaciosos são os argumentos de redução dos custos de produção como justificativa para a redução do arcabouço normativo de proteção da saúde e da segurança do trabalhador: as externalidades econômicas negativas, em função de acidentes de trabalho e doenças ocupacionais que não foram oportunamente impedidos, giram na monta de R$ 83.126.000,00 com pagamento de benefícios acidentários. A Organização Internacional do Trabalho estima que acidentes e doenças de trabalho consomem cerca de 4% do Produto Interno Bruto de cada país anualmente, o que significa, no Brasil, algo em torno de 272.000.000.000 (duzentos e setenta e dois bilhões de reais), considerando o PIB de 2018 (cerca de 6,8 trilhões)".*

---

132 Guilherme Guimarães Feliciano; Paulo Douglas de Almeida Moraes. Normas de Saúde e segurança do trabalho na era Bolsonaro: a modernização das normas regulamentadoras. Verdades, possibilidades, constitucionalidade. **Revista LTr. – Vol. 83 – _________: LTr, 2019**

133 Guilherme Guimarães Feliciano; Paulo Douglas de Almeida Moraes. Normas de Saúde e segurança do trabalho na era Bolsonaro: a modernização das normas regulamentadoras. Verdades, possibilidades, constitucionalidade. **Revista LTr. – Vol. 83 – _________: LTr, 2019**

Thiago Mendonça de Castro[134], assertivamente pondera que a redução do acidente de trabalho e da doença ocupacional, é um tema que,

> *"Importa ao empregado, por questões humanitárias, porque o acidente pode ser fatal e, quando não o for, tem a força de matar aos poucos o trabalhador, seja em razão do desmonte traumático que o acidente do trabalho causa no planejamento de vida deste trabalhador, seja em razão do estigma que carregará para sempre – o que poderá levar à marginalização do acidentado –, seja principalmente porque o acidente-doença do trabalho pode levar a vida de um pai de família, de um irmão, de uma mãe, de uma hora para outra. Importa à empresa porque, com um maior número de acidentes de trabalho, ela passa a pagar uma maior contribuição previdenciária, pode responder judicialmente por força de ações de responsabilidade civil, previdenciária, tributária, criminal, bem como poderá ter diversos custos administrativos e ainda poderá pagar um alto custo social quando a sociedade sabe que a empresa desrespeita os próprios empregados, fato que pode vir a inviabilizar sua sobrevivência. [...]também importa à sociedade, porque além de o Estado ter que reconhecer e conceder benefícios previdenciários acidentários, que são pagos com parte do custeio de toda a Seguridade Social, a qual abrange a Previdência Social, a Assistência Social e a Saúde (art. 194 da CF/88), a própria sociedade, que indiretamente já possui este primeiro custo, terá que absorver o impacto do processo de marginalização do indivíduo que, via de regra, não consegue voltar a trabalhar e, assim, voltar a contribuir com o sistema que o protege".*

Por essa razão, o empregador deverá manter o ambiente de trabalho seguro e saudável, a fim de evitar o surgimento de doença ocupacional ou a ocorrência de acidente de trabalho (art. 157, CLT). Deverá, ainda, cumprir todas as normas de saúde e segurança do trabalho e as determinações específicas dos órgãos regionais, bem como facilitar a fiscalização pela autoridade competente.

Os atletas também estão sucessíveis à contaminação com o coronavírus. Portanto, se a agremiação esportiva optar pela manutenção do treinamento dos atletas, ou, ainda, participar de campeonatos ou jogos, mesmo sem a participação da torcida, deve adotar todos os protocolos preventivos, a fim de evitar a proliferação do vírus e a contaminação tanto dos atletas como também da equipe técnica e da área de saúde (90-E da Lei Pelé)[135].

A Medida Provisória n. 927/20, cuja vigência exauriu em 19 de julho de 2020, prescrevia a suspensão das exigências administrativas relacionadas à segurança e saúde no trabalho durante o estado de calamidade pública decorrente da pandemia do novo coronavírus. Estabelecia que o empregador estava dispensado momentaneamente da obrigação legal de realizar os exames médicos ocupacionais, clínicos e complementares, bem como promover treinamentos periódicos e eventuais dos atuais empregados, previstos em normas regulamentadoras de segurança e saúde no trabalho, além de prever a possibilidade de manutenção das Comissões Internas de Prevenção de Acidentes (CIPAs) até o encerramento do estado de calamidade pública e suspender o processo eleitoral das comissões (art. 15 a 17 da MP n. 927/2020). A justificativa para a suspensão do cumprimento das normas regulamentadoras de segurança e saúde do trabalho foi pautada no argumento de que tal medida era *"necessária para evitar a sobrecarga dos serviços de saúde e a exposição dos trabalhadores ao risco de contágio"*.[136]

A inconstitucionalidade desses dispositivos foi objeto da Ação Direta de Inconstitucionalidade n. 6380, ajuizada perante o Supremo Tribunal Federal, sob a alegação de violação às normas de saúde, higiene e segurança do trabalho. Em caráter liminar, o Plenário do Supremo Tribunal Federal, por maioria de votos, concedeu a medida liminar para suspender a eficácia do art. 29 da MP n. 927/2020.Todavia, o mérito da ação não foi apreciado pelo Tribunal, isso porque o prazo de vigência da MP n. 927/2020 se escoou, sem que houvesse a sua conversão em lei, resultando na perda de objeto da ação.

Mesmo diante de uma potencial violação às normas de saúde, higiene e segurança do trabalho, a Medida Provisória n. 927/2020 foi reeditada em 27 de abril de 2021, através da MP n. 1.046/2021, persistindo na suspensão das exigências administrativas em matéria de segurança e saúde no trabalho durante o estado de calamidade pública. Desta vez, dentre as razões justificantes para a reedição desse trecho da medida o Governo Federal aponta a necessidade de diminuição do *"trânsito desnecessário de trabalhadores no momento da conjuntura da crise decorrente do coronavírus"*, assim como a redução dos custos administrativos. A MP n. 1.046/2021 também não foi convertida em lei, resultando na perda da sua eficácia em 07 de setembro de 2021. Em 2022, uma nova medida, com teor semelhante foi editada, qual seja, a MP n. 1.109, de 2022.

De todo modo, a Lei Pelé sempre disciplinou a necessidade de a agremiação submeter os atletas profissionais à exames médicos e clínicos indispensáveis à prática desportiva. Em consequência disso, pensamos que a agremiação, além de propiciar as medidas de proteção, deverá submeter todos os atletas a teste clínico para avaliar a presença ou não do vírus, a fim de verificar a aptidão para a prática do desporto (art. 34, III, da

134 Thiago Mendonça de Castro. Revista do TST – vol. 85, nº 4. A saúde e segurança do trabalho e os impactos mais comuns dos acidentes de trabalho. São Paulo: Lexmagister, 2019.

135 Lei 9.615/98, art. 90-E. O disposto no § 4º do art. 28 quando houver vínculo empregatício aplica-se aos integrantes da comissão técnica e da área de saúde.

136 Conforme item 13 da Exposição de Motivos nº 00081/2020 do Ministério da Economia.

Lei 9.615/98). Se essas medidas não forem respeitadas, é possível a responsabilização da agremiação.

No início do isolamento social tivemos a notícia da contaminação de diversos atletas profissionais como, por exemplo, o atacante argentino da Juventus de Turin Paulo Dybala[137].

Durante a retomada de alguns torneios também tivemos notícia da contaminação de alguns atletas, como o pivô DeAndre Jordan e o armador Spencer Dinwiddie, ambos do Brooklyn Nets, integrantes da liga de basquete da NBA.

No Brasil, houve a contaminação em massa de diversos atletas, o que acendeu o alerta das agremiações e federações esportivas para redobrar as medidas de combate ao coronavírus no meio esportivo[138].

Atento a esse fato, o Sindicato dos Empregados em Clubes, Federações e Confederações Esportivas e Atletas Profissionais do Estado do Rio de Janeiro ingressou com Ação Civil Pública perante o Tribunal Regional do Trabalho da 1ª Região para adiar uma partida de futebol entre o Palmeiras e o Flamengo, aduzindo que havia risco de contágio elevado aos atletas, pois 19 (dezenove) atletas do Flamengo estavam contaminados com o coronavírus. O Tribunal Regional do Trabalho, por sua vez, deferiu medida liminar para suspender a partida de futebol. Entretanto, minutos antes da partida, o Tribunal Superior do Trabalho acatou o pedido liminar apresentado pela Confederação Brasileira de Futebol (CBF), com o objetivo de cassar a tutela de urgência conferida pelo Tribunal Regional, por entender que o Regional excedeu a sua competência territorial aos suspender a partida de futebol que ocorreria em outro Estado (São Paulo). Também, cassou o trecho da decisão que proibia o clube de treinar ou jogar pelo período de 15 dias[139].

Nota-se, portanto, a imprescindibilidade de uma maior reflexão acerca da manutenção da retomada dos torneios ou da implementação de medidas de prevenção mais rigorosas, a fim de evitar o adoecimento dos atletas.

1.9.3. CONTRATO DE TRABALHO DO ATLETA PROFISSIONAL

O contrato de trabalho é definido, pelo professor Mauricio Godinho Delgado[140], como "acordo de vontades, tácito ou expresso, pelo qual uma pessoa física coloca seus serviços à disposição de outrem, a serem prestados com pessoalidade, não eventualidade, onerosidade e subordinação ao tomador".

O pacto entre a agremiação esportiva e o atleta profissional possui características especiais, conforme destaca o Ministro Alexandre Agra Belmonte[141]:

> *"a) é especial, porque submetido a regime que o diferencia da generalidade dos contratos de emprego. Por exemplo, é por prazo determinado, sem soma de períodos, cabe multa salarial, não enseja equiparação etc; b) é formal, porque precisa ser pactuado por escrito, com inserção obrigatória de dados como numeração em ordem cronológica, nomes das partes, tempo de duração e modo e forma de remuneração; c) é solene, porque necessita de registro na entidade de administração nacional da modalidade desportiva; d) tem prazo determinado de duração (mínimo de três meses e máximo de cinco anos".*

Nota-se que o contrato de trabalho do atleta profissional é um contrato por prazo determinado, formal, escrito e solene.

Como regra, o período de vigência do contrato de trabalho desportivo não poderá ser inferior a 3 meses nem superior a 5 anos (art. 30 da Lei Pelé). A Lei n. 14.117, de 8 de janeiro de 2021, alterou a Lei Pelé para acrescentar o art. 30-A, possibilitando a celebração de contratos de trabalho com atleta profissional por período de, no mínimo, 30 dias, mediante contrato por prazo determinado, durante o ano de 2020 ou enquanto durar o estado de calamidade pública decorrente da pandemia do novo coronavírus.

O contrato de trabalho desportivo é solene, exigindo, para a sua formação, o respeito aos requisitos previstas na Lei Pelé. A ausência de formalização do contrato de trabalho, de acordo com a jurisprudência majoritária, não configura a existência de contrato de trabalho desportivo, dada a singularidade da relação empregatícia desportiva. Gera, em princípio, o direito ao reconhecimento do vínculo empregatício tradicional, nos moldes da CLT.

Nesse sentido colhemos a seguinte ementa:

> *"[...] 3. VÍNCULO DE EMPREGO. ATLETA. JOGADOR DE FUTEBOL DE SALÃO. AUSÊNCIA DE FORMALIZAÇÃO DO CONTRATO DE TRABALHO . Caso em que o Tribunal Regional, após exame do contexto fático-probatório dos autos, registrou que restou comprovada a presença*

137 Fonte: https://www.gazetaesportiva.com/times/juventus/dybala-e-o-terceiro-atleta-da-juventus-a-testar-positivo-para-o-coronavirus/ [acessado em 11/10/2020]

138 Dez atletas da equipe de futebol do Goiás Esporte Clube testaram positivo para o coronavírus antes de uma partida contra o São Paulo Futebol Clube. Fonte: https://globoesporte.globo.com/go/futebol/times/goias/noticia/goias-tem-10-casos-de-covid-19-no-elenco-horas-antes-da-partida-contra-o-sao-paulo.ghtml [acessado em 11/10/2020]

139 Fonte: https://www.conjur.com.br/2020-set-27/vice-presidente-tst-autoriza-jogo-entre-palmeiras-flamengo [acessado em 11/10/2020]

140 Mauricio Godinho Delgado. Curso de direito do trabalho – 18. ed.— São Paulo: LTr, 2019.

141 Ibidem. Belmonte, 2010.

dos elementos caracterizadores da relação de emprego. Declarou o vínculo empregatício no período de 01/07/2003 até 30/12/2007 e destacou que a ausência de formalização de contrato de trabalho entre as partes não seria suficiente para afastar o reconhecimento da relação de emprego. Na forma do artigo 28 da Lei 9.615/98 (com redação anterior à conferida pela Lei 12.395/2011), vigente à época dos fatos, " A atividade do atleta profissional, de todas as modalidades desportivas, é caracterizada por remuneração pactuada em contrato formal de trabalho firmado com entidade de prática desportiva, pessoa jurídica de direito privado, que deverá conter, obrigatoriamente, cláusula penal para as hipóteses de descumprimento, rompimento ou rescisão unilateral ". **O referido dispositivo exige, portanto, para o reconhecimento do contrato de trabalho desportivo – espécie singular de relação jurídica de emprego -, a formalização do contrato de trabalho entre o atleta e a entidade de prática desportiva, no qual devem constar a remuneração pactuada e cláusula penal para as hipóteses de descumprimento, rompimento ou rescisão unilateral. Trata-se de requisito "ad substantia", sem o qual será nulo e insuscetível de confirmação o negócio jurídico celebrado (CC, arts. 104, II, 160, IV, e 169),** *ao qual não poderão concorrer os efeitos jurídicos previstos na legislação específica (Lei 9.615/98).* **No campo do direito civil, nas hipóteses em que detectada a nulidade do negócio jurídico e estiverem configurados os requisitos de outra espécie,** *os específicos efeitos dessa última modalidade negocial deverão ser reconhecidos quando se mostrar razoável supor que as partes o teriam desejado, se fossem capazes de prever a nulidade (art. 170 do CC).* **A partir da nota ética que fundamenta a ordem jurídica, é preciso recordar que as partes devem guardar os princípios de probidade e boa-fé (CC, art. 422), na celebração, execução e mesmo após a extinção dos contratos, não sendo possível, por isso, presumir que tenham conscientemente celebrado,** *em concurso ou isoladamente, negócios jurídicos viciados, com o intuito de fraudar a ordem jurídica, hipótese em que tais negócios serão nulos ou anuláveis (CC, art. 166, 167 e 171), a depender da gravidade do vício e quando forem insuscetíveis de coonestação (CC, arts. 167, 170 e 172).* **Do postulado da boa-fé objetiva decorrem diversos deveres de conduta aos sujeitos transatores, entre os quais avulta o da confiança legítima, que não tolera abusos e comportamentos contraditórios e incoerentes, segundo a conhecida fórmula do "venire contra factum proprium" (CC, art. 187). Por isso, a contratação de pessoa natural para o exercício de atividades não eventuais, onerosas e subordinadas, ligadas ao desporto, ainda quando preterida a forma legalmente prevista, há de produzir os efeitos jurídicos próprios ao modelo genérico de contratação inscrito na Consolidação das Leis do Trabalho (CLT), afastando-se, portanto, a regência do sistema legal específico (Lei 9.615/98).** *Há de se notar, por oportuno, que não se trata de situação em que a atividade desenvolvida dependa de qualificação legal específica (CF, art. 5º, XIII. c/c o art. 166, V e VI, do CC) ou que seu conteúdo seja ilícito (art. 166, II e III), caso em que a nulidade jamais poderia produzir quaisquer efeitos (art. 167).* **Como espécie do gênero contrato-realidade, o vínculo jurídico trabalhista produz efeitos plenos, mesmo que não cumpridas as solenidades legais, com a assinatura da CTPS, retenções fiscais e previdenciárias e demais providências de estilo. Definitivamente, o "fato trabalho", havido com os exatos contornos dos arts. 2º e 3º da CLT, não pode passar ao largo do ordenamento jurídico,** *especialmente para fins previdenciários, sob pena de afronta às próprias noções basilares de proteção e inclusão social (CF, art. 1º, III e IV, 7º, 170, "caput" e III, e 193).* **No caso presente, o Tribunal Regional destacou a presença dos elementos configuradores da relação de emprego, razão pela qual, afastada a relação de emprego de natureza desportiva (art. 28 da Lei 9.615/98),** *emerge o contrato de trabalho em sentido amplo. Recurso de revista não conhecido [...]." (ARR-178000-62.2008.5.01.0301, 5ª Turma, Relator Ministro Douglas Alencar Rodrigues, DEJT 26/06/2020).*

Apesar disso, a jurisprudência tem reconhecido que a agremiação desportiva não pode se valer da própria torpeza, ou seja, deixar de formalizar o vínculo empregatício desportivo e se beneficiando da sua conduta negligente. Com base nisso, encontramos alguns julgados que reconhecem o enquadramento do vínculo empregatício desportivo, mesmo sem a formalização do contrato de trabalho.

O princípio da primazia da realidade, também denominado de princípio do contrato-realidade, traduz-se na verificação dos fatos tal como efetivamente se deu no cotidiano da prestação de serviços, sobrepondo-se à eventuais documentos. Em outras palavras, é a busca da verdade real no contrato de trabalho, com a finalidade de proteger o empregado contra fraudes ou práticas com a finalidade de impedir ou desvirtuar os preceitos da relação empregatícia.

Entendemos que a ausência de formalização do contrato de trabalho, por si só, não desnaturaliza o contrato de trabalho desportivo. Ao contrário do que ocorre na relação de trabalho tradicional, não converte o pacto desportivo em contrato por prazo indeterminado, mas, tão somente faz presumir que as partes abdicaram o direito de estabelecer período diverso do permitido em lei (entre o mínimo 3 meses e 5 anos), haja vista as peculiaridades do contrato de trabalho desportivo. O mesmo raciocínio podemos utilizar para as cláusulas indenizatória ou compensatória.

Além disso, a ausência de registro do contrato de trabalho perante a entidade de administração do desporto (a federação), trata-se de mera irregularidade administrativa, de modo a gerar sanção de caráter desportiva-disciplinar.

Logo, se o trabalhador prestou serviços à entidade esportiva, na qualidade de atleta profissional, não há razão para não se reconhecer aquilo que efetivamente ocorreu na prática, de modo a assegurar ao trabalhador todas as parcelas remuneratórias atávicas à relação de trabalho desportiva.

1.9.4. JORNADA DE TRABALHO E ADICIONAL NOTURNO DO ATLETA

Inicialmente, a jornada normal de trabalho do atleta era de 48 horas semanais, organizada de acordo com os critérios que mais se adequasse ao treinamento (adestramento) e à exibição (participação em campeonatos), conforme previa o art. 6º da Lei 6.354/1976.

Posteriormente, a Lei 9.615/1998 revogou o referido dispositivo, passando a prever jornada desportiva normal com duração de 44 horas semanais (art. 28, § 4º, inciso VI) e, em seguida, a Lei 12.395/11 revogou integralmente a Lei 6.354/76.

As normas gerais da legislação trabalhista e da Seguridade Social aplicam-se ao atleta profissional (§ 4º, do art. 28 da Lei Pelé), de modo que se a jornada de trabalho do empregado superar 44 horas semanais, o atleta terá direito ao pagamento da jornada suplementar acrescida de, no mínimo, 50% sobre a jornada normal (art. 7º, XVI, da CF e art. 59, § 1º, da CLT).

Preceitua o art. 28, § 4º, da Lei 9.615/98 que o atleta profissional poderá ficar até 3 (três) dias consecutivos em concentração, a critério da agremiação desportiva, desde que esteja programada qualquer competição, de forma que o atleta ficar à disposição do empregador por ocasião da realização de competição fora da localidade onde tenha sua sede.

Diante da redação do referido artigo – que dispõe que o atleta "fica à disposição do empregado" por ocasião da realização da competição – parcela da doutrina entende que o período de concentração deve integrar o tronco básico da jornada de trabalho, sob o argumento de que se trata de tempo à disposição do empregador, sendo devido o pagamento de horas extras caso a somatória da jornada de trabalho ultrapasse o módulo semanal de 44 horas.

O Ministro Alexandre Agra Belmonte[142], por outro lado, defende que "[...] em virtude da natureza especial da relação, a prestação de serviços consiste em distribuir a jornada em partidas, treinos, concentração e excursões. Por consequência, não são aplicáveis aos profissionais do futebol as normas sobre horário de trabalho, inclusive o horário noturno, não fazendo, assim, jus a horas extras e ao adicional noturno".

No que diz respeito à concentração, a jurisprudência tem sedimentado o entendimento de que o tempo de concentração não é equiparável ao tempo à disposição do empregador, conforme arestos abaixo:

> *ATLETA PROFISSIONAL. JOGADOR DE FUTSAL. PE'RIODOS DE CONCENTRAÇAÕ EM COMPETIÇÕES. HORAS EXTRAS. INDEVIDAS. O tempo de concentração do jogador de futebol/futsal* **é costume inerente à prática desportiva profissional e visa resguardar a plena condição física e psicológica do atleta,** *de forma que* **sua performance seja potencializada e adequada em períodos de competições.** *Não integra a jornada desportiva normal e, portanto, não enseja o pagamento de horas extras, nos termos do inciso I e II do §4º do art. 28 da Lei 9.615/98 (Lei Pelé). Sentença Mantida. (TRT-9 – RO: 0001347632014090661 PR, Relator: Sueli Gil El Rafhi, Data de Julgamento: 30/11/2016)*

> *ATLETA PROFISSIONAL DE FUTEBOL. ACRÉSCIMO REMUNERATÓRIO POR PERÍODOS DE CONCENTRAÇÃO. HORAS EXTRAS. HORAS À DISPOSIÇÃO. INDEVIDAS. O inciso I do §4º do art. 28 da Lei 9.615/98 permite que a entidade de prática esportiva estabeleça a concentração até 3 dias consecutivos por semana. Logo, o tempo que o atleta se dedicou à concentração* **não pode ser tomado como à disposição do empregador, mas contingência da profissão,** *não merecendo o pagamento deste tempo como horas extraordinárias ou horas à disposição. Por outro lado, nos termos do inciso III do §4º do art. 28 da Lei 9.615/95, somente o caso de previsão contratual é que o atleta terá direito ao pagamento de acréscimo remuneratório em ração de períodos de concentração. (TRT-3 – RO 00110373320185030180, Relator Rodrigo Ribeiro Bueno, 9ª Turma)*

Como destacado acima a agremiação esportiva poderia se valer das medidas prevista na Medida Provisória n. 927/20, cuja vigência exauriu em 19 de julho de 2020, com destaque para a antecipação das férias individuais e coletivas, bem como o recolhimento diferido do FGTS.

Nada obsta, também, a adoção das medidas prevista na Lei 14.020/20 (resultado da conversão da MP n. 936/20 em lei), como a redução proporcional do salário e da jornada de trabalho ou a suspensão do contrato de trabalho, desde que observe estritamente os preceitos e formalidade nela previstos.

Em 2021, com a escalada do estado pandêmico, o Governo Federal editou as Medidas Provisórias (MPs) nº 1.045 e 1.046, reproduzindo as regras previstas na MP n. 927 e na Lei n. 14.020/2020, com o propósito de arrefecer os impactos econômicos gerados pelo estado de calamidade pública. As novas medidas provisórias não foram convertidas em lei, tendo em vista o encerramento do prazo de vigência da MP n. 1.045/2021, bem como a rejeição tácita da MP n. 1.046/2021.

O elastecimento dos efeitos ocasionados pela pandemia do novo coronavírus fez com que o legislador editasse, pelo terceiro ano consecutivo, uma nova Medida Provisória n. 1.109, de 25 de março de 2022, para minorar os impactos socioeconômicos. Desta vez, concentrou em uma única norma o Programa de Manutenção do Emprego e da Renda, além das medidas trabalhistas alternativas para o enfrentamento do estado de calamidade pública, com o objetivo de preservar o emprego e a renda, garantir *a continuidade das atividades laborais, empresariais e das organizações da sociedade civil sem fins lucrativos e reduzir o impacto*

[142] Idem. Belmonte, 2010.

social oriundo da ocorrência de estado de calamidade pública nos entes federados.

A Medida Provisória n. 1.109, de 2022 autoriza o empregador adotar as seguintes medidas trabalhistas: a) a adoção do regime de teletrabalho; b) a antecipação de férias individuais; c) a concessão de férias coletivas; d) o aproveitamento e a antecipação de feriados civis; e) a instituição de regime diferenciado de banco de horas; f) o pagamento diferido do Fundo de Garantia do Tempo de Serviço – FGTS; g) a redução proporcional da jornada de trabalho e do salário; h) a suspensão temporária do contrato de trabalho.

As agremiações desportivas tiveram as suas receitas brutalmente afetadas pela pandemia do coronavírus, notadamente porque o local de apresentação dos espetáculos, ou melhor, dos jogos, implica em aglomeração de pessoas, situação vedada até os dias de hoje. Por essa razão, tais medidas amenizam o impacto financeiro gerado às agremiações, viabilizando a manutenção da renda e do emprego dos atletas profissionais.

A concessão ou não do adicional noturno é uma questão controversa. Parte da jurisprudência entende que o contrato do atleta profissional, como regra, não contempla o adicional noturno, isso porque é um contrato de trabalho especial, no qual a legislação desportiva não prevê a concessão de tal benesse ao atleta. Vejamos:

> *[...] 3. ADICIONAL NOTURNO. Irreparável a sentença no tópico. Não faz jus o atleta profissional ao pagamento do adicional noturno para jogos cujo término ocorra no horário posterior às 22 horas. Tal situação, como referido na origem (fl. 79), enquadra-se nas peculiaridades listadas nos incisos I a III do artigo 35 da Lei nº 9.615/98. Nesse sentido a decisão do TST, a qual se transcreve: "As condições peculiares do contrato do atleta profissional de futebol não toleram incursão no adicional noturno, em louvor dos critérios universalmente consagrados na exibição profissional do atleta. Esse tipo de prestação noturna participa visceralmente do contrato e se há de tê-la como abrangida na remuneração estipulada. TST – RR-3.866/82 – Ac. 1a T., 3.854/83, 16.12.83 – Rel. Min. Ildélio Martins." (TRT da 4ª Região, 6a. Turma, 0007300-24.2007.5.04.0101 RO, em 08/07/2009, Desembargadora Maria Cristina Schaan Ferreira – Relatora. Participaram do julgamento: Desembargadora Rosane Serafini Casa Nova, Desembargador Emílio Papaléo Zin)*

> *[...]2- Do labor prestado em feriados e adicional noturno. Pretende o autor o pagamento de horas extras em decorrência do labor prestado em feriados, bem como o pagamento de adicional noturno, em decorrência do encerramento de diversas partidas após às 22:00hs. Diante da especificidade da Lei nº 9.615/1998 (Lei Pelé), bem como do trabalho praticado pelo atleta profissional de futebol, entendo que este não se beneficia das normas da CLT e aquelas extravagantes, que regulamentam o labor em dias de feriados sem a folga compensatória e pagamento do adicional noturno. Ademais, consoante bem observou a r. sentença originária, a fls. 297 (frente e verso), as peculiaridades da atividade do atleta profissional de futebol aliadas à necessidade de submissão dos clubes empregadores a certos horários (seja por determinação da televisão ou da polícia ou das confederações) e à quebra da hipossuficiência jurídica autorizam um regime de labor especial à categoria, sendo fato público e notório que os atletas gozam de descanso remunerado no dia posterior às partidas realizadas, sendo que participam de, no mínimo, uma partida por semana. Nada a reformar. (TRT-2 RO 0000510-58.2015.5.02.0017, 11ª Turma, Desembargadora Relatora ODETTE SILVEIRA MORAES, Data da publicação: 04/10/2016)*

Todavia, existe corrente em sentido contrário que defende a concessão do adicional noturno ao atleta profissional, haja vista que a Constituição Federal de 1988 impõe o pagamento de adicional para o trabalho desempenhado no período noturno (art. 7º, IX, CF), bem como o art. 28, §4º da Lei Pelé permite a aplicação das normas gerais trabalhistas naquilo que não for incompatível com as peculiaridades da lei especial ou a previsão contratual. No âmbito do Tribunal Regional do Trabalho da 1ª Região, a 10ª Turma, em processo de relatoria do Desembargador Ricardo Areosa, deu provimento ao recurso ordinário interposto pelo trabalhador para deferir o pagamento das horas extras, sob o seguinte fundamento:

> *[...] 1. ADICIONAL NOTURNO 1.1. Insurge-se o recorrente contra o indeferimento do seu pedido de pagamento de adicional noturno, alegando que as normas coletivas, bem como a legislação específica (Lei nº 9.615/98) não excluem o atleta profissional do percebimento de tal benefício previsto em lei hierarquicamente superior, qual seja, o art. 7º, IX, da Carta Magna. 1.2. A solução das questões postas em recurso, ou seja, os fundamentos de fato e de direito expostos no apelo do recorrente, bem como o pleito recursal daí derivado, comporta, unicamente, a apreciação de questões de ordem fática e de provas judiciais presentes nos autos. 1.3. Na inicial, o autor alegou que nunca recebeu adicional noturno pelo trabalho prestado após às 22:00 horas, nos dias em que o clube disputou partidas à noite. 1.4. Na contestação, o clube reclamado sustentou que não há previsão legal a amparar o pedido. 1.5. O reitor processual de origem indeferiu a pretensão sob o fundamento de que o autor, sendo um atleta de alto rendimento, tem todo o tempo destinado ao treinamento integrando sua rotina. 1.6. Com a devida vênia, embora o tema seja controvertido, temos posicionamento diverso ao da sentença, pois o fato de haver labor em horário noturno, como algo inerente a certa função ou atividade, não afasta o direito ao respectivo adicional. Tanto é assim que em diversas outras situações o trabalho em período noturno também pode ser considerado inerente ou natural à função desempenhada, como ocorre no caso de vigias e vigilantes, mas são normalmente devidos o adicional noturno e a hora noturna reduzida. 1.7.* **Na esfera desportiva profissional, os jogos realizados frequentemente ultrapassam o horário diurno e adentram o horário noturno, inclusive nos jogos de basquete, modalidade esportiva do autor, onde as prorrogações se estendem até que haja uma equipe vencedora.** *1.8. A* **Lei nº 6.354/76, que dispõ***e sobre as relações de trabalho do atleta profissional de futebol,* **bem como a Lei nº 9.615/98** *(também conhecida como Lei Pelé),* **que instituiu normas gerais sobre desporto, efetivamente não previram o**

Decreto-Lei 5.452/1943

> **pagamento do adicional noturno.** *1.9.* **Entretanto, muito embora a Lei Pelé possua caráter especial,** *e ainda que sejam consideradas as evidentes peculiaridades do trabalho do atleta profissional,* **o adicional noturno ganhou status constitucional, previsto no inciso IX, do art. 7º, da Carta Magna.** *1.10. A partir de então, a legislação infraconstitucional somente se limita a definir os percentuais aplicáveis ao caso concreto, sendo inadmissível que lei ordinária venha a afastar as garantias e direitos mínimos do trabalhador elevados ao patamar constitucional. 1.11. Se a Lei específica silencia a respeito da matéria,* **não há que se falar em incompatibilidade, pois esta pressupõe um embate, um conflito de princípio e regras, entre algo que é previsto, que existe.** *Só há incompatibilidade entre normas positivadas, o que não é o caso em exame, pois a Lei nº 6.354/76, bem como a Lei Pelé, silenciaram a respeito do adicional noturno. 1.12. Cumpre ressaltar, ainda, que o* **art. 28, § 1º, da Lei nº 9.615/98 – Lei Pelé, prevê a aplicabilidade ao atleta profissional das normas gerais da legislação trabalhista, ressalvadas as peculiaridades expressas na referida lei ou integrantes do contrato de trabalho,** *sendo certo que* **o art. 73 da CLT prevê o pagamento do adicional noturno.** *1.13. Desta forma, se a partida da qual tenha participado o atleta efetivamente tenha extrapolado o horário de 22:00 horas, impõe-se o pagamento do adicional noturno ao atleta, bem como suas repercussões sobre as demais parcelas remuneratórias, conforme previsto na Constituição Federal (art. 7º, inciso IX). 1.14.* **Por tais fundamentos, admito e dou provimento ao recurso do autor, para deferir o pagamento do adicional noturno** *nos dias em que as partidas nas quais o autor efetivamente tenha participado tenham ultrapassado o horário das 22:00 horas, a ser apurado em liquidação, julgando parcialmente procedente o item "o" do rol de pedidos de fls. 19. (TRT-1, RO 0056800-79.2003.5.01.0005, 10ª Turma, Relator Desembargador Ricardo Areosa, Data de publicação 18/04/2012)*

Evidentemente a jornada de trabalho noturna é mais danosa ao trabalhador, na medida em que há um desgaste físico e psíquico maior, além da privação do convívio familiar e social.

Pensamos que o direito à remuneração do serviço noturno superior ao diurno, previsto expressamente no art. 7º, inciso IX, da CF, é um direito fundamental social conferido ao trabalhador que não pode ser sonegado em virtude da ausência de previsibilidade legal. O simples fato de o atleta se ativar em labor noturno já lhe assegura o acréscimo remuneratório.

Seguindo essa linha de entendimento, o professor Mauricio Godinho Delgado ensina "*a prestação noturna de trabalho é, obviamente, mais desgastante para o trabalhador, sob o ponto de vista biológico, familiar e até mesmo social. De fato,* ***o trabalho noturno provoca no indivíduo agressão física e psicológica intensas, por supor o máximo de dedicação*** *de* ***suas forças físicas e mentais em período em que o ambiente físico externo induz ao repouso.*** *Somado a isso, ele também tende a agredir, com substantiva intensidade, a inserção pessoal, familiar e social do indivíduo nas micro e macrocomunidades em que convive [...]*".[143]

Sobre os efeitos do trabalho noturno no contrato de trabalho esclarece:

> *"A posição do Direito do Trabalho perante o labor prestado à noite caminha em duas direções diferenciadas, mas combinadas, conforme já se apontou: de um lado, na* ***direção restritiva*** *da prestação do trabalho noturno; de outro,* ***se efetivamente prestado o trabalho em tais circunstâncias****, na* ***direção ampliativa*** *das* ***vantagens jurídicas derivadas dessa prestação****.* ***Esta segunda direção comporta, assim, os denominados efeitos jurídicos da jornada noturna. [...] a sobrerremuneração do trabalho noturno,*** *em contraponto com o diurno,* ***não pode deixar de ser concretizada pela ordem jurídica, em virtude de resultar de comando constitucional expresso. De fato, diz o art. 7º, IX, da Constituição de 1988 que é direito dos trabalhadores a "remuneração do trabalho noturno superior à do diurno"*** *(na verdade, já desde a Constituição de 1946 estabelecia-se critério de ser o "salário do trabalho noturno superior ao do diurno" — art. 157, III, CF/46)." (grifos acrescidos)*

As normas internacionais de Direito do Trabalho apontam para a indispensabilidade de pagamento de uma compensação pelo trabalho noturno, consoante as lições do professor Carlos Henrique Bezerra Leite[144]:

> *"O art. 3º da Convenção 171 da OIT manda adotar, "em benefício dos trabalhadores noturnos, as medidas específicas exigidas pela natureza do trabalho noturno (...), a fim de proteger a sua saúde, ajudá-los a cumprirem com suas responsabilidades familiares e sociais, proporcionar aos mesmos, possibilidades de melhoria na sua carreira e compensá-los de forma adequada".*

Com efeito, entendemos ser possível a aplicação do adicional noturno ao atleta profissional (art. 7º, IX, CF e art. 73 da CLT), pois é um direito fundamental conferido ao trabalhador. Também, a Lei Pelé permite expressamente a aplicação subsidiaria da legislação geral trabalhista – aqui abrangidas as normas da CLT – e que não há incompatibilidade com princípios e regras do contrato de trabalho desportivo.

1.9.5. DIREITO DE ARENA

O direito de arena é definido como uma "*prerrogativa assegurada às entidades desportivas de negociarem, autorizarem ou proibirem o uso da imagem de espetáculo ou evento desportivo do qual participem*[145].

Inicialmente foi regulamentado pela Lei n. 5.988/73 que assegurava à entidade a que o atleta estava vinculado, o direito de "*autorizar, ou proibir, a fixação, transmissão ou retransmissão, por quaisquer meios ou processos de espetáculo desportivo público, com entrada paga*", salvo

143 Idem. Delgado, 2019.
144 Idem. Bezerra Leite, 2019.
145 Idem. DELGADO, 2019, p. 927.

se houvesse ajuste em sentido contrário, prevendo a distribuição de um percentual de 20%, em partes iguais, aos atletas que participaram do espetáculo esportivo. Contudo, o dispositivo que assegurava o direito de arena foi revogado pela denominada Lei Zico (Lei n. 8.672/93).

Na sequência, a Lei n. 12.395/11 promoveu alterações na Lei n. 9.615/98 (Lei Pelé), para assegurar novamente o direito de arena às entidades de prática desportiva, dando-lhes a *"prerrogativa exclusiva de negociar, autorizar ou proibir a captação, a fixação, a emissão, a transmissão, a retransmissão ou a reprodução de imagens, por qualquer meio ou processo, de espetáculo desportivo de que participem"* (art. 42 da Lei n. 9.615/98). Tanto as agremiações desportivas (clubes) quanto as entidades de administração de desporto (federações e confederações) foram incumbidas de negociar, autorizar ou proibir as empresas de mídia de transmitir o evento desportivo. Também, autorizou o repasse de 5% da receita oriunda dos direitos desportivos audiovisuais aos atletas profissionais participantes do espetáculo, por intermédio dos sindicatos de atletas profissionais, mediante convenção coletiva, com natureza jurídica civil.

A Medida Provisória nº 984, de 18 de junho de 2020 (convertida na Lei n. 14.205/2021), a princípio, alterou a redação do art. 42 da Lei Pelé[146] para conferir o direito de arena apenas à entidade responsável pela organização e produção do evento, denominada de *mandante*, excluindo as demais agremiações envolvidas e as entidades de administração de desporto.

O escopo inicial da MP 984/2020[147] era permitir a comercialização do evento esportivo exclusivamente pelo clube organizador, a fim de facilitar a negociação – que dependia de consenso entre os clubes – e possibilitar novas formas de transmissão.

Modificou também o parágrafo 1º do art. 42 da Lei Pelé, para possibilitar o repasse do percentual de 5% sobre a receita do espetáculo diretamente aos atletas profissionais participantes do evento – sem a necessidade de intermediação do sindicato da categoria profissional –, em partes iguais, destacando a natureza jurídica indenizatória da verba e ressalvando a possibilidade de ajuste em contrário mediante negociação coletiva. A justificativa para a distribuição direta pelo clube desportivo ao atleta, sem a intermediação sindical, era a falta de transparência ou de prestação de contas pelo ente sindical, bem como evitar falhas na distribuição do percentual legal, conforme consta na exposição de motivos[148].

Ao converter a MP n. 984/2020 na Lei n. 14.205, de 17 de setembro de 2021, o legislador manteve a redação do art. 42, conferida pela Lei n. 12.395/2011, acrescentando o art. 42-A à Lei Pelé[149], para modificar as regras relativas ao direito de arena. Em realidade, a medida provisória restringiu a aplicação da Lei do Mandante a uma categoria desportiva: o futebol. As regras referentes ao direito de arena permaneceram inalteradas para as demais modalidades desportivas, independentemente de ser ou não mandante do evento desportivo.

Segundo a Lei do Mandante, os atletas profissionais de futebol participantes do espetáculo desportivo – seja têm direito recebimento do percentual de 5% (cinco por cento) da receita proveniente da exploração de direitos desportivos audiovisuais do espetáculo. Tal prestação, tem natureza jurídica civil, mas é lícito aos entes sindicais – categoria profissional e econômica – alterar a natureza jurídica do pagamento, por meio de convenção coletiva de trabalho (art. 42-A, §3º, da Lei n. 9.615/98). A intermediação sindical foi mantida, competindo ao

---

146 "Art. 42. Pertence à entidade de prática desportiva mandante o direito de arena sobre o espetáculo desportivo, consistente na prerrogativa exclusiva de negociar, autorizar ou proibir a captação, a fixação, a emissão, a transmissão, a retransmissão ou a reprodução de imagens, por qualquer meio ou processo, do espetáculo desportivo" (Redação dada pela MP n. 984/2020).

147 EM nº 19/2020-MCID – [...] "Especificamente, a proposta de Medida Provisória altera o caput e acrescenta o §4º ao art. 42 que trata do direito de transmissão de eventos esportivos no Brasil, de forma a tratar do **direito de arena como pertencente ao mandante dos jogos, cabendo a ele, exclusivamente, definir quem irá transmiti-los.** É de se destacar que o **modelo previsto neste projeto, que confere em caráter exclusivo o direito de arena a quem organiza e produz o evento desportivo**, é também adotado em Portugal e no México. A presente alteração **visa o melhor atendimento dos interesses do torcedor, isso porque, diante do cenário anterior, de que o direito de arena pertence aos Clubes participantes das partidas, a transmissão depende de acordo com ambas as agremiações, isto faz com que partidas entre equipes cujas licenças para transmissão são de empresas concorrentes, não sejam transmitidas ao público por falta de acordo entre as empresas** de comunicação concorrentes e entre os clubes. **Desta feita, estabelecer o direito de o clube mandante definir a transmissão de suas partidas, na prática, viabiliza o maior número de transmissões para os torcedores.** A entidade de prática desportiva que proporciona os meios organizativos e financeiros necessários para a realização do evento desportivo, cumprindo com todas as exigências legais para a sua realização e arcando com o custo de sua operação deve ter o direito de dispor sobre o seu produto, podendo negociar livremente de acordo com seus custos e receitas. Assim, tal previsão visa também proteger o poder de autoorganização e autoadministração dos entes desenvolvedores de práticas desportivas. Conferir o direito de negociação das transmissões exclusivamente aos mandantes das partidas permite a utilização de novas mídias e possibilita novas formas de transmissão diversas das plataformas tradicionais. **A diversidade de mídias que amplia a oferta de transmissão, mais uma vez beneficia o torcedor, além de facilitar a divulgação do produto do futebol.** Esclarece-se que a presente alteração objetiva manter a previsão de atribuir o direito de arena a ambas as entidades de prática desportiva participantes do evento desportivo, no caso de não haver mando de campo. Nesta hipótese, mantém-se a necessidade de realização de acordo para a transmissão da partida, tal como previsto na inclusão do §2[...]".

148 EM nº 19/2020-MCID – "Ainda no tocante ao direito de arena, o presente projeto altera o §1º para prever a distribuição devida aos atletas de forma direta entre as entidades de prática desportiva e os atletas profissionais participantes do espetáculo, sem a intermediação dos sindicatos de atletas profissionais. Isto porque, é a entidade de prática desportiva a titular do direito de arena e, portanto, a única responsável pelo repasse aos atletas profissionais. Assim sendo, evita-se eventuais falhas na distribuição do percentual legal por parte dos sindicatos, que, apesar de receberem o repasse dos Clubes, não presta contas da distribuição aos atletas [...]".

149 Art. 42-A. Pertence à entidade de prática desportiva de futebol mandante o direito de arena sobre o espetáculo desportivo. (Incluído pela Lei nº 14.205, de 2021)

sindicato da categoria profissional receber e repassar o percentual devido aos participantes do espetáculo desportivo – todos os atletas profissionais escalados para a partida, tanto os titulares quanto os reservas – no prazo de até 72 horas, a contar do recebimento das verbas pelo sindicato. Quando não existir estipulação do mando de jogo, o direito de arena será ajustado entre todas as agremiações desportivas de futebol envolvidas no evento.

A doutrina e a jurisprudência divergem quanto a natureza jurídica do direito de arena. Para uma vertente interpretativa o direito de arena é uma parcela autônoma integrante da remuneração do atleta profissional, isso porque teria as mesmas características das gorjetas, na medida em o pagamento é feito por terceiros (agremiações diversas daquela a que o atleta está vinculado) e destina-se à distribuição entre os empregados (atletas profissionais). Por essa razão, defendem que essa parcela teria natureza jurídica salarial. Vejamos as ementas abaixo:

> *DIREITO DE ARENA. NATUREZA JURÍDICA. O direito de arena, previsto no art. 42 da Lei Pelé (Lei nº 9.615/98), é parcela paga aos atletas em contraprestação pela exibição comercial de sua imagem durante a prática de competição ou atividade esportiva, ou seja, trata-se de direito vinculado ao momento em que o esportista está no desempenho de sua atividade profissional, motivo pelo qual tal verba decorre da relação de emprego e, por isso, possui natureza remuneratória, devendo integrar a remuneração do autor, nos moldes previstos no art. 457, §3º, da CLT e Súmula 354, incidindo contribuição previdenciária e recolhimentos do FGTS. (TRT-1, RO 0101117-98.2016.5.01.0073, Desembargador Relator José Antonio Teixeira da Silva, data de Publicação 28/09/2018).*

> *"RECURSO DE REVISTA. CONTRATO ESPECIAL DE TRABALHO. ATLETA PROFISSIONAL. DIFERENÇAS DE DIREITO DE ARENA RELATIVAS AOS CAMPEONATOS REALIZADOS EM 2009/2010. ACORDO JUDICIAL QUE REDUZ O DIREITO DE ARENA PARA PERCENTUAL DE 5% E LIMITA-SE ÀS PARCELAS DEVIDAS ATÉ 1999. LIMITAÇÃO TEMPORAL DO AJUSTE. INAPLICABILIDADE. Extrai-se do v. julgado de origem que o acordo coletivo que o reclamado pretende ver aplicado ao caso concreto possui limitação temporal que não alcança o reclamante. Ao passo que o autor foi contratado em 2009, o ajuste em discussão previa quitação da parcela -direito de arena os valores devidos até 1999, não alcançando, portanto, o contrato de trabalho do autor. A controvérsia não remete, portanto, à validade do ajuste, mas da impossibilidade de projeção de seus efeitos para os contratos de trabalho futuros . Incólumes, assim, os arts. 42, § 1º, da Lei nº 9.615/98, 7º, XXVI, da CF/88 e 444, da CLT. Recurso de revista não conhecido. DIREITO DE ARENA. NATUREZA JURÍDICA SALARIAL. É certo que a parcela paga a título de direito de arena visa remunerar o atleta, não sendo possível afastar o entendimento de que se trata de parcela de natureza salarial, decorrendo daí os reflexos pretendidos pelo autor. Nesse sentido a jurisprudência desta c. Corte vem firmando o entendimento, quando alude especificamente ao direito de arena como parcela que, sendo paga por terceiros, deve ser integrada ao salário do atleta, por aplicação analógica da Súmula 354 do c. TST . Precedentes do c. TST. Recurso de revista conhecido e desprovido." (TST – RR: 2198-06.2011.5.03.0005, Relator: Aloysio Corrêa da Veiga, Data de Julgamento: 11/09/2013, 6ª Turma, Data de Publicação: DEJT 13/09/2013)*

> *"RECURSO DE REVISTA. DIREITO DE ARENA. NATUREZA JURÍDICA. ALTERAÇÃO DO PERCENTUAL POR ACORDO. IMPOSSIBILIDADE. 1. O direito de arena se refere ao direito das entidades de prática desportiva para autorização ou não da fixação, transmissão ou retransmissão pela televisão ou qualquer outro meio que o faça, de evento ou espetáculo desportivo, sendo que, do valor pago a essas entidades, 20% (vinte por cento), como mínimo, será destinado aos atletas participantes, dividido em partes iguais, conforme previsão legal. 2. Por sua vez, a base constitucional do direito de arena é a letra a do inciso XXVIII do art. 5º da Constituição Federal, que assegura a -proteção, nos termos da lei, às participações individuais em obras coletivas, e à reprodução da imagem e voz humanas, inclusive nas atividades esportivas. 3. Nesses termos, o direito de arena é consequência da participação do atleta nos jogos, decorrente de seu vínculo de emprego com o clube e integra a remuneração do atleta empregado, com natureza jurídica salarial. 4. Por outro lado, o § 1º do art. 42 da Lei nº 9.615/98 era claro ao prever que o valor referente ao direito de arena seria, no mínimo, de vinte por cento, pelo que a expressão -salvo convenção em contrário se referia à forma de distribuição do percentual entre os atletas ou a possibilidade de se aumentar referido adicional. Não é possível a redução do valor de vinte por cento. Recurso de revista não conhecido." (TST – RR 0141100-54.2008.5.04.0024, Relator: Alberto Luiz Bresciani de Fontan Pereira, Data de Julgamento: 23/10/2013, 3ª Turma, Data de Publicação: DEJT 25/10/2013)*

Em sentido oposto, a posição doutrinária e jurisprudencial dominante defende que essa prestação não tem natureza jurídica salarial, mas, sim, indenizatória, escorando-se na inteligência do art. 42, §1º, da Lei n. 9.615/98. O surgimento do art. 42-A Lei n. 9.615/98, acrescentado pela Lei n. 14.202/2021, fortifica esse argumento, já que reitera a vontade do legislador de excluir o direito de arena da remuneração do atleta profissional, enfatizando a natureza jurídica civil do repasse feito pelo ente sindical. Autoriza, entretanto, que os sujeitos coletivos transmutem a natureza jurídica do direito de arena por meio de negociação coletiva. Não admite, também, qualquer associação entre o direito de direito de arena e o direito de imagem (individual e personalíssimo) de cada atleta, na medida em que a exibição do espetáculo desportivo é ínsita ao contrato de trabalho desportivo.

A esse respeito, a Desembargadora Denise Pacheco[150], em interessante voto sobre a matéria, anota que

[150] Desembargadora integrante do Tribunal Regional do Trabalho da 4ª Região, cujo voto foi vencedor no julgamento dos autos nº 0000826-77.2011.5.04.0010, que versava sobre a natureza jurídica do direito de arena (TRT da 4ª Região, 7a. Turma, 0000826-77.2011.5.04.0010 RO, em 19/03/2014).

no momento da contratação o atleta autoriza o uso ou cede implicitamente a sua imagem à entidade de prática desportiva, por se tratar de uma característica peculiar ao contrato especial de trabalho desportivo. Acresce que o direito de arena não pode ser equiparado às gorjetas, pois o pagamento do percentual está condicionado à comercialização da transmissão (emissão, retransmissão ou reprodução de imagens) do espetáculo pelo clube e o clube poderá ceder a transmissão a título gratuito, hipótese em que o contrato de trabalho não sofreria nenhuma consequência em sua execução, continuando o atleta a perceber normalmente as verbas salariais. Por tais razões, compreende que o direito de arena possui natureza jurídica indenizatória, conforme se verifica no trecho do voto abaixo transcrito:

> *"Como se observa nas legislações supratranscritas, desde sua origem o Direito de Arena expressamente pertence às entidades de prática desportiva ao qual esteja vinculado o atleta profissional, e consiste na "prerrogativa exclusiva de negociar, autorizar ou proibir a captação, a fixação, a emissão, a transmissão, a retransmissão ou a reprodução de imagens, por qualquer meio ou processo, de espetáculo desportivo de que participem" (excerto do caput do artigo 42 da Lei nº 9.615/98, com a redação dada pela Lei nº 12.395, de 16 de março de 2011). Nesse contexto, especificamente em relação à titularidade e à conceituação do Direito de Arena, cito o ensinamento do Prof. Jorge Miguel Acosta Soares, em obra específica sobre o tema: "Há outra explicação do* **porquê da titularidade do Direito de Arena pertencer ao clube, e não ao jogador**, *que* **diz respeito exatamente às características do contrato de trabalho do atleta profissional.** *Como já visto, é* **característica intrínseca da atividade do atleta exibir-se em público.** *Seu* **contrato de trabalho somente se aperfeiçoa no momento da disputa da partida, no momento de sua apresentação.** *Para o jogador, a contratação representa o instrumento da* **cessão de sua imagem profissional para o clube empregador**, *para todas as atividades ligadas ao exercício da profissão.* **Esse consentimento é obrigatório**, *uma vez que a* **natureza do cumprimento do contrato de trabalho de atleta exige a exibição da imagem do profissional.** *Assim,* **sua imagem como profissional, envergando a camisa de seu clube, não lhe pertence.** *Por essa razão, a imagem do conjunto dos atletas em campo também não lhes pertence, mas sim ao empregador. Essa imagem da atividade coletiva é, na verdade, o Direito de Arena" (grifei – "Direito de imagem e direito de arena no contrato de trabalho do atleta profissional" – São Paulo: LTr, 2008 – pág. 107). Resta claro, portanto, que* **é do clube-empregador a titularidade do Direito de Arena**, *e que este* **não se confunde com o direito de imagem, individual e personalíssimo de cada atleta**, *uma vez que envolve a exibição coletiva do evento, vinculada a uma determinada entidade esportiva, sendo característica do contrato de trabalho do atleta profissional sua apresentação pública vestindo a camiseta de seu clube. Além de estabelecer a titularidade do Direito de Arena, a legislação expressamente estipula que, parte do* **resultado econômico decorrente da negociação entabulada entre a entidade esportiva e as empresas de comunicação para a transmissão ou retransmissão de espetáculos esportivos, deverá ser distribuído aos atletas profissionais vinculados à entidade e que efetivamente participam do espetáculo.** *Nesse contexto, discute-se na doutrina e na jurisprudência a natureza, salarial ou indenizatória, desse percentual do Direito de Arena que é repassado aos atletas profissionais que mantém contrato de trabalho com as entidades desportivas. Em julgamentos anteriores sobre a matéria, manifestei posicionamento de que tal verba caracterizar-se-ia como parcela salarial, na medida em que se revestiria da natureza de retribuição pela participação do atleta no evento esportivo, ou seja, seria típica contraprestação pelo desempenho da atividade profissional. Todavia,* **repensando a matéria sob ótica diversa, passei a concluir que o percentual do Direito de Arena repassado aos atletas possui natureza indenizatória, descabendo falar**, *com a devida vênia de renomados juristas que assim pensam,* **na sua equiparação às gorjetas – remuneração paga por terceiros** – *pois, como analisado,* **a titularidade do Direito de Arena não é dos atletas, mas sim da entidade esportiva**, *a quem cabe comercializar, ou não, a imagem de sua equipe. Importante aqui é refletir sobre o fato de que,* **na hipótese de não ocorrer tal comercialização pelo clube (ou de ela ser cedida a título gratuito), o contrato de trabalho não sofre nenhuma consequência em sua execução, continuando o atleta a perceber normalmente as verbas salariais** *que efetivamente caracterizam contraprestação pelo desempenho da atividade profissional, e tendo ele que participar do espetáculo sem nada receber a esse título. Nesse particular, cito, novamente, a doutrina de* **Jorge Miguel Acosta Soares** *ao enfrentar a participação dos atletas na distribuição do Direito de Arena:* **"Contudo, apesar de não poder ser reduzida, essa participação pode não existir. É o caso do clube que, por qualquer motivo, cede gratuitamente a imagem do espetáculo para uma determinada emissora de televisão.** *O Direito de Arena* **pertence à agremiação desportiva, que pode cedê-lo sem receber qualquer retribuição pecuniária em contrapartida.** *Neste caso, por nada ter recebido quando da cessão, o clube não é obrigado a pagar nada a título de participação dos atletas. Os jogadores participam dos valores auferidos com o Direito de Arena, desde que exista algum valor. O direito destes decorre do direito das entidades" (grifei – "Direito de imagem e direito de arena no contrato de trabalho do atleta profissional" – São Paulo: LTr, 2008 – pág. 109). Constatado que os* **atletas profissionais só participam do rateio do Direito de Arena quando a entidade esportiva a que estejam vinculados efetivamente comercialize a transmissão do espetáculo com determinada emissora de comunicação, e considerando que essa cessão possa ocorrer a título gratuito, nada sendo devido aos atletas nesse caso, como admitir a natureza salarial do Direito de Arena?** *A hipótese não é de difícil compreensão! Determinado clube de futebol, por exemplo, seja por participar de uma competição de menor importância, sem atrativos econômicos para os patrocinadores, seja por participar de partida amistosa, nas chamadas pré-temporadas, cede gratuitamente a uma emissora de televisão o direito de transmitir as imagens da partida. Nesse caso,* **estamos diante de normal execução do contrato de trabalho,** *desempenhando o atleta, a mando do clube, a atividade profissional para a*

qual foi contratado (jogar futebol), e **em razão disso recebe como contraprestação todas as verbas remuneratórias que lhe são devidas, mas nada recebe a título de Direito de Arena,** *a demonstrar que tal verba não possui natureza salarial. Como destacado anteriormente na aludida citação doutrinária,* **o Direito de Arena nada mais é que a prerrogativa que as entidades esportivas possuem de ceder, a título gratuito ou oneroso, a imagem coletiva de sua equipe profissional** *quando da participação em eventos esportivos. Assim, eventual resultado econômico da cessão das imagens, pela entidade esportiva, não tem o escopo de remunerar o desempenho individual de cada atleta no exercício de sua atividade profissional (o que demandaria o reconhecimento da natureza salarial da verba).* **Tal como ocorre com o direito de imagem individual, de cada atleta, o Direito de Arena possui natureza indenizatória, porquanto vinculado à divulgação da imagem coletiva da equipe esportiva. A legislação pátria, ao estabelecer que determinado percentual do resultado econômico da cessão do Direito de Arena seja repassado aos atletas, não altera a natureza jurídica ora reconhecida, p***ois, como ressaltado anteriormente,* **não se trata de remuneração paga por terceiros (analogia com as gorjetas), mas sim indenização pelo uso da imagem coletiva dos atletas inseridos em uma equipe de entidade esportiva.** *Dito isso, nego provimento ao recurso do autor". (TRT da 4ª Região, 7a. Turma, 0000826-77.2011.5.04.0010 RO, em 19/03/2014, Desembargadora Tânia Regina Silva Reckziegel – Relatora. Participaram do julgamento: Desembargadora Denise Pacheco, Desembargador Wilson Carvalho Dias)*

Nesta mesma linha, o professor Mauricio Godinho Delgado ensina que *"a inserção, na Lei Pelé, de novo dispositivo (§ 1º do art. 42), por meio da recente* ***Lei n. 12.395, de 2011, pode introduzir alteração na linha interpretativa até então dominante.*** *É que o* ***novo preceito legal enquadra, explicitamente, como parcela de natureza civil****, a participação do atleta trabalhador na cota-parte do direito de arena explorado pelo empregador, cujo montante é pago pelas entidades de mass media envolvidas. (...)* ***O novo preceito normativo busca afastar o enquadramento salarial ou remuneratório da verba*** *paga pela cessão do direito de uso da imagem do atleta profissional, ainda que seja resultante de relação jurídica conexa ao contrato de trabalho.* ***Opta*** *a nova regra pela* ***natureza meramente civil da parcela, desvestida de caráter salarial ou remuneratório".*** [151]

De acordo com as lições de Luciano Martinez, a gorjeta *"****não constitui receita própria dos empregadores****, pois, por essência, é montante '****destinado à distribuição aos empregados****', distribuída segundo critérios de custeio e de rateio definidos em convenção ou acordo coletivo de trabalho".*[152]

Pensamos que nesse ponto o direito de arena não se assemelha à gorjeta, pois, essencialmente, não é uma contraprestação destinada a remunerar a prática desportiva em si – como ocorre com as gorjetas, cujo objetivo é remunerar o "bom serviço" prestado pelo empregado –, mas, sim, as entidades desportivas, em consequência da exploração comercial da transmissão do evento por terceiros. A Lei Pelé deixa certo que o direito de arena *"pertence às entidades de prática desportiva"*. Mesmo que parte da receita seja revertida em benefício do atleta profissional, isso não desnatura o caráter indenizatório dessa verba, que tem o condão de ressarcir o trabalhador pelo uso da imagem coletiva dos atletas participantes de um determinado espetáculo desportivo.

Outrossim, o direito de imagem individual, previsto no art. 87-A do mesmo Diploma Legal, eventualmente cedido pelo atleta profissional para a entidade desportiva, tem natureza jurídica natureza civil, cujos ajustes terão natureza diversa e inconfundível com contrato especial de trabalho desportivo. No caso de cessão do uso da imagem para a agremiação esportiva, o valor correspondente não poderá ultrapassar 40% da remuneração total paga ao atleta, composta pela somatória do salário e dos valores pagos pelo direito ao uso de imagem. Evidentemente, se o contrato de exploração de direito de imagem pactuado entre a agremiação desportiva e o atleta tiver a finalidade de promover fraude à legislação trabalhista, é possível o reconhecimento da natureza jurídica salarial à essa parcelam considerando que o contrato de uso de imagem está atrelado ao contrato de trabalho especial do atleta profissional.

Ademais, quando o legislador pretendeu conferir natureza jurídica remuneratória à uma determinada parcela paga ao atleta, assim o fez, tal como ocorreu com as luvas e os bichos, assim considerados: ***a) Luvas*** – *"Esta parcela consiste na retribuição material paga pela entidade empregadora ao atleta profissional em vista da celebração de seu contrato de trabalho, seja originalmente, seja por renovação".* ***B) Bichos*** – *"Trata-se de parcela econômica variável e condicional, usualmente paga ao atleta pela entidade empregadora em vista dos resultados positivos alcançados pela equipe desportiva (títulos alcançados, vitórias e, até mesmo, empates obtidos, se for o caso). A verba possui clara natureza contraprestativa, sendo entregue como incentivo ao atleta ou em reconhecimento por sua boa prestação de serviços (ou boa prestação pelo conjunto da equipe desportiva). Como se vê, tem nítida característica de prêmio trabalhista"*[153].

Com efeito, como dissemos acima, o art. 42-A Lei n. 9.615/98, acrescentado pela Lei n. 14.202/2021, reforçou o intento do legislador em excluir o direito de arena da remuneração do atleta profissional, reprisando o caráter indenizatório de tal parcela.

151 Idem. Delgado, 2019.
152 Idem. Martinez, 2020.

153 Idem.

2. DISCRIMINAÇÃO

–Princípio da não-discriminação

O princípio antidiscriminatório ou da não discriminação decorre do respeito à dignidade da pessoa humana (art. 1º, III, CF), dos objetivos fundamentais da República, na busca pela construção de uma sociedade livre, justa e solidária, no bem-estar de todos, sem preconceitos de quais quer formas de discriminação (art. 3º, I e IV, CF), bem como no direito fundamental à igualdade (art. 5º, *caput* e I, CF).

O Direito do Trabalho que tem como marca indelével a proteção dos trabalhadores e a vedação a condutas discriminatórias, seja em relação a salários, por motivo de cor, raça ou etnia, sexo, idade, ou em virtude de um impedimento de longo prazo de natureza física, mental, intelectual ou sensorial social, como é o caso da pessoa com deficiência (art. 7º da CF, em especial os incisos XX, XXX, XXXI, XXXII e XXXIII).

Alice Monteiro de Barros (apud ROMAR, 2018)[154], defendia que *"**a ideia de pessoa é incompatível com a desigualdade entre elas**"*, sendo que *"**a não-discriminação é**, provavelmente, **a mais expressiva manifestação do princípio da igualdade**, cujo reconhecimento, como valor constitucional, inspira o ordenamento jurídico brasileiro no seu conjunto"*.

Segundo Amauri Mascaro do Nascimento discriminação caracteriza-se *"[...] pela* presença de um elemento **subjetivo**, a ***intenção*** de discriminar, e de um elemento ***objetivo***, a ***preferência*** efetiva por alguém em detrimento de outro sem causa justificada, em especial por motivo evidenciado, revelando escolha de preconceito em razão do sexo, raça, cor, língua, religião, opinião, compleição física ou outros fatores". Acrescenta, que é um *"**desvirtuamento**, pelo empregador, **do valor igualdade entre pessoas**"*.[155]

A professora Carla Teresa Martins Romar [156], de forma esclarecedora, diferencia preconceito e discriminação: "Etimologicamente, preconceito significa conceito ou opinião formados antecipadamente, ideia preconcebida, intolerância, ódio irracional ou aversão a outras raças, convicções, religiões etc. Discriminação significa distinguir, diferenciar, segregar, dar preferência. Preconceito é uma concepção interior. Discriminação é a exteriorização do preconceito, sendo, por essa razão, objeto de tratamento pela ordem jurídica".

Mauricio Godinho Delgado[157] conceitua a discriminação como "a **diferenciação** em vista de **fator injustamente desqualificante**. São fatores injustamente desqualificantes na ordem constitucional e legal brasileiras, por exemplo: o sexo (ou gênero); a etnia, raça ou cor; a origem; a idade; a deficiência; o estado civil; a situação familiar; a orientação sexual; a nacionalidade e outros."

O Brasil internalizou diversas normas de direito internacional que vedam a prática de condutas discriminatórias, dentre elas as convenções da ONU (Declaração Universal de Direitos Humanos, por exemplo), convenções da OEA e diversas convenções da OIT relacionadas ao tema.

A Convenção 111 da Organização Internacional do Trabalho (OIT), em seus artigo 1º, define a discriminação como: "a) toda distinção, exclusão ou preferência, com base em raça, cor, sexo, religião, opinião política, nacionalidade ou origem social, que tenha por efeito anular ou reduzir a igualdade de oportunidade ou de tratamento no emprego ou profissão; b) qualquer outra distinção, exclusão ou preferência, que tenha por efeito anular ou reduzir a igualdade de oportunidades, ou tratamento no emprego ou profissão, conforme pode ser determinado pelo país -membro concernente, após consultar organizações representativas de empregadores e de trabalhadores, se as houver, e outros organismos adequados".

A discriminação, portanto, consiste na ação ou omissão baseada em ideias preconcebidas, intolerância ou ódio, em virtude de raça ou etnia, sexo, religião, opinião política, nacionalidade, origem social, profissão, com o escopo de distinguir, excluir ou dar preferência, anulando ou reduzindo a paridade de oportunidades ou de tratamento no emprego ou profissão.

A Lei 9.029/95, no art. 1º, proíbe a adoção de qualquer prática *"discriminatória e limitativa para efeito de acesso à relação de trabalho, ou de sua manutenção, por motivo de sexo, origem, raça, cor, estado civil, situação familiar, deficiência, reabilitação profissional, idade, entre outros, ressalvadas, nesse caso, as hipóteses de proteção à criança e ao adolescente"*.

O princípio da não discriminação tem larga abrangência no Direito do Trabalho, vedando a prática de atos discriminatórios contra os empregados na fase pré-contratual, contratual e pós-contratual.

Destaca-se, no texto constitucional, a redação o art. 7º, XXXII, que veda expressamente a "distinção entre trabalho manual, técnico e intelectual ou entre os profissionais respectivos", bem como a redação ao parágrafo único do art. 3º da CLT, que proíbe expressamente atos discriminatórios baseadas na espécie de emprego (doméstico, urbano, rural, avulso, aprendiz), na condição do trabalhador (autônomo, voluntário,

[154] Carla Teresa Martins Romar. Direito do trabalho – 5. ed. – São Paulo: Saraiva Educação, 2018.

[155] Amauri Mascaro Nascimento. Curso de direito do trabalho – 26. ed. – São Paulo: Saraiva, 2011.

[156] Idem, 2018.

[157] Mauricio Godinho Delgado. Curso de direito do trabalho – 18. ed. – São Paulo: LTr, 2019.

eventual, terceirizado, etc.), ou entre o trabalho intelectual, manual ou técnico.

O trabalho intelectual é a atividade que depende do domínio de um saber de natureza científica, literária ou artística. A principal característica desses ofícios é a utilização preponderante das faculdades intelectuais (memória, imaginação, juízo, raciocínio, abstração e .concepção) no desenvolvimento das suas tarefas[158]. Citamos como exemplo o médico, o advogado, o engenheiro, o veterinário e os artistas.

Sobre o assunto, Vólia Bomfim esclarece que "Trabalhadores intelectuais ou profissionistas são aqueles empregados que têm especial cultura científica ou artística".

O trabalho técnico consiste no exercício de atividade que exige formação profissional em nível técnico, ou seja, o trabalhador deve ter diploma ou certificado de formação em nível técnico para exercer a atividade

A palavra "técnica(o)" exprime a ideia daquilo que pertence ou é relativo a uma arte, uma ciência, uma profissão, isto é, aquilo que é a parte ou fração de uma arte, ciência ou profissão[159]. Portanto, o profissional-técnico é um especialista habilitado para exercer uma fração de uma determinada atividade, como ocorre com: a) o técnico de enfermagem – profissional com formação e habilitação para exercer funções específicas da área de enfermagem, conforme determina a Lei nº 7.498/86; b) o técnico em radiologia – profissional com formação e habilitação para exercer funções específicas da área de medicina nuclear, diagnósticos, terapia, radioisótopos, ou setor industrial, conforme dispõe o Decreto nº 92.790/1986; c) técnico de segurança do trabalho – profissional com formação e habilitação para exercer parte das atividades desenvolvida na área da engenharia de segurança do trabalho, conforme prevê a Lei 7.410/1985.

Já o trabalho manual é aquele executado essencialmente com o uso das mãos. A execução dessas atividades não depende de um determinado saber – de natureza científica ou artística – nem de formação ou habilitação técnica.

Tomando nota, mais uma vez, das lições de Vólia Bomfim, o trabalho intelectual distingue-se dos serviços manuais ou meramente técnicos pelos seguintes motivos: "desenvolvem trabalhos intelectuais ou artísticos e porque o grau de dependência e subordinação é mais tênue, pois executam seu trabalho com mais autonomia. Estes trabalhadores possuem uma subordinação mais sutil e podem atuar com um pouco mais de liberdade na execução de suas atividades."[160].

O empregador responderá, portanto, pelos atos discriminatórios perpetrados contra os seus empregados, seja de forma administrativa, através da imposição de multas, ou judicialmente, por meio da imposição de indenização por dano moral (coletivo ou individual), por exemplo.

2.1. DISCRIMINAÇÃO POR MOTIVO DE SEXO OU ORIENTAÇÃO SEXUAL

Historicamente as mulheres e as instituições públicas buscam legitimamente a paridade de tratamento entre o homem e a mulher, através da conscientização do papel das mulheres na sociedade e na família (Convenção nº 156 da Organização Internacional do Trabalho).

A nossa Constituição Federal no art. 5º, *caput* e inciso I, impõe a igualdade de direitos e obrigações aos homens e mulheres. Ato contínuo, no art. 7º, incisos XXX, XXXI, proíbe a discriminação salarial, de exercício de funções e de critério de admissão por motivo de sexo, com o escopo de conferir efetiva igualdade de oportunidade e tratamento entre homens e mulheres.

A professora *Maria Cecília Theodoro*[161] *destaca que é um "(...) direito fundamental da mulher obter um trabalho decente, a ser tratada em igualdade de condições com os homens quanto à liberdade da escolha ocupacional, a ter igualdade de direito à saúde, segurança, remuneração e oportunidades, em razão da dignidade e do valor da pessoa humana, sendo vedada qualquer discriminação em razão do gênero, pautada em diferenciações biológicas que resultem na perpetuação de uma divisão sexual do trabalho (KERGOAT, 1996), de modo que todas as mulheres tenham o direito de participar de forma igualitária do mercado de trabalho produtivo".*

O empregador deve tratar de forma isonômica as mulheres e os homens independentemente das características biológicas que os distinguem. Não pode usar essas distorções para admitir, promover, conceder benefícios ou dispensar os empregados.

Segundo o art. 391 da CLT o casamento ou o estado gravídico da mulher não é motivo para o rompimento do contrato de trabalho.

A prática de condutas limitadoras invisíveis ou imperceptíveis, com o objetivo de subjugar as mulheres a cargos inferiores aos homens dentro da estrutura

[158] "inteligência", in Dicionário Priberam da Língua Portuguesa [em linha], 2008-2020, https://dicionario.priberam.org/intelig%C3%AAncia [consultado em 02-01-2021].

[159] "técnica", in Dicionário Priberam da Língua Portuguesa [em linha], 2008-2020, https://dicionario.priberam.org/t%C3%A9cnica [consultado em 02-01-2021].

[160] Idem. Bomfim, 2017.

[161] J. J. G. Canotilho e L. L. S. G. F. M. Ingo Wolfgang Sarlet, Comentários à Constituição do Brasil, 2. ed., São Paulo: Saraiva Educação, 2018.

organizacional, constituindo afronta direta a dignidade da trabalhadora[162].

Caracterizada a discriminação negativa, o empregador estará sujeito ao pagamento de indenização por dano moral decorrente da discriminação, como vemos na ementa a seguir:

> *DANOS MORAIS. DISCRIMINAÇÃO AO TRABALHO DAS MULHERES. COMPROVAÇÃO. INDENIZAÇÃO MANTIDA. Com efeito, restou devidamente comprovado nos autos, que o reclamado, através de seu síndico agiu de maneira discriminatória com relação à dispensa de pessoas do sexo feminino em suas dependências, o que foi objeto, inclusive de inquérito civil investigatório por parte do Ministério Público do Trabalho. Provada, portanto, a conduta discriminatória por parte do agente causador do dano, mantém-se decisão que imputou a reclamada a reparação por danos morais. No tocante ao valor arbitrado, levando-se em consideração o porte da empresa e a intensidade da lesão, determino que o valor da indenização seja reduzido para R$ 5.000,00. Apelo parcialmente provido (TRT-10 – RO 12980.2009.00219000 AL – 12980.2009.002.19.00-0, Relator José Abílio Neves Souza, Data de Publicação: 10/06/2010).*

De outro lado, é possível a adoção de práticas discriminatórias positivas, isto é, são normas instituídas com o objetivo de corrigir certas desigualdades e diferenças, viabilizando o exercício de direitos – notadamente àqueles considerados fundamentais – por grupos considerados vulneráveis ou minoritários. Em outras palavras, a lei cria uma desigualdade para possibilitar a simetria material e o efetivo exercício de um direito, o que justifica, por exemplo, a diferença no prazo de concessão da licença-maternidade (120 dias, em regra) e a da licença-paternidade (5 dias, em regra).

Outro tema interrelacionado à discriminação por motivo de sexo são as discriminações com base em gênero ou orientação sexual.

É vedado ao empregador a prática de discriminações com base em orientação sexual (heterossexual, homossexual, bissexual, pansexual, por exemplo), ou no gênero com o qual o trabalhador se identifica, independentemente do sexo biológico.

A diversidade de gênero é objeto de defesa diversos setores da sociedade que buscam medidas para conferir a igualdade de oportunidade e tratamento na sociedade e no mercado do trabalho. A realidade tem demonstrado uma intensa carga de condutas discriminatória em face dos trabalhadores devido a sua orientação sexual ou gênero com o qual se identifica.

Recentemente uma empresa foi condenada ao pagamento de indenização por dano moral em consequência da despedida sem justo motivo do empregado que fez a opção pela mudança de sexo. O Tribunal Regional do Trabalho da 15ª Região presumiu que o rompimento do contrato de trabalho decorreu de ato discriminatório, conforme ementa abaixo transcrita:

> *DANO MORAL. DISCRIMINAÇÃO. MUDANÇA DE SEXO. POSSIBILIDADE. Nos termos da Lei 8.029/95, a despedida sem justa causa do empregado que faz a opção pela mudança de sexo presume-se discriminatória, com a inversão do "onus probandi", sendo do empregador a prova de que a dispensa não se fez por motivo de preconceito. Isto é evidenciado pelo fato de nenhuma dispensa ser completamente imotivada, havendo sempre um fundo econômico, disciplinar, técnico ou doloso. O art. 1º, "a", da Convenção nº 111 da OIT qualifica a questão da discriminação na relação de trabalho em relação a distinção fundada no sexo do empregado. O princípio da não-discriminação está ligado ao princípio da igualdade, pressupondo a vedação de discriminações injustificadas. Nesse sentido, "mutatis mutandis", foi editada pelo C. TST a Súmula nº. 443. Comprovação que a reclamada dispensou a reclamante por conta da sua transexualidade e outros constrangimentos com o uso do banheiro feminino e a correção do nome no crachá. Presume-se, assim, que a ruptura do contrato laboral decorreu de ato de discriminação decorrente da alteração de gênero da reclamante, causando-lhe sérios problemas e desgastes. Portanto, diante deste quadro fático, a reclamante tem direito à reparação do seu patrimônio moral". (TST-15 – RO: 00119892720175150046, 0022989-27.2017.5.15.0046, Relator: Luiz Felipe Paim da Luz Bruno Lobo, 11ª Câmara, Data de Publicação: 28/10/2019).*

É comum verificarmos a prática de "brincadeiras", "bullying", perseguições, isolamento, dentre outras práticas discriminatórias, em virtude do gênero do trabalhador.

O empregador pode instituir políticas de diversidade, treinamentos ou regras de *compliance, a fim de propiciar um ambiente de trabalho respeitoso a todos, independentemente do gênero.*

2.2. DISCRIMINAÇÃO RACIAL E ESTÉTICA NO AMBIENTE DE TRABALHO

O racismo, de acordo com a história, é considerado uma das mais graves formas de violação de direitos humanos.

A ideia de uma pretensa superioridade de raça, etnia, cor ou povo, sobre o outro, tem raízes em um passado iluminista, colonialista e escravocrata, no qual um ser humano era "coisificado" pelo outro, com fundamento na imoral ideia de superioridade étnica ou de raça[163].

O professor Silvio Luiz de Almeida, uma das maiores autoridades da atualidade no assunto, descreve o racismo como *"uma forma sistemática de*

[162] Idem.

[163] Flávio Martins Alves Nunes Júnior. *Curso de direito constitucional* – 3. ed. – São Paulo: Saraiva Educação, 2019.

discriminação que tem a raça como fundamento, e que se manifesta por meio de práticas conscientes ou inconscientes que culminam em desvantagens ou privilégios para indivíduos, a depender do grupo racial ao qual pertençam"[164].

A Organização das Nações Unidas foi criada, logo após a Segunda Guerra Mundial, lastreada no sentimento de preservação da paz, da liberdade e justiça como forma de assegurar a dignidade e no valor da pessoa humana, igualdade em dignidade e em direitos, *"sem distinção alguma, de raça, de cor, de sexo, de língua, de religião, de opinião política ou outra, de origem nacional ou social, de fortuna, de nascimento ou de qualquer outra situação" (art. 2º da Declaração Universal de Direitos Humanos; Decreto 592/1992).*

No âmbito do Direito Internacional vigora a Convenção Internacional sobre a Eliminação de todas as Formas de Discriminação Racial, tratado de Direitos Humanos, adotado pela Organização Das nações Unidas em 1965 e incorporado à legislação interna em 1969 (Decreto nº 65.810/1969). De acordo com o preâmbulo do referido tratado *"qualquer doutrina de superioridade baseada em diferenças raciais é cientificamente falsa, moralmente condenável, socialmente injusta e perigosa, em que, não existe justificação para a discriminação racial".*

Ainda, o art. 1º do tratado citado, define que *"a expressão 'discriminação racial' significará qualquer distinção, exclusão restrição ou preferência baseadas em raça, cor, descendência ou origem nacional ou étnica que tem por objetivo ou efeito anular ou restringir o reconhecimento, gozo ou exercício num mesmo plano (em igualdade de condição), de direitos humanos e liberdades fundamentais no domínio político econômico, social, cultural ou em qualquer outro domínio de vida pública".*

A Constituição Federal considera a prática do racismo como crime inafiançável (art. 5º, inciso XLII), assim como o art. 20, Lei n. 7.716/89. Além disso, as ofensas raciais também podem caracterizar o crime de injuria, na forma do art. 140, § 3º, do Código Penal.

A Convenção Interamericana contra o Racismo, a Discriminação Racial e Formas Correlatas de Intolerância, firmado pelo Brasil, na Guatemala, em 5 de julho de 2013, foi incorporada ao ordenamento jurídico interno com status de norma constitucional, tendo em vista que o Congresso Nacional aprovou a Convenção, por meio de Decreto Legislativo n. 1º, em 18 de fevereiro de 2021, seguindo o procedimento do §3º, do art. 5º da Constituição Federal de 1988.

No plano jurídico externo, a Convenção passou a vigorar para o Brasil em 27 de julho de 2021. No âmbito interno, porém, o início da vigência da norma internacional de direitos humanos antirracismo se deu somente em 11 de janeiro de 2022, data da publicação do Decreto n. 10.932, de 10 de janeiro de 2022, que promulgou a Convenção Interamericana Antirracismo.

O Pacto Antirracismo tem o escopo de erradicar totalmente – e de forma incondicional – o racismo, a discriminação racial e todas as formas de intolerância, por considerar que tais atitudes constituem uma negação dos valores universais e dos direitos inalienáveis e invioláveis da pessoa humana, notadamente os princípios basilares da igualdade, da não-discriminação e da dignidade da pessoa humana, insculpidos nas normas internacionais de direitos humanos, mormente a Declaração Universal dos Direitos Humanos, a Declaração Americana dos Direitos e Deveres do Homem, na Convenção Americana sobre Direitos Humanos, assim como a Convenção Internacional sobre a Eliminação de Todas as Formas de Discriminação Racial.

A proteção dos direitos de indivíduos ou grupos – afrodescendentes, povos indígenas, grupos e minorias raciais e étnicos, grupos que por sua ascendência ou origem nacional ou étnica, entre outros – que são vítimas de racismo, de discriminação racial e formas correlatas de intolerância, deve ocorrer em qualquer esfera de atividade, seja pública ou privada. Os países signatários devem adotar medidas de qualquer natureza que garantam condições equitativas a todo ser humano, a fim de propiciar o efetivo gozo dos direitos humanos e liberdades fundamentais consagrados tanto no ordenamento jurídico interno como em normas internacionais.

A Convenção Antirracismo define o racismo, em seu art. 1º, item 4, como "qualquer teoria, doutrina, ideologia ou conjunto de ideias que enunciam um vínculo causal entre as características fenotípicas ou genotípicas de indivíduos ou grupos e seus traços intelectuais, culturais e de personalidade, inclusive o falso conceito de superioridade racial. O racismo ocasiona desigualdades raciais e a noção de que as relações discriminatórias entre grupos são moral e cientificamente justificadas [...]".

No item 1, do mesmo dispositivo, define a discriminação racial [direta] como o ato de distinguir, excluir, restringir ou dar preferência "em qualquer área da vida pública ou privada, cujo propósito ou efeito seja anular ou restringir o reconhecimento, gozo ou exercício, em condições de igualdade, de um ou mais direitos humanos e liberdades fundamentais consagrados nos instrumentos internacionais [...]", destacando que a discriminação racial se baseia na raça, cor, ascendência ou origem nacional ou étnica. Também, expressou a possibilidade da prática indireta da discriminação

[164] *Silvio Luiz de Almeida. Racismo estrutural* - São Paulo: Sueli Carneiro; Pólen, 2019.

racial, ou seja, quando a conduta discriminatória racial é praticada de forma velada, tácita, implícita, subjacente, oculta, encoberta. Define que a discriminação racial indireta "*é* aquela que ocorre, *em qualquer esfera da vida pública ou privada,* quando um dispositivo, prática ou critério aparentemente neutro tem a capacidade de acarretar uma desvantagem particular para pessoas pertencentes a um grupo específico [...] ou as coloca em desvantagem [...]", exceto quando houver *um objetivo ou justificativa razoável e legítima, conforme dispõe o art. 1º, item 1, da Convenção.*

Já a discriminação racial múltipla ou agravada ocorre a prática discriminatória violar concomitantemente dois ou mais critérios previsto na norma internacional antirracismo – raça, cor, ascendência, origem nacional ou étnica – ou em outro instrumento internacional reconhecido, com o fito ou resultado seja de *"anular ou restringir o reconhecimento, gozo ou exercício, em condições de igualdade, de um ou mais direitos humanos e liberdades fundamentais consagrados nos instrumentos internacionais aplicáveis aos Estados Partes".*

A intolerância, por sua vez, caracteriza-se por meio de um ato ou um conjunto de atos ou manifestações que demonstram total "desrespeito, rejeição ou desprezo à dignidade, características, convicções ou opiniões de pessoas por serem diferentes ou contrárias". São as condutas praticadas com violência, ou ainda, aquelas que visam marginalizar e excluir grupos em condições de vulnerabilidade da participação em qualquer esfera da vida pública ou privada.

O Pacto Antirracismo também prevê a impõe a formulação e implementação políticas de caráter educacional, medidas trabalhistas ou sociais, dentre outras políticas promocionais – sem prejuízo da divulgação da legislação sobre o assunto por todos os meios possíveis, inclusive pelos meios de comunicação de massa e pela internet – com o propósito de assegurar tratamento equitativo e gerar igualdade de oportunidades para todas as pessoas (art. 6º da Convenção Interamericana contra o Racismo), sendo lícito, ainda, a adoção de medidas especiais ou de ação afirmativa (art. 1º, item 5 e art. 5º da Convenção Interamericana contra o Racismo).

O Estatuto da Igualdade Racial (Lei 12.288/10) define a discriminação racial ou étnico-racial como "toda distinção, exclusão, restrição ou preferência baseada em raça, cor, descendência ou origem nacional ou étnica que tenha por objeto anular ou restringir o reconhecimento, gozo ou exercício, em igualdade de condições, de direitos humanos e liberdades fundamentais nos campos político, econômico, social, cultural ou em qualquer outro campo da vida pública ou privada" (art. 1º, parágrafo único, inciso I).

O referido estatuto prevê a adoção de medidas para garantir à população nega a efetividade da igualdade de oportunidade, o combate à discriminação e outras formas de intolerância, além de políticas públicas voltadas para a inclusão da população negra no mercado de trabalho.

A discriminação racial no âmbito das relações de trabalho traduz-se nas práticas de condutas *injustamente desqualificantes* com base na sua raça, cor ou origem étnica. Segundo o TST essa prática deve ser veementemente combatida no ambiente de trabalho, tendo em vista que humilha, constrange segrega o trabalhador, nos termos da ementa abaixo:

> *"RECURSO DE REVISTA DO AUTOR. CPC/1973. RESCISÃO INDIRETA. CONFIGURAÇÃO. PRECONCEITO RACIAL.* **FALTA GRAVE DO EMPREGADOR. ATO LESIVO DA HONRA E BOA FAMA DO EMPREGADO.** *A rescisão indireta caracteriza-se pela faculdade de o empregado considerar extinto o contrato de trabalho, em face da ocorrência de conduta ilícita e reprovável do empregador, caracterizada pelo desrespeito a direito individual subjetivo ou injustificado descumprimento de obrigações legal ou contratual.* **O Tribunal Regional, soberano na análise das provas, registrou que o superior hierárquico do autor o chamava por apelidos pejorativos, de cunho racial. A utilização de expressões racistas, no meio ambiente de trabalho, é uma prática que deve ser veemente combatida. Ela humilha, constrange e segrega o trabalhador, atingindo diretamente sua honra subjetiva.** *Nesse contexto, diante da gravidade e reiteração da conduta delineada,* **é inequívoca a ocorrência de falta grave,** *ensejando, pois, a rescisão indireta do contrato de trabalho, nos moldes do artigo 483, "e", da CLT. Recurso de revista conhecido e provido. [...]* **RESPONSABILIDADE CIVIL DO EMPREGADOR. DANOS MORAIS CAUSADOS AO EMPREGADO. CARACTERIZAÇÃO. ASSÉDIO MORAL. ATRIBUIÇÃO DE APELIDOS COM TEOR DE DISCRIMINAÇÃO RACIAL PELO SUPERVISOR DO AUTOR.** *A responsabilidade civil do empregador pela reparação decorrente de danos morais causados ao empregado pressupõe a existência de três requisitos, quais sejam: a conduta (culposa, em regra), o dano propriamente dito (violação aos atributos da personalidade) e o nexo causal entre esses dois elementos. O primeiro é a ação ou omissão de alguém que produz consequências às quais o sistema jurídico reconhece relevância. É certo que esse agir de modo consciente é ainda caracterizado por ser contrário ao Direito, daí falar-se que, em princípio, a responsabilidade exige a presença da conduta culposa do agente, o que significa ação inicialmente de forma ilícita e que se distancia dos padrões socialmente adequados, muito embora possa haver o dever de ressarcimento dos danos, mesmo nos casos de conduta lícita. O segundo elemento é o dano que, nas palavras de Sérgio Cavalieri Filho, consiste na "[...] subtração ou diminuição de um bem jurídico, qualquer que seja a sua natureza, quer se trate de um bem patrimonial, quer se trate de um bem integrante da própria personalidade da vítima, como a sua honra, a imagem, a liberdade etc. Em suma, dano é lesão de um bem jurídico, tanto patrimonial como moral, vindo daí a conhecida divisão do dano em patrimonial e moral". Finalmente, o último*

> *elemento é o nexo causal, a consequência que se afirma existir e a causa que a provocou; é o encadeamento dos acontecimentos derivados da ação humana e os efeitos por ela gerados.* **No caso, o quadro fático registrado pelo Tribunal Regional revela clara conduta assediadora e ofensiva à personalidade e aos direitos fundamentais assegurados ao autor. O que está em jogo é o menosprezo, o descaso com a condição humana.** *Assim, não há que ser relativizado o* **comportamento habitual do superior hierárquico e, menos ainda, visto como normal às organizações empresariais ou a detentores de cargos de confiança.** *Evidenciado o dano, assim como a conduta culposa do empregador e o nexo causal entre ambos, deve ser mantido o acórdão regional que condenou a reclamada a indenizá-lo. Recurso de revista de que não se conhece. [...]" (RR-458-21.2013.5.12.0028, 7ª Turma, Relator Ministro Claudio Mascarenhas Brandao, DEJT 30/06/2020).*

Há, ainda, a denominada discriminação estática, assim considerada como a distinção, preferência ou exclusão dos trabalhadores em virtude da sua aparência ou de estereótipos predefinidos pelo empregador, como a vedação ao uso de barba, tatuagem, ou a contratação de pessoas de acordo com um padrão de beleza ou peso determinado.

Os Tribunais Regionais têm reconhecido, ainda que timidamente, o dever de indenizar a discriminação com base na estética do trabalhador:

> *DiscriminaçÃo estética. Corte de Cabelo. Dano moral. O fato de o empregador adotar uniforme e exigir dos empregados higiene pessoal decorre de seu Poder Diretivo. Contudo, o excesso que extrapola os limites da subordinação jurídica, como obrigar o empregado a adotar determinado corte de cabelo, caracteriza dano moral e deve ser indenizado. (TRT-2 – RO* **1000700-98.2016.5.02.0039, RELATOR: ANTERO ARANTES MARTINS – 6ª Turma, Data da Publicação 06/07/2017)**
>
> **EMENTA: DANO MORAL. TRABALHADORA CUJA IMAGEM ERA RIDICULARIZADA PELA EMPRESA. CONSTRANGIMENTO MORAL. DIREITO À INDENIZAÇÃO.** *O caráter continuado das agressões praticadas pela empresa a seus empregados, e à reclamante em especial, através de preposto (superior hierárquico), caracteriza a gestão por injúria, que importa indenização por dano moral. Na situação dos autos, restou provado que o* **superior hierárquico discriminava os empregados obesos, humilhando e ridicularizando a autora e colegas que se enquadravam nesse perfil, e constrangendo-os através de apelidos e considerações desqualificadoras perante o corpo funcional.** *Chegou-se ao ponto de serem* **mostradas à demandante fotos de meninas magras dizendo que aquelas eram top, além de ser transferida de setor em razão de sua condição estética** *para que não tivesse contato com o público,* **práticas estas incompatíveis com a dignidade da pessoa dos trabalhad***ores, com a valorização do trabalho humano e a função social da propriedade, asseguradas pela Constituição Federal (art. 1º, III e IV, art.5º, XIII, art. 170, caput e III). É palmar que comentários e apelidos dessa natureza efetivamente* **ferem o psiquismo e imagem da mulher, mormente no ambiente de trabalho,** *e como tal, não podem ser tolerados. Nesse contexto, configurados os insultos à imagem, dignidade e personalidade da reclamante, praticados pelo empregador, através de preposto, andou bem o magistrado de piso ao deferir indenização pelo dano moral ocasionado. Recurso da reclamada ao qual se nega provimento.. (TRT-2 – RO* **1001466-58.2016.5.02.0070, RELATOR: RICARDO ARTUR COSTA E TRIGUEIROS**

Existe corrente doutrinária que argumenta que o empregador pode impor um padrão estético, dada a natureza da atividade desenvolvida, como, por exemplo, a indústria de alimentos.

A exigência de manutenção de cabelo curto ou proibição do uso de barba, além de outras medidas como o uso de máscara, seriam justificáveis e estariam ineridas no poder organizacional do empregador.

2.3. DISCRIMINAÇÃO CONTRA AS PESSOAS COM DEFICIÊNCIA E AS AÇÕES AFIRMATIVAS NAS RELAÇÕES DE TRABALHO

A Constituição veda a adoção de discriminação sobre critérios de admissão ou salário do trabalhador com deficiência (art. 7º, XXXI).

Entre os tratados e convenções internacionais sobre a proteção dos direitos das pessoas com deficiência estão: (a) a Declaração dos Direitos das Pessoas Portadoras de Deficiência, da ONU; (b) o Tratado de Nova Iorque (Convenção sobre os Direitos das Pessoas com Deficiência e de seu Protocolo Facultativo), da ONU, ratificado pelo Brasil como o status de Emenda Constitucional; (c) o Tratado de Marraquexe (para Facilitar o Acesso a Obras Publicadas às Pessoas Cegas, com Deficiência Visual ou com outras Dificuldades para Ter Acesso ao Texto Impresso), concluído no âmbito da Organização Mundial da Propriedade Intelectual (OMPI) e ratificado pelo Brasil como o status de Emenda Constitucional; (d) a Convenção 159, sobre Emprego e Reabilitação dos Portadores de Deficiência da OIT; (e) as Recomendações 99 e 168 da OIT.

De acordo com o art. 1º da Lei 13.146/2015 (Estatuto da Pessoa com deficiência), será considerada pessoa com deficiência aquela que tenha algum impedimento físico, intelectual, mental ou sensorial de longo prazo. Esses impedimentos, em interação com uma ou mais barreiras, devem constituir óbice para a participação plena e efetiva na sociedade em igualdade de condições com as demais pessoas.

O empregador deve se certificar que não haja a imposição de restrições ao trabalho ou qual quer tipo de discriminação durante o recrutamento, admissão, exames médicos, inclusive para fins de promoção ou reabilitação profissional. Também, deve garantir um ambiente de trabalho acessível e inclusivo.

O legislador criou normas com discriminações afirmativas ou positivas visando corrigir certas desigualdades e diferenças, viabilizando o exercício de direitos fundamentais por grupos considerados vulneráveis ou minoritários.

Joaquim Barbosa (apud Martins, 2019, pag. 948) assim definiu:

> *"as ações afirmativas podem ser definidas como um conjunto de políticas públicas e privadas de caráter compulsório, facultativo ou voluntário, concebidas com vistas ao combate à discriminação racial, de gênero e de origem nacional, bem como para corrigir os efeitos presentes da discriminação praticada no passado, tendo por objetivo a concretização do ideal de efetiva igualdade de acesso a bens fundamentais como a educação e o emprego"*

As ações afirmativas tiveram origem no Direito norte-americano como forma de combate à segregação e exclusão dos negros.

O professor Flávio Martins esclarece que as ações afirmativas foram mencionadas pela primeira vez, em 1978, no caso *Regents of the University of California v. Bakke*, de 1978, no qual a Suprema Corte dos Estados Unidos da América, utilizou a raça ou origem étnica para superar o racismo e criar uma "clausula de igual proteção":

> *A primeira vez que a Suprema Corte dos Estados Unidos apreciou a constitucionalidade das affirmative actions foi no caso Regents of the University of California v. Bakke, de 1978. A Universidade teria estabelecido 16% das vagas do curso de medicina para minorias. Alan Bakke, branco, sentiu-se prejudicado pela regra, ajuizando a ação. A Suprema Corte, embora tenha declarado parte da lei inconstitucional, decidiu que o critério racial era válido: "para superar o racismo, nós devemos primeiramente levar a raça em consideração. Não há alternativa. E para que possamos tratar algumas pessoas com equidade, nós temos que tratá-las diferentemente. Nós não podemos – nós não devemos – permitir que a 'cláusula de igual proteção' perpetue a supremacia racial".*[165]

O Supremo Tribunal Federal, no julgamento da ADPF n. 186, decidiu pela validade das ações afirmativas (ou discriminação reversa) ao possibilitar a instituição de cotas raciais no processo seletivo de estudantes.

> *EMENTA: ARGUIÇÃO DE DESCUMPRIMENTO DE PRECEITO FUNDAMENTAL. ATOS QUE INSTITUÍRAM SISTEMA DE RESERVA DE VAGAS COM BASE EM CRITÉRIO ÉTNICO-RACIAL (COTAS) NO PROCESSO DE SELEÇÃO PARA INGRESSO EM INSTITUIÇÃO PÚBLICA DE ENSINO SUPERIOR. ALEGADA OFENSA AOS ARTS. 1º, CAPUT, III, 3º, IV, 4º, VIII, 5º, I, II XXXIII, XLI, LIV, 37, CAPUT, 205, 206, CAPUT, I, 207, CAPUT, E 208, V, TODOS DA CONSTITUIÇÃO FEDERAL. AÇÃO JULGADA IMPROCEDENTE. I – Não contraria – ao contrário, prestigia – o princípio da igualdade material, previsto no caput do art. 5º da Carta da República, a possibilidade de o Estado lançar mão seja de políticas de cunho universalista, que abrangem um número indeterminados de indivíduos, mediante ações de natureza estrutural, seja de ações afirmativas, que atingem grupos sociais determinados, de maneira pontual, atribuindo a estes certas vantagens, por um tempo limitado, de modo a permitir-lhes a superação de desigualdades decorrentes de situações históricas particulares. II –* **O modelo constitucional brasileiro incorporou diversos mecanismos institucionais para corrigir as distorções resultantes de uma aplicação puramente formal do princípio da igualdade.** *III – Esta Corte, em diversos precedentes, assentou a constitucionalidade das políticas de ação afirmativa. IV – Medidas que buscam reverter, no âmbito universitário, o quadro histórico de desigualdade que caracteriza as relações étnico-raciais e sociais em nosso País, não podem ser examinadas apenas sob a ótica de sua compatibilidade com determinados preceitos constitucionais, isoladamente considerados, ou a partir da eventual vantagem de certos critérios sobre outros, devendo, ao revés, ser analisadas à luz do arcabouço principiológico sobre o qual se assenta o próprio Estado brasileiro. V –* **Metodologia de seleção diferenciada pode perfeitamente levar em consideração critérios étnico-raciais ou socioeconômicos, de modo a assegurar que a comunidade acadêmica e a própria sociedade sejam beneficiadas pelo pluralismo de ideias, de resto, um dos fundamentos do Estado brasileiro, conforme dispõe o art. 1º, V, da Constituição.** *VI –* **Justiça social,** *hoje, mais do que simplesmente redistribuir riquezas criadas pelo esforço coletivo,* **significa distinguir, reconhecer e incorporar à sociedade mais ampla valores culturais diversificados,** *muitas vezes considerados inferiores àqueles reputados dominantes. VII – No entanto,* **as políticas de ação afirmativa fundadas na discriminação reversa apenas são legítimas se a sua manutenção estiver condicionada à persistência, no tempo, do quadro de exclusão social que lhes deu origem.** *Caso contrário, tais políticas poderiam converter-se benesses permanentes, instituídas em prol de determinado grupo social, mas em detrimento da coletividade como um todo, situação – é escusado dizer – incompatível com o espírito de qualquer Constituição que se pretenda democrática, devendo, outrossim, respeitar a proporcionalidade entre os meios empregados e os fins perseguidos. VIII – Arguição de descumprimento de preceito fundamental julgada improcedente.*

Baseando-se nessas premissas podemos afirmar que o legislador instituiu discriminações positivas (ou ações afirmativas) direcionadas às pessoas com deficiência, com o objetivo de proteger o mercado de trabalho e ao emprego da pessoa com deficiência, ao instituir as seguintes normas: (a) o preenchimento de 2 a 5% dos cargos com pessoas reabilitadas ou com deficiência, nas empresas com 100 ou mais empregados (art. 93 da Lei 8.213/91); (b) condicionar a dispensa do empregado com deficiência ou reabilitado a contratação de outro trabalhador com deficiência ou reabilitado; (c) audiência de limitação de idade, ou do prazo de duração do contrato de trabalho, ao aprendiz com deficiência (art. 428, §§3º e 5º, CLT); e, (d) vedação de supressão,

[165] Flávio Martins Alves Nunes Júnior. *Curso de direito constitucional* – 3. ed. – São Paulo: Saraiva Educação, 2019.

redução de direitos, ou discriminação, no tocante a salário e critérios de admissão do trabalhador com deficiência, por acordo ou convenção coletiva de trabalho (art. 611-B, XXII, CLT).

A adoção de medidas afirmativas direcionadas aos grupos considerados socialmente vulneráveis – em oposição àqueles reputados dominantes – é imprescindível para a inclusão e preservação do emprego daqueles trabalhadores enquadrados nestes grupos, bem como permite o alcance da efetiva igualdade e justiça social.

A Nota Técnica n. 1/2018, do Grupo de Trabalho de Raça (Cordigualdade) do Ministério Público do Trabalho, opina pela possibilidade de contratação específica de trabalhadores oriundos da população negra, assim como autoriza a publicação de anúncios específicos, o uso de bancos de dados e plataformas virtuais, de forma a concretizar a igualdade material no âmbito das relações de trabalho através de ações afirmativas. Impõe, entretanto, algumas diretrizes para a implementação das ações afirmativas no âmbito da iniciativa privada, quais sejam:

> *"Obviamente, a mesma forma utilizada no âmbito público, deve ser feita no âmbito privado. Para tanto, pois, alguns mecanismos são essenciais para atingir esse desiderato. Assim, necessário se faz: a) a contratação específica de trabalhadores oriundos da população negra; b) anúncios específicos; c) triagem específica via plataformas digitais desde que fique expresso que tal iniciativa visa garantir a concretude do princípio da igualdade tratando-se de uma ação afirmativa no âmbito da iniciativa privada".*

Também, esclarece que o crime definido no § 2º, do art. 4º da Lei 7716/89, não impede a utilização de ações afirmativas (discriminações positivas), posto que a lei veda comportamentos discriminatórios negativos ou injustamente desqualificantes.

Estancando qualquer dúvida acerca do tema, a Convenção Interamericana contra o Racismo, a Discriminação Racial e Formas Correlatas de Intolerância, firmada pelo Brasil, na Guatemala, em 5 de julho de 2013 e incorporada ao ordenamento jurídico interno com status de norma constitucional, por meio de Decreto Legislativo n. 1º, em 18 de fevereiro de 2021, seguindo o procedimento do §3º, do art. 5º da Constituição Federal de 1988, prevê expressamente a possibilidade de adoção de medidas afirmativas para conferir igualdade material a todas as pessoas, com o fito de erradicar totalmente – e de forma incondicional – o racismo, a discriminação racial e de todas as formas de intolerância similares. Para tanto, autoriza a formulação e implementação políticas de caráter educacional, ***medidas trabalhistas***, sociais, especiais ou ações afirmativas, a fim de concretizar a sua finalidade (art. 1º, item 5 e art. 5º da Convenção Interamericana contra o Racismo).

É válido dizer que essa norma, no plano jurídico externo, passou a vigorar para o Brasil em 27 de julho de 2021. No plano interno, de outro lado, o início da vigência se deu somente em 11 de janeiro de 2022, data da publicação do Decreto n. 10.932, de 10 de janeiro de 2022, que promulgou a Convenção Antirracismo.

2.4. DISCRIMINAÇÃO POR ALGORITMO OU "DISCRIMINAÇÃO POR MINERAÇÃO DE DADOS" *(DISCRIMINATION BY DATA MINING)*

É comum o empregador receber uma enorme carga de dados pessoais dos trabalhadores na fase pré-contratual, pois aqueles que buscam uma ocupação no mercado de trabalho, a rigor, usam como instrumento de apresentação os seus currículos. Esses documentos contêm dados pessoais do trabalhador, inclusive informações sensíveis, em algumas hipóteses.

O trabalhador discrimina no currículo o seu nome completo, nacionalidade, sexo, idade (ou data de nascimento), endereço, telefone, e-mail, formação acadêmica, histórico profissional, discrição do perfil e qualidades pessoais e profissionais.

A rigor, o trabalhador preocupa-se em inserir o máximo de informações, pessoais e profissionais, na esperança de aumentar as chances de convocação para uma entrevista ou de contratação.

Em ambientes digitais – sites ou plataformas – o volume de informação pessoal pode ser ainda maior, pois permite um detalhamento maior das atribuições pessoais e profissionais, sendo admitido, em alguns casos, o envio de fotografia e a indicação de perfil nas mídias sociais.

Algumas empresas recebem os pedidos de oportunidades de emprego através de compartilhamento de informações por terceiros (sites parceiros ou rede social de busca de emprego, como o LinkedIn).

Todos esses dados, sejam físicos ou digitais, estão englobadas na proteção conferida pela LGPD, o que requer um cuidado maior dos empregadores no momento da contratação.

Segundo a Lei Geral de Proteção de Dados (Lei 13.709/2018) **é inadmissível o tratamento de dados para fins discriminatórios ilícitos ou abusivos** (art. 6º, IX da LGPD).

A Lei Geral de Proteção de Dados[166] designa expressamente alguns princípios – proposições basilares, com virtudes multifuncionais, sendo considerados verdadeiros *standards* (padrões) – para servir de inspiração e parâmetro de integração[167] na aplicação das normas

166 Artigo 6º da LGPD.

167 Gilmar Ferreira Mendes, Paulo Gustavo Gonet Branco. Curso de direito constitucional – 12. ed. – São Paulo: Saraiva, 2017.

de proteção de dados, dentre os quais destacamos: a ***não discriminação, ou seja,*** *impossibilidade de realização do tratamento para fins discriminatórios ilícitos ou abusivos.*

A despeito da Lei geral de Proteção de Dados ser inspirada na *General Data Protection Regulation (GDPR), Regulation (EU) 2016/679,* na versão atual ***OJ L 119, 04.05.2016***, não há regulamentação específica de direito do trabalho na norma brasileira.

O regulamento europeu reservou um artigo para tratar especialmente do tratamento de dados nas relações do trabalho, destacando a necessidade de respeito aos direitos fundamentais dos trabalhadores, principalmente no momento do recrutamento[168]. Vejamos.

> ***Art. 88 GDPR:*** *Processamento no contexto de emprego: 1. Os Estados-Membros podem, por lei ou por convenções coletivas, prever regras mais específicas para garantir a proteção dos direitos e liberdades no que diz respeito ao tratamento de dados pessoais dos trabalhadores no contexto do trabalho, em particular para efeitos de recrutamento, execução do contrato de trabalho (...). 2. Essas regras devem incluir medidas adequadas e específicas para salvaguardar a dignidade humana, os interesses legítimos e os direitos fundamentais do titular dos dados(...). (tradução livre – grifos acrescidos)*

O empregador, portanto, não pode empregar **técnicas ou métodos de mineração de dados** de forma abusiva ou ilícita, de modo a discriminar o um trabalhador determinado ou um grupo de trabalhadores.

Os dados pessoais sobre origem racial ou étnica, convicção religiosa, opinião política, filiação a sindicato ou a organização de caráter religioso, filosófico ou político, dado referente à saúde ou à vida sexual, dado genético ou biométrico, quando vinculado a uma pessoa natural, são considerados dados sensíveis (art. 5º, II, da LGPD). O tratamento desses dados somente poderá ser ocorrer quando o titular ou o responsável legal consentir, de forma específica ou destacada, para finalidades específicas. Significa dizer que a pessoa natural, titular do dado sensível, terá que permitir de forma inequívoca a realização da operação pelo agente de agente de tratamento (art. 11 da LGPD).

A anuência do titular será dispensável quando a realização do tratamento de dado sensível for essencial para o cumprimento de obrigação legal ou do órgão controlador; tratamento compartilhado, pela administração pública, para a realização de políticas públicas; estudos por órgão de pesquisa; exercício regular de direitos; proteção da vida ou da incolumidade física do titular ou de terceiros; tutela da saúde e garantia da prevenção à fraude e à segurança do titular, nos processos de identificação e autenticação de cadastro em sistemas eletrônicos.

A empresa não poderá empregar métodos ou técnicas de tratamento de dados, ou técnicas de mineração de dados (*data mining*), utilizando aparatos tecnológicos, objetivando a criação de perfis (*profiling*), de modo a dar preferência, distinguir ou excluir o candidato com base na sua origem racial ou étnica, religião, opinião política, filiação a sindicato ou orientação sexual, durante o processo de recrutamento. Nesta hipótese estaremos diante da denominada ***"discriminação por algoritmo"*** *ou* ***"discriminação por mineração de dados"*** *(discrimination by data mining).*

A jurisprudência é firme no sentido de reconhecer a responsabilização do empregador em caso de discriminação na contratação (fase pré-contratual):

> ***DISCRIMINAÇÃO DE SEXO NA CONTRATAÇÃO.*** *OBRIGAÇÃO DE NÃO FAZER.* ***DANO MORAL COLETIVO. CONFIGURADO.*** *Para efeito de dano moral coletivo, o ilícito e seus consectários há de ser dotados de tal gravidade que impliquem na imediata repulsa social, ultrapassando, portanto, aquela reação decorrente da mera inobservância de determinada norma trabalhista.* ***Destarte, evidenciada a discriminação na contração por razão de sexo, há submissão da coletividade (grupo, categoria ou classe de pessoas) a uma situação capaz de ensejar a indenização por dano moral coletivo.*** *(TRT-17 RO: 00011446120155170009, Relator: José Luiz Serafini, Data de Julgamento: 29/05/2018, Data de Publicação: 03/07/2018)*

> *DANO MORAL COLETIVO. DISCRIMINAÇÃO NA CONTRATAÇÃO DE EMPREGADOS. Tendo sido demonstrado nos autos, através da confissão da preposta, a atitude da reclamada em estabelecer como norma procedimental interna a discriminação de seus empregados ou potenciais empregados que tivessem ajuizado ações na Justiça do Trabalho, configura-se o dano moral coletivo. (TRT-2 – RO 14920014200004 SE 0149200-14.2008.5.20.0004, Data de Publicação: DJ/SE de 15/06/2009)*

> *"I – AGRAVO DE INSTRUMENTO EM RECURSO DE REVISTA INTERPOSTO NA VIGÊNCIA DA LEI 13.467/2017. TRANSCENDÊNCIA RECONHECIDA.* ***INDENIZAÇÃO POR DANOS MORAIS. CERTIDÃO DE ANTECEDENTES CRIMINAIS NA FASE PRÉ-CONTRATUAL***

[168] *"Art. 88 GDPR: Processing in the context of employment 1. Member States may, by law or by collective agreements, provide for more specific rules to ensure the protection of the rights and freedoms in respect of the processing of employees' personal data in the employment context, in particular for the purposes of the recruitment, the performance of the contract of employment, including discharge of obligations laid down by law or by collective agreements, management, planning and organisation of work, equality and diversity in the workplace, health and safety at work, protection of employer's or customer's property and for the purposes of the exercise and enjoyment, on an individual or collective basis, of rights and benefits related to employment, and for the purpose of the termination of the employment relationship. 2. Those rules shall include suitable and specific measures to safeguard the data subject's human dignity, legitimate interests and fundamental rights, with particular regard to the transparency of processing, the transfer of personal data within a group of undertakings, or a group of enterprises engaged in a joint economic activity and monitoring systems at the work place. 3. Each Member State shall notify to the Commission those provisions of its law which it adopts pursuant to paragraph 1, by 25 May 2018 and, without delay, any subsequent amendment affecting them. (Suitable Recitals, (155) Processing in the Employment Context)"*

*. **FUNÇÃO DE AJUDANTE DE PRODUÇÃO**. Demonstrada possível violação do art. 5.º, X, da Constituição Federal, impõe-se o provimento do agravo de instrumento para se determinar o processamento do recurso de revista. Agravo de instrumento provido. [...] **2 – INDENIZAÇÃO POR DANOS MORAIS. CERTIDÃO DE ANTECEDENTES CRIMINAIS NA FASE PRÉ-CONTRATUAL. FUNÇÃO DE AJUDANTE DE PRODUÇÃO. EXIGÊNCIA NÃO JUSTIFICADA. A SBDI-1, por maioria de votos, no julgamento do Tema 1 da Tabela de Recursos de Revista Repetitivos, firmou tese de que a exigência da certidão de antecedentes criminais para a contratação de empregado somente se justifica em razão de funções específicas para as quais o empregado será contratado, configurando dano in re ipsa sua exigência injustificada, hipótese dos autos. Recurso de revista conhecido e provido**" (RR-1090-34.2017.5.07.0032, 2ª Turma, Relatora Ministra Delaide Miranda Arantes, DEJT 01/03/2019).*

A empresa ou pretenso empregador não poderá se valer de expedientes de mineração ou outras técnicas para segregar, excluir ou distinguir os trabalhadores com base em dados pessoais sensíveis, sob pena reparação por dano material, moral e multas administrativas.

Da mesma forma, o empregador não poderá se valer de subterfúgios tecnológicos para discriminar o empregado durante o contrato de trabalho, para obstar promoções, por motivo de raça ou etnia, sexo, idade, **convicção religiosa ou política, associação à sindicato**, por exemplo, poderá ser obrigado a reparar os danos daí decorrentes (art. 5º, V e X, da CF; art. 7º da CF, incisos XX, XXX, XXXI, XXXII e XXXIII).

Conforme o art. 42 da LGPD, "o controlador ou o operador que, em razão do exercício de atividade de tratamento de dados pessoais, causar a outrem dano patrimonial, moral, individual ou coletivo, em violação à legislação de proteção de dados pessoais, é obrigado a repará-lo".

O desrespeito às normas de proteção de dados pode gerar dano patrimonial ou extrapatrimonial, ou adoção de práticas discriminatórias por algoritmos ou ***"por mineração de dados"*** *(discrimination by data mining).*

A LGPD prevê expressamente que o operador responde solidariamente pelos danos causados decorrente do tratamento inadequado dos dados, notadamente quando não cumprir as obrigações de proteção de dados ou deixar de seguir as instruções do controlador. Significa dizer que o terceiro (operador de dados contratado pelo empregador-controlador) será pode ser responsabilizado caso participe do ato discriminatório.

Existindo mais de um controlador – como é o caso do grupo empresarial, consórcio empresarial, ou, eventualmente, a terceirização – e estes estiverem envolvidos no tratamento dos dados pessoais do empregado, responderão de forma solidária (art. 42, § 1º, II, LGPD).

O art. 43 da LGPD estabelece as excludentes de responsabilidade dos agentes tratadores, quais sejam: a) não ter realizado o tratamento de dados (ausência de conduta – ação ou omissão voluntária); b) embora tenham realizado o tratamento de dados pessoais que lhes é atribuído, não houve violação à legislação de proteção de dados (conduta lícita); c) culpa exclusiva da vítima (do titular dos dados) ou de terceiro.

O empregador também deverá responder pelos dados decorrente da omissão (negligencia, imprudência ou imperícia), quando deixar de implementar medidas de segurança para a proteção dos dados dos trabalhadores.

Imagine que o empregador não implemente nenhuma medida de segurança para a proteção dos dados dos trabalhadores e um hacker invade o sistema da empresa e acessa uma imagem constrangedora de um funcionário, publicando-a nas redes sociais. Sendo demonstrada a omissão do empregador (o não-agir; não-fazer), na adoção de medidas de segurança, poderá ser responsabilizado (art. 44, parágrafo único).

No que se refere ao aspecto processual, o juiz poderá inverter o ônus da prova a favor do titular dos dados quando, a seu juízo, for verossímil a alegação, houver hipossuficiência para fins de produção de prova ou quando a produção de prova pelo titular resultar-lhe excessivamente onerosa, nos termos do art. 42, § 2º, da Lei Geral de Proteção aos Dados (Lei 13.709/2018). Nesse sentido, o art. 818 da CLT.

As ações de reparação por danos coletivos, comumente ajuizadas pelo Ministério Público do Trabalho, que tenham por objeto a responsabilização, podem ser exercidas coletivamente em juízo (art. 42, § 3º, Lei 13.709/2018).

A ***"discriminação por algoritmo"*** *ou* ***"discriminação por mineração de dados"*** *(discrimination by data mining)*, poderá resultar na imposição de sanções pela Autoridade Nacional de Proteção de Dados (ANPD), como: a) advertência; b) **multa simples: de** até 2% (dois por cento) do faturamento da pessoa jurídica de direito privado, grupo ou conglomerado no Brasil, com base no seu último exercício-financeiro, estando limitada ao total de **R$ 50.000.000,00 (cinquenta milhões de reais) por infração**; c) multa diária, observando os mesmos parâmetros de aplicação da multa simples; d) a publicização da infração; e) bloqueio dos dados; f) eliminação dos dados; g) **suspensão parcial do funcionamento do banco** de dados pelo período máximo de 6 (seis) meses, prorrogável por igual período; **suspensão do tratamento dos dados pessoais** por até 6 (seis) meses, prorrogável por igual período; h) proibição parcial ou total do exercício de atividades relacionadas a tratamento de dados.

É possível sustentar a competência concorrente ou dever de colaboração do Ministério do Trabalho e Previdência Social (recriado pela MP n. 1.058/2021, convertida na Lei 14.261/2021), com base no art. 626 da CLT, no ato administrativo e ao Ministério Público do Trabalho (art. 129 da CF, art. 8º e 83, da Lei Complementar 75/93).

3. LEGISLAÇÃO RELACIONADA

▶ **Lei Complementar n. 150/15, art. 1º, *caput*:** Ao empregado doméstico, assim considerado aquele que presta serviços de forma contínua, subordinada, onerosa e pessoal e de finalidade não lucrativa à pessoa ou à família, no âmbito residencial destas, por mais de 2 (dois) dias por semana, aplica-se o disposto nesta Lei.

▶ **Lei 5.889/73, art. 2º:** Empregado rural é toda pessoa física que, em propriedade rural ou prédio rústico, presta serviços de natureza não eventual a empregador rural, sob a dependência deste e mediante salário.

▶ **Súmula 386/TST:** Policial Militar. Reconhecimento de vínculo empregatício com empresa privada. Preenchidos os requisitos do art. 3° da CLT, é legítimo o reconhecimento de relação de emprego entre policial militar e empresa privada, independentemente do eventual cabimento de penalidade disciplinar prevista no Estatuto do Policial Militar.

▶ **Súmula 430/TST**: Administração Pública indireta. Contratação. Ausência de concurso público. Nulidade. Ulterior privatização. Convalidação. Insubsistência do vício. Convalidam-se os efeitos do contrato de trabalho que, considerado nulo por ausência de concurso público, quando celebrado originalmente com ente da Administração Pública Indireta, continua a existir após a sua privatização.

▶ **Súmula 462/TST**: Multa do art. 477, § 8°, da CLT. Incidência. Reconhecimento judicial da relação de emprego. A circunstância de a relação de emprego ter sido reconhecida apenas em juízo não tem o condão de afastar a incidência da multa prevista no art. 477, § 8°, da CLT. A referida multa não será devida apenas quando, comprovadamente, o empregado der causa à mora no pagamento das verbas rescisórias.

▶ **OJ 38 SDI-1/ TST**: Empregado que exerce atividade rural. Empresa de reflorestamento. Prescrição própria do rurícola. O empregado que trabalha em empresa de reflorestamento, cuja atividade está diretamente ligada ao manuseio da terra e de matéria-prima, é rurícola e não industriário, nos termos do Decreto n. 73.626, de 12-2-1974, art. 2.0, § 4.0, pouco importando que o fruto de seu trabalho seja destinado à indústria. Assim, aplica-se a prescrição própria dos rurícolas aos direitos desses empregados.

▶ **OJ 199 da SDI-1/ TST**: Jogo do bicho. Contrato de trabalho. Nulidade. Objeto ilícito. É nulo o contrato de trabalho celebrado para o desempenho de atividade inerente à prática do jogo do bicho, ante a ilicitude de seu objeto, o que subtrai o requisito de validade para a formação do ato jurídico.

▶ **OJ 366 SDI-1/ TST**: Estagiário. Desvirtuamento do contrato de estágio. Reconhecimento do vínculo empregatício com a Administração Pública direta ou indireta. Período posterior à constituição federal de 1988. Impossibilidade. Ainda que desvirtuada a finalidade do contrato de estágio celebrado na vigência da Constituição Federal de 1988, é inviável o reconhecimento do vínculo empregatício com ente da Administração Pública direta ou indireta, por força do art. 37, II, da CF/1988, bem como o deferimento de indenização pecuniária, exceto em relação às parcelas previstas na Súmula 363 do TST, se requeridas.

- Profissões – Legislação específica:
- Administrador: Lei n. 4.769, de 9-9-1965
- Advogado: Lei n. 8.906, de 4-7-1994
- Aeronauta: Lei n. 13.475, de 28-8-2017
- Aeroviário: Decreto n. 1.232, de 22-6-1962
- Árbitro de futebol: Lei n. 12.867, de 10-10-2013
- Arqueólogo: Lei n. 13.653, de 18-4-2018
- Arquivista e técnico de arquivo: Lei n. 6.546, de 4-7-1978, e Decreto n. 82.590, de 6-11-1978
- Artesão: Lei n. 13.180, de 22-10-2015
- Artista e técnico de espetáculo público: Lei n. 6.533, de 24-5-1978, e Decreto n. 82.385, de 5-10-1978
- Assistente social: Lei n. 8.662, de 7-6-1993
- Atuário: Decreto-lei n. 806, de 4-9-1969, e Decreto n. 66.408, de 3-4-1970
- Barbeiro: Lei n. 12.592, de 18-1-2012
- Bibliotecário e técnico em biblioteconomia: Lei n. 9.674, de 25-6-1998, e Lei n. 13.601, de 9-1-2018
- Biólogo e biomédico: Lei n. 6.684, de 3-9-1979, e Decretos n. 88.438 e 88.439, de 28-6-1983
- Bombeiro civil: Lei n. 11.901, de 12-1-2009
- Cabeleireiro: Lei n. 12.592, de 18-1-2012
- Comerciante ambulante: Lei n. 6.586, de 6-11-1978
- Comerciário: Lei n. 12.790, de 14-3-2013
- Contador e guarda-livros: Decreto-lei n. 9.295, de 27-5-1946, e Lei n. 3.384, de 28-4-1958
- Corretor de moda: Lei n. 13.695, de 12-7-2018
- Corretor de imóveis: Lei n. 6.530, de 12-5-1978, e Decreto n. 81.871, de 29-6-1978
- Corretor de seguros: Lei n. 4.594, de 29-12-1964, e Decreto n. 56.903, de 24-9-1965
- Corretor de valores: Lei n. 2.146, de 29-12-1953
- Dentista: Lei n. 5.081, de 24-8-1966
- Depilador: Lei n. 12.592, de 18-1-2012
- Detetive particular: Lei n. 13.432, de 11-4-2017
- Economista: Lei n. 1.411, de 13-8-1951, e Decreto n. 31.794, de 17-11-1952
- Economista doméstico: Lei n. 7.387, de 21-10-1985, e Decreto n. 92.524, de 7-4-1986
- Educação Física: Lei n. 9.696, de 1.º-9-1998
- Empregado doméstico: Lei Complementar n. 150, de 1.º-6-2015
- Empregado rural: Lei n. 5.889, de 8-6-1973, e Decreto n. 73.626, de 12-2-1974
- Enfermagem: Lei n. 7.498, de 25-6-1986, e Decreto n. 94.406, de 8-6-1987
- Engenheiro, arquiteto e engenheiro agrônomo: Lei n. 5.194, de 24-12-1966
- Engenheiro, arquiteto em segurança do trabalho: Lei n. 7.410, de 27-11-1985, e Decreto n. 92.530, de 9-4-1986
- Enólogo e Técnico em Enologia: Lei n. 11.476, de 29-5-2007
- Estatístico: Lei n. 4.739, de 15-7-1965, e Decreto n. 62.497, de 1°-4-1968
- Esteticista e cosmetólogo: Lei n. 13.643, de 3-4-2018
- Farmacêutico: Lei n. 3.820, de 11-11-1960, e Decreto n. 85.878, de 7-4-1981
- Físico: Lei n. 13.691, de 10-7-2018
- Fisioterapeuta e terapeuta ocupacional: Decreto-lei n. 938, de 13-10-1969, e Lei n. 8.856, de 1°-3-1994

- Fonoaudiólogo: Lei n. 6.965, de 9-12-1981, e Decreto n. 87.218, de 31-5-1982
- Garimpeiro: Lei n. 11.685, de 2-6-2008
- Geógrafo: Lei n. 6.664, de 26-6-1979, e Decreto n. 85.138, de 15-9-1980
- Geólogo: Lei n. 4.076, de 23-6-1962
- Guardador e lavador autônomo de veículos automotores: Lei n. 6.242, de 23-9-1975, e Decreto n. 79.797, de 8-6-1977
- Guia de turismo: Lei n. 8.623, de 28-1-1993, e Decreto n. 946, de 1.º-10-1993
- Historiador: Lei n. 14.038, de 17-08-2020
- Instrutor de Trânsito: Lei n. 12.302, de 2-8-2010
- Jornalista: Decreto-lei n. 972, de 17-10-1969, e Decreto n. 83.284, de 13-3-1979
- Leiloeiro: Decreto n. 21.981, de 19-10-1932
- Leiloeiro rural: Lei n. 4.021, de 20-12-1961
- Mãe Social: Lei n. 7.644, de 18-12-1987
- Manicure: Lei n. 12.592, de 18-1-2012
- Massagista: Lei n. 3.968, de 5-10-1961
- Médico-residente: Lei n. 6.932, de 7-7-1981, e Decreto n. 80.281, de 5-9-1977
- Médico-veterinário: Lei n. 5.517, de 23-10-1968, e Decreto n. 64.704, de 17-6-1969
- Meteorologista: Lei n. 6.835, de 14-10-1980
- Motorista: Lei n. 13.103, de 2-3-2015
- Museólogo: Lei n. 7.287, de 18-12-1984, e Decreto n. 91.775, de 15-10-1985
- Músico: Lei n. 3.857, de 22-12-1960
- Nutricionista: Lei n. 8.234, de 17-9-1991
- Orientador educacional: Lei n. 5.564, de 21-12-1968, e Decreto n. 72.846, de 26-9-1973
- Pedicure: Lei n. 12.592, de 18-1-2012
- Pessoal da CEF: Lei n. 6.718, de 12-11-1979
- Propagandista e vendedor de produtos farmacêuticos: Lei n. 6.224, de 14-7-1975
- Psicólogo: Lei n.4.119, de 27-8-1962, e Decreto n. 53.464, de 21-1-1964
- Psicomotricista: Lei n. 13.794, de 3-1-2019
- Publicitário e agenciador de propaganda: Lei n. 4.680, de 18-6-1965, e Decreto n. 57.690, de 1.º-2-1966
- Químico: Lei n. 2.800, de 18-6-1956
- Radialista: Lei n. 6.615, de 16-12-1978, e Decreto n. 84.134, de 30-10-1979
- Redator, noticiarista, repórter, repórter de setor, radiorrepórter, arquivista-pesquisador, revisor, ilustrador, repórter-fotográfico, repórter-cinematográfico: Decreto-lei n. 972, de 17-10-1969
- Relações públicas: Lei n. 5.377, de 11-12-1967, e Decreto n. 63.283, de 26-9-1968
- Repentista: Lei n. 12.198, de 14-1-2010
- Representantes Comerciais Autônomos: Lei n. 4.886, de 9-12-1965
- Secretário: Lei n. 7.377, de 30-9-1985
- Servidor público: Lei n. 8.112, de 11-12-1990
- Sociólogo: Lei n. 6.888, de 10-12-1980, e Decreto n. 89.531, de 5-4-1984
- Sommelier: Lei n. 12.467, de 26-8-2011
- Taxista: Lei n. 12.468, de 26-8-2011
- Técnico agrícola e técnico industrial: Lei n. 5.524, de 5-11-1968, e Decreto n. 90.922, de 6-2-1985
- Técnico de segurança do trabalho: Lei n. 7.410, de 27-11-1985, e Decreto n. 92.530, de 9-4-1986
- Técnico em administração: Lei n. 4.769, de 9-9-1965, e Decreto n. 61.934, de 22-12-1967
- Técnico em prótese dentária: Lei n. 6.710, de 5-11-1979, e Decreto n. 87.689, de 11-10-1982
- Técnico em radiologia: Lei n. 7.394, de 29-10-1985, e Decreto n. 92.790, de 17-6-1986
- Temporário: Lei n. 6.019, de 3-1-1974, e Decreto n. 73.841, de 13-3-1974
- Temporário no âmbito do Mercosul: Decreto n. 9.499, de 10-9-2018
- Trabalhador avulso: Lei n. 12.023, de 27-8-2009
- Trabalhador doméstico: Lei Complementar n. 150, de 1°-6-2015.
- Trabalhador portuário: Lei n. 12.815, de 5-6-2013
- Tradutor e intérprete da Língua Brasileira de Sinais: Lei n. 12.319, de 1-9-2010
- Tradutor público e intérprete: Decreto n. 13.609, de 21-10-1943
- Treinador profissional de futebol: Lei n. 8.650, de 22-4-1993
- Tripulante de Aeronave (Aeronauta): Lei n. 13.475, de 28.8.2017
- Turismólogo: Lei n. 12.591, de 18-1-2012
- Vaqueiro: Lei n. 12.870, de 15-10-2013
- Vendedores, viajantes e pracistas: Lei n. 3.207, de 18-7-1957
- Vigilante bancário: Lei n. 7.102, de 20-6-1983, e Decreto n. 89.056, de 24-11-1983
- Zootecnista: Lei n. 5.550, de 4-12-1968.
- Vide arts. **7.°** e 37 da CF/88.

4. INFORMATIVOS DO TST

Avulso

Vale-transporte. Trabalhador portuário avulso. Comparecimento para concorrer à escala. Direito ao pagamento, independente do efetivo trabalho. Aplicação do art. 7º, XXXIV, da CF. Tendo em conta que, nos termos do art. 6º da Lei nº 9.719/98, o trabalhador avulso deverá comparecer ao local da prestação dos serviços para poder concorrer à escala de trabalho, o pagamento do vale-transporte não pode se restringir aos dias em que ocorrer o efetivo engajamento. Inteligência do art. 7º, XXXIV, da CF, que prevê a igualdade de direitos entre os trabalhadores com vínculo de emprego e os avulsos. Com esse entendimento, a SBDI-I, por unanimidade, conheceu dos embargos da reclamada, por divergência jurisprudencial, e, no mérito, negou-lhes provimento, mantendo a decisão turmária que condenou os reclamados ao pagamento de indenização substitutiva pelo não fornecimento dos vales-transportes correspondentes aos dias em que o reclamante compareceu para concorrer à escala de trabalho, observado o desconto de que trata o parágrafo único do art. 4º da Lei nº 7.418/85. TST-E-ED-RR-14800-02.2008.5.02.0251, SBDI-I, rel. Min. Dora Maria da Costa, 3.10.2013 (Informativo 63 do TST)

Trabalhador portuário avulso. Capatazia. Exclusividade de contratação dos trabalhadores registrados ou cadastrados no OGMO. Interpretação literal, histórica e sistemática do art. 40, § 2º, da Lei nº 12.815/2013. Após o advento da Lei nº 12.815/2013, a contratação de trabalhadores portuários avulsos para os serviços de capatazia com vínculo empregatício por prazo indeterminado deve ser realizada apenas dentre aqueles registrados no Órgão Gestor de Mão de Obra – OGMO. Se sob a égide do art. 26, parágrafo único, da Lei nº 8.360/93 (revogada) a contratação de trabalhadores no serviço de capatazia cadastrados no OGMO ocorria apenas de forma prioritária, a interpretação literal, histórica e sistemática do art. 40, § 2º, da Lei nº 12.815/2013 impõe a exclusividade de contratação dos portuários registrados ou cadastrados, de modo que qualquer outro entendimento violaria o sentido mínimo do texto legal. Sob esse fundamento, a SBDI-I, por unanimidade, conheceu dos embargos, por divergência jurisprudencial, e, no mérito, por maioria, negou-lhes provimento para manter a decisão turmária que restabelecera a sentença quanto à determinação de que o embargante requisite trabalhadores habilitados e inscritos no cadastro ou registro do OGMO para o desempenho de qualquer atividade de capatazia, devendo esta contratação dar-se de forma exclusiva a partir da data da vigência da Lei nº 12.815/2013, em 5.6.2013, nos termos de seu art. 40, § 2º. Vencido o Ministro Alexandre Luiz Ramos, relator. TST-E-ED-RR-52500-43.2007.5.02.0446, SBDI-I, rel. Min. Alexandre Luiz Ramos, red. p/ acórdão Min. Maria Cristina Irigoyen Peduzzi, 5.12.2019 (Informativo 214 do TST)

▸ Cooperativa

Ação Civil Pública. Contratação de motociclistas para transporte de mercadorias por meio de cooperativa. Presença dos elementos caracterizadores do vínculo de emprego. Terceirização ilícita. Condenação de não fazer. Proporcionalidade. A SBDI-I considerou desproporcional a determinação de que empresa se abstenha de contratar serviço de entregas domiciliares, mediante empresa interposta, quando a declaração de ilicitude da terceirização tem por fundamento a constatação de fraude na contratação de empregados por intermédio de cooperativa. Ressaltou-se que, no caso, a ilicitude da terceirização não estava relacionada diretamente com a atividade de transporte de mercadorias, a qual não se confunde com a atividade-fim da empresa, que é a comercialização e manipulação de produtos farmacêuticos, mas com a presença dos elementos caracterizadores do vínculo de emprego. Com esse entendimento, a Subseção, por unanimidade, conheceu do recurso de embargos, por divergência jurisprudencial e, no mérito, deu-lhes provimento parcial para restringir a condenação de não fazer atribuída à ré à determinação de se abster da prática do procedimento fraudatório evidenciado nos autos, sob pena de multa diária no valor duzentos reais, a contar do trânsito em julgado da decisão, a ser convertida em favor do Fundo de Amparo ao Trabalhador. TST-E-ED-RR-152800-16.2001.5.03.0019, SBDI-I, rel. Min. Aloysio Corrêa da Veiga, 12.12.2013 (Informativo 70 do TST)

▸ Empregado Doméstico

Trabalho doméstico. Serviços prestados sob a égide da Lei nº 5.859/72 [sic]. Labor três vezes por semana, durante quase três anos. Requisito da continuidade configurado. Vínculo de emprego reconhecido. Na hipótese em que o trabalho doméstico, regido pela Lei nº 5.859/72 [sic], foi prestado três vezes por semana por quase três anos, resta configurada a continuidade da prestação de serviços para efeito de reconhecimento do vínculo de emprego. Sob esse entendimento, a SBDI-I, por unanimidade, conheceu dos embargos, por divergência jurisprudencial, e, no mérito, por maioria, negou-lhes provimento. Vencidos os Ministros Aloysio Corrêa da Veiga, Márcio Eurico Vitral Amaro, Alexandre Agra Belmonte e Cláudio Mascarenhas Brandão. TST-E-RR-10933-98.2014.5.03.0077, SBDI-I, rel. Min. Hugo Carlos Scheuermann, 2.2.2017 (Informativo 151 do TST)

▸ Empregado público

Empregado público admitido antes da Constituição Federal de 1988. Ausência de submissão a concurso público. Lei municipal instituidora de Regime Jurídico Único. Impossibilidade de alteração automática do regime celetista para o estatutário. Art. 37, II, da CF. Violação. Competência material da Justiça do Trabalho. A existência de lei municipal instituidora de Regime Jurídico Único, de natureza administrativa, por si só, não transmuda automaticamente o vínculo jurídico estabelecido entre as partes, de celetista para estatutário, na hipótese de o empregado, admitido antes do advento da Constituição Federal de 1988, não ter se submetido a concurso público. Entendimento em sentido contrário afronta o disposto no art. 37, II, da CF. Com esses fundamentos, e citando a jurisprudência da Corte e do STF, a SBDI-I, à unanimidade, conheceu dos embargos do reclamado, por divergência jurisprudencial e, no mérito, negou-lhes provimento, mantendo a decisão turmária que conheceu do recurso de revista da reclamante por violação do inciso II do art. 37 da Constituição e, no mérito, deu-lhe provimento para, em razão da permanência da reclamante no regime da CLT, reconhecer a competência material da Justiça do Trabalho para julgar o feito e determinar o retorno dos autos ao Regional a fim de que julgue o recurso ordinário do reclamado como entender de direito. TST-ERR-300-25.2010.5.13.0001, SBDI-I, rel. Min. João Oreste Dalazen, 28.11.2013 (Informativo 68 do TST)

Competência da justiça do trabalho. Estado do Piauí. Empregada admitida antes da Constituição de 1988. Transposição automática do regime celetista para o estatutário. Impossibilidade. Ausência de concurso público. A Justiça do Trabalho é competente para examinar pedido de empregado público admitido antes da promulgação da Constituição de 1988, sob regime celetista, e sem concurso público, não obstante a superveniência de legislação estadual que institui regime jurídico único. Na hipótese, consoante entendimento já consagrado pelo Supremo Tribunal Federal no julgamento da ADI 1.150-2, entendeu-se que o fato de o Estado do Piauí instituir regime jurídico único, por meio da Lei Complementar Estadual nº 13, de 3.1.1994, não convola em vínculo estatutário, de forma automática, o contrato trabalhista anterior, sobretudo em decorrência da ausência de concurso público, na forma do art. 37, II, § 2º, da Constituição. Desse modo, tem-se que a reclamante permaneceu na condição de empregada, mesmo após a edição da norma estadual, porque embora estável, nos termos do art. 19 do ADCT, não se submeteu a concurso público. Sob esse fundamento, a SBDI-I, à unanimidade, conheceu dos embargos interpostos pelo reclamado, por divergência jurisprudencial, e, no mérito, por maioria, negou-lhes provimento, vencido os Ministros Luiz Philippe Vieira de Mello Filho, Walmir Oliveira da Costa, José Roberto Freire Pimenta e Hugo Carlos Scheuermann. TST-E-RR-846-13.2010.5.22.0104, SBDI-I, rel. Min. Augusto César Leite e Carvalho, 18.6.2015. (Informativo 111 do TST)

Incompetência da Justiça do Trabalho. Demanda envolvendo a administração pública e servidor. Admissão sem concurso público. Relação jurídico-administrativa. Competência da Justiça comum. A Justiça do Trabalho é incompetente para processar e julgar demanda na qual resultou caracterizada a admissão de servidor, após a Constituição da República de 1988, sem prévia submissão a concurso público. Com efeito, consoante decidido pelo STF, no julgamento do AgReg nº 7.217/MG, cabe à Justiça comum o prévio exame acerca da existência, da validade e da eficácia do vínculo jurídico-administrativo existente entre servidor e Administração Pública, eis que, para o reconhecimento do liame trabalhista, deverá o julgador, anteriormente, averiguar a presença, ou não, de eventual vício a macular a relação administrativa. Sob esse fundamento, a SBDI-I, por maioria, conheceu dos embargos interpostos pela reclamante, por divergência jurisprudencial, e, no mérito, negou-lhes provimento. Vencidos os Ministros João Oreste Dalazen, Brito Pereira, Márcio Eurico Vitral Amaro, Alexandre de Souza Agra Belmonte e Cláudio Mascarenhas Brandão, que davam provimento aos embargos para, reformulando a decisão recorrida, reconhecer a competência da Justiça do Trabalho para processar e julgar a lide. TST-E-ED-RR-629-39.2011.5.22.0102, SBDII, rel. Min. Renato de Lacerda Paiva, 31.3.2016 (Informativo 131 do TST)

Caixa Econômica Federal. Multa administrativa. Descumprimento do art. 41 da CLT. Ausência de registro de empregados. Terceirização ilícita. Validade do auto de infração. É válido o auto de infração e a multa administrativa aplicada por auditor fiscal do trabalho à Caixa Econômica Federal (CEF) que, não obstante tenha firmado contrato com empresa para a prestação de serviços, manteve vinte e nove empregados terceirizados executando atividades tipicamente bancárias sem o devido registro em livro, ficha ou sistema eletrônico. O art. 41 da CLT visa impedir a existência de empregados sem registro nos quadros da empresa, independentemente da forma de admissão. Assim, ainda que no caso concreto seja impossível a declaração do vínculo de emprego com a CEF, ante o disposto no art. 37, II, da CF, a multa é devida, pois a manutenção de trabalhador terceirizado na atividade fim sem o mencionado registro revela intuito fraudatório de norma de proteção ao trabalho. Sob esses fundamentos, a SBDI-I, por unanimidade conheceu do recurso de embargos da CEF, por divergência jurisprudencial, e no mérito, por maioria, negou-lhe provimento. Vencidos os Ministros Renato de Lacerda Paiva, Ives Gandra da Silva Martins Filho, Brito Pereira, Aloysio Corrêa da Veiga,

Guilherme Augusto Caputo Bastos e Márcio Eurico Vitral Amaro. TSTE-RR-28500-48.2006.5.14.0003, SBDI-I, rel. Min. Cláudio Mascarenhas Brandão, 28.4.2016 (*Em sentido contrário, ver Informativo TST nº 97) (Informativo 134 do TST)

▶ Representante Comercial Autônomo

Representação comercial autônoma. Acordo extrajudicial homologado pela Justiça comum. Posterior ajuizamento de reclamação trabalhista. Pedido de reconhecimento de vínculo de emprego. Coisa julgada. Não configuração. Não faz coisa julgada perante a Justiça do Trabalho o acordo extrajudicial homologado pela Justiça comum em que o reclamante, sua empresa e a empresa ré, em instrumento particular de distrato, confissão e quitação de dívida, deram ampla, geral e irrestrita quitação da relação jurídica decorrente do contrato de representação comercial mantido entre as partes. No caso, não se verifica os requisitos configuradores da coisa julgada, pois os pedidos formulados são distintos. Enquanto a reclamação trabalhista visa o reconhecimento do vínculo de emprego, a sentença homologatória teve por objeto o acordo envolvendo uma relação jurídica comercial. Ademais, compete à Justiça do Trabalho a análise do preenchimento dos requisitos estabelecidos nos arts. 2° e 3° da CLT e a decisão quanto à existência ou não de vínculo de emprego. Sob esses fundamentos, a SBDI-I, em sua composição plena, por unanimidade, conheceu do recurso de embargos, por divergência jurisprudencial, e, no mérito, por maioria, negou-lhe provimento, mantendo, portanto, a decisão recorrida que afastou a coisa julgada e determinou o retorno dos autos ao TRT de origem para o prosseguimento do julgamento. Vencidos os Ministros Maria Cristina Irigoyen Peduzzi, Brito Pereira, Breno Medeiros, Alexandre Luiz Ramos e Walmir Oliveira da Costa . TST-E-ED-RR-115-05.2010.5.04.0561, SBDI-I, rel. Min. Augusto César Leite de Carvalho, 24.10.2019 (Informativo 210 do TST)

Representante comercial autônomo. Venda a prazo. Comissões. Base de cálculo limitada ao valor à vista da mercadoria. Não inclusão dos acréscimos decorrentes de financiamento. As comissões devidas aos representantes comerciais autônomos devem ser calculadas sobre o valor da venda à vista, salvo estipulação em contrário. Embora a Lei nº 4.886/65, que regulamenta a profissão, disponha que as comissões serão calculadas a partir do valor total das mercadorias (art. 32, § 4º), os encargos provenientes das vendas a prazo, como os juros, não compõe esse valor, especialmente no caso dos autos, em que o financiamento era realizado por instituição financeira sem qualquer vínculo com a empresa representada, a qual recebia apenas o valor da mercadoria em si. Desse modo, sendo o financiamento um negócio jurídico distinto, sem atuação direta do representante comercial, não é possível incluir na base de cálculo das comissões valores que não foram por ele conquistados, nem recebidos pela empresa que representa, sob pena de enriquecimento ilícito (art. 884 do CC). Sob esses fundamentos, a SBDI-I, por unanimidade, conheceu do recurso de embargos, por divergência jurisprudencial e, no mérito, deu-lhe provimento para restabelecer a sentença no aspecto em que julgou improcedente o pedido de diferenças de comissões. TST-E-RR-1846-18.2011.5.03.0015, SBDI-I, rel. Min. José Roberto Freire Pimenta, 28.11.2019 (Informativo 213 do TST)

▶ Uberização

"RECURSO DE REVISTA. ACÓRDÃO PUBLICADO NA VIGÊNCIA DA LEI Nº 13.015/2014. VÍNCULO DE EMPREGO. MOTORISTA. UBER. AUSÊNCIA DE SUBORDINAÇÃO. TRANSCENDÊNCIA JURÍDICA RECONHECIDA. Destaque-se, de início, que o reexame do caso não demanda o revolvimento de fatos e provas dos autos, isso porque a transcrição do depoimento pessoal do autor no acórdão recorrido contempla elemento fático hábil ao reconhecimento da confissão quanto à autonomia na prestação de serviços. Com efeito, o reclamante admite expressamente a possibilidade de ficar 'off line', sem delimitação de tempo, circunstância que indica a ausência completa e voluntária da prestação dos serviços em exame, que só ocorre em ambiente virtual. Tal fato traduz, na prática, a ampla flexibilidade do autor em determinar sua rotina, seus horários de trabalho, locais que deseja atuar e quantidade de clientes que pretende atender por dia. Tal auto-determinação é incompatível com o reconhecimento da relação de emprego, que tem como pressuposto básico a subordinação, elemento no qual se funda a distinção com o trabalho autônomo. Não bastasse a confissão do reclamante quanto à autonomia para o desempenho de suas atividades, é fato incontroverso nos autos que o reclamante aderiu aos serviços de intermediação digital prestados pela reclamada, utilizando-se de aplicativo que oferece interface entre motoristas previamente cadastrados e usuários dos serviços. Dentre os termos e condições relacionados aos referidos serviços, está a reserva ao motorista do equivalente a 75% a 80% do valor pago pelo usuário, conforme consignado pelo e. TRT. O referido percentual revela-se superior ao que esta Corte vem admitindo como bastante à caracterização da relação de parceria entre os envolvidos, uma vez que o rateio do valor do serviço em alto percentual a uma das partes evidencia vantagem remuneratória não condizente com o liame de emprego. Precedentes. Recurso de revista conhecido e provido." (TST-RR-1000123-89.2017.5.02.0038, 5ª Turma, rel. Min. Breno Medeiros, julgado em 5.2.2020) (Informativo 215 do TST)

▶ Vínculo empregatício

Empregado de cartório extrajudicial admitido antes da edição da Lei n.º 8.935/94. Relação laboral submetida às normas da CLT. Autoaplicabilidade do art. 236 da CF. A relação jurídica havida entre os serventuários e o cartório extrajudicial está sujeita ao regime jurídico da CLT, ainda que contratados em período anterior à vigência da Lei nº 8.935/94, pois o art. 236 da CF já previa o caráter privado dos serviços notariais e de registro, sendo norma constitucional autoaplicável. Nos termos do mencionado preceito constitucional, os serviços notariais e de registro são exercidos em caráter privado, por delegação do Poder Público, o que evidencia que os empregados contratados para prestar serviços em cartórios são submetidos ao regime jurídico celetista, na medida em que mantêm vínculo profissional com o titular do cartório e não com o Estado. Na hipótese dos autos, extraiu-se do acórdão do Regional que o reclamante era serventuário de cartório extrajudicial quando do advento da Constituição de 1988. Assim, concluindo pela má-aplicação da Súmula n.º 126 do TST pela Turma, a SBDI-I, à unanimidade, conheceu dos embargos interpostos antes da Lei n.º 11.496/2007, por violação dos arts. 896 da CLT e 236 da CF, e, no mérito, deu-lhes provimento para reconhecer o vínculo de natureza trabalhista entre as partes a partir de 5.10.1988 e determinar o retorno dos autos à Vara do Trabalho de origem, a fim de que prossiga no exame da pretensão deduzida pelo espólio, como entender de direito. TSTE-RR-493331-32.1998.5.02.0078, SBDI-I, rel. Min. Lelio Bentes Corrêa, 31.5.2012 (Informativo 11 do TST)

Terceirização ilícita. Configuração. Empregado contratado por empresa especializada em vigilância e transporte de valores. Exercício de atividades tipicamente bancárias. Reconhecimento do vínculo de emprego. Súmula nº 331, I, do TST. Configura terceirização ilícita a utilização por instituição financeira de empregados contratados por empresa especializada em vigilância e transporte de valores para a prestação de serviços diários de tesouraria, in casu, o recebimento, abertura, conferência de conteúdo e encaminhamento de envelopes recolhidos em caixas eletrônicos, na medida em que tais atribuições se relacionam com a atividade fim dos bancos. Adotando essa premissa, a SBDI-1, por unanimidade, conheceu do recurso de embargo por contrariedade à Súmula nº 331, I, do TST e, no mérito, deu-lhe provimento para restabelecer a sentença que reconheceu o vínculo de emprego diretamente com o banco-reclamado. TST-E-RR-2600-75.2008.5.03.0140, SBDI-I, rel. Min. Augusto César Leite de Carvalho, 6.9.2012. (Informativo 21 do TST)

Empresa de telecomunicações. "Call center". Terceirização. Impossibilidade. Atividade-fim. A terceirização dos serviços de "call center" em empresas de telecomunicações configura intermediação ilícita de mão de obra, gerando vínculo direto com o tomador dos serviços, nos termos da Súmula nº 331, I e III, do TST. Os arts. 25 da Lei nº 8.987/95 e 94, II, da Lei nº 9.472/97 devem ser interpretados de forma sistemática e harmônica com o Direito do Trabalho, cujo núcleo central é o princípio da proteção, de modo que a expressão "atividades inerentes", adotada pela legislação que rege o setor de telecomunicações – de cunho administrativo e econômico, voltada à relação entre as concessionárias e os usuários ou o Poder Público -, não pode servir de sinônimo de atividades-fim. Noutro giro, esse sentido que se confere aos dispositivos de lei acima mencionados não viola a Súmula Vinculante 10 do STF, na medida em que não implica declaração de inconstitucionalidade dos referidos preceitos ou afastamento de sua aplicação, mas apenas interpretação de normas de natureza infraconstitucional. Outrossim, não há como afastar a condição de atividade-fim dos serviços de atendimento telefônico prestados pelas empresas de telecomunicações, pois é por meio da central de atendimento que o consumidor solicita ou, até mesmo, obtém reparos e manutenção em sua linha telefônica, recebe informações acerca dos serviços prestados pela concessionária e faz reclamações, não sendo possível distinguir ou desvincular o "call center" da atividade precípua da prestação dos serviços de telefonia. Com esse entendimento, a SBDI-I, em sua composição plena, por unanimidade, conheceu dos embargos, por divergência jurisprudencial, e, no mérito, por maioria, negou-lhes provimento. Vencidos os Ministros Ives Gandra Martins, relator, Brito Pereira, Maria Cristina Irigoyen Peduzzi, Renato de Lacerda Paiva, Aloysio Corrêa da Veiga e Dora Maria da Costa, que entendiam possível a terceirização dos serviços de "call center", pois, ao englobar diversas modalidades de intermediação da comunicação com os clientes, sendo utilizados com o mesmo objetivo por empresas que desempenham as mais diversas atividades econômicas, configuram atividade-meio, a par de o art. 94, II, da Lei nº 9.472/97 autorizar a contratação de terceiros para atividades inerentes à telefonia e não ter sido declarado inconstitucional pelo Plenário da Corte. TSTE-ED-RR-2938-13.2010.5.12.0016, SBDI-I, rel. Min. Ives Gandra da Silva Martins Filho, red. p/ acórdão Min. José Roberto Freire Pimenta, 8.11.2012 **(Informativo 29 do TST)**

Empresa concessionária de energia elétrica. Agente de cobrança, leiturista e eletricista. Terceirização. Impossibilidade. Funções ligadas à atividade-fim da empresa. A atuação de empregado terceirizado em atividade-fim de empresa de concessão de serviços públicos enseja o reconhecimento do vínculo empregatício direto com a concessionária, pois a Lei nº 8.987/95 (Lei das Concessões Públicas) não autoriza a terceirização ampla e irrestrita, pois não tem o condão de afastar o princípio constitucional do trabalho. No caso concreto, as funções desempenhadas pelo reclamante – agente de cobrança, leiturista e eletricista – se enquadram nas atividades-fim da tomadora de serviço, porque essenciais à distribuição e à comercialização de energia. Com base nesse entendimento, a SBDI-I, por unanimidade, conheceu dos embargos da reclamada, por divergência jurisprudencial, e, no mérito, por maioria, negou-lhes provimento. Vencido o Ministro Brito Pereira. TST-E-ED-RR-36600-21.2011.5.21.0003, SBDI-I, rel. Min. Aloysio Corrêa da Veiga, 8.8.2013 (Informativo 54 do TST)

Terceirização ilícita. Vínculo empregatício reconhecido com a empresa tomadora de serviços. Isonomia salarial. Indeferimento. Ato discriminatório. Configuração. Configura ato discriminatório, vedado pelo inciso XXXII do art. 7º da CF, o indeferimento da pretensão de diferenças salarias entre o valor pago pela prestadora de serviços e o praticado pela empresa tomadora, em relação aos empregados contratados diretamente por ela para o exercício das mesmas funções, sobretudo no caso em que houve o reconhecimento de vínculo empregatício com a tomadora, em razão de ilicitude no contrato de terceirização. Se da Orientação Jurisprudencial nº 383 da SBDI-I é possível extrair a necessidade de tratamento isonômico entre empregados terceirizados e os integrantes do quadro próprio da tomadora de serviços que tenham as mesmas atribuições, por razão maior devem ser garantidos os mesmos salários e vantagens no caso de reconhecimento de vínculo direto com essa empresa. Sob esses fundamentos, a SBDI-I, por unanimidade, conheceu do recurso de embargos, por divergência jurisprudencial, e, no mérito, por maioria, deu-lhe provimento para condenar a tomadora de serviços ao pagamento das diferenças salariais pleiteadas, com os reflexos previstos em lei, conforme se apurar em liquidação de sentença. Vencido o Ministro Aloysio Corrêa da Veiga. TST-E-ED-RR-493800-06.2007.5.12.0004, SBDI-I, rel. Min. Lelio Bentes Corrêa, 10.12.2015 (Informativo 126 do TST)

Embargos. Decisão de Turma que reinterpreta os depoimentos transcritos no acórdão recorrido. Contrariedade à Súmula nº 126 do TST. Configuração. Contraria a Súmula nº 126 do TST a decisão de Turma que reforma decisão do Regional com fundamento na reanálise dos depoimentos transcritos, pois configurado o reexame da prova. Na espécie, o TRT negou a existência de vínculo de emprego entre o reclamante e a Igreja Universal do Reino de Deus pautado não apenas na ausência de pessoalidade e de subordinação, mas também por vislumbrar vocação religiosa. Desse modo, ao reinterpretar os depoimentos constantes do acórdão recorrido e deles extrair conclusão diversa da prova produzida, ou seja, de que houve vínculo empregatício, a Turma reavaliou o conjunto de fatos e provas, o que é vedado na instância extraordinária por força da Súmula nº 126 do TST. Sob esse entendimento, a SBDI-I, por maioria, conheceu dos embargos por contrariedade à Súmula nº 126 do TST e, no mérito, deu-lhes provimento para não conhecer do recurso de revista do reclamante em relação ao pedido de reconhecimento de vínculo de emprego, restabelecendo, portanto, a decisão do Regional no tópico. Vencido o Ministro Alexandre Agra Belmonte. TST-E-ED-RR-1007-13.2011.5.09.0892, SBDI-I, rel. Min Aloysio Corrêa da Veiga, 14.4.2016 (Informativo 132 do TST)

Controvérsia sobre vínculo de emprego. Prescrição. Termo inicial. Projeção do aviso-prévio. Incidência da Orientação Jurisprudencial nº 83 da SBDI-I. A diretriz consagrada na Orientação Jurisprudencial nº 83 da SBDI-I, segundo a qual se computa a projeção do aviso-prévio na duração do contrato de emprego para efeito de contagem do prazo prescricional, se estende aos casos em que o vínculo empregatício ainda não foi espontaneamente reconhecido entre as partes ou judicialmente declarado. Sob esse entendimento, a SBDI-I, por maioria, conheceu dos embargos, por divergência jurisprudencial, e, no mérito, negou-lhes provimento, mantendo, portanto, a decisão turmária que dera provimento ao recurso de revista para determinar o retorno dos autos à Vara de origem, a fim de que, afastada a prescrição bienal, prossiga no exame dos pedidos do reclamante como entender de direito. Na espécie, o TRT manteve a sentença que declarou a prescrição total do direito de ação para postular o reconhecimento da relação de emprego, sob o fundamento de que o ajuizamento da reclamação deu-se após dois anos da cessação da prestação de serviços pelo reclamante no exercício da atividade profissional de corretor de imóveis. Vencidos os Ministros João Oreste Dalazen, relator, Ives Gandra da Silva Martins Filho, Brito Pereira, Guilherme Augusto Caputo Bastos e Walmir Oliveira da Costa, os quais entendiam que a relação originalmente havida entre as partes, ainda que passível de modificação em juízo, não era de emprego, não permitindo, portanto, a dilação do termo inicial da contagem do prazo prescricional conforme preconizado pela Orientação Jurisprudencial nº 83 da SBDI-I. TST-E-ED-RR-277-72.2012.5.01.0024, SBDI-I, rel. Min. João Oreste Dalazen, red. p/ o acórdão Ministro Augusto César Leite de Carvalho, 15.9.2016 (Informativo 132 do TST)

Terceirização. Banco. Call center. Atividade-fim. Licitude da terceirização em todas as etapas do processo produtivo. Entendimento consagrado pelo STF em sede de repercussão geral. RECURSO DE REVISTA. ACÓRDÃO PUBLICADO ANTERIORMENTE À LEI 13.015/14. TERCEIRIZAÇÃO DE SERVIÇOS. ATIVIDADE-FIM. BANCO E EMPRESA DE TELECOMUNICAÇÕES. VÍNCULO EMPREGATÍCIO DIRETAMENTE COM OS TOMADORES DOS SERVIÇOS NÃO CONFIGURADO. ADEQUAÇÃO AO ENTENDIMENTO CONSAGRADO PELO C. STF – TEMAS 725 E 739 DE REPERCUSSÃO GERAL NO C. STF – ADPF 324, RE 958.252 E ARE 791.932. 1. Há muito prevaleceu no âmbito desta Corte Superior o entendimento de que é ilícita a terceirização de serviços especializados, ligados à atividade-fim do tomador dos serviços, identificada no objeto social do contrato social das empresas envolvidas. Nessa linha de argumentação, entendia-se que a contratação de trabalhadores por empresa interposta seria ilegal, formando-se o vínculo empregatício diretamente entre o empregado contratado e a empresa tomadora dos serviços. Inteligência da Súmula nº 331 do c. TST. 2. Revisitando posicionamento consagrado pelo c. TST, em 30/8/2018, a Suprema Corte, nos autos da ADPF 324/DF e do RE 958.252, submetido à sistemática da repercussão geral – Tema nº 725 –, tendo em conta os princípios constitucionais da livre iniciativa (art. 170) e da livre concorrência (art. 170, IV), a dignidade da pessoa humana (art. 1º), os direitos trabalhistas assegurados pela Constituição Federal (art. 7º), o direito de acesso do trabalhador à previdência social, à proteção à saúde e à segurança no trabalho, declarou a inconstitucionalidade da Súmula nº 331, I, do c. TST, reconhecendo a licitude da terceirização em todas as etapas do processo produtivo, seja meio ou fim. Ao examinar o Tema nº 725 da Tabela de Repercussão Geral, no RE nº 958.252, fixou a seguinte tese jurídica: "É lícita a terceirização ou qualquer outra forma de divisão do trabalho entre pessoas jurídicas distintas, independentemente do objeto social das empresas envolvidas, mantida a responsabilidade subsidiária da empresa contratante". Na mesma oportunidade, ao julgar a ADPF nº 324, firmou a seguinte tese, com efeito vinculante para todo o Poder Judiciário: "1. É lícita a terceirização de toda e qualquer atividade, meio ou fim, não se configurando relação de emprego entre a contratante e o empregado da contratada. 2. Na terceirização, compete à contratante: i) verificar a idoneidade e a capacidade econômica da terceirizada; e ii) responder subsidiariamente pelo descumprimento das normas trabalhistas, bem como por obrigações previdenciárias, na forma do art. 31 da Lei 8.212/1993". 3. A jurisprudência então caminhava no sentido de que a previsão do art. 94, II, da Lei 9.472/97, segundo o qual, "no cumprimento de seus deveres, a concessionária poderá, observadas as condições e limites estabelecidos pela Agência: (...) contratar com terceiros o desenvolvimento de atividades inerentes, acessórias ou complementares ao serviço, bem como a implementação de projetos associados", não se traduzia em autorização para a contratação pela tomadora dos serviços de trabalhadores para exercer tarefas ligadas à sua atividade-fim, sob pena de caracterização de terceirização ilícita de mão-de-obra. 4. Em 11.10.2018, entretanto, o c. STF, examinando o Tema nº 739 da Tabela de Repercussão Geral – possibilidade de recusa de aplicação do art. 94, II, da Lei 9.472/1997, em razão dos termos da Súmula 331/TST, sem observância da regra de reserva de plenário -, nos autos do ARE nº 791.932, fixou a seguinte tese: "É nula a decisão de órgão fracionário que se recusa a aplicar o art. 94, II, da Lei 9.472/1997, sem observar a cláusula de reserva de Plenário (CF, art. 97), observado o artigo 949 do CPC." 5. Em suma, o c. STF reconheceu a legalidade irrestrita da terceirização de serviços, podendo a contratação de trabalhadores se dar de forma direta ou por empresa interposta e para exercer indiscriminadamente atividades ligadas à área fim ou meio das empresas, não se configurando em tais circunstâncias relação de emprego entre a contratante e o empregado da contratada, remanescendo, contudo, a responsabilidade subsidiária do tomador dos serviços no caso de descumprimento das obrigações trabalhistas assumidas pela empresa contratada, bem como pelas obrigações previdenciárias, na forma do art. 31 da Lei 8.212/1993, além de firmar que é plenamente possível a terceirização de atividades precípuas das concessionárias de serviços de telecomunicações. 6. Na hipótese dos autos, o eg. Tribunal Regional concluiu que a terceirização de serviços se deu de forma lícita, de modo que não reconheceu o vínculo empregatício diretamente com os tomadores de serviços, em total conformidade com a atual jurisprudência do c. STF e do c. TST. Óbice da Súmula nº 333 do c. TST e do artigo 896, § 7º, da CLT. 7. Recurso de revista não conhecido. (TST-RR-1169-88.2011.5.03.0014, 3ª Turma, rel. Min. Alexandre Agra Belmonte, julgado em 22.5.2019) (Informativo 196 do TST)

Terceirização. Atividade-fim. Fraude. Ilicitude. "AGRAVO. AGRAVO DE INSTRUMENTO EM RECURSO DE REVISTA INTERPOSTO PELO RECLAMANTE. NÃO REGIDO PELA LEI 13.015/2014. JULGAMENTO ANTERIOR PELA TURMA. DEVOLUÇÃO DOS AUTOS PARA VERIFICAÇÃO DA POSSIBILIDADE DE JUÍZO DE RETRATAÇÃO. ARTIGO 543-B DO CPC/1973 (ART. 1.041, CAPUT, §1º, DO CPC/2015). TERCEIRIZAÇÃO ILÍCITA. RECONHECIMENTO DO VÍNCULO EMPREGATÍCIO DIRETAMENTE COM A EMPRESA TOMADORA DE SERVIÇOS. PRESENTES OS REQUISITOS DOS ARTS. 2º E 3º DA CLT. SÚMULA 331, I, DO TST. 1. O Tribunal Regional concluiu pela ilicitude da terceirização de serviços, ao fundamento de que houve fraude na intermediação de mão-de-obra. Consignou que as atividades desenvolvidas pela Reclamante estão inseridas na atividade-fim da tomadora de serviços, bem como que restaram comprovados os elementos configuradores da relação de emprego. Nesse contexto, a Corte de origem manteve a sentença em que reconhecido o vínculo empregatício com a segunda Reclamada (TNL PCS S.A.), com amparo na Súmula 331, itens I e III, parte final, do TST. 2. Interposto agravo regimental pela segunda Reclamada, em face da decisão em que negado provimento ao agravo de instrumento, este Colegiado, nos termos do acórdão às fls. 722/728, negou-lhe provimento, sob o fundamento de que o acórdão do Tribunal Regional, no sentido de considerar ilícita a terceirização, encontrava-se em consonância com a Súmula 331, I, do TST. 3. O Plenário do Supremo Tribunal Federal, em 30/8/2018, ao julgar a Arguição de Descumprimento de Preceito Fundamental 324 e o Recurso Extraordinário 958.252, com repercussão geral e efeito vinculante, firmou entendimento no sentido de ser lícita a terceirização de toda e qualquer atividade, meio ou fim, não se estabelecendo relação de emprego entre o tomador de serviços e o empregado da empresa prestadora. 4. No caso concreto, todavia, ainda que se considere lícito o objeto da terceirização, o fato é que restou evidenciada a existência de onerosidade, pessoalidade, habitualidade e subordinação direta capaz de atrair o reconhecimento do vínculo de emprego direto com a tomadora, nos termos da Súmula 331, I, do TST. De se notar que o STF, ao reconhecer lícita a possibilidade de terceirização das atividades finalísticas ou das componentes do "core business" das empresas, não chancelou a fraude advinda da assunção pela empresa contratante do poder diretivo inerente à figura do empregador. Afinal, essa singular situação de fraude não foi considerada no julgamento proferido pela excelsa Corte, nem tampouco as Leis 13.429/2017 e 13.467/2017 impuseram a revogação dos artigos 2º, 3º e 9º, todos da CLT, nos quais, além de fixados os conceitos de empregador e empregado, está assentada a nulidade absoluta de todos os atos que impeçam a vigência dos dispositivos da legislação social. Em síntese, a possibilidade de ampla terceirização, reconhecida pela Excelsa Corte e pelo legislador ordinário, não autoriza a fusão das figuras do contratante de serviços terceirizados e da própria empresa de prestação desses serviços. Desse modo, para se alcançar conclusão em sentido diverso, seria necessário revolver fatos e provas, o que não é possível ante o óbice de que trata a Súmula 126 deste TST. 5. Logo, deve ser mantida a decisão em que negado provimento ao agravo de instrumento da segunda Reclamada, sem efetuar o juízo de retratação de que trata o art. 543-B, § 3º, do CPC/1973 (art. 1.041, § 1º, do CPC/2015), determinando-se a devolução dos autos à Vice-Presidência desta Corte, para que prossiga no exame de admissibilidade do recurso extraordinário, como entender de direito." (TST-AIRR-1043-96.2012.5.03.0048, 5ª Turma, rel. Min. Douglas Alencar Rodrigues, julgado 12.6.2019) **(Informativo 199 do TST)**

Segurança de bingo. Local destinado a atividade ilícita. Reconhecimento do vínculo de emprego. Possibilidade. Serviços prestados não vinculados à contravenção. "(...) SEGURANÇA DE ESTABELECIMENTO QUE EXPLORA ATIVIDADE CLANDESTINA DE BINGO. RECONHECIMENTO DO CONTRATO DE TRABALHO. Cinge-se a controvérsia sobre o reconhecimento do vínculo de emprego do trabalhador que exerce o cargo de segurança em local que explora atividade clandestina de bingo. Em controvérsia semelhante a respeito do "jogo do bicho", o Tribunal Pleno desta Corte Superior, reunido no dia 7/12/2006, julgou o Incidente de Uniformização Jurisprudencial (IUJ), suscitado nos autos do processo nº TST-E-RR-621145/2000, tendo decidido manter o entendimento consubstanciado na Orientação Jurisprudencial nº 199 da Subseção I Especializada em Dissídios Individuais, no sentido de que não há contrato de trabalho, ante a ilicitude do objeto. Há, porém, que se identificar, primeiramente, se a atividade do tomador de serviços é ilícita e o serviço é igualmente ilícito, porque inerente à atividade, logo, o objeto do contrato é ilícito, recaindo no art. 166 do CCB. Existem casos em que a atividade é ilegal ou ilícita, mas o serviço prestado não diz respeito diretamente ao seu desenvolvimento, cuida-se, não de trabalho ilícito, mas sim de trabalho vulgarmente chamado de proibido, são serviços como segurança, faxineiros, garçons, ou seja, de pessoas que casualmente estão trabalhando em estabelecimento ilegal, mas que poderiam perfeitamente executar o mesmo trabalho em locais lícitos. Negar a proteção do direito a esses trabalhadores seria injusto perante a ordem jurídica, porque corresponderia a beneficiar o empresário que atua ilegalmente, sonegando ao trabalhador honesto seus direitos trabalhistas. Assim, há de se reconhecer a validade do contrato de trabalho do empregado que, a despeito de prestar serviço em local destinado a atividade ilícita, não realiza atividade diretamente vinculada à contravenção legal, como é o caso dos autos, em que o autor exercia a atividade de segurança. Nesse esteio, estando o trabalho do reclamante em conformidade com a lei, dissociado da atividade fim do bingo, é certo que o recorrente não pode se favorecer da própria torpeza para não arcar com as obrigações trabalhistas. Portanto, correta a decisão do Regional que reconheceu o vínculo de emprego. Agravo de instrumento conhecido e desprovido." (TST-AIRR-1021-85.2016.5.11.0012, 3ª Turma, rel. Min. Alexandre Agra Belmonte, julgado em 28.8.2019) (Informativo 203 do TST)

"AGRAVO INTERNO EM AGRAVO DE INSTRUMENTO EM RECURSO DE REVISTA. CONTRATO TEMPORÁRIO. FRAUDE NA CONTRATAÇÃO. RECONHECIMENTO DE VÍNCULO COM A TOMADORA DE SERVIÇOS. Extrai-se do acórdão Recorrido que a agravante e a empresa de trabalho temporário firmaram contrato cujo objeto era o fornecimento de mão de obra temporária, com base na Lei n.º 6.019/74, para atendimento de necessidades transitórias e extraordinárias de serviços na área de teleatendimento da tomadora de serviços. Consignou o Regional que de junho/2001 a outubro/2005, ininterruptamente, a tomadora fez uso da mão de obra temporária (1.213 empregados), evidenciando que o motivo da demanda de trabalho temporário não visava atender ao acréscimo extraordinário de serviços. Com efeito, o contrato temporário somente pode ser formalizado para atender à necessidade transitória de pessoal regular e permanente ou ao acréscimo extraordinário de serviços, o que não ocorreu na hipótese dos autos. Assim, o reconhecimento da fraude decorreu da contratação irregular de trabalhadores temporários que, na verdade, não preenchia os requisitos da Lei n.º 6.019/74, e, uma vez alterada a finalidade da citada norma, o imperativo é o reconhecimento do vínculo de emprego com o verdadeiro beneficiário dos serviços, ou seja, com a agravante. Há, portanto, visível distinção entre o caso concreto e o analisado pelo STF (APDF 324/DF e RE 958252/MG), que reconheceu a licitude da terceirização das atividades meio ou fim das empresas de telecomunicações. Não houve reconhecimento de vínculo de emprego diretamente com a tomadora dos serviços, em razão do entendimento de que as funções desempenhadas pelos empregados eram inerentes à atividade-fim da concessionária do serviço de telecomunicações. Houve claro desvirtuamento do contrato temporário, regido pela Lei n.º 6.019/74, que enseja o reconhecimento de fraude. Assim, não havendo reparos a fazer na decisão agravada, impõe-se a multa prevista no art. 1.021, § 4.º, do CPC/2015. Agravo conhecido e não provido." (TST-Ag-AIRR-84040-05.2008.5.18.0002, 1ª Turma, rel. Min. Luiz José Dezena da Silva, julgado em 20.11.2019) **(Informativo 213 do TST)**

"(...) 5. RECONHECIMENTO DE VÍNCULO EMPREGATÍCIO EM JUÍZO. CARREGADOR DE CAMINHÃO ("CHAPA"). AUSÊNCIA DE PROVA DA REMUNERAÇÃO. VALOR ARBITRADO COM BASE NAS ALEGAÇÕES CONSTANTES NA PETIÇÃO INICIAL. AUSÊNCIA DE VEROSSIMILHANÇA. Trata-se de reclamação trabalhista proposta por pessoa que laborou como carregador de caminhão ("chapa", ajudante de caminhão) no período de 20/6/1994 a 1º/9/2014. O vínculo de emprego apenas foi reconhecido em juízo e, em razão da falta de prova da quitação das verbas trabalhistas por escrito (art. 464 da CLT), as instâncias ordinárias consideram verídicas as informações constantes na petição inicial relativas à remuneração, tendo arbitrado o valor da diária laborada pelo Autor em R$170,00, totalizando em um salário mensal de R$3.910,00 (três mil novecentos e dez reais) no fim do contrato (ano de 2014). Não se olvida que, reconhecida a relação de emprego em Juízo, o ônus da prova do valor salarial pago – reforçado pelo princípio da aptidão para a prova – caberia ao empregador, na medida em que o art. 464 da CLT estabelece que os pagamentos far-se-ão mediante recibo, não sendo permitido outro meio documental, senão quando existentes outros indícios como: comprovante de depósito em conta corrente, cheque nominal, ficha financeira ou outros equivalentes. No entanto, apesar de as Reclamadas não produzirem prova no sentido de que o Autor recebia remuneração diversa, a admissão dos valores alegados na petição inicial não pode se dar em contrassenso ou em desrespeito ao princípio da razoabilidade, que deve nortear toda a atividade jurisdicional. Naturalmente está implícito que, mesmo em caso de confissão ficta, não se pode atingir resultado inverossímil ou totalmente dissociado da realidade, como seria, no caso vertente, um salário mensal no importe de R$3.910,00, em setembro de 2014 (o que equivaleria a 5,4 salários mínimos), para um profissional "carregador" ou "ajudante de caminhão". Assim sendo, deve-se arbitrar o valor da remuneração com fundamento no princípio da razoabilidade e na observação do que ordinariamente acontece em situações análogas, nos termos do art. 375 do CPC/2015 (artigo 335 do CPC/1973). Recurso de revista conhecido e parcialmente provido." (TST-RR-100267-28.2016.5.01.0046, 3ª Turma, rel. Min. Mauricio Godinho Delgado, julgado em 4.12.2019) **(Informativo 214 do TST)**

Art. 4º Considera-se como de serviço efetivo o período em que o empregado esteja à disposição do empregador, aguardando ou executando ordens, salvo disposição especial expressamente consignada.

§ 1º Computar-se-ão, na contagem de tempo de serviço, para efeito de indenização e estabilidade, os períodos em que o empregado estiver afastado do trabalho prestando serviço militar e por motivo de acidente do trabalho.

§ 2º Por não se considerar tempo à disposição do empregador, não será computado como período extraordinário o que exceder a jornada normal, ainda que ultrapasse o limite de cinco minutos previsto no § 1º do art. 58 desta Consolidação, quando o empregado, por escolha própria, buscar proteção pessoal, em caso de insegurança nas vias públicas ou más condições climáticas, bem como adentrar ou permanecer nas dependências da empresa para exercer atividades particulares, entre outras:

I – práticas religiosas;

II – descanso;

III – lazer;

IV – estudo;

V – alimentação;

VI – atividades de relacionamento social;

VII – higiene pessoal;

VIII – troca de roupa ou uniforme, quando não houver obrigatoriedade de realizar a troca na empresa.

COMENTÁRIOS (ART. 4º)

1. TEMPO À DISPOSIÇÃO

A jornada de trabalho é composta de um tronco básico e de componentes complementares. A base da jornada de trabalho é o lapso temporal correspondente ao horário de trabalho estabelecido no contrato de trabalho. Já os componentes complementares são os demais períodos efetivamente laborado ou à disposição do empregador[169].

Dentre os componentes complementares da jornada de trabalho estão o tempo à disposição e os intervalos remunerados *(a exemplo, aqueles concedidos nos*

[169] Idem. Delgado, 2019, p.1041-1042.

serviços de mecanografia, datilografia, escrituração ou cálculo).

O dispositivo em análise preceitua que o tempo de serviço efetivo é o período em que o empregado está à disposição do empregador, aguardando ou executando ordens, salvo disposição especial expressamente consignada. Isso significa dizer que além do tempo efetivamente laborado pelo trabalhador, deve ser computado na sua jornada de trabalho o período em que estiver à disposição do empregador aguardando ou executando ordens, nas dependências ou não da empresa, exceto se houver previsão legal, acordo ou convenção coletiva em sentido contrário (artigo 611-A, incisos I e VIII, da CLT).

A doutrina e a jurisprudência majoritária entendem que o regime de prontidão e de sobreaviso devem ser inseridos na jornada de trabalho, por considerá-los tempo à disposição do empregador.

Delgado explica que o tempo de prontidão e sobreaviso são critérios especiais de cômputo da jornada de trabalho previstos em normas específicas, de modo que aplica-se apenas à determinadas categorias de trabalhadores – como, v.g., o ferroviário, conforme art. 244 da CLT – não se estendendo, em princípio, a todas as relações empregatícias[170].

O sobreaviso representa a possibilidade de um empregado permanecer na sua residência ou outro local combinado, aguardando o comando do seu empregador para execução de alguns serviços. O regime de sobreaviso não pode ultrapassar 24 horas, com remuneração à razão de 1/3 sobre o salário-hora normal (art. 244, §2º, da CLT).

Sobre o assunto, Sergio Pinto Martins defende que *"O sobreaviso caracteriza-se pelo fato de o empregado ficar em sua casa (e não em outro local) aguardando ser chamado para o serviço. Permanece em estado de expectativa durante seu descanso, aguardando ser chamado a qualquer momento. Não tem o empregado condições de assumir compromissos, pois pode ser chamado de imediato, comprometendo até seus afazeres familiares, pessoais e até seu lazer"*[171].

A prontidão, de outro lado, configura-se quando o empregado permanece nas dependências da empresa aguardando ordens, em escala por período não superior a 12 horas. É remunerada à razão de 2/3 do salário-hora normal (art. 244, §3º, da CLT).

A Lei 5.811 de 11 de outubro de 1972 dispõe sobre o regime de trabalho dos empregados nas atividades de exploração de petróleo e seus derivados. De acordo com o art. 5º, do referido diploma normativo, os funcionários que ocupam cargo de supervisão operacional, engajados em trabalhos de geologia de poço ou em trabalhos de apoio operacional às atividades de exploração, perfuração, produção e transferência de petróleo do mar, em áreas terrestres distantes ou de difícil acesso, poderão permanecer em regime de sobreaviso, quando for imprescindível à continuidade operacional durante as 24 horas do dia. O trabalhador permanecerá à disposição do empregador, em regime de sobreaviso, por um período de 24 horas para prestar assistência aos trabalhos normais ou atender as necessidades ocasionais de operação. Os petroleiros submetidos ao regime de sobreaviso não podem ter jornada normal superior a 12 horas, nem permanecer neste regime por período superior a 15 dias consecutivos.

Durante o período de sobreaviso o empregado terá direito a repouso de 24 horas consecutivas para cada período de 24 horas em que permanecer em sobreaviso, bem como remuneração adicional correspondente a, no mínimo, 20% do respectivo salário-básico, a fim de compensar a eventualidade de trabalho noturno ou a variação de horário para repouso e alimentação, conforme art. 6º da Lei 5.811/72.

Outra categoria que prevê expressamente a aplicação do regime de sobreaviso é o aeronauta (tripulante de aeronave), regido pela Lei 13.475 de 28 de agosto de 2017. O tempo de sobreaviso do aeronauta tem duração mínima de 3 horas e não excedente a 12 horas.

O tripulante permanece em local de sua escolha à disposição do empregador *(não necessariamente em sua residência)*, devendo apresentar-se no aeroporto ou em outro local determinado, no prazo de até 90 (noventa) minutos, após receber comunicação para o início de nova tarefa. Nos Municípios ou conurbação[172] com 2 (dois) ou mais aeroportos, o tripulante designado para aeroporto diferente da base contratual terá prazo de 150 (cento e cinquenta) minutos para a apresentação, após receber comunicação para o início de nova tarefa.

As horas de sobreaviso serão pagas à base de 1/3 (um terço) do valor da hora de voo. Na hipótese de o tripulante ser convocado para uma nova tarefa, o tempo remunerado será contabilizado entre o início do sobreaviso e o início do deslocamento. Do contrário, se o tripulante de voo ou de cabine não for convocado para uma tarefa durante o período de sobreaviso, o tempo de repouso mínimo de 8 horas deverá ser respeitado antes do início de nova tarefa.

O período de sobreaviso, contabilizado desde seu início até o início do deslocamento caso o tripulante seja acionado para nova tarefa, não poderá ser superior

---

170 Idem. Delgado, 2019, p. 1036.

171 Idem. Martins, 2020, p. 834.

172 conurbação | s. f. – (inglês conurbation) – substantivo feminino – Aglomeração formada por uma cidade e pelos seus satélites, ou por diversas cidades vizinhas de importância mais ou menos igual. = ÁREA METROPOLITANA ("conurbação", in Dicionário Priberam da Língua Portuguesa, 2008-2020, https://dicionario.priberam.org/conurba%C3%A7%C3%A3o – consultado em 03-01-2021).

a 12 (doze) horas. Nesse período não serão computados os períodos de deslocamento de 90 e 150 minutos previstos no caput e no § 1º do art. 43 da Lei 13.475/2017.

O Tribunal Superior do Trabalho tem interpretado o art. 244 da CLT de forma ampliativa, de forma a estender a aplicação das regras de prontidão e sobreaviso às demais categorias. Sedimentou o entendimento de que esse dispositivo aplica-se, por analogia, aos eletricitários (Súmula 229 do TST).

Também, entende, atualmente, que o uso de instrumentos telemáticos ou informatizados pelo empregador ao empregado, por si só, não caracteriza sobreaviso (Súmula 428, item I do TST). Ou seja, o simples fato de o trabalhador está utilizando um laptop, palmtop, tablet, celular ou outro dispositivo conectado à empresa – através de programa, plataforma ou aplicativo – não configura o sobreaviso. Esse posicionamento está baseado em uma razão muito simples: a liberdade de locomoção do trabalhador. Do contrário, se houver prejuízo à locomoção, estará configurado o sobreaviso.

A jurisprudência trabalhista tem entendido que o tempo de deslocamento entre Cidades vizinhas, por necessidade do serviço ou determinação do empregador, é considerado tempo à disposição do empregador e, por essa razão, deve ser computado na jornada de trabalho:

> *"RECURSO DE REVISTA INTERPOSTO NA VIGÊNCIA DA LEI 13.015/2014.* ***HORAS EXTRAS. TEMPO DESPENDIDO NO DESLOCAMENTO ENTRE CIDADES VIZINHAS POR NECESSIDADE DO SERVIÇO OU POR DETERMINAÇÃO DO EMPREGADOR. EXTRAPOLAÇÃO DA JORNADA NORMAL DE TRABALHO. TEMPO À DISPOSIÇÃO CONFIGURADO.*** *Discute-se se o* ***tempo gasto no deslocamento entre cidades vizinhas para a consecução dos serviços em prol da reclamada deve ser incluído na jornada de trabalho do reclamante. Com efeito, a iterativa, notória e atual jurisprudência do TST considera à disposição do empregador o tempo despendido pelo empregado em deslocamentos decorrentes de viagens em razão da necessidade do serviço, por determinação do empregador, que extrapola a jornada de trabalho do obreiro.*** *Como, na hipótese, é possível extrair dos autos que o empregado realizava os deslocamentos* ***(viagens para cidades vizinhas) no interesse e a partir de determinação das rés, é devido o pagamento de horas extras e reflexos pelo tempo à disposição.*** *Recurso de revista conhecido e provido."* **(RR-21159-93.2016.5.04.0521, 2ª Turma, Relator Ministro Jose Roberto Freire Pimenta, DEJT 14/08/2020).**
>
> *"AGRAVO. AGRAVO DE INSTRUMENTO. RECURSO DE REVISTA. AÇÃO CIVIL PÚBLICA. ECT. VIAGENS. DESLOCAMENTO ENTRE O MUNICÍPIO DE LOTAÇÃO E OUTRAS CIDADES EM RAZÃO DE NECESSIDADE DE SERVIÇO E DETERMINAÇÃO DO EMPREGADOR. TEMPO À DISPOSIÇÃO. A parte agravante não consegue viabilizar o acesso à via recursal de natureza extraordinária, à míngua de comprovação de pressuposto intrínseco de admissibilidade inscrito no art. 896 da CLT.* ***A jurisprudência desta Corte Superior é firme no sentido de que as viagens realizadas pelos empregados decorrentes da necessidade do serviço e das correspondentes determinações emanadas do empregador, configuram tempo à disposição deste último, nos termos do art. 4º da CLT, devendo ser remuneradas de forma extraordinária quando efetuadas fora do horário normal de trabalho, em efetiva sobrejornada.*** *Agravo a que se nega provimento."*
>
> **(Ag-AIRR-296200-51.2009.5.01.0282, 1ª Turma, Relator Ministro Walmir Oliveira da Costa, DEJT 27/04/2018).**

Além disso, recentemente, a Subseção I Especializada em Dissídios Individuais (SDI-1) do Tribunal Superior do Trabalho, no julgamento do processo nº E-RR-770-74.2011.5.03.0106, condenou o Itaú Unibanco S.A. ao pagamento de horas extras, por considerar que o tempo de espera em aeroportos para embarque e desembarque em viagens a serviço, inclusive o tempo necessário para o *check-in*, é considerado tempo à disposição do empregador (artigo 4º da CLT), compondo a jornada de trabalho do empregado.

Segundo o entendimento firmado pelo colegiado, composto por 14 (quatorze) Ministros, deve ser considerado, na jornada de trabalho, o tempo de efetiva duração do voo, inclusive o necessário para apresentação de check-in, fixado em uma hora para deslocamentos nacionais, e o tempo de efetiva realização do curso. Caso esse período extrapole a jornada normal de trabalho, ensejará a necessidade de pagamento de horas extras. Entretanto, o tempo de deslocamento da casa do empregado até o aeroporto na sua cidade de origem, ou o tempo de deslocamento entre o aeroporto e o alojamento na cidade de destino, não será computado na jornada de trabalho[173]. No mesmo sentido o informativo 219 do TST:

> ***Viagens para participação em cursos e treinamentos exigidos pela empresa. Tempo de espera para o embarque no aeroporto e tempo efetivo de voo. Horas extras. Devidas. Tempo à disposição do empregador. Art. 4º da CLT.*** *Na hipótese de viagens para participação em cursos de treinamento e capacitação exigidos pelo empregador e realizados em cidades estranhas ao local da prestação de serviços,*

[173] Eis o precedente: "(...) RECURSO DE REVISTA REGIDO PELA LEI 13.015/2014 1 – HORAS EXTRAS. TEMPO DE DESLOCAMENTO EM VIAGENS PARA PARTICIPAÇÃO EM CURSOS E TREINAMENTOS. 1.1. É assente no âmbito desta Corte o entendimento de que, via de regra, o tempo destinado à realização de cursos e treinamentos, sobretudo quando exigidos pela empresa, caracteriza tempo à disposição, nos moldes do art. 4.º da CLT, devendo ser considerado como parte integrante da jornada de trabalho. Afinal, nesse período, a participação do empregado se dá em razão do contrato de trabalho, no interesse e benefício do empregador, e por determinação deste, o que caracteriza sujeição ao seu poder hierárquico e disciplinar. Além disso, não há liberdade do empregado para dispor de seu tempo como lhe aprouver. 1.2. Todavia, conforme salientou a Exma. Ministra Dora Maria da Costa nos autos do ARR-330-59.2016.5.23.0005 (DEJT 26/10/2018), não é razoável computar-se o tempo de deslocamento entre a residência e o aeroporto, bem como entre o aeroporto de destino e o hotel, uma vez que constituem eventos comuns que ocorrem com todo trabalhador que depende de transporte público (ou privado) para o deslocamento da residência para o trabalho e vice-versa (aqui incluído o hotel em que se hospeda no local de destino, considerado como seu domicílio durante a viagem). Recurso de revista conhecido e parcialmente provido. (...)" (TST-RR-770-74.2011.5.03.0106, 2ª Turma, rel. Min. Delaíde Miranda Arantes, julgado em 14.8.2019)

considera-se tempo à sua disposição o período de trânsito aéreo, bem como aquele expendido no aeroporto aguardando o embarque, limitado este último a uma hora. Inteligência do art. 4º da CLT. Entendeu-se, ainda, que não devem ser computados como tempo à disposição nenhum dos períodos de deslocamento até o aeroporto, seja ao de origem, na ida, seja ao de destino, na volta, e nem aquele gasto em trânsito do aeroporto ao hotel em que ficaria hospedado na cidade de realização dos cursos. Com esses fundamentos, a SBDI-I decidiu, por maioria, conhecer dos embargos por divergência jurisprudencial, vencido o Ministro Breno Medeiros, e, **no mérito, nos termos do voto médio do Ministro Alexandre Luiz Ramos, dar-lhes provimento parcial para assegurar à reclamante o pagamento das horas de espera em aeroporto para embarque e desembarque**, *vencidos, totalmente, os Ministros Maria Cristina Peduzzi, Breno Medeiros e Aloysio Corrêa da Veiga e, parcialmente, os Ministros Augusto César Leite de Carvalho, relator, Hugo Carlos Scheuermann, Cláudio Mascarenhas Brandão, João Batista Brito Pereira, Lelio Bentes Corrêa, Luiz Philippe Vieira de Mello Filho e Walmir Oliveira da Costa, na parte em que também davam provimento aos embargos para julgar procedente o pedido de cômputo como horas extraordinárias do tempo de traslado entre aeroportos e hotéis, quando extrapoladas da jornada ordinária. TST-E-RR-770-74.2011.5.03.0106, SBDI-I, rel. Min. Augusto César Leite de Carvalho, red. p/ acórdão Min. Alexandre Luiz Ramos, 21/5/2020.*

Esse entendimento não é unanimidade no âmbito do Tribunal. A Terceira Turma do TST, por exemplo, compreende que não é possível o reconhecimento do tempo à disposição nos casos de espera para embarque e desembarque em viagens para participação em eventos. Vejamos o aresto:

*"**HORAS EXTRAS – TEMPO À DISPOSIÇÃO DA EMPREGADORA – VIAGENS PARA PARTICIPAÇÃO EM EVENTOS – PERÍODOS DE DESLOCAMENTO E ESPERA EM AEROPORTOS.** Depreende-se do acórdão recorrido que o juízo de primeiro grau reconheceu a participação da autora nos eventos realizados fora de sua cidade, determinando o pagamento das horas extras correspondentes. **A recorrente sugere que não apenas a sua participação nos eventos configuraria tempo à disposição da empresa, mas todo o período utilizado nas viagens, desde a partida até o momento de retorno ao seu domicílio.** Não fica muito claro, a partir dos elementos retóricos do recurso de revista, quais seriam exatamente os períodos nos quais a autora considera que teria permanecido à disposição do empregador, além daqueles já deferidos em primeira instância e confirmados pelo Tribunal. O que se tem de mais concreto é o aresto apresentado ao confronto de teses, que examina a matéria a partir do tempo de deslocamento e de espera em aeroportos. Não se olvida que o tempo utilizado pelo empregado em eventos patrocinados ou de interesse do empregador caracteriza tempo à disposição, nos termos do artigo 4º da CLT. **Entretanto, não se mostra razoável enquadrar nesse dispositivo o tempo utilizado no deslocamento entre a residência e o aeroporto, na espera para embarque e desembarque e no trajeto entre o terminal aeroportuário e o local de estadia, porque tais procedimentos constituem eventos comuns, que ocorrem com qualquer trabalhador que depende de transporte para o deslocamento de sua residência para o trabalho e vice-versa. É exatamente esse o sentido de elucidativo julgado da 8ª Turma desta Corte, da relatoria da ministra Dora Maria da Costa. A 2ª Turma já adotou o mesmo entendimento. Desta feita, não prospera a pretensão recursal. Recurso de revista conhecido por divergência jurisprudencial e desprovido.**" (RR-854-12.2011.5.04.0021, 3ª Turma, Relator Ministro Alexandre de Souza Agra Belmonte, DEJT 07/01/2020)*

Na atividade de motorista profissional, o tempo de espera, assim considerado as horas em que o motorista empregado fica aguardando a carga ou a descarga do veículo nas dependências do embarcador ou do destinatário, ou, ainda, o período gasto com a fiscalização da mercadoria transportada em barreiras fiscais ou alfandegária, não é considerado tempo à disposição do empregador (art. 235-C, §§ 1º e 8º, da CLT). Por esta razão, esse período não é computado na jornada normal de trabalho, nem como jornada extraordinária. Ainda que o tempo de espera for superior a 2 horas ininterruptas, naquelas situações em que for exigida a permanência do motorista no veículo, o tempo não será considerado como tempo à disposição, mas, sim, um tempo destinado a repouso, quando o local oferece as condições adequadas. Mesmo que o motorista movimente o veículo, quando necessário, esse período não será computado na jornada de trabalho, na forma do art. 235-C, § 12, da CLT.

Antes da Reforma Trabalhista algumas atividades desempenhadas pelo empregado, nas dependências da empresa, eram consideradas tempo à disposição do empregador. Nesse sentido, a Súmula 366 do TST estabelece que se ultrapassado o limite máximo de dez minutos diários, que antecedem e sucedem a jornada de trabalho, será considerado como extra a totalidade do tempo que exceder a jornada normal de trabalho, por ser considerado tempo à disposição do empregado, pouco importando as atividades desenvolvidas pelo empregado ao longo do tempo residual, citando como exemplo a troca de uniforme, a alimentação e a higiene pessoal.

No entanto, nesse aspecto, a Reforma Trabalhista (Lei n. 13.467/2017) produziu alterações acentuadas ao introduzir o § 2º ao artigo 4º da CLT, relacionando algumas situações que não são consideradas tempo à disposição do empregador. Dentre elas o período que o empregado permanecer nas dependências da empresa, por escolha própria, para: a) **buscar proteção pessoal**, em face de insegurança nas vias públicas ou má condições climáticas; b) **realizar atividades particulares**, como práticas religiosas, descanso, lazer, estudo, alimentação, atividades de relacionamento social, higiene pessoal ou troca de roupa ou uniforme, quando não houver obrigatoriedade de realizar a troca na empresa.

O rol de atividades particulares apontado no art. 4º, §2º, da CLT, é meramente exemplificativo. Nessa toada, Luciano Martinez esclarece: "o legislador mencionou apenas algumas das **atividades particulares** que poderiam ser realizadas nas dependências do contratante, sendo prova disso o uso da expressão **"entre outras"**. Desse modo, **entre outras atividades**, o patrão está autorizado a admitir que adentrem ou permaneçam nas suas dependências os seus empregados que visem, **sem nenhuma conexão com o trabalho e sem nenhuma exigência imposta pelo serviço"**[174].

Nota-se, assim, que a mera permanência do empregado nas dependências do empregador para buscar abrigo ou realizar atividades sem conexão com as atividades laboral não gera presunção de efetiva prestação de serviços ou de que esteja aguardando ordens.

2. HORAS "IN ITINERE"

A expressão "*in itinere*" tem origem no latim. Significa "*na estrada*" ou "*no percurso*".

No Direito do Trabalho, as horas *in intine* representam o tempo despendido pelo trabalhador no percurso entre a sua residência e o trabalho, bem como o tempo destinado para o seu retorno.

Inicialmente, o art. 58, § 2º, da CLT, prescrevia que o tempo despendido pelo empregado até o local de trabalho e para o seu retorno, por qualquer meio de transporte, via de regra não era computado na jornada normal de trabalho. Porém, quando o empregador fornecia a condução e o local de trabalho estivesse situado em local de difícil acesso ou não servido por transporte público, era possível o cômputo desse período na jornada normal de trabalho, sendo considerado tempo à disposição do empregado.

A partir desse dispositivo, nos termos da Súmula 90, o Tribunal Superior do Trabalho consolidou o entendimento de que:

a) as horas de deslocamento, em condução fornecida pelo empregador, até o local de trabalho de difícil acesso, ou não servido por transporte público regular, e para o seu retorno é computável na jornada de trabalho;

b) a incompatibilidade entre os horários de início e término da jornada do empregado e os do transporte público regular é circunstância que também gera o direito às horas "in itinere";

c) se houver transporte público regular em parte do trajeto percorrido em condução da empresa, o empregado terá direito às horas "in itinere" limitando-se ao trecho não alcançado pelo transporte público;

d) a mera insuficiência de transporte público não enseja o pagamento de horas "in itinere";

e) o tempo "in itinere" que extrapolar a jornada normal de trabalho é considerado extraordinário e sobre ele deve incidir o respectivo adicional.

A Reforma Trabalhista (Lei n. 13.467/2017) alterou a redação do § 2º do art. 58 da CLT, de modo que o tempo despendido pelo empregado desde a sua residência até a efetiva ocupação do posto de trabalho e para o seu retorno, não é considerado tempo à disposição do empregador, pouco importando se o empregado faz o percurso caminhando ou utiliza algum meio de transporte, inclusive o fornecido pelo empregador. O tempo gasto no trajeto, portanto, não será computado na jornada de trabalho.

Com efeito, a nova redação conferida pela Reforma Trabalhista, impossibilitou o cômputo das horas *in itinere* na jornada de trabalho. Encerrou, também, as discussões doutrinárias e jurisprudenciais acerca do tema, superando, ainda que momentaneamente, o entendimento consolidado nas Súmulas 90, 320 e 429 do TST, que consideram as horas *in itinere* como tempo integrante da jornada de trabalho.

Advertimos que é possível o cômputo das horas *in itinere* na jornada de trabalho quando houver previsão em instrumento de negociação coletiva, prevalecendo, nesta hipótese, o negociado sobre o legislado (art. 611-A da CLT).

3. SERVIÇO MILITAR

De acordo com o art. 1º da Lei 4.375 de 17 de agosto de 1964, o serviço militar compreende no exercício de atividades específicas desempenhadas nas Forças Armadas – Exército, Marinha e Aeronáutica.

Todos os brasileiros são obrigados ao Serviço Militar, com o escopo de formação de reservas destinadas a atender às necessidades de pessoal das Forças Armadas em caso de mobilização. A obrigação para com o Serviço Militar, em tempo de paz, começa no 1º dia de janeiro do ano em que o cidadão completar 18 anos de idade e termina após o dia 31 de dezembro do ano em que completar 45 anos (art. 5º da Lei 4.375/64).

As mulheres estão dispensadas do serviço militar obrigatório em tempos de paz, conquanto sujeitas, de acordo com as suas aptidões, a encargos do interesse da mobilização (art. 2º, §2º, da Lei 4.375/64).

174 Idem. Martinez, 2020.

A duração normal do serviço militar inicial (obrigatório) será de 12 meses, podendo ser reduzido até 2 meses ou dilatado até 6 meses, a critério do Ministério da Defesa (art. 6º, §1º, da Lei 4.375/64 combinado com o art. 3ºda Lei Complementar 97/1999).

O serviço militar é causa suspensiva "sui generis" do contrato de trabalho[175]. O empregado não presta serviços ao empregador, não recebe salário, mas o tempo de afastamento é computado como tempo de serviços, conservando-se o dever do empregador de realizar os depósitos do FGTS (art. 15, §5º, da Lei 8.036/90), além da sujeição a indenização (art. 477, *caput*, CLT) ou estabilidade (art. 7º, I, e art. 10, ADCT, CF; art. 492, CLT).

4. ACIDENTE DE TRABALHO

A Constituição Federal consagra a dignidade da pessoa humana, os valores sociais do trabalho a livre iniciativa como fundamentos do Estado Democrático de Direito (art. 1º, III e IV, CF), bem como o direito à saúde (art. 6º), a redução dos riscos inerentes ao trabalho, por meio de normas de saúde, higiene e segurança (art. 7º, XXII).

O art. 225, V, da Constituição Federal estabelece que *"Todos têm direito ao meio ambiente ecologicamente equilibrado, bem de uso comum do povo e essencial à sadia qualidade de vida, impondo-se ao Poder Público e à coletividade o dever de defendê-lo e preservá-lo para as presentes e futuras gerações"*, incumbindo ao Poder Público *"controlar a produção, a comercialização e o emprego de técnicas, métodos e substâncias que comportem risco para a vida, a qualidade de vida e o meio ambiente"*.

No âmbito do internacional as convenções nºs 148, 155, 161 e 170 da Organização Internacional do Trabalho regulamentam a matéria.

O propósito dessas normas é a preservação da saúde, segurança, higiene e da vida dos trabalhadores no meio ambiente do trabalho, a fim de impedir o surgimento de doenças ocupacionais e a ocorrência de acidentes de trabalho.

O direito constitucional ao meio ambiente salubre e equilibrado é um direito fundamental individual do trabalhador, como medida protetiva à saúde, à vida, à dignidade do trabalhador, bem como um direito social ou coletivo, pois, segundo a melhor doutrina, trata-se de um direito fundamental de terceira geração.

Nessa perspectiva, o constituinte originário impôs ao empregador a adoção de medidas para a preservação da saúde, higiene e segurança do trabalhador, com o escopo de impedir o surgimento de doenças e acidentes de trabalho (art. 7º, XXII, XXIII e XXVIII, CF). No plano infraconstitucional a Consolidação das Leis do Trabalho prevê disposições gerais e específicas acerca da segurança e medicina do trabalho (art. 154 a 201).

O art. 155 da CLT dispõe que compete ao órgão de âmbito nacional, em matéria de segurança e medicina do trabalho: a) estabelecer normas de saúde, higiene e segurança de trabalho; b) coordenar, orientar, controlar e supervisionar a fiscalização e as demais atividades relacionadas com a segurança e a medicina do trabalho em todo o território nacional, inclusive a Campanha Nacional de Prevenção de Acidentes do Trabalho; c) conhecer, em última instância, dos recursos, voluntários ou de ofício, das decisões proferidas pelos Delegados Regionais do Trabalho, em matéria de segurança e medicina do trabalho.

Atualmente a competência para regulamentar sobre segurança, medicina e saúde do trabalho cabe ao Ministério do Trabalho e Previdência (recriado pela MP n. 1.058/2021, convertida na Lei 14.261/2021).

Ainda, adverte que incumbe ao empregador o dever de estrita observância às normas de segurança e medicina do trabalho, instruir os empregados quanto às cautelas para evitar acidentes do trabalho ou doenças ocupacionais, adotar as medidas determinadas pelo Ministério do Trabalho e Previdência – recriado pela MP n. 1.058/2021, convertida na Lei 14.261/2021 –, facilitar a realização da fiscalização pelas autoridades competentes (art. 157 da CLT), bem como fornecer equipamentos de proteção individual de forma gratuita (art. 166 da CLT).

Apesar das disposições gerais e específicas relacionadas às normas de saúde, higiene e segurança do trabalho previstas na Consolidação das Leis do Trabalho, coube à legislação previdenciária definir as situações típicas e atípicas que caracterizam acidente de trabalho e doença ocupacional.

DEFINIÇÃO

De acordo com o art. 19 da Lei 8.213/1991 *"Acidente do trabalho é o que ocorre pelo exercício do trabalho a serviço de empresa ou de empregador doméstico ou pelo exercício do trabalho dos segurados referidos no inciso VII do art. 11 desta Lei [segurado especial], provocando lesão corporal ou perturbação funcional que cause a morte ou a perda ou redução, permanente ou temporária, da capacidade para o trabalho"*.

175 Nesse sentido Maurício Godinho Delgado (in Delgado, 2019, p. 1279-1281), para quem trata-se de causa de suspensão contratual, com certas ressalvas. De forma oposta, Sérgio Pinto Martins defende que "há cessação provisória, mas parcial, do contrato de trabalho, pois são contados o tempo de serviço do empregado e parte da remuneração – no caso de convocação para manobras, conforme art. 61 da Lei 4.375/64 – evidenciando hipótese de interrupção dos efeitos do contrato de trabalho" (in Direito do Trabalho. Martins, 2020, p.570-571).

Esse dispositivo trata do acidente de trabalho típico ou em sentido estrito. Henrique Correia[176] conceitua o acidente típico como

> *"aquele que ocorre pelo exercício do trabalho a serviço de determinada empresa que venha a provocar lesão corporal ou perturbação funcional que cause a morte ou a perda ou redução da capacidade laboral". Explica, ainda, que a "Lesão corporal ocorre quando o dano atinge a integridade física do indivíduo, causando-lhe um dano físico-anatômico, enquanto perturbação funcional corresponde a um dano fisiológico ou psíquico, relacionado a órgãos ou funções específicas do organismo humano, sem aparentar lesão física".*

Sebastião Geraldo de Oliveira[177] aponta as lições do médico do trabalho Primo Brandimiller, para quem a denominação mais adequada seria *"acidente do trabalho com dano pessoal"*, pelas seguintes razões:

> *"No sentido genérico, acidente é o evento em si, a ocorrência de determinado fato em virtude da conjugação aleatória de circunstâncias causais. No sentido estrito, caracteriza-se também pela instantaneidade: a ocorrência é súbita e a lesão imediata. Os acidentes ocasionam lesões traumáticas denominadas ferimentos, externos ou internos, podendo também resultar em efeitos tóxicos, infecciosos ou mesmo exclusivamente psíquicos. O acidente comporta causas e consequências, contudo não pode ser definido, genericamente, nem pelas causas nem pelas consequências.* ***As circunstâncias causais permitem classificar os acidentes em espécies:*** *acidentes do trabalho, acidentes de trânsito etc. As consequências também classificam os acidentes:* ***acidentes com ou sem danos pessoais, acidentes com ou sem danos materiais****, acidente grave, acidente fatal etc.* ***Embora o termo dano pessoal seja juridicamente mais amplo, em infortunística refere-se às consequências físicas ou psíquicas decorrentes do acidente****. O* ***acidente do trabalho considerado pela regulamentação legal*** *do Seguro de Acidentes do Trabalho* ***é, portanto, toda ocorrência casual, fortuita e imprevista que atende conjugadamente aos seguintes requisitos****: quanto à* ***causa****: o acidente que decorreu do exercício do trabalho a serviço da empresa – o que justifica o tipo: acidente do trabalho; quanto à* ***consequência****: o acidente que provocou lesão corporal ou perturbação funcional causando a morte ou a perda ou redução, permanente ou temporária, da capacidade para o trabalho. A denominação adequada seria acidente do trabalho com dano pessoal. Nos seguros privados fala-se em acidentes pessoais (AP). Contudo consagrou-se em infortunística o termo acidente do trabalho, que constitui uma das categorias do dano pessoal".*

Os elementos caracterizadores do acidente de trabalho típico, nas lições de Frederico Amado, são "o evento decorrente do trabalho a serviço do empregado doméstico, de atividade campesina ou pesqueira artesanal individualmente ou em regime de economia familiar para a subsistência, desenvolvida pelo segurado especial; a causação de lesão corporal ou funcional (psíquica); e a ocorrência de morte do segurado, redução ou perda temporária ou definitiva da capacidade laboral". [178]

Concluímos, portanto, que o acidente de trabalho será caracterizado quando houver um evento danoso, decorrente do exercício do trabalho a serviço do empregador – inclusive o empregador doméstico – que provoque um dano à integridade física, fisiológica ou psíquica do trabalhador, de forma transitória ou permanente, bem como a morte ou incapacidade laboral (total ou parcial).

DOENÇA OCUPACIONAL

Segundo a legislação previdenciária, também caracteriza o acidente de trabalho quando o trabalhador estiver acometido de comorbidade ocupacional, ou seja, doença ocupacional, que guardam nexo com o desempenho da atividade laborativa[179].

A doença ocupacional é gênero de enfermidades produzidas ou desencadeadas pelo exercício do trabalho. A doença profissional (ou tecnopatia ou egopatia ou doença ocupacional típica) e a doença do trabalho (ou mesopatia ou doença ocupacional atípica), são espécies de doença ocupacional (art. 20 da Lei 8.213/1991), conforme explica o jurista Frederico Amado:

> *"As doenças ocupacionais se dividem em: A)* ***Doença profissional ou tecnopatia ou ergopatia*** *– a produzida ou desencadeada pelo exercício do trabalho peculiar a determinada atividade e constante da respectiva relação elaborada pelo Ministério da Previdência Social (competência atualmente exercida pelo Ministério da Economia ante a extinção do Ministério da Previdência Social); B)* ***Doença do trabalho ou mesopatia*** *– a adquirida ou desencadeada em função de condições especiais em que o trabalho é realizado e com ele se relacione diretamente, constante da relação acima mencionada".*

A doença profissional, portanto, é aquela desencadeada pelo exercício de determinada profissão, ou seja, a patologia é produzida pela execução da profissão que se reveste de peculiaridades. Podemos citar como exemplo o surgimento de bronquite química aguda em profissionais que exercem a profissão de operador ou mestre de galvanoplastia, geralmente expostos à agentes químicos prejudiciais à saúde.

De outro lado, temos doenças do trabalho, cuja origem não está relacionada diretamente com o desempenho de uma atividade profissional, mas, sim, a condições específicas do ambiente de trabalho. Podemos

176 CORREIA, Henrique. Direito do Trabalho. 4 ed. – Salvador: Juspodivm, 2018.

177 Sebastião Geraldo de Oliveira. Indenização por Acidente de Trabalho ou Doença Ocupacional. – 8ª ed. – São Paulo: LTr, 2014.

178 Frederico Amado. Curso de Direito e Processo Previdenciário. 13ª ed. – Salvador: Juspodivm, 2020.

179 Idem. Amado, 2020.

citar como exemplo o trabalhador que está exposto a ruído acima níveis de tolerância e perde ou tem reduzida a sua capacidade auditiva[180].

Tupinambá do Nascimento (apud Oliveira, 2014) ressalta que nas doenças profissionais *"a relação – da patologia – com o trabalho é presumida juris et de jure, inadmitindo prova em sentido contrário. Basta comprovar a prestação do serviço na atividade e o acometimento da doença profissional"*[181]. As doenças do trabalho, ao contrário, dependem da demonstração da relação entre o desenvolvimento da enfermidade e as condições especiais em que o trabalho foi realizado.

As doenças profissionais e do trabalho estão relacionadas no Anexo II do Decreto 3.048/1999.

A Lei Complementar 150/2015 passou a prever a possibilidade de caracterização do acidente de trabalho ou doença ocupacional no âmbito da relação de trabalho doméstico (art. 37), cabendo ao empregador, inclusive, o recolhimento de contribuição social para financiamento do seguro contra acidentes do trabalho, em percentual de 0,8% (oito décimos por cento).

Além das referidas hipóteses, §2º do art. 20 da Lei 8.213/91 estabelece que *"Em caso excepcional, constatando-se que a doença não incluída na relação prevista nos incisos I e II deste artigo resultou das condições especiais em que o trabalho é executado e com ele se relaciona diretamente, a Previdência Social deve considerá-la acidente do trabalho"*.

A legislação previdenciária excluiu algumas patologias do rol de doenças do trabalho (§1º do art. 20 da Lei 8.213/91). São elas: a) a doença degenerativa; b) a doença inerente a grupo etário; c) a doença que não produza incapacidade laborativa; d) a doença endêmica.

Henrique Correia explica que a **doença degenerativa** *"tem como causa uma deficiência do próprio indivíduo que, com o passar do tempo, se torna uma doença. Não há nexo com o trabalho desenvolvido, mas com a própria constituição da pessoa"*[182].

Quanto a **doença inerente a grupo etário** esclarece que *"pessoas de certas idades estão propensas ao desenvolvimento de algumas doenças que não são frutos do trabalho, por exemplo, a osteoporose"*.[183]

As **doenças que não resultam na incapacidade laborativa** são aquelas que não impedem o trabalhador de exercer atividade profissional e habitual. A esse respeito o Manual Técnico de Perícia Médica Previdenciária do Instituto Nacional do Seguro Social, define a incapacidade laborativa como "a impossibilidade de desempenho das funções específicas de uma atividade, função ou ocupação habitualmente exercida pelo segurado, em consequência de alterações morfopsicofisiológicas provocadas por doença ou acidente" [184].

Ainda, aponta que a incapacidade é classificada quanto ao grau, à duração e à profissão desempenhada [185]. Vejamos:

> *"Quanto ao **grau**, a incapacidade laborativa pode ser: I – **parcial**: limita o desempenho das atribuições do cargo, sem risco de morte ou de agravamento, embora não permita atingir a meta de rendimento alcançada em condições normais; ou II – **total**: gera impossibilidade de desempenhar as atribuições do cargo, função ou emprego. Quanto à **duração**, a incapacidade laborativa pode ser: I – **temporária**: para a qual se pode esperar recuperação dentro de prazo previsível; ou II – **indefinida**: é aquela insuscetível de alteração em prazo previsível com os recursos da terapêutica e reabilitação disponíveis à época. Quanto à **profissão**, a incapacidade laborativa pode ser: I – **uniprofissional**: aquela que alcança apenas uma atividade, função ou ocupação específica; II – **multiprofissional**: aquela que abrange diversas atividades, funções ou ocupações profissionais; ou III – **omniprofissional**: aquela que implica na impossibilidade do desempenho de toda e qualquer atividade função ou ocupação laborativa, sendo conceito essencialmente teórico, salvo quando em caráter transitório".*

Caso não haja impedimento para o exercício da atividade profissional, portanto, a enfermidade não será considerada doença do trabalho.

Não serão enquadradas como doença ocupacional a **doença endêmica** adquirida por segurado habitante de região em que ela se desenvolva, salvo comprovação de que é resultante de exposição ou contato direto determinado pela natureza do trabalho.

Acidente de Trabalho por Equiparação

A legislação prevê, ainda, as situações que se equiparam ao acidente de trabalho, isto é, eventos acidentários não incluídos no conceito típico de acidente de trabalho, previstos no art. 21 da Lei 8.213/91:

> *"Art. 21. Equiparam-se também ao acidente do trabalho, para efeitos desta Lei: I – **o acidente ligado ao trabalho que, embora não tenha sido a causa única, haja contribuído diretamente** para a morte do segurado, para redução ou perda da sua capacidade para o trabalho, ou produzido lesão que exija atenção médica para a sua recuperação;*
>
> *II – o acidente sofrido pelo segurado no local e no horário do trabalho, em consequência de: a) ato de agressão,*

180 A Súmula 32 da TNU sedimentou o entendimento de que "O tempo de trabalho com exposição a ruído é considerado especial, para fins de conversão em comum, nos seguintes níveis: superior a 80 decibéis, na vigência do decreto nº. 53.831/64; superior a 90 decibéis, a partir de 5 de março de 1997, na vigência do Decreto nº. 2.172/1997; superior a 85 decibéis, a partir da edição do Decreto n. 4.882, de 18 de novembro de 2003".

181 Idem. Oliveira, 2014.

182 Idem. CORREIA, 2018.

183 Idem. CORREIA, 2018.

184 Instituto Nacional do Seguro Social. Manual Técnico de Perícia Médica Previdenciária. – Brasília, 2018

185 Idem. Instituto Nacional do Seguro Social, 2018

sabotagem ou terrorismo praticado por terceiro ou companheiro de trabalho; b) ofensa física intencional, inclusive de terceiro, por motivo de disputa relacionada ao trabalho; c) ato de imprudência, de negligência ou de imperícia de terceiro ou de companheiro de trabalho; d) ato de pessoa privada do uso da razão; e) desabamento, inundação, incêndio e outros casos fortuitos ou decorrentes de força maior;

III – a doença proveniente de contaminação acidental do empregado no exercício de sua atividade;

IV – o acidente sofrido pelo segurado ainda que fora do local e horário de trabalho: a) na execução de ordem ou na realização de serviço sob a autoridade da empresa; b) na prestação espontânea de qualquer serviço à empresa para lhe evitar prejuízo ou proporcionar proveito; c) em viagem a serviço da empresa, inclusive para estudo quando financiada por esta dentro de seus planos para melhor capacitação da mão-de-obra, independentemente do meio de locomoção utilizado, inclusive veículo de propriedade do segurado; d) no percurso da residência para o local de trabalho ou deste para aquela, qualquer que seja o meio de locomoção, inclusive veículo de propriedade do segurado.

*§ 1º Nos **períodos destinados a refeição ou descanso, ou** por ocasião da satisfação de **outras necessidades fisiológicas**, no local do trabalho ou durante este, o empregado é considerado no exercício do trabalho.*

§ 2º Não é considerada agravação ou complicação de acidente do trabalho a lesão que, resultante de acidente de outra origem, se associe ou se superponha às consequências do anterior".

Assim, além das situações típicas de acidente de trabalho, a Lei Previdenciária indica um rol de situações atípicas que equivalem ao acidente de trabalho tradicional.

O Tribunal Superior do Trabalho reconheceu a responsabilidade de uma empresa pelo acidente de moto – acidente enquadrado como "de trajeto" – sofrido por um promotor de vendas durante o retorno para a sua residência. No caso, o Tribunal reconheceu a responsabilidade objetiva do empregador, visto que a atividade desenvolvida com o uso de motocicleta é considerada perigosa, na forma do art. 193, §4º, da CLT[186].

Também, restou configurada a responsabilidade do empregador pelos danos morais e materiais sofridos pelos pais de um vendedor de veículos que morreu em acidente, ao retornar para sua cidade no automóvel vendido a um morador de outra cidade. O TST considerou que o deslocamento em rodovias gera um risco potencial ao trabalhador, em razão dos elevados números de acidentes de trânsito e da precariedade das estradas nacionais[187].

A Primeira Turma do Tribunal Superior do Trabalho (TST) não conheceu do recurso de revista apresentado pela Empresa Brasileira de Correios e Telégrafos (ECT), no qual foi condenada a indenizar em R$ 20 mil, por dano moral, um empregado **acidentado no desabamento do edifício onde funcionava a agência na qual ele trabalhava,** no Município de Içara, em Santa Catarina. A Turma destacou que o empregador deve zelar pelo ambiente de trabalho, adotar medidas de segurança e saúde, além de propiciar ambiente de trabalho seguro, a fim de prevenir tragédias[188].

NEXO CAUSAL E CONCAUSALIDADE

Conceitualmente, o nexo de causalidade é o elo que une a conduta positiva ou negativa de um determinado agente ao dano.

Existem três teorias que buscam explicar o nexo de causalidade: **a) teoria da equivalência de condições** – todos os fatores causais que antecedem o dano teriam relação com o resultado; **b) teoria da causalidade adequada** – a causa são fatores causais antecedentes capazes de gerar o resultado, ou seja, nem todas as causas produzem o resultado, mas somente as causas mais adequadas; **c) teoria da causalidade direta ou imediata** (interrupção do nexo causal) – são os fatores que ligam diretamente ou indiretamente a conduta ao resultado[189].

O nexo de causalidade do acidente de trabalho, nas lições de Carlos Alberto Pereira de Castro e João Batista Lazzari é "o vínculo fático que liga o efeito (incapacidade para o trabalho ou morte) à causa (acidente de trabalho ou doença ocupacional). Decorre de uma análise técnica, a ser realizada, obrigatoriamente, por médico perito ou junta médica formada por peritos nesta matéria" [190].

Na mesma toada Henrique Correia aponta que "Para a configuração da responsabilidade do empregador por acidente de trabalho, é indispensável a causalidade entre a conduta do empregador e o dano sofrido pelo empregado. Essa conduta deve ser a causa do dano do empregado"[191].

São, portanto, fatores conexos à relação de trabalho que unem a conduta (ação ou omissão) praticada pelo empregador ou seus prepostos à morte ou incapacidade (dano) causado ao trabalhador, de modo que se não tiver pertinência com a relação de trabalho o empregador não poderá ser responsabilizado por eventual dano sofrido pelo empregado.

---

186 Fonte: TST – (https://www.tst.jus.br/web/guest/-/uso-de-motocicleta-propria-nao-afasta-direito-de-promotor-a-indenizacao-por-acidente-1?inheritRedirect=true) – acessado em 26/11/2020.

187 Processo nº RR-801-28.2014.5.12.0013 - Fonte: TST – Notícias: Concessionária é responsabilizada por acidente de trânsito que vitimou vendedor – acessado em 26/11/2020.

188 Fonte: TST – (https://www.tst.jus.br/web/guest/-/correios-indenizara-empregado-acidentado-em-desabamento-do-predio-da-agencia-onde-trabalhava?inheritRedirect=true) – acessado em 26/11/2020.

189 Pablo Stolze Gagliano, Rodolfo Pamplona Filho. Novo curso de direito civil, v. 3: responsabilidade civil – 15. ed. – São Paulo: Saraiva, 2017.

190 Carlos Alberto Pereira de Castro; João Batista Lazzari. Manual de Direito Previdenciário – 23. ed. – Rio de Janeiro: Forense, 2020.

191 Idem. CORREIA, 2018.

De acordo com o art. 21-A da Lei 8.213/91 "A perícia médica do Instituto Nacional do Seguro Social (INSS) considerará caracterizada a natureza acidentária da incapacidade quando constatar ocorrência de **nexo técnico epidemiológico entre o trabalho e o agravo, decorrente da relação entre a atividade da empresa ou do empregado doméstico e a entidade mórbida motivadora da incapacidade elencada na Classificação Internacional de Doenças (CID)**, em conformidade com o que dispuser o regulamento".

O Decreto 3.048/1999 é ainda mais específico, exigindo o liame entre a atividade da empresa e a entidade mórbida motivadora da incapacidade elencada na Classificação Internacional de Doenças – CID prevista na Lista C do Anexo II deste Regulamento, para a configuração do nexo técnico epidemiológico (art. 337, §3º).

Ainda, é pertinente destacar novamente as lições de Castro e Lazzari[192]. Vejamos.

> *"O nexo técnico previdenciário está, a partir de então, dividido em três espécies: a)* ***nexo técnico profissional ou do trabalho*** *– fundamentado nas associações entre patologias e exposições constantes das* ***listas A e B do Anexo II do Decreto nº 3.048/1999;*** *b)* ***nexo técnico por doença equiparada*** *a acidente de trabalho – decorrente de acidentes de trabalho típicos ou de trajeto, bem como de condições especiais em que o trabalho é realizado e com ele relacionado – ocorrência de Nexo Técnico por Doença Equiparada a Acidente do Trabalho* ***(NTDEAT)*** *– implica a* ***análise individual do caso,*** *mediante o* ***cruzamento de todos os elementos*** *levados ao conhecimento do médico perito* ***da situação geradora da incapacidade e a anamnese;*** *c)* ***nexo técnico epidemiológico previdenciário (NTEP)*** *– aplicável quando houver significância estatística da* ***associação entre o código da*** *Classificação Internacional de Doenças* ***(CID), e*** *o da Classificação Nacional de Atividade Econômica* ***(CNAE),*** *na parte inserida pelo Decreto n. 6.957/2009, na* ***lista C do Anexo II do Decreto n. 3.048/1999".***

Reconhecido o nexo causal entre o trabalho e o agravo pelo médico-perito do Instituto Nacional do Seguro Social (INSS) o empregador poderá impugná-lo, cabendo, inclusive, recurso com efeito suspensivo, da empresa, do empregador doméstico ou do segurado ao Conselho de Recursos da Previdência Social (art. 21-A, §2º, da Lei 8.213/91).

É possível, ainda, a caracterização do acidente de trabalho se o exercício do trabalho tiver atuado como concausa, ou seja, o acidente ligado ao trabalho que, embora não tenha sido a causa única, haja contribuído diretamente para a morte do segurado, para redução ou perda da sua capacidade para o trabalho, ou produzido lesão que exija atenção médica para a sua recuperação, na forma do art. 21, I, da Lei 8.213/91.

Nas palavras de Sérgio Cavalieri Filho (apud Gagliano e Pamplona Filho, 2017)[193] a concausa trata-se de *"outra causa que, juntando-se à principal, concorre para o resultado. Ela não inicia nem interrompe o nexo causal, apenas o reforça, tal como um rio menor que deságua em outro maior, aumentando-lhe o caudal".*

Desta feita, se o desempenho da atividade profissional não for a única causa, mas contribuir para a morte ou incapacidade do trabalhador, restará caracterizado o acidente de trabalho.

O empregado que sofreu acidente do trabalho tem garantida, pelo prazo mínimo de doze meses, a manutenção do seu contrato de trabalho na empresa, após a cessação do auxílio-doença acidentário, independentemente de percepção de auxílio-acidente, conforme determina o art. 118 da Lei 8.036/1990.

O art. 7º, inc. XXVIII da CF, prevê seguro contra acidentes de trabalho, a cargo do empregador, sem excluir a indenização a que este está obrigado, quando incorrer em dolo ou culpa. Ainda, o 114, inciso I, da CF, afirma que compete à Justiça do Trabalho processar e julgar as ações oriundas da relação de trabalho.

Verifica-se, da leitura dos referidos dispositivos, que a responsabilização do empregador em decorrência do acidente de trabalho independe da relação jurídica previdenciária entre o empregado e a autarquia previdenciária. De modo, eventuais danos materiais e morais devem ser reparados se decorrer de conduta (dolosa ou culposa) praticada no âmbito da relação de trabalho, independentemente de responsabilização da autarquia previdenciária na outra esfera do Direito.

O Tribunal Superior do Trabalho pacificou o entendimento, na Súmula 378, de que os pressupostos para a concessão da estabilidade são: a) o afastamento superior a 15 dias; e b) a consequente percepção do auxílio-doença acidentário.

Em se tratando de doença ocupacional é possível o reconhecimento do acidente de trabalho, mesmo se constatada após a despedida, desde que guarde relação de causalidade com a execução do contrato de emprego. Neste caso é considerado como dia do acidente a data do início da incapacidade laborativa para o exercício da atividade habitual, o dia da segregação compulsória, ou o dia em que for realizado o diagnóstico.

A Súmula 278 do STJ estabelece que "O termo inicial do prazo prescricional, na ação de indenização, é a data em que o segurado teve ciência inequívoca da incapacidade laboral".

Entretanto, vale dizer que existe entendimento no âmbito do TST de que se o diagnóstico se der **muitos anos após a extinção do vínculo de emprego, a**

192 Idem. Castro e Lazzari, 2020

193 Idem. Gagliano e Pamplona Filho, 2017.

depender da patologia incapacitante, não se mostra razoável reconhecer que a ciência da lesão só se deu no momento da perícia, conforme informativo 91 abaixo transcrito:

> **"Doença ocupacional. Laudo pericial emitido há mais de vinte anos da extinção do contrato de trabalho. Prescrição. Marco inicial.** *Não adoção do momento da ciência da lesão.* **Regra geral, considera-se como marco inicial da prescrição o momento do conhecimento da lesão. Todavia, na hipótese em que o laudo pericial que constatou a incapacidade auditiva decorrente da longa exposição do empregado a ruídos** *sem a utilização de equipamentos de proteção foi* **emitido mais de vinte anos após a rescisão do contrato de trabalho, não se mostra razoável reconhecer que a ciência da lesão só se deu no momento da perícia,** *ainda mais quando as provas dos autos evidenciam conduta que visa burlar o instituto da prescrição, mediante o ajuizamento em massa de reclamações trabalhistas por ex-empregados da mesma empresa,* **todas lastreadas em laudos periciais elaborados muitos anos após a extinção do vínculo de emprego.** *Com esses fundamentos, a SBDI-I, por unanimidade, conheceu dos embargos interpostos pela reclamada, por divergência jurisprudencial, e, no mérito, deu-lhes provimento para declarar a prescrição total, julgando improcedente a reclamação trabalhista. TST-E-RR-56600-22.2008.5.04.0811, SBDI-I, rel. Min. Aloysio Corrêa da Veiga, 2.10.2014 (Informativo 91 do TST)".*

Luciano Martinez[194] faz importantes anotações acerca da garantia provisória do empregado acidentado:

> *"1º)* **Somente o "segurado que sofreu acidente do trabalho" é destinatário dessa proteção. É bom anotar que o acidente do trabalho é um acontecimento fortuito e infortunoso, que decorre direta ou indiretamente do exercício de atividades ocupacionais e que provoca lesão corporal ou perturbação funcional capazes de levar o trabalhador à morte ou à perda/redução, permanente ou temporária, da sua capacidade laborativa.** *[...] Deixa-se evidente, assim, a existência de duas esferas de possível responsabilização em face dos acidentes do trabalho: a de responsabilização securitária social (em regra, objetiva), que é imposta à entidade previdenciária em prol dos segurados que, por força de lei, venham a ser enquadrados como passíveis de acidentes de trabalho, e a de responsabilidade civil-trabalhista (em regra, subjetiva), que é imposta aos tomadores de serviços em benefício dos trabalhadores que tenham sofrido danos materiais ou morais decorrentes de acidente de qualquer natureza ou causa. A responsabilidade securitária social pode ser discutida judicialmente contra os órgãos da previdência social perante a Justiça Comum, nas Varas de Acidentes do Trabalho; a responsabilidade civil-trabalhista pode ser questionada contra os tomadores de serviços perante a Justiça do Trabalho, nas Varas do Trabalho. [...]* **2º) Embora o texto de lei mencione expressamente a situação de percepção e cessação do "auxílio-doença acidentário", não é razoável excluir dessa proteção o segurado que se afastou do trabalho e a ele retornou em virtude de "aposentadoria por invalidez acidentária". [...] 3º) A estabilidade prevista no art. 118 da Lei n. 8.213/91 protege indistintamente os empregados submetidos a contrato de trabalho por tempo determinado e por tempo indeterminado. [...] 4º) Essa garantia de emprego, em rigor, não socorre os servidores públicos temporários exercentes de cargos em comissão. [...] 5º) A estabilidade prevista no art. 118 da Lei n. 8.213/91 pressupõe, em regra, o recebimento do auxílio-doença acidentário (B-91). [...] 6º) Diante de relações de emprego simultâneas, a responsabilidade pelo acidente do trabalho é, em regra, da empresa que produziu o evento acidentário***".*

Assim, é requisito indispensável ao reconhecimento da estabilidade acidentária o afastamento por período superior a 15 dias, bem como a percepção de auxílio-doença acidentário (B-91), atualmente denominado pela legislação previdenciária de auxílio por incapacidade temporária por acidente de trabalho. Também, é possível a caracterização caso o empregado esteja em gozo de aposentadoria por incapacidade permanente (antiga aposentadoria por invalidez) ou auxílio-acidente, ambos por acidente de trabalho. Se os benefícios decorrerem de acidente de outra natureza ou de doença não relacionada ao trabalho, receberão a denominação de aposentadoria, auxílio-doença ou acidente "previdenciário".

ENQUADRAMENTO DA COVID-19 COMO DOENÇA OCUPACIONAL

A disseminação do coronavírus exigiu uma série de medidas legislativas dos países afetados por essa doença, devido ao profundo impacto na economia e nas relações de trabalho.

No Brasil não foi diferente. O Governo Federal editou diversas medidas provisórias objetivando atenuar os prejuízos causados pela emergência de saúde pública de importância internacional, proteger a economia e preservar os empregos.

A Medida Provisória (MP) n. 927 em 22 de março de 2020 foi editada com o objetivo de prever medidas trabalhistas para enfrentamento do estado de calamidade pública reconhecido pelo Decreto Legislativo nº 6, de 20 de março de 2020.

Durante o estado de calamidade houve a suspensão da obrigatoriedade de realização dos exames médicos ocupacionais, clínicos e complementares, exceto do exame demissional (art. 15 da MP 927).

A medida possibilitou a dispensa do exame demissional se porventura o empregado tenha sido submetido a exame médico ocupacional há menos de 180 dias, contados da data da sua publicação. Também autorizou a realização de treinamento na modalidade

[194] Luciano Martinez. Curso de direito do trabalho – 11. ed. – São Paulo: Saraiva Educação, 2020.

de ensino a distância, durante o período de calamidade pública, cabendo ao empregador observar os conteúdos práticos, de modo a garantir que as atividades sejam executadas com segurança. Admitiu, outrossim, a manutenção da Comissão Interna de Prevenção de Acidente até o encerramento do estado de calamidade pública, com a suspensão do processo eleitoral eventualmente em curso.

O ponto mais sensível da Medida Provisória n. 927/20, foi a exclusão dos casos de contaminação pelo coronavírus (covid-19) como doença ocupacional, na forma do art. 29[195]. Em outras palavras, os trabalhadores que permaneceram em atividade durante o período de isolamento social e foram contaminados pelo coronavírus no ambiente de trabalho, o infortúnio não será considerado doença ocupacional, exceto se demonstrar a correlação entre a patologia e a atividade desempenhada (o nexo de causalidade).

As medidas trabalhistas contidas na Medida Provisória n. 927/2020 foram fortemente criticadas por diversos setores da sociedade.

Diante disso, partidos políticos e entidades sindicais ajuizaram Ação Direta de Inconstitucionalidade perante o Supremo Tribunal Federal, impugnando a constitucionalidade da medida provisória 927/2020, notadamente a exclusão da contaminação pelo coronavírus como doença ocupacional.[196]

O Ministro-Relator, Marco Aurélio Mello, indeferiu o pedido de concessão de liminar para suspender os efeitos da medida provisória, submetendo a decisão ao Plenário do STF para ratificar ou não a decisão, por considerar os pedidos relevantes.

Ao analisar a decisão o Plenário ratificou parcialmente a decisão de indeferimento, por maioria de votos, suspendendo a eficácia dos artigos 29 e 31 da MP n. 927/20. Restou assentado que a contaminação pelo coronavírus no ambiente de trabalho pode ser considerada como doença ocupacional, considerando que viola os direitos básicos do trabalhador a manutenção de sua saúde e a atribuição do ônus probatório ao empregado para comprovar o nexo causal constitui prova diabólica, pois dificilmente o trabalhador conseguirá provar o nexo causal entre a patologia e a atividade desempenhada, em especial nas atividades desempenhadas por médicos, enfermeiros, pessoas que trabalham em farmácias, supermercado, motoboys, etc.

O Ministro Moraes destacou que esse dispositivo se contrapõe à decisão proferida no RExt nº 828.040, com repercussão geral, que decidiu pela responsabilidade objetiva do empregador em situações análogas.

Ao final, a Suprema Corte também entendeu que a suspensão da atuação dos auditores fiscais do trabalho atenta contra a saúde dos empregados.

É importante esclarecer que no julgamento do Recurso Extraordinário nº 828.040, utilizado como fundamento para a suspensão do art. 29 da Medida Provisória n. 927/2020, a Suprema Corte fixou a seguinte tese de repercussão geral:

> *"O artigo 927, parágrafo único, do Código Civil é compatível com o artigo 7º, XXVIII, da Constituição Federal,* **sendo constitucional a responsabilização objetiva do empregador por danos decorrentes de acidentes de trabalho, nos casos especificados em lei, ou quando a atividade normalmente desenvolvida, por sua natureza, apresentar exposição habitual a risco especial, com potencialidade lesiva** *e implicar ao trabalhador ônus maior do que aos demais membros da coletividade", vencido o Ministro Marco Aurélio. Ausente, por motivo de licença médica, o Ministro Celso de Mello. Presidência do Ministro Dias Toffoli. Plenário, 12.03.2020.)*

O Senado Federal deixou de submeter a MP n. 927/20 à votação, por divergências político-partidárias, ocorrendo a caducidade – também denominada de rejeição tácita – no dia 19 de julho de 2020.

Apesar disso, a Portaria 2.309 de 28 de agosto de 2020 do Ministério da Saúde atualizou a Lista de Doenças Relacionadas ao Trabalho (LDRT) adotada como referência dos agravos originados no processo de trabalho no SUS, incluindo o ***Coronavírus SARS-CoV-2***, enumerado na Classificação Internacional de Doenças e Problemas Relacionados à Saúde **(CID) sob o nº U07.1**, como doença ocupacional, quando adquirida em atividade de trabalho.

A referida portaria foi revogada em 02 de setembro de 2020, pela portaria nº 2.345/2020 também do Ministério da Saúde, de forma que o coronavírus deixou novamente de ser considerado doença ocupacional.

Indubitavelmente a prestação de serviços pelo empregado em tempos de calamidade pública representa uma exposição do trabalhador a risco especial, com potencialidade lesiva à saúde.

Nas palavras dos juristas Luiz Carlos Amorim Robortella e Antonio Galvão Peres[197]:

> *"O estado de calamidade pública exige interpretação especial do capítulo dos direitos sociais dos trabalhadores. Deve-se promover cuidadosa articulação com outros princípios e normas constitucionais, principalmente aqueles voltados aos direitos e deveres individuais e coletivos que, como se sabe, são cláusulas pétreas da Constituição (artigo 60, § 4º, IV). Destaca-se da*

---

195 MP 927/2020, art. 29: Os casos de contaminação pelo coronavírus (covid-19) não serão considerados ocupacionais, exceto mediante comprovação do nexo causal.

196 ADIs nºs 6342, 6344, 6346, 6348, 6349, 6352 e 6354.

197 Luiz Carlos Amorim Robortella e Antonio Galvão Peres. CORONAVÍRUS E RELAÇÕES DE TRABALHO. PARADIGMAS DE INTERPRETAÇÃO EM TEMPOS DE CALAMIDADE PÚBLICA. Academia Brasileira de Direito do Trabalho (acesso em 31/05/2020).

> *fundamentação da ADI 6357: "IV – DA PRIMAZIA DO DIREITO À SAÚDE A Constituição Federal de 1988 foi construída sobre alguns pilares essenciais, descritos em seu artigo 60, § 4º, as denominadas* ***cláusulas pétreas, dentre as quais destaca-se a proteção aos direitos e garantias individuais. Apesar da amplitude do alcance da referida cláusula pétrea, considerando especialmente o extenso rol de direitos fundamentais previstos na Carta Magna, é possível depreender do próprio texto constitucional a primazia do direito à saúde. Tal primazia decorre da escolha do constituinte em expressamente privilegiar a concretização do direito à saúde, quando em conflito com outros princípios constitucionais também considerados como cláusula pétrea.*** *Essa primazia é traduzida, exemplificativamente, na proeminência do direito à saúde e em relação à autonomia dos entes federados, nas situações descritas nos artigos 34, inciso VII, alínea "e"; e 35, inciso III, da Lei Maior. Percebe-se que,* ***dentre todos os direitos individuais e sociais reconhecidos na Constituição Federal, o direito à saúde recebeu proteção privilegiada, distinção essa que deriva não apenas da leitura dos dispositivos sobre intervenção, como também daqueles que veiculam garantias de financiamento da saúde e educação. Ainda com o intuito de viabilizar uma preferência de investimento,*** *a Constituição Federal* ***estabeleceu patamares mínimos de aplicação de recursos na área de saúde.*** *É dentro desse esquadro federativo de* ***primazia da proteção dos direitos fundamentais, especialmente no que se refere à saúde, que deve ser delimitada a possibilidade de incidência das regras fiscais já enumeradas e que, na atual situação de calamidade pública, resultaria em ofensa frontal ao direito à saúde.*** *Nessa linha, o que se observa é que a estrutura traçada na Constituição Federal aponta para a possibilidade de flexibilização das regras fiscais quando em confronto com a ameaça tão grave à proteção e concretização do direito à saúde".*

Não se pode deixar o trabalhador à margem dos direitos sociais, sob pena de retrocesso social. A esse respeito J. J. Gomes Canotilho (apud Guilherme Guimarães Feliciano; Paulo Douglas de Almeida Moraes, 2019) afirma que:

> *"o princípio da proibição do retrocesso social pode formular-se assim: o núcleo essencial dos direitos sociais já realizado e efetivado através de medidas legislativas deve considerar-se constitucionalmente garantido, sendo inconstitucionais quaisquer medidas que, sem a criação de esquemas alternativos ou compensatórios, se traduzam na prática em uma anulação, revogação ou aniquilação pura e simples desse núcleo essencial".*

Esse princípio decorre da finalidade do Estado Democrático de Direito, da efetivação do princípio estruturante do sistema jurídico constitucional – a dignidade da pessoa humana – encontra amparo no compromisso com o desenvolvimento progressivo dos Estados na efetivação dos direitos sociais, de acordo com o art. 26 da Pacto de San José da Costa Rica.

A Constituição Federal assegura aos trabalhadores a redução dos riscos inerentes ao trabalho, por meio de normas de saúde, higiene e segurança (art. 7º, XXII, CF).

Ignorar a possibilidade de contaminação do trabalhador no ambiente de trabalho decorrente da continuidade da prestação dos serviços durante o período de calamidade pública, ou imputar ao trabalhador o ônus probatório do nexo causal entre o agravo e a doença, se mostra totalmente irrazoável e contraditório, na medida em que o Estado impôs o isolamento social à coletividade justamente para preservar à saúde de todos.

E não é só. Há vozes na doutrina previdenciária [198]que levantam a possibilidade de enquadramento do coronavírus como doença ocupacional, mesmo não constando no anexo II do Decreto 3.048/99, isso porque a lista A do referido Diploma, prece o agente biológico "vírus" como agente patogênico causador de doença ocupacional, nos trabalhos desenvolvidos em hospital, laboratório e outros ambientes envolvidos no tratamento de doenças transmissíveis, dentre outras. Nas demais atividades haveria a necessidade de demonstração que a contaminação decorreu do labor.

Na linha da decisão do Supremo Tribunal Federal, no julgamento da liminar das ADIs retro citadas, não é possível imputar ao trabalhador o ônus probatório de que a contaminação se deu no ambiente de trabalho, sob pena de caracterizar prova diabólica, isto é, uma prova extremamente difícil de ser produzida (prova de um fato negativo) pelo empregado.

No período de calamidade pública o simples exercício da atividade profissional representa um risco à saúde do trabalhador, notadamente aqueles profissionais que trabalham no front do combate à doença, dentre eles os médicos, enfermeiros, biomédicos, além daqueles que exercem atividades consideradas essenciais.

É fundamental, portanto, que as empresas adotem todas as medidas preventivas no ambiente de trabalho, a fim de minimizar os riscos de contágio do coronavírus no ambiente de trabalho, além de afastar imediatamente os empregados que apresentarem algum sintoma da doença.

TEMPO À DISPOSIÇÃO

Nos primeiros 15 dias, imediatamente após o afastamento por motivo de acidente de trabalho, caberá ao empregador pagar o salário ao empregado (art. 43, §2º, e art. 60, §3º, da Lei 8.213/91). Essa situação é enquadrada pela doutrina e pela jurisprudência como hipótese

[198] Nesse sentido Frederico Amado, in Curso de Direito e Processo Previdenciário. 13ª ed. – Salvador: Juspodivm, 2020.

de interrupção do contrato de trabalho, pois, embora interrompida transitoriamente a prestação de serviços, o empregador paga o salário do empregado e o período de afastamento é computado no contrato de trabalho para todos os fins.

A doutrina diverge, no entanto, quanto aos efeitos gerados no contrato de trabalho quando ocorrer o afastamento do empregado acidentado por período superior a 15 dias. Para uma vertente interpretativa esta hipótese é enquadrada como causa suspensiva *"sui generis"* do contrato de trabalho[199], na qual o empregador deve computar o período de afastamento para todos os fins do contrato de trabalho, subsistindo, inclusive, o dever de recolher os depósitos do FGTS (art. 15, §5º, da Lei 8.036/90), embora inexista prestação de serviços ou a obrigação legal de pagamento dos salários. Durante o período de afastamento computa-se, inclusive o período aquisitivo de férias, exceto se o empregado receber da Previdência Social um auxílio-doença acidentário (atualmente denominado de auxílio por incapacidade temporária) por período superior a 6 meses. De outro lado, corrente doutrinária em sentido contrário enquadra esta situação como hipótese de cessação provisória e parcial dos efeitos do contrato de trabalho, isso porque o dever do recolhimento do FGTS é mantido[200].

5. LEGISLAÇÃO RELACIONADA

▶ **Art. 58 da CLT:** A duração normal do trabalho, para os empregados em qualquer atividade privada, não excederá de 8 (oito) horas diárias, desde que não seja fixado expressamente outro limite. § 1º Não serão descontadas nem computadas como jornada extraordinária as variações de horário no registro de ponto não excedentes de cinco minutos, observado o limite máximo de dez minutos diários. § 2º O tempo despendido pelo empregado desde a sua residência até a efetiva ocupação do posto de trabalho e para o seu retorno, caminhando ou por qualquer meio de transporte, inclusive o fornecido pelo empregador, não será computado na jornada de trabalho, por não ser tempo à disposição do empregador.

▶ **Súmula 463/STF:** Para efeito de indenização e estabilidade, conta-se c. tempo em que o empregado esteve afastado, em serviço militar obrigatório, mesmo anteriormente à Lei n. 4.072, de 1-6-62.

▶ **Súmula 46/TST:** Acidente de trabalho. As faltas ou ausências decorrentes de acidente do trabalho não são consideradas para os efeitos de duração de férias e cálculo da gratificação natalina.

▶ **Súmula 96 /TST:** Marítimo. A permanência do tripulante a bordo do navio, no período de repouso, além da jornada, não importa presunção de que esteja à disposição do empregador ou em regime de prorrogação de horário, circunstâncias que devem resultar provadas, dada a natureza do serviço.

▶ **Súmula 118/TST:** Prequestionamento. Tese explícita. Havendo tese explícita sobre a matéria, na decisão recorrida, desnecessário contenha nela referência expressa do dispositivo legal para ter-se como prequestionado este.

▶ **Súmulas 269 do TST:** DIRETOR ELEITO. CÓMPUTO DO PERÍODO COMO TEMPO DE SERVIÇO. O empregado eleito para ocupar cargo de diretor tem o respectivo contrato de trabalho suspenso, não se computando o tempo de serviço desse período, salvo se permanecer a subordinação jurídica inerente à relação de emprego.

▶ **Súmulas 366 do TST:** CARTÃO DE PONTO. REGISTRO. HORAS EXTRAS. MINUTOS QUE ANTECEDEM E SUCEDEM A JORNADA DE TRABALHO. Não serão descontadas nem computadas como jornada extraordinária as variações de horário do registro de ponto não excedentes de cinco minutos, observado o limite máximo de dez minutos diários. Se ultrapassado esse limite, será considerada como extra a totalidade do tempo que exceder a jornada normal, pois configurado tempo à disposição do empregador, não importando as atividades desenvolvidas pelo empregado ao longo do tempo residual (troca de uniforme, lanche, higiene pessoal, etc.).

▶ **Súmulas 428 do TST:** SOBREAVISO APLICAÇÃO ANALÓGICA DO ART. 244. § 2" DA CLT. I — O uso de instrumentos telemáticos ou informatizados fornecidos pela empresa ao empregado, por si só, não caracteriza o regime de sobreaviso. II — Considera-se em sobreaviso o empregado que, à distância e submetido a controle patronal por instrumentos telemáticos ou informatizados, permanecer em regime de plantão ou equivalente, aguardando a qualquer momento o chamado para o serviço durante o período de descanso.

▶ **Súmula 429 /TST:** Tempo à disposição do empregador. Art. 4.º da CLT. Período de deslocamento entre a portaria e o local de trabalho. Considera-se à disposição do empregador, na forma do art. 4.º da CLT, o tempo necessário ao deslocamento do trabalhador entre a portaria da empresa e o local de trabalho, desde que supere o limite de 10 (dez) minutos diários.

▶ **OJ 399 SDI-1/TST:** Estabilidade provisória. Ação trabalhista ajuizada após o término do período de garantia no emprego. Abuso do exercício do direito de ação. Não configuração. Indenização devida. O ajuizamento de ação trabalhista após decorrido o período de garantia de emprego não configura abuso do exercício do direito de ação, pois este está submetido apenas ao prazo prescricional inscrito no art. 7.º, XXIX, da CF/1988, sendo devida a indenização desde a dispensa até a data do término do período estabilitário.

▶ **PN 31 do TST:** PROFESSOR ("JANELAS") — (POSITIVO). Os tempos vagos (janelas) em que o professor ficar à disposição do curso serão remunerados como aula, no limite de 1 (urna) hora diária por unidade.

Vide arts. 6º, 238, 294 e 472 da CLT.

Vide Súmulas 85, 90 do TST.

Vide art. 15 da Lei n. 8.036, de 11-5-1990.

6. INFORMATIVOS DO TST

6.1. TEMPO À DISPOSIÇÃO

▶ Professor. Intervalo para recreio. Tempo à disposição do empregador. O intervalo entre as aulas, conhecido como recreio, é considerado tempo à disposição do empregador, nos termos do art. 4º da CLT, pois o professor permanece no estabelecimento de ensino, aguardando ou executando ordens. Com esse entendimento, a SBDI-I, à unanimidade, conheceu dos embargos da reclamante, por divergência jurisprudencial, e, no mérito, deu-lhes provimento para julgar procedente o item "g" da petição inicial, respeitadas as aulas efetivamente ministradas e a prescrição quinquenal pronunciada na sentença. Ressalvou a fundamentação o Ministro Alexandre Agra Belmonte. TST-E-ED-RR-49900-47.2006.5.09.0007, SBDI-I, rel. Min. Márcio Eurico Vitral Amaro, 4.9.2014 (Informativo 88 do TST)

▶ Horas extras. Concessão de dois períodos de intervalo para café. Acréscimo ao final da jornada. Tempo à disposição do empregador. Aplicação da Súmula nº 118 do TST. Os dois intervalos de dez minutos cada, concedidos como pausa para café, não integram o intervalo

199 Nesse sentido Maurício Godinho Delgado (in Delgado, 2019), para quem trata-se de causa de suspensão contratual, com certas ressalvas.

200 Esse é o posicionamento do jurista Sérgio Pinto Martins (in Direito do Trabalho. Martins, 2020, p.548).

intrajornada de uma hora e, sendo acrescidos ao final da jornada, configuram tempo à disposição do empregador. Incidência da Súmula nº 118 do TST. Na espécie, o empregado cumpria jornada de 6:00h às 15:20h, de segunda a sexta, com uma hora de intervalo para almoço e duas pausas de dez minutos. Assim, a SBDI-I, por unanimidade, conheceu do recurso de embargos, por divergência jurisprudencial, e, no mérito, deu-lhe provimento para restabelecer o acórdão do Regional, o qual manteve a sentença que reconheceu o direito ao cômputo dos dois intervalos para café na jornada de trabalho, sob o fundamento de que as pausas não previstas em lei representam tempo à disposição e devem ser acrescidas à jornada para serem consideradas na contagem das horas extras, a teor da Súmula nº 118 do TST. TST-E-ED-RR-2034-49.2012.5.15.0077, SBDI-I, rel. Min. Hugo Carlos Scheuermann, 2.2.2017 (Informativo 151 do TST)

▶ Motorista de caminhão. Pernoite no veículo. Sobreaviso ou tempo à disposição do empregador. Não caracterização. O pernoite de motorista no interior de caminhão, por contingência das condições de trabalho e sem expectativa de convocação, não configura tempo de sobreaviso ou à disposição do empregador. No caso, não houve prova de que o empregado permanecia no caminhão aguardando chamado para o trabalho. Assim, a SBDI-I, por unanimidade, conheceu do recurso de embargos, por divergência jurisprudencial, e, no mérito, negou-lhe provimento, mantendo decisão do Regional que não reconhecera o direito às horas de sobreaviso a motorista de longas distâncias que dormia na boleia do caminhão. TST-E-RR-196-39.2013.5.09.0195, SBDI-I, rel. Min. Renato de Lacerda Paiva, 4.5.2017 (Informativo 158 do TST)

▶ Trabalho em minas de subsolo. Tempo de deslocamento da boca da mina ao local de trabalho e vice-versa. Cômputo para efeito de concessão de intervalo intrajornada. Impossibilidade. O período de deslocamento do mineiro entre a boca da mina e a frente de lavra não deve ser computado para efeito de concessão de intervalo intrajornada, pois o labor em minas de subsolo não se submete ao sistema geral de duração do trabalho, conforme excepciona o art. 57, parte final, da CLT. Ao promover o disciplinamento especial do trabalho dos mineiros (arts. 293 a 301 da CLT), o legislador adotou explicitamente tratamento diferenciado entre o tempo de "trabalho efetivo" para efeito de jornada normal e o tempo de deslocamento, dispondo que este último é computado apenas para efeito de pagamento do salário (arts. 293 e 294). Assim, na hipótese em que o empregado em mina de subsolo presta jornada efetiva de seis horas diárias, ainda que perceba 65 minutos de remuneração pelo deslocamento, não tem direito ao cômputo deste tempo para beneficiar-se do intervalo intrajornada do art. 71 da CLT, inaplicável em virtude da norma especial do art. 298 da CLT — que prevê um intervalo intrajornada mais benéfico, de 15 minutos a cada três horas de labor, computado "na duração normal de trabalho efetivo". De outra sorte, no caso concreto há registro de cláusula de acordo coletivo que se revela vantajosa para os empregados, pois, ao regular o direito previsto no art. 294 da CLT, garantiu a percepção de um adicional de 70% para os 65 minutos de deslocamento da boca da mina até a frente de lavra. Sob esses fundamentos, a SBDI-I, à unanimidade, conheceu dos embargos, por divergência jurisprudencial, e, no mérito, pelo voto prevalente da Presidência, negou-lhes provimento. Vencidos os Ministros Augusto César Leite de Carvalho, relator, Brito Pereira, Emmanoel Pereira, Márcio Eurico Vitral Amaro, José Roberto Freire Pimenta, Hugo Carlos Scheuermann e Cláudio Mascarenhas Brandão, os quais reconheciam o tempo gasto da boca da mina até o local de trabalho como tempo à disposição do empregador, razão pela qual julgavam procedente o pedido de horas extras decorrente do intervalo intrajornada não usufruído, fazendo incidir a Súmula nº 437, IV, do TST. TST-E-RR-505-29.2010.5.20.0011, SBDI-I, rel. Min. Augusto César Leite de Carvalho, red. p/ acórdão Min. João Oreste Dalazen, 21.9.2017 (Informativo 165 do TST)

▶ Intervalo intrajornada. Concessão parcial. Minutos gastos pelo empregado no deslocamento até o refeitório. Tempo à disposição do empregador. Não configuração. A SBDI-I, por unanimidade, conheceu dos embargos da empresa ré e, no mérito, deu-lhes provimento para restabelecer o acórdão do Tribunal Regional que indeferira o pagamento do intervalo intrajornada supostamente suprimido em razão dos minutos gastos pelo empregado no deslocamento do local de trabalho até o refeitório. Prevaleceu o entendimento de que o período gasto com o deslocamento não implica redução do intervalo intrajornada, visto que, durante esse tempo, o empregado não está executando serviços, nem está à disposição do empregador, mas efetivamente usufruindo do intervalo que é destinado não apenas à alimentação, mas também ao descanso físico e mental. No caso, a decisão recorrida havia adotado tese no sentido de que o trabalhador não usufruía integralmente do intervalo, uma vez que quinze minutos eram destinados ao deslocamento, em transporte fornecido pelo empregador, até o refeitório. TST-E-ED-RR-993-42.2013.5.09.0671, SBDI-I, rel. Min. Cláudio Mascarenhas Brandão, 3.10.2019 (Informativo 207 do TST)

▶ Viagens para participação em cursos e treinamentos exigidos pela empresa. Tempo de espera para o embarque no aeroporto e tempo efetivo de voo. Horas extras. Devidas. Tempo à disposição do empregador. Art. 4º da CLT. Na hipótese de viagens para participação em cursos de treinamento e capacitação exigidos pelo empregador e realizados em cidades estranhas ao local da prestação de serviços, considera-se tempo à sua disposição o período de trânsito aéreo, bem como aquele expendido no aeroporto aguardando o embarque, limitado este último a uma hora. Inteligência do art. 4º da CLT. Entendeu-se, ainda, que não devem ser computados como tempo à disposição nenhum dos períodos de deslocamento até o aeroporto, seja ao de origem, na ida, seja ao de destino, na volta, e nem aquele gasto em trânsito do aeroporto ao hotel em que ficaria hospedado na cidade de realização dos cursos. Com esses fundamentos, a SBDI-I decidiu, por maioria, conhecer dos embargos por divergência jurisprudencial, vencido o Ministro Breno Medeiros, e, no mérito, nos termos do voto médio do Ministro Alexandre Luiz Ramos, dar-lhes provimento parcial para assegurar à reclamante o pagamento das horas de espera em aeroporto para embarque e desembarque, vencidos, totalmente, os Ministros Maria Cristina Peduzzi, Breno Medeiros e Aloysio Corrêa da Veiga e, parcialmente, os Ministros Augusto César Leite de Carvalho, relator, Hugo Carlos Scheuermann, Cláudio Mascarenhas Brandão, João Batista Brito Pereira, Lelio Bentes Corrêa, Luiz Philippe Vieira de Mello Filho e Walmir Oliveira da Costa, na parte em que também davam provimento aos embargos para julgar procedente o pedido de cômputo como horas extraordinárias do tempo de traslado entre aeroportos e hotéis, quando extrapoladas da jornada ordinária. TST-E-RR-770-74.2011.5.03.0106, SBDI-I, rel. Min. Augusto César Leite de Carvalho, red. p/ acórdão Min. Alexandre Luiz Ramos, 21/5/2020. (Informativo 219 do TST)

▶ "RECURSO DE REVISTA. HORAS EXTRAS. MINUTOS RESIDUAIS. HORAS DENOMINADAS "PARTICULARES". TEMPO À DISPOSIÇÃO DO EMPREGADOR. Em maio de 2015, foi alterada a redação da Súmula 366 do TST para constar expressamente que o tempo de troca de uniforme, lanche, higiene pessoal, etc., é considerado como tempo à disposição do empregador, sem importar as atividades desenvolvidas pelo empregado ao longo do período residual. Eis o teor da mencionada Súmula: "Não serão descontadas nem computadas como jornada extraordinária as variações de horário do registro de ponto não excedentes de cinco minutos, observado o limite máximo de dez minutos diários. Se ultrapassado esse limite, será considerada como extra a totalidade do tempo que exceder a jornada normal, pois configurado tempo à disposição do empregador, não importando as atividades desenvolvidas pelo empregado ao longo do tempo residual (troca de uniforme, lanche, higiene pessoal, etc)". No caso, o TRT entendeu que as horas denominadas "part", anotadas nos cartões de ponto, não podem ser computadas na jornada de trabalho porque não ficou evidenciado que o empregado estava à disposição da empresa neste período. Conforme se depreende dos autos, há condenação da ré ao pagamento de minutos residuais (Súmula 366 do TST) por outros motivos, tal como troca de uniforme. Dessa forma, ainda que as horas denominadas "part", anotadas nos cartões de ponto, possam ser inferiores aos 10 minutos estipulados pela Súmula 366/TST, tais períodos devem ser contabilizados para efeito de apuração do tempo total à disposição do empregador, à luz do que dispõem os artigos 4º e 58, §1º, da CLT. Nesse contexto, as horas denominadas "part", anotadas nos cartões de ponto, devem ser somadas com os minutos residuais gastos em outras tarefas para a apuração do tempo à disposição do empregador. Na hipótese, verifica-se que a real duração das horas denominadas "part" é controversa, porquanto não foi determinada pelas instâncias ordinárias, razão pela qual a sua verificação deve ser submetida à liquidação da sentença, com a observância dos critérios estabelecidos na Súmula 366 do TST. Recurso de revista conhecido por contrariedade à Súmula 366 do TST e provido." (TST-RR-226300-61.2007.5.02.0463, 3ª Turma, rel. Min. Alexandre de Souza Agra Belmonte, julgado em 18/11/2020.) (Informativo 229 do TST)

6.2. HORAS "IN ITINERE"

▶ Horas "in itinere". Limitação por norma coletiva. Possibilidade. É válida cláusula coletiva que prevê a limitação do pagamento das horas in itinere, em atenção ao previsto no art. 7º, XXVI, da CF. Com esse entendimento, a SBDI-I, por maioria, conheceu dos embargos por divergência jurisprudencial e, no mérito, negou-lhes provimento, reafirmando a jurisprudência da Subseção no sentido de considerar válida cláusula de acordo coletivo que limita o pagamento das horas gastas no percurso até o local de trabalho a uma hora diária, conquanto o contexto fático delineado nos autos tenha revelado que o tempo efetivamente gasto pelo trabalhador até o local da prestação de serviços fora, em média, de duas horas e quinze minutos. Vencidos os Ministros Lelio Bentes Corrêa, relator, Renato de Lacerda Paiva, José Roberto Freire Pimenta e Delaíde Miranda Arantes, que admitiam a possibilidade de a norma coletiva estabelecer tempo fixo para fins de pagamento das horas in itinere, desde que constatada a devida proporcionalidade em relação ao tempo efetivamente gasto no percurso. TST-E-RR-471-14.2010.5.09.0091, SBDI-I, rel. Min. Lelio Bentes Corrêa, red. p/ acórdão Min. Ives Gandra da Silva Martins Filho, 15.3.2012. (Informativo 2 do TST)

▶ Horas in itinere. Norma coletiva que fixa o número de horas a serem pagas em quantidade muito inferior ao tempo gasto no trajeto. Invalidade. Em regra, é válida a norma coletiva que estabelece um tempo fixo diário a ser pago a título de horas in itinere (art. 7º, XXVI, da CF). Todavia, o tempo ajustado deve guardar proporcionalidade com o tempo efetivamente gasto nos deslocamentos, a fim de não configurar subversão ao direito à livre negociação coletiva e verdadeira renúncia a direito garantido por lei (art. 58, § 2º, da CLT), resultando em prejuízo ao empregado. In casu, foi ajustado o pagamento de uma hora diária, a despeito de o tempo efetivamente gasto nos percursos de ida e volta ao trabalho ser de duas horas e quinze minutos. Com esse entendimento, a SBDI-I, em sua composição plena, por unanimidade, conheceu do recurso de embargos, por divergência jurisprudencial, e, no mérito, por maioria, deu-lhe provimento para restabelecer o acórdão do TRT que condenara a empresa ao pagamento, como extras, de duas horas e quinze minutos diários a título de horas in itinere e reflexos. Vencidos os Ministros Maria Cristina Irigoyen Peduzzi, João Oreste Dalazen, Antonio José de Barros Levenhagen, Ives Gandra da Silva Martins Filho, Brito Pereira e Dora Maria da Costa. TST-E-RR-470-29.2010.5.09.0091, SBDI-I, rel. Min. Renato de Lacerda Paiva, 24.5.2012. (Informativo 10 do TST)

▶ Horas de percurso. Limitação em norma coletiva. Razoabilidade e proporcionalidade. Possibilidade. Reconhecimento ao direito às horas "in itinere" prestadas em período anterior à negociação coletiva. Validade. É válida cláusula de norma coletiva que limita, com razoabilidade e proporcionalidade, o quantitativo de tempo a ser considerado para o pagamento de horas "in itinere", tendo em vista a dificuldade de se apurar as horas efetivamente gastas, em razão de o local da prestação de serviços não ser o mesmo todos os dias. No caso em exame, verificou-se que o percurso a ser feito pelos empregados varia de acordo com a lavoura na qual vão prestar serviços, e que o tempo de deslocamento para locais mais distantes é compensado nos dias em há prestação de serviços nas fazendas mais próximas. Noutro giro, quanto ao período anterior à negociação coletiva – para o qual não havia remuneração pelo tempo despendido ou esse pagamento era de valor muito aquém daquele que seria devido –, também é válida a norma que reconhece o direito ao pagamento das horas "in itinere" a todos os trabalhadores, inclusive aos inativos e àqueles cujo contrato de trabalho com a empresa já fora encerrado. Na espécie, a transação coletiva não resultou em renúncia a direito indisponível, mas em expresso reconhecimento, pela empregadora, do direito às horas de percurso, e, embora se refira a período pretérito, não ostenta natureza retroativa e não objetivou conferir legalidade à lesão praticada anteriormente, mas regulamentar o direito reconhecido em relação a safras anteriores. A negociação coletiva, em sentido amplo, vai além da mera fixação de normas e condições de trabalho, servindo, também, para a prevenção de litígios. Inteligência dos arts. 7º, XXVI, e 8º, III e IV, da CF. Com esse entendimento, a SDC, por unanimidade, negou provimento ao recurso ordinário interposto pelo Ministério Público do Trabalho da 18ª Região. TST-RO-34-66.2011.5.18.0000, SDC, rel. Min. Walmir Oliveira da Costa, 9.10.2012 (Informativo 25 do TST)

▶ Horas "in itinere". Base de cálculo. Fixação por meio de norma coletiva. Impossibilidade. É inválida a norma coletiva que estabelece o salário normativo como base de cálculo das horas "in itinere", porquanto as horas de percurso possuem a mesma natureza das horas extras, devendo ser calculadas como tal. Com esse entendimento, a SBDI-I, por unanimidade, conheceu dos embargos, por divergência jurisprudencial e, no mérito, por maioria, negou-lhes provimento. Vencidos os Ministros Ives Gandra Martins Filho, relator, Aloysio Corrêa da Veiga, Dora Maria da Costa e Maria Cristina Irigoyen Peduzzi. TST-E-ED-RR-135000-41.2008.5.15.0036. SBDI-I, rel. Min. Ives Gandra Martins Filho, red. p/ acórdão Min. Luiz Philippe Vieira de Mello Filho, 18.10.2012 (Informativo 26 do TST)

▶ Horas "in itinere". Lei nº 10.243/01. Limitação por norma coletiva. Possibilidade. É válida cláusula coletiva que prevê a limitação do pagamento das horas "in itinere", em atenção ao previsto no art. 7º, XXVI, da CF. Com esse entendimento, a SBDI-I, em sua composição plena, por maioria, vencido o Ministro Antônio José de Barros Levenhagen, conheceu dos embargos por divergência jurisprudencial, e, no mérito, pelo voto prevalente da Presidência, deu-lhes provimento para restabelecer a sentença que reconheceu a validade da cláusula de acordo coletivo, firmado após a Lei nº 10.243/01, a qual fixou o pagamento de uma hora diária a título de horas "in itinere", não obstante o tempo gasto pelo reclamante no percurso de ida e volta ao trabalho fosse de duas horas e vinte minutos. Vencidos os Ministros Renato de Lacerda Paiva, relator, Lelio Bentes Corrêa, Aloysio Corrêa da Veiga, Luiz Philippe Vieira de Mello Filho, Augusto César Leite de Carvalho, José Roberto Freire Pimenta e Delaíde Miranda Arantes, os quais negavam provimento ao recurso, sob o argumento de que, na hipótese de flagrante disparidade entre o tempo de percurso efetivamente utilizado e aquele atribuído pela norma coletiva, há subversão do direito à livre negociação, restando caracterizada, portanto, a renúncia do reclamante ao direito de recebimento das horas "in itinere", o que é vedado pela Lei nº 10.243/01. TST-E-RR-2200-43.2005.5.15.0072, SBDI-I, rel. Min. Renato de Lacerda Paiva, red. p/ acórdão Min. Maria Cristina Irigoyen Peduzzi, 8.11.2012 (Informativo 29 do TST)

▶ Horas in itinere. Norma Coletiva. Fixação prévia do número de horas a pagar. Validade. Afastamento da natureza salarial. Impossibilidade. Art. 58, § 2º, da CLT. É válida a cláusula de norma coletiva que fixa previamente o número de horas in itinere a serem pagas, desde que não haja flagrante disparidade entre o tempo acordado e o período efetivamente gasto no trajeto. No caso, limitou-se o pagamento a uma hora diária, mesmo havendo prova de que o tempo de percurso médio era de duas horas. De outra sorte, é inválida a cláusula que retira a natureza salarial das horas in itinere, afastando sua integração aos salários dos empregados, para todos os efeitos legais, em contrariedade ao disposto no art. 58, § 2º da CLT. Com esse entendimento, a SBDI-I, por unanimidade, conheceu dos embargos da reclamada, por divergência jurisprudencial, e, no mérito, deu-lhes provimento parcial para excluir da condenação o pagamento de duas horas in itinere diárias e, quanto às horas já quitadas no curso do contrato de trabalho, nos termos do quantitativo fixado mediante negociação coletiva, manter a condenação ao pagamento dos respectivos reflexos. TST-E-RR-414600-67.2009.5.09.0325, SBDI-I, rel. Min. João Oreste Dalazen, 13.6.2013 (Informativo 51 do TST)

▶ Horas in itinere. Limitação do valor pago. Desproporção com o tempo despendido. Norma coletiva. Invalidade. A fixação de número de horas in itinere a serem pagas deve guardar razoável proporção com o tempo efetivamente despendido no trajeto, razão pela qual é nula a cláusula de acordo coletivo que estipula quantidade de horas inferior a 50% do tempo realmente gasto pelo empregado no trajeto, porque equivalente à supressão do direito do trabalhador. No caso concreto, o tempo de deslocamento do reclamante era de 40 horas mensais, mas a norma coletiva limitou o pagamento a 14 horas, o que não alcança nem mesmo a metade do tempo efetivo de percurso. Com base nesse entendimento, a SBDI-I, por unanimidade, conheceu dos embargos da reclamada, por divergência jurisprudencial, e, no mérito, por maioria, vencido o Ministro Alberto Luiz Bresciani de Fontan Pereira, negou-lhes provimento. TST-E-ED-RR-46800-48.2007.5.04.0861, SBDI-I, Min. Brito Pereira, 8.8.2013 (Informativo 54 do TST)

▶ Horas in itinere. Prefixação. Norma coletiva. Validade. A SDC, por unanimidade, negou provimento ao recurso ordinário do Ministério Público do Trabalho da 18ª Região, confirmando decisão do Regional que manteve cláusula de convenção coletiva de trabalho que pré-fixou em uma hora o tempo a ser pago a título de horas in itinere aos trabalhadores rurais do setor canavieiro de todo o Estado de Goiás. Na espécie, prevaleceu o entendimento de que é possível, por meio de negociação coletiva, estipular um montante de horas itinerantes a serem pagas, não se admitindo apenas a supressão da parcela, sua fixação desproporcional ou, ainda, a retirada do caráter salarial, do direito aos respectivos reflexos ou do adicional de horas extras. Na espécie, restou consignado que embora os trabalhadores de alguns municípios necessitassem de longo período de locomoção, os empregados de outras cidades da região perfaziam o percurso até o trabalho em período próximo ao prefixado, razão pela qual o tempo de uma hora não se mostrou abusivo em relação ao tempo efetivamente gasto pelo conjunto de trabalhadores submetidos à cláusula, considerando-se não os casos individuais, mas a dinâmica das empresas envolvidas e as variadas distâncias entre os pontos de acesso e as frentes de trabalho. TST-RO-415-74.2011.5.18.0000, SDC, rel. Min. Mauricio Godinho Delgado, 9.9.2013 (Informativo 58 do TST)

▶ Horas in itinere. Supressão por meio de norma coletiva. Concessão de outras vantagens aos empregados. Invalidade. É inválido instrumento coletivo que exclui o direito às horas in itinere, ainda que mediante a concessão de outras vantagens aos trabalhadores. O pagamento das horas de percurso está assegurado pelo art. 58, § 2º, da CLT, que é norma de ordem pública, razão pela qual a supressão deste direito atenta contra os preceitos que asseguram condições mínimas de proteção ao trabalho, não encontrando respaldo no disposto no art. 7º, XXVI, da CF, o qual preconiza o reconhecimento das convenções e acordos coletivos de trabalho. Assim, a SBDI-I, por maioria, vencido o Ministro Ives Gandra Martins Filho, conheceu dos embargos da reclamada, por divergência jurisprudencial e, no mérito, negou-lhes provimento. In casu, o acordo coletivo de trabalho estabelecia que não seria computado o tempo de deslocamento dos trabalhadores rurais no trajeto residência-trabalho residência, e em troca concedia cesta básica durante a entressafra, seguro de vida e acidentes além do obrigatório e sem custo para o empregado, abono anual aos trabalhadores com ganho mensal superior a dois salários mínimos, salário família além do limite legal e repositor energético, além de adotar tabela progressiva de produção além da prevista em convenção coletiva. TST-E-ED-RR-1928-03.2010.5.06.0241, SBDI-I, rel. Min. Lelio Bentes Côrrea, 20.2.2014 (Informativo 73 do TST)

▶ Transporte fornecido pela empresa. Espera. Tempo à disposição do empregador. Configuração. Presentes os requisitos necessários ao deferimento das horas in itinere, também é considerado tempo à disposição do empregador aquele em que o empregado aguarda o transporte fornecido pela empresa. Todavia, tendo em conta que a jurisprudência do TST admite certa flexibilização quanto ao cômputo de pequenas variações de tempo (Súmulas n.º 366 e 429 do TST), devem ser tolerados dez minutos diários para a fixação da jornada. Ultrapassado esse limite, porém, todo o tempo despendido deve ser computado. Com esse entendimento, a SBDI-I, por unanimidade, conheceu dos embargos interpostos pelo reclamado, por divergência jurisprudencial e, no mérito, por maioria, negou-lhes provimento, prevalecendo, portanto, a decisão do TRT que manteve o deferimento de trinta minutos diários a título de horas de espera. Vencidos os Ministros João Oreste Dalazen e Renato de Lacerda Paiva, que davam provimento ao recurso para afastar da condenação o tempo em que o empregado aguarda a condução, por entenderem que não há amparo legal para considerá-lo tempo à disposição do empregador. TST-E-RR-96-81.2012.5.18.0191, SBDI-I, rel. Min. Alexandre Agra Belmonte, 24.4.2014 (Informativo 80 do TST)

▶ Trabalhador portuário avulso. Norma coletiva. Previsão de não pagamento de salário in natura, horas in itinere e horas paradas de qualquer natureza. Invalidade. A SDC, por unanimidade, deu provimento a recurso ordinário para excluir item de cláusula de convenção coletiva de trabalho que estipulava não ser devido ao trabalhador portuário avulso, em hipótese alguma, salário in natura, horas in itinere e horas paradas de qualquer natureza. No caso, ressaltou-se que, não obstante a garantia prevista no art. 7º, XXVI, da CF, as partes não podem dispor livremente de direitos regulados por normas cogentes, como no caso das parcelas em questão, previstas nos arts. 4º, 58, §§ 2º e 3º, e 458 da CLT. De outra sorte, a própria lei referente à negociação coletiva da remuneração dos trabalhadores portuários avulsos (art. 43 da Lei nº 12.815/2013) garante a necessidade de se observar um valor mínimo, o que não ocorreu na hipótese. TST-AIRO-RO-1100-40.2013.5.17.0000, SDC, rel. Min. Walmir Oliveira da Costa, 8.9.2014 (Informativo 88 do TST)

▶ Multa administrativa. Auto de infração. Validade. Não pagamento de horas in itinere no prazo previsto no art. 459, § 1º, da CLT. A SBDI-I, por unanimidade, conheceu de embargos, por divergência jurisprudencial, e, no mérito, por maioria, negou-lhes provimento para manter a decisão turmária que declarara válido o auto de infração lavrado em razão de a empresa ter violado o art. 459, § 1º, da CLT ao não pagar as horas in itinere até o quinto dia útil do mês subsequente ao vencido. Na espécie, registrou-se que o art. 459, § 1º, da CLT abrange o pagamento das horas de percurso, pois estas detém natureza jurídica salarial e integram a remuneração dos empregados para todos os efeitos legais (art. 58, § 2º, da CLT, na redação original). Ademais, o dispositivo em questão não estabelece quais parcelas salariais devem ser adimplidas no prazo por ele estipulado, de modo que não cabe ao intérprete restringir a sua incidência, mas aplicá-lo de forma abrangente, englobando todos os valores de caráter remuneratório. Vencido o Ministro Márcio Eurico Vitral Amaro. TST-E-RR-623-25.2014.5.18.0171, SBDI-I, rel. Min. Luiz Philippe Vieira de Mello Filho, 23.11.2017 (Informativo 169 do TST)

▶ Horas in itinere. Local de trabalho não servido por transporte público regular. Automóvel fornecido pela empresa para que o empregado realize seu próprio deslocamento. Situação diversa da prevista no item I da Súmula nº 90 do TST. Pagamento indevido. Na hipótese em que o empregado, exercente do cargo de supervisor, tem à sua disposição veículo exclusivo, fornecido pela empresa, para que efetue seu próprio deslocamento até o local de trabalho não servido por transporte público regular, não há falar em direito a horas in itinere. Tal situação não se insere na expressão "condução fornecida pelo empregador", a que se refere o item I da Súmula nº 90 do TST, que pressupõe a condução do empregado pela própria empresa ou por alguém por ela contratado e, consequentemente, a sujeição a horários mais rígidos e mais prolongados, que vão além daqueles efetivamente despendidos no serviço. Aplica-se, no caso, a regra geral do art. 58, § 2º, da CLT (na redação anterior à Lei nº 13.467/2017), que exclui da jornada de trabalho as horas de percurso. Sob esse entendimento, a SBDI-I, por unanimidade, conheceu dos embargos, por divergência jurisprudencial, e, no mérito, por maioria, deu-lhes provimento para restabelecer o acórdão do Tribunal Regional. Vencidos os Ministros José Roberto Freire Pimenta, Augusto César Leite de Carvalho, Hugo Carlos Scheuermann e Cláudio Mascarenhas Brandão. TST-E-ARR-766-85.2013.5.18.0191, SBDI-I, rel. Min. Márcio Eurico Vitral Amaro, 8.11.2018 (Informativo 186 do TST)

▶ Ação anulatória. Norma coletiva com vigência anterior à Lei nº 13.467/2017. Supressão das horas in itinere. Comprovada concessão de outras vantagens. Incidência do entendimento adotado nos processos STF-RE 590.415/SC e STF-RE 895.759/PE. Ausência de distinguishing. Validade da cláusula. O Supremo Tribunal Federal, no exame dos processos RE 590415/SC (com repercussão geral reconhecida) e RE 895759/PE, admitiu a validade de acordos coletivos que embora tenham afastado direito assegurado aos trabalhadores pela legislação vigente, concedeu-lhes vantagens compensatórias, ante o princípio da autonomia da vontade coletiva previsto no art. 7º, XXVI, da CF. Assim, é válida cláusula de convenção coletiva que retira o direito às horas in itinere, em razão da comprovada concessão de outras vantagens econômicas e socais não previstas em lei, registradas em diversas cláusulas do mesmo instrumento normativo (indenização na aposentadoria, auxílio escolar, indenização especial de despedida, entre outras), não havendo qualquer distinguishing que autorize a não incidência do entendimento adotado pela Suprema Corte ao caso concreto. Sob esses fundamentos, a SDC, por unanimidade, conheceu dos recursos ordinários, e, por maioria, deu-lhes provimento para julgar improcedente a pretensão. Vencidos os Ministros Mauricio Godinho Delgado, Katia Magalhães Arruda, Renato de Lacerda Paiva e Lelio Bentes Corrêa. TST-RO-22201-91.2016.5.04.0000, SDC, rel. Min. Aloysio Corrêa da Veiga, 19.2.2019 (Informativo 191 do TST)

▶ Horas in itinere. Sistema alternativo de transporte. Regulamentação municipal. Transcendência política reconhecida. Horas de percurso devidas. Não equiparação ao transporte público regular. "AGRAVO DE INSTRUMENTO. LEI 13.467/2017. HORAS IN ITINERE. SISTEMA ALTERNATIVO DE TRANSPORTE REGULAMENTADO PELO MUNICÍPIO. TRANSCENDÊNCIA. O processamento do recurso de revista na vigência da Lei 13.467/2017 exige que a causa ofereça transcendência com relação aos reflexos gerais de natureza econômica, política, social ou jurídica, a qual deve ser analisada de ofício e previamente pelo Relator (artigos 896-A, da CLT, 246 e 247 do RITST). Constatada a transcendência política da causa e demonstrada a possível contrariedade à Súmula 90, I, do TST, deve ser processado o recurso de revista. Agravo de instrumento de que se conhece e a que se dá provimento. RECURSO DE REVISTA. LEI 13.467/2017. HORAS IN ITINERE. SISTEMA ALTERNATIVO DE TRANSPORTE REGULAMENTADO PELO MUNICÍPIO. TRANSCENDÊNCIA. O eg. Tribunal Regional, ao considerar que o sistema alternativo de transporte regulamentado pela Secretaria Municipal de Trânsito e Transporte é equiparável ao transporte público regular, mesmo sem deter a condição de público e sem admitir o recebimento de vales-transporte, contrariou a jurisprudência desta Corte, no sentido de que o transporte alternativo não tem natureza jurídica de transporte público regular e não preenche os requisitos exigidos pela norma celetizada para exclusão do cômputo do tempo de percurso despendido pelo obreiro. Demonstrado pelo recorrente, por meio de cotejo analítico, que o eg. TRT incorreu em contrariedade à Súmula 90, I, do TST, o recurso deve ser conhecido e provido para restabelecer a r. sentença que julgou procedente o pedido de pagamento das horas in itinere e reconhecida sua integração na jornada para efeito de intervalo intrajornada de 1(uma) hora, por extrapolação da jornada de 6 (seis) horas. Recurso de revista de que se conhece e a que se dá provimento." (TST-RR-706-28.2016.5.05.0011, 6ª Turma, rel. Des. Conv. Cilene Ferreira Amaro Santos, julgado em 11.9.2019) (Informativo 205 do TST)

▶ "(...)RECURSO DE REVISTA. INTERVALO INTERJORNADA. CÔMPUTO DAS HORAS IN ITINERE NA JORNADA DE TRABALHO. APELO SOB A ÉGIDE DA LEI 13.015/2014 E DO CÓDIGO DE PROCESSO CIVIL. REQUISITOS DO ART. 896, § 1º-A, DA CLT, ATENDIDOS. O entendimento desta Corte se apresenta no sentido de que as horas in itinere computam-se na jornada de trabalho do empregado para fins de aferir o atendimento do art. 66 da CLT, relativo ao intervalo interjornada. Precedentes. Recurso de revista conhecido e provido. (...)" (TST-RR-1619-87.2017.5.12.0008, 6ª Turma, rel. Min. Augusto César Leite de Carvalho, julgado em 30.10.2019) (Informativo 211 do TST)

6.3. ACIDENTE DE TRABALHO

▶ Aposentadoria por invalidez decorrente de acidente de trabalho. Suspensão do contrato de trabalho. Recolhimento do FGTS. Indevido. Art. 15, § 5º, da Lei n.º 8.036/90. Não incidência. Tendo em conta que a aposentadoria por invalidez suspende o contrato de trabalho, conforme dicção do art. 475 da CLT, é indevido o recolhimento do FGTS no período em que o empregado estiver no gozo desse benefício previdenciário, ainda que o afastamento tenha decorrido de acidente de trabalho. Com esse entendimento, a SBDI-I, em sua composição plena, por maioria, negou provimento ao recurso de embargos, vencidos os Ministros Renato de Lacerda Paiva, Lelio Bentes Corrêa, José Roberto Freire Pimenta e Delaíde Miranda Arantes. Ressaltou o Ministro relator que o art. 15, § 5º, da Lei n.º 8.036/90, ao determinar que a licença por acidente de trabalho será causa de interrupção do contrato de trabalho, com obrigatoriedade de recolhimento do FGTS, estabeleceu situação excepcional que não admite interpretação ampliativa para abarcar a aposentadoria por invalidez decorrente de acidente de trabalho. TST-EEDRR-133900-84.2009.5.03.0057, SBDI-I, rel. Min. Horácio Raymundo de Senna Pires, 24.5.2012. (Informativo 10 do TST)

▶ AR. Aposentadoria por invalidez. Suspensão do contrato de trabalho. Fluência da prescrição bienal. Impossibilidade. Art. 7º, XXIX, da CF. Violação. Levando em consideração que a aposentadoria por invalidez não rescinde o contrato de trabalho, mas apenas o suspende, viola a literalidade do art. 7º, XXIX, da CF a decisão que declarou a prescrição total do direito de postular indenização por danos material e moral na hipótese em que a reclamante, não obstante aposentada por invalidez, teve seu contrato de trabalho extinto um mês após a jubilação. Nesse caso, tendo em vista o contrato-realidade, não há falar em fluência do prazo bienal, mas sim do quinquenal, o qual, na espécie, não se consumou, uma vez que a ação rescisória foi ajuizada dois anos e um mês após a extinção do vínculo, e dois anos e dois meses após a aposentadoria por invalidez. Com esse entendimento, a SBDI-II, por maioria, deu provimento ao recurso ordinário para, julgando procedente a ação rescisória, desconstituir, em juízo rescindente, por ofensa ao art. 7º, XXIX, da CF, a sentença proferida nos autos de reclamação trabalhista, por meio da qual fora extinto o processo com resolução do mérito, com base no art. 269, IV, do CPC, e, em juízo rescisório, afastar a prescrição nuclear arguida e determinar o retorno dos autos à Vara do Trabalho de origem, a fim de que, rechaçada a premissa de que prescrita a pretensão de indenização por danos morais e materiais decorrentes de doença profissional, aprecie os pedidos deduzidos na reclamação trabalhista, como entender de direito. Vencidos os Ministros Pedro Paulo Manus, relator, e Guilherme Augusto Caputo Bastos. TST-RO-9856-60.2010.5.02.0000, SBDI-II, rel. Min. Pedro Paulo Manus, red. p/ acórdão Min. Hugo Carlos Scheuermann, 2.10.2012. (Informativo 24 do TST)

▶ Auxílio-doença. Suspensão do contrato de trabalho. Falta praticada em período anterior à suspensão. Demissão por justa causa. Possibilidade. A suspensão do contrato de trabalho em virtude de gozo de auxílio-doença não impede a dispensa por justa causa, ainda que a prática do ato faltoso imputado ao trabalhador tenha sido anterior ao afastamento. Conquanto o recebimento de auxílio-doença constitua causa de suspensão do contrato de trabalho, ainda prevalecem, nesse período, os princípios norteadores da relação de emprego, a exemplo da lealdade, boa-fé, confiança recíproca, honestidade, etc. Assim, estando comprovado o justo motivo, a suspensão do contrato de trabalho não tem o condão de impedir o direito potestativo do empregador de pôr fim ao pacto laboral de imediato. A quebra de confiança compromete um importante pilar da contratação, sendo irrelevante o momento em que ocorreram os fatos ensejadores da demissão. Sob esses fundamentos, a SBDI-I, por unanimidade, conheceu do recurso de embargos por divergência jurisprudencial, e, no mérito, por maioria, deu-lhe provimento para restabelecer o acórdão do Regional, no particular. Vencidos os Ministros Lelio Bentes Corrêa, relator, e Aloysio Corrêa da Veiga. TST-E-ED-RR-20300-40.2008.5.01.0263, SBDI-I, rel. Min. Lelio Bentes Corrêa, red. p/ acórdão Min. Renato de Lacerda Paiva, 1º.12.2016 (Informativo 150 do TST)

▶ Plano de saúde. Suspensão após 180 dias de afastamento por auxílio-doença ou acidente de trabalho. Norma coletiva. Invalidade. Não é válida norma coletiva que estabelece a suspensão do plano de saúde pago pela empresa após 180 dias de afastamento do empregado em decorrência de auxílio-doença ou de acidente de trabalho. Embora a suspensão do contrato, a que se refere o art. 475 da CLT, importe na sustação temporária dos principais efeitos do pacto laboral, preserva-se o vínculo de emprego e o dever de cumprir as obrigações não vinculadas diretamente à prestação de serviços, a exemplo do plano de saúde, nos termos da Súmula nº 440 do TST. Ademais, embora se deva observar o princípio da autonomia das vontades coletivas (art. 7º, XXVI, da CF), este não pode prevalecer se violar o princípio da igualdade (art. 5º, II, da CF) e causar prejuízo ao trabalhador afastado, como ocorreu no caso em apreço, em que o empregado foi excluído do plano de saúde justamente no momento em que se encontrava incapacitado para o trabalho, em gozo de aposentadoria por invalidez decorrente de acidente de trabalho. Sob esses fundamentos, a SBDI-I, por unanimidade, conheceu do recurso de embargos, por divergência jurisprudencial, e, no mérito, por maioria, deu-lhe provimento para restabelecer o acórdão do TRT. Vencidos os Ministros Renato de Lacerda Paiva e Márcio Eurico Vitral Amaro. TST-E-ARR-1513-39.2012.5.02.0442, SBDI-I, rel. Min. Hugo Carlos Scheuermann, 8.3.2018 (Informativo 173 do TST)

▶ Acidente do trabalho. Morte do empregado. Indenização por danos morais e materiais. Ambiente de trabalho. Negligência. Responsabilidade do empregador. Havendo negligência do empregador com o ambiente de trabalho e a segurança do trabalhador, não se pode retirar a responsabilidade da empresa, ainda que comprovada a culpa concorrente da vítima. Na hipótese, o empregado rural, que exercia a atividade de "bituqueiro", ou seja, recolhia a cana-de-açúcar que a máquina deixava de colocar no caminhão, foi atropelado por veículo da empresa que fazia manobra, enquanto descansava, de madrugada, sobre a cana cortada, vindo a falecer. Não obstante o quadro fático delineado nos autos revelar que houve o fornecimento dos equipamentos de segurança ao trabalhador acidentado, e que as reclamadas ministravam treinamento a todos os contratados e os alertavam a não dormir na lavoura, ressaltou-se não ser viável, no caso, atribuir culpa exclusiva à vítima. Se a atividade demanda descanso, cabe ao empregador atribuir local seguro para o momento de pausa, adotando critérios de prudência e vigilância, a fim de evitar o dano, ainda que potencial, especialmente quando o trabalho é prestado em ambiente adverso, de difícil acesso e de baixa visibilidade, a exemplo da lavoura de cana-de-açúcar. Com esse entendimento, a SBDI-I, por maioria, vencido o Ministro Renato de Lacerda Paiva, conheceu dos embargos, por divergência jurisprudencial, e, no mérito, ainda por maioria, negou-lhes provimento, mantendo a decisão turmária, que conheceu do recurso de revista por violação do art. 927 do CC, e, no mérito, deu-lhe parcial provimento para condenar as rés, solidariamente, ao pagamento de indenização pelo dano moral e de pensão mensal, a título de dano material. Vencidos os Ministros Ives Gandra Martins Filho, Brito Pereira e Maria Cristina Irigoyen Peduzzi. Ressalvou fundamentação o Ministro Renato de Lacerda Paiva, porquanto entendia presente a culpa "in eligendo" e "in vigilando", mas não reconhecia a responsabilidade objetiva. TST-E-ED-RR-470-43.2010.5.15.0000, SBDI-I, rel. Min. Aloysio Côrrea da Veiga, 25.10.2012 (Informativo 27 do TST)

▶ Dono da obra. Acidente de trabalho. Indenização por danos morais, materiais e estéticos. Pretensão de natureza civil. Orientação Jurisprudencial nº 191 da SBDI-I. Não incidência. Envolvimento na execução dos serviços. Omissão em relação à segurança do ambiente laboral. Culpa comprovada. Responsabilidade solidária. A aplicação da Orientação Jurisprudencial nº 191 da SBDI-I tem sua abrangência restrita às obrigações trabalhistas, não alcançando pleitos de indenização por danos morais, estéticos e materiais decorrentes de acidente de trabalho, na medida em que apresentam natureza civil, oriundos de culpa por ato ilícito (arts. 186 e 927, "caput", do Código Civil), não constituindo, portanto, verba trabalhista "stricto sensu". Ainda que assim não fosse, o quadro fático delineado nos autos revelou o envolvimento do dono da obra na execução dos serviços contratados e no desenvolvimento das atividades do reclamante, bem como a culpa pelo acidente que vitimou o trabalhador, ante a comprovada omissão em relação à segurança do ambiente laboral, atraindo, assim, a responsabilidade solidária pelo pagamento das indenizações pleiteadas. Com esse entendimento, a SBDI-I, por maioria, não conheceu dos embargos no tópico. Vencidos os Ministros Ives Gandra Martins Filho, Brito Pereira, Maria Cristina Irigoyen Peduzzi e João Oreste Dalazen. TST-E-RR-9950500-45.2005.5.09.0872, SBDI-I, rel. Min. Augusto César Leite de Carvalho, 22.11.2012(Informativo 31 do TST)

▶ Acidente de trabalho. Danos morais e materiais. Razoabilidade e proporcionalidade do valor da indenização. Conhecimento de recurso de revista por violação do art. 944, "caput", do CC. Possibilidade. É possível o conhecimento de recurso de revista por violação direta do art. 944, "caput", do CC, para se discutir a razoabilidade e a proporcionalidade na fixação do valor da indenização por danos morais e materiais decorrentes de acidente de trabalho, especialmente por serem mínimas as chances de identidade fática entre o aresto paradigma e a decisão recorrida, apta a ensejar o conhecimento do recurso por divergência jurisprudencial. Com base nesse entendimento, a SBDI-I, por unanimidade, conheceu dos embargos, por divergência jurisprudencial, e, no mérito, por maioria, deu-lhes provimento para, fixada a premissa de que o art. 944, do CC permite a análise dos critérios de valoração da indenização por dano moral decorrente de acidente de trabalho, determinar o retorno dos autos à Turma para que examine a apontada violação como entender de direito. Vencidos os Ministros Ives Gandra Martins Filho e João Oreste Dalazen. TST-E-RR-217700-54.2007.5.08.0117, SBDI-I, rel. Min. Augusto César Leite de Carvalho, 22.11.2012 (Informativo 31 do TST)

▶ Acidente do trabalho. Responsabilidade civil objetiva. Configuração. Motociclista. Atividade de risco. A SBDI-I, por unanimidade, conheceu dos embargos, por divergência jurisprudencial, e, no mérito, por maioria, negou-lhes provimento, mantendo a decisão da 8ª Turma, que reconhecera a responsabilidade objetiva da empregadora, intermediadora de mão de obra junto a concessionária de energia elétrica, no caso em que o trabalhador, no desempenho da função de oficial eletricista, foi vítima de acidente do trabalho no trânsito, sofrendo amputação da perna direita, decorrente da colisão entre sua motocicleta e outro automóvel. Na espécie, além de o infortúnio ter ocorrido durante o expediente, restou consignado que o veículo de propriedade da vítima era utilizado para a prestação dos serviços de corte e religação de energia elétrica em unidades consumidoras de baixa tensão, em virtude do contrato de locação firmado com a empregadora, restando demonstrado, portanto, o nexo de causalidade entre o dano sofrido e o trabalho realizado. Ademais, a condução de motocicleta configura-se atividade de risco, na medida em que os condutores desse tipo de veículo estão mais sujeitos a acidentes, com consequências mais nocivas, distanciando-se, portanto, das condições dos demais motoristas. Noutro giro, ainda que o risco, a que se refere parágrafo único do art. 927 do Código Civil, esteja relacionado à natureza da "atividade normalmente desenvolvida pelo autor do dano", a interpretação teleológica do referido dispositivo, aliada à concepção histórica da responsabilidade objetiva, permitiria concluir que o conceito de atividade de risco deve advir do ofício concretamente desempenhado pelo trabalhador, e da exposição acima dos níveis considerados normais a que submetido, ainda que o empreendimento não contenha, por si só, elementos de risco. Finalmente, não há falar em inaplicabilidade do art. 927, parágrafo único, do CC aos casos anteriores à entrada em vigor do Código Civil, pois a teoria do risco em atividade perigosa não foi inaugurada com a nova codificação civilista, mas, ao contrário, é fruto da interpretação sistêmica do arcabouço histórico, legal e doutrinário sobre o tema. Vencidos os Ministros Ives Gandra Martins Filho, relator, e Brito Pereira.

TST-E-ED-RR-81100-64.2005.5.04.0551, SBDI-I, rel. Min. Ives Gandra Martins Filho, red. p/ acórdão Min. João Oreste Dalazen. 29.11.2012 (Informativo 32 do TST)

▶ Acidente do trabalho ocorrido na vigência do Código Civil de 1916. Responsabilidade objetiva prevista no art. 927, parágrafo único, do Código Civil de 2002. Aplicação. A teoria da responsabilidade objetiva, consagrada no art. 927, parágrafo único, do Código Civil de 2002, aplica-se aos casos em que o acidente do trabalho, fato gerador do falecimento do empregado durante o desempenho de atividade de risco em rede elétrica, ocorreu na vigência do Código Civil de 1916. Mesmo antes da nova codificação civilista, o ordenamento jurídico brasileiro já contemplava a responsabilidade objetiva, seja por leis esparsas, a exemplo do Decreto nº 2.881/1912, da Lei nº 8.123/91 e do Código de Defesa do Consumidor (Lei nº 8.078/90), seja por meio da jurisprudência, conforme revela a Súmula nº 341 do STF, segundo a qual "é presumida a culpa do patrão ou comitente pelo ato culposo do empregado ou preposto". Ademais, o próprio art. 2º da CLT sempre autorizou a aplicação da culpa presumida no âmbito do Direito do Trabalho, ao estabelecer que recai sobre o empregador os riscos da atividade econômica. Assim, não se pode dizer que o Código Civil de 2002 trouxe uma absoluta inovação legislativa, a impedir a sua aplicação retroativa, mas apenas condensou entendimento jurisprudencial e doutrinário há muito consagrado sobre a teoria do risco. Com esse entendimento, a SBDI-I, em sua composição plena, conheceu, por maioria, dos embargos, por divergência jurisprudencial, e, no mérito, também por maioria, negou-lhes provimento. Vencidos, no conhecimento, os Ministros Horácio Raymundo de Senna Pires e Aloysio Corrêa da Veiga, e, no mérito, os Ministros Brito Pereira, relator, Antônio José de Barros Levenhagen, Ives Gandra Martins Filho, Maria Cristina Irigoyen Peduzzi e Renato de Lacerda Paiva, os quais entendiam que a aplicação retroativa do parágrafo único do art. 927 do CC é vedada com base nos arts. 6º da LICC e 5º, XXXVI, da CF. TST-E-ED-RR-40400-84.2005.5.15.0116, SBDI-I, rel. Min. Brito Pereira, red. p/ acórdão Min. Augusto César Leite de Carvalho, 13.12.2012 (Informativo 34 do TST)

▶ Acidente de trabalho. Trabalhador avulso. Estivador. Responsabilidade civil subjetiva do operador portuário. Configuração. Dever de zelar pelo meio ambiente de trabalho seguro. A SBDI-I entendeu haver responsabilidade civil subjetiva da operadora portuária pelo acidente de trabalho que causou amputação parcial da falange distal do dedo indicador direito de trabalhador avulso durante a estivagem para embarque de arroz, uma vez que, no caso, a reclamada omitiu-se em observar o dever de zelar pelo meio ambiente de trabalho seguro a que se refere o art. 157, da CLT. Com esse entendimento, a Subseção, por unanimidade, conheceu dos embargos, por divergência jurisprudencial, e, no mérito, negou-lhes provimento. Vencidos os Ministros Brito Pereira, relator, João Oreste Dalazen, Renato de Lacerda Paiva e Dora Maria da Costa, que davam provimento aos embargos para, afastando a responsabilidade objetiva assentada pela decisão turmária, determinar o retorno dos autos à Vara do Trabalho de origem, a fim de que prossiga no exame do pedido, sob o enfoque da eventual caracterização de responsabilidade subjetiva da reclamada. Ressalvaram a fundamentação os Ministros Augusto César Leite de Carvalho, Alexandre Agra Belmonte e Delaíde Miranda Arantes, que negavam provimento ao recurso por entender configurada a responsabilidade civil objetiva, e os Ministros José Roberto Freire Pimenta e Luiz Philippe Vieira de Mello Filho, que, na hipótese, vislumbravam a presença tanto da responsabilidade subjetiva, quanto da objetiva. TST-E-RR-99300-59.2007.5.17.0011, SBDI-I, rel. Min. Brito Pereira, red. p/ acórdão Min. Aloysio Corrêa da Veiga, 9.5.2013 (Informativo 46 do TST)

▶ Acidente de Trabalho. Vigilante. Condução de motocicleta em rodovia estadual. Atividade de risco. Responsabilidade civil objetiva do empregador. Art. 927, parágrafo único, do CC. Nos termos do art. 927, parágrafo único, do CC, aplica-se a responsabilidade civil objetiva ao empregador no caso em que houve morte do trabalhador que, no exercício de suas atribuições de vigilante, sofreu acidente de trânsito na condução de motocicleta da empresa em rodovia estadual, durante trajeto à residência de cliente para verificação de disparo de alarme. Trata-se de atividade de risco, pois os condutores de motocicleta, notoriamente, estão sujeitos a mais acidentes de trânsito e de piores consequências em comparação aos que utilizam outros tipos de veículos, de modo que o empregador, ainda que não haja provocado diretamente o acidente, figurou como autor mediato do dano sofrido pelo trabalhador falecido. Com esse entendimento, a SBDI-I, por unanimidade, conheceu dos embargos da reclamada, por divergência jurisprudencial, e, no mérito, negou-lhes provimento. TST-E-ED-RR-324985-09.2009.5.12.0026, SBDI-I, rel. Min. João Oreste Dalazen, 6.6.2013 (Informativo 50 do TST)

▶ Doença ocupacional. LER/DORT. Ação de indenização por danos morais e materiais. Prescrição. Termo inicial. Decisão judicial que concedeu a aposentadoria por invalidez. Reconhecimento da incapacidade definitiva para o trabalho. Súmula nº 278 do STJ. Nos termos da Súmula nº 278 do STJ, o termo inicial do prazo prescricional da ação de indenização é a data da ciência inequívoca da incapacidade laboral. No caso de lesões decorrentes de LER/DORT, ao contrário do que ocorre nos acidentes de trabalho típicos, o dano não é instantâneo, revelando-se de forma gradual, podendo agravar a saúde do trabalhador ao longo do tempo, culminando com a sua incapacidade permanente para o trabalho. Assim, no momento em que a reclamante recebeu alta médica após gozar de auxílio-doença acidentário no período de fevereiro de 2000 a junho de 2001, a materialização de sua incapacidade definitiva para o trabalho ainda era duvidosa, tornando-se incontestável, para fins de incidência da Súmula nº 278 do STJ, somente por meio da decisão que concedeu a aposentadoria por invalidez, proferida pela Justiça comum em 15/09/2004 e transitada em julgado em 23/03/2006. Desse modo, tendo em conta que reclamação trabalhista foi ajuizada em 24/11/2006, ou seja, antes do transcurso do prazo prescricional bienal, a SBDI-I, por unanimidade, conheceu dos embargos da reclamante por divergência jurisprudencial e, no mérito, deu-lhes provimento para, afastada a prescrição, determinar o retorno dos autos à Vara do Trabalho de origem, a fim de que prossiga no exame do feito, como entender de direito. TST-EED-RR-210200-43.2006.5.18.0003, SBDI-I, rel. Min. Renato de Lacerda Paiva, 8.8.2013 (Informativo 54 do TST)

▶ Acidente de trabalho. Ação de indenização por danos morais. Prescrição. Termo inicial. Aposentadoria por invalidez. A SBDI-I, por unanimidade, conheceu dos embargos da reclamada, por divergência jurisprudencial, e, no mérito, por maioria, negou-lhes provimento, mantendo a decisão da Turma que afastou a prescrição pronunciada sob o fundamento de que o marco inicial para a contagem do prazo prescricional incidente sobre a ação de indenização por dano moral decorrente de acidente de trabalho é a data da aposentadoria por invalidez permanente, momento em que ocorreu a ciência inequívoca da incapacidade laboral. Vencido o Ministro Ives Gandra Martins Filho. TST-E-ED-RR-779-52.2008.5.10.0007, SBDI-I, rel. Min. Aloysio Corrêa da Veiga, 29.8.2013 (Informativo 57 do TST)

▶ Acidente de Trabalho. Falecimento do empregado. Responsabilidade subjetiva do empregador. Indenização por danos morais. Compensação com o valor recebido pela família do de cujus a título de seguro de vida. Impossibilidade. É inadmissível a compensação da indenização por danos morais arbitrada judicialmente, em razão do falecimento do empregado, com o valor recebido pela família do de cujus a título de seguro de vida contratado pela empregadora. Na hipótese vertente, diante da responsabilização subjetiva da reclamada pelo acidente de trabalho que vitimou o trabalhador, entendeu-se que o valor recebido em face do seguro contratado pela empresa não possui a mesma natureza jurídica da indenização por danos morais, porquanto esta, além da função compensatória, possui caráter punitivo e dissuasório, o que desautoriza a compensação pretendida. Com esse entendimento, a SBDI-I, por maioria, conheceu dos embargos interpostos pela reclamada, por divergência jurisprudencial, e, no mérito, negou-lhes provimento, mantendo incólume a decisão do Regional que indeferiu a compensação do valor referente ao seguro de vida com a indenização deferida a título de danos morais. Vencido o Ministro Ives Gandra Martins Filho. TST-E-RR-285-53.2010.5.18.0054,

SBDI-I, rel. Min. Renato de Lacerda Paiva, 13.11.2014 (Informativo 95 do TST)

▶ Danos morais e materiais. Acidente de trânsito. Coleta de lixo urbano. Retorno do aterro sanitário. Morte do empregado. Responsabilidade objetiva. Atividade de risco. Art. 927, parágrafo único, do CC. Incidência. É objetiva a responsabilidade do empregador pela morte de ex-empregado, coletor de lixo urbano, durante acidente de trânsito ocorrido quando retornava, no interior do caminhão, de aterro sanitário. No caso concreto, ressaltou-se que a atividade de coleta de lixo, especialmente quando envolve deslocamento em vias públicas, expõe o empregado a maiores riscos, incidindo, portanto, o art. 927, parágrafo único, do CC. Com esse fundamento, a SBDI-I, por unanimidade, conheceu dos embargos interpostos pela reclamada, por divergência jurisprudencial e, no mérito, negou-lhes provimento, mantendo, portanto, a decisão turmária que restabelecera a sentença ao fundamento de que o acidente do trabalho fatal ocorreu em transporte fornecido pela empregadora, ao final do trabalho em aterro sanitário, o que enseja a responsabilidade civil objetiva em decorrência dos riscos assumidos na condição de transportadora, na forma dos arts. 734, 735 e 927, parágrafo único, do CC. TST-E-RR-958-81.2011.5.03.0069, SBDI-I, rel. Min. Márcio Eurico Vitral Amaro, 16.4.2015 (Informativo 104 do TST)

▶ Matéria afetada ao Tribunal Pleno. Indenização por danos morais. Acidente do trabalho. Cobradora de ônibus. Roubo com uso de arma de fogo. Responsabilidade civil objetiva do empregador. Art. 927, parágrafo único, do Código Civil. Incide a responsabilidade civil objetiva do empregador, levando em consideração o risco da atividade econômica, quando o empregado sofre danos, em razão da execução do contrato de emprego, nos termos do artigo 927, parágrafo único, do Código Civil. No caso, a trabalhadora levou um tiro na mão direita durante assalto ao veículo no qual trabalhava. O acidente ocorreu quando exercia a atividade de cobradora de ônibus, situação ensejadora de risco acentuado, já que circulava pelas ruas do município recolhendo importâncias em dinheiro dos passageiros em proveito do contratante. Além de configurado o exercício de atividade de risco – circunstância apta a ensejar a responsabilidade objetiva do empregador -, resultou caracterizada a culpa por omissão, decorrente da inobservância do dever geral de cautela, que incumbe a todo empregador. Sob esses fundamentos, o Tribunal Pleno, por unanimidade, conheceu dos embargos, por divergência jurisprudencial, e, no mérito, negou-lhes provimento. Ressalva parcial de fundamentação dos Ministros João Oreste Dalazen e Cláudio Mascarenhas Brandão. TST-E-RR-184900-63.2007.5.16.0015, Tribunal Pleno, rel. Lélio Bentes Corrêa, 29.9.2015. 16.4.2015 (Informativo 119 do TST)

▶ Danos morais e materiais. Concausa entre as atividades exercidas e a doença desenvolvida. Responsabilidade da empregadora. Indenização devida. Nos termos do art. 21, I, da Lei nº 8.213/91, para a caracterização de acidente do trabalho (ou de doença profissional a ele equiparada) não se faz necessário que a conduta da empresa seja causa exclusiva do evento, bastando que para ela concorra. Assim, na hipótese em que o TRT reconheceu expressamente que as atividades desenvolvidas pela reclamante atuaram como concausa para o desencadeamento de esquizofrenia paranoide e depressão grave, resulta inafastável o reconhecimento da responsabilidade da empregadora pela indenização por danos morais e materiais (art. 927 do CC). Sob esses fundamentos, a SBDI-I, por unanimidade, conheceu dos embargos por divergência jurisprudencial e, no mérito, por maioria, deu-lhes provimento parcial para: I) restabelecer a sentença no tocante à condenação da reclamada ao ressarcimento das despesas com medicamentos e tratamento da doença, ao fornecimento de plano de saúde e à determinação de constituição de capital visando garantir o pagamento de pensão vitalícia; II) condenar a reclamada ao pagamento de compensação por danos morais no valor de R$ 60.000,00 e ao pagamento de pensão mensal e vitalícia, correspondente a 40% da última remuneração percebida pela autora, a partir do seu afastamento em 6.11.2003, mantendo-se o valor atualizado, de acordo com os reajustes salariais concedidos. Vencidos, totalmente, os Ministros Aloysio Corrêa da Veiga, João Oreste Dalazen, Brito Pereira, Guilherme Augusto Caputo Bastos e Márcio Eurico Vitral Amaro, e, parcialmente, os Ministros Lelio Bentes Corrêa, relator, José Roberto Freire Pimenta e Alexandre de Souza Agra Belmonte, que fixavam o percentual de 80% quanto ao pagamento da pensão mensal. TST-E-RR-189600-04.2007.5.20.0005, SBDI-I, rel. Min. Lelio Bentes Corrêa, red. p/acórdão Min. Renato de Lacerda Paiva, 10.12.2015 (Informativo 126 do TST)

▶ Atleta profissional de futebol. Atividade de risco. Seguro de acidentes de trabalho. Art. 45 da Lei nº 9.615/1998. Não contratação. Obrigação de indenizar. Os arts. 45 e 94, da Lei nº 9.615/1998 (Lei Pelé) dispõem acerca da obrigatoriedade de contratação de seguro de acidentes de trabalho (nomenclatura adotada pela Lei nº 9.981/2000) para atletas profissionais de futebol por parte das entidades a que estão vinculados, sem, contudo, determinar a consequência jurídica para o descumprimento da referida obrigação. Assim, comprovados o dano e o nexo de causalidade (lesão física durante uma partida de futebol sem a oportunidade de acionar o seguro porque não contratado), e tratando-se de atividade de risco, nos termos do próprio art. 45 da Lei Pelé, aplicam-se ao caso os arts. 186, 247 e 927 do Código Civil, restando patente a obrigação de indenizar. Sob esses fundamentos, a SBDI-I, por maioria, vencidos os Ministros Aloysio Corrêa da Veiga, Renato de Lacerda Paiva e Augusto César Leite de Carvalho, conheceu dos embargos, por divergência jurisprudencial, e, no mérito, ainda por maioria, negou-lhes provimento, mantendo, portanto, a indenização concedida na sentença. Vencidos o Ministro Alexandre Agra Belmonte. TST-E-ED-RR-168500-29.2006.5.01.0046, SBDI-I, rel. Min. Márcio Eurico Vitral Amaro, 6.4.2017 (Informativo 156 do TST)

▶ Acidente de trabalho com óbito. Cortador de cana. Queda de raio. Caso fortuito externo. Ausência de responsabilidade civil objetiva. Indenização por dano moral. Indevida. A indenização por dano moral somente é devida quando houver dano, culpa e nexo de causalidade entre o dano e a conduta antijurídica, conforme o art. 186 do CC. Assim, não há como atribuir à reclamada conduta culposa ou dolosa em relação à morte de empregado cortador de cana atingido por um raio durante o exercício de sua atividade laboral, visto que o acidente decorreu unicamente de caso fortuito externo. De igual modo, não há falar em responsabilidade objetiva da empregadora, pois a atividade desenvolvida pela vítima não ensejava risco de morte inerente à descarga elétrica. Sob esses fundamentos, a SBDI-I, pelo voto prevalente da presidência, conheceu dos embargos, por divergência jurisprudencial, e, no mérito, deu-lhes provimento para restabelecer a sentença que indeferira o pedido de indenização por danos morais. Vencidos os Ministros Alexandre Agra Belmonte, João Oreste Dalazen, Renato de Lacerda Paiva, Augusto César Leite de Carvalho, José Roberto Freire Pimenta, Hugo Carlos Scheuermann e Cláudio Mascarenhas Brandão. TST-E-EDRR-195-49.2011.5.19.0000, SBDI-I, rel. Min. Aloysio Corrêa da Veiga, 22.6.2017 (Informativo 161 do TST)

▶ Transporte de empregado. Veículo fornecido pelo empregador. Acidente de trânsito fatal. Responsabilidade objetiva da empresa. Contrato de transporte. Arts. 734 e 735 do Código Civil. Na hipótese em que o empregado faleceu em razão de acidente de trânsito ocorrido durante o transporte em veículo fornecido pela empresa, a responsabilidade da empregadora é objetiva, a teor dos arts. 734 e 735 do Código Civil. O contrato de transporte, na espécie, é acessório ao contrato de trabalho e caracteriza-se, essencialmente, pela existência de cláusula de incolumidade que implica em obrigação de resultado, ou seja, em levar o passageiro em segurança até o seu destino. Assim, a empresa que fornece transporte aos seus empregados equipara-se ao transportador, assumindo, portanto, o ônus e o risco dessa atividade, ainda que o estado de conservação e de manutenção do veículo seja satisfatório ou que não reste comprovada eventual falha na adoção de medidas de segurança. Sob esses fundamentos, a SBDI-I, por maioria, vencido o Ministro Ives Gandra Martins Filho, conheceu dos embargos, por divergência jurisprudencial, e, no mérito, também por maioria, deu-lhes provimento parcial para reconhecer a responsabilidade objetiva da reclamada e da empresa seguradora integrada à lide, na forma da apólice constante dos autos, condenando-as ao pagamento de indenização por danos morais e por danos materiais na forma de pensionamento mensal vitalício. Vencidos, totalmente, o Ministro Ives Gandra Martins Filho e, parcialmente, o Ministro Aloysio Corrêa da Veiga. TST-E-ED-RR-32300-85.2006.5.15.0123, SBDI-I, rel. Min. Cláudio Mascarenhas Brandão, 2.8.2018 (Informativo 181 do TST)

▸ Transporte de valores irregular. Dano moral. "(...) 2. ACIDENTE DE TRABALHO. EMPREGADO DA EMPRESA RECLAMADA ACOMPANHADO POR SEGURANÇA RESPONSÁVEL PELO TRANSPORTE DE VALORES. TRANSPORTE IRREGULAR. EXPOSIÇÃO A SITUAÇÃO DE RISCO. DANO MORAL. Hipótese em que o trabalhador (de cujus) atuava na função de supervisor de postos de combustível, deslocando-se entre as unidades da empresa a fim de realizar a contabilidade e o transporte de documentos e boletos. Em determinada ocasião, o Empregado, agindo no interesse da empresa, forneceu carona a empregado que exercia a função de segurança e que era responsável pelo transporte de valores, quando, no trajeto, sofreram tentativa de assalto que resultou no seu falecimento. 2. Diante da ocorrência de tentativa de assalto a veículo utilizado a serviço da empresa, tendo como vítimas, dentre elas uma fatal, dois empregados prepostos da empresa, não há como fragmentar os fatos como se fossem hipóteses diversas. O empregado supervisor, ainda que não fosse responsável pelo transporte de valores, naquele dia participava da atividade de forma irregular, em total descumprimento às regras de segurança estabelecidas na Lei 7.102/83. Ainda que o assalto configure fato de terceiro, sobre o qual o empregador não poderia prever ou resistir, é certo que, a par de descumprir as regras legais alusivas à atividade (Lei 7.102/83), o transporte de valores – que foi a causa motriz do lamentável episódio – representa atividade essencial do negócio explorado, não havendo como excluir a responsabilidade da empresa. Logo, ainda que se reconheça eventual ação de terceiro, é certo que o sinistro ocorreu no desenvolvimento regular da atividade laboral, não havendo falar em excludente de responsabilidade da empresa. Ao descumprir a legislação de regência, reduzindo custos, o transporte de valores oferecia risco à integridade física de seus empregados, gerando risco elevado de assaltos com desdobramentos imprevisíveis. 3. A jurisprudência desta Corte é pacífica no sentido de reconhecer o dano moral nas situações em que realizado o transporte de valores à margem da Lei 7.102/83, na medida em que expõe os empregados a grau de risco superior ao da atividade para a qual contratado. 4. Presentes os requisitos da responsabilização civil do empregador, impõe-se a condenação da Reclamada ao pagamento de indenização. Violação do artigo 927 do CCB reconhecida. Julgados desta Corte. Recurso de revista conhecido e provido." (TST-RR-1523-26.2015.5.06.0391, 5ª Turma, rel. Min. Douglas Alencar Rodrigues, julgado em 19.6.2019) (Informativo 199 do TST)

▸ Dano moral. Doença profissional. Exposição à amianto. Ciência inequívoca da incapacidade em momento posterior ao término do contrato de trabalho. Prescrição bienal. Na hipótese em que a ciência inequívoca da incapacidade para o trabalho resultante da exposição permanente do empregado a amianto ocorreu após a extinção do contrato de trabalho, a pretensão ao pagamento de indenização por danos morais submete-se à prescrição bienal. No caso, restou consignado nos autos que o contrato foi extinto em 1991, a ciência da doença profissional ocorreu em 22.11.2008, data da emissão da Comunicação de Acidente de Trabalho (CAT), e a reclamação trabalhista foi ajuizada apenas em março de 2011, ou seja, após o transcurso do prazo prescricional. Sob esse entendimento, a SBDI-I, por unanimidade, conheceu dos embargos, por divergência jurisprudencial, e, no mérito, por maioria, deu-lhes provimento para pronunciar a prescrição bienal e julgar extinto o processo, com resolução de mérito. Vencidos os Ministros Aloysio Corrêa da Veiga, relator, Alberto Luiz Bresciani de Fontan Pereira, Walmir Oliveira da Costa, José Roberto Freire Pimenta e Hugo Carlos Scheuermann, os quais aplicavam a prescrição quinquenal. TST-EED-ED-RR-315-98.2011.5.06.0018, SBDI-I, rel. Min. Aloysio Corrêa da Veiga, red. p/acórdão Min. Cláudio Mascarenhas Brandão, 27.6.2019 (Informativo 200 do TST)

▸ Empregado falecido após a extinção do contrato de trabalho. Indenização por dano moral. Acidente do trabalho. Legitimidade ativa do espólio. Direito patrimonial. "(...) 1. FALECIMENTO DO EMPREGADO APÓS A EXTINÇÃO DO CONTRATO DE TRABALHO. INDENIZAÇÃO POR DANO MORAL DECORRENTE DE ACIDENTE DE TRABALHO. LEGITIMIDADE ATIVA DO ESPÓLIO PARA PLEITEAR DANO MORAL EM NOME DO DE CUJUS. CONHECIMENTO E PROVIMENTO. I. No caso dos autos, o trabalhador sofreu acidente de trabalho em 25/02/2012 e pediu demissão em 18/09/2012. Consta, ainda, que "o reclamante não ajuizou ação de indenização por danos morais antes de seu falecimento, ocorrido em 03/11/2012". II. A Corte Regional manteve a sentença em que se reconheceu a ilegitimidade ativa da sucessão do Autor, representada por sua genitora e única herdeira, para pleitear indenização pelo pagamento de indenização por dano moral decorrente do acidente de trabalho sofrido pelo de cujus. Assim, entendeu que "o direito à indenização por danos morais é personalíssimo, intransmissível e irrenunciável". III. O pedido de indenização por danos morais trata-se de direito patrimonial transmissível por herança, nos termos do art. 943 do Código Civil. Diante disso, conclui-se que os sucessores do trabalhador possuem legitimidade ativa para ajuizar ação, pretendendo reparação por dano moral e material, tratando-se de direito patrimonial, decorrente do contrato de trabalho havido entre o empregador e o de cujus. IV. A esse respeito, no julgamento do processo nº RR-94385-95.2005.5.12.0036, esta Quarta Turma já se manifestou no sentido de que "os sucessores têm legitimidade para propor qualquer ação de indenização, por tratar-se de direito patrimonial. Isso porque o que se transmite é o direito de ação, e não o direito material em si, pelo fato de não se tratar de direito personalíssimo, o que impediria sua transmissão a terceiros". V. Recurso de revista de que se conhece, por violação do art. 943 do Código Civil, e a que se dá provimento." (TST-RR-133-44.2014.5.04.0251, 4ª Turma, rel. Min. Alexandre Luiz Ramos, julgado em 3.9.2019) (Informativo 204 do TST)

▸ "RECURSO DE REVISTA. LEI Nº 13.015/2014. CPC/2015. INSTRUÇÃO NORMATIVA Nº 40 DO TST. LEI 13.467/2017. ESTABILIDADE DO EMPREGADO ACIDENTADO. CONTRATOS DE TRABALHO SIMULTÂNEOS. EXTENSÃO DO BENEFÍCIO. OBSERVÂNCIA DA PREVISÃO CONTIDA NO ARTIGO 118 DA LEI Nº 8.213/91. NOVA INTERPRETAÇÃO. TRANSCENDÊNCIA JURÍDICA DA CAUSA RECONHECIDA. Nos termos do artigo 118, caput, da Lei nº 8.213/91, será garantida a manutenção do contrato de trabalho do segurado que, afastado por mais de 15 dias do emprego, em decorrência de acidente de trabalho, tiver percebido o auxílio-doença acidentário, somente não sendo exigido tal requisito nos casos em que, após a despedida, for constatada a existência de doença profissional que guarde relação de causalidade com a execução do contrato (Súmula nº 378, II, do TST). Trata-se da garantia de emprego do trabalhador acidentado, concedida pelo prazo mínimo de 12 meses após a cessação do aludido benefício. Logo, dispensado o reclamante no período por ela alcançado, deverá ser reintegrado, salvo "quando a reintegração do empregado estável for desaconselhável, dado o grau de incompatibilidade resultante do dissídio, especialmente quando for o empregador pessoa física, o tribunal do trabalho poderá converter aquela obrigação em indenização devida nos termos do artigo seguinte" (artigo 496 da CLT). É de se observar, contudo, que o mencionado dispositivo é claro ao vincular a manutenção do contrato de trabalho do acidentado à empresa em que ocorrido o infortúnio, inclusive em se tratando de acidente de trajeto (artigo 21, IV, da Lei nº 8.213/91). Nesse contexto, ao reconhecer a estabilidade do autor em face de empresa alheia ao acidente ocorrido, com quem mantinha um contrato de trabalho simultâneo, a decisão ofendeu literalmente o artigo 118 da Lei nº 8.213/91. Recurso de revista conhecido e provido." (TST-36-40.2016.5.22.0003, 7ª Turma, rel. Min. Cláudio Mascarenhas Brandão, julgado em 4.12.2019) (Informativo 214 do TST)

▸ ...] RECURSO DE REVISTA. DANOS MORAIS. VALOR ARBITRADO. REDUÇÃO. Conforme narrado no acórdão regional, o autor sofreu acidente de trabalho que lhe renderam sequelas físicas desde amputações (antebraço, dedos dos dois pés e 5º metatarso), cicatrizes diversas, bem como, incapacidade laboral permanente para exercer a função de motorista. A respeito do valor arbitrado a título de danos morais ao autor, o Regional, em razão de haver considerado haver culpa concorrente do reclamante para o infortúnio, decidiu reduzir o montante da condenação consignado na r. sentença, de R$

800.000,00 (oitocentos mil reais) para R$ 400.000,00 (quatrocentos mil reais). O Regional, contudo, ao fixar o valor da indenização por danos morais decorrentes de acidente de trabalho em R$ 400.000,00 (quatrocentos mil reais), o fez em desconformidade aos princípios da razoabilidade e da proporcionalidade, a gravidade da lesão e o caráter pedagógico da condenação. Assim sendo, incorreu a decisão regional em ofensa ao art. 944 do CC. Recurso de revista conhecido e provido." (TST-ARR-716-26.2015.5.10.0801, 5ª Turma, rel. Min. Breno Medeiros, julgado em 6/5/2020.) (Informativo 218 do TST)

▶ Acidente de trabalho. Motorista de caminhão. Transporte rodoviário. Atividade de risco. Responsabilidade objetiva do empregador. Art. 927, parágrafo único, do Código Civil. Configura-se objetiva a responsabilidade da empresa por acidente automobilístico que vitimou empregado motorista profissional, inexistindo culpa exclusiva da vítima quando o risco do labor exercido pelo obreiro é inerente à atividade realizada pela empresa. No caso, o empregado, motorista profissional, dirigia caminhão de propriedade da reclamada quando sofreu o acidente que resultou em óbito. Ao realizar atividades de transporte rodoviário, a empresa assume o risco de expor a vida e a integridade física dos seus trabalhadores. A eventual culpa do empregado no acidente não afasta a responsabilidade objetiva do empregador, por se tratar de um risco de acidente intrínseco à atividade desenvolvida. Sob esses fundamentos, a SBDI-I, por maioria, negou provimento aos embargos. Vencidos os Ministros Breno Medeiros e Alexandre Luiz Ramos. TSTE-RR-270-73.2012.5.15.0062, SBDI-I, rel. Min. Luiz Philippe Vieira de Mello Filho, 17/9/2020. (Informativo 225 do TST)

7. JURISPRUDÊNCIA

▶ TEMPO DESTINADO À TROCA DE UNIFORME. O tempo despendido na colocação e retirada de uniforme, usado por exigência da empregadora ou da atividade econômica por ela exercida, consiste de tempo à disposição da empresa, cumprindo que seja registrado nos cartões-ponto, para fins de cômputo na jornada. O entendimento se estende ao período a partir de 11/11/2017 quando a troca de uniforme devia ocorrer nas dependências da empregadora, nos termos da atual redação do § 2º, VIII, do art. 4º da CLT.

(TRT-4 – RORSUM: 00201687220185040772, 11ª Turma, Data de Publicação: 14/02/2019)

▶ MINUTOS RESIDUAIS. TROCA DE UNIFORME. VIGILANTE. No entendimento desta Turma o tempo destinado à troca de uniforme, quando não há imposição ao trabalhador no sentido de que seja realizada dentro do próprio estabelecimento empresarial, não configura tempo à disposição, tampouco de efetivo trabalho, nos termos do artigo 4º, § 2º, VIII da CLT. Entretanto, como ao vigilante somente é permitido o uso do uniforme quando estiver em serviço, conforme dispõe o art. 18 da Lei 7.102/83, conclui-se que a ele não é permitido ir ou retornar do trabalho uniformizado. Por isso, os minutos despendidos com a troca de uniforme na empresa sem o devido registro no cartão de ponto devem ser remunerados como hora extra.

(TRT-3 – RO: 00115011620175030011 0011501-16.2017.5.03.0011, Relator: Joao Bosco Pinto Lara, Nona Turma)

▶ HORAS EXTRAS. TROCA DE UNIFORME. PROCEDÊNCIA. É bem verdade que a alteração do art. 4º, § 2º, VIII da CLT, trazida pela Reforma Trabalhista, excluiu o tempo de troca de uniforme do cômputo da jornada do trabalhador, contudo referida previsão não se aplica à hipótese dos autos, eis que o período postulado precede a vigência da norma, motivo pelo qual devidas as diferenças de horas extras postuladas na exordial, nos moldes da Súmula 366 do C.TST, uma vez que o período de troca de uniforme não era registrado na folha de ponto, conforme comprovado pelo depoimento da única testemunha arrolada em audiência. Apelo do réu a que se nega provimento.

(TRT-2 10014543920175020319 SP, Relator: VALDIR FLORINDO, 6ª Turma – Cadeira 3, Data de Publicação: 06/08/2020)

Art. 5º A todo trabalho de igual valor corresponderá salário igual, sem distinção de sexo.

COMENTÁRIOS (ART. 5º)

1. PRINCÍPIO DA IGUALDADE

No vértice da pirâmide normativa a nossa Lei Maior o art. 5º, "caput" consagra o princípio da igualdade, prescrevendo que "Todos são iguais perante a lei, sem distinção de qualquer natureza, garantindo-se aos brasileiros e aos estrangeiros residentes no País a inviolabilidade do direito à vida, à liberdade, à igualdade, à segurança e à propriedade".

A igualdade é analisada pela doutrina sob dois prismas: a) igualdade formal – significa que todos estão submetidos ao ordenamento jurídico (igualdade perante a lei); b) igualdade material – tem um sentido mais abrangente, consubstanciado na igualdade "na lei". Ou seja, não basta a igualdade perante a lei, é imprescindível tratar os iguais igualmente e os desiguais de maneira desigual na medida das suas desigualdades.

André Ramos Tavares inaugura as suas lições sobre o direito à igualdade enfatizando a importância da desequiparação no princípio da igualdade: "A primeira afirmação a ser feita aqui é a de que os tratamentos diferenciados podem estar em plena consonância com a Constituição. É que a igualdade implica o tratamento desigual das situações de vida desiguais, na medida de sua desigualação. Aliás, trata-se de exigência contida no próprio princípio da Justiça". Os órgãos integrantes do Poder Público não podem fazer distinção ao aplicar a lei, podendo ou até devendo, em algumas situações, "realizar distinções, quando elas forem necessárias à proteção do direito fundamental à igualdade material"[201].

Analisando a Constituição Federal de 1988 percebe-se que o princípio da isonomia está previsto de forma implícita ou explicita em diversos dispositivos: i) art. 5º, inciso I, CF – faz menção à igualdade em direitos e obrigações entre homens e mulheres; ii) art. 7º, inciso XXX,CF – proíbe a diferença de salários de exercício de funções e de critério de admissão por motivo de sexo, idade, cor ou estado civil; iii) art. 7º, inciso XXXI, CF – proíbe a diferença de salário e critérios de admissão à pessoa com deficiência; iv) art. 7º,inciso XXXII, CF – proíbe diferença entre o trabalho manual, técnico e intelectual; v) art. 7º, inciso XXXIV, CF – igualdade entre o trabalhador permanente e o avulso; vi) art. 170, VII, CF – redução das desigualdades sociais e regionais;

[201] Claudio Pereira de Souza Neto in. Comentários à Constituição do Brasil – J. J. Gomes Canotilho...[et al.] ; outros autores e coordenadores Ingo Wolfgang Sarlet, Lenio Luiz Streck, Gilmar Ferreira Mendes. – 2. ed. – São Paulo: Saraiva Educação, 2018.

vii) art. 170, § 1º, II, CF – prevê regime jurídico das empresas públicas e sociedade de economia mista idêntico ao das empresas privadas; entre outros.

A isonomia tem presença marcante nos direitos trabalhistas positivados na norma constitucional – e não é à toa. O Direito do Trabalho foi construído em torno de princípios e valores protecionistas, objetivando tutelar os interesses dos trabalhadores – parte mais vulnerável na relação jurídica trabalhista – reequilibrando a desigualdade fática existente no contrato de trabalho.

Ao passo que o legislador impõe ao empregador a necessidade de tratamento igualitário aos trabalhadores, também proíbe, como regra, o tratamento discriminatório.

Sampaio Dória, "A igualdade e a desigualdade são ambos direitos, conforme as hipóteses. A igualdade, quando se trata de direito fundamental. As desigualdades, quando no terreno dos direitos adquiridos"[202].

A expressão "direitos fundamentais" é um gênero, no qual estão abrangidas diversas espécies de direitos: individuais, coletivos, sociais, políticos e concernentes à nacionalidade[203].

Gilmar Ferreira Mendes e Paulo Gustavo Gonet Branco[204] esclarecem que "*a locução direitos fundamentais é reservada aos direitos relacionados com posições básicas das pessoas, inscritos em diplomas normativos de cada Estado. São direitos que vigem numa ordem jurídica concreta, sendo, por isso, garantidos e limitados no espaço e no tempo, pois são assegurados na medida em que cada Estado os consagra*".

Esses consagrados juristas explicam que o surgimento da Declaração Universal dos Direitos Humanos impulsionou a proteção e universalização dos direitos dos homens, na medida que os Estados-membros assumiram o compromisso de internalizar ou incorporar as regras nela previstas às suas respectivas Constituições, de modo que:

> *"Os direitos fundamentais que, antes, buscavam proteger reivindicações comuns a todos os homens passaram a, igualmente, proteger seres humanos que se singularizam pela influência de certas situações específicas em que apanhados. Alguns indivíduos, por conta de certas peculiaridades, tornam -se merecedores de atenção especial, exigida pelo princípio do respeito à dignidade humana. Daí a consagração de direitos especiais aos enfermos, aos deficientes, às crianças, aos idosos... O homem não é mais visto em abstrato, mas na concretude das suas diversas maneiras de ser e de estar na sociedade". (Grifos acrescidos)*

Os direitos fundamentais estão topograficamente dispostos no início da Carta Magna (Título II), logo após o Título I que trata dos princípios fundamentais – dentre os quais encontram-se a organização, forma, objetivos, fundamentos e princípios estruturantes do Estado, além da forma de governo.

É pacífico, no entanto, que há direitos fundamentais ou "direitos-deveres" – porque são deveres conexos ou correlatos aos direitos – espalhados pelo texto constitucional. Citamos como exemplo o direito fundamental a um meio ambiente equilibrado e à saúde (art. 225 e 196, respectivamente, da CF), que são vinculados ao direito fundamental à saúde previsto no art. 6º da CF. Nesse sentido, Pedro Lenza[205] destaca:

> *"como manifestou o STF, corroborando a doutrina mais atualizada, que os direitos e deveres individuais e coletivos não se restringem ao art. 5.º da CF/88, podendo ser encontrados ao longo do texto constitucional, expressos ou decorrentes do regime e dos princípios adotados pela Constituição, ou, ainda, decorrentes dos tratados e convenções internacionais de que o Brasil seja parte".*

A doutrina tradicional classifica os direitos fundamentais em gerações (ou dimensões, como alguns preferem denominar).

José Celso de Mello Filho, ensina que os direitos fundamentais estão divididos em três gerações:

> *"enquanto os direitos de primeira geração (direitos civis e políticos) – que compreendem as liberdades clássicas, negativas ou formais – realçam o princípio da liberdade e os direitos de segunda geração (direitos econômicos, sociais e culturais) – que se identificam com as liberdades positivas, reais ou concretas – acentuam o princípio da igualdade, os direitos de terceira geração, que materializam poderes de titularidade coletiva atribuídos genericamente a todas as formações sociais, consagram o princípio da solidariedade e constituem um momento importante no processo de desenvolvimento, expansão e reconhecimento dos direitos humanos, caracterizados enquanto valores fundamentais indisponíveis, pela nota de uma essencial inexauribilidade." (grifos acrescidos)*

Paulo Bonavides, entretanto, indica a existência de mais duas dimensões dos direitos fundamentais, delineando que a globalização política introduziu a última fase de institucionalização do estado, destacando a democracia direta, a informação e o formalismo (direito fundamental de quarta geração), bem como entende que o direito à paz deve ser enquadrado autonomamente, por considerá-lo como um supremo direito da humanidade (direito fundamental de quinta geração).

---

202 Apud André Ramos Tavares. Curso de direito constitucional – 18. ed. – São Paulo: Saraiva Educação, 2020.

203 J. J. Gomes Canotilho...[et al.]; outros autores e coordenadores Ingo Wolfgang Sarlet, Lenio Luiz Streck, Gilmar Ferreira Mendes. Comentários à Constituição do Brasil – 2. ed. – São Paulo: Saraiva Educação, 2018.

204 Gilmar Ferreira Mendes, Paulo Gustavo Gonet Branco. Curso de direito constitucional – 12. ed. – São Paulo: Saraiva, 2017.

205 Lenza, Pedro. Direito constitucional esquematizado® / Pedro Lenza. – 23. ed. – São Paulo: Saraiva Educação, 2019.

A doutrina aponta, ainda, a existência de duas perspectivas dos direitos fundamentais: subjetiva e objetiva. A primeira indica que os direitos fundamentais são garantias de interesse individual. Contudo, sob uma segunda perspectiva (ou dimensão), essas garantias não se restringem à esfera individual, uma vez que os direitos fundamentais são dotadas de cargas valorativas extensíveis a todo o ordenamento jurídico, tendo como desdobramento a eficácia irradiante (ou efeito de irradiação dos direitos fundamentais), fornecendo *"diretrizes para a aplicação e avaliação do direito infraconstitucional, implicando uma interpretação conforme os direitos fundamentais de todo o ordenamento jurídico"*, aspecto bem delineado pelo professor *Ingo Wolfgang Sarlet*[206].

Os preceitos fundamentais são considerados cláusulas pétreas, portanto, insuscetíveis de supressão pelo legislador (art. 60, §4º, da CF).

No que diz respeito à discriminação, conforme comentamos anteriormente[207], o princípio antidiscriminatório ou da não discriminação decorre do respeito à dignidade da pessoa humana (Art. 1º, III, CF), dos objetivos fundamentais da República, na busca pela construção de uma sociedade livre, justa e solidária, no bem estar de todos, sem preconceitos de quais quer formas de discriminação (Art. 3º, I e IV, CF), bem como no direito fundamental à igualdade (art. 5º, caput e I, CF).

Alice Monteiro de Barros (apud ROMAR, 2018)[208], defendia que *"**a ideia de pessoa é incompatível com a desigualdade entre elas**"*, sendo que *"**a não-discriminação é**, provavelmente, **a mais expressiva manifestação do princípio da igualdade,** cujo reconhecimento, como valor constitucional, inspira o ordenamento jurídico brasileiro no seu conjunto"*.

Segundo Amauri Mascaro do Nascimento discriminação caracteriza-se *"[...] pela* presença de um elemento **subjetivo**, a ***intenção*** de discriminar, e de um elemento ***objetivo***, a ***preferência*** efetiva por alguém em detrimento de outro sem causa justificada, em especial por motivo evidenciado, revelando escolha de preconceito em razão do sexo, raça, cor, língua, religião, opinião, compleição física ou outros fatores". Acrescenta, que é um *"**desvirtuamento,** pelo empregador, **do valor igualdade entre pessoas**"*.[209]

A professora Carla Teresa Martins Romar [210], de forma esclarecedora, diferencia preconceito e discriminação: "Etimologicamente, preconceito significa conceito ou opinião formados antecipadamente, ideia preconcebida, intolerância, ódio irracional ou aversão a outras raças, convicções, religiões etc. Discriminação significa distinguir, diferenciar, segregar, dar preferência. Preconceito é uma concepção interior. Discriminação é a exteriorização do preconceito, sendo, por essa razão, objeto de tratamento pela ordem jurídica".

Mauricio Godinho Delgado[211] conceitua a discriminação como "a **diferenciação** em vista de **fator injustamente desqualificante**. São fatores injustamente desqualificantes na ordem constitucional e legal brasileiras, por exemplo: o sexo (ou gênero); a etnia, raça ou cor; a origem; a idade; a deficiência; o estado civil; a situação familiar; a orientação sexual; a nacionalidade e outros."

O Brasil internalizou diversas normas de direito internacional que vedam a prática de condutas discriminatórias, dentre elas as convenções da ONU (Declaração Universal de Direitos Humanos, por exemplo), convenções da OEA e diversas convenções da OIT relacionadas ao tema.

A Convenção 111 da Organização Internacional do Trabalho (OIT), em seus artigo 1º, define a discriminação como: "a) toda distinção, exclusão ou preferência, com base em raça, cor, sexo, religião, opinião política, nacionalidade ou origem social, que tenha por efeito anular ou reduzir a igualdade de oportunidade ou de tratamento no emprego ou profissão; b) qualquer outra distinção, exclusão ou preferência, que tenha por efeito anular ou reduzir a igualdade de oportunidades, ou tratamento no emprego ou profissão, conforme pode ser determinado pelo país -membro concernente, após consultar organizações representativas de empregadores e de trabalhadores, se as houver, e outros organismos adequados".

A discriminação, portanto, consiste na ação ou omissão baseada em ideias preconcebidas, intolerância ou ódio, em virtude de raça ou etnia, sexo, religião, opinião política, nacionalidade, origem social, profissão, com o escopo de distinguir, excluir ou dar preferência, anulando ou reduzindo a paridade de oportunidades ou de tratamento no emprego ou profissão.

A Lei 9.029/92, no art. 1º, proíbe a adoção de qualquer prática *"discriminatória e limitativa para efeito de acesso à relação de trabalho, ou de sua manutenção, por motivo de sexo, origem, raça, cor, estado civil, situação familiar, deficiência, reabilitação profissional, idade,*

[206] J. J. Gomes Canotilho...[et al.]; outros autores e coordenadores Ingo Wolfgang Sarlet, Lenio Luiz Streck, Gilmar Ferreira Mendes. Comentários à Constituição do Brasil – 2. ed. – São Paulo: Saraiva Educação, 2018.

[207] Vide comentários do artigo 3º – item 1.1.8 Princípio da não-discriminação.

[208] Carla Teresa Martins Romar. Direito do trabalho – 5. ed. – São Paulo: Saraiva Educação, 2018.

[209] Amauri Mascaro Nascimento. Curso de direito do trabalho – 26. ed. – São Paulo: Saraiva, 2011.

[210] Idem, 2018.

[211] Mauricio Godinho Delgado. Curso de direito do trabalho – 18. ed.– São Paulo: LTr, 2019.

entre outros, ressalvadas, nesse caso, as hipóteses de proteção à criança e ao adolescente".

O princípio da não-discriminação tem larga abrangência no Direito do Trabalho, vedando a prática de atos discriminatórios contra os empregados na fase pré-contratual, contratual e pós-contratual.

1.1. ISONOMIA SALARIAL E DISCRIMINAÇÃO POR MOTIVO DE SEXO

Historicamente as mulheres e as instituições públicas buscam legitimamente a paridade de tratamento entre o homem e a mulher, através da conscientização do papel das mulheres na sociedade e na família (Convenção nº. 156 da Organização Internacional do Trabalho).

A nossa Constituição Federal no art. 5º, caput e inciso I, impõe a igualdade de direitos e obrigações aos homens e mulheres.

A Lei Maior, em seu art. 7º, incisos XXX e XXXI, também proíbe a discriminação salarial, de exercício de funções e de critério de admissão por motivo de sexo, com o escopo de conferir efetiva igualdade de oportunidade e tratamento entre homens e mulheres.

Essa proibição pauta-se no princípio da igualdade (e da não discriminação), com o fito de conferir às mulheres o mesmo tratamento, salário e condições de trabalho proporcionado aos homens perante a lei (igualdade formal), respeitadas as suas desigualdades (igualdade material).

A professora *Maria Cecília Theodoro*[212] *destaca que é um "(...) direito fundamental da mulher obter um trabalho decente, a ser tratada em igualdade de condições com os homens quanto à liberdade da escolha ocupacional, a ter igualdade de direito à saúde, segurança, remuneração e oportunidades, em razão da dignidade e do valor da pessoa humana, sendo vedada qualquer discriminação em razão do gênero, pautada em diferenciações biológicas que resultem na perpetuação de uma divisão sexual do trabalho (KERGOAT, 1996), de modo que todas as mulheres tenham o direito de participar de forma igualitária do mercado de trabalho produtivo".*

O empregador deve tratar de forma isonômica as mulheres e os homens independentemente das características biológicas que os distinguem. Não pode usar essas distorções para admitir, promover, conceder benefícios, dispensar os empregados ou pagar salários.

Trabalho de igual valor é definido como o serviço prestado com a mesma produtividade e perfeição técnica.

A perfeição técnica é um critério *qualitativo*, isto é, diz respeito à experiência, capacidade, habilidade do empregado no desenvolvimento das tarefas. Já a produtividade é um critério quantitativo, ou seja, está relacionada a medida, quantidade, volume ou montante que o empregado é capaz de gerar ao empregador através dos seus serviços.

Nesse ponto, Luciano Martinez ressalta que "existem procedimentos de correção da desigualdade salarial, por meio dos quais o empregado que se entende discriminado poderá invocar a atuação jurisdicional para a solução do conflito. Entre os procedimentos previstos na legislação trabalhista, destacam-se a **equivalência salarial**, a **determinação supletiva do salário**, a **equiparação salarial** e o **enquadramento salarial**"[213].

A equivalência salarial é o direito dos trabalhadores temporários ou terceirizados de receber o mesmo salário pago aos empregados da empresa tomadora de serviços (art. 4º-C e art. 12, "a", da Lei 6.019/74).

A determinação supletiva do salário é o procedimento para a estipulação do salário, quando o salário não for estabelecido pelo empregador ou inexista prova da importância ajustada entre o empregado e o empregador. Nesta hipótese, o empregado fará jus ao recebimento de salário igual ao do empregado que, na mesma empresa, fizer serviço análogo ou do que for habitualmente pago para serviço semelhante (art. 460 da CLT).

A equiparação salarial é a correção da desigualdade salarial entre empregados que exercem trabalho com igual valor – mesma produtividade e perfeição técnica, entre pessoas cuja diferença de tempo de serviço para o mesmo empregador não seja superior a quatro anos e a diferença de tempo na função não seja superior a dois anos – em idêntica função, ao mesmo empregador, no mesmo estabelecimento (art. 461 da CLT).

O enquadramento, de outro lado, é *o "procedimento de correção de desigualdade salarial caracterizado pela análise de regras que disciplinam, diante do quadro de carreira, as fórmulas de acesso aos cargos, as características funcionais destes e os salários a eles atribuídos"*[214].

A Reforma Trabalhista incluiu o §6º ao art. 461 da CLT, passando a prever uma multa no valor de 50% do limite máximo dos benefícios do Regime Geral de Previdência Social em favor do empregado, em caso de comprovação de discriminação salarial por motivo de sexo ou etnia, sem prejuízo do pagamento das diferenças salariais devidas.

É possível, contudo, a adoção de práticas discriminatórias positivas (discriminação positiva) pelo empregador, com o objetivo de corrigir certas desigualdades

212 J. J. G. Canotilho e L. L. S. G. F. M. Ingo Wolfgang Sarlet, Comentários à Constituição do Brasil, 2. ed., São Paulo: Saraiva Educação, 2018.

213 Idem. Martinez, 2020.

214 Idem. Martinez, 2020.

e diferenças, viabilizando o exercício de direitos – notadamente àqueles considerados fundamentais – por grupos considerados vulneráveis ou minoritários. É o que, por exemplo, com a proteção ao mercado da mulher, com incentivos próprios (art. 7º, inciso XX, CF), licença maternidade sem prejuízo do emprego e do salário, com a duração de cento e vinte dias (art. 7º, inciso XVIII, CF), estabilidade à empregada gestante, desde a confirmação da gravidez até 5 meses após o parto (art. 10, II, "b", do ADCT).

2. LEGISLAÇÃO RELACIONADA

- **Art. 7.º, XXX, XXXI e XXXII da CF;** São direitos dos trabalhadores urbanos e rurais, além se outros que visem à melhoria de sua condição social: (...) XXX – proibição de diferença de salários, de exercício de funções e de critério de admissão por motivo de sexo, idade, cor ou estado civil; XXXI – proibição de qualquer discriminação no tocante a salário e critérios de admissão do trabalhador portador de deficiência; XXXII – proibição de distinção entre trabalho manual, técnico e intelectual ou entre os profissionais respectivos;

- **Art. 461, *caput*, da CLT:** Sendo idêntica a função, a todo trabalho de igual valor, prestado ao mesmo empregador, no mesmo estabelecimento empresarial, corresponderá igual salário, sem distinção de sexo, etnia, nacionalidade ou idade.

- **Art. 6.º da CLT:** Não se distingue entre o trabalho realizado no estabelecimento do empregador, o executado no domicílio do empregado e o realizado a distância, desde que estejam caracterizados os pressupostos da relação de emprego.

- **OJ 296 SDI-1/TST:** Equiparação salarial. Atendente e auxiliar de enfermagem. Impossibilidade. Sendo regulamentada a profissão de auxiliar de enfermagem, cujo exercício pressupõe habilitação técnica, realizada pelo Conselho Regional de Enfermagem, impossível a equiparação salarial do simples atendente com o auxiliar de enfermagem.

- **OJ 297 SDI-1/TST:** Equiparação salarial. Servidor público da administração direta, autárquica e fundacional. Art. 37, XIII, da CF/1988. O art. 37, inciso XIII, da CF/1988, veda a equiparação de qualquer natureza para o efeito de remuneração do pessoal do serviço público, sendo juridicamente impossível a aplicação da norma infraconstitucional prevista no art. 461 da CLT quando se pleiteia equiparação salarial entre servidores públicos, independentemente de terem sido contratados pela CLT.

- **OJ 383 SDI-1/TST:** Terceirização. Empregados da empresa prestadora de serviços e da tomadora. Isonomia. A contratação irregular de trabalhador, mediante empresa interposta, não gera vínculo de emprego com ente da Administração Pública, não afastando, contudo, pelo princípio da isonomia, o direito dos empregados terceirizados às mesmas verbas trabalhistas legais e normativas asseguradas àqueles contratados pelo tomador dos serviços, desde que presente a igualdade de funções. Aplicação analógica do art. 12, a, da Lei n. 6.019, de 3-1-1974.

- **OJ 418 SDI-1/TST:** Equiparação salarial. Plano de cargos e salários. Aprovação por instrumento coletivo. Ausência de alternância de critérios de promoção por antiguidade e merecimento. Não constitui óbice à equiparação salarial a existência de plano de cargos e salários que, referendado por norma coletiva, prevê critério de promoção apenas por merecimento ou antiguidade, não atendendo, portanto, o requisito de alternância dos critérios, previsto no art. 461, § 2.º, da CLT.

- **Súmula 202/ STF:** Na equiparação de salário, em caso de trabalho igual, toma-se em conta o tempo de serviço na função, e não no emprego.

- **Súmula 378/ STJ:** Reconhecido o desvio de função, o servidor faz jus às diferenças salariais decorrentes.

- **Proibição de diferença de salários, de exercício de funções e de critério de admissão por motivo de sexo, idade, cor ou estado civil (CF, art. 7.º, XXX).

- **Proibição de qualquer discriminação no tocante a salário e critérios de admissão do trabalhador portador de deficiência (CF, art. 7.º, XXXI).

Vide arts. 1º, 3º, 5.º e 7º, XXXIV da CF.

Vide arts. 1º, 2.º, 3º, 4º, 5º, e 6º, da Lei n. 9.029, de 13-4-1995.

Vide art. 373-A da CLT.

Vide arts. 1.º e 2.º da Lei n. 13.271, de 15-4-2016.

Vide Súmula 6 do TST.

3. INFORMATIVOS DO TST

- Briga envolvendo dois colegas de trabalho. Dispensa por justa causa aplicada apenas a um dos empregados. Tratamento diferenciado. Conduta discriminatória. "(...) B) RECURSO DE REVISTA. PROCESSO SOB A ÉGIDE DA LEI 13.015/2014 E ANTERIOR À LEI 13.467/2017. JUSTA CAUSA. NÃO CONFIGURAÇÃO. TRATAMENTO DIFERENCIADO A EMPREGADOS EM IDÊNTICA SITUAÇÃO. AFRONTA AO PRINCÍPIO DA ISONOMIA. DISPENSA DISCRIMINATÓRIA. REVERSÃO. Para o Direito brasileiro, "justa causa" é o motivo relevante, previsto legalmente, que autoriza a resolução do contrato de trabalho por culpa do sujeito comitente da infração – no caso, o empregado. Trata-se, portanto, de modalidade de extinção contratual por infração obreira apta a quebrar a fidúcia necessária para a continuidade do vínculo de emprego. Analisando-se os critérios de aplicação de penalidades no caso de infrações obreiras, verifica-se que existe um mínimo de limite à sua incidência, consubstanciado na observância de três grupos de requisitos a serem examinados conjuntamente em cada caso concreto: objetivos (concernentes à caracterização da conduta obreira que se pretende censurar), subjetivos (relativos ao envolvimento – ou não – do trabalhador na respectiva conduta) e circunstanciais (que dizem respeito à atuação disciplinar do empregador em face da falta e do obreiro envolvidos). Destaca-se ainda que, por força do princípio da continuidade da relação de emprego (Súmula 212/TST), presume-se a ruptura contratual mais onerosa para o empregador (dispensa injusta), caso evidenciado o rompimento do vínculo. Nessa diretriz, incumbe ao empregador o ônus da prova de conduta do empregado apta a configurar a justa dispensa, nos moldes dos arts. 818 da CLT; e 373, II, do CPC/2015 (art. 333, II, CPC/1973). Na hipótese, a Corte Regional deu provimento ao recurso patronal, reformando a sentença que havia revertido a justa causa aplicada ao Reclamante. É incontroverso que o Obreiro se envolveu em uma briga, fato reconhecido por ele próprio, que afirmou ter brigado com seu colega de trabalho, agredindo-o fisicamente. Porém, a despeito de dois empregados da Reclamada terem participado da briga, apenas o Reclamante foi punido com justa causa, não tendo sido relatada qualquer punição para o outro empregado. Ocorre que, pelo contexto fático delineado pelo TRT, a decisão regional se baseia apenas no relato de uma das partes diretamente envolvidas, não tendo a empresa buscado apurar, efetivamente, a realidade do que ocorreu entre os seus empregados. Assim, não se pode vislumbrar a dinâmica do ocorrido, tampouco inferir que as agressões partiram do Reclamante ou que não tenha havido qualquer agressão e/ou provocação por parte do colega de trabalho que alegou ter sido agredido. A propósito, o depoente indicado pela empresa declarou não ter presenciado a briga, conforme trecho do seu depoimento transcrito no acórdão: "...que o depoente não presenciou a briga entre o reclamante e o Sr. Marcos; o Sr. Marcos não foi dispensado; que informaram ao depoente que o reclamante havia agredido o Sr. Marcos; que o depoente conversou com ambos e o reclamante ficou calado; que o depoente pediu para ambos aguardarem e foi ao RH; quando do retorno do depoente, o reclamante já havia passado o cartão de ponto e ido embora; que viu o Sr. Marcos limpando sua boca, que estava sagrando, e o reclamante estava no vestiário; que não sabe se o Sr. Marcos revidou à briga (...) que apenas o Sr. Marcos estava no local para se explicar " (g.n.). A Reclamada, portanto, ao exercitar o seu poder punitivo, fê-lo de forma desproporcional, acabando por ferir o princípio da isonomia, já que puniu com a penalidade máxima apenas um dos envolvidos, relevando a participação do outro, concretizando, assim, tratamento discriminatório. Nesse contexto, impõe-se reconhecer que, de fato, inexiste qualquer critério objetivo ou razoável apto a justificar o tratamento diferenciado a empregados em idêntica situação, o que configura afronta ao princípio constitucional da igualdade substancial e da não discriminação. A diretriz ora traçada emana do princípio constitucional da isonomia (art. 5º, caput), não se podendo olvidar que o cuidado do empregador pela manutenção deste pilar fundamental nas relações empregatícias deve ser prática cotidiana, por explícito mandamento constitucional. Cumpre ressaltar que o marco constitucional de 1988 lançou um divisor nítido na temática antidiscriminatória: de um lado, verifica-se o período anterior a 1988, com referências jurídicas relativamente tímidas e dispersas; de outro lado, desponta um largo e consistente sistema de proteções jurídicas contra discriminações empregatícias, que tem caráter abrangente e diversificado, valendo-se de um parâmetro normativo geral da Constituição Federal, insculpido no inciso IV do seu art. 3º: "Art. 3º Constituem objetivos fundamentais da República Federativa do Brasil: (...) IV – promover o bem de todos, sem preconceitos de origem, raça, sexo, cor, idade e quaisquer outras formas de discriminação." Como se sabe, presume-se discriminatória a ruptura arbitrária do contrato de trabalho, quando não comprovado um motivo justificável. Esse entendimento pode ser abstraído do contexto geral de normas do nosso ordenamento jurídico, que entende o trabalhador como indivíduo inserto numa sociedade que vela pelos valores sociais do trabalho, pela dignidade da pessoa humana e pela função social da propriedade (arts. 1º, III e IV e 170, III e VIII, da CF). Não se olvide, outrossim, que faz parte do compromisso do Brasil, também na ordem internacional (Convenção 111 da OIT), o rechaçamento a toda forma de discriminação no âmbito laboral. No contexto dos autos, portanto, a Reclamada não comprovou de forma robusta (ônus que lhe competia) que, ao aplicar a penalidade, tenha agido de forma proporcional diante dos fatos ocorridos. Ao contrário, houve relativização quanto à reprovação dos atos praticados pelos empregados, o que revela sua conduta discriminatória em relação ao Reclamante. Recurso de revista conhecido e provido." (TST-RR-1000998-63.2017.5.02.0069, 3ª Turma, rel. Min. Mauricio Godinho Delgado, julgado em 21.8.2019) (Informativo 203 do TST) Terceirização ilícita. Vínculo empregatício reconhecido com a empresa tomadora de serviços. Isonomia salarial. Indeferimento. Ato discriminatório. Configuração. Configura ato discriminatório, vedado pelo inciso XXXII do art. 7º da CF, o indeferimento da pretensão de diferenças salarias entre o valor pago pela prestadora de serviços e o praticado pela empresa tomadora, em relação aos empregados contratados diretamente por ela para o exercício das mesmas funções, sobretudo no caso em que houve o reconhecimento de vínculo empregatício com a tomadora, em razão de ilicitude no contrato de terceirização. Se da Orientação Jurisprudencial nº 383 da SBDI-I é possível extrair a necessidade de tratamento isonômico entre empregados terceirizados e os integrantes do quadro próprio da tomadora de serviços que tenham as mesmas atribuições, por razão maior devem ser garantidos os mesmos salários e vantagens no caso de reconhecimento de vínculo direto com essa empresa. Sob esses fundamentos, a SBDI-I, por unanimidade, conheceu do recurso de embargos, por divergência jurisprudencial, e, no mérito, por maioria, deu-lhe provimento para condenar a tomadora de serviços ao pagamento das diferenças salariais pleiteadas, com os reflexos previstos em lei, conforme se apurar em liquidação de sentença. Vencido o Ministro Aloysio Corrêa da Veiga. TST-E-ED-RR-493800-06.2007.5.12.0004, SBDI-I, rel. Min. Lelio Bentes Corrêa, 10.12.2015 (Informativo 126 do TST)

▸ Terceirização. Isonomia salarial entre empregados da empresa prestadora de serviços e os da tomadora de serviços. Orientação Jurisprudencial nº 383 da SBDI-I. Exigência de identidade de funções e não de tarefas. A Orientação Jurisprudencial nº 383 da SBDI-I, ao garantir aos trabalhadores irregularmente contratados, mediante empresa interposta, as mesmas verbas trabalhistas asseguradas aos empregados do tomador de serviços, exige a identidade de funções, e não de tarefas. Dessa forma, dá-se efetividade ao princípio constitucional da isonomia e evita-se que a terceirização de serviços seja utilizada como prática discriminatória. No caso, a Celg Distribuição S.A. possui em seu quadro de pessoal eletricistas contratados mediante concurso público e também eletricistas de empresas terceirizadas, todos eles trabalhando como eletricistas e prestando serviços ligados à sua atividade fim e em seu benefício, razão pela qual o fato de o TRT ter registrado que os empregados da tomadora realizavam tarefas mais especializadas que os empregados da prestadora de serviço não afastam o direito à isonomia salarial. Sob esse entendimento, a SBDI-I, por maioria, conheceu dos embargos, no tópico, por contrariedade à Orientação Jurisprudencial nº 383 da SBDI-I, e, no mérito, deu-lhes provimento para restabelecer a decisão do Regional quanto à condenação das reclamadas ao pagamento de diferenças salariais e reflexos decorrentes da isonomia do reclamante com os eletricistas empregados da Celg Distribuição S.A. Vencidos os Ministros Guilherme Augusto Caputo Bastos, relator, e Márcio Eurico Vitral Amaro. TST-E-RR-11623-36.2013.5.18.0016, SBDI-I, rel. Min. Guilherme Augusto Caputo Bastos, red. p/ acórdão Min. José Roberto Freire Pimenta, 1º.12.2016 (Informativo 150 do TST)

▸ Tíquete-alimentação. Valores diferenciados. Previsão em norma coletiva. Validade. A Constituição Federal, ao mesmo tempo em que proíbe qualquer discriminação no tocante a salários, exercício de funções e critérios de admissão (art. 7º, XXX), também impõe proteção aos acordos e convenções negociados coletivamente (art. 7º, XXVI). Assim, na hipótese em que a norma coletiva prevê o fornecimento de tíquetes-alimentação em valores diferenciados para os empregados da mesma empresa em razão de particularidades nos contratos celebrados entre a tomadora e a prestadora, tais como local de prestação dos serviços e o valor global do respectivo contrato, a norma coletiva em questão deve ser validada, pois regula um direito disponível, não existindo razão para impedir sua flexibilização. Com esse entendimento, a SBDI-I, por unanimidade, conheceu dos embargos da reclamante, por divergência jurisprudencial, e, no mérito, por maioria, negou-lhes provimento. Vencido o Ministro José Roberto Freire Pimenta. TST-E-RR-2150-14.2011.5.03.0113, SBDI-I, rel. Min. Alexandre de Souza Agra Belmonte, 20.11.2014 (Informativo 96 do TST)

Art. 6º Não se distingue entre o trabalho realizado no estabelecimento do empregador, o executado no domicílio do empregado e o realizado a distância, desde que estejam caracterizados os pressupostos da relação de emprego.

Parágrafo único. Os meios telemáticos e informatizados de comando, controle e supervisão se equiparam, para fins de subordinação jurídica, aos meios pessoais e diretos de comando, controle e supervisão do trabalho alheio.

COMENTÁRIOS (ART. 6º)

Ao igualar o trabalho desenvolvido nas instalações do empregador àqueles desenvolvidos além dos muros ou "extramuros" – fora das dependências do estabelecimento -, dá um claro recado: o local de prestação de serviços, seja dentro ou fora do estabelecimento do empregador, não será considerado como causa excludente da relação empregatícia.

Presente os elementos fáticos-jurídicos delineados nos arts. 2º e 3º da CLT – pessoa física, pessoalidade, não eventualidade, onerosidade e subordinação – restará configurada a relação empregatícia, mesmo que o trabalho não seja desenvolvido nas acomodações do empregador. Havendo fraude na contratação, esta, poderá ser declarada nula (art. 9º, CLT).

Embora o serviço seja desenvolvido longe do campo de visão do empregador, isso não exclui o poder diretivo patronal ou a sujeição do empregado às determinações impostas pelo empregador (subordinação).

A doutrina afirma que no trabalho externo a subordinação subsiste, embora de forma mais tênue.

Vólia Bomfim explica que "O trabalho externo pode tornar a subordinação menos intensa, pois o empregado fica longe dos olhos do patrão, salvo quando o trabalhador é controlado ou fiscalizado por telefone, rádio, pela internet ou por qualquer meio telemático ou informatizado (art. 6º parágrafo único, da CLT)"[215].

O **trabalho à distância** é o serviço prestado fora das dependências do empregador, isto é, longe das vistas do empregador. A expressão "à distância" tem significado amplo, uma vez que o serviço externo pode ser prestado em qualquer lugar. Citamos como exemplo o teletrabalhador, o vendedor externo (viajante ou pracista), o promotor de vendas, o motorista, o "motoboy", etc.

Pensamos que o trabalho à distância é gênero, enquanto o trabalho em domicílio e o teletrabalho são espécies daquele.

A compreensão do **trabalho em domicílio** exige a compreensão do significado e extensão do termo "domicílio". Percorramos.

Domicílio é uma expressão originária do latim *domicilium que significa casa de residência, localidade onde se tem residência, morada habitual ou habitação.*[216]

Maria Helena Diniz ensina que "a sede jurídica da pessoa, onde ela se presume presente para efeitos de direito e onde exerce ou pratica, habitualmente, seus atos e negócios jurídicos".[217]

O Código Civil de 2002 estabelece o lugar onde a pessoa estabelece a sua residência com ânimo definitivo (Art. 70, do CC), ou exerce a sua profissão (art. 72, CC), integra o conceito de domicílio da pessoa natural.

A redação do dispositivo em análise foi editada sob a égide do Código Civil de 1916 e, na época, parte da doutrina interpretou restritivamente a definição legal de domicílio da pessoa natural, de modo que apenas a residência da pessoa era considerada para esse fim.

Contudo, corrente doutrinária e jurisprudencial em sentido oposto, reconhecia a possibilidade de a pessoa natural ter mais de um domicílio. Nessa perspectiva, Francisco Cavalcante Pontes de Miranda interpreta que: "No direito brasileiro, não há preferência entre a residência e o lugar dos negócios como decisiva para a determinação do domicílio. *Na dúvida,* ambos são domicílios, uma vez que o sistema jurídico adotou o princípio da possível pluralidade de domicílios"[218]. Escorou o seu posicionamento nos seguintes arestos: pluralidade de domicílios – Supremo Tribunal, 5 de julho e 24 de setembro de 1924, *RSTF* 67/114 e 85/35; Tribunal de Apelação do Distrito Federal, 6 de julho de 1939, *Ai* 52/342; 4ª Câmara do Tribunal de Apelação de São Paulo, 31 de março de 1937, *RT* 109/627.

A controvérsia foi pacificada com as inovações introduzidas pelo Código Civil de 2002.

Sobre esse tema, as explicações de Flávio Tartuce são esclarecedoras: "De acordo com essa inovação, e porque a grande maioria das pessoas tem uma residência e outro local onde exerce sua profissão ou trabalha, em regra, a pessoa natural tem dois domicílios e não somente um como outrora, interpretação essa que era retirada do que constava no Código Civil de 1916".

Na perspectiva da trabalhista, considerando a época de elaboração do art. 6º da CLT, o termo domicílio tem significado mais restrito. Aqui a residência do trabalhador é o domicílio profissional do empregado – o local de prestação de serviços.

O trabalho em domicílio, portanto, exprime a ideia de prestação de serviços na residência, morada ou habitação do empregado. Aqui a residência e o domicílio profissional se confundem, porque o local de exercício da profissão é a sua residência.

Caso o trabalho externo seja exercido fora da morada do trabalhador, tratar-se-á de outra situação-tipo: trabalho à distância.

O trabalho em domicílio, como exemplificado por Eduardo Gabriel Saad, era muito frequente na indústria têxtil e na confecção de roupas. O empregador firmava contrato de trabalho com o empregado, fornecia todos os equipamentos necessários (máquina de costura ou tear, por exemplo) e os serviços eram executados na residência do trabalhador[219].

O avanço tecnológico potencializou o trabalho à distância, permitindo o uso de instrumentos telemáticos ou informatizados na prestação de serviços,

[215] Idem. Bomfim, 2017.

[216] Residência | s. f. nome feminino. 1. Morada habitual num lugar, domicílio. 2. Casa onde se reside, morada. 3. Casa de habitação dada pelo governo, autoridades locais ou corporação, para certos funcionários residirem, enquanto exercerem as suas funções na localidade. 4. [Regionalismo] Habitação do pároco. [in Dicionário Priberam da Língua Portuguesa, 2008-2020, https://dicionario.priberam.org/resid%C3%AAncia (consultado em 07-01-2021)].

[217] Apud Flávio Tartuce. Manual de Direito Civil / – 10. ed. – Rio de Janeiro: Forense; São Paulo: MÉTODO, 2020.

[218] Francisco Cavalcante Pontes de Miranda. Tratado de Direito Privado, 4ª ed., São Paulo: Editora Revista dos Tribunais, 1974, Tomo I.

[219] Idem. Saad, 2019.

como, por exemplo, celular, laptops, computadores, palmtop ou tablet. Com isso surgiram questionamentos a respeito da (in)existência da subordinação nas atividades desenvolvidas por meios telemáticos ou informatizados.

O legislador, no entanto, visando prestigiar a relação empregatícia, inseriu o parágrafo único ao art. 6º da CLT, através da lei 12.551 de 15 de dezembro de 2011, equiparando os efeitos jurídicos da subordinação exercida por meios telemáticos e informatizados à exercida por meios pessoais.

Sergio Pinto Martins menciona que as tecnologias acabaram criando "uma nova forma de subordinação, pois o empregado pode até não ficar subordinado diretamente ao empregador, mas indiretamente. Passa a existir uma 'telessubordinação' – ou subordinação virtual – (...) há subordinação à distância, uma subordinação mais tênue do que a normal. O empregador também passa a utilizar a 'teledireção', ou seja, o poder de direção do empregador passa a ser empregado à distância"[220].

A Reforma Trabalhista, Lei n. 13.467, de 2017, regulamentou o teletrabalho, introduzindo os arts. 75-A a 75-E à CLT.

Segundo a redação original do art. 75-B da CLT, a caracterização do teletrabalho se dava quando a prestação dos serviços ocorria predominantemente fora das dependências do empregador, com o emprego de aparelhos tecnológicos e, por sua natureza, não se enquadravam como atividade externa. Tolerava, ainda, o comparecimento pontual do empregado às dependências do empregador, para a realização de atividades específicas, sem que isso representasse a descaracterização do regime de teletrabalho.

O teletrabalho se difundiu com a pandemia do novo coronavírus. A Medida Provisória n. 927, de 2020, com vigência encerrada, autorizou a alteração do regime de trabalho presencial para o teletrabalho, independentemente da celebração de acordo individual, instrumento de negociação coletiva ou de registro prévio dessa alteração no contrato individual de trabalho. Exigia, contudo, que o empregador comunicasse a modificação do regime de trabalho ao empregado, no prazo de 48 horas, por escrito ou através dos meios eletrônicos disponíveis. Concedeu, ainda, o prazo de 30 dias para as partes firmarem um contrato, por escrito, para estipular a responsabilidade pela aquisição, manutenção, fornecimento dos equipamentos, infraestruturas essenciais ao desenvolvimento da atividade em regime de teletrabalho, dentre outros regramentos. Por questões político-partidárias a Medida Provisória n. 927, de 2020, não foi submetida à apreciação do Senado Federal, ocorrendo a caducidade (rejeição tácita) no dia 19 de julho de 2020.

Em 2021, com a escalada do estado pandêmico, o Governo Federal editou as Medidas Provisórias (MPs) nº 1.045 e 1.046, reproduzindo as regras previstas na MP n. 927 e na Lei n. 14.020/2020, com o propósito de arrefecer os impactos econômicos gerados pelo estado de calamidade pública. Essas medidas provisórias não foram convertidas em lei, tendo em vista o encerramento do prazo de vigência da MP n. 1.045/2021, bem como a rejeição tácita da MP n. 1.046/2021.

Mais uma vez, para minorar os impactos socioeconômicos sem precedentes, gerados pela pandemia do novo coronavírus, o Governo Federal editou a Medida Provisória n. 1.109, de 25 de março de 2022, objetivando a preservação do emprego e a renda, garantir *a continuidade das atividades laborais, empresariais e das organizações da sociedade civil sem fins lucrativos e reduzir o impacto social oriundo da ocorrência de estado de calamidade pública nos entes federados. Autoriza o empregador adotar as seguintes medidas trabalhistas: a) a adoção do regime de teletrabalho; b) a antecipação de férias individuais; c), a concessão* de férias coletivas; d) o aproveitamento e a antecipação de feriados civis; e) a instituição de regime diferenciado de banco de horas; f) o pagamento diferido do Fundo de Garantia do Tempo de Serviço – FGTS; g) a redução proporcional da jornada de trabalho e do salário; h) a suspensão temporária do contrato de trabalho.

Apesar de a pandemia do novo coronavírus ter exigido uma rápida adequação estrutural da ampla maioria das sociedades empresárias, para a incorporação do regime de teletrabalho na dinâmica empresarial, visando possibilitar a continuidade integral ou parcial das atividades econômicas, essa reestruturação foi vista com bons olhos por diversos setores da economia. Notou-se uma drástica redução nos custos operacionais e administrativos, especialmente no que se refere às despesas com o deslocamento dos empregados, alimentação, diárias, aluguel, conta de água, luz, material de escritório, bem como um aumento expressivo na produtividade dos trabalhadores. Diversas empresas, ainda no auge do estado de calamidade pública, cogitaram manter esse formato de trabalho após o término do período pandêmico para os trabalhadores que ocupam funções que permitam essa modalidade. Todavia, alguns aspectos dependiam de uma maior clareza legislativa para afastar inseguranças jurídicas que circundavam a matéria.

Tais circunstâncias culminaram na edição da Medida Provisória n. 1.108, de 25 de março de 2022, criada com o escopo de ampliar o conceito de teletrabalho, aprimorar a estrutura normativa e conferir segurança jurídica às relações juslaborais subordinadas ao regime de teletrabalho.

220 Idem. Martins, 2020, p. 252.

A partir daí, com a modificação da redação do art. 75-B da CLT, o teletrabalho, também denominado de trabalho remoto, passou a ser definido como *"a prestação de serviços fora das dependências do empregador, de maneira preponderante ou não, com a utilização de tecnologias de informação e de comunicação, que, por sua natureza, não se configure como trabalho externo"* (redação dada pela MP n. 1.108, de 2022).

A alteração do texto legal foi sutil, porém, significativa, do ponto de vista conceitual. A condicionante legal, que impunha a realização das atividades laborais preponderantemente fora das dependências do empregador, era tida pelo empregador como um entrave à implementação do regime de teletrabalho híbrido (ou misto), por gerar insegurança jurídica. O legislador suprimiu essa restrição normativa, de modo que a predominância do trabalho remoto sobre o regime presencial deixou de ser um requisito indispensável para a configuração do teletrabalho. Com isso, mesmo que o trabalhador desempenhe as suas atividades majoritariamente em regime presencial, nas instalações da empresa, o teletrabalho não será descaracterizado.

A contratação do empregado submetido ao regime de teletrabalho ou trabalho remoto poderá ser por jornada, por produção ou por tarefa (art. 75-B, §2º, da CLT, incluído pela MP n. 1.108, de 2022). Em todas as modalidades citadas, o empregado estará sujeito ao poder diretivo do empregador, ainda que de forma mais tênue.

Ainda, é importante destacar a existência da **"*subordinação por algoritmo*" ou "subordinação jurídica disruptiva"**, que consiste no vínculo jurídico entre o empregado e o empregador, originado pelo uso de aparatos tecnológicos no processo produtivo, por meio do qual exerce a gestão, o controle e o poder disciplinar sobre a força de trabalho contratada[221].

Os defensores dessa linha de pensamento, sustentam a existência do vínculo empregatício entre os trabalhadores e a *"startup"*, *"fintech"* *"big data"*, em razão da dependência funcional do uso da força de trabalho para o desenvolvimento da atividade produtiva, como é o caso das empresas Uber, Airbnb, Ifood, Loggi, Nubank, QuintoAndar. Por meio do uso de programação de algoritmos, o empregador controla e dirige a prestação pessoal de serviços dos serviços, além de punir o empregado.

1. LEGISLAÇÃO RELACIONADA

▶ Art. 7.º, XXVII da CF/88: São direitos dos trabalhadores urbanos e rurais, além de outros que visem à melhoria de sua condição social: XXVII — proteção em face da automação, na forma da lei.

▶ Art. 4.º da CLT: Considera-se como de serviço efetivo o período em que o empregado esteja à disposição do empregador, aguardando ou executando ordens, salvo disposição especial expressamente consignada.

▶ Art. 83 da CLT: É devido o salário mínimo ao trabalhador em domicílio, considerado este como o executado na habitação do empregado ou em oficina de família, por conta de empregador que o remunere.

▶ Súmula 386 do TST: Policial Militar. Reconhecimento de vínculo empregatício com empresa privada. Preenchidos os requisitos do art. 3.º da CLT, é legítimo o reconhecimento de relação de emprego entre policial militar e empresa privada, independentemente do eventual cabimento de penalidade disciplinar prevista no Estatuto do Policial Militar.

▶ Súmula 428 do TST: SOBREAVISO. APLICAÇÃO ANALÓGICA DO ART. 244. § 2 DA CLT. I — O uso de instrumentos telemáticos ou informatizados fornecidos pela empresa ao empregado, por si só, não caracteriza o regime de sobreaviso. II – Considera-se em sobreaviso o empregado que, à distância e submetido a controle patronal por instrumentos telemáticos ou informatizados, permanecer em regime de plantão ou equivalente, aguardando a qualquer momento o chamado para o serviço durante o período de descanso.

▶ Súmula 429 do TST: Tempo à disposição do empregador. Art. 4.º da CLT. Período de deslocamento entre a portaria e o local de trabalho. Considera-se à disposição do empregador, na forma do art. 4.º da CLT, o tempo necessário ao deslocamento do trabalhador entre a podaria da empresa e o local de trabalho, desde que supere o limite de 10 (dez) minutos diários.

Vide art. 62 da CLT.

Art. 7º Os preceitos constantes da presente Consolidação salvo quando for em cada caso, expressamente determinado em contrário, não se aplicam:

a) aos empregados domésticos, assim considerados, de um modo geral, os que prestam serviços de natureza não-econômica à pessoa ou à família, no âmbito residencial destas;

b) aos trabalhadores rurais, assim considerados aqueles que, exercendo funções diretamente ligadas à agricultura e à pecuária, não sejam empregados em atividades que, pelos métodos de execução dos respectivos trabalhos ou pela finalidade de suas operações, se classifiquem como industriais ou comerciais;

c) aos funcionários públicos da União, dos Estados e dos Municípios e aos respectivos extranumerários em serviço nas próprias repartições;

d) aos servidores de autarquias paraestatais, desde que sujeitos a regime próprio de proteção ao trabalho que lhes assegure situação análoga à dos funcionários públicos.

e) (Alínea suprimida pelo Decreto-Lei nº 8.079, de 11/10/1945)

f) às atividades de direção e assessoramento nos órgãos, institutos e fundações dos partidos, assim definidas em normas internas de organização partidária. (Incluído pela Lei nº 13.877, de 2019)

Parágrafo único. (Revogado pelo Decreto-lei nº 8.249, de 1945)

[221] Idem. Gaia, 2019.

COMENTÁRIOS (ART. 7º)

O dispositivo em análise tem como objetivo reduzir a alcance dos preceitos contidos na Consolidação das Leis do Trabalho (CLT).

Parte da doutrina sustenta que "a coletividade sé tem a lucrar com a restrição do alcance das normas trabalhistas apenas em favor daqueles que, realmente realizam trabalho subordinado e assalariado nas empresas privadas". Há outros, entretanto, que defendem a abrangência das normas consolidadas a um número maior de trabalhadores, não só os empregados[222].

Nota-se, apesar disso, que a relação de emprego teve um papel central ao longo da evolução do Direito do Trabalho, seja do ponto de vista econômico-social ou jurídico.

Esse modelo foi amplamente absorvido pelo mercado de trabalho, bem como tornou-se a relação jurídica matriz, em torno da qual as regras, princípios e institutos jurídicos são construídos, considerando a sua relevância e características – por abranger um conjunto de normas que propiciam a efetivação da dignidade da pessoa do trabalhador, assegurando-lhe um *patamar civilizatório mínimo. Por isso,* há uma *tendência expansionista* da relação empregatícia, diminuindo o espaço para a instituição de outras modalidades de relação de trabalho[223].

O Constituinte Originário de 1988, aderindo à linha expansionista, conferiu aos trabalhadores rurais e aos trabalhadores avulsos, os mesmos direitos do trabalho urbano (art. 7º, caput e inciso XXXIV, da CF)[224].

E mais. O legislador promoveu alteração do texto constitucional para promover a ampliação dos direitos dos trabalhadores domésticos. A Emenda Constitucional 72 de 02 de abril de 2013, alterou o parágrafo único do art. 7º da Constituição Federal para garantir ao trabalhador doméstico os seguintes direitos:

EC 72/2013 – Novos direitos de aplicabilidade imediata ou direta (normas constitucionais de eficácia plena)
a. Garantia do salário nunca inferior ao mínimo aos que percebem remuneração variável.
b. Proteção do salário na forma da lei, constituindo crime sua retenção dolosa.
c. Duração do trabalho normal não superior a 8 (oito) horas diárias e 44 (quarenta e quatro) horas semanais.
d. Os domésticos passaram a ter controle de horário de trabalho com os respectivos direitos.
e. Adicional de hora extra de no mínimo 50% (cinquenta por cento).
f. Redução dos riscos inerentes ao trabalho por meio de normas de higiene, saúde e segurança.
g. Reconhecimento das convenções e acordos coletivos de trabalho.
h. Proibição de diferença de salários, de exercício de funções e de critério de admissão por motivo de sexo, idade, cor ou estado civil
i. Proibição de qualquer discriminação no tocante a salário e critérios de admissão do trabalhador portador de deficiência;
j. Proibição de trabalho noturno, perigoso ou insalubre a menores de dezoito e de qualquer trabalho a menores de dezesseis anos, salvo na condição de aprendiz, a partir de quatorze anos;

EC 72/2013 – Novos direitos que ainda dependiam de regulamentação infraconstitucional específica, regulamentados pela Lei Complementar 150/2015.
a) FGTS
b) Adicional noturno.
c) Seguro desemprego.
d) Salário família.
e) Auxílio creche.
f) Proteção da relação de emprego contra a despedida arbitrária ou sem justa causa.
g) SEGURO: (SAT) – Seguro contra acidente de trabalho.

A Constituição Federal de 1988 tem como fundamento a dignidade da pessoa humana e os valores sociais do trabalho e da livre iniciativa (art. 1º, III e IV, CF). Tem o escopo de construir uma sociedade livre justa e solidária, erradicar a pobreza, reduzir as desigualdades, e promover o bem-estar de todos (art. 3º, CF).

O trabalho é a base da Ordem Social no Estado Democrático de Direito. Sem ele, a busca do bem-estar e da justiça social será frustrada (art. 194, CF), ampliando-se a desigualdade social.

Lílian Caroline Urnau e Marie Claire Sekkel afirmam que "**minimizar os saldos negativos da desigualdade social**, possibilitando novas perspectivas existenciais a determinados agrupamentos sociais, **constitui um dos focos centrais das Políticas Públicas**, desde a configuração do chamado *Welfare State*".[225]

O trabalho, além de ser uma das consecuções do Estado Democrático de Direito, proporciona um mínimo existencial ao indivíduo (também chamado de patamar civilizatório mínimo) e, por via de consequência, promove a dignidade do trabalhador.

As políticas públicas de bem-estar e justiça social devem ser progressivas, sob pena de violar a proteção ao mínimo existencial, a proibição do retrocesso social

222 Saad, Eduardo Gabriel; Saad, José Eduardo Duarte; Castelo Branco, Ana Maria Saad. Consolidação das Leis do Trabalho: comentada. 51.ed. – São Paulo: LTr, 2019, p. 127.

223 Idem. Delgado, 2019, p. 334.

224 Art. 7º da CF: São direitos dos trabalhadores urbanos e rurais, além de outros que visem à melhoria de sua condição social: XXXIV – igualdade de direitos entre o trabalhador com vínculo empregatício permanente e o trabalhador avulso.

225 Apud Martins, 2019.

(*efeito cliquet*), bem como a proibição da proteção insuficiente.

De acordo com Flávio Martins a "proibição do retrocesso consiste na vedação aplicada ao legislador e ao administrador de reduzir o nível dos direitos econômicos, sociais e culturais de que goza a população. Em outras palavras, 'a proibição do retrocesso pode ser entendida [...] como uma vedação às normas e medidas estatais que, por debilitar ou retrair o nível de proteção outorgado, reinstauram obstáculos para a satisfação de suas necessidades básicas, ou, em termos mais amplos, fazem renascer obstáculos de caráter econômico e social que limitam de fato a liberdade e a igualdade das pessoas, e impedem o pleno desenvolvimento da pessoa humana e a efetiva participação de todos na organização política, econômica e social de um país'.". [226]

A doutrina – de forma não unânime – cita que do princípio da proibição do retrocesso social decorre a ideia de "progressividade", de maneira que os direitos sociais, econômicos e culturais serão gradualmente efetivados pelo Poder Público, teoria adotada pela Assembleia Geral da Organização dos Estados Americanos (OEA) e pelo Sistema Interamericano de Direitos Humanos (art. 2.1 do PIDESC)[227]. Ainda, fala-se em proteção da confinação (para alguns um princípio), segundo o qual deve-se proteger a expectativa do cidadão sobre a estabilidade da ordem jurídica e das situações jurídicas constituídas[228].

A relação de emprego, entre as espécies de relações de trabalho existentes, é a que melhor promove a melhoria da condição social do trabalhador. Nela o trabalhador tem a expectativa da continuidade da prestação de serviços; há uma carga protetiva mais densa; o rol de direitos é mais amplo; possibilita estabilidade financeira e resguarda-o de eventual desemprego (art. 7º, CF).

Com efeito, o viés expansionista da relação de emprego coaduna com os fins buscados pela Lei Maior, notadamente a dignidade da pessoa humana, o bem-estar e a justiça social.

1. EMPREGADO RURAL

A Constituição Federal de 1988, em seu art. 7º, equipara os direitos trabalhistas aos trabalhadores urbanos e rurais.

O trabalho rural é regido pela Lei 5.889, de 8 de junho de 1973. O art. 2º deste diploma legal, define o trabalhador rural como "toda pessoa física que, em propriedade rural ou prédio rústico, presta serviços de natureza não eventual a empregador rural, sob a dependência deste e mediante salário".

A doutrina diverge a respeito do conceito de trabalhador rural.

Vólia Bomfim didaticamente, divide a controvérsia em duas, indicando as correntes doutrinárias existentes:

> *"a)* ***Quando o empregador é urbano (indústria, comércio, banco etc.), mas tem empregados que trabalham no campo****, em atividade rural, há quatro correntes para definir se estes são ou não empregados rurais: A* ***primeira*** *prioriza a atividade do empregado, se ligada à agricultura e à pecuária o trabalhador será rural; a* ***segunda*** *posição realça a atividade do empregador, se indústria, seus empregados serão industriários, se rural, seus empregados serão rurais; a* ***terceira****, reúne dois requisitos para enquadrá-lo como rural: a atividade do empregado, desde que trabalhe em propriedade rural ou prédio rústico e a* ***última*** *vertente que condiciona seu enquadramento legal ao local de trabalho. b)* ***Quando o empregador é rural, mas tem empregados exercendo atividades atípicas*** *(motorista,carpinteiro, pedreiro)* ***ou fora do campo*** *(atividades burocráticas em escritório), a corrente majoritária defende que as atividades atípicas estão incluídas no conceito de empregado rural. [...] há duas correntes:* ***uma*** *defendendo que mesmo fora do prédio rústico ou propriedade rural é trabalhador rural quem trabalha para empregador rural e, uma* ***segunda*** *corrente no sentido oposto, fora do campo o trabalhador é urbano, mesmo que trabalhe para patrão rural. que relata conceitua o trabalhador rural como "****aquele que trabalha para empregador rural****"*[229].

Nas palavras de Luciano Martinez o empregado rural "está invariavelmente ligado ao de empregador rural. Isso significa que é necessária a investigação acerca da atividade patronal para que se possa certificar se o trabalhador é ou não um rurícola. [...] será empregado rural quem trabalhe nas ***propriedades rurais*** ou nos ***prédios rústicos*** de onde provenham estes bens[230].

A Lei 5.889/73 conferiu os seguintes direitos ao trabalhador rural:

a) intervalo intrajornada de acordo com os usos e costumes da região, para os trabalhos contínuos com duração superior a 6 horas;

b) intervalo interjornada de, no mínimo, 11 horas consecutivas entre duas jornadas de trabalho para descanso;

c) hora noturna: das 21 às 5h, na lavoura; das 20 às 4h, na atividade pecuária;

d) adicional noturno em percentual de 25% sobre a remuneração normal;

e) salário "in natura": habitação 20%;

f) salário utilidade – Em do pagamento do salário em utilidades o empregador poderá realizar os seguintes

[226] Idem. Martins, 2019.
[227] Idem. Martins, 219.
[228] Catarina Botelho apud Martins, 2019
[229] Idem. Bomfim, 2017, p. 389-390.
[230] Idem. Martinez, 2020.

descontos, calculados sobre o salário mínimo: **moradia**, até o limite de **20%; alimentação**, até o limite de **25%**, atendidos os preços vigentes na região. A cessão pelo empregador, de moradia e de sua infraestrutura básica, assim, como, bens destinados à produção para sua subsistência e de sua família, não integram o salário do trabalhador rural, desde que caracterizados como tais, em contrato escrito celebrado entre as partes, com testemunhas e notificação obrigatória ao respectivo sindicato de trabalhadores rurais (§5º, art. 9º, Lei 5.889/73).

2. SERVIDOR PÚBLICO

A Administração Pública é integrada por agentes públicos que prestam às pessoas jurídicas de direito público interno (art. 41 do Código Civil)[231], bem como às pessoas jurídicas de direito privado instituídas pelo Poder Público (sociedades de economia mista, empresas públicas, por exemplo).

A doutrina clássica de Direito Administrativo subdivide os agentes públicos em quatro categoria: a) ***agentes políticos*** – componentes de cargos estruturais das organizações políticas do Estado (Chefes do Poder Executivo federal, estadual, municipal, seus respectivos Ministros e secretários, membros do Poder Legislativo)[232]; b) ***servidores públicos***; c) ***militares***; e, d) ***particulares em colaboração com o poder público***.

Os **servidores públicos**, em sentido amplo, são "as pessoas físicas que prestam serviços ao Estado e às entidades da Administração Indireta, com vínculo empregatício e mediante remuneração paga pelos cofres públicos"[233].

A doutrina classifica os servidores públicos em estatutários, empregados públicos e servidores temporários.

José dos Santos Carvalho Filho conceitua as referidas figuras jurídicas da seguinte maneira:

> *"**Servidores públicos estatutários** são aqueles cuja relação jurídica de trabalho é disciplinada por diplomas legais específicos, denominados de estatutos – tradicionalmente denominados de funcionários públicos –. Nos estatutos estão inscritas todas as regras que incidem sobre a relação jurídica, razão por que nelas se enumeram os direitos e deveres dos servidores e do Estado. [...] A segunda categoria é a dos **servidores públicos trabalhistas (ou celetistas)**, assim qualificados porque as regras disciplinadoras de sua relação de trabalho são as constantes da Consolidação das Leis do Trabalho. Seu regime básico, portanto, é o mesmo que se aplica à relação de emprego no campo privado [...]. A última categoria é a dos **servidores públicos temporários**, os quais, na verdade, se configuram como um agrupamento excepcional dentro da categoria geral dos servidores públicos. A previsão dessa categoria especial de servidores está contemplada no art. 37, IX, da CF, que admite a sua contratação por tempo determinado para atender à necessidade temporária de excepcional interesse público"*[234].

A relação jurídica entre a Administração Pública e os servidores públicos estatuários é regulada por diplomas normativos específicos, chamados de estatutos. No âmbito da União, das autarquias e das fundações públicas federais, os servidores públicos estatutários são regidos pela Lei 8.112 de 11 de dezembro de 1990. O Estados, Distrito Federal, Municípios e as suas respectivas autarquias e fundações, são regulados por regramento próprio.

Já os servidores públicos trabalhistas ou "celetistas" são regidos pela legislação trabalhista, aplicando-se os preceitos contidos na CLT à essa categoria. Diferente do regime estatutário – cuja relação jurídica não decorre de contrato entre as partes, mas, sim, dos diplomas legais de natureza jurídica não contratual –, a relação jurídica dos servidores públicos trabalhistas é de natureza contratual, ou seja, o servidor pactua um contrato de trabalho com o Estado, nos mesmos moldes dos empregados que prestam serviços aos empregadores do setor privado[235].

Por se tratar de uma relação empregatícia, embora constituída com o Poder Público, os servidores públicos "celetistas" são alcançados pela competência material da Justiça do Trabalho (art. 114, I, da CF), inclusive os casos envolvendo acidente de trabalho, visando a responsabilização do Estado, enquanto empregador.

Sobre esse tema, é válido destacar que os servidores públicos trabalhistas integrantes de empresa pública ou sociedade de economia mista também são abrangidos pelas normas trabalhistas contidas na CLT, tendo em vista que estão sujeitas a regime jurídico próprio das empresas privadas, inclusive quanto as obrigações trabalhistas (art. 173, §1º, II, CF).

O servidor público é investido no cargo ou emprego público mediante prévia aprovação em concurso público (art. 37, II, da CF), inclusive para o ingresso em empresas públicas ou sociedades de economia mista. Fundamenta-se no princípio da igualdade, da moralidade administrativa e da competição, ou seja, deve-se permitir uma disputa em condições idênticas a todos os interessados

---

231 CC, Art. 41. São pessoas jurídicas de direito público interno: I – a União; II – os Estados, o Distrito Federal e os Territórios; III – os Municípios; IV – as autarquias, inclusive as associações públicas; V – as demais entidades de caráter público criadas por lei. Parágrafo único. Salvo disposição em contrário, as pessoas jurídicas de direito público, a que se tenha dado estrutura de direito privado, regem-se, no que couber, quanto ao seu funcionamento, pelas normas deste Código.

232 Hely Lopes Meirelles apud Maria Sylvia Zanella Di Pietro. Direito Administrativo – 31. ed. – Rio de Janeiro: Forense, 2018.

233 Maria Sylvia Zanella Di Pietro. Direito Administrativo – 31. ed. – Rio de Janeiro: Forense, 2018.

234 José dos Santos Carvalho Filho. Manual de Direito Administrativo – 33. ed. – São Paulo: Atlas, 2019.

235 Idem, Carvalho Filho, 2019.

em ingressar no serviço público, bem como evitar favorecimento, nepotismo, ou perseguição à candidatos, além de viabilizar a admissão daqueles que obtenham as melhores classificações no certamente[236].

A Constituição Federal assegura aos servidores públicos (art. 37, VII, CF) o direito de greve. Entretanto, não houve regulamentação deste direito pelo legislador.

A omissão legislativa – também denominada de "síndrome da inefetividade das normas constitucionais" – resultou no ajuizamento dos Mandados de Injunção nsº 670, 708 e 712, perante o Supremo Tribunal Federal, com a finalidade assegurar o direito de greve no âmbito do funcionalismo público[237].

O Supremo, por maioria de votos, conheceu dos mandados de injunção e propôs a aplicação da Lei de Greve (Lei nº. 7.783/1989) aos servidores públicos civis, enquanto a omissão legislativa não dor regulamentada por lei específica. Também, definiu que a competência para apreciar os dissídios coletivos decorrentes da greve no serviço público será da Justiça Comum, até que sobrevenha a devida disciplina legislativa.

No julgamento do RE 846854/SP, o Supremo Tribunal Federal, ao apreciar o Tema 544 com repercussão geral, fixou a competência da Justiça Comum (Federal ou Estadual) para julgar os dissídios envolvendo greve de servidor público – pouco importando se trata-se de celetista ou estatutário –, conforme os Informativos 866 e 871 do STF:

> ***Justiça competente e servidor público celetista.*** *O Plenário, ao apreciar o Tema 544 da repercussão geral, por maioria, negou provimento ao recurso extraordinário em que se discutiu a* ***competência para processar e julgar causa que tem por objeto a abusividade de greve de servidores públicos regidos pela Consolidação das Leis do Trabalho (CLT).*** *No caso, o Tribunal Regional do Trabalho (TRT), ao julgar dissidio coletivo, entendeu que a greve promovida por membros de guarda municipal não era abusiva. Interposto recurso ordinário, o Tribunal Superior do Trabalho (TST) extinguiu o processo sem julgamento de mérito, em face da impossibilidade jurídica do pedido.* ***Declarou a incompetência da justiça do trabalho para apreciar a abusividade da greve deflagrada por guardas municipais. O Supremo Tribunal Federal entendeu que a justiça comum é competente para julgar causa relacionada ao direito de greve de servidor público, pouco importando se se trata de celetista ou estatutário.*** *O ministro Alexandre de Moraes afirmou que guarda municipal exerce função de segurança pública, portanto, não tem direito à greve. Deste modo, a justiça do trabalho não pode analisar a abusividade do movimento paredista. Vencidos os ministros Luiz Fux (relator), Roberto Barroso, Rosa Weber, Ricardo Lewandowski e Marco Aurélio, que deram provimento ao recurso. Fixaram a competência da justiça do trabalho para processar e julgar questões atinentes ao exercício do direito de greve dos servidores públicos celetistas. Pontuaram que se houver relação contratual, celetista, o vínculo é trabalhista, e é competente a justiça do trabalho. Se estatutário, o vínculo é legal, administrativo, recaindo a competência sobre a Justiça comum. Em seguida, o Colegiado deliberou fixar a tese de repercussão geral em assentada posterior.* ***RE 846854/SP, rel. orig. Min. Luiz Fux, red. p/ o ac. Min. Alexandre de Moraes, julgamento em 25.5.2017. (RE-846854)***

Divergimos, em parte, da posição firmada no âmbito do STF. O teor do art. 114, inciso I e II da Lei Maior, reserva a competência material para julgar os litígios decorrentes da relação de trabalho, bem como aqueles que dizem respeito ao exercício do direito de greve, à Justiça do Trabalho.

Ainda que se sustente a incompetência da Justiça do Trabalho para julgar os litígios envolvendo o servidor público estatutário, o mesmo raciocínio não pode ser aplicado ao servidor público trabalhista (celetista), pois se tratam de regimes jurídicos de natureza diversa.

O primeiro vínculo é de natureza jurídico-administrativo, regulamentado por lei específica (ADI 3.395). Já o segundo vínculo é de natureza contratual, ou seja, o servidor pactua contrato de trabalho com a administração pública, nos moldes da CLT. Por este motivo, o servidor público celetista é chamado pela doutrina de "empregado público".[238]

Com efeito, o vínculo jurídico de natureza trabalhista atrai a competência para a Justiça do Trabalho, pois a Constituição determina expressamente que a esta caberá processar e julgar as ações oriundas da relação de trabalho, abrangendo inclusive os entes de direito público externo e da administração pública direta e indireta da União, dos Estados, do Distrito Federal e dos Municípios (art. 114, I, CF).

De mais a mais, prevê expressamente a competência da Justiça Especializada para processar e julgar as ações que envolvam exercício do direito de greve (art. 114, II, CF).

E mais. Sobre o tema em análise, é necessário advertir que a jurisprudência da Suprema Corte veda o direito de greve aos servidores públicos que atuam diretamente na área de segurança pública, inclusive os policiais civis. Analisemos o teor o aresto referente ao ARE 654.432:

> *CONSTITUCIONAL. GARANTIA DA SEGURANÇA INTERNA, ORDEM PÚBLICA E PAZ SOCIAL. INTERPRETAÇÃO TELEOLÓGICA DOS ART. 9º, § 1º, ART. 37, VII, E ART. 144, DA CF. VEDAÇÃO ABSOLUTA AO EXERCÍCIO DO DIREITO DE GREVE AOS SERVIDORES PÚBLICOS INTEGRANTES DAS CARREIRAS DE SEGURANÇA PÚBLICA. 1.A atividade policial é carreira de Estado imprescindível a manutenção da normalidade democrática, sendo*

236 Ibidem. Carvalho Filho, 2019.

237 Idem.

238 Ibidem. Carvalho Filho, 2019.

impossível sua complementação ou substituição pela atividade privada. A carreira policial é o braço armado do Estado, responsável pela garantia da segurança interna, ordem pública e paz social. E o Estado não faz greve. O Estado em greve é anárquico. A Constituição Federal não permite. 2.Aparente colisão de direitos. Prevalência do interesse público e social na manutenção da segurança interna, da ordem pública e da paz social sobre o interesse individual de determinada categoria de servidores públicos. Impossibilidade absoluta do exercício do direito de greve às carreiras policiais. Interpretação teleológica do texto constitucional, em especial dos artigos 9º, § 1º, 37, VII e 144. 3.Recurso provido, com afirmação de tese de repercussão geral: "1 – O exercício do direito de greve, sob qualquer forma ou modalidade, é vedado aos policiais civis e a todos os servidores públicos que atuem diretamente na área de segurança pública. 2 – É obrigatória a participação do Poder Público em mediação instaurada pelos órgãos classistas das carreiras de segurança pública, nos termos do art. 165 do Código de Processo Civil, para vocalização dos interesses da categoria. ***(ARE 654.432, rel. p/ o ac. min. Alexandre de Moraes, j. 5-4-2017, P, DJE de 11-6-2018, Tema 541).***

Com efeito, não é possível aos guardas municipais, policiais civis, policiais federais e militares – este último por expressa vedação constitucional, conforme art. 142, §3º, Inciso IV – o exercício do direito de greve, pois são responsáveis pela manutenção da ordem pública e da paz social.

3. EMPREGADO DOMÉSTICO

Doméstico é aquele que presta serviços de forma contínua, subordinada, onerosa e pessoal e de finalidade não lucrativa à pessoa ou a família no âmbito residencial destas.

A categoria doméstica não recebeu qualquer regulamentação jurídica durante muito tempo. A CLT excluiu expressamente os empregados domésticos das normas protetivas no art. 7º, "a". Apenas em 1972 o trabalho doméstico recebeu foi regulamentado timidamente, com a edição da Lei n. 5.859/72, que conferiu três direitos ao trabalhador doméstico[239].

A Lei n. 5.859/72 definia o empregado doméstico como *aquele que presta serviços de natureza contínua e de finalidade não lucrativa à pessoa ou à família, no âmbito residencial destas* (art. 1º).

Com o surgimento da Constituição Federal de 1988 o trabalho doméstico foi positivado no art. 7º, parágrafo único, que acrescentou mais oito direitos: salário mínimo; irredutibilidade de salário; 13º salário; repouso semanal remunerado, preferencialmente aos domingos; gozo de férias anuais remuneradas com, pelo menos, um terço a mais do que o salário normal; licença à gestante, sem prejuízo do emprego e do salário, com duração de cento e vinte dias; licença-maternidade, nos termos fixados em lei; aviso-prévio proporcional ao tempo de serviço, sendo no mínimo trinta dias, nos termos da lei; aposentadoria).

Em 2013, o referido dispositivo foi alterado, através da Emenda Constitucional nº 72, ampliando o rol de direitos dos empregados doméstico.

A Lei Complementar 150 de 1 de julho de 2015, regulamentou o trabalho doméstico, prescrevendo que o empregado doméstico é "aquele que presta serviços de forma contínua, subordinada, onerosa e pessoal e de finalidade não lucrativa à pessoa ou à família, no âmbito residencial destas, por mais de 2 (dois) dias por semana".

Com base nesse dispositivo extrai-se os elementos configuradores da relação empregatícia doméstica: (i) trabalho desempenhado por uma pessoa física; (ii) pessoalidade; (iii) onerosidade; (iv) subordinação; (v) continuidade – a prestação de serviço de natureza contínua, por mais de dois dias por semana; (vi) a prestação de serviço para pessoa ou família; (vii) a realização do serviço na residência de pessoa ou família ou no âmbito residencial desta; e (viii) a participação em atividade sem fins lucrativos.

O novo conceito teve a preocupação de aprimorar o conceito anterior com a inserção dos requisitos caracterizadores do vínculo empregatício: subordinada, onerosa e pessoal.

Havia uma discussão se o empregado doméstico tinha vínculo empregatício ou não. O empregado doméstico, acima de tudo, é um empregado, portanto, possui vínculo empregatício. Não há mais dúvida com relação a isso.

No passado já foi possível o reconhecimento de um doméstico que ia trabalhar uma vez por semana, durante longos anos, justificando tal reconhecimento na ***continuidade*** da relação de emprego.

No âmbito da relação urbana a habitualidade não é muito clara. Não há especificação da quantidade de dias. No caso do professor, por exemplo, não há uma regra definida na CLT sobre a quantidade de dias que caracterizaria a habitualidade.

Desde a Lei 5.859/72 a lei mencionada a expressão "continuidade".

A doutrina questiona se a continuidade equivale a não eventualidade. Há quem defenda que não. Existe corrente que defende que a continuidade é mais densa, como a professora Alice Monteiro de Barros[240]. A referida jurista, já defendia o estabelecimento de um critério temporal claro para a caracterização da continuidade na relação empregatícia doméstica, para possibilitar a

[239] Idem. Delgado, 2019.

[240] Apud Martinez, 2020.

distinção com o trabalho doméstico intermitente, isto é, com a chamada diarista.

Com o surgimento da Lei Complementar 150/2015, essa celeuma terminou. O art. 1º, do referido Diploma, afirma que será considerado empregado doméstico aquele que trabalha mais de dois dias. Daí, podemos afirmar com segurança que o empregado diarista será aquele que presta serviço no âmbito doméstico por até 2 dias.

O fato de o trabalhador ser contratado como diarista não retira a competência da Justiça do Trabalho para processar e julgar eventuais litígios surgidos dessas relações, nem mesmo a responsabilidade do tomador de serviços – o empregador doméstico, no sentido *lato sensu* da expressão –, v.g., pelo pagamento dos salários ou pelo acidente de trabalho.

Uma nova discussão que surgiu a respeito da continuidade é ser a expressão "mais de dois dias", prevista na Lei Complementar 150/2015, significa dizer que o trabalho doméstico deve ser aquele desempenhado por período igual a 3 dias.

Há uma linha acadêmica que defende que ainda que seja superior a 2,5 dia de prestação de serviços já caracterizaria a relação de trabalho doméstico, pois a lei estabelece categoricamente período superior a 2 dias.

Outro requisito específico da relação de emprego doméstica é a *finalidade não lucrativa*.

Se os serviços domésticos tiverem objetivos lucrativos, ainda que de forma indireta, o enquadramento não será mais como empregado doméstico.

> *Exemplo prático: Empregado doméstico que lavava louça que era utilizada pela família para fazer refeições que a família vendia (finalidade lucrativa). Juiz entendeu que a louça era derivada da atividade lucrativa da família, afastou o vínculo doméstico e deu vínculo como se empregado urbano fosse.*

O aproveitamento da mão de obra do trabalhador doméstico em serviços de natureza lucrativa – denominado de serviços mistos ou "***promiscuidade nos serviços doméstico***" – acarreta o reconhecimento da relação empregatícia urbana ou rural, pois são mais vantajosas ao trabalhador.

Outro requisito importante na relação empregatícia doméstica é que o ***serviço deve ser prestado para pessoa ou família***. Significa dizer que a pessoa jurídica jamais poderá ser empregadora doméstica.

É importante dizer que todos os integrantes do núcleo familiar, desde que juridicamente capazes, são solidariamente responsáveis pelo pagamento das obrigações oriundas da relação de trabalho, uma vez que todos se beneficiam da prestação dos serviços doméstico (sendo credores dessa prestação de serviços) e, como consequência, são devedores da contraprestação correspondente.

Segundo doutrina e a jurisprudência dominante não é possível a sucessão de empregadores na relação empregatícia doméstica, isso porque tal instituto jurídico é incompatível com as peculiaridades do trabalho doméstico.

O empregador doméstico pode ser representado em juízo por qualquer integrante do núcleo familiar (art. 843, §1º e 3º, da CLT e Súmula 377 do TST).

Além disso, o serviço deve ser prestado no *âmbito residencial de pessoa ou família.*

Luciano Martinez[241], ensina que

> *"Entende-se como 'âmbito residencial' a esfera, o campo por onde se estendem as atividades familiares, sem que elas necessariamente estejam restritas ao interior das casas residenciais. Assim, o trabalho prestado pelo motorista particular, que leva e traz os integrantes do núcleo familiar da casa para o trabalho/escola e vice-versa, é considerado doméstico. Do mesmo modo, considera-se materialmente doméstico o serviço prestado pelo jardineiro de área externa ao imóvel familiar, o piscineiro, o marinheiro do iate de passeio ou, piloto de e ou, ainda, o guarda-costas estritamente familiar.*

Como regra, portanto, o serviço é prestado no interior da residência do empregador doméstico. Contudo, esse conceito pode ser abrangido para a área externa ao imóvel familiar.

O parágrafo único do art. 7º da Lei Maior, com redação dada pela EC 72/2013, menciona a aplicação do inciso XXXIII ao trabalho doméstico. Por essa regra, a idade mínima de 16 anos seria admitida para fins de trabalho doméstico.

Entretanto, esse dispositivo colide com a Convenção 182 Organização Internacional do Trabalho (OIT) – ratificada no Brasil pelo Decreto 6.481/2008 – que prevê a idade mínima de 18 anos para o trabalho doméstico.

Esse choque normativo, foi resolvido com a Lei Complementar 150/2015, na medida em que estipulou expressamente a idade mínima dos 18 anos, para o serviço doméstico, se alinhando à Convenção da OIT.

Dentre todos os direitos conquistados pelo empregado doméstico a limitação da jornada de trabalho é o mais importante, isso porque a limitação da jornada está intimamente ligada às normas de proteção à saúde e higiene do trabalho. É importante preservar a incolumidade física e psíquica do trabalhador, já que o serviço doméstico, embora pouco reconhecido, é um serviço desgastante.

[241] Idem. Martinez, 2020.

A partir da EC 72/2013 os incisos XIII e XVI do art. 7º, a jornada de trabalho está limitada 8 horas diária e 44 horas semanais. Além do direito à duração do trabalho normal não superior a oito horas diárias e quarenta e quatro semanais, tornou-se possível a compensação de jornada ao trabalhador doméstico.

Essa compensação foi regulamentada pela Lei Complementar 150 de 2015 que estabeleceu a dispensa de acréscimo de salário e instituído regime de compensação de horas, mediante acordo individual escrito entre empregador e empregado (art. 2º, §§ 4º e 5º, da LC 150/2015).

Ainda, tonou possível a instituição de jornada de trabalho em regime de 12 por 36 (art. 10 da LC 150/2015): ***"É facultado às partes, mediante acordo escrito entre essas, estabelecer horário de trabalho de 12 (doze) horas seguidas por 36 (trinta e seis) horas ininterruptas de descanso, observados ou indenizados os intervalos para repouso e alimentação".***

Também, regulamentou-se que tempo de repouso, as horas não trabalhadas, os feriados e os domingos livres em que o empregado que mora no local de trabalho nele permaneça não serão computados como horário de trabalho (§ 7º do art. 2º da LC 150/2015).

No que diz respeito ao intervalo intrajornada, será obrigatória concessão de intervalo para refeição e descanso pelo período de, no mínimo, 1 hora e, no máximo, 2 horas, sendo possível a sua redução para 30 minutos, mediante acordo escrito entre empregador e empregado.

Caso o empregado resida no local de trabalho o intervalo pode ser desmembrado em dois períodos de no mínimo 1 hora, cada um deles, estando limitado a 4 horas ao dia.

O controle do horário de trabalho do empregado doméstico é obrigatório (art. 12). Logo, o empregador deve manter o registro da jornada de trabalho do empregado doméstico, seja por meio manual, ou mecânico, ou eletrônico, ou qualquer outro meio idôneo.

Como se trata de uma imposição legal instituída pelo legislador, caso o empregador seja demandado, terá o ônus de provar a jornada de trabalho, pois a lei impôs a produção de prova específica. Do contrário, a jornada será tida como verdadeira (presunção relativa de veracidade), na forma da súmula 338 do TST.

Além da jornada de trabalho, o Fundo de Garantia do Tempo de Serviço foi outra grande conquista do empregado doméstico.

Na vigência da Lei 5.859/72 a inclusão do empregado doméstico no regime do FGTS era facultativa. A inclusão era um direito potestativo do empregador que podia ou não incluir o empregado em tal regime.

A partir da EC n. 72/2013, o FGTS passou a ser direito de todo doméstico, independentemente da vontade do empregador.

Nesse sentido, a Lei complementar 150/2015 regulamentou tal direito, dispondo que "*é devida a inclusão do empregado doméstico no Fundo de Garantia do Tempo de Serviço (FGTS), na forma do regulamento a ser editado pelo Conselho Curador e pelo agente operador do FGTS, no âmbito de suas competências, conforme disposto nos arts. 5º e 7º da Lei n. 8.036, de 11 de maio de 1990, inclusive no que tange aos aspectos técnicos de depósitos, saques, devolução de valores e emissão de extratos, entre outros determinados na forma da lei*" (*art. 21*).

Também, institui que o empregador depositará 8% a título de FGT sobre a remuneração do empregado doméstico, bem como a importância de 3,2% sobre a remuneração devida, no mês anterior, a cada empregado, destinada ao pagamento da indenização compensatória da perda do emprego, sem justa causa ou por culpa do empregador.

A obrigatoriedade de inscrição e de efetuar os depósitos do FGTS tornou-se possível após a regulamentação realizada por meio Resolução do Conselho Curador do FGTS 780/2015, da Circular CAIXA 694/2015 e da Portaria Interministerial 822/2015.

4. LEGISLAÇÃO RELACIONADA

- Art. 7.º, parágrafo único, da CF: São assegurados à categoria dos trabalhadores domésticos os direitos previstos nos incisos IV, VI, VII, VIII, X, XIII, XV, XVI, XVII, XVIII, XIX, XXI, XXII, XXIV, XXVI, XXX, XXXI e XXXIII e, atendidas as condições estabelecidas em lei e observada a simplificação do cumprimento das obrigações tributárias, principais e acessórias, decorrentes da relação de trabalho e suas peculiaridades, os previstos nos incisos I, II, III, IX, XII, XXV e XXVIII, bem como a sua integração à previdência social.

- Lei n. 2.757/56, arts. 1.0 a 3.º: Excluídos do disposto nesta alínea os empregados porteiros, zeladores, faxineiros e serventes de prédios de apartamentos residenciais, desde que a serviço da administração do edifício e não de cada condômino em particular. Art. 2.º São considerados representantes dos empregadores nas reclamações ou dissídios movimentados na Justiça do Trabalho os síndicos eleitos entre os condôminos. Art. 3.0 Os condôminos responderão, proporcionalmente, pelas obrigações previstas nas leis trabalhistas, inclusive as judiciais e extrajudiciais.

- Súmula 344/TST: Salário-família. Trabalhador rural. O salário-família é devido aos trabalhadores rurais somente após a vigência da Lei n. 8.213, de 24-7-1991.

- Súmula 377 do TST: PREPOSTO – EXIGÊNCIA DA CONDIÇÃO DE EMPREGADO – exceto quanto à reclamação de empregado doméstico, ou contra micro ou pequeno empresário. O preposto deve ser necessariamente empregado do reclamado. Inteligência do art. 843, § 12, da CLT e do art. 54 da Lei Complementar n. 123 de 14 de dezembro de 2006.

- Súmula 196/ STF: Ainda que exerça atividade rural, o empregado de empresa industrial ou comercial é classificado de acordo com a categoria do empregador.

- Empregados domésticos: Lei Complementar n. 150, de 1.º-6-2015.

▶ Vide Lei Complementar n. 150, de 1.º-6-2015.

▶ Art. 7º da CF/88: São direitos dos trabalhadores urbanos e rurais, além de outros que visem à melhoria de sua condição social.

▶ Lei n. 5.889/73, art. 2º: Empregado rural é toda pessoa física que, em propriedade rural ou prédio rústico, presta serviços de natureza não eventual a empregador rural, sob a dependência deste e mediante salário.

▶ Súmula 196/STF: Ainda que exerça atividade rural, o empregado de empresa industrial ou comercial é classificado de acordo com a categoria do empregador.

▶ OJ 38 SDI-1/TST: Empregado que exerce Atividade Rural. Empresa de Reflorestamento. Prescrição própria do Rurícola. O empregado que trabalha em empresa de reflorestamento, cuja atividade está diretamente ligada ao manuseio da terra e de matéria-prima, é rurícola e não industriário, nos termos do Decreto n. 73.626, de 12-2-1974, art. 2.º, § 4.0, pouco importando que o fruto de seu trabalho seja destinado à indústria. Assim, aplica-se a prescrição própria dos rurícolas aos direitos desses empregados.

▶ OJ 417 SDI-1/TST: prescrição. Rurícola. Emenda constitucional n. 28, de 26.05.2000. Contrato de trabalho em curso. Não há prescrição total ou parcial da pretensão do trabalhador rural que reclama direitos relativos a contrato de trabalho que se encontrava em curso à época da promulgação da Emenda Constitucional n. 28, de 26-5-2000, desde que ajuizada a demanda no prazo de cinco anos de sua publicação, observada a prescrição bienal.

▶ Súmula 612 do STF: TRABALHADOR RURAL. ACIDENTE DO TRABALHO. INAPLICABILIDADE DA LEI N. 6.367/76. Ao trabalhador rural não se aplicam, por analogia, os benefícios previstos na Lei n. 6.367, de 19.10.1976.

▶ Súmula 613 do STF: DEPENDENTES DO TRABALHADOR RURAL. PENSÃO PREVIDENCLÁRIA. Os dependentes de trabalhador rural não têm direito à pensão providenciaria, se o óbito ocorreu anteriormente à vigência da Lei Complementar n. 11/1971.

▶ Súmula 149 do STJ— A prova exclusivamente testemunhal não basta a comprovação da atividade rurícola, para efeito da obtenção de benefício previdenciário.

▶ Súmula 344 do TST: SALÁRIO-FAMÍLIA. TRABALHADOR RURAL. O salário-família é devido aos trabalhadores rurais somente após a vigência da Lei n. 8.213 de 2-L7.1991.

▶ OJ 38 da SDI-1 do TST: EMPREGADO QUE EXERCE ATIVIDADE RURAL. EMPRESA DE REFLORESTAMENTO. PRESCRIÇÃO PRÓPRIA DO RURÍCOLA. (LEI N. :5.889/73, ART. 10 E DECRETO N. 73.626/74, ART. 22, § 45) O empregado que trabalha em empresa de reflorestamento, cuja atividade está diretamente ligada ao manuseio da terra e de matéria-prima, é rurícola e não industriário, nos termos do Decreto n. 73.626, de 12.02.197-1, art. 2. § 4, pouco importando que o fruto de seu trabalho seja destinado à indústria. Assim, aplica-se a prescrição própria dos rurícolas aos direitos desses empregados.

▶ OJ 271 da SDI-1 do TST: RURÍCOIA. PRESCRIÇÃO. COIN"I'FLATO DE EMPREGO EXTINTO. EMENDA CONSTITUCIONAL N. 2812000. INAPLICABILI-DADE. O prazo prescricional da pretensão do rurícola, cujo contrato de emprego já se extinguira ao sobrevir a Emenda Constitucional n. 28 de 26.5.00, tenha sido ou não ajuizada a ação trabalhista, prossegue regido pela lei vigente ao tempo da extinção do contrato de emprego.

▶ OJ 417 da SDI-1 do TST: PRESCRIÇÃO. RURÍCOLA. EMENDA CONSTITUCIONAL N. 28. DE 26.5.2000. CONTRATO DE TRABALHO EM CURSO. Não há prescrição total ou parcial da pretensão do trabalhador rural que reclama direitos relativos a contrato de trabalho que se encontrava em curso à época da promulgação da Emenda Constitucional n. 28 de 26.5.2000, desde que ajuizada a demanda no prazo de cinco anos de sua publicação, observada a prescrição bienal.

▶ Precedentes Normativos do TST

▶ PN 20 do TST: EMPREGADO RURAL. CONTRATO ESCRITO (POSITIVO). Sendo celebrado contrato por tarefa, parceria ou meação, por escrito, obriga-se o empregador a fornecer uma via deste ao empregado, devidamente datada e assinada pelas partes.

▶ PN 34 do TST: EMPREGADO RURAL MORADIA (POSITIVO). Ao empregado que residir no local de trabalho fica assegurada a moradia em condições de habitabilidade, conforme exigências da autoridade local.

▶ PN 50 do TST: EMPREGADO RURAL. DEFENSIVOS AGRÍCOLAS (POSITIVO). O empregador rural é obrigado a possuir o receituário agronómico de defensivos agrícolas e a observar as medidas de prevenção nele contidas.

▶ PN 53 do TST: EMPREGADO RURAL. RESCISÃO DO CONTRATO DE TRABALHO DO CHEFE DE FAMÍLIA (POSITIVO). A rescisão do contrato de trabalho rural, sem justa causa, do chefe da unidade familiar, é extensiva à esposa, às filhas solteiras e aos filhos até 20 (vinte) anos de idade, que exerçam atividades na propriedade, mediante opção destes.

▶ PN 59 do TST: EMPREGADO RURAL. AFERIÇÃO DAS BALANÇAS (POSITIVO). O instrumento de peso e medida, utilizado pelos empregadores para aferição das tarefas no regime de produção, deverá ser conferido pelo INPM.

▶ PN 60 do TST: EMPREGADO RURAL. LATÃO DE CAFÉ (POSITIVO). O latão de café terá capacidade de 60 litros e será padronizado de acordo com as normas do INPM.

▶ PN 62 do TST: EMPREGADO RURAL. CONSERVAÇÃO DAS CASAS (POSITIVO). Os empregadores são responsáveis pelos reparos nas residências que cedam aos empregados rurais, desde que os danos não decorram de culpa destes.

▶ PN 63 do TST: EMPREGADO RURAL. FICHA DE CONTROLE DA PRODUÇÃO (POSITIVO). Quando da colheita, o café será entregue na lavoura ou no monte, fornecendo-se ao trabalhador uma ficha com o valor da respectiva produção.

▶ PN 64 do TST: EMPREGADO RURAL. HORÁRIO E LOCAL DE CONDUÇÃO (POSITIVO). Fornecendo o empregador condução para o trabalho, informará ele aos empregados, previamente, os locais e horários do transporte.

▶ PN 65 do TST: EMPREGADO RURAL. PAGAMENTO DE SALÁRIO (POSITIVO). O pagamento do salário será efetuado em moeda corrente e no horário de serviço, para isso é permitido o seu prolongamento até duas horas após término da jornada de trabalho.

▶ PN 68 do TST: EMPREGADO RURAL FALTAS AO SERVIÇO. COMPRAS (POSITIVO). Autoriza-se o chefe de família, se empregado rural, a faltar ao serviço um dia por mês ou meio dia por quinzena, para efetuar compras, sem remuneração ou mediante compensação de horário, mas sem prejuízo do repouso remunerado, desde que não tenha falta injustificada durante mês.

▶ PN 69 do TST: EMPREGADO RURAL. PAGAMENTO DE DIA NÃO TRABALHADO (POSITIVO). O empregado rural fará jus ao salário do dia, quando comparecer ao local de prestação de serviço ou ponto de embarque, se fornecida condução pelo empregador, e não puder trabalhar em consequência de chuva ou de outro motivo alheio à sua vontade.

▶ PN 71 do TST: EMPREGADO RURAL. TRANSPORTE. CONDIÇÕES DE SEGURANÇA (POSITIVO). Quando fornecidos pelo empregador, os veículos destinados a transportar trabalhadores rurais deverão satisfazer as condições de segurança e comodidade sendo proibido o carregamento de ferramentas soltas junto às pessoas conduzidas.

▶ PN 106 do TST: EMPREGADO RURAL. ATIVIDADE INSALUBRE. FORNECIMENTO DE LEITE (POSITIVO). Os empregadores que se dedicarem à pecuária leiteira fornecerão, diariamente, 1 (um) litro de leite aos trabalhadores que exerçam atividades insalubres.

▶ PN 107 do TST: EMPREGADO RURAL. CAIXA DE MEDICAMENTOS (POSITIVO). Nos locais de trabalho no campo serão mantidos pelo empregador medicamentos e materiais de primeiros socorros.

▶ PN 108 do TST: EMPREGADO RURAL. ABRIGOS NO LOCAL DE TRABALHO (POSITIVO). Os empregadores rurais ficam obrigados a construir abrigos rústicos, nos locais de trabalho, para proteção de seus empregados.

▶ PN 110 do TST: EMPREGADO RURAL. FERRAMENTAS. FORNECIMENTO PELO EMPREGADOR (POSITIVO). Serão fornecidas gratuitamente, pelo empregador, as ferramentas necessárias à execução do trabalho.

Vide Lei n. 5.889, de 8-6-1973: Trabalho Rural.

Vide art. 17 da Lei n. 5.889, de 8-6-1973.

Vide art. 3.º do Decreto n. 73.626, de 12-2-1974.

▶ Art. 37 da CF: A administração pública direta e indireta de qualquer dos Poderes da União, dos Estados, do Distrito Federal e dos Municípios obedecerá aos princípios de legalidade. Impessoalidade, moralidade, publicidade e eficiência e, também, ao seguinte.

▶ Súmula Vinculante 15 do STF: O cálculo de gratificações e outras vantagens do servidor público não incide sobre o abono utilizado para se atingir o salário mínimo.

▶ Súmula Vinculante 16 do STF: Os artigos 79, IV, e 39, § 39 (redação da EC n. 19/98), da Constituição, referem-se ao total da remuneração percebida pelo servidor público.

▶ Súmula Vinculante 55 do STF: O direito ao auxílio-alimentação não se estende aos servidores inativos.

▶ Súmula 97 do STJ: COMPETÊNCIA. SERVIDOR PÚBLICO. Compete à Justiça do Trabalho processar e julgar reclamação de servidor público relativamente a vantagens trabalhistas anteriores à instituição do regime jurídico único.

▶ Art. 39 da CF/88: A União, os Estados, o Distrito Federal e os Municípios instituirão, no âmbito de sua competência, regime jurídico único e planos de carreira para os servidores da administração pública direta, das autarquias e das fundações públicas.

▶ Súmula 319/TST: Reajustes salariais ("gatilhos"). Aplicação aos servidores públicos contratados sob a égide da legislação trabalhista. Aplicam-se aos servidores públicos, contratados sob o regime da CLT, os reajustes decorrentes da correção automática dos salários pelo mecanismo denominado "gatilho", de que tratam os Decretos-Leis ns. 2.284, de 10-3-1986 e 2.302, de 21-11-1986.

▶ Súmula 390 do TST: ESTABILIDADE. ART. 41 DA CF/1988. CELETISTA. ADMINISTRAÇÃO DIRETA. AUTÁRQUICA OU FUNDACIONAL APLICABILIDADE. EMPREGADO DE EMPRESA PÚBLICA E SOCIEDADE DE ECONOMIA MISTA. INAPLICÁVEL. I — O servidor público celetista da administração direta, autárquica ou fundacional é beneficiário da estabilidade prevista no art. 41 da CF/1988. II — Ao empregado de empresa pública ou de sociedade de economia mista, ainda que admitido mediante aprovação em concurso público, não é garantida a estabilidade prevista no art. 41 da CF/1988.

▶ Súmula 430/ TST: Administração Pública indireta. Contratação. Ausência de concurso público. Nulidade. Ulterior privatização. Convalidação. Insubsistência do vício. Convalidam-se os efeitos do contrato de trabalho que, considerado nulo por ausência de concurso público, quando celebrado originalmente com ente da Administração Pública Indireta, continua a existir após a sua privatização.

▶ OJ 138 5D1-1/TST: Competência residual. Regime jurídico único. Limitação da execução. Compete à justiça do Trabalho julgar pedidos de direitos e vantagens previstos na legislação trabalhista referente a período anterior à Lei n. 8.112/90, mesmo que a ação tenha sido ajuizada após a edição da referida lei. A superveniência de regime estatutário em substituição ao celetista, mesmo após a sentença, limita a execução ao período celetista.

▶ OJ 247 SDI-1 do TST: SERVIDOR PÚBLICO. CELETISTA CONCURS. ADO. DESPEDIDA INIOTIVADA. EMPRESA PÚBLICA OU SOCIEDADE DE ECONONHA MISTA. POSSIBILIDADE. (Nova redação. res. TST 14:3/07, DJ 13.11.07). I — A despedida de empregados de empresa pública e de sociedade de economia mista, mesmo admitidos por concurso público, independe de ato motivado para sua validade: II — A validade do ato de despedida do empregado da Empresa Brasileira de Correios e Telégrafos (ECI') está condicionada à motivação, por gozar a empresa do mesmo tratamento destinado à Fazenda Pública em relação à imunidade tributária e à execução por precatório, além das prerrogativas de foro, prazos e custas processuais.

▶ 0J 297 SDI-1/TST: Equiparação salarial. Servidor Público da Administração Direta, Autárquica e Fundacional. Art. 37, XIII, da CF/1988. O art. 37, inciso XIII, da CF/1988, veda a equiparação de qualquer natureza para o efeito de remuneração do pessoal do serviço público, sendo juridicamente impossível a aplicação da norma infraconstitucional prevista no art. 461 da CLT quando se pleiteia equiparação salarial entre servidores públicos, independentemente de terem sido contratados pela CLT.

▶ 0J 308 SDI-1/TST: Jornada de Trabalho. Alteração. Retorno à jornada inicialmente contratada. Servidor Público. O retorno do servidor público (administração direta, autárquica e fundacional) à jornada inicialmente contratada não se insere nas vedações do art. 468 da CLT, sendo a sua jornada definida em lei e no contrato de trabalho firmado entre as partes.

▶ 0J 5 SDI/TST: Dissídio Coletivo. Pessoa Jurídica de Direito Público. Possibilidade Jurídica. Cláusula de Natureza Social em face de pessoa jurídica de direito público que mantenha empregados, cabe dissídio coletivo exclusivamente para apreciação de cláusulas de natureza social. Inteligência da Convenção n. 151 da Organização Internacional do Trabalho, ratificada pelo Decreto Legislativo n 206/2010.

▶ OJ 10 SDI-2 do TST: AÇÃO RESCISÓRIA. CONTRATO NULO. ADMINISTRAÇÃO PÚBLICA. EFEITOS. ART. 37. II E § 2. DA CF/88. Somente por ofensa ao art. 37, II e § 2º, da CF/88, procede o pedido de rescisão de julgado para considerar nula a contratação, sem concurso público, de servidor, após a CF/1988.

▶ OJ 364 SDI-1 do TST: ESTABILIDADE. ART. 19 DO ADCT. SERVIDOR PÚBLICO DE FUNDAÇÃO REGIDO PELA CLT. Fundação instituída por lei e que recebe dotação ou subvenção do Poder Público para realizar atividades de interesse do Estado, ainda que tenha personalidade jurídica de direito privado, ostenta natureza de fundação pública. Assim, seus servidores regidos pela CLT são beneficiários da estabilidade excepcional prevista no art. 19 do ADCT.

▶ J 26 SDI-2 do TST: AÇÃO RESCISÓRIA. GRATIFICAÇÃO DE NIVEL SUPERIOR. SU-FRAMA. A extensão da gratificação instituída pela SUFRAMA aos servidores celetistas exercentes de atividade de nível superior não ofende as disposições contidas nos arts. 37, XIII e 39, § 1º, da CF/88.

5. JURISPRUDÊNCIA

▶ INTERVALO INTERJORNADAS. LEI 5.811/1972. ART. 66 DA CLT. A Lei 5.811/1972, que regulamenta o trabalho dos petroleiros, mostra-se omissa quanto ao intervalo interjornadas. O art. 7º da CLT não afasta a incidência dos comandos celetistas (art. 66) aos petroleiros.

Ainda que a implementação da escala tenha se dado por força de negociação coletiva, a norma entabulada pelos atores sociais não veda, expressamente, o direito ao intervalo mínimo de 35 horas. Recurso provido. (TRT-2 10007456720205020361 SP, Relator: MARIA JOSE BIGHETTI ORDONO, 1ª Turma – Cadeira 2, Data de Publicação: 12/03/2021)

Art. 8º As autoridades administrativas e a Justiça do Trabalho, na falta de disposições legais ou contratuais, decidirão, conforme o caso, pela jurisprudência, por analogia, por equidade e outros princípios e normas gerais de direito, principalmente do direito do trabalho, e, ainda, de acordo com os usos e costumes, o direito comparado, mas sempre de maneira que nenhum interesse de classe ou particular prevaleça sobre o interesse público.

§ 1º O direito comum será fonte subsidiária do direito do trabalho.

§ 2º Súmulas e outros enunciados de jurisprudência editados pelo Tribunal Superior do Trabalho e pelos Tribunais Regionais do Trabalho não poderão restringir direitos legalmente previstos nem criar obrigações que não estejam previstas em lei.

§ 3º No exame de convenção coletiva ou acordo coletivo de trabalho, a Justiça do Trabalho analisará exclusivamente a conformidade dos elementos essenciais do negócio jurídico, respeitado o disposto no art. 104 da Lei nº 10.406, de 10 de janeiro de 2002 (Código Civil), e balizará sua atuação pelo princípio da intervenção mínima na autonomia da vontade coletiva.

COMENTÁRIOS (ART. 8º)

O ordenamento jurídico é formado por um conjunto de normas positivadas pelo Estado. Esse conjunto normativo pode conter lacunas, sendo necessário o preenchimento do vazio normativo por meios de integração, também denominado de métodos de colmatação.

Lacuna significa aquilo que falta em algo, omissão, erro, falha, brecha, um espaço em vão ou em branco[242]. Maria Helena Diniz [243]classifica as lacunas em:

> *"Lacuna normativa: ausência total de norma prevista para um determinado caso concreto. Lacuna ontológica: presença de norma para o caso concreto, mas que não tenha eficácia social. Lacuna axiológica: presença de norma para o caso concreto, mas cuja aplicação seja insatisfatória ou injusta. Lacuna de conflito ou antinomia: choque de duas ou mais normas válidas, pendente de solução no caso concreto. As antinomias serão estudadas oportunamente, em seção própria".*

O Decreto-Lei 4.657 de 4 de setembro de 1942, denominado de Lei de Introdução às Normas do Direito Brasileiro (LINDB), é uma norma de introdução às leis aplicável a todos os ramos do Direito. Tal Decreto impõe ao aplicador do direito o dever de corrigir os vazios normativos, valendo-se de métodos de integração, ou seja, preenchendo, completando, inteirando, ou complementando o vazio normativo.

Para Carla Romar a integração é necessária *"nos casos em que não se encontre uma norma jurídica específica que regule uma determinada relação jurídica, formando-se lacunas no sistema. Nestes casos, deve-se integrar as normas existentes por meio de métodos específicos, com a finalidade de solucionar o conflito decorrente do caso concreto"*[244].

De acordo com os arts. 4º e 5º do referido Decreto-Lei, o juiz decidirá o caso de acordo com a analogia, os costumes e os princípios gerais de direito quando a lei for omissa. No mesmo sentido, o art. 140 do Código de Processo Civil (CPC), preceitua que o juiz não poderá eximir-se de decidir sob a alegação de lacuna ou obscuridade no ordenamento jurídico (art. 140 do CPC).

Além das formas de integração citadas na LINDB, o art. 8º da CLT autoriza o Juiz do Trabalho utilizar a jurisprudência, equidade, princípios e normas específicas de Direito do Trabalho, dos usos, direito comparado.

A analogia é a possibilidade de aplicação de uma norma próxima ou similar ao caso concreto analisado. Citamos como exemplo a aplicação do §4º do art. 71 da CLT e da Súmula 110 do TST, por analogia, em caso de desrespeito ou supressão do intervalo interjornada previsto no art. 66 da CLT (OJ 355 da SDI-1 do TST).

Os usos e costumes são práticas reiteradas e toleradas pela sociedade com relevância jurídica. Conforme os ensinamento de Fernando Tartuce[245] os costumes são classificados em:

> *"**a) Costumes segundo a lei (secundum legem)** – incidem quando há referência expressa aos costumes no texto legal, como ocorre nos artigos da codificação antes citados (arts. 13 e 187 do CC/2002). Na aplicação dos costumes secundum legem, não há integração, mas subsunção, eis que a própria norma jurídica é que é aplicada. **b) Costumes na falta da lei (praeter legem)** – aplicados quando a lei for omissa, sendo denominado costume integrativo, eis que ocorre a utilização propriamente dita dessa ferramenta de correção do sistema. Exemplo de aplicação do costume praeter legem é o reconhecimento da validade do cheque pós-datado*

Decreto-Lei 5.452/1943

[242] lacuna | s. f. – (latim lacuna, -ae, cisterna, fosso, charco, pântano, cavidade) -substantivo feminino. 1. Espaço em vão ou em branco. 2. Interrupção. 3. Intervalo. 4. Falta, omissão. [in Dicionário Priberam da Língua Portuguesa, 2008-2020, https://dicionario.priberam.org/lacuna (consultado em 20-01-2021)].

[243] Apud Tartuce, 2020.

[244] Carla Teresa Martins Romar. Direito do trabalho – 5. ed. – São Paulo: Saraiva Educação, 2018.

[245] Ibidem. Tartuce, 2020.

> *ou pré-datado. Como não há lei proibindo a emissão de cheque com data para depósito e tendo em vista as práticas comerciais, reconheceu-se a possibilidade de quebrar com a regra pela qual esse título de crédito é ordem de pagamento à vista. Tanto isso é verdade que a jurisprudência reconhece o dever de indenizar quando o cheque é depositado antes do prazo assinalado. Nesse sentido, a Súmula 370 do STJ prescreve: "caracteriza dano moral a apresentação antecipada do cheque pré-datado". **c) Costumes contra a lei (contra legem)** – incidem quando a aplicação dos costumes contraria o que dispõe a lei. Entendemos que, pelo que consta no Código Civil em vigor, especificamente pela proibição do abuso de direito (art. 187 do CC), não se pode admitir, em regra, a aplicação dos costumes contra legem. Eventualmente, havendo desuso da lei poderá o costume ser aplicado, o que não é pacífico. Também aqui, por regra, não há que se falar em Integração".*

A doutrina indica que os requisitos dos costumes são a continuidade, uniformidade, diuturnidade, moralidade e obrigatoriedade das práticas, estando enraizado na consciência da sociedade.

Equidade é a ideia daquilo que é justo. Nas palavras de Tartuce a equidade é vista como o uso do bom sendo, ou seja, a adaptação razoável da lei ao caso concreto[246]. Decorre de previsão legal (equidade legal) ou de decisão do juiz na avaliação do caso concreto, quando a lei assim permitir (equidade judicial). Mencionamos os seguintes exemplos: i) A redução equitativa da cláusula penal quando a obrigação contratual for cumprida em parte (art. 412, CC); ii) a determinação do art. 140, parágrafo único do CPC de 2015, que permite o juiz decidir por equidade apenas nas hipóteses previstas em lei; iii) no procedimento sumaríssimo, a sentença mencionará os elementos de convicção do juízo, com o resumo dos fatos relevantes, dispensando-se o relatório, sendo autorizado ao magistrado adotar a decisão que reputar mais justa e equânime, tendido os fins sociais da lei e as exigências do bem comum, em caso de lacuna.

Os princípios gerais de direito são os mandamentos de otimização de caráter geral, como, por exemplo, o princípio da boa-fé (ou eticidade), princípio da dignidade da pessoa humana, princípio da justiça social, princípio da não discriminação, princípio da igualdade, princípio da vedação ao retrocesso social, princípio da razoabilidade. Já os princípios específicos de Direito do Trabalho são as matrizes de direito individual ou coletivo, dentre os quais se destacam o princípio da proteção (princípio "in dubio pro operario" ou "in dubio pro misero"; princípio norma mais favorável; princípio da condição mais benéfica ou cláusula mais vantajosa), princípio da primazia da realidade, princípio da inalterabilidade contratual lesiva, princípio da continuidade da relação de emprego, entre outros.

O Direito Comparado é o ramo da ciência jurídica que estuda as semelhanças e diferenças entre as normas, doutrinas e da jurisprudência aplicadas no âmbito interno de cada país. O artigo em estudo permite a utilização de uma norma, doutrina ou jurisprudência estrangeira como forma de integração das normas trabalhistas. Assim, v.g., o juiz do trabalho pode se valer do Direito do Trabalho espanhol, português, italiano, inglês, para integrar uma eventual lacuna no que diz respeito à novel figura do contrato de trabalho intermitente (art. 443 e 452-A da CLT), que preveem institutos jurídicos semelhantes: *"fijo-discontinuo", "lavoro intermitente", "trabalho à chamada ou trabalho alternado", "zero-hour contracts".*

A jurisprudência são os entendimentos consolidados formados no âmbito do Poder Judiciário, por meio de reiteradas decisões em determinados sentidos. Nesse ponto, Homero Batista Mateus da Silva [247] faz uma interessante análise:

> *"(a) discute-se se a jurisprudência pode ser considerada uma forma de supressão de lacuna, porque, afinal, ela própria é o conjunto de decisões que tiveram de ser tomadas para solucionar um problema jurídico, ou seja, se um julgado pode ser utilizado para suprir a lacuna de outro julgado, teríamos uma decisão teratológica, sem fonte formal ou material de criação do direito, de modo que talvez sua presença ao lado de outras figuras clássicas, como a analogia, pode ter sido infeliz; talvez o legislador quisesse dizer que a analogia pode ser feita com base em outras leis ou em súmulas que tratam de casos semelhantes – analogia legal e analogia jurisprudencial, a qual, de fato, é comumente empregada na dinâmica das relações trabalhistas."*

Esse método de integração tem campo fértil no Direito do Trabalho. Os aplicadores do direito de forma corrente se valem da jurisprudência, atual, interativa e dos entendimentos sumulados no âmbito do Tribunal Superior do Trabalho tanto para interpretar quanto para integrar as normas trabalhistas.

Admite-se, ademais, o uso da subsidiariedade como forma de integração dos princípios e regras do Direito Comum – aqui abrangidos o Direito Civil, Penal, Administrativo, Empresarial, e etc. – ao Direito do Trabalho. Alguns tratam da subsidiariedade como um princípio do Direito do Trabalho.

Claudia Lima Marques (Brasil) e Erik Jayme (Alemanha) desenvolveram a denominada Teoria do Diálogo das Fontes, segundo a qual busca-se a complementariedade entre duas leis de fontes normativas diversas, com o objetivo de proteger a parte vulnerável na relação jurídica.

A redação anterior do art. 8º, especificamente o parágrafo único, prescrevia que o direito comum era aplicável

[246] Idem.

[247] Homero Batista Mateus da Silva. CLT comentada. – 2. ed. – São Paulo: Thomson Reuters Brasil, 2018.

somente quando houvesse compatibilidade de princípios e regras. A Reforma Trabalhista (Lei 13.467/2017) alterou a redação do dispositivo em análise, suprimindo o trecho que exigia a compatibilidade de princípios e regras do Direito Comum com o Direito do Trabalho.

Diante disso, surgiram duas vertentes interpretativas. Para uma primeira corrente doutrinária a Reforma Trabalhista tornou desnecessária a existência de compatibilidade do Direito Comum com os princípios fundamentais do Direito do Trabalho[248]. Por outro lado, há quem defenda que nada mudou nesse aspecto, sendo indispensável a compatibilidade de princípios para a aplicação do direito comum. Luciano Martinez enfatiza que "retirada da menção à 'compatibilidade' com algo que, de tão óbvio, não precisaria ser expressamente referido"[249].

De forma assertiva Homero Batista afirma que numa "Análise mais detida, todavia, revela que a retirada dessa expressão não é o bastante para a 'civilização' do direito do trabalho: se realmente fôssemos considerar que a aplicação do direito civil poderá ser feita sem levar em conta os princípios fundadores do direito do trabalho, então, em última análise, o direito do trabalho poderá ser considerado extinto, voltando-se a utilizar o contrato de locação de mão de obra ou de energia, como se fazia nos primórdios".[250]

Concordamos com a última vertente interpretativa. Os princípios do Direito do Trabalho são verdadeiros *standards*, núcleos inamovíveis, sem os quais as normas trabalhistas perdem a sua razão de existir, perdem a sua autonomia. Aliás, as matrizes de qualquer ramo do Direito, em regra, não podem sofrer alterações, sob pena de corromper a proteção do bem jurídico tutelado pelo sistema normativo.

A Reforma Trabalhista acrescentou o §2º ao art. 8º da CLT, enfatizando que as súmulas e outros consolidados no âmbito dos Tribunais – Tribunal Superior do Trabalho ou Tribunais Regionais do Trabalho – não tem o condão de restringir direitos ou criar obrigações que não sejam previstas em lei.

O propósito do legislador reformista foi a "modernização da legislação trabalhista", privilegiando a autonomia da vontade dos sujeitos da relação jurídica trabalhista e a diminuição da intervenção estatal nos contratos de trabalho. De igual maneira, através deste dispositivo, buscou restringir a atuação do Estado-Juiz nas relações trabalhistas, vedando a restrição de direitos ou criação de obrigações não previstas em lei por meio de súmula, orientação jurisprudencial, precedente normativo, teses jurídicas prevalecentes, etc.

A construção e consolidação jurisprudencial é atividade ínsita ao Poder Judiciário. Está inserida na amplitude da função jurisdicional (art. 5º, XXXV, CF). Tem como objetivo: agilizar a prestação jurisdicional; uniformizar a jurisprudência; conferir segurança jurídica às decisões, impedindo a formação de entendimentos conflitantes no âmbito do mesmo tribunal; interpretar e integrar as normas jurídicas dúbias ou lacunosas. O direito processual moderno prestigia e incentiva a uniformização jurisprudencial no âmbito dos Tribunais, assim como a manutenção da sua estabilidade, integridade e coerência (art. 926 do CPC).

Na seara trabalhista a jurisprudência ocupa uma posição central, servindo de instrumento para interpretação e integração de inúmeras lacunas encontradas nas normas trabalhistas. A incompletude ou dubiedade dessas normas exige uma postura ativa do Poder Judiciário, que não pode eximir-se de julgar, com base em lacuna ou omissão normativa (art.140, CPC).

O legislador não pode restringir a atuação do Poder Judiciário ou eleger os métodos de interpretação ou integração das normas trabalhistas, sob pena de violar o princípio da separação dos Poderes da República, caracterizando interferência indevida na independência da magistratura (arts. 2º e 99 da CF).

Nessa senda, Marcelo Moura ensina que "Não se pode restringir a atuação do Poder Judiciário, sem que ocorra violação à regra do art. 5º, XXXV, da CRFB, que consagra o princípio da inafastabilidade do Poder Judiciário. Ademais, a restrição imposta pela lei representa direta afronta ao princípio da autonomia entre os Poderes da República"[251].

De igual maneira, segundo a redação do §3º, do art. 8º da CLT, a atuação da Justiça no Trabalho, na análise de acordo ou convenção coletiva de trabalho está restrita a verificação da observância ou não dos elementos essenciais do negócio jurídico, devendo intervir o minimamente na autonomia da vontade coletiva.

A constitucionalidade desse dispositivo é amplamente criticada pela doutrina, isso porque o juiz não pode ser reduzido a um mero repetidor da lei, a avaliação dos instrumentos negociais coletivos deve ser ampla, afastando qualquer possibilidade de utilização desses instrumentos como meio de precarização ou supressão de direitos trabalhistas. Espera-se do juiz um papel ativo, aplicando, interpretando ou integrando a lei ao ordenamento jurídico, sempre que a situação assim o exigir.

[248] Nesse sentido é o posicionamento de Carla Romar: "Com a Reforma Trabalhista introduzida pela Lei n. 13.467/2017, o legislador, embora mantendo a previsão de utilização subsidiária do Direito comum, deixou de considerar necessária para a validade de tal aplicação a existência de compatibilidade com os princípios fundamentais do Direito do Trabalho (§ 1º, art. 8º, CLT). [in Direito do trabalho. Carla Teresa Martins Romar. – 5. ed. – São Paulo: Saraiva Educação, 2018]

[249] Idem. Martinez, 2020.

[250] Idem. Homero Batista Mateus da Silva, 2018.

[251] Marcelo Moura. CLT Comentada. p, 65.

Carlos Henrique Bezerra Leite anota que a Reforma Trabalhista pretende reduzir o juiz do trabalho "à velha e conhecida condição do 'juiz boca da lei' do Estado Liberal, incompatível, portanto, com o paradigma do Estado Democrático de Direito, que impõe aos magistrados o dever de observar sempre os valores e normas (princípios e regras) constitucionais, como, aliás, determina o art. 1º do CPC/2015"[252].

Nesse sentido, o Enunciado nº 2 da 2ª Jornada de Direito Material e Processual do Trabalho, que analisou largamente as alterações promovidas na CLT pela Reforma trabalhista (Lei 13.467/2017), considerou os §§2º e 3º do art. 8º da CLT inconstitucionais, por restringir a interpretação e aplicação da lei de modo exclusivamente literal. Vejamos.

> ***Enunciado nº 2:*** *Os juízes do trabalho, à maneira de todos os demais magistrados, em todos os ramos do judiciário, devem cumprir e fazer cumprir a Constituição e as leis, o que importa no exercício do controle difuso de constitucionalidade e no controle de convencionalidade das leis, bem como no uso de todos os métodos de interpretação/aplicação disponíveis. Nessa medida: I. Reputa-se autoritária e antirrepublicana toda ação política, midiática, administrativa ou correicional que pretender imputar ao juiz do trabalho o "dever" de interpretar a lei 13.467/2017 de modo exclusivamente literal/gramatica. II. A interpretação judicial é atividade que tem por escopo o desvelamento do sentido e do alcance da lei trabalhista. É função primordial do Poder Judiciário Trabalhista julgar as relações de trabalho e dizer o direito no caso concreto, observando o objetivo da República Federativa do Brasil de construir uma sociedade mais justa e igualitária. Exegese dos artigos 1º, 2º, 3º, 5º, incisos XXXV, 60 e 93, IX e 114 da CBFB. Será inconstitucional qualquer norma que colime restringir a função jurisdicional de interpretação da lei ou imunizar o conteúdo dos acordos e convenções coletivas de trabalho da apreciação da Justiça do Trabalho, inclusive quanto à sua constitucionalidade, convencionalidade, legalidade e conformidade com a ordem pública social.* ***Não se admite qualquer interpretação que possa elidir a garantia da inafastabilidade da jurisdição, ademais, por ofensa ao disposto no art. 114, I, da CF/88 e por incompatibilidade com os princípios da separação dos poderes, do acesso a justiça e da independência funcional.***

As lições de Luciano Martinez são precisas nesse ponto "o **magistrado**, a despeito da redação constante do § 3º do art. 8º da CLT reformada, **pode e deve realizar os controles de constitucionalidade e de convencionalidade das negociações coletivas nas situações em que for invocado a tanto. Será**, portanto, **antijurídico o comportamento negocial coletivo que vise aniquilar a intangível base de direitos essenciais construída** historicamente pelos trabalhadores"[253].

O referido autor arremata, dizendo que a intervenção mínima *"não significa 'jamais intervir', mas interceder o mínimo possível e suficiente, e sempre no sentido de promover e proteger as potencialidades da liberdade sindical, especialmente a autonomia da vontade coletiva dos entes sindicais, garantindo-se os direitos mínimos já conquistados e, por isso, absolutamente infensos à negociação. 'Intervir minimamente' não significa que o magistrado, uma vez chamado a corrigir iniquidades, as admita e foque o seu controle unicamente nos requisitos formais. Cabe-lhe, até mesmo no âmbito da verificação da 'conformidade dos elementos essenciais do negócio jurídico' – e no amplo espectro de sindicabilidade admitido pelo próprio art. 104 do Código Civil – declarar a invalidade de toda cláusula cujo objeto seja ilícito ou juridicamente impossível"*[254].

Vemos, portanto, que a constitucionalidade destes dispositivos é duvidosa, na medida em que evidenciam violação à autonomia dos órgãos do Poder Judiciário, à independência judicial, à inafastabilidade do controle de jurisdição e ao acesso à Justiça.

1. LEGISLAÇÃO RELACIONADA

- Art. 5º, XXXVI, da CF: A lei não prejudicará o direito adquirido, o ato jurídico perfeito e a coisa julgada.
- Art. 769 da CLT: Nos casos omissos, o direito processual comum será fonte subsidiária do direito processual do trabalho, exceto naquilo em que for incompatível com as normas deste Título.
- Art. 889 da CLT: Aos trâmites e incidentes do processo da execução são aplicáveis, naquilo em que não contravierem ao presente Título, os preceitos que regem o processo dos executivos fiscais para a cobrança judicial da dívida ativa da Fazenda Pública Federal.
- Art. 8º do CPC: Ao aplicar o ordenamento jurídico, o juiz atenderá aos fins sociais e às exigências do bem comum, resguardando e promovendo a dignidade da pessoa humana e observando a proporcionalidade, a razoabilidade, a legalidade, a publicidade e a eficiência.
- Art. 15 do CPC: Na ausência de normas que regulem processos eleitorais, trabalhistas ou administrativos, as disposições deste Código lhes serão aplicadas supletiva e subsidiariamente.
- Art. 140 do CPC: O juiz não se exime de decidir sob alegação de lacuna ou obscuridade do ordenamento jurídico. Parágrafo único. O juiz só decidirá por equidade nos casos previstos em lei.
- Art. 104 do Código Civil: A validade do negócio jurídico requer: I — agente capaz; II — objeto lícito, possível, determinado ou determinável; III — forma prescrita ou não defesa em lei.
- Súmula 212/ TST: Despedimento. Ônus da Prova. O ônus de provar o término do contrato de trabalho, quando negados a prestação de serviço e o despedimento, é do empregador, pois o princípio da continuidade da relação de emprego constitui presunção favorável ao empregado.
- Súmula 229/ TST: Sobreaviso. Eletricitários. Por aplicação analógica do art. 244, § 2º, da CLT, as horas de sobreaviso dos eletricitários

252 Idem. Leite, 2019, p. 165.

253 Idem, Martinez, 2020.

254 Idem, Martinez, 2020.

são remuneradas à base de 1/3 sobre a totalidade das parcelas de natureza salarial.

▶ Súmula 258/ TST: Salário-Utilidade. Percentuais. Os percentuais fixados em lei relativos ao salário in natura apenas se referem às hipóteses em que o empregado percebe salário mínimo, apurando-se, nas demais, o real valor da utilidade.

▶ Súmula 291 /TST: Horas Extras. Habitualidade. Supressão. Indenização. A supressão total ou parcial, pelo empregador, de serviço suplementar prestado com habitualidade, durante pelo menos 1 (um) ano, assegura ao empregado o direito à indenização correspondente ao valor de 1 (um) mês das horas suprimidas, total ou parcialmente, para cada ano ou fração igual ou superior a seis meses de prestação de serviço acima da jornada normal. O cálculo observará a média das horas suplementares nos últimos 12 (doze) meses anteriores à mudança, multiplicada pelo valor da hora extra do dia da supressão.

▶ Súmula 301 do TST: Auxiliar de Laboratório. Ausência de Diploma. Efeitos. O fato de o empregado não possuir diploma de profissionalização de auxiliar de laboratório não afasta a observância das normas da Lei n. 3.999, de 15-12-1961, uma vez comprovada a prestação de serviços na atividade.

▶ Súmula 346/ TST: Digitador. Intervalos intrajornada. Aplicação analógica do Art. 72 da CLT. Os digitadores, por aplicação analógica do art. 72 da CLT, equiparam-se aos trabalhadores nos serviços de mecanografia (datilografia, escrituração ou cálculo), razão pela qual têm direito a intervalos de descanso de 10 (dez) minutos a cada 90 (noventa) de trabalho consecutivo.

▶ Súmula 438/ TST: Intervalo para recuperação térmica do empregado. Ambiente artificialmente frio. Horas extras. Art. 253 da CLT. Aplicação Analógica. O empregado submetido a trabalho contínuo em ambiente artificialmente frio, nos termos do parágrafo único do art. 253 da CLT, ainda que não labore em câmara frigorífica, tem direito ao intervalo intrajornada previsto no caput do art. 253 da CLT.

▶ Súmula 612/STF: Ao trabalhador rural não se aplicam, por analogia, os benefícios previstos na Lei n. 6.367, de 19-10-76.

▶ Precedente Normativo 79/ TST: Trabalhador Temporário. Descanso Semanal (Positivo). Concede-se ao trabalhador temporário o acréscimo de 1/6 ao seu salário diário, correspondente ao descanso semanal remunerado, por aplicação analógica do art. 3° da Lei n. 605/1949.

▶ Decreto-Lei n. 4.657/1942 (LINDB): Art. 4º Quando a lei for omissa, o juiz decidirá o caso de acordo com a analogia, os costumes e os princípios gerais de direito. Art. 5º Na aplicação da lei, o juiz atenderá aos fins sociais a que ela se dirige e às exigências do bem comum. Art. 6º A Lei em vigor terá efeito imediato e geral, respeitados o ato jurídico perfeito, o direito adquirido e a coisa julgada. § 1º Reputa-se ato jurídico perfeito o já consumado segundo a lei vigente ao tempo em que se efetuou. § 2º Consideram-se adquiridos assim os direitos que o seu titular, ou alguém por ele, possa exercer, como aqueles cujo começo do exercício tenha termo pré-fixo, ou condição pré-estabelecida inalterável, a arbítrio de outrem. § 3º Chama-se coisa julgada ou caso julgado a decisão judicial de que já não caiba recurso. Vide arts. 1° e 7° da CF.

Vide Súmula 338 do TST.

Vide Súmula 428 do TST.

Vide OJ 130 SDI-2/TST.

2. JURISPRUDÊNCIA

▶ PROIBIÇÃO DE NEGOCIAÇÃO COLETIVA DO TRABALHO. AFRONTA AO PRINCÍPIO DA AUTONOMIA DA VONTADE. À luz do princípio da autonomia coletiva, consagrado sobretudo nos incisos XXVI do Art. 7º e VI do Art. 8º da Constituição Federal, tem-se que às entidades sindicais compete, de forma privativa e indelegável, a condução e celebração das negociações coletivas de trabalho. Infere-se, assim, que o Judiciário Trabalhista não poderá criar qualquer embaraço à celebração dessas avenças, devendo intervir o mínimo possível e somente após firmado o Instrumento Coletivo de Trabalho, estando ainda sua atuação limitada à análise dos elementos essenciais do negócio jurídico estabelecidos no artigo 104 do Código Civil, ex vi do § 3º do artigo 8º da CLT.

(TRT-7 – RO: 00012785720165070001, Relator: CLÓVIS VALENÇA ALVES FILHO, Data de Julgamento: 17/12/2018, Data de Publicação: 18/12/2018)

▶ RECURSO ORDINÁRIO. ARTIGO 8º, § 3º, DA CLT. LEI 13.467/17. INTERPRETAÇÃO. LIMITES. Ainda que sob a alegação de alinhamento ao inciso XXVI do artigo 7º da Constituição (reconhecimento das Convenções e Acordos Coletivos de Trabalho), o § 3º, inserido do artigo 8º da CLT pela Lei 13.467/17, limitou a atuação do Poder Judiciário "exclusivamente a conformidade dos elementos essenciais do negócio jurídico". Considerando, portanto, "o princípio da intervenção mínima na autonomia da vontade coletiva", citado no mesmo dispositivo legal, bem como a objetividade dos termos da norma coletiva sob comento, tenho por forçosa a reforma da r. sentença. [...].

(TRT-1 – RO: 01007556220175010461 RJ, Relator: MARCIA LEITE NERY, Data de Julgamento: 29/01/2019, Quinta Turma, Data de Publicação: 02/02/2019)

▶ DETERMINAÇÃO DE OFÍCIO A ÓRGÃOS DE CONTROLE. PRESUNÇÃO DECORRENTE DA REDAÇÃO DE CLÁUSULA DE CONVENÇÃO COLETIVA. Apenas em nome de uma onda punitivista que assola e assombra o país, sem qualquer dado da realidade mais palpável, soa temerário comunicar órgãos de controle simplesmente pela "forma vaga tratada do texto convencional". Hão de vigorar aqui, como nas relações institucionais e interpessoais em geral, os princípios de proteção da boa-fé, da presunção de inocência e da autonomia negocial coletiva, esta alçada à estatura de direito constitucional e agora reforçada pelo chamado princípio da intervenção mínima estatal (CLT, art. 8º, § 3º). Recurso conhecido e provido.

(TRT-10 – RO: 00022162520185100801 DF, Data de Julgamento: 10/04/2019, Data de Publicação: 12/04/2019)

▶ MULTA CONVENCIONAL LIVREMENTE PACTUADA PELOS ENTES SINDICAIS. CUMPRIMENTO. Consoante o art. 8º, § 3º, da CLT, "No exame de convenção coletiva ou acordo coletivo de trabalho, a Justiça do Trabalho analisará exclusivamente a conformidade dos elementos essenciais do negócio jurídico, respeitado o disposto no art. 104 da Lei n 10.406, de 10 de janeiro de 2002 (Código Civil), e balizará sua atuação pelo princípio da intervenção mínima na autonomia da vontade coletiva". Por assim ser, impõe-se o cumprimento da cláusula convencional, livremente pactuada pelas entidades representativas de categorias, em que sequer se alegou qualquer vício de vontade que pudesse eventualmente macular o pactuado.

(TRT-3 – RO: 00114171320185030065 MG 0011417-13.2018.5.03.0065, Relator: Juliana Vignoli Cordeiro, Data de Julgamento: 26/06/2019, Decima Primeira Turma, Data de Publicação: 27/06/2019.)

▶ CONVENÇÃO COLETIVA. NULIDADE DE CLÁUSULAS. ART. 8º, § 3º, DA CLT. De acordo com o § 3º do art. 8º da CLT, incluído pela Lei 13.467/2017, "No exame de convenção coletiva ou acordo coletivo de trabalho, a Justiça do Trabalho analisará exclusivamente a conformidade dos elementos essenciais do negócio jurídico, respeitado o disposto no art. 104 da Lei no 10.406, de 10 de janeiro de 2002 (Código Civil), e balizará sua atuação pelo princípio da intervenção mínima na autonomia da vontade coletiva." In casu, evidenciado abuso do direito sindical, em razão de fixação de multas em duplicidade e em favor das entidades sindicais, em verdadeiro bis in idem e com intuito meramente arrecadatório, a decisão que declarou a nulidade das cláusulas que tratam das multas não desatende ao disposto no § 3º do art. 8º da CLT e deve ser mantida. Recurso ordinário a que se nega provimento.

(TRT-3 – RO: 00114015920185030065 0011401-59.2018.5.03.0065, Relator: Convocada Erica Aparecida Pires Bessa, Decima Turma)

▶ TERMO ADITIVO À CONVENÇÃO COLETIVA. NECESSIDADE DE OBSERVÂNCIA DOS ARTS. 612 E 615, CLT, NO QUE TANGE À CONVOCAÇÃO PRÉVIA DE ASSEMBLEIA GERAL PARA AUTORIZAÇÃO DA CELEBRAÇÃO DA NORMA. As alterações estabelecidas no terceiro termo aditivo à CCT 2017/2019 resultam em oneração excessiva das empresas, inclusive com mudança do paradigma anteriormente adotado para definição dos pisos salariais da categoria. Não se trata de revisão de questões acessórias ou de impacto reduzido. Nessa perspectiva, há que se reconhecer que a revisão exige a convocação prévia de assembleia geral especifica, nos termos dos arts. 612 e 615, CLT, de modo a resguardar a intenção efetiva das partes e em observância ao princípio da livre associação, evitando desvios ou abusos por parte dos entes sindicais. Ainda que o art. 611-A, CLT, autorize a definição de tais questões, por meio de convenções ou acordos coletivos, com prevalência sobre a lei, o fato é que não foram observadas as formalidades exigidas pela legislação para validade do negócio jurídico, as quais, têm em última instância a finalidade resguardar a declaração de vontade livre e o princípio da livre associação. O reconhecimento da invalidade das disposições previstas no termo aditivo firmado em 04/09/18 decorre, inclusive, da aplicação da regra do art. 8º, § 3º, CLT.

(TRT-2 10005873020195020043 SP, Relator: WILMA GOMES DA SILVA HERNANDES, 11ª Turma – Cadeira 1, Data de Publicação: 17/08/2020)

▶ DISSÍDIO COLETIVO. ACORDO AJUSTADO ENTRE AS PARTES LITIGANTES. HOMOLOGAÇÃO PELO PLENO DO REGIONAL. A Constituição Federal assegura aos trabalhadores o direito ao reconhecimento das convenções e acordos coletivos de trabalho, prestigiando a autonomia da vontade das partes expressada na negociação coletiva em que são discutidas as condições pertinentes à relação laboral. Vigora no Direito do Trabalho o princípio da prevalência do negociado sobre o legislado (art. 611-A da CLT), bem como o princípio da intervenção mínima da autonomia de vontade coletiva (art. 8º, § 3º, da CLT). Encontrando-se a composição celebrada em perfeita harmonia com a legislação vigente, bem assim expressando a livre manifestação da vontade dos litigantes, procede-se à homologação do acordo entabulado, devendo ser excluídas do ajuste apenas as cláusulas em desarmonia com a ordem jurídica. Acordo homologado com ajustes.

(TRT-13 – DC: 00003466520205130000 0000346-65.2020.5.13.0000, Tribunal Pleno, Data de Publicação: 17/11/2020)

▶ SÚMULA 93 DESTE REGIONAL. AFRONTA À LEI. INAPLICABILIDADE APÓS O ADVENTO DA LEI 13.467/2017. SÚMULA EM DESOBEDIÊNCIA MANIFESTA À PREVISÃO CONTIDA NO ARTIGO 8º, § 2º, DA CLT. PROFESSOR. ATIVIDADES EM SALA DE AULA. LEI Nº 11.738/2008. HORAS EXTRAS INDEVIDAS. FALTA DE PREVISÃO LEGAL. Com o advento da Lei 13.467/2017, a CLT passou a determinar, expressamente, que as súmulas não poderão restringir direitos legalmente previstos, nem criar obrigações que não estejam previstas em lei. A Lei nº 11.738/2008 indica o limite máximo de atividades internas, mas não prevê pagamento de horas extras, no caso de sua não observância. A demora deste Regional em rever referida súmula, portanto, não afasta a imediata aplicação do entendimento legal contido no artigo 8º, § 2º, da CLT, que a tornou inaplicável a partir da vigência da Lei 13.467/2017.

(TRT-15 – ROT: 00105665720195150112 0010566-57.2019.5.15.0112, Relator: OLGA AIDA JOAQUIM GOMIERI, 1ª Câmara, Data de Publicação: 04/11/2020)

▶ INTEGRAÇÃO AO SALÁRIO. VERBAS COMPLEMENTARES À GRATIFICAÇÃO DE FUNÇÃO. CTVA E PORTE DE UNIDADE. PAGAMENTO DO ADICIONAL DE INCORPORAÇÃO PREVISTO NO REGULAMENTO INTERNO. REFLEXOS. PRETENSÃO VEDADA POR LEI. IMPROCEDÊNCIA. O direito a integrar no salário a gratificação de função e verbas complementares está suprimido por força da Lei nº 13.467/2017. Não é possível reconhecê-lo com base na Súmula nº 372 do TST e na Tese Jurídica Prevalecente nº 14 deste Regional, sob pena de violação ao princípio da legalidade e de criar por meio de súmula e enunciado "obrigações que não estejam previstas em lei" (art. 8º, § 2º, da CLT).

(TRT-3 – RO: 00112530420205030057 MG 0011253-04.2020.5.03.0057, Relator: Ricardo Antonio Mohallem, Data de Julgamento: 10/02/2021, Nona Turma, Data de Publicação: 11/02/2021.)

Art. 9º Serão nulos de pleno direito os atos praticados com o objetivo de desvirtuar, impedir ou fraudar a aplicação dos preceitos contidos na presente Consolidação.

COMENTÁRIOS (ART. 9º)

As normas trabalhistas são de observância obrigatória pelas partes integrantes da relação jurídica trabalhista. São, portanto, cogentes, imperativas e, a rigor, de ordem pública.

O Diploma Consolidado prescreve a forma na qual os atos jurídicos no âmbito das relações jurídicas trabalhistas devem ser praticados.

De acordo com o art. 444 da CLT, as relações contratuais de trabalho podem ser objeto de livre estipulação das partes interessadas, desde que não contravenha às disposições de proteção ao trabalho, os instrumentos normativos e as decisões das autoridades competentes.

No âmbito do direito individual do trabalho essas disposições legais têm o escopo de proteger o trabalhador, em face do desequilíbrio fático existente na relação jurídica trabalhista. A intervenção do Estado, por meio de regras jurídicas com caráter protetivo, visa atenuar o desequilíbrio do poder empregatício na relação laboral, coibindo abusos por parte do empregador.

No âmbito do direito coletivo do trabalho, os instrumentos normativos também são ferramentas de contrapeso à assimetria fática da relação jurídica trabalhista. As regras abarcadas na CLT, a despeito do princípio da criatividade normativa e da intervenção mínima na autonomia da vontade coletiva, preservam o núcleo essencial e intangível dos direitos trabalhistas mínimos nas negociações coletivas, de modo que o desrespeito a esses regramentos gera a nulidade das cláusulas normativas ou até mesmo do instrumento normativo.

Nesse sentido, o art. 611-B da CLT, estabelece que constituem objeto ilícito de convenção coletiva ou de acordo coletivo de trabalho a supressão ou a redução de:

a) normas de identificação profissional, inclusive as anotações na Carteira de Trabalho e Previdência Social;

b) seguro-desemprego;

c) valor dos depósitos mensais e da indenização rescisória do FGTS;

d) salário mínimo;

e) valor nominal do décimo terceiro salário;

f) remuneração do trabalho noturno;

g) proteção do salário;

h) salário-família;

i) repouso semanal remunerado;

j) horas extras com adicional de, no mínimo, em 50% à hora normal;

k) número de dias de férias devidas ao empregado, bem como o gozo deste período devidamente remunerado com, pelo menos, um terço a mais do que o salário normal;

l) licença-maternidade com a duração mínima de cento e vinte dias;

m) licença-paternidade;

n) proteção do mercado de trabalho da mulher;

o) aviso prévio proporcional ao tempo de serviço, sendo no mínimo de trinta dias;

p) normas de saúde, higiene e segurança do trabalho previstas em lei ou em normas regulamentadoras do Ministério do Trabalho;

q) adicional de remuneração para as atividades penosas, insalubres ou perigosas;

r) aposentadoria;

s) seguro contra acidentes de trabalho, a cargo do empregador;

t) prescrição: bienal e quinquenal;

u) proibição de qualquer discriminação ao trabalhador com deficiência;

v) trabalho noturno, perigoso ou insalubre a menores de dezoito anos e de qualquer trabalho a menores de dezesseis anos, salvo na condição de aprendiz, a partir de quatorze anos;

w) medidas de proteção legal de crianças e adolescentes;

x) liberdade de associação profissional ou sindical do trabalhador, inclusive o direito de não sofrer, sem sua expressa e prévia anuência, qualquer cobrança ou desconto salarial estabelecidos em convenção coletiva ou acordo coletivo de trabalho;

y) direito de greve e definição legal sobre os serviços ou atividades essenciais; entre outros.

No Direito Civil o fato jurídico é conceituado como toda conduta capaz de gerar um direito. O fato jurídico humano caracteriza-se quando ocorrer a criação, modificação, manutenção ou extinção de direitos em decorrência da manifestação da vontade humana, podendo ser voluntário – quando os efeitos produzidos são desejados pelas partes – ou involuntário – quando o efeito gerado decorre da prática de uma conduta em desacordo com o ordenamento jurídico, independente da vontade do agente[255].

O negócio jurídico, por sua vez, é o "ato jurídico em que há uma composição de interesses das partes com uma finalidade específica"[256]. Pontes de Miranda, estruturou os estudos sobre os elementos do negócio jurídico de forma única, criando a denominada "Escada Ponteana". Ensina que o negócio jurídico deve ser analisado sob três planos: a) Plano da existência (pressupostos de existência) – agente, vontade, objeto, e forma; b) Plano da validade (requisitos de validade) – capacidade do agente, liberdade da vontade ou consentimento, adequação das formas, e licitude, possibilidade ou determinalidade do objeto; c) condição, termo, consequências do inadimplemento negocial, e outros elementos[257].

De acordo com o art. 104 do Código Civil, o negócio jurídico para ser considerado válido depende de agente capaz, objeto lícito, possível, determinado ou determinável, bem como que a forma seja prescrita ou não defesa em lei. A falta desses elementos causa a nulidade do negócio jurídico.

Tartuce, apoiado nas lições da professora Maria Helena Diniz, define que a nulidade como "a sanção imposta pela lei que determina a privação de efeitos jurídicos do ato negocial, praticado em desobediência ao que a norma jurídica prescreve"[258].

A nulidade será absoluta quando não observados os elementos essenciais do negócio jurídico, não produzindo quaisquer dos efeitos. Pode ser declarada de ofício pelo juiz, por se tratar de matéria de ordem pública. Já a nulidade relativa trata-se de vícios que podem ser anulados de acordo com o interesse das partes, isso porque envolvem preceitos de ordem privada[259]. O negócio jurídico poderá ser anulado quando houver erro ou ignorância, dolo, coação, estado de perigo, lesão ou fraude contra credores (art. 138 e seguintes do CC). A simulação é causa de nulidade do negócio jurídico (art. 167, CC).

No Direito do Trabalho, segundo a teoria do contrato-realidade, na relação jurídica laboral prevalece a evidência material e real sobre a evidência meramente formal. Ao se verificar a existência ou não de um contrato de emprego, a verdade real sobrepujará a verdade formal, pois aquela tem íntima relação com a verdade dos fatos.

Mauricio Godinho Delgado esclarece que "o conteúdo do contrato não se circunscreve ao transposto no correspondente instrumento escrito, incorporando amplamente todos os matizes lançados pelo cotidiano da prestação de serviços"[260]. Em virtude disso, o contrato

[255] GAGLIANO, Pablo Stolze; PAMPLONA FILHO, Rodolfo. Novo curso de direito civil: parte geral, 2019.

[256] Idem. Tartuce, 2020.

[257] Ibidem. Tartuce, 2020.

[258] Idem.

[259] Idem.

[260] Idem. Delgado, 2019, p. 244.

individual de trabalho é denominado de contrato-realidade. Nesse sentido, ainda, temos que recordar o princípio da primazia da realidade.

Os atos praticados no contrato de trabalho com a finalidade de desvirtuar, fraudar, os elementos essenciais das garantias mínimas trabalhistas dispostas na Consolidação das Leis do Trabalho, serão considerados absolutamente nulos.

Marcelo Moura leciona que "A nulidade prevista na norma é de caráter absoluto. Assim, os atos praticados com vício de vontade, prejudicando a aplicação dos preceitos da CLT, podem ser declarados de ofício pelo juiz sem necessitar de manifestação do contratante-prejudicado. [...] No âmbito trabalhista a apreciação do ato absolutamente nulo é orientada pelo princípio da proteção, de forma que a declaração da nulidade não deve prejudicar o empregado"[261].

Nesse sentido, Carlos Henrique Bezerra Leite anota que "A fraude – artifício malicioso que dá aparência de legalidade a um ato -, no direito do trabalho, importa nulidade absoluta do ato infringente da aplicação dos preceitos consolidados (CLT, art. 9º)"[262].

As fraudes trabalhistas, como regra, dizem respeito a subterfúgios adotados pelos tomadores de serviços para não enquadrar o trabalhador como empregado, mesmo quando há preenchimento dos elementos fático-jurídicos dos artigos 2º e 3º da CLT.

O Ministério Público do Trabalho, através dos seus órgão auxiliares, entre eles a Coordenadoria Nacional de Combate às Fraudes nas Relações de Trabalho (CONDEFAT), traça estratégias, instaura procedimentos, notifica testemunhas, empregadores, requisita informações, exames, perícias e documentos, bem como realiza inspeções e diligências investigatórias, com o intuito de eliminar fraudes existentes nas relações laborais. Além disso, expede parecer opinativo sobre projeto de lei, notas técnicas e orientações para atuação dos Procuradores do Trabalho em casos relacionados a fraude. Na visão da CONDEFATE a atuação do MPT é necessária nas seguintes hipóteses de fraude:

- **1.** Correspondentes bancários. É ilícita a prestação de serviço autorizada pela Resolução n° 3.110/2003 do Banco Central, porque autorizada em atividades pertencentes à área-fim da instituição bancária, o que contraria os artigos 2° e 3° da CLT, nos termos da interpretação jurisprudencial consagrada pela Súmula n. 331/TST. A referida Resolução é, ainda, material e formalmente inconstitucional, pois afronta o princípio do valor social do trabalho, insculpido na Carta Magna, e cuida de matéria cuja regulamentação está sujeita à competência legislativa privativa da União. Quando a prestação de serviço for praticada por instituição integrante da Administração Pública haverá, ainda, violação à exigência constitucional de admissão de pessoal mediante concurso público.
- **2.** Cooperativas de produção. É lícita a constituição de cooperativas de produção, quando os associados forem os legítimos possuidores ou proprietários do respectivo meio de produção, **cabendo ao MPT atuar nas hipóteses em que se revelem a fraude e a contratação de mão de obra subordinada.**
- **3.** Cancelamento em razão da superveniência da orientação nº 24.
- **4.** Estabelecimentos de saúde. A contratação de pessoas jurídicas e de empresas interpostas pelos estabelecimentos de saúde, quando revelar expediente para burlar a relação de emprego, por meio da intermediação e o fornecimento puro e simples de mão de obra, constitui fraude, mormente quando a prestadora de serviços, pessoa física ou jurídica, não seja proprietária dos meios de produção.
- **5.** Cancelada.
- **6.** Contratação de empregado por meio da formalização de contrato simulado de natureza civil entre pessoas jurídicas. "Pejotização" e trabalho autônomo. Contratação de empregado por meio da formalização de contrato simulado. Representação Comercial.1) A contratação de trabalhador mediante a formalização de contrato simulado, de natureza civil, entre pessoas jurídicas, quando houver desvirtuamento de modo a desaparecer a autonomia, configura fraude que visa burlar a incidência de direitos trabalhistas, aplicando-se o disposto no artigo 9º da CLT, devendo o Ministério Público do Trabalho priorizar a atuação no combate a essa modalidade de fraude. 2) Havendo desvirtuamento da modalidade contratual de representação comercial, com o desaparecimento da autonomia do representante, forma-se o vínculo empregatício entre as partes contratantes, ensejando a atuação do Ministério Público do Trabalho na defesa de interesses coletivos, difusos ou individuais homogêneos.
- **7.** Estágio e relações de trabalho. Unidades concedentes que descumprem obrigações legais. Desvirtuamento do instituto. Possível fraude à relação de emprego. Atuação do MPT.O estágio, obrigatório ou não-obrigatório, é, ao mesmo tempo, ato educativo escolar e relação de trabalho lato sensu. É sempre curricular, supervisionado e integra o projeto pedagógico do curso. Uma vez desvirtuado, mediante prevalência do aspecto produtivo sobre o educativo, pela ausência dos requisitos formais e materiais do instituto, deve o MPT atuar para exigir o cumprimento das obrigações legais impostas às unidades concedentes de estágio, de modo a coibir

261 Idem. Moura, 2018, p. 67.

262 Idem. Leite, 2019.

que usem o instituto com o objetivo de fraudar a relação de emprego.

- **8. Facções da indústria e do vestuário.** Constitui missão institucional do Ministério Público do Trabalho combater a intermediação irregular de mão de obra na indústria da confecção ou vestuários e demais segmentos relacionados, quando se dá por meio de contratos de facção, de parceria, ou de qualquer outra modalidade contratual, como forma de mascarar a relação de emprego. As leis números 13.429 de 2017 e 13.467 de 2017 não autorizam ou legitimam a intermediação de mão de obra.
- **9. Prestação de serviços na construção civil.** Constitui missão institucional do Ministério Público do Trabalho promover o combate à intermediação de mão de obra ou desvirtuamento dos contratos de prestação de serviços no setor de construção civil, em fraude a relação de emprego. Cabe ao Procurador Oficiante, no exame do caso concreto, atuar visando à responsabilização do tomador de serviços, seja como empregador direto, caso identificada a fraude, com mera intermediação de mão de obra, seja assegurando a isonomia de direitos.
- **10. Contratação de motoristas agregados por companhias de transporte.** A configuração de **vínculo empregatício** e, portanto, de contratação irregular de motoristas agregados, deve ser aferida em cada caso concreto, não sendo a propriedade do veículo elemento determinante para o afastamento da relação empregatícia.
- **11. Agências de emprego e Convenção n. 181 da OIT.** Constitui missão institucional do Ministério Público do Trabalho o combate às **fraudes trabalhistas praticadas por meio de agências de emprego**, devendo tais fraudes serem apuradas em cada caso concreto, nos moldes preconizados pela Convenção 181 da Organização Internacional do Trabalho.
- **12. Produção de cana de açúcar por usinas.** 1) As usinas devem registrar diretamente os trabalhadores necessários ao cultivo e ao corte da cana de açúcar, em terras próprias ou por elas arrendadas (usina arrendatária); 2) É lícita, em tese, a compra pelas usinas de cana de açúcar de fornecedores independentes(compra de cana na esteira); neste caso, o produtor deve registrar os empregados utilizados na atividade; 3)É possível haver, no caso concreto, deturpação da figura do arrendamento (usina arrendante), devendo o MPT investigar as condições reais do negócio; 4) É ilícita a atividade de mero fornecimento de mão de obra, qualquer que seja a modalidade contratual adotada, por pessoa física ou jurídica; 5) Deve-se analisar com cautela a figura da parceria, ante a possibilidade de ser utilizada para mascarar verdadeira relação de emprego.
- **13. Leis n.ºs 13.429/2017 e 13.467/2017. Prestação de serviços e atividade-fim. Check-in pelas companhias aéreas.** Independentemente das discussões em curso no âmbito do Judiciário acerca da constitucionalidade ou não da prestação de serviços na atividade-fim, **o mero fornecimento de mão de obra para check-in nas companhias aéreas continua a ser ilícito,** bem como também é possível analisar a presença da pessoalidade e subordinação em relação à empresa contratante.
- **14. Corte de madeira.** É ilícita a mera intermediação de mão de obra, tanto nas fazendas dos vendedores da madeira, quanto na terra da empresa reflorestadora. Caberá ao Ministério Público do Trabalho, em cada caso concreto, combater a fraude trabalhista e, ainda, buscar, em relação aos fornecedores da matéria prima, o cumprimento integral da legislação trabalhista, para que não se utilizem, em contrato, da figura da intermediação e do fornecimento puro e simples de mão de obra.
- **15.** Cancelada em razão da edição das orientações nº 22 e 23.
- **16. Contrato de Prestação de serviços. Artigo 4º -a da Lei n. 6.019/1974**, com redação da lei n. 13.467/2017. Requisitos de validade. A validade da prestação de serviço a terceiros, tal como definida pelo art. 4º-A, se sujeita ao cumprimento dos seguintes requisitos: a) efetiva transferência da execução de atividades a uma empresa prestadora de serviço, como objeto contratual; b) execução autônoma da atividade pela empresa prestadora, nos limites do contrato de prestação de serviço; e c) capacidade econômica da empresa prestadora, compatível com a execução do contrato. **Ausentes quaisquer desses requisitos, desvirtua-se a prestação do serviço**, configurando-se intermediação ilícita de mão de obra (art. 9º da CLT), com consequente reconhecimento de vínculo de emprego entre os trabalhadores intermediados e a empresa contratante do serviço.
- **17. Contrato de prestação de serviço.** Requisito de validade: efetiva transferência da execução da atividade. A transferência da execução da atividade por meio de contrato de prestação de serviço, na forma do **art. 4º-A da Lei 6.019/1974, com redação conferida pela Lei 13.467/2017**, **pressupõe autonomia formal, administrativa, organizacional, finalística e operacional da empresa contratada,** à qual cabe exercer com exclusividade o controle do processo de produção da atividade, sem interferência da contratante, mera credora do serviço como resultado útil, pronto e acabado. Configura fraude ao regime de emprego o uso de contrato de prestação de serviço para transferência de vínculos formais de emprego à empresa contratada, sem efetiva transferência da execução da atividade.

Decreto-Lei 5.452/1943

– **18.** Contrato de prestação de serviço. Requisito de validade: autonomia na execução da atividade. No contrato e prestação de serviço de que trata o Art. 4º-A, caput, da Lei 6.019/1974, com redação dada pela Lei 13.467/2017, a execução autônoma da atividade por empresa prestadora de serviço pressupõe: (a) que a empresa prestadora contrate e remunere os empregados necessários à execução da atividade, exercendo com exclusividade a direção de seu trabalho (art. 4º-A, § 1º) e (b) que a empresa contratante se abstenha de utilizar mão de obra contratada pela prestadora de serviço para finalidade distinta da prevista no contrato (art. 5º-A, § 1º). A presença de subordinação pessoal ou estrutural de trabalhador intermediado à empresa contratante descaracteriza a prestação de serviço, ensejando reconhecimento de vínculo de emprego (art. 9º da CLT).

– **19.** Contrato de prestação de serviço. Requisitos de validade: capacidade econômica da prestadora. A capacidade econômica da empresa prestadora de serviço, compatível com a execução do contrato, nos termos do art. 4º-A da Lei n. 6.019/1974 deve ser aferida pela contratante e não se restringe à observância do capital social mínimo exigido pelo art. 4º-B, inciso III, que é mero requisito de funcionamento. Consiste na situação econômica positiva para cumprir todos os compromissos decorrentes da atividade contratada, pressupondo: (a) pactuação de preço do serviço compatível com os custos operacionais (comerciais, trabalhistas, previdenciárias, tributárias etc.); e (b) inexistência de passivo comercial, trabalhista, previdenciário e/ou fiscal, decorrente de outro(s) contrato(s), que constitua risco ao adimplemento contratual.

– **20.** Contrato de prestação de serviço. Requisitos de validade. Perda da capacidade econômica da empresa prestadora de serviço. Invalidade contratual superveniente. A perda da capacidade econômica da empresa prestadora de serviço enseja invalidade contratual superveniente, com consequente caracterização do vínculo de emprego entre os trabalhadores intermediados e a empresa contratante, caso esta não adote posturas para preservar o adimplemento contratual, tais como: (a) a readequação do preço do serviço, sempre que se mostrar defasado, para garantir o equilíbrio econômico do contrato; (b) exigir da empresa contratada garantia bastante para satisfação das obrigações contratuais (art. 477 do Código Civil) ou (c) promover a resolução do contrato por inadimplemento (art. 475 do Código Civil).

– **21.** Contrato de prestação de serviço válido. Inadimplemento de direitos trabalhistas pela empresa prestadora. Responsabilidade subsidiária da empresa contratante. Presentes os requisitos de validade do contrato de prestação de serviço, o inadimplemento de direitos trabalhistas pela empresa prestadora enseja responsabilidade subsidiária da empresa contratante, independente de culpa (art. 5º-A, § 5º, da Lei n. 6.019/1974). O inadimplemento decorrente de ausência ou perda da capacidade econômica da empresa prestadora enseja invalidação do contrato de prestação de serviço, por inobservância de requisito de validade (art. 4º-A, caput, da Lei 6.019/1974, com redação dada pela Lei 13.467/2017), configurando intermediação ilícita de mão de obra.

– **22.** Trabalhador autônomo exclusivo. Reconhecimento da relação de emprego. A norma do artigo 442-B da CLT não impede o reconhecimento da relação de emprego, quando presentes os requisitos previstos nos artigos 2º e 3º da CLT e configurado o desvirtuamento do trabalho autônomo. O dispositivo inviabiliza apenas a presunção de vínculo empregatício com base unicamente nos elementos trabalho exclusivo e de forma continuada, os quais representam forte indício de fraude à relação de emprego e devem ser avaliados no conjunto da prova e à luz do artigo 9º da CLT. O verdadeiro autônomo desenvolve atividade por contra própria, não por conta alheia, assumindo os riscos inerentes e sua organização, não se submetendo à direção ou poder disciplinar do contratante.

– **23.** "Pejotização". Fraude à relação de emprego. Lei 6019/74, com a redação definida pelas leis 13.429/2017 e 13.467/2017. A regulamentação da prestação de serviços a terceiros não legitima a "pejotização". A Lei considera prestadora de serviços a empresa dotada de estrutura funcional e define como elementos essenciais para a licitude do contrato a transferência do serviço, com a autonomia a ela inerente, a capacidade econômica compatível com sua execução e a direção dos trabalhos. Ainda que a atividade seja executada pelos sócios da contratada, a prestação de serviços somente será lícita quando presentes as características definidoras da atividade empresarial, com exercício de uma mesma atividade econômica organizada, assumindo os riscos da mesma. Presentes os requisitos, deve ser reconhecida a relação e emprego (art. 9º da CLT).

– **24.** Contrato de prestação de serviços. Garantia aos empregados da prestadora dos mesmos direitos dos empregados da contratante. Art. 4º-C, § 1º da Lei n. 6.019/1974.Isonomia. Havendo contrato de prestação de serviços válido com a transferência de atividades que convivam, executando as mesmas tarefas, empregados da contratante e da prestadora, deverão ser garantidos a estes os mesmos direitos previstos para aqueles, sob pena de afronta ao princípio constitucional da isonomia.

- **25.** Lei 12.592 de 2016. Salão-parceiro e profissional parceiro. Reconhecimento da relação de emprego. A norma não impede o reconhecimento da relação de emprego quando presentes os pressupostos previstos nos artigos 2º e 3º da CLT, vez que desvirtuado o trabalho autônomo. A inserção do trabalhador na dinâmica operacional da empresa configura fraude ao vínculo de emprego atraindo o disposto no artigo 9º da CLT. O verdadeiro autônomo desenvolve atividade por conta própria, não por conta alheia, assumindo os riscos inerentes e sua organização, não se submetendo à subordinação ao salão parceiro. Por isso, recomenda-se o aprofundamento das investigações para verificar a existência de subordinação direta ou estrutural e pessoalidade.
- **26. Estágio e relação de trabalho. Instituições de ensino que descumprem obrigações previstas em lei.** Mera intermediação de mão de obra. Atuação do MPT. Responsabilização. O estágio, obrigatório ou não-obrigatório, é, ao mesmo tempo, ato educativo escolar e relação de trabalho lato sensu. É sempre curricular, supervisionado e integra o projeto pedagógico do curso, o que exige supervisão obrigatória e permanente das instituições de ensino, sob pena de estas atuarem como meras intermediadoras de mão de obra. É atribuição do MPT investigar se há ação ou omissão das instituições de ensino que resulte em mero fornecimento de mão de obra a unidades concedentes de estágio, caso em que atuará para responsabilizar tais instituições de ensino como meras intermediadoras de mão obra, sem embargo da atuação em face das unidades concedentes, possíveis fraudadoras da relação de emprego.
- **27.** Estágio em profissão regulamentada. Supervisão. Obrigatoriedade de formação ou provisionamento e registro no conselho de profissões. Inteligência dos artigos 5º, XIII, da CRFB/1988 e 9º da Lei N. º 11.788/2008.A supervisão de estágio em unidades concedentes é exercício profissional. Tratando-se de cursos de profissões regulamentadas, nos termos da CRFB/1988 (Art. 5º, XIII), da Lei de Estágio (Lei n. º 11.788/2008, art. 9º), e das leis que regulamentam profissões, tal supervisão só poderá ser exercida por pessoa com formação no respectivo curso (ou provisionada) e registrada no Conselho Profissional respectivo (exceto quando permitida atuação sem o registro). Profissional sem formação específica e apenas com a "experiência" referida na lei só pode supervisionar estágio de cursos de profissão não regulamentada, de nível médio não profissionalizante/técnico, ou da educação especial e dos anos finais do ensino fundamental, na modalidade profissional da educação de jovens e adultos, sob pena de exercício ilegal da profissão ou atividade (Art. 47, II e 56 do CP; art. 47, DL n.º 3.688/1941) e caracterização do vínculo empregatício em relação ao estagiário.
- **28.** Agentes de integração. Atuação facultativa. Responsabilidade civil solidária com unidades concedentes. Atuação do MPT. Os agentes de integração atuam facultativamente na relação de estágio. Não podem atuar em substituição à instituição de ensino, não lhes sendo cabível elaborar relatórios de atividade de estágio, avaliar instalações de unidade concedente ou supervisionar o estágio. O MPT atuará para responsabilizar, de forma solidária com a unidade concedente, agentes que encaminharem estagiário vinculado à instituição de ensino que não tenha o estágio como integrante do seu Projeto Pedagógico ou para realização de atividades incompatíveis com o curso frequentado.
- **29. Trabalho de dubladores e diretores de dublagem.** O trabalho dos profissionais de dublagem é regulado pela lei especial dos artistas (Lei nº 6.533/1978), que somente admite que o trabalho seja realizado de duas formas: 1) por contrato de trabalho padronizado (art. 9º), por prazo determinado ou indeterminado; ou 2) por nota contratual, para a contratação eventual de artistas, na forma e nos limites temporais do art. 12 da mesma lei (não podendo ultrapassar 7 dias consecutivos ou recontratação pelo mesmo empregador nos 60 dias subsequentes, salvo previsão de norma coletiva em outro sentido, observado o princípio da norma mais favorável), não sendo admitida qualquer outra forma de contratação. Assim, **a contratação não pode se dar pelo fenômeno da pejotização seja, inclusive por MEI ou por PJ, por expressa previsão legal.**

Os atos nulos não produzem qualquer efeito jurídico quando desvirtuar, impedir ou fraudar a aplicação dos preceitos da CLT.

Há quem diferencie a fraude à lei da violação da lei. Eduardo Gabriel Saad ensina que "na primeira, é a lei objetivamente cumprida, mas com desrespeito ao seu espírito e às suas finalidades sociais; na segunda, é o objetivo o desrespeito à lei"[263].

A imperatividade do dispositivo em análise impõe a nulidade absoluta – de pleno direito – dos atos que tiverem escopos fraudulentos., de modo a proteger os direitos trabalhistas mínimos assegurados ao empregado.

1. LEGISLAÇÃO RELACIONADA

▶ **Art. 444 da CLT:** As relações contratuais de trabalho podem ser objeto de livre estipulação das partes interessadas em tudo quanto

[263] Idem. Saad, 2019, p. 150.

não contravenha às disposições de proteção ao trabalho, aos contratos coletivos que lhes sejam aplicáveis e às decisões das autoridades competentes.

▶ **Art. 448 da CLT:** A mudança na propriedade ou na estrutura jurídica da empresa não afetará os contratos de trabalho dos respectivos empregados.

▶ **Art. 448-A da CLT:** Caracterizada a sucessão empresarial ou de empregadores prevista nos arts. 10 e 448 desta Consolidação, as obrigações trabalhistas, inclusive as contraídas à época em que os empregados trabalhavam para a empresa sucedida, são de responsabilidade do sucessor.

▶ **Súmula 51 do TST:** NORMA REGULAMENTAR. VANTAGENS E OPÇÃO PELO NOVO REGULAMENTO. ART. 468 DA CLT. I — As cláusulas regulamentares, que revoguem ou alterem vantagens deferidas anteriormente, só atingirão os trabalhadores admitidos após a revogação ou alteração do regulamento. II — Havendo a coexistência de dois regulamentos da empresa, a opção do empregado por um deles tem efeito jurídico de renúncia às regras do sistema do outro.

▶ **Súmula 77/TST:** Punição. Nula é a punição de empregado se não precedida de inquérito ou sindicância internos a que se obrigou a empresa por norma regulamentar.

▶ **Súmula 91/TST:** Salário complessivo. Nula é a cláusula contratual que fixa determinada importância ou percentagem para atender englobadamente vários direitos legais ou contratuais do trabalhador.

▶ **Súmula 152/ TST:** Gratificação. Ajuste Tácito. O fato de constar do recibo de pagamento de gratificação o caráter de liberalidade não basta, por si só, para excluir a existência de ajuste tácito.

▶ **Súmula 199 do TST:** BANCÁRIO. PRÉ-CONTRATAÇÃO DE HORAS EXTRAS. I — A contrafação do serviço suplementar, quando da admissão do trabalhador bancário, é nula. Os valores assim ajustados apenas remuneram a jornada normal, sendo devidas as horas extras com o adicional de, no mínimo, 50% (cinquenta por cento), as quais não configuram pré-contratação, se pactuadas após a admissão do bancário. II — Em se tratando de horas extras pré-contratadas, opera-se a prescrição total se a ação não for ajuizada no prazo de cinco anos, a partir da data em que foram suprimidas.

▶ **Súmula 230/TST:** Aviso prévio. Substituição pelo pagamento das horas reduzidas da jornada de trabalho. É ilegal substituir o período que se reduz da jornada de trabalho, no aviso prévio, pelo pagamento das horas correspondentes.

▶ **Súmula 294 do TST:** PRESCRIÇÃO. ALTERAÇÃO CONTRATUAL. TRABALHADOR URBANO. Tratando-se de ação que envolva pedido de prestações sucessivas decorrente de alteração do pactuado, a prescrição é total, exceto quando o direito à parcela esteja também assegurado por preceito de lei.

▶ **Súmula 301/ TST:** Auxiliar de laboratório. Ausência de diploma. Efeitos. O fato de o empregado não possuir diploma de profissionalização de auxiliar de laboratório não afasta a observância das normas da Lei n. 3.999, de 15-12-1961, uma vez comprovada a prestação de serviços na atividade.

▶ **Súmula 304/ TST:** Correção Monetária. Empresas em liquidação. Art. 46 do ADCT/CF. Os débitos trabalhistas das entidades submetidas aos regimes de intervenção ou liquidação extrajudicial estão sujeitos a correção monetária desde o respectivo vencimento até seu efetivo pagamento, sem interrupção ou suspensão, não incidindo, entretanto, sobre tais débitos, juros de mora.

▶ **Súmula 363/T5T:** Contrato nulo. Efeitos. A contratação de servidor público, após a CF/1988, sem prévia aprovação em concurso público, encontra óbice no respectivo art. 37. II e § 2.º, somente lhe conferindo direito ao pagamento da contraprestação pactuada, em relação ao número de horas trabalhadas, respeitado o valor da hora do salário mínimo, e dos valores referentes aos depósitos do FGTS.

▶ **Súmula 430/TST:** Administração Pública Indireta. Contratação. Ausência de Concurso Público. Nulidade, Ulterior Privatização. Convalidação. Insubsistência do Vício. Convalidam-se os efeitos do contrato de trabalho que, considerado nulo por ausência de concurso público, quando celebrado originalmente com ente da Administração Pública Indireta, continua a existir após a sua privatização.

▶ **Súmula 462/TST:** Multa do art. 477, § 8º, da CLT. Incidência. Reconhecimento judicial da relação de emprego. A circunstância de a relação de emprego ter sido reconhecida apenas em juízo não tem o condão de afastar a incidência da multa prevista no art. 477, § 8º, da CLT. A referida multa não será devida apenas quando, comprovadamente, o empregado der causa à mora no pagamento das verbas rescisórias.

▶ **OJ 59 SDI-1/TST:** Plano Verão. URP de fevereiro de 1989. Inexistência de Direito Adquirido. Inexiste direito adquirido à URP de fevereiro de 1989 (Plano Verão), em face da edição da Lei n. 7.730/89.

▶ **OJ 92 SDI-1/TST:** Desmembramento de Municípios. Responsabilidade Trabalhista. Em caso de criação de novo município, por desmembramento, cada uma das novas entidades responsabiliza-se pelos direitos trabalhistas do empregado no período em que figurarem como real empregador.

▶ **OJ 143 SDI-1/TST:** Empresa em Liquidação Extrajudicial. Execução, Créditos Trabalhistas. Lei n. 6.024/74. A execução trabalhista deve prosseguir diretamente na justiça do Trabalho mesmo após a decretação da liquidação extrajudicial. Lei n. 6.830/80, arts. 5.º e 29, aplicados supletivamente (CLT art. 889 e CF/1988, art. 114).

▶ **OJ 199 SDI-1/TST:** jogo do bicho. Contrato de trabalho. Nulidade. Objeto ilícito. Arts. 82 e 145 do Código Civil. É nulo o contrato de trabalho celebrado para o desempenho de atividade inerente à prática do jogo do bicho, ante a ilicitude de seu objeto, o que subtrai o requisito de validade para a formação do ato jurídico.

▶ **OJ 208 da SDI-1 do TST:** RADIOLOGISTA. GRATIFICAÇÃO DE RAIOS X. REDUÇÃO. LEI N. 7.923/89. A alteração da gratificação por trabalho com raios X, de quarenta para dez por cento, na forma da Lei n. 7.923/89, não causou prejuízo ao trabalhador porque passou a incidir sobre o salário incorporado com todas as demais vantagens.

▶ **OJ 244 SDI-1/TST:** Professor. Redução da Carga Horária. Possibilidade. A redução da carga horária do professor, em virtude da diminuição do número de alunos, não constitui alteração contratual, uma vez que não implica redução do valor da hora-aula.

▶ **OJ 261 SDI-1/TST:** Bancos. Sucessão Trabalhista. As obrigações trabalhistas, inclusive as contraídas à época em que os empregados trabalhavam para o banco sucedido, são de responsabilidade do sucessor, uma vez que a este foram transferidos os ativos, as agências, os direitos e deveres contratuais, caracterizando típica sucessão trabalhista.

▶ **OJ 343 SDI-1/TST:** Penhora. Sucessão. Art. 100 da CF/1988. Execução. É válida a penhora em bens de pessoa jurídica de direito privado, realizada anteriormente à sucessão pela União ou por Estado-membro, não podendo a execução prosseguir mediante precatório. A decisão que a mantém não viola o art. 100 da CF/1988.

▶ **OJ 362 da SDI-1 do TST:** CONTRATO NULO. EFEITOS. FGTS. MEDIDA PROVISÓRIA N. 2.164-41, DE 24.8.2001, E ART. 19-A DA LEI N. 8.036, DE 11.5.1990. IRRE-TROATIVIDADE. Não afronta o princípio da irretroatividade da lei a aplicação do art. 19-A da Lei n. 8.036, de 11.5.1990, aos contratos declarados nulos celebrados antes da vigência da Medida Provisória n. 2.164-41, de 24.8.2001.

▶ **OJ 366 SDI-1/TST:** Estagiário. Desvirtuamento do contrato de estágio. Reconhecimento do Vínculo Empregatício com a Administração Pública Direta ou Indireta. Período posterior à Constituição Federal de 1988. 1m-possibilidade. Ainda que desvirtuada a finalidade do contrato de estágio celebrado na vigência da Constituição Federal de 1988, é inviável o reconhecimento do vínculo empregatício com ente da Administração Pública direta ou indireta, por força do art. 37, II, da CF/1988, bem como o deferimento de indenização pecuniária, exceto em relação às parcelas previstas na Súmula 363 do TST, se requeridas.

OJ 408 SDI-1/TST: Juros de Mora. Empresa em Liquidação Extrajudicial. Sucessão Trabalhista. É devida a incidência de juros de mora em relação aos débitos trabalhistas de empresa em liquidação extrajudicial sucedida nos moldes dos arts. 10 e 448 da CLT. O sucessor responde pela obrigação do sucedido, não se beneficiando de qualquer privilégio a este destinado.

OJ 411 SDI-1/TST: Sucessão Trabalhista. Aquisição de Empresa pertencente a Grupo Econômico. Responsabilidade Solidária do Sucessor por Débitos Trabalhistas de Empresa não adquirida. Inexistência. O sucessor não responde solidariamente por débitos trabalhistas de empresa não adquirida, integrante do mesmo grupo econômico da empresa sucedida, quando, à época, a empresa devedora direta era solvente ou idônea economicamente, ressalvada a hipótese de má-fé ou fraude na sucessão.

OJ 53 SDI-2/TST: Mandado de Segurança. Cooperativa em liquidação extrajudicial. Lei n. 5.764/71, art. 76. Inaplicável. Não suspende a execução. A liquidação extrajudicial de sociedade cooperativa não suspende a execução dos créditos trabalhistas existentes contra ela.

OJ 30 SDC/ TST: Estabilidade da gestante. Renúncia ou transação de direitos constitucionais. Impossibilidade. Nos termos do art. 10, 11, b, do ADCT, a proteção à maternidade foi erigida à hierarquia constitucional, pois retirou do âmbito do direito potestativo do empregador a possibilidade de despedir arbitrariamente a empregada em estado gravídico. Portanto, a teor do artigo 9º, da CLT, torna-se nula de pleno direito a cláusula que estabelece a possibilidade de renúncia ou transação, pela gestante, das garantias referentes à manutenção do emprego e salário.

Súmula 227/ STF: A concordata do empregador não impede a execução de crédito nem a reclamação de empregado na Justiça do Trabalho.

Art. 197 do Código Penal: Constranger alguém, mediante violência ou grave ameaça: I— a exercer ou não exercer arte, oficio, profissão ou indústria, ou a trabalhar ou não trabalhar durante certo período ou em determinados dias: Pena — detenção, de um mês a um ano, e multa, além da pena correspondente à violência; II — a abrir ou fechar o seu estabelecimento de trabalho, ou a participar de parede ou paralisação de atividade econômica: Pena — detenção, de três meses a um ano, e multa, além da pena correspondente à violência;

Art. 198 do Código Penal: Constranger alguém, mediante violência ou grave ameaça, a celebrar contrato de trabalho, ou a não fornecer a outrem ou não adquirir de outrem matéria-prima ou produto industrial ou agrícola: Pena — detenção, de um mês a um ano, e multa, além da pena correspondente à violência;

Art. 199 do Código Penal: Constranger alguém, mediante violência ou grave ameaça, a participar ou deixar de participar de determinado sindicato ou associação profissional: Pena — detenção, de um mês a um ano, e multa, além da pena correspondente à violência;

Art. 200 do Código Penal: Participar de suspensão ou abandono coletivo de trabalho, praticando violência contra pessoa ou contra coisa: Pena — detenção, de um mês a um ano, e multa, além da pena correspondente à violência; Parágrafo Único. Para que se considere coletivo o abandono de trabalho é indispensável o concurso de, pelo menos, três empregados;

Art. 201 do Código Penal: Participar de suspensão ou abandono coletivo de trabalho, provocando a interrupção de obra pública ou serviço de interesse coletivo: Pena — detenção, de seis meses a dois anos, e multa;

Art. 202 do Código Penal: Invadir ou ocupar estabelecimento industrial, comercial ou agrícola, com o intuito de impedir ou embaraçar o curso normal do trabalho, ou com o mesmo fim danificar o estabelecimento ou as coisas nele existentes ou delas dispor: Pena — reclusão, de um a três anos, e multa:

Art. 203 do Código Penal: Frustrar, mediante fraude ou violência, direito assegurado pela legislação do trabalho: Pena — detenção de um ano a dois anos, e multa, além da pena correspondente à violência. § 1º Na mesma pena incorre quem: I — obriga ou coage alguém a usar mercadorias de determinado estabelecimento, para impossibilitar o desligamento do serviço em virtude de dívida; II — impede alguém de se desligar de serviços de qualquer natureza, mediante coação ou por meio da retenção de seus documentos pessoais ou contratuais. § 2º. A pena é aumentada de um sexto a um terço se a vítima é menor de dezoito anos, idosa, gestante, indígena ou portadora de deficiência física ou mental.

Art. 204 do Código Penal: Frustrar, mediante fraude ou violência, obrigação legal relativa à nacionalização do trabalho: Pena — detenção, de um mês a um ano, e multa, além da pena correspondente à violência;

Art. 205 do Código Penal: Exercer atividade, de que está impedido por decisão administrativa: Pena — detenção, de três meses a dois anos, ou multa;

Art. 206 do Código Penal: Recrutar trabalhadores, mediante fraude, com o fim de levá-los para território estrangeiro. Pena — detenção, de 1 (um) a 3 (três) anos e multa.

Art. 207 do Código Penal: Aliciar trabalhadores, com o fim de levá-los de uma para outra localidade do território nacional: Pena — detenção de um a três anos, e multa. § 1º Incorre na mesma pena quem recrutar trabalhadores fora da localidade de execução do trabalho, dentro do território nacional, mediante fraude ou cobrança de qualquer quantia do trabalhador, ou, ainda, não assegurar condições do seu retorno ao local de origem. § 2º A pena é aumentada de um sexto a um terço se a vítima é menor de dezoito anos, idosa, gestante, indígena ou portadora de deficiência física ou mental.

2. JURISPRUDÊNCIA

CONTRATO DE LOCAÇÃO DE VEÍCULO. NATUREZA SALARIAL DA PARCELA. FRAUDE. Comprovado que a contratação da locação de veículo de propriedade do reclamante foi feita com o intuito de fraudar os preceitos da legislação trabalhista, nos termos do art. 9º da CLT, de forma a mascarar o real salário do empregado, impõe-se reconhecer a natureza salarial da parcela, integrando-a na remuneração do obreiro para todos os fins.

(TRT-3 – RO: 00113149620195030153 MG 0011314-96.2019.5.03.0153, Relator: Maria Cecilia Alves Pinto, Data de Julgamento: 29/03/2021, Primeira Turma, Data de Publicação: 30/03/2021.)

CONFECÇÃO DE CALÇADOS. DESLOCAMENTO DE ETAPA DA PRODUÇÃO. FRAUDE. RESPONSABILIDADE SUBSIDIÁRIA. O deslocamento de etapa essencial do processo produtivo para empresas de menor porte, com a inserção de empregado encarregado de fiscalização e controle da qualidade final do produto na própria linha de produção da empresa responsável pela confecção dos calçados, caracteriza fraude aos preceitos trabalhistas, na forma do art. 9º da CLT. Com base no julgamento da ADPF 324 e do RE nº 958.252, no entanto, o STF fixou tese de repercussão geral (Tema nº 725) para reconhecer a licitude da terceirização ou qualquer outra forma de divisão do trabalho entre pessoas jurídicas distintas, independentemente do objeto social das empresas envolvidas, mantida a responsabilidade subsidiária da contratante, pelo que se impõe a manutenção da sentença. Percentual de responsabilidade das tomadoras de serviço, obtido a partir do faturamento destas junto à devedora principal. Critério que melhor representa o grau de responsabilidade das recorrentes, considerando que também havia a prestação de trabalho para outras empresas, ainda que em menor quantidade. Provimento negado aos recursos da reclamante e da segunda, terceira, quarta e quinta reclamadas. HORAS EXTRAS. INVALIDADE DO REGIME COMPENSATÓRIO (ART 60 DA CLT). SOBRESTAMENTO. TEMA 1046 DO STF. A matéria discutida no recurso está relacionada com à validade de adoção de regime de compensação de horários para empregados submetidos à condição insalubre de trabalho, ainda que ausente autorização prévia na forma disposta pelo artigo 60 da CLT. Trata-se do Tema 1046 (RE/STF). Validade de norma coletiva de trabalho que limita ou restringe direito trabalhista não assegurado constitucionalmente, que, ainda não foi julgado no Plenário do STF. Impõe-se a suspensão do presente feito quanto ao julgamento do item relativo às horas extras, até decisão sobre tema 1.046 do STF.

(TRT-4 – ROT: 00007869120145040721, Data de Julgamento: 28/03/2021, 2ª Turma)

▶ CONTRATO CELEBRADO MEDIANTE CONSTITUIÇÃO DE PESSOA JURÍDICA – FRAUDE – VÍNCULO DE EMPREGO RECONHECIDO. A pejotização não encontra respaldo no ordenamento jurídico brasileiro, que consagra o princípio constitucional da dignidade da pessoa humana, em torno do qual se erigem todos os demais princípios justrabalhistas. Tendo em conta o comando inserto no art. 9º da CLT e com supedâneo no princípio da primazia da realidade, impõe-se a declaração da nulidade da contratação realizada sob tal viés. Por assim ser, a contratação do trabalhador por meio de sua inserção no quadro societário de pessoa jurídica não afasta a configuração da relação empregatícia, se a realidade fática descortinada nos autos evidencia que os serviços eram prestados nos moldes previstos pelo artigo 3º da CLT.

(TRT-3 – RO: 00022210820145030114 MG 0002221-08.2014.5.03.0114, Relator: Denise Alves Horta, Data de Julgamento: 30/03/2021, Quarta Turma, Data de Publicação: 05/04/2021.)

▶ VÍNCULO DE EMPREGO. REPRESENTANTE COMERCIAL. FRAUDE POR MEIO DE "PEJOTIZAÇÃO". 1. A "pejotização" é uma fraude mediante a qual o empregador obriga seus trabalhadores a constituir empresas (pessoas jurídicas) em caráter pro forma, para burla do vínculo empregatício, com vistas a uma ilegal redução dos custos da mão de obra, em total desrespeito da legislação trabalhista, especialmente arts. 2º e 3º, 29 e 41 da CLT, atraindo, pois, a aplicação do disposto no art. 9º da CLT: "serão nulos de pleno direito os atos praticados com o objetivo de desvirtuar, impedir ou fraudar a aplicação dos preceitos contidos na presente consolidação." 2. A constituição de pessoa jurídica, nestes casos, funciona como máscara da relação de emprego existente, assim como para frustrar a aplicação dos preceitos consolidados, furtando-se o real empregador a arcar com ônus de seu negócio na medida em que busca, fraudulentamente, fugir à conceituação do art. 2º da CLT, assim como tenta descaracterizar seus empregados do tipo do art. 3º do mesmo diploma. 3. A existência de empresa constituída em nome do trabalhador não indica, por si só, que o empregado tenha interesse em prestar serviços na condição de empreendedor, mas sim a modalidade de labor imposta para manter a atividade remunerada pela parte ré, transmudada de vínculo para a "pejotização", que é fórmula de fraude aos direitos sociais, mediante a qual transformam-se os trabalhadores em "sócios" meramente formais de empresas terceirizadas, implicando a sonegação de direitos trabalhistas. 4. O Decreto 9571/18 estabelece verdadeiro compromisso coletivo das empresas com a responsabilidade social. O trabalho não deve representar mecanismo de retirada de Direitos Humanos e sim de respaldo, observância e reparação no caso de violações, especialmente no que se refere ao próprio reconhecimento do vínculo de emprego. Todos os membros da sociedade tem esse importante dever, inclusive, o Poder Judiciário, que não pode se esquivar de tal leitura essencial na análise de relações de trabalho. Manutenção da sentença que se legitima.

(TRT-4 – ROT: 00217710520175040001, Data de Julgamento: 15/03/2021, 8ª Turma)

▶ RECURSO ORDINÁRIO DA RECLAMADA. VÍNCULO DE EMPREGO. PEJOTIZAÇÃO. FRAUDE À LEGISLAÇÃO TRABALHISTA. O fenômeno da "pejotização", consiste na constituição de pessoa jurídica com o escopo de mascarar verdadeira relação de emprego, em nítida fraude à legislação trabalhista (art. 9º da CLT), com a supressão de direitos constitucionalmente assegurados (art. 7º, CF/88), e violação dos princípios da dignidade da pessoa humana (art. 1º, III, CF/88) e da valorização do trabalho (art. 170 e 193, CF/88). Sendo assim, comprovado nos autos que o autor foi empregado da ré ao longo de todo o período declinado na inicial, impõe-se o reconhecimento da fraude perpetrada pela demandada, com a declaração de vínculo de emprego entre as partes. JORNADA DE TRABALHO. AUSÊNCIA DOS CONTROLES DE PONTO. Nos moldes dos artigos 41 e 74, § 2º, da CLT c/c o item I da Súmula nº 338 do C. TST, a obrigação pelo registro da jornada de trabalho é ônus do empregador, sendo certo que a não apresentação injustificada dos controles de frequência gera presunção relativa de veracidade da jornada de trabalho deduzida na inicial. CORREÇÃO MONETÁRIA. PARÂMETROS. STF: ADC's 58 e 59 e ADI's 5867 e 6021. No julgamento das ADC's 58 e 59 e ADI's 5867 e 6021, o E. STF decidiu ser inconstitucional a aplicação da TR – taxa referencial para a correção monetária de débitos trabalhistas e de depósitos recursais no âmbito da Justiça do Trabalho, devendo ser aplicados o IPCA-e – índice nacional de preços ao consumidor amplo especial, na fase pré-judicial, e, a partir da citação, a taxa SELIC, ou outro índice mais vantajoso para o credor que porventura seja fixado no futuro. Recurso Ordinário interposto pela reclamada conhecido e parcialmente provido.

(TRT-1 – RO: 01009790220185010061 RJ, Relator: RAQUEL DE OLIVEIRA MACIEL, Data de Julgamento: 03/03/2021, Sétima Turma, Data de Publicação: 09/03/2021)

▶ CONTRATO DE FRANQUIA. FRAUDE. NULIDADE. O contrato de franquia trata-se de autêntico contrato civil, cuja relação direta se estabelece entre as empresas franqueadas e franqueadora, e não entre esta e o trabalhador. Todavia, o contrato de franquia resta descaracterizado quando comprovado que a franqueadora pratica efetiva ingerência na administração da franqueada ou, ainda, quando a franquia foi constituída com vista a fraudar a relação de emprego, em afronta ao artigo 9º da CLT.

(TRT-1 – RO: 01001355020175010073 RJ, Relator: MONICA BATISTA VIEIRA PUGLIA, Data de Julgamento: 09/03/2021, Terceira Turma, Data de Publicação: 16/03/2021)

▶ Vínculo de emprego. Motorista autônomo. Art. 442-B, da CLT. Fraude. A regra legal que permite a contratação de trabalhador autônomo (CLT, art. 442-B) não significa autorização para cometimento de fraudes (art. 9º, da CLT), de modo que, mesmo na hipótese de utilização dessa modalidade contratual, será possível o reconhecimento do vínculo empregatício se estiverem presentes os requisitos elencados nos artigos 2º e 3º, da CLT. Aplicação do corolário da primazia da realidade.

(TRT-2 10002509520195020025 SP, Relator: SAMIR SOUBHIA, 13ª Turma – Cadeira 2, Data de Publicação: 24/03/2021)

▶ COOPERATIVA. FRAUDE À LEGISLAÇÃO. ART. 9º DA CLT. VÍNCULO EMPREGATÍCIO RECONHECIDO. É na análise de cada caso concreto que devem ser observados, além dos aspectos formais relacionados à cooperativa, outros fatos importantes para se reconhecer como válida, ou não, a prestação de serviço na condição de cooperado. Entre eles, podem ser destacados: se o cooperado, nesta forma de prestação de serviço, tinha como obter vantagens, como ganhos maiores e melhores condições de trabalho; se havia algum tipo de autonomia na realização do serviço; se o cooperado participava das decisões da sociedade; se os lucros eram efetivamente rateados. Da análise de todo o processado, tem-se que a contratação realizada pela reclamada teve o intuito de burlar os direitos trabalhistas do autor. Não se verifica a conjugação de esforços para a realização de um objetivo comum, com benefícios aos supostos cooperados, mas, apenas, a sonegação de direitos trabalhistas constitucionalmente garantidos, o que caracteriza fraude à legislação, atraindo, deste modo, a aplicação do art. 9º da CLT. Apelo provido para o fim de reconhecer o vínculo empregatício entre as partes.

(TRT-2 10012307220195020015 SP, Relator: CLAUDIO ROBERTO SA DOS SANTOS, 14ª Turma – Cadeira 5, Data de Publicação: 09/03/2021)

▸ CONTRATO DE TRABALHO. COOPERATIVAS. FRAUDE. Da análise dos autos, de fato, exsurge a certeza de que a prestação de serviço pelo reclamante, por intermédio de cooperativas, teve a finalidade de burlar a legislação trabalhista. A atividade desempenhada pelo autor encontra-se vinculada à atividade-fim da primeira ré, enquadrando-se, por seu turno, a hipótese sub judice à moldura do artigo 9º da CLT.

(TRT-1 – RO: 01017789120165010036 RJ, Relator: LEONARDO DIAS BORGES, Data de Julgamento: 11/12/2020, Décima Turma, Data de Publicação: 30/01/2021)

▸ ENFERMEIRA. VÍNCULO DE EMPREGO COM COOPERATIVA. AUSÊNCIA DOS ELEMENTOS IDENTIFICADORES. Ficou provado nos autos que, na condição de enfermeira, a reclamante aceitou o convite do representante da Cooperativa reclamada para prestar serviços no litisconsorte, como também integrava outra cooperativa – a Manaos, sem a comprovação de quaisquer dos vícios de manifestação de vontade previstos na lei civil, pelo que não há falar em fraude a atrair as disposições do art. 9º da CLT. Inexiste elemento nos autos acerca dos requisitos configuradores do vínculo empregatício estampados no art. 3º da CLT, notadamente a subordinação jurídica, já que não estava submetida a plantões fixos, havendo a possibilidade de troca, inclusive de horário, recebendo por plantão realizado. Recurso a que se nega provimento.

(TRT-11 – RO: 00011916520185110019, Relator: FRANCISCA RITA ALENCAR ALBUQUERQUE, Data de Julgamento: 18/02/2021, 1ª Turma, Data de Publicação: 26/02/2021)

▸ RESPONSABILIDADE DOS SÓCIOS. Sob o ponto de vista do direito obrigacional é inquestionável que o devedor principal é a empresa, nos termos do artigo 2º da CLT. Somente na hipótese de a empresa não possuir bens suficientes para a satisfação das obrigações assumidas é que a execução poderá voltar-se contra o patrimônio pessoal dos sócios, nos termos do artigo 9º da CLT e aplicação analógica dos artigos 28 do CDC, 790, II e VII, do CPC, e artigo 50 do Código Civil.

(TRT-2 10000082120195020710 SP, Relator: MERCIA TOMAZINHO, 3ª Turma – Cadeira 4, Data de Publicação: 09/03/2021)

▸ AGRAVO DE PETIÇÃO. SÓCIO OCULTO. RESPONSABILIDADE. Comprovada a participação, de fato, na administração da empresa, o sócio oculto deve responder pelos débitos reconhecidos nesta Justiça Especializada, vez que, nos termos do art. 9º, da CLT, "serão nulos de pleno direito os atos praticados com o objetivo de desvirtuar, impedir ou fraudar a aplicação dos preceitos contidos na presente Consolidação". Agravo de petição do executado conhecido e não provido.

(TRT-1 – AP: 01011290220175010066 RJ, Relator: SAYONARA GRILLO COUTINHO LEONARDO DA SILVA, Data de Julgamento: 10/02/2021, Sétima Turma, Data de Publicação: 26/02/2021)

▸ VÍNCULO EMPREGATÍCIO. CONTRATO ÚNICO. O curto espaço de tempo transcorrido entre a demissão e readmissão (10 dias), por força do disposto nos artigos 9º, 452 e 453 da CLT e com base na aplicação do princípio da continuidade da relação de emprego, presume a unicidade contratual durante todo o vínculo havido entre as partes.

(TRT-4 – ROT: 00201457920195040841, Data de Julgamento: 23/03/2021, 5ª Turma)

▸ RESPONSABILIDADE SUBSIDIÁRIA. TOMADOR DE SERVIÇOS. IFOOD. A responsabilidade subsidiária se dá pela ocorrência do inadimplemento das parcelas do contrato de trabalho pelo empregador e decorre de interpretação do disposto no art. 9º da CLT – o qual dispõe que caracteriza fraude à lei todo o ato que vise impedir ou desvirtuar a aplicação dos direitos previstos na CLT. Integrando o serviço da prestadora como essencial para que a tomadora preste sua atividade econômica, a relação jurídica mantida entre as empresas reclamadas caracteriza-se como terceirização, implicando na responsabilidade subsidiária.

(TRT-4 – ROT: 00204997920185040020, Data de Julgamento: 24/03/2021, 8ª Turma)

▸ TERCEIRIZAÇÃO ILÍCITA. FORMAÇÃO DO VÍNCULO DE EMPREGO DIRETAMENTE COM A TOMADORA DOS SERVIÇOS. Considerada ilegal a contratação por interposta pessoa, tem-se como configurada a fraude à legislação trabalhista, incidindo os artigos 9º da CLT e 942, caput, do Código Civil. Vínculo de emprego reconhecido diretamente com a prestadora dos serviços em período formalmente registrado pela empresa terceirizada.

(TRT-4 – ROT: 00209369820195040404, Data de Julgamento: 22/03/2021, 3ª Turma)

Art. 10 – Qualquer alteração na estrutura jurídica da empresa não afetará os direitos adquiridos por seus empregados.

Art. 10-A. O sócio retirante responde subsidiariamente pelas obrigações trabalhistas da sociedade relativas ao período em que figurou como sócio, somente em ações ajuizadas até dois anos depois de averbada a modificação do contrato, observada a seguinte ordem de preferência:

I – a empresa devedora;

II – os sócios atuais; e

III – os sócios retirantes.

Parágrafo único. O sócio retirante responderá solidariamente com os demais quando ficar comprovada fraude na alteração societária decorrente da modificação do contrato.

COMENTÁRIOS (ARTS. 10 E 10-A)

1. SUCESSÃO EMPREGADORES

A sucessão empregadores, também denominada de *sucessão trabalhista, sucessão de empresas, sucessão de titulares da empresa* ou *de empresários*, ou *alteração subjetiva do contrato de trabalho*, é a transferência da titularidade da empresa ou do estabelecimento empresarial à pessoa (física ou jurídica) que continua explorando a mesma atividade econômica, conforme disposto nos arts. 10 e 448 da CLT.

A alteração da titularidade ou da estrutura jurídica da empresa (fusão, incorporação ou fusão), não afetará os contratos de trabalho dos respectivos empregados.

Homero Batista Mateus da Silva alerta que não há razão para a ruptura do contrato de trabalho "pelo singelo argumento de que o estabelecimento tenha sido vendido: a troca do comando pode ser feita por qualquer título ou a qualquer momento, sem que isso afete a constância do contrato de trabalho". [264]

A pessoalidade, enquanto elemento fático-jurídico da relação de emprego, guarda relação apenas com a figura do empregado – componente indispensável para definir o sujeito ativo da relação empregatícia – sendo irrelevante para o enquadramento do sujeito passivo como empregador – prevalecendo, assim, a impessoalidade do empregador[265]. A "despersonalização" da figura do empregador possibilita a modificação do sujeito passivo da relação de emprego sem que isso acarrete qualquer prejuízo ao vínculo empregatício.

Nesta perspectiva, Carlos Henrique Bezerra Leite leciona que a "sucessão é um instituto vinculado ao fenômeno da despersonalização do empregador, segundo o qual o contrato de trabalho é *intuitu personae* em relação ao empregado, e não ao empregador. Noutro falar, o empregado fica vinculado à empresa, e não à pessoa física ou jurídica do seu proprietário ou possuidor"[266].

A doutrina majoritária aponta basicamente dois requisitos para a configuração da sucessão de empregadores: a) transferência da unidade econômica ou jurídica; b) continuidade na prestação de serviços[267].

A ***transferência da unidade econômica*** representa a transmissão de parte significativa dos estabelecimentos (filiais, agências) ou bens (materiais e imateriais) para outro titular. A ideia de unidade econômica depende de uma transferência significativa do patrimônio ou estabelecimento empresarial. Tratando-se de transferência singular, como, por exemplo, a venda de um maquinário, não consubstanciam unidade econômica para fins de sucessão empresarial.

Nas palavras da Alice Monteiro de Barros "A sucessão pode ser total, abrangendo a empresa 'como organização de trabalho alheio', ou parcial, restringindo-se apenas a um de seus estabelecimentos. Logo, para que haja a sucessão, não é necessário que a empresa desapareça"[268].

Já com a ***transferência da unidade jurídica*** ocorrerá a modificação do quadro societário da empresa, ou seja, a substituição do controlador da empresa. O novo titular pode ser uma pessoa física ou jurídica. É importante dizer que a alteração do tipo societário (sociedade limitada, sociedade simples, sociedade em nome coletivo, sociedade por ações, etc.) não afeta os contratos de trabalho.

São exemplo de alteração jurídica da empresa: a) *fusão, quando* duas ou mais empresas se reúnem e formam uma nova sociedade, desaparecendo as anteriores (art. 228 da Lei da S.A.); b) *incorporação, quando* uma empresa é adquirida por outra com aumento patrimonial e do capital social da incorporadora, com a extinção da empresa incorporada (art. 227 da Lei da S.A.); c) *transformação, caracterizada quando* ocorre uma mudança no tipo societário, como, por exemplo, uma sociedade limitada que se transforma em uma sociedade anônima (arts. 220 a 222 da Lei da S.A.).

No tocante à transferência da unidade jurídica, Mauricio Godinho Delgado defende que a modalidade do título jurídico (privado ou público) utilizado para a transferência, em princípio, é indiferente para o ordenamento jurídico juslaboral. Assim, por exemplo, em caso de substituição de concessionárias do serviço público ou de privatização.

O segundo requisito da sucessão de empregadores é a ***continuidade da atividade*** pelo novo empregador (sucessor). Significa que o sucessor não pode interromper por um tempo longo a atividade produtiva da empresa. Caso haja interrupção da atividade, não se configurará a sucessão de empregadores.

A atividade produtiva deve ser igual (a mesma) àquela executada pelo sucedido. A esse respeito, Vólia Bomfim defende que "O fato gerador da sucessão é a transferência da titularidade de toda ou de parte da empresa, de uma pessoa jurídica ou física para outra, seja a que título for. Além disso, é necessário que o novo titular da empresa explore a **mesma** atividade econômica do sucedido"[269].

A sucessão trabalhista, portanto, exige a manutenção da mesma atividade desenvolvida pelo sucedido – não sendo possível a alteração da atividade-fim – e a inexistência de paralisação da atividade empresarial por muito tempo.

A doutrina aponta ainda o fenômeno da ***"sucessão por indução".*** Caracteriza-se pela impossibilidade de alteração da atividade-fim da empresa após a aquisição, tendo em vista a natureza do negócio adquirido, como ocorre, por exemplo, com os postos de gasolina, quiosques de praia, barcos de recreação para turismo[270].

A sucessão de empregadores encontra amparo doutrinário nos princípios da intangibilidade objetiva do contrato de trabalho, da despersonalização da figura do empregador e da continuidade do contrato de trabalho. Isto é, a alteração subjetiva do contrato de laboral não extingue o contrato de trabalho, nem altera as obrigações e direitos daí decorrente.

---

264 Homero Batista Mateus da Silva. CLT comentada. – 2. ed. – São Paulo: Thomson Reuters Brasil, 2018.

265 Idem. Delgado, 2019.

266 Idem. Leite, 2019.

267 Délio Maranhão e Mauricio Godinho Delgado são signatários desse entendimento (in Delgado, 2019, p.515)

268 Idem. Alice Monteiro de Barros, 2016, p. 261.

269 Idem. Bomfim, 2017.

270 Direito do Trabalho. Henrique Correia. 4ª.ed. Salvador: Juspodivm, 2018, p.335.

O fundamento legal aplicável ao empregado urbano está previsto nos artigos 10, 448, 44-A da CLT. A sucessão de empregadores aplicável ao rurícola tem previsão no art.1º, *caput*, Lei n. 5.889/73.

É importante dizer que o empregado não poderá, a priori, se insurgir contra a sucessão de empregadores, isso porque é lícita a alteração subjetiva do contrato de trabalho por meio da sucessão de empregadores, na forma do art. 10 e 448 da CLT. Outrossim, a alteração do contrato de trabalho não gera qualquer prejuízo ao empregado, cujo contrato de trabalho será preservado.

2. SUCESSÃO NA RELAÇÃO EMPREGATÍCIA DOMÉSTICA

Doméstico é aquele que presta serviços de forma contínua, subordinada, onerosa e pessoal e de finalidade não lucrativa à pessoa ou a família no âmbito residencial destas, por mais de 2 (dois) dias por semana.

Conquanto a *tendência expansionista* da relação empregatícia, aplicando-se os preceitos da CLT a outras relações jurídicas laborais, a CLT excluiu expressamente os empregados domésticos das normas protetivas no art. 7º, "a". Apenas em 1972 o trabalho doméstico foi regulamentado timidamente, com a edição da Lei n. 5.859/72, que conferiu três direitos ao trabalhador doméstico[271].

O art. 7º, parágrafo único da CF/88 foi alterado pela Emenda Constitucional nº 72/2013, ampliando o rol de direitos dos empregados domésticos, sendo posteriormente regulamentado pela Lei Complementar 150, de 1º de julho de 2015.

Embora a Lei Complementar 150/2015 autorize a aplicação subsidiária da CLT à relação empregatícia doméstica (art.19), as características do instituto jurídico da sucessão de empregadores são incompatíveis com as peculiaridades do trabalho doméstico, isso porque as regras da sucessão de empregadores foram estruturadas com base no conceito de empregador enquanto empresa (ou empreendimento), fixando o empregado na dinâmica empresarial, independentemente de quem o quadro societário ocupe a posição de titular.

A relação empregatícia doméstica, de outro lado, foi estruturada em torno da prestação de serviços, de natureza não econômica, prestado exclusivamente para uma pessoa (física) ou unidade familiar (art. 1º da LC 150/2015), no âmbito residencial destas. Nesse aspecto, a pessoalidade – elemento fático jurídico da relação empregatícia doméstica, aplicável também à figura do empregador – afasta a incidência do instituto da sucessão de empregadores.

Sobre o tema, Mauricio Godinho Delgado explica que o contrato de trabalho doméstico é pessoal *(intuitu personae)* também em relação a figura do empregador, inviabilizando, assim, a extensão do instituto jurídico da sucessão de empregadores a essa relação empregatícia específica.

E mais: não há transferência da unidade econômica, nesta relação específica, já que inexiste atividade de natureza econômica no trabalho doméstico.[272] Nesse sentido colhemos os seguintes julgados:

> *EMPREGADO DOMÉSTICO. SUCESSÃO DE EMPREGADORES. IMPOSSIBILIDADE. A* **natureza jurídica da relação empregatícia doméstica não permite a aplicação do instituto da sucessão de empregadores**, *porquanto o art. 7º, alínea "a", da CLT, exclui esta categoria do âmbito de incidência das normas celetistas, entre as quais figuram as disposições contidas nos artigos 10 e 448.* **Ademais, a figura do empregador, nesta espécie de relação, está imantada por uma relativa pessoalidade, o que inviabiliza a incidência do princípio que fundamenta o instituto da sucessão trabalhista** *– qual seja – o da despersonalização do empregador. Recurso Ordinário conhecido e parcialmente provido. (TRT-7 – CE – RO 0096700-79.2004.5.07.0001, Relato Des. José Antonio Parente da Silva, Data de Julgamento: 25/10/2004).*

> *RECURSO ORDINÁRIO. SUCESSÃO DE EMPREGADORES. EMPREGADO DOMÉSTICO . EXERCÍCPIO DE ATIVIDADE NÃO ECONÔMICA. INAPLICÁVE O DISPOSTO NO ART. 10 E 448 DA CLT.* **A sucessão de empregadores pressupõe a transferência do acervo produtivo de uma sociedade para outra distinta da empregadora a originária.** *Pode ocorrer sem solução de continuidade, isto é, mantendo inalterados os contratos de trabalho dos empregados de uma empresa sucedida, conforme interpretação do artigo 10 e 448 da CLT. Para tanto,* **é necessário que a sucessão ocorra entre empresas,** *assim entendido nos moldes delineados pelo artigo 2º da CLT, merecendo destaque o exercício de uma atividade econômica.* **Os empregados domésticos, assim considerados de um modo geral, os que prestam serviços de natureza não econômica à pessoa ou família, no âmbito residencial,** *consoante dicção da alínea "a", do artigo 7º, da CLT, pela própria definição, não prestam serviços de natureza econômica. Por conseguinte, inaplicáveis as regras relativas à sucessão de empresas; (TRT1 – RJ, RO 0010225-58.2015.5.01.0242, 8ª Turma, Relatora Des. Maria Aparecida Coutinho Magalhães, Data de Julgamento: 25/07/2017)*

> *RECURSO ORDINÁRIO DA RECLAMANTE. EMPREGADA DOMÉSTICA. VÍNCULO DE EMPREGO. PESSOA FALECIDA. Comprovado nos autos que o vínculo de emprego da reclamante foi com o pai do reclamado, já falecido, não tendo o reclamado atuado na condição de empregador ou feito qualquer tipo de pagamento à parte autora, não possui esta legitimidade para figurar no polo passivo da presente demanda.* **Sendo o contrato de trabalho doméstico, diferentemente dos demais contrato de trabalho, em regra personalíssimo em relação à figura do empregador, a sua morte acarreta a extinção natural**

[271] Idem. Delgado, 2019.

[272] Idem. Delgado, 2019, p. 522.

do contrato, *devendo eventual ação trabalhista, nos termos do art. 1997, caput. Do CC, ser proposta contra a sua sucessão ou espólio, respondendo os herdeiros proporcionalmente de acordo com os limites de sua herança. (TRT-4 RO, 0021079-34.2017.5.04.0121, 9ª Turma, Relatora Des. Lucia Ehrenbrink, Data de julgamento: 19/07/2019)*

Com efeito, nota-se que há incompatibilidade de princípios e regras entre os institutos jurídicos em análise, de forma que é inviável a incidência da sucessão de empregadores ao trabalho doméstico.

3. SUCESSÃO EM EMPRESA INDIVIDUAL

A sociedade unipessoal é aquela constituída por uma única pessoa titular da totalidade do capital social – como, v.g., a empresa individual de responsabilidade limitada (EIRELI), o microempreendedor individual (MEI) e a sociedade unipessoal de advocacia.

Ocorrendo a morte do empregador, titular de empresa individual, o empregado pode optar por continuar prestando serviços ao novo titular da atividade empresarial (art. 483, §2º, da CLT). Ou seja, não há extinção automática do contrato de trabalho nesta situação.

Se a atividade produtiva for preservada por um novo empregador (sucessor, espólio, herdeiros, por exemplo) e o empregado optar pela manutenção do contrato de trabalho ou continuar prestando serviços (aceitação tácita), operar-se-á a sucessão de empregadores, nos moldes dos arts. 10, 448 e 448-A da CLT.

Destaca-se, ademais, que a sucessão trabalhista poderá ocorrer mesmo na hipótese de o titular de firma individual não estar regularmente constituído no momento do falecimento.[273]

4. SUCESSÃO DERIVADA DE DESMEMBRAMENTO DE ESTADO OU MUNICÍPIO

O desmembramento é a divisão territorial, uma separação, com o destaque de parte do território de um Estado ou Município para se anexar a outro (desmembramento-anexação) ou para formar um novo Estado, Território ou Município (desmembramento-formação)[274].

O desmembramento de Estados-membros exige aprovação da população diretamente interessada, através de plebiscito, e do Congresso Nacional, por lei complementar (art. 18, §3º, da CF). Sobre o tema, o Supremo Tribunal Federal decidiu que o desmembramento exige também a consulta plebiscitária "da população da área remanescente, população essa que também será inevitavelmente afetada. O desmembramento dos entes federativos, além de reduzir seu espaço territorial e sua população, pode resultar, ainda, na cisão da unidade sociocultural, econômica e financeira do Estado, razão pela qual a vontade da população do território remanescente não deve ser desconsiderada, nem deve ser essa população rotulada como indiretamente interessada", ou seja, inserida no conjunto da população dos demais Estados da Federação[275].

Já o desmembramento de Municípios, far-se-ão por lei estadual, dentro do período determinado por Lei Complementar Federal, e dependerão de consulta prévia, mediante plebiscito, às populações dos Municípios envolvidos, após divulgação dos Estudos de Viabilidade Municipal, apresentados e publicados na forma da lei (art. 18, §3º, da CF). A consulta prévia das populações dos Municípios envolvidos é condição "sine qua non" para viabilizar o desmembramento, por consubstanciar relevante meio de exercício da soberania popular. A falta da consulta prévia plebiscitária não pode ser corrigida por mera retificação legislativa[276].

---

273 Nesse sentido o seguinte aresto: SUCESSÃO TRABALHISTA. TITULAR DE FIRMA INDIVIDUAL NÃO CONSTITUÍDA REGULARMENTE. FALECIMENTO. Nos termos do §2º, do art. 483, da CLT, no caso de morte do empregador construído em empresa individual, é facultado ao empregado rescindir o contrato de trabalho. Extrai-se, a contrário sensu, da literalidade da lei, a possibilidade de manutenção do contrato de trabalho com o novo empregador. Por conseguinte, aplicando-se analogicamente o supracitado dispositivo, há ligar para o direcionamento da execução à sociedade de fato que era de titularidade do reclamado falecido, agora sob responsabilidade de terceiro, evidenciando-se a sucessão trabalhista, nos termos dos artigos 10 e 448, da CLT. (TRT-1, RJ, AP 0134500-23.2007.501.0028, 1ª Turma, Relator Des. Alexandre Teixeira de Freitas Bastos Cunha, Data de Julgamento 18/07/2013).

274 Idem. Flávio Martins, 2020.

275 Vide ADI 2.650, rel. min. Dias Toffoli, j. 24-8-2011, P, DJE de 17-11-2011.

276 Sobre o tema, citamos o seguinte precedente do Supremo Tribunal Federal: AÇÃO DIRETA DE INCONSTITUCIONALIDADE. LEI2.900/1998 DO ESTADO DO RIO DE JANEIRO. ALTERAÇÃO DOSLIMITES TERRITORIAIS DOS MUNICÍPIOS DE SEROPÉDICA E DEITAGUAÍ. AUSÊNCIA DE CONSULTA PLEBISCITÁRIA PRÉVIA.VIOLAÇÃO AO ARTIGO 18, § 4º, DA CONSTITUIÇÃO FEDERAL.EVENTUAL VÍCIO NO PROCESSO DE EMANCIPAÇÃOMUNICIPAL NÃO PODE SER CORRIGIDO POR MERA RETIFICAÇÃO LEGISLATIVA, SEM O ATENDIMENTO AOSREQUISITOS PREVISTOS NO ARTIGO 18, § 4º, DACONSTITUIÇÃO FEDERAL. AUSÊNCIA DE CONVALIDAÇÃO PELAEMENDA CONSTITUCIONAL 57/2008. AÇÃO DIRETA DEINCONSTITUCIONALIDADE CONHECIDA E JULGADAPROCEDENTE.1. Lei estadual que dispõe sobre criação, incorporação, fusão ou desmembramento de municípios possui natureza normativa e abstrata, desafiando o controle concentrado.2. A Lei 2.900/1998 do Estado do Rio de Janeiro, em virtude da generalidade dos efeitos que irradia e a força prospectiva que ostenta, é passível de impugnação mediante ação direta de inconstitucionalidade, porquanto inova no sistema jurídico pátrio e reveste-se da abstração que caracteriza a norma legal. Precedentes.3. Lei estadual que altera os limites territoriais de municípios sem a realização de consulta prévia, mediante plebiscito, às populações envolvidas contraria o disposto no artigo 18, § 4º, da Constituição Federal. 4. A alteração dos limites geográficos de municípios jamais prescinde da consulta plebiscitária prevista no artigo 18, § 4º, da Constituição Federal, qualquer que seja a extensão da alteração territorial verificada. Precedentes: ADI 2.921, Rel. Min. Ayres Britto, Red. p/ o acórdão: Min. Dias Toffoli, Plenário, DJ de 22/3/2018; ADI 1.262, Rel. Min. Sydney Sanches, Plenário, DJ de 12/12/1997; ADI 1.034, Rel. Min. Marco Aurélio, Plenário, DJ de 25/2/2000; ADI 2.812/RS, Rel. Min. Carlos Velloso, DJ de28/11/2003; ADI 2.967, Rel. Min. Sepúlveda Pertence, Plenário, DJ de19/3/2004; ADI 3.149, Rel. Min. Joaquim Barbosa, Plenário, DJ de1º/4/2005. 5. O processo de emancipação municipal viciado não pode ser corrigido por mera retificação legislativa, sem a observância do artigo 18, § 4º, da Constituição Federal. Deveras, uma

Caso o novo ente estatal absorva parte dos servidores públicos celetistas da pessoa jurídica de direito público desmembrada?

Segundo o Tribunal Superior do Trabalho, o desmembramento não configura sucessão de empregadores (OJ 92 da SDI-1 do TST). Cada um dos novos entes públicos será responsável pelos direitos trabalhistas do empregado em que figurarem como real empregador.

5. SUCESSÃO EM FALÊNCIA OU RECUPERAÇÃO EMPRESARIAL

O desenvolvimento de uma atividade empresarial é cercado de incertezas. O empresário normalmente almeja produzir lucro – resultado positivo – através do aperfeiçoamento da atividade econômica organizada. Contudo, tem conhecimento dos riscos oferecidos pela empreitada empresarial, ou seja, da probabilidade de insucesso, de eventuais resultados negativos, como dívidas ou a insolvência empresarial.

Nas lições de Gladston Mamede, apreendemos que "O fracasso é um elemento intrínseco à iniciativa: há, em toda ação humana, uma esperança de sucesso e um risco, mesmo não considerado, de fracasso. Ser humano é conviver, mesmo inconscientemente, com riscos. Risco pelo que se faz e, mesmo, pelo que não se faz. Risco que segue com aquele que parte, mas que não abandona aquele que fica. Viver é estar submetido ao risco, o que não é bom, nem ruim: é apenas próprio da existência e deve ser compreendido como tal".[277]

Empreender, portanto, é estar sujeito ao sucesso ou ao fracasso indissociável da atividade econômica. O fracasso pode levar o empresário a dívidas ou até mesmo à insolvência empresarial, isto é, a incapacidade econômica de suportar as obrigações existentes contra si.

A Lei 11.101, de 9 de fevereiro de 2005 regula a recuperação judicial, a extrajudicial e a falência do empresário e da sociedade empresária.

A ***falência*** é a execução coletiva do empresário ou sociedade empresária insolvente, submetendo o patrimônio do insolvente a uma execução coletiva, por meio do concurso de credores.

A recuperação empresarial compreende-se em duas formas: judicial e extrajudicial. A ***recuperação judicial ou extrajudicial*** tem por objetivo viabilizar a superação da situação de crise econômico-financeira do devedor, a fim de permitir a manutenção da fonte produtora, do emprego dos trabalhadores e dos interesses dos credores, promovendo, assim, a preservação da empresa, sua função social e o estímulo à atividade econômica (artigos 47 e 161 da Lei 11.101/05).

As filiais ou de unidades produtivas isoladas da empresa em recuperação judicial poderá ser alienado, se assim dispor o plano de recuperação judicial aprovado.

De acordo com o art. 60, "caput" e parágrafo único da Lei 11.101/05, o objeto da alienação estará livre de qualquer ônus e não haverá sucessão do arrematante nas obrigações do devedor de qualquer natureza, incluídas, mas não exclusivamente, as de natureza ambiental, regulatória, administrativa, penal, anticorrupção, tributária e trabalhista. Na mesma toada, o art. 141, §2º, do mesmo Diploma Normativo, preceitua que os empregados do devedor contratados pelo arrematante serão admitidos mediante novos contratos de trabalho e o arrematante não responde por obrigações decorrentes do contrato anterior.

Sobre o tema, a Lei nº 14.112/2020 (Nova Lei de Falências e Recuperação Judicial) alterou substancialmente a Lei 11.101/2005, passando a admitir a conversão de

---

vez criada a nova entidade federativa, não se admite a alteração da lei que a formalizou sem novo processo de incorporação, fusão ou desmembramento, com prévia consulta plebiscitária às populações envolvidas. 6. O plebiscito consultivo conflui para concretizar o princípio da soberania popular, da cidadania e da autonomia federativa, de forma que as populações afetadas possam exercer efetivamente suas prerrogativas de autogoverno. A criação, fusão, incorporação ou desmembramento municipal produz efeitos de ordem social, política e econômica, com sensíveis ressonâncias tributárias e institucionais, as quais afetaram deforma direta e imediata a população envolvida. Nesse prisma, a consulta plebiscitária é verdadeira condição de procedibilidade da norma que altera limites municipais, constituindo relevante meio de exercício da soberania popular. 7. A Emenda Constitucional 57, de 2008, que acrescentou o artigo 96ao Ato das Disposições Constitucionais Transitórias da Constituição Federal, não é apta a convalidar o desmembramento municipal previsto na Lei 2.900/1998 do Estado do Rio de Janeiro. É que a indigitada emenda somente convalidou aqueles atos de criação, fusão, incorporação e desmembramento de municípios cuja lei tenha sido publicada até 31 de dezembro de 2006, atendidos os requisitos estabelecidos na legislação do respectivo Estado à época.8. In casu, a lei impugnada não observou a legislação do Estado do Rio de Janeiro vigente no período do desmembramento do Município de Seropédica, que exigia a realização de consulta prévia, mediante plebiscito, às populações diretamente interessadas.9. A presente demanda reclama uma análise precisa quanto ao efeito repristinatório que poderá provir de eventual declaração de inconstitucionalidade da Lei fluminense 2.900/1998. É que esta lei revogou parcialmente a Lei estadual 2.446/1995, a qual foi declarada parcialmente inconstitucional pelo Tribunal de Justiça do Estado do Rio de Janeiro. Destarte, há fato-jurídico processual, consolidado em coisa julgada, que deve ser resguardado em eventual efeito repristinatório.10. A declaração de inconstitucionalidade da Lei estadual 2.900/1998não desconstitui a coisa julgada que se formara na decisão do Tribunal de Justiça do Estado do Rio de Janeiro. Consectariamente, declarada a nulidade da lei ora impugnada, subsiste a coisa julgada material que assentou a inconstitucionalidade parcial da lei de criação do Município de Seropédica (Lei fluminense 2.446/1995) e que fixou a demarcação territorial municipal vigente hodiernamente.11. Os limites que atualmente dividem os Municípios de Seropédica e Itaguaí são justamente aqueles fixados no bojo do acórdão prolatado pelo Tribunal de Justiça do Estado do Rio de Janeiro. O presente julgamento, desta feita, não importa em alterações fáticas dos limites territoriais vigentes nas municipalidades.12. Ação direta CONHECIDA e julgada PROCEDENTE, para declarar a inconstitucionalidade da Lei 2.900/1998 do Estado do Rio de Janeiro. [ADI 1.825, rel. min. Luiz Fux, j. 15-4-2020, P, DJE de 20-5-2020.]

[277] Gladston Mamede. Falência e recuperação de empresas – 11. ed. – São Paulo: Atlas, 2020.

dívida da empresa em recuperação judicial em capital social. Também, possibilita a venda integral da devedora, ou seja, permite a transferência da unidade econômica ou jurídica da empresa (art. 50, XVII e XVIII, da Lei 11.101/2005). Neste caso, a unidade econômica ou jurídica transferida será considerada ***"unidade produtiva isolada"***.

Com base nisso, o § 3º, do art. 50 da referida Lei, estabelece que *"Não haverá sucessão ou responsabilidade por dívidas de qualquer natureza a terceiro credor, investidor ou novo administrador em decorrência, respectivamente, da mera conversão de dívida em capital, de aporte de novos recursos na devedora ou de substituição dos administradores desta"*.

Existe, porém, corrente doutrinária que defende a inconstitucionalidade de tais dispositivos, uma vez que o crédito do empregado é de ordem pública, baseado no princípio da dignidade da pessoa do trabalhador, do valor social do trabalho, da justiça social, que devem prevalecer sobre as normas infraconstitucionais.[278]

O Supremo Tribunal Federal, ao analisar o tema na ADI 3.934/DF e no RE 583.955-9/RJ, fixou o entendimento de que os artigos 60, parágrafo único, e 141, inciso II, da Lei 11.101/2005, são constitucionais, inexistindo sucessão de empregadores em caso de alienação de patrimônio de empresa em recuperação judicial ou falida.

Prevalece o entendimento de que, em regra, não haverá sucessão trabalhista em caso de aquisição da unidade produtiva isolada ou de arrematação de ativos da empresa falida ou em recuperação judicial.

O Tribunal Superior do Trabalho, por sua vez, tem decidido no sentido de que haverá sucessão de empregadores quando ocorrer a arrematação de ativos por sócio ou empresa-sócia da massa falida ou de empresa em recuperação judicial. Vejamos:

> *AGRAVO. AGRAVO DE INSTRUMENTO EM RECURSO DE REVISTA. FALÊNCIA. ALIENAÇAÕ DE ATIVOS. EMPRESA ARREMATANTE SÓCIA DA MASSA FALIDA. SUCESSÃO DE EMPREGADORES. CARACTERIZAÇÃO. ARTIGO 141, §1º, I, DA LEI Nº. 11.101/2005. O agravante não apresenta argumentos novos capazes de descontruir a juridicidade da decisão agravada. Na hipótese vertente, o Tribunal Regional, instancia soberana na análise do quadro fático-probatório da controvérsia, de acordo com a Súmula nº 126, revela a condição do arrematante, ora agravante, de sócio da massa falida, circunstancia apta a caracterizar, na forma em que prescreve a exceção prevista no artigo 141, §1º, inciso I, da Lei nº 11.101/2005, a sucessão de empregadores e consequente responsabilidade do adquirente pelos eventuais créditos devidos pela sociedade falida arrematada aos empregados, pelo que não há falar em ofensa inequívoca aos dispositivos de lei invocados. Agravo a que se nega provimento. (TST – Ag: 5813201150200074, Relator Min. Walmir de Oliveira da Costa, 1ª Turma, Data de Julgamento: 06/02/2015).*

> *AGRAVO DE INSTRUMENTO. RECURSO DE REVISTA. FALÊNCIA. ALIENAÇÃO DE ATIVOS. EMPRESA ARREMATANTE SÓCIA DA FALIDA. SUCESSÃO DE EMPREGADORES. CARACTERIZAÇÃO. ARTIGO 141, §1º, I, DA LEI Nº 11.101/2005. O Hospital agravante não apresenta argumentos novos capazes de desconstruir a juridicidade da decisão agravada, uma vez que o recurso de revista não demonstrou pressuposto intrínseco previsto no art. 896 da CLT. Na hipótese, o Tribunal Regional, instancia soberana na análise dos fatos e provas, firmou o entendimento no sentido de que o Hospital reclamado, arrematante do imóvel, tem responsabilidade solidária, pois era sócio da empresa falida, sendo irrelevante o percentual de participação societária, conforme previsto no art. 141, §1º, I, da Lei nº 11.101/2005. Incidência da Súmula 12 do TST. Agravo de Instrumento a que se nega provimento. (TST – AIRR: 1984820115020009, Relator Min. Walmir de Oliveira da Costa, 1ª Turma, Data de Julgamento: 02/09/2015).*

Vemos, assim, que a caracterização da sucessão trabalhista na hipótese de arrematação de ativos pelo sócio da sociedade falida, tem o escopo de proteger os credores de possíveis fraudes na sucessão empresarial.

6. SUCESSÃO EM CARTÓRIOS EXTRAJUDICIAIS

Os serviços notariais e de registros são exercidos em caráter privado, por delegação do Poder Público (art. 236 da CF) a um notário, tabelião, oficial de registro ou registrador, profissionais do direito, dotados de fé pública, a quem é delegado o exercício desta atividade (art. 3º, da Lei 8.935/1994), após a aprovação em concurso público.

A atividade dos cartórios extrajudiciais é realizada em torno dos titulares dos serviços notariais e de registro, que detém a prerrogativa de contratar escreventes e auxiliares como empregados, para o desempenho de suas funções, ajustando livremente a respectiva remuneração, nos termos da legislação do trabalho (art. 20 da Lei 8.935/1994).

A extinção da delegação feita pelo Poder Público ocorre com a morte, aposentadoria facultativa, invalidez, renúncia ou perda da delegação – por sentença transitada em julgado ou decisão decorrente de processo administrativo – ou descumprimento da isenção de emolumento aos reconhecidamente pobres (art. 39 da Lei 8.935/1994).

Em caso de extinção da delegação – sendo a hipótese mais comum o falecimento do titular – o Poder Público delegará a titularidade da serventia a outro notário, tabelião, oficial de registro ou registrador. Havendo continuidade da prestação de serviços pelo novo titular, com aproveitamento dos empregados contratados pelo titular anterior, estará configurada a sucessão de empregadores?

Para o jurista Mauricio Godinho Delgado "Tais peculiaridades restringem a incidência da sucessão de empregadores regulada pela CLT somente àquelas situações fático-jurídicas em que estejam presentes,

[278] Idem. Delgado, 2019, p. 523.

concomitantemente, os dois elementos integrantes da sucessão trabalhista, ou seja, a *transferência da titularidade da serventia* e a *continuidade da prestação de serviços*".[279]

Comungando do mesmo entendimento a professora Vólia Bomfim leciona que "Os cartórios extrajudiciais representam verdadeira unidade econômica, já que recebem as custas pelos serviços prestados, embora o respectivo titular exerça atividade delegada do Estado. Consequentemente, a legislação trabalhista lhe é totalmente aplicável e, por isso, pode ocorrer a sucessão quando houver substituição de um tabelião titular por outro, na forma dos arts. 10 e 448 da CLT. Ao assumir o cartório, após aprovação em concurso público, o tabelião titular sucede o tabelião titular anterior, no que diz respeito às obrigações trabalhistas".[280]

O Tribunal Superior do trabalho tem adotado esse entendimento, conforme arestos abaixo:

> *"I – AGRAVO DE INSTRUMENTO EM RECURSO DE REVISTA. PROCESSO REGIDO PELAS LEIS 13.015/2014 E 13.467/2017. CARTÓRIO EXTRAJUDICIAL. SUCESSÃO DE EMPREGADORES. Demonstrada possível violação dos arts. 10 e 448 da CLT, impõe-se o provimento do agravo de instrumento para determinar o processamento do recurso de revista. Agravo de instrumento provido. II – RECURSO DE REVISTA. PROCESSO REGIDO PELAS LEIS 13.015/2014 E 13.467/2017 1 – CARTÓRIO EXTRAJUDICIAL. SUCESSÃO DE EMPREGADORES. Incontroverso que houve a assunção, pelo primeiro reclamado, da titularidade do cartório extrajudicial, em razão da aprovação em concurso público. Extrai-se, ainda, que o réu tomou posse em abril/2014, assumindo a unidade econômica, e mantendo a prestação de serviços pelo autor. Nesse caso, fica configurada a sucessão de empregadores, nos moldes dos arts. 10 e 448 da CLT. Logo, o novo titular, na condição de sucessor, responde por todas as parcelas objeto da condenação. Recurso de revista conhecido e provido. [...]" (RR-10307-77.2016.5.18.0017, 2ª Turma, Relatora Ministra Delaide Miranda Arantes, DEJT 07/12/2018).*

> *"AGRAVO DE INSTRUMENTO EM RECURSO DE REVISTA DO TERCEIRO RECLAMADO. SERVIÇOS NOTARIAIS. MUDANÇA DE TITULARIDADE. RESPONSABILIDADE . Havendo a mudança na titularidade de cartório extrajudicial que passa a pertencer a novo titular, este pode ser responsabilizado pelas obrigações trabalhistas do sucedido, desde que reconhecida a sucessão trabalhista, sendo essa caracterizada, em linhas gerais, quando demonstradas a transferência da unidade econômica jurídica pelo titular, além da continuidade da prestação de serviços, o que não ocorreu na hipótese dos autos. Agravo de Instrumento conhecido e não provido. AGRAVO DE INSTRUMENTO EM RECURSO DE REVISTA DA RECLAMANTE. SERVIÇOS NOTARIAIS. MUDANÇA DE TITULARIDADE. SUCESSÃO. A sucessão, na hipótese de cartórios extrajudiciais, pressupõe não só a transferência da titularidade da unidade, mas também a continuidade da prestação de serviços ao novo titular, o que não ocorreu na hipótese dos autos. Agravo de Instrumento conhecido e não provido " (AIRR-1001479-22.2015.5.02.0384, 4ª Turma, Relatora Ministra Maria de Assis Calsing, DEJT 15/06/2018).*

E não para por aí. O TST tem decidido que a sucessão trabalhista ocorre mesmo na hipótese de assunção da titularidade do cartório na condição de interino. Percorramos:

> *"CARTÓRIO. SUCESSÃO TRABALHISTA. CONTINUIDADE DA PRESTAÇÃO DOS SERVIÇOS. RESPONSABILIDADE DO NOVO TITULAR AINDA QUE DE FORMA PRECÁRIA. In casu, é incontroversa a ocorrência de novação subjetiva em relação à titularidade do serviço notarial, ainda que de forma precária, com a correspondente transferência da unidade econômico-jurídica que integra o estabelecimento. Outrossim, não houve resilição do vínculo empregatício no caso em tela. A jurisprudência desta Corte é no sentido de que, em se tratando de cartório, a sucessão de empregadores pressupõe não só a transferência da unidade econômica de um titular para outro, mas que a prestação de serviço pelo empregado do primeiro prossiga com o segundo. Portanto, quando o sucessor no cartório aproveitar os empregados do titular sucedido, hipótese que se verifica nos autos, poderá ser reconhecida a sucessão (precedentes). Recurso de revista conhecido e provido" (RR-289-38.2013.5.03.0043, 2ª Turma, Relator Ministro Jose Roberto Freire Pimenta, DEJT 30/06/2017).*

> *"AGRAVO DE INSTRUMENTO EM RECURSO DE REVISTA. CARTÓRIO. MUDANÇA DE TITULARIDADE. INTERINO. SUCESSÃO TRABALHISTA. Configura-se hipótese de sucessão trabalhista a mudança de titularidade de cartório extrajudicial, quando os contratos permanecem sem nenhuma alteração. Os arts. 10 e 448 da Consolidação das Leis do Trabalho pugnam pela tutela do hipossuficiente na relação laboral, assegurando-lhe a plena satisfação dos direitos adquiridos. Dessa forma, demonstradas a transferência da unidade econômica e jurídica e a continuidade da prestação de serviços, resta caracterizada a sucessão trabalhista, não obstante o fato de que a reclamada tenha assumido a titularidade do cartório extrajudicial na condição de interino. Precedentes. Agravo de instrumento conhecido e não provido" (AIRR-100830-73.2016.5.01.0029, 8ª Turma, Relatora Ministra Dora Maria da Costa, DEJT 18/09/2020).*

> *"RECURSO DE REVISTA INTERPOSTO SOB A ÉGIDE DA LEI Nº13.015/2014. MUDANÇA DE TITULARIDADE DE CARTÓRIO EXTRAJUDICIAL. INTERINO. CONTINUIDADE DA PRESTAÇÃO DOS SERVIÇOS. SUCESSÃO TRABALHISTA. O acórdão recorrido consignou que a reclamante continuou prestando seus serviços ao novo titular após mudança de titularidade do cartório. A jurisprudência desta Corte pacificou o entendimento de que, demonstradas a transferência da unidade econômica jurídica e a continuidade da prestação de serviços, resta caracterizada a sucessão trabalhista, ainda que o reclamado tenha assumido a titularidade na condição de interino. Precedentes. Óbice da Súmula 333. Recurso de revista não conhecido " (RR-291-26.2013.5.03.0134, 2ª Turma, Relatora Ministra Maria Helena Mallmann, DEJT 24/08/2018).*

Nota-se que o cartório extrajudicial é considerado uma unidade econômica transmissível ao novo titular da serventia, ocorrendo a sucessão de empregadores,

[279] Idem. Delgado, 2019, p. 524

[280] Idem. Vólia Bomfim, 2017, p.465

caso haja também a continuidade da prestação dos serviços.

7. SUCESSÃO EM GRUPO ECONÔMICO

O grupo econômico é caracterizado sempre que uma ou mais empresas, tendo, embora, cada uma delas, personalidade jurídica própria, estiverem sob a direção, controle ou administração de outra, ou ainda quando, mesmo guardando cada uma sua autonomia, integrem grupo econômico (art. 2º, §2º, da CLT).

Existe discussão doutrinária e jurisprudencial sobre a responsabilidade do sucessor (adquirente) pelas obrigações trabalhistas de empresa não adquirida, integrante do mesmo grupo econômico da empresa sucedida.

O Tribunal Superior do Trabalho pacificou o entendimento de que a aquisição de uma determinada empresa pertencente a um determinado grupo empresarial não enseja a responsabilidade do sucessor (adquirente), pelas obrigações trabalhistas contraídas pelas demais empresas pertencentes ao grupo empresarial, quando essas empresas eram solventes – tinham capacidade econômica para saldar as suas obrigações assumidas, com os seus bens e créditos – ou idônea economicamente (OJ 411 da SDI-1 do TST). Demonstrada a existência de fraude ou má-fé na sucessão, o adquirente (sucessor) responde solidariamente com as empresas sucedidas.

8. SUCESSÃO DE EMPRESAS TERCEIRIZADAS NA ADMINISTRAÇÃO PÚBLICA

É comum a celebração de contratos entre a Administração Pública e pessoas jurídicas (ou físicas) para atingir os interesses públicos, especialmente a realização de compras, locação, obras, contratação de serviços, alienação, concessão e permissão de uso de bens públicos.

Como ensina Maria Sylvia Zanella Di Pietro, no contrato administrativo *"existe uma oferta feita, em geral, por meio do edital de licitação, a toda a coletividade; dentre os interessados que a aceitam e fazem a sua proposta (referente ao equilíbrio econômico do contrato), a Administração seleciona a que apresenta as condições mais convenientes para a celebração do ajuste"*[281].

O contrato administrativo e o procedimento licitatório gera efeitos para além do Direito Administrativo, tendo pontos de intersecção com o Direito do Trabalho, notadamente no que diz respeito à responsabilidade da Administração Pública pelos encargos trabalhistas oriundos dessa contratação.

A Lei n. 8.666/93, em seu art. 71, prescreve que *"o contratado é responsável pelos encargos trabalhistas, previdenciários, fiscais e comerciais resultantes da execução do contrato"*, acrescentando em seus parágrafos que eventual inadimplemento dos encargos trabalhistas pelo contratado não transfere à Administração Pública a responsabilidade por seu pagamento, respondendo tão somente (de forma solidária), pelos encargos previdenciários resultantes da execução do contrato. Esse dispositivo sempre foi objeto de controvérsia doutrinária e jurisprudencial, até que o Supremo Tribunal Federal decidiu no bojo da Ação Declaratória de Constitucionalidade (ADC) n. 16, julgada procedente, reconhecendo a constitucionalidade dessa norma e firmou o entendimento de que o inadimplemento dos encargos trabalhistas, fiscais e comerciais pelo prestador de serviços, decorrentes da execução do contrato, não transfere automaticamente a responsabilidade à administração, seja em caráter solidário ou subsidiário. No mesmo sentido a tese firmada pelo STF no Tema n. 246. O STF, porém, ao analisar a temática, não afastou a validade do item IV e V da Súmula 331 do TST que reconhece a responsabilidade subsidiária do da Administração Pública quando caracterizada a culpa in vigilando, isto é um comportamento omisso ou irregular no que tange a fiscalização do cumprimento das obrigações contratuais assumidas pelo prestador de serviços no contrato administrativo.

A Lei n. 14.133, de 1º de abril de 2021, chamada de "Nova Lei de Licitações e Contratos Administrativos" ou simplesmente "Nova Lei de Licitações", passou regulamentar as normas gerais de licitação e contratação para as Administrações Públicas diretas, autárquicas e fundacionais da União, dos Estados, do Distrito Federal e dos Municípios, abrangendo os órgão dos Poderes Legislativo, no desempenho da função administrativa, além dos fundos especiais e demais entidades controladas pela Administração Públicas. As empresas públicas, sociedades de economia mista e as suas subsidiárias estão excluídas do âmbito de aplicação da Nova Lei de Licitações, exceto no que diz respeito aos crimes praticados em licitações, disciplinados entre os art. 337-E e o art. 337-P do Código Penal, haja vista que estão sujeitas ao regime jurídico próprio das empresas privadas, inclusive no que diz respeito aos direitos e obrigações trabalhistas (art. 173, §1º, II, da CF).

A Nova Lei de Licitações entrou em vigor na data da sua publicação (1-4-2021), revogando, de imediato, os crimes e procedimentos prescritos na Lei 8.666/93, que foram substituídos por novos tipos penais (art. 337-E a art. 337-P do Código Penal) acrescentados pela novel legislação. No tocante às demais disposições, a Nova Lei de Licitações prevê uma *vacatio legis* de 2 (dois) anos para a revogação dos preceitos contidos na Lei nº 8.666, de 21 de junho de 1993, na Lei nº 10.520, de 17 de julho de 2002, e nos arts. 1º a 47-A da Lei nº 12.462, de 4 de agosto de 2011, contados da publicação oficial em comento.

[281] Di Pietro, Maria Sylvia Zanella. Direito Administrativo. – 33. ed. – Rio de Janeiro: Forense, 2020.

Segundo a Nova Lei de Licitações os serviços podem ser objeto de execução por terceiros, quando se tratar de atividades acessórias, instrumentais ou complementares aos assuntos que sejam relacionados à área de competência legal do órgão ou entidade contratante (art. 48 da Lei n. 14.133/2021), podendo contratar, inclusive, mais de uma empresa ou instituição para executar o mesmo serviços, desde que a contratação não resulte em perda de economia de escala, autorizando a terceirização da atividade-meio no âmbito da Administração Pública.

Conquanto a novel legislação tenha silenciado a respeito da terceirização da atividade-fim (atividade finalística) da Administração Pública, a Reforma Trabalhista (Lei n. 13.467/2017, promoveu alterações na Lei n. 6.019/74, autorizando a transferência de quaisquer de suas atividades, inclusive a sua atividade principal em caso de terceirização.

É válido dizer que o STF, no julgamento da Arguição de Descumprimento de Preceito Fundamental (ADPF) n. 324 e do Recurso Extraordinário (RE) n. 958252, pacificou o entendimento de que é possível a terceirização de atividades acessórias ou finalísticas do tomador dos serviços (atividade-meio e atividade-fim), sem que isso implique no vínculo empregatício com o trabalhador terceirizado, incumbindo a empresa tomadora de serviços a constatação da idoneidade econômica da empresa prestadora de serviços, respondendo subsidiariamente pelas obrigações trabalhistas em caso de inadimplemento.

A Nova Lei de Licitações reiterou a previsão da atual legislação, eximindo, como regra, a responsabilidade da Administração Pública em relação aos encargos trabalhistas, previdenciários, fiscais e comerciais resultantes da execução do contrato, atribuindo a responsabilidade somente ao contratado (art. 121, caput e §1º, da Lei n. 14.133/2021).

Em caráter excepcional, admite a responsabilidade solidária pelos encargos previdenciário e a responsabilidade subsidiária pelos encargos trabalhistas na hipótese de falha na fiscalização do cumprimento das obrigações do contratado, exclusivamente nas contratações de serviços contínuos com regime de dedicação exclusiva de mão de obra (art. 121, §2º, da Nova Lei de Licitações). A contratação de serviços contínuos com regime de dedicação exclusiva de mão de obra é definida pela lei como aqueles serviços cujo o modelo de execução contratual exige que os empregados do contratado fiquem à disposição nas dependências do contratante para a prestação dos serviços; o contratado não compartilhe os recursos humanos e materiais disponíveis de uma contratação para execução simultânea de outros contratos; o contratado possibilite a fiscalização pelo contratante quanto à distribuição, controle e supervisão dos recursos humanos alocados aos seus contratos (art. 6º, XVI, da Nova Lei de Licitações).

Nas contratações de serviços com regime de dedicação exclusiva de mão de obra, a empresa prestadora de serviços (contratada) tem a obrigação legal de comprovar a regularidade do cumprimento das obrigações trabalhistas, dos depósitos do FGTS dos empregados envolvidos na execução do contrato, devendo apresentar à Administração Pública, quando solicitado, o registro de ponto, holerite (para comprovar o pagamento de salários, adicionais, horas extras, repouso semanal remunerado e décimo terceiro salário), o comprovante de depósito do FGTS, o recibo de concessão e pagamento das férias, de pagamento do vale-transporte e vale-alimentação, eventualmente previsto em norma coletiva, bem como o recibo de quitação de obrigações trabalhistas e previdenciárias dos empregados dispensados até a data da extinção do contrato (art. 50 da Nova Lei de Licitações). De outro lado, a Administração também tem o dever de acompanhar e promover a fiscalização do cumprimento das obrigações trabalhista, pois são ínsitas a execução do contrato, podendo designar, para tanto, um ou mais fiscais do contratos, que devem anotar todas as ocorrências relacionadas à execução do contrato, determinar as providências necessárias para a regularização das faltas e reportar a seu superior a situação que demandar decisão ou providência que ultrapasse sua competência.

A análise da culpa in vigilando da Administração Pública era realizada pelo juiz ou tribunal, no caso em concreto, com base em critérios subjetivos. A lei estabeleceu parâmetros objetivos para a fiscalização do contrato administrativo, na medida em que indica um rol exemplificativo de documentos sobre os quais pode incidir a inspeção do cumprimento das obrigações trabalhistas, em relação aos empregados diretamente envolvidos na execução do contrato. Possibilita, ainda, que o ente público se desincumba do seu ônus probatório através da demonstração do acompanhamento e da fiscalização periódica do cumprimento dos encargos trabalhistas.[282]

---

282 A jurisprudência majoritária entende que o ônus da prova da demonstração da fiscalização do contrato de prestação de serviços cabe à Administração Pública. Vejamos a seguinte ementa: *"EMBARGOS EM EMBARGOS DE DECLARAÇÃO EM RECURSO DE REVISTA. ENTE PÚBLICO. RESPONSABILIDADE SUBSIDIÁRIA. TEMA Nº 246 DA REPERCUSSÃO GERAL. ÔNUS DA PROVA. O Supremo Tribunal Federal fixou a tese jurídica de repercussão geral correspondente ao Tema nº 246 ('O inadimplemento dos encargos trabalhistas dos empregados do contratado não transfere automaticamente ao Poder Público contratante a responsabilidade pelo seu pagamento, seja em caráter solidário ou subsidiário, nos termos do art. 71, § 1º, da Lei nº 8.666/93'). A Subseção de Dissídios Individuais 1 do TST, em duas sessões em composição plena, decidiu que o Supremo Tribunal Federal ao apreciar o Tema nº 246 da Repercussão Geral não emitiu tese jurídica de efeito vinculante em relação ao ônus da prova e, diante dessa constatação, concluiu que incumbe à Administração Pública o ônus da prova da fiscalização dos contratos de prestação de serviços por se tratar de fato impeditivo da responsabilização subsidiária. Embargos conhecidos e providos." (E-ED-RR-62-40.2017.5.20.0009, Subseção I Especializada em Dissídios Individuais, Relator Ministro Marcio Eurico Vitral Amaro, DEJT 29/10/2020)*

Outro ponto que destacamos sobre a Nova Lei de Licitações é a tentativa de restringir a responsabilidade da Administração Pública aos casos de contratação de serviços contínuos com regime de dedicação exclusiva. O legislador buscou eximir a Administração Pública da responsabilização pelos encargos trabalhistas nas demais hipóteses de contratação previstas na Nova Lei de Licitações, especialmente nos serviços contínuos sem dedicação exclusiva; serviços não contínuos ou contratados por escopo (serviço específico por prazo predeterminado); serviços técnicos especializados de natureza predominantemente intelectual, etc. Contudo, pensamos que esse dispositivo se contrapõe ao entendimento firmado pelo Supremo Tribunal Federal no bojo da Ação Direta de Constitucionalidade n. 16, no RE 760.931 e na tese firmada no Tema 246.

A responsabilidade da Administração Pública, embora não seja automática, não está atrelada à forma do contrato administrativo ou de prestação de serviços, mas, sim, à efetiva fiscalização do cumprimento dos deveres contratuais pela empresa prestadora de serviços. Caracterizada a falta de fiscalização do contrato administrativo pelo ente público, ou a má escolha dos contratantes, com a eleição de empresas inidôneas no processo licitatório, subsistirá a responsabilidade subsidiária independentemente da forma de contratação com o ente público, sob pena de premiar a conduta omissiva ou irregular do Poder Público, além de violar os preceitos norteadores do Direito Administrativo (princípio da legalidade, impessoalidade e moralidade).

A Nova Lei de Licitações possibilita a adoção de uma série de medidas acautelatórias, para assegurar o cumprimento das obrigações trabalhistas decorrente dos contratos administrativos, incluindo a exigência de caução, fiança bancária ou contratação de seguro-garantia com cobertura para verbas rescisórias inadimplidas; o condicionamento do pagamento à comprovação de quitação das obrigações trabalhistas vencidas relativas ao contrato; efetuar o depósito de valores em conta vinculada; em caso de inadimplemento, realizar diretamente o pagamento das verbas trabalhistas, que serão deduzidas do pagamento devido ao contratado; determinar que os valores destinados a férias, a décimo terceiro salário, a ausências legais e a verbas rescisórias dos empregados do contratado que participarem da execução dos serviços contratados serão pagos pelo contratante ao contratado somente na ocorrência do fato gerador, entre outras medidas.

Não se pode admitir, portanto, a isenção da responsabilidade do ente público, em caso de descumprimento do dever de fiscalização (art. 121, §3º,da Lei n. 14.133/2021).

Uma questão interessante que surge em relação à terceirização na Administração Pública é a possibilidade (ou não) de caracterização de sucessão de empresas na hipótese de substituição da empresa terceirizada, em decorrência de processo licitatório ou contrato administrativo, no qual a nova empresa vencedora da licitação conserva os ex-empregados da empresa substituída em seus postos de trabalho, mediante uma novo vínculo laboral.

É válido enfatizar que no âmbito da Administração Pública é comum a alteração dos sujeitos do contrato administrativo, especialmente daqueles que figuram como contratados, seja em virtude do encerramento do prazo de vigência do contrato ou pela incidência de outra hipótese de extinção – descumprimento ou cumprimento irregular de normas editalícias ou de cláusulas contratuais, de especificações, de projetos ou de prazos; desatendimento das determinações emitidas pela autoridade designada para acompanhar e fiscalização; falência ou de insolvência civil, dissolução da sociedade ou falecimento do contratado; interesse público, etc.

Em alguns casos o novo contratado se vale da estrutura organizacional estabelecida pelo sujeito substituído e os empregados dispensados pelo sujeito substituído são contratados pelo novo licitante, continuando a prestação de serviços terceirizados ao ente público, sem a solução da continuidade da atividade empresarial.

Este cenário fez surgir questionamentos sobre a possibilidade de enquadramento desta circunstância como sucessão empresarial em terceirização na Administração Pública, isso porque, no entendimento de alguns, haveria a continuidade da atividade empresarial pelo novo licitante (sucessor), com a conservação dos empregados em seu posto de trabalho, assim como a transferência da unidade econômica ou jurídica entre o sujeito substituído e o novo contratado pelo ente público. Todavia, o Tribunal Superior do Trabalho ao analisar esse tema tem entendido de forma predominante pela inexistência de sucessão empresarial decorrente de licitação ou contrato administrativo, diante da ausência de transferência de unidade econômica ou jurídica, destacando que *"[...] a mera assunção dos serviços – objeto do contrato de licitação para concessão de serviço público de transporte urbano – pela empresa vencedora do certame, ainda que mediante a contratação de empregados pertencentes à antiga empresa, não configura, por si só, a sucessão [...] (TST – RR: 1491001320095150053, Relator: Cláudio Mascarenhas Brandão, Data de Julgamento: 20/02/2019, 7ª Turma, Data de Publicação: DEJT 01/03/2019)".*

Sobre o tema, colhemos os seguintes julgados:

> *"RECURSO DE REVISTA INTERPOSTO PELA EQUIPSEG VIGILÂNCIA LTDA. – UNICIDADE CONTRATUAL – FRAUDE – SUCESSÃO TRABALHISTA – NÃO CARACTERIZAÇÃO – LICITAÇÃO – CONTRATO DE CONCESSÃO DE SERVIÇO PÚBLICO DE TRANSPORTE URBANO. Não se há de falar*

em sucessão trabalhista da nova empresa vencedora de licitação tão somente em razão da conservação dos empregados em seus postos de trabalho – ausência de solução de continuidade dos serviços -, pois, para a caracterização desse instituto é necessária a comprovação da mudança de titularidade total ou parcial da empresa para pessoa jurídica diversa, denominada sucessora, o que, no caso, não aconteceu. Precedentes. Recurso de revista conhecido e provido. [...]" (ARR-397-43.2010.5.09.0322, 7ª Turma, Relator Ministro Luiz Philippe Vieira de Mello Filho, DEJT 01/07/2019).

AGRAVO DE INSTRUMENTO EM RECURSO DE REVISTA. ACÓRDÃO PUBLICADO ANTES DA VIGÊNCIA DA LEI Nº 13.015/2014. SUCESSÃO DE EMPREGADORES. Em razão de provável caracterização de ofensa ao art. 448 da CLT, dá-se provimento ao agravo de instrumento para determinar o prosseguimento do recurso de revista. Agravo de instrumento provido. RECURSO DE REVISTA. [...] SUCESSÃO DE EMPREGADORES. A absorção dos trabalhadores da PROBANK pela BRASANITAS, com a finalidade de preservar a continuidade do serviço, por si só, não caracteriza a verdadeira sucessão de empregadores. Ainda mais em casos de terceirização com integrante da Administração Pública, é comum a substituição das empresas prestadoras de serviços, cujos contratos têm validade previamente fixada, não havendo presunção de ilegalidade na contratação, pela empresa vencedora da licitação, dos trabalhadores dispensados pela empresa anterior, os quais já são detentores de experiência na execução das tarefas contratadas. Não consta do acórdão regional qualquer informação de que a reclamada BRASANITAS tenha adquirido a unidade econômica pertencente à PROBANK, tendo mencionado que são empresas distintas e até mesmo concorrentes. Ofensa ao art. 448 da CLT. Recurso de revista conhecido e provido .

(TST – RR: 28360820125020013, Data de Julgamento: 18/03/2015, Data de Publicação: DEJT 20/03/2015)

[...] UNICIDADE CONTRATUAL. FRAUDE. SUCESSÃO TRABALHISTA. NÃO CARACTERIZAÇÃO. LICITAÇÃO. CONTRATO DE CONCESSÃO DE SERVIÇO PÚBLICO DE TRANSPORTE URBANO . A sucessão de empresas, à luz da legislação trabalhista (artigos 10 e 448 da CLT), implica transferência da propriedade ou estrutura jurídica, sem, contudo, afetar os contratos de trabalho dos empregados. A lei, a fim de resguardar o direito do trabalhador, responsabiliza o novo titular do empreendimento pelo cumprimento de todos os direitos oriundos do contrato de trabalho mantido com o sucedido, ainda que a ruptura tenha ocorrido anteriormente ao negócio jurídico que operou a sucessão. Ocorre que, na hipótese, inexiste qualquer relação jurídica entre as empresas, as quais são distintas e continuam em atividade, não tendo havido transferência patrimonial (material ou imaterial, como clientela, conhecimento do ramo de atividade econômica, organização, etc.) que pudesse garantir as obrigações trabalhistas. Insta ressaltar que a mera assunção dos serviços – objeto do contrato de licitação para concessão de serviço público de transporte urbano – pela empresa vencedora do certame, ainda que mediante a contratação de empregados pertencentes à antiga empresa, não configura, por si só, a sucessão, pois, reitere-se: para a caracterização desse instituto é necessária a comprovação da mudança de titularidade total ou parcial da empresa para pessoa jurídica diversa, denominada sucessora, o que, no caso, não aconteceu. Precedentes. Recurso de revista não conhecido. [...] (TST – RR: 14910013200951500053, Relator: Cláudio Mascarenhas Brandão, Data de Julgamento: 20/02/2019, 7ª Turma, Data de Publicação: DEJT 01/03/2019)

SUCESSÃO EMPRESARIAL. TERCEIRIZAÇÃO DE SERVIÇOS. AUSÊNCIA DE PROVA DA TRANSFERÊNCIA DA ATIVIDADE ECONÔMICA. UNICIDADE CONTRATUAL NÃO RECONHECIDA. Não sendo provada (artigo 818 da CLT c/c art. 373, I, do CPC) a necessária transferência das atividades econômicas de uma para outra empresa, na forma dos arts. 10 e 448 da CLT, descabe se falar em sucessão empresarial quando um empregado terceirizado presta serviços contínuos ao tomador de serviços e celebra contratos de trabalho distintos com cada um dos empregadores, na medida em que são rescindidos os contratos de terceirizações de serviço. (TRT-3 – RO: 00105217320185030160 0010521-73.2018.5.03.0160, Relator: Convocada Clarice dos Santos Castro, Oitava Turma)

AGRAVO DE PETIÇÃO. SUBSTITUIÇÃO DA CONCESSIONÁRIA DE TRANSPORTE COLETIVO DE PASSAGEIROS. SUCESSÃO TRABALHISTA NÃO CONFIGURADA. Na hipótese em que há mera substituição de concessionária de transporte coletivo de passageiros sem que haja incorporação de parcela ou totalidade dos bens privados da concessionária antecedente não haverá sucessão nos termos dos arts. 10 e 448 da CLT. A transferência do direito de explorar as linhas de ônibus é provisória e por si só não configura sucessão trabalhista. A Administração Pública como titular do serviço público apenas concede ao concessionário o direito de executar o serviço, permanecendo como titular do mesmo. Isso significa que o direito de operar linhas de ônibus não se constitui em patrimônio das empresas que as exploram. Há nesse caso mera delegação da prestação de serviço público feita pelo poder concedente, mediante licitação e a título precário, ao particular, conforme inciso IV do art. 2º da Lei nº 8987/1995. (TRT-2 00552005020055020029 SP, Relator: MARCELO FREIRE GONCALVES, 12ª Turma – Cadeira 1, Data de Publicação: 30/08/2021)

Concordamos com esse posicionamento. Trata-se de uma mera substituição do sujeito do contrato administrativo, em decorrência da participação em processo licitatório, inexistindo efetiva transferência da unidade econômica ou alteração da estrutura jurídica das empresas terceirizadas.

De mais a mais, é natural que a empresa substituída, após o encerramento do contrato administrativo, promova a reestruturação do seu quadro de funcionários, procedendo a dispensa de parte dos seus empregados. Na via inversa, a nova licitante precisa de mão de obra qualificada para a execução dos serviços, sendo lícito ao novo contratante admitir esses trabalhadores sem que isso resulte em sucessão de empregadores ou unicidade contratual.

9. SUCESSÃO DE EMPREGADORES NA DESESTATIZAÇÃO

A desestatização compreende-se no afastamento do Estado da posição de executor de certas atividades ou serviços.

José dos Santos Carvalho Filho esclarece que o termo privatização, utilizado anteriormente pela Lei 8.031/1990, não era adequado, pois as atividades continuariam sendo enquadradas como serviços públicos. Leciona que "a privatização, assim, não seria da *atividade* ou *serviço*, mas sim do *executor da atividade ou serviço". Por esse motivo, a expressão desestatização, adotada pela Lei 9.491/1997, indica o objetivo pretendido pelo Estado: afasta-se da posição de executor de certas atividades.* [283]

Conforme dispõe o art. 1º da *Lei 9.491/1997*, os objetivos fundamentais da desestatização na esfera da União são: a) reordenar a posição estratégica do Estado na economia, transferindo à iniciativa privada atividades indevidamente exploradas pelo setor público; b) contribuir para a reestruturação econômica do setor público, especialmente através da melhoria do perfil e da redução da dívida pública líquida; c) permitir a retomada de investimentos nas empresas e atividades que vierem a ser transferidas à iniciativa privada; d) contribuir para a reestruturação econômica do setor privado, especialmente para a modernização da infraestrutura e do parque industrial do País, ampliando sua competitividade e reforçando a capacidade empresarial nos diversos setores da economia, inclusive através da concessão de crédito; e) permitir que a Administração Pública concentre seus esforços nas atividades em que a presença do Estado seja fundamental para a consecução das prioridades nacionais; f) contribuir para o fortalecimento do mercado de capitais, através do acréscimo da oferta de valores mobiliários e da democratização da propriedade do capital das empresas que integrarem o Programa.

A desestatização poderá incidir sobre as empresas, inclusive instituições financeiras, controladas direta ou indiretamente pela União, instituídas por lei ou ato do Poder Executivo; empresas criadas pelo setor privado e que, por qualquer motivo, passaram ao controle direto ou indireto da União; serviços públicos objeto de concessão, permissão ou autorização; instituições financeiras públicas estaduais que tenham tido as ações de seu capital social desapropriadas; bens móveis e imóveis da União.

Esse fenômeno consubstancia verdadeira sucessão de empregadores, isso porque ocorre a transferência da unidade econômica ou jurídica da empresa estatal, bem como a continuidade da prestação de serviços pela empresa privada, de forma que se enquadra nos ditames dos arts. 10, 448 e 448-A da CLT.

Após a desestatização as regras referentes ao regime jurídico administrativo não se aplicam mais aos contratos de trabalho em vigor, de modo que o novo empregador (sucessor) poderá dispensar os empregados independentemente de motivação, processo administrativo disciplinar ou decisão judicial, de modo que o trabalhador não terá direito a reintegração.

"AGRAVO DE INSTRUMENTO. RECURSO DE REVISTA. PROCESSO SOB A ÉGIDE DA LEI 13.015/2014 E ANTERIOR À LEI 13.467/2017. BEMGE. **SOCIEDADE DE ECONOMIA MISTA. SUCESSÃO POR EMPRESA PRIVADA – PRIVATIZAÇÃO. DISPENSA IMOTIVADA DO EMPREGADO. POSSIBILIDADE.** *Sabe-se que o Supremo Tribunal Federal, em composição plenária, no julgamento do Recurso Extraordinário n.º 589.998/PI, ocorrido em 20.03.2013, decidiu que a validade do ato de despedida de empregado das entidades estatais organizadas como empresa pública, sociedade de economia mista e congêneres depende da existência de consistente motivação, não prevalecendo a simples despedida arbitrária, desmotivada, ainda que as relações trabalhistas sejam regidas pelo art. 173, § 1º, II, da CF. É que, na área estatal, em decorrência do princípio da motivação dos atos administrativos, decorrente dos princípios da legalidade, impessoalidade, moralidade, publicidade e eficiência, também manifestamente incorporados pela Constituição de 1988 (art. 37, caput), não há espaço para ato arbitrário e desfundamentado.* **Todavia, não prevalece esse entendimento quando a empresa estatal é sucedida por empresa particular – hipótese dos autos – e a despedida de seu empregado dá-se após a sucessão, pois, a partir da privatização, o empregado da empresa objeto da sucessão passa ser considerado como empregado privado, sujeitando-se, assim, à discricionariedade que tem o empregador privado** *para operar a rescisão contratual.* **Esse entendimento – no sentido de não se aplicar o princípio da fundamentação a empresas privatizadas, quando a dispensa ocorre depois da privatização – tornou-se prevalente no TST a partir da decisão do Tribunal Pleno, em 2015, por maioria dos votos, no E-RR-44600-87.2008.5.07.0008 (Rel. Ministro João Oreste Dalazen, Redator designado, DEJT 09/08/2015).** *Agravo de instrumento desprovido" (AIRR-2288-19.2014.5.03.0034, 3ª Turma, Relator Ministro Mauricio Godinho Delgado, DEJT 08/11/2019).*

"I – RECURSO DE REVISTA DOS RECLAMADOS – RESCISÃO UNILATERAL DO CONTRATO DE TRABALHO – MOTIVAÇÃO – DESNECESSIDADE **Não há falar em afronta ao artigo 37 da Constituição ou às regras protetivas do trabalhador na hipótese de dispensa imotivada após a sucessão do Banestado, por meio de processo de privatização, pelo Banco Itaú, porquanto a exigência de motivação, na esteira do moderno entendimento do Supremo Tribunal, volta-se às entidades prestadoras de serviço público.** *Julgados. Recurso de Revista conhecido e provido. II – RECURSO DE REVISTA DO RECLAMANTE – Prejudicado, em razão do provimento dado ao Recurso de Revista dos Reclamados, para determinar o retorno dos autos ao Eg. Tribunal de origem" (RR-693-69.2011.5.09.0665, 8ª Turma, Relatora Ministra Maria Cristina Irigoyen Peduzzi, DEJT 30/06/2017).*

RECURSO DE REVISTA. ACÓRDÃO PUBLICADO ANTES DA VIGÊNCIA DA LEI Nº 13.015/2014. DISPENSA SEM JUSTA CAUSA. SOCIEDADE DE ECONOMIA MISTA. BANESTADO. PROCESSO DE PRIVATIZAÇÃO. SUCESSÃO PELO ITAÚ UNIBANCO S.A. **DESNECESSIDADE DE MOTIVAÇÃO DO**

283 José dos Santos Carvalho Filho. Manual de Direito Administrativo – 33. ed. – São Paulo: Atlas, 2019.

> **ATO. REINTEGRAÇÃO INDEVIDA.** *A jurisprudência da SbDI-1 do TST firmou-se no sentido de que as* **normas internas do BANESTADO, sucedido pelo Banco-Reclamado, não garantem ao empregado o alegado direito adquirido à motivação do ato de dispensa sem justa causa, uma vez que apenas estabelecem procedimentos para apuração de faltas disciplinares.** *No caso concreto, é incontroverso o fato de que a* **despedida do reclamante ocorreu após a privatização do empregador originário.** *Precedentes. Recurso de revista conhecido e provido" (RR-1800-29.2012.5.09.0661, 5ª Turma, Relator Desembargador Convocado Joao Pedro Silvestrin, DEJT 29/05/2020).*

Ainda, os contratos de trabalho pactuados com a Administração Pública Indireta sem a observância do concurso público, a princípio nulos, terão seus efeitos convalidados após a privatização, conforme preceitua a Súmula 430 do TST.

10. SÓCIO RETIRANTE

A responsabilidade patrimonial primária pela satisfação do título executivo judicial ou extrajudicial é do devedor originário, sujeito passivo da execução. Isso decorre da ideia de autonomia patrimonial das sociedades empresárias personificadas.

Ben-Hur Silveira Claus destaca que: "Sob o influxo do ideário do Liberalismo Econômico fundado pela Revolução Francesa de 1789, o engenho jurídico concebe então um ente abstrato que responderá com o próprio patrimônio pelas obrigações que venha a contrair perante terceiros (clientes, fornecedores, empregados, etc.), deixando a salvo o patrimônio individual da pessoa natural dos sócios integrantes desse sujeito coletivo. (...) A ideia de autonomia patrimonial está pressuposta na concepção da sociedade personificada". [284]

A autonomia patrimonial permite à sociedade empresária cumprir um dos seus escopos: a função social da empresa, gerando empregos, riqueza, contribuindo para o desenvolvimento econômico, social e cultural, bem como a integração e cooperação social.

Entretanto, como advertido por Claus[285], a autonomia patrimonial não pode servir de subterfúgio ou salvo-conduto para isentar os sócios das responsabilidades decorrentes dos atos empresariais ou de abusos da personalidade jurídica.

A partir dessa ideia a doutrina entende que é possível, em situações excepcionais, a responsabilização patrimonial dos sócios de forma secundária, isto é, mesmo que o sujeito não conste no título executivo, será responsável pela satisfação da dívida com o seu patrimônio.

A esse respeito Daniel Amorim Assumpção Neves destaca que "é o patrimônio do devedor que geralmente responde por sua dívida, mas em algumas situações específicas, mesmo aquele que não participou da relação de direito material obrigacional se vê responsável por sua satisfação. Seguindo as lições de Liebman, a doutrina nacional qualifica tal situação como "responsabilidade executória secundária", prevista no art. 790 do CPC/2015. Dessa forma, a responsabilidade patrimonial do devedor é primária, enquanto nas situações previstas em lei, a responsabilidade do sujeito que não é obrigado (plano do direito material) é secundária". [286]

A responsabilidade patrimonial ou executória secundária permite o alcance dos bens de pessoas que mantiveram ou mantêm relações jurídicas com o devedor, como, por exemplo, o sócio – incluindo o sócio retirante –, o sucessor empresarial, grupo econômico, etc.

11. BENS DOS SÓCIOS

Conquanto a regra seja a autonomia patrimonial da sociedade empresária, o patrimônio do sócio pode ser atingido pela execução, com base na responsabilidade patrimonial secundária.

O art. 790 do CPC estabelece que os bens dos sócios, nos termos da lei, estão sujeitos à execução. No mesmo sentido, o art. 1.023 do Código Civil[287], topograficamente localizado no Livro II que regulamenta o Direito de Empresa, preconiza que nas relações mantidas com terceiros, se os bens da sociedade empresarial cobrir a dívida, os sócios respondem pelo saldo.

A pessoa jurídica responde aprioristicamente em relação aos titulares ou acionistas (art. 1.024, CC)[288]. A figura da sociedade empresarial é descolada da figura dos sócios ou acionistas, existindo, a rigor, um "véu" (uma proteção) sobre a pessoa jurídica que impede a responsabilidade primária dos sócios.

Para o jurista Daniel Amorim Assumpção Neves[289], existem

> *"atualmente determinadas espécies de sociedade, nas quais o sócio responde com o seu patrimônio pelas dívidas da sociedade em qualquer situação de inadimplemento. É o caso da sociedade em nome coletivo (art. 1.039 do CC) e do sócio comanditado na sociedade em comandita simples (art. 1.045, caput,*

[284] Ben-Hur Silveira Claus. A desconsideração inversa da personalidade jurídica na execução trabalhista e a pesquisa eletrônica de bens de executados. Revista Eletrônica nº. 156 do Tribunal Regional do Trabalho da 4ª Região. Publicado em maio de 2013.

[285] Idem.

[286] Daniel Amorim Assumpção Neves. Manual de Direito Processual Civil. 10ª ed. – São Paulo: 2018.

[287] Art. 1.023, CC: Se os bens da sociedade não lhe cobrirem as dívidas, respondem os sócios pelo saldo, na proporção em que participem das perdas sociais, salvo cláusula de responsabilidade solidária.

[288] Art. 1.024, CC: Os bens particulares dos sócios não podem ser executados por dívidas da sociedade, senão depois de executados os bens sociais.

[289] Daniel Amorim Assumpção Neves. Manual de Direito Processual Civil. 10ª ed. – São Paulo: 2018.

> *do CC). Ocorre, entretanto, que nesse caso não parece ser a responsabilidade dos sócios secundária, porque o texto legal é claro ao prever uma solidariedade passiva entre o sócio e a sociedade pelas dívidas contraídas por essa. Parece tratar-se, portanto, de responsabilidade primária subsidiária. O mesmo fenômeno verifica-se nas hipóteses de sociedade irregular e de sociedade de fato, nas quais a responsabilidade do sócio é solidária e ilimitada".*

Havendo inadimplência da pessoa jurídica em relação ao crédito trabalhista, devidamente constituído através de título executivo judicial ou extrajudicial, e inexistindo bens da pessoa jurídica capazes de satisfazer a pretensão executória, será possível a execução do sócio.

Essa responsabilização independe da participação do sócio da relação jurídica processual na fase de conhecimento. Alguns doutrinadores entendem que essa ausência viola o princípio do devido processo legal, do contraditório e ampla defesa.

Segundo o entendimento dominante, no entanto, a ausência de participação dos responsáveis indiretos pela execução contraria o princípio do devido processo legal, do contraditório ou da ampla defesa, pois a lei confere instrumentos processuais defensivos para resistir à pretensão executória, como, por exemplo, os embargos de terceiro, embargos à execução, manifestação em incidente de desconsideração da personalidade jurídica, bem como os recursos inatos à fase de execução (agravo de petição, etc.).

O Tribunal Superior do Trabalho decidiu nesse sentido em julgados recentes:

> *"[...]* **CERCEAMENTO DO DIREITO DE DEFESA. INCLUSÃO DE SÓCIO NO POLO PASSIVO. GRUPO ECONÔMICO.** *Não se há falar em cerceamento do direito de defesa se os elementos de prova foram suficientes para formar o convencimento do Juízo. Assim, tendo sido comprovados os fatos considerados importantes ao deslinde da controvérsia, não se há de falar em cerceamento do direito de defesa.* **Outrossim, esta Corte Superior entende que não afronta os princípios da legalidade, do devido processo legal e do contraditório e da ampla defesa, a inclusão da agravante no polo passivo na fase de execução. Precedentes.** *[...]. Agravo conhecido e desprovido" (Ag-AIRR-612-58.2014.5.02.0262, 3ª Turma, Relator Ministro Alexandre de Souza Agra Belmonte, DEJT 26/06/2020) (grifos acrescidos).*

> *"[...] PRETENSÃO RESCISÓRIA VOLTADA CONTRA SENTENÇA PROFERIDA NA FASE DE CONHECIMENTO. INCLUSÃO DO SÓCIO DA EMPRESA DEMANDADA NO POLO PASSIVO DA EXECUÇÃO TRABALHISTA. TERMO INICIAL DA CONTAGEM DO PRAZO DECADENCIAL PARA O AJUIZAMENTO DE AÇÃO RESCISÓRIA. DIA SUBSEQUENTE AO TRÂNSITO EM JULGADO DA SENTENÇA RESCINDENDA. ARTIGO 495 DO CPC DE 1973. SÚMULA 100, I, DO TST. DECADÊNCIA. CONFIGURAÇÃO. [...] Ora,* **de acordo com a teoria da desconsideração da personalidade jurídica, o sócio, ao ser incluído no polo passivo da execução, recebe o processo no estado em que ele se encontra.** *Tampouco incide ao caso examinado, por analogia, a diretriz do item VI da Súmula 100 do TST, porque* **a Autora, na condição de sócia da empresa executada, é parte passiva do processo principal e não terceira interessada na causa trabalhista.** *Ademais, é evidente que o alegado equívoco na inclusão da Autora no polo passivo da execução, se existente, ocorreu em provimento diverso da sentença rescindenda e, por isso, não se expõe, nesse momento, ao corte rescisório. Finalmente, é* **inexigível a citação dos sócios na fase de conhecimento, porque naquele momento processual eles não eram partes, nem estava caracterizada a insolvência da sociedade empresária.** *Precedentes da SBDI-2 do TST. Recurso ordinário conhecido e não provido" (RO-6533-79.2013.5.15.0000, Subseção II Especializada em Dissídios Individuais, Relator Ministro Douglas Alencar Rodrigues, DEJT 11/10/2018).*

Podemos concluir com tranquilidade que não há afronta aos princípios do devido processo legal ou do contraditório ou ampla defesa por ausência de participação dos sócios na fase cognitiva do processo, visto que o sócio dispõe de todos os meios de defesa na fase de execução.

A constituição da dívida trabalhista não se confunde com a responsabilidade patrimonial. A primeira, decorre da relação de direito material cujas partes em sentido material são o empregado e o empregador. A segunda, decorre da qualidade de sócio, acionista, administrador ou titular da empresa e da insolvência da sociedade empresária, o que retira, a princípio, a qualidade de parte.

Ademais, será possível a execução do sócio inclusive na recuperação judicial ou extrajudicial da empresa. Vejamos a ementa abaixo:

> *"AGRAVOS DE INSTRUMENTO EM RECURSOS DE REVISTA INTERPOSTOS PELOS EXECUTADOS – ANÁLISE CONJUNTA. EXECUTADA EM RECUPERAÇÃO JUDICIAL. REDIRECIONAMENTO DA EXECUÇÃO AO SÓCIO. POSSIBILIDADE. A jurisprudência pacificada nesta Corte é a de que a falência ou a recuperação judicial determina limitação da competência trabalhista após os atos de liquidação dos eventuais créditos deferidos, não se procedendo aos atos tipicamente executivos, ressalvada a hipótese em que há a possibilidade de redirecionamento da execução a empresas componentes do grupo econômico, a devedores subsidiários ou mesmo a sócios da empresa falida ou em recuperação judicial, não sendo afetados os atos satisfativos pela competência do juízo universal falimentar. Agravos de instrumento conhecidos e não providos " (AIRR-1801-87.2013.5.02.0074, 8ª Turma, Relatora Ministra Dora Maria da Costa, DEJT 05/06/2020).*

12. RESPONSABILIDADE PATRIMONIAL DO SÓCIO RETIRANTE

Durante muito tempo houve dissenso na doutrina e na jurisprudência sobre a possibilidade de responsabilização do sócio que se retirou da sociedade empresarial quanto aos créditos oriundos da relação de trabalho.

O artigo 1.003 e 1.032 do Código Civil estabelece que o sócio que se retirou da sociedade responde pelas dívidas da sociedade até dois anos a partir da data de averbação da retirada:

> *Art. 1.003, CC: A cessão total ou parcial de quota, sem a correspondente modificação do contrato social com o consentimento dos demais sócios, não terá eficácia quanto a estes e à sociedade.*
>
> *Parágrafo único. Até dois anos depois de averbada a modificação do contrato, responde o cedente solidariamente com o cessionário, perante a sociedade e terceiros, pelas obrigações que tinha como sócio.*
>
> *Art. 1.032, CC: A retirada, exclusão ou morte do sócio, não o exime, ou a seus herdeiros, da responsabilidade pelas obrigações sociais anteriores, **até dois anos após averbada a resolução da sociedade;** nem nos dois primeiros casos, pelas posteriores e em igual prazo, enquanto não se requerer a averbação.*

Parte dos doutrinadores entendiam que esse dispositivo era inaplicável ao processo do trabalho, por ausência de compatibilidade de princípios e regras. Os defensores dessa corrente entendiam que a prestação de serviços do empregado beneficia diretamente a empresa e os seus respectivos sócios, de modo que não poderiam se eximir de tal responsabilidade. Além disso, sustentavam que o crédito decorrente da relação jurídica trabalhista tem como características a natureza jurídica alimentar, indisponível e irrenunciável.

Outros entendiam a possibilidade da aplicação do referido dispositivo. Esse era o posicionamento majoritário na jurisprudência.

> *"AGRAVO DE INSTRUMENTO EM RECURSO DE REVISTA. RESPONSABILIDADE DO SÓCIO RETIRANTE. 1. Trata-se de Agravo de Instrumento objetivando o processamento de recurso de revista fundamentado na alínea "c" do art. 896 da Consolidação das Leis do Trabalho. 2. Dispõe o artigo 7°, XXIX, da Constituição da República: " Art. 7º São direitos dos trabalhadores urbanos e rurais, além de outros que visem à melhoria de sua condição social:(...) XXIX – ação, quanto aos créditos resultantes das relações de trabalho, com prazo prescricional de cinco anos para os trabalhadores urbanos e rurais, até o limite de dois anos após a extinção do contrato de trabalho ". In casu, consta no acórdão Regional que a ação principal foi ajuizada em 04 de maio de 2009. No entanto, não está registrado que o trabalhador intentou sua ação após o biênio previsto no artigo 7°, XXIX, da Constituição da República. Logo, não há que se falar em afronta a literalidade o mencionado dispositivo. **3. Consta, ainda, no acórdão Regional que, por alteração societária havida em 13 de janeiro de 2009, devidamente registrada junto ao órgão competente, o Agravante retirou-se da empresa Reclamada, devendo responder pelo prazo de até dois anos a partir da averbação da alteração societária.** O acórdão registra que " A ação principal foi ajuizada em 04 de maio de 2009. A demanda trabalhista pressupõe o período contratual em que o Agravante foi sócio.". 4. **Logo, reconhecida a responsabilidade do sócio retirante com amparo no artigo 1003, parágrafo único do Código Civil, não que se falar em ofensa direta ao artigo 7°, XXIX, da Constituição da República,** pois este dispositivo trata do prazo que dispõe o trabalhador para demandar em juízo após a extinção do seu contrato de trabalho, e não sobre o prazo em que deve ser responsabilizado o sócio retirante por débitos trabalhistas contraídos pela empresa cujo quadro societário integrava. Agravo de Instrumento não provido .[...](AIRR-95000-10.2009.5.02.0041, 1ª Turma, Relatora Desembargadora Convocada Luiza Lomba, DEJT 23/10/2015). (grifos acrescidos)*
>
> *"RECURSO DE REVISTA. EXECUÇÃO. NULIDADE DO V. ACÓRDÃO REGIONAL POR NEGATIVA DE PRESTAÇÃO JURISDICIONAL. Não demonstrado ausência de fundamentação do julgado, não se conhece do apelo. **Recurso de revista não conhecido. EX SÓCIO. RESPONSABILIDADE . LIMITAÇÃO TEMPORAL . 2 ANOS APÓS A AVERBAÇÃO NO CONTRATO SOCIAL. O eg. TRT entendeu que, da combinação da exegese dos arts. 1003, parágrafo único e 1032 do CC, extrai-se que cabe ao sócio retirante responsabilizar-se pelas obrigações sociais anteriores à sua retirada, sendo de até dois anos após esse evento o prazo para ser ajuizada a reclamação trabalhista.** A pretensão do reclamante está adstrita à interpretação realizada pelo eg. Tribunal Regional acerca do disposto no artigo 1032 do Código Civil, no tocante à responsabilidade do sócio quando de sua saída da sociedade, o que não impulsiona o conhecimento do apelo por afronta ao art. 5º, II, da Constituição Federal, pois o conhecimento do recurso de revista na atual fase está adstrito à violação direta e literal de dispositivo da Constituição Federal ou de lei federal. Se para analisar a violação do princípio da legalidade houver necessidade de interpretação de norma infraconstitucional, a provável violação será reflexa e não direta, a repelir o conhecimento do recurso de revista, como in casu. Recurso de revista não conhecido" (RR-119500-78.2008.5.15.0053, 6ª Turma, Relator Ministro Aloysio Correa da Veiga, DEJT 15/04/2014). (grifos acrescidos)*

Esse dilema foi pacificado pela Reforma Trabalhista (Lei 13.467/2017), na medida que passou a prever expressamente a responsabilidade do sócio retirante no artigo em análise (art. 10-A da CLT). O sócio retirante será responsável pelas obrigações trabalhistas da sociedade relativas ao período em que figurou como sócio, apenas nas demandas trabalhistas propostas até 2 (dois) anos depois de averbada a modificação do contrato social da empresa.

A responsabilidade patrimonial do sócio retirante será subsidiária. O art. 10-A, *caput*, da CLT estabelece um benefício de ordem, no qual os bens do sócio retirante serão atingidos apenas se a empresa e os sócios atuais não tiverem patrimônio para saldar as obrigações trabalhistas.

Os artifícios utilizados na relação empregatícia com objetivos fraudulentos são considerados nulos de pleno direito (art. 9º da CLT).

De acordo com o parágrafo único do art. 10-A da CLT, a responsabilidade pelas obrigações trabalhistas será solidária se demonstrada a fraude na sucessão de empregadores. Isso decorre da necessidade de salvaguardar os credores trabalhistas dos propósitos fraudulentos do sucessor e do sucedido.

Na 2ª Jornada Nacional de Direito Material e Processual do Trabalho promovida pela Associação Nacional dos Magistrados da Justiça do Trabalho (Anamatra), a Comissão 1 formou o entendimento consignado no Enunciado nº 8, cujo teor transcrevemos: "A teor do art. 1.146 do Código Civil, aplicável ao direito do trabalho (CLT, art. 8º), é cabível a responsabilidade solidária do sucedido e do sucessor pelos créditos trabalhistas constituídos antes do trespasse do estabelecimento, independentemente da caracterização de fraude".

Para essa corrente interpretativa, o sucessor e o sucedido respondem de forma solidária pelas obrigações trabalhistas formadas antes da transferência interempresarial.

13. LEGISLAÇÃO RELACIONADA

▶ Art. 1.003 do CC: A cessão total ou parcial de quota, sem a correspondente modificação do contrato social com o consentimento dos demais sócios, não terá eficácia quanto a estes e à sociedade.

▶ Art. 1.032 do CC: A retirada, exclusão ou morte do sócio, não o exime, ou a seus herdeiros, da responsabilidade pelas obrigações sociais anteriores, até dois anos após averbada a resolução da sociedade; nem nos dois primeiros casos, pelas posteriores e em igual prazo, enquanto não se requerer a averbação.

▶ OJ 408 SDI-1/TST: Juros de Mora. Empresa em Liquidação Extrajudicial. Sucessão Trabalhista. É devida a incidência de juros de mora em relação aos débitos trabalhistas de empresa em liquidação extrajudicial sucedida nos moldes dos arts. 10 e 448 da CLT. O sucessor responde pela obrigação do sucedido, não se beneficiando de qualquer privilégio a este destinado.

▶ Art. 448 da CLT: A mudança na propriedade ou na estrutura jurídica da empresa não afetará os contratos de trabalho dos respectivos empregados.

▶ Art. 448-A da CLT: Caracterizada a sucessão empresarial ou de empregadores prevista nos arts. 10 e 448 desta Consolidação, as obrigações trabalhistas, inclusive as contraídas à época em que os empregados trabalhavam para a empresa sucedida, são de responsabilidade do sucessor.

▶ Súmula 304/ TST: Correção Monetária. Empresas em liquidação. Art. 46 do ADCT/CF. Os débitos trabalhistas das entidades submetidas aos regimes de intervenção ou liquidação extrajudicial estão sujeitos a correção monetária desde o respectivo vencimento até seu efetivo pagamento, sem interrupção ou suspensão, não incidindo, entretanto, sobre tais débitos, juros de mora.

▶ OJ 92 SDI-1/TST: Desmembramento de municípios. Responsabilidade trabalhista. Em caso de criação de novo município, por desmembramento, cada uma das novas entidades responsabiliza-se pelos direitos trabalhistas do empregado no período em que figurarem como real empregador.

▶ OJ 143 SDI-1/TST: Empresa em liquidação extrajudicial. Execução. Créditos trabalhistas. Lei n. 6.024/74. A execução trabalhista deve prosseguir diretamente na Justiça do Trabalho mesmo após a decretação da liquidação extrajudicial. Lei n. 6.830/80, arts. 5.º e 29, aplicados supletivamente (CLT art. 889 e CF/1988, art. 114).

▶ OJ 48 SDI-1 Transitória: Petromisa. Sucessão. Petrobras. Legitimidade. Em virtude da decisão tomada em assembleia, a Petrobras é a real sucessora da Petromisa, considerando que recebeu todos os bens móveis e imóveis da extinta Petromisa. (ex-OJ n. 202 da SDI-1 — inserida em 8-11-00)

▶ OJ 261 SDI-1/TST: Bancos. Sucessão. As obrigações trabalhistas, inclusive as contraídas à época em que os empregados trabalhavam para o banco sucedido, são de responsabilidade do sucessor, uma vez que a este foram transferidos os ativos, as agências, os direitos e deveres contratuais, caracterizando típica sucessão trabalhista.

▶ OJ 343 SDI-1/TST: Penhora. Sucessão. Art. 100 da CF/1988. Execução. É válida a penhora em bens de pessoa jurídica de direito privado, realizada anteriormente à sucessão pela União ou por Estado-membro, não podendo a execução prosseguir mediante precatório. A decisão que a mantém não viola o art. 100 da CF/1988.

▶ OJ 408 SDI-1/TST: Juros de Mora. Empresa em Liquidação Extrajudicial. Sucessão Trabalhista. É devida a incidência de juros de mora em relação aos débitos trabalhistas de empresa em liquidação extrajudicial sucedida nos moldes dos arts. 10 e 448 da CLT. O sucessor responde pela obrigação do sucedido, não se beneficiando de qualquer privilégio a este destinado.

▶ OJ 411 SDI-1/TST: Sucessão Trabalhista. Aquisição de Empresa pertencente a Grupo Econômico. Responsabilidade Solidária do Sucessor por Débitos Trabalhistas de Empresa não adquirida. Inexistência. O sucessor não responde solidariamente por débitos trabalhistas de empresa não adquirida, integrante do mesmo grupo econômico da empresa sucedida, quando, à época, a empresa devedora direta era solvente ou idônea economicamente, ressalvada a hipótese de má-fé ou fraude na sucessão.

▶ OJ 53 SDI-2/TST: Mandado de Segurança. Cooperativa em liquidação extrajudicial. Lei n. 5.764/71, art. 76. Inaplicável. Não suspende a execução. A liquidação extrajudicial de sociedade cooperativa não suspende a execução dos créditos trabalhistas existentes contra ela.

▶ OJ 59 SDI-1/TST: Plano Verão. URP de fevereiro de 1989. Inexistência de Direito Adquirido. Inexiste direito adquirido à URP de fevereiro de 1989 (Plano Verão), em face da edição da Lei n. 7.730/89.

▶ Súmula 227/STF: A concordata do empregador não impede a execução de crédito nem a reclamação de empregado na Justiça do Trabalho.

▶ OJ 225 da SDI-1 do TST: CONTRATO DE CONCESSÃO DE SERVIÇO PÚBLICO. RESPONSABILIDADE TRABALHISTA. Celebrado contrato de concessão de serviço público em que uma empresa (primeira concessionária) outorga a outra (segunda concessionária), no todo ou em parte. mediante arrendamento, ou qualquer outra forma contratual, a título transitório, bens de sua propriedade: I — em caso de rescisão do contrato de trabalho após a entrada em vigor da concessão, a segunda concessionária, na condição de sucessora, responde pelos direitos decorrentes do contrato de trabalho, sem prejuízo da responsabilidade subsidiária da primeira concessionária pelos débitos trabalhistas contraídos até a concessão: II — no tocante ao contrato de trabalho extinto antes da vigência da concessão, a responsabilidade pelos direitos dos trabalhadores será exclusivamente da antecessora.

▶ Lei n. 11.101/2005, art. 60. Se o plano de recuperação judicial aprovado envolver alienação judicial de filiais ou de unidades produtivas isoladas do devedor, o juiz ordenará a sua realização, observado o disposto no art. 142 desta Lei.

▶ PARÁGRAFO ÚNICO. O objeto da alienação estará livre de qualquer ônus e não haverá sucessão do arrematante nas obrigações do devedor de qualquer natureza, incluídas, mas não exclusivamente, as de natureza ambiental, regulatória, administrativa, penal, anticorrupção, tributária e trabalhista, observado o disposto no § 1º do art. 141 desta Lei.

▶ Lei n. 11.101/2005, art. 141. Na alienação conjunta ou separada de ativos, inclusive da empresa ou de suas filiais, promovida sob qualquer das modalidades de que trata o art. 142: II – o objeto da alienação estará livre de qualquer ônus e não haverá sucessão do arrematante nas obrigações do devedor, inclusive as de natureza tributária, as derivadas da legislação do trabalho e as decorrentes de acidentes de trabalho. § 1º O disposto no inciso II do **caput** deste artigo não se aplica quando o arrematante for: II – parente, em linha reta ou colateral até o 4º (quarto) grau, consangüíneo ou afim, do falido ou de sócio da sociedade falida;

**Vide art. 29, da Instrução Normativa SIT n. 144, de 18-5-2018.

Vide arts. 6.º, 60, 83 e 141 da Lei n. 11.101, de 9-2-2005.

Vide OJs 96 e 225 da SDI-1/TST.

14. JURISPRUDÊNCIA

▶ SUCESSÃO DE EMPRESAS. TRANSFERÊNCIA DE PATRIMÔNIO. CONFIGURAÇÃO. Para o reconhecimento da sucessão de empresas, e consequente responsabilização da sucessora nos moldes do artigo 10 e 448 da CLT, basta que se evidencie a transferência substancial de patrimônio, não sendo imprescindível que a sucedida tenha encerrado por completo suas atividades.

(TRT-2 01850001319905020012 SP, Relator: REGINA APARECIDA DUARTE, 16ª Turma – Cadeira 3, Data de Publicação: 09/03/2021)

▶ SUCESSÃO DE EMPREGADORES. RESPONSABILIDADE DA AESC. Incontroversa a situação de assunção, pela GAMP da unidade da AESC, com continuidade da atividade e mantendo os empregados, não restam dúvidas acerca da configuração de típica sucessão trabalhista, nos termos dos artigos 10 e 448 da CLT. Assim, tem-se que assumiu na integralidade os antigos contratos de trabalho, com todos os seus efeitos passados, presentes e futuros, tendo em vista a continuidade do vínculo de emprego, não havendo falar em limitação temporal da sua responsabilidade, ou mesmo em condenação solidária da sucedida.

(TRT-4 – ROT: 00215864020175040203, Data de Julgamento: 13/02/2021, 3ª Turma)

▶ SUCESSÃO TRABALHISTA. CONCESSÃO DE SERVIÇO PÚBLICO. Nos termos dos artigos 10 e 448 da CLT, as alterações na propriedade e estrutura jurídica das empresas não afetam os direitos decorrentes dos contratos de trabalho dos respectivos empregados. Todavia, a perda da concessão pública sem o arrendamento ou outra forma de cessão dos bens ou assunção das responsabilidades jurídicas da empresa antecessora por parte das novas empresas concessionárias não caracteriza sucessão trabalhista, conforme a OJ nº 225 da SDI-1 do C. TST.

(TRT-3 – RO: 00103295220195030178 MG 0010329-52.2019.5.03.0178, Relator: Adriana Goulart de Sena Orsini, Data de Julgamento: 08/03/2021, Primeira Turma, Data de Publicação: 09/03/2021.)

▶ AGRAVO DE PETIÇÃO. SUCESSÃO DE EMPREGADORES. CIA METROPOLITANO DO RIO DE JANEIRO X CONCESSÃO METROVIÁRIA DO RIO DE JANEIRO. A ocorrência de sucessão de empregadores gera a responsabilidade do sucessor quanto a débitos e obrigações trabalhistas, conforme os artigos 10 e 448 da CLT, inclusive quanto àqueles já vencidos e anteriores à transferência da propriedade. O fato de o contrato de trabalho ter sido extinto antes da transferência da empresa não constitui requisito imprescindível à caracterização da sucessão. Com a configuração desse instituto, o sucessor assume as dívidas do sucedido por força de lei (CLT, arts. 10 e 448), ainda que não tenha participado da fase inicial da demanda e não conste do título executivo judicial.

(TRT-1 – AP: 01007544820195010060 RJ, Relator: MARIA HELENA MOTTA, Data de Julgamento: 17/03/2021, Sexta Turma, Data de Publicação: 23/03/2021)

▶ AGRAVO DE PETIÇÃO. SUCESSÃO TRABALHISTA. CONCESSÃO METROVIÁRIA. O elemento definidor, por excelência, da sucessão é a alteração subjetiva na exploração de uma mesma atividade econômica, e não a necessária transferência de propriedade do negócio, ou mesmo do aviamento. Nesta espécie de transferência de direitos subjetivos, o novo adquirente leva o conteúdo e os encargos do precedente, como só há de acontecer nos direitos reais e de crédito, pois ninguém pode transmitir um direito melhor do que aquele que possui. Os vícios e os encargos acompanham o direito que gravam (artigos 10 e 448, da CLT). Recurso não provido.

(TRT-1 – AP: 01003694320195010079 RJ, Relator: ROBERTO NORRIS, Data de Julgamento: 09/12/2020, Quarta Turma, Data de Publicação: 12/12/2020)

▶ AGRAVO DE PETIÇÃO. SUCESSÃO TRABALHISTA. RESPONSABILIDADE DAS EXECUTADAS. A sucessão trabalhista atribui exclusivamente para a empresa sucessora a responsabilidade pelo adimplemento dos créditos trabalhistas antes pertencentes à empresa sucedida e está disciplinada pelos art. 10 e 448 da CLT. Configura-se quando há mudança de propriedade, ainda que parcial, ou alteração na estrutura jurídica da empresa e alcança todos os créditos e débitos da empresa sucedida, o que inclui os débitos trabalhistas.

(TRT-3 – AP: 00113690220185030050 MG 0011369-02.2018.5.03.0050, Relator: Mauro Cesar Silva, Data de Julgamento: 22/03/2021, Decima Primeira Turma, Data de Publicação: 23/03/2021.)

▶ AGRAVO DE PETIÇÃO. DIREITO DO TRABALHO. SUCESSÃO DE EMPREGADORES. REQUISITOS NÃO CONFIGURADOS. Ocorre sucessão quando uma empresa é absorvida por outra e, ainda, quando a empresa é alienada, e o novo proprietário assume os direitos decorrentes do contrato de trabalho firmado com os empregados. Em havendo modificação na estrutura da empresa, os contratos de trabalho dos empregados não são afetados consoante dispõe os artigos 10 e 448 da CLT. In casu, inexistentes elementos fáticos e jurídicos capazes de configurar a sucessão trabalhista nos termos dos referidos artigos. Agravo de petição a que se nega provimento (Processo: Ag – 0000614-03.2016.5.06.0341, Redator: Ivan de Souza Valenca Alves, Data de julgamento: 10/03/2021, Primeira Turma, Data da assinatura: 12/03/2021)

(TRT-6 – AGV: 00006140320165060341, Data de Julgamento: 10/03/2021, Primeira Turma, Data de Publicação: 12/03/2021)

▶ SUCESSÃO TRABALHISTA – APLICAÇÃO DOS ARTIGOS 10 E 448 DA CLT. Caracterizada a sucessão de empregadores pela transferência do estabelecimento, havendo continuidade na prestação de serviço e exploração do mesmo ramo de negócio, o novo titular da unidade produtiva assume todas as obrigações trabalhistas, presentes, pretéritas e futuras. Aplicação dos artigos 10 e 448 da CLT.

(TRT-3 – RO: 00103037220205030096 MG 0010303-72.2020.5.03.0096, Relator: Anemar Pereira Amaral, Data de Julgamento: 15/03/2021, Sexta Turma, Data de Publicação: 16/03/2021.)

▶ AGRAVO DE PETIÇÃO. SUCESSÃO TRABALHISTA. RESPONSABILIDADE DAS EXECUTADAS. A sucessão trabalhista atribui exclusivamente para a empresa sucessora a responsabilidade pelo adimplemento dos créditos trabalhistas antes pertencentes à empresa sucedida e está disciplinada pelos art. 10 e 448 da CLT. Configura-se quando há mudança de propriedade, ainda que parcial, ou alteração na estrutura jurídica da empresa e alcança todos os créditos e débitos da empresa sucedida, o que inclui os débitos trabalhistas.

(TRT-3 – AP: 00108312120185030050 MG 0010831-21.2018.5.03.0050, Relator: Mauro Cesar Silva, Data de Julgamento: 18/03/2021, Decima Primeira Turma, Data de Publicação: 19/03/2021.)

▶ SUCESSÃO TRABALHISTA. CARACTERIZAÇÃO. A configuração da sucessão de empregadores pressupõe, a teor dos arts. 10 e 448, da CLT, a ocorrência, concomitante, das seguintes situações fático-jurídicas: transferência da atividade econômica ou alteração da estrutura jurídica da empresa e continuidade da mesma atividade econômica.

(TRT-1 – RO: 00107127720145010431 RJ, Relator: MARIA APARECIDA COUTINHO MAGALHAES, Data de Julgamento: 16/03/2021, Oitava Turma, Data de Publicação: 19/03/2021)

▶ RECURSO ORDINÁRIO. CARTÓRIO EXTRAJUDICIAL. SUCESSÃO DE EMPREGADORES. FALECIMENTO DO ANTIGO TITULAR. ALTERAÇÃO DO TITULAR. A teor do disposto nos artigos 10 e 448 da CLT, o tabelião sucessor é responsável pelos créditos trabalhistas tendo em vista que ocorrida a transferência da unidade econômico-jurídica que integra o estabelecimento e a continuidade na prestação de serviços. O fato de a vacância na titularidade do cartório decorrer do falecimento do antigo tabelião não é óbice para o reconhecimento da sucessão e, ademais, o antigo titular foi afastado judicialmente em data anterior ao seu óbito, sendo o terceiro réu designado como interino e logo após como Titular. Recurso Ordinário interposto pelo terceiro réu conhecido e não provido.

(TRT-1 – RO: 01013120420195010227 RJ, Relator: RAQUEL DE OLIVEIRA MACIEL, Data de Julgamento: 10/03/2021, Sétima Turma, Data de Publicação: 23/03/2021)

EXECUÇÃO TRABALHISTA. AQUISIÇÃO PROMOVIDA POR GRUPO ECONÔMICO. ALIENAÇÃO POSTERIOR QUE FRUSTRA DIREITOS TRABALHISTAS. RESPONSABILIDADE SOLIDÁRIA DA SUCESSORA. De acordo com os artigos 2º, § 2º, 10 e 448 da CLT, interpretados sob a orientação do art. 265 do Código Civil e da Instrução Normativa nº 41 de 2017, do TST, extrai-se que o empregado tem o direito de cobrar seu crédito trabalhista de qualquer dos devedores solidários pertencente ao grupo econômico, bem como que não o prejudicam as mudanças na propriedade ou na estrutura jurídica da empresa. Agravo de petição ao qual se nega provimento, para ampliar o polo passivo da demanda, garantindo-se o contraditório e ampla defesa.

(TRT-2 01550006820035020046 SP, Relator: CARLOS ROBERTO HUSEK, 17ª Turma – Cadeira 3, Data de Publicação: 25/03/2021)

▶ SUCESSÃO TRABALHISTA. POLO PASSIVO DA EXECUÇÃO. Demonstrada nos autos a transferência do estabelecimento da executada para outra empresa, resta configurada a sucessão trabalhista, de acordo com as normas dos arts. 10 e 448, ambos da CLT. Portanto, a empresa sucessora é parte legítima para integrar o polo passivo da execução.

(TRT-4 – AP: 00000309320125040352, Data de Julgamento: 25/03/2021, Seção Especializada em Execução)

▶ AGRAVO DE PETIÇÃO. SÓCIO DA EMPRESA SUCESSORA. ADMISSÃO NA SOCIEDADE APÓS O TÉRMINO DO CONTRATO DE TRABALHO. AUSÊNCIA RESPONSABILIDADE TRABALHISTA. No âmbito do Direito Trabalhista, a responsabilização dos sócios deve observar a contemporaneidade da sua participação na sociedade com a prestação de serviços do empregado, de modo a se aplicar o artigo 448-A da CLT, no sentido de que "caracterizada a sucessão empresarial ou de empregadores prevista nos arts. 10 e 448 desta Consolidação, as obrigações trabalhistas, inclusive as contraídas à época em que os empregados trabalhavam para a empresa sucedida, são de responsabilidade do sucessor". Tendo em vista que as sócias e agravadas ingressaram na empresa sucessora após o término do contrato de trabalho e não se beneficiaram dos serviços prestados, não há como lhes atribuir responsabilidade por obrigações decorrentes do vínculo empregatício mantido com a empresa sucedida.

(TRT-3 – AP: 00102904020155030099 MG 0010290-40.2015.5.03.0099, Relator: Ricardo Marcelo Silva, Data de Julgamento: 24/03/2021, Nona Turma, Data de Publicação: 25/03/2021.)

▶ RECURSO ORDINÁRIO DO SEGUNDO RECLAMADO. SUCESSÃO TRABALHISTA. CARTÓRIO EXTRAJUDICIAL. DESIGNAÇÃO A TÍTULO PRECÁRIO. RESPONSABILIDADE. RAZOABILIDADE. A questão proposta envolve o tema da sucessão de empregadores, com previsão legal nos artigos 10 e 448 da CLT. A ocorrência de sucessão entre os reclamados é evidente, devendo o sucessor responder pelos créditos referentes a todo o período da relação de trabalho. Hipótese em que a responsabilidade subsidiária compatibiliza-se com as peculiaridades do caso concreto, em que a delegação interina do recorrente decorreu de afastamento do tabelião sucedido por penalidade disciplinar. Recurso do segundo reclamado provido em parte, no aspecto.

(TRT-4 – ROT: 00202099420185040010, Data de Julgamento: 05/03/2021, 8ª Turma)

▶ SUCESSÃO DE EMPREGADORES. TABELIONATO. Considerando-se o caráter precário da função assumida pelo Registrador Substituto, não há falar em sucessão de empregadores na forma dos artigos 10 e 448 da CLT. [...].

(TRT-4 – ROT: 00219375920175040511, Data de Julgamento: 03/03/2021, 5ª Turma)

▶ SUCESSÃO TRABALHISTA. CARACTERIZAÇÃO. A teor do disposto nos artigos 10 e 448 da CLT, a alteração na propriedade ou na estrutura jurídica da empresa não afeta os contratos de trabalho a ela vinculados. No caso dos autos, houve a transferência de titularidade do Cartório de Registro de Imóveis em razão do falecimento do tabelião original, assumindo o novo titular os contratos de trabalho, restando configurada a caracterização da sucessão trabalhista.

(TRT-3 – RO: 00104065020195030020 MG 0010406-50.2019.5.03.0020, Relator: Marcio Jose Zebende, Data de Julgamento: 10/02/2021, Sétima Turma, Data de Publicação: 11/02/2021.)

▶ RECURSO ORDINÁRIO. SUCESSÃO DE EMPRESAS. A sucessão trabalhista, nos termos do disposto nos arts. 10 e 448 da CLT, pressupõe a continuidade da atividade econômica pela sucessora, com a aquisição de bens materiais e imateriais da sucedida. Se há apenas alteração do nome do estabelecimento comprovada por meio de contrato de licenciamento de marca, não se trata de sucessão de empresa, uma vez que a empresa supostamente sucedida continuou atuando como empregadora do reclamante, pagando-lhe salários e, até mesmo, dispensando-o.

(TRT-1 – RO: 01002553320195010038 RJ, Relator: ALVARO ANTONIO BORGES FARIA, Data de Julgamento: 27/01/2021, Quinta Turma, Data de Publicação: 25/02/2021)

▶ SOCIEDADE DE ECONOMIA MISTA. PRIVATIZAÇÃO. NÃO INCORPORAÇÃO AO CONTRATO DE TRABALHO DE NORMA INTERNA DESTINADA à ADMINISTRAÇÃO PÚBLICA. DISPENSA IMOTIVADA DO EMPREGADO. POSSIBILIDADE. Em se tratando de privatização, resulta configurada a sujeição integral da empresa ao regime jurídico de direito privado, sem as limitações decorrentes dos princípios administrativos. Assim ocorrendo, não há incorporação ao contrato de trabalho de empregado admitido em momento anterior à edição do regulamento, de norma interna revogada após a privatização, destinada a conferir, no tocante ao ato de desligamento dos empregados, tratamento compatível com os princípios informadores da Administração Pública (art. 37 da CR), sob pena de se desvirtuar a própria essência do repasse da gestão empresarial ao ramo integralmente privado. Inaplicáveis à situação, em homenagem, inclusive, à faceta material do princípio da isonomia (art. 5º, caput, da CR – conferir tratamento jurídico díspar a situação jurídica diferente), a Súmula nº 51, I, do TST e os artigos 10 e 448 da CLT. Diante de tal cenário, revela-se legítima a dispensa imotivada operada pela empresa ré posteriormente à privatização. Recurso ordinário conhecido e não provido.

(TRT-11 – RO: 00004318420205110007, Relator: ELEONORA DE SOUZA SAUNIER, Data de Julgamento: 24/02/2021, 2ª Turma, Data de Publicação: 02/03/2021)

▶ SOCIEDADE DE ECONOMIA MISTA. PRIVATIZAÇÃO. NÃO INCORPORAÇÃO AO CONTRATO DE TRABALHO DE NORMA INTERNA DESTINADA à ADMINISTRAÇÃO PÚBLICA. DISPENSA IMOTIVADA DO EMPREGADO. POSSIBILIDADE. Em se tratando de privatização, resulta configurada a sujeição integral da empresa ao regime jurídico de direito privado, sem as limitações decorrentes dos princípios administrativos. Assim ocorrendo, não há incorporação ao contrato de trabalho de empregado admitido em momento anterior à edição do regulamento, de norma interna revogada após a privatização, destinada a conferir, no tocante ao ato de desligamento dos empregados, tratamento compatível com os princípios informadores da Administração Pública (art. 37 da CR), sob pena de se desvirtuar a própria essência do repasse da gestão empresarial ao ramo integralmente privado. Inaplicáveis à situação, em homenagem, inclusive, à faceta material do princípio da isonomia (art. 5º, caput, da CR – conferir tratamento jurídico díspar a situação jurídica diferente), a Súmula nº 51, I, do TST e os artigos 10 e 448 da CLT. Diante de tal cenário, revela-se legítima a dispensa imotivada operada pela empresa ré posteriormente à privatização. Recurso ordinário conhecido e não provido.

(TRT-11 – RO: 00004318420205110007, Relator: ELEONORA DE SOUZA SAUNIER, Data de Julgamento: 24/02/2021, 2ª Turma, Data de Publicação: 02/03/2021)

▶ SUCESSÃO TRABALHISTA. NÃO CARACTERIZAÇÃO. Nos termos em que dispõe o artigo 10 da CLT, a alteração na estrutura jurídica da empresa não afetará os direitos adquiridos por seus empregados. Por sua vez, o artigo 448 da CLT assevera que a mudança na propriedade ou na estrutura jurídica da empresa não afetará os contratos de trabalho dos respectivos empregados, de modo que o entendimento consagrado na doutrina e na jurisprudência é o de que a empresa sucessora responde integralmente pelos débitos trabalhistas oriundos das relações de trabalho, ainda que referentes a período anterior à sucessão, e mesmo que não tenha havido continuidade na prestação de serviços. No entanto, constatando-se que houve foi o encerramento das atividades da reclamada e, posteriormente, a sublocação do espaço para outra empresa, ausente qualquer prova da transferência do negócio, não há que se falar em sucessão trabalhista.

(TRT-3 – AP: 00107895620195030043 MG 0010789-56.2019.5.03.0043, Relator: Antonio Carlos R. Filho, Data de Julgamento: 12/02/2021, Sétima Turma, Data de Publicação: 18/02/2021.)

▶ DESCONSIDERAÇÃO DA PERSONALIDADE JURÍDICA. PENHORA DE BENS DE SÓCIO RETIRANTE. AÇÃO DISTRIBUÍDA MAIS DE CINCO ANOS DEPOIS DA RETIRADA FORMAL DO SÓCIO. Claros são os termos do artigo 10-A, da CLT, no sentido de responsabilizar ex-sócios por dívidas sociais, somente até o limite de 2 anos após sua retirada. Sob tal contexto, não parece justo o arresto de todos os ativos financeiros, veículo e imóveis do impetrante, que se retirou formalmente da sociedade mais de cinco anos antes da propositura da ação.

(TRT-2 10055680320205020000 SP, Relator: ANNETH KONESUKE, SDI-8 – Cadeira 9, Data de Publicação: 04/03/2021)

▶ Responsabilidade. Sócio retirante. Nos termos do artigo 10-A da CLT, o sócio retirante responde subsidiariamente pelas obrigações trabalhistas da sociedade relativas ao período em que figurou como sócio quanto às ações ajuizadas até dois anos depois de averbada a modificação do contrato. Contudo, cuidando-se de responsabilidade subsidiária, é de rigor que se empreenda atos expropriatórios em face da empresa devedora e dos sócios atuais antes de se alcançar o sócio retirante. Agravo de petição a que se nega provimento.

(TRT-2 10010844220165020401 SP, Relator: FLAVIO VILLANI MACEDO, 11ª Turma – Cadeira 3, Data de Publicação: 08/03/2021)

▶ DESCONSIDERAÇÃO DA PERSONALIDADE JURÍDICA – SÓCIO RETIRANTE – Aplicando-se o entendimento conjunto dos artigos 1003 e 1032 do CC, bem como do art. 10-A da CLT, incluído pela Lei 13.467/2017, tem-se que não se pode manter no polo passivo da presente execução o sócio que se retirou da sociedade em 2006, cuja alteração contratual foi devidamente averbada na JUCEMG, quando a presente ação foi ajuizada apenas em 2013, com desconsideração da personalidade jurídica apenas em 2015. Agravo de petição a que se dá provimento.

(TRT-3 – AP: 00023852220135030109 MG 0002385-22.2013.5.03.0109, Relator: Jorge Berg de Mendonca, Data de Julgamento: 08/03/2021, Sexta Turma, Data de Publicação: 08/03/2021.)

▶ AGRAVO DE PETIÇÃO – SÓCIO RETIRANTE DA EMPRESA EXECUTADA. BOA-FÉ. INEXISTÊNCIA. O limite temporal imposto no caput do art. 10-A da CLT protege apenas o sócio retirante de boa-fé, tendo como finalidade dar proteção jurídica àquele que não mais participa das atividades da empresa executada e, por isso, não pode ser responsabilizado pelas dívidas trabalhistas decorrentes do exercício da sua atividade. Por outro lado, quando o sócio retira-se apenas formalmente da empresa, mas continua envolvido no exercício da sua atividade econômica, ele permanece ligado à força de trabalho despendida pelo obreiro, assim como aos ganhos patrimoniais decorrentes do trabalho deste, situação que implica na primazia da proteção às verbas de natureza alimentar. Agravo conhecido e improvido.

(TRT-7 – AP: 00005667920185070039 CE, Relator: JEFFERSON QUESADO JÚNIOR, Data de Julgamento: 11/03/2021, Seção Especializada II, Data de Publicação: 11/03/2021)

▶ AGRAVO DE PETIÇÃO DO SÓCIO EXECUTADO ROGÉRIO DA SILVA. DESCONSIDERAÇÃO DA PERSONALIDADE JURÍDICA. Constatação de negócio jurídico simulado e, consequentemente, nulo, justificando que os sócios retirantes respondam integralmente, de forma solidária com o sócio atual, pelas dívidas da empresa executada, conforme parágrafo único do art. 10-A da CLT. Agravo de petição não provido.

(TRT-4 – AP: 00205458820155040791, Data de Julgamento: 12/03/2021, Seção Especializada em Execução)

▶ AGRAVO DE PETIÇÃO. DESCONSIDERAÇÃO DA PERSONALIDADE JURÍDICA. SÓCIO RETIRANTE. A responsabilidade solidária é dos sócios atuais apenas, sendo claro o art. 10-A da CLT ao estabelecer ordem de preferência para execução, sendo a os sócios retirantes subsidiários aos atuais. Deve ser respeitada a ordem de preferência do art. 10-A da CLT, sendo devida, por ora, apenas a responsabilização da proprietária da reclamada. Provimento negado.

(TRT-1 – AP: 01011217920175010048 RJ, Relator: ANTONIO PAES ARAUJO, Data de Julgamento: 03/03/2021, Segunda Turma, Data de Publicação: 13/03/2021)

▶ AGRAVO DE PETIÇÃO. RESPONSABILIDADE DE EX-ADMINISTRADOR. PRAZO DO ART. 10-A DA CLT. ULTRAPASSADO. EXECUÇÃO. IMPOSSIBILIDADE. Nos termos do artigo 10-A da CLT, o sócio retirante responde pelas obrigações trabalhistas da sociedade, relativas ao período em que figurou como sócio, somente em ações ajuizadas até dois anos depois de averbada a modificação do contrato. O mesmo raciocínio deve ser utilizado em relação ao administrador ou diretor de sociedade. No caso dos autos, como o agravante desvinculou-se da empresa em 21 janeiro de 2015, não deve responder pelos créditos da presente execução, uma vez que a ação fora proposta em 12.01.2020, ou seja, muito tempo depois de sua saída comando empresarial. Agravo de petição provido.

(TRT-13 – AP: 00000074020205130022 0000007-40.2020.5.13.0022, Data de Julgamento: 16/03/2021, 2ª Turma, Data de Publicação: 19/03/2021)

Art. 11. A pretensão quanto a créditos resultantes das relações de trabalho prescreve em cinco anos para os trabalhadores urbanos e rurais, até o limite de dois anos após a extinção do contrato de trabalho.

I – (revogado); (Redação dada pela Lei nº 13.467, de 2017)

II – (revogado). (Redação dada pela Lei nº 13.467, de 2017)

§ 1º O disposto neste artigo não se aplica às ações que tenham por objeto anotações para fins de prova junto à Previdência Social.

§ 2º Tratando-se de pretensão que envolva pedido de prestações sucessivas decorrente de alteração ou descumprimento do pactuado, a prescrição é total, exceto quando o direito à parcela esteja também assegurado por preceito de lei.

§ 3º A interrupção da prescrição somente ocorrerá pelo ajuizamento de reclamação trabalhista, mesmo que em juízo incompetente, ainda que venha a ser extinta sem resolução do mérito, produzindo efeitos apenas em relação aos pedidos idênticos.

COMENTÁRIOS (ART. 11)

O tempo ocupa uma posição destacada no Direito. Influencia e produz os seus efeitos em diversos institutos jurídicos como, por exemplo, a vigência de uma norma, especifica o prazo de duração de um contrato de trabalho predeterminado, delimita os prazos processuais. Sobre esse tema, Luciano Martinez leciona que "Uma das mais relevantes funções do transcursar do tempo é, sem dúvidas, a de proporcionar a pacificação social e a segurança dela decorrente. Os eventos não devem, em regra, ter força suficiente de produzir efeitos depois de passado um longo e considerável período de reflexão. A passagem dos dias por ele proporcionada tem a sublime missão de esmaecer a dor e de fechar as feridas". [290]

Podemos afirmar, portanto, que o tempo tem a finalidade de "fechar as feridas" surgidas nas relações jurídicas, sendo um instrumento de pacificação social, além de preservar a estabilidade e a segurança jurídica, evitando a perpetuação dos conflitos e das relações jurídicas. A doutrina clássica defendia que a prescrição fulmina o direito de ação e não o direito propriamente dito, cuja extinção ocorreu por via de consequência. [291]

Pablo Stolze Gagliano e Rodolfo Pamplona Filho[292] explicam de forma lúcida o fundamento equivocado desse entendimento, delineando que

> *"O direito constitucional de ação, ou seja, o direito de pedir ao Estado um provimento jurisdicional que ponha fim ao litígio, é sempre público, abstrato, de natureza essencialmente processual e indisponível. Não importando se o autor possui ou não razão, isto é, se detém ou não o direito subjetivo que alega ter, a ordem jurídica sempre lhe conferirá o legítimo direito de ação, e terá, à luz do princípio da inafastabilidade, inviolável direito a uma sentença. Por isso, não se pode dizer que a prescrição ataca a ação! [...] prescrição não atinge o direito de ação – que sempre existirá –, mas, sim, a pretensão que surge do direito material violado."*

Wilson de Souza Campos Batalha[293], por sua vez, entende que

> *"a propositura da ação, como direito à tutela jurídica, constitui direito cívico, faculdade abstrata conferida a qualquer do povo [...] de valer-se do Poder Judiciário para proclamação da existência ou da não existência de um direito pretendido (Anspruch, pretensão).* ***O direito à ação, como direito à tutela jurídica, é imprescritível: prescreve o direito postulado, mas não a postulação.*** *Não há ação prescrita no rigor processual: o autor tem sempre direito a uma sentença, embora a sentença venha a 4 reconhecer que o direito postulado está prescrito, o que, na linguagem corrente, se manifesta declarando que a "ação" está prescrita, ou seja, que* ***o direito postulado não subsiste pelo decurso do tempo de seu exercício".***

O Código Civil de 2002, em seu art. 189, preceitua que uma vez violado o direito, "nasce para o titular a *pretensão*, a qual *se extingue, pela prescrição,* nos prazos a que aludem os arts. 205 e 206". Mas, afinal, o que é a pretensão? A pretensão é conceituada como "o poder de exigir de outrem coercitivamente o cumprimento de um dever jurídico, vale dizer, é o poder de exigir a submissão de um interesse subordinado (do devedor da prestação) a um interesse subordinante (do credor da prestação) amparado pelo ordenamento jurídico"[294].

Com efeito, observa-se que a prescrição atinge a pretensão surgida a partir da violação ao direito material e não o direito de ação em si, por se tratar de um direito imprescritível e inafastável, conforme prevê o art. 5º, XXXV, CF. A prescrição pode ser aquisitiva ou extintiva (também denominada de liberatória). A prescrição aquisitiva é uma forma de aquisição de um direito sobre um bem jurídico em decorrência do transcurso do tempo, como, por exemplo, o usucapião. A prescrição extintiva consiste perda ou extinção da pretensão a certo direito violado em virtude da inércia do seu titular, isto é, por não ter exercitado o direito no prazo previsto em lei.[295]

A professora Carla Tereza Romar[296] ensina que os elementos integrantes da prescrição são

> ***"1. existência de uma ação exercitável (actio nata)*** *— tal elemento é entendido como a exigibilidade da pretensão ou o nascimento da pretensão. Somente é possível falar -se em prescrição quando o direito tenha sido adquirido por seu titular (não se inserem no campo da prescrição os direitos futuros, entre os quais se incluem o direito condicional e o direito eventual, nem uma expectativa de direito) e quando tenha ocorrido sua violação por terceiro;* ***2. inércia do titular da ação***

290 Idem. Martinez, 2020.
291 Pablo Stolze Gagliano, Rodolfo Pamplona Filho. Novo curso de direito civil, volume 1: parte geral – 19.ed. – São Paulo: Saraiva, 2017.
292 Idem. Gagliano e Pamplona Filho, 2017.
293 Apud Martinez, 2020.
294 Idem. Gagliano e Pamplona Filho, 2017.
295 Idem. Delgado, 2019.
296 Romar, Carla Teresa Martins. Direito do trabalho. – 5. ed. – São Paulo: Saraiva Educação, 2018.

> ***pelo seu não exercício*** *— o titular do direito deixa de buscar a reparação dos danos causados pela violação de seu direito;* ***3. continuidade dessa inércia durante um certo lapso de tempo*** *— o titular deixa passar o prazo fixado em lei para a busca da reparação dos danos causados pela violação de seu direito;* ***4. ausência de algum fato ou ato, a que a lei atribua eficácia impeditiva, suspensiva ou interruptiva do curso prescricional*** *— ainda que se verifiquem a exigibilidade da pretensão e a inércia do titular, determinadas circunstâncias previstas em lei podem impedir o curso da prescrição".*

A decadência, de outro lado, como explica Mauricio Godinho Delgado, é conceituada como a perda da possibilidade de obter uma vantagem jurídica e garanti-la judicialmente, em face do não exercício oportuno da correspondente faculdade de obtenção.

O instituto jurídico da decadência aproxima-se da prescrição extintiva. Delgado traça os marcos distintivos entre as duas figuras. Vejamos:

> *"a) a decadência extingue o próprio direito, ao passo que a prescrição atinge a pretensão vinculada ao direito, tornando-o impotente (extinção da ação, em sentido material); b) a decadência corresponde, normalmente, a direitos potestativos — em que há, portanto, uma faculdade aberta ao agente para produzir efeitos jurídicos válidos, segundo sua estrita vontade. Já a prescrição corresponde a direitos reais e pessoais, que envolvem, assim, uma prestação e, em consequência, uma obrigação da contraparte. No Direito do Trabalho esta distinção é importante (embora seja menos reverenciada no Direito Civil), uma vez que os prazos decadenciais no ramo justrabalhista tendem quase sempre, de fato, a corresponder a direitos potestativos; c) na decadência são simultâneos o nascimento do direito e da pretensão; a mesma simultaneidade verifica-se quanto à sua própria extinção. No instituto prescricional, ao contrário, a pretensão (ação em sentido material) nasce depois do direito, após sua violação, perecendo sem que ele se extinga; d) o prazo decadencial advém tanto da norma jurídica heterônoma ou autônoma (lei, em sentido material), como de instrumentos contratuais. Advém, inclusive, de declarações unilaterais de vontade (como o testamento — ou o regulamento de empresa, no caso trabalhista). Já o prazo prescricional surge essencialmente da lei (em sentido material e formal), e não de outros diplomas; e) o prazo decadencial corre continuamente, sem interrupção ou suspensão, enquanto a prescrição pode ser interrompida ou suspensa nos casos legalmente especificados; f) a decadência pode ser decretada em face de alegação da parte, do Ministério Público (quando couber-lhe atuar no processo, é claro) e até mesmo de ofício pelo juiz, neste caso, se fixada por lei (art. 210, CCB/2002) [...]".*

Luciano Martinez acrescenta mais dois pontos de diferenciação entre a prescrição e a decadência: **as fontes criativas** e a **renunciabilidade da invocação.** Na visão do referido jurista, o prazo prescricional não pode ser convencionado entre as partes, mas, tão somente, fixado em lei (art. 192, CC), o que não ocorre com a decadência, que poderá ser fixada em lei ou estabelecida em contrato[297]. Logo, as fontes criativas seriam fatores distintivos entre os institutos em debate.

É válido dizer que é possível a renúncia da prescrição pelo sujeito favorecido, o que não ocorre com a decadência, entendida como irrenunciável, conforme redação dos artigos 191 e 201 do Código Civil.

1. PRESCRIÇÃO NO DIREITO DO TRABALHO

Antes da promulgação da Constituição Federal de 1988 a prescrição trabalhista estava prevista apenas no art. 11 da Consolidação das Leis do Trabalho (CLT), prevendo prazo prescricional de dois anos para pleitear a reparação de qualquer ato infringente de dispositivo contido na CLT, exceto nas hipóteses de disposição especial em sentido contrário.

Com o advento da Constituição de 1988 o preceito contido no art. 11 da CLT não foi recepcionado, diante da redação do art. 7º, inciso XXIX, alíneas "a" e "b" e art. 233, que estabeleceram o prazo prescricional de cinco anos para o trabalhador urbano, até o limite de dois anos após a extinção do contrato, bem como o prazo prescricional de dois anos após a extinção do contrato, para o trabalhador rural. Posteriormente, com a Emenda Constitucional 28, de 2000, o prazo prescricional trabalhista dos empregados urbanos e rurais foram unificados, de modo que o art. 233 da CF foi revogado e a redação do inciso XXIX do art. 7º da CF foi passou a ter a seguinte redação:

> *CF, art. 7º, XXIX: ação, quanto aos créditos resultantes das relações de trabalho, com prazo prescricional de cinco anos para os trabalhadores urbanos e rurais, até o limite de dois anos após a extinção do contrato de trabalho.*

Recentemente a Reforma Trabalhista (Lei 13.467/2017) alterou a redação do art. 11 da CLT para adequá-lo à redação do texto constitucional. A doutrina e a jurisprudência moderna sustentam que o marco inicial da prescrição, também denominado de "actio nata", surge com a violação ou inadimplemento do direito (art. 189, CC).

De acordo com as lições de Francisco Clementino San Tiago Dantas (apud Martinez, 2020), "da lesão nascem dois efeitos: em primeiro lugar, um novo dever jurídico, que é a responsabilidade, o dever de ressarcir o dano e, em segundo, a ação, o direito de invocar a tutela do Estado para corrigir a lesão do direito".

A Constituição Federal de 1988 e a Consolidação das Leis do Trabalho preceituam dois prazos prescricionais: a) de 2 anos, para ajuizar a demanda trabalhista; b) de 5 anos, para quanto aos créditos resultantes da relação de trabalho. O prazo prescricional de 2 (dois)

[297] Idem. Martinez, 2020.

anos, também denominado de biênio, consiste no período legal conferido ao trabalhador, a contar da ruptura do contrato de trabalho, para ingressar com reclamação trabalhista em face do tomador dos serviços e exigir os créditos resultantes da relação do trabalho.

A jurisprudência firmou o entendimento de que o aviso prévio integra o contrato de trabalho para todos os fins, sendo que a data do término do contrato de trabalho corresponderá ao último dia do aviso prévio proporcional (OJ 82 da SDI-1 do TST). Também sedimentou o entendimento de que o prazo prescricional começa a fluir no final da data do término do aviso prévio (OJ 83 da SDI-1 do TST).

Ao apreciar o tema, o Tribunal Regional da 2ª Região seguiu a mesma linha de entendimento do Tribunal Superior do Trabalho, esclarecendo que a prescrição será contada após o término do aviso prévio, ainda que indenizado (Súmula nº. 41 do TRT da 2ª Região).

Essa regra se estende aos casos em que o vínculo empregatício não foi reconhecido espontaneamente pelas partes ou declarado judicialmente?

No julgamento dos embargos nº ED-RR-277-72.2012.5.01.0024 o Tribunal Superior do Trabalho afastou a prescrição bienal e reconheceu a incidência da Orientação Jurisprudencial nº 83 da SBDI-I nos autos da reclamação trabalhista promovida por um corretor de imóveis, na qual se buscava o reconhecimento judicial do vínculo empregatício. Restou decidido, portanto, que se computa a projeção do aviso-prévio na duração do contrato de emprego para efeito de contagem do prazo prescricional nos casos em que o vínculo empregatício ainda não foi espontaneamente reconhecido entre as partes ou judicialmente declarado, conforme se verifica no informativo 144 do TST.

Na hipótese de pedido de unicidade contratual, ou seja, pedido de reconhecimento da existência de contrato de trabalho único em razão de sucessivos desligamentos e dispensas, com o objetivo de fraudar os preceitos contidos nas normas trabalhista, o prazo prescricional começa a fluir a partir da extinção do último contrato de trabalho, nos termos do art. 156 do TST.

No que diz respeito ao termo inicial prescricional nos casos de acidente de trabalho ou doença ocupacional, o Supremo Tribunal Federal entende que o prazo deve ser contado a partir do exame pericial que comprovar a enfermidade ou verificar a natureza da incapacidade (Súmula 230 do STF). Para o Superior Tribunal do Justiça o termo inicial da prescrição, na ação de indenização, é a data da ciência inequívoca da incapacidade laboral (Súmula 278 do STJ).

O entendimento firmado no âmbito do Tribunal Superior do Trabalho é que o marco inicial do prazo prescricional nessas hipóteses será a data da ciência inequívoca da incapacidade laboral, mesmo que se dê depois do termino no contrato de trabalho, conforme se extrai dos julgados transcritos abaixo (Informativos nºs 200 e 213 do TST):

> ***Dano moral. Doença profissional. Exposição à amianto. Ciência inequívoca da incapacidade em momento posterior ao término do contrato de trabalho. Prescrição bienal. Na hipótese em que a ciência inequívoca da incapacidade para o trabalho resultante da exposição permanente do empregado a amianto ocorreu após a extinção do contrato de trabalho, a pretensão ao pagamento de indenização por danos morais submete-se à prescrição bienal.*** *No caso, restou consignado nos autos que o contrato foi extinto em 1991,* ***a ciência da doença profissional ocorreu em 22.11.2008,*** *data da emissão da Comunicação de Acidente de Trabalho (CAT), e a reclamação trabalhista foi ajuizada apenas em março de 2011, ou seja, após o transcurso do prazo prescricional. Sob esse entendimento, a SBDI-I, por unanimidade, conheceu dos embargos, por divergência jurisprudencial, e, no mérito, por maioria, deu-lhes provimento para pronunciar a prescrição bienal e julgar extinto o processo, com resolução de mérito. Vencidos os Ministros Aloysio Corrêa da Veiga, relator, Alberto Luiz Bresciani de Fontan Pereira, Walmir Oliveira da Costa, José Roberto Freire Pimenta e Hugo Carlos Scheuermann, os quais aplicavam a prescrição quinquenal. TST-EED-ED-RR-315-98.2011.5.06.0018, SBDI-I, rel. Min. Aloysio Corrêa da Veiga, red. p/ acórdão Min. Cláudio Mascarenhas Brandão, 27.6.2019*

> ***PRESCRIÇÃO. DOENÇA OCUPACIONAL CAUSADA POR EXPOSIÇÃO AO AMIANTO. MANIFESTAÇÃO PROGRESSIVA. INDENIZAÇÃO POR DANOS MORAIS. O Regional declarou prescrito o direito de ação (artigo 7º, inciso XXIX, da Constituição Federal) em que o reclamante pleiteia indenização por dano moral decorrente de doença ocupacional causada pela exposição ao amianto, por considerar que a ciência da doença pelo obreiro ocorreu em 11/3/2005 e a reclamação trabalhista foi ajuizada tão somente em setembro de 2010. Para se decidir se a pretensão de indenização por danos morais estaria, ou não, atingida pela prescrição, faz-se necessária a análise do marco temporal para a contagem do prazo, o qual se inicia no momento em que o empregado tem ciência inequívoca da consolidação das lesões,*** *e não simplesmente da data do afastamento para tratamento ou do conhecimento de determinada doença.* ***No caso da pretensão de indenização por danos morais e materiais decorrentes de acidente de trabalho ou doença equiparada, a jurisprudência trabalhista tem adotado como parâmetro para fixação do marco inicial da prescrição o critério consagrado pela Súmula nº 278 do Superior Tribunal de Justiça que dispõe que "o termo inicial do prazo prescricional, na ação de indenização, é a data em que o segurado teve ciência inequívoca da incapacidade laboral".*** *Extrai-se desse verbete sumular que o* ***direito de pleitear essa indenização, em todos os seus contornos, somente surge para o empregado na data em que ele tiver ciência inequívoca da sua incapacidade laboral, em toda sua extensão.*** *A controvérsia dos autos cinge-se à possibilidade de doença decorrente do contato com o agente etiológico amianto, cujo prazo de latência é extenso, podendo*

chegar até 30 anos, consoante amplamente divulgado em doutrina médica especializada. A legislação estabelece que os trabalhadores devem ser submetidos a exames médicos, além da avaliação clínica, na admissão, periodicamente e pós-demissionais por até 30 anos, em periodicidade determinada pelo tempo de exposição. Ainda, o Ministério do Trabalho obriga os empregadores a manterem os prontuários médicos dos trabalhadores por 30 anos. ***Dessa forma, não se pode considerar que a ciência inequívoca teria ocorrido em 11/3/2005, data em que foi elaborado relatório médico, como data da ciência inequívoca da lesão,*** *para fins de fixação do marco prescricional,* ***porque não houve efetiva consolidação das lesões para fins de fixação do marco temporal respectivo,*** *tornando-se inviável declarar prescrita a pretensão, sob a ótica do artigo 7º, inciso XXIX, da Constituição Federal. Precedentes. Recurso de revista conhecido e provido." (TST-RR-1167-80.2010.5.06.0011, 2ª Turma, rel. Min. José Roberto Freire Pimenta, julgado em 20.11.2019)*

Respeitado o biênio para a propositura da demanda trabalhista, segundo a norma constitucional e infraconstitucional, o trabalhador terá direito aos créditos trabalhistas referente aos últimos 5 anos a contar do ajuizamento da ação trabalhista (Súmula 308, I, do TST). Esse prazo é conhecido como quinquênio ou prescrição quinquenal.

A Reforma Trabalhista (Lei 13.467/2017) acrescentou o parágrafo 2º ao art. 11 da CLT, passando a prever que "Tratando-se de pretensão que envolva pedido de prestações sucessivas decorrentes de alteração ou descumprimento pactuado, a prescrição é total, exceto quando o direito à parcela esteja também assegurado por lei".

O teor deste dispositivo assemelha-se a redação da Súmula 294 do TST. Regula a prescrição total e parcial, isto é, referem-se às lesões ocorridas enquanto o trabalhador estiver prestando serviços, ou seja, o contrato de trabalho estiver em curso.

Henrique Correia elucida que "Na prescrição total, de acordo com o TST, o trabalhador terá 5 anos para ingressar com reclamação a contar do ato único do empregador. Esse ato do trabalhador decorre da alteração contratual lesiva de suprimir direito não previsto em lei, como no caso de redução de percentual de comissão. Neste caso, a partir desse ato ilícito (único), inicia-se a contagem do prazo". Prossegue explicando que a prescrição parcial torna "exigíveis as parcelas anteriores ao tempo de 5 anos a contar do ajuizamento da ação. Nesta segunda hipótese, prescrição parcial, as prestações possuem previsão em lei. Assim sendo, renova-se a contagem mês a mês, sempre que a parcela não for paga".[298]

O autor cita como exemplo o empregado que tem direito à equiparação salarial, onde o prazo renova-se mês a mês até que o trabalhador proponha a reclamação trabalhista, hipótese em que poderá pleitear os últimos 5 anos a contar do ajuizamento da ação.

2. CAUSAS IMPEDITIVAS, SUSPENSIVAS E INTERRUPTIVAS DA PRESCRIÇÃO

As causas impeditivas e suspensivas da prescrição estão disciplinadas nos arts. 197 e 198 do Código Civil, as quais são aplicáveis subsidiariamente ao Direito do Trabalho por força do art. 8º da CLT.

A relação matrimonial impede o curso do prazo prescricional, já que inexiste qualquer restrição legal para a existência de relação de emprego entre os cônjuges. É possível, ainda, a interrupção da prescrição em virtude da união estável, tendo em vista que que o art. 226, § 3º, CF, a Lei 9.278/1996, e os arts. 1.723 e seguinte equiparam a união estável ao casamento.

Também, são causas que impedem a contagem da prescrição o poder familiar, a tutela e curatela, a incapacidade absoluta e a menoridade. A esse respeito, o art. 440 da CLT dispõe que a prescrição não corre contra o trabalhador menor, assim considerado o menor de 18 anos.

Segundo o art. 625-G da CLT, a submissão do litígio trabalhista à Comissão de Conciliação Prévia é causa de suspensão do prazo prescricional pelo período que durar a tentativa conciliatória.

Se o fato estiver sendo apurado no juízo criminal a prescrição somente se iniciará com a decisão definitiva (art. 200, do CC), consubstanciando faculdade da parte aguardar o pronunciamento do juízo criminal para ajuizar a ação trabalhista. Caso o trabalhador tenha ajuizado a demanda trabalhista antes do término da ação penal, a ação trabalhista será suspensa, na forma do art. 313, V, "a", do CPC.

Dentre as causas suspensivas da prescrição aplicáveis ao direito do trabalho podemos citar a pendência de condição suspensiva; ausência de vencimento do prazo, na forma do art. 199, I e II, do CC.

O Supremo Tribunal Federal pacificou o entendimento de que a "prescrição das prestações anteriores ao período previsto em lei não ocorre quando não tiver sido negado, antes daquele prazo, o próprio direito reclamado ou a situação jurídica de que ele resulta", conforme preceitua a súmula 443 do STF.

Uma questão bastante controversa na jurisprudência é a possibilidade (ou não) de suspensão da prescrição em decorrência da suspensão do contrato de trabalho, notadamente na hipótese de aposentadoria por invalidez (atualmente denominada de aposentadoria por incapacidade permanente), acidente de trabalho ou doença ocupacional.

298 Henrique Correia. Direito do Trabalho. 4ª ed. Salvador: Juspodivm, 2018.

O Tribunal Superior do Trabalho entende que a suspensão do contrato de trabalho decorrente do gozo de auxílio-doença ou da aposentadoria por invalidez, não obsta o curso do prazo da prescrição quinquenal, ou seja, mesmo afastado das atividades a prescrição quinquenal continua fluindo, conforme restou assentado na OJ 375 da SDI-1 do TST.

Cabe ressaltar que a doutrina e a jurisprudência majoritária entendem que o prazo prescricional e decadencial é improrrogável, não se aplicando para esse fim o art. 775 e seguintes da CLT – que tratam dos prazos processuais – nem mesmo o art. 132 do Código Civil, por ter finalidade específica.

A interrupção da prescrição, a rigor, ocorre com a citação válida do devedor, ainda que se trate de juízo incompetente (art. 202, I, do CC e art. 240 do CPC). No entanto, no processo do trabalho a citação ou notificação da parte reclamada é realizada automaticamente por meio postal (art. 841 da CLT). Diante disso, a doutrina e a jurisprudência firmaram o entendimento de que a propositura da ação trabalhista é o marco interruptivo da prescrição.

É importante dizer que o arquivamento da demanda interrompe a prescrição em relação aos pedidos formulados na demanda arquivada, conforme dispõe a Súmula 268 do TST. Nessa mesma linha, a Reforma Trabalhista introduziu o § 3º ao art. 11 da CLT, estabelecendo que a interrupção da prescrição somente ocorrerá pelo ajuizamento de reclamação trabalhista, mesmo que em juízo incompetente, ainda que venha a ser extinta sem resolução do mérito, produzindo efeitos apenas em relação aos pedidos idênticos.

A OJ 392 da SDI-1 do TST dispõe que o protesto judicial é medida aplicável no processo do trabalho, sendo certo que o ajuizamento da ação, por si só, interrompe o prazo prescricional, em razão da inaplicabilidade do § 2º do art. 240 do CPC ao processo do trabalho, considerando a existência de incompatibilidade com a previsão do art. 841 da CLT.

3. PRESCRIÇÃO DO FGTS

Durante muito tempo o TST entendeu que o prazo prescricional para reclamar o não recolhimento dos depósitos do FGTS era trintenária, conforme se verifica através da redação da Súmula 95, atualmente cancelada. O Superior Tribunal de Justiça também comungava do mesmo entendimento, conforme prevista na Súmula 210 do STJ.

Esse prazo tem origem na lei previdenciária que conferia natureza jurídica de contribuição fundiária ao FGTS, conforme art. 20 da Lei 5.107/66 e Lei 3.807. Com o surgimento da Lei 8.212/91, tais normas foram revogadas e a prescrição previdenciária passou a ser de 10 anos (art. 46, Lei 8.212/91). Em virtude disso, a doutrina defendia que não mais subsistia a justificativa para a manutenção do prazo prescricional de 30 anos.[299]

Não obstante isso, o art. 23, § 5º, da Lei 8.036, prescrevia que: "O processo de fiscalização, de autuação e de imposição de multas reger-se-á pelo disposto no Título VII da CLT, respeitado o privilégio do FGTS à prescrição trintenária". Logo, a Lei do FGTS prescrevia expressamente o prazo prescricional de 30 anos para a exigência do FGTS.

Vozes na doutrina trabalhista defendiam a natureza jurídica trabalhista do FGTS e, por via de consequência, a aplicação do prazo prescricional previsto no art. 7º, XXIX, da CF.

No âmbito do Tribunal Superior do Trabalho a jurisprudência era firme no sentido de que a prescrição do direito de reclamar contra o não recolhimento da contribuição para o FGTS era trintenária, desde que observado o prazo de dois anos após o término do contrato de trabalho, conforme redação anterior da Súmula 362 do TST.

Entretanto, ao analisar o ARE 709.2012-DF, de relatoria do Ministro Gilmar Mendes, em 13.11.2014, o Supremo Tribunal Federal declarou inconstitucional a redação do 23, § 5º, Lei 8.036, modificando o entendimento acerca do prazo prescricional do FGTS. Na ocasião restou decidido que o prazo prescricional para a exigência do FGTS é de 5 anos, aplicando a regra prescricional prevista no art. 7º, XXIX, CF.

Como resultado do julgamento, o STF utilizou a técnica de julgamento da modulação dos efeitos, instituindo que os casos em que a ciência da lesão ocorreu a partir de 13.11.2014, é quinquenal a prescrição do direito de reclamar contra o não-recolhimento de contribuição para o FGTS, observado o prazo de dois anos após o término do contrato. Já os casos em que o prazo prescricional já estava em curso em 13.11.2014, aplica-se o prazo prescricional que se consumar primeiro: trinta anos, contados do termo inicial, ou cinco anos, a partir de 13.11.2014.

Diante disso, o TST alterou a redação da Súmula 362 para alinhar-se à decisão proferida pelo STF no ARE-709212/DF.

4. PRESCRIÇÃO EM TEMPOS DE PANDEMIA

A pandemia do coronavírus impactou a maioria das relações jurídicas existentes, com as relações justrabalhistas não foi diferente. Diversas medidas foram adotadas para preservar os empregos e a renda durante o estado de calamidade pública. Dentre as

[299] Nesse sentido Sérgio Pinto Martins (MARTINS, Sergio Pinto. Direito do trabalho. 21. ed., p. 470).

medidas adotadas, o Congresso Nacional editou a Lei 14.010/2020, que dispõe sobre o Regime Jurídico Emergencial e Transitório das relações jurídicas de Direito Privado (RJET) no período da pandemia do coronavírus (Covid-19).

Tal norma foi instituída com caráter transitório e emergencial para a regulação de relações jurídicas de Direito Privado em virtude da pandemia do coronavírus (Covid-19).

De acordo com o artigo 3º da Lei 14.010/2020, os prazos prescricionais consideram-se impedidos ou suspensos, conforme o caso, a partir da entrada em vigor da lei em comento, isto é, a partir de 12 de junho de 2020 até o dia 30 de outubro de 2020.

Assim, as os prazos prescricionais que estavam em curso foram suspensos ou interrompidos, a depender do caso concreto. Isso significa dizer que, a depender do caso, não haverá o início da contagem do prazo prescricional (causa de impedimento) ou o prazo prescricional ficará congelado (causa de suspensão).

Após o dia 30 de outubro de 2020, ocorrerá o início da contagem ou a retomada do prazo prescricional. O legislador deixou certo que o referido não se aplica enquanto perdurarem as hipóteses específicas de impedimento, suspensão e interrupção dos prazos prescricionais previstas no ordenamento jurídico nacional (art. 3º, §1º, da Lei). Em outras palavras, se, por exemplo, o contrato de trabalho estava suspenso em decorrência de acidente de trabalho ou de aposentadoria por incapacidade (atualmente denominada de aposentadoria por incapacidade permanente, conforme Emenda Constitucional 103/2019), não se aplicará a disposição legal.

Os prazos decadenciais que estavam em curso durante esse período estão sujeitos à suspensão ou interrupção prevista na Lei 14.010/2020. É interessante notar que tradicionalmente, a lei não prevê causas interruptivas ou suspensivas para a decadência, mas por opção do legislador, durante o período de pandemia, não haverá contagem do prazo decadencial.

Vale ressaltar que não é irrazoável defender a aplicação da suspensão ou interrupção dos prazos prescricionais e decadenciais a partir da decretação do estado de calamidade pública, instituído pelo Decreto 6/2020, isso porque o art. 1º, parágrafo único, da Lei 14.010/2020 estabelece que: "Para os fins desta Lei, considera-se 20 de março de 2020, data da publicação do Decreto Legislativo nº 6, como termo inicial dos eventos derivados da pandemia do coronavírus (Covid-19)".

Nota-se que a finalidade do legislador foi proteger os jurisdicionados durante todo o pedido de calamidade pública, dos efeitos gerados pela pandemia do coronavírus.

Para Nelson Rosenvald, Cristiano Chaves e Felipe Braga Netto (apud Andréa Bueno Magnani, 2020)[300]:

> *"(...) Fundamento primordial da prescrição e da decadência o intuito de sancionar aquele que, de modo negligente, deixa de passar determinado prazo sem nada fazer. Há, nesse sentido, uma inação, uma omissão, e essa omissão tem consequências jurídicas. É um reflexo do conhecido adágio dormientibus non sucurrit jus (o direito não socorre aqueles que dormem)".*

Indubitavelmente, no período de pandemia, o exercício do direito pelos credores fica prejudicado, isso porque as medidas de isolamento social impedem ou reduzem a adoção de alguma medida pelo credor.

Durante esse período, o Governo determinou o fechamento de diversos comércios, incluindo os escritórios de advocacia, em algumas cidades, além de órgãos públicos, que impedem a adoção das medidas judiciais adequadas para resguardar o seu direito.

Não há, portanto, negligência, inação ou omissão por parte do credor.

5. DECADÊNCIA NO DIREITO DO TRABALHO

Como destacado acima, a prescrição e a decadência são separadas por uma linha tênue. As estruturas, os efeitos e as expectativas daquele busca o reconhecimento dos institutos jurídicos em questão são essencialmente iguais.

Para Luciano Martinez, "a decadência, na condição de instituto jurídico, poderá ser definida como o fato jurídico (decurso de um prazo previsto em lei ou em contrato) que conduz à extinção de um direito subjetivo potestativo, ou seja, ao livramento de uma sujeição. (...) a decadência atua unicamente sobre direitos exercitáveis mediante "ações constitutivas", e que, em regra, essas ações não estão submetidas a nenhum prazo para serem exercitadas".[301]

O prazo decadencial pode estar previsto em lei ou em contrato. As principais características da previsão legal da decadência é a irrenunciabilidade (art. 209 do CC), de modo que o empregado não poderá renunciar ao prazo de trinta dias previsto no art. 853 da CLT, para o empregador discutir a ocorrência da falta grave, ou ainda, ao trintídio previsto no art. 474 da CLT, que resulta na rescisão injusta do contrato de trabalho. Além disso, tem por característica, a possibilidade de ser reconhecida de ofício pelo magistrado, na forma do art. 210 do CC.

Já a decadência decorrente de convenção ou previsão contratual tem por característica a possibilidade de

[300] Fonte: https://www.conjur.com.br/2020-jul-13/andrea-magnani-prescricao-decadencia-covid-19 [acessado em 16/12/2020]

[301] Idem. Martinez, 2020.

alegação apenas pela parte que dela se aproveita (art. 211 do CC), bem como não permite o reconhecimento de ofício pelo magistrado.

Os principais prazos decadenciais previstos no Direito do Trabalho são: a) 30 dias, a contar da suspensão do contrato de trabalho, para o ajuizamento de inquérito judicial para apuração de falta grave, na forma do art. 853 da CLT e Súmula 403 do STF; b) 2 anos para ajuizamento da Ação Rescisória, na forma do art. 975 e seguintes do CPC; c) 120 dias para impetrar Mandado de Segurança, contados da ciência, pelo interessado, do ato impugnado, na forma do art. 23 da Lei 12.016/2009.

6. LEGISLAÇÃO RELACIONADA

▶ Art. 7°, XXIX, da CF: São direitos dos trabalhadores urbanos e rurais, além de outros que visem à melhoria de sua condição social: (...) XXIX – ação, quanto aos créditos resultantes das relações de trabalho, com prazo prescricional de cinco anos para os trabalhadores urbanos e rurais, até o limite de dois anos após a extinção do contrato de trabalho.

▶ Art. 149 da CLT: prescrição do direito de reclamar a concessão das férias ou o pagamento da respectiva remuneração é contada do término do prazo mencionado no art. 134 ou, se for o caso, da cessação do contrato de trabalho.

▶ Art. 440 da CLT: Contra os menores de 18 (dezoito) anos não corre nenhum prazo de prescrição.

▶ Art. 884, § 1º, da CLT: A matéria de defesa será restrita às alegações de cumprimento da decisão ou do acordo, quitação ou prescrição da dívida.

▶ Lei n. 5.889/73, art. 10: A prescrição dos direitos assegurados por esta Lei aos trabalhadores rurais só ocorrerá após 2 (dois) anos de cessação do contrato de trabalho.

▶ Súmula 230/STF: A prescrição da ação de acidente do trabalho conta-se do exame pericial que comprovar a enfermidade ou verificar a natureza da incapacidade.

▶ Súmula 327/STF: O direito trabalhista admite a prescrição intercorrente.

▶ Súmula 349/STF: A prescrição atinge somente as prestações de mais de 2 (dois) anos, reclamadas com fundamento em decisão normativa da Justiça do Trabalho, ou em convenção coletiva de trabalho, quando não estiver em causa a própria validade de tais atos.

▶ Súmula 403/STF: É de decadência o prazo de 30 (trinta) dias para instauração do inquérito judicial, a contar da suspensão, por falta grave, de empregado estável.

▶ Súmula 114/TST: Prescrição intercorrente. É inaplicável na Justiça do Trabalho a prescrição intercorrente.

▶ Súmula 153/TST: Prescrição. Não se conhece de prescrição não arguida na instância ordinária. Ex-prejulgado n. 27.

▶ Súmula 156/T5T: Prescrição. Prazo. Da extinção do último contrato começa a fluir o prazo prescricional do direito de ação em que se objetiva a soma de períodos descontínuos de trabalho. Ex-prejulgado n. 31.

▶ Súmula 206/TST: FGTS. Incidência sobre parcelas prescritas. A prescrição da pretensão relativa às parcelas remuneratórias alcança o respectivo recolhimento da contribuição para o FGTS.

▶ Súmula 268/TST: Prescrição. Interrupção. Ação trabalhista arquivada. A ação trabalhista, ainda que arquivada, interrompe a prescrição somente em relação aos pedidos idênticos.

▶ Súmula 275/TST: Prescrição. Desvio de função e reenquadramento. I — Na ação que objetive corrigir desvio funcional, a prescrição só alcança as diferenças salariais vencidas no período de 5 (cinco) anos que precedeu o ajuizamento. II — Em se tratando de pedido de reenquadramento, a prescrição é total, contada da data do enquadramento do empregado.

▶ Súmula 294/TST: Prescrição. Alteração contratual. Trabalhador urbano. Tratando-se de ação que envolva pedido de prestações sucessivas decorrente de alteração do pactuado, a prescrição é total, exceto quando o direito à parcela esteja também assegurado por preceito de lei.

▶ Súmula 308/TST: Prescrição quinquenal. I. Respeitado o biênio subsequente à cessação contratual, a prescrição da ação trabalhista concerne às pretensões imediatamente anteriores a cinco anos, contados da data do ajuizamento da reclamação e, não, às anteriores ao quinquênio da data da extinção do contrato. II. A norma constitucional que ampliou o prazo de prescrição da ação trabalhista para 5 (cinco) anos é de aplicação imediata e não atinge pretensões já alcançadas pela prescrição bienal quando da promulgação da CF/1988.

▶ Súmula 350/TST: Prescrição. Termo inicial. Ação de cumprimento. Sentença normativa. O prazo de prescrição com relação à ação de cumprimento de decisão normativa flui apenas da data de seu trânsito em julgado.

▶ Súmula 362/TST: FGTS. Prescrição. 1— Para os casos em que a ciência da lesão ocorreu a partir de 13-11-2014, é quinquenal a prescrição do direito de reclamar contra o não recolhimento de contribuição para o FGTS, observado o prazo de dois anos após o término do contrato; II — Para os casos em que o prazo prescricional já estava em curso em 13-11-2014, aplica-se o prazo prescricional que se consumar primeiro: trinta anos, contados do termo inicial, ou cinco anos, a partir de 13-11-2014 (STFA-RE-709212/DF).

▶ Súmula 409/TST: Ação rescisória. Prazo prescricional. Total ou parcial. Violação do art. 7.°, XXIX, da CF/88. Matéria infraconstitucional. Não procede ação rescisória calcada em violação do art. 7°, XXIX, da CF/88 quando a questão envolve discussão sobre a espécie de prazo prescricional aplicável aos créditos trabalhistas, se total ou parcial, porque a matéria tem índole infraconstitucional, construída, na Justiça do Trabalho, no plano jurisprudencial.

▶ Súmula 62/TST: Abandono de Emprego. O prazo de decadência do direito ao empregador de ajuizar inquérito em face do empregado que incorre em abandono de emprego é contado a partir do momento em que o empregado pretendeu seu retorno ao serviço.

▶ Súmula 371 do TST: Aviso Prévio Indenizado. Efeitos. Superveniência de Auxílio-Doença no curso deste. A projeção do contrato de trabalho para o futuro, pela concessão do aviso prévio indenizado, tem efeitos limitados às vantagens econômicas obtidas no período de pré-aviso, ou seja, salários, reflexos e verbas rescisórias. No caso de concessão de auxílio-doença no curso do aviso prévio, todavia, só se concretizam os efeitos da dispensa depois de expirado o benefício previdenciário.

▶ Súmula 452/ TST: Diferenças salariais. Plano de cargos e salários. Descumprimento. Critérios de promoção não observados. Prescrição Parcial. Tratando-se de pedido de pagamento de diferenças salariais decorrentes da inobservância dos critérios de promoção estabelecidos em Plano de Cargos e Salários criado pela empresa, a prescrição aplicável é a parcial, pois a lesão é sucessiva e se renova mês a mês.

▶ OJ 38 SDI-1/ TST: Empregado que exerce atividade rural. Empresa de reflorestamento. Prescrição própria do rurícola. O empregado que trabalha em empresa de reflorestamento, cuja atividade está diretamente ligada ao manuseio da terra e de matéria-prima, é rurícola e não industriário, nos termos do Decreto n. 73.626, de 12-2-1974, art. 2°, § 4.°, pouco importando que o fruto de seu trabalho seja destinado à indústria. Assim, aplica-se a prescrição própria dos rurícolas aos direitos desses empregados.

▶ OJ 76 SDI-1/ TST: Substituição dos avanços trienais por quinquênios. Alteração do contrato de trabalho. Prescrição total. A alteração contratual consubstanciada na substituição dos avanços trienais por quinquênios decorre de ato único do empregador, momento em que começa a fluir o prazo fatal de prescrição.

▶ OJ 83 SDI-1/ TST: Aviso prévio. Indenizado. Prescrição. A prescrição começa a fluir no final da data do término do aviso prévio. Art. 487, § 1.0, da CLT.

▶ OJ 129 SDI-1/ TST: Prescrição. Complementação da pensão e auxílio funeral. A prescrição extintiva para pleitear judicialmente o pagamento da complementação de pensão e do auxílio-funeral é de 2 anos, contados a partir do óbito do empregado.

▶ OJ 130 SDI-1/ TST: Prescrição. Ministério Público. Arguição. Custos legis. Ilegitimidade. Ao exarar o parecer na remessa de ofício, na qualidade de custos legis, o Ministério Público não tem legitimidade para arguir a prescrição em favor de entidade de direito público, em matéria de direito patrimonial.

▶ OJ 175 SDI-1/ TST: Comissões. Alteração ou supressão. Prescrição total. A supressão das comissões, ou a alteração quanto à forma ou ao percentual, em prejuízo do empregado, é suscetível de operar a prescrição total da ação, nos termos da Súmula 294 do TST, em virtude de cuidar-se de parcela não assegurada por preceito de lei.

▶ OJ 242 SDI-1/ TST: Prescrição total. Horas extras. Adicional. Incorporação. Embora haja previsão legal para o direito à hora extra, inexiste previsão para a incorporação ao salário do respectivo adicional, razão pela qual deve incidir a prescrição total.

▶ OJ 243 SDI-1/ TST: Prescrição total. Planos econômicos. Aplicável a prescrição total sobre o direito de reclamar diferenças salariais resultantes de planos econômicos.

▶ OJ 271 SDI-1/ TST: Rurícola. Prescrição. Contrato de emprego extinto. Emenda Constitucional n. 28/2000. Inaplicabilidade. O prazo prescricional da pretensão do rurícola, cujo contrato de emprego já se extinguira ao sobrevir a Emenda Constitucional n. 28, de 26-5-2000, tenha sido ou não ajuizada a ação trabalhista, prossegue regido pela lei vigente ao tempo da extinção do contrato de emprego.

▶ OJ transitória 78 SDI-1/ TST: Embargos ã SDI contra decisão em recurso de revista não conhecido quanto aos pressupostos intrínsecos. Recurso interposto antes da vigência da Lei n. 11.496, de 22-6-2007, que conferiu nova redação ao art. 894 da CLT. Necessária a indicação expressa de ofensa ao art. 896 da CLT. Para a admissibilidade e conhecimento de embargos, interpostos antes da vigência da lei n. 11.496/2007, contra decisão mediante a qual não foi conhecido o recurso de revista pela análise dos pressupostos intrínsecos, necessário que a parte embargante aponte expressamente a violação ao art. 896 da CLT.

▶ OJ 344 SDI-1/ TST: FGTS. Multa de 40%. Diferenças decorrentes dos expurgos inflacionários. Prescrição. Termo inicial. O termo inicial do prazo prescricional para o empregado pleitear em juízo diferenças da multa do FGTS, decorrentes dos expurgos inflacionários, deu-se com a vigência da Lei Complementar n. 110, em 30-6-01, salvo comprovado trânsito em julgado de decisão proferida em ação proposta anteriormente na Justiça Federal, que reconheça o direito à atualização do saldo da conta vinculada.

▶ OJ 361 SDI-1/TST: Aposentadoria Espontânea. Unicidade do Contrate) de Trabalho. Multa de 40% do FGTS sobre todo o período. A aposentadoria espontânea não é causa de extinção do contrato de trabalho se o empregado permanece prestando serviços ao empregador após a jubilação. Assim, por ocasião da sua dispensa imotivada, o empregado tem direito à multa de 40% do FGTS sobre a totalidade dos depósitos efetuados no curso do pacto laborai.

▶ OJ 370 SDI-1/ TST: FGTS. Multa de 40%. Diferenças dos expurgos inflacionários. Prescrição. Interrupção decorrente de protestos judiciais. O ajuizamento de protesto judicial dentro do biênio posterior à Lei Complementar n. 110, de 29-6-2001, interrompe a prescrição, sendo irrelevante o transcurso de mais de dois anos da propositura de outra medida acautelatória, com o mesmo objetivo, ocorrida antes da vigência da referida lei, pois ainda não iniciado o prazo prescricional, conforme disposto na Orientação Jurisprudencial n. 344 da SBDI-1.

▶ OJ 375 SDI-1/ TST: Auxílio-Doença. Aposentadoria por invalidez. Suspensão do contrato de trabalho. Prescrição. Contagem. A suspensão do contrato de trabalho, em virtude da percepção do auxílio-doença ou da aposentadoria por invalidez, não impede a fluência da prescrição quinquenal, ressalvada a hipótese de absoluta impossibilidade de acesso ao Judiciário.

▶ OJ 392 SDI-1/ 'TST: Prescrição. Interrupção. Ajuizamento de proteste) judicial. Marco inicial. O protesto judicial é medida aplicável no processo do trabalho, por força do art. 769 da CLT e do art. 15 do CPC de 2015. O ajuizamento da ação, por si só, interrompe o prazo prescricional, em razão da inaplicabilidade do § 2° do art. 240 do CPC de 2015 (§ 2° do art. 219 do CPC de 1973), incompatível com o disposto no art. 841 da CLT.

▶ OJ 401 SDI-1/ TST: Prescrição. Marco inicial. Ação condenatória. Trânsito em julgado da ação declaratória com mesma causa de pedir remota ajuizada antes da extinção do contrato de trabalho. O marco inicial da contagem do prazo prescricional para o ajuizamento de ação condenatória, quando advém a dispensa do empregado no curso de ação declaratória que possua a mesma causa de pedir remota, é o trânsito em julgado da decisão proferida na ação declaratória e não a data da extinção do contrato de trabalho.

▶ OJ 417 SDI-1/ TST: Prescrição. Rurícola. Emenda Constitucional n. 28, de 26-5-2000. Contrato de trabalho em curso. Não há prescrição total ou parcial da pretensão do trabalhador rural que reclama direitos relativos a contrato de trabalho que se encontrava em curso à época da promulgação da Emenda Constitucional n. 28, de 26.05.2000, desde que ajuizada a demanda no prazo de cinco anos de sua publicação, observada a prescrição bienal.

▶ Súmula 230/ STF: A prescrição da ação de acidente do trabalho conta-se do exame pericial que comprovar a enfermidade ou verificar a natureza da incapacidade.

▶ Súmula 327/ STF: O direito trabalhista admite a prescrição intercorrente.

▶ Súmula 403/ STF: É de decadência o prazo de trinta dias para instauração do inquérito judicial, a contar da suspensão, por falta grave, de empregado estável.

▶ Súmula 149/ STJ: A prova exclusivamente testemunhal não basta a comprovação da atividade rurícola, para efeito da obtenção de benefício previdenciário.

▶ Súmula 242/ STJ: Cabe ação declaratória para reconhecimento de tempo de serviço para fins previdenciários.

▶ Súmula 278/ STJ: O termo inicial do prazo prescricional, na ação de indenização, é a data em que o segurado teve ciência inequívoca da incapacidade laboral.

▶ Súmula 427/ STJ: A ação de cobrança de diferenças de valores de complementação de aposentadoria prescreve em cinco anos contados da data do pagamento.

▶ Súmula 210 do STJ: FGTS. COBRANÇA. PRESCRIÇÃO. A ação de cobrança das contribuições para o FGTS prescreve em 30 anos.

▶ Súmula 398 do STJ: FGTS. PRESCRIÇÃO. JUROS PROGRESSIVO SOBRE OS SALDOS DA CONTA VINCULADA. LIMITE. PARCELAS VENCIDAS. A prescrição da ação para pleitear os juros progressivos sobre os saldos de conta vinculada do FGTS não atinge o fundo de direito, limitando-se às parcelas vencidas.

▶ Súmula 401 do STJ: AÇÃO RESCISÓRIA. PRAZO DECADENCIAL. SÓ SE INICIA QUANDO NÃO FOR CABÍVEL QUALQUER RECURSO DO ÚLTIMO PRONUNCIAMENTO JUDICIAL O prazo decadencial da ação rescisória só se inicia quando não for cabível qualquer recurso do último pronunciamento judicial.

▶ Súmulas do TST

▶ Súmula 6 do TST: EQUIPARAÇÃO SALARIAL. ART. 461 DA CLT (REDAÇÃO DO ITEM VI ALTERADA) — RES. N. 198/2015, REPUBLICADA EM RAZÃO DE ERRO MATERIAL — DEJT DIVULGADO EM 12, 15 E 16.6.2015. IX — Na ação de equiparação salarial, a prescrição é parcial e só alcança as diferenças salariais vencidas no período de 5 (cinco) anos que precedeu o ajuizamento.

▶ Súmula 199 do TST: BANCÁRIO. PRÉ-CONTRATAÇÃO DE HORAS EXTRAS - II — Em se tratando de horas extras pré-contratadas, opera-se a prescrição total se a ação não for ajuizada no prazo de cinco anos, a partir da data em que foram suprimidas.

▶ Súmula 326 do TST: COMPLEMENTAÇÃO DE APOSENTADORIA. PRESCRIÇÃO TOTAL. A pretensão à complementação de aposentadoria jamais recebida prescreve em 2 (dois) anos contados da cessação do contrato de trabalho.

▶ Súmula 327 do TST: COMPLEMENTAÇÃO DE APOSENTADORIA. DIFERENÇA. PRESCRIÇÃO PARCIAL. A pretensão a diferenças de complementação de aposentadoria sujeita-se à prescrição parcial e quinquenal, salvo se o pretenso direito decorrer de verbas não recebidas no curso da relação de emprego e já alcançadas pela prescrição, à época da propositura da ação.

▶ Súmula 350 do TST: PRESCRIÇÃO. TERMO INICIAL. AÇÃO DE CUMPRIMENTO. SENTENÇA NORMATIVA. O prazo de prescrição com relação à ação de cumprimento de decisão normativa flui apenas da data de seu trânsito em julgado.

▶ Súmula 373 do TST: GRATIFICAÇÃO SEMESTRAL. CONGELAMENTO. PRESCRIÇÃO PARCIAL. Tratando-se de pedido de diferença de gratificação semestral que teve seu valor congelado, a prescrição aplicável é a parcial.

▶ Súmula 382 — MUDANÇA DE REGIME CELETISTA PARA ESTATUTÁRIO. EXTINÇÃO DO CONTRATO. PRESCRIÇÃO BIENAL. A transferência do regime jurídico de celetista para estatutário implica extinção do contrato de trabalho, fluindo o prazo da prescrição bienal a partir da mudança de regime.

▶ Súmula 452 do TST: DIFERENÇAS SALARIAIS, PLANO DE CARGOS E SALÁRIOS. DESCU'MPRIMENTO. CRITÉRIOS DE PROMOÇÃO NÃO OBSERVADOS. PRESCRIÇÃO PARCIAL. Tratando-se de pedido de pagamento de diferenças salariais decorrentes da inobservância dos critérios de promoção estabelecidos em Plano de Cargos e Salários criado pela empresa, a prescrição aplicável é a parcial, pois a lesão é sucessiva e se renova mês a mês.

▶ Art. 194 do CC: O juiz não pode suprir, de ofício, a alegação de prescrição, salvo se favorecer a absolutamente incapaz. (Revogado)

▶ Art. 197 do CC: Não corre a prescrição: I — entre os cônjuges na constância da sociedade conjugal: II— entre ascendentes e descendentes, durante o poder familiar; III — entre tutelados ou curatelados e seus tutores ou curadores, durante a tutela ou curatela;

▶ Art. 198. Também não corre a prescrição: I — contra os incapazes de que trata o art. 3º; — contra os ausentes do País em serviço público da União, dos Estados ou dos Municípios; III - contra os que se acharem servindo nas Forças Armadas, em tempo de guerra;

▶ Art. 199 do CC: Não corre igualmente a prescrição: I — pendendo condição suspensiva; II — não estando vencido o prazo; III — pendendo ação de evicção;

▶ Art. 15 do CPC: Na ausência de normas que regulem processos eleitorais, trabalhistas ou administrativos, as disposições deste Código lhes serão aplicadas supletiva e subsidiariamente.

▶ Art. 59 do CPC: O registro ou a distribuição da petição inicial torna prevento o juízo.

▶ Art. 240 do CPC: A citação válida, ainda quando ordenada por juízo incompetente, induz litispendência, torna litigiosa a coisa e constitui em mora o devedor, ressalvado o disposto nos arts. 397 e 398 da Lei n. 10.406, de 10 de janeiro de 2002 (Código Civil). § 1º A interrupção da prescrição, operada pelo despacho que ordena a citação, ainda que proferido por juízo incompetente, retroagirá à data de propositura da ação. § 4º O efeito retroativo a que se refere o § 12 aplica-se à decadência e aos demais prazos extintivos previstos em lei.

▶ Art. 332 do CPC: Nas causas que dispensem a fase instrutória, o juiz, independentemente da citação do réu, julgará liminarmente improcedente o pedido que contrariar: § 1º O juiz também poderá julgar liminarmente improcedente o pedido se verificar, desde logo, a ocorrência de decadência ou de prescrição.

▶ Art. 487 do CPC: Haverá resolução de mérito quando o juiz: II — decidir, de ofício ou a requerimento, sobre a ocorrência de decadência ou prescrição.

7. JURISPRUDÊNCIA

▶ PRESCRIÇÃO BIENAL. OCORRÊNCIA. Ajuizada ação reclamatória trabalhista após o decurso do prazo de dois anos após a extinção do contrato de trabalho, verifica-se a ocorrência da prescrição bienal do direito de ação, nos moldes dos arts. 11 da CLT e 7º, XXIX, da Carta Magna.

(TRT-23 - ROT: 00005791620195230066 MT, Relator: TARCISIO REGIS VALENTE, Gab. Des. Tarcísio Valente, Data de Publicação: 26/03/2021)

▶ PRESCRIÇÃO BIENAL. CRÉDITOS TRABALHISTAS. Dispõe o art. 7º, inciso XXIX, da Constituição Federal que o direito de ação quanto a créditos trabalhistas prescreve em dois anos após a extinção do contrato de trabalho. Neste mesmo sentido, o art. 11 da CLT. Extrapolado esse limite temporal para o ajuizamento da presente demanda, deve ser declarada a prescrição das pretensões postas na petição inicial.

(TRT-3 - RO: 00106157120205030153 MG 0010615-71.2020.5.03.0153, Relator: Rosemary de O. Pires, Data de Julgamento: 01/04/2021, Décima Turma, Data de Publicação: 05/04/2021.)

▶ ACIDENTE DO TRABALHO. DOENÇA OCUPACIONAL. ACTIO NATA. PRESCRIÇÃO TRABALHISTA. INOCORRÊNCIA. Nas ações envolvendo acidente do trabalho ou doença ocupacional, aplica-se a prescrição trabalhista, cuja actio nata ocorre na data em que o trabalhador teve ciência inequívoca da incapacidade e da extensão das lesões. Não tendo transcorrido o prazo de cinco anos entre a data da ciência inequívoca pelo empregado da extensão das lesões e do alcance da diminuição da capacidade laborativa decorrentes de acidente do trabalho ou doença ocupacional - ciência ocorrida após a promulgação da Emenda Constitucional 45/2004 - e o ajuizamento da ação, não há prescrição total do direito de ação quanto aos pedidos indenizatórios decorrentes do acidente ou doença, nos termos do previsto no art. 7º, XXIX, da CF e no art. 11 da CLT.

(TRT-4 – ROT: 00212422520195040030, Data de Julgamento: 25/02/2021, 4ª Turma)

▶ RECURSO ORDINÁRIO. VÍNCULO DE EMPREGO. RETIFICAÇÃO DA CTPS. PRESCRIÇÃO. INEXISTÊNCIA. O rol petitório exordial, além da pretensão ao pagamento de créditos trabalhistas, abrange igualmente o pedido de reconhecimento da relação empregatícia em período posterior à rescisão contratual formalizada em 21.05.2015. E, conforme regra prevista no art. 11, § 1º, da CLT, a prescrição, quinquenal ou bienal, "não se aplica às ações que tenham por objeto anotações para fins de prova junto à Previdência Social". Desse modo, reconhecida a prestação de serviços em período posterior à rescisão contratual formalizada em 21.05.2015, e não infirmada a presunção relativa de manutenção da subordinação e da não eventualidade, observada no período em que vigente o contrato individual de trabalho pactuado em 10.06.2010, impõe-se o provimento parcial do apelo obreiro, no aspecto, para, reformando a sentença, reconhecer que o termo final da relação empregatícia ocorreu somente em 02.09.2017. Recurso ordinário a que se dá parcial provimento.

(TRT-13 – RO: 00002113520205130006 0000211-35.2020.5.13.0006, Data de Julgamento: 02/03/2021, 2ª Turma, Data de Publicação: 04/03/2021)

▶ PRESCRIÇÃO. ENTREGA DO PERFIL PROFISSIOGRÁFICO PREVIDENCIÁRIO – PPP, PARA FINS DE PROVA JUNTO À PREVIDÊNCIA SOCIAL. Natureza meramente declaratória, não se submetendo à prescrição, nos termos do art. 11, § 1º, da CLT. O interesse de agir em receber as guias PPP somente surge quando presentes os requisitos para sua exigência pelo INSS, do qual depende a apresentação dos referidos documentos como condição para o recebimento da aposentadoria.

(TRT-2 10007301020185020025 SP, Relator: MARIA DE LOURDES ANTONIO, 17ª Turma – Cadeira 2, Data de Publicação: 04/03/2021)

▶ INDIVIDUALIZAÇÃO DO FGTS. NATUREZA DECLARATÓRIA. IMPRESCRITIBILIDADE. O pedido de individualização dos depósitos concernentes à conta vinculada ao Fundo de Garantia por Tempo de Serviço – FGTS possui natureza declaratória, não sendo a pretensão fulminada por prazo prescricional (art. 11, § 1º, da CLT).

(TRT-3 – RO: 00110924920195030050 MG 0011092-49.2019.5.03.0050, Relator: Lucilde D'Ajuda Lyra de Almeida, Data de Julgamento: 05/04/2021, Sexta Turma, Data de Publicação: 05/04/2021.)

▶ PROTESTO JUDICIAL. INTERRUPÇÃO DA PRESCRIÇÃO. Considerando que o Sindicato dos Empregados em Estabelecimentos Bancários e do Ramo Financeiro no Estado de Mato Grosso (SEEB/MT) ajuizou protesto judicial em relação à matéria dos autos, consoante preleciona a Orientação Jurisprudencial n. 392, da SDI-1 do TST, é o que basta para que ocorra a interrupção da prescrição, competindo realçar que não se aplica ao caso o novel § 3º do art. 11 da CLT, introduzido pela Lei n. 13.467/17, porquanto o aludido protesto foi ajuizado antes da respectiva entrada em vigor, consubstanciando ato jurídico perfeito, imutável por nova lei, nos termos do art. 6º, § 1º da LINDB.

(TRT-23 – ROT: 00005555620195230108 MT, Relator: ROBERTO BENATAR, Gab. Des. Roberto Benatar, Data de Publicação: 09/03/2021)

▶ PRESCRIÇÃO TRABALHISTA. PROTESTO INTERRUPTIVO. O art. 11, § 3º, da CLT, introduzido pela Lei 13.467/17, trouxe regramento específico para a interrupção da prescrição trabalhista, ficando afastada a aplicação do art. 202 do Código Civil, fonte subsidiária do Direito do Trabalho.

(TRT-3 – RO: 00103157120205030101 MG 0010315-71.2020.5.03.0101, Relator: Ricardo Marcelo Silva, Data de Julgamento: 17/03/2021, Nona Turma, Data de Publicação: 18/03/2021.)

▶ AÇÃO DE CUMPRIMENTO DE NORMA COLETIVA. PRESCRIÇÃO. Tratando-se de ação de cumprimento de norma coletiva, a fixação da prescrição quinquenal deve observar dois critérios: o fim do prazo de vigência instrumento normativo e a data do ajuizamento daquela ação (arts. 11 da CLT e 7º, XXIX, da CR). In casu, tendo expirado o prazo de validade da CCT 2018/2019 e do seu termo aditivo em 31/12/2019 e, considerando que o ajuizamento da presente ação ocorreu em 20/02/2020, encontram-se fulminadas pela prescrição quinquenal apenas as parcelas e valores cuja exigibilidade for anterior a 20/02/2015, não alcançando, portanto, as parcelas decorrentes da aplicação das normas coletivas vigentes nos anos 2018 e 2019. Também não se observa o decurso da prescrição bienal, já que entre a data do término da vigência das referidas CCTs e a do ajuizamento da ação não decorreu período superior a dois anos.

(TRT-3 – RO: 00101239020205030020 MG 0010123-90.2020.5.03.0020, Relator: Marcus Moura Ferreira, Data de Julgamento: 24/03/2021, Decima Turma, Data de Publicação: 25/03/2021.)

▶ EMENTA: PRESCRIÇÃO TOTAL. ALTERAÇÃO DO PLANO DE SAÚDE. APLICAÇÃO DO § 2º DO ART. 11 DA CLT E DA SÚMULA 294 DO C. TST. A alteração do plano de saúde, por meio de cláusula resultante de sentença normativa, para determinar o pagamento de mensalidade do beneficiário, que antes não existia, constitui alteração prejudicial de prestações sucessivas em parcela não assegurada por preceito de lei, o que faz atrair a incidência da prescrição total. Prescrição pronunciada em atenção ao art. 1.013, § 2º, do CPC. Recurso do reclamante prejudicado. (TRT18, ROT – 0010547-63.2020.5.18.0005, Rel. PLATON TEIXEIRA DE AZEVEDO FILHO, 2ª TURMA, 26/02/2021)

(TRT-18 – ROT: 00105476320205180005 GO 0010547-63.2020.5.18.0005, Relator: PLATON TEIXEIRA DE AZEVEDO FILHO, Data de Julgamento: 26/02/2021, 2ª TURMA)

▶ PRESCRIÇÃO. INTERRUPÇÃO. ART. 11, § 3º DA CLT. PRODUÇÃO ANTECIPADA DE PROVAS. A ação que objetiva a produção antecipada de provas não tem o efeito de interromper o prazo prescricional para o ajuizamento da demanda trabalhista, na medida em que o art. 11, § 3º da CLT preconiza que a interrupção somente ocorrerá pelo ajuizamento de ação trabalhista e, ainda assim, apenas em relação aos pedidos idênticos, o que não ocorre no caso, eis que inexiste similitude de pretensões entre ambas as demandas. (TRT12 – ROT – 0001321-64.2019.5.12.0028, Rel. LIGIA MARIA TEIXEIRA GOUVEA , 5ª Câmara , Data de Assinatura: 09/12/2020)

(TRT-12 – RO: 00013216420195120028 SC, Relator: LIGIA MARIA TEIXEIRA GOUVEA, Data de Julgamento: 08/12/2020, Gab. Des.a. Ligia Maria Teixeira Gouvêa)

▶ PROTESTO INTERRUPTIVO DA PRESCRIÇÃO. APÓS VIGÊNCIA DA LEI 13.467/2017. ARTIGO 202, II, CC. ARTIGO 11, § 3º, CLT. CABIMENTO. Cinge-se a discussão à possibilidade ou não da interposição de protesto interruptivo da prescrição, nos termos do artigo 202, II, do Código Civil, na seara trabalhista após o advento da Lei 13.467/2017, que, entre as várias alterações, acresceu o § 3º ao artigo 11 da CLT, fixando que a interrupção da prescrição somente ocorrerá pelo ajuizamento de reclamação trabalhista. A redação do novo § 3º, do artigo 11, da CLT não inibiu outras formas interruptivas da prescrição, devendo ser afastada a interpretação restritiva que deu ensejo à extinção do presente processo sem resolução de mérito por existência de óbice legal à interposição do protesto judicial, determinando o retorno dos autos para regular prosseguimento na análise dos demais requisitos da presente medida, como o juízo entender de direito.

(TRT-1 – RO: 01001340720205010511 RJ, Relator: ANTONIO PAES ARAUJO, Data de Julgamento: 02/12/2020, Segunda Turma, Data de Publicação: 29/01/2021)

▶ RECURSO ORDINÁRIO. AÇÃO CAUTELAR DE PROTESTO. INTERRUPÇÃO DO PRAZO PRESCRICIONAL. POSSIBILIDADE. Insta esclarecer que o parágrafo 3º, do art. 11, da CLT se refere à prescrição da reclamação trabalhista prevista no caput dessa regra, segundo a qual "A pretensão quanto a créditos resultantes das relações de trabalho prescreve em cinco anos para os trabalhadores urbanos e rurais, até o limite de dois anos após a extinção do contrato de trabalho", portanto, diz respeito apenas a uma das hipóteses em que pode ocorrer a prescrição, não sendo a única, tendo em vista a possibilidade de protesto judicial. Sentença mantida. Recurso ordinário conhecido e improvido.

(TRT-7 – RO: 00003497120205070037 CE, Relator: DURVAL CÉSAR DE VASCONCELOS MAIA, Data de Julgamento: 25/02/2021, 1ª Turma, Data de Publicação: 25/02/2021)

▶ AÇÃO DE CUMPRIMENTO. EXECUÇÃO INDIVIDUAL DE DIREITOS RECONHECIDOS EM AÇÃO COLETIVA – PRINCÍPIO DA ACTIO NATA. Segundo o princípio da actio nata, a contagem do marco prescricional tem início com a ciência inequívoca do interessado acerca do direito reconhecido (artigo 189 do CC), o que, in casu, ocorreu com o trânsito em julgado da ação coletiva nº 0000027-74.2015.5.06.0192, em 21/03/2016. E, segundo preconiza a Súmula 150 do STF, "Prescreve a execução no mesmo prazo de prescrição da ação". Assim, e considerando o disposto nos arts. 11 da CLT e 7º, XXIX, da CR, é certo afirmar que o prazo prescricional para propositura da ação individual é de dois anos para o empregado cujo contrato de trabalho esteja rescindido, e de cinco anos para o empregado cujo contrato de trabalho ainda esteja em vigor. Neste caso vertente, o exequente foi dispensado em 06/02/2015, percebendo aviso prévio indenizado de 42 dias, projetando-se o término do seu contrato para o dia 20/03/2015, sendo aplicável, portanto, o prazo prescricional de dois anos. Ajuizada a presente ação de cumprimento de sentença somente em 04/08/2020, ou seja, mais de dois anos após o trânsito em julgado da ação coletiva, impõe-se manter a r. sentença que pronunciou a prescrição bienal e extinguiu o processo com resolução do mérito na forma do art. 487, II do CPC. Agravo de petição a que se nega provimento.

(TRT-3 – AP: 00107296420205030038 MG 0010729-64.2020.5.03.0038, Relator: Sabrina de Faria F.Leao, Data de Julgamento: 02/02/2021, Decima Turma, Data de Publicação: 05/02/2021.)

Art. 11-A. Ocorre a prescrição intercorrente no processo do trabalho no prazo de dois anos.

§ 1º A fluência do prazo prescricional intercorrente inicia-se quando o exequente deixa de cumprir determinação judicial no curso da execução.

§ 2º A declaração da prescrição intercorrente pode ser requerida ou declarada de ofício em qualquer grau de jurisdição.

COMENTÁRIOS (ART. 11-A)

A prescrição intercorrente é *"aquela que – como o próprio nome sugere – corre dentro de um processo já iniciado"*.[302]

Homero Batista Mateus da Silva ensina que *"O nome correto seria prescrição intracorrente ou, mais precisamente, prescrição da pretensão executiva. Os costumes consagraram a expressão prescrição intercorrente, sempre revestida de alta indagação.*[303].

A doutrina e a jurisprudência sempre divergiram acerca da aplicabilidade ou não da prescrição intercorrente no processo do trabalho.

De um lado, alguns defendiam esse instituto jurídico é era admissível no processo do trabalho, quando o reclamante não promovesse os atos processuais necessários ao andamento do feito, demonstrando desinteresse no prosseguimento da demanda. Essa corrente doutrinária se pautava no art. 884, § 1º da CLT, cujo teor autoriza o executado a alegar a prescrição da dívida em sede de embargos à execução, bem como na inteligência do art. 40 da Lei n. 6.830/80, que prescrevia a possibilidade de o juiz do trabalho suspender *"o curso da execução, enquanto não for localizado o devedor ou encontrados bens sobre os quais possa recair a penhora, e, nesses casos, não correrá o prazo de prescrição"*. Nessa linha de entendimento, o Supremo Tribunal Federal, ao enfrentar o tema, entendeu que a prescrição intercorrente é admissível ao processo do trabalho, conforme se denota da Súmula 327 do SFT.

Na posição inversa, o Tribunal Superior do Trabalho havia consolidado o entendimento que a prescrição intercorrente era inaplicável na Justiça do Trabalho (Súmula 114 do TST),. Os defensores desse posicionamento argumentavam que *"o processo trabalhista independe de qualquer impulso das partes, uma vez que o magistrado tem todos os poderes legais para dinamizá-lo, não sendo justo que o trabalhador seja, por isso, prejudicado", conforme explica Eduardo Gabriel Saad.*[304]

A Reforma Trabalhista (Lei n. 13.467/2017) colocou fim a essa discussão. Passou a prever expressamente a possibilidade de incidência da prescrição intercorrente no processo do trabalho. Desta forma, quando o exequente deixar de cumprir a determinação do juiz do trabalho na fase de execução se iniciará a contagem do prazo prescricional intercorrente, de modo ao final do biênio, se não houver manifestação do executado, restará configurada a prescrição intercorrente.

No âmbito das relações jurídicas na esfera civil a lei também passou a prever expressamente a possibilidade de incidência da prescrição intercorrente, desde que observado o mesmo prazo de prescrição da pretensão, por meio da Medida Provisória n. 1.040/2021, convertida na Lei n. 14.195/2021, que acrescentou o art. 206-A ao Código Civil. A caráter finalístico desta previsão legal, segundo o legislador, é conferir segurança jurídica, aprimorar o ambiente de negócios no Brasil e facilitar a recuperação do crédito, consagrando um posicionamento já firmado pela jurisprudência consolidada pelo Supremo Tribunal Federal (Súmula 150 do STF).

A pronúncia de ofício da prescrição pelo magistrado foi autorizada pela lei 11.280 de 2006 que alterou a redação do art. 219, §5º, do CPC/1973. O atual Código de Processo Civil ratificou a possibilidade de aplicação da prescrição de ofício, nos arts. 332, § 1º, e 487, II. A aplicação deste dispositivo no âmbito trabalhista sempre foi duvidosa, haja vista a natureza jurídica alimentar das parcelas trabalhistas.

302 Idem, Martinez, 2020.
303 Idem. Homero Batista Mateus da Silva, 2018, p. 66.
304 Idem. Saad, 2019, p. 176.

A Reforma Trabalhista veio a aclarar esta discussão, ao menos no que diz respeito a prescrição intercorrente, na medida em que autorizou o reconhecimento desse instituto jurídico de ofício pelo juiz do trabalho. A dúvida permanece, no entanto, em relação (in)admissibilidade de reconhecimento da prescrição por iniciativa do juiz ou tribunal na fase de conhecimento, eis que o legislador permaneceu silente nesse aspecto.

1. LEGISLAÇÃO RELACIONADA

▶ Art. 7°, XXIX, CF: São direitos dos trabalhadores urbanos e rurais, além de outros que visem à melhoria de sua condição social: XXIX – ação, quanto aos créditos resultantes das relações de trabalho, com prazo prescricional de cinco anos para os trabalhadores urbanos e rurais, até o limite de dois anos após a extinção do contrato de trabalho;

▶ Súmula 114/TST: Prescrição intercorrente. É inaplicável na Justiça do Trabalho a prescrição intercorrente.

▶ Súmula 327/STF: O direito trabalhista admite a prescrição intercorrente.

▶ Instrução Normativa n. 41/18, art. 2°: O fluxo da prescrição intercorrente conta-se a partir do descumprimento da determinação judicial a que alude o § 1.° do art. 11-A da CLT, desde que feita após 11 de novembro de 2017 (Lei n. 13.467/2017).

2. JURISPRUDÊNCIA

▶ AGRAVO DE PETIÇÃO DO EXEQUENTE. PRESCRIÇÃO INTERCORRENTE. SUSPENSÃO DO PRAZO PRESCRICIONAL DECORRENTE DA LEI Nº 14.010/2020. PANDEMIA DA COVID-19. O fluxo da prescrição intercorrente conta-se a partir do descumprimento da determinação judicial a que alude o § 1º do art. 11-A da CLT, desde que feita após 11 de novembro de 2017 (Lei nº. 13.467/2017). Porém, no caso dos autos, a contagem do prazo prescricional foi interrompida com o advento da Lei nº 14.010/20, razão pela qual a decisão de origem dever ser reformada. Agravo de petição provido.

(TRT-4 – AP: 00001583320125040023, Data de Julgamento: 24/03/2021, Seção Especializada em Execução)

▶ PRESCRIÇÃO INTERCORRENTE. INEXISTÊNCIA DE BENS PENHORÁVEIS PARA SATISFAÇÃO DO CRÉDITO EXEQUENDO. SUSPENSÃO DA EXECUÇÃO. INTELIGÊNCIA DO ART. 921, DO CPC C/C LEI Nº 6.830/80 E RECOMENDAÇÃO Nº 03, DA CGJT. APLICAÇÃO SUBSIDIÁRIA E SISTÊMICA À LEGISLAÇÃO TRABALHISTA. DOUTRINA DO DIÁLOGO DAS FONTES. Uma vez autorizada a extinção da execução com fundamento na prescrição intercorrente (art. 11-A, § 1º, da CLT), o CPC define, em seu art. 921, III e §§ 1º e 2º, o procedimento a ser seguido, dispondo que deve haver a suspensão da execução quando o executado não possuir bens penhoráveis ou o devedor não for localizado, pelo prazo de um ano, durante o qual se suspenderá a prescrição. Em sentido semelhante o § 2º, do art. 40, da Lei nº 6.830/80 e a Recomendação nº 3, da Corregedoria Geral da Justiça do Trabalho (24/07/2018). Todas as fontes citadas devem ser aplicadas de maneira subsidiária, simultânea e sistêmica na definição do procedimento a ser adotado para a extinção do processo com fundamento na prescrição intercorrente, com base no teor do art. 889, da CLT. Consagra-se, assim, a Doutrina do Diálogo das Fontes, com vistas à realização concreta do direito de acesso à justiça e à tutela jurisdicional adequada e efetiva dos direitos assegurados pela ordem jurídica. Do contrário, inclusive, estar-se-ia estabelecendo para a execução trabalhista sistemática mais rígida do que a adotada para as demais espécies de execução, o que não estaria em harmonia com o caráter alimentar e, ainda, o privilégio especial dos créditos trabalhistas.

(TRT-2 02515008520055020028 SP, Relator: DANIEL DE PAULA GUIMARÃES, 1ª Turma – Cadeira 1, Data de Publicação: 25/03/2021)

▶ AGRAVO DE PETIÇÃO. PRESCRIÇÃO INTERCORRENTE. REFORMA TRABALHISTA. NECESSIDADE DE OBSERVÂNCIA DO CONTRADITÓRIO. A declaração da prescrição intercorrente no Processo do Trabalho, segundo dispõe o art. 11-A, § 2º, da CLT, incluído pela Lei 13.467/17, deve ser precedida de contraditório, concedendo-se oportunidade para manifestação às partes, em especial ao exequente, tendo em vista o evidente prejuízo que lhe pode advir de tal decisão, pela extinção da execução. Nos termos do § 5º do art. 921 do CPC, aplicável subsidiária ou supletivamente à execução trabalhista, por força dos artigos 15, do próprio CPC, e do art. 769 da CLT, antes de reconhecer e declarar a prescrição intercorrente, o Juiz deve ouvir as partes, no prazo de 15 dias, oportunidade em que o exequente poderá indicar os meios necessários para o prosseguimento da execução, iniciando-se, a partir daí, em caso de persistir a inércia da parte, a contagem do prazo prescricional estabelecido no art. 11-A da CLT.

(TRT-3 – AP: 00842005420035030024 MG 0084200-54.2003.5.03.0024, Relator: Delane Marcolino Ferreira, Data de Julgamento: 27/08/2020, Decima Turma, Data de Publicação: 01/09/2020.)

▶ A prescrição pode ser reconhecida de ofício pelo juiz nos termos do art. 487, II, do CPC (correspondente ao art. 219, § 5º, do CPC de 1973) c.c. art. 15 do CPC, como garantia de eficácia da norma constitucional (art. 7º, XXIX, da CF). Trata-se de norma imperativa, que não confere faculdade ao juiz para reconhecer a prescrição de ofício, mas obriga a pronunciá-la ex officio. Como reforço argumentativo, se, nos termos do § 2º do art. 11-A da CLT, o juízo pode reconhecer de ofício a prescrição (intercorrente) do título executivo judicial já formado e transitado em julgado, com mais razão pode ser reconhecida (de ofício) a prescrição na fase de conhecimento, por aplicação do art. 487, II, do CPC c.c. art. 15 do CPC.

(TRT-2 10019833820165020046 SP, Relator: THAIS VERRASTRO DE ALMEIDA, 17ª Turma – Cadeira 2, Data de Publicação: 10/09/2020)

▶ DIREITO PROCESSUAL. PRESCRIÇÃO. ACTIO NATA. PRESCRIÇÃO INTERCORRENTE. ART. 11-A DA CLT, INCLUÍDO PELA LEI 13.467/2017. Em relação à fluência do prazo para aplicabilidade da prescrição intercorrente na Justiça do Trabalho, os princípios da irretroatividade, da segurança jurídica (CRFB, artigo 5.º, XXXVI) e da confiança legítima dos jurisdicionados impõem o início de sua contagem, nos termos do § 2.º, do art. 11-A, da CLT, quando da omissão do exequente no cumprimento de determinação judicial no curso da execução, ocorrida após a vigência da Lei 13.467/2017, porquanto é a partir dali que o demandante poderá avaliar os riscos da extinção de seu crédito. 1.2. A demanda foi proposta após o esgotamento do lapso prescricional.

(TRT-1 – AP: 01003604420205010080 RJ, Relator: DALVA AMELIA DE OLIVEIRA MUNOZ CORREIA, Data de Julgamento: 16/03/2021, Oitava Turma, Data de Publicação: 18/03/2021)

▶ AGRAVO DE PETIÇÃO. PRESCRIÇÃO INTERCORRENTE – PROCEDIMENTO EXECUTIVO TRABALHISTA – POSSIBILIDADE – Para ocorrência da prescrição intercorrente no procedimento executivo trabalhista, considerando-se a novel legislação introduzida pela Lei 13.467/2017, mostra-se imprescindível que decorra o prazo de dois anos de paralisação de tal procedimento, em razão da inércia do credor, quando devidamente intimado de tal consequência, a partir de 11.11.2017. Inteligência do artigo 2º da IN 41/2018 c/c artigos 11-A, §§ 1º e 2º da CLT e Recomendação nº 3 da Corregedoria Geral da Justiça do Trabalho/TST.

(TRT-3 – AP: 00649004420095030009 MG 0064900-44.2009.5.03.0009, Relator: Maria Lucia Cardoso Magalhaes, Data de Julgamento: 29/03/2021, Quarta Turma, Data de Publicação: 30/03/2021.)

▶ AGRAVO DE PETIÇÃO. PRESCRIÇÃO INTERCORRENTE. INOCORRÊNCIA. Conforme entendimento contido nas Súmulas n. 114 do colendo TST e 39 do TRT da 23ª Região, o instituto da prescrição intercorrente não era aplicável ao processo do trabalho. Contudo, a Lei n. 13.467/2017, com vigência a partir de 11/11/2017, inovou a matéria ao introduzir na CLT dispositivo prevendo a aplicação do referido instituto na seara trabalhista, do qual se extrai que a prescrição intercorrente ocorre dois anos após a inércia do Exequente em cumprir determinação judicial no curso da execução, podendo ser requerida pelo Executado ou declarada de ofício, em qualquer grau de jurisdição. Por sua vez, segundo o artigo 916 da CLT, caso a legislação crie novo prazo prescricional, mais gravoso do que o anteriormente previsto, sua contagem somente terá início a partir da vigência da lei que o instituiu. Assim, considerando que antes da edição da Lei n. 13.467/2017 a prescrição intercorrente sequer era aplicável à seara trabalhista, bem assim que o artigo 11-A da CLT autorizou a sua aplicação e criou o respectivo prazo prescricional, há que se observar o quanto disposto no artigo 916 da CLT, ou seja, a contagem do prazo para a declaração da prescrição intercorrente somente deve ter início com da inércia do Exequente ocorrida a partir de 11/11/2017. Na hipótese, não houve intimação prévia do Exequente para se manifestar sobre o tema, nos termos dos arts. 9º e 10 do CPC e do art. 4º da Recomendação n. 03/2018 da CGJT, tampouco houve cominação expressa acerca do início da fluência do prazo prescricional ante a inércia em questão (art. 2º da Recomendação citada). Impositivo, assim, afastar a prescrição intercorrente pronunciada e determinar o retorno dos autos à origem para o prosseguimento da execução.

(TRT-23 – AP: 00008317620175230005 MT, Relator: TARCISIO REGIS VALENTE, Gab. Des. Tarcísio Valente, Data de Publicação: 26/03/2021)

▶ PRESCRIÇÃO INTERCORRENTE AFASTADA. REFORMA TRABALHISTA. DIREITO INTERTEMPORAL. SUSPENSÃO DA PRESCRIÇÃO. É sabido que com a Reforma Trabalhista ficou expressamente previsto que, acaso o exequente deixe de promover uma determinação no curso da execução, ficando inerte por mais de dois anos, o juiz poderá reconhecer a prescrição intercorrente do crédito trabalhista. Entretanto, prevalece nesta e. 1ª Turma Julgadora o entendimento de que para fazer valer a nova lei o magistrado condutor do processo deve primeiramente advertir a parte contra qual passou a correr o prazo prescricional do disposto no art. 11-A da CLT, pois seguindo esse ritual estar-se-á preservando a característica fundamental do novo modelo de processualística, que é pautado na colaboração entre as partes e no diálogo com o julgador. Logo, nos casos em que não se segue esse caminho, afasta-se a pronúncia da prescrição intercorrente e determina-se o cumprimento do novo rito. Some-se a isso a necessidade de serem observadas eventuais causas suspensivas da prescrição alegadas pelo interessado, como a disposta no artigo 3º da Lei n. 14.010/2020, previamente debatida na origem. Agravo provido.

(TRT-23 – AP: 00641007020085230081 MT, Relator: PAULO ROBERTO RAMOS BARRIONUEVO, Gab. Des. Paulo Barrionuevo, Data de Publicação: 26/03/2021)

▶ PRESCRIÇÃO INTERCORRENTE. DIREITO INTERTEMPORAL. A reforma trabalhista colocou fim ao debate quanto à aplicação da prescrição intercorrente no processo do trabalho, definindo sua aplicabilidade no art. 11-A da CLT e fixando o prazo de dois anos, com fluência a partir do momento em que o exequente deixa de cumprir determinação judicial no curso da execução. Todavia, a lei não pode retroagir para atingir atos pretéritos, em prejuízo das partes (inteligência dos art. 915 e 916/CLT e 14/CPC), o que, no caso da prescrição intercorrente, torna o prazo prescricional de 2 anos aplicável somente a partir da entrada em vigor da referida lei, sendo indispensável a intimação do exequente para cumprimento da determinação judicial, dando início à fluência do prazo prescricional a que se refere o parágrafo 1º do art. 11-A da CLT.

(TRT-3 – AP: 01127006819925030040 MG 0112700-68.1992.5.03.0040, Relator: Adriana Goulart de Sena Orsini, Data de Julgamento: 20/03/2021, Primeira Turma, Data de Publicação: 26/03/2021.)

▶ PRESCRIÇÃO INTERCORRENTE – APLICAÇÃO NO PROCESSO DO TRABALHO. Com as alterações promovidas pela Lei da Reforma Trabalhista (Lei nº 13.467/2017), que acrescentou o artigo 11-A a CLT, ficou encerrada a controvérsia que havia na jurisprudência, sobre a aplicação da prescrição intercorrente no processo do trabalho. Contudo, segundo a regra do artigo 2º da Instrução Normativa nº 41 do Colendo TST, esta ocorre no prazo de dois anos, mas contados a partir da data da intimação do credor, quando este deixa de cumprir as providências que lhe cabem, no curso da execução.

(TRT-3 – AP: 00124591820155030093 MG 0012459-18.2015.5.03.0093, Relator: Jales Valadao Cardoso, Data de Julgamento: 23/03/2021, Segunda Turma, Data de Publicação: 24/03/2021.)

▶ AGRAVO DE PETIÇÃO. PRESCRIÇÃO INTERCORRENTE. EXECUÇÃO TRABALHISTA. INAPLICABILIDADE. Conquanto a reforma trabalhista tenha possibilitado a aplicação da prescrição intercorrente na Justiça do Trabalho, como expressamente dispõe o artigo 11-A, da CLT, não há como aplicá-la no caso em exame. Isto porque, na ocasião do despacho que determinou a intimação do autor para ter ciência dos documentos acautelados na Secretaria da Vara após pesquisa no INFOJUD, ocorrido em 27.6.2017, a jurisprudência majoritária, então vigente à época, realizando uma interpretação sistemática dos dispositivos e princípios relacionados à execução trabalhista, entendia que a prescrição intercorrente não era aplicada ao Processo do Trabalho. Ressalve-se o entendimento deste relator, já à época no mesmo sentido da legislação atual. Recurso provido. I -

(TRT-1 – AP: 00108769820155010013 RJ, Relator: EDUARDO HENRIQUE RAYMUNDO VON ADAMOVICH, Data de Julgamento: 03/03/2021, Terceira Turma, Data de Publicação: 23/03/2021)

Art. 12. Os preceitos concernentes ao regime de seguro social são objeto de lei especial.

COMENTÁRIOS (ART. 12)

Antes da concepção atual de Seguridade Social, a proteção das contingências sociais eram realizadas através da caridade, do auxílio prestado dos mais novos aos mais velhos, sendo posteriormente sucedido pelo Estado. O Seguro Social, citado no artigo em análise, era baseado na proteção securitária e na concepção de risco, dano e indenização, na forma do Direito Civil, protegendo apenas aqueles que contratassem tal serviço. Essa noção não se mostrava adequada, considerando que nem sempre as contingências sociais visam a reparação de um dano, como, v.g., a maternidade. Essa noção foi substituída pela ideia de contingência social que leva à consequência-necessidade de proteção.

Marisa Ferreira dos Santos, anota que o *"**objeto** da relação jurídica de seguridade social não é o risco, mas, sim, a **contingência** que gera a **consequência-necessidade**, objeto da proteção. O que importa é a consequência que o fato produz: a relação jurídica de seguridade social nasce **após** a ocorrência da contingência, para, então, reparar a consequência-necessidade decorrente. As contingências estão enumeradas na CF: são as prestações de seguridade social"*.[305]

Atualmente, a Seguridade Social, por definição legal (art. 194 da CF), consiste no conjunto integrado

305 Marisa Ferreira dos Santos. Direito previdenciário esquematizado. – 9. ed. – São Paulo: Saraiva Educação, 2019, p. 57.

de ações de iniciativa dos Poderes Públicos e da sociedade, destinadas a assegurar os direitos relativos à saúde, à previdência e à assistência social. São normas de proteção social, a fim de promover a dignidade da pessoa humana, bem-estar, redução das desigualdades e a justiça social.

Os direitos sociais estão dispostos no art. 6º da Carta Magna, quais sejam: educação, saúde, trabalho, lazer, segurança, previdência social, proteção à maternidade e à infância e assistência aos desamparados.

A Previdência Social, diversamente da Assistência Social e da Saúde, tem caráter contributivo, filiação obrigatória e é organizada, a rigor, sob a forma do Regime Geral de Previdência Social, observados critérios que preservem o equilíbrio financeiro e atuarial (art. 201, CF). As contingências asseguradas pelo Regime Geral de Previdência Social são: os eventos de incapacidade temporária ou permanente para o trabalho e idade avançada, maternidade, trabalhador em situação de desemprego involuntário, salário-família e auxílio-reclusão para os dependentes dos segurados de baixa renda, e pensão por morte do segurado, homem ou mulher, ao cônjuge ou companheiro e dependentes.

No âmbito infraconstitucional, o custeio da Seguridade Social está previsto na Lei 8.212/91; o plano de benefícios da Previdência Social na Lei 8.213/91, regulamentadas pelo Decreto 3.048/1999 (Regulamento da Previdência Social).

Como estudamos, o art. 8º da CLT admite a aplicação subsidiária dos princípios e regras do Direito Comum – aqui inserido o Direito Previdenciário – ao Direito do Trabalho. Alguns tratam da subsidiariedade como um princípio de Direito do Trabalho.

Claudia Lima Marques (Brasil) e Erik Jayme (Alemanha) desenvolveram a denominada Teoria do Diálogo das Fontes, segundo a qual busca-se a complementariedade entre duas leis de fontes normativas diversas, com o objetivo de proteger a parte vulnerável na relação jurídica.

Conquanto o Direito Previdenciário seja dotado de princípios e regras próprios, tem diversos pontos de toque com o Direito do Trabalho. As normas previdenciárias são aplicadas às relações de trabalho, por exemplo, no caso de suspensão ou interrupção do contrato de trabalho decorrente de auxílio-doença previdenciário ou acidentário (atual auxílio por incapacidade temporária); aposentadoria por invalidez (atual aposentadoria por incapacidade permanente); para definir o prazo de duração da garantia provisória de empregado acidentado (art. 118, da Lei 8.213/91); nas hipóteses de concessão de licença-maternidade ou paternidade; e para estabelecer as quotas de pessoas com deficiência no ambiente de trabalho, conforme previsto no art. 93 da Lei 8.213/1991.

1. LEGISLAÇÃO RELACIONADA

▶ Súmula 87/TST: Previdência privada. Se o empregado, ou seu beneficiário, já recebeu da instituição previdenciária privada, criada pela empresa, vantagem equivalente, é cabível a dedução de seu valor do benefício a que faz jus por norma regulamentar anterior.

▶ Súmula 311 do TST: BENEFÍCIO PREVIDENCIÁRIO A DEPENDENTE DE EX-EMPRE-GADO. CORREÇÃO MONETÁRIA. LEGISLAÇÃO APLICÁVEL. O cálculo da correção monetária incidente sobre débitos relativos a benefícios previdenciários devidos a dependentes de ex-empregado pelo empregador, ou por entidade de previdência privada a ele vinculada, será o previsto na Lei n. 6.899, de 8.4.1981.

▶ Súmula 401/TST: Ação rescisória. Descontos legais. Fase de execução. Sentença exequenda omissa. Inexistência de ofensa à coisa julgada. Os descontos previdenciários e fiscais devem ser efetuados pelo juízo executório, ainda que a sentença exequenda tenha sido omissa sobre a questão, dado o caráter de ordem pública ostentado pela norma que os disciplina. A ofensa à coisa julgada somente poderá ser caracterizada na hipótese de título exequendo, expressamente, afastar a dedução dos valores a título de imposto de renda e de contribuição previdenciária. (ex-0) n. 81 da SBDI-2 – inserida em 13-3-2002)

▶ Súmula 289/STJ: A restituição das parcelas pagas a plano de previdência privada deve ser objeto de correção plena, por índice que recomponha a efetiva desvalorização da moeda.

▶ Súmula 290/STJ: Nos planos de previdência privada, não cabe ao beneficiário a devolução da contribuição efetuada pelo patrocinador.

▶ Súmula 291/STJ: A ação de cobrança de parcelas de complementação de aposentadoria pela previdência privada prescreve em cinco anos.

Vide Súmula 368 do TST.

Vide Leis n. 8.212/1991 e 8.213/1991.

Vide Decreto n. 3.048/1999.

▶ TÍTULO II
DAS NORMAS GERAIS DE TUTELA DO TRABALHO

▶ CAPÍTULO I
DA IDENTIFICAÇÃO PROFISSIONAL

▶ SEÇÃO I
DA CARTEIRA DE TRABALHO E PREVIDÊNCIA SOCIAL

Art. 13. A Carteira de Trabalho e Previdência Social é obrigatória para o exercício de qualquer emprego, inclusive de natureza rural, ainda que em caráter temporário, e para o exercício por conta própria de atividade profissional remunerada.

§ 1º O disposto neste artigo aplica-se, igualmente, a quem:

I – proprietário rural ou não, trabalhe individualmente ou em regime de economia familiar, assim entendido o trabalho dos membros da mesma família, indispensável à própria subsistência, e exercido em condições de mútua dependência e colaboração;

II – em regime de economia familiar e sem empregado, explore área não excedente do módulo rural

Decreto-Lei 5.452/1943

ou de outro limite que venha a ser fixado, para cada região, pelo Ministério do Trabalho e Previdência Social.

§ 2º A Carteira de Trabalho e Previdência Social (CTPS) obedecerá aos modelos que o Ministério da Economia adotar. (Redação dada pela Lei nº 13.874, de 2019)

§ 3º (Revogado). (Redação dada pela Lei nº 13.874, de 2019)

§ 4º (Revogado). (Redação dada pela Lei nº 13.874, de 2019)

COMENTÁRIOS (ART. 13)

A Carteira de Trabalho é um documento de identificação do trabalhador, obrigatório para o exercício de qualquer emprego ou atividade remunerado, no qual são assentadas as informações sobre o contrato de trabalho estabelecido entre o trabalhador e o tomador dos serviços, bem como as intercorrências ocorridas no curso do contrato de trabalho como, v.g., o gozo de férias e os afastamentos temporários (por doença ou acidente de trabalho).

Luciano Martinez, define a carteira de trabalho como "um documento histórico-laboral, confeccionado conforme modelos do Ministério da Economia, **obrigatória para o exercício de qualquer emprego**, inclusive de natureza rural, ainda que em caráter temporário, e **para o exercício por conta própria de atividade profissional remunerada"**.[306]

Conquanto seja admitida a instituição do contrato individual de trabalho por acordo tácito ou expresso, verbal ou escrito, por prazo determinado ou por prazo indeterminado (art. 443 da CLT), a Carteira de Trabalho e Previdência Social é documento obrigatório para o exercício de qualquer emprego ou profissão.

A carteira de trabalho tem o mesmo valor do documento de identidade, sendo válida em todo o Território Nacional como prova de identidade, para qualquer efeito (art. 1º da Lei 6.206/1975).

Eduardo Saad aponta que a carteira de trabalho derivou do "livret d'ouvrier (livreto ou caderneta do operário), de uso corrente nas corporações medievais. Continha dados muito preciosos sobre a identidade do seu portador e fazia, ainda, as vezes de passaporte".[307]

No Brasil, a carteira de trabalho expedida nos moldes atual era denominada de Carteira Profissional, instituída pelo Decreto nº 21.175 de 21 de março de 1932 para as pessoas maiores de 16 anos de idade, sem distinção de sexo, que exerçam emprego ou prestem serviços remunerados no comércio ou na indústria.

O órgão responsável pela emissão da Carteira Profissional era o Departamento Nacional do Trabalho a pedido dos interessados, inexistindo, portanto, obrigatoriedade de emissão.

A carteira de profissional regularmente emitidas e anotadas tinham o mesmo valor das carteiras de identidade, serviam de documento probatório em caso de conflitos entre empregado e empregador por motivo de salário ou tempo de serviço, além das anotações terem relevância para fins de indenizações em caso de acidentes de trabalho ou moléstias profissionais.

Foram promovidas sucessivas alterações no Decreto nº 21.175/32, através dos Decretos 21.580/1932, 22.035/1932 e do Decreto-Lei 4.785/1942.

Com o surgimento da Consolidação das Leis do Trabalho (Decreto nº 5.452/1943) a expedição da carteira profissional passou a ter caráter obrigatório para as pessoas maiores de dezoito anos, no exercício de qualquer emprego ou serviço remunerado. O Decreto-Lei 229, de 1967, alterou a redação do art. 13 da CLT, suprimindo o requisito etário para expedição da carteira profissional, exigindo a anotação da carteira de trabalho para qualquer emprego, mesmo que em caráter temporário, e para o exercício por conta própria de atividade profissional remunerada.

A redação atual do art. 13 da CLT foi dada pelo Decreto-lei nº 926/1969, que alterou a denominação do documento para "Carteira de Trabalho e Previdência Social" já que eram realizadas anotações de interesse da Previdência Social – como, por exemplo, o afastamento por acidente ou doença profissional. A nova redação do dispositivo em análise albergou também os trabalhadores rurais.

A carteira de trabalho tem o escopo de provar a existência do contrato individual de trabalho (art. 446 da CLT), o tempo de serviço, salário, experiência profissional. Também, mostra-se importante para obtenção de benefícios previdenciários, sendo um documento relevantíssimo ao trabalhador.

Evidentemente, que a ausência de anotação do vínculo empregatício, não inviabiliza o reconhecimento judicial do contrato de trabalho, em face do princípio da primazia da realidade.

Outrossim, as anotações realizadas pelo empregador na carteira de trabalho não têm presunção absoluta de veracidade (*juris et jure*), mas somente presunção relativa de veracidade (*juris tantum*), conforme preceituam a Súmula 225 do STF e a Súmula 12 do TST.

A Lei da Liberdade Econômica (Lei 13.874/2019), resultado da conversão da Medida Provisória 881/2019 em lei, alterou diversos diplomas normativos, buscando

[306] Idem. Martinez, 2020.

[307] Idem. Saad, 2019, p. 193.

a ampliar a Liberdade Econômica através da diminuição da intervenção estatal na atividade econômica, da desburocratização (reduzindo a complexidade de alguns processos), tudo com o propósito atrair novos investimentos, propiciar o desenvolvimento e crescimento econômico do país.[308]

Como parte do processo de desburocratização e modernização dos processos dos órgãos estatais, a Lei da Liberdade Econômica autorizou o armazenamento de documentos públicos e privados, em meio eletrônico, óptico ou equivalente, bem como atribuiu o mesmo valor probatório aos documentos digitais e originais.

Além disso, alterou a redação do art. 13 da CLT, com o propósito de instituir a emissão da Carteira de Trabalho e Previdência Social (CTPS) preferencialmente pelo meio eletrônico, obedecendo os modelos adotados pelo Ministério da Economia, incumbido, à época, das atribuições do atual Ministério do Trabalho e Previdência recriado pela MP n. 1.058/2021, convertida na Lei 14.261/2021. Em virtude do novo formato de emissão e acesso, passou a ser chamada de "Carteira de Trabalho Digital" ou "CTPS Digital".

O movimento de digitalização e desburocratização da prestação de informações aos entes públicos, teve início com o estabelecimento da Escrituração Digital das Obrigações Fiscais, Previdenciárias e Trabalhistas – o eSocial – regulado pelo Decreto nº 8.373/2014, substituindo a obrigações de entrega em outros formulários a que estão sujeitos o empregador – inclusive o doméstico –, o segurado especial, as pessoas jurídicas de direito público e as demais pessoas sujeitas ao pagamento de imposto de renda retido na fonte.

De acordo com a Portaria nº 1.065 de 23 de setembro de 2019 a Carteira de Trabalho Digital não se equipara aos documentos de identificação civil (art. 2º, parágrafo único).

A simplificação da emissão da carteira de trabalho pelo meio digital rompeu as barreiras que inviabilizavam a imediata apresentação do documento ao empregador no momento da admissão – como o extravio, tempo de espera para a emissão da 2ª via ou uma nova carteira de trabalho, ou até mesmo a inexistência deste documento. Por esta razão, os parágrafos 3º e 4º do art. 13 da CLT foram revogados pela Lei da Liberdade Econômica (Lei 13.874/2019). Esses dispositivos autorizavam aqueles que não possuíam carteira de trabalho a exercer um emprego ou atividade remunerada, nas localidades onde não houvesse posto de emissão, de forma que a empresa era obrigada a permitir o comparecimento do empregado ao posto de emissão mais próximo, além de fornecer ao empregado um documento contendo a data de admissão, natureza do trabalho, salário e forma de pagamento, ou, ainda, uma atestado com o histórico da relação empregatícia, se o empregado ainda não possuísse a carteira na data da sua dispensa.

Vemos com naturalidade a digitalização dos documentos ou dos serviços públicos, pois atualmente existe uma interação cada vez maior entre os indivíduos e a tecnologia.

É válido destacar que a Lei Geral de Proteção de Dados (LGPD) – Lei nº. 13.709/2018 – estabelece regramentos para o tratamento de dados pessoais, incluindo os ditos sensíveis, como objetivo *"proteger os direitos fundamentais de liberdade e de privacidade e o livre desenvolvimento da personalidade da pessoa natural"* (art. 1º).

O empregador e as pessoas jurídicas de direito público, ao tratar dos dados dos trabalhadores, tem o dever de observar de forma irrestrita os princípios e regras dispostos na LGPD, de forma a garantir: ***transparência nas atividades de tratamento de dados; realizar o tratamento com*** *propósitos legítimos, específicos, explícitos e informados ao titular; realizar o tratamento de forma adequada, exigindo apenas os dados estritamente necessários; assegurar o* ***livre acesso aos titulares – adequação e transparência das informações; adoção de*** *medidas técnicas e administrativas aptas a proteger os dados pessoais de acessos não autorizados e de situações acidentais ou ilícitas de destruição, perda, alteração, comunicação ou difusão;* ***prevenção de*** *danos; inviabilidade de utilização dos dados para finalidades discriminatórias.*

Conforme o art. 42 da LGPD, "o controlador ou o operador que, em razão do exercício de atividade de tratamento de dados pessoais, causar a outrem dano patrimonial, moral, individual ou coletivo, em violação à legislação de proteção de dados pessoais, é obrigado a repará-lo".

Na hipótese de existir mais de um controlador – como é o caso do grupo empresarial, consórcio empresarial, ou, eventualmente, a terceirização – e estes estiverem envolvidos no tratamento dos dados pessoais do empregado, responderão de forma solidária (art. 42, §1º, II, LGPD).

O art. 43 da LGPD estabelece as excludente s de responsabilidade dos agentes tratadores, quais sejam: a) não ter realizado o tratamento de dados (ausência de conduta – ação ou omissão voluntária); b) embora tenham realizado o tratamento de dados pessoais que lhes é atribuído, não houve violação à legislação de proteção de dados (conduta lícita); c) culpa exclusiva da vítima (do titular dos dados) ou de terceiro.

[308] Exposição de Motivos nº. 00083/2019 ME, AGU e MJSP. http://www.planalto.gov.br/ccivil_03/_ato2019-2022/2019/Exm/Exm-MP-881-19.pdf [Acessada em 04/02/2021]

1. JURISPRUDÊNCIA

▶ RETIFICAÇÃO DA CTPS. A retificação da CTPS decorre de imperativo legal que impõe ao empregador o dever de proceder às anotações do contrato de trabalho no referido documento (art. 13 da CLT). Por outro lado, trata-se de direito indisponível do empregado que o mencionado documento represente, com fidedignidade, a sua vida funcional. Constatada a alteração funcional, impõe-se a retificação da CTPS obreira.

(TRT-3 – RO: 00101255320195030066 0010125-53.2019.5.03.0066, Relator: Camilla G. Pereira Zeidler, Terceira Turma)

▶ " EMBARGOS EM RECURSO DE REVISTA. DANO MORAL. RETENÇÃO INDEVIDA DA CTPS POR PRAZO SUPERIOR AO LEGAL. DANO IN RE IPSA. Depreende-se do acórdão regional que a reclamada reteve indevidamente a CTPS do reclamante por prazo superior ao legal. A retenção indevida da CTPS por prazo superior ao legal acarreta, por si só, lesão a direitos da personalidade e, consequentemente, o direito a reparação por dano moral. Neste caso, não necessita o empregado demonstrar o constrangimento ou prejuízo sofridos, pois presumidos em face do impedimento de apresentar o documento em eventual entrevista de emprego, nos termos do art. 13 da CLT, que dispõe tratar-se de documento obrigatório para o exercício de qualquer emprego, ou para verificar situação de benefícios previdenciários. Embargos de que se conhece e a que se dá provimento. (E-RR – 189-15.2012.5.05.0641, Relator Ministro: Márcio Eurico Vitral Amaro, Data de Julgamento: 28/09/2017, Subseção I Especializada em Dissídios Individuais, Data de Publicação: DEJT 06/10/2017)" (TRT18, RORSum – 0010017-11.2019.5.18.0291, Rel. WELINGTON LUIS PEIXOTO, 1ª TURMA, 17/09/2019)

(TRT-18 – RORSUM: 00100171120195180291 GO 0010017-11.2019.5.18.0291, Relator: WELINGTON LUIS PEIXOTO, Data de Julgamento: 17/09/2019, 1ª TURMA)

▶ " EMBARGOS EM RECURSO DE REVISTA. DANO MORAL. RETENÇÃO INDEVIDA DA CTPS POR PRAZO SUPERIOR AO LEGAL. DANO IN RE IPSA. Depreende-se do acórdão regional que a reclamada reteve indevidamente a CTPS do reclamante por prazo superior ao legal. A retenção indevida da CTPS por prazo superior ao legal acarreta, por si só, lesão a direitos da personalidade e, consequentemente, o direito a reparação por dano moral. Neste caso, não necessita o empregado demonstrar o constrangimento ou prejuízo sofridos, pois presumidos em face do impedimento de apresentar o documento em eventual entrevista de emprego, nos termos do art. 13 da CLT, que dispõe tratar-se de documento obrigatório para o exercício de qualquer emprego, ou para verificar situação de benefícios previdenciários. Embargos de que se conhece e a que se dá provimento. (E-RR – 189-15.2012.5.05.0641, Relator Ministro: Márcio Eurico Vitral Amaro, Data de Julgamento: 28/09/2017, Subseção I Especializada em Dissídios Individuais, Data de Publicação: DEJT 06/10/2017)" (TRT18, RORSum – 0010017-11.2019.5.18.0291, Rel. WELINGTON LUIS PEIXOTO, 1ª TURMA, 17/09/2019)

(TRT-18 – RORSUM: 00100171120195180291 GO 0010017-11.2019.5.18.0291, Relator: WELINGTON LUIS PEIXOTO, Data de Julgamento: 17/09/2019, 1ª TURMA)

▶ RECURSO ORDINÁRIO – CARTEIRA DE TRABALHO E PREVIDÊNCIA SOCIAL – RETENÇÃO INDEVIDA – INDENIZAÇÃO POR DANOS MORAIS – Como a CTPS é documento obrigatório para o exercício de qualquer profissão e para registro do contrato de emprego, nos termos do artigo 13 da CLT, a retenção que ultrapassa o limite legal temporal implica na prática de ato ilícito, pelo empregador; sendo de ser ressaltado que o atraso na devolução sujeita o trabalhador a uma previsível dificuldade de obtenção de novo emprego; com consequências de ordem social e econômica para ele; que implica, ademais, em ofensa à sua dignidade, mormente diante da índole constitucional do valor social do trabalho, de forma que estão, assim, presentes, os elementos para caracterizar o dano moral e a obrigação de indenizar, nos termos dos arts. 186 e 927 do CC.

(TRT-20 00019643720175200006, Relator: JORGE ANTONIO ANDRADE CARDOSO, Data de Publicação: 14/05/2019)

▶ CTPS. RETENÇÃO INDEVIDA. DANOS MORAIS – A teor do art. 13 da CLT, a Carteira de Trabalho e Previdência Social – CTPS é documento obrigatório para o exercício de qualquer emprego, sendo nesse documento anotado todo o histórico profissional do empregado, servindo de prova, inclusive, para obtenção de benefícios previdenciários e assistenciais. Com efeito, a retenção desse documento pela ex-empregadora por 3 semanas atinge a esfera moral do trabalhador, já que é natural a angústia experimentada em face dessa situação.

(TRT-3 – RO: 00109063520175030102 0010906-35.2017.5.03.0102, Relator: Convocado Carlos Roberto Barbosa, Segunda Turma)

▶ RECURSO ORDINÁRIO DA RECLAMADA. 1. VÍNCULO EMPREGATÍCIO. ÔNUS DA RECLAMADA. A Reclamada, ao alegar que a Reclamante apenas lhe prestava serviços eventuais, atraiu para si o ônus de comprovar suas alegações, na forma do art. 818 c/c art. 373, inc. II, do CPC. Demonstrado que o labor da Reclamante foi prestado de forma pessoal, contínua, subordinada e mediante retribuição pecuniária, tem-se caracterizado o vínculo empregatício, conforme art. 3.º da CLT. 2. DANO MORAL INDENIZAÇÃO POR DANO MORAL. AUSÊNCIA DE REGISTRO DA CTPS E AUSÊNCIA DE PAGAMENTO DE VERBAS RESCISÓRIAS. A falta de registro na carteira profissional constitui ilícito trabalhista, conforme a interpretação que se extrai dos artigos 13 e 29 da CLT. A gravidade da conduta faltosa emerge da constatação de que, sem tal registro, o trabalhador é incluído no limbo do trabalho informal, o que se constitui em uma capitis diminutio, especialmente pelo afastamento dos benefícios previdenciários, do FGTS e demais programas sociais governamentais. A insegurança gerada pela ausência das anotações na CTPS, é capaz de causar sentimentos de angústia, clandestinidade e marginalização, o que por si só demonstra, à saciedade, a lesão à dignidade do empregado. Recurso da Reclamada conhecido e não provido.

(TRT-11 – RO: 00017785420175110009, Relator: MARCIA NUNES DA SILVA BESSA, Data de Julgamento: 18/03/2019, 2ª Turma, Data de Publicação: 21/03/2019)

▶ RECURSO ORDINÁRIO – CARTEIRA DE TRABALHO E PREVIDÊNCIA SOCIAL – RETENÇÃO INDEVIDA – INDENIZAÇÃO POR DANOS. Como a CTPS é documento obrigatório para exercício de qualquer profissão e para registro do contrato de emprego, nos termos do artigo 13 da CLT, a retenção que ultrapassa o limite legal temporal implica na prática do ato ilícito, pelo empregador; sendo de ser ressaltado que o atraso na devolução sujeita o trabalhador a uma previsível dificuldade de um novo emprego, com consequências de ordem social e econômica para ele; que implica, ademais, em ofensa à sua dignidade, mormente diante da índole constitucional do valor social do trabalho; de forma que estão, assim, presentes, os elementos para caracterizar o dano moral e a obrigação de indenizar, nos termos dos art. 186 e 927 do CC.

(TRT-20 00019359520145200004, Relator: JORGE ANTONIO ANDRADE CARDOSO, Data de Publicação: 05/02/2019)

▶ RETIFICAÇÃO DA CTPS. A retificação da CTPS decorre de imperativo legal que impõe ao empregador o dever de proceder às anotações do contrato de trabalho no referido documento (art. 13 da CLT). Por outro lado, trata-se de direito indisponível do empregado que o mencionado documento represente, com fidedignidade, a sua vida funcional. Constatada a alteração funcional, impõe-se a retificação da CTPS obreira.

(TRT-3 – RO: 00102693720155030108 0010269-37.2015.5.03.0108, Relator: Paula Oliveira Cantelli, Quarta Turma)

▶ INDENIZAÇÃO POR DANOS MORAIS. CANCELAMENTO DA ADMISSÃO. RASURA NA CTPS. DEVIDA. Tem-se como devida a indenização por danos morais ao reclamante que teve cancelado o contrato de trabalho na mesma data admissional, vindo a empregadora a apor rasuras na CTPS, em evidente desrespeito ao trabalhador, pois que a Carteira de Trabalho, por conter as anotações relacionadas à vida funcional do trabalhador, reveste-se de conteúdo de amplitude social como documento a que retrata experiência profissional e, também, para fins de prova junto ao INSS, além de obrigatório para o exercício de qualquer emprego (artigo 13 da CLT).

(TRT-3 – RO: 00118726220155030168 0011872-62.2015.5.03.0168, Relator: Fernando Luiz G. Rios Neto, Sétima Turma)

▶ RECURSO ORDINÁRIO DA PRIMEIRA RECLAMADA. DANO MORAL. AUSÊNCIA DE BAIXA NA CTPS. A não anotação da baixa do contrato de trabalho constitui obstáculo notório (art. 374, I, NCPC) para que o trabalhador consiga novo emprego por afetar a formação da fidúcia necessária ao vínculo. É dever do empregador, não do empregado, documentar as ocorrências do contrato de trabalho, tal como consta no art. 41, parágrafo único, da CLT, seguindo no mesmo sentido a distribuição do ônus da prova. A honra e a imagem, bem como os planos de subsistência e de vida profissional são afetados quando o empregador negligencia por longo tempo a necessidade de baixa do contrato de trabalho na CTPS do empregado. Não é dele o ônus de comprovar a negativa de contratação, pois entender nesse sentido importaria tornar excessivamente gravoso ao autor o exercício do ônus da prova (art. 373, § 1º, NCPC), além da aberração de exigirmos prova de fato negativo. Considerando os termos dos arts. 13 e 29, caput e § 2º, CLT, a CTPS é documento obrigatório para comprovar a vida profissional do trabalhador. Tendo em vista o princípio da aptidão para a prova, constitui seu ônus comprovar que instou o trabalhador a apresentar tal documento (art. 818 da CLT e art. 373, II, NCPC) quando necessária a anotação. Mantida a condenação por danos morais. Provimento negado.

(TRT-4 – RO: 00204982120155040531, Data de Julgamento: 05/05/2017, 10ª Turma)

▶ DATA DA ADMISSÃO. ÔNUS DA PROVA. AUSÊNCIA DE REGISTRO NA CTPS. Não se olvida que, observando-se as regras do ônus da prova, compete ao trabalhador o ônus de comprovar o labor anterior à anotação da sua CTPS, em face da presunção juris tantum de veracidade das anotações apostas pelo empregador na carteira de trabalho do empregado, nos termos da Súmula 12 do C. TST. Todavia, certo é que, nos termos dos artigos 13 e 29 da CLT, cabe ao empregador o dever legal do registro formal do vínculo de emprego na CTPS do trabalhador. Dessa forma, deixando de proceder ao exato registro, não se aplica a presunção de veracidade preconizada na Súmula 12 do c. TST, em benefício do empregador, pois a parte não pode se beneficiar de sua própria torpeza. Neste contexto, não tendo a Reclamada efetuado a correta anotação da CTPS da Autora e tampouco produzido qualquer prova a corroborar o período de vínculo por ela defendido, prevalecem as alegações da petição inicial, não ilididas nos autos.

(TRT-3 – RO: 00066201402403007 0000066-11.2014.5.03.0024, Relator: Marcio Ribeiro do Valle, Oitava Turma, Data de Publicação: 14/07/2015)

▶ DATA DA ADMISSÃO. ÔNUS DA PROVA. AUSÊNCIA DE REGISTRO NA CTPS. Não se olvida que, observando-se as regras do ônus da prova, compete ao trabalhador o ônus de comprovar o labor anterior à anotação da sua CTPS, em face da presunção juris tantum de veracidade das anotações apostas pelo empregador na carteira de trabalho do empregado, nos termos da Súmula 12 do C. TST. Todavia, certo é que, nos termos dos artigos 13 e 29 da CLT, cabe ao empregador o dever legal do registro formal do vínculo de emprego na CTPS do trabalhador. Dessa forma, deixando de proceder ao exato registro, não se aplica a presunção de veracidade preconizada na Súmula 12 do c. TST, em benefício do empregador, pois a parte não pode se beneficiar de sua própria torpeza. Neste contexto, não tendo a Reclamada efetuado a correta anotação da CTPS da Autora e tampouco produzido qualquer prova a corroborar o período de vínculo por ela defendido, prevalecem as alegações da petição inicial, não ilididas nos autos.

(TRT-3 – RO: 00066201402403007 0000066-11.2014.5.03.0024, Relator: Marcio Ribeiro do Valle, Oitava Turma, Data de Publicação: 14/07/2015)

▶ SEÇÃO II
DA EMISSÃO DA CARTEIRA

Art. 14. A CTPS será emitida pelo Ministério da Economia preferencialmente em meio eletrônico. (Redação dada pela Lei nº 13.874, de 2019)

Parágrafo único. Excepcionalmente, a CTPS poderá ser emitida em meio físico, desde que: (Redação dada pela Lei nº 13.874, de 2019)

I – nas unidades descentralizadas do Ministério da Economia que forem habilitadas para a emissão; (Incluído pela Lei nº 13.874, de 2019)

II – mediante convênio, por órgãos federais, estaduais e municipais da administração direta ou indireta; (Incluído pela Lei nº 13.874, de 2019)

III – mediante convênio com serviços notariais e de registro, sem custos para a administração, garantidas as condições de segurança das informações. (Incluído pela Lei nº 13.874, de 2019)

COMENTÁRIOS (ART. 14)

O texto original do artigo em análise conferia a competência para a emissão da *carteira profissional* ao Departamento Nacional do Trabalho, e nos Estados e Territórios, pelas Delegacias Regionais do Ministério do Trabalho, Indústria e Comércio, ou pelas repartições estaduais autorizadas em virtude de lei. Em seguida, o Decreto-lei nº. 229/67, atribuiu a tarefa às Delegacias Regionais do Ministério do Trabalho e Previdência Social, ou órgãos federais, estaduais ou autarquias, devidamente autorizados, sob o controle do Departamento Nacional de Mão-de-Obra.

De acordo com a redação anterior, dada pelo Decreto-lei 926/69, a carteira de trabalho era emitida pelas Delegacias Regionais do Trabalho ou, mediante convênio, pelos órgãos federais, estaduais e municipais da administração direta ou indireta, ou na falta desses órgãos, pelos sindicatos, mediante convênio para esse fim.

Com a edição da Lei da Liberdade Econômica (Lei nº. 13.874/2019) essa atribuição passou a ser do Ministério da Economia, mais precisamente da Secretaria Especial de Previdência e Trabalho, que absorveu as atribuições do Ministério do Trabalho e Previdência, em decorrência da reforma ministerial estabelecida pela Lei n. 13.844/2019. Em 27 de julho de 2021, a Medida Provisória n. 1.058/2021 (convertida na MP n. 1.058/2021, convertida na Lei 14.261, de 16 de dezembro de 2021) recriou o Ministério do Trabalho e Previdência atribuindo-lhe competência em matéria de previdência, políticas e diretrizes para a geração de emprego, renda, apoio ao trabalhador, fiscalização, política salarial, intermediação de mão de obra, formação e desenvolvimento profissional, segurança e saúde no trabalho,

Decreto-Lei 5.452/1943

regulação profissional e registro sindical. Com isso, a emissão da carteira de trabalho passou a ser da alçada do Ministério do Trabalho e Previdência Social.

As carteiras de trabalho eram emitidas pelo meio físico. O ingresso na Era Digital criou a necessidade de adequação estrutural e legislativa para a integração dos entes públicos à dinâmica tecnológica atual, haja vista a existência de novos instrumentos, métodos e técnicas de transmissão de dados, gestão de informações e documentos. O Poder Público, em todas as suas esferas, tem adotado medidas de digitalização dos serviços oferecidos à sociedade, com vistas à otimizar a qualidade, tempo e os custos de execução[309].

Nesse contexto, a Lei da Liberdade Econômica (Lei nº. 13.874/2019) instituiu emissão da Carteira de Trabalho e Previdência Social preferencialmente pelo meio eletrônico, também conhecida como "Carteira de Trabalho Digital" ou "CTPS Digital".

De acordo com o art. 3º da Portaria nº. 1.065 de 23 de setembro de 2019 do Ministério da Economia, a Carteira de Trabalho Digital está previamente emitida a todas as pessoas inscritas no Cadastro de Pessoas Físicas – CPF, bastando a sua habilitação no portal competente.

A emissão da CTPS em meio físico tornou-se medida excepcional, expedida apenas aos trabalhadores contratados por órgãos públicos e organismos internacionais.

A Portaria nº 1.065 de 23 de setembro de 2019, determina que a Carteira de Trabalho Digital equivale àquelas emitidas em meio físico. Todavia, não poderá ser utilizada como documento de identificação civil (art. 2º, parágrafo único).

Art. 15. Os procedimentos para emissão da CTPS ao interessado serão estabelecidos pelo Ministério da Economia em regulamento próprio, privilegiada a emissão em formato eletrônico. (Redação dada pela Lei nº 13.874, de 2019)

Art. 16. A CTPS terá como identificação única do empregado o número de inscrição no Cadastro de Pessoas Físicas (CPF). (Redação dada pela Lei nº 13.874, de 2019)

I – (revogado); (Redação dada pela Lei nº 13.874, de 2019)

II – (revogado); (Redação dada pela Lei nº 13.874, de 2019)

III – (revogado); (Redação dada pela Lei nº 13.874, de 2019)

IV – (revogado). (Redação dada pela Lei nº 13.874, de 2019)

Parágrafo único. (Revogado). (Redação dada pela Lei nº 13.874, de 2019)

a) (revogada); (Redação dada pela Lei nº 13.874, de 2019)

b) (revogada). (Redação dada pela Lei nº 13.874, de 2019)

COMENTÁRIOS (ARTS. 15 E 16)

Após a edição da Lei da Liberdade Econômica (Lei 13.874/2019), o modelo preferencial de emissão da carteira de trabalho passou a ser digital.

O Ministério da Economia, à época responsável pelas diretrizes e políticas públicas em matéria trabalhista, editou a Portaria nº 1.065 de 23 de setembro de 2019, por meio da Secretaria Especial de Previdência e Trabalho, para disciplinar a emissão da Carteira de Trabalho e Previdência Social em meio eletrônico. Segundo esse regulamento, a carteira de trabalho digital será automaticamente emitida em meio eletrônico para aqueles que possuem inscrição no Cadastro de Pessoas Físicas (CPF). O acesso à carteira de trabalho digital depende apenas da habilitação do trabalhador no sistema. A MP n. 1.058/2021, convertida na Lei 14.261/2021, recriou o Ministério do Trabalho e Previdência, atualmente responsável pela emissão das carteiras de trabalho.

O trabalhador deverá criar uma conta de acesso por meio da página eletrônica do Governo Federal (acesso.gov.br.), antes de proceder a habilitação, realizada no primeiro acesso ao sistema. Além do sítio eletrônico, a carteira de trabalho poderá ser acessada ou habilitada por meio de aplicativo disponibilizado gratuitamente para dispositivos móveis, denominado de "Carteira de Trabalho Digital".

A emissão da carteira de trabalho por meio físico não foi extinta, mas se tornou exceção. Será emitida apenas em caso de contratação por órgãos públicos ou organismos internacionais.

A Carteira de Trabalho Digital terá como identificação única o número de inscrição do trabalhador no CPF. Nesse ponto, a carteira de trabalho expedida pelo meio físico possui um cartão – denominado de Cartão de Identificação do Trabalhador – contendo nome, filiação, data de nascimento, número e série específico da CTPS, naturalidade, número do CPF, número da Carteira de Identidade e órgão expedidor

[309] O Governo Federal, por exemplo, tem promovido políticas públicas para a transformação digital dos serviços públicos. Dentre os serviços digitais oferecidos estão: a) carteira de trabalho digital; b) carteira digital de transito; c) Meuinss – para a solicitação de benefícios previdenciários; d) Carteira Internacional de Vacina, também chamado de Certificado Internacional de Vacinação e Profilaxia (CIVP); dentre outros serviços digitais fornecidos pelos demais setores da Administração Pública. [in https://www.gov.br/governodigital/pt-br/transformacao--digital/lista-servicos-digitais (acessado em 04/02/2021)].

(ou o número da certidão nascimento), número do PIS/PASEP, assinatura, impressão digital e foto do trabalhador, bem como data de expedição e a assinatura eletrônica do Ministro de Estado do Trabalho e Emprego, na forma do art. 3º da Portaria nº. 210, de 29 de abril de 2008 do Ministério do Trabalho e Emprego.

Atualmente, a competência em políticas e diretrizes relacionadas ao trabalho é do Ministério do Trabalho e Previdência, nos termos do art. 48-A da Lei n. 13.844/2019, com redação dada pela MP n. 1.058/2021, convertida na Lei 14.261/2021.

1. CARTEIRA DE TRABALHO PARA IMIGRANTES

Imigrante é a pessoa nacional de outro país ou apátrida (pessoa que não tem nenhuma nacionalidade) que trabalha ou reside e se estabelece temporária ou definitivamente no Brasil.

A emissão de CTPS para imigrantes, com estada legal no País, será feita exclusivamente pelas Superintendências, Gerências e Agências Regionais do Trabalho, após serem devidamente habilitadas pela Coordenação de Identificação e Registro Profissional, conforme Portaria nº 85 de 18 de junho de 2018 do extinto Ministério do Trabalho.

O refugiado, apátrida ou asilado político, deve apresentar a *Carteira de Registro Nacional Migratório (CRNM)* expedida pela Polícia Federal, para viabilizar a expedição da CTPS. Já o apátrida, refugiado e o solicitante de asilo político que tenham autorização provisória de residência, demonstrada por meio de protocolo expedido pela Polícia Federal, poderão requerer a expedição de *Carteira de Trabalho Provisória*. Nessas hipóteses, a validade da CTPS será de até 9 anos quando apresentada a CRNM ou pelo prazo de até 1 ano quando apresentado o protocolo expedido pela Polícia Federal.

Os cidadãos haitianos e apátridas residentes na República do Haiti portadores de visto temporário ou autorização de residência para fins de acolhida humanitária, devem exibir a CRNM, ou na falta deste, o protocolo expedido pela Polícia Federal, a fim de que seja possível a expedição da carteira de trabalho. Terá validade de até 2 anos quando apresentada a CRNM ou de até 180 dias quando apresentado o protocolo expedido pela Polícia Federal.

A validade da carteira de trabalho emitida ao imigrante com residência temporária ou autorização de residência para fins de reunião familiar será igual à validade do CRNM.

Para o imigrante com autorização de residência para fins de trabalho com vínculo empregatício no Brasil a CTPS será concedida com validade de até 2 anos quando apresentada a CRNM ou pelo prazo de até 180 dias quando apresentado o Protocolo expedido pela Polícia Federal.

Em se tratando de autorização de residência indeterminada para realização de pesquisa, ensino ou extensão acadêmica com vínculo no País, ou para fins de trabalho com vínculo empregatício no Brasil, a CTPS terá a validade de 9 anos.

Ao atleta profissional imigrante, de outro lado, será concedida a CTPS com validade de até 05 anos.

A CTPS concedida ao imigrante com residência temporária ou autorização para fins de estudo terá validade de até 1 ano quando apresentada a CRNM ou pelo prazo de até 180 dias quando apresentado o protocolo expedido pela Polícia Federal.

O imigrante com autorização de residência com base no Acordo sobre residência para nacionais dos Estados Partes do Mercado Comum do Sul – MERCOSUL terá a CTPS com validade de até 2 dois anos quando apresentada a CRNM ou de até 180 dias, quando apresentado o protocolo expedido pela Polícia Federal, exceto nas hipóteses existência de acordo bilateral.

O residente fronteiriço – pessoa nacional de país limítrofe ou apátrida que conserva a sua residência habitual em município fronteiriço de país vizinho, conforme art. 93 do Decreto nº 9.199/2017 –, em regra, terá CTPS com validade de 05 anos.

As demais situações de emissão da CTPS aos imigrantes estão dispostas na Portaria nº 85 de 18 de junho de 2018 do extinto Ministério do Trabalho.

Art. 17. (Revogado pela Lei nº 13.874, de 2019)

COMENTÁRIOS (ART. 17)

O artigo em análise autorizava a emissão da CTPS por meio de declaração verbal, confirmada por duas testemunhas, na hipótese de impossibilidade de apresentação dos documentos de identidade pelo trabalhador. Os termos da declaração eram registrados nas anotações gerais da carteira de trabalho e assinados pelas testemunhas. No caso do menor de 18 anos a declaração era prestada pelo respectivo representante legal. Já o trabalhador analfabeto ou impossibilitado de assinar a carteira de trabalho física, recebia a carteira de trabalho mediante aposição da impressão digital no documento ou assinatura de outrem *a rogo* do trabalhador.

A Lei da Liberdade Econômica (Lei 13.874/2019) revogou esse dispositivo, haja vista a predileção do legislador pela emissão da carteira de trabalho por meio eletrônico e a instituição de políticas públicas de transformação digital dos serviços públicos pelo Poder Público.

Apesar disso, é preciso estar atento a um problema social moderno: a desigualdade digital, também denominada de *exclusão digital*. O Brasil é um país de dimensões continentais, no qual o combate a desigualdade social e regional ainda é uma realidade. A desigualdade digital está associada a múltiplos fatores, como, por exemplo, a pobreza, nível de escolaridade, domínio das tecnologias, infraestrutura, etc.

A exclusão tecnológica também alcança os trabalhadores, de modo que nem todos têm acesso à internet ou aos instrumentos tecnológicos necessários para habilitar ou consultar as informações produzidas na CTPS digital. Por esta razão, caso esta situação se verifique, entendemos que cabe ao empregador e às instituições públicas, notadamente o Ministério do Trabalho e Previdência (recriado pela MP n. 1.058/2021, convertida na Lei 14.261/2021), proporcionar aos empregados o acesso às informações eventualmente registradas na carteira de trabalho digital.

Arts. 18 e 19 – (Revogados pela Lei nº 7.855, de 24.10.1989)

Arts. 20 e 21 – (Revogados pela Lei nº 13.874, de 2019)

COMENTÁRIOS (ARTS. 18 A 21)

A Lei 13.874/2019 revogou as disposições dos arts. 20 e 21 do Diploma Consolidado que dispunham respectivamente sobre: a) a competência do Instituto Nacional do Seguro Social (INSS) – autarquia federal vinculada ao Ministério do Trabalho e Previdência (recriado através da Medida Provisória n. 1.058/2021, convertida na Lei 14.261/2021), responsável pela gestão dos benefícios previdenciários do Regime Geral de Previdência Social (RGPS) –, ou em sua falta, por qualquer dos órgãos emitentes, para realizar anotações e alterações sobre o estado civil ou dos dependentes do portador da CTPS; b) expedição de outra via da CTPS em caso de imprestabilidade ou esgotamento do espaço destinado a registro e anotações.

Embora os meios tecnológicos utilizados nos serviços públicos digitais permitam a atualização dos dados pessoais pelo próprio usuário, este encargo deve continuar sob a incumbência dos entes públicos competentes.

A carteira de trabalho é um documento formalmente público, logo, a atribuição natural para a validação, inserção, retificação e atualização dos dados e informações pessoais dos trabalhadores consignadas do documento, ou a delegação, é atribuição do órgão público competente, com vistas a proteger a fé pública, notadamente a autenticidade do documento em seu aspecto substancial. Inclusive, o conteúdo material e substancial da Carteira de Trabalho são tutelados na esfera penal, dada a importância da fé pública dada aos documentos, conforme art. 297 do Código Penal[310].

A instituição da *Carteira de Trabalho Digital* solucionou situações comumente vivenciadas pelos trabalhadores: a perda e a imprestabilidade (leia-se: a deterioração por mau uso ou o desgaste natural que impeça a identificação de alguma informação) da carteira de trabalho, bem como a falta de espaço ou folhas suficientes para registro dos contratos de trabalho ou anotações em geral (evolução salarial, férias, contribuições sindicais, recolhimento do FGTS, anotações gerais, do Ministério do Trabalho ou da Previdência Social/INSS), tornando desnecessária a manutenção do art. 21 do Diploma Consolidado.

A CTPS digital está imune aos efeitos produzidos pelo tempo nos documentos físicos, de extravios e da falta de espaço físico para registro das informações relativas aos contratos de trabalho. Facilita a consulta e a comprovação do histórico laboral pelo empregado, já que poderá acessá-la em qualquer momento ou lugar, a partir de um computador ou telefone móvel.

O trabalhador tem acesso ao detalhamento aos seus dados pessoais, informações dos vínculos existentes e pretéritos (data de início e encerramento do contrato, ocupação inicial, remuneração inicial, última remuneração informada, tipo de relação de trabalho, tipo de admissão, exposição a agente nocivo, detalhamento da evolução salarial, férias, afastamentos, tempo de serviço), podendo consultar ou solicitar benefícios previdenciários. Todas as informações da CTPS Digital ou parte dela pode ser transformada em um arquivo em PDF, assinado eletronicamente pelo órgão competente, possibilitando o compartilhamento por meio de aplicativo ou e-mail, para fins de comprovação.

Arts. 22 a 24 – (Revogados pelo Decreto-Lei nº 926, de 10.10.1969)

SEÇÃO III
DA ENTREGA DAS CARTEIRAS DE TRABALHO E PREVIDÊNCIA SOCIAL

Arts. 25 e 26 – (Revogados pela Lei nº 13.874, de 2019)

310 Cezar Roberto Bitencourt. Código penal comentado – 10. ed. – São Paulo: Saraiva Educação, 2019.

COMENTÁRIOS (ARTS. 25 E 26)

Segundo os arts. 25 e 26 do Diploma Consolidado a carteira de trabalho era emitida pelo órgão público competente e entregue pessoalmente ao interessado, mediante recibo. Também, permitiam a possibilidade de realização da entrega da carteira de trabalho pelos sindicatos, aos seus respectivos associados e profissionais de classe, desde que tal atribuição fosse requisitada ao Ministério do Trabalho. O sindicato atuava em colaboração com o Estado.

Diante da mudança da sistemática de emissão da carteira de trabalho – privilegiando a CTPS digital – a Lei da Liberdade Econômica revogou os artigos 25 e 26 desta Consolidação.

A mudança de formato da CTPS possibilitou aos interessados a realização da habilitação e acesso ao documento de forma remota, dispensando o comparecimento pessoal para qualquer fim.

Evidentemente, aos interessados que não possuírem meios tecnológicos apropriados deverá ser assegurado pelo Poder Público, ou pelo sindicado em colaboração com o Estado, o acesso às informações constantes na CTPS digital, considerando que o trabalhador, na qualidade de administrado, tem o direito fundamental ao recebimento do serviço público (Art. 37, § 3º, incisos I a III, da CF).

Nesse sentido, a Lei nº 13.460 de 26 de julho de 2017, dispõe sobre a participação, proteção e defesa dos direitos do usuário dos serviços públicos da administração pública, sendo direito básico do usuário a obtenção e utilização dos serviços com liberdade de escolha entre os meios oferecidos e sem discriminação, nos termos do art. 7º da Lei.

Arts 27 e 28. (Revogados pela Lei nº 7.855, de 24.10.1989)

SEÇÃO IV
ANOTAÇÕES NA CARTEIRA DE TRABALHO E PREVIDÊNCIA SOCIAL

Art. 29. O empregador terá o prazo de 5 (cinco) dias úteis para anotar na CTPS, em relação aos trabalhadores que admitir, a data de admissão, a remuneração e as condições especiais, se houver, facultada a adoção de sistema manual, mecânico ou eletrônico, conforme instruções a serem expedidas pelo Ministério da Economia. (Redação dada pela Lei nº 13.874, de 2019)

§ 1º As anotações concernentes à remuneração devem especificar o salário, qualquer que seja sua forma de pagamento, seja ele em dinheiro ou em utilidades, bem como a estimativa da gorjeta.

§ 2º As anotações na Carteira de Trabalho e Previdência Social serão feitas:

a) na data-base;

b) a qualquer tempo, por solicitação do trabalhador;

c) no caso de rescisão contratual; ou

d) necessidade de comprovação perante a Previdência Social.

§ 3º A falta de cumprimento pelo empregador do disposto neste artigo acarretará a lavratura do auto de infração, pelo Fiscal do Trabalho, que deverá, de ofício, comunicar a falta de anotação ao órgão competente, para o fim de instaurar o processo de anotação.

§ 4º É vedado ao empregador efetuar anotações desabonadoras à conduta do empregado em sua Carteira de Trabalho e Previdência Social.

§ 5º O descumprimento do disposto no § 4º deste artigo submeterá o empregador ao pagamento de multa prevista no art. 52 deste Capítulo.

§ 6º A comunicação pelo trabalhador do número de inscrição no CPF ao empregador equivale à apresentação da CTPS em meio digital, dispensado o empregador da emissão de recibo. (Incluído pela Lei nº 13.874, de 2019)

§ 7º Os registros eletrônicos gerados pelo empregador nos sistemas informatizados da CTPS em meio digital equivalem às anotações a que se refere esta Lei. (Incluído pela Lei nº 13.874, de 2019)

§ 8º O trabalhador deverá ter acesso às informações da sua CTPS no prazo de até 48 (quarenta e oito) horas a partir de sua anotação. (Incluído pela Lei nº 13.874, de 2019)

COMENTÁRIOS (ART. 29)

1. CARTEIRA DE TRABALHO E PREVIDÊNCIA SOCIAL

A admissão é o ato pelo qual o empregador aceita a prestação de serviços de um trabalhador. Uma vez admitido, o empregado entrega a CTPS ao empregador, se emitida em meio físico, ou indica o número do CPF, em se tratando de CTPS digital, a fim de viabilizar a anotação das informações do contrato de trabalho pelo empregador.

A prescrição legal em análise exige que o empregador anote a data de admissão, remuneração e eventuais condições especiais do pacto laboral na Carteira de Trabalho e Previdência Social dos trabalhadores.

Na CTPS física deve constar o nome completo do empregador, o número de registro perante o Cadastro Nacional da Pessoa Jurídica (CNPJ), o endereço completo do empregador, a espécie do estabelecimento comercial, o cargo ocupado pelo trabalhador, o número da Classificação Brasileira de Ocupações (CBO), o número e folha da ficha ou livro de registro de empregados, a assinatura do empregador (ou a rogo), bem como eventuais condições especiais como, por exemplo, o exercício de profissão regulamentada, contrato de experiência (art. 443, § 2º, "c", da CLT), contrato de trabalho temporário (Lei 6.019/1974), atividade externa incompatível com o controle de jornada (art. 62, I, da CLT) ou a concessão de benefícios previdenciários, conforme previsto na Portaria nº 210 de 29 de abril de 2008 do Ministério do Trabalho e Previdência.

A anotação referente à remuneração deve especificar o salário e a forma de pagamento, bem como eventual estimativa de gorjetas (art. 29, §1º, da CLT).

2. CPTS DIGITAL

A redação anterior do art. 29 da CLT, dada pela Lei nº 7.855/89, previa a obrigatoriedade de apresentação da CTPS (física) ao empregador no ato da admissão, mediante recibo entrega.

Com a Lei da Liberdade Econômica (Lei nº 13.874/2019), a *CTPS Digital* tornou-se o meio preferencial de anotação do contrato de trabalho e, como consequência, a forma de apresentação e anotação da carteira de trabalho foi alterada.

Atualmente, a comunicação do número de inscrição no Cadastro de Pessoas Físicas (CPF) ao empregador equivale à apresentação da CTPS em meio digital. O empregador fica dispensado da emissão do recibo (art. 29, §6º, da CLT), já que a carteira de trabalho digital não é um documento corpóreo, mas, sim, um documento imaterial, produzido e armazenados de modo integralmente digital em arquivo eletrônico.

De acordo com o art. 1º da Portaria nº 1.195/2019 do Ministério da Economia, as anotações na CTPS Digital e o registro eletrônico de empregados serão realizados por meio das informações prestadas pelo empregador ao *eSocial* – Sistema de Escrituração Digital das Obrigações Fiscais, Previdenciárias e Trabalhistas – regulado pelo Decreto nº 8.373, de 11 de dezembro de 2014.

Constará na CTPS digital a data de admissão, o código da Classificação Brasileira de Ocupações(CBO), valor do salário contratual, o tipo de contrato de trabalho (incluindo o seu prazo de duração), a descrição do cargo, a descrição do salário variável (quando for o caso), o local de trabalho e a identificação do estabelecimento/empresa onde ocorre a prestação de serviço, as alterações ocorridas durante o contrato de trabalho, gozo de férias, transferências, e dados de desligamento cujo motivo não gera direito ao saque do FGTS.

A Portaria nº 1.195/2019 do ME, em seu art. 2º, estipula prazos específicos para o empregador informar os dados relativos à admissão no emprego, duração e efetividade do trabalho, férias, acidentes e outras circunstâncias que interessem à proteção do trabalhador. O empregador deve registrar as informações nos seguintes prazos:

1. **Até o dia anterior ao início das atividades do trabalhador:** a) número do CPF; b) data de nascimento; c) data de admissão; d) matrícula do empregado; e) categoria do trabalhador; f) natureza da atividade (urbano/rural); g) código da Classificação Brasileira de Ocupações – CBO; h) valor do salário contratual; e i) tipo de contrato de trabalho em relação ao seu prazo, com a indicação do término quando se tratar de contrato por prazo determinado.

- **Até o dia 15 do mês subsequente ao mês em que o empregado foi admitido:** a) nome completo, sexo, grau de instrução, endereço e nacionalidade; b) descrição do cargo e/ou função; c) descrição do salário variável, quando for o caso; d) nome e dados cadastrais dos dependentes; e) horário de trabalho ou informação de enquadramento no art. 62 da CLT; f) local de trabalho e identificação do estabelecimento/empresa onde ocorre a prestação de serviço; g) informação de empregado com deficiência ou reabilitado, devidamente constatado em exame médico, assim como se está sendo computado na cota de pessoa com deficiência; h) indicação do empregador para o qual a contratação de aprendiz por entidade sem fins lucrativos está sendo computada no cumprimento da respectiva cota; i) identificação do alvará judicial em caso de contratação de trabalhadores com idade inferior à legalmente permitida; j) data de opção do empregado pelo Fundo de Garantia do Tempo de Serviço – FGTS, nos casos de admissão anterior a 1º de outubro de 2015 para empregados domésticos ou anterior a 5 de outubro de 1988 para os demais empregados; k) informação relativa a registro sob ação fiscal ou por força de decisão judicial, quando for o caso.
- **Até o dia 15 do mês seguinte ao da ocorrência:** a) alterações cadastrais e contratuais referente a categoria do trabalhador, tipo de contrato de trabalho e seus respectivos prazos, qualificação do empregado (nome completo, sexo, grau de instrução, endereço e nacionalidade), alvará judicial em caso de contratação de trabalhadores com idade inferior à legalmente permitida; b) gozo de férias; c) afastamento por acidente ou doença relacionada ao trabalho, com duração não superior a 15 (quinze) dias; d) afastamentos temporários decorrente de aposentadoria por invalidez, cárcere, cargo efetivo, licença-maternidade, licença não remunerada, mandato eleitoral, mandato sindical, violência doméstica e familiar, *lay off*, representação sindical e serviço militar; e) dados de desligamento cujo motivo não

gera direito ao saque do FGTS; f) informações relativas ao monitoramento da saúde do trabalhador; g) informações relativas às condições ambientais de trabalho; h) transferência de empregados entre empresas do mesmo grupo econômico, consórcio, ou por motivo de sucessão, fusão, incorporação ou cisão de empresas; i) reintegração ao emprego.

- **No 16º dia do afastamento o empregador deve informar:** a) por acidente ou doença relacionados ou não ao trabalho, com duração superior a 15 dias; b) por acidente ou doença relacionados ou não ao trabalho, com qualquer duração, que ocorrerem dentro do prazo de 60 dias pela mesma doença e tiverem em sua totalidade duração superior a 15 dias.
- **De imediato, o empregado deve comunicar:** a) o acidente de trabalho ou doença profissional que resulte morte; b) afastamento por acidente ou doença relacionados ou não ao trabalho, com qualquer duração, quando ocorrer dentro do prazo de 60 dias do retorno de afastamento anterior pela mesma doença, que tenha gerado recebimento de auxílio-doença.
- **Até o primeiro dia útil seguinte ao da sua ocorrência:** o acidente de trabalho que não resulte morte, ou a doença profissional.
- **Até o 10º dia seguinte ao da sua ocorrência:** os dados de desligamento cujo motivo gera direito a saque do FGTS.

A comprovação do cumprimento das obrigações previstas na referida Portaria se dará pelo número do recibo eletrônico emitido pelo eSocial quando da recepção e validação do evento correspondente.

O trabalhador terá acesso às informações da sua CTPS no prazo de até 48 horas a partir da anotação (art. 29, §8º, da CLT), por meio do aplicativo "Carteira de Trabalho Digital" ou de página eletrônica específica, após o processamento dos respectivos registros, e constituem prova do vínculo de emprego para o trabalhador, inclusive perante a Previdência Social.

Os registros eletrônicos gerados pelo empregador nos sistemas informatizados da CTPS digital equivalem às anotações realizadas na carteira de trabalho emitida em meio físico (§7º, do art. 29, CLT).

A falta de anotação da carteira de trabalho pelo empregador acarretará a lavratura do auto de infração, pelo fiscal do trabalho, que deverá comunicar o órgão competente de ofício.

3. PRAZO PARA ANOTAÇÃO DO CONTRATO DE TRABALHO

O *caput* do art. 29 da CLT estabelecia o prazo de 48 horas para o empregador proceder a anotação do contrato de trabalho na CTPS física do empregado. Esse prazo era considerado exíguo, de modo que o legislador ampliou esse prazo para cinco dias úteis ao editar a Lei da Liberdade Econômica (Lei nº 13.874/2019).

O descumprimento das regras relacionadas à anotação da carteira de trabalho, incluindo a falta de anotação no prazo legal, constitui infração de administrativa. Resulta na lavratura do auto de infração pelo Fiscal do Trabalho que comunicará o fato ao órgão competente, de ofício, para a instauração do processo de anotação (art. 29, §3º, CLT).

Alguns trabalhadores passaram a ajuizar reclamação trabalhista postulando o pagamento de dano moral em decorrência da falta de anotação do vínculo empregatício e do atraso injustificado anotação da carteira de trabalho. Contudo, a jurisprudência majoritária dos tribunais entende que as situações referidas, por si só, não redundam em dano moral, sendo imprescindível a comprovação efetiva do dano sofrido. Percorramos as ementas abaixo:

> *RECURSO DE REVISTA. APELO INTERPOSTO NA VIGÊNCIA DA LEI Nº. 13.015/2014. INDENIZAÇÃO POR DANOS MORAIS. AUSÊNCIA DE ANOTAÇÃO DA CTPS. ATRASO NO PAGAMENTO DE VERBAS RESCISÓRIAS. NECESSIDADE DE DEMONSTRAÇÃO DO DANO SUPORTADO. O entendimento que se firmou no âmbito desta Corte é o de que* **a ausência da anotação do vínculo empregatício na CTPS** *ou o inadimplemento de parcelas salariais, quando não comprovado o efetivo dano sofrido pelo empregado,* **não enseja o pagamento de indenização por dano moral**. *Precedentes. Recurso de Revista conhecido e provido. (TST – RR: 10849.2015.5.02.0090, Data de Julgamento: 03/10/2018, Data de Publicação: 05/10/2018).*

> *RESPONSABILIDADE CIVIL DO EMPREGADOR. DANOS MORAIS CAUSADOS AO EMPREGADO. CARACTERIZAÇÃO. DESCUMPRIMENTO CONTRATUAL. AUSÊNCIA DE ANOTAÇÃO NA CTPS. Ressalvado meu posicionamento pessoal, a jurisprudência desta Corte considera que o pagamento incompleto ou atrasado das verbas rescisórias, ou de outras parcelas do pacto laboral, só enseja dano moral quando comprovada a exposição do empregado a situação vexatória daí decorrente. Não é essa a hipótese dos autos. Tampouco houve registro do atraso reiterado no pagamento de salários, situação que também autorizaria a condenação postulada.* **Especificamente acerca do dano moral por ausência de anotação na CTPS do empregado, a SBDI-1 desta Corte, no Julgamento do E-RR-2731-56.2011.5.02.0016, retificou a tese de que a ausência de anotação na CTPS do empregado, por si só, não acarreta danos morais, devendo haver prova do prejuízo sofrido,** *o que igualmente não ficou demonstrado no presente caso. Recurso de revista que não se conhece. (TST-RR: 1365282.2012.5.09.0088, Relator Min Cláudio Mascarenhas Brandão, 7ª Turma, Data de Julgamento: 04/10/2017, Data de Publicação: 13/10/2017).*

De outro lado, o Tribunal Superior do Trabalho firmou o entendimento de que a retenção da CTPS em prazo superior ao constante no art. 29, da CLT, configura dano moral. Vejamos:

"EMBARGOS REGIDOS PELA LEI Nº 11.496/2007. (...) INDENIZAÇÃO POR DANO MORAL DECORRENTE DA RETENÇÃO DA CTPS DA RECLAMANTE POR PRAZO SUPERIOR AO LEGAL. DANO IN RE IPSA.INDENIZAÇÃO DEVIDA. Discute-se, na hipótese, se a retenção da CTPS da reclamante por prazo superior ao previsto no artigo 29 da CLT configura dano moral in re ipsa ou se há a necessidade de prova do efetivo dano. No caso concreto, consta da decisão embargada que a reclamada reteve por uma semana a CTPS da reclamante. Todavia, a Turma manteve a tese regional de que seria indevida a indenização por dano moral, diante da ausência de prova de dano efetivo, já que, segundo confessado pela parte autora, ela, quase perdeu o novo emprego a que se candidatara. Para a Turma, mesmo que ilícita a conduta da ex-empregadora, o desrespeito ao prazo legal fixado na CLT não pode ser considerado suficiente para causar dano extrapatrimonial se não há prova de que a reclamante, de fato, tenha perdido alguma proposta de emprego ou tenha sofrido qualquer dano a ser indenizado, tratando-se, pois, de mero dissabor, com o qual o ser humano tem de lidar no seu cotidiano, inclusive nas suas relações de trabalho. Esse entendimento, contudo, não se coaduna com a jurisprudência que vem sendo adotada nesta Subseção sobre a matéria, segundo a qual a retenção da CTPS do trabalhador por prazo superior ao fixado nos artigos 29 e 53 da CLT configura ato ilícito que, por si só, enseja o pagamento de indenização por dano moral. A CTPS é o documento apto para o registro do contrato de emprego e da identificação e qualificação civil, o qual reflete toda a vida profissional do trabalhador, sendo obrigatório para o exercício de qualquer profissão. Nos termos dos artigos 29, caput, e 53 da CLT, o registro de admissão e demais anotações na CTPS do empregado, no prazo de 48 horas, é obrigação legal imposta ao empregador. A mora na devolução do mencionado documento pelo antigo empregador, que o reteve para anotar a extinção do contrato de trabalho com o trabalhador, excede os limites do razoável e configura ato ilícito, haja vista que a falta de apresentação de CTPS sujeita o trabalhador a uma previsível discriminação no mercado de trabalho, fato capaz de caracterizar graves consequências de ordem social e econômica, além de ofensa à sua dignidade, o que, por si só, já é suficiente para acarretar dano moral. E, na hipótese, é indene de dúvidas que a reclamante, ao admitir que "quase" perdeu o novo emprego, experimentou dificuldade para se recolocar no mercado de trabalho, de modo que a circunstância de ter conseguido a vaga a que se propôs não afasta o dano moral, que existiu pelo só fato de ter sido retida a sua CTPS pela reclamada por prazo legal além do previsto. Trata-se, portanto, de dano moral in re ipsa, que, nessas circunstâncias, independe de prova do efetivo dano experimentado pelo trabalhador, bastando a demonstração da conduta ilícita praticada pelo empregador ou ex-empregador, como ocorreu neste caso. Conclui-se, portanto, que a conduta da reclamada, contrária ao disposto no artigo 29, caput, da CLT, implicou ofensiva à intimidade, à honra e à imagem do reclamante, nos termos do artigo 5º, inciso X, da Constituição Federal, pelo que é devida a indenização por dano moral prevista no artigo 927 do Código Civil. Embargos conhecidos e providos." (E-ED-RR-616-69.2011.5.09.0662, Subseção I Especializada em Dissídios Individuais, Relator Ministro José Roberto Freire Pimenta, DEJT 08/03/2019.)

"EMBARGOS EM RECURSO DE REVISTA -INTERPOSIÇÃO POSTERIOR À VIGÊNCIA DA LEI Nº 13.015/2014 -DANO MORAL -RETENÇÃO DA CTPS. A retenção do documento profissional por lapso superior ao fixado na lei (artigos 29 e 53 da CLT) é ato ilícito que, por si só, enseja reparação por dano moral. Precedentes da C. SBDI-I e de Turmas do Eg. TST. Embargos conhecidos e desprovidos." (E-RR -2735-76.2014.5.02.0020, Relatora Ministra: Maria Cristina Irigoyen Peduzzi, Subseção I Especializada em Dissídios Individuais, DEJT 8/6/2018.)

"EMBARGOS EM RECURSO DE REVISTA. DANO MORAL. RETENÇÃO INDEVIDA DA CTPS POR PRAZO SUPERIOR AO LEGAL. DANO IN RE IPSA. Depreende-se do acórdão regional que a reclamada reteve indevidamente a CTPS do reclamante por prazo superior ao legal. A retenção indevida da CTPS por prazo superior ao legal acarreta, por si só, lesão a direitos da personalidade e, consequentemente, o direito a reparação por dano moral. Neste caso, não necessita o empregado demonstrar o constrangimento ou prejuízo sofridos, pois presumidos em face do impedimento de apresentar o documento em eventual entrevista de emprego, nos termos do art. 13 da CLT, que dispõe tratar-se de documento obrigatório para o exercício de qualquer emprego, ou para verificar situação de benefícios previdenciários. Embargos de que se conhece e a que se dá provimento."(E-RR -189-15.2012.5.05.0641, Relator Ministro: Márcio Eurico Vitral Amaro, Subseção I Especializada em Dissídios Individuais, DEJT 6/10/2017.)

"REPARAÇÃO POR DANOS MORAIS. RETENÇÃO DA CTPS. A conduta adotada pela reclamada de reter a CTPS do empregado por prazo superior ao previsto em lei extrapolou os limites de seu direito, ofendendo o princípio da boa-fé objetiva, ensejando a devida reparação. Precedentes. Recurso de revista não conhecid o."(RR-283-71.2012.5.15.0127, Rel. Min. Aloysio Corrêa da Veiga, 6ª Turma, Data de Publicação: DEJT 17/4/2015.)

Inferimos, portanto, que o empregador não pode conservar a carteira de trabalho além do tempo estritamente necessário para efetuar as anotações previstas em lei.

A retenção indevida da carteira de trabalho pode gerar prejuízos ao empregado, a exemplo: a) a exclusão da sua participação em processo seletivo por falta de comprovação de experiência profissional anterior; b) o indeferimento de benefício previdenciário, quando a comprovação do vínculo empregatício, do tempo de contribuição ou da qualidade de segurado, depender da apresentação da CTPS.

O novo modelo de anotação da CTPS elimina qualquer possibilidade de retenção do documento, isso porque não existe mais a apresentação de documento físico, pois o documento digital é imaterial, de modo que as anotações são produzidas e armazenados em arquivos eletrônicos.

4. ANOTAÇÃO DESABONADORA

Desabonar significa desacreditar, depreciar, desmoralizar, difamar[311]. O dispositivo em análise impõe ao

[311] "desabonar" – 1. Desacreditar; depreciar. [in Dicionário Priberam da

empregador o dever de abster-se de realizar anotações na carteira de trabalho (física ou digital) que ocasione descrédito ao empregado (art. 29, §4º, da CLT), de modo a prejudicá-lo em futuras relações de trabalho.

O empregador não pode fazer menção, v.g., à falta grave eventualmente praticada pelo empregado no curso do contrato de trabalho, à decisão judicial que determinou a anotação do vínculo empregatício, advertências, suspensões, ou condutas correlatas que inviabilize ou prejudique o acesso do trabalhador à novos empregos.

Essa proibição legal tem a finalidade de não só assegurar o acesso do empregado a novos empregos, mas também, de coibir retaliações e práticas discriminatórias promovidas pelo empregador para arranhar a imagem do trabalhador perante empregadores por vindouros.

A Portaria nº 41 de 30 de março de 2007 do Ministério do Trabalho e Previdência (recriado pela MP n. 1.058/2021, convertida na Lei 14.261/2021), dispõe em seu art. 8º, que *"é vedado ao empregador efetuar anotações que possam causar dano à imagem do trabalhador, especialmente referentes a sexo ou sexualidade, origem, raça, cor, estado civil, situação familiar, idade, condição de autor em reclamações trabalhistas, saúde e desempenho profissional ou comportamento".*

Nesse sentido é a jurisprudência firmada no âmbito dos Tribunais:

- "AGRAVO. AGRAVO DE INSTRUMENTO EM RECURSO DE REVISTA. RECLAMADA. LEI Nº 13.467/2017. DANOS MORAIS. VALOR DA INDENIZAÇÃO. NÃO PREENCHIDOS OS REQUISITOS DO ART. 896, § 1º-A DA CLT. 1 – Por meio de decisão monocrática, foi negado provimento ao agravo de instrumento da reclamada, por inobservância do art. 896, § 1º-A, I, da CLT. Nesse passo, não se analisou a transcendência da matéria porque o recurso de revista não preencheu o pressuposto de admissibilidade. 2 – A Lei nº 13.015/2014 exige que a parte indique, no recurso de revista, o trecho da decisão recorrida no qual se consubstancia o prequestionamento. 3 – No caso, o fragmento indicado da decisão recorrida não identifica os diversos fundamentos de fato e de direito assentados no acórdão recorrido para resolver a controvérsia. Não foi indicado o trecho da decisão em que o TRT consignou qual foi o **ato ilícito da reclamada apto a ensejar a indenização por danos morais**, qual seja, **anotação na CTPS de que a " data de afastamento, função e salário foi feita em razão de processo judicial, (...) passível de reparação por violar o disposto no art. 29, § 4º, da CLT,** que prevê ser vedado ao empregador ' efetuar anotações desabonadoras à conduta do empregado em sua Carteira de Trabalho e Previdência Social' ". Tampouco foram indicadas as demais premissas fáticas necessárias à reforma do valor da indenização por danos morais além da conduta culposa do empregador (dano, nexo causal, situação econômica das partes etc.) 4 – Assim, conforme consignado na decisão monocrática, não foram observadas as exigências do art. 896, § 1º-A, I, da CLT. 5 – Agravo a que se nega provimento" **(Ag-AIRR-10633-62.2019.5.18.0007, 6ª Turma, Relatora Ministra Katia Magalhaes Arruda, DEJT 09/10/2020).**
- "RECURSO DE REVISTA INTERPOSTO ANTERIORMENTE À VIGÊNCIA DA LEI Nº 13.015/2014. **ANOTAÇÃO NA CTPS DE ATESTADOS MÉDICOS. INDENIZAÇÃO POR DANOS MORAIS. DANO "IN RE IPSA"** . A jurisprudência desta Corte Superior é firme no sentido de que a **anotação de atestados médicos na CTPS desabona a conduta do empregado e é abusiva, configurando ato ilícito do empregador**, hipótese em que terá o trabalhador o direito à compensação por danos morais. Reconhecido pelo Tribunal Regional o fato ofensivo, qual seja a anotação desabonadora na CTPS do empregado, expressamente vedada pelo art. 29, § 4º, da CLT, **a lesão moral ocorre "in re ipsa", ou seja, decorre da própria conduta ofensiva aos atributos da personalidade do trabalhador. Precedentes**. Recurso de revista parcialmente conhecido e desprovido" (RR-80900-65.2009.5.05.0009, 1ª Turma, Relator Ministro Walmir Oliveira da Costa, DEJT 04/10/2019).
- " ANOTAÇÕES NA CTPS DO EMPREGADO A RESPEITO DO AJUIZAMENTO DE RECLAMAÇÃO TRABALHISTA. READMISSÃO DOS EMPREGADOS POR FORÇA DE DECISÃO JUDICIAL. CARÁTER DISCRIMINATÓRIO. RETIFICAÇÃO. A jurisprudência reiterada e predominante desta Corte superior, com vistas a desmotivar conduta do empregador que possa acarretar ao empregado dificuldade na tentativa de obtenção de novo emprego, adota a tese de que o ex-empregador, ao proceder a anotação da carteira de trabalho do trabalhador, fazendo constar que o registro decorreu de determinação judicial, atenta contra o direito de personalidade desse. Não se pode negar que a realidade brasileira apresenta um mercado de trabalho altamente competitivo, com o desemprego crônico e a precarização dos direitos trabalhistas, sendo notório que algumas empresas, na seleção dos candidatos à vaga de emprego, utilizam-se de critérios arbitrários e ilegais, discriminando os trabalhadores em razão da formação, idade, raça, aparência, pretensão salarial ou qualquer ponto que considerem negativo,

---

Língua Portuguesa, https://dicionario.priberam.org/desabonar (consultado em 08-02-2021)].

como o anterior ajuizamento de reclamação trabalhista contra seu ex-empregador. Portanto, na hipótese, ainda que a reclamada, ao fazer anotação desnecessária e injustificável na CTPS dos reclamantes de ajuizamento de reclamação trabalhista, não tenha comprovadamente agido de forma dolosa para causar dano aos trabalhadores, assumiu deliberadamente o risco de fazê-lo, ao registrar naquele documento, sem nenhuma necessidade real, que o fazia no cumprimento de determinação judicial, não podendo razoavelmente ignorar que, ao assim proceder, fatalmente, sujeitou a reclamante a uma possível discriminação no mercado de trabalho, com graves consequências de ordem social e econômica. Por tudo isso, a reclamada teve conduta contrária ao disposto no artigo 29, caput e seu § 4º, da CLT (precedentes). Recurso de revista conhecido e provido" (RR-1118-85.2015.5.20.0007, 2ª Turma, Relator Ministro Jose Roberto Freire Pimenta, DEJT 30/11/2018).

- RECURSO DE REVISTA INTERPOSTO SOB A ÉGIDE DA LEI 13.015/2014. DANO MORAL. ANOTAÇÃO DESABONADORA NA CTPS. A jurisprudência desta Corte tem se firmado no sentido de considerar que a anotação da Carteira de Trabalho, especificando que **o registro decorre de ordem judicial em ação trabalhista, sujeita o trabalhador à discriminação no mercado de trabalho, configurando conduta capaz de ensejar a compensação por dano moral.** Há precedentes da SBDI-1 do TST. Recurso de revista conhecido e provido. (TST – RR 21413420135200008, 6ª Turma, Relator Min. Augusto César Leite de Carvalho, Data de Julgamento: 13/06/2018)
- INDENIZAÇÃO POR DANOS MORAIS. ANOTAÇÃO DESABONADORA NA CTPS. OCORRENCIA. O registro do vínculo de emprego na CTPS do empregado, com expressa menção à reclamação trabalhista anteriormente ajuizada, há que ser entendido como anotação desabonadora, nos moldes do artigo 29, §4º, da CLT, vez que tal anotação certamente irá criar obstáculos ao empregado na busca por nova colocação no mercado de trabalho, considerando a realidade econômica e social atual do país e o fato de não ser bem vista, pelos empregadores, a procura do Judiciário pelo candidato a emprego. (TRT-1-RO 01005103520185010261 RJ, Relator Des. Maria Helena Motta, data de Julgamento 17/07/2020, 6ª Turma)

A anotação desabonadora caracteriza conduta ilícita do empregador, por sujeitar o trabalhador à discriminação no mercado de trabalho, acarretando no dever de reparar o dano extrapatrimonial causado ao empregado, sem prejuízo da imposição de multa administrativa ao empregador, na importância de um salário mínimo, considerando que a carteira de trabalho se torna inutilizável, conforme prescrito no §5º do art. 29 e no art. 52 da CLT.

5. LEI GERAL DE PROTEÇÃO DE DADOS NAS RELAÇÕES DE TRABALHO

No ano de 2016 ocorreu um dos maiores vazamentos de dados da história recente. Uma empresa do setor tecnológico, chamada Cambridge Analytica (Uk), coletou informações pessoais (como o nome, estado civil, documentos, localidade, etc.) de cerca de 50 milhões de usuários do Facebook, sem o consentimento deles, com o propósito de influenciar no resultado das eleições dos Estados Unidos da América[312].

No início das suas operações, a principal atividade desenvolvida pela empresa Cambridge Analytica era realizar o treinamento das forças de defesa militar e de agências de inteligência (como o exército britânico, o exército americano, *Central Intelligence Agency - CIA*, e a *Organisation du Traité de l'Atlantique Nord -OTAN)*, mapear e criar um fluxo de dados específicos, utilizando mineração e na análise de dados coletados na internet, com o objetivo de impedir a cooptação de jovens pelas tropas inimigas (Al-Queada e Estado Islâmico).

Essa mesma metodologia foi empregada posteriormente para mapear cerca de 4 a 5 mil pontos da personalidade de cada eleitor americano, influenciando o comportamento e o voto desses indivíduos. Isso foi considerado uma violação aos direitos da personalidade e um risco à democracia.

Diante desse cenário, a comunidade internacional vislumbrou a necessidade de regular o tratamento, compartilhamento e transferência internacional de dados pessoais, bem como a responsabilização das empresas de tecnologia envolvidas no tratamento de dados, com vistas a preservar a dignidade da pessoa humana, a privacidade dos indivíduos e a democracia.

Paulo Nader destaca que *"[...]**o direito deve estar sempre se refazendo, em face da mobilidade social.** A necessidade de ordem, paz, segurança, justiça, que o direito visa a atender, exige procedimentos sempre novos. **Se o direito se envelhecer, deixa de ser um processo de adaptação, pois passa a não exercer a função para qual foi criado.** Não basta, portanto, o ser do direito na sociedade, é indispensável o ser atuante, o ser atualizado. Os processos de adaptação devem-se renovar, pois somente assim o direito será um instrumento eficaz na garantia do equilíbrio e harmonia social"*.[313]

---

[312] BBCNews, "BBCNews," 20 mar 2018. [Online]. Available: https://www.bbc.com/portuguese/internacional-43461751. [Acesso em 2020 set 02].

[313] J. R. F. D. OLIVEIRA, "O direito como meio de controle social ou como instrumento de mudança social?," *Revista de Informação Legislativa*, p. 337/381, out/dez 1997.

No âmbito internacional, União Europeia editou a *General Data Protection Regulation (GDPR)*[314], uma sólida legislação de controle e operação de dados aplicável aos seus Estados-membros, como forma de combater o tratamento indiscriminado dos dados e preservar a privacidade dos usuários no ambiente digital[315]. Essa lei criou: a) uma autoridade de supervisão, para atuar de forma independente na fiscalização do cumprimento da legislação; b) uma autoridade de certificação, de selos e marcas de proteção de dados; c) o Conselho Europeu de Proteção de Dados; regulamentou o tratamento de dados pelo Poder Público; d) regulamentou as hipóteses exclusão da incidência das lei, com destaque para as atividades de segurança pública europeia; e) instituiu o direito à compensação ou reparação por eventuais danos e sanções administrativas.

No Brasil, a Lei n. 12.965/2014, chamada de Marco Civil da Internet, estabeleceu alguns princípios, garantias, direitos e deveres para o uso da internet. Dentre os princípios que inspiraram e orientaram o legislador a elaborar esta norma estão: a garantia da liberdade de expressão, comunicação e manifestação de pensamento; a proteção da privacidade e a proteção dos dados pessoais (art. 2º da Lei 12.965/2014)[316].

O Marco Civil da Internet assegurou aos usuários o direito à inviolabilidade da intimidade, vida privada e do sigilo das comunicações privadas pela internet, prevendo a reparação de dano material e moral decorrente de sua violação, assim como a necessidade de fornecimento de informações claras e completas sobre coleta, uso, armazenamento, tratamento e proteção de dados pessoais (art. 7º, da Lei 12.965/2014)[317]. Instituiu, também, regras de proteção aos registros de coleta, armazenamento, guarda e tratamento de dados pessoais ou de comunicações, tal como regulamentou os parâmetros de responsabilização dos provedores de conexão e aplicação de internet.

O Marco Civil da Internet foi regulamentado pelo Decreto nº 8.771/2016, estabelecendo alguns procedimentos para guarda e proteção de dados por provedores de conexão e de aplicações, apontando medidas de transparência na requisição de dados cadastrais pela administração pública e estabeleceu parâmetros para fiscalização e apuração de infrações.

Atento às vulnerabilidades dos dados pessoais no meio digital e aos escândalos internacionais de vazamento de dados que envolviam as grandes empresas de tecnologia, o legislador brasileiro editou a Lei 13.709 de 14 de agosto de 2018. Esse regramento teve inspiração na *General Data Protection Regulation (GDPR)* [318]da União Europeia, por se tratar da legislação internacional mais completa sobre o tema.

Inicialmente, a Lei 13.709/2018 tinha a finalidade de alterar o Marco Civil da Internet (Lei 12.965/2014) para dispor sobre a proteção de dados pessoais.

O texto do projeto de lei aprovado pelas duas casas do Congresso Nacional (PL 4060/2012 e PLC 53/2018), criava uma Autoridade Nacional de Proteção de Dados (ANPD), sob o regime autárquico especial vinculado ao Ministério da Justiça[319]. Mas, os dispositivos que

---

314 Regulation (EU) 2016/679 (General Data Protection Regulation) in the current version of the OJ L 119, 04.05.2016.

315 Art. 1 da GDPR: Assunto e objetivos – 1. O presente regulamento estabelece regras relativas **à proteção das pessoas singulares no que diz respeito ao tratamento de dados pessoais e regras relativas à livre circulação de dados pessoais. 2.** O presente regulamento **protege os direitos e liberdades fundamentais** das **pessoas singulares** e, em particular, o seu **direito à proteção dos dados pessoais. 3.** A livre circulação de dados pessoais na União não pode ser restringida nem proibida por razões relacionadas com a proteção das pessoas singulares no que diz respeito ao tratamento de dados pessoais.

316 Lei 12.965/2014, Art. 2º A disciplina do uso da internet no Brasil tem como fundamento o respeito à liberdade de expressão, bem como: I – o reconhecimento da escala mundial da rede; II – os direitos humanos, o desenvolvimento da personalidade e o exercício da cidadania em meios digitais; III – a pluralidade e a diversidade; IV – a abertura e a colaboração; V – a livre iniciativa, a livre concorrência e a defesa do consumidor; e VI – a finalidade social da rede.

317 Lei 12.965/2014, Art. 7º O acesso à internet é essencial ao exercício da cidadania, e ao usuário são assegurados os seguintes direitos: I – inviolabilidade da intimidade e da vida privada, sua proteção e indenização pelo dano material ou moral decorrente de sua violação; II – inviolabilidade e sigilo do fluxo de suas comunicações pela internet, salvo por ordem judicial, na forma da lei; III – inviolabilidade e sigilo de suas comunicações privadas armazenadas, salvo por ordem judicial; IV – não suspensão da conexão à internet, salvo por débito diretamente decorrente de sua utilização; V – manutenção da qualidade contratada da conexão à internet; VI – informações claras e completas constantes dos contratos de prestação de serviços, com detalhamento sobre o regime de proteção aos registros de conexão e aos registros de acesso a aplicações de internet, bem como sobre práticas de gerenciamento da rede que possam afetar sua qualidade; VII – não fornecimento a terceiros de seus dados pessoais, inclusive registros de conexão, e de acesso a aplicações de internet, salvo mediante consentimento livre, expresso e informado ou nas hipóteses previstas em lei; VIII – informações claras e completas sobre coleta, uso, armazenamento, tratamento e proteção de seus dados pessoais, que somente poderão ser utilizados para finalidades que: a) justifiquem sua coleta; b) não sejam vedadas pela legislação; e c) estejam especificadas nos contratos de prestação de serviços ou em termos de uso de aplicações de internet; IX – consentimento expresso sobre coleta, uso, armazenamento e tratamento de dados pessoais, que deverá ocorrer de forma destacada das demais cláusulas contratuais; X – exclusão definitiva dos dados pessoais que tiver fornecido a determinada aplicação de internet, a seu requerimento, ao término da relação entre as partes, ressalvadas as hipóteses de guarda obrigatória de registros previstas nesta Lei e na que dispõe sobre a proteção de dados pessoais; XI – publicidade e clareza de eventuais políticas de uso dos provedores de conexão à internet e de aplicações de internet; XII – acessibilidade, consideradas as características físico-motoras, perceptivas, sensoriais, intelectuais e mentais do usuário, nos termos da lei; e XIII – aplicação das normas de proteção e defesa do consumidor nas relações de consumo realizadas na internet.

318 Regulation (EU) 2016/679 (General Data Protection Regulation) in the current version of the OJ L 119, 04.05.2016

319 Mensagem de Veto nº. 451/2018: *"Art. 55. É criada a Autoridade Nacional de Proteção de Dados (ANPD), integrante da administração pública federal indireta, submetida a regime autárquico especial e vinculada ao Ministério da Justiça. [...]* **Razão dos vetos.** Os dispositivos incorrem em inconstitucionalidade do processo legislativo,

tratavam da ANPD foram vetados pelo Presidente da República, sob o argumento da existência de inconstitucionalidade no processo legislativo, considerando que a criação de órgão da administração pública, no âmbito da União, é de competência privativa do Presidente da República (art. 61, §1º, II, "e", da CF)[320].

Posteriormente a isso, o Presidente da República editou uma Medida Provisória (MP nº 869 de 27 de dezembro de 2018), com o propósito de suprir os vetos da Lei 13.709/2018 – decorrente do vício no processo legislativo da anterior – e instituir a Autoridade Nacional de Proteção de Dados (ANPD) como órgão de regulação, controle e fiscalização vinculado à Presidência da República. A medida provisória, após regular tramitação, foi convertida na Lei nº 13.853, de 8 de julho de 2019, sendo certo que na oportunidade a norma passou a ser chamada de *Lei Geral de Proteção de Dados (LGPD).*

A proteção de dados era objeto de análise do Poder Legislativo desde o ano 2012 – com a apresentação do Projeto de Lei n. 4.060/12 de autoria do deputado Milton Monti PR-SP –, mas se tornou um tema relevante após a divulgação dos escândalos de interferência nas eleições americanas por empresas de tecnologia.

Esse não foi o único fato que impulsionou a regulamentação da matéria. A proteção de dados se tornou um pressuposto importante para a concretização de negócios no mercado internacional, levando o Brasil a perder oportunidades de investimentos financeiros, em virtude da ausência de uma norma consistente sobre a matéria. Na América do Sul, o Brasil estava legislativamente atrás do Chile, da Argentina e do Uruguai, que já dispunham de uma legislação de proteção de dados.

por afronta ao artigo 61, § 1º, II, 'e', cumulado com o artigo 37, XIX da Constituição."

320 **Art. 61 da CF: A iniciativa das leis complementares e ordinárias cabe a qualquer membro ou Comissão da Câmara dos Deputados, do Senado Federal ou do Congresso Nacional, ao Presidente da República, ao Supremo Tribunal Federal, aos Tribunais Superiores, ao Procurador-Geral da República e aos cidadãos, na forma e nos casos previstos nesta Constituição. § 1º São de iniciativa privativa do Presidente da República as leis que**: I – fixem ou modifiquem os efetivos das Forças Armadas; II – **disponham sobre:** a) criação de cargos, funções ou empregos públicos na administração direta e autárquica ou aumento de sua remuneração; b) organização administrativa e judiciária, matéria tributária e orçamentária, serviços públicos e pessoal da administração dos Territórios; c) servidores públicos da União e Territórios, seu regime jurídico, provimento de cargos, estabilidade e aposentadoria; d) organização do Ministério Público e da Defensoria Pública da União, bem como normas gerais para a organização do Ministério Público e da Defensoria Pública dos Estados, do Distrito Federal e dos Territórios; **e) criação e extinção de Ministérios e órgãos da administração pública, observado o disposto no art. 84, VI;** f) militares das Forças Armadas, seu regime jurídico, provimento de cargos, promoções, estabilidade, remuneração, reforma e transferência para a reserva. § 2º A iniciativa popular pode ser exercida pela apresentação à Câmara dos Deputados de projeto de lei subscrito por, no mínimo, um por cento do eleitorado nacional, distribuído

5.1. DIREITOS FUNDAMENTAIS PROTEGIDOS PELA LGPD

Embora a urgência na edição da norma de proteção de dados teve inegável influência de ordem econômica – considerando que a internalização de medidas de proteção de dados tornou-se condição indispensável para a concretização de negócios, parcerias, e cooptação de investimento financeiro de empresas do setor internacional – a Lei Geral de Proteção de Dados (LGPD) tem como objetivo *"proteger os direitos fundamentais de liberdade e de privacidade e o livre desenvolvimento da personalidade da pessoa natural"* (art. 1º).

A expressão "direitos fundamentais" é um gênero, no qual estão abrangidas diversas espécies de direitos, entre eles: os direitos individuais; direitos coletivos; direitos sociais; direitos políticos e os direitos concernentes à nacionalidade[321].

Gilmar Ferreira Mendes e Paulo Gustavo Gonet Branco[322] esclarecem que *" a locução direitos fundamentais é reservada aos direitos relacionados com posições básicas das pessoas, inscritos em diplomas normativos de cada Estado. São direitos que vigem numa ordem jurídica concreta, sendo, por isso, garantidos e limitados no espaço e no tempo, pois são assegurados na medida em que cada Estado os consagra".*

Esses consagrados juristas explicam que o surgimento da Declaração Universal dos Direitos Humanos impulsionou a proteção e universalização dos direitos dos homens, na medida que os Estados-membros assumiram o compromisso de internalizar ou incorporar as regras nela previstas às suas respectivas Constituições, de modo que

> *"Os direitos fundamentais que, antes, buscavam proteger reivindicações comuns a todos os homens passaram a, igualmente, proteger seres humanos que se singularizam pela influência de certas situações específicas em que apanhados. Alguns indivíduos, por conta de certas peculiaridades, tornam -se merecedores de atenção especial, exigida pelo princípio do respeito à dignidade humana. Daí a consagração de direitos especiais aos enfermos, aos deficientes, às crianças, aos idosos... O homem não é mais visto em abstrato, mas na concretude das suas diversas maneiras de ser e de estar na sociedade". (Grifos acrescidos)*

Os direitos fundamentais estão topograficamente dispostos no início da Carta Magna (Título II), logo após o Título I que trata dos princípios fundamentais – dentre os quais encontram-se a organização, forma, objetivos, fundamentos e princípios estruturantes do Estado, além da forma de governo.

321 J. J. Gomes Canotilho...[et al.]; outros autores e coordenadores Ingo Wolfgang Sarlet, Lenio Luiz Streck, Gilmar Ferreira Mendes. Comentários à Constituição do Brasil – 2. ed. – São Paulo: Saraiva Educação, 2018.

322 Gilmar Ferreira Mendes, Paulo Gustavo Gonet Branco. Curso de direito constitucional – 12. ed. – São Paulo: Saraiva, 2017.

É pacífico, no entanto, que há direitos fundamentais ou "direitos-deveres" – porque são deveres conexos ou correlatos aos direitos – espalhados pelo texto constitucional. Citamos como exemplo o direito fundamental a um meio ambiente equilibrado e à saúde (arts. 225 e 196, respectivamente, da CF), que são vinculados ao direito fundamental à saúde previsto no art. 6º da CF. Nesse sentido, Pedro Lenza[323] destaca

> *"como manifestou o STF, corroborando a doutrina mais atualizada, que os direitos e deveres individuais e coletivos não se restringem ao art. 5.º da CF/88, podendo ser encontrados ao longo do texto constitucional, expressos ou decorrentes do regime e dos princípios adotados pela Constituição, ou, ainda, decorrentes dos tratados e convenções internacionais de que o Brasil seja parte".*

A doutrina tradicional classifica os direitos fundamentais em gerações (ou dimensões, como alguns preferem denominar).

José Celso de Mello Filho[324], adverte que os direitos fundamentais estão divididos em três gerações:

> *"enquanto os direitos de **primeira geração** (direitos civis e políticos) – que compreendem as liberdades clássicas, negativas ou formais – realçam o princípio da liberdade e os direitos de **segunda geração** (direitos econômicos, sociais e culturais) – que se identificam com as liberdades positivas, reais ou concretas – acentuam o princípio da igualdade, os direitos de **terceira geração**, que materializam poderes de titularidade coletiva atribuídos genericamente a todas as formações sociais, consagram o princípio da solidariedade e constituem um momento importante no processo de desenvolvimento, expansão e reconhecimento dos direitos humanos, caracterizados enquanto valores fundamentais indisponíveis, pela nota de uma essencial inexauribilidade." (grifos acrescidos)*

Paulo Bonavides[325], entretanto, indica a existência mais duas dimensões dos direitos fundamentais, delineando que a globalização política introduziu a última fase de institucionalização do estado, destacando a democracia direta, a informação e o formalismo (direito fundamental de quarta geração), bem como entende que o direito à paz deve ser enquadrado autonomamente, por considerá-lo como um supremo direito da humanidade (direito fundamental de quinta geração).

A doutrina aponta, ainda, a existência de duas perspectivas dos direitos fundamentais: subjetiva e objetiva. A primeira indica que os direitos fundamentais são garantias de interesse individual. Contudo, sob uma segunda perspectiva (ou dimensão), essas garantias não se restringem à esfera individual, uma vez que os direitos fundamentais são dotadas de cargas valorativas extensíveis a todo o ordenamento jurídico, tendo como desdobramento a eficácia irradiante (ou efeito de irradiação dos direitos fundamentais), fornecendo *"diretrizes para a aplicação e avaliação do direito infraconstitucional, implicando uma interpretação conforme os direitos fundamentais de todo o ordenamento jurídico"*, aspecto bem delineado pelo professor *Ingo Wolfgang Sarlet*[326].

Os preceitos fundamentais são considerados cláusulas pétreas, portanto, insuscetíveis de supressão pelo legislador (art. 60, §4º, da CF).

A Lei Geral de Proteção de Dados prima pela preservação da liberdade, da privacidade e do livre desenvolvimento da personalidade, considerados direitos fundamentais assegurados pela Lei Maior.

Esses princípios desaguam no princípio da dignidade da pessoa humana, considerado por muitos teóricos um "super-princípio" ou princípio estruturante.

5.1.1. LIBERDADE

A Constituição Federal consagra no art. 5º a liberdade de consciência (inciso VI), a liberdade de manifestação do pensamento (inciso IV), bem como a inviolabilidade da intimidade, a vida privada, a honra e a imagem das pessoas, assegurado o direito a indenização pelo dano material ou moral decorrente de sua violação (inciso X).

A doutrina majoritariamente entende que a "liberdade" possui um conceito abrangente. O professor Jayme Weingartner Neto[327], explica de forma precisa que a liberdade de consciência, a liberdade de pensamento e a liberdade religiosa são liberdades fundamentais que estão conectadas ou inter-relacionadas. Vejamos:

> *"Há evidentes conexões e relações de precisão e de meio/fim entre os feixes complexos que formam as liberdades jusfundamentais básicas, vale dizer, entre liberdade religiosa, liberdade de consciência e liberdade de pensamento. Parece mais adequada a corrente majoritária na doutrina portuguesa (a inviolabilidade de consciência como raiz), ao passo que os comentadores brasileiros, em geral, derivam, na esteira de Pontes de Miranda, a liberdade religiosa da liberdade de pensamento (a liberdade religiosa como uma sua especialização)".*

O referido jurista define a liberdade de consciência como a *"autonomia moral-prática do indivíduo, a faculdade de autodeterminar-se no que tange aos*

Decreto-Lei 5.452/1943

---

323 Lenza, Pedro. Direito constitucional esquematizado® / Pedro Lenza. – 23. ed. – São Paulo: Saraiva Educação, 2019.

324 Apud Moraes, Alexandre de. Direito constitucional. – 32. ed. – São Paulo: Atlas, 2016.

325 Apud Lenza, Pedro. Direito constitucional esquematizado – 23. ed. – São Paulo: Saraiva Educação, 2019.

326 J. J. Gomes Canotilho...[et al.]; outros autores e coordenadores Ingo Wolfgang Sarlet, Lenio Luiz Streck, Gilmar Ferreira Mendes. Comentários à Constituição do Brasil – 2. ed. – São Paulo: Saraiva Educação, 2018.

327 Idem. Comentários à Constituição do Brasil – 2. ed. – São Paulo: Saraiva Educação, 2018.

padrões éticos e existenciais, seja da própria conduta ou da alheia – na total liberdade de autopercepção –, seja em nível racional, mítico-simbólico e até de mistério".

José Celso de Mello Filho, destaca que *"[...] constitui o núcleo básico de onde derivam as demais liberdades do pensamento. É nela que reside o fundamento de toda a atividade político-partidária, cujo exercício regular não pode gerar restrição aos direitos de seu titular"*[328].

Segundo o professor Flávio Martins Alves Nunes Júnior[329] a liberdade de consciência pode ser considerada expressão da liberdade de pensamento. O ilustre professor elucida que:

> *"**Ninguém poderá ser cerceado por ter uma ideologia** diversa da maioria (comunista numa sociedade que majoritariamente defende o capitalismo, defensor dos direitos sociais numa sociedade que majoritariamente defende o liberalismo etc.). **O Estado terá principalmente um dever de abstenção, de não agir, impossibilitado de cercear essa liberdade individual.** Não obstante, como vimos no capítulo anterior, esse direito (como os outros) tem uma dimensão objetiva, que **exige que o poder público impeça violações a essa liberdade, seja por parte de seus agentes, seja por parte de particulares**" (grifos acrescidos).*

A professora Maria Alice Monteiro de Barros explica que o direito à integridade intelectual, isto é, o direito à liberdade de pensamento, está inserido nos direitos da personalidade[330].

Inegavelmente a Lei de Proteção de Dados, ainda que a sua regulamentação seja considerada tardia, tem uma enorme importância no livre desenvolvimento da personalidade da pessoa natural, visto que a contaminação ou influência maliciosa de terceiros, por meio da utilização de algoritmos e outras técnicas sofisticadas de processamento de dados (*profiling ou data mining*), impactam diretamente na formação da personalidade dos indivíduos e influenciam a *autodeterminação* de certos grupos sociais.

As grandes empresas do setor de tecnologia, denominadas de *Big Tecks*, podem exercer influência sobre o comportamento de uma sociedade inteira por meio do tratamento de dados. Podemos citar como exemplo a contratação da empresa Cambridge Analytica (Uk), pelos governos britânico e norte americano, com a finalidade de capacitar os militares a usar o tratamento de dados como ferramenta de guerra. A manipulação do comportamento humano através do tratamento de dados tem um potencial lesivo mais expressivo do que um míssil, pois o seu alcance pode ser mais abrangente. É possível mudar o curso da história de um país modificando o modo de pensar e agir de uma comunidade, sem uma operação militar armada.

A única forma evitar esse tipo de manipulação é permitir que as pessoas tenham condições de decidir quando, onde e em que momento os seus dados podem ser tratados pelas empresas operadoras e controladoras de dados, ressalvadas situações específicas. Nesse aspecto, a Lei Geral de Proteção de Dados e os demais regramentos internacionais são assertivos ao prover a proteção dos direitos da personalidade, da intimidade e da dignidade da pessoa humana no ambiente digital[331]. Estabelecem diretrizes para um ambiente movediço, para uma terra até então sem lei, assegurando a efetivação de postulados fundamentais positivados na Constituição e no Direito Internacional.

5.1.2. AUTODETERMINAÇÃO INFORMATIVA E O DIREITO À LIBERDADE.

A Lei Geral de Proteção de Dados é pautada no respeito à privacidade, autodeterminação informativa, liberdade de expressão, informação, comunicação e opinião; inviolabilidade da intimidade, honra e imagem; desenvolvimento econômico e tecnológico e a inovação; livre iniciativa, livre concorrência e a defesa do consumidor; direitos humanos; o livre desenvolvimento da personalidade; dignidade e exercício da cidadania pelas pessoas naturais (art. 2º da LGPD).

Dentre os fundamentos citados, o princípio da autodeterminação informativa merece uma atenção especial, pois está atrelado ao direito à liberdade.

A locução "autodeterminação informativa" – conhecida como direito decisional e informacional – tem origem na doutrina alemã. Significa que o indivíduo tem liberdade para fazer uso dos seus dados pessoais.

Tatiana Malta Vieira, escorada na jurisprudência alemã, afirma que o direito à autodeterminação informativa *"pressupõe que, mesmo sob as condições da moderna tecnologia de processamento de informações (...), que o indivíduo exerça sua liberdade de decisão sobre as ações a serem precedidas ou omitidas em relação a seus dados"*.[332]

[328] Apud Moraes, Alexandre de. Direito constitucional. – 32. ed. – São Paulo: Atlas, 2016.

[329] Flávio Martins Alves Nunes Júnior. Curso de direito constitucional – 3. ed. – São Paulo: Saraiva Educação, 2019.

[330] Alice Monteiro de Barros. Curso de direito do trabalho – 10 ed. – São Paulo, LTr: 2016

[331] De acordo com Jorge Reis Novais – citado pela doutrina do professor Flávio Martins Alves Nunes Júnior –, "a cada pessoa humana tem de ser reconhecida e materialmente garantida a autonomia, a liberdade e as condições materiais mínimas que lhe assegurem **a possibilidade de se assumir como sujeito da própria vida,** naturalmente, essa necessidade só pode ser considerada como um tal alcance, de fato, quando **a pessoa em causa apresenta concretamente as capacidades intelectuais, de consciência de si e da sua identidade e de volição, com a capacidade de autodeterminação correspondente, que lhe permitam ser *sujeito*"** (Flávio Martins Alves Nunes Júnior. Curso de direito constitucional – 3. ed. – São Paulo: Saraiva Educação, 2019)

[332] Apud J. Q. d. Queiroz, "Consultor Jurídico," 26 Jul 2015. [Online]. Available: https://www.conjur.com.br/2015-jul-26/

Ingo Wolfgang Sarlet e André Rufino do Vale[333] enquadram a autodeterminação informativa como parte integrante do direito geral de liberdade, ensinando que

> *"o direito geral de liberdade (ou liberdade geral) também está aberto à integração com outras liberdades previstas nas declarações de direitos no plano internacional, além de guardar sintonia com a ideia de liberdades implícitas. Apenas para ilustrar a afirmação, é possível relacionar os exemplos* ***da liberdade de utilização da informática, o livre e igual acesso à rede de comunicação, a livre disposição dos dados pessoais (para os alemães, o direito à autodeterminação informativa),*** *entre outros que poderiam ser nominados, e que não encontram previsão direta e expressa no texto constitucional.* ***O direito geral de liberdade, nesse contexto, atua como uma espécie de cláusula de abertura constitucional para liberdades fundamentais especiais não nominadas.*** *Dito de outro modo, o direito geral de liberdade* ***funciona como um princípio geral de interpretação e integração das liberdades em espécie e de identificação de liberdades implícitas na ordem constitucional.*** *Assim sendo, para reforçar a linha argumentativa já lançada, a positivação de um direito geral de liberdade tem a vantagem de introduzir no ordenamento jurídico uma cláusula geral que permite dela derivar, por meio de interpretação extensiva, outras liberdades não expressamente consagradas no texto constitucional. Com efeito,* ***a liberdade, como faculdade genérica de ação ou de omissão, concede ao indivíduo um amplíssimo leque de possibilidades de manifestação de suas vontades e preferências e de expressão de sua autonomia pessoal*** *que não pode ser apreendido através de liberdades específicas previstas em textos normativos. (grifos acrescidos)*

5.1.3. PRIVACIDADE

A preservação da privacidade constitui objeto e fundamento da Lei Geral de Proteção de Dados (art. 1º e 2º da LGPD).

O art. 5º, inciso X, da Constituição Federal estabelece a inviolabilidade da intimidade, a vida privada, a honra e a imagem das pessoas, assegurado o direito a indenização pelo dano material ou moral decorrente de sua violação.

Para Tércio Sampaio Ferraz Jr.[334], a

> *"sua identidade diante dos riscos proporcionados pela niveladora pressão social e pela incontrastável impositividade do poder político. Aquilo que é exclusivo é o que passa pelas opções pessoais, afetadas pela subjetividade do indivíduo e que não é guiada nem por normas nem por padrões objetivos.* ***No recôndito da privacidade se esconde a intimidade. A intimidade não exige publicidade porque não envolve direitos de terceiros. No âmbito da privacidade, a intimidade é o mais exclusivo dos seus direitos****".*

Gilmar Ferreira Mendes e Paulo Gustavo Gonet Branco[335] delineiam que o direito à privacidade consubstancia no direito à solidão ou de encontrar a paz, equilíbrio, imprescindíveis à preservação da própria saúde mental:

> *"O direito à privacidade é proclamado como resultado da sentida exigência de o indivíduo 'encontrar na solidão aquela paz e aquele equilíbrio, continuamente comprometido pelo ritmo da vida moderna'. A reclusão periódica à vida privada é uma necessidade de todo homem, para a sua própria saúde mental. Além disso, sem privacidade, não há condições propícias para o desenvolvimento livre da personalidade. Estar submetido ao constante crivo da observação alheia dificulta o enfrentamento de novos desafios. A exposição diuturna dos nossos erros, dificuldades e fracassos à crítica e à curiosidade permanentes de terceiros, e ao ridículo público mesmo inibiria toda tentativa de autossuperação. Sem a tranquilidade emocional que se pode auferir da privacidade, não há muito menos como o indivíduo se autoavaliar, medir perspectivas e traçar metas".*

A utilização mineração e o tratamento dos dados pessoais sem o consentimento do usuário viola o seu direito a paz, na medida em que expõe informações que são exclusivas do indivíduo, merecendo proteção em todas as relações jurídicas.

5.2. ABRANGÊNCIA

A Lei Geral de Proteção de Dados (LGPD) regulamenta o controle, operação, tratamento, uso compartilhado de dados (ou o compartilhamento com terceiros), transferência e fiscalização de dados físicos e digitais, obtidos por pessoa natural ou jurídica, de direito público ou privado, com o fito de garantir os direitos fundamentais de liberdade, privacidade e o livre desenvolvimento da personalidade da pessoa natural.

Essa norma foi criada aprioristicamente para tratar das relações de consumo, de forma a evitar o direcionamento de fluxo de informações com base nos desejos, opiniões, compras, comportamentos e pesquisas feitas no ambiente virtual. Contudo, não está limitada aos dados colhidos no ambiente digital, nem às relações de consumo, isso porque não veda a aplicação a outros ramos do Direito.

Sob o enfoque objetivo, portanto, é possível aplicá-la em diversas áreas do Direito, tendo em vista que existe um intenso tratamento de dados na maioria das relações jurídicas. A exemplo, v.g., nas relações de trabalho o empregador colhe informações pessoais e documentos do empregado no momento da admissão, para a elaboração

joao-queiroz-cidadao-direito-controle-coleta-dados-pessoais#_ftn13. [Acesso em 3 set 2020].

333 J. J. Gomes Canotilho...[et al.]; outros autores e coordenadores Ingo Wolfgang Sarlet, Lenio Luiz Streck, Gilmar Ferreira Mendes. Comentários à Constituição do Brasil – 2. ed. – São Paulo: Saraiva Educação, 2018.

334 Apud Moraes, Alexandre de. Direito constitucional. – 32. ed. – São Paulo: Atlas, 2016.

335 Gilmar Ferreira Mendes, Paulo Gustavo Gonet Branco. Curso de direito constitucional – 12. ed. – São Paulo: Saraiva, 2017.

do contrato de trabalho, arquivamento das informações suscetíveis de conferência pelos órgãos de fiscalização ou cadastro das informações junto às instituições públicas.

A Lei Geral de Proteção de Dados poderá ser aplicada às relações entre a Administração Pública e os particulares, por exemplo, o cadastro de um paciente em um hospital público.

Sob o ponto de vista subjetivo, todos aqueles que realizam o tratamento de dados pessoais, sejam pessoas naturais, pessoas jurídicas de direito privado, pessoas jurídicas de direito público interno ou externo, independentemente do meio, do país de sua sede ou do país onde estejam localizados os dados (art. 3º, LGPD), desde que a operação ou a atividade de tratamento seja realizada em território nacional, o tratamento de dados tenha por finalidade a oferta ou o fornecimento de bens ou serviços, ou, ainda, os dados pessoais tenham sido coletados em território nacional.

Se o titular do dado pessoal estiver em território nacional no momento da coleta e a operação do tratamento ocorra no estrangeiro, haverá a incidência da Lei Geral de Proteção de Dados, pois, nesta hipótese, a coleta será considerada realizada no em território nacional.

As pessoas jurídicas de direito público integrantes da administração direta dos Poderes Executivo, Legislativo, incluindo as Cortes de Contas, e Judiciário e do Ministério Público, bem como as autarquias, as fundações públicas, e demais entidades controladas direta ou indiretamente pela União, Estados, Distrito Federal e Municípios poderão realizar o tratamento de dados pessoais, para o atendimento de sua finalidade pública, sempre primando pela busca do interesse público, com o objetivo de executar as competências legais ou cumprir as atribuições legais do serviço público.

Todavia, será necessário informar as hipóteses de tratamento dos dados pessoais em veículos de fácil acesso (como o site oficial da instituição), de forma clara, atualizada, indicando a finalidade, os procedimentos e as práticas utilizadas no tratamento de dado (art. 23 da LGPD). As pessoas jurídicas de direito público, como regra, têm o dever de transparência e publicidade dos atos praticados pelos entes da Administração Pública (art. 37, *caput*, §3º, II; art. 5º, XXXIII; art. 216, §2º, da CF e Lei 12.527/2011).

Os serviços notariais exercidos pelos tabeliães em caráter privado, por delegação o Poder Público, terão os mesmos tratamentos dispensados aos entes da Administração Pública, tendo em vista que o tratamento de dados pessoais e a respectiva publicização são imprescindíveis para cumprir as suas competências, atribuições legais e finalidades (art. 23, §4º, LGPD).

A Lei Geral de Proteção de Dados não se aplica ao tratamento de dados pessoais realizado:

a) por pessoa natural para fins exclusivamente particulares e não econômicos;

b) para fins exclusivamente jornalístico, artísticos ou acadêmicos;

c) para fins exclusivos de segurança pública, defesa nacional, segurança do Estado, ou atividades de investigação e repressão de infrações penais;

d) provenientes de fora do território nacional e que não sejam objeto de comunicação, uso compartilhado de dados com agentes de tratamento brasileiros ou objeto de transferência internacional de dados com outro país que não o de proveniência, desde que o país de proveniência proporcione grau de proteção de dados pessoais adequado.

Os dados pessoais fornecidos às autoridades de segurança pública serão regidos por legislação específica, sendo certo que a autoridade deverá adotar as medidas proporcionais e estritamente necessárias, a fim de viabilizar o cumprimento da função pública.

É vedado, entretanto, o tratamento da totalidade dos dados, nestas hipóteses, por pessoa jurídica de direito privado (salvo, as empresas que possuam capital integralmente público), na forma do art. 4º, §§ 1º e 4º da LGPD.

Os procedimentos investigatórios, a rigor, são dotados de sigilo (art. 20 do CPP)[336].

5.3. TRATAMENTO DOS DADOS NAS RELAÇÕES DE TRABALHO

5.3.1. DEFINIÇÃO

A Lei Geral do Proteção de Dados, no art. 5º, traz definições claras sobre os objetos (dado pessoal, dado pessoal sensível, dado anonimizado, banco de dados, etc.), os sujeitos inseridos na cadeia de tratamento de dados (titular, controlador, operador, encarregado, etc.), a autoridade responsável pela fiscalização, dentre outras definições técnicas, para efeito de aplicação da Lei.

Analisaremos apenas as definições e os aspectos principais.

O tratamento de dados é delimitado como "*toda operação realizada com dados pessoais, como as que se referem a coleta, produção, recepção, classificação, utilização, acesso, reprodução, transmissão, distribuição, processamento, arquivamento, armazenamento, eliminação, avaliação ou controle da informação, modificação, comunicação, transferência, difusão ou extração (art. 5º, X).*

O dado pessoal, por seu turno, é a informação relacionada à pessoa natural identificada ou identificável.

---

336 Art. 20 do CPP: A autoridade assegurará no inquérito o **sigilo necessário à elucidação do fato ou exigido pelo interesse da sociedade**. Parágrafo único. Nos atestados de antecedentes que lhe forem solicitados, a autoridade policial não poderá mencionar quaisquer anotações referentes a instauração de inquérito contra os requerentes.

Estão compreendidos no dado pessoal da pessoa natural, por exemplo, o nome completo, apelido notório, a nacionalidade, o número da cédula de identidade, número do registro nacional de estrangeiro, carteira de habilitação, número do PIS/PASEP/NIT, número do título de eleitor (elementos identificadores do sujeito), assim como o apelido (alcunha ou agnome), idade, apelido e o estado civil (elementos que possibilitam identificação do sujeito), dentre outras.

O dado pessoal sensível, por sua vez, é aquele relacionado à origem racial ou étnica, convicção religiosa, opinião política, filiação a sindicato ou a organização de caráter religioso, filosófico ou político, dado referente à saúde ou à vida sexual, dado genético ou biométrico, quando vinculado a uma pessoa natural. A esse respeito é importante diferenciar a expressão "religião" da locução "convicção religiosa"; "sexo" da locução de "dado referente à vida sexual".

A expressão "sexo", em regra, é utilizada para definir as características distintivas entre o homem e a mulher. Por dados referentes à vida sexual podemos compreender como as informações sobre a práticas ou atitudes sexuais de uma pessoa, a orientação sexual (heterossexual, homossexual, pansexual, por exemplo), a percepção sobre o próprio de gênero – em sentido amplo, como o transgênero, binário, não-binário, masculino, feminino. Pensamos que as características distintivas devem ser enquadradas como dado pessoal e as informações sobre a vida e orientação sexual devem ser enquadradas como dado sensível.

Outro aspecto polêmico é sobre o enquadramento da religião. A mera indicação da fé professada por um indivíduo (v.g., cristianismo, budismo, hinduísmo) pode ser enquadrada como um dado pessoal, pois a generalidade da informação nem sempre indicará a convicção da pessoa natural.

Já a convicção religiosa pode ser entendida como a opinião, com base em razões íntimas, sobre algumas práticas, como, por exemplo, o uso de certos padrões de vestimentas, a ingestão de alimentos ou bebidas, prática sexual. Essas informações, por apresentarem um grau de especificidade, tal como a indicação de associação à uma religião específica (Testemunha de Jeová, Congregação Cristã, Centro Espírita Kardecista), apresentam um grau maior de especificidade, de forma que deverão ser enquadrados como dados sensíveis.

O inciso III do art. 5º da Lei Geral de Proteção de Dados faz referência ao "dado anonimizado".

A priori, é preciso entender o significado da expressão "anonimizado". Essa palavra é uma flexão do verbo ***anonimizar***, que significa tornar anônimo, desconhecido.

O referido dispositivo define o dado anonimizado como aquele referente a titular que **não possa ser identificado**, considerando a utilização de meios técnicos razoáveis e disponíveis na ocasião de seu tratamento, isto é, o agente de tratamento emprega técnicas sofisticadas para a operação dos dados pessoais, disponíveis ao titular na ocasião da sua realização, de forma que não é possível identificar a quem pertence a informação tratada.

Podemos afirmar que a titularidade dos dados é desconhecida pelo agente de tratamento e não é possível conhecê-la, por nenhum dos meios tecnológicos disponíveis.

Existe uma outra figura, muito próxima aos dados anonimizados: a pseudonimização.

De acordo com o art. 13, §4º, da LGPD, a pseudonimização *"é o tratamento por meio do qual um dado perde a possibilidade de associação, direta ou indireta, a um indivíduo, senão pelo uso de informação adicional mantida separadamente pelo controlador em ambiente controlado e seguro"*.

Esse instituto jurídico é previsto também no artigo 4º da GDPR[337]:

> *"Art. 4 GDPR: Definições [...] 5. 'pseudonimização' significa o processamento de dados pessoais de tal forma que os dados pessoais não possam mais ser atribuídos a um titular de dados específico sem o uso de informações adicionais, desde que tais informações adicionais sejam mantidas separadamente e estejam sujeitas a medidas técnicas e organizacionais garantir que os dados pessoais não sejam atribuídos a uma pessoa singular identificada ou identificável;" (tradução livre)*

É uma "falsa" anonimização dos dados. O controlador oculta uma informação capaz de identificar o titular dos dados, armazenando-a em outro local. A princípio, o titular do dado é desconhecido, mas poderá ser identificado através do acesso a outra informação mantida em um ambiente diferente.

A lei define o banco de dados como um *"conjunto estruturado de dados pessoais, estabelecido em um ou em vários locais, em suporte eletrônico ou físico"* (art. 5º, IV, LGPD).

A dinâmica do tratamento de dados é composta pelos seguintes sujeitos:

a) titular: pessoa natural a quem se referem os dados pessoais que são objeto de tratamento;

b) agentes de tratamento de dados pessoais:

i. **controlador:** pessoa natural ou jurídica, de direito público ou privado, a quem competem as decisões referentes ao tratamento de dados pessoais;

ii. **operador:** pessoa natural ou jurídica, de direito público ou privado, que realiza o

[337] *Art. 4 GDPR – Definitions – "[...] 5. **'pseudonymisation'** means the processing of personal data in such a manner that the personal data can no longer be attributed to a specific data subject without the use of additional information, provided that such additional information is kept separately and is subject to technical and organisational measures to ensure that the personal data are not attributed to an identified or identifiable natural person;"*

tratamento de dados pessoais em nome do controlador;

iii. **encarregado:** pessoa indicada pelo controlador e operador para atuar como canal de comunicação entre o controlador, os titulares dos dados e a Autoridade Nacional de Proteção de Dados (ANPD);

c) **órgão de pesquisa: órgão ou entidade da administração pública** direta ou indireta ou **pessoa jurídica de direito privado sem fins lucrativos** legalmente constituída sob as leis brasileiras, com sede e foro no País, que inclua em sua **missão institucional ou** em seu **objetivo** social ou estatutário a **pesquisa básica ou aplicada de caráter histórico, científico, tecnológico ou estatístico; e**

d) **autoridade nacional:** órgão da administração pública responsável por zelar, implementar e fiscalizar o cumprimento da LGPD em todo o território nacional.

5.3.2. PRINCÍPIOS DA ATIVIDADE DE TRATAMENTO DE DADOS

A Lei Geral de Proteção de Dados[338] designa expressamente alguns princípios – proposições basilares, com virtudes multifuncionais, sendo considerados verdadeiros *standards* (padrões) – para servir de inspiração e parâmetro de integração[339] na aplicação das normas de proteção de dados. São eles:

a) **boa-fé:** são deveres anexos, de lealdade, probidade, transparência nas atividades de tratamento de dados;

b) **finalidade**: realização do tratamento para propósitos legítimos, específicos, explícitos e informados ao titular, sem possibilidade de tratamento posterior de forma incompatível com essas finalidades;

c) **adequação:** compatibilidade do tratamento com as finalidades informadas ao titular, de acordo com o contexto do tratamento;

d) **necessidade:** limitação do tratamento ao mínimo necessário para a realização de suas finalidades, com abrangência dos dados pertinentes, proporcionais e não excessivos em relação às finalidades do tratamento de dados;

e) **livre acesso:** garantia, aos titulares, de consulta facilitada e gratuita sobre a forma e a duração do tratamento, bem como sobre a integralidade de seus dados pessoais;

f) **qualidade dos dados:** garantia, aos titulares, de exatidão, clareza, relevância e atualização dos dados, de acordo com a necessidade e para o cumprimento da finalidade de seu tratamento;

g) **transparência:** garantia, aos titulares, de informações claras, precisas e facilmente acessíveis sobre a realização do tratamento e os respectivos agentes de tratamento, observados os segredos comercial e industrial;

h) **segurança:** utilização de medidas técnicas e administrativas aptas a proteger os dados pessoais de acessos não autorizados e de situações acidentais ou ilícitas de destruição, perda, alteração, comunicação ou difusão;

i) **prevenção:** adoção de medidas para prevenir a ocorrência de danos em virtude do tratamento de dados pessoais;

j) **não discriminação:** impossibilidade de realização do tratamento para fins discriminatórios ilícitos ou abusivos;

k) **responsabilização e prestação de contas:** demonstração, pelo agente, da adoção de medidas eficazes e capazes de comprovar a observância e o cumprimento das normas de *proteção de dados pessoais e, inclusive, da eficácia dessas medidas*".

Dentre os princípios instituídos, merecem destaque os princípios da finalidade, segurança, prevenção, não discriminação e livre acesso.

A despeito de a Lei Geral de Proteção de Dados ser inspirada na *General Data Protection Regulation (GDPR), Regulation (EU) 2016/679*, na versão atual ***OJ L 119, 04.05.2016***, não há regulamentação específica de direito do trabalho na norma brasileira. O regulamento europeu reservou um artigo para tratar especialmente do tratamento de dados nas relações do trabalho[340]. Vejamos.

> *Art. 88 GDPR: Processamento no contexto de emprego. 1. Os Estados-Membros podem, por lei ou por convenções coletivas, prever regras mais específicas para garantir a proteção dos direitos e liberdades no que diz respeito ao tratamento de dados pessoais dos trabalhadores no contexto do trabalho, em particular para efeitos de recrutamento, execução do contrato de trabalho, incluindo cumprimento das obrigações estabelecidas por lei ou por acordos coletivos, gestão, planejamento e organização do trabalho, igualdade e diversidade no local de trabalho, saúde e segurança no trabalho, proteção da propriedade do empregador ou do cliente e para o para fins do exercício e gozo, individual ou coletivo, de direitos e benefícios vinculados ao*

338 Artigo 6º da LGPD.

339 Gilmar Ferreira Mendes, Paulo Gustavo Gonet Branco. Curso de direito constitucional - 12. ed. - São Paulo: Saraiva, 2017.

340 *"**Art. 88 GDPR:** Processing in the context of employment **1.** Member States may, by law or by collective agreements, provide for more specific rules to ensure the protection of the rights and freedoms in respect of the processing of employees' personal data in the employment context, in particular for the purposes of the recruitment, the performance of the contract of employment, including discharge of obligations laid down by law or by collective agreements, management, planning and organisation of work, equality and diversity in the workplace, health and safety at work, protection of employer's or customer's property and for the purposes of the exercise and enjoyment, on an individual or collective basis, of rights and benefits related to employment, and for the purpose of the termination of the employment relationship. **2.** Those rules shall include suitable and specific measures to safeguard the data subject's human dignity, legitimate interests and fundamental rights, with particular regard to the transparency of processing, the transfer of personal data within a group of undertakings, or a group of enterprises engaged in a joint economic activity and monitoring systems at the work place. **3.** Each Member State shall notify to the Commission those provisions of its law which it adopts pursuant to paragraph 1, by 25 May 2018 and, without delay, any subsequent amendment affecting them. (Suitable Recitals, (**155**) Processing in the Employment Context)"*

> *emprego e para efeito de cessação da relação de trabalho. 2. Essas regras devem incluir medidas adequadas e específicas para salvaguardar a dignidade humana, os interesses legítimos e os direitos fundamentais do titular dos dados, nomeadamente no que diz respeito à transparência do tratamento, à transferência de dados pessoais dentro de um grupo de empresas ou de um grupo de empresas que participam num atividade econômica conjunta e sistemas de monitoramento no local de trabalho. 3. Cada Estado-Membro deve notificar à Comissão as disposições da sua legislação que adotar nos termos do n.º 1, até 25 de maio de 2018 e, sem demora, qualquer alteração subsequente das mesmas. (tradução livre – grifos acrescidos)*

No âmbito das relações de trabalho, tal como ocorre no ambiente digital, há um imanente tráfego de dados pessoais dos trabalhadores, antes, durante e após o encerramento do contrato de trabalho.

A norma que serviu de paradigma à legislação brasileira reservou um dispositivo para tratar da proteção de dados nas relações de trabalho. Permitiu a criação de um regramento mais específico pelos Estados-Membros, por meio de lei ou instrumento coletivo, para assegurar proteção aos dados pessoais, especialmente na fase de recrutamento do trabalhador (fase pré-contratual), durante a vigência do contrato de trabalho (fase contratual), para fins do exercício e gozo de direitos e benefícios vinculados ao emprego, bem como promover a igualdade e diversidade no local de trabalho (não-discriminação).

Também, tratou da necessidade de criação de regramento específico sobre transferência de dados entre pessoas jurídicas, entre grupos de empresas (ou grupo empresarial), além do sistema de monitoramento no local de trabalho.

5.3.3. NORMA COLETIVA: (IM)POSSIBILIDADE DE REGULAMENTAÇÃO DA PROTEÇÃO DE DADOS

No Direito Coletivo do Trabalho brasileiro a autonomia coletiva confere aos entes sindicais o poder criativo de normas jurídicas para incidir sobre os contratos individuais de trabalho (princípio da autonomia coletiva ou da criatividade das normas jurídicas), por meio de instrumentos de negociação coletiva, notadamente o acordo coletivo de trabalho e a convenção coletiva de trabalho.

A Constituição Federal reconhece as convenções e acordos coletivos de trabalho (art. 7º, XXVI, da CF) como um direito dos trabalhadores, como forma de aprimorar a sua condição social.

A Reforma Trabalhista instituiu a necessidade da mínima intervenção na autonomia da vontade coletiva (art. 8º , §3º, da CLT)[341].

Luciano Martinez[342] delineia que o "princípio da criatividade jurídica da negociação coletiva, os entes coletivos podem, ao lado das normas estatais, criar normas jurídicas pela materialização da negociação coletiva (acordo coletivo, convenção coletiva e contrato coletivo de trabalho), a qual é reconhecida pelo Estado".

A Reforma Trabalhista acrescentou os artigos 611-A e 611-B à CLT, estabelecendo a prevalência da negociação coletiva sobre a lei (princípio do negociado sobre o legislado).

Nesse ponto, entendemos ser possível a criação de regras de proteção aos dados dos trabalhadores pelos entes coletivos, por meio de acordo ou convenção coletiva de trabalho, a fim de atender as especificidades da relação de trabalho no plano individual.

A negociação coletiva, por exemplo, poderia instituir a forma de obtenção do consentimento do empregado, autorizar ou estabelecer parâmetros para o compartilhamento de dados entre empresas do mesmo grupo empresarial (tema que merece reflexão), regular o compartilhamento de dados com terceiros para a concessão de benefícios – como vale-transporte, vale-alimentação, plano de saúde, plano odontológico, seguro de vida ou contra acidentes, convênios instituições de cultura, lazer ou instituições de ensino, restaurantes, etc. –, tratar das normas de segurança dos dados pessoais sensíveis, com destaque para a biometria, utilizada em catracas de acesso aos prédios dos empregadores e para o registro da jornada de trabalho (ponto eletrônico).

Mas, é preciso deixar claro que o princípio da autonomia coletiva não é absoluto. Encontra limite no princípio da adequação setorial negociada, cuja lei, sobretudo a Constituição Federal, impõe direitos e garantias mínimas ao trabalhador, que não podem ser menosprezados pelos entes coletivos.

Mauricio Godinho Delgado[343], sempre de forma brilhante, explica que " *a lógica e o sentido da ordem constitucional brasileira relativamente aos poderes e limites da negociação coletiva trabalhista: esta constitui veículo para o aperfeiçoamento da ordem jurídica, em harmonia aos princípios e regras constitucionais fundamentais — jamais um mecanismo para o desprestígio ou precarização dessa ordem jurídica e das relações socioeconômicas por ela regulamentadas*".

---

[341] Para Sergio Pinto Martins *"O §3º do art. 8º da CLT mostra a necessidade de se observar a autonomia coletiva, que é a forma de se aplicar o inciso XXVI da Constituição".* Adverte que *"a norma coletiva não pode dispor contra a lei ou estabelecer aquilo que só pode ser criado ou alterado por lei, como é o caso do tributo. A intervenção da Justiça do Trabalho nas normas coletivas deve ser mínima e não máxima".* Sergio Pinto Martins. Direito do Trabalho – 36ª ed. – São Paulo: Saraiva Educação, 2020

[342] Ibidem. Martinez, 2020.

[343] Mauricio Godinho Delgado. Curso de direito do trabalho — 18. ed.— São Paulo: LTr, 2019.

Na mesma linha interpretativa o jurista Enoque Ribeiro dos Santos (apud Jorge Neto; Cavalcante, 2019)[344], esclarece que *"o principal direito fundamental garantido pela nossa Constituição Federal de 1988 é o da dignidade da pessoa humana, que constitui o arcabouço para a fruição dos demais direitos individuais e coletivos, como podemos depreender do art. 1º da Carta Magna. Logo, o fundamento da dignidade humana pode ser considerado como o princípio nuclear para a hermenêutica de todos os direitos e garantias conferidos à pessoa. Metaforicamente, poderíamos visualizar esses direitos como eflúvios do espírito humano, enraizados e agregados intrinsecamente à nossa própria alma pelo simples fato de termos nascido na condição humana"*.

O art. 611-B da CLT é uma das condicionantes legais da autonomia da vontade. Esse dispositivo indica um rol de temas que não podem ser objeto de exclusão ou redução por meio de negociação coletiva.

A negociação coletiva também está adstrita às matrizes principiológicas da Lei Geral de Proteção de Dados, pois o tratamento de dados deve atender às finalidades, propiciar livre acesso aos dados pelo trabalhador, segurança e prevenção de danos, para que os direitos fundamentais dos trabalhadores sejam preservados.

5.3.4. FASE PRÉ-CONTRATUAL

É comum o empregador receber uma enorme carga de dados pessoais dos trabalhadores na fase pré-contratual, pois aqueles que buscam uma ocupação no mercado de trabalho, a rigor, usam como instrumento de apresentação os seus currículos. Esses documentos contêm dados pessoais do trabalhador, inclusive informações sensíveis, em algumas hipóteses.

O trabalhador discrimina no currículo o seu nome completo, nacionalidade, sexo, idade (ou data de nascimento), endereço, telefone, e-mail, formação acadêmica, histórico profissional, além de descrever as suas qualidades pessoais e profissionais.

Via de regra, o trabalhador preocupa-se em inserir o máximo de informações, listando as suas habilidades, na esperança de aumentar as chances de ser convocado para o processo seletivo ou contratado pelo empregador em potencial. O volume de informações pode ser ainda maior em ambientes digitais, já que não há limitação física para o registro dessas informações, nem restrição da quantidade de caracteres. Os sistemas computacionais possibilitam, ainda, a inserção de fotografias e perfis de mídias sociais.

Algumas empresas delegam a realização do processo seletivo (ou parte dele) a terceiros, ou se valem de sites especializados na intermediação de contratação de profissionais, ou de redes sociais de busca de emprego, como, por exemplo, o LinkedIn.

Todos os dados pessoais fornecidos pelos trabalhadores, independentemente do formato dos documentos (físico ou digital), estão sob o manto da Lei Geral de Proteção de Dados, exigindo um cuidado maior dos empregadores no momento da contratação.

O recrutador deve solicitar o consentimento específico e detalhado do titular dos dados, para que o tratamento de dados seja válido e possível, conforme analisaremos em tópico próprio.

Deve ser assegurado ao trabalhador o direito ao "apagamento", exclusão ou eliminação dos dados pessoais, em caso de requerimento, para que as informações não sejam utilizadas indevidamente ou compartilhadas com terceiros (art. 5º, XIV, LGPD), sob pena de responsabilização dos agentes de tratamento de dados pessoais, por eventual dano patrimonial, moral, individual ou coletivo (art. 42 da LGPD).

Na fase pré-contratual, a rigor, a lei não impõe qualquer obrigação ao empregador de preservar os dados pessoais dos trabalhadores. A empresa que estiver recrutando deve ter "legítimo interesse" para manter armazenado os dados pessoais dos trabalhadores ou realizar algum tipo de tratamento de dados (art. 37 da LGPD). Em outras linhas, o armazenamento dos dados pessoais depende do consentimento específico do trabalhador, bem como da demonstração da utilidade, do propósito, ou de uma justificativa plausível para a sua manutenção. Citamos como exemplo válido de manutenção dos dados pessoais na fase pré-contratual, a preservação do currículo ou cadastro do trabalhador para futuras convocações em caso de abertura de novas vagas.

Ainda, não podemos deixar de enfatizar a impossibilidade de adoção de medidas discriminatórias no tratamento de dados pessoais. Nesse sentido, a Lei Geral de Proteção de Dados (Lei 13.709/2018) prevê expressamente que o tratamento de dados deve ter propósitos legítimos, específicos e informados ao titular, sendo terminantemente proibido a realização do tratamento para fins discriminatórios ilícitos ou abusivos (art. 6º, I e IX da LGPD). Portanto, o empregador não deve implementar técnicas ou métodos de mineração de dados de forma abusiva ou ilícita com o objetivo de preterir um determinado trabalhador ou grupo de trabalhadores.

Essas regras se coadunam com as consecuções do Direito do Trabalho que têm como marca indelével a proteção dos trabalhadores e a vedação a condutas discriminatórias, seja em relação a salários, por motivo de

[344] Francisco Ferreira Jorge Neto, Jouberto de Quadros Pessoa Cavalcante. Direito do trabalho – 9. ed. – São Paulo: Atlas, 2019.

cor, raça ou etnia, sexo, idade, ou em virtude de um impedimento de longo prazo de natureza física, mental, intelectual ou sensorial social, como é o caso da pessoa com deficiência (art. 7º da CF, em especial os incisos XX, XXX, XXXI, XXXII e XXXIII).

Segundo Alice Monteiro de Barros (apud ROMAR, 2018)[345], *"a ideia de pessoa é incompatível com a desigualdade entre elas"*, sendo que *"a não discriminação é, provavelmente, a mais expressiva manifestação do princípio da igualdade, cujo reconhecimento, como valor constitucional, inspira o ordenamento jurídico brasileiro no seu conjunto"*.

A professora Carla Teresa Martins Romar [346], de forma esclarecedora, diferencia preconceito e discriminação:

> *"Etimologicamente, **preconceito** significa conceito ou opinião formados antecipadamente, ideia preconcebida, intolerância, ódio irracional ou aversão a outras raças, convicções, religiões etc. **Discriminação** significa distinguir, diferenciar, segregar, dar preferência. **Preconceito** é uma **concepção interior**. **Discriminação** é a **exteriorização do preconceito**, sendo, por essa razão, **objeto de tratamento pela ordem jurídica". (grifos do texto original)***

Mauricio Godinho Delgado[347] conceitua a discriminação como *"a diferenciação em vista de fator injustamente desqualificante. São fatores injustamente desqualificantes na ordem constitucional e legal brasileiras, por exemplo: o sexo (ou gênero); a etnia, raça ou cor; a origem; a idade; a deficiência; o estado civil; a situação familiar; a orientação sexual; a nacionalidade e outros."*

O Brasil internalizou diversas normas de direito internacional que vedam a prática de condutas discriminatórias, dentre elas as convenções da ONU (Declaração Universal de Direitos Humanos, por exemplo), convenções da OEA e diversas convenções da OIT relacionadas ao tema.

Carla Teresa Martins Romar [348] cita a definição de discriminação prevista na Convenção 111 da Organização Internacional do Trabalho (OIT), conforme transcrito abaixo:

> *"Para os fins da Convenção n. 111 da OIT, discriminação significa (art. 1º): a) toda distinção, exclusão ou preferência, com base em raça, cor, sexo, religião, opinião política, nacionalidade ou origem social, que tenha por efeito anular ou reduzir a igualdade de oportunidade ou de tratamento no emprego ou profissão; b) qualquer outra distinção, exclusão ou preferência, que tenha por efeito anular ou reduzir a igualdade de oportunidades, ou tratamento no emprego ou profissão, conforme pode ser determinado pelo país -membro concernente, após consultar organizações representativas de empregadores e de trabalhadores, se as houver, e outros organismos adequados" (grifos acrescidos).*

Vale ressaltar que os dados pessoais sobre origem racial ou étnica, convicção religiosa, opinião política, filiação a sindicato ou a organização de caráter religioso, filosófico ou político, dado referente à saúde ou à vida sexual, dado genético ou biométrico, quando vinculado a uma pessoa natural, são considerados dados sensíveis (art. 5º, II, da LGPD).

O tratamento dos dados pessoais sensíveis somente poderá ocorrer quando o titular ou o responsável legal consentir, de forma específica ou destacada, para finalidades específicas. Significa dizer que a pessoa natural, titular do dado sensível, terá que permitir de forma inequívoca a realização da operação pelo agente de tratamento (art. 11 da LGPD).

É dispensável a anuência do titular quando a realização do tratamento de dado sensível for essencial para o cumprimento de obrigação legal ou do órgão controlador; tratamento compartilhado, pela administração pública, para a realização de políticas públicas; estudos por órgão de pesquisa; exercício regular de direitos; proteção da vida ou da incolumidade física do titular ou de terceiros; tutela da saúde e garantia da prevenção à fraude e à segurança do titular, nos processos de identificação e autenticação de cadastro em sistemas eletrônicos.

A ***"discriminação por algoritmo"*** *ou* ***"discriminação por mineração de dados"*** *(discrimination by data mining)* nas relações de trabalho se verifica quando o tomador de serviços ou o empregador, na qualidade de agente de tratamento de dados (controlador ou operador), utilizar técnicas de coleta, produção, recepção, reprodução, classificação, acesso, transmissão, distribuição, processamento, armazenamento, eliminação, avaliação, controle, transferência, difusão ou extração de dados pessoais com o objetivo distinguir, excluir ou preterir os trabalhadores com base na sua origem racial ou étnica, religião, opinião política, filiação a sindicato ou orientação sexual.

A aplicação de técnicas discriminatórias de mineração de dados (*data mining*) na fase que antecede a formalização do contrato de trabalho, denominada de fase pré-contratual, redunda no dever de reparar eventual dano extrapatrimonial experimentado pelo trabalhador, isso porque a proibição de práticas discriminatórias não se restringe à fase contratual.

Nessa toada, a jurisprudência firmada no âmbito dos tribunais reconhece o dever de indenizar as condutas discriminatórias praticadas na fase pré-contratual. Vejamos:

345 Carla Teresa Martins Romar; coordenador Pedro Lenza. Direito do trabalho – 5. ed. – São Paulo: Saraiva Educação, 2018.

346 **Idem**, 2018.

347 Mauricio Godinho Delgado. Curso de direito do trabalho — 18. ed.— São Paulo: LTr, 2019.

348 **Ibidem**, 2018.

- **DISCRIMINAÇÃO DE SEXO NA CONTRATAÇÃO.** OBRIGAÇÃO DE NÃO FAZER. **DANO MORAL COLETIVO. CONFIGURADO.** Para efeito de dano moral coletivo, o ilícito e seus consectários há de ser dotados de tal gravidade que impliquem na imediata repulsa social, ultrapassando, portanto, aquela reação decorrente da mera inobservância de determinada norma trabalhista. **Destarte, evidenciada a discriminação na contração por razão de sexo, há submissão da coletividade (grupo, categoria ou classe de pessoas) a uma situação capaz de ensejar a indenização por dano moral coletivo.** (TRT-17 RO: 00011446120155170009, Relator: José Luiz Serafini, Data de Julgamento: 29/05/2018, Data de Publicação: 03/07/2018)
- DANO MORAL COLETIVO. DISCRIMINAÇÃO NA CONTRATAÇÃO DE EMPREGADOS. Tendo sido demonstrado nos autos, através da confissão da preposta, a atitude da reclamada em estabelecer como norma procedimental interna a discriminação de seus empregados ou potenciais empregados que tivessem ajuizado ações na Justiça do Trabalho, configura-se o dano moral coletivo. (TRT-2 – RO 14920014200004 SE 0149200-14.2008.5.20.0004, Data de Publicação: DJ/SE de 15/06/2009)
- "I – AGRAVO DE INSTRUMENTO EM RECURSO DE REVISTA INTERPOSTO NA VIGÊNCIA DA LEI 13.467/2017. TRANSCENDÊNCIA RECONHECIDA. **INDENIZAÇÃO POR DANOS MORAIS. CERTIDÃO DE ANTECEDENTES CRIMINAIS NA FASE PRÉ-CONTRATUAL. FUNÇÃO DE AJUDANTE DE PRODUÇÃO** Demonstrada possível violação do art. 5º, X, da Constituição Federal, impõe-se o provimento do agravo de instrumento para se determinar o processamento do recurso de revista. Agravo de instrumento provido. [...] **2 – INDENIZAÇÃO POR DANOS MORAIS. CERTIDÃO DE ANTECEDENTES CRIMINAIS NA FASE PRÉ-CONTRATUAL. FUNÇÃO DE AJUDANTE DE PRODUÇÃO. EXIGÊNCIA NÃO JUSTIFICADA. A SBDI-1, por maioria de votos, no julgamento do Tema 1 da Tabela de Recursos de Revista Repetitivos, firmou tese de que a exigência da certidão de antecedentes criminais para a contratação de empregado somente se justifica em razão de funções específicas para as quais o empregado será contratado, configurando dano in re ipsa sua exigência injustificada, hipótese dos autos . Recurso de revista conhecido e provido** " (RR-1090-34.2017.5.07.0032, 2ª Turma, Relatora Ministra Delaide Miranda Arantes, DEJT 01/03/2019).

Com base nisso, podemos afirmar que é vedado ao pretenso empregador usar a mineração de dados para segregar, excluir, distinguir, anular ou reduzir a igualdade de oportunidade de acesso ao emprego, sob pena de violar a legislação de proteção de dados, estando sujeito à responsabilização civil trabalhista e administrativa, nos moldes do art. 42 e 52 da LGPD.

De mais a mais, todos os dados fornecidos ao empregador para a formalização do contrato de trabalho devem ser protegidos e mantidos em segurança para prevenir a ocorrência de danos aos trabalhadores. Inclusive, quando for necessária a coleta de dados pessoais sensíveis por ocasião da contratação – como, v.g, a exigência de exames toxicológicos para o exercício da profissão de motorista profissional (art. 168, § 5º e 6º, da CLT); ou da certidão de antecedentes criminais para trabalhar como vigilante (art. 16, VI, da Lei n. 7.102/1983), dentre outros documentos – o empregador tem a obrigação de armazená-los de forma segura, realizar a pseudoanonimização e restringir o acesso a esses dados, de modo a obstar o vazamento, a publicação ou a utilização indevida dos dados do trabalhador.

A Lei Geral de Proteção de Dados tem como premissa a segurança dos dados e a prevenção de eventos que possam acarretar prejuízos aos titulares dos dados (art. 6º, VII e VIII, da LGPD), incumbindo ao empregador, portanto, fornecer a segurança mínima aos dados que lhe forem confiados pelos trabalhadores, seja na fase contratual ou pré-contratual.

5.3.5. FASE CONTRATUAL

Na fase contratual o empregador continua o tratamento de dados do empregado, posto que o contrato de trabalho é um pacto de trato sucessivo e a lei impõe certas obrigações ao empregador.

Maurício Godinho Delgado[349] conceitua o contrato de trabalho como o *"negócio jurídico expresso ou tácito mediante o qual uma pessoa natural obriga-se perante pessoa natural, jurídica ou ente despersonificado a uma prestação pessoal, não eventual, subordinada e onerosa de serviços"*, com base no art. 442 da CLT.

Explica que é um contrato de trato sucessivo, no qual

> **"As prestações centrais desse contrato** *(trabalho e verbas salariais)* **sucedem-se continuadamente no tempo,** *cumprindo-se e* **vencendo-se, seguidamente,** *ao longo do prazo contratual. A relação de trabalho* **é uma relação de 'débito permanente',** *que incorpora como seu elemento típico a continuidade, a duração. Também* **as verbas devidas pelo empregador em geral tendem a vencer continuamente,** *parcela a parcela, ao longo do tempo contratual". (grifos acrescidos)*

Em virtude disso, exige uma contínua transmissão de dados entre o empregador e os órgãos públicos

349 Mauricio Godinho Delgado. Curso de direito do trabalho – 18. ed. – São Paulo: LTr, 2019.

para cumprimento das obrigações legais, tal como: a emissão da Guia de Recolhimento do FGTS, relatório de informações sociais (através do sistema SEFIP), declaração informe de rendimento dos empregados, Relação Anual de Informações Sociais (RAIS) (Decreto76.900/75), comunicação de acidente de trabalho ou doença ocupacional ao INSS (art. 22 da Lei 8.213/91). Também, existe compartilhamento de dados com empresas parceiras – plano de saúde, convênio odontológico, vale-transporte, vale-refeição, restaurantes, dentre outras –, bem como o tratamento de dados pessoais sensíveis, sobre a filiação sindical para recolhimento das contribuições sindicais ou a realização da filiação.

O empregador, ao organizar a atividade empresarial, também realiza a coleta de dados quando emite um crachá de acesso às dependências ou setores da empresa; institui ponto eletrônico digital biométrico a fim de anotar a jornada de trabalho; recebe atestado médico do trabalhador; impõe ou realiza exames médicos periódicos; e recolhe a contribuição sindical dos empregados filiados ao ente sindical. Utiliza os dados também para traçar estratégias empresariais, avaliar desempenho ou promover seus empregados.

Logo, deverá adotar as medidas de segurança e proteção aos dados pessoais dos seus empregados, pautando-se nas finalidades e princípios da LGPD.

5.3.6. TERCEIRIZAÇÃO E TRABALHO TEMPORÁRIO

A empresas prestadoras de serviço terceirizado usualmente compartilham os dados dos trabalhadores com as empresas tomadoras de serviços, especialmente para a realização do cadastro do trabalhador, permitir acesso às dependências, fornecer serviços de transporte, atendimento médico ou ambulatorial, na forma da Lei 6.019/74.

O trabalhador terceirizado deve autorizar o tratamento e uso compartilhado dos dados, de forma específica e detalhada, sob pena de responsabilidade solidária das empresas tomadora e prestadora de serviço (art. 42, II, da LGPD).

5.3.7. GRUPO EMPRESARIAL

Existindo grupo empresarial – definido como "*dois ou mais entes favorecidos direta ou indiretamente pelo mesmo contrato de trabalho, em decorrência de existir entre esses entes laços de direção ou coordenação em face de atividades industriais, comerciais, financeiras, agroindustriais ou de qualquer outra natureza econômica*[350]", *na forma do art. 2º, §2º, da CLT* – haverá eventualmente uma troca de informações entre as empresas pertencentes ao grupo (uso compartilhado de dados), especialmente quando o trabalhador prestar serviços para mais de uma empresa do grupo.

Apesar de o grupo empresarial ser considerado um único empregador (Súmula 129 do TST)[351], o que em tese possibilitaria o tratamento dos dados por qualquer empresa – já que o grupo é o empregador – será necessário o consentimento específico e destacado do trabalhador para que o uso compartilhado dos dados seja regular.

A responsabilidade do grupo empresarial em caso de dano patrimonial ou moral ao trabalhador será solidária, seja por imposição da legislação trabalhista (art. 2º, §2º, da CLT), ou da própria LGPD (Art. 42, II da LGPD).

5.3.8. SUCESSÃO DE EMPREGADORES

Durante o contrato de trabalho poderá ocorrer mudança ou alteração na estrutura jurídica da empresa – a sucessão de empregadores – conforme dispõe o art. 10, art. 448 e art. 448-A da CLT.

Essa alteração subjetiva do contrato de trabalho não afeta a relação de emprego, considerando que a pessoalidade no contrato de trabalho é exigida apenas do empregado, sendo dispensável à figura do empregador.

Desta forma, não será necessário um novo consentimento em relação ao sucessor, se as condições especificadas nas clausula do contrato de trabalho ou do termo de consentimento permanecerem incólumes.

No que concerne à responsabilidade por eventual dano patrimonial ou moral sofrido pelo empregado, devemos nos valer das regras previstas na CLT.

Conforme preconizado no art. 448-A da CLT, "*Caracterizada a sucessão empresarial ou de empregadores prevista nos arts. 10 e 448 desta Consolidação, as* ***obrigações trabalhistas,*** *inclusive as contraídas à época em que os empregados trabalhavam para a empresa sucedida,* ***são de responsabilidade do sucessor***".

Em caso de demonstração de fraude na transferência a empresa sucedida responderá solidariamente com a sucessora (parágrafo único do art. 448-A da CLT).

5.3.9. CARTÓRIO EXTRAJUDICIAL OU TITULAR DE SERVIÇOS NOTARIAIS E DE REGISTROS

No que diz respeito ao cartório extrajudicial a Lei Geral de Proteção de Dados, no art. 23, §4º, dispõe que *os*

[350] Idem, 2019.

[351] Segundo a teoria do empregador único, acatada pela jurisprudência (Súmula nº 129 do TST), o que enseja a solidariedade ativa – viabilizando a exigência de prestação de serviços a qualquer empresa do grupo empresarial, por exemplo – e a solidariedade passiva, de forma que o trabalhador poderá cobrar o adimplemento das verbas contratuais e rescisórias de qualquer empresa pertencente ao grupo econômico.

serviços notariais e de registro exercidos em caráter privado, por delegação do Poder Público, terão o mesmo tratamento dispensado às pessoas jurídicas de direito público. No parágrafo seguinte (§5º), preceitua que os órgãos notariais e de registro devem fornecer acesso aos dados por meio eletrônico para a administração pública, tendo em vista as competências e atribuições legais do serviço público.

Pensamos que as prerrogativas conferidas aos titulares de cartórios extrajudiciais dizem respeito somente aos dados relativos aos serviços notariais e de registros (por exemplo, o registro de nascimento, casamento, óbito e de imóveis), pois a publicização desses dados é inata às finalidades do serviço prestado.

De outro lado, a contratação de empregados pelo titular da serventia é um ***ato de gestão*** desvinculado do múnus público para o qual foi designado. Os dados pessoais dos empregados, especialmente os sensíveis, em nada prejudicam a execução das competências legais ou o cumprimento das atribuições legais para a qual o titular da serventia foi designado.

Os dados pessoais dos empregados são informações eminentemente privadas, circunscritas aos diretos fundamentais dos trabalhadores, de modo que não devem ser abrangidos nos privilégios previstos no art. 23, §4º, da LGPD.

Mauricio Godinho Delgado destaca o caráter privado da atividade notarial, do poder de estruturação e gestão do titular da serventia, inclusive quanto à contratação de empregados: *"Os serviços notariais e de registro são exercidos em caráter privado (art. 236, caput, CF/88), sob direção e responsabilidade do titular da serventia, a quem é conferida uma delegação pública pessoal (art. 236, caput, CF/88; arts. 3º, 5º, 14 e 39, Lei n. 8.935, de 1994). Dessa maneira, o titular da serventia (art. 5º, Lei n. 8.935/94) tem a incumbência, entre outros poderes e encargos, de estruturar a organização e gestão dos serviços do cartório, mediante a contratação de empregados"*.[352]

A Lei 8.935/94, no artigo 20, autoriza o notário ou titular do registro a contratar escreventes e auxiliares como empregados, com remuneração livremente ajustada e sob o regime da legislação do trabalho. Corroborando esse raciocínio, o art. 21 do mesmo diploma normativo deixa certo o caráter privado da atividade notarial:

> *"Lei 8.935/94, Art. 21. O gerenciamento administrativo e financeiro dos serviços notariais e de registro é da responsabilidade exclusiva do respectivo titular, inclusive no que diz respeito às despesas de custeio, investimento e pessoal, cabendo-lhe estabelecer normas, condições e obrigações relativas à atribuição de funções e de remuneração de seus prepostos de modo a obter a melhor qualidade na prestação dos serviços".*

Destarte, os titulares da serventia devem obter o consentimento do trabalhador para realizar o tratamento dos dados, quando necessário, e protegê-los, na forma do capítulo II da LGPD, sob pena de responsabilização.

5.3.10. TELETRABALHO

Um outro tema que merece atenção é o tratamento de dados nas atividades sob o regime de teletrabalho, potencializado pelo estado de calamidade pública decorrente da pandemia do coronavírus.

A Reforma Trabalhista, Lei n. 13.467, de 2017, regulamentou o teletrabalho, introduzindo os arts. 75-A a 75-E à CLT.

Segundo a redação original do art. 75-B da CLT, definia o teletrabalho como a prestação dos serviços realizada predominantemente fora das dependências do empregador, com o emprego de aparelhos tecnológicos e que, por sua natureza, não se enquadram como atividade externa. Tolerava, ainda, o comparecimento pontual do empregado às dependências do empregador, para a realização de atividades específicas, sem que isso representasse a descaracterização do regime de teletrabalho.

O teletrabalho se difundiu com a pandemia do novo coronavírus. A Medida Provisória n. 927, de 2020, com vigência encerrada, autorizou a alteração do regime de trabalho presencial para o teletrabalho, independentemente da celebração de acordo individual, instrumento de negociação coletiva ou de registro prévio dessa alteração no contrato individual de trabalho. Exigia, contudo, que o empregador comunicasse a modificação do regime de trabalho ao empregado, no prazo de 48 horas, por escrito ou através dos meios eletrônicos disponíveis. Concedeu, ainda, o prazo de 30 dias para as partes firmarem um contrato, por escrito, para estipular a responsabilidade pela aquisição, manutenção, fornecimento dos equipamentos, infraestruturas essenciais ao desenvolvimento da atividade em regime de teletrabalho, dentre outros regramentos. Por questões político-partidárias a Medida Provisória não foi submetida à apreciação do Senado Federal, ocorrendo a caducidade (rejeição tácita) no dia 19 de julho de 2020.

Apesar de a pandemia do novo coronavírus ter exigido uma rápida adequação estrutural da ampla maioria das sociedades empresárias, para a incorporação do regime de teletrabalho na dinâmica empresarial, visando possibilitar a continuidade integral ou parcial das atividades econômicas, essa reestruturação foi vista com bons olhos por diversos setores da economia. Notou-se uma drástica redução nos custos operacionais e administrativos, especialmente no que se refere às despesas com o deslocamento dos empregados, alimentação, diárias, aluguel, conta de água, luz, material de escritório, bem como um aumento expressivo na produtividade dos trabalhadores. Diversas empresas, ainda no auge do estado de calamidade pública, cogitaram

[352] Delgado, 2019.

manter esse formato de trabalho após o término do período pandêmico para os trabalhadores que ocupam funções que permitam essa modalidade. Todavia, alguns aspectos demandam uma maior clareza legislativa para afastar inseguranças jurídicas que circundavam a matéria.

Tais circunstâncias culminaram na edição da Medida Provisória n. 1.108, de 25 de março de 2022, criada com o escopo de ampliar o conceito de teletrabalho, aprimorar a estrutura normativa e conferir segurança jurídica às relações juslaborais subordinadas ao regime de teletrabalho.

A partir daí, com a modificação da redação do art. 75-B da CLT, o teletrabalho, também denominado de trabalho remoto, passou a ser definido como *"a prestação de serviços fora das dependências do empregador, de maneira preponderante ou não, com a utilização de tecnologias de informação e de comunicação, que, por sua natureza, não se configure como trabalho externo"* (redação dada pela MP n. 1.108, de 2022).

A alteração do texto legal foi sutil, porém, significativa, do ponto de vista conceitual. A condicionante legal, que impunha a realização das atividades laborais preponderantemente fora das dependências do empregador, era tida pelo empregador como um entrave à implementação do regime de teletrabalho híbrido (ou misto), por gerar insegurança jurídica. O legislador suprimiu essa restrição normativa, de modo que a predominância do trabalho remoto sobre o regime presencial deixou de ser um requisito indispensável para a configuração do teletrabalho. Com isso, mesmo que o trabalhador desempenhe as suas atividades majoritariamente em regime presencial, nas instalações da empresa, o teletrabalho não será descaracterizado.

Nesse regime de trabalho a comunicação entre o empregado e o empregador, via de regra, é realizada preponderantemente em ambiente digital. O empregador delega as tarefas por e-mail, por mensagens de aplicativo, videochamadas, plataformas digitais, etc. Os empregados, de outro lado, se valem dos mesmos canais de comunicação para enviar relatórios de trabalho, informações, documentos, dados, inclusive de caráter pessoal. Também, é comum a participação de reuniões e treinamentos em ambientes virtuais (em plataformas como o Zoom, Cisco Webex e Google Meet), seja com o empregador, colegas de trabalho ou clientes do empregador.

A contratação do empregado submetido ao regime de teletrabalho ou trabalho remoto poderá ser por jornada, por produção ou por tarefa (art. 75-B, §2º, da CLT, incluído pela MP n. 1.108, de 2022).

No teletrabalho por jornada, em que há um incontroverso controle da jornada de trabalho do empregado, a rigor, o empregador se vale de controles eletrônicos, como, por exemplo, reconhecimento facial, a captura de imagem e o ponto eletrônico por aplicativo (MarQPonto, Mywork e Senior). Esta última medida é interessante porque o processo de registro do ponto é feito a partir de um *smartphone,* no qual o empregado insere dados biométricos, ou aproximação de crachá (tecnologia NFC), ou escaneia o código QR, para registrar o horário e permitir o controle da jornada pelo empregador.[353] O empregado deve estar inscrito na plataforma previamente para marcar o ponto por aplicativo, o que exigirá a informação dos seus dados pessoais ao aplicativo.

O teletrabalho por produção ou por tarefa, no qual o trabalhador é remunerado com base na quantidade ou volume produzido ou vendido em favor do empregador. Neste caso, presume-se que o empregado não está sujeito ao controle de jornada do empregador, dada a natureza do trabalho por tarefa, de forma que estará excluído das regras de duração de jornada, incluindo a limitação de jornada de 8 horas diária e 44 horas semanais, prevista no art. 7º, inciso XIII, XVI, da CF, art. 58 e seguintes da CLT, conforme estabelece a nova redação do art. 62, III, da CLT, dada pela Medida Provisória n. 1.108, de 2022.

O regime de teletrabalho, em todas as suas vertentes, inspira uma proteção especial dos dados pessoais do trabalhador, bem como a implementação de medidas de segurança, a fim de evitar o vazamento de dados tanto da empresa e – principalmente – os dados pessoais e sensíveis do teletrabalhador. Para além do tratamento de dados, o empregador deve solicitar o consentimento específico e detalhado para tratar os dados pessoais do teletrabalhador.

O mesmo é válido quando houver o tratamento de dados pessoais do empregado por terceiros (tomadores, prestadores de serviço ou empresas parceiras do empregador), como é o caso da *startup* ou empresa de tecnologia que gerencia o aplicativo de controle de ponto. Se ocorrer o vazamento de dados, neste caso, a empresa operadora responderá de forma solidária por eventuais danos causados ao empregado (art. 42, §1º, I, LGPD).

5.3.11. EMPREGADOS CONTRATADOS OU TRANSFERIDOS PARA PRESTAR SERVIÇOS NO EXTERIOR

Os empregados contratados no Brasil ou transferidos por seus empregadores para prestar serviço no exterior também estão compreendidos na proteção de dados pessoais prevista na LGPD.A transferência internacional de dados é uma das grandes preocupações

[353] W. Arruda, "Titlt - O canal sobre tecnologia do UOL," 27 abr 2020. [Online]. Disponível: https://www.uol.com.br/tilt/noticias/redacao/2020/04/27/apps-de-ponto-eletronico-ajudam-empresas-a-monitorar-trabalho-na-quarentena.htm. [Acesso em 06 set 2020].

da Lei Geral de Proteção de Dados e das normas internacionais de proteção de dados.

A Lei 7.064/82 dispõe sobre a situação de trabalhadores contratados ou transferidos para prestar serviços no exterior.

O empregado designado para prestar serviços de natureza transitória, por período não superior a 90 (noventa) dias, ficará fora do alcance destas normas, se tiver ciência expressa da transitoriedade do serviço e receba passagem de ida e volta, bem como as diárias relativas ao período de trabalho no exterior.

Segundo se extraí da redação do art. 2º da Lei citada, considera-se transferido: *"I – o empregado removido para o exterior, cujo contrato estava sendo executado no território brasileiro; II – o empregado cedido à empresa sediada no estrangeiro, para trabalhar no exterior, desde que mantido o vínculo trabalhista com o empregador brasileiro; III – o empregado contratado por empresa sediada no Brasil para trabalhar a seu serviço no exterior"*.

A legislação brasileira de proteção ao trabalho, quando mais favorável do que a legislação do local da execução dos serviços, deve ser aplicada ao contrato de trabalho do empregado contratado no Brasil ou transferido para prestar serviços no exterior (art. 3º, II, da Lei 7.064/82). Isso decorre da aplicação da teoria do conglobamento[354].

É defender a aplicação da norma de proteção de dados estrangeira, nos moldes da teoria do conglobamento ou do conglobamento mitigado, quando mais favorável ao trabalhador do que a legislação brasileira. As normas de proteção de dados são consideradas legislações de proteção ao trabalho, na medida em que englobam direitos fundamentais do trabalhador, notadamente a dignidade da pessoa do trabalhador, privacidade, intimidade, e a liberdade (de consciência, de autodeterminação afirmativa, de desenvolvimento da personalidade). Destarte, não se pode questionar a natureza jurídica normativa, para afastar a legislação estrangeira quando mais favorável ao trabalhador.

Mauricio Godinho Delgado[355] recorda que "as *relações empregatícias marítimas* submetem-se, de maneira geral, a diretriz própria, regendo-se pela *lei do pavilhão do navio*, que tende a ser, normalmente, a do país de domicílio do armador/empregador".

Também deverá ser assegurada as mesmas proteções ao tratamento de dados pessoais dos teletrabalhadores contratados no Brasil, que optarem por prestar serviços no exterior. No regime de teletrabalho há um intenso tratamento de dados. O art. 75-B, da CLT, com redação dada pela MP n. 1.108, de 2022, assegura expressamente que nessas relações jurídicas o teletrabalhador será regido pelo ordenamento jurídico brasileiro, salvo de haver ajuste individual entre o empregado e o empregador em sentido contrário, ou nas hipóteses previstas na Lei n. 7.064, de 1982. Portanto, com base nesse dispositivo é possível defender a aplicação da Lei Geral de Proteção de Dados no regime de teletrabalho quando o empregado residir ou estiver situado no estrangeiro.

O art. 5º, inciso XVI, da LGPD define o uso compartilhado de dados como a ***"comunicação, difusão, transferência internacional, interconexão de dados pessoais ou tratamento compartilhado de bancos de dados pessoais por órgãos e entidades públicos no cumprimento de suas competências legais, ou entre esses e entes privados, reciprocamente, com autorização específica, para uma ou mais modalidades de tratamento permitidas por esses entes públicos, ou entre entes privados".***

Já a transferência internacional é definida como ***"transferência de dados pessoais para país estrangeiro ou organismo internacional do qual o país seja membro" (art. 5º, inciso XV, da LGPD).***

A empresa que contratar o trabalhador no Brasil para prestar serviço no exterior ou desejar transferir o empregado para o exterior deverá observar a LGPD no que atina à transferência internacional de dados.

O artigo 33 da Lei Geral de Proteção de Dados traz um rol taxativo das hipóteses de transferência internacional de dados:

> *"Art. 33. A transferência internacional de dados pessoais* ***somente*** *é permitida nos seguintes casos:*
>
> *I – para países ou organismos internacionais que proporcionem grau de proteção de dados pessoais adequado ao previsto nesta Lei;*
>
> *II – quando o controlador oferecer e comprovar garantias de cumprimento dos princípios, dos direitos do titular e do regime de proteção de dados previstos nesta Lei, na forma de:*
>
> *a) cláusulas* ***contratuais específicas*** *para determinada transferência;*
>
> *b) cláusulas-padrão contratuais;*
>
> *c) normas corporativas globais;*

[354] No livro de Prática Trabalhista, o professor Leone Pereira ensina que o conflito de normas no Direito do Trabalho é resolvido a parir de três teorias: *"a) Teoria do Conglobamento: defende a aplicação do diploma normativo que, no conjunto de normas, forem mais favoráveis ao trabalhador, sem fracionar os institutos jurídicos. É a posição tradicional. b) Teoria da Acumulação ou da Atomização: defende a aplicação dos dois diplomas normativos, extraindo-se de cada um as regras mais favoráveis ao trabalhador, isoladamente consideradas. Perceba que um terceiro instrumento normativo será criado, formado pelo conjunto de regras jurídicas mais favoráveis ao trabalhador dos outros dois instrumentos. (...). c) Teoria do Conglobamento Mitigado, Orgânico, por Instituto, Intermediária ou da Incindibilidade dos Institutos: defende a criação de um terceiro diploma normativo, formado pelas regras jurídicas mais favoráveis ao trabalhador, respeitando-se a unidade do instituto ou matéria (critério da especialização) (...). Concluindo, o nome conglobamento mitigado significa a aplicação das regras jurídicas mais favoráveis ao obreiro, respeitada a unidade não de todo o diploma normativo em análise, mas somente do instituto ou matéria".* Parte da doutrina entende que deve ser aplicada a teoria do conglobamento mitigado à Lei 7.064/82 (Leone Pereira. Trabalhista. Coleção Prática Jurídica – 10.ed. -São Paulo: Saraiva Educação, 2020).

[355] Mauricio Godinho Delgado. Curso de direito do trabalho — 18. ed. São Paulo: LTr, 2019.

d) selos, certificados e códigos de conduta regularmente emitidos;

III – quando a transferência for necessária para a ***cooperação jurídica internacional entre órgãos*** *públicos de inteligência, de investigação e de persecução, de acordo com os instrumentos de direito internacional;*

IV – quando a transferência for necessária para a ***proteção da vida ou da incolumidade física*** *do titular ou de terceiro;*

V – quando a autoridade nacional autorizar a transferência;

VI – quando a transferência resultar em compromisso assumido em acordo de cooperação internacional;

VII – quando a transferência for necessária para a ***execução de política pública ou atribuição legal do serviço público,*** *sendo dada publicidade nos termos do inciso I do caput do art. 23 desta Lei;*

VIII – quando o titular tiver fornecido o seu consentimento específico e em destaque para a transferência, com informação prévia sobre o caráter internacional da operação, distinguindo claramente esta de outras finalidades; ou

IX – quando necessário para atender as hipóteses previstas nos incisos II, V e VI do art. 7º desta Lei.

Parágrafo único. Para os fins do inciso I deste artigo, as ***pessoas jurídicas de direito público*** *referidas no parágrafo único do art. 1º da Lei nº 12.527, de 18 de novembro de 2011 (Lei de Acesso à Informação), no âmbito de suas competências legais, e responsáveis, no âmbito de suas atividades,* ***poderão requerer à autoridade nacional a avaliação do nível de proteção a dados pessoais*** *conferido por país ou organismo internacional".*

O compartilhamento internacional de dados pessoais do trabalhador contratado ou transferido para prestar serviços em sede, filial ou empresa parceira localizada no exterior depende da existência de uma das hipóteses citadas no art. 33 da LGPD, dentre as quais destacamos:

a) o consentimento específico do empregado em cláusula contratual em que consta expressamente o caráter internacional da operação de dados, de forma destacada em relação às demais clausulas;

b) a obtenção de autorização de transferência pela autoridade nacional (ANPD – Autoridade Nacional de Proteção de Dados);

c) oferecer e comprovar garantias de cumprimento dos princípios, dos direitos do titular e do regime de proteção de dados, por meio de cláusulas contratuais específicas, cláusulas-padrão contratuais, normas corporativas globais, selos, certificados e códigos de conduta.

No plano internacional a *General Data Protection Regulation (GDPR)*[356] incentiva a criação de mecanismos emissão de certificados, selos e marcas de proteção de dados, pelas autoridades competentes, com o fito de demonstrar o cumprimento adequado das normas de proteção de dados pelos agentes de tratamento de dados. Vejamos:

Arte. 42 GDPR: Certificação – [1] 1. Os Estados-Membros, as autoridades de supervisão, o Conselho de Administração e a Comissão devem incentivar, em particular a nível da União, a ***criação de mecanismos de certificação de proteção de dados e de selos e marcas de proteção de dados, a fim de demonstrar o cumprimento do presente regulamento das operações de tratamento por controladores e processadores.*** *[2] As necessidades específicas das micro, pequenas e médias empresas devem ser levadas em consideração.*

[1] 2. Além da adesão por controladores ou processadores sujeitos ao presente regulamento, mecanismos de certificação de proteção de dados, selos ou marcas aprovados nos termos do parágrafo 5 deste artigo ***podem ser estabelecidos com o objetivo de demonstrar a existência de salvaguardas adequadas fornecidas por controladores ou processadores que são não sujeitos ao presente regulamento*** *nos termos do artigo 3.º no âmbito das transferências de dados pessoais para países terceiros ou organizações internacionais, nos termos referidos no artigo 46.º, n.º 2, alínea f). [2] Esses controladores ou processadores devem assumir compromissos vinculativos e exequíveis, por meio de instrumentos contratuais ou outros instrumentos juridicamente vinculativos, para aplicar as salvaguardas adequadas, incluindo no que diz respeito aos direitos dos titulares dos dados. [...]*

[1] A 7. certificação deve ser emitida a um controlador ou processador por ***um período máximo de três anos,*** *podendo ser renovada, nas mesmas condições, desde que continuem a ser cumpridos os critérios pertinentes. [2] A certificação deve ser retirada, conforme aplicável, pelos organismos de certificação referidos no artigo 43.º ou pela autoridade supervisora competente, se os critérios para a certificação não forem ou já não forem cumpridos. [...]". (grifos acrescido – tradução livre)*

Esses mecanismos tem o escopo de demonstrar a dispensa ou cumprimento integral das obrigações impostas pelas normas de proteção de dados. A *GDPR* estabeleceu, ainda, a necessidade de renovação periódica das certificações, selos e marcas de proteção de dados, na medida em que impôs um prazo de validade de 3 anos.

---

356 Art. 42 GDPR: Certification 11. The Member States, the supervisory authorities, the Board and the Commission shall encourage, in particular at Union level, the establishment of data protection certification mechanisms and of data protection seals and marks, for the purpose of demonstrating compliance with this Regulation of processing operations by controllers and processors. [2] The specific needs of micro, small and medium-sized enterprises shall be taken into account. [1] 2. In addition to adherence by controllers or processors subject to this Regulation, data protection certification mechanisms, seals or marks approved pursuant to paragraph 5 of this Article may be established for the purpose of demonstrating the existence of appropriate safeguards provided by controllers or processors that are not subject to this Regulation pursuant to Article 3 within the framework of personal data transfers to third countries or international organisations under the terms referred to in point (f) of Article 46(2). [2] Such controllers or processors shall make binding and enforceable commitments, via contractual or other legally binding instruments, to apply those appropriate safeguards, including with regard to the rights of data subjects. [...] 17. Certification shall be issued to a controller or processor for a maximum period of three years and may be renewed, under the same conditions, provided that the relevant criteria continue to be met. [2] Certification shall be withdrawn, as applicable, by the certification bodies referred to in Article 43 or by the competent supervisory authority where the criteria for the certification are not or are no longer met. [...]" (Regulation (EU) 2016/679 (General Data Protection Regulation) in the current version of the OJ L 119, 04.05.2016).

Inspirado nesse regramento, o legislador brasileiro atribuiu à Autoridade Nacional de Proteção de Dados a definição das regras de emissão e uso dos selos e certificados, bem como do conteúdo de cláusulas-padrão contratuais, verificação de cláusulas contratuais específicas para uma determinada transferência, normas corporativas globais ou selos, certificados e códigos de conduta (art. 35 da LGPD).

A Autoridade Nacional de Proteção de Dados pode designar um organismo de certificação para a emissão dos selos e certificados, assim como revisar ou anular tais atos (art. 35, §§ 3º e 4º, da LGPD).

A autoridade nacional poderá solicitar informações complementares, realizar diligências, quando necessário, para efetuar a análise de cláusulas contratuais de tratamento de dados constante em documentos ou de normas corporativas globais submetidas à aprovação (§2º, art. 35, LGPD).

O grau de proteção de dados do país estrangeiro ou do organismo internacional mencionado será apurado pela autoridade nacional, conforme preceitua o art. 34 da LGPD.

Qualquer alteração nas garantias de cumprimento dos preceitos da norma de proteção e dos direitos do titular deverá ser comunicada à Autoridade Nacional de Proteção de Dados.

5.3.12. FASE RESCISÓRIA/PÓS-CONTRATUAL

Na fase rescisória e pós-contratual o empregador também tratará os dados do trabalhador, quando da elaboração do termo de rescisão do contrato de trabalho, baixa na carteira de trabalho – se for física, através da anotação; ou, se for digital, por meio do registro eletrônico realizado junto ao Sistema de Escrituração Digital das Obrigações Fiscais, Previdenciárias e Trabalhistas – eSocial (Portaria n. 1.195/2019, da extinta Secretaria Especial de Previdência e Trabalho do Ministério da Economia).

Rescindido o contrato de trabalho, o empregador tem o prazo de dez dias para a entrega ao empregado de documentos que comprovem a comunicação da extinção contratual aos órgãos competentes, bem como efetuar o pagamento das verbas rescisórias discriminadas no instrumento de rescisão ou no recibo de quitação, de modo que deverá realizar o pagamento em dinheiro, depósito bancário ou cheque – ou em dinheiro ou depósito bancário quando o empregado for analfabeto – no prazo de 10 dias a partir da data do término do contrato (art. 477, *caput* e §6º, CLT).

No caso de rescisão sem justo motivo o empregador deve recolher as contribuições fiscais e previdenciárias, depósito do FGTS sobre as verbas rescisórias, indenização, a rigor, de 40% sobre os depósitos do FGTS, através da Guia de Recolhimento Rescisório do FGTS (GRRF), liberar a chave de conectividade para permitir o levantamento do FGTS, realizar os registros para fins de liberação do seguro-desemprego (de forma digital ou através da expedição de guia), informar a rescisão contratual no Cadastro Geral de Empregados e Desempregados (CAGED).

De acordo com o artigo 477, § 8º da CLT, na hipótese de não pagamento das verbas rescisórias dentro do prazo mencionado será devida a multa no valor de 1 (um) salário para o trabalhador, bem como, multa administrativa em favor da União. Caso o empregado postule para si essa segunda penalidade, o juiz deve decidir pela ilegitimidade ativa.

A lei impõe o dever de manter no local de trabalho os documentos que digam respeito ao fiel cumprimento do contrato de trabalho (art. 630, §§3º e 4º, da CLT), sob pena de imposição de multa administrativa, como: o livro e a ficha de registro de empregados; as guias de recolhimento do FGTS (art. 23 da Lei nº. 8.036/90); a Relação de Tomadores/Obras (RET); Comprovante de Declaração à Previdência (art. 32, § 11, da Lei nº 8.212/91); recibo de pagamento de salário, férias; RAIS, e os controles ocupacionais e relativos ao meio ambiente do trabalho (PCMSO, PPRA, SESMT).

Existem empresas que armazenam os dados e os documentos dos empregados durante anos, isso porque, além de servirem de prova em processo judicial, poderão ser utilizados como prova do vínculo de emprego ou de fonte de informação para a expedição outros documentos – como o perfil profissiográfico previdenciário –, ou comprovar a regularidade perante a Previdência Social e demais órgãos de fiscalização.

Como veremos adiante, a Lei Geral de Proteção de Dados dispensa a exigência de consentimento do empregado para o tratamento de dados ou compartilhamento com os órgãos públicos competentes, quando decorre de obrigação legal (arts. 7º, II, e 11, II, "b", da LGPD).

Os dados pessoais, a rigor, devem ser eliminados após o término do tratamento. Contudo, o empregador está autorizado a conservá-los para o cumprimento de obrigação legal ou regulatória (arts. 15 e 16 da LGPD)[357].

---

357 LGPD, Art. 15. O término do tratamento de dados pessoais ocorrerá nas seguintes hipóteses: I – verificação de que a finalidade foi alcançada ou de que os dados deixaram de ser necessários ou pertinentes ao alcance da finalidade específica almejada; II – fim do período de tratamento; III – comunicação do titular, inclusive no exercício de seu direito de revogação do consentimento conforme disposto no § 5º do art. 8º desta Lei, resguardado o interesse público; ou IV – determinação da autoridade nacional, quando houver violação ao disposto nesta Lei.

LGPD, Art. 16. Os dados pessoais serão eliminados após o término de seu tratamento, no âmbito e nos limites técnicos das atividades, autorizada a conservação para as seguintes finalidades: I – cumprimento de obrigação legal ou regulatória pelo controlador; II – estudo por

O empregador também poderá manter os dados em seus registros, desde que efetue a anonimização (desvinculação do seu titular) e seja para uso exclusivo, sendo proibido o acesso de terceiros.

Na relação de emprego a maioria dos dados tratados devem ser conservados, seja por imposição legal, ou para fazer prova perante órgãos públicos. A conservação dos documentos é relevante não só ao empregador, mas também ao empregado, que poderá solicitar as cópias necessárias para outros fins, especialmente previdenciários.

Assim, no Direito do Trabalho serão raras as hipóteses de direito à eliminação, bloqueio ou suspensão, quando ocorrer o tratamento regular dos dados, exceto quando os dados forem desnecessários, excessivos ou não for observados os preceitos da lei (art. 18, IV, LGPD)[358].

O empregador deve emitir, ainda, relatório de impacto à proteção de dados pessoais, a pedido da autoridade nacional, com a descrição dos processos de tratamento de dados pessoais que podem gerar riscos às liberdades civis e aos direitos fundamentais, bem como medidas, salvaguardas e mecanismos de mitigação de risco (arts. 10, §3º e 38, LGPD; art. 5º, XVII, da LGPD).

5.4. ENCARREGADO OU *DATA PROTECTION OFFICER* (DPO)

O encarregado é o profissional designado intermediar a relação entre controlador de dados, o titular e a Autoridade Nacional de Proteção de Dados (ANPD), responsável pelo controle e fiscalização da Lei.

Esse profissional é conhecido no meio coorporativo como *Data Protection Officer (DPO)*. Tem a missão de realizar a proteção dos dados da sociedade empresária, dos respectivos clientes e funcionários.

O empregador deve indicar um encarregado (DPO), sendo certo que a sua identidade e informações deverão ser divulgadas, de forma clara e precisa (art. 41, §1º, LGPD).

A designação de um "responsável técnico" e a publicização da sua identidade e seus respectivos contatos, é essencial para que os titulares possam realizar suas reclamações, pedidos de esclarecimentos e de adoção de procedimentos, ou, ainda receber comunicações dos órgãos de controle e fiscalização, orientar funcionário, executar outras tarefas prevista em norma complementar (art. 41, §2º, LGPD).

5.5. CONSENTIMENTO DO EMPREGADO

O tratamento ou compartilhamento de dados com os órgãos do poder público dispensa o consentimento do trabalhador, considerando que a própria lei impõe essa obrigação ao empregador (arts. 7º, II, e 11, II, "b", da LGPD). Porém, o empregador deve solicitar o consentimento do empregado, de forma inequívoca, para compartilhar os dados com terceiros, a fim de habilitá-lo ao recebimento de eventual benefício concedido por mera liberalidade do empregador ou previsto em norma coletiva (arts. 7º, I, e 11, I, da LGPD).

De acordo com o artigo 8º da LGPD preceitua que o consentimento "deverá ser fornecido por escrito ou por outro meio que demonstre a manifestação de vontade do titular", senso certo que o consentimento por escrito deve constar em uma clausula específica e de forma destacada em relação às demais cláusulas contratuais (§1º, art. 8º, LGPD). Ou seja, o consentimento deve ser apresentado de forma clara, em clausula contratual que seja possível distingui-lo dos outros assuntos.

Nesse ponto, podemos nos valer de uma exigência da *GDPR Europeia (art. 7º)*, para evitar nulidades: *"o pedido de **consentimento deve ser apresentado de forma claramente distinguível dos outros assuntos**, de forma **inteligível e facilmente acessível**, utilizando e **linguagem simples**"*[359].

O consentimento, portanto, deve ser especificado e atender a finalidades determinadas. As autorizações de tratamento de dados pessoais realizadas de forma genérica, isto é, de forma vaga, imprecisa ou inespecífica, serão consideradas nulas e, como consequência, poderá

órgão de pesquisa, garantida, sempre que possível, a anonimização dos dados pessoais; III – transferência a terceiro, desde que respeitados os requisitos de tratamento de dados dispostos nesta Lei; ou IV – uso exclusivo do controlador, vedado seu acesso por terceiro, e desde que anonimizados os dados.

[358] LGPD, Art. 18. O titular dos dados pessoais tem direito a obter do controlador, em relação aos dados do titular por ele tratados, a qualquer momento e mediante requisição:[...] IV – anonimização, bloqueio ou eliminação de dados desnecessários, excessivos ou tratados em desconformidade com o disposto nesta Lei;

[359] GDTR, Art. 7* **Condições de consentimento – 1)** Quando o tratamento se baseia no consentimento, o responsável pelo tratamento deve ser capaz de demonstrar que o titular dos dados consentiu com o tratamento dos seus dados pessoais. **2)** [1] **Se** o consentimento do titular dos dados for dado no contexto de uma **declaração escrita** que também diga respeito a outros assuntos, o pedido de **consentimento deve ser apresentado de forma claramente distinguível dos outros assuntos**, de forma **inteligível e facilmente acessível,** utilizando e **linguagem simples.** [2] **Qualquer parte da declaração que constitua uma violação do presente regulamento não será vinculativa.** 3) [1] O titular dos dados terá o direito de retirar o seu consentimento a qualquer momento. [2] A retirada do consentimento não afetará a legalidade do processamento com base no consentimento antes de sua retirada. [3] Antes de dar o consentimento, o titular dos dados deve ser informado desse facto. [4] Deve ser tão fácil retirar quanto dar consentimento. 4) Ao avaliar se o consentimento é dado livremente, deve-se ter na máxima consideração se, *inter alia*, a execução de um contrato, incluindo a prestação de um serviço, está condicionada ao consentimento para o tratamento de dados pessoais que não sejam necessários para a execução de esse contrato. *(**traduzido de forma livre)*

gerar a responsabilidade do agente de tratamento (§4º, art. 8º, LGPD).

Sugerimos a elaboração de uma cláusula específica no contrato de trabalho, de forma destacada, usando uma linguagem simples e acessível ao trabalhador, explicando dando ciência da obrigatoriedade legal do compartilhamento de dados com o Poder Público - muito embora a lei não exija o consentimento do titular nesses casos - e pedindo a anuência inequívoca de compartilhamento de dados para abertura de conta-salário, inclusão em benefício concedido pelo empregador ou previsto em norma coletiva.

O § 5º do art. 8º da LGPD prevê a possibilidade de revogação do consentimento a qualquer momento mediante manifestação expressa do titular, por procedimento gratuito e facilitado. Também, autoriza a ratificados os tratamentos realizados sob amparo do consentimento anteriormente manifestado enquanto não houver requerimento de eliminação.

Entretanto, na relação de emprego, esse dispositivo deve ser analisado com reservas.

Na fase pré-contratual entendemos ser possível o requerimento de revogação do consentimento de tratamento de dados pelo trabalhador, bem como a eliminação dos dados, pois, a rigor, não há legítimo interesse do empregador em manter ou conservar as informações pessoais do trabalhador no banco de dados, por exemplo.

Na fase contratual ou pós-contratual a revogação do consentimento poderá implicar na perda de um direito previsto em lei, norma coletiva ou regulamento empresarial. Isso poderá equivaler a um pedido de renúncia à vantagem ou condição mais benéfica conferida ao trabalhador.

O Direito do Trabalho base principiológica a proteção ao trabalhador, de forma que não permite, a princípio, a renúncia de um direito ou vantagem conquistada (princípio da irrenunciabilidade).

Entendemos que na fase contratual e na fase pós-contratual, salvo raras exceções, não é possível a revogação do consentimento ou eliminação dos dados, tendo em vista que poderá implicar na renúncia a um direito legal ou convencional, contrariando os princípios do Direito do Trabalho, notadamente a irrenunciabilidade de direitos.

Ademais, a manifestação de vontade do titular deve ser exercida de forma livre, espontânea e consciente, é um elemento essencial para a validade do consentimento.

Existindo qualquer vício de consentimento (na manifestação de vontade) do empregado, o tratamento dos dados não poderá ser realizado pelo empregador (art. 3º da LGPD).

Pablo Stolze Gagliano e Rodolfo Pamplona Filho[360] explanam que:

> ***"A manifestação ou declaração de vontade, em geral, poderá ser expressa — através da palavra escrita ou falada, gestos ou sinais — ou tácita — aquela que resulta de um comportamento do agente. Há exteriorizações de vontade*** *que, para surtirem efeitos, necessitam chegar à esfera de conhecimento da outra parte. Fala-se, pois, em declarações receptícias de vontade. Note-se que* ***o emprego de meios que neutralizem a manifestação volitiva, como a violência física (vis absoluta), estupefacientes ou, até mesmo, a hipnose, tornam inexistente o negócio jurídico".***

Haverá vício na manifestação de vontade quando houver erro, dolo, coação, lesão, estado de perigo, simulação (art. 138 e seguintes do Código Civil). Se houver a presença de algum dos vícios citados, a manifestação de vontade será considerada nula (ou anulável), de forma que será proibido a operação de danos nessas circunstâncias, sob pena de violação dos preceitos da LGPD.

A prova de que o consentimento caberá ao empregador (controlador), por expressa imposição legal. Assim, se o empregado alegar a ausência de consentimento, o empregador deverá comprovar a concessão da manifestação de vontade válida (art. 8º, §2º, LGPD).

5.5.1. CONSENTIMENTO NO TRABALHO INFANTO-JUVENIL

A Lei Geral de Proteção de Dados autoriza o tratamento de dados de crianças e adolescentes, desde que respeitada a previsão do art. 14 da Lei e a legislação pertinente.

O Estatuto da Criança e do Adolescente (ECA), considera criança a pessoa até 12 anos incompletos e adolescente aquela que tem idade entre 12 e 18 anos de idade, conforme artigo 2º da Lei 8.069/1990.

A Constituição Federal autoriza o trabalho do menor a partir dos 16 anos, salvo na condição de aprendiz, a partir dos 14 anos (art. 7º, XXXIII).

O trabalho do menor goza de uma proteção maior, para assegurar desenvolvimento físico, psíquico, moral, social, cultural, assim como a saúde e a segurança do trabalhador infanto-juvenil (art. 3º do ECA; e art. 403, parágrafo único, da CLT)[361], pois o legislador buscou a *proteção integral* da criança e do adolescente.

[360] Pablo Stolze Gagliano e Rodolfo Pamplona Filho. Manual de direito civil; volume único – São Paulo: Saraiva, 2017.

[361] CLT, Art. 403. É proibido qualquer trabalho a menores de dezesseis anos de idade, salvo na condição de aprendiz, a partir dos quatorze anos. Parágrafo único. **O trabalho do menor não poderá ser realizado em locais prejudiciais à sua formação, ao seu desenvolvimento físico, psíquico, moral e social e em horários e locais que não permitam a frequência à escola.**

Para Octávio Bueno Magano (apud Jorge Neto e Cavalcante)[362], "as normas de proteção são necessárias para que se possa assegurar ao menor o desenvolvimento '*físico, mental, moral, espiritual e social, de forma sadia e normal e em condições de liberdade e dignidade*', na medida em que tais normas se fundam em razões '*biológicas, psicológicas, morais e culturais, o que explica que nelas o interesse público claramente prevaleça sobre o privado e que sua classificação se faça no âmbito do direito tutelar do trabalho*'."

Como destacado pelos juristas Jorge Neto e Cavalcante[363], escorados na doutrina da professora Alice Monteiro de Barros, "*A capacidade laboral plena é obtida aos 18 anos. 'Logo, no Direito do Trabalho, são absolutamente incapazes os menores de 16 anos, exceção feita ao aprendiz. Já os relativamente incapazes são os menores de 18 e maiores de 16 anos ou, se aprendizes, os menos de 16 e maiores de 14 anos (art. 1º Emenda Constitucional nº 20). O menor de 14 anos será sempre absolutamente incapaz*'."

O art. 149, II e §1º, do ECA autoriza a participação da criança e do adolescente em evento artístico – na visão de alguns representa um "trabalho artístico" da criança ou do adolescente – mediante autorização judicial. A Competência para a concessão desta autorização, conforme restou decidido liminarmente na ADI 5326, referendada pelo plenário do Supremo Tribunal federal, é da Justiça Comum, especificamente da Vara da Infância e da Juventude.

De acordo com o art. 14 da LGPD o tratamento de dados deve ser realizado no melhor interesse da criança e do adolescente. O §1º da Lei condiciona o tratamento de dados pessoais da *criança* ao consentimento específico e destacado de pelo menos um dos pais ou pelo responsável legal, sendo certo que as informações de tratamento de dados "*deverão ser fornecidas de maneira simples, clara e acessível, consideradas as características físico-motoras, perceptivas, sensoriais, intelectuais e mentais do usuário, com uso de recursos audiovisuais quando adequado, de forma a proporcionar a informação necessária aos pais ou ao responsável legal e adequada ao entendimento da criança" (§6º).*

A primeira indagação que devemos fazer é: esse consentimento específico cabe apenas à criança ou o adolescente está abrangido no termo << "criança" >> utilizado pelo legislador? Se a resposta for afirmativa, os pais ou o responsável legal, deverá consentir especificamente para o tratamento dos dados do adolescente. Do contrário, a obrigatoriedade do consentimento do responsável legal torna-se questionável.

O contrato de trabalho dos menores relativamente incapazes – assim considerados *os menores de 18 e maiores de 16 anos ou, se aprendizes, os menos de 16 e maiores de 14 anos* – está condicionado à autorização do respectivo representante legal (art. 408, CLT)[364], que, inclusive, tem autorização legal para pleitear a extinção do contrato de trabalho, quando o serviço puder acarretar algum prejuízo de ordem física ou moral. Ainda, prestam assistência ao menor na quitação do recebimento das verbas rescisórias (art. 439, CLT)[365].

Destarte, o consentimento para o tratamento dos dados pessoais do menor não será concedido pelos pais ou representantes legais, mas, em verdade, pelo próprio trabalhador devidamente assistido prelos representantes legais, haja vista que a lei autoriza a prática de certos atos pelo relativamente incapazes exigindo apenas a assistência para a validade do ato (3º do Código Civil).

No caso do trabalhador trabalho artístico do menor o consentimento para o tratamento dos dados será dos pais ou do representante legal, tendo em vista que se trata de pessoa absolutamente incapaz, seja do ponto de vista do Direito do Trabalho – por se tratar de menor de 14 anos – ou do Direito Comum, conforme art. 2º do Código Civil.

5.6. RESPONSABILIZAÇÃO DO AGENTE TRATADOR

Conforme o art. 42 da LGPD, "o controlador ou o operador que, em razão do exercício de atividade de tratamento de dados pessoais, causar a outrem dano patrimonial, moral, individual ou coletivo, em violação à legislação de proteção de dados pessoais, é obrigado a repará-lo".

Como exaustivamente dito, a referida lei prima pela proteção à liberdade (incluindo a liberdade de autodeterminação informativa), à privacidade e ao desenvolvimento livre da personalidade, de modo que o empregador não poderá utilizar os dados pessoais dos trabalhadores para induzir ou influenciar o seu comportamento, seja no ambiente de trabalho ou fora dele, nem mesmo utilizar dos seus dados de forma indevida, sem o seu consentimento, quando a lei exigir.

O desrespeito às normas de proteção aos dados pode gerar dano patrimonial ou extrapatrimonial, por envolver direitos fundamentais do trabalhador.

---

362 Francisco Ferreira Jorge Neto, Jouberto de Quadros Pessoa Cavalcante. Direito do trabalho – 9. ed. – São Paulo: Atlas, 2019.

363 Idem.

364 CLT, Art. 408 – Ao responsável legal do menor é facultado pleitear a extinção do contrato de trabalho, desde que o serviço possa acarretar para ele prejuízos de ordem física ou moral.

365 CLT, Art. 439 – É lícito ao menor firmar recibo pelo pagamento dos salários. Tratando-se, porém, de rescisão do contrato de trabalho, é vedado ao menor de 18 (dezoito) anos dar, sem assistência dos seus responsáveis legais, quitação ao empregador pelo recebimento da indenização que lhe for devida.

Caso o empregador use os dados do trabalhador para realizar uma discriminação, por motivo de raça ou etnia, sexo, idade, convicção religiosa, política, associação à sindicato, por exemplo, poderá ser obrigado a reparar os danos daí decorrentes (arts. 5º, incisos V e X e 7º, incisos XX, XXX, XXXI, XXXII e XXXIII da CF).

Também será obrigado a reparar os danos causados pelo vazamento de dados pessoais.

Na prática, o momento de maior vulnerabilidade do trabalhador é o período pré-contratual, pois o empregador pode utilizar de subterfúgio para discriminar o trabalhador, por diversos motivos. Esse é o momento que inspira maior proteção aos empregados.

Durante o contrato de trabalho, as maiores problemáticas estão relacionadas aos dados pessoais sensíveis, sobretudo a biometria, já que é muito utilizada pelos empregadores. Além disso, é necessária a proteção do teletrabalhador, para que os dados e informações pessoais, majoritariamente concedidos por meios telemáticos ou informatizados, não vazem.

Ainda, é necessário o cuidado na captação da imagem do trabalhador, seja por reuniões realizadas por plataformas digitais, ou, ainda, por meio de instrumentos de vigilância no local de trabalho.

A jurisprudência veda a utilização de vigilância ostensiva ou em locais que violem a intimidade do trabalhador. Veja:

- INDENIZAÇÃO POR DANOS MORAIS. LIMITAÇÃO AO USO DOS BANHEIROS E UTILIZAÇÃO DE CÂMERAS DE VIGILÂNCIA NOS VESTIÁRIOS. Espécie em que restou demonstrado nos autos que a empresa restringia o uso dos banheiros, assim como mantinha câmeras de vigilância dentro dos vestiários, em clara afronta à intimidade dos trabalhadores. Dano moral caracterizado. (TRT-4 - RO 00202545320155040641, Data do Julgamento: 11/11/2016, 2ª Turma)
- DANO MORAL. INSTALAÇÃO DE CÂMERAS DE VIGILÂNCIA. OFENSA A DIREITOS DA PERSONALIDADE. É certo que o empregador detém o poder diretivo, que abrange o poder de fiscalização ou de controle, composto por um conjunto de prerrogativas que autorizam o acompanhamento da prestação laboral e a vigilância do meio ambiente de trabalho. Todavia, tal poder não tem caráter absoluto, não podendo aniquilar os direitos dos empregados, em especial os direitos existenciais que decorrem da dignidade da pessoa humana, tais como os direitos da personalidade, sob pena de configurar-se abuso de direito. Assim a instalação de câmeras que podem captar imagens dos empregados desvestindo-se certamente afronta o seu direito à privacidade, ainda que as imagens não sejam amplamente divulgadas, causando dano moral que deve ser compensado. Recurso conhecido e parcialmente provido. (TRT-1 RO: 7556920105010018 RJ, Relatora Sayonara Grillo Coutinho Leonardo da Silva, Data do Julgamento: 15/08/2012, 7ª Turma, Data de Publicação: 28/08/2012).

A LGPD prevê expressamente que o operador responde **solidariamente** pelos danos causados pelo tratamento de dados, quando não cumprir as obrigações de proteção de dados, ou quando não tiver seguido as instruções lícitas do controlador.

Na hipótese de existir mais de um controlador – como é o caso do grupo empresarial, consórcio empresarial, ou, eventualmente, a terceirização – e estes estiverem envolvidos no tratamento dos dados pessoais do empregado, responderão de forma solidária (art. 42, §1º, II, LGPD).

O art. 43 da LGPD estabelece as excludentes de responsabilidade dos agentes tratadores, quais sejam: a) não ter realizado o tratamento de dados (ausência de conduta – ação ou omissão voluntária); b) embora tenham realizado o tratamento de dados pessoais que lhes é atribuído, não houve violação à legislação de proteção de dados (conduta lícita); c) culpa exclusiva da vítima (do titular dos dados) ou de terceiro.

O tratamento será irregular quando deixar de observar as regras previstas em lei, ou não propiciar a segurança a segurança esperada, consideradas as circunstâncias relevantes, como: o modo pelo qual é realizado; o resultado e os riscos que razoavelmente dele se esperam; as técnicas de tratamento de dados pessoais disponíveis à época em que foi realizado (art. 44, LGPD). Ao que tudo indica, essa regra foi inspirada no Código de Defesa do Consumidos, no que diz respeito à responsabilidade do fornecedor por vício ou defeito no serviço ou do produto (art. 20, §2º, CDC).

O empregador também deve responder em caso de omissão (negligência, imprudência ou imperícia), ou seja, quando deixar de implementar medidas de segurança para a proteção dos dados dos trabalhadores.

Imagine que o empregador não implemente nenhuma medida de segurança para a proteção dos dados dos trabalhadores e um hacker invade o sistema da empresa e acessa uma imagem constrangedora de um funcionário, publicando-a nas redes sociais. Sendo demonstrada a omissão do empregador (o não-agir; não-fazer), na adoção de medidas de segurança, poderá ser responsabilizado (art. 44, parágrafo único).

No que se refere ao aspecto processual, o juiz pode inverter o ônus da prova a favor do titular dos dados quando, a seu juízo, for verossímil a alegação, houver hipossuficiência para fins de produção de prova ou quando a produção de prova pelo titular resultar-lhe excessivamente onerosa. Nesse sentido, o art. 818 da CLT.

As ações de reparação por danos coletivos, comumente ajuizadas pelo Ministério Público do Trabalho, que tenham por objeto a responsabilização, podem ser exercidas coletivamente em juízo.

5.7. ÓRGÃO FISCALIZADOR NA RELAÇÃO DE TRABALHO

A Lei Geral do Proteção de Dados instituiu a Autoridade Nacional de Proteção de Dados (ANPD), um órgão da administração pública federal, integrante da Presidência da República, competente para controlar, regular e fiscalizar o cumprimento das normas de proteção de dados (art. 55-A e seguintes da LGPD).

A Autoridade Nacional de Proteção de Dados tem a seguinte composição:

- Conselho Diretor: é o órgão máximo de direção da ANPD, composto de 5 diretores, incluído o Direitor-Presidente, escolhidos e nomeados pelo Presidente da República, para um mandato de 4 (quatro) anos, após aprovação do Senado Federal. Eles ocuparão cargo em comissão do Grupo-Direção e Assessoramento Superiores (DAS). Os membros do Conselho Diretor serão escolhidos dentre brasileiros que tenham reputação ilibada, nível superior de educação e elevado conceito no campo de especialidade dos cargos para os quais serão nomeados. O mandato dos primeiros membros do conselho Diretor nomeados serão de 2, 3, 4, 5 e 6 anos, conforme estabelecido no ato de nomeação. A perda do cargo de direção depende de renúncia, condenação judicial transitada em julgado ou pena de demissão decorrente de processo administrativo disciplinar, garantindo a autonomia e independência da ANPD. Cabe ao Conselho Diretor instituir o regimento interno da ANPD.
- Conselho Nacional de Proteção de Dados Pessoais e da Privacidade;
- Corregedoria;
- Ouvidoria;
- Órgão de assessoramento jurídico próprio; e
- Unidades administrativas e unidades especializadas.

Dentre as competências conferidas à Autoridade Nacional de Proteção de Dados está a imposição de penalidades administrativas quando verificado o descumprimento das normas de proteção aos dados, assegurando o direito ao contraditório e à ampla defesa, por meio de procedimento administrativo.

Dentre as sanções possíveis estão:

a) Advertência: consiste em uma admoestação ou chamada de atenção, para a adoção de medidas corretivas sobre o tratamento dos dados em um prazo determinado;

b) **multa simples: embora a lei denomine de simples, a multa pode ser de** até 2% (dois por cento) do faturamento da pessoa jurídica de direito privado, grupo ou conglomerado no Brasil, com base no seu último exercício-financeiro, estando limitada ao total de **R$ 50.000.000,00 (cinquenta milhões de reais) por infração**;

c) multa diária, observando os mesmos parâmetros de aplicação da multa simples, 2% sobre o faturamento do último exercício financeiro, limitado a R$ 50.000,000,00;

d) a publicização da infração, isto é a divulgação da punição sofrida, após devidamente apurada e confirmada a sua ocorrência;

e) bloqueio dos dados pessoais a que se refere a infração até a sua regularização;

f) eliminação dos dados pessoais a que se refere a infração;

g) **suspensão parcial do funcionamento do banco** de dados pelo período máximo de 6 (seis) meses, prorrogável por igual período, até a regularização da atividade de tratamento pelo controlador. Essa sanção é grave, uma vez que a operação ou tratamento dos dados será restrita, já que não poderá operar parte dos dados constantes no seu acervo;

h) suspensão do exercício da atividade de tratamento dos dados pessoais, isto é, a impossibilidade de tratamento de qualquer dado constante no seu acervo, pelo período máximo de 6 (seis) meses, prorrogável por igual período;

i) proibição parcial ou total do exercício de atividades relacionadas a tratamento de dados.

Pensamos que competência para fiscalizar o cumprimento das normas de proteção de dados no âmbito das relações de trabalho não é exclusiva da Autoridade Nacional de Proteção de Dados, mas, sim, concorrente, pois a lei confere funções típicas de fiscalização ao Ministério do Trabalho e Previdência (recriado pela MP n. 1.058/2021, convertida na Lei 14.261/2021) e ao Ministério Público do Trabalho.

Nesta senda, o art. 626 da CLT estabelece que incumbe às autoridades do Ministério do Trabalho e Previdência (recriado pela MP n. 1.058/2021, convertida na Lei 14.261/2021), ou àquelas que exerçam funções delegadas, a fiscalização do cumprimento das normas de proteção ao trabalho. Também, vemos que o art. 127 da CF e os arts. 83 e 84 da Lei Complementar n. 75/1993 estabelecem a competência do Ministério Público do Trabalho para a defesa da ordem jurídica, do regime democrático e dos interesses sociais e individuais indisponíveis junto aos órgãos da Justiça do Trabalho, além da competência para instaurar inquérito civil e outros procedimentos administrativos, sempre que cabíveis, para assegurar a observância dos direitos sociais dos trabalhadores; requisitar à autoridade administrativa federal competente, dos órgãos de proteção ao trabalho, a instauração de procedimentos administrativos, podendo acompanhá-los e produzir provas; exercer outras atribuições que lhe forem conferidas por lei, desde que compatíveis com sua finalidade, na forma do art. 127 da CF e do art. 83 da Lei Complementar n. 75/1993.

A liberdade, a privacidade, a autodeterminação informativa e o livre desenvolvimento da personalidade estão inseridos do plexo de direitos fundamentais do trabalhador (art. 1º, III e V; art. 5º, art. 6º e art. 7º, da CF), estando englobadas no conjunto normativo de proteção ao trabalho. Logo, podemos concluir que o Ministério do Trabalho e Previdência e o Ministério Público do Trabalho são materialmente competentes para assegurar o cumprimento das normas de proteção de dados nas relações de trabalho. Ademais, as autoridades de fiscalização investidas em matéria trabalhista possuem aptidões técnicas mais refinadas para identificar e punir as violações às normas de proteção ao trabalho (leis, decretos, portarias etc.), especialmente os direitos fundamentais.

Ainda que assim não fosse o art. 55-J, inciso XXIII, da Lei Geral de Proteção de Dados, conferiu à Autoridade Nacional de Proteção de Dados a competência para *"articular-se com as autoridades reguladoras públicas para exercer suas competências em setores específicos de atividades econômicas e governamentais sujeitas à regulação"*, de modo que poderá se associar às autoridades de fiscalização de normas trabalhista para a efetivar o cumprimento das normas de proteção de dados no âmbito das relações de trabalho.

É certo que essas são as primeiras reflexões acerca da aplicação das normas na esfera trabalhista. Cabe ao legislador ou à Autoridade Nacional de Proteção de Dados estabelecer parâmetros claros e específicos de aplicação da legislação de proteção de dados nas relações de trabalho, dada a complexidade do Direito do Trabalho.

5.8. INÍCIO DA VIGÊNCIA

A Lei Geral de Proteção de Dados foi oficialmente publicada no dia 15 de agosto de 2018, com alguns vetos presidenciais, dentre eles a instituição da Autoridade Nacional de Proteção de Dados, tendo em vista que havia um vício de iniciativa no processo legislativo que inviabilizava a referida autarquia – que, segundo o projeto aprovado pela Câmara dos Deputados e pelo Senado Federal, estaria submetida a regime autárquico especial e vinculado ao Ministério da Justiça[366].

O art. 65 da LGPD estabelecia o início de vigência da norma de proteção de dados 18 (dezoito) meses após a sua publicação oficial. Em um primeiro momento, portanto, a lei entraria em vigor em fevereiro de 2020.

Posteriormente, o Presidente da República editou a Medida Provisória nº 869 de 27 de dezembro de 2018 (convertida na Lei 13.853, de 8 de julho de 2019), com o propósito de suprir os vetos da Lei 13.709/2018, decorrente do vício no processo legislativo da anterior, e instituir a Autoridade Nacional de Proteção de Dados (ANPD) como órgão de regulação, controle e fiscalização vinculado à Presidência da República, estabelecendo um novo prazo de vigência para a Lei Geral de Proteção de Dados[367], com dois momentos distintos: (a) a partir da data da publicação da MP (28.12.2018) as regras relacionadas à autoridade nacional, para que pudesse ser estruturada imediatamente; e, (b) os demais dispositivos, 24 meses após a data da sua publicação, portanto, 29.12.2020.

Em seguida, com o surgimento da pandemia do novo coronavírus, o Congresso Nacional editou a Lei n. 14.010/2020 para dispor sobre o Regime Jurídico Emergencial e Transitório das relações jurídicas de Direito Privado (RJET) no período da pandemia. Também, se valeu da referida lei para alterar o prazo do início da vigência das sanções que a Autoridade Nacional de Proteção de Dados pode aplicar nos órgãos, entidades em empresas que realizam o tratamento de dados, acrescentando o inciso I-A ao art. 65, com o seguinte teor:

> *"Art. 20. O caput do art. 65 da Lei nº 13.709, de 14 de agosto de 2018, passa a vigorar acrescido do seguinte inciso I-A: 'Art. 65. (...) I-A – dia 1º de agosto de 2021, quanto aos arts. 52, 53 e 54; ....' (NR)*

Mais uma vez, verificada a impossibilidade de parcela da sociedade de implementar as normas de proteção de dados, em razão dos impactos econômicos e sociais gerados pela pandemia do novo coronavírus, o legislador prorrogou novamente a *vacatio legis* da Lei Geral de Proteção de Dados por meio da edição da Medida Provisória n. 959, de 29 de abril de 2020[368]. Porém,

---

366 Mensagem de Veto nº. 451/2018: *"Art. 55. É criada a Autoridade Nacional de Proteção de Dados (ANPD), integrante da administração pública federal indireta, submetida a regime autárquico especial e vinculada ao Ministério da Justiça. [...]* **Razão dos vetos.** Os dispositivos incorrem em inconstitucionalidade do processo legislativo, por afronta ao artigo 61, § 1º, II, 'e', cumulado com o artigo 37, XIX da Constituição."

367 MP 869/2018, art. 65: Esta Lei entra em vigor: I – quanto aos art. 55-A, art. 55-B, art. 55-C, art. 55-D, art. 55-E, art. 55-F, art. 55-G, art. 55-H, art. 55-I, art. 55-J, art. 55-K, art. 58-A e art. 58-B, no dia 28 de dezembro de 2018; e II – vinte e quatro meses após a data de sua publicação quanto aos demais artigos." (NR)

368 *MP n. 959/2020, art. 4º: "A Lei nº 13.709, de 14 de agosto de 2018, passa a vigorar com as seguintes alterações: 'Art. 65. (...) II - em 3 de maio de 2021, quanto aos demais artigos.' (NR)"*

embora o Senado Federal tenha aprovado a referida medida provisória, o dispositivo legal que adiava o início da vigência da LGPD foi considerado prejudicado, de forma que a Lei Geral de Proteção de Dados somente entraria em vigor após a conversão do texto final da MP n. 959/2020 em lei, nos moldes do art. 62, §12, da CF.

Devido ao surgimento de diversas dúvidas a respeito da vigência da LGPD, a assessoria de imprensa do Senado Federal publicou a seguinte nota:

– "Nota de esclarecimento – Vigência da LGPD – A respeito da aprovação da MP 959/2020 e a vigência da Lei Geral de Proteção de Dados (LGDP), a Assessoria de Imprensa do Senado Federal esclarece: O Senado Federal aprovou nesta quarta-feira (26) a medida provisória nº 959/2020 que adiava, em seu art. 4º, o início da vigência da LGPD (Lei Geral de Proteção de Dados). Ocorre que o art. 4º, foi considerado prejudicado e, assim, o adiamento nele previsto não mais acontecerá. No entanto, a LGPD não entrará em vigor imediatamente, mas somente após sanção ou veto do restante do projeto de lei de conversão, nos exatos termos do § 12 do art. 62 da Constituição Federal: "Art. 62 (...) § 12. Aprovado projeto de lei de conversão alterando o texto original da medida provisória, esta manter-se-á integralmente em vigor até que seja sancionado ou vetado o projeto." Assim, ressaltamos que a Lei Geral de Proteção de Dados – LGPD só entra em vigor após a sanção ou veto dos demais dispositivos da MP 959/2020. Atenciosamente, Assessoria de Imprensa, Senado Federal."

A respeito do processo legislativo da medida provisória, o professor José Levi Mello do Amaral Júnior leciona que *"Editada, é de* ***imediato submetida ao Congresso Nacional*** *para conversão ou não em lei (Constituição, art. 62, caput).* ***Segue processo bicameral*** *(art. 62, § 9º, in fine). Inicialmente, é examinada por uma comissão mista de Deputados e Senadores (art. 62, § 9º). A seguir, é* ***deliberada na Câmara dos Deputados (casa iniciadora*** *– art. 62, § 8º). Se acaso aprovada, vai ao* ***Senado Federal (casa revisora). Na hipótese de sofrer modificações nesse, retorna à Câmara.*** *[...]* ***Aprovada em ambas as casas****, a medida provisória: (1) se acaso não modificada ("ratificação direta"), é promulgada pelo próprio Congresso Nacional; ou (2)* ***se acaso aprovada com modificações, vai à apreciação presidencial para sanção ou veto (art. 62, § 12)".*** [369]

Com conversão da Medida Provisória n. 959/2020 na Lei n. 14.058, de 17 de setembro de 2020, publicada no Diário Oficial da União no dia 18 de setembro de 2020, a Lei Geral de Proteção de Dados passou a vigorar.

6. JURISPRUDÊNCIA

▶ ANOTAÇÃO NA CTPS. MATÉRIA DE ORDEM PÚBLICA. A falta de atendimento da formalidade contida no art. 29, § 2º da CLT, importa em violação de matéria de ordem pública, cogente, suscetível de conhecimento de ofício, ainda que não conste na r. sentença transitada em julgado a determinação de anotação na CTPS. Agravo de petição provido.

(TRT-2 00021268420135020002 SP, Relator: NELSON NAZAR, 3ª Turma – Cadeira 1, Data de Publicação: 04/02/2020)

▶ REGISTRO. CTPS. OBRIGAÇÃO LEGAL EXCLUSIVA DO EMPREGADOR. Cabe ao empregador somente admitir o empregado após a comprovação da documentação legalmente exigida, especialmente a CTPS, não havendo que justificar a falta de anotação com a culpa do empregado, eis que tal fato não exime o empregador da obrigação legal que lhe é atribuída com exclusividade, a teor do disposto no artigo 29 da CLT. Recurso da reclamada a que se nega provimento no aspecto.

(TRT-2 10009154620195020467 SP, Relator: VALDIR FLORINDO, 6ª Turma – Cadeira 3, Data de Publicação: 01/10/2020)

▶ GORJETA. As gorjetas são quantias pagas pelo cliente do empregador ao empregado, de forma espontânea ou não. A média das gorjetas repercute-se nas demais parcelas contratuais (art. 457 da CLT) e deverá ser objeto de anotação na CTPS (art. 29, § 1º, da CLT). De acordo com o art. 457 da CLT "Compreendem-se na remuneração do empregado para todos os efeitos legais, além do salário devido e pago diretamente pelo empregador, como contraprestação do serviço, as gorjetas que receber". A reclamada não comprovou que os valores recebidos como "00655 GORJETAS (TAXA DE SERVIÇO)" são valores pagos como estimativa de gorjeta. Recurso desprovido. (TRT 17ª R., ROT 0001638-49.2017.5.17.0010, Divisão da 1ª Turma, DEJT 26/11/2019).

(TRT-17 – ROT: 00016384920175170010, Relator: DESEMBARGADOR CLÁUDIO ARMANDO COUCE DE MENEZES, Data de Julgamento: 19/11/2019, Data de Publicação: 26/11/2019)

▶ DANO MORAL. RETENÇÃO INJUSTIFICADA DA CTPS. O artigo 29, da CLT, prevê o prazo de 48 horas para o empregador devolver a CTPS ao trabalhador, assim, tendo em vista a eficácia horizontal dos direitos fundamentais e a boa fé objetiva nas relações contratuais, evidencia-se que a retenção da CTPS por prazo superior e injustificadamente configura um ato ilícito apto a configurar o dano moral. Registre-se que a CTPS reside em um documento de oficial de identificação, no qual consta o histórico dos registros de trabalho do cidadão.

(TRT-1 – RO: 01000979720195010451 RJ, Relator: CARLOS HENRIQUE CHERNICHARO, Data de Julgamento: 26/11/2019, Quarta Turma, Data de Publicação: 07/12/2019)

▶ ANOTAÇÃO NA CTPS. MENÇÃO À DECISÃO JUDICIAL. CONDUTA DESABONADORA DANO MORAL IN RE IPSA Nos termos do art. 29, § 4º, da CLT, é vedado ao empregador efetuar anotações desabonadoras à conduta do empregado em sua CTPS, devendo restringir-se a comprovar e esclarecer questões sobre o contrato de trabalho ajustado pelas partes. Nessa linha de ideias, inclusive em consonância com o entendimento da Corte Superior Trabalhista, mostra-se abusiva a anotação aposta pelo empregador na CTPS, aludindo à existência de anterior reclamação trabalhista, tratando-se de dano moral *in re ipsa*, presumido, prescindindo de comprovação do efetivo dano a ser suportado pelo empregado

(TRT-3 – RO: 00106916220195030143 MG 0010691-62.2019.5.03.0143, Relator: Juliana Vignoli Cordeiro, Data de Julgamento: 13/03/2020, Decima Primeira Turma, Data de Publicação: 20/03/2020.)

[369] J. J. Gomes Canotilho...[et al.]; outros autores e coordenadores Ingo Wolfgang Sarlet, Lenio Luiz Streck, Gilmar Ferreira Mendes. Comentários à Constituição do Brasil – 2. ed. – São Paulo: Saraiva Educação, 2018.

▸ "TUTELA INIBITÓRIA. POSSIBILIDADE. O Tribunal Regional concluiu que a reclamada praticou, de fato, ato ilícito ao não registrar os seus empregados, sendo, inclusive, autuada pelo Ministério do Trabalho e Emprego em razão dessa irregularidade. Contudo, indeferiu o pleito do Ministério Público do Trabalho – consistente em obrigação de não fazer (abster de manter trabalhadores em registro) – por entender que tal situação já havia sido corrigida pela empresa. Sucede que o provimento aqui buscado visa, justamente, impedir a reiteração da conduta irregular, sendo necessário para tanto, apenas, a configuração do ilícito e a probabilidade de sua repetição no futuro, de modo que o posterior ajuste da conduta lesiva pela empresa não é suficiente para afastar tal pretensão. É o que se extrai do artigo 497, parágrafo único, do CPC/2015. É de se ressaltar, por fim, que, em julgado recente, a SbDI-I desta Corte Superior se manifestou no sentido de ser desnecessária a atualidade do ato conduta ilícito praticado para fins de formação do juízo de probabilidade necessário ao deferimento do pretenso direito. Logo, comprovada a conduta ilícita da empresa, em desacordo com o que dispõe os artigos 29 e 41 da CLT, e considerando a possibilidade de sua reiteração, torna-se devida a tutela pleiteada. Recurso de revista conhecido e provido" (Processo: RR – 11130-53.2015.5.03.0098 Data de Julgamento: 25/09/2019, Relator Ministro: Cláudio Mascarenhas Brandão, 7ª Turma, Data de Publicação: DEJT 04/10/2019. (TRT18, ROT – 0010122-57.2019.5.18.0171, Rel. MARIO SERGIO BOTTAZZO, 3ª TURMA, 02/04/2020)

(TRT-18 – ROT: 00101225720195180171 GO 0010122-57.2019.5.18.0171, Relator: MARIO SERGIO BOTTAZZO, Data de Julgamento: 02/04/2020, 3ª TURMA)

▸ RETENÇÃO INDEVIDA E INJUSTIFICADA DA CTPS. INDENIZAÇÃO POR DANOS MORAIS. O art. 53 da CLT estabelece o prazo de 48 horas para o empregador efetuar as devidas anotações na carteira de trabalho, sob pena de multa. Logo, a retenção injustificada do referido documento constitui ato ilícito, por acarretar prejuízos ao trabalhador, que necessita do referido documento, indispensável para a colocação em novo trabalho. Inexistindo justificativa para a indevida retenção da CTPS, a qual deveria ter sido entregue à empregada logo após efetivadas as anotações pertinentes, caracterizada está, em tese, inclusive a contravenção penal prevista na Lei 5553/68, punível com multa (art. 3º e parágrafo único). Evidenciado o dano moral sofrido pela trabalhadora. Conduta ilícita da ré, contrária aos arts. 29 e 53 da CLT e art. 1º da Lei 5.553/1968. Devida a reparação moral postulada, nos termos dos arts. 186 e 927 do Código Civil, c/c art. 5º, X da CF/88.

(TRT-4 – ROT: 00206715120185040301, Data de Julgamento: 20/09/2020, 8ª Turma)

▸ Obrigação de fazer – anotação (retificação) da CTPS. A multa cominatória relativa à obrigação de fazer (anotação na CTPS) tem como objetivo garantir o cumprimento da determinação judicial e, por conseguinte, a eficácia do provimento jurisdicional. Certo que a anotação referente às comissões reconhecidos em Juízo poderia ser feita pela Secretaria da Vara (art. 39, § 1º, da CLT). Contudo, a fungibilidade, no que diz respeito à anotação, não altera o fato de que a obrigação de fazer em questão é do empregador (art. 29 da CLT) e que são reais os prejuízos que o empregado pode vir a sofrer quando a anotação é feita por esta Justiça Especializada.

(TRT-2 10007145120195020371 SP, Relator: FLAVIO VILLANI MACEDO, 11ª Turma – Cadeira 3, Data de Publicação: 13/07/2020)

▸ MODALIDADE DA RUPTURA DO CONTRATO DE TRABALHO. RETENÇÃO DA CTPS DO EMPREGADO. JUSTA CAUSA PATRONAL NÃO CONFIGURADA. RESCISÃO INDIRETA. INDEVIDA. A retenção da CTPS do empregado por prazo superior ao fixado no art. 29 da CLT, por si só, não constitui fato gerador da rescisão indireta do contrato de trabalho. Sentença mantida. [...].

(TRT-10 – RO: 00012533520185100019 DF, Data de Julgamento: 02/09/2020, Data de Publicação: 10/09/2020)

▸ RETENÇÃO INDEVIDA E INJUSTIFICADA DA CTPS. INDENIZAÇÃO POR DANOS MORAIS. O art. 53 da CLT estabelece o prazo de 48 horas para o empregador efetuar as devidas anotações na carteira de trabalho, sob pena de multa. Logo, a retenção injustificada do referido documento constitui ato ilícito, por acarretar prejuízos ao trabalhador, que necessita do referido documento, indispensável para a colocação em novo trabalho. Inexistindo justificativa para a indevida retenção da CTPS, a qual deveria ter sido entregue à empregada logo após efetivadas as anotações pertinentes, caracterizada está, em tese, inclusive a contravenção penal prevista na Lei 5553/68, punível com multa (art. 3º e parágrafo único). Evidenciado o dano moral sofrido pela trabalhadora. Conduta ilícita da ré, contrária aos arts. 29 e 53 da CLT e art. 1º da Lei 5.553/1968. Devida a reparação moral postulada, nos termos dos arts. 186 e 927 do Código Civil, c/c art. 5º, X da CF/88.

(TRT-4 – ROT: 00206715120185040301, Data de Julgamento: 20/09/2020, 8ª Turma)

▸ RETENÇÃO INJUSTIFICADA DA CTPS. INDENIZAÇÃO POR DANO MORAL. A retenção da CTPS do empregado por prazo superior ao estabelecido nos arts. 29 e 53 da CLT autoriza o reconhecimento de dano moral e decorrente indenização, ao teor da Súmula 82 deste Tribunal.

(TRT-4 – ROT: 00204083820185040521, Data de Julgamento: 21/09/2020, 11ª Turma)

▸ 1. CONTRATO DE EXPERIÊNCIA COM PREVISÃO DE PRORROGAÇÃO. OCORRÊNCIA DE PRORROGAÇÃO TÁCITA. O art. 442 da CLT prevê que o contrato de trabalho pode ser tácito ou expresso, mas o art. 29 da CLT exige que as condições especiais sejam expressamente anotadas na carteira de trabalho. O contrato de experiência pode ser prorrogado por uma única vez e o seu prazo não pode ultrapassar noventa dias (arts. 443 e 451 da CLT). Constatado que a prorrogação do contrato de experiência foi prevista na anotação na CTPS e que o empregado continuou trabalhando após o vencimento do primeiro período, emerge a prorrogação tácita do contrato de experiência que impede o deferimento do aviso prévio. 2[...].

(TRT-10 – RO: 00008175720195100014 DF, Data de Julgamento: 16/09/2020, Data de Publicação: 19/09/2020)

▸ AUSÊNCIA DE BAIXA NA CTPS. DANO MORAL. Embora evidenciada a conduta ilícita do empregador ao não anotar dentro do prazo legal o término do contrato de trabalho na CTPS da obreira, a prova dos autos não comprova a alegação de que disso decorreu a impossibilidade de conseguir nova colocação. Os elementos coligidos aos autos indicam que estava ao alcance da reclamante comparecer ao local de trabalho, munida de sua CTPS, para regularizar sua situação. Assim, considerando que o dever de agir para mitigar o prejuízo (duty to mitigate the loss), obrigação lateral ao contrato de trabalho que se extrai da cláusula geral da boa-fé objetiva, é uma via de mão dupla, que afeta tanto empregadores quanto empregados, de forma indistinta, e que o art. 5º, II, da CRFB/88, aponta que na esfera privada não há qualquer vedação para a concomitância de dois contratos de emprego, não se conclui a partir do exame das peculiaridades do caso concreto que a conduta do empregador tenha ensejado dano moral ou material indenizável à obreira.

(TRT-4 – RO: 00001549820135040010, Data de Julgamento: 04/09/2014, 4ª Turma)

▸ RECURSO ORDINÁRIO. ANOTAÇÃO INDEVIDA NA CTPS. REGISTRO DE "CANCELADO". DANO MORAL. CONFIGURAÇÃO. INDENIZAÇÃO DEVIDA. Embora não possa ser classificada como desabonadora (art. 29, § 4º, da CLT), a anotação "cancelado" aposta na CTPS do autor, desacompanhada de qualquer explicação, no mínimo, irá suscitar dúvidas no potencial empregador acerca das características profissionais do empregado, expondo-o ao constrangimento de explicar o motivo pelo qual teve o contrato de trabalho cancelado, situação que, pela excepcionalidade, desperta desconfiança no possível contratante. Dano moral configurado. Indenização devida. Sentença reformada, no ponto. MULTA DO ART. 52, DA CLT. INDEVIDA. Indeferida por ser de natureza administrativa, portanto, não ser revertida em favor do obreiro. Recurso ordinário conhecido e parcialmente provido.

(TRT-7 – RO: 00008922020185070013 CE, Relator: DURVAL CÉSAR DE VASCONCELOS MAIA, Data de Julgamento: 21/05/2020, 1ª Turma, Data de Publicação: 21/05/2020)

CARTEIRA DE TRABALHO E PREVIDÊNCIA SOCIAL – INSALUBRIDADE – ANOTAÇÃO DE LABOR EM CONDIÇÃO INSALUBRE. – Dispõe o artigo 29, § 1º, da CLT sobre a obrigação do empregador de anotar na Carteira de Trabalho e Previdência Social, entre outros dados, a remuneração do empregado e sua evolução. Compreende-se a obrigação como o dever de registrar a parte fixa ajustada pelas partes, bem como estimativa de gorjetas, quando for o caso. Nesse contexto, não encontra respaldo legal a determinação de anotação de labor em condições insalubres no documento, pois não consubstancia hipótese de evolução de remuneração, especialmente pela natureza de salário-condição do adicional de insalubridade.

(TRT-3 – RO: 00113966520165030143 0011396-65.2016.5.03.0143, Relator: Emilia Facchini, Terceira Turma)

RETIFICAÇÃO DA CTPS. PARCELAS VINCENDAS. Nos termos do artigo 29, § 1º da CLT, as anotações da CTPS do empregado concernentes à remuneração devem especificar o salário, qualquer que seja sua forma de pagamento, seja ele em dinheiro ou em utilidades, bem como a estimativa da gorjeta. Na hipótese, considerando que o pagamento das horas extras consiste em salário-condição, não se há falar em retificação da CTPS obreira. No que concerne ao pedido de pagamento das parcelas vincendas relativas às horas extras, considerando a vigência do contrato de trabalho, não se há falar em pagamento destas, porquanto para o seu deferimento impõe-se a análise do conjunto probatório do período laborado. Nega-se provimento nestes tópicos. [...].

(TRT-23 – ROT: 00022986520135230091 MT, Relator: MARIA BERENICE CARVALHO CASTRO SOUZA, Gabinete da Presidência, Data de Publicação: 13/02/2014)

ANOTAÇÃO CTPS COM ALUSÃO À AÇÃO JUDICIAL. DANO MORAL. OCORRÊNCIA. O registro, pelo empregador, de anotação na CTPS obreira com alusão à ação judicial configura conduta ilegal, desabonadora e abusiva, que ofende a honra e imagem do empregado, violando o art. 29, § 3º, da CLT e ensejando o pagamento de indenização por danos morais, à luz dos arts. 186 e 927 do CC. Recurso ordinário conhecido e parcialmente provido.

(TRT-16 00164683420185160003 0016468-34.2018.5.16.0003, Relator: LUIZ COSMO DA SILVA JUNIOR, Data de Publicação: 02/07/2019)

ANOTAÇÃO CTPS COM ALUSÃO À AÇÃO JUDICIAL. DANO MORAL. OCORRÊNCIA. O registro, pelo empregador, de anotação na CTPS obreira com alusão à ação judicial configura conduta ilegal, desabonadora e abusiva, que ofende a honra e imagem do empregado, violando o art. 29, § 3º, da CLT e ensejando o pagamento de indenização por danos morais, à luz dos arts. 186 e 927 do CC. Recurso ordinário conhecido e parcialmente provido.

(TRT-16 00164683420185160003 0016468-34.2018.5.16.0003, Relator: LUIZ COSMO DA SILVA JUNIOR, Data de Publicação: 02/07/2019)

RECURSO DE REVISTA. INDENIZAÇÃO POR DANO MORAL. ANOTAÇÃO NA CTPS. ALUSÃO À CONDENAÇÃO JUDICIAL EM AÇÃO TRABALHISTA. É firme a jurisprudência do TST no sentido de que o ato da empregadora, ao proceder à anotação da CTPS do reclamante, especificando que tal registro decorreu de condenação judicial em ação trabalhista, constitui conduta ilegal, desabonadora e abusiva, pois sujeita o empregado à discriminação no mercado de trabalho, configurando transtorno à sua honra subjetiva capaz de ensejar a compensação pelo dano moral infligido à trabalhadora. Recurso de revista conhecido e provido.

(TST – RR: 8799820125200003, Relator: Walmir Oliveira da Costa, Data de Julgamento: 15/08/2018, 1ª Turma, Data de Publicação: DEJT 17/08/2018)

INDENIZAÇÃO POR DANOS MORAIS. ANOTAÇÃO DESABONADORA NA CTPS. MENÇÃO À DECISÃO JUDICIAL QUANDO DO CUMPRIMENTO DA DETERMINAÇÃO PARA RETIFICAÇÃO SALARIAL. O registro, na CTPS da empregada, de que a retificação salarial decorreu de determinação judicial constitui anotação inadequada, discriminatória e desabonadora, em manifesta afronta ao art. 29, § 4º, da CLT, e atenta contra o direito de personalidade da reclamante, sobretudo sua imagem profissional, pelo que enseja o pagamento de indenização por danos morais. Veja-se, nesse sentido, o disposto na Orientação Jurisprudencial n. 21 das Turmas deste Regional: "Anotação ou retificação da CTPS. Referência a ação judicial. Dano moral. Configuração. Configura dano moral passível de indenização a anotação ou retificação da CTPS, efetuada pelo reclamado, fazendo referência a ação judicial. (Disponibilização/divulgação: DEJT/TRT-MG 04/12/2012, 05/12/2012 e 06/12/2012)".

(TRT-3 – RO: 00102133220195030021 MG 0010213-32.2019.5.03.0021, Relator: Jaqueline Monteiro de Lima, Data de Julgamento: 08/05/2020, Quinta Turma, Data de Publicação: 11/05/2020. DEJT/TRT3/Cad.Jud. Página 669. Boletim: Não.)

DANO MORAL. A Jurisprudência do Colendo Tribunal Superior do Trabalho vem se consolidando no sentido de que o ato praticado pelo empregador, concernente ao registro na CTPS do empregado fazendo constar que este se deu por determinação judicial, configura ato ilícito e se enquadra na definição de anotação desabonadora tratada no art. 29, § 4º, da CLT.

(TRT-1 – RO: 01018925020165010482 RJ, Relator: MONICA BATISTA VIEIRA PUGLIA, Data de Julgamento: 18/02/2019, Terceira Turma, Data de Publicação: 23/02/2019)

DO DANO MORAL – ANOTAÇÃO NA CTPS DE FALTAS AO SERVIÇO JUSTIFICADAS POR ATESTADO MÉDICO – MANUTENÇÃO DA SENTENÇA. O art. 29, § 4º, da CLT, veda a anotação desabonadora à conduta do empregado em sua CTPS, que venha a prejudicá-lo com a restrição de oportunidades em empregos futuros ou dificultar a reinserção no mercado de trabalho, e nessa situação, é devido o pagamento da indenização por danos morais; sentença que se mantêm.

(TRT-20 00021423220165200002, Relator: VILMA LEITE MACHADO AMORIM, Data de Publicação: 08/11/2018)

RECURSO ORDINÁRIO DA RÉ. ANOTAÇÃO DESABONADORA NA CTPS DO EMPREGADO. DANO MORAL IN RE IPSA. PERDA DO PERÍODO DE FÉRIAS POR FALTAS INJUSTIFICADAS. O artigo 29, § 4º, da CLT estabelece a vedação ao empregador de lançar anotações desabonadoras à conduta do empregado em sua Carteira de Trabalho e Previdência Social. A norma tem por objetivo evitar que sejam apostos na CTPS obreira lançamentos que desestimulem futura contratação. Com efeito, a expressão "anotações desabonadoras" a que se refere o dispositivo celetista contempla todos os escritos passíveis de trazer dano ao trabalhador, em face da probabilidade de ensejar sua preterição por outro candidato a emprego cuja CTPS não possua anotações da mesma natureza. Assim, a anotação das férias na CTPS diz respeito tão somente ao período de gozo, não merecendo registro quanto aos motivos que resultaram na sua não concessão. No caso concreto, é incontroverso a anotação na CTPS do Autor da perda do direito ao gozo das férias em virtude de faltas injustificadas, configurando-se, assim, a atitude ilícita da Ré e o dano moral in re ipsa, fato a ensejar a devida reparação. Apelo a que se nega provimento.

(TRT-23 – ROT: 00007507020165230003 MT, Relator: WANDERLEY PIANO DA SILVA, Gab. Des. Paulo Barrionuevo, Data de Publicação: 15/09/2017)

DANO MORAL. CANCELAMENTO DE REGISTRO NA CTPS. ANOTAÇÃO DESABONADORA. A anotação do termo "Cancelado" na CTPS obreira é, sem dúvidas, desabonadora, motivo pela qual é vedada pelo próprio texto celetista (art. 29, §§ 4º e 5º, da CLT).

(TRT-17 – RO: 00018173920155170014, Relator: MÁRIO RIBEIRO CANTARINO NETO, Data de Julgamento: 24/07/2017, Data de Publicação: 04/08/2017)

▶ RECURSO EMPRESARIAL. INDENIZAÇÃO POR DANO MORAL. REGISTRO DESABONADOR NA CTPS DO EMPREGADO. AFRONTA AO ART. 29, § 4º DA CLT. A informação anotada na carteira profissional da Reclamante, no sentido de que foi reintegrada por força de decisão judicial, dificulta e até mesmo impossibilita a sua recolocação no mercado de trabalho. É cediço que a Carteira Profissional contém o histórico profissional da trabalhadora, servindo, na prática, como um verdadeiro atestado de antecedentes. Essa a razão pela qual a alusão a uma reclamação trabalhista anterior corresponde a dar publicidade do fato aqueles que serão os responsáveis por oportunidades de emprego no futuro, dificultando em muito um possível retorno da Obreira ao mercado de trabalho. Vulnerado o art. 29, § 4º da CLT e comprovada a conexão da irregularidade empresarial com o dano provocado, justificada a condenação de indenização por dano moral. Recurso ao qual se nega provimento.

(TRT-6 – RO: 00008115820145060007, Data de Julgamento: 07/06/2017, Segunda Turma)

Art. 29-A. O empregador que infringir o disposto no *caput* e no § 1º do art. 29 ficará sujeito a multa no valor de R$ 3.000,00 (três mil reais) por empregado prejudicado, acrescido de igual valor em cada reincidência.

§ 1º No caso de microempresa ou de empresa de pequeno porte, o valor final da multa aplicada será de R$ 800,00 (oitocentos reais) por empregado prejudicado.

§ 2º A infração de que trata o *caput* constitui exceção ao critério da dupla visita.

Art. 29-B. Na hipótese de não serem realizadas as anotações a que se refere o § 2º do art. 29, o empregador ficará sujeito a multa no valor de R$ 600,00 (seiscentos reais) por empregado prejudicado.

COMENTÁRIOS (ARTS. 29-A E 29-B)

A Medida Provisória n. 1.107, de 17 de março de 2022, instituiu o Programa de Simplificação de Microcrédito Digital para Empreendedores (SIM Digital), com o objetivo de incentivar o empreendedorismo. Como medida de estímulo ao empreendedorismo, assegurou aos empresários, incluindo aqueles que se encontram à margem do sistema financeiro, o acesso ao crédito e ao microcrédito produtivo orientado.

Também, promoveu alteração na legislação trabalhista infraconstitucional, para aprimorar a gestão e os procedimentos do Fundo de Garantia do Tempo de Serviço (FGTS), bem como intensificar a formalização do trabalho, por meio da imposição de penalidades administrativas ao empregador que violar os preceitos relacionados à anotação da Carteira de Trabalho e Previdência Social. Nesse contexto, a Medida Provisória n. 1.107, de 2022, acrescentou os arts. 29-A e 29-B à CLT.

A penalidade administrativa prevista no art. 29-A da CLT, está vinculada ao descumprimento das regras contidas no *caput* e no §1º do art. 29 do mesmo Diploma, que disciplinam sobre a obrigatoriedade de anotação do vínculo trabalhista e as suas respectivas especificidades – entre elas, a data de admissão, remuneração e eventuais condições especiais – na Carteira de Trabalho e Previdência Social dos empregados que admitir, no prazo de 5 dias úteis; e, impõe a necessidade de anotação do salário, independente da forma de pagamento estipulada em contrato de trabalho, seja ele em dinheiro ou em prestações "in natura", bem como eventuais estimativas de gorjetas percebidas pelo empregado.

Com efeito, o empregador não anotar a carteira de trabalho dos empregados que admitir, ou, ainda, não especificar o salário do empregado, incluindo as estimativas de gorjetas, ficará sujeito à multa no valor de R$ 3.000,00 (três mil reais) por empregado prejudicado. O valor da multa será duplicado em caso de reincidência, de forma que a multa pode chegar à importância de R$ 6.000,00 (seis mil reais) por empregado não registrado (art. 29-A, *caput*, da CLT). Se o empregador-infrator for uma microempresa ou empresa de pequeno porte, o valor final da multa será de R$ 800,00 (oitocentos reais) por empregado prejudicado (art. 29-A, §1º, da CLT).

A aplicação da multa independe de dupla visita do agente de inspeção (Auditor-Fiscal do Trabalho), o que significa dizer que a multa poderá ser aplicada no momento da constatação da infração às normas trabalhistas alusivas à anotação na CTPS.

Também constitui infração administrativa a conduta do empregador no sentido de deixar de realizar a anotação da carteira de trabalho na data-base correta, ou quando o trabalhador solicitar, ou no caso de rescisão contratual, ou quando houver necessidade de comprovar a os contornos da relação jurídica trabalhista perante a Previdência Social (art. 29, §2º, da CLT). Neste caso, o empregador ficará sujeito ao pagamento de multa no valor de R$ 600,00 (seiscentos reais) por empregado prejudicado.

A multa por ausência de registro de empregado não é uma novidade na legislação trabalhista. Nesse aspecto, a Reforma Trabalhista alterou a redação do art. 47 da CLT, e incluiu o art. 47-A à CLT, justamente para prescrever a imposição de multa nos casos de ausência de registro do empregado.

A diferença entre os dispositivos em análise é sutil. O art. 47 do Diploma Consolidado, dispõe que o empregador estará sujeito à multa administrativa quando manter empregado não registrado nos termos do art. 41 da CLT, ou seja, quando decorrer de ausência de apontamento do contrato de trabalho junto ao Livro de Registro de Empregado. Já a multa prevista no art. 29-A e 29-B da CLT, deixa claro que o empregador poderá ser autuado quando não anotar a carteira de trabalho do empregado. Portanto, as multas decorrem de fatos geradores distintos: no primeiro caso, em razão da falta de anotação do

Livro de Registro de Empregados; a segunda, em razão da falta de anotação da carteira de trabalho.

Pensamos que o legislador acrescentou o dispositivo em comento para deixar expresso que a falta de anotação da carteira de trabalho, nos moldes do art. 29 da CLT, também torna o empregador sujeito à penalidade administrativa, eliminando qualquer dúvida quanto a obrigatoriedade de formalização do contrato individual de trabalho.

Arts. 30 a 34 (Revogados pela Lei nº 13.874, de 2019)

Art. 35. (Revogado pela Lei nº 6.533, de 24.5.1978)

SEÇÃO V
DAS RECLAMAÇÕES POR FALTA OU RECUSA DE ANOTAÇÃO

Art. 36. Recusando-se a empresa fazer as anotações a que se refere o art. 29 ou a devolver a Carteira de Trabalho e Previdência Social recebida, poderá o empregado comparecer, pessoalmente ou intermédio de seu sindicato perante a Delegacia Regional ou órgão autorizado, para apresentar reclamação.

COMENTÁRIOS (ART. 36)

Na hipótese de descumprimento do dever de anotação da carteira de trabalho pelo empregador ou na recusa de devolução do documento, o empregado poderá dirigir-se à autoridade competente – a Delegacia Regional ou órgão autorizado – e apresentar reclamação administrativa a fim de que o empregador seja compelido a cumprir o seu dever ou restituir o documento. A reclamação administrativa poderá ser apresentada pessoalmente ou por intermédio do sindicato da categoria profissional.

Pode, ainda, se valer da via judicial para a anotação ou restituição da carteira de trabalho, ajuizando, para tanto, reclamação trabalhista em face do tomador de serviços perante a Justiça do Trabalho (art. 114, I, CF; art. 5º, XXXV, CF; art. 840 da CLT).

Art. 37. No caso do art. 36, lavrado o termo de reclamação, determinar-se-á a realizarão de diligência para instrução do feito, observado, se for o caso o disposto no § 2º do art. 29, notificando-se posteriormente o reclamado por carta registrada, caso persista a recusa, para que, em dia e hora previamente designados, venha prestar esclarecimentos ou efetuar as devidas anotações na Carteira de Trabalho e Previdência Social ou sua entrega.

Parágrafo único. Não comparecendo o reclamado, lavrar-se-á termo de ausência, sendo considerado revel e confesso sobre os termos da reclamação feita, devendo as anotações serem efetuadas por despacho da autoridade que tenha processado a reclamação.

Art. 38. Comparecendo o empregador e recusando-se a fazer as anotações reclamadas, será lavrado um termo de comparecimento, que deverá conter, entre outras indicações, o lugar, o dia e hora de sua lavratura, o nome e a residência do empregador, assegurando-se-lhe o prazo de 48 (quarenta e oito) horas, a contar do termo, para apresentar defesa.

Parágrafo único – Findo o prazo para a defesa, subirá o processo à autoridade administrativa de primeira instância, para se ordenarem diligências, que completem a instrução do feito, ou para julgamento, se o caso estiver suficientemente esclarecido.

Art. 39. Verificando-se que as alegações feitas pelo reclamado versam sobre a não existência de relação de emprego ou sendo impossível verificar essa condição pelos meios administrativos, será o processo encaminhado a Justiça do Trabalho ficando, nesse caso, sobrestado o julgamento do auto de infração que houver sido lavrado.

§ 1º Se não houver acordo, a Junta de Conciliação e Julgamento, em sua sentença ordenará que a Secretaria efetue as devidas anotações uma vez transitada em julgado, e faça a comunicação à autoridade competente para o fim de aplicar a multa cabível.

§ 2º Igual procedimento observar-se-á no caso de processo trabalhista de qualquer natureza, quando for verificada a falta de anotações na Carteira de Trabalho e Previdência Social, devendo o Juiz, nesta hipótese, mandar proceder, desde logo, àquelas sobre as quais não houver controvérsia

COMENTÁRIOS (ARTS. 37 A 39)

O início do processo administrativo se dá mediante provocação do trabalhador ou do seu sindicato de classe, ao comparecer perante o Ministério do Trabalho e Previdência (recriado pela MP n. 1.058/21, convertida na Lei 14.261/2021), ou órgão autorizado, e proceder à reclamação administrativa.

A autoridade administrativa intimará o empregador para comparecer em dia e hora designados, a fim de proceder à anotação na carteira de trabalho do empregado, justificar a razão da ausência da anotação ou, ainda, devolver o documento ao empregado. O não comparecimento do empregador perante a autoridade administrativa implicará aplicação da pena de revelia e confissão, no âmbito do processo administrativo, de forma que a autoridade está autorizada a proceder à anotação do contrato de trabalho na CTPS do trabalhador, conforme postulado.

Marcelo Moura adverte que "Em hipótese alguma se pode afirmar que houve a coisa julgada, impedindo o acesso dos interessados – empregado e empregador – ao Judiciário (art. 5º, XXXV, da CFRB/88)".

A coisa julgada é a imutabilidade da prestação jurisdicional do Estado quando entregue em caráter definitivo, podendo ser formal (ou endoprocessual, de forma que não será possível a modificação dentro da mesma relação jurídica processual) ou material (ou "panprocessual", a imutabilidade da decisão dentro e fora da relação jurídica processual), nos termos do art. 5º, XXXVI, da CF e art. 6º do Decreto-Lei 4.657/1942. É um instituto jurídico próprio da atividade jurisdicional do Estado.

Inspirando-se nesse instituto jurídico, próprio da atividade jurisdicional, a doutrina de Direito administrativo faz referência à *"coisa julgada administrativa"*, caracterizada pela impossibilidade de revisitação de decisão da Administração, firmada no bojo de processo administrativo, através da mesma via administrativa. Argumentam que a coisa julgada administrativa tem caráter definitivo relativo, uma vez que a inalterabilidade está circunscrita ao âmbito administrativo, de modo que poderá ser alterada pela via judicial.

Nesse sentido, José dos Santos Carvalho Filho ensina que a coisa julgada administrativa é *"a situação jurídica pela qual determinada decisão firmada pela Administração não mais pode ser modificada na via administrativa. A irretratabilidade, pois, se dá apenas nas instâncias da Administração. Essa figura ocorre comumente em processos administrativos (...)"*. [370]

Desta forma, o empregador poderá rediscutir judicialmente a decisão tomada pela autoridade administrativa, contrapondo-se à eventual anotação realizada na CTPS do trabalhador por meio de despacho da autoridade administrativa.

Na hipótese de comparecimento do empregador perante a autoridade administrativa, este poderá: a) proceder espontaneamente à devolução do documento ou a anotação na carteira de trabalho, satisfazendo a pretensão do trabalhador ou do sindicato de classe; b) recusar a fazer as anotações reclamadas, hipótese em que deverá apresentar a sua defesa administrativa no prazo legal de 48 horas, a contar da lavratura do termo de recusa. A autoridade administrativa poderá promover diligências para instruir o feito ou submeter a reclamação a julgamento, se estiver em termos.

O artigo 39 do Diploma Consolidado prevê a suspensão da reclamação administrativa – e possível aplicação de multa – em caso de alegação de ausência de vínculo empregatício, ou sendo impossível a verificação dessas condições por meio administrativo, remetendo-se os autos à Justiça do Trabalho para verificar tal circunstância.

Entretanto, tal dispositivo está em dissonância ao princípio processual da inércia da jurisdição, segundo a qual a provocação do Poder Judiciário deve ser realizada pela parte interessada na solução do conflito, na forma do art. 2º do CPC.

A previsão legal em análise tem raízes na origem administrativa da Justiça do Trabalho. Com a Constituição Federal de 1946 a Justiça do Trabalho deixou de ter natureza administrativa, passando a integrar o Poder Judiciário.

Assim, o juiz não pode exercer a função de ofício, dependendo de iniciativa dos interessados, nem se submete às determinações do Poder Executivo, tendo em vista que os Poderes, embora harmônicos, são independentes entre si (art. 2º da CF).

E mais: a Administração Pública poderá impor multa administrativa ao empregador, com discricionariedade, podendo inclusive executar os atos que praticar, independentemente de manifestação judicial (princípio da autoexecutoriedade)[371].

▸ SEÇÃO VI
DO VALOR DAS ANOTAÇÕES

Art. 40. A CTPS regularmente emitida e anotada servirá de prova: (Redação dada pela Lei nº 13.874, de 2019)

I – Nos casos de dissídio na Justiça do Trabalho entre a empresa e o empregado por motivo de salário, férias ou tempo de serviço;

II – (revogado); (Redação dada pela Lei nº 13.874, de 2019)

III – Para cálculo de indenização por acidente do trabalho ou moléstia profissional.

COMENTÁRIOS (ART. 40)

A carteira de trabalho é um documento de identificação do trabalhador, obrigatório, cujas anotações servem de prova da existência do contrato individual de trabalho (art. 456 da CLT), o tempo de serviço, salário, experiência profissional.

370 Carvalho Filho, José dos Santos. Manual de Direito Administrativo – 33. ed. – São Paulo: Atlas, 2019.

371 Neste ponto, José dos Santos Carvalho Filho explica que "a autoexecutoriedade não depende de autorização de qualquer outro Poder, desde que a lei autorize o administrador a praticar o ato de forma imediata. Assim, acertada a decisão segundo a qual, no exercício de poder de polícia administrativa, não depende a Administração da intervenção de outro poder para torná-lo efetivo" (in Manual de Direito Administrativo, 2019).

No Direito do Trabalho a verdade real prevalece sobre a verdade formal. A realidade dos fatos prevalece sobre os documentos. Partindo dessa premissa, as anotações da carteira de trabalho não possuem presunção absoluta de veracidade (*juris et jure*), mas, sim, relativa (*juris tantum*), sendo possível a produção de prova em sentido em contrário. Nesse sentido a Súmula 12 do TST e a Súmula 225 do STF.

A CTPS também serve de prova junto à Previdência Social[372]. A anotação na CTPS decorrente de sentença trabalhista homologatória constitui início de prova material para fins previdenciários (Súmula 31 da Turma Nacional de Uniformização). Tal como ocorre no Direito do Trabalho, as anotações da CTPS gozam de presunção relativa de veracidade, formando prova suficiente de tempo de serviço para fins previdenciários, ainda que a anotação de vínculo de emprego não conste no Cadastro Nacional de Informações Sociais (CNIS), quando não houver defeito formal que lhe comprometa a fidedignidade (Súmula 75 da TNU).

1. JURISPRUDÊNCIA

▶ SALÁRIO "POR FORA". ANÁLISE DAS PROVAS. As anotações constantes da CTPS gozam de presunção relativa de veracidade, conforme dispõem o art. 40 da CLT e a Súmula nº 12 do TST. Noutro dizer, elas prescindem de qualquer prova para o seu acatamento, atribuindo-se, pois, o ônus para aquele que alega fato divergente daquelas informações. Ressalva-se, contudo, que a presunção é relativa, o que admite prova em contrário. No caso, pode-se concluir, por meio de presunção obtida de prova indireta ou indiciária (art. 212, IV, do CC), que o valor constante do comprovante bancário em favor da ex-cônjuge do autor corresponde a 30% do valor mensal creditado ao autor, tal como ordenou o Juízo da Família, da Infância, da Juventude e do Idoso. [...].

(TRT-1 – RO: 00116461620155010038 RJ, Relator: EDUARDO HENRIQUE RAYMUNDO VON ADAMOVICH, Data de Julgamento: 09/08/2017, Segunda Turma, Data de Publicação: 26/08/2017)

▶ TEMPO DE SERVIÇO. REMUNERAÇÃO. CTPS. PRESUNÇÃO RELATIVA DE VALIDADE. Em matéria de tempo de serviço e de remuneração, a anotação da CTPS tem presunção relativa de veracidade (art. 40, I, da CLT), de forma que o empregado só consegue infirmá-la por meio de prova robusta.

(TRT-3 – RO: 00108904820185030134 0010890-48.2018.5.03.0134, Relator: Taisa Maria M. de Lima, Decima Turma)

▶ DESVIO DE FUNÇÃO. DIFERENÇAS SALARIAIS. ÔNUS DA PROVA. FATOS NÃO COMPROVADOS. As anotações na CTPS gozam de presunção relativa de veracidade, nos termos do art. 40 da CLT e Súmula nº 12 do TST. Nesse contexto, infere-se que é ônus do autor demonstrar que houve o desvio de função, por se tratar de fato constitutivo do seu direito, de acordo com o art. 818 da CLT e o art. 373, I, do CPC. No caso, o reclamante não demonstrou que exercera a função de motociclista. Nego provimento.

(TRT-1 – RO: 01003727520195010021 RJ, Relator: MARCOS PINTO DA CRUZ, Data de Julgamento: 04/02/2020, Quarta Turma, Data de Publicação: 12/02/2020)

▶ INÍCIO DO CONTRATO DE TRABALHO. RETIFICAÇÃO DA CTPS. Diante da presunção relativa que advém dos registros constantes da CTPS do empregado, conforme art. 40, da CLT e Súmula 12 do TST, o ônus da prova quanto ao início do contrato de trabalho em data diversa daquela registrada compete ao autor, por se tratar de fato constitutivo de seu direito (art. 818, da CLT e art. 373, I, do CPC), o que não ocorreu na hipótese.

(TRT-3 – RO: 00118673520175030050 0011867-35.2017.5.03.0050, Relator: Convocado Ricardo Marcelo Silva, Decima Primeira Turma)

▶ SEÇÃO VII
DOS LIVROS DE REGISTRO DE EMPREGADOS

Art. 41. Em todas as atividades será obrigatório para o empregador o registro dos respectivos trabalhadores, podendo ser adotados livros, fichas ou sistema eletrônico, conforme instruções a serem expedidas pelo Ministério do Trabalho.

Parágrafo único – Além da qualificação civil ou profissional de cada trabalhador, deverão ser anotados todos os dados relativos à sua admissão no emprego, duração e efetividade do trabalho, a férias, acidentes e demais circunstâncias que interessem à proteção do trabalhador.

COMENTÁRIOS (ART. 41)

1. LIVROS DE REGISTRO DE EMPREGADOS

O livro de registro de empregados é o documento obrigatório no qual o empregador mantém a escrituração de todos os trabalhadores admitidos pela empresa. Esse documento ficará em posse do empregador.

A Portaria nº 41 de 28 de março de 2007 do Ministério do Trabalho e Previdência (recriado pela MP n. 1.058/21, convertida na Lei 14.261/2021) que regulava o presente dispositivo, prescrevia que o livro de registro de empregados conterá: a) nome do empregado, data de nascimento, filiação, nacionalidade e naturalidade; b) número e série da Carteira de Trabalho e Previdência Social – CTPS; c) número de identificação do cadastro no Programa de Integração Social (PIS) ou no Programa de Formação do Patrimônio do Serviço Público (PASEP); d) data de admissão; e) cargo e função; f) remuneração; g) jornada de trabalho; h) férias; e, i) acidente do trabalho e doenças profissionais, quando houver.

Esse documento fica em posse do empregador. Se de um lado a carteira de trabalho é um documento por meio do qual o empregado comprove a existência da relação de trabalho e o histórico-laboral, do outro, o livro de registro de empregados permite ao empregador provar o histórico de contratos de trabalhos (ativos, suspensos, interrompidos e extintos), o

[372] A Instrução Normativa nº 77 do INSS, em seu art. 10, inciso I, preceitua que a comprovação do vínculo e das remunerações do empregado urbano ou rural, será realizada pela apresentação da Carteira Profissional (CP) ou Carteira de Trabalho e Previdência Social (CTPS). Também, será apresentada para caracterizar o exercício de atividade sujeita a condições especiais o segurado empregado ou trabalhador avulso (art. 258, IN nº77); o vínculo com o RGPS certificado pelo ente federativo (art. 474, §3º, I, IN nº77).

Decreto-Lei 5.452/1943

detalhamento do histórico-laboral de cada trabalhador, assim como a regularidade no cumprimento da legislação trabalhista.

A Portaria 1.195 de 30 de outubro de 2019 da extinta Secretaria Especial de Previdência e Trabalho do Ministério da Economia, instituiu a obrigatoriedade de registro eletrônico dos empregados, por meio das informações prestadas ao Sistema de Escrituração Digital das Obrigações Fiscais, Previdenciárias e Trabalhistas – eSocial, instituído pelo Decreto nº 8.373, de 11 de dezembro de 2014 (art. 1º), sendo vedado, em regra, outros meios de registro (art. 4º)[373].

Com vistas a possibilitar a adequação ao novo sistema, admite-se, ao empregador que optar por não realizar o registro dos empregados por meio eletrônico, a anotação do registro de empregados em livro ou ficha de registro. Esse registro deverá permanecer sob a guarda do empregador, no estabelecimento em que o trabalhador prestar serviços ou estiver vinculado. O prazo de adequação concedido pela autoridade administrativa foi de 1 ano a partir da publicação desta Portaria (art. 5º, §1º, da Portaria 1.195/2019 do ME).

O art. 16 da Lei nº 13.874, de 20 de setembro de 2019 prescreve a implementação gradual do sistema de escrituração digital (eSocial), cujo cronograma, está disposto na Portaria Conjunta 71 de 29 de junho de 2021 da extinta Secretaria Especial de Previdência e Trabalho, e da Secretaria Especial da Receita Federal do Brasil, ambas do Ministério da Economia. A MP n. 1.058/2021 recriou o Ministério do Trabalho e Previdência, que passou a regulamentar a matéria. Em 16 de dezembro de 2021 a MP foi convertida na Lei 14.261.

A comprovação do cumprimento das obrigações previstas na referida Portaria se dará pelo número do recibo eletrônico emitido pelo eSocial quando da recepção e validação do evento correspondente.

Seja a escrituração física ou digital, o empregador estará sujeito à fiscalização pelo Auditor Fiscal do Trabalho, de modo que deverá manter as informações atualizadas e os registros regulares.

Cabe ressaltar, por fim, que tanto a Portaria nº 41 de 28 de março de 2007, quanto a Portaria 1.195 de 30 de outubro de 2019, proíbem expressamente o empregador, na contratação ou na manutenção do emprego do trabalhador, exigir quaisquer documentos discriminatórios ou obstativos para a contratação, especialmente certidão negativa de reclamatória trabalhista, teste, exame, perícia, laudo, atestado ou declaração relativos à esterilização ou a estado de gravidez.

Art. 42. (Revogada pela Lei nº 10.243, de 19.6.2001)

Arts. 43 e 44. (Revogados pela Lei nº 7.855, de 24.10.1989)

Arts. 45 e 46. (Revogados pelo Decreto-Lei nº 229, de 28.2.1967)

Art. 47. O empregador que mantiver empregado não registrado nos termos do art. 41 desta Consolidação ficará sujeito a multa no valor de R$ 3.000,00 (três mil reais) por empregado não registrado, acrescido de igual valor em cada reincidência. (Redação dada pela Lei nº 13.467, de 2017)

§ 1º Especificamente quanto à infração a que se refere o **caput** deste artigo, o valor final da multa aplicada será de R$ 800,00 (oitocentos reais) por empregado não registrado, quando se tratar de microempresa ou empresa de pequeno porte. (Incluído pela Lei nº 13.467, de 2017)

§ 2º A infração de que trata o **caput** deste artigo constitui exceção ao critério da dupla visita. (Incluído pela Lei nº 13.467, de 2017)

Art. 47-A. Na hipótese de não serem informados os dados a que se refere o parágrafo único do art. 41 desta Consolidação, o empregador ficará sujeito à multa de R$ 600,00 (seiscentos reais) por empregado prejudicado. (Incluído pela Lei nº 13.467, de 2017)

COMENTÁRIOS (ARTS. 47 E 47-A)

1. AUSÊNCIA DE REGISTRO: VALOR DA MULTA

O texto original do dispositivo em análise prescrevia a imposição de multa no valor de cinquenta a cinco mil cruzeiros, em caso de falta do registo dos empregados ou infrações cometidas com relação ao registro.

O valor da multa sofreu diversas alterações ao longo dos anos:

i) o Decreto-lei nº 229, de 28.2.1967, estabelecia multa no valor igual a 1 salário-mínimo regional, por empregado não registrado, acrescido de igual valor em cada reincidência;

ii) a Lei nº 6.986/82 majorou em 10 vezes o valor das multas administrativas por violação aos preceitos da Consolidação das Leis do Trabalho, bem como alterou a denominação da categoria responsável pela fiscalização – até então chamados de Inspetor do Trabalho – passando a ser designados como "Fiscal do Trabalho";

iii) a Lei 7.855/89, alterou os valores das multas trabalhistas, de forma que as infrações eram

373 Portaria 1.195 de 30 de outubro de 2019 da Secretaria Especial de Previdência e trabalho do Ministério da Economia – Art. 4º Para a utilização de sistema de registro eletrônico de empregados previsto no art. 41 da CLT é obrigatório o uso do eSocial, vedados, vedados outros meios de registro.

punidas com multas de valor igual a 160 BTN por empregado em situação irregular;

iv) A Lei nº 8.383, de 30 de dezembro de 1991, instituiu a Unidade Fiscal de Referência – UFIR, como medida de valor e atualização monetária de multas e penalidades de qualquer natureza. Os critérios para a gradação das multas administrativas variáveis, inclusive a do art. 47 da CLT, foram definidas pela Portaria 290 de 18 de abril de 1997, do Ministério do Trabalho e Previdência (recriado pela Lei nº 14.261, de 16 de dezembro de 2021). Como medida complementar ao Plano Real, previstas na Lei 10.192/2001, os valores expressos em UFIR foram extintos em 27 de outubro de 2000 (art. 6º). O cálculo da multa passou a ser efetuado com base no valor da UFIR fixado para o ano de 2000: R$ 1,0641.

A Reforma Trabalhista (Lei 13.467/2017) alterou novamente este dispositivo, estabelecendo multa administrativa no valor de R$ 3.000,00, por cada empregado não registrado pelo empregador, em descumprimento ao preceito contido no art. 41 da CLT, ou seja, a falta de anotação do contrato de trabalho na Ficha ou Livro de Registro de Empregados. Em caso de reincidência o valor da multa será dobrado.

Nesse aspecto, a microempresa e a empresa de pequeno porte receberam tratamento diferenciado e favorecido, em caso de infração às normas relacionadas ao registro dos empregados. A penalidade aplicada é mais branda, comparada às demais sociedade empresária, isso porque a sanção imposta será no valor final de R$ 800,00 por empregado não registrado.

Pela regra anterior, a multa administrativa era aplicada ao empregador pessoa jurídica de forma equivalente, independentemente do tipo societário, havendo, portanto, igualdade entre as partes perante a lei (igualdade formal). Contudo, ao estabelecer tratamento jurídico diferenciado às microempresas ou empresas de pequeno porte, o legislador atendeu aos ditames do art. 170, inciso IX, e art. 179 da Constituição Federal, na medida em que propiciou igualdade de condições para que empresas de diferentes tipos societários possam concorrer entre si de forma isonômica (igualdade material).

Fernando Facury Scaff e Luma Cavaleiro de Macedo Scaff advertem que "*as micro e pequenas empresas se apresentam como um importante sustentáculo na criação de empregos e na circulação de riquezas e do crédito. Daí o legislador se preocupar em propiciar condições jurídicas razoáveis que permitam a sua participação no mercado. A norma inserta nesse inciso IX estabelece este tipo de obrigação isonômica*"[374].

No âmbito infraconstitucional a Lei Complementar 123/2006, denominada de Estatuto ou Lei Geral das Pequenas e Microempresas, ou Lei do Supersimples, estabelece algumas medidas de simplificação das relações de trabalho. Mas, nada prevê acerca das penalidades administrativas.

Portanto, o legislador reformista agiu com acerto ao instituir tratamento diferenciado às microempresas e empresas de pequeno porte, pois estas são economicamente mais vulneráveis em relação às demais espécies societárias.

Identificada a infração às regras de registro dos empregados, o Auditor Fiscal de Trabalho poderá autuar o empregador independentemente do critério da "dupla visita". Segundo esse critério – inaplicável à situação ora analisada – o Auditor Fiscal do Trabalho ao identificar uma irregularidade na "primeira visita", deve orientar o empregador a proceder a adequação às normas trabalhistas em vigor. Do contrário, na segunda visita, se o empregador não sanar as irregularidades ou justificar a impossibilidade de realiza-la, a autoridade fiscalizadora pode autuar o infrator.

E mais: se o empregador deixar de informar a admissão no emprego, duração e efetividade do trabalho, a férias, acidentes e demais circunstâncias que interessem à proteção do trabalhador, estará sujeito à multa no valor de R$ 600,00 por empregado prejudicado (art. 47-A da CLT). O registro de empregado por meio eletrônico – através do eSocial – deve sempre ser mantido com as informações corretas e atualizadas, de acordo com os ditames do art. 2º da Portaria nº 1.195, de 30 de outubro de 2019, da extinta Secretaria Especial de Previdência e Trabalho do Ministério da Economia, constituindo infração a omissão ou prestação de declaração falsa ou inexata (art. 2º, §3º, da Portaria nº 1.195/2019 da SEPT do ME). A Lei nº 14.261, de 16 de dezembro de 2021, resultante da conversão da Medida Provisória n. 1.058/2021 em lei, recriou o Ministério do Trabalho e Previdência que passou a ser competente para regular a matéria e a fiscalização do cumprimento dessas obrigações.

O Decreto n. 10.854, de 10 de novembro de 2021, instituiu o Marco Regulatório Trabalhista Infralegal, alterando significativamente processo administrativo e fiscalizatório trabalhista. Criou um Programa Permanente de Consolidação, Simplificação e Desburocratização de Normas Trabalhistas Infralegais,

374 J. J. Gomes Canotilho; Ingo Wolfgang Sarlet; Lenio Luiz Streck; Gilmar Ferreira Mendes. *Comentários à Constituição do Brasil* – 2. ed. – São Paulo: Saraiva Educação, 2018. (Série IDP). P. 3308

Decreto-Lei 5.452/1943

tendo como consequência a compilação e alteração de diversas portarias ministeriais e instruções normativas que versavam sobre o tema, bem como conferiu a atribuição de imposição de multas administrativas previstas na legislação trabalhista às Unidades Regionais de Multas e Recursos, com possibilidade de revisão dos atos decisórios pela Coordenação-Geral de Recursos, sem retirar os poderes fiscalizatórios conferidos aos Auditores-Fiscais do Trabalho (art. 20 e 21 do Decreto n. 20.854/2021).

A Portaria n. 667, de 8 de novembro de 2021,do Ministério do Trabalho e Previdência, passou a regulamentar, entre outros assuntos, a imposição de multas administrativas previstas na legislação trabalhista. Em seu Anexo I apresenta uma Tabela das Multas Administrativas com Critérios Fixos de Cálculo, contemplando os valores em reais devido em caso de descumprimento das normas previstas nesse capítulo:

ANEXO I*
Tabela das Multas Administrativas com Critérios Fixos de Cálculo
(Valores em Reais - R$)

Natureza	Capitulação da infração	Base legal	Critério	Observações
Obrigatoriedade da CTPS	CLT, art.13	CLT, art. 55	R$ 402,53	
Anotação desabonadora na CTPS	CLT, art. 29, § 4º	CLT, art. 29, § 5º, c/c art. 52	R$ 201,27	
Falta registro de empregado - Lei nº 13.467, de 2017	CLT, art. 41	CLT, art. 47	R$ 3.000,00	Por empregado não registrado, acrescido de igual valor em cada reincidência
Falta registro de empregado - Lei nº 13.467, de 2017 - ME/EPP	CLT, art. 41	CLT, art. 47, §1º	R$ 800,00	Por empregado não registrado, acrescido de igual valor em cada reincidência
Falta de atualização ou preenchimento incompleto LRE/FRE - Lei nº 13.467, de 2017	CLT, art. 41, parágrafo único	CLT, art. 47-A	R$ 600,00	Por empregado prejudicado
Venda CTPS (igual ou semelhante)	CLT, art. 51	CLT, art. 51	R$ 1.207,60	
Extravios ou inutilização CTPS	CLT, art. 52	CLT, art. 52	R$ 201,27	

*Versão parcial da tabela. Contempla somente as multas previstas no capítulo em análise.

2. JURISPRUDÊNCIA

▶ MULTAS DOS ARTIGOS 47, § 1º, E 47-A DA CLT. Incabível o recebimento das multas dos artigos 47, § 1º, e 47-A da CLT, por se tratarem de penalidades de natureza administrativa, de imposição pelas autoridades de fiscalização, conforme art. 48 da CLT. [...].
(TRT-10 – RO: 00004136920205100111 DF, Data de Julgamento: 23/09/2020, Data de Publicação: 29/09/2020)

▶ INSTITUIÇÃO DE ENSINO. MONITORES. LIAME DE EMPREGO. RECONHECIMENTO. AUTUAÇÃO. FISCAL DO TRABALHO. LEGITIMIDADE. O requisito da continuidade da prestação do serviço, na forma de uma quantidade mínima de dias de trabalho na semana, é específica da categoria dos domésticos (art. 1º, Lei Complementar 150/2015). Para os demais trabalhadores, o que se exige é a não eventualidade, que não se confunde com continuidade. Constatando-se que a prestação de serviços dos monitores ocorria uma ou duas vezes por semana, de forma permanente e obrigatória, a não eventualidade estava presente e, uma vez constatada também a subordinação, pessoalidade e onerosidade, infere-se que a relação jurídica está enquadrada no art. 3º da CLT. Desse modo, verificada a ausência dos registros pertinentes, é legítima a autuação efetivada pelo Auditor-Fiscal, por infração ao art. 41, caput, c/c art. 47, § 1º, da Consolidação das Leis do Trabalho.
(TRT-13 – RO: 00001624020195130002 0000162-40.2019.5.13.0002, Data de Julgamento: 18/08/2020, 2ª Turma, Data de Publicação: 27/08/2020)

▶ COMPETÊNCIA DOS AUDITORES FISCAIS – Aos Auditores Fiscais do Trabalho compete a fiscalização do cumprimento das normas de proteção ao trabalho, por expressa disposição do art. 626 da CLT. De outra face, a competência jurisdicional atribuída à Justiça do Trabalho não interfere no exercício do poder de polícia, típico da Autoridade Administrativa que aplicou a multa impugnada. As referidas funções não se excluem, ao revés, se completam, no sentido de que contribuem para a observância do princípio da legalidade, característica do Estado Democrático de Direito, que tem por finalidade a promoção do bem comum e do interesse público. Assim, quando a Autoridade Administrativa conclui pela ilegalidade de determinada conduta, não é necessário que recorra ao Poder Judiciário para praticar o ato administrativo destinado a reprimir o que considerou infração legal, quando já está autorizado a fazê-lo, por lei, (princípio da legalidade). O fato de os atos administrativos decorrentes do exercício do poder de polícia estarem sujeitos à anulação pelos órgãos judiciais decorre da amplitude da função jurisdicional (nenhum ato poderá ser excluído da apreciação do Poder Judiciário), já que atuam como competentes para a solução de certos conflitos de interesses, dos quais são titulares todas as pessoas físicas e jurídicas. INFRAÇÃO TRABALHISTA. Verificada a infração trabalhista, a lavratura do auto respectivo é mero corolário. A autuação é imperativo legal, nos termos do art. 628 da CLT, e a penalidade imposta encontra amparo no art. 47 da CLT.
(TRT-3 – RO: 00109034920185030004 MG 0010903-49.2018.5.03.0004, Relator: Luiz Otavio Linhares Renault, Data de Julgamento: 12/06/2020,

Primeira Turma, Data de Publicação: 17/06/2020. DEJT/TRT3/Cad.Jud. Página 576. Boletim: Não.)

AÇÃO ANULATÓRIA DE AUTO DE INFRAÇÃO. Caso em que o auto de infração lavrado por autoridade competente do Ministério do Trabalho deve ser mantido, em observância aos artigos 41 e 47 da CLT, já que a empresa não comprovou a regularidade na contratação de trabalhadores. Entretanto, o valor fixado a título de multa merece ser reduzido, em observância à proporcionalidade.

(TRT-4 – ROT: 00212073320165040301, Data de Julgamento: 01/04/2020, 3ª Turma)

▶ RECURSO DA OBREIRA. MULTA ADMINISTRATIVA. ART. 47 DA CLT. A multa consignada no art. 47 da CLT é de natureza administrativa a ser cobrada pelo Ministério do Trabalho e Emprego em procedimento próprio. E tanto é assim e de tal forma que essa penalidade não se submete ao critério da dupla visita do Agente Público, como se infere do teor da dicção do § 2º do mesmo dispositivo legal. Recuso da Reclamante ao qual se nega provimento, no particular. (Processo: ROT – 0000005-56.2019.5.06.0004, Redator: Eneida Melo Correia de Araujo, Data de julgamento: 31/03/2020, Segunda Turma, Data da assinatura: 31/03/2020)

(TRT-6 – RO: 00000055620195060004, Data de Julgamento: 31/03/2020, Segunda Turma)

▶ RETENÇÃO DA CTPS E APLICAÇÃO DE MULTA. 1.1. A aplicação de precedente normativo da SDC, do c. TST, se dá apenas para a criação de direito no âmbito de lide coletiva, com base no poder normativo da Justiça do Trabalho. Não tem incidência em dissídio individual para respaldar pretensão indenizatória, sobretudo em razão da ausência de sentença normativa ou norma coletiva da categoria que imponha a penalidade em questão. 1.2. Não cabe à Justiça do Trabalho condenar o empregador em sanção de caráter administrativo em favor do empregado, a exemplo daquelas previstas nos arts. 47, 53 e 201 da CLT, sendo tal medida da competência exclusiva dos órgãos de fiscalização, não reversíveis ao trabalhador. A intervenção jurisdicional se restringe à análise da legalidade da multa aplicada a esse título, e a respectiva execução, nos estritos termos do art. 114, inc. VII, da Carta Magna. 1.3. Precedentes do c. TST. Recurso ordinário desprovido. [...].

(TRT-1 – RO: 00112291520155010248 RJ, Relator: ALEXANDRE TEIXEIRA DE FREITAS BASTOS CUNHA, Data de Julgamento: 24/09/2019, Quarta Turma, Data de Publicação: 28/09/2019)

▶ VÍNCULO DE EMPREGO. MEDIDA A SER ADOTADA. A relação de emprego existente entre as partes não foi anotada pelo reclamado na CTPS do reclamante, o que significa dizer foi descumprida a obrigação que o art. 41 da CLT impõe aos empregadores. A CLT comina a pena de multa para a hipótese de não anotação da CTPS do trabalhador pelo empregador (art. 47) ou de sua anotação incompleta (art. 47-A). A aplicação de tal penalidade, consoante resulta do art. 48 da CLT, compete ao Ministério do Trabalho, por meio das Superintendências Regionais do Trabalho. Deste modo, devem ser determinadas as medidas necessárias para a aplicação da penalidade cominada pela CLT, sendo relevante anotar que a decisão judicial constitui elemento de convicção suficiente para a ação dos órgãos de fiscalização do cumprimento da legislação trabalhista, ficando a autoridade competente, portanto, isenta de qualquer outro procedimento visando à apuração da penalidade em questão. Assim, transitada em julgado a decisão, deve a Secretaria da Vara de origem oficiar a Seção de Fiscalização do Trabalho do Ministério do Trabalho, na rua dos Tamoios, n. 596, 11º andar, Centro, Belo Horizonte, para, em razão da presente decisão judicial, promover a lavratura do auto de infração relativo ao descumprimento da obrigação de anotação da CTPS imposta aos empregadores pelo art. 41 da CLT, para efeito de aplicação da multa cominada no art. 47 da CLT, bem como adotar todas as medidas necessárias à imposição da multa em questão. Anoto que deve aplicado pela autoridade competente o acréscimo do valor da multa no caso de ser constatada, em seus registros, a reincidência do (a) reclamado (a), nos termos do art. 47, caput, parte final, da CLT e, se for o caso, procedida à redução de que trata o art. 47, § 1º, da CLT, registrando, porém, que microempresas e empresas de pequeno porte estão sujeitas ao acréscimo estabelecido pelo art. 47, caput, parte, da CLT, porquanto o único benefício que lhe foi reconhecido diz respeito à redução do valor da multa em destaque, valendo lembrar que as normas que estabelecem privilégios devem ser interpretadas restritivamente. Devem acompanhar o ofício, cópia da petição inicial, da sentença proferida e da presente decisão.

(TRT-3 – RO: 00105514720165030009 MG 0010551-47.2016.5.03.0009, Relator: Cleber Lucio de Almeida, Data de Julgamento: 11/12/2018, Sétima Turma, Data de Publicação: 11/12/2018. DEJT/TRT3/Cad.Jud. Página 1541. Boletim: Não.)

▶ COMPETÊNCIA DO MINISTÉRIO DO TRABALHO PARA RECONHECIMENTO DO VÍNCULO DE EMPREGO. MULTA PREVISTA NO ART. 47 DA CLT. A União Federal, agindo por intermédio do Ministério do Trabalho e Emprego, detém competência para fiscalizar e aplicar as sanções previstas em lei, sempre que verificar o descumprimento das disposições legais e regulamentares, inclusive as relacionadas à segurança e à saúde no trabalho, no âmbito das relações de trabalho e de emprego.

(TRT-3 – RO: 01811201413903002 MG 0001811-69.2014.5.03.0139, Relator: Paula Oliveira Cantelli, Quarta Turma, Data de Publicação: 02/10/2017.)

▶ IRREGULARIDADE TRABALHISTA. AUTO DE INFRAÇÃO. Verificada a irregularidade trabalhista a lavratura do auto de infração é mero corolário. A autuação é imperativo legal, nos termos do art. 628 da CLT e a penalidade imposta encontra amparo no art. 47 da CLT.

(TRT-3 – RO: 00102901420155030140 MG 0010290-14.2015.5.03.0140, Relator: Luiz Otavio Linhares Renault, Data de Julgamento: 05/10/2016, Primeira Turma, Data de Publicação: 13/10/2016.)

Art. 48. As multas previstas nesta Seção serão aplicadas pela autoridade de primeira instância no Distrito Federal, e pelas autoridades regionais do Ministério do Trabalho, Industria e Comercio, nos Estados e no Território do Acre.

COMENTÁRIOS (ART. 48)

A Lei Maior estabelece que compete à União organizar, manter e executar a inspeção do trabalho (art. 21, inciso XXIV, da CF). A CLT trata da Fiscalização do Trabalho, da autuação e da imposição das multas (arts. 626 a 642) em capítulo próprio. Estabelece condições para a efetiva fiscalização e desenvolvimento desta atividade, assegurando a aplicação das normas e a proteção dos trabalhadores no exercício da profissão.

A atividade de fiscalização do trabalho em todo o território nacional é atribuição da Subsecretaria de Inspeção do Trabalho (SIT), vinculada ao Ministério do Trabalho e Previdência (recriado pela MP n. 1.058/2021, convertida na Lei 14.261/2021).

A Subsecretaria de Inspeção do Trabalho (SIT), por sua vez, delega a coordenação e execução da atividade de fiscalização ao Departamento de Fiscalização do Trabalho (DEFIT), por meio de diferentes Divisões, vejamos: a) Divisão de Fiscalização de FGTS, contribuição social e contribuição sindical (DFGTS); b) Divisão de Fiscalização para a Erradicação do Trabalho Infantil e Promoção da Aprendizagem (DETIPA); c) Divisão de Fiscalização para inclusão de Pessoas com Deficiência e Combate à Discriminação no Trabalho (DPcD); d) Divisão de Fiscalização para Erradicação de Trabalho em Condições Análogas à de Escravo (DETRAE).

No âmbito estadual a atividade é supervisionada pelas Superintendências Regionais do Trabalho, subdivididas em Gerências e Agencias Regionais, no âmbito dos municípios, são órgãos responsáveis por fiscalizar o cumprimento das leis trabalhistas, através de Auditores Fiscais do Trabalho com poder de aplicar multas aos empregadores, bem como interditar estabelecimentos.

Os auditores fiscais do trabalho são regulamentados pelas Leis nº 10.593, de 6 de dezembro de 2002 e 11.457, de 16 de março de 2007. O servidor público ocupante deste cargo tem a atribuição de garantir, em todo o território nacional:

a) o cumprimento de disposições legais e regulamentares, inclusive as relacionadas à segurança e à medicina do trabalho, no âmbito das relações de trabalho e de emprego;

b) a verificação dos registros em CTPS (física e digital), objetivando a redução da informalidade;

c) a verificação do recolhimento e a constituição e o lançamento dos créditos referentes ao Fundo de Garantia do Tempo de Serviço (FGTS) e à contribuição previdenciárias, para aumentar a arrecadação;

d) cumprimento de acordos, convenções e contratos coletivos de trabalho;

e) o respeito aos acordos, tratados e convenções internacionais;

f) a lavratura de auto de apreensão e guarda de documentos, materiais, livros e assemelhados, para verificação da existência de fraude e irregularidades, bem como o exame da contabilidade das empresas;

g) a verificação do recolhimento e a constituição e o lançamento dos créditos decorrentes da cota-parte da contribuição sindical urbana e rural.

h) a verificação do cumprimento das normas que regem o trabalho do empregado doméstico, no âmbito do domicílio do empregador.

i) embargo de obra e interdição de setor de serviço e estabelecimento, quando verificado risco grave e iminente à saúde e segurança do trabalhador;

j) o combate às formas contemporâneas de trabalho escravo;

k) combate ao trabalho infantil;

l) promoção da inserção de pessoas com deficiência no mercado de trabalho.

As atribuições privativas do cargo de auditor fiscal do trabalho são regulamentadas pelo Poder Executivo – Ministério do Trabalho e Previdência, recriado pela MP n. 1.058/2021, convertida na Lei 14.261/2021 – podendo designar outras, desde que compatíveis com a atividade de auditoria e fiscalização.

1. PRECEDENTES ADMINISTRATIVOS DA COORDENAÇÃO GERAL DE RECURSOS (CGR) DA SUBSECRETARIA DE INSPEÇÃO DO TRABALHO (SIT)

1. PRECEDENTE ADMINISTRATIVO N.º 1 FGTS. PARCELAMENTO. FALTA DE RECOLHIMENTO DO PERCENTUAL DE 8% SOBRE PARTE DA REMUNERAÇÃO DEVIDA. A comprovação do recolhimento das competências notificadas ou da concessão de parcelamento de débito efetivados antes da lavratura da notificação acarreta sua declaração de insubsistência. Já o simples pedido de parcelamento do débito junto à Caixa Econômica Federal – CEF, sem a formalização de sua concessão, não impede o ato fiscalizador, tampouco a lavratura da notificação de débito. REFERÊNCIA NORMATIVA: Art. 31, §1º da Portaria MTb n.º 148, de 25 de janeiro de 1996.

2. PRECEDENTE ADMINISTRATIVO N.º 2 AUTO DE INFRAÇÃO. LAVRATURA FORA DO LOCAL DE INSPEÇÃO. CONSEQÜÊNCIA. Não acarreta nulidade a falta de justificativa, no próprio auto de infração, do porquê de sua lavratura fora do local de inspeção, pois trata-se de formalidade que não é da essência do ato. Também a lavratura fora do prazo de 24 horas ou protocolo fora do prazo de 48 horas não acarretam nulidade, mas podem ensejar responsabilização administrativa do Auditor – Fiscal do Trabalho. REFERÊNCIA NORMATIVA: Art. 629, §1º da CLT. (Revogado pelo Ato Declaratório nº 05, de 27 de junho de 2002)

3. PRECEDENTE ADMINISTRATIVO N.º 3 FGTS. VALE-TRANSPORTE. FALTA DE RECOLHIMENTO DO PERCENTUAL DE 8% SOBRE PARTE DA REMUNERAÇÃO DEVIDA. O vale-transporte não terá natureza salarial, não se incorporará à remuneração para quaisquer efeitos e tampouco constituirá base de incidência do FGTS, desde que fornecido de acordo com o disposto no art. 2º, II da Lei nº 7418/85. O vale-transporte pago em dinheiro tem natureza salarial e repercussão no FGTS. REFERÊNCIA NORMATIVA: art. 2º e alíneas, da Lei n.º 7.418, de 16 de dezembro de 1985 e art. 5º e 6º Decreto n.º 95.247, de 17 de novembro de 1987.

4. PRECEDENTE ADMINISTRATIVO N.º 4 (Cancelado pelo Ato Declaratório SIT 15, de 2017). **FGTS. DEPÓSITO APÓS LAVRATURA DA NOTIFICAÇÃO PARA DEPÓSITO DO FGTS -NDFG.** A defesa a auto de infração lavrado por deixar o empregador de efetuar os depósitos fundiários, com os acréscimos legais, após notificado pela fiscalização, deve limitar-se à comprovação de parcelamento ou pagamento correspondente. A discussão acerca do mérito sobre a existência ou acerto do débito apurado encerra-se com o processo de Notificação para Depósito do FGTS -NDFG que lhe deu origem. REFERÊNCIA NORMATIVA: Art. 23, § 1º, inciso V da Lei nº 8.036, de 11 de maio de 1990.

5. PRECEDENTE ADMINISTRATIVO Nº 5 (Cancelado pelo Ato Declaratório n.º 10, de 03 de agosto de 2009) SUCESSÃO TRABALHISTA. Não prospera a alegação de que a infração tenha ocorrido quando o vínculo de emprego existia com o empregador anterior. Caracterizada a sucessão, o novo empregador assume os ônus trabalhistas. REFERÊNCIA NORMATIVA : art. 448 da CLT.

6. PRECEDENTE ADMINISTRATIVO Nº 6 FGTS. GRATIFICAÇÃO. FALTA DE RECOLHIMENTO DO PERCENTUAL DE 8% SOBRE PARTE DA REMUNERAÇÃO DEVIDA. A gratificação, bem como comissões, percentagens ou abonos pagos pelo empregador, integram o salário. Consequentemente, são base de cálculo para o FGTS. REFERÊNCIA NORMATIVA: art. 457 e 458 da CLT; Lei nº 8.036/90, art. 15.

7. PRECEDENTE ADMINISTRATIVO Nº 7 RECURSO ADMINISTRATIVO. INTEMPESTIVIDADE. DEPÓSITO RECURSAL DENTRO DO PRAZO. Não é suficiente para o conhecimento do recurso a efetivação do depósito dentro do prazo legal. É necessário que também o recurso administrativo seja aviado no decêndio legal. REFERÊNCIA NORMATIVA: Art. 636 caput e § 1º da CLT e art. 33 da Portaria nº 148, de 25 de janeiro de 1996.

8. PRECEDENTE ADMINISTRATIVO Nº 8 REGISTRO. REPRESENTANTE COMERCIAL. Para a caracterização de atividade autônoma do representante comercial, é imprescindível a comprovação de sua inscrição no Conselho respectivo. REFERÊNCIA NORMATIVA: art. 41, caput da CLT.

9. PRECEDENTE ADMINISTRATIVO Nº 9 AUTORIZAÇÃO PARA O TRABALHO EM FERIADOS NACIONAIS E RELIGIOSOS VIA ACORDO COLETIVO OU CONVENÇÃO COLETIVA DE TRABALHO. NECESSIDADE DE PRÉVIA PERMISSÃO DA AUTORIDADE COMPETENTE EM MATÉRIA DE TRABALHO. Os acordos coletivos ou convenções coletivas de trabalho podem estabelecer as regras de remuneração e/ou compensação para o trabalho em dias feriados, mas não são instrumentos hábeis para afastar a competência da autoridade em matéria de trabalho para exercer o controle do trabalho em tais dias. REFERÊNCIA NORMATIVA: Art. 70 da CLT.

10. PRECEDENTE ADMINISTRATIVO Nº 10 JORNADA. TELEFONISTA DE MESA. Independente do ramo de atividade do empregador, aplica-se o disposto no art. 227 da CLT, e seus parágrafos, ao exercente das funções de telefonista: jornada de seis horas diárias. Inteligência do Enunciado nº 178 do Tribunal Superior do Trabalho – TST. REFERÊNCIA NORMATIVA: art. 227 da CLT.

11. PRECEDENTE ADMINISTRATIVO Nº 11 INSPEÇÃO DO TRABALHO. ROL NÃO TAXATIVO QUANTO AOS DOCUMENTOS NECESSÁRIOS À INSPEÇÃO DO TRABALHO. FITAS DO CAIXA BANCÁRIO. Fitas do caixa bancário são considerados documentos necessários à inspeção do trabalho. O sigilo das informações financeiras é da responsabilidade do Auditor-Fiscal do Trabalho, que também, por lei, deve guardar sigilo profissional. REFERÊNCIA NORMATIVA: art. 630, §§ 3º e 4º da CLT c/c art. 6º do Regulamento da Inspeção do Trabalho – RIT, aprovado pelo Decreto nº 55.841, de 15 de março de 1965.

12. PRECEDENTE ADMINISTRATIVO Nº 12 (Cancelado pelo inciso II do Ato Declaratório nº 06, de 16 de dezembro de 2002.) INSPEÇÃO DO TRABALHO. Notificação para apresentação de documentos em dia certo e hora incerta, caracteriza infração somente quando transcorrer completamente o dia sem a apresentação. REFERÊNCIA NORMATIVA: Art. 630, §§ 3º e 4º da CLT.

13. PRECEDENTE ADMINISTRATIVO Nº 13 INSPEÇÃO DO TRABALHO. EXIBIÇÃO DE DOCUMENTO INEXISTENTE. Desatendida pelo empregador obrigação legal cujo cumprimento se exterioriza em documento não apresentado, cabível a autuação específica e não por falta de apresentação de documentos. Isso porque é impossível a apresentação de documento que só existiria caso cumprida a obrigação. REFERÊNCIA NORMATIVA: Art. 630, §§ 3º e 4º da CLT. (Cancelado pelo inciso II do Ato Declaratório nº 06, de 16 de dezembro de 2002.)

14. PRECEDENTE ADMINISTRATIVO Nº 14 MULTA. VALOR SEM EXPRESSÃO ECONÔMICA. PROCESSAMENTO REGULAR OBRIGATÓRIO. A impossibilidade de impor multa ao infrator em virtude da desatualização ou inexpressividade de seu valor, não obsta o processamento regular do auto de infração e sua declaração de subsistência, uma vez que o instituto da reincidência e a possibilidade de ulterior atualização daquele valor impedem-lhe pronto arquivamento.

15. PRECEDENTE ADMINISTRATIVO Nº 15 SALÁRIO. EMPREGADOR E EQUIPARADOS. ENTIDADES SEM FINS LUCRATIVOS. PRAZO LEGAL. Equiparam-se ao empregador, para os efeitos da relação de emprego, as pessoas e entidades referidas no § 1º do art. 2º da CLT. A partir do momento em que a instituição sem fins lucrativos contrata empregados, assume todas as obrigações dessa relação jurídica, não podendo repassar aos seus empregados o risco de sua atividade. Os salários, portanto, devem ser pagos no prazo legal, sob pena de imposição de sanção administrativa. REFERÊNCIA NORMATIVA: Art. 2º, § 1º da CLT.

16. PRECEDENTE ADMINISTRATIVO Nº 16 (Cancelado pelo Ato Declaratório n.º 10, de 03 de agosto de 2009) INSPEÇÃO EM EMPRESAS SUJEITAS A DUPLA VISITA. CRITÉRIO PARA CONTAGEM DOS PRAZOS CONCEDIDOS. Quando aplicável a concessão do prazo para exibição de documentos, não inferior a dois nem superior a oito dias, sua contagem deve se dar com exclusão do dia do início e inclusão do dia do término, sendo irrelevante o horário em que se procedeu à notificação.

17. PRECEDENTE ADMINISTRATIVO Nº 17 DESCANSO. TRABALHO EM FERIADOS. DECISÃO JUDICIAL. São insubsistentes os autos lavrados contra empregadores amparados por decisão judicial que os permita manter trabalhadores em atividade em dias feriados.

18. PRECEDENTE ADMINISTRATIVO Nº 18 FGTS. NOTIFICAÇÃO PARA DEPÓSITO DO FGTS. NOTIFICAÇÃO PARA DEPÓSITO DO FGTS – NDFG. PAGAMENTOS POSTERIORES AO LEVANTAMENTO. A quitação de valores relativos a competências levantadas em Notificação para Depósito do FGTS – NDFG não acarreta sua improcedência. Cabe ao Agente Operador do Fundo, Caixa Econômica Federal – CEF deduzir os valores pagos a posteriori, quando da verificação de quitação do débito.

19. PRECEDENTE ADMINISTRATIVO Nº 19 FGTS. NOTIFICAÇÃO PARA DEPÓSITO DO FGTS – NDFG. PARCELAMENTO NÃO FORMALIZADO. Não obsta a lavratura da Notificação para Depósito do FGTS – -NDFG processo de parcelamento em andamento junto ao Agente Operador do Fundo, Caixa Econômica Federal CEF, ainda sem a devida formalização. REFERÊNCIA NORMATIVA: Art. 20, § 4º da IN/SIT/MTE nº 17, de 31 de julho de 2000.

20. PRECEDENTE ADMINISTRATIVO Nº 20 (Cancelado pelo Ato Declaratório n.º 10, de 03 de agosto de 2009) FGTS. NOTIFICAÇÃO PARA DEPÓSITO DO FGTS -NDFG. ÔNUS DA PROVA. Os documentos com os quais pretende o notificado fazer prova de suas alegações ou de quitação de débitos devem acompanhar a defesa. Descabe à Administração diligenciar em favor do notificado. REFERÊNCIA NORMATIVA: Art. 24 da Portaria/MTE nº 148, de 25 de janeiro de 1996.

21. PRECEDENTE ADMINISTRATIVO Nº 21 CTPS. INUTILIZAÇÃO. Ao lançar na Carteira de Trabalho e Previdência Social – CTPS anotações prejudiciais ao trabalhador, a empresa tornou aquele documento inútil para uso, mesmo que objetivamente apenas uma das folhas tenha sido inutilizada. Autuação procedente. REFERÊNCIA NORMATIVA: art. 52 CLT.

22. PRECEDENTE ADMINISTRATIVO Nº 22 INSPEÇÃO DO TRABALHO. LIVRE ACESSO. A prerrogativa do Auditor-Fiscal do Trabalho – AFT de ter livre acesso a todas as dependências dos estabelecimentos sujeitos ao regime da legislação trabalhista compreende não só o direito de ingressar mas também o de permanecer no local, para o exercício de sua ação fiscal. REFERÊNCIA NORMATIVA: art. 630, § 3º da CLT.

23. PRECEDENTE ADMINISTRATIVO Nº 23 JORNADA. CONTROLE ALTERNATIVO. Os sistemas alternativos de controle de jornada só podem ser utilizados quando autorizados por convenção ou acordo coletivo. REFERÊNCIA NORMATIVA: art. 7º, XXVI da Constituição Federal, art. 74, § 2º da CLT e Portaria nº 1.120, de 8 de novembro de 1995.

24. PRECEDENTE ADMINISTRATIVO Nº 24 (Cancelado pelo Ato Declaratório SIT 15, de 2017) **REGISTRO. AUTENTICAÇÃO DE LIVRO, FOLHA OU SISTEMA ELETRÔNICO**. Após a edição da Portaria nº 739, de 29 de agosto de 1997, descabe autuação por falta de autenticação do sistema de registro de empregados, no prazo legal, uma vez autorizada a autenticação pelo Auditor-Fiscal do Trabalho quando de sua visita fiscal. A partir da revogação do art. 42 da CLT, a obrigação legal de autenticação deixou de existir. REFERÊNCIA NORMATIVA: art. 42 da CLT, art. 2º, § 2º da Portaria nº 739, de 29 de agosto de 1997, e Lei nº 10.243, de 19 de Junho de 2001.

25. PRECEDENTE ADMINISTRATIVO Nº 25 GRATIFICAÇÃO NATALINA. PRAZO. A lei dispõe que o prazo para pagamento da gratificação natalina é o dia 20 de dezembro de cada ano. Recaindo o dia 20 em domingo ou feriado, o pagamento deve ser antecipado. Não há que se falar em prorrogação para o primeiro dia útil subsequente. REFERÊNCIA NORMATIVA: art. 1° da Lei n° 4.749, de 12 de agosto de 1965.

26. PRECEDENTE ADMINISTRATIVO N° 26 (Cancelado pelo Ato Declaratório n.º 10, de 03 de agosto de 2009) JORNADA. TELEFONISTA. TELEMARKETING. Não se aplica ao operador de telemarketing a proteção especial prevista no art. 227 da CLT, uma vez que é ele um vendedor que busca o objetivo de seu trabalho utilizando-se de aparelho telefônico, diferentemente do telefonista, cuja função é receber e efetuar ligações.

27. PRECEDENTE ADMINISTRATIVO Nº 27 RESCISÃO CONTRATUAL. HOMOLOGAÇÃO. ENTIDADES PÚBLICAS. A União, os Estados e os Municípios, as autarquias e as fundações de direito público que não explorem atividade econômica não estão sujeitos à assistência mencionada no art. 477 da CLT, face à presunção de legitimidade de seus atos. REFERÊNCIA NORMATIVA: art. 1°, I do Decreto-Lei n° 779, de 21 de agosto de 1969 e art. 477 CLT.

28. PRECEDENTE ADMINISTRATIVO N° 28 RESCISÃO CONTRATUAL. PAGAMENTO DE VERBAS FORA DO PRAZO LEGAL. O pagamento da multa em favor do empregado não exime o autuado da multa administrativa, uma vez que são penalidades distintas: a primeira beneficia o empregado, enquanto a segunda destina-se ao Poder Público. REFERÊNCIA NORMATIVA: art. 477, § 8° da CLT.

29. PRECEDENTE ADMINISTRATIVO N° 29 JORNADA. BANCÁRIOS. PRORROGAÇÃO DE JORNADA. INTERVALO PARA REPOUSO OU ALIMENTAÇÃO. Ao estabelecer que a jornada normal de seis horas dos bancários poderá ser excepcionalmente prorrogada até oito horas diárias, observados os preceitos gerais sobre duração do trabalho, o art. 225 da CLT atraiu a incidência da regra do art. 71 do mesmo diploma, que prevê a obrigatoriedade de concessão de intervalo para repouso ou alimentação de, no mínimo uma e, no máximo, duas horas. REFERÊNCIA NORMATIVA: art. 71 e art. 225, ambos da CLT.

30. PRECEDENTE ADMINISTRATIVO N° 30 JORNADA. PRORROGAÇÃO. CONVENÇÃO OU ACORDO COLETIVO. A mera inserção em acordo ou convenção coletiva de cláusula com previsão de percentuais acima de cinquenta por cento para a remuneração das horas extraordinárias, por si só, não autoriza o elastecimento da jornada normal de trabalho. Imprescindível autorização expressa, pois o acessório, exigido pelo § 1° do art. 59, não substitui o principal, cuja obrigação decorre do caput. REFERÊNCIA NORMATIVANA: art. 59 da CLT.

31. PRECEDENTE ADMINISTRATIVO Nº 31 JORNADA. PRORROGAÇÃO. NECESSIDADE IMPERIOSA. I – Os serviços inadiáveis ou cuja inexecução possa acarretar prejuízos manifestos autorizam a prorrogação da jornada apenas até 12 horas, caracterizando-se como tais aqueles que, por impossibilidade decorrente de sua própria natureza, não podem ser paralisados num dia e retomados no seguinte, sem ocasionar prejuízos graves e imediatos. II – Se a paralisação é apenas inconveniente, por acarretar atrasos ou outros transtornos, a necessidade de continuação do trabalho não se caracteriza como imperiosa e o excesso de jornada não se justifica. REFERÊNCIA NORMATIVA: Art. 59, caput e art. 61 da Consolidação das Leis do Trabalho – CLT.

32. PRECEDENTE ADMINISTRATIVO Nº 32 (Cancelado pelo Ato Declaratório n.º 10, de 03 de agosto de 2009) PROCESSUAL. RECURSO INTEMPESTIVO. O recurso administrativo protocolizado fora do prazo não deve ter seu mérito analisado, uma vez que, ausente um dos pressupostos de sua admissibilidade, não pode ser conhecido. O mesmo se aplica à defesa intempestiva. REFERÊNCIA NORMATIVA: Art. 629, § 3º e 636 da Consolidação das Leis do Trabalho – CLT.

33. PRECEDENTE ADMINISTRATIVO Nº 33 JORNADA. PRORROGAÇÃO. EFEITOS DO PAGAMENTO RELATIVO AO TRABALHO EXTRAORDINÁRIO. O pagamento do adicional por serviço extraordinário não elide a infração pela prorrogação de jornada além dos limites legais ou convencionais, uma vez que o serviço extraordinário deve ser remunerado, independentemente de sua licitude. Isso porque as normas limitadoras da jornada visam a evitar males ao trabalhador, protegendo-lhe a saúde e o bem-estar, não se prestando a retribuição pecuniária como substituta da proteção ao bem jurídico. REFERÊNCIA NORMATIVA: Art. 59 da Consolidação das Leis do Trabalho – CLT.

34. PRECEDENTE ADMINISTRATIVO Nº 34 FGTS. CESTA BÁSICA. FALTA DE RECOLHIMENO DO PERCENTUAL DE 8% SOBRE PARTE DA REMUNERAÇÃO DEVIDA. O valor pago pelo empregador ao empregado a título de cesta básica ou outro fornecimento de alimentação realizado à margem do Programa de Alimentação do Trabalhador – PAT deve compor a base de cálculo do FGTS, pois se trata de salário in natura. REFERÊNCIA NORMATIVA: Art. 458 da Consolidação das Leis do Trabalho – CLT e Lei nº 6.321, de 14 de abril de 1976.

35. PRECEDENTE ADMINISTRATIVO Nº 35 SALÁRIO. PAGAMENTO FORA DO PRAZO LEGAL. DIFICULDADES ECONÔMICAS. Dificuldades econômicas do empregador, decorrentes de inadimplemento contratual de clientes, retração de mercado ou de outros transtornos inerentes à atividade empreendedora, não autorizam o atraso no pagamento de salários, uma vez que, salvo exceções expressamente previstas em lei, os riscos do negócio devem ser suportados exclusivamente pelo empregador. REFERÊNCIA NORMATIVA: Art. 2º e art. 459, §1º da Consolidação das Leis do Trabalho – CLT.

36. PRECEDENTE ADMINISTRATIVO Nº 36 REGISTRO DE EMPREGADOS. EMPRESA PÚBLICA E SOCIEDADE DE ECONOMIA MISTA. AUTUAÇÃO CAPITULADA NO ART. 41 DA CONSOLIDAÇÃO DAS LEIS DO TRABALHO-CLT. LEGALIDADE. I – A autuação por falta de registro de empregados em empresas públicas e sociedades de economia mista não contraria o dispositivo constitucional que veda a contratação sem prévia aprovação em concurso público, tampouco as reiteradas decisões judiciais que declaram a nulidade das contratações irregulares. II – Cabe ao Auditor-Fiscal do Trabalho verificar o cumprimento da obrigação legal de formalização do vínculo de emprego quando houver trabalho subordinado e, descumprida a norma, proceder à autuação por falta de registro, independentemente do motivo pelo qual o contrato não se formalizou ou da existência de efeitos contratuais de cunho material e patrimonial, questões cujo controle está afeto a outros órgãos do Executivo e ao Poder Judiciário. REFERÊNCIA NORMATIVA: Art. 2º, 3º, 41 e 626 da CLT; art. 37 e 173 da Constituição Federal de 1988.

37. PRECEDENTE ADMINISTRATIVO Nº 37 RESCISÃO. AJUIZAMENTO DA AÇÃO DE CONSIGNAÇÃO FORA DO PRAZO LEGAL PARA PAGAMENTO DAS VERBAS RESCISÓRIAS. A propositura fora do prazo legal de ação judicial de consignação em pagamento para pagamento das verbas rescisórias não afasta a mora da empresa autuada em relação ao prazo legal para cumprimento da obrigação. REFERÊNCIA NORMATIVA: Art. 477 da Consolidação das Leis do Trabalho – CLT.

38. PRECEDENTE ADMINISTRATIVO Nº 38 INSPEÇÃO DO TRABALHO. ACOMPANHAMENTO DA AÇÃO FISCAL POR REPRESENTANTES DOS TRABALHADORES. Os empregadores estão obrigados a franquear seus estabelecimentos à visita de representantes dos trabalhadores que acompanhem ação de inspeção trabalhista das condições de segurança e saúde do trabalhador. REFERÊNCIA NORMATIVA: Art. 200 da Consolidação das Leis do Trabalho – CLT e Portaria nº 3.214, de 08 de junho de 1978, Norma Regulamentadora – NR 1, item 1.7 alínea "d".

39. PRECEDENTE ADMINISTRATIVO Nº 39 EMPREGADOS EM TABELIONATOS. NATUREZA JURÍDICA DO VÍNCULO. É de natureza celetista o vínculo dos empregados em tabelionatos contratados após a edição da Lei nº 8.935, de 18 de novembro de 1994, bem como o dos servidores admitidos antes da Constituição Federal de 1988 em regime estatutário ou especial que tenham feito opção expressa pelo regime. REFERÊNCIA NORMATIVA: Art. 236 da Constituição Federal de 1988, Art. 32 do Ato das Disposições Constitucionais Transitórias, Lei nº 8.935, de 18 de novembro de 1994, Lei nº 9.534, de 10 de dezembro de 1997, Lei nº 9.812, de 10 de agosto de 1999.

40. PRECEDENTE ADMINISTRATIVO Nº 40 INSPEÇÃO DO TRABALHO. DOCUMENTOS SUJEITOS À FISCALIZAÇÃO. TRANSFERÊNCIA DE EMPREGADO. Os documentos sujeitos a inspeção devem permanecer no local de trabalho do empregado. Em caso de ser o empregado deslocado para prestar serviço em outro estabelecimento da empresa, devem acompanhá-lo para o novo local de trabalho o seu controle de jornada e seus registros funcionais, onde será anotada a respectiva transferência. REFERÊNCIA NORMATIVA: Art. 630, § 4º da Consolidação das Leis do Trabalho – CLT e Art. 3º da Portaria nº 1.121, de 8 de novembro de 1995.

41. PRECEDENTE ADMINISTRATIVO Nº 41 REMUNERAÇÃO. REPOUSO SEMANAL REMUNERADO. INCIDÊNCIA DO ADICIONAL NOTURNO. I – Cabível a repercussão do adicional noturno nos cálculos do repouso semanal remunerado de empregado que tem salário pago na base da unidade dia ou mensalistas e quinzenalistas cujo trabalho não seja exclusivamente noturno. II – Para os empregados mensalistas ou quinzenalistas que cumprem jornada exclusivamente noturna, o salário acrescido do adicional de 20% já inclui a remuneração do repouso. REFERÊNCIA NORMATIVA: Art. 73 da CLT; Art. 7º da Lei nº 605, de 5 de janeiro de 1949.

42. PRECEDENTE ADMINISTRATIVO Nº 42 JORNADA. OBRIGATORIEDADE DE CONTROLE. Os empregadores não sujeitos à obrigação legal de manter sistema de controle de jornada de seus empregados, mas que deles se utilizam de forma irregular, não são passíveis de autuação, uma vez ser impossível infringir norma que não se está obrigado a cumprir. No entanto, caso o Auditor-Fiscal do Trabalho tenha acesso a tal controle, poderá dele extrair elementos de convicção para autuação por outras infrações, que não a de manter sistema de controle de jornada. REFERÊNCIA NORMATIVA: Art. 74 da Consolidação das Leis do Trabalho – CLT.

43. PRECEDENTE ADMINISTRATIVO Nº 43 INSPEÇÃO DO TRABALHO. DOCUMENTOS SUJEITOS A INSPEÇÃO. APRESENTAÇÃO PARCIAL. A alegação em defesa de que não foi exibida ao Auditor-Fiscal do Trabalho apenas parte dos documentos mencionados no auto de infração acarreta a procedência total da autuação, uma vez que a infração ao art. 630 § 3º e 4º da Consolidação das Leis do Trabalho – CLT não comporta subsistência parcial. REFERÊNCIA NORMATIVA: Art. 630, §§ 3º e 4º da Consolidação das Leis do Trabalho – CLT.

44. PRECEDENTE ADMINISTRATIVO Nº 44 INSPEÇÃO DO TRABALHO. COMPETÊNCIA DOS AUDITORES-FISCAIS DO TRABALHO MÉDICOS E ENGENHEIROS. Os Auditores-Fiscais do Trabalho médicos e engenheiros têm competência para lavrar auto de infração capitulado no art. 41 da CLT, ao constatarem falta de registro de empregado. REFERÊNCIA NORMATIVA: Medida Provisória nº 2.175-29, de 24 de agosto de 2001.

45. PRECEDENTE ADMINISTRATIVO Nº 45 TRABALHO EM DOMINGOS E FERIADOS. COMÉRCIO VAREJISTA EM GERAL. I – O comércio varejista em geral, inclusive supermercados, pode manter trabalhadores laborando aos domingos, independentemente de convenção ou acordo coletivo e de autorização municipal, desde 09/11/97, data da introdução da autorização legislativa no ordenamento jurídico. II – Revogado pelo Ato Declaratório nº 7, de 12 de junho de 2003. III – Por sua vez, a abertura do comércio aos domingos é de competência municipal e a verificação do cumprimento das normas do município incumbe à fiscalização de posturas local. IV – Não tendo sido contemplado na lei permissivo para trabalho em feriados, permanecem aplicáveis as disposições contidas no Decreto nº 27.048, de 12 de agosto de 1949. REFERÊNCIA NORMATIVA: Art. 6º da Lei nº 10.101, de 19 de dezembro de 2000 e Decreto nº 27.048, de 12 de agosto de 1949. Precedente alterado pelo Ato Declaratório nº 7 de 12 de junho de 2003.

46. PRECEDENTE ADMINISTRATIVO Nº 46 (Cancelado pelo Ato Declaratório n.º 10, de 03 de agosto de 2009) JORNADA. DESCANSO SEMANAL REMUNERADO. PERIODICIDADE. O descanso semanal remunerado deve ser concedido ao trabalhador uma vez em cada semana, entendida esta como o período compreendido entre segunda-feira e domingo. Inexiste obrigação legal de concessão de descanso no dia imediatamente após o sexto dia de trabalho, sistema conhecido como de descanso hebdomadário. REFERÊNCIA NORMATIVA: Art. 11 do Decreto nº 27.048, de 12 de agosto de 1949.

47. PRECEDENTE ADMINISTRATIVO Nº 47 (Cancelado pelo Ato Declaratório n.º 10, de 03 de agosto de 2009) CONVENÇÃO E ACORDO COLETIVOS. HIERARQUIA DE NORMAS AUTÔNOMAS. TEORIA CUMULATIVA. Ao dispor que as condições estabelecidas em convenção coletiva, quando mais favoráveis, prevalecerão sobre as estipuladas em acordo, a CLT adotou a teoria cumulativa. Não haverá, portanto, prevalência de toda a convenção sobre o acordo, mas serão aplicadas as cláusulas mais favoráveis, independentemente de sua fonte. REFERÊNCIA NORMATIVA: Art. 620 da Consolidação das Leis do Trabalho – CLT.

48. PRECEDENTE ADMINISTRATIVO Nº 48 (Cancelado pelo Ato Declaratório n.º 10, de 03 de agosto de 2009) TRABALHO TEMPORÁRIO. CONTROLE DE JORNADA. RESPONSABILIDADE PELA INFRAÇÃO. Embora seja a tomadora quem usufrua da prestação de serviço temporário, o vínculo trabalhista e, portanto, a dependência jurídica, ocorrem em relação à empresa fornecedora de trabalho temporário, sendo esta parte legítima para suportar autuações por infração referente a jornada de trabalho. REFERÊNCIA NORMATIVA: Art. 2º da Consolidação das Leis do Trabalho – CLT.

49. PRECEDENTE ADMINISTRATIVO Nº 49 JORNADA. CONTROLE. GERENTES. O empregador não está desobrigado de controlar a jornada de empregado que detenha simples título de gerente, mas que não possua poderes de gestão nem perceba gratificação de função superior a 40% do salário efetivo. REFERÊNCIA NORMATIVA: Art. 62, II e parágrafo único e art. 72, § 2º da Consolidação das Leis do Trabalho – CLT.

50. PRECEDENTE ADMINISTRATIVO Nº 50 REMUNERAÇÃO. DIÁRIAS DE VIAGEM QUE EXCEDEM 50% DO SALÁRIO. NATUREZA JURÍDICA. É ônus do empregador afastar a presunção de que as diárias de viagem que excedam a 50% do salário do empregado têm natureza salarial, pela comprovação de que o empregado presta contas de suas despesas, recebendo os valores a título de ressarcimento. REFERÊNCIA NORMATIVA: Art. 457, § 2º da Consolidação das Leis do Trabalho – CLT e Instrução Normativa nº 8, de 1º de novembro de 1991. Publicado no D.O.U. de 22 de fevereiro de 2002.

51. PRECEDENTE ADMINISTRATIVO Nº 51 INSPEÇÃO DO TRABALHO. NOTIFICAÇÃO PARA APRESENTAÇÃO DE DOCUMENTOS. REVISÃO DO PRECEDENTE ADMINISTRATIVO Nº12. Notificação para apresentação de documentos em dia certo, sem indicação de hora, caracteriza infração somente quando transcorrer completamente o dia sem a devida apresentação. REFERÊNCIA NORMATIVA: Art. 630 § 4º, da C.L.T.

52. PRECEDENTE ADMINISTRATIVO Nº 52 INSPEÇÃO DO TRABALHO. NOTIFICAÇÃO PARA APRESENTAÇÃO DE DOCUMENTOS. A expressão "a partir de" constante da notificação para apresentação de documentos indica o horário a partir do qual, no dia assinalado, o Auditor-Fiscal comparecerá para inspecioná-los. Ao empregador cabe disponibilizar os documentos no dia assinalado e no horário constante da notificação e, a partir daquele horário, mantê-los disponíveis para exame. REFERÊNCIA NORMATIVA: Art. 630 § 4º, da C.L.T.

53. PRECEDENTE ADMINISTRATIVO Nº 53 EMBARAÇO OU RESISTÊNCIA. CAPITULAÇÃO E BASE LEGAL. O art. 630, § 6º é base legal para aplicação de sanção pela infração ao art. 630, §§ 3º, 4º e 5º, além de ser explicativo quanto à configuração de embaraço ou resistência. Embaraço e resistência não são infrações autônomas capituláveis no art. 630 § 6º, mas apenas circunstâncias que agravam a sanção. REFERÊNCIA NORMATIVA: Art. 630 da CLT e art. 5º da Lei nº 7.855, de 24 de outubro de 1989. Ato Declaratório n.º 06, de 16 de dezembro de 2002

54. PRECEDENTE ADMINISTRATIVO Nº 54 (Cancelado pelo Ato Declaratório SIT 15, de 2017) **FGTS. DEIXAR DE RECOLHER FGTS APÓS NOTIFICADO PELA FISCALIZAÇÃO.** Caracteriza-se a infração prevista no art. 23, § 1º, inciso V da Lei nº 8.036, de 11 de maio de 1990, a partir do momento em que se tornou definitiva decisão administrativa proferida em notificação de débito, sem que o notificado tenha recolhido o valor devido. REFERÊNCIA NORMATIVA: art. 23, § 1º, inciso V da Lei nº 8.036, de 11 de maio de 1990.

55. PRECEDENTE ADMINISTRATIVO Nº 55 JORNADA. FIXAÇÃO DE LIMITE ESPECIAL. TURNOS ININTERRUPTOS DE REVEZAMENTO. Para a caracterização de trabalho em turnos ininterruptos de revezamento é necessária a constante alternância de horários de trabalho. REFERÊNCIA NORMATIVA: Art. 58 da CLT; art. 7º, inciso XIV da Constituição Federal.

56. PRECEDENTE ADMINISTRATIVO Nº 56 AUTO DE INFRAÇÃO. PRESUNÇÃO DE VERACIDADE. A presunção de veracidade do auto de infração não desobriga o Auditor-Fiscal de demonstrar os fatos que o levaram a concluir pela existência do ilícito trabalhista. REFERÊNCIA NORMATIVA: Art. 9º, inciso IV, da Portaria nº148, de 25 de janeiro de 1996.

57. PRECEDENTE ADMINISTRATIVO Nº 57 CONTRIBUIÇÃO SINDICAL. Recolhida a contribuição sindical, descabe ao Auditor-Fiscal exigir recolhimento para outro sindicato, sob o fundamento de enquadramento sindical incorreto. É direito constitucionalmente assegurado a livre associação. REFERÊNCIA NORMATIVA: Art. 8º da Constituição Federal; art. 545 da CLT.

58. PRECEDENTE ADMINISTRATIVO Nº 58 FGTS. LEVANTAMENTO DE DÉBITO. CONTRATO COM A ADMINISTRAÇÃO PÚBLICA DECLARADO NULO. Procedente débito levantado referente a FGTS devido a trabalhador cujo contrato foi declarado nulo, com manutenção do direito ao salário, após 27/08/2001, data de introdução do art. 19-A na Lei nº 8.036, de 11 de maio de 1990, pela Medida Provisória nº 2. 164-41, de 24 de agosto de 2001. REFERÊNCIA NORMATIVA: Art. 19-A da Lei nº 8.036, de maio de 1990; art. 37 § 2º a Constituição Federal. 2 Ato Declaratório n.º 06, de 16 de dezembro de 2002.

59. PRECEDENTE ADMINISTRATIVO Nº 59 REGISTRO. CONTRATO DE TRABALHO. GRUPO ECONÔMICO. O trabalho prestado pelo empregado a várias empresas do mesmo grupo econômico configura apenas um contrato de trabalho, sendo desnecessário o registro do empregado em cada uma das empresas. Autuação improcedente. REFERÊNCIA NORMATIVA: Art. 2º, §2º e Art. 41 ambos da CLT.

60. PRECEDENTE ADMINISTRATIVO Nº 60 (Cancelado pelo Ato Declaratório n.º 10, de 03 de agosto de 2009) INSPEÇÃO DO TRABALHO. AUTUAÇÃO POR NÃO APRESENTAÇÃO DE DOCUMENTOS. IMPROCEDÊNCIA. REVISÃO DO PRECEDENTE Nº 13. É improcedente o auto de infração lavrado por falta de apresentação de documento que exteriorize o cumprimento de determinada obrigação quando: I - concomitantemente, tiver sido lavrado auto pelo descumprimento da obrigação específica; II - demonstrado pelo autuante, no corpo do auto de infração, o não cumprimento da referida obrigação. REFERÊNCIA NORMATIVA: Art. 630 §§ 3º e 4º, da C.L.T.

61. PRECEDENTE ADMINISTRATIVO Nº 61 ESTÁGIO. REQUISITOS LEGAIS. DESCUMPRIMENTO. I - A existência de termo de compromisso e a compatibilidade da jornada de estágio com o horário escolar do aluno não são elementos suficientes para a configuração da regularidade do contrato de estágio, uma vez que devem ser atendidos todos os requisitos legais, em especial a complementação do ensino e da aprendizagem. II - Os estágios devem ser planejados, executados, acompanhados e avaliados em conformidade com os currículos, programas e calendários escolares. III - Presentes os elementos da relação de emprego sob a roupagem do contrato de estágio, procede a descaracterização dessa contratação especial. REFERÊNCIA NORMATIVA: Lei nº 6.494/77 e Decreto nº 87.497/82

62. PRECEDENTE ADMINISTRATIVO Nº 62 SEGURANÇA E SAÚDE NO TRABALHO. AUTUAÇÃO. CAPITULAÇÃO LEGAL. Descabe autuação capitulada no art. 200 da CLT, uma vez que tal dispositivo não encerra qualquer comando dirigido ao empregador, mas apenas consigna autorização legal para expedição de normas pelo Ministério do Trabalho e Emprego. REFERÊNCIA NORMATIVA: Art. 200 da CLT.

63. PRECEDENTE ADMINISTRATIVO Nº 63 JORNADA. REDUÇÃO DO INTERVALO INTRAJORNADA. A existência de acordo coletivo com previsão de intervalo para repouso ou alimentação inferior ao limite mínimo legal não é suficiente para que seja considerada regular a jornada de trabalho. O acordo coletivo é apenas um dos requisitos para a imprescindível autorização, pelo Ministro do Trabalho e Emprego ou autoridade delegada, da redução do intervalo para menos de uma hora. REFERÊNCIA NORMATIVA: art. 71 da CLT e Portaria/ MTb nº 3.116, de 5 de abril de 1989.

64. PRECEDENTE ADMINISTRATIVO Nº 64 PROCESSUAL. REVELIA. DIREITO DE DEFESA. A revelia na fase de defesa não tem como consequência a confissão ficta em relação à matéria de fato. O autuado pode, mesmo revel na fase de defesa, interpor recurso contra a decisão regional, inclusive com apresentação de documentos. REFERÊNCIA NORMATIVA: Art. 635 da CLT e art. 34 c/c art. 23 da Portaria nº 148, de 25 de janeiro de 1996.

65. PRECEDENTE ADMINISTRATIVO Nº 65 RURÍCULA. CONTRATO DE SAFRA. INDENIZAÇÃO AO TÉRMINO DO CONTRATO. FGTS, COMPATIBILIDADE. O art. 14 da Lei nº 5.889, de 8 de junho de 1973, foi recepcionado pela Constituição Federal de 1988, devendo tal indenização ser cumulada com o percentual do FGTS devido na dispensa. No contrato de safra se permite uma dualidade de regimes, onde o acúmulo de direitos corresponde a um plus concedido ao safrista. Não há que se falar, portanto, em bis in idem ao empregador rural. REFERÊNCIA NORMATIVA: 14 da Lei nº 5.889, de 8 de junho de 1973 e art. 13, inciso IX da Instrução Normativa/SIT nº 25, de 20 de dezembro de 2001.

66. PRECEDENTE ADMINISTRATIVO Nº 66 SEGURANÇA NO TRABALHO. CONSTRUÇÃO CIVIL. CAMPO DE APLICAÇÃO DA NR-18. Os comandos constantes da Norma Regulamentadora NR -18 não se dirigem exclusivamente aos empregadores cujo objeto social é a construção civil e que, portanto, enquadram-se nos Códigos de Atividade Específica constantes do Quadro I da Norma Regulamentadora - NR 4. As obrigações se estendem aos empregadores que realizem atividades ou serviços de demolição, reparo, pintura, limpeza e manutenção de edifícios em geral, de qualquer número de pavimentos ou tipo de construção, de urbanização e paisagismo, independentemente de seu objeto social. REFERÊNCIA NORMATIVA: Item 18.1.2 da Norma Regulamentadora NR-18.

67. PRECEDENTE ADMINISTRATIVO Nº 67 (Cancelado pelo Ato Declaratório n.º 10, de 03 de agosto de 2009) REMUNERAÇÃO. ADICIONAIS DE INSALUBRIDADE E DE TRABALHO EXTRAORDINÁRIO. BASE DE CÁLCULO. Descabe a integração do adicional de insalubridade na base de cálculo das horas extras, pois o de insalubridade é calculado sobre o salário mínimo e o adicional de hora extra sobre a hora normal, inexistindo repercussão de um sobre o outro. REFERÊNCIA NORMATIVA: Art. 59 - 1º e art. 192 da CLT.

68. PRECEDENTE ADMINISTRATIVO Nº 68 EMPREGADO SEM REGISTRO. ADOLESCENTE MENOR DE 16 ANOS. AUTUAÇÃO. I - Improcede autuação por falta de registro de adolescente menor de 16 anos, uma vez que não se pode impor sanção ao empregador por descumprir formalidade de contratação de pessoa que, de acordo com disposição constitucional, não pode ser contratado como empregado. II - A infração portanto, não ocorreu ao dispositivo que determina o registro de empregado, mas ao dispositivo que proíbe o trabalho de menores de 16 anos, salvo na condição de aprendiz e a partir dos 14 anos. REFERÊNCIA NORMATIVA: Art. 7º, XXXIII da Constituição Federal, Art. 41 e 403 da CLT.

69. PRECEDENTE ADMINISTRATIVO Nº 69 EMPREGADO SEM REGISTRO. PARENTESCO COM O PROPRIETÁRIO DA EMPRESA. Parentesco entre empregador e empregado não é fato impeditivo da caracterização da relação laboral, cuja configuração se dá pela presença dos elementos contidos na lei. REFERÊNCIA NORMATIVA: Art. 3º da CLT.

70. PRECEDENTE ADMINISTRATIVO Nº 70 SEGURANÇA E SAÚDE NO TRABALHO. DIMENSIONAMENTO DOS SERVIÇOS ESPECIALIZADOS EM ENGENHARIA DE SEGURANÇA E EM MEDICINA DO TRABALHO - SESMT. ENQUADRADAMENTO NO CADASTRO NACIONAL DE ATIVIDADES ECONÔMICAS - CNAE. O dimensionamento do SESMT deve estar de acordo com o grau de risco da atividade efetivamente realizada no estabelecimento, que pode ser constatada em inspeção do trabalho. Irregular o dimensionamento que considerou o grau de risco correspondente ao CNAE declarado pelo empregador mas se mostrou inadequado ao risco constatado no local de trabalho. Autuação procedente. REFERÊNCIA NORMATIVA: Item 4.2 da Norma Regulamentadora NR-4.

71. PRECEDENTE ADMINISTRATIVO Nº 71 INSPEÇÃO DO TRABALHO. NOTIFICAÇÃO DE EMPRESAS AUTORIZADAS A CENTRALIZAR DOCUMENTOS. CRITÉRIO PARA CONTAGEM DOS PRAZOS CONCEDIDOS. REVISÃO DO PRECEDENTE ADMINISTRATIVO Nº 16. Quando aplicável concessão de prazo para exibição de documentos, não inferior a dois nem superior a oito dias, sua contagem deve se dar com exclusão do dia do início e inclusão do dia do término, sendo irrelevante o horário em que se procedeu à notificação. Desnecessária observância do prazo para as notificações posteriores à anteriormente emitida e não cumprida pelo administrado. Referência normativa: art. 3º Portaria 3.626/91 e art. 3º Portaria 41/2007.

72. PRECEDENTE ADMINISTRATIVO Nº 72 PROCESSUAL. NFGC/NRFC. COMPROVAÇÃO DE PAGAMENTO ANTERIOR. REVISÃO DO PRECEDENTE ADMINISTRATIVO Nº 20. É ônus do empregador apresentar as provas que demonstrem a inexistência do débito. Aquelas que comprovem recolhimentos de FGTS em datas anteriores à notificação devem ser consideradas para abatimento do valor levantado caso sejam apresentadas no prazo de defesa, no prazo de recurso ou mesmo após encerrado o trâmite processual, afim de dar certeza e liquidez ao débito a ser cobrado. Referência normativa: art. 23 e art. 33 da Portaria 148/96 e art. 53 da IN 25/2001. ad_20090803_10.doc

73. PRECEDENTE ADMINISTRATIVO Nº 73 JORNADA. TELEFONISTA. TELEMARKETING. REVISÃO DO PRECEDENTE ADMINISTRATIVO Nº 26. Estende-se ao operador de telemarketing a proteção prevista no art. 227 da CLT. O tempo de efetivo labor em teleatendimento deve ser de, no máximo, 6 horas diárias. Essa exigência não prejudica a existência de jornadas de duração superior, nos termos da legislação, desde que o restante da jornada seja ocupado com outras tarefas e que se respeitem as pausas obrigatórias diárias previstas no Anexo II da NR-17 e o limite semanal de 36 horas de teleatendimento/telemarketing. Referência normativa: art. 227 da CLT e itens 5.3 e 5.3.1 do Anexo II da NR -17 da Portaria nº 09, de 30/03/2007.

74. PRECEDENTE ADMINISTRATIVO Nº 74 PROCESSUAL. AUTO DE INFRAÇÃO. RECURSO INTEMPESTIVO. REVISÃO DO PRECEDENTE ADMINISTRATIVO Nº 32. O recurso administrativo interposto em processo originário de auto de infração protocolizado fora do prazo não deve ter seu mérito analisado, uma vez que, ausente um dos pressupostos de sua admissibilidade, não pode ser conhecido. O mesmo se aplica à defesa intempestiva. Referência normativa: art. 629, § 3º e 636 da CLT.

75. PRECEDENTE ADMINISTRATIVO Nº 75 INSPEÇÃO DO TRABALHO. AUTUAÇÃO POR NÃO APRESENTAÇÃO DE DOCUMENTOS. IMPROCEDÊNCIA. REVISÃO DO PRECEDENTE ADMINISTRATIVO Nº 60. O auto de infração lavrado por falta de apresentação de documentos será improcedente quando: I – for lavrado por descumprimento da obrigação específica; II – o próprio autuante demonstrar, no corpo do auto de infração, o não cumprimento da referida obrigação ou; III – por outro dado constante do processo, inclusive alegações da defesa, fique demonstrado que o fato gerador é o descumprimento da obrigação e não a ausência do documento relativo àquela obrigação. Referência normativa: Art. 630 §§ 3º e 4º, da CLT.

76. PRECEDENTE ADMINISTRATIVO Nº 76 ADICIONAL DE INSALUBRIDADE. REFLEXO SOBRE HORAS EXTRAS. REVISÃO DO PRECEDENTE ADMINISTRATIVO Nº 67. A remuneração do trabalho extraordinário realizado em condições insalubres deve ter como base de cálculo o salário normal acrescido do adicional de insalubridade. Referência Normativa: art. 59, §1º e art. 192 da CLT. 2 ad_20090803_10.doc

77. PRECEDENTE ADMINISTRATIVO Nº 77 PRESCRIÇÃO. PROCESSO ADMINISTRATIVO PARALISADO EM VIRTUDE DO DESAPARECIMENTO DOS AUTOS. O afastamento da prescrição administrativa de que trata a Lei nº 9.873/99 somente pode ocorrer nos casos expressamente previstos na legislação. Dessa forma, incide a prescrição prevista no art. 1º, §1º desta norma no processo administrativo paralisado em virtude do desaparecimento dos autos, tendo em vista que tal fato não se enquadra dentre as hipóteses de interrupção ou suspensão da prescrição previstas nessa lei. Referência Normativa: art. 2º e 3º da Lei 9.873/99.

78. PRECEDENTE ADMINISTRATIVO Nº 78 REGISTROS DE PONTO. MARCAÇÃO INCORRETA. DEFEITO EM RELÓGIO. FALHA DE SISTEMA. O controle de registro de jornada é responsabilidade do empregador. Assim sendo, se houve marcação incorreta do ponto, responde o autuado pela falta cometida, por culpa in vigilando, vez que o empregador é dotado legalmente de poder diretivo e disciplinar para cumprir e fazer cumprir as disposições do estatuto celetizado. Referência normativa: art. 74, §2º da CLT.

79. PRECEDENTE ADMINISTRATIVO Nº 79 INTERVALOS INTRA E INTERJORNADAS E DESCANSO SEMANAL. DESCUMPRIMENTO. NECESSIDADE IMPERIOSA. INAPLICABILIDADE ART. 61 DA CLT. A ocorrência de necessidade imperiosa não autoriza o descumprimento do intervalo mínimo de onze horas consecutivas para descanso entre duas jornadas de trabalho, tampouco a não concessão do descanso semanal de vinte e quatro horas consecutivas, ou ainda a não-concessão do intervalo mínimo intrajornada. Referência normativa: art. 66 e 67, caput e 71, caput, da CLT.

80. PRECEDENTE ADMINISTRATIVO Nº 80 VALE TRANSPORTE. NÃO CONCESSÃO PARA DESLOCAMENTO DO EMPREGADO NO PERÍODO DO INTERVALO INTRAJORNADA. INFRAÇÃO INEXISTENTE. Não se depreende da Lei nº 7.418/85, alterada pela Lei nº 7.619/87, que o empregador esteja obrigado ao fornecimento do vale-transporte para a ida e retorno do empregado à sua residência para refeição. Referência normativa: art. 4º da Lei nº 7.418/1985. 3 ad_20090803_10.doc

81. PRECEDENTE ADMINISTRATIVO Nº 81 REGIME DE COMPENSAÇÃO. JORNADA DE TRABALHO 12 X 36 HORAS. ADMISSIBILIDADE. Não obstante a limitação do art. 59, caput, da CLT, admite-se o regime de compensação 12 x 36, quando previsto em convenção coletiva e praticado em atividade que não exige esforço constante e intenso, devido às vantagens que proporciona ao trabalhador: descanso de 36 horas entre as jornadas, menor número de deslocamentos residência – trabalho – residência, duração do trabalho semanal inferior a 44 horas. Referência normativa: art. 7º, XIII da Constituição Federal.

82. PRECEDENTE ADMINISTRATIVO Nº 82 JORNADA. INTERVALO PARA REPOUSO E ALIMENTAÇÃO. NÃO CUMULATIVIDADE. Os intervalos para repouso e alimentação previstos no art. 71, caput e §1º não são cumulativos, inexistindo obrigação legal de concessão de dois intervalos. A expressão "trabalho contínuo" deve ser entendida como jornada diária e não como períodos individuais que antecedem ou sucedem o horário de repouso. Ainda que o segundo período da jornada diária do empregado, após o intervalo concedido, seja superior a seis horas, o empregador não está obrigado a conceder-lhe novo intervalo. Referência normativa: art. 71, caput e § 1º da CLT.

83. PRECEDENTE ADMINISTRATIVO Nº 83 (Cancelado pelo Ato Declaratório nº 16, de 18 de julho de 2018 (DOU 26/07/2018) **SALÁRIO MÍNIMO E PISO SALARIAL. APRENDIZES. APLICABILIDADE.** A lei garante ao aprendiz o direito ao salário mínimo, e não ao piso salarial, salvo quando lhe for expressamente assegurada condição mais favorável, seja pela lei, por contrato coletivo ou por liberalidade do empregador. Referência normativa: art. 7º, IV e V da CF e art. 428, § 2, da CLT.

84. PRECEDENTE ADMINISTRATIVO Nº 84 JORNADA. INTERVALO INTERJORNADAS DE 11 HORAS E DESCANSO SEMANAL DE 24 HORAS. O intervalo interjornada corresponde ao lapso temporal de 11 horas consecutivas que deve separar uma jornada e outra de trabalho. Tal intervalo não se confunde ou se compensa com o descanso semanal remunerado, de 24 horas consecutivas. Entre módulos semanais somam-se os dois intervalos: 11 horas (entre dias) e 24 horas (entre semanas), totalizando, pois, 35 horas. Referência normativa: art. 66 e art. 67 da CLT. 4 ad_20090803_10.doc

85. PRECEDENTE ADMINISTRATIVO Nº 85 PARENTESCO. RELAÇÃO DE EMPREGO. POSSIBILIDADE. A caracterização da relação de emprego pode ser estabelecida entre familiares, não sendo o parentesco fator impeditivo da configuração do vínculo empregatício. Referência normativa: art. 3º da CLT.

86. PRECEDENTE ADMINISTRATIVO Nº 86 SALÁRIO. PAGAMENTO POR DEPÓSITO BANCÁRIO. Se o salário é depositado em conta bancária, o comprovante de depósito substitui o recibo de pagamento. A empresa fica obrigada, apenas, a entregar ao trabalhador um contra-cheque ou demonstrativo de pagamento, em que se discriminem as parcelas salariais. Referência normativa: art. 464, parágrafo único da CLT.

87. PRECEDENTE ADMINISTRATIVO Nº 87 RESCISÃO. MULTAS PELO ATRASO. Duas consequências decorrem da inobservância ao § 6º do art. 477 da CLT, quais sejam, uma multa a título de penalidade pela irregularidade e outra multa em favor do empregado lesado, equivalente ao seu salário. Estatuindo a própria lei duas consequências pecuniárias, absolutamente distintas em termos de natureza jurídica, finalidade e destinatário, completamente descabida é a tese de improcedência do auto de infração por já ter sido recolhida a multa de um salário em favor do empregado. Referência normativa: art. 477, § 6º da CLT.

88. PRECEDENTE ADMINISTRATIVO Nº 88 INFRAÇÃO TRABALHISTA. REGULARIZAÇÃO APÓS A AUTUAÇÃO. A regularização, após a autuação, de situação irregular constatada durante fiscalização não descaracteriza a infração, tampouco acarreta a improcedência do auto.

89. PRECEDENTE ADMINISTRATIVO Nº 89 FGTS. ASSISTÊNCIA MÉDICA. NÃO INCIDÊNCIA. Não incide FGTS sobre parcela relativa a "assistência médica". Referência normativa: art. 458 da CLT.

90. PRECEDENTE ADMINISTRATIVO Nº 90 JORNADA. GERENTES E OCUPANTES DE CARGOS DE CONFIANÇA EM BANCOS. CONTROLE. Os gerentes ou ocupantes de cargos de confiança não estão dispensados do ponto, apesar de não terem direito à jornada de seis horas. Somente o gerente bancário com amplos poderes de mando e gestão – o gerente-geral – a quem todos os outros gerentes, direta ou indiretamente, estão subordinados, é que está dispensado do ponto, por força do art. 62, II, da CLT. Referência normativa: art. 224 e art. 62, II da CLT. 5 ad_20090803_10.doc

91. PRECEDENTE ADMINISTRATIVO Nº 91 (Cancelado pelo Ato Declaratório nº 17, de 15 de agosto de 2018 (D.O.U 20/08/2018) **NORMA REGULAMENTADORA Nº 1. DISPOSIÇÕES LEGAIS E REGULAMENTARES SOBRE SEGURANÇA E SAÚDE NO TRABALHO. ABRANGÊNCIA**. A competência da Inspeção do Trabalho consiste na verificação do cumprimento da legislação trabalhista. Medidas de proteção da saúde e segurança previstas em Instrução Técnica do Corpo de Bombeiros Militar, sem o correspondente específico na legislação trabalhista, mas que são aplicáveis e necessárias no ambiente de trabalho, devem ser previamente notificadas para cumprimento, em atenção ao dever de prever e controlar os riscos estabelecido na NR nº 9. Referência normativa: subitem 1.7, alínea "a" da NR nº 1 c/c subitem 9.1.1 da NR nº 9.

92. PRECEDENTE ADMINISTRATIVO Nº 92 AUTUAÇÃO. CITAÇÃO DE PELO MENOS UM EMPREGADO. DESNECESSIDADE. INFRAÇÃO À COLETIVIDADE DOS TRABALHADORES. Não é necessária citação de pelo menos um empregado em situação irregular na caracterização de infração que atinge a coletividade dos trabalhadores, pois todos aqueles que laboram no local de trabalho estão em situação irregular.

93. PRECEDENTE ADMINISTRATIVO Nº 93 PROGRAMA DE CONTROLE MÉDICO DE SAÚDE OCUPACIONAL – PCMSO. AÇÕES DE SAÚDE. AUTUAÇÃO. NECESSIDADE DE NOTIFICAÇÃO PRÉVIA. A autuação por ausência de ações de saúde no planejamento do PCMSO não previstas em Norma Regulamentadora, depende de notificação prévia que especifique as ações de saúde adequadas ao trabalho desenvolvido e ao ambiente laboral, tendo em vista a generalidade do dispositivo normativo. Referência normativa: subitem 7.4.6 da NR nº 7.

94. PRECEDENTE ADMINISTRATIVO Nº 94 PROGRAMA DE CONTROLE MÉDICO DE SAÚDE OCUPACIONAL – PCMSO. ELABORAÇÃO. MÉDICO DO TRABALHO NÃO INTEGRANTE DO SERVIÇO ESPECIALIZADO EM ENGENHARIA DE SEGURANÇA E EM MEDICINA DO TRABALHO. O PCMSO, desde que atendidos os requisitos normativos, pode ser elaborado por qualquer médico do trabalho, não havendo obrigatoriedade de ser integrante do SESMT, nem mesmo de ser empregado. Quando houver SESMT com médico, ele é quem deve coordenar e executar o PCMSO. 6 ad_20090803_10.doc

95. PRECEDENTE ADMINISTRATIVO Nº 95 PROGRAMA DE PREVENÇÃO DE RISCOS AMBIENTAIS – PPRA. RISCOS MECÂNICOS E ERGONÔMICOS. Os riscos mecânicos e ergonômicos não são de previsão obrigatória no PPRA. Referência normativa: subitem 9.1.5 da NR nº 9.

96. PRECEDENTE ADMINISTRATIVO Nº 96 (Cancelado pelo Ato Declaratório n.º 11, de 25 de novembro de 2009) COMISSÃO INTERNA DE PREVENÇÃO DE ACIDENTES – CIPA. ACOMPANHAR O CUMPRIMENTO DAS NORMAS REGULAMENTADORAS PELAS CONTRATADAS. O dever das contratantes de acompanhar o cumprimento das normas de segurança e saúde no trabalho pelas contratadas que atuam no seu estabelecimento significa a fiscalização e cobrança do cumprimento da Norma Regulamentadora nº 5 e não responsabilidade solidária pela infração. Referência normativa: item 5.50 da NR nº 5.

97. PRECEDENTE ADMINISTRATIVO Nº 97 COMISSÃO INTERNA DE PREVENÇÃO DE ACIDENTES – CIPA. DIMENSIONAMENTO. ATIVIDADE CONSIDERADA PARA DETERMINAÇÃO DO GRUPO. Para fins de dimensionamento de CIPA, a atividade considerada na determinação do grupo deve ser aquela efetivamente desenvolvida no estabelecimento, ainda que outro código de Classificação Nacional de Atividade Econômica conste do Cadastro Nacional de Pessoa Jurídica, mesmo que resulte no aumento ou redução do dimensionamento ou desobrigação de constituição da Comissão. Referência normativa: item 5.6 da NR nº 5.

98. PRECEDENTE ADMINISTRATIVO Nº 98 COMISSÃO INTERNA DE PREVENÇÃO DE ACIDENTES – CIPA. NÃO ADOÇÃO DAS RECOMENDAÇÕES DA CIPA. REGULAR FUNCIONAMENTO. A não adoção pelo empregador das recomendações da CIPA não significa infração ao dever de mantê-la em regular funcionamento.

99. PRECEDENTE ADMINISTRATIVO Nº 99 EQUIPAMENTO DE PROTEÇÃO INDIVIDUAL – EPI. UNIFORME. O uniforme simples não é considerado EPI, pois sua finalidade é servir de vestimenta para o trabalho e não proteger o trabalhador de acidentes ou exposição a agentes nocivos. O não fornecimento de uniforme pode configurar transferência indevida do custo da atividade econômica ao empregado e não infração à Norma Regulamentadora nº 6.

– **PRECEDENTE ADMINISTRATIVO Nº 100 SERVIÇO ESPECIALIZADO EM ENGENHARIA DE SEGURANÇA E EM MEDICINA DO TRABALHO. REGISTRO. ATUALIZAÇÃO.** Tendo em vista que o SESMT é constituído de pessoas, a substituição de profissionais não significa mera atualização, mas constituição de novo SESMT, principalmente quando há redimensionamento do Serviço, que deve ser comunicado de imediato ao MTE como se de novo registro se tratasse. Interpretação do item 4.17 da NR nº 4.

100. PRECEDENTE ADMINISTRATIVO Nº 101. FGTS. LEVANTAMENTO DE DÉBITO. ACORDOS JUDICIAIS. NÃO EXCLUSÃO DO DÉBITO. APLICAÇÃO A PARTIR DA IN 84/2010. NOTIFICAÇÕES DE DÉBITO LAVRADAS NA VIGÊNCIA DA IN 25/2001. I – Os valores de FGTS, pagos diretamente ao trabalhador em decorrência de acordo ou decisão judicial, em ação na qual a União e a CAIXA não foram chamadas para se manifestar, não devem ser excluídos das Notificações de Débito emitidas pelos Auditores-Fiscais do Trabalho a partir da Instrução Normativa nº 84/2010, pois seus atos não são alcançados pelos limites da coisa julgada feita pela sentença que homologou o acordo. II – Os valores de FGTS depositados na conta vinculada do trabalhador em decorrência de acordo ou decisão judicial devem ser considerados no levantamento de débito, quando anteriores à data de apuração do valor devido. III – As notificações de débito de FGTS emitidas na vigência da IN nº 25/2001, em que foram excluídos valores acordados judicialmente, devem ser analisadas conforme os procedimentos nela previstos, pois constituem atos administrativos praticados consoantes interpretação e normatização sobre o tema à época de sua emissão.

101. PRECEDENTE ADMINISTRATIVO Nº.102 (Aprovado pelo Ato Declaratório nº. 13, de 13 de julho de 2013) AUTO DE INFRAÇÃO.LOCAL DE LAVRATURA. O conceito de local de inspeção abrange aquele onde os Auditores Fiscais do Trabalho executam atos de inspeção e verificam os atributos trabalhistas por meio de análise de documentos ou sistemas informatizados, conforme procedimento de fiscalização previsto em normas expedidas pela autoridade nacional competente em matéria de inspeção do trabalho.

102. PRECEDENTE ADMINISTRATIVO Nº.103 (Aprovado pelo Ato Declaratório nº. 14, de 21 de janeiro de 2014) Interposição de embargos de declaração e outros recursos sem previsão expressa no Título VII da CLT. Inadmissibilidade. Os processos administrativos de autos de infrações e de notificações de débito de FGTS e CS estão sujeitos a duas instâncias administrativas: defesa e recurso. Após o encerramento do contencioso administrativo, não deverão ser conhecidos embargos de declaração ou outros recursos sem previsão expressa na legislação específica.

103. PRECEDENTE ADMINISTRATIVO Nº 104 SERVIÇOS NOTARIAIS E DE REGISTROS PÚBLICOS. VÍNCULO EMPREGATÍCIO. Nos Serviços Notariais e de Registro, regulamentados pela Lei nº 8.935, de 18 de novembro de 1994, considera-se empregador, para todos os efeitos, a pessoa física do seu respectivo Titular.

104. PRECEDENTE ADMINISTRATIVO Nº 105 PERÍODOS DE DESCANSO. SUPRESSÃO OU REDUÇÃO INDEVIDA. EFEITOS DO PAGAMENTO. O pagamento não elide a infração pela supressão ou pela redução indevida dos períodos de descanso, pois estes objetivam resguardar a saúde e o bem-estar do trabalhador, bens jurídicos que não se substituem pela mera retribuição pecuniária.

105. PRECEDENTE ADMINISTRATIVO Nº 106 PRAZOS PROCESSUAIS. CONTAGEM. Os prazos são contínuos e se contam com a exclusão do dia da notificação ou ciência e inclusão do dia do vencimento. Os prazos só se iniciam ou vencem no dia de expediente normal da Unidade onde tramitar o processo.

106. PRECEDENTE ADMINISTRATIVO Nº 107 RECURSO. EFEITO DEVOLUTIVO. O recurso devolverá à instância administrativa superior todas as questões suscitadas e discutidas no processo, inclusive seu conhecimento, ainda que não tenham sido solucionadas ou conhecidas de forma equivocada, desde que pertinentes à matéria impugnada.

107. PRECEDENTE ADMINISTRATIVO Nº 108 OCORRÊNCIA DE CIRCUNSTÂNCIA AGRAVANTE. I – A lavratura de auto de infração que caracteriza embaraço à ação fiscal, nas situações previstas no artigo 630, § 6º, da CLT, agrava a sanção das demais infrações ocorridas na mesma ação fiscal, quando expressamente previsto na base legal específica, exceto quanto aos autos lavrados em data anterior à ocorrência do embaraço, ainda que na mesma ação fiscal; II – Na situação prevista no item anterior, o agravamento da sanção específica fica condicionado à procedência do auto de embaraço; III – A eventual ocorrência de fraude, simulação, artifício, ardil, desacato e oposição, deverá ser informada de modo detalhado no histórico do auto de infração, quando estejam previstas como agravantes nas bases legais específicas;

108. PRECEDENTE ADMINISTRATIVO Nº 109 ACRÉSCIMO DE FATOS AO AUTO DE INFRAÇÃO, APÓS A LAVRATURA. VEDAÇÃO. I – A motivação do auto de infração deve ser mantida após a sua lavratura, sob pena de anulação em caso de alteração; II – É permitido o saneamento de elementos considerados não essenciais, assim entendidos aqueles que não alterem os fatos originalmente narrados pela autoridade fiscal, tal como ocorre no caso de correção da capitulação legal.

109. PRECEDENTE ADMINISTRATIVO Nº 110 MULTA PREVISTA NA LEI COMPLEMENTAR Nº 110/2001. NATUREZA JURÍDICA. PRESCRIÇÃO. I – Tem natureza sancionatória e não tributária nem moratória a multa prevista no artigo 3º da Lei Complementar nº 110/2001. II – Em razão do teor do item I, aplicam-se, ao processo administrativo de auto lavrado por infração à LC nº 110/2001, os prazos prescricionais previstos nos artigos 1º e 1º-A da Lei nº 9873/1999.

110. PRECEDENTE ADMINISTRATIVO Nº 111 FRAUDE AO SEGURO-DESEMPREGO. NÃO CARACTERIZAÇÃO. Não caracteriza fraude ao seguro-desemprego o recebimento de parcela sobre a qual o trabalhador já tinha adquirido o direito antes de obter o novo emprego.

111. PRECEDENTE ADMINISTRATIVO Nº 112 FGTS. INADIMPLÊNCIA DE RECOLHIMENTO FUNDIÁRIO E SONEGAÇÃO DE PARCELA QUE DEVE INTEGRAR A BASE DE CÁLCULO DO FGTS. DUPLA INFRAÇÃO. Por caracterizarem infrações distintas, não constituem "bis in idem" as autuações concomitantes pelo descumprimento dos incisos I e IV do artigo 23, § 1º, da Lei nº 8036/1990, quando o empregador deixar de declarar na folha de pagamento a parcela paga ou devida e também deixar de recolher o percentual do FGTS sobre ela incidente.

112. PRECEDENTE ADMINISTRATIVO Nº 113 NOTIFICAÇÃO DE DÉBITO. EMISSÃO DE TERMO DE RETIFICAÇÃO (TRET). EFEITOS DO JULGAMENTO. I – Terá decisão de procedência total a Notificação de Débito do FGTS/CS cujo valor tenha sido reduzido em decorrência de lavratura de Termo de Retificação (TRET), sem necessidade de recurso de ofício à Coordenação-Geral de Recursos. II – Nos casos em que a inclusão ou alteração de dados implique em reabertura de prazo para o exercício de defesa pelo notificado, o julgamento versará sobre o próprio TRET, vez que o ajuste, em tais circunstâncias, representa um documento substitutivo da Notificação original.

113. PRECEDENTE ADMINISTRATIVO Nº 114 FGTS. AUTO DE INFRAÇÃO (AI) LAVRADO POR DEIXAR DE RECOLHER FGTS APÓS NOTIFICADO PELA FISCALIZAÇÃO. I – Caracteriza-se a infração prevista no art. 23, § 1º, inciso V, da Lei nº 8.036, de 11 de maio de 1990, quando o administrado não quita nem formaliza o parcelamento do valor devido, dentro do prazo de dez dias após a ciência da decisão definitiva do processo de Notificação de débito que lhe deu origem. II – A discussão acerca do mérito sobre a existência ou acerto do débito apurado encerra-se com o processo de Notificação para Depósito do FGTS que lhe deu origem.

114. PRECEDENTE ADMINISTRATIVO Nº 115 SEGURO-DESEMPREGO. DESCUMPRIMENTO DE INSTRUÇÕES EXPEDIDAS PELO MINISTÉRIO DO TRABALHO. NOTIFICAÇÃO PARA COMPROVAÇÃO DO REGISTRO DO EMPREGADO. I – A não prestação de informações necessárias ao sistema do seguro-desemprego nos termos e prazos fixados pelo Ministério do Trabalho caracteriza a infração. II – A não comunicação da admissão de empregado no prazo estipulado em notificação para comprovação do registro do empregado, lavrada em ação fiscal conduzida por um auditor fiscal do trabalho, descumpre instruções expedidas pelo Ministério do Trabalho, para fins de combate à fraude ao seguro-desemprego, ensejando infração ao disposto no art. 24 da lei 7.998/1990

115. PRECEDENTE ADMINISTRATIVO Nº 116 AUTOS DE INFRAÇÃO E NOTIFICAÇÃO DE DÉBITO. SUJEITO PASSIVO ENTE PÚBLICO. CIENTIFICAÇÃO POR MEIO DE VIA POSTAL. ADMISSIBILIDADE. A entrega de autos de infração e notificações de débito de FGTS e Contribuição Social deve ser preferivelmente efetuada, pessoalmente, ao representante do ente público intimado. Entretanto, é plenamente cabível no ordenamento jurídico brasileiro que a ciência da lavratura de autos de infração e notificações de débito seja realizada através de via postal realizada no endereço da pessoa jurídica de direito público.

116. PRECEDENTE ADMINISTRATIVO Nº 117 FORMALIZAÇÃO DE RECIBOS TRABALHISTAS. DATA PRÉ-ASSINALADA. A mera pré-assinalação da data não é elemento suficiente para caracterizar a infração por deixar de formalizar recibo que ateste o cumprimento de obrigação trabalhista.

117. PRECEDENTE ADMINISTRATIVO Nº 118 DUPLA VISITA. MATRIZ E FILIAIS. SUCESSÃO TRABALHISTA. GRUPO ECONÔMICO. I – Não se aplica o critério da dupla visita: a)À matriz e às filiais, desde que qualquer uma delas tenha sido anteriormente fiscalizada; b)À empresa sucessora, desde que a sucedida tenha sido anteriormente fiscalizada; II – Não se considera empreendimento recém-inaugurado a filial ou sucessora cuja matriz ou sucedida estejam em funcionamento há mais de 90 (noventa) dias. III – O critério da dupla visita será observado individualmente em relação a cada uma das empresas integrantes do grupo econômico.

118. PRECEDENTE ADMINISTRATIVO Nº 119 DESCUMPRIMENTO DE CLÁUSULAS DE CONVENÇÃO OU ACORDO COLETIVO DE TRABALHO. AUTUAÇÕES CAPITULADAS NO ART. 444 DA CLT. POSSIBILIDADE. Não constitui bis in idem a lavratura de autos de infração capitulados no art. 444 da CLT para cada uma das cláusulas de convenção ou acordo coletivo de trabalho violadas pelo empregador, uma vez que os fatos geradores das infrações são distintos entre si e oriundos de fonte autônoma do Direito.

119. PRECEDENTE ADMINISTRATIVO Nº 120 AUTO DE INFRAÇÃO. INTERRUPÇÃO DA CONTINUIDADE INFRACIONAL. NÃO OCORRÊNCIA DE BIS IN IDEM. I – Quando a mesma infração for renovada ou reiterada no decurso do tempo, mas constatada em uma única verificação, deverá ser objeto de um único auto de infração, independentemente do número de vezes ou de competências em que o fato tenha ocorrido. II – Em nova verificação, ainda que na mesma ação fiscal, é possível a lavratura de novo auto de infração em caso de reiteração da infração já autuada ou constatação de novas infrações ao mesmo preceito legal praticadas após a primeira verificação. III – Considera-se verificação a prática de atos próprios de fiscalização, tais como a lavratura de auto de infração, de termo de embargo/interdição, de notificação para apresentar documentos e afins.

120. PRECEDENTE ADMINISTRATIVO Nº 121 ANÁLISE DE PROCESSOS. AUTUAÇÃO POR NÃO APRESENTAÇÃO DE DOCUMENTOS. OMISSÃO DE JUNTADA DE AR E NAD. A falta de juntada do Aviso de Recebimento e da Notificação para Apresentação de Documentos ao auto de infração não constitui, por si só, motivo para sua nulidade, salvo disposição expressa em contrário, como no caso das fiscalizações indiretas.

121. PRECEDENTE ADMINISTRATIVO Nº 122 ANÁLISE DE PROCESSOS. AUTUAÇÃO BASEADA EXCLUSIVAMENTE EM ENTREVISTA DE EMPREGADO. A indicação de entrevista com empregados como único elemento de convicção do auto de infração não é, por si só, razão para a sua nulidade.

122. PRECEDENTE ADMINISTRATIVO Nº 123 ANÁLISE DE PROCESSOS. NÃO CITAÇÃO DE EMPREGADO EM SITUAÇÃO IRREGULAR. AUSÊNCIA DE PREJUÍZO AO CONTRADITÓRIO E AMPLA DEFESA. Cabe à autuada demonstrar eventual prejuízo ao contraditório e à ampla defesa decorrente da falta de indicação de empregado em situação irregular no auto de infração, de modo a justificar sua improcedência, salvo nos casos em que: I – a penalidade é calculada com base no número de empregados prejudicados; II – é indispensável para a subsunção do fato à norma.

123. PRECEDENTE ADMINISTRATIVO Nº 124 ANÁLISE DE PROCESSOS. ALEGAÇÕES RELATIVAS A OUTRA INFRAÇÃO AUTUADA. REMISSÃO À ANÁLISE FEITA EM PROCESSO CORRELATO. POSSIBILIDADE. Quando a defesa ou o recurso apresentar alegações relacionadas a outra infração autuada, o Analista poderá fazer remissão à análise já elaborada naquele processo correlato, indicando o respectivo número e situação atualizada de seu trâmite, complementando com eventuais questões específicas relativas ao processo em análise.

124. PRECEDENTE ADMINISTRATIVO Nº 125 ANÁLISE DE PROCESSOS. RECURSO. SANEAMENTO DO VÍCIO QUE LEVOU AO NÃO CONHECIMENTO DA DEFESA. ANÁLISE DOS ARGUMENTOS EM SEDE RECURSAL. Quando o recurso questionar o não conhecimento da defesa pela ausência de comprovação da legitimidade ou representação processual e sanear o vício existente, os argumentos da defesa deverão ser analisados em sede recursal, ainda que não tenham sido expressamente reiterados pelo recorrente.

125. PRECEDENTE ADMINISTRATIVO Nº 126 AUTUAÇÃO. OBRIGAÇÃO A CRITÉRIO DA AUTORIDADE COMPETENTE. ELEMENTOS PARA CONFIGURAÇÃO. Nos casos em que a Norma Regulamentadora estabelecer determinada obrigação a critério da autoridade competente, deverá o Auditor Fiscal do Trabalho demonstrar, no histórico do auto de infração, que promoveu a notificação do empregador, estabelecendo prazo e forma de cumprimento da obrigação, evidenciando os critérios adotados para defini-la.

126. PRECEDENTE ADMINISTRATIVO Nº 127 AUTUAÇÃO POR INFRAÇÕES DA MESMA NATUREZA EM ESTABELECIMENTOS DISTINTOS. BIS IN IDEM. NÃO CONFIGURAÇÃO. A lavratura de autos de infração com base no mesmo preceito legal, mas referentes a estabelecimentos distintos, não configura bis in idem. I – Considera-se estabelecimento cada uma das unidades da empresa funcionando em lugares diferentes, tais como: fábrica, refinaria, usina, escritório, loja, oficina, depósito, laboratório, salvo quando outro critério for adotado expressamente em norma específica. II – Para fins de aplicação da NR-18, a menor unidade admitida como estabelecimento é o canteiro de obras ou a sede da equipe, no caso de frentes de trabalho itinerantes.

127. PRECEDENTE ADMINISTRATIVO Nº 128 ANÁLISE DE PROCESSOS. TEORIA DA APARÊNCIA. CONHECIMENTO DE DEFESA E RECURSO ADMINISTRATIVO. Dispensa-se a juntada de documentos que comprovem a legitimidade do signatário quando a pessoa que assinou a defesa ou o recurso administrativo for a mesma que assinou documento emitido no curso da ação fiscal e que conste dos autos do processo administrativo em análise, ou correlatos.

SEÇÃO VIII
DAS PENALIDADES

Art. 49 . Para os efeitos da emissão, substituição ou anotação de Carteiras de Trabalho e Previdência Social, considerar-se-á, crime de falsidade, com as penalidades previstas no art. 299 do Código Penal:

I - fazer, no todo ou em parte, qualquer documento falso ou alterar o verdadeiro;

II – afirmar falsamente a sua própria identidade, filiação, lugar de nascimento, residência, profissão ou estado civil e beneficiários, ou atestar os de outra pessoa;

III – servir-se de documentos, por qualquer forma falsificados;

IV – falsificar, fabricando ou alterando, ou vender, usar ou possuir Carteira de Trabalho e Previdência Social assim alteradas;

V – anotar dolosamente em Carteira de Trabalho e Previdência Social ou registro de empregado, ou confessar ou declarar em juízo ou fora dele, data de admissão em emprego diversa da verdadeira.

Art. 50. Comprovando-se falsidade, quer nas declarações para emissão de Carteira de Trabalho e Previdência Social, quer nas respectivas anotações, o fato será levado ao conhecimento da autoridade que houver emitido a carteira, para fins de direito.

COMENTÁRIOS (ARTS. 49 E 50)

1. CRIMES DE FALSIDADE RELACIONADOS À CARTEIRA DE TRABALHO E PREVIDÊNCIA SOCIAL

O dispositivo em análise relaciona as condutas tipificadas como crime de falsidade relacionados à Carteira de Trabalho e Previdência Social. A emissão, substituição, uso, posse de CTPS falsificada ou com informações falsas são consideradas como crime. O legislador trabalhista não se ocupou da tipificação penal, nem da cominação da pena, mas, tão somente do destaque de condutas já previstas na norma penal, advertindo quais condutas são caracterizadas como delituosas.

No inciso I e IV, do art. 49 da CLT, descreve conduta típica enquadrada como crime de falsificação de documento público (art. 297 do CP); nos incisos II e V, discrimina conduta caracterizada como crime de falsidade ideológica (art. 299 do CP); no inciso III, o uso de documento falso (art. 304, CP).

A carteira de trabalho é um documento formalmente público, cuja emissão é realizada pela autoridade administrativa competente – o Ministério da Economia –, servindo, inclusive, como documento de identificação do trabalhador.

Cezar Roberto Bitencourt delineia que o documento público é "aquele que é elaborado na forma prescrita em lei, por funcionário público, no exercício de suas atribuições, compreendido o documento formal e substancialmente público, observadas as formalidades condicionantes de sua eficácia jurídica do País"[375].

Sobre os crimes de falsidade, o referido autor leciona que "A falsidade material, com efeito, altera o aspecto formal do documento, construindo um novo ou alterando o verdadeiro; a falsidade ideológica, por sua vez, altera o conteúdo do documento, total ou parcialmente, mantendo inalterado seu aspecto formal. [...] Na primeira, o vício incide sobre a parte exterior do documento, isto é, sobre seu aspecto físico, ainda que seu conteúdo seja verdadeiro. No *falsum* material o sujeito modifica as características originais do objeto material por meio de rasuras, borrões, emendas, substituição de palavras ou letras, números etc.".

É importante destacar, nesse aspecto, que o exame de corpo de delito (art. 158, do CPP) é necessário nos casos de falso material, sob pena de nulidade absoluta da ação penal, na forma dos arts. 564, III, *b* e 572 do CPP (STJ, RE 8.058, Rel. Costa Leite, JSTJ e TRF — Lex, 35/355).

2. COMPETÊNCIA DA JUSTIÇA DO TRABALHO EM MATÉRIA DE NATUREZA PENAL

A Justiça do Trabalho não tem competência em matéria de natureza criminal (art. 114, I e IX, da CF).

Existe corrente doutrinária que defende a competência criminal da Justiça do Trabalho oriundas da relação de trabalho, com base no art. 114 da CF.

Marcelo José Ferlin D'Ambroso (apud Bezerra Leite, 2018)[376], defensor da competência material criminal da Justiça do Trabalho, argumenta que:

> *[...] se o constituinte derivado de 2004 procurou abarcar todas as hipóteses decorrentes da relação de trabalho na órbita da Justiça especializada, não se vê, na nova redação do art. 114 da Constituição da República, justificativa que autorize o fracionamento da jurisdição para a hipótese. Como corolário lógico e natural da expressão da jurisdição atribuída à Justiça do Trabalho no citado art. 114, esta será competente tanto para a ação de natureza cível quanto para a de natureza criminal que nascem da relação de trabalho".*

Corrente doutrinária em sentido contrário defende que **a Justiça do Trabalho não tem competência de natureza criminal, isso porque** a Justiça do Trabalho não está preparada para recepcionar essa atribuição. A ampliação demasiada da competência material pode representar uma descaracterização da especialidade da Justiça do Trabalho, cujo eixo central é a relação de trabalho e não matérias penais.

Para o jurista *Mauro Schiavi*:[377]

> *"[...] Tal competência não trará benefícios à Justiça do Trabalho e nem ao Processo do Trabalho, tampouco um maior cumprimento da Legislação Trabalhista, pois as vicissitudes enfrentadas pela Justiça Comum e pela Justiça Federal serão as mesmas enfrentadas pela Justiça do Trabalho. Além disso, a função da Justiça do Trabalho sempre foi a de facilitar o acesso do trabalhador à justiça, o que ficaria significativamente comprometido com a competência*
>
> *Criminal".*

Carlos Henrique Bezerra Leite[378], a despeito da existência das correntes doutrinárias acima, defende uma corrente intermediária, ao admitir

> *"[...]a competência da Justiça do Trabalho em matéria criminal se, nos termos do inciso IX, do art. 114 da CF, for editada lei dispondo em tal sentido. Vale dizer, não se extrai de imediato dos incisos I e II do art. 114 da CF a competência criminal da Justiça Obreira, pois se fosse essa a intenção do constituinte derivado de 2004, teria*

[375] Bitencourt, Cezar Roberto Código penal comentado - 10. ed. - São Paulo: Saraiva Educação, 2019. p. 2236.

[376] Idem. Leite, 2018.
[377] Idem. Schiavi, 2018.
[378] Idem. Leite, 2018.

> *ele inserido expressamente tal competência no extenso e analítico rol do art. 114 da CF. Nada impede, porém, que o legislador ordinário, ao regulamentar o inciso IX do art. 114 da CF, possa fazê-lo. É preciso estar atento às peculiaridades do processo penal, uma vez que, neste, o papel do juiz é o de intervenção mínima na esfera da liberdade do indivíduo que comete crime, enquanto, no processo do trabalho, há importante intervenção do juiz na busca da realização dos direitos humanos fundamentais".*

Comungando do mesmo entendimento, Enoque Ribeiro sustenta que:

> *"[...] a competência da Justiça do Trabalho está pautada, como vimos, na relação de trabalho, não havendo espaço para apreciar e julgar questões imanentes ao poder punitivo do Estado. Ademais, a Justiça do Trabalho tem por primado garantir e propagar os direitos fundamentais, mormente os inerentes à dignidade do trabalhador, não estando afeita às matérias de cunho criminal".*

O Supremo Tribunal Federal, no julgamento da ADI nº 3.684-0, por unanimidade, deferiu medida cautelar com eficácia "ex tunc" para afastar a interpretação que confira à Justiça do Trabalho competência criminal. O Ministro Relator Cezar Peluzo, destacou em seu voto que:

> *"[...] aparece intuitivo que, ao prever a competência da Justiça do Trabalho para o processo e julgamento de 'ações oriundas da relação de trabalho', o disposto no art. 114, inc. I, da Constituição da República, introduzido pela EC nº 45/2004, não compreende outorga de jurisdição sobre matéria penal, até porque, quando os enunciados da legislação constitucional e subalterna aludem, na distribuição de competências, a 'ações', sem o qualificativo de 'penais' ou 'criminais, a interpretação sempre excluiu o alcance teórico as ações que tenham caráter penal ou criminal. Perante essa técnica de redação, a qual não constitui mera tradição estilística, mas metódica calculada que responde a uma rigorosa racionalidade jurídica, o normativo emergente é de que, no âmbito da respectiva competência, entram apenas as ações destituídas de natureza pena. Não infirma, no caso, a menção ao habeas corpus, contida no texto do inc. IV, pois esse remédio processual constitucional pode, como sabe toda a gente, voltar-se contra atos ou omissões praticados no curso de processos e até procedimentos de qualquer natureza, e não apenas no bojo de investigações, inquéritos e ações penais. É que sua vocação constitucional está em prevenir ou remediar toda violências que, gravando a liberdade de locomoção, provenha de ato ilegal ou abusivo, cometido de qualquer autoridade e, até, em certas circunstâncias, de particular (art. 5º, inc. LXVIII). Mais do que natural, portanto, era de boa lógica jurídico-normativa fosse explicitada ou reconhecida à Justiça do Trabalho competência acessória para conhecer e julgar habeas corpus impetrado contra ato praticado por seus próprios órgãos, no exercício das competências não penais que lhe reservou a Constituição, ou a pretexto de exercê-las, segundo vem, aliás, da literalidade da cláusula final do inc. IV do art. 114 ("quando o ato questionado envolver matéria sujeita à sua jurisdição"). Longe de infirmar a conclusão esboçada, aquela expressa menção do texto constitucional das competências ao instituto do habeas corpus constitui a prova decisiva e cabal de que a Constituição da República não dá à Justiça do Trabalho competência para o processo e julgamento de outras ações penais. Deveras, se, em preceito específico, lha atribuiu para julgar habeas corpus, é óbvio que lha negou para julgamento de todos os outros remédios e ações penais, pela razão manifestíssima de que, se a Constituição houvera outorgado à Justiça do Trabalho competência criminal ampla e inespecífica, de todo em todo fora ocioso e escusado que, em clausula textual, lhe previsse competência para apreciar habeas corpus. [...] A exegese das regras constitucionais de competência deve guiar-se sempre à luz da garantia do juiz natural e dos seus desdobramentos normativos. [...] Do exposto, defiro a liminar, para, com efeito ex tunc, atribuir interpretação conforme à Constituição da República a seu art. 114, incs. I, IV e IX, declarando, nos termos já enunciados, que, no âmbito de jurisdição da Justiça do Trabalho, não entra competência para processar e julgar ações penais".*

Recentemente, em 11 de maio de 2020, o Supremo Tribunal Federal, ao apreciar o mérito do referido processo em sessão virtual, por maioria de votos, julgou procedente o pedido formulado na ação direta de inconstitucionalidade, de modo a conferir interpretação conforme à Constituição ao seu artigo 114, incisos I, IV e IX, na redação dada pela Emenda Constitucional nº 45, para afastar qualquer interpretação que entenda competir à Justiça do Trabalho processar e julgar ações penais, nos termos da medida cautelar anteriormente deferida pelo Plenário, nos termos do voto do Relator Ministro Gilmar Mendes, vencidos os Ministros Edson Fachin e Marco Aurélio, com o seguinte teor:

- II – Da necessidade de se conferir interpretação conforme à Constituição. Conforme já decidido por este Tribunal ao conceder a medida cautelar com efeitos *ex tunc*, a divisão de competências entre os órgãos do Poder Judiciário operada pela Constituição Federal impede que seja conferida à Justiça do Trabalho jurisdição penal genérica. Assim, nesse ponto, entendo que a ação direta de inconstitucionalidade deve ser julgada procedente, confirmando-se a liminar anteriormente deferida. No que se refere à assunção de competência penal, friso que é inequívoca a incompetência da Justiça do Trabalho para julgar causas penais.[...] Quanto à possibilidade de a Justiça do Trabalho processar e julgar habeas corpus, recorde-se que esse remédio constitucional não é exclusivo do Direito Penal, sendo a Justiça trabalhista competente para processar e julgar habeas corpus, quando o ato questionado envolver matéria sujeita à sua jurisdição. [...] Acrescento, ainda, na linha do voto do Ministro Ricardo Lewandowski quando do deferimento da medida cautelar, que, durante os trabalhos e discussões no Congresso Nacional, o poder constituinte derivado nunca almejou conferir à

Justiça do Trabalho competência criminal. Ante o exposto, julgo procedente o pedido, de modo a conferir interpretação conforme à Constituição ao seu artigo 114, incisos I, IV e IX, na redação dada pela Emenda Constitucional 45, para afastar qualquer interpretação que entenda competir à Justiça do Trabalho processar e julgar ações penais, nos termos da medida cautelar anteriormente deferida pelo Plenário. É como voto".

Não obstante o voto vencedor acima transcrito, é importante destacar a divergência instaurada pelo Ministro Edson Fachin, que reconheceu a competência material da Justiça do Trabalho, sob os seguintes fundamentos:

- [...] entendo que não se deve restringir o seu âmbito de proteção para excluir da competência da Justiça do Trabalho as ações criminais, desde que, por óbvio, sejam diretamente decorrentes da relação de trabalho. O argumento da necessidade de previsão constitucional expressa e explícita acerca da competência criminal, para que esta seja reconhecida, não impõe que se excluam as competências, como a da Justiça do Trabalho, para os crimes que ocorram no âmbito das relações, inequivocamente, submetidas à sua jurisdição. A norma constitucional deve ser interpretada de forma a cumprir, com a máxima eficácia possível, o conteúdo semântico mais amplo de sua prescrição, especialmente quando se está a interpretar regra de competência de uma Justiça Especializada que funciona, no Estado Democrático de Direito, como verdadeira garantia institucional dos direitos fundamentais sociais dos trabalhadores brasileiros. O princípio do juiz – e promotor – natural (artigo 5º, XXXVII e LIII, CRFB), bem como o princípio do devido processo legal (artigo 5º, LV, CRFB) exigem esforço hermenêutico no sentido de compreender a competência da Justiça do Trabalho na abrangência que o legislador constituinte assim estabeleceu. Ainda que tal dispositivo não tenha feito parte da redação originária do Texto Constitucional, a conhecida Reforma do Poder Judiciário, por meio da Emenda Constitucional n. 45/2004, trouxe-o para o seio da Constituição brasileira, de modo que, de onde vejo a controvérsia constitucional aqui instaurada, deve desembocar em solução que entregue a interpretação que mais prestigia a Constituição e o poder constituinte derivado, qual seja, aquela que reconhece competência criminal à Justiça Laboral. A Justiça Especializada trabalhista é dotada de todos os adequados e necessários requisitos para exercer a competência constitucional que lhe atribuiu o legislador constituinte derivado, pois que, se os fatos que ensejam o reconhecimento da tipicidade penal são praticados no bojo da relação de trabalho, são o juiz do trabalho e tribunais laborais, bem como os ministérios públicos respectivos, as instituições mais preparadas para o processo e julgamento de tais fatos, ainda que no exercício de competência tipicamente criminal. Aqui vale lembrar as lições da Professora Ada Pelegrini Grinover: "A pacificação é o escopo magno da jurisdição e, por consequência, de todo o sistema processual (uma vez que todo ele pode ser definido como a disciplina jurídica da jurisdição e seu exercício). É um escopo social, uma vez que se relaciona com o resultado do exercício da jurisdição perante a sociedade e sobre a vida gregária dos seus membros e felicidade pessoal de cada um". (CINTRA, A.C.A; GRINOVER, A.P.; DINAMARCO, C.R. Teoria Geral do Processo. São Paulo-SP. Editora Malheiros. 22ª Edição, 2006, p. 30). Conforme tenho sustentado, a Justiça do Trabalho, no Brasil, cumpre a importância missão constitucional de garantir aos trabalhadores brasileiros a concretização de direitos fundamentais que foram expressamente a eles destinados pelo constituinte de 1988. A dimensão criminal que decorre do máximo desrespeito às normas de conduta das relações sociais, que se perfazem em relações de trabalho, também deve ser submetida ao crivo da Justiça Especializada, especialmente naquelas situações em que o magistrado laboral, com sua competência plena, apresenta-se como o agente público dotado das melhores condições institucionais para avaliar tais condutas e estabelecer uma linha de política pública criminal adequada para a pacificação social nos ambientes laborais. Por essas razões, pedindo vênia a todos aqueles que perfilham compreensão diversa, voto pela improcedência do pedido de interpretação conforme, mantendo a redação conferida ao artigo 114, I, da Constituição da República, na amplitude em que o legislador constituinte derivado o fez, por meio da Emenda Constitucional n. 45/2004, para reconhecer, em seu âmbito semântico, a competência criminal da Justiça do Trabalho. É como voto".

Na visão do voto divergente, a interpretação semântica deve ser efetuada de forma a extrair máxima eficácia do texto constitucional. A interpretação ampla da redação do art. 114, I, IV e IX, da CF, não descaracterizaria a especialidade da Justiça do Trabalho, pois os crimes decorrem do desrespeito às normas de conduta das relações sociais, ou seja, são praticados no bojo da relação de trabalho. Por essa razão, também deve ser submetido ao crivo da Justiça do Trabalho.

E mais, a Justiça Laboral é estruturalmente preparada para cumprir essa atribuição conferida pelo legislador constituinte derivado, considerando que o juiz do trabalho, os tribunais laborais, bem como o respectivo Ministério Público, estão aptos e melhores preparados para o processo e julgamento de tais fatos.

Prevalece, no entanto, a incompetência material da Justiça do Trabalho em matéria de natureza criminal.

Constatado o crime de falsidade nas declarações para emissão de Carteira de Trabalho e Previdência Social, ou nas respectivas anotações, a autoridade administrativa – o Ministério da Economia – deve ser comunicada, para a adoção das medidas e penalidades administrativas (art. 50, CLT). Os fatos também devem ser encaminhados ao Ministério Público, a fim de requisitar diligências investigatórias, a instauração de inquérito policial ou promover a ação penal correspondente, buscando a responsabilização criminal dos sujeitos que praticaram conduta delituosa (art. 129, I e VIII, da CF).

3. JURISPRUDÊNCIA

▸ APELAÇÃO CRIMINAL. DIREITO PENAL. DIREITO PROCESSUAL PENAL. FALSIDADE DOCUMENTAL. ART. 297, § 4º, DO CÓDIGO PENAL. FALSIFICAÇÃO DE DOCUMENTO PÚBLICO. AUSÊNCIA DE ANOTAÇÃO DE VÍNCULO TRABALHISTA EM CARTEIRA DE TRABALHO – CTPS. TIPICIDADE. ELEMENTO SUBJETIVO. INSUFICIÊNCIA DE PROVAS DO DOLO. ABSOLVIÇÃO. O STJ tem por orientação jurisprudencial que, para tipificar o crime do art. 297, § 4º, do Código Penal, para além da simples omissão de anotação de contrato na CTPS, é imprescindível a demonstração do dolo de falso e da efetiva possibilidade de vulneração à fé pública; . Na hipótese, para além do debate acerca da existência de relação de emprego – inclusive já consolidada pela Justiça do Trabalho -, tenho que a conduta imputada ao réu é juridicamente irrelevante na esfera penal e tampouco tem potencialidade para prejudicar direitos, de sorte que não transcende ao ilícito trabalhista, sujeitando-se ao artigo 47 da CLT, tão-somente. Ausentes indícios de fraude que justificassem a ausência de anotação do vínculo na CTPS, buscando a produção dos efeitos jurídicos junto ao órgão previdenciário; . O tipo penal previsto no parágrafo 4º do artigo 297 do Código Penal exige mais do que a simples ausência de anotação do vínculo trabalhista. Pressupõe, sim, a existência do registro do pacto laboral na respectiva CPTS, reprimindo a omissão do nome do segurado, de seus dados pessoais, de sua remuneração ou da vigência do contrato. Somado à indispensável demonstração do dolo de falso – consistente na vontade de falsificar ou alterar o documento público – e da efetiva possibilidade de vulneração à fé pública; . Ausente o elemento subjetivo do tipo penal em estudo, o fato praticado não é típico e, consequentemente, não constitui infração penal; . A acusação não se desincumbiu do ônus que lhe confere o art. 156 do Código de Processo Penal, de forma que se torna inviável a formação de um seguro juízo condenatório.

(TRF-4 – ACR: 50051701020154047107 RS 5005170-10.2015.4.04.7107, Relator: Revisora, Data de Julgamento: 12/05/2020, SÉTIMA TURMA)

▸ PENAL. ESTELIONATO TENTADO. ART. 171, § 3º, C/C ART. 14, II, AMBOS DO CÓDIGO PENAL. INSERÇÃO DE DECLARAÇÃO FALSA EM CTPS. ART. 49, III E IV, DA CONSOLIDAÇÃO DAS LEIS DO TRABALHO, C/C ART. 299 DO CÓDIGO PENAL. MATERIALIDADE, AUTORIA E DOLO COMPROVADOS. INEXIGIBILIDADE DE CONDUTA DIVERSA. ERRO DE PROIBIÇÃO. NÃO CONFIGURAÇÃO. PRINCÍPIO DA CONSUNÇÃO. INAPLICABILIDADE. CONFISSÃO. SUSPENSÃO DO EXERCÍCIO DA ADVOCACIA. PRISÃO DOMICILIAR. 1. Dificuldades financeiras não são justificativa para o reconhecimento do estado de necessidade ou inexigibilidade de conduta diversa na prática de estelionato, pois devem ser solucionadas por meio de atividades lícitas, não sendo razoável a opção pelo crime como forma de solvê-las. 2. Não se configura o erro de proibição quando o conjunto probatório demonstra que o réu era capaz de entender a ilicitude dos seus atos. 3. O princípio da consunção não é aplicável quando a potencialidade lesiva do documento falsificado não se exauriu na prática do estelionato, sendo apta a utilização no cometimento de outros delitos da mesma ou distinta espécie. 4. Materialidade, autoria e dolo dos delitos de estelionato e falsidade ideológica comprovados pelo conjunto probatório constante dos autos. 5. A atenuante etária (art. 65, I, CP) somente se aplica ao réu que tiver 70 anos de idade na data da sentença. 6. A confissão, pela qual o réu admite seu envolvimento na infração penal, deve ser valorada na fixação da pena, pois é estímulo à verdade processual. 7. Considerando-se as circunstâncias do caso concreto e o fato de o réu apresentar vários antecedentes na prática de estelionato e de outras fraudes, é legítima a fixação da medida cautelar de impedimento ao exercício da advocacia. 8. Cabe ao Juízo da Execução, ao tempo do efetivo início do cumprimento da pena, verificar a necessidade de prisão domiciliar.

(TRF-4 – ACR: 50091918320114047102 RS 5009191-83.2011.4.04.7102, Relator: MÁRCIO ANTÔNIO ROCHA, Data de Julgamento: 25/11/2014, SÉTIMA TURMA)

▸ APELAÇÃO CRIMINAL – FALSIFICAÇÃO DE DOCUMENTO PÚBLICO – OMISSÃO DE ANOTAÇÃO EM CTPS – INTELIGÊNCIA DO ART. 297, § 4º, DO CP – FATO ATÍPICO – DESCLASSIFICAÇÃO PARA O ART. 49, V, DA CLT – POSSIBILIDADE – PROVA DO DOLO – NECESSIDADE – DÚVIDA RELEVANTE – ABSOLVIÇÃO DECRETADA – RECURSO PROVIDO. – A simples omissão de anotação do contrato de trabalho na CTPS do empregado não caracteriza o crime descrito no art. 297, § 4º, do Código Penal. – Demonstrado o dolo na conduta do empregado que efetua anotação com data de admissão diversa daquela que corresponde à verdade, tipifica-se a conduta no art. 49, V, da Consolidação das Leis do Trabalho. – Ausente prova do dolo na conduta do apelante, a absolvição é medida de rigor. – Recurso provido. >

(TJ-MG – APR: 10024101488930001 MG, Relator: Agostinho Gomes de Azevedo, Data de Julgamento: 03/10/2013, Câmaras Criminais / 7ª CÂMARA CRIMINAL, Data de Publicação: 11/10/2013)

▸ HABEAS CORPUS. CRIME DE FALSIFICAÇÃO DE CARTEIRA DE TRABALHO. ART. 49, INCISO IV, DECRETO LEI Nº 5452/43 (CLT). PRISÃO EM FLAGRANTE. CONVERSÃO EM PRISÃO PREVENTIVA. PRESENÇA DOS REQUISITOS ENSEJADORES DA CUSTÓDIA CAUTELAR. FUNDAMENTAÇÃO IDÔNEA. REITERAÇÃO CRIMINOSA. GARANTIA DA ORDEM PÚBLICA. CONSTRANGIMENTO ILEGAL NÃO CARACTERIZADO. ORDEM DENEGADA. 1. Deve ser mantida a decisão que converteu a prisão em flagrante do paciente em prisão preventiva, diante do cabimento da prisão, pois, a pena máxima abstrata cominada ao crime de falsificação de carteira de trabalho é superior a quatro anos e o paciente é reincidente em crime doloso. Ademais, estão presentes indícios de autoria e prova da materialidade do crime de falsificação de carteira de trabalho, bem como requisito de garantia da ordem pública, diante da reiteração do paciente na prática de crimes dolosos, que ostenta uma condenação transitada em julgado por crime de receptação, além responder a processo por estelionato e uso de documento falso, e de ser investigado por formação de quadrilha especializada em furto e roubo de veículos automotores. 2. Ordem denegada para manter a decisão que converteu a prisão em flagrante do paciente em prisão preventiva.

(TJ-DF 20110020249786 DF 0024982-29.2011.8.07.0000, Relator: JOÃO TIMÓTEO DE OLIVEIRA, Data de Julgamento: 19/01/2012, 2ª Turma Criminal, Data de Publicação: Publicado no DJE : 30/01/2012 . Pág.: 208)

▸ PENAL. PROCESSUAL PENAL. FALSIDADE IDEOLÓGICA. ART. 299 DO CÓDIGO PENAL. PRESCRIÇÃO RETROATIVA. OCORRÊNCIA. PRESCRIÇÃO DA PENA DE MULTA (ART. 114, II, DO CP). EXTINÇÃO DA PUNIBILIDADE. APELAÇÃO. PRELIMINAR DE PRESCRIÇÃO. PARCIAL PROVIMENTO DO RECURSO. MÉRITO DA APELAÇÃO PREJUDICADO. I – Da data do recebimento da denúncia (02 de fevereiro de 2000) até a publicação da sentença condenatória (05 de maio de 2006) medeia prazo superior a quatro anos, configurando-se a prescrição retroativa, vez que a pena privativa de liberdade estabelecida na sentença foi de 01 (um) ano de reclusão. II – E de se reconhecer a prescrição retroativa, nos termos do art. 109, inciso V, c/c art. 110, parágrafos 1º e 2º do CP. III – Prescrevendo a pena privativa de liberdade, havera também a prescrição da pena de multa (art. 114, II, do CP). IV – Extinção da punibilidade da ré, na conformidade do art. 107, IV, do CP. V – Se a ré levantou a preliminar de prescrição retroativa, deve ser conhecido seu recurso, dando-se parcial provimento ao mesmo, apenas para reconhecer a ocorrência desta causa de extinção da punibilidade. VI – Apelação parcialmente provida, restando prejudicado o mérito do recurso.

(TRF-5 – ACR: 4982 CE 2003.05.00.016184-9, Relator: Desembargadora Federal Margarida Cantarelli, Data de Julgamento: 21/08/2007, Quarta Turma, Data de Publicação: Fonte: Diário da Justiça – Data: 12/09/2007 – Página: 638 – Nº: 176 – Ano: 2007)

▶ PENAL. ESTELIONATO TENTADO. ANOTAÇÃO FALSA EM CTPS. SÚMULA Nº 17 DO STJ. INAPLICABILIDADE. MAJOR ABSORVET MINOREM. FATOS ANTERIORES À LEI Nº 9.983/00. ART. 49 DA CLT. 1. Na consunção, deve ocorrer a absorção do crime de menor potencial lesivo pelo delito mais gravoso. Inaplicabilidade da Súmula nº 17 do STJ quando a falsidade é meio para a prática de estelionato tentado, devendo o agente ser punido pela contrafação. 2. Em obediência ao princípio tempus regit actum, a elaboração de anotações mendazes em carteira de trabalho, quando realizada anteriormente à edição da Lei nº 9.983/00 (que acrescentou o § 3º, II, ao art. 297 do CP), encontra tipificação penal no art. 49 da CLT.

(TRF-4 – ACR: 23279 PR 2001.70.00.023279-3, Relator: PAULO AFONSO BRUM VAZ, Data de Julgamento: 18/04/2007, OITAVA TURMA, Data de Publicação: D.E. 02/05/2007)

▶ Falsificação de Carteira de Trabalho com a colocação do retrato da acusada, em substituição a fotografia original, pertencente à possuidora da carteira. Configura o crime de falsidade ideológica a falsidade da referida carteira, como dispõe o artigo 49 da Consolidação das Leis do Trabalho. Não sendo o delito praticado em detrimento de serviços e interesses da União, autarquia ou empresa pública, a competência para apreciar a matéria é da Justiça Estadual. Rejeitada a preliminar e improvido o recurso. (RC)

(TJ-RJ – APL: 1086 RJ 1993.050.01086, Relator: DES. JOSE LUCAS ALVES DE BRITO, Data de Julgamento: 16/08/1994, SEGUNDA CAMARA CRIMINAL, Data de Publicação: 26/08/1994)

▶ APELAÇÃO CRIMINAL. ANOTAÇÃO FALSA NA CTPS. ARTIGO 297, § 4º DO CÓDIGO PENAL. DOLO DEMONSTRADO. JUSTA CAUSA PRESENTE. EXTINÇÃO DA PUNIBILIDADE. INVIABILIDADE. ARREPENDIMENTO POSTERIOR. INAPLICABILIDADE. DESPROVIMENTO DO APELO. 1. Incontestes a materialidade e autoria da falsificação da CTPS, a prova da atuação livre e consciente na anotação a menor do valor da remuneração do empregado termina por configurar o delito de falsificação de documento público. 2. Ainda que revertidas as conseqüências patrimoniais do delito previsto no artigo 297, § 4º do CP tanto para a União como para o empregado em questão, persiste a justa causa para a ação penal, uma vez que a tutela da fé pública, bem jurídico protegido, é mais abrangente do que a tutela do patrimônio, que ocorre por via reflexa no tipo penal em destaque. 3. O artigo 168-A, § 2º do CP, que extingue a punibilidade do agente que recolhe as contribuições previdenciárias indevidamente retidas, não é analogamente aplicável à falsificação de documento público, uma vez que a recomposição do patrimônio não justifica a extinção da punibilidade de crime contra a fé pública. Ademais, não se encontra presente a espontaneidade. 4. Incabível o reconhecimento do instituto do arrependimento posterior quando o delito tem caráter formal, uma vez que a reparação do dano exige resultado criminoso, sendo aplicável, portanto, apenas a crimes materiais. 5. Desprovimento do apelo.

(TRF-4 – ACR: 50153421120154047107 RS 5015342-11.2015.4.04.7107, Relator: Revisora, Data de Julgamento: 22/08/2017, SÉTIMA TURMA)

▶ RELAÇÃO DE EMPREGO ANOTAÇÃO FALSA NA CTPS E EM RECIBOS COMUNICAÇÃO AO INSS. Provado que a situação fática retratada pela prova não corresponde à presunção simples que emana dos documentos invocados pelo autor como prova de pretenso contrato individual de trabalho, deve ser confirmada a sentença que não reconheceu o alegado vínculo de emprego. Remessa de cópias ao INSS. (...)

(TRT-4 – RO: 686006719975040026 RS 0068600-67.1997.5.04.0026, Relator: RICARDO TAVARES GEHLING, Data de Julgamento: 16/11/2000, 26ª Vara do Trabalho de Porto Alegre)

▶ DIREITO PENAL. USO DE DOCUMENTO FALSO EM AÇÃO JUDICIAL. INSERÇÃO DE ANOTAÇÃO FALSA EM CTPS. CRIME FORMAL. 1. Quem de forma consciente faz uso, como prova documental em ação previdenciária, de documento que sabia ser falso, incorre no tipo penal do art. 304 do CP. 2. O conjunto probatório demonstra a materialidade, a autoria e o dolo do agente para a prática do delito de falsificação de documento público, consistente na inserção de registro fictício de contrato de labor. 3. O tipo descrito no art. 297, § 3º, incisos I e II do CP é crime de natureza formal, consumando-se no momento da anotação inidônea. É irrelevante para a configuração do delito qual uso que se faz da carteira de trabalho com o registro falso.

(TRF-4 – ACR: 50112415420124047003 PR 5011241-54.2012.404.7003, Relator: LEANDRO PAULSEN, Data de Julgamento: 18/11/2015, OITAVA TURMA, Data de Publicação: D.E. 19/11/2015)

▶ DIREITO PENAL. INSERÇÃO DE ANOTAÇÃO FALSA EM CTPS. CRIME FORMAL. TENTATIVA. NÃO CARACTERIZAÇÃO. 1. O tipo descrito no art. 297, § 3º, incisos I e II do CP é crime de natureza formal, consumando-se no momento da anotação inidônea. 2. O registro de contrato de trabalho em CTPS, constando período que os contratantes sabiam inexistente o vínculo laboral, por si só, já causa lesão ao bem jurídico protegido, não havendo que se cogitar de tentativa como forma de reduzir a pena aplicada.

(TRF-4 – ACR: 50009129220134047214 SC 5000912-92.2013.404.7214, Relator: LEANDRO PAULSEN, Data de Julgamento: 09/11/2016, OITAVA TURMA)

▶ APELAÇÃO CRIMINAL. TENTATIVA DE ESTELIONATO PRATICADO EM DETRIMENTO DE PATRIMÔNO DA PREVIDÊNCIA SOCIAL. ART. 171, § 3º, C.C. ART. 14, II, AMBOS DO CÓDIGO PENAL. ANOTAÇÃO FALSA EM CTPS. RÉU QUE ATUAVA COMO PROCURADOR DA SEGURADA. MATERIALIDADE E AUTORIA DEMONSTRADAS. CIRCUNSTÂNCIAS JUDICIAS DESFAVORÁVEIS. CULPABILIDADE. EXASPERAÇÃO DA PENA-BASE. APELO DA ACUSAÇÃO PARCIALMENTE PROVIDO. APELO DA DEFESA IMPROVIDO. 1. O crime de estelionato exige os seguintes requisitos: a) conduta dolosa do sujeito ativo; b) mediante ardil ou qualquer outro meio fraudulento; c) obtenção de vantagem ilícita; d) induzimento de terceiro em erro. A materialidade delitiva foi demonstrada pela vasta prova documental acostada aos autos. 2. O réu atuou como procurador de segurada da Previdência Social, protocolizando, nesta qualidade, pedido de concessão de aposentadoria por idade. 3. Requerimento de concessão de aposentadoria por idade instruído com CTPS contendo anotação falsa correspondente a vínculo empregatício inexistente. 4. O pedido de concessão do benefício previdenciário foi indeferido pelo INSS, que verificou indícios de irregularidades e, a partir de pesquisa externa, constatou a inexistência do vínculo empregatício registrado na Carteira de Trabalho, impedindo que o delito se consumasse. 5. Configurada a autoria. Consoante restou apurado no procedimento administrativo e em sede judicial, o acusado atuou como procurador de segurada do INSS, formulando em seu nome, pedido de concessão de aposentadoria por idade instruído com a Carteira de Trabalho contendo anotação falsa. 6. Não há como se admitir que o apelante, com mais de trinta anos na época dos fatos, com elevado grau de instrução, eis que graduado em Direito e Administração, e desenvolvendo atividade profissional em escritório familiar desde 2003, exercesse funções meramente administrativas (atendimento telefônico, anotação de recados e agendamentos de consultas) e de office-boy, conforme alegado pela defesa. 7. A pena-base comporta exasperação em virtude da culpabilidade do agente, na medida em que o conhecimento jurídico do réu, bacharel em Direito, torna mais reprovável socialmente a sua conduta. No entanto, o motivo e as circunstâncias do crime são inerentes à espécie e inexistem nos autos elementos para valoração negativa da conduta social e da personalidade do agente, sendo imprestáveis para tal fim os inquéritos policiais e ações penais indicados a fls. 474/502, em observância ao princípio constitucional da presunção da não-culpabilidade e à Súmula n. 444 do Superior Tribunal de Justiça. 8. Fixada a pena-base em 2 (dois) anos de reclusão e 20 (vinte) dias-multa, inexistindo agravantes ou atenuantes, incidem a causa de diminuição referente à forma tentada, nos termos do artigo 14, II, do Código de Penal, e a causa de aumento prescrita no § 3º do artigo 171 do Código Penal. 9. Pena fixada definitivamente em 1 (um) ano e 9 (nove) meses e 10 (dez) dias de reclusão, a ser cumprida em regime inicial aberto, com fundamento no artigo 33, § 2º, c, do Código Penal, e 17 (dezessete) dias-multa. 10. Reduzida, de ofício, o valor do dia-multa para 1/4 (um quatro) do salário mínimo vigente à época dos fatos. 11. Mantida, na forma do artigo 44, § 2º, do Código Penal, a substituição da pena privativa de liberdade por 1 (uma) restritiva de direito, consistente em prestação de serviços à comunidade, pelo tempo da pena substituída, e 1 (uma) multa no valor de 1 (um) salário mínimo. 12. Apelação do Ministério Público Federal parcialmente provida e apelação da defesa improvida.

(TRF-3 – Ap: 00162855220084036181 SP, Relator: DESEMBARGADOR FEDERAL JOSÉ LUNARDELLI, Data de Julgamento: 12/08/2014, DÉCIMA PRIMEIRA TURMA, Data de Publicação: e-DJF3 Judicial 1 DATA:21/08/2014)

Falsificação de carteira de trabalho

Art. 51. Incorrerá em multa de valor igual a 3 (três) vezes o salário-mínimo regional aquele que, comerciante ou não, vender ou expuser à venda qualquer tipo de carteira igual ou semelhante ao tipo oficialmente adotado.

Art. 52. O extravio ou inutilização da Carteira de Trabalho e Previdência Social por culpa da empresa sujeitará esta à multa de valor igual à metade do salário mínimo regional.

Art. 53. (Revogado pela Lei nº 13.874, de 2019)

Art. 54. (Revogado pela Lei nº 13.874, de 2019)

Art. 55. Incorrerá na multa de valor igual a 1 (um) salário-mínimo regional a empresa que infringir o art. 13 e seus parágrafos.

Art. 56. (Revogado pela Lei nº 13.874, de 2019)

COMENTÁRIOS (ARTS. 51 A 56)

O Decreto n. 10.854, de 10 de novembro de 2021, instituiu o Marco Regulatório Trabalhista Infralegal, alterando significativamente processo administrativo e fiscalizatório trabalhista. Criou um Programa Permanente de Consolidação, Simplificação e Desburocratização de Normas Trabalhistas Infralegais, tendo como consequência a compilação e alteração de diversas portarias ministeriais e instruções normativas que versavam sobre o tema, bem como conferiu a atribuição de imposição de multas administrativas previstas na legislação trabalhista às Unidades Regionais de Multas e Recursos, com possibilidade de revisão dos atos decisórios pela Coordenação-Geral de Recursos, sem retirar os poderes fiscalizatórios conferidos aos Auditores-Fiscais do Trabalho (art. 20 e 21 do Decreto n. 20.854/2021).

A Portaria n. 667, de 8 de novembro de 2021,do Ministério do Trabalho e Previdência, passou a regulamentar, entre outros assuntos, a imposição de multas administrativas previstas na legislação trabalhista. Em seu Anexo I apresenta uma Tabela das Multas Administrativas com Critérios Fixos de Cálculo, contemplando os valores em reais devido em caso de descumprimento das normas previstas nesse capítulo:

ANEXO I*
Tabela das Multas Administrativas com Critérios Fixos de Cálculo
(Valores em Reais - R$)

Natureza	Capitulação da infração	Base legal	Critério	Observações
Obrigatoriedade da CTPS	CLT, art.13	CLT, art. 55	R$ 402,53	
Anotação desabonadora na CTPS	CLT, art. 29, § 4º	CLT, art. 29, § 5º, c/c art. 52	R$ 201,27	
Falta registro de empregado - Lei nº 13.467, de 2017	CLT, art. 41	CLT, art. 47	R$ 3.000,00	Por empregado não registrado, acrescido de igual valor em cada reincidência
Falta registro de empregado - Lei nº 13.467, de 2017 - ME/EPP	CLT, art. 41	CLT, art. 47, §1º	R$ 800,00	Por empregado não registrado, acrescido de igual valor em cada reincidência
Falta de atualização ou preenchimento incompleto LRE/FRE - Lei nº 13.467, de 2017	CLT, art. 41, parágrafo único	CLT, art. 47-A	R$ 600,00	Por empregado prejudicado
Venda CTPS (igual ou semelhante)	CLT, art. 51	CLT, art. 51	R$ 1.207,60	
Extravios ou inutilização CTPS	CLT, art. 52	CLT, art. 52	R$ 201,27	

*Versão parcial da tabela. Contempla somente as multas previstas no capítulo em análise.

1. JURISPRUDÊNCIA

▸ RECURSO ORDINÁRIO DO RECLAMANTE – RETIFICAÇÃO DA CTPS – MULTA DO ART 52 DA CLT – ANOTAÇÃO ATINENTE À REINTEGRAÇÃO JUDICIAL DO AUTOR NA EMPRESA – AUSÊNCIA DE ELEMENTOS QUE CONFIGURARAM PREJUÍZO – MANUTENÇÃO DA SENTENÇA. Constatando-se que as anotações realizadas pela Empresa na CTPS do obreiro se mostram regulares, não restando demonstrado que a mesma tenha agido de forma a prejudicar o seu empregado e, ainda, verificando-se, como bem ressaltou o Juízo a quo, que as anotações em tela não tem caráter desabonador, mantém-se a sentença que nesse sentido se posicionou. RECURSO ORDINÁRIO DA PETROBRAS ANOTAÇÃO ABUSIVA NA CTPS. NÃO CONFIGURAÇÃO. REFORMA DA DECISÃO. Com relação às anotações efetuadas na CTPS do reclamante, relativas à admissão ter se dado por ordem judicial, tem-se que tal fato não revela, que a reclamada tenha agido de forma a prejudicar o ora reclamante na obtenção de um novo emprego, haja vista que referidas anotações não têm caráter desabonador de suas condutas, o registro de um fato ocorrido. Não provado o ato ilícito do reclamado, o dano à vítima e o nexo causal entre esses dois requisitos, resta indevida a indenização por danos morais ao reclamante decorrente das anotações efetuadas na CTPS dos Obreiros, relativas à admissão ter se dado por ordem judicial. Sentença reformada, no aspecto.

(TRT-20 00010662920145200006, Relator: RITA DE CASSIA PINHEIRO DE OLIVEIRA, Data de Publicação: 06/10/2017)

▸ RECURSO ORDINÁRIO DOS RECLAMANTES – MULTA DO ART 52 DA CLT – ANOTAÇÃO ATINENTE À REINTEGRAÇÃO JUDICIAL DOS AUTORES NA EMPRESA – AUSÊNCIA DE ELEMENTOS QUE CONFIGURARAM PREJUÍZO – MANUTENÇÃO DA SENTENÇA. Constatando-se que as anotações realizadas pela Empresa na CTPS dos obreiros se mostram regulares, não restando demonstrado que a mesma tenha agido de forma a prejudicar os seus empregados e, ainda, verificando-se, como bem ressaltou o Juízo a quo, que as anotações em tela não têm caráter desabonador, mantém-se a sentença que nesse sentido se posicionou.

(TRT-20 00004354820155200007, Relator: RITA DE CASSIA PINHEIRO DE OLIVEIRA, Data de Publicação: 21/09/2017)

▸ MULTA DO ARTIGO 52 DA CLT – INCOMPETÊNCIA DA JUSTIÇA DO TRABALHO – DANO MORAL – CONFIGURAÇÃO. 1. Tratando-se de multa cuja imputação incumbe às autoridades do Ministério do Trabalho e Emprego (art. 626 da CLT), esta Justiça não tem competência para sua imposição, mas apenas para julgar ação relativa às penalidades administrativas impostas aos empregadores pelos órgãos de fiscalização das relações de trabalho, a teor do artigo 114, inciso VII, da Constituição Federal. 2. O registro na CTPS de que sua retificação decorreu de decisão judicial dificulta a reinserção do empregado no mercado de trabalho, tipificando, pois, abuso de direito que autoriza a devida reparação. No entanto, considerando a base de cálculo eleita pelo juízo de origem (remuneração contratada), e a quantidade de meses de constrangimento e aflição do autor, reduzo esse valor para R$ 1.926,00 (um mil novecentos e vinte e seis reais). 3. Recurso ordinário parcialmente provido. (Processo: RO – 0000267-24.2011.5.06.0412 (01591-2008-201-06-00-8), Redator: Josélia Morais da Costa, Data de julgamento: 13/09/2011, Segunda Turma, Data de publicação: 19/09/2011)

(TRT-6 – RO: 00002672420115060412, Data de Julgamento: 13/09/2011, Segunda Turma)

▸ CAPÍTULO II
DA DURAÇÃO DO TRABALHO

▸ SEÇÃO I
DISPOSIÇÃO PRELIMINAR

Art. 57. Os preceitos deste Capítulo aplicam-se a todas as atividades, salvo as expressamente excluídas, constituindo exceções as disposições especiais, concernentes estritamente a peculiaridades profissionais constantes do Capítulo I do Título III.

COMENTÁRIOS (ART. 57)

Como regra, as normas de duração do trabalho são aplicáveis a todas as atividades. São normas imperativas de medicina e segurança do trabalho, que objetivam proteger a saúde do trabalhador evitando fadiga física, psicológica, de modo a evitar o surgimento de doenças ocupacionais ou acidentes de trabalho.

A professora Vólia Bomfim aponta que "*A limitação do tempo de duração do trabalho tem como fundamento três aspectos importantes: biológicos, sociais e econômicos – a) biológicos: O excesso de trabalho traz fadiga, estresse, cansaço ao trabalhador, atingindo sua saúde física e mental. [...] b) sociais: O trabalhador que executa seus serviços em extensas jornadas tem pouco tempo para a família e amigos, o que segrega os laços íntimos com os mais próximos e exclui socialmente o trabalhador; c) econômicos: Um trabalhador cansado, estressado e sem diversões produz pouco e, portanto, não tem vantagens econômicas para o patrão*". [379]

A constituição federal preceitua que o trabalho de duração normal é aquele cuja jornada de trabalho é de no máximo 8 horas diárias e 44 horas semanais (art. 7º, XIII, da CF). Significa dizer que esse trabalho não goza de qualquer privilégio legal, que diminua a sua duração. Por outro lado, há atividades que possuem "duração especial". Sobre o tema Luciano Martinez esclarece que a locução trabalho de duração especial exprime a ideia da "existência de um labor privilegiado com dimensão menor (e, consequentemente, melhor) do que aquela outorgada aos trabalhadores em geral. Trata-se de uma dimensão extraordinária, ou seja, incomum, particular, peculiar, motivada por um conjunto de circunstâncias diferenciadas"[380].

O dispositivo em exame exclui, entretanto, as categorias profissionais regulamentadas ou com regras específicas de duração de trabalho, devido às peculiaridades do exercício da atividade.

A própria CLT estabeleceu normas especiais de tutela de trabalho com disposições especiais sobre a duração e condições de trabalho no título III, conferindo regramento especial aos bancários (art. 224 e ss.); empregados nos serviços de telefonia, telegrafia submarina e subfluvial, de radiotelegrafia e radiotelefonia (art. 227 e ss.); músicos profissionais (arts. 232 e 233); operadores cinematográficos (arts. 234 e 235);

[379] Bomfim, Vólia. Direito do Trabalho. – 14ª ed. – Rio de Janeiro: Forense; São Paulo: Método, 2017. p.601.

[380] Martinez, 2020, p. 702

motorista profissional empregado (art. 235-A e ss); ferroviário (art. 236 e ss.); empregado em embarcações da marinha mercante nacional, de navegação fluvial e lacustre, do tráfego nos portos e da pesca (art. 248 e ss.); trabalhadores em frigorífico (art. 253) ou em minas de subsolo (art. 293 e ss.); jornalistas profissionais (art. 302 e ss.); professores (art. 317 e ss.); químicos (art. 325 e ss.); mulher (art. 372 e ss.) trabalhador menor (art. 411 e ss.) e o aprendiz (art. 428 e ss.).

De mais a mais, existem regramentos específicos na legislação trabalhista esparsa como, v.g., é o caso do advogado (Lei n. 8.906, de 4-7-1994), do aeronauta (Lei n. 13.475, de 28-8-2017), do árbitro de futebol (Lei n. 12.867, de 10-10-2013), empregado doméstico (Lei Complementar n. 150, de 1º-6-2015), do Engenheiro, arquiteto em segurança do trabalho (Lei n. 7.410, de 27-11-1985, e Decreto n. 92.530, de 9-4-1986) e do Médico (Lei n. 6.932, de 7-7-1981, e Decreto n. 80.281, de 5-9-1977).

A CLT também exclui expressamente alguns trabalhadores do controle de jornada (art. 62 da CLT): a) os profissionais que os empregados que exercem atividade externa incompatível com a fixação de horário de trabalho; b) os gerentes, assim considerados os exercentes de cargos de gestão; c) os teletrabalhadores

1. JURISPRUDÊNCIA

▸ HORAS EXTRAS. BANCÁRIO. GERENTE GERAL DE AGÊNCIA. INAPLICABILIDADE DO ARTIGO 62, II, DA CLT. A categoria profissional dos bancários tem previsão especial de jornada de trabalho na CLT – artigo 224, § 2º, da CLT -, regra especial que se sobrepõe à geral. Por isso, é inaplicável aos bancários o disposto no art. 62, inciso II, por expressa vedação legal, insculpida no artigo 57 da CLT, que expressamente exclui sua aplicação aos profissionais exercentes das atividades constantes do Título III, Capítulo I, onde se insere a jornada de trabalho peculiar dos bancários. Adoção da tese prevalecente n. 6 deste Tribunal.

(TRT-4 – ROT: 00207234820185040333, Data de Julgamento: 03/12/2020, 2ª Turma)

▸ PROFESSOR. HORA NOTURNA REDUZIDA. ART. 57 DA CLT. O art. 57 da CLT excetua do capítulo referente à duração do trabalho as disposições especiais concernentes a peculiaridades profissionais constantes do Capítulo I do Título III, no qual se inserem as normas reguladoras da categoria dos professores. Com base nesse dispositivo, não são devidas diferenças de adicional noturno pela inobservância da hora ficta de 52min e 30seg.

(TRT-3 – RO: 00105638520195030064 MG 0010563-85.2019.5.03.0064, Relator: Ricardo Antonio Mohallem, Data de Julgamento: 12/08/2020, Nona Turma, Data de Publicação: 13/08/2020.)

▸ PROFESSOR. INTERVALO INTERJORNADA. INAPLICABILIDADE. O art. 57 da CLT excetua os professores das disposições relativas à duração do trabalho, em face das disposições peculiaridades contidas no Capítulo I do Título III da CLT. Em consequência, submetem-se os professores ao contido nos arts. 317 a 323 (e não ao art. 66 da CLT).

(TRT-3 – RO: 00118349720165030044 0011834-97.2016.5.03.0044, Relator: Ricardo Antonio Mohallem, Nona Turma)

▸ TRABALHADOR PORTUÁRIO AVULSO. INTERVALO INTRAJORNADA. Em que pese o trabalho portuário avulso ostentar características próprias no modo de execução contratual, cuja disciplina prossegue em legislação específica, inequivocamente, essa modalidade de trabalhador foi alcançada pelo Capítulo II da Constituição que trata dos direitos sociais. Assim, a menção ao art. 57, da CLT, não serve à finalidade pretendida pelo recorrente de exclusão deste trabalhador da proteção da duração do trabalho, especificamente inserida no inciso XIII do art. 7º da Carta Política. Trata-se de norma cogente, afeta aos conceitos de segurança, higiene e medicina do trabalho, destinados a assegurar a saúde do trabalhador. Portanto, não disponível. Por outro lado, a norma coletiva da categoria estabelece a jornada de 6 horas. O intervalo intrajornada é assegurado a todos os trabalhadores, como dita o art. 7º, inciso XXXIV, da CRFB, ao dispor sobre a "igualdade de direitos entre o trabalhador com vínculo empregatício permanente e o trabalhador avulso". Recurso não provido.

(TRT-1 – RO: 01013339820185010005 RJ, Relator: MARISE COSTA RODRIGUES, Data de Julgamento: 02/07/2019, Primeira Turma, Data de Publicação: 30/07/2019)

▸ SEÇÃO II

DA JORNADA DE TRABALHO

Art. 58. A duração normal do trabalho, para os empregados em qualquer atividade privada, não excederá de 8 (oito) horas diárias, desde que não seja fixado expressamente outro limite.

§ 1º Não serão descontadas nem computadas como jornada extraordinária as variações de horário no registro de ponto não excedentes de cinco minutos, observado o limite máximo de dez minutos diários. (Parágrafo incluído pela Lei nº 10.243, de 19.6.2001)

§ 2º O tempo despendido pelo empregado desde a sua residência até a efetiva ocupação do posto de trabalho e para o seu retorno, caminhando ou por qualquer meio de transporte, inclusive o fornecido pelo empregador, não será computado na jornada de trabalho, por não ser tempo à disposição do empregador. (Redação dada pela Lei nº 13.467, de 2017)

§ 3º (Revogado pela Lei nº 13.467, de 2017)

COMENTÁRIOS (ART. 58)

1. JORNADA DE TRABALHO

A jornada de trabalho é definida como o "lapso temporal diário em que o empregado se coloca à disposição do empregador em virtude do respectivo contrato. É a medida principal do tempo de alho de disponibilidade do obreiro em face de seu empregador como resultado do comprimento do controle de trabalho que os vincula" (Delgado, 2019)[381].

[381] Delgado, Mauricio Godinho. Curso de Direito do Trabalho. 18. ed. São Paulo: LTr, 2019.

A jornada de trabalho tem estreita relação com o salário na medida em que este representa o montante pago pelo empregador, em virtude da força de trabalho dispensada pelo empregado na relação empregatícia. Também, está associada às normas de proteção à saúde, segurança e higiene dos trabalhadores no ambiente de prestação de serviços. Por essa razão, o artigo 7º, inciso XIII, da Constituição Federal estabelece que a duração normal do trabalho não pode ser superior a 8 horas diárias e 44 horas semanais, facultada a compensação de horários é a redução de jornada, mediante acordo ou convenção coletiva de trabalho.

A doutrina diferencia as terminologias duração de trabalho, jornada de trabalho e horário de trabalho: a) **Duração do trabalho**: compreende-se no período em que o empregado está à disposição do empregador em razão do contrato de trabalho, podendo ser por ano, meses, semanas ou dias; b) **Jornada de trabalho**: é o tempo diário que o empregado se coloca à disposição do empregador, menos abrangente, portanto, do que a duração do trabalho; c) **Horário de trabalho**: é o tempo entre o início e fim da jornada de trabalho.

Os critérios para o cálculo da extensão da jornada de trabalho são: o tempo efetivamente trabalhado, o tempo à disposição do empregador, bem como o tempo de deslocamento.

Por **tempo efetivamente trabalhado** compreende-se no período em que o empregado realmente prestou serviços ao empregador. Exclui-se desse período, por exemplo, os intervalos intrajornada e interjornada.

Já o **tempo à disposição** representa o período em que o empregado está aguardando ou executando alguma ordem de serviço por determinação do empregador (art. 4º da CLT). Neste ponto, é importante lembrar que a Reforma Trabalhista (Lei nº 13.467/2017) inseriu o § 2º ao artigo 4º da CLT, prevendo algumas situações que não são consideradas tempo à disposição do empregador, ainda que superior ao limite de tolerância de 5 minutos previsto em lei. Quando o empregado permanecer nas dependências da empresa para buscar proteção pessoal, em face de insegurança nas vias públicas ou má condições climáticas, ou realizar atividades particulares – como, por exemplo, práticas religiosas, descanso, lazer, estudo, alimentação, atividades de relacionamento social, higiene pessoal ou troca de roupa ou uniforme, quando não houver obrigatoriedade de realizar a troca na empresa.

A caracterização do tempo à disposição depende da permanência do empregado no local de trabalho – nas dependências da empresa – e esta se dê exclusivamente em virtude da realização de atividades ou motivos de cunho pessoal. Se o empregado permanecer nas dependências da empresa por imposição do empregador, mesmo nas hipóteses citadas, pode caracterizar tempo à disposição, devendo ser computado na jornada de trabalho.

Insere-se no tempo à disposição a prontidão e sobreaviso. A **prontidão** é o período em que o empregado permanece nas dependências da empresa aguardando ordens. O trabalhador não presta qualquer tipo de serviço, porém recebe 2/3 do horário normal em razão de permanecer à disposição do empregador. O período de prontidão não pode ser superior a 12 horas. De outro lado, o **sobreaviso** representa a possibilidade de um empregado permanecer na sua residência ou outro local combinado, aguardando o comando do seu empregador para execução de alguns serviços. Em virtude da sua disponibilidade, o empregado recebe 1/3 da hora normal e pode ficar em regime de sobreaviso pelo período máximo de 24 horas.

O serviço prestado pelo empregado, ou que esteja à disposição do empregador (aguardando ou executando ordens), após a duração do trabalho normal – a rigor, de 8 horas diária e 44 horas semanais – será considerado trabalho extraordinário, o que assegura ao trabalhador o recebimento do adicional de hora extra de, no mínimo, 50% sobre o valor da hora normal, conforme disposto no art. 7º, XVI da CF.

2. VARIAÇÕES DE HORÁRIO NO REGISTRO DE PONTO

A Lei nº 10.243/2001 acrescentou os parágrafos 1º e 2º ao art. 58 da CLT, para dispor que as pequenas variações na jornada de trabalho dos empregados que não exceder de cinco minutos, seja no início ou no fim da jornada de trabalho, desde que observado o limite diário de no máximo dez minutos, não serão descontadas nem computadas como jornada extraordinária.

Essa previsão legal tem origem na jurisprudência consolidada no âmbito dos Tribunais. A Orientação Jurisprudencial nº 23 da SDI-1 do TST – convertida posteriormente na Súmula 366 do TST – estabelece que: *"Não é devido o pagamento de horas extras relativamente aos dias em que o excesso de jornada não ultrapassa de cinco minutos antes e/ou após a duração normal do trabalho. (Se ultrapassado o referido limite, como extra será considerada a totalidade do tempo que exceder a jornada normal)".*

São toleradas pela lei, portanto, as variações no controle de jornada que não superem o período de cinco minutos antes ou depois da jornada. Excedido esse limite, ou o total de dez minutos diários, o empregador deverá pagar ao trabalhador os minutos extraordinários, acrescidos do adicional de, no mínimo, 50% (cinquenta por cento).

Na jurisprudência surgiu uma controvérsia sobre a possibilidade ou não de aplicação do entendimento contido no art. 58, §1º, da CLT, quando se tratar de redução ínfima do intervalo intrajornada, com o objetivo de afastar a incidência do pagamento do período ínfimo eventualmente suprimido previsto no art. 71, §4º, da CLT.

O Tribunal Superior do Trabalho, em seu Pleno, fixou o entendimento, no julgamento do **Incidente de Recurso Repetitivo (IRR) nº -1384-61.2012.5.04.0512, de que a redução eventual e ínfima no início e no término do intervalo intrajornada, desde que não exceda cinco minutos, afasta a incidência do artigo 71, § 4º, da CLT**. Vejamos os arestos abaixo:

- "RECURSO DE REVISTA DO RECLAMANTE. **INTERVALO INTRAJORNADA. CONCESSÃO PARCIAL. REDUÇÃO ÍNFIMA.** TRANSCENDÊNCIA NÃO RECONHECIDA. NÃO CONHECIMENTO. A controvérsia trazida aos autos diz respeito à possibilidade ou não de aplicação do entendimento contido no artigo 58, § 1º, da CLT, quando se tratar de redução ínfima do intervalo intrajornada, apta a afastar a incidência do artigo 71, § 4º, da CLT, em virtude da tese jurídica firmada no Tema Repetitivo nº 14. **Esta Corte Superior, na sessão do Tribunal Pleno, do dia 25.3.2019, julgou o Incidente de Recurso Repetitivo nº IRR-1384-61.2012.5.04.0512, firmando entendimento de que a redução eventual e ínfima, considerada aquela de até cinco minutos, do início e do término do intervalo intrajornada, afasta a incidência do artigo 71, § 4º, da CLT. Verifica-se que, na tese fixada no IRR, de efeito vinculante para toda a Justiça do Trabalho, o artigo 58, § 1º, da CLT apenas serviu de parâmetro para a fixação de redução ínfima do intervalo intrajornada, considerada de 5 minutos.** No caso, o egrégio Tribunal Regional registrou que o reclamante gozava de 55 minutos a título de intervalo para refeição e descanso além de 10 minutos para café, concluindo que, de acordo com o princípio da razoabilidade e da proporcionalidade, não faz jus o reclamante ao pagamento de uma hora extra diária, decorrente da supressão do intervalo em questão. Dessa forma, estando a decisão regional em perfeita consonância com a jurisprudência deste Tribunal Superior, emerge em óbice ao conhecimento do recurso de revista o disposto na Súmula nº 333 e no artigo 896, § 7º, da CLT. Precedentes envolvendo a mesma reclamada. Nesse contexto, a incidência dos óbices contidos na Súmula nº 333 e no artigo 896, § 7º, da CLT são suficientes para afastar a transcendência da causa, uma vez que inviabilizará a aferição da existência de eventual questão controvertida, e, por conseguinte, não serão produzidos os reflexos gerais, nos termos previstos no § 1º do artigo 896-A da CLT. Recurso de revista de que não se conhece" (RR-1002209-19.2017.5.02.0463, **4ª Turma, Relator Ministro Guilherme Augusto Caputo Bastos, DEJT 18/12/2020).**
- "RECURSO DE REVISTA. ACÓRDÃO REGIONAL PUBLICADO NA VIGÊNCIA DAS LEIS NºS 13.015/2014 E 13.456/2017. 1. INTERVALOINTRAJORNADAMÍNIMO. CONCESSÃOPARCIAL. REDUÇÃO ÍNFIMA. APLICABILIDADE DA REGRA PREVISTA NO ART.58, § 1º, DA CLT. TRANSCENDÊNCIA POLÍTICA RECONHECIDA. CONHECIMENTO E PROVIMENTO. I. **O Tribunal Pleno desta Corte, no julgamento do Incidente de Recurso Repetitivo TST-IRR-1384-61.2012.5.04. 0512, fixou tese jurídica no sentido de que " a redução eventual e ínfima do intervalo intrajornada, assim considerada aquela de até 5 (cinco) minutos no total, somados os do início e término do intervalo, decorrentes de pequenas variações de sua marcação nos controles de ponto, não atrai a incidência do artigo 71, § 4º, da CLT. A extrapolação desse limite acarreta as consequências jurídicas previstas na lei e na jurisprudência** ". II. O Tribunal Regional, ao entender que " o fato da violação ter sido de grande ou de pequena monta é irrelevante, uma vez que a jornada efetivamente realizada será considerada na apuração total ", decide de forma contrária à jurisprudência do TST. III. Recurso de revista de que se conhece, e a que se dá provimento. 2. AVISO PRÉVIO. AUSENTE A TRANSCENDÊNCIA DA CAUSA. NÃO CONHECIMENTO. I. A parte Recorrente efetuou a transcrição integral do tópico da decisão recorrida em seu recurso de revista, sem o destaque dos trechos que consubstanciam o prequestionamento da tese que pretende debater. II. Se o recurso de revista não pode ser conhecido em razão de ausência de pressuposto de admissibilidade, há de se concluir que a causa não oferece transcendência. III. Recurso de revista de que não se conhece" (RR-1409-84.2017.5.09.0892, **4ª Turma, Relator Ministro Alexandre Luiz Ramos, DEJT 18/12/2020**).

Também, há entendimento no sentido de que a extrapolação habitual dos minutos residuais diários não descaracteriza o regime de jornada de trabalho 12 x 36 (de doze horas de trabalho por trinta e seis horas de descanso):

- "[...] II – RECURSO DE REVISTA DA RECLAMADA. ACÓRDÃO PUBLICADO NA VIGÊNCIA DAS LEIS 13.015/2014 E 13.467/2017. EXTRAPOLAÇÃO HABITUAL DA JORNADA EM 14 MINUTOS RESIDUAIS DIÁRIOS. NÃO DESCARACTERIZAÇÃO DO REGIME DE JORNADA 12X36. Esta Corte tem entendido que em circunstâncias como as do presente caso, em que não se configure a extrapolação da jornada de doze horas com a prestação de labor efetivo, não há descaracterização do regime 12x36. No caso concreto, embora o trabalhador estivesse à disposição da empregadora no período de 14 minutos diários além da jornada de 12 horas, em tal situação não havia prestação da sua força de trabalho em prol do empregador, haja vista ser incontroverso nos autos que tais minutos eram gastos apenas com a troca de uniforme e ciência de intercorrências, a ensejar o pagamento tão somente das horas equivalentes nos termos da parte final da Súmula 366 desta Corte. Recurso de revista conhecido por divergência jurisprudencial e provido" (RR-13010-73.2017.5.15.0099, 3ª Turma, Relator Ministro Alexandre de Souza Agra Belmonte, DEJT 27/11/2020).

- "RECURSO DE REVISTA. HORAS EXTRAS HABITUAIS. MINUTOS RESIDUAIS. VALIDADE DO REGIME 12X36. A jurisprudência desta Corte Superior tem perfilhado o entendimento de que a existência de minutos residuais diários, ainda que extrapolado o limite previsto no art. 58, § 1º, da CLT, não tem o condão de descaracterizar o regime de jornada 12x36, instituído por norma coletiva, acarretando apenas o pagamento das horas correspondentes. Recurso de revista conhecido e provido" (RR-1001568-20.2018.5.02.0035, 8ª Turma, Relatora Ministra Dora Maria da Costa, DEJT 03/11/2020).

A jurisprudência veda, ainda, a flexibilização do limite temporal dos minutos residuais previstos no art. 58, §1º, da CLT, sustentando que se trata de norma intransponível à negociação coletiva que pretende ampliar o limite dos 5 minutos que antecedem ou sucedem a jornada de trabalho para fins de horas extras. Percorramos o aresto abaixo:

- "RECURSO DE REVISTA EM FACE DE DECISÃO PUBLICADA ANTES DA VIGÊNCIA DA LEI Nº 13.467/2017. MINUTOS QUE ANTECEDEM E SUCEDEM A JORNADA DE TRABALHO – NORMA COLETIVA – FLEXIBILIZAÇÃO – IMPOSSIBILIDADE. O TRT considerou válidas normas coletivas que previram a desconsideração de frações inferiores a 15 minutos para fins de cômputo da jornada extraordinária. **Com efeito, segundo a Súmula 449, o advento do §1º do artigo 58 da CLT criou óbice intransponível à negociação coletiva que pretende ampliar o limite dos 5 minutos que antecedem e sucedem a jornada de trabalho para fins de apuração das horas extras. Na hipótese dos autos, a barreira convencional de 15 minutos para que, então, seja iniciada a contagem das horas extras aponta para o desrespeito do limite de 10 minutos diários previsto tanto no artigo 58, §1º, da CLT** quanto na Súmula 449/TST. Recurso de revista conhecido por violação do artigo 58, §1º, da CLT e por contrariedade à Súmula/TST nº 449 e provido" (RR-1233-46.2014.5.20.0006, 3ª Turma, Relator Ministro Alexandre de Souza Agra Belmonte, DEJT 22/06/2018).

Nesse sentido, a Súmula 449 do TST estabelece que a partir da vigência da Lei nº 10.243, de 19.06.2001, não mais prevalece cláusula prevista em convenção ou acordo coletivo que amplia o limite de 5 minutos que antecedem e sucedem a jornada de trabalho para fins de apuração das horas extras.

Tal normativo poderá sofrer impacto pela Reforma Trabalhista (Lei nº 13.467/2017) haja vista a disposição legal estabelecendo, como regra, a prevalência do negociado sobre o legislado (art. 611-A da CLT).

A esse respeito, é válido o destaque feito por Henrique Correia e Élisson Miessa: *"mesmo após a Reforma Trabalhista, esse limite de tolerância de 10 minutos, previsto no art. 58, §1º, da CLT, não poderá ser ampliado, nem mesmo se houver previsão negociação coletiva [...], pois estariam ampliando, consequentemente, a jornada prevista na CF/88, que estabeleceu limite máximo de 8 horas diárias"*[382].

2.1. HORAS "IN ITINERE"

As horas "in itinere" – também chamado de tempo de deslocamento – consiste no tempo em que o empregado se desloca entre a sua residência e o trabalho, caminhando ou por qualquer meio do transporte, inclusive fornecido pelo empregador, bem como o tempo despendido para o retorno à sua residência.

O § 2º do art. 58 da CLT disciplinava que o tempo despendido pelo empregado até o local de trabalho e para o seu retorno, por qualquer meio de transporte, não será computado na jornada de trabalho, salvo quando, tratando-se de local de difícil acesso ou não servido por transporte público, o empregador fornecer a condução.

Nessa perspectiva, o Tribunal Superior do Trabalho editou a Súmula 90 consolidando o entendimento de que: a) as horas de deslocamento, em condução fornecida pelo empregador, até o local de trabalho de difícil acesso, ou não servido por transporte público regular, e para o seu retorno é computável na jornada de trabalho; b) a incompatibilidade entre os horários de início e término da jornada do empregado e os do transporte público regular é circunstância que também gera o direito às horas "in itinere"; c) se houver transporte público regular em parte do trajeto percorrido em condução da empresa, o empregado terá direito às horas "in itinere" limitando-se ao trecho não alcançado pelo transporte público; d) a mera insuficiência de transporte público

[382] Correia, Henrique; Miessa, Élisson. Sumulas e Orientações Jurisprudenciais do TST Comentadas. – 4ª ed. – Salvador: Juspodivm, 2018, p.424.

não enseja o pagamento de horas "in itinere"; e, e) o tempo "in itinere" que extrapolar a jornada normal de trabalho é considerado extraordinário e sobre ele deve incidir o respectivo adicional.

Com a Reforma Trabalhista, o § 2º do art. 58 da CLT foi alterado, passando a dispor que o "tempo despendido pelo empregado desde a sua residência até a efetiva ocupação do posto de trabalho e para o seu retorno, caminhando ou por qualquer meio de transporte, inclusive o fornecido pelo empregador, não será computado na jornada de trabalho, por não ser tempo à disposição do empregador".

Essa novidade superou o entendimento consignado nas Súmulas 90, 320 e 429 do TST, as quais consideravam as horas *in itinere* como tempo integrante nas jornadas de trabalho dos trabalhadores, na medida em que o tempo de deslocamento não mais será considerado como tempo à disposição do empregador, independente da forma de deslocamento do empregado – caminhando, por meio de transporte, particular, público, inclusive o fornecido pelo empregador.

2.2. HORAS "IN ITINERE": MICROEMPRESA E EMPRESA DE PEQUENO PORTE

A Lei Complementar 123 de 2006 incluiu o § 3º ao art. 58 da CLT, de modo a permitir a fixação do tempo médio gasto pelo empregado no percurso até o local de trabalho e para o seu retorno por meio de instrumento normativo (acordo ou convenção coletiva de trabalho), conferindo tratamento diferenciado a essas empresas.

Com a Reforma Trabalhista esse dispositivo foi revogado, diante da exclusão das horas "in itinere" do tronco básico da jornada de trabalho, por não ser considerado tempo à disposição do empregador.

3. JURISPRUDÊNCIA

▶ MINUTOS RESIDUAIS. Considerando que os cartões de ponto revelam a existência de minutos excedentes à jornada normal de trabalho em número superior ao limite de tolerância fixado pelo art. 58, § 1º, da CLT, impõe-se o deferimento das horas extras correspondentes.

(TRT-3 – RO: 00108803220195030178 MG 0010880-32.2019.5.03.0178, Relator: Marcus Moura Ferreira, Data de Julgamento: 24/02/2021, Decima Turma, Data de Publicação: 01/03/2021.)

▶ MINUTOS RESIDUAIS – TEMPO À DISPOSIÇÃO PATRONAL – HORAS EXTRAS – CONTRATO RESCINDIDO ANTES DA VIGÊNCIA DA LEI 13.467/2017. À luz do regramento vigente durante o período do contrato de trabalho, anterior à vigência da Lei 13.467/2017, os minutos anteriores e posteriores à jornada de trabalho, não registrados nos controles de ponto e excedentes a dez minutos diários, são considerados tempo à disposição do empregador e de efetivo serviço, a teor do que preceituavam o art. 4º c/c art. 58, § 1º, da CLT, bem assim as Súmulas 366 e 429 do TST. Isso porque, durante esses minutos excedentes, o empregado já se encontrava nas dependências da empresa e efetivamente disponível para atender a qualquer chamado, ainda que o tempo tivesse sido despendido em atos preparatórios à efetiva prestação dos serviços ou para o encerramento das atividades (Tese Jurídica Prevalecente n. 15 do TRT da 3ª Região). Todavia, nada tendo sido comprovado a respeito de efetivo tempo gasto em atividades preparatórias não registradas, mostra-se indevido o pagamento dos minutos extras postulados.

(TRT-3 – RO: 00105933520165030094 MG 0010593-35.2016.5.03.0094, Relator: Denise Alves Horta, Data de Julgamento: 23/03/2021, Quarta Turma, Data de Publicação: 24/03/2021.)

▶ HORAS IN ITINERE. LEI 13.467/17. Evidenciada nos autos a inexistência de transporte público em horários compatíveis com a jornada do reclamante, que se valia de condução fornecida pelo reclamado para ida e volta ao local de trabalho, bem como de pagamento parcial de valores a título de horas in itinere, devido se torna o pagamento de diferenças a tal título, as quais, contudo, deverão se limitar ao período anterior à entrada em vigor da Lei 13.467/17, que alterou a redação do art. 58, § 2º, da CLT. O fato de o reclamado ter continuado a pagar valores a título de horas itinerantes após a vigência da citada lei não autoriza o deferimento de diferenças a partir de então, pois se o direito ao principal (horas de transporte) não mais encontra previsão legal, igual sorte devem seguir as diferenças objeto da condenação imposta em primeiro grau.

(TRT-3 – RO: 00100081320205030071 MG 0010008-13.2020.5.03.0071, Relator: Jaqueline Monteiro de Lima, Data de Julgamento: 03/11/2020, Quinta Turma, Data de Publicação: 05/11/2020.)

▶ HORAS DE PERCURSO. LOCAL DE FÁCIL ACESSO E SERVIDO POR TRANSPORTE PÚBLICO. A PARTIR DE 11/11/2017: NOVA REDAÇÃO DO § 2º, DO ART. 58, DADA PELA LEI 13. 467/2017,Incontroverso que a reclamada situa-se em local de fácil acesso e regularmente servido por transporte público, situação reconhecida na r. sentença. Por outro lado, o fato de as empresas de transporte não disponibilizarem ônibus no exato horário da 0h10min, não configura incompatibilidade de horário, mas sim, insuficiência de transporte público, hipótese que não enseja o pagamento reclamado. Além do que, como bem lembrado pela origem, a partir de 11/11/2017, a Lei 13.467 excluiu qualquer responsabilidade do empregador, a esse respeito, ao mudar a redação do § 2º, do art. 58, da CLT. Dessa feita, afasta-se a condenação em horas in itinere e reflexos.

(TRT-15 – ROT: 00110259220175150059 0011025-92.2017.5.15.0059, Relator: OLGA AIDA JOAQUIM GOMIERI, 1ª Câmara, Data de Publicação: 16/11/2020)

▶ AÇÃO CIVIL PÚBLICA. HORAS IN ITINERE. APLICAÇÃO DE ALTERAÇÕES DE CUNHO MATERIAL EM CONTRATOS FIRMADOS EM DATA ANTERIOR AO ADVENTO DA LEI Nº 13.467/2017. As alterações de cunho material previstas na Lei nº 13.467/2017 e que, por sua vez, sejam prejudiciais ao trabalhador, como é o caso, por exemplo, do art. 58, § 2º da CLT, somente se aplicam aos contratos de trabalho firmados após a entrada em vigor da mencionada lei, sob pena de ofensa ao art. 468 da CLT. Assim, prevalecem no caso as condições mais benéficas do contrato, as quais aderiram ao contrato de trabalho e não podem ser suprimidas, com fundamento no princípio da inalterabilidade contratual lesiva. Aplicação do disposto no artigo 1º da Instrução Normativa nº 41/2018, do TST.

(TRT-4 – ROT: 00203237520185040772, Data de Julgamento: 20/11/2020, 3ª Turma)

▶ HORAS "IN ITINERE". PERÍODO ANTERIOR À VIGÊNCIA DA LEI N. 13.467/2017. Em consonância com o disposto na antiga redação do art. 58, § 2º, da CLT, aplicável ao caso vertente, e com o entendimento consubstanciado no item I da Súmula 90 do TST, o tempo despendido pelo empregado em condução fornecida pelo empregador até o local de trabalho de difícil acesso ou não servido por transporte público regular, e para o seu retorno, é computável na jornada de trabalho, sendo da reclamada o ônus de provar a inexistência dos requisitos ensejadores do pagamento das horas "in itinere".

(TRT-3 – RO: 00106198920175030064 MG 0010619-89.2017.5.03.0064, Relator: Sebastiao Geraldo de Oliveira, Data de Julgamento: 20/11/2020, Segunda Turma, Data de Publicação: 20/11/2020.)

▶ HORAS DE TRAJETO. AUSÊNCIA DE TRANSPORTE PÚBLICO REGULAR. INTEGRAÇÃO À JORNADA DE TRABALHO. O transporte a cargo do empregador integra a jornada de trabalho sempre que o trajeto não for servido por transporte público regular ou a empresa situar-se em local de difícil acesso (art. 58, § 2º da CLT e Súmula n. 90 do TST). Na hipótese, a empregadora ofertava transporte aos seus empregados no trajeto casa/trabalho e vice-versa, sendo que o mencionado itinerário não era servido por transporte público regular, de modo que devida a integração do tempo gasto em tais deslocamentos ao trabalho.

(TRT-23 – ROT: 00008346420195230036 MT, Relator: ROBERTO BENATAR, Gab. Des. Roberto Benatar, Data de Publicação: 24/11/2020)

▶ HORAS DE TRAJETO. AUSÊNCIA DE TRANSPORTE PÚBLICO REGULAR. INTEGRAÇÃO À JORNADA DE TRABALHO. O transporte a cargo do empregador integra a jornada de trabalho sempre que o trajeto não for servido por transporte público regular ou a empresa situar-se em local de difícil acesso (art. 58, § 2º da CLT e Súmula n. 90 do TST). Na hipótese, a empregadora ofertava transporte aos seus empregados no trajeto casa/trabalho e vice-versa, sendo que o mencionado itinerário não era servido por transporte público regular, de modo que devida a integração do tempo gasto em tais deslocamentos ao trabalho.

(TRT-23 – ROT: 00008346420195230036 MT, Relator: ROBERTO BENATAR, Gab. Des. Roberto Benatar, Data de Publicação: 24/11/2020)

▶ HORAS IN ITINERE. REQUISITOS. PERÍODO ANTERIOR À LEI Nº 13.467/2017. São requisitos para a configuração das horas in itinere: deslocamento do empregado em condução fornecida pelo empregador até local de trabalho de difícil acesso ou não servido por transporte público regular. Outrossim, o item II da Súmula nº 90 do TST, interpretando o art. 58, § 2º, da CLT, consolidou o entendimento predominante que "a incompatibilidade entre os horários de início e término da jornada do empregado e os do transporte público regular é circunstância que também gera o direito às horas in itinere". (TRT12 – ROT – 0000155-07.2019.5.12.0057 , Rel. MIRNA ULIANO BERTOLDI , 6ª Câmara , Data de Assinatura: 27/11/2020)

(TRT-12 – RO: 00001550720195120057 SC, Relator: MIRNA ULIANO BERTOLDI, Data de Julgamento: 17/11/2020, Gab. Des.a. Mirna Uliano Bertoldi)

▶ DECLARAÇÃO INCIDENTAL DE INCONSTITUCIONALIDADE. HORAS IN ITINERE. INCONSTITUCIONALIDADE DO § 2º DO ARTIGO 58 DA CLT, COM REDAÇÃO DADA PELA LEI Nº 13.467/2017. Vencida a Relatora, o Tribunal Pleno, em face da não obtenção do quorum qualificado previsto no artigo 97 da CF e no art. 23, § 1º, do RI, não declara a inconstitucionalidade do § 2º do artigo 58 da CLT, com a redação dada pela Lei nº 13.467 de 2017.

(TRT-4 – RORSUM: 00207464320195040661, Data de Julgamento: 03/12/2020, Tribunal Pleno)

▶ HORAS IN ITINERE. LEI 13.467/2017. ALTERAÇÃO. A partir de 11/11/2017, a Lei n.º 13.467/2017 conferiu nova redação ao § 2º do artigo 58 da CLT, retirando o direito do trabalhador ao recebimento de horas in itinere, por não ser mais considerar o tempo de trajeto como tempo à disposição do empregador, não havendo incorporação ao contrato de trabalho, por se tratar de alteração expressa de texto legal face à nova regulamentação emanada do Poder Legislativo acerca do tema. Recurso ordinário da reclamada a que se dá parcial provimento.

(TRT-2 – ROT: 10002904520185020241 SP, Relator: PAULO EDUARDO VIEIRA DE OLIVEIRA, 3ª Turma – Cadeira 3, Data de Publicação: 16/12/2020)

▶ RECURSO ORDINÁRIO. HORAS DE TRAJETO. FALTA DE TRANSPORTE PÚBLICO REGULAR. INCIDÊNCIA DO ART. 58, § 2º, DA CLT, E DA SÚMULA 90, DO C. TST. PERÍODO CONTRATUAL ANTERIOR À LEI 13.467/2017. Evidenciado o fornecimento de condução pela empresa, com o intuito de suprir a ausência de transporte público regular no deslocamento da residência/acampamento para o local da prestação de serviços e vice-versa, procede o deferimento de horas de percurso, as quais devem ser computadas, para fins de eventuais horas extras e reflexos, a teor do § 2º do art. 58, da CLT, e da Súmula 90, do C.TST. II – Apelo da ré desprovido. (Processo: ROT – 0000554-06.2018.5.06.0391, Redator: Milton Gouveia, Data de julgamento: 02/02/2021, Terceira Turma, Data da assinatura: 02/02/2021)

(TRT-6 – RO: 00005540620185060391, Data de Julgamento: 02/02/2021, Terceira Turma, Data de Publicação: 02/02/2021)

▶ HORAS IN ITINERE. LEI Nº 13.467/2017. CONTRATO DE TRABALHO POSTERIOR À REFORMA TRABALHISTA. INDEVIDAS. A partir da vigência da Lei nº 13.467/2017, não são mais devidas horas in itinere, conforme nova redação do artigo 58, § 2º, da CLT: "o tempo despendido pelo empregado desde a sua residência até a efetiva ocupação do posto de trabalho e para o seu retorno, caminhando ou por qualquer meio de transporte, inclusive o fornecido pelo empregador, não será computado na jornada de trabalho, por não ser tempo à disposição do empregador".

(TRT-15 – ROT: 00100483720205150143 0010048-37.2020.5.15.0143, Relator: OLGA AIDA JOAQUIM GOMIERI, Órgão Especial – Análise de Recurso, Data de Publicação: 09/02/2021)

▶ HORAS EXTRAS. TEMPO DE ESPERA. CONDUÇÃO FORNECIDA PELO EMPREGADOR. Segundo a redação do artigo 58, § 2º da CLT, aplicável à espécie, uma vez que a totalidade do vínculo de emprego esteve sob a vigência da Lei nº 13.467 de 2017,"O tempo despendido pelo empregado desde a sua residência até a efetiva ocupação do posto de trabalho e para o seu retorno caminhando ou por qualquer meio de transporte, inclusive o fornecido pelo empregador, não será computado na jornada de trabalho, por não ser tempo à disposição do empregador". Em contexto tal, resta afastado o entendimento consagrado na Tese Jurídica Prevalecente nº 13 deste Regional e na Súmula nº 366 do TST.

(TRT-3 – RO: 00103665120205030176 MG 0010366-51.2020.5.03.0176, Relator: Angela C. Rogedo Ribeiro, Data de Julgamento: 13/02/2021, Terceira Turma, Data de Publicação: 18/02/2021.)

▶ HORAS IN ITINERE – CONTRATO INICIADO ANTES E FINDO NO CURSO DA LEI 13.467/2017 – APLICAÇÃO DA LEI ANTERIOR MAIS BENÉFICA – Tendo sido o pacto laboral celebrado em data anterior à vigência da Lei 13.467/2017, ainda que findo durante o curso da nova legislação, as normas mais benéficas antes adotadas não se alteram com a vigência do novo ordenamento, sob pena de se admitir a retroatividade lesiva, vedada pela proteção constitucional ao direito adquirido, ao ato jurídico perfeito e à coisa julgada (art. 5º, inciso XXXVI, da CF/88 e art. 6º da LINDB), tendo em vista a preservação da estabilidade das relações jurídicas e sociais e do princípio da não surpresa. Sendo assim, aperfeiçoando-se a hipótese fática ao disposto na exceção contemplada no § 2º do art. 58 da CLT, em sua redação anterior à concedida pela Lei 13.467/2017, que entrou em vigor em 11.11.2017, a condenação em horas in itinere não se limita a 10.11.2017.

(TRT-3 – RO: 00103487620195030075 MG 0010348-76.2019.5.03.0075, Relator: Denise Alves Horta, Data de Julgamento: 01/03/2021, Quarta Turma, Data de Publicação: 02/03/2021.)

▶ HORA "IN ITINERE". REQUISITOS. CONFIGURAÇÃO. De acordo com o § 2º do art. 58 da CLT, com redação anterior a Lei n. 13.467/17, o tempo despendido pelo empregado até o local de trabalho e para o seu retorno será computado na jornada de trabalho quando, tratando-se de local de difícil acesso ou não servido por transporte público, o empregador fornecer a condução. Tais requisitos ensejadores do direito do trabalhador à percepção das horas in itinere encontram-se também especificados na Súmula 90/TST.

(TRT-3 – RO: 00112053520195030104 MG 0011205-35.2019.5.03.0104, Relator: Des. Antonio Gomes de Vasconcelos,

Data de Julgamento: 11/03/2021, Decima Primeira Turma, Data de Publicação: 12/03/2021.)

Art. 58-A. Considera-se trabalho em regime de tempo parcial aquele cuja duração não exceda a trinta horas semanais, sem a possibilidade de horas suplementares semanais, ou, ainda, aquele cuja duração não exceda a vinte e seis horas semanais, com a possibilidade de acréscimo de até seis horas suplementares semanais. (Redação dada pela Lei nº 13.467, de 2017)

§ 1º O salário a ser pago aos empregados sob o regime de tempo parcial será proporcional à sua jornada, em relação aos empregados que cumprem, nas mesmas funções, tempo integral.

§ 2º Para os atuais empregados, a adoção do regime de tempo parcial será feita mediante opção manifestada perante a empresa, na forma prevista em instrumento decorrente de negociação coletiva.

§ 3º As horas suplementares à duração do trabalho semanal normal serão pagas com o acréscimo de 50% (cinquenta por cento) sobre o salário-hora normal. (Incluído pela Lei nº 13.467, de 2017)

§ 4º Na hipótese de o contrato de trabalho em regime de tempo parcial ser estabelecido em número inferior a vinte e seis horas semanais, as horas suplementares a este quantitativo serão consideradas horas extras para fins do pagamento estipulado no § 3º, estando também limitadas a seis horas suplementares semanais. (Incluído pela Lei nº 13.467, de 2017)

§ 5º As horas suplementares da jornada de trabalho normal poderão ser compensadas diretamente até a semana imediatamente posterior à da sua execução, devendo ser feita a sua quitação na folha de pagamento do mês subsequente, caso não sejam compensadas. (Incluído pela Lei nº 13.467, de 2017)

§ 6º É facultado ao empregado contratado sob regime de tempo parcial converter um terço do período de férias a que tiver direito em abono pecuniário. (Incluído pela Lei nº 13.467, de 2017)

§ 7º As férias do regime de tempo parcial são regidas pelo disposto no art. 130 desta Consolidação. (Incluído pela Lei nº 13.467, de 2017)

COMENTÁRIOS (ART. 58-A)

1. TRABALHO EM REGIME DE TEMPO PARCIAL

As crises econômicas têm como consequência a redução da arrecadação do governo, falência e recuperação judicial de empresas, aumento do desemprego, dentre outros reflexos.

Amauri Mascaro do Nascimento ensinava que a ***"Crise econômica é um fenômeno episódico. Paradoxalmente, é episódico, mas convive com o direito do trabalho através dos tempos, de modo intermitente.*** *Tem várias dimensões. Anda de mãos dadas com as variações do sistema econômico mundial, nacional e empresarial e, por consequência, com o problema dos empregos e a necessidade da sua manutenção.* ***Assim, é companheira, por mais que se queira evitá-la, do Direito do Trabalho".*** [383]

A jornada de trabalho cumpre um papel relevante nesses períodos, como forma de mitigar os impactos produzidos pelas crises econômicas, buscando alternativas para inserção e manutenção do trabalhador no mercado de trabalho, reduzindo a taxa de desemprego. Volta e meia, os legisladores utilizam de medidas de redução ou flexibilização da jornada e duração do trabalho para obter avanços no sistema econômico.

O trabalho em regime de tempo parcial foi criado nesse contexto. A Medida Provisória 2.164-41 de 24 de agosto de 2001 alterou a Consolidação das Leis do Trabalho para dispor sobre o trabalho a tempo parcial, então considerado aquele cuja duração não exceda a 25 horas semanais, com salário proporcional à sua jornada, em relação aos empregados que cumprem, nas mesmas funções, tempo integral. Autorizava, ainda, a conversão do trabalho em regime de tempo integral em trabalho a tempo parcial, desde que expresse o interesse por essa opção, na forma prevista no instrumento de negociação coletiva. O empregado em regime de tempo parcial não podia se ativar em labor sobrejornada (art. 59, § 4º, da CLT), exceto por força maior, bem como possuía tratamento diferenciado em relação a proporção de férias (art. 130-A da CLT).

Esse regime foi alterado pela Reforma Trabalhista. O trabalho em regime de tempo parcial passou a ter duas modalidades. A primeira possibilita a jornada de trabalho de **até 30 horas semanais, sem a possibilidade** de prestação **de labor extraordinário.** Na segunda modalidade, a jornada de trabalho terá **duração máxima de 26 horas semanais, com** a possibilidade de prestação de até 6 horas extraordinárias semanais. As horas suplementares serão pagas com acréscimo de 50% sobre o valor da hora normal.

Também foi instituída a possibilidade de compensação da jornada de trabalho no regime de tempo parcial. Os empregados submetidos a serviço suplementar poderão ser compensados até na semana imediatamente posterior à da sua execução (art. 58-A, § 5º, CLT). Neste ponto, é importante destacar que a compensação de jornada é válida apenas aos empregados submetidos a jornada de trabalho com duração máxima de 26 horas

[383] Nascimento, Amauri Mascaro. Curso de direito do trabalho: história e teoria geral do direito do trabalho : relações individuais e coletivas do trabalho. – 26. ed. – São Paulo: Saraiva, 2011.

semanais, pois, no regime de tempo parcial, apenas estes podem prestar horas extras.

O salário a ser pago aos empregados sob o regime de tempo parcial será proporcional à sua jornada. A esse respeito, a OJ nº 358 da SDI-1 do TST, preceitua que havendo contratação para cumprimento de jornada reduzida, inferior à previsão constitucional – de 8 horas diária e 44 horas semanais – o pagamento do salário pode ser proporcional ao tempo trabalhado, proibindo, no entanto, a remuneração inferior ao salário mínimo no âmbito da Administração Pública, ainda que o servidor público cumpra jornada de trabalho reduzida.

A forma de adesão ao regime de tempo parcial pelos empregados atuais da empresa foi mantida, de modo exigindo, para tanto, a manifestação expressa do empregado, além de autorização de modificação de regime de trabalho prevista em instrumento de negociação coletiva (art. 58-A, § 2º, CLT).

O tempo de descanso das férias foi alterado pela Reforma Trabalhista, sujeitando-os à mesma duração de férias dos demais empregados, na forma do art. 130 da CLT. Também, possibilitou a conversão de 1/3 (um terço) do período de férias em abono pecuniário (§ 6º do art. 58-A, CLT).

2. JURISPRUDÊNCIA

▶ JORNADA REDUZIDA. PAGAMENTO PROPORCIONAL. REQUISITOS. PREVISÃO EM NORMA COLETIVA. DESNECESSIDADE. O empregado contratado para trabalhar em jornada reduzida pode receber salário proporcional ao tempo trabalhado, nos termos do art. 58-A, § 1º, da CLT e da Orientação Jurisprudencial 358 da SDI-1 do TST. Diante da previsão legal, não é necessária norma coletiva autorizando o pagamento de salário proporcional a vigilante que trabalha em jornada de tempo parcial. Conforme o § 2º do art. 58-A da CLT, a norma coletiva somente é exigida para regular a jornada dos atuais empregados da empresa que optarem pela jornada reduzida, ou seja, quando houver a alteração do contrato em curso. Não sendo esse o caso do reclamante, nega-se provimento ao recurso ordinário.

(TRT-10 – RO: 00012333520175100001 DF, Data de Julgamento: 10/07/2019, Data de Publicação: 19/07/2019)

▶ RECURSO ORDINÁRIO. REGIME DE TEMPO PARCIAL. REQUISITOS. PREVISÃO EM NORMA COLETIVA. DESNECESSIDADE. A previsão em negociação coletiva, aos casos de jornada de tempo parcial (art. 58-A, § 1º, CLT), somente é exigida para os "atuais empregados", ou seja, quando houver alteração do contrato de trabalho em curso, conforme § 2º do mencionado artigo, o que não ocorreu no presente caso. Recurso improvido.

(TRT-6 – RO: 00010838120165060201, Data de Julgamento: 10/08/2017, Primeira Turma, Data de Publicação: 14/08/2017)

▶ SALÁRIO PROPORCIONAL. REGIME DE TEMPO PARCIAL. O art. 58-A, § 1º, da CLT, estabelece que "o salário a ser pago aos empregados sob o regime de tempo parcial será proporcional à sua jornada, em relação aos empregados que cumprem, nas mesmas funções, tempo integral". O entendimento do C. TST, consubstanciado na Orientação Jurisprudencial nº 358, da SBDI-1, do C. TST, é de que "havendo contratação para cumprimento de jornada reduzida, inferior à previsão constitucional de oito horas diárias ou quarenta e quatro semanais, é lícito o pagamento do piso salarial ou do salário mínimo proporcional ao tempo trabalhado". Assim, nada impede que o empregador pague o piso salarial, ou até mesmo o salário mínimo, de forma proporcional à duração ajustada, ainda que resulte em remuneração inferior ao salário mínimo, desde que assegure ao empregado submetido ao regime de tempo parcial o mesmo salário-hora devido aos empregados que laboram em tempo integral.

(TRT-17 – RO: 00007664020165170181, Relator: LINO FARIA PETELINKAR, Data de Julgamento: 06/07/2017, Data de Publicação: 28/07/2017)

▶ JORNADA CONTRATUAL REDUZIDA – SALÁRIO PROPORCIONAL – De acordo com o art. 7º, V, da Constituição Federal e o art. 58-A, § 1º, da CLT o trabalhador contratado para laborar em regime de tempo parcial, faz jus à remuneração proporcional à sua jornada. Nesse mesmo sentido, é o entendimento consubstanciado na OJ nº 358 da SDI-1 do c. TST.

(TRT-3 – RO: 00963201215003003 MG 0000963-20.2012.5.03.0150, Relator: Ana Maria Amorim Reboucas, Oitava Turma, Data de Publicação: 02/08/2013.)

▶ REDUÇÃO DE JORNADA E PROPORCIONALIDADE SALARIAL A PEDIDO DA EMPREGADA. MOTIVAÇÃO PARTICULAR E EXTRACONTRATUAL. AUSÊNCIA DE ÓBICE LEGAL. De fato, o artigo 7º, VI, da CR/88, veda a redução salarial, salvo o disposto em negociação coletiva, com objetivo de garantir a estabilidade financeira do empregado. O artigo 468 da CLT inibe a alteração lesiva do contrato de trabalho, não havendo dúvidas de que a redução do salário é uma alteração prejudicial ao obreiro. No mesmo sentido, o artigo 58-A, § 2º, da CLT, que regulamenta o trabalho em regime de tempo parcial. O conjunto normativo acima citado revela a intenção do legislador de proteger o trabalhador da arbitrária redução salarial, ainda que diante da redução da carga horária correspondente. Isso porque é possível presumir que a alteração que reduz o salário do trabalhador lhe é prejudicial e desfavorável. Por tais motivos, ante o desequilíbrio da relação empregador x empregado, sendo este a parte hipossuficiente da relação, não basta a simples concordância do empregado para que a alteração seja considerada lícita, sendo necessária a negociação coletiva e assistência sindical para a validação do ato, ainda que bilateral. Por outro lado, não há óbice legal à redução da jornada e salário quando efetuada por interesse particular e a pedido do empregado. Trata-se de situação específica em que há interesse extracontratual do trabalhador, o que torna a alteração do contrato de trabalho favorável ao mesmo, pelo que não há violação ao artigo 468 da CLT ou 58-A, § 2º, da CLT.

(TRT-3 – RO: 00104632120195030165 MG 0010463-21.2019.5.03.0165, Relator: Anemar Pereira Amaral, Data de Julgamento: 20/11/2020, Sexta Turma, Data de Publicação: 23/11/2020.)

▶ RECURSO DO RECLAMANTE. CONTRATAÇÃO POR TEMPO PARCIAL. Não constatado qualquer vício ensejador da desnaturação do contrato por tempo parcial havido entre o recorrente e a reclamada, entende-se atendido o disposto no art. 58-A, § 2º, da CLT, uma vez que previsto nas Normas Coletivas adunadas aos autos eletrônicos. (Processo: ROT – 0001694-67.2017.5.06.0017, Redator: Carmen Lucia Vieira do Nascimento, Data de julgamento: 30/06/2020, Terceira Turma, Data da assinatura: 30/06/2020)

(TRT-6 – RO: 00016946720175060017, Data de Julgamento: 30/06/2020, Terceira Turma)

▶ ENGENHEIRO. REDUÇÃO DA CARGA HORÁRIA. REDUÇÃO SALARIAL. AUSÊNCIA DE NEGOCIAÇÃO COLETIVA. ALTERAÇÃO LESIVA. A redução da carga horária de engenheiro não precedida de autorização por instrumento coletivo negociado é inválida, nos termos do art. 58-A, § 2º, da CLT, configurando alteração contratual lesiva, vedada pelo art. 468 da CLT, que impõe o deferimento das diferenças salariais daí decorrentes.

(TRT-3 – RO: 00101026020195030017 MG 0010102-60.2019.5.03.0017, Relator: Rosemary de O. Pires, Data de Julgamento: 12/03/2020,

Decima Turma, Data de Publicação: 22/04/2020. DEJT/TRT3/Cad. Jud. Página 593. Boletim: Sim.)

▶ HORAS IN ITINERE. INTEGRAÇÃO À JORNADA DE TRABALHO. EFEITOS. Nos termos do art. 58-A, § 2º, da CLT, o tempo despendido pelo empregado até o local de trabalho de difícil acesso ou não servido por transporte público, com fornecimento de transporte pela empregadora é computado na jornada do empregado. A doutrina e a jurisprudência convencionaram chamar esse tempo de horas in itinere, por ser gasto com o deslocamento, o que não altera a sua natureza jurídica, como integrante da jornada de trabalho do empregado, para todos os efeitos. Nesse sentido, a Súmula nº 90, do TST, em especial seus incisos I e V.

(TRT-3 – RO: 02029201505403006 MG 0002029-27.2015.5.03.0054, Relator: Maria Cristina Diniz Caixeta, Quarta Turma, Data de Publicação: 29/10/2018.)

▶ CONTRATAÇÃO ESPECIAL. JORNADA A TEMPO PARCIAL. REQUISITOS LEGAIS. PREVISÃO EM NORMA COLETIVA. A contratação de empregado para jornada reduzida de labor mediante o pagamento da proporcionalidade das horas trabalhadas encontra previsão no art. 58-A da CLT, acrescentado pela MP nº 2.164-41, cabendo a observância de requisitos legais previstos nos parágrafos do art. 59, da CLT. Na hipótese, o autor admitiu, na petição inicial, que já foi contratado para trabalhar em regime de tempo parcial. Nessas condições, torna-se desnecessária a existência de previsão em norma coletiva, o que se afigura apenas imprescindível na hipótese em que há alteração contratual, por isso a referência, no § 2º do art. 58-A da CLT, aos "atuais empregados", o que não é o caso do reclamante. Recurso obreiro improvido, no particular.

(TRT-6 – RO: 00101590720135060017, Data de Julgamento: 30/03/2017, Quarta Turma, Data de Publicação: 09/04/2017)

▶ JORNADA. "PART TIME". PACTO EXPRESSO. INEXISTÊNCIA DE PROVA. Além de a petição inicial não apontar nenhum pacto para cumprimento de jornada reduzida, nos termos do art. 58-A, § 2º, da CLT; o instrumento de contrato de trabalho firmado entre as partes não foi juntado aos autos. Desta sorte, diante da inexistência de prova de previsão de jornada específica, prevalece que o obreiro submetia-se a duração normal de trabalho, permanecendo à disposição da reclamada por 8 horas diárias e 44 horas semanais – art. 7º, XIII, da CF. Recurso ordinário parcialmente provido.

(TRT-6 – RO: 00019834120145060102, Data de Julgamento: 11/11/2015, Segunda Turma)

▶ JORNADA REDUZIDA. O salário mínimo é devido ao trabalhador que cumpre a jornada normal de trabalho. Laborando o obreiro em jornada reduzida sua remuneração será proporcional a esta (art. 58-A, § 2º, da CLT).

(TRT-7 – RO: 01474000220095070028, Relator: MANOEL ARIZIO EDUARDO DE CASTRO, Data de Julgamento: 28/07/2010, 2ª Turma, Data de Publicação: 20/08/2010)

Art. 59. A duração diária do trabalho poderá ser acrescida de horas extras, em número não excedente de duas, por acordo individual, convenção coletiva ou acordo coletivo de trabalho. (Redação dada pela Lei nº 13.467, de 2017)

§ 1º A remuneração da hora extra será, pelo menos, 50% (cinquenta por cento) superior à da hora normal. (Redação dada pela Lei nº 13.467, de 2017)

§ 2º Poderá ser dispensado o acréscimo de salário se, por força de acordo ou convenção coletiva de trabalho, o excesso de horas em um dia for compensado pela correspondente diminuição em outro dia, de maneira que não exceda, no período máximo de um ano, à soma das jornadas semanais de trabalho previstas, nem seja ultrapassado o limite máximo de dez horas diárias.

§ 3º Na hipótese de rescisão do contrato de trabalho sem que tenha havido a compensação integral da jornada extraordinária, na forma dos §§ 2º e 5º deste artigo, o trabalhador terá direito ao pagamento das horas extras não compensadas, calculadas sobre o valor da remuneração na data da rescisão. (Redação dada pela Lei nº 13.467, de 2017)

§ 4º (Revogado dada pela Lei nº 13.467, de 2017)

§ 5º O banco de horas de que trata o § 2º deste artigo poderá ser pactuado por acordo individual escrito, desde que a compensação ocorra no período máximo de seis meses. (Incluído pela Lei nº 13.467, de 2017)

§ 6º É lícito o regime de compensação de jornada estabelecido por acordo individual, tácito ou escrito, para a compensação no mesmo mês. (Incluído pela Lei nº 13.467, de 2017)

Art. 59-A. Em exceção ao disposto no art. 59 desta Consolidação, é facultado às partes, mediante acordo individual escrito, convenção coletiva ou acordo coletivo de trabalho, estabelecer horário de trabalho de doze horas seguidas por trinta e seis horas ininterruptas de descanso, observados ou indenizados os intervalos para repouso e alimentação. (Incluído pela Lei nº 13.467, de 2017)

Parágrafo único. A remuneração mensal pactuada pelo horário previsto no **caput** deste artigo abrange os pagamentos devidos pelo descanso semanal remunerado e pelo descanso em feriados, e serão considerados compensados os feriados e as prorrogações de trabalho noturno, quando houver, de que tratam o art. 70 e o § 5º do art. 73 desta Consolidação. (Incluído pela Lei nº 13.467, de 2017)

Art. 59-B. O não atendimento das exigências legais para compensação de jornada, inclusive quando estabelecida mediante acordo tácito, não implica a repetição do pagamento das horas excedentes à jornada normal diária se não ultrapassada a duração máxima semanal, sendo devido apenas o respectivo adicional. (Incluído pela Lei nº 13.467, de 2017)

Parágrafo único. A prestação de horas extras habituais não descaracteriza o acordo de compensação de jornada e o banco de horas. (Incluído pela Lei nº 13.467, de 2017)

COMENTÁRIOS (ARTS. 59 A 59-B)

1. JORNADA EXTRAORDINÁRIA

As horas extras é o período que excede a jornada normal de trabalho estabelecida em lei ou convencionada pelas partes no contrato de trabalho. A Lei Maior estabelece dois módulos máximos de jornada de trabalho: 8 horas diária e 44 horas semanais (Art. 7º, inciso XIII, CF). Será extraordinário o período de extrapolar esse limite.

A jornada de trabalho extraordinária confere ao empregado o direito ao pagamento de adicional de, no mínimo, 50% (art. 7º, inciso XVI, CF).

Não obstante a ausência de limitação diária ou semanal de prestação de serviços extraordinários, a norma infraconstitucional preceitua que o trabalhador não poderá se ativar em labor extraordinário por período superior a duas horas.

O art. 61 da CLT prescreve que a duração do trabalho poderá exceder do limite legal ou convencionado, em caso de força maior ou para atender à realização ou conclusão de serviços inadiáveis ou cuja inexecução possa acarretar prejuízo manifesto ao empregador. No caso de causas acidentais ou de força maior, a duração do trabalho poderá ser prorrogada até o máximo de 2 horas, durante o número de dias indispensáveis à recuperação do tempo perdido, desde que não exceda 10 horas diárias.

É válido dizer que se o trabalho extraordinário ultrapassar o limite de duas horas diárias o empregador estará sujeito ao pagamento das horas excedentes, acrescida do com o adicional de 50%.

2. CONSEQUÊNCIAS DO EXCESSO DE LABOR EXTRAORDINÁRIO

A limitação da jornada de trabalho tem por objetivo a tutela da integridade física do trabalhador, evitando fadiga, desgastes no organismo, estresse, o surgimento de doenças ocupacionais, psiquiátricas e acidentes de trabalho.

A submissão constante do empregado à jornada de trabalho extenuante, acima dos limites previstos em lei, bem como a violação constante da pausa para refeição e descanso, potencializa o risco de o empregado desenvolver uma doença ocupacional ou sofrer um acidente de trabalho, além de privar o seu convívio social e familiar.

A nossa Constituição Federal estabelece a competência da União para "organizar, manter e executar a inspeção do trabalho", em seu artigo 21, XXIV. A CLT, por sua vez dispõe nos artigos 626 e 628, respectivamente, que:

> *"Art. 626. Incumbe às autoridades competentes do Ministério do Trabalho, ou àquelas que exerçam funções delegadas, a fiscalização do fiel cumprimento das normas de proteção ao trabalho.*
>
> *Art. 628. Salvo o disposto nos arts. 627 e 627-A, a toda verificação em que o Auditor-Fiscal do Trabalho concluir pela existência de violação de preceito legal deve corresponder, sob pena de responsabilidade administrativa, a lavratura de auto de infração."*

A Lei nº 10.593/2002, no art. 11, conferiu ao auditor fiscal do trabalho a atribuição de aplicação de multa administrativa às empresas não cumpridoras da legislação trabalhista.

O desrespeito às regras de duração do trabalho poderá resultar na aplicação de multas administrativas impostas pelo Ministério do Trabalho e Previdência (recriado pela MP n. 1.058/2021, convertida na Lei 14.261/2021) no cumprimento da sua atividade fiscalizatória.

A exemplo, citamos o julgado proferido pela 10ª Turma do Tribunal Regional do Trabalho da 2ª Região, de relatoria da Desembargadora Marta Casadei Momezzo, que ratificou a penalidade administrativa imposta à uma empresa que descumpriu reiteradamente as normas de duração de trabalho:

> *"Dos autos de infração. Da alegada falta de razoabilidade da sanção administrativa. Diante das atribuições conferidas ao auditor fiscal do trabalho pela legislação brasileira, este detém não só o poder, mas tem como dever a aplicação de multa administrativa às empresas não cumpridoras da legislação trabalhista. Inúmeras são as normas que visam a proteção do trabalhador, no que tange à duração do trabalho. No caso sob exame, a reclamada descumpriu os artigos 59, 66, 67 e 68 da CLT. Não prospera a argumentação da recorrente, de que se trata de fato isolado; ainda que os autos de infração tenham sido registrados em relação à extrapolação de jornada e ausência de intervalos intra e interjornada de um mesmo empregado, salta aos olhos o excesso de jornada praticado; e como se trata do mesmo empregado, o risco à saúde do obreiro é potencializado. Saliento que as limitações da jornada de trabalho estão estabelecidas na Constituição Federal, conforme artigo 7º, inciso XIII. No caso sob exame, e como restou demonstrada pela prova documental, que acompanha os autos de infração, o descumprimento ao Capítulo II, que trata da Duração do Trabalho, na CLT, era constante. Não há, assim, a menor possibilidade de conferir ao infrator perdão pela infração à legislação, devendo a autuação ser mantida. [...] Recurso ordinário que se nega provimento."* **(TRT 2 – 10ª Turma – RO 01977009620085020462, Relatora Des. Marta Casadei Momezzo, Publicado em 10/12/2010)**

De igual forma, pode implicar na instauração de procedimentos administrativos ou judiciais perante o Ministério Público do Trabalho, resultando na aplicação de multas, imposição de obrigações (positivas e negativas), assim como o dever de reparar eventuais danos coletivos. Nesse sentido, o precedente abaixo. Vejamos:

TRT-PR-03-07-2015 AÇÃO CIVIL PÚBLICA: **JORNADA DE TRABALHO – INTERVALOS INTRA E ENTREJORNADAS E DESCANSO SEMANAL – DANO MORAL COLETIVO – TUTELA RESSARCITÓRIA. Incumbe ao Ministério Público do Trabalho, por meio de medidas administrativas e judiciais, promover a defesa da ordem jurídica, dos direitos e interesses difusos, coletivos e individuais homogêneos, também na esfera do Direito do Trabalho.** *Incumbe-lhe, igualmente, postular em juízo a concessão de tutela que tenha por objeto obrigações de fazer e não fazer e/ou de pagar (de naturezas inibitória e ressarcitória), com o fim de evitar e de reparar eventuais danos causados por práticas ilícitas.* **A adequação da conduta à lei não afasta o dever legal de reparação dos danos já causados à coletividade. É dentro desta temática que se insere o dano moral coletivo postulado na presente ação civil pública.** *Não basta mirar para o futuro, é necessário olhar o passado a fim de se reprimir condutas contrárias à lei e apurar os danos causados pelas práticas combatidas nesta ação.* **Preservar e assegurar aos trabalhadores a efetivação dos direitos conquistados ao longo da história é dever de toda sociedade.** *O empobrecimento econômico de um país ocorre na medida em que não se respeitam os direitos dos trabalhadores. A exploração da mão-de-obra que desconhece os limites do ser humano e os direitos da classe operária acarreta, indiscutivelmente, grave desequilíbrio na relação capital e trabalho, altamente prejudicial para toda a sociedade. O Brasil nunca será uma grande nação enquanto não fizer cessar as práticas que marcaram a Revolução Industrial, que teve como característica a exploração do trabalhador sem se importar com a sua dignidade e de sua família. A mudança da mentalidade empresarial, adequando-se à lei e contribuindo para a erradicação da pobreza, é o caminho da prosperidade a ser perseguido como prioridade absoluta. Recurso Ordinário do autor a que se dá parcial provimento, no particular.* **(TRT-PR-25309-2013-041-09-00-1-ACO-20516-2015 – 7A. TURMA, Relator: BENEDITO XAVIER DA SILVA, Publicado no DEJT em 03-07-2015)**

DANO EXISTENCIAL

A prática constante de jornada de trabalho extraordinária reverbera no nível de produtividade do trabalhador, pois resulta em esgotamento físico, psíquico, além de privá-lo do convívio familiar, social e impor limitações a sua vida pessoal.

Em função disso, a doutrina e a jurisprudência passaram a considerar que o empregado tem o direito de não trabalhar, isto é, o direito à desconexão do trabalho ou o direito ao lazer.

Otavio Amaral Calvet, defendeu, na sua dissertação de mestrado, a eficácia horizontal imediata do direito social ao lazer nas relações privadas de trabalho, sustentando que o lazer possui múltiplas dimensões, destacando-se, dentre elas, a dimensão humana, que pode ser analisada sob a perspectiva biológica, social, psíquica e "existencial"[384]. Também explica que, do ponto de vista biológico, o trabalhador deve ter um momento para restabelecer as suas energias, a fim de evitar fadigas e estresse emocional. Já do ponto de vista social, este estaria atrelado à ideia de propiciar a convivência com os familiares e amigos, viabilizando uma interação humana[385]. Da mesma forma, o autor enxerga o lazer como uma necessidade psíquica para preservar a saúde mental ao dedicar-se a afazeres que lhe dão prazer como, por exemplo, os "hobbies". Na perspectiva existencial, onde o direito à desconexão é visto como um "lazer existencial", o direito ao "ócio criador, como a possibilidade de ter acesso a informações cultura, artes, enfim, a bens materiais e imateriais, filosofias e tudo que possa incrementar valor ao homem no sentido de crescimento individual – viabilizando uma nova subjetividade rompida com a estrutura laboral – e, consequentemente, coletivo"[386]. Esclarece, por fim, que quando há excesso na jornada de trabalho, além do dever ao pagamento das horas extras, o empregador pode sujeitar-se a reparação específica do direito ao lazer[387].

No mesmo diapasão, Jorge Luiz Souto Maior[388] defende o direito à reparação pelo desrespeito ao chamado direito à desconexão do trabalho,

> *"[...] o empregador, que exige de seu empregado a prestação de serviços em regime de horas extras de forma ordinária abusa de seu direito, agredindo o interesse social e mesmo econômico, comete, portanto, ato ilícito, cuja correção, evidentemente, não se dará pelo mero pagamento do adicional de horas extras. O dano do trabalhador, aliás, não depende de prova, pois que se configura pelo próprio fato em si do trabalho em horas extras de forma ordinária (ainda mais quando não remuneradas devidamente), na medida em que a própria lei estabeleceu o limite das horas de trabalho para proteção da saúde do trabalhador (questão de ordem pública) e também para ampliar o acesso ao mercado de trabalho (também questão de ordem pública)".*

Mauricio Godinho Delgado conceitua que o dano existencial como a "*lesão ao tempo razoável e proporcional de disponibilidade pessoal, familiar e social inerente a toda pessoa humana, inclusive o empregado, resultante da exacerbada e ilegal duração do trabalho no contrato*

384 Otavio Amaral Calvet. A eficácia horizontal imediata do direito social ao lazer nas relações privadas de trabalho. PUC-SP. São Paulo: 2005. Fonte de consulta: https://tede2.pucsp.br/bitstream/handle/8625/1/Otavio%20Amaral%20Calvet.pdf [acessado em 26/09/2020]

385 Idem. Calvet, 2005.

386 Idem. Calvet, 2005.

387 Idem. Calvet, 2005.

388 Jorge Luiz Souto Maior. Direito à desconexão do trabalho. Fonte: https://www.jorgesoutomaior.com/uploads/5/3/9/1/53916439/do_direito_%C3%A0_desconex%C3%A3o_do_trabalho..pdf [acessado em 26/09/2020]

empregatício, em limites gravemente acima dos permitidos pela ordem jurídica, praticada de maneira repetida, contínua e por longo período". Explica que a prestação de horas extras em demasia, retira do empregado o tempo útil mínimo para a disponibilidade pessoal, familiar e social do trabalhador[389].

Baseando-se nessas teorias os Tribunais do Trabalho têm reconhecido amplamente o dano existencial, como espécie de dano extrapatrimonial, caracterizando ato ilícito, tendo em vista que a exigência de longas jornadas de trabalho subtrai do empregado o direito ao lazer, ao convívio familiar e social.

Nesse sentido é o posicionamento do Tribunal Superior do Trabalho:

> *"AGRAVO DE INSTRUMENTO INTERPOSTO NA VIGÊNCIA DA LEI Nº 13.467/2017.* ***DANO EXISTENCIAL. COMPENSAÇÃO. HORAS EXTRAORDINÁRIAS.*** *TRANSCENDÊNCIA. NÃO RECONHECIDA. NÃO PROVIMENTO.* ***A jurisprudência deste Tribunal Superior vem se posicionando no sentido de que a sujeição do empregado à jornada extraordinária extenuante revela-se como causa de dano existencial, o qual consiste em uma espécie de dano imaterial. A lesão moral se configura no momento em que se subtrai do trabalhador o direito de usufruir de seus períodos de descanso, de lazer, bem como das oportunidades destinadas ao relacionamento familiar, ao longo da vigência do pacto contratual.*** *Na hipótese, a egrégia Corte Regional, soberana na análise no acervo fático-probatório produzido nos autos, registrou que apesar da constatação de labor extraordinário, não se verificou que este fato tivesse causado ao reclamante abalo moral, razão pela qual indeferiu o pedido de compensação por danos morais. Premissas fáticas incontestes à luz da Súmula 126. Nesse contexto, a incidência do aludido óbice processual é suficiente para afastar a transcendência da causa, uma vez que inviabilizará a aferição da existência de eventual questão controvertida no recurso de revista, e, por conseguinte, não serão produzidos os reflexos gerais, nos termos previstos no § 1º do artigo 896-A da CLT. Agravo de instrumento a que se nega provimento."*
>
> *(AIRR-20465-15.2016.5.04.0331, 4ª Turma, Relator Ministro Guilherme Augusto Caputo Bastos, DEJT 04/09/2020)*
>
> *"RECURSO DE REVISTA INTERPOSTO SOB A ÉGIDE DAS LEIS Nº 5.869/73 E 13.015/2014. RITO SUMARÍSSIMO.* ***1. DANO MORAL. JORNADA DE TRABALHO EXAUSTIVA. RESTRIÇÃO AO DIREITO SOCIAL AO LAZER. As regras de limitação da jornada e duração semanal do trabalho tem importância fundamental na manutenção do conteúdo moral e dignificante da relação laboral, preservando o direito social ao lazer, previsto constitucionalmente (art. 6º, caput).*** *É fácil perceber que o empresário que decide descumprir as normas de limitação temporal do trabalho* ***não prejudica apenas os seus empregados, mas tensiona para pior as condições de vida de todos os trabalhadores que atuam naquele ramo da economia. Diante desse quadro, tem-se que a deliberada e reiterada desobediência do empregador às normas de limitação temporal do trabalho ofende toda a população,*** *que* ***tem por objetivo fundamental construir uma sociedade livre, justa e solidária*** *(art. 3º, I, da CF). Tratando-se de lesão que viola bem jurídico indiscutivelmente caro a toda a sociedade, surge o dever de indenizar, sendo cabível a reparação por dano moral. Frise-se que, na linha da teoria do danum in re ipsa, não se exige que o dano moral seja demonstrado. Ele decorre, inexoravelmente, da gravidade do fato ofensivo que, no caso, restou materializado pela exigência de prática de jornada exaustiva e consequente descumprimento de norma que visa à mantença da saúde física e mental dos trabalhadores no Brasil. Recurso de revista não conhecido". (RR – 1537-06.2014.5.06.0145, Rel. Min. Alberto Luiz Bresciani de Fontan Pereira, 3ª Turma, DEJT 1º/07/2016)*
>
> *"(...)* ***DANO MORAL. JORNADA DE TRABALHO EXAUSTIVA.*** *Esta Corte vem entendendo que a* ***submissão à jornada excessiva ocasiona dano existencial, modalidade de dano imaterial, tendo em vista que o empregado sofre limitações em sua vida pessoal decorrente da conduta ilícita praticada pela reclamada.****"(RR – 11640-50.2013.5.03.0029, Data de Julgamento: 31/08/2016, Relator Ministro: João Batista Brito Pereira, 5ª Turma, Data de Publicação: DEJT 02/09/2016)*

Logo, o desrespeito às normas de duração de trabalho pode acarretar dano imaterial ao trabalhador.

De mais a mais, o excesso de jornada de trabalho pode desencadear o surgimento de doenças como a Síndrome de "*Burn-out*".

A Síndrome de *Burn-out* ou Síndrome de Esgotamento Profissional como são conhecidas, é uma doença ocupacional *"caracterizada pelo estado depressivo do indivíduo decorrente do acentuado e contínuo estresse vivenciado no ambiente do trabalho"*.[390]

Henrique Correia[391] destaca que *"a limitação da jornada de trabalho impede que o trabalho intenso, realizado pelo trabalhador, cause doenças ocupacionais de ordem física e psíquica como a síndrome do esgotamento profissional, chamada de 'Burnout'"*. Essa patologia, de acordo com o médico Drauzio Varella (apud Correia, 2018),

> ***"é um distúrbio psíquico*** *descrito em 1974 por Freudenberger, um médico americano. O transtorno está registrado no Grupo V da CID-10 (Classificação Estatística Internacional de Doenças e Problemas Relacionados à Saúde).* ***Sua principal característica é o estado de tensão emocional e estresse crônico provocado por condições de trabalho físicas, emocionais e psicológicas desgastantes.*** *A síndrome se manifesta especialmente em pessoas cuja profissão exige envolvimento interpessoal direto e intenso. Profissionais das áreas da educação, saúde, bombeiros, policiais e mulheres que enfrentam dupla jornada correm o risco maior de desenvolver o transtorno".*

[389] DELGADO, 2019. p.781.

[390] Delgado, 2019. p.781.

[391] Idem. Correia e Miessa, 2018.

O Tribunal Superior do Trabalho tem se posicionado no sentido de reconhecer a síndrome de Burnout como doença ocupacional, bem como o direito à reparação por dano moral em virtude disso[392]. Vemos os julgados abaixo:

> **[...] DANO MORAL. SÍNDROME DE BURNOUT. CONCAUSA.** *No caso concreto, a prova pericial* **concluiu que o trabalho teria operado em concausa para o quadro de doença psiquiátrica da reclamante.** *O Tribunal Regional, todavia, em que pese o laudo pericial, afastou o nexo causal e, por conseguinte, as condenações a título de indenização por dano moral, por entender que não restou demonstrada relação com o trabalho. Por certo que o juiz não está adstrito às conclusões do laudo pericial, podendo formar suas convicções com outros elementos e provas existentes nos autos, a teor do art. 436 do CPC (art. 479 do CPC/15).* **Contudo, não pode, aleatoriamente, sem elementos robustos nos autos em sentido contrário, desprezar a prova técnica, pelo que na espécie devem prevalecer as conclusões do perito que detém conhecimentos científicos na área, segundo as quais há nexo concausal entre a doença adquirida pela recorrente** *(transtornos psiquiátricos) e suas atividades laborais. Assim, ainda que o labor na reclamada não seja reconhecido como causa direta da doença ocupacional, a atividade laborativa desempenhada pela reclamante atuou como concausa, o que legalmente se equipara ao acidente do trabalho, na forma do art. 21, I, da Lei 8.213/91. Constatado o evento danoso e o nexo de concausalidade com o trabalho, surge a necessidade da reparação do dano moral.* **A responsabilidade da reclamada pelo pagamento do dano moral não depende de prova do prejuízo, pois deriva da própria lesão à integridade física (ou psíquica) da reclamante (*in re ipsa*). Recurso de revista conhecido e provido parcialmente. [...]. (TST – RR – 193-87.2014.5.21.0010,** *Relatora* **DELAÍDE MIRANDA ARANTES, 2ª Turma, Data de Publicação: 08/05/2020).**

Nota-se, assim, que o excesso de jornada traz prejuízos tanto para o trabalhador – desgaste físico e psíquico – como também para a empresa, que poderá sofrer duras consequências econômicas, na medida em que terá que pagar ao empregado as horas extras laboradas com o respectivo adicional e reflexos legais, bem como estará sujeita a aplicação de penalidades administrativas, reparação por danos individuais (dano existência, dano moral decorrente de doenças adquiridas ou acidente de trabalho) e danos coletivos.

Como medida preventiva, o empregador poderá adotar formas de compensação de jornada para viabilizar a renovação das energias físicas e psíquicas ao empregado, além de assegurar o direito fundamental ao lazer.

[392] Tribunal Superior do Trabalho. Notícias. Fonte: https://www.tst.jus.br/web/guest/-/mantida-indenizacao-a-bancario-aposentado-aos-31-anos-por-sindrome-de-burnout?inheritRedirect=true [acessado em 26/09/2020]

3. COMPENSAÇÃO DE JORNADA

A compensação de jornada é um mecanismo que permite flexibilizar as regras referente a duração do trabalho. Nesse regime, o empregado pode trabalhar além da jornada normal em alguns dias, para descansar em outros, sem que fosse necessário o pagamento de horas extraordinárias.

Esse assunto sempre gerou divergência na doutrina e na jurisprudência. Alguns doutrinadores entendiam que a Constituição Federal, no artigo 7º, XIII, impôs a negociação coletiva como critério para o estabelecimento do regime de compensação de jornada na relação de emprego. Corrente doutrinária em sentido contrário defendia a possibilidade de instituição do regime de compensação de jornada através de negociação entre o empregado e o empregador.

Após longos anos de discussão sobre o assunto, o Tribunal Superior do Trabalho pacificou o entendimento do assunto editando a Súmula 85 do TST. Para o TST a compensação de jornada de trabalho deve ser ajustada por acordo individual escrito, acordo coletivo ou convenção coletiva (Súmula 85, item I, do TST); É válida da compensação de jornada por meio de acordo individual, exceto se houver norma coletiva em sentido contrário (Súmula 85, item II, do TST); o não atendimento das exigências legais para a compensação de jornada, inclusive quando instituída mediante acordo tácito, não implica a repetição do pagamento das horas excedentes à jornada normal diária, se não ultrapassar a jornada máxima semanal, sendo devido apenas o respectivo adicional (Súmula 85, item III, do TST); a prestação de horas extras habituais descaracteriza o acordo de compensação de jornada, de forma que as horas que ultrapassarem a jornada semanal normal deverão ser pagas como horas extraordinárias e, quanto àquelas destinadas à compensação, deverá ser pago apenas o adicional de horas extras (Súmula 85, item IV, do TST); a instituição do "banco de horas" pode se dar somente por negociação coletiva (Súmula 85, item V, do TST); o acordo de compensação de jornada em atividade insalubre não é válido se não houver a inspeção prévia e permissão da autoridade competente, na forma do art. 60 da CLT, mesmo que seja estipulado em norma coletiva (Súmula 85, item VI, do TST).

A Reforma Trabalhista (Lei 13.467/2017) reabriu o debate sobre a compensação de jornada o título jurídico. Permitiu a instituição da compensação de jornada por meio de acordo individual tácito (art. 59, §6º, da CLT), além das formas já admitidas pela jurisprudência dominante (item I da Súmula 85 do TST): acordo individual escrito ou instrumento de negociação coletiva (acordo ou convenção coletiva de trabalho). No trabalho doméstico, regulamentado pela Lei Complementar 150/2015, também é admitida a instituição de compensação de jornada por meio de acordo individual escrito, na forma do art. 2º, §4º, da referida Lei.

A validade da compensação de jornada depende, portanto, de ajuste por meio de acordo individual tácito ou escrito, acordo coletivo ou convenção coletiva de trabalho. Além disso, deve respeitar o limite máximo de 10 horas de jornada diária (art. 59, § 2º, da CLT), bem como a compensação das horas trabalhadas deve ocorrer no período de, no máximo, um mês. A compensação é, portanto, mensal.

É possível a compensação de jornada também no regime de trabalho por tempo parcial (art. 58-A, § 5º, da CLT), desde que a jornada seja compensada até a semana imediatamente seguinte à sua execução. Lembrando que neste regime é possível o labor suplementar apenas nas jornadas de até 26 horas semanais, de forma que a compensação de jornada somente será válida para essa modalidade de regime trabalho por tempo parcial.

Segundo o art. 413, inciso I, da CLT, a jornada de trabalho do empregado menor de 18 anos poderá ser compensada, caso ultrapasse o limite diário de 8 horas, sendo necessário o ajuste mediante norma coletiva.

No novel art. 59-B da CLT estabelece que o desrespeito às exigências legais para compensação de jornada, inclusive quando estabelecida mediante acordo tácito, não implica a repetição do pagamento das horas excedentes à jornada normal diária, caso não ultrapasse a duração máxima semanal, sendo devido apenas o respectivo adicional, reiterando a previsão pacificada pelo TST (Súmula 85, III, do TST).

E mais: o parágrafo único do art. 59-B da CLT, diferentemente do posicionamento do TST no item IV da Súmula 85, dispõe que a prestação de horas extras habituais não descaracteriza o acordo de compensação de jornada ou banco de horas, superando o entendimento do item IV da súmula 85 do TST.

O elastecimento dos efeitos ocasionados pela pandemia do novo coronavírus, fez com que o legislador editasse pelo terceiro ano consecutivo, uma nova Medida Provisória n. 1.109, de 25 de março de 2022, para minorar os impactos socioeconômicos. Desta vez, concentrou em uma única norma, o Programa de Manutenção do Emprego e da Renda, além das medidas trabalhistas alternativas para o enfrentamento do estado de calamidade pública, com o objetivo de preservar o emprego e a renda, garantir *a continuidade das atividades laborais, empresariais e das organizações da sociedade civil sem fins lucrativos e reduzir o impacto social oriundo da ocorrência de estado de calamidade pública nos entes federados.*

A Medida Provisória n. 1.109, de 2022, autoriza o empregador adotar as seguintes medidas trabalhistas: a) a adoção do regime de teletrabalho; b) a antecipação de férias individuais; c), a concessão de férias coletivas; d) o aproveitamento e a antecipação de feriados civis; e) a instituição de regime diferenciado de banco de horas; f) o pagamento diferido do Fundo de Garantia do Tempo de Serviço – FGTS; g) a redução proporcional da jornada de trabalho e do salário; h) a suspensão temporária do contrato de trabalho.

De acordo com o art. 16 da MP n. 1.109, de 2022, o empregador pode instituir um regime especial de compensação de jornada, por meio de banco de horas, por meio de acordo individual ou coletivo escrito, em caso de necessidade de interrupção das atividades pelo empregador. É o que se convencionou chamar de banco de horas negativo. A jornada de trabalho do empregado poderá ser prorrogada em até duas horas, não podendo exceder dez horas diárias, para compensar os dias que ficou descansando, em virtude da interrupção da atividade empresarial.

A compensação deve ocorrer no prazo de até dezoito meses, contado da data de encerramento do período do estado de calamidade pública, estabelecido no ato do Ministério do Trabalho e Previdência. O empregador é quem deve determinar o momento adequado para a compensação do saldo de horas, independentemente da existência de instrumento de negociação coletiva.

A crítica que se faz, neste ponto, é que o empregado não tem culpa da interrupção das operações da empresa. O risco da atividade empresarial deve ser suportado exclusivamente pelo empregador, na forma do art. 2º, da CLT, não podendo ser transferido ao empregado, ainda que na forma de banco de horas negativo.

4. SEMANA ESPANHOLA

O TST pacificou o entendimento no sentido de validar a chamada "semana espanhola", assim considerada aquela em que o trabalhador presta uma jornada semanal de 48 horas em uma semana e, na semana seguinte, a jornada semanal se limita a 40 horas, e assim sucessivamente.

Prevalece o entendimento de que esse regime de compensação deve ser instituído por negociação coletiva para ser válido, conforme estabelece a OJ 323 da SBDI-1 do TST: "É válido o sistema de compensação de horário quando a jornada adotada é a denominada "semana espanhola", que alterna a prestação de 48 horas em uma semana e 40 horas em outra, não violando os arts. 59, § 2º, da CLT e 7º, XIII, da CF/1988 o seu ajuste mediante acordo ou convenção coletiva de trabalho".

A compensação será válida apenas se precedida de negociação coletiva, instrumentalizada em convenção coletiva ou acordo coletivo. Do contrário, o empregado pode questionar a validade em ação reclamatória trabalhista.

5. BANCO DE HORAS

O banco de horas é uma espécie de compensação, denominada de compensação anual, estabelece que a folga compensatória ao empregado seria concedida em até um ano a contar da data da prestação de serviços por estabelecer uma situação mais prejudicial ao trabalhador, a jurisprudência consolidada na Súmula 85 do TST, preconizava a necessidade de negociação coletiva para que o banco de horas fosse instituído.

Essa temática também foi afetada pela Reforma Trabalhista que modificou a redação do artigo 59 da CLT. Dentre as novidades legislativas foram instituídas 2 modalidades de banco de horas: banco de horas anual e semestral.

O **banco de horas anual** pode ser instituído mediante acordo ou convenção coletiva de trabalho, desde que o excesso de horas de 1 dia seja compensado em outro, de forma que a soma das jornadas semanais de trabalho seja respeitada no período máximo de 1 ano (art. 59, §2º, da CLT). Também deve ser observado o limite de jornada diária de, no máximo, 10 horas de trabalho.

Já o **banco de horas semestral** consiste na possibilidade de um empregador estabelecer banco de horas por meio de **acordo individual escrito** diretamente com o empregado – sem a necessidade de intervenção do ente coletivo – para que a jornada de trabalho seja compensada no prazo máximo de 6 meses.

Caso o contrato de trabalho se encerre antes da compensação integral da jornada extraordinária de serviço instituída por meio do banco de horas, o trabalhador tem direito ao pagamento das horas extras que não foram compensadas, acrescidas do adicional de 50%.

Ainda, é possível a instituição de compensação de jornada semanal. Sobre o tema, Francisco Ferreira Jorge Neto e Jouberto de Quadros Pessoa Cavalcante[393], ensinam que "A **compensação semanal** foi prevista para o sábado, mas a lei não impede que possa ser em outro dia da semana. A conveniência do trabalhador em compensar a jornada, evitando deslocar-se até o estabelecimento para trabalho apenas parcial do dia, juntamente com a redução horária, introduzida pela CF, trazem consequências outras; a primeira a de que, apesar de inexistir apoio expresso na legislação, prevalece a jornada semanal, em detrimento da diária; a segunda é o artificialismo de quaisquer exigências para formalizar a realidade vantajosa para o empregado que é a compensação; assim, o acordo escrito trará maior segurança às partes, mas o acordo tácito não pode ser recusado como inválido."

No caso da **compensação de jornada semanal**, o empregado trabalha algumas horas a mais durante a semana para descansar aos sábados. A **compensação mensal, por outro lado,** consiste na jornada compensada dentro do próprio mês, o que significa que o excesso de horas de trabalho (até o limite de duas horas extras diárias) deve ser compensado de uma semana para outra. Essas modalidades de compensação podem ser instituídas por meio de **acordo individual ou instrumento coletivo.**

Salienta-se que o não atendimento das exigências legais para compensação de jornada, inclusive quando estabelecida mediante acordo tácito, não implica a repetição do pagamento das horas excedentes à jornada normal diária, desde que não ultrapassada a duração máxima semanal, sendo devido apenas o respectivo adicional, na forma do artigo 59-B da CLT.

Vale ressaltar, por fim, que a prestação de horas extras habituais não diz configura o regime de compensação de jornada ou banco de horas do trabalhador. Nesse sentido o 59 -B, parágrafo único, da CLT.

6. JORNADA 12 X 36

A lei admite a prorrogação da jornada diária em casos excepcionais, tendo em vista que o principal objetivo da jornada de trabalho é proteger a saúde do trabalhador evitando fadiga física, psicológica, de modo a evitar acidentes de trabalho.

De modo excepcional, a jurisprudência admite o trabalho em escala de 12 horas de trabalho contínuo por 36 horas de descanso quando existir previsão legal ou convenção coletiva ou acordo coletivo de trabalho (Súmula 444, TST).

Esse tipo de jornada é muito praticada nas atividades de segurança, vigilância, hospitais, bombeiros civis e motoristas profissionais.

Com o surgimento da Lei Complementar 150, de 2015 esse tipo de jornada passou a ser possível ao empregado doméstico.

A Reforma Trabalhista (Lei 13.467/2017) passou a prever de forma expressa a possibilidade de instituição da jornada de 12 de trabalho contínuo por 36 horas de descanso (12x36), por meio de acordo individual escrito, convenção coletiva ou acordo coletivo de trabalho (art. 59-A, CLT).

Antes da Reforma Trabalhista não era possível instituir a jornada de trabalho 12 por 36 por intermédio de acordo individual escrito, mas tão somente através de negociação coletiva. A doutrina critica de forma contundente o art. 59-A, CLT, sobretudo a possibilidade de instituição da jornada de 12 por 36 mediante acordo individual, tendo em vista que o empregado não teria condições de negociar diretamente com o empregador

[393] Francisco Ferreira Jorge Neto, Jouberto de Quadros Pessoa Cavalcante. Direito do trabalho – 9. ed. – São Paulo: Atlas, 2019.

as cláusulas do seu contrato de trabalho, dado o desequilíbrio no contrato de trabalho e a hipossuficiência do empregado na relação de trabalho.

Além disso, a concessão dos intervalos para repouso e alimentação tornaram-se facultativos, na medida em que o empregador poderá conceder ao empregado ou indenizá-los, conforme prevê o "caput" do artigo 59-A da CLT.

É importante dizer que a remuneração mensal pactuada pelo horário previsto na jornada 12 por 36 abrange os pagamentos devidos pelo descanso semanal remunerado e pelo descanso em feriados, sendo que os feriados e as prorrogações de trabalho noturno serão compensados, quando houver (artigo 59-A, parágrafo único, da CLT).

7. JORNADA EM TURNOS ININTERRUPTOS DE REVEZAMENTO

A jornada de trabalho em turnos ininterruptos de revezamento está prevista no art. 7°, XIV, CF/88 que assim dispõe: "São direitos dos trabalhadores urbanos e rurais, além de outros que visem à melhoria de sua condição social, a jornada de seis horas para o trabalho realizado em turnos ininterruptos de revezamento, salvo negociação coletiva; (...)"

Esta jornada é comum nas grandes indústrias, que produzem 24 horas por dia. Que estabelece 3 turnos de trabalho (ex.: 6 horas – 14 horas / 14 horas – 22 horas / 22 horas – 6 horas). Nesta divisão de horários é comum que o turno noturno não tenha tanta produtividade quanto o diurno, por isso, ocorre uma rotatividade de cumprimento de horários, de forma que alterne os horários. Sendo um sistema bom para a empresa, entretanto, ruim para os trabalhadores. Por isso, a Constituição Federal de 88 estabeleceu uma jornada reduzida de 6 horas diárias, como forma de proteção aos trabalhadores, salvo previsão diversa em acordo ou convenção coletiva de trabalho.

No acordo ou convenção coletiva (exigência da presença do sindicato) pode se autorizar jornada superior a 6 horas, conforme Súmula 423, TST. Entretanto, não pode haver jornada acima de 8 horas diárias.

Caso seja autorizada a carga horária de 8 horas, o empregado não receberá horas extras – a 7ª e a 8ª hora. Porém, se o acordo ou convenção coletiva autoriza jornada de trabalho acima de 8 horas, este acordo será considerado inválido, contando como horas extras as que ultrapassarem 6 horas diárias, conforme preceitua a Súmula 423 do TST.

Na doutrina e na jurisprudência houve uma nova interpretação ao dispositivo acima, dando uma interpretação restritiva. Se o empregado trabalhasse no sistema de revezamento, havendo um intervalo, seria um turno interrompido, sendo que a jornada seria de 8 horas diárias. O intervalo descaracterizaria o turno ininterrupto de revezamento. Para os defensores desta corrente, só seria aplicada a jornada de trabalho de 6 horas seria aplicada aos que trabalham sem intervalo, aos trabalhadores ilegais (sem intervalo previsto em lei).

O TST acabou afastando o entendimento da doutrina e da jurisprudência, estabelecendo a Súmula 360, TST firmando a orientação de que o intervalo não descaracteriza o turno ininterrupto de revezamento. Protegendo quem trabalha em um sistema permanente de trabalho ininterrupto de trabalho, gozando ou não de intervalo. Sendo que o intervalo não descaracteriza a jornada ininterrupta.

As entidades patronais reivindicaram o entendimento da Súmula 360 TST, questionando o STF. O que gerou a Súmula 657, STF que afirma o entendimento da súmula do TST. Sendo que esta proteção é aplicada a todos os que trabalham em um sistema permanente, onde envolvem os períodos diurnos e noturnos (as mudanças no período diurno não caracterizam), conforme a OJ 360, SDI-1, TST.

Observação:

A OJ 360, SDI-1, TST estabelece que a jornada especial prevista no art. 7º, XIV, da CF/1988 o trabalhador que exerce suas atividades em sistema de alternância de turnos, ainda que em dois turnos de trabalho, que compreendam, no todo ou em parte, o horário diurno e o noturno (no todo ou em parte), pois submetido à alternância de horário prejudicial à saúde, sendo irrelevante que a atividade da empresa se desenvolva de forma ininterrupta.

O Brasil admite a prorrogação da jornada de trabalho, como regra. Servindo para diferenciar horas normais de horas extras, estabelecendo regras que englobam as horas extras. Falta uma norma que estabeleça limites da jornada de trabalho.

8. JURISPRUDÊNCIA

▶ HORAS EXTRAS. AUSÊNCIA DE REGISTROS DE HORÁRIO. É ônus do empregador que conta com mais de 10 (dez) empregados o registro da jornada de trabalho na forma do art. 74, § 2º, da CLT. A não apresentação injustificada dos controles de frequência gera presunção relativa de veracidade da jornada de trabalho declinada na petição inicial. Adoção da Súmula 338, I, do TST.

(TRT-4 – ROT: 00207783520175040009, Data de Julgamento: 22/07/2020, 5ª Turma)

▶ HORAS EXTRAS. PLANTÕES. CONFIGURAÇÃO DE TRABALHO SUPLEMENTAR. A reclamada integra a administração pública indireta e, ao optar pela contratação de trabalhadores sob o regime celetista, equipara-se ao particular, pelo que não pode escusar-se do pagamento das horas trabalhadas em sobrejornada, nos moldes do que dispõem o inciso XVI do artigo 7º da Constituição da República e o § 1º do artigo 59 da CLT sob o singelo argumento de que ato administrativo determina o pagamento, em valor fixo, do trabalho extraordinário realizado em plantões de 12 (doze) horas após o término da jornada contratual. A remuneração do trabalho suplementar, extraordinário, é devida na forma prevista no inciso XVI do artigo 7º da Constituição da República e no § 1º do artigo 59 da CLT.

(TRT-2 10014853820195020077 SP, Relator: RODRIGO GARCIA SCHWARZ, 2ª Turma – Cadeira 3, Data de Publicação: 17/08/2020)

▶ Cartões de ponto. Pequenas variações. Controles de ponto que apresentam pequenas variações – de um a dois minutos – sempre de forma a não extrapolar o limite máximo previsto no § 1º do artigo 59 da CLT, não se mostram como elementos idôneos a demonstrar a real jornada de trabalho, mormente a se considerar o teor da prova oral produzida nos autos, que leva a concluir pelo cumprimento de labor extraordinário sem a correspondente anotação.

(TRT-2 10015842520195020718 SP, Relator: FLAVIO VILLANI MACEDO, 11ª Turma – Cadeira 3, Data de Publicação: 26/10/2020)

▶ RECURSO ORDINÁRIO OBREIRO. TÍTULOS VINCULADOS À JORNADA. BANCO DE HORAS. PERÍODO CONTRATUAL SEM A CHANCELA DE NORMA COLETIVA. PARCIAL PROCEDÊNCIA. É ausente nos autos o Acordo Coletivo de Trabalho 2011/2012, em desobediência ao pressuposto de validade do banco de horas estabelecido no art. 59, § 2º, da CLT. Portanto, são devidas as horas de labor extraordinário prestado no interregno de 26/09/2012 a 20/08/2013, que foram compensadas, devendo ser pagas no equivalente (apenas) ao adicional de 50% (cinquenta por cento) – ou o estabelecido em norma coletiva, o mais vantajoso – (observe-se o item III da Súmula 85 do C. TST), considerando-se na base de cálculo as verbas de natureza salarial pagas em contracheque e as resultantes de decisão judicial, com reflexos no repouso semanal remunerado, férias gozadas + 1/3, 13º salário, aviso prévio e FGTS+40%. Recurso parcialmente provido neste ponto. (Processo: ROT – 0001372-65.2017.5.06.0011, Redator: Ivan de Souza Valenca Alves, Data de julgamento: 10/02/2021, Primeira Turma, Data da assinatura: 13/02/2021)

(TRT-6 – RO: 00013726520175060011, Data de Julgamento: 10/02/2021, Primeira Turma, Data de Publicação: 13/02/2021)

▶ BANCO DE HORAS. INVALIDADE. ART. 59, § 2º, DA CLT. A violação habitual do artigo 59, § 2º, "in fine", da CLT, que limita o labor diário em 10 horas, atrai a nulidade do banco de horas adotado pela empresa.

(TRT-3 – RO: 00101702320205030163 MG 0010170-23.2020.5.03.0163, Relator: Cristiana M. Valadares Fenelon, Data de Julgamento: 26/02/2021, Sétima Turma, Data de Publicação: 26/02/2021.)

▶ BANCO DE HORAS. PREVISÃO EM ACORDO COLETIVO. VALIDADE. Embora, de fato, as Convenções Coletivas de Trabalho 2017, 2018 e 2019 (ID. 86e2eed a ID. d148e78 e ID. f6cb267 a ID. 5de36b7) celebradas entre o SINTRATEL e o SINTELMARK não tenham previsto o banco de horas, há Acordo Coletivo de Trabalho específico e válido firmado entre a reclamada e o sindicato profissional (ID. 08d8126), nos termos do parágrafo 2º do artigo 59 da CLT, prevendo a compensação de jornada mediante banco de horas, motivo pelo qual, não tendo sido apontadas, em réplica (ID. 6d1697e), diferenças de horas extras não compensadas no decorrer curto contrato de trabalho, a reclamante não se desvencilhou do encargo probatório, sendo de rigor a improcedência do pedido.

(TRT-2 10014165620195020028 SP, Relator: BEATRIZ HELENA MIGUEL JIACOMINI, 2ª Turma – Cadeira 5, Data de Publicação: 09/03/2021)

▶ REGIME COMPENSATÓRIO SEMANAL. INVALIDADE. O regime de compensação semanal apresenta-se inválido nas hipóteses de prestação de horas extras de forma habitual, violação ao limite previsto no art. 59 da CLT, ou, ainda, se houver labor nos dias destinados à compensação. Devido o adicional de horas extras sobre as horas irregularmente compensadas (excedentes da 8ª diária até a 44ª hora semanal), além de hora mais adicional para as excedentes da 44ª hora semanal.

(TRT-4 – ROT: 00202568720195040251, Data de Julgamento: 14/03/2021, 3ª Turma)

▶ EMENTA: ATIVIDADE INSALUBRE. BANCO DE HORAS. LICENÇA PRÉVIA DA AUTORIDADE COMPETENTE. INOBSERVÂNCIA. INVALIDADE. Para a instituição do banco de horas na hipótese de o trabalho ser executado em ambientes insalubres, além dos requisitos previstos no art. 59, § 2º, da CLT, a reclamada deve ter licença prévia das autoridades competentes (CLT, art. 60). Inexistindo a licença, é inválido o banco de horas instituído.

(TRT-18 – ROT: 00106428720205180104 GO 0010642-87.2020.5.18.0104, Relator: PLATON TEIXEIRA DE AZEVEDO FILHO, Data de Julgamento: 22/03/2021, 2ª TURMA)

▶ REGIME COMPENSATÓRIO SEMANAL. INVALIDADE. A ausência de acordo escrito entre as partes e de autorização normativa para sua implementação, torna inválido o regime compensatório semanal, por inobservância do art. 59 da CLT, sendo devido o adicional de horas extras sobre as horas irregularmente compensadas.

(TRT-4 – ROT: 00203107920185040771, Data de Julgamento: 26/03/2021, 5ª Turma)

▶ BANCO DE HORAS. ATIVIDADE INSALUBRE. INVALIDADE. Para a instituição do banco de horas quando o trabalho é executado em ambientes insalubres, exige-se, além dos requisitos previstos no art. 59, § 2º, da CLT, a licença prévia das autoridades competentes (art. 60 da CLT). Inexistindo a licença, é inválido o banco de horas instituído, à exceção do período em que há norma coletiva prevendo a dispensa de tal licença (art. 611-A, XIII, CLT).

(TRT-18 – RORSUM: 00100167420205180102 GO 0010016-74.2020.5.18.0102, Relator: IARA TEIXEIRA RIOS, Data de Julgamento: 26/03/2021, 1ª TURMA)

▶ RECURSO ORDINÁRIO OBREIRO. BANCO DE HORAS. INVALIDADE. PAGAMENTO DAS HORAS EXTRAS. A instituição do sistema de compensação de jornada denominado "banco de horas" deve observar os requisitos exigidos para sua validade, em especial as disposições do artigo 59, § 2º, da CLT, e da própria norma coletiva que o institui. In casu, as Convenções Coletivas de Trabalho carreadas aos autos exigem, para a concretização e validade do banco de horas, a formalização de Acordo Coletivo entre a empresa e o sindicato profissional, o que não foi comprovado pelo demandado. Também restou comprovado o descumprimento da exigência de comunicar com antecedência as folgas compensatórias (prevista na CCT). E a ausência de norma coletiva instituindo o banco de horas acarreta a invalidade da aplicação de tal regime de compensação de horários, sendo devido o pagamento integral das horas extras, e não apenas do adicional de horas extras, pois, quanto a este aspecto, inaplicável a Súmula nº 85, item V, do C. TST na modalidade do banco de horas. Recurso Ordinário provido. (Processo: ROT – 0001054-64.2017.5.06.0017, Redator: Maria do Socorro Silva Emerenciano, Data de julgamento: 03/03/2021, Primeira Turma, Data da assinatura: 04/03/2021)

(TRT-6 – RO: 00010546420175060017, Data de Julgamento: 03/03/2021, Primeira Turma, Data de Publicação: 04/03/2021)

▶ HORAS EXTRAS. É inválido o banco de horas que não observa as limitações legais para sua adoção tampouco as previstas na norma coletiva que o autoriza. A prestação habitual de horas extras e em jornada superior ao limite legal invalida o regime compensatório, nos termos do parágrafo segundo do art. 59 da CLT. Não há como reconhecer a regularidade do regime adotado, pois deixa de constituir um meio de beneficiar o trabalhador para passar a atentar contra medidas básicas de segurança e saúde no trabalho nos termos do art. 7º, XIII, da Constituição Federal. Recurso da reclamada desprovido no aspecto.

(TRT-4 – ROT: 00201038020185040383, Data de Julgamento: 04/03/2021, 4ª Turma)

▶ BANCO DE HORAS. INOBSERVÂNCIA DOS REQUISITOS NORMATIVOS. INVALIDADE. O § 2º do art. 59 da CLT autoriza a compensação de jornadas de trabalho mediante a adoção de banco de horas, desde que chancelado por acordo ou convenção coletiva de trabalho.

Logo, tem-se que se observada a regularidade formal do regime de compensação por banco de hora instituído por acordo coletivo, não seria necessária a realização acordo individual com cada um dos empregados naquela época. Verificando-se, todavia, que as próprias normas coletivas estabeleceram que a compensação efetivada por meio de banco de horas deveria observar acordo individual realizado com os empregados, o que não fora efetuado pela Ré em nenhum período do pacto laboral, não há como se reputar válido o sistema em questão.

(TRT-23 – ROT: 00004297220205230107 MT, Relator: TARCISIO REGIS VALENTE, Gab. Des. Tarcísio Valente, Data de Publicação: 26/03/2021)

▶ HORAS EXTRAS. BANCO DE HORAS. EXTRAPOLAÇÃO HABITUAL DO LIMITE DE 10 HORAS DIÁRIAS. INVALIDAÇÃO. O regime de compensação de jornada, denominado "banco de horas", é regulado pelo art. 59, §§ 2º e 3º, da CLT, tendo o legislador ordinário estabelecido que a compensação somente será válida se estipulada por instrumento coletivo e desde que o obreiro labore, no máximo, 10 (dez) horas diárias. O limite máximo de 10 (dez) horas diárias constitui medida de higiene, saúde e segurança do trabalho, sendo garantido por normas de ordem pública, em especial, o art. 7º, XXII, da Constituição Federal. Comprovada a extrapolação do limite máximo diário da jornada de trabalho, fixado em 10 (dez) horas, tal circunstância é suficiente para descaracterizar o sistema de banco de horas, impondo-se o pagamento, como extras, das horas que excederem ao limite de 8 horas diárias e 44 semanais.

(TRT-17 – RO: 00017192920165170011, Relator: WANDA LÚCIA COSTA LEITE FRANÇA DECUZZI, Data de Julgamento: 25/04/2019, Data de Publicação: 22/05/2019)

▶ RECURSO ORDINÁRIO. INVALIDADE DO ACORDO DE COMPENSAÇÃO. LABOR NOS DIAS DESTINADOS A COMPENSAÇÃO DE JORNADA. HABITUALIDADE NA PRESTAÇÃO DE HORAS EXTRAS. A limitação contida na parte final do item IV da Súmula 85 do TST aplica-se aos casos em que há mera inobservância dos requisitos formais e se constata a efetiva compensação de jornada, hipótese que não se verifica nos autos. Pois se, de um lado, não houve efetiva compensação semanal, de outro, a prestação de horas extras habituais descaracteriza o acordo de compensação de jornada, nos termos § 3º do art. 59 da CLT. Inaplicável a Súmula, 85, IV, do TST. Recurso improvido (Processo: ROT – 0001687-11.2017.5.06.0006, Redator: Gisane Barbosa de Araujo, Data de julgamento: 13/02/2020, Quarta Turma, Data da assinatura: 13/02/2020)

(TRT-6 – RO: 00016871120175060006, Data de Julgamento: 13/02/2020, Quarta Turma)

▶ HORAS EXTRAS. BANCO DE HORAS. É ineficaz o sistema banco de horas adotado pelo empregador quando não respeitadas as regras previstas para a sua instituição.

(TRT-4 – RO: 00203206420175040802, Data de Julgamento: 04/10/2018, 11ª Turma)

▶ HORAS EXTRAS. BANCO DE HORAS. DESRESPEITO AOS REQUISITOS LEGAIS. INVALIDADE. O regime compensatório do banco de horas, previsto no artigo 59, § 3º, da CLT, somente será válido se estabelecido mediante convenção ou acordo coletivo de trabalho e, ainda, se observados os critérios legais e procedimentais previstos nos instrumentos coletivos. Nesse contexto, o TST tem adotado o entendimento de que não é válido o regime de compensação mediante banco de horas, ainda que previsto em norma coletiva, se extrapolado o limite máximo de 10 (dez) horas diárias disposto no art. 59, § 2º, da CLT. Destarte, o elastecimento da jornada para além de 10 horas diárias, como verificado no caso em exame, invalida o sistema de banco de horas, sendo devido ao Reclamante o pagamento das horas a partir da 08ª diária e 44ª semanal como extras. Recurso ao qual se dá parcial provimento.

(TRT-1 – RO: 01006774620165010221 RJ, Relator: ANA MARIA SOARES DE MORAES, Data de Julgamento: 29/11/2017, Primeira Turma, Data de Publicação: 07/12/2017)

▶ BANCO DE HORAS. AUSÊNCIA DE AUTORIZAÇÃO NORMATIVA. INVALIDADE. Para adoção do regime de banco de horas, assim considerado o sistema em que a compensação da jornada extraordinária se dá no prazo de até um ano (art. 59, § 2º, da CLT), impõe-se a previsão em norma coletiva. Nesse sentido, a Súmula nº 85, do c. TST. Não há nos autos qualquer norma coletiva juntada, e, ainda que o contrato do autor tenha findando após a entrada em vigor do parágrafo 5º, do art. 59, da CLT, inserido pela Lei nº 13.467/2017, fato é que também não existe acordo individual para compensação de jornada. Diante do exposto, resta correta a sentença que deferiu as horas extras, por considerar inválido o sistema adotado.

(TRT-1 – RO: 01004765920185010035 RJ, Relator: LEONARDO DIAS BORGES, Data de Julgamento: 07/08/2019, Décima Turma, Data de Publicação: 03/09/2019)

▶ HORAS EXTRAS. BANCO DE HORAS. PREVISÃO POR ACORDO INDIVIDUAL. Não há que se falar em invalidação do banco de horas instituído no contrato de trabalho do reclamante (acordo individual escrito), cuja forma como foi pactuado encontra-se amparo na lei (art. 59, § 5º, da CLT).

(TRT-3 – RO: 00108084320195030114 MG 0010808-43.2019.5.03.0114, Relator: Jesse Claudio Franco de Alencar, Data de Julgamento: 09/07/2020, Nona Turma, Data de Publicação: 09/07/2020.)

▶ RECURSO ORDINÁRIO DO RECLAMADO. SISTEMA COMPENSATÓRIO EXCEPCIONAL ("BANCO DE HORAS"). AUSÊNCIA DE LASTRO NORMATIVO (ACT). INOBSERVÂNCIA DE REGRAS DE FUNCIONAMENTO DO SISTEMA. AUSÊNCIA DE ACORDO INDIVIDUAL ESCRITO NO PERÍODO DE VIGÊNCIA DA LEI Nº 13.467/17. No período compreendido entre o marco prescricional e o último dia antes da vigência da Lei nº 13.467/17, não é possível chancelar o sistema compensatório excepcional, o "banco de horas", por falta de um Acordo Coletivo de Trabalho (ACT) exigido com base em Cláusula da Convenção Coletiva de Trabalho (CCT). E ainda que essa ausência fosse suprida, a prova oral revelou que sequer era respeitado o prazo mínimo de antecedência na concessão das folgas. E a própria CCT exigia fosse de 72 (setenta e duas) horas, com comunicação por escrito. A força da CCT, insculpida no art. 7º, inciso XXVI, da Constituição da República (CR), impede que se convalide o sistema que não acata essas diretrizes. E no período de 11/11/2017 até a dispensa, o ex-Empregador não logrou provar a celebração de acordo individual escrito e, assim, descumpriu o § 5º do art. 59 da CLT. Apelo empresarial improvido. (Processo: ROT – 0000052-05.2020.5.06.0001, Redator: Eneida Melo Correia de Araujo, Data de julgamento: 27/01/2021, Segunda Turma, Data da assinatura: 27/01/2021)

(TRT-6 – RO: 00000520520205060001, Data de Julgamento: 27/01/2021, Segunda Turma, Data de Publicação: 27/01/2021)

▶ BANCO DE HORAS. A compensação tratada na Súmula 85 do Col. TST que pode ser negociada por meio de acordo individual ou coletivo refere-se à compensação semanal da jornada, diferenciando-se do sistema de banco de horas, que é autorizado por negociação coletiva, exceto na hipótese prevista no parágrafo 5º, do art. 59, da CLT, inserido pela Lei 13.467/17, e onde não há a descaracterização do sistema pela prestação habitual de horas extras (Súmula 85, V, do Col. TST).

(TRT-3 – RO: 00109707820205030057 MG 0010970-78.2020.5.03.0057, Relator: Jaqueline Monteiro de Lima, Data de Julgamento: 12/02/2021, Quinta Turma, Data de Publicação: 18/02/2021.)

▶ INCONSTITUCIONALIDADE DO § 5º DO ART. 59 DA CLT. O art. 7º, inciso XIII, da Constituição Federal, dispõe que somente é possível flexibilizar a jornada do trabalhador a partir de negociação coletiva (acordo ou convenção coletiva de trabalho). A novel norma do § 5º do art. 59 da CLT, introduzida pela Lei nº 13.467 de 2017, ao dispor sobre a possibilidade de o próprio trabalhador, individualmente, entabular com seu empregador ajuste compensatório na modalidade "banco de horas", não é compatível com a ordem constitucional, máxime quando perfectibiliza afronta ao princípio da vedação ao retrocesso, previsto no caput do art. 7º da Constituição da República. Declaração, pelo Colegiado, de inconstitucionalidade do § 5º do art. 59 da CLT, que impõe a submissão do feito ao Tribunal Pleno, na forma do art. 143 do Regimento Interno deste Tribunal e inciso II do art. 949 do CPC. (TRT-4 – ROT: 00204095620195040531, Data de Julgamento: 03/03/2021, 5ª Turma)

▶ HORAS EXTRAS. ACORDO DE COMPENSAÇÃO SEMANAL. Para os contratos que vigoraram na vigência da Lei 13.467/2017, é lícito o regime de compensação de jornada estabelecido de forma tácita, nos termos do art. 59, § 6º, da CLT. (TRT12 – ROT – 0000713-87.2019.5.12.0021, Rel. ROBERTO BASILONE LEITE, 6ª Câmara, Data de Assinatura: 12/08/2020)

(TRT-12 – RO: 00007138720195120021 SC, Relator: ROBERTO BASILONE LEITE, Data de Julgamento: 28/07/2020, Gab. Des. Roberto Basilone Leite)

▶ ACORDO TÁCITO DE COMPENSAÇÃO DE JORNADA. NÃO EXTRAPOLAÇÃO DA JORNADA MENSAL. HORAS EXTRAS INDEVIDAS. Tratando-se de contrato laboral iniciado já na vigência da Lei nº 13.467/2017, aplica-se o § 6º do art. 59 da CLT, que autoriza a compensação mensal de jornada, inclusive por acordo tácito. Por isso, constatada a não extrapolação da jornada mensal, não são devidas horas extras.

(TRT-3 – RO: 00113509620195030070 MG 0011350-96.2019.5.03.0070, Relator: Des. Gisele de Cassia VD Macedo, Data de Julgamento: 23/06/2020, Decima Turma, Data de Publicação: 24/06/2020.)

▶ REGIME DE COMPENSAÇÃO SEMANAL DO SÁBADO SEM AUTORIZAÇÃO DE NORMA COLETIVA. Até a Reforma Trabalhista de 2017, a falta de norma coletiva autorizando a compensação semanal do sábado implicava invalidade do regime, por força do art. 7º, inc. XIII, da Constituição da República. Com o advento da Reforma Trabalhista de 2017, acordo individual basta a conferir-se validade à compensação do sábado, por força da nova redação do art. 59, *caput* e § 6º da CLT. (TRT-4 – ROT: 00215081120155040205, Data de Julgamento: 07/04/2020, 11ª Turma)

▶ JORNADA DE 12 HORAS DE TRABALHO POR 36 DE DESCANSO. TEMPUS REGIT ACTUM. NECESSIDADE DE CELEBRAÇÃO POR NORMA COLETIVA. HORAS EXTRAS DEVIDAS. Não restou comprovada a validade do regime de compensação 12x36, tendo em vista que as CCT's da categoria não apontam a previsão da jornada especial. Na verdade, ela foi celebrada por meio de acordo individual, celebrado em meados de 2014. Embora a Lei nº 13.467/2017, intitulada de "Reforma Trabalhista", tenha incluído o § 6º, no art. 59, na Consolidação das Leis do Trabalho, estipulando a possibilidade da compensação por meio de acordo individual, o novo regramento não se aplica às relações de emprego regidas sob a égide da lei antiga ("tempus regit actum"), como acontece no caso dos autos. Aplica-se ao caso o entendimento previsto na Súmula 444, do C. TST. Horas extras devidas após a 8ª diária e 44ª semanal. Recurso parcialmente provido. (TRT-6 – Processo: ROT – 0000746-48.2019.5.06.0311, Redator: Carmen Lucia Vieira do Nascimento, Data de julgamento: 02/04/2020, Terceira Turma, Data da assinatura: 02/04/2020)

▶ DA COMPENSAÇÃO DE JORNADA. Com o advento da Reforma Trabalhista através da Lei nº 13.467/17, houve ampliação da possibilidade de compensação de jornada, já que, segundo a atual redação do artigo 59, § 6º, da CLT, pode ser estabelecida "por acordo individual, tácito ou escrito, para a compensação no mesmo mês".

(TRT-1 – RO: 01010066420185010067 RJ, Relator: CLAUDIA REGINA VIANNA MARQUES BARROZO, Data de Julgamento: 04/06/2019, Sexta Turma, Data de Publicação: 18/06/2019)

▶ HORAS EXTRAS. REGIME 12X36. SISTEMA DE COMPENSAÇÃO. VALIDADE. NÃO COMPROVADA. A ré não acostou nenhum documento a respeito da pactuação de sistema de compensação e nem nada foi encontrado na norma coletiva a respeito de sua validade. Pecou a reclamada pela ausência de prova acerca da formalização do regime compensatório, conforme prenúncio do item I do verbete n. 85 do TST, e, por tal motivo, deve responder pelo pleito de horas extras (CLT, arts. 818 e 59, § 3º). Então, entende-se que andou bem o mm. juízo singular quando enquadrou a hipótese na exata orientação contida no item III da Súmula 85 do TST (CLT, art. 59, § 6º). Recurso Ordinário da Reclamada ao qual se nega provimento.

(TRT-1 – RO: 01025056920175010471 RJ, Relator: ANA MARIA SOARES DE MORAES, Data de Julgamento: 18/06/2019, Primeira Turma, Data de Publicação: 05/07/2019)

▶ HORAS EXTRAS. CONTRATO DE TRABALHO E DEMANDA ANTERIORES À LEI 13.467/2017. INEXISTÊNCIA DE ACORDO TÁCITO DE COMPENSAÇÃO NOS TERMOS DO ART. 59, 6º DA CLT. A norma de aplicação pretendida trata de Direito Material do Trabalho e, com efeito, os fatos ocorreram em momento anterior à vigência da Lei 13.467/2017, em 11/11/2017. [...].(TRT-14 – RO: 00008072520165140008 RO-AC 0000807-25.2016.5.14.0008, Relator: OSMAR JOAO BARNEZE, PRIMEIRA TURMA, Data de Publicação: 29/11/2018)

▶ JORNADA 12X36. PRORROGAÇÃO DO TRABALHO NOTURNO. A partir da vigência da Lei n. 13.467/2017, a qual incluiu o art. 59-A à CLT, superou-se o entendimento preconizado na OJ nº 388 da SDI-1 do TST, de modo que não é mais devido o pagamento relativo à prorrogação da hora noturna ao empregado sujeito à jornada 12x36. Com efeito, a partir de 11.11.2017, não é irregular a supressão do pagamento do adicional noturno e não consideração da hora noturna reduzida para o empregado que continua prestando serviços após as 05h00 da manhã. Recurso a que se nega provimento.

(TRT-23 – ROT: 00008033120195230008 MT, Relator: ELINEY BEZERRA VELOSO, Gab. Des. Eliney Bezerra Veloso, Data de Publicação: 15/03/2021)

▶ JORNADA 12X36. JORNADA MISTA QUE COMPREENDA A TOTALIDADE DO PERÍODO NOTURNO. ADICIONAL NOTURNO. DEVIDO. O empregado submetido à jornada de 12 horas de trabalho por 36 de descanso, que compreenda a totalidade do período noturno, tem direito ao adicional noturno, relativo às horas trabalhadas após as 5 horas da manhã. Após 11/11/2017, quando o reclamante trabalhou na jornada especial 12x36, não é devido o adicional noturno pela prorrogação da jornada noturna, em virtude da redação do art. 59-A, parágrafo único, da CLT, introduzido pela lei 13.467/17.

(TRT-3 – RO: 00105572220205030039 MG 0010557-22.2020.5.03.0039, Relator: Rodrigo Ribeiro Bueno, Data de Julgamento: 10/03/2021, Nona Turma, Data de Publicação: 11/03/2021.)

▶ RECURSO ORDINÁRIO. ESCALA DE 12 X 36 HORAS. VALIDADE. HORAS EXTRAS. ENUNCIADO DA SÚMULA N. 444 DO TST. LEI N. 13.467/2017. Antes do advento da Lei n. 13.467/2017, em vigor desde 11/11/2017, era válida, em caráter excepcional, a jornada de doze horas de trabalho por trinta e seis de descanso, prevista em lei ou ajustada mediante instrumento coletivo. Trata-se da chamada "Semana Espanhola". Após a Reforma Trabalhista, a jornada em questão passou a ser prevista expressamente no artigo 59-A da CLT, suprindo, portanto, a necessidade de instrumentos coletivos autorizadores.

(TRT-1 – RO: 01006412420185010030 RJ, Relator: FLAVIO ERNESTO RODRIGUES SILVA, Data de Julgamento: 22/01/2021, Décima Turma, Data de Publicação: 09/03/2021)

▶ REGIME DE JORNADA 12X36. NEGOCIAÇÃO COLETIVA. PERÍODO ANTERIOR À LEI N. 13.467/17. SÚMULA 444 DO TST. Antes da alteração promovida pela Lei n. 13.467/17, a validade da jornada de doze horas de trabalho por trinta e seis de descanso dependia de previsão legal ou ajuste exclusivamente mediante acordo coletivo de trabalho ou convenção coletiva de trabalho. Nesse sentido, a Súmula 444 do TST. A partir da edição da Lei n. 13.467/2017, a questão passou a ser regida pela norma do art. 59-A da CLT.

(TRT-3 – RO: 00105914120195030165 MG 0010591-41.2019.5.03.0165, Relator: Sebastiao Geraldo de Oliveira, Data de Julgamento: 05/03/2021, Segunda Turma, Data de Publicação: 08/03/2021.)

▶ RECURSO ORDINÁRIO. VIGILANTE. TRABALHO EM REGIME DE ESCALA 12X36. PREVISÃO EM ACORDOS COLETIVOS DE TRABALHO.

VALIDADE DA NORMA. Demonstrada a autorização normativa para a adoção do regime de escala 12x36, por meio de acordo coletivo de trabalho, e à míngua de prova satisfatória quanto à prestação de horas extras habituais nos chamados "plantões extras", a validade do modelo excepcional de jornada praticado deve ser reconhecida. Aplicação da regra insculpida no caput do art. 59-A da CLT, inserido pela Lei n. 13.467/2017, e também da Súmula n. 444 do TST. Na hipótese dos autos, o Reclamante, contratado para as funções de Vigilante já sob a égide do atual ordenamento jurídico (ou seja, em momento posterior à chamada Reforma Trabalhista), prestou serviços no regime de escala 12x36. E a despeito das suas alegações, a Reclamada demonstrou existir lastro normativo expresso nesse sentido, ao apresentar os Acordos Coletivos de Trabalho dos anos de 2018 e 2019, no bojo dos quais consta autorização para a prática desse modelo de jornada. Além disso, a única testemunha ouvida na fase de instrução do processo demonstrou tendência em favorecer a tese do Obreiro. É que prestou declarações que vieram a ser desmentidas, após a produção de prova inconteste (contracheques da testemunha), autorizada pelo Juízo, em atendimento ao pedido formulado pelo patrono da Reclamada quando da audiência instrutória. Com efeito, não demonstrada com êxito a tese de prestação de horas extras habituais, pelo que, no caso em exame, inexiste espaço jurídico à condenação em horas extras ou horas de intervalo. Recurso Ordinário improvido. (Processo: ROT – 0001073-35.2019.5.06.0006, Redator: Eneida Melo Correia de Araujo, Data de julgamento: 03/03/2021, Segunda Turma, Data da assinatura: 03/03/2021)

(TRT-6 – RO: 00010733520195060006, Data de Julgamento: 03/03/2021, Segunda Turma, Data de Publicação: 03/03/2021)

▶ JORNADA 12 X 36. VALIDADE – Em consonância com o art. 59-A da CLT, a jornada de 12 x 36 é considerada válida se prevista em acordo individual escrito ou ajustada mediante negociação coletiva.

▶ (TRT-3 – RO: 00108108920185030003 MG 0010810-89.2018.5.03.0003, Relator: Marcio Jose Zebende, Data de Julgamento: 01/03/2021, Sétima Turma, Data de Publicação: 01/03/2021.)

▶ JORNADA 12X36. JORNADA MISTA QUE COMPREENDA A TOTALIDADE DO PERÍODO NOTURNO. ADICIONAL NOTURNO. DEVIDO. O empregado submetido à jornada de 12 horas de trabalho por 36 de descanso, que compreenda a totalidade do período noturno, tem direito ao adicional noturno, relativo às horas trabalhadas após as 5 horas da manhã. Após 11/11/2017, quando o reclamante trabalhou na jornada especial 12x36, não é devido o adicional noturno pela prorrogação da jornada noturna, em virtude da redação do art. 59-A, parágrafo único, da CLT, introduzido pela lei 13.467/17.

(TRT-3 – RO: 00105572220205030039 MG 0010557-22.2020.5.03.0039, Relator: Rodrigo Ribeiro Bueno, Data de Julgamento: 10/03/2021, Nona Turma, Data de Publicação: 11/03/2021.)

▶ TRABALHO EM FERIADOS. JORNADA 12X36. PERÍODO POSTERIOR À VIGÊNCIA LEI Nº 13.467/2017. Nos literais termos do parágrafo único do art. 59-A da CLT, incluído pela Lei nº 13.467/2017, os feriados trabalhados estão abrangidos pelo pagamento da jornada do regime 12x36, sendo indevido o pagamento de rubrica separada, uma vez que se considera parte do regime de compensação. (TRT12 – ROT – 0001222-28.2019.5.12.0050, Rel. JOSE ERNESTO MANZI, 3ª Câmara, Data de Assinatura: 12/02/2021)

(TRT-12 – RO: 00012222820195120050 SC, Relator: JOSE ERNESTO MANZI, Data de Julgamento: 10/02/2021, Gab. Des. José Ernesto Manzi)

▶ REGIME 12 X 36. FERIADOS LABORADOS. REFORMA TRABALHISTA. O entendimento firmado na Súmula 444 do TST não pode, a partir de 11/11/2017, sobrepor-se à nova regra material inaugurada pela reforma trabalhista, que expressamente excluiu o pagamento em separado do feriado laborado na escala 12 x 36 (art. 59-A, parágrafo único, da CLT). Assim, na escala 12 x 36, a partir de 11/11/2017, é indevido o pagamento em dobro pelo feriado laborado.

(TRT-3 – RO: 00101353920205030171 MG 0010135-39.2020.5.03.0171, Relator: Vitor Salino de Moura Eca, Data de Julgamento: 01/12/2020, Decima Turma, Data de Publicação: 07/12/2020.)

▶ TRABALHO EM FERIADOS. JORNADA 12X36. PERÍODO POSTERIOR À VIGÊNCIA LEI Nº 13.467/2017. Nos termos do parágrafo único do art. 59-A da CLT, incluído pela Lei nº 13.467/2017, os feriados trabalhados estão abrangidos pelo pagamento da jornada do regime 12x36, sendo indevido o pagamento de rubrica separada, uma vez que se considera parte do regime de compensação. (TRT12 – ROT – 0001254-74.2019.5.12.0004, Rel. JOSE ERNESTO MANZI, 3ª Câmara, Data de Assinatura: 19/11/2020)

(TRT-12 – RO: 00012547420195120004 SC, Relator: JOSE ERNESTO MANZI, Data de Julgamento: 18/11/2020, Gab. Des. José Ernesto Manzi)

▶ DIFERENÇAS DE ADICIONAL NOTURNO. PRORROGAÇÃO DA JORNADA NOTURNA. Considerando que o trabalho prestado em prorrogação à jornada noturna integralmente cumprida é ainda mais penoso do que aquele laborado entre as 22h e 5h, devem as horas prestadas após este horário merecer o mesmo tratamento legal conferido às horas noturnas, conforme § 5º do art. 73 da CLT e Súmula nº 60, II do TST, independentemente de tal prorrogação se dar pela jornada contratada ou em decorrência de labor extraordinário, recebendo o adicional noturno. Porém, a contar de 11.11.2017 não é devido adicional ao reclamante sobre as horas prorrogadas após o horário noturno, ante ao disposto no parágrafo único do artigo 59-A da CLT, incluído pela Lei nº 13.467/2017. Recurso ordinário parcialmente provido.

(TRT-4 – ROT: 00210187520185040013, Data de Julgamento: 02/10/2020, 11ª Turma)

▶ ESCALAS DE 12X36. ADICIONAL NOTURNO. PRORROGAÇÃO. Nas escalas de 12x36 é devido o pagamento do adicional noturno relativamente às horas laboradas em prorrogação ao horário noturno após as 05h da manhã. Inteligência da OJ nº 388 da SDI-I do TST. Condenação limitada, entretanto, ao início da vigência da Lei nº 13.467.2017, diante da expressa previsão legal contida no § único do art. 59-A da CLT. Sentença reformada, no aspecto.

(TRT-4 – ROT: 00208121420195040664, Data de Julgamento: 17/09/2020, 1ª Turma)

▶ FERIADO TRABALHADO E NÃO QUITADO EM DOBRO. DANO MORAL COLETIVO. NÃO CONFIGURAÇÃO. O fato de ter havido reconhecimento de que a reclamada não remunerava feriados trabalhados em dobro não pressupõe abalo moral coletivo a atrair a indenização pleiteada, por não se vislumbrar hipótese de reprobabilidade na sociedade e que atingiria os seus anseios e interesses fundamentais. O dano, ainda que tomada a coletividade de trabalhadores, está relacionado a direito individual homogêneo que se circunscreve a prejuízo material a ser reparado com a devida condenação judicial e sobre a qual inclusive incidirão juros e correção monetária. Tanto a questão não se reveste de caráter de reprobabilidade na sociedade que, atualmente, há inclusive previsão legal expressa de que os feriados trabalhados, na modalidade de jornada cumprida pelos substituídos (regime 12x36), já são considerados compensados (parágrafo único do art. 59-A, da CLT, introduzido ao Estatuto Consolidado pela Lei 13.467/17). Recurso do autor ao qual se nega provimento.

(TRT-2 00000061820165020017 SP, Relator: SERGIO ROBERTO RODRIGUES, 11ª Turma – Cadeira 5, Data de Publicação: 09/09/2020)

▶ HORAS EXTRAS. ACORDO DE COMPENSAÇÃO. A prestação de horas extras habituais não descaracteriza o acordo de compensação de jornada após 11.NOV.2017, consoante o disposto no parágrafo único do art. 59-B da CLT, introduzido pela Lei nº 13.467/2017.

(TRT-4 – ROT: 00212590920195040403, Data de Julgamento: 26/03/2021, 11ª Turma)

▶ ACORDO DE COMPENSAÇÃO DE JORNADA. HORAS EXTRAS HABITUAIS. DESCARACTERIZAÇÃO. Na forma da Súmula n. 85, IV, do TST, o trabalho extraordinário prestado de forma habitual descaracteriza o acordo de compensação de jornada, caso em que as horas que ultrapassarem a jornada semanal normal deverão ser pagas como horas extras e, quanto àquelas destinadas à compensação, deverá ser pago apenas o adicional. No entanto, a partir da entrada em vigor da Lei n. 13.467/17, em 11/11/2017, vigora o art. 59-B na CLT, que em seu parágrafo único dispõe que a prestação de horas extras habituais não descaracteriza o acordo de compensação de jornada.

(TRT-3 – RO: 00114563720195030077 MG 0011456-37.2019.5.03.0077, Relator: Danilo Siqueira de C. Faria, Data de Julgamento: 10/12/2020, Sexta Turma, Data de Publicação: 11/12/2020.)

▶ HORAS EXTRAS. REGIME COMPENSATÓRIO SEMANAL. BANCO DE HORAS. ADOÇÃO SIMULTÂNEA. LEI Nº 13.467/2017. A partir de 11.11.2017, início da vigência da Lei nº 13.467/2017, incide o disposto no parágrafo único do art. 59-B da CLT, no sentido de que a prestação de horas extras habituais não descaracteriza o acordo de compensação de jornada, motivo pelo qual não há mais razão para considerar inválidos os regimes de compensação semanal e banco de horas executados simultaneamente.

(TRT-4 – ROT: 00201133620195040304, Data de Julgamento: 28/10/2020, 1ª Turma)

▶ HORAS EXTRAS HABITUAIS. COMPENSAÇÃO DE JORNADA. A prestação de horas extras habituais não descaracteriza o acordo de compensação de jornada e o banco de horas", conforme previsão do art. 59-B, parágrafo único, da CLT, tem aplicação somente a partir de 11.NOV.2017, data em que o dispositivo foi incluído na CLT pela Lei nº 13.467/2017.

(TRT-4 – ROT: 00201337620185040008, Data de Julgamento: 28/09/2020, 11ª Turma)

▶ RECURSO DA RECLAMADA. ACORDO DE COMPENSAÇÃO. INVALIDADE. Conforme o conjunto probatório, imperioso o reconhecimento da invalidade do banco de horas diante da ausência de comprovação de seu regular ajuste, bem como do regime de compensação semanal de jornada, por inobservância do disposto no artigo 60 da CLT, fazendo jus a reclamante ao pagamento das horas extras decorrentes com reflexos. Tratando-se de invalidação material do acordo de compensação, e não meramente formal, não há falar em aplicação dos itens III e IV da Súmula n. 85 do TST. Contudo, a partir de 11/11/2017, é devido apenas o adicional de horas extras quando não ultrapassada a jornada máxima semanal, nos termos do artigo 59-B, caput, da CLT. Recurso parcialmente provido.

(TRT-23 – ROT: 00008346320195230101 MT, Relator: JOAO CARLOS RIBEIRO DE SOUZA, Gab. Des. João Carlos, Data de Publicação: 22/09/2020)

Art. 60. Nas atividades insalubres, assim consideradas as constantes dos quadros mencionados no capítulo "Da Segurança e da Medicina do Trabalho", ou que neles venham a ser incluídas por ato do Ministro do Trabalho, Industria e Comercio, quaisquer prorrogações só poderão ser acordadas mediante licença prévia das autoridades competentes em matéria de higiene do trabalho, as quais, para esse efeito, procederão aos necessários exames locais e à verificação dos métodos e processos de trabalho, quer diretamente, quer por intermédio de autoridades sanitárias federais, estaduais e municipais, com quem entrarão em entendimento para tal fim.

Parágrafo único. Excetuam-se da exigência de licença prévia as jornadas de doze horas de trabalho por trinta e seis horas ininterruptas de descanso. (Incluído pela Lei nº 13.467, de 2017) (Vigência)

COMENTÁRIOS (ART. 60)

A atividade insalubre é regulamentada pelo Ministério do Trabalho e Previdência (recriado pela MP n. 1.058/2021, convertida na Lei 14.261/2021). A Portaria nº. 702/2015 do Ministério do Trabalho e Emprego, estabelece os requisitos para a prorrogação de jornada em atividade insalubre.

Nas atividades insalubres, quaisquer prorrogações de jornada só poderão ser praticadas mediante autorização prévia da chefia da unidade de segurança e saúde no trabalho da Superintendência Regional do Trabalho e Emprego. Este órgão procederá aos necessários exames locais e à verificação dos métodos e processos de trabalho, diretamente ou designará outrem, para analisar o possível impacto da prorrogação na saúde dos trabalhadores alcançados.

O pedido formulado pelo empregador somente será deferido se o empregador não tiver infringido as Normas Regulamentadoras que possam comprometer a saúde ou a integridade física dos trabalhadores; adotar um sistema de pausas durante o trabalho, quando previstas em Norma Regulamentadora, e as condições em que são concedidas; cumprir rigorosamente os intervalos previstos na legislação; e houver autorização prevista em instrumento de negociação coletiva.

Os empregadores que tiverem altos índices de acidente ou doença do trabalho terão os seus pedidos indeferidos.

A Reforma Trabalhista (Lei 13.467/2017) incluiu o parágrafo único ao presente dispositivo para dispensar a exigência de licença prévia da autoridade administrativa às jornadas 12x36 (doze por trinta e seis).

Sobre o tema, existe corrente interpretativa que defende a inconstitucionalidade deste dispositivo, isso porque a Constituição Federal autoriza a alteração da jornada de trabalho somente através de acordo ou convenção coletiva de trabalho (art. 7º, XIII, CF). Também argumentam que a jornada menor em ambiente insalubre se justifica no fato da sujeição do trabalhador a agentes prejudiciais à sua saúde.

Segundo o Enunciado nº 2 da 2ª Jornada Nacional de Direito Material e Processual do Trabalho, aprovado pela Comissão 2, a alteração produzida pela Reforma Trabalhista é inconstitucional, considerando que as jornadas de trabalho menores em ambientes insalubres se justificam para evitar riscos inerentes a tais atividades e o potencial prejuízo à saúde dos trabalhadores[394].

1. JURISPRUDÊNCIA

▶ HORAS EXTRAS. INVALIDADE DO REGIME COMPENSATÓRIO (ART 60 DA CLT). SOBRESTAMENTO. TEMA 1046 DO STF. A matéria discutida no recurso está relacionada com a validade de adoção de regime de compensação de horários para empregados submetidos à condição insalubre de trabalho. Trata-se do Tema 1046 (RE/STF) – Validade de norma coletiva de trabalho que limita ou restringe direito trabalhista não assegurado constitucionalmente, que ainda não foi julgado no Plenário do STF. Impõe-se a suspensão do presente feito quanto ao julgamento do item relativo às horas extras decorrentes do reconhecimento da invalidade do regime compensatório (art. 60 da CLT), até decisão sobre tema 1.046 do STF. INDENIZAÇÃO POR DANO MORAL. ATRASO REITERADO NO PAGAMENTO DOS SALÁRIOS. O atraso reiterado no pagamento dos salários implica dano moral, sendo o prejuízo presumido, porquanto, na maior parte dos casos, o salário constitui a única fonte de renda do empregado e sem ela a sua subsistência e a daqueles que dele dependem fica impossibilitada. Recurso da reclamada não provido.

(TRT-4 – ROT: 00205197320195040331, Data de Julgamento: 28/03/2021, 2ª Turma)

▶ BANCO DE HORAS. ATIVIDADE INSALUBRE. INVALIDADE. Para a instituição do banco de horas quando o trabalho é executado em ambientes insalubres, exige-se, além dos requisitos previstos no art. 59, § 2º, da CLT, a licença prévia das autoridades competentes (art. 60 da CLT). Inexistindo a licença, é inválido o banco de horas instituído, à exceção do período em que há norma coletiva prevendo a dispensa de tal licença (art. 611-A, XIII, CLT). (TRT18, RORSum – 0010016-74.2020.5.18.0102, Rel. IARA TEIXEIRA RIOS, 1ª TURMA, 26/03/2021)

(TRT-18 – RORSUM: 00100167420205180102 GO 0010016-74.2020.5.18.0102, Relator: IARA TEIXEIRA RIOS, Data de Julgamento: 26/03/2021, 1ª TURMA)

▶ HORAS EXTRAS. BANCO DE HORAS. ATIVIDADE INSALUBRE. O art. 60 da CLT exige licença prévia das autoridades competentes para a prorrogação de jornadas em atividades insalubres, o qual não foi derrogado e em nada contraria o disposto na Constituição Federal. Nesse passo, afigura-se imprescindível a autorização de que trata o referido dispositivo legal para prorrogação de jornada em atividade insalubre, o que não se verifica na hipótese em apreço, implicando, pois, a invalidade do regime compensatório adotado. Adoção do entendimento vertido na Súmula nº 67 deste Regional.

(TRT-4 – ROT: 00213825420175040022, Data de Julgamento: 26/03/2021, 5ª Turma)

▶ COMPENSAÇÃO DE JORNADA. BANCO DE HORAS. ATIVIDADE INSALUBRE. AUSÊNCIA DE PRÉVIA INSPEÇÃO E AUTORIZAÇÃO PELO MINISTÉRIO DO TRABALHO E EMPREGO. INVALIDADE. Consoante a inteligência do art. 60 da CLT, do art. 7º, XXII, da Constituição Federal, e do entendimento jurisprudencial consolidado no item VI da Súmula 85 do TST, é inválido o acordo de compensação de jornada em atividade insalubre, ainda que estipulado em norma coletiva, sem a necessária inspeção prévia e permissão da autoridade competente.

(TRT-3 – RO: 00101359120205030089 MG 0010135-91.2020.5.03.0089, Relator: Sebastiao Geraldo de Oliveira, Data de Julgamento: 25/03/2021, Segunda Turma, Data de Publicação: 26/03/2021.)

▶ HORAS EXTRAS – JORNADA 12 X 36 – ADICIONAL DE INSALUBRIDADE – INTELIGÊNCIA DO ART. 60 DA CLT. Dispõe o art. 60 da CLT que, nas atividades insalubres, quaisquer prorrogações só poderão ser acordadas mediante licença prévia das autoridades competentes em matéria de higiene do trabalho, as quais, para esse efeito, procederão aos necessários exames locais e à verificação dos métodos e processos do trabalho, quer diretamente, quer por intermédio de autoridades sanitárias federais, estaduais ou municipais, com quem entrarão em entendimento para tal fim. A exceção prevista para o regime de turnos de 12x36, conforme parágrafo único do citado artigo, só alcança o período posterior à entrada em vigor da lei 13.467/2017. Prevalece, portanto, o entendimento de que seria necessária a licença prévia das autoridades competentes em matéria de higiene do trabalho para validar a jornada praticada pelo autor, pelo menos até 10/11/2017.

(TRT-3 – RO: 00100163020205030090 MG 0010016-30.2020.5.03.0090, Relator: Jaqueline Monteiro de Lima, Data de Julgamento: 19/03/2021, Quinta Turma, Data de Publicação: 22/03/2021.)

▶ EMENTA: ATIVIDADE INSALUBRE. BANCO DE HORAS. LICENÇA PRÉVIA DA AUTORIDADE COMPETENTE. INOBSERVÂNCIA. INVALIDADE. Para a instituição do banco de horas na hipótese de o trabalho ser executado em ambientes insalubres, além dos requisitos previstos no art. 59, § 2º, da CLT, a reclamada deve ter licença prévia das autoridades competentes (CLT, art. 60). Inexistindo a licença, é inválido o banco de horas instituído. (TRT18, ROT – 0010642-87.2020.5.18.0104, Rel. PLATON TEIXEIRA DE AZEVEDO FILHO, 2ª TURMA, 22/03/2021)

(TRT-18 – ROT: 00106428720205180104 GO 0010642-87.2020.5.18.0104, Relator: PLATON TEIXEIRA DE AZEVEDO FILHO, Data de Julgamento: 22/03/2021, 2ª TURMA)

▶ BANCO DE HORAS. ATIVIDADE INSALUBRE. INVALIDADE. Para a instituição do banco de horas quando o trabalho é executado em ambientes insalubres, além dos requisitos previstos no art. 59, § 2º, da CLT, a reclamada deve ter licença prévia das autoridades competentes (art. 60 da CLT). Inexistindo a licença, é inválido o banco de horas instituído. (TRT18, RORSum – 0010231-53.2020.5.18.0101, Rel. WELINGTON LUIS PEIXOTO, 1ª TURMA, 22/03/2021)

(TRT-18 – RORSUM: 00102315320205180101 GO 0010231-53.2020.5.18.0101, Relator: WELINGTON LUIS PEIXOTO, Data de Julgamento: 22/03/2021, 1ª TURMA)

▶ PRORROGAÇÃO DE JORNADA. ATIVIDADE INSALUBRE. NECESSIDADE DE PRÉVIA AUTORIZAÇÃO DO MINISTÉRIO DO TRABALHO. Nas atividades insalubres, a prorrogação da jornada de trabalho, seja a título de compensação de horas ou de prestação de trabalho extraordinário, depende de prévia autorização do Ministério do Trabalho e Emprego, nos termos do art. 60 da CLT. Tratando-se de norma cogente, concernente à saúde e segurança do trabalhador, reputa-se nulo o acordo para prorrogação e compensação de jornada, em face do labor em ambiente insalubre.

(TRT-3 – RO: 00101199120205030169 MG 0010119-91.2020.5.03.0169, Relator: Sabrina de Faria F. Leao, Data de Julgamento: 18/03/2021, Sétima Turma, Data de Publicação: 19/03/2021.)

▶ TURNO ININTERRUPTO DE REVEZAMENTO. ELASTECIMENTO DA JORNADA. ATIVIDADE INSALUBRE. Sempre que verificado o trabalho em turnos ininterruptos de revezamento em atividade insalubre, o elastecimento da jornada só é possível mediante dois requisitos: norma coletiva autorizadora e licença prévia das autoridades competentes em matéria de higiene do trabalho, conforme disposto no art. 60, da CLT, sem o que resultam devidas as horas extras que ultrapassarem

---

394 Enunciado nº 2 da 2ª Jornada Nacional de Direito Material e Processual: JORNADA 12 POR 36. I. Tratando-se de regime de compensação de jornada, é essencial para a sua validade a previsão em acordo coletivo ou convenção coletiva de trabalho, nos termos do artigo 7º, XIII, da Constituição Federal, inclusive em relação ao comerciário, em razão de lei especial (Lei 12.790/2013). II. Artigo 60, parágrafo único da CLT. Dispensa de licença prévia para a realização de jornada 12x36. Matéria de saúde e segurança do trabalho. Inconstitucionalidade por infração ao artigo 7º, XXII, da Constituição Federal. III. Impossibilidade de regime "complessivo" quanto ao pagamento de feriados e prorrogação da jornada noturna, por infração ao artigo 7º, IX, da Constituição Federal. IV. A prestação de horas extras, inclusive pela supressão do intervalo intrajornada (ainda que parcial), descaracteriza o regime de compensação de jornada 12x36, implicando o pagamento como hora extraordinária daquelas laboradas além da 8ª diária, por infração ao artigo 7º, XIII e XXVI, da Constituição Federal. (Enunciado Aglutinado nº 2 da Comissão 2)

a 6ª hora diária. (Processo: ROT – 0000541-47.2018.5.06.0022, Redator: Carmen Lucia Vieira do Nascimento, Data de julgamento: 02/02/2021, Terceira Turma, Data da assinatura: 02/02/2021)

(TRT-6 – RO: 00005414720185060022, Data de Julgamento: 02/02/2021, Terceira Turma, Data de Publicação: 02/02/2021)

▶ HORAS EXTRAS. ACORDO DE COMPENSAÇÃO. INVALIDADE. LABOR EM ATIVIDADE INSALUBRE1 – Ante o cancelamento da Súmula nº 349 do TST, prevalece agora nesta Corte o entendimento de que, pelo disposto no art. 60 da CLT, somente se admite a prorrogação de jornada de trabalho em atividades insalubres mediante prévia autorização da autoridade competente em matéria de higiene, com a finalidade de preservar o trabalhador de exposições excessivas a agentes insalubres, e como medida de medicina e segurança do trabalho. 2 – Trata-se, pois, de norma cogente de indisponibilidade absoluta, que não pode ser transacionada mediante negociação coletiva, e é nula disposição normativa em contrário. Essa orientação atende ao disposto no art. 7º, XXII, da CF, que impõe a redução dos riscos inerentes ao trabalho, por meio de normas de saúde, higiene e segurança. 3 – Recurso de revista de que não se conhece. (...) (ARR – 147600-55.2009.5.04.0751, Relatora Ministra: Kátia Magalhães Arruda, Data de Julgamento: 19/04/2017, 6ª Turma, Data de Publicação: DEJT 24/04/2017)."

▶ "(...) REGIME DE COMPENSAÇÃO DE JORNADA. "BANCO DE HORAS". ATIVIDADE INSALUBRE AUSÊNCIA DE LICENÇA PRÉVIA DA AUTORIDADE COMPETENTE EM SAÚDE E SEGURANÇA DO TRABALHADOR. NORMA COLETIVA. INVALIDADE DO AJUSTE. O cancelamento da Súmula n.º 349 do TST, por meio da Resolução n.º 174/2011, decorreu do entendimento desta Corte superior quanto à imprescindibilidade da licença da autoridade competente em matéria de higiene do trabalho para a formalização do acordo coletivo de prorrogação/compensação de jornada em atividade insalubre. O exercício da autonomia sindical coletiva deve se adequar aos parâmetros mínimos correspondentes aos direitos assegurados em norma de natureza imperativa e que, por isso mesmo, não se encontram sob a égide da negociação atribuída ao sindicato. Nesse contexto, a liberdade negocial assegurada às partes, em matéria de saúde, higiene e segurança do trabalhador, encontra limite no disposto no artigo 7º, XXII, da Constituição Federal. Assim, carece de eficácia jurídica o instrumento coletivo que previa a compensação da jornada de trabalho em atividade insalubre porquanto ausente licença da autoridade competente em matéria de higiene do trabalhador, nos termos do artigo 60 da CLT. Precedentes desta Corte superior. Recurso de revista de que não se conhece. (...) (RR – 467-81.2011.5.04.0381, Relator Ministro: Cláudio Mascarenhas Brandão, Data de Julgamento: 31/05/2017, 7ª Turma, Data de Publicação: DEJT 09/06/2017)."

▶ RECURSO DA RECLAMANTE. HORAS EXTRAS. JORNADA 12X36. ATIVIDADE INSALUBRE. AUTORIZAÇÃO DO MINISTÉRIO DO TRABALHO. DESNECESSIDADE A PARTIR DA LEI DA REFORMA TRABALHISTA, Nº 13.467/2017. A necessidade de autorização do Ministério do Trabalho, para a prorrogação da duração normal de jornada de trabalho, no caso das atividades insalubres, vigorou até o advento da Lei nº 13.467/2017 (Lei da Reforma Trabalhista), que entrou em vigor no dia 11/11/2017. A partir dessa data, passou a vigorar o disposto expressamente no parágrafo único do art. 60 da CLT, no sentido serem excepcionadas dessa exigência as jornadas de doze horas de trabalho por trinta e seis horas ininterruptas de descanso. Portanto, aplica-se ao caso o novel dispositivo a partir de sua vigência, em 11/11/2017, cuja aplicação se dá imediatamente aos contratos em curso, salvo as situações já consolidadas. Recurso parcialmente provido, no aspecto. (TRT-11 – RO: 00009467420195110001, Relator: AUDALIPHAL HILDEBRANDO DA SILVA, Data de Julgamento: 04/11/2020, 2ª Turma, Data de Publicação: 02/12/2020)

▶ ADICIONAL DE SERVIÇO EXTRAORDINÁRIO. REGIME DE 12X36. DESCARACTERIZAÇÃO. ATIVIDADE INSALUBRE. ALTERAÇÃO DO ARTIGO 60 DA CLT. LEI Nº 13.467/2017. Por força da súmula nº 85, VI, do TST, a adoção do regime de 12x36, em atividade insalubre, até a entrada em vigor da alteração do artigo 60, parágrafo único, da CLT, promovida pela lei nº 13.467/2017, exigia, além da previsão em norma coletiva, a inspeção prévia e permissão da autoridade sanitária. Ocorre que a Reclamada não fez prova dessa autorização, restando descaracterizado o mencionado regime, o que, contudo, implica, no presente caso, a condenação da Reclamada ao pagamento, tão somente, do adicional de serviço extraordinário, para as horas excedentes à oitava hora diária, porquanto, a jornada semanal da Autora não ultrapassava 44 horas, nos moldes da inteligência da súmula nº 85, III e IV, do TST. [...].

(TRT-11 – RO: 00009622220195110003, Relator: JOSE DANTAS DE GOES, Data de Julgamento: 23/11/2020, 3ª Turma, Data de Publicação: 26/11/2020)

▶ RECURSO ORDINÁRIO DO RECLAMADO. REGIME COMPENSATÓRIO DE HORÁRIO. ATIVIDADE INSALUBRE. A licença prévia de autoridade competente em matéria de higiene do trabalho é indispensável à regularidade de regime compensatório em atividades insalubres, sob pena ser declarado inválido o regime compensatório, por inobservância do disposto no art. 60 da CLT. Entretanto, a partir de 11.11.2017, com a entrada em vigor da Lei nº 13.467/2017, tal exigência deixou de existir, em virtude da inclusão do parágrafo único do art. 60 da CLT. Portanto, o regime compensatório deve ser considerado válido a partir da vigência da reforma trabalhista. Recurso do reclamado parcialmente provido.

(TRT-4 – ROT: 00206087120195040016, Data de Julgamento: 28/09/2020, 9ª Turma)

▶ ELASTECIMENTO DA JORNADA MEDIANTE NEGOCIAÇÃO COLETIVA. ATIVIDADE INSALUBRE. CONFLITO ENTRE PRINCÍPIOS CONSTITUCONAIS. PRINCÍPIOS DA PONDERAÇAO, PROPORCIONALIDADE. 1. Não se aplica ao presente caso, o parágrafo único do art. 60, da CLT, proveniente da reforma implementada pela lei 13.467/17, uma vez que a vigência do contrato de trabalho é anterior a modificação normativa. Assim, o caso vertente desafia juízo de ponderação à luz da Teoria da Constituição, dos fundamentos que orientam o Estado Democrático de Direito perfilhados na Constituição da República, de 1988. Neste marco os julgamentos devem ser orientados, antes de tudo por princípios, antes que por regras. 2. Princípios e regras são igualmente norma jurídica e os primeiros orientam e prevalecem sobre as últimas. 3. Havendo concorrência ou aparente conflito entre princípios constitucionais aplicáveis numa dada situação fática, cabe ao julgador ponderar sobre qual dos princípios deve prevalecer considerando o bem jurídico a ser protegido, segundo o princípio da proporcionalidade ou da razoabilidade. 4. Concorrem no presente caso, de um lado, o princípio da dignidade humana que se projeta no direito constitucional à "redução dos riscos inerentes ao trabalho, por meio de normas de saúde, higiene e segurança" e, de outro, o princípio da autonomia coletiva que se desdobra na norma constitucional que admite a regulação da jornada de trabalho mediante negociação coletiva com observância dos parâmetros normativos pré-estabelecidos. 5. O direito infraconstitucional (art. 60 da CLT) veda, expressamente, qualquer prorrogação de jornada em atividades insalubres, sem a licença prévia das autoridades competentes. 6. A regra celetista visa resguardar a saúde e a segurança do trabalhador ao adicionar condição específica – autorização da autoridade pública competente, para o exercício da negociação coletiva na regulamentação da prestação laboral em condições hostis aos valores saúde e segurança no trabalho. Por outro lado, o exercício da autonomia coletiva visa à adequação das regras concernentes a jornada de trabalho às necessidades do empregador. 7. No concurso entre os princípios da dignidade humana e da autonomia coletiva no caso sob exame deverá prevalecer o primeiro sobre o segundo, uma vez que o cotejo entre os bens jurídicos protegidos aponta, com fulcro nos princípios da razoabilidade e da proporcionalidade, para a aplicação da norma infraconstitucional (art. 60, CLT) que dá concretitude ao princípio prevalecente no caso concreto sob exame. 8. Impõe-se, portanto, a conclusão no sentido de que a regra celetista não afronta o disposto no art. 7º, inciso XIII, da Constituição da República, antes ao contrário, confere efetividade ao princípio da dignidade humana, concretizado na regra constitucional que assegura aos trabalhadores o direito à redução dos riscos inerentes ao trabalho. Nestes termos, a tutela conferida à saúde e à vida prevalece sobre a liberdade convencional das partes. 9. Esta tese sumulada pela mais alta Corte Trabalhista ao dispor que "não é válido acordo de compensação de jornada em atividade insalubre, ainda que estipulado em norma coletiva, sem a necessária inspeção prévia e permissão da autoridade competente, na forma do art. 60 da CLT" (Sumula, 85, item VI, TST).

(TRT-3 – RO: 00102364420205030020 MG 0010236-44.2020.5.03.0020, Relator: Des. Antonio Gomes de Vasconcelos, Data de Julgamento: 24/09/2020, Decima Primeira Turma, Data de Publicação: 25/09/2020. DEJT/TRT3/Cad.Jud. Página 1063. Boletim: Sim.)

▶ RECURSO ORDINÁRIO DA RECLAMANTE. REGIME 12X36. TRABALHO INSALUBRE. ART. 60 DA CLT. A validade do regime compensatório de jornadas exige licença da autoridade competente, nos termos do art. 60 da CLT, quando a atividade desempenhada pelo trabalhador é insalubre. Inexistindo tal licença, são devidas horas extras, conforme entendimento da Súmula 85, VI, do TST. Norma do art. 60, parágrafo único, da CLT, introduzida pela Lei 13.467/2017, inaplicável aos contratos vigentes antes de 11-11-2017. Recurso da reclamante provido no aspecto.

(TRT-4 – ROT: 00200912020175040733, Data de Julgamento: 19/02/2020, 10ª Turma)

Art. 61. Ocorrendo necessidade imperiosa, poderá a duração do trabalho exceder do limite legal ou convencionado, seja para fazer face a motivo de força maior, seja para atender à realização ou conclusão de serviços inadiáveis ou cuja inexecução possa acarretar prejuízo manifesto.

§ 1º O excesso, nos casos deste artigo, pode ser exigido independentemente de convenção coletiva ou acordo coletivo de trabalho. (Redação dada pela Lei nº 13.467, de 2017)

§ 2º Nos casos de excesso de horário por motivo de força maior, a remuneração da hora excedente não será inferior à da hora normal. Nos demais casos de excesso previstos neste artigo, a remuneração será, pelo menos, 25% (vinte e cinco por cento) superior à da hora normal, e o trabalho não poderá exceder de 12 (doze) horas, desde que a lei não fixe expressamente outro limite.

§ 3º Sempre que ocorrer interrupção do trabalho, resultante de causas acidentais, ou de força maior, que determinem a impossibilidade de sua realização, a duração do trabalho poderá ser prorrogada pelo tempo necessário até o máximo de 2 (duas) horas, durante o número de dias indispensáveis à recuperação do tempo perdido, desde que não exceda de 10 (dez) horas diárias, em período não superior a 45 (quarenta e cinco) dias por ano, sujeita essa recuperação à prévia autorização da autoridade competente.

COMENTÁRIOS (ART. 61)

A limitação da jornada de trabalho decorre de previsão legal ou estipulada em contrato de trabalho. Via de regra, a jornada normal de trabalho está limitada a 8 horas diárias e 44 horas semanais (art. 7º, XIII, CF), sendo excepcionalmente permitida a prorrogação da jornada de trabalho em no máximo 2 horas (art. 59, *caput*, da CLT). Entretanto, esse período poderá ser extrapolado em caso de força maior, ou se for necessário atender a realização ou conclusão de serviços inadiáveis, ou recuperar o tempo perdido em decorrência de paralisação da empresa por causas acidentais ou de força maior, em caso excepcionais, este limite pode ser extrapolado.

A força maior é conceituada como todo o acontecimento inevitável, em relação à vontade do empregador, e para realização do qual não concorreu, direta ou indiretamente, exceto a imprevidência do empregador exclui a razão da força maior (art. 501, *caput* e § 1º, da CLT). Neste caso, o empregador poderá prorrogar a jornada de trabalho em até 4 horas, sendo certo que a jornada diária não poderá ultrapassar 12 horas. Embora a lei indique que o adicional da remuneração extraordinária será de 25% (§ 2º, art. 60, da CLT), o art. 7º, inciso XVI, da CF estabelece percentual de no mínimo de 50% como adicional de horas extras. O adicional previsto na Carta Magna se sobrepõe ao previsto na CLT, de forma que a dilação da jornada por motivo de força maior conferirá o direito ao pagamento das horas extras com adicional de 50% (cinquenta por cento).

Por serviços inadiáveis se entende aqueles preparatórios ou suplementares que precisam ser executados fora do horário normal de prestação de serviços ou aqueles que não podem ser interrompidos.

Se a paralisação ocorrer por causas acidentais ou de força maior, a duração do trabalho não poderá ser superior a 10 horas diárias durante o número de dias indispensáveis à recuperação do tempo perdido. Esse período não poderá ser superior a 45 dias por ano, sujeitando essa recuperação à prévia autorização da autoridade competente.

1. JURISPRUDÊNCIA

▶ HORAS EXTRAS. No caso dos autos, não existe acordo individual firmado entre as partes. Registre-se que o item "4" do contrato de trabalho prevê a compensação da jornada extraordinária para as hipóteses previstas no art. 61, § 3º, da CLT, não sendo o caso dos autos. Deste modo, devido o pagamento de horas extraordinárias, acrescidas do adicional de 50% (cinquenta por cento), com base nos cartões de ponto, como deferido na sentença, haja vista ausência de recibos salariais. Recurso ordinário improvido.

(TRT-1 – RO: 00102171420155010038 RJ, Relator: BRUNO LOSADA ALBUQUERQUE LOPES, Data de Julgamento: 28/03/2017, Primeira Turma, Data de Publicação: 12/04/2017)

▶ FORÇA MAIOR. INTERRUPÇÃO DO TRABALHO. ART. 61, § 3º, DA CLT. O dispositivo legal em epígrafe, ao prever que a compensação da interrupção do trabalho, resultante de causas acidentais ou de força maior, se dê mediante a prorrogação da jornada de trabalho pelo tempo necessário até o máximo de 2 (duas) horas, durante o número de dias indispensáveis à recuperação do tempo perdido, desde que não exceda de 10 (dez) horas diárias, em período não superior a 45 (quarenta e cinco) dias por ano, estabelece critérios rígidos que, uma vez inobservados, ensejam inequivocamente a invalidade do ajuste.

Tendo a reclamada imposto aos trabalhadores a recuperação dos dias parados fora dos parâmetros legais estabelecidos, se mostra inválida a compensação adotada. Recurso da reclamada não provido.

(TRT-4 – ROT: 00208674520185040002, Data de Julgamento: 15/07/2020, 2ª Turma)

▶ RECURSO ORDINÁRIO DO OBREIRO E RECURSO EMPRESARIAL. HORAS EXTRAS. Norma Coletiva, anexada ao caderno processual estabelece a proibição de vigilantes que trabalhem em escalas de revezamento de 12x36 (doze por trinta e seis) e 05 x 02 (cinco por dois), para complementação de jornada, exceto em casos excepcionais e nas hipóteses previstas nos artigos 60 e 61 da CLT, mediante assistência do sindicato. A comprovação de trabalho em regime de plantões extras rotineiramente, em todo o curso não prescrito do contrato, mesmo laborando o Obreiro em escalas excepcionais, como declinadas, evidencia o flagrante desrespeito às disposições convencionais, impondo-se a condenação da Empresa ao pagamento de horas extras que extrapolaram a 8ª (oitava) hora diária ou a carga semanal de 44 (quarenta e quatro horas). Recurso do Autor ao qual se dá provimento parcial e apelo empresarial improvido, no particular. (Processo: ROT – 0001332-67.2018.5.06.0102, Redator: Eneida Melo Correia de Araujo, Data de julgamento: 18/08/2020, Segunda Turma, Data da assinatura: 18/08/2020)

(TRT-6 – RO: 00013326720185060102, Data de Julgamento: 18/08/2020, Segunda Turma, Data de Publicação: 18/08/2020)

Art. 62. Não são abrangidos pelo regime previsto neste capítulo: (Redação dada pela Lei nº 8.966, de 27.12.1994)

I – os empregados que exercem atividade externa incompatível com a fixação de horário de trabalho, devendo tal condição ser anotada na Carteira de Trabalho e Previdência Social e no registro de empregados; (Incluído pela Lei nº 8.966, de 27.12.1994)

II – os gerentes, assim considerados os exercentes de cargos de gestão, aos quais se equiparam, para efeito do disposto neste artigo, os diretores e chefes de departamento ou filial. (Incluído pela Lei nº 8.966, de 27.12.1994)

III – os empregados em regime de teletrabalho que prestam serviço por produção ou tarefa. (Redação dada pela Medida Provisória nº 1.108, de 2022)

Parágrafo único – O regime previsto neste capítulo será aplicável aos empregados mencionados no inciso II deste artigo, quando o salário do cargo de confiança, compreendendo a gratificação de função, se houver, for inferior ao valor do respectivo salário efetivo acrescido de 40% (quarenta por cento). (Incluído pela Lei nº 8.966, de 27.12.1994)

COMENTÁRIOS (ART. 62)

1. EMPREGADOS QUE NÃO ESTÃO SUBMETIDOS AO CONTROLE DE JORNADA

A limitação da duração da jornada de trabalho em 8 horas diárias 44 horas semanais não é aplicada aos empregados previstos no artigo 62 da CLT. Isso decorre da impossibilidade de o empregador realizar a fiscalização da jornada de trabalho realizada pelo empregado, seja em virtude da natureza do cargo exercido, ou do exercício das atividades fora do campo de vigilância do empregador.

Para uma vertente doutrinária, o artigo 62 da CLT não foi recepcionado pela Constituição Federal, considerando que a jornada de trabalho de 8 horas diárias e 44 horas semanais deve ser aplicada a qualquer trabalhador, independentemente da função desempenhada. Defendem que a jornada de trabalho é uma matéria de ordem pública por estar intimamente ligada à saúde e à dignidade do trabalhador.

Signatário desta corrente, Luciano Martinez defende que: *"Os trabalhadores que exercem atividade externa incompatível com a fixação de horário de trabalho, os altos empregados e os teletrabalhadores, segundo básica hermenêutica constitucional, apesar da dicção do art. 62 da CLT, têm, sim, direito à percepção de horas extraordinárias, porque o disposto no art. 7º, XIII, do texto fundamental não excepciona nenhum empregado, nem mesmo o doméstico (vide EC n. 72/2013). [...] Assim, o disposto no art. 62 da CLT, a despeito de respeitáveis opiniões em sentido contrário, não está conforme a Constituição de 1988 na parte que **exclui** do regime de jornada os mencionados exercentes de atividades externas supostamente incompatíveis com a fixação de horário de trabalho, os altos empregados, assim considerados aqueles que, além de exercentes de cargos de gestão, recebam remuneração (salário-base + gratificação de função, se houver) superior ao salário efetivo praticado na empresa acrescido de 40% e, desde a reforma trabalhista de 2017, também os teletrabalhadores".*[395] Complementa, dizendo que *"O art. 62 da CLT, portanto, parece apenas atribuir aos altos empregados, aos exercentes de serviço externo e aos teletrabalhadores o ônus de provar o trabalho em sobrejornada. Ele apenas cria uma presunção de ausência de prestação em serviço suplementar, cabendo àqueles que estão sob a sua égide, mediante os diversos meios de prova admitidos em direito, o oferecimento dos elementos capazes de demonstrar a prestação do trabalho em jornada extraordinária".*[396]

Contudo, esse posicionamento não prevaleceu. A vertente dominante na doutrina e na jurisprudência entende que o art. 62 da CLT foi recepcionado pela Constituição Federal de 1988 e que as regras disciplinadas por ele são plenamente compatíveis com o texto constitucional. A exclusão de tais empregados da limitação de jornada tem fundamento na fidúcia do cargo exercido ou em função da impossibilidade de controle da jornada de trabalho pelo empregador, pressupondo que o empregado observará os limites da jornada de trabalho, bem como os intervalos legais.

395 Martinez, op. cit., 2020.
396 Idem.

A Reforma Trabalhista, Lei n. 13.467, de 2017, alterou a redação do art. 62 da CLT, inserindo o inciso III à sua redação, para abarcar o teletrabalhador no rol de empregados/atividades excluídas das regras de duração de trabalho, dispensado o empregador de promover o controle sobre a jornada de trabalho desses empregados.

A Medida Provisória n. 1.108, de 25 de março de 2022, ampliou o conceito de teletrabalho e aprimorou a estrutura normativa, visando conferir segurança jurídica às relações juslaborais subordinadas ao regime de teletrabalho.

Possibilitou a instituição de regimes diversas formas de teletrabalho: a) teletrabalho puramente remoto; b) teletrabalho híbrido; c) teletrabalho por jornada; d) teletrabalho por produção ou tarefa (art. 75-B, §2º, da CLT, incluído pela MP n. 1.108, de 2022).

A Medida Provisória n. 1.108, de 2022, alterou a redação do art. 62, III, da CLT para excluir do controle de jornada o teletrabalhador contratado para prestar serviços por produção ou tarefa.

Portanto, não se sujeita a jornada de 8 horas diárias e 44 horas semanais os seguintes empregados:

A) ATIVIDADE EXTERNA INCOMPATÍVEL COM O CONTROLE DE JORNADA

Os empregados que exercem atividade externa incompatível com a fixação de horário de trabalho não estão sujeitos à jornada de 8 horas diárias 44 semanais. Essa condição deve ser anotada na carteira de trabalho do empregado e no livro de registro de empregados. Dentre as profissões que exercem atividade externa estão: o vendedor viajante; o vendedor pracista; promotor de vendas; motorista; representante comercial (empregado); técnico de telefonia, etc.

i) Vendedor Pracista e Vendedor Viajante

A atividade do empregado vendedor é regulamentada pela Lei nº 3.207, de 18 de julho de 1957. O artigo 1º aponta a existência de duas espécies de vendedor externo: **(a)** viajantes; e **(b)** pracistas.

Entretanto, a referida lei não especifica ou define a atividade ou zona de atuação dos referidos profissionais. Por outro lado, confere ao empregador a atribuição para definir a zona de trabalho dos vendedores, podendo ampliá-la ou restringi-la, de acordo com as suas necessidades (artigo 2º, parágrafo 1º, da Lei nº 3.207/1957).

A doutrina busca traçar as características distintivas entre o vendedor viajante e o pracista. Eduardo Gabriel Saad,[397] aponta que:

> *"A diferença entre os dois grupos reside na base territorial em que desenvolvem seu trabalho. Os pracistas atuam num mesmo município e, às vezes, em mais de um, desde que a **distância não seja grande** e **não os obrigue a pernoitar fora do lar**. O caso é muito frequente na Grande São Paulo ou Grande Rio, em que vários municípios se acham justapostos e separados, a rigor, por um traçado ideal, no mapa geográfico da região, uma vez que, fisicamente, chegam a confundir-se. O empregado vendedor viajante é aquele que vai contar a clientela de todo um Estado ou até de várias unidades da Federação."*

Por sua vez, Amauri Mascaro do Nascimento[398] propõe o seguinte traço distintivo entre as duas figuras:

> *"(...) o **pracista**, para designar aquele que presta serviços em uma **localidade determinada**; e o **viajante**, que se **desloca entre diversas localidades**, hipótese em que o empregado vendedor-viajante não poderá permanecer em viagem por tempo superior a 6 meses consecutivos e em seguida a cada viagem terá um intervalo para descanso calculado na base de 3 dias por mês de viagem realizada até o máximo de 15 dias (art. 9º da Lei n. 3.207/57)."*

O vendedor pracista, portanto, é aquele que exerce as suas atividades num determinado Município ou em Municípios contíguos ou adjacentes. De outro lado, o vendedor viajante exerce as suas atividades em vários Municípios ou vários Estados.

É importante dizer que a doutrina não estabelece uma distância mínima ou máxima para diferenciar os Municípios contíguos dos Municípios longínquos. Eventualmente, o acordo coletivo de trabalho ou a convenção coletiva de trabalho poderão delimitar a distância ou quilometragem como critério para distinguir o vendedor pracista do vendedor viajante, sobrepondo-se à lei (artigo 611-A da CLT).

Nesse ponto, de modo geral, a Justiça Especializada não estabelece critérios objetivos claros para diferenciar o vendedor pracista do vendedor viajante.

Tratam as duas figuras simplesmente como "vendedor externo". Limitam-se a dizer que o empregado se enquadra (ou não) como vendedor viajante ou pracista, ou, ainda, que percorria longas distâncias.

ii) Meios indiretos de controle da jornada na atividade externa

A jurisprudência recente os Tribunais do Trabalho, acerca das atividades desenvolvidas de forma externa sem o controle de jornada (art. 62, inciso I, da CLT), majoritariamente reconhecem as formas diretas e indiretas de controle da jornada de trabalho, culminando na condenação das empresas ao pagamento de horas extraordinárias.

397 Eduardo Gabriel Saad, José Eduardo Duarte Saad, Ana Maria Saad Castelo Branco. Consolidação das Leis do Trabalho: Comentada. 51 ed. - São Paulo: LTr, 2019.

398 Nascimento, Amauri Mascaro. Curso de direito do trabalho. - 26. ed. - São Paulo: Saraiva, 2011.

Mesmo que o empregador demonstre a adoção de todas as formalidades legais e apresente argumentos consistentes quanto à inviabilidade de controle de jornada, os juízes do trabalho têm seguido uma visão protetiva no julgamento de pedidos de horas extras pleiteadas por vendedores externos.

Reconhecem os meios indiretos de controle de jornada e justificam as suas decisões com base no princípio da primazia da realidade.

O princípio da primazia da realidade é uma regra matriz do Direito do Trabalho, localizado nas bases principiológicas protetivas do trabalhador. Por esse princípio, se ocorrer o confronto entre a realidade fática (verdade real) e as medidas formais adotadas pelo empregador (verdade formal), o conflito será solucionado com base na verdade real.

Maurício Godinho Delgado nos ensina:

> *"Esta circunstância especial prevalecente durante o exercício da função do contrato (trabalho externo insuscetível de controle de horários) deve ser lançada, pelo empregador, na Carteira de Trabalho do obreiro e no respectivo registro de empregados (art. 62, I, CLT). Trata-se, é claro, de regra meramente administrativa, cuja falta pode ensejar penalidade da mesma natureza (art. 75, CLT), porém não elide a presunção jurídica. O princípio da primazia da realidade sobre a forma atua dialeticamente na relação de emprego, em favor da verdade real, não tendo caráter unilateral." (Delgado, Maurício Godinho. Curso de Direito do Trabalho. 18ª edição. São Paulo: LTr, 2019. Página 1067)*

Diante disso, a simples anotação na CTPS de que o trabalho é externo e a respectiva previsão no contrato de trabalho não são suficientes para afastar o direito do empregado às horas extras, pois gera apenas presunção relativa de veracidade da condição contratual.

Ademais, o fato de o empregado desenvolver suas atividades fora das dependências da empresa, por si só, não o enquadra na hipótese de exclusão disciplinada no artigo 62, inciso I da CLT.

O empregador deverá demonstrar a efetiva incompatibilidade no controle da jornada e os serviços prestados pelo trabalhador, ou seja, mesmo que tenha o desejo de fiscalizar a jornada, a natureza da tarefa não permite a fiscalização.

A 7ª Turma do Tribunal Regional do Trabalho da 9ª Região, em processo de relatoria do Desembargador Ubirajara Carlos Mendes, acatou esse entendimento ao julgar uma ação envolvendo um vendedor externo. Vejamos:

> *TRT-PR-27-08-2019 HORAS EXTRAS. TRABALHO EXTERNO. ART. 62, I, DA CLT. O art. 62, I, da CLT prevê que não fazem jus a horas extras os empregados que exercem "atividade externa incompatível com a fixação de horário de trabalho, devendo tal condição ser anotada na Carteira de Trabalho e Previdência Social e no registro de empregados".* **Da redação de tal dispositivo legal, pode-se dessumir que não é a simples ausência de controle de jornada que caracteriza a exceção do art. 62, I, da CLT, mas a efetiva incompatibilidade entre referido controle e os serviços prestados pelo trabalhador, ou seja, mesmo que o empregador queira controlar a jornada, não há conciliação entre as tarefas e a fiscalização.** *No caso, relativamente ao ônus da prova, justamente por se tratar de exceção, incumbia à Reclamada comprovar jornada externa no exercício de função incompatível com controle pelo empregador (arts. 818 da CLT e 333, II, do CPC) – ônus do qual não se desvencilhou. As provas orais não demonstram a incompatibilidade das atividades desempenhadas pelo Reclamante, como vendedor externo, com o controle de horários, não se cogitando, portanto, da incidência do art. 62, I, da CLT em relação ao Obreiro. Recurso ordinário da Ré que se nega provimento, no particular.* **(TRT-PR-43816-2015-651-09-00-5-ACO-05128-2019 – 7A. TURMA – Relator: UBIRAJARA CARLOS MENDES – Publicado no DEJT em 27-08-2019)**

Esse posicionamento não é isolado. Tem o respaldo doutrinário, conforme se verifica através dos ensinamentos da professora Adriana Calvo:

> *"Somente o trabalho externo sem possibilidade de controle pelo empregador poderá afastar o direito às horas extras. Quando a atividade externa do trabalhador for controlada pelo empregador, seja pelo trajeto a ser percorrido ou por relatórios de viagem, serão devidas as horas extras ao empregado. (...) Repita-se que não basta o empregado exercer jornada externa para estar excluído do controle de jornada. É necessário que a sua jornada externa não seja controlada pelo empregador de nenhuma forma." (Calvo, Adriana. Manual de Direito do Trabalho. 4ª edição. São Paulo: Saraiva Educação, 2019. Páginas 463 e 464)*

Se a prova testemunhal demonstrar **uma mínima fiscalização ou controle por parte do empregador** sobre a prestação dos serviços ou sobre o período de disponibilidade perante a empresa, os juízes acabam afastando a tese de ausência de controle de jornada pelo exercício de atividade externa e condenando as empresas ao pagamento de horas extras.

Nesse sentido, citamos as elucidativas lições de Luciano Martinez[399],

> *O art. 62 da CLT, portanto, parece apenas atribuir aos altos empregados, aos exercentes de serviço externo e aos teletrabalhadores o ônus de provar o trabalho em sobrejornada. Ele apenas cria uma presunção de ausência de prestação em serviço suplementar, cabendo àqueles que estão sob a sua égide, mediante os diversos meios de prova admitidos em direito, o oferecimento dos elementos capazes de demonstrar a prestação do trabalho em jornada extraordinária. A prova, nesse particular, será predominantemente testemunhal, mas a experiência forense demonstra que há muitos que se valem de subsídios gráficos (extratos emitidos por computadores mediante senhas específicas; registros de entrada e de saída de pessoas/veículos em*

[399] Idem. Martinez, 2020

livro de ocorrência de portarias; relatórios produzidos por empresas de segurança privada etc.) ou técnicos (dados extraídos de discos de tacógrafo, relatórios de monitoramento de carga via satélite etc.) para reforçar as evidências indicativas da existência do controle de jornada e — mais que isso — da prestação de horas suplementares. Muitos trabalhadores que realizam serviço externo (vendedores externos e instaladores de linhas e aparelhos telefônicos, de acesso à internet e de TV por assinatura, por exemplo), portanto, podem, sim, valer-se das horas extraordinárias efetivamente prestadas. Tudo aqui, enfim, é uma questão probatória. (grifos acrescidos)

A tese de ausência de controle é facilmente desconstruída a partir da exibição de subsídios gráficos ou técnicos, a prova testemunhal, além de outros meios de prova que evidenciem o contrário – como, v.g., roteiro de vendas/visitas, *login*, ***logout*** ou lançamento de informações em sistema informatizado, considerados uma forma indireta de controle de jornada.

B) Gerentes com poderes de gestão

Os empregados que exercem cargo de confiança hoje estão e recebem gratificação de função não inferior a 40% do respectivo salário. É importante destacar que o empregado deve ter poderes para contratar, dispensar empregados, dar ordens, etc. Um debate jurisprudencial interessante é a situação em que o trabalhador propõe uma reclamação trabalhista requerendo apenas o pagamento do adicional de 40% referente à gratificação de função. Tem prevalecido o entendimento nessas hipóteses o empregado não faz jus a gratificação de função, mas, tão somente, as horas extras decorrentes de eventual extrapolação da jornada normal de trabalho, pois se entende que o trabalhador não exercia cargo de confiança, diante da ausência de pagamento da gratificação de função.

C) Teletrabalho

O teletrabalho foi instituído pela Reforma Trabalhista, Lei n. 13.467, de 2017, que acrescentou os arts. 75-A a 75-E à CLT, bem como alterou a redação do art. 62 do mesmo Diploma Normativo, inserindo o inciso III, para abarcar o teletrabalhador no rol de empregados/atividades excluídas das regras de duração de trabalho.

A Medida Provisória n. 1.108, de 25 de março de 2022, ampliou o conceito de teletrabalho e aprimorou a estrutura normativa, visando conferir segurança jurídica às relações juslaborais subordinadas ao regime de teletrabalho. Possibilitou a instituição de regimes diversas formas de teletrabalho: a) teletrabalho puramente remoto; b) teletrabalho híbrido; c) teletrabalho por jornada; d) teletrabalho por produção ou tarefa (art. 75-B, §2º, da CLT, incluído pela MP n. 1.108, de 2022).

Também, promoveu a alteração do art. 62, III, da CLT, com a finalidade de excluir do controle de jornada somente o teletrabalhador contratado para prestar serviços por produção ou tarefa.

O teletrabalho por jornada consiste na prestação de serviços, de forma totalmente remota ou híbrida, com a utilização de instrumentos telemáticos ou informatizado, no qual o empregado se coloca à disposição do empregador por um *lapso diário*, em virtude do contrato de trabalho, sendo certo a contraprestação devida ao empregado é aferida com base no tempo de colocação da mão de obra à disposição do empregador.[400] A atividade do teletrabalhador, neste caso, é fiscalizada pelo empregador, por meio de mecanismos de controle direto ou indireto da jornada de trabalho, como, por exemplo, cartão de ponto manual, mecânico, eletrônico, sistemas eletrônicos de *login e logout, cartão de ponto por aplicativo, etc.* Neste caso, o trabalhador estará sujeito a limitação de jornada de 8 horas diárias e 44 horas semanais, facultada a compensação de horários é a redução de jornada, mediante acordo ou convenção coletiva de trabalho, na forma do artigo 7º, inciso XIII, da Constituição Federal e do regramento infraconstitucional.

O teletrabalho por produção ou por tarefa, de outro lado, pode ser definido como a prestação de serviços, com o uso de instrumentos telemáticos e informatizados, de forma remota ou híbrida, no qual o trabalhador é remunerado com base na quantidade ou volume produzido ou vendido em favor do empregador (salário por unidade de produção).

Neste caso, há uma presunção relativa de que o teletrabalhador, quando for contratado por unidade de produção (por produção ou por tarefa) não estará sujeito ao controle de jornada do empregador, dada a natureza do trabalho por tarefa, de forma que estará excluído das regras de duração de jornada, bem como da limitação de jornada de 8 horas diária e 44 horas semanais, prevista no art. 7º, inciso XIII, XVI, da CF, art. 58 e seguintes da CLT.

Evidentemente, se o teletrabalhador contratado para prestar serviços por produção ou tarefa estiver submetido ao controle de jornada, ainda que de forma indireta, estará sujeito às regras de duração do trabalho, afastando a incidência do art. 62, III, da CLT.

JURISPRUDÊNCIA

Trabalho Externo

▶ "TRABALHO EXTERNO INCOMPATÍVEL COM O CONTROLE DE HORÁRIO – HIPÓTESE DO INCISO I DO ART. 62 DA CLT NÃO

400 Delgado, Mauricio Godinho. Curso de Direito do Trabalho. 18. ed. São Paulo: LTr, 2019.

CONFIGURADA – HORAS EXTRAS DEVIDAS. A hipótese exceptiva de que trata o artigo 62, inciso I da Consolidação das Leis do Trabalho, abrange a atividade externa incompatível com o controle de horário de trabalho, o que não se amolda ao caso dos autos, uma vez que a parte ré podia fiscalizar e controlar a jornada de trabalho praticada pelo reclamante."

(TRT1 0000646-27.2012.5.01.0037, Rel. EVANDRO PEREIRA VALADÃO LOPES, Acórdão – 5a Turma, DOERJ 11-02-2015)

▶ "Controle de jornada. Vendedor externo. A atividade do obreiro como vendedor externo não pode ser tida como incompatível com a fixação de horário, mormente diante dos instrumentos tecnológicos de controle atualmente disponíveis no mercado". (TRT2 – 5ª TURMA – PROCESSO Nº 0001691-91.2014.5.02.0482, Relator JOMAR LUZ DE VASSIMON FREITAS, Publicado em 01/12/2015)

▶ "Horas extras. Serviço externo. CLT, 62, I. O trabalho prestado fora das dependências do empregador não afasta, por si só, o direito às horas extras. O que exclui a regra geral de duração do trabalho é a impossibilidade concreta de controlar ou medir o tempo dedicado com exclusividade ao empregador. Possibilidade evidente de controle do tempo trabalhado. Recurso Ordinário da ré a que se nega provimento". (TRT/SP Nº 0001656-50.2013.5.02.0003, 11ª Turma, Relator EDUARDO DE AZEVEDO SILVA, Publicado em 07/10/2014)

▶ "HORAS EXTRAS. TRABALHO EXTERNO. VENDEDOR. A existência de fiscalização da jornada laboral do Reclamante através do registro do número e dos horários de visitas aos clientes, através do registro no palmtop e da jornada cumprida pelo Reclamante, do comparecimento do Reclamante no início da jornada para participar de reunião matinal diária e, ao final da jornada, para descarregar o palmtop, torna inviável o pretendido enquadramento do Autor na exceção prevista no art. 62, I, da CLT. Jornada de trabalho que se considera fiscalizada pelo empregador, sendo devido o pagamento das horas excedentes como extras". (TRT 5 – Processo 0001024-48.2016.5.05.0031, Origem PJE, Quinta Turma, Relator(a) Desembargador(a) MARIA ADNA AGUIAR DO NASCIMENTO, Publicado e 05/09/2020)

▶ "TRABALHO EXTERNO – EXCEÇÃO DO ART. 62, I DA CLT. INAPLICABILIDADE. A exceção prevista no artigo 62, I, da CLT somente é aplicável aos empregados que, trabalhando externamente, não se submetem a qualquer tipo de fiscalização de jornada. Pois, uma coisa é a total impossibilidade de controle, por parte do empregador, da jornada de trabalho externa executada por seu empregado. Outra situação é aquela em que, embora de maneira indireta, o empregador tem como controlar o cumprimento dos horários pelo seu empregado, e este é o caso dos autos". (TRT6 – Processo: 0001843-13.2015.5.06.0121, Segunda Turma, Rel. Ana Claudia Petruccelli de Lima, Data de julgamento: 03/10/2018)

▶ "HORAS EXTRAS. DEFERIMENTO. VENDEDOR EXTERNO. JORNADA LABORAL PASSÍVEL DE CONTROLE PELO EMPREGADOR. A exceção prevista no inciso I do art. 62 da CLT só se aplica quando a atividade externa desenvolvida é incompatível com a fixação de horário de trabalho. In casu, a prova dos autos revela que o trabalhador, embora laborando extramuros empresariais, o fez sob fiscalização do empregador, ainda que de forma indireta, tendo jus, portanto, à remuneração da sobrejornada efetivamente cumprida, como bem decidido na Sentença". (TRT7 – Processo:0000767-95.2017.5.07.0010, Órgão Julgador: 2ª Turma, Redator(a): Botelho, Paulo Regis Machado, Publicado em: 11 abr. 2019).

▶ "SERVIÇO EXTERNO. POSSIBILIDADE DE CONTROLE DE JORNADA. HORAS EXTRAS DEVIDAS. O simples fato do empregado exercer atividade externa não significa que há incompatibilidade com a fixação de horário de trabalho. No caso concreto, não só havia a possibilidade de controle de horário trabalho, como existia efetivamente esse controle por parte da empregadora, ainda que de forma indireta, já que tinha acesso ao roteiro de visita do empregado e tinha o controle dos horários de abertura e fechamento do sistema de transmissão dos dados informativos sobre as vendas. Diante disso, inaplicável ao caso a exceção prevista no inciso art. 62, I, da CLT".

(TRT da 8ª Região; Processo: 0000835-65.2019.5.08.0101; Órgão Julgador: 2ª Turma; Relator: JOSE EDILSIMO ELIZIARIO BENTES, Data: 27/08/2020;)

▶ "TRT-PR-06-10-2017 VENDEDOR. TRABALHO EXTERNO. EXCEÇÃO DO ART. 62, I, CLT. POSSIBILIDADE DE CONTROLE. INAPLICABILIDADE. Para o enquadramento na exceção do artigo 62, I, da CLT, não basta o simples labor externo e a ausência de controle formal da jornada. A atividade externamente realizada deve, também, ser incompatível com a fixação de horário de trabalho, o que não se verificou no caso, considerando a retirada/entrega da van na sede da empresa, bem como a fixação do número de clientes a serem visitados pelo autor pela ré. Sentença que se mantém". (TRT-PR-34081-2015-008-09-00-8-ACO-29959-2017 – 6A. TURMA Relator: FRANCISCO ROBERTO ERMEL Publicado no DEJT em 06-10-2017)

▶ "TRT-PR-05-06-2018 EMENTA: EMPREGADO VENDEDOR EXTERNO. POSSIBILIDADE DE CONTROLE DE JORNADA. HORAS EXTRAORDINÁRIAS DEVIDAS. A redação atual do artigo 62 da Consolidação das Leis do Trabalho (CLT), dada pela Lei n.º 8.966/1994, considera a incompatibilidade, e não apenas ausência de fiscalização ou fixação de horário de trabalho, como ocorria na redação anterior. A exceção insculpida na mencionada disposição legal decorre da noção da efetiva ausência de possibilidade real e material de aferição da jornada do trabalho externo. Constatado, no caso concreto, que a reclamada tinha meios de controlar a jornada de trabalho, fica descaracterizada a exceção prevista no inciso I do mesmo artigo. Recurso ordinário da reclamada conhecido e não provido". (TRT-PR-00145-2016-009-09-00-4-ACO-09168-2018 – 7A. TURMA Relator: ALTINO PEDROZO DOS SANTOS Publicado no DEJT em 05-06-2018)

▶ "HORAS EXTRAS. TRABALHO EXTERNO. POSSIBILIDADE DE CONTROLE DE JORNADA. INAPLICABILIDADE DO ART. 62, I, DA CLT. Considerando o conjunto probatório dos autos, conclui-se ser possível o controle da jornada de trabalho do empregado, o que afasta a exceção prevista no art. 62, I, da CLT". (TRT12 – ROT – 0000212-31.2018.5.12.0034, QUEZIA DE ARAUJO DUARTE NIEVES GONZALEZ, 3ª Câmara, Data de Assinatura: 23/05/2020)

▶ "TRABALHO EXTERNO. CONTROLE INDIRETO DE JORNADA. HORAS EXTRAS. INAPLICABILIDADE DA EXCEÇÃO PREVISTA NO ART. 62, I, DA CLT. Não é qualquer labor externo que autoriza o enquadramento do empregado na hipótese do art. 62, I, da CLT, mas apenas aquele trabalho externo incompatível com a fixação de horário, até porque a referida norma afasta a aplicação de instituto de ordem pública protetivo do empregado, consistente na limitação de jornada. Significa que a exegese a ser concedida ao referido dispositivo legal deve ser restritiva, somente se justificando que um empregado não goze da proteção legal quando a própria natureza da função desenvolvida impeça a efetiva fixação do horário de trabalho. Assim, havendo labor em sobrejornada, e não demonstrada a impossibilidade de controle do horário de trabalho, devidas são as horas extras. [...]"

(TRT 13ª Região – 1ª Turma – Recurso Ordinário Trabalhista nº 0001100-28.2016.5.13.0006, Redator(a): Desembargador(a) Carlos Coelho De Miranda Freire, Julgamento: 01/09/2020, Publicação: DJe 14/09/2020)

▶ "RECURSO ORDINÁRIO DA RECLAMADA: VENDEDOR EXTERNO. HORAS EXTRAS. O art. 62, I, da CLT excepciona do controle de jornada os empregados que exercem atividade externa incompatível com a fixação de horário de trabalho. Embora cediço que, mesmo sendo a atividade, externa, havendo a possibilidade de controle da jornada pelo empregador, o empregado não se enquadrará na exceção ora discutida, sendo forçosa a comprovação da submissão ao aludido controle pelo trabalhador. Horas extras devidas. Manutenção da sentença. Nega-se provimento ao apelo".

(TRT 13ª Região – 1ª Turma – Recurso Ordinário Trabalhista nº 0000619-77.2016.5.13.0002, Redator(a): Desembargador(a) Paulo Maia Filho, Julgamento: 03/10/2017, Publicação: DJe 09/10/2017)

▶ "HORAS EXTRAS. TRABALHO EXTERNO. ART. 62, I, DA CLT. POSSIBILIDADE DE CONTROLE DA JORNADA DE TRABALHO. A existência de controle de jornada indiretamente pela empresa, com a exigência de rotinas diárias no início e ao término do expediente e controle de metas e de planos de visita descaracteriza o trabalho externo previsto art. 62, I, da CLT, porque possibilita o controle efetivo dedicado exclusivamente pelo empregado aos interesses patronais".

(TRT da 14.ª Região; Data de Publicação: 27/06/2018; Órgão Julgador: GAB DES FRANCISCO JOSÉ PINHEIRO CRUZ; Relator: FRANCISCO JOSE PINHEIRO CRUZ)

▶ "TRABALHO EXTERNO. INCOMPATIBILIZAÇÃO DE FIXAÇÃO DE HORÁRIO DE TRABALHO. ÔNUS DA PROVA DO EMPREGADOR. ART. 62, I, DA CLT. É do empregador o ônus da prova do trabalho externo incompatível com a fixação de jornada de trabalho, por ser fato impeditivo do direito do autor, a teor do art. 818 da CLT c/c art. 333, II, do CPC. O disposto no art. 62, I, da CLT, é regra de exceção, enfocando circunstâncias excepcionais, excluindo do regime geral da proteção de jornada apenas aqueles empregados cujo horário de trabalho não pode ser constatado ou mensurado pelo empregador, pois ativando externamente, longe das vistas do patrão, não há como aferir o tempo despendido a favor da empresa. O fato de o empregado ativar externamente, por si só, não enseja o enquadramento automático no artigo celetizado, é imprescindível que a atividade externa seja realmente incompatível com a fixação de horário de trabalho; que aquela exclua esta, não havendo como harmonizar o serviço executado com o controle e fiscalização de horário. Cabendo ao empregador, além de cumprir as formalidades de anotação dessa condição na CTPS e nos registros funcionais, demonstrar que, de fato, o trabalho externo se dava com liberdade, o próprio empregado é que fazia o seu horário, o interesse da empresa é o serviço executado a contento, independente do tempo. Sentença mantida."

(TRT 15ª Região, Proc. nº 01080-2002-109-15-00-4, Relator Juiz Edson dos Santos Pelegrini).

▶ "TRABALHO EXTERNO. VENDEDOR EXTERNO – HORAS EXTRAS. Horas extras. Deferimento. A despeito do disposto no art. 62, inciso I, da CLT, o contexto fático sinaliza no sentido de que, durante a jornada de trabalho, o reclamante era constantemente monitorado e desenvolvia o labor de forma extraordinária, fazendo jus, pois, às horas extras laboradas e deferidas pelo Juízo monocrático. Recurso conhecido e não provido". (TRT 16 – NUMERO ÚNICO: 00875-2008-015-16-00-9-RO; RELATOR(A): GERSON DE OLIVEIRA COSTA FILHO, DATA DE JULGAMENTO: 01/12/2009, PUBLICAÇÃO: 12/02/2010)

▶ "HORAS EXTRAS. TRABALHO EXTERNO. CONTROLE DA JORNADA DE TRABALHO. INAPLICABILIDADE DO ART. 62, I, DA CLT.O trabalho externo, nos termos do art. 62, inciso I, da CLT, só exclui o direito às horas extras quando não haja controle da jornada pelo empregador, ficando o empregado com total liberdade para fixar seus próprios horários de trabalho. O fato de ser a prestação de serviço essencialmente externa, não exclui, por si só, o direito ao cumprimento da jornada legalmente prevista, desde que possível o controle do horário de trabalho". (TRT 17ª R., RO 0001245-36.2017.5.17.0007, Divisão da 1ª Turma, Rel. Desembargador Gerson Fernando da Sylveira Novais, DEJT 02/07/2019).

▶ "HORAS EXTRAS. ARTIGO 62 DA CLT. NÃO CABIMENTO. O trabalho realizado externamente, em situação que permite o controle da jornada de trabalho executada pelo empregado, autoriza o pagamento de horas extras". (TRT18, ROT – 0011445-98.2019.5.18.0009, Rel. PLATON TEIXEIRA DE AZEVEDO FILHO , TRIBUNAL PLENO, 19/06/2020)

▶ "JORNADA DE TRABALHO. ARTIGO 62, I, CLT. TRABALHO EXTERNO. VENDEDOR. HORAS EXTRAS. Nos termos do art. 62, I, da CLT, não fazem jus a horas extras os empregados que desenvolvam atividade externa incompatível com a fixação de horário. Dessa forma, resta evidente que, em se tratando de jornada externa, é preciso verificar a existência ou não de incompatibilidade entre a natureza da atividade exercida e a fixação do seu horário de trabalho. Não basta, portanto, a empresa optar por não controlar os horários de seus funcionários, porque tal prerrogativa não lhe é assegurada pela legislação em vigor; é preciso que o controle mostre-se inviável ou impossível de ser exercido. Se o empregado, mesmo trabalhando externamente, estiver subordinado a horário e for possível mensurar o tempo à disposição da empresa, deve receber pelas horas extraordinárias eventualmente prestadas. Recurso da reclamada a que se nega provimento neste particular". (TRT18, ROT – 0011671-93.2016.5.18.0014, Rel. IARA TEIXEIRA RIOS, TRIBUNAL PLENO, 05/07/2019)

▶ "VENDEDOR EXTERNO. HORAS EXTRAS. POSSIBILIDADE. Restando provado que o trabalho externo era desenvolvido com a possibilidade de controle da jornada pela empregadora, a qual localizava seus vendedores através de equipamento eletrônico dotado de função GPS, bem como fazendo uso de aplicativos eletrônicos instalados nos aparelhos corporativos, afasta-se a incidência do art. 62, I, da CLT, sendo, portanto, devidas as horas extras apuradas".

(TRT 19 – Processo: 0000599-04.2019.5.19.0006, 2ª Turma, Relator(a): Pedro Inácio, Publicação: 27/08/2020)

▶ "DAS HORAS EXTRAS – TRABALHO EXTERNO – ÔNUS DA PROVA DA RECLAMANTE – DESINCUMBÊNCIA – DEFERIMENTO – MANUTENÇÃO DA SENTENÇA. Não é pelo fato de o trabalhador laborar externamente que será enquadrado na excepcionalidade de que trata o art. 62, inciso I, da CLT, uma vez que pode haver um controle indireto da jornada. No caso sob exame, restou comprovado esse controle, assim como a obrigação diária de cumprir um roteiro determinado pela Reclamada, razão pela qual se mantém o julgado de origem que, com acerto, deferiu o pleito de pagamento das horas extraordinárias". (TRT 20 – 0000461-40.2015.5.20.0009, Rel. VILMA LEITE MACHADO AMORIM).

▶ "TRABALHO EXTERNO. ART. 62, INCISO I, DA CLT. NÃO COMPROVAÇÃO DOS REQUISITOS. EFETIVO CONTROLE DE JORNADA. SOBRELABOR. HORAS EXTRAS POR EXTRAPOLÇÃO DA JORNADA E POR SUPRESSÃO DO INTERVALO INTRAJORNADA DEVIDAS. O exercício de atividade externa pelo obreiro, nos termos do art. 62, I, da CLT, configura-se não apenas pela inocorrência de fixação de horário, mas das condições de sua realização quando delas resulta inviável o controle ou haja incompatibilidade com ele. Por se tratar de exceção, cabe ao empregador o ônus de comprovar que não detinha condições de realizar o controle de horário do empregado, ônus do qual não se desincumbiu, tendo em vista que a prova dos autos demonstra que a empresa não somente detinha meios de efetuar esse controle, como houve efetiva comprovação de que era realizado. Manutenção da sentença".

(TRT 21 – RO 0000479-04.2019.5.21.0006, 2ª Turma – Rel. RONALDO MEDEIROS DE SOUZA, Publicado em 19/06/2020)

▶ "HORAS EXTRAS. VENDEDOR EXTERNO. CONTROLE INDIRETO DA JORNADA PELO EMPREGADOR. Comprovado o trabalho em sobrejornada do empregado vendedor externo, que tem sua jornada controlada indiretamente pelo empregador, são devidas as horas extras pleiteadas, com o respectivo adicional e reflexos correspondentes".

(TRT 22 – 00155600-93.2008.5.22.0002, Rel. Fausto Lustosa Neto, Tribunal Regional do Trabalho da 22a Região, 2a Turma, julgado em 02/06/2009).

▶ "VENDEDOR EXTERNO. POSSIBILIDADE DE CONTROLE DE JORNADA. HORAS EXTRAS. De acordo com o art. 62, I da CLT, o trabalhador externo não tem direito à remuneração do labor em sobrejornada, na medida em que se encontra, indubitavelmente, fora da fiscalização e controle por parte do empregador, não sendo possível saber ao certo o tempo realmente dedicado com exclusividade à empresa. Contudo, existindo meio de o empregador controlar a jornada do trabalhador, ainda que à distância, estará o contrato de trabalho jungido às regras gerais de duração do trabalho, tal como ocorre no caso dos autos". (TRT23 – RO 0000848-16.2017.5.23.0037 – 2ª Turma – Rel. Roberto Benatar – Publicado em 01/06/2020)

▶ "HORAS EXTRAS. TRABALHADOR EXTERNO. AUSÊNCIA DE CONTROLE DE JORNADA. HORAS EXTRAS INDEVIDAS.O exercício de trabalho externo, por si só, não exclui a obrigação de pagamento do tempo despendido além do legalmente permitido. Para justificar o enquadramento na exceção prevista no art. 62, I, da CLT é necessário que o empregador não exerça qualquer espécie de controle sobre a jornada do empregado. Assim, uma vez não comprovado pela Autora que, exercendo função externa, estava ou podia estar sujeita a controle de jornada, impõem-se o indeferimento do labor suplementar postulado". (TRT 23 – 0001501-51.2017.5.23.0026 – 1ª Turma – Rel. Regis Valente – Publicado em 17/04/2020)

▶ "ATIVIDADE EXTERNA. POSSIBILIDADE DE CONTROLE DE JORNADA. Comprovado que a empresa ré tinha todos os meios necessários para controlar o horário de trabalho do reclamante, afasto a aplicação do disposto no art. 62, inciso I, da CLT ao caso em tela. Provimento parcial do recurso do autor". (TRT 24 – RO 0024768-77.2017.5.24.0041 Órgão Julgador: 2ª Turma, Relator: LEONARDO ELY, Julgamento 29/07/2020)

▶ "JORNADA DE TRABALHO. ATIVIDADE EXTERNA. IMPOSSIBILIDADE DE CONTROLE. 1. O controle de jornada laboral não é aplicável aos empregados que exercem atividade externa incompatível com a fixação de horário de trabalho (artigo 62, I, da Consolidação das Leis Trabalhistas). 2. Não é o simples fato de a execução do trabalho ocorrer fora das dependências da ré que justifica o enquadramento do trabalhador no dispositivo acima citado, e sim a impossibilidade de aferir o tempo que ele despende a serviço da empresa. 3. Se a atividade era externa, sem necessidade de comparecimento diário na empresa e sem ingerência ou supervisão da empregadora nos horários efetivamente laborados pelo autor, não há direito ao pagamento de horas extraordinárias". (PROCESSO N. 0025996-06.2014.5.24.0005-RO Órgão Julgador: 2ª Turma Relator: AMAURY RODRIGUES PINTO JUNIOR, Julgado em 09/11/2016)

▶ "[...] 1.1 HORAS EXTRAS. ATIVIDADE EXTERNA. A reclamada alega que o reclamante exerceu a função de vendedor externo, sem qualquer fiscalização e controle de jornada, nos termos do artigo 62, I da CLT. Requer seja absolvida da condenação ao pagamento de horas extras. Subsidiariamente, requer a desconsideração, no cômputo do labor extraordinário, dos dias em que o recorrido não laborou, tais como férias, feriados, faltas, licenças e outros. [..] O reconhecimento da exceção do controle de jornada prevista no art. 62, I, da CLT não ocorre pela única circunstância de a atividade ser externa, longe do controle presencial do empregador. Há de se verificar a ausência de cumprimento horário de trabalho, imposição de roteiros, aparelhos, softwares e outras circunstâncias que permitam o controle indireto da jornada do trabalhador. A caracterização da ausência de controle de jornada, por se constituir exceção, deve ser verificada e interpretada de forma restritiva, destacando-se que a tese de incompatibilidade de controle de horário não significa a impossibilidade de fazê-lo. [...]". (TRT da 4ª Região, 0020448-81.2017.5.04.0027 ROT, 5ª Turma, Desembargadora Angela Rosi Almeida Chapper, Publicado em 24/09/2020,)

▶ "RECURSO ORDINÁRIO. DIREITO DO TRABALHO. VENDEDOR EXTERNO. EVIDÊNCIA DE CONTROLE E FISCALIZAÇÃO. HORAS EXTRAS DEVIDAS. Ainda que o trabalho desenvolvido pelo empregado apresente caráter externo, quando demonstrados, de modo efetivo, a possibilidade de controle e fiscalização de jornada, impõe-se a condenação do empregador ao pagamento de horas extras, por não se ajustar a hipótese à exceção prevista no art. 62, I, da CLT. In casu, restou suficientemente evidenciado que o sistema "ARGOS" não se destinava apenas ao monitoramento, por meio do envio de fotografias, do patrimônio da empresa cedido em comodato, mas também à efetiva fiscalização da jornada de trabalho dos vendedores externos, o que afasta a incidência da norma celetista em referência. Recurso patronal improvido". (TRT 6 – Processo: ROT – 0000009-35.2016.5.06.0122, Quarta Turma, Rel. Gisane Barbosa de Araujo, Data de julgamento: 28/02/2019)

▶ "HORAS EXTRAS. SERVIÇO EXTERNO. FISCALIZAÇÃO DA JORNADA. CONFIGURAÇÃO. Para a incidência do art. 62, I, da CLT, é preciso que o empregado exerça sua função externamente, como também que seja totalmente incompatível com a fixação de horário de trabalho, e com qualquer tipo de fiscalização por parte da empresa. Assim, não basta que o trabalho se dê de forma externa. É imprescindível que a jornada de trabalho não sofra qualquer tipo de controle. Verificando-se a possibilidade deste, porque o reclamante tinha que comparecer à empresa para participar das reuniões; por fazer constar no palm top os horários que chegava aos clientes e que fazia os pedidos; e por ser acompanhado em sua rota pelo supervisor, que ainda entrava em contato telefônico com o mesmo várias vezes por dia, devidas são as horas extras praticadas". (TRT 6 – Processo: ROT – 0000006-83.2016.5.06.0121, Segunda Turma, Rel. Ana Cristina da Silva, Data de julgamento: 09/11/2016)

▶ "[...] DAS HORAS EXTRAS E DA SUPOSTA AUSÊNCIA DOS INTERVALOS INTRAJORNADA E INTERJORNADA. Não resignado com a decisão de primeiro grau, recorre ordinariamente o reclamante, aduzindo, em síntese, que apesar de exercer atividade externa, não se lhe aplica a regra insculpida no art. 62, I, da CLT, visto que o caminhão por ele utilizado era equipado com rastreador, garantindo à empregadora controlar em tempo real a localização do veículo e, consequentemente, do trabalhador. Com razão. Resultou demonstrado nos autos que o caminhão em que o reclamante laborava era rastreado via satélite, com registro do horário de entrada e saída do veículo, ficando evidente, por conseguinte, que havia controle de horário. Desta forma, presume-se verdadeira a jornada de trabalho apontada na exordial, eis que a reclamada, que conta com mais de 10 empregados, não apresentou os controles de frequência do reclamante. Devidas, pois, as 40 horas extras mensais, acrescidas de 50%". (Acórdão. Processo:0001424-47.2012.5.07.0031. Redator(a): Furtado, Emmanuel Teófilo. Órgão Julgador:1ª Turma. Incluído/Julgado em: 10 jul. 2014. Publicado em: 22 jul. 2014).

▶ "REGISTRO DE JORNADA DE TRABALHO. ENQUADRAMENTO DO TRABALHADOR NA EXCEÇÃO DO ART. 62, I DA CLT. Se é possível o controle da jornada de trabalho pela empresa, seja por intermédio de telefones celulares, GPS, computadores, ou por outros instrumentos, optando a empresa por não fazê-lo, deve arcar com o ônus de demonstrar, por intermédio de outras provas, que o trabalhador trabalhava em jornada não superior a 8 horas diárias". (TRT da 8ª Região; Processo: 0001041-83.2013.5.08.0006 RO; Órgão Julgador: 1ª Turma; Relator: FRANCISCO SERGIO SILVA ROCHA, Publicado em 27/02/2014;)

▶ "TRT-PR-09-06-2015 HORAS EXTRAS. VENDEDOR EXTERNO. ATIVIDADE INCOMPATÍVEL COM A FIXAÇÃO DE HORÁRIOS. ART. 62, I, DA CLT. O controle do trabalho do empregado, em sentido amplo, é da própria essência do contrato de emprego, configurando-se como decorrência lógica do imprescindível elemento subordinação que o compõe, marco segregador entre tal espécie de relação e as atividades ditas autônomas. Assim, mesmo os empregados que realizam seu labor em ambiente externo não estão a salvo de alguma espécie de controle, sob pena de descaracterização da própria natureza do contrato. Vendedor externo o autor, a prova testemunhal e o depoimento da própria parte denotam que existia autonomia na administração de seu tempo diária, inclusive na escolha do roteiro e nos descansos usufruídos entre um cliente e outro. Ainda que utilizado palm top, a prova confirma a possibilidade de transmissão de dados das compras em horários alternativos, não possibilitando, portanto, a quantificação do tempo efetivamente despendido na prestação laboral. Quadro probatório que não evidencia que houvesse efetivo, nem sequer a possibilidade – esta, a rigor, o elemento determinante para inserção, ou não, da hipótese na norma de exceção em comento – de controle da jornada na atividade desenvolvida. Impositivo, portanto, o enquadramento do autor no artigo art. 62, I, da CLT. Sentença reformada". (TRT-9 00177-2014-094-09-00-1-ACO-18511-2015 – 6A. TURMA, Relator: SUELI GIL EL RAFIHI, Publicado no DEJT em 09-06-2015)

▶ "TRABALHO EXTERNO. HORAS EXTRAS DEVIDAS. Nada obstante o labor externo, sujeito o empregado ao cumprimento de roteiro e metas, contato via telefone e comparecimento em reuniões periódicas, tinha viável o controle e fiscalização das jornadas desenvolvidas, não se enquadrando na exceção prevista no inciso I, do artigo 62, da CLT. Recurso da reclamada a que se nega provimento". (TRT-PR-41490-2015-009-09-00-7-ACO-04607-2019 – 1A. TURMA, Relator: NEIDE ALVES DOS SANTOS, Publicado no DEJT em 13-08-2019)

"[...] HORAS EXTRAS. TRABALHO EXTERNO. CONTROLE DE JORNADA. O Juízo a quo condenou a ré ao pagamento de horas extras, sob o fundamento de que, embora o autor exercesse funções externas, era possível o controle da sua jornada. A ré, em suas razões recursais, requer a reforma da sentença a fim de que seja afastada a condenação ao pagamento de horas extras. Argumenta que o autor desenvolvia seu trabalho externamente, sem sujeição a controle de jornada, pleiteando, assim, a aplicação da hipótese prevista no art. 62, I, da CLT. A decisão de origem merece ser mantida nos seus termos. Não há como reconhecer a existência da exceção prevista no art. 62, I da CLT se a empregadora não estava absolutamente impossibilitada de manter, ainda que por outros elementos, indiretos que sejam, o controle da jornada dos trabalhadores, situação à qual se conforma a dos presentes autos. [...] A testemunha apresentada pela ré, João Alfredo Fellat Rodrigues (id. F40416c, p. 8), por sua vez, confirmou a tese de que, no exercício das suas funções, o autor também tinha a sua jornada laboral controlada pela ré, na medida em que declarou que: A empresa fornece u (sic) telefone corporativo que não possui GPS; o roteiro é passado com uma semana de antecedência; com o equipamento ligado, podem utilizar como comunicador para estabelecer comunicação com a empresa há (sic) qualquer hora, mas desligado somente por telefone; a empresa sabe todos os locais atendidos pelo depoente, pois as carteiras são fechadas. Nesse aspecto, como se não bastasse a possibilidade de controle da jornada do autor por meio da rota diária de atendimento a clientes, bem como através dos meios tecnológicos disponibilizados pela empresa como o telefone corporativo e o sistema denominado Siebl, a prova oral revelou que o autor deveria comparecer na sede da empresa "AP Promoções" no início e no fim de cada jornada. Tal fato afasta, por completo, a tese da ré quanto à impossibilidade de controle de horário do trabalhador, porquanto a jornada do autor poderia ser facilmente tomada através do registro de ponto. [...] Vale ressaltar ser inócuo o fato de restar provado que não existia preenchimento de registros de horário, pois essa exigência é dirigida ao empregador, que só pode dela se eximir, quando existente trabalho externo, se impossível o citado controle, algo que não ocorreu na hipótese descrita nos autos. A atividade exercida externamente não enseja, por si só, a conclusão quanto à incompatibilidade de haver o controle da jornada pelo empregador, ainda que indiretamente por outros meios. No mais, ao contrário do referido nas razões recursais, há, sim, prova, de que havia a obrigação de comparecimento dos empregados na sede da empresa "AP Promoções", no início e fim do dia de trabalho, conforme se insere do depoimento da primeira testemunha apresentada pelo autor (ID 3077264). Diante de todo o exposto, concluo que o autor, apesar de desenvolver atividades externas, não estando incluído na exceção prevista no inc. I do art. 62 da CLT [...]. Pelo exposto, nego provimento". (TRT12 – ROT – 0010721-88.2013.5.12.0036, 1ª Câmara, Rel. VIVIANE COLUCCI, Data de Assinatura: 28/06/2016)

"HORAS EXTRAS. ATIVIDADE EXTERNA. CONTROLE DA JORNADA DE TRABALHO. A Corte de origem, ao analisar o conjunto probatório dos autos, concluiu pela efetiva possibilidade de controle da jornada de trabalho da autora. O recurso de revista se concentra na avaliação do direito posto em discussão. Assim, em tal via, já não são revolvidos fatos e provas, campo em que remanesce soberana a instância regional. Diante de tal peculiaridade, o deslinde do apelo considerará, apenas, a realidade que o acórdão atacado revelar. Esta é a inteligência da Súmula nº 126 desta Corte. Agravo de instrumento conhecido e desprovido" (TST – AIRR-101453-44.2016.5.01.0060, 3ª Turma, Relator Ministro Alberto Luiz Bresciani de Fontan Pereira, DEJT 28/08/2020).

"JORNADA DE TRABALHO. EXCEÇÃO DO ARTIGO 62, I, DA CLT. O Tribunal Regional, com esteio nas provas dos autos, confirmou a sentença no sentido de que "a autora não estava sujeita a controle de jornada, seja formal, presencial, ou eletrônico, pois tinha autonomia na definição da sua rotina de trabalho", razão pela qual foi inserida na exceção do art. 62, I da CLT. Nesse contexto, para se chegar à conclusão pretendida pela reclamante, em sentido oposto, necessário seria o reexame do conjunto fático-probatório, o que inviabiliza o processamento da revista, ante o óbice da Súmula nº 126 desta Corte Superior. Com efeito, verifica-se a questão não foi decidida com base nas regras de distribuição do onus probandi, mas na prova efetivamente produzida e valorada, não havendo falar, portanto, em ofensa aos arts. 818 da CLT, e 373, II, do CPC/2015. Agravo não provido". (TST – RRAg-2316-75.2015.5.09.0004, 5ª Turma, Relator Ministro Breno Medeiros, DEJT 21/08/2020).

"POSSIBILIDADE DE CONTROLE DA JORNADA. HORAS EXTRAS DEVIDAS. O art. 62, I, da CLT excepciona os empregados que exercem atividade externa incompatível com a fixação de horário de trabalho, dos registros de horário. A jurisprudência pacificada desta Corte é no sentido de que a simples realização de trabalho externo não retira o direito às horas extras, mas a efetiva impraticabilidade material do controle da jornada de trabalho é a única circunstância capaz de afastar a exceção do artigo 62, I, da CLT. De acordo com o quadro fático delineado pelo acórdão do Regional, depreende-se que não somente existia a possibilidade de a empregadora controlar os horários do reclamante como havia o efetivo controle, uma vez que havia reuniões no início e no término dos serviços do autor que ocorriam diariamente na sede da empresa, além do fornecimento de um palm top ao empregado, em que eram registrados os horários em que as vendas eram realizadas e a quantidade de clientes a serem visitados. Estas circunstâncias deixam claro e evidente a realização ou pelo menos a possibilidade de controle dos horários do autor, estando, pois, afastada a alegação de impossibilidade dos controles de jornada. Recurso de revista conhecido por violação do art. 62, I, da CLT e provido" (TST – RR-1140-86.2010.5.06.0144, 3ª Turma, Relator Ministro Alexandre de Souza Agra Belmonte, DEJT 26/06/2020).

"MOTORISTA DE CAMINHÃO. ATIVIDADE EXTERNA. CONTROVÉRSIA QUANTO À VALIDADE DOS CONTROLES DE JORNADA ADOTADOS PELA RECLAMADA 1 – Os argumentos da parte não conseguem desconstituir os fundamentos da decisão monocrática. 2 – Conforme se infere dos trechos dos acórdãos transcritos no recurso de revista, o TRT concluiu que os registros de jornada apresentados pela reclamada (relatórios de rastreamento do veículo e relatórios de viagens) não refletem a verdadeira jornada de trabalho, exatamente por verificar que " os relatórios de viagem (RDV) foram preenchidos conforme determinação da empresa " e ainda que os relatórios de rastreamento não informam " o tempo de descanso ou à disposição em carregamentos/descarregamentos, abastecimentos, congestionamentos, etc. ", os quais " não servem, isoladamente , como prova de apuração de toda a jornada de trabalho ". À vista disso, a Turma julgadora reconheceu a veracidade da jornada deduzida na petição inicial, mas com restrições, levando em conta " as moderações impostas pela prova oral, além do princípio da razoabilidade " . 3- Nesse contexto, considerando que a insurgência recursal se funda em premissas fáticas diversas das assentadas no acórdão recorrido (a parte sustenta que " os controles apresentados, de fato, comprovam o real tempo de condução do veículo " e que não há prova de labor em jornada distinta dos horários constantes dos referidos registros), tem-se que o reexame da controvérsia no âmbito desta Corte exige o revolvimento do conjunto fático-probatório dos autos, o que encontra óbice na Súmula nº 126 do TST. 4 – Agravo a que se nega provimento" (TST – Ag-AIRR-10286-20.2017.5.03.0103, 6ª Turma, Relatora Ministra Katia Magalhaes Arruda, DEJT 28/08/2020).

Cargo de Confiança

CARGO DE CONFIANÇA. ART. 62, II, DA CLT. GRATIFICAÇÃO DE FUNÇÃO. Para que o empregado esteja ao alcance da excepcionalidade prevista no referido dispositivo consolidado, é imprescindível, além do percebimento de remuneração superior em no mínimo 40%, que o cargo exercido encerre poderes de administração e de mando, gozando ainda, o empregado, de relativa independência nas tomadas de decisões. no caso dos autos, incontroverso o exercício de cargo de confiança, a análise ficou restrita ao pagamento de remuneração

Decreto-Lei 5.452/1943

diferenciada, que por sua vez ficou suficientemente demonstrada pela reclamada em patamar superior a 40%, de modo que deve ser reformada a sentença para excluir da condenação o pagamento de gratificação de 40% e suas repercussões. HONORÁRIOS ADVOCATÍCIOS SUCUMBENCIAIS. INVERSÃO DA SUCUMBÊNCIA. O artigo 791-A da CLT, após a reforma, passou a determinar a fixação de honorários de sucumbência, entre 5% e 15% sobre o valor que resultar da liquidação da sentença, do proveito econômico obtido ou, não sendo possível mensurá-lo, sobre o valor atualizado da causa. Considerando que com o provimento do presente recurso ordinário a reclamante passou a ser totalmente sucumbente, devem ser arbitrados honorários advocatícios apenas em favor dos patronos da reclamada, fixados em 5% sobre o valor da causa, observando-se o disposto no parágrafo 4º do art. 791-A da CLT. Recurso conhecido e provido.

(TRT-11 – RO: 00002429120205110012, Relator: MARIA DE FATIMA NEVES LOPES, Data de Julgamento: 22/02/2021, 3ª Turma, Data de Publicação: 28/02/2021)

▶ HORAS EXTRAS – DESCABIMENTO – ART. 62, II DA CLT. Uma vez que restou provado que o autor não estava sujeito a controle de ponto, possuía subordinados, ostentava poderes de mando e gestão, participando, inclusive, das decisões quanto à dispensa e contratação de empregados, sem falar que tinha padrão remuneratório muito superior (salário de mais de R$13.000,00 por mês) ao piso da categoria, que em 2017 era R$ 949,00, patente que se enquadrava, sim, na hipótese legal do art. 62, II, da CLT, não fazendo jus às horas extraordinárias postuladas.

(TRT-7 – RO: 00002939020195070031 CE, Relator: JEFFERSON QUESADO JÚNIOR, Data de Julgamento: 03/03/2021, 2ª Turma, Data de Publicação: 03/03/2021)

▶ HORAS EXTRAS. EXCEÇÃO DO ART. 62, INCISO II, DA CLT. CARGO DE CONFIANÇA. Para a configuração do exercício de cargo de confiança, nos termos do art. 62, II, da CLT é necessário que o empregado, esteja investido em cargo de gestão, fato que não restou comprovado nos autos. Recurso conhecido e improvido.

(TRT-7 – RO: 00006157020195070012 CE, Relator: JEFFERSON QUESADO JÚNIOR, Data de Julgamento: 03/03/2021, 2ª Turma, Data de Publicação: 03/03/2021)

▶ CARGO DE CONFIANÇA. ARTIGO 62, II, DA CLT. CONFIGURAÇÃO. HORAS EXTRAS INDEVIDAS. Sobressai dos autos que na função de gerente, o autor, além de possuir padrão remuneratório em muito superior aos seus subordinados, era responsável pela direção dos trabalhos e distribuição das tarefas de todos os funcionários da loja, do que resulta evidenciada a autonomia desfrutada, bem assim os poderes mando e gestão que lhe eram inerentes. Logo, não restam dúvidas de que o nível de fidúcia exigido para a função executada pelo reclamante era distinto daquele que se pode esperar dos empregados em geral, incidindo à hipótese o disposto no art. 62, II, da CLT. Recurso autoral a que se nega provimento. (Processo: ROT – 0000921-65.2019.5.06.0271, Redator: Carmen Lucia Vieira do Nascimento, Data de julgamento: 04/03/2021, Terceira Turma, Data da assinatura: 04/03/2021)

(TRT-6 – RO: 00009216520195060271, Data de Julgamento: 04/03/2021, Terceira Turma, Data de Publicação: 04/03/2021)

▶ SUPERVISOR. CARGO DE CONFIANÇA. ART. 62, II, DA CLT. HORAS EXTRAS. Inexistindo comprovação de poder de mando e gestão e evidenciada a ausência de autonomia no cumprimento da jornada, não há que se falar no enquadramento do reclamante na exceção do inciso II do Art. 62 da CLT.

(TRT-3 – RO: 00101207020205030171 MG 0010120-70.2020.5.03.0171, Relator: Des. Antonio Gomes de Vasconcelos, Data de Julgamento: 11/03/2021, Decima Primeira Turma, Data de Publicação: 12/03/2021.)

▶ CARGO DE CONFIANÇA. CARACTERIZAÇÃO. Para que seja aplicada a excludente prevista no art. 62, II, da CLT, é necessário que o empregado possua atribuições especiais no desempenho da função, além de padrão salarial ou gratificação de função superior, no mínimo, a 40% (quarenta por cento) do cargo efetivo. In casu, restou confessado, em audiência, que o Reclamante possuía 14 subordinados, realizava entrevistas para seleção, distribuía metas e controlava os horários dos vendedores. Além disso, sua remuneração era composta por parte fixa, acrescida de comissões calculadas sobre todas as vendas realizadas na loja e não apenas sobre aquelas por ele efetuadas. Ademais, há uma disparidade salarial considerável, já que, como vendedor percebia aproximadamente R$ 2.299,00, ao passo que como gerente passou a receber em torno de R$ 6.714,00. Assim, fica claro que o obreiro detinha amplos poderes de gestão, enquadrando-se no inciso II, do art. 62, da CLT, não sendo abrangido, portanto, pelo capítulo celetista referente à jornada de trabalho. Recurso Ordinário do Reclamante Conhecido e Não Provido.

(TRT-11 – RO: 00007330920195110053, Relator: JOSE DANTAS DE GOES, Data de Julgamento: 08/03/2021, 3ª Turma, Data de Publicação: 15/03/2021)

▶ CARGO DE CONFIANÇA. ARTIGO 62, II, da CLT. Para a configuração do cargo de confiança previsto no artigo 62, II, da CLT, não se exige a "substituição do empregador" pelo empregado, até porque a Lei 8.966/94 relativizou as exigências para a configuração de tal cargo, no intuito de se adequar a atual organização empresarial; entretanto, é imprescindível que o trabalhador possua poderes de gestão ou autonomia organizacional e administrativa, suficientes para decidir questões relevantes da empresa, ainda que restritos e limitados, o que não restou evidenciado. Sentença mantida.

(TRT-2 10004001220205020035 SP, Relator: WILMA GOMES DA SILVA HERNANDES, 11ª Turma – Cadeira 1, Data de Publicação: 15/03/2021)

▶ BANCÁRIO. CARGO DE CONFIANÇA. Diferentemente da hipótese visada no art. 62, II, da CLT, o cargo de confiança bancário, na forma do art. 224, § 2º, da CLT, não exige poderes de mando ou de gestão, sendo indevidas as 7ª e 8ª horas trabalhadas como extraordinárias. Sentença de improcedência mantida.

(TRT-2 10016895820195020085 SP, Relator: KYONG MI LEE, 3ª Turma – Cadeira 2, Data de Publicação: 16/03/2021)

▶ CARGO DE CONFIANÇA. NÃO CARACTERIZAÇÃO. HORAS EXTRAS. PROVA TESTEMUNHAL. A incidência do artigo 62, II, da CLT, demanda que o empregado possua atribuições especiais, além de padrão salarial ou gratificação de função superior a 40% do cargo efetivo. In casu, restou demonstrado que o Reclamante não detinha amplos poderes de gestão, nem remuneração compatível, o que descaracteriza a existência de cargo de confiança. Desse modo, em sendo comprovada, por meio de prova testemunhal, a prorrogação habitual da jornada laboral, escorreita a condenação da empresa ao pagamento de horas extras, nos termos do artigo 818, I, da CLT c/c artigo 373, I, do CPC. [...].

(TRT-11 – RO: 00010661120195110004, Relator: JOSE DANTAS DE GOES, Data de Julgamento: 15/03/2021, 3ª Turma, Data de Publicação: 19/03/2021)

▶ JORNADA DE TRABALHO. CARGO DE CONFIANÇA. REQUISITOS NÃO ATENDIDOS. HORAS EXTRAS DEVIDAS. O enquadramento do empregado na exceção do art. 62, II da CLT pressupõe que a atividade desenvolvida pelo ocupante do cargo de confiança consista realmente em tomar decisões importantes para o destino da empresa, os chamados encargos de gestão, atuando como verdadeiro representante do empregador, o que não se verifica no caso vertente, não bastando, para tanto, a mera demonstração da nomenclatura do cargo (encarregado), razão pela qual se mantém a sentença que deferiu o pagamento de horas extras e reflexos.

(TRT-23 – ROT: 00000632220205230046 MT, Relator: ELINEY BEZERRA VELOSO, Gab. Des. Eliney Bezerra Veloso, Data de Publicação: 25/03/2021)

▶ CARGO DE CONFIANÇA. Não exerce cargo de confiança, nos termos do art. 62, II, da CLT, o empregado que atuava apenas como coordenador de turno, em circunstâncias passíveis de controle de horário e, embora tivesse subordinados, tinha que submeter os problemas ao gerente seu superior hierárquico; atuava, portanto, sem autonomia para tomar as decisões finais sobre as tarefas realizadas.

(TRT-3 – RO: 00104052720205030086 MG 0010405-27.2020.5.03.0086, Relator: Sebastiao Geraldo de Oliveira, Data de Julgamento: 25/03/2021, Segunda Turma, Data de Publicação: 26/03/2021.)

▶ CARGO DE CONFIANÇA. ARTIGO 62, II, DA CLT. Espécie em que não restou demonstrado que o reclamante era detentor de fidúcia especial conferida pelo empregador, razão pela qual não se enquadra na exceção contida no art. 62, II, da CLT.

(TRT-4 – ROT: 00201168020185040124, Data de Julgamento: 26/03/2021, 2ª Turma)

▶ HORAS EXTRAS. CARGO DE CONFIANÇA NÃO COMPROVADO. O enquadramento do empregado na exceção do inciso II do art. 62 da CLT exige a comprovação de dois requisitos concomitantes, a saber: exercício de amplos poderes de mando e gestão e percepção de remuneração superior a, no mínimo, 40% do cargo efetivo. A ausência de qualquer um desses requisitos descaracteriza o cargo de confiança e autoriza a condenação ao pagamento de horas extras.

(TRT-3 – RO: 00112504320195030038 MG 0011250-43.2019.5.03.0038, Relator: Sabrina de Faria F. Leao, Data de Julgamento: 26/03/2021, Sétima Turma, Data de Publicação: 30/03/2021.)

▶ HORAS EXTRAS. ATIVIDADE EXTERNA E CARGO DE CONFIANÇA. ART. 62, I E II DA CLT. – Evidenciada a possibilidade de controle do empregador sobre a jornada externa cumprida pelo trabalhador, não há que se falar em enquadramento no disposto pelo artigo 62, I/CLT, sendo devidas as horas extras laboradas. Da mesma forma, não se configura a hipótese de cargo de confiança, nos moldes do art. 62, II, CLT, quando o conjunto probatório revela a inexistência de poderes de gestão e de qualquer tipo de autonomia do autor em suas atividades, máxime quando não demonstrada a diferença remuneratória para tal enquadramento, superior em pelo menos 40% a média dos demais trabalhadores.

(TRT-3 – RO: 00106688820205030044 MG 0010668-88.2020.5.03.0044, Relator: Maria Cecilia Alves Pinto, Data de Julgamento: 31/03/2021, Primeira Turma, Data de Publicação: 05/04/2021.)

▶ HORAS EXTRAS. CARGO DE GESTÃO. ART. 62, II, DA CLT. Para a caracterização do cargo de gestão enquadrável na exceção do art. 62, II, da CLT, é indispensável que ao empregado sejam conferidos efetivos poderes de mando e de gestão, o que não resultou verificado no caso dos autos. Recurso ordinário da reclamada desprovido no aspecto.

(TRT-4 – ROT: 00204103220185040028, Data de Julgamento: 06/04/2021, 7ª Turma)

▶ CARGO DE CONFIANÇA. ART. 62, II, da CLT. A confiança excepcional, que deverá ser provada pelo empregador, deve ser atribuída àqueles empregados que realmente detenham influência sobre atividade empresarial, pois sobre ele o empregador deposita a sua confiança para que o empregado possa gerir seu negócio, tendo para tanto, subordinados sob seu comando e poderes para admitir, demitir, aplicar punições, tudo isso com autonomia e liberdade, sem a presença constante do próprio empregador supervisionando seu trabalho ou controlando a sua jornada, o que no caso, restou demonstrado nos autos.

(TRT-1 – RO: 01010803720195010018 RJ, Relator: GUSTAVO TADEU ALKMIM, Data de Julgamento: 17/03/2021, Primeira Turma, Data de Publicação: 06/04/2021)

▶ BANCÁRIO. ARTIGO 224, PARÁGRAFO 2º, CLT. NÃO ENQUADRAMENTO. A confiança bancária, cuja fidúcia diverge daquela prevista no artigo 62, inciso II, da CLT, não exige que o empregado seja o alter ego do empregador, não se fazendo necessária a existência de amplos poderes de mando ou gestão. Para que seja enquadrado na regra do artigo 224, § 2º, da CLT, é imprescindível, nos termos da Súmula 102, do C. TST, além do recebimento de gratificação não inferior a 1/3 do salário do cargo efetivo, a comprovação de confiança superior àquela própria do contrato de trabalho, com base nas reais atribuições do empregado, o que, entretanto, não restou evidenciado. Recurso do reclamado não provido.

(TRT-23 – ROT: 00009662320195230101 MT, Relator: JOAO CARLOS RIBEIRO DE SOUZA, Gab. Des. João Carlos, Data de Publicação: 06/04/2021)

Art. 63. Não haverá distinção entre empregados e interessados, e a participação em lucros e comissões, salvo em lucros de caráter social, não exclui o participante do regime deste Capítulo.

JURISPRUDÊNCIA

▶ HORAS EXTRAS. TRABALHO POR PRODUÇÃO. O fato do trabalho por produção considerar o resultado alcançado e não o tempo em que o empregado esteja ativando em benefício do empregador, não exclui o direito do trabalhador ao recebimento de horas extras em caso de extrapolação do limite diário previsto no artigo 58 da CLT, pois a regra inserta no artigo 63 da CLT, não excluiu o trabalho por produção do regime relativo ao capítulo da jornada de trabalho. Recurso conhecido e não provido neste aspecto.

(TRT-15 – RO: 21486 SP 021486/2004, Relator: LORIVAL FERREIRA DOS SANTOS, Data de Publicação: 18/06/2004)

▶ HORAS EXTRAS – TRABALHO POR PRODUÇÃO. O fato do trabalho por produção considerar o resultado alcançado e não o tempo em que o empregado esteja ativando em benefício do empregador, não exclui o direito do trabalhador ao recebimento de horas extras em caso de extrapolação do limite diário previsto no artigo 58 da CLT, pois a regra inserta no artigo 63 da CLT, não excluiu o trabalho por produção do regime relativo ao capítulo da jornada de trabalho.

(TRT-15 – RO: 40493 SP 040493/2001, Relator: LORIVAL FERREIRA DOS SANTOS, Data de Publicação: 01/10/2001)

Art. 64. O salário-hora normal, no caso de empregado mensalista, será obtido dividindo-se o salário mensal correspondente à duração do trabalho, a que se refere o art. 58, por 30 (trinta) vezes o número de horas dessa duração.

Parágrafo único – Sendo o número de dias inferior a 30 (trinta), adotar-se-á para o cálculo, em lugar desse número, o de dias de trabalho por mês.

JURISPRUDÊNCIA

▶ DIVISOR. ESCALA 12X36. ARTIGO 64, PARÁGRAFO ÚNICO, DA CLT. DIFERENÇAS DE HORAS EXTRAS DEVIDAS. Corretos os controles de ponto quanto à jornada realmente laborada, e os contracheques quanto ao número de horas extras e noturnas pagas e quanto ao cálculo, pois, não havendo norma coletiva em contrário, deve ser utilizado o divisor 220, na forma do art. 64 CLT.

(TRT-1 – RO: 9970920115010207 RJ, Relator: Volia Bomfim Cassar, Data de Julgamento: 13/03/2012, Segunda Turma, Data de Publicação: 2012-03-23)

▶ HORAS EXTRAS. DIVISOR. O trabalhador que presta serviços na escala de revezamento de 12X36 trabalha 180 horas por mês. Em consequência, a apuração de seu salário hora deve ser efetuada com a adoção do divisor 180. Recurso ordinário da primeira reclamada a que se dá provimento parcial.

(TRT-2 10016190720185020043 SP, Relator: PAULO EDUARDO VIEIRA DE OLIVEIRA, 3ª Turma – Cadeira 3, Data de Publicação: 22/09/2020)

▶ DIVISOR PARA CÁLCULO DAS HORAS EXTRAS. Considerando que a jornada de trabalho legalmente permitida é de 08 horas diárias e 44 horas semanais, o divisor a ser utilizado para cálculo das horas extras é 220.

(TRT-2 10015654720185020720 SP, Relator: JOMAR LUZ DE VASSIMON FREITAS, 5ª Turma – Cadeira 5, Data de Publicação: 04/02/2021)

▶ RECURSO ORDINÁRIO. DIVISOR DE HORAS. APLICAÇÃO DO DIVISOR 220. PROVIMENTO. O divisor a ser aplicado para apuração de horas extras resulta do número de horas semanais efetivamente trabalhadas pelo empregado. Na hipótese dos autos, nada há que embase uma contratação de 40 horas semanais. O registro do empregado atesta que o reclamante laborava 44 (quarenta e quatro) horas semanais (ID 79d8210) e o reclamante informa na inicial labor condizente com a jornada máxima constitucional (art. 7º, XIII, da CF). Ora, para obtemos o divisor, dividimos o número de horas semanais laboradas, no caso, 44 horas semanais, por seis (número de dias úteis na semana, inclusive o sábado, ainda que não trabalhado), o que implica em 7,333 horas diárias, as quais, multiplicadas pelo número de dias no mês (30 dias), resulta no divisor 220. (Processo: ROT – 0001665-25.2014.5.06.0016, Redator: Eduardo Pugliesi, Data de julgamento: 19/06/2019, Primeira Turma, Data da assinatura: 19/06/2019)

(TRT-6 – RO: 00016652520145060016, Data de Julgamento: 19/06/2019, Primeira Turma)

▶ RECURSO ORDINÁRIO. DIVISOR DE HORAS. APLICAÇÃO DO DIVISOR 220. PROVIMENTO. O divisor a ser aplicado para apuração de horas extras resulta do número de horas semanais efetivamente trabalhadas pelo empregado. Na hipótese dos autos, nada há que embase uma contratação de 40 horas semanais. O registro do empregado atesta que o reclamante laborava 44 (quarenta e quatro) horas semanais (ID 79d8210) e o reclamante informa na inicial labor condizente com a jornada máxima constitucional (art. 7º, XIII, da CF). Ora, para obtemos o divisor, dividimos o número de horas semanais laboradas, no caso, 44 horas semanais, por seis (número de dias úteis na semana, inclusive o sábado, ainda que não trabalhado), o que implica em 7,333 horas diárias, as quais, multiplicadas pelo número de dias no mês (30 dias), resulta no divisor 220. (Processo: ROT – 0001665-25.2014.5.06.0016, Redator: Eduardo Pugliesi, Data de julgamento: 19/06/2019, Primeira Turma, Data da assinatura: 19/06/2019)

(TRT-6 – RO: 00016652520145060016, Data de Julgamento: 19/06/2019, Primeira Turma)

▶ EMENTA: DIVISOR. INVALIDADE DE CLÁUSULA EM ACORDO COLETIVO QUANTO AO DIVISOR. CONFIGURAÇÃO. O divisor utilizado para cálculo do valor do salário-hora é aferido pela jornada efetivamente trabalhada. Inválida cláusula de norma coletiva que estabelece divisor mais prejudicial ao trabalhador, são devidas diferenças salariais com base na aplicação de divisor compatível com a jornada efetivamente cumprida, conforme art. 64 da CLT. [...].

(TRT-10 00008686320175100006 DF, Data de Julgamento: 25/04/2018, Data de Publicação: 04/05/2018)

▶ DIVISOR. BANCÁRIO. Consoante decidido pelo C. TST por ocasião do incidente de julgamento de recursos de revista repetitivos n.º 0002, de observância obrigatória, "o divisor aplicável para cálculo das horas extras do bancário, inclusive para os submetidos à jornada de 8 horas, é definido com base na regra geral prevista no artigo 64 da CLT (resultado da multiplicação por 30 da jornada normal de trabalho), sendo 180 e 220, para as jornadas normas de seis e oito horas, respectivamente.

(TRT-2 10016160620175020005 SP, Relator: PATRICIA THEREZINHA DE TOLEDO, 3ª Turma – Cadeira 4, Data de Publicação: 10/10/2019)

▶ HORAS EXTRAS. COMISSIONISTA PURO. DIVISOR. O divisor de horas extras do comissionista puro é o número de horas efetivamente laboradas, na forma da Súmula 340 do TST. Recurso da ré provido, no particular.

(TRT-24 00245673020165240006, Relator: LEONARDO ELY, Data de Julgamento: 12/02/2020, 2ª Turma)

▶ DIVISOR 180. De acordo com o recente entendimento, cujo efeito é vinculante, no que tange aos divisores 150 e 200, defendidos pelos trabalhadores, eles não se encontram definidos em norma coletiva. Apesar de a convenção coletiva ter ampliado o número de dias a ser considerado como repouso semanal remunerado, o número de total de horas trabalhadas por semana não se altera, o que implica em concluir que não houve a modificação do divisor bancário, sendo, portanto, de 180 e 220, dependendo da carga horária para a qual foi contratado. Recurso da reclamada provido em parte.

(TRT-1 – RO: 00111294020145010072 RJ, Relator: JOSÉ LUIS CAMPOS XAVIER, Data de Julgamento: 22/11/2017, Gabinete do Desembargador José Luís Campos Xavier, Data de Publicação: 16/12/2017)

▶ BANCÁRIO. DIVISOR. Diante do incidente de Recurso de Revista Repetitivo (IRR 849-83.2013.5.0138, SDBI-1, Pleno do C. TST, em sessão extraordinária) ocorrida em 21/11/2016, firmou-se o entendimento de que o divisor aplicável para cálculo de horas extraordinárias do bancário será de 180, para a jornada de seis horas, e de 220, para a jornada de oito horas.

(TRT-1 – RO: 00102084220155010009 RJ, Relator: JOSE ANTONIO TEIXEIRA DA SILVA, Data de Julgamento: 19/09/2017, Gabinete da Presidência, Data de Publicação: 30/11/2017)

▶ RECURSO ORDINÁRIO – BANCÁRIO – DIVISOR DE HORAS EXTRAS – Tendo em conta o quanto decidido pela Subseção I Especializada em Dissídios Individuais (SDI-1) do Tribunal Superior do Trabalho decidiu, em apreciação do Incidente de Recurso de Revista Repetitivo (IRR – 849-83.2013.5.03.0138), o divisor aplicável para o cálculo das horas extras dos bancários, inclusive para os submetidos à jornada de oito horas, é definido com base na regra geral prevista no artigo 64 da CLT, sendo 180 e 220, para a jornada normal de seis e oito horas, respectivamente, eis que, não obstante a norma coletiva possa modificar o número de dias de repouso semanal remunerado, tal não enseja a alteração no divisor a ser aplicado.

(TRT-20 00017453220145200005, Relator: JORGE ANTONIO ANDRADE CARDOSO, Data de Publicação: 28/05/2020)

▶ BANCÁRIO – HORAS EXTRAS – DIVISORES. No curso do entendimento firmado na SDI-I do TST, em sessão realizada em 21.1.2017, o divisor aplicável para cálculo das horas extras do bancário, inclusive para os submetidos à jornada de oito horas, é definido com base na regra geral prevista no art. 64 da CLT, sendo 180 e 220, para as jornadas de seis e oito horas, respectivamente.

(TRT-20 00004923720135200007, Relator: MARIA DAS GRACAS MONTEIRO MELO, Data de Publicação: 27/08/2019)

▶ JORNADA SEMANAL DE 30 HORAS. DIVISOR. De maneira geral, nas jornadas de trabalho atípicas para se chegar ao divisor, devem, previamente, ser diluídas da média semanal, para depois obter-se a média horária e, somente então multiplicar por 30 (conforme o disposto no artigo 64 da CLT) para fins de obter o divisor perseguido. Portanto, in casu o divisor a ser aplicável ao contrato de trabalho da reclamante corresponde ao 150. Recurso da reclamante a que se dá provimento neste particular.

(TRT-2 10003681520195020076 SP, Relator: PAULO EDUARDO VIEIRA DE OLIVEIRA, 3ª Turma – Cadeira 2, Data de Publicação: 23/10/2019)

▶ HORAS EXTRAS. DIVISOR 200. 1. O divisor para apuração do salário-hora está atrelado à jornada de trabalho efetivamente cumprida pelo empregado em relação à quantidade de dias no mês. 2. Sujeitando-se o empregado à jornada de 8 horas diárias e 40 horas semanais, o divisor a ser observado é o 200. Aplicação da Súmula 431 do TST.

▶ (TRT-4 – ROT: 00211592120185040005, Data de Julgamento: 11/09/2020, 5ª Turma)

▶ FINANCIÁRIO – HORAS EXTRAS – DIVISOR 180 – ANALOGIA AOS BANCÁRIOS – Conforme decidido pelo C. TST no Incidente de Julgamento de Recurso de Revista representativo da controvérsia "Tema Repetitivo nº 02 – Bancário. Salário-Hora. Divisor. Forma de cálculo. Empregado mensalista", no v. acórdão publicado em 19/12/2016, o divisor aplicável para o cálculo de horas extras do bancário é 180 para

as jornadas de seis horas e 220 para as jornadas de oito horas, independentemente de número de dias de repouso remunerado definido em norma coletiva e, assim sendo, aplica-se o mesmo entendimento para a categoria dos financiários.
(TRT-2 10001191620165020320 SP, Relator: IVETE BERNARDES VIEIRA DE SOUZA, 17ª Turma – Cadeira 4, Data de Publicação: 13/08/2020)

▶ DIVISOR APLICÁVEL. AERONAUTA. Como se vê acima, não há na Lei ou na Norma Coletiva indicação explícita do divisor a ser utilizado, em caso de pagamento das horas extras. Ressalvado o entendimento deste Relator em sentido contrário, é majoritário nesta E. Turma o norte de que assim como o salário mensal engloba as horas trabalhadas e, também, os dias de repouso semanal remunerado, o mesmo deve ocorrer com o divisor mensal para o cálculo das horas extras, ou seja, deve abranger as horas da carga normal de trabalho e os dias de repouso. Assim, o divisor a ser aplicado, no caso, será de 220 horas, além do que o empregado está submetido a carga horária semanal de 44 horas. Destarte, dou provimento ao recurso para julgar improcedentes os pedidos formulados pelo Sindicato Nacional dos Aeronautas. Recurso ordinário provido. I -
(TRT-1 – RO: 01010328720175010070 RJ, Relator: MARIO SERGIO MEDEIROS PINHEIRO, Data de Julgamento: 04/06/2020, Primeira Turma, Data de Publicação: 09/06/2020)

Art. 65. No caso do empregado diarista, o salário-hora normal será obtido dividindo-se o salário diário correspondente à duração do trabalho, estabelecido no art. 58, pelo número de horas de efetivo trabalho.

▶ SEÇÃO III
DOS PERÍODOS DE DESCANSO

Art. 66. Entre 2 (duas) jornadas de trabalho haverá um período mínimo de 11 (onze) horas consecutivas para descanso.

COMENTÁRIOS (ART. 66)

O intervalo interjornada representa os períodos de intervalo no qual o empregado descansa entre uma jornada de trabalho e outra. Recebe a denominação de intervalo "entre turnos", por situar-se entre dois turnos de trabalho. Visa a recuperação física e mental do trabalhador, evitando fadiga e o surgimento de doenças ocupacionais.

De acordo com o artigo em exame, o período mínimo de descanso entre duas jornadas de trabalho deverá ser de 11 horas consecutivas, mesmo período de descanso é assegurado ao empregado rural (art. 5º da Lei n. 5.889/73).

O cabineiro ferroviário será de 14 (quatorze) horas consecutivas de intervalo interjornada. (art. 245 da CLT), sendo certo que os ferroviários em geral terão direito a 10 horas consecutivas (Art. 239, §1º, da CLT). Os trabalhadores em telefonia, possuem intervalo interjornada de 17 horas (Art. 229, CLT). Já os jornalistas profissionais possuem intervalo de no mínimo 10 horas (Art. 308 da CLT).

O limite da pausa para descanso entre turnos não pode ser modificado, por se tratar de norma de higiene, saúde e segurança do trabalho.

A supressão ou redução do intervalo interjornada implica no pagamento do período suprimido como horas extraordinárias, aplicando-se analogicamente a previsão do art. 71, § 4º, da CLT. O Tribunal Superior do Trabalho fixou esse posicionamento na OJ 355 da SDI-1 do TST[401].

JURISPRUDÊNCIA

▶ INTERVALO INTERJORNADAS DESCUMPRIMENTO. HORAS EXTRAS. O descumprimento do intervalo interjornadas previsto no artigo 66 da CLT acarreta, por analogia, os mesmos efeitos previstos no § 4º do art. 71 da CLT e na Súmula nº 110 do C. TST, devendo-se pagar a integralidade das horas que foram subtraídas do intervalo, acrescidas do respectivo adicional (OJ 355 da SDI-I do C. TST).
(TRT-3 – RO: 00102621720195030169 MG 0010262-17.2019.5.03.0169, Relator: Jaqueline Monteiro de Lima, Data de Julgamento: 19/03/2021, Quinta Turma, Data de Publicação: 22/03/2021.)

▶ INTERVALO INTERJORNADAS DE 11 E 35 HORAS. O desrespeito ao intervalo mínimo interjornada acarreta, por analogia, os mesmos efeitos previstos no § 4º do art. 71 da CLT, ensejando o pagamento da integralidade das horas que foram subtraídas do intervalo, acrescidas do respectivo adicional.
(TRT-4 – ROT: 00207508220185040122, Data de Julgamento: 24/03/2021, 5ª Turma)

▶ INTERVALO INTERJORNADA. ARTIGO 66 DA CLT. A inobservância do período mínimo destinado ao intervalo interjornadas enseja o pagamento de horas extras, não se tratando mera infração administrativa, conforme entendimento consagrado pela Orientação Jurisprudencial nº 355 do C. TST e pela Súmula 26 deste E. Regional. Recurso ordinário interposto pelas reclamadas não provido.
(TRT-2 10018972820195020607 SP, Relator: MERCIA TOMAZINHO, 3ª Turma – Cadeira 4, Data de Publicação: 25/03/2021)

▶ I – RECURSO DA RECLAMADA. HORAS EXTRAS DE INTERVALO INTERJORNADA. PETROLEIRO. A jurisprudência do TST entende que o desrespeito ao intervalo mínimo de 11 horas de descanso entre jornadas, previsto no art. 66 da CLT, enseja o pagamento do período suprimido como horas extras, nos termos da Súmula 110/TST e da OJ 355/SBDI-1/TST, também em relação aos petroleiros submetidos a regime de revezamento. Forçosa, portanto, a manutenção da sentença de origem que deferiu o pagamento do intervalo de 35 horas (11 horas de intervalo interjornada mais 24 horas de repouso semanal remunerado) como horas extras. [...].
(TRT-11 – RO: 00006411120205110016, Relator: LAIRTO JOSE VELOSO, Data de Julgamento: 24/03/2021, 2ª Turma, Data de Publicação: 30/03/2021)

▶ INTERVALO INTERJORNADAS – O artigo 66 da CLT determina que, entre duas jornadas de trabalho, deve haver um período mínimo de 11 horas consecutivas para descanso. Em caso de violação da referida norma, devem ser remuneradas como extras as horas trabalhadas em desrespeito ao referido intervalo interjornadas.
(TRT-3 – RO: 00101820320205030142 MG 0010182-03.2020.5.03.0142, Relator: Sebastiao Geraldo de Oliveira, Data de Julgamento: 05/04/2021, Segunda Turma, Data de Publicação: 05/04/2021.)

401 Orientação Jurisprudencial 355 da SDI-1 do TST. INTERVALO INTERJORNADAS. INOBSERVÂNCIA. HORAS EXTRAS. PERÍODO PAGO COMO SOBREJORNADA. ART. 66 DA CLT. APLICAÇÃO ANALÓGICA DO § 4º DO ART. 71 DA CLT. O desrespeito ao intervalo mínimo interjornadas previsto no art. 66 da CLT acarreta, por analogia, os mesmos efeitos previstos no § 4º do art. 71 da CLT e na Súmula 110 do TST, devendo-se pagar a integralidade das horas que foram subtraídas do intervalo, acrescidas do respectivo adicional.

▶ INTERVALO INTERJORNADAS. HORAS EXTRAS. A inobservância do intervalo interjornadas, previsto no artigo 66 da CLT, defere ao trabalhador o pagamento do período suprimido a título de horas extras – Orientação Jurisprudencial 355 da SDI-1 do C. TST.
(TRT-15 – ROT: 00119999620195150015 0011999-96.2019.5.15.0015, Relator: LUIZ ANTONIO LAZARIM, 9ª Câmara, Data de Publicação: 05/04/2021)

▶ INTERVALO INTERJORNADAS. MOTORISTA. O descumprimento do intervalo interjornadas previsto no art. 235-C, § 3º, da CLT acarreta a obrigação de pagamento do período trabalhado em prejuízo do referido intervalo, acrescido do adicional de 50%, por aplicação analógica do § 4º do art. 71 da CLT. Aplicação da OJ 355 da SDI-1 do TST por extensão.
(TRT-4 – ROT: 00215213120175040531, Data de Julgamento: 29/03/2021, 11ª Turma)

▶ INTERVALO INTERJORNADAS. O desrespeito ao intervalo mínimo intersemanal de 35 horas, resultado da soma do intervalo interjornadas de 11 horas previsto no art. 66 da CLT com o intervalo intersemanal de 24 horas previsto no art. 67 da CLT, acarreta, por analogia, os mesmos efeitos previstos no § 4º do art. 71 da CLT e de que trata a Súmula n. 110 do TST, devendo ser paga a integralidade das horas que foram subtraídas do intervalo, acrescidas do adicional de horas extras convencional ou legal e dos reflexos nas demais parcelas de caráter salarial, sem prejuízo da remuneração do labor em sobrejornada (com adicional de 100% no caso das horas laboradas em dia de repouso semanal remunerado não compensado regularmente). Súmula nº 108 do TRT/SC.
(TRT-12 – RO: 00008510420175120028 SC, Relator: CARLOS ALBERTO PEREIRA DE CASTRO, Data de Julgamento: 17/06/2020, Gab. Des. José Ernesto Manzi)

▶ INTERVALO INTERJORNADAS. PETROLEIRO. A Lei 5.811/1972, que disciplina a duração da jornada de trabalho dos petroleiros em turnos ininterruptos de revezamento, nada menciona acerca do intervalo interjornadas da categoria. Assim sendo, inexistindo previsão legal ou coletiva afastando a aplicação das regras da CLT, no que diz respeito ao artigo 66 do Diploma Consolidado, deve ser assegurado ao Reclamante o intervalo interjornadas de 11 horas.
(TRT-3 – RO: 00113258620175030027 0011325-86.2017.5.03.0027, Relator: Marcio Ribeiro do Valle, Oitava Turma)

▶ EMENTA: INTERVALO INTERJORNADAS. Demonstrado pelos cartões de ponto o desrespeito ao lapso temporal mínimo de 11 horas de descanso estabelecido no art. 66 da CLT, faz jus o reclamante ao pagamento, como extra, da integralidade das horas subtraídas do seu intervalo interjornadas.
(TRT-18 – RORSUM: 00102762820195180122 GO 0010276-28.2019.5.18.0122, Relator: PLATON TEIXEIRA DE AZEVEDO FILHO, Data de Julgamento: 12/09/2019, 2ª TURMA)

▶ RECURSO ORDINÁRIO. INTERVALO INTERJORNADAS. SUPRESSÃO. NATUREZA. As horas indevidamente suprimidas do intervalo mínimo interjornadas deverão ser remuneradas como extraordinárias, aplicando-se, por analogia, o artigo 71, § 4º, da CLT, a teor do entendimento consolidado na Orientação Jurisprudencial nº 355 da SDI-I do C. TST.
(TRT-1 – RO: 01012984320175010048 RJ, Relator: FLAVIO ERNESTO RODRIGUES SILVA, Data de Julgamento: 11/09/2019, Décima Turma, Data de Publicação: 28/09/2019)

▶ RECURSO ORDINÁRIO – INTERVALO INTERJORNADAS – A não observância do intervalo de onze horas entre duas jornadas, conforme previsto no art. 66 da CLT, implica na remuneração, como extras, das horas que faltarem para completar o intervalo em questão, ou seja, as horas suprimidas do limite mínimo para o descanso interjornada devem ser remuneradas como extras, consoante entendimento contido na OJ nº 355 da SDI-I do TST.
(TRT-20 00019026820155200005, Relator: JORGE ANTONIO ANDRADE CARDOSO, Data de Publicação: 01/03/2018)

Trabalho aos domingos

Art. 67. Será assegurado a todo empregado um descanso semanal de 24 (vinte e quatro) horas consecutivas, o qual, salvo motivo de conveniência pública ou necessidade imperiosa do serviço, deverá coincidir com o domingo, no todo ou em parte.

Parágrafo único – Nos serviços que exijam trabalho aos domingos, com exceção quanto aos elencos teatrais, será estabelecida escala de revezamento, mensalmente organizada e constando de quadro sujeito à fiscalização.

Art. 68. O trabalho em domingo, seja total ou parcial, na forma do art. 67, será sempre subordinado à permissão prévia da autoridade competente em matéria de trabalho.

Parágrafo único – A permissão será concedida a título permanente nas atividades que, por sua natureza ou pela conveniência pública, devem ser exercidas aos domingos, cabendo ao Ministro do Trabalho, Industria e Comercio, expedir instruções em que sejam especificadas tais atividades. Nos demais casos, ela será dada sob forma transitória, com discriminação do período autorizado, o qual, de cada vez, não excederá de 60 (sessenta) dias.

Art. 69. Na regulamentação do funcionamento de atividades sujeitas ao regime deste Capítulo, os municípios atenderão aos preceitos nele estabelecidos, e as regras que venham a fixar não poderão contrariar tais preceitos nem as instruções que, para seu cumprimento, forem expedidas pelas autoridades competentes em matéria de trabalho.

Art. 70. Salvo o disposto nos artigos 68 e 69, é vedado o trabalho em dias feriados nacionais e feriados religiosos, nos termos da legislação própria. (Redação dada pelo Decreto-lei nº 229, de 28.2.1967)

COMENTÁRIOS (ARTS. 67 A 70)

1. DESCANSO SEMANAL REMUNERADO

O descanso semanal remunerado (DSR), também chamado de repouso semanal remunerado (RSR) e pausa intersemanal[402], é um período de descanso de, no mínimo, 24 horas em que o trabalhador se ausenta do trabalho, uma vez por semana – e preferencialmente aos domingos – e nos feriados civis e religiosos, sem prejuízo à remuneração que compõe o seu salário (art. 7º, XV da CF; art. 67 da CLT; e art. 1º da Lei nº. 605/49).

Mauricio Godinho Delgado leciona que o descanso semanal remunerado é o *"lapso temporal de 24 horas*

[402] Martinez, 2020., p. 798

consecutivas situado entre os módulos semanais de duração do trabalho do empregado, coincidindo preferencialmente com o domingo, em que o obreiro pode sustar a prestação de serviços e sua disponibilidade perante o empregador, com o objetivo de recuperação e implementação de suas energias e aperfeiçoamento em sua inserção familiar, comunitária e política".[403]

A Convenção nº 14 da OIT, adotada na Terceira Sessão da Conferência de Genebra, em 17 de novembro de 1921, com as modificações finais, de 1946, da qual o Brasil é signatário, firma o compromisso de conceder o repouso semanal nos estabelecimentos industriais. Essa norma internacional foi aprovada pelo Decreto Legislativo nº 24, de 29 de maio de 1956 e promulgada em 25 de junho de 1957, atualmente prevista no art. 2º, XI, da Lei 10.088/2019, que consolidou atos normativos editados pelo Poder Executivo Federal que dispõem sobre a promulgação de convenções e recomendações da Organização Internacional do Trabalho – OIT ratificadas pela República Federativa do Brasil.

O descanso semanal remunerado tem o escopo de propiciar a recuperação física e psíquica do empregado, bem como permitir o gozo do direito à desconexão do trabalho, o convívio familiar e social, além do desenvolvimento de atividades culturais.

Trata-se de um período no qual o empregado, como regra, não presta quaisquer serviços ao empregador, mas recebe normalmente a sua remuneração no período em que estava se recompondo. Por essa razão, a doutrina aponta que tal período caracteriza interrupção do contrato de trabalho, pois, conquanto inexista prestação de serviços, o período é remunerado e conta como tempo de serviço para todos os fins.

A concessão do descanso semanal remunerado depende da frequência do empregado no trabalho e pontualidade. Ocorrendo faltas ou atrasos injustificados no decorrer da semana, o empregado não terá direito ao pagamento do descanso semanal remunerado.

Nas empresas em que o empregado estiver sujeito ao regime de trabalho a tempo parcial, a frequência exigida corresponderá ao número de dias em que o empregado tiver de trabalhar (arts. 6, §3º, da Lei n. 605/49)

O desrespeito à norma assecuratória do descanso semanal remunerado constitui falta administrativa do empregador, passível de sanção pela fiscalização laboral (arts. 13 e 14, Lei n. 605/49)[404]. O empregador também estará sujeito ao pagamento em dobro pelo trabalho aos domingos e feriados, não compensado (Súmula 146 do TST).

A reforma trabalhista (Lei 13.467/2017) inclui um importante ponto quanto aos trabalhadores que exercem a jornada 12x36, eis que nesse caso, os pagamentos devidos pelo DSR e pelo descanso em feriados já estão incluídos na remuneração mensal, sendo os feriados considerados compensados.

2. FERIADOS

A norma infraconstitucional veda o trabalho em feriados civis e religiosos, exceto nas hipóteses previstas em Lei (art. 70 da CLT e art. 1º da Lei 605/49). Os feriados civis são aqueles declarados em lei federal, lei estadual ou lei municipal, conforme preceitua a Lei 9.093 de 12 de setembro de 1995. Já os feriados religiosos são os dias de guarda, declarados em lei municipal, de acordo com a tradição local, não podendo ser superior a quatro dias (Lei nº. 9.093/95 e 6.802/50).

A Súmula 444 do TST estabelece que a jornada *12 por 36* dá direito ao trabalhador ao labor em feriados de forma dobrada. Esse entendimento não mais se mantém ante os termos do art. 59-A, § 1º, CLT; Lei 13.467.

Nesse aspecto, é válido destacar que durante a vigência da Medida Provisória 927/2020 – instituída durante o estado de calamidade pública de importância internacional originado pela pandemia do coronavírus – foi autorizada a antecipação unilateral dos feriados, sendo necessária a comunicação com pelo menos 48 horas de antecedência e de forma escrita ou por meio eletrônico. Em se tratando de adiantamento de feriado religioso, a medida provisória exigia a anuência do empregado em acordo individual escrito (Art. 13, §2º, da MP 927/2020). O objetivo dessa exceção é assegurar o direito fundamental à liberdade de consciência e de crença, ao livre exercício dos cultos religiosos e à proteção aos locais de culto e a suas liturgias, previsto no art. 5º, VI, da CF. Além disso, os feriados podiam ser utilizados para compensação do saldo em banco de horas (MP 927, art. 13).

O elastecimento dos efeitos ocasionados pela pandemia do novo coronavírus fez com que o legislador editasse, pelo terceiro ano consecutivo, uma nova Medida Provisória n. 1.109, de 25 de março de 2022, para minorar os impactos socioeconômicos.

Entre as medidas trabalhistas alternativas permitidas pelo legislador, o empregador poderá, durante o estado de calamidade pública, antecipar o gozo de feriados federais, estaduais, distritais e municipais, incluídos os religiosos, devendo proceder a comunicação dos empregados albergados por essa medida com antecedência mínima de 48 horas, por escrito ou por meio eletrônico, indicando expressamente os feriados aproveitados (art. 15 da MP n. 1.109, de 2022).

[403] Delgado, 2019. p.1142
[404] Delgado, 2019, p.1151.

Reitera-se: o desrespeito às normas assecuratórias do descanso semanal remunerado ensejará o pagamento em dobro pelo trabalho em domingos e feriados, não compensado, conforme dispõe a Súmula 146 do TST.

3. JURISPRUDÊNCIA

▶ DOBRA PELO LABOR AOS DOMINGOS E FERIADOS, NATUREZA SALARIAL. REFLEXOS. A dobra pelo labor aos domingos e feriados não compensados tem natureza salarial e, por isso, repercute nas demais parcelas contratuais. Recurso a que se dá provimento, no particular.

(TRT-24 00255509520175240005, Relator: LEONARDO ELY, Data de Julgamento: 23/09/2020, 2ª Turma)

▶ LABOR EM DOMINGOS. PAGAMENTO EM DOBRO. Demonstrado que a contraprestação pelo trabalho em domingos não observou a Súmula nº 146/TST e as CCTs aplicáveis, imperiosa a condenação da reclamada ao pagamento, em dobro, dos dias não compensados.

(TRT-10 00008399120195100022 DF, Data de Julgamento: 10/06/2020, Data de Publicação: 13/06/2020)

▶ RECURSO ORDINÁRIO. LABOR EM DOMINGOS E FERIADOS NÃO COMPENSADOS NA MESMA SEMANA. Nos termos da Orientação Jurisprudencial nº 410 da SBDI1 do TST, a concessão de repouso semanal remunerado após o sétimo dia consecutivo de trabalho, importa no seu pagamento em dobro.

(TRT-20 00014226220165200003, Relator: MARIA DAS GRACAS MONTEIRO MELO, Data de Publicação: 28/04/2020)

▶ RECURSO ORDINÁRIO INTERPOSTO PELA RECLAMADA. LABOR EM DOMINGOS E FERIADOS. Consta dos autos registro de labor em oito dias consecutivos de trabalho sem folga semanal, de modo que, mesmo concedida a folga em outro momento, sua remuneração há de ser em dobro, nos termos da Orientação Jurisprudencial nº 410 da SBDI-1 do C. TST, eis que viola o art. 7º, XV, da Constituição Federal a concessão de repouso semanal remunerado após o sétimo dia consecutivo de trabalho. Recurso ordinário improvido, no tópico.

(TRT-2 10008952320175020468 SP, Relator: JANE GRANZOTO TORRES DA SILVA, 6ª Turma – Cadeira 1, Data de Publicação: 04/09/2019)

▶ RECURSO ORDINÁRIO DA RECLAMANTE. LABOR EM DOMINGOS E FERIADOS. PAGAMENTO EM DOBRO. Conforme o artigo 67 da CLT, o repouso semanal deve ser usufruído depois de, no máximo, seis dias de trabalho. Dessa forma, aplicando-se o entendimento da Orientação Jurisprudencial nº 410 da SDI-1 do TST, é devido o pagamento em dobro dos domingos e feriados laborados quando ausente a folga compensatória e após sete dias consecutivos de trabalho. Apelo provido.

(TRT-4 – ROT: 00213053420175040252, Data de Julgamento: 29/05/2020, 1ª Turma)

▶ RECURSO DO RECLAMANTE. GERENTE. ART. 62, DA CLT. HORAS EXTRAS. LABOR AOS DOMINGOS E AOS FERIADOS. A jurisprudência do C. TST é no sentido que o art. 62, II da CLT, não obsta o direito do empregado ao pagamento em dobro pelo trabalho realizados aos domingos e feriados, por se tratar de um direito constitucional garantido a todos os trabalhadores, sem distinção (art. 7o, XV da CF/88). no caso dos autos, não restou suficientemente provado que o labor aos feriados não era compensado com folgas em outros dias da semana. Recurso da reclamante conhecido e não provido.

(TRT-11 – RO: 00017116520175110017, Relator: VALDENYRA FARIAS THOME, Data de Julgamento: 26/11/2020, 1ª Turma, Data de Publicação: 04/12/2020)

▶ LABOR EM DOMINGOS E FERIADOS NÃO COMPENSADOS. PAGAMENTO EM DOBRO. Comprovado o trabalho em domingos e feriados, sem a respectiva folga compensatória dentro da semana, é devido o pagamento em dobro, o que não ocorreu. Incidência da Súmula 146 do TST. Recurso ordinário do reclamante provido.

(TRT-4 – RO: 00202964120185040304, Data de Julgamento: 19/03/2019, 11ª Turma)

▶ LABOR EM DOMINGOS E FERIADOS. PAGAMENTO EM DOBRO. Segundo o entendimento consolidado no enunciado 146 da Súmula do C. TST, é devido o pagamento em dobro pelo labor em domingos e feriados quando não concedida a folga compensatória.

(TRT-3 – RO: 00106103620185030180 0010610-36.2018.5.03.0180, Relator: Marco Antonio Paulinelli Carvalho, Decima Primeira Turma)

▶ LABOR AOS DOMINGOS. CONCESSÃO DE FOLGA COMPENSATÓRIA EM OUTRO DIA DA SEMANA.PAGAMENTO EM DOBRO INDEVIDO. A Súmula 146 do TST é clara no sentido de que somente é devido o pagamento do domingo trabalhado em dobro quando não houver compensação com outro dia de folga. Gozando o autor de uma folga semanal tem-se por indevida a pretensão de recebimento do domingo trabalhado em dobro.

(TRT-3 – RO: 00103879320185030112 MG 0010387-93.2018.5.03.0112, Relator: Weber Leite de Magalhaes Pinto Filho, Data de Julgamento: 22/05/2020, Decima Primeira Turma, Data de Publicação: 26/05/2020.)

▶ LABOR AOS DOMINGOS. CONFISSÃO DO AUTOR. PAGAMENTO EFETUADO. FOLGA COMPENSATÓRIA. LEI Nº 605/49. SÚMULA Nº 146 do TST. DOBRA INDEVIDA. O trabalho prestado em domingos e feriados é remunerado em dobro, salvo quando o empregador determinar outro dia de folga. No caso dos autos, devidamente comprovado, inclusive pela confissão do reclamante, de que havia a concessão de folga compensatória, nada mais é devido a este título. Recurso ordinário não provido.

(TRT-13 – RO: 00007686520195130003 0000768-65.2019.5.13.0003, Data de Julgamento: 19/08/2020, 1ª Turma, Data de Publicação: 26/08/2020)

▶ LABOR EM DOMINGOS. FOLGA NA SEMANA. PAGAMENTO EM DOBRO. INDEVIDO. Reconhecida a concessão de folga compensatória na terça-feira, portanto, na semana, não há falar em pagamento em dobro. Recurso provido, no particular.

(TRT-24 00247856520145240091, Relator: RICARDO GERALDO MONTEIRO ZANDONA, Data de Julgamento: 03/02/2016, 2ª Turma)

▶ DESCANSO SEMANAL REMUNERADO. CONCESSÃO APÓS O SÉTIMO DIA CONSECUTIVO DE TRABALHO. PAGAMENTO EM DOBRO. É sabido que o artigo 7º, XV, da Constituição Federal orienta a concessão de repouso semanal remunerado preferencialmente aos domingos. Ao interpretar o dispositivo constitucional em comento, o TST sedimentou o entendimento de que "Viola o art. 7º, XV, da CF a concessão de repouso semanal remunerado após o sétimo dia consecutivo de trabalho, importando no seu pagamento em dobro" (OJ n. 410 da SbDI-1 do TST). Logo, não é o mero labor aos domingos que enseja o pagamento em dobro desse dia, mas, sim, a falta de concessão, após o sexto dia consecutivo de trabalho, de outro dia destinado à fruição do descanso semanal remunerado de vinte e quatro horas consecutivas, previsto nos artigos 1º e 9º da Lei n. 605/1949. No caso dos autos, há cartões de ponto que revelam que a concessão do descanso ocorreu apenas no oitavo dia de trabalho, motivo pelo qual é devido o recebimento em dobro pelos dias trabalhados nos domingos não compensados corretamente.

(TRT-23 00002429020175230003 MT, Relator: EDSON BUENO DE SOUZA, Gabinete da Presidência, Data de Publicação: 11/09/2018)

▶ EMENTA:DESCANSO SEMANAL REMUNERADO CONCEDIDO APÓS O SÉTIMO DIA DE LABOR CONSECUTIVO. OJ 410 DA SDI1 DO TST. Constatado que houve concessão de folga compensatória somente após o sétimo dia de labor consecutivo, será devido o pagamento em dobro do repouso semanal remunerado, nos termos da OJ 410 da SDI1 do TST.

(TRT-10 00008433020175100821 DF, Data de Julgamento: 23/05/2018, Data de Publicação: 31/05/2018)

▶ REPOUSO SEMANAL REMUNERADO. CONCESSÃO APÓS O SÉTIMO DIA DE LABOR. O instituto trabalhista do repouso semanal remunerado consiste em garantia ao empregado de folga a cada 6 (seis) dias de labor, sob pena de malferir o fim teleológico da regra contida no art. 7º, XV, da CR. Demonstrado nos autos que houve labor sem que a respectiva folga compensatória tenha ocorrido dentro do prazo legalmente estabelecido é devido ao obreiro o pagamento em dobro daqueles dias trabalhados.

(TRT-3 – RO: 00046201501303003 MG 0000046-19.2015.5.03.0013, Relator: Sabrina de Faria F.Leao, Sétima Turma, Data de Publicação: 04/03/2016.)

▶ CONCESSÃO DE REPOUSO SEMANAL REMUNERADO APÓS O SÉTIMO DIA DE LABOR. Nos termos da OJ 410 da SDI-1 do C. TST, a concessão do labor em repouso semanal remunerado após o sétimo dia de labor importa em pagamento em dobro do repouso. Recurso ordinário do reclamante provido, no aspecto. HONORÁRIOS DE SUCUMBÊNCIA. Hipótese em que o artigo 791-A da CLT não é aplicável ao caso concreto, uma vez que a ação foi ajuizada antes de entrada em vigor da Lei 13.467/2017, data em que deve ser analisada a legislação aplicável na época quanto às regras de sucumbência, diante da necessária segurança jurídica que deve acompanhar os atos processuais, bem como em observância à boa-fé processual. Recurso ordinário adesivo da primeira reclamada parcialmente provido.

(TRT-4 – ROT: 00203327220165040201, Data de Julgamento: 18/11/2019, 11ª Turma)

▶ REPOUSO SEMANAL REMUNERADO. O cálculo dos reflexos no RSR está correto. Inclusive, a agravante chegou a valor superior ao executado. Agravo de petição não provido. FGTS E MULTA DE 40%. Foi considerado na base de cálculo do FGTS o 13º salário e verbas rescisórias. Entretanto, não há determinação nesse sentido. Portanto, o cálculo deve ser refeito para atender ao título executivo. Agravo de petição provido.

(TRT-24 00000706620135240002, Relator: RICARDO GERALDO MONTEIRO ZANDONA, Data de Julgamento: 24/10/2018, 2ª Turma)

▶ AGRAVO DE PETIÇÃO. REFLEXO DAS HORAS EXTRAS. REPOUSO SEMANAL REMUNERADO. FERIADOS. As normas que garantem o repouso têm natureza de ordem pública, traduzindo-se em medida de higiene e segurança do trabalho, cuja finalidade é proteger o lazer e o convívio social e familiar do trabalhador, não sendo correto conferir interpretação restritiva ao dispositivo quando a lei não faz qualquer distinção neste sentido. A apuração dos reflexos das horas extras no repouso semanal remunerado deve, portanto, contemplar também, nos termos Lei nº 605/1949, os domingos e feriados, ou seja, obedecer a proporcionalidade entre os dias laborados e os de descanso. Recurso da executada conhecido e não provido.

(TRT-1 – AP: 01001638420175010342 RJ, Relator: SAYONARA GRILLO COUTINHO LEONARDO DA SILVA, Data de Julgamento: 10/02/2021, Sétima Turma, Data de Publicação: 27/02/2021)

▶ AGRAVO DE PETIÇÃO. REFLEXO DAS HORAS EXTRAS. REPOUSO SEMANAL REMUNERADO. FERIADOS. As normas que garantem o repouso têm natureza de ordem pública, traduzindo-se em medida de higiene e segurança do trabalho, cuja finalidade é proteger o lazer e o convívio social e familiar do trabalhador, não sendo correto conferir interpretação restritiva ao dispositivo quando a lei não faz qualquer distinção neste sentido. A apuração dos reflexos das horas extras no repouso semanal remunerado deve, portanto, contemplar também, nos termos Lei nº 605/1949, os domingos e feriados, ou seja, obedecer a proporcionalidade entre os dias laborados e os de descanso. Recurso da executada conhecido e não provido.

(TRT-1 – AP: 01001638420175010342 RJ, Relator: SAYONARA GRILLO COUTINHO LEONARDO DA SILVA, Data de Julgamento: 10/02/2021, Sétima Turma, Data de Publicação: 27/02/2021)

▶ REPOUSO SEMANAL REMUNERADO. O repouso semanal remunerado de 24 horas consecutivas, preferencialmente aos domingos, deve ser usufruído dentro de uma semana, assim entendido o período de segunda-feira a domingo, a teor do § 4º do art. 11 do Decreto n. 27.048/49. (TRT12 – ROT – 0001192-68.2018.5.12.0004, Rel. ROBERTO LUIZ GUGLIELMETTO, 1ª Câmara, Data de Assinatura: 16/06/2020)

(TRT-12 – RO: 00011926820185120004 SC, Relator: ROBERTO LUIZ GUGLIELMETTO, Gab. Des. Roberto Luiz Guglielmetto)

▶ REPOUSO SEMANAL REMUNERADO. FOLGAS. Cabia à reclamante o ônus de provar que usufruía os descansos semanais após sete dias consecutivos de trabalho, encargo do qual não se desincumbiu. Mantenho a sentença.

(TRT-20 00009120920175200005, Relator: MARIA DAS GRACAS MONTEIRO MELO, Data de Publicação: 01/07/2020)

▶ EMPREGADOS DE SUPERMERCADOS. TRABALHO AOS DOMINGOS E FERIADOS. DECRETO MTE N. 9.127/17. DESNECESSIDADE DE AUTORIZAÇÃO PREVISTA EM NORMA COLETIVA. A partir da edição do Decreto n. 9.127/17 pelo MTE, os supermercados e hipermercados passaram a ter autorização permanente para abertura aos domingos e feriados, conforme previsto no artigo 68, parágrafo único da CLT, se desvinculando do conceito de "comércio em geral", que exige a autorização em norma coletiva para funcionamento nos dias dedicados ao descanso, nos termos do art. 6º-A da Lei 10.101/2000.

(TRT-3 – RO: 00102441620195030033 MG 0010244-16.2019.5.03.0033, Relator: Marco Tulio Machado Santos, Data de Julgamento: 07/07/2020, Segunda Turma, Data de Publicação: 08/07/2020. DEJT/TRT3/Cad.Jud. Página 447. Boletim: Não.)

▶ RECURSO ORDINÁRIO DO SINDICATO AUTOR INTERPOSTO SOB A ÉGIDE DA LEI N.º 13.105/15 (CPC/15). COMERCIÁRIOS. LABOR AOS DOMINGOS. AUSÊNCIA DE AUTORIZAÇÃO EM NORMA COLETIVA. APLICAÇÃO DA LEI N.º 10.101/2000. A exigência de prévia autorização em norma coletiva para o labor aos domingos, prevista na Portaria n.º 945/2015 do MTE (que regulamenta o art. 68, parágrafo único, da CLT), não se estende aos empregados do comércio em geral, tendo em vista a existência de norma especial aplicável ao referido ramo, qual seja, art. 6º da Lei n.º 10.101/2000, que se silencia acerca de tal formalidade. Recurso ordinário do reclamante a que se nega provimento.

(TRT-17 – RO: 00018696220155170005, Relator: MARCELLO MACIEL MANCILHA, Data de Publicação: 13/09/2016)

Art. 71 – Em qualquer trabalho contínuo, cuja duração exceda de 6 (seis) horas, é obrigatória a concessão de um intervalo para repouso ou alimentação, o qual será, no mínimo, de 1 (uma) hora e, salvo acordo escrito ou contrato coletivo em contrário, não poderá exceder de 2 (duas) horas.

§ 1º – Não excedendo de 6 (seis) horas o trabalho, será, entretanto, obrigatório um intervalo de 15 (quinze) minutos quando a duração ultrapassar 4 (quatro) horas.

§ 2º – Os intervalos de descanso não serão computados na duração do trabalho.

§ 3º O limite mínimo de uma hora para repouso ou refeição poderá ser reduzido por ato do Ministro do Trabalho, Indústria e Comércio, quando ouvido o Serviço de Alimentação de Previdência

Social, se verificar que o estabelecimento atende integralmente às exigências concernentes à organização dos refeitórios, e quando os respectivos empregados não estiverem sob regime de trabalho prorrogado a horas suplementares.

§ 4º A não concessão ou a concessão parcial do intervalo intrajornada mínimo, para repouso e alimentação, a empregados urbanos e rurais, implica o pagamento, de natureza indenizatória, apenas do período suprimido, com acréscimo de 50% (cinquenta por cento) sobre o valor da remuneração da hora normal de trabalho. (Redação dada pela Lei nº 13.467, de 2017) (Vigência)

§ 5º O intervalo expresso no caput poderá ser reduzido e/ou fracionado, e aquele estabelecido no § 1º poderá ser fracionado, quando compreendidos entre o término da primeira hora trabalhada e o início da última hora trabalhada, desde que previsto em convenção ou acordo coletivo de trabalho, ante a natureza do serviço e em virtude das condições especiais de trabalho a que são submetidos estritamente os motoristas, cobradores, fiscalização de campo e afins nos serviços de operação de veículos rodoviários, empregados no setor de transporte coletivo de passageiros, mantida a remuneração e concedidos intervalos para descanso menores ao final de cada viagem. (Redação dada pela Lei nº 13.103, de 2015) (Vigência)

COMENTÁRIOS (ART. 71)

O intervalo intrajornada é o período destinado ao descanso e refeição concedido pelo empregador ao trabalhador dentro da jornada de trabalho, destinado ao descanso e refeição. O empregado submetido a jornada de trabalho de até 4 horas não terá direito ao intervalo, pois não há previsão legal assegurando tal direito. empregado que cumprir jornada superior a 4 horas até 6 horas de trabalho terá direito a um intervalo obrigatório de 15 minutos.

Ainda, aqueles empregados com jornada superior a 6 horas e até o limite de 8 horas terá direito a um período obrigatório para descanso e refeição de, no mínimo, no mínimo 1 hora e no máximo 2 horas (art. 71 da CLT).

Esse período não é computado na jornada de trabalho. A Reforma Trabalhista alterou a redação do §4º, do art. 71 da CLT, prescrevendo que a não concessão ou a concessão parcial do intervalo, implicará o pagamento do período suprimido, de natureza indenizatória, com acréscimo de 50%, apenas do período suprimido.

A pausa para refeição e descanso poderá ser reduzida nas seguintes hipóteses:

i) empregados com jornada de trabalho superior a 6 horas, pode ser reduzida para 30 minutos, mediante negociação coletiva;
ii) motorista de transporte coletivo de passageiros (art.71, §5º, CLT);
iii) mediante autorização do extinto Ministério do Trabalho e Previdência, desde que o empregador tenha refeitório organizado e os empregados não estejam submetidos ao labor extraordinário, conforme art. 71, §3º, CLT;
iv) empregados domésticos – de 1 hora para 30 minutos, por acordo escrito entre empregado e empregador (LC 150/2015).

Existem alguns intervalos na jornada de trabalho que são remunerado, tendo em vista as características em que a atividade é desenvolvida, como, por exemplo, o serviço de mecanografia e digitação (a cada 90 minutos de trabalho é assegurado 10 minutos de descanso), serviço de frigorífico e câmaras frias (a cada 1h e 40 min de trabalho, o empregado terá direito ao intervalo de 20 minutos), trabalho em minas de subsolo (a cada 3 horas de trabalho, o trabalhador descansa 15 minutos), sempre visando a proteção do trabalhador. A empregada terá direito a um intervalo para amamentar o seu filho, inclusive se advindo de adoção (durante 2 períodos de 30 minutos).

Na jurisprudência surgiu uma controvérsia sobre a possibilidade ou não de aplicação do entendimento contido no art. 58, §1º, da CLT, quando se tratar de redução ínfima do intervalo intrajornada, com o objetivo de afastar a incidência do pagamento do período ínfimo eventualmente suprimido previsto no art. 71, §4º, da CLT.

O Tribunal Superior do Trabalho, em seu Pleno, fixou o entendimento, no julgamento do **Incidente de Recurso Repetitivo (IRR) nº -1384-61.2012.5.04.0512, de que a redução eventual e ínfima no início e no término do intervalo intrajornada, desde que não exceda cinco minutos, afasta a incidência do artigo 71, § 4º, da CLT**. Vejamos os arestos abaixo:

> *"RECURSO DE REVISTA DO RECLAMANTE.* **INTERVALO INTRAJORNADA. CONCESSÃO PARCIAL. REDUÇÃO ÍNFIMA.** *TRANSCENDÊNCIA NÃO RECONHECIDA. NÃO CONHECIMENTO. A controvérsia trazida aos autos diz respeito à possibilidade ou não de aplicação do entendimento contido no artigo 58, § 1º, da CLT, quando se tratar de redução ínfima do intervalo intrajornada, apta a afastar a incidência do artigo 71, § 4º, da CLT, em virtude da tese jurídica firmada no Tema Repetitivo nº 14.* **Esta Corte Superior, na sessão do Tribunal Pleno, do dia 25.3.2019, julgou o Incidente de Recurso Repetitivo nº IRR-1384-61.2012.5.04.0512, firmando entendimento de que a redução eventual e ínfima, considerada aquela de até cinco minutos, do início e do término do intervalo intrajornada, afasta a incidência do artigo 71, § 4º, da CLT. Verifica-se que, na tese fixada no IRR, de efeito vinculante para toda a Justiça do**

Trabalho, o artigo 58, § 1º, da CLT apenas serviu de parâmetro para a fixação de redução ínfima do intervalo intrajornada, considerada de 5 minutos. *No caso, o egrégio Tribunal Regional registrou que o reclamante gozava de 55 minutos a título de intervalo para refeição e descanso além de 10 minutos para café, concluindo que, de acordo com o princípio da razoabilidade e da proporcionalidade, não faz jus o reclamante ao pagamento de uma hora extra diária, decorrente da supressão do intervalo em questão. Dessa forma, estando a decisão regional em perfeita consonância com a jurisprudência deste Tribunal Superior, emerge em óbice ao conhecimento do recurso de revista o disposto na Súmula nº 333 e no artigo 896, § 7º, da CLT. Precedentes envolvendo a mesma reclamada. Nesse contexto, a incidência dos óbices contidos na Súmula nº 333 e no artigo 896, § 7º, da CLT são suficientes para afastar a transcendência da causa, uma vez que inviabilizará a aferição da existência de eventual questão controvertida, e, por conseguinte, não serão produzidos os reflexos gerais, nos termos previstos no § 1º do artigo 896-A da CLT. Recurso de revista de que não se conhece" (RR-1002209-19.2017.5.02.0463,* **4ª Turma, Relator Ministro Guilherme Augusto Caputo Bastos, DEJT 18/12/2020).**

"RECURSO DE REVISTA. ACÓRDÃO REGIONAL PUBLICADO NA VIGÊNCIA DAS LEIS NºS 13.015/2014 E 13.456/2017. 1. INTERVALOINTRAJORNADAMÍNIMO. CONCESSÃOPARCIAL. REDUÇÃO ÍNFIMA. APLICABILIDADE DA REGRA PREVISTA NO ART.58, § 1º, DA CLT. TRANSCENDÊNCIA POLÍTICA RECONHECIDA. CONHECIMENTO E PROVIMENTO. I. **O Tribunal Pleno desta Corte, no julgamento do Incidente de Recurso Repetitivo TST-IRR-1384-61.2012.5.04. 0512, fixou tese jurídica no sentido de que " a redução eventual e ínfima do intervalo intrajornada, assim considerada aquela de até 5 (cinco) minutos no total, somados os do início e término do intervalo, decorrentes de pequenas variações de sua marcação nos controles de ponto, não atrai a incidência do artigo 71, § 4º, da CLT. A extrapolação desse limite acarreta as consequências jurídicas previstas na lei e na jurisprudência** *". II. O Tribunal Regional, ao entender que " o fato da violação ter sido de grande ou de pequena monta é irrelevante, uma vez que a jornada efetivamente realizada será considerada na apuração total ", decide de forma contrária à jurisprudência do TST. III. Recurso de revista de que se conhece, e a que se dá provimento. 2. AVISO PRÉVIO. AUSENTE A TRANSCENDÊNCIA DA CAUSA. NÃO CONHECIMENTO. I. A parte Recorrente efetuou a transcrição integral do tópico da decisão recorrida em seu recurso de revista, sem o destaque dos trechos que consubstanciam o prequestionamento da tese que pretende debater. II. Se o recurso de revista não pode ser conhecido em razão de ausência de pressuposto de admissibilidade, há de se concluir que a causa não oferece transcendência. III. Recurso de revista de que não se conhece" (RR-1409-84.2017.5.09.0892,* **4ª Turma, Relator Ministro Alexandre Luiz Ramos, DEJT 18/12/2020**).

Desta forma, se a supressão do intervalo intrajornada foi ínfima, ou seja, de poucos minutos (não superior a 5 minutos) o empregador estará dispensado do pagamento do período suprimido. No entanto, entendemos que se a redução do período de descanso for reiterada ou verificada a tentativa de desvirtuar o preceito contido no art. 71 da CLT, o empregador estará sujeito ao pagamento do período suprimido, tal como ordena o art. 71, §4º, da CLT.

JURISPRUDÊNCIA

▶ INTERVALO INTRAJORNADA. DESCUMPRIMENTO. Com relação a períodos laborais anteriores à vigência da Lei nº 13.456/2017, o descumprimento do intervalo intrajornada, ainda que parcial, enseja o pagamento total do período correspondente, como extra, nos termos da redação original do art. 71, § 4º, da CLT e do item I da Súmula 437 do TST.

(TRT-3 – RO: 00106016520205030031 MG 0010601-65.2020.5.03.0031, Relator: Des. Gisele de Cassia VD Macedo, Data de Julgamento: 06/04/2021, Segunda Turma, Data de Publicação: 06/04/2021.)

▶ INTERVALO DO ART. 384 DA CLT. Conforme decisão do Tribunal Pleno do TST, o art. 384 da CLT foi recepcionado pela Constituição de 1988, fazendo jus a mulher, até a vigência da Lei 13.467/17, ao intervalo previsto no referido dispositivo legal ou, em caso de descumprimento, por aplicação analógica, ao pagamento previsto no art. 71, § 4º, da CLT. Adoção da Súmula 65 deste TRT. Recurso ordinário da reclamada desprovido no aspecto.

(TRT-4 – ROT: 00205403320195040401, Data de Julgamento: 06/04/2021, 7ª Turma)

▶ MOTORISTAS. INTERVALO INTRAJORNADA PARCELADO. É válido o fracionamento do intervalo intrajornada dos rodoviários, conforme o disposto no parágrafo 5º do artigo 71 da CLT, desde que seja rigorosamente observada a jornada de trabalho estabelecida em norma coletiva, sem qualquer prorrogação e respeitados os intervalos mínimos entre as viagens.

(TRT-1 – RO: 01013300920185010082 RJ, Relator: ALVARO ANTONIO BORGES FARIA, Data de Julgamento: 24/03/2021, Segunda Turma, Data de Publicação: 06/04/2021)

▶ INTERVALO INTERJORNADAS. MOTORISTA. O descumprimento do intervalo interjornadas previsto no art. 235-C, § 3º, da CLT acarreta a obrigação de pagamento do período trabalhado em prejuízo do referido intervalo, acrescido do adicional de 50%, por aplicação analógica do § 4º do art. 71 da CLT. Aplicação da OJ 355 da SDI-1 do TST por extensão.

(TRT-4 – ROT: 00215213120175040531, Data de Julgamento: 29/03/2021, 11ª Turma)

▶ MOTORISTAS. INTERVALO INTRAJORNADA. REDUÇÃO E FRACIONAMENTO. NECESSIDADE DE APURAÇÃO ESPECÍFICA. LIMITAÇÃO AO PERÍODO SUPRIMIDO. Ainda que haja certa cizânia jurisprudencial quanto ao período anterior à edição da Lei n. 13.105/15, para os contratos de motoristas firmados posteriormente, já não há dúvida quanto à licitude e a plena eficácia de instrumento normativo coletivo celebrado pelos entes sindicais representativos das categorias econômica e profissional, regulamentando a redução e o gozo fracionado da pausa no curso da jornada desses profissionais, na forma do § 5º do art. 71 da CLT. Contudo, é necessário que a apuração do eventual descumprimento seja realizada de forma específica, ou seja, limitando-se apenas aos dias nos quais tiver sido observado efetivamente o descumprimento do tempo mínimo exigido, não havendo que se falar em nulidade por conta disso e, mais ainda, tratando-se de contrato de trabalho que iniciou antes da atual disciplina do § 4º do art. 71, da CLT, com a redação determinada pela Lei n. 13.467/17, e findou já sob a égide da nova disciplina que passou a vigorar, distinguir as conseqüências jurídicas em cada momento. [...].

(TRT-1 – RO: 01012994520185010031 RJ, Relator: CLAUDIA MARIA SAMY PEREIRA DA SILVA, Data de Julgamento: 17/03/2021, Quarta Turma, Data de Publicação: 20/03/2021)

▶ INTERVALO INTRAJORNADA. NATUREZA SALARIAL. Em relação a fatos geradores relativos a período anterior à vigência da Lei 13.467/2017, a jurisprudência do TST (inciso III da Súmula 437 do c. TST) se consolidou no sentido de que a natureza jurídica do intervalo intrajornada é salarial, sendo, assim, cabíveis reflexos dessa parcela sobre outras verbas trabalhistas. (TRT 17ª R., ROT 0001768-42.2017.5.17.0009, Divisão da 2ª Turma, DEJT 12/11/2019).

▶ INTERVALO INTRAJORNADA. A jornada habitualmente prestada superior a 6 horas afasta a fixada contratualmente e faz incidir o previsto no art. 71 da CLT, havendo direito ao intervalo de 1 hora para refeição. (TRT 17ª R., ROT 0000917-03.2015.5.17.0161, Divisão da 3ª Turma, DEJT 07/02/2020).

(TRT-17 – ROT: 00009170320155170161, Relator: DESEMBARGADORA SÔNIA DAS DORES DIONÍSIO MENDES, Data de Julgamento: 03/02/2020, Data de Publicação: 07/02/2020)

▶ [...]AERONAUTA. INTERVALO INTRAJORNADA. LEI 7.183/84. Há regras específicas para a fruição do intervalo alimentar do aeronauta, em observância às peculiaridades da atividade, não sendo aplicável, à categoria, o que estipula o artigo 71 da CLT. [...]

(TRT-1 – RO: 01017589720165010037 RJ, Relator: GUSTAVO TADEU ALKMIM, Data de Julgamento: 19/03/2021, Primeira Turma, Data de Publicação: 06/04/2021)

▶ INTERVALO INTRAJORNADA. REDUÇÃO NÃO PREVISTA EM NORMA COLETIVA. Observe-se que não há previsão em norma coletiva de redução do intervalo intrajornada para o período posterior a 2004, não havendo que se falar em ultratividade. Sendo assim, aplica-se a previsão legal: "Art. 71 da CLT: Em qualquer trabalho contínuo, cuja duração exceda de 6 (seis) horas, é obrigatória a concessão de um intervalo para repouso ou alimentação, o qual será, no mínimo, de 1 (uma) hora e, salvo acordo escrito ou contrato coletivo em contrário, não poderá exceder de 2 (duas) horas. § 5o O intervalo expresso no caput poderá ser reduzido e/ou fracionado, e aquele estabelecido no § 1o poderá ser fracionado, quando compreendidos entre o término da primeira hora trabalhada e o início da última hora trabalhada, desde que previsto em convenção ou acordo coletivo de trabalho, ante a natureza do serviço e em virtude das condições especiais de trabalho a que são submetidos estritamente os motoristas, cobradores, fiscalização de campo e afins nos serviços de operação de veículos rodoviários, empregados no setor de transporte coletivo de passageiros, mantida a remuneração e concedidos intervalos para descanso menores ao final de cada viagem. Recurso improvido neste aspecto

(TRT-1 – RO: 01002801020195010341 RJ, Relator: ANTONIO PAES ARAUJO, Data de Julgamento: 03/03/2021, Segunda Turma, Data de Publicação: 06/04/2021)

▶ INTERVALOS INTRAJORNADA. Tratando-se de intervalo para repouso e alimentação, medida de saúde e segurança do trabalho, é obrigatória a sua concessão integral. A supressão enseja o pagamento da hora integral como extra, nos termos do § 4º do art. 71 da CLT e súmula nº 437, I, do TST.

(TRT-4 – ROT: 00212802220185040402, Data de Julgamento: 29/03/2021, 5ª Turma)

▶ INTERVALO INTRAJORNADA. CONCESSÃO NO INÍCIO DA JORNADA. A fruição do intervalo intrajornada no início da jornada de trabalho viola a norma, cogente e de ordem pública, de higiene e proteção da saúde de trabalhador, porquanto o trabalhador se submete a uma jornada ininterrupta de mais de seis horas, sem a devida pausa para repouso e alimentação, contrariando o que preconiza o artigo 71 da CLT. (TRT18, ROT – 0010181-18.2020.5.18.0104, Rel. GENTIL PIO DE OLIVEIRA, 1ª TURMA, 26/03/2021)

(TRT-18 – ROT: 00101811820205180104 GO 0010181-18.2020.5.18.0104, Relator: GENTIL PIO DE OLIVEIRA, Data de Julgamento: 26/03/2021, 1ª TURMA)

▶ TURNO ININTERRUPTO DE REVEZAMENTO. INTERVALO INTRAJORNADA NÃO CONCEDIDO. SÚMULA 338, I, TST O depoimento do preposto e a ausência dos cartões de ponto, não juntados pela empresa, evidenciaram que a jornada do trabalhador era a descrita na petição inicial e que não havia usufruto de intervalos intrajornada durante a execução dos serviços. Motivos pelos quais confirmo a sentença de primeiro grau.[...].

(TRT-11 – RO: 00004095620165110301, Relator: VALDENYRA FARIAS THOME, Data de Julgamento: 11/03/2021, 1ª Turma, Data de Publicação: 25/03/2021)

▶ INTERVALO INTRAJORNADA SUPERIOR A DUAS HORAS. A regra inserta no artigo 71, caput, da CLT possibilita a concessão de intervalo intrajornada superior ao limite máximo de duas horas, desde que respaldada em acordo individual escrito ou em norma coletiva, condicionada ainda a validade de tal ajuste, consoante o entendimento jurisprudencial firmado pelo E. Tribunal Superior do Trabalho (TST), à efetiva delimitação do tempo de duração do referido intervalo.

(TRT-2 10002613020195020703 SP, Relator: ALVARO ALVES NOGA, 17ª Turma – Cadeira 5, Data de Publicação: 25/03/2021)

▶ INTERVALO INTRAJORNADA. PAGAMENTO DEVIDO. O § 2º do art. 74 da CLT preconiza ser obrigatório ao empregador que conta com mais de dez empregados registrar a jornada de trabalho destes, sendo que o intervalo intrajornada pode ser pré-assinalado. Consoante dispõe o item I da Súmula 437 do TST, a ausência ou a concessão parcial do intervalo mínimo para repouso e alimentação enseja o pagamento total do período correspondente, com acréscimo de, no mínimo, 50% sobre o valor da remuneração da hora normal de trabalho, nos termos do art. 71 da CLT. Demonstrado que o autor não usufruiu integralmente do repouso mínimo legal, impõe-se manter a sentença que condenou a ré ao pagamento do intervalo intrajornada suprimido. Recurso Ordinário da Ré, desprovido no particular.

(TRT-23 – ROT: 00014387720175230106 MT, Relator: WANDERLEY PIANO DA SILVA, Gab. Des. Bruno Weiler, Data de Publicação: 22/03/2021)

▶ EMENTA: INTERVALO PARA RECUPERAÇÃO TÉRMICA. Em se tratando de empregado que cumpre jornada inferior a 9 horas e 20 minutos, a fruição de três pausas, além do intervalo previsto no art. 71 da CLT, atende a finalidade almejada no art. 253 deste diploma legal, cabendo ao reclamante o ônus de demonstrar a aquisição do direito à fruição de eventual pausa suplementar. Não se desincumbindo do seu encargo probatório, correta a sentença que indefere o pedido de pagamento de uma quarta pausa térmica. (TRT18, RORSum – 0010075-65.2020.5.18.0101, Rel. PLATON TEIXEIRA DE AZEVEDO FILHO, 2ª TURMA, 22/03/2021)

(TRT-18 – RORSUM: 00100756520205180101 GO 0010075-65.2020.5.18.0101, Relator: PLATON TEIXEIRA DE AZEVEDO FILHO, Data de Julgamento: 22/03/2021, 2ª TURMA)

▶ RECURSO ORDINÁRIO DO RECLAMANTE. INTERVALO INTRAJORNADA. MANUTENÇÃO DA SENTENÇA. Não havendo impugnação específica aos controles de ponto juntados pela reclamada, é de ser mantida a sentença que validou tais documentos e indeferiu o pedido de pagamento de intervalo intrajornada, sobretudo se o autor não aponta, ainda que por amostragem, a existência de diferenças devidas. Recurso ordinário conhecido e desprovido.

(TRT-20 00012760920165200007, Relator: FABIO TULIO CORREIA RIBEIRO, Data de Publicação: 26/06/2020)

▶ INTERVALO INTRAJORNADA. O reclamante atraiu para si o ônus da prova ao impugnar os registros de ponto, sob a alegação de que os horários de intervalo para almoço eram determinados pela reclamada. A recorrente não produziu qualquer prova para contrapor a testemunha do autor ou para sustentar a alegada imprestabilidade de suas declarações. Assim sendo, tenho que o reclamante se desincumbiu do ônus de comprovar que não usufruía integralmente do intervalo intrajornada, não merecendo reforma a sentença. Recurso ordinário conhecido e não provido.

(TRT-11 – RO: 00012723420195110001, Relator: VALDENYRA FARIAS THOME, Data de Julgamento: 27/10/2020, 1ª Turma, Data de Publicação: 05/11/2020)

▶ INTERVALO INTRAJORNADA. O fato do autor trabalhar em 2 períodos, na mesma jornada, não elide a obrigação da empresa de conceder o intervalo intrajornada ao empregado no período em que ele, de forma contínua, laborava mais de 8 horas.

(TRT-1 – RO: 01010602720185010068 RJ, Relator: MARIA DAS GRAÇAS CABRAL VIEGAS PARANHOS, Data de Julgamento: 21/10/2020, Segunda Turma, Data de Publicação: 05/11/2020)

▶ INTERVALO INTRAJORNADA. ÔNUS DA PROVA. O artigo 74, § 2º, da CLT, autoriza a pré-assinalação do intervalo intrajornada, de modo que o encargo probatório, na espécie, é do empregado, à dicção do disposto no artigo 818, inciso I, da CLT. Encargo que não se desincumbiu de maneira satisfatória. Recurso ordinário interposto pelo reclamante não provido.

(TRT-2 10001564020195020384 SP, Relator: PAULO EDUARDO VIEIRA DE OLIVEIRA, 3ª Turma – Cadeira 4, Data de Publicação: 21/07/2020)

▶ INTERVALO INTRAJORNADA. PRÉ-ASSINALAÇÃO. Em que pese os cartões de ponto que trazem horários de entrada e saída uniformes serem inválidos como meio de prova quanto à jornada de trabalho, o mesmo não se pode dizer em relação à pré-assinalação do intervalo intrajornada, uma vez que expressamente autorizada por lei, nos termos do art. 74, § 2º, da CLT. Como o art. 74, § 2º, da CLT, permite que o intervalo seja pré-assinalado, a disposição contida no item III da Súmula 338 do TST não se aplica ao intervalo intrajornada pré-assinalado ou uniforme.

(TRT-2 10020188420195020242 SP, Relator: FRANCISCO FERREIRA JORGE NETO, 14ª Turma – Cadeira 1, Data de Publicação: 10/11/2020)

▶ INTERVALO INTRAJORNADA. SUPRESSÃO TOTAL OU PARCIAL. A infração ao intervalo mínimo de 15 minutos, previsto no art. 71, § 1º, da CLT, dá direito ao pagamento da totalidade do período legalmente assegurado, com o adicional de 50% sobre o valor da remuneração da hora normal de trabalho.

(TRT-4 – ROT: 00209889320195040663, Data de Julgamento: 08/03/2021, 3ª Turma)

▶ INTERVALO INTRAJORNADA. DEDUÇÃO NA DURAÇÃO DO TRABALHO. Conforme diretriz fixada pelo art. 71, § 2º, da CLT, "os intervalos de descanso não serão computados na duração do trabalho." Assim, inexistindo elementos no título executivo que convençam sobre a supressão do descanso mínimo de uma hora para refeição no transcorrer da jornada, esse intervalo intrajornada deve ser deduzido da jornada fixada no comando liquidando.

(TRT-3 – AP: 00112233920175030003 MG 0011223-39.2017.5.03.0003, Relator: Cristiana M.Valadares Fenelon, Data de Julgamento: 03/02/2021, Sétima Turma, Data de Publicação: 04/02/2021.)

▶ REDUÇÃO DO INTERVALO INTRAJORNADA. PORTARIA DO MINISTÉRIO DO TRABALHO. Apresentada Portaria do Ministério do Trabalho e não evidenciada extrapolação habitual de jornada, válida a autorização para redução do intervalo intrajornada diante do cumprimento dos requisitos do § 3.º do art. 71 da CLT. (TRT12 – ROT – 0000689-32.2019.5.12.0030, Rel. HELIO HENRIQUE GARCIA ROMERO, 6ª Câmara, Data de Assinatura: 12/11/2020)

(TRT-12 – RO: 00006893220195120030 SC, Relator: HELIO HENRIQUE GARCIA ROMERO, Data de Julgamento: 29/10/2020, Gab. Des.a. Mirna Uliano Bertoldi)

▶ INTERVALO INTRAJORNADA. RODOVIÁRIO. O fracionamento da pausa intervalar, previsto em lei e em norma coletiva, não afasta o direito do empregado à sua quitação com o acréscimo de 50%, na hipótese de prestação habitual de horas extras. Comprovado o irregular usufruto da pausa intervalar, devido é o seu pagamento, não apenas pela extrapolação habitual da jornada, mas como também pelo indevido labor no período destinado ao repouso e alimentação do empregado, pela integralidade do contrato de trabalho, ante ao flagrante descumprimento ao que determina o art. 71 da CLT 71, § 5º da CLT bem como o entendimento consubstanciado na Súmula n. 437 do C.TST. Merece, assim, retoque a sentença para que seja determinado o pagamento da pausa intervalar também no período após o advento da Lei nº 13.103/2015, uma vez que, diversamente aos fundamentos da sentença, não cabe presumir ter sido concedida uma hora diária, ainda que de forma fracionada, nos dias em que o autor realizava a "dobra".

(TRT-1 – RO: 01011980320175010044 RJ, Relator: JOSE NASCIMENTO ARAUJO NETO, Data de Julgamento: 17/03/2021, Primeira Turma, Data de Publicação: 23/03/2021)

Art. 72 – Nos serviços permanentes de mecanografia (datilografia, escrituração ou cálculo), a cada período de 90 (noventa) minutos de trabalho consecutivo corresponderá um repouso de 10 (dez) minutos não deduzidos da duração normal de trabalho.

1. JURISPRUDÊNCIA

▶ – TRABALHADOR RURAL. PAUSAS PREVISTAS NA NR-31. APLICAÇÃO ANALÓGICA DO ART. 72 DA CLT. O art. 72 da CLT é aplicável analogicamente ao trabalhador rural em razão da lacuna normativa quanto ao período destinado às pausas previstas na NR-31. Considerando haver prova nos autos da fruição das referidas pausas pelo reclamante, impõe-se a reforma da sentença para afastar a condenação da reclamada ao seu pagamento.

▶ (TRT-18 – RORSUM: 00102824820205180171 GO 0010282-48.2020.5.18.0171, Relator: IARA TEIXEIRA RIOS, Data de Julgamento: 20/03/2021, 1ª TURMA)

▶ CAIXA BANCÁRIO. INTERVALO DE DIGITADOR. HORAS EXTRAORDINÁRIAS. NÃO CONFIGURAÇÃO. Exercendo o reclamante, na função de Caixa Executivo, atividades diversas, como atendimento ao público, compensação de cheques, contagem de numerário, entre outras, não há como se considerar a atividade de inserção de dados (digitação) como preponderante, sobretudo após o atual sistema de leitoras de código de barras utilizado nos Bancos. A atividade de digitação desempenhada pela recorrente está longe de ser desempenhada de forma repetitiva e ininterrupta, portanto, incapaz de ensejar as pausas intrajornada pleiteadas. Dessa forma, não faz jus o obreiro ao intervalo previsto na Norma Regulamentar N.º 17 (item 6.4, alínea d do Ministério do Trabalho e Emprego, bem como no Normativo Interno da Caixa Econômica Federal (MN RH 035). Nesse sentido, o julgamento por este Regional do Incidente de Uniformização de Jurisprudência (IUJ), Processo Nº TRT – 0080433-15.2016.5.07.0000, cuja ementa é a seguinte: "INCIDENTE DE UNIFORMIZAÇÃO DE JURISPRUDÊNCIA. CAIXA BANCÁRIO. CAIXA ECONÔMICA FEDERAL. INTERVALO DE 10 (DEZ) MINUTOS A CADA 50 (CINQUENTA) MINUTOS TRABALHADOS. EQUIPARAÇÃO AOS DIGITADORES. HORAS EXTRAS INDEVIDAS. O exercente da função de caixa bancário, empregado da Caixa Econômica Federal, não faz jus ao intervalo de 10 (dez) minutos a cada 50 (cinquenta) trabalhados, por equiparação aos digitadores, vez que os caixas bancários executam, além de serviços de digitação, outros labores, a exemplo de atendimento ao público, contagem de numerário e descontos de cheques, de modo que não têm, como atividade continuada ou permanente, o serviço de digitação, exceto se demonstrado que se sujeitava a movimentos repetitivos e preponderância/exclusividade de serviços de digitação". Assim, o reclamante não faz jus a 01 (uma) hora extra diária, acrescida do adicional de 50%, e aos respectivos reflexos legais, quando passou a exercer as funções de caixa executivo a partir de 06/02/2012, além dos minutos proporcionais nos dias em que laborou em jornada extraordinária, impondo-se, em consequência, a reforma da sentença para julgar improcedentes os pedidos contidos na presente reclamação trabalhista. Recurso da reclamada conhecido e provido.

▶ (TRT-7 – RO: 00001918420175070016, Relator: EMMANUEL TEOFILO FURTADO, Data de Julgamento: 05/04/2018, Data de Publicação: 06/04/2018)

▶ RECURSO ORDINÁRIO DA RECLAMANTE. BANRISUL. REPOUSO DO DIGITADOR. O intervalo de dez minutos dos digitadores é assegurado aos profissionais que exercem essa função de modo permanente, de acordo com o art. 72 da CLT (a cada noventa minutos de trabalho) e com as normas coletivas (a cada cinquenta minutos de trabalho). A autora, no entanto, como escriturária, exercia diversas atividades laborais, a teor da prova pericial ergonômica. Logo, por não ter sido desempenhada a tarefa de digitação de modo permanente, a demandante não tem direito aos repousos postulados. Apelo não provido. RECURSO ORDINÁRIO DO DEMANDADO. BANCÁRIO. DIVISOR DE HORAS EXTRAS. Considerando o enquadramento da acionante na regra do caput do art. 224 da CLT, deve ser aplicado o divisor 180 para o cálculo das horas extras deferidas, observando-se orientação emitida pelo TST no julgamento do IRR – 849-83.2013.5.03.0138. Recurso provido para majorar o divisor de 150 para 180.

▶ (TRT-4 – RO: 00204701620145040781, Data de Julgamento: 26/05/2017, 2ª Turma)

▶ FUNÇÃO DE DIGITADOR. REQUISITO. O que releva para a caracterização de um digitador é a preponderância do labor com digitação ou inserção de dados em computador. Neste contexto, restou demonstrado pela prova oral produzida nos autos que a reclamante realizava diversas outras atividades, não restando caracterizada a atividade da reclamante como digitadora em caráter permanente, o que afasta o reconhecimento da função de digitadora e o direito às horas extras postuladas.

(TRT-2 10012016020165020004 SP, Relator: MARIA DE FATIMA DA SILVA, 17ª Turma – Cadeira 4, Data de Publicação: 28/08/2020)

▶ INTERVALO DIGITADOR. O direito ao intervalo referido no art. 72 da CLT, aplicável por analogia ao digitador, conforme Súmula 346/TST existe quando há continuidade e constância no serviço de digitação, quando o trabalhador tem a exclusiva incumbência de digitar durante toda a jornada, e não quando o serviço de digitação é feito como tarefa secundária ou acessória.

(TRT-10 00004459120175100010 DF, Data de Julgamento: 09/12/2020, Data de Publicação: 15/12/2020)

▶ INTERVALOS DE DIGITADOR. O item 17.6.4.d da NR 17 da Portaria 3.214/78 do MTE tem aplicação às atividades de entradas de dados sujeitas a movimentos ou esforços repetitivos dos membros superiores e coluna vertebral, como aqueles executados pelo digitador ou próprias dos serviços de mecanografia, ainda que sua aplicação não esteja restrita aos serviços de digitação. Demonstrado que a reclamante realizava atividades de entrada de dados de forma repetitiva, tem incidência a norma pretendida.

(TRT-4 – ROT: 00203925120175040026, Data de Julgamento: 25/09/2019, 5ª Turma)

▶ INTERVALO DO DIGITADOR. O trabalho com entrada de dados não caracteriza, por si só, a função de digitador, já que o artigo 72 da CLT é direcionado àqueles que exerçam serviço permanente de mecanografia, admitida a equiparação de quem exerça exclusivamente a função de digitador (Súmula nº 346 do C. TST). Para ter direito ao intervalo previsto na NR 17, o empregado deve exercer, exclusivamente, atividade que demande serviço permanente de digitação continuada de dados, o que não retrata a hipótese dos autos.

(TRT-1 – RO: 00010756320125010014 RJ, Relator: Tania da Silva Garcia, Data de Julgamento: 10/09/2019, Quarta Turma, Data de Publicação: 19/09/2019)

▶ INTERVALO DE DIGITADOR. CAIXA BANCÁRIO. Incontroverso o fato de que não era concedida a pausa de 10 minutos a cada 50 minutos de trabalho da Autora, submetida a movimentos de esforço repetitivo, no desempenho das funções de Caixa, dá-se provimento ao recurso.

(TRT-1 – RO: 01018208420175010302 RJ, Relator: GLAUCIA ZUCCARI FERNANDES BRAGA, Data de Julgamento: 10/03/2021, Segunda Turma, Data de Publicação: 13/03/2021)

▶ CAIXA BANCÁRIO – INTERVALO DIGITADOR – NÃO APLICAÇÃO. A previsão contida no art. 72 da CLT, bem com a Norma Regulamentar nº 17 do Ministério do Trabalho, direcionam-se a atividades de digitação realizadas de forma ininterrupta, o que firma-se como diferença essencial entre as atividades de digitador e caixa bancário. Desse modo, o caixa bancário não faz jus ao referido intervalo.

(TRT-1 – RO: 01012664320195010056 RJ, Relator: DALVA AMELIA DE OLIVEIRA MUNOZ CORREIA, Data de Julgamento: 03/11/2020, Oitava Turma, Data de Publicação: 05/11/2020)

▶ DIGITADOR. ACUMULAÇÃO DE FUNÇÕES DIFERENTES. INAPLICABILIDADE DA NR-17. Provado o exercício de funções diversas, acumuladas às de digitador, não faz jus o empregado ao intervalo de 10 minutos a cada 50 minutos trabalhados, previsto na NR 17 (Ergonomia, Portaria MTb 3.751/90). Recurso da reclamante ao qual se nega provimento.

(TRT-2 10016741720165020434 SP, Relator: RICARDO ARTUR COSTA E TRIGUEIROS, 4ª Turma – Cadeira 4, Data de Publicação: 19/11/2019)

▶ INTERVALO DE DIGITADOR. CAIXA BANCÁRIO. Havendo alternância entre as tarefas realizadas pelo caixa bancário, sem o trabalho contínuo de entrada de dados, não há direito à pausa de 10 minutos para cada 50 trabalhados. (TRT12 – ROT – 0000471-45.2020.5.12.0005, Rel. MARI ELEDA MIGLIORINI, 5ª Câmara, Data de Assinatura: 21/02/2021)

(TRT-12 – RO: 00004714520205120005 SC, Relator: MARI ELEDA MIGLIORINI, Data de Julgamento: 09/02/2021, Gab. Des.a. Mari Eleda Migliorini)

▶ CAIXA EXECUTIVO. INTERVALO DE DIGITADOR. IMPOSSIBILIDADE. Comprovado nos autos que o reclamante não desempenhava atividade permanente de digitação, mantida a sentença que julgou improcedente a reclamação. Decisão em consonância com os Precedentes do C. TST e inteligência do IUJ nº 0080433-15.2016.5.07.0000 – TRT 7ª Região. Recurso conhecido e improvido.

(TRT-7 – RO: 00015605020175070037, Relator: MARIA JOSE GIRAO, Data de Julgamento: 29/08/2019, Data de Publicação: 29/08/2019)

▶ INTERVALO DE DIGITADOR – TRABALHO PERMANENTE DE DIGITAÇÃO – ÔNUS DA PROVA. Não sendo provada a utilização, de forma constante e permanente, dos terminais de computadores para digitação de dados, não podem ser deferidas as horas extras vindicadas no pedido, porque nessa hipótese não cabe a aplicação analógica da regra do artigo 72 CLT.

(TRT-3 – RO: 00104592020195030056 0010459-20.2019.5.03.0056, Relator: Jales Valadao Cardoso, Segunda Turma)

▶ SEÇÃO IV
DO TRABALHO NOTURNO

Art. 73. Salvo nos casos de revezamento semanal ou quinzenal, o trabalho noturno terá remuneração superior a do diurno e, para esse efeito, sua remuneração terá um acréscimo de 20 % (vinte por cento), pelo menos, sobre a hora diurna. (Redação dada pelo Decreto-lei nº 9.666, de 1946)

§ 1º A hora do trabalho noturno será computada como de 52 minutos e 30 segundos. (Redação dada pelo Decreto-lei nº 9.666, de 1946)

§ 2º Considera-se noturno, para os efeitos deste artigo, o trabalho executado entre as 22 horas de um dia e as 5 horas do dia seguinte. (Redação dada pelo Decreto-lei nº 9.666, de 1946)

§ 3º O acréscimo, a que se refere o presente artigo, em se tratando de empresas que não mantêm, pela natureza de suas atividades, trabalho noturno habitual, será feito, tendo em vista os quantitativos pagos por trabalhos diurnos de natureza semelhante. Em relação às empresas cujo trabalho noturno decorra da natureza de suas atividades, o aumento será calculado sobre o salário mínimo geral vigente na região, não sendo devido quando exceder desse limite, já acrescido da percentagem. (Redação dada pelo Decreto-lei nº 9.666, de 1946)

§ 4º Nos horários mistos, assim entendidos os que abrangem períodos diurnos e noturnos, aplica-se às horas de trabalho noturno o disposto neste artigo e seus parágrafos. (Redação dada pelo Decreto-lei nº 9.666, de 1946)

§ 5º Às prorrogações do trabalho noturno aplica-se o disposto neste capítulo. (Incluído pelo Decreto-lei nº 9.666, de 1946)

COMENTÁRIOS (ART. 73)

Tem-se noturno o trabalho executado entre as 22h00 de um dia e as 5h00 do dia seguinte. Esse adicional possui natureza salarial, eis que reflete nas demais verbas trabalhistas. A hora noturna do trabalhador urbano é reduzida, vez que a hora noturna é computada como 52 minutos e 30 segundos.

O empregado doméstico passou a ter direito ao recebimento do adicional noturno (artigo 14 da Lei Complementar 150/2015).

O trabalho noturno para o empregado rural dependerá de sua atividade, sendo que não possui hora noturna reduzida. Na lavoura, entre as 21h00 e 5h00. Na pecuária dar-se-á entre as 20h00 de um dia até 4h00 do dia seguinte. O trabalhador rural não possui hora noturna reduzida, mas terá um adicional de 25%.

Já o trabalhador rural perceberá adicional noturno ao laborar no período compreendido entre as 21 horas de um dia e as 5 horas do dia seguinte, na lavoura, ou entre as 20h00 de um dia até às 4h00 do dia seguinte, se laborar em atividade pecuária.

Vale destacar que, caso o trabalhador deixe de trabalhar em tais condições, ou seja, passe a trabalhar no período diurno, implicará na perda do direito do pagamento do adicional noturno, não se incorporando ao salário, conforme Súmula 265 do TST.

No que tange ao percentual a ser pago, o adicional noturno será de 20% (vinte por cento) sobre a hora diurna, para o empregado urbano e de 25% (vinte e cinco por cento) sobre a hora diurna para o empregado rural.

O adicional noturno pago com habitualidade, integrará o cálculo do salário do empregado para todos os efeitos legais – possui, portanto, natureza salarial. Também integra a base de cálculo das horas extras, chamada de hora extra noturna, conforme Súmula 118 do TST.

Observação: Hora extra noturna: hora normal + 20% do adicional noturno = "X" + 50% hora extra.

SEÇÃO V
DO QUADRO DE HORÁRIO

Art. 74. O horário de trabalho será anotado em registro de empregados. (Redação dada pela Lei nº 13.874, de 2019)

§ 1º (Revogado). (Redação dada pela Lei nº 13.874, de 2019)

§ 2º Para os estabelecimentos com mais de 20 (vinte) trabalhadores será obrigatória a anotação da hora de entrada e de saída, em registro manual, mecânico ou eletrônico, conforme instruções expedidas pela Secretaria Especial de Previdência e Trabalho do Ministério da Economia, permitida a pré-assinalação do período de repouso. (Redação dada pela Lei nº 13.874, de 2019)

§ 3º Se o trabalho for executado fora do estabelecimento, o horário dos empregados constará do registro manual, mecânico ou eletrônico em seu poder, sem prejuízo do que dispõe o caput deste artigo. (Redação dada pela Lei nº 13.874, de 2019)

§ 4º Fica permitida a utilização de registro de ponto por exceção à jornada regular de trabalho, mediante acordo individual escrito, convenção coletiva ou acordo coletivo de trabalho. (Incluído pela Lei nº 13.874, de 2019)

COMENTÁRIOS (ART. 74)

1. CONTROLE DE JORNADA

A exigência de marcação do cartão de ponto e a forma de registro – por meio manual, mecânico ou eletrônico – é uma prerrogativa inserida no poder diretivo do empregador (art. 2º, CLT).

Sobre o poder de controle Bezerra Leite ensina que *"o poder de controle, que consiste no direito de o empregador fiscalizar as atividades profissionais de seus empregados, aí incluídas a revista dos obreiros na portaria ao final do expediente, a colocação de câmaras de circuito interno de televisão e a exigência de marcação do cartão de ponto".* [405]

Como delineado por Mauricio Godinho Delgado[406], ***"A regra geral, no Direito brasileiro, é que são controladas as jornadas laborativas do empregado. E isso é lógico, à medida que incide em benefício do empregador um amplo conjunto de prerrogativas autorizadoras de sua direção, fiscalização e controle sobre a prestação de serviços contratada*** *(art. 2º, caput, CLT).* Nesse quadro, presume-se que tal poder de direção, fiscalização e controle manifestar-se-á, cotidianamente, ao longo da prestação laboral, quer no tocante à sua qualidade, quer no tocante à sua intensidade, quer no tocante à sua frequência".

As jornadas de trabalho são controladas pelo empregador em decorrência do poder diretivo conferido por lei, que autoriza a fiscalização e controle sobre a prestação de serviços do empregado, na forma do artigo 2º, caput, da CLT[407].

O poder empregatício, portanto, possibilita ao empregador fiscalizar o trabalho desempenhado por seus respectivos empregados por intermédio da instituição de mecanismos de controle de jornada.

De acordo com a redação anterior do artigo 74, parágrafo 2º, da CLT, o empregador com 10 (dez) ou mais empregados tinha a obrigação de manter o controle de jornada de trabalho.

A Lei da Liberdade Econômica (Lei nº 13.874/2019) modificou a redação do referido dispositivo, ampliando o número mínimo de trabalhadores no mesmo estabelecimento para 20 (vinte).

Assim, a partir de então, as empresas que contam com mais de 20 (vinte) empregados passaram a ser obrigadas a realizar as anotações de entrada e saída, em registro manual mecânico ou eletrônico, conforme as orientações expedidas Ministério da Economia, à época responsável pela regulamentação da matéria. A MP n. 1.058/2021, convertida na Lei 14.261/2021, recriou o Ministério do Trabalho e Previdência, tornando esse órgão responsável pela edição das normas relativas à matéria.

Além disso, a nova redação do parágrafo 3º do artigo 74 da CLT, também concedida pela Lei da Liberdade Econômica, passou a admitir a possibilidade de marcação do horário de trabalho dos empregados que desenvolvem atividade fora do estabelecimento do empregador em registro manual, mecânico ou eletrônico mantidos em seu poder.

Sobre esta questão, segue entendimento do jurista Luciano Martinez:

> *"Para os estabelecimentos com **mais de 20 (vinte) trabalhadores** será [também] obrigatória a anotação da hora de entrada e de saída, em registro manual, mecânico ou eletrônico, conforme instruções expedidas pela Secretaria Especial de Previdência e Trabalho do Ministério da Economia, permitida [agora como faculdade] a pré-assinalação do período de repouso. Se, porém, o **trabalho for executado fora do estabelecimento, o horário dos empregados constará do registro** manual, mecânico ou eletrônico **em seu poder**, ou seja, **constará de algum registro no qual o próprio trabalhador possa realizar as anotações demonstrativas do trabalho que efetivamente prestou.**"* [408]

Usualmente, o empregador realiza o controle direto da jornada de trabalho, por meio dos seus prepostos, dos registros manuais, mecânicos ou eletrônicos, cartão de ponto por exceção, por exemplo.

Entretanto, a jurisprudência admite a realização do controle ou fiscalização da jornada de trabalho por meios indiretos, os quais, como regra, são exercidos à distância, como a adoção de recursos tecnológicos de rastreamento de veículo por satélite, aparelhos de geolocalização, computador de bordo, montante de entregas realizadas, entre outros.

Nesse sentido, o informativo 153 do TST:

> *"**Horas extras. Motorista. Rastreamento de veículo por satélite. Controle indireto da jornada de trabalho. Inaplicabilidade do art. 62, I, da CLT. A adoção, pelo empregador, de recursos tecnológicos de rastreamento de veículo por satélite, para garantir a segurança ininterrupta da carga transportada, possibilita o controle indireto da jornada desempenhada pelo empregado motorista, razão pela qual não há falar em aplicação do art. 62, I, da CLT.** O direito ao pagamento de horas extraordinárias não subsiste apenas nas hipóteses em que seja absolutamente impossível fiscalizar os horários cumpridos pelo empregado. Sob esse entendimento, a SBDI-I, por unanimidade, conheceu do recurso de embargos, por divergência jurisprudencial, e, no mérito, por maioria, negou-lhe provimento. Vencidos os Ministros Walmir Oliveira da Costa, Ives Gandra Martins Filho, Guilherme Augusto Caputo Bastos e Márcio Eurico Vitral Amaro TST-E-RR-45900-29.2011.5.17.0161, SBDI-I, rel. Min. Cláudio Mascarenhas Brandão, 23.2.2017"*

Sendo assim, o rastreamento do trabalhador fora do estabelecimento comercial, pode ser considerado como uma forma de controle indireto da jornada de trabalho, permitindo ao empregador a fiscalização do

---

405 Carlos Henrique Bezerra Leite Curso de direito do trabalho. – 11. ed. – São Paulo: Saraiva Educação, 2019.

406 Mauricio Godinho Delgado. Curso de direito do trabalho – 18. ed. – São Paulo: LTr, 2019.

407 Idem. Delgado, 2019.

408 *Luciano Martinez. Curso de direito do trabalho – 11. ed. – São Paulo: Saraiva Educação, 2020.*

cumprimento das tarefas designadas, na medida em que é possível saber a exata localização do empregado.

Essa forma de medição à distância é habitualmente empregada no rastreio e monitoramento de veículos, permitindo a sua localização no mapa em tempo real, saber o *status* da ignição, velocidade do veículo, rodagem, gastos com combustível e a forma de condução de cada motorista. Os dados são coletados a partir de sensores inseridos nos veículos, são monitorados e enviados para um sistema de gerenciamento, possibilitando um monitoramento completo, inclusive gerando relatórios dos deslocamentos ou do tempo de inatividade.

O reconhecimento da exclusão do controle de jornada nas atividades externas depende da demonstração pelo empregador da absoluta impossibilidade de realização da fiscalização da atividade exercida pelo empregado.

A Reforma Trabalhista (Lei 13.467/2017) também permitiu o uso de registro de ponto por exceção, ajustado mediante acordo individual escrito, convenção coletiva ou acordo coletivo de trabalho (parágrafo 4º do artigo 74 da CLT).

Nessa modalidade de marcação, a jornada de trabalho é anotada apenas quando o empregado se ativar em labor extraordinário, se atrasar, faltar, estiver em gozo de férias etc. Para Luciano Martinez, a ausência da tradicional folha de ponto com múltiplos registros de entrada, intervalos e saídas, que estava sob a responsabilidade unicamente patronal, criará, em verdade, um novo arranjo sobre a distribuição do ônus da prova e levará à imprestabilidade alguns entendimentos jurisprudenciais que se baseavam na ideia de que os controles de jornada não poderiam ter a aparência uniforme com anotações "britânicas" de entrada e saída, a exemplo daquele constante da Súmula 338 do TST"[409].

O Marco Regulatório Trabalhista Infralegal, regulamentado pelo Decreto n. 10.854/2021, regulamentou o controle eletrônico de jornada de trabalho, previsto no artigo em análise. Impõe que os equipamentos e os sistemas de registro eletrônico de jornada registrarão fielmente as marcações realizadas. O sistema instituído não pode permitir: alteração ou eliminação dos dados registrados pelo empregado; restrições de horário às marcações de ponto; marcações automáticas de ponto, tais como horário predeterminado ou horário contratual. Deverá exigir autorização prévia para marcação de sobrejornada, além de permitir a pré-assinalação do período de repouso e a assinalação de ponto por exceção à jornada regular de trabalho. Ainda, para fins de fiscalização, o sistema instituído, deve possibilitar a identificação de empregador e empregado, bem como a a extração do registro fiel das marcações realizadas pelo empregado.

2. CARTÃO DE PONTO: A LGPD MITIGOU O PODER DIRETIVO DO EMPREGADOR?

A Lei Geral de Proteção de Dados (Lei 13.709/2018), em seu art. 5º, inciso II, define o dado pessoal sensível como "o *dado pessoal sobre origem racial ou étnica, convicção religiosa, opinião política, filiação a sindicato ou a organização de caráter religioso, filosófico ou político, dado referente à saúde ou à vida sexual, dado genético ou biométrico, quando vinculado a uma pessoa natural*".

O dado pessoal sensível poderá ser tratado somente quando o empregado (titular) ou seu representante legal consentir, de forma destacada e específica, para finalidade específicas, ou sem o consentimento do empregado, nas hipóteses que for indispensável para o cumprimento de uma obrigação legal ou regulatória pelo controlador; proteção da vida ou da incolumidade física do titular ou de terceiro; dentre outras situações previstas no art. 11 da LGPD.

É muito comum os empregadores instituírem cartão de ponto eletrônico biométrico para controlar a jornada de trabalho dos empregados.

A biometria, como dito acima, é um dado pessoal sensível do empregado (titular) e depende do seu consentimento para que seja tratado pelo controlador. A lei expressamente autoriza o controlador a utilizar os dados sensíveis quando for *indispensável* para o cumprimento de uma obrigação legal ou regulatória, ou para a garantia da prevenção à fraude e à segurança do titular, nos processos de identificação e autenticação de cadastro em sistemas eletrônicos, resguardados os direitos mencionados no art. 9º da LGPD e exceto no caso de prevalecer direitos e liberdades fundamentais do titular que exijam a proteção dos dados pessoais – dentre outras hipóteses que não serão objeto de análise na presente discussão.

Caso o empregado não conceda o consentimento para o tratamento dos seus dados biométricos, o empregador poderá exigir o fornecimento pelo empregado? A resposta parece simples, mas não é.

De acordo com o art. 74, §2º, da CLT, nos estabelecimentos com mais de 20 trabalhadores o empregador terá a obrigação de anotar a jornada de trabalho dos empregados, por meio de registro manual, mecânico, ou eletrônico, conforme instruções expedidas pela Ministério do Trabalho e Previdência (recriado pela MP n. 1.058/2021, convertida na Lei 14.261/2021).

A LGPD autoriza o tratamento dos dados sensíveis, sem o consentimento do titular, apenas quando for *indispensável* ao cumprimento de obrigação legal

[409] Idem. Martinez, 2020.

ou regulatória pelo empregador (controlador). Diante disso, é necessário ponderar se a marcação da jornada por meio de ponto eletrônico biométrico é (ou não) considerada indispensável.

O empregador pode alegar que se trata de forma de marcação indispensável ao cumprimento da obrigação legalmente imposta, sustentando que a utilização dos dados biométricos é imprescindível para evitar a ocorrência de fraudes (art. 11, II, "g", da LGPD).

De outro lado, o empregado pode alegar que marcação de ponto eletrônico biométrico é *dispensável*, considerando que o empregador dispõe de outros meios ou formas de controle de jornada, como a marcação manual ou mecânica, ou até mesmo a marcação eletrônica sem a utilização dos dados pessoais sensíveis – como, v.g., o ponto eletrônico por aproximação de cartão. Pode argumentar que a LGPD mitigou o poder diretivo do empregador, uma vez que não permite a utilização de dados pessoais sensíveis sem a anuência do empregado, salvo nas hipóteses previstas no inciso II, do art. 11 da referida lei.

Ainda, existe uma outra discussão interessante envolvendo uma nova forma de controle de jornada: o cartão de ponto *por aplicativo.*

Para realizar o controle de jornada no teletrabalho, ou substituir o controle de ponto eletrônico biométrico, as empresas passaram a utilizar o ponto eletrônico por aplicativo (MarQPonto, Mywork, Folhacerta, Senior, dentre outros).

A Medida Provisória n. 1.108, de 25 de março de 2022, modificou a sistemática do teletrabalho, ampliando o conceito, a estrutura normativa e a segurança jurídica às relações juslaborais subordinadas a esse regime.

A contratação do empregado submetido ao regime de teletrabalho ou trabalho remoto poderá ser por jornada, por produção ou por tarefa (art. 75-B, §2º, da CLT, incluído pela MP n. 1.108, de 2022).

No teletrabalho por jornada, em que há um incontroverso controle da jornada de trabalho do empregado, a rigor, o empregador se vale de controles eletrônicos, como, por exemplo, reconhecimento facial, a captura de imagem e o ponto eletrônico por aplicativo (MarQPonto, Mywork e Senior). Esta última medida é interessante porque o processo de registro do ponto é feito a partir de um *smartphone,* no qual o empregado insere dados biométricos, ou aproximação de crachá (tecnologia NFC), ou escaneia o código QR, para registrar o horário e permitir o controle da jornada pelo empregador.[410] O empregado deve estar inscrito na plataforma previamente para marcar o ponto por aplicativo, o que exigirá a informação dos seus dados pessoais ao aplicativo.

O teletrabalho por produção ou por tarefa, no qual o trabalhador é remunerado com base na quantidade ou volume produzido ou vendido em favor do empregador. Neste caso, presume-se que o empregado não está sujeito ao controle de jornada do empregador, dada a natureza do trabalho por tarefa, de forma que estará excluído das regras de duração de jornada, incluindo a limitação de jornada de 8 horas diária e 44 horas semanais, prevista no art. 7º, inciso XIII, XVI, da CF, art. 58 e seguintes da CLT, conforme estabelece a nova redação do art. 62, III, da CLT, dada pela Medida Provisória n. 1.108, de 2022.

O regime de teletrabalho, em todas as suas vertentes, inspira uma proteção especial dos dados pessoais do trabalhador, bem como a implementação de medidas de segurança, a fim de evitar o vazamento de dados tanto da empresa e – principalmente – os dados pessoais e sensíveis do teletrabalhador. Para além do tratamento de dados, o empregador deve solicitar o consentimento específico e detalhado para tratar os dados pessoais do teletrabalhador.

A responsabilidade pelos dados do empregado será do empregador se realizar o controle direto do aplicativo. Caso o empregador designe um terceiro para realizar o tratamento (operador), ambos serão responsáveis: a) por garantir a proteção dos dados pessoais do trabalhador; b) implementar medidas de segurança, a fim de evitar o vazamento; c) respondem, a rigor, solidariamente por eventuais danos causados ao empregado (art. 42, I, LGPD).

As empresas que contratarem os serviços de ponto por aplicativo, devem se atentar ao tratamento de dados realizado pelo operador, principalmente os dados pessoais sensíveis, para evitar futuras responsabilizações.

SEÇÃO VI
DAS PENALIDADES

Art. 75. Os infratores dos dispositivos do presente Capítulo incorrerão na multa de cinquenta a cinco mil cruzeiros, segundo a natureza da infração, sua extensão e a intenção de quem a praticou, aplicada em dobro no caso de reincidência e oposição à fiscalização ou desacato à autoridade.

Parágrafo único – São competentes para impor penalidades, no Distrito Federal, a autoridade de 1ª instância do Departamento Nacional do Trabalho e, nos Estados e no Território do Acre, as autoridades regionais do Ministério do Trabalho, Industria e Comercio.

[410] W. Arruda, "Titlt – O canal sobre tecnologia do UOL," 27 abr 2020. [Online]. Disponível: https://www.uol.com.br/tilt/noticias/redacao/2020/04/27/apps-de-ponto-eletronico-ajudam-empresas-a-monitorar-trabalho-na-quarentena.htm. [Acesso em 06 set 2020].

▸ CAPÍTULO II-A

(incluído pela Lei nº 13.467, de 2017) (vigência)

DO TELETRABALHO

Art. 75-A. A prestação de serviços pelo empregado em regime de teletrabalho observará o disposto neste Capítulo. Incluído pela Lei nº 13.467, de 2017) (Vigência)

Art. 75-B. *Considera-se teletrabalho ou trabalho remoto a prestação de serviços fora das dependências do empregador, de maneira preponderante ou não, com a utilização de tecnologias de informação e de comunicação, que, por sua natureza, não se configure como trabalho externo.* (Redação dada pela Medida Provisória nº 1.108, de 2022)

§ 1º O comparecimento, ainda que de modo habitual, às dependências do empregador para a realização de atividades específicas, que exijam a presença do empregado no estabelecimento, não descaracteriza o regime de teletrabalho ou trabalho remoto. (Redação dada pela Medida Provisória nº 1.108, de 2022)

§ 2º O empregado submetido ao regime de teletrabalho ou trabalho remoto poderá prestar serviços por jornada ou por produção ou tarefa. (Incluído pela Medida Provisória nº 1.108, de 2022)

§ 3º Na hipótese da prestação de serviços em regime de teletrabalho ou trabalho remoto por produção ou tarefa, não se aplicará o disposto no Capítulo II do Título II desta Consolidação. (Incluído pela Medida Provisória nº 1.108, de 2022)

§ 4º O regime de teletrabalho ou trabalho remoto não se confunde e nem se equipara à ocupação de operador de ***telemarketing*** *ou de teleatendimento.* (Incluído pela Medida Provisória nº 1.108, de 2022)

§ 5º O tempo de uso de equipamentos tecnológicos e de infraestrutura necessária, e de ***softwares****, de ferramentas digitais ou de aplicações de internet utilizados para o teletrabalho, fora da jornada de trabalho normal do empregado não constitui tempo à disposição, regime de prontidão ou de sobreaviso, exceto se houver previsão em acordo individual ou em acordo ou convenção coletiva de trabalho.* (Incluído pela Medida Provisória nº 1.108, de 2022)

§ 6º Fica permitida a adoção do regime de teletrabalho ou trabalho remoto para estagiários e aprendizes. (Incluído pela Medida Provisória nº 1.108, de 2022)

§ 7º Aos empregados em regime de teletrabalho aplicam-se as disposições previstas na legislação local e nas convenções e acordos coletivos de trabalho relativas à base territorial do estabelecimento de lotação do empregado. (Incluído pela Medida Provisória nº 1.108, de 2022)

§ 8º Ao contrato de trabalho do empregado admitido no Brasil que optar pela realização de teletrabalho fora do território nacional, aplica-se a legislação brasileira, excetuadas as disposições constantes na Lei nº 7.064, de 6 de dezembro 1982, salvo disposição em contrário estipulada entre as partes. (Incluído pela Medida Provisória nº 1.108, de 2022)

§ 9º Acordo individual poderá dispor sobre os horários e os meios de comunicação entre empregado e empregador, desde que assegurados os repousos legais. (Incluído pela Medida Provisória nº 1.108, de 2022)

Art. 75-C. *A prestação de serviços na modalidade de teletrabalho ou trabalho remoto deverá constar expressamente do contrato individual de trabalho.* (Redação dada pela Medida Provisória nº 1.108, de 2022)

§ 1º Poderá ser realizada a alteração entre regime presencial e de teletrabalho desde que haja mútuo acordo entre as partes, registrado em aditivo contratual. (Incluído pela Lei nº 13.467, de 2017) (Vigência)

§ 2º Poderá ser realizada a alteração do regime de teletrabalho para o presencial por determinação do empregador, garantido prazo de transição mínimo de quinze dias, com correspondente registro em aditivo contratual. (Incluído pela Lei nº 13.467, de 2017) (Vigência)

§ 3º O empregador não será responsável pelas despesas resultantes do retorno ao trabalho presencial, na hipótese do empregado optar pela realização do teletrabalho ou trabalho remoto fora da localidade prevista no contrato, salvo disposição em contrário estipulada entre as partes. (Incluído pela Medida Provisória nº 1.108, de 2022)

Art. 75-D. As disposições relativas à responsabilidade pela aquisição, manutenção ou fornecimento dos equipamentos tecnológicos e da infraestrutura necessária e adequada à prestação do trabalho remoto, bem como ao reembolso de despesas arcadas pelo empregado, serão previstas em contrato escrito. (Incluído pela Lei nº 13.467, de 2017) (Vigência)

Parágrafo único. As utilidades mencionadas no *caput* deste artigo não integram a remuneração do empregado. (Incluído pela Lei nº 13.467, de 2017) (Vigência)

Art. 75-E. O empregador deverá instruir os empregados, de maneira expressa e ostensiva, quanto às precauções a tomar a fim de evitar doenças e acidentes de trabalho. (Incluído pela Lei nº 13.467, de 2017) (Vigência)

Parágrafo único. O empregado deverá assinar termo de responsabilidade comprometendo-se a seguir as instruções fornecidas pelo empregador. (Incluído pela Lei nº 13.467, de 2017) (Vigência)

Art. 75-F. Os empregadores deverão conferir prioridade aos empregados com deficiência e aos empregados e empregadas com filhos ou criança sob guarda judicial até quatro anos de idade na alocação em vagas para atividades que possam ser efetuadas por meio do teletrabalho ou trabalho remoto. (Incluído pela Medida Provisória nº 1.108, de 2022)

COMENTÁRIOS (ARTS. 75-A A 75-F)

TELETRABALHO

O teletrabalho consiste em espécie do gênero trabalho à distância, diferenciando-se deste pelo fato de que o teletrabalho exige a utilização de meios telemáticos, informatizados e de comunicação. Esse tímido conceito, inicialmente, era extraído a partir da redação do art. 6º da CLT, dada pela Lei 12.551/2011, que equipara o serviço desempenhado pelo empregado nas dependências do empregador, no domicílio do empregado é aquele realizado à distância, para fins de configuração do vínculo empregatício. De igual maneira, também aponta que os meios telemáticos e informatizados de comando, controle e supervisão, são equivalentes aos meios pessoais e diretos de comando, para fins de caracterização da subordinação jurídica.

A edição do projeto de lei denominado de Reforma Trabalhista (Lei n. 13.467, de 2017) pautou-se no pretexto de promover a atualização e modernização da legislação juslaboral, adequando-as ao cenário socioeconômico atual. Nesse espírito, o legislador regulamentou o teletrabalho, introduzindo os arts. 75-A a 75-E ao texto consolidado.

Originalmente, de acordo com a redação do art. 75-B da CLT, o teletrabalho era definido como a prestação dos serviços realizada predominantemente fora das dependências do empregador, com o emprego de aparelhos tecnológicos e que, por sua natureza, não se enquadravam como atividade externa. O comparecimento pontual do empregado às dependências do empregador, para a realização de atividades específicas, não descaracteriza o regime de teletrabalho.

Com base nesse dispositivo a doutrina conceituava o teletrabalho como *"mais do que uma modalidade de trabalho em domicílio. É um conceito de organização laboral por meio da qual o* ***prestador dos serviços encontra-se fisicamente ausente da sede do empregador, mas virtualmente presente, por meios telemáticos, na construção dos objetivos contratuais do empreendimento****"*.[411]

Dentre as características marcantes do teletrabalho estava: i) a realização do trabalho à distância, fora das dependências do empregador, não qualificado como trabalho externo; ii) a impossibilidade de fiscalização pessoal da execução dos serviços, especialmente a jornada de trabalho; iii) direção, distribuição e execução das tarefas por meio de aparelhos telemáticos ou informatizados.

A principal característica do teletrabalho é a execução dos ofícios à distância, mediante o uso de computador, smartphone, tablet ou outro equipamento tecnológico, em local preponderantemente fora do estabelecimento do empregador. A distribuição do trabalho, ordens e a fiscalização do cumprimento da tarefa é realizada a partir do uso de programas de computador ou informáticos, aplicativos, e-mail ou aparelhos de telefonia. O empregado presta a maior parte de seus serviços em sua residência ou local diverso do estabelecimento de seu empregador, comunicando-se através de e-mails, aplicativos de mensagens, SMS, telefone, dentre outros.

O teletrabalho não se confunde com o trabalho em domicílio – embora seja outra modalidade de trabalho à distância –, nem com a "atividade externa". A atividade em domicílio é uma das espécies de trabalho à distância em que o empregado presta serviços na sua própria residência ou em oficina de família, sem o uso de qualquer instrumento telemático ou informatizado, como, por exemplo, a costureira que produz roupas na sua residência para empresas. Já a atividade externa é aquela em que os serviços são desenvolvidos fora da sede da empresa, como o entregador, promotor de venda, vendedor pracista, vendedor viajante, motorista, etc. Recebem também a denominação de atividade "extramuros" ou "fora dos muros" da empresa.

Eduardo Gabriel Saad[412] destaca que *"[...] há quem classifique os contratos de trabalho na empresa e a domicílio. A primeira espécie é a mais comum – exercida nas dependências da empresa –; a segunda fora dos muros da empresa e no domicílio do empregado [...]. O teletrabalho é outra modalidade especial de trabalho à distância"*.

O caráter distintivo entre o trabalho externo e o teletrabalho reside no fato de que o trabalho externo não permite a inserção virtual do empregado na dinâmica empresarial, como ocorre no teletrabalho.

O teletrabalho se difundiu com a pandemia do novo coronavírus. A Medida Provisória n. 927, de 2020, com

[411] Martinez, op. cit., 2020.

[412] Consolidação das Leis do Trabalho: Comentada. Eduardo Gabriel Saad, José Eduardo Duarte Saad, Ana Maria Saad Castelo Branco. 51 ed. – São Paulo: LTr, 2019.

vigência encerrada, autorizou a alteração do regime de trabalho presencial para o teletrabalho, independentemente da celebração de acordo individual, instrumento de negociação coletiva ou de registro prévio dessa alteração no contrato individual de trabalho. Exigia, contudo, que o empregador comunicasse a modificação do regime de trabalho ao empregado, no prazo de 48 horas, por escrito ou através dos meios eletrônicos disponíveis. Concedeu, ainda, o prazo de 30 dias para as partes firmarem um contrato, por escrito, para estipular a responsabilidade pela aquisição, manutenção, fornecimento dos equipamentos, infraestruturas essenciais ao desenvolvimento da atividade em regime de teletrabalho, dentre outros regramentos. Por questões político-partidárias a Medida Provisória não foi submetida à apreciação do Senado Federal, ocorrendo a caducidade (rejeição tácita) no dia 19 de julho de 2020.

Em 2021, com a escalada do estado pandêmico, o Governo Federal editou as Medidas Provisórias (MPs) nº 1.045 e 1.046, reproduzindo as regras previstas na MP n. 927 e na Lei n. 14.020/2020, com o propósito de arrefecer os impactos econômicos gerados pelo estado de calamidade pública. Essas medidas provisórias não foram convertidas em lei, tendo em vista o encerramento do prazo de vigência da MP n. 1.045/2021, bem como a rejeição tácita da MP n. 1.046/2021.

Mais uma vez, para minorar os impactos socioeconômicos sem precedentes, gerados pela pandemia do novo coronavírus, o Governo Federal editou a Medida Provisória n. 1.109, de 25 de março de 2022, objetivando a preservação do emprego e a renda, garantir *a continuidade das atividades laborais, empresariais e das organizações da sociedade civil sem fins lucrativos e reduzir o impacto social oriundo da ocorrência de estado de calamidade pública nos entes federados. Autoriza o empregador adotar as seguintes medidas trabalhistas: a) a adoção do regime de teletrabalho; b) a antecipação de férias individuais; c), a concessão* de férias coletivas; d) o aproveitamento e a antecipação de feriados civis; e) a instituição de regime diferenciado de banco de horas; f) o pagamento diferido do Fundo de Garantia do Tempo de Serviço – FGTS; g) a redução proporcional da jornada de trabalho e do salário; h) a suspensão temporária do contrato de trabalho.

Apesar de a pandemia do novo coronavírus ter exigido uma rápida adequação estrutural da ampla maioria das sociedades empresárias, para a incorporação do regime de teletrabalho na dinâmica empresarial, visando possibilitar a continuidade integral ou parcial das atividades econômicas, essa reestruturação foi vista com bons olhos por diversos setores da economia. Notou-se uma drástica redução nos custos operacionais e administrativos, especialmente no que se refere às despesas com o deslocamento dos empregados, alimentação, diárias, aluguel, conta de água, luz, material de escritório, bem como um aumento expressivo na produtividade dos trabalhadores.

Diversas empresas, ainda no auge do estado de calamidade pública, cogitaram manter esse formato de trabalho após o término do período pandêmico para os trabalhadores que ocupam funções que permitam essa modalidade. Todavia, alguns aspectos dependia de uma maior clareza legislativa para afastar inseguranças jurídicas que circundavam a matéria.

Essas circunstâncias impulsionaram a edição da Medida Provisória n. 1.108, de 25 de março de 2022, criada com o escopo de ampliar o conceito de teletrabalho, aprimorar a estrutura normativa e conferir segurança jurídica às relações juslaborais subordinadas ao regime de teletrabalho.

A partir daí, com a modificação da redação do art. 75-B da CLT, o teletrabalho, também denominado de trabalho remoto, passou a ser definido como *"a prestação de serviços fora das dependências do empregador, de maneira preponderante ou não, com a utilização de tecnologias de informação e de comunicação, que, por sua natureza, não se configure como trabalho externo"* (redação dada pela MP n. 1.108, de 2022).

A alteração do texto legal foi sutil, porém, significativa, do ponto de vista conceitual. A condicionante legal, que impunha a realização das atividades laborais preponderantemente fora das dependências do empregador, era tida pelo empregador como um entrave à implementação do regime de teletrabalho híbrido (ou misto), por gerar insegurança jurídica. O legislador suprimiu essa restrição normativa, de modo que a predominância do trabalho remoto sobre o regime presencial deixou de ser um requisito indispensável para a configuração do teletrabalho. Com isso, mesmo que o trabalhador desempenhe as suas atividades majoritariamente em regime presencial, nas instalações da empresa, o teletrabalho não será descaracterizado.

A MP n. 1.108, de 2022, também modificou a sistemática anterior, quanto ao comparecimento do empregado às dependências do empregador para a realização de atividades específicas. Neste ponto, incluiu o parágrafo 1º, ao art. 75-B da CLT, visando assegurar o comparecimento do teletrabalhador às dependências do empregador, ainda que de forma habitual, para a realização de atividades específicas, sem que isso represente uma inadequação, desvirtuamento ou fraude ao regime de teletrabalho, entabulado entre o empregado e o empregador.

Com efeito, pouco importa se o teletrabalhador exerce as suas atividades a maior parte do tempo fora do estabelecimento do empregador ou não, esse fato não descaracterizará o teletrabalho, desde que a natureza jurídica da atividade não seja enquadrada como trabalho externo e o empregado se valha de instrumentos telemáticos ou informatizados no desempenho das suas funções.

As inovações não pararam por aí. A Medida Provisória n. 1.108, de 2022, autoriza em caráter definitivo a aplicação do regime de teletrabalho também aos contratos de aprendizagem e estágio. A ampliação desse regime para esses trabalhadores baseia-se na experiência positiva obtida durante a vigência das Medidas Provisórias n. 927, de 2020, e n. 1.046, de 2021, que instituíram o teletrabalho ao aprendiz e ao estagiário, em caráter transitório, para atenuar os efeitos econômicos e sociais gerados pelo estado pandêmico.

A contratação do empregado submetido ao regime de teletrabalho ou trabalho remoto poderá ser por jornada, por produção ou por tarefa (art. 75-B, §2º, da CLT, incluído pela MP n. 1.108, de 2022).

O teletrabalho por jornada consiste na prestação de serviços, de forma totalmente remota ou híbrida, com a utilização de instrumentos telemáticos ou informatizado, no qual o empregado se coloca à disposição do empregador por um *lapso diário*, em virtude do contrato de trabalho, sendo certo a contraprestação devida ao empregado é aferida com base no tempo de colocação da mão de obra à disposição do empregador.[413] A atividade do teletrabalhador, neste caso, é fiscalizada pelo empregador, por meio de mecanismos de controle direto ou indireto da jornada de trabalho, como, por exemplo, cartão de ponto manual, mecânico, eletrônico, sistemas eletrônicos de *login e logout, cartão de ponto por aplicativo, etc.* Neste caso, o trabalhador estará sujeito a limitação de jornada de 8 horas diárias e 44 horas semanais, facultada a compensação de horários é a redução de jornada, mediante acordo ou convenção coletiva de trabalho, na forma do artigo 7º, inciso XIII, da Constituição Federal e do regramento infraconstitucional.

Como regra, a utilização de programas, **softwares, ferramentas digitais, aplicações** de internet ou de equipamentos tecnológicos, fora da jornada normal de trabalho não constitui tempo à disposição do empregador, regime de ou de sobreaviso (art. 75-B, §5º, da CLT, incluído pela MP n. 1.108, de 2022). Todavia, se houver ajuste entre o empregado e o empregador, ou instrumento normativo (acordo ou convenção coletiva de trabalho), dispondo em sentido contrário, esse período pode ser computado na jornada de trabalho, ou caracterizar regime de prontidão ou sobreaviso.

O Tribunal Superior do Trabalho tem entendimento consolidado nesse sentido. Exige a demonstração, por meio de provas concretas, de que o empregado se encontra efetivamente à disposição do empregador, com a sua liberdade de locomoção restrita, aguardando ser convocado durante o seu período de descanso, para a caracterização do regime de sobreaviso ou prontidão (Súmula 428 do TST). A mera utilização de instrumentos telemáticos ou informatizado, incluindo aparelhos celulares, por si só, não evidencia ou caracteriza o regime de prontidão o sobreaviso. Cabe, portanto, ao empregado o ônus da prova para ter direito ao cômputo desse período à jornada de trabalho, caso não haja ajuste individual ou negociação coletiva prescrevendo esse direito.

É importante pontuar que o teletrabalho não se confunde ou se equipara à função de operador de telemarketing ou de teleatendimentos (art. 75-B, §4º, da CLT, incluído pela MP n. 1.108, de 2022), tendo em vista que, estas, são atividades de telefonia desempenhadas em centrais de atendimento telefônico ou centrais de relacionamento, em que a *comunicação entre o trabalhador e os clientes é realizada à distância, por meio da utilização de dispositivos de escuta, fala telefônica e sistemas informatizados ou manuais de processamentos de dados.*[414] Note bem que, embora a comunicação com o cliente seja feita à distância, o trabalhador presta serviços nas dependências do empregador (centrais de atendimento ou relacionamento) e as suas tarefas estão diretamente vinculadas à atividade de telefonia. O teletrabalho, por outro lado, além de não ter relação com o exercício de atividade de telefonia, admite a prestação de serviços pelo empregado tanto de forma exclusivamente remota (fora das dependências do empregador) quanto de forma híbrida, (com a alternância de regime de trabalho presencial e remoto).

O escopo dessa ressalva tem o condão de eliminar a possibilidade de aplicação da jornada especial de trabalho de, no máximo, 6 horas diárias e 36 horas semanais, ao empregado submetido ao regime de teletrabalho, afastando o tratamento especial conferido aos operadores de telemarketing, nos moldes do art. 227 da CLT e do Anexo II da NR -17 do Ministério do Trabalho e Previdência.

O teletrabalho por produção ou por tarefa pode ser definido como a prestação de serviços, com o uso de instrumentos telemáticos e informatizados, de forma remota ou híbrida, no qual o trabalhador é remunerado com base na quantidade ou volume produzido ou vendido em favor do empregador (salário por unidade de produção).

413 Delgado, Maurício Godinho. Curso de Direito do Trabalho. 18. ed. São Paulo: LTr, 2019.

414 É o que dispõe o item 2.1.2. do Anexo II da Norma Regulamentadora do Ministério do Trabalho e Previdência: *"2.1.2 Entende-se como trabalho de teleatendimento/telemarketing aquele cuja comunicação com Interlocutores clientes e usuários é realizada a distância, por intermédio da voz e/ou mensagens eletrônicas, com a utilização simultânea de equipamentos de audição/escuta e fala telefônica e sistemas informatizados ou manuais de processamento de dados".*

Conforme leciona Luciano Martinez o trabalho por unidade de tempo *"é a modalidade de aferição do salário-base em que a retribuição é fixada na proporção do tempo despendido pelo trabalhador na execução de suas tarefas, sem ter em conta a quantidade de energia realmente prestada ou a produção obtida. Aqui o trabalhador ganha (por hora, dia, semana, quinzena ou mês) simplesmente pelo fato de estar à disposição do empregador".*[415] Acresce que o trabalho por unidade de produção, de outro lado, *"é a modalidade de aferição do salário-base em que a retribuição é fixada na proporção da quantidade de energia efetivamente prestada, medida pela produção obtida (normalmente nas grandezas comprimento, área e volume). (...) Tornando-se mais produtivo, o autor receberá mais unidades de produção (geralmente **percentuais** incidentes sobre o volume de vendas ou **participações** prefixadas por metro ou área produzida).*[416]

Neste caso, presumir-se-á que o teletrabalhador, quando receber por unidade de produção (ou por tarefa) não estará sujeito ao controle de jornada do empregador, dada a natureza do trabalho por tarefa, de forma que estará excluído das regras de duração de jornada, incluindo a limitação de jornada de 8 horas diária e 44 horas semanais, prevista no art. 7º, inciso XIII, XVI, da CF, art. 58 e seguintes da CLT, conforme estabelece a nova redação do art. 62, III, da CLT, dada pela Medida Provisória n. 1.108, de 2022. Evidentemente, se o teletrabalhador contratado para prestar serviços por produção ou tarefa estiver submetido ao controle de jornada, ainda que de forma indireta, estará sujeito às regras de duração do trabalho, incluindo a limitação de jornada e pausas para descanso, afastando a incidência do art. 62, III, da CLT.

O empregado e o empregador poderão firmar acordo individual para dispor sobre os horários e os meios de comunicação entre eles, sendo obrigatória a observância dos repousos legais, a exemplo, as pausas para refeição e descanso, o intervalo entre uma jornada e outra. Os períodos de descanso são medidas de higiene, saúde e segurança do trabalho (art. 7º, XXII, da CF, art. 157, I, da CLT), pois visam resguardar a integridade física e psíquica do trabalhador, evitando tanto a exaustão física como mental, além do surgimento de doenças ocupacionais (especialmente a síndrome de Burnout) ou a ocorrência de acidentes de trabalho. Para além disso, a excessiva disponibilização do empregado, em ambiente virtual, pode ferir o direito à desconexão, por privar o teletrabalhador do convívio familiar, do convívio com os amigos, do direito ao lazer, de atividades culturais e sociais.

[415] Martinez, op. citi., 2020.

[416] Idem.

As regras do teletrabalho se aplicam às relações empregatícias constituídas ou executadas dentro das fronteiras brasileiras. O princípio da soberania, aliado ao critério da territorialidade, possibilita a incidência das normas trabalhistas no espaço territorial brasileiro. O empregador poderá contratar um teletrabalhador residente em município ou estado diverso do local em que o empregador tenha estabelecimento. Será aplicada as regras previstas na legislação local e os instrumentos normativos (convenções e acordos coletivos de trabalho) relativos à base territorial do estabelecimento de lotação do empregado. Em outras linhas, incide as regras relativas ao local da contratação, assim considerada a agência ou filial a que o trabalhador estiver vinculado (local do estabelecimento do empregador, *lex loci contractus*) e não as regras do local da residência do empregado ou de execução dos teletrabalho *(lex loci executionis ou lex loci laboris)*. O legislador prestigiou, assim, as regras do local da contratação, assim considerado o local do estabelecimento do empregador.

O mesmo critério é utilizado no caso de contratação de trabalhador no Brasil, sob o regime de teletrabalho, que optar por prestar serviços no exterior, continuará sendo regido pelo ordenamento jurídico brasileiro, salvo de houver ajuste individual entre o empregado e o empregador em sentido contrário ou nas hipóteses previstas na Lei n. 7.064, de 1982 (art. 75-B, §9º, da CLT, inserido pela MP n. 1.108, de 2022).

Segundo a redação do art. 75-B, §7º, da CLT, as regras da legislação do local da contratação seriam aplicáveis, mesmo que as regras do local da execução do teletrabalho, sejam mais favoráveis ao trabalhador.

Maurício Godinho Delgado aponta que o *"operador do Direito do Trabalho deve optar pela regra mais favorável ao obreiro em três situações ou dimensões distintas: no instante de elaboração da regra (princípio orientador da ação legislativa, portanto) ou no contexto de confronto entre regras concorrentes (princípio orientador do processo de hierarquização de normas trabalhistas) ou, por fim, no contexto de interpretação das regras jurídicas (princípio orientador do processo de revelação do sentido da regra trabalhista)".*[417] *Portanto, quando coexistir duas normas trabalhistas aplicáveis ao contrato de trabalho, deve prevalecer aquela que for mais vantajosa ao empregado.*

Entendemos, com todo o respeito a quem pensa diferente, que esse dispositivo viola um dos princípios nucleares do Direito do Trabalho: o princípio da norma mais favorável, insculpido no caput do art. 7º da CF.

Sobre o tema, é preciso recordar que até abril de 2012, o entendimento Tribunal Superior do Trabalho entendia que as normas do local da execução do

[417] Delgado, op. cit., 2019, p. 234-235.

serviços *(lex loci executionis) prevalecia sobre as regras do foro da contratação do trabalhador, ainda que mais desvantajosa ao empregado* (Súmula 207 do TST). Esse enunciado foi cancelado pela Resolução n. 181,de 2012, devido a alteração do posicionamento no âmbito do TST, no sentido de aplicar a lei do local da contratação (*lex loci contractus*) ou do pavilhão do navio, no caso das embarcações marítimas, quando mais favoráveis ao trabalhador.

Nesse ponto, também nos valemos das lições de Mauricio Godinho Delgado: *"O contraponto entre o critério da territorialidade, inerente à Convenção de Havana (antiga Súmula n. 207), e o princípio da norma mais favorável referido pela Lei Especial n. 7.064/82 (originalmente aplicável somente ao segmento empresarial e trabalhista alinhado no art. 1º desta Leii) sempre impressionou os intérpretes e aplicadores da ordem jurídica. Afinal, o diploma especial de 1982 fixava, indubitavelmente, vantagem jurídica nítida em benefício dos trabalhadores por ele regulados, comparativamente aos regidos pelo antigo critério da territorialidade, oriundo de longínquo tratado internacional subscrito pelo Brasil. Esse desconforto interpretativo – agravado pela circunstância de que o critério da territorialidade, de certo modo, negligenciava o princípio da norma mais favorável incorporado pelo art. 7º, caput, da Constituição de 1988 – conduziu a jurisprudência a atenuar os rigores da própria Súmula n. 207, mesmo antes da mudança do texto da Lei n. 7.064/82 pela Lei n. 11.962/2009"*[418].

Diante disso, pensamos que esse dispositivo afronta diretamente o princípio da norma mais favorável, previsto no *caput* do art. 7º, da CF, além de se contrapor ao posicionamento dominante no âmbito do Tribunal Superior do Trabalho, que não mede esforços para preservar a aplicação do regramento mais favorável ao empregado, independentemente do local de execução dos serviços ou da contratação do trabalhador.

As despesas decorrentes do retorno do trabalhador ao regime de trabalho presencial, quando o empregado escolher pela realização do teletrabalho ou trabalho remoto fora da localidade prevista no contrato individual de trabalho, não será de responsabilidade do empregador, mas, sim, do empregado (art. 75-C, da CLT, com redação dada pela MP. 1.108, de 2022). Porém, o empregador poderá arcar com tais despesas quando estiver previsão contratual nesse sentido.

Os trabalhadores com deficiência ou que tenham filhos de até quatro anos completos, devem ser priorizados na contratação das vagas em regime de teletrabalho ou trabalho remoto (art. 75-F da CLT, incluído pela MP n. 1.108, de 2022).

[418] Delgado, op. cit., 2019, p. 289.

CAPÍTULO III
DO SALÁRIO MÍNIMO

SEÇÃO I
DO CONCEITO

Art. 76 – Salário mínimo é a contraprestação mínima devida e paga diretamente pelo empregador a todo trabalhador, inclusive ao trabalhador rural, sem distinção de sexo, por dia normal de serviço, e capaz de satisfazer, em determinada época e região do País, as suas necessidades normais de alimentação, habitação, vestuário, higiene e transporte.

Art. 77 – (Revogado pela Lei nº 4.589, de 11.12.1964)

Art. 78 – Quando o salário for ajustado por empreitada, ou convencionado por tarefa ou peça, será garantida ao trabalhador uma remuneração diária nunca inferior à do salário mínimo por dia normal da região, zona ou subzona.

Parágrafo único. Quando o salário-mínimo mensal do empregado a comissão ou que tenha direito a percentagem for integrado por parte fixa e parte variável, ser-lhe-á sempre garantido o salário-mínimo, vedado qualquer desconto em mês subsequente a título de compensação. (Incluído pelo Decreto-lei nº 229, de 28.2.1967)

Art. 79. (Revogado pela Lei nº 4.589, de 11.12.1964)

Art. 80. (Revogado pela Lei 10.097, de 2000)

Art. 81 – O salário mínimo será determinado pela fórmula Sm = a + b + c + d + e, em que "a", "b", "c", "d" e "e" representam, respectivamente, o valor das despesas diárias com alimentação, habitação, vestuário, higiene e transporte necessários à vida de um trabalhador adulto.

§ 1º – A parcela correspondente à alimentação terá um valor mínimo igual aos valores da lista de provisões, constantes dos quadros devidamente aprovados e necessários à alimentação diária do trabalhador adulto.

§ 2º – Poderão ser substituídos pelos equivalentes de cada grupo, também mencionados nos quadros a que alude o parágrafo anterior, os alimentos, quando as condições da região, zona ou subzona o aconselharem, respeitados os valores nutritivos determinados nos mesmos quadros.

§ 3º – O Ministério do Trabalho, Industria e Comercio fará, periodicamente, a revisão dos quadros a que se refere o § 1º deste artigo.

Art. 82 – Quando o empregador fornecer, in natura, uma ou mais das parcelas do salário mínimo, o salário em dinheiro será determinado pela fórmula Sd = Sm – P, em que Sd representa o salário em dinheiro, Sm o salário mínimo e P a soma dos valores daquelas parcelas na região, zona ou subzona.

Parágrafo único – O salário mínimo pago em dinheiro não será inferior a 30% (trinta por cento) do salário mínimo fixado para a região, zona ou subzona.

Art. 83 – É devido o salário mínimo ao trabalhador em domicílio, considerado este como o executado na habitação do empregado ou em oficina de família, por conta de empregador que o remunere.

SEÇÃO II
DAS REGIÕES, ZONAS E SUBZONAS

Art. 84 – (Revogado pela Lei nº 13.467, de 2017)

Art. 85 – (Revogado pela Lei nº 4.589, de 11.12.1964)

Art. 86 – (Revogado pela Lei nº 13.467, de 2017)

SEÇÃO III
DA CONSTITUIÇÃO DAS COMISSÕES

Arts. 87 a 100 – (Revogado pela Lei nº 4.589, de 11.12.1964)

SEÇÃO IV
DAS ATRIBUIÇÕES DAS COMISSÕES DE SALÁRIO MÍNIMO

Arts. 101 a 111 (Revogado pela Lei nº 4.589, de 11.12.1964)

SEÇÃO V
DA FIXAÇÃO DO SALÁRIO MÍNIMO

Arts. 112 a 116 (Revogado pela Lei nº 4.589, de 11.12.1964)

SEÇÃO VI
DISPOSIÇÕES GERAIS

Art. 117 – Será nulo de pleno direito, sujeitando o empregador às sanções do art. 120, qualquer contrato ou convenção que estipule remuneração inferior ao salário mínimo estabelecido na região, zona ou subzona, em que tiver de ser cumprido.

Art. 118 – O trabalhador a quem for pago salário inferior ao mínimo terá direito, não obstante qualquer contrato ou convenção em contrário, a reclamar do empregador o complemento de seu salário mínimo estabelecido na região, zona ou subzona, em que tiver de ser cumprido.

Art. 119 – Prescreve em 2 (dois) anos a ação para reaver a diferença, contados, para cada pagamento, da data em que o mesmo tenha sido efetuado.

Art. 120 – Aquele que infringir qualquer dispositivo concernente ao salário mínimo será passível da multa de cinquenta e dois mil cruzeiros, elevada ao dobro na reincidência.

Art. 121 – (Revogado pelo Decreto-Lei nº 229, de 28.2.1967)

Arts. 122 e 123 – (Revogado pela Lei nº 4.589, de 11.12.1964)

Art. 124 – A aplicação dos preceitos deste Capítulo não poderá, em caso algum, ser causa determinante da redução do salário.

Art. 125 – (Revogado pela Lei nº 4.589, de 11.12.1964)

Art. 126 – O Ministro do Trabalho, Industria e Comercio, expedirá as instruções necessárias à fiscalização do salário mínimo, podendo cometer essa fiscalização a qualquer dos órgãos componentes do respectivo Ministério, e, bem assim, aos fiscais dos Institutos de Aposentadoria e Pensões na forma da legislação em vigor.

Arts. 127 e 128 – (Revogado pelo Decreto-Lei nº 229, de 28.2.1967)

COMENTÁRIOS (ARTS. 76 A 128)

O salário mínimo é o direito fundamental ao recebimento de uma contraprestação mínima, devida e paga pelo empregador, na relação jurídica trabalhista, com vistas a satisfazer as necessidades vitais do trabalhador, como a alimentação, habitação, vestuário higiene e transporte. Tem como objetivo propiciar dignidade humana ao trabalhador e valorizar minimamente o trabalho, assegurando um *patamar civilizatório mínimo*. É o *"parâmetro salarial mais baixo que se pode pagar o um empregado no mercado de trabalho do País"*[419]

Amauri Mascaro do Nascimento explica que "O salário mínimo representa, para o direito do trabalho, uma ideia básica de intervenção jurídica na defesa de um nível de vida abaixo do qual será impossível ao homem que trabalha uma existência digna e compatível com as necessidades elementares de sobrevivência humana".[420]

Dada a importância dessa temática, o legislador reservou um dos maiores blocos temáticos para tratar do salário mínimo. Apensar disso, boa parte das disposições previstas nesse capítulo se encontram obsoletas ou revogadas, haja vista que a Constituição Federal preceitua em seu art. 7º, IV, da CF que o

---

[419] Idem. Delgado, 2019, p. 853.

[420] Idem. Nascimento, 2011, p. 829

salário mínimo, nacionalmente unificado, será fixado em lei, com a finalidade de atender as "**necessidades vitais básicas e às de sua família com moradia, alimentação, educação, saúde, lazer, vestuário, higiene, transporte e previdência social, com reajustes periódicos que lhe preservem o poder aquisitivo, sendo vedada sua vinculação para qualquer fim**".[421]

O salário mínimo é nacionalmente unificado, fixado por meio de lei. Entretanto, a Lei Complementar n. 103/2000, os Estados e o Distrito Federal podem instituir o piso salarial para os empregados que não tenham piso salarial definido em lei federal ou instrumento normativo.

A clausula do contrato individual de trabalho ou de instrumento normativo que estipular salário inferior ao mínimo legal, será considera nula de pleno direit (art. 9º e 611-B, IV, da CLT). O princípioda adequação setorial negocial estabelece limite à negociação coletiva, impedidndo os entes coletivos estipular cláusula normativa que viole o patamar civilizatório mínimo previsto no ordenamento jurpidico.

A Súmula Vinculante n. 4 do Supremo Tribunal Federal estabelece que o salário mínimo não pode ser utilizado como indexador de base de cálculo de vantagem conferida ao servidor público ou empregado, nem ser substituído por decisão judicial. Com nisso, o Tribunal Superior do Trabalho passou a entender que a impossibilidade de utilização do salário mínimo na base de cálculo das vantagens pagas ao servidor público ou empregado autoriza o uso do salário-base para fim de cálculo do adicional de insalubridade, tal como ocorre com o adicional de periculosidade (art. 193, §1º, da CLT), ou, ainda, de critério mais vantajoso previsto em norma coletiva, nos termos da Súmula 228 do TST.

Entretanto, em um primeiro momento, o Supremo Tribunal Federal suspendeu liminarmente a eficácia da Súmula 228 do TST, sob o argumento de que no julgamento que deu origem à Súmula Vinculante (RE 565.714/SP, Rel. Min. Cármen Lúcia, Sessão de 30.4.2008 – Informativo nº 510/STF) a *"Corte entendeu que o adicional de insalubridade deve continuar sendo calculado com base no salário mínimo, enquanto não superada a inconstitucionalidade por meio de lei ou convenção coletiva"*. Depois, em 2018, a liminar foi ratificada no julgamento da Reclamação Constitucional n. 6.275, resultando na cassação da Súmula 228 do TST, na parte em que estipulou o salário básico do trabalhador como base de cálculo do adicional de insalubridade devido.

[421] Idem. Batista, 2018, p. 154.

CAPÍTULO IV
DAS FÉRIAS ANUAIS

SEÇÃO I
DO DIREITO A FÉRIAS E DA SUA DURAÇÃO

Art. 129 – Todo empregado terá direito anualmente ao gozo de um período de férias, sem prejuízo da remuneração.

COMENTÁRIOS (ART. 129)

As férias são conceituadas como um direito do empregado de paralisar a prestação dos serviços, por iniciativa do empregador, durante um período, com a percepção da remuneração, para recuperação física e psíquica do trabalhador, evitando fadiga e esgotamento, além de propiciar o convívio social.

O jurista Mauricio Godinho Delgado[422] conceitua as férias como "o *lapso temporal remunerado, de frequência anual, constituído de diversos dias sequenciais, em que o empregado pode sustar a prestação de serviços e sua disponibilidade perante o empregador, com o objetivo de recuperação e implementação de suas energias e de sua inserção familiar, comunitária e política*".

De forma assertiva, Gustavo Felipe Barbosa Garcia, conceitua as férias "como o período mais prolongado de descanso, em que o empregado não presta serviços, mas tem direito de receber a remuneração".[423]

Conforme preconiza o art. 7º, XVII, da CF: São direitos dos trabalhadores urbanos e rurais, gozo de férias anuais remuneradas com, pelo menos, um terço a mais do que o salário normal. Também, se aplica ao trabalhador avulso, pois o inciso XXXIV, do art. 7º, confere isonomia de direitos entre o trabalhador com vínculo empregatício permanente e o trabalhador avulso.

A Convenção 132 da OIT, promulgada pelo Brasil através do Decreto 3.197, de 5 de outubro de 1999, dispõe sobre as férias remuneradas e revê as normas anteriores sobre o tema (Convenção 52, 54, 72, 91 e 101 da OIT)

A Declaração Universal de Direitos do Homem também preceitua como um direito fundamental à dignidade da pessoa humana, no art. XXIV, o "direito ao descanso e ao lazer, especialmente a uma limitação razoável de horas de trabalho e a férias remuneradas periódicas"

[422] Curso de direito do trabalho–Mauricio Godinho Delgado. – 18. ed.– São Paulo: LTr, 2019.

[423] Garcia, Gustavo Filipe Barbosa. Curso de direito do trabalho – 11ª ed. – Rio de Janeiro: Forense, 2017, p. 579.

As principais características das férias são: a) anualidade; b) remunerabilidade; c) continuidade; d) irrenunciabilidade; e, e) proporcionalidade.

Art. 130 – Após cada período de 12 (doze) meses de vigência do contrato de trabalho, o empregado terá direito a férias, na seguinte proporção:

I – 30 (trinta) dias corridos, quando não houver faltado ao serviço mais de 5 (cinco) vezes;

II – 24 (vinte e quatro) dias corridos, quando houver tido de 6 (seis) a 14 (quatorze) faltas;

III – 18 (dezoito) dias corridos, quando houver tido de 15 (quinze) a 23 (vinte e três) faltas;

IV – 12 (doze) dias corridos, quando houver tido de 24 (vinte e quatro) a 32 (trinta e duas) faltas.

§ 1º – É vedado descontar, do período de férias, as faltas do empregado ao serviço.

§ 2º – O período das férias será computado, para todos os efeitos, como tempo de serviço.

Art. 130-A. (Revogado pela Lei nº 13.467, de 2017)

COMENTÁRIOS (ART. 130)

As férias são consideradas um ato complexo, e possuem dois momentos para cabimento: o período aquisitivo e o período concessivo.

A aquisição do direito às férias ocorre após o período de 12 meses de vigência do contrato de trabalho. Esse período é denominado de "período aquisitivo". Neste ponto, Vólia Bomfim esclarece que o "legislador preferiu computar o tempo de vigência e não o período de efetivo serviço, inserindo na contagem, como regra geral, os períodos de interrupções e alguns casos de suspensões contratuais (arts. 4°, 130, 133 da CLT)".[424]

A contagem do período aquisitivo é realizada, a rigor, a partir da data da admissão do trabalhador. A cada doze meses completo de vigência do contrato de trabalho tal direito é adquirido pelo empregado.

A CLT preceitua que o período de gozo das férias, em regra, será de 30 dias corridos, independente se o mês da concessão tem (ou não) 30 dias. Entretanto, há entendimento doutrinário minoritário que sustenta a contagem do período de férias em dias úteis, baseando-se na exclusão dos feriados da contagem do período de férias pela Convenção nº. 132 da OIT[425]. Posicionamento em sentido contrário defende que a contagem das férias deve ser realizada em dias corridos, na forma da CLT, pois a referida Convenção, além de prever período de gozo mais desvantajoso ao empregado, não dispõe expressamente sobre a contagem das férias em dias úteis. Atualmente, este é o posicionamento predominante.

As faltas injustificadas são descontadas do período de gozo de férias do trabalhador, na proporção abaixo:

FALTAS INJUSTIFICADAS	DIAS DE FÉRIAS
Até 5 dias	30 dias corridos.
De 6 a 14 dias	24 dias corridos.
Até 15 e 23 faltas	18 dias corridos.
De 24 até 32 faltas	12 dias corridos.
Acima de 32 faltas	Perde o direito às férias

Ocorrendo a justificação da falta pelo empregado, na forma do art. 473 da CLT, a ausência não será descontada do período de fruição das férias.

As férias têm natureza jurídica híbrida, eis que consubstanciam um direito fundamental de descanso do trabalhador e, ao mesmo tempo, um dever fundamental de não trabalhar para outro empregado durante as férias, exceto nas hipóteses em que está obrigado por força de outro contrato de trabalho, nos termos do art. 138 da CLT.

É válido dizer que as férias são uma hipótese de interrupção do contrato de trabalho, tendo em vista que, conquanto não exista prestação de serviços, há pagamento de salários e esse período conta como tempo de serviço (art. 130, §2º, da CLT).

Ainda, sobre o período de gozo das férias, é necessário destacar que a Reforma Trabalhista (Lei 13.467/2017) unificou o período de fruição das férias, de modo que os trabalhadores a tempo parcial passaram a ter direito ao regime integral de gozo de férias: 30 dias, descontadas as faltas injustificadas, na forma do art. 130 da CLT.

Pela regra anterior (inserida pela Medida Provisória nº 2.164-41, de 2001) o trabalhador a tempo parcial possuía período de fruição de férias menores: 18 dias, para a duração do trabalho semanal superior a 22 horas, até 25 horas; 16 dias, para a duração do trabalho semanal superior a 20 horas, até 22 horas; 14 dias, para a duração do trabalho semanal superior a 15 horas, até 20 horas; 12 dias, para a duração do trabalho semanal superior a 10 horas, até 15 horas; 10 dias, para a duração do trabalho semanal superior a 5 horas, até 10 horas; 8 dias, para a duração do trabalho semanal igual ou inferior a 5 horas. Esse regramento, como dito, não mais subsiste.

[424] Bomfim, 2017, p. 721.
[425] FRANCO FILHO, Georgenor de Souza, apud Bomfim, 2017, p. 716.

Art. 131 – Não será considerada falta ao serviço, para os efeitos do artigo anterior, a ausência do empregado: (Redação dada pelo Decreto-lei nº 1.535, de 13.4.1977)

I – nos casos referidos no art. 473; (Incluído pelo Decreto-lei nº 1.535, de 13.4.1977)

II – durante o licenciamento compulsório da empregada por motivo de maternidade ou aborto, observados os requisitos para percepção do salário-maternidade custeado pela Previdência Social; (Redação dada pela Lei nº 8.921, de 25.7.1994)

III – por motivo de acidente do trabalho ou enfermidade atestada pelo Instituto Nacional do Seguro Social – INSS, excetuada a hipótese do inciso IV do art. 133; (Redação dada pela Lei nº 8.726, de 5.11.1993)

IV – justificada pela empresa, entendendo-se como tal a que não tiver determinado o desconto do correspondente salário; (Incluído pelo Decreto-lei nº 1.535, de 13.4.1977)

V – durante a suspensão preventiva para responder a inquérito administrativo ou de prisão preventiva, quando for impronunciado ou absolvido; e (Incluído pelo Decreto-lei nº 1.535, de 13.4.1977)

VI – nos dias em que não tenha havido serviço, salvo na hipótese do inciso III do art. 133. (Incluído pelo Decreto-lei nº 1.535, de 13.4.1977)

COMENTÁRIOS (ART. 131)

A disposição em exame preceitua hipóteses em que as ausências do trabalhador ao serviço são consideradas justificadas e, portanto, não geram impacto no período de fruição das férias.

No inciso I, faz referência ao art. 473 da CLT, que dispõe as hipóteses em que o empregado pode se ausentar do serviço sem prejuízo do salário, dentre elas a ausência decorrente de falecimento do cônjuge, ascendente, descendente, irmão ou que seja seu dependente; licença gala; doação voluntária de sangue; alistamento eleitoral; serviço militar obrigatório; provas de exame vestibular para ingresso em estabelecimento de ensino superior, etc.

O inciso II trata da hipótese em que a empregada está em licença-maternidade ou afastada em decorrência de "aborto". O art. 7º, XVIII da CF, assegura à empregada gestante o direito à licença-maternidade pelo prazo de 120 dias, sem prejuízo do salário. Essa benesse é estendida à empregada que adotar ou obtiver guarda judicial para adotar (art. 71-A da Lei 8.213/1991), ou, ainda, ao cônjuge ou companheiro em caso de falecimento da empregada (ou empregado) que fizer jus ao salário-maternidade. A licença-maternidade gera a interrupção do contrato de trabalho, de modo que o período de afastamento é computado no tempo de serviço.

Também não poderá haver redução do período de descanso de férias quando as faltas ao serviço forem decorrentes de acidente de trabalho ou doença, nos termos do inciso III do art. 131 da CLT. O acidente de trabalho típico é aquele que "*ocorre pelo exercício do trabalho a serviço de empresa ou de empregador doméstico ou pelo exercício do trabalho – pelo segurado especial – provocando lesão corporal ou perturbação funcional que cause a morte ou a perda ou redução, permanente ou temporária, da capacidade para o trabalho*" (art. 19 da Lei 8.213/91). Segundo a legislação previdenciária, também caracteriza acidente de trabalho quando o trabalhador estiver acometido de comorbidade ocupacional, ou seja, doença ocupacional, que guarde nexo com o desempenho da atividade laborativa[426].

A doutrina majoritária entende que o afastamento por motivo de acidente de trabalho por período superior a 15 dias – ou seja, a partir do 16º dia – que é causa suspensiva "sui generis" do contrato de trabalho[427], uma vez que o empregador deverá computar o período de afastamento para todos os fins do contrato de trabalho, subsistindo, inclusive, o dever de recolher os depósitos do FGTS (art. 15, §5º, da Lei 8.036/90), embora inexista prestação de serviços ou a obrigação legal de pagamento de salário ao empregado. Por este motivo, em regra, o empregador não poderá descontar do período de fruição das férias o tempo que o empregado permanecer afastado em gozo de benefício previdenciário por acidente de trabalho ou doença, exceto nas hipóteses do art. 133 da CLT.

O inciso IV do art. 131 estabelece que o empregador poderá abonar a falta do empregado por mera liberalidade, ainda que, por força de lei, seja objeto de desconto.

Já o inciso V trata da hipótese em que o empregado for preso cautelarmente (prisão temporária ou preventiva) decretada pela suposta prática de um delito e venha a ser absolvido ou impronunciado posteriormente. O empregado não terá o período deduzido dos dias de férias. De igual maneira, quando responder por inquérito administrativo, inclusive para dispensa de empregado estável (art. 853)[428].

O inciso VI, por sua vez, trata da hipótese em que não há serviço ou período de paralisação da empresa inferior a 30 dias.

Art. 132 – O tempo de trabalho anterior à apresentação do empregado para serviço militar obrigatório

426 Idem. Amado, 2020.

427 Nesse sentido Maurício Godinho Delgado (in Delgado, 2019), para quem trata-se de causa de suspensão contratual, com certas ressalvas.

428 Moura, 2018. p.131.

será computado no período aquisitivo, desde que ele compareça ao estabelecimento dentro de 90 (noventa) dias da data em que se verificar a respectiva baixa.

COMENTÁRIOS (ART. 132)

De acordo com o art. 1º da Lei 4.375 de 17 de agosto de 1964, o serviço militar compreende no exercício de atividades específicas desempenhadas nas Forças Armadas – Exército, Marinha e Aeronáutica.

Todos os brasileiros são obrigados ao Serviço Militar, com o escopo de formação de reservas destinadas a atender às necessidades de pessoal das Forças Armadas em caso de mobilização. A obrigação para com o Serviço Militar, em tempo de paz, começa no 1º dia de janeiro do ano em que o cidadão completar 18 anos de idade e termina após o dia 31 de dezembro do ano em que completar 45 anos (art. 5º da Lei 4.375/64).

O serviço militar é causa suspensiva "sui generis" do contrato de trabalho[429]. O empregado não presta serviços ao empregador, não recebe salário, mas o tempo de afastamento computa-se como tempo de serviços, conservando-se o dever do empregador de realizar os depósitos do FGTS (art. 15, §5º, da Lei 8.036/90), além da sujeição a indenização (art. 477, *caput*, CLT) ou estabilidade (art. 7º, I, e art. 10, ADCT, CF; art. 492, CLT).

Segundo o dispositivo em análise, o empregado deve comunicar ao empregador o fim do serviço militar obrigatório e a intenção de retornar ao trabalho dentro de 90 dias a contar da data da baixa do serviço militar, para que o período de trabalho anterior seja no período aquisitivo de férias.

Art. 133 – Não terá direito a férias o empregado que, no curso do período aquisitivo:

I – deixar o emprego e não for readmitido dentro de 60 (sessenta) dias subsequentes à sua saída;

II – permanecer em gozo de licença, com percepção de salários, por mais de 30 (trinta) dias;

III – deixar de trabalhar, com percepção do salário, por mais de 30 (trinta) dias, em virtude de paralisação parcial ou total dos serviços da empresa; e

IV – tiver percebido da Previdência Social prestações de acidente de trabalho ou de auxílio-doença por mais de 6 (seis) meses, embora descontínuos.

§ 1º – A interrupção da prestação de serviços deverá ser anotada na Carteira de Trabalho e Previdência Social.

§ 2º – Iniciar-se-á o decurso de novo período aquisitivo quando o empregado, após o implemento de qualquer das condições previstas neste artigo, retornar ao serviço.

§ 3º – Para os fins previstos no inciso III deste artigo a empresa comunicará ao órgão local do Ministério do Trabalho, com antecedência mínima de 15 (quinze) dias, as datas de início e fim da paralisação total ou parcial dos serviços da empresa, e, em igual prazo, comunicará, nos mesmos termos, ao sindicato representativo da categoria profissional, bem como afixará aviso nos respectivos locais de trabalho.

§ 4º (Vetado) (Incluído pela Lei nº 9.016, de 30.3.1995)

COMENTÁRIOS (ART. 133)

O presente dispositivo enumera as situações em que o empregado perderá o direito às férias (art. 133 da CLT). O inciso I refere-se à hipótese em que o empregado toma a iniciada rescisão contratual. Se ele for readmitido antes de completar 60 dias, o período aquisitivo do contrato de trabalho anterior será computado no novo contrato de trabalho. De outro lado, se o empregado for readmitido após o referido prazo, iniciará uma nova contagem do período aquisitivo de férias.

a) permanecer em licença remunerada por mais de 30 dias;

b) deixar de trabalhar, percebendo remuneração, por mais de 30 dias, em virtude de paralisação parcial ou total da empresa. Nesta hipótese a empresa deve comunicar do Ministério do Trabalho, com antecedência mínima de 15 dias, as datas de início e fim da paralisação total ou parcial dos serviços da empresa, e, em igual prazo, comunicará, nos mesmos termos, ao sindicato representativo da categoria profissional, bem como afixará aviso nos respectivos locais de trabalho;

c) receber da Previdência Social prestações de acidente de trabalho ou auxílio-doença por mais de 6 meses, ainda que descontínuos.

Ocorrendo alguma das situações mencionadas, iniciará um novo período aquisitivo a contar da data de retorno do empregado ao serviço.

As licenças não remuneradas solicitadas pelo trabalhador, não serão computadas no período aquisitivo de

[429] Nesse sentido Maurício Godinho Delgado (in Delgado, 2019, p. 1279-1281), para quem trata-se de causa de suspensão contratual, com certas ressalvas. De forma oposta, Sérgio Pinto Martins defende que "há cessação provisória, mas parcial, do contrato de trabalho, pois são contados o tempo de serviço do empregado e parte da remuneração – no caso de convocação para manobras, conforme art. 61 da Lei 4.375/64 – evidenciando hipótese de interrupção dos efeitos do contrato de trabalho" (in Direito do Trabalho. Martins, 2020, p.570-571).

férias, visto que é considerada como causa de suspensão do contrato de trabalho.

SEÇÃO II
DA CONCESSÃO E DA ÉPOCA DAS FÉRIAS

Art. 134 – As férias serão concedidas por ato do empregador, em um só período, nos 12 (doze) meses subsequentes à data em que o empregado tiver adquirido o direito.

§ 1º Desde que haja concordância do empregado, as férias poderão ser usufruídas em até três períodos, sendo que um deles não poderá ser inferior a quatorze dias corridos e os demais não poderão ser inferiores a cinco dias corridos, cada um. Redação dada pela Lei nº 13.467, de 2017)

§ 2º (Revogado). (Redação dada pela Lei nº 13.467, de 2017)

§ 3º É vedado o início das férias no período de dois dias que antecede feriado ou dia de repouso semanal remunerado. (Incluído pela Lei nº 13.467, de 2017)

COMENTÁRIOS (ART. 134)

1. PERÍODO CONCESSIVO DE FÉRIAS

Após a aquisição do direito às férias, o empregador tem o prazo de 12 meses para concedê-las ao empregado após o término do lapso temporal aquisitivo (art. 134, CLT).

A não concessão no prazo legal implica o pagamento em dobro da remuneração (art. 137, *caput*, CLT). Se, porventura, houver gozo de parte das férias dentro do prazo legal, os demais dias deverão ser remunerados em dobro (Súmula 81, TST).

A concessão de férias é ato exclusivo do empregador, não dependendo de pedido ou concordância do empregado.

O art. 10, item 1º, Convenção 132 dispões que *"A ocasião em que as férias serão gozadas será determinada pelo empregador, após consulta à pessoa interessada em questão ou seus representantes, a menos que seja fixada por regulamento, acordo coletivo, sentença arbitral ou qualquer outra maneira conforme à prática nacional"*.

Será dada ciência ao empregado, por escrito, do período concedido para descanso, com antecedência mínima de 30 dias. O período concedido deve constar na CTPS e na ficha de registro do empregado (art. 135, CLT).

A rigor, as férias serão concedidas em um único período (art. 134, *caput*). Em casos excepcionais, a concessão poderia ocorrer o fracionamento das férias. Nesse sentido o art. 134, § 1º da CLT e o permissivo no Direito Consuetudinário, disposto na Convenção 132, autorizando a fração das férias, sendo certo que um de seus períodos deve ser de, no mínimo, 14 dias (art. 8º, § 2º).

A Reforma Trabalhista passou a prever a possibilidade de fracionamento das férias em três períodos – antes era permitido no máximo dois períodos -, desde que se tenha a expressa concordância do empregado, um dos períodos não pode ser inferior a 14 dias, os demais períodos não poderão ser inferiores a cinco dias corridos, cada um, e, não se pode iniciar o gozo das férias no período de dois dias que antecede feriado ou repouso semanal remunerado.

Essa regra aplica-se tanto para os períodos aquisitivos que estão em curso, anteriores ou posteriores à vigência da Reforma Trabalhista.

2. FÉRIAS EM TEMPOS DE PANDEMIA

A Medida Provisória n. 927, de 22 de março de 2020, cuja vigência se exauriu no dia 19 de julho de 2020, por ausência de submissão do texto à votação no Senado Federal, estabelecia diretrizes trabalhistas para o enfrentamento do estado de calamidade pública decorrente da pandemia do coronavírus (Covid-19). Possibilitou aos empregadores, dentre outras medidas, a antecipação de férias individuais e a concessão de férias coletivas (art. 3º, incisos II e III da MP n. 927/2020). Flexibilizou, neste aspecto, os prazos para aviso, gozo e pagamento dos períodos de férias, com o escopo de *"facilitar o cumprimento do período necessário à contenção da transmissão e remissão da doença causada pelo coronavírus. Além de reduzir a circulação e a aglomeração de pessoas nos ambientes de trabalho"*, como medida alternativa para as empresas cujas atividades são inconciliáveis com o trabalho remoto (art. 6º e 12 da MP n. 927/2020).[430]

Do artigo 6º ao 10, o legislador autorizava a antecipação das férias individuais, independentemente de o empregado ter ou não completado o período aquisitivo de férias. Nos artigos seguintes dispôs sobre a concessão das férias coletivas.

No que diz respeito às férias individuais, a Consolidação das Leis do Trabalho impôs a comunicação prévia da concessão das férias ao empregado, referente ao período aquisitivo de férias completo, de forma escrita e com antecedência mínima de 30 dias (art. 135 da CLT). Esta formalidade tem a finalidade de *"garantir ao trabalhador o direito de planejar suas férias, evitando*

[430] Exposição de Motivos º 00081 de 22 de março de 2020 do Ministério da Economia < http://www.planalto.gov.br/ccivil_03/_ato2019-2022/2020/Exm/Exm-MP-927-20.pdf > [acessada em 04/05/2021].

que o tomador dos serviços comunique ao empregado no dia anterior, pegando-o desprevenido"[431].

A MP n. 927/2020 encurtou o prazo mínimo de comunicação prévia da concessão das férias para 48 (quarenta e oito) horas, com o escopo de arrefecer os prejuízos econômicos gerados pelo fechamento temporário das empresas determinado pela Administração Pública (federal, estadual, ou municipal), em razão da pandemia do COVID-19. Também, possibilitou a antecipação de férias, mesmo que o período aquisitivo não tenha transcorrido, ou seja, períodos futuros de férias.

Além disso, prevê duas maneiras de formalização da comunicação das férias,: a) por escrito; b) por meio eletrônico. A formalização por escrito já tinha previsão na legislação trabalhista infraconstitucional, conforme se verifica na redação do art. 135 da CLT. Foi acrescentada a possibilidade de utilizar os meios eletrônicos para dar ciência da concessão das férias ao empregado, como, por exemplo, o envio de e-mail ou mensagem de texto, inclusive por aplicativo de mensagem (WhatsApp, Telegram, etc). A comunicação, entretanto, exige a indicação do período de férias a ser gozado pelo empregado, isto é, a data de início e término das férias.

A doutrina diverge a respeito das consequências do desrespeito desse prazo. Vólia Bomfim entende *"que no caso de comunicação do período concessivo de férias em período inferior a 30 dias, há apenas uma infração administrativa por parte do empregador"*.[432] Para os signatários desta vertente interpretativa a finalidade da norma – o descanso do empregado – foi alcançado. Se valem, portanto, do método de interpretação teleológico, prestigiando as consecuções da norma trabalhista, em detrimento da literalidade da lei.

Corrente doutrinária em sentido contrário defende que a comunicação das férias nestas condições implica é considerada nula de pleno direito. Como consequência, afirmam que o empregador está sujeito ao pagamento dobrado do período de férias.

Luciano Martinez explica que *"se não houve essa participação* – o aviso antecipado de concessão das férias ao empregado, no prazo estabelecido em lei – *não se pode dizer iniciado o período de férias, sendo nula de pleno direito a comunicação celebrada sem essa formalidade (vide o art. 9º da CLT)"*.[433] Defende, ainda, que em caso de solicitação de concessão imediata de férias pelo empregado este prazo será inexigível.

No âmbito do Tribunal Superior do Trabalho prevalece o entendimento de que o descumprimento do prazo de comunicação prévia das férias não gera o pagamento em dobro, considerando que não há obrigatoriedade legal nesse sentido os precedentes abaixo:

- RECURSO DE REVISTA. INTERPOSIÇÃO SOB A ÉGIDE DAS LEIS Nº 13.015/2014 E 13.467/2017. FÉRIAS. COMUNICAÇÃO PRÉVIA DE 30 DIAS AO EMPREGADO. ART. 135 DA CLT. PAGAMENTO EM DOBRO. INDEVIDO. Trata-se de discussão acerca da possibilidade de pagamento em dobro das férias em razão da inobservância da comunicação com antecedência mínima de trinta dias para a concessão das férias. A Corte Regional decidiu que é devido o pagamento em dobro das férias na hipótese em que o aviso do período de férias não observa o prazo de 30 dias de antecedência previsto no art. 135 da CLT. O art. 135 da CLT dispõe o seguinte: "Art. 135 – A concessão das férias será participada, por escrito, ao empregado, com antecedência de, no mínimo, 30 (trinta) dias. Dessa participação o interessado dará recibo". Já o art. 137 da CLT prevê o pagamento de férias em dobro nos casos de descumprimento do prazo previsto no art. 134, ou seja, a não concessão de férias dentro de 12 meses após o período aquisitivo. Por sua vez, a Súmula nº 450 do TST, ao definir mais uma hipótese em que será devido o pagamento em dobro, dispõe que "É devido o pagamento em dobro da remuneração de férias, incluído o terço constitucional, com base no art. 137 da CLT, quando, ainda que gozadas na época própria, o empregador tenha descumprido o prazo previsto no art. 145 do mesmo diploma legal". Da análise da Súmula nº 450 do TST e do art. 137 da CLT, infere-se que não existe disposição legal que determine o pagamento em dobro pela inobservância do prazo de 30 dias para a comunicação prévia das férias, disposto no art. 135 da CLT. Recurso de revista conhecido, por contrariedade (má aplicação) à Súmula nº 450 do TST, e provido. (TST – RRAg-100948-54.2017.5.01.0016, 3ª Turma, Relator Ministro Alexandre Agra Belmonte, **Publicado do acórdão: 05/03/2021)**
- "RECURSO DE REVISTA REGIDO PELA LEI 13.015/2014. FÉRIAS. COMUNICAÇÃO PRÉVIA AO EMPREGADO. ART. 135 DA CLT. INOBSERVÂNCIA DO PRAZO DE 30 (TRINTA) DIAS. DOBRA INDEVIDA. Inexiste previsão legal de pagamento em dobro das férias em razão do descumprimento do prazo de 30 (trinta) dias, disposto no art. 135 da CLT, para a comunicação prévia ao empregado. Hipótese que caracteriza mera infração administrativa, nos termos do art. 153 da CLT.

[431] BOMFIM, Vólia. Direito do trabalho. – 9.ª ed. rev. e atual. – Rio de Janeiro: Forense; São Paulo: Método, 2017, p. 735.
[432] Ibidem. BOMFIM, 2017, p. 122.
[433] Martinez, Luciano. Curso de direito do trabalho– 11. ed. – São Paulo : Saraiva Educação, 2020, p.831.

Precedentes. Recurso de revista conhecido e não provido. (RR – 20226-17.2014.5.04.0772, Relatora Ministra: Delaíde Miranda Arantes, Data de Julgamento: 18/04/2018, 2ª Turma , Data de Publicação: DEJT 20/04/2018).

- "(...) DOBRAS DAS FÉRIAS. AUSÊNCIA DE AVISO ESCRITO COM ANTECEDÊNCIA DE 30 DIAS. Nos termos do artigo 135 da Consolidação das Leis do Trabalho, a concessão de férias impõe ao empregador o rigoroso cumprimento de requisitos formais, incumbindo-lhe participar, por escrito, a referida concessão ao obreiro com antecedência mínima de 30 (trinta) dias e proceder à respectiva anotação na CTPS e em livro ou nas fichas de registros dos empregados. No caso, com relação às férias, o Tribunal Regional destacou que "a legislação garante ao empregador a prerrogativa de estabelecer, de acordo com suas necessidades, o período em que o empregado desfrutará férias" e que, "por não escolher a data, o empregado tem o direito de ter ciência antecipada do período estabelecido, para que possa desfrutá-las de forma ampla e ilimitada". Concluiu, diante disso, que, "da mesma forma que as infrações aos artigos 134 e 145, pelo procedimento do reclamado restou frustrada a finalidade do instituto, que é mais abrangente do que o simples descanso, pois deve propiciar ao empregado atividades destinadas ao seu equilíbrio emocional e mental, alcançados com a devida preparação, planejamento e programação, para as quais necessita de tempo antecedente ao gozo das férias, além de dinheiro". Assim, deferiu ao autor o recebimento da dobra das férias ao longo do período contratual, à exceção das férias gozadas de 20/12/2010 a 18/1/2011 e 19/12/2011 a 17/1/2012, pois, nesse período, entendeu que foi dado atendimento ao artigo 139 da CLT. Da leitura do artigo 135 da CLT, observa-se que não existe previsão de concessão de férias em dobro em decorrência da comunicação de férias extemporânea. Já o artigo 137 da CLT prevê o pagamento em dobro quando a concessão das férias ocorrer depois de transcorridos doze meses do fim do período aquisitivo (artigo 134 da CLT), ou em caso de descumprimento da regra do artigo 145 da CLT, qual seja pagamento da remuneração de férias até dois dias antes do início do período respectivo – hipótese diversa da dos autos. Dentro desse contexto, não há como se ter por concretizado o suporte fático determinante da incidência da hipótese normativa prevista no artigo 137 da CLT, razão pela qual a decisão deve ser reformada (precedentes desta Corte). Recurso de revista conhecido e provido. (...)" (RR-10146-62.2014.5.15.0036, Rel. Min. José Roberto Freire Pimenta, 2ª Turma , DEJT 10/11/2017).

A MP n. 927/2020 também autorizava o empregador a conceder os seguintes períodos de férias: a) período aquisitivo já concluído pelo empregado; b) período aquisitivo em curso; c) período aquisitivo futuro.

Não há dúvidas de que o empregador pode conceder as férias alusiva ao período aquisitivo completo, pois as condições para a sua concessão já foram implementadas. É o que diz a redação do art. 130 da CLT[434].

No que diz respeito à antecipação das férias com período aquisitivo incompleto (em curso), pensamos que se coaduna com o sistema constitucional vigente, haja vista que em poucos meses o empregado implementará as condições para a concessão das férias.

Paulo Régis Machado Botelho defende que nesta situação "*faltando alguns meses para a implementação de um novo período aquisitivo, nada impede que o empregador possa utilizar o permissivo legal para determinar a concessão das férias*". Acrescenta que "*essa possibilidade, aliás, é aventada quando se trata de férias coletivas*".[435]

Pensamos que essa medida respeita a função elementar das férias – o descanso anual – que tem como premissa a recuperação física e mental do trabalhador, evitando o estafamento do trabalhador, bem como o surgimento de doenças ocupacionais e episódios de acidente de trabalho. A antecipação, neste caso, não acarretará prejuízos de ordem orgânica ao empregado, pois a implementação do direito às férias será concretizada em um momento próximo. Ainda que de forma restrita, o direito ao lazer, cultura e ao convívio familiar – e social, de forma virtual – estará preservado durante o gozo das férias.

Para mais, admitia a antecipação do períodos futuros de férias, durante o estado de calamidade pública, mediante ajuste individual escrito entre o empregador o empregador (art. 6º, §2º, da MP n. 927/2020).

A doutrina diverge sobre a possibilidade de adiantamento de férias futuras. Parte da doutrina sustenta que a antecipação do gozo de férias futuras é nula de pleno direito (art. 9º, da CLT), pois representa uma forma de renúncia do direito ao gozo futuro das férias. O empregado estaria abrindo mão de usufruir no futuro a um perído de descanso que lhe é devido.[436]

O adiantamento de férias futuras refreia o descanso do empregado, que ficará longos períodos sem poder regenerar a sua saúde, ficando exposto ao risco de sofrer uma exaustão física ou emocional, doenças ocupacionais – inclusive a síndrome de Burnout – e

[434] CLT, Art. 130 – *"Após cada período de 12 (doze) meses de vigência do contrato de trabalho, o empregado terá direito a férias (...)"*..

[435] Paulo Régis Machado Botelho, in O Direito do Trabalho na crise da COVID-19, 2020, p. 372.

[436] Idem.

até mesmo acidente de trabalho. Inibe, portanto, os preceitos fulcrais do instituto jurídico em comento.

Homero Batista Mateus da Silva aponta que as férias *"representam um dever, pois o empregado não pode prescindir das férias, acumular longos períodos para seus estudos ou para coincidência com planos de viagens ou simplesmente vender as férias para auferir maior renda. As férias correspondem a uma forma de aumento da produtividade e diminuição dos acidentes de trabalho(...)"*.[437]

As férias, de acordo com a MP n. 927/2020, não poderão ser gozadas em período inferior a cinco dias corridos. Neste aspecto, em regra, a CLT estabelece que as férias individuais são concedidas em um único período. Possibilita, no entanto, o fracionamento do período de férias em três períodos, sendo certo que um deles não poderá ser inferior a 14 dias, e os demais não poderão ser inferiores a cinco dias corridos, cada um (art. 134, §1º, da CLT).

Durante o estado de calamidade pública a MP n. 927/2020 conferiu tratamento diferido aos trabalhadores que pertenciam ao grupo de risco do coronavírus (COVID-19), relativamente a concessão de férias individuais ou coletivas. Significa que os empregados com idade igual ou superior a 60 anos (idosos), portador de alguma comorbidade (doenças cardíacas, pulmonares, de baixa imunidade, renais, diabéticos, obesos), bem como as gestantes de alto risco, serão priorizados para fins de concessão das férias (§ 3º da MP n. 927/2020).

Ainda, admitiu a suspensão das férias ou licenças remuneradas dos profissionais da área de saúde ou daqueles que desempenham funções essenciais, mediante comunicação prévia e formal ao trabalhador, *preferencialmente* com antecedência de 48 (quarenta e oito) horas (art. 7º da MP n. 927/2020).

A medida é elogiável. Contudo, entendemos que a suspensão das férias ou de licenças remuneradas dos profissionais da saúde não deve ser aplicada de forma indiscriminada. O empregador deve justificar a necessidade de suspensão do período de descanso, como, v.g., o aumento exponencial do número de pacientes em um hospital; a escassez ou ausência de profissionais com a mesma especialidade do profissional de saúde. Repita-se: as férias tem um caráter importantíssimo, pois está intrinsecamente ligado às normas de saúde e medicina do trabalho.

Não se nega a dimensão da crise na saúde pública mundial, nem os esforços feitos por estes profissionais – que, em sua maioria, vão além do cumprimento dos seus deveres –, mas é preciso atenção à saúde destes trabalhadores, para que eles tenham condições de combater a crise sanitária do COVID-19.

O binômio suspensão das férias/licença (inviabilizando um período de descanso mínimo) e a natural sobrecarga de trabalho, pode trazer resultados catastróficos aos profissionais da saúde: exaustão física e emocional; estresse; depressão; ansiedade; Síndrome do Esgotamento Profissional (Burnout), dentre outras patologias psicossomáticas, a afetando diretamente na sua produtividade.

O Conselho Federal de Medicina, em pesquisa inédita, constatou que 96% dos médicos consideram que a pandemia afetou a vida pessoal e profissional, além da saúde mental dos profissionais de saúde; 14,5% dos entrevistados relatam a redução do tempo para refeição, família e lazer; 7,6% consideram que houve comprometimento das horas de descanso e da qualidade do sono. Reconhecem que este fator pode ter impacto negativo para o profissional de saúde.[438] Também existem relatos, no mesmo sentido, feitos por conselhos de fiscalização profissional correlatos à saúde.[439]

O empregador deve considerar a ampliação do seu quadro de funcionários, de maneira a alcançar um número de profissionais de saúde compatível com a demanda.

Ainda sobre o tema, o art. 7º da MP n. 927/2020 utiliza o termo *"preferencialmente"*, para se referir ao prazo de 48 horas para a comunicação prévia do empregado. Este prazo poderá ser maior ou menor, a depender das circunstâncias. O empregador deve conceder um prazo razoável ao empregado, para que ele possa retornar ao trabalho. Imagine se empregado estiver em isolamento social em município ou estado diverso do local de prestação de serviços, ao tempo da implementação de tais medidas, o empregador deve ajustar com o empregado um tempo plausível para a sua volta ao trabalho.

A MP n. 927/2020 flexibilizou o pagamento da remuneração de férias, do terço constitucional e do abono pecuniário (art. 8º e 9º). O primeiro poderá ser efetuado até o 5º dia útil do mês subsequente ao início do gozo de férias. Não se aplicará o regramento previsto no art. 145 da CLT, que impõe o pagamento da remuneração das férias e, se for o caso, o abono, até 2 (dois) dias antes do início do respectivo período, sob pena de pagamento em dobro da remuneração de férias, incluído o terço

[437] Silva, Homero Batista Mateus da. CLT comentada. – 2. ed. – São Paulo: Thomson Reuters Brasil, 2018, p. 83.

[438] Conselho Federal de Medicina (CFM). Pandemia gera estresse e sobrecarga de trabalho, mas reforça confiança dos pacientes na medicina. < https://portal.cfm.org.br/noticias/pandemia-de-covid-19-gera-estresse-e-sobrecarga-de-trabalho-medicos-mas-reforca-confianca-dos-pacientes-na-medicina/ > [acessado em 04/05/2021].

[439] Conselho Federal de Enfermagem (COFen). Conselhos de Enfermagem fiscalizam condições de trabalho da Enfermagem. < http://www.cofen.gov.br/conselhos-de-enfermagem-fiscalizam-condicoes-de-trabalho-da-enfermagem_86233.html > [acessado em 04/05/2021]

constitucional (Súmula 450 do TST). Se o empregado for dispensado, os valores ainda não adimplidos a título de férias serão quitados juntamente com o pagamento das verbas rescisórias.

O pagamento do terço constitucional e do abono pecuniário, poderá ser realizado pelo empregador após o início gozo das férias, até a data em que é devido o pagamento do décimo terceiro salário, ou seja, até o dia 20 de dezembro de cada ano, na forma do art. 1º da Lei 74.749/65. O abono pecuniário depende de requerimento do empregado, que poderá converter um terço de férias em abono, bem como da concordância do empregador (Art. 8º, parágrafo único, da MP n. 927/2020).

Botelho não enxerga *"em um primeiro olhar, prejuízo de grande monta ao empregado. Sob outro ângulo, permitirá que o empregador com problemas financeiros se organize para enfrentar a crise"* estando preservado o equilíbrio contratual durante o estado pandêmico.[440]

Nas férias coletivas, por sua vez, o legislador flexibilizou os períodos mínimos de fracionamento, bem como a comunicação ao Ministério do Trabalho (atualmente incorporado ao Ministério da Economia). Diferentemente das férias individuais, como não há permissivo legal, entende-se que as férias coletivas podem ser concedidas apenas para os empregados que estavam com período aquisitivo completo ou em curso.

É importante ressaltar que o empregador pode comunicar os seus empregados através de um simples e-mail ou outro meio eletrônico, no prazo de 48 horas antes do início do gozo das férias, adequando a maneira de comunicação das férias às formas ao momento .

Outra inovação está relacionada ao prazo para pagamento das férias. A Medida Provisória permite o pagamento da correspondente remuneração pode ser efetuado até o quinto dia útil do mês subsequente ao início do gozo, bem como possibilita que o terço de férias seja quitado após sua concessão, estando limitado até a data em que é devida o décimo terceiro salário, mesmo prazo máximo em que deve ser quitado eventual abono pecuniário.

As medidas prescritas na MP n. 927/2020 permitiam a sua adoção durante o estado de calamidade pública, decretada pelo Ministro de Estado da Saúde, em 3 de fevereiro de 2020, nos termos do disposto na Lei nº 13.979, de 6 de fevereiro de 2020. O início da vigência da MP n. 927 se deu em 22 de março de 2020, perdendo a eficácia em 19 de julho de 2020, considerando que foi rejeitada de forma tácita, após o Senado Federal deixar de submetê-la à votação, por divergências político-partidárias.

Em 27 de abril de 2021, o Governo Federal editou uma nova Medida Provisória (nº 1.046/2021), com teor muito aproximado da MP n. 927/2020, ressalvadas algumas particularidades. Essa medida provisória também não foi convertida em lei, resultando na perda da sua eficácia em 07 de setembro de 2021.

Na Exposição de Motivos nº 00031/2021, o Ministério da Economia explica que *"a situação de emergência de saúde pública e seus impactos nas relações de trabalho não foram superados no plano fático – motivo pelo qual –, faz-se necessária, novamente, a edição de Medida Provisória com medidas trabalhistas temporárias de preservação do emprego"*, acrescentando que *"as medidas de isolamento e de quarentena necessárias à contenção da transmissão do vírus e, consequentemente, à redução no número de casos da doença Covid-19, adotadas durante a vigência da Lei nº 13.979, 6 de fevereiro de 2020, provocaram forte impacto no setor produtivo e nas relações de trabalho, com efeitos que ainda perduram em setores da economia"*[441].

No que tange à medida provisória rejeitada (de forma expressa ou tácita), o art. 62, §10, da CF proíbe a reedição, na mesma sessão legislativa. O Supremo Tribunal Federal tem precedentes que considera inconstitucional a reedição de medida provisória – caracterizada quando ocorrer a repetição integral ou parcial do texto replicado em medida provisória anterior – no mesmo ano legislativo.[442]Embora o texto da Medida Provisória n. 927/2020 tenha sido reeditado substancialmente na Medida Provisória n. 1.046/2021, tais normas foram instituídas em sessões legislativas diferentes. A primeira medida provisória foi editada na sessão legislativa de 2020; a segunda, na sessão legislativa de 2021. Com

---

440 Ibidem. Botelho, 2020, p. 376.

441 Exposição de Motivos nº 00031/2021 do Ministério da Economia. < http://www.planalto.gov.br/ccivil_03/_Ato2019-2022/2021/Exm/Exm-MP-1046-21.pdf > [acessado em 05/05/2021]

442 Impossibilidade de reedição, na mesma sessão legislativa, de medida provisória revogada, nos termos do prescreve o art. 62, §§2º e 3º. Interpretação jurídica em sentido contrário, importaria violação do princípio da Separação de Poderes. Isso porque o Presidente da República teria o controle e comando da pauta do Congresso Nacional, por conseguinte, das prioridades do processo legislativo, em detrimento do próprio Poder Legislativo. Matéria de competência privativa das duas Casas Legislativas (inciso IV do art. 51 e inciso XIII do art. 52, ambos da Constituição Federal). O alcance normativo do § 10 do art. 62, instituído com a Emenda Constitucional 32 de 2001, foi definido no julgamento das ADI 2.984 e ADI 3.964, precedentes judiciais a serem observados no processo decisório, uma vez que não se verificam hipóteses que justifiquem sua revogação. Qualquer solução jurídica a ser dada na atividade interpretativa do art. 62 da Constituição Federal deve ser restritiva, como forma de assegurar a funcionalidade das instituições e da democracia. Nesse contexto, imperioso assinalar o papel da medida provisória como técnica normativa residual que está à serviço do Poder Executivo, para atuações legiferantes excepcionais, marcadas pela urgência e relevância, uma vez que não faz parte do núcleo funcional desse Poder a atividade legislativa. É vedada reedição de medida provisória que tenha sido revogada, perdido sua eficácia ou rejeitada pelo Presidente da República na mesma sessão legislativa. [ADI 5.709, ADI 5.716, ADI 5.717 e ADI 5.727, rel. min. Rosa Weber, j. 27-3-2019, P, DJE de 28-6-2019.]

efeito, nesse apecto, a MP n. 1.046/2021 não padecia de inconstitucionalidade.

O prazo de vigência da MP n. 1.046/2021 era de 120, contados da data de sua publicação, com a possibilidade de ser ser prorrogado, por igual período, por ato do Poder Executivo federal. Sem embargo, a Constituição Federal estabelece que a medida provisória produz efeitos jurídicos imediatamente e terá o prazo de vigência de 60 dias, prorrogável automaticamente por igual período (60 dias) caso não tenha sua votação concluída, nos termos do art. 62, §7º, da Carta Magna. Logo, como regra, o prazo máximo de vigência de uma medida provisória é de 120 dias, caso seja prorrogada.

O prazo máximo de vigência pode ser ultrapassado, de acordo com o art. 62, §4º, da CF, excepcionalmente quando verificar-se a suspensão do prazo decadencial de 120 dias da medida provisória, ou seja, apenas se o período de vigência coincidir com o recesso do Congresso Nacional (60 dias + 60 dias, em caso de prorrogação + recesso do Congresso Nacional). Para o Supremo Tribunal Federal, este prazo é decadencial e constitui uma importante forma de freio e contrapeso, entre o Poder Executivo e o Legislativo, considerando que permite o controle legislativo sobre as medidas provisórias instituídas pelo Presidente da República. No julgamento da ADPF 661, o Plenário do STF entendeu, em sede de referendo de medida cautelar, que *"o art. 62 perderia a sua efetividade de harmonia entre os Poderes se estendêssemos esse prazo das medidas provisórias, mesmo após 120 dias"*. Nem mesmo a pandemia do COVID-19 é capaz de suspender ou elastecer este prazo, repita-se: decadencial, dada a importância deste sistema de freios e contrapesos.[443]

A inconstitucionalidade ocorre sempre que uma norma viola os preceitos contidos na Constituição Federal de 1988. A doutrina tradicional classifica a inconstitucionalidade em: a) inconstitucionalidade por omissão – assim considerada as hipóteses em que a Constituição Federal de 1988 determina um dever de legislar, mas o Estado se omite, ou em caso de descumprimento de um mínimo existencial; b) inconstitucionalidade por ação – consiste em lei ou ato normativo que fere a Constituição Federal de 1988. Desdobra-se em inconstitucionalidade por ação material e formal. Na inconstitucionalidade material, o conteúdo da lei ou ato normativo fere os princípios ou regras da Lei Maior. Já a inconstitucionalidade formal, refere-se ao vício no processo de criação da norma.[444]

A inconstitucionalidade por ação formal subdivide-se em: i) inconstitucionalidade por ação formal orgânica – quando o órgão for incompetente elaborar a norma; ii) inconstitucionalidade por ação formal propriamente dita – o vício ocorre em uma das fases do processo legislativo, a exemplo, um vício de iniciativa; iii) inconstitucionalidade por ação formal por violação a pressupostos objetivos do ato normativo.

Sobre a inconstitucionalidade por ação formal por violação a pressupostos objetivos do ato normativo, o professor Flávio Martins Alves Nunes Júnior explica que "Em algumas situações, a lei, ou ato normativo, é feita pela autoridade correta, legítima, respeita integralmente o seu procedimento de criação, mas não atende a um requisito objetivo externo. Por exemplo, imaginemos uma medida provisória de iniciativa do Presidente da República (autoridade legítima para fazê-la, nos termos do art. 62, CF) e que respeita todo o seu procedimento de análise e votação no Congresso Nacional, nos termos do art. 62 da CF, mas não preenche o requisito objetivo de elaboração: relevância e urgência. A medida provisória será inconstitucional".

Inferimos que o art. 1º, caput e parágrafo único, da MP n. 1.046/2021, padecia de vício de inconstitucionalidade material, eis que o período de vigência nele previsto, viola frontalmente o prazo decadencial de 120 dias (60 dias + 60 dias, em caso de prorrogação automática) estabelecido pelo art. 62, §§ 3º e 7º, da Constituição Federal de 1988.

E mais, se o legislador tivesse convertido a MP n. 1.046/2021 em lei após o lapso decadencial de 120 dias, padeceria de inconstitucionalidade formal, conforme decidido pelo Supremo Tribunal Federal na ADPF 661 MC REF, de relatoria do Ministro Alexandre de Moraes *[j. 21-12-2020, P, DJE de 8-4-2021]*.

Superada esta questão, ressalta-se que a MP 1.046/2021 autorizou novamente a antecipação de férias individuais, a concessão de férias coletivas, o aproveitamento e a antecipação de feriados, dentre outras medidas (art. 2º). Regulamentou a antecipação de férias

[443] *"[...] O controle legislativo sobre **medidas provisórias editadas pelo Presidente da República** é tão importante para o equilíbrio entre os poderes da República que **a Constituição Federal estabeleceu uma única hipótese excepcional de suspensão do prazo decadencial de 120 (cento e vinte) dias, durante o recesso do Congresso Nacional (CF, § 4º, art. 62).** As alterações no funcionamento regimental das Casas Legislativas, em virtude da pandemia da COVID-19, não caracterizam recesso parlamentar, [...] Medida Cautelar referendada para autorizar que, durante a emergência em Saúde Pública decorrente da COVID-19, (a) as medidas provisórias sejam instruídas perante o Plenário da Câmara dos Deputados e do Senado Federal, ficando, excepcionalmente, autorizada a emissão de parecer, em substituição à Comissão Mista, por parlamentar de cada uma das Casas designado na forma regimental; (b) em deliberação nos Plenários da Câmara dos Deputados e do Senado Federal, operando por sessão remota, as emendas e requerimentos de destaque possam ser apresentados à Mesa, na forma e prazo definidos para funcionamento do Sistema de Deliberação Remota (SDR) em cada Casa. **[ADPF 661 MC REF, rel. min. Alexandre de Moraes, j. 21-12-2020, P, DJE de 8-4-2021.]***

[444] Nunes Júnior, Flávio Martins Alves. Curso de direito constitucional. – 3. ed. – São Paulo: Saraiva Educação, 2019, p. 558-601.

individuais nos arts. 5º a 10, e a concessão de férias coletivas nos arts. 11 a 13.

O texto da MP n. 927/2020 foi replicado na MP n. 1.046/2021 praticamente de forma integral. Foram realizadas algumas acomodações na estrutura textual dos dispositivos legais, sem alteração de sentido da norma, a fim de não dar margem a interpretações equivocadas, bem como algumas mudanças pontuais.

No art. 10 da MP n. 1.046/2021, que regulamenta o pagamento das férias individuais ou coletivas, ainda não adimplidas, em caso de rescisão do contrato de trabalho, houve a inclusão do parágrafo único, para dispor que *"As férias antecipadas gozadas cujo período não tenha sido adquirido serão descontadas das verbas rescisórias devidas ao empregado no caso de pedido de demissão"*. Noutras palavras, em caso de antecipação das férias por ato do empregador, em que o gozo das férias antecipadas ocorreu durante a pandemia da COVID-19, referente ao período aquisitivo em curso (período aquisitivo incompleto) ou período aquisitivo futuro (cujo período de férias será adquirido em um momento vindouro do contrato de trabalho), especificamente em caso de pedido de demissão do empregado.

O legislador utilizou a expressão *"descontadas"*. A lei não contém palavras inúteis, cabendo-nos, por conseguinte, perquirir o significado do termo.

Etimologicamente a palavra "desconto" significa deduzir, abater, compensar. Juridicamente, a compensação e a dedução possuem significados diversos.

A compensação é definida como uma forma de extinção das obrigações em que os titulares são ao mesmo tempo credores e devedores ao mesmo tempo. As dívidas se extinguem até o ponto em que se encontrarem (art. 368 do CC). Existem duas espécies de compensação: a) legal; b) convencional.

Pablo Stolze Gagliano e Rodolfo Pamplona Filho ensinam que "a compensação legal é a regra geral, exigindo, para sua configuração, o atendimento de diversos requisitos legais, o que apreciaremos nos tópicos a seguir. Nela, satisfeitos os requisitos da lei, o juiz apenas a reconhece, *declarando* a sua realização (já ocorrida no plano ideal), desde que provocado. Já a compensação convencional é decorrência direta da autonomia da vontade, não exigindo os mesmos requisitos para a compensação legal".[445]

São características da compensação: i) duas pessoas serem ao mesmo tempo credor e devedor uma da outra, as duas obrigações extinguem-se, até onde se compensarem; ii) a compensação efetua-se entre dívidas líquidas, vencidas e de coisas fungíveis; iii) trata-se de uma forma indireta de extinção das obrigações; iv) consubstancia uma espécie de defesa indireta de mérito (fato extintivo).

A teor do art. 477, §5º, da CLT, o empregador poderá realizar a compensação no momento do pagamento das verbas rescisórias, sendo certo que o valor compensado não poderá exceder o equivalente a um mês de remuneração do empregado.

No Processo do Trabalho, a compensação poderá ser arguida somente como matéria de defesa (art. 767 da CLT). No processo do trabalho o termo "defesa" tem sentido amplo, abrangendo a contestação, exceção (de incompetência territorial, de impedimento e suspeição) e a reconvenção. A esse respeito, o Tribunal Superior do Trabalho fixou o entendimento na Súmula 48, de que a compensação só poderá ser arguida com a contestação. Ainda, estabeleceu na Súmula 18, que apenas as dívidas de natureza trabalhista poderão ser objeto de compensação.

Prevalece o entendimento de que a compensação realizada em juízo, não limita ao valor previsto no art. 477, § 5º, da CLT, ficando ao encargo do magistrado trabalhista extinguir as dívidas até onde se compensarem.

Marcelo Moura adota o mesmo entendimento: "O limite da compensação alegada na defesa não é o valor de uma remuneração mensal do empregado, como prevê a norma do art. 477, §5º, da CLT. Esta restrição só é aplicável na rescisão contratual e não para a alegação de defesa em juízo".[446]

A dedução, de outro lado, representa a possibilidade do abatimento dos valores já pagos ao empregado, constantes no demonstrativo de pagamento de salário, termo de rescisão do contrato de trabalho ou outros recibos, do valor total da condenação judicial. Em outros termos, trata-se de uma objeção processual (matéria de ordem pública), com base no princípio da vedação ao enriquecimento sem causa, de modo que o juiz deve conhecê-la de ofício. Também, pode ser alegada em qualquer momento processual, em qualquer tempo e grau de jurisdição, mas o ideal é a alegação na primeira oportunidade pela parte interessada.[447]

A situação prevista no art. 10 da MP n. 1.046/2021 caracteriza-se como uma hipótese de compensação, encerrando os debates doutrinários que recaiam sobre o tema.[448] Por conseguinte, o desconto das férias

[445] Gagliano, Pablo Stolze; Pamplona Filho, Rodolfo Novo curso de direito civil, volume 2 : obrigações /– 18.ed. – São Paulo: Saraiva, 2017.

[446] Marcelo Moura. Consolidação das Leis do Trabalho para concurso público – 8ª ed. – JusPodivm, 2018, p. 912.

[447] Schiavi, 2018, p. 670.

[448] Neste sentido, Paulo Régis Machado Botelho já argumentava que *"No contexto dos aspectos factuais existem argumentos razoáveis favoráveis e contrários à possibilidade de decote das verbas rescisórias amparadas nas antecipações de valores efetivadas pelo empregador. O risco do negócio,*

antecipadas por ato do empregador em tempo de pandemia no caso de pedido de demissão, embora gozadas pelo empregado e cujo período não tenha sido adquirido, não poderá superar o valor equivalente a um mês de remuneração do empregado, conforme prescrito no art. 477, § 5º, da CLT.

Neste cenário, outra questão que poderá ser suscitada: é possível a realização da compensação nas demais hipóteses de ruptura do contrato de trabalho não contempladas pelo art. 10 da MP n. 1.046/2021?

A premissa para a realização da interpretação de uma norma é a verificação se o texto é efetivamente claro, pois não cabe interpretações onde não existem dúvidas. Também, o exegeta deve perquirir a vontade da lei ou a vontade do legislador. A doutrina aponta que o conceito de clareza é relativo, pois o que para um aparenta ser evidente, pode ser considerado dúbio para outro.[449]

A dúvida ou falta de clareza recai sobre o caráter restritivo (ou não) da compensação prevista no art. 10 da MP n. 1.046/2021, ou seja, se a compensação está limitada à hipótese de pedido de demissão.

Numa interpretação sistemática-ampliativa, podemos afirmar que a compensação não se restringe à hipótese de pedido de demissão, porquanto, a compensação não está afeta à modalidade ruptura do contrato de trabalho, mas, sim, à existência de duas ou mais obrigações, entre duas ou mais pessoas serem ao mesmo tempo credor e devedor uma da outra (art. 368 do CC). Ademais, a o art. 477, §5º, da CLT, ao admitir a compensação na oportunidade do pagamento das verbas rescisórias, limita ou vincula a sua aplicação à hipótese de extinção do contrato de trabalho decorrente de pedido de demissão. Ao analisar este tema, em duas oportunidades, o Tribunal Superior do Trabalho exigiu tão somente que as dívidas compensadas sejam de natureza trabalhista, e, se arguida em juízo, só poderá ser suscitada na contestação (Súmulas 18 e 48 do TST).

De outro lado, é aceitável defender o caráter restritivo do art. 10, parágrafo único, da MP n. 1.046/2021, já que o texto normativo prevê a possibilidade de compensação do adiantamento do período aquisitivo de férias apenas no caso de pedido de demissão. Aliás, a vontade primeira é a preservação do emprego e a renda do trabalhador, além de arrefecer os efeitos econômicos gerados pela pandemia do coronavírus (covid-19) sobre as finanças do empregador. O pedido de demissão frustra este propósito. Assim, o referido dispositivo refreia eventuais prejuízos financeiros ao empregador que adiantou o pagamento de férias relativas ao período ainda não adquirido pelo empregador.

Da análise do art. 11 da MP n. 1.046/2021 infere-se que o conteúdo da primeira medida foi integralmente, com importantes modificações. Esse dispositivo autoriza a concessão de férias coletivas a todos os empregados ou apenas para determinados setores da empresa, a critério do empregador. Entendemos que estas hipóteses são meramente exemplificativas, pois, conforme apontado pela doutrina, também é admissível a concessão de férias coletivas a determinados estabelecimentos (como, por exemplo, uma filial específica da empresa).[450]

A formalização da comunicação prévia das férias coletivas deverá ser efetuada por escrito ou por meio eletrônico (e-mail, mensagem ou aplicativo de mensagens, por exemplo), com antecedência mínima de 48 horas, competindo ao empregador informar todos os empregados abrangidos pela medida.

O período mínimo de concessão das férias coletivas foi reduzido de 10 para 5 dias (art. 12 c/c art. 5º, §1º, da MP n. 1.046/2021), não se de 10 dias corridos previsto aplicando o limite mínimo no art. 139 da CLT. A inovação no ordenamento jurídico ficou por conta do prazo máximo de concessão de férias coletivas, uma vez que ficou autorizada a duração das férias coletivas por período superior a 30 dias, extrapolando, portanto, o tempo máximo de duração das férias previsto na CLT. Noutros termos, admitiu-se a possibilidade o adiantamento de férias cujo o período aquisitivo ainda não havia transcorrido, conforme se extrai da leitura conjugada do art. 12 e do art. 5º, §1º, II, da MP n. 1.046/2021. Desta forma, o empregador poderá conceder a título de férias coletivas 31, 35, 40, 60, 90 dias ou mais. Naturalmente, a remuneração de férias deve ser proporcional aos dias de gozo, inclusive se as férias coletivas forem concedidas por período superior a 30 dias.

O pagamento das férias coletivas poderá ser efetuado nos mesmos moldes da antecipação de férias individuais antecipadas: até o quinto dia útil do mês subsequente ao início do gozo das férias; o terço

---

o enriquecimento sem causa, a situação econômica da empresa, o setor ou ramo de atuação do ente empresarial, etc., devem ser sopesados pelo intérprete, em comunhão com a trilogia contratual acima referenciada" – a boa-fé objetiva, o equilíbrio contratual e a função social do contrato. (in O Direito do Trabalho na crise da COVID-19, 2020, p. 373)

449 Segundo Flávio Martins Alves Nunes Júnior: *"Desde que a hermenêutica passou a ser um dos objetivos do estudo do Direito, duas indagações foram feitas. A primeira delas refere-se à necessidade de interpretação quando um texto é efetivamente claro (in claris cessat interpretatio?). Outra indagação refere-se à meta que deve ser buscada pelo intérprete: a busca pela vontade da lei (mens legis) ou pela vontade do legislador (mens legislatoris)"* (in Curso de Direito Constitucional. – 3. ed. – São Paulo: Saraiva Educação, 2019, p. 481).

450 Gustavo Filipe Barbosa Garcia aponta que *"as férias coletivas, na realidade, podem ser de três modalidades específicas: a) férias de todos os empregados da empresa; b) férias de todos empregados de determinados estabelecimentos (ou seja, unidades) da empresa; c) férias de todos empregados de determinados setores da empresa"* (in Curso de direito do trabalho – 11ª ed. – Rio de Janeiro: Forense, 2017).

constitucional poderá ser quitado até a data de pagamento do décimo terceiro salário (20 de dezembro), na forma do art. 12 da MP 1.046/21. O abono pecuniário depende de anuência do empregador.

Vale ressaltar que paira controvérsia sobre os reflexos da Lei n. 14.020/2020 sobre o cálculo do décimo terceiro salário e sobre as férias dos empregados.

O Ministério Público do Trabalho, em 29 de outubro de 2020, através do Grupo de Trabalho Covid-19, editou Diretriz Orientativa para apoio e auxílio à atuação finalísticas dos seus integrantes, quanto à interpretação e repercussão do Programa Emergencial de Manutenção do Emprego sobre o décimo terceiro salário e as férias dos empregados. No referido documento, os Procuradores e Procuradoras do Trabalho concluíram que o silêncio normativo da Lei n.14.020/2020 quanto aos reflexos trabalhistas da adesão ao Benefício Emergencial a incidirem sobre o período aquisitivo, cálculo de valor e fruição das férias e do décimo terceiro salário, impõe uma interpretação mais favorável e restritiva ao trabalhador.

Defendem que os princípios norteadores do Direito do Trabalho tem o escopo de proteger o trabalhador, impedindo interpretações que lhe sejam desfavoráveis (princípio da proteção, princípio do *in dubio pro operario*) ou a alteração contratual lesiva; os riscos da atividade econômica devem ser suportados exclusivamente pelo empregador (art. 2º da CLT); a Lei n. 4.090/62 disciplina expressamente a dedução do cômputo para a composição do valor a ser pago a título de décimo terceiro somente em caso de faltas injustificadas; os arts. 130 e 131 da Consolidação das Leis do Trabalho não configura falta injustificada, para efeito de cômputo do quantitativo de dias de fruição de férias justificadas na forma da lei e os dias em que não tenha havido serviço.[451]

Na visão do Ministério Público do Trabalho a situação configura suspensão temporária atípica do contrato de trabalho, devendo, portanto, haver o cômputo do período de afastamento no tempo de serviço para todos os fins. Com base nisso, sugeriu as seguintes interpretações: a) o período de adoção das medidas de redução proporcional de jornada de trabalho e de salário ou para a suspensão temporária do contrato de trabalho, deve ser computado no tempo de serviço, caracterizando como suspensão temporária atípica do contrato de trabalho; b) o período de adesão às medidas instituídas pela Lei n. 14.020/2020 na composição dos requisitos aquisitivos, de cálculo de valor e fruição das férias e do décimo terceiro salário; c) o empregador deverá pagar integralmente o valor do 13º salário e das férias dos empregados, considerando o período contínuo de trabalho, sem a dedução do período no qual os empregados estão ou estavam sob a égide de acordo de redução de salário e jornada ou suspensão temporária do contrato de trabalho.

O Ministério da Economia também emitiu um parecer a respeito do tema, através da Nota Técnica SEI nº 51520/2020/ME editada em 27 de novembro de 2020, porém, em sentido contrário. O Ministério da Economia entende que a suspensão do contrato de trabalho tem como efeito a suspensão das principais obrigações entre as partes, motivo pelo qual defende que o décimo terceiro salário e as férias não serão devidas em sua integralidade. Em outras palavras, não será computando como tempo de serviço o período de vigência da suspensão temporária do contrato prevista na Lei n. 14.020/20. Indica, ainda, que se não for atingido o número mínimo de 15 dias de trabalho, na hipótese de suspensão temporária do contrato de trabalho, este hiato não será considerado a título de fração de décimo terceiro salário.

No que diz respeito à redução proporcional da jornada e de salário, o Ministério da Economia entende que não há qualquer repercussão no sobre o pagamento da remuneração de férias e do décimo terceiro.

As férias e o décimo terceiro salário estão englobados no núcleo constitucional intangível dos direitos fundamentais trabalhistas, previstos no art. 7º, VIII e XVII, da Constituição Federal.

Ingo Wolfgang Sarlet (apud, Martins, 2020)[452] afirma que *"boa parte dos direitos sociais consagrados, em termos gerais, no art. 6º, da CF, foi objeto de densificação por meio de dispositivos diversos ao longo do texto constitucional, especialmente nos títulos que tratam da ordem econômica (por exemplo, no que diz com aspectos ligados à função social da propriedade urbana e rural) e da ordem social (normas sobre o sistema de seguridade social, designadamente, saúde, assistência e previdência social, bens culturais, família, proteção do idoso, meio ambiente, educação etc.), destacando-se os diversos direitos dos trabalhadores enunciados nos arts. 7º a 11, que constituem um conjunto de direitos e garantias que concretizam o direito geral ao trabalho e à proteção ao trabalhador (contemplado no art. 6º, em condição de igualdade em relação aos demais direitos sociais), especialmente no sentido de imposição dos deveres de proteção do trabalho e dos trabalhadores, além de uma série de garantias específicas"*.

Nota-se, portanto, que as férias e o décimo terceiro estão inseridos no rol de direitos sociais que asseguram a dignidade da pessoa do trabalhador e a garantia do mínimo existencial, isto é, condições materiais mínimas à vida com dignidade.

---

451 Diretriz orientativa interna para apoio e auxílio à atuação finalística do Ministério Público do Trabalho quanto à interpretação da Lei nº 14.020/2020.

452 Martins, 2020.

Flavio Martins, apoiado nas lições de Robert Alexy, recorda que "*grande parte das normas definidoras de direitos sociais é formada por **normas-princípios** e, por essa razão, deve ser aplicada na maior intensidade possível*". Continua, afirmando que "todas as normas constitucionais definidoras de direitos sociais (sejam elas normas-regras ou normas-princípios) produzem a eficácia objetiva, **influenciando toda a interpretação da constituição, servindo de parâmetro para o controle de constitucionalidade, não recepcionando as legislações anteriores incompatíveis e vinculando o Estado (administração, juiz e legislador) a concretizar os ditames constitucionais**"[453].

Com base nisso, podemos concluir que a interpretação da Lei 14.020/2020, sobre as repercussões geradas no cálculo das férias e do décimo terceiro salário dos trabalhadores, deve ser feita à luz das regras constitucionais, tendo em conta que esses direitos são verdadeiras normas-princípios ou direitos individuais fundamentais dos trabalhadores que devem ser preservados, caso sejam adotadas as medidas de redução do salário e da jornada ou a suspensão temporária do contrato de trabalho. Interpretações em sentido contrário podem ser objeto de controle de constitucionalidade – difuso ou concentrado – pois, em tese, contrariam as garantias mínimas constitucionalmente asseguradas aos trabalhadores.

Acrescente-se que a renda do trabalhador não é composta somente pelo salário, mas, também das outras parcelas remuneratórias previstas em lei, incluindo o décimo terceiro salário e as férias com o terço constitucional. Excluir essas parcelas – ou parte delas – da abrangência da Lei 14.020/2020, contraria uma das finalidades da própria lei: a preservação da **renda** do trabalhador.

Diante disso, data vênia outros entendimentos, defendemos que é devido o pagamento integral do décimo terceiro salário e das férias proporcionais, por consistir em direito individual fundamental do trabalhador.

O elastecimento dos efeitos ocasionados pela pandemia do novo coronavírus, fez com que o legislador editasse pelo terceiro ano consecutivo, uma nova Medida Provisória n. 1.109, de 25 de março de 2022, para minorar os impactos socioeconômicos. Desta vez, concentrou em uma única norma, o Programa de Manutenção do Emprego e da Renda, além das medidas trabalhistas alternativas para o enfrentamento do estado de calamidade pública, com o objetivo de preservar o emprego e a renda, garantir *a continuidade das atividades laborais, empresariais e das organizações da sociedade civil sem fins lucrativos e reduzir o impacto social oriundo da ocorrência de estado de calamidade pública nos entes federados.*

A Medida Provisória n. 1.109, de 2022, autoriza o empregador adotar as seguintes medidas trabalhistas: a) a adoção do regime de teletrabalho; b) a antecipação de férias individuais; c), a concessão de férias coletivas; d) o aproveitamento e a antecipação de feriados civis; e) a instituição de regime diferenciado de banco de horas; f) o pagamento diferido do Fundo de Garantia do Tempo de Serviço – FGTS; g) a redução proporcional da jornada de trabalho e do salário; h) a suspensão temporária do contrato de trabalho.

Basicamente, o legislador reproduziu o teor da MP n. 1.046, de 2021, com algumas alterações: não mencionou o direito de preferência de concessão do gozo de férias, individuais ou coletivas, para os empregados em grupo de risco do covid-19, considerando o estágio avançado da vacinação contra o novo coronavírus no país e a diminuição no número de casos.

Em síntese, permitiu a antecipação das férias individuais, sendo necessário: a) comunicar por escrito ou por meio eletrônico; b) prazo de 48 horas, no mínimo, de antecedência; c) período aquisitivos futuros ou ainda não transcorrido; d) indicação no comunicado o período de férias a ser gozado pelo empregado; e) não é possível o gozadas em períodos inferiores 5 dias corridos; f) concedidas por ato do empregador; g) profissionais da área de saúde ou aqueles que desempenhem funções essenciais, podem ter o período de férias ou licença remunerada suspenso, desde que decisão de cancelamento e do retorno do empregado seja realizada com antecedência de 48 horas; h) por meio de comunicação formal da decisão ao trabalhador por escrito ou, preferencialmente, por meio eletrônico, com antecedência de quarenta e oito horas; i) Pagamento do terço de até a data em que é devida a gratificação natalina; j) conversão de um terço de férias em abono pecuniário dependerá da anuência do empregador; k) pagamento da remuneração das férias até o 5º dia útil do mês subsequente ao início do gozo das férias; l) rescisão do contrato de trabalho: os valores das férias, individuais ou coletivas, ainda não adimplidos ,serão pagos juntamente com as verbas rescisórias; m) pedido de demissão: as férias antecipadas gozadas cujo período não tenha sido adquirido serão descontadas das verbas rescisórias.

No caso de concessão de férias coletivas, o empregador deve notificar os empregados por escrito ou por meio eletrônico com antecedência de 48 horas, sendo dispensada a prévia comunicação tanto do Ministério do Trabalho e Previdência como do sindicato.

---

453 Idem.

Art. 135 – A concessão das férias será participada, por escrito, ao empregado, com antecedência de, no mínimo, 30 (trinta) dias. Dessa participação o interessado dará recibo.

§ 1º – O empregado não poderá entrar no gozo das férias sem que apresente ao empregador sua Carteira de Trabalho e Previdência Social, para que nela seja anotada a respectiva concessão.

§ 2º – A concessão das férias será, igualmente, anotada no livro ou nas fichas de registro dos empregados.

§ 3º Nos casos em que o empregado possua a CTPS em meio digital, a anotação será feita nos sistemas a que se refere o § 7º do art. 29 desta Consolidação, na forma do regulamento, dispensadas as anotações de que tratam os §§ 1º e 2º deste artigo. (Incluído pela Lei nº 13.874, de 2019)

Art. 136 – A época da concessão das férias será a que melhor consulte os interesses do empregador.

§ 1º – Os membros de uma família, que trabalharem no mesmo estabelecimento ou empresa, terão direito a gozar férias no mesmo período, se assim o desejarem e se disto não resultar prejuízo para o serviço.

§ 2º – O empregado estudante, menor de 18 (dezoito) anos, terá direito a fazer coincidir suas férias com as férias escolares.

COMENTÁRIOS (ARTS. 135 E 136)

Na praxe empresarial, o trabalhador e o empregador estabelecem um consenso do melhor momento para o gozo das férias. Porém, o dispositivo em exame determina que essa escolha caberá ao empregador. A este caberá indicação da ocasião em que o empregado deverá gozar as férias, desde que cedidas no período concessivo. Isso se justifica no poder diretivo do empregador que detém a prerrogativa de organizar a atividade empresarial e a prestação dos serviços. O empregador leva em consideração os momentos de maior demanda empresarial, ou, ainda, organiza as férias dos funcionários de forma a não prejudicar o funcionamento da atividade empresarial.

Duas exceções são estabelecidas: a) quando os membros de uma família trabalharem no mesmo estabelecimento ou empresa, desde que não gere prejuízos ao serviço; b) os estudantes, menores de 18 anos, cujas férias podem ser fruídas com as férias escolares.

Art. 137 – Sempre que as férias forem concedidas após o prazo de que trata o art. 134, o empregador pagará em dobro a respectiva remuneração.

§ 1º – Vencido o mencionado prazo sem que o empregador tenha concedido as férias, o empregado poderá ajuizar reclamação pedindo a fixação, por sentença, da época de gozo das mesmas.

§ 2º – A sentença cominará pena diária de 5% (cinco por cento) do salário mínimo da região, devida ao empregado até que seja cumprida.

§ 3º – Cópia da decisão judicial transitada em julgado será remetida ao órgão local do Ministério do Trabalho, para fins de aplicação da multa de caráter administrativo.

COMENTÁRIOS (ART. 137)

O período concessivo é o período de 12 meses subsequentes ao lapso aquisitivo em que o empregador deve conceder as férias ao empregado. O empregado tem direito ao afastamento do trabalho com a percepção de remuneração equivalente a 30 dias, acrescida de 1/3, se as férias forem conferidas ao dentro do período concessivo de férias. Do contrário, se as férias forem concedidas pelo empregador fora deste período, além da suspensão dos serviços com o pagamento da remuneração equivalente, o empregado faz jus à dobra do período de férias acrescidas de um terço, conforme art. 137 da CLT.

É importante destacar alguns conceitos, antes de avançar na temática do período aquisitivo. As férias podem ser classificadas da seguinte forma: a) férias vencidas – são aquelas a que o empregado já adquiriu o direito, mas ainda não as gozou. Em caso da extinção do contrato, as férias vencidas são devidas de forma simples (férias simples), se o período concessivo não houver expirado. Se houver a expiração, impõe-se o pagamento dobrado (férias em dobro) (art. 137, CLT). A dobra há de incidir inclusive quanto ao abono constitucional de 1/3; b) férias proporcionais – como não se completou o respectivo período aquisitivo, as férias são devidas observando-se a proporção por mês de serviço ou fração superior a 14 dias.

Se o empregador não conceder as férias no tempo oportuno a indenização correspondente será calculada com base na remuneração devida ao empregado à época da reclamação ou, se for o caso, à extinção do contrato (Súmula 7 do TST).

Art. 138 – Durante as férias, o empregado não poderá prestar serviços a outro empregador, salvo se estiver obrigado a fazê-lo em virtude de contrato de trabalho regularmente mantido com aquele.

COMENTÁRIOS (ART. 138)

A exclusividade não é requisito da relação de emprego (art. 3º da CLT), de modo que não impede que o trabalhador preste serviços em suas férias a outro empregador, se estiver obrigado a fazer em decorrência de contrato de trabalho mantido com aquele.

Os Tribunais têm se posicionado neste sentido. Vejamos:

- FÉRIAS. CONTRATOS DE TRABALHO COM O MESMO EMPREGADOR. CONCOMITÂNCIA. O intuito do art. 138 da CLT é garantir a fruição das férias pelo empregado, impedindo que o exercício de atividade laborativa no período concessivo obste o descanso e a recuperação do trabalhador. A exceção prevista na norma, de trabalho em razão de contrato regularmente mantido com outro empregador, não abrange a situação em análise, que trata de dois contratos estabelecidos com a mesma empresa. Assim, esta possui meios para sincronizar os períodos de férias concedidos ao empregado, o que não ocorreu no caso em análise. (TRT-4-RO 01183004620095040008 RS, Relator Des. André Reverbel Fernandes, Data de Julgamento03/07/2014)
- Vínculo de emprego. Exclusividade. Não é necessária a exclusividade da prestação de serviços pelo empregado ao empregador para a configuração da relação de emprego. O obreiro pode ter mais de um emprego, visando ao aumento de sua renda mensal. Em cada um dos locais de trabalho, será considerado empregado. A legislação mostra a possibilidade de o empregado ter mais de um emprego. O artigo 138 da CLT permite que o empregado preste serviços em suas férias a outro empregador, se se estiver obrigado a fazê-lo em virtude de contrato de trabalho regularmente mantido com aquele. O artigo 414 da CLT mostra que as horas de trabalho do menor que tiver mais de um emprego deverão ser totalizadas. (TRT-2 01876200804102003, Relator Sérgio Pinto Martins, Data de Julgamento 15/07/2009, 8ª Turma)

Com efeito, o empregado poderá ter mais de um emprego e prestar serviços a outro empregador durante as férias, desde que esteja obrigado por força de contrato de trabalho.

SEÇÃO III
DAS FÉRIAS COLETIVAS

Art. 139 – Poderão ser concedidas férias coletivas a todos os empregados de uma empresa ou de determinados estabelecimentos ou setores da empresa.

§ 1º – As férias poderão ser gozadas em 2 (dois) períodos anuais desde que nenhum deles seja inferior a 10 (dez) dias corridos.

§ 2º – Para os fins previstos neste artigo, o empregador comunicará ao órgão local do Ministério do Trabalho, com a antecedência mínima de 15 (quinze) dias, as datas de início e fim das férias, precisando quais os estabelecimentos ou setores abrangidos pela medida.

§ 3º – Em igual prazo, o empregador enviará cópia da aludida comunicação aos sindicatos representativos da respectiva categoria profissional, e providenciará a afixação de aviso nos locais de trabalho.

Art. 140 – Os empregados contratados há menos de 12 (doze) meses gozarão, na oportunidade, férias proporcionais, iniciando-se, então, novo período aquisitivo.

Art. 141 – (Revogada pela Lei nº 13.874, de 2019)

COMENTÁRIOS (ARTS. 139 A 141)

Mauricio Godinho Delgado conceitua as férias coletivas como *"aquelas que abrangem o conjunto de trabalhadores da empresa, estabelecimento ou setor empresarial, sendo concedidas unilateralmente pelo empregador ou em decorrência de negociação coletiva"*.

Nas férias coletivas o empregador pode conceder férias a todos os empregados da empresa ou de determinados estabelecimentos ou setores, sem necessidade de prévia consulta dos empregados.

Pode ser dividida em 2 períodos, mas nenhum dos períodos pode ser inferior a 10 dias. Neste ponto é importante ressaltar que a Reforma Trabalhista (Lei n. 13.467/2017) não alterou as regras contidas nos arts. 139 a 141 da CLT, que tratam das férias coletivas, o que nos leva a entender que o fracionamento das férias em três parcelas é inaplicável às férias coletivas.

As faltas do empregado no curso do período aquisitivo não podem ser descontadas das férias coletivas, conforme art. 130, § 1º, CLT. Os empregados contratados a menos de 12 meses, portanto, com período aquisitivo incompleto, perdem o período aquisitivo com a concessão das férias coletivas, iniciando um novo período após o gozo das férias coletivas.

Ademais, as férias coletivas inviabilizam o direito do trabalhador à conversão de 1/3 das férias em "abono pecuniário", pois, a concessão do abono dependerá exclusivamente da previsão na norma coletiva (art. 143, § 2º, CLT).

O empregador deve comunicar o Ministério do Trabalho, com a antecedência mínima de 15 dias, as datas de início e fim das férias coletivas, precisando quais os estabelecimentos ou setores abrangidos pela medida, bem como o sindicato representativo da respectiva categoria profissional.

A Lei da Liberdade Econômica (Lei 13.874/2019) revogou a disposição que autorizava o empregador com mais de 300 (trezentos) empregados a proceder a anotação das férias coletivas no contrato de trabalho com um carimbo, cujo modelo dependia de aprovação do Ministério do Trabalho.

A Lei da Liberdade Econômica (Lei 13.874/2019), alterou diversos diplomas normativos com o buscando a diminuição da intervenção estatal na atividade econômica, a redução da desburocratização e a complexidade de alguns processos.[454]

Como parte do processo de desburocratização e modernização dos processos, criou a Escrituração Digital das Obrigações Fiscais, Previdenciárias e Trabalhistas (eSocial) e a denominada "Carteira de Trabalho Digital" ou "CTPS Digital". Isso simplificou o processo de anotação das férias coletivas, tornando desnecessária a manutenção da referida no sistema legal vigente, diante da transição da escrituração física para a digital.

▸ SEÇÃO IV
DA REMUNERAÇÃO E DO ABONO DE FÉRIAS

Art. 142 – O empregado perceberá, durante as férias, a remuneração que lhe for devida na data da sua concessão.

§ 1º – Quando o salário for pago por hora com jornadas variáveis, apurar-se-á a média do período aquisitivo, aplicando-se o valor do salário na data da concessão das férias.

§ 2º – Quando o salário for pago por tarefa tomar-se-á por base a média da produção no período aquisitivo do direito a férias, aplicando-se o valor da remuneração da tarefa na data da concessão das férias.

§ 3º – Quando o salário for pago por percentagem, comissão ou viagem, apurar-se-á a média percebida pelo empregado nos 12 (doze) meses que precederem à concessão das férias.

§ 4º – A parte do salário paga em utilidades será computada de acordo com a anotação na Carteira de Trabalho e Previdência Social.

§ 5º – Os adicionais por trabalho extraordinário, noturno, insalubre ou perigoso serão computados no salário que servirá de base ao cálculo da remuneração das férias.

§ 6º – Se, no momento das férias, o empregado não estiver percebendo o mesmo adicional do período aquisitivo, ou quando o valor deste não tiver sido uniforme será computada a média duodecimal recebida naquele período, após a atualização das importâncias pagas, mediante incidência dos percentuais dos reajustamentos salariais supervenientes.

COMENTÁRIOS (ART. 142)

A palavra salário advém do latim *sal, salis*, de que derivou a expressão *salarium*. Historicamente, os soldados romanos recebiam como contraprestação uma determinada quantidade de sal.

Amauri Mascaro do Nascimento (apud Carlos Henrique Bezerra Leite, 2019)[455], conceitua o salário como *"a totalidade das percepções econômicas dos trabalhadores, qualquer que seja a forma ou meio de pagamento, quer retribuam o trabalho efetivo, os período de interrupção do contrato e os descansos computáveis na jornada de trabalho"*.

O salário consiste na contraprestação paga diretamente pelo empregador, como retribuição aos serviços prestados pelo empregado.

A remuneração, em contrapartida, é definida como *"gênero de parcelas contraprestativas devidas e pagas ao empregado em função da prestação de serviços ou da simples existência da relação de emprego, ao passo que salário seria a parcela contraprestativa principal paga a esse empregado no contexto do contrato"*. [456] Trata-se, portanto, de contraprestação paga diretamente pelo empregador ou por terceiros, como, v.g., as gorjetas.

O legislador se vale do vocábulo "remuneração" para se referir à remuneração de férias, de forma a abranger, além do salário, outros componentes, como a gorjeta. Nessa perspectiva, a Súmula 354 do TST entende que as gorjetas repercutem no cálculo das demais parcelas remuneratórias, incluindo as férias, exceto no aviso prévio, adicional noturno, horas extras e repouso semanal remunerado.

Conforme preconiza o § 5º do dispositivo em análise, os adicionais por trabalho extraordinário, noturno, insalubre ou perigoso serão computados no salário que servirá de base ao cálculo da remuneração das férias. Devemos considerar, portanto, as parcelas remuneratórias como base de cálculo das férias.

---

[454] Exposição de Motivos nº. 00083/2019 ME, AGU e MJSP. http://www.planalto.gov.br/ccivil_03/_ato2019-2022/2019/Exm/Exm-MP-881-19.pdf [Acessada em 04/02/2021]

[455] Curso de direito do trabalho / Carlos Henrique Bezerra Leite. – 11. ed. – São Paulo: Saraiva Educação, 2019

[456] Delgado, 2019, p. 842.

Art. 143 – É facultado ao empregado converter 1/3 (um terço) do período de férias a que tiver direito em abono pecuniário, no valor da remuneração que lhe seria devida nos dias correspondentes.

§ 1º – O abono de férias deverá ser requerido até 15 (quinze) dias antes do término do período aquisitivo.

§ 2º – Tratando-se de férias coletivas, a conversão a que se refere este artigo deverá ser objeto de acordo coletivo entre o empregador e o sindicato representativo da respectiva categoria profissional, independendo de requerimento individual a concessão do abono.

§ 3º (Revogado pela Lei nº 13.467, de 2017)

Art. 144. O abono de férias de que trata o artigo anterior, bem como o concedido em virtude de cláusula do contrato de trabalho, do regulamento da empresa, de convenção ou acordo coletivo, desde que não excedente de vinte dias do salário, não integrarão a remuneração do empregado para os efeitos da legislação do trabalho.

Art. 145 – O pagamento da remuneração das férias e, se for o caso, o do abono referido no art. 143 serão efetuados até 2 (dois) dias antes do início do respectivo período.

Parágrafo único – O empregado dará quitação do pagamento, com indicação do início e do termo das férias.

COMENTÁRIOS (ARTS. 143 A 145)

O abono consiste em uma antecipação pecuniária realizada pelo empregador ao empregado, ou seja, trata-se de um adiantamento salarial, é uma antecipação do pagamento de salários, eventual, não contínuo, para atender determinadas situações de perda do poder aquisitivo do salário.[457]

Na hipótese de férias individuais, a conversão de 1/3 do período de férias é uma faculdade do empregado, que deve externar a intenção em até 15 dias antes do término do período aquisitivo. Diversamente, em se tratando de férias coletivas, o abono de férias dependerá exclusivamente de acordo coletivo entre o empregador e o sindicato representativo da respectiva categoria profissional, sendo irrelevante a vontade do empregado.

O abono não integra a remuneração do empregado, de forma que não servirá de base de cálculo para outras parcelas trabalhistas. Possui natureza jurídica indenizatória, pois visa indenizar o empregado pelo período de descanso que deixou de usufruir (art. 144, CLT).

Pela regra geral, prevista no art. 143 da CLT, é permitida a convenção de apenas 1/3 do período de férias em abono, ou seja, apenas 10 dias. Contudo, se o abono for instituído através de cláusula de contrato de trabalho, regulamento empresarial, acordo ou convenção coletiva de trabalho, o período a ser convertido em abono poderá chegar até 20 dias. O empregado poderá descansar 10 dias e "vender" até 20 dias das férias ao empregador.

Esclarecemos, por fim, que o empregador deve respeitar o prazo de pagamento das férias, que ocorre de modo antecipado para que o empregado tenha condições de programar as suas férias. As férias são um descanso remunerado.

As férias poderá ser considerada um momento de desconexão mais amplo do trabalho, onde o empregado poderá desfrutar do convívio familiar, social, do lazer e cultura[458]. Sem a remuneração o empregado não poderá desfrutar adequadamente deste momento de desconexão.

SEÇÃO V
DOS EFEITOS DA CESSAÇÃO DO CONTRATO DE TRABALHO

Art. 146 – Na cessação do contrato de trabalho, qualquer que seja a sua causa, será devida ao empregado a remuneração simples ou em dobro, conforme o caso, correspondente ao período de férias cujo direito tenha adquirido.

Parágrafo único – Na cessação do contrato de trabalho, após 12 (doze) meses de serviço, o empregado, desde que não haja sido demitido por justa causa, terá direito à remuneração relativa ao período incompleto de férias, de acordo com o art. 130, na proporção de 1/12 (um doze avos) por mês de serviço ou fração superior a 14 (quatorze) dias.

Art. 147 – O empregado que for despedido sem justa causa, ou cujo contrato de trabalho se extinguir em prazo predeterminado, antes de completar 12 (doze) meses de serviço, terá direito à remuneração relativa ao período incompleto de férias, de conformidade com o disposto no artigo anterior.

457 NASCIMENTO, Amauri Mascaro, Teoria Jurídica do Salário. 3.ed. São Paulo: LTr, 1997.

458 Nesse, Vólia Bomfim esclarece que as férias têm escopo: "a) fisiológico (...); b) econômico (...); c) psicológico: o afastamento do trabalho propicia momentos de relaxamento, diversão, viagens ou descanso. Este necessário repouso ajuda no equilíbrio mental do trabalhador; d) cultural: de acordo com Russomano, no período de férias "o empregado abre seu espírito para coisas alheias ao terra a terra, abrindo-se para outras culturas; e) politico (...); f) social: porque aproxima o trabalhador da família, dos amigos e da sociedade neste período de descanso".

Decreto-Lei 5.452/1943

Art. 148 – A remuneração das férias, ainda quando devida após a cessação do contrato de trabalho, terá natureza salarial, para os efeitos do art. 449.

COMENTÁRIOS (ARTS. 146 A 148)

As férias cumprem o seu propósito pleno quando fruídas durante o curso do contrato de trabalho, pois visam propiciar ao empregado o descanso. O rompimento do contrato de trabalho pode frustrar esse propósito[459].

Em vista disso, como regra, a legislação garante o direito de receber férias cujos períodos de aquisição e fruição já se consumaram, ou, ainda, as frações referentes ao período incompleto de férias – cujo período aquisitivo não se completou.

Maurício Godinho Delgado aponta a existência de três modalidades de férias – vencidas, simples e proporcionais – ensinando que *"São **férias vencidas** aquelas cujos períodos de aquisição e de fruição já se consumaram, sem que o obreiro as pudesse gozar. Nas férias vencidas, o empregador encontra-se, portanto, necessariamente inadimplente. **Férias simples** são aquelas cujo período de aquisição já se completou, sem que se tenha esgotado, ainda, o respectivo período de gozo. Neste caso, embora o obreiro já tenha direito adquirido à parcela de férias, não se encontra o empregador inadimplente quanto à sua data de gozo. (...) **Férias proporcionais**, por sua vez, são aquelas cujo próprio período de aquisição ainda não se completou (não havendo sequer se iniciado, desse modo, o respectivo período de gozo)"*.

As férias simples e vencidas são devidas na extinção do contrato de trabalho, qualquer que seja o motivo do rompimento contratual, inclusive na justa causa, pois o direito já foi adquirido pelo empregado.

As férias proporcionais, de outro lado, não contam como direito adquirido, considerando que o período aquisitivo está em curso (não se completou) ou está condicionado ao implemento de certas condições.

Há situações que eliminam o direito à proporcionalidade de férias como, por exemplo, o cometimento de falta grave pelo empregado. No caso de culpa recíproca, o valor das férias proporcionais será reduzido à metade (Súmula 14 do TST). Nas demais hipóteses de rompimento do contrato de trabalho a proporção de férias é devida ao empregado, calculadas à base da fração de 1/12 por mês de por mês de serviço – incluindo o aviso prévio proporcional – ou fração superior a 14 (quatorze) dias que corresponderá a um mês, para fins de período aquisitivo de férias, conforme prevê o art. 146, parágrafo único, da CLT.

Mesmo após o rompimento do contrato de trabalho as férias conservam a natureza jurídica salarial (art. 148, CLT).

SEÇÃO VI
DO INÍCIO DA PRESCRIÇÃO

Art. 149 – A prescrição do direito de reclamar a concessão das férias ou o pagamento da respectiva remuneração é contada do término do prazo mencionado no art. 134 ou, se for o caso, da cessação do contrato de trabalho.

COMENTÁRIOS (ART. 149)

Transcorrido doze meses de vigência do contrato de trabalho, o empregado adquire o direito às férias (período aquisitivo). Nos doze meses subsequentes o empregador deve conceder as férias ao empregado (período concessivo), conforme dispõe o art. 134 da CLT.

A Carta da República, em seu art. 7º, XXIX, dispõe que a ação, quanto aos créditos resultantes das relações de trabalho, com prazo prescricional de cinco anos para os trabalhadores urbanos e rurais, até o limite de dois anos após a extinção do contrato de trabalho. No mesmo sentido, o art. 11 da CLT, com redação dada pela Reforma Trabalhista (Lei 13.467/2017).

A Constituição Federal de 1988 e a Consolidação das Leis do Trabalho preceituam dois prazos prescricionais: a) de 2 anos, para ajuizar a demanda trabalhista; b) de 5 anos, para quanto aos créditos resultantes da relação de trabalho. O prazo prescricional de 2 (dois) anos, também denominado de biênio, consiste no período legal conferido ao trabalhador, a contar da ruptura do contrato de trabalho, para ingressar com reclamação trabalhista em face do tomador dos serviços e exigir os créditos resultantes da relação do trabalho.

Respeitado o biênio para a propositura da demanda trabalhista, segundo a norma constitucional e infraconstitucional, o trabalhador terá direito aos créditos trabalhistas referente aos últimos 5 anos a contar do ajuizamento da ação trabalhista (Súmula 308, I, do TST). Esse prazo é conhecido como quinquênio ou prescrição quinquenal.

Segundo o dispositivo em exame, uma vez escoado o período concessivo de férias ou rompido o vínculo contratual de trabalho, nasce para o autor a pretensão de reclamar o pagamento da respectiva remuneração de férias. A doutrina e a jurisprudência moderna sustentam que o marco inicial da prescrição, também denominado de "actio nata",

[459] Nessa perspectiva é o posicionamento de Maurício Godinho Delgado, in Curso de Direito do Trabalho, 2019, p.1190.

surge com a violação ou inadimplemento do direito (art. 189, CC).

Assim, se o contrato de trabalho do trabalhador estiver em vigor, este terá cinco anos, a partir do término do período concessivo (art. 134 da CLT), para pleitear o pagamento das férias vencidas ou em dobro, estando sujeita a prescrição quinquenal (art. 7º, XXIX, CF e art. 11 da CLT). E, noutro giro, havendo a extinção do contrato de trabalho, o trabalhador terá dois anos, a contar da ruptura contratual, para postular os créditos resultantes das relações de trabalho referentes aos últimos 5 anos a contar do ajuizamento da ação trabalhista.

SEÇÃO VII
DISPOSIÇÕES ESPECIAIS
(Incluída pelo Decreto-lei nº 1.535, de 13.4.1977)

Art. 150 – O tripulante que, por determinação do armador, for transferido para o serviço de outro, terá computado, para o efeito de gozo de férias, o tempo de serviço prestado ao primeiro, ficando obrigado a concedê-las o armador em cujo serviço ele se encontra na época de gozá-las.

§ 1º – As férias poderão ser concedidas, a pedido dos interessados e com aquiescência do armador, parceladamente, nos portos de escala de grande estadia do navio, aos tripulantes ali residentes.

§ 2º – Será considerada grande estadia a permanência no porto por prazo excedente de 6 (seis) dias.

§ 3º – Os embarcadiços, para gozarem férias nas condições deste artigo, deverão pedi-las, por escrito, ao armador, antes do início da viagem, no porto de registro ou armação.

§ 4º – O tripulante, ao terminar as férias, apresentar-se-á ao armador, que deverá designá-lo para qualquer de suas embarcações ou o adir a algum dos seus serviços terrestres, respeitadas a condição pessoal e a remuneração.

§ 5º – Em caso de necessidade, determinada pelo interesse público, e comprovada pela autoridade competente, poderá o armador ordenar a suspensão das férias já iniciadas ou a iniciar-se, ressalvado ao tripulante o direito ao respectivo gozo posteriormente.

§ 6º – O Delegado do Trabalho Marítimo poderá autorizar a acumulação de 2 (dois) períodos de férias do marítimo, mediante requerimento justificado:

I – do sindicato, quando se tratar de sindicalizado; e

II – da empresa, quando o empregado não for sindicalizado.

Art. 151 – Enquanto não se criar um tipo especial de caderneta profissional para os marítimos, as férias serão anotadas pela Capitania do Porto na caderneta-matrícula do tripulante, na página das observações.

Art. 152 – A remuneração do tripulante, no gozo de férias, será acrescida da importância correspondente à etapa que estiver vencendo.

COMENTÁRIOS (ARTS. 150 A 152)

O tripulante é definido como o aquaviário ou amador que exerce funções, embarcado, na operação da embarcação. Segundo a Lei n. 9.537/1997, o amador desempenha atividade de caráter não-profissional, mediante autorização habilitação certificada pela autoridade marítima para operar embarcações de esporte e recreio. Já o aquaviário possui habilitação para operar embarcações em caráter profissional, conforme previsto na Lei n. 9.537/1997, que disciplina a segurança do tráfego aquaviário em águas sobre a jurisdição nacional.

O vínculo empregatício é estabelecido entre tripulante e o armador da embarcação – pessoa física ou jurídica que, em seu nome e sob sua responsabilidade, apresta a embarcação com fins comerciais, pondo-a ou não a navegar por sua conta –, mediante contrato de trabalho, possibilitando o exercício do cargo ou função a bordo da embarcação (art. 3º da CLT combinado com o art. 7º, §único, da Lei n. 9.537/1997). O tripulante está subordinado imediatamente ao comandante, que é o tripulante designado pelo armador da embarcação para realizar a operação e manutenção da embarcação.

Estão submetidos a um regime de jornada de trabalho especial, considerando as singularidades dessa atividade (art. 248 a 252 da CLT). De igual modo, o computo do período aquisitivo e a concessão das férias se difere das demais espécies de atividades, para, a um só tempo, atender o escopo desse instituto jurídico – a recuperação física e psíquica do empregado – e as especificidades da atividade econômica marítima, que exige a permanência dos navios nos portos ou em mar aberto por longos períodos.

A Convenção n. 146 da Organização Internacional do Trabalho, ratificada pelo Brasil (art. 2º, inciso LXV, Decreto n. 10.088/2019), dispõe sobre as férias remuneradas anuais do marítimo, com duração máxima de 30 dias por ano de serviço.

O art. 150 da CLT designa que o tempo de prestação de serviços do tripulante a um determinado armador será computado para fins de gozo de féria, quando for transferido para prestar serviços a outro tomador de serviços (armador). Significa dizer que o período aquisitivo de férias iniciado em um determinado contrato de trabalho será aproveitado no outro contrato de trabalho, caso o tripulante seja contratado por outro armador. O período aquisitivo de férias dos dois contratos de trabalho são somados, para efeito de concessão de férias. O novo tomador de serviços fica obrigado a conceder as férias na época que o período aquisitivo estiver completo.

As férias serão concedidas mediante requerimento prévio do tripulante ao armador, por escrito, antes do início da viagem, no porto de registro ou armação. É possível o fracionamento das férias dos marítimos, mediante requerimento do empregado (tripulante) e a concordância do empregador (armador), nos períodos de escala de grande estadia do navio, ou seja quando o navio permanecer atracado no porto por mais de 6 (seis) dias.

O sindicato ou a empresa poderá requerer ao Delegado do Trabalho Marítimo uma autorização para a acumulação de 2 (dois) períodos de férias, mediante requerimento justificado, sem que isso implique no pagamento dobrado do período de férias.

Depois do término do período de gozo das férias, o empregado (tripulante) deve se apresentar perante o empregador (armador) para receber a sua designação. Poderá ser designado para desempenhar as suas funções em qualquer embarcação do empregador, ou, ainda, em algum serviço terrestre, hipótese em que deverá ser respeitada as condições pessoais do empregado.

SEÇÃO VIII
DAS PENALIDADES

(Incluída pelo Decreto-lei nº 1.535, de 13.4.1977

Art. 153 – As infrações ao disposto neste Capítulo serão punidas com multas de valor igual a 160 BTN por empregado em situação irregular. (Redação dada pela Lei nº 7.855, de 24.10.1989)

Parágrafo único – Em caso de reincidência, embaraço ou resistência à fiscalização, emprego de artifício ou simulação com o objetivo de fraudar a lei, a multa será aplicada em dobro.

COMENTÁRIOS (ART. 153)

O Decreto n. 10.854, de 10 de novembro de 2021, instituiu o Marco Regulatório Trabalhista Infralegal, alterando significativamente processo administrativo e fiscalizatório trabalhista. Criou um Programa Permanente de Consolidação, Simplificação e Desburocratização de Normas Trabalhistas Infralegais, tendo como consequência a compilação e alteração de diversas portarias ministeriais e instruções normativas que versavam sobre o tema, bem como conferiu a atribuição de imposição de multas administrativas previstas na legislação trabalhista às Unidades Regionais de Multas e Recursos, com possibilidade de revisão dos atos decisórios pela Coordenação-Geral de Recursos, sem retirar os poderes fiscalizatórios conferidos aos Auditores-Fiscais do Trabalho (art. 20 e 21 do Decreto n. 20.854/2021).

A Portaria n. 667, de 8 de novembro de 2021,do Ministério do Trabalho e Previdência, passou a regulamentar, entre outros assuntos, a imposição de multas administrativas previstas na legislação trabalhista. Serão aplicadas as multas administrativas conforme os critérios e valores constantes dos Anexos I, II, III e IV da referida Portaria, expressos em moeda corrente nacional., obrigatoriamente precedida da lavratura de auto de infração, nos termos das orientações expedidas pela Subsecretaria de Inspeção do Trabalho da Secretaria de Trabalho do Ministério do Trabalho e Previdência (art. 74 da Portaria n. 667/2021 do MTP).

Existem ainda, critérios variáveis de cálculo das multas administrativas, quando a lei não determinar sua imposição pelo valor máximo. Os parâmetros de gradação das multas são: a) natureza da infração; b) intenção do infrator; c) meios ao alcance do infrator para cumprir a lei; d) a extensão da infração; e) situação econômico-financeira do infrator.

A forma do cálculo do valor final da multa administrativa variável está previsto no parágrafo único do art. 75 da Portaria n. 667/2021 do MTP:

ANEXO I*
Tabela das Multas Administrativas com Critérios Fixos de Cálculo
(Valores em Reais - R$)

Natureza	Capitulação da infração	Base legal	Critério	Observações
Férias	CLT, art. 129 e art. 152	CLT, art. 153	R$ 170,26	Por empregado em situação irregular, dobrado em caso de reincidência, embaraço ou resistência à fiscalização, emprego de artifício ou simulação com o objetivo de fraudar a lei

*Transcrição parcial da tabela. Contempla somente as multas previstas no capítulo em análise.

ANEXO II
Tabela das multas administrativas com critérios variáveis de cálculo
(Valores em Reais - R$)

Capitulação da infração	Base legal	Valor Mínimo	Valor Máximo	Observações
CLT, art. 76 e art. 126	CLT, art. 120	R$ 40,25	R$ 1.610,13	Dobrado na reincidência

*Transcrição parcial da tabela. Contempla somente as multas previstas no capítulo em análise.

ANEXO III
1. Tabela de gradação das Multas com Critérios Variáveis de Cálculo

Critérios	Valor a ser atribuído
I - Natureza da infração Intenção do infrator de praticar a infração Meios ao alcance do infrator para cumprir a lei	20% do valor máximo previsto para a multa, equivalente ao conjunto dos três critérios. Obs.: Percentual fixo aplicável a todas as infrações, conforme tabela "B" deste anexo.
II - Porte Econômico do Infrator	De 8% a 40% do valor máximo previsto para a multa, conforme tabela "C" deste anexo.
III - Extensão da Infração	De 8% a 40% do valor máximo previsto para a multa, conforme critérios abaixo: a) 40% do valor máximo previsto para a multa, quando se tratar de infração a: i) Capítulos II e III do Título II da CLT (Duração do Trabalho e Salário Mínimo); ii) Capítulos I e III do Título III da CLT (Disposições especiais sobre duração e condições de trabalho e Proteção do Trabalho da Mulher); iii) Capítulo I do Título VII da CLT (Fiscalização, Autuação e Imposição de Multas); e iv) Art. 23 da Lei nº 8.036, de 1990 (FGTS). b) de 8% a 40% do valor máximo previsto para a multa aplicável às demais infrações, conforme tabela "C" deste Anexo.
Obs.: O valor da multa corresponderá à soma dos valores resultantes da aplicação dos percentuais relativos aos três níveis de critérios acima (I, II e III).	

B) Tabela do Percentual Fixo (20%) Aplicável a Todas as Infrações

Base Legal					
Art. 75, art. 351 e art. 553 da CLT e art. 12 da Lei nº 605, de 1949.	Art. 120 da CLT.	Art. 364 e art. 598 da CLT.	Art. 401 da CLT.	Art. 630, § 6º, da CLT.	Art. 722, alínea "a", da CLT.
R$ 805,07	R$ 322,03	R$ 1.610,13	R$ 161,01	R$ 402,53	R$ 8.050,65

*Transcrição parcial da tabela. Contempla somente as multas previstas no capítulo em análise.

C) Tabela em R$ de Gradação de Multas de Valor Variável Aplicável aos Critérios II e III

Quantidade de Empregados	%	Base Legal					
		Art. 75, art. 351 e art. 553 da CLT e art. 12 da Lei nº 605/1949.	Art. 120 da CLT.	Art. 364 e art. 598 da CLT.	Art. 401 da CLT.	Art. 630, § 6º, da CLT.	Art. 722, alínea "a", da CLT.
de 01 a 10	8	R$ 322,03	R$ 128,81	R$ 644,05	R$ 64,41	R$ 161,01	R$ 3.220,26
de 11 a 30	16	R$ 644,05	R$ 257,62	R$ 1.288,10	R$ 128,81	R$ 322,03	R$ 6.440,52
de 31 a 60	24	R$ 966,08	R$ 386,43	R$ 1.932,16	R$ 193,22	R$ 483,04	R$ 9.660,78
de 61 a 100	32	R$ 1.288,11	R$ 515,24	R$ 2.576,21	R$ 257,62	R$ 644,05	R$ 12.881,05
acima de 100	40	R$ 1.610,13	R$ 644,05	R$ 3.220,26	R$ 322,03	R$ 805,06	R$ 16.101,31

*Transcrição parcial da tabela. Contempla somente as multas previstas no capítulo em análise.

CAPÍTULO V
DA SEGURANÇA E DA MEDICINA DO TRABALHO
(Redação dada pela Lei nº 6.514, de 22.12.1977)

SEÇÃO I
DISPOSIÇÕES GERAIS

Art. 154 – A observância, em todos os locais de trabalho, do disposto neste Capitulo, não desobriga as empresas do cumprimento de outras disposições que, com relação à matéria, sejam incluídas em códigos de obras ou regulamentos sanitários dos Estados ou Municípios em que se situem os respectivos estabelecimentos, bem como daquelas oriundas de convenções coletivas de trabalho.

Art. 155 – Incumbe ao órgão de âmbito nacional competente em matéria de segurança e medicina do trabalho:

I – estabelecer, nos limites de sua competência, normas sobre a aplicação dos preceitos deste Capítulo, especialmente os referidos no art. 200;

II – coordenar, orientar, controlar e supervisionar a fiscalização e as demais atividades relacionadas com a segurança e a medicina do trabalho em todo o território nacional, inclusive a Campanha Nacional de Prevenção de Acidentes do Trabalho;

III – conhecer, em última instância, dos recursos, voluntários ou de ofício, das decisões proferidas pelos Delegados Regionais do Trabalho, em matéria de segurança e medicina do trabalho.

Art. 156 – Compete especialmente às Delegacias Regionais do Trabalho, nos limites de sua jurisdição:

I – promover a fiscalização do cumprimento das normas de segurança e medicina do trabalho;

II – adotar as medidas que se tornem exigíveis, em virtude das disposições deste Capítulo, determinando as obras e reparos que, em qualquer local de trabalho, se façam necessárias;

III – impor as penalidades cabíveis por descumprimento das normas constantes deste Capítulo, nos termos do art. 201.

COMENTÁRIOS (ARTS. 154 A 156)

1. MEIO AMBIENTE DO TRABALHO

A Constituição Federal consagra a dignidade da pessoa humana, os valores sociais do trabalho a livre iniciativa como fundamentos do Estado Democrático de Direito (art. 1º, III e IV, CF), bem como o direito à saúde (art. 6º), a redução dos riscos inerentes ao trabalho, por meio de normas de saúde, higiene e segurança (art. 7º, XXII).

O art. 225, V, da Constituição Federal estabelece que *"Todos têm direito ao meio ambiente ecologicamente equilibrado, bem de uso comum do povo e essencial à sadia qualidade de vida, impondo-se ao Poder Público e à coletividade o dever de defendê-lo e preservá-lo para as presentes e futuras gerações"*, incumbindo ao Poder Público *"controlar a produção, a comercialização e o emprego de técnicas, métodos e substâncias que comportem risco para a vida, a qualidade de vida e o meio ambiente"*.

Raimundo Simão de Melo[460] aponta que:

> *No inciso XIII do art. 7' assegura-se a "duração do trabalho normal não superior a oito horas diárias e quarenta e quatro semanais, facultada a compensação de horários e a redução da jornada, mediante acordo ou convenção coletiva de trabalho"; no inciso XIV, 'jornada de seis horas para o trabalho realizado em turnos ininterruptos de revezamento, salvo negociação coletiva'; e, no inciso XXIII, 'adicional de remuneração para as atividades penosas, insalubres ou perigosas, na forma da lei'. São exemplos de tutela constitucional do meio ambiente do trabalho que visam a eliminação ou diminuição dos riscos para saúde e integridade física dos trabalhadores".*

No âmbito do internacional as convenções nº 148, 155, 161 e 170 da Organização Internacional do Trabalho regulamentam a matéria.

A esse conjunto de normas protetivas, sob a ótica do Direito do Trabalho, dá-se o nome de meio ambiente do trabalho, ou seja, um conjunto de normas que visam propiciar um ambiente salubre e seguro ao empregado, evitando o surgimento de doenças e acidentes de trabalho.

A doutrina classifica o meio ambiente em: (a) meio ambiente natural; (b) meio ambiente artificial; (c) meio ambiente cultural; e, (d) meio ambiente do trabalho.

A esse respeito, Ricardo Jahn e Gustavo Borges[461] ensinam que:

> *"O meio ambiente natural ou físico é constituído de solo, água, flora e fauna, representando o equilíbrio dinâmico entre os seres vivos na terra e o meio em que vivem (CF, art. 225, § 1º, inc. I e VII). [...] O meio ambiente artificial é o espaço urbano habitável, constituído pelo conjunto de edificações, ligado ao conceito de cidade (não exclui os espaços rurais artificiais criados pelo homem). Diz respeito aos espaços fechados e equipamentos públicos, sendo seu principal valor a sadia qualidade de vida e a dignidade da pessoa humana. [...] O meio ambiente cultural diz respeito à história, formação e cultura de um povo. Embora artificial, como sendo obra do homem, difere do anterior, que é cultural, tendo assim um sentido especial. [...] O meio ambiente do*

460 Raimundo Simão de Melo. Impactos da reforma trabalhista sobre o meio ambiente do trabalho e a saúde dos trabalhadores. Revista do Advogado. Ano XXXVIII N'137. São Paulo: AASP, março de 2018.

461 RICARDO JAHN e GUSTAVO BORGES. SAÚDE E SEGURANÇA DO TRABALHADOR E "NOVAS" RELAÇÕES DE TRABALHO. Revista de Direito do Trabalho. ___: Revista dos Tribunais, janeiro de 2019.

trabalho é o local onde as pessoas desempenham suas atividades laborais, sejam remunerados ou não, cujo equilíbrio está baseado na salubridade do meio e na ausência de agentes que comprometam a incolumidade físico-psíquica dos trabalhadores, independente da condição que ostentam (homens ou mulheres, maiores ou menores de idade, celetistas ou servidores públicos, autônomos, etc.)".

Para Sidnei Machado (LTr, 2001, p. 66-67 apud Carlos Henrique Bezerra Leite, 2019), o meio ambiente de trabalho é *"conjunto das condições internas e externas do local de trabalho e sua relação com a saúde dos trabalhadores"*.

Carlos Henrique Bezerra Leite indica que o conceito de meio ambiente de trabalho deve ser analisado sob uma concepção moderna, pois relaciona-se com o direitos humanos – notadamente o direito à vida, à segurança e à saúde -, superando, portanto, a concepção tradicional que reduzia o meio ambiente de trabalho às normas técnicas da CLT e das Normas Regulamentadoras do Ministério do Trabalho[462].

O direito constitucional ao meio ambiente salubre e equilibrado é um direito fundamental individual do trabalhador, como medida protetiva à saúde, à vida, à dignidade do trabalhador, bem como um direito social ou coletivo, pois, segundo a melhor doutrina, trata-se de um direito fundamental de terceira geração.

No âmbito infraconstitucional *a* Lei 6.938/81, que dispõe sobre a política nacional do meio ambiente, define a expressão "meio ambiente", como *"o conjunto de condições, leis, influências e interações de ordem física, química e biológica, que permite, abriga e rege a vida em todas as suas formas"*.

A Consolidação das Leis do Trabalho reservou um capítulo exclusivamente para tratar das normas de segurança e medicina do trabalho (art. 154 a 201), considerando a relevância da matéria.

Segundo o art. 155 da CLT compete ao órgão de âmbito nacional, em matéria de segurança e medicina do trabalho, a incumbência de: a) estabelecer normas de saúde, higiene e segurança de trabalho; b) coordenar, orientar, controlar e supervisionar a fiscalização e as demais atividades relacionadas com a segurança e a medicina do trabalho em todo o território nacional, inclusive a Campanha Nacional de Prevenção de Acidentes do Trabalho; c) conhecer, em última instância, dos recursos, voluntários ou de ofício, das decisões proferidas pelos Delegados Regionais do Trabalho, em matéria de segurança e medicina do trabalho.

Atualmente a competência para regulamentar sobre segurança, medicina e saúde do trabalho é Subsecretaria de Inspeção do Trabalho (SIT), vinculada ao Ministério do Trabalho e Previdência (recriado pela MP n. 1.058/2021, convertida na Lei 14.261/2021).[463]

A Subsecretaria de Inspeção do Trabalho (SIT), por sua vez, delega a coordenação e execução da atividade de fiscalização ao Departamento de Fiscalização do Trabalho (DEFIT), por meio de diferentes Divisões. Nos Estados-membros a atividade é supervisionada pelas Superintendências Regionais do Trabalho, subdivididas em Gerências e Agencias Regionais, no âmbito dos municípios.

Na ponta da cadeia de fiscalização encontram-se os Auditores Fiscais do Trabalho responsáveis por fiscalizar a regularidades do cumprimento das normas trabalhistas. Os auditores têm atribuição de garantir o cumprimento de disposições legais e regulamentares, inclusive as relacionadas à segurança e à medicina do trabalho, no âmbito das relações de trabalho e de emprego, aplicando as penalidades administrativas quando se mostrarem necessárias.

O referido órgão tem poder editar normas sobre Segurança e Medicina do Trabalho, a que os empregadores estão sujeitos. Tais normas são denominadas de Normas Regulamentadoras ou simplesmente "NRs".

Existe um movimento, no cenário político atual, que pretende a "modernizar *as NRs*", com a revogação de boa parte dessas normas – atualmente trinta e sete normas regulamentadoras – sob o pretexto de simplificar as regras e melhorar as regras vigentes.

Para uma linha de pensadores essa medida seria inconstitucional, pois representaria um retrocesso social, na medida que violariam os direitos humanos (a dignidade da pessoa humana; o direito à vida e à saúde)

[462] Leite, Carlos Henrique Bezerra. Curso de direito do trabalho. – 11. ed. – São Paulo: Saraiva Educação, 2019.

[463] A Portaria da extinta Secretaria Especial de Previdência e Trabalho do Ministério da Economia nº. 915 de 30 de julho de 2019 que aprovou uma nova redação à NR nº. 1., em seu Anexo I, estabelece a competência e estrutura em matéria de inspeção do trabalho. Vejamos: "1.3 Competências e estrutura. 1.3.1 A Secretaria de Trabalho – STRAB, por meio da Subsecretaria de Inspeção do Trabalho – SIT, é o órgão de âmbito nacional competente em matéria de segurança e saúde no trabalho para: a) formular e propor as diretrizes, as normas de atuação e supervisionar as atividades da área de segurança e saúde do trabalhador; b) promover a Campanha Nacional de Prevenção de Acidentes do Trabalho – CANPAT; c) coordenar e fiscalizar o Programa de Alimentação do Trabalhador – PAT; d) promover a fiscalização do cumprimento dos preceitos legais e regulamentares sobre segurança e saúde no trabalho – SST em todo o território nacional; e) Participar da implementação da Política Nacional de Segurança e Saúde no Trabalho – PNSST; f) conhecer, em última instância, dos recursos voluntários ou de ofício, das decisões proferidas pelo órgão regional competente em matéria de segurança e saúde no trabalho. 1.3.2 Compete à SIT e aos órgãos regionais subordinados a SIT em matéria de segurança e saúde no trabalho, nos limites de sua competência, executar: a) a fiscalização dos preceitos legais e regulamentares sobre segurança e saúde no trabalho; b) as atividades relacionadas com a CANPAT e o PAT. 1.3.3 Cabe à autoridade regional competente em matéria de trabalho impor as penalidades cabíveis por descumprimento dos preceitos legais e regulamentares sobre segurança e saúde no trabalho".

os direitos fundamentais previsto na constituição, bem como o princípio da máxima eficácia e efetividade das normas definidoras dos direitos fundamentais, do princípio da confiança e da própria noção do mínimo essencial[464].

J. J. Gomes Canotilho (apud Guilherme Guimarães Feliciano; Paulo Douglas de Almeida Moraes, 2019) afirma que:

> *"o princípio da proibição do retrocesso social pode formular-se assim: o núcleo essencial dos direitos sociais já realizado e efetivado através de medidas legislativas deve considerar-se constitucionalmente garantido, sendo inconstitucionais quaisquer medidas que, sem a criação de esquemas alternativos ou compensatórios, se traduzam na prática em uma anulação, revogação ou aniquilação pura e simples desse núcleo essencial".*

Esse princípio decorre da finalidade do Estado Democrático de Direito, da efetivação do princípio estruturante do sistema jurídico constitucional - a dignidade da pessoa humana -, encontra amparo no compromisso com o desenvolvimento progressivo dos Estados na efetivação dos direitos sociais, de acordo com o art. 26 da Pacto de San José da Costa Rica.

Guilherme Guimarães Feliciano e Paulo Douglas de Almeida Moraes[465] explicam que

> *"Trata-se da norma–princípio identificada por Sebastião Geraldo de Oliveira como princípio do risco mínimo regressivo; e que, bem sabemos, nada mais é que a manifestação, no campo do Direito Ambiental do Trabalho, do princípio da melhoria contínua, enunciado por diversos jusambientalistas e assim positivado, inclusive, no item 6.1 do Anexo 13-A da NR-15 (para os contextos de exposição ocupacional ao benzeno)"*

Os referidos juristas destacam a importância das normas regulamentadoras, sob o prisma dos direitos fundamentais positivados na Constituição Federal e das normas internacionais ratificadas pelo Brasil, destacando ocorre um acidente de trabalho a cada quarenta e nove segundos e que a diminuição do conjunto de regras protetivas à saúde do trabalhador levaria à impactos econômicos estrondosos, já que, segundo as estatísticas da Organização Internacional do Trabalho, os acidentes de trabalho e as doenças ocupacionais, impactam em 4% do PIB de cada país.

> *"Vê-se, pois, diante dos dados notificados, que convivemos com a média de um acidente de trabalho a cada 49 segundos. Dentre estes, 17.315 (dezessete mil, trezentos e quinze) acidentes resultaram em óbito, configurando uma morte decorrente de acidente de trabalho a cada 3 horas, 43m e 42s. Vê-se, ainda, o quão falaciosos são os argumentos de redução dos custos de produção como justificativa para a redução do arcabouço normativo de proteção da saúde e da segurança do trabalhador: as externalidades econômicas negativas, em função de acidentes de trabalho e doenças ocupacionais que não foram oportunamente impedidos, giram na monta de R$ 83.126.000,00 com pagamento de benefícios acidentários. A Organização Internacional do Trabalho estima que acidentes e doenças de trabalho consomem cerca de 4% do Produto Interno Bruto de cada país anualmente, o que significa, no Brasil, algo em torno de 272.000.000.000 (duzentos e setenta e dois bilhões de reais), considerando o PIB de 2018 (cerca de 6,8 trilhões)".*

Thiago Mendonça de Castro[466], assertivamente pondera que a redução do acidente de trabalho e da doença ocupacional, é um tema que,

> *"Importa ao empregado, por questões humanitárias, porque o acidente pode ser fatal e, quando não o for, tem a força de matar aos poucos o trabalhador, seja em razão do desmonte traumático que o acidente do trabalho causa no planejamento de vida deste trabalhador, seja em razão do estigma que carregará para sempre – o que poderá levar à marginalização do acidentado –, seja principalmente porque o acidente-doença do trabalho pode levar a vida de um pai de família, de um irmão, de uma mãe, de uma hora para outra. Importa à empresa porque, com um maior número de acidentes de trabalho, ela passa a pagar uma maior contribuição previdenciária, pode responder judicialmente por força de ações de responsabilidade civil, previdenciária, tributária, criminal, bem como poderá ter diversos custos administrativos e ainda poderá pagar um alto custo social quando a sociedade sabe que a empresa desrespeita os próprios empregados, fato que pode vir a inviabilizar sua sobrevivência. [...]também importa à sociedade, porque além de o Estado ter que reconhecer e conceder benefícios previdenciários acidentários, que são pagos com parte do custeio de toda a Seguridade Social, a qual abrange a Previdência Social, a Assistência Social e a Saúde (art. 194 da CF/88), a própria sociedade, que indiretamente já possui este primeiro custo, terá que absorver o impacto do processo de marginalização do indivíduo que, via de regra, não consegue voltar a trabalhar e, assim, voltar a contribuir com o sistema que o protege".*

Assim, o empregador deverá manter o ambiente de trabalho seguro e saudável, a fim de evitar o surgimento de doença ocupacional ou a ocorrência de acidente de trabalho (art. 157, CLT). Deverá, ainda, cumprir todas as normas de saúde e segurança do trabalho e as determinações específicas dos órgãos regionais, bem como facilitar a fiscalização pela autoridade competente.

---

464 Guilherme Guimarães Feliciano; Paulo Douglas de Almeida Moraes. Normas de Saúde e segurança do trabalho na era Bolsonaro: a modernização das normas regulamentadoras. Verdades, possibilidades, constitucionalidade. Revista LTr. – Vol. 83 – ________: LTr, 2019.

465 Idem. Feliciano, LTr, 2019.

466 Thiago Mendonça de Castro. Revista do TST. – vol. 85, nº 4. A saúde e segurança do trabalho e os impactos mais comuns dos acidentes de trabalho. São Paulo: Lexmagister, 2019.

2. ESTADO DE CALAMIDADE PÚBLICA E O MEIO AMBIENTE DO TRABALHO: COVID-19

A disseminação do coronavírus exigiu uma série de medidas legislativas dos países afetados por essa doença, devido ao profundo impacto na economia e nas relações de trabalho. No Brasil não foi diferente, o Governo Federal editou diversas medidas provisórias objetivando atenuar os prejuízos causados pela emergência de saúde pública de importância internacional, proteger a economia e preservar os empregos.

A Medida Provisória (MP) 927 em 22 de março de 2020 foi editada com o objetivo de prever medidas trabalhistas para enfrentamento do estado de calamidade pública reconhecido pelo Decreto Legislativo nº 6, de 20 de março de 2020. Durante o estado de calamidade houve a suspensão da obrigatoriedade de realização dos exames médicos ocupacionais, clínicos e complementares, exceto do exame demissional (art. 15 da MP 927). A medida possibilitou a dispensa do exame demissional se porventura o empregado tenha sido submetido a exame médico ocupacional há menos de 180 dias, contados da data da sua publicação.

Também autorizou a realização de treinamento na modalidade de ensino a distância, durante o período de calamidade pública, cabendo ao empregador observar os conteúdos práticos, de modo a garantir que as atividades sejam executadas com segurança. Admitiu a manutenção da Comissão Interna de Prevenção de Acidente até o encerramento do estado de calamidade pública, com a suspensão do processo eleitoral eventualmente em curso.

O ponto mais sensível da medida provisória 927 refere-se à exclusão dos casos de contaminação pelo coronavírus (covid-19) como doença ocupacional, na forma do art. 29[467]. Em outras palavras, os trabalhadores que permaneceram em atividade durante o período de isolamento social e foram contaminados pelo coronavírus no ambiente de trabalho, o infortúnio não será considerado doença ocupacional, exceto se demonstrar a correlação entre a patologia e a atividade desempenhada (o nexo de causalidade).

As medidas trabalhistas contidas na Medida Provisória 927/2020 foram fortemente criticadas por diversos setores da sociedade.

Diante disso, partidos políticos e entidades sindicais ajuizaram Ações Diretas de Inconstitucionalidade (nº 6342, 6344, 6346, 6348, 6349, 6352 e 6354) perante o Supremo Tribunal Federal, impugnando a constitucionalidade da medida provisória 927/2020, notadamente a exclusão da contaminação pelo coronavírus como doença ocupacional.

O Ministro Relator, Marco Aurélio Mello, indeferiu o pedido de concessão de liminar para suspender os efeitos da medida provisória, submetendo a decisão ao Plenário do STF para ratificar, ou não, a decisão, por considerar os pedidos relevantes.

Ao analisar a decisão o Plenário ratificou parcialmente a decisão de indeferimento, por maioria de votos, suspendendo a eficácia dos artigos 29 e 31 da MP 927. Restou assentado que a contaminação pelo coronavírus no ambiente de trabalho pode ser considerada como doença ocupacional, considerando que viola os direitos básicos do trabalhador a manutenção de sua saúde e a atribuição do ônus probatório ao empregado para comprovar o nexo causal constitui prova diabólica, pois dificilmente o trabalhador conseguirá provar o nexo causal entre a patologia e a atividade desempenhada, em especial nas atividades desempenhadas por médicos, enfermeiros, pessoas que trabalham em farmácias, supermercado, motoboys, etc.

O Ministro Moraes destacou que esse dispositivo se contrapõe à decisão proferida no RExt nº 828.040, com repercussão geral, que decidiu pela responsabilidade objetiva do empregador em situações análogas.

Ao final, a Suprema Corte também entendeu que a suspensão da atuação dos auditores fiscais do trabalho atenta contra a saúde dos empregados.

É importante esclarecer que no julgamento do Recurso Extraordinário nº 828.040, utilizado como fundamento para a suspensão do art. 29 da Medida Provisória 927/2020, a Suprema Corte fixou a seguinte tese de repercussão geral: "O artigo 927, parágrafo único, do Código Civil é compatível com o artigo 7º, XXVIII, da Constituição Federal, sendo constitucional a responsabilização objetiva do empregador por danos decorrentes de acidentes de trabalho, nos casos especificados em lei, ou quando a atividade normalmente desenvolvida, por sua natureza, apresentar exposição habitual a risco especial, com potencialidade lesiva e implicar ao trabalhador ônus maior do que aos demais membros da coletividade", vencido o Ministro Marco Aurélio. Ausente, por motivo de licença médica, o Ministro Celso de Mello. Presidência do Ministro Dias Toffoli. Plenário, 12.03.2020.)

O Senado Federal deixou de submeter a MP 927/2020 à votação, por divergências político-partidárias, ocorrendo a caducidade – também denominada de rejeição tácita – no dia 19 de julho de 2020.

Apesar disso, a Portaria 2.309 de 28 de agosto de 2020 do Ministério da Saúde atualizou a Lista de Doenças Relacionadas ao Trabalho (LDRT) adotada como referência dos agravos originados no processo de trabalho no SUS, incluindo o ***Coronavírus SARS-CoV-2,***

[467] MP 927/2020, art. 29: Os casos de contaminação pelo coronavírus (covid-19) não serão considerados ocupacionais, exceto mediante comprovação do nexo causal.

enumerado na Classificação Internacional de Doenças e Problemas Relacionados à Saúde **(CID) sob o nº U07.1**, como doença ocupacional, quando adquirida em atividade de trabalho.

A referida portaria foi revogada em 02 de setembro de 2020, pela portaria nº 2.345/2020 também do Ministério da Saúde, de forma que o coronavírus deixou novamente de ser considerado doença ocupacional.

Indubitavelmente a prestação de serviços pelo empregado em tempos de calamidade pública representa uma exposição do trabalhador a risco especial, com potencialidade lesiva à saúde.

Nas palavras dos juristas Luiz Carlos Amorim Robortella e Antonio Galvão Peres[468]:

> *"O estado de calamidade pública exige interpretação especial do capítulo dos direitos sociais dos trabalhadores. Deve-se promover cuidadosa articulação com outros princípios e normas constitucionais, principalmente aqueles voltados aos direitos e deveres individuais e coletivos que, como se sabe, são cláusulas pétreas da Constituição (artigo 60, § 4º, IV). Destaca-se da fundamentação da ADI 6357: "IV – DA PRIMAZIA DO DIREITO À SAÚDE A Constituição Federal de 1988 foi construída sobre alguns pilares essenciais, descritos em seu artigo 60, § 4º, as denominadas* ***cláusulas pétreas, dentre as quais destaca-se a proteção aos direitos e garantias individuais. Apesar da amplitude do alcance da referida cláusula pétrea, considerando especialmente o extenso rol de direitos fundamentais previstos na Carta Magna, é possível depreender do próprio texto constitucional a primazia do direito à saúde. Tal primazia decorre da escolha do constituinte em expressamente privilegiar a concretização do direito à saúde, quando em conflito com outros princípios constitucionais também considerados como cláusula pétrea.*** *Essa primazia é traduzida, exemplificativamente, na proeminência do direito à saúde e em relação à autonomia dos entes federados, nas situações descritas nos artigos 34, inciso VII, alínea "e"; e 35, inciso III, da Lei Maior. Percebe-se que,* ***dentre todos os direitos individuais e sociais reconhecidos na Constituição Federal, o direito à saúde recebeu proteção privilegiada, distinção essa que deriva não apenas da leitura dos dispositivos sobre intervenção, como também daqueles que veiculam garantias de financiamento da saúde e educação. Ainda com o intuito de viabilizar uma preferência de investimento,*** *a Constituição Federal* ***estabeleceu patamares mínimos de aplicação de recursos na área de saúde.*** *É dentro desse esquadro federativo de* ***primazia da proteção dos direitos fundamentais, especialmente no que se refere à saúde, que deve ser delimitada a possibilidade de incidência das regras fiscais já enumeradas e que, na atual situação de calamidade pública, resultaria em ofensa frontal ao direito à saúde.*** *Nessa linha, o que se observa é que a estrutura traçada na Constituição Federal aponta para a possibilidade de flexibilização das regras fiscais quando em confronto com a ameaça tão grave à proteção e concretização do direito à saúde".*

O Ministério da Saúde instituiu algumas "Diretrizes para o diagnóstico e tratamento da COVID-19", que pode ser aproveitada e incorporada no âmbito empresarial, como medidas de prevenção ao COVID-19, a fim de evitar a exposição ao vírus: a) lavar as mãos frequentemente com água e sabão ou com um desinfetante para as mãos à base de álcool 70% e evitar tocar os olhos, o nariz e a boca com as mãos não lavadas; b) evitar contato próximo com as pessoas (ou seja, manter uma distância de pelo menos 1 metro, principalmente daqueles que têm febre, tosse ou espirros; c) praticar etiqueta respiratória (ou seja, cobrir a boca e o nariz com o antebraço ao tossir ou espirrar com lenços descartáveis, desprezando-os imediatamente após o uso em uma lixeira fechada e higienizar as mãos em seguida; d) uso da máscara e luvas;

O Ministério da Economia, por sua vez, por meio do Ofício Circular SEI nº 1088/2020/ME, de 27 de março de 2020, ressaltou a necessidade de observância de orientações setoriais específicas de prevenção à cada atividade, indicando as seguintes medidas de prevenção: a) criar e divulgar protocolos para identificação e encaminhamento de trabalhadores com suspeita de contaminação pelo novo corona vírus antes de ingressar no ambiente de trabalho; b) orientar todos trabalhadores sobre prevenção de contágio pelo coronavírus (COVID-19) e a forma correta de higienização das mãos e demais medidas de prevenção; c) instituir mecanismo e procedimentos para que os trabalhadores possam reportar aos empregadores se estiverem doentes ou experimentando sintomas; d) Adotar procedimentos contínuos de higienização das mãos, com utilização de água e sabão em intervalos regulares. Caso não seja possível a lavagem das mãos, utilizar imediatamente sanitizante adequado para as mãos, como álcool 70%; e) Evitar tocar a boca, o nariz e o rosto com as mãos; f) Manter distância segura entre os trabalhadores, considerando as orientações do Ministério da Saúde e as características do ambiente de trabalho; g) Adotar medidas para diminuir a intensidade e a duração do contato pessoal entre trabalhadores e entre esses e o público externo; h) Limpar e desinfetar os locais de trabalho e áreas comuns no intervalo entre turnos ou sempre que houver a designação de um trabalhador para ocupar o posto de trabalho de outro; i) Reforçar a limpeza de sanitários e vestiários; j) Reforçar a limpeza de pontos de grande contato como corrimões, banheiros, maçanetas, terminais de pagamento, elevadores, mesas, cadeiras etc.; l) Privilegiar a ventilação natural nos locais de trabalho. No caso de aparelho de ar condicionado,

[468] Luiz Carlos Amorim Robortella e Antonio Galvão Peres. CORONAVÍRUS E RELAÇÕES DE TRABALHO. PARADIGMAS DE INTERPRETAÇÃO EM TEMPOS DE CALAMIDADE PÚBLICA. Academia Brasileira de Direito do Trabalho (acesso em 31/05/2020).

evite recirculação de ar e verifique a adequação de suas manutenções preventivas e corretivas; m) Promover teletrabalho ou trabalho remoto. Evitar deslocamentos de viagens e reuniões presenciais, utilizando recurso de áudio e/ou videoconferência; entre outras medidas.

A máscara de proteção deve ser utilizada nos termos das recomendações das Autoridades Públicas de Saúde. Os trabalhadores devem ser orientados sobre a forma de uso correto da máscara, não sendo possível o compartilhamento entre os trabalhadores (art. 157, II, CLT).

A esse respeito, logo no início da pandemia a presidente do Tribunal Superior do Trabalho, Ministra Maria Cristina Peduzzi, indeferiu o pedido formulado pela Empresa Brasileira de Correios e Telégrafos (ECT) para suspender decisão do Tribunal Regional que determinou a instituição de medidas protetivas aos empregados contra o novo coronavírus. No referido caso, o juiz do trabalho da 30ª Vara do Trabalho do Rio de Janeiro acatou o pedido liminar solicitado pelo sindicato de classe para determinar a empresa fornecesse máscaras, luvas, talheres, copos e pratos descartáveis a todos os empregados que atuam no atendimento ao público externo e na distribuição externa de objetos postais, com o objetivo de proteger os empregados do contágio pelo vírus. O Tribunal Regional do Trabalho da 1ª Região confirmou a decisão de primeiro grau, mas a empresa recorreu ao Tribunal Superior do Trabalho. Em sua decisão a Ministra-Presidente do TST destacou que:

– "[...] "Muito embora a essencialidade dos serviços postais revele-se notória, essa premissa não justifica minimizar a adoção de medidas de segurança e saúde em relação aos seus empregados. A Requerente é empresa pública, de modo a se sujeitar às mesmas obrigações trabalhistas das empresas privadas, na forma do art. 173, § 1º, II, da Constituição da República. Nesse contexto, vale registrar que o art. 157, I, da CLT impõe ao empregador a observância das normas de segurança e medicina do trabalho: [...]. Além disso, o art. 16 da Convenção nº 155 da Organização Internacional do Trabalho, ratificada pelo Brasil, determina comportamento patronal ativo para garantir a integridade da saúde de seus trabalhadores: Artigo 161. Deverá ser exigido dos empregadores que, na medida que for razoável e possível, garantam que os locais de trabalho, o maquinário, os equipamentos e as operações e processos que estiverem sob seu controle são seguros e não envolvem risco algum para a segurança e a saúde dos trabalhadores. 3. Quando for necessário, os empregadores deverão fornecer roupas e equipamentos de proteção adequados a fim de prevenir, na medida que for razoável e possível, os riscos de acidentes ou de efeitos prejudiciais para a saúde. O art. 7º, XXII, da Constituição da República prevê como direito dos trabalhadores urbanos e rurais a redução dos riscos inerentes ao trabalho: "Art. 7º São direitos dos trabalhadores urbanos e rurais, além de outros que visem à melhoria de sua condição social: XXII – redução dos riscos inerentes ao trabalho, por meio de normas de saúde, higiene e segurança"; Sob a perspectiva da pandemia do coronavírus, o art. 3º, § 7º, do Decreto nº 10.282/20, que regulamenta a Lei nº 13.979/20, dispõe que devem ser adotadas as cautelas necessárias à redução de transmissibilidade do vírus: "Art. 3º As medidas previstas na Lei nº 13.979, de 2020, deverão resguardar o exercício e o funcionamento dos serviços públicos e atividades essenciais a que se refere o § 1º. § 1º São serviços públicos e atividades essenciais aqueles indispensáveis ao atendimento das necessidades inadiáveis da comunidade, assim considerados aqueles que, se não atendidos, colocam em perigo a sobrevivência, a saúde ou a segurança da população, tais como: XXI – serviços postais; § 7º Na execução dos serviços públicos e das atividades essenciais de que trata este artigo devem ser adotadas todas as cautelas para redução da transmissibilidade da covid-19". Assim, as medidas impostas pela decisão judicial não conflitam com as orientações de autoridades. Pelo contrário, é de conhecimento público a eficácia da utilização de máscaras, luvas e álcool em gel para impedir a propagação da pandemia. O fornecimento de talheres, pratos e copos descartáveis também contribui para combater a evolução da grave enfermidade. Também é importante mencionar a proteção constitucional da dignidade humana (art. 1º, III), o direito fundamental à saúde (arts. 6º e 196) e o valor social do trabalho (art. 1º, IV). Ademais, a suspensão das cautelas poderia resultar em risco à saúde pública, contribuindo para ampliar o risco de contágio e a exposição dos trabalhadores, seus familiares e demais membros da sociedade. Não há fundamento para deferir o pedido. A manutenção da decisão não paralisa as atividades da empresa estatal, já que não foram impostas restrições efetivas, mas simples adoção de medidas de extremo relevo no combate à pandemia em benefício não somente dos trabalhadores envolvidos, mas de toda a sociedade. Ante o exposto, indefiro o pedido de suspensão da liminar. Dê-se ciência do inteiro teor desta decisão à Requerente, ao Requerido, à Presidente do Tribunal Regional do Trabalho da 1ª Região e à Desembargadora Relatora do Mandado de Segurança nº 0100574-81.2020.5.01.0000. Transcorrido in albis o prazo para interposição de recurso, arquive-se. Publique-se. (TST – **SLS – 1000335-79.2020.5.00.0000**, Ministra-Presidente do TST MARIA CRISTINA IRIGOYEN PEDUZZI, Publicação: 16/04/2020)

Seguindo essa mesma linha, o Ministério Público do Trabalho ajuizou a Ação Civil Pública em face de uma empresa, pelo descumprimento das normas de combate ao enfrentamento do coronavírus no ambiente de trabalho, propondo o afastamento provisório de todos os trabalhadores e a implantação de protocolo de testagem, dentre outros pedidos[469].

O Ministério Público do Trabalho argumentou que se aplica ao caso as garantias trabalhistas mínimas, pois integram uma gama de posições jurídicas necessárias à consagração da dignidade humana, escorando-se na Declaração Universal dos Direitos Humanos (1948), que estabelece o direito a "condições justas e favoráveis de trabalho".

Outro argumento utilizado é que a Constituição aponta para a necessidade de real proteção da saúde do trabalhador, com a efetiva redução dos riscos afetos ao meio ambiente laboral, para alcançar a valorização do trabalho humano, inspirando a tomada de medidas preventivas para impedir a disseminação do novo coronavírus entre os trabalhadores.

E mais: aqueles empregados que pertencem ao grupo de risco (com mais de 60 anos ou com comorbidades de risco, de acordo com o Ministério da Saúde) devem ser objeto de atenção especial, priorizando sua permanência na própria residência em teletrabalho ou trabalho remoto. Não sendo possível o afastamento desses trabalhadores, o empregador deve viabilizar trabalhos internos, ou em local arejado, higienizado, para evitar o contágio.

O mesmo se aplica aos trabalhadores com os sintomas de infecção ou efetivamente contaminados pelo coronavírus. Eles devem ser imediatamente afastados da atividade e encaminhados ao médico, a fim de iniciar ser submetido aos testes e iniciar o tratamento adequado, se necessário.

A negligência do empregador em relação às medidas sanitárias, indubitavelmente poderá acarretar a imposição de multas, a interdição ou embargo do estabelecimento comercial, por sujeitar a saúde e segurança dos trabalhadores à risco, além de reparar eventual dano decorrente de doença ocupacional ou dano moral coletivo.

É fundamental, portanto, que as empresas adotem todas as medidas preventivas no ambiente de trabalho, a fim de minimizar os riscos de contágio do coronavírus no ambiente de trabalho, além de afastar imediatamente os empregados que apresentarem algum sintoma da doença.

[469] https://economia.uol.com.br/noticias/estadao-conteudo/2020/06/03/mpt-rs-pede-interdicao-de-planta-da-jbs-no-rs-por-surto-de-coronavirus.htm?cmpid=copiaecola (acessado em 04/06/2020).

Art. 157 – Cabe às empresas:

I – cumprir e fazer cumprir as normas de segurança e medicina do trabalho;

II – instruir os empregados, através de ordens de serviço, quanto às precauções a tomar no sentido de evitar acidentes do trabalho ou doenças ocupacionais;

III – adotar as medidas que lhes sejam determinadas pelo órgão regional competente;

IV – facilitar o exercício da fiscalização pela autoridade competente.

Art. 158 – Cabe aos empregados:

I – observar as normas de segurança e medicina do trabalho, inclusive as instruções de que trata o item II do artigo anterior;

II – colaborar com a empresa na aplicação dos dispositivos deste Capítulo.

Parágrafo único – Constitui ato faltoso do empregado a recusa injustificada:

a) à observância das instruções expedidas pelo empregador na forma do item II do artigo anterior;

b) ao uso dos equipamentos de proteção individual fornecidos pela empresa.

COMENTÁRIOS (ARTS. 157 E 158)

O empregador estará sujeito às normas editadas pelo Ministério da Economia, notadamente a Secretaria Especial de Previdência e Trabalho. A lei impõe ao empregador o dever de cumprir as normas de segurança e medicina do trabalho; fazer com que os empregados cumpram essas normas, bem como instruir seus empregados sobre as precauções para evitar acidentes de trabalho ou o surgimento de doenças relacionadas à atividade desenvolvida pelo trabalhador; cumprir as determinações que lhe forem impostas pela autoridade administrativa; e facilitar a fiscalização pela autoridade competente.

Na outra ponta, os empregados devem seguir as instruções dadas pelo empregador, observando as normas de saúde e segurança do trabalho, colaborando com a empresa para que as regras possam ser cumpridas. Deve, portanto, acatar as determinações do empregador para que a medida seja efetivamente cumprida, a realização periódica de exames médicos, além de usar os equipamentos de proteção individual fornecidos pelo empregador (art. 158, CLT).

A colaboração do empregado não se limita ao cumprimento de tais normas. É possível, ainda, o registro de denúncia do descumprimento das normas de segurança e saúde do trabalho pelo empregador junto ao Ministério da Economia ou perante o Ministério

Público do Trabalho. Neste caso os dados pessoais do denunciante são mantidos em sigilo, mesmo durante o curso de uma possível fiscalização.

A falta de colaboração do trabalhador, a recusa injustificada no cumprimento das normas de saúde e medicina do trabalho ou da utilização dos equipamentos de proteção individual fornecidos pelo empregador, configura ato faltoso, permitindo ao empregador rescindir o contrato de trabalho por justa causa. (Art. 158, parágrafo único, CLT). Essa é uma falta grave que pode ser praticada pelo empregado, fora das hipóteses do art. 482 da CLT, cujo rol é meramente exemplificativo.

Em contrapartida, o descumprimento das normas de saúde e segurança do trabalho pelo empregador possibilita a rescisão indireta do contrato de trabalho, por expor a saúde ou a vida do trabalhador à risco, ou, ainda, por descumprimento das obrigações contratuais (art. 483, "c" e "d", CLT).

Art. 159 – Mediante convênio autorizado pelo Ministro do Trabalho, poderão ser delegadas a outros órgãos federais, estaduais ou municipais atribuições de fiscalização ou orientação às empresas quanto ao cumprimento das disposições constantes deste Capítulo.

COMENTÁRIOS (ART. 159)

O capítulo em estudo – Da Segurança e da Medicina do Trabalho – é um dos mais importantes da CLT, por espelhar, no plano infraconstitucional, os preceitos contidos na Lei Maior, com a finalidade de propiciar dignidade ao trabalhador, protegendo um dos bens jurídicos mais valiosos do trabalhador: o direito à vida, saúde e segurança, reduzindo os riscos inerentes ao trabalho, através de normas de saúde, higiene e segurança do trabalho (art. 1º, III e IV; art. 6º; art. 7º, XXII, todos da CF).

Ney Maranhão anota que *"Deveras, a pactuação de uma relação de trabalho, seja ela de que natureza jurídica for, por certo não implica renúncia a qualquer daqueles direitos, porquanto inerentes à dignidade humana, impondo-se, assim, incontornável* ***eficácia horizontal dos direitos fundamentais****, de maneira a também atingir relações jurídicas firmadas entre particulares (CF, art. 5º, § 1º). Enfatize-se, já por isso, desde logo, que, ao conferir aos trabalhadores o direito fundamental à contínua redução dos riscos inerentes ao trabalho, por meio de normas de saúde, higiene e segurança, nossa Carta Constitucional está assegurando, em essência, a cada trabalhador, um direito de matiz* ***jusambiental****, qual seja, a garantia de um meio ambiente do trabalho sadio, em íntima conexão axiológica com o art. 225 da mesma Carta Maior".*[470] O autor complementa dizendo que o meio ambiente de trabalho é uma *"autêntica matéria de ordem pública"*, na medida em que promove uma existência digna, por meio da proteção da saúde humana.

A Convenção 155 da Organização Internacional do Trabalho (OIT) disciplina regras de segurança, saúde dos trabalhadores e ambiente de trabalho. A concepção de *saúde,* no âmbito das relações de trabalho, abrange tanto elementos físicos quanto os elementos mentais aptos a afetar o trabalhador no ambiente laboral (art. 3, "e", da Convenção 155 da OIT; art. 2º, LI, do Decreto n. 10.088/2019). O Estado-membro, signatário da Convenção 155 da OIT deve implementar políticas públicas com a finalidade de prevenir acidentes e perigos à saúde no ambiente de trabalho, reduzindo ao mínimos os riscos , na medida em que isso for razoável e realizável. Exige a implementação de fiscalização da aplicação das leis e normas relativas à segurança e ao ambiente de trabalho e por meio de "um sistema de inspeção apropriado e suficiente", que imponha sanções apropriadas em caso de infração (art. 9 da Convenção 155 da OIT).

No âmbito interno, o Texto Constitucional vaticina que a saúde é um direito de todos e um dever do Estado, assegurado por intermédio de políticas sociais e econômicas (art. 196, CF). Também, ressoa o direito a um meio ambiente ecologicamente equilibrado como elementar a uma vida sadia, impondo ao Poder Público e à coletividade o dever de defendê-lo e preservá-lo (art. 225 da CF). A defesa do equilíbrio do meio ambiente do trabalho é um dever não só do Poder Público, mas também de todos os atores sociais, tendo em vista que o empreendimento potencialmente poluidor oferece risco tanto para a classe trabalhadora (de forma direta) quanto para a própria sociedade como um todo (mesmo que de forma indireta).[471]

Não existe, portanto, qualquer vedação constitucional quanto a celebração de convênio entre a União, Estados e Municípios, com vistas a implementar a fiscalização de normas trabalhistas ligadas a segurança e medicina do trabalho. Pelo contrário, é um compromisso coletivo. A união de esforços entre os órgãos do Poder Público com vistas a proteger o meio ambiente de trabalho de agentes potencialmente poluidores, coaduna-se com os fins perseguidos pelo Texto Maior – a efetividade dos direitos fundamentais, protegendo o valor social do trabalho, ao lado do meio ambiente, como um patamar mínimo conferido ao trabalhador – além de implementar no âmbito interno o compromisso internacional de instituir "um sistema de inspeção

---

470 in Comentários à Constituição do Brasil. J. J. Gomes Canotilho et al., 2018

471 Canotilho, op. cit., 2018.

apropriado e suficiente" para a proteção à saúde e segurança dos trabalhadores.

De mais a mais, compete de forma concorrente à União Estados e Municípios legislar sobre "*florestas, caça, pesca, fauna, conservação da natureza, defesa do solo e dos recursos naturais,* ***proteção do meio ambiente e controle da poluição***" (art. 24, VI, CF), sendo constitucional a implementação de normas específicas, em complementação à legislação federal, para atender um interesse local. A vigilância ao meio ambiente e o controle de poluição é um dever comum aos entes público, seja do ponto de vista da saúde pública ou da saúde ocupacional.

Não à toa, o Supremo Tribunal Federal já decidiu que "***O direito à integridade do meio ambiente – típico direito de terceira geração – constitui prerrogativa jurídica de titularidade coletiva****, refletindo, dentro do processo de afirmação dos direitos humanos, a expressão significativa de um poder atribuído, não ao indivíduo identificado em sua singularidade, mas, num sentido verdadeiramente mais abrangente, à própria coletividade social [MS 22.164, rel. min. Celso de Mello, j. 30-10-1995, P, DJ de17-11-1995.]", bem como a possibilidade de entes públicos, de maneira concorrente* "**estipularem limites de aproveitamento da fauna acompanhante à pesca industrial de arrasto de camarões e veicularem normas destinadas à mitigação do impacto ambiental da atividade (...)** ***mantêm-se dentro dos limites da competência legislativa concorrente do Estado (art. 24, VI, da CF), além de consonantes com o postulado da proporcionalidade e os imperativos de preservação e defesa do meio ambiente*** mediante o controle do emprego de técnicas, métodos e práticas potencialmente danosos à fauna (arts. 170, VI, e 225, § 1º, V e VII, da CF) e não destoam das normas gerais sobre a matéria objeto da legislação federal (Lei 11.959/2009).[ADI 861, rel. min. Rosa Weber, j. 6-3-2020, P, DJE de 5-6-2020.]".

Eduardo Gabriel Saad acredita que "A Constituição Federal proíbe a delegação de funções de um para outro dos Poderes da República. Não veda, porém, convênios entre a União, Estados e Municípios par a execução de suas leis, serviços e decisões. (...) afirmamos que a Constituição não se opõe à formação de convênios que permitam a fiscalização de toda a legislação trabalhista pelo Estado ou pelo Município."

Delegação de competência é definida como a autorização normativa de transferência de funções de uma autoridade administrativa a outra. O art. 11 do Decreto n. 200/67 preceitua que "*A delegação de competência será utilizada como instrumento de descentralização administrativa, com o objetivo de assegurar maior rapidez e objetividade às decisões, situando-as na proximidade dos fatos, pessoas ou problemas a atender*", possibilitando, inclusive, ao Presidente da República, aos Ministros de Estado e às autoridades da Administração Pública federal, a delegação de suas respectivas competências para a prática de atos administrativos.

Segundo a melhor doutrina, "*sendo o Estado integrado por grande quantidade de agentes, e estando a seu cargo um número incontável de funções, não é difícil concluir que a competência tem que decorrer de norma expressa. Enquanto no direito privado a presunção milita em favor da capacidade, no direito público a regra se inverte: não há presunção de competência administrativa; esta há de originar-se de texto expresso" (Carvalho Filho, 2019).*[472]

Nesse sentido, vemos que a CLT autoriza expressamente a delegação de competências para a fiscalização ou orientação às empresas quanto ao cumprimento das normas de saúde, higiene e segurança do trabalho. Em nada fere os preceitos contidos na Lei Maior. Ao contrário, fortalece o sistema de inspeção, tornando-o suficiente e adequado, propicia o equilíbrio do meio ambiente, com a redução dos riscos de poluição, além de promover a proteção eficiente da saúde pública e à saúde ocupacional.

SEÇÃO II
DA INSPEÇÃO PRÉVIA E DO EMBARGO OU INTERDIÇÃO

Art. 160 – Nenhum estabelecimento poderá iniciar suas atividades sem prévia inspeção e aprovação das respectivas instalações pela autoridade regional competente em matéria de segurança e medicina do trabalho.

§ 1º – Nova inspeção deverá ser feita quando ocorrer modificação substancial nas instalações, inclusive equipamentos, que a empresa fica obrigada a comunicar, prontamente, à Delegacia Regional do Trabalho.

§ 2º – É facultado às empresas solicitar prévia aprovação, pela Delegacia Regional do Trabalho, dos projetos de construção e respectivas instalações.

Embargo ou interdição

Art. 161 – O Delegado Regional do Trabalho, à vista do laudo técnico do serviço competente que demonstre grave e iminente risco para o trabalhador, poderá interditar estabelecimento, setor de serviço, máquina ou equipamento, ou embargar obra, indicando na decisão, tomada com a brevidade que a ocorrência exigir, as providências que deverão ser adotadas para prevenção de infortúnios de trabalho.

---

472 Carvalho Filho, José dos Santos. Manual de Direito Administrativo – 33. ed. – São Paulo: Atlas, 2019.

§ 1º – As autoridades federais, estaduais e municipais darão imediato apoio às medidas determinadas pelo Delegado Regional do Trabalho.

§ 2º – A interdição ou embargo poderão ser requeridos pelo serviço competente da Delegacia Regional do Trabalho e, ainda, por agente da inspeção do trabalho ou por entidade sindical.

§ 3º – Da decisão do Delegado Regional do Trabalho poderão os interessados recorrer, no prazo de 10 (dez) dias, para o órgão de âmbito nacional competente em matéria de segurança e medicina do trabalho, ao qual será facultado dar efeito suspensivo ao recurso.

§ 4º – Responderá por desobediência, além das medidas penais cabíveis, quem, após determinada a interdição ou embargo, ordenar ou permitir o funcionamento do estabelecimento ou de um dos seus setores, a utilização de máquina ou equipamento, ou o prosseguimento de obra, se, em consequência, resultarem danos a terceiros.

§ 5º – O Delegado Regional do Trabalho, independente de recurso, e após laudo técnico do serviço competente, poderá levantar a interdição.

§ 6º – Durante a paralisação dos serviços, em decorrência da interdição ou embargo, os empregados receberão os salários como se estivessem em efetivo exercício.

COMENTÁRIOS (ARTS. 160 E 161)

Antes de iniciar as atividades, o meio ambiente do trabalho deverá ser inspecionado a fim de verificar o cumprimento das normas de saúde e segurança do trabalho. De acordo com a Constituição Federal compete à União organizar, manter e executar a inspeção do trabalho (art. 21, inciso XXIV, da CF).

Na ponta da cadeia de fiscalização encontram-se os Auditores Fiscais do Trabalho responsáveis por fiscalizar a regularidades do cumprimento das normas trabalhistas[473]. Os auditores têm a atribuição de garantir o cumprimento de disposições legais e regulamentares, inclusive as relacionadas à segurança e à medicina do trabalho, no âmbito das relações de trabalho e de emprego; o embargo de obra e interdição de setor de serviço e estabelecimento, quando verificado risco grave e iminente à saúde e segurança do trabalhador, dentre outras.

A interdição e o embargo consubstanciam na paralisação total ou parcial do estabelecimento, atividade, setor de serviço, máquina ou equipamento em virtude de apresentar grave e iminente risco para o trabalhador (art. 161, caput, da CLT). São medidas de proteção emergencial à segurança e à saúde do trabalhador, não se caracterizando como medida punitiva ao empregador, de modo que será permitido o desenvolvimento de atividades necessárias à correção da situação de grave e iminente risco, desde que garantida condições de segurança e saúde aos trabalhadores envolvidos.

Conforme dispõe a Norma Regulamentadora nº 3 do extinto Ministério do Trabalho, considera-se grave e iminente risco toda condição ou situação de trabalho que possa causar acidente ou doença com lesão grave ao trabalhador. Leva-se em consideração, para aferir o risco, a combinação das consequências de um evento e a probabilidade de sua ocorrência.

Ao avaliar os riscos o Auditor-Fiscal do Trabalho deve considerar a consequência e a probabilidade separadamente, bem como estabelecer o excesso de risco por meio da comparação entre o risco atual (situação encontrada) e o risco de referência (situação objetivo), na hipótese de caracterização de grave e iminente risco ao trabalhador.

O empregador poderá impugnar eventual decisão proferida pela autoridade administrativa, seja administrativamente ou judicialmente.

Durante a paralisação dos serviços, em decorrência da interdição ou embargo, os empregados receberão os salários como se estivessem em efetivo exercício

▸ SEÇÃO III
DOS ÓRGÃOS DE SEGURANÇA E DE MEDICINA DO TRABALHO NAS EMPRESAS

Art. 162 – As empresas, de acordo com normas a serem expedidas pelo Ministério do Trabalho, estarão

[473] A Portaria da extinta Secretaria Especial de Previdência e Trabalho do Ministério da Economia nº. 915 de 30 de julho de 2019 que aprovou uma nova redação à NR nº. 1., em seu Anexo I, estabelece a competência e estrutura em matéria de inspeção do trabalho. Vejamos: "1.3 Competências e estrutura. 1.3.1 A Secretaria de Trabalho – STRAB, por meio da Subsecretaria de Inspeção do Trabalho – SIT, é o órgão de âmbito nacional competente em matéria de segurança e saúde no trabalho para: a) formular e propor as diretrizes, as normas de atuação e supervisionar as atividades da área de segurança e saúde do trabalhador; b) promover a Campanha Nacional de Prevenção de Acidentes do Trabalho – CANPAT; c) coordenar e fiscalizar o Programa de Alimentação do Trabalhador – PAT; d) promover a fiscalização do cumprimento dos preceitos legais e regulamentares sobre segurança e saúde no trabalho – SST em todo o território nacional; e) Participar da implementação da Política Nacional de Segurança e Saúde no Trabalho – PNSST; f) conhecer, em última instância, dos recursos voluntários ou de ofício, das decisões proferidas pelo órgão regional competente em matéria de segurança e saúde no trabalho. 1.3.2 Compete à SIT e aos órgãos regionais subordinados a SIT em matéria de segurança e saúde no trabalho, nos limites de sua competência, executar: a) a fiscalização dos preceitos legais e regulamentares sobre segurança e saúde no trabalho; b) as atividades relacionadas com a CANPAT e o PAT. 1.3.3 Cabe à autoridade regional competente em matéria de trabalho impor as penalidades cabíveis por descumprimento dos preceitos legais e regulamentares sobre segurança e saúde no trabalho".

obrigadas a manter serviços especializados em segurança e em medicina do trabalho.

Parágrafo único – As normas a que se refere este artigo estabelecerão:

a) classificação das empresas segundo o número de empregados e a natureza do risco de suas atividades;

b) o número mínimo de profissionais especializados exigido de cada empresa, segundo o grupo em que se classifique, na forma da alínea anterior;

c) a qualificação exigida para os profissionais em questão e o seu regime de trabalho;

d) as demais características e atribuições dos serviços especializados em segurança e em medicina do trabalho, nas empresas.

Art. 163 – Será obrigatória a constituição de Comissão Interna de Prevenção de Acidentes (CIPA), de conformidade com instruções expedidas pelo Ministério do Trabalho, nos estabelecimentos ou locais de obra nelas especificadas.

Parágrafo único – O Ministério do Trabalho regulamentará as atribuições, a composição e o funcionamento das CIPA (s).

Art. 164 – Cada CIPA será composta de representantes da empresa e dos empregados, de acordo com os critérios que vierem a ser adotados na regulamentação de que trata o parágrafo único do artigo anterior.

§ 1º – Os representantes dos empregadores, titulares e suplentes, serão por eles designados.

§ 2º – Os representantes dos empregados, titulares e suplentes, serão eleitos em escrutínio secreto, do qual participem, independentemente de filiação sindical, exclusivamente os empregados interessados.

§ 3º – O mandato dos membros eleitos da CIPA terá a duração de 1 (um) ano, permitida uma reeleição.

§ 4º – O disposto no parágrafo anterior não se aplicará ao membro suplente que, durante o seu mandato, tenha participado de menos da metade do número de reuniões da CIPA.

§ 5º – O empregador designará, anualmente, dentre os seus representantes, o Presidente da CIPA e os empregados elegerão, dentre eles, o Vice-Presidente.

Art. 165 – Os titulares da representação dos empregados nas CIPA (s) não poderão sofrer despedida arbitrária, entendendo-se como tal a que não se fundar em motivo disciplinar, técnico, econômico ou financeiro.

Parágrafo único – Ocorrendo a despedida, caberá ao empregador, em caso de reclamação à Justiça do Trabalho, comprovar a existência de qualquer dos motivos mencionados neste artigo, sob pena de ser condenado a reintegrar o empregado.

COMENTÁRIOS (ARTS. 162 A 165)

A Comissão Interna de Prevenção a Acidentes (CIPA) é composta de representantes dos empregados e dos empregadores e tem o objetivo de manter serviços especializados em segurança e em medicina do trabalho, prevenindo a ocorrência de acidentes.

Os representantes dos empregados são eleitos pelos demais trabalhadores da empresa e os representantes dos empregadores são indicados.

O representante dos empregados exercerá a função de vice-presidente da CIPA. Já o representante do empregador exercerá a função de presidente.

De acordo com o art. 10, II, "a", do ADCT da Constituição Federal é assegurada a garantia provisória de emprego ao *"empregado eleito para cargo de direção de comissões internas de prevenção de acidentes, desde o registro de sua candidatura até um ano após o final de seu mandato"*

O objetivo dessa instabilidade é possibilitar o desempenho do mandato de forma tranquila e sem perseguições e ingerências do empregador.

A duração do mandato será de 1 ano, sendo permitida uma reeleição (Art. 164, §3º, CLT).

O suplente do cargo de direção da CIPA também terá direito à estabilidade (Súmula 678, STF)[474].

Essa estabilidade é tida como objetiva, porque está ligada às funções exercidas pelo empregado na CIPA.

Por essa razão, havendo extinção do estabelecimento empresarial não é considerada arbitrária a dispensa do empregado, não sendo garantida a sua reintegração nessa situação (Súmula 339, TST)[475].

Existe posicionamento na jurisprudência no sentido de não caber a estabilidade, mesmo que não haja a extinção do estabelecimento comercial. O TRT da 5ª Região sedimentou o entendimento de que não

[474] Súmula 676, STF – A garantia da estabilidade provisória prevista no art. 10, II, "a", do Ato das Disposições Constitucionais Transitórias, também se aplica ao suplente do cargo de direção de comissões internas de prevenção de acidentes (CIPA).

[475] Súmula nº 339 do TST – CIPA. SUPLENTE. GARANTIA DE EMPREGO. CF/1988. I – O suplente da CIPA goza da garantia de emprego prevista no art. 10, II, "a", do ADCT a partir da promulgação da Constituição Federal de 1988. II – A estabilidade provisória do cipeiro não constitui vantagem pessoal, mas garantia para as atividades dos membros da CIPA, que somente tem razão de ser quando em atividade a empresa. Extinto o estabelecimento, não se verifica a despedida arbitrária, sendo impossível a reintegração e indevida a indenização do período estabilitário.

cabe a estabilidade em caso de extinção apenas da atividade para qual a CIPA foi criada, conforme súmula 80:

- Súmula nº 80 do TRT 5ª Região: GARANTIA PROVISÓRIA NO EMPREGO. MEMBRO DA CIPA. ENCERRAMENTO DA ATIVIDADE PRODUTIVA E MANUTENÇÃO DA ATIVIDADE ADMINISTRATIVA. EQUIVALÊNCIA À EXTINÇÃO DO ESTABELECIMENTO. A estabilidade provisória no emprego, garantida ao membro eleito da CIPA, constitui-se como garantia necessária ao exercício das suas funções em benefício do meio ambiente do trabalho. Por conseguinte, uma vez encerrada a atividade produtiva para qual a CIPA foi criada, permanecendo-se tão somente a atividade administrativa da empresa, não há razões para subsistir a estabilidade provisória do cipista. Inteligência da Súmula 339, II, do C. TST. (Resolução Administrativa nº 0035/2019 – Divulgada no Diário Eletrônico do TRT da 5ª Região, edições de 20, 21 e 22.08.2019, de acordo com o disposto no art. 187-B do Regimento Interno do TRT da 5ª Região).

O representante dos empregados na CIPA não poderá ser dispensado sem justa causa ou arbitrariamente (art. 165, CLT). São consideradas arbitrárias as dispensas que não forem fundamentadas em motivo disciplinar, técnico, econômico ou financeiro.

Mauricio Godinho Delgado[476] destaca que

> *"[...] trata-se da dispensa que se baseia em motivo relevante: este pode ser disciplinar, como ocorre com a dispensa por justa causa, tipificada na CLT, e enquadrada como resolução contratual. Porém, tal motivo pode ser ainda de caráter técnico, econômico ou financeiro, segundo a Consolidação, casos em que a dispensa se enquadra como resilição do contrato de trabalho (resilição motivada, é claro)".*

Citamos como exemplo prático de motivação técnica para a rescisão do contrato é a contratação de um novo empregado tem conhecimento técnico específico determinada área de trabalho, que exije aperfeiçoamento e maior comprometimento, para atingir o nível de perfil esperado para desenvolvimento das atividades laborais. Também, apontamos como exemplo prático de motivação financeira ou econômica a redução do quadro de funcionários.

Comprovada a arbitrariedade da dispensa ou a ausência de motivação, o empregado poderá ajuizar reclamação trabalhista e postular a reintegração.

[476] DELGADO, Mauricio Godinho. Curso de direito do trabalho. – 18. ed.– São Paulo: LTr, 2019, pág. 1500

▸ **SEÇÃO IV**
DO EQUIPAMENTO DE PROTEÇÃO INDIVIDUAL

Art. 166 – A empresa é obrigada a fornecer aos empregados, gratuitamente, equipamento de proteção individual adequado ao risco e em perfeito estado de conservação e funcionamento, sempre que as medidas de ordem geral não ofereçam completa proteção contra os riscos de acidentes e danos à saúde dos empregados.

Redistribuição de aprovações burocráticas emitidas pelo extinto Ministério do Trabalho

Art. 167 – O equipamento de proteção só poderá ser posto à venda ou utilizado com a indicação do Certificado de Aprovação do Ministério do Trabalho.

COMENTÁRIOS (ARTS. 166 E 167)

O equipamento de proteção individual (EPI) é todo dispositivo ou produto, de uso individual, com a finalidade de proteger trabalhador dos riscos à saúde e segurança do trabalho, como, por exemplo, capacete, capuz, protetor auditivo, protetor facial, máscaras, luvas vestimentas e calçados.

A empresa é obrigada a fornecer o equipamento de proteção individual, de forma gratuita, adequado ao risco e em perfeito estado de conservação e funcionamento, sempre que as medidas implementadas não ofereçam a proteção integral contra os riscos de acidentes e danos à saúde dos empregados (art. 166, CLT).

O empregador terá a responsabilidade de adquirir o EPI adequado ao risco de cada atividade, exigir seu uso, fornecer equipamentos certificados pelo órgão competente, realizar a substituição em caso de danificação ou extravio, realizar a higienização e manutenção periódica, orientar e treinar o empregado sobre a forma correta de uso, conservação e guarda, bem como registrar a entrega dos equipamentos ao trabalhador, conforme determina a norma regulamentadora (NR) nº 6 do Ministério do Trabalho e Previdência (recriado pela MP n. 1.058/21, convertida na Lei 14.261/2021)

O Tribunal Regional do Trabalho da 2ª Região, manteve a condenação imposta em primeira instância, depois de constatado em perícia que os equipamentos de proteção individual estavam fora do prazo de validade[477], portanto, inaptos ao uso, conforme a ementa abaixo:

[477] Esse caso ganhou repercussão após o Tribunal Superior do Trabalho negar seguimento ao recurso interposto pela empresa para reformar a decisão proferida pelo Tribunal Regional. (https://www.tst.jus.br/web/guest/-/ind%C3%BAstria-%C3%A9-condenada-por-demora-na-troca-de-protetores-auriculares?inheritRedirect=true, acessado em 27/08/2020)

- [...] Adicional de insalubridade e reflexos. A segunda reclamada requer o afastamento da condenação no pagamento de adicional de periculosidade e reflexos, argumentando que o EPI era corretamente fornecido pela ex-empregadora da autora, afastando o agente nocivo. A primeira ré, por sua vez, nega a ocorrência de insalubridade nas funções da autora, aduzindo que o local onde foi feita a diligência não correspondia aquele onde a autora efetivamente desempenhava as suas atividades. Aduziu, ainda, que comprovou o fornecimento de EPI corretamente, sendo que a durabilidade de 3 meses mencionada no laudo pericial não se justifica. Analiso. A caracterização da insalubridade ou da periculosidade, por força do art. 195, parágrafo 2º da CLT, deve se basear em prova técnica a cargo de perito habilitado, médico ou engenheiro do trabalho. No caso em apreço, o laudo pericial de fls. 731/744, com esclarecimentos de fls. 261/162, elaborado por profissional de confiança do juízo de origem, após diligência realizada na ré, que contou com a presença da autora e dos representantes da reclamada (fls.735), apurou o que se segue:
- "(...)2. EQUIPAMENTO DE PROTEÇÃO INDIVIDUAL (E.P.I.)Por ocasião da realização da perícia, foi informado que a primeira reclamada fornece aos seus empregados, além de uniforme composto por calça e camisa, os seguintes Equipamentos de Proteção Individual, munidos dos respectivos Certificados de Aprovação (C.A.); a saber: - Protetor auricular; - C.A. 11512 - indicado pela reclamante como tendo sido de uso irregular - Luva hyflex; - C.A. 35982-Avental de PVC - C.A. - em uso apenas no posto 70 e por ocasião da realização da vistoria não estava em uso; - Calçado de segurança sem biqueira de aço - C.A. 9017. A reclamada logrou apresentar nos autos, sob ID 50fcc7a, o comprovante de fornecimento de EPIs a reclamante, onde se denota que, em especial o protetor auricular, veio a ser fornecido nas datas de 13/10/10, 18/04/11, 09/06/11, 10/01/12, 17/07/12, 14/09/12, 02/10/12, 26/10/12 e 03/06/13, o que revela que a manutenção de intervalos entre as entregas, se deu entre um e oito meses, o que leva a irregularidade de seu fornecimento, em considerando a durabilidade deste EPI como sendo de três meses, em especial em se considerando os intervalos havidos de 13/10/10 e 18/04/11 e de 09/06/11 a 17/02/12 e assim o sendo após 26/10/12; o que consolida os informes prestados pela reclamante, mas cujas evidencias de fornecimento nos períodos adequados não pode ser desprezada.(...) V - AVALIAÇÕES AMBIENTAIS. 1. Ruído contínuo ou intermitente. Para avaliação do nível de ruído, foi utilizado uma decibelímetro marca IMPAC modelo IP 170 L, dotado de circuito de integração para avaliação de nível equivalente de ruído - Leq, devidamente ajustado e calibrado a 94 db - 1000 Hz. A medição foi realizada no circuito de compensação A e circuito de resposta lenta (Slow), leituras estas efetuadas próximo ao ouvido do trabalhador, obtendo-se os seguintes resultados: Local: Ala 5 - Pré montagem de tanque de combustível. Nível de ruído medido: 85,7 db(A)Período de exposição: integral. O limite de tolerância para ruído contínuo ou intermitente previsto na Portaria 3214/78, NR-15, Anexo I, para o nível de pressão sonora de 86 db(A), é de máxima exposição diária de 07 (sete) horas. (...) VII - CONCLUSÃO -Em face do exposto, em conformidade com a Portaria 3214/78, NR 15, Anexo nr. 1 - Limites de Tolerância para Ruídos Contínuo e Intermitente, pela exposição a elevados níveis de pressão sonora, conclui este Perito pela existência de condições de insalubridade em grau médio, estando o agente agressor, em conformidade com a já mencionada Portaria 3214, NR 6 - Equipamentos de Proteção Individual, e NR 15 - Atividades e Operações Insalubres, item 15.4.1, letra "b", pelo uso regular do devido e adequado EPI; qual seja o protetor auricular, devidamente neutralizado, nos períodos compreendidos de 13/10/10 a 12/01/11, de 18/04/11 a 08/09/11, de 10/01/12 a 09/04/12, de 17/07/12 a 25/01/13 e de 03/06/13 a 02/09/13; restando assim aos períodos remanescentes, o submetimento ao agente agressor sem a devida proteção, sujeitando-a a insalubridade em grau médio, nos intervalos havidos de 11/08/10 a 12/08/10, de 13/01/11 a 17/04/11, de 09/09/11 a 09/01/12, de 10/04/12 a 16/07/12, de 26/01/13 a 02/06/13 e a partir de 03/09/13 nas atividades e ambiente vistoriado."
- Após as impugnações das partes, o sr. Perito prestou os esclarecimentos de fls. 771/776, ratificando a sua conclusão anterior. E a despeito de todas as alegações das rés em sentido contrário, estas não cuidaram de produzir qualquer prova hábil a infirmar a conclusão pericial. Ainda que a primeira ré tenha demonstrado o fornecimento de protetores auriculares à autora, esta não cuidou de comprovar que a durabilidade desde equipamento superasse os três meses mencionados no laudo, ônus processual que lhe competia, nos termos dos arts. 818 da CLT, C.C. ART. 373, II do NCPC. E no que se refere ao local onde foi realizada a perícia, este foi considerado conforme informações prestadas pela autora e pelos representantes da primeira reclamada presentes no dia da diligência. Ademais, como já visto acima, a testemunha da reclamada referiu-se a mudança de local de trabalhando, ressaltando, contudo, que o procedimento, ou seja, as condições de trabalho eram as mesmas. Por todo o exposto, mantenho a conclusão pericial e rejeito os apelos das reclamadas.

[...]". (TRT 2-RO **10015325120155020465 – 14ª Turma, Relator Fernando Álvaro Pinheiro, Data de julgamento 28/03/2019)**

É pacífico o entendimento, no âmbito do Tribunal Superior do Trabalho, de que a ausência de certificação do equipamento de proteção individual, pode gerar o direito ao adicional de insalubridade. Vejamos a ementa a seguir:

- RECURSO DE REVISTA REGIDO PELA LEI 13.015/2014. 1. ADICIONAL DE INSALUBRIDADE. FORNECIMENTO DE EPI. CERTIFICADO DE APROVAÇÃO INEXISTENTE. EXIGÊNCIA. SÚMULA 333 DO TST. **O Tribunal Regional manteve a condenação ao pagamento do adicional de insalubridade em grau médio (agente ruído), haja vista a constatação de que a empresa fornecia equipamentos de proteção individual – EPI's, sem o correspondente certificado de aprovação. A jurisprudência do TST vem decidindo no sentido de que o fornecimento de EPI's desprovidos de certificado de aprovação, com o fim de demonstrar a observância dos padrões especificados no normativo técnico pertinente, não elide o direito ao adicional de insalubridade, em face das condições presentes no ambiente de trabalho.** Nesse cenário, a decisão regional encontra-se em consonância com a jurisprudência atual, interativa e notória desta Corte. Incidência da Súmula 333/TST. Recurso de revista não conhecido. [...] (TST – RR – 1552-18.2014.5.12.0012, 7ª Turma – Relator: Ministro Douglas Alencar Rodrigues, Publicado acórdão em 23/06/2017)

O fornecimento de equipamento de proteção individual inadequado, inapto ao uso, deteriorado, equivale a desproteção do empregado, podendo ensejar o pagamento do adicional de insalubridade ou periculosidade.

Essa mesma norma indica que o empregado deve usar o EPI, guardá-lo e conservá-lo, cumprir as determinações do empregador sobre o uso e comunicar eventual desgaste ou danificação que o torne impróprio para uso.

O sindicato, o Ministério Público do Trabalho e os órgãos de controle e fiscalização das normas de saúde, higiene e segurança do trabalho exercem um papel fundamental na exigência do cumprimento dessas normas, podendo inclusive postular a interdição ou embargo do estabelecimento, setor, máquina ou equipamento e exigir providências para a prevenção de acidentes ou doenças ocupacionais (art. 161, CLT).

▶ SEÇÃO V
DAS MEDIDAS PREVENTIVAS DE MEDICINA DO TRABALHO

Art. 168 – Será obrigatório exame médico, por conta do empregador, nas condições estabelecidas neste artigo e nas instruções complementares a serem expedidas pelo Ministério do Trabalho:

I – a admissão;

II – na demissão;

III – periodicamente.

§ 1º – O Ministério do Trabalho baixará instruções relativas aos casos em que serão exigíveis exames:

a) por ocasião da demissão;

b) complementares.

§ 2º – Outros exames complementares poderão ser exigidos, a critério médico, para apuração da capacidade ou aptidão física e mental do empregado para a função que deva exercer.

§ 3º – O Ministério do Trabalho estabelecerá, de acordo com o risco da atividade e o tempo de exposição, a periodicidade dos exames médicos.

§ 4º – O empregador manterá, no estabelecimento, o material necessário à prestação de primeiros socorros médicos, de acordo com o risco da atividade.

§ 5º – O resultado dos exames médicos, inclusive o exame complementar, será comunicado ao trabalhador, observados os preceitos da ética médica.

§ 6º Serão exigidos exames toxicológicos, previamente à admissão e por ocasião do desligamento, quando se tratar de motorista profissional, assegurados o direito à contraprova em caso de resultado positivo e a confidencialidade dos resultados dos respectivos exames. (Incluído pela Lei nº 13.103, de 2015) (Vigência)

§ 7º Para os fins do disposto no § 6º, será obrigatório exame toxicológico com janela de detecção mínima de 90 (noventa) dias, específico para substâncias psicoativas que causem dependência ou, comprovadamente, comprometam a capacidade de direção, podendo ser utilizado para essa finalidade o exame toxicológico previsto na Lei nº 9.503, de 23 de setembro de 1997 – Código de Trânsito Brasileiro, desde que realizado nos últimos 60 (sessenta) dias. (Incluído pela Lei nº 13.103, de 2015) (Vigência)

Art. 169 – Será obrigatória a notificação das doenças profissionais e das produzidas em virtude de condições especiais de trabalho, comprovadas ou objeto de suspeita, de conformidade com as instruções expedidas pelo Ministério do Trabalho.

Decreto-Lei 5.452/1943

COMENTÁRIOS (ARTS. 168 E 169)

O exame médico é a verificação das condições psíquicas e físicas, realizado por profissional devidamente habilitado.

Por ocasião da admissão, da rescisão contratual e de forma periódica será obrigatória a submissão do trabalhador a exames médicos para a avaliação do seu estado de saúde, verificação da existência de aptidão ou restrição para o exercício da atividade profissional, bem como prevenir o surgimento de doença ocupacional.

O médico do trabalho poderá exigir exames complementares para apuração da capacidade ou aptidão física e mental do empregado para a função que deva exercer (art. 168, §2º, CLT).

Esses exames devem ser custeados pelo empregador (art. 168, caput, da CLT).

A Secretaria Especial de Previdência e Trabalho do Ministério da Economia (extinto Ministério do Trabalho), tem a competência para estabelecer normas e instruções complementares a esse respeito (Art. 168 da CLT).

A Norma Regulamentadora (NR) nº 7, ora em vigência, disciplina a obrigatoriedade de elaboração e implementação, por parte dos empregadores, do Programa de Controle Médico de Saúde Ocupacional (PCMSO), estabelecendo parâmetros e diretrizes a serem observados, como, por exemplo, a realização do exame admissional antes de o trabalhador assumir efetivamente as suas atividades; a periodicidade mínima da realização do exame médico, a depender do risco oferecido pela atividade; a necessidade de realização de exame médico quando o empregado retornar de afastamento médico por período igual ou superior a 30 dias, por acidente ou doença; a realização de exame para a mudança de função, dispensa e etc.

O texto da NR 7 foi alterado pela portaria SEPRT nº 6.734, de 9 de março de 2020, trazendo importantes modificações. Porém, o início da vigência se dará somente a partir de 9 de março de 2021.

De acordo com o art. 2º da Lei 9.029/95, constitui crime "a exigência de teste, exame, perícia, laudo, atestado, declaração ou qualquer outro procedimento relativo à esterilização ou a estado de gravidez".

A doutrina e a jurisprudência são unívocas no sentido de que não cabe a exigência do exame ou atestado de gravidez no momento da admissão ou durante o contrato de trabalho, haja vista a existência de expressa proibição legal nesse sentido (Lei 9.029/1995). Entretanto, no que se refere a exigência do exame de gravidez no momento da dispensa, existe divergência.

Para uma primeira corrente doutrinária, é possível a exigência do teste de gravidez no momento da rescisão contratual, com base no princípio da segurança jurídica, para resguardar o direito à estabilidade.

Para o professor Henrique Correia[478],

> *"o empregador não poderá exigir que a empresa realize o teste de gravidez, uma vez que essa medida consistiria em violação ao direito à imunidade da empregada previsto no art. 5º, inciso, X, da CF/88. No entanto – esclarece que – é plenamente possível a solicitação para a realização dos exames no momento da dispensa do empregado. Eventual recursa da empregada impediria que a empregada ingressasse com ação exigindo indenização por danos morais, em razão de dispensa por discriminação, uma vez que a empresa tomou todas as medias necessárias para o direito da empregada gestante".*

Segundo a corrente doutrinária dominante, com a qual concordamos, o empregador não pode exigir o exame de gravidez em nenhuma hipótese, sob pena de violar o direito à intimidade da empregada e caracterizar medida discriminatória, na forma do art. 5º, V e X, CF e da Lei 9.029/1995.

A Reforma Trabalhista incluiu o art. 394-A à CLT, que passou a condicionar o afastamento da empregada gestante de atividades consideradas insalubres em grau médio ou mínimo ou durante o período de lactação, mediante a apresentação de atestado médico. Contudo, o Plenário do Supremo Tribunal Federal (STF), por maioria de votos, julgou procedente a Ação Direta de Inconstitucionalidade (ADI) 5938 para declarar inconstitucionais trechos do art. 394-A da CLT que condicionava o afastamento da gestante a apresentação de atestado de saúde, por afrontar a proteção constitucional à maternidade, à gestação, à saúde, à mulher, ao nascituro, aos recém-nascidos, ao trabalho e ao meio ambiente de trabalho equilibrado.

No cenário atual, como medida emergencial de combate à pandemia do coronavírus, foram adotadas diretrizes no sentido de suspender as exigências administrativas relacionadas à segurança e saúde no trabalho, como a obrigatoriedade de exames médicos ocupacionais, clínicos e complementares, exceto dos exames demissionais, ou, ainda de realização de treinamentos (art. 15 a 17 da MP 927)[479].

---

478 CORREIA, Henrique. Direito do Trabalho. 4 ed. – Salvador: Juspodivm, 2018.

479 Medida Provisória 927 de 22 de março de 2020 – Art. 15. Durante o estado de calamidade pública a que se refere o art. 1º, fica suspensa a obrigatoriedade de realização dos exames médicos ocupacionais, clínicos e complementares, exceto dos exames demissionais. § 1º Os exames a que se refere caput serão realizados no prazo de sessenta dias, contado da data de encerramento do estado de calamidade pública. § 2º Na hipótese de o médico coordenador de programa de controle médico e saúde ocupacional considerar que a prorrogação representa risco para a saúde do empregado, o médico indicará ao empregador a necessidade de sua realização. § 3º O exame demissional poderá ser

Tais dispositivos foram alvos de críticas e de ações diretas de inconstitucionalidade, dentre elas a ADI nº 6380, em trâmite perante o Supremo Tribunal Federal, por violar os preceitos de proteção à saúde e segurança do trabalhador.

A Medida Provisória 927 caducou (perdeu a eficácia) no dia 19 de julho de 2020, tendo em vista a sua revogação tácita, ou seja, o esgotamento do prazo de vigência do art. 62, §3º, da CLT, sem que houvesse a votação pelas casas do Congresso Nacional[480].

SEÇÃO VI
DAS EDIFICAÇÕES

Art. 170 – As edificações deverão obedecer aos requisitos técnicos que garantam perfeita segurança aos que nelas trabalhem.

Art. 171 – Os locais de trabalho deverão ter, no mínimo, 3 (três) metros de pé-direito, assim considerada a altura livre do piso ao teto.

Parágrafo único – Poderá ser reduzido esse mínimo desde que atendidas as condições de iluminação e conforto térmico compatíveis com a natureza do trabalho, sujeitando-se tal redução ao controle do órgão competente em matéria de segurança e medicina do trabalho.

Art. 172 – Os pisos dos locais de trabalho não deverão apresentar saliências nem depressões que prejudiquem a circulação de pessoas ou a movimentação de materiais.

Art. 173 – As aberturas nos pisos e paredes serão protegidas de forma que impeçam a queda de pessoas ou de objetos.

Art. 174 – As paredes, escadas, rampas de acesso, passarelas, pisos, corredores, coberturas e passagens dos locais de trabalho deverão obedecer às condições de segurança e de higiene do trabalho estabelecidas pelo Ministério do Trabalho e manter-se em perfeito estado de conservação e limpeza.

COMENTÁRIOS (ARTS. 170 A 174)

A Norma Regulamentadora nº 2 do extinto Ministério do Trabalho prescrevia que "todo estabelecimento novo, antes de iniciar suas atividades, deverá solicitar aprovação de suas instalações ao órgão regional do MTb". Essa norma foi revogada pela Portaria Secretaria Especial de Previdência e Trabalho do Ministério da Economia nº. 915 de 30 de julho de 2019 que aprovou uma nova redação à NR nº. 1.

A norma regulamentadora foi originalmente editada pela Portaria MTb nº 3.214, de 08 de junho de 1978, sofrendo modificações ao longo dos anos pela: Portaria SIT nº 787, de 28 de novembro de 2018, a NR-02 estabelece os procedimentos referentes à inspeção prévia nas instalações de novos estabelecimentos; Portaria SSMT nº 06, de 09 de março de 1983; Portaria SSMT nº 35, de 28 de dezembro de 1983; Portaria SSMT nº 06/1983.

A Portaria SSMT nº 35/1983, estabeleceu a necessidade de inspeção prévia apenas aos estabelecimentos novos, que ainda não tivessem iniciado as suas atividades. Os estabelecimentos em funcionamento recebiam apenas as inspeções de rotina. Essa portaria permaneceu em vigor até 29 de julho de 2019, oportunidade em que foi substituída pela Portaria SEPRT nº 915, de 30 de julho de 2019, que revogou a NR-02.

SEÇÃO VII
DA ILUMINAÇÃO

Art. 175 – Em todos os locais de trabalho deverá haver iluminação adequada, natural ou artificial, apropriada à natureza da atividade.

§ 1º – A iluminação deverá ser uniformemente distribuída, geral e difusa, a fim de evitar ofuscamento, reflexos incômodos, sombras e contrastes excessivos.

§ 2º – O Ministério do Trabalho estabelecerá os níveis mínimos de iluminamento a serem observados.

---

dispensado caso o exame médico ocupacional mais recente tenha sido realizado há menos de cento e oitenta dias.

Art. 16. Durante o estado de calamidade pública a que se refere o art. 1º, fica suspensa a obrigatoriedade de realização de treinamentos periódicos e eventuais dos atuais empregados, previstos em normas regulamentadoras de segurança e saúde no trabalho. § 1º Os treinamentos de que trata o caput serão realizados no prazo de noventa dias, contado da data de encerramento do estado de calamidade pública. § 2º Durante o estado de calamidade pública a que se refere o art. 1º, os treinamentos de que trata o caput poderão ser realizados na modalidade de ensino a distância e caberá ao empregador observar os conteúdos práticos, de modo a garantir que as atividades sejam executadas com segurança.

Art. 17. As comissões internas de prevenção de acidentes poderão ser mantidas até o encerramento do estado de calamidade pública e os processos eleitorais em curso poderão ser suspensos.

[480] ATO DECLARATÓRIO DO PRESIDENTE DA MESA DO CONGRESSO NACIONAL Nº 92, DE 2020 – "O PRESIDENTE DA MESA DO CONGRESSO NACIONAL, nos termos do parágrafo único do art. 14 da Resolução nº 1, de 2002-CN, faz saber que a Medida Provisória nº 927, de 22 de março de 2020, que "Dispõe sobre as medidas trabalhistas para enfrentamento do estado de calamidade pública reconhecido pelo Decreto Legislativo nº 6, de 20 de março de 2020, e da emergência de saúde pública de importância internacional decorrente do coronavírus (covid-19), e dá outras providências", teve seu prazo de vigência encerrado no dia 19 de julho de 2020. Congresso Nacional, em 30 de julho de 2020. Senador DAVI ALCOLUMBRE. Presidente da Mesa do Congresso Nacional"

SEÇÃO VIII
DO CONFORTO TÉRMICO

Art. 176 – Os locais de trabalho deverão ter ventilação natural, compatível com o serviço realizado.

Parágrafo único – A ventilação artificial será obrigatória sempre que a natural não preencha as condições de conforto térmico.

Art. 177 – Se as condições de ambiente se tornarem desconfortáveis, em virtude de instalações geradoras de frio ou de calor, será obrigatório o uso de vestimenta adequada para o trabalho em tais condições ou de capelas, anteparos, paredes duplas, isolamento térmico e recursos similares, de forma que os empregados fiquem protegidos contra as radiações térmicas.

Art. 178 – As condições de conforto térmico dos locais de trabalho devem ser mantidas dentro dos limites fixados pelo Ministério do Trabalho.

COMENTÁRIOS (ARTS. 175 A 178)

A Norma Regulamentadora nº 17 do extinto Ministério do Trabalho, trata da ergonomia no meio ambiente de trabalho, estabelecendo parâmetros que permitam a adaptação das condições de trabalho às características psicofisiológicas – a relação entre os fenômenos psíquicos e fisiológicos – dos trabalhadores, propiciando conforto, segurança e um bom desempenho.

No item "17.5.2" preceitua que "nos locais de trabalho onde são executadas atividades que exijam solicitação intelectual e atenção constantes, tais como: salas de controle, laboratórios, escritórios, salas de desenvolvimento ou análise de projetos, dentre outros, são recomendadas as seguintes condições de conforto: a) níveis de ruído de acordo com o estabelecido na NBR 10152, norma brasileira registrada no INMETRO; b)índice de temperatura efetiva entre 20ºC (vinte) e 23ºC (vinte e três graus centígrados); c) velocidade do ar não superior a 0,75m/s; d)umidade relativa do ar não inferior a 40 (quarenta) por cento".

Além disso, exige que os locais de trabalho tenham iluminação adequada, natural ou artificial, apropriada à natureza da atividade. Deve ser uniforme, evitar ofuscamento, reflexos incômodos, sombras e contrastes excessivos.

SEÇÃO IX
DAS INSTALAÇÕES ELÉTRICAS

Art. 179 – O Ministério do Trabalho disporá sobre as condições de segurança e as medidas especiais a serem observadas relativamente a instalações elétricas, em qualquer das fases de produção, transmissão, distribuição ou consumo de energia.

Art. 180 – Somente profissional qualificado poderá instalar, operar, inspecionar ou reparar instalações elétricas.

Art. 181 – Os que trabalharem em serviços de eletricidade ou instalações elétricas devem estar familiarizados com os métodos de socorro a acidentados por choque elétrico.

COMENTÁRIOS (ARTS. 179 A 181)

A Norma Regulamentadora nº 10 do extinto Ministério do Trabalho, estabelece os requisitos e condições mínimas objetivando a implementação de medidas de controle e sistemas preventivos, de forma a garantir a segurança e a saúde dos trabalhadores que, direta ou indiretamente, interajam em instalações elétricas e serviços com eletricidade. De mais a mais, estabelece medidas de controle, de proteção coletiva e individual, segurança em projetos, na construção, montagem, operação e manutenção em instalações elétricas energizadas, trabalhos envolvendo alta tensão, sinalização, procedimentos de trabalho, entre outras medidas.

SEÇÃO X
DA MOVIMENTAÇÃO, ARMAZENAGEM E MANUSEIO DE MATERIAIS

Art. 182 – O Ministério do Trabalho estabelecerá normas sobre:

I – as precauções de segurança na movimentação de materiais nos locais de trabalho, os equipamentos a serem obrigatoriamente utilizados e as condições especiais a que estão sujeitas a operação e a manutenção desses equipamentos, inclusive exigências de pessoal habilitado;

II – as exigências similares relativas ao manuseio e à armazenagem de materiais, inclusive quanto às condições de segurança e higiene relativas aos recipientes e locais de armazenagem e os equipamentos de proteção individual;

III – a obrigatoriedade de indicação de carga máxima permitida nos equipamentos de transporte, dos avisos de proibição de fumar e de advertência quanto à natureza perigosa ou nociva à saúde das substâncias em movimentação ou em depósito, bem como das recomendações de primeiros socorros e de atendimento médico e símbolo de perigo, segundo padronização internacional, nos rótulos dos materiais ou substâncias armazenados ou transportados.

Parágrafo único – As disposições relativas ao transporte de materiais aplicam-se, também, no que couber, ao transporte de pessoas nos locais de trabalho.

Art. 183 – As pessoas que trabalharem na movimentação de materiais deverão estar familiarizados com os métodos raciocinais de levantamento de cargas.

COMENTÁRIOS (ARTS. 182 E 183)

A movimentação, armazenagem e manuseio de materiais são regulamentados pela Norma Regulamentadora nº 11 do extinto Ministério do Trabalho.

▸ SEÇÃO XI
DAS MÁQUINAS E EQUIPAMENTOS

Art. 184 – As máquinas e os equipamentos deverão ser dotados de dispositivos de partida e parada e outros que se fizerem necessários para a prevenção de acidentes do trabalho, especialmente quanto ao risco de acionamento acidental.

Parágrafo único – É proibida a fabricação, a importação, a venda, a locação e o uso de máquinas e equipamentos que não atendam ao disposto neste artigo.

Art. 185 – Os reparos, limpeza e ajustes somente poderão ser executados com as máquinas paradas, salvo se o movimento for indispensável à realização do ajuste.

Art. 186 – O Ministério do Trabalho estabelecerá normas adicionais sobre proteção e medidas de segurança na operação de máquinas e equipamentos, especialmente quanto à proteção das partes móveis, distância entre estas, vias de acesso às máquinas e equipamentos de grandes dimensões, emprego de ferramentas, sua adequação e medidas de proteção exigidas quando motorizadas ou elétricas.

COMENTÁRIOS (ARTS. 184 A 186)

O trabalho desenvolvido em máquinas e equipamentos é regulamentado pela Norma Regulamentadora nº 12 do extinto Ministério do Trabalho.

A referida norma define referências técnicas, princípios fundamentais e medidas de proteção para resguardar a saúde e a integridade física dos trabalhadores e estabelece requisitos mínimos para a prevenção de acidentes e doenças do trabalho nas fases de projeto e de utilização de máquinas e equipamentos, e ainda à sua fabricação, importação, comercialização, exposição e cessão a qualquer título, em todas as atividades econômicas.

▸ SEÇÃO XII
DAS CALDEIRAS, FORNOS E RECIPIENTES SOB PRESSÃO

Art. 187 – As caldeiras, equipamentos e recipientes em geral que operam sob pressão deverão dispor de válvula e outros dispositivos de segurança, que evitem seja ultrapassada a pressão interna de trabalho compatível com a sua resistência.

Parágrafo único – O Ministério do Trabalho expedirá normas complementares quanto à segurança das caldeiras, fornos e recipientes sob pressão, especialmente quanto ao revestimento interno, à localização, à ventilação dos locais e outros meios de eliminação de gases ou vapores prejudiciais à saúde, e demais instalações ou equipamentos necessários à execução segura das tarefas de cada empregado.

Art. 188 – As caldeiras serão periodicamente submetidas a inspeções de segurança, por engenheiro ou empresa especializada, inscritos no Ministério do Trabalho, de conformidade com as instruções que, para esse fim, forem expedidas.

§ 1º – Toda caldeira será acompanhada de "Prontuário", com documentação original do fabricante, abrangendo, no mínimo: especificação técnica, desenhos, detalhes, provas e testes realizados durante a fabricação e a montagem, características funcionais e a pressão máxima de trabalho permitida (PMTP), esta última indicada, em local visível, na própria caldeira.

§ 2º – O proprietário da caldeira deverá organizar, manter atualizado e apresentar, quando exigido pela autoridade competente, o Registro de Segurança, no qual serão anotadas, sistematicamente, as indicações das provas efetuadas, inspeções, reparos e quaisquer outras ocorrências.

§ 3º – Os projetos de instalação de caldeiras, fornos e recipientes sob pressão deverão ser submetidos à aprovação prévia do órgão regional competente em matéria de segurança do trabalho.

COMENTÁRIOS (ARTS. 187 E 188)

As Norma Regulamentadora nsº 13 e 14 do extinto Ministério do Trabalho estabelecem os requisitos mínimos para gestão da integridade estrutural de caldeiras a vapor, vasos de pressão, suas tubulações de interligação e tanques metálicos de armazenamento nos aspectos relacionados à instalação, inspeção, operação e manutenção, visando à segurança e à saúde dos trabalhadores, além de estabelecer a forma adequada de instalação dos fornos, a fim de que o calor radiante não ultrapasse os limites de tolerância estabelecidos pela Norma Regulamentadora –NR 15.

SEÇÃO XIII
DAS ATIVIDADES INSALUBRES OU PERIGOSAS

Art. 189 – Serão consideradas atividades ou operações insalubres aquelas que, por sua natureza, condições ou métodos de trabalho, exponham os empregados a agentes nocivos à saúde, acima dos limites de tolerância fixados em razão da natureza e da intensidade do agente e do tempo de exposição aos seus efeitos.

Art. 190 – O Ministério do Trabalho aprovará o quadro das atividades e operações insalubres e adotará normas sobre os critérios de caracterização da insalubridade, os limites de tolerância aos agentes agressivos, meios de proteção e o tempo máximo de exposição do empregado a esses agentes.

Parágrafo único – As normas referidas neste artigo incluirão medidas de proteção do organismo do trabalhador nas operações que produzem aerodispersóides tóxicos, irritantes, alérgicos ou incômodos.

COMENTÁRIOS (ARTS. 189 E 190)

A Constituição Federal, em seu artigo art. 7º, XXIII prevê que "São direitos dos trabalhadores urbanos e rurais, além de outros que visem à melhoria de sua condição social o adicional de remuneração para as atividades penosas, insalubres ou perigosas, na forma da lei".

A atividade insalubre é aquela que exponha à saúde do trabalhador a um determinado agente nocivo, acima dos limites de tolerância, gerando um risco à saúde do trabalhador, como o surgimento ou desenvolvimento de doenças (Art. 189 da CLT).

De acordo com o entendimento fixado pelo TST na Súmula 448, não basta a constatação da insalubridade por meio de perícia para que o empregado tenha direito ao adicional de insalubridade, sendo necessária a classificação da atividade insalubre na relação oficial elaborada pelo Ministério do Trabalho.

A regulamentação das atividades ou operações insalubres compete, atualmente, à Secretaria Especial de Previdência e Trabalho do Ministério da Economia. Estão regulamentadas na Norma Regulamentadora nº 15 da SEPRT. Acerca do tema, o Supremo Tribunal Federal fixou o entendimento de que cabe ao referido órgão a competência para especificar as atividades insalubres (Súmula 194 do STF).

O exercício de atividade a céu aberto com exposição ao sol (radiação solar) não enseja o pagamento de adicional de insalubridade ao trabalhador, considerando a ausência de previsão legal. Contudo, o adicional será devido ao trabalhador que exerce atividade exposto ao calor acima dos limites de tolerância, inclusive em ambiente externo com carga solar, nas condições previstas no Anexo 3 da NR 15 da Portaria n. 3.214/78 do TEM (0J nº 173 da SDI-1 do TST).

O empregado menor de idade é proibido de exercer o trabalho noturno, perigoso ou insalubre (art. 7º, XXXIII, CF e art. 401, I, da CLT).

Para a caracterização do trabalho insalubre ou perigoso é necessária a realização de perícia por médico ou engenheiro do trabalho – sendo irrelevante se o perito é o médico e o engenheiro –, na forma do art. 195 e OJ 165 da SDI do TST.

A rigor, a perícia é obrigatória, sendo dispensada nas hipóteses previstas em lei ou caso haja o reconhecimento espontâneo do empregador (Súmula 453 do TST).

Art. 191 – A eliminação ou a neutralização da insalubridade ocorrerá:

I – com a adoção de medidas que conservem o ambiente de trabalho dentro dos limites de tolerância;

II – com a utilização de equipamentos de proteção individual ao trabalhador, que diminuam a intensidade do agente agressivo a limites de tolerância.

Parágrafo único – Caberá às Delegacias Regionais do Trabalho, comprovada a insalubridade, notificar as empresas, estipulando prazos para sua eliminação ou neutralização, na forma deste artigo.

Art. 192 – O exercício de trabalho em condições insalubres, acima dos limites de tolerância estabelecidos pelo Ministério do Trabalho, assegura a percepção de adicional respectivamente de 40% (quarenta por cento), 20% (vinte por cento) e 10% (dez por cento) do salário-mínimo da região, segundo se classifiquem nos graus máximo, médio e mínimo.

COMENTÁRIOS (ARTS. 191 E 192)

Na hipótese de fornecimento de equipamento de proteção individual (EPI) capaz de eliminar ou reduzir a nocividade do agente insalubre, o empregado não terá direito ao adicional de insalubridade, conforme determina a Súmula n° 80 do TST.

Em conformidade com a Súmula n° 289 do TST, o simples fornecimento do aparelho de proteção pelo empregador não o exime do pagamento do adicional de insalubridade. São necessárias a adoção de todas as medidas que levem à diminuição ou eliminação da nocividade, entre as quais as relativas ao uso efetivo do equipamento pelo empregado.

Se o empregador não fornecer equipamento de proteção individual ao empregado, oportuniza a possibilidade de rescisão indireta do contrato de trabalho, isso porque o cumprimento das normas de saúde e segurança do trabalho é dever do empregado no contrato de trabalho. De outro lado, a recusa injustificada pelo empregado consubstancia ato faltoso, apto a ensejar a dispensa por justa causa.

O adicional de insalubridade é devido de acordo com o grau de exposição do empregado ao agente nocivo: 10%, se exposto a agente insalubre com agressividade em grau mínimo; 20%, se exposto a agente insalubre com agressividade em grau médio; 40%, se exposto a agente insalubre com agressividade em grau máximo.

Preceitua o art. 192 da CLT que o adicional de insalubridade é calculado com base no salário mínimo.

Com a edição da súmula Vinculante nº 4 do STF, estabelecendo a impossibilidade de utilização do salário mínimo como base de cálculo de vantagens do servidor público ou empregado, o TST passou a entender que a base de cálculo do adicional de insalubridade deveria ser o salário-base do trabalhador e não o salário mínimo, tal como ocorre com o adicional de periculosidade (art. 193, §1º, da CLT) ou de acordo com critério mais vantajoso previsto em norma coletiva, nos termos da Súmula 228 do TST.

O Supremo Tribunal Federal, em 2018, cassou parte da Súmula 228 do TST que estipulava o salário básico do trabalhador como base de cálculo do adicional de insalubridade, ao julgar a Reclamação nº 6275, tornando definitiva a exclusão do verbete que já havia sido suspenso em 2018 em decorrência de medida liminar concedida pelo Ministro Gilmar Mendes na Reclamação nº 6. Segundo o Relator, Ministro Ricardo Lewandowski, na decisão que deu origem à súmula Vinculante nº. 4, o STF entendeu que adicional de insalubridade deve continuar sendo calculado com base no salário mínimo, enquanto não superada a inconstitucionalidade por meio de lei ou convenção coletiva, de forma que a Sumula 228 do TST estaria em desacordo com o entendimento firmado pelo STF. Por esta razão, julgou procedente a reclamação para cassar a referida súmula na parte em que estipulou o salário básico do trabalhador como base de cálculo do adicional de insalubridade devido.

A esse respeito, a Reforma Trabalhista (Lei 13.467/2017) autoriza o enquadramento do grau de insalubridade através de instrumento de negociação coletiva (art. 611-A da CLT), permitindo, assim, a estipulação de graus diversos daqueles previstos em lei.

Henrique Correia entende que "a mudança legislativa é prejudicial aos trabalhadores, pois abre a possibilidade de um tema tão delicado como trabalho em ambientes insalubres ser regulamentado por sindicato e empresa".[481]

Art. 193. São consideradas atividades ou operações perigosas, na forma da regulamentação aprovada pelo Ministério do Trabalho e Emprego, aquelas que, por sua natureza ou métodos de trabalho, impliquem risco acentuado em virtude de exposição permanente do trabalhador a:

I – inflamáveis, explosivos ou energia elétrica;

II – roubos ou outras espécies de violência física nas atividades profissionais de segurança pessoal ou patrimonial.

§ 1º – O trabalho em condições de periculosidade assegura ao empregado um adicional de 30% (trinta por cento) sobre o salário sem os acréscimos resultantes de gratificações, prêmios ou participações nos lucros da empresa.

§ 2º – O empregado poderá optar pelo adicional de insalubridade que porventura lhe seja devido.

§ 3º Serão descontados ou compensados do adicional outros da mesma natureza eventualmente já concedidos ao vigilante por meio de acordo coletivo.

§ 4º São também consideradas perigosas as atividades de trabalhador em motocicleta.

COMENTÁRIOS (ART. 193)

De acordo com o art. 193 da CLT "São consideradas atividades ou operações perigosas, na forma da regulamentação aprovada pelo Ministério do Trabalho e Emprego, aquelas que, por sua natureza ou métodos de trabalho, impliquem risco acentuado em virtude de exposição permanente do trabalhador a": (a) inflamáveis, explosivos ou energia elétrica; (b) roubos ou outras espécies de violência física nas atividades profissionais de segurança pessoal ou patrimonial (c) as atividades de trabalhador em motocicleta.

O exercício de atividade ou operação perigosa gera o direito ao trabalhador de receber um adicional de 30% sobre o salário contratual, sem os acréscimos resultantes de gratificações, prêmios ou participação nos lucros ou resultados (art. 193, § 1º, da CLT e art. 7º, XXIII, CF). O adicional de periculosidade incide apenas sobre o salário básico, exceto o adicional devido aos eletricitários que deve ser realizado considerando todas as parcelas de natureza salarial (Súmula 191 do TST)

A OJ da 385 SDI-1 do TST preceitua que "É devido o pagamento de adicional de periculosidade ao empregado que desenvolve suas atividades em edifício

[481] CORREIA, Henrique. Curso de Direito do Trabalho – 4ª Ed – Salvador: Juspodivm, 2018, p. 1058.

(construção vertical), seja em pavimento igual ou distinto daquele onde estão instalados tanques para armazenamento de líquido inflamável, em quantidade acima do limite legal, considerando -se como área de risco toda a área interna da construção vertical".

A jurisprudência consolidada também reconhece o adicional de periculosidade aos profissionais que operam bombas de gasolina (Súmula 39, TST), na forma da Lei n. 2.573, de 15.08.1955. A permanência a bordo durante o abastecimento de aeronave, entretanto, não confere o direito ao adicional de periculosidade (Súmula 447 do TST).

O anexo 3 da NR 16 estabelece que, no item 2 e 3, aduz que:

> *2. São considerados profissionais de segurança pessoal ou patrimonial os trabalhadores que atendam a uma das seguintes condições: a) empregados das empresas prestadoras de serviço nas atividades de segurança privada ou que integrem serviço orgânico de segurança privada, devidamente registradas e autorizadas pelo Ministério da Justiça, conforme lei 7102/1983 e suas alterações posteriores. b) empregados que exercem a atividade de segurança patrimonial ou pessoal em instalações metroviárias, ferroviárias, portuárias, rodoviárias, aeroportuárias e de bens públicos, contratados diretamente pela administração pública direta ou indireta.*
>
> *3. As atividades ou operações que expõem os empregados a roubos ou outras espécies de violência física, desde que atendida uma das condições do item 2, são as constantes do quadro abaixo: vigilância patrimonial, segurança de eventos, segurança nos transportes coletivos, segurança ambiental e florestal, transporte de valores, escolta armada, segurança pessoal, supervisão ou fiscalização operacional, telemonitoramento ou telecontrole."*

O anexo 5 da NR 16 esclarece algumas circunstâncias que não serão consideradas atividade perigosa, mesmo que o trabalhador utilize motocicleta ou motoneta. Vejamos:

> *"2. Não são consideradas perigosas, para efeito deste anexo: a) a utilização de motocicleta ou motoneta exclusivamente no percurso da residência para o local de trabalho ou deste para aquela; b) as atividades em veículos que não necessitem de emplacamento ou que não exijam carteira nacional de habilitação para conduzi-los; c) as atividades em motocicleta ou motoneta em locais privados. d) as atividades com uso de motocicleta ou motoneta de forma eventual, assim considerado o fortuito, ou o que, sendo habitual, dá-se por tempo extremamente reduzido".*

Recentemente a Terceira Turma do Tribunal Superior do Trabalho reconheceu o direito ao adicional de periculosidade de um promotor de vendas que fazia uso de motocicleta para se deslocar entre os locais de divulgação do produto, considerando a exposição a risco habitual. Vejamos:

- "[...] III – RECURSO DE REVISTA. RITO SUMARÍSSIMO. ADICIONAL DE PERICULOSIDADE. PROMOTOR DE VENDAS. USO DE MOTOCICLETA. Nos termos do item I da Súmula 364 do TST, tem direito ao adicional de periculosidade o empregado exposto permanentemente ou que, de forma intermitente, se sujeita a condições de risco. É indevido, apenas, quando o contato dá-se de forma eventual, assim considerado o fortuito, ou o que, sendo habitual, dá-se por tempo extremamente reduzido. No caso em tela, consta da sentença, transcrita no acórdão, que o autor, na função de promotor de vendas, utilizava a motocicleta nos deslocamentos realizados entre os supermercados, "o que perfazia cerca de 10% da jornada". Diante desse contexto, conclui-se que está caracterizada a exposição habitual ao risco, visto que 10% da jornada de trabalho é tempo suficiente a afastar o conceito de eventualidade e de tempo extremamente reduzido. Assim, a decisão do Regional, que não reconheceu o direito do autor ao recebimento do adicional de periculosidade pelo uso de motocicleta, está em desconformidade com a Súmula 364, I, do TST. Recurso de revista conhecido por contrariedade à Súmula 364, I, do TST e provido". **(TST – 3ª Turma – RR – 11098-69.2017.5.03.0036 Relator: Ministro Alexandre de Souza Agra Belmonte, Publicado acórdão em 08/05/2020)**

O Ministério do Trabalho e Previdência (recriado pela MP n. 1.058/21, convertida na Lei 14.261/2021) expediu as Portarias n. 3.393, de 17.12.1987, e 518, de 07.04.2003, para reconhecer como atividade ou operação perigosa a exposição à radiação ionizante ou substancia radioativa. Essa portaria foi objeto de questionamento, a despeito da inexistência de exigência legal para o enquadramento desta atividade como perigosa.

Todavia, o Tribunal Superior do Trabalho pacificou o entendimento de que *"A exposição do empregado à radiação ionizante ou à substância radioativa enseja a percepção do adicional de periculosidade, pois a regulamentação ministerial (Portarias do Ministério do Trabalho n. 3.393, de 17.12.1987, e 518, de 07.04.2003), ao reputar perigosa a atividade, reveste -se de plena eficácia, porquanto expedida por força de delegação legislativa contida no art. 200, caput, e inciso VI, da CLT. No período de 12.12.2002 a 06.04.2003, enquanto vigeu a Portaria n. 496 do Ministério do Trabalho, o empregado faz jus ao adicional de insalubridade" (OJ 345 da SDI -1 do TST).*

Ainda, cabe ressaltar que a doutrina diverge quanto à possibilidade ou não de cumulação dos adicionais de insalubridade e periculosidade. Prevalece o entendimento da impossibilidade de cumulação dos referidos adicionais, considerando que o art. 193, §2º, da CLT, impõe ao empregado o dever de escolha entre o adicional de insalubridade ou o de periculosidade que porventura lhe seja devido. Acrescentam que a opção por um, implica na renúncia ao recebimento do outro.

Art. 194 – O direito do empregado ao adicional de insalubridade ou de periculosidade cessará com a eliminação do risco à sua saúde ou integridade física, nos termos desta Seção e das normas expedidas pelo Ministério do Trabalho.

COMENTÁRIOS (ART. 194)

A doutrina indica que o adicional de insalubridade são parcelas devidas em decorrência do exercício das atividades em certas circunstâncias subjetivas ou objetivas durante o contrato de trabalho[482]. Eliminadas essas condições, a parcela deixa de ser devida ao empregado.

De acordo com os ensinamentos de Mauricio Godinho Delgado, o salário condição é *"conjunto de parcelas salariais pagas ao empregado em virtude do exercício contratual em circunstâncias específicas, cuja permanência seja incerta ao longo do contrato. [...] podendo, desse modo, ser, a princípio, suprimidas caso desaparecida a circunstância ou o fato que determinava seu pagamento. É o que se passa, por exemplo, com os adicionais de insalubridade e periculosidade (art. 194, CLT, e Súmulas 80 e 248, TST), com o adicional noturno (Súmulas 60 e 265, TST), com a parcela de horas extras e respectivo adicional (Súmula 291, produzindo "revisão" do antigo Enunciado 76, TST), e também com o adicional de transferência (art. 469, § 3º, CLT; OJ 113, SDI-I/TST)"*.

A alteração na estrutura da empresa, métodos e formas de execução da atividade ou operação que eliminar a exposição ao agente prejudicial à saúde ou que não exponha o trabalhador à risco, leva ao desaparecimento do direito ao respectivo adicional.

Nesse sentido tem se posicionado os Tribunais. Vejamos:

- AÇÃO REVISIONAL. ADICIONAL DE PERICULOSIDADE. Demonstrado que a trabalhadora deixou de laborar em condições perigosas, dá-se provimento à presente ação revisional para determinar a cessação do pagamento do adicional de periculosidade nos termos do art. 194 da CLT. O direito ao adicional em questão, contudo, resta extinto a partir de 08.05.2015, data do início da portaria do 585/2015 do TEM. Recurso Ordinário do autor parcialmente provido. (TRT-4 ROT: 0021325.2020185040016, Data de Julgamento 23/02/2021, 11ª Turma)
- ADICIONAL DE INSALUBRIDADE. PROVA PERICIAL. NÃO CABIMENTO. Comprovado o fornecimento, uso ou troca periódica de EPIs que neutralizem a insalubridade na execução dos serviços, indevido o pagamento do pagamento do respectivo adicional. Incidência do artigo 194 da CLT. (TRT-15 ROT: 00109313720165150009001093137.2016.5.15.0009, Relator Luiz Antonio Lazarim, 9ª Câmara, Data de Publicação: 29/10/2020).
- ADICIONAL DE INSALUBRIDADE. FORNECIMENTO CORRETO DOS EPIS. NEUTRALIZAÇÃO. PAGAMENTO INDEVIDO. O uso adequado dos equipamentos de proteção individual coíbe a condenação do empregado ao pagamento do adicional de insalubridade, ainda que o trabalhador se exponha a agentes insalubres, a teor do disposto nos artigos 191, II e 194 da CLT. Sentença mantida . [...] (TRT-2, 10006248720195020421, Relatora Rosa Maria Villa, 2ª Turma, cadeira 2, Data de Publicação: 31/08/2020)

Com efeito, o pagamento do adicional de insalubridade ou periculosidade está condicionado à efetiva exposição ao agente ou operação insalubre ou perigosa, de forma que a neutralização dos agentes implicará na supressão de tal verba. Nesse sentido a Súmula nº 80 do TST.

Art. 195 – A caracterização e a classificação da insalubridade e da periculosidade, segundo as normas do Ministério do Trabalho, far-se-ão através de perícia a cargo de Médico do Trabalho ou Engenheiro do Trabalho, registrados no Ministério do Trabalho.

§ 1º – É facultado às empresas e aos sindicatos das categorias profissionais interessadas requererem ao Ministério do Trabalho a realização de perícia em estabelecimento ou setor deste, com o objetivo de caracterizar e classificar ou delimitar as atividades insalubres ou perigosas.

§ 2º – Arguida em juízo insalubridade ou periculosidade, seja por empregado, seja por Sindicato em favor de grupo de associado, o juiz designará perito habilitado na forma deste artigo, e, onde não houver, requisitará perícia ao órgão competente do Ministério do Trabalho.

§ 3º – O disposto nos parágrafos anteriores não prejudica a ação fiscalizadora do Ministério do Trabalho, nem a realização ex officio da perícia.

COMENTÁRIOS (ART. 195)

Para a caracterização do trabalho insalubre ou perigoso é necessária a realização de perícia por médico ou engenheiro do trabalho – sendo irrelevante se o perito é o médico e o engenheiro –, na forma do art. 195 e OJ 165 da SDI do TST.

[482] DELGADO, 2019. p.920.

A rigor, a perícia é obrigatória, sendo dispensada nas hipóteses previstas em lei ou caso haja o reconhecimento espontâneo do empregador (Súmula 453 do TST). Vejamos as ementas abaixo:

- RECURSO ORDINÁRIO. ADICIONAL DE INSALUBRIDADE. LAUDO PERICIAL. É certo que o juiz não esta adstrito ao laudo pericial, nos termos do art. 479 do CPC. Todavia, conforme o mesmo dispositivo legal, a decisão contrária à manifestação técnica do perito terá lugar se existirem nos autos outros elementos e fatos provados que fundamentem tal entendimento, sem os quais se deve prestigiar o conteúdo da prova técnica produzida, por aplicação do art. 195 da CLT (TRT-3, RO 00102671220205030102 MG, Relator Leonardo Passos Ferreira, Data de Julgamento 10/02/2021, Décima Turma)
- RECURSO ORDINÁRIO DA RECLAMADA. ADICIONAL DE INSALUBRIDADE. É certo que o juiz não está adstrito ao laudo pericial para deferimento ou não do adicional de insalubridade, nos termos do art. 479 do CPC, podendo formar seu convencimento com base em outras provas existentes nos autos. Contudo, a caracterização da insalubridade é matéria afeta à prova técnica, a teor do art. 195 da CLT, pelo que, inexistindo outros elementos capazes de levar a entendimento diverso, deve prevalecer a conclusão ali vertida quanto à existência ou não da insalubridade. Apelo não provido, no ponto. (TRT-6, RO 00008108820165060141, Relatora Nise Pedroso Lins de Sousa, Data de Julgamento: 03/02/2021, Quarta Turma)

No que se refere à possibilidade ou não de cumulação dos adicionais de insalubridade e periculosidade, há divergência doutrinária e jurisprudencial. Para a doutrina e jurisprudência majoritária não é possível a cumulação dos adicionais de insalubridade e periculosidade, pois a lei impõe o dever de escolha daquele que lhe convir (art. 193, §2º, da CLT). A opção por um implica na renúncia ao recebimento do outro.

Esse tema foi objeto de julgamento pelo Tribunal Superior do Trabalho, no Tema Repetitivo nº 17, que definiu pela impossibilidade de cumulação dos adicionais, ainda que decorrentes de fatos geradores autônomos e distintos. Percorramos:

- "RECURSO DE EMBARGOS REGIDO PELA LEI 13. 015/2014. ADICIONAL DE INSALUBRIDADE E PERICULOSIDADE. DISCUSSÃO SOBRE O DIREITO À CUMULAÇÃO DOS ADICIONAIS. Cinge-se a controvérsia sobre a possibilidade de recebimento cumulado dos adicionais de periculosidade e insalubridade. Esta matéria foi decidida em julgamento de incidente de recurso repetitivo TST-IRR-239-55.2011.5.02.0319, Redator Ministro Alberto Luiz Bresciani de Fontan Pereira, sob a tese jurídica de que o " **art. 193, § 2º, da CLT foi recepcionado pela Constituição Federal e veda a cumulação dos adicionais de insalubridade e de periculosidade, ainda que decorrentes de fatos geradores distintos e autônomos ." (Tema Repetitivo nº 17).** Em observância à regra prevista no art. 927 do CPC, julga-se improcedente o pedido de percepção simultânea dos adicionais de insalubridade e periculosidade, assegurando ao autor a opção, na fase de liquidação, por um dos citados adicionais deferidos em sentença. Recurso de embargos conhecido e provido" (E-ED-RR-776-12.2011.5.04.0411, Subseção I Especializada em Dissídios Individuais, Relator Ministro Augusto Cesar Leite de Carvalho, DEJT 12/02/2021)
- "[...]ADICIONAIS DE PERICULOSIDADE E DE INSALUBRIDADE. CUMULAÇÃO. FATOS GERADORES DISTINTOS. IMPOSSIBILIDADE. A controvérsia reside na possibilidade de cumulação dos adicionais de insalubridade e de periculosidade, em face de agentes distintos. **A matéria foi pacificada pela SBDI-1, por meio do julgamento do IRR – 239-55.2011.5.02.0319, Redator Ministro: Alberto Luiz Bresciani de Fontan Pereira, DEJT 15/05/2020, na qual fixou o entendimento de que "O art. 193, § 2º, da CLT foi recepcionado pela Constituição Federal e veda a cumulação dos adicionais de insalubridade e de periculosidade, ainda que decorrentes de fatos geradores distintos e autônomos" .** Desse modo, é indevida a cumulação dos adicionais de insalubridade e de periculosidade, ainda que advindos de fatos geradores distintos. No caso dos autos, a Corte a quo, instância soberana na análise da prova, assentou que, conquanto exposto a mais de um agente causador de insalubridade e/ou periculosidade, a percepção de adicional de periculosidade mostra-se mais vantajosa ao autor, dada a condenação da reclamada ao pagamento de adicional de insalubridade em grau médio (20%), calculado sobre o salário mínimo. Dessa forma, **ao estatuir que não se viabiliza a percepção cumulada dos adicionais de insalubridade e periculosidade, a decisão do regional revela sintonia com o decidido no referido IRR.** Recurso de revista não conhecido. [...] (RR-2307-43.2014.5.09.0071, 3ª Turma, Relator Ministro Alexandre de Souza Agra Belmonte, DEJT 05/02/2021).

Art. 196 – Os efeitos pecuniários decorrentes do trabalho em condições de insalubridade ou periculosidade serão devidos a contar da data da inclusão da respectiva atividade nos quadros aprovados pelo Ministro do Trabalho, respeitadas as normas do artigo 11.

Art. 197 – Os materiais e substâncias empregados, manipulados ou transportados nos locais de trabalho, quando perigosos ou nocivos à saúde, devem conter, no rótulo, sua composição, recomendações de socorro imediato e o símbolo de perigo correspondente, segundo a padronização internacional.

Parágrafo único – Os estabelecimentos que mantenham as atividades previstas neste artigo afixarão, nos setores de trabalho atingidas, avisos ou cartazes, com advertência quanto aos materiais e substâncias perigosos ou nocivos à saúde.

COMENTÁRIOS (ARTS. 196 E 197)

O artigo 196 da CLT reforça a importância das Normas Regulamentadoras para a concessão dos adicionais de insalubridade e periculosidade, na forma do entendimento já pacificado pela jurisprudência. É válido lembrar que a Súmula 460 do STF determina que para efeito do adicional de insalubridade, a perícia judicial, em reclamação trabalhista, não dispensa o enquadramento da atividade entre as insalubres, que é ato da competência do Ministro do Trabalho e Previdência Social.

Os materiais manuseados e o ambiente de trabalho, quando oferecer algum risco à saúde ou a segurança do trabalhador, devem estar devidamente sinalizados, a fim de indicar e advertir acerca dos riscos decorrentes do manuseio ou transporte daquele material. A NR 26 do extinto Ministério do Trabalho, por exemplo, regulamenta a sinalização de segurança no ambiente de trabalho e a rotulagem preventiva e ficha com dados de segurança em produtos químicos. Indica que a rotulagem preventiva é um conjunto de elementos com informações escritas, impressas ou gráficas, relativas a um produto, que deve ser afixada, impressa ou anexada à embalagem que contém o produto. Deve conter os seguintes elementos: a) identificação e composição do produto; b) pictograma(s) de perigo; c) palavra de advertência; d) frase(s) de perigo; e) frase(s) de precaução; f) informações suplementares.

Ainda, indicam que os trabalhadores devem receber treinamento para compreender a rotulagem preventiva e a ficha com dados de segurança do produto e sobre os perigos, riscos, medidas preventivas para o uso seguro e procedimentos para atuação em situações de emergência com o produto químico.

SEÇÃO XIV
DA PREVENÇÃO DA FADIGA

Art. 198 – É de 60 kg (sessenta quilogramas) o peso máximo que um empregado pode remover individualmente, ressalvadas as disposições especiais relativas ao trabalho do menor e da mulher.

Parágrafo único – Não está compreendida na proibição deste artigo a remoção de material feita por impulsão ou tração de vagonetes sobre trilhos, carros de mão ou quaisquer outros aparelhos mecânicos, podendo o Ministério do Trabalho, em tais casos, fixar limites diversos, que evitem sejam exigidos do empregado serviços superiores às suas forças.

Art. 199 – Será obrigatória a colocação de assentos que assegurem postura correta ao trabalhador, capazes de evitar posições incômodas ou forçadas, sempre que a execução da tarefa exija que trabalhe sentado.

Parágrafo único – Quando o trabalho deva ser executado de pé, os empregados terão à sua disposição assentos para serem utilizados nas pausas que o serviço permitir.

COMENTÁRIOS (ARTS. 198 E 199)

As disposições ora analisadas dizem respeito às normas de ergonomia, conforme NR 17 do extinto Ministério do Trabalho. As condições de trabalho incluem aspectos relacionados ao levantamento, transporte e descarga de materiais, ao mobiliário, aos equipamentos e às condições ambientais do posto de trabalho e à própria organização do trabalho.

Transporte manual de cargas designa todo transporte no qual o peso da carga é suportado inteiramente por um só trabalhador, compreendendo o levantamento e a deposição da carga.

Quando mulheres e trabalhadores jovens forem designados para o transporte manual de cargas, o peso máximo destas cargas deverá ser nitidamente inferior àquele admitido para os homens, para não comprometer a sua saúde ou a sua segurança. O transporte e a descarga de materiais feitos por impulsão ou tração de vagonetes sobre trilhos, carros de mão ou qualquer outro aparelho mecânico deverão ser executados de forma que o esforço físico realizado pelo trabalhador seja compatível com sua capacidade de força e não comprometa a sua saúde ou a sua segurança.

Além disso, como medida de ergonomia, deverão ser oferecidos assentos adequados, para o desenvolvimento de atividades em que o empregado permanece sentado ou em pé, evitando, assim, o surgimento de doenças ocupacionais.

SEÇÃO XV
DAS OUTRAS MEDIDAS ESPECIAIS DE PROTEÇÃO

Art. 200 – Cabe ao Ministério do Trabalho estabelecer disposições complementares às normas de que trata este Capítulo, tendo em vista as peculiaridades de cada atividade ou setor de trabalho, especialmente sobre:

I – medidas de prevenção de acidentes e os equipamentos de proteção individual em obras de construção, demolição ou reparos;

II – depósitos, armazenagem e manuseio de combustíveis, inflamáveis e explosivos, bem como trânsito e permanência nas áreas respectivas;

III – trabalho em escavações, túneis, galerias, minas e pedreiras, sobretudo quanto à prevenção de explosões, incêndios, desmoronamentos e soterramentos, eliminação de poeiras, gases, etc. e facilidades de rápida saída dos empregados;

IV – proteção contra incêndio em geral e as medidas preventivas adequadas, com exigências ao especial revestimento de portas e paredes, construção de paredes contra-fogo, diques e outros anteparos, assim como garantia geral de fácil circulação, corredores de acesso e saídas amplas e protegidas, com suficiente sinalização;

V – proteção contra insolação, calor, frio, umidade e ventos, sobretudo no trabalho a céu aberto, com provisão, quanto a este, de água potável, alojamento profilaxia de endemias;

VI – proteção do trabalhador exposto a substâncias químicas nocivas, radiações ionizantes e não ionizantes, ruídos, vibrações e trepidações ou pressões anormais ao ambiente de trabalho, com especificação das medidas cabíveis para eliminação ou atenuação desses efeitos limites máximos quanto ao tempo de exposição, à intensidade da ação ou de seus efeitos sobre o organismo do trabalhador, exames médicos obrigatórios, limites de idade controle permanente dos locais de trabalho e das demais exigências que se façam necessárias;

VII – higiene nos locais de trabalho, com discriminação das exigências, instalações sanitárias, com separação de sexos, chuveiros, lavatórios, vestiários e armários individuais, refeitórios ou condições de conforto por ocasião das refeições, fornecimento de água potável, condições de limpeza dos locais de trabalho e modo de sua execução, tratamento de resíduos industriais;

VIII – emprego das cores nos locais de trabalho, inclusive nas sinalizações de perigo.

Parágrafo único – Tratando-se de radiações ionizantes e explosivos, as normas a que se referem este artigo serão expedidas de acordo com as resoluções a respeito adotadas pelo órgão técnico.

COMENTÁRIOS (ART. 200)

Além das medidas indicadas ao longo do Capítulo V, o presente dispositivo indica a existência de outras normas de segurança e medicina do trabalho que devem ser adotadas pelos empregadores, regulamentada e fiscalizada pela Autoridade Administrativa, a fim de proporcionar um meio ambiente de trabalho hígido, que respeite a saúde e segurança do trabalhador evitando o aparecimento de doenças ocupacionais ou exponha o empregado ao risco de acidente de trabalho, assegurando, desta forma, o direito à saúde (art. 6º), a redução dos riscos inerentes ao trabalho, por meio de normas de saúde, higiene e segurança (art. 7º, XXII) e mantendo *meio ambiente do trabalho equilibrado*(art. 225, V, da Constituição Federal).

As Normas Regulamentadoras da Secretaria Especial de Previdência e Trabalho do Ministério da Economia (atual responsável pelas atribuições do extinto Ministério do Trabalho) são medidas complementares ao capítulo em estudo. Tais normas são elaboradas e revisadas pela Comissão Tripartite Paritária Permanente – composta de representantes do governo, de empregadores e de trabalhadores – na forma prevista pela Organização Internacional do Trabalho (OIT).

As Normas Regulamentadora vigentes atualmente são:

- NR-1 – DISPOSIÇÕES GERAIS
- NR-2 – INSPEÇÃO PRÉVIA (Revogada pela Portaria nº 915 de 30 de julho de 2019 da Secretaria Especial de Previdência e Trabalho do Ministério da Economia)
- NR-3 – EMBARGO OU INTERDIÇÃO
- NR-4 – SERVIÇOS ESPECIALIZADOS EM ENGENHARIA DE SEGURANÇA E EM MEDICINA DO TRABALHO
- NR-5 – COMISSÃO INTERNA DE PREVENÇÃO DE ACIDENTES
- NR-6 – EQUIPAMENTO DE PROTEÇÃO INDIVIDUAL – EPI
- NR-7 – PROGRAMA DE CONTROLE MÉDICO DE SAÚDE OCUPACIONAL
- NR-8 – EDIFICAÇÕES
- NR-9 – PROGRAMA DE PREVENÇÃO DE RISCOS AMBIENTAIS
- NR-10 – SEGURANÇA EM INSTALAÇÕES E SERVIÇOS EM ELETRICIDADE
- NR-11 – TRANSPORTE, MOVIMENTAÇÃO, ARMAZENAGEM E MANUSEIO DE MATERIAIS
- NR-12 – SEGURANÇA NO TRABALHO EM MÁQUINAS E EQUIPAMENTOS
- NR-13 – CALDEIRAS, VASOS DE PRESSÃO E TUBULAÇÕES E TANQUES METÁLICOS DE ARMAZENAMENTO

- NR-14 – FORNOS
- NR-15 – ATIVIDADES E OPERAÇÕES INSALUBRES
- NR-16 – ATIVIDADES E OPERAÇÕES PERIGOSAS
- NR-17 – ERGONOMIA
- NR-18 – CONDIÇÕES E MEIO AMBIENTE DE TRABALHO NA INDÚSTRIA DA CONSTRUÇÃO
- NR-19 – EXPLOSIVOS
- NR-20 – SEGURANÇA E SAÚDE NO TRABALHO COM INFLAMÁVEIS E COMBUSTÍVEIS
- NR-21 – TRABALHOS A CÉU ABERTO
- NR-22 – SEGURANÇA E SAÚDE OCUPACIONAL NA MINERAÇÃO
- NR-23 – PROTEÇÃO CONTRA INCÊNDIOS
- NR-24 – CONDIÇÕES SANITÁRIAS E DE CONFORTO NOS LOCAIS DE TRABALHO
- NR-25 – RESÍDUOS INDUSTRIAIS
- NR-26 – SINALIZAÇÃO DE SEGURANÇA
- NR-27 – REGISTRO PROFISSIONAL DO TÉCNICO DE SEGURANÇA DO TRABALHO (REVOGADA)
- NR-28 – FISCALIZAÇÃO E PENALIDADES
- NR-29 – NORMA REGULAMENTADORA DE SEGURANÇA E SAÚDE NO TRABALHO PORTUÁRIO
- NR-30 – SEGURANÇA E SAÚDE NO TRABALHO AQUAVIÁRIO
- NR-31 – SEGURANÇA E SAÚDE NO TRABALHO NA AGRICULTURA, PECUÁRIA SILVICULTURA, EXPLORAÇÃO FLORESTAL E AQUICULTURA
- NR-32 – SEGURANÇA E SAÚDE NO TRABALHO EM SERVIÇOS DE SAÚDE
- NR-33 – SEGURANÇA E SAÚDE NOS TRABALHOS EM ESPAÇOS CONFINADOS
- NR-34 – CONDIÇÕES E MEIO AMBIENTE DE TRABALHO NA INDÚSTRIA DA CONSTRUÇÃO, REPARAÇÃO E DESMONTE NAVAL
- NR-35 – TRABALHO EM ALTURA
- NR-36 – SEGURANÇA E SAÚDE NO TRABALHO EM EMPRESAS DE ABATE E PROCESSAMENTO DE CARNES E DERIVADOS
- NR-37 – SEGURANÇA E SAÚDE EM PLATAFORMAS DE PETRÓLEO

As NRs obrigam empregadores e empregados, urbanos e rurais, além de organizações e órgãos públicos da administração direta e indireta, órgãos dos Poderes Legislativo, Judiciário e Ministério Público, que possuam empregados regidos pela Consolidação das Leis do Trabalho.

SEÇÃO XVI
DAS PENALIDADES

Atualização do valor das multas

Art. 201 – As infrações ao disposto neste Capítulo relativas à medicina do trabalho serão punidas com multa de 3 (três) a 30 (trinta) vezes o valor de referência previsto no artigo 2º, parágrafo único, da Lei nº 6.205, de 29 de abril de 1975, e as concernentes à segurança do trabalho com multa de 5 (cinco) a 50 (cinquenta) vezes o mesmo valor.

Parágrafo único – Em caso de reincidência, embaraço ou resistência à fiscalização, emprego de artifício ou simulação com o objetivo de fraudar a lei, a multa será aplicada em seu valor máximo.

Decreto-Lei 5.452/1943

COMENTÁRIOS (ART. 201)

A fiscalização do cumprimento das normas de saúde e segurança do trabalho será efetuada obedecendo ao disposto nos Decretos n.º 55.841, de 15/03/65, e n.º 97.995, de 26/07/89, no Título VII da CLT e no § 3º do art. 6ºda Lei n.º 7.855, de 24/10/89, bem como a regulamentação prevista na NR 28 da SEPRT do Ministério da Economia.

O Auditor Fiscal do Trabalho poderá anexar quaisquer documentos, para pormenorização de fatos circunstanciais ou comprovatórios da infração administrativa, podendo usar de todos os meios, inclusive audiovisuais. Lavrará o auto de infração quando identificar o descumprimento dos preceitos legais e/ou regulamentares.

Como medida complementar ao Plano Real, previstas na Lei 10.192/2001, os valores expressos em UFIR foram extintos em 27 de outubro de 2000 (art. 6º). O cálculo da multa passou a ser efetuado com base no valor da UFIR fixado para o ano de 2000: R$ 1,0641.

INFRAÇÃO[474]	Dispositivo Infringido	Base Legal da Multa	Quantidade de UFIR		Valor em Reais		Observações
			Mínimo	Máximo	Mínimo	Máximo	
SEGURANÇA DO TRABALHO	CLT art. 154 a 200	CLT art. 201	630,4745	6.304,7453	R$ 670,89	R$ 6.708,88	valor máximo na reincidência, embaraço, resistência, artifício ou simulação
MEDICINA DO TRABALHO	CLT art. 154 a 200	CLT art. 201	378,2847	3.782,8471	R$ 402,53	R$ 4.025,33	valor máximo na reincidência, embaraço, resistência, artifício ou simulação

Arts. 202 a 223. (Revogado pela Lei nº 6.514, de 22.12.1977)

TÍTULO II-A
(INCLUÍDO PELA LEI Nº 13.467, DE 2017)
DO DANO EXTRAPATRIMONIAL

Art. 223-A. Aplicam-se à reparação de danos de natureza extrapatrimonial decorrentes da relação de trabalho apenas os dispositivos deste Título.

Art. 223-B. Causa dano de natureza extrapatrimonial a ação ou omissão que ofenda a esfera moral ou existencial da pessoa física ou jurídica, as quais são as titulares exclusivas do direito à reparação.

Art. 223-C. A honra, a imagem, a intimidade, a liberdade de ação, a autoestima, a sexualidade, a saúde, o lazer e a integridade física são os bens juridicamente tutelados inerentes à pessoa física.

Art. 223-D. A imagem, a marca, o nome, o segredo empresarial e o sigilo da correspondência são bens juridicamente tutelados inerentes à pessoa jurídica.

Art. 223-E. São responsáveis pelo dano extrapatrimonial todos os que tenham colaborado para a ofensa ao bem jurídico tutelado, na proporção da ação ou da omissão. [483]

Art. 223-F. A reparação por danos extrapatrimoniais pode ser pedida cumulativamente com a indenização por danos materiais decorrentes do mesmo ato lesivo.

§ 1º Se houver cumulação de pedidos, o juízo, ao proferir a decisão, discriminará os valores das indenizações a título de danos patrimoniais e das reparações por danos de natureza extrapatrimonial.

§ 2º A composição das perdas e danos, assim compreendidos os lucros cessantes e os danos emergentes, não interfere na avaliação dos danos extrapatrimoniais.

Art. 223-G. Ao apreciar o pedido, o juízo considerará:

I – a natureza do bem jurídico tutelado;

II – a intensidade do sofrimento ou da humilhação;

III – a possibilidade de superação física ou psicológica;

IV – os reflexos pessoais e sociais da ação ou da omissão;

V – a extensão e a duração dos efeitos da ofensa;

VI – as condições em que ocorreu a ofensa ou o prejuízo moral;

VII – o grau de dolo ou culpa;

VIII – a ocorrência de retratação espontânea;

IX – o esforço efetivo para minimizar a ofensa;

X – o perdão, tácito ou expresso;

XI – a situação social e econômica das partes envolvidas;

XII – o grau de publicidade da ofensa.

§ 1º Se julgar procedente o pedido, o juízo fixará a indenização a ser paga, a cada um dos ofendidos, em um dos seguintes parâmetros, vedada a acumulação:

I – ofensa de natureza leve, até três vezes o último salário contratual do ofendido;

II – ofensa de natureza média, até cinco vezes o último salário contratual do ofendido;

III – ofensa de natureza grave, até vinte vezes o último salário contratual do ofendido;

IV – ofensa de natureza gravíssima, até cinquenta vezes o último salário contratual do ofendido.

§ 2º Se o ofendido for pessoa jurídica, a indenização será fixada com observância dos mesmos parâmetros estabelecidos no § 1º deste artigo, mas em relação ao salário contratual do ofensor.

§ 3º Na reincidência entre partes idênticas, o juízo poderá elevar ao dobro o valor da indenização.

COMENTÁRIOS (ARTS. 223-A A 223-G)

1. DANO DE NATUREZA EXTRAPATRIMONIAL

De acordo com o art. 5º, inc. V e X da CF, "é assegurado o direito de resposta, proporcional ao agravo, além da indenização por dano material, moral ou à imagem"; e, "são invioláveis a intimidade, a vida privada, a honra e a imagem das pessoas, assegurado o direito a indenização pelo dano material ou moral decorrente de sua violação".

Com a Reforma Trabalhista (Lei 13.467/2017) a Consolidação das Leis do Trabalho passou disciplinar a reparação por dano extrapatrimonial e material ocasionado nas relações de trabalho, nos arts. 223-A ao 223-G. Tais dispositivos têm o objetivo de tutelar os direitos da personalidade nas relações de trabalho.

O direito da personalidade é conceituado como "*os direitos subjetivos da pessoa de defender o que lhe é próprio, ou seja, a sua integridade física (vida, alimentos, próprio corpo vivo ou morto, corpo alheio, vivo*

[483] Fonte: https://diariofiscal.com.br/multa_trabalhista.htm# [acessado em 17/02/2021]

ou morto, partes separadas do corpo vivo ou morto); a sua integridade intelectual (liberdade de pensamento, autoria científica, artística e literária) e sua integridade moral (honra, recato, segredo pessoal, profissional e doméstico, imagem, identidade pessoal, familiar e social"(DINIZ, p. 142). [484]

De forma precisa, Flávio Tartuce define o direito da personalidade como *"aqueles inerentes à pessoa e à sua dignidade"*, na forma do art. 1.º, inc. III, da CF/1988.[485]

O tema em análise está associado à ideia de responsabilidade civil no Direito Comum, ou seja, ao dever do agente causador de um dano a reparar o prejuízo acarretado a outrem. A responsabilidade civil está dividida em: a) *responsabilidade contratual*, violação de um mandamento previsto em contrato; b) *responsabilidade extracontratual* ou aquiliana, ligada à prática de uma conduta dolosa ou culposa que causa dano a outrem, por violação de um preceito legal.

Com efeito, a violação da obrigação de não causar dano a outrem, haverá a responsabilidade aquiliana. Esta responsabilidade está prevista no art. 186 a 188 e art. 927 e seguintes do Código Civil. Baseia-se em dois alicerces: o ato ilícito (art. 186, CC) e o abuso de direito (art. 187, CC). O ato ilícito é aquele praticado por ação ou omissão voluntária, negligência ou imprudência, violando direito e causando danos a outrem, ainda que exclusivamente moral. De outro lado, o abuso de direito ocorre quando o titular de um direito que, ao exercê-lo, excede manifestamente os limites impostos pelo seu fim econômico ou social, pela boa-fé ou pelos bons costumes. A prática de ato ilícito implica no dever de reparação do dano (art. art. 927, CC).

Daniel Sarmento leciona que o *"**dano material** é aquele dotado de imediata expressão econômica, devendo corresponder ao valor da reconstituição do bem patrimonial lesado pela ação do agente. Já o **dano moral** caracteriza-se por ser insuscetível de quantificação econômica. Ele pode estar relacionado à injusta provocação de dor e sofrimento à vítima, ou ao abalo da sua reputação no meio social, guardando estreita relação com a cláusula geral de tutela da personalidade humana"* [486].

O legislador se valeu da expressão "dano extrapatrimonial" que representaria um gênero, do qual são espécies o dano moral, estético, dano existência, indenização pela perda de uma chance, etc.

[484] DINIZ, Maria Helena. Curso de direito civil brasileiro. Teoria geral do Direito Civil. 24. ed. São Paulo: Saraiva, p. 142.

[485] Tartuce, Flávio Manual de direito civil: volume único – 10. ed. – Rio de Janeiro: Forense; São Paulo: MÉTODO, 2020.

[486] J. J. Gomes Canotilho; Ingo Wolfgang; Sarlet, Lenio Luiz Streck, Gilmar Ferreira Mendes. Comentários à Constituição do Brasil – 2. ed. – São Paulo: Saraiva Educação, 2018.

Parte da doutrina critica a dicção usada pelo legislador apontando que o vocábulo mais técnico e adequado seria "dano ao patrimônio imaterial" ou "dano moral". Também critica o fato de o legislador pretender aplicar apenas os dispositivos previstos no Título II-A à reparação de danos de natureza extrapatrimonial decorrentes da relação de trabalho, afastando outros dispositivos relacionados à matéria (art. 223-A, CF). [487]

Na 2ª Jornada de Direito Material e Processual do Trabalho da ANAMATRA restou sedimentado o entendimento da inconstitucionalidade da exclusividade de critérios de fixação do dano moral prevista no art. 223-A da CLT: Vejamos:

- **DANO EXTRAPATRIMONIAL. EXCLUSIVIDADE DE CRITÉRIOS.** APLICAÇÃO EXCLUSIVA DOS NOVOS DISPOSITIVOS DO TÍTULO II-A DA CLT À REPARAÇÃO DE DANOS EXTRAPATRIMONIAIS DECORRENTES DAS RELAÇÕES DE TRABALHO: INCONSTITUCIONALIDADE. A esfera moral das pessoas humanas é conteúdo do valor dignidade humana (art. 1º, III, da CRFB/88) e, como tal, não pode sofrer restrição à reparação ampla e integral quando violada, sendo dever do estado a respectiva tutela na ocorrência de ilicitudes causadoras de danos extrapatrimoniais nas relações laborais. Devem ser aplicadas todas as normas existentes no ordenamento jurídico que possam imprimir, no caso concreto, a máxima efetividade constitucional ao princípio da dignidade da pessoa humana (art. 5º, V e X, da CRFB/88). A interpretação literal do art. 223-A da CLT resultaria em tratamento discriminatório injusto às pessoas inseridas na relação laboral, com inconstitucionalidade por ofensa aos arts. 1º, III; 3º, IV; 5º, caput e incisos V e X e 7º, caput, todas da Constituição Federal. (Enunciado Aglutinado nº 5 da Comissão 2)

No art. 223-B estabelece que o dano de natureza extrapatrimonial é causado pela ação ou omissão que ofenda a esfera ***moral ou existencial*** da pessoa **física ou jurídica**, as quais são as **titulares exclusivas** do direito à reparação. Nota-se que além do dano moral – aquele ligado à injusta provocação de dor e sofrimento à vítima, ou ao abalo da sua reputação no meio social e à dignidade da pessoa humana – reconheceu a existência do dano existencial.

É válido dizer que, conquanto o referido dispositivo fixe o direito de reparação exclusivamente aos às pessoas físicas ou jurídicas (empregados e empregadores), há o entendimento de que o artigo 223-B da CLT não exclui a reparação de danos sofridos por terceiros (danos em ricochete), assim como os

[487] Martinez, 2020.

danos morais coletivos. Nesse sentido o *Enunciado Aglutinado nº 7 da Comissão 2 da* 2ª Jornada de Direito Material e Processual do Trabalho da ANAMATRA.[488]

O referido dispositivo também implementou uma importante inovação legal, antes admitida somente pela jurisprudência: a proteção à esfera moral ou existencial da pessoa jurídica. A jurisprudência reconheceu que a pessoa jurídica possui direitos da personalidade por equiparação (art. 52, CC), estando, portanto, suscetível a dano moral, conforme preceitua a Súmula 227 do STJ.

No art. 223-C da CLT relaciona de forma não exaustiva bens juridicamente tutelados inerentes à pessoa física e, no art. 223-D, bens juridicamente tutelados inerentes à pessoa jurídica. Sobre o tema, Luciano Martinez aponta que esses dispositivos não indicaram, por exemplo, a etnia, idade, nacionalidade, bens juridicamente tutelados e inerentes à pessoa física.[489]

O art. 223-E preceitua sobre a solidariedade entre aqueles que concorreram para a lesão, na proporção da ação ou da omissão. Já o art. 223-F da CF, autoriza o pedido cumulativo de danos extrapatrimoniais com a indenização por danos materiais decorrentes do mesmo ato lesivo.

2. DANO EXISTENCIAL

O ***dano existencial*** decorre da prática constante de jornada de trabalho extraordinária que resulta em esgotamento físico, psíquico, ou da privação do convívio familiar, social e impor limitações a sua vida pessoal.

Em função disso, a doutrina e a jurisprudência passaram a considerar que o empregado tem o direito de não trabalhar, isto é, o direito à desconexão do trabalho ou o direito ao lazer.

Otavio Amaral Calvet, defendeu, na sua dissertação de mestrado, a eficácia horizontal imediata do direito social ao lazer nas relações privadas de trabalho, sustentando que o lazer possui múltiplas dimensões, destacando-se, dentre elas, a dimensão humana, que pode ser analisada sob a perspectiva biológica, social, psíquica, e "existencial"[490]. Também explica que, do ponto de vista biológico, o trabalhador deve ter um momento para restabelecer as suas energias, a fim de evitar fadiga e estresse emocional. Já do ponto de vista social, este estaria atrelado à ideia de propiciar a convivência com os familiares e amigos, viabilizando uma interação humana[491]. Da mesma forma, o autor enxerga o lazer como uma necessidade psíquica para preservar a saúde mental ao dedicar-se a afazeres que lhe dão prazer como, por exemplo, os "hobbies". Na perspectiva existencial, onde o direito à desconexão é visto como um "lazer existencial", o direito ao "ócio criador, como a possibilidade de ter acesso a informações cultura, artes, enfim, a bens materiais e imateriais, filosofias e tudo que possa incrementar valor ao homem no sentido de crescimento individual – viabilizando uma nova subjetividade rompida com a estrutura laboral – e, consequentemente, coletivo"[492]. Esclarece, por fim, que quando há excesso na jornada de trabalho, além do dever ao pagamento das horas extras, o empregador pode sujeitar-se a reparação específica do direito ao lazer[493].

No mesmo diapasão, Jorge Luiz Souto Maior[494] defende o direito à reparação pelo desrespeito ao chamado direito à desconexão do trabalho,

> *"[...] o empregador, que exige de seu empregado a prestação de serviços em regime de horas extras de forma ordinária abusa de seu direito, agredindo o interesse social e mesmo econômico, comete, portanto, ato ilícito, cuja correção, evidentemente, não se dará pelo mero pagamento do adicional de horas extras. O dano do trabalhador, aliás, não depende de prova, pois que se configura pelo próprio fato em si do trabalho em horas extras de forma ordinária (ainda mais quando não remuneradas devidamente), na medida em que a própria lei estabeleceu o limite das horas de trabalho para proteção da saúde do trabalhador (questão de ordem pública) e também para ampliar o acesso ao mercado de trabalho (também questão de ordem pública)".*

Mauricio Godinho Delgado conceitua que o dano existencial como a "*lesão ao tempo razoável e proporcional de disponibilidade pessoal, familiar e social inerente a toda pessoa humana, inclusive o empregado, resultante da exacerbada e ilegal duração do trabalho no contrato empregatício, em limites gravemente acima dos permitidos pela ordem jurídica, praticada de maneira repetida, contínua e por longo período*". Explica que a prestação de horas extras em demasia, retira do empregado o tempo útil mínimo para a disponibilidade pessoal, familiar e social do trabalhador[495].

Baseando-se nessas teorias os Tribunais do Trabalho têm reconhecido amplamente o dano existencial,

---

488 Enunciado Aglutinado nº 7 da Comissão 2 da 2ª Jornada de Direito Material e Processual do Trabalho da ANAMATRA: DANOS EXTRAPATRIMONIAIS: LIMITES E OUTROS ASPECTOS. O artigo 223-B da CLT, inserido pela Lei nº 13.467, não exclui a reparação de danos sofridos por terceiros (danos em ricochete), bem como a de danos extrapatrimoniais ou morais coletivos, aplicando-se, quanto a estes, as disposições previstas na Lei nº 7.437/1985 e no título III do Código de Defesa do Consumidor.

489 Martinez, 2020.

490 Otavio Amaral Calvet. A eficácia horizontal imediata do direito social ao lazer nas relações privadas de trabalho. PUC-SP. São Paulo: 2005. Fonte de consulta: https://tede2.pucsp.br/bitstream/handle/8625/1/Otavio%20Amaral%20Calvet.pdf [acessado em 26/09/2020]

491 Idem. Calvet, 2005.

492 Idem.

493 Idem.

494 Jorge Luiz Souto Maior. Direito à desconexão do trabalho. Fonte: https://www.jorgesoutomaior.com/uploads/5/3/9/1/53916439/do_direito_%C3%A0_desconex%C3%A3o_do_trabalho..pdf [acessado em 26/09/2020]

495 DELGADO, 2019. p.781

como espécie de dano extrapatrimonial, caracterizando ato ilícito, tendo em vista que a exigência de longas jornadas de trabalho subtrai do empregado o direito ao lazer, ao convívio familiar e social.

Nesse sentido é o posicionamento do Tribunal Superior do Trabalho:

- "AGRAVO DE INSTRUMENTO INTERPOSTO NA VIGÊNCIA DA LEI N.º 13.467/2017. DANO EXISTENCIAL. COMPENSAÇÃO. HORAS EXTRAORDINÁRIAS. TRANSCENDÊNCIA. NÃO RECONHECIDA. NÃO PROVIMENTO. A jurisprudência deste Tribunal Superior vem se posicionando no sentido de que a sujeição do empregado à jornada extraordinária extenuante revela-se como causa de dano existencial, o qual consiste em uma espécie de dano imaterial. A lesão moral se configura no momento em que se subtrai do trabalhador o direito de usufruir de seus períodos de descanso, de lazer, bem como das oportunidades destinadas ao relacionamento familiar, ao longo da vigência do pacto contratual. Na hipótese , a egrégia Corte Regional, soberana na análise no acervo fático-probatório produzido nos autos, registrou que apesar da constatação de labor extraordinário, não se verificou que este fato tivesse causado ao reclamante abalo moral, razão pela qual indeferiu o pedido de compensação por danos morais. Premissas fáticas incontestes à luz da Súmula 126. Nesse contexto, a incidência do aludido óbice processual é suficiente para afastar a transcendência da causa, uma vez que inviabilizará a aferição da existência de eventual questão controvertida no recurso de revista, e, por conseguinte, não serão produzidos os reflexos gerais, nos termos previstos no § 1º do artigo 896-A da CLT. Agravo de instrumento a que se nega provimento."
- (AIRR-20465-15.2016.5.04.0331, 4ª Turma, Relator Ministro Guilherme Augusto Caputo Bastos, DEJT 04/09/2020)
- "RECURSO DE REVISTA INTERPOSTO SOB A ÉGIDE DAS LEIS Nº 5.869/73 E 13.015/2014. RITO SUMARÍSSIMO. 1. DANO MORAL. JORNADA DE TRABALHO EXAUSTIVA. RESTRIÇÃO AO DIREITO SOCIAL AO LAZER. As regras de limitação da jornada e duração semanal do trabalho tem importância fundamental na manutenção do conteúdo moral e dignificante da relação laboral, preservando o direito social ao lazer, previsto constitucionalmente (art. 6º, caput). É fácil perceber que o empresário que decide descumprir as normas de limitação temporal do trabalho não prejudica apenas os seus empregados, mas tensiona para pior as condições de vida de todos os trabalhadores que atuam naquele ramo da economia. Diante desse quadro, tem-se que a deliberada e reiterada desobediência do empregador às normas de limitação temporal do trabalho ofende toda a população, que tem por objetivo fundamental construir uma sociedade livre, justa e solidária (art. 3º, I, da CF). Tratando-se de lesão que viola bem jurídico indiscutivelmente caro a toda a sociedade, surge o dever de indenizar, sendo cabível a reparação por dano moral. Frise-se que, na linha da teoria do danum in re ipsa, não se exige que o dano moral seja demonstrado. Ele decorre, inexoravelmente, da gravidade do fato ofensivo que, no caso, restou materializado pela exigência de prática de jornada exaustiva e consequente descumprimento de norma que visa à mantença da saúde física e mental dos trabalhadores no Brasil. Recurso de revista não conhecido". (RR – 1537-06.2014.5.06.0145, Rel. Min. Alberto Luiz Bresciani de Fontan Pereira, 3ª Turma, DEJT 1º/07/2016)
- "(...) DANO MORAL. JORNADA DE TRABALHO EXAUSTIVA. Esta Corte vem entendendo que a submissão à jornada excessiva ocasiona dano existencial, modalidade de dano imaterial, tendo em vista que o empregado sofre limitações em sua vida pessoal decorrente da conduta ilícita praticada pela reclamada."(RR – 11640-50.2013.5.03.0029, Data de Julgamento: 31/08/2016, Relator Ministro: João Batista Brito Pereira, 5ª Turma, Data de Publicação: DEJT 02/09/2016)

O desrespeito às normas de duração de trabalho, portanto, podem acarretar dano imaterial ao trabalhador.

3. TARIFAÇÃO DO DANO DE NATUREZA EXTRAPATRIMONIAL

O art. 223-G da CLT, escalona a indenização com base no salário contratual recebido pelo empregado e na natureza da ofensa (leve, média, grave e gravíssima), balizando a indenização de acordo com a natureza.

A questão é muito controversa, isso porque pode gerar situações discriminatórias, violando o princípio da isonomia, considerando que o critério de fixação da indenização leva em consideração o salário contratual dos empregados. Logo, se dois empregados sofrerem ofensas da mesma natureza, mas possuem salário contratual distintos, o valor da indenização não seria idêntico, ainda que se trate de situações equivalentes.

A Medida Provisória 808 de 2017 procurou corrigir esse equívoco alterando a redação do art. 223-G da CLT, para que o valor da indenização fosse fixado com base no valor do teto dos benefícios do Regime Geral de Previdência Social, porém, a medida provisória não foi votada pelas casas do Congresso Nacional, encerrando a sua vigência.

Atualmente, existe Ação Direta de Inconstitucionalidade (ADI 6.050), ajuizada pela Associação Nacional dos Magistrados Trabalhistas, questionando a constitucionalidade desses dispositivos. O julgamento da referida ação estava agendado para o dia 04/06/2020, no entanto o julgamento foi adiado.

A fixação da indenização não é tarefa fácil ao magistrado, diante da inexistência de critérios objetivos a serem utilizados pelo juiz nessa operação.

O Superior Tribunal de Justiça tem se valido de um critério bifásico para a fixação do dano extrapatrimonial, encabeçado pelo Ministro Paulo de Tarso Sanseverino.

Segundo o referido Ministro[496], *"Na primeira etapa, deve-se estabelecer um valor básico para a indenização, considerando o interesse jurídico lesado, com base em grupo de precedentes jurisprudenciais que apreciaram casos semelhantes. Na segunda etapa, devem ser consideradas as circunstâncias do caso, para fixação definitiva do valor da indenização, atendendo à determinação legal de arbitramento equitativo pelo juiz".*

De acordo com o magistrado, "as principais circunstâncias a serem consideradas como elementos objetivos e subjetivos de concreção são: a) a gravidade do fato em si e suas consequências para a vítima (dimensão do dano); b) a intensidade do dolo ou o grau de culpa do agente (culpabilidade do agente); c) a eventual participação culposa do ofendido (culpa concorrente da vítima); d) a condição econômica do ofensor; e) as condições pessoais da vítima (posição política, social e econômica)".

O Supremo Tribunal Federal firmou o entendimento de que não é possível a tarifação do *quantum* indenizatório do dano moral, posto que a reparação do dano moral deve ser integral, sob pena de violar o art. 5º, incisos V e X, da CF. Seguindo a mesma linha, ao analisar a temática, o Superior Tribunal de Justiça também consolidou a interpretação de que a indenização pode dano moral não estava subordinada à tarifação estabelecida na Lei de Imprensa (Lei n. 5.250/1967), que posteriormente foi declarada não recepcionada pela Constituição Federal de 1988, em sua integralidade, no julgamento da ADPF n. 130-DF.

Parte da doutrina sustenta que a tarifação do dano moral com base no salário do trabalhador cria uma assimetria, ou melhor, uma situação injusta entre os trabalhadores, pois o piso salarial dos empregados são diferentes – de forma que o salário de um ajudante de serviços gerais, por exemplo, é diferente do salário de um engenheiro – e havendo violação à intimidade, honra ou integridade física haveriam indenizações diferentes para reparar o dano moral em situações semelhantes. Também possibilita ao empregador avaliar se compensa a prática de atos ilícitos, pois se baseará no salário do empregado[497].

O professor Henrique Correia defende que a indenização por dano moral "não se restringe à compensação pelo dano sofrido, devendo-se ressaltar seu caráter pedagógico e punitivo, no sentido de reprimir a ocorrência de ato lesivo". Conclui, afirmando que o dispositivo em análise "deverá, no futuro, ser declarado inconstitucional pelo STF. A tarifação do dano moral viola os princípios da igualdade e da dignidade da pessoa humana"[498].

Esse tema foi objeto de intenso debate na 2ª Jornada de Direito Material e Processual do Trabalho da Associação Nacional dos Magistrados do Trabalho (Anamatra), que debateu a constitucionalidade ou não deste dispositivo. A referida Associação ingressou com Ação Direta de Inconstitucionalidade (ADI) 6050 no Supremo Tribunal Federal (STF), questionando a constitucionalidade do referido dispositivo, notadamente a fixação de limites vinculados ao salário do trabalhador ofendido. Argumenta, em síntese, que a norma viola o princípio da isonomia, além de restringir a atuação do Poder Judiciário, na medida em que impede o órgão judicante fixar em favor do trabalhador a indenização ampla eventualmente aplicável ao caso[499]. Foram propostas outras ações perante o Supremo Tribunal Federal com o mesmo objeto, entre elas a ADI n. 6069, ADI n. 6082 e ADI n. 5870.

O Supremo Tribunal Federal iniciou o julgamento conjunto dessas ações. A ADI n. 5870 foi extinta sem resolução de mérito, com a declaração da prejudicialidade do julgamento da demanda por perda superveniente do objeto, diante do exaurimento da vigência da MP n. 808/2017. O Relator do caso, Ministro Gilmar Mendes, entende que os pedidos formulados nas demandas devem ser julgados parcialmente procedentes, de modo que "*1) As redações conferidas aos art. 223-A e 223-B, da CLT, não excluem o direito à reparação por dano moral indireto ou dano em ricochete no âmbito das relações de trabalho, a ser apreciado nos termos da legislação civil; 2)* ***Os critérios de quantificação de reparação por dano extrapatrimonial previstos no art. 223-G, caput e § 1º, da CLT deverão ser observados pelo julgador como critérios orientativos de fundamentação da decisão judicial. É constitucional,*** *porém, o* ***arbitramento judicial do dano em valores superiores aos limites máximos dispostos nos incisos I a IV do § 1º***

[496] http://www.stj.jus.br/sites/portalp/Paginas/Comunicacao/Noticias-antigas/2018/2018-10-21_06-56_O-metodo-bifasico--para-fixacao-de-indenizacoes-por-dano-moral.aspx

[497] CORREIA, 2018.p.1342

[498] CORREIA, 2018.p.1345

[499] http://www.stf.jus.br/portal/cms/verNoticiaDetalhe.asp?idConteudo=400370&tip=UN [acessado em 25/02/2021]

do art. 223-G, quando consideradas as circunstâncias do caso concreto e os princípios da razoabilidade, da proporcionalidade e da igualdade". O julgamento foi suspenso, diante do pedido de vista realizado pelo Ministro Nunes Marques.

Na visão do Relator, não há inconstitucionalidade dos dispositivos, pois podem servir de critérios válidos, mesmo que não exaurientes, para a definição do quantum da reparação do dano extrapatrimonial para o magistrado trabalhista. Enfatizou o entendimento jurisprudencial assentado no Supremo, quanto a impossibilidade de tabelamento do dano, por restringir a discricionariedade da quantificação do dano pelo magistrado e torná-lo um mero aplicador de critérios pré-determinados, de modo a inviabilizar a adequação dos valores às especificidades do caso. Com base nisso, entende que os valores previstos nos incisos I a IV do § 1º do art. 223-G, devem ser utilizados como parâmetro e não como limites.

4. SITUAÇÕES TÍPICAS NA RELAÇÃO DE TRABALHO QUE GERAM DANO EXTRAPATRIMONIAL

É importante dizer que o dano moral nas relações de trabalho pode emergir múltiplas condutas, seja elas comissivas ou omissivas. Entre as situações mais comuns estão enumeradas por Maurício Godinho Delgado: a) frustração injustificada da proposta de contratação; b) ofensas morais ou à imagem, discriminação, bem como a utilização de métodos abusivos na dinâmica de seleção ou contratação dos trabalhadores; c) ofensas físicas ocorridas durante o desenvolvimento da atividades; d) ofensas morais no ambiente de trabalho; e) assédio moral ou sexual - a primeira, considerada como a reiteração de conduta ofensivas à moral do trabalhador e, a segunda, tida como a reiteração de conduta maliciosa com interesses libidinosos; f) revistas íntimas; g) limitação do uso de banheiros no ambiente de trabalho ou a falta de banheiro; h) divulgação de dados contratuais de empregados; i) vigilância ostensiva no ambiente de trabalho; j) metas de desempenho e cobranças abusivas; k) técnicas motivacionais abusivas e desrespeitosas; l) controle de correspondências eletrônicas (e-mails) do empregado; m) rigor excessivo no controle de uso de equipamentos eletrônicos e de informática, inclusive acesso à internet; n) quebra de sigilo bancário de empregado de Banco; o) danos morais decorrentes de acidentes do trabalho ou doença ocupacional, inclusive o dano estético; p) condições degradantes no ambiente de trabalho - está ligada às regras de saúde e segurança do trabalho e ao meio ambiente de trabalho; q) atrasos reiterados de salários; r) afronta à inviolabilidade física e à segurança ou estresse acentuado, em face de violência decorrente do exercício de função perigosa; s) conduta de discriminação no ambiente de trabalho; t) acusação não comprovada da prática de delito no ambiente de trabalho; u) anotação desabonadora em Carteira de Trabalho; v) dispensa discriminatória; x) síndrome de Burn-out ou Síndrome de Esgotamento Profissional; dentre outras.

5. DISCRIMINAÇÃO NO AMBIENTE DE TRABALHO

O princípio antidiscriminatório ou da não discriminação decorre do respeito à dignidade da pessoa humana (Art. 1º, III, CF), dos objetivos fundamentais da República, na busca pela construção de uma sociedade livre, justa e solidária, no bem-estar de todos, sem preconceitos de quaisquer formas de discriminação (Art. 3º, I e IV, CF), bem como no direito fundamental à igualdade (art. 5º, caput e I, CF).

O Direito do Trabalho que tem como marca indelével a proteção dos trabalhadores e a vedação a condutas discriminatórias, seja em relação a salários, por motivo de cor, raça ou etnia, sexo, idade, ou em virtude de um impedimento de longo prazo de natureza física, mental, intelectual ou sensorial social, como é o caso da pessoa com deficiência (art. 7º da CF, em especial os incisos XX, XXX, XXXI, XXXII e XXXIII).

Alice Monteiro de Barros (apud ROMAR, 2018)[500], defendia que ***"a ideia de pessoa é incompatível com a desigualdade entre elas"***, sendo que ***"a não-discriminação é**, provavelmente, **a mais expressiva manifestação do princípio da igualdade,** cujo reconhecimento, como valor constitucional, inspira o ordenamento jurídico brasileiro no seu conjunto".*

Segundo Amauri Mascaro do Nascimento discriminação caracteriza-se *"[...] pela* presença de um elemento **subjetivo**, a ***intenção*** de discriminar, e de um elemento ***objetivo***, a ***preferência*** efetiva por alguém em detrimento de outro sem causa justificada, em especial por motivo evidenciado, revelando escolha de preconceito em razão do sexo, raça, cor, língua, religião, opinião, compleição física ou outros fatores". Acrescenta, também, que é um ***"desvirtuamento**, pelo empregador, **do valor igualdade entre pessoas"***.[501]

A professora Carla Teresa Martins Romar [502], de forma esclarecedora, diferencia preconceito e discriminação:

> *"Etimologicamente, preconceito significa conceito ou opinião formados antecipadamente, ideia preconcebida, intolerância, ódio irracional ou aversão a outras raças, convicções, religiões etc. Discriminação significa distinguir, diferenciar, segregar, dar preferência.*

[500] Carla Teresa Martins Romar. Direito do trabalho – 5. ed. – São Paulo: Saraiva Educação, 2018.

[501] Amauri Mascaro Nascimento. Curso de direito do trabalho – 26. ed. – São Paulo: Saraiva, 2011.

[502] Idem, 2018.

Decreto-Lei 5.452/1943

> *Preconceito é uma concepção interior. Discriminação é a exteriorização do preconceito, sendo, por essa razão, objeto de tratamento pela ordem jurídica".*

Mauricio Godinho Delgado[503] conceitua a discriminação como *"a **diferenciação** em vista de **fator injustamente desqualificante**. São fatores injustamente desqualificantes na ordem constitucional e legal brasileiras, por exemplo: o sexo (ou gênero); a etnia, raça ou cor; a origem; a idade; a deficiência; o estado civil; a situação familiar; a orientação sexual; a nacionalidade e outros."*

O Brasil internalizou diversas normas de direito internacional que vedam a prática de condutas discriminatórias, dentre elas as convenções da ONU (Declaração Universal de Direitos Humanos, por exemplo), convenções da OEA e diversas convenções da OIT relacionadas ao tema.

Carla Teresa Martins Romar [504] cita a definição de discriminação prevista na Convenção 111 da Organização Internacional do Trabalho (OIT), conforme transcrito abaixo:

> *"Para os fins da Convenção n. 111 da OIT, discriminação significa (art. 1º): a) toda distinção, exclusão ou preferência, com base em raça, cor, sexo, religião, opinião política, nacionalidade ou origem social, que tenha por efeito anular ou reduzir a igualdade de oportunidade ou de tratamento no emprego ou profissão; b) qualquer outra distinção, exclusão ou preferência, que tenha por efeito anular ou reduzir a igualdade de oportunidades, ou tratamento no emprego ou profissão, conforme pode ser determinado pelo país -membro concernente, após consultar organizações representativas de empregadores e de trabalhadores, se as houver, e outros organismos adequados".*

Portanto, a discriminação consiste na ação ou omissão, baseada em ideias preconcebidas, intolerância ou ódio, em virtude de raça ou etnia, sexo, religião, opinião política, nacionalidade ou origem social, com o escopo de distinguir, excluir ou dar preferência, anulando ou reduzindo a paridade de oportunidades ou de tratamento no emprego ou profissão.

A Lei 9.029/92, no art. 1º, proíbe a adoção de qualquer prática *"discriminatória e limitativa para efeito de acesso à relação de trabalho, ou de sua manutenção, por motivo de sexo, origem, raça, cor, estado civil, situação familiar, deficiência, reabilitação profissional, idade, entre outros, ressalvadas, nesse caso, as hipóteses de proteção à criança e ao adolescente".*

A dispensa por ato discriminatório assegura ao trabalhador, além da reparação pelo dano, a opção entre a reintegração com o pagamento das verbas trabalhistas referente ao período de afastamento ou a percepção do período de afastamento em dobro (art. 4º, da Lei 9.029/95). Trata-se de um direito potestativo do empregado.

A Súmula 443 do TST presume discriminatória a dispensa do empregado portador do vírus HIV ou outra doença que suscite estigma ou preconceito. A redação da súmula assegura o direito à reintegração.

Parte da doutrina entende que, além da indenização, o empregado terá direito ao pagamento das verbas referente ao período de afastamento. Outros defendem o direito potestativo ao empregado de ser reintegrado com o pagamento da remuneração do período de afastamento ou a ou a remuneração em dobro do período do afastamento, nos termos da Lei 9.029/95, haja vista que a dispensa é considerada discriminatória.

6. DISCRIMINAÇÃO POR MOTIVO DE SEXO OU ORIENTAÇÃO SEXUAL

Historicamente as mulheres e as instituições públicas buscam legitimamente a paridade de tratamento entre o homem e a mulher, através da conscientização do papel das mulheres na sociedade e na família (Convenção nº. 156 da Organização Internacional do Trabalho).

A nossa Constituição Federal no art. 5º, caput e inciso I, impõe a igualdade de direitos e obrigações aos homens e mulheres. Ato contínuo, no art. 7º, incisos XXX, XXXI, proíbe a discriminação salarial, de exercício de funções e de critério de admissão por motivo de sexo, com o escopo de conferir efetiva igualdade de oportunidade e tratamento entre homens e mulheres.

A professora *Maria Cecília Theodoro*[505] *destaca que é um "(...) direito fundamental da mulher obter um trabalho decente, a ser tratada em igualdade de condições com os homens quanto à liberdade da escolha ocupacional, a ter igualdade de direito à saúde, segurança, remuneração e oportunidades, em razão da dignidade e do valor da pessoa humana, sendo vedada qualquer discriminação em razão do gênero, pautada em diferenciações biológicas que resultem na perpetuação de uma divisão sexual do trabalho (KERGOAT, 1996), de modo que todas as mulheres tenham o direito de participar de forma igualitária do mercado de trabalho produtivo".*

O empregador deve tratar de forma isonômica as mulheres e os homens independentemente das características biológicas que os distinguem. Não pode usar

503 Mauricio Godinho Delgado. Curso de direito do trabalho – 18. ed.– São Paulo: LTr, 2019.

504 Ibidem, 2018.

505 J. J. G. Canotilho e L. L. S. G. F. M. Ingo Wolfgang Sarlet, Comentários à Constituição do Brasil, 2. ed., São Paulo: Saraiva Educação, 2018.

essas distorções para admitir, promover, conceder benefícios ou dispensar os empregados.

Segundo o art. 391 da CLT o casamento ou o estado gravídico da mulher não é motivo para o rompimento do contrato de trabalho.

A prática de condutas limitadoras invisíveis ou imperceptíveis, com o objetivo de subjugar as mulheres a cargos inferiores aos homens dentro da estrutura organizacional, constituindo afronta direta à dignidade da trabalhadora[506].

Caracterizada a discriminação negativa, o empregador estará sujeito ao pagamento de indenização por dano moral decorrente da discriminação, como vemos na ementa a seguir:

– DANOS MORAIS. DISCRIMINAÇÃO AO TRABALHO DAS MULHERES. COMPROVAÇÃO. INDENIZAÇÃO MANTIDA. Com efeito, restou devidamente comprovado nos autos, que o reclamado, através de seu síndico agiu de maneira discriminatória com relação à dispensa de pessoas do sexo feminino em suas dependências, o que foi objeto, inclusive de inquérito civil investigatório por parte do Ministério Público do Trabalho. Provada, portanto, a conduta discriminatória por parte do agente causador do dano, mantém-se decisão que imputou a reclamada a reparação por danos morais. No tocante ao valor arbitrado, levando-se em consideração o porte da empresa e a intensidade da lesão, determino que o valor da indenização seja reduzido para R$ 5.000,00. Apelo parcialmente provido (TRT-10 – RO 12980.2009.00219000 AL – 12980.2009.002.19.00-0, Relator José Abílio Neves Souza, Data de Publicação: 10/06/2010).

De outro lado, é possível a adoção de práticas discriminatórias positivas, isto é, de normas instituídas com o objetivo de corrigir certas desigualdades e diferenças, viabilizando o exercício de direitos – notadamente àqueles considerados fundamentais – por grupos considerados vulneráveis ou minoritários. Em outras palavras, a lei cria uma desigualdade para possibilitar a simetria material e o efetivo exercício de um direito, o que justifica, por exemplo, a diferença no prazo de concessão da licença-maternidade (120 dias, em regra) e a da licença-paternidade (5 dias, em regra).

Outro tema inter-relacionado à discriminação por motivo de sexo são as discriminações com base em gênero ou orientação sexual.

É vedado ao empregador a prática de discriminações com base em orientação sexual (heterossexual, homossexual, bissexual, pansexual, por exemplo), ou no gênero com o qual o trabalhador se identifica, independentemente do sexo biológico.

A diversidade de gênero é objeto de defesa de diversos setores da sociedade que buscam medidas para conferir a igualdade de oportunidade e tratamento na sociedade e no mercado do trabalho. A realidade tem demonstrado uma intensa carga de condutas discriminatória em face dos trabalhadores devido a sua orientação sexual ou gênero com o qual se identifica.

Recentemente uma empresa foi condenada ao pagamento de indenização por dano moral em consequência da despedida sem justo motivo do empregado que fez a opção pela mudança de sexo. O Tribunal Regional do Trabalho da 15ª Região presumiu que o rompimento do contrato de trabalho decorreu de ato discriminatório, conforme ementa abaixo transcrita:

– DANO MORAL. DISCRIMINAÇÃO. MUDANÇA DE SEXO. POSSIBILIDADE. Nos termos da Lei 8.029/95, a despedida sem justa causa do empregado que faz a opção pela mudança de sexo presume-se discriminatória, com a inversão do "onus probandi", sendo do empregador a prova de que a dispensa não se fez por motivo de preconceito. Isto é evidenciado pelo fato de nenhuma dispensa ser completamente imotivada, havendo sempre um fundo econômico, disciplinar, técnico ou doloso. O art. 1º, "a", da Convenção nº 111 da OIT qualifica a questão da discriminação na relação de trabalho em relação a distinção fundada no sexo do empregado. O princípio da não-discriminação está ligado ao princípio da igualdade, pressupondo a vedação de discriminações injustificadas. Nesse sentido, "mutatis mutandis", foi editada pelo C. TST a Súmula nº. 443. Comprovação que a reclamada dispensou a reclamante por conta da sua transexualidade e outros constrangimentos com o uso do banheiro feminino e a correção do nome no crachá. Presume-se, assim, que a ruptura do contrato laboral decorreu de ato de discriminação decorrente da alteração de gênero da reclamante, causando-lhe sérios problemas e desgastes. Portanto, diante deste quadro fático, a reclamante tem direito à reparação do seu patrimônio moral". (TST-15 – RO: 00119892720175150046, 0022989-27.2017.5.15.0046, Relator: Luiz Felipe Paim da Luz Bruno Lobo, 11ª Câmara, Data de Publicação: 28/10/2019).

É comum verificarmos a prática de "brincadeiras", "bullying", perseguições, isolamento, dentre outras práticas discriminatórias, em virtude do gênero do trabalhador.

O empregador pode instituir políticas de diversidade, treinamentos ou regras de *compliance, a fim de propiciar um ambiente de trabalho respeitoso a todos, independentemente do gênero.*

506 Idem

7. DISCRIMINAÇÃO RACIAL E ESTÉTICA NO AMBIENTE DE TRABALHO

O racismo, de acordo com a história, é considerado uma das mais graves formas de violação de direitos humanos.

A ideia de uma pretensa superioridade de raça, etnia, cor ou povo, sobre o outro, tem raízes em um passado iluminista, colonialista e escravocrata, no qual um ser humano era "coisificado" pelo outro, com fundamento na imoral ideia de superioridade étnica ou de raça[507].

O professor Silvio Luiz de Almeida, uma das maiores autoridades da atualidade no assunto, descreve o racismo como *"uma forma sistemática de discriminação que tem a raça como fundamento, e que se manifesta por meio de práticas conscientes ou inconscientes que culminam em desvantagens ou privilégios para indivíduos, a depender do grupo racial ao qual pertençam"*[508].

A Organização das Nações Unidas foi criada, logo após a Segunda Guerra Mundial, lastreada no sentimento de preservação da paz, da liberdade e justiça como forma de assegurar a dignidade e no valor da pessoa humana, igualdade em dignidade e em direitos, *"sem distinção alguma, de raça, de cor, de sexo, de língua, de religião, de opinião política ou outra, de origem nacional ou social, de fortuna, de nascimento ou de qualquer outra situação" (art. 2º da Declaração Universal de Direitos Humanos; Decreto 592/1992).*

No âmbito do Direito Internacional vigora a Convenção Internacional sobre a Eliminação de todas as Formas de Discriminação Racial, tratado de Direitos Humanos, adotado pela Organização Das nações Unidas em 1965 e incorporado à legislação interna em 1969 (Decreto nº. 65.810/1969). De acordo com o preâmbulo do referido tratado *"qualquer doutrina de superioridade baseada em diferenças raciais é cientificamente falsa, moralmente condenável, socialmente injusta e perigosa, em que, não existe justificação para a discriminação racial".*

Ainda, o art. 1º do tratado citado, define que *"a expressão 'discriminação racial' significará qualquer distinção, exclusão restrição ou preferência baseadas em raça, cor, descendência ou origem nacional ou étnica que tem por objetivo ou efeito anular ou restringir o reconhecimento, gozo ou exercício num mesmo plano, (em igualdade de condição), de direitos humanos e liberdades fundamentais no domínio político econômico, social, cultural ou em qualquer outro domínio de vida pública".*

A Constituição Federal considera a prática do racismo como crime inafiançável (art., 5º, inciso XLII), assim como o art. 20, Lei n. 7.716/89. Além disso, as ofensas raciais também podem caracterizar o crime de injúria, na forma do art. 140, §3º, do Código Penal.

O Estatuto da Igualdade Racial (Lei 12.288/10) define a discriminação racial ou étnico-racial como "toda distinção, exclusão, restrição ou preferência baseada em raça, cor, descendência ou origem nacional ou étnica que tenha por objeto anular ou restringir o reconhecimento, gozo ou exercício, em igualdade de condições, de direitos humanos e liberdades fundamentais nos campos político, econômico, social, cultural ou em qualquer outro campo da vida pública ou privada" (art. 1º, parágrafo único, inciso I).

O referido estatuto prevê a adoção de medidas para garantir à população nega a efetividade da igualdade de oportunidade, o combate à discriminação e outras formas de intolerância, além de políticas públicas voltadas para a inclusão da população negra no mercado de trabalho.

A discriminação racial no âmbito das relações de trabalho se traduz nas práticas de condutas *injustamente desqualificantes* com base na raça, cor ou origem étnica. Segundo o TST, essa prática deve ser veementemente combatida no ambiente de trabalho, tendo em vista que humilha, constrange e segrega o trabalhador, nos termos da ementa abaixo:

– "RECURSO DE REVISTA DO AUTOR. CPC/1973. RESCISÃO INDIRETA. CONFIGURAÇÃO. PRECONCEITO RACIAL. **FALTA GRAVE DO EMPREGADOR. ATO LESIVO DA HONRA E BOA FAMA DO EMPREGADO.** A rescisão indireta caracteriza-se pela faculdade de o empregado considerar extinto o contrato de trabalho, em face da ocorrência de conduta ilícita e reprovável do empregador, caracterizada pelo desrespeito a direito individual subjetivo ou injustificado descumprimento de obrigações legal ou contratual. **O Tribunal Regional, soberano na análise das provas, registrou que o superior hierárquico do autor o chamava por apelidos pejorativos, de cunho racial. A utilização de expressões racistas, no meio ambiente de trabalho, é uma prática que deve ser veemente combatida. Ela humilha, constrange e segrega o trabalhador, atingindo diretamente sua honra subjetiva.** Nesse contexto, diante da gravidade e reiteração da conduta delineada, **é inequívoca a ocorrência de falta grave,** ensejando, pois, a rescisão indireta do contrato de trabalho, nos moldes do artigo 483, "e", da CLT. Recurso de revista conhecido e provido. [...] **RESPONSABILIDADE**

---

507 Flávio Martins Alves Nunes Júnior. Curso de direito constitucional – 3. ed. – São Paulo: Saraiva Educação, 2019.

508 Silvio Luiz de Almeida. Racismo estrutural – São Paulo: Sueli Carneiro; Pólen, 2019.

CIVIL DO EMPREGADOR. DANOS MORAIS CAUSADOS AO EMPREGADO. CARACTERIZAÇÃO. ASSÉDIO MORAL. ATRIBUIÇÃO DE APELIDOS COM TEOR DE DISCRIMINAÇÃO RACIAL PELO SUPERVISOR DO AUTOR. A responsabilidade civil do empregador pela reparação decorrente de danos morais causados ao empregado pressupõe a existência de três requisitos, quais sejam: a conduta (culposa, em regra), o dano propriamente dito (violação aos atributos da personalidade) e o nexo causal entre esses dois elementos. O primeiro é a ação ou omissão de alguém que produz consequências às quais o sistema jurídico reconhece relevância. É certo que esse agir de modo consciente é ainda caracterizado por ser contrário ao Direito, daí falar-se que, em princípio, a responsabilidade exige a presença da conduta culposa do agente, o que significa ação inicialmente de forma ilícita e que se distancia dos padrões socialmente adequados, muito embora possa haver o dever de ressarcimento dos danos, mesmo nos casos de conduta lícita. O segundo elemento é o dano que, nas palavras de Sérgio Cavalieri Filho, consiste na "[...] subtração ou diminuição de um bem jurídico, qualquer que seja a sua natureza, quer se trate de um bem patrimonial, quer se trate de um bem integrante da própria personalidade da vítima, como a sua honra, a imagem, a liberdade etc. Em suma, dano é lesão de um bem jurídico, tanto patrimonial como moral, vindo daí a conhecida divisão do dano em patrimonial e moral". Finalmente, o último elemento é o nexo causal, a consequência que se afirma existir e a causa que a provocou; é o encadeamento dos acontecimentos derivados da ação humana e os efeitos por ela gerados. **No caso, o quadro fático registrado pelo Tribunal Regional revela clara conduta assediadora e ofensiva à personalidade e aos direitos fundamentais assegurados ao autor. O que está em jogo é o menosprezo, o descaso com a condição humana**. Assim, não há que ser relativizado o **comportamento habitual do superior hierárquico e, menos ainda, visto como normal às organizações empresariais ou a detentores de cargos de confiança.** Evidenciado o dano, assim como a conduta culposa do empregador e o nexo causal entre ambos, deve ser mantido o acórdão regional que condenou a reclamada a indenizá-lo. Recurso de revista de que não se conhece. [...]" (RR-458-21.2013.5.12.0028, 7ª Turma, Relator Ministro Claudio Mascarenhas Brandao, DEJT 30/06/2020).

Há, ainda, a denominada discriminação estática, assim considerada como a distinção, preferência ou exclusão dos trabalhadores em virtude da sua aparência ou de estereótipos predefinidos pelo empregador, como a vedação ao uso de barba, tatuagem, ou a contratação de pessoas de acordo com um padrão de beleza ou peso determinado.

Os Tribunais Regionais têm reconhecido, ainda que timidamente, o dever de indenizar a discriminação com base na estética do trabalhador:

- DiscriminaçÃo estética. Corte de Cabelo. Dano moral. O fato de o empregador adotar uniforme e exigir dos empregados higiene pessoal decorre de seu Poder Diretivo. Contudo, o excesso que extrapola os limites da subordinação jurídica, como obrigar o empregado a adotar determinado corte de cabelo, caracteriza dano moral e deve ser indenizado. (TRT-2 – RO **1000700-98.2016.5.02.0039, RELATOR: ANTERO ARANTES MARTINS – 6ª Turma, Data da Publicação 06/07/2017)**
- **EMENTA: DANO MORAL. TRABALHADORA CUJA IMAGEM ERA RIDICULARIZADA PELA EMPRESA. CONSTRANGIMENTO MORAL. DIREITO À INDENIZAÇÃO.** O caráter continuado das agressões praticadas pela empresa a seus empregados, e à reclamante em especial, através de preposto (superior hierárquico), caracteriza a gestão por injúria, que importa indenização por dano moral. Na situação dos autos, restou provado que o **superior hierárquico discriminava os empregados obesos, humilhando e ridicularizando a autora e colegas que se enquadravam nesse perfil, e constrangendo-os através de apelidos e considerações desqualificadoras perante o corpo funcional.** Chegou-se ao ponto de serem **mostradas à demandante fotos de meninas magras dizendo que aquelas eram top, além de ser transferida de setor em razão de sua condição estética** para que não tivesse contato com o público, **práticas estas incompatíveis com a dignidade da pessoa dos trabalhad**ores, com a valorização do trabalho humano e a função social da propriedade, asseguradas pela Constituição Federal (art. 1º, III e IV, art.5º, XIII, art. 170, caput e III). É palmar que comentários e apelidos dessa natureza efetivamente **ferem o psiquismo e imagem da mulher, mormente no ambiente de trabalho,** e como tal, não podem ser tolerados. Nesse contexto, configurados os insultos à imagem, dignidade e personalidade da reclamante, praticados pelo empregador, através de preposto, andou bem o magistrado de piso ao deferir indenização pelo dano moral ocasionado. Recurso da reclamada ao qual se nega provimento. . (TRT-2 – RO **1001466-58.2016.5.02.0070, RELATOR: RICARDO ARTUR COSTA E TRIGUEIROS**

Existe corrente doutrinária que argumenta que o empregador pode impor um padrão estético, dada a natureza da atividade desenvolvida, como, por exemplo, a indústria de alimentos.

A exigência de manutenção de cabelo curto ou proibição do uso de barba, além de outras medidas como o uso de máscara, seriam justificáveis e estariam inseridas no poder organizacional do empregador.

8. DISCRIMINAÇÃO DA PESSOA COM DEFICIÊNCIA E A DISCRIMINAÇÃO AFIRMATIVA NAS RELAÇÕES DE TRABALHO

A Constituição veda a adoção de discriminação sobre critérios de admissão ou salário do trabalhador com deficiência (art. 7º, XXXI).

Entre os tratados e convenções internacionais sobre a proteção dos direitos das pessoas com deficiência estão: (a) a Declaração dos Direitos das Pessoas Portadoras de Deficiência, da ONU; (b) o Tratado de Nova Iorque (Convenção sobre os Direitos das Pessoas com Deficiência e de seu Protocolo Facultativo), da ONU, ratificado pelo Brasil como o status de Emenda Constitucional; (c) o Tratado de Marraquexe (para Facilitar o Acesso a Obras Publicadas às Pessoas Cegas, com Deficiência Visual ou com outras Dificuldades para Ter Acesso ao Texto Impresso), concluído no âmbito da Organização Mundial da Propriedade Intelectual (OMPI) e ratificado pelo Brasil como o status de Emenda Constitucional; (d) a Convenção 159, sobre Emprego e Reabilitação dos Portadores de Deficiência da OIT; (e) as Recomendações 99 e 168 da OIT.

De acordo com o art. 1º da Lei 13.146/2015 (Estatuto da Pessoa com deficiência), será considerada pessoa com deficiência aquela que tenha algum impedimento físico, intelectual, mental ou sensorial de longo prazo. Esses impedimentos, em interação com uma ou mais barreiras, devem constituir óbice para a participação plena e efetiva na sociedade em igualdade de condições com as demais pessoas.

O empregador deve se certificar que não haja a imposição de restrições ao trabalho ou qual quer tipo de discriminação durante o recrutamento, admissão, exames médicos, inclusive para fins de promoção ou reabilitação profissional. Também, deve garantir um ambiente de trabalho acessível e inclusivo.

O legislador criou normas com discriminações afirmativas ou positivas com o objetivo de corrigir certas desigualdades e diferenças, viabilizando o exercício de direitos fundamentais por grupos considerados vulneráveis ou minoritários.

Joaquim Barbosa (apud Martins, 2019, pag. 948) assim definiu:

> *"as ações afirmativas podem ser definidas como um conjunto de políticas públicas e privadas de caráter compulsório, facultativo ou voluntário, concebidas com vistas ao combate à discriminação racial, de gênero e de origem nacional, bem como para corrigir os efeitos presentes da discriminação praticada no passado, tendo por objetivo a concretização do ideal de efetiva igualdade de acesso a bens fundamentais como a educação e o emprego"*

As ações afirmativas tiveram origem no Direito norte-americano como forma de combate à segregação e exclusão dos negros.

O professor Flávio Martins esclarece que as ações afirmativas foram mencionadas pela primeira vez, em 1978, no caso *Regents of the University of California v. Bakke*, de 1978, no qual a Suprema Corte dos Estados Unidos da América, utilizou a raça ou origem étnica para superar o racismo e criar uma "clausula de igual proteção":

> *A primeira vez que a Suprema Corte dos Estados Unidos apreciou a constitucionalidade das affirmative actions foi no caso Regents of the University of California v. Bakke, de 1978. A Universidade teria estabelecido 16% das vagas do curso de medicina para minorias. Alan Bakke, branco, sentiu-se prejudicado pela regra, ajuizando a ação. A Suprema Corte, embora tenha declarado parte da lei inconstitucional, decidiu que o critério racial era válido: "para superar o racismo, nós devemos primeiramente levar a raça em consideração. Não há alternativa. E para que possamos tratar algumas pessoas com equidade, nós temos que tratá-las diferentemente. Nós não podemos – nós não devemos – permitir que a 'cláusula de igual proteção' perpetue a supremacia racial".*[509]

O Supremo Tribunal Federal, no julgamento da ADPF 186, decidiu pela validade das ações afirmativas (ou discriminação reversa) ao possibilitar a instituição de cotas raciais no processo seletivo de estudantes.

- EMENTA: ARGUIÇÃO DE DESCUMPRIMENTO DE PRECEITO FUNDAMENTAL. ATOS QUE INSTITUÍRAM SISTEMA DE RESERVA DE VAGAS COM BASE EM CRITÉRIO ÉTNICO-RACIAL (COTAS) NO PROCESSO DE SELEÇÃO PARA INGRESSO EM INSTITUIÇÃO PÚBLICA DE ENSINO SUPERIOR. ALEGADA OFENSA AOS ARTS. 1º, CAPUT, III, 3º, IV, 4º, VIII, 5º, I, II XXXIII, XLI, LIV, 37, CAPUT, 205, 206, CAPUT, I, 207, CAPUT, E 208, V, TODOS DA CONSTITUIÇÃO FEDERAL. AÇÃO JULGADA IMPROCEDENTE. I – Não contraria – ao contrário, prestigia – o princípio da igualdade material, previsto no caput do art. 5º da Carta da República, a possibilidade de o Estado lançar mão seja de políticas de cunho universalista, que abrangem um número indeterminados de indivíduos, mediante ações de natureza estrutural, seja de ações afirmativas, que atingem grupos sociais determinados, de maneira pontual,

[509] *Flávio Martins Alves Nunes Júnior. Curso de direito constitucional – 3. ed. – São Paulo: Saraiva Educação, 2019.*

atribuindo a estes certas vantagens, por um tempo limitado, de modo a permitir-lhes a superação de desigualdades decorrentes de situações históricas particulares. II – **O modelo constitucional brasileiro incorporou diversos mecanismos institucionais para corrigir as distorções resultantes de uma aplicação puramente formal do princípio da igualdade.** III – Esta Corte, em diversos precedentes, assentou a constitucionalidade das políticas de ação afirmativa. IV – Medidas que buscam reverter, no âmbito universitário, o quadro histórico de desigualdade que caracteriza as relações étnico-raciais e sociais em nosso País, não podem ser examinadas apenas sob a ótica de sua compatibilidade com determinados preceitos constitucionais, isoladamente considerados, ou a partir da eventual vantagem de certos critérios sobre outros, devendo, ao revés, ser analisadas à luz do arcabouço principiológico sobre o qual se assenta o próprio Estado brasileiro. V – **Metodologia de seleção diferenciada pode perfeitamente levar em consideração critérios étnico-raciais ou socioeconômicos, de modo a assegurar que a comunidade acadêmica e a própria sociedade sejam beneficiadas pelo pluralismo de ideias, de resto, um dos fundamentos do Estado brasileiro, conforme dispõe o art. 1º, V, da Constituição.** VI – **Justiça social,** hoje, mais do que simplesmente redistribuir riquezas criadas pelo esforço coletivo, **significa distinguir, reconhecer e incorporar à sociedade mais ampla valores culturais diversificados,** muitas vezes considerados inferiores àqueles reputados dominantes. VII – No entanto, **as políticas de ação afirmativa fundadas na discriminação reversa apenas são legítimas se a sua manutenção estiver condicionada à persistência, no tempo, do quadro de exclusão social que lhes deu origem.** Caso contrário, tais políticas poderiam converter-se benesses permanentes, instituídas em prol de determinado grupo social, mas em detrimento da coletividade como um todo, situação – é escusado dizer – incompatível com o espírito de qualquer Constituição que se pretenda democrática, devendo, outrossim, respeitar a proporcionalidade entre os meios empregados e os fins perseguidos. VIII – Arguição de descumprimento de preceito fundamental julgada improcedente.

Baseando-se nessas premissas, podemos afirmar que o legislador instituiu discriminações positivas (ou ações afirmativas) direcionadas às pessoas com deficiência, com o objetivo de proteger o mercado de trabalho e ao emprego da pessoa com deficiência, ao instituir as seguintes normas: (a) o preenchimento de 2 a 5 % dos cargos com pessoas reabilitadas ou com deficiência, nas empresas com 100 ou mais empregados (art. 93 da Lei 8.213/91); (b) condicionar a dispensa do empregado com deficiência ou reabilitado a contratação de outro trabalhador com deficiência ou reabilitado; (c) audiência de limitação de idade, ou do prazo de duração do contrato de trabalho, ao aprendiz com deficiência (art. 428, §§3º e 5º, CLT);e, (d) vedação de supressão, redução de direitos, ou discriminação, no tocante a salário e critérios de admissão do trabalhador com deficiência, por acordo ou convenção coletiva de trabalho (art. 611-B, XXII, CLT).

A adoção de medidas afirmativas direcionadas aos grupos considerados socialmente vulneráveis – em oposição àqueles reputados dominantes – é imprescindível para a inclusão e preservação do emprego daqueles trabalhadores enquadrados nestes grupos, bem como permite o alcance da efetiva igualdade e justiça social.

9. DISCRIMINAÇÃO POR ALGORITMO OU "DISCRIMINAÇÃO POR MINERAÇÃO DE DADOS" *(DISCRIMINATION BY DATA MINING)*

É comum o empregador receber uma enorme carga de dados pessoais dos trabalhadores na fase pré-contratual, pois aqueles que buscam uma ocupação no mercado de trabalho, a rigor, usam como instrumento de apresentação os seus currículos. Esses documentos contêm dados pessoais do trabalhador, inclusive informações sensíveis, em algumas hipóteses.

O trabalhador discrimina no currículo o seu nome completo, nacionalidade, sexo, idade (ou data de nascimento), endereço, telefone, e-mail, formação acadêmica, histórico profissional, discrição do perfil e qualidades pessoais e profissionais.

A rigor, o trabalhador preocupa-se em inserir o máximo de informações, pessoais e profissionais, na esperança de aumentar as chances de convocação para uma entrevista ou de contratação.

Em ambientes digitais – sites ou plataformas – o volume de informação pessoal pode ser ainda maior, pois permite um detalhamento maior das atribuições pessoais e profissionais, sendo admitido, em alguns casos, o envio de fotografias e a indicação de perfil nas mídias sociais.

Algumas empresas recebem os pedidos de oportunidades de emprego através de compartilhamento de informações por terceiros (sites parceiros ou rede social de busca de emprego, como o LinkedIn).

Todos esses dados, sejam físicos ou digitais, estão englobados na proteção conferida pela LGPD, o que requer um cuidado maior dos empregadores no momento da contratação.

Segundo a Lei Geral de Proteção de Dados (Lei 13.709/2018) **é inadmissível o tratamento de dados para fins discriminatórios ilícitos ou abusivos** (Art. 6º, IX da LGPD).

A Lei Geral de Proteção de Dados[510] designa expressamente alguns princípios – proposições basilares, com virtudes multifuncionais, sendo considerados verdadeiros *standards* (padrões) – para servir de inspiração e parâmetro de integração[511] na aplicação das normas de proteção de dados, dentre os quais destacamos: a ***não discriminação, ou seja,*** *impossibilidade de realização do tratamento para fins discriminatórios ilícitos ou abusivos.*

A despeito da Lei geral de Proteção de Dados ser inspirada na *General Data Protection Regulation (GDPR), Regulation (EU) 2016/679,* na versão atual ***OJ L 119, 04.05.2016***, não há regulamentação específica de direito do trabalho na norma brasileira.

O regulamento europeu reservou um artigo para tratar especialmente do tratamento de dados nas relações do trabalho, destacando a necessidade de respeito aos direitos fundamentais do trabalhadores, principalmente no momento do recrutamento[512]. Vejamos.

> ***Art. 88 GDPR:*** *Processamento no contexto de emprego*
>
> *1. Os Estados-Membros podem, por lei ou por convenções coletivas, prever regras mais específicas para garantir a proteção dos direitos e liberdades no que diz respeito ao tratamento de dados pessoais dos trabalhadores no contexto do trabalho, em particular para efeitos de recrutamento, execução do contrato de trabalho (...). 2. Essas regras devem incluir medidas adequadas e específicas para salvaguardar a dignidade humana, os interesses legítimos e os direitos fundamentais do titular dos dados(...). (tradução livre – grifos acrescidos)*

Isso significa dizer que o empregador não empregar **técnicas ou métodos de mineração de dados** de forma abusiva ou ilícita, de modo a discriminar o trabalhador determinado ou um grupo de trabalhadores.

[510] Artigo 6º da LGPD.

[511] Gilmar Ferreira Mendes, Paulo Gustavo Gonet Branco. Curso de direito constitucional – 12. ed. – São Paulo: Saraiva, 2017.

[512] *"Art. 88 GDPR: Processing in the context of employment 1. Member States may, by law or by collective agreements, provide for more specific rules to ensure the protection of the rights and freedoms in respect of the processing of employees' personal data in the employment context, in particular for the purposes of the recruitment, the performance of the contract of employment, including discharge of obligations laid down by law or by collective agreements, management, planning and organisation of work, equality and diversity in the workplace, health and safety at work, protection of employer's or customer's property and for the purposes of the exercise and enjoyment, on an individual or collective basis, of rights and benefits related to employment, and for the purpose of the termination of the employment relationship. 2. Those rules shall include suitable and specific measures to safeguard the data subject's human dignity, legitimate interests and fundamental rights, with particular regard to the transparency of processing, the transfer of personal data within a group of undertakings, or a group of enterprises engaged in a joint economic activity and monitoring systems at the work place. 3. Each Member State shall notify to the Commission those provisions of its law which it adopts pursuant to paragraph 1, by 25 May 2018 and, without delay, any subsequent amendment affecting them. (Suitable Recitals, (155) Processing in the Employment Context)".*

Vale ressaltar que os dados pessoais sobre origem racial ou étnica, convicção religiosa, opinião política, filiação a sindicato ou a organização de caráter religioso, filosófico ou político, dado referente à saúde ou à vida sexual, dado genético ou biométrico, quando vinculado a uma pessoa natural, são considerados dados sensíveis (art. 5º, II, da LGPD).

O tratamento dos dados pessoais sensíveis somente poderá ocorrer quando o titular ou o responsável legal consentir, de forma específica ou destacada, para finalidades específicas. Significa dizer que a pessoa natural, titular do dado sensível, terá que permitir de forma inequívoca a realização da operação pelo agente de agente de tratamento (art. 11 da LGPD).

A anuência do titular será dispensável quando a realização do tratamento de dado sensível for essencial para o cumprimento de obrigação legal ou do órgão controlador; tratamento compartilhado, pela administração pública, para a realização de políticas públicas; estudos por órgão de pesquisa; exercício regular de direitos; proteção da vida ou da incolumidade física do titular ou de terceiros; tutela da saúde e garantia da prevenção à fraude e à segurança do titular, nos processos de identificação e autenticação de cadastro em sistemas eletrônicos.

A empresa não poderá empregar métodos ou técnicas de tratamento de dados, ou técnicas de mineração de dados (*data mining*), utilizando aparatos tecnológicos, objetivando a criação de perfis (*profiling*), de modo a dar preferência, distinguir ou excluir o candidato com base na sua origem racial ou étnica, religião, opinião política, filiação a sindicato ou orientação sexual, durante o processo de recrutamento. Nesta hipótese estaremos diante da denominada ***"discriminação por algoritmo"*** *ou* ***"discriminação por mineração de dados"*** *(discrimination by data mining).*

A jurisprudência é firme no sentido de reconhecer a responsabilização do empregador em caso de discriminação na contratação (fase pré-contratual):

- **DISCRIMINAÇÃO DE SEXO NA CONTRATAÇÃO.** OBRIGAÇÃO DE NÃO FAZER. **DANO MORAL COLETIVO. CONFIGURADO.** Para efeito de dano moral coletivo, o ilícito e seus consectários há de ser dotados de tal gravidade que impliquem na imediata repulsa social, ultrapassando, portanto, aquela reação decorrente da mera inobservância de determinada norma trabalhista. **Destarte, evidenciada a discriminação na contração por razão de sexo, há submissão da coletividade (grupo, categoria ou classe de pessoas) a uma situação capaz de ensejar a indenização por dano moral coletivo.** (TRT-17 RO: 00011446120155170009, Relator: José Luiz Serafini, Data de Julgamento: 29/05/2018, Data de Publicação: 03/07/2018)

- DANO MORAL COLETIVO. DISCRIMINAÇÃO NA CONTRATAÇÃO DE EMPREGADOS. Tendo sido demonstrado nos autos, através da confissão da preposta, a atitude da reclamada em estabelecer como norma procedimental interna a discriminação de seus empregados ou potenciais empregados que tivessem ajuizado ações na Justiça do Trabalho, configura-se o dano moral coletivo. (TRT-2 – RO 14920014200004 SE 0149200-14.2008.5.20.0004, Data de Publicação: DJ/SE de 15/06/2009)
- "I – AGRAVO DE INSTRUMENTO EM RECURSO DE REVISTA INTERPOSTO NA VIGÊNCIA DA LEI 13.467/2017. TRANSCENDÊNCIA RECONHECIDA. INDENIZAÇÃO POR DANOS MORAIS. CERTIDÃO DE ANTECEDENTES CRIMINAIS NA FASE PRÉ-CONTRATUAL. FUNÇÃO DE AJUDANTE DE PRODUÇÃO. Demonstrada possível violação do art. 5.º, X, da Constituição Federal, impõe-se o provimento do agravo de instrumento para se determinar o processamento do recurso de revista. Agravo de instrumento provido. [...] 2 – INDENIZAÇÃO POR DANOS MORAIS. CERTIDÃO DE ANTECEDENTES CRIMINAIS NA FASE PRÉ-CONTRATUAL. FUNÇÃO DE AJUDANTE DE PRODUÇÃO. EXIGÊNCIA NÃO JUSTIFICADA. A SBDI-1, por maioria de votos, no julgamento do Tema 1 da Tabela de Recursos de Revista Repetitivos, firmou tese de que a exigência da certidão de antecedentes criminais para a contratação de empregado somente se justifica em razão de funções específicas para as quais o empregado será contratado, configurando dano in re ipsa sua exigência injustificada, hipótese dos autos . Recurso de revista conhecido e provido " (RR-1090-34.2017.5.07.0032, 2ª Turma, Relatora Ministra Delaide Miranda Arantes, DEJT 01/03/2019).

A empresa ou pretenso empregador não poderá se valer de expedientes de mineração ou outras técnicas para segregar, excluir ou distinguir os trabalhadores com base em dados pessoais sensíveis, sob pena reparação por dano material, moral e multas administrativas.

Da mesma forma, o empregador não poderá se valer de subterfúgios tecnológicos para discriminar o empregado durante o contrato de trabalho, para obstar promoções, por motivo de raça ou etnia, sexo, idade, **convicção religiosa ou política**, **associação à sindicato**, por exemplo, poderá ser obrigado a reparar os danos daí decorrentes (art. 5º, V e X, da CF; art. 7º da CF, incisos XX, XXX, XXXI, XXXII e XXXIII).

Conforme o art. 42 da LGPD, "o controlador ou o operador que, em razão do exercício de atividade de tratamento de dados pessoais, causar a outrem dano patrimonial, moral, individual ou coletivo, em violação à legislação de proteção de dados pessoais, é obrigado a repará-lo".

O desrespeito às normas de proteção aos dados pode gerar dano patrimonial ou extrapatrimonial, ou adoção de práticas discriminatórias por algoritmos ou ***"por mineração de dados"*** *(discrimination by data mining).*

A LGPD prevê expressamente que o operador responde **solidariamente** pelos danos causados pelo tratamento de dados, quando não cumprir as obrigações de proteção de dados ou quando não tiver seguido as instruções lícitas do controlador. Significa dizer que o terceiro (operador de dados contratado pelo empregador-controlador) poderá ser responsabilizado caso participe do ato discriminatório.

Na hipótese de existir mais de um controlador – como é o caso do grupo empresarial, consórcio empresarial, ou, eventualmente, a terceirização – e estes estiverem envolvidos no tratamento dos dados pessoais do empregado, responderão de forma solidária (art. 42, §1º, II, LGPD).

O art. 43 da LGPD estabelece as excludentes de responsabilidade dos agentes tratadores, quais sejam: a) não ter realizado o tratamento de dados (ausência de conduta – ação ou omissão voluntária); b) embora tenham realizado o tratamento de dados pessoais que lhes é atribuído, não houve violação à legislação de proteção de dados (conduta lícita); c) culpa exclusiva da vítima (do titular dos dados) ou de terceiro.

O empregador também deverá responder pelos dados decorrente da omissão (negligência, imprudência ou imperícia), quando deixar de implementar medidas de segurança para a proteção dos dados dos trabalhadores.

Imagine que o empregador não implementou medidas de segurança para a proteção dos dados dos trabalhadores e um hacker invade o sistema da empresa e acessa uma imagem constrangedora de um funcionário, publicando-a nas redes sociais. Sendo demonstrada a omissão do empregador (o não-agir; não-fazer), na adoção de medidas de segurança, poderá ser responsabilizado (art. 44, § único).

No que se refere ao aspecto processual, o juiz poderá inverter o ônus da prova a favor do titular dos dados quando, a seu juízo, for verossímil a alegação, houver hipossuficiência para fins de produção de prova ou quando a produção de prova pelo titular resultar-lhe excessivamente onerosa, nos termos do art. 42, §2º, da Lei Geral de Proteção aos Dados (Lei 13.709/2018). Nesse sentido, o art. 818 da CLT.

As ações de reparação por danos coletivos, comumente ajuizadas pelo Ministério Público do Trabalho, que tenham por objeto a responsabilização, podem ser exercidas coletivamente em juízo (art. 42, §3º, Lei 13.709/2018).

A *"discriminação por algoritmo"* ou *"discriminação por mineração de dados"* (*discrimination by data mining*), poderá resultar na imposição de sanções pela Autoridade Nacional de Proteção de Dados (ANPD), como: a) advertência; b) **multa simples: de** até 2% (dois por cento) do faturamento da pessoa jurídica de direito privado, grupo ou conglomerado no Brasil, com base no seu último exercício-financeiro, estando limitada ao total de **R$ 50.000.000,00 (cinquenta milhões de reais) por infração**; c) multa diária, observando os mesmos parâmetros de aplicação da multa simples; d) a publicização da infração; e) bloqueio dos dados; f) eliminação dos dados; g) **suspensão parcial do funcionamento do banco** de dados pelo período máximo de 6 (seis) meses, prorrogável por igual período; **suspensão do tratamento dos dados pessoais** por até 6 (seis) meses, prorrogável por igual período; h) proibição parcial ou total do exercício de atividades relacionadas a tratamento de dados.

É possível sustentar a competência concorrente ou dever de colaboração do Ministério da Economia (Secretaria da Especial de Previdência e Trabalho), com base no art. 626 da CLT, no ato administrativo e ao Ministério Público do Trabalho (art. 129 da CF, art. 83 e 8º, da Lei Complementar 75/93).

10. DANO MORAL POR ATRASO NA ANOTAÇÃO OU RETENÇÃO DA CTPS

O *caput* do art. 29 da CLT estabelecia o prazo de 48 horas para o empregador proceder a anotação do contrato de trabalho na CTPS física do empregado. Esse prazo era considerado exíguo, e, por esta razão, foi ampliado pela Lei da Liberdade Econômica (Lei nº. 13.874/2019) para cinco dias úteis.

O descumprimento do prazo de anotação ou das regras sobre a anotação na CTPS constitui infração de administrativa, acarretará a lavratura do auto de infração, pelo Fiscal do Trabalho, que deverá, de ofício, comunicar a falta de anotação ao órgão competente, para o fim de instaurar o processo de anotação (§3º, do art. 29).

A ausência ou atraso injustificado de anotação da carteira de trabalho passou a ser questionado perante os tribunais trabalhistas, por supostamente ocasionar danos de caráter extrapatrimonial aos empregados.

A jurisprudência majoritária entende que a ausência ou atraso injustificado de anotação da CTPS do empregado não caracteriza dano moral, por não prejudica a imagem ou a reputação do empregado perante a sociedade, conforme arestos abaixo:

> *RECURSO DE REVISTA. APELO INTERPOSTO NA VIGÊNCIA DA LEI Nº. 13.015/2014. INDENIZAÇÃO POR DANOS MORAIS. AUSÊNCIA DE ANOTAÇÃO DA CTPS. ATRASO NO PAGAMENTO DE VERBAS RESCISÓRIAS. NECESSIDADE DE DEMONSTRAÇÃO DO DANO SUPORTADO. O entendimento que se firmou no âmbito desta Corte é o de que a ausência da anotação do vínculo empregatício na CTPS ou o inadimplemento de parcelas salariais, quando não comprovado o efetivo dano sofrido pelo empregado, não enseja o pagamento de indenização por dano moral. Precedentes. Recurso de Revista conhecido e provido. (TST – RR: 10849.2015.5.02.0090, Data de Julgamento: 03/10/2018, Data de Publicação: 05/10/2018).*

> *RESPONSABILIDADE CIVIL DO EMPREGADOR. DANOS MORAIS CAUSADOS AO EMPREGADO. CARACTERIZAÇÃO. DESCUMPRIMENTO CONTRATUAL. AUSÊNCIA DE ANOTAÇÃO NA CTPS. Ressalvado meu posicionamento pessoal, a jurisprudência desta Corte considera que o pagamento incompleto ou atrasado das verbas rescisórias, ou de outras parcelas do pacto laboral, só enseja dano moral quando comprovada a exposição do empregado a situação vexatória daí decorrente. Não é essa a hipótese dos autos. Tampouco houve registro do atraso reiterado no pagamento de salários, situação que também autorizaria a condenação postulada. Especificamente acerca do dano moral por ausência de anotação na CTPS do empregado, a SBDI-1 desta Corte, no Julgamento do E-RR-2731-56.2011.5.02.0016, retificou a tese de que a ausência de anotação na CTPS do empregado, por si só, não acarreta danos morais, devendo haver prova do prejuízo sofrido, o que igualmente não ficou demonstrado no presente caso. Recurso de revista que não se conhece. (TST-RR: 1365282.2012.5.09.0088, Relator Min Cláudio Mascarenhas Brandão, 7ª Turma, Data de Julgamento: 04/10/2017, Data de Publicação: 13/10/2017).*

De outro lado, o Tribunal Superior do Trabalho firmou o entendimento de que a retenção da CTPS em prazo superior ao constante no art. 29, da CLT, configura dano moral. Vejamos:

> *"EMBARGOS REGIDOS PELA LEI Nº 11.496/2007. (...) INDENIZAÇÃO POR DANO MORAL DECORRENTE DA RETENÇÃO DA CTPS DA RECLAMANTE POR PRAZO SUPERIOR AO LEGAL. DANO IN RE IPSA. INDENIZAÇÃO DEVIDA. Discute-se, na hipótese, se a retenção da CTPS da reclamante por prazo superior ao previsto no artigo 29 da CLT configura dano moral in re ipsa ou se há a necessidade de prova do efetivo dano. No caso concreto, consta da decisão embargada que a reclamada reteve por uma semana a CTPS da reclamante. Todavia, a Turma manteve a tese regional de que seria indevida a indenização por dano moral, diante da ausência de prova de dano efetivo, já que, segundo confessado pela parte autora, ela „quase⊠ perdeu o novo emprego a que se candidatara. Para a Turma, mesmo que ilícita a conduta da ex-empregadora, o desrespeito ao prazo legal fixado na CLT não pode ser considerado suficiente para causar dano extrapatrimonial se não há prova de que a reclamante, de fato, tenha perdido alguma proposta de emprego ou tenha sofrido qualquer dano a ser indenizado, tratando-se, pois, de mero dissabor, com o qual o ser humano tem de lidar no seu cotidiano, inclusive nas suas relações de trabalho. Esse entendimento, contudo, não se coaduna com a jurisprudência que vem sendo adotada nesta Subseção sobre a matéria, segundo a qual a retenção da CTPS do trabalhador por prazo superior ao fixado nos artigos*

29 e 53 da CLT configura ato ilícito que, por si só, enseja o pagamento de indenização por dano moral. A CTPS é o documento apto para o registro do contrato de emprego e da identificação e qualificação civil, o qual reflete toda a vida profissional do trabalhador, sendo obrigatório para o exercício de qualquer profissão. Nos termos dos artigos 29, caput, e 53 da CLT, o registro de admissão e demais anotações na CTPS do empregado, no prazo de 48 horas, é obrigação legal imposta ao empregador. A mora na devolução do mencionado documento pelo antigo empregador, que o reteve para anotar a extinção do contrato de trabalho com o trabalhador, excede os limites do razoável e configura ato ilícito, haja vista que a falta de apresentação de CTPS sujeita o trabalhador a uma previsível discriminação no mercado de trabalho, fato capaz de caracterizar graves consequências de ordem social e econômica, além de ofensa à sua dignidade, o que, por si só, já é suficiente para acarretar dano moral. E, na hipótese, é indene de dúvidas que a reclamante, ao admitir que „quase" perdeu o novo emprego, experimentou dificuldade para se recolocar no mercado de trabalho, de modo que a circunstância de ter conseguido a vaga a que se propôs não afasta o dano moral, que existiu pelo só fato de ter sido retida a sua CTPS pela reclamada por prazo legal além do previsto. Trata-se, portanto, de dano moral in re ipsa, que, nessas circunstâncias, independe de prova do efetivo dano experimentado pelo trabalhador, bastando a demonstração da conduta ilícita praticada pelo empregador ou ex-empregador, como ocorreu neste caso. Conclui-se, portanto, que a conduta da reclamada, contrária ao disposto no artigo 29, caput , da CLT, implicou ofensiva à intimidade, à honra e à imagem do reclamante, nos termos do artigo 5º, inciso X, da Constituição Federal, pelo que é devida a indenização por dano moral prevista no artigo 927 do Código Civil. Embargos conhecidos e providos."(E-ED-RR-616-69.2011.5.09.0662, Subseção I Especializada em Dissídios Individuais, Relator Ministro José Roberto Freire Pimenta, DEJT 08/03/2019.)

"EMBARGOS EM RECURSO DE REVISTA -INTERPOSIÇÃO POSTERIOR À VIGÊNCIA DA LEI Nº 13.015/2014 -DANO MORAL -RETENÇÃO DA CTPS. A retenção do documento profissional por lapso superior ao fixado na lei (artigos 29 e 53 da CLT) é ato ilícito que, por si só, enseja reparação por dano moral. Precedentes da C. SBDI-I e de Turmas do Eg. TST. Embargos conhecidos e desprovidos."(E--RR -2735-76.2014.5.02.0020, Relatora Ministra: Maria Cristina Irigoyen Peduzzi, Subseção I Especializada em Dissídios Individuais, DEJT 8/6/2018.)

"EMBARGOS EM RECURSO DE REVISTA. DANO MORAL. RETENÇÃOINDEVIDA DACTPSPOR PRAZO SUPERIOR AO LEGAL. DANO IN RE IPSA. Depreende-se do acórdão regional que a reclamada reteve indevidamente a CTPS do reclamante por prazo superior ao legal. A retenção indevida da CTPS por prazo superior ao legal acarreta, por si só, lesão a direitos da personalidade e, consequentemente, o direito a reparação por dano moral. Neste caso, não necessita o empregado demonstrar o constrangimento ou prejuízo sofridos, pois presumidos em face do impedimento de apresentar o documento em eventual entrevista de emprego, nos termos do art. 13 da CLT, que dispõe tratar-se de documento obrigatório para o exercício de qualquer emprego, ou para verificar situação de benefícios previdenciários. Embargos de que se conhece e a que se dá provimento."(E-RR -189-15.2012.5.05.0641, Relator Ministro: Márcio Eurico Vitral Amaro, Subseção I Especializada em Dissídios Individuais, DEJT 6/10/2017.)

"REPARAÇÃO POR DANOS MORAIS. RETENÇÃO DA CTPS. A conduta adotada pela reclamada de reter a CTPS do empregado por prazo superior ao previsto em lei extrapolou os limites de seu direito, ofendendo o princípio da boa-fé objetiva, ensejando a devida reparação. Precedentes. Recurso de revista não conhecido. "(RR-283-71.2012.5.15.0127, Rel. Min. Aloysio Corrêa da Veiga, 6ª Turma, Data de Publicação: DEJT 17/4/2015.)

Deste modo, o empregador não pode conservar consigo a carteira de trabalho do empregado além do período estritamente necessário para proceder às anotações ao empregado, pois a sua retenção indevida pode acarretar prejuízos ao empregado, impedindo-o de apresentar o documento em eventual entrevista de emprego, apresentá-lo perante a previdência social para requerer determinados benefícios previdenciários, de ter outras situações em que são necessárias a comprovação do histórico laboral.

O novo meio preferencial de anotação da CTPS, pela via eletrônica, elimina a possibilidade de retenção do documento pelo empregador, pois não há documento físico. As anotações são feitas mediante o simples fornecimento do número do CPF do trabalhador. O trabalhador terá acesso à CTPS digital independentemente de eventual obrigação do empregador proceder o registro de alguma informação no referido documento eletrônico.

11. DANO MORAL POR ANOTAÇÃO DESABONADORA

Desabonar significa desacreditar, depreciar, desmoralizar, difamar[513]. O dispositivo em análise impõe ao empregador o dever de abster-se de realizar anotações na carteira de trabalho (física ou digital) que possam descredibilizar o empregado (art. 29, §4º, da CLT), de modo a prejudicá-lo em futuras relações de trabalho.

O empregador não pode fazer menção, v.g., à falta grave eventualmente praticada pelo empregado no curso do contrato de trabalho, à decisão judicial que determinou a anotação do vínculo empregatício, advertências, suspensões, ou condutas correlatas que inviabilizam ou prejudicam o acesso do trabalhador à novos empregos.

Essa proibição legal tem a finalidade de não só assegurar o acesso do empregado à novos empregos, mas também, de coibir retaliações e práticas discriminatórias promovidas pelo empregador para arranhar a imagem do trabalhador perante empregadores por vindouros.

---

513 "desabonar" – 1. Desacreditar; depreciar. [in Dicionário Priberam da Língua Portuguesa, https://dicionario.priberam.org/desabonar (consultado em 08-02-2021)].

A Portaria nº 41 de 30 de março de 2007 do Ministério do Trabalho[514] dispõe em seu art. 8º, que *"é vedado ao empregador efetuar anotações que possam causar dano à imagem do trabalhador, especialmente referentes a sexo ou sexualidade, origem, raça, cor, estado civil, situação familiar, idade, condição de autor em reclamações trabalhistas, saúde e desempenho profissional ou comportamento".*

Atento a essa questão, os tribunais têm se posicionado no sentido do reconhecimento de dano moral na hipótese de anotação desabonadora, porquanto consubstancia conduta ilícita por sujeitar o trabalhador à discriminação no mercado de trabalho, acarretando o dever de reparação ao empregado por dano extrapatrimonial. Vejamos as ementas abaixo:

- "AGRAVO. AGRAVO DE INSTRUMENTO EM RECURSO DE REVISTA. RECLAMADA. LEI Nº 13.467/2017. DANOS MORAIS. VALOR DA INDENIZAÇÃO. NÃO PREENCHIDOS OS REQUISITOS DO ART. 896, § 1º-A DA CLT. 1 – Por meio de decisão monocrática, foi negado provimento ao agravo de instrumento da reclamada, por inobservância do art. 896, § 1º-A, I, da CLT. Nesse passo, não se analisou a transcendência da matéria porque o recurso de revista não preencheu pressuposto de admissibilidade. 2 – A Lei nº 13.015/2014 exige que a parte indique, no recurso de revista, o trecho da decisão recorrida no qual se consubstancia o prequestionamento. 3 – No caso, o fragmento indicado da decisão recorrida não identifica os diversos fundamentos de fato e de direito assentados no acórdão recorrido para resolver a controvérsia. Não foi indicado o trecho da decisão em que o TRT consignou qual foi o **ato ilícito da reclamada apto a ensejar a indenização por danos morais**, qual seja, **anotação na CTPS de que a " data de afastamento, função e salário foi feita em razão de processo judicial, (...) passível de reparação por violar o disposto no art. 29, § 4º, da CLT,** que prevê ser vedado ao empregador ' efetuar anotações desabonadoras à conduta do empregado em sua Carteira de Trabalho e Previdência Social' ". Tampouco foram indicadas as demais premissas fáticas necessárias à reforma do valor da indenização por danos morais além da conduta culposa do empregador (dano, nexo causal, situação econômica das partes etc.) 4 – Assim, conforme consignado na decisão monocrática, não foram observadas as exigências do art. 896, § 1º-A, I, da CLT. 5 – Agravo a que se nega provimento" **(Ag-AIRR-10633-62.2019.5.18.0007, 6ª Turma, Relatora Ministra Katia Magalhaes Arruda, DEJT 09/10/2020).**
- "RECURSO DE REVISTA INTERPOSTO ANTERIORMENTE À VIGÊNCIA DA LEI Nº 13.015/2014. **ANOTAÇÃO NA CTPS DE ATESTADOS MÉDICOS. INDENIZAÇÃO POR DANOS MORAIS. DANO "IN RE IPSA"** . A jurisprudência desta Corte Superior é firme no sentido de que a **anotação de atestados médicos na CTPS desabona a conduta do empregado e é abusiva, configurando ato ilícito do empregador**, hipótese em que terá o trabalhador o direito à compensação por danos morais. Reconhecido pelo Tribunal Regional o fato ofensivo, qual seja a anotação desabonadora na CTPS do empregado, expressamente vedada pelo art. 29, § 4º, da CLT, **a lesão moral ocorre "in re ipsa", ou seja, decorre da própria conduta ofensiva aos atributos da personalidade do trabalhador. Precedentes**. Recurso de revista parcialmente conhecido e desprovido" (RR-80900-65.2009.5.05.0009, 1ª Turma, Relator Ministro Walmir Oliveira da Costa, DEJT 04/10/2019).
- " ANOTAÇÕES NA CTPS DO EMPREGADO A RESPEITO DO AJUIZAMENTO DE RECLAMAÇÃO TRABALHISTA. READMISSÃO DOS EMPREGADOS POR FORÇA DE DECISÃO JUDICIAL. CARÁTER DISCRIMINATÓRIO. RETIFICAÇÃO. A jurisprudência reiterada e predominante desta Corte superior, com vistas a desmotivar conduta do empregador que possa acarretar ao empregado dificuldade na tentativa de obtenção de novo emprego, adota a tese de que o ex-empregador, ao proceder a anotação da carteira de trabalho do trabalhador, fazendo constar que o registro decorreu de determinação judicial, atenta contra o direito de personalidade desse. Não se pode negar que a realidade brasileira apresenta um mercado de trabalho altamente competitivo, com o desemprego crônico e a precarização dos direitos trabalhistas, sendo notório que algumas empresas, na seleção dos candidatos à vaga de emprego, utilizam-se de critérios arbitrários e ilegais, discriminando os trabalhadores em razão da formação, idade, raça, aparência, pretensão salarial ou qualquer ponto que considerem negativo, como o anterior ajuizamento de reclamação trabalhista contra seu ex-empregador. Portanto, na hipótese, ainda que a reclamada, ao fazer anotação desnecessária e injustificável na CTPS dos reclamantes de ajuizamento de reclamação trabalhista, não tenha comprovadamente agido de forma dolosa para causar dano aos trabalhadores, assumiu deliberadamente o risco de fazê-lo, ao registrar naquele documento, sem nenhuma necessidade real, que o fazia no cumprimento de determinação judicial, não podendo razoavelmente ignorar que, ao assim

[514] É denominado atualmente de Ministério do Trabalho e Previdência. Foi recriado pela MP n. 1.058 de 27 de julho de 2021, convertida na Lei 14.261/2021.

proceder, fatalmente, sujeitou a reclamante a uma possível discriminação no mercado de trabalho, com graves consequências de ordem social e econômica. Por tudo isso, a reclamada teve conduta contrária ao disposto no artigo 29, caput e seu § 4º, da CLT (precedentes). Recurso de revista conhecido e provido" (RR-1118-85.2015.5.20.0007, 2ª Turma, Relator Ministro Jose Roberto Freire Pimenta, DEJT 30/11/2018).

- RECURSO DE REVISTA INTERPOSTO SOB A ÉGIDE DA LEI 13.015/2014. DANO MORAL. ANOTAÇÃO DESABONADORA NA CTPS. A jurisprudência desta Corte tem se firmado no sentido de considerar que a anotação da Carteira de Trabalho, especificando que **o registro decorre de ordem judicial em ação trabalhista, sujeita o trabalhador à discriminação no mercado de trabalho, configurando conduta capaz de ensejar a compensação por dano moral.** Há precedentes da SBDI-1 do TST. Recurso de revista conhecido e provido. (TST – RR 21413420135200008, 6ª Turma, Relator Min. Augusto César Leite de Carvalho, Data de Julgamento: 13/06/2018)
- INDENIZAÇÃO POR DANOS MORAIS. ANOTAÇÃO DESABONADORA NA CTPS. OCORRENCIA. O registro do vínculo de emprego na CTPS do empregado, com expressa menção à reclamação trabalhista anteriormente ajuizada, há que ser entendido como anotação desabonadora, nos moldes do artigo 29, §4º, da CLT, vez que tal anotação certamente irá criar obstáculos ao empregado na busca por nova colocação no mercado de trabalho, considerando a realidade econômica e social atual do país e o fato de não ser bem vista, pelos empregadores, a procura do Judiciário pelo candidato a emprego. (TRT-1-RO 01005103520185010261 RJ, Relator Des. Maria Helena Motta, data de Julgamento 17/07/2020, 6ª Turma)

Vemos, portanto, que as anotações referentes de falta grave, indicando a existência de ação trabalhista ou de decisão judicial que determinou a anotação do vínculo empregatício, advertências, suspensões, ou condutas correlatas que inviabilize ou prejudique o acesso do trabalhador à novos empregos, são vedadas pela legislação trabalhista e podem gerar dano moral ao trabalhador.

12. DANO MORAL EM DECORRÊNCIA DO ACOMETIMENTO DE SÍNDROME DE BURNOUT OU SÍNDROME DE ESGOTAMENTO PROFISSIONAL

A Síndrome de *Burn-out* ou Síndrome de Esgotamento Profissional como são conhecidas, é uma doença ocupacional *"caracterizada pelo estado depressivo do indivíduo decorrente do acentuado e contínuo estresse vivenciado no ambiente do trabalho"*.[515]

Henrique Correia[516] destaca que *"a limitação da jornada de trabalho impede que o trabalho intenso, realizado pelo trabalhador, cause doenças ocupacionais de ordem física e psíquica como a síndrome do esgotamento profissional, chamada de 'Burnout'"*. Essa patologia, de acordo com o médico Drauzio Varella (apud Correia, 2018),

> *"**é um distúrbio psíquico** descrito em 1974 por Freudenberger, um médico americano. O transtorno está registrado no Grupo V da CID-10 (Classificação Estatística Internacional de Doenças e Problemas Relacionados à Saúde). **Sua principal característica é o estado de tensão emocional e estresse crônico provocado por condições de trabalho físicas, emocionais e psicológicas desgastantes.** A síndrome se manifesta especialmente em pessoas cuja profissão exige envolvimento interpessoal direito e intenso. Profissionais das áreas da educação, saúde, bombeiros, policiais e mulheres que enfrentam dupla jornada correm o risco maior de desenvolver o transtorno".*

O Tribunal Superior do Trabalho tem se posicionado no sentido de reconhecer a síndrome de Burnout como doença ocupacional, bem como o direito à reparação por dano moral em virtude disso[517]. Vemos os julgados abaixo:

> **[...] DANO MORAL. SÍNDROME DE BURNOUT. CONCAUSA.** *No caso concreto, a prova pericial* **concluiu que o trabalho teria operado em concausa para o quadro de doença psiquiátrica da reclamante.** *O Tribunal Regional, todavia, em que pese o laudo pericial, afastou o nexo causal e, por conseguinte, as condenações a título de indenização por dano moral, por entender que não restou demonstrada relação com o trabalho. Por certo que o juiz não está adstrito às conclusões do laudo pericial, podendo formar suas convicções com outros elementos e provas existentes nos autos, a teor do art. 436 do CPC (art. 479 do CPC/15).* **Contudo, não pode, aleatoriamente, sem elementos robustos nos autos em sentido contrário, desprezar a prova técnica, pelo que na espécie devem prevalecer as conclusões do perito que detém conhecimentos científicos na área, segundo as quais há nexo concausal entre a doença adquirida pela recorrente** *(transtornos psiquiátricos) e suas atividades laborais. Assim, ainda que o labor na reclamada não seja reconhecido como causa direta da doença ocupacional, a atividade laborativa desempenhada pela reclamante atuou como concausa, o que legalmente se equipara ao acidente do trabalho, na forma do art. 21, I, da Lei 8.213/91. Constatado o evento danoso e o nexo de concausalidade com o trabalho, surge a necessidade da reparação do dano moral.* **A responsabilidade da reclamada pelo pagamento do dano moral não depende de prova**

[515] Delgado, 2019. p.781.
[516] Idem. Correia e Miessa, 2018.
[517] Tribunal Superior do Trabalho. Notícias. Fonte: https://www.tst.jus.br/web/guest/-/mantida-indenizacao-a-bancario-aposentado-aos-31-anos-por-sindrome-de-burnout?inheritRedirect=true [acessado em 26/09/2020]

do prejuízo, pois deriva da própria lesão à integridade física (ou psíquica) da reclamante (*in re ipsa*). Recurso de revista conhecido e provido parcialmente. [...]. (TST – RR – 193-87.2014.5.21.0010, *Relatora* DELAÍDE MIRANDA ARANTES, 2ª Turma, Data de Publicação: 08/05/2020).

Nota-se, assim, que o excesso de jornada traz prejuízos tanto para o trabalhador – desgaste físico e psíquico – como também para a empresa, que poderá sofrer duras consequências econômicas, na medida em que terá que pagar ao empregado as horas extras laboradas com o respectivo adicional e reflexos legais, bem como estará sujeita a aplicação de penalidades administrativas, reparação por danos individuais (dano existência, dano moral decorrente de doenças adquiridas ou acidente de trabalho) e danos coletivos.

Como medida preventiva, o empregador poderá adotar formas de compensação de jornada para viabilizar a renovação das energias físicas e psíquicas ao empregado, além de assegurar o direito fundamental ao lazer.

13. DANO MORAL EM DECORRÊNCIA DO PAGAMENTO DO SALÁRIO "POR FORA"

O salário pago por fora é um expediente utilizado pelo empregador para fraudar os preceitos contidos na CLT. Nessa situação o empregador deixa de integrar parte do salário à folha salarial do empregado, pagando parte "por fora", deixando, assim, o que diminui a base de cálculo das demais parcelas remuneratórias como, por exemplo, FGTS, bem como os encargos fiscais e previdenciários.

A jurisprudência tem sedimentado o entendimento de que essa conduta fraudulenta caracteriza-se como ato ilícito passível de dano moral. Recentemente o TST, no julgamento da Ação Civil Pública nº. TST-RR-10384-88.2014.5.03.0077, decidiu que essa conduta pode ser caracterizada como dano moral coletivo, conforme ementa abaixo:

– RECURSO DE REVISTA. LEI Nº 13.015/2014. CPC/1973.AÇÃO CIVIL PÚBLICA.INDENIZAÇÃO POR DANO MORAL COLETIVO.PAGAMENTO "POR FORA". REITERADO DESCUMPRIMENTO DA LEGISLAÇÃO TRABALHISTA. INDENIZAÇÃO POR DANOS MORAIS COLETIVOS. VALOR ARBITRADO. Caracterizada no moral coletivo a violação de direitos de certa coletividade ou ofensa a valores próprios dessa. A constatação de que a empresa descumpriu as normas legais, atinentes ao pagamento de salários com os devidos reflexos e recolhimentos do FGTS e previdenciários, demonstra reiterado descumprimento da legislação trabalhista, a ensejar condenação ao pagamento de indenização por danos morais coletivos. A configuração de lesão ao patrimônio moral coletivo dispensa aprova do efetivo prejuízo de todos os empregados ou do dano psíquico dele derivado. A lesão decorre da própria conduta ilícita da empresa, em desrespeito à lei e à dignidade do trabalhador. Caracteriza-se, assim, lesão a direitos e interesses transindividuais, pois prejudica não só os próprios trabalhadores, mas também o restante da sociedade, pois reflete diretamente nos programas que dependem dos recursos do FGTS e da Previdência Social, razão pela qual se tem por configurada a ofensa a patrimônio jurídico da coletividade, que necessita ser recomposto. Diante da necessária avaliação dos critérios de proporcionalidade e de razoabilidade, e, considerando a prática reiterada da empresa ré em efetuar os pagamentos de verbas salariais "por fora", o caráter pedagógico da medida, a ofensa ao direito da coletividade, além do fato de que, no caso, não foi comprovada a presença de efetivo dano psíquico dos empregados, em razão da conduta ilícita da empresa, fixa-se o valor da indenização por danos morais em R$ 40.000,00 (quarenta mil reais), a ser revertida ao FAT –Fundo de Amparo ao Trabalhador, conforme expressamente postulado na petição inicial pelo Ministério Público do Trabalho. Recurso de revista conhecido e provido. [...] (TST – ACP 10384-88.2014.5.03.0077, 7ª Turma, Ministro Relator Claudio Brandão, Publicado acórdão em 07/04/2020)

O relator, Ministro Cláudio Brandão, destacou, por fim, que essa conduta caracteriza lesão a direitos e interesses transindividuais, pois prejudica não só os próprios trabalhadores, mas também o restante da sociedade, pois reflete diretamente nos programas que dependem dos recursos do FGTS e da Previdência Social, razão pela qual se tem por configurada a ofensa ao patrimônio jurídico da coletividade, que necessita ser recomposto. No plano individual, contudo, o trabalhador deve demonstrar

14. ASSÉDIO MORAL

O assédio moral é definido com "*a conduta reiterada seguida pelo sujeito ativo no sentido de desgastar o equilíbrio emocional do sujeito passivo, por meio de atos, palavras, gestos e silêncios significativos que visem ao enfraquecimento e diminuição da autoestima da vítima ou a outra forma de tensão ou desequilíbrio emocionais graves*".[518]

A jurista Sônia Aparecida Costa Mascaro do Nascimento [519] ensina que o assédio moral se caracteriza por ser

518 Mauricio Godinho Delgado. Curso de Direito do Trabalho. LTR. São Paulo: 2019.

519 NASCIMENTO, Sônia A. C. Mascaro. Assédio moral no ambiente do trabalho. Revista LTR, São Paulo, v. 68, n. 08, p. 922-930, ago. 2004.

> *"uma conduta abusiva, de natureza psicológica, que atenta contra a dignidade psíquica, de forma repetitiva e prolongada, e que expõe o trabalhador a situações humilhantes e constrangedoras, capazes de causar ofensa à personalidade, à dignidade ou à integridade psíquica, e que tenha por efeito excluir a posição do empregado no emprego ou deteriorar o ambiente de trabalho, durante a jornada de trabalho e no exercício de suas funções".*

A professora Alice Monteiro de Barros defendia que:

> *"o termo 'assédio moral' foi utilizado pela primeira vez pelos psicólogos e não faz muito tempo que entrou para o mundo jurídico. O que se denomina assédio moral, também conhecido como mobbing (Itália, Alemanha e Escandinávia), acosso moral (Espanha), terror psicológico ou assédio moral entre nós, além de outras denominações, são, a rigor, atentados contra a dignidade humana e se manifestam, de início, na família e na escola, quando se confrontam, respectivamente, filhos e alunos com predileções ostensivas. Ora, a exibição de valores, o relato do brilho e da glória de uns com ostracismo do outro gera ciúmes, inveja e rivalidades. Por fim, o assédio moral deságua no trabalho, geralmente de forma estereotipada, e em várias outras áreas da sociedade".*

A Organização Internacional do Trabalho, na Convenção 190 de 2019[520], sobre violência e assédio, reconhece o direito de todas as pessoas a um mundo de trabalho livre de violência e assédio, incluindo a violência e o assédio com base no gênero (assédio sexual).

Nessa convenção, o termo violência e assédio é conceituado como *"um conjunto de comportamento e práticas inaceitáveis, ou de suas ameaças, de ocorrência* ***única ou repetida****, que visem, causem, ou sem suscetíveis de causar dano físico, psicológico, sexual ou econômico, e inclui a violência com base no gênero"*.

Vemos, portanto, que o assédio moral é a exposição do trabalhador a situações humilhantes no ambiente de trabalho, de forma repetitiva ou prolongada, acarretando dano à integridade psíquica ao trabalhador.

O assédio moral (violência psicológica) é a conduta mais denunciada no mundo do trabalho, estando relacionado a abusos verbais, não verbais, psicológicos, sexuais, *bullying*, *mobbing* e ameaças.

Também estão incluídas nesse conceito, a tentativa de descredibilizar da reputação do trabalhador; o seu isolamento, atribuição de atividades ou tarefas que não estão de acordo com a capacidade, competências e condições pessoais do trabalhador; e as metas inatingíveis.

No direito comparado o conceito de violência psicológica ou assédio, diz respeito à conduta praticada com o objetivo de ferir a integridade psicológica da vítima, bem como os efeitos daí decorrente.

O Código do Trabalho Francês[521], define o assédio moral como os atos repetitivos que tem a finalidade ou o efeito de degradar as condições de trabalho dos trabalhadores e das trabalhadoras de uma tal maneira que podem prejudicar o seu direito à dignidade, alterar a sua saúde física ou mental ou pôr em perigo o seu futuro profissional.

Em estudo da organização internacional do trabalho, foram colhidas do Direito Comparado, as seguintes definições:

> *"De acordo com a definição constante no Código do trabalho da Polónia, de 1974, na sua versão alterada, o mobbing abrange o assédio e a intimidação prolongados a um/a trabalhador/a, resultando numa avaliação diminuída das suas capacidades profissionais, ou visando humilhar ou ridicularizar, provocando o seu isolamento ou marginalização relativamente aos colegas de trabalho. A Lei sobre Relações no Trabalho da Eslovénia, de 2013, define o mobbing como qualquer comportamento errado ou claramente negativo ou insultuoso que se produz de uma forma repetida e sistemática contra um/a trabalhador/a ou trabalhadores/asa título individual no local de trabalho e em relação à atividade laboral. Na Austrália, considera-se que um trabalhador ou trabalhadora é vítima de bullyings e «quando se encontra no seu local de trabalho, um indivíduo ou um grupo de indivíduos se comporta repetidamente e de uma forma injustificada com o trabalhador ou trabalhadora ou com um grupo do qual faz parte, e o referido comportamento cria um risco para a saúde e segurança deste. Na Turquia, o bullying é definido como ações dirigidas a uma pessoa com o objetivo de a desencorajar e excluí-la do seu ambiente de trabalho, incluindo ações que podem ter um caráter deliberado e que visam importunar essa pessoa. De acordo com a Lei sobre Relações no Trabalho da Eslovénia, de 2013, o assédio define-se como qualquer comportamento impróprio associado a qualquer circunstância pessoal determinada, com o efeito ou a intenção de afetar a dignidade de uma pessoa e de criar um ambiente intimidatório, agressivo, degradante, vergonhoso ou insultuoso. Na Papua Nova Guiné, o assédio é definido como qualquer comportamento não desejado e não solicitado que seja ofensivo, intimidatório ou humilhante. As formas mais comuns de assédio são o bullying, a agressão física e as ameaça"[522].*

Na doutrina brasileira há discussão sobre a necessidade (ou não) da reiteração da conduta para a caracterização do assédio moral, prevalecendo a vertente interpretativa que entende pela necessidade da reiteração da conduta.

Esse instituto jurídico é classificado da seguinte maneira: i) **Assédio moral vertical descendente:**

520 https://www.ilo.org/wcmsp5/groups/public/---europe/---ro-geneva/---ilo-lisbon/documents/genericdocument/wcms_729459.pdf.

521 https://www.ilo.org/wcmsp5/groups/public/---ed_norm/---relconf/documents/meetingdocument/wcms_630695.pdf.

522 https://www.ilo.org/wcmsp5/groups/public/---ed_norm/---relconf/documents/meetingdocument/wcms_630695.pdf.

ocorre quando o terror psicológico é praticado das chefias em direção ao chefiado, isto é, do superior hierárquico para o subordinado; ii) **Assédio moral vertical ascendente:** quando o subordinado ou um grupo de trabalhadores prática terror psicológico contra o seu superior hierárquico. O objetivo é boicotar o chefe, para que haja a substituição do chefe. Citamos como exemplo, a conduta praticada por jogadores de futebol para "derrubar" o técnico; iii) **Assédio moral horizontal:** se caracteriza quando a conduta é praticada por um colega de trabalho em direção a outros colegas, ou seja, de um trabalhador contra trabalhador no ambiente de trabalho; iv) **Assédio moral interpessoal:** ocorre de maneira individual, direta e pessoal, com a finalidade de prejudicar ou eliminar o profissional na relação com a equipe; v) **Assédio moral institucional:** ocorre quando a própria organização incentiva ou tolera atos de assédio. A agressão parte da própria instituição, por meio de seus gestores ou a partir de estratégias organizacionais desumanas para obter uma maior produtividade, criando uma cultura institucional de humilhação e controle.

O assédio moral pode estar ligado a abusos do poder de direção, busca incessante pelo cumprimento de metas desarrazoadas, uma cultura autoritária, rixas no ambiente de trabalho, sentimentos de inveja, etc.

O assédio moral ocorre, por exemplo, quando o empregador retira a autonomia funcional dos trabalhadores ou restringe o acesso aos instrumento de trabalho; criticar o seu trabalho de modo exagerado ou injusto; atribuir com frequência tarefas inferiores ou distintas das suas atribuições; segregar o assediado no ambiente de trabalho; isolar o(a) assediado(a) de confraternização, almoços e atividades juntamente com os demais colegas; entre outras situações[523].

Essas condutas afetam violentamente a saúde mental do trabalhador, gerando ansiedade, medo, depressão e outras doenças psicológicas.

O Departamento de Justiça dos Estados Unidos, em 2004, destacou que

> **Num contexto de uma crescente atenção relativamente a esta questão, os especialistas em segurança no trabalho e outros analistas estão de acordo em que, em termos gerais, para abordar a violência no local de trabalho é necessário tratar de diversos aspectos** *além da agressão física em si. Os homicídios e outras agressões físicas fazem parte de um contínuo que* **inclui também a violência doméstica, a perseguição, as ameaças, o assédio, o *bullying*, o abuso emocional, a intimidação e outras formas de conduta que geram ansiedade, medo e um clima de desconfiança no local de trabalho.** *Fazem todos parte do problema da violência no local de trabalho. (Departamento de Justiça dos Estados Unidos, 2004, pág. 13.)*

Além das referidas consequências, o assédio moral acarreta culpa, vergonha, rejeição, tristeza, inferioridade e baixa autoestima, distúrbios digestivos, dores de cabeça, alteração do sono, crises de choro, irritabilidade, problemas familiares, isolamento, síndrome do pânico, estresse, esgotamento físico e emocional, podendo levar até ao suicídio do trabalhador. Pode ocasionar a redução da capacidade de concentração e da produtividade do trabalhador que é vítima do assédio, erros no cumprimento das tarefas e reações incompreensíveis em relação às ordens recebidas por superiores.

E não é só. O assédio gera consequências para a empresa, na medida em que há uma redução da produtividade, rotatividade de pessoal, aumento de erros e acidentes, excesso de faltas dos trabalhadores, licenças médicas, indenizações trabalhistas, assim como expõe negativamente a imagem da empresa.

15. ASSÉDIO MORAL *VS.* ASSÉDIO SEXUAL

O assédio moral se difere do assédio sexual, embora sejam figuras próximas, relacionadas à dignidade do trabalhador, possuem conceitos distintos.

Enquanto o assédio moral se caracteriza através de condutas que objetivam aterrorizar psicologicamente o trabalhador, o assédio sexual é definido como a *conduta de importunação maliciosa e reiterada, explícita ou não, com interesse e conotações libidinosos, de uma pessoa física em relação a outra.* Trata-se de uma ofensa de natureza essencialmente emocional, psicológica, embora podendo ostentar também dimensão física.

Existe, portanto, uma conotação sexual nos atos de perseguição e importunação. O assédio sexual, na maioria das vezes, é praticado pelo assediador às escondidas, sem a presença de testemunhas, conquanto seja possível a sua caracterização se praticado na presença de terceiros. As maiores vítimas dessa conduta são as mulheres, sendo possível que o homem também seja vítima.

Os exemplos mais comuns de assédio sexual são insinuações (explícitas ou veladas), gestos, palavras, promessas de tratamento diferenciado, chantagem para permanência ou promoção, ameaças, represálias, perturbação, conversas indesejáveis (de conotação sexual), contato físico indesejado, etc.

16. CONSEQUÊNCIAS NO CONTRATO DE TRABALHO E INDENIZAÇÕES

Por todas as perspectivas o assédio moral constitui dano extrapatrimonial, uma vez que atinge a dignidade humana do trabalhador e a sua honra, vez que

523 https://www12.senado.leg.br/institucional/procuradoria/proc-publicacoes/cartilha-assedio-moral-e-sexual [acessado em 25/02/2021].

causa um grande abalo psicológico aos trabalhadores. A reiteração da conduta causa danos psíquicos e físicos ao empregado, desencadeando, na maioria das vezes, ansiedade, medo, depressão, síndrome do pânico, etc. Esses bens jurídicos dizem respeito aos direitos da personalidade, protegidos pela Constituição Federal no art. 5º, V e X, e, para a sua configuração devem estar provados o ato lesivo (culposo ou doloso), o dano, o nexo causal, nos termos do art. 223-B e seguintes da CLT e do art. 186 e 927 do Código Civil.

Nos casos mais graves, o assédio moral pode ser enquadrado como doença ocupacional por equiparação (art. 20 da Lei 8.213/91) por originar doenças psíquicas (depressão, ansiedade, síndrome do pânico, etc.) ou pelo agravamento da doença (agindo como concausa).

A prova do assédio moral é um desafio a ser enfrentado nas situações de assédio moral ou sexual, isso porque esses atos, em sua maioria, são praticados na clandestinidade, sendo difícil a demonstração dos fatos em juízo. Cabe ao empregado, em regra, o fato constitutivo do seu direito (art. 818, I, da CLT), pois, em regra, ocupa o polo ativo na demanda trabalhista.

17. LEGISLAÇÃO RELACIONADA

▶ Art. 1º., III e IV, da CF: A República Federativa do Brasil, formada pela união indissolúvel dos Estados e Municípios e do Distrito Federal, constitui-se em Estado Democrático de Direito e tem como fundamentos: (...) III – a dignidade da pessoa humana; IV – os valores sociais do trabalho e da livre iniciativa.

▶ Art. 5.º, X e XII: Todos são iguais perante a lei, sem distinção de qualquer natureza, garantindo-se aos brasileiros e aos estrangeiros residentes no País a inviolabilidade do direito à vida, à liberdade, à igualdade, à segurança e à propriedade, nos termos seguintes: (...) X – são invioláveis a intimidade, a vida privada, a honra e a imagem das pessoas, assegurado o direito a indenização pelo dano material ou moral decorrente de sua violação; (...) XII – e inviolável o sigilo da correspondência e das comunicações telegráficas, de dados e das comunicações telefônicas, salvo, no último caso, por ordem judicial, nas hipóteses e na forma que a lei estabelecer para fins de investigação criminal ou instrução processual penal.

▶ Art. 186, do CC: Aquele que, por ação ou omissão voluntária, negligência ou imprudência, violar direito e causar dano a outrem, ainda que exclusivamente moral, comete ato ilícito.

▶ Art. 187, do CC: Também comete ato ilícito o titular de um direito que, ao exercê-lo, excede manifestamente os limites impostos pelo seu fim econômico ou social, pela boa-fé ou pelos bons costumes.

▶ Súmula 392/TST: Dano moral e material. Relação de trabalho. Competência da justiça do Trabalho. Nos termos do art. 114, inc. VI, da Constituição da República, a justiça do Trabalho é competente para processar e julgar ações de indenização por dano moral e material, decorrentes da relação de trabalho, inclusive as oriundas de acidente de trabalho e doenças a ele equiparadas, ainda que propostas pelos dependentes ou sucessores do trabalhador falecido.

▶ Súmula 439/TST: Danos morais. Juros de mora e atualização monetária. Termo inicial. Nas condenações por dano moral, a atualização monetária é devida a partir da data da decisão de arbitramento ou de alteração do valor. Os juros incidem desde o ajuizamento da ação, nos termos do art. 883 da CLT.

▶ Súmula Vinculante n. 22: A justiça do Trabalho é competente para processar e julgar as ações de indenização por danos morais e patrimoniais decorrentes de acidente de trabalho propostas por empregado contra empregador, inclusive aquelas que ainda não possuíam sentença de mérito em primeiro grau quando da promulgação da Emenda Constitucional n.45/04.

18. INFORMATIVOS

Acidente de trabalho. Ação de indenização por danos morais. Prescrição. Termo inicial. Aposentadoria por invalidez. A SBDI-I, por unanimidade, conheceu dos embargos da reclamada, por divergência jurisprudencial, e, no mérito, por maioria, negou-lhes provimento, mantendo a decisão da Turma que afastou a prescrição pronunciada sob o fundamento de que o marco inicial para a contagem do prazo prescricional incidente sobre a ação de indenização por dano moral decorrente de acidente de trabalho é a data da aposentadoria por invalidez permanente, momento em que ocorreu a ciência inequívoca da incapacidade laboral. Vencido o Ministro Ives Gandra Martins Filho. TST-E-ED-RR-779-52.2008.5.10.0007, SBDI-I, rel. Min. Aloysio Corrêa da Veiga, 29.8.2013 **(Informativo 57 do TST)**

Acidente do trabalho. Morte do empregado. Indenização por danos morais e materiais. Ambiente de trabalho. Negligência. Responsabilidade do empregador. Havendo negligência do empregador com o ambiente de trabalho e a segurança do trabalhador, não se pode retirar a responsabilidade da empresa, ainda que comprovada a culpa concorrente da vítima. Na hipótese, o empregado rural, que exercia a atividade de "bituqueiro", ou seja, recolhia a cana-de-açúcar que a máquina deixava de colocar no caminhão, foi atropelado por veículo da empresa que fazia manobra, enquanto descansava, de madrugada, sobre a cana cortada, vindo a falecer. Não obstante o quadro fático delineado nos autos revelar que houve o fornecimento dos equipamentos de segurança ao trabalhador acidentado, e que as reclamadas ministravam treinamento a todos os contratados e os alertavam a não dormir na lavoura, ressaltou-se não ser viável, no caso, atribuir culpa exclusiva à vítima. Se a atividade demanda descanso, cabe ao empregador atribuir local seguro para o momento de pausa, adotando critérios de prudência e vigilância, a fim de evitar o dano, ainda que potencial, especialmente quando o trabalho é prestado em ambiente adverso, de difícil acesso e de baixa visibilidade, a exemplo da lavoura de cana-de-açúcar. Com esse entendimento, a SBDI-I, por maioria, vencido o Ministro Renato de Lacerda Paiva, conheceu dos embargos, por divergência jurisprudencial, e, no mérito, ainda por maioria, negou-lhes provimento, mantendo a decisão turmária, que conheceu do recurso de revista por violação do art. 927 do CC, e, no mérito, deu-lhe parcial provimento para condenar as rés, solidariamente, ao pagamento de indenização pelo dano moral e de pensão mensal, a título de dano material. Vencidos os Ministros Ives Gandra Martins Filho, Brito Pereira e Maria Cristina Irigoyen Peduzzi. Ressalvou fundamentação o Ministro Renato de Lacerda Paiva, porquanto entendia presente a culpa "in eligendo" e "in vigilando", mas não reconhecia a responsabilidade objetiva. TST-E-ED-RR-470-43.2010.5.15.0000, SBDI-I, rel. Min. Aloysio Côrrea da Veiga, 25.10.2012 **(Informativo 27 do TST)**

Acidente de trabalho. Danos morais e materiais. Razoabilidade e proporcionalidade do valor da indenização. Conhecimento de recurso de revista por violação do art. 944, "caput", do CC. Possibilidade. É possível o conhecimento de recurso de revista por violação direta do art. 944, "caput", do CC, para se discutir a razoabilidade e a proporcionalidade na fixação do valor da indenização por danos morais e materiais decorrentes de acidente de trabalho, especialmente por serem mínimas as chances de identidade fática entre o aresto paradigma e a decisão recorrida, apta a ensejar o conhecimento do recurso por divergência jurisprudencial. Com base nesse entendimento, a SBDI-I, por unanimidade, conheceu dos embargos, por divergência jurisprudencial, e, no mérito, por maioria, deu-lhes provimento para, fixada a premissa de que o art. 944, do CC permite a análise dos critérios de valoração da indenização por dano moral decorrente de acidente de trabalho, determinar o retorno dos autos à Turma para que examine a apontada violação como entender de direito. Vencidos os Ministros Ives Gandra Martins Filho e João Oreste Dalazen. TST-E-RR-217700-54.2007.5.08.0117, SBDI-I, rel. Min. Augusto César Leite de Carvalho, 22.11.2012 **(Informativo 31 do TST)**

Acidente de trabalho com óbito. Cortador de cana. Queda de raio. Caso fortuito externo. Ausência de responsabilidade civil objetiva. Indenização por dano moral. Indevida. A indenização por dano moral somente é devida quando houver dano, culpa e nexo de causalidade entre o dano e a conduta antijurídica, conforme o art. 186 do CC. Assim, não há como atribuir à reclamada conduta culposa ou dolosa em relação à morte de empregado cortador de cana atingido por um raio durante o exercício de sua atividade laboral, visto que o acidente decorreu unicamente de caso fortuito externo. De igual modo, não há falar em responsabilidade objetiva da empregadora, pois a atividade desenvolvida pela vítima não ensejava risco de morte inerente à descarga elétrica. Sob esses fundamentos, a SBDI-I, pelo voto prevalente da presidência, conheceu dos embargos, por divergência jurisprudencial, e, no mérito, deu-lhes provimento para restabelecer a sentença que indeferira o pedido de indenização por danos morais. Vencidos os Ministros Alexandre Agra Belmonte, João Oreste Dalazen, Renato de Lacerda Paiva, Augusto César Leite de Carvalho, José Roberto Freire Pimenta, Hugo Carlos Scheuermann e Cláudio Mascarenhas Brandão. TST-E-EDRR-195-49.2011.5.19.0000, SBDI-I, rel. Min. Aloysio Corrêa da Veiga, 22.6.2017 **(Informativo 161 do TST)**

Transporte de valores irregular. Dano moral. *"(...) 2. ACIDENTE DE TRABALHO. EMPREGADO DA EMPRESA RECLAMADA ACOMPANHADO POR SEGURANÇA RESPONSÁVEL PELO TRANSPORTE DE VALORES. TRANSPORTE IRREGULAR. EXPOSIÇÃO A SITUAÇÃO DE RISCO. DANO MORAL. Hipótese em que o trabalhador (de cujus) atuava na função de supervisor de postos de combustível, deslocando-se entre as unidades da empresa a fim de realizar a contabilidade e o transporte de documentos e boletos. Em determinada ocasião, o Empregado, agindo no interesse da empresa, forneceu carona a empregado que exercia a função de segurança e que era responsável pelo transporte de valores, quando, no trajeto, sofreram tentativa de assalto que resultou no seu falecimento. 2. Diante da ocorrência de tentativa de assalto a veículo utilizado a serviço da empresa, tendo como vítimas, dentre elas uma fatal, dois empregados prepostos da empresa, não há como fragmentar os fatos como se fossem hipóteses diversas. O empregado supervisor, ainda que não fosse responsável pelo transporte de valores, naquele dia participava da atividade de forma irregular, em total descumprimento às regras de segurança estabelecidas na Lei 7.102/83. Ainda que o assalto configure fato de terceiro, sobre o qual o empregador não poderia prever ou resistir, é certo que, a par de descumprir as regras legais alusivas à atividade (Lei 7.102/83), o transporte de valores – que foi a causa motriz do lamentável episódio – representa atividade essencial do negócio explorado, não havendo como excluir a responsabilidade da empresa. Logo, ainda que se reconheça eventual ação de terceiro, é certo que o sinistro ocorreu no desenvolvimento regular da atividade laboral, não havendo falar em excludente de responsabilidade da empresa. Ao descumprir a legislação de regência, reduzindo custos, o transporte de valores oferecia risco à integridade física de seus empregados, gerando risco elevado de assaltos com desdobramentos imprevisíveis. 3. A jurisprudência desta Corte é pacífica no sentido de reconhecer o dano moral nas situações em que realizado o transporte de valores à margem da Lei 7.102/83, na medida em que expõe os empregados a grau de risco superior ao da atividade para a qual contratado. 4. Presentes os requisitos da responsabilização civil do empregador, impõe-se a condenação da Reclamada ao pagamento de indenização. Violação do artigo 927 do CCB reconhecida. Julgados desta Corte. Recurso de revista conhecido e provido."* (TST-RR-1523-26.2015.5.06.0391, 5ª Turma, rel. Min. Douglas Alencar Rodrigues, julgado em 19.6.2019) **(Informativo 199 do TST)**

Dano moral. Doença profissional. Exposição à amianto. Ciência inequívoca da incapacidade em momento posterior ao término do contrato de trabalho. Prescrição bienal. Na hipótese em que a ciência inequívoca da incapacidade para o trabalho resultante da exposição permanente do empregado a amianto ocorreu após a extinção do contrato de trabalho, a pretensão ao pagamento de indenização por danos morais submete-se à prescrição bienal. No caso, restou consignado nos autos que o contrato foi extinto em 1991, a ciência da doença profissional ocorreu em 22.11.2008, data da emissão da Comunicação de Acidente de Trabalho (CAT), e a reclamação trabalhista foi ajuizada apenas em março de 2011, ou seja, após o transcurso do prazo prescricional. Sob esse entendimento, a SBDI-I, por unanimidade, conheceu dos embargos, por divergência jurisprudencial, e, no mérito, por maioria, deu-lhes provimento para pronunciar a prescrição bienal e julgar extinto o processo, com resolução de mérito. Vencidos os Ministros Aloysio Corrêa da Veiga, relator, Alberto Luiz Bresciani de Fontan Pereira, Walmir Oliveira da Costa, José Roberto Freire Pimenta e Hugo Carlos Scheuermann, os quais aplicavam a prescrição quinquenal. TST-EED-ED-RR-315-98.2011.5.06.0018, SBDI-I, rel. Min. Aloysio Corrêa da Veiga, red. p/ acórdão Min. Cláudio Mascarenhas Brandão, 27.6.2019 **(Informativo 200 do TST)**

Empregado falecido após a extinção do contrato de trabalho. Indenização por dano moral. Acidente do trabalho. Legitimidade ativa do espólio. Direito patrimonial. *"(...) 1. FALECIMENTO DO EMPREGADO APÓS A EXTINÇÃO DO CONTRATO DE TRABALHO. INDENIZAÇÃO POR DANO MORAL DECORRENTE DE ACIDENTE DE TRABALHO. LEGITIMIDADE ATIVA DO ESPÓLIO PARA PLEITEAR DANO MORAL EM NOME DO DE CUJUS. CONHECIMENTO E PROVIMENTO. I. No caso dos autos, o trabalhador sofreu acidente de trabalho em 25/02/2012 e pediu demissão em 18/09/2012. Consta, ainda, que "o reclamante não ajuizou ação de indenização por danos morais antes de seu falecimento, ocorrido em 03/11/2012". II. A Corte Regional manteve a sentença em que se reconheceu a ilegitimidade ativa da sucessão do Autor, representada por sua genitora e única herdeira, para pleitear indenização pelo pagamento de indenização por dano moral decorrente do acidente de trabalho sofrido pelo de cujus. Assim, entendeu que "o direito à indenização por danos morais é personalíssimo, intransmissível e irrenunciável". III. O pedido de indenização por danos morais trata-se de direito patrimonial transmissível por herança, nos termos do art. 943 do Código Civil. Diante disso, conclui-se que os sucessores do trabalhador possuem legitimidade ativa para ajuizar ação, pretendendo reparação por dano moral e material, tratando-se de direito patrimonial, decorrente do contrato de trabalho havido entre o empregador e o de cujus. IV. A esse respeito, no julgamento do processo nº RR-94385-95.2005.5.12.0036, esta Quarta Turma já se manifestou no sentido de que "os sucessores têm legitimidade para propor qualquer ação de indenização, por tratar-se de direito patrimonial. Isso porque o que se transmite é o direito de ação, e não o direito material em si, pelo fato de não se tratar de direito personalíssimo, o que impediria sua transmissão a terceiros". V. Recurso de revista de que se conhece, por violação do art. 943 do Código Civil, e a que se dá provimento."* (TST-RR-133-44.2014.5.04.0251, 4ª Turma, rel. Min. Alexandre Luiz Ramos, julgado em 3.9.2019) **(Informativo 204 do TST)**

TÍTULO III
DAS NORMAS ESPECIAIS DE TUTELA DO TRABALHO

CAPÍTULO I
DAS DISPOSIÇÕES ESPECIAIS SOBRE DURAÇÃO E CONDIÇÕES DE TRABALHO

COMENTÁRIOS

A Comissão responsável pela elaboração da Consolidação das Leis do Trabalho, formada por cinco juristas notáveis – Luís Augusto do Rego Monteiro, Oscar Saraiva, José de Segadas Viana, Dorval de Lacerda e

Arnaldo Lopes Süssekind – dividiu as normas de tutela do trabalho em dois títulos: a) Título II , "Das Normas Gerais de Tutela do Trabalho" – que reúne os preceitos e regras basilares de proteção do trabalho comum; b) Título III, "Das Normas Especiais de Tutela do Trabalho" – dispondo regras específicas sobre a prestação de serviços em determinadas condições, seja por motivo de ordem pessoal ou profissional.

Eduardo Gabriel Saad ensina que *"No primeiro grupo, encontram-se as disposições aplicáveis às situações que não apresentam peculiaridades de ordem pessoal ou profissional que exijam um disciplinamento diferente do geral; no segundo, estão reunidas normas protetoras de situações especiais por motivo de ordem pessoal (mulher, menor, idoso) ou de ordem profissional (bancários, estivadores, capatazia, etc.)"*.[524]

A doutrina também aponta que a unidade de princípios protetivos do trabalho *"**sofre exceções com vistas ao atendimento de condições específicas**, seja em razão da pessoa que executa o trabalho (menor, mulher, deficiente etc.), seja em função da maneira, do local, das características da execução do trabalho (frigoríficos, minas de subsolo, ferrovias, bancos, estiva, advocacia, magistério etc.), **o que fundamenta a existência de categorias profissionais diferenciadas**, cuja definição é extraída do § 3º do art. 511 da CLT" (Leite, 2019)*.[525]

Três justificativas são apresentadas para o trabalho de duração especial: i) o fracionamento do tempo de prestação de serviços – quando o tempo de prestação de serviços não é integral, mas apenas parcial, seja em decorrência da contratação do empregado para trabalhar em regime de tempo parcial, ou de posterior opção do empregado manifestada perante o empregador, na forma prevista em norma coletiva (art. 58-A da CLT); b) a variação dos turnos de trabalho – o desequilíbrio do relógio biológico do trabalhador, especialmente no turno ininterrupto de revezamento (Art. 7º, XIV, da CF); c) conquista pessoal do trabalhador (ajuste entre o empregado e o empregador) ou de sua categoria (instrumento ou sentença normativa)[526].

A doutrina critica fortemente a excessiva regulamentação de profissões, especialmente quando há um desprendimento do legislador da essência dessa espécie normativa: o exercício da atividade estar *"ligado à vida, saúde, educação, liberdade ou segurança do cidadão"*, condições não reunidas, por exemplo, na profissão de fotógrafo ou cinegrafista.[527]

[524] Saad, op. cit., 2019, p. 447.
[525] Leite, op.cit., 2019
[526] Martinez, op. cit., 2020.
[527] Saad, op. cit., 2019, p.467.

▸ SEÇÃO I
DOS BANCÁRIOS

Trabalho aos sábados em bancos

Art. 224 – A duração normal do trabalho dos empregados em bancos, casas bancárias e Caixa Econômica Federal será de 6 (seis) horas continuas nos dias úteis, com exceção dos sábados, perfazendo um total de 30 (trinta) horas de trabalho por semana. (Redação dada pela Lei nº 7.430, de 17.12.1985)

§ 1º A duração normal do trabalho estabelecida neste artigo ficará compreendida entre sete e vinte e duas horas, assegurando-se ao empregado, no horário diário, um intervalo de quinze minutos para alimentação. (Redação dada pelo Decreto-Lei nº 229, de 28.2.1967)

§ 2º As disposições deste artigo não se aplicam aos que exercem funções de direção, gerência, fiscalização, chefia e equivalentes ou que desempenhem outros cargos de confiança desde que o valor da gratificação não seja inferior a um terço do salário do cargo efetivo. (Redação dada pelo Decreto-Lei nº 754, de 1969)

Art. 225 – A duração normal de trabalho dos bancários poderá ser excepcionalmente prorrogada até 8 (oito) horas diárias, não excedendo de 40 (quarenta) horas semanais, observados os preceitos gerais sobre a duração do trabalho. (Redação dada pela Lei nº 6.637, de 8.5.1979)

Art. 226 – O regime especial de 6 (seis) horas de trabalho também se aplica aos empregados de portaria e de limpeza, tais como porteiros, telefonistas de mesa, contínuos e serventes, empregados em bancos e casas bancárias. (Redação dada pela Lei nº 3.488, de 12.12.1958)

Parágrafo único – A direção de cada banco organizará a escala de serviço do estabelecimento de maneira a haver empregados do quadro da portaria em função, meia hora antes e até meia hora após o encerramento dos trabalhos, respeitado o limite de 6 (seis) horas diárias. (Incluído pela Lei nº 3.488, de 12.12.1958)

COMENTÁRIOS (ARTS. 224 A 226)

A jornada normal do trabalho bancário está capitulada nas disposições especiais sobre duração e condições de trabalho. A doutrina dominante aponta que esse enquadramento está ligado a fatores biológicos, isso porque o *"exercício das atividades tipicamente bancárias encontra-se no rol das profissões penosas extenuantes. A complexidade e rapidez das tarefas bancárias, as responsabilidades decorrentes do manuseio de grandes somas,*

Decreto-Lei 5.452/1943

a posição ergonômica de trabalho, os riscos de acidentes emergentes do espantoso número de assaltos a bancos etc. provocam, ao fim de curto tempo, um maior desgaste físico e psíquico do empregado bancário" (Leite, 2019).

Aliás, a jornada extenuante pode desencadear a síndrome de Burnout, especialmente nos serviços bancários, na medida em que exige uma concentração máxima do trabalhador, podendo ocasionar fadiga mental, além de outras doenças psicossomáticas. As circunstâncias especiais da atividade justificam uma jornada de trabalho específica e um intervalo maior de descanso entre uma jornada e outra.

O enquadramento da atividade profissional como bancário está condicionado ao exercício da atividade-fim dos bancos – a realização de intermediação de operações de crédito, investimento, além da custódia de ativos e serviços financeiros.

Por definição legal, as instituições financeiras são "*as pessoas jurídicas públicas ou privadas, que tenham como atividade principal ou acessória a coleta, intermediação ou aplicação de recursos financeiros próprios ou de terceiros, em moeda nacional ou estrangeira, e a custódia de valor de propriedade de terceiros*" (art. 17 da Lei n. 4.595/1964).

O Banco Central do brasil indica que a instituição financeira pode ser: a) banco de câmbio – realiza a compra e a venda de moeda estrangeira; b) banco comercial – capta recursos por meio de depósitos, bem como intermedeia a circulação de recursos entre investidores e tomadores de empréstimo; c) banco de desenvolvimento – responsável por autorizar o financiamento de projetos de desenvolvimento econômico e social, além de captar recursos de depósitos e fundos de investimentos; d) banco de investimento – realiza empréstimo de capital fixo ou de giro, além de captar recursos por meio de depósitos, não operando depósitos à vista; e) banco múltiplo – acumula as funções de banco comercial, dentre outras carteiras, como, por exemplo, de investimento ou de câmbio.[528]

Também são consideradas instituições financeiras, além dos estabelecimentos bancários, as sociedades de crédito, financiamento e investimentos, das caixas econômicas e das cooperativas de crédito (art. 18, §1º, da Lei n. 4.595/1964). Nesse sentido, a Súmula 55 do TST, equipara as empresas de financiamento (de crédito, financiamento ou investimento) aos estabelecimentos bancários, para os efeitos do art. 224 da CLT.

Tradicionalmente, o empregado que desempenha tarefas inseridas na rotina bancária, como o atendimento ao cliente, operação de pagamentos, saques, análise de crédito, aconselhamento financeiro ou de investimento, ou, ainda a venda de outros produtos bancários, têm direito ao enquadramento como bancário. Como consequência, o empregado terá direito às benesses ínsitas à categoria, mormente à jornada de trabalho especial.

O bancário, em regra, está sujeito a jornada 6 horas diária e 30 horas semanais, sendo vedado o trabalho aos sábados. A jurisprudência consolidada não considera o sábado do bancário como um dia de repouso remunerado, mas, sim, um dia útil não remunerado. Isso exime o empregador de integrar as horas extras habituais no cálculo da remuneração devida ao empregado no dia útil não trabalhado (sábado), conforme inteligência da Súmula 113 do TST.

A explicação para a afirmação de que, para o bancário, o sábado não é considerado um dia útil não trabalhado, reside no fato de o art. 1º da Lei 4.178, de 11.12.1962, dispor que os estabelecimentos de crédito não funcionarão aos sábados, em expediente externo ou interno.[529]

É possível, entretanto, que o sábado seja considerado dia de descanso remunerado, por meio de ajuste individual expresso, ou instrumento coletivo, hipótese em que o divisor do salário-hora do bancário será de: a) 150, para os empregados submetidos à jornada de seis horas, prevista no caput do art. 224 da CLT; b) 200, para os empregados submetidos à jornada de oito horas, nos termos do § 2.º do art. 224 da CLT. Do contrário, nas demais hipóteses, o divisor do salário-hora do bancário será: a) 180, para os empregados submetidos à jornada de seis horas prevista no caput do art. 224 da CLT; b) 220, para os empregados submetidos à jornada de oito horas, nos termos do § 2.º do art. 224 da CLT.É o que diz a Súmula 124 do TST.

A lei confere o direito a um intervalo intrajornada de 15 minutos para refeição e descanso, aos empregados bancários sujeitos à jornada de trabalho de seis horas diárias de trabalho. Esse período não é considerado tempo à disposição do empregador, motivo pelo qual o não será computado na duração do trabalho (OJ n. 178 da SDI-1 do TST).

Os empregados que exerçam cargo de confiança, nos ditames do § 2º do art. 244 da CLT, não estão sujeitos à jornada diária especial de 6 horas, nem ao intervalo intrajornada de 15 minutos. A doutrina diverge acerca dos requisitos caracterizadores do cargo de gestão. A fidúcia tem características diferentes. Está relacionada ao manuseio de quantias vultosas, autonomia para tomar decisões, poderes de representação, além de outros poderes de mando. Também exige o recebimento de uma gratificação de função de pelo menos um terço do salário.

528 Banco central. O que é banco (instituição financeira). <https://www.bcb.gov.br/estabilidadefinanceira/bancoscaixaseconomicas> [acessado em 20.11.2021]

529 Leite, op. cit., 2019.

A jurisprudência divide os cargos de confiança dos bancários em dois grupos. O primeiro, é composto dos empregados que exercem uma função diferenciada, gozando de um certo prestígio e confiança perante a instituição financeira, independentemente de poderes de mando. Esses empregados estão sujeitos à limitação da jornada diária de 8 horas diária, prevista no art. 224, §º, da CLT, sendo extraordinárias as trabalhadas além da oitava (Súmula 102, IV, do TST). Neste caso, a gratificação de função tem o condão de remunerar a 6ª e a 7ª hora (Súmula 102, II, do TST).

No segundo grupo estão os trabalhadores que exercem altos cargos junto à instituição financeira. São investidos de poderes de mando e recebem remuneração acima do padrão salarial estabelecido para os demais empregados, o que justifica a ausência de limitação da jornada de trabalho. Aplica-se aos altos bancários o art. 62 da CLT (Súmula 287 do TST).

O caixa bancário, mesmo que seja caixa executivo, não exerce cargo de confiança. O pagamento de eventual gratificação de função, em fração igual ou superior a um terço do salário do posto efetivo, tem o escopo de remunerar apenas a maior responsabilidade do cargo (Súmula 102, VII, do TST).

Em casos excepcionais é admitida a prorrogação da jornada de trabalho do bancário até 8 horas diárias e 40 horas semanais. Evidentemente, se a jornada foi prorrogada para além das 8 horas diárias ou 44 horas semanais, será devido o pagamento do labor extraordinário ao trabalhador. A pré-contratação de horas extras, no momento da admissão, é considerada nula, sendo devido o pagamento do adicional de, no mínimo 50% (Súmula 199, I, do TST). É permitido, contudo, o pacto das horas extras após a admissão.

Por fim, ressalte-se que todos os empregados do banco, em regra, gozam da jornada especial de trabalho. O vigilante, de outro lado, ainda que contratado diretamente pelo banco, não será considerado bancário (Súmula 257 do TST).

SEÇÃO II
DOS EMPREGADOS NOS SERVIÇOS DE TELEFONIA, DE TELEGRAFIA SUBMARINA E SUBFLUVIAL, DE RADIOTELEGRAFIA E RADIOTELEFONIA

Art. 227 – Nas empresas que explorem o serviço de telefonia, telegrafia submarina ou subfluvial, de radiotelegrafia ou de radiotelefonia, fica estabelecida para os respectivos operadores a duração máxima de seis horas contínuas de trabalho por dia ou 36 (trinta e seis) horas semanais.

§ 1º – Quando, em caso de indeclinável necessidade, forem os operadores obrigados a permanecer em serviço além do período normal fixado neste artigo, a empresa pagar-lhes-á extraordinariamente o tempo excedente com acréscimo de 50% (cinquenta por cento) sobre o seu salário-hora normal.

§ 2º – O trabalho aos domingos, feriados e dias santos de guarda será considerado extraordinário e obedecerá, quanto à sua execução e remuneração, ao que dispuserem empregadores e empregados em acordo, ou os respectivos sindicatos em contrato coletivo de trabalho.

Art. 228 – Os operadores não poderão trabalhar, de modo ininterrupto, na transmissão manual, bem como na recepção visual, auditiva, com escrita manual ou datilográfica, quando a velocidade for superior a 25 (vinte e cinco) palavras por minuto.

Art. 229 – Para os empregados sujeitos a horários variáveis, fica estabelecida a duração máxima de 7 (sete) horas diárias de trabalho e 17 (dezessete) horas de folga, deduzindo-se deste tempo 20 (vinte) minutos para descanso, de cada um dos empregados, sempre que se verificar um esforço contínuo de mais de 3 (três) horas.

§ 1º – São considerados empregados sujeitos a horários variáveis, além dos operadores, cujas funções exijam classificação distinta, os que pertençam a seções de técnica, telefones, revisão, expedição, entrega e balcão.

§ 2º – Quanto à execução e remuneração aos domingos, feriados e dias santos de guarda e às prorrogações de expediente, o trabalho dos empregados a que se refere o parágrafo anterior será regido pelo que se contém no § 1º do art. 227 desta Seção.

Art. 230 – A direção das empresas deverá organizar as turmas de empregados, para a execução dos seus serviços, de maneira que prevaleça sempre o revezamento entre os que exercem a mesma função, quer em escalas diurnas, quer em noturnas.

§ 1º – Aos empregados que exerçam a mesma função será permitida, entre si, a troca de turmas, desde que isso não importe em prejuízo dos serviços, cujo chefe ou encarregado resolverá sobre a oportunidade ou possibilidade dessa medida, dentro das prescrições desta Seção.

§ 2º – As empresas não poderão organizar horários que obriguem os empregados a fazer a refeição do almoço antes das 10 (dez) e depois das 13 (treze) horas e a de jantar antes das 16 (dezesseis) e depois das 19:30 (dezenove e trinta) horas.

Art. 231 – As disposições desta Seção não abrangem o trabalho dos operadores de radiotelegrafia embarcados em navios ou aeronaves.

COMENTÁRIOS (ARTS. 227 A 231)

Os arts. 227 a 231 da CLT disciplinam regras específicas aos empregados nos serviços de telefonia, telegrafia, radiotelegrafia e radiotelefonia. São profissões que tiveram o seu auge na década de 40. Paulatinamente a evolução tecnológica nos distanciou dessas formas de comunicação e, como consequência, tornou cada vez mais raro esse tipo de profissão.

A previsão de um regime de trabalho de forma diferenciada, com uma quantidade maior de pausas durante a jornada, tem como escopo proteger a saúde do trabalhador sujeito a tais condições de trabalho, evitando o surgimento de doenças ocupacionais.

Homero Batista ensina que "*é significativo que os operadores telefônicos tenham obtido a jornada de seis horas (art. 227) e o direito à jornada de sete horas em caso de horários móveis (art. 229), diferenciando-se dos demais trabalhadores, sendo certo que a pausa de 20 minutos a cada três horas laboradas (art. 229) também representa uma particularidade bastante ligada a essa profissão. Essa pausa intrajornada se alinha ao rol dos intervalos dedicados ao revigoramento e ao combate da fadiga muscular e sua não concessão leva ao pagamento de horas extras, por se tratar de atividade em horário proibido e destinado* ao descanso remunerado".[530]

O intervalo do art. 227 da CLT aplica-se ao telefonista de mesa independentemente se a empresa explora o serviço de telefonia.

Essa pausa influenciou na edição da Norma Regulamentadora n. 17 do Ministério do Trabalho e Previdência, que estabelece limites à jornada de trabalho dos operadores de teleatendimento, bem como pausas contínuas durante a jornada.

SEÇÃO III
DOS MÚSICOS PROFISSIONAIS

Art. 232 – Será de seis horas a duração de trabalho dos músicos em teatro e congêneres.

Parágrafo único. Toda vez que o trabalho contínuo em espetáculo ultrapassar de seis horas, o tempo de duração excedente será pago com um acréscimo de 25 % (vinte e cinco por cento) sobre o salário da hora normal.

Art. 233 - A duração normal de trabalho dos músicos profissionais poderá ser elevada até oito horas diárias, observados os preceitos gerais sobre duração do trabalho.

COMENTÁRIOS (ARTS. 232 E 233)

Os dispositivos em análise foram revogados tacitamente pela Lei n.3.857/60. Essa lei regulamentou a atividade profissional de músico, condicionando o exercício da profissão ao registro prévio na Ordem dos Músicos do Brasil.

Porém, no julgamento da ADPF n. 183-DF, o Supremo Tribunal Federal considerou que "***as limitações ao livre exercício das profissões serão legítimas apenas quando o inadequado exercício de determinada atividade possa vir a causar danos a terceiros e desde que obedeçam a critérios de adequação e razoabilidade, o que não ocorre em relação ao exercício da profissão de músico****, ausente qualquer interesse público na sua restrição*". Diante disso, por unanimidade, julgou procedente a ADPF e declarou que não foram recepcionados pela Lei Maior de 1988: "*(a) as expressões 'seleção, a disciplina e (...) a fiscalização do exercício da profissão de músico', constante do art. 1º da Lei nº3.857/1960; (b) os artigos 16; 17, §§ 2º e 3º; 18; 19; 28 a 40 e 49 da Lei nº 3.857/1960; (c) a expressão 'habilitarão ao exercício da profissão de músico em todo o país', presente no art. 17 da Lei nº 3.857/1960; (d) a parte do art. 54, "b", da Lei nº 3.857/1960 que obriga os empregadores a manter anotação relativa à 'inscrição na Ordem dos Músicos do Brasil' em livro de registro próprio; e (e) a parte do art. 55 da Lei nº 3.857/1960 que trata da 'competência privativa da Ordem dos Músicos do Brasil quanto ao exercício profissional'*". [ADPF 183-DF, Rel. Alexandre de Moraes, Plenário, Sessão Virtual de 20.9.2019 a 26.9.2019]

Os artigos 41 a 48 da Lei n. 3.857/60, que disciplinam a duração normal de trabalho dos músicos, não foram afetados pelo julgamento da ADPF n. 183-DF. A duração normal do trabalho dos músicos, via de regra, não poderá exceder de 5 horas. A duração do trabalho poderá ser elevada: i) a 6 horas, quando a apresentação se der em estabelecimentos de diversões públicas (cabarés, boates, dancings, táxi-dancings, salões de danças e congêneres), onde atuem 2 ou mais conjuntos; ii) a 7 horas, nos casos de força maior, ou festejos populares e serviço de interesse nacional.

O tempo de ensaio é considerado tempo à disposição do empregador, sendo computado no período de trabalho. Os intervalos durante a jornada de trabalho são computados como tempo à disposição, com exceção do intervalo para refeição e descanso, que será de 1 hora.

Caso a prestação de serviços ocorra a bordo de navio, para empresas nacionais, o músico terá um horário especial: a) durante o almoço ou jantar; b) das 21 às 22 horas; c) nas entradas e saídas dos portos, entre as 7h às 22h. Tem o propósito de propiciar entretenimento aos passageiros da embarcação.

[530] Batista, op. cit., p. 227.

O músico tem direito a um dia de descanso semanal remunerado a cada período de seis dias consecutivos de trabalho

▸ SEÇÃO IV
DOS OPERADORES CINEMATOGRÁFICOS

Art. 234 – A duração normal do trabalho dos operadores cinematográficos e seus ajudantes não excederá de seis horas diárias, assim distribuídas:

a) 5 (cinco) horas consecutivas de trabalho em cabina, durante o funcionamento cinematográfico;

b) 1 (um) período suplementar, até o máximo de 1 (uma) hora para limpeza, lubrificação dos aparelhos de projeção, ou revisão de filmes.

Parágrafo único – Mediante remuneração adicional de 25% (vinte e cinco por cento) sobre o salário da hora normal e observado um intervalo de 2 (duas) horas para folga, entre o período a que se refere a alínea "b" deste artigo e o trabalho em cabina de que trata a alínea "a", poderá o trabalho dos operadores cinematográficos e seus ajudantes ter a duração prorrogada por 2 (duas) horas diárias, para exibições extraordinárias.

Art. 235 – Nos estabelecimentos cujo funcionamento normal seja noturno, será facultado aos operadores cinematográficos e seus ajudantes, mediante acordo ou contrato coletivo de trabalho e com um acréscimo de 25% (vinte e cinco por cento) sobre o salário da hora normal, executar o trabalho em sessões diurnas extraordinárias e, cumulativamente, nas noturnas, desde que isso se verifique até 3 (três) vezes por semana e entre as sessões diurnas e as noturnas haja o intervalo de 1 (uma) hora, no mínimo, de descanso.

§ 1º – A duração de trabalho cumulativo a que alude o presente artigo não poderá exceder de 10 (dez) horas.

§ 2º – Em seguida a cada período de trabalho haverá um intervalo de repouso no mínimo de 12 (doze) horas.

COMENTÁRIOS (ARTS. 234 E 235)

O operador cinematográfico é o profissional que atua geralmente em empresas de cinema.

De acordo com as descrições da Classificação Brasileira de Ocupações, esse profissional tem as seguintes atribuições: a operação de aparelhos de projeção cinematográficos; o manuseio de equipamentos de produção de imagem e som; verificação do funcionamento dos equipamentos de projeção, realizando testagem, limpeza e manutenção quando necessário; fazer a montagem e desmontagem de filmes, conferindo, revisando, fazendo testando filme (ou parte dele), sem prejuízo da conferência do tempo de exibição do filme e dos seus complementos; a projeção do filme, operando vários equipamentos simultaneamente; o controle e monitoramento da qualidade da exibição dos filmes, etc.

A jornada especial do operador cinematográfico está limitada a 6 horas diárias. Parte da jornada é desenvolvida numa cabine cinematográfica, durante o período de 5 horas consecutivas, durante as operações cinematográficas. A outra parte, suplementar de até o máximo de 1 hora, para a realização da limpeza e manutenção dos equipamentos de projeção ou revisão de filmes.

Em caso de jornada extraordinária, o empregado tem direito ao pagamento do período extraordinário, acrescido de 50%, nos moldes do art. 7º, XVI, da CF.

O período de descanso mínimo dos operadores cinematográficos, entre uma jornada de trabalho e outra, será de 12 horas. Como regra, a maioria dos trabalhadores possuem intervalo intrajornada de 11 horas consecutivas para descanso (Art. 66, CLT).

▸ SEÇÃO IV-A
DO SERVIÇO DO MOTORISTA PROFISSIONAL EMPREGADO
(REDAÇÃO DADA PELA LEI Nº 13.103, DE 2015) (VIGÊNCIA)

Art. 235-A. Os preceitos especiais desta Seção aplicam-se ao motorista profissional empregado: (Redação dada pela Lei nº 13.103, de 2015) (Vigência)

I – de transporte rodoviário coletivo de passageiros; (Incluído pela Lei nº 13.103, de 2015) (Vigência)

II – de transporte rodoviário de cargas. (Incluído pela Lei nº 13.103, de 2015) (Vigência)

Art. 235-B. São deveres do motorista profissional empregado: (Redação dada pela Lei nº 13.103, de 2015) (Vigência)

I – estar atento às condições de segurança do veículo; (Incluída pela Lei nº 12.619, de 2012) (Vigência)

II – conduzir o veículo com perícia, prudência, zelo e com observância aos princípios de direção defensiva; (Incluída pela Lei nº 12.619, de 2012) (Vigência)

III – respeitar a legislação de trânsito e, em especial, as normas relativas ao tempo de direção e de descanso controlado e registrado na forma do previsto no art. 67-E da Lei nº 9.503, de 23 de setembro de 1997 – Código de Trânsito Brasileiro; (Redação dada pela Lei nº 13.103, de 2015) (Vigência)

IV – zelar pela carga transportada e pelo veículo; (Incluída pela Lei nº 12.619, de 2012) (Vigência)

V – colocar-se à disposição dos órgãos públicos de fiscalização na via pública; (Incluída pela Lei nº 12.619, de 2012) (Vigência)

VI – (VETADO); (Incluída pela Lei nº 12.619, de 2012) (Vigência)

VII – submeter-se a exames toxicológicos com janela de detecção mínima de 90 (noventa) dias e a programa de controle de uso de droga e de bebida alcoólica, instituído pelo empregador, com sua ampla ciência, pelo menos uma vez a cada 2 (dois) anos e 6 (seis) meses, podendo ser utilizado para esse fim o exame obrigatório previsto na Lei nº 9.503, de 23 de setembro de 1997 – Código de Trânsito Brasileiro, desde que realizado nos últimos 60 (sessenta) dias. (Redação dada pela Lei nº 13.103, de 2015) (Vigência)

Parágrafo único. A recusa do empregado em submeter-se ao teste ou ao programa de controle de uso de droga e de bebida alcoólica previstos no inciso VII será considerada infração disciplinar, passível de penalização nos termos da lei. (Redação dada pela Lei nº 13.103, de 2015) (Vigência)

Art. 235-C. A jornada diária de trabalho do motorista profissional será de 8 (oito) horas, admitindo-se a sua prorrogação por até 2 (duas) horas extraordinárias ou, mediante previsão em convenção ou acordo coletivo, por até 4 (quatro) horas extraordinárias. (Redação dada pela Lei nº 13.103, de 2015) (Vigência)

§ 1º Será considerado como trabalho efetivo o tempo em que o motorista empregado estiver à disposição do empregador, excluídos os intervalos para refeição, repouso e descanso e o tempo de espera. (Redação dada pela Lei nº 13.103, de 2015) (Vigência)

§ 2º Será assegurado ao motorista profissional empregado intervalo mínimo de 1 (uma) hora para refeição, podendo esse período coincidir com o tempo de parada obrigatória na condução do veículo estabelecido pela Lei nº 9.503, de 23 de setembro de 1997 – Código de Trânsito Brasileiro, exceto quando se tratar do motorista profissional enquadrado no § 5º do art. 71 desta Consolidação. (Redação dada pela Lei nº 13.103, de 2015) (Vigência)

§ 3º Dentro do período de 24 (vinte e quatro) horas, são asseguradas 11 (onze) horas de descanso, sendo facultados o seu fracionamento e a coincidência com os períodos de parada obrigatória na condução do veículo estabelecida pela Lei nº 9.503, de 23 de setembro de 1997 – Código de Trânsito Brasileiro, garantidos o mínimo de 8 (oito) horas ininterruptas no primeiro período e o gozo do remanescente dentro das 16 (dezesseis) horas seguintes ao fim do primeiro período. (Redação dada pela Lei nº 13.103, de 2015) (Vigência)

§ 4º Nas viagens de longa distância, assim consideradas aquelas em que o motorista profissional empregado permanece fora da base da empresa, matriz ou filial e de sua residência por mais de 24 (vinte e quatro) horas, o repouso diário pode ser feito no veículo ou em alojamento do empregador, do contratante do transporte, do embarcador ou do destinatário ou em outro local que ofereça condições adequadas. (Redação dada pela Lei nº 13.103, de 2015) (Vigência)

§ 5º As horas consideradas extraordinárias serão pagas com o acréscimo estabelecido na Constituição Federal ou compensadas na forma do § 2º do art. 59 desta Consolidação. (Redação dada pela Lei nº 13.103, de 2015) (Vigência)

§ 6º À hora de trabalho noturno aplica-se o disposto no art. 73 desta Consolidação. (Redação dada pela Lei nº 13.103, de 2015) (Vigência)

§ 7º (VETADO). (Incluída pela Lei nº 12.619, de 2012) (Vigência)

§ 8º São considerados tempo de espera as horas em que o motorista profissional empregado ficar aguardando carga ou descarga do veículo nas dependências do embarcador ou do destinatário e o período gasto com a fiscalização da mercadoria transportada em barreiras fiscais ou alfandegárias, não sendo computados como jornada de trabalho e nem como horas extraordinárias. (Redação dada pela Lei nº 13.103, de 2015) (Vigência)

§ 9º As horas relativas ao tempo de espera serão indenizadas na proporção de 30% (trinta por cento) do salário-hora normal. (Redação dada pela Lei nº 13.103, de 2015) (Vigência)

§ 10. Em nenhuma hipótese, o tempo de espera do motorista empregado prejudicará o direito ao recebimento da remuneração correspondente ao salário-base diário. (Incluído pela Lei nº 13.103, de 2015) (Vigência)

§ 11. Quando a espera de que trata o § 8º for superior a 2 (duas) horas ininterruptas e for exigida a permanência do motorista empregado junto ao veículo, caso o local ofereça condições adequadas, o tempo será considerado como de repouso para os fins do intervalo de que tratam os §§ 2º e 3º, sem prejuízo do disposto no § 9º. (Incluído pela Lei nº 13.103, de 2015) (Vigência)

§ 12. Durante o tempo de espera, o motorista poderá realizar movimentações necessárias do veículo, as quais não serão consideradas como parte da jornada de trabalho, ficando garantido, porém, o gozo do descanso de 8 (oito) horas ininterruptas aludido no § 3º. (Incluído pela Lei nº 13.103, de 2015) (Vigência)

§ 13. Salvo previsão contratual, a jornada de trabalho do motorista empregado não tem horário fixo de início, de final ou de intervalos. (Incluído pela Lei nº 13.103, de 2015) (Vigência)

§ 14. O empregado é responsável pela guarda, preservação e exatidão das informações contidas nas anotações em diário de bordo, papeleta ou ficha de trabalho externo, ou no registrador instantâneo inalterável de velocidade e tempo, ou nos rastreadores ou sistemas e meios eletrônicos, instalados nos veículos, normatizados pelo Contran, até que o veículo seja entregue à empresa. (Incluído pela Lei nº 13.103, de 2015) (Vigência)

§ 15. Os dados referidos no § 14 poderão ser enviados a distância, a critério do empregador, facultando-se a anexação do documento original posteriormente. (Incluído pela Lei nº 13.103, de 2015) (Vigência)

§ 16. Aplicam-se as disposições deste artigo ao ajudante empregado nas operações em que acompanhe o motorista. (Incluído pela Lei nº 13.103, de 2015) (Vigência)

§ 17. O disposto no caput deste artigo aplica-se também aos operadores de automotores destinados a puxar ou a arrastar maquinaria de qualquer natureza ou a executar trabalhos de construção ou pavimentação e aos operadores de tratores, colheitadeiras, autopropelidos e demais aparelhos automotores destinados a puxar ou a arrastar maquinaria agrícola ou a executar trabalhos agrícolas. (Incluído pela Lei nº 13.154, de 2015)

Art. 235-D. Nas viagens de longa distância com duração superior a 7 (sete) dias, o repouso semanal será de 24 (vinte e quatro) horas por semana ou fração trabalhada, sem prejuízo do intervalo de repouso diário de 11 (onze) horas, totalizando 35 (trinta e cinco) horas, usufruído no retorno do motorista à base (matriz ou filial) ou ao seu domicílio, salvo se a empresa oferecer condições adequadas para o efetivo gozo do referido repouso. (Redação dada pela Lei nº 13.103, de 2015) (Vigência)

I – revogado; (Redação dada pela Lei nº 13.103, de 2015) (Vigência)

II – revogado; (Redação dada pela Lei nº 13.103, de 2015) (Vigência)

III – revogado. (Redação dada pela Lei nº 13.103, de 2015) (Vigência)

§ 1º É permitido o fracionamento do repouso semanal em 2 (dois) períodos, sendo um destes de, no mínimo, 30 (trinta) horas ininterruptas, a serem cumpridos na mesma semana e em continuidade a um período de repouso diário, que deverão ser usufruídos no retorno da viagem. (Incluído pela Lei nº 13.103, de 2015) (Vigência)

§ 2º A cumulatividade de descansos semanais em viagens de longa distância de que trata o caput fica limitada ao número de 3 (três) descansos consecutivos. (Incluído pela Lei nº 13.103, de 2015) (Vigência)

§ 3º O motorista empregado, em viagem de longa distância, que ficar com o veículo parado após o cumprimento da jornada normal ou das horas extraordinárias fica dispensado do serviço, exceto se for expressamente autorizada a sua permanência junto ao veículo pelo empregador, hipótese em que o tempo será considerado de espera. (Incluído pela Lei nº 13.103, de 2015) (Vigência)

§ 4º Não será considerado como jornada de trabalho, nem ensejará o pagamento de qualquer remuneração, o período em que o motorista empregado ou o ajudante ficarem espontaneamente no veículo usufruindo dos intervalos de repouso. (Incluído pela Lei nº 13.103, de 2015) (Vigência)

§ 5º Nos casos em que o empregador adotar 2 (dois) motoristas trabalhando no mesmo veículo, o tempo de repouso poderá ser feito com o veículo em movimento, assegurado o repouso mínimo de 6 (seis) horas consecutivas fora do veículo em alojamento externo ou, se na cabine leito, com o veículo estacionado, a cada 72 (setenta e duas) horas. (Incluído pela Lei nº 13.103, de 2015) (Vigência)

§ 6º Em situações excepcionais de inobservância justificada do limite de jornada de que trata o art. 235-C, devidamente registradas, e desde que não se comprometa a segurança rodoviária, a duração da jornada de trabalho do motorista profissional empregado poderá ser elevada pelo tempo necessário até o veículo chegar a um local seguro ou ao seu destino. (Incluído pela Lei nº 13.103, de 2015) (Vigência)

§ 7º Nos casos em que o motorista tenha que acompanhar o veículo transportado por qualquer meio onde ele siga embarcado e em que o veículo disponha de cabine leito ou a embarcação disponha de alojamento para gozo do intervalo de repouso diário previsto no § 3º do art. 235-C, esse tempo será considerado como tempo de descanso. (Incluído pela Lei nº 13.103, de 2015) (Vigência)

§ 8º Para o transporte de cargas vivas, perecíveis e especiais em longa distância ou em território estrangeiro poderão ser aplicadas regras conforme a especificidade da operação de transporte realizada, cujas condições de trabalho serão fixadas em convenção ou acordo coletivo de modo a assegurar as adequadas condições de viagem e entrega ao destino final. (Incluído pela Lei nº 13.103, de 2015) (Vigência)

Art. 235-E. Para o transporte de passageiros, serão observados os seguintes dispositivos: (Redação dada pela Lei nº 13.103, de 2015) (Vigência)

I – é facultado o fracionamento do intervalo de condução do veículo previsto na Lei nº 9.503, de 23 de setembro de 1997 – Código de Trânsito Brasileiro, em períodos de no mínimo 5 (cinco) minutos; (Incluído pela Lei nº 13.103, de 2015) (Vigência)

II – será assegurado ao motorista intervalo mínimo de 1 (uma) hora para refeição, podendo ser fracionado em 2 (dois) períodos e coincidir com o tempo de parada obrigatória na condução do veículo estabelecido pela Lei nº 9.503, de 23 de setembro de 1997 – Código de Trânsito Brasileiro, exceto quando se tratar do motorista profissional enquadrado no § 5º do art. 71 desta Consolidação; (Incluído pela Lei nº 13.103, de 2015) (Vigência)

III – nos casos em que o empregador adotar 2 (dois) motoristas no curso da mesma viagem, o descanso poderá ser feito com o veículo em movimento, respeitando-se os horários de jornada de trabalho, assegurado, após 72 (setenta e duas) horas, o repouso em alojamento externo ou, se em poltrona correspondente ao serviço de leito, com o veículo estacionado. (Incluído pela Lei nº 13.103, de 2015) (Vigência)

§ 1º (Revogado). (Redação dada pela Lei nº 13.103, de 2015) (Vigência)

§ 2º (VETADO). (Incluída pela Lei nº 12.619, de 2012) (Vigência)

§§ 3º a 7º (Revogados). (Redação dada pela Lei nº 13.103, de 2015) (Vigência)

§ 8º (VETADO). (Incluída pela Lei nº 12.619, de 2012) (Vigência)

§§ 9º a 12 (Revogados). (Redação dada pela Lei nº 13.103, de 2015) (Vigência)

Art. 235-F. Convenção e acordo coletivo poderão prever jornada especial de 12 (doze) horas de trabalho por 36 (trinta e seis) horas de descanso para o trabalho do motorista profissional empregado em regime de compensação. (Redação dada pela Lei nº 13.103, de 2015) (Vigência)

Art. 235-G. É permitida a remuneração do motorista em função da distância percorrida, do tempo de viagem ou da natureza e quantidade de produtos transportados, inclusive mediante oferta de comissão ou qualquer outro tipo de vantagem, desde que essa remuneração ou comissionamento não comprometa a segurança da rodovia e da coletividade ou possibilite a violação das normas previstas nesta Lei. (Redação dada pela Lei nº 13.103, de 2015) (Vigência)

Art. 235-H. (Revogado). (Redação dada pela Lei nº 13.103, de 2015) (Vigência)

COMENTÁRIOS (ARTS. 235-A A 235-H)

A Lei n. 13.103/2015 (Lei do Motorista Profissional), regulamentou o exercício da atividade de motorista profissional. Alterou a CLT, para disciplinar o serviço do motorista profissional, acrescentando os arts. 235-A a 235-H à Seção IV-A, do Capítulo I, do Título III. Foi acrescentada às disposições especiais sobre duração e condições de trabalho, em razão das especificidades em que essa atividade é desempenhada.

Motorista profissional é o trabalhador que presta serviços na direção de veículo automotor a um determinado tomador de serviços, exigindo, para o exercício desta profissão, formação profissional, além do desempenho da função nas seguintes atividades econômicas: a) transporte rodoviário coletivo de passageiros; b) transporte rodoviário de cargas (art. 1º da Lei n. 13.103/2015; art. 235-A da CLT).

Se o motorista profissional trabalhar mediante vínculo empregatício, não pode responder por eventual prejuízo patrimonial decorrente da ação de terceiro – a exemplo, furtos, roubos, acidentes, etc –, exceto nas hipóteses em que restar caracterizado dolo ou desídia do motorista. Nesta hipótese, em que o empregador deverá demonstrar a conduta dolosa ou negligente do empregado para responsabilizar o empregado pelo prejuízo patrimonial.

O empregador deve instituir o controle de jornada de trabalho do motorista profissional, seja por meio de registro manual ou eletrônico, podendo se valer de diário de bordo, papeleta, ficha de trabalho externo, sistema e meios eletrônicos instalados nos veículos, sistemas de geolocalização. Além disso, o empregador deve contratar um seguro para cobrir contingências que resultem na morte (natural ou acidental) do empregado, incluindo o traslado e auxílio funeral, e invalidez (total ou parcial) decorrente de acidente. O valor do seguro deve corresponder ao piso salarial da categoria ou ao valor superior eventualmente fixado em acordo ou convenção coletiva de trabalho.

A Lei do Motorista Profissional (Lei n. 13.103/2015) acrescentou aos deveres do profissional: a) o respeito à legislação de trânsito e, em especial, as normas relativas ao tempo de direção e de descanso controlado e registrado na forma do Código de Trânsito Brasileiro (CTB); b) se submeter a exames toxicológicos pelo menos uma vez a cada 2 anos e 6 meses, com janela de detecção mínima de 90 dias e a programa de controle de uso de droga e de bebida alcoólica, instituído pelo empregador, com sua ampla ciência, , podendo ser utilizado para esse fim o exame obrigatório previsto no CTB. A recusa do empregado em submeter-se ao teste ou ao programa de controle de uso de droga e de bebida alcoólica caracteriza falta disciplinar, podendo resultar em advertência, suspensão ou dispensa por justa causa. O empregador deve ter a cautela de obedecer à ordem de gradação das penalidades, antes de aplicar a penalidade máxima – a dispensa por justa causa.

E mais. Estatuiu as seguintes diretrizes sobre a jornada de trabalho e as pausas para descanso: i) limitação à jornada normal de trabalho a 8 horas; ii) possibilita a prorrogação da jornada por até 2 horas extraordinárias, ou por até 4 horas extraordinárias quando previsto em convenção ou acordo coletivo; iii) excluiu o intervalo intrajornada, o período de repousos e descanso e o tempo de espera do cômputo da jornada de trabalho; iv) possibilitou a coincidência do intervalo intrajornada (de no mínimo 1 hora) com o tempo de parada obrigatória; v) assegurou o intervalo de descanso de 11 horas, após o transcurso de 24 horas; vi) autorizou o fracionamento em dois períodos – o primeiro, de no mínimo 8 horas ininterruptas; o segundo, dentro das 16 horas seguintes ao fim do primeiro período; vii) possibilitou a coincidência do intervalo de descanso com os períodos de parada obrigatória; viii) assegurou pagamento ou a compensação das horas extras; ix) instituiu o tempo de espera, que não é computado na jornada de trabalho – as horas em que o motorista fica aguardando carga ou descarga do veículo nas dependências do embarcador ou do destinatário, bem como o período gasto com a fiscalização da mercadoria transportada; x) instituiu o adicional 30%, sobre o salário-hora normal do tempo de espera; xi) repouso semanal será de 24 horas por semana ou fração trabalhada, em caso de viagem de longa distância com duração superior a 7 dias, sem prejuízo do intervalo de repouso diário de 11 (onze) horas; xii) a possibilidade de instituir jornada 12x36, por meio de convenção ou acordo coletivo de trabalho.

▸ SEÇÃO V
DO SERVIÇO FERROVIÁRIO

Art. 236 – No serviço ferroviário – considerado este o de transporte em estradas de ferro abertas ao tráfego público, compreendendo a administração, construção, conservação e remoção das vias férreas e seus edifícios, obras-de-arte, material rodante, instalações complementares e acessórias, bem como o serviço de tráfego, de telegrafia, telefonia e funcionamento de todas as instalações ferroviárias – aplicam-se os preceitos especiais constantes desta Seção.

Art. 237 – O pessoal a que se refere o artigo antecedente fica dividido nas seguintes categorias:

a) funcionários de alta administração, chefes e ajudantes de departamentos e seções, engenheiros residentes, chefes de depósitos, inspetores e demais empregados que exercem funções administrativas ou fiscalizadoras;

b) pessoal que trabalhe em lugares ou trechos determinados e cujas tarefas requeiram atenção constante; pessoal de escritório, turmas de conservação e construção da via permanente, oficinas e estações principais, inclusive os respectivos telegrafistas; pessoal de tração, lastro e revistadores;

c) das equipagens de trens em geral;

d) pessoal cujo serviço é de natureza intermitente ou de pouca intensidade, embora com permanência prolongada nos locais de trabalho; vigias e pessoal das estações do interior, inclusive os respectivos telegrafistas.

Art. 238. Será computado como de trabalho efetivo todo o tempo, em que o empregado estiver à disposição da estrada. (Restaurado pelo Decreto-lei nº 5, de 4.4.1966)

§ 1º Nos serviços efetuados pelo pessoal da categoria c, não será considerado como de trabalho efetivo o tempo gasto em viagens do local ou para o local de terminação e início dos mesmos serviços. (Restaurado pelo Decreto-lei nº 5, de 4.4.1966)

§ 2º Ao pessoal removido ou comissionado fora da sede será contado como de trabalho normal e efetivo o tempo gasto em viagens, sem direito à percepção de horas extraordinárias. (Restaurado pelo Decreto-lei nº 5, de 4.4.1966)

§ 3º No caso das turmas de conservação da via permanente, o tempo efetivo do trabalho será contado desde a hora da saída da casa da turma até a hora em que cessar o serviço em qualquer ponto compreendido centro dos limites da respectiva turma. Quando o empregado trabalhar fora dos limites da sua turma, ser-lhe-á também computado como de trabalho efetivo o tempo gasto no percurso da volta a esses limites. (Restaurado pelo Decreto-lei nº 5, de 4.4.1966)

§ 4º Para o pessoal da equipagem de trens, só será considerado esse trabalho efetivo, depois de chegado ao destino, o tempo em que o ferroviário estiver ocupado ou retido à disposição da Estrada. Quando, entre dois períodos de trabalho, não mediar intervalo superior a uma hora, será essa intervalo computado como de trabalho efetivo. (Restaurado pelo Decreto-lei nº 5, de 4.4.1966)

§ 5º O tempo concedido para refeição não se computa como de trabalho efetivo, senão para o pessoal da categoria c, quando as refeições forem tomadas em viagem ou nas estações durante as paradas. Esse tempo não será inferior a uma hora, exceto para o pessoal da referida categoria em serviço de trens. (Restaurado pelo Decreto-lei nº 5, de 4.4.1966)

§ 6º No trabalho das turmas encarregadas da conservação de obras de arte, linhas telegráficas ou telefônicas e edifícios, não será contado, como de trabalho efetivo, o tempo de viagem para o local do serviço, sempre que não exceder de uma hora, seja para ida ou para volta, e a Estrada fornecer os meios de locomoção, computando-se, sempre o tempo excedente a esse limite. (Restaurado pelo Decreto-lei nº 5, de 4.4.1966)

Art. 239 – Para o pessoal da categoria "c", a prorrogação do trabalho independe de acordo ou contrato coletivo, não podendo, entretanto, exceder de 12 (doze) horas, pelo que as empresas organizarão, sempre que possível, os serviços de equipagens de trens com destacamentos nos trechos das linhas de modo a ser observada a duração normal de oito horas de trabalho. (Vide Decreto-Lei nº 6.361, de 1944)

§ 1º – Para o pessoal sujeito ao regime do presente artigo, depois de cada jornada de trabalho haverá um repouso de 10 (dez) horas contínuas, no mínimo, observando-se, outrossim, o descanso semanal.

§ 2º – Para o pessoal da equipagem de trens, a que se refere o presente artigo, quando a empresa não fornecer alimentação, em viagem, e hospedagem, no destino, concederá uma ajuda de custo para atender a tais despesas.

§ 3º – As escalas do pessoal abrangido pelo presente artigo serão organizadas de modo que não caiba a qualquer empregado, quinzenalmente, um total de horas de serviço noturno superior às de serviço diurno.

§ 4º – Os períodos de trabalho do pessoal a que alude o presente artigo serão registrados em cadernetas especiais, que ficarão sempre em poder do empregado, de acordo com o modelo aprovado pelo Ministro do Trabalho, Industria e Comercio.

Art. 240 – Nos casos de urgência ou de acidente, capazes de afetar a segurança ou regularidade do serviço, poderá a duração do trabalho ser excepcionalmente elevada a qualquer número de horas, incumbindo à Estrada zelar pela incolumidade dos seus empregados e pela possibilidade de revezamento de turmas, assegurando ao pessoal um repouso correspondente e comunicando a ocorrência ao Ministério do Trabalho, Industria e Comercio, dentro de 10 (dez) dias da sua verificação.

Parágrafo único – Nos casos previstos neste artigo, a recusa, sem causa justificada, por parte de qualquer empregado, à execução de serviço extraordinário será considerada falta grave.

Art. 241 – As horas excedentes das do horário normal de oito horas serão pagas como serviço extraordinário na seguinte base: as duas primeiras com o acréscimo de 25% (vinte e cinco por cento) sobre o salário-hora normal; as duas subsequentes com um adicional de 50% (cinquenta por cento) e as restantes com um adicional de 75% (setenta e cinco por cento). (Vide Decreto-Lei nº 6.361, de 1944)

Parágrafo único – Para o pessoal da categoria "c", a primeira hora será majorada de 25% (vinte e cinco por cento), a segunda hora será paga com o acréscimo de 50% (cinquenta por cento) e as duas subsequentes com o de 60% (sessenta por cento), salvo caso de negligência comprovada.

Art. 242 – As frações de meia hora superiores a 10 (dez) minutos serão computadas como meia hora.

Art. 243 – Para os empregados de estações do interior, cujo serviço for de natureza intermitente ou de pouca intensidade, não se aplicam os preceitos gerais sobre duração do trabalho, sendo-lhes, entretanto, assegurado o repouso contínuo de dez horas, no mínimo, entre dois períodos de trabalho e descanso semanal.

Art. 244. As estradas de ferro poderão ter empregados extranumerários, de sobre-aviso e de prontidão, para executarem serviços imprevistos ou para substituições de outros empregados que faltem à escala organizada. (Restaurado pelo Decreto-lei nº 5, de 4.4.1966)

§ 1º Considera-se "extranumerário" o empregado não efetivo, candidato efetivação, que se apresentar normalmente ao serviço, embora só trabalhe quando for necessário. O extranumerário só receberá os dias de trabalho efetivo. (Restaurado pelo Decreto-lei n º5, de 4.4.1966)

§ 2º Considera-se de "sobre-aviso" o empregado efetivo, que permanecer em sua própria casa, aguardando a qualquer momento o chamado para o serviço. Cada escala de "sobre-aviso" será, no máximo, de vinte e quatro horas. As horas de "sobre-aviso", para todos os efeitos, serão contadas à razão de 1/3 (um terço) do salário normal. (Restaurado pelo Decreto-lei nº 5, de 4.4.1966)

§ 3º Considera-se de "prontidão" o empregado que ficar nas dependências da estrada, aguardando ordens. A escala de prontidão será, no máximo, de doze horas. As horas de prontidão serão, para todos os efeitos, contadas à razão de 2/3 (dois terços) do salário-hora normal. (Restaurado pelo Decreto-lei nº 5, de 4.4.1966)

§ 4º Quando, no estabelecimento ou dependência em que se achar o empregado, houver facilidade de alimentação, as doze horas do prontidão, a que se refere o parágrafo anterior, poderão ser contínuas. Quando não existir essa facilidade, depois de seis horas de prontidão, haverá sempre um intervalo de uma hora para cada refeição, que não será, nesse caso, computada como de serviço. (Restaurado pelo Decreto-lei nº 5, de 4.4.1966)

Art. 245 – O horário normal de trabalho dos cabineiros nas estações de tráfego intenso não excederá de 8 (oito) horas e deverá ser dividido em 2 (dois) turnos com intervalo não inferior a 1 (uma) hora de repouso, não podendo nenhum turno ter duração superior a 5 (cinco) horas, com um período de descanso entre 2 (duas) jornadas de trabalho de 14 (quatorze) horas consecutivas.

Art. 246 – O horário de trabalho dos operadores telegrafistas nas estações de tráfego intenso não excederá de 6 (seis) horas diárias.

Art. 247 – As estações principais, estações de tráfego intenso e estações do interior serão classificadas para cada empresa pelo Departamento Nacional da Estradas de Ferro.

COMENTÁRIOS (ARTS. 236 A 247)

Considera-se serviço ferroviário a atividade de transporte em estradas de ferro, a administração, construção, conservação e remoção das vias férreas, incluindo os seus edifícios, bem como os serviços correlatos ao funcionamento de todas as instalações ferroviárias (serviço de tráfego, de telegrafia, telefonia).

Os ferroviários são divididos em quatro grupos: a) alto escalão – formado pelos funcionários de alta administração, chefes e ajudantes de departamentos e seções, engenheiros-residentes, chefes de depósitos, inspetores e demais empregados que exercem funções administrativas ou fiscalizadoras; b) médio escalão – pessoal que trabalha em lugares ou trechos determinados e cujas tarefas requeiram atenção constante; pessoal de escritório, turmas de conservação e construção da via permanente, oficinas e estações principais, inclusive os respectivos telegrafistas; pessoal de tração, lastro e revistadores; c) médio escalão – pessoal das equipagens de trens em geral; d) baixo escalão – pessoal cujo serviço é de natureza intermitente ou de pouca intensidade, embora com permanência prolongada nos locais de trabalho; vigias e pessoal das estações do interior, inclusive os respectivos telegrafistas.[531]

Como regra, o tempo de serviços efetivo na área ferroviária será computado na jornada de trabalho (art. 238, CLT). O computo do tempo gato em viagens depende da categoria a que o empregado está vinculado: a) não será considerado como de trabalho efetivo para o pessoal dos serviços de equipagens de trens em geral; b) será computado na jornada do pessoal removido ou comissionado fora da sede.

No caso das turmas de conservação da via, o tempo efetivo do trabalho será contado desde a hora da saída da casa da turma até a hora em que cessar o serviço, inclusive o tempo gasto no trajeto.

O tempo destinado para refeição não é computado na jornada de trabalho, exceto ao pessoal da categoria "c", quando as refeições forem tomadas em viagem ou nas estações durante as paradas. O intervalo intrajornada não será inferior a uma hora, exceto para o pessoal da referida categoria em serviço de trens.

Para o pessoal das equipagens de trens em geral, a prorrogação do trabalho independe de acordo ou convenção coletiva, contudo, não pode ser por período superior a doze horas. Depende, entretanto, da concessão de um intervalo interjornada de dez horas contínuas, imediatamente depois de cada jornada de trabalho; do pagamento de uma ajuda de custos, quando a empresa não fornecer alimentação, em viagem, e hospedagem, no destino; organização das escalas para não caiba a qualquer empregado, quinzenalmente, um total de horas de serviço noturno superior às de serviço diurno; registro dos períodos de trabalho em cadernetas especiais. O empregador deve se organizar para que não haja a necessidade de prorrogar a jornada de trabalho, de modo a assegurar que a duração normal de seja de oito horas de trabalho.

Em caso de labor extraordinário, o adicional mínimo devido ao empregador será de 50% sobre o salário-hora normal (CF, art. 7º, XVI), haja vista que o art. 241 da CLT foi recepcionado parcialmente pela Constituição Federal de 1988. O ferroviário tem direito ao arredondamento das frações de meia hora superiores a 10 minutos. Serão computadas como 30 minutos na jornada (art. 242, CLT).

E não é só. O art. 244 da CLT traz uma importante previsão sobre a possibilidade de contratação de empregados extranumerários para serviços imprevistos ou substituição de outros empregados, além do regime de sobreaviso ou prontidão.

É considerado como "extranumerário" o trabalhador não efetivo (ou candidato a efetivação) que se apresentar normalmente ao serviço, embora só trabalhe quando for necessário (art. 244, §1º, da CLT). O trabalhador extranumerário só recebe pelos dias efetivamente trabalhado.

A doutrina e a jurisprudência majoritária entende que o tempo de prontidão e sobreaviso, apesar de serem considerados critérios especiais de cômputo da jornada de trabalho, previstos em normas específicas, pode ser estendido às demais relações empregatícias.

O sobreaviso representa a possibilidade de um empregado permanecer na sua residência ou outro local

[531] Batista, op.cit., 2019, p. 242.

combinado, aguardando o comando do seu empregador para execução de alguns serviços. O regime de sobreaviso não pode ultrapassar 24 horas, com remuneração à razão de 1/3 sobre o salário-hora normal (art. 244, §2º, da CLT).

Sobre o assunto, Sérgio Pinto Martins defende que *"O sobreaviso caracteriza-se pelo fato de o empregado ficar em sua casa (e não em outro local) aguardando ser chamado para o serviço. Permanece em estado de expectativa durante seu descanso, aguardando ser chamado a qualquer momento. Não tem o empregado condições de assumir compromissos, pois pode ser chamado de imediato, comprometendo até seus afazeres familiares, pessoais e até seu lazer"*[532].

A prontidão, de outro lado, configura-se quando o empregado permanece nas dependências da empresa aguardando ordens, em escala por período não superior a 12 horas. É remunerada à razão de 2/3 do salário-hora normal (art. 244, §3º, da CLT).

A Lei 5.811 de 11 de outubro de 1972 dispõe sobre o regime de trabalho dos empregados nas atividades de exploração de petróleo e seus derivados. De acordo com o art. 5º, do referido diploma normativo, os funcionários que ocupam cargo de supervisão operacional, engajados em trabalhos de geologia de poço ou em trabalhos de apoio operacional às atividades de exploração, perfuração, produção e transferência de petróleo do mar, em áreas terrestres distantes ou de difícil acesso, poderão permanecer em regime de sobreaviso, quando for imprescindível à continuidade operacional durante as 24 horas do dia. O trabalhador permanecerá à disposição do empregador, em regime de sobreaviso, por um período de 24 horas para prestar assistência aos trabalhos normais ou atender as necessidades ocasionais de operação. Os petroleiros submetidos ao regime de sobreaviso não podem ter jornada normal superior a 12 horas, nem permanecer neste regime por período superior a 15 dias consecutivos.

Durante o período de sobreaviso o empregado terá direito a repouso de 24 horas consecutivas para cada período de 24 horas em que permanecer em sobreaviso, bem como remuneração adicional correspondente a, no mínimo, 20% do respectivo salário-básico, a fim de compensar a eventualidade de trabalho noturno ou a variação de horário para repouso e alimentação, conforme art. 6º da Lei 5.811/72.

Outra categoria que prevê expressamente a aplicação do regime de sobreaviso é o aeronauta (tripulante de aeronave), regido pela Lei 13.475 de 28 de agosto de 2017. O tempo de sobreaviso do aeronauta tem duração mínima de 3 horas e não excedente a 12 horas.

O tripulante permanece em local de sua escolha à disposição do empregador *(não necessariamente em sua residência)*, devendo apresentar-se no aeroporto ou em outro local determinado, no prazo de até 90 (noventa) minutos, após receber comunicação para o início de nova tarefa. Nos Municípios ou conurbação[533] com 2 (dois) ou mais aeroportos, o tripulante designado para aeroporto diferente da base contratual terá prazo de 150 (cento e cinquenta) minutos para a apresentação, após receber comunicação para o início de nova tarefa.

As horas de sobreaviso serão pagas à base de 1/3 (um terço) do valor da hora de voo. Na hipótese de o tripulante ser convocado para uma nova tarefa, o tempo remunerado será contabilizado entre o início do sobreaviso e o início do deslocamento. Do contrário, se o tripulante de voo ou de cabine não for convocado para uma tarefa durante o período de sobreaviso, o tempo de repouso mínimo de 8 horas deverá ser respeitado antes do início de nova tarefa.

O período de sobreaviso, contabilizado desde seu início até o início do deslocamento caso o tripulante seja acionado para nova tarefa, não poderá ser superior a 12 (doze) horas. Nesse período não serão computados os períodos de deslocamento de 90 e 150 minutos previstos no caput e no § 1º do art. 43 da Lei 13.475/2017.

O Tribunal Superior do Trabalho tem interpretado o art. 244 da CLT de forma ampliativa, de forma a estender a aplicação das regras de prontidão e sobreaviso às demais categorias. Sedimentou o entendimento de que esse dispositivo aplica-se, por analogia, aos eletricitários (Súmula 229 do TST).

A jornada de trabalho dos cabineiros nas estações de tráfego intenso deve observar as seguintes regras: a) não poderá ser por tempo superior a 8 horas; b) a jornada será dividida em 2 turnos, sendo certo que nenhum turno ter duração superior a 5 horas; c) o intervalo intrajornada será de, no mínimo, 1 hora; d) o intervalo interjornada, será de, no mínimo, 14 horas consecutivas. Os operadores telegrafistas nas estações de tráfego intenso têm duração especial de trabalho, de forma que a jornada diária não pode ser superior a 6 horas.

SEÇÃO VI
DAS EQUIPAGENS DAS EMBARCAÇÕES DA MARINHA MERCANTE NACIONAL, DE NAVEGAÇÃO FLUVIAL E LACUSTRE, DO TRÁFEGO NOS PORTOS E DA PESCA

Art. 248 – Entre as horas 0 (zero) e 24 (vinte e quatro) de cada dia civil, o tripulante poderá ser conservado em seu posto durante 8 (oito) horas, quer de modo contínuo, quer de modo intermitente.

532 *Idem. Martins, 2020, p. 834.*

533 *conurbação | s.f. – (inglês conurbation) – substantivo feminino – Aglomeração formada por uma cidade e pelos seus satélites, ou por diversas cidades vizinhas de importância mais ou menos igual. = ÁREA METROPOLITANA ("conurbação", in Dicionário Priberam da Língua Portuguesa, 2008-2020, https://dicionario.priberam.org/conurba%C3%A7%C3%A3o – consultado em 03-01-2021).*

§ 1º – A exigência do serviço contínuo ou intermitente ficará a critério do comandante e, neste último caso, nunca por período menor que 1 (uma) hora.

§ 2º – Os serviços de quarto nas máquinas, passadiço, vigilância e outros que, consoante parecer médico, possam prejudicar a saúde do tripulante serão executados por períodos não maiores e com intervalos não menores de 4 (quatro) horas.

Art. 249 – Todo o tempo de serviço efetivo, excedente de 8 (oito) horas, ocupado na forma do artigo anterior, será considerado de trabalho extraordinário, sujeito à compensação a que se refere o art. 250, exceto se se tratar de trabalho executado:

a) em virtude de responsabilidade pessoal do tripulante e no desempenho de funções de direção, sendo consideradas como tais todas aquelas que a bordo se achem constituídas em um único indivíduo com responsabilidade exclusiva e pessoal;

b) na iminência de perigo, para salvaguarda ou defesa da embarcação, dos passageiros, ou da carga, a juízo exclusivo do comandante ou do responsável pela segurança a bordo;

c) por motivo de manobras ou fainas gerais que reclamem a presença, em seus postos, de todo o pessoal de bordo;

d) na navegação lacustre e fluvial, quando se destina ao abastecimento do navio ou embarcação de combustível e rancho, ou por efeito das contingências da natureza da navegação, na transposição de passos ou pontos difíceis, inclusive operações de alívio ou transbordo de carga, para obtenção de calado menor para essa transposição.

§ 1º – O trabalho executado aos domingos e feriados será considerado extraordinário, salvo se se destinar:

a) ao serviço de quartos e vigilância, movimentação das máquinas e aparelhos de bordo, limpeza e higiene da embarcação, preparo de alimentação da equipagem e dos passageiros, serviço pessoal destes e, bem assim, aos socorros de urgência ao navio ou ao pessoal;

b) ao fim da navegação ou das manobras para a entrada ou saída de portos, atracação, desatracação, embarque ou desembarque de carga e passageiros.

§ 2º – Não excederá de 30 (trinta) horas semanais o serviço extraordinário prestado para o tráfego nos portos.

Art. 250 – As horas de trabalho extraordinário serão compensadas, segundo a conveniência do serviço, por descanso em período equivalente no dia seguinte ou no subsequente dentro das do trabalho normal, ou no fim da viagem, ou pelo pagamento do salário correspondente.

Parágrafo único – As horas extraordinárias de trabalho são indivisíveis, computando-se a fração de hora como hora inteira.

Art. 251 – Em cada embarcação haverá um livro em que serão anotadas as horas extraordinárias de trabalho de cada tripulante, e outro, do qual constarão, devidamente circunstanciadas, as transgressões dos mesmos tripulantes.

Parágrafo único – Os livros de que trata este artigo obedecerão a modelos organizados pelo Ministério do Trabalho, Industria e Comercio, serão escriturados em dia pelo comandante da embarcação e ficam sujeitos às formalidades instituídas para os livros de registro de empregados em geral.

Art. 252 – Qualquer tripulante que se julgue prejudicado por ordem emanada de superior hierárquico poderá interpor recurso, em termos, perante a Delegacia do Trabalho Marítimo, por intermédio do respectivo comandante, o qual deverá encaminhá-lo com a respectiva informação dentro de 5 (cinco) dias, contados de sua chegada ao porto.

COMENTÁRIOS (ARTS. 248 A 252)

Tripulante é definido como o aquaviário ou amador que exerce funções, embarcado, na operação da embarcação. Segundo a Lei n. 9.537/1997, o amador desempenha atividade de caráter não-profissional, mediante autorização habilitação certificada pela autoridade marítima para operar embarcações de esporte e recreio. Já o aquaviário possui habilitação para operar embarcações em caráter profissional, conforme previsto na Lei n. 9.537/1997, que disciplina a segurança do tráfego aquaviário em águas sobre a jurisdição nacional.

O vínculo empregatício é estabelecido entre tripulante e o armador da embarcação – pessoa física ou jurídica que, em seu nome e sob sua responsabilidade, apresta a embarcação com fins comerciais, pondo-a ou não a navegar por sua conta –, mediante contrato de trabalho, possibilitando o exercício do cargo ou função a bordo da embarcação (art. 3º da CLT combinado com o art. 7º, §único, da Lei n. 9.537/1997). O tripulante é subordinado imediatamente ao comandante, que é o tripulante designado pelo armador da embarcação para realizar a operação e manutenção da embarcação.

Estão submetidos a um regime de jornada de trabalho especial, considerando as singularidades dessa atividade (art. 248 a 252 da CLT). A duração do trabalho do tripulante será de 8 horas, de modo contínuo ou intermitente, sendo realizada entre as 0 e 24 horas de cada dia civil. O comandante é responsável pela definição da forma de execução dos serviços – contínuo ou intermitente – sendo que não poderá ser por período menor que 1 hora. Os serviços de quarto nas máquinas, passadiço, vigilância e outros que, consoante parecer médico, possam prejudicar a saúde do tripulante serão executados por períodos maiores do que 4 horas. Também deverá ser observado, neste último caso, o intervalo de no mínimo 1 hora.

A rigor, ultrapassada a jornada normal de 8 horas diárias, o período excedente será considerado como extraordinário (Art. 248, CLT).

É admitida a compensação de jornada, sem o pagamento da hora extra, quando se tratar de trabalho executado: a) em virtude de responsabilidade pessoal do tripulante e no desempenho de funções de direção, sendo consideradas como tais todas aquelas que a bordo se achem constituídas em um único indivíduo com responsabilidade exclusiva e pessoal; b) na iminência de perigo, para salvaguarda ou defesa da embarcação, dos passageiros, ou da carga, a juízo exclusivo do comandante ou do responsável pela segurança a bordo; c) por motivo de manobras ou fainas gerais que reclamem a presença, em seus postos, de todo o pessoal de bordo; d) na navegação lacustre e fluvial, quando se destina ao abastecimento do navio ou embarcação de combustível e rancho, ou por efeito das contingências da natureza da navegação, na transposição de passos ou pontos difíceis, inclusive operações de alívio ou transbordo de carga, para obtenção de calado menor para essa transposição.

A compensação deve ocorrer no dia seguinte ao da prestação do serviço extraordinário, no dia subsequente ou no fim da viagem, por período equivalente (art. 250, CLT). O empregador também poderá pagar o salário correspondente, se a jornada de trabalho não for compensada.

Cada embarcação deve ter um livro para realizar o controle de jornada dos tripulantes, sendo anotadas as horas extraordinárias de cada tripulante.

▸ SEÇÃO VII
DOS SERVIÇOS FRIGORÍFICOS

Art. 253 – Para os empregados que trabalham no interior das câmaras frigoríficas e para os que movimentam mercadorias do ambiente quente ou normal para o frio e vice-versa, depois de 1 (uma) hora e 40 (quarenta) minutos de trabalho contínuo, será assegurado um período de 20 (vinte) minutos de repouso, computado esse intervalo como de trabalho efetivo.

Parágrafo único – Considera-se artificialmente frio, para os fins do presente artigo, o que for inferior, nas primeira, segunda e terceira zonas climáticas do mapa oficial do Ministério do Trabalho, Industria e Comercio, a 15º (quinze graus), na quarta zona a 12º (doze graus), e nas quinta, sexta e sétima zonas a 10º (dez graus).

COMENTÁRIOS (ART. 253)

O art. 253 da CLT é uma norma de matriz *jusambiental*, ligada à saúde, higiene e segurança do trabalho. É uma medida acautelatória instituída com o propósito de resguardar a saúde do empregado, prevenindo a fadiga física, o surgimento de doenças e acidentes de trabalho, na linha do que impõe o sistema normativo *juslaboral*.

A Norma Regulamentadora (NR) n. 15 do Ministério do Trabalho e Previdência, anexo 9, considera o *"trabalho executado no interior de câmaras frigoríficas, ou em locais que apresentem condições similares, que exponham os trabalhadores ao frio, sem a proteção adequada"* como atividade ou operação insalutífera, assegurando o direito ao pagamento de adicional de insalubridade (art. 189 da CLT).

As circunstâncias em que essas atividades ou operações são exercidas, exige a concessão de pausas durante a jornada para a recuperação térmica do empregado. Baseando-se nessas premissas, o legislador estabeleceu pausas especiais de 20 minutos, a cada 1 hora e 40 minutos de trabalho contínuo. Essa pausa é computada na jornada de trabalho.

O intervalo intrajornada para a recuperação térmica é devido ao empregado submetido a trabalho contínuo em ambiente artificialmente frio, independentemente de trabalhar em câmara frigorífica (Súmula 238 do TST).

▸ SEÇÃO VIII
DOS SERVIÇOS DE ESTIVA

Arts. 254 a 284 – (Revogados pela Lei nº 8.630, de 25.2.1993)

▸ SEÇÃO IX
DOS SERVIÇOS DE CAPATAZIAS NOS PORTOS

Arts. 285 a 292 – (Revogado pela Lei nº 8.630, de 25.2.1993)

▸ SEÇÃO X
DO TRABALHO EM MINAS DE SUBSOLO

Art. 293 – A duração normal do trabalho efetivo para os empregados em minas no subsolo não excederá de 6 (seis) horas diárias ou de 36 (trinta e seis) semanais.

Art. 294 – O tempo despendido pelo empregado da boca da mina ao local do trabalho e vice-versa será computado para o efeito de pagamento do salário.

Art. 295 – A duração normal do trabalho efetivo no subsolo poderá ser elevada até 8 (oito) horas diárias ou 48 (quarenta e oito) semanais, mediante acordo escrito entre empregado e empregador ou contrato coletivo de trabalho, sujeita essa prorrogação à prévia licença da autoridade competente em matéria de higiene do trabalho.

Parágrafo único – A duração normal do trabalho efetivo no subsolo poderá ser inferior a 6 (seis) horas diárias, por determinação da autoridade de que trata este artigo, tendo em vista condições locais de insalubridade e os métodos e processos do trabalho adotado.

Art. 296 – A remuneração da hora prorrogada será no mínimo de 25% (vinte e cinco por cento) superior à da hora normal e deverá constar do acordo ou contrato coletivo de trabalho.

Art. 297 – Ao empregado no subsolo será fornecida, pelas empresas exploradoras de minas, alimentação adequada à natureza do trabalho, de acordo com as instruções estabelecidas pelo Serviço de Alimentação da Previdência Social e aprovadas pelo Ministério do Trabalho, Industria e Comercio.

Art. 298 – Em cada período de 3 (três) horas consecutivas de trabalho, será obrigatória uma pausa de 15 (quinze) minutos para repouso, a qual será computada na duração normal de trabalho efetivo.

Art. 299 – Quando nos trabalhos de subsolo ocorrer acontecimentos que possam comprometer a vida ou saúde do empregado, deverá a empresa comunicar o fato imediatamente à autoridade regional do trabalho, do Ministério do Trabalho, Industria e Comercio.

Art. 300 – Sempre que, por motivo de saúde, for necessária a transferência do empregado, a juízo da autoridade competente em matéria da segurança e da medicina do trabalho, dos serviços no subsolo para os de superfície, é a empresa obrigada a realizar essa transferência, assegurando ao transferido a remuneração atribuída ao trabalhador de superfície em serviço equivalente, respeitada a capacidade profissional do interessado. (Redação dada pela Lei nº 2.924, de 21.10.1956)

Parágrafo único – No caso de recusa do empregado em atender a essa transferência, será ouvida a autoridade competente em matéria de higiene e segurança do trabalho, que decidirá a respeito. (Redação dada pela Lei nº 2.924, de 21.10.1956)

Art. 301 – O trabalho no subsolo somente será permitido a homens, com idade compreendida entre 21 (vinte e um) e 50 (cinquenta) anos, assegurada a transferência para a superfície nos termos previstos no artigo anterior.

COMENTÁRIOS (ARTS. 293 A 301)

O trabalho em minas de subsolo é conhecido pelas difíceis condições de trabalho, bem como pelo desgaste físico causado aos empregados. O trabalhador está sujeito a toda sorte de agentes insalubres – umidade, alta temperatura, iluminação artificial, poeira mineral, gases nocivos ou inflamáveis, poeiras do ambiente de trabalho – entre outros riscos para a sua saúde e segurança.

O sistema jurídico do meio ambiente do trabalho, positivado na Constituição Federal (especialmente no art. 225 da CF), tem o propósito de minimizar os danos causados pelos agentes poluidores, inclusive no ambiente de trabalho, e minimizar eventuais danos à saúde do trabalhador.

A doutrina aponta que *"a situação ideal – a qual deve ser sempre buscada – é aquela em que as condições de trabalho, quanto ao ambiente em que as atividades são desempenhadas, não sejam penosas, nem apresentem qualquer fator de periculosidade e insalubridade" (Garcia, 2017)*[534].

As adversidades naturais da atividade de mineração justificam o tratamento legislativo desigual, na medida em que diminuem o impacto do desgaste acentuado gerado pelas condições de trabalho.

Está limitada a 6 horas diárias ou de 36 semanais (art. 293, CLT) a jornada normal de trabalho do mineiro, com intervalo para descanso de 15 minutos a cada período de 3 horas consecutivas. É possível, porém, a elevação ou redução da jornada de trabalho. A duração do trabalho pode ser estendida para 8 horas diárias e 48 horas semanais, por meio de acordo individual escrito (entre o empregado e o empregador) ou de instrumento coletivo de trabalho (acordo coletivo ou convenção coletiva de trabalho) e autorização prévia do Ministério do Trabalho e Previdência (art. 295, CLT). As horas extraordinárias serão remuneradas com acréscimo de 50% (art. 7º, XVI, CF), restando prejudicado, nesse aspecto, o adicional de 25% indicado no art. 296 da CLT.

A redução do tempo de jornada, por sua vez, pode ser determinada pelo Ministério do Trabalho e Previdência, verificada as condições insalubres a que os

Decreto-Lei 5.452/1943

[534] Garcia, Gustavo Filipe Barbosa. Curso de direito do trabalho – 11ª ed. – Rio de Janeiro: Forense, 2017.

trabalhadores estão expostos e os métodos e processos do trabalho adotado, hipótese em que a duração do trabalho efetivo em minas de subsolo poderá ser inferior a 6 horas.

O trabalhador pode ser transferido dos serviços no subsolo para os serviços de superfície quando o seu estado de saúde assim exigir, a juízo da autoridade em matéria de segurança e da medicina do trabalho. Nessa hipótese, a empresa é obrigada a realizar essa transferência, assegurando ao transferido a remuneração atribuída ao trabalhador de superfície em serviço equivalente, bem como respeitar as condições pessoais do trabalhador (art. 300, CLT).

Segundo o art. 301 da CLT, *"o trabalho no subsolo somente será permitido a homens, com idade compreendida entre 21 e 50 anos"*.

Parte da doutrina, com a qual concordamos, entende que o art. 301 da CLT é *"incompatível com o princípio da igualdade entre homens e mulheres em direitos e obrigações, insculpido no art. 5º, inc. I, da Constituição da República de 1988, bem como com o princípio constitucional que proíbe qualquer discriminação no tocante a critério de admissão por motivo de sexo e idade, previsto no art. 7º, inc. XXX, da mesma Carta"* (Leite, 2019).[535] Com efeito, o empregador deve dispensar tratamento igualitário entre o homem e a mulher, possibilitando o acesso ao trabalho também em minas de subsolo. De igual forma, não há razão para conferir tratamento distinto em razão da idade, ressalvada as proibições legais.

SEÇÃO XI
DOS JORNALISTAS PROFISSIONAIS

Art. 302 – Os dispositivos da presente Seção se aplicam aos que nas empresas jornalísticas prestem serviços como jornalistas, revisores, fotógrafos, ou na ilustração, com as exceções nela previstas.

§ 1º – Entende-se como jornalista o trabalhador intelectual cuja função se estende desde a busca de informações até a redação de notícias e artigos e a organização, orientação e direção desse trabalho.

§ 2º – Consideram-se empresas jornalísticas, para os fins desta Seção, aquelas que têm a seu cargo a edição de jornais, revistas, boletins e periódicos, ou a distribuição de noticiário, e, ainda, a radiodifusão em suas seções destinadas à transmissão de notícias e comentários.

Art. 303 – A duração normal do trabalho dos empregados compreendidos nesta Seção não deverá exceder de 5 (cinco) horas, tanto de dia como à noite.

Simplificação da legislação trabalhista em setores específicos

Art. 304 – Poderá a duração normal do trabalho ser elevada a 7 (sete) horas, mediante acordo escrito, em que se estipule aumento de ordenado, correspondente ao excesso do tempo de trabalho, em que se fixe um intervalo destinado a repouso ou a refeição.

Parágrafo único – Para atender a motivos de força maior, poderá o empregado prestar serviços por mais tempo do que aquele permitido nesta Seção. Em tais casos, porém o excesso deve ser comunicado à Divisão de Fiscalização do Departamento Nacional do Trabalho ou às Delegacias Regionais do Ministério do Trabalho, Industria e Comercio, dentro de 5 (cinco) dias, com a indicação expressa dos seus motivos.

Art. 305 – As horas de serviço extraordinário, quer as prestadas em virtude de acordo, quer as que derivam das causas previstas no parágrafo único do artigo anterior, não poderão ser remuneradas com quantia inferior à que resulta do quociente da divisão da importância do salário mensal por 150 (cento e cinquenta) para os mensalistas, e do salário diário por 5 (cinco) para os diaristas, acrescido de, pelo menos, 25% (vinte e cinco por cento).

Art. 306 – Os dispositivos dos arts. 303, 304 e 305 não se aplicam àqueles que exercem as funções de redator-chefe, secretário, subsecretário, chefe e subchefe de revisão, chefe de oficina, de ilustração e chefe de portaria.

Parágrafo único – Não se aplicam, do mesmo modo, os artigos acima referidos aos que se ocuparem unicamente em serviços externos.

Art. 307 – A cada 6 (seis) dias de trabalho efetivo corresponderá 1 (um) dia de descanso obrigatório, que coincidirá com o domingo, salvo acordo escrito em contrário, no qual será expressamente estipulado o dia em que se deve verificar o descanso.

Art. 308 – Em seguida a cada período diário de trabalho haverá um intervalo mínimo de 10 (dez) horas, destinado ao repouso.

[535] Leite, op. cit., 2019. Comungando da mesma interpretação, Gustavo Felipe Barbosa Garcia anota que *"pode-se dizer que o art. 301 da CLT não foi recepcionado pela Constituição Federal de 1988, na parte em que estabelece discriminação contra a mulher, mesmo porque não se trata de norma voltada à proteção da gestação, da maternidade, da amamentação, nem é relativa a limite de força muscular. (...) Reconhece-se no presente que a mulher tem potencial e possibilidade de desempenhar o trabalho em iguais condições do que o homem. Obviamente, há possíveis diferenças de estrutura física entre o homem e a mulher, mas isso não pode servir para impedir o trabalho desta, reservando-o somente ao homem, prejudicando o acesso da mulher à plena realização profissional"* (in ob.cit., 2017).

Art. 309 – Será computado como de trabalho efetivo o tempo em que o empregado estiver à disposição do empregador .

Art. 310 – (Revogado pelo Decreto-Lei nº 972, de 17.10.1969)

Art. 311 – Para o registro de que trata o artigo anterior, deve o requerente exibir os seguintes documentos:

a) prova de nacionalidade brasileira;

b) folha corrida;

c) prova de que não responde a processo ou não sofreu condenação por crime contra a segurança nacional;

d) carteira de trabalho e previdência social.

§ 1º Aos profissionais devidamente registrados será feita a necessária declaração na carteira de trabalho e previdência social.

§ 2º Aos novos empregados será concedido o prazo de 60 dias para a apresentação da carteira de trabalho e previdência social, fazendo-se o registro condicionado a essa apresentação e expedindo-se um certificado provisório para aquele período.

Art. 312 – O registro dos diretores-proprietários de jornais será feito, no Distrito Federal e nos Estados, e independentemente da exigência constante do art. 311, letra "d", da presente seção.

§ 1º A prova de profissão, apresentada pelo diretor-proprietário juntamente com os demais documentos exigidos, consistirá em uma certidão, fornecida nos Estados e Território do Acre, pelas Juntas Comerciais ou Cartórios, e, no Distrito Federal, pela seção competente do Departamento Nacional de Indústria e Comércio, do Ministério do Trabalho, Indústria e Comércio.

§ 2º Aos diretores-proprietários regularmente inscritos será fornecido um certificado do qual deverão constar o livro e a folha em que houver sido feito o registro.

Art. 313 – Aqueles que, sem caráter profissional, exercerem atividades jornalísticas, visando fins culturais, científicos ou religiosos, poderão promover sua inscrição como jornalistas, na forma desta seção.

§ 1º As repartições competentes do Ministério do Trabalho, Indústria e Comércio manterão, para os fins do artigo anterior, um registro especial, anexo ao dos jornalistas profissionais, nele inscrevendo os que satisfaçam os requisitos das alíneas "a", "b" e "c" do artigo 311 e apresentem prova do exercício de atividade jornalística não profissional, o que poderá ser feito por meio de atestado de associação cultural, científica ou religiosa idônea.

§ 2º O pedido de registro será submetido a despacho do ministro que, em cada caso, apreciará o valor da prova oferecida.

§ 3º O registro de que trata o presente artigo tem caráter puramente declaratório e não implica no reconhecimento de direitos que decorrem do exercício remunerado e profissional do jornalismo.

Art. 314. (Revogado pelo Decreto-Lei nº 972, de 17.10.1969)

Art. 315 – O Governo Federal, de acordo com os governos estaduais, promoverá a criação de escolas de preparação ao jornalismo, destinadas à formação dos profissionais da imprensa.

Art. 316 – A empresa jornalística que deixar de pagar pontualmente, e na forma acordada, os salários devidos a seus empregados, terá suspenso o seu funcionamento, até que se efetue o pagamento devido.

Parágrafo único. Para os efeitos do cumprimento deste artigo deverão os prejudicados reclamar contra a falta de pagamento perante a autoridade competente e, proferida a condenação, desde que a empresa não a cumpra, ou, em caso de recurso, não deposite o valor da indenização, a autoridade que proferir a condenação oficiará à autoridade competente, para a suspensão da circulação do jornal. Em igual pena de suspensão incorrerá a empresa que deixar de recolher as contribuições devidas às instituições de previdência social.

COMENTÁRIOS (ARTS. 302 A 316)

Os arts. 302 a 316 estabelecem um regime de trabalho diferenciado ao jornalista. Acreditamos que, tal como ocorre com os bancários, o caráter distintivo que fundamenta o tratamento legislativo diferenciado está relacionado a fatores biológicos. A atividade jornalística exige um intenso esforço mental, emocional e físico, impondo uma redução no tempo de trabalho, para preservar a saúde do trabalhador.

O Decreto-lei n. 972/69 disciplina o exercício da profissão de jornalista, assim considerado o desempenho habitual e remunerado das atividades de: *"a) redação, condensação, titulação, interpretação, correção ou coordenação de matéria a ser divulgada, contenha ou não comentário; b) comentário ou crônica, pelo rádio ou pela televisão; c) entrevista, inquérito ou reportagem, escrita ou falada; d) planejamento, organização, direção e eventual execução de serviços técnicos de jornalismo, como os de arquivo, ilustração ou distribuição gráfica de matéria a ser divulgada; e) planejamento, organização e administração técnica dos serviços de que trata a alínea " a "; f) ensino de técnicas de jornalismo; g) coleta de notícias ou informações e seu preparo para divulgação; h) revisão de originais de matéria jornalística, com vistas à correção redacional e a adequação da linguagem; i) organização e conservação de arquivo jornalístico, e pesquisa dos respectivos dados para a elaboração de notícias; j) execução da distribuição gráfica de texto, fotografia ou ilustração de caráter jornalístico, para fins de divulgação; l) execução de desenhos artísticos ou técnicos de caráter jornalístico".*

Para o exercício da atividade de jornalista era necessário o registro junto ao órgão competente, bem como diploma de curso superior de jornalismo (art. 4º, V, do Decreto-lei n. 972/69). Contudo, o Supremo Tribunal Federal, no julgamento do RE n. 511.961-SP, decidiu que a exigência de diploma e o controle estatal quanto ao acesso e exercício da profissão de jornalista caracteriza censura prévia da liberdade de expressão e de informação, contrariando o art. 5º, IX, da Constituição e o art. 13 da Convenção Americana de Direitos Humanos, que protege a liberdade de expressão em sentido amplo.

A jornada de trabalho do jornalista será de 5 horas. É considerada uma das menores jornadas da legislação trabalhista. A duração do trabalho poderá ser elevada para 7 horas, mediante acordo individual escrito, prevendo o aumento salarial, bem como o intervalo para refeição e descanso. Em caso de força maior, a jornada de trabalho pode ser prorrogada, exigindo-se, porém, a comunicação do órgão competente. A jornada de trabalho extraordinária é remunerada com acréscimo de 50%.

O jornalista terá direito a um intervalo interjornada de, no mínimo, 10 horas, bem como a um descanso semanal remunerado de 1 dia, a cada 6 dias de trabalho de prestação de serviços.

SEÇÃO XII
DOS PROFESSORES

Art. 317 – O exercício remunerado do magistério, em estabelecimentos particulares de ensino, exigirá apenas habilitação legal e registro no Ministério da Educação. (Redação dada pela Lei nº 7.855, de 24.10.1989)

Art. 318. O professor poderá lecionar em um mesmo estabelecimento por mais de um turno, desde que não ultrapasse a jornada de trabalho semanal estabelecida legalmente, assegurado e não computado o intervalo para refeição. (Redação dada pela lei nº 13.415, de 2017)

Art. 319 – Aos professores é vedado, aos domingos, a regência de aulas e o trabalho em exames.

Art. 320 – A remuneração dos professores será fixada pelo número de aulas semanais, na conformidade dos horários.

§ 1º – O pagamento far-se-á mensalmente, considerando-se para este efeito cada mês constituído de quatro semanas e meia.

§ 2º – Vencido cada mês, será descontada, na remuneração dos professores, a importância correspondente ao número de aulas a que tiverem faltado.

§ 3º – Não serão descontadas, no decurso de 9 (nove) dias, as faltas verificadas por motivo de gala ou de luto em consequência de falecimento do cônjuge, do pai ou mãe, ou de filho.

Art. 321 – Sempre que o estabelecimento de ensino tiver necessidade de aumentar o número de aulas marcado nos horários, remunerará o professor, findo cada mês, com uma importância correspondente ao número de aulas excedentes.

Art. 322 – No período de exames e no de férias escolares, é assegurado aos professores o pagamento, na mesma periodicidade contratual, da remuneração por eles percebida, na conformidade dos horários, durante o período de aulas. (Redação dada pela Lei nº 9.013, de 30.3.1995)

§ 1º – Não se exigirá dos professores, no período de exames, a prestação de mais de 8 (oito) horas de trabalho diário, salvo mediante o pagamento complementar de cada hora excedente pelo preço correspondente ao de uma aula.

§ 2º No período de férias, não se poderá exigir dos professores outro serviço senão o relacionado com a realização de exames.

§ 3º – Na hipótese de dispensa sem justa causa, ao término do ano letivo ou no curso das férias escolares, é assegurado ao professor o pagamento a que se refere o caput deste artigo. (Incluído pela Lei nº 9.013, de 30.3.1995)

Art. 323 – Não será permitido o funcionamento do estabelecimento particular de ensino que não remunere condignamente os seus professores, ou não lhes pague pontualmente a remuneração de cada mês.

Parágrafo único – Compete ao Ministério da Educação e Saúde fixar os critérios para a determinação da condigna remuneração devida aos professores bem como assegurar a execução do preceito estabelecido no presente artigo.

Art. 324. (Revogado pela Lei nº 7.855, de 24.10.1989)

COMENTÁRIOS (ARTS. 317 A 324)

A atividade profissional do professor em estabelecimento particulares de ensino é regulada pelos arts. 317 a 324 da CLT.

É lícito ao professor lecionar em um mesmo estabelecimento por mais de um turno, desde que a jornada de trabalho não extrapole o limite semanal estabelecido em lei. Assegura, também, a concessão de um intervalo para refeição e descanso (art. 318 da CLT).

Havendo labor extraordinário será devido ao professor o pagamento das horas excedentes, com acréscimo mínimo de 50%, nos termos da OJ n. 206 da SDI-1 do TST. Caso trabalhe no limite da jornada prevista no art. 318 da CLT, o professor tem direito a uma contraprestação mensal no valor de um salário mínimo integral, não se cogitando do pagamento proporcional à jornada de trabalho (OJ 393 da SBDI-1 do TST).O tempo vago, denominados de janelas, no qual o empregado ficar à disposição do empregador, serão remunerados como aula, limitado a 1 hora diária por unidade (Precedente Normativo 31/TST)

A remuneração do professor está vinculada ao número de aulas semanais ministradas. O pagamento deve ser realizado mensalmente pelo empregador, considerando-se para esse efeito quatro semanas e meia.

Na hipótese de ausência injustificada do professor, o empregador poderá realizar o desconto correspondente ao número de aulas a que tiver faltado. Em caso de licença gala (decorrente de casamento) ou de licença nojo (decorrente do falecimento do cônjuge, ascendente, descendente), o empregado terá direito a se ausentar durante 9 dias, sem que isso resulte em descontos no seu salário.

Porventura, se houver uma diminuição do número de alunos da escola, o empregador tem a prerrogativa de reduzir a carga horária do professor, sem que isso constitua alteração contratual unilateral, já que não resulta na redução do valor hora-aula, conforme vaticina a OJ n. 244 da SDI-1 do TST.

▸ SEÇÃO XIII DOS QUÍMICOS

Art. 325 – É livre o exercício da profissão de químico em todo o território da República, observadas as condições de capacidade técnica e outras exigências previstas na presente Seção:

a) aos possuidores de diploma de químico, químico industrial, químico industrial agrícola ou engenheiro químico, concedido, no Brasil, por escola oficial ou oficialmente reconhecida;

b) aos diplomados em química por instituto estrangeiro de ensino superior, que tenham, de acordo com a lei e a partir de 14 de julho de 1934, revalidado os seus diplomas;

c) aos que, ao tempo da publicação do Decreto nº 24.693 de 12 de julho de 1934, se achavam no exercício efetivo de função pública ou particular, para a qual seja exigida a qualidade de químico, e que tenham requerido o respectivo registro até a extinção do prazo fixado pelo Decreto-Lei nº 2.298, de 10 de junho de 1940.

§ 1º – Aos profissionais incluídos na alínea "c" deste artigo, se dará, para os efeitos da presente Seção, a denominação de "licenciados".

§ 2º – O livre exercício da profissão de que trata o presente artigo só é permitido a estrangeiros, quando compreendidos:

a) nas alíneas "a" e "b", independentemente de revalidação do diploma, se exerciam, legitimamente, na República, a profissão de químico em a data da promulgação da Constituição de 1934;

b) na alínea "b", se a seu favor militar a existência de reciprocidade internacional, admitida em lei, para o reconhecimento dos respectivos diplomas;

c) na alínea "c", satisfeitas as condições nela estabelecidas.

§ 3º – O livre exercício da profissão a brasileiros naturalizados está subordinado à prévia prestação do serviço militar, no Brasil.

§ 4º – Só aos brasileiros natos é permitida a revalidação dos diplomas de químicos, expedidos por institutos estrangeiros de ensino superior.

Art. 326 – Todo aquele que exercer ou pretender exercer as funções de químico é obrigado ao uso de Carteira de Trabalho e Previdência Social, devendo os profissionais que se encontrarem nas condições das alíneas "a" e "b" do art. 325, registrar os seus diplomas de acordo com a legislação vigente. (Vide Lei nº 2.800, de 18.6.1956)

§ 1º – A requisição de Carteira de Trabalho e Previdência Social para uso dos químicos, além do disposto no capítulo "Da Identificação Profissional", somente será processada mediante apresentação dos seguintes documentos que provem:

a) ser o requerente brasileiro, nato ou naturalizado, ou estrangeiro;

b) estar, se for brasileiro, de posse dos direitos civis e políticos;

c) ter diploma de químico, químico industrial, químico industrial agrícola ou engenheiro químico, expedido por escola superior oficial ou oficializada;

d) ter, se diplomado no estrangeiro, o respectivo diploma revalidado nos termos da lei;

e) haver, o que for brasileiro naturalizado, prestado serviço militar no Brasil;

f) achar-se o estrangeiro, ao ser promulgada a Constituição de 1934, exercendo legitimamente, na República, a profissão de químico, ou concorrer a seu favor a existência de reciprocidade internacional, admitida em lei, para o reconhecimento dos diplomas dessa especialidade.

§ 2º – A requisição de que trata o parágrafo anterior deve ser acompanhada:

a) do diploma devidamente autenticado no caso da alínea "b" do artigo precedente, e com as firmas reconhecidas no país de origem e na Secretaria de Estado das Relações Exteriores, ou da respectiva certidão, bem como do título de revalidação, ou certidão respectiva, de acordo com a legislação em vigor;

b) do certificado ou atestado comprobatório de se achar o requerente na hipótese da alínea "c" do referido artigo, ao tempo da publicação do Decreto nº 24.693 de 12 de julho de 1934, no exercício efetivo de função pública, ou particular, para a qual seja exigida a qualidade de químico, devendo esses documentos ser autenticados pelo Delegado Regional do Trabalho, quando se referirem a requerentes moradores nas capitais dos Estados, ou coletor federal, no caso de residirem os interessados nos municípios do interior;

c) de 3 (três) exemplares de fotografia exigida pelo art. 329 e de 1 (uma) folha com as declarações que devem ser lançadas na Carteira de Trabalho e Previdência Social de conformidade com o disposto nas alíneas do mesmo artigo e seu parágrafo único.

§ 3º – Reconhecida a validade dos documentos apresentados, o Serviço de Identificação Profissional do Departamento Nacional do Trabalho, no Distrito Federal, ou os órgãos regionais do Ministério do Trabalho, Industria e Comercio, nos Estados e no Território do Acre, registrarão, em livros próprios, os documentos a que se refere a alínea "c" do § 1º e, juntamente com a Carteira de Trabalho e Previdência Social emitida, os devolverão ao interessado.

Art. 327 – Além dos emolumentos fixados no Capítulo "Da Identificação Profissional", o registro do diploma fica sujeito à taxa de Cr$ 30,00 (trinta cruzeiros).

Art. 328 – Só poderão ser admitidos a registro os diplomas, certificados de diplomas, cartas e outros títulos, bem como atestados e certificados que estiverem na devida forma e cujas firmas hajam sido regularmente reconhecidas por tabelião público e, sendo estrangeiros, pela Secretaria do Estado das Relações Exteriores, companhados estes últimos da respectiva tradução, feita por intérprete comercial brasileiro.

Parágrafo único – O Departamento Nacional do Trabalho e as Delegacias Regionais do Ministério do Trabalho, Industria e Comercio, nos Estados, publicarão, periodicamente, a lista dos químicos registrados na forma desta Seção.

Art. 329 – A cada inscrito, e como documento comprobatório do registro, será fornecida pelo Departamento Nacional do Trabalho, no Distrito Federal, ou pelas Delegacias Regionais, nos Estados e no Território do Acre, uma Carteira de Trabalho e Previdência Social numerada, que, além da fotografia, medindo 3 (três) por 4 (quatro) centímetros, tirada de frente, com a cabeça descoberta, e das impressões do polegar, conterá as declarações seguintes:

a) o nome por extenso;

b) a nacionalidade e, se estrangeiro, a circunstância de ser ou não naturalizado;

c) a data e lugar do nascimento;

d) a denominação da escola em que houver feito o curso;

e) a data da expedição do diploma e o número do registro no Ministério do Trabalho, Industria e Comercio;

f) a data da revalidação do diploma, se de instituto estrangeiro;

g) a especificação, inclusive data, de outro título ou títulos de habilitação;

h) a assinatura do inscrito.

Parágrafo único – A carteira destinada aos profissionais a que se refere o § 1º do art. 325 deverá, em vez das declarações indicadas nas alíneas "d", "e" e "f" deste artigo, e além do título – licenciado – posto em destaque, conter a menção do título de nomeação ou admissão e respectiva data, se funcionário público, ou do atestado relativo ao exercício, na qualidade de químico, de um cargo em empresa particular, com designação desta e da data inicial do exercício.

Art. 330. A carteira profissional, expedida nos termos deste secção, é obrigatória para o exercício da profissão, substitue em todos os casos o diploma ou título e servirá de carteira de identidade. (Redação dada pelo Decreto-Lei nº 5.922, de 1943)

Art. 331 – Nenhuma autoridade poderá receber impostos relativos ao exercício profissional de químico, senão à vista da prova de que o interessado se acha registrado de acordo com a presente Seção, e essa prova será também exigida para a realização de concursos periciais e todos os outros atos oficiais que exijam capacidade técnica de químico.

Art. 332 – Quem, mediante anúncios, placas, cartões comerciais ou outros meios capazes de ser identificados, se propuser ao exercício da química, em qualquer dos seus ramos, sem que esteja devidamente registrado, fica sujeito às penalidades aplicáveis ao exercício ilegal da profissão.

Art. 333 – Os profissionais a que se referem os dispositivos anteriores só poderão exercer legalmente as funções de químicos depois de satisfazerem as obrigações constantes do art. 330 desta Seção.

Art. 334 – O exercício da profissão de químico compreende:

a) a fabricação de produtos e subprodutos químicos em seus diversos graus de pureza;

b) a análise química, a elaboração de pareceres, atestados e projetos de especialidade e sua execução, perícia civil ou judiciária sobre essa matéria, a direção e a responsabilidade de laboratórios ou departamentos químicos, de indústria e empresas comerciais;

c) o magistério nas cadeiras de química dos cursos superiores especializados em química;

d) a engenharia química.

§ 1º – Aos químicos, químicos industriais e químicos industriais agrícolas que estejam nas condições estabelecidas no art. 325, alíneas "a" e "b", compete o exercício das atividades definidas nos itens "a", "b" e "c" deste artigo, sendo privativa dos engenheiros químicos a do item "d".

§ 2º – Aos que estiverem nas condições do art. 325, alíneas "a" e "b", compete, como aos diplomados em medicina ou farmácia, as atividades definidas no art. 2º, alíneas "d", "e" e "f" do Decreto nº 20.377, de 8 de setembro de 1931, cabendo aos agrônomos e engenheiros agrônomos as que se acham especificadas no art. 6º, alínea "h", do Decreto nº 23.196, de 12 de outubro de 1933.

Art. 335 – É obrigatória a admissão de químicos nos seguintes tipos de indústria:

a) de fabricação de produtos químicos;

b) que mantenham laboratório de controle químico;

c) de fabricação de produtos industriais que são obtidos por meio de reações químicas dirigidas, tais como: cimento, açúcar e álcool, vidro, curtume, massas plásticas artificiais, explosivos, derivados de carvão ou de petróleo, refinação de óleos vegetais ou minerais, sabão, celulose e derivados.

Art. 336 – No preenchimento de cargos públicos, para os quais se faz mister a qualidade de químico, ressalvadas as especializações referidas no § 2º do art. 334, a partir da data da publicação do Decreto nº 24.693, de 12 de julho de 1934, requer-se, como condição essencial, que os candidatos previamente hajam satisfeito as exigências do art. 333 desta Seção.

Art. 337 – Fazem fé pública os certificados de análises químicas, pareceres, atestados, laudos de perícias e projetos relativos a essa especialidade, assinados por profissionais que satisfaçam as condições estabelecidas nas alíneas "a" e "b" do art. 325.

Art. 338 – É facultado aos químicos que satisfizerem as condições constantes do art. 325, alíneas "a" e "b", o ensino da especialidade a que se dedicarem, nas escolas superiores, oficiais ou oficializadas.

Parágrafo único – Na hipótese de concurso para o provimento de cargo ou emprego público, os químicos a que este artigo se refere terão preferência, em igualdade de condições.

Art. 339 – O nome do químico responsável pela fabricação dos produtos de uma fábrica, usina ou laboratório deverá figurar nos respectivos rótulos, faturas e anúncios, compreendida entre estes últimos a legenda impressa em cartas e sobrecartas.

Art. 340 – Somente os químicos habilitados, nos termos do art. 325, alíneas "a" e "b", poderão ser nomeados ex officio para os exames periciais de fábricas, laboratórios e usinas e de produtos aí fabricados.

Parágrafo único – Não se acham compreendidos no artigo anterior os produtos farmacêuticos e os laboratórios de produtos farmacêuticos.

Art. 341 – Cabe aos químicos habilitados, conforme estabelece o art. 325, alíneas "a" e "b", a execução de todos os serviços que, não especificados no presente regulamento, exijam por sua natureza o conhecimento de química.

Art. 342 – A fiscalização do exercício da profissão de químico incumbe ao Departamento Nacional do Trabalho no Distrito Federal e às autoridades regionais do Ministério do Trabalho, Industria e Comercio, nos Estados e Território do Acre.

Art. 343 – São atribuições dos órgãos de fiscalização:

a) examinar os documentos exigidos para o registro profissional de que trata o art. 326 e seus §§ 1º e 2º e o art. 327, proceder à respectiva inscrição e indeferir o pedido dos interessados que não satisfizerem as exigências desta Seção;

b) registrar as comunicações e contratos, a que aludem o art. 350 e seus parágrafos, e dar as respectivas baixas;

c) verificar o exato cumprimento das disposições desta Seção, realizando as investigações que forem necessárias, bem como o exame dos arquivos, livros de escrituração, folhas de pagamento, contratos e outros documentos de uso de firmas ou empresas industriais ou comerciais, em cujos serviços tome parte 1 (um) ou mais profissionais que desempenhem função para a qual se deva exigir a qualidade de químico.

Art. 344 – Aos sindicatos de químicos devidamente reconhecidos é facultado auxiliar a fiscalização, no tocante à observação da alínea "c" do artigo anterior.

Art. 345 – Verificando-se, pelo Ministério do Trabalho, Industria e Comercio, serem falsos os diplomas ou outros títulos dessa natureza, atestados, certificados e quaisquer documentos exibidos para os fins de que trata esta Seção, incorrerão os seus autores e cúmplices nas penalidades estabelecidas em lei.

Parágrafo único – A falsificação de diploma ou outros quaisquer títulos, uma vez verificada, será imediatamente comunicada ao Serviço de Identificação Profissional, do Departamento Nacional do Trabalho, remetendo-se-lhe os documentos falsificados, para instauração do processo que no caso couber.

Art. 346 – Será suspenso do exercício de suas funções, independentemente de outras penas em que possa incorrer, o químico, inclusive o licenciado, que incidir em alguma das seguintes faltas:

a) revelar improbidade profissional, dar falso testemunho, quebrar o sigilo profissional e promover falsificações, referentes à prática de atos de que trata esta Seção;

b) concorrer com seus conhecimentos científicos para a prática de crime ou atentado contra a pátria, a ordem social ou a saúde pública;

c) deixar, no prazo marcado nesta Seção, de requerer a revalidação e registro do diploma estrangeiro, ou o seu registro profissional no Ministério do Trabalho, Industria e Comercio.

Parágrafo único – O tempo de suspensão a que alude este artigo variará entre 1 (um) mês e 1 (um) ano, a critério do Departamento Nacional do Trabalho, após processo regular, ressalvada a ação da justiça pública.

Art. 347 – Aqueles que exercerem a profissão de químico sem ter preenchido as condições do art. 325 e suas alíneas, nem promovido o seu registro, nos termos do art. 326, incorrerão na multa de 200 cruzeiros a 5.000 cruzeiros, que será elevada ao dobro, no caso de reincidência.

Art. 348 – Aos licenciados a que alude o § 1º do art. 325 poderão, por ato do Departamento Nacional do Trabalho, sujeito à aprovação do Ministro, ser cassadas as garantias asseguradas por esta Seção, desde que interrompam, por motivo de falta prevista no art. 346, a função pública ou particular em que se encontravam por ocasião da publicação do Decreto nº 24.693, de 12 de julho de 1934.

Art. 349 – O número de químicos estrangeiros a serviço de particulares, empresas ou companhias não poderá exceder de 1/3 (um terço) aos dos profissionais brasileiros compreendidos nos respectivos quadros.

Art. 350 – O químico que assumir a direção técnica ou cargo de químico de qualquer usina, fábrica, ou laboratório indústrial ou de análise deverá, dentro de 24 (vinte e quatro) horas e por escrito, comunicar essa ocorrência ao órgão fiscalizador, contraindo, desde essa data, a responsabilidade da parte técnica referente à sua profissão, assim como a responsabilidade técnica dos produtos manufaturados.

§ 1º – Firmando-se contrato entre o químico e o proprietário da usina fábrica, ou laboratório, será esse documento apresentado, dentro do prazo de 30 (trinta) dias, para registro, ao órgão fiscalizador.

§ 2º – Comunicação idêntica à de que trata a primeira parte deste artigo fará o químico quando deixar a direção técnica ou o cargo de químico, em cujo exercício se encontrava, a fim de ressalvar a sua responsabilidade e fazer-se o cancelamento do contrato. Em caso de falência do estabelecimento, a comunicação será feita pela firma proprietária.

SEÇÃO XIV
DAS PENALIDADES

Art. 351 – Os infratores dos dispositivos do presente Capítulo incorrerão na multa de cinquenta a cinco mil cruzeiros, segundo a natureza da infração, sua extensão e a intenção de quem a praticou, aplicada em dobro no caso de reincidência, oposição à fiscalização ou desacato à autoridade.

Parágrafo único – São competentes para impor penalidades as autoridades de primeira instância incumbidas da fiscalização dos preceitos constantes do presente Capítulo.

COMENTÁRIOS (ARTS. 325 A 351)

A Lei n. 2.800, de 18 de junho de 1956, criou o Conselho Federal de Química e dispôs sobre o exercício da profissão de químico. São considerados químicos, além dos profissionais relacionados neste capítulo, os baixareis em química e os técnicos químicos (diplomados pelos Cursos Técnicos de Química Industrial).

O químico é definido como *"o profissional de nível superior que exerce a direção técnica, chefia ou supervisão da fabricação de produtos industriais, obtidos por meio de reações químicas dirigidas ou de laboratório"*, conforme previsto na Resolução Normativa n. 12, de 20 de outubro de 1959, do Conselho Federal de Química.

O exercício da profissão de químico pressupõe a realização perante o Conselho Federal de Química, inclusive os engenheiros químicos, quando suas funções, como químico, assim o exigirem. (art. 21 e 22 da Lei n. 2.800/1956)

A profissão de químico pode ser exercida na condição de empregado ou trabalhador autônomo. Será regido pelos preceitos contidos na CLT se houver relação empregatícia entre o trabalhador e o tomador de serviços.

A violação às normas contidas no capítulo relativo às jornadas especiais de trabalho sujeitará o empregador às penalidades administrativas previstas na CLT.

ANEXO II

Tabela das multas administrativas com critérios variáveis de cálculo
(Valores em Reais - R$)

Capitulação da infração	Base legal	Valor Mínimo	Valor Máximo	Observações
CLT, art. 224 e art. 350	CLT, art. 351	R$ 40,25	R$ 4.025,33	Dobrado na reincidência, oposição ou desacato

**Transcrição parcial da tabela. Contempla somente as multas previstas no capítulo em análise.*

ANEXO III

1. Tabela de gradação das Multas com Critérios Variáveis de Cálculo

Critérios	Valor a ser atribuído
I - Natureza da infração Intenção do infrator de praticar a infração Meios ao alcance do infrator para cumprir a lei	20% do valor máximo previsto para a multa, equivalente ao conjunto dos três critérios. Obs.: Percentual fixo aplicável a todas as infrações, conforme tabela "B" deste anexo.
II - Porte Econômico do Infrator	De 8% a 40% do valor máximo previsto para a multa, conforme tabela "C" deste anexo.
III - Extensão da Infração	De 8% a 40% do valor máximo previsto para a multa, conforme critérios abaixo: a) 40% do valor máximo previsto para a multa, quando se tratar de infração a: i) Capítulos II e III do Título II da CLT (Duração do Trabalho e Salário Mínimo); ii) Capítulos I e III do Título III da CLT (Disposições especiais sobre duração e condições de trabalho e Proteção do Trabalho da Mulher); iii) Capítulo I do Título VII da CLT (Fiscalização, Autuação e Imposição de Multas); e iv) Art. 23 da Lei nº 8.036, de 1990 (FGTS). b) de 8% a 40% do valor máximo previsto para a multa aplicável às demais infrações, conforme tabela "C" deste Anexo.
Obs.: O valor da multa corresponderá à soma dos valores resultantes da aplicação dos percentuais relativos aos três níveis de critérios acima (I, II e III).	

B) Tabela do Percentual Fixo (20%) Aplicável a Todas as Infrações

Base Legal					
Art. 75, art. 351 e art. 553 da CLT e art. 12 da Lei nº 605, de 1949.	Art. 120 da CLT.	Art. 364 e art. 598 da CLT.	Art. 401 da CLT.	Art. 630, § 6º, da CLT.	Art. 722, alínea "a", da CLT.
R$ 805,07	R$ 322,03	R$ 1.610,13	R$ 161,01	R$ 402,53	R$ 8.050,65

**Transcrição parcial da tabela. Contempla somente as multas previstas no capítulo em análise.*

C) Tabela em R$ de Gradação de Multas de Valor Variável Aplicável aos Critérios II e III

Quantidade de Empregados	%	Base Legal					
		Art. 75, art. 351 e art. 553 da CLT e art. 12 da Lei nº 605/1949.	Art. 120 da CLT.	Art. 364 e art. 598 da CLT.	Art. 401 da CLT.	Art. 630, § 6º, da CLT.	Art. 722, alínea "a", da CLT.
de 01 a 10	8	R$ 322,03	R$ 128,81	R$ 644,05	R$ 64,41	R$ 161,01	R$ 3.220,26

de 11 a 30	16	R$ 644,05	R$ 257,62	R$ 1.288,10	R$ 128,81	R$ 322,03	R$ 6.440,52
de 31 a 60	24	R$ 966,08	R$ 386,43	R$ 1.932,16	R$ 193,22	R$ 483,04	R$ 9.660,78
de 61 a 100	32	R$ 1.288,11	R$ 515,24	R$ 2.576,21	R$ 257,62	R$ 644,05	R$ 12.881,05
acima de 100	40	R$ 1.610,13	R$ 644,05	R$ 3.220,26	R$ 322,03	R$ 805,06	R$ 16.101,31

**Transcrição parcial da tabela. Contempla somente as multas previstas no capítulo em análise.*

▸ CAPÍTULO II
DA NACIONALIZAÇÃO DO TRABALHO

▸ SEÇÃO I
DA PROPORCIONALIDADE DE EMPREGADOS BRASILEIROS

Art. 352 – As empresas, individuais ou coletivas, que explorem serviços públicos dados em concessão, ou que exerçam atividades industriais ou comerciais, são obrigadas a manter, no quadro do seu pessoal, quando composto de 3 (três) ou mais empregados, uma proporção de brasileiros não inferior à estabelecida no presente Capítulo.

§ 1º – Sob a denominação geral de atividades industriais e comerciais compreende-se, além de outras que venham a ser determinadas em portaria do Ministro do Trabalho, Industria e Comercio, as exercidas:

a) nos estabelecimentos industriais em geral;

b) nos serviços de comunicações, de transportes terrestres, marítimos, fluviais, lacustres e aéreos;

c) nas garagens, oficinas de reparos e postos de abastecimento de automóveis e nas cocheiras;

d) na indústria da pesca;

e) nos estabelecimentos comerciais em geral;

f) nos escritórios comerciais em geral;

g) nos estabelecimentos bancários, ou de economia coletiva, nas empresas de seguros e nas de capitalização;

h) nos estabelecimentos jornalísticos, de publicidade e de radiodifusão;

i) nos estabelecimentos de ensino remunerado, excluídos os que neles trabalhem por força de voto religioso;

j) nas drogarias e farmácias;

k) nos salões de barbeiro ou cabeleireiro e de beleza;

l) nos estabelecimentos de diversões públicas, excluídos os elencos teatrais, e nos clubes esportivos;

m) nos hotéis, restaurantes, bares e estabelecimentos congêneres;

n) nos estabelecimentos hospitalares e fisioterápicos cujos serviços sejam remunerados, excluídos os que neles trabalhem por força de voto religioso;

o) nas empresas de mineração;

§ 2º – Não se acham sujeitas às obrigações da proporcionalidade as indústrias rurais, as que, em zona agrícola, se destinem ao beneficiamento ou transformação de produtos da região e as atividades industriais de natureza extrativa, salvo a mineração.

Art. 353 – Equiparam-se aos brasileiros, para os fins deste Capítulo, ressalvado o exercício de profissões reservadas aos brasileiros natos ou aos brasileiros em geral, os estrangeiros que, residindo no País há mais de dez anos, tenham cônjuge ou filho brasileiro, e os portugueses. (Redação dada pela Lei nº 6.651, de 23.5.1979)

Art. 354 – A proporcionalidade será de 2/3 (dois terços) de empregados brasileiros, podendo, entretanto, ser fixada proporcionalidade inferior, em atenção às circunstâncias especiais de cada atividade, mediante ato do Poder Executivo, e depois de devidamente apurada pelo Departamento Nacional do Trabalho e pelo Serviço de Estatística de Previdência e Trabalho a insuficiência do número de brasileiros na atividade de que se tratar.

Parágrafo único – A proporcionalidade é obrigatória não só em relação à totalidade do quadro de empregados, com as exceções desta Lei, como ainda em relação à correspondente folha de salários.

Art. 355 – Consideram-se como estabelecimentos autônomos, para os efeitos da proporcionalidade a ser observada, as sucursais, filiais e agências em que trabalhem 3 (três) ou mais empregados.

Art. 356 – Sempre que uma empresa ou indivíduo explore atividades sujeitas a proporcionalidades diferentes, observar-se-á, em relação a cada uma delas, a que lhe corresponder.

Art. 357 – Não se compreendem na proporcionalidade os empregados que exerçam funções técnicas especializadas, desde que, a juízo do Ministério do Trabalho, Industria e Comercio, haja falta de trabalhadores nacionais.

Art. 358 – Nenhuma empresa, ainda que não sujeita à proporcionalidade, poderá pagar a brasileiro que exerça função análoga, a juízo do Ministério do Trabalho, Industria e Comercio, à que é exercida por estrangeiro a seu serviço, salário inferior ao deste, excetuando-se os casos seguintes:

a) quando, nos estabelecimentos que não tenham quadros de empregados organizados em carreira, o brasileiro contar menos de 2 (dois) anos de serviço, e o estrangeiro mais de 2 (dois) anos;

b) quando, mediante aprovação do Ministério do Trabalho, Industria e Comercio, houver quadro organizado em carreira em que seja garantido o acesso por antiguidade;

c) quando o brasileiro for aprendiz, ajudante ou servente, e não o for o estrangeiro;

d) quando a remuneração resultar de maior produção, para os que trabalham à comissão ou por tarefa.

Parágrafo único – Nos casos de falta ou cessação de serviço, a dispensa do empregado estrangeiro deve preceder à de brasileiro que exerça função análoga.

▸ SEÇÃO II
DAS RELAÇÕES ANUAIS DE EMPREGADOS

Art. 359 – Nenhuma empresa poderá admitir a seu serviço empregado estrangeiro sem que este exiba a carteira de identidade de estrangeiro devidamente anotada.

Parágrafo único – A empresa é obrigada a assentar no registro de empregados os dados referentes à nacionalidade de qualquer empregado estrangeiro e o número da respectiva carteira de identidade.

Art. 360 – Toda empresa compreendida na enumeração do art. 352, § 1º, deste Capítulo, qualquer que seja o número de seus empregados, deve apresentar anualmente às repartições competentes do Ministério do Trabalho, de 2 de maio a 30 de junho, uma relação, em três vias, de todos os seus empregados, segundo o modelo que for expedido.

§ 1º – As relações terão, na primeira via, o selo de três cruzeiros pela folha inicial e dois cruzeiros por folha excedente, além do selo do Fundo de Educação, e nelas será assinalada, em tinta vermelha, a modificação havida com referência à última relação apresentada. Se se tratar de nova empresa, a relação, encimada pelos dizeres – Primeira Relação – deverá ser feita dentro de 30 (trinta) dias de seu registro no Departamento Nacional da Indústria e Comércio ou repartições competentes.

§ 2º – A entrega das relações far-se-á diretamente às repartições competentes do Ministério do Trabalho, Industria e Comercio, ou, onde não as houver, às Coletorias Federais, que as remeterão desde logo àquelas repartições. A entrega operar-se-á contra recibo especial, cuja exibição é obrigatória, em caso de fiscalização, enquanto não for devolvida ao empregador a via autenticada da declaração.

§ 3º – Quando não houver empregado far-se-á declaração negativa.

Art. 361 – Apurando-se, das relações apresentadas, qualquer infração, será concedido ao infrator o prazo de 10 (dez) dias para defesa, seguindo-se o despacho pela autoridade competente.

Art. 362 – As repartições às quais competir a fiscalização do disposto no presente Capítulo manterão fichário especial de empresas, do qual constem as anotações referentes ao respectivo cumprimento, e fornecerão aos interessados as certidões de quitação que se tornarem necessárias, no prazo de 30 (trinta) dias, contados da data do pedido. (Redação dada pelo Decreto-lei nº 229, de 28.2.1967)

§ 1º – As certidões de quitação farão prova até 30 de setembro do ano seguinte àquele a que se referiram e estarão sujeitas à taxa correspondente a 1/10 (um décimo do salário-mínimo regional. Sem elas nenhum fornecimento ou contrato poderá ser feito com o Governo da União, dos Estados ou Municípios, ou com as instituições paraestatais a eles subordinadas, nem será renovada autorização a empresa estrangeira para funcionar no País. (Redação dada pelo Decreto-lei nº 229, de 28.2.1967) (Vide Lei nº 8.522, de 1992) (Vide Medida Provisória nº 958, de 2020) (Vide Lei nº 13.999, de 2020) (Vide Medida Provisória nº 975, de 2020). (*Vide Lei nº 14.179, de 30 de junho de 2021*).

§ 2º – A primeira via da relação, depois de considerada pela repartição fiscalizadora, será remetida anualmente ao Departamento Nacional de Mão-de-Obra (DNMO), como subsídio ao estudo das condições de mercado de trabalho, de um modo geral, e, em particular, no que se refere à mão-de-obra qualificada. (Redação dada pelo Decreto-lei nº 229, de 28.2.1967)

§ 3º – A segunda via da relação será remetida pela repartição competente ao Serviço de Estatística da Previdência e Trabalho e a terceira via devolvida à empresa, devidamente autenticada. (Incluído pelo Decreto-lei nº 229, de 28.2.1967)

▸ SEÇÃO III
DAS PENALIDADES

Art. 363 – O processo das infrações do presente Capítulo obedecerá ao disposto no Título "Do Processo de Multas Administrativas", no que lhe for aplicável, com observância dos modelos de auto a serem expedidos.

Art. 364 – As infrações do presente Capítulo serão punidas com a multa de cem a dez mil cruzeiros.

Parágrafo único – Em se tratando de empresa concessionária de serviço público, ou de sociedade estrangeira autorizada a funcionar no País, se a infratora, depois de multada, não atender afinal ao cumprimento do texto infringido poderá ser-lhe cassada a concessão ou autorização.

SEÇÃO IV
DISPOSIÇÕES GERAIS

Art. 365 – O presente Capítulo não derroga as restrições vigentes quanto às exigências de nacionalidade brasileira para o exercício de determinadas profissões nem as que vigoram para as faixas de fronteiras, na conformidade da respectiva legislação.

Art. 366 – Enquanto não for expedida a carteira a que se refere o art. 359 deste Capítulo, valerá, a título precário, como documento hábil, uma certidão, passada pelo serviço competente do Registro de Estrangeiros, provando que o empregado requereu sua permanência no País.

Art. 367 – A redução a que se refere o art. 354, enquanto o Serviço de Estatística da Previdência e Trabalho não dispuser dos dados estatísticos necessários à fixação da proporcionalidade conveniente para cada atividade, poderá ser feita por ato do Ministro do Trabalho, Industria e Comercio, mediante representação fundamentada da associação sindical.

Parágrafo único – O Serviço de Estatística da Previdência e Trabalho deverá promover, e manter em dia, estudos necessários aos fins do presente Capítulo.

SEÇÃO V
DAS DISPOSIÇÕES ESPECIAIS SOBRE A NACIONALIZAÇÃO DA MARINHA MERCANTE

Art. 368 – O comando de navio mercante nacional só poderá ser exercido por brasileiro nato.

Art. 369 – A tripulação de navio ou embarcação nacional será constituída, pelo menos, de 2/3 (dois terços) de brasileiros natos. (Redação dada pela Lei nº 5.683, de 21.7.1971)

Parágrafo único – O disposto neste artigo não se aplica aos navios nacionais de pesca, sujeitos a legislação específica. (Incluído pela Lei nº 5.683, de 21.7.1971)

Art. 370 – As empresas de navegação organizarão as relações dos tripulantes das respectivas embarcações, enviando-as no prazo a que se refere a Seção II deste Capítulo à Delegacia do Trabalho Marítimo onde as mesmas tiverem sede.

Parágrafo único – As relações a que alude o presente artigo obedecerão, na discriminação hierárquica e funcional do pessoal embarcadiço, ao quadro aprovado pelo regulamento das Capitanias dos Portos.

Art. 371 – A presente Seção é também aplicável aos serviços de navegação fluvial e lacustre e à praticagem nas barras, portos, rios, lagos e canais.

COMENTÁRIOS (ARTS. 352 A 371)

No início da Era Vagas foi expedido o Decreto nº 19.482, de 12 de Dezembro de 1930, publicado no dia 01/02/193, com o propósito de limitar a entrada de estrangeiros em território nacional, assim como estipular normas trabalhistas de amparo ao trabalhador, estabelecendo, em suma, a obrigação das empresas de comprovar que o seu quadro de funcionários era composto de pelo menos 2/3 (dois terços) brasileiros natos. A alteração dessa proporção estava condicionada à autorização do "Ministério do Trabalho, Indústria e Comércio", na hipótese de falta de empregados brasileiros natos e para a realização de serviços técnicos, desde que fosse dada preferência para a contratação de trabalhadores brasileiros naturalizados, em primeiro lugar, e, depois, os estrangeiros. Tinha o objetivo de combater a crise econômica na qual o Brasil atravessava (pós-Revolução de 1930), controlar o desemprego e evitar a migração massiva de trabalhadores para as principais cidades do país, notadamente as capitais, a fim de buscar uma nova ocupação. A entrada desordenada de estrangeiros era considero um dos motivos do desemprego no país, pois, na visão do legislador, contribuía para o aumento da desordem econômica e da insegurança social.

Textos similares foram incorporados às Constituições de 1934, 1937,1946,1967, tal como na EC n. 1, de 1969, que prescreviam a fixação de um percentual de empregados brasileiros nos serviços públicos dados em concessão e nas empresas do ramo do comércio e da indústria.[536]

Nesse contexto, ao realizar a consolidação das normas trabalhistas, em 1943, o legislador infraconstitucional reservou um capítulo específico, denominado de "Da Nacionalização do Trabalho", para regulamentar a proporção de empregados brasileiros nos quadros de funcionários das empresas que exploram serviços públicos, atividades industriais ou atividades comerciais. Em tais setores, as empresas com mais de três empregados eram obrigadas a manter em seus quadros uma proporção de brasileiros natos não inferior 2/3 (art. 354 da CLT). Os empregados que exerciam funções técnicas especializadas estavam excluídos da proporcionalidade, quando não haviam profissionais

536 Martins, op. cit., p. 976.

brasileiros para exercer tais profissões, sujeitando-se ao crivo do Ministério do Trabalho (art. 357 da CLT).

O Poder Executivo tinha autonomia para fixar proporcionalidade inferior, visando atender circunstâncias especiais de uma determinada atividade, depois de devidamente apurada a insuficiência de trabalhadores brasileiros para atender as demandas em determinada atividade.

Para a caracterização da equiparação salarial entre o trabalhador brasileiro e o estrangeiro bastava o exercício de função análoga (art. 358 da CLT), isto é, de função semelhante. Diferia-se da regra insculpida no art. 461 da CLT, que demanda a identidade de função, compreendida como o exercício exato das mesmas tarefas pelo paradigma e o paragonado. A equiparação por analogia não se aplicava quando existia quadro de carreira homologado pelo Ministério do Trabalho; quando o brasileiro tinha menos de 2 anos de tempo de serviço (e não na função), e o estrangeiro, de outro lado, tivesse mais de 2 anos de tempo de serviços prestados ao mesmo empregador, nos estabelecimentos que não tendinha quadro carreira; quando a diferença salarial decorresse de maior produtividade, nos trabalhos pagos por comissão ou por tarefa; ou, ainda, quando o brasileiro for aprendiz, ajudante ou servente, e não o for o estrangeiro.

Caso o empregado desejasse reduzir o seu quadro de funcionário, deveria dar preferência à dispensa dos empregados estrangeiros, privilegiando a manutenção do contrato de trabalho dos empregados brasileiros (art. 358, parágrafo único, da CLT).

Diferentemente das Leis Fundamentais anteriores, a Carta Magna de 1988 não estabeleceu um percentual mínimo de empregados brasileiros nos serviços públicos ou privados. Para além disso, instituiu em seu artigo 5º, caput, o direito fundamental à igualdade, assegurando que *"todos são iguais perante a lei"*, de modo que não poderá haver *"distinção de qualquer natureza"*, sendo garantido *"aos brasileiros e aos estrangeiros residentes no País a inviolabilidade do direito à vida, à liberdade, à igualdade, à segurança e à propriedade"*. É considerado um mandado de otimização, próprio do Estado Democrático de Direito, que visa conferir tratamento igualitário a todos que estejam submetidos ao ordenamento jurídico brasileiro, sendo parâmetro para a aplicação da lei infraconstitucional.[537]

André Ramos Tavares pontifica que *"os tratamentos diferenciados podem estar em plena consonância com a Constituição. É que a igualdade implica o tratamento desigual das situações de vida desiguais, na medida de sua desigualação. Aliás, trata-se de exigência contida no próprio princípio da Justiça. O elemento discriminador erigido como causa da desequiparação deve estar predisposto ao alcance de uma finalidade. Esta, por sua vez, deve corresponder exatamente a algum objetivo encampado pelo Direito, seja expressa, seja implicitamente"*. [538]

Escorado na doutrina de Celso Antônio Bandeira de Melo, acrescenta que o tratamento jurídico diferenciado depende da investigação, de um lado, daquilo que é adotado como *"que é adotado como critério discriminatório; de outro lado, cumpre verificar se há justificativa racional, isto é, fundamento lógico, para, à vista do traço desigualador acolhido, atribuir o específico tratamento jurídico construído em função da desigualdade proclamada. Finalmente, impende analisar se a correlação ou fundamento racional abstratamente existente é, in concreto, afinado com valores prestigiados no sistema normativo constitucional"*.[539] A desigualdade circunstancial justifica um tratamento normativo desigual para estabelecer a igualdade material entre os sujeitos de direito, ou seja, a igualdade na lei.

O tratamento diferenciado somente se justifica quando apoiados em elementos situados *"na própria pessoa, coisa ou situação discriminada. Não de admite a eleição de um fator externo a quem sofrerá a distinção"*.[540]

A doutrina aponta entre os destinatários da proteção aos direitos e garantias fundamentais, previstos na Constituição Federal de 1988, o estrangeiro. Nessa direção, Alexandre de Moraes pontua que *"a expressão residentes no Brasil deve ser interpretada no sentido de que a Carta Federal assegura ao estrangeiro todos os direitos e garantias mesmo que não possua domicílio no País, só podendo, porém, assegurar a validade e gozo dos direitos fundamentais dentro do território brasileiro, não excluindo, pois, o estrangeiro em trânsito pelo território nacional, que possui igualmente acesso às ações, como o mandado de segurança e demais remédios constitucionais"*.[541]

O Supremo Tribunal Federal, em interessante julgado sobre o tema, assentou que "O princípio da isonomia, que se reveste de autoaplicabilidade, *não é – enquanto postulado fundamental de nossa ordem político-jurídica – suscetível de regulamentação ou de complementação normativa.* Esse princípio – *cuja observância vincula, incondicionalmente, todas as manifestações do poder público* – deve ser considerado,

537 Canotilho, J. J. Gomes (Coord); et al. *Comentários à Constituição do Brasil* – 2. ed. – São Paulo: Saraiva Educação, 2018.

538 Tavares, André Ramos. *Curso de direito constitucional*. – 18. ed. – São Paulo: Saraiva Educação, 2020.

539 Ibidem.

540 Ibidem.

541 Moraes, Alexandre de *Direito constitucional*. - 34. ed. - São Paulo: Atlas, 2018.

em sua precípua função de obstar discriminações e de extinguir privilégios (RDA 55/114), sob duplo aspecto: (a) o da igualdade na lei; e (b) o da igualdade perante a lei. A igualdade na lei – que opera numa fase de generalidade puramente abstrata – constitui exigência destinada ao legislador que, no processo de sua formação, nela não poderá incluir fatores de discriminação, responsáveis pela ruptura da ordem isonômica. *A igualdade perante a lei, contudo, pressupondo lei já elaborada, traduz imposição destinada aos demais poderes estatais, que, na aplicação da norma legal, não poderão subordiná-la a critérios que ensejem tratamento seletivo ou discriminatório.* A eventual inobservância desse postulado pelo legislador imporá ao ato estatal por ele elaborado e produzido a eiva de inconstitucionalidade. **[MI 58, rel. p/ o ac. min. Celso de Mello, j. 14-12-1990, P, *DJ* de 19-4-1991.]**

As medidas distintivas estabelecidas pela Consolidação das Leis do Trabalho não se coadunam, portanto, com os preceitos da Lei Fundamental de 1988, notadamente o aspecto material do direito ao tratamento paritário – entre o brasileiro e o estrangeiro. A desigualação baseia-se tão somente em fator externo: a nacionalidade.

Também, violam as normas internacionais de direitos humanos ratificadas pelo Brasil. A Declaração Universal de Direito Humanos, nos arts. 1º e 7º, preconiza que *"Todos os seres humanos nascem livres e* iguais em dignidade e direitos", *e* "são iguais perante a lei e têm direito, sem qualquer distinção, a igual proteção da lei. Todos têm direito a igual proteção contra qualquer discriminação que viole a presente Declaração e contra qualquer incitamento a tal discriminação". No mesmo sentido, o art. 26 do Pacto Internacional de Direitos Civis e Políticos, de 1966[542] e o art. 24 da Convenção Americana sobre Direitos Humanos (Pacto de São José da Costa Rica), de 1969.[543]

Contrariam, ainda, a Convenção nº 111 da OIT sobre Discriminação em Matéria de Emprego e profissão, adotado pela Conferência Internacional do Trabalho em sua quadragésima segunda sessão (aprovada pelo Decreto Legislativo nº 104, de 24 de novembro de 1964, conf. XXVIII, art. 2º, Decreto n. 10.088, de 2019).

Nessa perspectiva, Homero Batista salienta que é *"bem provável que os arts. 352 a 371 da CLT estejam todos em colisão com os arts. 5º, caput, e 12, ambos da CF/1988, e, portanto, não tenham sido recepcionados. A separação entre brasileiros e estrangeiros residentes no Brasil somente poderia ocorrer se houvesse um fator expressivo de motivação e, ainda assim, com permissão constitucional, servindo como exemplo o preenchimento da função de Presidente da República ou de alguns de seus conselhos. Agrava ainda mais a posição jurídica desses dispositivos legais o fato de que seu principal escopo era a fixação de um sistema de cotas, a que se costumou chamar de Lei dos Dois Terços, de modo a haver dois brasileiros para cada um estrangeiro na empresa".*[544]

Filiamo-nos à essa corrente interpretativa, de forma que o capítulo da nacionalização do trabalho não foi recepcionado pela Carta Política de 1988.

CAPÍTULO III
DA PROTEÇÃO DO TRABALHO DA MULHER

SEÇÃO I
DA DURAÇÃO, CONDIÇÕES DO TRABALHO E DA DISCRIMINAÇÃO CONTRA A MULHER
(REDAÇÃO DADA PELA LEI Nº 9.799, DE 26.5.1999)

Art. 372 – Os preceitos que regulam o trabalho masculino são aplicáveis ao trabalho feminino, naquilo em que não colidirem com a proteção especial instituída por este Capítulo.

Parágrafo único – (Revogado pela Lei nº 13.467, de 2017)

Art. 373 – A duração normal de trabalho da mulher será de 8 (oito) horas diárias, exceto nos casos para os quais for fixada duração inferior.

Art. 373-A. Ressalvadas as disposições legais destinadas a corrigir as distorções que afetam o acesso da mulher ao mercado de trabalho e certas especificidades estabelecidas nos acordos trabalhistas, é vedado: (Incluído pela Lei nº 9.799, de 26.5.1999)

I – publicar ou fazer publicar anúncio de emprego no qual haja referência ao sexo, à idade, à cor ou situação familiar, salvo quando a natureza da atividade a ser exercida, pública e notoriamente, assim o exigir; (Incluído pela Lei nº 9.799, de 26.5.1999)

II – recusar emprego, promoção ou motivar a dispensa do trabalho em razão de sexo, idade, cor, situação familiar ou estado de gravidez, salvo quando a natureza da atividade seja notória e

[542] ARTIGO 26: Todas as pessoas são iguais perante a lei e têm direito, sem discriminação alguma, a igual proteção da Lei. A este respeito, a lei deverá proibir qualquer forma de discriminação e garantir a todas as pessoas proteção igual e eficaz contra qualquer discriminação por motivo de raça, cor, sexo, língua, religião, opinião política ou de outra natureza, origem nacional ou social, situação econômica, nascimento ou qualquer outra situação. (Pacto Internacional sobre Direitos Civis e Políticos, incorporado ao ordenamento jurídico interno através do Decreto n. 592, de 1992).

[543] CADH, ARTIGO 24 - Igualdade Perante a Lei - Todas as pessoas são iguais perante a lei. Por conseguinte, têm direito, sem discriminação, a igual proteção da lei. (Convenção Americana sobre Direitos Humanos – Pacto de São José da Costa Rica – promulgado pelo Decreto n. 678, de 1992).

[544] Batista, op. cit., p. 271. Este também é o posicionamento de Eduardo Gabriel Saad, que afirma: "O papel do estrangeiro em nossas empresas fica submetido ao art. 5º da nova Carta". (...) Parece-nos, outrossim, que o legislador ordinário está impossibilitado de criar qualquer restrição às atividades do assalariado estrangeiro que não conte com o respaldo da Lei Maior". (in op. cit., 2019, p.593)

publicamente incompatível; (Incluído pela Lei nº 9.799, de 26.5.1999)

III – considerar o sexo, a idade, a cor ou situação familiar como variável determinante para fins de remuneração, formação profissional e oportunidades de ascensão profissional; (Incluído pela Lei nº 9.799, de 26.5.1999)

IV – exigir atestado ou exame, de qualquer natureza, para comprovação de esterilidade ou gravidez, na admissão ou permanência no emprego; (Incluído pela Lei nº 9.799, de 26.5.1999)

V – impedir o acesso ou adotar critérios subjetivos para deferimento de inscrição ou aprovação em concursos, em empresas privadas, em razão de sexo, idade, cor, situação familiar ou estado de gravidez; (Incluído pela Lei nº 9.799, de 26.5.1999)

VI – proceder o empregador ou preposto a revistas íntimas nas empregadas ou funcionárias. (Incluído pela Lei nº 9.799, de 26.5.1999)

Parágrafo único. O disposto neste artigo não obsta a adoção de medidas temporárias que visem ao estabelecimento das políticas de igualdade entre homens e mulheres, em particular as que se destinam a corrigir as distorções que afetam a formação profissional, o acesso ao emprego e as condições gerais de trabalho da mulher. (Incluído pela Lei nº 9.799, de 26.5.1999)

Art. 374 – (Revogado pela Lei nº 7.855, de 24.10.1989)

Art. 375 – (Revogado pela Lei nº 7.855, de 24.10.1989)

Art. 376 – (Revogado pela Lei nº 10.244, de 2001)

Art. 377 – A adoção de medidas de proteção ao trabalho das mulheres é considerada de ordem pública, não justificando, em hipótese alguma, a redução de salário.

Art. 378 – (Revogado pela Lei nº 7.855, de 24.10.1989)

SEÇÃO II
DO TRABALHO NOTURNO

Art. 379 – (Revogado pela Lei nº 7.855, de 24.10.1989)

Art. 380 – (Revogado pela Lei nº 7.855, de 24.10.1989)

Art. 381 – O trabalho noturno das mulheres terá salário superior ao diurno.

§ 1º – Para os fins desse artigo, os salários serão acrescidos duma percentagem adicional de 20% (vinte por cento) no mínimo.

§ 2º – Cada hora do período noturno de trabalho das mulheres terá 52 (cinquenta e dois) minutos e 30 (trinta) segundos.

SEÇÃO III
DOS PERÍODOS DE DESCANSO

Art. 382 – Entre 2 (duas) jornadas de trabalho, haverá um intervalo de 11(onze) horas consecutivas, no mínimo, destinado ao repouso.

Art. 383 – Durante a jornada de trabalho, será concedido à empregada um período para refeição e repouso não inferior a 1 (uma) hora nem superior a 2 (duas) horas salvo a hipótese prevista no art. 71, § 3º.

Art. 384 – (Revogado pela Lei nº 13.467, de 2017)

Art. 385 – O descanso semanal será de 24 (vinte e quatro) horas consecutivas e coincidirá no todo ou em parte com o domingo, salvo motivo de conveniência pública ou necessidade imperiosa de serviço, a juízo da autoridade competente, na forma das disposições gerais, caso em que recairá em outro dia.

Parágrafo único – Observar-se-ão, igualmente, os preceitos da legislação geral sobre a proibição de trabalho nos feriados civis e religiosos.

Art. 386 – Havendo trabalho aos domingos, será organizada uma escala de revezamento quinzenal, que favoreça o repouso dominical.

SEÇÃO IV
DOS MÉTODOS E LOCAIS DE TRABALHO

Art. 387 – (Revogado pela Lei nº 7.855, de 24.10.1989)

Art. 388 – Em virtude de exame e parecer da autoridade competente, o Ministro do Trabalho, Industria e Comercio poderá estabelecer derrogações totais ou parciais às proibições a que alude o artigo anterior, quando tiver desaparecido, nos serviços considerados perigosos ou insalubres, todo e qualquer caráter perigoso ou prejudicial mediante a aplicação de novos métodos de trabalho ou pelo emprego de medidas de ordem preventiva.

Art. 389 – Toda empresa é obrigada: (Redação dada pelo Decreto-lei nº 229, de 28.2.1967)

I – a prover os estabelecimentos de medidas concernentes à higienização dos métodos e locais de trabalho, tais como ventilação e iluminação e outros que se fizerem necessários à segurança e ao conforto das mulheres, a critério da autoridade competente; (Incluído pelo Decreto-lei nº 229, de 28.2.1967)

II – a instalar bebedouros, lavatórios, aparelhos sanitários; dispor de cadeiras ou bancos, em número suficiente, que permitam às mulheres trabalhar sem grande esgotamento físico; (Incluído pelo Decreto-lei nº 229, de 28.2.1967)

III – a instalar vestiários com armários individuais privativos das mulheres, exceto os estabelecimentos comerciais, escritórios, bancos e atividades afins, em que não seja exigida a troca de roupa e outros, a critério da autoridade competente em matéria de segurança e higiene do trabalho, admitindo-se como suficientes as gavetas ou escaninhos, onde possam as empregadas guardar seus pertences; (Incluído pelo Decreto-lei nº 229, de 28.2.1967)

IV – a fornecer, gratuitamente, a juízo da autoridade competente, os recursos de proteção individual, tais como óculos, máscaras, luvas e roupas especiais, para a defesa dos olhos, do aparelho respiratório e da pele, de acordo com a natureza do trabalho. (Incluído pelo Decreto-lei nº 229, de 28.2.1967)

§ 1º – Os estabelecimentos em que trabalharem pelo menos 30 (trinta) mulheres com mais de 16 (dezesseis) anos de idade terão local apropriado onde seja permitido às empregadas guardar sob vigilância e assistência os seus filhos no período da amamentação. (Incluído pelo Decreto-lei nº 229, de 28.2.1967)

§ 2º – A exigência do § 1º poderá ser suprida por meio de creches distritais mantidas, diretamente ou mediante convênios, com outras entidades públicas ou privadas, pelas próprias empresas, em regime comunitário, ou a cargo do SESI, do SESC, da LBA ou de entidades sindicais. (Incluído pelo Decreto-lei nº 229, de 28.2.1967)

Art. 390 – Ao empregador é vedado empregar a mulher em serviço que demande o emprego de força muscular superior a 20 (vinte) quilos para o trabalho continuo, ou 25 (vinte e cinco) quilos para o trabalho ocasional.

Parágrafo único – Não está compreendida na determinação deste artigo a remoção de material feita por impulsão ou tração de vagonetes sobre trilhos, de carros de mão ou quaisquer aparelhos mecânicos.

Art. 390-A. (VETADO). (Incluído pela Lei nº 9.799, de 1999)

Art. 390-B. As vagas dos cursos de formação de mão-de-obra, ministrados por instituições governamentais, pelos próprios empregadores ou por qualquer órgão de ensino profissionalizante, serão oferecidas aos empregados de ambos os sexos. (Incluído pela Lei nº 9.799, de 1999)

Art. 390-C. As empresas com mais de cem empregados, de ambos os sexos, deverão manter programas especiais de incentivos e aperfeiçoamento profissional da mão-de-obra. (Incluído pela Lei nº 9.799, de 1999)

Art. 390-D. (VETADO). (Incluído pela Lei nº 9.799, de 1999)

Art. 390-E. A pessoa jurídica poderá associar-se a entidade de formação profissional, sociedades civis, sociedades cooperativas, órgãos e entidades públicas ou entidades sindicais, bem como firmar convênios para o desenvolvimento de ações conjuntas, visando à execução de projetos relativos ao incentivo ao trabalho da mulher. (Incluído pela Lei nº 9.799, de 1999)

COMENTÁRIOS (ARTS. 372 A 390-E)

Historicamente as mulheres e as instituições públicas buscam legitimamente a paridade de tratamento entre o homem e a mulher, através da conscientização do papel das mulheres na sociedade e na família.

O Capítulo em análise – Da Proteção do Trabalho da Mulher – tem o escopo de reforçar os preceitos constitucionais, assim como as normas internacionais incorporadas ao ordenamento jurídico interno, que buscam propiciar um tratamento paritário entre o homem e a mulher nas relações de trabalho e vedar a adoção de medidas discriminatórias (negativa) que dificultem ou impeçam o acesso da mulher ao mercado de trabalho. O legislador ordinário reservou seis seções, do art. 372 ao 401-B da CLT, para tratar da temática: a) Seção I – da duração, condições do trabalho e da discriminação contra a mulher; b) Seção II, do trabalho noturno; c) Seção III, dos períodos de descanso; d) Seção IV, dos métodos e locais de trabalho; e) Seção V, da proteção à maternidade; f) Seção VI, das penalidades.

A nossa Constituição Federal no art. 5º, *caput* e inciso I, impõe a igualdade de direitos e obrigações aos homens e mulheres. Ato contínuo, no art. 7º, incisos XXX, XXXI, proíbe a discriminação salarial, de exercício de funções e de critério de admissão por motivo de sexo, com o escopo de conferir efetiva igualdade de oportunidade e tratamento entre homens e mulheres. Nesse sentido a Convenção nº 156 da Organização Internacional do Trabalho.

A professora *Maria Cecília Theodoro545 destaca que é um "(...) direito fundamental da mulher obter um trabalho decente, a ser tratada em igualdade de condições com os homens quanto à liberdade da escolha ocupacional, a ter igualdade de direito à saúde, segurança, remuneração e oportunidades, em razão da dignidade e do valor da pessoa humana, sendo vedada qualquer discriminação em razão do gênero, pautada em diferenciações biológicas que resultem na*

[545] J. J. G. Canotilho e L. L. S. G. F. M. Ingo Wolfgang Sarlet, *Comentários à Constituição do Brasil*, 2. ed., São Paulo: Saraiva Educação, 2018.

perpetuação de uma divisão sexual do trabalho (KERGOAT, 1996), de modo que todas as mulheres tenham o direito de participar de forma igualitária do mercado de trabalho produtivo".

Como dito noutro momento, o direito à paridade é considerado um direito fundamental (art. 5º, caput, CF/88), garantido a todos, obstando discriminações negativas e a instituição de privilégios. É considerado um princípio próprio do Estado Democrático de Direito, que tem como fundamento a dignidade da pessoa humana (art. 1º, III, CF). Fatores externos não justificam a desigualação, ainda que para desequiparar os desiguais para instituir a igualdade material. *546*

Para Carla Romar a *"questão da igualdade entre homens e mulheres no trabalho deve ser tratada como uma questão de direitos humanos e como um requisito indispensável ao regime democrático. (...) A previsão constitucional da igualdade entre homens e mulheres se aplica a diversos aspectos da relação de emprego, como, por exemplo, em relação à capacidade para trabalhar e celebrar contrato de trabalho, ao cumprimento de jornada de trabalho igual e ao recebimento do mesmo salário para trabalho de igual valor".*[547] Com razão. O plexo normativo de Direitos Humanos assegura a proteção igual e eficaz "contra qualquer discriminação por motivo de raça, cor, sexo, língua, religião, opinião política ou de outra natureza, origem nacional ou social, situação econômica, nascimento ou qualquer outra situação". É o que preconiza a Declaração Universal de Direito Humanos (arts. 1º e 7º), o Pacto Internacional de Direitos Civis e Políticos (art. 26), tal como a Convenção Americana sobre Direitos Humanos (art. 24).

A Organização Internacional do Trabalho, desde a sua fundação (1919), esforça-se para formular normas internacionais do trabalho para conferir proteção à maternidade e erradicar o tratamento desigual entre o homem e a mulher nas relações de trabalho. Tanto é que uma das primeiras convenções editadas pelo referido organismo internacional teve como objeto a proteção à maternidade (Convenção n. 3 da OIT). A Convenção n. 100 da OIT, ratificada pelo Brasil em 1957, estabelece que os signatários devem garantir a isonomia salarial entre os homens e as mulheres, nos trabalhos de igual valor, proibindo a discriminação remuneratória com base no sexo. Similarmente, a Convenção n. 111 da OIT, veda qualquer distinção, exclusão ou preferência fundada em sexo, que tenha por efeito desigualar as oportunidades ou o tratamento em matéria de emprego ou profissão.

A prática de condutas limitadoras invisíveis ou imperceptíveis, com o objetivo de subjugar as mulheres a cargos inferiores aos homens dentro da estrutura organizacional, constituindo afronta direta a dignidade da trabalhadora[548]. Por esse motivo, o legislador achou por bem enfatizar a aplicação dos preceitos que regem o trabalho masculino ao trabalho feminino, quando compatíveis com a proteção especial ao trabalho da mulher (art. 372 da CLT). Além disso, censura a prática de determinadas condutas que obstaculize o acesso da mulher ao mercado de trabalho, como, por exemplo, anúncio de emprego com referência ao sexo, idade, cor ou condição familiar; utilizar o sexo como critério de recusa de emprego, promoção, ascensão ou formação profissional, remuneração, ou motivação da dispensa do trabalho (art. 373-A da CLT). Também não é possível a exigência de atestado ou exame de esterilidade ou gravidez (Lei n. 9.029/1995)[549], para efeitos admissionais ou de permanência no trabalho, ou a realização de revista íntima.

Caracterizada a discriminação negativa, o empregador estará sujeito ao pagamento de indenização por dano moral decorrente da discriminação, como vemos na ementa a seguir:

> *DANOS MORAIS. DISCRIMINAÇÃO AO TRABALHO DAS MULHERES. COMPROVAÇÃO. INDENIZAÇÃO MANTIDA. Com efeito, restou devidamente comprovado nos autos, que o reclamado, através de seu síndico agiu de maneira discriminatória com relação à dispensa de pessoas do sexo feminino em suas dependências, o que foi objeto, inclusive de inquérito civil investigatório por parte do Ministério Público do Trabalho. Provada, portanto, a conduta discriminatória por parte do agente causador do dano, mantém-se decisão que imputou a reclamada a reparação por danos morais. No tocante ao valor arbitrado, levando-se em consideração o porte da empresa e a intensidade da lesão, determino que o valor da indenização seja reduzido para R$ 5.000,00. Apelo parcialmente provido (TRT-10 – RO 12980.2009.00219000 AL – 12980.2009.002.19.00-0, Relator José Abílio Neves Souza, Data de Publicação: 10/06/2010).*

De outro lado, é possível a adoção de práticas discriminatórias positivas, isto é, são normas instituídas com o objetivo de corrigir certas desigualdades e diferenças, viabilizando o exercício de direitos – notadamente àqueles considerados fundamentais – por grupos considerados vulneráveis ou minoritários. Em outras palavras, a lei cria uma desigualdade para possibilitar a simetria material e o efetivo exercício de um direito, o que justifica, por exemplo, a diferença no prazo de concessão da licença-maternidade (120 dias, em regra) e a da licença-paternidade (5 dias, em regra).

As regras de proteção ao trabalho das mulheres são consideradas de ordem pública, isto é, nas palavras de

546 Tavares, op. cit., 2020.
547 Romar, op. cit, 2018.

548 *Idem.*
549 Neste ponto, remetemos o leitor aos comentários do art. 391/391-A da CLT, onde explicamos sobre a exigência de atestado de gravidez pelo empregador.

Silvo de Salvo Venosa, são *"normas a que, em regra, o Estado dá maior relevo, dada sua natureza especial de tutela jurídica e finalidade social"*. A aplicação das normas cogentes independe da vontade ou arbítrio individual, o que nos permite afirmar que as normas especiais de proteção ao trabalho da mulher surtem seus efeitos independentemente da vontade do empregador ou da própria trabalhadora (art. 377 da CLT).[550]

Nas Seções II e II, o legislador estendeu às mulheres direitos que regem o trabalho masculino, dentre eles o período mínimo de descanso entre uma jornada de trabalho e outra; pausa para refeição e descanso, e descanso semanal remunerado.

O trabalho noturno, via de regra, era vedado às mulheres. Estava circunscrito à algumas atividades, entre elas os serviços de telefonia, enfermagem, hotéis, restaurantes, bares e outras atividades similares. Com a Lei n. 7.855/1989, os artigos 379 e 380 da CLT foram revogados para adequar o texto infraconstitucional ao preceito constitucional da igualdade, estabelecendo uma simetria de direitos e obrigações entre homens e mulheres (Art. 5º, I, da CF). A eliminação das restrições tornou possível o trabalho noturno da mulher em todas as atividades.

O art. 384 da CLT estabelecia uma pausa especial de 15 (quinze) minutos em caso de prorrogação do horário noturno da mulher. Pairava controvérsia doutrinária e jurisprudencial acerca da constitucionalidade desse dispositivo, por supostamente instituir tratamento diferenciado entre o homem e a mulher baseado unicamente no sexo, violando, assim, o princípio da isonomia. O STF, ao analisar o tema no Recurso Extraordinário n. 658.312-SC, com repercussão geral, entendeu pela constitucionalidade do art. 384 da CLT, admitindo o intervalo de 15 minutos para as mulheres antes da jornada extraordinária. Assentou que ***"O princípio da igualdade não é absoluto, sendo mister a verificação da correlação lógica entre a situação de discriminação apresentada e a razão do tratamento desigual.*** *3.* ***A Constituição Federal de 1988 utilizou-se de alguns critérios para um tratamento diferenciado entre homens e mulheres:*** *i) em primeiro lugar, levou em* ***consideração a histórica exclusão da mulher do mercado regular de trabalho*** *e impôs ao Estado a obrigação de implantar políticas públicas, administrativas e/ou legislativas de natureza protetora no âmbito do direito do trabalho; ii) considerou existir um* ***componente orgânico a justificar o tratamento diferenciado, em virtude da menor resistência física da mulher****; e iii) observou um componente social, pelo fato de ser comum o* ***acúmulo pela mulher de atividades no lar e no ambiente de trabalho*** *– o que é uma realidade e, portanto, deve ser levado em consideração na interpretação da norma. 4.* ***Esses parâmetros constitucionais são legitimadores*** *de um tratamento diferenciado desde que esse sirva, como na hipótese,* ***para ampliar os direitos fundamentais sociais*** *e que se observe a proporcionalidade* ***na compensação das diferenças.*** *(...) com a fixação das teses jurídicas de que o art. 384 da CLT foi recepcionado pela Constituição Federal de 1988 e de que a norma se aplica a todas as mulheres trabalhadoras"*.

A Reforma Trabalhista (Lei n. 13.467/2017), no entanto, revogou o art. 384 da CLT.

A doutrina aponta a derrogação dos artigos 385 e 286 da CLT, sustentando que o descanso semanal remunerado passou a ser regulado pela Lei n. 605/1949.[551]

As atividades perigosas, insalubres, nos subterrâneos, nas minerações de subsolo, nas pedreiras e obras, de construção pública ou particular, eram proibidas às mulheres (art. 387 da CLT). Essa assimetria também foi revogada pela Lei n. 7.855/1989, de forma que os adicionais de insalubridade e periculosidade também são extensíveis ao trabalho desenvolvido pela mulher (art. 5º, I e art. 7º, XXIII, ambos da CF).

O local e os métodos de trabalho adotados pela empresa devem obediência às normas de higiene, saúde e segurança do trabalho, propiciando uma adequada iluminação, ventilação, bebedouros, lavatórios, aparelhos sanitários, bancos, cadeiras, vestiários com armários privativos, além de equipamentos de proteção individual (art. 389 da CLT). Sem prejuízo disso, as empresas composta por 30 mulheres, ou mais, com idade superior a 16 anos de idade, devem assegurar um local apropriado – uma creche ou berçário – para prover o cuidado do filho da empregada, durante o período em estiver prestando serviços ao empregado, ou para amamentá-lo.

Diferentemente dos homens, a mulher não poderá ser alocada para desempenhar funções ou atividades contínuas que exijam o emprego de força muscular superior a 20 quilos, ou 25 quilos para o desenvolvimento de trabalho ocasional (Art. 390). Isso decorre de fatores orgânicos, porquanto a força física da mulher é menor se comparada aos homens. Quando a remoção do material for realizada por impulsão ou tração de aparelhos sobre trilho, carros de mão, carros hidráulicos, ou outros aparelhos mecânicos, a empregada poderá desempenhar serviços que demande força muscular superior ao limite de peso estabelecido.

550 Acrescenta, o autor, que: *"A dificuldade maior reside no conceito exato de 'ordem pública', que extravasa o campo do Direito Privado sendo motivo de divergência por parte de muitos autores. A melhor solução a ser apresentada nesta introdução é equipararmos as normas cogentes, impositivas ou absolutas, às leis de ordem pública, como faz Maria Helena Diniz (1982, v. 1:28). Serpa Lopes (1962, v. 1:56) diverge dessa equiparação sem, porém, apresentar os fundamentos dessa discrepância".* (in Direito civil: parte geral – Vol. 1. – 17. ed. – São Paulo: Atlas, 2017).

551 Saad, op. cit., 2019, p. 604.

Para possibilitar a ascensão profissional pela empresa, a Lei n. 9.799, de 1999, alterou a CLT com o escopo de garantir o acesso da mulher à cursos de aperfeiçoamento e qualificação de mão de obra, tanto aqueles promovidos por entidades governamentais, quanto aqueles fornecidos pelos empregadores ou instituição de ensino profissionalizante. A empresa com mais de cem empregados, de ambos os sexos, devem manter programas especiais de incentivos e aperfeiçoamento profissional da mão-de-obra. Incentiva o empregador, ainda, a associar-se a outras entidades, para promover projetos de incentivo ao trabalho da mulher.

SEÇÃO V
DA PROTEÇÃO À MATERNIDADE

Art. 391. Não constitui justo motivo para a rescisão do contrato de trabalho da mulher o fato de haver contraído matrimônio ou de encontrar-se em estado de gravidez.

Parágrafo único – Não serão permitidos em regulamentos de qualquer natureza contratos coletivos ou individuais de trabalho, restrições ao direito da mulher ao seu emprego, por motivo de casamento ou de gravidez.

Art. 391-A. A confirmação do estado de gravidez advindo no curso do contrato de trabalho, ainda que durante o prazo do aviso prévio trabalhado ou indenizado, garante à empregada gestante a estabilidade provisória prevista na alínea *b* do inciso II do art. 10 do Ato das Disposições Constitucionais Transitórias. (Incluído pela Lei nº 12.812, de 2013)

Parágrafo único. O disposto no **caput** deste artigo aplica-se ao empregado adotante ao qual tenha sido concedida guarda provisória para fins de adoção. (Incluído pela Lei nº 13.509, de 2017)

COMENTÁRIOS (ARTS. 391 E 391-A)

1. PROTEÇÃO À MATERNIDADE

Historicamente as mulheres sofreram discriminações de toda sorte nas relações de trabalho como, pagamento menores de salário, dificuldade para inserção no mercado de trabalho, desrespeito às suas características físicas, falta de qualquer preocupação em relação à maternidade e à gestação, dentre outras violações à sua dignidade.

A partir disso surgiu para o Estado a necessidade de criação de normas de proteção ao trabalho da mulher, para proteger a dignidade das trabalhadoras, o mercado de trabalho, além de propiciar igualdade de direitos e obrigações em relação aos homens.

No âmbito internacional, uma das primeiras preocupações da Organização Internacional do Trabalho, após a sua criação em 1919, foi obter o compromisso dos Estados-membros para a preservação do emprego das mulheres antes e depois do parto – proteção à maternidade –, conforme se observa na Convenção nº. 3 da OIT[552], e aplicação das suas disposições no âmbito interno dos Estados.

No plano interno, o Brasil adotou diversas Convenções internacionais firmando esse compromisso, bem como regulamenta no âmbito constitucional e infraconstitucional, normas de proteção à empregada gestante, objetivando obstar a dispensa arbitrária ou sem justa causa.

A legislação constitucional e infraconstitucional assegura à empregada gestante a garantia provisória no emprego para protegê-la contra dispensa arbitrária ou sem justa causa.

De acordo com o art. 10, II, b, do ADCT, é vedada a dispensa arbitrária ou sem justa causa da empregada gestante, desde a confirmação da gravidez até cinco meses após o parto.

O reconhecimento da estabilidade independe do conhecimento do estado gravídico pelo empregador (Súmula 244, I, TST), ou mesmo da própria gestante[553]. Há situações em que a empregada descobre o estado gravídico após o término do contrato de trabalho, fato que não inviabiliza o reconhecimento da estabilidade.

Na hipótese de a confirmação da gravidez ocorrer no curso do aviso prévio, trabalhado ou indenizado, a gestante terá direito à manutenção do vínculo empregatício (art. 391-A da CLT).

Antes da Lei 12.812/2013, que incluiu o art. 391-A à CLT, havia uma discussão doutrinária e jurisprudencial acerca da possibilidade (ou não) de concessão da estabilidade à gestante, caso a confirmação do estado gravídico se desse durante o aviso prévio.

---

[552] Convenção nº 3 da OIT: A Conferência Geral da Organização Internacional do Trabalho da Liga das Nações, Convocada em Washington pelo Governo dos Estados Unidos da América, aos 29 de outubro de 1919; Depois de haver decidido adoptar diversas propostas relativas ao "emprego das mulheres antes ou depois do parto (inclusive a questão da indemnização de maternidade) questão comprehendida no terceiro ponto da ordem do dia da sessão da Conferencia effectuada em Washington, e; Depois de haver decidido fossem essas propostas redigidas sob a fórma de um projecto de convenção internacional, adopta o projecto de Convenção abaixo, sujeito á ratificação pelos membros da Organização Internacional do Trabalho, de conformidade com as disposições da Parte relativa ao Trabalho, do Tratado de Versalhes de 28 de junho de 1919 e do Tratado de Saint-Germain, de 10 de setembro de 1919.

[553] SÚMULA N.º 59 do TRT da 12ª Região – ESTABILIDADE DE GESTANTE. I – Para fazer jus à garantia de emprego (art. 10, II, "b", do ADCT), basta que a empregada comprove que a concepção ocorreu durante a vigência do pacto laboral, sendo certo que o desconhecimento do fato por ela ou pelo empregador não afasta o seu direito.

Para uma corrente doutrinária o empregado a projeção do aviso prévio se limita a concessão das vantagens econômicas relativas ao aviso prévio (ou seja, o salário, os reflexos, e as verbas rescisórias). A descoberta do estado gravídico durante o aviso prévio não enseja o direito à estabilidade, sob pena de frustrar o exercício do direito potestativo do empregador de resilição do contrato de trabalho (de dispensar o empregado independentemente da sua concordância), além de importar no pagamento por período sequer a empregada estará trabalhando[554].

De outro lado, outros entendiam que a confirmação da gravidez durante o aviso prévio não afastaria o direito à estabilidade, eis que o aviso prévio integra o contrato de trabalho para todos os fins, de forma que o fim do contrato só se concretiza depois de expirado o aviso prévio. Inclusive, destacavam que a OJ 82 da SDI-1 do TST estabelece como "dies ad quem" do contrato de trabalho o último dia do aviso prévio, bem como para início da contagem do prazo prescricional (OJ 83 da SDI-1 do TST).

Acompanhamos o posicionamento que reconhece a garantia provisória de emprego à empregada gestante durante o aviso prévio, pois a estabilidade provisória tem o escopo de promover a proteção da dignidade, do bem-estar, da "segurança no emprego" e da maternidade.

Não obstante a luta histórica contra a discriminação às mulheres no local de trabalho e o esforço das instituições públicas para combater esses atos e promover a igualdade entre o homem e a mulher nas relações justrabalhistas, sabemos que essa luta não chegou ao fim. Se o vínculo empregatício for rompido a empregada certamente não conseguirá uma recolocação no mercado de trabalho enquanto estiver grávida, frustrando os fins da estabilidade no contrato de trabalho.

De mais a mais, a gestação é o momento de maior vulnerabilidade social da trabalhadora, sendo imperiosa a preservação do vínculo empregatício, possibilitando uma estabilização financeira e moral para que a trabalhadora tenha uma gravidez tranquila.

Argumenta-se, ainda, que o art. 487, §1º, da CLT prevê que o aviso prévio integra o contrato de trabalho para todos os fins, de modo que o último dia do contrato de trabalho será a data final do aviso prévio.

Existia dissenso, ainda, sobre o cabimento de garantia provisória à empregada gestante contratada mediante contrato de trabalho por tempo determinado.

O Tribunal Superior do Trabalho acreditava que a empregada gestante não tinha direito à estabilidade provisória na hipótese de admissão mediante contrato de experiência, visto que a extinção da relação de emprego, em face do término do prazo, não constitui dispensa arbitrária ou sem justa causa.

Em setembro de 2012 o TST mudou a compreensão sobre esse tema, reconhecendo o direito à estabilidade provisória prevista no art. 10, inciso II, alínea "b", do Ato das Disposições Constitucionais Transitórias, mesmo na hipótese de admissão mediante contrato por tempo determinado (Súmula 244, III, TST).

Diante disso surgiu o seguinte questionamento: qual é o efeito do reconhecimento da estabilidade no contrato a termo? O contrato deverá ser convertido em contrato por prazo indeterminado ou apenas a prorrogação do "dies ad quem" do contrato?

Prevaleceu o entendimento de que ocorrerá prorrogação do fim do contrato de trabalho a termo ("dies ad quem"), cujo prazo restante transcorrerá após o termo da estabilidade provisória, conforme precedente abaixo:

> *"RECURSO DE REVISTA – GESTANTE – ESTABILIDADE PROVISÓRIA – CONTRATO POR PRAZO DETERMINADO – COMPATIBILIDADE – EFEITOS DO RECONHECIMENTO DA ESTABILIDADE. Estabelece o art. 10, II, "b", do ADCT que é vedada a dispensa arbitrária ou sem justa causa da empregada gestante, desde a confirmação da gravidez até cinco meses após o parto. O único pressuposto para que a empregada tenha reconhecido seu direito à estabilidade provisória é o estado gravídico no momento da rescisão do contrato de trabalho, porque tal garantia visa à tutela do nascituro e o citado preceito constitucional não impõe nenhuma restrição quanto à modalidade do contrato de trabalho, se por prazo determinado, como é o contrato de experiência, ou por prazo indeterminado. Por conseguinte, a empregada admitida mediante contrato de experiência por prazo determinado tem direito à estabilidade provisória da gestante. Incidência da novel redação da Súmula nº 244, III, do TST. Registre-se, por fim, que o entendimento firmado por esta Turma julgadora é de que, nas hipóteses de reconhecimento de estabilidade em contrato por prazo determinado, ocorre a prorrogação do período contratual por força da norma constitucional, sendo certo, contudo, que essa circunstância não desnatura a índole do contrato de trabalho originalmente firmado entre as partes, qual seja, contrato por prazo determinado, cuja extinção ocorre com o advento do seu termo final. Recurso de revista conhecido e provido" (RR-2406-18.2011.5.02.0231, 7ª Turma, Relator Ministro Luiz Philippe Vieira de Mello Filho, DEJT 28/08/2015).*

A estabilidade provisória não se aplica a todo e qualquer contrato a termo.

No julgamento do Incidente de Assunção de Competência nº IAC – 5639-31.2013.5.12.0051, o Tribunal Superior do Trabalho vetou o reconhecimento de estabilidade a uma empregada contratada em regime de trabalho temporário (Lei 6.019/74), conferindo efeito vinculante à decisão.

554 TST-RR-1957/2003-067-15-00.0, Rel. Min. Ives Gandra Martins Filho, 4ª Turma, DJ de 10/8/07

A princípio, o relator do caso, Ministro Vieira de Melo Filho, reconheceu a estabilidade à gestante, fundamentado que o limite temporal do contrato cede em face do bem jurídico maior assegurado pelo instituto da estabilidade — vida da criança.

No entanto, prevaleceu a divergência aberta pela ministra Maria Cristina Peduzzi, no sentido de indeferir a estabilidade à empregada gestante nos contratos de trabalho temporários. A tese vencedora sustenta que no contrato de trabalho temporário não há uma expectativa de conversão em contrato por prazo indeterminado, posto que objetiva tão somente atender a situações excepcionais. Essa hipótese se equipara ao contrato de experiência, no qual, de forma diversa, há uma legítima expectativa de conversão em contrato por prazo determinado.

Outro argumento interessante destacado no julgado é que a ausência de direito à estabilidade não implica ausência de proteção à gestante e à maternidade, uma vez que a legislação previdenciária não deixa a gestante ou o nascituro desamparado (art. 71 e seguintes da Lei n. 8.213/1991).

Com a devida vênia, discordamos do posicionamento adotado pelo TST. É imperiosa a proteção integral da gestante – do ponto de vista econômico, assegurando o pagamento dos salários para conferir meios de subsistência à empregada e ao nascituro; do ponto de vista social, garantindo à trabalhadora a "segurança no emprego", isto é, a ausência de rompimento do vínculo empregatício; e do ponto de vista moral, subjetivamente falando, de modo a conferir à empregada a expectativa e a segurança de que não será dispensada de uma hora para outra.

A estabilidade provisória conferida à gestante visa não só a proteção à maternidade ou do nascituro, mas, também, a proteção do mercado de trabalho da mulher. A empregada tem o direito ao amparo legislativo integral, não só no âmbito previdenciário, com o pagamento de salário-maternidade, mas, também, no âmbito trabalhista, com a preservação do emprego, sob pena de configurar uma proteção deficiente[555] do bem jurídico tutelado às mulheres: proteção contra medidas discriminatórias; igualdade de tratamento em relação aos homens; proteção do mercado de trabalho das mulheres.

Partilhamos do entendimento de que deverá ser reconhecida a garantia provisória de emprego à gestante no contrato de trabalho temporário, o que implica na prorrogação do fim do contrato de trabalho a termo ("dies ad quem"). A principal expectativa da trabalhadora gestante é a preservação do emprego – sentir-se protegida diante da situação vulnerável em que se encontra – e não a conversão do contrato a termo em prazo indeterminado, mantendo-se a expectativa de encerramento do contrato de trabalho após o término do período de estabilidade.

A empregada adotante que obtiver guarda provisória para esse fim, segundo parágrafo único do art. 391-A da CLT, terá direito à estabilidade provisória. Corrente doutrinária em sentido contrário defende a inaplicabilidade desta garantia à gestante, tendo em vista que o art. 10, II, b do ADCT não menciona a adotante, mas somente a gestante[556].

2. EXIGÊNCIA DE ATESTADO PELO EMPREGADOR

Outro ponto de divergência na doutrina e na jurisprudência é a possibilidade de o empregador exigir exame médico de gravidez à empregada no momento da admissão, durante o contrato, ou na rescisão contratual. A doutrina e a jurisprudência é unívoca no sentido de que não cabe a exigência do exame ou atestado de gravidez no momento da admissão ou durante o contrato de trabalho, haja vista a existência de expressa proibição legal nesse sentido (Lei 9.029/1995)[557]. Entretanto, no que se refere a exigência do exame de gravidez no momento da dispensa, existe divergência.

Para uma primeira corrente doutrinária é possível a exigência do teste de gravidez no momento da rescisão contratual, com base no princípio da segurança jurídica, para resguardar o direito à estabilidade.

Para o professor Henrique Correia[558],

> *"o empregador não poderá exigir que a empresa realize o teste de gravidez, uma vez que essa medida consistiria em violação ao direito à imunidade da empregada*

[555] O princípio da proibição de proteção deficiente consiste na proibição do Estado ou da Lei apresentar proteção insuficiente em relação aos direitos e garantias fundamentais, impondo, portanto, ao Estado a adoção de todos os mecanismos disponíveis para a tutela e proteção dos direitos e garantias fundamentais.

[556] "A mãe adotiva não tem direito à garantia de emprego, pois a alínea "b" do inciso II do art. 10 do ADCT dispõe que a garantia da gestante é desde a confirmação da gravidez até cinco meses após o parto. O dispositivo faz referência à gestante e não à adotante. Mostra que só diz respeito à gestante, que pessoa que tem confirmada a gestação e que faz o parto. A adotante não tem tais características, nem precisa de prazo para a recuperação de seu corpo". MARTINS, Sergio Pinto. Direito do Trabalho. – 36. ed. – São Paulo: Saraiva Educação, 2020.

[557] Lei 9.029/1995, Art. 2º: Constituem crime as seguintes práticas discriminatórias: I – a exigência de teste, exame, perícia, laudo, atestado, declaração ou qualquer outro procedimento relativo à esterilização ou a estado de gravidez; II – a adoção de quaisquer medidas, de iniciativa do empregador, que configurem; a) indução ou instigamento à esterilização genética; b) promoção do controle de natalidade, assim não considerado o oferecimento de serviços e de aconselhamento ou planejamento familiar, realizados através de instituições públicas ou privadas, submetidas às normas do Sistema Único de Saúde (SUS). Pena: detenção de um a dois anos e multa. Parágrafo único. São sujeitos ativos dos crimes a que se refere este artigo: I – a pessoa física empregadora; II – o representante legal do empregador, como definido na legislação trabalhista; III – o dirigente, direto ou por delegação, de órgãos públicos e entidades das administrações públicas direta, indireta e fundacional de qualquer dos Poderes da União, dos Estados, do Distrito Federal e dos Municípios.

[558] CORREIA, Henrique. Direito do Trabalho. 4 ed. – Salvador: Juspodivm, 2018.

previsto no art. 5º, inciso, X, da CF/88. No entanto – esclarece que – é plenamente possível a solicitação para a realização dos exames no momento da dispensa da empregado. Eventual recursa da empregada impediria que a empregada ingressasse com ação exigindo indenização por danos morais, em razão de dispensa por discriminação, uma vez que a empresa tomou todas as medias necessárias para o direito da empregada gestante".

Segundo a corrente doutrinária dominante, com a qual concordamos, o empregador não pode exigir o exame de gravidez em nenhuma hipótese, sob pena de violar o direito à intimidade da empregada e caracterizar medida discriminatória, na forma do art. 5º, V e X, CF e da Lei 9.029/1995.

3. GRAVIDEZ ANTERIOR À CONTRATAÇÃO

Em última análise, um fato que gera muita polêmica é o da concepção anterior à data de admissão. Para a corrente dominante a empregada terá direito ao reconhecimento da estabilidade provisória, pois a estabilidade independe do conhecimento do estado gravídico pela empregada ou pelo empregador, pouco importando se a concepção tenha ocorrido antes da admissão na empresa, prevalecendo a proteção à maternidade e ao nascituro. Precedentes:

- "RECURSO DE REVISTA INTERPOSTO SOB A ÉGIDE DA LEI Nº 13.015/14. ESTABILIDADE GESTANTE. CONTRATO POR TEMPO DETERMINADO. A empregada gestante tem direito à garantia de emprego prevista no art. 10, II, "b", do ADCT, inclusive na hipótese de admissão mediante contrato por tempo determinado, ainda que a concepção tenha ocorrido antes da contratação. Julgados. Recurso de revista conhecido e provido" (RR-1000179-34.2015.5.02.0381, 8ª Turma, Relator Ministro Marcio Eurico Vitral Amaro, DEJT 23/03/2018).
- "AGRAVO DE INSTRUMENTO EM RECURSO DE REVISTA. JUÍZO DE ADMISSIBILIDADE PELO TRIBUNAL DE ORIGEM. ALEGAÇÃO DE CERCEAMENTO DE DEFESA. AUSÊNCIA DE PREJUÍZO. I – A perplexidade da agravante com o despacho denegatório do recurso de revista, cujo teor lhe sugeriu afronta ao contraditório e ampla defesa, pode ser explicada pelo fato de não ter atentado que a admissibilidade de todo e qualquer recurso traduz mero juízo de prelibação, qualificado como decisão interlocutória e de conteúdo meramente declaratório. II – Não é outra a lição de Nelson Nery ao consignar que o juízo de admissibilidade, seja ele positivo ou negativo, tem natureza declaratória, de tal modo que o juiz ou tribunal ao declarar admissível ou inadmissível nada mais faz do que afirmar situação preexistente. III – Ovídio A. Baptista da Silva ensina que a admissibilidade do recurso pelo órgão jurisdicional inferior caracteriza-se como mero juízo de encaminhamento, assinaladamente provisório e precário, em virtude de caber ao juízo ad quem deliberar sobre o cabimento ou não do recurso aviado, quer tenha sido admitido, quer não o tenha sido. IV – Por conta dessa digressão jurídica, sobressai a evidência de a competência funcional para o examinar em profundidade, em sede de agravo de instrumento, caber prioritariamente ao TST. V – Daí ser absolutamente irrelevante a sua concisão ou a denúncia de ele consubstanciar cerceamento de defesa, inclusive por conta do direito exercido pela agravante de o atacar por meio do agravo de instrumento, devolvendo à soberana apreciação do TST a admissão ou não do recurso de revista então inadmitido, a infirmar, em definitivo, a alegada violação ao artigo 5º, incisos LIV e LV, da Constituição. ESTABILIDADE PROVISÓRIA DA EMPREGADA GESTANTE. CONTRATO DE EXPERIÊNCIA. GRAVIDEZ ANTERIOR À CONTRATAÇÃO. SÚMULA 244, III, E ORIENTAÇÃO JURISPRUDENCIAL 399 DA SBDI-1, AMBAS DO TST . I – O TRT da 17ª Região deu provimento ao recurso ordinário da agravada para reconhecer seu direito à estabilidade provisória gestacional até cinco meses após o parto, por entender que, embora essa tenha sido admitida em contrato de experiência, a garantia de emprego à mulher grávida é uma medida de proteção não à trabalhadora gestante especificamente, mas à maternidade e ao nascituro. II – Pois bem, é sabido que o contrato de experiência, modalidade de contrato por prazo determinado, consagrado na alínea "c" do § 2º do art. 443 da CLT, está sujeito à condição resolutiva, isto é, ao advento do termo final, no qual ele se extingue naturalmente, salvo manifestação do empregador no sentido de o prorrogar por uma única vez. III – Vale dizer ser da essência do contrato a prazo, modalidade em que se insere o contrato de experiência, a sua extinção ope judice, com o advento do termo final ou da condição resolutiva. IV – Daí se impõe a conclusão de não lhe serem aplicáveis o disposto no artigo 10, II, "b", do ADCT, considerando que o pressuposto do direito ali assegurado é o exercício do poder potestativo de resilição contratual, indiscernível na extinção dos contratos por prazo determinado. V – A adoção de tese contrária, de a vantagem prevista na norma dos atos das disposições constitucionais transitórias ser extensível à reclamante, implicaria a desnaturação do contrato a prazo por fato alheio à sua celebração e à vontade das partes que o firmaram, dando-lhes ultratividade incongruente com aquele preceito consolidado. VI – A despeito dessas

considerações, o certo é que a nova redação dada ao item III da Súmula 244 do TST propugna "A empregada gestante tem direito à estabilidade provisória prevista no art. 10, inciso II, alínea "b", do Ato das Disposições Constitucionais Transitórias, mesmo na hipótese de admissão mediante contrato por tempo determinado". VII – Constituindo o contrato de experiência espécie do gênero contrato por prazo determinado, vê-se que a Corte local, ao reconhecer o direito à estabilidade provisória da gestante no curso do contrato de experiência, ainda que a concepção tenha ocorrido antes da contratação, decidiu não só em consonância com a nova redação do item III da Súmula nº 244/TST, como também em sintonia com a iterativa, notória e atual jurisprudência desta Corte em casos análogos. VIII – De outro lado, a teor da Orientação Jurisprudencial nº 399 da SBDI-1 deste Tribunal, não há abuso de direito quando a reclamação é ajuizada após o período de estabilidade. IX – Com isso, avulta a convicção de que o recurso de revista não desafia processamento, por óbice do artigo 896, § 7º, da CLT e da Súmula 333/TST, pela qual os precedentes desta Corte foram erigidos à condição de requisitos negativos de admissibilidade do apelo. X – Agravo de instrumento a que se nega provimento" (AIRR-1243-28.2015.5.17.0010, 5ª Turma, Relator Desembargador Convocado Roberto Nobrega de Almeida Filho, DEJT 01/09/2017).

- –"RECURSO DE REVISTA. CONTRATO DE EXPERIÊNCIA. GESTANTE. ESTABILIDADE PROVISÓRIA. CONCEPÇÃO ANTERIOR À ADMISSÃO. Nos termos da atual redação da Súmula nº 244, III, desta Corte Superior, a empregada gestante tem direito à estabilidade provisória prevista no art. 10, inciso II, alínea "b", do ADCT, mesmo na hipótese de admissão mediante contrato por tempo determinado, inclusive o contrato de experiência. O desconhecimento do estado gravídico pelo empregador ou mesmo pela empregada no momento da contratação, não afasta o direito à estabilidade provisória, porquanto a garantia constitucional tem o escopo, não apenas, da proteção objetiva da maternidade, mas, principalmente, do nascituro. Recurso de revista de que não se conhece" (RR-40500-14.2009.5.04.0372, 1ª Turma, Relator Ministro Walmir Oliveira da Costa, DEJT 21/08/2015).

Ainda, ressalta-se que a empregada gestante pode pedir demissão, desde que seja assistida por entidade sindical (art. 500, CLT).

Existe corrente doutrinária que defende a impossibilidade de anulação do pedido de demissão caso a empregada descubra a gravidez após a formalização do pedido de demissão, pois a ruptura do contrato de trabalho foi baseada na livre e desimpedida manifestação de vontade, consolidando o ato jurídico perfeito.

Art. 392. A empregada gestante tem direito à licença-maternidade de 120 (cento e vinte) dias, sem prejuízo do emprego e do salário. (Redação dada pela Lei nº 10.421, 15.4.2002) (Vide Lei nº 13.985, de 2020)

§ 1º A empregada deve, mediante atestado médico, notificar o seu empregador da data do início do afastamento do emprego, que poderá ocorrer entre o 28º (vigésimo oitavo) dia antes do parto e ocorrência deste. (Redação dada pela Lei nº 10.421, 15.4.2002) (Vide ADI n. 6.327)

§ 2º Os períodos de repouso, antes e depois do parto, poderão ser aumentados de 2 (duas) semanas cada um, mediante atestado médico. (Redação dada pela Lei nº 10.421, 15.4.2002)

§ 3º Em caso de parto antecipado, a mulher terá direito aos 120 (cento e vinte) dias previstos neste artigo. (Redação dada pela Lei nº 10.421, 15.4.2002)

§ 4º É garantido à empregada, durante a gravidez, sem prejuízo do salário e demais direitos: (Redação dada pela Lei nº 9.799, de 26.5.1999)

I – transferência de função, quando as condições de saúde o exigirem, assegurada a retomada da função anteriormente exercida, logo após o retorno ao trabalho; (Incluído pela Lei nº 9.799, de 26.5.1999)

II – dispensa do horário de trabalho pelo tempo necessário para a realização de, no mínimo, seis consultas médicas e demais exames complementares. (Incluído pela Lei nº 9.799, de 26.5.1999)

§ 5º (VETADO) (incluído pela Lei nº 10.421, de 2002)

Art. 392-A. À empregada que adotar ou obtiver guarda judicial para fins de adoção de criança ou adolescente será concedida licença-maternidade nos termos do art. 392 desta Lei. (Redação dada pela Lei nº 13.509, de 2017)

§ 1º (Revogado pela Lei nº 12.010, de 2009) Vigência

§ 2º (Revogado pela Lei nº 12.010, de 2009) Vigência

§ 3º (Revogado pela Lei nº 12.010, de 2009) Vigência

§ 4º A licença-maternidade só será concedida mediante apresentação do termo judicial de guarda à adotante ou guardiã. (Incluído pela Lei nº 10.421, 15.4.2002)

§ 5º A adoção ou guarda judicial conjunta ensejará a concessão de licença-maternidade a apenas um dos adotantes ou guardiães empregado ou empregada. (Incluído pela Lei nº 12.873, de 2013)

Art. 392-B. Em caso de morte da genitora, é assegurado ao cônjuge ou companheiro empregado o gozo de licença por todo o período da licença-maternidade ou pelo tempo restante a que teria direito a mãe, exceto no caso de falecimento do filho ou de seu abandono. (Redação dada pela Lei nº 12.873, de 2013) (Vigência)

Art. 392-C. Aplica-se, no que couber, o disposto no art. 392-A e 392-B ao empregado que adotar ou obtiver guarda judicial para fins de adoção. (Incluído pela Lei nº 12.873, de 2013)

Art. 393 – Durante o período a que se refere o art. 392, a mulher terá direito ao salário integral e, quando variável, calculado de acordo com a média dos 6 (seis) últimos meses de trabalho, bem como os direitos e vantagens adquiridos, sendo-lhe ainda facultado reverter à função que anteriormente ocupava. (Redação dada pelo Decreto-lei nº 229, de 28.2.1967)

Art. 394 – Mediante atestado médico, à mulher grávida é facultado romper o compromisso resultante de qualquer contrato de trabalho, desde que este seja prejudicial à gestação.

Art. 394-A. Sem prejuízo de sua remuneração, nesta incluído o valor do adicional de insalubridade, a empregada deverá ser afastada de: (Redação dada pela Lei nº 13.467, de 2017)

I – atividades consideradas insalubres em grau máximo, enquanto durar a gestação; (Incluído pela Lei nº 13.467, de 2017)

II – atividades consideradas insalubres em grau médio ou mínimo, quando apresentar atestado de saúde, emitido por médico de confiança da mulher, que recomende o afastamento durante a gestação; (Incluído pela Lei nº 13.467, de 2017) (Vide ADIN 5938)

III – atividades consideradas insalubres em qualquer grau, quando apresentar atestado de saúde, emitido por médico de confiança da mulher, que recomende o afastamento durante a lactação. (Incluído pela Lei nº 13.467, de 2017) (Vide ADIN 5938)

§ 1º (VETADO) (Redação dada pela Lei nº 13.467, de 2017)

§ 2º Cabe à empresa pagar o adicional de insalubridade à gestante ou à lactante, efetivando-se a compensação, observado o disposto no art. 248 da Constituição Federal, por ocasião do recolhimento das contribuições incidentes sobre a folha de salários e demais rendimentos pagos ou creditados, a qualquer título, à pessoa física que lhe preste serviço. (Incluído pela Lei nº 13.467, de 2017)

§ 3º Quando não for possível que a gestante ou a lactante afastada nos termos do **caput** deste artigo exerça suas atividades em local salubre na empresa, a hipótese será considerada como gravidez de risco e ensejará a percepção de salário-maternidade, nos termos da Lei nº 8.213, de 24 de julho de 1991, durante todo o período de afastamento. (Incluído pela Lei nº 13.467, de 2017)

COMENTÁRIOS (ARTS. 392 A 394-A)

1. LICENÇA-MATERNIDADE

A proteção à maternidade é um direito social básico assegurado pelo art. 6º da Magna Carta de 1988, com o objetivo de salvaguardar a saúde da mulher e do nascituro, possibilitando a recuperação física e psíquica da mulher; os cuidados da sua prole nos primeiros meses de vida (direito à proteção integral à infância); o direito ao convício-familiar; a preservação do emprego da empregada gestante ou adotante, assim como a proteção do mercado de trabalho.

A doutrina majoritária põe os direitos sociais ao lado dos direitos individuais, considerando-os como direitos fundamentais, tendo em vista que estão alocados no título II do texto constitucional, que trata especificamente dos direitos e garantias fundamentais. Signatário deste entendimento, Ingo Wolfgang Sarlet, defende que *"a sustentação da fundamentalidade de todos os direitos assim designados no texto constitucional (que alcança todo o Título II e, portanto, os direitos sociais do art. 6º e os direitos dos trabalhadores), por sua vez, implica reconhecer pelo menos a presunção em favor da fundamentalidade também material desses direitos e garantias, ainda que possamos ter, a depender da orientação ideológica ou concepção filosófica professada, boas razões para questionar tal fundamentalidade".559*

A licença-maternidade é o afastamento temporário da empregada ou empregado, a rigor, pelo prazo de 120 dias, em virtude de uma contingência biossocial – gestação, parto, adoção ou obtenção de guarda judicial para fins de adoção – ocasionando a interrupção do contrato de trabalho (art. 7º, XVIII, CF; art. 392 a 393 da CLT). Durante a sustação da prestação de serviços é devido o pagamento dos salários, a manutenção do contrato de trabalho, assim como a contagem do período de afastamento no tempo de serviço. Tem o condão de proteger *"não só da mãe trabalhadora, mas, e talvez principalmente, do nascituro* – da criança e do adolescente –, *na medida em que o tempo de convívio, por ocasião do recente nascimento, representa vantagens sensíveis ao desenvolvimento da criança"560.* Abrange tanto a licença-gestante quanto a licença-adotante.

[559] Apud Nunes Júnior, Flávio Martins Alves. *Curso de direito constitucional.* – 3. ed. – São Paulo: Saraiva Educação, 2019.

[560] Estêvão Mallet e Marcos Fava *in Comentários à Constituição do Brasil.* J. J. Gomes Canotilho et al., 2018.

Esta, compreende a licença-maternidade decorrente da adoção ou obtenção de guarda judicial para fins de adoção; aquela, a licença-maternidade derivada do estado gravídico da empregada.

A empregada gestante poderá ser afastada das atividades profissionais entre o 28º (vigésimo oitavo) dia que antecede o parto e a data da ocorrência do parto, mediante apresentação de atestado médico. Será acrescentada duas semanas ao período de licença, antes e depois do parto, quando houver recomendação médica, hipótese em que a empregada deve apresentar o respectivo atestado médico (art. 392, §2º, da CLT). A licença-maternidade também pode ser prorrogada por mais 60 (sessenta) dias se o empregador aderir ao Programa Empresa Cidadã disciplinado na Lei n. 11.770/2008. Neste caso, a empregada terá até o final do primeiro mês após o parto para solicitar a prorrogação do afastamento.

É preciso dizer que a licença-maternidade não se confunde com a garantia provisória de emprego, nem com o salário-maternidade, embora os fatos geradores desses direitos possam coincidir. A garantia provisória de emprego conferida pela legislação à empregada gestante, guardiã ou adotante, tem a finalidade de preservar o vínculo empregatício da empregada – desde a confirmação da gravidez até cinco meses após o parto, nos termos do art. 10, II, "b", do ADCT e do art. 391 da CLT – e da(o) empregada(o) adotante que tenha recebido a guarda provisória para fins de adoção (art. 391, §1º, da CLT). Já o salário-maternidade é uma prestação previdenciária paga pela Previdência Social , aos seus respectivos segurados, para garantir a proteção à maternidade, em especial à gestante, na forma do art. 201, III, da Lei Maior de 1988. O salário-maternidade está disciplinado entre os art. 71 e 73 da Lei n. 8.213/1991, bem como do art.93 até o art. 103 do Decreto n. 3.048/1999. Este benefício previdenciário é devido, inclusive, à segurada desempregada, desde que atendido o período de carência ou mantida a qualidade de segurada (art. 97 do Decreto n. 3.048/1999).

O salário-maternidade da segurada empregada corresponde à sua remuneração integral e será pago diretamente pelo empregador, que poderá compensar os valores pagos à empregada, quando do recolhimento das contribuições incidentes sobre a folha de salários e demais rendimentos pagos ou creditados, a qualquer título, à pessoa física que lhe preste serviço, na forma do art. 94 do Decreto n. 3.048/1999. No caso da empregada contratada mediante contrato de trabalho intermitente, o salário-maternidade será pago diretamente pela previdência social, na forma do art. 100-B do Decreto n. 3.048/1999, acrescentado pela Lei n. 14.410, de 2020. A empregada doméstica tem direito ao pagamento de à licença-maternidade (art. 25 da Lei Complementar n. 150/2015) e o salário-maternidade pago diretamente pela Previdência Social (art. 73 da Lei n. 8.213/91).

A empregada terá direito a duas pausas especiais, de trinta minutos cada uma, para amamentar o seu filho, inclusive o filho advindo de adoção. Essa pausa deve ser realizada durante a jornada de trabalho (art. 396 da CLT), sendo possível a dilação do período de aleitamento pela autoridade competente quando a saúde da criança exigir. Os momentos da realização da pausa será definido entre o empregado e o empregador, mediante acordo individual. A inobservância desse intervalo ensejará o pagamento de horas extras aplicando-se analogicamente o art. 71, §4, da CLT, conforme interpretação estampada na OJ n. 307 da SDI-1 do TST.

O empregador pode entabular convênios com creches, pré-escolas, berçários, entidades públicas, incluindo as entidades do sistema "S" – SESI e SESC –, LBA, dentre outras escolas maternais e de jardim de infância, a fim de conferir efetividade à norma trabalhista em comento, pois nem sempre as empresas dispõem de local apropriado para esse fim. Preferencialmente, as creches devem estar situadas nas zonas de trabalho com maior concentração de trabalhadores (art. 397 da CLT). O local destinado à guarda dos filhos das trabalhadoras deve ter no mínimo um berçário, uma sala de amamentação uma cozinha e uma instalação sanitária (art. 400 da CLT).

Descumpridas as normas de proteção do trabalho da mulher o empregador estará sujeito às penalidades administrativas.

2. LICENÇA-MATERNIDADE À EMPREGADA ADOTANTE

A empregada que adotar ou obtiver guarda judicial de criança ou adolescente tem direito à licença maternidade, em igualdade de condições à empregada gestante, pelo período de 120 dias (art. 392-A da CLT). O Programa Empresa Cidadã assegura a prorrogação da licença-maternidade, na mesma proporção, à empregada que adotar ou obtiver guarda judicial de criança, silenciando-se quanto ao adolescente.

Pensamos, neste ponto, a prorrogação do período de licença pode ser aplicada aos casos de adoção ou obtenção de guarda judicial de adolescente, por meio de um interpretação sistemático-teleológica, haja vista que a adotante e o adolescente também são destinatários dos direitos sociais preconizados na Constituição Federal, mormente a proteção à maternidade, a proteção integral da infância e o direito ao convívio familiar. No julgamento do Recurso Extraordinário n. 778.889, o Supremo Tribunal Federal cravou que

> ***"As crianças adotadas constituem grupo vulnerável e fragilizado. Demandam esforço adicional***

> ***da família para sua adaptação, para a criação de laços de afeto e para a superação de traumas.*** *Impossibilidade de se lhes conferir proteção inferior àquela dispensada aos filhos biológicos, que se encontram em condição menos gravosa. Violação do princípio da proporcionalidade como vedação à proteção deficiente. 3.* ***Quanto mais velha a criança e quanto maior o tempo de internação compulsória em instituições, maior tende a ser a dificuldade de adaptação à família adotiva. Maior é, ainda, a dificuldade de viabilizar sua adoção,*** *já que predomina no imaginário das famílias adotantes o desejo de reproduzir a paternidade biológica e adotar bebês.* ***Impossibilidade de conferir proteção inferior às crianças mais velhas. Violação do princípio da proporcionalidade como vedação à proteção deficiente.*** *4. Tutela da dignidade e da autonomia da mulher para eleger seus projetos de vida. Dever reforçado do Estado de assegurar-lhe condições para compatibilizar maternidade e profissão, em especial quando a realização da maternidade ocorre pela via da adoção, possibilitando o resgate da convivência familiar em favor de menor carente. Dívida moral do Estado para com menores vítimas da inepta política estatal de institucionalização precoce. Ônus assumido pelas famílias adotantes, que devem ser encorajadas". Fixou a tese da repercussão geral no seguinte sentido: "Os prazos da licença adotante não podem ser inferiores aos prazos da licença gestante, o mesmo valendo para as respectivas prorrogações. Em relação à licença adotante, não é possível fixar prazos diversos em função da idade da criança adotada".*

Com efeito, não pode haver diferenciação entre a licença-maternidade conferida à adotante em razão da idade, inclusive em relação aos períodos de prorrogação, sob pena de inviabilizar a integração ou adaptação da criança mais velha ao seio familiar adotivo, violar o princípio da proporcionalidade ou caracterizar uma proteção deficiente.

A licença-maternidade só será concedida à empregada adotante ou guardiã mediante apresentação do termo judicial de guarda, sendo certo que em caso de adoção conjunta apenas uma dos adotantes ou guardiães fará jus a esse direito, seja empregado ou empregada, nos termos dos parágrafos 4º e 5º do art. 392-A e do art. 392-C, ambos da CLT. Se sobrevier a morte da genitora, da adotante ou da guardiã, o cônjuge ou companheiro empregado tem direito ao gozo de licença por todo o período da licença-maternidade ou pelo tempo restante a que teria direito a mãe, salvo na hipótese de falecimento do filho ou de seu abandono, conforme art. 392-B e art. 392-C da CLT.

É importante dizer que o Supremo Tribunal Federal, no bojo da Ação Direita de Inconstitucionalidade (ADI) n. 6327-DF, referendou a medida liminar concedida pelo Relator Min. Edson Fachin, com o escopo de atribuir interpretação conforme à Constituição ao artigo 392, § 1º, da CLT, assim como ao artigo 71 da Lei n.º 8.213/91 e, por arrastamento, ao artigo 93 do seu Regulamento (Decreto n.º 3.048/99), e assentar a necessidade de prorrogação do benefício de salário-maternidade, bem como fixar como termo inicial de contagem da duração da licença-gestante – de 120 dias –, nos casos graves de internação, a partir da alta hospitalar da criança ou de sua mãe, o que ocorrer por último, quando o período de internação exceder as duas semanas previstas no art. 392, § 2º, da CLT, e no art. 93, § 3º, do Decreto n.º 3.048/99. Em seu voto, o Relator destaca que o Estatuto da Primeira Infância (Lei n.º13.257/2016) preocupou-se com a alta hospitalar responsável, o estado puerperal, a amamentação, o desenvolvimento infantil, a criação de vínculos afetivos, a proteção qualificada da primeira infância, especialmente no período gestacional e pós-natal. Acrescentou que:

> *"a* **teoria do apego, de John Bowlby, a construção do vínculo no primeiro ano de vida tem importância determinante para o seu desenvolvimento saudável.** *É indisputável que essa importância seja ainda maior em relação a bebês que, após um período de internação, obtêm alta, algumas vezes contando com já alguns meses de vida, mas nem sempre sequer com o peso de um bebê recém-nascido a termo, demandando cuidados especiais em relação a sua imunidade e desenvolvimento.* **[...] é na ida para casa que os bebês efetivamente demandarão o cuidado e atenção integral de seus pais, e especialmente da mãe, que vivencia também um momento sensível como é naturalmente, e em alguns casos agravado, o período puerperal. [...] A alta é, então, o momento aguardado e celebrado e é esta data, afinal, que inaugura o período abrangido pela proteção constitucional à maternidade, à infância e à convivência familiar. É este, enfim, o âmbito de proteção. Há uma unidade a ser protegida: mãe e filho. Não se trata apenas do direito do genitor à licença, e sim do direito do recém-nascido, no cumprimento do dever da família E do Estado de ter assegurado com "absoluta prioridade" o seu "direito à vida, à saúde, à alimentação", "à dignidade, ao respeito, à liberdade e à convivência familiar", além de colocá-los a salvo de toda forma de negligência." (art. 227). Esse direito, no caso, confere-lhe, neste período sensível de cuidados ininterruptos (qualificados pela prematuridade), o direito à convivência materna.** *Assim, a partir do art. 6º e do art. 227 da CF, vê-se que há, sim, uma omissão inconstitucional relativa nos dispositivos impugnados, uma vez que as crianças ou suas mães que são internadas após o parto são desigualmente privadas do período destinado à sua convivência inicial" (Grifos acrescidos).*

Com efeito, a contagem diferida da licença-maternidade e do salário-maternidade está adstrita à internação hospitalar greve, da mãe ou da criança, assim compreendida aquela que tiver duração superior a duas semanas. Trata-se de uma causa interruptiva da contagem do prazo da licença-gestante, sendo retomada a contagem do prazo desde o início. Em outras palavras, a internação hospitalar "zera" o prazo de licença-gestante, sendo reiniciado a partir da data da alta hospitalar, da mãe ou da criança, a que ocorrer por último.

3. AFASTAMENTO DA EMPREGADA GESTANTE DAS ATIVIDADES INSALUBRES

A Reforma Trabalhista incluiu o art. 394-A à CLT, que passou a condicionar o afastamento da empregada gestante de atividades consideradas insalubres em grau médio ou mínimo ou durante o período de lactação, a apresentação de atestado médico. Contudo, o Plenário do Supremo Tribunal Federal (STF), por maioria de votos, julgou procedente a Ação Direta de Inconstitucionalidade (ADI) 5938 para declarar inconstitucionais trechos do art. 394-A da CLT que condicionavam o afastamento da gestante a apresentação de atestado de saúde, por afrontar a proteção constitucional à maternidade, à gestação, à saúde, à mulher, ao nascituro, aos recém-nascidos, ao trabalho e ao meio ambiente de trabalho equilibrado.

4. AFASTAMENTO DA TRABALHADORA GESTANTE DURANTE A PANDEMIA DO NOVO CORONAVÍRUS (LEI N. 14.151 DE 12 DE MAIO DE 2021)

4.1 INTRODUÇÃO

A Lei n. 14.151 de 12 de maio de 2021, instituiu o afastamento da empregada gestante das atividades presenciais durante o estado de calamidade pública em decorrência da pandemia do coronavírus.

A redação original do art. 1º preconizava que "*Durante a emergência de saúde pública de importância nacional decorrente do novo coronavírus, a empregada gestante deverá permanecer afastada das atividades de trabalho presencial, sem prejuízo de sua remuneração*". Acrescentava, em seu parágrafo único, que "*A empregada afastada nos termos do caput deste artigo ficará à disposição para exercer as atividades em seu domicílio, por meio de teletrabalho, trabalho remoto ou outra forma de trabalho a distância*".

Isso decorre da vulnerabilidade e do aumento exponencial do número de óbitos e adoecimento de gestantes pela COVID-19 durante a pandemia.

Segundo o Observatório Obstétrico Brasileiro COVID-19 (OOBr Covid-19), que analisa os casos de gestantes e puérperas afetadas pelo novo coronavírus através do monitoramento de dados públicos – especialmente o Sistema de Informação da Vigilância Epidemiológica da Gripe, SIVEP Gripe: "*São 457 óbitos em 2020 e 642 óbitos em 2021. [...] há um aumento de 251.2% na média semanal de 2021 quando comparado com a média de óbitos semanal de 2020*".561

Trata-se de uma norma que visa proteger o mais basilar dos bens jurídicos: a vida, isto é, o "direito de continuar existindo", como delineado por André Ramos Tavares (art. 5º, caput, da CF/88), considerando que representa um direito inviolável.[562] Nesse sentido, a Declaração Universal dos Direitos do Homem (art. 3º), Pacto de São José de Costa Rica (art. art. 4, n. 1), preceitua que "*toda pessoa tem o direito que se respeite a sua vida (...)*".

A norma em comento resguarda tanto a vida da empregada gestante quanto a vida do nascituro. Sobre o tema, a doutrina adverte que "*Havendo vida humana, não importa em que etapa de desenvolvimento e não importa o que o legislador infraconstitucional dispõe sobre personalidade jurídica, há o direito à vida. [...] O elemento decisivo para se reconhecer e se proteger o direito à vida é a verificação de que existe vida humana desde a concepção, quer ela ocorra naturalmente, quer in vitro*".[563]

Para mais, visa proteger os valores sociais do trabalho (art. 1º, IV, CF), o direito à saúde, à maternidade, à manutenção do emprego da empregada gestante (art. 6º e 7º, XVIII, CF). Além disso, o art. 227 da Constituição Federal de 1988 preceitua o dever da família, da sociedade e do Estado a assegurar a proteção integral da criança, adolescente e do jovem, colocando-os a salvo de toda forma de negligência, discriminação, exploração, violência, crueldade e opressão.

No âmbito infraconstitucional, a Lei n. 8.080/90 (Lei Orgânica da Saúde), dispõe que a saúde é um direito fundamental, cabendo ao Estado prover as condições indispensáveis ao seu pleno exercício, formulando e executando políticas econômicas e sociais que visem à redução de riscos de doenças e de outros agravos (art. 2º), o que não exime a responsabilidade das pessoas, da família, das empresas e da sociedade, conforme prescreve o parágrafo 2º, do art. 2º da referida Lei.

Posteriormente, com a edição da Lei n. 14.311, de 9 de março de 2022, a Lei nº 14.151, de 12 de maio de 2021, foi alterada para prever tão somente o afastamento da empregada gestante, inclusive a doméstica, não imunizada contra o coronavírus SARS-Cov-2 das atividades de trabalho presencial, ou com o ciclo de imunização incompleto, quando a atividade laboral por ela exercida for incompatível com a sua realização em seu domicílio, por meio de teletrabalho, trabalho remoto ou outra forma de trabalho a distância.

4.2 ABRANGÊNCIA DA NORMA

O art. 1º, *caput*, da Lei n. 14.151 de 12 de maio de 2021, em sua redação original, utilizava apenas a

---

561 Observatório Obstétrico Brasileiro COVID-19 (OOBr COVID-19): Análise em destaque – 12 de maio de 2012 < https://observatorioobstetrico.shinyapps.io/covid_gesta_puerp_br/ > [acessado em 12/05/2021].

562 André Ramos Tavares in *Comentários à Constituição do Brasil*. J. J. Gomes Canotilho et al. – 2. ed. – São Paulo: Saraiva Educação, 2018, p.427.

563 Mendes, Gilmar Ferreira. *Curso de direito constitucional* – 12. ed. – São Paulo: Saraiva, 2017. p.279

expressão "empregada gestante", gerando muita discussão a respeito da abrangência da norma.

O primeiro questionamento surgido foi: esta lei poderá ser aplicada a todas as empregadas, incluindo as empregadas domésticas?

Já defendíamos que sim. A lei não impôs qualquer restrição, tampouco excluiu da sua abrangência qualquer espécie de trabalhadora. O exegeta está autorizado a interpretar extensivamente a norma quando houver omissão deliberada ou inconsciente do legislador no que diz respeito a uma determinada norma, dando um sentido mais amplo ao regramento nela contido, para abarcar situações não contempladas expressamente na lei.

É o caso da Lei n. 14.151/2021. A aplicação do afastamento da atividade laboral presencial deve contemplar não só as empregadas, mas, também, as demais trabalhadoras gestantes. Todas as trabalhadoras em estado gestacional – trabalhadora urbana, rural, avulsa, empregada doméstica, empregada pública celetista, etc. – independentemente do regime de contratação, devem ser amparadas por esta norma, tendo em vista que a finalidade da lei é a tutela do direito à vida e à saúde da trabalhadora e do nascituro.

Não faria sentido afastar da atividade presencial somente as empregadas sujeitas ao regime jurídico celetista e expor as demais trabalhadoras ao risco de contágio, tão somente porque possuem regime jurídico diverso.

O critério de proteção à vida, à saúde e à maternidade não é lastreado no tipo de atividade ou no regime de contratação das empregadas. Não há qualquer discrímen negativo no âmbito da legislação constitucional ou infraconstitucional. Pelo contrário, tanto o constituinte originário quanto o legislador ordinário buscam preservar a proteção do trabalho da mulher por meio de instituição de normas que assegurem o acesso pleno ao mercado de trabalho, isonomia salarial em relação aos homens, a proteção do emprego contra dispensa arbitrárias ou sem justa causa, mormente no período gestacional, além de proteger a saúde da trabalhadora e à maternidade.

Para além disso, a Constituição Federal veda qualquer tipo de discriminação entre trabalho manual, técnico e intelectual ou entre os profissionais respectivos, bem como prega a igualdade de direitos entre o trabalhador com vínculo empregatício permanente e o trabalhador avulso (art. 7º, XXXII, XXXIV, CF/88), sendo certo que esses preceitos são extensíveis aos empregados domésticos, na forma do parágrafo único do art. 7º da Constituição Federal de 1988. Deixa claro no art. 5º, "caput", [da CF] que *"Todos são iguais perante a lei, sem distinção de qualquer natureza, garantindo-se aos brasileiros e aos estrangeiros residentes no País a inviolabilidade do direito à vida, à liberdade, à igualdade, à segurança e à propriedade"*. Este dispositivo consagra o princípio da igualdade.

A igualdade é analisada pela doutrina sob dois prismas: a) igualdade formal – significa que todos são iguais perante a lei, estando a ela subordinados; b) igualdade material – tem um sentido mais abrangente, consubstanciando na igualdade "na lei".

Assim, todas as trabalhadoras gestantes, sem distinção, são consideradas vulneráveis diante do estado de calamidade pública, por integrarem um dos grupos de risco da COVID-19. Aliás, este é o espírito da lei: proteger todas as trabalhadoras gestantes, não fazendo qualquer restrição. Mesmo que assim não fosse, não há qualquer razão para conferir tratamento desigual entre as trabalhadoras gestantes. A disparidade de regime de contratação ou do tipo de atividade desempenhada pela trabalhadora, por si só, não é suficiente para a adoção de um tratamento desigual, pois a igualdade *na lei* (igualdade formal) deve prevalecer para fins de aplicação dos regramentos instituídos pela Lei n. 14.151/2021, de modo a alcançar todas as trabalhadoras gestantes, independentemente do regime de contratação ou do tipo de atividade.

No plano infraconstitucional, ao analisar as normas que versam sobre o direito fundamental à gestante, à maternidade e ao nascituro, verificamos o cuidado dispensado pelo legislador, com o escopo de instituir regramentos capazes de atingir todas as situações-tipo envolvendo as gestantes. A exemplo, citamos a Lei de Planos de Benefícios da Previdência Social (Lei 8.213/91) que garante o pagamento de salário-maternidade para *todas* as seguradas: empregadas, empregadas domésticas, trabalhadora avulsa, segurada especial, inclusive as trabalhadoras desempregadas que contribuem para a previdência social, seja na forma de contribuinte individual ou facultativa, na forma do art. 71 e seguintes da referida lei.

É válido dizer, ainda, que a Nota Técnica nº. 01 de 2021 do Grupo de Trabalho (GT) COVID-19 do Ministério Público do Trabalho, indica diretrizes *"a serem observadas por empresas, pessoas físicas empregadoras, sindicatos e órgãos da Administração Pública nas relações de trabalho, a fim de* ***garantir a proteção de trabalhadoras gestantes****, mais vulneráveis ao contágio e efeitos da contaminação pela COVID-19 a partir de 1º de janeiro de 2021"*.

Sublinhe-se que o Ministério Público do Trabalho utiliza o termo "trabalhadoras gestantes", não restringindo a aplicação da recomendação ao âmbito da relação empregatícia (art. 2º e 3º da CLT). Longe disso, indica expressamente que as diretrizes de afastamento das trabalhadoras gestantes deve ser acatada por empresas, pessoas físicas empregadoras – englobando, portanto, o empregador doméstico – sindicatos, e órgãos da Administração Pública nas relações de trabalho. Podemos acrescentar neste rol as empresas públicas e sociedade de economia mista.

Com base em uma interpretação sistemático-teleológica, extraia-se a conclusão de que a Lei n. 14.151, de 12 de maio de 2021, disse menos do que pretendia dizer, sendo admissível, portanto, a aplicação desta norma a todas as trabalhadoras em estado gestacional.

Essa lacuna foi preenchida com a edição da Lei n. 14.311, de 9 de março de 2022, que alterou a Lei nº 14.151, de 12 de maio de 2021, para regular sobre o afastamento da empregada gestante não imunizada contra o coronavírus SARS-Cov-2 das atividades de trabalho presencial. Prescreveu textualmente em seu art. 1º, aplicação da norma em análise também às empregadas domésticas, eliminando qualquer dúvida acerca disso.

4.3 OBRIGATORIEDADE DO AFASTAMENTO E RESPONSABILIDADE PELO PAGAMENTO DA REMUNERAÇÃO

Outro ponto que suscitava reflexão concerne à obrigatoriedade (ou não) do afastamento da empregada gestante das atividades presenciais.

A redação do caput do art. 1º, da Lei n. 14.151/2021, era vaga, suscitando muitas dúvidas. Utilizava a expressão *"deverá"* para indicar a necessidade de afastamento da empregado. Esse vocábulo indicava a imposição de um dever ao empregador.

O dispositivo em comento já dava indicativos de que se tratava de uma regra de observância obrigatória, cogente, isto é, uma norma que se sobrepõe à vontade do empregador e da gestante. Com efeito, tanto o tomador dos serviços quanto a trabalhadora não podem se opor ao afastamento do regime de trabalho presencial. Ainda, as partes da relação jurídica laboral não podem entabular ajuste em sentido contrário.

A obrigatoriedade se confirmou com o surgimento da Lei n. 14.311, de 2022, que alterou o art. 1º, da Lei n. 14.151, de 2021, que também se vale da expressão "deverá" para se referir ao afastamento da empregada gestante das atividades presenciais.

Inicialmente, o afastamento da empregada gestante da atividade presencial, cujo trabalho era incompatível como o trabalho à distância, o teletrabalho ou o trabalho remoto, era por tempo indeterminado, abrangendo toda e qualquer empregada em estado gravídico, com o ciclo de vacinação completa ou não.

Entretanto, após a edição da Lei n. 14.311, de 2022, apenas a empregada gestante que não está imunizada contra o coronavírus SARS-Cov-2, ou que "não tenha sido totalmente imunizada contra o referido agente infeccioso, de acordo com os critérios definidos pelo Ministério da Saúde e pelo Plano Nacional de Imunizações (PNI), deverá permanecer afastada das atividades de trabalho presencial" (art. 1º, da Lei n. 14.151, de 2021, com redação dada pela Lei 14.311, de 2022).

A lei determina que após a vacinação completa da empregada gestante contra o coronavírus SARS-CoV-2, de acordo com os critérios definidos pelo Ministério da Saúde e pelo Plano Nacional de Imunizações (PNI), a trabalhadora deve retornar ao regime de trabalho presencial. Assim, as empregadas que estavam afastadas, mas, completaram o ciclo vacinal contra a covid-19, devem retornar ao trabalho, exceto se o empregador determinar a manutenção do trabalho à distância ou em regime de teletrabalho (art. 1º, §3º, II, da Lei n. 14.151, de 2021).

Outro fator que impõe o retorno da empregada às atividades presenciais é a término do estado de calamidade pública (art. 1º, §3º, I, da Lei n. 14.151, de 2021).

Caso a empregada gestante opte pela não vacinação contra a covid-19 que tiver sido disponibilizada, de acordo com o Plano Nacional de Imunizações (PNI), a empregada deverá retornar às atividades presenciais, estando obrigada a assinar um termo de responsabilidade e livre consentimento para exercício do trabalho presencial (art. 1º, §3º, III, e §6º, da Lei n. 14.151, de 2021).

Durante o período de afastamento a empregada receberá a *remuneração*, nela compreendida o salário-básico, assim como as demais parcelas integrantes da remuneração como o adicional de insalubridade ou de periculosidade.

Evidentemente, se houver a possibilidade de modificação do regime de trabalho – do presencial para o trabalho à distância, teletrabalho, trabalho remoto ou trabalho no domicílio da empregada – a responsabilidade pelo pagamento da remuneração será do empregador, pois continuará recebendo a prestação dos serviços da empregada gestante, mesmo que à distância, na forma do art. 1º,§1º, da Lei n. 14.151, de 2021, com redação dada pela Lei n. 13.311, de 2022.

O empregador pode alterar as funções exercidas pela empregada gestante para compatibilizar as atribuições da empregada com eventual regime de trabalho à distância, teletrabalho ou trabalho remoto, assegurando o pagamento da remuneração integral da empregada, bem como o retorno à sua função após o voltar à atividade presencial (art. 1º,§ 2º, da Lei n. 14.151, com redação dada pela Lei n. 13.311, de 2022).

A divergência surge, entretanto, quando houver incompatibilidade entre a atividade exercida pela trabalhadora e o regime de trabalho à distância. Essa lacuna não foi solucionada pelo legislador.

É possível sustentar que o pagamento da remuneração da trabalhadora deve ser efetuado diretamente pela Previdência Social ou pelo empregador, com posterior compensação quando do recolhimento das contribuições previdenciárias. Essa tese pode ser encampada com base em uma a aplicação (ou interpretação) analógica do art. 394-A da CLT, com redação dada pela Lei 13.467/2017 (Reforma Trabalhista). Segundo este dispositivo, a empregada gestante ou lactante será afastada de atividade insalubre, sem prejuízo da remuneração devida, inclusive do adicional de insalubridade. Especificamente no §3º do art. 394-A da CLT, a Reforma Trabalhista possibilitou a antecipação da concessão da licença-maternidade com o pagamento as salário-maternidade durante todo o período de afastamento, ainda que ultrapasse os 120 dias previstos na norma previdenciária, na hipótese de impossibilidade de realocação da trabalhadora em local de trabalho salubre nas dependências da empresa. Esta situação é qualificada como gravidez de alto risco, por esta razão possibilitaria a ***concessão antecipada da licença-maternidade (salário-maternidade)***, nos moldes da Lei n. 8.213/91.

O regramento prescrito pela CLT guarda relação com as características da Lei n. 14.151/2021. O desenvolvimento da atividade presencial pela empregada gestante durante a pandemia do novo coronavírus é tão nocivo à saúde da empregada gestante quanto o labor em ambiente insalubre.

De nossa parte, entendemos que a medida imposta pela Lei n. 14.151/2021 promove a efetiva proteção da gestante, respeita os preceitos basilares essenciais à pessoa humana, como a vida, a saúde, previdência social, proteção à maternidade e à infância (art. 6º da CF/88). Retira a empregada gestante de uma situação de vulnerabilidade, isto é, de ambientes potencialmente lesivos à saúde da trabalhadora, na linha das recentes decisões proferidas pelo Supremo Tribunal Federal.[564]

Comungando deste entendimento, o Ministério Público do Trabalho aponta nas considerações da Nota Técnica nº. 01 de 2021 do Grupo de Trabalho (GT) COVID-19 que o risco desencadeado pela pandemia do novo coronavírus se equipara *"às hipóteses de exposição a agentes insalutíferos, em razão do risco acentuado"*, e, com base no princípio da precaução, recomenda o afastamento das gestantes dos locais de trabalho que representem risco de contaminação, com preservação da remuneração.

Aliás, a jurisprudência tem reconhecido o novo coronavírus como agente nocivo à saúde dos empregados, conforme julgado a seguir:

> SUSCITAÇÃO DE INCIDENTE DE ASSUNÇÃO DE COMPETÊNCIA (IAC). ART. 947 DO CPC. ADICIONAL DE INSALUBRIDADE. GRAU MÁXIMO. COVID-19. DESNECESSIDADE DE PROVA PERICIAL. Hipótese de relevante questão de direito, com grande repercussão social, ante o impacto econômico na categoria dos profissionais da saúde do Estado do Ceará, sujeitos ao contágio da COVID-19. Temática central que reside na possibilidade de majoração do adicional de insalubridade ao grau máximo, de 40%, independentemente de prova pericial. NR 32 do Ministério da Economia. Art. 192 da CLT. Incidente acolhido. (TRT-7 - MS: 00801869220205070000, relator: Jose Antonio Parente da Silva, data de julgamento: 6/10/20, seção especializada I, Data de Publicação: 6/10/20)

É preciso reconhecer, no entanto, a existência de posicionamento jurisprudencial em sentido contrário, afastando o adicional de insalubridade em decorrência do desenvolvimento de atividade presencial com exposição ao COVD-19, sob o fundamento de ausência de base legal. Vejamos a seguinte ementa:

> RECURSO ADMINISTRATIVO. ADICIONAL DE INSALUBRIDADE. ATIVIDADE PRESENCIAL DOS SERVIDORES ANALISTAS JUDICIÁRIOS. PANDEMIA DO COVID-19. AUSÊNCIA DE PREVISÃO LEGAL. PAGAMENTO INDEVIDO. O adicional de insalubridade tem sua origem no ambiente laboral que traz ao trabalhador riscos à sua saúde. Não obstante, não basta a existência de previsão legal para o pagamento do adicional de insalubridade, pois o próprio art. 192 da CLT, que prevê o pagamento do adicional aos trabalhadores em geral, dispõe que o Ministério do Trabalho definirá quais os limites de tolerância das condições de trabalho. Ademais, o adicional em comento necessita de norma regulamentadora que disponha quais as atividades que expõem o empregado a agentes nocivos à saúde. **Embora o coronavírus seja sabidamente altamente contagioso, restando evidente o risco da exposição, não há norma regulamentadora a respeito da insalubridade decorrente desse agente patogênico. Ademais, não**

[564] O Supremo Tribunal Federal no Julgamento da ADI n. 5938, de relatoria do Ministro Alexandre de Moraes, assentou o entendimento de que *"A Constituição Federal proclama importantes direitos em seu artigo 6º, entre eles a proteção à maternidade, que é a ratio para inúmeros outros direitos sociais instrumentais, tais como a licença-gestante e o direito à segurança no emprego, a proteção do mercado de trabalho da mulher, mediante incentivos específicos, nos termos da lei, e redução dos riscos inerentes ao trabalho, por meio de normas de saúde, higiene e segurança. A proteção contra a exposição da gestante e lactante a atividades insalubres caracteriza-se como importante direito social instrumental protetivo tanto da mulher quanto da criança, tratando-se de normas de salvaguarda dos direitos sociais da mulher e de efetivação de integral proteção ao recém-nascido, possibilitando seu pleno desenvolvimento, de maneira harmônica, segura e sem riscos decorrentes da exposição a ambiente insalubre (CF, art. 227). A proteção à maternidade e a integral proteção à criança são direitos irrenunciáveis (...) [**ADI 5.938**, rel. min. Alexandre de Moraes, j. 29-5-2019, P, DJE de 23-9-2019.]"*, e tais direitos não podem ser afastados, sob pena de acarretar prejuízo à gestante ou ao seu filho.

há como classificar a exposição dos servidores que laboram em atividade presencial como habitual e permanente ao novo coronavírus, mormente por não se tratar a atividade jurisdicional de serviço essencial, indispensável ao atendimento das necessidades inadiáveis da comunidade, como potencial exposição ao agente patológico, principalmente em razão das inúmeras medidas sanitizantes adotadas pelos órgãos judiciários. Nesse contexto, não é devido o adicional de insalubridade pleiteado pela entidade representativa dos servidores àqueles que laboram em trabalho presencial, por falta de amparo legal. (TRT-12 – RecAdm: 00105137120205120000 SC, Relatora Des. Gisele Pereira Alexandrino, Secretaria do Tribunal Pleno, Data de Publicação: 22/03/2021).

No tocante ao afastamento da empregada gestante das atividades insalubres com a antecipação da licença-maternidade com prazo de duração espraiado, a doutrina trabalhista põe em dúvida a constitucionalidade do §3º do art. 394-A da CLT.

Homero Batista Mateus da Silva observa que *"Para essa hipótese, a solução prevista pela reforma trabalhista foi antecipar a licença-maternidade da gestante: afora os 120 dias previstos pela Constituição, a mulher pode dar entrada ao pedido de licença como se fosse gravidez de risco. Terá sido essa uma boa solução? Claramente a ideia foi, como dito, socializar os custos da gestação em ambiente insalubre (...), no que a reforma merece elogios, pois não se pode onerar o empregador com um encargo que é social, e não particular. Entretanto, resta saber de onde virá o custeio desse benefício ampliado, haja vista que a Previdência Social está estruturada para pagar 120 dias de licença-maternidade, e não nove meses de licença-maternidade para gestantes em empresas insalubres"*.565 Acrescenta que o §3º do art. 394-A da CLT é inconstitucional, pois viola o princípio da contrapartida, na medida em que não existe fonte de custeio.[566]

Na mesma linha argumentativa Luciano Martinez pontua que *"a criação de um salário-maternidade para cobrir uma suposta gravidez de risco – hipótese até então não prevista em lei – atenta contra o **princípio da precedência das fontes de custeio** constante do § 5º do art. 195 da Constituição da República, segundo o qual nenhum benefício ou serviço da seguridade social poderá ser criado, majorado ou estendido sem a correspondente fonte de custeio total"*.[567]

Ítalo Romano Eduardo explica que o princípio da preexistência de custeio, também chamado de princípio da contrapartida, *"tem como objetivo a manutenção do equilíbrio atuarial e financeiro do sistema, de forma que somente poderá haver aumento de despesa quando for determinada uma receita para a cobertura"*.[568]

Apreendemos das lições de Frederico Amado que *"Trata-se de uma situação não regulamentada pela Previdência Social que antecipa e estende o prazo (sem fixação do número de dias) do salário maternidade quando a empregada gestante não puder ser afastada de ambiente insalubre, a exemplo de uma empresa em que todos os locais são insalubres e não há onde realoca-la durante a gestação ou lactação. **Houve uma oneração previdenciária em uma situação que seria mais prudente que o ônus recaísse nos ombros da empresa quando o prazo do salário-maternidade, nesta situação, ultrapassar a 120 dias**"*.[569]

Com todo respeito às percepções em sentido diverso, entendemos que é possível sustentar o cabimento da antecipação e concessão de licença-maternidade por prazo superior a 120 dias, bem como a responsabilidade direta da Previdência Social pelo pagamento da remuneração da empregada gestante afastada das atividades presenciais em tempos de pandemia ou de local com *exposição a agentes insalutíferos; ou, se o caso,* a possibilidade de posterior compensação do valor desembolsado pelo empregador. A situação retratada na Lei 14.151/2021 é uma contingência de ordem social, e não particular. Por isso, o ônus pelo pagamento da remuneração não pode ser suportado exclusivamente pelo tomador dos serviços, sob o pretexto da alteridade (art. 2º da CLT).

A Convenção 103 da Organização Internacional do Trabalho (OIT) – promulgada pelo Decreto n. 58.820/1966, posteriormente revogado pelo Decreto n. 10.088/2019, que consolidou atos normativos editados pelo Poder Executivo Federal que dispõem sobre a promulgação de convenções e recomendações da OIT – impõe a concessão de uma licença pré-natal suplementar em caso de doença confirmada por atestado médico como resultante da gravidez (art. III, 5, da Convenção 103 da OIT). O art. 394-A, §3º, da CLT atende aos preceitos da Convenção 103 da OIT e da Constituição Federal de 1988, já que classifica a impossibilidade de transferência da empregada para local salubre como gravidez de alto risco, antecipando a mantendo a concessão da licença-maternidade, agindo como uma espécie de "licença pré-natal" suplementar.

Ademais, cabe destacar que o legislador tem realizou inúmeros esforços para arrefecer os impactos econômicos causados pelo novo coronavírus justamente

565 Silva, Homero Batista Mateus da. *CLT comentada*. - 2. ed. - São Paulo: Thomson Reuters Brasil, 2018. p.158
566 Idem. Silva, 2018.
567 Idem. Martinez, 2020, p.642.
568 Eduardo, Italo Romano; Eduardo, Jeane Tavares Aragão. *Curso de direito previdenciário* - 11. ed. - Rio de Janeiro: Forense; São Paulo: Método, 2015.
569 AMADO, Frederico. p. 936

para viabilizar a continuidade das atividades empresariais, preservar o emprego e a renda do trabalhador, além de permitir a sustentabilidade do mercado de trabalho, por intermédio de sucessivas medidas legislativas relacionadas à legislação trabalhista, dentre elas as MPs nº. 927/2020, 936/2020, 1.045/2021 e 1.046/2021. Com exceção da MP n. 936/2020, convertida na Lei n. 14.020/2020, as demais normas não estão em vigor, seja porque a vigência está encerrada ou porque houve a rejeição do texto pelo Legislativo. Logo, seria incoerente concluir que a Lei 14.151/2021 tem o propósito de onerar o empregador, em contraposição a todas as medidas já adotadas.

Incumbirá, portanto, ao empregador efetuar o pagamento do salário-maternidade devido à respectiva empregada gestante, com posterior compensação do valor despendido no momento do recolhimento das contribuições incidentes sobre a folha de salários e demais rendimentos pagos ou creditados, na forma do art. 72, §1º da Lei n. 8.213/91.

O microempreendedor individual (MEI) recebe tratamento diferenciado. Em caso de licença maternidade, o pagamento da remuneração da empregada é realizado diretamente pela Previdência Social (art. 72, §3º da Lei n. 8.213/91). Ainda, considerando que a lei impõe ao microempreendedor individual a contratação de apenas um(a) empregado(a), havendo a necessidade de afastamento da empregada gestante, será permitida a contratação de outro empregado, inclusive por prazo determinado, até que cessem as condições do afastamento (art. 18-C, §2º, da Lei Complementar n. 123/2006).

O pagamento da remuneração da trabalhadora avulsa, empregada doméstica, empregada contratada mediante contrato de trabalho intermitente ou com jornada de trabalho parcial, durante o período de afastamento, será realizado pela Previdência Social (art. 73 da Lei n. 8.213/91; artigos 100-B e 100-C do Decreto n. 3.048, de 6 de maio de 1999, com redação dada pelo Decreto n. 10.410/2020).

4.4 SUBSTITUIÇÃO DO REGIME DE TRABALHO PRESENCIAL E AS MEDIDAS TRABALHISTAS ALTERNATIVAS

Como dito anteriormente, o parágrafo único do art. 1º da Lei n. 14.151/2021, admitiu a substituição do regime de trabalho da gestante durante a pandemia. A trabalhadora ficará à disposição do empregador para executar as suas atividades em seu domicílio, por meio de teletrabalho, trabalho remoto ou outra forma de trabalho a distância.

O **trabalho à distância** é o serviço prestado fora das dependências do empregador, isto é, longe das vistas do empregador. A expressão "à distância" tem significado amplo, uma vez que o serviço externo pode ser prestado em qualquer lugar. Citamos como exemplo o teletrabalhador, o vendedor externo (viajante ou pracista), o promotor de vendas, o motorista, o "motoboy", etc. O trabalho à distância é gênero, enquanto o trabalho em domicílio e o teletrabalho são espécies daquele.

A compreensão do **trabalho em domicílio** exige a compreensão do significado e extensão do termo "domicílio". O domicílio é uma expressão originária do latim *domicilium que significa casa de residência, localidade onde se tem residência, morada habitual ou habitação.570* Na perspectiva da trabalhista, a residência do trabalhador é o domicílio profissional do empregado, isto é, o local de prestação de serviços do trabalhador. O trabalho em domicílio, portanto, exprime a ideia de prestação de serviços na residência, morada ou habitação do empregado.

Eduardo Gabriel Saad aponta que o trabalho em domicílio era muito frequente na indústria têxtil e na confecção de roupas. O empregador firmava contrato de trabalho com o empregado, fornecia todos os equipamentos necessários (máquina de costura ou tear, por exemplo) e os serviços eram executados na residência do trabalhador.[571]

O avanço tecnológico potencializou o trabalho à distância, permitindo o uso de instrumentos telemáticos ou informatizados na prestação de serviços.

Sergio Pinto Martins menciona que as tecnologias acabaram criando *"uma nova forma de subordinação, pois o empregado pode até não ficar subordinado diretamente ao empregador, mas indiretamente. Passa a existir uma 'telessubordinação' – ou subordinação virtual – (...) há subordinação à distância, uma subordinação mais tênue do que a normal. O empregador também passa a utilizar a 'teledireção', ou seja, o poder de direção do empregador passa a ser empregado à distância"*[572].

O teletrabalho foi regulamentado pela Reforma Trabalhista (Lei n. 13.467, de 2017), instituída com a finalidade de promover a atualização e modernização da legislação juslaboral, adequando-as ao cenário socioeconômico atual. Foram acrescentados os arts. 75-A a 75-E ao texto consolidado.

Originalmente, de acordo com a redação do art. 75-B da CLT, o teletrabalho era definido como a prestação dos serviços realizada predominantemente fora das dependências do empregador, com o emprego de aparelhos tecnológicos e que, por sua natureza, não se

570 *Residência | s. f. nome feminino. 1. Morada habitual num lugar, domicílio. 2. Casa onde se reside, morada. 3. Casa de habitação dada pelo governo, autoridades locais ou corporação, para certos funcionários residirem, enquanto exercerem as suas funções na localidade. 4. [Regionalismo] Habitação do pároco. [in Dicionário Priberam da Língua Portuguesa, 2008-2020, https://dicionario.priberam.org/resid%C3%AAncia (consultado em 07-01-2021)].*

571 *Idem. Saad, 2019.*

572 *Idem. Martins, 2020, p. 252.*

enquadrava como atividade externa. O comparecimento pontual do empregado às dependências do empregador, para a realização de atividades específicas, não descaracterizava o regime de teletrabalho.

Com base nesse dispositivo a doutrina conceituava o teletrabalho como *"mais do que uma modalidade de trabalho em domicílio. É um conceito de organização laboral por meio da qual o* ***prestador dos serviços encontra-se fisicamente ausente da sede do empregador, mas virtualmente presente, por meios telemáticos, na construção dos objetivos contratuais do empreendimento****"*.[573]

Dentre as características marcantes do teletrabalho estava: i) a realização do trabalho à distância, fora das dependências do empregador, não qualificado como trabalho externo; ii) a impossibilidade de fiscalização pessoal da execução dos serviços, especialmente a jornada de trabalho; iii) direção, distribuição e execução das tarefas por meio de aparelhos telemáticos ou informatizados.

O teletrabalho se difundiu com a pandemia do novo coronavírus. A Medida Provisória n. 927, de 2020, com vigência encerrada, autorizou a alteração do regime de trabalho presencial para o teletrabalho, independentemente da celebração de acordo individual, instrumento de negociação coletiva ou de registro prévio dessa alteração no contrato individual de trabalho. Exigia, contudo, que o empregador comunicasse a modificação do regime de trabalho ao empregado, no prazo de 48 horas, por escrito ou através dos meios eletrônicos disponíveis. Concedeu, ainda, o prazo de 30 dias para as partes firmarem um contrato, por escrito, para estipular a responsabilidade pela aquisição, manutenção, fornecimento dos equipamentos, infraestruturas essenciais ao desenvolvimento da atividade em regime de teletrabalho, dentre outros regramentos. Por questões político-partidárias a Medida Provisória não foi submetida à apreciação do Senado Federal, ocorrendo a caducidade (rejeição tácita) no dia 19 de julho de 2020.

Em 2021, com a escalada do estado pandêmico, o Governo Federal editou as Medidas Provisórias (MPs) nº 1.045 e 1.046, reproduzindo as regras previstas na MP n. 927 e na Lei n. 14.020/2020, com o propósito de arrefecer os impactos econômicos gerados pelo estado de calamidade pública. Essas medidas provisórias não foram convertidas em lei, tendo em vista o encerramento do prazo de vigência da MP n. 1.045/2021, bem como a rejeição tácita da MP n. 1.046/2021.

Mais uma vez, para minorar os impactos socioeconômicos sem precedentes, gerados pela pandemia do novo coronavírus, o Governo Federal editou a Medida Provisória n. 1.109, de 25 de março de 2022, objetivando a preservação do emprego e a renda, garantir *a continuidade das atividades laborais, empresariais e das organizações da sociedade civil sem fins lucrativos e reduzir o impacto social oriundo da ocorrência de estado de calamidade pública nos entes federados. Autoriza o empregador adotar as seguintes medidas trabalhistas: a) a adoção do regime de teletrabalho; b) a antecipação de férias individuais; c), a concessão* de férias coletivas; d) o aproveitamento e a antecipação de feriados civis; e) a instituição de regime diferenciado de banco de horas; f) o pagamento diferido do Fundo de Garantia do Tempo de Serviço – FGTS; g) a redução proporcional da jornada de trabalho e do salário; h) a suspensão temporária do contrato de trabalho.

Apesar de a pandemia do novo coronavírus ter exigido uma rápida adequação estrutural da ampla maioria das sociedades empresárias, para a incorporação do regime de teletrabalho na dinâmica empresarial, visando possibilitar a continuidade integral ou parcial das atividades econômicas, essa reestruturação foi vista com bons olhos por diversos setores da economia. Notou-se uma drástica redução nos custos operacionais e administrativos, especialmente no que se refere às despesas com o deslocamento dos empregados, alimentação, diárias, aluguel, conta de água, luz, material de escritório, bem como um aumento expressivo na produtividade dos trabalhadores.

Diversas empresas, ainda no auge do estado de calamidade pública, cogitaram manter esse formato de trabalho após o término do período pandêmico para os trabalhadores que ocupam funções que permitam essa modalidade. Todavia, alguns aspectos demandavam uma maior clareza legislativa para afastar inseguranças jurídicas que circundavam a matéria.

Essas circunstâncias impulsionaram a edição da Medida Provisória n. 1.108, de 25 de março de 2022, criada com o escopo de ampliar o conceito de teletrabalho, aprimorar a estrutura normativa e conferir segurança jurídica às relações juslaborais subordinadas ao regime de teletrabalho.

A partir daí, com a modificação da redação do art. 75-B da CLT, o teletrabalho, também denominado de trabalho remoto, passou a ser definido como *"a prestação de serviços fora das dependências do empregador, de maneira preponderante ou não, com a utilização de tecnologias de informação e de comunicação, que, por sua natureza, não se configure como trabalho externo"* (redação dada pela MP n. 1.108, de 2022).

A alteração do texto legal foi sutil, porém, significativa, na medida em que a condicionante legal, que impunha a realização das atividades laborais preponderantemente fora das dependências do empregador, tida pelo empregador como um entrave à implementação do regime de teletrabalho híbrido (ou misto), por gerar insegurança jurídica, foi suprimida do texto normativa. A predominância do trabalho remoto sobre o regime

573 Martinez, op. cit., 2020.

presencial, a partir daí, deixou de ser um requisito indispensável para a configuração do teletrabalho. Com isso, mesmo que o trabalhador desempenhe as suas atividades majoritariamente em regime presencial, nas instalações da empresa, o teletrabalho não será descaracterizado.

A possibilidade de substituição do regime de trabalho presencial para a modalidade remota (home office) também foi recomendada pelo Ministério Público do Trabalho na Nota Técnica nº. 01 de 2021 do Grupo de Trabalho COVID-19.[574] Para além disso, recomendou o afastamento da trabalhadora do comparecimento ao local de trabalho em caso de incompatibilidade da atividade laboral com a modalidade home office e ***acentuado risco de contaminação*** no convívio social (inclusive no ambiente laboral).[575]

Recomendou, ainda, a adoção de uma medida intermediária: a implementação de um *"**plano de contingenciamento**, designando-as para outros **setores de menor risco de contágio** (seja em setores preferencialmente com atividade em home office ou setores com reduzido número de trabalhadores, em espaços arejados ou isolados), com direito a rodízio de escalas de jornada e a horários de trabalho que permitam o deslocamento por transporte público fora dos horários de maior movimento, quando não seja garantido o transporte fretado".576*

A medida intermediária sugerida pelo MPT não se sobrepõe à imposição legal de afastamento da empregada gestante da atividade presencial. A Lei n. 14.151/2021 é expressa quanto ao afastamento da trabalhadora gestante das atividades presenciais, independentemente da mitigação dos riscos de contágio ou a realocação em setores da empresa com menor número de trabalhadores, em espaços arejados ou isolados.

A medida legal extrema tem o propósito de eliminar qualquer risco de infecção pelo novo coronavírus às trabalhadoras gestantes, considerando o estado de vulnerabilidade deste grupo, a imunodeficiência durante o estado gestacional, a falta de tratamento farmacológico e a alta suscetibilidade ao contágio. A atividade presencial, ainda que em menor extensão, expõe as trabalhadoras à infecção por covid-19. Ademais, a empregada estará desprotegida no percurso entre a sua residência e o trabalho, e vice-versa.

Não sendo possível a implementação do trabalho remoto, o Ministério Público do Trabalho propõe algumas medidas alternativas ao empregador, dentre elas: a interrupção do contrato de trabalho; a concessão de férias coletivas, integrais ou parciais; a suspensão dos contratos de trabalho (lay off); a suspensão do contrato de trabalho para fins de qualificação (art. 476-A da CLT); dentre outras permitidas pela legislação vigente, aptas a garantir o distanciamento social. Alguns juristas acrescentam a esse rol a suspensão temporária do contrato de trabalho (MP n. 1.045/2021, com vigência encerrada), assim como a antecipação de férias individuais (MP n. 1.046/2021, rejeitada tacitamente pelo Legislativo).

O empregador poderá lançar mão de tais expedientes, pois, além de assegurar o distanciamento social às trabalhadoras gestantes, preservam os empregos e a renda das trabalhadoras, permitem a sustentabilidade do mercado de trabalho e abrandam os efeitos econômicos aos empregadores. Independentemente da medida elegida, o tomador de serviços deve garantir o pagamento integral da remuneração à trabalhadora. Na eventualidade do expediente utilizado pelo empregador não resultar no pagamento integral da remuneração da trabalhadora, este valor deverá ser complementado pelo empregador. Neste quadro, a Lei n. 14.151/2021 pode ser mais favorável à trabalhadora gestante.

4.5 POLÊMICAS ENVOLVENDO O AFASTAMENTO DA EMPREGADA GESTANTE E AS CONSEQUÊNCIAS DA OMISSÃO DO EMPREGADOR

Existe debate sobre o afastamento da trabalhadora gestante que já recebeu todas as doses da vacina contra a COVID-19.

Os estudos sobre a vacinação em pacientes grávidas é incipiente. A conceituada Fundação Oswaldo Cruz (FIOCRUZ), responsável pela promoção de estudos clínicos e produção de vacinas contra a COVID-19, aponta que *"a vacinação em gestantes tem sido recomendada em diversos países, em condições diferenciadas. Trata-se de uma questão complexa, em razão da não inclusão deste grupo da população em estudos clínicos de fase 3 de todas as vacinas de Covid-19".*[577] Essa complexidade se justifica no fato de inexistir estudos acerca da segurança de aplicação da vacina nas pacientes gestantes, pois algumas delas apresentaram efeitos colaterais, a princípio, decorrentes da vacina. Sem embargo, não há qualquer indicativo de ineficácia da vacina relativamente a este grupo.

Isso não significa a imunidade plena em relação ao novo coronavírus. Estudos apontam que o vírus Sars-Cov-2 está em constante mutação, de forma que é possível a infecção (ou reinfecção) por novas variantes

574 Nota Técnica nº. 01 de 2021 do Grupo de Trabalho COVID-19: *"[...] 02. GARANTIR, sempre que possível, às trabalhadoras gestantes, o direito a realizar as suas atividades laborais de modo remoto (home office), por equipamentos e sistemas informatizados, quando compatível com a função;"*

575 Nota Técnica nº. 01 de 2021 do Grupo de Trabalho COVID-19: *"[...] 03. GARANTIR que trabalhadoras gestantes sejam dispensadas do comparecimento ao local de trabalho, no caso de não ser compatível a sua realização na modalidade home office, com remuneração assegurada, durante todo o período em que haja acentuado risco de contaminação no convívio social [...]".*

576 Item 04 da Nota Técnica nº. 01 de 2021 do Grupo de Trabalho COVID-19.

577 Fundação Oswaldo Cruz (FIOCRUZ) - < https://portal.fiocruz.br/noticia/fiocruz-acompanha-investigacao-de-evento-adverso-grave > [acessado em 18/05/2021].

do coronavírus. A máxima cautela impõe, portanto, o dever de afastar a trabalhadora gestante do regime de trabalho presencial para evitar a infecção ou reinfecção por novas variações do novo coronavírus.

O afastamento da trabalhadora pressupõe a comunicação do estado gravídico ao empregador. Havendo ciência prévia do empregador quanto à gestação da trabalhadora, o afastamento deve ser promovido imediatamente.

Destacamos que o empregador não pode exigir exame médico de gravidez à empregada ou a indicação do número do Código Internacional de Doenças (CID) em eventual atestado médico. A doutrina e a jurisprudência dominante entendem que não cabe a exigência do exame ou atestado de gravidez em nenhuma hipótese – na admissão, durante o contrato de trabalho, ou no momento da dispensa do empregado – diante de expressa proibição legal nesse sentido (Lei 9.029/1995)[578], sob pena de violar o direito à intimidade da empregada e caracterizar medida discriminatória (art. 5º, V e X, CF; art. 223-A e seguintes da CLT; Lei 9.029/1995).

A omissão ou recusa no afastamento da trabalhadora gestante do labor presencial durante a pandemia do novo coronavírus, seja qual for a idade gestacional, pode ensejar a responsabilização civil, administrativa e criminal do empregador, conforme delineado nas considerações da Nota Técnica nº. 01 de 2021 do Grupo de Trabalho (GT) COVID-19 do MPT.

A responsabilização civil ocorrerá em caso de dano material ou extrapatrimonial, decorrente da infecção da trabalhadora no local de trabalho pela COVID-19, como o custeio de tratamento médico, medicamentos, pensão mensal em caso de sequelas incapacitantes da doença, sem prejuízo do pagamento de indenização por dano extrapatrimonial em decorrência da morte fetal ou da trabalhadora.

No âmbito administrativo, o tomador de serviços poderá ser autuado pelo Auditor Fiscal do Trabalho. Estes servidores públicos são responsáveis por garantir, em todo o território nacional, o cumprimento de disposições legais e regulamentares, inclusive as relacionadas à segurança e à medicina do trabalho, no âmbito das relações de trabalho e de emprego (Lei nº 10.593/2002 e Lei nº 11.457/2007).

A conduta do empregador também estará sujeita às sanções penais tipificadas pelo art. 132 do Código Penal. De acordo com este dispositivo legal, comete ilícito penal, aquele que expõe a vida ou a saúde de outrem a perigo direto e iminente.

Cezar Roberto Bitencourt ensina que "*O bem jurídico protegido é a incolumidade física e a saúde da pessoa humana. Apresenta particularidade relativamente ao meio através do qual o bem jurídico pode ser atingido: contágio de moléstia grave*". Adverte que "*se sobrevier a morte da vítima, eventual punição por esse dano deslocará a tipificação da conduta para outro dispositivo, que poderá ser o 121 ou o 129, § 3º, em clara demonstração de que a vida não está protegida por este artigo legal, pelo menos imediatamente*".579

Ou, ainda, poderá ser enquadrada em outra figura típica: a infração de medida sanitária preventiva descrita no art. 268 do Código Penal. Tal dispositivo descreve como conduta ilícita "*Infringir determinação do poder público, destinada a impedir introdução ou propagação de doença contagiosa*", com pena de detenção de 1 mês a 1 ano e multa. A doutrina indica que tem como objetivo proteger a incolumidade da saúde pública, estando vinculado ao dever do Estado de instituir medidas para a redução do risco de doenças (art. 196 da CF). É uma norma penal em branco, em outras palavras, será complementada por norma complementar emanada pelo Poder Público.

De mais a mais, a omissão ou recusa do empregador em afastar a empregada gestante pode configurar falta grave, por expor a empregada gestante à perigo manifesto de mal considerável, na forma do art. 483, "c", da CLT.

Eduardo Gabriel Saad leciona que haverá perigo de mal considerável quando o empregado "*é compelido a trabalhar sob condições perigosas sem que a empresa adote as medidas previstas em lei ou recomendadas pela prudência para que nada aconteça de nocivo à saúde daquele. Mal considerável também pode haver em ambiente insalubre porque nele se faz presente um agente agressivo (químico, físico ou biológico) causador de doença profissional ou do trabalho*", sem que haja providência sanitárias pelo empregador.[580]

Acerca disso, Wagner Giglio assinala que "***Não é necessário enfrentar o perigo, e pouco importa se este resulta das instalações, do próprio serviço ou da maneira de executá-lo.*** *Mas* ***o perigo deve ser objetivo, indiscutível,*** *e não subjetivo, do estado de espírito amedrontado do trabalhador.* ***O perigo deve constituir ameaça direta à integridade física do empregado***, *e*

[578] Lei 9.029/1995, Art. 2º: Constituem crime as seguintes práticas discriminatórias: I - a exigência de teste, exame, perícia, laudo, atestado, declaração ou qualquer outro procedimento relativo à esterilização ou a estado de gravidez; II - a adoção de quaisquer medidas, de iniciativa do empregador, que configurem; a) indução ou instigamento à esterilização genética; b) promoção do controle de natalidade, assim não considerado o oferecimento de serviços e de aconselhamento ou planejamento familiar, realizados através de instituições públicas ou privadas, submetidas às normas do Sistema Único de Saúde (SUS). Pena: detenção de um a dois anos e multa. Parágrafo único. São sujeitos ativos dos crimes a que se refere este artigo: I - a pessoa física empregadora; II - o representante legal do empregador, como definido na legislação trabalhista; III - o dirigente, direto ou por delegação, de órgãos públicos e entidades das administrações públicas direta, indireta e fundacional de qualquer dos Poderes da União, dos Estados, do Distrito Federal e dos Municípios.

[579] Bitencourt, Cezar Roberto. *Código penal comentado.* – 10. ed. – São Paulo : Saraiva Educação, 2019.

[580] p. 837-838

não indireta, à sua saúde. E o mal deve ser considerável, ou seja, relevante, de vulto".[581]

Assim tem decidido os Tribunais Trabalhistas. Vejamos:

> RESCISÃO INDIRETA: as reclamadas pretendem a reforma da sentença que reconheceu a rescisão indireta do contrato de trabalho. Analisa-se. [...] Com efeito, a análise dos autos permite constatar que a reclamada firmou com o autor acordo de suspensão do contrato por 60 dias (22/4/2020 a 21/06/2020), seguido de concessão de férias no período de 21/06/2020 a 30/06/2020 (ID 9c58be4 Pág. 2/3). Celebraram também acordo de redução salarial e jornada, datado de 29/06/2020 (ID 9c58be4 - Pág. 1). **Em exame médico posterior ao retorno do autor às atividades, datado de 26/08/2020, o médico da empresa declarou que ele pertence ao grupo de risco e recomendou que se avaliasse "qual modalidade a ser adotada de distanciamento de risco trabalho" .(relatório médico - ID dc7cb20. A despeito disso, a reclamada o escalou para prestar serviços em diversas tomadoras, distantes de sua residência, fato que o obrigava a utilizar o transporte público, sem que as rés tenham feito prova da adoção de qualquer outra medida visando a garantir sua proteção, considerando que as atividades de porteiro não se enquadram na categoria de serviços essenciais.** Os prints extraídos do whatsapp (ID 311aeed) confirmam, por exemplo, que nos dias 18/09 e 22/09/2020 o autor foi escalado para trabalhar nas empresas Select Trucks e Faculdade Unifenas. Em virtude da distância em que se situavam relativamente à sua residência, a escalação o obrigava a utilizar duas conduções para a ida e duas para a volta (cf. trajetos informados -ID 83c875e e a94b421). Quanto à opção oferecida no anterior local de trabalho, empresa MIP Engenharia, o autor alegou temor frente à grande rotatividade de pessoas (print de ID 311aeed - Pág. 3). Nesse contexto, ainda que não tenha ficado devidamente comprovada a alegação de que a esposa do autor faça controle de diabetes e hipertensão, uma vez que foram juntados apenas a certidão de casamento e dois receituários médicos (ID dd24165), **não se pode desconsiderar que o próprio reclamante faz parte do grupo considerado de risco para a Covid-19, por contar 64 anos de idade, e também que as atividades de porteiro não se enquadram na categoria de serviços essenciais. Tais circunstâncias, por si só, justificariam a adoção, pelas rés, de medidas capazes de assegurar condições seguras de trabalho ao autor, encaminhando-o para setor ou atividade com menor potencial de contágio ou circulação de pessoas, possibilitando que exercesse suas funções presencialmente, conforme, refrise-se, recomendação médica de distanciamento no trabalho, o que não foi observado. Diante do quadro acima delineado, tem-se por correta a sentença que reconheceu a rescisão indireta, na forma do art. 483, "c", da CLT.** [...] (TRT-3 ROPS: 106332420205030014 MG, Relator Des. Marcus Moura Ferreira, 10ª Turma, Data de Julgamento: 05/04/2021, Data de Publicação: 07/04/2021).
>
> RESCISÃO INDIRETA. FRENTISTA GESTANTE. RECUSA DO EMPREGADO À TRANSFERÊNCIA DE FUNÇÃO. PERIGO DE MAL CONSIDERÁVEL. Tem a frentista de posto de abastecimento, durante a gravidez, e quando suas condições de saúde comprovadamente o exigirem, direito à transferência de função, nos termos do art. 392, §4º, I, da CLT. Recusada pelo empregador a medida, correta a sentença que acolhe o pleito de rescisão oblíqua do contrato de trabalho, por aplicação do art. 483, c, da CLT. Recurso da reclamada a que se nega provimento. (TRT-24 00006330520005240777, Relator Des. Márcio Eurico Vitral Amaro, Tribunal Pleno, Data de Publicação: 04/12/2000)
>
> RESCISÃO INDIRETA, PERIGO MANIFESTO DE MAL CONSIDERÁVEL. Não se admite a inercia do empregador quanto à observância de normas relacionadas à saúde e proteção de seus empregados, mormente quando este descumprimento acarreta risco iminente de vida. No caso dos autos, verificou-se, por meio da prova testemunhas, que a empregadora não respeitava as noras de saúde e segurança do trabalho, ao exigir que o trabalhador – sem qualquer proteção – escalasse prateleiras com cerca de cinco metros de altura para retirada de mercadorias, o que, por si só, gera perigo manifesto de mal considerável, apto a ensejar a rescisão indireta do contrato de trabalho, com fulcro no artigo 483, alínea c, da CLT. Recurso da ré a que se nega provimento. (TRT-23 – ROT: 00013479520145230007 MT, Relator Des. Juliano Pedro Garardello, Data de Publicação: 17/07/2015)

Indiscutivelmente o novo coranavírus representa uma ameaça direta à saúde, integridade física, maternidade e à vida da trabalhadoras gestantes, de modo que a omissão do empregador em afastar as empregadas gestantes do regime de trabalho presencial configura falta grave do empregador, apta a ensejar a rescisão indireta do contrato de trabalho, por exposição do empregador a perigo de mal considerável, na forma do art. 483, "c", da CLT. De igual maneira, a Lei Complementar 150/2015, que regulamenta a relação empregatícia doméstica, também admite a rescisão indireta do contrato de trabalho com base e exposição do empregado doméstico à perigo manifesto de mal considerável (cf. art. 27, § único, inciso III, da LC 150/2015).

Lado outro, ressaltamos que cabe ao empregado observar as normas de segurança e medicina do trabalho, inclusive as instruções dos empregadores sobre

581 Apud Calvo, Adriana. *Manual de direito do trabalho*. – 5. ed. – São Paulo: Saraiva Educação, 2020.

as ordens de serviço, quanto às precauções a tomar no sentido de evitar acidentes de trabalho ou doenças ocupacionais (art. 158, I e II, da CLT). A inobservância das normas de saúde, higiene e segurança do trabalho pelo empregador, das instruções do empregador sobre tais normas, ou, ainda, a recusa do uso de equipamentos individuais, constitui falta grave, na forma do art. 158, parágrafo único, da CLT.

Ao proceder o afastamento da empregada caberá ao empregador instruí-la quanto ao dever de observância às normas de isolamento social, como extensão das normas de saúde e segurança do trabalho, bem como adverti-la sobre os comportamentos que podem ocasionar a dispensa por justa causa durante este período, como, por exemplo, a participação da trabalhadora gestante em festas, eventos, espetáculos, aglomerações, ou passeios em desacordo com as normas de isolamento social.

Não estamos dizendo que a empregada não poderá sair da sua casa para realizar tarefas estritamente necessárias, como, v.g., ir ao médico ou comprar mantimentos. O que deve ser censurado são as condutas que infrinjam os protocolos de isolamento social, as diretrizes de distanciamento social ou de higiene pessoal (o uso de máscara em local público, por exemplo).

Em conclusão, tão logo seja comunicado do estado gravídico, caso a empregada não tenha completado a sua vacinação contra a Covid-19, na forma dos critérios definidos pelo Ministério da Saúde e pelo Plano Nacional de Imunizações (PNI), o empregador deve proceder imediatamente o afastamento da empregada gestante das atividades presenciais, com o pagamento da remuneração, modificando o regime de trabalho da empregada ou adotando medidas trabalhistas alternativas, se o caso. O exegeta, no que lhe couber, deve interpretar a norma com equilíbrio, ponderando os princípios e regras de Direito do Trabalho, sem deixar de lado o caráter teleológico das normas editadas durante a pandemia, que visam não só preservar o emprego e a renda, mas, também, amenizar o impacto econômico gerado pela pandemia do novo coronavírus.

Art. 395 – Em caso de aborto não criminoso, comprovado por atestado médico oficial, a mulher terá um repouso remunerado de 2 (duas) semanas, ficando-lhe assegurado o direito de retornar à função que ocupava antes de seu afastamento.

Art. 396 – Para amamentar seu filho, inclusive se advindo de adoção, até que este complete 6 (seis) meses de idade, a mulher terá direito, durante a jornada de trabalho, a 2 (dois) descansos especiais de meia hora cada um. (Redação dada pela Lei nº 13.509, de 2017)

§ 1º Quando o exigir a saúde do filho, o período de 6 (seis) meses poderá ser dilatado, a critério da autoridade competente. (Redação dada pela Lei nº 13.467, de 2017)

§ 2º Os horários dos descansos previstos no **caput** deste artigo deverão ser definidos em acordo individual entre a mulher e o empregador. (Incluído pela Lei nº 13.467, de 2017)

Art. 397 – O SESI, o SESC, a LBA e outras entidades públicas destinadas à assistência à infância manterão ou subvencionarão, de acordo com suas possibilidades financeiras, escolas maternais e jardins de infância, distribuídos nas zonas de maior densidade de trabalhadores, destinados especialmente aos filhos das mulheres empregadas. (Redação dada pelo Decreto-lei nº 229, de 28.2.1967)

Art. 398 – (Revogado pelo Decreto-Lei nº 229, de 28.2.1967)

Art. 399 – O Ministro do Trabalho, Industria e Comercio conferirá diploma de benemerência aos empregadores que se distinguirem pela organização e manutenção de creches e de instituições de proteção aos menores em idade pré-escolar, desde que tais serviços se recomendem por sua generosidade e pela eficiência das respectivas instalações.

Art. 400 – Os locais destinados à guarda dos filhos das operárias durante o período da amamentação deverão possuir, no mínimo, um berçário, uma saleta de amamentação, uma cozinha dietética e uma instalação sanitária.

SEÇÃO VI
DAS PENALIDADES

Art. 401 – Pela infração de qualquer dispositivo deste Capítulo, será imposta ao empregador a multa de cem a mil cruzeiros, aplicada, nesta Capital, pela autoridade competente de 1ª instância do Departamento Nacional do Trabalho, e, nos Estados e Território do Acre, pelas autoridades competentes do Ministério do Trabalho, Industria e Comercio ou por aquelas que exerçam funções delegadas.

§ 1º – A penalidade será sempre aplicada no grau máximo

a) se ficar apurado o emprego de artifício ou simulação para fraudar a aplicação dos dispositivos deste Capítulo;

b) nos casos de reincidência.

§ 2º – O processo na verificação das infrações, bem como na aplicação e cobrança das multas, será o previsto no título "Do Processo de Multas Administrativas", observadas as disposições deste artigo.

Arts. 401-A e 401-B. (VETADOS). (Incluído pela Lei nº 9.799, de 1999)

COMENTÁRIOS (ART. 401)

O Decreto n. 10.854, de 10 de novembro de 2021, instituiu o Marco Regulatório Trabalhista Infralegal, alterando significativamente processo administrativo e fiscalizatório trabalhista. Criou um Programa Permanente de Consolidação, Simplificação e Desburocratização de Normas Trabalhistas Infralegais, tendo como consequência a compilação e alteração de diversas portarias ministeriais e instruções normativas que versavam sobre o tema, bem como conferiu a atribuição de imposição de multas administrativas previstas na legislação trabalhista às Unidades Regionais de Multas e Recursos, com possibilidade de revisão dos atos decisórios pela Coordenação-Geral de Recursos, sem retirar os poderes fiscalizatórios conferidos aos Auditores-Fiscais do Trabalho (art. 20 e 21 do Decreto n. 20.854/2021).

A Portaria n. 667, de 8 de novembro de 2021,do Ministério do Trabalho e Previdência, passou a regulamentar, entre outros assuntos, a imposição de multas administrativas previstas na legislação trabalhista. Serão aplicadas as multas administrativas conforme os critérios e valores constantes dos Anexos I, II, III e IV da referida Portaria, expressos em moeda corrente nacional., obrigatoriamente precedida da lavratura de auto de infração, nos termos das orientações expedidas pela Subsecretaria de Inspeção do Trabalho da Secretaria de Trabalho do Ministério do Trabalho e Previdência (art. 74 da Portaria n. 667/2021 do MTP).

Existem ainda, critérios variáveis de cálculo das multas administrativas, quando a lei não determinar sua imposição pelo valor máximo. Os parâmetros de gradação das multas são: a) natureza da infração; b) intenção do infrator; c) meios ao alcance do infrator para cumprir a lei; d) a extensão da infração; e) situação econômico-financeira do infrator.

A forma do cálculo do valor final da multa administrativa variável está previsto no parágrafo único do art. 75 da Portaria n. 667/2021 do MTP:

ANEXO I

Tabela das Multas Administrativas com Critérios Fixos de Cálculo (Valores em Reais - R$)

Natureza	Capitulação da infração	Base legal	Critério	Observações
Trabalho do menor (criança, adolescente e aprendiz)	CLT, art. 402 e art. 441	CLT, art. 434	R$ 402,53	Por menor irregular até o máximo de R$ 2.012,66, salvo no caso de reincidência, em que esse total poderá ser elevado ao dobro

ANEXO II

Tabela das multas administrativas com critérios variáveis de cálculo (Valores em Reais - R$)

Capitulação da infração	Base legal	Valor Mínimo	Valor Máximo	Observações
CLT, art. 372 e art. 400	CLT, art. 401	R$ 80,51	R$ 805,07	Aplicada no grau máximo se ficar apurado o emprego de artifício ou simulação para fraudar a aplicação dos dispositivos e nos casos de reincidência

* *Transcrição parcial da tabela. Contempla somente as multas previstas no capítulo em análise.*

ANEXO III

1. Tabela de gradação das Multas com Critérios Variáveis de Cálculo

Critérios	Valor a ser atribuído
I - Natureza da infração Intenção do infrator de praticar a infração Meios ao alcance do infrator para cumprir a lei	20% do valor máximo previsto para a multa, equivalente ao conjunto dos três critérios. Obs.: Percentual fixo aplicável a todas as infrações, conforme tabela "B" deste anexo.
II - Porte Econômico do Infrator	De 8% a 40% do valor máximo previsto para a multa, conforme tabela "C" deste anexo.
III - Extensão da Infração	De 8% a 40% do valor máximo previsto para a multa, conforme critérios abaixo: a) 40% do valor máximo previsto para a multa, quando se tratar de infração a: i) Capítulos II e III do Título II da CLT (Duração do Trabalho e Salário Mínimo); ii) Capítulos I e III do Título III da CLT (Disposições especiais sobre duração e condições de trabalho e Proteção do Trabalho da Mulher); iii) Capítulo I do Título VII da CLT (Fiscalização, Autuação e Imposição de Multas); e iv) Art. 23 da Lei nº 8.036, de 1990 (FGTS). b) de 8% a 40% do valor máximo previsto para a multa aplicável às demais infrações, conforme tabela "C" deste Anexo.

Critérios	Valor a ser atribuído
Obs.: O valor da multa corresponderá à soma dos valores resultantes da aplicação dos percentuais relativos aos três níveis de critérios acima (I, II e III).	

B) Tabela do Percentual Fixo (20%) Aplicável a Todas as Infrações

Base Legal					
Art. 75, art. 351 e art. 553 da CLT e art. 12 da Lei nº 605, de 1949.	Art. 120 da CLT.	Art. 364 e art. 598 da CLT.	Art. 401 da CLT.	Art. 630, § 6º, da CLT.	Art. 722, alínea "a", da CLT.
R$ 805,07	R$ 322,03	R$ 1.610,13	R$ 161,01	R$ 402,53	R$ 8.050,65

* *Transcrição parcial da tabela. Contempla somente as multas previstas no capítulo em análise.*

C) Tabela em R$ de Gradação de Multas de Valor Variável Aplicável aos Critérios II e III

Quantidade de Empregados	%	Base Legal					
		Art. 75, art. 351 e art. 553 da CLT e art. 12 da Lei nº 605/1949.	Art. 120 da CLT.	Art. 364 e art. 598 da CLT.	Art. 401 da CLT.	Art. 630, § 6º, da CLT.	Art. 722, alínea "a", da CLT.
de 01 a 10	8	R$ 322,03	R$ 128,81	R$ 644,05	R$ 64,41	R$ 161,01	R$ 3.220,26
de 11 a 30	16	R$ 644,05	R$ 257,62	R$ 1.288,10	R$ 128,81	R$ 322,03	R$ 6.440,52
de 31 a 60	24	R$ 966,08	R$ 386,43	R$ 1.932,16	R$ 193,22	R$ 483,04	R$ 9.660,78
de 61 a 100	32	R$ 1.288,11	R$ 515,24	R$ 2.576,21	R$ 257,62	R$ 644,05	R$ 12.881,05
acima de 100	40	R$ 1.610,13	R$ 644,05	R$ 3.220,26	R$ 322,03	R$ 805,06	R$ 16.101,31

**Transcrição parcial da tabela. Contempla somente as multas previstas no capítulo em análise.*

CAPÍTULO IV
DA PROTEÇÃO DO TRABALHO DO MENOR

SEÇÃO I
DISPOSIÇÕES GERAIS

Art. 402 – Considera-se menor para os efeitos desta Consolidação o trabalhador de quatorze até dezoito anos. (Redação dada pela Lei nº 10.097, de 2000)

Parágrafo único – O trabalho do menor reger-se-á pelas disposições do presente Capítulo, exceto no serviço em oficinas em que trabalhem exclusivamente pessoas da família do menor e esteja este sob a direção do pai, mãe ou tutor, observado, entretanto, o disposto nos arts. 404, 405 e na Seção II. (Redação dada pelo Decreto-lei nº 229, de 28.2.1967)

Art. 403 – É proibido qualquer trabalho a menores de dezesseis anos de idade, salvo na condição de aprendiz, a partir dos quatorze anos. (Redação dada pela Lei nº 10.097, de 2000)

Parágrafo único. O trabalho do menor não poderá ser realizado em locais prejudiciais à sua formação, ao seu desenvolvimento físico, psíquico, moral e social e em horários e locais que não permitam a frequência à escola. (Redação dada pela Lei nº 10.097, de 2000)

a) revogada; (Redação dada pela Lei nº 10.097, de 2000)

b) revogada. (Redação dada pela Lei nº 10.097, de 2000)

Art. 404 – Ao menor de 18 (dezoito) anos é vedado o trabalho noturno, considerado este o que for executado no período compreendido entre as 22 (vinte e duas) e as 5 (cinco) horas.

Art. 405 – Ao menor não será permitido o trabalho: (Redação dada pelo Decreto-lei nº 229, de 28.2.1967)

I – nos locais e serviços perigosos ou insalubres, constantes de quadro para esse fim aprovado pelo Diretor Geral do Departamento de Segurança e Higiene do Trabalho; (Incluído pelo Decreto-lei nº 229, de 28.2.1967)

II – em locais ou serviços prejudiciais à sua moralidade. (Incluído pelo Decreto-lei nº 229, de 28.2.1967)

§ 1º (Revogado pela Lei 10.097, de 2000)

§ 2º O trabalho exercido nas ruas, praças e outros logradouros dependerá de prévia autorização do Juiz de Menores, ao qual cabe verificar se a ocupação é indispensável à sua própria subsistência ou à de seus pais, avós ou irmãos e se dessa ocupação não poderá advir prejuízo à sua formação moral. (Redação dada pelo Decreto-lei nº 229, de 28.2.1967)

§ 3º Considera-se prejudicial à moralidade do menor o trabalho: (Redação dada pelo Decreto-lei nº 229, de 28.2.1967)

a) prestado de qualquer modo, em teatros de revista, cinemas, buates, cassinos, cabarés, dancings e estabelecimentos análogos; (Incluída pelo Decreto-lei nº 229, de 28.2.1967)

b) em empresas circenses, em funções de acróbata, saltimbanco, ginasta e outras semelhantes; (Incluída pelo Decreto-lei nº 229, de 28.2.1967)

c) de produção, composição, entrega ou venda de escritos, impressos, cartazes, desenhos, gravuras, pinturas, emblemas, imagens e quaisquer outros objetos que possam, a juízo da autoridade competente, prejudicar sua formação moral; (Incluída pelo Decreto-lei nº 229, de 28.2.1967)

d) consistente na venda, a varejo, de bebidas alcoólicas. (Incluída pelo Decreto-lei nº 229, de 28.2.1967)

§ 4º Nas localidades em que existirem, oficialmente reconhecidas, instituições destinadas ao amparo dos menores jornaleiros, só aos que se encontrem sob o patrocínio dessas entidades será outorgada a autorização do trabalho a que alude o § 2º. (Incluído pelo Decreto-lei nº 229, de 28.2.1967)

§ 5º Aplica-se ao menor o disposto no art. 390 e seu parágrafo único. (Incluído pelo Decreto-lei nº 229, de 28.2.1967)

Art. 406 – O Juiz de Menores poderá autorizar ao menor o trabalho a que se referem as letras "a" e "b" do § 3º do art. 405: (Redação dada pelo Decreto-lei nº 229, de 28.2.1967)

I – desde que a representação tenha fim educativo ou a peça de que participe não possa ser prejudicial à sua formação moral; (Redação dada pelo Decreto-lei nº 229, de 28.2.1967)

II – desde que se certifique ser a ocupação do menor indispensável à própria subsistência ou à de seus pais, avós ou irmãos e não advir nenhum prejuízo à sua formação moral. (Redação dada pelo Decreto-lei nº 229, de 28.2.1967)

Art. 407 – Verificado pela autoridade competente que o trabalho executado pelo menor é prejudicial à sua saúde, ao seu desenvolvimento físico ou a sua moralidade, poderá ela obrigá-lo a abandonar o serviço, devendo a respectiva empresa, quando for o caso, proporcionar ao menor todas as facilidades para mudar de funções. (Redação dada pelo Decreto-lei nº 229, de 28.2.1967)

Parágrafo único – Quando a empresa não tomar as medidas possíveis e recomendadas pela autoridade competente para que o menor mude de função, configurar-se-á a rescisão do contrato de trabalho, na forma do art. 483. (Incluído pelo Decreto-lei nº 229, de 28.2.1967)

Art. 408 – Ao responsável legal do menor é facultado pleitear a extinção do contrato de trabalho, desde que o serviço possa acarretar para ele prejuízos de ordem física ou moral. (Redação dada pelo Decreto-lei nº 229, de 28.2.1967)

Art. 409 – Para maior segurança do trabalho e garantia da saúde dos menores, a autoridade fiscalizadora poderá proibir-lhes o gozo dos períodos de repouso nos locais de trabalho.

Art. 410 – O Ministro do Trabalho, Industria e Comercio poderá derrogar qualquer proibição decorrente do quadro a que se refere a alínea "a" do art. 405 quando se certificar haver desaparecido, parcial ou totalmente, o caráter perigoso ou insalubre, que determinou a proibição.

COMENTÁRIOS (ARTS. 402 A 410)

A Declaração Universal dos Direitos do Homem, aprovada pela Assembleia Geral da ONU, em 1948, prescreve no art. 25, item 2, que a infância merece cuidados e assistência especiais, sendo assegurada a proteção social a todas as crianças. A Declaração Universal dos Direitos das Crianças, de 1959, em seu princípio n. 9º, estatui que *"A criança gozará proteção contra quaisquer formas de negligência, crueldade e exploração"*, enfatizando que *"Não será permitido à criança empregar -se antes da idade mínima conveniente; de nenhuma forma será levada a ou ser -lhe-á permitido empenhar -se em qualquer ocupação ou emprego que lhe prejudique a saúde ou a educação ou que interfira em seu desenvolvimento físico, mental ou moral"*.

A Convenção nº 138 da OIT dispõe que os membros que ratificar essa convenção estabelecerá uma idade mínima para admissão a emprego ou trabalho.

No Brasil, a Constituição Federal autoriza o trabalho do menor a partir dos 16 anos, salvo na condição de aprendiz, a partir dos 14 anos (art. 7º, XXXIII). O trabalho do menor goza de uma proteção maior, para assegurar desenvolvimento físico, psíquico, moral, social, cultural, assim como a saúde e a segurança do trabalhador infanto-juvenil (art. 3º do ECA; e art. 403, parágrafo único, da CLT), pois o legislador buscou a *proteção integral* da criança e do adolescente.

O Estatuto da Criança e do Adolescente (ECA), considera criança a pessoa até 12 anos incompletos e adolescente aquela que tem idade entre 12 e 18 anos de idade, conforme artigo 2º da Lei 8.069/1990.

Para Octávio Bueno Magano (apud Jorge Neto e Cavalcante)[582], "as normas de proteção são necessárias para que se possa assegurar ao menor o desenvolvimento '*físico, mental, moral, espiritual e social, de forma sadia e normal e em condições de liberdade e dignidade*', na medida em que tais normas se fundam em razões '*biológicas, psicológicas, morais e culturais, o que explica que nelas o interesse público claramente prevaleça sobre o privado e que sua classificação se faça no âmbito do direito tutelar do trabalho*'."

Como destacado pelos juristas Jorge Neto e Cavalcante[583], escorados na doutrina da professora Alice Monteiro de Barros, "*A capacidade laboral plena é obtida aos 18 anos. 'Logo, no Direito do Trabalho, são absolutamente incapazes os menores de 16 anos, exceção feita ao aprendiz. Já os relativamente incapazes são os menores de 18 e maiores de 16 anos ou, se aprendizes, os menos de 16 e maiores de 14 anos (art. 1º Emenda Constitucional nº 20). O menor de 14 anos será sempre absolutamente incapaz*'".

De acordo com o art. 7º, XXXIII, da Carta Constitucional de 1988, estabelece que é vedado o trabalho noturno, perigoso ou insalubre a menores de 18 (dezoito), na linha do que preceitua a Declaração Universal dos Direitos das Crianças (1959) que não permite que a criança desenvolva atividade que implique em algum prejuízo à sua saúde, ou interfira no seu desenvolvimento físico, mental ou moral. Nesse sentido, ainda, dispõe o art. 405 da CLT. Trata-se de uma norma que visa a proteção da saúde e da integridade física do menor, resguardando o seu pleno desenvolvimento intelectual, psicológico e físico. Indubitavelmente o exercício de atividade insalubre é capaz de expor à saúde do trabalhador a agentes nocivos à saúde (art. 189 da CLT); a atividade perigosa, põe em risco à vida do trabalhador menor; a atividade penosa, gera um desgaste físico, considerando que exige um esforço físico acima do ordinário, o que é vedado pela legislação constitucional e infraconstitucional. Da mesma forma, o trabalho noturno impõe ao empregado menor um desgaste físico maior, prejudicando, de certa maneira, à sua saúde.

A lei restringe o exercício de certas atividades ou em determinados locais, por se contrapor à moralidade, de certo modo prejudiciais ao desenvolvimento físico, psíquico, moral e social do menor, a exemplo dos trabalhos desempenhados em teatros de revista, cinemas, boates, cassinos, cabarés, dancings e estabelecimentos análogos; empresas circenses, em funções de acrobata, saltimbanco, ginasta e outras semelhantes; de produção, composição, entrega ou venda de escritos, impressos, cartazes, desenhos, gravuras, pinturas, emblemas, imagens e quaisquer outros objetos que possam, a juízo da autoridade competente, prejudicar sua formação moral; venda, a varejo, de bebidas alcoólicas (art. 405, §3º,d a CLT).

Também não será possível o trabalho pelo menor em horários e locais que inviabilizem a frequência às escola (art. 403, parágrafo únicos, da CLT), cabendo ao empregador conceder tempo necessário para que possa participar das aulas (Art. 427 da CLT).

É importante dizer que em caso de emancipação do menor, na forma do art. 5º, parágrafo único, do Código Civil, não resulta aquisição da capacidade plena para fins trabalhista, de modo que o menor emancipado, como explica Carla Romar, "*continuam a ser 'pessoas em desenvolvimento', nos termos do art. 6º do Estatuto da Criança e do Adolescente, merecendo toda a proteção prevista pelo ordenamento jurídico em razão desta situação. Assim, não deixam de ser aplicáveis, ao menor entre dezesseis e dezoito anos, todas as proteções previstas na legislação do trabalho, não sendo legal, portanto, que deles se exija trabalho em horário noturno ou em ambientes insalubres ou perigosos*".[584]

De mais a mais, o art. 149, II e §1º, do ECA autoriza a participação da criança e do adolescente em evento artístico – na visão de alguns representa um "trabalho artístico" da criança ou do adolescente - mediante autorização judicial. A Competência para a concessão desta autorização, conforme restou decidido liminarmente na ADI 5326, referendada pelo plenário do Supremo Tribunal federal, é da Justiça Comum, especificamente da Vara da Infância e da Juventude.

O contrato de trabalho dos menores relativamente incapazes – assim considerados *os menores de 18 e maiores de 16 anos ou, se aprendizes, os menos de 16 e maiores de 14 anos* – está condicionado à autorização do respectivo representante legal (art. 408, CLT)[585], que, inclusive, tem autorização legal para pleitear a extinção do contrato de trabalho, quando o serviço puder acarretar algum prejuízo de ordem física ou moral. Ainda, prestam assistência ao menor na quitação do recebimento das verbas rescisórias (art. 439, CLT)[586].

---

582 Francisco Ferreira Jorge Neto, Jouberto de Quadros Pessoa Cavalcante. Direito do trabalho – 9. ed. – São Paulo: Atlas, 2019.

583 Idem.

584 Romar, op.cit., 2018.

585 CLT, Art. 408 - Ao responsável legal do menor é facultado pleitear a extinção do contrato de trabalho, desde que o serviço possa acarretar para ele prejuízos de ordem física ou moral.

586 CLT, Art. 439 - É lícito ao menor firmar recibo pelo pagamento dos

Comete falta grave o empregador que não adotar as medidas impostas ou recomendadas pela autoridade competente para alterar a função exercida pelo menor, quando for prejudicial à saúde, desenvolvimento físico ou à moralidade do trabalhador menor de idade, de modo que poderá ser ensejada a rescisão indireta do contrato de trabalho (art. 407 da CLT). O representante legal do menor poderá requerer a ruptura do contrato de trabalho, quando o serviço puder acarretar algum prejuízo de ordem física ou moral ao menor (art. 408 da CLT)

A autoridade administrativa competente poderá proibir o trabalho ao menor quando detectar que o serviço prestado é inconciliável com as normas de saúde, higiene e segurança de trabalho, expondo à saúde do menor à perigo. O exercício dos serviços nessas condições prejudicaria o desenvolvimento físico do trabalhador. A esse respeito temos que dizer que o Decreto n. 6.481, de 2008, regulamenta os artigos 3o, alínea "d", e 4o da Convenção 182 da Organização Internacional do Trabalho (OIT)trazendo a lume uma lista das piores formas de trabalho infantil e ação imediata para sua eliminação. A lista contempla: a) trabalhos prejudiciais à saúde e segurança do menor – direção e operação de tratores, máquinas agrícolas; produção de fumo, algodão; estábulos, cavalariças, currais, estrebarias ou pocilgas; extração e corte de madeira; escavações, subterrâneos, pedreiras, garimpos, minas em subsolo e a céu aberto; tecelagem; sistemas de geração, transmissão e distribuição de energia elétrica; construção civil, hospitais, serviço doméstico (art. 1º, parágrafo único, da Lei Complementar n. 150/2015), etc; b) trabalhos prejudiciais à moralidade - prostíbulos, boates, bares, cabarés, danceterias, casas de massagem, saunas, motéis, salas ou lugares de espetáculos obscenos, salas de jogos de azar e estabelecimentos análogos; produção, composição, distribuição, impressão ou comércio de objetos sexuais, livros, revistas, fitas de vídeo ou cinema e cds pornográficos, de escritos, cartazes, desenhos, gravuras, pinturas, emblemas, imagens e quaisquer outros objetos pornográficos que possam prejudicar a formação moral; venda, a varejo, de bebidas alcoólicas, etc.

SEÇÃO II
DA DURAÇÃO DO TRABALHO

Art. 411 – A duração do trabalho do menor regular-se-á pelas disposições legais relativas à duração do trabalho em geral, com as restrições estabelecidas neste Capítulo.

salários. Tratando-se, porém, de rescisão do contrato de trabalho, é vedado ao menor de 18 (dezoito) anos dar, sem assistência dos seus responsáveis legais, quitação ao empregador pelo recebimento da indenização que lhe for devida.

Art. 412 – Após cada período de trabalho efetivo, quer contínuo, quer dividido em 2 (dois) turnos, haverá um intervalo de repouso, não inferior a 11(onze) horas.

Art. 413 – É vedado prorrogar a duração normal diária do trabalho do menor, salvo: (Redação dada pelo Decreto-lei nº 229, de 28.2.1967)

I – até mais 2 (duas) horas, independentemente de acréscimo salarial, mediante convenção ou acordo coletivo nos termos do Título VI desta Consolidação, desde que o excesso de horas em um dia seja compensado pela diminuição em outro, de modo a ser observado o limite máximo de 48 (quarenta e oito) horas semanais ou outro inferior legalmente fixada; (Incluído pelo Decreto-lei nº 229, de 28.2.1967)

II – excepcionalmente, por motivo de força maior, até o máximo de 12 (doze) horas, com acréscimo salarial de, pelo menos, 25% (vinte e cinco por cento) sobre a hora normal e desde que o trabalho do menor seja imprescindível ao funcionamento do estabelecimento. (Incluído pelo Decreto-lei nº 229, de 28.2.1967)

Parágrafo único. Aplica-se à prorrogação do trabalho do menor o disposto no art. 375, no parágrafo único do art. 376, no art. 378 e no art. 384 desta Consolidação. (Incluído pelo Decreto-lei nº 229, de 28.2.1967)

Art. 414 – Quando o menor de 18 (dezoito) anos for empregado em mais de um estabelecimento, as horas de trabalho em cada um serão totalizadas.

SEÇÃO III
DA ADMISSÃO EM EMPREGO E DA CARTEIRA DE TRABALHO E PREVIDÊNCIA SOCIAL

Art. 415 – Haverá a Carteira de Trabalho e Previdência Social para todos os menores de 18 anos, sem distinção do sexo, empregados em empresas ou estabelecimentos de fins econômicos e daqueles que lhes forem equiparados. (Vide Decreto-lei nº 926, de 10.10.1969)

Parágrafo único. (Revogada pela Lei nº 13.874, de 2019)

Art. 416 – Os menores de 18 anos só poderão ser admitidos, como empregados, nas empresas ou estabelecimentos de fins econômicos e naqueles que lhes forem equiparados, quando possuidores da carteira a que se refere o artigo anterior, salvo a hipótese do art. 422. (Vide Decreto-lei nº 926, de 10.10.1969)

Art. 417 - (Revogada pela Lei nº 13.874, de 2019)

Art. 418 – (Revogado pela Lei nº 7.855, de 24.10.1989)

Arts. 419 a 422 – (Revogada pela Lei nº 13.874, de 2019)

Art. 423 – O empregador não poderá fazer outras anotações na carteira de trabalho e previdência social além das referentes ao salário, data da admissão, férias e saída. (Vide Lei nº 5.686, de 1971)

COMENTÁRIOS (ARTS. 411 A 423)

A duração do trabalho do empregado menor está prevista nos arts. 411 a 414 da CLT, estando limitada a 8 horas diárias e 44 horas semanais (art. 411, CLT, e art. 7º, XIII, CF).

Como regra, o trabalho extraordinário é vedado ao menor de 18 anos, ressalvadas as hipóteses de: a) a compensação da jornada seja instituída mediante acordo ou convenção coletiva de trabalho, hipótese em que será admitida a prestação de duas horas extras, devendo ocorrer a diminuição da jornada em outro dia, e observado limite máximo de 44 horas semanais; b) força maior, hipótese em que será admitida a prestação de até 12 horas de trabalho por dia, sendo devido o acrescido de 50%, em caso de labor extraordinário, na forma do art. 7º, XI, da CF. Caso o menor possua mais de um emprego, prestando serviços em estabelecimentos diferentes, as horas de trabalho em cada um serão totalizadas (art. 414, CLT).

É assegurado ao trabalhador menor de 18 anos um intervalo intrerjornada não inferior a 11 (onze) horas (art. 412, CLT), com a finalidade de propiciar a recuperação física do trabalhador. Em razão da revogação do art. 384 da CLT, não é mais devido o pagamento do descanso de 15 minutos antes do precioso extraordinário.

A anotação do vínculo empregatício mantido com o menor será realizada na Carteira de Trabalho e Previdência Social. O art. 415 da CLT foi derrogado pelo Decreto-lei nº 926, de 10.10.1969, que alterou o art. 13 e seguintes da Consolidação das Leis do Trabalho prescrevendo um modelo único de carteira de trabalho para o trabalhador menor e o adulto. Antes disso, o trabalhador menor de 18 anos tinha uma carteira de trabalho específica, denominada de "Carteira de Trabalho do Menor". É necessário dizer, ainda, que este dispositivo foi impactado pela Lei n. 13.874, de 2019 (Lei da Liberdade Econômica) que instituiu a emissão da carteira de trabalho preferencialmente em meio digital. Assim, atualmente, poderá ser detentor de uma "carteira de trabalho digital".

O *caput* do art. 29 da CLT estabelece que o prazo de anotação do contrato de trabalho na CTPS do empregado é de cinco dias úteis ao editar a Lei da Liberdade Econômica (Lei nº 13.874/2019), podendo ser realizado em meio eletrônico.

Na CTPS física deve constar o nome completo do empregador, o número de registro perante o Cadastro Nacional da Pessoa Jurídica (CNPJ), o endereço completo do empregador, a espécie do estabelecimento comercial, o cargo ocupado pelo trabalhador, o número da Classificação Brasileira de Ocupações (CBO), o número e folha da ficha ou livro de registro de empregados, a assinatura do empregador (ou a rogo), bem como eventuais condições especiais como, por exemplo, o exercício de profissão regulamentada, contrato de experiência (art. 443, § 2º, "c", da CLT), contrato de trabalho temporário (Lei 6.019/1974), atividade externa incompatível com o controle de jornada (art. 62, I, da CLT) ou a concessão de benefícios previdenciários, conforme previsto na Portaria nº 210 de 29 de abril de 2008 do Ministério do Trabalho e Previdência. Já a *CTPS Digital* será anotada mediante o registro de informações prestadas pelo empregador ao *eSocial* – Sistema de Escrituração Digital das Obrigações Fiscais, Previdenciárias e Trabalhistas – regulado pelo Decreto nº 8.373, de 11 de dezembro de 2014 – conforme disciplinado pela Portaria nº 1.195/2019 do Ministério da Economia. Constará na CTPS digital a data de admissão, o código da Classificação Brasileira de Ocupações(CBO), valor do salário contratual, o tipo de contrato de trabalho (incluindo o seu prazo de duração), a descrição do cargo, a descrição do salário variável (quando for o caso), o local de trabalho e a identificação do estabelecimento/empresa onde ocorre a prestação de serviço, as alterações ocorridas durante o contrato de trabalho, gozo de férias, transferências, e dados de desligamento cujo motivo não gera direito ao saque do FGTS. Sendo assim, está derrogado o art. 423 da CLT.

SEÇÃO IV
DOS DEVERES DOS RESPONSÁVEIS LEGAIS DE MENORES E DOS EMPREGADORES DA APRENDIZAGEM

Art. 424 – É dever dos responsáveis legais de menores, pais, mães, ou tutores, afastá-los de empregos que diminuam consideravelmente o seu tempo de estudo, reduzam o tempo de repouso necessário à sua saúde e constituição física, ou prejudiquem a sua educação moral.

Art. 425 – Os empregadores de menores de 18 (dezoito) anos são obrigados a velar pela observância, nos seus estabelecimentos ou empresas, dos bons costumes e da decência pública, bem como das regras da segurança e da medicina do trabalho.

Art. 426 – É dever do empregador, na hipótese do art. 407, proporcionar ao menor todas as facilidades para mudar de serviço.

Art. 427 – O empregador, cuja empresa ou estabelecimento ocupar menores, será obrigado a conceder-lhes o tempo que for necessário para a frequência às aulas.

Parágrafo único – Os estabelecimentos situados em lugar onde a escola estiver a maior distância que 2 (dois) quilômetros, e que ocuparem, permanentemente, mais de 30 (trinta) menores analfabetos, de 14 (quatorze) a 18 (dezoito) anos, serão obrigados a manter local apropriado em que lhes seja ministrada a instrução primária.

COMENTÁRIOS (ARTS. 424 A 427)

Os arts. 424 a 427 da CLT enumeram os deveres dos responsáveis legais dos trabalhadores menores de 18 anos. Conforme apontamos em comentários anteriores, a finalidade das normas de proteção ao trabalho do menor é propiciar a dignidade da pessoa humana à criança e ao adolescente, através da proteção integral, zelando pelo pleno desenvolvimento físico, psíquico, moral, espiritual e social do menor, conforme estabelecido no art. 3º do Estatuto da Criança e do Adolescente – ECA (Lei n. 8.069/1990). Segundo dispõe o art. 5º do ECA *"Nenhuma criança ou adolescente será objeto de qualquer forma de negligência, discriminação, exploração, violência, crueldade e opressão, punido na forma da lei qualquer atentado, por ação ou omissão, aos seus direitos fundamentais"*.

Os representantes legais do menor tem o dever de cuidar do menor, tendo a incumbência de opor-se à terceiros, quando a atividade profissional gerar algum prejuízo ao trabalhador, seja a sua saúde, ou formação mora, ou o lazer, ou o tempo destinado ao estudo. Nessas hipóteses , tem o dever de postular ao empregador o afastamento do menor das atividades, conforme determina o art. 424 da CLT.

Nos ambientes que há menores de 18 anos o empregador tem o dever de observar os bons costumes e a decência (art. 425 da CLT). O ambiente imoral, indecente, obsceno, libertino, messalínico, grosseiro, torna o ambiente laboral inapropriado ao trabalhador menor, isso porque o local de trabalho da criança e do adolescente deve primar pela garantia da moralidade. A CLT, no art. 405, veda expressamente o trabalho em locais ou serviços prejudiciais à moralidade.

Caso o menor pretenda mudar de emprego não é admitida a colocação de empecilhos pelo empregador (Art. 426 da CLT).

Ao menor é garantida a frequência escolar, de forma que o empregador deverá ajustar o horário de trabalho de forma que o empregado consiga frequentar a escola. Se o empregado não tiver a instrução primária, a escola estiver em local com distância maior do que dois quilômetros, e o empregador tiver mais de trinta empregados analfabetos, com idade entre 14 e 18 anos, são obrigados a manter um local para ministração de aulas de instrução primária a esses trabalhadores.

Art. 428. Contrato de aprendizagem é o contrato de trabalho especial, ajustado por escrito e por prazo determinado, em que o empregador se compromete a assegurar ao maior de 14 (quatorze) e menor de 24 (vinte e quatro) anos inscrito em programa de aprendizagem formação técnico-profissional metódica, compatível com o seu desenvolvimento físico, moral e psicológico, e o aprendiz, a executar com zelo e diligência as tarefas necessárias a essa formação. (Redação dada pela Lei nº 11.180, de 2005)

§ 1º A validade do contrato de aprendizagem pressupõe anotação na Carteira de Trabalho e Previdência Social, matrícula e frequência do aprendiz na escola, caso não haja concluído o ensino médio, e inscrição em programa de aprendizagem desenvolvido sob orientação de entidade qualificada em formação técnico-profissional metódica. (Redação dada pela Lei nº 11.788, de 2008)

§ 2º Ao aprendiz, salvo condição mais favorável, será garantido o salário mínimo hora. (Redação dada pela Lei nº 13.420, de 2017)

§ 3º O contrato de aprendizagem não poderá ser estipulado por mais de 2 (dois) anos, exceto quando se tratar de aprendiz portador de deficiência. (Redação dada pela Lei nº 11.788, de 2008)

§ 4º A formação técnico-profissional a que se refere o caput deste artigo caracteriza-se por atividades teóricas e práticas, metodicamente organizadas em tarefas de complexidade progressiva desenvolvidas no ambiente de trabalho. (Incluído pela Lei nº 10.097, de 2000)

§ 5º A idade máxima prevista no **caput** deste artigo não se aplica a aprendizes portadores de deficiência. (Incluído pela Lei nº 11.180, de 2005)

§ 6º Para os fins do contrato de aprendizagem, a comprovação da escolaridade de aprendiz com deficiência deve considerar, sobretudo, as habilidades e competências relacionadas com a profissionalização. (Redação dada pela Lei nº 13.146, de 2015) (Vigência)

§ 7º Nas localidades onde não houver oferta de ensino médio para o cumprimento do disposto no § 1º deste artigo, a contratação do aprendiz poderá ocorrer sem a frequência à escola, desde que ele já tenha concluído o ensino fundamental. (Incluído pela Lei nº 11.788, de 2008)

§ 8º Para o aprendiz com deficiência com 18 (dezoito) anos ou mais, a validade do contrato de aprendizagem pressupõe anotação na CTPS e matrícula e frequência em programa de aprendizagem desenvolvido sob orientação de entidade qualificada em formação técnico-profissional metódica. (Incluído pela Lei nº 13.146, de 2015) (Vigência)

Art. 429 – Os estabelecimentos de qualquer natureza são obrigados a empregar e matricular nos cursos dos Serviços Nacionais de Aprendizagem número de aprendizes equivalente a cinco por cento, no mínimo, e quinze por cento, no máximo, dos trabalhadores existentes em cada estabelecimento, cujas funções demandem formação profissional. (Redação dada pela Lei nº 10.097, de 2000)

a) revogada; (Redação dada pela Lei nº 10.097, de 2000)

b) revogada. (Redação dada pela Lei nº 10.097, de 2000)

§ 1º-A. O limite fixado neste artigo não se aplica quando o empregador for entidade sem fins lucrativos, que tenha por objetivo a educação profissional. (Incluído pela Lei nº 10.097, de 2000)

§ 1º-B Os estabelecimentos a que se refere o **caput** poderão destinar o equivalente a até 10% (dez por cento) de sua cota de aprendizes à formação técnico-profissional metódica em áreas relacionadas a práticas de atividades desportivas, à prestação de serviços relacionados à infraestrutura, incluindo as atividades de construção, ampliação, recuperação e manutenção de instalações esportivas e à organização e promoção de eventos esportivos. (Redação dada pela Lei nº 13.420, de 2017)

§ 1º As frações de unidade, no cálculo da percentagem de que trata o caput, darão lugar à admissão de um aprendiz. (Incluído pela Lei nº 10.097, de 2000)

§ 2º Os estabelecimentos de que trata o **caput** ofertarão vagas de aprendizes a adolescentes usuários do Sistema Nacional de Atendimento Socioeducativo (Sinase) nas condições a serem dispostas em instrumentos de cooperação celebrados entre os estabelecimentos e os gestores dos Sistemas de Atendimento Socioeducativo locais. (Incluído pela Lei nº 12.594, de 2012) (Vide)

§ 3º Os estabelecimentos de que trata o **caput** poderão ofertar vagas de aprendizes a adolescentes usuários do Sistema Nacional de Políticas Públicas sobre Drogas – SISNAD nas condições a serem dispostas em instrumentos de cooperação celebrados entre os estabelecimentos e os gestores locais responsáveis pela prevenção do uso indevido, atenção e reinserção social de usuários e dependentes de drogas. (Incluído pela Lei nº 13.840, de 2019)

Art. 430 – Na hipótese de os Serviços Nacionais de Aprendizagem não oferecerem cursos ou vagas suficientes para atender à demanda dos estabelecimentos, esta poderá ser suprida por outras entidades qualificadas em formação técnico-profissional metódica, a saber: (Redação dada pela Lei nº 10.097, de 2000)

I – Escolas Técnicas de Educação; (Incluído pela Lei nº 10.097, de 2000)

II – entidades sem fins lucrativos, que tenham por objetivo a assistência ao adolescente e à educação profissional, registradas no Conselho Municipal dos Direitos da Criança e do Adolescente. (Incluído pela Lei nº 10.097, de 2000)

III – entidades de prática desportiva das diversas modalidades filiadas ao Sistema Nacional do Desporto e aos Sistemas de Desporto dos Estados, do Distrito Federal e dos Municípios. (Incluído pela Lei nº 13.420, de 2017)

§ 1º As entidades mencionadas neste artigo deverão contar com estrutura adequada ao desenvolvimento dos programas de aprendizagem, de forma a manter a qualidade do processo de ensino, bem como acompanhar e avaliar os resultados. (Incluído pela Lei nº 10.097, de 2000)

§ 2º Aos aprendizes que concluírem os cursos de aprendizagem, com aproveitamento, será concedido certificado de qualificação profissional. (Incluído pela Lei nº 10.097, de 2000)

§ 3º O Ministério do Trabalho fixará normas para avaliação da competência das entidades mencionadas nos incisos II e III deste artigo. (Redação dada pela Lei nº 13.420, de 2017)

§ 4º As entidades mencionadas nos incisos II e III deste artigo deverão cadastrar seus cursos, turmas e aprendizes matriculados no Ministério do Trabalho. (Incluído pela Lei nº 13.420, de 2017)

§ 5º As entidades mencionadas neste artigo poderão firmar parcerias entre si para o desenvolvimento dos programas de aprendizagem, conforme regulamento. (Incluído pela Lei nº 13.420, de 2017)

Art. 431 – A contratação do aprendiz poderá ser efetivada pela empresa onde se realizará a aprendizagem ou pelas entidades mencionadas nos incisos II e III do art. 430, caso em que não gera vínculo de emprego com a empresa tomadora dos serviços. (Redação dada pela Lei nº 13.420, de 2017)

a) revogada; (Redação dada pela Lei nº 10.097, de 2000)

b) revogada; (Redação dada pela Lei nº 10.097, de 2000)

c) revogada. (Redação dada pela Lei nº 10.097, de 2000)

Parágrafo único. Aos candidatos rejeitados pela seleção profissional deverá ser dada, tanto quanto possível, orientação profissional para ingresso em atividade mais adequada às qualidades e aptidões que tiverem demonstrado.

Art. 432. A duração do trabalho do aprendiz não excederá de seis horas diárias, sendo vedadas a prorrogação e a compensação de jornada. (Redação dada pela Lei nº 10.097, de 19.12.2000)

§ 1º O limite previsto neste artigo poderá ser de até oito horas diárias para os aprendizes que já tiverem completado o ensino fundamental, se nelas forem computadas as horas destinadas à aprendizagem teórica. (Redação dada pela Lei nº 10.097, de 19.12.2000)

§ 2º Revogado. (Redação dada pela Lei nº 10.097, de 19.12.2000)

Art. 433. O contrato de aprendizagem extinguir-se-á no seu termo ou quando o aprendiz completar 24 (vinte e quatro) anos, ressalvada a hipótese prevista no § 5º do art. 428 desta Consolidação, ou ainda antecipadamente nas seguintes hipóteses: (Redação dada pela Lei nº 11.180, de 2005)

a) revogada; (Redação dada pela Lei nº 10.097, de 19.12.2000)

b) revogada. (Redação dada pela Lei nº 10.097, de 19.12.2000)

I – desempenho insuficiente ou inadaptação do aprendiz, salvo para o aprendiz com deficiência quando desprovido de recursos de acessibilidade, de tecnologias assistivas e de apoio necessário ao desempenho de suas atividades; (Redação dada pela Lei nº 13.146, de 2015) (Vigência)

II – falta disciplinar grave; (Incluído pela Lei nº 10.097, de 19.12.2000)

III – ausência injustificada à escola que implique perda do ano letivo; ou (Incluído pela Lei nº 10.097, de 19.12.2000)

IV – a pedido do aprendiz. (Incluído pela Lei nº 10.097, de 19.12.2000)

Parágrafo único. Revogado. (Redação dada pela Lei nº 10.097, de 19.12.2000)

§ 2º Não se aplica o disposto nos arts. 479 e 480 desta Consolidação às hipóteses de extinção do contrato mencionadas neste artigo. (Incluído pela Lei nº 10.097, de 19.12.2000)

COMENTÁRIOS (ARTS. 428 A 433)

CONTRATO DE APRENDIZAGEM

O aprendiz é um empregado com idade entre 14 e 24 anos, admitido mediante contrato de trabalho especial escrito, por prazo determinado, inscrito em programa de aprendizagem formação técnico-profissional metódica (art. 428 da CLT).

Consoante os ensinamentos de Mauricio Godinho Delgado, o contrato de aprendizagem pode ser conceituado como *"o pacto a termo que ostenta, como peculiaridade relevante, a combinação de objetivos educacionais e profissionalizantes com os trabalhistas que igualmente lhe são próprios. Consiste, ademais, em importante instrumento de inclusão, no mundo do trabalho, de pessoas mais vulneráveis".587*

É um contrato solene, ou seja, depende do cumprimento de certas formalidades para ser considerado válido. A lei exige a presença dos seguintes requisitos de validade: a) contrato de trabalho escrito – pressupõe a anotação na carteira de trabalho (CTPS), conforme dispõe o § 1º, do art. 428, CLT; b) inscrição do trabalhador em programa de aprendizagem formação técnico-profissional metódica (art. 428, *caput*, da CLT); c) matrícula e frequência do aprendiz à escola, caso não haja concluído o ensino fundamental, excepcionalmente dispensável, nas localidades onde não houver oferta de ensino médio e desde que o empregado tenha concluído o ensino fundamental (art. 428, § 7º, CLT).

O prazo máximo de duração do contrato de trabalho de aprendizagem será de 2 anos. A duração poderá ser ajustada por tempo inferior a dois anos, porém, não poderá ultrapassar esse limite. O desrespeito ao prazo previsto em lei, implicará na conversão do contrato de aprendizagem em contrato de trabalho por tempo indeterminado[588].

Por isso, Luciano Martinez afirma que o contrato de aprendizagem é **"um negócio jurídico com corpo de emprego e alma de estágio"589**.

Ao aprendiz com deficiência não se aplica o referido prazo de duração dos contratos de aprendizagem, diante da excepcionalidade prevista no § 3º do art. 428 da CLT. Do mesmo modo, não se aplica aos aprendizes com deficiência o limite máximo de idade (§ 5º do art. 428 da CLT).

Em regra, as empresas são obrigadas a empregar e matricular aprendizes nos cursos dos Serviços Nacionais de Aprendizagem, em percentual mínimo de

[587] Delgado, op. cit., 2019, p. 688-689.

[588] *Henrique Correia. Direito do Trabalho.* – 4. ed. – Salvador: Juspodivm, 2018, p. 441.

[589] Idem. Martinez, 2020.

5%, e máximo de 15%, dos trabalhadores existentes em cada estabelecimento (art. 429 da CLT). A cota de aprendizagem será dispensável quando o empregador for entidade sem fins lucrativos, que tenha por objetivo a educação profissional (§ 1º-A do art. 429 da CLT), ou se tratar de microempresas e as empresas de pequeno porte (art. 51, III, da Lei 123/2006).

É assegurado aos aprendizes:

a) jornada de trabalho de 6 horas diárias, sendo proibida a prorrogação e a compensação de jornada. Esse limite poderá ser elastecido até 8 horas diárias aos aprendizes que já tiverem completado o ensino fundamental, se nelas forem computadas as horas destinadas à aprendizagem teórica (art. 432, § 1º, da CLT);

b) salário mínimo-hora (art. 428, § 2º, da CLT);

c) recolhimento dos depósitos do FGTS em percentual de 2% sobre o valor da remuneração (art. 15, § 7º, da Lei 8.036/1990);

d) vale-transporte (art. 70 do Decreto 9.579/2018).

Preceitua o art. 433 da CLT, que o contrato de trabalho de aprendizagem cessará quando escoar o prazo máximo de duração (2 anos), ou quando o aprendiz completar 24 anos (o critério etário não se aplica ao aprendiz com deficiência), ou, de forma antecipada quando: o desempenho for insuficiente ou houver inadaptação do aprendiz (exceto para o aprendiz com deficiência quando desprovido de recursos de acessibilidade, de tecnologias assistivas e de apoio necessário ao desempenho de suas atividades); falta grave (art. 482 da CLT); faltas injustificada à escola que resulte em perda do ano letivo; e quando o aprendiz pedir demissão.

SEÇÃO V
DAS PENALIDADES

Art. 434 – Os infratores das disposições deste Capítulo ficam sujeitos à multa de valor igual a 1 (um) salário mínimo regional, aplicada tantas vezes quantos forem os menores empregados em desacordo com a lei, não podendo, todavia, a soma das multas exceder a 5 (cinco) vezes o salário-mínimo, salvo no caso de reincidência em que esse total poderá ser elevado ao dobro. (Redação dada pelo Decreto-lei nº 229, de 28.2.1967)

Art. 435 – Fica sujeita à multa de valor igual a 1 (um) salário-mínimo regional e ao pagamento da emissão de nova via a empresa que fizer na Carteira de Trabalho e Previdência Social anotação não prevista em lei. (Redação dada pelo Decreto-lei nº 229, de 28.2.1967)

Arts. 436 e 437. (Revogados pela Lei 10.097, de 2000)

Art. 438 – São competentes para impor as penalidades previstas neste Capítulo:

a) no Distrito Federal, a autoridade de 1ª instância do Departamento Nacional do Trabalho;

b) nos Estados e Território do Acre, os delegados regionais do Ministério do Trabalho, Industria e Comercio ou os funcionários por eles designados para tal fim.

Parágrafo único – O processo, na verificação das infrações, bem como na aplicação e cobrança das multas, será o previsto no título "Do Processo de Multas Administrativas", observadas as disposições deste artigo.

SEÇÃO VI
DISPOSIÇÕES FINAIS

Art. 439 – É lícito ao menor firmar recibo pelo pagamento dos salários. Tratando-se, porém, de rescisão do contrato de trabalho, é vedado ao menor de 18 (dezoito) anos dar, sem assistência dos seus responsáveis legais, quitação ao empregador pelo recebimento da indenização que lhe for devida.

Art. 440 – Contra os menores de 18 (dezoito) anos não corre nenhum prazo de prescrição.

Art. 441 – O quadro a que se refere o item I do art. 405 será revisto bienalmente. (Redação dada pelo Decreto-lei nº 229, de 28.2.1967)

COMENTÁRIOS (ARTS. 434 A 441)

O empregador que descumprir as normas de proteção ao trabalho do menor estará sujeito às penalidades administrativas (arts. 434 a 439 da CLT).

Contra o trabalhador menor de 18 anos não corre prescrição (Art. 440 da CLT). A menoridade trabalhista se dá a partir dos 14 anos até os 18 anos de idade. É considerada uma causa impeditiva da prescrição. Quando trabalhador adquirir a capacidade trabalhista plena, aos 18 anos de idade, o prazo prescricional começará a fluir.

Há uma discussão na doutrina e na jurisprudência acerca da aplicabilidade do art. 440 da CLT ao menor herdeiro ou sucessor de um determinado empregado falecido. Para uma vertente interpretativa esse dispositivo é plenamente aplicável ao menor, ainda que na qualidade de sucessor ou herdeiros, isso porque tal regra é mais benéfica ao menor e o dispositivo da CLT não menciona que tal dispositivo aplica-se somente ao "menor trabalhador". Corrente doutrinária oposta, defende que o art. 440 da CLT não se aplica à espécie, isso porque não se discute o direito de empregado menor, mas, sim, o direito relativo ao espólio que pode ser integrado por um menor.

O art. 441 da CLT faz referência a uma tabela do art. 405, I, da CLT - sobre as atividades insalubres. Cabe dizer, nesse aspecto, que as atividades insalubres estão disciplinadas na NR-15 do Ministério do Trabalho e Previdência, cujo exercício nessas condições são proibidos aos empregado menor de 18 anos.

▸ TÍTULO IV
DO CONTRATO INDIVIDUAL DO TRABALHO

▸ CAPÍTULO I
DISPOSIÇÕES GERAIS

Art. 442 – Contrato individual de trabalho é o acordo tácito ou expresso, correspondente à relação de emprego.

Parágrafo único – Qualquer que seja o ramo de atividade da sociedade cooperativa, não existe vínculo empregatício entre ela e seus associados, nem entre estes e os tomadores de serviços daquela.

COMENTÁRIOS (ART. 442)

1. CONTRATO INDIVIDUAL DE TRABALHO

Durante o período que precedeu a sociedade industrial, em meados do século XVIII, predominava o trabalho escravo, a servidão, de modo que não existiam normas de Direito do Trabalho.

As primeiras feições do Direito do Trabalho surgiram durante a Idade Média, com as corporações de ofício, que disciplinavam, em estatuto próprio, o trabalho desempenhado pelos mestres, companheiros e aprendizes. Tais corporações evoluíram durante o período até a sociedade pré-industrial, ao permitir a prática da locação de serviços mediante remuneração (*locatio operarum* ou *locatio operaris facendi*)[590].

Nas fases da sociedade industrial e pós-industrial, houve intensa normatização da relação de trabalho até chegarmos ao modelo atual de trabalho assalariado.

Segundo o art. 443 da CLT o contrato individual de trabalho é o acordo de vontades pactuado de forma tácita ou expressa, verbal ou por escrito, por tempo determinado ou indeterminado, ou para a prestação de trabalho intermitente[591].

O contrato individual de trabalho em sentido amplo é o acordo de vontade para a prestação de serviços por uma pessoa natural à outra.

A doutrina critica a nomenclatura empregada pelo legislador por considerá-la abrangente. Alguns autores preferem a denominação "contrato de emprego".

A definição do contrato de trabalho perpassa pela distinção entre a relação de trabalho e a relação de emprego, esta última é a relação jurídica central discutida no contrato de trabalho.

A doutrina enxerga uma distinção entre os termos: relação de trabalho e relação de emprego. A primeira expressão tem caráter genérico referindo-se a toda relação jurídica caracterizada por uma prestação de serviços consubstanciada no trabalho humano. Abrange, portanto, a relação de emprego, o trabalho autônomo, o trabalho eventual, o trabalho avulso, o trabalho rural, dentre outros. A relação de emprego, de outro lado, é uma espécie de relação de trabalho, pois a sua configuração depende da existência de alguns requisitos dispensáveis às demais relações de trabalho. É a modalidade de pactuação de trabalho mais relevante, sendo certo que as normas jurídicas foram construídas em torno da relação de emprego.

Délio Maranhão (apud Leite, 2019) difere as expressões com exatidão, anotando que a "***relação jurídica de trabalho** é a que resulta de **um contrato de trabalho**, denominando-se de **relação de emprego** quando se trata de um contrato de **trabalho subordinado***" [592].

Jean Vicent (apud Barros, 2016) utiliza a expressão "contrato atividade" para denominar a relação de trabalho, definindo-a como "os contratos nos quais a **atividade pessoal** de uma das partes **constitui objeto de convenção ou uma das obrigações** que ela comporta"[593].

Amauri Mascaro do Nascimento explica que a "*figura que estudamos é denominada, também, contrato de emprego, relação de emprego, relação de trabalho etc. Contrato individual de trabalho é a expressão acolhida pela maioria dos autores. Foi usada em 1815 por Hubert-Valleroux e em 1896 por Fabreguettes, como título de livro, substituindo a antiga expressão locação de serviços, ainda encontrada hoje em algumas leis civis para designar uma relação de trabalho com autonomia, sem subordinação*"[594].

---

[590] Amauri Mascaro do Nascimento explica que a locação de serviços ou locatio operarum é o "contrato pelo qual uma pessoa se obriga a prestar serviços durante certo tempo a outra mediante remuneração", e a locação de obra ou locatio operaris facendi é "o contrato pelo qual alguém se obriga a executar uma obra a outra pessoa mediante remuneração". (Amauri Mascaro do Nascimento. Inicialização ao direito do trabalho. – 41 ed. – São Paulo: LTr, 2018).

[591] CLT, Art. 443: O contrato individual de trabalho poderá ser acordado tácita ou expressamente, verbalmente ou por escrito, por prazo determinado ou indeterminado, ou para prestação de trabalho intermitente.

[592] Idem. Leite, 2019.

[593] Alice Monteiro de Barros. Curso de Direito do Trabalho – 10. ed. – São Paulo: LTr, 2016, p. 147.

[594] Amauri Mascaro Nascimento. Curso de direito do trabalho – 26. ed. – São Paulo: Saraiva, 2011.

Em seguida conceitua o contrato de trabalho (ou contrato de emprego, como prefere chama-lo) como *"a relação jurídica de natureza contratual tendo como sujeitos o empregado e o empregador e como objeto o trabalho subordinado, continuado e assalariado"*[595].

Na mesma linha de entendimento, Gustavo Filipe Barbosa Garcia entende que a denominação mais precisa seria *"expressão contrato de emprego, correspondendo à relação de emprego. Mesmo assim, a expressão contrato de trabalho encontra-se consagrada não só na doutrina e na jurisprudência, como na própria legislação, significando o vínculo de emprego."*.[596]

Para o professor Homero Batista Mateus da Silva *"o que se precisa reter é que a expressão 'contrato de trabalho' quer dizer 'contrato de trabalho subordinado'. Aliás, a própria CLT é uma Consolidação das Leis do Trabalho Subordinado, sendo pedante esperar que ela se chamasse Consolidação das Leis do Emprego – embora essa expressão seja mais técnica"*[597].

Aprioristicamente a Consolidação das Leis do Trabalho subdividia os contratos de trabalho por prazo determinado ou indeterminado, pactuado de forma tácita ou expressa, verbalmente ou por escrito.

O contrato de trabalho por **prazo determinado** é aquele *"cuja vigência dependa de termo prefixado ou da execução de serviços especificados ou ainda da realização de certo acontecimento suscetível de previsão aproximada"*, conforme preceitua o art. 443, §1º, da CLT.

Já o contrato de trabalho por **prazo indeterminado** é aquele que não existe prazo ou data para terminar. É a forma mais usual na contratação de empregados. Quando as partes se omitirem quanto ao prazo do contrato de trabalho, presume-se que foi pactuado por tempo indeterminado.

A Reforma Trabalhista (Lei 13.467/2017) alterou a redação do art. 443 da CLT e inseriu os art. 452-A à CLT, para prever uma nova forma de contrato: o **contrato de trabalho intermitente**.

O novel dispositivo dispõe que: *"Considera-se como intermitente o contrato de trabalho no qual a prestação de serviços, com subordinação, não é contínua, ocorrendo com alternância de períodos de prestação de serviços e de inatividade, determinados em horas, dias ou meses, independentemente do tipo de atividade do empregado e do empregador, exceto para os aeronautas, regidos por legislação própria"* (§3º, do art. 443, CLT).

595 Idem, Nascimento, 2011.

596 Gustavo Filipe Barbosa Garcia. Curso de direito do trabalho – 11ª ed., rev., atual. e ampl. – Rio de Janeiro: Forense, 2017.

597 Homero Batista Mateus da Silva. CLT comentada – 2. ed. São Paulo : Thomson Reuters Brasil, 2018.

2. NATUREZA JURÍDICA

A doutrina diverge quanto à natureza jurídica do contrato de trabalho.

Para uma primeira corrente doutrinária, denominada *de anticontratualistas ou acontratualistas, a relação jurídica entre o empregado e o empregador não tem natureza jurídica contratual.* Segundo esses teóricos, o contrato de trabalho é caracterizado simplesmente pela análise da prestação dos serviços, sem considerar a manifestação de vontade dos sujeitos da relação de emprego (**teoria da relação de trabalho**). É uma análise puramente objetiva (somente da prestação de serviços), sem muitos adeptos. Também desenvolveram uma segunda linha de pensamento para negar a existência da natureza contratual: a teoria da instituição. Entendem que a empresa é uma instituição, um corpo social que se impõe objetivamente aos sujeitos que a compõem. (A sociedade elege alguns grandes valores: igreja, Estado). Nesse contexto, a própria sociedade cobraria a atividade da empresa.

Uma segunda vertente de interpretação entende que a relação de trabalho tem natureza jurídica contratual, por isso são denominados de contratualistas. As teorias contratualistas alegam que essa natureza tem origem no Direito Civil. Desdobra-se em:

A) **Teoria da locação de serviços ou do arrendamento** – o empregado aluga a sua prestação de serviços, em prol do empregador. Está associada ao Direito Romano – "locatio peris" (locação da obra) X "locatio operarum" (locação do serviço).

B) **Teoria da compra e venda** – o empregado vende a sua prestação de serviços ao empregador, cuja compra é consubstanciada pelo pagamento do salário.

C) **Teoria do mandato** – o empregador seria o mandante e o empregado o mandatário. O empregador outorga poderes ao empregado.

D) **Teoria da sociedade** – pautada em uma "affectio societatis". Para essa teoria o contrato de trabalho é caracterizado por uma comunhão de interesses entre o empregado ou empregador, em prol dos resultados dos negócios. Havendo uma parceria entre os dois, sendo sócios nos resultados dos negócios.

E) **Teoria do negócio jurídico** – representa a **posição majoritária**, ou seja, o contato de trabalho representa um negócio jurídico lateral ou plurilateral. O professor José Affonso Dallegrave Neto entende que a teoria do contrato de adesão tem como base o art. 54 do CDC em que se encontra o conceito e caracterização. Para essa teoria o contrato de trabalho é caracterizado por cláusulas e condições fixadas unilateralmente pelo empregador restando ao empregado, apenas a respectiva adesão, sem discussão de conteúdo. (Não é o conceito de contrato

Decreto-Lei 5.452/1943

de trabalho?). Em regra, não há poder de barganha obreiro (mesmo no trabalho intelectual). Todavia, existem exceções, ou seja, empregados que possuem um determinado poder de negociação. Exemplos: i) **Altos empregados; ii) Empregados domésticos; iii) Atleta profissional de futebol.**

Nesse sentido, Sérgio Pinto Martins entende que o contrato de trabalho tem natureza jurídica contratual, apontando que "É o pacto laboral um contrato típico, nominado, com regras próprias, distinto do contrato de locação do Direito Civil, de onde se desenvolveu e se especializou".[598]

A forma do contrato de trabalho pode ser escrita ou verbal, bastando, para tanto, ajuste entre as partes.

3. CARACTERÍSTICAS

Para Martins Catharino[599] o contrato de trabalho *"(que, segundo ele, deve ser chamado de contrato de emprego) é* ***bilateral*** *(direitos e obrigações recíprocos), consensual (nasce da vontade e da concordância das partes),* ***oneroso*** *(há contraprestação pelo serviço prestado),* ***comutativo*** *(cada parte sabe previamente seu direito em relação à outra, cujas obrigações são recíprocas e equivalentes),* ***intuitu personae*** *(pessoal, como consequência do caráter fiduciário da relação de emprego) em relação ao empregado e de* ***trato sucessivo*** *(o contrato não se exaure com a prática de um único ato, pois é de débito permanente)".*

Também, apresenta como característica a alteridade (o empregado assume os riscos da atividade econômica), sinalagmático (os direitos e os deveres são recíprocos e antagônicos), consensual (caracteriza-se pela simples manifestação de vontade, pelo consenso, independentemente de qualquer outra formalidade), de atividade (tem por objeto a prestação dos serviços, independentemente de qualquer resultado) e informal (pode ser tácito ou verbal).

Mesmo com advento da Reforma Trabalhista, houve uma mitigação desta característica?

Há uma linha de entendimento que sustenta a mitigação da informalidade pelo advento da Reforma Trabalhista. Em tese, as novas formas de contratações flexíveis exigem a escrita como condição de sua validade. Exemplo: polêmico contrato intermitente (deve ser escrito).

Os elementos do contrato de trabalho têm fundamento no art. 104 do Código Civil, que indica como requisitos de validade do negócio jurídico: agente capaz; objeto lícito, possível, determinado ou determinável; forma prescrita ou não defesa em lei.

A manifestação de vontade no contrato de trabalho presume-se de boa-fé, sendo necessária a demonstração do vício de consentimento pelo empregado, nos termos da OJ 160 da SDI-1 do TST.

Sobre a **capacidade do agente**, é necessário ressaltar que o Estatuto da Criança e do Adolescente (ECA), considera criança a pessoa até 12 anos incompletos e adolescente aquela que tem idade entre 12 e 18 anos de idade, conforme artigo 2º da Lei 8.069/1990.

A Constituição Federal autoriza o trabalho do menor a partir dos 16 anos, salvo na condição de aprendiz, a partir dos 14 anos (art. 7º, XXXIII).

O trabalho do menor goza de uma proteção maior, para assegurar desenvolvimento físico, psíquico, moral, social, cultural, assim como a saúde e a segurança do trabalhador infanto-juvenil (art. 3º do ECA; e art. 403, § único, da CLT)[600], pois o legislador buscou a *proteção integral* da criança e do adolescente.

Para Octávio Bueno Magano (apud Jorge Neto e Cavalcante)[601], "as normas de proteção são necessárias para que se possa assegurar ao menor o desenvolvimento *'físico, mental, moral, espiritual e social, de forma sadia e normal e em condições de liberdade e dignidade'*, na medida em que tais normas se fundam em razões *'biológicas, psicológicas, morais e culturais, o que explica que nelas o interesse público claramente prevaleça sobre o privado e que sua classificação se faça no âmbito do direito tutelar do trabalho'."*

Como destacado pelos juristas Jorge Neto e Cavalcante[602], escorados na doutrina da professora Alice Monteiro de Barros, *"A capacidade laboral plena é obtida aos 18 anos. 'Logo, no Direito do Trabalho, são absolutamente incapazes os menores de 16 anos, exceção feita ao aprendiz. Já os relativamente incapazes são os menores de 18 e maiores de 16 anos ou, se aprendizes, os menores de 16 e maiores de 14 anos (art. 1º Emenda Constitucional nº 20). O menor de 14 anos será sempre absolutamente incapaz'."*

O art. 149, II e §1º, do ECA autoriza a participação da criança e do adolescente em evento artístico – na visão de alguns representa um "trabalho artístico" da criança ou do adolescente – mediante autorização judicial. A competência para a concessão desta autorização,

598 MARTINS, Sérgio Pinto, 2020, p. 173.

599 Apud Vólia Bomfim, 2017.

600 CLT, Art. 403. É proibido qualquer trabalho a menores de dezesseis anos de idade, salvo na condição de aprendiz, a partir dos quatorze anos. Parágrafo único. O trabalho do menor não poderá ser realizado em locais prejudiciais à sua formação, ao seu desenvolvimento físico, psíquico, moral e social e em horários e locais que não permitam a frequência à escola.

601 Francisco Ferreira Jorge Neto, Jouberto de Quadros Pessoa Cavalcante. Direito do trabalho – 9. ed. – São Paulo: Atlas, 2019.

602 Idem.

conforme restou decidido liminarmente na ADI 5326, referendada pelo plenário do Supremo Tribunal Federal, é da Justiça Comum, especificamente da Vara da Infância e da Juventude.

O contrato de trabalho dos menores relativamente incapazes – assim considerados *os menores de 18 e maiores de 16 anos ou, se aprendizes, os menores de 16 e maiores de 14 anos* – está condicionado à autorização do respectivo representante legal (art. 408, CLT)[603], que, inclusive, tem autorização legal para pleitear a extinção do contrato de trabalho, quando o serviço puder acarretar algum prejuízo de ordem física ou moral. Ainda, prestam assistência ao menor na quitação do recebimento das verbas rescisórias (art. 439, CLT)[604].

Ainda sobre a capacidade, é necessário ressaltar um aspecto importante: o consentimento para o tratamento de dados no trabalho infanto-juvenil.

A Lei geral de Proteção de Dados autoriza o tratamento de dados de crianças e adolescentes, desde que respeitada a previsão do art. 14 da Lei e a legislação pertinente. Esse tratamento de dados deve ser realizado no melhor interesse da criança e do adolescente.

O §1º do art. 14 do referido Diploma condiciona o tratamento de dados pessoais da *criança* ao consentimento específico e destacado de pelo menos um dos pais ou pelo responsável legal, sendo certo que as informações de tratamento de dados "*deverão ser fornecidas de maneira simples, clara e acessível, consideradas as características físico-motoras, perceptivas, sensoriais, intelectuais e mentais do usuário, com uso de recursos audiovisuais quando adequado, de forma a proporcionar a informação necessária aos pais ou ao responsável legal e adequada ao entendimento da criança" (§6º).*

Entendemos que o consentimento para o tratamento dos dados pessoais do menor relativamente incapaz não será concedido pelos pais ou representantes legais, mas, em verdade, pelo próprio trabalhador, pois a lei autoriza a prática de certos atos pelo relativamente incapazes exigindo apenas a assistência para a validade do ato (3º do Código Civil). Já o trabalho do menor absolutamente incapaz – menor de 16 anos e maior 14 anos na condição de aprendiz, ou o menor de 16 anos que desenvolver trabalho artístico – o consentimento para o tratamento dos dados será dos pais ou do representante legal, tendo em vista que se trata de pessoa absolutamente incapaz, seja do ponto de vista do Direito do Trabalho ou do Direito Comum (art. 2º do Código Civil).

O ***objeto*** do contrato de trabalho deve ser lícito, ou seja, não pode contrariar a lei, os bons costumes e os princípios de ordem pública, como, por exemplo, o jogo do bicho. O contrato de trabalho entabulado entre o trabalhador inserido em atividade de prática de "jogo do bicho" e o respectivo tomador de serviços é considerado ilícito, pois o seu objeto – a prestação ou atividade desenvolvida – contraria o ordenamento jurídico. Essa situação é denominada pela doutrina como "trabalho ilícito" ou "atividade ilícita". O Tribunal Superior do Trabalho fixou o entendimento no sentido de que é nulo o contrato de trabalho celebrado para o desempenho de atividade inerente à prática do jogo do bicho, ante a ilicitude de seu objeto, o que subtrai o requisito de validade para a formação do ato jurídico (OJ 199 da SDI-1 do TST).

Vólia Bomfim ensina que *"Não se pode confundir o trabalho ilícito com o proibido, pois o primeiro não produz nenhum efeito, porque viola os valores de moralidade, legalidade, contrário ao direito e à ordem pública. No trabalho ilícito o trabalhador não tem sequer direito aos salários ainda não pagos. No segundo caso, o trabalho proibido eiva o contrato de nulidade absoluta, mas produz alguns efeitos. Não se podendo restituir ao estado anterior, deverá o juiz fixar uma indenização equivalente aos salários ainda não pagos e nada mais*[605].

No tocante à forma do contrato de trabalho, o art. 104 do Código Civil exige que seja realizado da em conformidade com a forma prescrita e não defesa em lei. O art. 443 da CLT admite a forma verbal ou escrita, poderá ser acordado tácita ou expressamente, por prazo determinado ou indeterminado, ou para prestação de trabalho intermitente.

O desrespeito à forma, por si só, não impede a produção dos efeitos do negócio jurídico, como ocorre no trabalho proibido. A jurisprudência entende que contratos efetivados pelas Administração Pública sem a observância de prévio concurso público são considerados trabalho proibido, tendo em vista o desrespeito a forma prescrita em lei (necessidade do concurso público), de forma que será conferido ao trabalhador somente o direito ao pagamento da contraprestação pactuada, em relação ao número de horas trabalhadas, respeitado o valor da hora do salário mínimo, e dos valores referentes aos depósitos do FGTS (Súmula 363 do TST).

4. SOCIEDADE COOPERATIVA

A cooperativa é uma sociedade de trabalhadores para o exercício de atividades laborais com proveito comum, autonomia, auto-gestão, na busca de obter

603 CLT, Art. 408 – Ao responsável legal do menor é facultado pleitear a extinção do contrato de trabalho, desde que o serviço possa acarretar para ele prejuízos de ordem física ou moral.

604 CLT, Art. 439 – É lícito ao menor firmar recibo pelo pagamento dos salários. Tratando-se, porém, de rescisão do contrato de trabalho, é vedado ao menor de 18 (dezoito) anos dar, sem assistência dos seus responsáveis legais, quitação ao empregador pelo recebimento da indenização que lhe for devida.

605 BOMFIM, Vólia, 2017.

melhor qualificação, remuneração e condições gerais de trabalho.

Valentim Carrion conceitua a cooperativa como "a associação voluntária de pessoas que contribuem com seus esforços pessoais ou suas economias, a fim de obter para si as vantagens que o grupamento possa propiciar"[606].

A cooperativa é regida pela Lei 12.690/2012 e, naquilo que não houver conflito, aplica-se a Lei 5.764/2002. De acordo com o art. 2º da Lei 12.690/2012 às cooperativas de trabalho é a *"sociedade constituída por trabalhadores para o exercício de suas atividades laborativas ou profissionais com proveito comum, autonomia e autogestão para obterem melhor qualificação, renda, situação socioeconômica e condições gerais de trabalho"*.

A autonomia deve ser exercida de forma coletiva e coordenada, mediante a fixação, em Assembleia Geral, das regras de funcionamento da cooperativa e da forma de execução dos trabalhos. Já a autogestão representa o processo democrático no qual a Assembleia Geral define as diretrizes para o funcionamento e as operações da cooperativa, e os sócios decidem sobre a forma de execução dos trabalhos.

A validade da cooperativa depende da observância das seguintes características:

a) liberdade de filiação: o cooperado deve ter liberdade para se associar ou não a cooperativa, ou seja, a adesão deve ser voluntária;

b) espontaneidade de criação: a cooperativa deve ser criada pelos próprios cooperados, ou seja, por vontade deles e não por imposição de terceiros.

c) gestão democrática: a cooperativa pode ser administrada pelos próprios cooperados com a participação de todos na Assembleia.

d) autonomia dos cooperados: a cooperativa não pode ter cooperados subordinados.

e) não variação dos cooperados: os membros da cooperativa devem buscar permanecer na cooperativa e não ocorrer uma variação entre outras cooperativas.

Os princípios e valores da sociedade cooperativa estão arrolados no art. 3º da Lei 12.609/2012[607], dentre os quais se destacam dois princípios:

iii) Princípio da dupla qualidade: o trabalhador filiado a cooperativa tem que ter ao mesmo tempo a qualidade de cooperado e cliente, auferindo vantagens dessa duplicidade;

iv) Retribuição pessoal diferenciada: a cooperativa deve permitir que o cooperado tenha uma retribuição diversa do que teria se fosse empregado, ou seja, deve ter benefícios superiores aos de um empregado.

A formação da cooperativa depende de, no mínimo, 7 (sete) sócios (art. 6º da Lei 12.690/2012).

Segundo o artigo 4º da Lei 12.690 as cooperativas podem ser de duas modalidades: **i) Cooperativa de trabalho de produção:** em tal modalidade os cooperados contribuem com o trabalho para a produção em comum de bens. Nesse sentido, a cooperativa detém a qualquer título os meios de produção; **ii) Cooperativa de trabalho de serviço:** em tal espécie os cooperados prestam serviços especializados a terceiros, sem a presença dos requisitos da relação de emprego. Sobre o tema o artigo 5º da norma prevê que é vedada a utilização de cooperativa de trabalho para a intermediação de mão de obra subordinada.

Vólia Bomfim aponta, ainda, a existência de cooperativas *"de **crédito**, quando se destinarem ao empréstimo em condições mais vantajosas que as do mercado; de **consumo**, quando seu objetivo for a aquisição de produtos alimentícios, caseiros, eletrônicos etc.; [...] em forma de **consórcio**, quando se destinarem à venda facilitada de veículos ou outros produtos etc."*, advertindo, entretanto, que apenas as cooperativas de trabalho (de serviço ou produção) interessam ao Direito do Trabalho[608].

O tomador dos serviços da cooperativa de trabalho responde solidariamente pelo descumprimento das normas de saúde e segurança do trabalho, quando os serviços forem prestados no seu estabelecimento ou em local por ele determinado (art. 9º da Lei 12.690/2012).

O artigo 7º da Lei das Cooperativa de Trabalho assegura aos cooperados: retiradas não inferior ao piso da categoria ou ao salário mínimo; limite de jornada 8 (oito) horas diárias e 44 (quarenta e quatro) horas semanais, exceto quando a atividade, por sua natureza, demandar a prestação de trabalho por meio de plantões ou escalas, facultada a compensação de horários; repouso semanal remunerado; repouso anual remunerado – a lei não menciona o terço constitucional; retirada para o trabalho noturno superior ao diurno; seguro por acidente do trabalho; e, o adicional sobre retirada para as atividades insalubres e perigosas.

---

606 apud Vólia Bomfim Cassar. Direito do trabalho. – 9.ª – Rio de Janeiro: Forense; São Paulo: Método, 2017, p. 314.

607 Art. 3º da Lei 12.690/2012 – "A Cooperativa de Trabalho rege-se pelos seguintes princípios e valores: I – adesão voluntária e livre; II – gestão democrática; III – participação econômica dos membros; IV – autonomia e independência; V – educação, formação e informação; VI – intercooperação; VII – interesse pela comunidade; VIII – preservação dos direitos sociais, do valor social do trabalho e da livre iniciativa; IX – não precarização do trabalho; X – respeito às decisões de assembleia, observado o disposto nesta Lei; XI – participação na gestão em todos os níveis de decisão de acordo com o previsto em lei e no Estatuto Social."

608 Idem. Bomfim, 2017, p. 314.

Atenção: É assegurada garantia provisória de emprego aos diretores de cooperativa, não abrangendo os suplentes, na forma da OJ 253 da SDI-1 do TST e do art. 55 da Lei nº 5.764/71. Ainda, no âmbito do TST, é pacífico o entendimento de que os empregados de cooperativas de crédito não se equiparam a bancário, para efeito de aplicação do art. 224 da CLT, em razão da inexistência de expressa previsão legal, conforme OJ 379 da SDI-1 do TST.

De acordo com o dispositivo em análise inexiste vínculo empregatício entre o cooperado e a cooperativa, ou entre o cooperado e o tomador de serviços (art. 442, parágrafo único, da CLT). Nesse ponto, Maurício Godinho Delgado elucida que **a lei não criou uma excludente legal absoluta da relação de emprego, mas, sim, uma presunção relativa de ausência de vínculo de emprego.** Explica que "O objetivo da lei foi retirar do rol empregatício relações próprias às cooperativas — desde que não comprovada a roupagem ou utilização meramente simulatória de tal figura jurídica"[609].

O texto legal deve ser interpretado à luz do princípio da primazia da realidade, ou seja, deve-se analisar se a relação cooperativista observa os critérios previsto em lei, ou tem o escopo de camuflar a relação de emprego, podendo ou não se verificar o vínculo empregatício.

Delgado esclarece que "o conteúdo do contrato não se circunscreve ao transposto no correspondente instrumento escrito, incorporando amplamente todos os matizes lançados pelo cotidiano da prestação de serviços"[610]. Em virtude disso, o contrato individual de trabalho é denominado de contrato-realidade.

Nesse sentido, Carlos Henrique Bezerra Leite anota que "a fraude – artifício malicioso que dá aparência de legalidade a um ato –, no direito do trabalho, importa nulidade absoluta do ato infringente da aplicação dos preceitos consolidados"[611].

Os atos praticados no contrato de trabalho com a finalidade de desvirtuar ou fraudar os elementos essenciais das garantias mínimas trabalhistas dispostas na Consolidação das Leis do Trabalho, serão considerados absolutamente nulos, na forma do art. 9º da CLT, inclusive quando houver fraude na relação jurídica entre o trabalhador e a sociedade cooperativa.

Art. 442-A. Para fins de contratação, o empregador não exigirá do candidato a emprego comprovação de experiência prévia por tempo superior a 6 (seis) meses no mesmo tipo de atividade. (Incluído pela Lei nº 11.644, de 2008).

[609] Idem. Delgado, 2019, p. 388.
[610] Idem. Delgado, 2019, p. 244.
[611] Idem. Leite, 2019.

COMENTÁRIOS (ART. 442-A)

O presente dispositivo visa proteger o acesso do trabalhador ao mercado de trabalho. Inviabiliza a criação, por parte do empregador, de exigências desmedidas a ponto de impedir o acesso de alguns trabalhadores ao mercado de trabalho, sobretudo os trabalhadores mais jovens com pouca ou nenhuma experiência profissional. Assim, durante o recrutamento o empregador não pode exigir período de experiência superior a 6 meses no mesmo tipo de atividade.

Esta regra é válida, inclusive para a seleção de pessoal realizada pela Administração Pública, para ocupar empregos públicos. Vejamos o julgado abaixo:

- RECURSO ORDINÁRIO DA RECLAMANTE. MANDADO DE SEGURANÇA. EDITAL DE CONSURSO PARA EMPREGO PÚBLICA: EXIGÊNCIA DE EXPERIÊNCIA MÍNIMA DE SEIS MESES PARA O CARGO DE ENFERMEIRA. No caso em análise, a interpretação sistemática do edital – em consonância com as disposições do art. 442-A da CLT (finalidade da norma) leva à conclusão de que a autora preenche os requisitos para a posse no cargo público pleiteado, inclusive por possuir experiência mínima de seis meses na área hospitalar. Assim concede-se a ordem requerida na petição, determinando-se a autoridade coatora proceda à imediata posse da impetrante no emprego público (cargo de enfermeira). (TRT-4 RO 00200008820185040281, Data de Julgamento: 14/05/2019, 3ª Turma)
- CONTRATAÇÃO DE EMPREGADO PELO REGIME CELETISTA. SOCIEDADE DE ECONOMIA MISTA. As sociedades de economia mista. Por integrarem a Administração Pública Indireta, devem observar o disposto no art. 37, inciso II, da constituição da República. Entrementes, isso não as torna imunes ao comando imperioso e cogente inserido no art. 442-A da CLT, não havendo qualquer incompatibilidade entre a contratação por concurso público e a limitação antidiscriminatória, contida no sobredito dispositivo infraconstitucional. Conforme dispõe o art. 37, I, da Constituição da República de 1988, somente a lei pode fixar os requisitos para o provimento de cargos públicos. Ante a ausência de lei específica, a exigência de experiência de quatro anos na função, não encontra respaldo constitucional, por malferir o princípio da igualdade. Devo destacar que no Brasil este princípio sempre foi constitucionalmente encarecido, sendo de rigor interpretá-lo na maior latitude dos seus termos, não sendo razoável interpretar as normas que regem a matéria no sentido de restringir a proteção que emprestam ao trabalhador. Não se pode olvidar que a norma

constitucional assegura a proteção ao trabalhador em face de eventuais diferenciações não acolhidas pela legislação (art. 5º, caput e 37, II da Constituição da República). Se o Edital estabelece experiência na função significativamente superior ao limite estabelecido no texto infraconstitucional (art. 442-A da CLT) impõe-se a declaração de sua nulidade (TRT-3 RO: 015732010001103008MG, Relator Marcelo Lamego Pertence, Sétima Turma, Data de Publicação 19/05/2011).

Portanto, o empregador não poderá exigir experiência por período superior a 6 meses, sob pena de caracterizar prática discriminatória (Art. 7º, XXX e seguintes, da CF).

Art. 442-B. A contratação do autônomo, cumpridas por este todas as formalidades legais, com ou sem exclusividade, de forma contínua ou não, afasta a qualidade de empregado prevista no art. 3º desta Consolidação. (Incluído pela Lei nº 13.467, de 2017)

COMENTÁRIOS (ART. 442-B)

1. TRABALHADOR AUTÔNOMO (COM OU SEM EXCLUSIVIDADE)

Trata-se de uma prestação de serviço por uma pessoa física, **sem** qualquer subordinação, ou seja, possui plena liberdade para gerir o seu serviço e assume o risco do negócio.

Delgado leciona que "O trabalhador autônomo consiste, entre todas as figuras próximas à do empregado (...). Os diversificados vínculos de trabalho autônomo existentes afastam-se da figura técnico-jurídica da relação de emprego essencialmente pela ausência do elemento fático-jurídico da subordinação"[612].

A Reforma Trabalhista (Lei 13.467/2017), acrescentou o art. 442-B à CLT, possibilitando a contratação do trabalhador autônomo, **com ou sem exclusividade**, ainda que cumprida todas as formalidades legais, afastando a sua qualificação como empregado.

A doutrina recebeu muitas críticas da doutrina, por permitir a exclusividade no trabalho autônomo. Uma das características marcantes do trabalho autônomo é justamente a liberdade de prestar serviços a outros tomadores, sem se fixar a um único tomador.

Em seguida, o Governo Federal editou a Medida Provisória 808 de 14 de novembro de 2017, objetivando o aprimoramento pontual de alguns dispositivos inseridos ou alterados pela Reforma Trabalhista, dentre eles o art. 442-B da CLT[613]. Foram acrescentados sete parágrafos ao dispositivo citado. A redação do caput foi modificada, substituindo-se a expressão "exclusividade" por "continuidade". Além disso, o legislador vedou expressamente a celebração de cláusula de exclusividade no contrato de trabalho autônomo, sob pena de reconhecimento do vínculo empregatício.

A medida provisória foi rejeitada tacitamente – caducou – visto que o Congresso nacional não se manifestou sobre a medida provisória no prazo legal, encerrando o prazo de vigência no dia 23 de abril de 2018[614].

Buscando suprir a caducidade da medida provisória, o Ministério do Trabalho editou a Portaria nº 349 de 23 de maio de 2018, estabelecendo regras voltadas à execução da Lei 13.467/2017, especialmente sobre o contrato de trabalho autônomo.

Essencialmente, reiterou as disposições que o Governo pretendia modificar via medida provisória, admitindo: a prestação de serviços de qualquer natureza a outros tomadores de serviços, sob qualquer modalidade de contrato de trabalho, inclusive como autônomo; a possibilidade de recusa de realizar atividade demandada pelo contratante, sem prejuízo de eventual penalidade, caso prevista em contrato.

Ainda, a Portaria, de forma exemplificativa, indica algumas profissões que poderão ser enquadradas como autônomos: motoristas, representantes comerciais,

612 Idem. Delgado, 2019, p. 399.

613 Exposição de Motivos da MP 808/2017: "9 .Disto isto, a presente proposta de Medida Provisória tem por objetivo o aprimoramento de dispositivos pontuais, relacionados a aspectos discutidos durante a tramitação do PLC nº 38, de 2017, no Senado Federal. Se, por um lado, tais aspectos refletem o profundo processo de diálogo e análise realizado pelo Senado Federal, por outro, esta Casa Legislativa observou a desnecessidade de alteração do projeto no momento de sua tramitação, o que implicaria atrasos desnecessários à eficácia deste importante diploma legal. É neste sentido que, como consequência da atuação do Senado Federal, e sem maiores atrasos, aguardamos a entrada em eficácia da Lei nº 13.467, de 2017 em da data de 11 de novembro de 2017. [...] Trabalhador autônomo e cláusula de exclusividade. 10.8 Com a inclusão dos §§ 1º ao 6º aoart. 442-B do Decreto-Lei nº 5.452, de 1943, pretende-se conferir maior clareza à contratação do trabalhador autônomo, inclusive para aquelas atividades e profissões reguladas por leis específicas, vedando cláusula de exclusividade em contratos dessa natureza, sob pena de reconhecimento de vínculo empregatício, caso cumpridos os requisitos previstos no art. 3º da CLT. 10.9 As modificações visam salvaguardar a atividade dos autônomos, especialmente aqueles que, por uma questão prática, prestam serviços a apenas um tomador. Caso permaneçam a descoberto, atividades como a de venda direta de produtos serão postas em risco, haja vista a insegurança jurídica promovida por diferentes decisões judiciais de reconhecimento de vínculo empregatício. Ao mesmo tempo, o texto proposto assevera que, preenchidos os requisitos previstos no art. 3º da CLT, notadamente a subordinação jurídica, será reconhecido o vínculo empregatício."

614 ATO DECLARATÓRIO Nº 22, DE 24 DE ABRIL DE 2018: "O Presidente da Mesa do Congresso Nacional, nos termos do parágrafo único do art. 14 da Resolução nº 1, de 2002-CN, faz saber que a Medida Provisória nº 808, de 14 de novembro de 2017, que "Altera a Consolidação das Leis do Trabalho – CLT, aprovada pelo Decreto-Lei nº 5.452, de 1º de maio de 1943", teve seu prazo de vigência encerrado no dia 23 de abril do corrente ano". SENADOR EUNÍCIO OLIVEIRA. Este texto não substitui o publicado no DOU de 25.4.2018

corretores de imóveis, parceiros, e trabalhadores de outras categorias profissionais reguladas por leis específicas relacionadas a atividades compatíveis com o contrato autônomo.

Impõe, por fim, o reconhecimento do vínculo empregatício se houver a presença de subordinação jurídica, desnaturando o trabalho autônomo.

Não obstante isso, Delgado adverte que "estando reunidos, no caso concreto, os cinco elementos da relação de emprego — inclusive a subordinação jurídica, é claro — o vínculo empregatício deve ser reconhecido (art. 9º, CLT: fraude)"[615].

Segundo o art. 511 da CLT é lícita a associação sindical dos empregados, agentes ou trabalhadores autônomos.

Atenção: O trabalhador que presta serviços com intermediação de plataformas digitais ou aplicativos, o pastor - por uma questão ideológica -, a cabeleireira e a manicure, a princípio, são considerados autônomos. Há, entretanto, posicionamentos na doutrina e na jurisprudência que qualificam tais profissionais como empregados, em algumas situações[616].

Art. 443. O contrato individual de trabalho poderá ser acordado tácita ou expressamente, verbalmente ou por escrito, por prazo determinado ou indeterminado, ou para prestação de trabalho intermitente. (Redação dada pela Lei nº 13.467, de 2017)

§ 1º - Considera-se como de prazo determinado o contrato de trabalho cuja vigência dependa de termo prefixado ou da execução de serviços especificados ou ainda da realização de certo acontecimento suscetível de previsão aproximada. (Parágrafo único renumerado pelo Decreto-lei nº 229, de 28.2.1967)

§ 2º - O contrato por prazo determinado só será válido em se tratando: (Incluído pelo Decreto-lei nº 229, de 28.2.1967)

a) de serviço cuja natureza ou transitoriedade justifique a predeterminação do prazo; (Incluída pelo Decreto-lei nº 229, de 28.2.1967)

b) de atividades empresariais de caráter transitório; (Incluída pelo Decreto-lei nº 229, de 28.2.1967)

c) de contrato de experiência. (Incluída pelo Decreto-lei nº 229, de 28.2.1967)

§ 3º Considera-se como intermitente o contrato de trabalho no qual a prestação de serviços, com subordinação, não é contínua, ocorrendo com alternância de períodos de prestação de serviços e de inatividade, determinados em horas, dias ou meses, independentemente do tipo de atividade do empregado e do empregador, exceto para os aeronautas, regidos por legislação própria. (Incluído pela Lei nº 13.467, de 2017)

COMENTÁRIOS (ART. 443)

1. CONTRATO INDIVIDUAL DE TRABALHO

Aprioristicamente a Consolidação das Leis do Trabalho subdividia os contratos de trabalho por prazo determinado ou indeterminado, pactuado de forma tácita ou expressa, verbalmente ou por escrito.

O contrato de trabalho por prazo indeterminado é aquele que não existe prazo ou data para terminar. É a forma mais usual na contratação de empregados. Quando as partes se omitirem quanto ao prazo do contrato de trabalho, presume-se que foi pactuado por tempo indeterminado.

Com fulcro no princípio da continuidade na relação de emprego a regra é a celebração do contrato por prazo indeterminado (Súmula 212 do TST). Se houver dúvida, presume-se que o contrato é por prazo indeterminado, com base no princípio da continuidade da relação de emprego, que traz presunção favorável ao empregado.

O contrato a termo somente será lícito nas hipóteses expressamente previstas em lei. As partes não podem inventar um contrato a termo, tem que observar os contornos legais.

Já o contrato de trabalho por prazo determinado é aquele *"cuja vigência dependa de termo prefixado ou da execução de serviços especificados ou ainda da realização de certo acontecimento suscetível de previsão aproximada"*, conforme preceitua o art. 443, §1º, da CLT. Esse contrato tem o termo prefixado (ou termo certo), ou termo incerto, quando se tratar de execução de serviços especificados ou a realização de certo acontecimento suscetível de previsão aproximada, como, por exemplo, a contratação de um técnico para treinamento de pessoal na implementação de tecnologia ou o contrato de safra.

De acordo com o §2º, do art. 443 da CLT, há três hipóteses de contrato por prazo determinado: **a) Serviço cuja natureza ou transitoriedade justifique a predeterminação do prazo** – diz respeito ao serviço prestado pelo empregado, pois, a empresa, em si, é permanente. Podemos citar como exemplo a contratação de serviço de montagem de uma máquina (natureza justifique a predeterminação) ou a contratação decorrente do aumento da demanda em certa época do

615 Idem. Delgado, 2019, p. 399.
616 Vide Informativo nº. 132 do TST.

ano (transitoriedade dos serviços); **b) Atividades empresariais de caráter transitório** – Quando a própria empresa é transitória, ou seja, atua num momento e depois fecha; **c) Contrato de experiência.**

2. CONTRATO DE EXPERIÊNCIA.

É o contrato de trabalho realizado por prazo determinado (contrato a termo). O prazo máximo de vigência do contrato de experiência é de 90 dias, conforme está previsto no art. 445, § único, da CLT.

O Tribunal Superior do Trabalho entende que o contrato de experiência pode ser prorrogado, desde que respeitado o limite máximo de 90 dias. A prorrogação do contrato de trabalho de experiência é facultativa. Não é automática. O empregador não pode prorrogar mais de uma vez, pois quando ocorre a segunda prorrogação o contrato se transforma em prazo indeterminado desde o começo.

Ainda, caso o prazo máximo de vigência de 90 dias seja ultrapassado, o contrato se transforma automaticamente por prazo indeterminado, com todos os seus efeitos trabalhistas.

Esse tipo de contrato passou a ser admitido na relação empregatícia doméstica. A Lei Complementar 150/2015, em seu art. 4º, possibilita a contratação, por prazo determinado, do empregado doméstico mediante contrato de experiência (inciso I), com prazo de até 90 dias, prorrogável 1 (uma) vez, desde que a soma dos 2 (dois) períodos não ultrapasse 90 (noventa) dias, sob pena de passar a vigorar como contrato de trabalho doméstico por prazo indeterminado.

3. CONTRATO DE TRABALHO INTERMITENTE

A Reforma Trabalhista (Lei 13.467/2017) alterou a redação do art. 443 da CLT e inseriu os art. 452-A à CLT, para prever uma nova forma de contrato: o contrato de trabalho intermitente.

O novel dispositivo dispõe que: *"Considera-se como intermitente o contrato de trabalho no qual a prestação de serviços, com subordinação, não é contínua, ocorrendo com alternância de períodos de prestação de serviços e de inatividade, determinados em horas, dias ou meses, independentemente do tipo de atividade do empregado e do empregador, exceto para os aeronautas, regidos por legislação própria"* (§3º, do art. 443, CLT).

Em uma primeira análise, denota-se que a principal característica do contrato de trabalho intermitente é a prestação de serviços de forma subordinada, não contínua, com alternância de períodos de prestação de serviços e inatividade, sem que isso descaracterize a relação de emprego intermitente.

O trabalho intermitente é totalmente inovador e disruptivo, na medida que modifica as matrizes do Direito do Trabalho. O art. 2º e 3º da CLT exigem a prestação de serviços subordinada, não eventual (ou habitual), onerosa, por pessoa física, com pessoalidade, para a caracterização do *contrato individual de emprego*.

A inexigibilidade da habitualidade torna essa figura muito próxima ao trabalhador eventual e a mitigação da subordinação – considerando a possibilidade de recusa no convite de prestação de serviços – ao trabalhador autônomo.

O Ministério da Economia apontou que em dezembro de 2019 foram contratados cerca de 14.693 trabalhadores intermitente e ocorreram 5.868 dispensas nessa modalidade de contrato de trabalho, sendo certo que as principais profissões intermitentes são: atendente de lojas e mercados, assistente de vendas, faxineiro, operador de caixa, vendedor de comercio varejista, servente de obras, mecânico de manutenção de maquinas, promotor de vendas, repositor de mercadorias e garçom[617].

Em estudo recente, realizado em junho de 2020 pelo Cadastro Geral de Empregados e Desempregados (CAGED), ocorreu uma pequena variação nas contratações e dispensas, sendo certo que cerca de 86 trabalhadores pactuaram mais de um contrato de trabalho intermitente[618].

4. DIREITO COMPARADO

A figura do contrato de trabalho intermitente é nova, embora tenha sido implementada recentemente no Brasil.

Na Espanha o trabalho intermitente é denominado de trabalho "fixo-descontínuo", previsto no art. 16 do Estatuto dos Trabalhadores[619] espanhol que assim dispõe:

- Artículo 16. Contrato fijo-discontinuo.
- 1. El contrato por tiempo indefinido fijo-discontinuo se concertará para realizar trabajos que tengan el carácter de fijos-discontinuos y no se repitan en fechas ciertas, dentro del volumen normal de actividad de la empresa. A los supuestos de trabajos discontinuos que se repitan en fechas ciertas les será de aplicación la regulación del contrato a tiempo parcial celebrado por tiempo indefinido.
- 2. Los trabajadores fijos-discontinuos serán llamados en el orden y la forma que se determine en los respectivos convenios colectivos, pudiendo el trabajador, en

---

617 Ministério da Economia. Acessado em: 15/09/2020. Fonte: http://pdet.mte.gov.br/images/ftp//dezembro2019/nacionais/1-sumarioexecutivo.pdf

618 Ministério da Economia. Acessado em: 15/09/2020. Fonte: http://pdet.mte.gov.br/images/Novo_CAGED/Jul2020/1-sumarioexecutivo.pdf

619 Gobierno de España – Ministerio de la Presidencia, Relaciones com las Cortes y Memoria Democrática. Acessado em 15/09/2020. Fonte: https://www.boe.es/biblioteca_juridica/codigos/codigo.php?id=93&modo=2&nota=0&tab=2

caso de incumplimiento, reclamar en procedimiento de despido ante la jurisdicción social, iniciándose el plazo para ello desde el momento en que tuviese conocimiento de la falta de convocatoria.

– 3. Este contrato se deberá formalizar necesariamente por escrito en el modelo que se establezca y en él deberá figurar una indicación sobre la duración estimada de la actividad, así como sobre la forma y orden de llamamiento que establezca el convenio colectivo aplicable, haciendo constar igualmente, de manera orientativa, la jornada laboral estimada y su distribución horaria.

– 4. Los convenios colectivos de ámbito sectorial podrán acordar, cuando las peculiaridades de la actividad del sector así lo justifiquen, la celebración a tiempo parcial de los contratos fijos-discontinuos, así como los requisitos y especialidades para la conversión de contratos temporales en contratos fijos-discontinuos.

O contrato fixo-descontínuo é um contrato individual de trabalho por prazo indeterminado, por escrito, com a indicação da estimativa da duração da atividade e da jornada de trabalho, para a realização de serviços que tenham caráter descontínuos, intervalado, sem continuidade, com interrupções, isto é, que não se repetem em um certo espaço de tempo dentro do volume de atividade normal de atividade da empresa. Nos períodos em que o empregador tiver uma demanda maior convocará o trabalhador.

No Direito Italiano o *"Codice del Lavoro", em seu artigo 12, 2. "f", e 6, conceitua o trabalho intermitente como aquele destinado à prestação de serviços ocasionais por período não superior igual ou inferior a 6 dias úteis, quando nos últimos 30 dias o trabalhador não tenha prestado serviços ao mesmo empregador, ou cliente em geral, por mais de cinco dias úteis. Para cada dia de serviços que extrapolar o limite máximo de dias de prestação de serviços intermitente, o empregador deverá pagar uma indenização igual a um dia de remuneração bruta ao trabalhador. Vejamos:*

> ***Articolo 12** – Contratto a termine e lavoro intermittente (sostituisce l'art. 2097 cod. civ.) 1. La prima assunzione del lavoratore alle dipendenze di un'azienda può avvenire con contratto a termine. [...] f) al di fuori dei casi di cui alle lettere precedenti, assunzione per prestazioni intermittenti di. [...] 6. Nel caso di cui al comma 2, lettera f), per ogni giorno di durata della prestazione eccedente il limite ivi indicato il lavoratore ha diritto a un indennizzo pari a un giorno di retribuzione lorda.*

Em Portugal, o trabalho intermitente está previsto entre os artigos 157 e 160 do Código do Trabalho[620] português.

O conceito de trabalho intermitente estaria, em um primeiro momento, loigado à natureza descontínua ou de intensidade variável da atividade da empresa. Em vista disso, o legislador português autoriza o pacto de contrato de trabalho intermitente, por escrito, para a prestação de serviços de forma intercalada por um ou mais períodos de inatividade, cabendo a indicação do número de horas de trabalho ou o número anual de dias de trabalho.

O doutrinador português André Almeida Martins (apud AMAURI CESAR ALVES, 2018)[621] explica que há duas modalidades de contrato de trabalho intermitente no Direito do Trabalho português:

> *"[...] modelo de contrato de trabalho intermitente introduzido pelo legislador comporta quer o designado trabalho alternado, quer o trabalho à chamada, duas espécies de um mesmo gênero que apresentam diferenças significativas quer a nível do específico regime jurídico, quer sobretudo a nível da dinâmica entre flexibilidade e repercussão das relações laboral na esfera da vida privada do trabalhador. No nº 1 do art. 159º do CT 2009 é delineada a distinção entre estas duas submodalidades do trabalho intermitente, na medida em que, por um lado, se permite que as **partes** estabeleçam no contrato **"a duração da prestação de***

Decreto-Lei 5.452/1943

620 Código do Trabalho [Portugal] – SUBSECÇÃO III Trabalho intermitente – Artigo 157.º Admissibilidade de trabalho intermitente 1 – Em empresa que exerça atividade com descontinuidade ou intensidade variável, as partes podem acordar que a prestação de trabalho seja intercalada por um ou mais períodos de inatividade. 2 – O contrato de trabalho intermitente não pode ser celebrado a termo resolutivo ou em regime de trabalho temporário. Artigo 158.º Forma e conteúdo de contrato de trabalho intermitente 1 – O contrato de trabalho intermitente está sujeito a forma escrita e deve conter: a) Identificação, assinaturas e domicílio ou sede das partes; b) Indicação do número anual de horas de trabalho, ou do número anual de dias de trabalho a tempo completo. 2 – Quando não tenha sido observada a forma escrita, ou na falta da indicação referida na alínea b) do número anterior, considera-se o contrato celebrado sem período de inatividade. 3 – O contrato considera-se celebrado pelo número anual de horas resultante do disposto no n.º 2 do artigo seguinte, caso o número anual de horas de trabalho ou o número anual de dias de trabalho a tempo completo seja inferior a esse limite. Artigo 159.º Período de prestação de trabalho 1 – As partes estabelecem a duração da prestação de trabalho, de modo consecutivo ou interpolado, bem como o início e termo de cada período de trabalho, ou a antecedência com que o empregador deve informar o trabalhador do início daquele. 2 – A prestação de trabalho referida no número anterior não pode ser inferior a seis meses a tempo completo, por ano, dos quais pelo menos quatro meses devem ser consecutivos. 3 – A antecedência a que se refere o n.º 1 não deve ser inferior a 20 dias. 4 – Constitui contraordenação grave a violação do disposto no número anterior. Artigo 160.º Direitos do trabalhador 1 – Durante o período de inatividade, o trabalhador tem direito a compensação retributiva em valor estabelecido em instrumento de regulamentação coletiva de trabalho ou, na sua falta, de 20 % da retribuição base, a pagar pelo empregador com periodicidade igual à da retribuição. 2 – Os subsídios de férias e de Natal são calculados com base na média dos valores de retribuições e compensações retributivas auferidas nos últimos 12 meses, ou no período de duração do contrato se esta for inferior. 3 – Durante o período de inatividade, o trabalhador pode exercer outra atividade. 4 – Durante o período de inatividade, mantêm-se os direitos, deveres e garantias das partes que não pressuponham a efetiva prestação de trabalho. 5 – Constitui contraordenação grave a violação do disposto nos n.os 1 ou 2.

621 AMAURI CESAR ALVES. Trabalho Intermitente e os Desafios da Conceituação Jurídica. – Nº 346 – Revista Síntese Trabalhista e Previdenciária, 2018.

> ***trabalh**o, de modo consecutivo ou interpolado", definindo também **"o início e termo de cada período de trabalho"**, assim optando pela **submodalidade do trabalho alternado**, ou então, por outro lado, e num registro de **maior flexibilidade de incerteza**, escolham antes a **"antecedência com que o empregador deve informar o trabalhador do início daquele"**, o que caracteriza o **núcleo essencial** do chamado **trabalho à chamada"**.*

O trabalho à chamada possui uma incerteza maior, pois o empregado dependerá da convocação do empregador, de outro lado, o trabalho alternado, as partes pactuam o início e o fim de cada período.

Na Inglaterra, o contrato de trabalho intermitente é chamado de "contrato zero hora", pois, tal como no direito português, não há uma certeza da prestação de serviços ou do recebimento da contraprestação, dada a ocasionalidade da convocação e da prestação dos serviços.

Lorena de Mello Rezende Colnago[622] destaca que *"A expressão 'contrato de zero hora' – tradução livre do artigo 27 A do Employment Rights Act 1996 da Inglaterra, com características de inexistência de garantia de prestação de serviços e de recebimento de salário"*.

A esse respeito o enunciado 85 da 2ª Jornada Nacional de Direito Material e Processual do Trabalho entendeu que o contrato de trabalho intermitente no Brasil não encontra correspondência com ao contrato "zero horas" britânico, sendo obrigatória a indicação do número mínimo de horas da efetiva prestação de serviços, visto que não é possível o pacto de contrato com objeto indeterminado ou com condição puramente potestativa, na forma do art.104, II, 166, II, e 122 do Código Civil, aplicáveis ao Direito do Trabalho por força do art. 8º da CLT[623].

Esse contrato, antes de ser incorporado pela legislação brasileira, já era objeto de estudo pela doutrina. Amauri Mascaro do Nascimento já apontava a existência deste contrato de trabalho ao apontar a experiência de outros países, especialmente na Europa, como uma espécie de contrato de trabalho flexível:

> *" [...] São dois, no direito peninsular – italiano -, os contratos de trabalho intermitente. Em uma modalidade o trabalhador coloca-se à disposição do empregador, quando responde a uma chamada deste, e é livre para atendê-la ou não. Na segunda forma, o trabalhador fica à disposição do comitente nos períodos de execução dos serviços, mas também para ulteriores obrigações definidas em um pacto expresso, para que atenda à chamada do tomador do trabalho nos períodos em que a prestação da atividade não é desenvolvida (contratto a chiamatta). Nos períodos de disponibilidade o trabalhador não tem nenhum direito.".*

O contrato de trabalho intermitente é alvo de duras críticas por parte da doutrina por considerá-lo uma forma de precarização do trabalho, porque não assegura uma estabilidade financeira ao trabalhador, se comparado aos contratos de trabalho tradicionais; criou uma crise na definição dos requisitos da relação de emprego, considerando que não exige a habitualidade na prestação de serviços e traz incertezas quanto à natureza jurídica, o tempo mínimo e máximo de duração de inatividade.

AMAURI CESAR ALVES[624] tece duras críticas ao trabalho intermitente afirmando que

> *"O problema do contrato de trabalho intermitente, ao contrário do seu conceito, é muito claro: há relação de emprego, formalmente registrada em CTPS, mas sem garantia do pagamento de nenhum valor ao final de um mês. É o contrato de salário zero ou contrato zero hora. O empregador poderá ficar horas, dias, semanas, meses sem demandar trabalho, ficando o empregado, no mesmo período, aguardando um chamado sem receber salário. Trata-se claramente de se dividir os riscos do empreendimento com o empregado, sem que ele participe, obviamente, dos lucros".*

A Organização Internacional do Trabalho preocupa-se com o emprego atípico no mundo, pois, diferentemente da relação de trabalho tradicional (típica), estão associadas a salários mais baixos, incerteza de pagamento ou rendimento, maior risco e insegurança relacionados com lesões e acidentes de trabalho, más condições de trabalho, fadiga, cobertura da Seguridade Social deficiente:

> *"O trabalho ocasional implica o **envolvimento dos trabalhadores por um período de tempo muito curto ou numa base ocasional e intermitente**, muitas vezes por um número específico de horas, dias ou semanas, **em troca de um salário** estabelecido nos termos do contrato de trabalho diário ou periódico. O trabalho ocasional **é uma característica importante do emprego assalariado informal em países em desenvolvimento com baixos rendimentos**. [...] exercem, por vezes, horários muito reduzidos e, consequentemente, podem obter um rendimento baixo, sobretudo se não beneficiarem de igualdade de tratamento relativamente aos trabalhadores a tempo completo no que diz respeito às remunerações. Quando existe a possibilidade de os trabalhadores à chamada e ocasionais serem convocados à conveniência do empregador e não são garantidos horários ou pagamentos mínimos, a segurança do seu rendimento e o equilíbrio entre a*

[622] Lorena de Mello Rezende Colnago. TRABALHO INTERMITENTE, TRABALHO "ZERO HORA", TRABALHO FIXO DESCONTÍNUO: A NOVA LEGISLAÇÃO E A REFORMA DA REFORMA. Revista LTr. – Vol. 82, nº 01 – LTr: 2018.

[623] Enunciado 85 da 2ª Jornada Nacional de Direito do Trabalho: "NOS CONTRATOS DE TRABALHO INTERMITENTE, É OBRIGATÓRIO INDICAR A QUANTIDADE MÍNIMA DE HORAS DE EFETIVA PRESTAÇÃO DE SERVIÇOS, POIS NÃO SE ADMITE CONTRATO DE TRABALHO COM OBJETO INDETERMINADO OU SUJEITO A CONDIÇÃO PURAMENTE POTESTATIVA, CONSOANTE ARTIGOS 104, II, 166 II E 122 DO CÓDIGO CIVIL, APLICÁVEIS SUBSIDIARIAMENTE À MATÉRIA, NOS TERMOS DO ART. 8º, PARÁGRAFO ÚNICO, DA CLT".

[624] AMAURI CESAR ALVES. Trabalho Intermitente e os Desafios da Conceituação Jurídica. – Nº 346 – Revista Síntese Trabalhista e Previdenciária, 2018.

> *vida profissional e pessoal são prejudicados.* ***Estes problemas são exacerbados se os trabalhadores temerem que não lhes seja oferecido mais trabalho se recusarem uma oferta para um turno ou tarefa em particular****, ou caso sejam chamados e se apresentarem ao trabalho, mas o seu turno seja cancelado no último momento.* ***Por tudo isto, é importante dispor de medidas que ofereçam aos trabalhadores um número mínimo de horas garantidas e a oportunidade de terem uma palavra a dizer relativamente aos seus horários de trabalho, incluindo a limitação da variabilidade do horário de trabalho.*** *Contudo,* ***apenas alguns países estabeleceram um horário mínimo de trabalho*** *(...) com vista a garantir um rendimento mínimo. (grifos acrescidos)*[625]

Maurício Godinho Delgado ao tratar do princípio da continuidade da prestação de serviços e da fixação do empregado na estrutura e dinâmica empresarial, adverte que a longa continuidade da relação de emprego permite a afirmação do trabalhador na sociedade, advertindo que *"se está submetido a contrato precário, provisório, de curta duração (ou se está desempregado), fica sem o lastro econômico e jurídico necessário para se impor no plano de suas demais relações econômicas na comunidade"*[626].

Corrente em sentido oposto defende as regras do contrato de trabalho intermitente justificando que é uma forma de diminuir as altas taxas de desocupação, assegurar garantias mínimas ao trabalhador – como, v.g., a remuneração do valor-hora não inferior ao valor-hora do salário mínimo, direito a férias proporcionais ou integrais com 1/3, décimo terceiro proporcional, descanso semanal remunerado, além dos adicionais legais – e propicia segurança jurídica para as relações de trabalho. Complementam a tese argumentando que o Tribunal Superior do Trabalho autorizou o pagamento da remuneração proporcional à jornada de trabalho, ainda que o valor da remuneração mensal seja inferior ao salário mínimo, na medida em que considerou válida a jornada de trabalho móvel ou variável.[627]

Em outras palavras, significa dizer que a principal consequência da jornada móvel variável é o pagamento do salário com base no número de horas de prestação de serviços realizadas pelo empregado. O empregador deve respeitar, entretanto, o valor-hora do salário mínimo. Nesse sentido, temos a OJ 358 da SDI-1 do TST[628].

Essa jornada de trabalho é muito utilizada em restaurantes, bares, buffet e redes de *fast-food*.

5. NATUREZA JURÍDICA E CLASSIFICAÇÃO

Existem várias teorias que buscam identificar a natureza jurídica do contrato de trabalho. Prevalece que o contrato de trabalho possui natureza jurídica contratual, com regras próprias, já que a relação de trabalho cria direitos e obrigações decorrentes da prestação de serviços.

Alguns doutrinadores apontam a existência de sinonímia entre as expressões "contrato de trabalho" – prevista no art. 443 da CLT – e "contrato de emprego"[629].

Para esses autores o objeto do contrato de trabalho é a prestação de serviços nos moldes do art. 2º e 3º da CLT, sendo requisito indispensável para a sua formação a prestação de serviços por pessoa física, de forma pessoal, não eventual, subordinada e onerosa.

Sérgio Pinto Martins esclarece que *"O objeto do contrato de trabalho é a prestação de serviços subordinado e não eventual do empregado ao empregador, mediante o pagamento de salário. O trabalho autônomo prestação a uma pessoa física ou jurídica não gera contrato de trabalho, pois não há o elemento subordinação"*.

A doutrina majoritária indica que são requisitos do contrato de trabalho a continuidade, subordinação, onerosidade, pessoalidade e a alteridade.

Entretanto, há outros que apontam que possuem significados diferentes, tal como ocorre na diferenciação teórica entre relação de trabalho (gênero) e relação de emprego (espécie). O contrato de trabalho seria gênero (abrangendo todas as relações de trabalho) e o contrato de emprego representa uma espécie, referindo-se estritamente às relações de emprego.

O contrato de trabalho intermitente rompe as matrizes tradicionais, posto que dispensa a continuidade na prestação de serviços e faz surgir algumas reflexões: É uma relação de emprego ou uma relação de trabalho? Qual a sua classificação deste contrato de trabalho?

Maurício Godinho Delgado a continuidade é um dos requisitos da relação de emprego (art. 3º, CLT) e revela a integração do trabalhador na estrutura e dinâmica empresarial. Adverte que esse princípio

> *"[...] faz presumida a ruptura contratual mais onerosa ao empregador (dispensa injusta), caso evidenciado o rompimento do vínculo. (...)* ***O mesmo princípio também propõe como regra geral o contrato trabalhista por tempo indeterminado, uma vez que este é o que melhor concretiza o direcionamento pela continuidade da relação empregatícia.*** *Em*

[625] Organização Mundial do Trabalho (OIT). O emprego atípico no mundo: desafios e perspectivas. Fonte: https://www.ilo.org/wcmsp5/groups/public/---dgreports/---dcomm/---publ/documents/publication/wcms_626383.pdf

[626] Mauricio Godinho Delgado. Curso de direito do trabalho -18. ed.– São Paulo: LTr, 2019.

[627] Henrique Correia. Curso de direito do trabalho. – 4 ed. – Salvador: Juspodivm, 2018.

[628] OJ 358 da SDI-1 do TST. SALÁRIO MÍNIMO E PISO SALARIAL PROPORCIONAL À JORNADA REDUZIDA. EMPREGADO. SERVIDOR PÚBLICO. I – Havendo contratação para cumprimento de jornada reduzida, inferior à previsão constitucional de oito horas diárias ou quarenta e quatro semanais, é lícito o pagamento do piso salarial ou do salário mínimo proporcional ao tempo trabalhado. II – Na Administração Pública direta, autárquica e fundacional não é válida remuneração de empregado público inferior ao salário mínimo, ainda que cumpra jornada de trabalho reduzida. Precedentes do Supremo Tribunal Federal.

[629] Nesse sentido os professores Gustavo Felipe Barbosa Garcia e Homero Batista Mateus da Silva.

> *consequência dessa regra geral, tornam-se exceptivos, no Direito do Trabalho, os contratos a termo, os quais somente podem ser pactuados nas estritas hipóteses franqueadas por lei. Hoje, no Direito brasileiro, são cinco essas hipóteses. As três mais frequentes estão previstas no art. 443 da CLT (trata-se de serviço cuja natureza ou transitoriedade justifique a predeterminação do prazo; ou de atividades empresariais transitórias; ou, ainda, de contrato de experiência). A seu lado, há o grupo de situações direcionadas por leis especiais a certas profissões delimitadas, como ocorre com os artistas profissionais e também com os atletas profissionais. Finalmente, há a hipótese da Lei n. 9.601, de 1998, que regulou o chamado contrato provisório de trabalho".*

A continuidade ou a não eventualidade é uma característica, inclusive que difere o empregado do trabalhador não eventual.

Pela teoria da descontinuidade, o trabalhador eventual seria aquele trabalho desempenhado de forma descontínua, fracionado, com interrupções em relação ao tomador de serviços. A teoria do evento considera trabalhador eventual aquele que é admitido para prestar um serviço determinado e específico, de forma casual. Por fim, a teoria dos fins do empreendimento, entende que o trabalhador eventual é aquele que chamado para realizar tarefas que não estão inseridas nos fins normais da empresa, isto é, tarefas esporádicas ou de curta duração[630], conforme explica o professor Maurício Godinho Delgado.[631]

Amauri Mascaro do Nascimento[632], antes mesmo da regulamentação do trabalho intermitente, explicava a similitude entre este e o trabalho eventual:

"**Trabalho intermitente** não é o mesmo que trabalho eventual, e difere daquele prestado pelo empregado num ponto, **a continuidade para a mesma fonte, porém com espaçamentos**, e do exercido pelo eventual num aspecto, a ocasionalidade da fonte para a qual o serviço eventual é prestado. Pode ser considerado uma modalidade do trabalho eventual, mas há diferenças entre as duas situações. **O intermitente difere do eventual pelo seu caráter cíclico continuado, com intervalos entre o fim de um e o início de outro trabalho para a mesma fonte.** Pode-se dizer que o eventual, como está no nome, é o trabalho para um evento de curta duração, enquanto o trabalho intermitente é o retorno constante, mas interruptivo, não seguidamente, como acontece com o empregado, e sim em intervalos significativos".

Equipara-se neste ponto ao trabalhador fixo-descontínuo previsto no Direito do Trabalho espanhol, que são trabalhadores permanentes que prestam serviços de forma cíclica.

Por essa definição podemos entender que o trabalho intermitente pode ser considerado uma relação empregatícia, pois revela a existência de continuidade na prestação de serviços para o mesmo empregador, de forma cíclica continuada, com intervalos na prestação de serviços, ou seja, alternância de períodos de prestação de serviços e de inatividade, diferenciando-se nesse aspecto do trabalho eventual, no qual não há a expectativa de retorno ou novas prestações de serviços em relação ao mesmo tomador de serviços.

A grande problemática é que o legislador indicou expressamente no parágrafo 3º, do art. 443, da CLT, que o contrato de trabalho intermitente é aquele no qual a prestação de serviços não é contínua. Logo, se não há continuidade (habitualidade ou não eventualidade), não poderá ser considerado uma relação de emprego, pois esse requisito é fundamental para a formação vínculo de emprego (art. 3º da CLT).

Acreditamos que o legislador se equivocou nesse ponto, pois se a intenção era instituir uma relação de emprego ou um contrato de emprego especial, deveria indicar que: *o trabalho intermitente é a prestação de serviços, com subordinação, na qual **há continuidade cíclica** na prestação de serviços **para a mesma fonte tomadora**, com alternância de período de prestação de serviços e inatividade, sendo certo que o período de inatividade será considerado hipótese de suspensão do contrato de trabalho – desobrigando o empregador de pagar salários e de computar o período no contrato de trabalho, além de dispensar o trabalhador da prestação de serviços – sendo reativado o contrato de trabalho através de uma nova convocação.*

Deste modo, se há uma perenidade na prestação de serviços, ainda que cíclica, poderíamos enxergar a possibilidade de enquadrar o trabalho intermitente na relação de emprego, notadamente no conceito de continuidade da relação de emprego.

Corroborando esse entendimento Henrique Correia[633] afirma que:

> *"[...]o termo 'não eventual' reforça que a CLT permite que o reconhecimento do vínculo ocorra mesmo que haja fracionamento da prestação dos serviços, como, por exemplo, o trabalho apenas aos finais de semana. [...] O que diferencia o contrato de trabalho padrão por prazo indeterminado do contrato de trabalho intermitente não é a presença do requisito da continuidade, mas sim a alternância de períodos de prestação de serviços e de inatividade, presente nestes últimos".*

630 Idem. Delgado, 2019.
631 Idem. Delgado, 2019.
632 Nascimento, Amauri Mascaro. Curso de direito do trabalho – 26. ed. – São Paulo: Saraiva, 2011.

633 CORREIA, Henrique. Direito do Trabalho. 4 ed. – Salvador: Juspodivm, 2018.

Sergio Pinto Martins defende que "se a continuidade do contrato de trabalho for muito espaçada, o elemento continuidade deixa de existir"[634].

É imperioso dizer que o próprio Amauri Mascaro do Nascimento, entretanto, não considerava o trabalho intermitente uma relação de emprego, mas, sim, uma mera relação de trabalho, por não vislumbrar a existência da continuidade da prestação de serviços. Baseava o seu entendimento nos seguintes argumentos:

> *"O eventual e o intermitente são subordinados, mas não são empregados, apesar da tendência de alguns juízos em declarar a relação de emprego entre o tomador de serviços e o intermitente. Essa relação não há. Pode apresentar-se outra situação, a do trabalho prestado para a mesma fonte em determinadas épocas do ano e em todos os anos, como a dos garçons e outros que, nas temporadas de férias ou fins de semana de feriados, vão reforçar os quadros de um hotel na montanha, situação que, para alguns, configura a intermitência, mas qualificada como relações de emprego por prazo determinado. No entanto há um inconveniente. Os contratos a prazos sucessivos são admitidos, entre as mesmas partes, se a natureza da atividade for compatível com a sua repetição"*[635].

O contrato de trabalho intermitente não tem um termo (dies ad quem) fixado pelas partes aproximando-o do contrato de trabalho por tempo indeterminado. De outro lado, existe uma alternância de períodos de prestação de serviços e inatividade, sendo certo que essa periodicidade, ciclos, etapas ou durações, de prestação de serviços, o aproxima do contrato de trabalho por prazo determinado[636].

Por esse motivo esse contrato é classificado como um contrato de trabalho especial ou "sui generis", pois não tem um paralelo, manifestado obrigatoriamente de forma escrita.

Art. 444 – As relações contratuais de trabalho podem ser objeto de livre estipulação das partes interessadas em tudo quanto não contravenha às disposições de proteção ao trabalho, aos contratos coletivos que lhes sejam aplicáveis e às decisões das autoridades competentes.

Parágrafo único. A livre estipulação a que se refere o **caput** deste artigo aplica-se às hipóteses previstas no art. 611-A desta Consolidação, com a mesma eficácia legal e preponderância sobre os instrumentos coletivos, no caso de empregado portador de diploma de nível superior e que perceba salário mensal igual ou superior a duas vezes o limite máximo dos benefícios do Regime Geral de Previdência Social. (Incluído pela Lei nº 13.467, de 2017)

[634] MARTINS, Sergio Pinto. Direito do Trabalho. – 36. ed. – São Paulo: saraiva Educação, 2020.

[635] Idem. Nascimento, 2011.

[636] Idem. CORREIA, 2018.

COMENTÁRIOS (ART. 444)

O contrato individual de trabalho possui uma desigualdade fática entre os sujeitos integrantes desta relação jurídica. O trabalhador é a parte mais vulnerável na relação jurídica trabalhista, o que exige uma intervenção do Estado por meio de regras jurídicas com caráter protetivo, visando coibir eventuais abusos por parte do empregador. Em virtude dessa vulnerabilidade o trabalhador é denominado de "hipossuficiente".

Hipossuficiente é antônimo de autossuficiência. Significa aquele ou aquilo que não se basta a si próprio, estado relacionado aos recursos econômicos ou financeiros[637].

O Direito do Trabalho foi construído em torno de princípios e valores protecionistas, objetivando tutelar os interesses dos trabalhadores, assim considerados hipossuficientes.

A Reforma Trabalhista alterou a redação do art. 444 da CLT, passando a prever uma nova figura: o empregado **hipersuficiente.** Segundo este dispositivo, os empregados portadores de **nível superior** e que percebam **salário mensal igual ou superior a duas vezes o limite máximo dos benefícios do Regime Geral de Previdência Social**, estão em posição de igualdade aos seus empregadores, podendo negociar com este livremente as condições de trabalho, desde que não se oponha às disposições de proteção ao trabalho e aos contratos coletivos que lhe sejam aplicáveis e às decisões das autoridades cometentes. O empregado hipersuficiente, portanto, estaria em posição de igualdade em relação ao empregador, tendo plana aptidão para negociar as cláusulas do contrato de trabalho, nos limites do art. 611-A da CLT.

A ideia básica é pautada no princípio da igualdade e da isonomia. A ideia é tratar desigualmente os desiguais na medida das suas desigualdades, ou seja, quanto maior for o estudo e/ou o salário do trabalhador, menor será a proteção. A proteção é inversamente proporcional a quanto estudo o trabalhador tem e quanto ele ganha.

Portugal e Espanha já tem alguns institutos nesse sentido. Tem uma figura que é o trabalhador dependente economicamente, não é só empregado/trabalhador, está em uma situação intermediária.

O Brasil está começando com a figura do hipersuficiente. Há uma expressão utilizada pela professora Alice Monteiro de Barros que são os trabalhadores de

[637] hipossuficiente | adj. 2 g. hi·pos·su·fi·ci·en·te (hipo- + suficiente). adjetivo de dois gêneros. Que não se basta a si próprio, geralmente em relação aos recursos econômicos ou financeiros. ≠ AUTOSSUFICIENTE ["hipossuficiente", in Dicionário Priberam da Língua Portuguesa, 2008-2021, https://dicionario.priberam.org/hipossuficiente (consultado em 28-02-2021)].

zona gris, cinzenta, intermediária – o trabalhador estaria em uma zona intermediária entre a subordinação e a autonomia – por isso precisa ser tratado de maneira diferenciada.

A lei trouxe para o trabalhador hipersuficiente um maior poder de barganha, que envolve poder de contratação e negociação, que causou uma equivalência jurídica ao princípio da prevalência do negociado sobre o legislado (artigo 611-A CLT), que também foi fruto da Reforma Trabalhista.

É um artigo do Direito Individual do Trabalho que faz remissão a um artigo do Direito Coletivo do Trabalho. A mesma força que tem o princípio da prevalência do negociado sobre o legislado teria o trabalhador hipersuficiente na negociação.

Brasil começou a pensar num trabalhador diferente, que tem um regime jurídico diferenciado. Nesse contexto, ainda não há certeza da extensão de poderes no âmbito desta negociação, ou seja, até aonde vai essa negociação.

O dispositivo em exame é muito criticado pela doutrina e pela jurisprudência, pois contraria o preceito do art. 3º, parágrafo único, da CLT, que proíbe distinções relativas à espécie de emprego, à condição de trabalhador, ou entre o trabalho intelectual, técnico e manual.

Maurício Godinho Delgado esclarece que *"Ao acentuar o poder unilateral do empregador em um contrato de adesão, aprofundando o status de vulnerabilidade e hipossuficiência do obreiro nessa relação socioeconômica e jurídica, a Lei da Reforma Trabalhista hostilizou, evidentemente, em determinada medida, o princípio da inalterabilidade contratual lesiva. Mas não o afastou por inteiro, preservando ainda sua larga influência nas relações de trabalho"*. Acrescenta que *"regra não está isenta das críticas da inconstitucionalidade e da inconvencionalidade internacional imperativa, por transparecer espírito discriminatória"*[638].

Henrique Correia defende que *"a legislação trabalhista deve ser aplicada de forma igualitária, sem distinção decorrente da escolaridade do trabalhador, da atividade desenvolvida ou do salário recebido. [...] não há nada que garanta que o valor recebido como salário tornará o empregado capaz de negociar todos os pontos do art. 611-A da CLT diretamente com o empregador. A subordinação independentemente, do valor do salário e do nível escolar, é intrínseca ao vínculo de emprego"*[639].

Uma trabalhadora gestante hipersuficiente, por exemplo, poderia negociar a sua estabilidade? Em tese não. A estabilidade está na Constituição no artigo 10, II, b, do ADCT. É matéria de ordem pública, pois visa proteger a empregada e a maternidade.

A Constituição assegura férias anuais remuneradas com um terço constitucional, mas não fala que tem que ser de 30 (trinta) dias. Os 30 (trinta) dias, bem como o fracionamento, estão na legislação infraconstitucional (CLT). Do mesmo modo, poderia o trabalhador hipersuficiente negociar prazo inferior, bem como parcelamento diverso do estabelecido na lei livremente.

Para ser um trabalhador hipersuficiente precisa atender a dois requisitos cumulativos:

i. Ser portador de diploma de nível superior; e

ii. Receber salário mensal igual ou superior ao dobro do teto previdenciário (RGPS)

Vale ressaltar que o artigo 507-A da CLT (Lei 13.467/2017) fala da cláusula compromissória de arbitragem na solução dos conflitos individuais trabalhistas. No passado a posição amplamente majoritária rechaçava a arbitragem para conflitos individuais na área trabalhista. Para conflitos coletivos tinha autorização constitucional.

A Lei da Arbitragem é a Lei 9.307/96, que representou o grande marco de quando o Brasil começou a olhar com mais atenção os métodos alternativos de solução de conflitos, especialmente a arbitragem para conflitos individuais.

Essa cláusula compromissória de arbitragem (gênero) não se confunde com compromisso arbitral. Ela significa algo antes do litígio, com base no artigo 4º da Lei 9.307/96. O compromisso arbitral é após o litígio (artigo 9º da Lei 9.307/96).

Muitos entendiam no passado que essa cláusula compromissória de arbitragem não seria possível porque impactava a renúncia prévia de direitos. A própria arbitragem, de acordo com alei, só era possível para conflitos envolvendo direitos patrimoniais.

O texto do artigo 444, parágrafo único, da CLT fala que para ser hipersuficiente tem que que ter **salário mensal igual** ou superior ao dobro do teto previdenciário.

Já o artigo 507-A da CLT traz essa cláusula compromissória de arbitragem, que vem por iniciativa do empregado ou mediante sua concordância expressa, sendo alguém que tem que ter **remuneração superior** ao dobro do teto previdenciário.

Quando comparados os dois artigos percebe-se que não fala da mesma coisa: o primeiro (artigo 444, parágrafo único, da CLT) dispõe que o salário mensal é igual ou superior ao dobro do teto; o segundo (artigo 507-A da CLT), estabelece como requisito a remuneração superior ao dobro do teto.

638 Delgado, 2019, p. 242.

639 CORREIA, 2018, p. 220.

Art. 445 – O contrato de trabalho por prazo determinado não poderá ser estipulado por mais de 2 (dois) anos, observada a regra do art. 451. (Redação dada pelo Decreto-lei nº 229, de 28.2.1967)

Parágrafo único. O contrato de experiência não poderá exceder de 90 (noventa) dias. (Incluído pelo Decreto-lei nº 229, de 28.2.1967)

COMENTÁRIOS (ART. 445)

O contrato a termo, ou de termo certo, tem data prefixada para findar. Trata-se de contrato que utiliza um critério estritamente cronológico para a realização da prestação de serviços. A previsão legal em exame impõe o tempo máximo de 2 (dois) anos de duração do contrato por prazo determinado. Em se tratando de contrato de experiência o prazo não pode exceder a 90 dias (art. 445, § único, da CLT).

Evidentemente, há na legislação trabalhista esparsa outros tipos de contrato a prazo com prazos específicos como, por exemplo, os atletas profissionais (Lei 9.615/1998)[640], os artistas (Lei 6.533/1978), entre outros.

A jurisprudência tem entendido a prorrogação automática (também chamada de prorrogação tácita) do contrato de experiência, sob o argumento de que a norma trabalhista não exige a prorrogação expressa do contrato de experiência, permitindo a conclusão de que a prorrogação pode ser expressa ou tácita, desde que respeite o limite máximo de 90 dias e a quantidade de prorrogações (uma vez). Nesse sentido, o aresto abaixo:

- CONTRATO DE EXPERIÊNCIA. PRORROGAÇÃO AUTOMÁTICA. VALIDADE. O contrato de experiência pode ser prorrogado de forma tácita, desde que limitado a uma oportunidade e que no prazo máximo não ultrapasse 90 dias. Exegese do parágrafo único do art. 445 e 451 da CLT (TRT-4 ROT 00205897220185040025, Data de julgamento: 19/11/2020, 7ª Turma).

Outra discussão recente é se o período de treinamento ou o processo seletivo integra ou o contrato de experiência. Há posicionamentos favoráveis a integração. Vejamos:

- **RECURSO ORDINÁRIO. PERÍODO DE TREINAMENTO.** O período de treinamento, precedente à contratação do trabalhador, se afigura como o período do contrato de experiência, regido pelo **artigo 445 da Consolidação das Leis do Trabalho.** Em tal período, o trabalhador fica à disposição da empresa e é avaliado em sua aptidão para a sua função pretendida, correspondendo, pois, ao referido contrato de experiência. (TRT-20 00005781020195020003, Relator Jorge Antonio Andrade Cardoso, data de publicação: 11/12/2020)
- PERÍODO DE TREINAMENTO. PROCESSO SELETIVO. VÍNCULO DE EMPREGO. A verificação da aptidão e o treinamento do empregado devem ser realizados durante o período de experiência, porquanto é nesse interregno que se permite ao empregado apurar se o empregado preenche ou não os requisitos ao cargo e se atende às necessidades para a execução das tarefas a ele atinentes, conforme inteligência dos artigos 443, §2º e 445, § único, ambos da CLT. Não pode ser acolhida a tese defensiva no sentido de que o treinamento do trabalhador correspondeu a mera fase do processo seletivo, quando constatada a prestação laboral, com sujeição a horário de trabalho e assinatura de lista de presença." (Ementa da Des. Maria Cecília Alves Pinto no processo de nº. 0010652-64.2016.5.03.0145, publicado em 04/10/2017) (TRT-3 RO 00104024220195030145 MG, Relator Luiz Otavio Linhares Renaut, Data de Publicação: 28/09/2020).
- **VÍNCULO EMPREGATÍCIO . PERÍODO DE TREINAMENTO.** Segundo o quadro fático delineado pelo acórdão regional, o período de treinamento era obrigatório, cabendo à parte exercer as mesmas funções de como se já estivesse em pleno exercício de suas atividades. Ficou consignado também que o curso de que a reclamante participou tinha por finalidade o treinamento e posterior contratação pela empresa. **Nesse contexto, restou evidenciado que o período de treinamento destinado à avaliação das aptidões da empregada, inclusive com submissão ao cumprimento de horário, denota efetivo contrato de experiência, nos moldes do art. 445 da CLT.** Precedentes. Agravo não provido. (Ag-AIRR-1353-37.2016.5.10.0802, 2ª Turma, Relatora Ministra Maria Helena Mallmann, DEJT 21/08/2020).
- AGRAVO DE INSTRUMENTO EM RECURSO DE REVISTA. RECURSO DE REVISTA INTERPOSTO NA VIGÊNCIA DA LEI Nº 13.015/2014. **RECONHECIMENTO DO VÍNCULO DE EMPREGO. CARACTERIZAÇÃO. PERÍODO DESTINADO AO TREINAMENTO. VERDADEIRO CONTRATO DE EXPERIÊNCIA.** O Tribunal Regional confirmou a sentença em que se reconheceu, como termo inicial do contrato de trabalho do autor o dia 4/3/2013. Extrai-se do acórdão regional que o período de treinamento a que o obreiro foi submetido equipara-se a contrato de experiência,

[640] Lei 9.615/1998, Art. 30: O contrato de trabalho do atleta profissional terá prazo determinado, com vigência nunca inferior a três meses nem superior a cinco anos. Parágrafo único. Não se aplica ao contrato especial de trabalho desportivo do atleta profissional o disposto nos arts. 445 e 451 da Consolidação das Leis do Trabalho – CLT, aprovada pelo Decreto-Lei no 5.452, de 1o de maio de 1943.

uma vez que estava à disposição da empregadora e sujeito ao seu poder diretivo. Com efeito, o Regional consignou que, no período destinado ao processo seletivo, "não havia ministração de treinamento a potenciais concorrentes a vagas, mas a rigor a capacitação de funcionários já devidamente "escolhidos"", concluindo que "o interregno no qual o(a) colaborador(a) subordinado(a) participou do "período destinado à aprendizagem" promovido pelo(a) acionado(a) se integra, naturalmente e para todos os efeitos, ao tempo total de vigência da contratualidade". Dessarte, estando evidenciado que o suposto processo seletivo era, na verdade, **período de treinamento, que se insere na dinâmica produtora da empresa e caracteriza-se como tempo à disposição, equipara-se ao período do contrato de experiência, devendo ser reconhecido o vínculo de emprego.** Assim, considerando que a Corte de origem, soberana na análise das provas produzidas nos autos, concluiu pelo reconhecimento de vínculo durante o período do treinamento, nos termos da sentença, impossível a esta instância recursal de natureza extraordinária chegar a conclusão diversa, por óbice da Súmula nº 126 do Tribunal Superior do Trabalho, estando incólume o disposto nos artigos 3º e 445 da CLT. Agravo de instrumento desprovido. (AIRR – 477-18.2015.5.20.0001, Relator Ministro: José Roberto Freire Pimenta, 2ª Turma, DEJT 6/10/2017).

- AGRAVO DE INSTRUMENTO EM RECURSO DE REVISTA. **PERÍODO DE TREINAMENTO. TEMPO À DISPOSIÇÃO DO EMPREGADOR. INTEGRAÇÃO AO CONTRATO DE TRABALHO.** O TRT assentou que a autora foi submetida a período de treinamento, permanecendo à disposição da recorrida, cumprindo jornada de trabalho sob sua orientação, obedecendo ordens e, somente após o término do processo seletivo, foi que a reclamada promoveu a assinatura do vínculo empregatício na sua CTPS. **O período de treinamento corresponde, na relação de emprego, a um contrato de experiência, portanto deve ser considerado como período de vínculo empregatício entre as partes, porque não se tratava de mero processo seletivo, havendo inclusive o atendimento a clientes, de forma que se encontram presentes todos os requisitos fático-jurídicos necessários a tanto (artigos 2º e 3º da CLT),** máxime a subordinação, a pessoalidade e o intuito oneroso do pacto." (AIRR – 54-37.2015.5.20.0008, Relator Ministro: Alexandre de Souza Agra Belmonte, 3ª Turma, DEJT 23/2/2018).

Nota-se, portanto, que o período em que o empregado estiver em treinamento ou em processo seletivo, cumprindo jornada de trabalho, estado à disposição do empregado, recebendo ordens e orientações, deve ser considerado como período de experiência, na forma do artigo em análise.

Art. 446 - (Revogado pela Lei nº 7.855, de 24.10.1989)

Art. 447 – Na falta de acordo ou prova sobre condição essencial ao contrato verbal, esta se presume existente, como se a tivessem estatuído os interessados na conformidade dos preceitos jurídicos adequados à sua legitimidade.

COMENTÁRIOS (ART. 447)

As condições do contrato individual de trabalho são ajustadas entre o empregado e o empregador. Atualmente, como regra, os contratos de trabalho são entabulados por escrito, por trazer uma segurança jurídica maior aos sujeitos da relação jurídica laboral. Nele é possível consignar todas as condições do contrato de trabalho, inclusive situações especiais. Entretanto, em se tratando de contrato de trabalho tácito ou verbal, a demonstração das condições de trabalho acaba se tornando mais difícil.

Esse dispositivo traz uma presunção relativa de veracidade da existência de uma determinada condição especial do contrato individual de trabalho quando pactuado de forma verbal. Isso deriva das próprias matrizes do Direito do Trabalho que têm caráter eminentemente protetivas. O desequilíbrio contratual e o caráter protetivo das normas de Direito do Trabalho impõem o dever de provar a inexistência ou os limites das condições especiais estabelecidas no contrato individual de trabalho verbal ao empregador.

Naturalmente, ainda que o contrato individual de trabalho fosse escrito, seria possível a demonstração pelo empregado, dos termos de uma eventual condição especial entabulada com o empregador, haja vista que o princípio da primazia da realidade sobrepõe a realidade dos fatos aos documentos eventualmente existentes, anteparando práticas fraudulentas.

Art. 448 – A mudança na propriedade ou na estrutura jurídica da empresa não afetará os contratos de trabalho dos respectivos empregados.

Art. 448-A. Caracterizada a sucessão empresarial ou de empregadores prevista nos arts. 10 e 448 desta Consolidação, as obrigações trabalhistas, inclusive as contraídas à época em que os empregados trabalhavam para a empresa sucedida, são de responsabilidade do sucessor. (Incluído pela Lei nº 13.467, de 2017)

Parágrafo único. A empresa sucedida responderá solidariamente com a sucessora quando ficar comprovada fraude na transferência. (Incluído pela Lei nº 13.467, de 2017)

COMENTÁRIOS (ARTS. 448 E 448-A)

A sucessão empregadores, também denominada de *sucessão trabalhista, sucessão de empresas, sucessão de titulares da empresa* ou *de empresários,* ou *alteração subjetiva do contrato de trabalho,* é a transferência da titularidade da empresa ou do estabelecimento empresarial à pessoa (física ou jurídica) que continua explorando a mesma atividade econômica, conforme disposto no art. 10 e 448 da CLT.

A alteração da titularidade ou da estrutura jurídica da empresa (fusão, incorporação ou fusão), não afetará os contratos de trabalho dos respectivos empregados.

Homero Batista Mateus da Silva alerta que não há razão para a ruptura do contrato de trabalho "pelo singelo argumento de que o estabelecimento tenha sido vendido: a troca do comando pode ser feita por qualquer título ou a qualquer momento, sem que isso afete a constância do contrato de trabalho". [641]

A pessoalidade, enquanto elemento fático-jurídico da relação de emprego, guarda relação apenas com a figura do empregado – componente indispensável para definir o sujeito ativo da relação empregatícia – sendo irrelevante para o enquadramento do sujeito passivo como empregador – prevalecendo, assim, a impessoalidade do empregador[642]. A "despersonalização" da figura do empregador possibilita a modificação do sujeito passivo da relação de emprego sem que isso acarrete qualquer prejuízo ao vínculo empregatício.

Nesta perspectiva, Carlos Henrique Bezerra Leite leciona que a "sucessão é um instituto vinculado ao fenômeno da despersonalização do empregador, segundo o qual o contrato de trabalho é *intuitu personae* em relação ao empregado, e não ao empregador. Noutro falar, o empregado fica vinculado à empresa, e não à pessoa física ou jurídica do seu proprietário ou possuidor"[643].

A doutrina majoritária aponta basicamente dois requisitos para a configuração da sucessão de empregadores: a) transferência da unidade econômica ou jurídica; b) continuidade na prestação de serviços[644].

A ***transferência da unidade econômica*** representa a transmissão de parte significativa dos estabelecimentos (filiais, agências) ou bens (materiais e imateriais) para outro titular. A ideia de unidade econômica depende de uma transferência significativa do patrimônio ou estabelecimento empresarial. Tratando-se de transferência singular, como, por exemplo, a venda de um maquinário, não consubstanciam unidade econômica para fins de sucessão empresarial.

Nas palavras da Alice Monteiro de Barros "A sucessão pode ser total, abrangendo a empresa "como organização de trabalho alheio", ou parcial, restringindo-se apenas a um de seus estabelecimentos. Logo, para que haja a sucessão, não é necessário que a empresa desapareça"[645].

Já a ***transferência da unidade jurídica***, ocorrerá a modificação do quadro societário da empresa, ou seja, a substituição do controlador da empresa. O novo titular pode ser uma pessoa física ou jurídica. É importante dizer que a alteração do tipo societário (sociedade limitada, sociedade simples, sociedade em nome coletivo, sociedade por ações, etc.) não afeta os contratos de trabalho.

São exemplo de alteração jurídica da empresa: a) *fusão, quando* duas ou mais empresas se reúnem e formam uma nova sociedade, desaparecendo as anteriores (art. 228 da Lei da S.A.); b) *incorporação, quando* uma empresa é adquirida por outra com aumento patrimonial e do capital social da incorporadora, com a extinção da empresa incorporada (art. 227 da Lei da S.A.); c) *transformação, caracterizada quando* ocorre uma mudança no tipo societário, como, por exemplo, uma sociedade limitada que se transforma em uma sociedade anônima (art. 220 a 222 da Lei da S.A.).

No tocante à transferência da unidade jurídica, Mauricio Godinho Delgado defende que a modalidade do título jurídico (privado ou público) utilizado para a transferência, em princípio, é indiferente para o ordenamento jurídico juslaboral. Assim, por exemplo, em caso de substituição de concessionárias do serviço público ou de privatização.

O segundo requisito da sucessão de empregadores é a ***continuidade da atividade*** pelo novo empregador (sucessor). Significa que o sucessor não pode interromper por um tempo longo a atividade produtiva da empresa. Caso haja interrupção da atividade, não se configurará a sucessão de empregadores.

A atividade produtiva deve ser igual (a mesma) àquela executada pelo sucedido. A esse respeito, Vólia Bomfim defende que "O fato gerador da sucessão é a transferência da titularidade de toda ou de parte da empresa, de uma pessoa jurídica ou física para outra, seja a que título for. Além disso, é necessário que o novo titular da empresa explore a **mesma** atividade econômica do sucedido"[646].

A sucessão trabalhista, portanto, exige a manutenção da mesma atividade desenvolvida pelo sucedido

[641] Homero Batista Mateus da Silva. CLT comentada. – 2. ed. – São Paulo: Thomson Reuters Brasil, 2018.

[642] Idem. Delgado, 2019.

[643] Idem. Leite, 2019.

[644] Délio Maranhão e Maurício Godinho Delgado são signatários desse entendimento (in Delgado, 2019, p.515)

[645] Idem. Alice Monteiro de Barros, 2016, p. 261.

[646] Idem. Bomfim.

– não sendo possível a alteração da atividade-fim – e a inexistência de paralisação da atividade empresarial por muito tempo.

A doutrina aponta ainda o fenômeno da ***"sucessão por indução"***. Caracteriza-se pela impossibilidade de alteração da atividade-fim da empresa após a aquisição, tendo em vista a natureza do negócio adquirido, como ocorre, por exemplo, com os postos de gasolina, quiosques de praias, barcos de recreação para turismo[647].

A sucessão de empregadores encontra amparo doutrinário nos princípios da intangibilidade objetiva do contrato de trabalho, da despersonalização da figura do empregador e da continuidade do contrato de trabalho. Isto é, a alteração subjetiva do contrato de laboral não extingue o contrato de trabalho, nem altera as obrigações e direitos daí decorrente.

O fundamento legal aplicável ao empregado urbano está previsto nos artigos 10, 448, 44-A da CLT. A sucessão de empregadores aplicável ao rurícola tem previsão no art.1º, *caput*, Lei n. 5.889/73.

É importante dizer que o empregado não poderá, a priori, se insurgir contra a sucessão de empregadores, isso porque é lícita a alteração subjetiva do contrato de trabalho por meio da sucessão de empregadores, na forma do art. 10 e 448 da CLT. Outrossim, a alteração do contrato de trabalho não gera qualquer prejuízo ao empregado, cujo contrato de trabalho será preservado.

1. SUCESSÃO NA RELAÇÃO EMPREGATÍCIA DOMÉSTICA

Doméstico é aquele que presta serviços de forma contínua, subordinada, onerosa e pessoal e de finalidade não lucrativa à pessoa ou a família no âmbito residencial destas, por mais de 2 (dois) dias por semana.

Conquanto a *tendência expansionista* da relação empregatícia, aplicando-se os preceitos da CLT a outras relações jurídicas laborais, a CLT excluiu expressamente os empregados domésticos das normas protetivas no art. 7º, "a". Apenas em 1972 o trabalho doméstico foi regulamentado timidamente, com a edição da Lei n. 5.859/72, que conferiu três direitos ao trabalhador doméstico[648].

O art. 7º, parágrafo único da CF/88 foi alterado pela Emenda Constitucional nº 72/2013, ampliando o rol de direitos dos empregados doméstico, sendo posteriormente foi regulamentado pela Lei Complementar 150 de 1 de julho de 2015.

Embora a Lei Complementar 150/2015 autorize a aplicação subsidiária da CLT à relação empregatícia doméstica (art.19), as características do instituto jurídico da sucessão de empregadores são incompatíveis com as peculiaridades do trabalho doméstico, isso porque as regras da sucessão de empregadores foram estruturadas com base no conceito de empregador enquanto empresa (ou empreendimento), fixando o empregado na dinâmica empresarial, independentemente de quem o quadro societário ocupe a posição de titular.

A relação empregatícia doméstica, de outro lado, foi estruturada em torno da prestação de serviços, de natureza não econômica, prestado exclusivamente para uma pessoa (física) ou unidade familiar (art. 1º da LC 150/2015), no âmbito residencial destas. Nesse aspecto, a pessoalidade – elemento fático jurídico da relação empregatícia doméstica, aplicável também à figura do empregador – afasta a incidência do instituto da sucessão de empregadores.

Sobre o tema, Mauricio Godinho Delgado explica que o contrato de trabalho doméstico é pessoal *(intuitu personae)* também em relação à figura do empregador, inviabilizando, assim, a extensão do instituto jurídico da sucessão de empregadores a essa relação empregatícia específica.

E mais: não há transferência da unidade econômica, nesta relação específica, já que inexiste atividade de natureza econômica no trabalho doméstico.[649] Nesse sentido colhemos os seguintes julgados:

> *EMPREGADO DOMÉSTICO. SUCESSÃO DE EMPREGADORES. IMPOSSIBILIDADE. A* **natureza jurídica da relação empregatícia doméstica não permite a aplicação do instituto da sucessão de empregadores**, *porquanto o art. 7º, alínea "a", da CLT, exclui esta categoria do âmbito de incidência das normas celetistas, entre as quais figuram as disposições contidas nos artigos 10 e 448.* **Ademais, a figura do empregador, nesta espécie de relação, está imantada por uma relativa pessoalidade, o que inviabiliza a incidência do princípio que fundamenta o instituto da sucessão trabalhista** *– qual seja – o da despersonalização do empregador. Recurso Ordinário conhecido e parcialmente provido. (TRT-7 – CE – RO 0096700-79.2004.5.07.0001, Relato Des. José Antonio Parente da Silva, Data de Julgamento: 25/10/2004).*

> *RECURSO ORDINÁRIO. SUCESSÃO DE EMPREGADORES. EMPREGADO DOMÉSTICO. EXERCÍCPIO DE ATIVIDADE NÃO ECONÔMICA. INAPLICÁVE O DISPOSTO NO ART. 10 E 448 DA CLT.* **A sucessão de empregadores pressupõe a transferência do acervo produtivo de uma sociedade para outra distinta da empregadora a originária.** *Pode ocorrer sem solução de continuidade, isto é, mantendo inalterados os contratos de trabalho dos empregados de uma empresa sucedida, conforme interpretação do artigo 10 e 448 da CLT. Para tanto,* **é necessário que a sucessão ocorra entre empresas,** *assim entendido nos moldes delineados pelo artigo 2º da CLT, merecendo destaque o exercício de uma atividade econômica.* **Os empregados domésticos, assim considerados de um modo geral, os que prestam serviços de natureza não econômica à pessoa ou**

[647] Direito do Trabalho. Henrique Correia. 4ª.ed. – Salvador: Juspodivm, 2018, p.335.

[648] Idem. Delgado, 2019.

[649] Idem. Delgado, 2019, p. 522.

família, no âmbito residencial, *consoante dicção da alínea "a", do artigo 7º, da CLT, pela própria definição, não prestam serviços de natureza econômica. Por conseguinte, inaplicáveis as regras relativas à sucessão de empresas; (TRT1 – RJ, RO 0010225-58.2015.5.01.0242, 8ª Turma, Relatora Des. Maria Aparecida Coutinho Magalhães, Data de Julgamento: 25/07/2017)*

RECURSO ORDINÁRIO DA RECLAMANTE. EMPREGADA DOMÉSTICA. VÍNCULO DE EMPREGO. PESSOA FALECIDA. Comprovado nos autos que o vínculo de emprego da reclamante foi com o pai do reclamado, já falecido, não tendo o reclamado atuado na condição de empregador ou feito qualquer tipo de pagamento à parte autora, não possui este legitimidade para figurar no polo passivo da presente demanda. **Sendo o contrato de trabalho doméstico, diferentemente dos demais contrato de trabalho, em regra personalíssimo em relação à figura do empregador, a sua morte acarreta a extinção natural do contrato**, *devendo eventual ação trabalhista, nos termos do art. 1997, caput. Do CC, ser proposta contra a sua sucessão ou espólio, respondendo os herdeiros proporcionalmente de acordo com os limites de sua herança. (TRT-4 RO, 0021079-34.2017.5.04.0121, 9ª Turma, Relatora Des. Lucia Ehrenbrink, Data de julgamento: 19/07/2019)*

Com efeito, nota-se que há incompatibilidade de princípios e regras entre os institutos jurídicos em análise, de forma que é inviável a incidência da sucessão de empregadores ao trabalho doméstico.

2. SUCESSÃO EM EMPRESA INDIVIDUAL

A sociedade unipessoal é aquela constituída por uma única pessoa titular da totalidade do capital social – como, v.g., a empresa individual de responsabilidade limitada (EIRELI), o microempreendedor individual (MEI) e a sociedade unipessoal de advocacia.

Ocorrendo a morte do empregador, titular de empresa individual, o empregado pode optar por continuar prestando serviços ao novo titular da atividade empresarial (art. 483, §2º, da CLT). Ou seja, não há extinção automática do contrato de trabalho nesta situação.

Se a atividade produtiva for preservada por um novo empregador (sucessor, espólio, herdeiros, por exemplo) e o empregado optar pela manutenção do contrato de trabalho ou continuar prestando serviços (aceitação tácita), operar-se-á a sucessão de empregadores, nos moldes do art. 10, 448 e 448-A da CLT.

Destaca-se, ademais, que a sucessão trabalhista poderá ocorrer mesmo na hipótese de o titular de firma individual não estar regularmente constituído no momento do falecimento.[650]

3. SUCESSÃO DERIVADA DE DESMEMBRAMENTO DE ESTADO OU MUNICÍPIO

O desmembramento é a divisão territorial, uma separação, com o destaque de parte do território de um Estado ou Município para se anexar a outro (desmembramento-anexação) ou para formar um novo Estado, Território ou Município (desmembramento-formação)[651].

O desmembramento de Estados-membros exige aprovação da população diretamente interessada, através de plebiscito, e do Congresso Nacional, por lei complementar (art. 18, §3º, da CF). Sobre o tema, o Supremo Tribunal Federal decidiu que o desmembramento exige também a consulta plebiscitária "da população da área remanescente, população essa que também será inevitavelmente afetada. O desmembramento dos entes federativos, além de reduzir seu espaço territorial e sua população, pode resultar, ainda, na cisão da unidade sociocultural, econômica e financeira do Estado, razão pela qual a vontade da população do território remanescente não deve ser desconsiderada, nem deve ser essa população rotulada como indiretamente interessada", ou seja, inserida no conjunto da população dos demais Estados da Federação[652].

Já o desmembramento de Municípios, far-se-ão por lei estadual, dentro do período determinado por Lei Complementar Federal, e dependerão de consulta prévia, mediante plebiscito, às populações dos Municípios envolvidos, após divulgação dos Estudos de Viabilidade Municipal, apresentados e publicados na forma da lei (art. 18, §3º, da CF). A consulta prévia das populações dos Municípios envolvidos é condição "sine qua non" para viabilizar o desmembramento, por consubstanciar relevante meio de exercício da soberania popular. A falta da consulta prévia plebiscitária não pode ser corrigida por mera retificação legislativa[653].

Decreto-Lei 5.452/1943

[650] Nesse sentido o seguinte aresto: SUCESSÃO TRABALHISTA. TITULAR DE FIRMA INDIVIDUAL NÃO CONSTITUÍDA REGULARMENTE. FALECIMENTO. Nos termos do §2º, do art. 483, da CLT, no caso de morte do empregador construído em empresa individual, é facultado ao empregado rescindir o contrato de trabalho. Extrai-se, a contrário sensu, da literalidade da lei, a possibilidade de manutenção do contrato de trabalho com o novo empregador. Por conseguinte, aplicando-se analogicamente o supracitado dispositivo, há ligar para o direcionamento da execução à sociedade de fato que era de titularidade do reclamado falecido, agora sob responsabilidade de terceiro, evidenciando-se a sucessão trabalhista, nos termo dos artigos 10 e 448, da CLT. (TRT-1, RJ, AP 0134500-23.2007.501.0028, 1ª Turma, Relator Des. Alexandre Teixeira de Freitas Bastos Cunha, Data de Julgamento 18/07/2013).

[651] Idem. Flávio Martins, 2020.

[652] Vide ADI 2.650, rel. min. Dias Toffoli, j. 24-8-2011, P, DJE de 17-11-2011

[653] Sobre o tema, citamos o seguinte precedente do Supremo Tribunal Federal: AÇÃO DIRETA DE INCONSTITUCIONALIDADE. LEI2.900/1998 DO ESTADO DO RIO DE JANEIRO. ALTERAÇÃO DOSLIMITES TERRITORIAIS DOS MUNICÍPIOS DE SEROPÉDICA E DEITAGUAÍ. AUSÊNCIA DE CONSULTA PLEBISCITÁRIA PRÉVIA.VIOLAÇÃO AO ARTIGO 18, § 4º, DA CONSTITUIÇÃO FEDERAL.EVENTUAL VÍCIO NO PROCESSO DE EMANCIPAÇÃOMUNICIPAL NÃO PODE SER CORRIGIDO POR MERA-RETIFICAÇÃO LEGISLATIVA, SEM O ATENDIMENTO AOSREQUISITOS PREVISTOS NO ARTIGO 18, § 4º, DACONSTITUIÇÃO FEDERAL. AUSÊNCIA DE CONVALIDAÇÃO PELAEMENDA CONSTITUCIONAL 57/2008. AÇÃO DIRETA DEINCONSTITUCIONALIDADE CONHECIDA E JULGADAPROCEDENTE.1. Lei estadual que dispõe sobre criação, incorporação, fusão ou desmembramento de municípios possui natureza normativa e abstrata, desafiando o controle concentrado.2. A Lei 2.900/1998 do Estado do Rio de Janeiro, em virtude da generalidade dos efeitos que irradia e a força prospectiva que ostenta, é passível de impugnação mediante ação direta de inconstitucionalidade, porquanto inova no sistema jurídico pátrio e reveste-se da abstração que caracteriza a norma legal. Precedentes.3. Lei estadual que altera os limites territoriais de municípios sem a realização de consulta prévia, mediante plebiscito, às populações envolvidas contraria o disposto no artigo

Caso o novo ente estatal absorva parte dos servidores públicos celetistas da pessoa jurídica de direito público desmembrada?

Segundo o Tribunal Superior do Trabalho, o desmembramento não configura sucessão de empregadores (OJ 92 da SDI-1 do TST). Cada um dos novos entes públicos será responsável pelos direitos trabalhistas do empregado em que figurarem como real empregador.

4. SUCESSÃO EM FALÊNCIA OU RECUPERAÇÃO EMPRESARIAL

O desenvolvimento de uma atividade empresarial é cercado de incertezas. O empresário normalmente almeja produzir lucro – resultado positivo – através do aperfeiçoamento da atividade econômica organizada. Contudo, tem conhecimento dos riscos oferecidos pela empreitada empresarial, ou seja, da probabilidade de insucesso, de eventuais resultados negativos, como dívidas ou a insolvência empresarial.

Nas lições de Gladston Mamede, apreendemos que "O fracasso é um elemento intrínseco à iniciativa: há, em toda ação humana, uma esperança de sucesso e um risco, mesmo não considerado, de fracasso. Ser humano é conviver, mesmo inconscientemente, com riscos. Risco pelo que se faz e, mesmo, pelo que não se faz. Risco que segue com aquele que parte, mas que não abandona aquele que fica. Viver é estar submetido ao risco, o que não é bom, nem ruim: é apenas próprio da existência e deve ser compreendido como tal".[654]

Empreender, portanto, é estar sujeito ao sucesso ou ao fracasso indissociável da atividade econômica. O fracasso pode levar o empresário a dívidas ou até mesmo à insolvência empresarial, isto é, a incapacidade econômica de suportar as obrigações existentes contra si.

A Lei 11.101 de 9 de fevereiro de 2005 regula a recuperação judicial, a extrajudicial e a falência do empresário e da sociedade empresária.

A ***falência*** é a execução coletiva do empresário ou sociedade empresária insolvente, submetendo o patrimônio do insolvente a uma execução coletiva, por meio do concurso de credores.

A recuperação empresarial compreende-se em duas formas: judicial e extrajudicial. A ***recuperação judicial ou extrajudicial*** tem por objetivo viabilizar a superação da situação de crise econômico-financeira do devedor, a fim de permitir a manutenção da fonte produtora, do emprego dos trabalhadores e dos interesses dos credores, promovendo, assim, a preservação da empresa, sua função social e o estímulo à atividade econômica (artigo 47 e 161 da Lei 11.101/05).

As filiais ou de unidades produtivas isoladas da empresa em recuperação judicial poderá ser alienado, se assim dispor o plano de recuperação judicial aprovado.

De acordo com o art. 60, "caput" e parágrafo único da Lei 11.10105, o objeto da alienação estará livre de qualquer ônus e não haverá sucessão do arrematante nas obrigações do devedor de qualquer natureza, incluídas, mas não exclusivamente, as de natureza ambiental, regulatória, administrativa, penal, anticorrupção, tributária e trabalhista, observado o disposto no § 1º do art. 141 desta Lei. Na mesma toada, o art. 141, §2º, do mesmo Diploma Normativo, preceitua que os empregados do devedor contratados pelo arrematante serão admitidos mediante novos contratos de trabalho e o

---

18, § 4º, da Constituição Federal. 4. A alteração dos limites geográficos de municípios jamais prescinde da consulta plebiscitária prevista no artigo 18, § 4º, da Constituição Federal, qualquer que seja a extensão da alteração territorial verificada. Precedentes: ADI 2.921, Rel. Min. Ayres Britto, Red. p/ o acórdão: Min. Dias Toffoli, Plenário, DJ de 22/3/2018; ADI 1.262, Rel. Min. Sydney Sanches, Plenário, DJ de 12/12/1997; ADI 1.034, Rel. Min. Marco Aurélio, Plenário, DJ de 25/2/2000; ADI 2.812/RS, Rel. Min. Carlos Velloso, DJ de28/11/2003; ADI 2.967, Rel. Min. Sepúlveda Pertence, Plenário, DJ de19/3/2004; ADI 3.149, Rel. Min. Joaquim Barbosa, Plenário, DJ de1º/4/2005. 5. O processo de emancipação municipal viciado não pode ser corrigido por mera retificação legislativa, sem a observância do artigo 18, § 4º, da Constituição Federal. Deveras, uma vez criada a nova entidade federativa, não se admite a alteração da lei que a formalizou sem novo processo de incorporação, fusão ou desmembramento, com prévia consulta plebiscitária às populações envolvidas. 6. O plebiscito consultivo conflui para concretizar o princípio da soberania popular, da cidadania e da autonomia federativa de forma que as populações afetadas possam exercer efetivamente, suas prerrogativas de autogoverno. A criação, fusão, incorporação ou desmembramento municipal produz efeitos de ordem social, política e econômica, com sensíveis ressonâncias tributárias e institucionais, as quais afetaram deforma direta e imediata a população envolvida. Nesse prisma, a consulta plebiscitária é verdadeira condição de procedibilidade da norma que altera limites municipais, constituindo relevante meio de exercício da soberania popular. 7. A Emenda Constitucional 57, de 2008, que acrescentou o artigo 96ao Ato das Disposições Constitucionais Transitórias da Constituição Federal, não é apta a convalidar o desmembramento municipal previsto na Lei 2.900/1998 do Estado do Rio de Janeiro. É que a indigitada emenda somente convalidou aqueles atos de criação, fusão, incorporação e desmembramento de municípios cuja lei tenha sido publicada até 31 de dezembro de 2006, atendidos os requisitos estabelecidos na legislação do respectivo Estado à época.8. In casu, a lei impugnada não observou a legislação do Estado do Rio de Janeiro vigente no período do desmembramento do Município de Seropédica, que exigia a realização de consulta prévia, mediante plebiscito, às populações diretamente interessadas.9. A presente demanda reclama uma análise precisa quanto ao efeito repristinatório que poderá provir de eventual declaração de inconstitucionalidade da Lei fluminense 2.900/1998. É que esta lei revogou parcialmente a Lei estadual 2.446/1995, a qual foi declarada parcialmente inconstitucional pelo Tribunal de Justiça do Estado do Rio de Janeiro. Destarte, há fato-jurídico processual, consolidado em coisa julgada, que deve ser resguardado em eventual efeito repristinatório.10. A declaração de inconstitucionalidade da Lei estadual 2.900/1998não desconstitui a coisa julgada que se formara na decisão do Tribunal de Justiça do Estado do Rio de Janeiro. Consectariamente, declarada a nulidade da lei ora impugnada, subsiste a coisa julgada material que assentou a inconstitucionalidade parcial da lei de criação do Município de Seropédica (Lei fluminense 2.446/1995) e que fixou a demarcação territorial municipal vigente hodiernamente.11. Os limites que atualmente dividem os Municípios de Seropédica e Itaguaí são justamente aqueles fixados no bojo do acórdão prolatado pelo Tribunal de Justiça do Estado do Rio de Janeiro. O presente julgamento, desta feita, não importa em alterações fáticas dos limites territoriais vigentes nas municipalidades.12. Ação direta CONHECIDA e julgada PROCEDENTE, para declarar a inconstitucionalidade da Lei 2.900/1998 do Estado do Rio de Janeiro. [ADI 1.825, rel. min. Luiz Fux, j. 15-4-2020, P, DJE de 20-5-2020.]

654 Gladston Mamede. Falência e recuperação de empresas – 11. ed. – São Paulo: Atlas, 2020.

arrematante não responde por obrigações decorrentes do contrato anterior.

Sobre o tema, a Lei nº 14.112/2020 (Nova Lei de Falências e Recuperação Judicial) alterou substancialmente a Lei 11.101/2005, passando a admitir a conversão de dívida da empresa em recuperação judicial em capital social. Também, possibilita a venda integral da devedora, ou seja, permite a transferência da unidade econômica ou jurídica da empresa (art. 50, XVII e XVII, da Lei 11.101/2005). Neste caso, a unidade econômica ou jurídica transferida será considerada ***"unidade produtiva isolada"***.

Com base nisso, o §3º, do art. 50 da referida Lei, estabelece que *"Não haverá sucessão ou responsabilidade por dívidas de qualquer natureza a terceiro credor, investidor ou novo administrador em decorrência, respectivamente, da mera conversão de dívida em capital, de aporte de novos recursos na devedora ou de substituição dos administradores desta"*.

Existe, porém, corrente doutrinária que defende a inconstitucionalidade de tais dispositivos, uma vez que o crédito do empregado é de ordem pública, baseado no princípio da dignidade da pessoa do trabalhador, do valor social do trabalho, da justiça social, que devem prevalecer sobre as normas infraconstitucionais.[655]

O Supremo Tribunal Federal, ao analisar o tema na ADI 3.934/DF e no RE 583.955-9/RJ, fixou o entendimento de que os artigos 60, parágrafo único, e 141, inciso II, da Lei 11.101/2005, são constitucionais, inexistindo sucessão de empregadores em caso de alienação de patrimônio de empresa em recuperação judicial ou falida.

Prevalece o entendimento de que, em regra, não haverá sucessão trabalhista em caso de aquisição da unidade produtiva isolada ou de arrematação de ativos da empresa falida ou em recuperação judicial.

O Tribunal Superior do Trabalho, por sua vez, tem decidido no sentido de que haverá sucessão de empregadores quando ocorrer a arrematação de ativos por sócio ou empresa-sócia da massa falida ou de empresa em recuperação judicial. Vejamos:

> *AGRAVO. AGRAVO DE INSTRUMENTO EM RECURSO DE REVISTA. FALÊNCIA. ALIENAÇÃÕ DE ATIVOS. EMPRESA ARREMATANTE SÓCIA DA MASSA FALIDA. SUCESSÃO DE EMPREGADORES. CARACTERIZAÇÃO. ARTIGO 141, §1º, I, DA LEI Nº. 11.101/2005. O agravante não apresenta argumentos novos capazes de descontruir a juridicidade da decisão agravada. Na hipótese vertente, o Tribunal Regional, instancia soberana na análise do quadro fático-probatório da controvérsia, de acordo com a Súmula nº 126, revela a condição do arrematante, ora agravante, de sócio da massa falida, circunstancia apta a caracterizar, na forma em que prescreve a exceção prevista no artigo 141, §1º, inciso I, da Lei nº 11.101/2005, a sucessão de empregadores e consequente responsabilidade do adquirente pelos eventuais créditos devidos pela sociedade falida arrematada aos empregados, pelo que não há falar em ofensa inequívoca aos dispositivos de lei invocados. Agravo a que se nega provimento. (TST – Ag: 5813201150200074, Relator Min. Walmir de Oliveira da Costa, 1ª Turma, Data de Julgamento: 06/02/2015).*

> *AGRAVO DE INSTRUMENTO. RECURSO DE REVISTA. FALÊNCIA. ALIENAÇÃO DE ATIVOS. EMPRESA ARREMATANTE SÓCIA DA FALIDA. SUCESSÃO DE EMPREGADORES. CARACTERIZAÇÃO. ARTIGO 141, §1º, I, DA LEI Nº 11.101/2005. O Hospital agravante não apresenta argumentos novos capazes de desconstruir a juridicidade da decisão agravada, uma vez que o recurso de revista não demonstrou pressuposto intrínseco previsto no art. 896 da CLT. Na hipótese, o Tribunal Regional, instancia soberana na análise dos fatos e provas, firmou o entendimento no sentido de que o Hospital reclamado, arrematante do imóvel, tem responsabilidade solidária, pois era sócio da empresa falida, sendo irrelevante o percentual de participação societária, conforme previsto no art. 141, §1º, I, da Lei nº 11.101/2005. Incidência da Súmula 12 do TST. Agravo de Instrumento a que se nega provimento. (TST – AIRR: 1984820115020009, Relator Min. Walmir de Oliveira da Costa, 1ª Turma, Data de Julgamento: 02/09/2015).*

Vemos, assim, que a caracterização da sucessão trabalhista na hipótese de arrematação de ativos pelo sócio da sociedade falida, tem o escopo de proteger os credores de possíveis fraudes na sucessão empresarial.

5. SUCESSÃO EM CARTÓRIOS EXTRAJUDICIAIS

Os serviços notariais e de registros são exercidos em caráter privado, por delegação do Poder Público (art. 236 da CF) a um notário, tabelião, oficial de registro ou registrador, profissionais do direito, dotados de fé pública, a quem é delegado o exercício desta atividade (art. 3º, da Lei 8.935/1994), após a aprovação em concurso público.

A atividade dos cartórios extrajudiciais é realizada em torno dos titulares dos serviços notariais e de registro, que detêm a prerrogativa de contratar escreventes e auxiliares como empregados, para o desempenho de suas funções, ajustando livremente a respectiva remuneração, nos termos da legislação do trabalho (art. 20 da Lei 8.935/1994).

A extinção da delegação feita pelo Poder Público ocorre com a morte, aposentadoria facultativa, invalidez, renúncia ou perda da delegação – por sentença transitada em julgado ou decisão decorrente de processo administrativo – ou descumprimento da isenção de emolumento aos reconhecidamente pobres (art. 39 da Lei 8.935/1994).

Em caso de extinção da delegação – sendo a hipótese mais comum o falecimento do titular – o Poder Público delega a titularidade da serventia a outro notário, tabelião, oficial de registro ou registrador. Havendo

[655] Idem. Delgado, 2019, p. 523.

continuidade da prestação de serviços pelo novo titular, com aproveitamento dos empregados contratados pelo titular anterior, estará configurada a sucessão de empregadores?

Para o jurista Mauricio Godinho Delgado "Tais peculiaridades restringem a incidência da sucessão de empregadores regulada pela CLT somente àquelas situações fático-jurídicas em que estejam presentes, concomitantemente, os dois elementos integrantes da sucessão trabalhista, ou seja, a *transferência da titularidade da serventia* e a *continuidade da prestação de serviços*".[656]

Comungando do mesmo entendimento a professora Vólia Bomfim leciona que "Os cartórios extrajudiciais representam verdadeira unidade econômica, já que recebem as custas pelos serviços prestados, embora o respectivo titular exerça atividade delegada do Estado. Consequentemente, a legislação trabalhista lhe é totalmente aplicável e, por isso, pode ocorrer a sucessão quando houver substituição de um tabelião titular por outro, na forma dos arts. 10 e 448 da CLT. Ao assumir o cartório, após aprovação em concurso público, o tabelião titular sucede o tabelião titular anterior, no que diz respeito às obrigações trabalhistas".[657]

O Tribunal Superior do trabalho tem adotado esse entendimento, conforme arestos abaixo:

> *"I – AGRAVO DE INSTRUMENTO EM RECURSO DE REVISTA. PROCESSO REGIDO PELAS LEIS 13.015/2014 E 13.467/2017. CARTÓRIO EXTRAJUDICIAL. SUCESSÃO DE EMPREGADORES. Demonstrada possível violação dos arts. 10 e 448 da CLT, impõe-se o provimento do agravo de instrumento para determinar o processamento do recurso de revista. Agravo de instrumento provido. II – RECURSO DE REVISTA. PROCESSO REGIDO PELAS LEIS 13.015/2014 E 13.467/2017 1 – CARTÓRIO EXTRAJUDICIAL. SUCESSÃO DE EMPREGADORES. Incontroverso que houve a assunção, pelo primeiro reclamado, da titularidade do cartório extrajudicial, em razão da aprovação em concurso público. Extrai-se, ainda, que o réu tomou posse em abril/2014, assumindo a unidade econômica, e mantendo a prestação de serviços pelo autor. Nesse caso, fica configurada a sucessão de empregadores, nos moldes dos arts. 10 e 448 da CLT. Logo, o novo titular, na condição de sucessor, responde por todas as parcelas objeto da condenação. Recurso de revista conhecido e provido. [...]" (RR-10307-77.2016.5.18.0017, 2ª Turma, Relatora Ministra Delaide Miranda Arantes, DEJT 07/12/2018).*
>
> *"AGRAVO DE INSTRUMENTO EM RECURSO DE REVISTA DO TERCEIRO RECLAMADO. SERVIÇOS NOTARIAIS. MUDANÇA DE TITULARIDADE. RESPONSABILIDADE. Havendo a mudança na titularidade de cartório extrajudicial que passa a pertencer a novo titular, este pode ser responsabilizado pelas obrigações trabalhistas do sucedido, desde que reconhecida a sucessão trabalhista, sendo essa caracterizada, em linhas gerais, quando demonstradas a transferência da unidade econômica jurídica pelo titular, além da continuidade da prestação de serviços, o que não ocorreu na hipótese dos autos. Agravo de Instrumento conhecido e não provido. AGRAVO DE INSTRUMENTO EM RECURSO DE REVISTA DA RECLAMANTE. SERVIÇOS NOTARIAIS. MUDANÇA DE TITULARIDADE. SUCESSÃO. A sucessão, na hipótese de cartórios extrajudiciais, pressupõe não só a transferência da titularidade da unidade, mas também a continuidade da prestação de serviços ao novo titular, o que não ocorreu na hipótese dos autos. Agravo de Instrumento conhecido e não provido" (AIRR-1001479-22.2015.5.02.0384, 4ª Turma, Relatora Ministra Maria de Assis Calsing, DEJT 15/06/2018).*

E não para por aí. O TST tem decidido que a sucessão trabalhista ocorre mesmo na hipótese de assunção da titularidade do cartório na condição de interino. Percorramos:

> *"CARTÓRIO. SUCESSÃO TRABALHISTA. CONTINUIDADE DA PRESTAÇÃO DOS SERVIÇOS. RESPONSABILIDADE DO NOVO TITULAR AINDA QUE DE FORMA PRECÁRIA. In casu, é incontroversa a ocorrência de novação subjetiva em relação à titularidade do serviço notarial, ainda que de forma precária, com a correspondente transferência da unidade econômico-jurídica que integra o estabelecimento. Outrossim, não houve resilição do vínculo empregatício no caso em tela. A jurisprudência desta Corte é no sentido de que, em se tratando de cartório, a sucessão de empregadores pressupõe não só a transferência da unidade econômica de um titular para outro, mas que a prestação de serviço pelo empregado do primeiro prossiga com o segundo. Portanto, quando o sucessor no cartório aproveitar os empregados do titular sucedido, hipótese que se verifica nos autos, poderá ser reconhecida a sucessão (precedentes). Recurso de revista conhecido e provido" (RR-289-38.2013.5.03.0043, 2ª Turma, Relator Ministro Jose Roberto Freire Pimenta, DEJT 30/06/2017).*
>
> *"AGRAVO DE INSTRUMENTO EM RECURSO DE REVISTA. CARTÓRIO. MUDANÇA DE TITULARIDADE. INTERINO. SUCESSÃO TRABALHISTA. Configura-se hipótese de sucessão trabalhista a mudança de titularidade de cartório extrajudicial, quando os contratos permanecem sem nenhuma alteração. Os arts. 10 e 448 da Consolidação das Leis do Trabalho pugnam pela tutela do hipossuficiente na relação laboral, assegurando-lhe a plena satisfação dos direitos adquiridos. Dessa forma, demonstradas a transferência da unidade econômica e jurídica e a continuidade da prestação de serviços, resta caracterizada a sucessão trabalhista, não obstante o fato de que a reclamada tenha assumido a titularidade do cartório extrajudicial na condição de interino. Precedentes. Agravo de instrumento conhecido e não provido" (AIRR-100830-73.2016.5.01.0029, 8ª Turma, Relatora Ministra Dora Maria da Costa, DEJT 18/09/2020).*
>
> *"RECURSO DE REVISTA INTERPOSTO SOB A ÉGIDE DA LEI Nº13.015/2014. MUDANÇA DE TITULARIDADE DE CARTÓRIO EXTRAJUDICIAL. INTERINO. CONTINUIDADE DA PRESTAÇÃO DOS SERVIÇOS. SUCESSÃO TRABALHISTA. O acórdão recorrido consignou que a reclamante continuou prestando seus serviços ao novo titular após mudança de titularidade do cartório. A jurisprudência desta Corte pacificou o entendimento de que, demonstradas a transferência da unidade econômica jurídica e a continuidade da prestação de serviços, resta*

656 Idem. Delgado, 2019, p. 524

657 Idem. Vólia Bomfim, 2017, p.465

caracterizada a sucessão trabalhista, ainda que o reclamado tenha assumido a titularidade na condição de interino. Precedentes. Óbice da Súmula 333. Recurso de revista não conhecido " (RR-291-26.2013.5.03.0134, 2ª Turma, Relatora Ministra Maria Helena Mallmann, DEJT 24/08/2018).

Nota-se que o cartório extrajudicial é considerado uma unidade econômica transmissível ao novo titular da serventia, ocorrendo a sucessão de empregadores, caso haja também a continuidade da prestação dos serviços.

6. SUCESSÃO EM GRUPO ECONÔMICO

O grupo econômico é caracterizado sempre que uma ou mais empresas, tendo, embora, cada uma delas, personalidade jurídica própria, estiverem sob a direção, controle ou administração de outra, ou ainda quando, mesmo guardando cada uma sua autonomia, integrem grupo econômico (art. 2º, §2º, da CLT).

Existe discussão doutrinária e jurisprudencial sobre a responsabilidade do sucessor (adquirente) pelas obrigações trabalhistas de empresa não adquirida, integrante do mesmo grupo econômico da empresa sucedida.

O Tribunal Superior do Trabalho pacificou o entendimento de que a aquisição de uma determinada empresa pertencente a um determinado grupo empresarial não enseja a responsabilidade do sucessor (adquirente), pelas obrigações trabalhistas contraídas pelas demais empresas pertencentes ao grupo empresarial, quando essas empresas eram solventes – tinham capacidade econômica para saldar as suas obrigações assumidas, com os seus bens e créditos – ou idônea economicamente (OJ 411 da SDI-1 do TST). Demonstrada a existência de fraude ou má-fé na sucessão, o adquirente (sucessor) responde solidariamente com as empresas sucedidas.

7. SUCESSÃO DE EMPRESAS TERCEIRIZADAS NA ADMINISTRAÇÃO PÚBLICA

Para atingir os fins públicos, é comum a celebração de contratos entre a Administração Pública e pessoas jurídicas (ou físicas), especialmente para a realização de compras, locação, obras, contratação de serviços, alienação, concessão e permissão de uso de bens públicos.

Como ensina Maria Sylvia Zanella Di Pietro, no contrato administrativo *"existe uma oferta feita, em geral, por meio do edital de licitação, a toda a coletividade; dentre os interessados que a aceitam e fazem a sua proposta (referente ao equilíbrio econômico do contrato), a Administração seleciona a que apresenta as condições mais convenientes para a celebração do ajuste"*[658].

[658] Di Pietro, Maria Sylvia Zanella. Direito Administrativo. – 33. ed. – Rio de Janeiro: Forense, 2020.

O contrato administrativo e o procedimento licitatório gera efeitos para além do Direito Administrativo, tendo pontos de intersecção com o Direito do Trabalho, notadamente no que diz respeito à responsabilidade da Administração Pública pelos encargos trabalhistas oriundos dessa contratação.

A Lei n. 8.666/93, em seu art. 71, prescreve que *"o contratado é responsável pelos encargos trabalhistas, previdenciários, fiscais e comerciais resultantes da execução do contrato"*, acrescentando em seus parágrafos que eventual inadimplemento dos encargos trabalhistas pelo contratado não transfere à Administração Pública a responsabilidade por seu pagamento, respondendo tão somente (de forma solidária), pelos encargos previdenciários resultantes da execução do contrato. Esse dispositivo sempre foi objeto de controvérsia doutrinária e jurisprudencial, até que o Supremo Tribunal Federal decidiu no bojo da Ação Declaratória de Constitucionalidade (ADC) n. 16, julgada procedente, reconhecendo a constitucionalidade dessa norma e firmou o entendimento de que o inadimplemento dos encargos trabalhistas, fiscais e comerciais pelo prestador de serviços, decorrentes da execução do contrato, não transfere automaticamente a responsabilidade à administração, seja em caráter solidário ou subsidiário. No mesmo sentido a tese firmada pelo STF no Tema n. 246. O STF, porém, ao analisar a temática, não afastou a validade do item IV e V da Súmula 331 do TST que reconhece a responsabilidade subsidiária do da Administração Pública quando caracterizada a culpa in vigilando, isto é um comportamento omisso ou irregular no que tange a fiscalização do cumprimento das obrigações contratuais assumidas pelo prestador de serviços no contrato administrativo.

A Lei n. 14.133, de 1º de abril de 2021, chamada de "Nova Lei de Licitações e Contratos Administrativos" ou simplesmente "Nova Lei de Licitações", passou regulamentar as normas gerais de licitação e contratação para as Administrações Públicas diretas, autárquicas e fundacionais da União, dos Estados, do Distrito Federal e dos Municípios, abrangendo os órgão dos Poderes Legislativo, no desempenho da função administrativa, além dos fundos especiais e demais entidades controladas pela Administração Públicas. As empresas públicas, sociedades de economia mista e as suas subsidiárias estão excluídas do âmbito de aplicação da Nova Lei de Licitações, exceto no que diz respeito aos crimes praticados em licitações, disciplinados entre os art. 337-E e o art. 337-P do Código Penal, haja vista que estão sujeitas ao regime jurídico próprio das empresas privadas, inclusive no que diz respeito aos direitos e obrigações trabalhistas (art. 173, §1º, II, da CF).

A Nova Lei de Licitações entrou em vigor na data da sua publicação (1-4-2021), revogando, de imediato, os crimes e procedimentos prescritos na Lei 8.666/93, que foram substituídos por novos tipos penais (art. 337-E a art. 337-P do Código Penal) acrescentados pela novel legislação. No tocante às demais disposições, a Nova Lei de Licitações prevê uma *vacatio legis* de 2 (dois) anos para a revogação dos preceitos contidos na Lei nº 8.666, de 21 de junho de 1993, na Lei nº 10.520, de 17 de julho de 2002, e nos arts. 1º a 47-A da Lei nº 12.462, de 4 de agosto de 2011, contados da publicação oficial em comento.

Segundo a Nova Lei de Licitações os serviços podem ser objeto de execução por terceiros, quando se tratar de atividades acessórias, instrumentais ou complementares aos assuntos que sejam relacionados à área de competência legal do órgão ou entidade contratante (art. 48 da Lei n. 14.133/2021), podendo contratar, inclusive, mais de uma empresa ou instituição para executar o mesmo serviços, desde que a contratação não resulte em perda de economia de escala, autorizando a terceirização da atividade-meio no âmbito da Administração Pública.

Conquanto a novel legislação tenha silenciado a respeito da terceirização da atividade-fim (atividade finalística) da Administração Pública, a Reforma Trabalhista (Lei n. 13.467/2017, promoveu alterações na Lei n. 6.019/74, autorizando a transferência de quaisquer de suas atividades, inclusive a sua atividade principal em caso de terceirização.

É válido dizer que o STF, no julgamento da Arguição de Descumprimento de Preceito Fundamental (ADPF) n. 324 e do Recurso Extraordinário (RE) n. 958252, pacificou o entendimento de que é possível a terceirização de atividades acessórias ou finalísticas do tomador dos serviços (atividade-meio e atividade-fim), sem que isso implique no vínculo empregatício com o trabalhador terceirizado, incumbindo a empresa tomadora de serviços a constatação da idoneidade econômica da empresa prestadora de serviços, respondendo subsidiariamente pelas obrigações trabalhistas em caso de inadimplemento.

A Nova Lei de Licitações reiterou a previsão da atual legislação, eximindo, como regra, a responsabilidade da Administração Pública em relação aos encargos trabalhistas, previdenciários, fiscais e comerciais resultantes da execução do contrato, atribuindo a responsabilidade somente ao contratado (art. 121, caput e §1º, da Lei n. 14.133/2021).

Em caráter excepcional, admite a responsabilidade solidária pelos encargos previdenciário e a responsabilidade subsidiária pelos encargos trabalhistas na hipótese de falha na fiscalização do cumprimento das obrigações do contratado, exclusivamente nas contratações de serviços contínuos com regime de dedicação exclusiva de mão de obra (art. 121, §2º, da Nova Lei de Licitações). A contratação de serviços contínuos com regime de dedicação exclusiva de mão de obra é definida pela lei como aqueles serviços cujo o modelo de execução contratual exige que os empregados do contratado fiquem à disposição nas dependências do contratante para a prestação dos serviços; o contratado não compartilhe os recursos humanos e materiais disponíveis de uma contratação para execução simultânea de outros contratos; o contratado possibilite a fiscalização pelo contratante quanto à distribuição, controle e supervisão dos recursos humanos alocados aos seus contratos (art. 6º, XVI, da Nova Lei de Licitações).

Nas contratações de serviços com regime de dedicação exclusiva de mão de obra, a empresa prestadora de serviços (contratada) tem a obrigação legal de comprovar a regularidade do cumprimento das obrigações trabalhistas, dos depósitos do FGTS dos empregados envolvidos na execução do contrato, devendo apresentar à Administração Pública, quando solicitado, o registro de ponto, holerite (para comprovar o pagamento de salários, adicionais, horas extras, repouso semanal remunerado e décimo terceiro salário), o comprovante de depósito do FGTS, o recibo de concessão e pagamento das férias, de pagamento do vale-transporte e vale-alimentação, eventualmente previsto em norma coletiva, bem como o recibo de quitação de obrigações trabalhistas e previdenciárias dos empregados dispensados até a data da extinção do contrato (art. 50 da Nova Lei de Licitações). De outro lado, a Administração também tem o dever de acompanhar e promover a fiscalização do cumprimento das obrigações trabalhista, pois são ínsitas a execução do contrato, podendo designar, para tanto, um ou mais fiscais do contratos, que devem anotar todas as ocorrências relacionadas à execução do contrato, determinar as providências necessárias para a regularização das faltas e reportar a seu superior a situação que demandar decisão ou providência que ultrapasse sua competência.

A análise da culpa in vigilando da Administração Pública era realizada pelo juiz ou tribunal, no caso em concreto, com base em critérios subjetivos. A lei estabeleceu parâmetros objetivos para a fiscalização do contrato administrativo, na medida em que indica um rol exemplificativo de documentos sobre os quais pode incidir a inspeção do cumprimento das obrigações trabalhistas, em relação aos empregados diretamente envolvidos na execução do contrato. Possibilita, ainda, que o ente público se desincumba do seu ônus probatório através da demonstração do acompanhamento e da fiscalização periódica do cumprimento dos encargos trabalhistas.[659]

[659] A jurisprudência majoritária entende que o ônus da prova da demonstração da fiscalização do contrato de prestação de serviços cabe à Administração Pública. Vejamos a seguinte ementa: *"EMBARGOS EM EMBARGOS DE DECLARAÇÃO EM RECURSO DE REVISTA. ENTE PÚBLICO.*

Outro ponto que destacamos sobre a Nova Lei de Licitações é a tentativa de restringir a responsabilidade da Administração Pública aos casos de contratação de serviços contínuos com regime de dedicação exclusiva. O legislador buscou eximir a Administração Pública da responsabilização pelos encargos trabalhistas nas demais hipóteses de contratação previstas na Nova Lei de Licitações, especialmente nos serviços contínuos sem dedicação exclusiva; serviços não contínuos ou contratados por escopo (serviço específico por prazo predeterminado); serviços técnicos especializados de natureza predominantemente intelectual, etc. Contudo, pensamos que esse dispositivo se contrapõe ao entendimento firmado pelo Supremo Tribunal Federal no bojo da Ação Direta de Constitucionalidade n. 16, no RE 760.931 e na tese firmada no Tema 246.

A responsabilidade da Administração Pública, embora não seja automática, não está atrelada à forma do contrato administrativo ou de prestação de serviços, mas, sim, à efetiva fiscalização do cumprimento dos deveres contratuais pela empresa prestadora de serviços. Caracterizada a falta de fiscalização do contrato administrativo pelo ente público, ou a má escolha dos contratantes, com a eleição de empresas inidôneas no processo licitatório, subsistirá a responsabilidade subsidiária independentemente da forma de contratação com o ente público, sob pena de premiar a conduta omissiva ou irregular do Poder Público, além de violar os preceitos norteadores do Direito Administrativo (princípio da legalidade, impessoalidade e moralidade).

A Nova Lei de Licitações possibilita a adoção de uma série de medidas acautelatórias, para assegurar o cumprimento das obrigações trabalhistas decorrente dos contratos administrativos, incluindo a exigência de caução, fiança bancária ou contratação de seguro-garantia com cobertura para verbas rescisórias inadimplidas; o condicionamento do pagamento à comprovação de quitação das obrigações trabalhistas vencidas relativas ao contrato; efetuar o depósito de valores em conta vinculada; em caso de inadimplemento, realizar diretamente o pagamento das verbas trabalhistas, que serão deduzidas do pagamento devido ao contratado; determinar que os valores destinados a férias, a décimo terceiro salário, a ausências legais e a verbas rescisórias dos empregados do contratado que participarem da execução dos serviços contratados serão pagos pelo contratante ao contratado somente na ocorrência do fato gerador, entre outras medidas.

Não se pode admitir, portanto, a isenção da responsabilidade do ente público, em caso de descumprimento do dever de fiscalização (art. 121, §3º,da Lei n. 14.133/2021).

Uma questão interessante que surge em relação à terceirização na Administração Pública é a possibilidade (ou não) de caracterização de sucessão de empresas na hipótese de substituição da empresa terceirizada, em decorrência de processo licitatório ou contrato administrativo, no qual a nova empresa vencedora da licitação conserva os ex-empregados da empresa substituída em seus postos de trabalho, mediante uma novo vínculo laboral.

É válido enfatizar que no âmbito da Administração Pública é comum a alteração dos sujeitos do contrato administrativo, especialmente daqueles que figuram como contratados, seja em virtude do encerramento do prazo de vigência do contrato ou pela incidência de outra hipótese de extinção – descumprimento ou cumprimento irregular de normas editalícias ou de cláusulas contratuais, de especificações, de projetos ou de prazos; desatendimento das determinações emitidas pela autoridade designada para acompanhar e fiscalização; falência ou de insolvência civil, dissolução da sociedade ou falecimento do contratado; interesse público, etc.

Em alguns casos o novo contratado se vale da estrutura organizacional estabelecida pelo sujeito substituído e os empregados dispensados pelo sujeito substituído são contratados pelo novo licitante, continuando a prestação de serviços terceirizados ao ente público, sem a solução da continuidade da atividade empresarial.

Este cenário fez surgir questionamentos sobre a possibilidade de enquadramento desta circunstância como sucessão empresarial em terceirização na Administração Pública, isso porque, no entendimento de alguns, haveria a continuidade da atividade empresarial pelo novo licitante (sucessor), com a conservação dos empregados em seu posto de trabalho, assim como a transferência da unidade econômica ou jurídica entre o sujeito substituído e o novo contratado pelo ente público. Todavia, o Tribunal Superior do Trabalho ao analisar esse tema tem entendido de forma predominante pela inexistência de sucessão empresarial decorrente de licitação ou contrato administrativo, diante da ausência de transferência de unidade econômica

---

RESPONSABILIDADE SUBSIDIÁRIA. TEMA Nº 246 DA REPERCUSSÃO GERAL. ÔNUS DA PROVA. O Supremo Tribunal Federal fixou a tese jurídica de repercussão geral correspondente ao Tema nº 246 ('O inadimplemento dos encargos trabalhistas dos empregados do contratado não transfere automaticamente ao Poder Público contratante a responsabilidade pelo seu pagamento, seja em caráter solidário ou subsidiário, nos termos do art. 71, § 1º, da Lei nº 8.666/93'). A Subseção de Dissídios Individuais 1 do TST, em duas sessões em composição plena, decidiu que o Supremo Tribunal Federal ao apreciar o Tema nº 246 da Repercussão Geral não emitiu tese jurídica de efeito vinculante em relação ao ônus da prova e, diante dessa constatação, concluiu que incumbe à Administração Pública o ônus da prova da fiscalização dos contratos de prestação de serviços por se tratar de fato impeditivo da responsabilização subsidiária. Embargos conhecidos e providos." (E-ED-RR-62-40.2017.5.20.0009, Subseção I Especializada em Dissídios Individuais, Relator Ministro Marcio Eurico Vitral Amaro, DEJT 29/10/2020)

Decreto-Lei 5.452/1943

ou jurídica, destacando que "*[...] a mera assunção dos serviços – objeto do contrato de licitação para concessão de serviço público de transporte urbano – pela empresa vencedora do certame, ainda que mediante a contratação de empregados pertencentes à antiga empresa, não configura, por si só, a sucessão [...] (TST – RR: 1491001320095150053, Relator: Cláudio Mascarenhas Brandão, Data de Julgamento: 20/02/2019, 7ª Turma, Data de Publicação: DEJT 01/03/2019)*".

Sobre o tema, colhemos os seguintes julgados:

> *"RECURSO DE REVISTA INTERPOSTO PELA EQUIPSEG VIGILÂNCIA LTDA. – UNICIDADE CONTRATUAL – FRAUDE – SUCESSÃO TRABALHISTA – NÃO CARACTERIZAÇÃO – LICITAÇÃO – CONTRATO DE CONCESSÃO DE SERVIÇO PÚBLICO DE TRANSPORTE URBANO. Não se há de falar em sucessão trabalhista da nova empresa vencedora de licitação tão somente em razão da conservação dos empregados em seus postos de trabalho – ausência de solução de continuidade dos serviços -, pois, para a caracterização desse instituto é necessária a comprovação da mudança de titularidade total ou parcial da empresa para pessoa jurídica diversa, denominada sucessora, o que, no caso, não aconteceu. Precedentes. Recurso de revista conhecido e provido. [...]" (ARR-397-43.2010.5.09.0322, 7ª Turma, Relator Ministro Luiz Philippe Vieira de Mello Filho, DEJT 01/07/2019).*

> *AGRAVO DE INSTRUMENTO EM RECURSO DE REVISTA. ACÓRDÃO PUBLICADO ANTES DA VIGÊNCIA DA LEI Nº 13.015/2014. SUCESSÃO DE EMPREGADORES. Em razão de provável caracterização de ofensa ao art. 448 da CLT, dá-se provimento ao agravo de instrumento para determinar o prosseguimento do recurso de revista. Agravo de instrumento provido. RECURSO DE REVISTA. [...] SUCESSÃO DE EMPREGADORES. A absorção dos trabalhadores da PROBANK pela BRASANITAS, com a finalidade de preservar a continuidade do serviço, por si só, não caracteriza a verdadeira sucessão de empregadores. Ainda mais em casos de terceirização com integrante da Administração Pública, é comum a substituição das empresas prestadoras de serviços, cujos contratos têm validade previamente fixada, não havendo presunção de ilegalidade na contratação, pela empresa vencedora da licitação, dos trabalhadores dispensados pela empresa anterior, os quais já são detentores de experiência na execução das tarefas contratadas. Não consta do acórdão regional qualquer informação de que a reclamada BRASANITAS tenha adquirido a unidade econômica pertencente à PROBANK, tendo mencionado que são empresas distintas e até mesmo concorrentes. Ofensa ao art. 448 da CLT. Recurso de revista conhecido e provido .*

> *(TST – RR: 28360820125020013, Data de Julgamento: 18/03/2015, Data de Publicação: DEJT 20/03/2015)*

> *[...] UNICIDADE CONTRATUAL. FRAUDE. SUCESSÃO TRABALHISTA. NÃO CARACTERIZAÇÃO. LICITAÇÃO. CONTRATO DE CONCESSÃO DE SERVIÇO PÚBLICO DE TRANSPORTE URBANO . A sucessão de empresas, à luz da legislação trabalhista (artigos 10 e 448 da CLT), implica transferência da propriedade ou estrutura jurídica, sem, contudo, afetar os contratos de trabalho dos empregados. A lei, a fim de resguardar o direito do trabalhador, responsabiliza o novo titular do empreendimento pelo cumprimento de todos os direitos oriundos do contrato de trabalho mantido com o sucedido, ainda que a ruptura tenha ocorrido anteriormente ao negócio jurídico que operou a sucessão. Ocorre que, na hipótese, inexiste qualquer relação jurídica entre as empresas, as quais são distintas e continuam em atividade, não tendo havido transferência patrimonial (material ou imaterial, como clientela, conhecimento do ramo de atividade econômica, organização, etc.) que pudesse garantir as obrigações trabalhistas. Insta ressaltar que a mera assunção dos serviços – objeto do contrato de licitação para concessão de serviço público de transporte urbano – pela empresa vencedora do certame, ainda que mediante a contratação de empregados pertencentes à antiga empresa, não configura, por si só, a sucessão, pois, reitere-se: para a caracterização desse instituto é necessária a comprovação da mudança de titularidade total ou parcial da empresa para pessoa jurídica diversa, denominada sucessora, o que, no caso, não aconteceu. Precedentes. Recurso de revista não conhecido. [...] (TST – RR: 1491001320095150053, Relator: Cláudio Mascarenhas Brandão, Data de Julgamento: 20/02/2019, 7ª Turma, Data de Publicação: DEJT 01/03/2019)*

> *SUCESSÃO EMPRESARIAL. TERCEIRIZAÇÃO DE SERVIÇOS. AUSÊNCIA DE PROVA DA TRANSFERÊNCIA DA ATIVIDADE ECONÔMICA. UNICIDADE CONTRATUAL NÃO RECONHECIDA. Não sendo provada (artigo 818 da CLT c/c art. 373, I, do CPC) a necessária transferência das atividades econômicas de uma para outra empresa, na forma dos arts. 10 e 448 da CLT, descabe se falar em sucessão empresarial quando um empregado terceirizado presta serviços contínuos ao tomador de serviços e celebra contratos de trabalho distintos com cada um dos empregadores, na medida em que são rescindidos os contratos de terceirizações de serviço. (TRT-3 – RO: 00105217320185030160 0010521-73.2018.5.03.0160, Relator: Convocada Clarice dos Santos Castro, Oitava Turma)*

> *AGRAVO DE PETIÇÃO. SUBSTITUIÇÃO DA CONCESSIONÁRIA DE TRANSPORTE COLETIVO DE PASSAGEIROS. SUCESSÃO TRABALHISTA NÃO CONFIGURADA. Na hipótese em que há mera substituição de concessionária de transporte coletivo de passageiros sem que haja incorporação de parcela ou totalidade dos bens privados da concessionária antecedente não haverá sucessão nos termos dos arts. 10 e 448 da CLT. A transferência do direito de explorar as linhas de ônibus é provisória e por si só não configura sucessão trabalhista. A Administração Pública como titular do serviço público apenas concede ao concessionário o direito de executar o serviço, permanecendo como titular do mesmo. Isso significa que o direito de operar linhas de ônibus não se constitui em patrimônio das empresas que as exploram. Há nesse caso mera delegação da prestação de serviço público feita pelo poder concedente, mediante licitação e a título precário, ao particular, conforme inciso IV do art. 2º da Lei nº 8987/1995. (TRT-2 00552005020055020029 SP, Relator: MARCELO FREIRE GONCALVES, 12ª Turma – Cadeira 1, Data de Publicação: 30/08/2021)*

Concordamos com esse posicionamento. Trata-se de uma mera substituição do sujeito do contrato administrativo, em decorrência da participação em processo licitatório, inexistindo efetiva transferência da unidade econômica ou alteração da estrutura jurídica das empresas terceirizadas.

De mais a mais, é natural que a empresa substituída, após o encerramento do contrato administrativo, promova a reestruturação do seu quadro de funcionários, procedendo a dispensa de parte dos seus empregados. Na via inversa, a nova licitante precisa de mão de obra qualificada para a execução dos serviços, sendo lícito ao novo contratante admitir esses trabalhadores sem que isso resulte em sucessão de empregadores ou unicidade contratual.

8. SUCESSÃO DE EMPREGADORES NA DESESTATIZAÇÃO

A desestatização compreende-se no afastamento do Estado da posição de executor de certas atividades ou serviços.

José dos Santos Carvalho Filho esclarece que o termo privatização, utilizado anteriormente pela Lei 8.031/1990, não era adequado, pois as atividades continuariam sendo enquadradas como serviços públicos. Leciona que "a privatização, assim, não seria da *atividade* ou *serviço*, mas sim do *executor da atividade ou serviço". Por esse motivo, a expressão desestatização, adotada pela Lei 9.491/1997, indica o objetivo pretendido pelo Estado: afasta-se da posição de executor de certas atividades.* [660]

Conforme dispõe o art. 1º da *Lei 9.491/1997*, os objetivos fundamentais da desestatização na esfera da União são: a) reordenar a posição estratégica do Estado na economia, transferindo à iniciativa privada atividades indevidamente exploradas pelo setor público; b) contribuir para a reestruturação econômica do setor público, especialmente através da melhoria do perfil e da redução da dívida pública líquida; c) permitir a retomada de investimentos nas empresas e atividades que vierem a ser transferidas à iniciativa privada; d) contribuir para a reestruturação econômica do setor privado, especialmente para a modernização da infraestrutura e do parque industrial do País, ampliando sua competitividade e reforçando a capacidade empresarial nos diversos setores da economia, inclusive através da concessão de crédito; e) permitir que a Administração Pública concentre seus esforços nas atividades em que a presença do Estado seja fundamental para a consecução das prioridades nacionais; f) contribuir para o fortalecimento do mercado de capitais, através do acréscimo da oferta de valores mobiliários e da democratização da propriedade do capital das empresas que integrarem o Programa.

A desestatização poderá incidir sobre as empresas, inclusive instituições financeiras, controladas direta ou indiretamente pela União, instituídas por lei ou ato do Poder Executivo; empresas criadas pelo setor privado e que, por qualquer motivo, passaram ao controle direto ou indireto da União; serviços públicos objeto de concessão, permissão ou autorização; instituições financeiras públicas estaduais que tenham tido as ações de seu capital social desapropriadas; bens móveis e imóveis da União.

Esse fenômeno consubstancia verdadeira sucessão de empregadores, isso porque ocorre a transferência da unidade econômica ou jurídica da empresa estatal, bem como a continuidade da prestação de serviços pela empresa privada, de forma que se enquadra nos ditames do art. 10, 448 e 448-A da CLT.

Após a desestatização as regras referentes ao regime jurídico administrativo não se aplicam mais aos contratos de trabalho em vigor, de modo que o novo empregador (sucessor) poderá dispensar os empregados independentemente de motivação, processo administrativo disciplinar ou decisão judicial, de modo que o trabalhador não terá direito a reintegração.

> *"AGRAVO DE INSTRUMENTO. RECURSO DE REVISTA. PROCESSO SOB A ÉGIDE DA LEI 13.015/2014 E ANTERIOR À LEI 13.467/2017. BEMGE.* **SOCIEDADE DE ECONOMIA MISTA. SUCESSÃO POR EMPRESA PRIVADA – PRIVATIZAÇÃO. DISPENSA IMOTIVADA DO EMPREGADO. POSSIBILIDADE.** *Sabe-se que o Supremo Tribunal Federal, em composição plenária, no julgamento do Recurso Extraordinário n.º 589.998/PI , ocorrido em 20.03.2013, decidiu que a validade do ato de despedida de empregado das entidades estatais organizadas como empresa pública, sociedade de economia mista e congêneres depende da existência de consistente motivação, não prevalecendo a simples despedida arbitrária, desmotivada, ainda que as relações trabalhistas sejam regidas pelo art. 173, § 1º, II, da CF. É que, na área estatal, em decorrência do princípio da motivação dos atos administrativos, decorrente dos princípios da legalidade, impessoalidade, moralidade, publicidade e eficiência, também manifestamente incorporados pela Constituição de 1988 (art. 37, caput), não há espaço para ato arbitrário e desfundamentado.* **Todavia, não prevalece esse entendimento quando a empresa estatal é sucedida por empresa particular – hipótese dos autos – e a despedida de seu empregado dá-se após a sucessão, pois, a partir da privatização, o empregado da empresa objeto da sucessão passa ser considerado como empregado privado, sujeitando-se, assim, à discricionariedade que tem o empregador privado** *para operar a rescisão contratual.* **Esse entendimento – no sentido de não se aplicar o princípio da fundamentação a empresas privatizadas, quando a dispensa ocorre depois da privatização – tornou-se prevalente no TST a partir da decisão do Tribunal Pleno, em 2015, por maioria dos votos, no E-RR-44600-87.2008.5.07.0008 (Rel. Ministro João Oreste Dalazen, Redator designado, DEJT 09/08/2015).** *Agravo de instrumento desprovido" (AIRR-2288-19.2014.5.03.0034, 3ª Turma, Relator Ministro Mauricio Godinho Delgado, DEJT 08/11/2019).*
>
> *"I – RECURSO DE REVISTA DOS RECLAMADOS – RESCISÃO UNILATERAL DO CONTRATO DE TRABALHO – MOTIVAÇÃO – DESNECESSIDADE* **Não há falar em afronta ao artigo 37 da Constituição ou às**

[660] José dos Santos Carvalho Filho. Manual de Direito Administrativo – 33. ed. – São Paulo: Atlas, 2019.

regras protetivas do trabalhador na hipótese de dispensa imotivada após a sucessão do Banestado, por meio de processo de privatização, pelo Banco Itaú, porquanto a exigência de motivação, na esteira do moderno entendimento do Supremo Tribunal, volta-se às entidades prestadoras de serviço público. *Julgados. Recurso de Revista conhecido e provido. II – RECURSO DE REVISTA DO RECLAMANTE – Prejudicado, em razão do provimento dado ao Recurso de Revista dos Reclamados, para determinar o retorno dos autos ao Eg. Tribunal de origem " (RR-693-69.2011.5.09.0665, 8ª Turma, Relatora Ministra Maria Cristina Irigoyen Peduzzi, DEJT 30/06/2017).*

RECURSO DE REVISTA. ACÓRDÃO PUBLICADO ANTES DA VIGÊNCIA DA LEI Nº 13.015/2014. DISPENSA SEM JUSTA CAUSA. SOCIEDADE DE ECONOMIA MISTA. BANESTADO. PROCESSO DE PRIVATIZAÇÃO. SUCESSÃO PELO ITAÚ UNIBANCO S.A. **DESNECESSIDADE DE MOTIVAÇÃO DO ATO. REINTEGRAÇÃO INDEVIDA.** *A jurisprudência da SbDI-1 do TST firmou-se no sentido de que as* **normas internas do BANESTADO, sucedido pelo Banco-Reclamado, não garantem ao empregado o alegado direito adquirido à motivação do ato de dispensa sem justa causa, uma vez que apenas estabelecem procedimentos para apuração de faltas disciplinares.** *No caso concreto, é incontroverso o fato de que a* **despedida do reclamante ocorreu após a privatização do empregador originário.** *Precedentes. Recurso de revista conhecido e provido" (RR-1800-29.2012.5.09.0661, 5ª Turma, Relator Desembargador Convocado Joao Pedro Silvestrin, DEJT 29/05/2020).*

Ainda, os contratos de trabalho pactuados com a Administração Pública Indireta sem a observância do concurso público, a princípio nulos, terão seus efeitos convalidados após a privatização, conforme preceitua a Súmula 430 do TST.

9. SÓCIO RETIRANTE

A responsabilidade patrimonial primária pela satisfação do título executivo judicial ou extrajudicial é do devedor originário, sujeito passivo da execução. Isso decorre da ideia de autonomia patrimonial das sociedades empresárias personificadas.

Ben-Hur Silveira Claus destaca que: "Sob o influxo do ideário do Liberalismo Econômico fundado pela Revolução Francesa de 1789, o engenho jurídico concebe então um ente abstrato que responderá com o próprio patrimônio pelas obrigações que venha a contrair perante terceiros (clientes, fornecedores, empregados, etc.), deixando a salvo o patrimônio individual da pessoa natural dos sócios integrantes desse sujeito coletivo. (...) A ideia de autonomia patrimonial está pressuposta na concepção da sociedade personificada". [661]

A autonomia patrimonial permite à sociedade empresária cumprir um dos seus escopos: a função social da empresa, gerando empregos, riqueza, contribuindo para o desenvolvimento econômico, social e cultural, bem como a integração e cooperação social.

Entretanto, como advertido por Claus[662], a autonomia patrimonial não pode servir de subterfúgio ou salvo-conduto para isentar os sócios das responsabilidades decorrentes dos atos empresariais ou de abusos da personalidade jurídica.

A partir dessa ideia a doutrina entende que é possível, em situações excepcionais, a responsabilização patrimonial dos sócios de forma secundária, isto é, mesmo que o sujeito não conste no título executivo, será responsável pela satisfação da dívida com o seu patrimônio.

A esse respeito Daniel Amorim Assumpção Neves destaca que "é o patrimônio do devedor que geralmente responde por sua dívida, mas em algumas situações específicas, mesmo aquele que não participou da relação de direito material obrigacional se vê responsável por sua satisfação. Seguindo as lições de Liebman, a doutrina nacional qualifica tal situação como "responsabilidade executória secundária", prevista no art. 790 do Novo CPC. Dessa forma, a responsabilidade patrimonial do devedor é primária, enquanto nas situações previstas em lei, a responsabilidade do sujeito que não é obrigado (plano do direito material) é secundária". [663]

A responsabilidade patrimonial ou executória secundária permite o alcance dos bens de pessoas que mantiveram ou mantêm relações jurídicas com o devedor, como, por exemplo, o sócio – incluindo o sócio retirante -, o sucessor empresarial, grupo econômico, etc.

A. BENS DOS SÓCIOS

Conquanto a regra seja a autonomia patrimonial da sociedade empresária, o patrimônio do sócio pode ser atingido pela execução, com base na responsabilidade patrimonial secundária.

O art. 790 do CPC estabelece que os bens dos sócios, nos termos da lei, estão sujeitos à execução. No mesmo sentido, o art. 1.023 do Código Civil[664], topograficamente localizado no Livro II que regulamenta o Direito de Empresa, preconiza que nas relações mantidas com

[661] Ben-Hur Silveira Claus. A desconsideração inversa da personalidade jurídica na execução trabalhista e a pesquisa eletrônica de bens de executados. Revista Eletrônica nº. 156 do Tribunal Regional do Trabalho da 4ª Região. Publicado em maio de 2013.

[662] Idem.

[663] Daniel Amorim Assumpção Neves. Manual de Direito Processual Civil. 10ª ed. – São Paulo: 2018

[664] Art. 1.023, CC: Se os bens da sociedade não lhe cobrirem as dívidas, respondem os sócios pelo saldo, na proporção em que participem das perdas sociais, salvo cláusula de responsabilidade solidária.

terceiros, se os bens da sociedade empresarial cobrir a dívida, os sócios respondem pelo saldo.

A pessoa jurídica responde aprioristicamente em relação aos titulares ou acionistas (art. 1.024, CC)[665]. A figura da sociedade empresarial é descolada da figura dos sócios ou acionistas, existindo, a rigor, um "véu" (uma proteção) sobre a pessoa jurídica que impede a responsabilidade primária dos sócios.

Para o jurista Daniel Amorim Assumpção Neves[666], existem

> *"atualmente determinadas espécies de sociedade, nas quais o sócio responde com o seu patrimônio pelas dívidas da sociedade em qualquer situação de inadimplemento. É o caso da sociedade em nome coletivo (art. 1.039 do CC) e do sócio comanditado na sociedade em comandita simples (art. 1.045, caput, do CC). Ocorre, entretanto, que nesse caso não parece ser a responsabilidade dos sócios secundária, porque o texto legal é claro ao prever uma solidariedade passiva entre o sócio e a sociedade pelas dívidas contraídas por essa. Parece tratar-se, portanto, de responsabilidade primária subsidiária. O mesmo fenômeno verifica-se nas hipóteses de sociedade irregular e de sociedade de fato, nas quais a responsabilidade do sócio é solidária e ilimitada".*

Havendo inadimplência da pessoa jurídica em relação ao crédito trabalhista, devidamente constituído através de título executivo judicial ou extrajudicial, e inexistindo bens da pessoa jurídica capazes de satisfazer a pretensão executória, será possível a execução do sócio.

Essa responsabilização independe da participação do sócio da relação jurídica processual na fase de conhecimento. Alguns doutrinadores entendem que essa ausência viola o princípio do devido processo legal, do contraditório e ampla defesa.

Segundo o entendimento dominante, no entanto, a ausência de participação dos responsáveis indiretos pela execução contraria o princípio do devido processo legal, do contraditório ou da ampla defesa, pois a lei confere instrumentos processuais defensivos para resistir à pretensão executória, como, por exemplo, os embargos de terceiro, embargos à execução, manifestação em incidente de desconsideração da personalidade jurídica, bem como os recursos inatos à fase de execução (agravo de petição, etc.).

O Tribunal Superior do Trabalho decidiu nesse sentido em julgados recentes:

> *"[...]* **CERCEAMENTO DO DIREITO DE DEFESA. INCLUSÃO DE SÓCIO NO POLO PASSIVO. GRUPO ECONÔMICO.** *Não se há falar em cerceamento do direito de defesa se os elementos de prova foram suficientes para formar o convencimento do Juízo. Assim, tendo sido comprovados os fatos considerados importantes ao deslinde da controvérsia, não se há de falar em cerceamento do direito de defesa.* **Outrossim, esta Corte Superior entende que não afronta os princípios da legalidade, do devido processo legal e do contraditório e da ampla defesa, a inclusão da agravante no polo passivo na fase de execução. Precedentes.** *[...]. Agravo conhecido e desprovido" (Ag-AIRR-612-58.2014.5.02.0262, 3ª Turma, Relator Ministro Alexandre de Souza Agra Belmonte, DEJT 26/06/2020) (grifos acrescidos).*

> *"[...] PRETENSÃO RESCISÓRIA VOLTADA CONTRA SENTENÇA PROFERIDA NA FASE DE CONHECIMENTO. INCLUSÃO DO SÓCIO DA EMPRESA DEMANDADA NO POLO PASSIVO DA EXECUÇÃO TRABALHISTA. TERMO INICIAL DA CONTAGEM DO PRAZO DECADENCIAL PARA O AJUIZAMENTO DE AÇÃO RESCISÓRIA. DIA SUBSEQUENTE AO TRÂNSITO EM JULGADO DA SENTENÇA RESCINDENDA. ARTIGO 495 DO CPC DE 1973. SÚMULA 100, I, DO TST. DECADÊNCIA. CONFIGURAÇÃO. [...] Ora,* **de acordo com a teoria da desconsideração da personalidade jurídica, o sócio, ao ser incluído no polo passivo da execução, recebe o processo no estado em que ele se encontra.** *Tampouco incide ao caso examinado, por analogia, a diretriz do item VI da Súmula 100 do TST, porque* **a Autora, na condição de sócia da empresa executada, é parte passiva do processo principal e não terceira interessada na causa trabalhista.** *Ademais, é evidente que o alegado equívoco na inclusão da Autora no polo passivo da execução, se existente, ocorreu em provimento diverso da sentença rescindenda e, por isso, não se expõe, nesse momento, ao corte rescisório. Finalmente, é* **inexigível a citação dos sócios na fase de conhecimento, porque naquele momento processual eles não eram partes, nem estava caracterizada a insolvência da sociedade empresária.** *Precedentes da SBDI-2 do TST. Recurso ordinário conhecido e não provido" (RO-6533-79.2013.5.15.0000, Subseção II Especializada em Dissídios Individuais, Relator Ministro Douglas Alencar Rodrigues, DEJT 11/10/2018).*

Podemos concluir com tranquilidade que não há afronta aos princípios do devido processo legal ou do contraditório ou ampla defesa por ausência de participação dos sócios na fase cognitiva do processo, visto que o sócio dispõe de todos os meios de defesa na fase de execução.

A constituição da dívida trabalhista não se confunde com a responsabilidade patrimonial. A primeira, decorre da relação de direito material cujas partes em sentido material são o empregado e o empregador. A segunda, decorre da qualidade de sócio, acionista, administrador ou titular da empresa e da insolvência da sociedade empresária, o que retira, a princípio, a qualidade de parte.

Ademais, será possível a execução do sócio inclusive na recuperação judicial ou extrajudicial da empresa. Vejamos a ementa abaixo:

[665] Art. 1.024, CC: Os bens particulares dos sócios não podem ser executados por dívidas da sociedade, senão depois de executados os bens sociais.

[666] Daniel Amorim Assumpção Neves. Manual de Direito Processual Civil. 10ª ed. – São Paulo: 2018

"AGRAVOS DE INSTRUMENTO EM RECURSOS DE REVISTA INTERPOSTOS PELOS EXECUTADOS – ANÁLISE CONJUNTA. EXECUTADA EM RECUPERAÇÃO JUDICIAL. REDIRECIONAMENTO DA EXECUÇÃO AO SÓCIO. POSSIBILIDADE. A jurisprudência pacificada nesta Corte é a de que a falência ou a recuperação judicial determina limitação da competência trabalhista após os atos de liquidação dos eventuais créditos deferidos, não se procedendo aos atos tipicamente executivos, ressalvada a hipótese em que há a possibilidade de redirecionamento da execução a empresas componentes do grupo econômico, a devedores subsidiários ou mesmo a sócios da empresa falida ou em recuperação judicial, não sendo afetados os atos satisfativos pela competência do juízo universal falimentar. Agravos de instrumento conhecidos e não providos " (AIRR-1801-87.2013.5.02.0074, 8ª Turma, Relatora Ministra Dora Maria da Costa, DEJT 05/06/2020).

B. RESPONSABILIDADE PATRIMONIAL DO SÓCIO RETIRANTE

Durante muito tempo houve dissenso na doutrina e na jurisprudência sobre a possibilidade de responsabilização do sócio que se retirou da sociedade empresarial quanto aos créditos oriundos da relação de trabalho.

O artigo 1.003 e 1.032 do Código Civil estabelece que o sócio que se retirou da sociedade responde pelas dívidas da sociedade até dois anos a partir da data de averbação da retirada:

> *Art. 1.003, CC: A cessão total ou parcial de quota, sem a correspondente modificação do contrato social com o consentimento dos demais sócios, não terá eficácia quanto a estes e à sociedade.*
>
> *Parágrafo único. Até dois anos depois de averbada a modificação do contrato, responde o cedente solidariamente com o cessionário, perante a sociedade e terceiros, pelas obrigações que tinha como sócio.*
>
> *Art. 1.032, CC: A retirada, exclusão ou morte do sócio, não o exime, ou a seus herdeiros, da responsabilidade pelas obrigações sociais anteriores, **até dois anos após averbada a resolução da sociedade;** nem nos dois primeiros casos, pelas posteriores e em igual prazo, enquanto não se requerer a averbação.*

Parte dos doutrinadores entendiam que esse dispositivo era inaplicável ao processo do trabalho, por ausência de compatibilidade de princípios e regras. Os defensores dessa corrente entendiam que a prestação de serviços do empregado beneficia diretamente a empresa e os seus respectivos sócios, de modo que não poderiam se eximir de tal responsabilidade. Além disso, sustentavam que o crédito decorrente da relação jurídica trabalhista tem como características a natureza jurídica alimentar, indisponível e irrenunciável.

Outros entendiam a possibilidade da aplicação do referido dispositivo. Esse era o posicionamento majoritário na jurisprudência.

*"AGRAVO DE INSTRUMENTO EM RECURSO DE REVISTA. RESPONSABILIDADE DO SÓCIO RETIRANTE. 1. Trata-se de Agravo de Instrumento objetivando o processamento de recurso de revista fundamentado na alínea "c" do art. 896 da Consolidação das Leis do Trabalho. 2. Dispõe o artigo 7°, XXIX, da Constituição da República: " Art. 7º São direitos dos trabalhadores urbanos e rurais, além de outros que visem à melhoria de sua condição social:(...) XXIX – ação, quanto aos créditos resultantes das relações de trabalho, com prazo prescricional de cinco anos para os trabalhadores urbanos e rurais, até o limite de dois anos após a extinção do contrato de trabalho ". In casu, consta no acórdão Regional que a ação principal foi ajuizada em 04 de maio de 2009. No entanto, não está registrado que o trabalhador intentou sua ação após o biênio previsto no artigo 7°, XXIX, da Constituição da República. Logo, não há que se falar em afronta a literalidade o mencionado dispositivo. **3. Consta, ainda, no acórdão Regional que, por alteração societária havida em 13 de janeiro de 2009, devidamente registrada junto ao órgão competente, o Agravante retirou-se da empresa Reclamada, devendo responder pelo prazo de até dois anos a partir da averbação da alteração societária.** O acórdão registra que "A ação principal foi ajuizada em 04 de maio de 2009. A demanda trabalhista pressupõe o período contratual em que o Agravante foi sócio.". 4. **Logo, reconhecida a responsabilidade do sócio retirante com amparo no artigo 1003, parágrafo único do Código Civil, não que se falar em ofensa direta ao artigo 7°, XXIX, da Constituição da República,** pois este dispositivo trata do prazo que dispõe o trabalhador para demandar em juízo após a extinção do seu contrato de trabalho, e não sobre o prazo em que deve ser responsabilizado o sócio retirante por débitos trabalhistas contraídos pela empresa cujo quadro societário integrava. Agravo de Instrumento não provido.[...](AIRR-95000-10.2009.5.02.0041, 1ª Turma, Relatora Desembargadora Convocada Luiza Lomba, DEJT 23/10/2015). (grifos acrescidos)*

*"RECURSO DE REVISTA. EXECUÇÃO. NULIDADE DO V. ACÓRDÃO REGIONAL POR NEGATIVA DE PRESTAÇÃO JURISDICIONAL. Não demonstrado ausência de fundamentação do julgado, não se conhece do apelo. **Recurso de revista não conhecido. EX SÓCIO. RESPONSABILIDADE. LIMITAÇÃO TEMPORAL. 2 ANOS APÓS A AVERBAÇÃO NO CONTRATO SOCIAL. O eg. TRT entendeu que, da combinação da exegese dos arts. 1003, parágrafo único e 1032 do CC, extrai-se que cabe ao sócio retirante responsabilizar-se pelas obrigações sociais anteriores à sua retirada, sendo de até dois anos após esse evento o prazo para ser ajuizada a reclamação trabalhista.** A pretensão do reclamante está adstrita à interpretação realizada pelo eg. Tribunal Regional acerca do disposto no artigo 1032 do Código Civil, no tocante à responsabilidade do sócio quando de sua saída da sociedade, o que não impulsiona o conhecimento do apelo por afronta ao art. 5º, II, da Constituição Federal, pois o conhecimento do recurso de revista na atual fase está adstrito à violação direta e literal de dispositivo da Constituição Federal ou de lei federal. Se para analisar a violação do princípio da legalidade houver necessidade de interpretação de norma infraconstitucional, a provável violação será reflexa e não direta, a repelir o conhecimento do recurso de revista, como in casu. Recurso de revista não conhecido" (RR-119500-78.2008.5.15.0053, 6ª Turma, Relator Ministro Aloysio Correa da Veiga, DEJT 15/04/2014). (grifos acrescidos)*

Esse dilema foi pacificado pela Reforma Trabalhista (Lei 13.467/2017), na medida que passou a prever expressamente a responsabilidade do sócio retirante no artigo em análise (art. 10-A da CLT). O sócio retirante será responsável pelas obrigações trabalhistas da sociedade relativas ao período em que figurou como sócio, apenas nas demandas trabalhistas propostas até 2 (dois) anos depois de averbada a modificação do contrato social da empresa.

A responsabilidade patrimonial do sócio retirante será subsidiária. O art. 10-A, caput, da CLT estabelece um benefício de ordem, no qual os bens do sócio retirante serão atingidos apenas se a empresa e os sócios atuais não tenham patrimônio para saldar as obrigações trabalhistas.

Os artifícios utilizados na relação empregatícia com objetivos fraudulentos são considerados nulos de pleno direito (art. 9º da CLT).

De acordo com o parágrafo único do art. 10-A da CLT, a responsabilidade pelas obrigações trabalhistas será solidária se demonstrada a fraude na sucessão de empregadores. Isso decorre da necessidade de salvaguardar os credores trabalhistas dos propósitos fraudulentos do sucessor e do sucedido.

Na 2ª Jornada Nacional de Direito Material e Processual do Trabalho promovida pela Associação Nacional dos Magistrados da Justiça do Trabalho (Anamatra), a Comissão 1 formou o entendimento consignado no Enunciado nº8, cujo teor transcrevemos: "A teor do art. 1.146 do Código Civil, aplicável ao direito do trabalho (CLT, art. 8º), é cabível a responsabilidade solidária do sucedido e do sucessor pelos créditos trabalhistas constituídos antes do trespasse do estabelecimento, independentemente da caracterização de fraude".

Para essa corrente interpretativa, o sucessor e o sucedido respondem de forma solidária pelas obrigações trabalhistas formadas antes da transferência interempresarial.

10. LEGISLAÇÃO RELACIONADA

▶ Art. 1.003 do CC: A cessão total ou parcial de quota, sem a correspondente modificação do contrato social com o consentimento dos demais sócios, não terá eficácia quanto a estes e à sociedade.

▶ Art. 1.032 do CC: A retirada, exclusão ou morte do sócio, não o exime, ou a seus herdeiros, da responsabilidade pelas obrigações sociais anteriores, até dois anos após averbada a resolução da sociedade; nem nos dois primeiros casos, pelas posteriores e em igual prazo, enquanto não se requerer a averbação.

▶ OJ 408 SDI-1/TST: Juros de Mora. Empresa em Liquidação Extrajudicial. Sucessão Trabalhista. É devida a incidência de juros de mora em relação aos débitos trabalhistas de empresa em liquidação extrajudicial sucedida nos moldes dos arts. 10 e 448 da CLT. O sucessor responde pela obrigação do sucedido, não se beneficiando de qualquer privilégio a este destinado.

▶ Art. 448 da CLT: A mudança na propriedade ou na estrutura jurídica da empresa não afetará os contratos de trabalho dos respectivos empregados.

▶ Art. 448-A da CLT: Caracterizada a sucessão empresarial ou de empregadores prevista nos arts. 10 e 448 desta Consolidação, as obrigações trabalhistas, inclusive as contraídas à época em que os empregados trabalhavam para a empresa sucedida, são de responsabilidade do sucessor.

▶ Súmula 304/ TST: Correção Monetária. Empresas em liquidação. Art. 46 do ADCT/CF. Os débitos trabalhistas das entidades submetidas aos regimes de intervenção ou liquidação extrajudicial estão sujeitos a correção monetária desde o respectivo vencimento até seu efetivo pagamento, sem interrupção ou suspensão, não incidindo, entretanto, sobre tais débitos, juros de mora.

▶ OJ 92 SDI-1/TST: Desmembramento de municípios. Responsabilidade trabalhista. Em caso de criação de novo município, por desmembramento, cada uma das novas entidades responsabiliza-se pelos direitos trabalhistas do empregado no período em que figurarem como real empregador.

▶ OJ 143 SDI-1/TST: Empresa em liquidação extrajudicial. Execução. Créditos trabalhistas. Lei n. 6.024/74. A execução trabalhista deve prosseguir diretamente na Justiça do Trabalho mesmo após a decretação da liquidação extrajudicial. Lei n. 6.830/80, arts. 5.º e 29, aplicados supletivamente (CLT art. 889 e CF/1988, art. 114).

▶ OJ 48 SDI-1 Transitória: Petromisa. Sucessão. Petrobras. Legitimidade. Em virtude da decisão tomada em assembleia, a Petrobras é a real sucessora da Petromisa, considerando que recebeu todos os bens móveis e imóveis da extinta Petromisa. (ex-OJ n. 202 da SDI-1 — inserida em 8-11-00)

▶ OJ 261 SDI-1/TST: Bancos. Sucessão. As obrigações trabalhistas, inclusive as contraídas à época em que os empregados trabalhavam para o banco sucedido, são de responsabilidade do sucessor, uma vez que a este foram transferidos os ativos, as agências, os direitos e deveres contratuais, caracterizando típica sucessão trabalhista.

▶ OJ 343 SDI-1/TST: Penhora. Sucessão. Art. 100 da CF/1988. Execução. É válida a penhora em bens de pessoa jurídica de direito privado, realizada anteriormente à sucessão pela União ou por Estado-membro, não podendo a execução prosseguir mediante precatório. A decisão que a mantém não viola o art. 100 da CF/1988.

▶ OJ 408 SDI-1/TST: Juros de Mora. Empresa em Liquidação Extrajudicial. Sucessão Trabalhista. É devida a incidência de juros de mora em relação aos débitos trabalhistas de empresa em liquidação extrajudicial sucedida nos moldes dos arts. 10 e 448 da CLT. O sucessor responde pela obrigação do sucedido, não se beneficiando de qualquer privilégio a este destinado.

▶ OJ 411 SDI-1/TST: Sucessão Trabalhista. Aquisição de Empresa pertencente a Grupo Econômico. Responsabilidade Solidária do Sucessor por Débitos Trabalhistas de Empresa não adquirida. Inexistência. O sucessor não responde solidariamente por débitos trabalhistas de empresa não adquirida, integrante do mesmo grupo econômico da empresa sucedida, quando, à época, a empresa devedora direta era solvente ou idônea economicamente, ressalvada a hipótese de má-fé ou fraude na sucessão.

▶ OJ 53 SDI-2/TST: Mandado de Segurança. Cooperativa em liquidação extrajudicial. Lei n. 5.764/71, art. 76. Inaplicável. Não suspende a execução. A liquidação extrajudicial de sociedade cooperativa não suspende a execução dos créditos trabalhistas existentes contra ela.

▶ OJ 59 SDI-1/TST: Plano Verão. URP de fevereiro de 1989. Inexistência de Direito Adquirido. Inexiste direito adquirido à URP de fevereiro de 1989 (Plano Verão), em face da edição da Lei n. 7.730/89.

▶ Súmula 227/STF: A concordata do empregador não impede a execução de crédito nem a reclamação de empregado na Justiça do Trabalho.

▶ OJ 225 da SDI-1 do TST: CONTRATO DE CONCESSÃO DE SERVIÇO PÚBLICO. RESPONSABILIDADE TRABALHISTA. Celebrado contrato de concessão de serviço público em que uma empresa (primeira concessionária) outorga a outra (segunda concessionária), no todo ou em parte. mediante arrendamento, ou qualquer outra forma contratual, a título transitório, bens de sua propriedade: I — em caso de rescisão do contrato de trabalho após a entrada em vigor da concessão, a segunda concessionária, na condição de sucessora, responde pelos direitos decorrentes do contrato de trabalho, sem prejuízo da responsabilidade subsidiária da primeira concessionária pelos débitos trabalhistas contraídos até a concessão: II — no tocante ao contrato de trabalho extinto antes da vigência da concessão, a responsabilidade pelos direitos dos trabalhadores será exclusivamente da antecessora.

▶ Lei n. 11.101/2005, art. 60. Se o plano de recuperação judicial aprovado envolver alienação judicial de filiais ou de unidades produtivas isoladas do devedor, o juiz ordenará a sua realização, observado o disposto no art. 142 desta Lei.

Parágrafo único. O objeto da alienação estará livre de qualquer ônus e não haverá sucessão do arrematante nas obrigações do devedor de qualquer natureza, incluídas, mas não exclusivamente, as de natureza ambiental, regulatória, administrativa, penal, anticorrupção, tributária e trabalhista, observado o disposto no § 1º do art. 141 desta Lei.

▶ Lei n. 11.101/2005, Art. 141. Na alienação conjunta ou separada de ativos, inclusive da empresa ou de suas filiais, promovida sob qualquer das modalidades de que trata o art. 142: II - o objeto da alienação estará livre de qualquer ônus e não haverá sucessão do arrematante nas obrigações do devedor, inclusive as de natureza tributária, as derivadas da legislação do trabalho e as decorrentes de acidentes de trabalho. § 1º O disposto no inciso II do **caput** deste artigo não se aplica quando o arrematante for: II - parente, em linha reta ou colateral até o 4º (quarto) grau, consangüíneo ou afim, do falido ou de sócio da sociedade falida.

**Vide art. 29, da Instrução Normativa SIT n. 144, de 18-5-2018.

Vide arts. 6.º, 60, 83 e 141 da Lei n. 11.101, de 9-2-2005.

Vide OJs 96 e 225 da SDI-1/TST.

Art. 449 – Os direitos oriundos da existência do contrato de trabalho subsistirão em caso de falência, concordata ou dissolução da empresa.

§ 1º – Na falência constituirão créditos privilegiados a totalidade dos salários devidos ao empregado e a totalidade das indenizações a que tiver direito. (Redação dada pela Lei nº 6.449, de 14.10.1977)

§ 2º – Havendo concordata na falência, será facultado aos contratantes tornar sem efeito a rescisão do contrato de trabalho e consequente indenização, desde que o empregador pague, no mínimo, a metade dos salários que seriam devidos ao empregado durante o interregno.

COMENTÁRIOS (ART. 449)

1. FALÊNCIA OU RECUPERAÇÃO EMPRESARIAL

Nas lições de Gladston Mamede, apreendemos que "O fracasso é um elemento intrínseco à iniciativa: há, em toda ação humana, uma esperança de sucesso e um risco, mesmo não considerado, de fracasso. Ser humano é conviver, mesmo inconscientemente, com riscos. Risco pelo que se faz e, mesmo, pelo que não se faz. Risco que segue com aquele que parte, mas que não abandona aquele que fica. Viver é estar submetido ao risco, o que não é bom, nem ruim: é apenas próprio da existência e deve ser compreendido como tal".[667] Empreender, portanto, é estar sujeito ao sucesso ou ao fracasso indissociável da atividade econômica. O fracasso pode levar o empresário a dívidas ou até mesmo à insolvência empresarial, isto é, a incapacidade econômica de suportar as obrigações existentes contra si.

A Lei 11.101 de 9 de fevereiro de 2005 regula a recuperação judicial, a extrajudicial e a falência do empresário e da sociedade empresária. A ***falência*** é a execução coletiva do empresário ou sociedade empresária insolvente, submetendo o patrimônio do insolvente a uma execução coletiva, por meio do concurso de credores. A recuperação empresarial compreende-se em duas formas: judicial e extrajudicial. A ***recuperação judicial ou extrajudicial*** tem por objetivo viabilizar a superação da situação de crise econômico-financeira do devedor, a fim de permitir a manutenção da fonte produtora, do emprego dos trabalhadores e dos interesses dos credores, promovendo, assim, a preservação da empresa, sua função social e o estímulo à atividade econômica (artigo 47 e 161 da Lei 11.101/05).

Os créditos trabalhistas na falência ou na recuperação judicial são considerados créditos privilegiados, ocupando a posição superior na preferência dos pagamentos realizados pela massa falida, os créditos derivados da legislação trabalhista, limitados a 150 salários-mínimos por credor, e aqueles decorrentes de acidentes de trabalho (Art. 83, I, da Lei 11.101/05).

A referida lei também traz uma proteção ao trabalhador acidentado. Conquanto não se trate de um crédito de natureza alimentar decorrente diretamente da legislação trabalhista – ou melhor, da prestação de serviços ao empregador –, mas, sim, para custear a pensão fixada para reparar a incapacidade laboral do trabalhador, também recebe preferência na ordem de recebimento, eis que manifestam as mesmas características de relevância e urgência que circundam o privilégio dos créditos tipicamente trabalhistas. Por não se tratar de uma situação que traz consequências à vida profissional e social do trabalhador, o crédito do trabalhador acidentado não está limitado a 150 salários mínimos.

A Nova Lei de Falências (Lei 14.112/2020), alterou a redação do art. 161, §1º, da Lei 11.101/2005, passando a

[667] Gladston Mamede. Falência e recuperação de empresas – 11. ed. – São Paulo: Atlas, 2020.

admitir a sujeição dos créditos de natureza trabalhista e por acidentes de trabalho à recuperação extrajudicial, exigindo, para tanto, negociação coletiva com o sindicato da respectiva categoria profissional.

Gladston Mamede destaca que os honorários advocatícios são considerados como crédito trabalhista, decorrente da relação de trabalho, ainda que fora da relação de emprego, apontando que o "Superior Tribunal de Justiça, julgando o Recurso Especial 1.152.218/RS, sob a sistemática dos recursos repetitivos, assentou: 'Os créditos resultantes de honorários advocatícios têm natureza alimentar e equiparam-se aos trabalhistas para efeito de habilitação em falência, seja pela regência do Decreto-Lei 7.661/1945, seja pela forma prevista na Lei 11.101/2005, observado, neste último caso, o limite de valor previsto no artigo 83, inciso I, do referido Diploma legal'.".[668]

Na hipótese de cessão dos créditos trabalhistas a terceiros, estes, se convolam em créditos quirografários, perdendo a preferência, nos termos do art. 83, §4º, da LFR.

O plano de recuperação judicial não poderá prever prazo superior a 1 ano para pagamento dos créditos derivados da legislação do trabalho ou decorrentes de acidentes de trabalho vencidos até a data do pedido de recuperação judicial, conforme determina o art. 54 da Lei 11.101/05. Este prazo poderá ser estendido em até 2 anos, se o plano de recuperação judicial apresentar garantias julgadas suficientes pelo juiz; for aprovado pelos credores trabalhistas, titulares de créditos derivados da legislação trabalhista ou decorrentes de acidentes de trabalho; e houver garantia da integralidade do pagamento dos créditos trabalhistas, conforme determina o § 2º do art. 54 da LFR (incluído pela Lei 14.112 de 2020).

E mais. Prevalece o entendimento de que não ocorre a sucessão de empregadores no caso de alienação das filiais, ou de unidades produtivas isoladas, da empresa falida ou em recuperação judicial, conforme comentados nos artigos 10, 10-A, 448 e 448-A deste livro.

Art. 450 – Ao empregado chamado a ocupar, em comissão, interinamente, ou em substituição eventual ou temporária, cargo diverso do que exercer na empresa, serão garantidas a contagem do tempo naquele serviço, bem como volta ao cargo anterior.

Esse dispositivo trata a respeito da substituição de um empregado por outro, de forma interina, eventual ou temporária, para ocupar um cargo vago, desocupado, vazio, livre. O preenchimento do cargo vazio pode ocorrer, por exemplo, para cobrir as férias de um funcionário, o afastamento por doença ou acidente de trabalho, a licença-maternidade, ou a realização de cursos de qualificação profissional.

A substituição tem caráter transitório. Ao período de permanência no cargo em substituição, de acordo com a redação do artigo em análise, serão garantidas a contagem do tempo naqueles serviços, bem como a volta ao cargo anterior.

A jurisprudência também assegura um "salário-substituição", prevendo na Súmula 159 do TST que "Enquanto perdurar a substituição que não tenha caráter meramente eventual, inclusive nas férias, o empregado substituto fará jus ao salário contratual do substituído". Em outras palavras, na substituição que não tenha um período demasiadamente curto – indicando a necessidade de um período razoável – o empregado substituto terá direito aos salários do empregado substituído.

Seguindo a orientação sumulada pelo Tribunal Superior do Trabalho, assim tem decidido os Tribunais Regionais do Trabalho:

- Salário substituição. O empregado que substituir outro trabalhador provisoriamente em suas ausências, afastamentos regulares (como em férias e licenças) ou em outras situações que são periódicas e previsíveis tem o direito ao salário do substituído, consoante art. 450 da CLT e Súmula nº 159 do TST. Recurso da reclamada improvido. (TRT-2 10009246020195020385 SP, Relator: ROSA MARIA ZUCCARO, 10ª Turma – Cadeira 3, Data de Publicação: 19/10/2020)
- SUBSTITUIÇÃO. DIFERENÇAS SALARIAIS. ADICIONAL. A Súmula 159 do TST, em interpretação ao disposto no artigo 450 da CLT, dispõe no item I que, enquanto perdurar a substituição que não tenha caráter meramente eventual, inclusive nas férias, o empregado substituto fará jus ao salário contratual do substituído. O direito do substituto ao mesmo salário do substituído, enquanto perdura a substituição, advém do artigo 5º da CLT, bem com encontra suporte analógico no artigo 450 consolidado, o qual dispõe que ao empregado chamado a ocupar, em comissão, interinamente, ou em substituição eventual ou temporária cargo diverso do que exerce na empresa, serão garantidas a contagem do tempo naquele serviço, bem como a volta ao cargo anterior. (TRT-3 – RO: 00101911220175030031 MG 0010191-12.2017.5.03.0031, Relator: Milton V.Thibau de Almeida, Data de Julgamento: 28/05/2020, Terceira Turma, Data de Publicação: 01/06/2020. DEJT/TRT3/Cad.Jud. Página 760. Boletim: Não.)

[668] Ibidem, 2020.

- RECURSO ORDINÁRIO. ESTABILIDADE FINANCEIRA. EXERCÍCIO DE FUNÇÃO DE CONFIANÇA POR MAIS DE DEZ ANOS. PERÍODO DESCONTÍNUO E FUNÇÕES DIVERSAS. DEVIDA A INCORPORAÇÃO DA GRATIFICAÇÃO. APLICAÇÃO DA SÚMULA 372 DO C. TST. I – Não obstante o ordenamento jurídico infraconstitucional possibilitar a reversão ao cargo anteriormente ocupado (arts. 450 e 468, § 1º, da CLT), deve ser assegurado ao empregado, em observância aos princípios da irredutibilidade salarial, da garantia da estabilidade econômica e da inalterabilidade contratual lesiva, o direito à incorporação da gratificação de função, quando percebida por dez ou mais anos, ainda que durante período descontínuo e no exercício de diversas funções. Incidência da Súmula 372, do C. TST. II – Ainda que alegada política de reestruturação, tal circunstância não se coadunaria com o conceito de justo motivo referenciado na Súmula 372 do C. TST, que, por sua vez, pressupõe ato que rompimento da relação de confiança entre o empregador e o empregado, impedindo a permanência do trabalhador no cargo de confiança. As questões relacionadas à "gestão empresarial não podem resultar em violação de preceitos consectários do princípio da proteção ao empregado, no caso, o princípio da estabilidade financeira, haja vista que o risco do empreendimento é integralmente assumido pelo empregador, consoante comanda o princípio da alteridade (art. 2º da CLT)", como bem destacado pela Subseção II Especializada em Dissídios Individuais, quando do julgamento do Recurso Ordinário de n.º 11773-43.2017.5.03.0000, de relatoria do Ministro Emmanoel Pereira. III – Recurso Ordinário da parte autora a que se dá parcial provimento. (TRT-6 Processo: ROT – 0000318-73.2019.5.06.0341, Redator: Solange Moura de Andrade, Data de julgamento: 30/06/2020, Segunda Turma, Data da assinatura: 02/07/2020)
- RECURSO ORDINÁRIO. SALÁRIO SUBSTITUIÇÃO. ART. 450, CLT. SÚMULA 159, TST. Uma vez comprovado nos autos, por meio da prova oral, que o Reclamante substituía o supervisor durante as férias deste, faz jus o obreiro à percepção do salário contratual do substituído, na forma do art. 450 da CLT e da Súmula n. 159 do C. TST. (TRT-1 – RO: 01006744520195010461 RJ, Relator: ANA MARIA SOARES DE MORAES, Data de Julgamento: 27/10/2020, Primeira Turma, Data de Publicação: 11/11/2020)

De outra parte, se o cargo estiver desocupado em definitivo e vier a ser ocupado por outro empregado, este não terá direito ao salário do seu antecessor.

Art. 451 – O contrato de trabalho por prazo determinado que, tácita ou expressamente, for prorrogado mais de uma vez passará a vigorar sem determinação de prazo. (Vide Lei nº 9.601, de 1998)

COMENTÁRIOS (ART. 451)

1. PRORROGAÇÃO DO CONTRATO A TERMO

A prorrogação é a dilação temporal do prazo final do contrato de trabalho por prazo determinado. Essa prorrogação é admitida em caráter excepcional.

O legislador permitiu apenas uma única prorrogação do contrato a termo (art. 451 da CLT), seja de forma expressa ou tácita. Se houver mais de uma prorrogação do contrato de trabalho a termo, este passa a vigorar como contrato de trabalho por prazo indeterminado.

O contrato de experiência, por exemplo, possui esta limitação, sendo possível a prorrogação apenas uma vez (art. 445 da CLT) e desde que respeite o prazo máximo de 90 dias.

2. JURISPRUDÊNCIA

- CONTRATO DE EXPERIÊNCIA. PRORROGAÇÃO AUTOMÁTICA. VALIDADE. O contrato de experiência pode ser prorrogado de forma tácita, desde que limitado a uma oportunidade, e que o prazo máximo não ultrapasse 90 (noventa) dias. Exegese do parágrafo único do art. 445 e 451 da CLT. (TRT-4 – ROT: 00205897220185040025, Data de Julgamento: 19/11/2020, 7ª Turma)

- 1. CONTRATO DE EXPERIÊNCIA COM PREVISÃO DE PRORROGAÇÃO. OCORRÊNCIA DE PRORROGAÇÃO TÁCITA. O art. 442 da CLT prevê que o contrato de trabalho pode ser tácito ou expresso, mas o art. 29 da CLT exige que as condições especiais sejam expressamente anotadas na carteira de trabalho. O contrato de experiência pode ser prorrogado por uma única vez e o seu prazo não pode ultrapassar noventa dias (arts. 443 e 451 da CLT). Constatado que a prorrogação do contrato de experiência foi prevista na anotação na CTPS e que o empregado continuou trabalhando após o vencimento do primeiro período, emerge a prorrogação tácita do contrato de experiência que impede o deferimento do aviso prévio. [...] Recurso conhecido e não provido. (TRT-10 – RO: 00008175720195100014 DF, Data de Julgamento: 16/09/2020, Data de Publicação: 19/09/2020)

- Contrato de experiência. Renovação automática. Não configuração. A CLT, em seu art. 445, expressamente concebe que "O contrato de experiência não poderá exceder de 90 (noventa) dias", podendo ser prorrogado uma única vez, sob pena de vigorar sem determinação de prazo, à luz do disposto no art. 451 do mesmo Códex. Assim, a presença de mera disposição no sentido de prorrogação do contrato, quando findo o prazo de experiência, não configura cláusula nula de renovação automática, mas mero cumprimento da lei. (TRT-2 10009744620195020075 SP, Relator: FLAVIO VILLANI MACEDO, 11ª Turma – Cadeira 3, Data de Publicação: 17/08/2020)

- CONTRATO DE EXPERIÊNCIA. PRORROGAÇÃO. A prorrogação do contrato de experiência, que não poderá exceder de 90 dias, não exige formalismo, podendo ocorrer de forma expressa ou tácita, por uma única vez, conforme assegura o art. 451 da CLT. (TRT-3 – RO: 00107039520195030169 MG 0010703-95.2019.5.03.0169,

Relator: Weber Leite de Magalhaes Pinto Filho, Data de Julgamento: 10/06/2020, Nona Turma, Data de Publicação: 12/06/2020. DEJT/TRT3/ Cad.Jud. Página 2618. Boletim: Não.)

▶ CONTRATO DE EXPERIÊNCIA -PRORROGAÇÃO. Evidenciado nos autos que o contrato de experiência foi estabelecido pelo período consignado em Norma Coletiva e que sua prorrogação, já prevista no momento da contratação, se deu na forma do artigo 451 da Consolidação das Leis do Trabalho, não há falar-se em conversão do pacto em contrato por prazo indeterminado. (TRT-1 – RO: 00100828920155010203 RJ, Relator: CESAR MARQUES CARVALHO, Data de Julgamento: 15/08/2017, Gabinete do Desembargador Cesar Marques Carvalho, Data de Publicação: 23/08/2017)

▶ "RECURSO DE REVISTA DA RECLAMADA – PROCESSO SOB A ÉGIDE DA LEI Nº 13.015/2014, DO CPC/2015 E DA INSTRUÇÃO NORMATIVA Nº 40 DO TST – CONTRATO DE EXPERIÊNCIA – PRORROGAÇÃO AUTOMÁTICA – POSSIBILIDADE. 1. Considerando o princípio da continuidade da relação de emprego, a excepcionalidade do pacto por prazo determinado deve sim apresentar certa formalidade mínima para a sua validade. Todavia, para a prorrogação do contrato de experiência não se exige o mesmo formalismo, podendo ocorrer de modo tácito ou expresso, uma única vez, desde que não ultrapassado o prazo de noventa dias. 2. No caso, é incontroverso nos autos e ficou estabelecido pelas Instâncias ordinárias que houve a celebração por escrito do contrato de experiência por trinta dias, com a possibilidade de prorrogação, e o liame empregatício não extrapolou o prazo máximo de noventa dias. Por conseguinte, existindo a celebração formal de contrato de experiência (art. 443, § 2º, 'c', da CLT), sendo possível a sua prorrogação expressa ou tácita (art. 451 da CLT) e observado o prazo nonagesimal (art. 445, parágrafo único, da CLT e Súmula nº 188 do TST), não há como recusar a sua validade e eficácia. 3. Assim, o contrato de experiência não passou a ser por prazo indeterminado e o reclamante não tem direito às verbas rescisórias típicas da rescisão contratual sem justa causa. Recurso de revista conhecido e provido. (RR 20247-70.2016.5.04.0271, Relator Ministro Luiz Philippe Vieira de Mello Filho, 7ª Turma, DEJT 06/10/2017). (TRT18, RORSum – 0010865-60.2019.5.18.0141, Rel. MARIO SERGIO BOTTAZZO, 3ª TURMA, 24/03/2020) (TRT-18 – RORSUM: 00108656020195180141 GO 0010865-60.2019.5.18.0141, Relator: MARIO SERGIO BOTTAZZO, Data de Julgamento: 24/03/2020, 3ª TURMA)

▶ RECURSO ORDINÁRIO DA RECLAMADA CONTRATO DE EXPERIÊNCIA. NÃO CONVOLAÇÃO EM CONTRATO POR PRAZO INDETERMINADO. O contrato de experiência, modalidade de contrato por prazo determinado, tem como escopo a avaliação recíproca das partes contratantes, permitindo ao empregador a verificação da aptidão do empregado, além da qualificação técnica, e ao trabalhador a análise do meio ambiente de trabalho, além da jornada, remuneração e possibilidade de ascensão profissional. Tal contrato deve necessariamente ser estabelecido por escrito e com a previsão de prazo máximo de 90 dias (art. 445, parágrafo único, da CLT), dentro dos quais pode haver uma única prorrogação (art. 451 da CLT). Preenchidos esses pressupostos, como ocorreu no caso, impõe-se a validade do contrato de experiência firmado entre as partes, sendo descabido falar em convolação dessa avença em contrato por tempo indeterminado. (TRT-13 – RO: 00006644420185130024 0000664-44.2018.5.13.0024, 1ª Turma, Data de Publicação: 09/09/2019)

Art. 452 – Considera-se por prazo indeterminado todo contrato que suceder, dentro de 6 (seis) meses, a outro contrato por prazo determinado, salvo se a expiração deste dependeu da execução de serviços especializados ou da realização de certos acontecimentos.

COMENTÁRIOS (ART. 452)

1. SUCESSIVIDADE CONTRATUAL

A sucessividade contratual é o pacto de um novo contrato de trabalho por prazo determinado após a extinção de um contrato anterior com as mesmas características[669]. Nesta hipótese, o empregado e o empregador estabelecem um novo período de prestação de serviços, algum tempo depois do encerramento do contrato de trabalho anterior.

A licitude do novo contrato de trabalho está condicionada ao transcurso do lapso temporal mínimo de seis meses. Tem o propósito de evitar o desvirtuamento das finalidades do contrato de trabalho a termo, bem como incentivar a convenção entre as partes do contrato de trabalho por prazo indeterminado, pois assegura uma estabilidade financeira maior ao empregado, diminui a taxa de desocupação, promovendo os valores sociais do trabalho e da livre iniciativa, o bem-estar e a justiça social, além da redução da desigualdade e da dignidade da pessoa do trabalhador (art. 1º, IV; art. 3º, I, III, e IV; e art. 193, CF).

Se o empregado e o empregador convencionarem contratos a termo, de forma sucessiva, em um período inferior a seis meses, este contrato será considerado por tempo indeterminado.

No âmbito da Administração Pública, no entanto, o contrato a termo não se converte em contrato por prazo indeterminado, inexistindo a contratação tácita em face da Administração, considerando a necessidade do concurso expressamente previsto no art. 37, II da Constituição Federal.

Quando se tratar de execução de serviços especializados ou que a realização dependa de certos acontecimentos, a sucessividade contratual poderá ocorrer em tempo inferior a seis meses, conforme excepcionado pelo art. 452 da CLT. Citamos como exemplo a contratação de um empregado para trabalhar em temporadas de cruzeiros marítimos, que configura a execução de serviços especializados e vinculados a certos acontecimentos.

2. JURISPRUDÊNCIA

– GRUPO ECONÔMICO. RECONHECIMENTO DA UNICIDADE CONTRATUAL POR TODO O PERÍODO. RESCISÃO CONTRATUAL E POSTERIOR RECONTRATAÇÃO DO EMPREGADO. Na hipótese, a função exercida pelo reclamante não se enquadra nas exceções previstas no artigo 452 da CLT, a imprimir a contratação em tempo inferior ao mínimo estabelecido na norma, uma vez que

[669] Delgado, 2019, p. 659.

não depende de nenhum serviço especializado e nem está suscetível a certos acontecimentos. Logo, nada justifica a presença de contratos fracionados, sem intervalos entre um e outro. Outrossim, não afasta a unicidade contratual a exceção prevista no artigo 453 da CLT, uma vez que se trata, in casu, de fraude à lei, visando afastar a aplicação da legislação trabalhista, hipótese não contemplada no indigitado dispositivo consolidado. (TRT-14 – RO: 00005532320185140092 RO-AC 0000553-23.2018.5.14.0092, Relator: CARLOS AUGUSTO GOMES LOBO, SEGUNDA TURMA, Data de Publicação: 28/03/2019)

- UNICIDADE CONTRATUAL CONFIGURADA. PRESCRIÇÃO BIENAL INEXISTENTE. Comprovado nos autos que o ente público celebrou contratos sucessivos com a autora nos anos de 2013 a 2017, os quais tinham prazo de vigência que coincidia com o ano letivo, coincidindo com o ano letivo, não ultrapassando três meses o período entre a expiração de um contrato e o início do outro, impõe-se reconhecer a unicidade contratual, nos termos do art. 452 da CLT, computando-se a prescrição somente a partir da extinção do último contrato (Súmula nº 156 do TST), em razão do que não se configura a prescrição declarada, que se afasta, determinando o pagamento do FGTS, nos termos da Súmula nº 363 do TST. (TRT-16 00167547920185160013 0016754-79.2018.5.16.0013, Relator: MARCIA ANDREA FARIAS DA SILVA, Data de Publicação: 17/09/2019)
- PLURALIDADE DE CONTRATOS POR PRAZO DETERMINADO. DESCUMPRIMENTO DAS EXIGÊNCIAS LEGAIS. FRAUDE. UNICIDADE CONTRATUAL. Evidenciada a celebração de múltiplos e sucessivos contratos por prazo determinado, sem a observância das exigências dos artigos 443 e 452 da CLT, impõe-se o reconhecimento da unicidade contratual por todo o período da prestação de serviços, em virtude da fraude perpetrada. Inteligência do art. 9º da CLT. (TRT-3 – RO: 00109196820185030144 MG 0010919-68.2018.5.03.0144, Relator: Anemar Pereira Amaral, Data de Julgamento: 07/05/2020, Sexta Turma, Data de Publicação: 08/05/2020.)
- UNICIDADE CONTRATUAL. Readmitida a empregada em lapso de tempo inferior a seis meses, cabível a presunção da continuidade da relação de emprego, adotando-se, por analogia, a disposição do artigo 452 da CLT. Precedentes no âmbito deste Tribunal Regional e no TST. (TRT-4 – ROT: 00223013120175040511, Data de Julgamento: 31/07/2020, 2ª Turma)
- RECURSO ORDINÁRIO OBREIRO. CONTRATO DE TRABALHO POR PRAZO DETERMINADO. CARACTERIZAÇÃO. Os contratos de trabalho a termo celebrados com o reclamante estiveram vinculados a diferentes navios, com saídas de portos distintos, que atendiam às temporadas nacional e internacional de cruzeiros marítimos dos hemisférios norte e sul, o que configura a execução de serviços especializados e vinculados a certos acontecimentos. Dessa forma, o decurso de menos de seis meses entre um contrato e outro não autoriza a configuração de contrato por prazo indeterminado, pois se enquadra na parte final do art. 452 da CLT. Apelo do autor desprovido. [...] Recurso empresarial provido em parte. (TRT-6 – Processo: ROT – 0000174-60.2017.5.06.0021, Redator: Virginia Malta Canavarro, Data de julgamento: 15/09/2020, Terceira Turma, Data da assinatura: 17/09/2020)
- EMENTA: APELAÇÃO CÍVEL – MANDADO DE SEGURANÇA – PROCESSO SELETIVO – ELIMINAÇÃO – IMPOSSIBILIDADE DE RECONTRATAÇÃO DE CONTRATADO NA ÚLTIMA SELEÇÃO PÚBLICA – ARBITRARIEDADE – AUSÊNCIA DE PREVISÃO LEGAL – NOMEAÇÃO E POSSE DEVIDA – CONDENAÇÃO AO PAGAMENTO DE HONORÁRIOS ADVOCATÍCIOS – IMPOSSIBILIDADE – SENTENÇA PARCIALMENTE REFORMADA. O Mandado de Segurança constitui um remédio constitucional destinado à proteção a direito líquido e certo, contra ato ou omissão de autoridade pública ou agente imbuído de atribuições do Poder Público, nos termos do inciso LXIX, do art. 5º, da Constituição da República de 1988. O disposto no item 1.16.1 do edital impede a contratação de candidatos que estiverem exercendo função pública temporária no Município, sendo justificada sua existência no receio da municipalidade de aplicação do art. 445 e 452 da CLT, os quais preceituam a transformação do contrato temporário em contrato por prazo indeterminado diante do decurso do lapso temporal superior a dois anos. Contudo, como cediço, inexiste contratação tácita em face da Administração por expressa disposição do art. 37, II da Constituição Federal, sendo a cláusula arbitrária e discriminatória. Não cabe no processo de mandado de segurança, a condenação ao pagamento dos honorários advocatícios, a teor do art. 25 da Lei 12.016/09. Recurso parcialmente provido, com análise da remessa necessária. (TJ-MG – AC: 10000190950592002 MG, Relator: Fábio Torres de Sousa (JD Convocado), Data de Julgamento: 17/07/2020, Câmaras Cíveis / 8ª CÂMARA CÍVEL, Data de Publicação: 21/07/2020)

Art. 452-A. O contrato de trabalho intermitente deve ser celebrado por escrito e deve conter especificamente o valor da hora de trabalho, que não pode ser inferior ao valor horário do salário mínimo ou àquele devido aos demais empregados do estabelecimento que exerçam a mesma função em contrato intermitente ou não. (Incluído pela Lei nº 13.467, de 2017)

§ 1º O empregador convocará, por qualquer meio de comunicação eficaz, para a prestação de serviços, informando qual será a jornada, com, pelo menos, três dias corridos de antecedência. (Incluído pela Lei nº 13.467, de 2017)

§ 2º Recebida a convocação, o empregado terá o prazo de um dia útil para responder ao chamado, presumindo-se, no silêncio, a recusa. (Incluído pela Lei nº 13.467, de 2017)

§ 3º A recusa da oferta não descaracteriza a subordinação para fins do contrato de trabalho intermitente. (Incluído pela Lei nº 13.467, de 2017)

§ 4º Aceita a oferta para o comparecimento ao trabalho, a parte que descumprir, sem justo motivo, pagará à outra parte, no prazo de trinta dias, multa de 50% (cinquenta por cento) da remuneração que seria devida, permitida a compensação em igual prazo. (Incluído pela Lei nº 13.467, de 2017)

§ 5º O período de inatividade não será considerado tempo à disposição do empregador, podendo o trabalhador prestar serviços a outros contratantes. (Incluído pela Lei nº 13.467, de 2017)

§ 6º Ao final de cada período de prestação de serviço, o empregado receberá o pagamento imediato das seguintes parcelas: (Incluído pela Lei nº 13.467, de 2017)

I – remuneração; (Incluído pela Lei nº 13.467, de 2017)

II – férias proporcionais com acréscimo de um terço; (Incluído pela Lei nº 13.467, de 2017)

III – décimo terceiro salário proporcional; (Incluído pela Lei nº 13.467, de 2017)

IV – repouso semanal remunerado; e (Incluído pela Lei nº 13.467, de 2017)

V – adicionais legais. (Incluído pela Lei nº 13.467, de 2017)

§ 7º O recibo de pagamento deverá conter a discriminação dos valores pagos relativos a cada uma das parcelas referidas no § 6º deste artigo. (Incluído pela Lei nº 13.467, de 2017)

§ 8º O empregador efetuará o recolhimento da contribuição previdenciária e o depósito do Fundo de Garantia do Tempo de Serviço, na forma da lei, com base nos valores pagos no período mensal e fornecerá ao empregado comprovante do cumprimento dessas obrigações. (Incluído pela Lei nº 13.467, de 2017)

§ 9º A cada doze meses, o empregado adquire direito a usufruir, nos doze meses subsequentes, um mês de férias, período no qual não poderá ser convocado para prestar serviços pelo mesmo empregador. (Incluído pela Lei nº 13.467, de 2017)

Art. 453 – No tempo de serviço do empregado, quando readmitido, serão computados os períodos, ainda que não contínuos, em que tiver trabalhado anteriormente na empresa, salvo se houver sido despedido por falta grave, recebido indenização legal ou se aposentado espontaneamente. (Redação dada pela Lei nº 6.204, de 29.4.1975)

§ 1º (Incluído pela Lei nº 9.528, de 10.12.1997) (Vide ADIN 1.770-4)

§ 2º O ato de concessão de benefício de aposentadoria a empregado que não tiver completado 35 (trinta e cinco) anos de serviço, se homem, ou trinta, se mulher, importa em extinção do vínculo empregatício. (Incluído pela Lei nº 9.528, de 10.12.1997) (Vide ADIN 1.721-3).

COMENTÁRIOS (ARTS. 452-A E 453)

1. CARACTERÍSTICAS DO CONTRATO DE TRABALHO INTERMITENTE

O contrato de trabalho intermitente, embora haja divergência, parte da premissa da existência de um vínculo empregatício.

De acordo com o art. 443, §3º, da CLT é um trabalho subordinado, todavia a doutrina questiona a subordinação no contrato de trabalho intermitente, já que possui características próprias, como a possibilidade de recusa da convocação, o que atenuaria o conceito tradicional de subordinação.

Em tese, não há continuidade na prestação dos serviços, embora entendamos que é possível a continuidade cíclica da prestação de serviços para o mesmo empregador, além do fracionamento da prestação de serviços.

A característica marcante do trabalho intermitente é a alternância de períodos de prestação de serviços e de inatividade (sem prestação de serviços). O legislador não especificou uma periodicidade mínima ou máxima para a prestação de serviços, deixando a critério do trabalhador e do empregador pactuar o contrato de trabalho em horas, dias ou meses.

Na exposição de motivos do Enunciado 85 da 2ª Jornada Nacional de Direito Material e Processual do Trabalho, as magistradas Ana Paola Santos Machado Diniz e Maria da Graça Bellino de Athayde de Antunes

Varela[670], defendem que não é possível que o empregador estipule um contrato de trabalho vazio de conteúdo, devendo indicar, inclusive, uma expectativa ou previsão dos períodos em que a prestação de serviços será exigida:

> *"Atente-se que essa condição puramente potestativa não opera no* ***modelo português*** *de contrato intermitente, ainda que a chamada,* ***ou no espanhol*** *de fijo descontínuo, pois* ***nestes o empregador, ao menos, se obriga ao chamamento, há incerteza apenas quanto ao momento em que ocorrerá, mas o trabalhador tem um mínimo de tempo de trabalho previamente assegurado, ainda que por projeção.*** *No modelo português, está prevista, inclusive, a remuneração do período de inatividade, com o objetivo de assegurar a disponibilidade do empregado. Esse elemento externo, ou seja,* ***surgimento da necessidade cíclica, descaracteriza a condição como puramente potestativa****. Assim dispõe o art. 122 do CC [...].* ***Assim sendo,*** *no contrato de trabalho intermitente* ***deverá constar****: a) a função para a qual está sendo contratado o trabalhador; b) o valor da hora de trabalho; c)* ***os períodos certos em que a prestação de serviços será exigida, o que se aplica para as atividades intermitentes previamente programadas pela empresa, delimitados em horas, dias ou meses****; d)* ***quando a necessidade de prestação de serviços não se repita em datas certas****, considerando-se o volume normal da atividade econômica, a* ***indicação da duração estimada da atividade****, ou seja, quantas horas a cada período, quantos dias a cada mês ou quantos meses a cada ano; e) a jornada a ser cumprida nos períodos certos ou a distribuição das horas de trabalho nos períodos incertos, objeto da estimativa na alínea anterior. A especificação no contrato desses elementos formativos do seu conteúdo é essencial, tendo reflexos importantes nas obrigações geradas para as partes". (grifos acrescidos)*

Pela interpretação literal do art. 443, §3º, da CLT presume-se que não poderá ser pactuado por período inferior a uma hora.

Segundo o art. 443, §3º, da CLT, o contrato intermitente é admitido independentemente do tipo de atividade do empregado e do empregador, exceto para os aeronautas, regidos por legislação própria.

Existe corrente doutrinária que defende a inaplicabilidade do contrato de trabalho intermitente para atendimento das demandas permanentes, contínuas ou regulares da empresa, para substituição de posto de trabalho permanente, ou adoção de escala móvel ou variável[671].

A doutrina também critica a exclusão do contrato intermitente exclusivamente à categoria dos aeronautas, visto que não há uma justificativa aparente para tal exclusão.

A Constituição Federal, no art. 7º, inciso XXXII, dispõe que é proibida a *"distinção entre trabalho manual, técnico e intelectual ou entre os profissionais respectivos"*. A exclusão apenas dos aeronautas representaria uma discriminação em relação às demais profissões ou categorias.

O artigo 452-A da CLT assegura o valor da hora de trabalho não inferior ao valor horário do salário mínimo ou àquele devido aos demais empregados do estabelecimento que exerçam a mesma função em contrato intermitente ou não. Nesse aspecto, se assemelha à jornada de trabalho móvel ou variável, em que o empregado recebe a remuneração proporcional às horas trabalhadas, ainda que o valor mensal seja inferior ao salário mínimo mensal, mas é necessário o respeito ao valor-hora do salário mínimo.

Parte da doutrina entende que o respeito ao valor-hora do salário mínimo é insuficiente, sendo imperioso o pagamento do salário mínimo ao empregado para assegurar a manutenção de um nível salarial mínimo e digno (assegurando um patamar civilizatório mínimo), sob pena de afrontar o princípio da dignidade da pessoa humana, da valorização do trabalho, da justiça social e do direito fundamental à manutenção de um nível salarial mensal.

Nesse sentido, o Desembargador Arnaldo Boson Paes[672], ao justificar a proposta do Enunciado nº. 72 da 2ª 2ª Jornada Nacional de Direito Material e Processual do Trabalho, defende o pagamento de um salário mínimo como garantia de renda mínima ao trabalhador:

> *[...] Com a instituição do contrato de trabalho intermitente, que não especifica as horas de trabalho garantido e prevê remuneração apenas das horas efetivamente trabalhadas, há necessidade de, a partir do artigo 7º, IV, da Constituição Federal, redefinir o conceito de retribuição mínima. [...] Além de produzir subemprego e baixos salários, o trabalho intermitente provoca instabilidade da remuneração. Sem jornada mínima garantida, a variação da renda do trabalhador inviabiliza o planejamento financeiro. [...] No direito internacional do trabalho, diversos instrumentos normativos buscam assegurar uma retribuição mínima. Essa orientação funda-se na ideia de que os salários não são a contrapartida de uma mera mercadoria, mas a única fonte de rendimentos da*

---

670 Fonte: http://www.jornadanacional.com.br/listagem-enunciados-aprovados-vis2.asp?ComissaoSel=6 [acessado em: 16/09/2020]

671 Nesse sentido o Enunciado 85 da 2ª Jornada Nacional de Direito Material e Processual do Trabalho: CONTRATO DE TRABALHO INTERMITENTE E DEMANDAS PERMANENTES. 1. É ILÍCITA A CONTRATAÇÃO SOB A FORMA DE TRABALHO INTERMITENTE PARA O ATENDIMENTO DE DEMANDA PERMANENTE, CONTÍNUA OU REGULAR DE TRABALHO, DENTRO DO VOLUME NORMAL DE ATIVIDADE DA EMPRESA. 2. É ILEGAL A SUBSTITUIÇÃO DE POSTO DE TRABALHO REGULAR OU PERMANENTE PELA CONTRATAÇÃO SOB A FORMA DE TRABALHO INTERMITENTE. 3. O EMPREGADOR NÃO PODE OPTAR PELO CONTRATO DE TRABALHO INTERMITENTE PARA, SOB ESSE REGIME JURÍDICO, ADOTAR A ESCALA MÓVEL E VARIÁVEL DA JORNADA. 4. PRESENTE A NECESSIDADE DE TRABALHO INTERMITENTE, O EMPREGADO CONTRATADO NA FORMA DO ART. 443, § 3º, DA CLT TEM DIREITO SUBJETIVO À CONVOCAÇÃO, SENDO ILÍCITA SUA PRETERIÇÃO OU A OMISSÃO DO EMPREGADOR.

672 Fonte: http://www.jornadanacional.com.br/listagem-enunciados-aprovados-vis2.asp?ComissaoSel=6 [acessado em: 16/09/2020]

> *maior parte da população, a exigir especial proteção. [...]Nesse sentido o artigo 23, item 3, da Declaração Universal dos Direitos do Homem, o artigo 5º da Convenção nº 117 da OIT e o artigo 3º da Convenção nº 131 da OIT. Essas disposições almejam garantir um salário mínimo a todos os trabalhadores subordinados, suficiente para garantir-lhes uma vida digna.*

Ademais, o trabalho intermitente é objeto da ADIn nº. 5826, pendente de julgamento, na qual se questiona a constitucionalidade dos dispositivos alterados a acrescentados à CLT, sob o argumento de que representa a criação de regimes flexíveis desse tipo viola princípios constitucionais como o da dignidade humana e do valor social do trabalho, bem como não garante uma remuneração mínima ao trabalhador, principalmente durante o período de inatividade.

O empregador convocará poderá convocar o empregado para a prestação de serviços por qualquer meio de comunicação eficaz (WhatsApp, e-mail, telefone ou telegrama, por exemplo), informando qual será a jornada, com pelo menos 3 (três) dias corridos de antecedência (§1º do art. 452-A da CLT).

A esse respeito, como dito acima, o empregador deve ao menos dar uma previsibilidade da convocação ao empregado, pois há uma expectativa da convocação de prestação de serviços pelo empregado.

A convocação é um direito potestativo ou dever do empregador?

Há quem defenda a convocação como um ato discricionário do empregador, realizável de acordo com a sua conveniência e oportunidade. Portanto, tratar-se-ia de uma faculdade ou opção do empregador.

Para outra vertente interpretativa é dever do empregador realizar a convocação do trabalhador. Esse dever decorre da natureza e dos fins do contrato de trabalho intermitente: a alternância ou sazonalidade na prestação de serviços e períodos de inatividade. Entender de modo diverso, pode significar o desvirtuamento do objetivo do contrato de trabalho intermitente.

O item 4 do Enunciado nº. 90 da 2ª Jornada Nacional de Direito Material e Processual do Trabalho, afirma que a convocação é direito subjetivo do trabalhador.

Sergio Pinto Martins ensina que *"Intermitente é o período sem interrupção, que tem intervalos, descontínuos. Seria o período que ocorre entre o trabalhador trabalhar e ficar sem prestar serviços"*[673].

Com base nesta última vertente interpretativa, com a qual concordamos, o empregador que se omitir no dever de convocar o empregado ou deixar de convocar com a finalidade de punir o trabalhador – seja em virtude de uma gestação, doença ou outra razão – poderá ser responsabilizado a indenizar o trabalhador por eventual dano moral ou material causado ao trabalhador, na forma do art. 223-A e seguintes da CLT, art. 186 e 927 do Código Civil e art. 5º, V e X, da Constituição Federal.

Recebida a convocação, o empregado terá o prazo de 1 dia útil para responder ao chamado, presumindo-se no silêncio a recusa. O silencio produz presunção relativa da recusa, podendo o empregado apresentar prova em sentido contrário.

A recusa da convocação não descaracteriza a subordinação, para fins de contrato intermitente (§3º do art. 452-A da CLT).

Aceita a oferta para o comparecimento ao trabalho, a parte que descumprir, sem justo motivo, pagará à outra parte, no prazo de 30 dias, multa de 50% da remuneração que seria devida, permitida a compensação em igual prazo.

A doutrina majoritária defende a inconstitucionalidade da aplicação desta multa por afrontar os princípios basilares da relação de trabalho: o princípio da proteção ao trabalhador hipossuficiente.

Nas relações individuais de trabalho há um desequilíbrio contratual, na medida em que o trabalhador é parte mais fraca nessa relação jurídica.

O Direito do Trabalho não admite que o empregado e o empregador sejam colocados em posições equivalentes, tendo em vista a vulnerabilidade socioeconômica do trabalhador, que é mais acentuada no trabalho intermitente. O princípio da proteção é um vetor interpretativo do Direito do Trabalho e um contrapeso ao desequilíbrio natural da relação jurídica trabalhista.

Mauricio Godinho Delgado[674] ensina que

> *"Informa este princípio que o Direito do Trabalho estrutura em seu interior, com suas regras, institutos, princípios e presunções próprias, uma teia de proteção à parte vulnerável e hipossuficiente na relação empregatícia — o obreiro —, visando retificar (ou atenuar), no plano jurídico, o desequilíbrio inerente ao plano fático do contrato de trabalho. O princípio tutelar influi em todos os segmentos do Direito Individual do Trabalho, influindo na própria perspectiva desse ramo ao se construir, desenvolver-se e atuar como direito. Efetivamente, há ampla predominância nesse ramo jurídico especializado de regras essencialmente protetivas, tutelares da vontade e interesses obreiros; seus princípios são fundamentalmente favoráveis ao trabalhador; suas presunções são elaboradas em vista do alcance da mesma vantagem jurídica retificadora da diferenciação social prática. Na verdade, pode-se afirmar que sem a ideia protetivo-retificadora, o Direito Individual do Trabalho não se justificaria histórica e cientificamente. Parte importante da doutrina aponta este princípio como o*

Decreto-Lei 5.452/1943

673 Idem. MARTINS, 2020.

674 Idem. Delgado, 2019.

cardeal do Direito do Trabalho, por influir em toda a estrutura e características próprias desse ramo jurídico especializado".

A imposição da multa ao trabalhador revela a violação aos preceitos fundantes do Direito do Trabalho, de forma que não é possível concordar com a constitucionalidade deste dispositivo, pois viola a dignidade da pessoa humana, os valores sociais do trabalho, a melhoria da condição dos trabalhadores, aprofundando o desequilíbrio contratual, numa relação em que o trabalhador é considerado hipervulnerável.

A lei adverte que a multa não será aplicada quando houver justo motivo, deixando ao intérprete a construção da definição do que é o justo motivo.

Também, não estabeleceu uma forma de cobrança desta multa ou possibilitar eventual compensação.

Com base no §5º do art. 452-A da CLT "O período de inatividade não será considerado tempo à disposição do empregador, podendo o trabalhador prestar serviços a outros contratantes".

Podemos concluir, portanto, que o período de inatividade não é considerado tempo à disposição do empregador.

O artigo 4º da CLT considera como tempo à disposição *"o período em que o empregado esteja à disposição do empregador, aguardando ou executando ordens, salvo disposição especial expressamente consignada".*

A disposição especial do contrato de trabalho intermitente, exclui a possibilidade de considerar o tempo de inatividade como tempo à disposição do empregador. Entretanto, caso verificado que o empregador estava em regime de prontidão ou de sobreaviso, é possível com que o período de inatividade seja desconsiderado com base no princípio da primazia da realidade ou nas hipóteses do *art. 9º da CLT.*

2. DIREITOS DO TRABALHADOR INTERMITENTE

Ao final de cada período de prestação de serviços, o empregado receberá o pagamento imediato das seguintes parcelas:

i) Remuneração: A celebração do contrato de trabalho gera ao empregado a obrigação de prestar serviços ao empregador e, como contrapartida, o empregador assume a obrigação de pagar o salário do trabalhador. O salário consiste na contraprestação paga diretamente pelo empregador, como retribuição aos serviços prestados pelo empregado. Já a remuneração é gênero de parcelas contraprestativas, isso porque pode ser quitada diretamente pelo empregador (salário, gratificações, comissões) ou, ainda, por terceiros, como, por exemplo, as gorjetas (art. 457 da CLT). Não estão compreendidos no salário, ainda que habituais, as importâncias pagas a título de ajuda de custo, auxílio-alimentação, diárias para viagem, prêmios e abonos (art. 457, §2º, da CLT).

ii) Férias proporcionais com acréscimo de 1/3;

iii) 13º salário proporcional;

iv) repouso semanal remunerado;

v) adicionais legais: O trabalhador poderá ser submetido à trabalho noturno, insalubre, perigoso, poderá receber pelas horas extras eventualmente prestadas, intervalos não concedidos, etc. Há corrente que defende a limitação de jornada de trabalho de 8 horas diária e 44 horas semanais, por não haver autorização para o labor extraordinário ou outro tipo de jornada (12 por 36, jornada espanhola, por exemplo).

A portaria 349/2018 do Ministério do Trabalho estabelece que na hipótese de o período de convocação exceder 1 mês, o pagamento das mencionadas parcelas não poderá ser estipulado por período superior a 1 mês, devendo ser pagas até o 5º dia útil do mês seguinte ao trabalhado.

Nesse sentido o artigo 459, § 1º da CLT, *in verbis*:

> ***Art. 459 CLT*** *– O pagamento do salário, qualquer que seja a modalidade do trabalho, não deve ser estipulado por período superior a 1 (um) mês, salvo no que concerne a comissões, percentagens e gratificações. § 1º Quando o pagamento houver sido estipulado por mês, deverá ser efetuado, o mais tardar, até o quinto dia útil do mês subsequente ao vencido.*

Outrossim, a OJ 159 SDI-1 do TST prevê que a "inexistência de previsão expressa em contrato ou em instrumento normativo, a alteração de data de pagamento pelo empregador não viola o art. 468, desde que observado o parágrafo único, do art. 459, ambos da CLT."

O recibo de pagamento deverá conter a discriminação dos valores pagos, relativos a cada uma das parcelas acima mencionadas (§7º do art. 452-A da CLT), sendo vedado o salário complessivo (Súmula 93 do TST).

O empregador efetuará os respectivos recolhimentos das contribuições previdenciárias e o depósito na forma da lei com base nos valores pagos no período mensal e fornecerá ao empregado comprovante do cumprimento dessas obrigações.

A cada 12 (doze) meses o empregado adquire direito a usufruir, nos 12 (doze) meses subsequentes, a 1 (um) mês de férias, período no qual não poderá ser convocado para prestar serviços pelo mesmo empregador (§9º do art. 452-A da CLT).

Entendemos que no caso de prestação de serviços por período inferior há 15 dias o trabalhador não terá direito ao pagamento da proporção de férias ou de 13º, eis que o art. 147 da CLT e o artigo 1º, §2º, da Lei 4.090, consideram a fração igual ou superior a 15 dias de trabalho como mês integral para esses fins.

A Lei de Greve, na parte final do parágrafo único do artigo 7º, prevê que é vedada a contratação de substitutos, salvo nas seguintes hipóteses: a) quando não garantida a prestação no serviço mínimo, na hipótese de uma atividade em que a paralisação vai gerar um prejuízo irreparável pela deterioração irreversível de máquinas e equipamentos (artigo 9º da Lei); b) na hipótese de a greve ser considerada abusiva, em razão do não atendimento mínimo em atividade essencial (artigo 14 da Lei).

O artigo 2º da Lei 6.019/74 estabelece que é vedada a contratação de trabalhadores temporários para substituir os grevistas, salvo nas hipóteses acima mencionadas.

Existe debate quanto a possibilidade da utilização do trabalhador intermitente para substituir os grevistas.

Corrente doutrinária majoritária entende que é possível a utilização do trabalhador grevista para substituir os grevistas, considerando que não se aplica vedação do parágrafo único do artigo 7º da Lei, uma vez que não se trata de contratação, pois trabalhador intermitente já é empregado da empresa.

Em sentido contrário existe posicionamento que não admite a utilização do trabalhador intermitente nessas hipóteses, pois seria uma forma de frustrar o direito de greve.

Art. 454 – Na vigência do contrato de trabalho, as invenções do empregado, quando decorrentes de sua contribuição pessoal e da instalação ou equipamento fornecidos pelo empregador, serão de propriedade comum, em partes iguais, salvo se o contrato de trabalho tiver por objeto, implícita ou explicitamente, pesquisa científica. (Vide Lei nº 9.279, de 14.5.1996)

Parágrafo único. Ao empregador caberá a exploração do invento, ficando obrigado a promovê-la no prazo de um ano da data da concessão da patente, sob pena de reverter em favor do empregado da plena propriedade desse invento. (Vide Lei nº 9.279, de 14.5.1996)

Art. 455 – Nos contratos de subempreitada responderá o subempreiteiro pelas obrigações derivadas do contrato de trabalho que celebrar, cabendo, todavia, aos empregados, o direito de reclamação contra o empreiteiro principal pelo inadimplemento daquelas obrigações por parte do primeiro.

Parágrafo único – Ao empreiteiro principal fica ressalvada, nos termos da lei civil, ação regressiva contra o subempreiteiro e a retenção de importâncias a este devidas, para a garantia das obrigações previstas neste artigo.

COMENTÁRIOS (ARTS. 454 E 455)

1. CONTRATO DE SUBEMPREITADA

O contrato de subempreitada é uma modalidade de terceirização no qual o objeto é a prestação de serviços especializados por um subempreiteiro (prestador de serviços) em favor do empreiteiro principal (tomador dos serviços).

Pela redação originária do art. 445 da CLT, o prazo de vigência de contrato de trabalho, quando estipulado ou se dependenter da execução de determinado trabalho ou realização de certo acontecimento, não poderá ser superior a quatro anos. Entretanto, com a redação dada pelo Decreto-Lei n. 229, de 28-2-196 o contrato de trabalho por prazo determinado não poderá ser estipulado por mais de 2 (dois) anos, observada a regra do art. 451, parágrafo único.

Antes da Reforma Trabalhista havia uma vertente interpretativa argumentando no sentido de que a subempreitada somente se justificava se o empreiteiro principal não possuísse a totalidade dos conhecimentos técnicos especializados para a execução da obra. Do contrário, a subempreitada poderia ser considerada fraudulenta, já que na terceirização não seria possível terceirizar a atividade-fim, aplicando o mesmo entendimento a essa relação jurídica. Depois da Reforma Trabalhista esse entendimento estaria superado, pois passou a ser admitida a terceirização da atividade-fim.[675].

A forma de responsabilidade do empreiteiro principal é controversa. Para uns, é possível a responsabilização solidária do empreiteiro principal, podendo o empregado exigir as obrigações diretamente. Para outros, a responsabilização será secundária (subsidiária) devendo o trabalhador acionar o subempreiteiro e o empreiteiro principal para buscar a responsabilização, na forma da Súmula 331, IV, do TST. A jurisprudência diverge neste ponto:

- CONTRATO DE SUBEMPREITADA. RESPONSABILIDADE DA EMPREITEIRA PRINCIPAL. Na hipótese de subempreitada, o empreiteiro principal responde solidariamente pelas dívidas trabalhistas contraídas pelo subempreiteiro, conforme expressa dicção legal contida no art. 455 da CLT. Mantida a decisão de origem que, atenta aos limites da lide, condenou a recorrente subsidiariamente ao pagamento das parcelas trabalhistas atinentes ao período no qual o autor laborou na obra. [...]RECURSO ORDINÁRIO IMPROVIDO. (TRT-7 – RO: 00008044020145070039 CE, Relator: JOSE ANTONIO PARENTE DA SILVA, Data de Julgamento: 26/02/2021, 3ª Turma, Data de Publicação: 26/02/2021)

675 Martinez, 2020, p. 487.

- RECURSO ORDINÁRIO. PRESTAÇÃO DE SERVIÇOS. TOMADOR. CULPA IN ELIGENDO E IN VIGILANDO. **RESPONSABILIDADE SUBSIDIÁRIA.** SÚMULA Nº 331 DO C. TST. Em consonância com a uniformização da jurisprudência, consubstanciada na Súmula nº 331, **item IV, do C. TST, o inadimplemento das obrigações trabalhistas por parte do empregador, assim compreendida qualquer obrigação resultante da relação de emprego**, implica a responsabilidade subsidiária do tomador de serviço quanto àquelas obrigações, desde que este tenha participado da relação processual e conste também do título executivo judicial, com base na culpa in eligendo e in vigilando. (TRT-1 – RO: 01005796520175010079 RJ, Relator: ALVARO ANTONIO BORGES FARIA, Data de Julgamento: 27/01/2021, Quinta Turma, Data de Publicação: 26/02/2021)
- DIREITO PROCESSUAL DO TRABALHO. EXECUÇÃO. AGRAVO DE PETIÇÃO. REDIRECIONAMENTO CONTRA O DEVEDOR SUBSIDIÁRIO. POSSIBILIDADE. Não havendo bens livres e desembaraçados do devedor principal para suportar a execução, esta deve recair contra o devedor subsidiário. A natureza alimentar do crédito trabalhista impõe sua satisfação pela aplicação dos princípios da economia e celeridade processuais. O redirecionamento da execução é só mais uma das consequências da culpa in contraendo ou in vigilando da tomadora, já reconhecida no título executivo. **Ao responsável subsidiário no exercício do seu direito de regresso é assegurado o direito de propor ação regressiva contra o devedor principal nos termos da legislação civil, uma vez que fica sub-rogado no crédito, bem como o direito de retenção de importâncias a este devida (CLT, art. 455, parágrafo único).** Agravo de petição empresarial a que se nega provimento. (TRT-6-Processo: AP – 0001452-35.2017.5.06.0009, Redator: Ivan de Souza Valenca Alves, Data de julgamento: 10/02/2021, Primeira Turma, Data da assinatura: 13/02/2021)
- **EMENTA: RESPONSABILIDADE SUBSIDIÁRIA DA 2ª RECLAMADA. A Súmula 331 do C. TST está em pleno vigor.** A responsabilidade pelos débitos trabalhistas na terceirização é da empregadora. No entanto se esta não pagar aos trabalhadores terceirizados, caberá à tomadora o pagamento dos encargos trabalhistas, pois ela se beneficiou do trabalho dos empregados terceirizados. **Trata-se de uma responsabilidade subsidiária, aplicando-se o artigo 455 da CLT, por analogia.** A responsabilidade da tomadora abrangerá a totalidade das verbas decorrentes da condenação referentes ao período de prestação laboral, verbas de natureza salarial, indenizatória e parcelas conexas ao contrato de trabalho. O fato da reclamante não ter sido empregada da tomadora não a desonera de responder subsidiariamente por encargos trabalhistas e indenizações reconhecidos nestes autos conforme a r. sentença de primeiro grau, uma vez que se beneficiou do labor prestado pelo trabalhador. Portanto, tem-se que a tomadora de serviços responde subsidiariamente, em caso de inidoneidade econômica ou financeira da empregadora (1ª ré), nos casos em que a contratação foi legal e regular (Súmula. 331, IV do C.TST). A referida responsabilidade subsidiária decorre da culpa in vigilando e in eligendo da tomadora, que deve fiscalizar a efetiva satisfação das obrigações trabalhistas por parte da empresa prestadora de serviços. Logo, a recorrente tinha o dever-poder de fiscalizar a idoneidade financeira da sua prestadora de serviços. Na hipótese de haver inadimplemento de obrigações trabalhistas por parte desta última, como ocorreu in casu, caracterizar-se-á culpa in eligendo (na escolha da empresa) e culpa in vigilando (na fiscalização das empresas), o que por si só enseja a sua responsabilização. Tal decorre da mesma regra inserta no art. 159, do Código Civil Brasileiro de 1916, renovado pelo art. 186, do novo Código Civil Brasileiro de 2002: "Aquele que, por ação ou omissão voluntária, negligência, ou imprudência, violar direito, ou causar prejuízo a outrem, fica obrigado a reparar o dano", ou "... ainda que exclusivamente moral (o dano), comete ato ilícito", de onde se extrai a necessária diligência da contratante, quanto à capacidade financeira da contratada, especialmente com relação aos empregados que admitir para a prestação dos serviços a que se comprometeu. Por essa razão não há como se excluir a responsabilidade subsidiária aplicada à 2ª reclamada. RECURSO ORDINÁRIO NEGADO DA 2ª RECLAMADA. (TRT-2 10000492820205020071 SP, Relator: SONIA MARIA DE OLIVEIRA PRINCE RODRIGUES FRANZINI, 12ª Turma – Cadeira 3, Data de Publicação: 18/02/2021)

O dono da obra não responde pelas obrigações trabalhistas contraídas pelo empreiteiro, tendo em vista a inexistência de previsão legal específica (OJ 191 da SDI-1 do TST), estando abrangido pela exclusão as pessoas físicas, micro ou pequenas empresas, empresas de médio e grande porte, inclusive entes públicos (IRR-190-53.2015.5.03.0090 conforme julgamento do TEMA REPETITIVO 006 pelo TST). Porém, caso o dono da obra seja uma empresa construtora ou incorporadora, será considerado responsável pelas obrigações trabalhistas do empreiteiro.

Art. 456. A prova do contrato individual do trabalho será feita pelas anotações constantes da carteira profissional ou por instrumento escrito e suprida por todos os meios permitidos em direito. (Vide Decreto-Lei nº 926, de 1969)

Parágrafo único. A falta de prova ou inexistindo cláusula expressa e tal respeito, entender-se-á que o empregado se obrigou a todo e qualquer serviço compatível com a sua condição pessoal.

COMENTÁRIOS (ART. 456)

1. PROVA DO CONTRATO DE TRABALHO

A Carteira de Trabalho é um documento de identificação do trabalhador, obrigatório para o exercício de qualquer emprego ou atividade remunerado, no qual são assentadas as informações sobre o contrato de trabalho estabelecido entre o trabalhador e o tomador dos serviços, bem como as intercorrências ocorridas no curso do contrato de trabalho como, v.g., o gozo de férias e os afastamentos temporários (por doença ou acidente de trabalho).

Luciano Martinez, define a carteira de trabalho como "um documento histórico-laboral, confeccionado conforme modelos do Ministério da Economia, **obrigatória para o exercício de qualquer emprego**, inclusive de natureza rural, ainda que em caráter temporário, e **para o exercício por conta própria de atividade profissional remunerada"**.[676]

A carteira de trabalho é um documento de identificação do trabalhador, obrigatório, cujas anotações servem de prova da existência do contrato individual de trabalho (art. 446 da CLT), o tempo de serviço, salário, experiência profissional.

No Direito do Trabalho a verdade real prevalece sobre a verdade formal. A realidade dos fatos prevalece sobre os documentos. Partindo dessa premissa, as anotações da carteira de trabalho não possuem presunção absoluta de veracidade (*juris et jure*), mas, sim, relativa (*juris tantum*), sendo possível a produção de prova em sentido contrário. Nesse sentido a Súmula 12 do TST e a Súmula 225 do STF.

O empregado também poderá provar o vínculo laboral através de contrato de trabalho escrito.

2. ACÚMULO DE FUNÇÃO

Segundo este dispositivo o empregador poderá atribuir funções adicionais ao empregado, além daquelas previstas contratualmente quando de sua admissão. Ou seja, além de executar as funções para as quais foi contratado, o funcionário recebe atribuições que seriam de incumbência de outros cargos, gerando alteração na condição contratual do empregado e trazendo ganho para a empresa sem a devida contrapartida ao empregado. A doutrina denomina esse fenômeno como "acúmulo de funções".

Há entendimentos na doutrina e na jurisprudência no sentido de que esse acréscimo de tarefas pode consubstanciar alteração contratual lesiva ao empregado, na medida em que resultará em prejuízos, ainda que indireto ao trabalhador, bem como um enriquecimento sem causa ao empregado, caso não haja uma redefinição do salário-base.

A grande problemática envolvendo essa situação é a ausência de previsão legal impondo tal dever ao empregador. No cotidiano forense é comum em ações trabalhistas o empregado buscar um *plus salarial* em virtude do acúmulo de função, mas os pedidos acabam sendo indeferidos, haja vista a inexistência de obrigação legal nesse sentido. As decisões tem como norte o art. 5º, inciso II, da Constituição Federal que dispõe o seguinte: "ninguém será obrigado a fazer ou deixar de fazer alguma coisa senão em virtude de lei."

Vejamos alguns julgados relacionados ao tema:

- ACÚMULO DE FUNÇÕES. Via de regra e ausente ajuste em contrário, o trabalhador é contratado para realizar todo serviço que tenha compatibilidade com a sua condição pessoal, conforme preconiza o art. 456, parágrafo único, da CLT. Referido dispositivo legal deixa claro que a intenção do legislador não foi fixar a remuneração do empregado por tarefa desenvolvida. Desse modo, salvo se houver previsão legal ou contratual para pagamento diferenciado de determinada tarefa, aquelas desenvolvidas dentro do horário de trabalho e compatíveis com a função contratada não geram direito a incremento salarial. Na verdade, o acúmulo de funções ocorre quando o empregado desempenha atividades mais qualificadas, além daquelas originalmente previstas em seu contrato de trabalho, o que gera desequilíbrio contratual e enriquecimento sem causa do empregador (art. 884 do CC). (TRT-3 – RO: 00106902820195030030 MG 0010690-28.2019.5.03.0030, Relator: Antonio Carlos R.Filho, Data de Julgamento: 24/02/2021, Sétima Turma, Data de Publicação: 25/02/2021.)
- ACÚMULO DE FUNÇÕES. O adicional por acúmulo de funções não encontra previsão em lei, decorrendo de Convenção Coletiva para algumas categorias profissionais, o que não é o caso dos autos. Ademais, comungo ainda com o entendimento do Juízo de Primeiro Grau quanto ao disposto no parágrafo único do art. 456 da CLT, já que, inexistindo cláusula expressa a respeito, entender-se-á que o empregado se obrigou a todo e qualquer serviço compatível com a sua condição pessoal. Não há falar em diferenças salariais pelo acúmulo de funções.

[676] Idem. Martinez, 2020.

Mantenho incólume, no particular, a sentença. (TRT-2 10018963420195020610 SP, Relator: SONIA MARIA FORSTER DO AMARAL, 2ª Turma – Cadeira 3, Data de Publicação: 22/02/2021)

- ADICIONAL POR ACÚMULO DE FUNÇÕES. ARTIGO 456, PARÁGRAFO ÚNICO, DA CLT. O fato de a empregada exercer múltiplas tarefas, desde que compatíveis com a função contratada, sua condição pessoal e padrão salarial, não acarreta o acréscimo salarial, vez que durante a jornada, coloca sua força de trabalho à disposição do empregador que pode explorá-la dentro dos limites legais, nos termos do parágrafo único do art. 456 da CLT, que estabelece que "à míngua de prova ou inexistindo cláusula expressa a tal respeito, entender-se-á que o empregado se obrigou a todo e qualquer serviço, compatível com a sua condição pessoal". (TRT-3 – RO: 00107491920185030008 MG 0010749-19.2018.5.03.0008, Relator: Lucilde D'Ajuda Lyra de Almeida, Data de Julgamento: 24/02/2021, Sexta Turma, Data de Publicação: 24/02/2021.)
- ACÚMULO DE FUNÇÃO. NÃO CARACTERIZAÇÃO. O acúmulo de funções ocorre quando o empregado passa a exercer outras atribuições além daquelas originariamente previstas. no caso vertente, tal hipótese não restou caracterizada. Prevalece, portanto, o entendimento previsto pelo parágrafo único do art. 456 da CLT, in verbis: "a falta de prova ou inexistindo cláusula expressa e tal respeito, entender-se-á que o empregado se obrigou a todo e qualquer serviço compatível com a sua condição pessoal". [...] Recurso conhecido e parcialmente provido. (TRT-7 – RO: 00008107920195070004 CE, Relator: CLAUDIO SOARES PIRES, Data de Julgamento: 22/02/2021, 2ª Turma, Data de Publicação: 22/02/2021)
- ACÚMULO DE FUNÇÕES. Nos termos do parágrafo único do art. 456 da CLT, o empregado coloca sua força de trabalho à disposição do empregador, durante a jornada laboral, que a explora dentro dos limites legais, podendo, regra geral, exigir a realização de diversas atividades, sem que isso proporcione acréscimo salarial. No caso em apreço, não demonstrado que as atividades narradas pela autora eram incompatíveis com sua condição pessoal, tampouco exigiam maior qualificação técnica a justificar a respectiva contraprestação salarial, não há falar em plus salarial. Recurso a que se nega provimento. (TRT-24 – RORSum: 00247081020205240006 MS, Relator: JOAO DE DEUS GOMES DE SOUZA, Gab. Des. João de Deus Gomes de Souza, Data de Publicação: 19/02/2021)
- RECURSO ORDINÁRIO AUTORAL. DIREITO DO TRABALHO E PROCESSUAL DO TRABALHO. ACÚMULO DE FUNÇÕES. INCOMPROVAÇÃO. O simples exercício de algumas tarefas componentes de uma outra função não significa, automaticamente, a ocorrência de uma efetiva alteração funcional do empregado. É preciso que haja uma concentração significativa do conjunto de tarefas integrantes da função enfocada para que se configure a alteração funcional objetivada. No caso concreto, a própria testemunha autoral confirmou que as atividades alegadas como realizadas em acúmulo sempre foram desempenhadas desde o início do contrato e sempre no horário regular de trabalho. Assim, nos termos do parágrafo único do artigo 456 da CLT, aplicável à espécie, a execução de tarefa pelo autor compatível com sua condição pessoal e realizada desde o início da contratação e dentro do horário de trabalho não gera "plus" salarial. Recurso a que se nega provimento. (Processo: ROT – 0001803-23.2017.5.06.0004, Redator: Sergio Torres Teixeira, Data de julgamento: 10/02/2021, Primeira Turma, Data da assinatura: 11/02/2021) (TRT-6 – RO: 00018032320175060004, Data de Julgamento: 10/02/2021, Primeira Turma, Data de Publicação: 11/02/2021)
- ACÚMULO DE FUNÇÃO. REQUISITOS LEGAIS NÃO PREENCHIDOS. Não consta nos autos prova de que as atividades executadas pelo obreiro são incompatíveis com a sua função ou com as suas condições pessoais. Assim, resta indevido o pagamento do "plus" salarial pretendido, nos termos do art. 456, parágrafo único, da CLT, como corretamente entendeu o juízo da instância primária. (TRT-22 – RO: 00000441342020522 0004, Relator: Manoel Edilson Cardoso, Data de Julgamento: 09/02/2021, SEGUNDA TURMA)

Com base nos julgados acima, a menos que exista previsão legal ou contratual estipulando expressamente o acúmulo de função, presume-se que o empregado se obrigou a todo e qualquer serviço compatível com as suas condições pessoais.

É possível, ainda, que esse plus salarial seja previsto em norma coletiva, já que a CLT autoriza acordo ou convenção coletiva de trabalho, com prevalência sobre a lei, para dispor sobre plano de cargos, salários e funções compatíveis com a condição pessoal do empregado, bem como identificação dos cargos que se enquadram como funções de confiança, na forma do art. 611-A, inciso V, da CLT.

Art. 456-A – Cabe ao empregador definir o padrão de vestimenta no meio ambiente laboral, sendo lícita a inclusão no uniforme de logomarcas da própria empresa ou de empresas parceiras e de outros itens de identificação relacionados à atividade desempenhada. (Incluído pela Lei nº 13.467, de 2017)

Parágrafo único. A higienização do uniforme é de responsabilidade do trabalhador, salvo nas hipóteses em que forem necessários procedimentos ou produtos diferentes dos utilizados para a higienização das vestimentas de uso comum. (Incluído pela Lei nº 13.467, de 2017)

COMENTÁRIOS (ART. 456-A)

1. UNIFORME

O poder diretivo é a prerrogativa legal conferida ao empregador para dirigir, regulamentar, fiscalizar ou aplicar sanções no âmbito da relação de emprego.

Maurício Godinho Delgado define-o como "conjunto de prerrogativas tendencialmente concentradas no empregador dirigidas à organização da estrutura e espaço empresariais internos, inclusive o processo de trabalho adotado no estabelecimento e na empresa, com a especificação e orientação cotidianas no que tange à prestação de serviços"[677].

Insere-se no poder diretivo organizacional a instituição do uso uniforme no meio ambiente laboral ou durante a prestação dos serviços pelo empregado, bem como a definição das suas características.

Antes da reforma trabalhista havia discussão se o empregador poderia inserir no uniforme dos empregados logomarcas da própria empresa ou de empresas parceiras. Havia posicionamento no sentido de que a inserção de logomarcas no uniforme, de fornecedores ou com a propaganda de produtos, sem a anuência do empregado ou a respectiva contrapartida, consubstancia ato ilícito por ferir o direito de imagem do trabalhador, gerando o dever de repará-lo pelo dano moral sofrido, conforme julgado a seguir:

- " RECURSO DE EMBARGOS EM RECURSO DE REVISTA. INTERPOSIÇÃO SOB A ÉGIDE DA LEI 11.496/07. D ANO MORAL. DIREITO DE IMAGEM. USO DE UNIFORME COM LOGOMARCAS DE FORNECEDORES E PROPAGANDA DE PRODUTOS. CONFIGURAÇÃO. A controvérsia gira em torno de saber se o uso de fardamento pelo empregado, com o logotipo dos fornecedores, constitui ou não afronta ao direito de imagem do empregado, a ensejar, com isso, dano moral passível de compensação financeira. O artigo 5º, X, da Constituição da República assegura o direito a indenização por dano material e moral àquele que se for violado em sua intimidade, vida privada, honra ou imagem. No presente tema, a iterativa e atual jurisprudência desta C. SbDI-1 é no sentido de ser cabível indenização por danos morais decorrente do uso de imagem para fins comerciais, quando sem autorização, sem possibilidade de recusa e sem compensação pecuniária, há o uso obrigatório de camisetas com logomarcas de fornecedores e propaganda de produtos, caso dos presentes autos. Precedentes da C. SBDI-1. Recurso de embargos conhecido e provido"(E-ED-RR-163000-14.2009.5.01.0066, Subseção I Especializada em Dissídios Individuais, Relator Ministro Hugo Carlos Scheuermann, DEJT 10/06/2016).
- RECURSO DE EMBARGOS. DANO MORAL. DIREITO DE IMAGEM. SUPERMERCADO. CAMISETAS COM LOGOMARCAS DE FORNECEDORES E PROPAGANDA DE PRODUTOS. USO OBRIGATÓRIO PELOS EMPREGADOS. FINALIDADE COMERCIAL. CONFIGURAÇÃO. ARTIGO 20 DO CÓDIGO CIVIL. INCIDÊNCIA. 1. O art. 5º, incisos V e X, da Constituição Federal, consagrou o direito fundamental à reparação do dano moral. 2. O dano moral, no âmbito do direito do trabalho, concerne ao agravo ou ao constrangimento infligido quer ao empregado, quer ao empregador, mediante a violação de direitos fundamentais inerentes à personalidade (intimidade, privacidade, sigilo bancário, sigilo industrial, honra, dignidade, honestidade, imagem, bom nome, reputação, liberdade, dentre outros), como decorrência da relação de emprego. 3. Não obstante as particularidades do dano moral trabalhista, a sua respectiva indenização ostenta natureza civil, porquanto tem arrimo precipuamente nos arts. 186, 187 e 927 do Código Civil de 2002, que impõem a obrigação de indenizar a todo aquele que comete ato ilícito, causando dano material ou imaterial a outrem. 4. Consoante se depreende do art. 20 do Código Civil de 2002, o uso da imagem de uma pessoa, sem autorização, para fins comerciais, ainda que não haja ofensa, constitui ato ilícito. 5. Empregador que determina o uso de camisetas com logotipos de empresas fornecedoras e de produtos comercializados, sem possibilidade de recusa pelo empregado e sem compensação pecuniária. Destinação comercial inequívoca, haja vista que os empregados, em ambiente frequentado por muitos consumidores, divulgavam marcas dos clientes do seu empregador. 6. Cabe ao empregador, por conseguinte, responsabilizar-se pelo ilícito praticado em face de direito personalíssimo dos empregados, daí defluindo a respectiva obrigação de reparar o dano moral causado pelo uso indevido da imagem. 7. Embargos conhecidos, por divergência jurisprudencial e, no mérito, desprovidos"(E-RR-40540-81.2006.5.01.0049,

[677] DELGADO, 2019, p. 792.

Subseção I Especializada em Dissídios Individuais, Redator Ministro João Oreste Dalazen, DEJT 26/04/2013).

- RECURSO DE EMBARGOS. DANO MORAL. DIREITO DE IMAGEM. SUPERMERCADO. CAMISETAS COM LOGOMARCAS DE FORNECEDORES E PROPAGANDA DE PRODUTOS. USO OBRIGATÓRIO PELOS EMPREGADOS. FINALIDADE COMERCIAL. CONFIGURAÇÃO. ARTIGO 20 DO CÓDIGO CIVIL. INCIDÊNCIA. 1. O art. 5º, incisos V e X, da Constituição Federal, consagrou o direito fundamental à reparação do dano moral. 2. O dano moral, no âmbito do direito do trabalho, concerne ao agravo ou ao constrangimento infligido quer ao empregado, quer ao empregador, mediante a violação de direitos fundamentais inerentes à personalidade (intimidade, privacidade, sigilo bancário, sigilo industrial, honra, dignidade, honestidade, imagem, bom nome, reputação, liberdade, dentre outros), como decorrência da relação de emprego. 3. Não obstante as particularidades do dano moral trabalhista, a sua respectiva indenização ostenta natureza civil, porquanto tem arrimo precipuamente nos arts. 186, 187 e 927 do Código Civil de 2002, que impõem a obrigação de indenizar a todo aquele que comete ato ilícito, causando dano material ou imaterial a outrem. 4. Consoante se depreende do art. 20 do Código Civil de 2002, o uso da imagem de uma pessoa, sem autorização, para fins comerciais, ainda que não haja ofensa, constitui ato ilícito. 5. Empregador que determina o uso de camisetas com logotipos de empresas fornecedoras e de produtos comercializados, sem possibilidade de recusa pelo empregado e sem compensação pecuniária. Destinação comercial inequívoca, haja vista que os empregados, em ambiente frequentado por muitos consumidores, divulgavam marcas dos clientes do seu empregador. 6. Cabe ao empregador, por conseguinte, responsabilizar-se pelo ilícito praticado em face de direito personalíssimo dos empregados, daí defluindo a respectiva obrigação de reparar o dano moral causado pelo uso indevido da imagem. 7. Embargos conhecidos, por divergência jurisprudencial e, no mérito, desprovidos. (E-RR – 40540-81.2006.5.01.0049, Redator Ministro: João Oreste Dalazen, Subseção I Especializada em Dissídios Individuais, DEJT 26/4/2013)

A Reforma Trabalhista mudou a orientação sobre o tema. Acrescentou a o art. 456-A à CLT, de forma a autorizar a definição do padrão de vestimenta no meio ambiente laboral pelo empregador e tornou lícita a inclusão no uniforme de logomarcas da própria empresa ou de empresas parceiras e de outros itens de identificação relacionados à atividade desempenhada. Portanto, a medida tornou-se legal, de forma que não poderá ser considerada como ato ilícito.

A esse respeito o Enunciado 21 da 2ª Jornada de Direito Material e Processual do Trabalho da ANAMATRA, prevê o seguinte:

- Enunciado 21 — PADRÕES DE VESTIMENTA E DE LOGOMARCAS IMPOSTAS PELO EMPREGA DOR: LIMITE. ART. 456-A DA CLT. PADRÕES IMPOSITIVOS DE VESTIMENTAS E LOGOMARCAS. LIMITES A DIREITOS FUNDAMENTAIS. A prerrogativa do empregador de definir padrão de vestimenta, bem como outras formas de identificação e propaganda, encontra limites nos direitos fundamentais dos trabalhadores. Assim, a definição de uniformes, logomarcas e outros itens de identificação deve preservar direitos individuais, tais como os relacionados a privacidade, honra e pudor pessoal, e não se exclui a aplicação do artigo 20 do Código Civil.

É válido dizer que as regras do dispositivo ora analisado se aplicam aos fatos constituídos a partir da vigência da Lei 13.467/2017, de modo que os fatos pretéritos são tidos como uso desautorizado da imagem do trabalhador para publicidades, passível, portanto, de indenização pode dano moral. Vejamos:

- RECURSO ORDINÁRIO. DIREITO DE IMAGEM. CONTRATO DE TRABALHO ANTERIOR À VIGÊNCIA DA LEI Nº 13.467/2017. O artigo 456-A da CLT, introduzido pela Lei nº 13.467, de 13/7/2017, autoriza a inclusão de logomarcas de terceiros no uniforme do empregado. Contudo, tal dispositivo não é aplicável a contratos de trabalho que vigoraram anteriormente à sua vigência. Assim, antes da entrada em vigor da norma citada, a utilização de logomarcas de terceiros no uniforme do trabalhador implica o uso desautorizado de sua imagem para a publicidade. (TRT-1 - RO: 01013098420165010411 RJ, Relator: FLAVIO ERNESTO RODRIGUES SILVA, Data de Julgamento: 20/02/2019, Décima Turma, Data de Publicação: 16/03/2019)
- AÇÃO POSTERIOR À REFORMA TRABALHISTA. DANO À IMAGEM. VENDEDORA. UTILIZAÇÃO DE UNIFORMES COM LOGOMARCAS DE FORNECEDORES PARCEIROS DA RECLAMADA. NÃO CONFIGURADO. ART. 456-A DA CLT INTRODUZIDO PELA LEI 13.467/2017. A hipótese relacionada ao dano à imagem por utilização de uniforme com logomarca de fornecedores foi pacificada pela reforma Trabalhista que, vigente desde 13/11/2017, já se aplica à presente ação ajuizada em 13/04/2018. Assim, por força do art. 456-A da CLT, cabe ao empregador definir o padrão de vestimenta no meio ambiente laboral, sendo lícita a inclusão no uniforme de logomarcas da própria empresa ou

de empresas parceiras e de outros itens de identificação relacionados à atividade desempenhada. Portanto, não há que se falar em dano à imagem. Recurso Adesivo da Reclamante ao qual se nega provimento. (TRT-1 – RO: 01003931020185010531 RJ, Relator: ANA MARIA SOARES DE MORAES, Data de Julgamento: 28/11/2018, Primeira Turma, Data de Publicação: 19/12/2018)

A instituição do uso de uniforme com a logomarca do empregador ou empresas parceiras após a Reforma Trabalhista, é considerada lícita pela legislação trabalhista, não caracterizando dano à imagem do trabalhador.

Além disso, a Reforma Trabalhista atribuiu ao empregado a responsabilidade pela higienização do uniforme. Excepcionalmente, nas hipóteses em que forem necessários procedimentos ou produtos diferentes dos utilizados para a higienização das vestimentas de uso comum, essa responsabilidade será do empregador.

Para Henrique Correia, a lavagem do uniforme consubstancia em dever do empregador, pois a este cabe a assunção dos riscos da atividade empresarial[678]. Não se pode transferir, portanto, ao empregado, um risco que não lhe pertence.

▸ CAPÍTULO II
DA REMUNERAÇÃO

Alimentação

Art. 457 – Compreendem-se na remuneração do empregado, para todos os efeitos legais, além do salário devido e pago diretamente pelo empregador, como contraprestação do serviço, as gorjetas que receber. (Redação dada pela Lei nº 1.999, de 1.10.1953)

§ 1º Integram o salário a importância fixa estipulada, as gratificações legais e as comissões pagas pelo empregador. (Redação dada pela Lei nº 13.467, de 2017)

§ 2º As importâncias, ainda que habituais, pagas a título de ajuda de custo, auxílio-alimentação, vedado seu pagamento em dinheiro, diárias para viagem, prêmios e abonos não integram a remuneração do empregado, não se incorporam ao contrato de trabalho e não constituem base de incidência de qualquer encargo trabalhista e previdenciário. (Redação dada pela Lei nº 13.467, de 2017)

§ 3º Considera-se gorjeta não só a importância espontaneamente dada pelo cliente ao empregado, como também o valor cobrado pela empresa, como serviço ou adicional, a qualquer título, e destinado à distribuição aos empregados. (Redação dada pela Lei nº 13.419, de 2017)

§ 4º Consideram-se prêmios as liberalidades concedidas pelo empregador em forma de bens, serviços ou valor em dinheiro a empregado ou a grupo de empregados, em razão de desempenho superior ao ordinariamente esperado no exercício de suas atividades. (Redação dada pela Lei nº 13.467, de 2017)

COMENTÁRIOS (ART. 457)

1. REMUNERAÇÃO E SALÁRIO

A palavra salário advém do latim *sal, salis*, de que derivou a expressão *salarium*. Historicamente, os soldados romanos recebiam como contraprestação uma determinada quantidade de sal. Amauri Mascaro do Nascimento (apud Carlos Henrique Bezerra Leite, 2019), conceitua o salário como *"a totalidade das percepções econômicas dos trabalhadores, qualquer que seja a forma ou meio de pagamento, quer retribuam o trabalho efetivo, os períodos de interrupção do contrato e os descansos computáveis na jornada de trabalho"*. [679]

A celebração do contrato de trabalho gera ao empregado a obrigação de prestar serviços ao empregador e, como contrapartida, o empregador assume a obrigação de pagar o salário do trabalhador. O salário consiste na contraprestação paga diretamente pelo empregador, como retribuição aos serviços prestados pelo empregado. Já a remuneração é gênero de parcelas contraprestativas, isso porque pode ser quitada diretamente pelo empregador ou, ainda, por terceiros, como, por exemplo, as gorjetas.

O **salário** é, portanto, a principal obrigação contratual do empregador. No Direito do Trabalho o salário recebe uma proteção especial sendo proibida, redução do salário do empregado, a alteração salarial em prejuízo do empregado, ou a realização de descontos impróprios e abusivos do empregador, sob pena de violação dos princípios da irredutibilidade salarial, inalterabilidade salarial e da intangibilidade salarial.

Como leciona o Professor Mauricio Godinho Delgado, as principais características dos salários são: *"caráter alimentar; caráter "forfetário"; indisponibilidade; irredutibilidade; periodicidade; persistência ou continuidade; natureza composta; tendência à determinação heterônoma; pós-numeração"*.

Segundo o festejado jurista *"o caráter alimentar do salário deriva do papel socioeconômico que a parcela cumpre, sob a perspectiva do trabalhador. O salário atende, regra geral, a um universo de necessidades*

[678] CORREIA, 2018, p. 356.

[679] Curso de direito do trabalho / Carlos Henrique Bezerra Leite. – 11. ed. – São Paulo: Saraiva Educação, 2019

essenciais da pessoa humana e de sua família", como, por exemplo, moradia, alimentação, educação, saúde, lazer, vestuário, higiene, transporte e previdência social (art. 7º, IV, CF). Essa característica impede a penhora dos salários, tamanha a sua importância.

O *caráter forfetário, por sua vez,* "traduz a circunstância de o salário qualificar-se como obrigação absoluta do empregador, independentemente da sorte de seu empreendimento, isso porque o risco da atividade econômica deve ser assumido exclusivamente pelo empregador.

A característica da *indisponibilidade representa a impossibilidade de a* verba salarial ser objeto de renúncia ou de transação lesiva no desenrolar da relação empregatícia.

A irredutibilidade está inter-relacionada à indisponibilidade, pois não permite que o salário seja reduzido por ato unilateral ou bilateral na dinâmica empregatícia.

Ainda, temos como características do salário a *periodicidade* – qualidade de obrigação de trato sucessivo, de modo que deve ser calculada e paga por além do lapso temporal mensal (art. 459, CLT) -, assim como a *persistência* ou *continuidade, que* traduzem na necessidade de reposição do salário, reiteradamente, ao longo do contrato.

A noção de irredutibilidade busca combater duas modalidades centrais de diminuição de salários: a *redução salarial direta* (diminuição nominal de salários) e a *redução salarial indireta* (redução da jornada ou do serviço, com consequente redução salarial).

O art. 7º, inciso VI, da CF aduz que é assegurado ao trabalhador a irredutibilidade do salário, salvo o disposto em convenção ou acordo coletivo.

A locução "parcelas trabalhistas" representam todas as verbas oriundas da relação de emprego. São classificadas pela doutrina em: a parcelas de natureza trabalhista remuneratória – são as parcelas com caráter retributivo ao trabalho prestado pelo empregado e pagas diretamente pelo empregador (salário) ou por terceiros (gorjetas); b) parcelas de natureza trabalhista indenizatórias – a finalidade é indenizar o empregado pelos prejuízos ou gastos realizados no desempenho da prestação de serviços; c) parcelas de natureza não trabalhistas conexas ao contrato de trabalho como, por exemplo, o "*stock option*".[670]

A doutrina indica duas fórmulas do salário:

1. Salário	=	**salário básico (base)**	+	**parcelas sobressalários (complementos salariais)**
2. Salário básico	=	**salário em dinheiro (base)**	+	**salário "in natura" (utilidade)**

2. PARCELAS QUE INTEGRAM O SALÁRIO

As parcelas que integram o salário são: os valores pagos diretamente pelo empregador como contraprestação aos serviços prestados, a comissões e as gratificações legais.

As **comissões** são as parcelas trabalhistas pagas ao trabalhador em virtude da venda de um determinado produto. Já as percentagens traduzem-se no percentual incidente sobre a venda do produto.

O empregado que recebe somente por comissões é denominado de **comissionista puro.** Este trabalhador é sujeito a controle de horários. A prestação de jornada extraordinária assegura apenas o pagamento do adicional de, no mínimo 50%, considerando que as horas trabalhadas já estão englobadas no valor da comissão (Súmula 340 do TST). O **comissionista misto**, de outro lado, é aquele que recebe parte do salário de forma fixa e a outra parte de forma variável.

Para os empregados que percebem remuneração variável, o empregador fica obrigado a garantir o salário mínimo ou o piso da categoria, não podendo compensar ou descontar a posteriori o respectivo valor.

As **gratificações** são contraprestações pagas pelo serviço em certas condições ou ocasiões diferenciadas (gratificação de função; gratificação por tempo de serviço). A Reforma Trabalhista (Lei 13.467/2017) estabeleceu que a gratificação de função pode ser retirada pelo empregador caso o empregado retorne ao cargo anterior, não integrando ou incorporando ao salário do empregado, independentemente do tempo de exercício da respectiva função (art. 468, §1º, da CLT).

As **gorjetas** são as parcelas salariais oferecidas espontaneamente pelos clientes de uma determinada empresa aos seus empregados ou cobradas na nota de serviços pelo empregador. A gorjeta é destinada a distribuição entre os empregados e integra a remuneração destes.

A base de cálculo das horas extras é formada, em regra, pela soma do salário-base às parcelas sobressalário.

680 Martinez, 2020. p. 853.

As gorjetas cobradas pelo empregador na nota de serviço ou oferecidas espontaneamente pelos clientes, conquanto integre a remuneração do empregado, não serve de base de cálculo para o aviso prévio, adicional noturno, horas extras e repouso semanal remunerado, conforme preconiza a Súmula 354 do TST.

3. PARCELAS QUE NÃO INTEGRAM O SALÁRIO (NATUREZA JURÍDICA INDENIZATÓRIA)

A Reforma Trabalhista (Lei 13.467/2017) alterou a redação do §2º do art. 457 da CLT passando a dispor que não integram o salário, ainda que habituais, as parcelas pagas a título de ajuda de custo, auxílio-alimentação, vedado seu pagamento em dinheiro, diárias para viagem, prêmios e abonos.

A **ajuda de custos** é o valor pago a empregados visando cobrir as despesas decorrentes de circunstâncias especiais determinadas pelo empregador ou ainda em virtude de mudança do local de trabalho. As parcelas discriminadas em lei, possuem natureza indenizatória, não se integrando ao salário e não gerando reflexos em outras parcelas. Vale destacar que para haver ajuda de custo, é necessário que o empregado tenha um desembolso efetivo em decorrência de alguma situação que seja necessária para o desenvolvimento da atividade na qual o empregado labora.

O **auxílio-alimentação** representa uma quantia paga pelo empregador para o custeio das despesas com alimentação.

A Reforma Trabalhista (Lei n. 13.467, de 2017) alterou a redação do §2º, do art. 457 da CLT, para prever expressamente que o auxílio alimentação não integra a remuneração do empregado.

Sobre o tema, é válido dizer que a Lei n. 6.321, de 1976, instituiu o Programa de Alimentação do Trabalhador (PAT), com a finalidade de melhorar as condições dos trabalhadores, por meio do fornecimento de refeições adequadas, como forma de resguardar a saúde do empregado. Os empregadores foram incentivados a implantar serviços de alimentação para seus empregados, em troca de vantagens fiscais e tributárias. O empregador pode fornecer a alimentação de forma direta ou por meio de empresa contratada para esse fim, ou fornecimento de vale-refeição ou alimentação, para que o empregado possa realizar a sua refeição em locais credenciados ao PAT.

Percebendo que os empregados passaram a "vender" o vale-refeição ou vale-alimentação, bem como a utilizar esse crédito para adquirir outros produtos, não relacionados com a alimentação, o legislador enxergou a necessidade de impor um freio à essa prática, considerando que essa prática gera um desvirtuamento dos escopos desta norma, além de gerar prejuízos na arrecadação de impostos, já que as empresas conveniadas recebem incentivos fiscais.

Considerando que o auxílio- alimentação concedido ao empregado, quando não realizado em dinheiro, não tem natureza jurídica salarial, na forma do art. 457, §2º, da CLT, o legislador estabeleceu que as importâncias pagas pelo empregador a título de auxílio-alimentação devem ser usadas exclusivamente para custear as refeições em restaurantes, supermercado, estabelecimentos similares, ou, ainda, para a adquirir gêneros alimentícios em estabelecimentos comerciais, inviabilizando a comercialização dos créditos do vale-alimentação ou a utilização de modo indevido, conforme dispõe o art. 2º da Medida Provisória n. 1.108, de 25 de março de 2022.

O empregador e as pessoas jurídicas emissoras instrumentos de pagamento do auxílio-alimentação, registradas perante o Ministério do Trabalho e Previdência, serão punidas com a imposição de uma multa no valor de R$5.000,00 (cinco mil reais) a R$ 50.000,00 (cinquenta mil reais), em caso de execução inadequada, desvio ou desvirtuamento das finalidades dos programas de alimentação do trabalhador, sem prejuízo do cancelamento da inscrição junto ao PAT e a perda do incentivo fiscal. Havendo reincidência ou embaraço à fiscalização, a penalidade poderá ser aplicada em dobro (art. 3º-A, da Lei 6.321, de 1976., incluído pela MP n. 1.108, de 2022).

As **diárias para viagem** são os valores pagos pelo empregador com o intuito de ressarcir o trabalhador pelas despesas decorrentes da viagem para a prestação de serviços – a exemplo, as despesas com passagens aéreas, transporte rodoviário, hospedagem, etc. Antes da Reforma Trabalhista, prevalecia o entendimento de que as diárias para viagem não poderiam ultrapassar 50% do salário do empregado, sob pena de integrar o salário do trabalhador. Entretanto, a redação conferida pela Reforma Trabalhista modificou a orientação, de forma que não integram a remuneração do empregado, não se incorporam ao contrato de trabalho e também não constituem base de incidência de qualquer encargo trabalhista e previdenciário.

Apesar disso, parte da doutrina entende pela possibilidade de integração das diárias para viagem ao salário, na hipótese de utilização das diárias para viagem como subterfúgio para ocultar a real natureza da parcela [salarial] e fraudar a legislação trabalhista (art. 9º, CLT)[681].

Os **prêmios** são retribuições voluntárias pagas pelo empregador em decorrência da prestação de um serviço. Em outras palavras, são as liberalidades concedidas pelo empregador em forma de bens, serviços ou valor em dinheiro a empregado ou a grupo de empregados,

[681] Delgado, 2019, p. 859.

em razão de desempenho superior ao ordinariamente esperado (art. 457, §4º, CLT).

O **abono** é o pagamento de uma parcela (única) por mera liberalidade do empregador. Não é necessário a motivação para o seu pagamento. Com a Reforma Trabalhista deixou de ter natureza jurídica salarial, passando a ter natureza jurídica indenizatória.

Todas essas parcelas trabalhistas possuem natureza jurídica indenizatória, não integrando o salário, nem servindo de base de incidência de qualquer encargo trabalhista e previdenciário, ainda que habituais.

4. SALÁRIO PAGO "POR FORA"

O salário pago por fora é um expediente utilizado pelo empregador para fraudar os preceitos contidos na CLT.

Nessa situação o empregador deixa de integrar parte do salário à folha salarial do empregado, pagando parte "por fora", deixando, assim, o que diminui a base de cálculo das demais parcelas remuneratórias como, por exemplo, FGTS, bem como os encargos fiscais e previdenciários.

A jurisprudência tem sedimentado o entendimento de que essa conduta fraudulenta caracteriza dano moral.

Recentemente, o TST, no julgamento da Ação Civil Pública nº. TST-RR-10384-88.2014.5.03.0077, condenou uma empresa a pagar dano moral coletivo por realizar o pagamento dos salários dos empregados "por fora". Vejamos um trecho da decisão:

- Tratam os autos de Ação Civil Pública ajuizada pelo Ministério Público do Trabalho da 3ª Região, com pedido de indenização por danos morais coletivos, em face do reiterado descumprimento da legislação trabalhista. Caracteriza **dano moral coletivo** a violação de direitos de certa coletividade ou ofensa a valores próprios dessa. Nas lições de Xisto Tiago de Medeiros Neto (in Dano Moral Coletivo, São Paulo: LTr, 2014, p. 172), pode assim ser conceituado: "dano moral coletivo corresponde à lesão a interesse ou direitos de natureza transindividual, titularizados pela coletividade, considerada em seu todo ou em qualquer de suas expressões (grupos, classes ou categorias de pessoas), em decorrência da violação inescusável do ordenamento jurídico". Constitui, pois, instituto jurídico que objetiva a tutela de direitos e interesses transindividuais (difusos, coletivos e individuais homogêneos), os quais, quando vulnerados, também reclamam responsabilidade civil. Surgiu da evolução do próprio conceito de dano moral e a partir do reconhecimento de que uma determinada comunidade é titular de valores que lhe são próprios, não se confundindo com a tutela subjetiva individual dos indivíduos que a compõem, como decorrência natural da transformação pela qual passa o Direito, e são de natureza indivisível. Veja-se, a propósito, a precisa lição de Carlos Alberto Bittar Filho: "Assim como cada indivíduo tem sua carga de valores, também a comunidade, por ser um conjunto de indivíduos, tem uma dimensão ética. Mas é essencial que se assevere que a citada amplificação desatrela os valores coletivos das pessoas integrantes da comunidade quando individualmente consideradas. Os valores coletivos, pois, dizem respeito à comunidade como um todo, independentemente de suas partes. Trata-se, destarte, de valores do corpo, valores esses que não se confundem com os de cada pessoa, de cada célula, de cada elemento da coletividade." (BITTAR FILHO, Carlos Alberto. Do dano moral coletivo no atual contexto jurídico brasileiro. Disponível em <http://egov.ufsc.br/portal/sites/default/files/anexos/30881-33349-1-PB.pdf >. Acesso em: 12 Dez. 2015).Some-se a isso a finalidade precípua de revelar à própria sociedade que a lei é feita para todos e por todos, e deve ser cumprida, o que pode servir de estímulo para moldar o comportamento de qualquer um frente ao sistema jurídico. Inaceitável, portanto e com a devida vênia, o fundamento adotado pelo TRT –, ao afirmar: "o fato de o reclamado efetuar o pagamento de parte do salário 'por fora' não atinge a imagem ou honra deste grupo, capaz de gerar insatisfação ou abalo social, ainda que aquele seja revel e confesso" (sic). Não há dúvida, por outro lado, da possibilidade de tutela judicial dos interesses coletivos, na precisa lição de Barbosa Moreira, citado na obra referida: "Em muitos casos, o interesse em jogo, comum a uma pluralidade indeterminada (e praticamente indeterminável) de pessoas, não comporta decomposição num feixe de interesses individuais que se justapusessem como entidades singulares, embora análogas. Há, por assim dizer, uma comunhão indivisível de que participam todos os possíveis interessados, sem que se possa discernir, sequer idealmente, onde acaba a 'quota' de um e onde começa a de outro. Por isso mesmo, instaura-se entre os destinos dos interessados tão firme união, que a satisfação de um só implica de modo necessário a satisfação de todas; e, reciprocamente, a lesão de um só constitui, ipso facto, lesão da inteira coletividade. Por exemplo: teme-se que a realização de obra pública venha a causar danos graves à flora e à fauna da região, ou acarrete a destruição de monumento histórico ou artístico. A possibilidade de tutela do 'interesse coletivo' na preservação dos bens em perigo, caso exista, necessariamente se fará sentir de modo uniforme com relação à totalidade dos interessados. Com efeito, não se concebe que o resultado seja favorável a alguns e desfavorável a outros. Ou se preserva o bem, e todos os interessados são vitoriosos; ou não se preserva, e todos saem vencidos." (MOREIRA, José Carlos Barbosa. Tutela Jurisdicional dos Interesses Coletivos ou Difusos. In Temas de Direito Processual (Terceira Serie). São Paulo: Saraiva, 1984. p. 195-196). Na presente hipótese, é incontroverso que a ré efetuou pagamentos de verbas salariais sem o registro no contracheque dos trabalhadores, conforme constatado no acórdão do TRT. No entanto, o Colegiado Regional considerou incabível a indenização reparatória de dano moral coletivo. Em situações de ato ilícito já praticado, há de ser considerada a probabilidade da sua reiteração ou continuidade, o que aponta a necessidade da concessão dos efeitos da tutela inibitória para a garantia de efetividade do direito material. Desse modo, mesmo demonstrada a regularização posterior da condição que originara o pedido de tutela inibitória, seu provimento justifica-se em razão da necessidade de prevenção contra eventual descumprimento da decisão judicial reparatória ou da reiteração da prática de ilícito, com possibilidade de dano. Essa prática não pode ser opção, tampouco merece ser tolerada pelo Poder Judiciário, sobretudo no Estado Democrático de Direito, no qual a dignidade da pessoa humana e o valor social do trabalho representam fundamentos da República (art. 1º, III e IV, CF). A constatação de que a empresa descumpriu as normas legais, atinentes ao pagamento de salários com os devidos reflexos e recolhimentos fundiários e previdenciários, por si demonstram reiterado descumprimento da legislação trabalhista, a ensejar condenação ao pagamento de indenização por danos morais coletivos. A configuração de lesão ao patrimônio moral coletivo dispensa a prova do efetivo prejuízo de todos os empregados ou do dano psíquico dele derivado. A lesão decorre da própria conduta ilícita da empresa, em desrespeito à lei e à dignidade do trabalhador. Nesse diapasão, os ensinamentos de Leonardo Roscoe Bessa (in Revista de Direito do Consumidor: "Dano Moral Coletivo" p. 103-104), também registrados por Xisto Tiago de Medeiros Neto (in Dano Moral Coletivo, São Paulo: LTr, 2014, p. 171): "o dano extrapatrimonial, na área de direitos metaindividuais, decorre da lesão em si a tais interesses, independentemente de afetação paralela de patrimônio ou de higidez psicofísica. (...) Em outros termos, há que se perquirir, analisando a conduta lesiva em concreto, se o interesse que se buscou proteger foi atingido. (...) A dor psíquica ou, de modo mais genérico, a afetação da integridade psicofísica da pessoa ou da coletividade não é pressuposto para caracterização do dano moral coletivo (....). Embora a afetação negativa do estado anímico (individual ou coletivo) possa ocorrer, em face dos mais diversos meios de ofensa a direitos difusos e coletivos, a configuração do denominado dano moral coletivo é absolutamente independente desses pressupostos. (...)."

O relator, Ministro Cláudio Brandão, destacou, por fim, que essa conduta caracteriza lesão a direitos e interesses transindividuais, pois prejudica não só os próprios trabalhadores, mas também o restante da sociedade, pois reflete diretamente nos programas que dependem dos recursos do FGTS e da Previdência Social, razão pela qual se tem por configurada a ofensa ao patrimônio jurídico da coletividade, que necessita ser recomposto.

5. REDUÇÃO PROPORCIONAL DA JORNADA E DO SALÁRIO – LEI 14.020/2020 (FRUTO DA CONVERSÃO DA MP 936/20 EM LEI)

A noção de irredutibilidade busca combater duas modalidades centrais de diminuição de salários: a *redução salarial direta* (diminuição nominal de salários) e a *redução salarial indireta* (redução da jornada ou do serviço, com consequente redução salarial).

O art. 7º, inciso VI, da CF aduz que é assegurado ao trabalhador a irredutibilidade do salário, salvo o disposto em convenção ou acordo coletivo. Busca-se a participação obrigatória dos sindicatos profissionais nas negociações coletivas (artigo 8º, inciso VI da CF/88), para que a autonomia privada coletiva possa garantir à categoria profissional, ou aos trabalhadores de determinada empresa, a proteção necessária quanto ao princípio da irredutibilidade salarial.

A Reforma Trabalhista (Lei n. 13.467, de 13 de julho de 2017) acrescentou o artigo 611-A à Consolidação das Leis do Trabalho, que estabelece a necessidade de proteção dos empregados contra dispensa imotivada durante o prazo de vigência do instrumento coletivo para estabelecer a redução de salário ou a jornada de trabalho.

O salário e a jornada ocupam os temas centrais e mais discutidos no Direito do Trabalho e no cotidiano da praxe forense. A relevância de tais institutos jurídicos se denota nas palavras do jurista Délio Maranhão (apud Delgado, 2019): "seria salário o preço atribuído à força de trabalho alienada, ao passo que a jornada despontaria como a *medida* dessa força que se aliena".

Parte da doutrina entende que nos casos de redução da jornada padrão no contexto da categoria ou grupo de trabalhadores, sem acordo ou convenção coletiva autorizando a redução do salário, haverá um aumento automático do salário-hora do empregado. Essa mesma vertente interpretativa entende que cada vez mais a temática "jornada de trabalho" têm demonstrado a sua importância, pois as soluções relacionadas ao problema do desemprego perpassam por esse instituto jurídico.

Argumentam que a modulação da jornada e da duração do trabalho consiste em um dos mais eficazes mecanismos de combate ao desemprego e que a redução da duração do trabalho desponta, sem dúvida, como um dos mais eficazes instrumentos de redistribuição social de, pelo menos, parte dos enormes ganhos de produtividade alcançados pelo desenvolvimento científico e tecnológico inerente ao capitalismo.

A Lei 14.020/2020 (resultado da conversão da Medida Provisória 936/2020 em lei) fundou o programa emergencial de manutenção do emprego e da renda para prever: a) o pagamento de Benefício Emergencial de Preservação do Emprego e da Renda; b) a redução proporcional de jornada de trabalho e de salários; e a suspensão temporária do contrato de trabalho.

A constitucionalidade das medidas adotadas é objeto da ADIn 6.363, pois, permite a redução do salário e jornada por acordo individual, em contraponto ao 7º, VI da CF, que exige instrumento coletivo para a redução salarial. Acrescenta-se a esse argumento o fato de que o benefício emergencial não repor integralmente o salário dos trabalhadores, caracterizando uma perda da renda final.

Parte dos estudiosos defendem a legitimidade exclusiva dos entes sindicais, ressalvadas as hipóteses previstas em lei, para estipular a forma, a amplitude e o percentual da redução salarial por meio de negociação coletiva. Nesse sentido é o posicionamento do saudoso jurista Amauri Mascaro Nascimento.

Aqueles que defendem a constitucionalidade da medida adotada, argumentam que a finalidade é pública, pois visa diminuir os impactos econômicos. Segundo esses juristas, cabe ao Estado garantir manter os empregos e a estabilidade da economia (art. 170, caput, CF), proteger os valores sociais do trabalho e a livre iniciativa (art. 1º, IV, CF).

As medidas de redução do salário e da jornada de trabalho podem ser instituídas por meio de: a) convenção coletiva de trabalho; b) acordo coletivo de trabalho; c) acordo individual escrito.

O empregado e o empregador poderão pactuar acordo individual escrito para a redução do salário e da jornada de trabalho. O valor do benefício emergencial (BEm) varia de acordo com o percentual salarial que for reduzido pelo empregador, conforme veremos adiante.

É importante dizer que o empregador pode pactuar o acordo por qualquer meio físico ou eletrônico eficaz como, por exemplo, e-mail, mensagem de texto, telegrama, etc. No início do isolamento social, muitos empregadores se valeram do e-mail e do telegrama para entabular acordo individual com os trabalhadores, sobretudo aqueles cujos contratos foram suspensos.

As formas de pactuação do acordo individual, por meio eletrônico ou física, possibilitam ao empregador atender as mais diversas situações, como, por exemplo, do trabalhador inserido no grupo de risco, cuja presença na sede da empresa ou em outro local, implicaria em sérios riscos à sua saúde.

Atende, ainda, as situações em que há restrição de funcionamento do estabelecimento comercial, por imposição de lei ou decreto municipal, estadual ou distrital.

A redução realizada por meio de instrumento normativo, por sua vez, pode instituir percentuais diversos daqueles previstos em lei, com base na autonomia da vontade dos atores que compõem a negociação coletiva. Essa previsão ratifica a prevalência da autonomia da vontade coletiva sobre a legislação, nos termos do art. 611-A, caput, da CLT.

A Lei 14.020/2020 autoriza a celebração de uma nova negociação coletiva para adequação dos termos previamente negociados às novas regras estabelecidas, desde que seja realizado no prazo de dez dias corridos, a contar da data da publicação na lei em debate (§3º do art. 11).

Se houver conflito entre a negociação coletiva (acordo ou convenção coletiva de trabalho) pactuada posteriormente ao acordo individual, os termos contidos no acordo individual prevalecerão em relação ao período anterior à negociação coletiva.

A partir da data de vigência da negociação coletiva deve imperar as condições constantes no instrumento de negociação coletiva, naquilo que conflita com o acordo individual (art. 12, §5º). De acordo com o §6º, do art. 12 do Diploma em análise, as condições do acordo individual, se forem mais favoráveis ao empregado, prevalece sobre a negociação coletiva.

Durante o período de redução salarial ou suspensão do contrato de trabalho o empregado pode complementar as contribuições previdenciárias pagando a diferença como contribuinte facultativo (§2º do art. 7º), por iniciativa própria, cuja alíquota varia de acordo com a faixa salarial do empregado: (i) 7,5%, para valores de até 1 salário-mínimo; (ii) 9%, para valores acima de 1 salário-mínimo até R$ 2.089,60; (iii) 12%, para valores de R$ 2.089,61 até R$ 3.134,40; (iv) 14%, para valores de R$ 3.134,41 até o limite de R$ 6.101,06 (art. 20 da Lei 14.020/20).

Se, após o recebimento das informações da remuneração (faixa salarial) do empregado, for constatado o pagamento em valor superior às alíquotas previstas no art. 20, a contribuição incidente sobre o valor será recalculada e o valor excedente deve ser devolvido ao segurado devidamente atualizado, com base no Índice Nacional de Preços ao Consumidor (INPC). Caso o valor recolhido a título de salário de contribuição seja insuficiente, o empregado será notificado para, querendo, realizar a complementação como empregado facultativo.

A medida pode ser implementada por acordo individual – escrito ou eletrônico – já que as regras de distanciamento social impostas pelo Estado inviabilizam o deslocamento do trabalhador ou a abertura de alguns estabelecimentos. É possível o ajuste das medidas por acordo ou convenção coletiva.

A validade do ato da redução proporcional do salário e da jornada está condicionada a observância do prazo de, no máximo, 90 dias (art. 1º da MP), com a posterior comunicação do Ministério da Economia, no prazo de 10 dias. A proposta de redução deve ser encaminhada ao empregado com 2 (dois) dias de antecedência e o aceite, como afirmado acima, deve ser expresso.

Como regra, é indispensável a manutenção do salário-hora de trabalho, o ajuste por meio de acordo individual escrito ou negociação coletiva, a redução da jornada de trabalho e de salários, impreterivelmente, nos percentuais de 25%, 50%, ou 70% e a preservação do valor do salário-hora.

A redução de até 25% (vinte e cinco por cento) pode ser realizada independentemente do valor recebido pelo trabalhador, bem como ter acesso ao benefício emergencial nesta hipótese.

Apenas para os que ganham até 3 salários mínimos (R$3.135,00) ou que perceba salário base igual ou superior a duas vezes o teto da previdência (R$12.202,12), estes desde que tenham diploma de curso superior, será possível a redução salarial de 50 ou 70% por ajuste individual.

O benefício emergencial será calculado com base no valor mensal do seguro-desemprego a que o empregado teria direito, cujo valor máximo é de R$1.813,03. Esse benefício não tem carência, ou seja, independe do tempo de vínculo de emprego para a sua aquisição.

A primeira parcela será paga pelo governo no prazo de 30 dias, contado da data em que a informação tenha sido efetivamente prestada.

O empregador que reduzir a jornada e o salário do trabalhador ou suspender o contrato de trabalho não pode dispensar o empregado imotivadamente. A medida provisória assegura uma estabilidade no emprego, impedindo a dispensa do trabalhador pelo dobro do período de duração da redução salarial ou suspensão do contrato.

Na hipótese de o empregado ser dispensado sem justa causa antes do fim da estabilidade, o empregador, além das verbas da rescisão, deve pagar: (i) 50% do salário a que o empregado teria direito no período de garantia para os salários reduzidos entre 25% a 49%; (ii) 75% do salário a que o empregado teria direito no período de garantia para as reduções entre 50% a 69%; (iii) 100% do salário a que o empregado teria direito no período de garantia para as reduções iguais ou superiores a 70%.

Após o término do período de vigência do acordo individual escrito, a jornada de trabalho e o salário pago anteriormente serão restabelecidos no prazo de dois dias corridos contados: (a) da data da cessação do estado de calamidade pública; (b) da data final do prazo de vigência do acordo individual; (c) da data de comunicação do empregador, caso decida a antecipar o fim do período de redução pactuado.

Na hipótese de dispensa sem justa causa do empregado, durante o período de garantia provisória de emprego, o empregador está sujeito ao pagamento das verbas rescisórias e indenização no valor de:

Redução de salário e jornada	Percentual	Indenização
	< 25%	Não terá direito
	= ou > 25% e < 50%	50% Salário a que teria direito no período de garantia de emprego
	= ou > 50% e < 70%	75% Salário a que teria direito no período de garantia de emprego
	= ou > 70%	100% Salário a que teria direito no período de garantia de emprego
Suspensão do contrato de trabalho	Indenização	100% Salário a que teria direito no período de garantia de emprego

Essa indenização não será devida se o empregado pedir demissão ou houver dispensa por justa causa (§2º do art. 10).

O cometimento de falta grave pelo empregado implica na perda do direito à garantia provisória de emprego, seja qual for a natureza da estabilidade, pois inviabiliza a manutenção do vínculo empregatício.

A Constituição Federal excepciona de forma expressa a possibilidade de dispensa do empregado detentor de estabilidade ou garantia provisória por justa causa, conforme previsão do art. 8º, VIII, da CF e art. 10, II, b, do ADCT, que prevê a estabilidade do dirigente sindical e da empregada gestante. É importante ressalvar que o dirigente sindical, por desempenhar uma função combativa e representar a categoria profissional, será dispensado após a validação judicial da justa causa, apurada em inquérito judicial.

Tal como ocorre na dispensa da empregada gestante, do cipeiro e do acidentado, é dispensável a instauração de inquérito judicial para apuração de falta grave para a dispensa do empregado dispensado no período de redução da jornada e salário ou durante a suspensão do contrato de trabalho.

O pedido de demissão também deve implicar na perda da estabilidade prevista na Lei 14.020/20.

Embora a lei em comento não tenha feito qualquer ressalta, é necessário destacar que a doutrina e a jurisprudência majoritária entendem que o pedido de demissão efetuado pelo empregado detentor de garantia provisória de emprego depende da homologação pelo sindicato da categoria, na forma do art. 500 da CLT. Vejamos:

- "RECURSO DE REVISTA INTERPOSTO PELA RECLAMANTE. ACÓRDÃO REGIONAL PUBLICADO NA VIGÊNCIA DAS LEIS Nos 13.015/2014 E 13.467/2017. GESTANTE. ESTABILIDADE PROVISÓRIA. DEMISSÃO. AUSÊNCIA DE ASSISTÊNCIA DO SINDICATO DA CATEGORIA PROFISSIONAL. DESCONHECIMENTO DO ESTADO GRAVÍDICO. TRANSCENDÊNCIA POLÍTICA RECONHECIDA. CONHECIMENTO E PROVIMENTO. I. A jurisprudência desta Corte Superior está pacificada no sentido de que " o desconhecimento do estado gravídico pelo empregador não afasta o direito ao pagamento da indenização decorrente da estabilidade (art. 10, II, "b" do ADCT) " (Súmula nº 224, I). II. Ressalte-se que, no que diz respeito à questão referente à proteção objetiva da estabilidade de empregada gestante em virtude de rescisão imotivada do contrato de trabalho, ao julgar o RE nº 629.053/SP, o Supremo Tribunal Federal fixou a seguinte tese em regime de Repercussão Geral no Tema 497: " A incidência da estabilidade prevista no art. 10, inc. II, do ADCT, somente exige a anterioridade da gravidez à dispensa sem justa causa ". III. Por outro lado, no que diz respeito à validade da demissão de empregada gestante, o entendimento pacificado nesta Corte Superior é no sentido de ser necessária a respectiva homologação pela entidade sindical ou autoridade competente, independentemente da duração do contrato de trabalho (se inferior ou superior a um ano). **Para essa hipótese, o reconhecimento jurídico da demissão de empregada gestante só se completa com a assistência do sindicato profissional ou de autoridade competente (art. 500 da CLT).** Ressalta-se que a estabilidade provisória é direito indisponível e, portanto, irrenunciável. IV. No caso dos autos, extrai-se do acórdão recorrido que, no período de estabilidade provisória da gestante, **a Reclamante pediu demissão e que a rescisão do contrato de trabalho não teve a assistência sindical, conforme determina o art. 500 da CLT. Diante de tal quadro fático, é nula a demissão efetuada pela Reclamante**, sendo devido o direito à estabilidade da dispensa até cinco meses após o parto. Dessa forma, ao indeferir o pedido de estabilidade provisória, a Corte Regional violou o art. 500 da CLT. V. Demonstrada transcendência política da causa e violação do art. 500 da CLT. VI. Recurso de revista de que se conhece e a que se dá provimento" **(RR-11574-97.2016.5.09.0029, 4ª Turma, Relator Ministro Alexandre Luiz Ramos, DEJT 26/06/2020).**
- "I – AGRAVO DE INSTRUMENTO. RECURSO DE REVISTA – PROVIMENTO. RITO SUMARÍSSIMO. EMPREGADA ESTÁVEL. PEDIDO DE DEMISSÃO. AUSÊNCIA DE ASSISTÊNCIA SINDICAL. NULIDADE. Diante de potencial violação do art. 10, II, "b", do ADCT, merece processamento o recurso de revista. Agravo de instrumento conhecido e provido. II – RECURSO DE REVISTA. RITO SUMARÍSSIMO. **EMPREGADA ESTÁVEL. PEDIDO DE DEMISSÃO. AUSÊNCIA DE ASSISTÊNCIA SINDICAL. NULIDADE. 1. Nos termos do art. 500 da CLT "o pedido de demissão do empregado estável só será válido quando feito com a assistência do respectivo Sindicato e, se não o houver, perante autoridade local competente do Ministério do Trabalho e Previdência Social ou da Justiça do Trabalho".** 2. O contexto fático delineado pelo Tribunal de origem não deixa dúvidas quanto à existência de estabilidade provisória quando do pedido de demissão e a ausência da assistência sindical na dispensa. Dessa forma, impõe-se reconhecer a nulidade do pedido de demissão. Recurso de revista conhecido e provido" (**RR-601-63.2018.5.06.0331, 3ª Turma, Relator Ministro Alberto Luiz Bresciani de Fontan Pereira, DEJT 19/06/2020**).

Como vemos, o empregador deve ter a cautela de providenciar a assistência do sindicato da categoria, do Ministério do Trabalho ou da Justiça do Trabalho, para evitar posterior alegação de nulidade do pedido de demissão e a consequente indenização.

E mais. Outro ponto polêmico da Lei 14.020/20 refere-se à ausência de menção da reintegração no caso de dispensa arbitrária do empregador durante a garantia provisória prevista no art. 10.

A melhor doutrina afirma que são causas restritivas a da rescisão unilateral do contrato de trabalho pelo empregador a estabilidade no emprego e as garantias provisórias de emprego. Ocorrendo a dispensa irregular do empregado estável, como regra, é aplicável o remédio jurídico da reintegração.

Numa interpretação sistemática-teleológica da Lei 14.020/20 é possível defender a possibilidade da reintegração do empregado, mesmo diante da ausência de previsão legal, considerando que o objetivo precípuo da lei, repita-se, é a preservação do emprego e da renda.

Tal medida se mostra totalmente pertinente, na medida em que assegurar apenas da indenização sobre o salário a que teria direito no período de garantia de emprego, frustraria a tutela dirigida individualmente ao empregado e os objetivos da Lei.

A Lei foi criada fundamentalmente para manter o emprego e a renda do trabalhador, bem como trazer medidas para amenizar e manter o funcionamento das empresas. O empregador não pode se valer das benesses da referida lei, para, em seguida, frustrar os seus objetivos. A mera indenização, na nossa ótica, não atende aos fins teleológicos da Lei 14.020/2020.

O art. 17 da Lei veda a dispensa sem justa causa do empregado pessoa com deficiência durante o estado de calamidade pública.

Também, é necessário dizer que ocorrendo os fatos geradores do salário-maternidade o empregador deve comunicar o Ministério da Economia, nos termos do regulamento, implicando na interrupção de eventual ajuste de redução do salário e jornada ou suspensão do contrato de trabalho (art. 22, §1º).

O prolongamento dos efeitos ocasionados pela pandemia do novo coronavírus, fez com que o legislador editasse pelo terceiro ano consecutivo, uma nova Medida Provisória n. 1.109, de 25 de março de 2022, para minorar os impactos socioeconômicos. Desta vez, concentrou em uma única norma, o Programa de Manutenção do Emprego e da Renda, além das medidas trabalhistas alternativas para o enfrentamento do estado de calamidade pública, com o objetivo de preservar o emprego e a renda, garantir a continuidade das atividades laborais, empresariais e das organizações da sociedade civil sem fins lucrativos e reduzir o impacto social oriundo da ocorrência de estado de calamidade pública nos entes federados.

A Medida Provisória n. 1.109, de 2022, institui Programa Emergencial de Manutenção do Emprego e da Renda (PEMER), para o enfrentamento das consequências sociais e econômicas do estado de calamidade pública, constituindo medidas do referido programa: a) o pagamento do Benefício Emergencial de Manutenção do Emprego e da Renda (Bem); b) a redução proporcional da jornada de trabalho e do salário; c) a suspensão temporária do contrato de trabalho (art. 25 da MP n. 1.109, de 2022).O Programa Emergencial de Manutenção do empregado e da Renda tem as mesmas características daquele instituído pela Lei n. 14.020, de 2020.

O prazo de duração do PEMER será previsto em regulamento específico a ser editado pelo Ministério do Trabalho e Previdência, observada a disponibilidade financeira e orçamentária, mas, o prazo do está limitado até noventa dias, prorrogável enquanto durar o estado de calamidade pública. Nesse mesmo regulamento, o Ministério também irá dispor sobre as hipóteses de suspensão da garantia provisória no emprego decorrente dos acordos de redução proporcional da jornada de trabalho e do salário ou de suspensão do contrato de trabalho (art. 32, §2º, da MP n. 1.109, 2022).

Outra novidade, introduzida, pela MP n. 1.109, 2022, é a perda do direito à garantia provisória no emprego assegurada em razão do ajuste de redução da jornada e do salário ou da suspensão temporária do contrato de trabalho, em caso de distrato entre o empregado e o empregador, além dos casos de pedido de demissão ou dispensa por justa causa (art. 32, §2º, da MP n. 1.109, 2022).

Art. 458 – Além do pagamento em dinheiro, compreende-se no salário, para todos os efeitos legais, a alimentação, habitação, vestuário ou outras prestações "in natura" que a empresa, por força do contrato ou do costume, fornecer habitualmente ao empregado. Em caso algum será permitido o pagamento com bebidas alcoólicas ou drogas nocivas. (Redação dada pelo Decreto-lei nº 229, de 28.2.1967)

§ 1º Os valores atribuídos às prestações "in natura" deverão ser justos e razoáveis, não podendo exceder, em cada caso, os dos percentuais das parcelas componentes do salário-mínimo (arts. 81 e 82).Incluído pelo Decreto-lei nº 229, de 28.2.1967)

§ 2º Para os efeitos previstos neste artigo, não serão consideradas como salário as seguintes utilidades concedidas pelo empregador: (Redação dada pela Lei nº 10.243, de 19.6.2001)

I – vestuários, equipamentos e outros acessórios fornecidos aos empregados e utilizados no local de trabalho, para a prestação do serviço; (Incluído pela Lei nº 10.243, de 19.6.2001)

II – educação, em estabelecimento de ensino próprio ou de terceiros, compreendendo os valores relativos a matrícula, mensalidade, anuidade, livros e material didático; (Incluído pela Lei nº 10.243, de 19.6.2001)

III – transporte destinado ao deslocamento para o trabalho e retorno, em percurso servido ou não por transporte público; (Incluído pela Lei nº 10.243, de 19.6.2001)

IV – assistência médica, hospitalar e odontológica, prestada diretamente ou mediante seguro-saúde; (Incluído pela Lei nº 10.243, de 19.6.2001)

V – seguros de vida e de acidentes pessoais; (Incluído pela Lei nº 10.243, de 19.6.2001)

VI – previdência privada; (Incluído pela Lei nº 10.243, de 19.6.2001)

VII – (VETADO) (Incluído pela Lei nº 10.243, de 19.6.2001)

VIII – o valor correspondente ao vale-cultura. (Incluído pela Lei nº 12.761, de 2012)

§ 3º – A habitação e a alimentação fornecidas como salário-utilidade deverão atender aos fins a que se destinam e não poderão exceder, respectivamente, a 25% (vinte e cinco por cento) e 20% (vinte por cento) do salário-contratual. (Incluído pela Lei nº 8.860, de 24.3.1994)

§ 4º – Tratando-se de habitação coletiva, o valor do salário-utilidade a ela correspondente será obtido mediante a divisão do justo valor da habitação pelo número de coabitantes, vedada, em qualquer hipótese, a utilização da mesma unidade residencial por mais de uma família. (Incluído pela Lei nº 8.860, de 24.3.1994)

§ 5º O valor relativo à assistência prestada por serviço médico ou odontológico, próprio ou não, inclusive o reembolso de despesas com medicamentos, óculos, aparelhos ortopédicos, próteses, órteses, despesas médico-hospitalares e outras similares, mesmo quando concedido em diferentes modalidades de planos e coberturas, não integram o salário do empregado para qualquer efeito nem o salário de contribuição, para efeitos do previsto na alínea *q* do § 9º do art. 28 da Lei nº 8.212, de 24 de julho de 1991. (Incluído pela Lei nº 13.467, de 2017)

COMENTÁRIOS (ART. 458)

1. SALÁRIO *IN NATURA* OU SALÁRIO UTILIDADE

É a remuneração paga pelo empregador ao empregado em *utilidades*, decorrentes do contrato de trabalho ou dos costumes regionais. Além da remuneração em pecúnia, o empregador pode remunerar o empregado com o fornecimento de utilidades, como alimentação, habitação, vestuário e outras prestações. Não será considerado salário utilidade o fornecimento de bebidas alcoólicas ou drogas nocivas (art. 458, caput, da CLT).

Para fixação do salário utilidade, os valores atribuídos a prestação *in natura* deverão ser justos, razoáveis e compatíveis com os percentuais componentes das parcelas do salário-mínimo, não podendo excedê-lo. Considera-se utilidade o fornecimento do empregador ao empregado de benesses que este teria que despender valores em pecúnia a sua aquisição. Observa-se ainda que o salário utilidade deverá ser fornecido gratuitamente pelo empregador, pois caso contrário, se houver cobrança da utilidade não haverá configuração de natureza salarial. Da mesma forma, o salário do obreiro não pode ser pago integralmente em utilidade, devendo, portanto, observar o mínimo de 30% da remuneração a ser paga em pecúnia, ao que, os outros 70% poderão ser pagos em utilidades.

Os equipamentos, vestuários e acessórios fornecidos pelo empregador ao empregado para utilização apenas no local de trabalho e ainda, para a realização da prestação de serviços, não serão considerados salário utilidade.

Para o correto enquadramento das parcelas, prevalece o entendimento da utilização do seguinte critério diferenciador[682]: a) a parcela dada **para** o trabalho não é salário, isso porque é indispensável para a realização do trabalho, ou seja, é ferramenta de trabalho; b) a parcela dada **pelo** o trabalho é considerada salário "in natura", pois, trata-se de contraprestação/retribuição ao serviço prestado. Se o empregado utilizar a parcela de maneira mista – para e pelo trabalho – o critério da preponderância dos fins da utilidade deverá ser utilizado para a realização do enquadramento ou não como salário utilidade.

Há uma discussão de que empresas farmacêuticas também não poderiam dar parte do salário em medicamentos (produtos farmacêuticos). Há drogas lícitas e ilícitas, a lei não fala em drogas ilícitas, mas em drogas nocivas e alguns medicamentos podem ser considerados nocivos.

2. JURISPRUDÊNCIA

- SALÁRIO IN NATURA. HABITAÇÃO. Caso em que a habitação fornecida pela empregadora não era indispensável à prestação dos serviços, uma vez que não havia qualquer critério na concessão de moradias aos empregados, que eram contemplados independentemente da função exercida e de onde residissem, o que evidencia a natureza salarial da utilidade habitação, na forma do art. 458 da CLT. Recurso do reclamante provido no aspecto. (TRT-4 – ROT: 00203906120185040571, Data de Julgamento: 24/02/2021, 7ª Turma)

- INTEGRAÇÃO SALARIAL DO AUXÍLIO ALIMENTAÇÃO. PRESCRIÇÃO APLICÁVEL. A alteração da natureza jurídica do auxílio-alimentação, de salarial para indenizatória, a partir do transacionado em norma coletiva específica ou adesão ao PAT, configura lesão ao patrimônio jurídico do empregado, na medida em que a verba continua a ser paga, não se submetendo, portanto, aos efeitos da prescrição total. O vale alimentação é garantido por dispositivo legal (artigo 458 da CLT), o que afasta a incidência da referida prescrição total, sendo aplicável apenas a prescrição parcial, nos termos da parte final da Súmula 294 do TST. (TRT-3 – RO: 00101554620205030101 MG 0010155-46.2020.5.03.0101, Relator: Maria Cristina Diniz Caixeta, Data de Julgamento: 18/02/2021, Quarta Turma, Data de Publicação: 19/02/2021.)

- AUXÍLIO-ALIMENTAÇÃO. PERÍODO ANTERIOR A VIGÊNCIA DA LEI N. 13.467/2017. NATUREZA. ADESÃO AO PAT. A regra disciplinada pelo art. 458, caput, da CLT, prescreve que a alimentação fornecida em decorrência do contrato ou do costume integra a remuneração do empregado para todos os efeitos legais, a qual é excetuada pela adesão do empregador ao Programa de Alimentação do Trabalhador – PAT – a teor da diretriz preconizada na OJ 133 da SBDI-ITST –, ou quando na pactuação de norma coletiva estipula-se o caráter indenizatório da rubrica, art. 7º, VI e XXVI, da CF/88. (TRT18, ROT – 0010878-18.2020.5.18.0014, Rel. EUGENIO JOSE CESARIO ROSA, 2ª TURMA, 18/02/2021)

[682] Súmula 367 do TST: I – A habitação, a energia elétrica e veículo fornecidos pelo empregador ao empregado, quando indispensáveis para a realização do trabalho, não têm natureza salarial, ainda que, no caso de veículo, seja ele utilizado pelo empregado também em atividades particulares. II – O cigarro não se considera salário utilidade em face de sua nocividade à saúde."

▶ ALUGUEL DE MOTOCICLETA. NATUREZA JURÍDICA. Conforme se verifica do artigo 458, § 2º, da CLT, as utilidades fornecidas para que o empregado possa exercer suas atividades não possuem caráter salarial. Nessa esteira, não constitui verba salarial o valor referente ao aluguel de motocicleta para possibilitar o exercício da função pelo empregado. (TRT-3 – RO: 00109906820155030114 MG 0010990-68.2015.5.03.0114, Relator: Danilo Siqueira de C.Faria, Data de Julgamento: 03/12/2020, Sexta Turma, Data de Publicação: 04/12/2020.)

▶ RECURSO ORDINÁRIO DA RECLAMADA. FORNECIMENTO DE CRÉDITOS DE CELULAR. A natureza salarial dos créditos de celular concedidos à empregada é insofismável, à luz do ordenamento jurídico vigente, notadamente em função do que dispõe o art. 458 da CLT. Essa norma jurídica estabelece a natureza salarial, para todos os efeitos legais, da "alimentação, habitação, vestuário ou outras prestações 'in natura' que a empresa, por força do contrato ou do costume, fornecer habitualmente ao empregado". Na hipótese, o valor consistia em retribuição pelo trabalho prestado e, em razão disto, ostenta natureza salarial, devendo, como tal, ser integrado ao salário da Reclamante para todos os fins. Recurso Ordinário improvido, no ponto. [...] (Processo: ROT – 0001851-44.2017.5.06.0145, Redator: Nise Pedroso Lins de Sousa, Data de julgamento: 03/02/2021, Quarta Turma, Data da assinatura: 04/02/2021)

▶ CESTA BÁSICA. NATUREZA JURÍDICA. Salvo exceções, a alimentação fornecida em razão do contrato de trabalho, seja in natura, seja por meio de tíquete ou vale refeição ou, ainda, por cesta básica – independentemente de haver o respectivo desconto no holerite do empregado – tem, de modo geral, natureza salarial, nos termos do entendimento consubstanciado na Súmula nº 241 do Colendo TST (que interpreta o disposto no art. 458, da CLT antes da alteração imposta pela Lei n.º 13.467/2017). Não demonstrado o preenchimento das exceções para o reconhecimento do caráter indenizatório da cesta básica, pela reclamada, nega-se provimento ao apelo adesivo por ela interposto. (TRT-2 10005269220205020316 SP, Relator: JORGE EDUARDO ASSAD, 12ª Turma – Cadeira 3, Data de Publicação: 08/02/2021)

Art. 459 – O pagamento do salário, qualquer que seja a modalidade do trabalho, não deve ser estipulado por período superior a 1 (um) mês, salvo no que concerne a comissões, percentagens e gratificações.

§ 1º Quando o pagamento houver sido estipulado por mês, deverá ser efetuado, o mais tardar, até o quinto dia útil do mês subsequente ao vencido. (Redação dada pela Lei nº 7.855, de 24.10.1989)

COMENTÁRIOS (ART. 459)

O padrão adotado para o pagamento do salário, via de regra, é mensal. Porém, a lei confere às partes convencionarem a periodicidade do pagamento do salário, impondo como condição que este período não seja superior a um mês. É possível, assim, que o pagamento do salário seja realizado por dia, por semana, por quinzena ou de forma mensal.

As comissões, percentagens e gratificações excetuam-se a essa regra. São dotadas de características peculiares que inviabilizam a quitação mensal, excedendo esse lapso temporal. A comissão e a percentagem, por exemplo, levam em consideração o resultado da produção, como é o caso dos vendedores. O pagamento da comissão está condicionado à concretização da venda (do resultado).

O pagamento do salário deve ser realizado até o quinto dia útil do mês subsequente ao mês da prestação dos serviços. É lícito ao empregador promover a alteração da data de pagamento do salário, desde que seja realizado até o quinto dia útil do mês subsequente, nos termos da OJ nº. 159 da SDI-1 do TST.

De acordo com o art. 1º, § único, do Decreto-Lei nº. 368/1968, o empregador será considerado em débito salarial quando não realizar o pagamento do salário devido aos seus empregados quando não pagar no prazo e nas condições da lei ou do contrato de trabalho. O art. 2º, §1º, do mesmo Diploma Normativo, preceitua que "Considera-se mora contumaz o atraso ou sonegação de salários devidos aos empregados, por período igual ou superior a três meses, sem motivo grave e relevante, excluídas as causas pertinentes ao risco do empreendimento".

A mora contumaz é considerada falta grave patronal, uma vez que o pagamento dos salários é a principal obrigação do empregador no contrato de trabalho. Possibilita ao empregado promover a rescisão indireta do contrato de trabalho, com base no art. 482, "d", da CLT. O pagamento dos salários atrasados em audiência não ilide a mora capaz de determinar a rescisão do contrato de trabalho pelo empregado (Súmula 13 do TST).

Sem prejuízo disso, há quem entenda que a mora contumaz salarial consubstancia ato ilícito, passível de indenização por dano moral, sustentado que o empregador tem o dever de respeitar o limite temporal para o adimplemento do salário do empregado.

JURISPRUDÊNCIA

▶ MORA SALARIAL. RESCISÃO INDIRETA. O atraso renitente no pagamento dos salários, ainda que de poucos dias, importa violação sistemática da regra cogente inscrita no § 1º, do art. 459, da CLT, e atrai a incidência, na espécie, da alínea d do art. 483 da CLT, conduzindo, assim, à caracterização da rescisão indireta. (TRT-3 – RO: 00100987920205030181 MG 0010098-79.2020.5.03.0181, Relator: Antonio Carlos R.Filho, Data de Julgamento: 29/10/2020, Sétima Turma, Data de Publicação: 03/11/2020.)

▶ INDENIZAÇÃO POR DANOS MORAIS. MORA NO PAGAMENTO DE SALÁRIOS E ATRASO NO PAGAMENTO DAS VERBAS RESCISÓRIAS. INDENIZAÇÃO INDEVIDA. Para atrair o dever de indenizar, por si só, a mora no pagamento de salários precisa se revelar contumaz, frequente, e tamanha a ponto de representar uma ofensa ao princípio da dignidade da pessoa humana, afora aos valores sociais do trabalho. No caso, apesar de se ter demonstrado nos autos o fato de o empregador do reclamante não lhe disponibilizar os salários dentro do prazo previsto no artigo 459, § 1º, da CLT, a demora de poucos dias, como sucede no caso dos autos, não se reveste de força capaz de abalar a ordem moral do empregado, ou de subverter algum direito inerente à sua personalidade, de modo que se tem por incabível nessa hipótese a imposição à reclamada de obrigação de pagar uma indenização a título de danos morais. Quanto ao inadimplemento das verbas rescisórias, igualmente não há que se falar em obrigação de reparar danos extrapatrimoniais, uma vez que para tais hipóteses há previsão legal de ressarcimento e indenização correspondente. O mero atraso no pagamento das verbas rescisórias não enseja o dano moral passível de reparação. Recurso ordinário a que se nega provimento. (TRT-13

– AIRO: 00010724020195130011 0001072-40.2019.5.13.0011, 2ª Turma, Data de Publicação: 09/11/2020)

▶ AUSÊNCIA DE PAGAMENTO DE SALÁRIOS E ATRASO SALARIAL REITERADO. DANO MORAL. CARACTERIZADO. A Eg. 1ª Turma do TRT da 18ª Região consolidou o entendimento de que, na hipótese de ausência de pagamento de alguns meses de salário, bem como de atraso salarial reiterado, ainda que de poucos dias, há ofensa ao patrimônio moral do trabalhador, ante a incerteza quanto à possibilidade de concretizar outros direitos sociais alcançáveis pelo trabalho. Com efeito, caracterizada tal circunstância nos autos, à luz do art. 459, caput e § 1º, da CLT, é devida a indenização por danos morais. (TRT18, RORSum – 0010453-86.2020.5.18.0241, Rel. CESAR SILVEIRA, 1ª TURMA, 02/02/2021)

▶ DANO MORAL. ATRASO DE SALÁRIOS. O abalo psicológico causado ao empregado em decorrência do atraso no pagamento dos salários caracteriza o dano moral, tendo em vista a inobservância do prazo legal para o adimplemento de verba de natureza alimentar, à luz do art. 459, § 1º, da CLT, justificando-se a responsabilização do empregador pela sua reparação. Apelo provido. (TRT-4 – ROT: 00215051320195040271, Data de Julgamento: 29/10/2020, 1ª Turma)

▶ PRESCRIÇÃO QUINQUENAL. EXIGIBILIDADE. MARCO INICIAL. A reclamada argumenta que, ao contrário do que determinou o Regional, a prescrição quinquenal deve ser contada da data do ajuizamento da demanda, sem levar em consideração quando seria exigível a parcela, por ausência de previsão legal. Consoante disposto no artigo 459, § 1.º, da CLT, os salários poderão ser pagos até o quinto dia útil do mês subsequente ao mês trabalhado. Portanto, se os salários correspondentes ao mês trabalhado somente são exigíveis após o quinto dia útil do mês subsequente, quando então teria início a mora do empregador, a contagem do prazo prescricional do pagamento das parcelas salariais deve ser analisada pela data de exigibilidade da parcela, e não pelo dia exato do mês em que foi ajuizada a reclamação trabalhista, em decorrência da aplicação do princípio da actio nata. Precedentes. Recurso não conhecido no tema. (...)." (TST. RR-2933600-19.2007.5.09.0652. 1ª Turma. Relator Ministro Luiz José Dezena da Silva. DEJT 24/05/2019.). Recurso obreiro provido, no particular. (TRT18, ROT – 0010512-59.2019.5.18.0128, Rel. JOAO RODRIGUES PEREIRA, 2ª TURMA, 23/11/2020)

▶ PRESCRIÇÃO. ART. 459 DA CLT. EMPREGADO MENSALISTA. VERBA SALARIAL. EXIGIBILIDADE. Nos termos do artigo 459, § 1º, da CLT, o pagamento do salário deve ser efetuado até o quinto dia útil do mês subsequente ao vencido. Assim, tal circunstância deve ser considerada na apuração da prescrição quinquenal. [...]. (TRT-10 00005734920195100105 DF, Data de Julgamento: 09/12/2020, Data de Publicação: 12/12/2020)

Art. 460 – Na falta de estipulação do salário ou não havendo prova sobre a importância ajustada, o empregado terá direito a perceber salário igual ao daquela que, na mesma empresa, fizer serviço equivalente ou do que for habitualmente pago para serviço semelhante.

COMENTÁRIOS (ART. 460)

A Carteira de Trabalho é um documento que contém o histórico laboral do empregado. Atualmente, é emitida preferencialmente em meio eletrônico pelo Ministério do Trabalho e Previdência (recriado pela MP n. 1.058/2021, convertida na Lei 14.261/2021). É obrigatória para o exercício de qualquer emprego ou atividade remunerada, no qual são assentadas as informações sobre o contrato de trabalho, inclusive o salário decorrente do serviço prestado (arts. 13 e seguintes da CLT).

Tal documento serve como prova da existência do contrato de trabalho e das suas peculiaridades. O empregador deve anotar a CTPS do empregado no prazo de 5 dias úteis, apontando a data de admissão, a remuneração e as condições especiais, na forma do art. 29, caput, da CLT. O parágrafo 1º do mesmo dispositivo reafirma que o empregador deve anotar as informações concernentes à remuneração, especificando o salário, qualquer que seja sua forma de pagamento, bem como a estimativa da gorjeta.

Se as partes entabularem um contrato de trabalho de forma tácita, sem que haja ajuste do salário ou anotação dos termos do contrato de trabalho na CTPS do empregado, o salário devido ao empregado deverá ser igual ao daquele que fizer serviço equivalente na empresa ou que for habitualmente pago para o serviço semelhante. O salário, portanto, deverá ser igual ao do trabalhador que exerce a mesma função na empresa ou, na falta deste, equivalente ao salário pago pelo exercício de função com características parecidas.

A regra prevista no artigo em análise é empregada também para estabelecer as diferenças salariais no caso de desvio de função. A prova do desvio funcional está amparada na alteração contratual prejudicial ao empregado, exigindo a prova da realização de função diversa daquela que para a qual foi contratado, levando à equiparação por equivalência, nos exatos termos do art. 460 da CLT.

JURISPRUDÊNCIA

▶ RECURSO ORDINÁRIO DA RECLAMANDA. DESVIO DE FUNÇÃO CONFIGURADO. DIFERENÇAS SALARIAIS DEVIDAS. IMPROVIMENTO. O desvio de função encontra respaldo legal na hipótese de alteração contratual prejudicial ao obreiro (art. 460 da CLT) e exige, para sua configuração, prova de ter sido o empregado contratado para função diversa daquela que, efetivamente, era desempenhada, sem perceber o salário respectivo, o que restou demonstrado nos autos, conforme prova testemunhal produzida. Recurso da reclamada a que se nega provimento, no particular. (TRT-6, Processo: ROT – 0000841-18.2017.5.06.0192, Redator: Andrea Keust Bandeira de Melo, Data de julgamento: 14/10/2020, Primeira Turma, Data da assinatura: 15/10/2020)

▶ DESVIO DE FUNÇÃO. Embora não tenha amplo reconhecimento doutrinário, a equiparação por equivalência é um desdobramento do princípio da igualdade. Para alguns, o art. 460 da CLT não trata de equiparação, mas sim de uma forma de arbitramento de remuneração. Para outros, é uma modalidade de equiparação, pois o seu pressuposto é a falta de estipulação do salário ou a inexistência de prova sobre o valor ajustado. Já o desvio de função representa a alteração unilateral de função por parte do empregador, a qual resulta em prejuízos salariais ao empregado. Para caracterização do desvio de função, acompanho o entendimento do TST de que devem ser aplicados os princípios da igualdade e da primazia da realidade, devendo haver a comprovação da mudança das funções do trabalhador sem o respectivo aumento salarial. Apelo da Reclamada rejeitado. (TRT-2 10016868920195020607 SP, Relator: FRANCISCO FERREIRA JORGE NETO, 14ª Turma – Cadeira 1, Data de Publicação: 26/10/2020)

▶ EMENTA: DESVIO DE FUNÇÃO. DIFERENÇAS SALARIAIS INDEVIDAS. No desvio de função, o direito emerge do simples fato de o empregado executar serviço de outro cargo de maior retribuição, encontrando respaldo legal na hipótese de alteração contratual prejudicial ao obreiro (art. 460 da CLT), prescindindo, até mesmo, de indicação de paradigma. Exige, para sua configuração, simplesmente haver sido o reclamante contratado para função diversa daquela que efetivamente era desempenhada, situação não ocorrida nos autos. Recurso obreiro desprovido. (TRT18, RORSum – 0010397-32.2020.5.18.0054, Rel. JOAO RODRIGUES PEREIRA, 2ª TURMA, 16/11/2020)

▶ DIFERENÇAS SALARIAIS. DISCRIMINAÇÃO. ISONOMIA. O art. 460 da CLT estabelece que o empregado terá direito a receber salário igual ao daquele que, na mesma empresa, fizer serviço equivalente ou for habitualmente pago para serviço semelhante. Não se constatando discriminação salarial pelo exercício de tarefas distintas pelos empregados, não há falar em isonomia para o deferimento de diferenças salariais pelo salário básico de cargos distintos. (TRT-3 – RO: 00108302020195030044 MG 0010830-20.2019.5.03.0044, Relator: Danilo Siqueira de C.Faria, Data de Julgamento: 30/11/2020, Sexta Turma, Data de Publicação: 02/12/2020.)

▶ "DESVIO DE FUNÇÃO – ÔNUS DA PROVA. O desvio de função tem respaldo no artigo 460 da CLT, bem como no artigo 7º, inciso XXX, da Constituição Federal, assegurando diferenças salariais ao empregado que formalmente contratado para uma função, comprova o exercício de atividades próprias e mais qualificadas de função outra, melhor remunerada. E por se tratar de fato constitutivo do direito do reclamante, a ele compete provar o desempenho de função diferente daquela para o qual foi contratado, nos termos dos artigos 818 da CLT e 333, inciso I, do CPC." (TRT-18ª R. – RO 0000626-10.2014.5.18.0161 – 4ª T – Rel. Gentil Pio de Oliveira – DJe 30.06.2015 – p. 31). Recurso obreiro desprovido. (TRT18, ROT – 0010826-80.2019.5.18.0103, Rel. GERALDO RODRIGUES DO NASCIMENTO, 2ª TURMA, 17/12/2020)

Art. 461. Sendo idêntica a função, a todo trabalho de igual valor, prestado ao mesmo empregador, no mesmo estabelecimento empresarial, corresponderá igual salário, sem distinção de sexo, etnia, nacionalidade ou idade. (Redação dada pela Lei nº 13.467, de 2017)

§ 1º Trabalho de igual valor, para os fins deste Capítulo, será o que for feito com igual produtividade e com a mesma perfeição técnica, entre pessoas cuja diferença de tempo de serviço para o mesmo empregador não seja superior a quatro anos e a diferença de tempo na função não seja superior a dois anos. (Redação dada pela Lei nº 13.467, de 2017)

§ 2º Os dispositivos deste artigo não prevalecerão quando o empregador tiver pessoal organizado em quadro de carreira ou adotar, por meio de norma interna da empresa ou de negociação coletiva, plano de cargos e salários, dispensada qualquer forma de homologação ou registro em órgão público. (Redação dada pela Lei nº 13.467, de 2017)

§ 3º No caso do § 2º deste artigo, as promoções poderão ser feitas por merecimento e por antiguidade, ou por apenas um destes critérios, dentro de cada categoria profissional. (Redação dada pela Lei nº 13.467, de 2017)

§ 4º – O trabalhador readaptado em nova função por motivo de deficiência física ou mental atestada pelo órgão competente da Previdência Social não servirá de paradigma para fins de equiparação salarial. (Incluído pela Lei nº 5.798, de 31.8.1972)

§ 5º A equiparação salarial só será possível entre empregados contemporâneos no cargo ou na função, ficando vedada a indicação de paradigmas remotos, ainda que o paradigma contemporâneo tenha obtido a vantagem em ação judicial própria. (Incluído pela Lei nº 13.467, de 2017)

§ 6º No caso de comprovada discriminação por motivo de sexo ou etnia, o juízo determinará, além do pagamento das diferenças salariais devidas, multa, em favor do empregado discriminado, no valor de 50% (cinquenta por cento) do limite máximo dos benefícios do Regime Geral de Previdência Social. (Incluído pela Lei nº 13.467, de 2017)

COMENTÁRIOS (ART. 461)

O princípio da não-discriminação ou antidiscriminatório decorre do respeito à dignidade da pessoa humana (Art. 1º, III, CF), dos objetivos fundamentais da República, na busca pela construção de uma sociedade livre, justa e solidária, no bem estar de todos, sem preconceitos de quais quer formas de discriminação (Art. 3º, I e IV, CF), bem como no direito fundamental à igualdade (art. 5º, caput e I, CF).

O Direito do Trabalho que tem como marca indelével a proteção dos trabalhadores, vedando práticas discriminatórias, notadamente a diferença de salário por motivo de sexo, idade, cor ou estado civil, ou por ser o trabalhador portador de deficiência (art. 7º, incisos XXX e XXXI, da CF).

Alice Monteiro de Barros (apud ROMAR, 2018)[683], defendia que *"**a ideia de pessoa é incompatível com a desigualdade entre elas**"*, sendo que *"**a não-discriminação é**, provavelmente, **a mais expressiva manifestação do princípio da igualdade,** cujo reconhecimento, como valor constitucional, inspira o ordenamento jurídico brasileiro no seu conjunto"*.

Segundo Amauri Mascaro do Nascimento discriminação caracteriza-se "[...] pela presença de um elemento **subjetivo**, a ***intenção*** de discriminar, e de um elemento ***objetivo***, a ***preferência*** efetiva por alguém em detrimento de outro sem causa justificada, em especial por motivo evidenciado, revelando escolha de preconceito em razão do sexo, raça, cor, língua, religião, opinião, compleição física ou outros fatores". Acrescenta, que é

[683] Carla Teresa Martins Romar. Direito do trabalho – 5. ed. – São Paulo: Saraiva Educação, 2018.

Decreto-Lei 5.452/1943

um "***desvirtuamento**, pelo empregador, **do valor igualdade entre pessoas***".[684]

A Convenção 100 da OIT, preceitua sobre a igualdade de remuneração entre homens e mulheres; a Convenção 111 da OIT, proíbe a discriminação no emprego e qualquer distinção, exclusão ou preferência, baseada em sexo; a Convenção 117 da OIT, por sua vez, prevê que as políticas sociais devem buscar suprimir qualquer discriminação entre trabalhadores por motivo de raça, cor, sexo, crença, filiação sindical, no que diz respeito à remuneração ou ao contrato de trabalho.

Nas palavras de Maurício Godinho Delgado a equiparação salarial é definida como "*a figura jurídica mediante a qual se assegura ao trabalhador idêntico salário ao do colega perante o qual tenha exercido, simultaneamente, função idêntica, na mesma localidade, para o mesmo empregador. A esse colega comparado dá-se o nome de paradigma (ou espelho) e ao trabalhador interessado na equalização confere-se o epíteto de equiparando. Designam-se, ainda, ambos pelas expressões paragonados ou comparados*".[685]

O empregado recebe o nome de paragonado ou equiparando. Já o empregado modelo recebe a denominação de paradigma, equiparado ou espelho.

Para a caracterização da equiparação salarial é necessário o preenchimento dos requisitos cumulativos do art. 461 da CLT, pois, representam fatos constitutivos. Sendo assim, cabe ao empregado o ônus da prova da equiparação salarial, na forma do artigo 818, I da CLT e artigo 373, I, do CPC.

Os requisitos da equiparação salarial são:

a) Identidade de função – a função envolve um conjunto unitário de tarefas desempenhadas pelo empregado. O TST entende que o mais importante é o desempenho prático das mesmas tarefas, pouco importando o nome dos cargos. Adota o princípio da primazia da realidade.

b) Trabalho de igual valor – o trabalho de igual valor corresponde à igual produtividade (elemento objetivo) e a mesma perfeição técnica (elemento subjetivo). É o critério da meritocracia. Nesse ponto, o TST entende que é possível a equiparação envolvendo trabalho intelectual, desde que sejam utilizados critérios objetivos de aferição.

c) Dois critérios temporais – é necessário diferença de tempo de serviço não superior a: i) **4 (quatro) anos no mesmo emprego**; ii) **2 (dois) anos na mesma função.**

d) Identidade de empregador – significa que os trabalhadores devem prestar serviços ao mesmo empregador.

e) Mesma localidade – a Reforma Trabalhista alterou a redação do art. 461 da CLT para acrescentar a expressão "mesmo estabelecimento". Contudo, a doutrina tece críticas a essa alteração, pois a abrangência da mesma localidade não pode ser tão estreita quanto o legislador pretende, isso porque estaria ligada a ideia de mesmo sítio geográfico básico, objetivando assegurar as mesmas características econômicas, não se limitando ao estabelecimento comercial[686]. Entretanto, prevalece o critério do estabelecimento empresarial, não tendo relevância a abrangência geográfica (o município ou região metropolitana).

Atenção: É possível a equiparação salarial no âmbito da Administração Pública (direta e indireta)?	
Administração Pública direta, autárquica e fundacional	Sociedade de economia mista
Artigo 37, XIII, da CF/88.	Artigo 173, § 1º, II, da CF/88
Não cabe equiparação salarial.	Cabe equiparação salarial (regime jurídico das empresas privadas)
OJ 297 SDI-1 do TST	Súmula 455 do TST

Não é cabível a equiparação salarial se o empregador possui plano de cargos e salários ou plano de carreira, cargos e salários. Nesses casos, a empresa adota o critério da promoção, que derruba a equiparação salarial. As promoções poderão ser feitas por merecimento e por antiguidade, ou por apenas um destes critérios, dentro de cada categoria profissional (§3º).

Homero Batista Mateus da Silva explica que "*o conceito de quadro de carreira não está bem explicado na norma, mas corresponde a uma proposta da empresa de regulamentar o sistema de mérito e de promoção em seus domínios. Para evitar acusação de favorecimento ou deturpação, o quadro deve prever o critério de promoção – que era necessariamente a alternância de promoções por merecimento e antiguidade e, a partir da Lei 13.467/2017, passou a admitir a eleição de apenas um desses parâmetros –, dentro de cada categoria ou de cada segmento da empresa*"[687]. O ponto central é que o quadro de carreira "*estabeleça efetivos mecanismos impessoais de promoções alternadas por merecimento e antiguidade*".[688]

Antes da Reforma Trabalhista, a validade do quadro de carreira dependia de homologação pelo Ministério

[684] Amauri Mascaro Nascimento. Curso de direito do trabalho – 26. ed. – São Paulo: Saraiva, 2011.

[685] DELGADO, 2019, p. 979.

[686] DELGADO, 2019, p.981-982

[687] Silva, Homero Batista Mateus da. CLT comentada – 2. ed. São Paulo: Thomson Reuters Brasil, 2018.

[688] Delgado, 2019, p. 987.

do Trabalho e Emprego. A nova redação dispensou tal ato administrativo.

O trabalhador readaptado em nova função por motivo de deficiência física ou mental atestada pelo órgão competente da Previdência Social não poderá ser paradigma para fins de equiparação salarial (§4º, do art. 461 da CLT). Essa exclusão tem a finalidade de manter a higidez dos programas de readaptação, pois, do contrário, esses programas estariam comprometidos caso esses empregados pudessem se tornar paradigmas para efeito de equiparação salarial.

O fenômeno da equiparação salarial em cadeia foi inviabilizado pelo legislador reformista, haja vista a vedação da indicação de paradigma remoto, sendo admissível apenas a equiparação salarial entre empregados contemporâneos.

Como novidade, também, ficou estipulada a possibilidade de imposição de multa em favor do empregado discriminado – por motivo de sexo ou etnia – no valor de 50% do teto dos benefícios do Regime Geral de Previdência Social a ser fixada pelo juiz (§6º, do art. 461 da CLT).

JURISPRUDÊNCIA

▶ EQUIPARAÇÃO SALARIAL. CONTRATO DE TRABALHO EM PERÍODO ANTERIOR À VIGÊNCIA DA LEI Nº 13.467/2017. No período anterior à vigência da Lei nº 13.467/2017, o reconhecimento da equiparação salarial exigia a execução de tarefas idênticas, para o mesmo empregador, na mesma localidade e trabalho de igual valor, definido como aquele realizado com igual produtividade e mesma perfeição técnica entre pessoas com diferença de tempo na função não superior a dois anos. Não comprovados os requisitos legais, são indevidas as diferenças salariais e repercussões postuladas. REQUISITOS ESSENCIAIS. DIFERENÇAS SALARIAIS. A equiparação salarial é regida pelo art. 461 e parágrafos da CLT e para que se reconheça o direito às diferenças salariais decorrentes da equiparação salarial para relações de trabalho em período anterior à entrada em vigor da Lei nº 13.467/2017, é necessário comprovar a identidade de função e que o trabalho prestado pelos empregados seja de igual valor, assim considerado aquele de "igual produtividade e com a mesma perfeição técnica", ao mesmo empregador e na mesma localidade. Demonstrados os requisitos legais a relação a um dos paradigmas apontados, são devidas as diferenças salariais e repercussões. [...] Recurso ordinário conhecido e parcialmente provido. (TRT-10 – RO: 00010265620195100101 DF, Data de Julgamento: 27/01/2021, Data de Publicação: 30/01/2021)

▶ DIFERENÇAS SALARIAIS POR EQUIPARAÇÃO SALARIAL. CONTRATO DE TRABALHO EXTINTO ANTES DO ADVENTO DA LEI Nº 13.467/2017. Nos termos do art. 461 da CLT, na redação anterior à vigência da Lei nº 13.467/2017, a equiparação salarial é possível quando houver identidade de funções, trabalho de igual valor para o mesmo empregador na mesma localidade, diferença de tempo de serviço (na função) inferior a dois anos e inexistência de pessoal organizado em quadro de carreira. (TRT-4 – ROT: 00209886420185040005, Data de Julgamento: 25/02/2021, 1ª Turma)

▶ EQUIPARAÇÃO SALARIAL. IDENTIDADE ENTRE AS FUNÇÕES DESEMPENHADAS POR PARADIGMA E PARAGONADO. ÔNUS DA PROVA. Nos termos do art. 461 c/c art. 818, I, da CLT, é do empregado o ônus de demonstrar a identidade entre suas funções e aquelas desempenhadas pelo paradigma apontado. (TRT-3 – RO: 00101462620205030185 MG 0010146-26.2020.5.03.0185, Relator: Luis Felipe Lopes Boson, Data de Julgamento: 14/02/2021, Terceira Turma, Data de Publicação: 18/02/2021.)

▶ "Equiparação Salarial. O ônus de provar os fatos ensejadores da equiparação salarial era do reclamante, mas com a alegação da reclamada de que autor e paradigma não preenchiam os requisitos do art. 461 da CLT, houve a inversão de referido encargo, a teor do disposto no artigo 818 da CLT e Súmula n. 6 do C. TST. E desse ônus processual a reclamada não se desincumbiu. Recurso ordinário da reclamada a que se nega provimento. (TRT-2 10019750220175020022 SP, Relator: ROSANA DE ALMEIDA BUONO, 3ª Turma – Cadeira 5, Data de Publicação: 22/02/2021)

▶ PLANO DE CARREIRA, CARGOS E SALÁRIOS. HOSPITAL DAS CLINICAS DA FACULDADE DE MEDICINA DE RPUSP. QUADRO DE CARREIRA. INAPLICABILIDADE. Plano de Carreira, Cargos e Salários (PCCS) que define estrutura salarial mediante critérios de evolução profissional por competência e desempenho não se equipara ao quadro de carreira, de molde a atrair a incidência das regras previstas pelo artigo 461, §§ 1º e 2º, da CLT. (TRT-15 – ROT: 00118200620195150067 0011820-06.2019.5.15.0067, Relator: LUIZ ANTONIO LAZARIM, 9ª Câmara, Data de Publicação: 10/12/2020)

Art. 462 – Ao empregador é vedado efetuar qualquer desconto nos salários do empregado, salvo quando este resultar de adiantamentos, de dispositivos de lei ou de contrato coletivo.

§ 1º – Em caso de dano causado pelo empregado, o desconto será lícito, desde de que esta possibilidade tenha sido acordada ou na ocorrência de dolo do empregado. (Parágrafo único renumerado pelo Decreto-lei nº 229, de 28.2.1967)

§ 2º – É vedado à empresa que mantiver armazém para venda de mercadorias aos empregados ou serviços estimados a proporcionar-lhes prestações " in natura " exercer qualquer coação ou induzimento no sentido de que os empregados se utilizem do armazém ou dos serviços. (Incluído pelo Decreto-lei nº 229, de 28.2.1967)

§ 3º – Sempre que não for possível o acesso dos empregados a armazéns ou serviços não mantidos pela Empresa, é lícito à autoridade competente determinar a adoção de medidas adequadas, visando a que as mercadorias sejam vendidas e os serviços prestados a preços razoáveis, sem intuito de lucro e sempre em benefício das empregados. (Incluído pelo Decreto-lei nº 229, de 28.2.1967)

§ 4º – Observado o disposto neste Capítulo, é vedado às empresas limitar, por qualquer forma, a liberdade dos empregados de dispor do seu salário. (Incluído pelo Decreto-lei nº 229, de 28.2.1967)

COMENTÁRIOS (ART. 462)

No Direito do Trabalho o salário recebe uma proteção especial sendo proibida, redução do salário do empregado, a alteração salarial em prejuízo do empregado, ou a realização de descontos impróprios e abusivos do empregador, sob pena de violação dos princípios da irredutibilidade salarial, inalterabilidade salarial e da intangibilidade salarial.

Como leciona o Professor Mauricio Godinho Delgado, as principais características dos salários são: "*caráter alimentar; caráter "forfetário"; indisponibilidade; irredutibilidade; periodicidade; persistência ou continuidade; natureza composta; tendência à determinação heterônoma; pós-numeração*"[689].

De acordo com o comando legal em análise é possível o desconto, em caráter excepcional, apenas quando resultar de: a) adiantamentos – os denominados "vales"; b) previsão legal – como é o caso do imposto de renda retido na fonte ou as contribuições previdenciárias; c) convenção ou acordo coletivo de trabalho.

O empregado poderá autorizar a realização de outros descontos para que seja integrado em plano odontológico, médico-hospitalar, de seguro, de previdência privada, ou de entidade cooperativa, cultural ou recreativo-associativa de seus trabalhadores, em seu benefício e de seus dependentes, sem que isso represente afronta ao art. 462 da CLT. Contudo, se houver vício de consentimento na manifestação de vontade expressada pelo empregado, o desconto será considerado ilícito (Súmula 342 do TST). Cabe ao empregado a demonstração concreta do vício de vontade (OJ 160 da SDI-1 do TST)

Na hipótese de danos causados pelo empregado, a licitude do desconto depende de acordo entre as partes ou se o empregado agiu com dolo– se o empregado tiver a intenção de causar um prejuízo ao empregador. A doutrina entende que se o dano ao empregador tiver sido provocado por culpa do empregado – leia-se: imprudência, imperícia ou negligência – o desconto somente será possível se o empregado e o empregador tiverem pactuado algum acordo prévio admitindo o desconto.

Quando o frentista não observar as recomendações previstas em instrumento coletivo é lícito o desconto salarial referente à devolução de cheques sem fundos (OJ 251 da SDI-1 do TST).

O empregador não pode limitar, por qualquer forma, a liberdade dos empregados de dispor do seu salário, conforme ordena o art. 462, §4º, da CLT. Luciano Martinez ensina que esse sistema limitativo é denominado de "truck-system", ou seja, é "sistema baseado na indução do trabalhador ao uso de armazéns mantidos pelos próprios empregadores que, em regra, praticam preços superfaturados, inviabilizando consequentemente o pagamento da dívida. Esse sistema tem representado o renascimento da servidão por dívidas e, consequentemente, tem promovido a redução de muitos empregados à condição análoga à de escravo"[690].

O *"truck-system"* causa o endividamento do trabalhador, a ponto de não poder saldar a dívida ou deixar o emprego. A venda de mercadorias aos empregados ou outras prestações *in natura* devem ser realizadas sem o objetivo de obter lucro, mas, tão somente, beneficiar os empregados (§§ 2º e 3º, do art. 462 da CLT).

JURISPRUDÊNCIA

▶ DEVOLUÇÃO DOS DESCONTOS INDEVIDOS. USO PESSOAL DO TELEFONE CELULAR CORPORATIVO. ÔNUS DA PROVA. Segundo o art. 462, § 1º, da CLT, é lícito o desconto no caso de dano causado pelo empregado, desde que esta possibilidade tenha sido acordada ou na ocorrência de dolo do empregado. Caso em que é irrelevante que a reclamante tivesse ciência sobre a possibilidade de descontos dos valores decorrentes do uso pessoal do telefone corporativo, pois a reclamada não se desvencilhou do seu encargo de comprovar que os descontos efetuados tivessem relação apenas com a utilização para fins particulares facultada à empregada, sendo, pois, indevida transferência dos riscos do negócio à trabalhadora. Recurso da reclamante provido no aspecto.

(TRT-4 – ROT: 00221047320175040221, Data de Julgamento: 26/02/2021, 7ª Turma)

▶ DESCONTO. MULTA DE TRÂNSITO ANTT. O art. 462, § 1º, da CLT autoriza o desconto do salário no caso de dano causado pelo empregado, desde que tenha sido acordado ou na hipótese de dolo do empregado. No caso em tela, a reclamada não anexou ao processo o contrato de trabalho do autor com cláusula que autoriza o desconto no caso de dano e tampouco fez qualquer prova de dolo do empregado. Recurso do autor provido.

(TRT-1 – RO: 00109768820155010551 RJ, Relator: GLAUCIA ZUCCARI FERNANDES BRAGA, Data de Julgamento: 10/02/2021, Quinta Turma, Data de Publicação: 27/02/2021)

▶ DESCONTOS. REEMBOLSO. CLT. ART. 462, § 3º. Os descontos efetuados no salário dos empregados, em razão de danos causados culposamente, nos termos do art. 462, § 3º, da CLT, exigem a comprovação da responsabilidade, ainda que haja expressa autorização do trabalhador.

(TRT-4 – RO: 00004514320115040021, Data de Julgamento: 05/07/2012, 11ª Turma)

▶ CONTRIBUIÇÕES ASSISTENCIAIS OU CONFEDERATIVAS. AUSÊNCIA DE AUTORIZAÇÃO PRÉVIA DO TRABALHADOR. DESCONTO IRREGULAR. DEVOLUÇÃO DEVIDA. Os descontos salariais são válidos, nos termos do artigo 462 da CLT, quando resultem de adiantamentos, de dispositivos de lei ou de contrato coletivo, ressalvando-se, quanto às contribuições assistenciais e/ou confederativas instituídas por contrato coletivo (convenção ou acordo coletivo de trabalho), que o desconto fica condicionado à prévia autorização do empregado, nos termos do artigo 545 da CLT, na redação vigente à época do contrato de trabalho em causa, circunstância não demonstrada concretamente no presente caso. Em síntese, salvo quanto às disposições atinentes à contribuição sindical, segundo a legislação vigente à época, o desconto, na folha de pagamento dos empregados, das contribuições por eles devidas ao sindicato, associativas, assistenciais e/ou confederativas, sempre depende de prévia autorização desses empregados, nos termos do artigo 545 da CLT, na redação vigente à época do contrato de trabalho em causa. Ademais, demonstra-se inconstitucional e, portanto, inválida a extensão automática dos descontos assistenciais ou confederativos aos empregados não sindicalizados, nos termos da Orientação Jurisprudencial nº 17 da SDC do E. Tribunal Superior do Trabalho, do Precedente Normativo nº 119 do E. Tribunal Superior do Trabalho e, por analogia, da Súmula Vinculante nº 40 do E. Supremo Tribunal Federal, sendo passíveis de devolução tais valores irregularmente descontados. Nesse sentido, a Tese Jurídica Prevalecente nº 10 deste E. Tribunal Regional: "Sendo ilícito o desconto realizado em

689 Delgado, 2019.
690 Martinez, 2020.

folha de pagamento a título de contribuição assistencial em relação ao trabalhador não filiado ao sindicato, é devida a devolução pelo empregador".

(TRT-2 10002757820195020714 SP, Relator: RODRIGO GARCIA SCHWARZ, 2ª Turma – Cadeira 1, Data de Publicação: 22/02/2021)

▶ PROGRAMA DE DESLIGAMENTO VOLUNTÁRIO. APOIO FINANCEIRO. DESCONTO DE DÍVIDA. POSSIBILIDADE. Nos termos do art. 462 da CLT, ao empregador é vedado realizar qualquer desconto nos salários do empregado, salvo quando este resultar de adiantamentos, de dispositivos de lei ou de contrato coletivo e, no caso de danos causados pelo empregado o desconto só será lícito se esta possibilidade tiver sido acordada ou na ocorrência de dolo. na hipótese, o contrato de trabalho do reclamante estabelece a possibilidade de descontos de eventuais prejuízos causados à empregadora. Nessa perspectiva, revela-se legítimo o desconto da dívida realizado pela ré decorrente dos prejuízos por ela suportados pelas irregularidades acometidas pelo reclamante no exercício de suas atribuições. Sentença reformada para julgar improcedente a ação. [...]

(TRT-7 – RO: 00002525820205070009 CE, Relator: DURVAL CÉSAR DE VASCONCELOS MAIA, Data de Julgamento: 25/02/2021, 1ª Turma, Data de Publicação: 25/02/2021)

▶ AUTORIZAÇÃO PARA DESCONTOS A TÍTULO DE SEGURO DE VIDA NO MOMENTO DA ADMISSÃO. COAÇÃO. CONFIGURAÇÃO. Não se pode olvidar que a suposta adesão da obreira ao seguro de vida ocorreu no momento em que a empregada estava mais suscetível ao arbítrio do empregador para manter o novo emprego. Ademais, é público e notório que o banco reclamado possui vínculo com as seguradoras, hipótese que se assemelha à prevista no § 2º do art. 462 da CLT, que veda que o empregador exerça qualquer coação ou induzimento no sentido de que os empregados utilizem seus produtos ou serviços. Assim, deve ser mantida a condenação quanto à devolução dos descontos de seguro de vida, pois revela-se, no caso, a existência de coação velada para que a autora os autorizasse. Recurso patronal a que se nega provimento, no particular. [...]

(TRT-1 – RO: 01010648020165010053 RJ, Relator: ENOQUE RIBEIRO DOS SANTOS, Data de Julgamento: 22/05/2017, Quinta Turma, Data de Publicação: 26/05/2017)

▶ DESCONTOS INDEVIDOS. DEMONSTRAÇÃO CABAL E OBJETIVA DOS MOTIVOS QUE FUNDAMENTARAM AS DEDUÇÕES. NÃO COMPROVAÇÃO. RESTITUIÇÃO PARCIAL DEVIDA. Estabelece o art. 462, caput, da CLT que "ao empregador é vedado efetuar qualquer desconto nos salários do empregado, salvo quando este resultar de adiantamentos, de dispositivos de lei ou de contrato coletivo". Nesse diapasão, e à luz do princípio da intangibilidade salarial (art. 7º, VI e X, da CR), os motivos que conferem base a quaisquer descontos estipendiais devem ser robustamente fundamentados e demonstrados, demandando, pois, prova estreme de qualquer dúvida ou suspeita, o que não se observa no caso, em que a ré não logrou provar de forma integral, conforme lhe competia (art. 373, II, do CPC/15), que os valores deduzidos do obreiro a título de auxílio alimentação não apresentam objetiva adequação com a prática laboral, a partir da exibição dos controles de ponto/frequência e valores quitados.

(TRT-3 – RO: 00107117020205030029 MG 0010711-70.2020.5.03.0029, Relator: Marcelo Lamego Pertence, Data de Julgamento: 24/02/2021, Sétima Turma, Data de Publicação: 25/02/2021.)

▶ DESCONTOS À TÍTULO DE "VALE". INDEVIDOS. AUSÊNCIA DE ADIANTAMENTO SALARIAL. Não se verificou a concordância do autor em ser descontado, conforme preceitua o art. 462 da CLT, além de ficar caracterizada a fraude nos descontos.

(TRT-1 – RO: 01017759720175010070 RJ, Relator: IVAN DA COSTA ALEMAO FERREIRA, Data de Julgamento: 10/02/2021, Nona Turma, Data de Publicação: 26/02/2021)

Art. 463 – A prestação, em espécie, do salário será paga em moeda corrente do País.

Parágrafo único – O pagamento do salário realizado com inobservância deste artigo considera-se como não feito.

Art. 464 – O pagamento do salário deverá ser efetuado contra recibo, assinado pelo empregado; em se tratando de analfabeto, mediante sua impressão digital, ou, não sendo esta possível, a seu rogo.

Parágrafo único. Terá força de recibo o comprovante de depósito em conta bancária, aberta para esse fim em nome de cada empregado, com o consentimento deste, em estabelecimento de crédito próximo ao local de trabalho. (Parágrafo incluído pela Lei nº 9.528, de 10.12.1997)

Art. 465. O pagamento dos salários será efetuado em dia útil e no local do trabalho, dentro do horário do serviço ou imediatamente após o encerramento deste, salvo quando efetuado por depósito em conta bancária, observado o disposto no artigo anterior. (Redação dada pela Lei nº 9.528, de 10.12.1997)

COMENTÁRIOS (ARTS. 463 A 465)

O pagamento do salário é realizado em dinheiro em moeda nacional, portanto, em Real. Do contrário, o pagamento do salário em moeda estrangeira será considerado inválido. Martinez esclarece, nesse aspecto, que "*é perfeitamente lícito o ajuste salarial em moeda estrangeira, desde que ocorra a conversão para a moeda nacional por ocasião do pagamento. Isso, aliás, acontece muito frequentemente com os técnicos estrangeiros ou mesmo com os jogadores de futebol trazidos de outros países*"[691]. No mesmo sentido, Homero Batista Mateus da Silva aponta que "*na eventualidade de o contrato de trabalho ter sido firmado em terra estrangeira ou, ao contrário, tratar-se de empregado estrangeiro domiciliado no Brasil, é indispensável a conversão do valor da moeda estrangeira para a moeda brasileira, servindo a referência à moeda estrangeira basicamente como um indexador*"[692].

O recibo de pagamento do salário é chamado de "holerite", 'contracheque" ou simplesmente de "demonstrativo de pagamento de salário". O empregador deverá discriminar todas as parcelas trabalhistas pagas ao empregado no demonstrativo de pagamento de salário, devidamente conferido e assinado pelo empregado, valendo como contra recibo. No caso do empregado analfabeto, dará recibo mediante sua impressão digital, ou, não sendo esta possível, a seu rogo – por meio de testemunhas instrumentárias.

[691] Martinez, 2020.

[692] Silva, 2018.

Decreto-Lei 5.452/1943

O parágrafo único do art. 464 da CLT – acrescentado pela Lei nº 9.528, de 10.12.1997 – confere força de recibo ao comprovante de depósito em conta bancária, aberta para esse fim em nome de cada empregado, com o consentimento deste, em estabelecimento de crédito próximo ao local de trabalho.

Cabe ao empregador promover o pagamento dos salários em dia útil, no local do trabalho, dentro do horário do serviço ou imediatamente após o encerramento deste, exceto se realizar depósito bancário. A modernidade trouxe outras formas, além do depósito bancário, de realizar o pagamento do salário, dentre elas a transação bancária por meio eletrônico ou caixas eletrônicos. Atualmente o Banco Central instituiu, inclusive, uma nova modalidade de transação financeira eletrônica instantânea: o PIX, instituído e regulamentado pela Resolução nº. 1 de 12 de agosto de 2020 do Banco Central do Brasil. O empregador poderá se valer desses expedientes para realizar o pagamento dos salários do empregado, sendo certo que os comprovantes eletrônicos de efetivação das transações equivalem ao comprovante de depósito bancário.

JURISPRUDÊNCIA

▶ VALOR DO SALÁRIO. ÔNUS DA PROVA. Nos termos dos arts. 463 e 464 da CLT, o pagamento de salário deverá ser efetuado mediante recebido, devidamente assinado pelo empregado, e pago em moeda corrente do País. É do empregador o dever de documentar o contrato de trabalho, nos termos do parágrafo único do art. 41 da CLT, norma que se coaduna com o princípio da melhor aptidão para a prova. Não trazendo aos autos nenhum recibo ou outra prova relativa ao pagamento de salário, deve prevalecer o valor indicado pelo autor na inicial. (TRT18, ROPS – 0010256-81.2018.5.18.0054, Rel. KATHIA MARIA BOMTEMPO DE ALBUQUERQUE, 2ª TURMA, 10/10/2018)

▶ PAGAMENTO DE SALÁRIOS. MOEDA CORRENTE DO PAÍS. ARTIGO 463 DA CLT. O parágrafo único, do artigo 463, da CLT, deve ser interpretado considerando-se o princípio de proteção ao trabalhador, não sendo justo considerar o pagamento "não lesivo" efetuado, como inexistente, apenas porque realizado em moeda estrangeira. (TRT-4 – RO: 1071199202004000 RS 01071-1992-020-04-00-0, Relator: TERESINHA MARIA DELFINA SIGNORI CORREIA, Data de Julgamento: 16/05/1995, 20ª Vara do Trabalho de Porto Alegre)

▶ SALÁRIO "POR FORA". CONFIGURAÇÃO. APLICAÇÃO DOS PRINCÍPIOS DA IMEDIAÇÃO E DA PRIMAZIA DA REALIDADE SOBRE A FORMA. O pagamento de salário extrafolha ou "por fora" trata-se de prática voltada para a sonegação fiscal, que obstaculiza o direito à prova documental dos salários, prevista no artigo 464 da CLT. Dá-se, assim, especial valor à prova oral e aos indícios que levam à prática do ato ilícito. Aplica-se, na espécie, o princípio da imediação, bem como o da primazia da realidade sobre a forma, segundo o qual deve o operador do Direito pesquisar sempre a prática entre os sujeitos da relação de trabalho efetivada ao longo da prestação de serviços, independentemente da vontade eventualmente manifestada pelas partes. (TRT-3 – RO: 00115945820175030114 MG 0011594-58.2017.5.03.0114, Relator: Milton V.Thibau de Almeida, Data de Julgamento: 10/02/2021, Terceira Turma, Data de Publicação: 11/02/2021.)

▶ RECURSO ORDINÁRIO DA RECLAMADA. RENDIMENTOS MENSAIS. COMPROVAÇÃO. Nos termos do art. 464 da CLT, a prova do pagamento do salário ocorre mediante recibo assinado pelo empregado ou com a demonstração de depósito bancário em conta de titularidade do trabalhador, o que não consta nos autos, restando insuficiente a apresentação de Ficha Financeira elaborada pela própria empresa. Bem assim, inexiste qualquer comprovação do pagamento das diárias deferidas. Provimento negado. (TRT-4 – ROT: 00217431620175040008, Data de Julgamento: 12/02/2021, 2ª Turma)

▶ SALÁRIOS EM ATRASO. RESSARCIMENTO. PROVA DO PAGAMENTO. A prova do pagamento do salário é a escrita, sendo ônus do empregador, conforme expressamente prescreve o art. 464 da CLT. A ausência de comprovantes do pagamento, impõe ao empregador a obrigação de provar por outros meios seguros a sua realização. E a ausência de provas, autoriza o acatamento da alegação de inexistência do seu pagamento. (TRT18, RORSum – 0010092-69.2020.5.18.0241, Rel. EUGENIO JOSE CESARIO ROSA, 2ª TURMA, 11/12/2020)

▶ SALÁRIOS, 13º SALÁRIOS E FÉRIAS. ÔNUS PROBATÓRIO. O art. 464 da CLT determina que a prova de pagamento do salário é feita por recibo assinado pelo empregado ou depósito em conta bancária, aberta para esse fim em nome de cada empregado, com o consentimento deste, em estabelecimento de crédito próximo ao local de trabalho, e, portanto, tal encargo probatório incumbe à reclamada, e não ao reclamante. (TRT-3 – RO: 00112360520195030056 MG 0011236-05.2019.5.03.0056, Relator: Jaqueline Monteiro de Lima, Data de Julgamento: 04/12/2020, Quinta Turma, Data de Publicação: 07/12/2020.)

▶ As fichas financeiras, por constituírem documentos unilateralmente produzidos pelo empregador, não têm o condão de fazer prova, por si só, do efetivo pagamento de salários, valendo notar, inclusive, que os referidos documentos sequer indicam a instituição financeira na qual supostamente teriam sido depositados os valores ali consignados, não impressionando, assim, a ausência de impugnação. A prova, por excelência, dos pagamentos, se faz mediante recibos salariais, com exceção feita à hipótese na qual o pagamento seja efetuado por meio de depósito bancário na conta corrente de titularidade do empregado, quando aí se admite, nos termos do art. 464, parágrafo único, da CLT, que a prova se faça através dos respectivos comprovantes. (TRT-1 – RO: 01015682220165010042 RJ, Relator: ANTONIO CARLOS DE AZEVEDO RODRIGUES, Data de Julgamento: 20/03/2018, Nona Turma, Data de Publicação: 29/06/2018)

▶ RECURSO ORDINÁRIO. PROVA DOS SALÁRIOS PAGOS. DEPÓSITOS BANCÁRIOS. VALIDADE. Pelo princípio da aptidão para a prova, cabia à empresa a juntada dos recibos de pagamento, devidamente assinados, como prova do padrão salarial do empregado. In casu, a reclamada não se desvencilhou desse ônus, permitindo, assim, que se presuma verdadeira a tese da inicial quanto ao salário mensalmente auferido. Contudo, sendo tal presunção de natureza relativa e tendo o autor juntado extratos de conta bancária de sua titularidade, demonstrando depósitos mensais efetuados pela empresa, reputo válido esse meio de prova, para aferir o salário mensalmente percebido, com respaldo no parágrafo único do art. 464, da CLT, e em homenagem ao princípio da primazia da realidade. Recurso obreiro a que se dá parcial provimento. (TRT-6 – RO: 00009437120175060311, Data de Julgamento: 06/09/2018, Quarta Turma, Data de Publicação: 06/09/2018)

▶ PAGAMENTO SALARIAL. ÔNUS DA PROVA. No plano processual, compete à empresa demonstrar que o pagamento de salários se deu no tempo e modo devidos. E sendo o pagamento efetuado em conta bancária, "terá força de recibo o comprovante de depósito em conta bancária..." (art. 464, parágrafo único, da CLT). (TRT-3 – RO: 00106782220175030050 MG 0010678-22.2017.5.03.0050, Relator: Taisa Maria M. de Lima, Data de Julgamento: 06/09/2018, Decima Turma, Data de Publicação: 10/09/2018.)

▶ SALÁRIO "POR FORA". Por força do disposto na CLT, artigo 464, caput e parágrafo único, a comprovação do pagamento de salário e seu efetivo valor se farão mediante a apresentação de recibo de pagamento devidamente assinado pelo empregado ou através de depósito em sua conta bancária. Ocorre que, uma vez alegado pelo empregado o pagamento de salários "por fora", a teor do disposto no art. 373, I do CPC c/c art. 818 CLT, é dele o ônus de provar o fato constitutivo do direito pleiteado. (TRT-1 – RO: 01002325420175010201

RJ, Relator: MONICA BATISTA VIEIRA PUGLIA, Data de Julgamento: 27/08/2018, Terceira Turma, Data de Publicação: 07/09/2018)

Art. 466 – O pagamento de comissões e percentagens só é exigível depois de ultimada a transação a que se referem.

§ 1º – Nas transações realizadas por prestações sucessivas, é exigível o pagamento das percentagens e comissões que lhes disserem respeito proporcionalmente à respectiva liquidação.

§ 2º – A cessação das relações de trabalho não prejudica a percepção das comissões e percentagens devidas na forma estabelecida por este artigo.

COMENTÁRIOS (ART. 466)

As comissões e percentagens são devidas, como regra, em virtude da concretização da venda de um determinado produto, ou seja, de um resultado concreto.

A Lei nº3.207/1957 regulamenta as atividades dos empregados vendedores, viajantes ou pracistas. O artigo 2º da referida norma preceitua que o empregado vendedor terá direito à comissão avençada sobre as vendas que realizar. O empregador poderá recusar a venda por escrito no prazo de 10 dias contados da data da proposta ou no prazo de 90 dias se a venda for realizada em outro Estado (art. 3º da Lei nº3.207/1957).

As comissões e percentagens referentes aos negócios concluídos serão pagas no fim de cada mês de trabalho. O empregado e o empregador podem convencionar outra época para o pagamento, desde que não exceda um trimestre (art. 4º, § único da Lei nº3.207/1957).

O empregador poderá realizar o pagamento das comissões ou percentagens de forma sucessiva, ou seja, ocorrendo o parcelamento da venda, as comissões serão quitadas pelo empregador na medida em que ocorrer o adimplemento das parcelas.

A jurisprudência tem o entendimento de que o empregado não pode descontar ou estornar as comissões pagas ao empregado, pelo cancelamento da venda já efetivada por fato alheio à sua vontade, tendo em vista que os riscos do negócio são do empregador. Também, não poderá deduzir dos valores das vendas os encargos suportados pelos consumidores ou pela própria empresa, decorrente das formas de pagamento oferecidas aos clientes (boleto bancário; taxa de administração de cartão, taxa de transferência bancária, etc.). O mesmo entendimento se aplica aos casos de devolução ou troca de mercadoria.

JURISPRUDÊNCIA

▶ ESTORNO DE COMISSÕES. VENDAS CANCELADAS. RESTITUIÇÃO DOS VALORES DESCONTADOS. O desconto efetivado pela empresa, das comissões devidas ao vendedor, pelo cancelamento da venda já efetivada por fato alheio à sua vontade, implica a transferência dos riscos do negócio ao empregado, o que não pode prevalecer, a teor do disposto no art. 2º da CLT. Com efeito, os riscos da atividade econômica pertencem ao empregador e não podem ser transferidos ao empregado. Além do mais, de acordo com o art. 466 da CLT "O pagamento de comissões e percentagens só é exigível depois de ultimada a transação a que se referem", de modo que, realizada a venda e sendo ela aprovada pela empresa, a transação está finalizada, tornando-se devidas as comissões pactuadas. (TRT-3 – RO: 00110423320195030079 MG 0011042-33.2019.5.03.0079, Relator: Paulo Mauricio R. Pires, Data de Julgamento: 12/02/2021, Quinta Turma, Data de Publicação: 18/02/2021.)

▶ EMPREGADO VENDEDOR. COMISSÕES. BASE DE CÁLCULO. VENDAS A PRAZO. EXCLUSÃO DOS ENCARGOS FINANCEIROS. O desconto dos encargos financeiros incidentes sobre as vendas com financiamentos, para somente então calcular as comissões devidas aos empregados, constitui procedimento manifestamente ilegal, nos termos dos arts. 2º e 4º da Lei 3.207/1957 e 462 da CLT. Os encargos decorrentes das várias formas de pagamento oferecidas aos clientes, sejam esses suportados pela própria empresa ou pelo consumidor, configuram receitas ou custos inerentes ao desenvolvimento da atividade econômica comercial, sendo de todo descabido o compartilhamento desse ônus com os empregados. Ainda que o desconto em pauta estivesse previsto no contrato, tal pactuação seria abusiva, visto que os vendedores acabariam por assumir, juntamente com a empresa, os riscos das vendas realizadas a prazo. O valor final do produto naturalmente incorpora todos os custos e encargos provenientes dos processos de produção, distribuição e comercialização, não sendo viável destacar, exclusivamente para o cômputo das comissões, os montantes finalmente integrados ao preço em virtude da modalidade de pagamento ajustada com o cliente. Ainda que, em tese, se pudesse considerar o financiamento um ajuste apartado da venda, tal pactuação também é lucrativa, mas apenas é efetivada devido à ultimação do negócio, tornando patente a necessidade de remunerar o vendedor inclusive pelos valores acrescidos à operação em virtude do parcelamento. Tal entendimento encontra-se pacificado nesse Egrégio Regional, por meio da Tese Jurídica Prevalecente nº 3 deste Regional, editada nos seguintes termos: "COMISSÕES SOBRE VENDAS A PRAZO. BASE DE CÁLCULO. As comissões sobre as vendas a prazo devem incidir sobre o preço final da mercadoria, neste incluídos os encargos decorrentes da operação de financiamento". (TRT-3 – RO: 00111232420195030065 MG 0011123-24.2019.5.03.0065, Relator: Marcelo Lamego Pertence, Data de Julgamento: 11/02/2021, Sétima Turma, Data de Publicação: 18/02/2021.)

▶ COMISSÕES SOBRE VENDAS NÃO FATURADAS. VENDEDOR. Nos termos do caput do art. 466, da CLT, a transação deve ser considerada "ultimada" quando firmada concordância entre comprador e vendedor, não estando condicionada ao pagamento integral do valor acordado. A posterior desistência ou cancelamento não prejudica o direito do vendedor, uma vez que o negócio já se perfez, sendo que a desistência ou cancelamento configuram resolução do contrato já firmado, ato distinto, posterior e independente da celebração que gera o direito à comissão. (TRT-3 – RO: 00110984620175030173 MG 0011098-46.2017.5.03.0173, Relator: Paulo Roberto de Castro, Data de Julgamento: 02/12/2020, Sétima Turma, Data de Publicação: 04/12/2020.)

▶ COMISSÕES. CANCELAMENTO DA VENDA. DEVOLUÇÃO OU TROCA DA MERCADORIA. IMPOSSIBILIDADE DE DESCONTO. Nos termos da Súmula nº 88 deste Tribunal Regional, "Após a efetivação da venda, caracterizada esta pela entrega do bem, é vedado às empresas o desconto ou estorno das comissões do empregado incidentes sobre mercadorias devolvidas pelo cliente, tanto em face do cancelamento da venda quanto da troca do produto adquirido". Com efeito, concluída a venda, cabe ao vendedor o direito à comissão (art. 466 da CLT), assim como cabe à empregadora o risco quanto às intercorrências que possam advir dessa aquisição pelo cliente, inclusive devolução e troca (art. 2º da CLT). (TRT12 – ROT – 0000160-60.2020.5.12.0003, Rel. GISELE PEREIRA ALEXANDRINO, 5ª Câmara, Data de Assinatura: 27/11/2020)

▶ VIA VAREJO. COMISSÕES POR VENDAS. VENDAS CANCELADAS APÓS FINALIZAÇÃO. ESTORNO DAS COMISSÕES. O pagamento da comissão é devido no momento em que é concluída a transação, nos termos do artigo 466 da CLT. Posterior troca ou devolução é inerente aos riscos do negócio, que devem ser suportados pelo empregador. Nesse sentido é o Precedente Normativo 97 do TST. (TRT-1 – RO: 01006316820175010012 RJ, Relator: ALVARO LUIZ CARVALHO MOREIRA, Data de Julgamento: 03/11/2020, Quarta Turma, Data de Publicação: 05/11/2020)

▶ RECURSO DA RECLAMADA. COMISSÕES ESTORNADAS. ATIVIDADE EMPRESARIAL. ÔNUS DO EMPREGADOR. SENTENÇA CONFIRMADA. É cediço que o empregado não pode suportar o ônus pela atividade empresarial, o qual deverá estar a cargo exclusivamente do ente patronal. Sendo assim, independentemente do sucesso da transação na venda dos negócios da empresa ré, por intermédio do demandante, o pagamento das comissões estipuladas se faz devido, por força de lei (art. 466, §§ 1º e 2º, da CLT). Recurso não provido. (TRT-13 – RO: 00002813120165130026 0000281-31.2016.5.13.0026, 2ª Turma, Data de Publicação: 29/10/2019)

▶ ESTORNO DE COMISSÕES. É ilegal o estorno de comissões praticado pela ré sobre as vendas efetuadas pelo autor, em razão de cancelamento ou desistência do comprador, na medida em que o art. 7º da Lei 3.207/57 admite apenas a insolvência como justificativa para o desconto da comissão pelas vendas. Não há violação do art. 466, § 1º da CLT, pois se entende como efetuada a venda quando concluída a transação entre comprador e vendedor. O desconto de comissões em razão do cancelamento do contrato, desistência ou inadimplência do comprador implica a transferência do risco da atividade econômica para o empregado, o que é vedado pela legislação pátria. Aplicação do Precedente Normativo 97 da SDC do TST. COMISSÕES PAGAS "POR FORA". GUELTAS. Demonstrado o recebimento de gueltas correspondentes à venda de produtos, as quais eram pagas pelo fornecedor das mercadorias, ainda que não fossem adimplidas diretamente pelo empregador, estas integram a remuneração do empregado, por possuírem natureza jurídica semelhante à das gorjetas, assemelhando-se o fornecedor da mercadoria ao cliente que alcança a gorjeta diretamente ao trabalhador. Incidência do art. 457 da CLT, o qual estabelece que a gorjeta integra a remuneração do empregado. Comprovado que as comissões pagas "a latere" dizem respeito ao comissionamento sobre produtos vendidos, devida a integração de tais valores pagos "por fora". (TRT-4 – ROT: 00208422520165040027, Data de Julgamento: 29/04/2020, 2ª Turma)

Art. 467. Em caso de rescisão de contrato de trabalho, havendo controvérsia sobre o montante das verbas rescisórias, o empregador é obrigado a pagar ao trabalhador, à data do comparecimento à Justiça do Trabalho, a parte incontroversa dessas verbas, sob pena de pagá-las acrescidas de cinquenta por cento". (Redação dada pela Lei nº 10.272, de 5.9.2001)

COMENTÁRIOS (ART. 467)

Extinto o contrato de trabalho o empregador deverá realizar o pagamento das verbas rescisórias constantes no instrumento de rescisão ou recibo de quitação, além da entrega dos documentos que comprovem a comunicação da extinção do contrato de trabalho aos órgãos competentes no prazo legal de dez dias, a partir do término do contrato (art. 477, "caput" e §6º, da CLT). Caso contrário, a CLT impõe a possibilidade de aplicação de: a) multa administrativa pelos órgãos de fiscalização (art. 477, §8º, da CLT); b) multa em favor do empregado, em valor equivalente ao seu salário (art. 477, §8º, da CLT); c) multa sobre a parcela incontroversa das verbas rescisórias, se não for quitada até a data da audiência perante a Justiça do Trabalho.

Originalmente o art. 467 da CLT estipulava a imposição de multa em dobro, caso o empregador não pagasse a parte incontroversa dos salários quando do comparecimento perante o Tribunal do Trabalho.

Com as alterações promovidas pela Lei 10.272 de 5 de setembro de 2001, a base de incidência da multa foi ampliada significativamente, passando a abranger as parcelas rescisórias. Entretanto, o percentual da multa foi reduzido para 50% (cinquenta por cento). Caso o empregador seja acionado perante a Justiça do Trabalho terá até a data da realização da audiência para pagar ao trabalhador as verbas tidas como incontroversas, sob pena de pagá-las acrescidas da multa de 50% (cinquenta por cento).

Por verba incontroversa se compreende as verbas resilitórias que não foram objeto de contestação (impugnação, questionamento, discussão) pelo empregador em juízo. Abrange, portanto, a parte sobre a qual não incide qualquer discussão e, por esta razão, o empregador deve proceder o pagamento até a data da audiência.

A Lei n. 10.272, de 5-9-2001, ao alterar o caput deste artigo, nada dispôs sobre a vigência de seu parágrafo único, perdendo sua validade, de forma que prevalece o entendimento de que a multa prevista no art. 467 se aplica à Fazenda Pública.

O TST fixou o entendimento de que a massa falida não está sujeita às multas do arts. 467 e 477 da CLT (Súmula 388 do TST). Essa prerrogativa não se estende para as empresas em recuperação judicial.

JURISPRUDÊNCIA

▶ MULTA DO ART. 467 DA CLT. RESCISÃO INDIRETA DO CONTRATO DE TRABALHO. INOCORRÊNCIA DE MORA PATRONAL. O reconhecimento da rescisão indireta do contrato de trabalho, por decisão judicial, afasta a incidência da multa prevista no art. 467 da CLT, já que inexistiu mora patronal apta a ensejar a aplicação da respectiva penalidade. RECURSO ORDINÁRIO CONHECIDO E NÃO PROVIDO.(TRT-7 – RO: 00010577920185070009 CE, Relator: MARIA ROSELI MENDES ALENCAR, Data de Julgamento: 25/02/2021, 1ª Turma, Data de Publicação: 25/02/2021)

▶ RECURSO ORDINÁRIO DA RÉ. MULTA PREVISTA NO ARTIGO 467 DA CLT. RESCISÃO INDIRETA. A controvérsia relativa às verbas devidas por ocasião da dissolução do contrato de trabalho não se instala com a mera contestação específica ao pleito, não obstante, quando há rescisão indireta do contrato de trabalho reconhecida apenas em Juízo, é possível entender a matéria como controvertida. (TRT-1 – RO: 01012803620185010226 RJ, Relator: RAQUEL DE OLIVEIRA MACIEL, Data de Julgamento: 15/07/2020, Sétima Turma, Data de Publicação: 06/08/2020)

▶ SALDO DE SALÁRIO. FGTS. BASE DE CÁLCULO DA MULTA DO ART. 467 DA CLT. A multa prevista no art. 467 da CLT incide sobre todas as verbas que deveriam ter sido pagas na resilição contratual. Assim, se há saldo de salário a ser adimplido referente ao mês da rescisão do contrato de trabalho, trata-se de parcela incontroversa e sobre ela incide a referida penalidade. O mesmo não ocorre com os salários em atraso e o FGTS, que são parcelas resilitórias em sentido amplo. Tais parcelas não se revestem de natureza rescisória "stricto sensu", porque são devidas ao longo da relação contratual e não em virtude da extinção do contrato de trabalho. (TRT-3 – RO: 00104555720205030020 MG 0010455-57.2020.5.03.0020, Relator: Milton V.Thibau de Almeida, Data de Julgamento: 26/02/2021, Terceira Turma, Data de Publicação: 26/02/2021.)

▶ INCIDÊNCIA DA MULTA DE 40% SOBRE O FGTS NA BASE DE CÁLCULO DA MULTA DO ARTIGO 467 DA CLT. Nos termos da OJ 29 das Turmas deste Terceiro Regional a multa de 40% sobre o FGTS constitui parcela rescisória em sentido estrito e integra a base de cálculo da penalidade prevista no artigo 467 da CLT.(TRT-3 – RO: 00111234520185030134 MG 0011123-45.2018.5.03.0134, Relator: Lucilde D'Ajuda Lyra de Almeida, Data de Julgamento: 22/02/2021, Sexta Turma, Data de Publicação: 23/02/2021.)

▶ MULTA DO ART. 467 DA CLT SOBRE O FGTS E MULTA DE 40%. As verbas rescisórias compreendem todas as parcelas devidas em razão da ruptura do pacto laboral, entre as quais a multa de 40% sobre o FGTS. Assim, sendo incontroversa a ausência de pagamento da referida verba, sobre ela incide, também, a multa prevista no art. 467 da CLT. O mesmo não se pode dizer das parcelas do FGTS devidas ao longo do contrato de trabalho, já que não se trata de verba rescisória propriamente dita. Recurso parcialmente provido. (TRT-23 – ROT: 00000907720205230022 MT, Relator: JOAO CARLOS RIBEIRO DE SOUZA, Gab. Des. João Carlos, Data de Publicação: 19/02/2021)

▶ MULTA DO ART. 467 DA CLT. AUSÊNCIA DE CONTROVÉRSIA VÁLIDA. O pressuposto fático-jurídico para a incidência da multa prevista no art. 467 da CLT é a incontrovérsia acerca do montante das verbas rescisórias devidas na data de comparecimento à Justiça do Trabalho. Não havendo controvérsia válida a respeito das verbas rescisórias, com fundamentos fáticos ou jurídicos a indicar razoabilidade da impugnação, aplica-se a multa prevista no art. 467 da CLT.(TRT-3 – RO: 00116410620195030100 MG 0011641-06.2019.5.03.0100, Relator: Danilo Siqueira de C.Faria, Data de Julgamento: 11/02/2021, Sexta Turma, Data de Publicação: 12/02/2021.)

▶ VERBAS RESCISÓRIAS. MORA. FORÇA MAIOR. MULTAS PREVISTAS NOS ART. 467 E 477 DA CLT. A configuração de motivo de força maior, conforme tipificado pelo art. 501 da CLT, não afasta o direito do trabalhador de perceber as verbas rescisórias nos termos estabelecidos pela legislação trabalhista. Por essa razão mesmo diante de "acontecimento inevitável, em relação à vontade do empregador, e para a realização do qual este não concorreu, direta ou indiretamente", o não pagamento das verbas rescisórias incontroversas nos prazos estabelecidos nos dispositivos legais mencionados atrai a aplicação das sanções pecuniárias previstas nos art. 467 e 477, § 8°, ambos da CLT. (TRT-3 – RO: 00104974620205030040 MG 0010497-46.2020.5.03.0040, Relator: Leonardo Passos Ferreira, Data de Julgamento: 10/02/2021, Decima Turma, Data de Publicação: 12/02/2021.)

▶ EMPRESA EM RECUPERAÇÃO JUDICIAL. INAPLICABILIDADE DA SÚMULA 388 DO C.TST. Por dicção expressa da súmula 388 do C.TST apenas a massa falida não se sujeita às penalidades contidas nos arts. 467 e 477, § 8°, ambos da CLT. Incabível a aplicação, por analogia, do referido entendimento sumular às empresas em recuperação judicial, porquanto, diferentemente da massa falida, tais empresas continuam na administração do seu patrimônio, sendo possível movimentar recursos para o tempestivo cumprimento das obrigações trabalhistas. Recurso a que se nega provimento. (TRT-23 – ROT: 00006180320195230037 MT, Relator: ELINEY BEZERRA VELOSO, Gab. Des. Eliney Bezerra Veloso, Data de Publicação: 27/02/2021)

▶ EMPRESA EM RECUPERAÇÃO JUDICIAL. MULTA DO ARTIGO 467 DA CLT. INAPLICABILIDADE DA SÚMULA 388 DO C. TST. A empresa em recuperação judicial não está isenta do pagamento das verbas incontroversas na primeira audiência, uma vez que, em tal situação, a empresa ainda possui disponibilidade de seus bens. (TRT18, ROT – 0010166-15.2020.5.18.0083, Rel. CESAR SILVEIRA, 1ª TURMA, 26/02/2021)

▶ MULTAS PREVISTAS NOS ARTIGOS 467 E 477 DA CLT. EMPRESA EM RECUPERAÇÃO JUDICIAL. INAPLICABILIDADE DA SÚMULA 388 DO TST. Nos termos da Súmula 388 do c. TST, apenas a massa falida não se sujeita à penalidade do art. 467 e nem à multa do § 8° do art. 477, ambas da CLT, o que não se aplica às empresas em recuperação judicial. (TRT-3 – RO: 00103510420205030008 MG 0010351-04.2020.5.03.0008, Relator: Sercio da Silva Pecanha, Data de Julgamento: 25/02/2021, Oitava Turma, Data de Publicação: 26/02/2021.)

▶ RECURSO ORDINÁRIO em PROCESSO SUBMETIDO DO RITO SUMARÍSSIMO. EMPRESA em RECUPERAÇÃO JUDICIAL. VERBAS RESCISÓRIAS NÃO QUITADAS NO PRAZO LEGAL. EXISTÊNCIA DE PARCELAS INCONTROVERSAS. MULTA NORMATIVA E MULTAS DOS ARTS. 467 E 477, § 8°, DA CLT, DEVIDAS. SENTENÇA CONFIRMADA PELOS PRÓPRIOS FUNDAMENTOS. As empresas que se encontram em recuperação judicial não podem se valer de tal circunstância para o fim de se eximir da obrigação de pagar, pontualmente, as verbas rescisórias devidas a seus ex-empregados, devendo ser compelidas, caso incorram em mora injustificada, ao pagamento das multas previstas em acordos ou em convenções coletivas (multas normativas) e, ainda, das multas previstas nos arts. 467 e 477, § 8°, da CLT, eis que não lhes são aplicáveis as benesses constantes da súmula 388, do TST, que se destinam à massa falida, de modo exclusivo. Sentença mantida pelos próprios fundamentos. [...] (TRT-7 – RO: 00002748920205070018 CE, Relator: DURVAL CÉSAR DE VASCONCELOS MAIA, Data de Julgamento: 25/02/2021, 1ª Turma, Data de Publicação: 25/02/2021)

▶ RECURSO ORDINÁRIO DA 1ª RÉ. MASSA FALIDA. MULTAS PREVISTAS NOS ARTIGOS 467 E 477 DA CLT. Inaplicável, no caso em exame, o entendimento consubstanciado na Súmula 388 do TST, porquanto a obrigação na quitação das verbas rescisórias se constituiu em data anterior à decretação da falência da empregadora, de forma que esta não está isenta ao pagamento das multas previstas nos artigos 467 e 477 da CLT. Recurso da primeira ré conhecido e não provido. [...] (TRT-1 – RO: 01008588220195010046 RJ, Relator: RAQUEL DE OLIVEIRA MACIEL, Data de Julgamento: 03/02/2021, Sétima Turma, Data de Publicação: 27/02/2021)

▶ CAPÍTULO III DA ALTERAÇÃO

Art. 468 – Nos contratos individuais de trabalho só é lícita a alteração das respectivas condições por mútuo consentimento, e ainda assim desde que não resultem, direta ou indiretamente, prejuízos ao empregado, sob pena de nulidade da cláusula infringente desta garantia.

§ 1° Não se considera alteração unilateral a determinação do empregador para que o respectivo empregado reverta ao cargo efetivo, anteriormente ocupado, deixando o exercício de função de confiança. (Redação dada pela Lei n° 13.467, de 2017)

§ 2° A alteração de que trata o § 1° deste artigo, com ou sem justo motivo, não assegura ao empregado o direito à manutenção do pagamento da gratificação correspondente, que não será incorporada, independentemente do tempo de exercício da respectiva função. (Incluído pela Lei n° 13.467, de 2017)

COMENTÁRIOS (ART. 468)

O princípio da inalterabilidade contratual lesiva (inalterabilidade ou intangibilidade contratual objetiva ou inalterabilidade contratual "in pejus") compõe o núcleo basilar do Direito Individual do Trabalho. Esse princípio tem raízes no Direito Civil, na inalterabilidade dos contratos – "Pacta sunt servanda", ou "os pactos devem ser cumpridos". Foi adequado ao Direito do Trabalho, de modo que o empregador não pode alterar o contrato de trabalho em prejuízo ao empregado (art. 468, "caput", da CLT).

A alteração do contrato tem que ser encarada como exceção e não como regra. Como regra, o empregador deve respeitar o ajuste pactuado com o empregado.

Além do princípio retro citado, na alteração contratual, existem outras premissas que devem ser respeitadas: a) o princípio da continuidade da relação de emprego; b) o princípio da proteção; c) a natureza jurídica alimentar das verbas trabalhistas.

A regra especificada no "caput" do art. 468 da CLT, aduz que a alteração no contrato individual do trabalho será lícita somente quando houver o preenchimento de dois requisitos cumulativos: i) mútuo consentimento: é necessária a concordância ou anuência do empregado, ou seja, a alteração contratual, como regra, é bilateral; ii) ausência de prejuízos diretos ou indiretos aos empregados, sob pena de nulidade da cláusula infringente desta garantia.

As alterações contratuais são classificadas em objetivas ou subjetivas. As alterações contratuais objetivas são aquelas que dizem respeito às cláusulas e condições do contrato, como, por exemplo, a alteração de horário ou local de trabalho. As alterações contratuais subjetivas são aquelas que dizem respeito aos sujeitos do vínculo empregatício, como a sucessão de empregadores (sucessão empresarial ou trabalhista), revista nos arts. 10, 448 e 448-A da CLT. Não é possível, todavia, a alteração subjetiva obreira, porquanto o requisito da pessoalidade do empregado é requisito caracterizador da relação jurídica (Arts. 2º e 3º da CLT).

No que se refere às alterações contratuais obrigatórias (ou impositivas) e as alterações contratuais facultativas ou dispositivas. Alterações contratuais obrigatórias ou impositivas são aquelas caracterizadas pela sua força cogente em decorrência de lei, sentença normativa ou instrumento de negociação coletiva. Por exemplo: a Lei que altera critérios de contribuições previdenciárias e fiscais.

As alterações contratuais facultativas ou dispositivas são aquelas voluntárias, caracterizadas pela simples manifestação de vontade das partes envolvidas – a exemplo, a alteração do horário de entrada e saída do empregado.

O *jus variandi* é exceção ao princípio da inalterabilidade contratual lesiva. Consiste no direito de variar ou de variação. Permite ao empregador promover mudanças unilaterais no contrato de trabalho – mudanças de menor importância – sem que isso implique na alteração cláusulas contratuais sensíveis[693]. Igualmente, há permissivos legais ou autorização prevista em norma coletiva que viabilizam alteração contratual lesiva.

Nessa perspectiva, Vólia Bomfim aponta que *"por ser o dono do empreendimento e correr o risco do negócio, o empregador tem o poder diretivo do contrato de trabalho, podendo variar algumas cláusulas contratuais de acordo com a tendência econômica ou interesse da empresa"*[694].

Existem dois argumentos que validam o *jus variandi*: a) o poder de direção do empregador; b) o princípio da alteridade.

É classificado como *jus variandi* ordinário ou comum, assim considerada a implementação de pequenas alterações contratuais tidas como corriqueiras no dia a dia do vínculo empregatício – a exemplo, da alteração do horário de trabalho, o uso de uniforme – e o *jus variandi* extraordinário, é aquele caracterizado pela implementação de alterações contratuais substanciais relevantes que transcendem ao que ocorre normalmente no dia-a-dia do vínculo empregatício.

São exemplos de jus variandi extraordinário:

i) **Reversão:** Significa a determinação do empregador para que o empregado retorne ao cargo efetivo anteriormente ocupado, deixando o exercício da função de confiança.

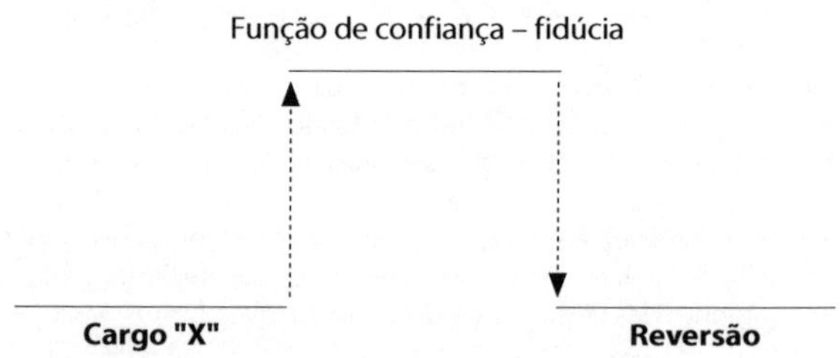

A reversão não se confunde com o rebaixamento (*downgrade*). O rebaixamento é definido como o "o retorno, determinado com intuito punitivo, ao cargo efetivo anterior, mais baixo, após estar o obreiro ocupando cargo efetivo mais alto"[695].

Nas palavras de Luciano Martinez significa o *"aviltamento funcional do empregado. Tal comportamento patronal, por ser injusto e ilegal, gerador de soluções indenizatórias no plano material e moral"*.[696]

O retorno do empregado que exercia cargo de confiança para a função anteriormente ocupada, por determinação do empregador, não configura alteração contratual unilateral ilícita, mas, sim, um direito ou prerrogativa conferido ao empregador em decorrência do *jus variandi*.

693 Idem. Delgado, 2019, p. 241.
694 Bomfim, 2017.
695 Delgado, 2019.
696 Martinez, 2020.

Paira controvérsia sobre o direito do empregado, nesta situação, de continuar recebendo ou não a gratificação de função. Para uma corrente doutrinária minoritária, a gratificação de função deve ser incorporada em definitivo à remuneração do empregado, pois, uma vez concedida pelo empregador, caracterizaria um direito adquirido ao empregado (art. 5º, XXXVI da CF/88; art. 6º LINDB; Súmula 51, I e 288, I do TST). Para uma segunda corrente doutrinária – com posicionamento intermediário – a gratificação de função se incorpora à remuneração do empregado após o transcurso do período de 10 anos e se a reversão ao cargo efetivo ocorrer sem justo motivo (Súmula 372, I, do TST). Nesta hipótese, a retirada da gratificação representaria uma alteração contratual prejudicial ao empregado, por causar-lhe um desequilíbrio financeiro.

O TST já adotou o entendimento de que o exercício de diversas funções de confiança por mais de dez anos, ainda que em períodos descontínuos, também assegura ao trabalhador o direito à manutenção da gratificação de função, conforme informativo 146 do TST:

- "SUBSEÇÃO I ESPECIALIZADA EM DISSÍDIOS INDIVIDUAIS
- Gratificação de função. Percepção por mais de dez anos em períodos descontínuos. Estabilidade financeira. Direito à incorporação. Para o deferimento da incorporação de função gratificada suprimida, pode ser considerado o exercício de diversas funções de confiança por mais de dez anos, ainda que em períodos descontínuos. A Súmula nº 372 do TST não exige a percepção ininterrupta da mesma função gratificada por dez ou mais anos como condição obrigatória para a incorporação da gratificação. Assim, no caso, considerou-se que, tendo em vista o princípio da estabilidade financeira do empregado, o fato de ter havido a interrupção do pagamento da função por dois períodos que totalizaram apenas cinquenta e seis dias, não respalda o impedimento da incorporação da função percebida por mais de onze anos. Sob esses fundamentos, a SBDI-I, por unanimidade, conheceu do recurso de embargos, por divergência jurisprudencial e, no mérito, deu-lhe provimento para restabelecer a decisão do Regional quanto à determinação de incorporação da gratificação de função. (TST-E-ED-RR-104240-56.2003.5.01.0010, SBDI-I, rel. Min. José Roberto Freire Pimenta, 29.9.2016)"

Neste ponto, a Reforma Trabalhista (Lei 13.467/2017) alterou a orientação sobre o tema. O §3º do art. 468 da CLT passou a dispor que a reversão, com ou sem justo motivo, não assegura ao empregado o direito à manutenção do pagamento da gratificação correspondente, que não será incorporada, independentemente do tempo de exercício da respectiva função.

ii) **Acúmulo de função** – é a atribuição de funções adicionais ao empregado, além daquelas previstas contratualmente quando de sua admissão (art. 456 da CLT).

iii) **Mudança de turno de trabalho** – a alteração unilateral do período noturno para o diurno, prevista na Súmula 265, também representa o *jus variandi* extraordinário do empregador. O empregado perde, inclusive, o direito ao recebimento do adicional noturno.

Gustavo Filipe Barbosa Garcia esclarece que o referido entendimento justifica-se pelo fato de que *"o trabalho no horário noturno é até mesmo prejudicial à saúde do empregado, autorizando que o empregador, ao exercer o jus variandi, fundado no poder de organização do empreendimento, estabeleça a referida mudança"*[697].

iv) **Alteração na data de pagamento do salário – é** lícito ao empregador alterar a data do pagamento dos salários, desde que não ultrapasse o quinto dia útil do mês subsequente ao da prestação dos serviços, conforme determina o art. 459, § 1º, da CLT e a OJ nº. 159 da SDI-1 do TST.

v) **Promoção** – consiste na ascensão na estrutura hierárquica de cargos da empresa. É analisada por dois ângulos: a progressão horizontal, a evolução do empregado para em graus componentes do mesmo cargo ou categoria (a exemplo, o empregado que evolui do cargo de Analista de Laboratório I, para o cargo de Analista de Laboratório II); progressão vertical, a evolução para cargo ou categoria superior (a exemplo, o empregado que evolui do cargo de Analista de Laboratório I para o cargo de Coordenador de Laboratório)[698].

Luciano Martinez defende que a promoção **depende de anuência do empregado** por trazer *"consigo um aumento expressivo do conjunto de tarefas antes realizadas pelo empregado. [...] ressalvando-se apenas a promoção com meros efeitos financeiros (vantagem isenta de qualquer contrapartida, como um incremento salarial sem o correspondente aumento de responsabilidades funcionais)"*.[699]

Noutra perspectiva, Carlos Henrique Bezerra Leite defende que a promoção *"decorre do jus variandi, **não podendo o laborista recusá-la, salvo** quando este provar que a alteração **acarreta-lhe prejuízo** direto ou indireto"*.[700]

Segundo Maurício Godinho Delgado a promoção *"será direito do empregado, se houver na empresa Quadro de Carreira ou Plano de Cargos e Salários com*

Decreto-Lei 5.452/1943

[697] Garcia, Gustavo Filipe Barbosa. Curso de direito do trabalho – 11ª ed. – Rio de Janeiro: Forense, 2017.
[698] Delgado, 2019, p. 1229.
[699] Martinez, 2020.
[700] Ibidem. Leite, 2019.

previsão de promoções alternadas por antiguidade e merecimento. Em contrapartida, constitui obrigação de o empregado aceitar a promoção, quando configuradas as situações prefixadas no regulamento empresarial. É bem verdade que se pode admitir a validade da recusa obreira, desde que com justificativa contratual efetivamente ponderável."[701].

Em contraponto ao *jus variandi* (direito de variação conferido ao empregador) está o *jus resistentiae* que representa a possibilidade de o empregado resistir unilateralmente ao comando abusivo do empregador. A doutrina moderna faz a relação desse instituto jurídico com a teoria do abuso de direito que caracteriza-se quando o titular de um direito que, ao exercê-lo, excede manifestamente os limites impostos pelo seu fim econômico ou social, pela boa-fé ou pelos bons costumes (art. 187 do CC).

Nesta hipótese o empregado pode, inclusive, pleitear a rescisão indireta do contrato de trabalho, considerando que a exigência de *"serviços superiores às suas forças,* ***defesos por lei****, contrários aos bons costumes, ou alheios ao contrato"* configura falta grave, na forma do art. 483, alínea "a" da CLT.

JURISPRUDÊNCIA

▶ RECURSO ORDINÁRIO DO RECLAMADO. SUPRESSÃO E RESTABELECIMENTO DO PLANO DE SAÚDE. ALTERAÇÃO CONTRATUAL ILÍCITA. SURRECTIO. Tendo o empregador oferecido por longo período plano de saúde aos empregados, ainda que em caráter de patrocinador parcial, sua alteração ou supressão unilateral compreende hipótese de violação ao princípio da boa-fé objetiva, operando-se a surrectio. Além disso, a alteração contratual in pejus encontra óbice no art. 468 da CLT, impondo-se a manutenção da sentença que determinou o restabelecimento do plano de saúde nas condições iniciais propostas. Recurso patronal a que se nega provimento, no aspecto. (TRT-1 – RO: 01011396120195010491 RJ, Relator: GLAUCIA ZUCCARI FERNANDES BRAGA, Data de Julgamento: 10/02/2021, Quinta Turma, Data de Publicação: 27/02/2021)

▶ ALTERAÇÃO CONTRATUAL LESIVA. REDUÇÃO DO INTERVALO INTRAJORNADA. AUSÊNCIA DE ANUÊNCIA DA EMPREGADA. Evidenciada a ocorrência de alteração contratual lesiva, consubstanciada na redução do período do intervalo intrajornada de 2 horas para 1 hora e 30 minutos, sem a devida anuência da empregada. Condição mais benéfica que aderiu ao contrato de trabalho da trabalhadora. Aplicação da norma do art. 468 da CLT. (TRT-4 – ROT: 00228889420175040271, Data de Julgamento: 26/02/2021, 6ª Turma)

▶ RECURSO ORDINÁRIO. PROFESSOR. REDUÇÃO SALARIAL. ALTERAÇÃO CONTRATUAL LESIVA. A redução do número de horas-aula ministradas por professor configura alteração unilateral do contrato de trabalho, em ofensa aos arts. 7º, inciso VI, da Constituição da República e 468 da Consolidação das Leis do Trabalho. Competia às rés a comprovação de que o ajuste da carga horária do empregado se deu ante reais necessidades do estabelecimento de ensino, por redução do número de alunos, ou por iniciativa da reclamante, ônus do qual não se desincumbiram, já que foram revéis. Recurso conhecido e provido no particular. (TRT-1 – RO: 01009318420195010036 RJ, Relator: SAYONARA GRILLO COUTINHO LEONARDO DA SILVA, Data de Julgamento: 10/02/2021, Sétima Turma, Data de Publicação: 26/02/2021)

▶ GRATIFICAÇÃO DE FUNÇÃO PAGA POR PERÍODO SUPERIOR A 10 ANOS. ESTABILIDADE FINANCEIRA INDEVIDA. ART. 468, § 2º, DA CLT. LEI 13.467/17. Decidiu a D. Maioria da Turma Julgadora que, como a supressão da gratificação de função paga por período superior a 10 anos à reclamante aconteceu após a vigência da Lei 13.467/17, que acrescentou o § 2º ao art. 468 da CLT, não há que se cogitar de estabilidade financeira. (TRT-3 – RO: 00108291920205030038 MG 0010829-19.2020.5.03.0038, Relator: Rodrigo Ribeiro Bueno, Data de Julgamento: 24/02/2021, Nona Turma, Data de Publicação: 25/02/2021.)

▶ GRATIFICAÇÃO DE FUNÇÃO. INCORPORAÇÃO. PRINCÍPIO DA ESTABILIDADE FINANCEIRA. Consoante o disposto na Súmula 372, I, do C. TST, em atenção ao princípio da estabilidade financeira, se o empregado percebeu a gratificação de função por dez ou mais anos, antes da vigência da Lei 13.4.7/2017, que incluiu o § 2º do art. 468, da CLT, é garantida a sua incorporação ao salário. Com efeito, se o valor da gratificação de função tiver variado ao longo dos anos, a jurisprudência da Corte Superior é no sentido de adotar a média dos valores percebidos."(TRT18, ROT – 0011059-13.2020.5.18.0016, Rel. WELINGTON LUIS PEIXOTO, 1ª TURMA, 26/02/2021)

▶ GRATIFICAÇÃO DE FUNÇÃO. SUPRESSÃO. IMPOSSIBILIDADE. Impossibilidade de supressão de gratificações percebidas por longos anos, por afronta à estabilidade remuneratória do empregado, como dispõe a Súmula nº 372, item I, do C. TST. O advento da nova Lei 13.467/17, que acresceu o parágrafo 2º ao art. 468 da CLT, não afeta a situação jurídica já consolidada em momento anterior à sua vigência. Recurso Ordinário do reclamante a que se dá provimento. (TRT-2 10001461720205020010 SP, Relator: KAREN CRISTINE NOMURA MIYASAKI, 1ª Turma – Cadeira 2, Data de Publicação: 24/02/2021)

▶ RECEBIMENTO DE GRATIFICAÇÃO POR MAIS DE 10 ANOS. POSTERIOR VIGÊNCIA DA REFORMA TRABALHISTA. INCORPORAÇÃO DEVIDA. ARTIGO 468 DA CLT e SÚMULA Nº 372, ITEM I, DO TST. Com o advento do § 2º do art. 468 da CLT (Lei n. 13.467/2017), não é mais assegurado ao empregado a manutenção do pagamento da gratificação de função, independentemente do tempo de exercício da respectiva função. Entretanto, essa modificação só pode atingir os empregados que ainda não tinham os dez anos de recebimento de gratificação no momento em que passou a vigorar a Reforma Trabalhista, o que não é o caso dos autos cuja situação demanda a análise dos fatos sob a ótica do artigo 468 da CLT, bem como da Súmula nº 372, I, do C. TST, antes da vigência da Lei n. 13.467/2017. Recurso provido parcialmente. (TRT-13 – RO: 00001793320205130005 0000179-33.2020.5.13.0005, Data de Julgamento: 18/02/2021, 1ª Turma, Data de Publicação: 24/02/2021)

▶ GRATIFICAÇÃO DE FUNÇÃO PERCEBIDA POR MAIS DE DEZ ANOS CONTÍNUOS. ADVENTO DA LEI 13.467/2017. Inaplicável o disposto no art. 468, § 2º, da CLT para as situações já consolidadas – exercício de gratificação de função por mais de dez anos anteriormente à entrada em vigor da Lei 13.467/2017 – incidindo na análise do pedido o disposto na Súmula 372 do Eg. TST. (TRT12 – ROT – 0000506-76.2019.5.12.0025, Rel. NIVALDO STANKIEWICZ, 3ª Câmara, Data de Assinatura: 02/02/2021)

▶ GRATIFICAÇÃO DE FUNÇÃO PAGA POR PERÍODO SUPERIOR A 10 ANOS. ESTABILIDADE FINANCEIRA INDEVIDA. ART. 468, § 2º, DA CLT. LEI 13.467/17. Decidiu a D. Maioria da Turma Julgadora que, como a supressão da gratificação de função paga por período superior a 10 anos ao reclamante aconteceu após a vigência da Lei 13.467/17, que acrescentou o § 2º ao art. 468 da CLT, não há que se cogitar de estabilidade financeira.(TRT-3 – RO: 00113643420195030053 MG 0011364-34.2019.5.03.0053, Relator: Rodrigo Ribeiro Bueno, Data de Julgamento: 24/02/2021, Nona Turma, Data de Publicação: 25/02/2021.)

▶ "GRATIFICAÇÃO DE FUNÇÃO. INCORPORAÇÃO. PRINCÍPIO DA ESTABILIDADE FINANCEIRA. Consoante o disposto na Súmula 372, I, do C. TST, em atenção ao princípio da estabilidade financeira, se o empregado percebeu a gratificação de função por dez ou mais anos, antes da vigência da Lei 13.4.7/2017, que incluiu o § 2º do art.

[701] Delgado, 2019, p. 1229.

468, da CLT, é garantida a sua incorporação ao salário. Com efeito, se o valor da gratificação de função tiver variado ao longo dos anos, a jurisprudência da Corte Superior é no sentido de adotar a média dos valores percebidos."(PROCESSO TRT – RO-0010853.98.2017.5.18.0211, RELATOR: ALDON DO VALE ALVES TAGLIALEGNA, 1ª TURMA, julgado em 09.04.2019)" (TRT18, ROT – 0011059-13.2020.5.18.0016, Rel. WELINGTON LUIS PEIXOTO, 1ª TURMA, 26/02/2021)

▶ MANDADO DE SEGURANÇA. FUNÇÃO GRATIFICADA. INCORPORAÇÃO. IMPOSSIBILIDADE. ART. 468, § 2º, DA CLT. LEGALIDADE DO ATO IMPUGNADO. DENEGAÇÃO – Se, para a concessão da tutela de urgência, é imprescindível a existência de elementos que evidenciem a probabilidade do direito e o perigo de dano ou risco ao resultado útil do processo (art. 300, Caput, do CPC/2015) - o que não ocorreu nestes autos – o Mandado de Segurança, em sua essência jurídica, como medida excepcional e extrema, não comporta dúvida na busca do objeto perseguido, tais como possibilidade e/ou probabilidade, dentre outros termos do gênero, o que se traduz, em outras palavras, na imprescindibilidade da existência do direito líquido e certo a reclamar o manuseio do remédio heróico, devidamente instruído com a prova respectiva, tida como pré-constituída, evidências que se materializam extensivamente, também, no seu mérito, a sua denegação é imposição legal. (TRT-6 – MS: 00008670520205060000, Data de Julgamento: 22/02/2021, Tribunal Pleno, Data de Publicação: 27/02/2021)

Art. 469 – Ao empregador é vedado transferir o empregado, sem a sua anuência, para localidade diversa da que resultar do contrato, não se considerando transferência a que não acarretar necessariamente a mudança do seu domicílio.

§ 1º – Não estão compreendidos na proibição deste artigo os empregados que exerçam cargo de confiança e aqueles cujos contratos tenham como condição, implícita ou explícita, a transferência, quando esta decorra de real necessidade de serviço.

§ 2º – É licita a transferência quando ocorrer extinção do estabelecimento em que trabalhar o empregado.

§ 3º – Em caso de necessidade de serviço o empregador poderá transferir o empregado para localidade diversa da que resultar do contrato, não obstante as restrições do artigo anterior, mas, nesse caso, ficará obrigado a um pagamento suplementar, nunca inferior a 25% (vinte e cinco por cento) dos salários que o empregado percebia naquela localidade, enquanto durar essa situação.

Art. 470 – As despesas resultantes da transferência correrão por conta do empregador.

COMENTÁRIOS (ARTS. 469 E 470)

A transferência de empregados se trata de alteração contratual objetiva (cláusulas e condições), fundamentado no princípio da continuidade da relação de emprego. O ordenamento justrabalhista brasileiro traz duas espécies ou modalidades de transferência de empregados: a) transferência no âmbito do território nacional, com base nos artigos 469 e 470 da CLT; b) transferência para o exterior, com base na Lei 7.064/1982.

A transferência em território nacional será lícita quando for efetuada de forma bilateral, para localidade diversa da que resultar do contrato, não se considerando transferência a que não acarretar necessariamente a mudança do seu domicílio (art. 469, CLT).

A rigor, a licitude da transferência está condicionada à concordância do empregado. A transferência é, portanto, bilateral, por mútuo consentimento. Exige, também, a mudança de domicílio.

Carlos Henrique Bezerra Leite anota que o *"legislador consolidado utilizou a expressão domicílio com significado de residência.[...] Destarte, acertado o entendimento de José Alberto Couto Maciel, para quem domicílio do empregado é o local geográfico em que se estabelece o centro da sua existência, sendo limitado pela demonstração de que, removendo-se o empregado daquele espaço, terá um prejuízo de ordem moral e material"*.[702]

Porém, a CLT apresenta lacuna sobre conceito de domicílio. Prevalece o entendimento da aplicação subsidiária do artigo 70 do CC, por força do artigo 8º, § 1º da CLT. O artigo 70 do CC traz um conceito de domicílio, que é a residência com ânimo definitivo.

Há uma linha de entendimento doutrinária e jurisprudencial que sustenta a tese da diferença entre transferência e remoção.

A remoção é definida como a *"alteração circunstancial do contrato, pela qual se transfere o empregado do local de trabalho, provocando-lhe a mudança de residência. A licitude da remoção (também chamada transferência) depende do atendimento aos requisitos do art. 469 da CLT"*.[703]

Transferência	Remoção
Com mudança de domicílio.	**Sem** mudança de domicílio

1. TRANSFERÊNCIA UNILATERAL LÍCITA

Em caráter excepcional, a transferência pode ser realizada de forma unilateral em duas hipóteses (art. 469, § 1º da CLT): i) **cargo de confiança**: envolve fidúcia; ii) **previsão contratual implícita** (a exemplo, os empregados de circo) ou explícita (por exemplo, o aeronauta, o atleta profissional de futebol e os altos empregados). Exige, no entanto, de real necessidade de serviço, com o fito de evitar perseguições ou represálias (Súmula 43 do TST).

Presume-se abusiva a transferência se não houver a comprovação de real necessidade de serviço.

O juiz do trabalho poderá conceder medida liminar (decisão interlocutória) até decisão final do processo para obstar transferência abusiva (tutela provisória de urgência), conforme determina o art. 659, inciso IX,

[702] Leite, 2019.
[703] Delgado, 2019, p. 1229.

Decreto-Lei 5.452/1943

da CLT. Essa decisão tem natureza jurídica de decisão interlocutória, nos termos da definição do art. 203, § 2º do CPC. Ou seja, é todo pronunciamento judicial de natureza decisória, que não se enquadre no conceito de sentença. Portanto, foi adotado um critério por exclusão.

No Processo do Trabalho uma das regras mais importantes é o princípio da irrecorribilidade imediata, direta, em separado ou autônoma das decisões interlocutórias, conforme determina o art. 893, § 1º da CLT.

Em regra, somente será possível a apreciação do mérito de uma decisão interlocutória em recurso da decisão definitiva.

Se fosse no Processo Civil, a decisão interlocutória seria atacada via agravo de instrumento. Contudo, no Processo do Trabalho não cabe recurso imediato, em tese. Tem que aguardar a sentença e no recurso que cabe para atacar a sentença, aproveita e ataca a decisão interlocutória.

Portanto, não cabe recurso imediato. O recurso que é utilizado para atacar a decisão interlocutória após a sentença é chamado de recurso mediato ou indireto. É um recurso direto da sentença e indireto da decisão interlocutória.

Comparando com o processo civil, o recurso ordinário do Direito do Trabalho equivale à apelação e agravo de Instrumento do Processo Civil. Junta os dois recursos em um só. O que está por trás disso são os princípios da efetividade, celeridade e razoável duração do processo, em razão da natureza alimentar das verbas trabalhistas e da proteção do trabalhador hipossuficiente.

O TST fixou o entendimento de que não fere direito líquido e certo a concessão de liminar obstativa de transferência de empregado, nos termos da OJ 67 da SDI-2 do

Outra situação que permite a transferência de forma unilateral, sem a necessidade de comprovação da real necessidade de serviço, é a **extinção do estabelecimento**, conforme autoriza o art. 469, §2º, da CLT. A recusa do empregado em ser transferido para outra unidade ou filial da empresa configura falta grave, passível de rompimento do contrato por justa causa. Ainda, em caso de recusa de transferência pelo empregado, se o empregador propor a celebração de distrato, previsto no art. 484-A da CLT, existe entendimento de que esse acordo é válido, pois, revela-se mais benéfico ao empregado. Vejamos o aresto abaixo:

– DISPENSA. COMUM ACORDO. NULIDADE. COAÇÃO. ÔNUS. Extinto o estabelecimento em que o empregado presta serviços é lícita a transferência para outra localidade, nos termos do artigo 469, § 2º, da CLT. **A recusa do trabalhador em ser transferido configura justa causa para o rompimento do contrato, não se tratando de ameaça do empregador informar ao trabalhador que a recusa implicaria a extinção motivada do pacto. Nesse caminhar, se a empresa oferta ao empregado que não aceita a transferência a possibilidade de celebração do acordo previsto no art. 484-A da CLT, e este se revelando benéfico, não há motivos para se anular ato que não acarretou prejuízos ao trabalhador.**

– (TRT-1 – RO: 01014024920185010226 RJ, Relator: CELIO JUACABA CAVALCANTE, Data de Julgamento: 10/02/2021, Nona Turma, Data de Publicação: 27/02/2021)

A extinção do estabelecimento também não impõe ao empregador o dever de transferir o empregado para o regime de teletrabalho, tendo em vista que não existe norma legal nesse sentido. A jurisprudência tem se posicionado desta maneira. Vejamos:

– FURNAS. TRANSFERÊNCIA DE EMPREGADOS PARA OUTRA LOCALIDADE. FECHAMENTO DE ESCRITÓRIO NA CIDADE DE ORIGEM. TELETRABALHO. A transferência dos empregados celetistas em virtude do fechamento de escritório da empresa em determinada cidade é respaldada pelo artigo 469, § 2º, da CLT. **No caso, não existe norma legal ou coletiva que obrigue a reclamada a manter os seus empregados em regime de teletrabalho. A adoção deste regime por ocasião da pandemia da Covid-19 não pode ser tomada como parâmetro impositivo para a sua manutenção na ocorrência de fechamento do escritório regional, sendo irrelevante, ainda, se o trabalho realizado pelos empregados transferidos é puramente administrativo.**

– (TRT-3 – RO: 00103067020205030114 MG 0010306-70.2020.5.03.0114, Relator: Rodrigo Ribeiro Bueno, Data de Julgamento: 10/02/2021, Nona Turma, Data de Publicação: 11/02/2021.)

Logo, neste caso é lícito ao empregador transferir o empregado unilateralmente.

2. TRANSFERÊNCIA PROVISÓRIA E O ADICIONAL DE TRANSFERÊNCIA

A definição de transferência provisória é controversa na doutrina e na jurisprudência. É considerada como uma alteração contratual precária, efêmera, temporária, momentânea, passageira, em que o empregado é deslocado para outro local, em virtude de uma necessidade de serviço, lá permanecendo por um lapso temporal curto.

Segundo o art. 469, §3º, da CLT que *"em caso de necessidade de serviço o empregador poderá transferir o empregado para localidade diversa da que resultar do contrato, não obstante as restrições do artigo anterior, mas, nesse caso, ficará obrigado a um pagamento suplementar, nunca inferior a 25% (vinte e cinco por* *cento) dos salários que o empregado percebia naquela localidade,* ***enquanto durar essa situação****".*

O desafio do intérprete é definir a baliza temporal ou os aspectos dissociativos entre a transferência provisória e a definitiva.

Maurício Godinho Delgado reconhece essa árdua missão teórico-prática, pontuando que *"definitiva é aquela alteração que se estabilizou plenamente no contrato, de modo que sua causa, conteúdo e validade não podem mais ser sequer questionados e aferidos; em contraponto, provisória é aquela mudança ainda precária na história do contrato, uma vez que sua causa, conteúdo e validade podem ser questionados e aferidos."*[704]. Acrescenta que a transferência será provisória, segundo a jurisprudência, caracteriza-se *"caso ela se enquadre em certa prática sequencial de remoções que se evidencie na história do contrato; ou, independentemente do aspecto anterior, caso ela perdure por prazo até 3 anos, tempo tido como razoável para que o trabalhador e sua família se adaptem à nova comunidade para onde foram deslocados".*[705]

Segundo as lições de Homero Batista Mateus da Silva na transferência provisória *"dificilmente a pessoa irá levar família, escola e endereço de correspondência para outra cidade em caso de transferência precária em contratos de trabalho de baixa qualidade e grande incerteza; somente por esse ângulo já é possível antever que quase todas as mudanças de cidade perderão o status de transferência para os fins da CLT, pois as pessoas se submetem a ficar na estrada ou a tomarem aviões para voltar para a "casa" – o domicílio – em finais de semana".*[706]

Em virtude da precariedade da alteração contratual, a lei confere o adicional de, no mínimo, 25% do salário do salário contratual ou efetivo.

O Tribunal Superior do Trabalho fixou o entendimento de que **o** fato de o empregado exercer cargo de confiança ou a existência de previsão de transferência no contrato de trabalho não exclui o direito ao adicional, porquanto o pressuposto apto a legitimar do mencionado adicional é a transferência provisória, conforme OJ nº. 113 da SDI-1 do TST. Em outras palavras, qualquer trabalhador que for transferido provisoriamente fará jus ao adicional, pois trata-se de um critério objetivo.

O adicional de transferência é mais um exemplo de salário-condição, ou seja, terá natureza jurídica salarial no respectivo período, refletindo nas demais parcelas de natureza salarial.

O adicional de transferência serviu de inspiração para o adicional de acompanhamento de viagem dos empregados domésticos (artigo 11 da LC 150/2015)[707]. Alíquota de 25% (vinte e cinco por cento), com base de cálculo da remuneração/hora.

A CLT aduz que as despesas resultantes da transferência correrão por conta do empregador (**Art. 470 da CLT)**

A posição majoritária na doutrina e na jurisprudência é de que possui natureza jurídica indenizatória. Essas despesas possuem equivalência jurídica ao instituto jurídico da ajuda de custo (Base: artigo 457, § 2º, CLT).

De mais a mais, o empregado transferido por ato unilateral do empregador, para o local mais distante de sua residência, tem direito a suplemento salarial correspondente ao acréscimo da despesa de transporte, nos termos da Súmula 29 do TST. A palavra transferência é impropriamente mencionada nessa Súmula. Na verdade, quis dizer remoção, que é alteração para local mais distante, sem mudança de domicílio.

3. TRANSFERÊNCIA DE EMPREGADO PARA O EXTERIOR

A Lei 7.064 de 6 de dezembro de 1982 dispõe sobre a situação de trabalhadores contratados ou transferidos para prestar serviços no exterior. Essa lei exclui o empregado designado para prestar serviços de natureza transitória, por período não superior a 90 dias, desde que o empregador dê ciência expressa desta transitoriedade, concedendo ao empregado a passagem de ida e volta, despesas com as diárias durante o período de trabalho no exterior. Essas verbas não terão natureza salarial.

A CLT estabelece a **competência internacional da Justiça do Trabalho no art.** 651, § 2º, desde que o empregado seja brasileiro e não haja convenção internacional dispondo em contrário.

Existe controvérsia sobre qual norma de Direito Material será aplicada em caso de lide ocorridos em agência ou filial no estrangeiro. Prevalece o entendimento de que será aplicado às normas trabalhistas brasileiras.

O TST editou a Súmula 207[708], que foi pautada no Código de Bustamante, que trazia o princípio da "lex loci executionis", prevendo que nesses casos aplicava-se a lei trabalhista do local da execução do contrato.

[704] Delgado, 2019, p. 1250.

[705] Ibidem, p. 1251.

[706] Silva, 2018.

[707] Art. 11. LC 150/15 – "Em relação ao empregado responsável por acompanhar o empregador prestando serviços em viagem, serão consideradas apenas as horas efetivamente trabalhadas no período, podendo ser compensadas as horas extraordinárias em outro dia, observado o art. 2o. § 1o O acompanhamento do empregador pelo empregado em viagem será condicionado à prévia existência de acordo escrito entre as partes. § 2o A remuneração-hora do serviço em viagem será, no mínimo, 25% (vinte e cinco por cento) superior ao valor do salário-hora normal. § 3o O disposto no § 2o deste artigo poderá ser, mediante acordo, convertido em acréscimo no banco de horas, a ser utilizado a critério do empregado."

[708] Súmula nº 207 do TST "CONFLITOS DE LEIS TRABALHISTAS NO ESPAÇO. PRINCÍPIO DA "LEX LOCI EXECUTIONIS" (cancelada) - Res. 181/2012, DEJT divulgado em 19, 20 e 23.04.2012 – A relação jurídica trabalhista é regida pelas leis vigentes no país da prestação de serviço e não por aquelas do local da contratação."

Todavia, após inúmeras decisões de primeira e segunda instâncias, contrárias a essa Súmula, o TST decidiu cancelá-la (Resolução 181/2012).

Após esse cancelamento, vem prevalecendo o entendimento da aplicação da legislação estrangeira, respeitada a legislação brasileira, quando mais favorável. A base é o princípio da norma mais favorável (artigo 7º, caput, da CF/88).

Todavia, na praxe forense, é comum a situação de ambas as legislações apresentarem regras mais favoráveis.

Para solucionar é preciso aplicar o artigo 3º, II, da Lei 7.064/1982, que traz a teoria do conglobamento mitigado, orgânico, por instituto, intermediário ou da incindibilidade dos institutos.

Para essa teoria, no confronto entre dois diplomas normativos o operador do direito deverá criar um terceiro diploma com as regras mais favoráveis de cada um deles, **respeitada a unidade da matéria ou do instituto.**

Sobre essa temática a doutrina e a jurisprudência prevê três teorias[709]:

> *"a) Teoria do Conglobamento: defende a aplicação do diploma normativo que, no conjunto de normas, forem mais favoráveis ao trabalhador, sem fracionar os institutos jurídicos. É a posição tradicional.*
>
> *b) Teoria da Acumulação ou da Atomização: defende a aplicação dos dois diplomas normativos, extraindo-se de cada um as regras mais favoráveis ao trabalhador, isoladamente consideradas. Perceba que um terceiro instrumento normativo será criado, formado pelo conjunto de regras jurídicas mais favoráveis ao trabalhador dos outros dois instrumentos. (...).*
>
> *c) Teoria do Conglobamento Mitigado, Orgânico, por Instituto, Intermediária ou da Incindibilidade dos Institutos: defende a criação de um terceiro diploma normativo, formado pelas regras jurídicas mais favoráveis ao trabalhador, respeitando-se a unidade do instituto ou matéria (critério da especialização) (...)".*

Cabe enfatizar, por fim, que o artigo 3º, § único, da Lei 7.064/1982 preceitua que aplicar-se-á a legislação brasileira sobre Previdência Social, Fundo de Garantia por Tempo de Serviço – FGTS e Programa de Integração Social – PIS/PASEP.

JURISPRUDÊNCIA

▶ TRANSFERÊNCIA COMPULSÓRIA. NÃO OCUPANTES DE CARGOS DE CONFIANÇA. ALTERAÇÃO CONTRATUAL LESIVA. O art. 469, § 1º, da CLT, veda a transferência compulsória de empregados não ocupantes de cargos de confiança para localidades diversas de seus domicílios, se não comprovada a existência de cláusula contratual, ainda que implícita, sobre a transferibilidade do cargo em razão de real necessidade de serviço. A imposição da transferência, sem a necessária demonstração de tal previsão, constitui alteração contratual lesiva, que não pode ser chancelada. Nesse sentido, importa ainda ressaltar que a inserção, em edital de concurso público para cargo de sociedade de economia mista, de lotação inicial dos candidatos em qualquer lugar do território nacional, não se confunde com a transferência compulsória dos empregados pelo empregador porque a 1a situação diz respeito à fase pré-contratual, cujas condições o candidato aderiu ao participar do certame, ao passo que a 2a situação se insere na execução do contrato de trabalho e, por decorrência lógica, materializa alteração contratual. (TRT-3 – RO: 00107349420195030176 MG 0010734-94.2019.5.03.0176, Relator: Delane Marcolino Ferreira, Data de Julgamento: 01/03/2021, Quinta Turma, Data de Publicação: 01/03/2021.)

▶ DISPENSA. COMUM ACORDO. NULIDADE. COAÇÃO. ÔNUS. Extinto o estabelecimento em que o empregado presta serviços é lícita a transferência para outra localidade, nos termos do artigo 469, § 2º, da CLT. A recusa do trabalhador em ser transferido configura justa causa para o rompimento do contrato, não se tratando de ameaça do empregador informar ao trabalhador que a recusa implicaria a extinção motivada do pacto. Nesse caminhar, se a empresa oferta ao empregado que não aceita a transferência a possibilidade de celebração do acordo previsto no art. 484-A da CLT, e este se revelando benéfico, não há motivos para se anular ato que não acarretou prejuízos ao trabalhador. (TRT-1 – RO: 01014024920185010226 RJ, Relator: CELIO JUACABA CAVALCANTE, Data de Julgamento: 10/02/2021, Nona Turma, Data de Publicação: 27/02/2021)

▶ BANCÁRIO. ADICIONAL DE TRANSFERÊNCIA. PROVISORIEDADE. SUCESSIVIDADE. FUNÇÃO DE CONFIANÇA. PAGAMENTO DEVIDO. Comprovada que a reclamante sofreu três transferências de localidade num período de pouco mais de 3 anos, tem-se por evidente a provisoriedade de tais transferências, seja por conta da sucessividade das transferências, quanto pelo período de permanência em cada localidade. A alegação de que a transferência tenha sido efetivada em benefício da reclamante, para que esta exercesse função de confiança superior, somente corrobora a tese de que a transferência não se deu de forma definitiva, tendo em vista a natural provisoriedade e precariedade do exercício de função de confiança. Nesse caso, é devido o pagamento do adicional de transferência, na forma do art. 469, da CLT. [...] Recurso ordinário da reclamada conhecido e parcialmente provido. (TRT-11 – RO: 00000800420195110151, Relator: MARCIA NUNES DA SILVA BESSA, Data de Julgamento: 12/02/2021, 2ª Turma, Data de Publicação: 26/02/2021)

▶ ADICIONAL DE TRANSFERÊNCIA. CARÁTER DEFINITIVO. O adicional de transferência, na dicção do § 3º do art. 469 da CLT, é assegurado ao empregado quando este passa a prestar serviço em local diverso daquele da contratação, com alteração de domicílio e de forma provisória. Sobre o tema, a OJ n. 113 da SBDI-1 do TST assentou a interpretação de que o direito ao adicional de transferência se consagrará diante da alteração transitória do centro de atividade profissional. No caso dos autos, entretanto, restou demonstrado o caráter definitivo da mudança, em face do período de permanência na localidade e em razão da inexistência de sucessividade, pois dentro do contrato de trabalho do autor houve apenas uma única transferência, razão pela qual não faz jus ao aludido adicional. Apelo obreiro ao qual se nega provimento. (TRT-23 – ROT: 00003698520195230026 MT, Relator: MARIA BEATRIZ THEODORO GOMES, Gab. Des. Maria Beatriz Theodoro, Data de Publicação: 25/02/2021)

▶ ADICIONAL DE TRANSFERÊNCIA. CARGO DE GESTÃO. Havendo comprovação de que autor exercia cargo de confiança, bem como que auferia gratificação de quase 80% sobre o salário base, não há vedação de transferência do trabalhador para outra localidade e, por conseguinte, não configura hipótese de direito ao recebimento do adicional previsto no § 3º do artigo 469 da CLT. Recurso do reclamante improvido. (TRT-24 – ROT: 00250094820165240021 MS, Relator: JOAO DE DEUS GOMES DE SOUZA, Gab. Des. João de Deus Gomes de Souza, Data de Publicação: 15/02/2021)

▶ DIREITO DO TRABALHO. TRANSPETRO. ENCERRAMENTO DE UNIDADE. TRANSFERÊNCIA PARA SEDE. LEGALIDADE. O edital do concurso ao qual se submeteu o demandante previu expressamente que o candidato aprovado que vier a assinar contrato para admissão poderia, a qualquer tempo, vir a trabalhar em qualquer região do País onde a reclamada tenha Unidade de Negócios. Na mesma direção, o contrato de trabalho do autor fixou cláusula segundo a qual, "Sempre que a TRANSPETRO julgar necessário, o EMPREGADO poderá

[709] Leone Pereira. Trabalhista. Coleção Prática Jurídica – 10.ed. -São Paulo: Saraiva Educação, 2020.

ser transferido para qualquer unidade da TRANSPETRO, no território brasileiro, independente de majoração salarial, de acordo com o parágrafo 1º do art. 469 da Consolidação das Leis do Trabalho". Então, o contrato de trabalho debatido no processo tem condição explícita de transferência, constatando-se, outrossim, a real necessidade para o serviço, haja vista a grande superioridade da demanda de processos e reuniões na sede, situada no Rio de Janeiro. Nesse contexto, a recusa do autor na transferência não se revela lícita, nem autoriza o decreto de rescisão indireta do liame empregatício. Recurso ordinário a que se nega provimento. (TRT-6 – RO: 00013509220175060015, Data de Julgamento: 11/02/2021, Quarta Turma, Data de Publicação: 11/02/2021)

▶ RECURSO ORDINÁRIO DO RECLAMANTE. ADICIONAL DE TRANSFERÊNCIA DEVIDO. OJ 113 DA SDI DO TST. Nos termos da Orientação Jurisprudencial n. 113 da SDI-I/TST e do caput do art. 469 da CLT, é devido o adicional de transferência quando demonstrado o ânimo provisório da transferência. Recurso ordinário provido. [...] (TRT-13 – RO: 00002293220205130014 0000229-32.2020.5.13.0014, Data de Julgamento: 02/02/2021, 1ª Turma, Data de Publicação: 10/02/2021)

▶ RECURSO ORDINÁRIO DO RECLAMANTE. ADICIONAL DE TRANSFERÊNCIA. O adicional previsto no art. 469, § 3º, da CLT somente se aplica às transferências, e em caso de serem provisórias. O seu pagamento se justifica pois nessa circunstância o empregado tem gastos adicionais às despesas habituais com moradia e mantença familiar que permanecem ocorrendo em razão da transitoriedade da alteração do local de trabalho. Não sendo este o caso dos autos, resta improvido o apelo do trabalhador. [...] (TRT-4 – ROT: 00203948020195040016, Data de Julgamento: 27/11/2020, 10ª Turma)

▶ DISPENSA. COMUM ACORDO. NULIDADE. COAÇÃO. ÔNUS. Extinto o estabelecimento em que o empregado presta serviços é lícita a transferência para outra localidade, nos termos do artigo 469, § 2º, da CLT. A recusa do trabalhador em ser transferido configura justa causa para o rompimento do contrato, não se tratando de ameaça do empregador informar ao trabalhador que a recusa implicaria a extinção motivada do pacto. Nesse caminhar, se a empresa oferta ao empregado que não aceita a transferência a possibilidade de celebração do acordo previsto no art. 484-A da CLT, e este se revelando benéfico, não há motivos para se anular ato que não acarretou prejuízos ao trabalhador. (TRT-1 – RO: 01014024920185010226 RJ, Relator: CELIO JUACABA CAVALCANTE, Data de Julgamento: 10/02/2021, Nona Turma, Data de Publicação: 27/02/2021)

▶ TRANSFERÊNCIA COMPULSÓRIA. NÃO OCUPANTES DE CARGOS DE CONFIANÇA. ALTERAÇÃO CONTRATUAL LESIVA. O art. 469, § 1º, da CLT, veda a transferência compulsória de empregados não ocupantes de cargos de confiança para localidades diversas de seus domicílios, se não comprovada a existência de cláusula contratual, ainda que implícita, sobre a transferibilidade do cargo em razão de real necessidade de serviço. A imposição da transferência, sem a necessária demonstração de tal previsão, constitui alteração contratual lesiva, que não pode ser chancelada. Nesse sentido, importa ainda ressaltar que a inserção, em edital de concurso público para cargo de sociedade de economia mista, de lotação inicial dos candidatos em qualquer lugar do território nacional, não se confunde com a transferência compulsória dos empregados pelo empregador porque a 1a situação diz respeito à fase pré-contratual, cujas condições o candidato aderiu ao participar do certame, ao passo que a 2a situação se insere na execução do contrato de trabalho e, por decorrência lógica, materializa alteração contratual. (TRT-3 – RO: 00107349420195030176 MG 0010734-94.2019.5.03.0176, Relator: Delane Marcolino Ferreira, Data de Julgamento: 01/03/2021, Quinta Turma, Data de Publicação: 01/03/2021.)

▶ FURNAS. TRANSFERÊNCIA DE EMPREGADOS PARA OUTRA LOCALIDADE. FECHAMENTO DE ESCRITÓRIO NA CIDADE DE ORIGEM. TELETRABALHO. A transferência dos empregados celetistas em virtude do fechamento de escritório da empresa em determinada cidade é respaldada pelo artigo 469, § 2º, da CLT. **No caso, não existe norma legal ou coletiva que obrigue a reclamada a manter os seus empregados em regime de teletrabalho. A adoção deste regime por ocasião da pandemia da Covid-19 não pode ser tomada como parâmetro impositivo para a sua manutenção na ocorrência de fechamento do escritório regional, sendo irrelevante, ainda, se o trabalho realizado pelos empregados transferidos é puramente administrativo**. (TRT-3 – RO: 00103067020205030114 MG 0010306-70.2020.5.03.0114, Relator: Rodrigo Ribeiro Bueno, Data de Julgamento: 10/02/2021, Nona Turma, Data de Publicação: 11/02/2021.)

▶ **ESTABILIDADE PROVISÓRIA ACIDENTÁRIA. TRANSFERÊNCIA DO POSTO DE TRABALHO. EXTINÇÃO DO ESTABELECIMENTO.** O § 2º do art. 469 da CLT autoriza o empregador a transferir o empregado, sem a sua anuência, quando ocorrer a extinção do estabelecimento comercial. **A recusa do empregado à manutenção do emprego em outra localidade configura renúncia à estabilidade provisória de que era detentor.** (TRT12 – ROT – 0000618-20.2017.5.12.0056, Rel. MARI ELEDA MIGLIORINI, 5ª Câmara, Data de Assinatura: 24/09/2020)

▶ ADICIONAL DE TRANSFERÊNCIA. LOCAL DE TRABALHO. ALTERAÇÃO. EXIGÊNCIA DA PROVISORIEDADE. ART. 469, § 3º. OJ SDI-1 N. 113 DO TST. A novação objetiva da execução contratual se configura quando o cumprimento da avença impõe alteração do local de seu desempenho com sua diretriz no art. 469, § 3º, consolidado. **Ocorrente transferência do empregado para outra cidade, para fim de percepção do adicional correspondente, esta há de se entender a de índole provisória com característica de precariedade, quando não prevalece o animus do trabalhador de alteração de seu domicílio.** Exegese do § 3º do art. 469 da CLT e da OJ n. 113 da SDI-1 do TST. (TRT12 – ROT – 0000403-27.2019.5.12.0039, Rel. LIGIA MARIA TEIXEIRA GOUVEA, 5ª Câmara, Data de Assinatura: 13/11/2020)

▶ TRANSFERÊNCIA PROVISÓRIA DE DOMICÍLIO COMPROVADA. ADICIONAL DEVIDO. Evidenciada a alteração provisória de domicílio, a decisão guerreada encontra-se em consonância com a Orientação Jurisprudencial n. 113 da SBDI-1 do C. TST, restando mesmo devido o pagamento do adicional disposto no § 3º do artigo 469 da CLT, **no período de 20 de maio a 05 de agosto de 2019**, observado o percentual de 25%. Apelo ordinário a que se nega provimento. (TRT-2 10018739420195020317 SP, Relator: VALDIR FLORINDO, 6ª Turma – Cadeira 3, Data de Publicação: 12/11/2020)

▶ RECURSO ORDINÁRIO – ADICIONAL DE TRANSFERÊNCIA – CARÁTER DEFINITIVO – LAPSO TEMPORAL – De acordo com o disposto no art. 469, § 3º da CLT e na OJ nº 113 da SDI-1 do TST, faz jus o empregado à percepção do adicional de transferência quando esta for provisória. Não existe, na legislação, um parâmetro temporal que confirme se a transferência é provisória ou não. Entrementes, a jurisprudência do TST, inclusive da Subseção I Especializada em Dissídios Individuais, **vem considerando definitiva a mudança por tempo superior a dois anos, ou seja, para caracterização da provisoriedade da transferência deve ser adotado o critério de tempo inferior a 2 anos.** (TRT-20 00005308201852000002, Relator: JORGE ANTONIO ANDRADE CARDOSO, Data de Publicação: 28/05/2020)

▶ ADICIONAL DE TRANSFERÊNCIA. ART. 469, § 3º, DA CLT. CRITÉRIOS PARA AFERIÇÃO. OJ 113 DA SBDI-1 DO C.TST. PRECEDENTES. Nos termos da Orientação Jurisprudencial nº 113 da SBDI-1 do TST, a transitoriedade da transferência é o pressuposto fático-normativo apto a embasar o pagamento do adicional previsto no art. 469, § 3º, da CLT. Além disso, a SBDI-1 do C.TST vem decidindo no sentido de que **a provisoriedade não é aferida tão somente a partir do critério temporal, sendo necessário um percuciente exame acerca das condições em que ocorreu o deslocamento, como por exemplo a duração do contrato de trabalho, o motivo da transferência, o ânimo de permanência e a sucessividade de transferências**. É, portanto, a partir do cotejo analítico entre estes diversos elementos que se poderá aferir a transitoriedade ou não das mudanças de local de trabalho. (TRT-4 – ROT: 00211070820175040701, Data de Julgamento: 25/06/2020, 6ª Turma)

▶ ADICIONAL DE TRANSFERÊNCIA. A norma insculpida no art. 469, § 3º, da CLT não exclui a possibilidade de o empregador, por mera liberalidade, estabelecer critérios mais benéficos quando da concessão do adicional de transferência. Contudo, há de ser observada a base de cálculo, notadamente a soma das verbas de natureza salarial que não sofram repercussão do adicional de transferência. (TRT-4 – ROT: 00210551420185040204, Data de Julgamento: 18/06/2020, 5ª Turma)

▶ ADICIONAL DE TRANSFERÊNCIA. PRESSUPOSTOS PARA O PAGAMENTO. O art. 469, § 3º, da CLT prevê que, em caso de necessidade do serviço, o empregador poderá transferir o empregado para localidade diversa da que resultar o contrato, e que, nesse caso, ficará obrigado a um pagamento suplementar, nunca inferior a 25% dos salários que o empregado percebia naquela localidade, enquanto durar essa situação. Esta verba visa compensar o empregado pelos gastos extraordinários advindos da mudança. O referido direito vincula-se à efetiva mudança de domicílio e ao caráter provisório da transferência ocorrida, conforme sedimentado no aludido artigo e na OJ 113 da SDI-I do col. TST. (TRT-3 – RO: 00124600720175030069 MG 0012460-07.2017.5.03.0069, Relator: Oswaldo Tadeu B. Guedes, Data de Julgamento: 20/07/2020, Quinta Turma, Data de Publicação: 21/07/2020.)

▶ ADICIONAL DE TRANSFERÊNCIA. CARGO DE CONFIANÇA. DEVIDO. O fato de o empregado exercer cargo de confiança ou a existência de previsão de transferência no contrato de trabalho não exclui, por si só, o direito ao adicional previsto no art. 469, § 3º, da CLT. (TRT-3 – RO: 00112233020195030145 MG 0011223-30.2019.5.03.0145, Relator: Lucilde D'Ajuda Lyra de Almeida, Data de Julgamento: 03/08/2020, Sexta Turma, Data de Publicação: 11/08/2020.)

▶ CAPÍTULO IV
DA SUSPENSÃO E DA INTERRUPÇÃO

Art. 471 – Ao empregado afastado do emprego, são asseguradas, por ocasião de sua volta, todas as vantagens que, em sua ausência, tenham sido atribuídas à categoria a que pertencia na empresa.

COMENTÁRIOS (ART. 471)

1. SUSPENSÃO E INTERRUPÇÃO DO CONTRATO DE TRABALHO

Durante o contrato de trabalho algumas situações implicam sustação da prestação de serviços. O princípio da proteção e da continuidade da prestação de serviços preserva o contrato de trabalho nestas hipóteses.

O princípio da continuidade da relação de emprego é um dos princípios basilares do Direito do Trabalho e, por esse motivo, apenas em situações excepcionais poderá ocorrer paralisações, total ou parcial, na prestação do serviço. Essas paralisações são classificadas como: interrupção ou suspensão do contrato de trabalho.

Carlos Henrique Bezerra Leite afirma que existe uma impropriedade no termo utilizado, pois não ocorre a interrupção ou suspensão do "contrato de trabalho", mas, sim, do dos seus efeitos, ou seja, de algumas obrigações contratuais das partes na relação de emprego[710].

A *suspensão* (ou suspensão total) ocorrerá quando não existir obrigatoriedade da prestação de serviço e pagamento de salário. O período de suspensão, em regra, não é computado como tempo de serviço para todos os efeitos legais. São exemplos de suspensão do contrato de trabalho. A *interrupção*, também chamada de suspensão parcial, se configura quando o empregado está dispensado de prestar serviço, mas continua a receber salários. O período de interrupção é computado no tempo de serviço para todos os efeitos contratuais e legais.

Amauri Mascaro do Nascimento ensina que a suspensão e a interrupção do contrato de trabalho *"tem um pressuposto comum, paralisação do trabalho, sendo diferentes os efeitos que a paralisação produzirá, especialmente quanto aos salários; haverá interrupção quando devidos os salários, e suspensão quando não devidos. Essa é a linguagem do nosso direito, mas outra poderia ser sem alteração básica, chamando-se de suspensão remunerada ou não remunerada as duas hipóteses, ou suspensão parcial ou total, como fazem alguns doutrinadores"*.[711]

Assim, fica preservado o vínculo laboral com a paralisação do trabalho do empregado decorrente de causa interruptiva ou suspensiva do contrato de trabalho, garantindo-se ao empregado todas as vantagens que, em sua ausência, tenham sido atribuídas à categoria a que pertencia na empresa.

2. LEI 14.020/2020 – PROGRAMA EMERGENCIAL DE MANUTENÇÃO DO EMPREGO E DA RENDA

A Lei 14.020 de 6 de julho de 2020 instituiu o Programa Emergencial de Manutenção do Emprego e da Renda e prevê medidas complementares para enfrentamento do estado de calamidade pública reconhecido pelo Decreto Legislativo nº 6, de 20 de março de 2020, além de alterar dispositivos da legislação esparsa.

O objetivo do Programa Emergencial de Manutenção do Emprego e da Renda é preservar o emprego e a renda, possibilitar a continuidade das atividades laborais e empresariais e amenizar o impacto social originado pela pandemia do coronavírus (art. 2º da Lei).

Dentre as medidas adotadas, o legislador instituiu o pagamento do Benefício Emergencial de Preservação do Emprego e da Renda, bem como possibilitou a redução proporcional de jornada de trabalho e de salário, e a suspensão temporária do contrato de trabalho (art. 3º da Lei).

Essas medidas emergenciais não alcançam a União, os Estados, o Distrito Federal, os Municípios, os órgãos da administração pública direta e indireta, as empresas públicas e as sociedades de economia mista, inclusive às suas subsidiárias, e aos organismos internacionais.

710 Leite, 2019, p. 821.

711 Nascimento, Amauri Mascaro. Curso de direito do trabalho. – 26. ed. – São Paulo: Saraiva, 2011, p.1121.

O Benefício Emergencial (BEm) foi criado como antídoto a uma possível redução salarial ou suspensão do contrato de trabalho decorrente de acordo individual – entre o trabalhador e o empregador – ou instrumento de negociação coletiva, preservando, assim, a renda do trabalhador, o emprego e a continuidade da atividade empresarial.

As hipóteses de pagamento do benefício são: a) em caso de redução proporcional da jornada de trabalho e do salário, calculado sobre o percentual de redução do salário e do valor do seguro-desemprego; b) Suspensão do contrato de trabalho, sendo certo que as empresas com faturamento de até 4,8 milhões, o benefício será em valor equivalente a 100% do valor devido a título de seguro-desemprego. De outro lado, as empresas com faturamento superior a 4,8 milhões, o valor do benefício emergencial será equivalente a 70% do valor do seguro-desemprego, além de uma ajuda compensatória equivalente a 30% do salário do empregado.

A União é o ente federativo responsável pelo custeio do Benefício Emergencial.

Vale ressaltar que a ajuda compensatória, no caso de suspensão temporária do contrato de trabalho em que a empresa tem faturamento igual ou inferior a 4,8 milhões, constitui uma faculdade do empregador, ou seja, não tem caráter obrigatório. Já nas situações em que a empresa tem faturamento superior a 4,8 milhões de reais, o pagamento da ajuda compensatória é condição sine qua non para a realização da suspensão do contrato de trabalho.

Essa regra não se aplica aos casos de redução da jornada de trabalho.

3. BENEFICIÁRIOS

A legislação se valeu do termo "empregado" para se referir aos beneficiários.

A doutrina e a jurisprudência apontamm a existência de uma distinção técnica entre a palavra "trabalhador" e "empregado". O primeiro termo é utilizado para se referir ao trabalhador na relação de trabalho "lato sensu" (autônomo, eventual, voluntário, etc.). O segundo termo é usado para se referir ao obreiro na relação de emprego (espécie de relação de trabalho).

Tecnicamente, o empregado é "toda pessoa física que prestar serviços de natureza não eventual a empregador, sob a dependência deste e mediante salário", na forma do art. 3º da CLT.

Entendemos que se aplica somente aos empregados formais, na acepção jurídica do termo, bem como aos trabalhadores intermitentes, teletrabalhadores, aprendizes – por expressa autorização da Lei 14.020/20, nos art. 6º, §3º, e art. 15 – cujos contratos de trabalho estejam em vigor.

Também será aplicada aos empregados contratados em regime de tempo parcial (art. 58-A da CLT) – aqueles cuja duração da jornada não exceda a 30 horas semanais (sem possibilidade de horas extras) ou não exceda vinte e seis horas semanais (com possibilidade de 6 horas extras semanais) – na forma do art. 15 da Lei.

Isso se justifica na finalidade da própria Lei 14.020/2020: a Preservação do Emprego e Renda.

Ademais, se o legislador pretendesse a preservação do trabalho de forma geral teria consignado na legislação em comento de forma expressa.

De mais a mais, o legislador criou um auxílio específico para aqueles que não tem emprego formal (autônomo ou desempregado), exerçam atividade na condição de microempreendedor individual (MEI), contribuinte individual do RGPS, maior de 18 anos de idade, com renda *per capita* de até 1/2 (meio) salário-mínimo ou renda familiar mensal total de até 3 (três) salários mínimos: o Auxílio Emergencial, disciplinado pela Lei 13.982/2020.

Há quem defenda que o termo "empregado" teria sido mencionado para se referir ao trabalhador em sentido geral (*lato sensu*).

Esse benefício será pago ao empregado independentemente do cumprimento de qualquer período aquisitivo, tempo de vínculo empregatício ou número de salários recebidos.

O empregado que possua mais de um vínculo empregatício poderá receber o Benefício Emergencial de maneira cumulativa, isto é, para cada vínculo empregatício.

No que atina aos aposentados que estiverem na ativa, prestando serviços a algum empregador, a Portaria nº. 10.486/2020 admite o estabelecimento de acordo de redução de jornada e salário ou de suspensão do contrato de trabalho.

Contudo, o aposentado receberá uma ajuda de custo no valor equivalente ao Benefício Emergencial. Ainda, será devida a ajuda compensatória equivalente a 30% do salário do aposentado-empregado, caso a empresa tenha receita bruta superior a 4,8 milhões de reais.

De acordo com o art. 12 da Lei 14.020/20 os seguintes empregados serão destinatários do benefício emergencial:

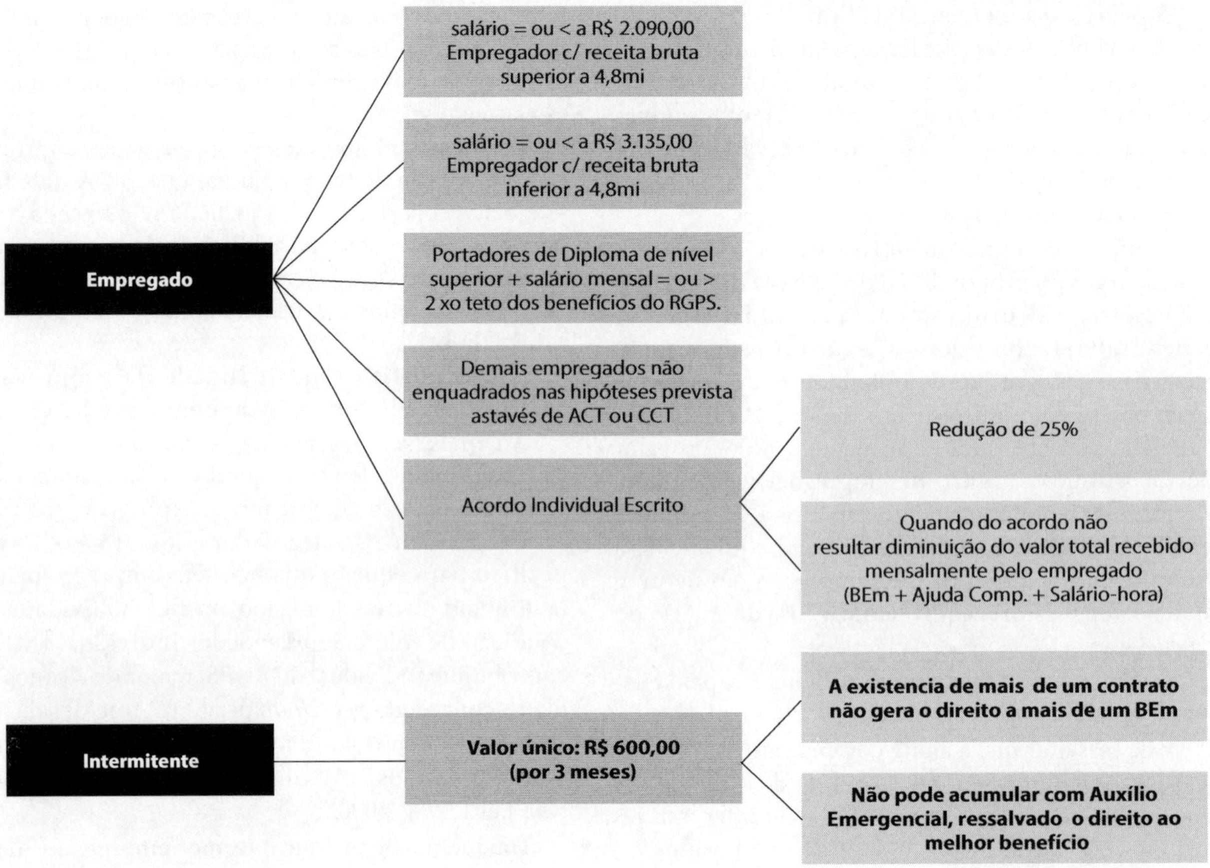

De outro lado, não foram contemplados pelo Benefício Emergencial, os exercentes de cargo ou emprego público, cargo em comissão, mandato eletivo ou o empregado que esteja em gozo de Benefício de Prestação Continuada (BPC ou LOAS), seguro-desemprego, ou bolsa de qualificação profissional do FAT.

4. SUSPENSÃO TEMPORÁRIA DO CONTRATO DE TRABALHO

O empregador poderá acordar a suspensão temporária do contrato de trabalho de seus empregados, de forma setorial, departamental, parcial ou na totalidade dos postos de trabalho, pelo prazo máximo de 60 dias, fracionável em 2 períodos de até 30 dias, podendo ser prorrogado por prazo determinado em ato do Poder Executivo.

A suspensão temporária do contrato de trabalho será pactuada, conforme o disposto nos arts. 11 e 12 da Lei 14.020/20, por convenção coletiva de trabalho, acordo coletivo de trabalho ou acordo individual escrito entre empregador e empregado, devendo a proposta de acordo, nesta última hipótese, ser encaminhada ao empregado com antecedência de, no mínimo, 2 (dois) dias corridos.

As empresas com receita bruta superior a 4,8 milhões, somente poderão realizar a suspensão do contrato de trabalho dos seus empregados, mediante o pagamento de uma ajuda compensatória no valor de 30% do valor do salário do empregado, durante o período de suspensão temporária do contrato de trabalho.

O valor do benefício emergencial, pago pelo Ministério da Economia, corresponderá a 70% do valor devido a título de seguro desemprego (art. 9º da Lei).

Essa ajuda compensatória mensal poderá ser definida entre o empregado e o empregador, por meio de acordo individual escrito, ou, ainda, através de acordo ou convenção coletiva de trabalho. Também, terá caráter indenizatório, de modo que não integra a remuneração do empregado, não se incorpora ao contrato de trabalho e não constitui base de incidência de qualquer encargo trabalhista (inclusive o FGTS), fiscal e previdenciário.

Já as empresas com faturamento inferior a 4,8 milhões poderão realizar a suspensão do contrato de trabalho, independentemente do pagamento de ajuda compensatória, hipótese em que o pagamento integral do benefício emergencial ficará sob responsabilidade do Ministério da economia, correspondendo a 100% do valor devido a título de seguro desemprego.

A ajuda compensatória mensal poderá ser considerada como despesa operacional, sendo dedutível na determinação do lucro real e da base de cálculo da CSLL (Contribuição Social sobre o Lucro Líquido) das pessoas jurídicas tributadas pelo lucro real.

A Lei 7.689/88 instituiu a contribuição social sobre o lucro das pessoas jurídicas, com o objetivo de financiar a seguridade social. A base de cálculo do referido imposto é o valor do resultado do exercício (lucro da empresa – que pode ser real ou presumido).

A Lei 14.020/2020 permite que o empregador deduza o valor pago aos empregados a título de ajuda compensatória, a partir do mês de abril de 2020, da base de cálculo do imposto incidente sobre o lucro real da CSLL, reduzindo os impactos financeiro causados pelo estado de calamidade pública (inciso V e §3º do art. 9º da Lei 14.020/2020).

O prolongamento dos efeitos ocasionados pela pandemia do novo coronavírus, fez com que o legislador editasse pelo terceiro ano consecutivo, uma nova Medida Provisória n. 1.109, de 25 de março de 2022, para minorar os impactos socioeconômicos. Desta vez, concentrou em uma única norma, o Programa de Manutenção do Emprego e da Renda, além das medidas trabalhistas alternativas para o enfrentamento do estado de calamidade pública, com o objetivo de preservar o emprego e a renda, garantir a continuidade das atividades laborais, empresariais e das organizações da sociedade civil sem fins lucrativos e reduzir o impacto social oriundo da ocorrência de estado de calamidade pública nos entes federados.

A Medida Provisória n. 1.109, de 2022, institui Programa Emergencial de Manutenção do Emprego e da Renda (PEMER), para o enfrentamento das consequências sociais e econômicas do estado de calamidade pública, constituindo medidas do referido programa: a) o pagamento do Benefício Emergencial de Manutenção do Emprego e da Renda (Bem); b) a redução proporcional da jornada de trabalho e do salário; c) a suspensão temporária do contrato de trabalho (art. 25 da MP n. 1.109, de 2022).O Programa Emergencial de Manutenção do empregado e da Renda tem as mesmas características daquele instituído pela Lei n. 14.020, de 2020.

O prazo de duração do PEMER será previsto em regulamento específico a ser editado pelo Ministério do Trabalho e Previdência, observada a disponibilidade financeira e orçamentária, mas, o prazo do está limitado até noventa dias, prorrogável enquanto durar o estado de calamidade pública. Nesse mesmo regulamento, o Ministério também irá dispor sobre as hipóteses de suspensão da garantia provisória no emprego decorrente dos acordos de redução proporcional da jornada de trabalho e do salário ou de suspensão do contrato de trabalho (art. 32, §2º, da MP n. 1.109, 2022).

Outra novidade, introduzida, pela MP n. 1.109, 2022, é a perda do direito à garantia provisória no emprego assegurada em razão do ajuste de redução da jornada e do salário ou da suspensão temporária do contrato de trabalho, em caso de distrato entre o empregado e o empregador, além dos casos de pedido de demissão ou dispensa por justa causa (art. 32, §2º, da MP n. 1.109, 2022).

JURISPRUDÊNCIA

▶ **Aposentadoria por invalidez acidentária. Contrato de trabalho suspenso. Direito à manutenção do plano de saúde.** No caso sub judice, verifica-se que o contrato de trabalho da obreira perdurou no período de 15/03/1996 a 03/07/2018, com início da aposentadoria por invalidez acidentária em 27/10/2006, cancelada administrativamente pelo INSS em 29/03/2018, quando o reclamado se aproveitou para rescindir irregularmente o contrato de trabalho suspenso (art. 471 da CLT). No entanto, considerando o nexo entre a doença e o trabalho, bem assim o restabelecimento judicial do benefício previdenciário acidentário, impõe-se concluir pela suspensão ininterrupta do contrato de trabalho da reclamante desde o ano de 2006, razão pela qual a rescisão efetivada pelo reclamado é inválida, havendo direito à manutenção do plano de saúde. Recurso do banco reclamado não provido. (TRT-2 10008703420195020017 SP, Relator: ADALBERTO MARTINS, 8ª Turma – Cadeira 2, Data de Publicação: 29/07/2020)

▶ DOENÇA DE TRABALHO. CARTEIRO. REABILITAÇÃO EM CARGO DIVERSO. MANUTENÇÃO DO PAGAMENTO DO ADICIONAL DE ATIVIDADE DE DISTRIBUIÇÃO E/OU COLETA. DEVIDA. Hipótese em que o empregado recebia, como carteiro, o pagamento de adicional de atividade de distribuição e/ou coleta e tendo obreiro sido reabilitado em cargo diverso por motivo doença de trabalho, impõe-se a manutenção do pagamento do adicional, em decorrência da aplicação analógica do art. 471 da CLT "Ao empregado afastado do emprego, são asseguradas, por ocasião de sua volta, todas as vantagens que, em sua ausência, tenham sido atribuídas à categoria a que pertencia na empresa". [...]. VALE ALIMENTAÇÃO. PAGAMENTO DURANTE AFASTAMENTO PELO INSS. Assegurado por norma coletiva o pagamento de vale alimentação, durante afastamento pelo INSS, correta a sentença em que deferido o pedido do empregado sob tal aspecto. Recurso da reclamada parcialmente conhecido e não provido; recurso adesivo do reclamante conhecido e parcialmente provido.(TRT-10 – RO: 00004711820195100011 DF, Data de Julgamento: 07/10/2020, Data de Publicação: 17/10/2020)

▶ RECURSO ORDINÁRIO DA RECLAMANTE. AUXÍLIO-DOENÇA. ALTA PREVIDENCIÁRIA. ABANDONO DE EMPREGO. JUSTA CAUSA MANTIDA. A reclamante esteve afastada de suas atividades pelo auxílio-doença; e foi posta em alta médica pela Autarquia Previdenciária, circunstância que lhe conferia garantia de retorno ao cargo anteriormente ocupado, ou outro compatível com sua capacidade, além de todas as vantagens auferidas pela categoria no interregno da suspensão (artigo 471 da CLT). Ocorre que não houve prova do retorno da trabalhadora às suas atividades na empresa dentro do prazo de 30 (trinta) dias previsto na Súmula 32 do TST, pelo que deve ser mantida a justa causa aplicada pela ré. Recurso improvido. (TRT-6, Processo: ROT – 0002060-59.2016.5.06.0141, Redator: Ruy Salathiel de Albuquerque e Mello Ventura, Data de julgamento: 04/08/2020, Terceira Turma, Data da assinatura: 04/08/2020)

▶ EMENTA: AUXÍLIO DOENÇA PREVIDENCIÁRIO. SUSPENSÃO DO CONTRATO DE TRABALHO. SEGURO DE VIDA EM GRUPO CONVENCIONAL. NÃO CONTRATAÇÃO. INDENIZAÇÃO DEVIDA. A suspensão do contrato de trabalho, pelo gozo de auxílio doença previdenciário, paralisa os efeitos principais do vínculo, quais sejam, a prestação de trabalho, pagamento de salários e a contagem do tempo de serviço. Todavia, as cláusulas contratuais e normativas, compatíveis com a suspensão da relação jurídica, continuam obrigando as partes, porque subsiste intacto o vínculo de emprego. Assim, remanesce a obrigação de cumprimento dos deveres secundários à prestação de serviços, tal como a manutenção do trabalhador no rol dos beneficiários do seguro de vida em grupo convencional, inclusive os dependentes. Sendo incontroverso que o empregador deixou de contratar a cobertura securitária, sob o fundamento de que a relação jurídica de trabalho se encontrava suspensa, de rigor a imposição de indenização a ser paga aos sucessores do de cujus. Precedente do colendo Tribunal Superior do Trabalho (TST). Recurso ordinário do espólio reclamante de que se conhece e a que se dá provimento.(TRT-9 – RO: 00023255920155090029 PR, Relator: ALTINO PEDROZO DOS SANTOS, Data de Julgamento: 17/05/2018)

▶ O dever do empregador de arcar com os salários do período em que o trabalhador deixa de receber benefício previdenciário somente se verifica quando a empresa nega o retorno ao trabalho e impede que o empregado exerça suas funções, ainda que de forma readaptada (artigos 471 e 476 da CLT). (TRT-2 10000592220175020251 SP, Relator: SERGIO JOSE BUENO JUNQUEIRA MACHADO, 9ª Turma – Cadeira 2, Data de Publicação: 09/02/2018)

▶ PEDIDO DE DEMISSÃO. REQUERIMENTO DE PRORROGAÇÃO DE BENEFÍCIO PREVIDENCIÁRIO. AÇÃO NA JUSTIÇA FEDERAL. SUSPENSÃO DE CONTRATO NÃO CONFIGURADA. A teor da norma do artigo 471 e seguintes da CLT, o ajuizamento da ação na Justiça Federal postulando prorrogação de benefício previdenciário não opera, automaticamente, suspensão do contrato de trabalho, Logo, cessada a prestação laboral por iniciativa do empregado, sem qualquer causa suspensiva do contrato de trabalho, a conduta configura pedido de demissão. (TRT18, ROPS – 0010323-53.2019.5.18.0008, Rel. ISRAEL BRASIL ADOURIAN, 3ª TURMA, 30/07/2019)

▶ EMBARGOS DE DECLARAÇÃO. DA DOENÇA PROFISSIONAL E DA REINTEGRAÇÃO. Acolhem-se os embargos declaratórios, com efeito modificativo, para condenar o Banco réu ao pagamento dos salários vencidos compreendidos desde a alta previdenciária em 29/02/2012, com todas as vantagens que tenham sido atribuídas à categoria (art. 471 da CLT), até o término da estabilidade provisória, em 01/03/2013, com a correspondente retificação da CTPS do obreiro. Embargos a que se dá provimento, com efeito modificativo. I – RELATÓRIO (TRT-1 – ED: 00005482620125010204 RJ, Relator: Mario Sergio Medeiros Pinheiro, Data de Julgamento: 12/03/2019, 1a Turma, Data de Publicação: 11/04/2019)

▶ ANISTIA. LEI 8.878/1994. REPOSICIONAMENTO NA CARREIRA. PROGRESSÕES FUNCIONAIS. A jurisprudência da Seção de Dissídios Individuais do Tribunal Superior do Trabalho orienta que o período de afastamento do empregado anistiado é considerado uma suspensão do contrato de trabalho, nos termos do art. 471 da CLT. Assim, não viola o entendimento da Orientação Jurisprudencial Transitória 56 da SBDI-1 a contagem do período de afastamento para a concessão dos reajustes salariais e das promoções gerais, deferidas de forma linear e impessoal aos empregados que continuaram a trabalhar enquadrados nos mesmos cargos e desempenhando as mesmas funções dos anistiados. Não demonstrados os valores relativos a reajustes, recomposição e promoções gerais – independente daquela concedida por antiguidade e merecimento -, que tenham sido concedidos aos empregados enquadrados nos mesmos cargos e funções do anistiado e embasariam a mudança de seu patamar remuneratório, improcede a pretensão. (TRT-10 – RO: 00008298920195100008 DF, Data de Julgamento: 01/07/2020, Data de Publicação: 09/07/2020)

Art. 472 – O afastamento do empregado em virtude das exigências do serviço militar, ou de outro encargo público, não constituirá motivo para alteração ou rescisão do contrato de trabalho por parte do empregador.

§ 1º – Para que o empregado tenha direito a voltar a exercer o cargo do qual se afastou em virtude de exigências do serviço militar ou de encargo público, é indispensável que notifique o empregador dessa intenção, por telegrama ou carta registrada, dentro do prazo máximo de 30 (trinta) dias, contados da data em que se verificar a respectiva baixa ou a terminação do encargo a que estava obrigado.

§ 2º – Nos contratos por prazo determinado, o tempo de afastamento, se assim acordarem as partes interessadas, não será computado na contagem do prazo para a respectiva terminação.

§ 3º – Ocorrendo motivo relevante de interesse para a segurança nacional, poderá a autoridade competente solicitar o afastamento do empregado do serviço ou do local de trabalho, sem que se configure a suspensão do contrato de trabalho.

§ 4º – O afastamento a que se refere o parágrafo anterior será solicitado pela autoridade competente diretamente ao empregador, em representação fundamentada com audiência da Procuradoria Regional do Trabalho, que providenciará desde logo a instauração do competente inquérito administrativo.

§ 5º – Durante os primeiros 90 (noventa) dias desse afastamento, o empregado continuará percebendo sua remuneração.

COMENTÁRIOS (ART. 472)

De acordo com o art. 1º da Lei 4.375 de 17 de agosto de 1964, o serviço militar compreende no exercício de atividades específicas desempenhadas nas Forças Armadas – Exército, Marinha e Aeronáutica.

Todos os brasileiros são obrigados ao Serviço Militar, com o escopo de formação de reservas destinadas a atender às necessidades de pessoal das Forças Armadas em caso de mobilização. A obrigação para com o Serviço Militar, em tempo de paz, começa no 1º dia de janeiro do ano em que o cidadão completar 18 anos de idade e termina após o dia 31 de dezembro do ano em que completar 45 anos (art. 5º da Lei 4.375/64).

As mulheres estão dispensadas do serviço militar obrigatório em tempos de paz, conquanto sujeitas, de acordo com as suas aptidões, a encargos do interesse da mobilização (art. 2º, §2º, da Lei 4.375/64).

A duração normal do serviço militar inicial (obrigatório) será de 12 meses, podendo ser reduzido até 2 meses ou dilatado até 6 meses, a critério do Ministério da Defesa (art. 6º, §1º, da Lei 4.375/64 combinado com o art. 3ºda Lei Complementar 97/1999).

O serviço militar é causa suspensiva "sui generis" do contrato de trabalho[712]. O empregado não presta serviços ao empregador, não recebe salário, mas o tempo de afastamento computa-se como tempo de serviços, conservando-se o dever do empregador de realizar os depósitos do FGTS (art. 15, §5º, da Lei 8.036/90), além da sujeição a indenização (art. 477, *caput*, CLT) ou estabilidade (art. 7º, I, e art. 10, ADCT, CF; art. 492, CLT).

Após a concessão da baixa do serviço militar, o empregado tem o direito de retomar ao cargo que exercia. Mas, para tanto, deverá informar a intenção do retorno ao empregado, no prazo de 30 dias a contar da data da baixa.

O §2º do art. 472 determina que nos contratos de trabalho por prazo determinado – como o contrato de

[712] Nesse sentido Mauricio Godinho Delgado (in Delgado, 2019, p. 1279-1281), para quem trata-se de causa de suspensão contratual, com certas ressalvas. De forma oposta, Sérgio Pinto Martins defende que "há cessação provisória, mas parcial, do contrato de trabalho, pois são contados o tempo de serviço do empregado e parte da remuneração – no caso de convocação para manobras, conforme art. 61 da Lei 4.375/64 – evidenciando hipótese de interrupção dos efeitos do contrato de trabalho" (in Direito do Trabalho. Martins, 2020, p.570-571)

experiência (art. 443 da CLT); o contrato de trabalho temporário (Lei 6.019/74) – o tempo de afastamento, se assim acordarem as partes interessadas, não será computado na contagem do prazo para a respectiva terminação. Em outras palavras, a contagem do prazo do contrato de trabalho a termo é suspensa, voltando a ser computada após o retorno do empregado.

Com base neste dispositivo o Tribunal Superior do Trabalho posiciona-se no sentido de reconhecer o direito a estabilidade aos empregados nos contratos de trabalho por prazo determinado, notadamente no caso de acidente de trabalho (Súmula 378, III, do TST) e de garantia provisória de emprego à empregada gestante (Súmula 224, III, do TST). Especificamente em relação à empregada gestante, admitida mediante contrato a termo, prevaleceu o entendimento de que ocorrerá prorrogação do fim do contrato de trabalho a termo ("dies ad quem"), cujo prazo restante transcorrerá após o termo da estabilidade provisória, conforme precedente abaixo:

- "RECURSO DE REVISTA – GESTANTE – ESTABILIDADE PROVISÓRIA – CONTRATO POR PRAZO DETERMINADO – COMPATIBILIDADE – EFEITOS DO RECONHECIMENTO DA ESTABILIDADE. Estabelece o art. 10, II, "b", do ADCT que é vedada a dispensa arbitrária ou sem justa causa da empregada gestante, desde a confirmação da gravidez até cinco meses após o parto. O único pressuposto para que a empregada tenha reconhecido seu direito à estabilidade provisória é o estado gravídico no momento da rescisão do contrato de trabalho, porque tal garantia visa à tutela do nascituro e o citado preceito constitucional não impõe nenhuma restrição quanto à modalidade do contrato de trabalho, se por prazo determinado, como é o contrato de experiência, ou por prazo indeterminado. Por conseguinte, a empregada admitida mediante contrato de experiência por prazo determinado tem direito à estabilidade provisória da gestante. Incidência da novel redação da Súmula nº 244, III, do TST. Registre-se, por fim, que o entendimento firmado por esta Turma julgadora é de que, nas hipóteses de reconhecimento de estabilidade em contrato por prazo determinado, ocorre a prorrogação do período contratual por força da norma constitucional, sendo certo, contudo, que essa circunstância não desnatura a índole do contrato de trabalho originalmente firmado entre as partes, qual seja, contrato por prazo determinado, cuja extinção ocorre com o advento do seu termo final. Recurso de revista conhecido e provido" (RR-2406-18.2011.5.02.0231, 7ª Turma, Relator Ministro Luiz Philippe Vieira de Mello Filho, DEJT 28/08/2015).

A estabilidade provisória não se aplica a todo e qualquer contrato a termo. No julgamento do Incidente de Assunção de Competência nº IAC – 5639-31.2013.5.12.0051, o Tribunal Superior do Trabalho vetou o reconhecimento de estabilidade a uma empregada contratada em regime de trabalho temporário (Lei 6.019/74), conferindo efeito vinculante à decisão.

A princípio, o relator do caso, Ministro Vieira de Melo Filho, reconheceu a estabilidade à gestante, fundamentando que o limite temporal do contrato cede em face do bem jurídico maior assegurado pelo instituto da estabilidade – a vida da criança.

No entanto, prevaleceu a divergência aberta pela ministra Maria Cristina Peduzzi, no sentido de indeferir a estabilidade à empregada gestante nos contratos de trabalho temporários. A tese vencedora sustenta que no contrato de trabalho temporário não há uma expectativa de conversão em contrato por prazo indeterminado, posto que objetiva tão somente atender a situações excepcionais. Essa hipótese se equipara ao contrato de experiência, no qual, de forma diversa, há uma legítima expectativa de conversão em contrato por prazo determinado.

Outro argumento interessante destacado no julgado é que a ausência de direito à estabilidade não implica ausência de proteção à gestante e à maternidade, uma vez que a legislação previdenciária não deixa a gestante ou o nascituro desamparados (art. 11, I, "b", da Lei nº 8.213/1991).

Com a devida vênia, discordamos do posicionamento adotado pelo TST. É imperiosa a proteção integral da gestante – do ponto de vista econômico, assegurando o pagamento dos salários para conferir meios de subsistência à empregada e ao nascituro; do ponto de vista social, garantindo à trabalhadora a "segurança no emprego", isto é, a ausência de rompimento do vínculo empregatício; e do ponto de vista moral, subjetivamente falando, de modo a conferir à empregada a expectativa e a segurança de que não será dispensada de uma hora para outra.

A estabilidade provisória conferida à gestante visa não só a proteção à maternidade ou do nascituro, mas, também, a proteção do mercado de trabalho da mulher. A empregada tem o direito ao amparo legislativo integral, não só no âmbito previdenciário, com o pagamento de salário-maternidade, mas, também, no âmbito trabalhista, com a preservação do emprego, sob pena de configurar uma proteção deficiente do bem jurídico tutelado às mulheres: proteção contra medidas discriminatórias; igualdade de tratamento em relação aos homens; proteção do mercado de trabalho das mulheres[713].

Partilhamos do entendimento de que deverá ser reconhecida a garantia provisória de emprego à gestante no contrato de trabalho temporário, o que implica na prorrogação do fim do contrato de trabalho a termo ("dies ad quem"). A principal expectativa da trabalhadora gestante é a preservação do emprego – sentir-se protegida diante da situação vulnerável que se encontra – e não a conversão do contrato a termo em prazo indeterminado,

[713] O princípio da proibição de proteção deficiente consiste na proibição do Estado ou da Lei apresentar proteção insuficiente em relação aos direitos e garantias fundamentais, impondo, portanto, ao Estado a adoção de todos os mecanismos disponíveis para a tutela e proteção dos direitos e garantias fundamentais.

mantendo-se a expectativa de encerramento do contrato de trabalho após o término do período de estabilidade.

A empregada aprendiz, segundo o posicionamento majoritário do TST tem direito à estabilidade, considerando que constitui direito constitucional assegurado à empregada gestante e tem por maior finalidade a garantia do estado gravídico e de preservação da vida, independentemente do regime e da modalidade contratual[714]:

JURISPRUDÊNCIA

▸ CONTRATO DE EXPERIÊNCIA. AUXÍLIO-ACIDENTE. SUSPENSÃO CONTRATUAL. O período de afastamento decorrente de auxílio-doença somente é resgatado e somado proporcionalmente no contrato de experiência após o retorno caso haja expressa concordância das partes nesse sentido, nos termos do § 2º do artigo 472 da CLT. (TRT-2 10009261420195020261 SP, Relator: MARGOTH GIACOMAZZI MARTINS, 3ª Turma – Cadeira 3, Data de Publicação: 07/07/2020)

▸ CONTRATO DE EXPERIÊNCIA. ATESTADO MÉDICO NA DATA DO TERMO FINAL. DIFERIMENTO DA RESCISÃO PARA O DIA SUBSEQUENTE. ARTS. 471 C/C 472, § 2º, DA CLT. A existência de causa suspensiva ou interruptiva durante o contrato firmado por prazo determinado não obstaculiza a fluência do lapso temporal entabulado e, portanto, não o descaracteriza. Todavia, é relevante a existência de tal condição fática quando o termo final da pactuação ocorrer em data anterior ao desaparecimento do fator suspensivo ou interruptivo, projetando-se, então, o término da avença, até o dia seguinte ao desfecho da causa de diferimento do final do vínculo contratual. Trata-se de interpretação que se coaduna com a leitura combinada do disposto nos arts. 471 e 472, § 2º, da CLT, para o fim de, ao mesmo tempo, preservar a modalidade contratual encetada e não se consumar o final do pacto laboral durante a pendência de condição suspensiva ou interruptiva, situação esta que o Direito do Trabalho visa, por princípio, resguardar. Assim, na espécie, o fato de a autora estar afastada do trabalho com atestado médico naquele que seria o último dia do ajuste postergou o desenlace até o dia subsequente, sem desconstituir a natureza originária do contrato por prazo determinado, não havendo falar em indeterminação tácita do liame pela consumação posterior da rescisão decorrente dessa circunstância. (TRT12 – ROT – 0000777-61.2019.5.12.0033, Rel. LIGIA MARIA TEIXEIRA GOUVEA, 5ª Câmara, Data de Assinatura: 08/07/2020)

▸ ESTABILIDADE PROVISÓRIA. GESTANTE. CONTRATO POR PRAZO DETERMINADO. APRENDIZAGEM. Na esteira do entendimento atual do TST, sedimentado na Súmula nº 244, item III, a estabilidade é garantida à gestante, mesmo quando sua admissão ocorreu por meio de contrato por prazo determinado, inclusive em se tratando de contrato de aprendizagem. Precedentes. Óbice da Súmula nº 333/TST e do art. 896, § 7º, da CLT. Agravo de instrumento conhecido e não provido." (AIRR – 180-16.2015.5.23.0037, Relatora Ministra: Dora Maria da Costa, Data de Julgamento: 18/05/2016, 8ª Turma, Data de Publicação: DEJT 20/05/2016)

▸ AGRAVO DE INSTRUMENTO EM RECURSO DE REVISTA. CONTRATO DE APRENDIZAGEM. ESTABILIDADE PROVISÓRIA. GESTANTE. Demonstrada possível violação do art. 10, II, "b", do Ato das Disposições Constitucionais Transitórias, impõe-se o provimento do agravo de instrumento para determinar o processamento do recurso de revista. Agravo de instrumento provido. II – RECURSO DE REVISTA. CONTRATO DE APRENDIZAGEM. ESTABILIDADE PROVISÓRIA. GESTANTE. O art. 10, II, "b", do ADCT, veda a dispensa arbitrária ou sem justa causa da empregada gestante, desde a confirmação da gravidez até cinco meses após o parto, não estabelecendo nenhuma restrição quanto à modalidade do contrato de trabalho, mormente porque destinado à proteção do nascituro. Assim é que o Tribunal Superior do Trabalho alterou o teor da Súmula 244, III, consolidando a jurisprudência da Corte acerca do referido dispositivo constitucional, ajustando-a, enfim, ao entendimento já pacificado no âmbito do Supremo Tribunal Federal. Precedentes. Recurso de revista conhecido e provido." (RR – 2326-39.2013.5.02.0084, Relatora Ministra: Delaíde Miranda Arantes, Data de Julgamento: 03/08/2016, 2ª Turma, Data de Publicação: DEJT 05/08/2016)

▸ CONTRATO DE EXPERIÊNCIA. AFASTAMENTO PREVIDENCIÁRIO. SUSPENSÃO CONTRATUAL. O contrato de experiência ou contrato de prova, que pode ser firmado pelo prazo máximo de 90 (noventa) dias, admitindo-se uma única prorrogação (artigo 445, parágrafo único c/c artigo 451, ambos da CLT), tem por finalidade a análise das condições de trabalho por parte do empregado e do desempenho do trabalhador por parte do empregador e, para tanto, é imprescindível que efetivamente haja a prestação dos serviços. Não se mostra razoável, portanto, que o período de afastamento do empregado, contratado a título de experiência, seja computado para a terminação do pacto laboral, a teor da previsão contida no artigo 472, § 2º, da CLT, por contrariar a própria finalidade do prazo previamente estipulado entre as partes. Nessa linha de raciocínio, ocorrido o afastamento do empregado, deve-se entender pela suspensão do prazo contratual e, após o retorno ao trabalho, a atividade laborativa é retomada com vistas à implementação de todo o período de prova previamente pactuado, de modo a permitir que as partes envolvidas possam aferir concretamente a possibilidade de continuidade do contrato de trabalho, vértice do ordenamento justrabalhista. Tal circunstância, no entanto, não implica a prorrogação do contrato de experiência e, sobretudo, não acarreta a indeterminação do pacto laboral. (TRT-3 – RO: 01489201310103008 0001489-03.2013.5.03.0101, Relator: Convocada Martha Halfeld F. de Mendonca Schmidt, Sétima Turma, Data de Publicação: 19/08/2014,DEJT/TRT3/Cad.Jud. Página 328. Boletim: Sim.)

▸ CONTRATO DE EXPERIÊNCIA. LIMITES. CÔMPUTO DE PERÍODO DE SUSPENSÃO. 1. O contrato de experiência, como espécie contratual de prazo determinado, não pode ter o período máximo de 90 dias extrapolado, incluindo eventual prorrogação (art. 443, § 2º, c, da CLT; Súmula n. 188 do TST). 2. A extrapolação desse limite temporal transmuda sua natureza para contrato por prazo indeterminado (art. 445, parágrafo único e art. 451 da CLT). 3. O período de suspensão contratual pode ser excluído do cômputo do período de experiência, desde que exista ajuste prévio e expresso entre as partes (art. 472, § 2º, da CLT). (TRT-24 00249014920145240066, Relator: AMAURY RODRIGUES PINTO JUNIOR, Data de Julgamento: 11/03/2015, 2ª Turma)

▸ RECURSO ORDINÁRIO DA RECLAMADA. CONTRATO DE TRABALHO TEMPORÁRIO. PRORROGAÇÃO DO TÉRMINO CONTRATUAL PARA A DATA DA ALTA MÉDICA DO INSS. A suspensão contratual decorrente do gozo de benefício previdenciário, diante do acidente sofrido na empresa, autoriza a prorrogação do término do contrato temporário, até o seu termo final, após o que o referido contrato extingue-se automaticamente. Essa é a inteligência das disposições contidas nos artigos 472, parágrafo 2º, e 476, ambos da CLT, bem como no artigo 63, da Lei nº 8.213/91. Recurso ordinário da reclamada ao qual se nega provimento. (TRT-2 – RO: 00002918820125020263 SP 00002918820125020263 A28, Relator: BENEDITO VALENTINI, Data de Julgamento: 06/08/2015, 12ª TURMA, Data de Publicação: 14/08/2015)

▸ CONTRATO PRAZO DETERMINADO. ACIDENTE DE TRABALHO. PRORROGAÇÃO DO CONTRATO. Nos contratos por tempo determinado, em regra, os afastamentos não interrompem ou suspendem o curso do prazo pactuado, exceto se as partes assim acordarem,

[714] Outros precedentes: AIRR – 10556-82.2015.5.03.0113, Relator Ministro: Mauricio Godinho Delgado, Data de Julgamento: 31/08/2016, 3ª Turma, Data de Publicação: DEJT 02/09/2016; AIRR – 24255-28.2014.5.24.0005, Relator Ministro: João Oreste Dalazen, Data de Julgamento: 02/03/2016, 4ª Turma, Data de Publicação: DEJT 11/03/2016; Ag-AIRR – 1337-16.2013.5.02.0025, Relator Ministro: Guilherme Augusto Caputo Bastos, Data de Julgamento: 28/09/2016, 5ª Turma, Data de Publicação: DEJT 30/09/2016; RR – 1834-47.2014.5.02.0202, Relator Ministro: Augusto César Leite de Carvalho, Data de Julgamento: 02/03/2016, 6ª Turma, Data de Publicação: DEJT 04/03/2016; RR – 1439-51.2012.5.04.0305, Relator Ministro: Cláudio Mascarenhas Brandão, Data de Julgamento: 09/03/2016, 7ª Turma, Data de Publicação: DEJT 18/03/2016; e RR – 20618-55.2014.5.04.0028, Relator Ministro: Márcio Eurico Vitral Amaro, Data de Julgamento: 28/09/2016, 8ª Turma, Data de Publicação: DEJT 30/09/2016.

conforme disciplinado no art. 472, § 2º, da CLT. Entretanto, em se tratando de afastamento decorrente de acidente de trabalho, a jurisprudência trabalhista vem se firmando no sentido de que tal regra deve ser mitigada e o contrato é suspenso, sendo vedado ao empregador rescindi-lo.

▶ (TRT-10 – RO: 00014476020135100811 DF, Data de Julgamento: 30/03/2016, Data de Publicação: 06/04/2016)

▶ CONTRATO DE EXPERIÊNCIA. INTERRUPÇÃO. AFASTAMENTO POR MOTIVO DE ENFERMIDADE. CONVERSÃO EM PRAZO INDETERMINADO. No contrato a termo, em inexistindo pactuação efetuada pelas partes, o tempo de afastamento por suspensão ou interrupção será computado no prazo para a respectiva terminação, convertendo-o em indeterminado. Inteligência do § 2º do art. 472 da CLT. (TRT-1 – RO: 00000355220135010033 RJ, Relator: Rosana Salim Villela Travesedo, Data de Julgamento: 13/11/2013, Décima Turma, Data de Publicação: 16/01/2014)

▶ RECURSOS ORDINÁRIOS. CONTRATO DE EXPERIÊNCIA. TRANSFORMAÇÃO EM CONTRATO POR PRAZO INDETERMINADO. Em se tratando de contrato a termo, como o de experiência, reza o art. 472, parágrafo 2º, da CLT, que "o tempo de afastamento, se assim acordarem as partes interessadas, não será computado na contagem do prazo para a respectiva terminação." Vale dizer, a regra é que o tempo de afastamento insere-se no período determinado para a duração do contrato. Apenas se as partes assim acordarem, o interregno da suspensão ou interrupção do contrato não será considerado no seu prazo original. No presente caso, o contrato de trabalho firmado entre as partes não possui cláusula assegurando que o período de suspensão não será computado na contagem do prazo de experiência. Ajunte-se a isso, que a licença do reclamante findou antes da data estipulada para o término do segundo período de experiência. A reclamada, no entanto, pôs fim à avença após o prazo máximo de 90 dias legalmente permitido para o contrato a contento (art. 445, parágrafo único da CLT). Por conseguinte, o contrato de experiência ultrapassou 90 dias e transformou-se em contrato por prazo indeterminado[...] (TRT-7 – RO: 00013128920135070016, Relator: DURVAL CESAR DE VASCONCELOS MAIA, Data de Julgamento: 15/06/2015, Data de Publicação: 15/06/2015)

▶ SUSPENSÃO DO CONTRATO DE EXPERIÊNCIA. BENEFÍCIO PREVIDENCIÁRIO. Não havendo cláusula de exceção, de que trata o § 2º do art. 472 da CLT, correto o procedimento patronal ao rescindir o contrato de experiência por término do prazo. Sentença mantida. (TRT-4 – RO: 00210067320155040334, Data de Julgamento: 25/08/2016, 1ª Turma)

▶ CONTRATO POR PRAZO DETERMINADO. TEMPO DE AFASTAMENTO – CÔMPUTO – ART. 472, PARÁGRAFO 2º DA CLT – O tempo de afastamento nesse tipo de contrato, conforme dispõe o parágrafo 2º, do artigo 472, da CLT, não será computado na contagem do prazo para a respectiva terminação (TRT-1 – RO: 00112714320155010061 RJ, Relator: MONICA BATISTA VIEIRA PUGLIA, Data de Julgamento: 18/07/2016, Terceira Turma, Data de Publicação: 24/08/2016)

▶ CONTRATO DE EXPERIÊNCIA. TEMPO DE AFASTAMENTO. AUXÍLIO-DOENÇA. CÔMPUTO. O tempo de afastamento nos contratos por prazo determinado, inclusive para gozo de auxílio-doença previdenciário, não serão computados no prazo da terminação contratual, salvo expressa previsão em sentido contrário, a teor do disposto no art. 472, § 2º, da CLT. Inexistindo tal estipulação contratual, não há que se falar em suspensão do contrato de trabalho no curso do benefício, sendo legítima a terminação contratual na data inicialmente avençada. [...](TRT-1 – RO: 01014537120165010245 RJ, Relator: CARINA RODRIGUES BICALHO, Data de Julgamento: 27/11/2017, Terceira Turma, Data de Publicação: 19/12/2017)

▶ RECURSO ORDINÁRIO DA RECLAMADA. CONVOLAÇÃO DO CONTRATO DE EXPERIÊNCIA EM CONTRATO A PRAZO INDETERMINADO. ESTABILIDADE E INDENIZAÇÃO SUBSTITUTIVA. Aplica-se, por analogia, à suspensão do contrato de trabalho em razão da concessão de benefício acidentário, o preconizado pelo art. 472, § 2º, da CLT, sendo o tempo de suspensão computado para fins de convolação do contrato de trabalho de experiência em contrato por prazo indeterminado (art. 451 da CLT). Além disso, havendo comprovação acerca da natureza acidentária do afastamento, tem-se que a parte autora gozava da estabilidade de que trata o art. 118 da Lei 8.213/1991. Destarte, inviável a reintegração, haja vista a extinção da unidade empresarial na cidade do Rio de Janeiro – RJ, impõe-se a indenização do período estabilitário. Também, reconhecida a natureza imotivada da dispensa do contrato por prazo indeterminado, devido o pagamento das parcelas rescisórias típicas da modalidade. Inteligência da Súmula 378 do col. TST. Recurso da reclamada a que se nega provimento. [...] (TRT-1 – RO: 00116967920155010058 RJ, Relator: ENOQUE RIBEIRO DOS SANTOS, Data de Julgamento: 11/07/2017, Quinta Turma, Data de Publicação: 14/07/2017)

Art. 473 – O empregado poderá deixar de comparecer ao serviço sem prejuízo do salário:

I – até 2 (dois) dias consecutivos, em caso de falecimento do cônjuge, ascendente, descendente, irmão ou pessoa que, declarada em sua carteira de trabalho e previdência social, viva sob sua dependência econômica;

II – até 3 (três) dias consecutivos, em virtude de casamento;

III – por um dia, em caso de nascimento de filho no decorrer da primeira semana;

IV – por um dia, em cada 12 (doze) meses de trabalho, em caso de doação voluntária de sangue devidamente comprovada;

V – até 2 (dois) dias consecutivos ou não, para o fim de se alistar eleitor, nos termos da lei respectiva. (Inciso incluído pelo Decreto-lei nº 229, de 28.2.1967)

VI – no período de tempo em que tiver de cumprir as exigências do Serviço Militar referidas na letra "c" do art. 65 da Lei nº 4.375, de 17 de agosto de 1964 (Lei do Serviço Militar). (Incluído pelo Decreto-lei nº 757, de 12.8.1969)

VII – nos dias em que estiver comprovadamente realizando provas de exame vestibular para ingresso em estabelecimento de ensino superior. (Inciso incluído pela Lei nº 9.471, de 14.7.1997)

VIII – pelo tempo que se fizer necessário, quando tiver que comparecer a juízo. (Incluído pela Lei nº 9.853, de 27.10.1999)

IX – pelo tempo que se fizer necessário, quando, na qualidade de representante de entidade sindical, estiver participando de reunião oficial de organismo internacional do qual o Brasil seja membro. (Incluído pela Lei nº 11.304, de 2006)

X – até 2 (dois) dias para acompanhar consultas médicas e exames complementares durante o período de gravidez de sua esposa ou companheira; (Incluído dada pela Lei nº 13.257, de 2016)

XI – por 1 (um) dia por ano para acompanhar filho de até 6 (seis) anos em consulta médica. (Incluído dada pela Lei nº 13.257, de 2016)

XII – até 3 (três) dias, em cada 12 (doze) meses de trabalho, em caso de realização de exames preventivos de câncer devidamente comprovada. (Incluído pela Lei nº 13.767, de 2018)

COMENTÁRIOS (ART. 473)

A principal prestação obrigacional do empregado no contrato de trabalho laboral é a prestação de serviços em favor do empregador.

A ausência injustificada do trabalhador implica no desconto salarial do período de ausência do empregado. Também, a depender de circunstâncias objetivas e subjetivas, poderá caracterizar abandono de emprego, autorizando o empregador a romper o contrato de trabalho por justo motivo (art. 482, "*i*", CLT).

A doutrina propõe que "*Dois elementos comparecem à formação desta justa causa: o objetivo, consistente no real afastamento do serviço; e o subjetivo, consistente na intenção, ainda que implícita, de romper o vínculo*"[715]. *A jurisprudência se encarregou de fixar o critério objetivo, entendendo como abandono a ausência do empregado ao trabalho por período superior a 30 dias (Súmula 29 do TST). O critério subjetivo, por seu turno, caracteriza-se pelo "animus abandonandi", ou seja, a intenção do empregado de abandonar o emprego.*

O dispositivo em exame traz um rol não taxativo das hipóteses em que o empregado poderá deixar de comparecer ao trabalho sem que isso caracterize falta injustificada ou implique em desconto nos salários. São, portanto, situações que justificam a ausência do empregado ao trabalho.

O inciso I, autoriza a ausência do empregado, por até 2 dias consecutivos, em caso de falecimento do cônjuge, ascendente, descendente, irmão ou pessoa declarada como dependente econômico. É válido dizer que a lei não menciona o grau de parentesco para a concessão do abono das faltas de corrente de luto, de forma que o juiz não poderá estabelecer este limite, de modo que o empregado poderá se ausentar em caso de falecimento dos seus avós, bisavós, trisavós (parentes em grau ascendente) ou dos seus netos, bisnetos, trinetos (parentes em grau descendente). Os professores terão direito a 9 dias de afastamento, conforme prevê o art. 320, §3º, da CLT. A ausência de concessão do afastamento do empregado, nesta hipótese, pode configurar ato ilícito, passível de indenização por dano extrapatrimonial, conforme a doutrina vem decidindo.

- INDENIZAÇÃO POR DANOS MORAIS. AUSÊNCIA PREVISTA NO ART. 473, I, DA CLT. A não concessão da folga prevista no artigo 473, I, da CLT constitui ato ilícito ensejador de danos à esfera moral do trabalhador. (TRT-4 – AP: 00008429120145040732, 2ª Turma, Data de Publicação: 30/06/2016)
- DANOS MORAIS. CONFIGURAÇÃO. Nos termos do artigo 473, I, da CLT, o empregado poderá deixar de comparecer ao serviço, sem prejuízo do salário, até dois dias consecutivos, em caso de falecimento do cônjuge, ascendente, descendente, irmão ou pessoa que, declarada em sua CTPS, viva sob sua dependência econômica. Ficou comprovado nos autos que o reclamante foi impedido pelos superiores hierárquicos de participar dos funerais e do enterro de sua mãe. Nesse contexto, é importante frisar que a irregularidade da conduta patronal não se restringe apenas ao descumprimento da legislação trabalhista, pela inobservância do direito do empregado de deixar de comparecer ao serviço, sem prejuízo do salário, durante dois dias consecutivos. Na situação em foco, a questão deve ser analisada sob um ponto de vista mais abrangente, pois a empresa desrespeitou o momento de luto do reclamante, ignorando a última oportunidade que ele teria de se despedir da mãe, o que, por certo, aumentou o sofrimento causado pela dor da perda do ente querido. Portanto, restou configurado o dano moral. (TRT-3 – RO: 01327201203403001 M0G 0001327-49.2012.5.03.0034, Relator: Milton V.Thibau de Almeida, Quinta Turma, Data de Publicação: 10/06/2013)

No inciso II, prescreve a possibilidade de ausência do empregado por até 3 dias consecutivos, em virtude de casamento. O professor terá o período de nove dias de "licença gala". Há entendimento na jurisprudência exigindo a comunicação prévia da data do casamento ao empregador.[716] Não obstante, é possível defender a dispensa desta comunicação, haja vista a inexistência de exigência legal.

Apesar de o III prescrever um dia de afastamento em caso de nascimento de filho, no decorrer da primeira semana, o art. 10, §1º, do ADCT prevê um prazo de cinco dias de licença-paternidade. A Lei nº 11.770/2008, que regulamenta o Programa Empresa-Cidadã, possibilita a prorrogação da licença-paternidade por mais 15 dias, conforme previsto no art. 1º, inciso II, da referida Lei.

Também permite a ausência do empregado em caso de doação voluntária de sangue, por um dia; dois dias para o fim de se alistamento eleitoral; no período necessário para cumprir as exigências do Serviço Militar; nos dias que estiver realizando provas de exame vestibular para ingressar em estabelecimento de ensino superior; o tempo necessário para comparecer em juízo; pelo tempo necessário para participar de reunião oficial em organismo internacional do qual o Brasil seja membro, na qualidade de representante de entidade sindical; até dois dias para acompanhar consultas médicas e exames complementares durante o período de gravidez de sua esposa ou companheira; um dia por ano para acompanhar filho de até 6 anos em consulta médica; e até três dias, em

715 Delgado, 2019. p.1436

716 Nesse sentido o seguinte julgado: "Até pelos procedimentos peculiares a qualquer matrimônio, ninguém "se casa de uma hora para a outra". Por isso que, para se valer da faculdade que lhe confere o art. 473, inciso II, da CLT, o trabalhador deve comunicar ao empregador, com a necessária antecedência, os dias em que não comparecerá ao serviço, em virtude de seu casamento". (TRT-1 – RO: 00104979620155010001 RJ, Relator: ROQUE LUCARELLI DATTOLI, Data de Julgamento: 12/09/2017, Oitava Turma, Data de Publicação: 16/09/2017)

cada doze meses de trabalho, em caso de realização de exames preventivos de câncer devidamente comprovada.

JURISPRUDÊNCIA

▶ ABONO POR LUTO. GRAU DE PARENTESCO. Nos termos do art. 473, I, da CLT, o empregado poderá deixar de comparecer ao serviço, sem prejuízo do salário, até dois dias consecutivos, em caso de falecimento do cônjuge, ascendente, descendente, irmão ou pessoa que, declarada em sua CTPS, viva sob sua dependência econômica. A norma legal não restringe o abono por luto a determinados graus hereditários. Como a CLT não faz referência ao grau de parentesco, o direito não é limitado sob esse aspecto (se a lei não impõe limite ao direito, não cabe ao intérprete fazê-lo). Portanto, sendo o avô do reclamante seu parente em grau ascendente, ele faz jus ao abono. (TRT-3 – RO: 01998201100903001 MG 0001998-84.2011.5.03.0009, Relator: Olivia Figueiredo Pinto Coelho, Nona Turma, Data de Publicação: 06/02/2013)

▶ DEVOLUÇÃO DE DESCONTO. A Autora trouxe aos autos cópia da certidão de óbito de seu pai e o "print" da tela "Fale com o RH", na qual informa à Ré o falecimento de seu pai e solicita ajuda para anexar a certidão de óbito, a fim de abonar suas faltas. E, em resposta, obteve apenas a seguinte mensagem da empresa: "Agradecemos pelo contato. Equipe Fale com o RH."Justificada a ausência, a autora faz jus a devolução de dois (02) dias descontados e o repouso, nos termos do art. 473, I da CLT. Dou parcial provimento. (TRT-1 – RO: 01013533820175010001 RJ, Relator: MARIO SERGIO MEDEIROS PINHEIRO, Data de Julgamento: 12/03/2019, Primeira Turma, Data de Publicação: 14/04/2019)

▶ ABONO POR LUTO. GRAU DE PARENTESCO. Nos termos do art. 473, I, da CLT, o empregado poderá deixar de comparecer ao serviço, sem prejuízo do salário, até dois dias consecutivos, em caso de falecimento do cônjuge, ascendente, descendente, irmão ou pessoa que, declarada em sua CTPS, viva sob sua dependência econômica. A norma legal não restringe o abono por luto a determinados graus hereditários. Como a CLT não faz referência ao grau de parentesco, o direito não é limitado sob esse aspecto (se a lei não impõe limite ao direito, não cabe ao intérprete fazê-lo). Portanto, sendo o avô do reclamante seu parente em grau ascendente, ele faz jus ao abono. (TRT-3 – RO: 01998201100903001 MG 0001998-84.2011.5.03.0009, Relator: Olivia Figueiredo Pinto Coelho, Nona Turma, Data de Publicação: 06/02/2013)

▶ JUSTA CAUSA. DESÍDIA. CARACTERIZAÇÃO. Resta caracterizada a desídia e, consequentemente, válida a dispensa por justa causa, quando dos elementos dos autos se extraem diversas faltas não justificadas, atrasos e punições, culminando com a confissão do empregado de que extrapolou em dois dias a licença a que teria direito por força do inciso I do artigo 473, da CLT, sem qualquer justificativa. (TRT-1 – RO: 01021049720175010074 RJ, Relator: MARIA HELENA MOTTA, Data de Julgamento: 22/05/2018, Gabinete da Juíza Convocada Maria Helena Motta, Data de Publicação: 26/05/2018)

▶ DANOS MORAIS. LICENÇA-PATERNIDADE. IMPOSSIBILIDADE DE FRUIÇÃO. ART. 7º, XIX, DA CONSTITUIÇÃO DA REPÚBLICA. DIREITO FUNDAMENTAL VIOLADO. INDENIZAÇÃO DEVIDA. Conforme a previsão contida no art. 473, III, da CLT, e art. 10, § 1º, do ADCT, o trabalhador tem direito a se ausentar do trabalho sem prejuízo de seu salário, por 5 dias, em caso de nascimento de filho, no decorrer da primeira semana. Direito fundamental do empregado que busca a efetivação da proteção constitucional ao núcleo familiar. Conduta abusiva empresarial que nega tal direito, a agredir, indubitavelmente, a esfera íntima do trabalhador, causando sofrimento no âmbito psíquico e emocional e atingindo sua dignidade. Impositiva a condenação do empregador no pagamento de indenização por danos morais. (TRT-4 – ROT: 00206622620195040731, Data de Julgamento: 22/10/2020, 8ª Turma)

▶ AUSÊNCIA AO TRABALHO EM RAZÃO DE DOENÇA DE FILHO. DEVOLUÇÃO DOS DESCONTOS. Não existe obrigação legal para o abono de faltas em caso de internação de filho de empregado, restringindo-se a CLT no art. 473, inciso XI a disciplinar a falta "por 1 (um) dia por ano para acompanhar filho de até 6 (seis) anos em consulta médica. (Incluído dada pela Lei nº 13.257, de 2016)". Como a situação envolve a saúde e a vida do menor, em relação ao qual o dever de zelo é da família, da sociedade em geral e do Poder Público, não há como deixar de mencionar tal previsão no Estatuto da Criança e do Adolescente (ECA) lei nº 8.069/1990, que no artigo 2º considera criança a pessoa até 12 anos de idade, assim como os artigos 1.634, II e 1.638, II, o Código Civil Brasileiro. A prova documental produzida pela parte autora através do atestado médico noticiou a internação da filha da reclamante, no caso, com 09 meses de vida, motivo pelo qual a empregadora deverá devolver os descontos dos dias, efetuados por ocasião da rescisão contratual. Recurso parcialmente provido (TRT-1 – RO: 00105147620155010246 RJ, Relator: MARCELO ANTERO DE CARVALHO, Data de Julgamento: 04/10/2017, Gabinete do Desembargador Marcelo Antero de Carvalho, Data de Publicação: 21/10/2017)

▶ FALTA JUSTIFICADA. DESCONTO SALARIAL INDEVIDO. RESTITUIÇÃO. Comprovado que a Autora se ausentou justificadamente do trabalho para acompanhar seu filho menor de 6 anos em consulta médica, na forma do art. 473, XI, da CLT, devem ser restituídos os valores indevidamente descontados do salário obreiro em razão da referida falta. Recurso ordinário da Reclamante conhecido e desprovido. Recurso ordinário da Reclamada conhecido e desprovido. (TRT-10 – RO: 00008509320185100010 DF, Data de Julgamento: 08/05/2020, Data de Publicação: 13/05/2020)

▶ FALTA AO TRABALHO PARA ACOMPANHAMENTO DE FILHO MENOR DOENTE. Embora o artigo 473, XI, da CLT, autorize o trabalhador a ausentar-se do trabalho apenas uma vez por ano para acompanhamento de filho menor em consulta médica, é certo que, em caso de necessidade de acompanhamento de filho em tratamento, eventuais faltas ao trabalho devem ser abonadas em respeito aos princípios da boa-fé, dignidade humana e valor social do trabalho. Não se mostra razoável que em caso de doença de filho menor os pais não possam se ausentar poucos dias de trabalho para lhe prestar a assistência devida. (TRT-1 – RO: 00110755720145010207 RJ, Relator: VALMIR DE ARAUJO CARVALHO, Data de Julgamento: 30/11/2016, Segunda Turma, Data de Publicação: 25/04/2017)

Art. 474 – A suspensão do empregado por mais de 30 (trinta) dias consecutivos importa na rescisão injusta do contrato de trabalho.

COMENTÁRIOS (ART. 474)

O poder disciplinar do empregador permite ao empregador aplicar sanções aos empregados, entre elas a advertência, a suspensão e a justa causa.

A advertência, embora não prevista em lei, é a penalidade mais branda que o empregador poderá aplicar ao empregado. Tem o escopo apenas de admoestar o empregado, por isso, poderá ser verbal ou escrita.

A suspensão de outro lago é uma punição mais severa do que a advertência, na qual o empregado deixa de trabalhar e tem o período descontado dos salários. O empregado poderá ser suspenso por até 30 dias. Se exceder esse prazo, o contrato de trabalho será considerado extinto sem justo motivo.

Noutro giro, a dispensa por justa causa é a pena máxima aplicável ao empregado, ocasionando a ruptura do contrato de trabalho, além da perda de certas parcelas trabalhistas.

JURISPRUDÊNCIA

▶ ATIVIDADE SINDICAL. EXCESSOS NO EXERCÍCIO. PUNIÇÃO LÍCITA. ART. 474, DA CLT. Os direitos ligados à sindicalização e à greve detêm status de direito fundamental, pois assegurados nos arts. 8º e 9º, da CF. Todavia, o respectivo exercício somente é lícito se ocorrido dentro da moldura legal, que rechaça a depredação de patrimônio público ou privado, ou o emprego de violência e/ou ameaça, em qualquer

Decreto-Lei 5.452/1943

manifestação social. Na hipótese, o conjunto probatório atestou que o recorrente agiu com excesso na expressão das reivindicações da categoria a que pertence, gerando o direito do recorrido de puni-lo, por descumprimento de obrigações provenientes do seu contrato de trabalho. Logo, há respaldo jurídico para a aplicação da pena de suspensão, prevista no art. 474 consolidado. Recurso ordinário autoral a que se nega provimento. (TRT-6 – RO: 00003885920145060020, Data de Julgamento: 24/11/2016, Primeira Turma)

▶ Justa causa. Abandono de emprego. Configuração. Abandono de emprego é o término de uma relação de emprego por iniciativa do empregado. A configuração da falta exige a satisfação de três pressupostos, ao mesmo tempo: que exista uma obrigação de prestar serviço (o contrato de trabalho deve estar em vigor e não suspenso ou interrompido), que o empregado se ausente ao trabalho e que essa ausência seja prolongada. Se houver um determinado número de faltas, retomada do trabalho e posterior ausência de outros tantos dias, esvai-se a continuidade das faltas e não há abandono. O que importa para a configuração do abandono é a intenção de não mais voltar ao trabalho. Presume-se essa intenção pela ausência continuada e sem justificativa ao serviço. A lei não fixa esse tempo. Por analogia ao art. 474 da CLT os tribunais fixaram em trinta dias. Esse artigo trata da suspensão disciplinar do empregado onde há perda de salário dos dias relativos à suspensão. Diz que a suspensão do empregado por mais de trinta dias consecutivos, com perda de salário, importa em rescisão do contrato de trabalho. (TRT-1 – RO: 00107992520155010002, Relator: JOSE GERALDO DA FONSECA, Data de Julgamento: 28/09/2016, Segunda Turma, Data de Publicação: 05/10/2016)

▶ RECURSO DO RÉU. DEMISSÃO POR JUSTA OU INJUSTA CAUSA. PRAZO MÁXIMO DE SUSPENSÃO DO EMPREGADO. ART. 474 DA CLT. FALTA DE IMEDIATIDADE NA RESILIÇÃO DO CONTRATO DE TRABALHO, APESAR DE CONFIRMAÇÃO DA FALTA PELO EMPREGADO-INVESTIGADO. Acorde com a prova carreada aos autos tenho como irregular o desligamento do autor por pretensa justa causa (improbidade art. 482, letras a, b e h, da CLT), tal qual depreendido pelo juízo de origem. Sabe-se que é assegurado a todos, no âmbito judicial e também administrativo, a razoável duração do processo ou procedimento, e os meios que garantam a celeridade da sua tramitação (inc. LXXVIII, do art. 5º, da CR/88). Apesar de o legislador constituinte não ter estabelecido o prazo da razoável exato de duração do processo, o mesmo deve obedecer ao princípio da razoabilidade, não sendo juridicamente aceitável que o trabalhador acusado da prática de improbidade seja submetido ao talante da Administração Bancária, sofrendo prejuízos de toda sorte e, apenas depois de decorridos 08 meses da constatação da falta seja desligado do cargo. Entendo também ser possível ao Judiciário estabelecer um prazo factível para que seja concluída a análise de determinado procedimento administrativo, não ultrapassável de 45 dias, até mesmo porque no caso houve confirmação do fato pelo investigado (fls. 111 e 114), o autor. Resultado diferente no julgamento, entretanto, mereceria a questão caso restasse provado que o investigado-autor apenas viesse a ser descoberto ou admitisse o desvio de conduta no fim do procedimento investigador. Nessa hipótese, sim, seria plenamente justificável que a punição se desse somente depois de encerrada a apuração de todos os fatos. Recurso não provido. [...] (TRT-23 – RO: 146201103623000 MT 00146.2011.036.23.00-0, Relator: DESEMBARGADOR OSMAIR COUTO, Data de Julgamento: 03/07/2012, 1ª Turma, Data de Publicação: 04/07/2012)

Art. 475 – O empregado que for aposentado por invalidez terá suspenso o seu contrato de trabalho durante o prazo fixado pelas leis de previdência social para a efetivação do benefício.

§ 1º – Recuperando o empregado a capacidade de trabalho e sendo a aposentadoria cancelada, ser-lhe-á assegurado o direito à função que ocupava ao tempo da aposentadoria, facultado, porém, ao empregador, o direito de indenizá-lo por rescisão do contrato de trabalho, nos termos dos arts. 477 e 478, salvo na hipótese de ser ele portador de estabilidade, quando a indenização deverá ser paga na forma do art. 497. (Redação dada pela Lei nº 4.824, de 5.11.1965)

§ 2º – Se o empregador houver admitido substituto para o aposentado, poderá rescindir, com este, o respectivo contrato de trabalho sem indenização, desde que tenha havido ciência inequívoca da interinidade ao ser celebrado o contrato.

Art. 476 – Em caso de seguro-doença ou auxílio-enfermidade, o empregado é considerado em licença não remunerada, durante o prazo desse benefício.

COMENTÁRIOS (ARTS. 475 E 476)

1. ACIDENTE DE TRABALHO E DOENÇA OCUPACIONAL

A Constituição Federal consagra a dignidade da pessoa humana, os valores sociais do trabalho a livre iniciativa como fundamentos do Estado Democrático de Direito (art. 1º, III e IV, CF), bem como o direito à saúde (art. 6º), a redução dos riscos inerentes ao trabalho, por meio de normas de saúde, higiene e segurança (art. 7º, XXII).

O art. 225, V, da Constituição Federal estabelece que "Todos têm direito ao meio ambiente ecologicamente equilibrado, bem de uso comum do povo e essencial à sadia qualidade de vida, impondo-se ao Poder Público e à coletividade o dever de defendê-lo e preservá-lo para as presentes e futuras gerações", incumbindo ao Poder Público "controlar a produção, a comercialização e o emprego de técnicas, métodos e substâncias que comportem risco para a vida, a qualidade de vida e o meio ambiente".

No âmbito do internacional as convenções nº 148, 155, 161 e 170 da Organização Internacional do Trabalho regulamentam a matéria.

O propósito dessas normas é a preservação da saúde, segurança, higiene e da vida dos trabalhadores no meio ambiente do trabalho, a fim de impedir o surgimento de doenças ocupacionais e a ocorrência de acidentes de trabalho.

O direito constitucional ao meio ambiente salubre e equilibrado é um direito fundamental individual do trabalhador, como medida protetiva à saúde, à vida, à dignidade do trabalhador, bem como um direito social ou coletivo, pois, segundo a melhor doutrina, trata-se de um direito fundamental de terceira geração.

Nessa perspectiva, o constituinte originário impôs ao empregador a adoção de medidas para a preservação da saúde, higiene e segurança do trabalhador, com o escopo de impedir o surgimento de doenças e acidentes de trabalho (art. 7º, XXII, XXIII e XXVIII, CF). No plano infraconstitucional a Consolidação das Leis do

Trabalho prevê disposições gerais e específicas acerca da segurança e medicina do trabalho (art. 154 a 201).

O art. 155 da CLT dispõe que compete ao órgão de âmbito nacional, em matéria de segurança e medicina do trabalho: a) estabelecer normas de saúde, higiene e segurança de trabalho; b) coordenar, orientar, controlar e supervisionar a fiscalização e as demais atividades relacionadas com a segurança e a medicina do trabalho em todo o território nacional, inclusive a Campanha Nacional de Prevenção de Acidentes do Trabalho; c) conhecer, em última instância, dos recursos, voluntários ou de ofício, das decisões proferidas pelos Delegados Regionais do Trabalho, em matéria de segurança e medicina do trabalho.

Atualmente a competência para regulamentar sobre segurança, medicina e saúde do trabalho é da Secretaria Especial de Previdência e Trabalho do Ministério da Economia – que incorporou a maioria das atribuições do extinto Ministério do Trabalho e Emprego.

Ainda, adverte que incumbe ao empregador o dever de estrita observância às normas de segurança e medicina do trabalho, instruir os empregados quanto às cautelas para evitar acidentes do trabalho ou doenças ocupacionais, adotar as medidas determinadas pela Secretaria Especial de Previdência e Trabalho e facilitar a realização da fiscalização pelas autoridades competentes (art. 157 da CLT), bem como fornecer equipamentos de proteção individual de forma gratuita (art. 166 da CLT).

Apesar das disposições gerais e específicas relacionadas às normas de saúde, higiene e segurança do trabalho previstas na Consolidação das Leis do Trabalho, coube à legislação previdenciária definir as situações típicas e atípicas que caracterizam acidente de trabalho e doença ocupacional.

De acordo com o art. 19 da Lei 8.213/1991 *"Acidente do trabalho é o que ocorre pelo exercício do trabalho a serviço de empresa ou de empregador doméstico ou pelo exercício do trabalho dos segurados referidos no inciso VII do art. 11 desta Lei [segurado especial], provocando lesão corporal ou perturbação funcional que cause a morte ou a perda ou redução, permanente ou temporária, da capacidade para o trabalho"*.

Esse dispositivo trata do acidente de trabalho típico ou em sentido estrito. Henrique Correia[717] conceitua o acidente típico como *"aquele que ocorre pelo exercício do trabalho a serviço de determinada empresa que venha a provocar lesão corporal ou perturbação funcional que cause a morte ou a perda ou redução da capacidade laboral"*. Explica, ainda, que a *"Lesão corporal ocorre quando o dano atinge a integridade física do indivíduo, causando-lhe um dano físico-anatômico, enquanto perturbação funcional corresponde a um dano fisiológico ou psíquico, relacionado a órgãos ou funções específicas do organismo humano, sem aparentar lesão física"*.

Sebastião Geraldo de Oliveira[718] aponta as lições do médico do trabalho Primo Brandimiller, para quem a denominação mais adequada seria *"acidente do trabalho com dano pessoal", pelas seguintes razões:*

> *"No sentido genérico, acidente é o evento em si, a ocorrência de determinado fato em virtude da conjugação aleatória de circunstâncias causais. No sentido estrito, caracteriza-se também pela instantaneidade: a ocorrência é súbita e a lesão imediata. Os acidentes ocasionam lesões traumáticas denominadas ferimentos, externos ou internos, podendo também resultar em efeitos tóxicos, infecciosos ou mesmo exclusivamente psíquicos. O acidente comporta causas e consequências, contudo não pode ser definido, genericamente, nem pelas causas nem pelas consequências.* ***As circunstâncias causais permitem classificar os acidentes em espécies:*** *acidentes do trabalho, acidentes de trânsito etc. As consequências também classificam os acidentes:* ***acidentes com ou sem danos pessoais, acidentes com ou sem danos materiais****, acidente grave, acidente fatal etc.* ***Embora o termo dano pessoal seja juridicamente mais amplo, em infortunística refere-se às consequências físicas ou psíquicas decorrentes do acidente.*** *O* ***acidente do trabalho considerado pela regulamentação legal*** *do Seguro de Acidentes do Trabalho* ***é, portanto, toda ocorrência casual, fortuita e imprevista que atende conjugadamente aos seguintes requisitos****: quanto à* ***causa****: o acidente que decorreu do exercício do trabalho a serviço da empresa – o que justifica o tipo: acidente do trabalho; quanto à* ***consequência****: o acidente que provocou lesão corporal ou perturbação funcional causando a morte ou a perda ou redução, permanente ou temporária, da capacidade para o trabalho. A denominação adequada seria acidente do trabalho com dano pessoal. Nos seguros privados fala-se em acidentes pessoais (AP). Contudo consagrou-se em infortunística o termo acidente do trabalho, que constitui uma das categorias do dano pessoal".*

Os elementos caracterizadores do acidente de trabalho típico, nas lições de Frederico Amado[719], são "o evento decorrente do trabalho a serviço do empregado doméstico, de atividade campesina ou pesqueira artesanal individualmente ou em regime de economia familiar para a subsistência, desenvolvida pelo segurado especial; a causação de lesão corporal ou funcional (psíquica); e a ocorrência de morde do segurado, redução ou perda temporária ou definitiva da capacidade laboral".

Concluímos, portanto, que o acidente de trabalho será caracterizado quando houver um evento danoso, decorrente do exercício do trabalho a serviço do empregador – inclusive o empregador doméstico – que provoque um dano à integridade física, fisiológica ou psíquica do trabalhador, de forma transitória ou permanente, bem como a morte ou incapacidade laboral (total ou parcial).

717 CORREIA, Henrique. Direito do Trabalho. 4 ed. – Salvador: Juspodivm, 2018.

718 Sebastião Geraldo de Oliveira. Indenização por Acidente de Trabalho ou Doença Ocupacional. – 8ª ed. – São Paulo: LTr, 2014.

719 Frederico Amado. Curso de Direito e Processo Previdenciário. 13ª ed. – Salvador: Juspodivm, 2020.

Decreto-Lei 5.452/1943

2. DOENÇA OCUPACIONAL

Segundo a legislação previdenciária, também caracterizará o acidente de trabalho quando o trabalhador estiver acometido de comorbidade ocupacional, ou seja, doença ocupacional, que guardam nexo com o desempenho da atividade laborativa[720].

A doença ocupacional é gênero de enfermidades produzidas ou desencadeadas pelo exercício do trabalho. A doença profissional (ou tecnopatia ou egopatia ou doença ocupacional típica) e a doença do trabalho (ou mesopatia ou doença ocupacional atípica), são espécies de doença ocupacional (art. 20 da Lei 8.213/1991), conforme explica o jurista Frederico Amado:

> *"As doenças ocupacionais se dividem em: A) **Doença profissional ou tecnopatia ou ergopatia** – a produzida ou desencadeada pelo exercício do trabalho peculiar a determinada atividade e constante da respectiva relação elaborada pelo Ministério da Previdência Social (competência atualmente exercida pelo Ministério da Economia ante a extinção do Ministério da Previdência Social); B) **Doença do trabalho ou mesopatia** – a adquirida ou desencadeada em função de condições especiais em que o trabalho é realizado e com ele se relacione diretamente, constante da relação acima mencionada".*

A doença profissional, portanto, é aquela desencadeada pelo exercício de determinada profissão, ou seja, a patologia é produzida pela execução da profissão que se reveste de peculiaridades. Podemos citar como exemplo o surgimento de bronquite química aguda em profissionais que exercem a profissão de operador ou mestre de galvanoplastia, geralmente expostos à agentes químicos prejudiciais à saúde.

De outro lado, temos doenças do trabalho, cuja origem não está relacionada diretamente com o desempenho de uma atividade profissional, mas, sim, a condições específicas do ambiente de trabalho. Podemos citar como exemplo o trabalhador que está exposto a ruído acima níveis de tolerância e perde ou tem reduzida a sua capacidade auditiva[721].

Tupinambá do Nascimento (apud Oliveira, 2014) ressalta que nas doenças profissionais *"a relação – da patologia – com o trabalho é presumida juris et de jure, inadmitindo prova em sentido contrário. Basta comprovar a prestação do serviço na atividade e o acometimento da doença profissional"*[722]. As doenças do trabalho, ao contrário, dependem da demonstração da relação entre o desenvolvimento da enfermidade e as condições especiais em que o trabalho foi realizado.

As doenças profissionais e do trabalho estão relacionadas no Anexo II do Decreto 3.048/1999.

A Lei Complementar 150/2015 passou a prever a possibilidade de caracterização do acidente de trabalho ou doença ocupacional no âmbito da relação de trabalho doméstico (art. 37), cabendo ao empregador, inclusive, o recolhimento de contribuição social para financiamento do seguro contra acidentes do trabalho, em percentual de 0,8% (oito décimos por cento).

Além das referidas hipóteses, §2º do art. 20 da Lei 8.213/91 estabelece que *"Em caso excepcional, constatando-se que a doença não incluída na relação prevista nos incisos I e II deste artigo resultou das condições especiais em que o trabalho é executado e com ele se relaciona diretamente, a Previdência Social deve considerá-la acidente do trabalho"*.

A legislação previdenciária excluiu algumas patologias do rol de doenças do trabalho (§1º do art. 20 da Lei 8.213/91). São elas: a) a doença degenerativa; b) a doença inerente a grupo etário; c) a doença que não produza incapacidade laborativa; d) a doença endêmica.

Henrique Correia explica que a **doença degenerativa** *"tem como causa uma deficiência do próprio indivíduo que, com o passar do tempo, se torna uma doença. Não há nexo com o trabalho desenvolvido, mas com a própria constituição da pessoa"*[723].

Quanto a **doença inerente a grupo etário** esclarece que *"pessoas de certas idades estão propensas ao desenvolvimento de algumas doenças que não são frutos do trabalho, por exemplo, a osteoporose"*.[724]

As **doenças que não resultem na incapacidade laborativa** são aquelas que não impedem o trabalhador de exercer atividade profissional e habitual. A esse respeito o Manual Técnico de Perícia Médica Previdenciária do Instituto Nacional do Seguro Social, define a incapacidade laborativa como "a impossibilidade de desempenho das funções específicas de uma atividade, função ou ocupação habitualmente exercida pelo segurado, em consequência de alterações morfopsicofisiológicas provocadas por doença ou acidente" [725].

Ainda, aponta que o conceito de incapacidade é classificado quanto ao grau, à duração e à profissão desempenhada. Vejamos.

> *"Quanto ao **grau**, a incapacidade laborativa pode ser: I – **parcial**: limita o desempenho das atribuições do cargo, sem risco de morte ou de agravamento, embora não permita atingir a meta de rendimento alcançada em condições normais; ou II – **total**: gera impossibilidade de desempenhar as atribuições do cargo, função ou emprego. Quanto à **duração**, a incapacidade laborativa pode ser: I – **temporária**: para a qual se pode esperar recuperação dentro de prazo previsível; ou*

---

[720] Idem. Amado, 2020.

[721] A Súmula 32 da TNU sedimentou o entendimento de que "O tempo de trabalho com exposição a ruído é considerado especial, para fins de conversão em comum, nos seguintes níveis: superior a 80 decibéis, na vigência do decreto nº. 53.831/64; superior a 90 decibéis, a partir de 5 de março de 1997, na vigência do Decreto nº. 2.172/1997; superior a 85 decibéis, a partir da edição do Decreto n. 4.882, de 18 de novembro de 2003".

[722] Idem. Oliveira, 2014.

[723] Idem. CORREIA, 2018.

[724] Idem. CORREIA, 2018.

[725] Instituto Nacional do Seguro Social. Manual Técnico de Perícia Médica Previdenciária. – Brasília, 2018

*II – **indefinida**: é aquela insuscetível de alteração em prazo previsível com os recursos da terapêutica e reabilitação disponíveis à época. Quanto à **profissão**, a incapacidade laborativa pode ser: I – **uniprofissional**: aquela que alcança apenas uma atividade, função ou ocupação específica; II – **multiprofissional**: aquela que abrange diversas atividades, funções ou ocupações profissionais; ou III – **omniprofissional**: aquela que implica na impossibilidade do desempenho de toda e qualquer atividade função ou ocupação laborativa, sendo conceito essencialmente teórico, salvo quando em caráter transitório".* [726]

Caso não haja impedimento para o exercício da atividade profissional, portanto, a enfermidade não será considerada doença do trabalho.

Não serão enquadradas como doença ocupacional a doença endêmica adquirida por segurado habitante de região em que ela se desenvolva, salvo comprovação de que é resultante de exposição ou contato direto determinado pela natureza do trabalho.

3. ACIDENTE DE TRABALHO POR EQUIPARAÇÃO

A legislação prevê, ainda, as situações que se equiparam ao acidente de trabalho, isto é, eventos acidentários não incluídos no conceito típico de acidente de trabalho, previstos no art. 21 da Lei 8.213/91. Vejamos:

Art. 21. Equiparam-se também ao acidente do trabalho, para efeitos desta Lei:

*I – **o acidente ligado ao trabalho que, embora não tenha sido a causa única, haja contribuído diretamente** para a morte do segurado, para redução ou perda da sua capacidade para o trabalho, ou produzido lesão que exija atenção médica para a sua recuperação;*

II – o acidente sofrido pelo segurado no local e no horário do trabalho, em consequência de:

a) ato de agressão, sabotagem ou terrorismo praticado por terceiro ou companheiro de trabalho;

*b) **ofensa física intencional, inclusive de terceiro**, por motivo de disputa relacionada ao trabalho;*

c) ato de imprudência, de negligência ou de imperícia de terceiro ou de companheiro de trabalho;

d) ato de pessoa privada do uso da razão;

e) desabamento, inundação, incêndio e outros casos fortuitos ou decorrentes de força maior;

III – a doença proveniente de contaminação acidental do empregado no exercício de sua atividade;

IV – o acidente sofrido pelo segurado ainda que fora do local e horário de trabalho:

a) na execução de ordem ou na realização de serviço sob a autoridade da empresa;

*b) na **prestação espontânea de qualquer serviço à empresa** para lhe evitar prejuízo ou proporcionar proveito;*

*c) em **viagem a serviço da empresa**, inclusive para estudo quando financiada por esta dentro de seus planos para melhor capacitação da mão-de-obra, independentemente do meio de locomoção utilizado, inclusive veículo de propriedade do segurado;*

*d) **no percurso da residência para o local de trabalho ou deste para aquela**, qualquer que seja o meio de locomoção, inclusive veículo de propriedade do segurado.*

*§ 1º Nos **períodos destinados a refeição ou descanso, ou** por ocasião da satisfação de **outras necessidades fisiológicas**, no local do trabalho ou durante este, o empregado é considerado no exercício do trabalho.*

§ 2º Não é considerada agravação ou complicação de acidente do trabalho a lesão que, resultante de acidente de outra origem, se associe ou se superponha às consequências do anterior.

Assim, além das situações típicas de acidente de trabalho, a Lei Previdenciária indica um rol de situações atípicas que equivalem ao acidente de trabalho tradicional.

O Tribunal Superior do Trabalho reconheceu a responsabilidade de uma empresa pelo acidente de moto – acidente enquadrado como "de trajeto" – sofrido por um promotor de vendas durante o retorno para a sua residência. No caso, o Tribunal reconheceu a responsabilidade objetiva do empregador, visto que a atividade desenvolvida com o uso de motocicleta é considerada perigosa, na forma do art. 193, §4º, da CLT[727].

Também, restou configurada a responsabilidade do empregador pelos danos morais e materiais sofridos pelos pais de um vendedor de veículos que morreu em acidente, ao retornar para sua cidade no automóvel vendido a um morador de outra cidade. O TST considerou que o deslocamento em rodovias gera um risco potencial ao trabalhador, em razão dos elevados números de acidentes de trânsito e da precariedade das estradas nacionais[728].

A Primeira Turma do Tribunal Superior do Trabalho (TST) não conheceu do recurso de revista apresentado pela Empresa Brasileira de Correios e Telégrafos (ECT), no qual foi condenada a indenizar em R$ 20 mil, por dano moral, um empregado acidentado no desabamento do edifício onde funcionava a agência na qual ele trabalhava, no Município de Içara, em Santa Catarina. A Turma destacou que o empregador deve zelar pelo ambiente de trabalho, adotar medidas de segurança e saúde, além de propiciar ambiente de trabalho seguro, a fim de prevenir tragédias[729].

4. NEXO CAUSAL E CONCAUSALIDADE

Conceitualmente o nexo de causalidade é o elo que une a conduta positiva ou negativa de uma determinado agente ao dano.

Existem três teorias que buscam explicar o nexo de causalidade: **a) teoria da equivalência de condições**

726 *Idem. Instituto Nacional do Seguro Social, 2018*

727 Fonte: TST – (https://www.tst.jus.br/web/guest/-/uso-de-motocicleta-propria-nao-afasta-direito-de-promotor-a-indenizacao-por-aciden-1?inheritRedirect=true) – acessado em 26/11/2020.

728 Processo nº RR-801-28.2014.5.12.0013 - Fonte: TST – Notícias: Concessionária é responsabilizada por acidente de trânsito que vitimou vendedor – acessado em 26/11/2020.

729 Fonte: TST – (https://www.tst.jus.br/web/guest/-/correios-indenizara-empregado-acidentado-em-desabamento-do-predio-da-agencia-onde-trabalhava?inheritRedirect=true) – acessado em 26/11/2020.

– todos os fatores causais que antecedem o dano teriam relação com o resultado; **b) teoria da causalidade adequada** – a causa são fatores causais antecedentes capazes de gerar o resultado, ou seja, nem todas as causas produzem o resultado, mas somente as causas mais adequadas; **c) teoria da causalidade direta ou imediata** (interrupção do nexo causal) – são os fatores que ligam diretamente ou indiretamente a conduta ao resultado[730].

O nexo de causalidade do acidente de trabalho, nas lições de Carlos Alberto Pereira de Castro e João Batista Lazzari é "o vínculo fático que liga o efeito (incapacidade para o trabalho ou morte) à causa (acidente de trabalho ou doença ocupacional). Decorre de uma análise técnica, a ser realizada, obrigatoriamente, por médico perito ou junta médica formada por peritos nesta matéria" [731].

Na mesma toada Henrique Correia aponta que "Para a configuração da responsabilidade do empregador pro acidente de trabalho, é indispensável a causalidade entre a conduta do empregador e o dano sofrido pelo empregado. Essa conduta deve ser a causa do dano do empregado"[732].

São, portanto, fatores conexos à relação de trabalho que unem a conduta (ação ou omissão) praticada pelo empregador ou seus prepostos à morte ou incapacidade (dano) causado ao trabalhador, de modo que se não tiver pertinência com a relação de trabalho o empregador não poderá ser responsabilizado por eventual dano sofrido pelo empregado.

De acordo com o art. 21-A da Lei 8.213/91 "A perícia médica do Instituto Nacional do Seguro Social (INSS) considerará caracterizada a natureza acidentária da incapacidade quando constatar ocorrência de **nexo técnico epidemiológico entre o trabalho e o agravo, decorrente da relação entre a atividade da empresa ou do empregado doméstico e a entidade mórbida motivadora da incapacidade elencada na Classificação Internacional de Doenças (CID)**, em conformidade com o que dispuser o regulamento".

O Decreto 3.048/ é ainda mais específico, exigindo o liame entre a atividade da empresa e a entidade mórbida motivadora da incapacidade elencada na Classificação Internacional de Doenças – CID prevista na Lista C do Anexo II deste Regulamento, para a configuração do nexo técnico epidemiológico (art. 337, §3º).

Ainda, é pertinente destacar novamente as lições de Castro e Lazzari[733]. Vejamos.

> *"O nexo técnico previdenciário está, a partir de então, dividido em três espécies: a)* ***nexo técnico profissional ou do trabalho*** *– fundamentado nas associações entre patologias e exposições constantes das* ***listas A e B do Anexo II do Decreto nº 3.048/1999****; b)* ***nexo técnico por doença equiparada*** *a acidente de trabalho – decorrente de acidentes de trabalho típicos ou de trajeto, bem como de condições especiais em que o trabalho é realizado e com ele relacionado – ocorrência de Nexo Técnico por Doença Equiparada a Acidente do Trabalho* ***(NTDE-AT)*** *– implica a* ***análise individual do caso****, mediante o* ***cruzamento de todos os elementos*** *levados ao conhecimento do médico perito* ***da situação geradora da incapacidade e a anamnese****; c)* ***nexo técnico epidemiológico previdenciário (NTEP)*** *– aplicável quando houver significância estatística da* ***associação entre o código da*** *Classificação Internacional de Doenças* ***(CID), e*** *o da Classificação Nacional de Atividade Econômica* ***(CNAE),*** *na parte inserida pelo Decreto n. 6.957/2009, na* ***lista C do Anexo II do Decreto n. 3.048/1999".***

Reconhecido o nexo causal entre o trabalho e o agravo pelo médico-perito do Instituto Nacional do Seguro Social (INSS) o empregador poderá impugná-lo, cabendo, inclusive, recurso com efeito suspensivo, da empresa, do empregador doméstico ou do segurado ao Conselho de Recursos da Previdência Social (art. 21-A, §2º, da Lei 8.213/91).

É possível, ainda, a caracterização do acidente de trabalho se o exercício do trabalho tiver atuado como concausa, ou seja, o acidente ligado ao trabalho que, embora não tenha sido a causa única, haja contribuído diretamente para a morte do segurado, para redução ou perda da sua capacidade para o trabalho, ou produzido lesão que exija atenção médica para a sua recuperação, na forma do art. 21, I, da Lei 8.213/91.

Nas palavras de Sérgio Cavalieri Filho (apud Gagliano e Pamplona Filho, 2017)[734] a concausa trata-se de "outra causa que, juntando-se à principal, concorre para o resultado. Ela não inicia nem interrompe o nexo causal, apenas o reforça, tal como um rio menor que deságua em outro maior, aumentando-lhe o caudal".

Desta feita, se o desempenho da atividade profissional não for a única causa, mas contribuir para a morte ou incapacidade do trabalhador, restará caracterizado o acidente de trabalho.

O empregado que sofreu acidente do trabalho tem garantida, pelo prazo mínimo de doze meses, a manutenção do seu contrato de trabalho na empresa, após a cessação do auxílio-doença acidentário, independentemente de percepção de auxílio-acidente, conforme determina o art. 118 da Lei 8.213/1991.

O art. 7º, inc. XXVIII da CF, prevê seguro contra acidentes de trabalho, a cargo do empregador, sem excluir a indenização a que este está obrigado, quando incorrer em dolo ou culpa. Ainda, o 114, inciso I, da CF, afirma que compete à Justiça do Trabalho processar e julgar as ações oriundas da relação de trabalho.

Verifica-se, da leitura dos referidos dispositivos, que a responsabilização do empregador em decorrência do acidente de trabalho independe da relação

730 Pablo Stolze Gagliano, Rodolfo Pamplona Filho. Novo curso de direito civil, v. 3: responsabilidade civil – 15. ed. – São Paulo: Saraiva, 2017.

731 Carlos Alberto Pereira de Castro; João Batista Lazzari. Manual de Direito Previdenciário – 23. ed. – Rio de Janeiro: Forense, 2020.

732 Idem. CORREIA, 2018.

733 Idem. Castro e Lazzari, 2020.

734 Idem. Gagliano e Pamplona Filho, 2017.

jurídica previdenciária entre o empregado e a autarquia previdenciária. De modo, eventuais danos materiais e morais devem ser reparados se decorrer de conduta (dolosa ou culposa) praticada no âmbito da relação de trabalho, independentemente de responsabilização da autarquia previdenciária na outra esfera do Direito.

O Tribunal Superior do Trabalho pacificou o entendimento, na Súmula 378, de que os pressupostos para a concessão da estabilidade são: a) o afastamento superior a 15 dias; e b) a consequente percepção do auxílio-doença acidentário.

Em se tratando de doença ocupacional é possível o reconhecimento do acidente de trabalho, mesmo se constatada após a despedida, desde que guarde relação de causalidade com a execução do contrato de emprego. Neste caso é considerado como dia do acidente a data do início da incapacidade laborativa para o exercício da atividade habitual, o dia da segregação compulsória, ou o dia em que for realizado o diagnóstico.

A Súmula 278 do STJ estabelece que "O termo inicial do prazo prescricional, na ação de indenização, é a data em que o segurado teve ciência inequívoca da incapacidade laboral".

Entretanto, vale dizer que existe entendimento no âmbito do TST de que se o diagnóstico se der **muitos anos após a extinção do vínculo de emprego, a depender da patologia incapacitante, não se mostra razoável reconhecer que a ciência da lesão só se deu no momento da perícia,** conforme informativo 91 abaixo transcrito:

> *Doença ocupacional. Laudo pericial emitido há mais de vinte anos da extinção do contrato de trabalho. Prescrição. Marco inicial. Não adoção do momento da ciência da lesão. Regra geral, considera-se como marco inicial da prescrição o momento do conhecimento da lesão. Todavia, na hipótese em que o laudo pericial que constatou a incapacidade auditiva decorrente da longa exposição do empregado a ruídos sem a utilização de equipamentos de proteção foi emitido mais de vinte anos após a rescisão do contrato de trabalho, não se mostra razoável reconhecer que a ciência da lesão só se deu no momento da perícia, ainda mais quando as provas dos autos evidenciam conduta que visa burlar o instituto da prescrição, mediante o ajuizamento em massa de reclamações trabalhistas por ex-empregados da mesma empresa, todas lastreadas em laudos periciais elaborados muitos anos após a extinção do vínculo de emprego. Com esses fundamentos, a SBDI-I, por unanimidade, conheceu dos embargos interpostos pela reclamada, por divergência jurisprudencial, e, no mérito, deu-lhes provimento para declarar a prescrição total, julgando improcedente a reclamação trabalhista. TST-E-RR-56600-22.2008.5.04.0811, SBDI-I, rel. Min. Aloysio Corrêa da Veiga, 2.10.2014*

Luciano Martinez[735] faz importantes anotações acerca da garantia provisória do empregado acidentado:

> *1º) Somente o "segurado que sofreu acidente do trabalho" é destinatário dessa proteção. É bom anotar que o acidente do trabalho é um acontecimento fortuito e infortunoso, que decorre direta ou indiretamente do exercício de atividades ocupacionais e que provoca lesão corporal ou perturbação funcional capazes de levar o trabalhador à morte ou à perda/redução, permanente ou temporária, da sua capacidade laborativa. [...] Deixa-se evidente, assim, a existência de duas esferas de possível responsabilização em face dos acidentes do trabalho: a de responsabilização securitária social (em regra, objetiva), que é imposta à entidade previdenciária em prol dos segurados que, por força de lei, venham a ser enquadrados como passíveis de acidentes de trabalho, e a de responsabilidade civil-trabalhista (em regra, subjetiva), que é imposta aos tomadores de serviços em benefício dos trabalhadores que tenham sofrido danos materiais ou morais decorrentes de acidente de qualquer natureza ou causa. A responsabilidade securitária social pode ser discutida judicialmente contra os órgãos da previdência social perante a Justiça Comum, nas Varas de Acidentes do Trabalho; a responsabilidade civil-trabalhista pode ser questionada contra os tomadores de serviços perante a Justiça do Trabalho, nas Varas do Trabalho. [...] 2º) Embora o texto de lei mencione expressamente a situação de percepção e cessação do "auxílio-doença acidentário", não é razoável excluir dessa proteção o segurado que se afastou do trabalho e a ele retornou em virtude de "aposentadoria por invalidez acidentária". [...] 3º) A estabilidade prevista no art. 118 da Lei n. 8.213/91 protege indistintamente os empregados submetidos a contrato de trabalho por tempo determinado e por tempo indeterminado. [...] 4º) Essa garantia de emprego, em rigor, não socorre os servidores públicos temporários exercentes de cargos em comissão. [...] 5º) A estabilidade prevista no art. 118 da Lei n. 8.213/91 pressupõe, em regra, o recebimento do auxílio-doença acidentário (B-91). [...] 6º) Diante de relações de emprego simultâneas, a responsabilidade pelo acidente do trabalho é, em regra, da empresa que produziu o evento acidentário".*

Assim, é requisito indispensável ao reconhecimento da estabilidade acidentária o afastamento por período superior a 15 dias, bem como a percepção de auxílio-doença acidentário (B-91), atualmente denominado pela legislação previdenciária de auxílio por incapacidade temporária por acidente de trabalho. Também, é possível a caracterização caso o empregado esteja em gozo de aposentadoria por incapacidade permanente (antiga aposentadoria por invalidez) ou auxílio-acidente, ambos por acidente de trabalho. Se os benefícios decorrerem de acidente de outra natureza ou de doença não relacionada ao trabalho, receberão a denominação de aposentadoria, auxílio-doença ou acidente "previdenciário".

5. ENQUADRAMENTO DA COVID-19 COMO DOENÇA OCUPACIONAL

A COVID-19 é uma doença infecciosa respiratória ocasionada pelo novo coronavírus, cientificamente denominado de Sars-Cov-2. Pertence a uma ampla família de vírus que provoca diversas complicações, desde um resfriado comum a sintomas graves, complicações e mortes.

Segundo a Organização Mundial da Saúde *"as complicações que levam à morte podem incluir insuficiência*

[735] Luciano Martinez. Curso de direito do trabalho – 11. ed. – São Paulo: Saraiva Educação, 2020.

respiratória, síndrome do desconforto respiratório agudo (SDRA), sepse e choque séptico, tromboembolismo e / ou insuficiência de múltiplos órgãos, incluindo lesão do coração, fígado ou rins".[736]

Qualquer pessoa pode adoecer com COVID-19, apresentar quadro grave ou evoluir para óbito. Porém, correm o maior risco de contrair doenças graves decorrentes do COVID-19 às pessoas com idade igual ou superior a 60 (sessenta) anos e aqueles com alguma comorbidade – a exemplo, problemas cardíacos, pulmonares, diabetes.

Os principais sintomas são: febre, tosse seca e fadiga. Em casos menos comuns ocorre a perda de olfato ou paladar, congestão nasal, conjuntivite, dor de garganta, dor de cabeça, dores musculares ou articulares, náusea ou vômito, diarreia. Já os sintomas mais graves da doença incluem falta de ar, perda de apetite, confusão, dor persistente ou pressão no peito e alta temperatura, dentre outros.[737]

A Organização Mundial da Saúde (OMS) foi notificada em 31 de dezembro de 2019 sobre um grupo de casos de pneumonia viral surgida na cidade de Wuhan, província de Hubei, na República Popular da China. As autoridades sanitárias apontaram que se tratava de uma subespécie do coronavírus, o Sars-Cov-2, responsável por desencadear a doença COVID-19.

Devido ao potencial risco à saúde pública internacional, em 30 de janeiro de 2020, a Organização Mundial da Saúde (OMS) classificou o novo coronavírus como um surto e declarou o estado de Emergência de Saúde Pública de Importância Internacional, considerado o nível mais elevado de alerta do órgão internacional, nos termos do Regulamento Sanitário Internacional.

No dia 11 de março de 2020, devido a rápida disseminação do vírus, por diversos países, a COVID-19 foi classificada pela OMS como uma pandemia. O vocábulo "pandemia" é mais abrangente do que os termos "surto" e "epidemia". Caracteriza-se quando o surto da doença tem distribuição geográfica internacional, de forma alargada, vasta e simultânea.

A epidemia, de outro lado, se configura com o surgimento de uma enfermidade em um determinado país, localidade ou região, também acometendo um elevado número de pessoas ao mesmo tempo, como, v.g., a gripe espanhola. Já o surto consubstancia no aumento de casos em uma região específica, podendo ser um bairro ou região metropolitana, por exemplo.

A pandemia do novo coronavírus exigiu uma mudança repentina dos hábitos sociais – especialmente o isolamento social – considerando a velocidade de propagação do vírus e o alto grau de letalidade da doença. De forma assombrosa, levou diversas pessoas à óbito em um curto espaço de tempo, atingindo o pico diário de 919 mortes na Itália, em março de 2020; 2.625 mortes diárias nos Estados Unidos da América, em abril de 2020, e 4.295 mortes diárias em janeiro de 2021. Esses picos foram atingidos pelo Brasil em abril de 2021, chegando a marca de 4.249 mortes diárias em decorrência da COVID-19.

Em abril de 2021, as estatísticas diárias globais apontam que as infecções por COVID-19 estão aumentando em 57 países, sendo que a Índia é o país que apresenta a maior taxa de infecção a cada dia – espantosos 321.606 casos – seguido dos Estados Unidos da América (58.447 casos), Brasil (56.817 casos), Turquia (51.646 casos) e França (29.788 casos). Entre os países que relatam o maior de mortes a cada dia está o Brasil, seguido da Índia, Estados Unidos da América, Polônia e Colômbia. Os países da Ásia e Oriente Médio apontam o maior índice de infecção atualmente em todo o mundo, registrando um milhão de infecções a cada 2 dias aproximadamente. E mais: os países da América Latina e Caribe são os que registraram os maiores índices de mortes diária, lideradas pelo Brasil, responsável por uma em cada 5 mortes registradas em todo o mundo a cada dia.

Nas palavras de Aloysio Corrêa da Veiga e Roberta Ferme Sivolella: *"Numa velocidade paralela à disseminação do novo vírus, Atos Normativos, Resoluções, Portarias e Recomendações de todas as esferas do Poder Judiciário tentaram coadunar a necessidade de medidas urgentes de prevenção destinadas aos usuários e prestadores de serviços judiciários".*[738]

Esse novo cenário socioeconômico exigiu esforços não só do Poder Judiciário, mas também do Poder Executivo e do Legislativo. Em pouco tempo, foram editados inúmeras leis, decretos, portarias e medidas provisórias relacionados à COVID-19, a fim de suprir as lacunas normativas de uma situação sem precedentes. Tudo isso se fez, em nome da segurança jurídica, *"inserida no eixo que sustenta o arcabouço de direitos fundamentais e, assim reiterada no caput do artigo 6o, que abre o capítulo dos direitos sociais, mesmo norte seguido pelo artigo 7o, aos disciplinar os direitos trabalhistas, por ser imprescindível para garantir o próprio funcionamento do sistema"* (Tereza Aparecida Asta Gemignani in, O Direito do Trabalho na crise da COVID-19, 2020, p. 113)[739].

A priori, instituiu-se medidas de caráter geral, com a Lei 13.979 de 6 de fevereiro de 2020 objetivando a proteção da coletividade em face do estado pandêmico causado pelo novo coronavírus, dentre as quais se destacam a quarentena, o isolamento social, a determinação de exames médicos, testes laboratoriais, coleta de amostras clínicas, vacinação, tratamentos médicos

[736] Fonte: https://www.who.int/emergencies/diseases/novel-coronavirus-2019/question-and-answers-hub/q-a-detail/coronavirus-disease-covid-19 [acessado em 26/04/2021]

[737] Idem.

[738] Veiga, Aloysio Corrêa da; Sivolella, Roberta Ferme. O Direito do Trabalho na crise da COVID-19. Coordenadores Alexandre Agra Belmonte, Luciano Martinez, Ney Maranhão – Salvador: Editora JusPodivm, 2020, p. 50.

[739] Idem, 2020,p. 113.

específicas, estudo ou investigação epidemiológica, restrição excepcional e temporária, por rodovias, portos ou aeroportos, de entrada e saída do País ou de locomoção interestadual e intermunicipal, etc. Na sequência, o Decreto 10.282/2020 regulamentou a lei retromencionada, definindo os serviços públicos e atividades essenciais indispensáveis ao atendimento das necessidades inadiáveis da comunidade, ou seja, os serviços essenciais à sobrevivência, saúde ou segurança da população.

No âmbito trabalhista, editou-se a Medida Provisória (MP) 927 de 22 de março de 2020, instituindo normas trabalhistas para combater o estado de calamidade pública gerado pela COVID-19. Tal medida, suspendeu a obrigatoriedade de realização dos exames médicos ocupacionais, clínicos e complementares, exceto do exame demissional (art. 15 da MP 927); possibilitou a dispensa do exame demissional se porventura o empregado tenha sido submetido a exame médico ocupacional há menos de 180 dias, contados da data da sua publicação; autorizou a realização de treinamento na modalidade de ensino a distância, durante o período de calamidade pública, incumbindo ao empregador observar os conteúdos práticos, de modo a garantir que as atividades sejam executadas com segurança, além da manutenção da Comissão Interna de Prevenção de Acidente até o encerramento do estado de calamidade pública, com a suspensão do processo eleitoral eventualmente em curso.

O ponto mais sensível da MP 927/2020 refere-se à exclusão dos casos de contaminação pelo coronavírus (covid-19) como doença ocupacional, conforme previa o artigo 29.[740] Em outras palavras, na hipótese de contaminação dos trabalhadores pelo novo coronavírus no exercício das suas atividades o infortúnio não será considerado doença ocupacional, exceto se demonstrar a correlação entre a patologia e a atividade desempenhada.

As medidas trabalhistas contidas na Medida Provisória 927/2020 foram fortemente criticadas por diversos setores da sociedade, desencadeando o ajuizamento das Ações Diretas de Inconstitucionalidade (ADIn) nº 6342, 6344, 6346, 6348, 6349, 6352 e 6354, por partidos políticos e entidades sindicais. Questionavam, em tais demandas, a flexibilização das regras trabalhistas durante a pandemia do novo coronavírus, especialmente a exclusão da contaminação pelo COVID-19 como hipótese de doença ocupacional.

Em decisão monocrática, o Ministro Marco Aurélio Mello indeferiu o pedido liminar de suspensão dos efeitos da medida provisória. Em seguida, considerando a relevância dos pedidos, submeteu a decisão monocrática à apreciação do Plenário do Supremo Tribunal Federal, que, por maioria de votos, ratificou parcialmente a decisão de indeferimento e suspendeu a eficácia dos os artigos 29 e 31 da MP nº. 927/2020.

No Supremo, formou-se uma maioria de votos a favor do reconhecimento da contaminação pelo coronavírus no ambiente de trabalho como doença ocupacional, ocasionando a suspensão do art. 29 da MP nº 927/2020, por violação ao direito básico do trabalhador à saúde. Ainda, restou assentado que a atribuição do ônus probatório ao empregado, de comprovação do nexo de causalidade entre a contaminação e a atividade exercida, caracteriza-se prova diabólica, uma vez que dificilmente o trabalhador conseguirá provar a relação entre a patologia e a atividade desempenhada, em especial nas atividades desempenhadas por médicos, enfermeiros, pessoas que trabalham em farmácias, supermercado, motoboys, etc. Também, entenderam que a suspensão da atuação dos auditores fiscais do trabalho atenta contra a saúde dos empregados.

No voto divergente, o Ministro Alexandre Moraes destacou a contraposição do art. 29 da MP 927/2020 à decisão proferida no RExt nº 828.040, no qual o Supremo Tribunal Federal decidiu pela existência de responsabilidade objetiva do empregador em situações análogas.[741]

O Senado Federal deixou de submeter a MP 927/2020 à votação, por divergências político-partidárias, ocorrendo a caducidade – também denominada de rejeição tácita – no dia 19 de julho de 2020.

Apesar disso, a Portaria 2.309 de 28 de agosto de 2020 do Ministério da Saúde atualizou a Lista de Doenças Relacionadas ao Trabalho (LDRT) adotada como referência dos agravos originados no processo de trabalho no SUS, incluindo o ***Coronavírus SARS-CoV-2***, enumerado na Classificação Internacional de Doenças e Problemas Relacionados à Saúde **(CID) sob o nº U07.1**, como doença ocupacional, quando adquirida em atividade de trabalho.

A referida portaria foi revogada em 02 de setembro de 2020, pela portaria nº 2.345/2020 também do Ministério da Saúde, de forma que o coronavírus deixou novamente de ser considerado doença ocupacional.

[740] MP 927/2020, art. 29: Os casos de contaminação pelo coronavírus (**covid-19**) não serão considerados ocupacionais, exceto mediante comprovação do nexo causal.

[741] A Suprema Corte brasileira fixou a seguinte tese, com repercussão geral, no julgamento do Recurso Extraordinário citado pelo Ministro Alexandre de Moraes (RExt nº 828.040): *"O artigo 927, parágrafo único, do Código Civil é compatível com o artigo 7º, XXVIII, da Constituição Federal, **sendo constitucional a responsabilização objetiva do empregador por danos decorrentes de acidentes de trabalho, nos casos especificados em lei, ou quando a atividade normalmente desenvolvida, por sua natureza, apresentar exposição habitual a risco especial, com potencialidade lesiva** e implicar ao trabalhador ônus maior do que aos demais membros da coletividade", vencido o Ministro Marco Aurélio. Ausente, por motivo de licença médica, o Ministro Celso de Mello. Presidência do Ministro Dias Toffoli. Plenário, 12.03.2020).*

Decreto-Lei 5.452/1943

Nesse aspecto, é válido sublinhar que a Medida Provisória n. 1.046 de 27 de abril de 2021, cuja vigência encontra-se encerrada, reeditou as medidas trabalhistas de enfrentamento da emergência de saúde pública de importância internacional decorrente do coronavírus (covid-19) inicialmente prevista na MP n. 927/2020. Apesar disso, o Governo Federal não propôs novamente a exclusão do novo coronavírus como hipótese de doença ocupacional, nem atribuiu eventual ônus probatório ao empregado.

Indubitavelmente a prestação de serviços pelo empregado em tempos de calamidade pública representa uma exposição do trabalhador a risco especial, com potencialidade lesiva à saúde.

Nas palavras dos juristas Luiz Carlos Amorim Robortella e Antonio Galvão Peres[742]:

> *"O estado de calamidade pública exige interpretação especial do capítulo dos direitos sociais dos trabalhadores. Deve-se promover cuidadosa articulação com outros princípios e normas constitucionais, principalmente aqueles voltados aos direitos e deveres individuais e coletivos que, como se sabe, são cláusulas pétreas da Constituição (artigo 60, § 4º, IV). Destaca-se da fundamentação da ADI 6357: "IV – DA PRIMAZIA DO DIREITO À SAÚDE A Constituição Federal de 1988 foi construída sobre alguns pilares essenciais, descritos em seu artigo 60, § 4º, as denominadas* ***cláusulas pétreas, dentre as quais destaca-se a proteção aos direitos e garantias individuais. Apesar da amplitude do alcance da referida cláusula pétrea, considerando especialmente o extenso rol de direitos fundamentais previstos na Carta Magna, é possível depreender do próprio texto constitucional a primazia do direito à saúde. Tal primazia decorre da escolha do constituinte em expressamente privilegiar a concretização do direito à saúde, quando em conflito com outros princípios constitucionais também considerados como cláusula pétrea.*** *Essa primazia é traduzida, exemplificativamente, na proeminência do direito à saúde e em relação à autonomia dos entes federados, nas situações descritas nos artigos 34, inciso VII, alínea "e"; e 35, inciso III, da Lei Maior. Percebe-se que,* ***dentre todos os direitos individuais e sociais reconhecidos na Constituição Federal, o direito à saúde recebeu proteção privilegiada, distinção essa que deriva não apenas da leitura dos dispositivos sobre intervenção, como também daqueles que veiculam garantias de financiamento da saúde e educação. Ainda com o intuito de viabilizar uma preferência de investimento,*** *a Constituição Federal* ***estabeleceu patamares mínimos de aplicação de recursos na área de saúde.*** *É dentro desse esquadro federativo de* ***primazia da proteção dos direitos fundamentais, especialmente no que se refere à saúde, que deve ser delimitada a possibilidade de incidência das regras fiscais já enumeradas e que, na atual situação de calamidade pública, resultaria em ofensa frontal ao direito à saúde.*** *Nessa linha, o que se observa é que a estrutura traçada na Constituição Federal aponta para a possibilidade de flexibilização das regras fiscais quando em confronto com a ameaça tão grave à proteção e concretização do direito à saúde".*

Não se pode deixar o trabalhador à margem dos direitos sociais, sob pena de retrocesso social. A esse respeito J. J. Gomes Canotilho (apud Guilherme Guimarães Feliciano; Paulo Douglas de Almeida Moraes, 2019) afirma que:

> *"o princípio da proibição do retrocesso social pode formular-se assim: o núcleo essencial dos direitos sociais já realizado e efetivado através de medidas legislativas deve considerar-se constitucionalmente garantido, sendo inconstitucionais quaisquer medidas que, sem a criação de esquemas alternativos ou compensatórios, se traduzam na prática em uma anulação, revogação ou aniquilação pura e simples desse núcleo essencial".*

Esse princípio decorre da finalidade do Estado Democrático de Direito, da efetivação do princípio estruturante do sistema jurídico constitucional – a dignidade da pessoa humana – encontra amparo no compromisso com o desenvolvimento progressivo dos Estados na efetivação dos direitos sociais, de acordo com o art. 26 da Pacto de San José da Costa Rica.

A Constituição Federal estabelece a função social das empresas (art. 5º, XXIII), determina que a ordem econômica deve entender as disposições que regulam as relações de trabalho e favorecer o bem estar dos trabalhadores (art. 170 e 186). Também, assegura aos trabalhadores a redução dos riscos inerentes ao trabalho, por meio de normas de saúde, higiene e segurança (art. 7º, XXII, CF).

Ignorar a possibilidade de contaminação do trabalhador no ambiente de trabalho decorrente da continuidade da prestação dos serviços durante o período de calamidade pública, ou imputar ao trabalhador o ônus probatório do nexo causal entre o agravo e a doença, se mostra totalmente irrazoável e contraditório, na medida em que o Estado impôs o isolamento social à coletividade justamente para preservar à saúde de todos.

Todos têm direito ao meio ambiente ecologicamente equilibrado, inclusive no âmbito das relações laborais. A defesa e preservação do meio ambiente para gerações presentes e futuras é um dever, nos termo do art. 225 da Lei Maior.

A doutrina aponta que daí decorre a ideia de adoção do princípio da precaução pelo sistema jurídico pátrio. Segundo este princípio, "*na dúvida se determinado ambiente é poluente, ou não, deve-se tomar as medidas de cautela possíveis de modo a evitar danos para as gerações presentes e futuras*".[743]

É de conhecimento público: a forma de transmissão do novo coronavírus; os tipos de ambientes que facilitam a sua propagação; as medidas preventivas de combate (v.g., a utilização de máscara como equipamento

[742] Luiz Carlos Amorim Robortella e Antonio Galvão Peres. CORONAVÍRUS E RELAÇÕES DE TRABALHO. PARADIGMAS DE INTERPRETAÇÃO EM TEMPOS DE CALAMIDADE PÚBLICA. Academia Brasileira de Direito do Trabalho (acesso em 31/05/2020).

[743] Ibidem. Agra Belmonte, Martinez e Maranhão, 2020, p. 158.

individual, o uso de álcool em gel, o distanciamento mínimo entre indivíduos e o isolamento social); os grupos de indivíduos mais vulneráveis à doença; e, os possíveis danos à saúde que a COVID-19 pode gerar, inclusive o risco acentuado de morte.

A pandemia do novo coronavírus tornou o meio ambiente de trabalho mais suscetível à poluição, exigindo uma radical mudança na forma de interação social e das execução das atividades laborais. A manutenção da atividade empresarial deverá ser mantida em casos estritamente essenciais, na forma da Lei 13.979/2020 ou das providências normativas e administrativas mais restritivas instituídas pelos Estados, pelo Distrito Federal e pelos Municípios, conforme restou decidido pelo plenário do Supremo Tribunal Federal no julgamento do referendo da medida cautelar deferida pelo Ministro Marco Aurélio Mello na Ação Direta de Inconstitucionalidade (ADI) 6341.[744]

Entendemos que a simples manutenção do funcionamento do estabelecimento empresarial durante a pandemia expõe a saúde dos trabalhadores ao risco de infecção por COVID-19, de modo que o empregador deve buscar formas alternativas de desenvolvimento da atividade empresarial, a fim de neutralizar a possibilidade de infecção do empregado, pois o direito à saúde do empregado se sobrepõe a eventuais controvérsias em torno da salubridade do local de trabalho. Do contrário, assumirá integralmente os riscos por eventuais danos causados ao trabalhador em decorrência de contágio do COVID-19, caso permaneça em funcionamento neste período (art. 2º da CLT; art. 927, § único, do Código Civil).

Esse posicionamento é minoritário na jurisprudência. No julgamento do Mandado de Segurança perante a 1ª Seção de Dissídios Individuais do Tribunal Regional do Trabalho da 4ª Região, a relatora, Desembargadora Brígida Joaquina Charão Barcelos, defendia a concessão da segurança para afastar uma trabalhadora de suas atividades, por possuir quadro de comorbidades e estar exposta ao contágio do COVID-19, determinando a suspensão do contrato de trabalho e a manutenção de sua remuneração como se estivesse trabalhando. Todavia, a maioria dos votos se consolidou em torno da concessão parcial da ordem para apenas realocar a empregada em outra unidade, na qual não houvesse atendimento a pacientes portadores ou suspeitos de COVID-19.[745]

Evidentemente, o risco à saúde do empregado será potencializado quando o empregador não implementar medidas preventivas no ambiente de trabalho – como a obrigatoriedade do uso de máscaras de proteção individual, a testagem periódica, o afastamento dos

[744] O Supremo Tribunal Federal confirmou o entendimento de que a competência entre os entes da Federação para a implementação de providencias normativas e administrativas de enfrentamento à pandemia do CPVID-19, previstas na MP 926/2020 – posteriormente convertida na Lei 14.035/2020 –, é concorrente, nos termos da ementa a seguir: "*REFERENDO EM MEDIDA CAUTELAR EM AÇÃO DIRETA DA INCONSTITUCIONALIDADE. DIREITO CONSTITUCIONAL. DIREITO À SAÚDE. EMERGÊNCIA SANITÁRIA INTERNACIONAL. LEI 13.979 DE 2020. COMPETÊNCIA DOS ENTES FEDERADOS PARA LEGISLAR E ADOTAR MEDIDAS SANITÁRIAS DE COMBATE À EPIDEMIA INTERNACIONAL. HIERARQUIA DO SISTEMA ÚNICO DE SAÚDE. COMPETÊNCIA COMUM. MEDIDA CAUTELAR PARCIALMENTE DEFERIDA. 1. A emergência internacional, reconhecida pela Organização Mundial da Saúde, não implica nem muito menos autoriza a outorga de discricionariedade sem controle ou sem contrapesos típicos do Estado Democrático de Direito. As regras constitucionais não servem apenas para proteger a liberdade individual, mas também o exercício da racionalidade coletiva, isto é, da capacidade de coordenar as ações de forma eficiente. O Estado Democrático de Direito implica o direito de examinar as razões governamentais e o direito de criticá-las. Os agentes públicos agem melhor, mesmo durante emergências, quando são obrigados a justificar suas ações. 2. O exercício da competência constitucional para as ações na área da saúde deve seguir parâmetros materiais específicos, a serem observados, por primeiro, pelas autoridades políticas. Como esses agentes públicos devem sempre justificar suas ações, é à luz delas que o controle a ser exercido pelos demais poderes tem lugar. 3. O pior erro na formulação das políticas públicas é a omissão, sobretudo para as ações essenciais exigidas pelo art. 23 da Constituição Federal. É grave que, sob o manto da competência exclusiva ou privativa, premiem-se as inações do governo federal, impedindo que Estados e Municípios, no âmbito de suas respectivas competências, implementem as políticas públicas essenciais. O Estado garantidor dos direitos fundamentais não é apenas a União, mas também os Estados e os Municípios. 4. A diretriz constitucional da hierarquização, constante do caput do art. 198 não significou hierarquização entre os entes federados, mas comando único, dentro de cada um deles. 5. É preciso ler as normas que integram a Lei 13.979, de 2020, como decorrendo da competência própria da União para legislar sobre vigilância epidemiológica, nos termos da Lei Geral do SUS, Lei 8.080, de 1990. O exercício da competência da União em nenhum momento diminuiu a competência própria dos demais entes da federação na realização de serviços da saúde, nem poderia, afinal, a diretriz constitucional é a de municipalizar esses serviços. 6. O direito à saúde é garantido por meio da obrigação dos Estados Partes de adotar medidas necessárias para prevenir e tratar as doenças epidêmicas e os entes públicos devem aderir às diretrizes da Organização Mundial da Saúde, não apenas por serem elas obrigatórias nos termos do Artigo 22 da Constituição da Organização Mundial da Saúde (Decreto 26.042, de 17 de dezembro de 1948), mas sobretudo porque contam com a expertise necessária para dar plena eficácia ao direito à saúde. 7. Como a finalidade da atuação dos entes federativos é comum, a solução de conflitos sobre o exercício da competência deve pautar-se pela melhor realização do direito à saúde, amparada em evidências científicas e nas recomendações da Organização Mundial da Saúde. 8. Medida cautelar parcialmente concedida para dar interpretação conforme à Constituição ao § 9º do art. 3º da Lei 13.979, a fim de explicitar que, preservada a atribuição de cada esfera de governo, nos termos do inciso I do artigo 198 da Constituição, o Presidente da República poderá dispor, mediante decreto, sobre os serviços públicos e atividades essenciais. A C Ó R D Ã O. Vistos, relatados e discutidos estes autos, acordam os Ministros do Supremo Tribunal Federal, em Sessão Plenária, sob a Presidência do Ministro Dias Toffoli, na conformidade da ata de julgamento e das notas taquigráficas, por maioria de votos, em referendar a medida cautelar deferida pelo Ministro Marco Aurélio (Relator), acrescida de interpretação conforme à Constituição ao § 9º do art. 3º da Lei 13.979/2020, a fim de explicitar que, preservada a atribuição de cada esfera de governo, nos termos do inciso I do art. 198 da Constituição, o Presidente da República poderá dispor, mediante decreto, sobre os serviços públicos e atividades essenciais, vencidos, neste ponto, o Ministro Relator e o Ministro Dias Toffoli (Presidente), e, em parte, quanto à interpretação conforme à letra b do inciso VI do art. 3º, os Ministros Alexandre de Moraes e Luiz Fux*". (*STF – ADIn 6341 MC-REF/DF, Relator Min. Edson Fachin, Data de julgamento: 15/04/2020*)

[745] MANDADO DE SEGURANÇA. COVID-19. INSTIUIÇÃO DE SAÚDE. AFASTAMENTO DE TRABALHADORA COM COMORBIDADE. Concedida parcialmente a ordem para cassar a decisão que deixa de conceder tutela de urgência para afastar trabalhadora de grupo de risco, com comorbidades, em aplicação do disposto no art. 3º. §3º, da Lei 13.979/20. Proteção individual à saúde da trabalhadora que prevalece em um juízo de ponderação de valores quanto à controvérsia sobre a salubridade do local de trabalho, consideradas as questões referentes ao contágio do COVID-19. Probabilidade do direito a favor da preservação da saúde da empregada, conforme art. 196 da Constituição Federal. Determinação de realocação para unidade onde não haja atendimento a pacientes portadores ou suspeitos de COVID-19. (TRT-4 – MSCIV: 002079593.2020.5.04.0000, Data de Julgamento: 10/11/2020, 1ª Seção de Dissídios Individuais, Relatora Des. Brígida Joaquina Charão Barcelos).

empregados assintomáticos ou que apresentarem ao menos um dos sintomas relacionados à enfermidade, o fornecimento de máscaras e álcool em gel – ou as iniciativas se mostrarem insuficientes. O princípio da precaução exige uma constante cautela e vigilância quanto ao cumprimento das medidas de saúde e segurança no local de trabalho, refeitórios, vestiários, inclusive em ambientes externos, nas situações em que a atividade é desenvolvida fora das dependências do empregador.

Apesar dos riscos à saúde do empregado, parcela da jurisprudência entende que as medidas de isolamento social instituídas pelas autoridades estaduais ou municipais, por si só, não impedem o empregador de exigir a prestação de serviços dos trabalhadores, porquanto inexiste fundamento legal neste sentido. Tal exigência ampara-se nos deveres inerentes do contrato de trabalho e, justificam-se quando houver a demonstração da adoção das medidas preventivas no ambiente de trabalho. Vejamos o aresto a seguir:

- PANDEMIA DE COVID-19. OBRIGAÇÃO DE NÃO FAZER. Não se justifica a ordem para a abstenção da empresa de exigir de seus funcionários durante o período de quarentena decretado pelas autoridades estadual e municipal em razão da pandemia de Covid-19, por ausência de fundamento legal e pela comprovação da adoção de medidas de preservação da saúde dos trabalhadores. (TRT-4 – ROT: 00202021220205040664, Data de Julgamento: 07/04/2021, 11ª Turma).
- MANDADO DE SEGURANÇA. COVID-19. EMPRESA DE VIGILÂNCIA. AFASTAMENTO DOS TRABALHADORES DO GRUPO DE RISCO. É ilegal a decisão que concede tutela de urgência para determinar a concessão de licença remunerada indistintamente a todos os empregado da empresa impetrante que integram o grupo de risco do COVID-19. É razoável exigir a prestação de serviços daqueles que laborarem em municípios nos quais não há casos confirmados de COVID-19, bem como nos demais municípios, dos empregados que trabalharem em ambientes isolados (sem circulação normal de pessoas) ou resguardados (a exemplo de locais com guaritas ou assemelhados), observados o fornecimento de alternativa ao transporte público para o deslocamento do empregado do trajeto casa-trabalho-casa, na medida em que tais condicionantes reduzem significativamente o risco de contágio pelo coronavírus, harmonizando a proteção ao meio ambiente do trabalho sadio e a continuidade da prestação de serviços essencial. (TRT-4 – MSCIV: 00205845720205040000, Data de Julgamento: 21/08/2020, 1ª Seção de Dissídios Individuais)
- RECURSO ORDINÁRIO DA RECLAMADA. INSTITUIÇÃO DE SAÚDE. AFASTAMENTO DE TRABALHADOR INTEGRANTE DE GRUPO DE RISCO. COVID-19. A Turma julgadora, por maioria, vencida a Relatora, entendeu que o afastamento dos empregados integrantes de grupo de risco somente abrange aqueles que trabalham na chamada "linha de frente" do combate à pandemia COVID-19, o que não abrange a parte autora, médico plantonista no setor clínico que não atua atendendo pacientes com suspeita ou portadores de COVID-19. (TRT-4 – ROT: 00202281720205040015, Data de Julgamento: 04/03/2021, 1ª Turma)

De igual modo, o empregado não poderá optar por regime de trabalho diverso daquele previsto no contrato de trabalho – a exemplo, o teletrabalho – conforme verificamos no precedente abaixo:

- CORREIOS. COVID-19. TRABALHO REMOTO. Não existe direito ao trabalho remoto para todos os empregado dos Correios que possuam filhos em idade escolar, sendo apenas uma possibilidade, pois cabe ao gestor assegurar a prestação contínua da atividade postal, serviço público essencial, além de existi incompatibilidade das funções de Operador de Triagem e Transbordo, com o trabalho remoto. Sentença reformada, para julgar improcedente a ação. (TRT-2, Proc. 1000737-79.2020.5.02.0009 SP, Des. Relatora Maria de Lourdes Antonio, 17ª Turma, Data de Publicação: 25/02/2021).

De mais a mais, o art. 6º, §§2º e 3º, da Lei 8.080/1990, estabelece a necessidade da vigilância epidemiológica, com o fito de recomendar e adotar as medidas de proteção, prevenção e controle das doenças ou agravos, bem como a recuperação e reabilitação da saúde dos trabalhadores submetidos aos riscos e agravos advindos das condições de trabalho. Nesse sentido, ainda, a Norma Regulamentadora nº 7, do Ministério da Economia, preconiza que o Programa de Controle Médico de Saúde Ocupacional (PCMSO) deve *"considerar as questões incidentes sobre o indivíduo e a coletividade de trabalhadores, privilegiando o instrumental clínico epidemiológico na abordagem da relação entre sua saúde e o trabalho"*.

No ramo previdenciário, a doutrina levanta a possibilidade de enquadramento do coronavírus como doença ocupacional, mesmo não constando no Anexo II do Decreto 3.048/99, isso porque a "lista A" do referido Diploma, considera o agente biológico "vírus" como agente patogênico causador de doença ocupacional, nos trabalhos desenvolvidos em hospital, laboratório e outros ambientes envolvidos no tratamento de doenças transmissíveis, dentre outras. [746] A referida lista não é fechada. Ou seja, o Brasil adota um sistema aberto de doenças do trabalho, sendo possível o enquadramento de qualquer outra doença como ocupacional, bastando

[746] Nesse sentido Frederico Amado, *in* Curso de Direito e Processo Previdenciário. 13ª ed. – Salvador: JusPODIVM, 2020.

que decorra das condições de trabalho trabalhador (art. 20 da Lei 8.213/91).

O Ministério Público do Trabalho, através do Grupo de Trabalho COVID-19, editou as Notas Técnicas nºs. 19 e 20 de 2020, apontando o novo coronavírus (SARS-CoV-2) como uma patologia ocupacional, nos termos do art. 20, I, da Lei nº 8.213/91[747] e Anexo II do Regulamento da Previdência Social (Decreto nº 3.048/99).[748]

A jurisprudência dos Tribunais Trabalhistas, na linha do que decidiu o Supremo Tribunal Federal, tem enquadrado as complicações e a morte por COVID-19 como hipótese de acidente de trabalho, imputado ao empregador a responsabilidade civil objetiva. Em recente julgado, a Vara do Trabalho de Três Corações/MG julgou procedente uma reclamação trabalhista, reconhecendo a morte de um motorista de caminhão em razão de complicações causadas pelo novo coronavírus como acidente de trabalho. *In casu*, haviam indícios de que a contaminação do empregado ocorreu durante o período em que estava na estrada – no trajeto entre as cidades Jundiaí – SP e Recife – PE -, portanto, no período em que estava à disposição do empregador. Também, observou-se o fato de que apenas o empregado foi acometido pela enfermidade dentro do seu núcleo familiar, conforme verificamos nos fundamentos da decisão transcritos abaixo:

– **II.8. Morte por COVID-19 – Acidente de trabalho / Responsabilidade civil / Dever de indenizar.** A narrativa é de que Carlos Barroso da Costa, no exercício de sua função, foi contaminado pelo Coronavírus, vindo a óbito em consequência das complicações causadas por esta maldita moléstia; visam o enquadramento da ocorrência à modalidade de acidente de trabalho, seguida da imputação de responsabilidade civil objetiva sobre a reclamada para fins de se alcançar a reparação compensatória pelos danos morais e materiais na forma de pensionamento. A reclamada refuga, afirmando que a hipótese não se enquadra na espécie de acidente de trabalho; que sempre cumpriu com as normas atinentes à segurança de seus trabalhadores após declaração a situação de Pandemia; que sempre forneceu os EPIs necessários e orientou os funcionários quanto aos riscos de contaminação e as medidas profiláticas que deveriam ser adotadas; que todos os colabores, parceiros e clientes também adotaram medidas preventivas; juntou documentos; pugnou pela improcedência total. De largada, importante assentar que a morte de Carlos Barroso se deu em decorrência da COVID-19, sendo indiferente se a parada cardiorespiratória ocorreu após sua extubação e saída da UTI, devendo prevalecer o que consta na certidão de óbito id 7a749fd. O primeiro ponto controvertido, então, reside na possibilidade ou não de enquadramento da situação a que o trabalhador foi acometido em uma típica modalidade de acidente do trabalho e, neste aspecto, penso que sim. É consabido que acidente do trabalho é aquele que ocorre pelo exercício do trabalho a serviço da empresa, provocando lesão corporal ou perturbação funcional que cause a morte ou a perda ou redução, permanente ou temporária, da capacidade para o trabalho (art. 19, "caput", da Lei n.º caput 8.213/91). O artigo 21 da citada legislação estabelece, ainda, hipóteses de equiparação, dentre as quais lista no inciso III "a doença proveniente de contaminação acidental do empregado no exercício de sua atividade". Neste jaez, partindo-se dessas premissas conceituais e levando-se em conta que ***as provas documentais e testemunhais produzidas indicaram que a contaminação possivelmente se deu dentro do período em que o motorista estava à disposição da empresa, perpetrando o deslocamento entre as cidades de Jundiaí – SP a Recife – PE***, concluo o aperfeiçoamento ao pressuposto normativo descrito no indigitado inciso III do artigo 21 da Lei nº 8.213/91. **Apenas por questão argumentativa, é público que o período de incubação do vírus se restringe a 04 ou 05 dias após a infecção**, sendo que se os sintomas se tornaram aparentes em Carlos na data de 15/05/2020 (afirmativa extraída não apenas da petição inicial e conversas via aplicativo de mensagens, mas também do testemunho prestado pelo supervisor da empresa, Sr. Juarez José Da Silva) é porque a **contaminação ocorreu no período em que já se encontrava na estrada, na labuta.** O relatório interno de investigação colacionado pela reclamada (doc. id 92a23bb) coaduna com essa percepção, pois em seu item 4 consta o histórico das viagens dos últimos 10 dias, ficando claro que em 06/05/20 carregou na Pandurata Alimentos, em Extrema-MG, seguindo à Pandurata Alimentos de Maceio/AL e lá chegando em 11 /05/20; depois seguiu para Recife/PE. **Não passou despercebido pelo Juízo o fato de que apenas o dentro de seu núcleo familiar ocupado *de cujus*, por outras 3 pessoas**

[747] Lei 8.213/1991, Art. 20 – *"Consideram-se acidente do trabalho, nos termos do artigo anterior, as seguintes entidades mórbidas: I – doença profissional, assim entendida a produzida ou desencadeada pelo exercício do trabalho peculiar a determinada atividade e constante da respectiva relação elaborada pelo Ministério do Trabalho e da Previdência Social";*

[748] De acordo a nota da Lista B, do Anexo II, do Regulamento da Previdência Social, o rol de doenças infecciosas e parasitárias relacionadas com o trabalho, os respectivos agentes etiológicos ou fatores de risco de natureza ocupacional são meramente exemplificativos e complementares, viabilizando, portanto, a inclusão da COVID-19 como doença ocupacional.

Decreto-Lei 5.452/1943

(companheira, filha e sogra), ter sido o único acometido pela doença, eis o que respondido por Meiriele Sylvie Leite em audiência de instrução, **não se revelando crível a adução defensiva de que a infecção se deu em sua residência e/ou fora do desempenho de suas atividades profissionais.** Aliás, o ônus de infirmar essa pressuposição recai sobre a empresa reclamada, porém, como visto, não se desprendeu do encargo, valendo apontar, ainda, que a "papeleta" do mês de maio/20 encontra-se absolutamente incompleta, não permitindo fosse cravado em qual lugar o motorista estaria nas datas compreendidas entre 03 a 16 de maio. Ultrapassada essa questão, passamos à dissecção da modalidade de responsabilidade civil (se subjetiva ou objetiva) à luz da qual a eventual imputação deverá se suceder. Pois bem. Conforme determina o art. 7º, XXVIII da CF c/c arts. 186 e 927 do CC, a responsabilidade civil do empregador pelo acidente do trabalho, em regra, é subjetiva, dependendo da comprovação da culpa, do dano e do nexo de causalidade. Após a promulgação do Código Civil de 2002, o ordenamento adotou, além da teoria subjetiva (artigos 186 e 927,), a teoria objetiva, que se baseia no *caput* risco da atividade desenvolvida (artigo 927, § único). Expressas essas notas introdutórias, é patente que a litigância se circunscreve ao enquadramento ou não da imputação da responsabilização pelos danos materiais/lucros cessantes e morais sobre o empregador, sem haver necessidade de se perpassar pela análise da culpa subjetiva, porquanto, na ótica deste Juízo, continuar com a obrigação de trabalhar fora de casa, independente da natureza da atividade, em um contexto pandêmico, constitui, por si só, um agravamento dos riscos. No aspecto, importante chamar a atenção para recente decisão do STF, por meio da qual, o plenário referendou medida cautelar proferida em ADI nº 6342, que suspendeu a eficácia do artigo 29 da MP nº 927/2020, que dizia que os "casos de contaminação pelo coronavírus (covid-19) não seriam considerados ocupacionais", salvo "comprovação do nexo causal", circunstância que permite o entendimento de que é impossível ao trabalhador e, portanto, inexigível a prova do nexo causal entre a contaminação e o trabalho, havendo margem para aplicação da tese firmada sob o Tema nº 932, com repercussão geral reconhecida, cujo excerto transcrevo: "O artigo 927, parágrafo único, do Código Civil é compatível com o artigo 7º, XXVIII, da Constituição Federal, sendo constitucional a responsabilização objetiva do empregador por danos decorrentes de acidentes de trabalho, nos casos especificados em lei, ou quando a atividade normalmente desenvolvida, por sua natureza, apresentar exposição habitual a risco especial, com potencialidade lesiva e implicar ao trabalhador ônus maior do que aos demais membros da coletividade." Assim, da síntese do contexto descrito conclui-se ser absolutamente prescindível apurar a culpa do empregador pela ocorrência da fatalidade. Isso é, a adoção pela teoria da responsabilização objetiva, , é inteiramente *in casu* pertinente, porquanto advém do dever de assumir o risco por eventuais infortúnios sofridos pelo empregado ao submetê-lo ao trabalho durante período agudo da pandemia do Coronavírus, sendo notória sua exposição habitual aos riscos de sofrer um mal maior, como ocorreu, encontrando-se absolutamente vulnerável aos ambientes a que se submetia ao longo das viagens, ficando suscetível à contaminação, seja pelas instalações sanitárias (muitas vezes precárias) existentes nos pontos de parada, seja nos pátios de carregamento dos colaboradores e clientes, seja na sede ou filiais da empresa. A prova testemunhal (Verno Backer) revelou também que o caminhão guiado por Carlos poderia ser conduzido por terceiros, manobristas, que assumiam a direção nos pátios de carga e descarga, e tal situação certamente aumenta o grau de exposição, sobretudo porque não consta nos autos demonstração de que as medidas profiláticas e de sanitização do ambiente (no caso, da cabine) eram levadas a efeito todas as vezes que a alternância acontecia. A título exemplificativo, cito os próprios planos de contingência transcritos pelos documentos ids. 0b1faed e 123a0ce, nos quais há a observação para que os colaborares evitem caronas, deixem o AR circular e higienizem as cabines, porém inexiste prova de que o comunicado foi levado ao pleno conhecimento de Carlos Barroso e de seus colegas de profissão, havendo evidência apenas de publicização em mural localizado na sede/filial da reclamada, nada mais. E, ainda, a documentação inerente ao controle de entrega de álcool em gel e máscara ajuntados nos ids. f93735a e d971686, apesar de apontar que o passou *de cujus* recibo, não há indicativo acerca da quantidade daquilo que foi fornecido, não sendo possível confirmar se era suficiente para uso diário e regular durante os trajetos percorridos, saltando aos olhos o fato de que a comprovação de municiamento se deu apenas em uma única data, qual seja 05/05/20. É irrefutável que o motorista falecido, em razão da função e da época em que desenvolveu as atividades, estava exposto a perigo maior do que aquele comum aos demais empregados, não sendo proporcional, nesta mesma medida, promover tratamento igual ao que conferido a estes quando da imputação da responsabilidade civil. Tais peculiaridades, seguindo o que prescreve o artigo 8º, *caput* e § 1º da CLT, atraem a aplicação do disposto no parágrafo único do artigo 927 do Código Civil brasileiro, ficando prejudicada a alegação da defesa de que não teria existido culpa, e que isso seria suficiente para obstar sua responsabilização. Ademais, não se olvida que a culpa exclusiva da vítima seria fator de causa excludente do nexo de causalidade, entretanto, no caso examinado, não há elementos que possam incutir na conclusão de que ela teria se verificado da maneira alegada pela empresa, por inobservância contundente de regras e orientações sanitárias, valendo registrar que o ônus na comprovação competia à reclamada (artigo 818, II, da CLT) e deste encargo não se desvencilhou. Ressalta-se que não adveio comprovantes de participação do *de cujus*, tampouco de seus colegas, em cursos lecionados periodicamente sobre as medidas de prevenção, fato inclusive adunado pela testemunha Juarez José da Silva, porém sem credibilidade nenhuma, porque ao mesmo tempo que afirmou isso e, num primeiro momento, que desconhecia a existência de outros funcionários acometidos pela doença, alterou o depoimento no fim, reconhecendo uma série de nomes de colabores suscitados pela advogada das autoras que teriam sido contaminados pelo coronavírus. Diante de todo esse quadro, ficam muito bem evidenciados os requisitos para imputação sobre a empresa do dever de indenizar. Entrementes, visando atingir uma decisão justa, equânime e razoável, sabedor do momento de extrema dificuldade para aqueles que exploram a atividade econômica, ante os efeitos financeiros devastadores causados pela Pandemia, entendo que a obrigação de reparar os danos deve ser mitigada à metade, porquanto a imprevisibilidade e a inevitabilidade que decorrem da essencialidade da função e da atividade profissional desempenhada aperfeiçoam a hipótese excepcional de força maior, atraindo, com base no artigo 4º da LINDB e no artigo 8º da CLT, a aplicação analógica dos artigos 501 e 502 deste mesmo diploma legal, *mutatis mutandis*. Registra-se, a propósito, que a Medida Provisória nº 927 /20, embora tenha expirado seus efeitos, trouxe em seu artigo 1º a enunciação de que as medidas trabalhistas por ela estabelecidas se aplicariam durante o estado de calamidade pública reconhecido pelo Decreto Legislativo nº 6, de 2020, e para fins trabalhistas, constituiria força maior, nos termos do disposto no artigo 501 da CLT. Conceitualmente, segundo a Organização Mundial da Saúde – OMS, atribui-se o termo "Pandemia" à disseminação mundial de uma nova doença. A definição indica que a enfermidade deve ser capaz de se espalhar por diferentes continentes, com transmissão sustentada de pessoa para pessoa. Dessa forma, trata-se, como dito alhures, de evento em certa medida imprevisível e inevitável, se deixadas de serem adotadas medidas preventivas e de profilaxia, sobretudo por aqueles empregadores que deram continuidade na prestação de seus serviços. Assim, ratificando o que acima foi exposto, **a responsabilidade civil da empresa restaria prejudicada em absoluto, pelo afastamento do nexo causal, se, e tão somente se, houvesse comprovação total de que adotou postura de proatividade e zelo em relação aos seus empregados, aderindo a um conjunto de medidas capazes de, senão neutralizar, ao menos, minimizar o risco imposto aos motoristas e demais colaboradores**. Porém, não foi essa a concepção que defluiu do conjunto probatório vertido. Por isso, visando assegurar a coerência entre a aplicação e a finalidade do direito, garantindo a sua utilização justa, por analogia, faço aplicar os comandos dos artigos 501 e 502 da CLT. Imputada a responsabilidade civil sobre a empregadora, reputo razoável e proporcional a redução da obrigação de reparar os danos à razão da metade. As reclamantes (viúva e filha do *de cujus*) hão de ser indenizadas, ao que passamos à inspeção dos pedidos afetos às espécies de reparação pleiteadas e, consequentemente, à respectiva mensuração / quantificação. As postulantes vindicam a condenação da reclamada ao pagamento de danos morais, no importe total de R$500.000,00 (quinhentos mil reais), resultante de R$250.000,00 (duzentos e cinquenta mil reais) destinados a cada uma delas, mais danos materiais (lucros cessantes) na forma de pensionamento vitalício, no importe de R$6.600,00 (seis mil e seiscentos reais) mensais no total. Tal enredo nos força a debruçarmos sobre a fixação de valores, iniciando-se pela indenização derivativa do dano extrapatrimonial, e finalizando pela indenização inerente ao dano material (lucros cessantes), pelo que passo a inspecioná-los em subtópicos" (TRT 3 – Sentença – Proc. Nº. **0010626-21.2020.5.03.0147**, Vara do Trabalho de Três Corações/MG, Juiz do Trabalho Luciano José de Oliveira, Data de Publicação: 06/04/2021).

É fundamental, portanto, que as empresas adotem todas as medidas preventivas no ambiente de trabalho, a fim de preservar a saúde dos empregados e minimizar os riscos de contágio dos empregados no ambiente de trabalho, sob pena de ficar sujeito à reparação civil, ou, ainda, a multas administrativas, por descumprimento das normas de saúde e segurança do trabalho.

6. RESPONSABILIDADE CIVIL DO EMPREGADOR

De acordo com o art. 5º, inc. V e X da CF, "é assegurado o direito de resposta, proporcional ao agravo, além da indenização por dano material, moral ou à imagem"; e, "são invioláveis a intimidade, a vida privada, a honra e a imagem das pessoas, assegurado o direito a indenização pelo dano material ou moral decorrente de sua violação".

A Consolidação das Leis do Trabalho passou a disciplinar a reparação por dano extrapatrimonial e material ocasionado nas relações de trabalho, conforme os arts. 223-A ao 223-G. Dentre os bens juridicamente tutelados, inerentes à pessoa física, está a saúde e a integridade física do trabalhador (art. 223-C da CLT).

Nesse aspecto o art. 223-B da CLT e os arts. 186 e 927 do Código Civil, aplicáveis de forma supletiva ao Direito do Trabalho com base no art. 8º da CLT, aquele que por ação ou omissão causar dano a outrem deve repará-lo.

A responsabilização do empregador – seja pela teoria subjetiva da responsabilidade civil, que exige a demonstração da conduta humana, do dano ou prejuízo e do nexo de causalidade, ou pela teoria objetiva, em que a demonstração da conduta humana é dispensável, pois independe de dolo ou culpa – poderá ser reconhecida pela Justiça do Trabalho, impondo-lhe o dever de reparar os danos causados ao empregado em virtude da contaminação pelo coronavírus no ambiente de trabalho.

Além dos danos materiais e extrapatrimoniais, poderá gerar dano em ricochete ou reflexo.

Gagliano e Pamplona Filho de forma precisa lecionam que o "dano reflexo ou por ricochete, como visto, se refere aos sujeitos vitimados, seja por ser o titular do interesse violado (a vítima propriamente dita), seja por terem uma relação de dependência com a primeira (os lesionados por ricochete)" [749].

Essa teoria já é amplamente aceita no âmbito das relações de trabalho. A súmula 392 do TST preceitua que "Nos termos do art. 114, inc. VI, da Constituição da República, a Justiça do Trabalho é competente para processar e julgar ações de indenização por dano moral e material, decorrentes da relação de trabalho, inclusive as oriundas de acidente de trabalho e doenças a ele equiparadas, ainda que propostas pelos dependentes ou sucessores do trabalhador falecido".

Em recente julgado o Tribunal Superior do Trabalho reconheceu o direito da mãe de um auxiliar de farmácia de pedir indenização por danos morais em nome próprio. Considerou a mãe do trabalhador parte legítima da demanda trabalhista, por haver experimentado danos morais reflexos. Vejamos:

– AGRAVO DE INSTRUMENTO DOS RECLAMANTES. DANOS MORAIS REFLEXOS. ACIDENTE DO TRABALHO. LEGITIMIDADE ATIVA DA MÃE DO EMPREGADO SOBREVIVENTE. 1. O Tribunal Regional consignou que "a dor que a mãe da vítima possa experimentar vendo o filho mutilado no auge da vida merece respeito", mas lhe confere "legitimidade ativa para postular qualquer indenização na Justiça do Trabalho", pois "não há óbito". 2. Na hipótese, os pedidos formulados pela mãe do empregado dizem respeito ao suposto dano moral por ela experimentado em decorrência das lesões impostas ao seu filho, que foi vítima de acidente do trabalho. 3. Aparente violação do art. 17 do CPC, a ensejar o seguimento do recurso de revista. [...] RECURSO DE REVISTA DOS RECLAMANTES. DANOS MORAIS REFLEXOS. ACIDENTE DO TRABALHO. LEGITIMIDADE ATIVA DA MÃE DO EMPREGADO SOBREVIVENTE. 1. A Corte de origem consignou que "a dor que a mãe da vítima possa experimentar vendo o filho mutilado no auge da vida merece respeito", mas lhe confere "legitimidade ativa para postular qualquer indenização na Justiça do Trabalho", pois "não há óbito". 2. No caso, a mãe do empregado que sofreu acidente do trabalho, tendo as duas pernas amputadas, não está postulando direito alheio em nome próprio. 3. Os pedidos formulados por essa reclamante não dizem respeito aos danos causados ao empregado em decorrência do acidente do trabalho por ele sofrido, mas, sim, ao suposto dano moral por ela experimentado em decorrência das lesões impostas ao seu filho. 4. Trata-se, pois, de pretensão relacionada a dano reflexo ou em ricochete. 5. Nesse contexto, em que a mãe do empregado postula direito personalíssimo e autônomo, forçoso concluir pela sua legitimidade ativa, sendo irrelevante a circunstância de não se tratar de acidente do trabalho com óbito. Recurso de revista conhecido e provido. (TRT – ARR-1000544-58.2016.5.02.0606, Primeira Turma, Ministro Relator HUGO CARLOS SCHEUERMANN, publicado em 15/06/2020)

Portanto, é possível que os dependentes ou sucessores do trabalhador figurem como vítimas do dano acarretado pela relação de trabalho, hipótese em que o empregador poderá ser condenado a repará-lo.

Art. 476-A. O contrato de trabalho poderá ser suspenso, por um período de dois a cinco meses, para participação do empregado em curso ou programa de qualificação profissional oferecido pelo empregador, com duração equivalente à suspensão contratual, mediante previsão em convenção ou acordo coletivo de trabalho e aquiescência formal do empregado, observado o disposto no art. 471 desta

[749] Pablo Stolze Gagliano, Rodolfo Pamplona Filho. Novo curso de direito civil, v. 3: responsabilidade civil – 15. ed. – São Paulo: Saraiva, 2017.

Consolidação. (Incluído pela Medida Provisória nº 2.164-41, de 2001)

§ 1º Após a autorização concedida por intermédio de convenção ou acordo coletivo, o empregador deverá notificar o respectivo sindicato, com antecedência mínima de quinze dias da suspensão contratual. (Incluído pela Medida Provisória nº 2.164-41, de 2001)

§ 2º O contrato de trabalho não poderá ser suspenso em conformidade com o disposto no **caput** deste artigo mais de uma vez no período de dezesseis meses. (Incluído pela Medida Provisória nº 2.164-41, de 2001)

§ 3º O empregador poderá conceder ao empregado ajuda compensatória mensal, sem natureza salarial, durante o período de suspensão contratual nos termos do **caput** deste artigo, com valor a ser definido em convenção ou acordo coletivo.

§ 4º Durante o período de suspensão contratual para participação em curso ou programa de qualificação profissional, o empregado fará jus aos benefícios voluntariamente concedidos pelo empregador. (Incluído pela Medida Provisória nº 2.164-41, de 2001)

§ 5º Se ocorrer a dispensa do empregado no transcurso do período de suspensão contratual ou nos três meses subsequentes ao seu retorno ao trabalho, o empregador pagará ao empregado, além das parcelas indenizatórias previstas na legislação em vigor, multa a ser estabelecida em convenção ou acordo coletivo, sendo de, no mínimo, cem por cento sobre o valor da última remuneração mensal anterior à suspensão do contrato. (Incluído pela Medida Provisória nº 2.164-41, de 2001)

§ 6º Se durante a suspensão do contrato não for ministrado o curso ou programa de qualificação profissional, ou o empregado permanecer trabalhando para o empregador, ficará descaracterizada a suspensão, sujeitando o empregador ao pagamento imediato dos salários e dos encargos sociais referentes ao período, às penalidades cabíveis previstas na legislação em vigor, bem como às sanções previstas em convenção ou acordo coletivo. (Incluído pela Medida Provisória nº 2.164-41, de 2001)

§ 7º O prazo limite fixado no **caput** poderá ser prorrogado mediante convenção ou acordo coletivo de trabalho e aquiescência formal do empregado, desde que o empregador arque com o ônus correspondente ao valor da bolsa de qualificação profissional, no respectivo período. (Incluído pela Medida Provisória nº 2.164-41, de 2001)

COMENTÁRIOS (ART. 476-A)

Esse dispositivo trata do *lay off*, um instrumento utilizado pelas empresas em tempos de crise para evitar demissões. O pressuposto para o afastamento do empregado é a previsão em instrumento de negociação coletiva (acordo ou convenção coletiva do trabalho) e a anuência do empregado.

O afastamento do empregado terá de 2 a 5 meses para participar de curso ou programa de qualificação profissional oferecido pelo empregador, com duração equivalente à suspensão contratual.

O empregador deverá comunicar o sindicato da categoria com 15 dias de antecedência, poderá conceder ajuda compensatória, com natureza indenizatória, no período de suspensão do contrato de trabalho.

A qualificação profissional é custeada pelo Fundo de Amparo ao Trabalhador (FAT) e o empregador não paga salários ao empregado neste período. O contrato de trabalho não poderá ser suspenso mais de uma vez no período de dezesseis meses.

O empregador não poderá dispensar o empregado no curso do período de suspensão do contrato de trabalho ou nos três meses seguintes ao seu retorno ao trabalho. Do contrário, o empregador estará sujeito ao pagamento das parcelas indenizatórias previstas na legislação trabalhista, multa prevista no instrumento de negociação coletiva, cujo valor será de, no mínimo, equivalente ao valor da última remuneração mensal recebida pelo trabalhador antes da suspensão do contrato de trabalho.

Caso o empregado permaneça trabalhando para o empregador ou não seja ministrado o curso ou programa de qualificação profissional restara configurado o desvirtuamento do instituto jurídico em análise, de forma que a suspensão se converterá em interrupção contrato de trabalho e o empregador terá que se converterá em imediatamente os salários, recolhimento do FGTS, contribuição previdenciária, as penalidades cabíveis previstas na legislação em vigor, além das penalidades estabelecidas em convenção ou acordo coletivo.

CAPÍTULO V
DA RESCISÃO

Art. 477. Na extinção do contrato de trabalho, o empregador deverá proceder à anotação na Carteira de Trabalho e Previdência Social, comunicar a dispensa aos órgãos competentes e realizar o pagamento das verbas rescisórias no prazo e na forma estabelecidos neste artigo. (Redação dada pela Lei nº 13.467, de 2017)

§ 1º (Revogado). (Redação dada pela Lei nº 13.467, de 2017)

§ 2º – O instrumento de rescisão ou recibo de quitação, qualquer que seja a causa ou forma de dissolução do contrato, deve ter especificada a natureza de cada parcela paga ao empregado e discriminado o seu valor, sendo válida a quitação, apenas, relativamente às mesmas parcelas. (Redação dada pela Lei nº 5.584, de 26.6.1970)

§ 3º (Revogado). (Redação dada pela Lei nº 13.467, de 2017)

§ 4º O pagamento a que fizer jus o empregado será efetuado: (Redação dada pela Lei nº 13.467, de 2017)

I – em dinheiro, depósito bancário ou cheque visado, conforme acordem as partes; ou (Incluído pela Lei nº 13.467, de 2017)

II – em dinheiro ou depósito bancário quando o empregado for analfabeto. (Incluído pela Lei nº 13.467, de 2017)

§ 5º – Qualquer compensação no pagamento de que trata o parágrafo anterior não poderá exceder o equivalente a um mês de remuneração do empregado. (Redação dada pela Lei nº 5.584, de 26.6.1970)

§ 6º A entrega ao empregado de documentos que comprovem a comunicação da extinção contratual aos órgãos competentes bem como o pagamento dos valores constantes do instrumento de rescisão ou recibo de quitação deverão ser efetuados até dez dias contados a partir do término do contrato. (Redação dada pela Lei nº 13.467, de 2017)

a) (revogado); (Redação dada pela Lei nº 13.467, de 2017)

b) (revogado). (Redação dada pela Lei nº 13.467, de 2017)

§ 7º (Revogado). (Redação dada pela Lei nº 13.467, de 2017)

§ 8º – A inobservância do disposto no § 6º deste artigo sujeitará o infrator à multa de 160 BTN, por trabalhador, bem assim ao pagamento da multa a favor do empregado, em valor equivalente ao seu salário, devidamente corrigido pelo índice de variação do BTN, salvo quando, comprovadamente, o trabalhador der causa à mora. (Incluído pela Lei nº 7.855, de 24.10.1989)

§ 9º (vetado). (Incluído pela Lei nº 7.855, de 24.10.1989)

§ 10. A anotação da extinção do contrato na Carteira de Trabalho e Previdência Social é documento hábil para requerer o benefício do seguro-desemprego e a movimentação da conta vinculada no Fundo de Garantia do Tempo de Serviço, nas hipóteses legais, desde que a comunicação prevista no **caput** deste artigo tenha sido realizada. (Incluído pela Lei nº 13.467, de 2017)

COMENTÁRIOS (ART. 477)

1. CESSAÇÃO DO CONTRATO DE TRABALHO

O princípio da continuidade da relação de emprego tem por escopo incentivar a preservação do contrato trabalho, impedir a cessação das relações de emprego, usando de predicados legais como, por exemplo, as restrições aos contratos a termo; estabilidade e garantias de emprego; interrupção e suspensão contratuais; e de motivação jurídica minimamente razoável para as dispensas de empregados por seus empregadores.

A doutrina majoritária interpreta que a motivação jurídica mínima resulta, também, de ato de vontade do empregador[750], nos contratos por prazo indeterminado. Entende-se, portanto, que a cessação do contrato de trabalho é um direito potestativo do empregador, isto é, uma faculdade do empregador.

A Convenção 158 da OIT durante um curto espaço de tempo, foi incorporado ao Direito do Trabalho brasileiro – em 5 de janeiro de 1996 – amplificando a aplicabilidade do princípio da continuidade da relação de emprego, na medida em que estipulava que as rupturas contratuais por ato dos empregadores deveriam ser motivadas, eliminado a possibilidade a possibilidade da dispensa injusta ou dispensa desmotivada. Exigia uma motivação consistente para a cessação do contrato de trabalho. Vejamos a redação do art. 4º da Convenção 158 da OIT:

> *"PARTE II NORMAS DE APLICAÇÃO GERAL – Seção A Justificação do término – Art. 4 — Não se dará término à relação de trabalho de um trabalhador a menos que exista para isso uma* **causa justificada** *relacionada com sua* **capacidade ou seu comportamento ou baseada nas necessidades de funcionamento da empresa, estabelecimento ou serviço".**

Ainda, exigia em seu art. 7º, que para dar fim a relação de trabalho de um trabalhador por motivo relacionados com seu comportamento ou seu desempenho, era necessário dar ao empregado a possibilidade de se defender das acusações feitas contra ele, a menos que não seja possível pedir ao empregador, razoavelmente, que lhe conceda essa possibilidade.

O Supremo Tribunal Federal, ao julgar de uma Ação Direta de Inconstitucionalidade, após denúncia feita pelo Presidente da República, em setembro de 1997, entendeu que a regra do art. 7º, I, da CF – preceito que serviu de fundamento para a Convenção 158 – não era autoexecutável, dependendo de legislação complementar para ter eficácia, motivo pelo qual acolheu a tese de inconstitucionalidade da Convenção 158 da OIT.

---

750 Ibidem. Delgado, 2019.

É importante ressaltar que a jurisprudência dominante entende que os servidores públicos celetistas admitidos por concursos públicos pela Administração Pública, direta ou indireta, autarquias e fundações públicas, se beneficiam da regra do art. 41 da CF, sendo necessária a motivação do ato de ruptura pela Administração Pública.

Essa regra, no entanto, não se aplica os empregados de empresas públicas, sociedades de economia mista e para estatais, ainda que tenham sido admitidos mediante concurso público, tendo em vista que a natureza jurídica de tais empresas é de empresas privadas (art. 173, §1º, II, da CF). Como exceção, estariam os empregados da Empresa Brasileira de Correios e Telégrafos, pois essa empresa pública goza de prerrogativas característicos de entes de Direito Público, e, por via de consequência, deve motivar a dispensa dos seus empregados, conforme entendimento esposado na OJ 247 da SDI-I, do TST.

O antigo modelo jurídico celetista previa um marcante contingenciamento à ruptura imotivada do contrato de trabalho, prevendo o pagamento de indenização por tempo de serviços (art. 478, CLT), bem como estabilidade ao empregado que completasse dez anos de serviços prestados ao mesmo empregador – estabilidade decenal –, conforme art. 492, CLT).

A instituição do regime jurídico do FGTS, surgido em meados 1966 (Lei 5.107/66), se tornou uma via alternativa à estabilidade decenal, muito criticada pelos empregadores do setor privado.

A Constituição Federal de 1988 tornou o regime jurídico do FGTS obrigatório, inviabilizando a estabilidade aos empregados com menos de dez anos de serviços prestados ao mesmo empregador. Em substituição, os empregados receberiam uma indenização em caso de dispensa imotivada.

O art. 7º, inciso I, da CF prevê que:

> *Art. 7º São direitos dos trabalhadores urbanos e rurais, além de outros que visem à melhoria de sua condição social:*
>
> *I – relação de emprego protegida contra despedida arbitrária ou sem justa causa, nos termos de lei complementar, que preverá indenização compensatória, dentre outros direitos;*

A doutrina classifica a extinção do contrato em resilição contratual, resolução contratual e de rescisão contratual:

(i) *Resilição contratual* corresponde a todas as modalidades de ruptura do contrato de trabalho por exercício lícito da vontade das partes. Neste grupo engloba-se três tipos de extinção contratual: em primeiro lugar, a resilição unilateral por ato obreiro (chamada de *pedido de demissão*). Em segundo lugar, a resilição unilateral por ato empresarial (denominada *dispensa* ou *despedida sem justa causa* ou, ainda, *dispensa desmotivada*). Em terceiro lugar, a figura da resilição bilateral do contrato, isto é, o distrato, no seio do qual se integra a nova hipótese extintiva prevista no art. 484-A da CLT (extinção por acordo entre empregador e empregado). Aqui também poderiam ser inseridas as rupturas por adesão do empregado a PDVs ou PDIs (novo art. 477-B da CLT).

(ii) *Resolução contratual:* corresponde a todas as modalidades de ruptura do contrato de trabalho por descumprimento faltoso do pacto por qualquer das partes (infrações obreiras e empresariais); englobaria também a extinção do contrato em virtude da incidência de condição resolutiva. Neste grupo estariam enquadrados quatro tipos de extinção contratual. Em primeiro lugar, a resolução contratual por infração obreira, que se chama dispensa por justa causa. Em segundo lugar, a resolução contratual por infração empresarial, que se denomina dispensa ou despedida indireta. Em terceiro lugar, a resolução contratual por culpa recíproca das partes contratuais. Em quarto lugar, finalmente, a resolução contratual por implemento de condição resolutiva.

(iii) *Rescisão contratual:* segundo esta tipologia, corresponderia à ruptura do contrato de trabalho em face de nulidade. É o que ocorreria, hoje, com contratos efetivados pelas entidades estatais, sem a observância de prévio concurso público (Súmula 363, TST). Ou, ainda, com contratos que concretizem atividade ilícita — objeto ilícito (ilustrativamente, OJ 199, SDI-I/TST).

Existem outras classificações, a saber:

a) Extinção decorrente de ato lícito ou ilícito do empregado.

b) Extinção decorrente de ato lícito ou ilícito do empregador.

c) Extinção decorrente de fatores excepcionais.

2. PROCEDIMENTO PARA RESCISÃO DO CONTRATO

A Reforma Trabalhista alterou o artigo 477, caput, da CLT, bem como o parágrafo primeiro e terceiro do dispositivo, afastando a necessidade da homologação da rescisão pelo sindicato ou do Ministério do Trabalho. Nesse sentido, conforme nova redação do dispositivo, o empregador deve apenas efetuar a baixa na CTPS e comunicar a dispensa aos órgãos competentes, bem como, proceder o pagamento das verbas rescisórias.

O parágrafo sexto já abordado, que trata do prazo, afirma que também deve ocorrer a comunicação aos órgãos competentes, dentro do período citado, ou seja, a falta da comunicação também é capaz de gerar a multa.

O novo parágrafo décimo do dispositivo prevê que a anotação da extinção na CTPS é documento hábil para requerer o FGTS e o seguro desemprego, desde que, tenha ocorrido a comunicação pelo empregador.

O referido procedimento afastou o debate que existia quanto a ser devida a multa se ocorresse o pagamento no prazo, mas não a homologação. No passado, alguns doutrinadores defendiam a impossibilidade de aplicação da multa em análise, sob o fundamento de que o art. 477 da CLT mencionava apenas prazo para pagamento. Corrente doutrinária em sentido contrário, defendia que a multa era devida, considerando que a rescisão é um ato complexo envolvendo pagamento e homologação.

Existe outro debate doutrinário que merece destaque: a possibilidade de a norma coletiva exigir a homologação sindical e estabelecer penalidade em caso de descumprimento do procedimento de homologação. De um lado, alguns teóricos argumentam que é válida a negociação coletiva, sustentando que o rol do art. 611-A da CLT é meramente exemplificativo, o que possibilitaria a instituição da homologação sindical. Acrescentam, ainda, que não há vedação no rol do artigo 611-B da CLT. Para outra corrente doutrinária, a instituição do procedimento de homologação sindical da rescisão contratual não é válido, pois deve prevalecer a vontade das partes, inexistindo justificativa para a participação do sindicato.

Por fim, o parágrafo 4º do dispositivo também foi alterado para prever que o pagamento das rescisórias será realizado em dinheiro, depósito ou cheque visado, conforme acordo entre as partes. Na hipótese do empregado analfabeto, o pagamento deve ser feito em dinheiro ou depósito bancário.

3. QUITAÇÃO NA RESCISÃO (ART. 477, § 2º DA CLT)

O art. 477, § 2º, da CLT prevê que na rescisão ocorrerá a quitação quanto às parcelas e valores previstos no instrumento de rescisão ou no recibo de pagamento.

Existe corrente doutrinária, minoritária, defendendo que a ausência de ressalva faz gerar uma quitação total, impedindo qualquer futura reclamação pelo trabalhador.

Para uma segunda corrente, a quitação é apenas com relação a valores e não a parcela ou ao contrato. Nesse sentido, o empregado pode postular qualquer outra verba, inclusive as que constam do termo de rescisão, cabendo apenas a dedução do valor pago.

Por fim, para uma terceira corrente, que prevalece, conforme Súmula 330 do TST a quitação alcança as parcelas e os valores. Nesse sentido, afastada a hipótese de ressalva, o empregado pode reclamar apenas o pagamento das parcelas que não constaram no TRCT.

O artigo 477, § 2º, da CLT não se confunde com a nova modalidade de quitação anual do artigo 507-B da CLT, que prevê que é facultado a empregados e empregadores, na vigência ou não do contrato, firmar termo de quitação anual de obrigações trabalhistas perante o sindicato dos empregados da categoria. Tal termo, conforme o parágrafo único do artigo, deve discriminar as obrigações cumpridas mensalmente e a data da quitação, possuindo eficácia liberatória das parcelas nela especificadas.

4. Prazo de pagamento das verbas rescisórias

Durante muito tempo se discutiu sobre o prazo para pagamento das verbas rescisórias. A redação anterior do art. 477, §6º, da CLT, estabelecia dois prazos distintos para o pagamento das verbas rescisórias, a depender da forma de concessão do aviso prévio.

O empregador que optava pela manutenção da prestação dos serviços durante o aviso prévio (aviso prévio trabalhado), tinha que quitar as verbas rescisórias no primeiro dia útil seguinte à data de término do aviso prévio. Do contrário, em caso de dispensa da prestação de serviços, a lei conferia o prazo de 10 dias para quitar as verbas rescisórias.

A reforma trabalhista unificou o prazo para o empregador realizar o pagamento das verbas rescisórias discriminadas no instrumento de rescisão ou no recibo de quitação, de modo que deverá realizar o pagamento em dinheiro, depósito bancário ou cheque – ou em dinheiro ou depósito bancário quando o empregado for analfabeto – no prazo de 10 dias a partir da data do término do contrato.

A imprecisão e atecnia na nova redação do dispositivo gerou mais dúvidas sobre o prazo de pagamento das verbas rescisórias e entrega dos documentos de comunicação da rescisão contratual, isso porque estabelece que deverá ser **"contado a partir do término do contrato de trabalho"**.

Alguns teóricos passaram a defender que o aviso prévio – incluindo a proporcionalidade – deve integrar o prazo para pagamento das verbas rescisórias, considerando a data final do contrato de trabalho será o último dia do aviso prévio (art. 487, §1º, CLT; OJ 82 e 83 da SDI-1 do TST).

Para outra corrente acadêmica as verbas rescisórias e o documento

Isso se justifica, ao nosso ver, porque o legislador acrescentou o **dever de entrega dos documentos que comprovem a comunicação da extinção contratual aos órgãos competentes**, havendo a necessidade, portanto, de um prazo maior para realizar a rescisão.

Para outros, o prazo de pagamento das verbas rescisórias é contado da data do efetivo afastamento do empregado. Nesse sentido a ementa abaixo:

> *MULTA DO ART. 477, PARÁGRAGO 8º, DA CLT. O prazo para pagamento das verbas rescisórias é de dez dias, estes contados inclusive o dia em que consta como data do afastamento, não sendo prorrogável caso*

caia em sábado ou domingo. Recursos interposto pela reclamada Mangels a que se nega provimento (TRT-4 – RO: 00208762620175040201 – Data de Julgamento: 23/06/2020, 9ª Turma)

Assim, se o aviso prévio for indenizado o empregado receberá pagamento das verbas rescisórias em até 10 dias a partir da data do seu afastamento. Se o aviso prévio for trabalhado, em até 10 dias a contar do encerramento da prestação de serviços. Comungando deste entendimento, Homero Batista Mateus da Silva [751] adverte

> *"Prefira interpretar esse dispositivo **como dez dias após a cessação da prestação de serviços**, não se projetando o aviso prévio indenizado para, ao depois, computar o prazo, sob pena de frustração do procedimento rescisório e do acesso ao trabalhador do dinheiro necessário para fazer frente ao período de desemprego".*

Há, ainda, jurisprudência que entende que o prazo para pagamento das verbas rescisórias seria até o 10º da notificação da despedida, com base na OJ 14 da SDI-1 do TST.

Por fim, vale destacar que esse prazo de 10 (dez) dias são contados corridos, porquanto a contagem de dias úteis se aplica apenas aos prazos processuais.

Nos termos da OJ 162 da SDI-1 do TST, para a contagem do prazo acima mencionado, deve se aplicar o artigo 132 do Código Civil, ou seja, o dia da comunicação da dispensa não entra na contagem, mas inclui o dia do vencimento. Ademais, se o último dia não for dia útil vai ocorrer a prorrogação para o primeiro dia útil seguinte.

4. MULTA

Nos termos do artigo 477, § 8º da CLT, na hipótese de não pagamento das verbas rescisórias dentro do prazo mencionado será devida a multa no valor de 1 (um) salário para o trabalhador, bem como, multa administrativa em favor da União. Caso o empregado postule para si essa segunda penalidade, o juiz deve decidir pela ilegitimidade ativa.

A Súmula 388 do TST afirma que a massa falida não está sujeita às multas dos artigos 467 e 477. Tal jurisprudência, nada fala da empresa em recuperação judicial.

A OJ 238 SDI-1 do TST prevê que a multa seja aplicada também para pessoa jurídica de direito público.

> **OJ 238 SDI-1** – *"MULTA. ART. 477 DA CLT. PESSOA JURÍDICA DE DIREITO PÚBLICO. APLICÁVEL (inserido dispositivo) - Res. 129/2005, DJ 20, 22 e 25.04.2005 – Submete-se à multa do artigo 477 da CLT a pessoa jurídica de direito público que não observa o prazo para pagamento das verbas rescisórias, pois nivela-se a qualquer particular, em direitos e obrigações, despojando-se do "jus imperii" ao celebrar um contrato de emprego."*

A Súmula 462 do TST prevê que o reconhecimento do vínculo de emprego em juízo não prejudica o direito à multa. A empresa fica isenta apenas quando o empregado der causa à mora no pagamento das verbas rescisórias.

> **Súmula nº 462 do TST**
>
> *"MULTA DO ART. 477, § 8º, DA CLT. INCIDÊNCIA. RECONHECIMENTO JUDICIAL DA RELAÇÃO DE EMPREGO (Republicada em razão de erro material) – DEJT divulgado em 30.06.2016*
>
> *A circunstância de a relação de emprego ter sido reconhecida apenas em juízo não tem o condão de afastar a incidência da multa prevista no art. 477, §8º, da CLT. A referida multa não será devida apenas quando, comprovadamente, o empregado der causa à mora no pagamento das verbas rescisórias."*

Há debate na doutrina quanto à aplicação da multa na hipótese da alteração em juízo da modalidade da rescisão, como, por exemplo, uma reversão da justa causa.

Para uma primeira corrente, a multa não é devida, uma vez que as verbas rescisórias devidas à época foram pagas. Ademais, a nova modalidade de rescisão foi reconhecida somente em juízo, ou seja, existindo divergência capaz de afastar a multa.

Corrente contrária defende que a multa é devida, uma vez que, tem verba rescisória não paga com o reconhecimento da nova modalidade. Ademais, a divergência reconhecida em juízo não é suficiente para prejudicar o direito, conforme inclusive interpretação da Súmula 462 do TST, citada acima.

Outro ponto polêmico é quanto a aplicação da multa para empregado doméstico.

Para a primeira corrente, que prevalece, é cabível, tendo em vista que o artigo 19 da LC 150/2015 autoriza a aplicação subsidiária da CLT. Ademais, não seria razoável a falta de prazo de pagamento de verbas rescisórias para tal categoria.

Corrente contrária, minoritária, defende que não se aplica, já que a lei específica nada trata e como se trata de multa (penalidade) não se admite a interpretação ampliativa.

Art. 477-A. As dispensas imotivadas individuais, plúrimas ou coletivas equiparam-se para todos os fins, não havendo necessidade de autorização prévia de entidade sindical ou de celebração de convenção coletiva ou acordo coletivo de trabalho para sua efetivação. (Incluído pela Lei nº 13.467, de 2017)

[751] Homero Batista Mateus da Silva. CLT comentada. 2ª ed. São Paulo: Thomson Reuters Brasil, 2018.

COMENTÁRIOS (ART. 477-A)

1. EXTINÇÃO DO CONTRATO DE TRABALHO POR INICIATIVA DO EMPREGADOR: DISPENSA SEM JUSTA CAUSA

Trata-se da dispensa sem justa causa, por iniciativa do empregador, não sendo necessário falar o motivo da rescisão, prevalecendo o direito potestativo de dispensar.

O artigo 7º, I da CF/88 prevê que a relação de emprego é protegida contra a dispensa arbitrária ou imotivada, mediante lei complementar, que prevê a indenização compensatória. Ocorre que, até a presente data não foi regulamentada essa norma, sendo que para a dispensa ser válida, nos termos do artigo 10, I do ADCT, basta o pagamento das verbas rescisórias com a indenização de 40% (quarenta por cento) do FGTS.

A Convenção 158 da OIT regulamentou a matéria exigindo a motivação da dispensa, garantindo, inclusive, o direito de defesa do trabalhador contra a rescisão. Ocorre que, em que pese inicialmente ratificada pelo Brasil, ela foi posteriormente denunciada pelo Presidente à época, sob o argumento de que o artigo constitucional (artigo 7º da CF/88) exige lei complementar, natureza diversa do Tratado.

Como dito anteriormente, o ato de denúncia foi questionado no STF pelo argumento que o Presidente não observou o prazo correto para a denúncia, bem como pelo fato de que o ato de denúncia é um ato complexo, que exigiria a participação do Congresso, nos termos do artigo 49, I da CF/88. Contudo, até o momento o tema não foi decidido pelo STF e atualmente a Convenção não se aplica no Brasil.

Vale ressaltar que o Tribunal Superior do Trabalho, em um processo de relatoria do Ministro Maurício Godinho Delgado, levantou a tese de se aplicar as normas da OIT (Convenção 158) como Direito Comparado. Não está no ordenamento jurídico brasileiro como norma constitucional, mas é uma norma estrangeira que pode ser usada como Direito Comparado, com autorização do artigo 8º da CLT.

Essa modalidade de extinção do contrato de trabalho pode ser classificada em duas espécies: a) Dispensa individual: É a rescisão do contrato de um único trabalhador; b) Dispensa coletiva: o principal traço de distinção entre a dispensa coletiva e a dispensa individual reside na natureza do ato. Na dispensa individual o ato é instantâneo. Já na dispensa coletiva o ato é sucessivo.

O art. 477-A da CLT foi inserido pela Reforma Trabalhista passando a prever sobre a dispensa coletiva. Vejamos:

> *Art. 477-A. As dispensas imotivadas individuais, plúrimas ou coletivas equiparam-se para todos os fins, não havendo necessidade de autorização prévia de entidade sindical ou de celebração de convenção coletiva ou acordo coletivo de trabalho para sua efetivação.*

Esse dispositivo equipara as dispensas individuais, plúrimas e coletivas, dispensando a autorização prévia de entidade sindical, acordo coletivo ou convenção coletiva de trabalho, para a concretização da rescisão do contrato de trabalho.

Permite que o empregador dispense um grupo de empregados ou, ainda, um setor inteiro da empresa, sem a necessidade de intervenção sindical.

Há uma crítica incisiva na doutrina que sustenta a inconstitucionalidade deste dispositivo, argumentando que o art. 7º, I, da CF, conquanto ainda não regulamentado por lei complementar, bem assim da constatação de que o corte coletivo impacta muito além dos contratos de trabalho individualmente considerados, espalhando seus efeitos sobre a sociedade, a cadeira de fornecedores, clientes e prestadores de serviços e também a arrecadação dos impostos locais e nacionais, sobre a renda e o consumo dos trabalhadores afetados.

Também, defendem que a jurisprudência é firme no sentido de que antes da decisão drástica da dispensa em massa, devem haver o emprego de técnicas de preservação do emprego inseridas na legislação trabalhista, como o banco de horas, férias coletivas, conversão do contrato em tempo de jornada parcial, suspensão temporária do contrato de trabalho, redução salarial e a adoção de planos de demissão voluntária.

Art. 477-B. Plano de Demissão Voluntária ou Incentivada, para dispensa individual, plúrima ou coletiva, previsto em convenção coletiva ou acordo coletivo de trabalho, enseja quitação plena e irrevogável dos direitos decorrentes da relação empregatícia, salvo disposição em contrário estipulada entre as partes. (Incluído pela Lei nº 13.467, de 2017)

COMENTÁRIOS (ART. 477-B)

O plano de demissão voluntária ou programa de incentivo à demissão voluntária é tratado por alguns autores como a transação individual de direitos trabalhistas, com o objetivo conceder uma vantagem ao empregado para que este se desligue voluntariamente da empresa.

É bastante utilizado pelas empresas em caso de crise econômica para reduzir o quadro de empregados e colocar fim ao contrato de trabalho.

A Reforma Trabalhista inseriu o art. 477-B à CLT, passando a prever expressamente a possibilidade de instituição de "Plano de Demissão Voluntária ou Incentivada, para dispensa individual, plúrima ou coletiva, previsto em convenção coletiva ou acordo coletivo de trabalho, enseja quitação plena e irrevogável dos direitos decorrentes da relação empregatícia, salvo disposição em contrário estipulada entre as partes.

Este dispositivo permite, portanto, que o empregado e o empregador pactuem um plano de demissão voluntária mediante autorização prevista em convenção coletiva ou acordo coletivo de trabalho.

O valor pago a título de incentivo à demissão voluntária, segundo a doutrina e jurisprudência dominante, tem natureza jurídica de indenização, de forma que não reflete nas demais parcelas recebidas pelo empregado.

É importante destacar que o PDV enseja a eficácia liberatória geral dos direitos decorrentes da relação empregatícia, exceto quando se houver estipulação em sentido contrário.

Cabe ao sindicato atuar com muita diligência, para evitar lesão aos trabalhadores, diante da eficácia conferida ao PDV.

Art. 478 – A indenização devida pela rescisão de contrato por prazo indeterminado será de 1 (um) mês de remuneração por ano de serviço efetivo, ou por ano e fração igual ou superior a 6 (seis) meses. (Vide Lei nº 2.959, de 1956)

§ 1º – O primeiro ano de duração do contrato por prazo indeterminado é considerado como período de experiência, e, antes que se complete, nenhuma indenização será devida.

§ 2º – Se o salário for pago por dia, o cálculo da indenização terá por base 25 (vinte e cinco) dias. (Vide Constituição Federal Art.7 inciso XIII)

§ 3º – Se pago por hora, a indenização apurar-se-á na base de 200 (duzentas) horas por mês. (Vide Constituição Federal Art.7 inciso XIII)

§ 4º – Para os empregados que trabalhem a comissão ou que tenham direito a percentagens, a indenização será calculada pela média das comissões ou percentagens percebidas nos últimos 12 (doze) meses de serviço. (Redação dada pelo Decreto-lei nº 229, de 28.2.1967)

§ 5º – Para os empregados que trabalhem por tarefa ou serviço feito, a indenização será calculada na base média do tempo costumeiramente gasto pelo interessado para realização de seu serviço, calculando-se o valor do que seria feito durante 30 (trinta) dias.

Art. 479 – Nos contratos que tenham termo estipulado, o empregador que, sem justa causa, despedir o empregado será obrigado a pagar-lhe, a título de indenização, e por metade, a remuneração a que teria direito até o termo do contrato. (Vide Lei nº 9.601, de 1998)

Parágrafo único – Para a execução do que dispõe o presente artigo, o cálculo da parte variável ou incerta dos salários será feito de acordo com o prescrito para o cálculo da indenização referente à rescisão dos contratos por prazo indeterminado.

Art. 480 – Havendo termo estipulado, o empregado não se poderá desligar do contrato, sem justa causa, sob pena de ser obrigado a indenizar o empregador dos prejuízos que desse fato lhe resultarem. (Vide Lei nº 9.601, de 1998)

§ 1º – A indenização, porém, não poderá exceder àquela a que teria direito o empregado em idênticas condições. (Renumerado do parágrafo único pelo Decreto-lei nº 6.353, de 20.3.1944)

Art. 481 – Aos contratos por prazo determinado, que contiverem cláusula asseguratória do direito recíproco de rescisão antes de expirado o termo ajustado, aplicam-se, caso seja exercido tal direito por qualquer das partes, os princípios que regem a rescisão dos contratos por prazo indeterminado.

Art. 482 – Constituem justa causa para rescisão do contrato de trabalho pelo empregador:

a) ato de improbidade;

b) incontinência de conduta ou mau procedimento;

c) negociação habitual por conta própria ou alheia sem permissão do empregador, e quando constituir ato de concorrência à empresa para a qual trabalha o empregado, ou for prejudicial ao serviço;

d) condenação criminal do empregado, passada em julgado, caso não tenha havido suspensão da execução da pena;

e) desídia no desempenho das respectivas funções;

f) embriaguez habitual ou em serviço;

g) violação de segredo da empresa;

h) ato de indisciplina ou de insubordinação;

i) abandono de emprego;

j) ato lesivo da honra ou da boa fama praticado no serviço contra qualquer pessoa, ou ofensas físicas, nas mesmas condições, salvo em caso de legítima defesa, própria ou de outrem;

k) ato lesivo da honra ou da boa fama ou ofensas físicas praticadas contra o empregador e superiores hierárquicos, salvo em caso de legítima defesa, própria ou de outrem;

l) prática constante de jogos de azar.

m) perda da habilitação ou dos requisitos estabelecidos em lei para o exercício da profissão, em decorrência de conduta dolosa do empregado. (Incluído pela Lei nº 13.467, de 2017)

Parágrafo único – Constitui igualmente justa causa para dispensa de empregado a prática, devidamente comprovada em inquérito administrativo, de atos atentatórios à segurança nacional. (Incluído pelo Decreto-lei nº 3, de 27.1.1966)

COMENTÁRIOS (ART. 482)

A extinção do contrato de trabalho pode se verificar em razão do cometimento de ato ilícito pelo empregado. Na dispensa por justa causa, o empregado pratica falta grave praticada, inviabilizando a manutenção do contrato de trabalho.

Para parte da doutrina justa causa e falta grave são expressões sinônimas. Entretanto, prevalece que existe diferença entre as expressões. A justa causa é a modalidade de rescisão e a falta grave é o ato ilícito praticado pelo empregado.

Amauri Mascaro do Nascimento[752] ensina que a justa causa *"é a ação ou omissão de um dos sujeitos da relação de emprego, ou de ambos, contrária aos deveres normais impostos pelas regras de conduta que disciplinam as suas obrigações resultantes do vínculo jurídico"*.

A doutrina apresenta os seguintes requisitos para a validade da rescisão por justa causa: a) tipicidade: o ato praticado tem que se enquadrar em uma das hipóteses previstas em lei, como falta grave. Como, por exemplo, o artigo 482 da CLT. Tal artigo não é exaustivo, ou seja, existem outras hipóteses de falta grave, em outros dispositivos de lei; b) imediatidade: a falta grave aplicada deve ser imediata, ou seja, o empregador deve aplicar a punição em um tempo razoável, não existindo previsão legal sobre qual prazo, já que vai depender da falta grave praticada e da necessidade de apuração. A demora na aplicação pode caracterizar perdão tácito; c) gravidade: o ato praticado deve ser grave o suficiente para gerar a rescisão por justa causa. Trata-se de um requisito subjetivo; d) singularidade de punição: o ato faltoso não admite mais de uma punição (non *bis in idem)*; e) nexo causal / proporcionalidade: é necessário que exista uma relação entre o ato praticado e a justa causa. Ademais, a punição deve ser proporcional e adequada ao ato; f) não discriminação: na hipótese de falta grave praticada por mais de um empregado a punição deve ser idêntica, salvo se existir justificativa para tratamento diferenciado.

As hipóteses de falta grave previstas no art. 482 da CLT são:

a) Ato de improbidade – Trata-se da falta grave que decorre de um dano patrimonial. Citamos como exemplo o furto.

b) Incontinência de conduta – É a falta grave de conotação sexual como, por exemplo, o assédio sexual, troca de foto pornográfico no trabalho, acesso a site pornográfico no local de trabalho. Ressalta-se que o e-mail corporativo pode ser acessado pelo empregador, pois é ferramenta de trabalho.

c) Mau procedimento – Trata-se da falta grave genérica, ou seja, qualquer conduta inadequada do empregado que não se enquadra nas demais.

d) Negociação habitual por conta própria ou alheia sem permissão do empregador, e quando constituir ato de concorrência à empresa para a qual trabalha o empregado, ou for prejudicial ao serviço – Trata-se do ato de compra e venda durante o horário de trabalho e sem relação com o contrato, sem autorização do empregador.

e) Ato de concorrência à empresa para a qual trabalha o empregado, ou for prejudicial ao serviço – o empregado que pratica qualquer ato de concorrência que venha gerar prejuízo ao empregador. Essa falta grave não exige cláusula de não concorrência, pois decorre da boa-fé do contrato.

f) Condenação criminal do empregado, passada em julgado, caso não tenha havido suspensão da execução da pena – essa condenação criminal decorre de qualquer crime, não precisa ter relação com o trabalho. O debate que surge é com relação à prisão civil. Não se aplica no caso de prisão civil, pois punição sempre se interpreta de forma restritiva. O período em que o trabalhador está preso é considerado como suspensão do contrato de trabalho.

g) Desídia no desempenho das respectivas funções – Trata-se da falta grave que decorre da negligência do trabalhador. Tal hipótese, regra geral, exige a reiteração da conduta.

h) Embriaguez habitual ou em serviço – A Organização Mundial da Saúde (OMS) já regulamentou que a embriaguez habitual não é hipótese de justa causa, mas sim doença, devendo o trabalhador ser afastado para tratamento e gozo de benefício previdenciário. A embriaguez habitual contempla qualquer outro tipo de substância entorpecente, não apenas bebida alcoólica. Já o empregado que bebe em serviço gera a punição por justa causa.

i) Violação de segredo da empresa – Trata-se da divulgação não autorizada de informação sigilosa do empregador, capaz de gerar prejuízo. Não exige cláusula de confidencialidade, pois decorre da boa-fé contratual.

j) Ato de indisciplina ou de insubordinação – a indisciplina consiste no descumprimento de uma ordem geral. Já a insubordinação é o descumprimento de uma ordem direta.

k) Abandono de emprego – para caracterizar abandono de emprego é necessário que sejam caracterizados dois requisitos: i) requisito objetivo: ausência por mais de 30 (trinta) dias consecutivos; ii) intenção de abandonar. Os requisitos são cumulativos e os 30 (trinta) dias devem ser consecutivos. Se a ausência por mais de 30 (trinta) dias não for consecutiva, pode ser enquadrada como hipótese de desídia, mas não de abandono.

---

752 Nascimento, Amauri Mascaro. Curso de direito do trabalho: história e teoria geral do direito do trabalho : relações individuais e coletivas do trabalho. – 26. ed. – São Paulo: Saraiva, 2011.

Anúncio em jornal não é suficiente para comprovar que o empregador tentou localizar o empregado a fim de caracterizar a intenção de abandonar.

Existem dois casos controversos na doutrina e na jurisprudência: a) Ajuizamento de Reclamação Trabalhista pelo Empregado – a hipótese de o empregado não retornar ao trabalho e ajuizar ação alegando rescisão indireta não caracteriza abandono. Pois não há intenção de abandonar. Importante observar que o período entre o afastamento e o ingresso com a ação deve ser razoável; b) Limbo previdenciário – o empregado sofrer acidente ou doença e se afastar em gozo de benefício previdenciário. Posteriormente ter alta médica na perícia, mesmo sem estar apto a trabalhar. O empregador não pode dispensar o empregado alegando abandono, pois não há intenção de abandonar. O empregado não retornou ao trabalho por não estar restabelecido (apto). O empregado está discutindo o direito à continuidade do gozo do benefício previdenciário na Justiça. A Súmula 32 do TST não se aplica nesse caso, pois não há intenção de abandonar.

l) Ato lesivo da honra ou ofensas físicas praticadas no serviço contra qualquer pessoa, salvo em caso de legítima defesa – a agressão contra cliente e colegas de trabalho, praticadas no ambiente de trabalho, é considerada falta grave.

m) Ato lesivo da honra ou ofensas físicas praticadas contra o empregador e superiores hierárquicos, salvo em caso de legítima defesa – a agressão contra o empregador não precisa ser no ambiente de trabalho, mesmo se ocorrer em outro ambiente é considerada falta grave. A legítima defesa, tanto na agressão contra o empregador quanto contra os colegas de trabalho e terceiros, deve ser proporcional. A depender da falta de proporcionalidade pode restar configurada a culpa recíproca e não falta grave do empregado.

n) Prática constante de jogos de azar – a lei exige habitualidade porque fala "prática constante".

o) Perda da habilitação ou dos requisitos estabelecidos em lei para o exercício da profissão, em decorrência de conduta dolosa do empregado – A Reforma Trabalhista trouxe essa nova falta grave, que consiste na perda da habilitação para o exercício de profissão em decorrência de conduta dolosa. Se a conduta for culposa não se aplica. Exemplo: motorista profissional que leva multa e perde a habilitação. Não se trata de dolo, mas sim de culpa.

O artigo 482, parágrafo único, da CLT prevê como hipótese de falta grave o ato atentatório à segurança nacional. Tal previsão não foi recepcionada pela Constituição Federal, tendo em vista que não se admite punição por razões ideológicas, bem como, em razão do direito fundamental da liberdade de expressão.

A lei não exige expressamente a comunicação da falta grave, entretanto, em razão da boa-fé contratual o empregador deve comunicar.

Se em juízo ficar provada outra modalidade de falta grave, que não a comunicada na dispensa, a rescisão será nula, uma vez que não foi garantido o contraditório.

Se a empresa tomou conhecimento em juízo não há que se falar em perdão tácito, mas a rescisão será nula (independentemente de qual seja a falta grave), pois não houve contraditório para o empregado, que só se manifestou e exerceu seu direito de defesa com relação à primeira falta grave alegada/comunicada pelo empregador.

A mera reversão da justa causa, por si só, não gera a indenização por dano moral. Segundo a jurisprudência, há necessidade de provar o abalo. O dano moral não é *in re ipsa*, não é presumido. Há quem defenda que na hipótese de acusação de improbidade o dano seria presumido.

O rol previsto no dispositivo em exame não é exaustivo. Existem outras hipóteses previstas na CLT e na legislação trabalhista esparsa, entre elas: a) a recusa injustificada de utilizar EPI ou de observar as normas de saúde e segurança (art. 158, § único, da CLT); b) a recusa injustificada do ferroviário em realizar horas extras em situação de emergência, como acidente na linha férrea (art. 240, § único, da CLT); c) a declaração falsa ou uso indevido do vale transporte. Mentir e omitir informações para ter acesso a vale transporte (art. 7º, § 3º do Decreto 95.247/87).

A Lei Complementar 150 de 2015, dispõe no art. 27, as hipóteses de falta grave aplicadas no âmbito das relações domésticas, dentre as quais destacamos a submissão a maus tratos de idoso, de enfermo, de pessoa com deficiência ou de criança sob cuidado direto ou indireto do empregado (inciso I).

Nesta modalidade de extinção do contrato de trabalho o empregador estará sujeito ao pagamento do saldo de salário, férias simples ou vencidas com 1/3 vencidas, além do décimo terceiro salário vencido, considerando que tais verbas decorrem do direito adquirido do empregado no curso do contrato de trabalho.

1. DISPENSA POR JUSTA CAUSA EM TEMPOS DE PANDEMIA

Em tempos de pandemia, a adoção de medidas de saúde, higiene e segurança no trabalho se tornaram um dever ao empregador. De outro lado, também se tornou uma obrigação do empregado a utilização de novos equipamentos individuais, como máscara, luvas, higienização constante das mãos, distanciamento em algumas circunstâncias, dentre outras medidas e orientações do empregador.

O empregador, com base no poder empregatício, poderá instituir regulamento empresarial com vistas a organizar a atividade empresarial. É aconselhável, inclusive, que o empregador estabeleça diretrizes de higiene, saúde e segurança no ambiente de trabalho, relacionadas à prevenção ao coronavírus, para evitar futuras responsabilizações.

Na hipótese de o empregado descumprir as ordens ou instruções previstas em regulamento empresarial ou, ordens diretas, referente às medidas de saúde e higiene no ambiente de trabalho, pode ser dispensado por justa causa, com base na alínea "h", do art. 482 da CLT, pelo cometimento do ato de indisciplina ou insubordinação[753].

Eventual recusa na utilização de máscaras e demais equipamentos de proteção individual fornecidos pelo empregador, como prevenção ao contágio, o empregado pode ser dispensado por justa causa.

O art. 158 da CLT estabelece que cabe aos empregados: a) observar as normas de segurança e medicina do trabalho, inclusive as instruções dadas pelo empregador quanto às precauções a tomar no sentido de evitar acidentes do trabalho ou doenças ocupacionais; b) colaborar com a empresa na aplicação das medidas de saúde, segurança e higiene no ambiente de trabalho

O parágrafo único do art. 158 da CLT preconiza que constitui ato faltoso do empregado a recusa injustificada à observância das instruções expedidas pelo empregador ou quanto ao uso dos equipamentos de proteção individual fornecidos pela empresa.

A negativa injustificada do uso de máscaras, luvas ou outros procedimentos afetos à higiene, saúde ou segurança no trabalho, possibilita a dispensa por justa causa do empregado.

De igual maneira, se o empregado se ausentar injustificadamente ou se recusar a retornar ao trabalho, mesmo a empresa adotando todos os procedimentos instituídos pelo poder público, poderá ser dispensado por abandono de emprego (art. 482, "i", da CLT).

Art. 483 – O empregado poderá considerar rescindido o contrato e pleitear a devida indenização quando:

a) forem exigidos serviços superiores às suas forças, defesos por lei, contrários aos bons costumes, ou alheios ao contrato;

b) for tratado pelo empregador ou por seus superiores hierárquicos com rigor excessivo;

c) correr perigo manifesto de mal considerável;

d) não cumprir o empregador as obrigações do contrato;

e) praticar o empregador ou seus prepostos, contra ele ou pessoas de sua família, ato lesivo da honra e boa fama;

f) o empregador ou seus prepostos ofenderem-no fisicamente, salvo em caso de legítima defesa, própria ou de outrem;

g) o empregador reduzir o seu trabalho, sendo este por peça ou tarefa, de forma a afetar sensivelmente a importância dos salários.

§ 1º – O empregado poderá suspender a prestação dos serviços ou rescindir o contrato, quando tiver de desempenhar obrigações legais, incompatíveis com a continuação do serviço.

§ 2º – No caso de morte do empregador constituído em empresa individual, é facultado ao empregado rescindir o contrato de trabalho.

§ 3º – Nas hipóteses das letras "d" e "g", poderá o empregado pleitear a rescisão de seu contrato de trabalho e o pagamento das respectivas indenizações, permanecendo ou não no serviço até final decisão do processo. (Incluído pela Lei nº 4.825, de 5.11.1965)

COMENTÁRIOS (ART. 483)

A dispensa indireta ou rescisão indireta é a rescisão do contrato de trabalho pelo empregado, tendo em vista justa causa praticada pelo empregador. A iniciativa de romper o vínculo é do empregado. Tal modalidade exige os requisitos da tipicidade, gravidade da conduta, nexo causal e proporcionalidade. A imediatidade vai depender da falta grave praticada.

O artigo 483 da CLT apresenta rol de falta grave do empregador.

A primeira hipótese é a exigência de serviços superiores às suas forças do empregado, defesos por lei, contrários aos bons costumes, ou alheios ao contrato. Por serviços superiores às forças do empregado, entende-se o peso máximo que um empregado pode remover individualmente.

Em se tratando de empregado homem, o peso máximo será de 60 kg (sessenta quilogramas), conforme previsto no art. 198 da CLT. A empregada mulher e o trabalhador menor, de outro lado, não poderá se ativar em serviço que demande o emprego de força muscular superior a 20 (vinte) quilos para o trabalho continuo, ou 25 (vinte e cinco) quilos para o trabalho ocasional, exceto quando a remoção de material feita por impulsão ou tração de vagonetes sobre trilhos, de carros de

[753] Indisciplina, é o descumprimento de ordens gerais de serviço. A Insubordinação é o descumprimento de ordens diretas e pessoais.

mão ou quaisquer aparelhos mecânicos (Art. 390 e 405, §5º, da CLT).

Os serviços defesos por lei são aqueles considerados contrários à legislação. Os serviços alheios ao contrato seriam aqueles incompatíveis com as condições pessoais do empregado.

A segunda hipótese ocorre quando o empregado for tratado pelo empregador ou por seus superiores hierárquicos com rigor excessivo, como por exemplo, o assédio moral.

A terceira hipótese é a exposição do empregado a perigo manifesto de mal considerável, deixando de cumprir as normas relacionadas ao meio ambiente do trabalho.

A quarta hipótese é o descumprimento das obrigações contratuais. É uma hipótese ampla, abrangendo a hipótese de mora contumaz (atraso) no pagamento dos salários do trabalhador; ausência de recolhimento dos depósitos do FGTS; e o não pagamento de horas extras.

A quinta hipótese é a prática de ato lesivo contra a honra e a boa fama do empregado ou de sua família, praticados pelo empregador ou seus prepostos, como xingamentos.

A sexta falta grave é a ofensa física, exceto em caso de legítima defesa, própria ou de outrem.

A sétima e última é a redução do trabalho do empregado, sendo este por peça ou tarefa, de forma a afetar sensivelmente a importância dos salários.

Art. 484 – Havendo culpa recíproca no ato que determinou a rescisão do contrato de trabalho, o tribunal de trabalho reduzirá a indenização à que seria devida em caso de culpa exclusiva do empregador, por metade.

COMENTÁRIOS (ART. 484)

Trata-se da rescisão do contrato por culpa recíproca, ou seja, em razão de falta grave praticada por ambas as partes. Possui previsão no artigo 484 da CLT e Súmula 14 do TST, sendo devidas as seguintes verbas: i) pela integralidade: saldo de salário, férias vencidas com 1/3, 13º vendido. ii) pela metade: 13º proporcional, férias com 1/3 proporcionais, aviso prévio e a multa do FGTS, que será de 20% (vinte por cento).

O trabalhador saca integralmente o FGTS e não tem direito ao seguro desemprego. Por fim, a culpa recíproca será reconhecida em juízo. Isso se dá por causa da falta grave do empregador.

Cabe salientar que no distrato o empregado saca 80% (oitenta por cento) do FGTS, na culpa recíproca saca integral; no distrato o empregado também recebe pela metade o aviso prévio e a multa do FGTS, ou seja, é igual a culpa recíproca; ainda, no distrato o trabalhador recebe integralmente o 13º proporcional e as férias proporcionais.

Art. 484-A. O contrato de trabalho poderá ser extinto por acordo entre empregado e empregador, caso em que serão devidas as seguintes verbas trabalhistas: (Incluído pela Lei nº 13.467, de 2017)

I – por metade: (Incluído pela Lei nº 13.467, de 2017)

a) o aviso prévio, se indenizado; e (Incluído pela Lei nº 13.467, de 2017)

b) a indenização sobre o saldo do Fundo de Garantia do Tempo de Serviço, prevista no § 1º do art. 18 da Lei nº 8.036, de 11 de maio de 1990; (Incluído pela Lei nº 13.467, de 2017)

II – na integralidade, as demais verbas trabalhistas. (Incluído pela Lei nº 13.467, de 2017)

§ 1º A extinção do contrato prevista no **caput** deste artigo permite a movimentação da conta vinculada do trabalhador no Fundo de Garantia do Tempo de Serviço na forma do inciso I-A do art. 20 da Lei nº 8.036, de 11 de maio de 1990, limitada até 80% (oitenta por cento) do valor dos depósitos. (Incluído pela Lei nº 13.467, de 2017)

§ 2º A extinção do contrato por acordo prevista no **caput** deste artigo não autoriza o ingresso no Programa de Seguro-Desemprego. (Incluído pela Lei nº 13.467, de 2017)

COMENTÁRIOS (ART. 484-A)

O distrato é uma nova forma de extinção do contrato de trabalho por mútuo consentimento.

A Reforma Trabalhista regulamenta essa modalidade no artigo 484-A CLT e prevê que são devidas as seguintes verbas rescisórias, integralmente: saldo de salário, férias com 1/3 vencidas e proporcionais, 13º salário vencido e proporcional; pela metade: o aviso prévio (se indenizado) e a indenização do FGTS, que será de 20% (vinte por cento). O empregado poderá sacar 80% (oitenta por cento) do FGTS e não tem direito ao seguro desemprego.

Essa modalidade dispensa independe da presença de advogado, participação do sindicato, homologação judicial ou ser um hipersuficiente. Portanto, não se confunde com **o** acordo extrajudicial que precisa da participação de advogado e homologação judicial.

No distrato não pode haver aviso prévio trabalhado?

Prevalece o entendimento que não. O art. 484-A da CLT dispõe expressamente apenas sobre o aviso prévio indenizado. Por essa razão, existe corrente doutrinária que defende a inconstitucionalidade deste dispositivo.

O artigo 7º, XXI, fala em aviso prévio de, no mínimo, 30 (trinta) dias, ou seja, pela Constituição não há aviso prévio com menos de 30 (trinta) dias. Porém, a extinção por ato lícito de ambas as partes o pagamento será realizado pela metade, 15 (dias).

Esse argumento da inconstitucionalidade é frágil, pois na culpa recíproca já era possível aviso prévio com menos de 30 (trinta) dias.

Pode fazer acordo mesmo que goze de estabilidade? Sim, é possível o pedido de demissão ou a realização de um distrato.

Se fez o acordo sem saber da estabilidade, há duas correntes: i) uma minoritária, que entende que não é válido; ii) outra majoritária, que entende que é ato jurídico perfeito, só anula se houver vício de consentimento.

Art. 485 – Quando cessar a atividade da empresa, por morte do empregador, os empregados terão direito, conforme o caso, à indenização a que se referem os art. 477 e 497.

COMENTÁRIOS (ART. 485)

A doutrina trabalhista classifica as causas de extinção do contrato de trabalho em três grupos: a) rupturas provocadas pela conduta do empregado – pedido de demissão dispensa por justa causa; b) rupturas provocadas pela conduta do empregador – dispensa sem justa causa, rescisão indireta do contrato de trabalho, adesão do empregado a Plano de Demissão Voluntária ou Incentivada, distrato; c) rupturas provocadas por fatores extravolitivos às partes contratuais trabalhistas – nulidade contratual, extinção da empresa ou estabelecimento, por motivo de força maior, morte do empregador, pessoa natural, etc.[754]

A morte do empregador pessoa física ou empresa individual gera a ruptura do contrato de trabalho quando não houver a continuidade da atividade empresarial. O término da atividade empresarial, provocará a extinção do contrato de trabalho. Nesta hipótese, será assegurado ao trabalhador o aviso-prévio, décimo terceiro proporciona, férias vencidas e proporcionais com um terço e liberação do FGTS (art. 20, IV, Lei n. 8.036/90). Há controvérsia acerca do pagamento da multa de 40% sobre o FGTS ou não. Para uma corrente interpretativa, a Lei. 8.036/90 somente menciona ser devida tal verba quando ocorrer a dispensa sem justo motivo, não havendo qualquer referência à extinção da empresa ou o falecimento do empregado. A outra parte da doutrina posiciona-se no sentido de que a multa é devida, pois o empregado não deu causa à extinção do contrato de trabalho. Nesse sentido, as ementas abaixo:

> *EMENTA: MORTE DO EMPREGADOR PESSOA FÍSICA. VERBAS RESCISÓRIAS. AVISO PRÉVIO INDENIZADO E MULTA SOBRE O SALDO DO FGTS. DEVIDAS. A* ***morte do empregador, pessoa física****, ocasiona a ruptura contratual pela modalidade da rescisão indireta do contrato de trabalho, por* ***aplicação analógica do que dispõe o art. 483, § 2º, da CLT, que consigna: "No caso de morte do empregador constituído em empresa individual, é facultado ao empregado rescindir o contrato de trabalho", pelo que são devidas todas as verbas rescisórias inclusive o aviso prévio indenizado e a multa rescisória sobre os depósitos do FGTS****. No mesmo sentido, dispõe o art. 485 da CLT, segundo o qual: "Quando cessar a atividade da empresa, por morte do empregador, os empregados terão direito, conforme o caso, à indenização a que se referem os art. 477 e 497.". DANOS MORAIS. Na hipótese dos autos, não restou configurada nenhuma violação a direitos de personalidade, por ato ilícito culposo, capaz de ensejar indenização por danos morais. Recurso parcialmente conhecido e provido em parte. (TRT-10 – RO: 00011343520175100011 DF, Data de Julgamento: 10/07/2019, Data de Publicação: 24/07/2019)*

> *MORTE DO EMPREGADOR DOMÉSTICO. EXTINÇÃO INVOLUNTÁRIA DO CONTRATO DE TRABALHO. O falecimento do empregador doméstico não se afigura hipótese de dispensa arbitrária ou sem justa causa. O TST tem sedimentado entendimento no sentido de que a* ***morte do empregador doméstico configura hipótese de extinção involuntária do contrato de trabalho****, em razão da impossibilidade de prosseguimento da prestação de serviços. (TRT-3 – RO: 00104977520195030171 0010497-75.2019.5.03.0171, Relator: Convocado Vicente de Paula M.Junior, Decima Turma)*

> *EXTINÇÃO DO CONTRATO DE TRABALHO. MORTE DO EMPREGADOR CONSTITUÍDO EM EMPRESA INDIVIDUAL. PARCELAS RESCISÓRIAS. No caso de morte do empregador constituído em empresa individual, o empregado tem a faculdade de extinguir o contrato de trabalho, caso em que não terá direito ao pagamento do aviso-prévio e da indenização de 40% do FGTS. Provimento negado. (TRT-4 – RO: 02830000520075040721, Data de Julgamento: 19/05/2010, 1a. Turma)*

Filiamo-nos a corrente que reconhece a morte do empregador como uma forma de extinção voluntária do contrato de trabalho, na medida em que o empregado não deu causa à ruptura do contrato de trabalho. Ainda que assim não fosse, por se tratar de uma dispositivo que gera dubiedade, podemos o interprete deve aplicar o princípio do in dubio pro operário, adotando no caso em concreto a interpretação mais favorável ao empregado, qual seja, a incidência da multa de 40% sobre os depósitos do FGTS.

Art. 486 – No caso de paralisação temporária ou definitiva do trabalho, motivada por ato de autoridade municipal, estadual ou federal, ou pela promulgação de lei ou resolução que impossibilite a continuação da atividade, prevalecerá o pagamento da indenização, que ficará a cargo do governo responsável. (Redação dada pela Lei nº 1.530, de 26.12.1951)

[754] Delgado, op. cit., 2019, p. 1341-1342.

§ 1º – Sempre que o empregador invocar em sua defesa o preceito do presente artigo, o tribunal do trabalho competente notificará a pessoa de direito público apontada como responsável pela paralisação do trabalho, para que, no prazo de 30 (trinta) dias, alegue o que entender devido, passando a figurar no processo como chamada à autoria. (Incluído pelo Decreto-lei nº 6.110, de 16.12.1943)

§ 2º – Sempre que a parte interessada, firmada em documento hábil, invocar defesa baseada na disposição deste artigo e indicar qual o juiz competente, será ouvida a parte contrária, para, dentro de 3 (três) dias, falar sobre essa alegação. (Redação dada pela Lei nº 1.530, de 26.12.1951)

§ 3º – Verificada qual a autoridade responsável, a Junta de Conciliação ou Juiz dar-se-á por incompetente, remetendo os autos ao Juiz Privativo da Fazenda, perante o qual correrá o feito nos termos previstos no processo comum. (Incluído pela Lei nº 1.530, de 26.12.1951)

COMENTÁRIOS (ART. 486)

1. *FACTUM PRINCIPIS*

Segundo a previsão do artigo 486 da CLT a paralisação temporária ou definitiva do trabalho motivada por ato de autoridade Municipal, Estadual Federal, ou pela promulgação de lei ou resolução que impossibilite a continuação da atividade, prevalece o pagamento da indenização a cargo do governo responsável.

Esse dispositivo traz a previsão do "*factum principis*" ou fato do príncipe, que consiste no ato de autoridade municipal, estadual ou federal, lei ou resolução, que perturbe a continuidade da atividade da empresa. É uma espécie do gênero que é a força maior.

Recebe essa denominação porque vem da época da monarquia, na qual o príncipe determinava a extinção de um determinado estabelecimento por meio de decreto.

Para caracterização do fato do príncipe é necessário a presença dos seguintes requisitos:

a. ato administrativo de autoridade competente ou lei;
b. interrupção das atividades da empresa;
c. prova de que o empregador não concorreu, de forma culposa ou dolosa, para a causa desencadeadora do "factum principis".

Na hipótese de o ato oficial provocar a suspensão temporária das atividades da empresa a pessoa jurídica de direito público indenizar o empregador na importância referente aos salários pagos aos empregados.

Existe corrente doutrinária que defende a necessidade de encerramento da atividade empresarial para a caracterização do fato do príncipe.

Caracterizado o fato do príncipe a autoridade será responsável pelo pagamento da indenização rescisória, prevalecendo o entendimento que se refere apenas a multa de 40% (quarenta por cento) do FGTS e não a todas as verbas rescisórias.

A doutrina clássica cita como exemplo a desapropriação do estabelecimento comercial pelo poder público, resultando no encerramento da atividade ou na paralisação temporária da prestação dos serviços.

A OJ nº 341 da SDI-1 do TST as diferenças decorrentes dos expurgos inflacionários referentes aos de FGTS e a multa de 40% sobre esses depósitos são de responsabilidade do empregador.

CAPÍTULO VI
DO AVISO PRÉVIO

Art. 487 – Não havendo prazo estipulado, a parte que, sem justo motivo, quiser rescindir o contrato deverá avisar a outra da sua resolução com a antecedência mínima de:

I – oito dias, se o pagamento for efetuado por semana ou tempo inferior; (Redação dada pela Lei nº 1.530, de 26.12.1951)

II – trinta dias aos que perceberem por quinzena ou mês, ou que tenham mais de 12 (doze) meses de serviço na empresa. (Redação dada pela Lei nº 1.530, de 26.12.1951)

§ 1º – A falta do aviso prévio por parte do empregador dá ao empregado o direito aos salários correspondentes ao prazo do aviso, garantida sempre a integração desse período no seu tempo de serviço.

§ 2º – A falta de aviso prévio por parte do empregado dá ao empregador o direito de descontar os salários correspondentes ao prazo respectivo.

§ 3º – Em se tratando de salário pago na base de tarefa, o cálculo, para os efeitos dos parágrafos anteriores, será feito de acordo com a média dos últimos 12 (doze) meses de serviço.

§ 4º – É devido o aviso prévio na despedida indireta. (Parágrafo incluído pela Lei nº 7.108, de 5.7.1983)

§ 5º O valor das horas extraordinárias habituais integra o aviso prévio indenizado. (Parágrafo incluído pela Lei nº 10.218, de 11.4.2001)

§ 6º O reajustamento salarial coletivo, determinado no curso do aviso prévio, beneficia o empregado pré-avisado da despedida, mesmo que tenha recebido antecipadamente os salários correspondentes ao período do aviso, que integra seu tempo de serviço para todos os efeitos legais. (Parágrafo incluído pela Lei nº 10.218, de 11.4.2001)

Art. 488 – O horário normal de trabalho do empregado, durante o prazo do aviso, e se a rescisão tiver sido promovida pelo empregador, será reduzido de 2 (duas) horas diárias, sem prejuízo do salário integral.

Parágrafo único – É facultado ao empregado trabalhar sem a redução das 2 (duas) horas diárias previstas neste artigo, caso em que poderá faltar ao serviço, sem prejuízo do salário integral, por 1 (um) dia, na hipótese do inciso I, e por 7 (sete) dias corridos, na hipótese do inciso II do art. 487 desta Consolidação. (Incluído pela Lei nº 7.093, de 25.4.1983)

Art. 489 – Dado o aviso prévio, a rescisão torna-se efetiva depois de expirado o respectivo prazo, mas, se a parte notificante reconsiderar o ato, antes de seu termo, à outra parte é facultado aceitar ou não a reconsideração.

Parágrafo único – Caso seja aceita a reconsideração ou continuando a prestação depois de expirado o prazo, o contrato continuará a vigorar, como se o aviso prévio não tivesse sido dado.

Art. 490 – O empregador que, durante o prazo do aviso prévio dado ao empregado, praticar ato que justifique a rescisão imediata do contrato, sujeita-se ao pagamento da remuneração correspondente ao prazo do referido aviso, sem prejuízo da indenização que for devida.

Art. 491 – O empregado que, durante o prazo do aviso prévio, cometer qualquer das faltas consideradas pela lei como justas para a rescisão, perde o direito ao restante do respectivo prazo.

COMENTÁRIOS (ARTS. 487 A 491)

O aviso prévio é um instrumento utilizado para expressar o desejo de rescindir o contrato de trabalho sem justo motivo. Esse comunicado deve anteceder à data da efetiva ruptura do contrato de trabalho, por duas razões: a) evitar o comunicado surpresa; b) possibilitar a adoção de eventuais providências para superar a ruptura do contrato de trabalho. Poderá ser concedido pelo empregador ou pelo empregado. Assim, o empregador poderá buscar um substituto para o empregado. De outro lado, o empregado terá um tempo (ainda que seja considerado exíguo) para poder procurar um novo emprego.

Homero Batista explica que *"o conceito de aviso prévio deita raízes no princípio da continuidade da relação de emprego, porque, de fato, o contrato de trabalho é de trato sucessivo e se propõe a ser de prazo indeterminado, seja ele de curta ou de longa duração"* Prossegue dizendo que o empregado e o empregador não estão autorizados *"a tomar o outro de surpresa com o desaparecimentos inopinado e desavisa. Como, porém, ninguém pode ser forçado a permanecer nessa relação sinalagmática e como o contrato está sujeito a alterações econômicas e sociais superveniente, a solução encontrada foi viabilizar a rescisão contratual, de parte a parte, mediante conduta civilizada do prévio aviso.*[755]

A lei não estabelece o formato do aviso prévio. Pode ser concedido tanto de forma escrita quanto de forma verbal. A experiência recomenda, no entanto, a formalização do aviso prévio por escrito, considerando que esta é a forma mais eficaz de comprovar o teor da comunicação, a data de concessão do aviso prévio e a efetiva ciência da parte contrária, na medida em que a assinatura do destinatário estará lançada no documento. O aviso prévio verbal, de outro lado, depende de prova testemunhal idônea.

O aviso prévio está disciplinado no artigo 7º, XXI, da Carta Constitucional de 1988, e nos arts. 487 a 491 da CLT.

O texto constitucional prescreve que é devido o *"aviso prévio proporcional ao tempo de serviço, sendo no mínimo de 30 dias, nos termos da lei"* (art. 7º, XXI, da CF). Neste ponto, é valido dizer que o art. 487, inciso I, da CLT, que previa o aviso prévio de 8 dias para os empregados remunerados por semana ou tempo inferior, perdeu a validade, diante do prazo mínimo estabelecido pela norma constitucional. O prazo mínimo de aviso prévio será de 30 dias possui aplicação plena.

Por um longo período, o legislador se omitiu no dever de regulamentar a proporcionalidade do aviso prévio previsto no art. 7º, XXI, da CF. Tratava-se de uma norma constitucional de eficácia limitada, que dependia de norma infraconstitucional regulamentadora. Isso motivou o ajuizamento de Mandado de Injunção perante o Supremo Tribunal Federal. O primeiro, MI n. 369, de relatoria do Min. Francisco Rezek, julgado em 1992, foi julgado parcialmente procedente, reconhecendo a mora legislativa no tocante à regulamentação do aviso prévio proporcional previsto no art. 7º, XXI, da CF, bem como ficou estipulado que o Congresso Nacional deveria elaborar a norma no prazo de 6 meses, sob pena de, vencido o prazo sem a edição da lei, a fixação dos critérios do quantum devido a título de aviso prévio proporcional ao tempo de serviços, ficar ao encargo da Justiça do Trabalho, de acordo com as circunstancias do caso em concreto.

Isso não foi o suficiente. Novamente, houve a propositura de um novo Mandado de Injunção, autuado sob o n. 695, de relatoria do Min. Sepúlveda Pertence, julgado em 2007, no qual também houve a declaração da mora legislativa e comunicação para que o Congresso Nacional suprisse a lacuna normativa.

A omissão legislativa foi suprida somente em 2011, com a edição da Lei n. 12.506, que regulamentou a

[755] Batista, op. cit., p. 394-395.

proporcionalidade do aviso prévio. Segundo essa Lei, o empregado com até 1 ano de serviços na mesma empresa terá direito a 30 dias de aviso prévio proporcional (Art. 1º, da Lei n. 12.506/2011). No parágrafo único do art. 1º, do referido Diploma, ficou estabelecido que a cada ano de serviços prestados na mesma empresa será acrescentado 3 dias ao aviso prévio, de modo que a proporcionalidade pode chegar a, no máximo, 60 dias. Somando-se a proporcionalidade máxima prevista em lei (60 dias) ao prazo mínimo de aviso prévio assegurado aos trabalhadores (30 dias) o aviso prévio pode perfazer um total de 90 dias.

Mesmo assim, a lei deixou lacunas, sobre a abrangência da norma. Coube ao Tribunal Superior do Trabalho pacificar o entendimento, por meio da Súmula 441, no sentido de que o direito ao aviso prévio proporcional ao tempo de serviço somente é assegurado nas rescisões de contrato de trabalho ocorridas a partir da publicação da Lei nº 12.506, em 13 de outubro de 2011.

Parcela da doutrina levanta uma possível inconstitucionalidade do patamar temporal máximo de aviso prévio proporcional, defendendo que a limitação da proporcionalidade do aviso prévio ao máximo de 90 dias, produziu uma igualdade de tratamento – não desejada – entre os profissionais com 20 anos de tempo de serviços para a mesma e outros com tempo superior a esse.

Consoante as lições de Luciano Martinez, escorado nas lições de Guilherme Guimarães Ludwig, o "*legislador ordinário simplesmente eliminou 'a razão constante entre o prazo do aviso e o tempo de serviço do empregado'* – ao instituir o prazo máximo de 90 dias – *e, com base nesse atuar,* ***produziu uma indevida contenção no direito fundamental*** *ora em análise,* ***que****, como se vê no art. 7º, XXI, da Carta,* ***garante para os trabalhadores uma base mínima a título de aviso prévio — jamais um teto máximo***" (grifos acrescidos).[756]

A contagem do aviso prévio é realizada na forma do art. 132 do Código Civil: exclui-se o dia do começo e inclui-se o do vencimento, conforme dispõe a Súmula 380 do TST. O último dia do aviso prévio será considerado como a data do término do contrato de trabalho, pois o aviso prévio integra o contrato de trabalho para todos os fins, inclusive para fins de anotação na CTPS e contagem do prazo prescricional (OJ n. 82 e 83 da SDI-1, do TST)

O empregado não pode renunciar o direito ao aviso prévio é irrenunciável pelo empregado. Se o empregador dispensar o trabalhador do cumprimento do aviso prévio, permanece o dever de pagar o respectivo valor ao empregado, exceto se o empregado conseguir um novo emprego, na forma da Súmula 276 do TST.

O aviso prévio concedido pelo empregador ao empregado pode se dar de duas formas: a) aviso prévio trabalhado; b) aviso prévio indenizado.

O *aviso prévio trabalhado* é aquele em que o empregador exige a prestação de serviços do empregado durante o período de aviso prévio. Neste caso, o empregado poderá optar pela redução de 2 horas diária do horário normal de trabalho, ou por faltar durante 7 dias consecutivos, sem prejuízo do salário integral (Art. 488 da CLT), para possibilitar a busca por um novo emprego.

É preciso dizer que a proporcionalidade do aviso prévio é uma vantagem conferida exclusivamente ao empregado, razão pela qual o empregador não poderá exigir a prestação de serviços superior a 30 dias a título de aviso prévio trabalhado. Segundo se verifica das lições de Maurício Godinho Delgado assevera que *"A Lei n. 12.506/2011 é clara em considerar a proporcionalidade uma vantagem estendida aos empregados (caput do art. 1º do diploma legal), sem a bilateralidade que caracteriza o instituto original, fixado em 30 dias desde 5.10.1988. A bilateralidade restringe-se ao aviso-prévio de 30 dias, que tem de ser concedido também pelo empregado a seu empregador, caso queira pedir demissão (caput do art. 487 da CLT), sob pena de poder sofrer o desconto correspondente ao prazo descumprido (art. 487, §2º, CLT). [...] Trata-se da única maneira de se evitar que o avanço normativo da proporcionalidade converta-se em uma contrafação, uma antonomia, como seria impor-se ao trabalhador com vários anos de serviço gravíssima restrição a seu direito de se desvincular do contrato de emprego. Essa restrição nunca existiu no Direito do Trabalho e nem na Constituição [...] o cumprimento de um aviso de 60, 80 ou 90 dias ou o desconto salarial nessa mesma proporção fariam a ordem jurídica retornar a períodos selvagens da civilização ocidental, antes do advento do próprio Direito do Trabalho — situação normativa incompatível com o espírito da Constituição da República e do Direito do Trabalho brasileiros".*[757]

Logo, não há falar em bilateralidade em relação à proporcionalidade do aviso prévio, de modo que o aviso prévio trabalhado, quando exigida a prestação de serviços pelo empregador, não poderá ultrapassar o limite de 30 dias, sem prejuízo das reduções facultadas pelo art. 488 da CLT e do pagamento do salário integral.

O *aviso prévio indenizado* é aquele que o período de prestação de serviços é substituído por uma indenização. Não há qualquer prestação de serviços pelo empregado no período do aviso prévio. Evita desgastes entre o empregado e o empregador.

[756] Martinez, op. cit, 2020.

[757] Delgado, op. cit., 2019, p. 1416-1417.

Quando o empregado comunicar o desejo de romper o contrato de trabalho – através do pedido de demissão – deve cumprir o período de aviso prévio de 30 dias, a fim de possibilitar a contratação de outro empregado para ocupar o posto de trabalho. O descumprimento do aviso prévio pelo empregado permite o desconto dos dias que o empregado deixou de trabalhar dos salários ou das verbas rescisórias eventualmente devidas ao empregado (art. 487, § 2º, da CLT). Reiteramos que a proporcionalidade, prevista na Lei n. 12.506/2011, é devida somente quando o aviso prévio for concedido pelo empregador, não havendo bilateralidade em reação à proporcionalidade de aviso prévio.

Após a concessão do aviso prévio o contrato de trabalho chegará ao fim após o termo final do aviso prévio. O empregado e o empregador podem reconsiderar o aviso prévio. A reconsideração pode ser tácita, se o empregado continuar prestando serviços após o término do aviso prévio e o empregador consentir, ou, ainda, expressa, quando uma das partes solicitar a reconsideração e a outra concordar (art. 489 da CLT).

A falta grave cometida pelo empregador durante o curso do aviso prévio resulta na rescisão imediata do contrato de trabalho, ficando sujeito ao pagamento da remuneração correspondente, sem prejuízo de eventual indenização (art. 490 da CLT). Também, ensejará a ruptura do contrato de trabalho por justa causa, quando o empregado praticar falta grave durante o aviso prévio, hipótese em que o empregado perde o direito ao restante do respectivo prazo, retirando o direito do empregado às verbas de natureza indenizatória, a exemplo do próprio aviso prévio e da multa de 40% sobre o FGTS, nos termos do art. 491 da CLT e da Súmula 73 do TST.

CAPÍTULO VII
DA ESTABILIDADE

Art. 492 – O empregado que contar mais de 10 (dez) anos de serviço na mesma empresa não poderá ser despedido senão por motivo de falta grave ou circunstância de força maior, devidamente comprovadas.

Parágrafo único – Considera-se como de serviço todo o tempo em que o empregado esteja à disposição do empregador.

COMENTÁRIOS (ART. 492)

A princípio é importante destacar que o ato de terminar o contrato de trabalho é um direito potestativo do empregador, não sendo necessário o consentimento do empregado da outra parte.

Para Maria Helena Diniz (apud Jorge Neto e Cavalcante, 2019) o direito potestativo é aquele *"que seu titular tem poder de influir unilateralmente na situação jurídica de outrem, sem que este possa fazer algo, tendo que se sujeitar à sua vontade (Chiovenda). Por exemplo, o poder de revogar procuração ou de pedir divisão de coisa comum. É o poder que tem alguém por manifestação unilateral da vontade de criar, modificar ou extinguir relações jurídicas em que outros são interessados (Orlando Gomes). Ou, como prefere De Plácido e Silva, é o poder de adquirir ou alienar direitos, ou de exercer sobre seus direitos toda ação de uso, gozo, disposição ou proteção que a lei lhe assegura. Enfim, é o que se caracteriza pelo fato de seu titular poder exercer livremente sua vontade, produzindo efeitos na esfera jurídica de terceiro, sem que este possa impedi-lo".* [758]

O empregador, como regra, pode encerrar livremente o contrato de trabalho unilateralmente, de modo que o empregado não poderá se opor à decisão. Inclusive, o artigo 477-A a da CLT[759], introduzido pela reforma trabalhista, reforça o direito potestativo conferido ao empregador, expandido o seu alcance para abranger as dispensas plúrimas e coletivas, sem a necessidade de prévia intervenção sindical, acordo ou convenção coletiva de trabalho.

Alguns defendem a inconstitucionalidade desse dispositivo por se opor às regras constitucionais (art. 7º, I, CF), especialmente o valor social do trabalho (art. 1º, IV, CF) e a dignidade do trabalhador (art. 1º, III, CF) como princípios orientadores da atividade econômica (Art. 170, III, CF).

A dispensa em massa afeta não só o empregado, individualmente considerado, mas também à família do trabalhador, a sociedade na qual a empresa está situada, causando um impacto social e econômico.

O direito à dispensa não é absoluto. O Direito do Trabalho tem como valores e princípios fundantes a proteção do trabalhador, devido ao natural desequilíbrio contratual existente na relação de trabalho.

Leonardo Vieira Wandelli, *in Comentários à Constituição do Brasil*[760], ensina que:

> *"[...]A regulação da despedida é o eixo sobre o qual giram fatores concretos determinantes para o efetivo exercício dos demais direitos fundamentais e legais decorrentes da relação de emprego em regime de mercado. Frente à desproteção em face da despedida, todo o conjunto de direitos e valores jurídicos de proteção do trabalho acaba materialmente esvaziado pela possibilidade da perda do emprego mediante um simples ato imotivado de exercício de poder*

758 Jorge Neto, Francisco Ferreira; Cavalcante, Jouberto de Quadros Pessoa. Direito do trabalho – 9. ed. – São Paulo: Atlas, 2019.

759 Art. 477-A da CLT: As dispensas imotivadas individuais, plúrimas ou coletivas equiparam-se para todos os fins, não havendo necessidade de autorização prévia de entidade sindical ou de celebração de convenção coletiva ou acordo coletivo de trabalho para sua efetivação.

760 J. J. Gomes Canotilho...[et al.]; outros autores e coordenadores Ingo Wolfgang Sarlet, Lenio Luiz Streck, Gilmar Ferreira Mendes. Comentários à Constituição do Brasil. 2. ed. – São Paulo: Saraiva Educação, 2018.

privado pelo empregador, assujeitando-se a condição do trabalhador sob o talante do empregador. [...] a despedida injusta performa verdadeira denegação de reconhecimento do valor da contribuição do trabalho. [...] a ruptura do contrato de trabalho não é um simples ato de vontade negocial como outro qualquer, estando repleta de consequências juridicamente relevantes para o plexo de bens juridicamente protegidos associados ao trabalho digno, razão pela qual está adstrita aos fins sociais da ordem econômica de valorização social do trabalho e busca do pleno emprego (art. 170, caput e VIII) e ao direito fundamental de proteção contra despedidas arbitrárias ou sem justa causa [...]".

A nossa Lei Maior, em seu art. 7º, inciso I, preceitua a proteção da relação de emprego contra despedida arbitrária ou sem justa causa[761].

As expressões "despedida arbitrária" e "despedida sem justa causa" dispostas no texto constitucional abriu divergência acadêmica e jurisprudencial sobre uma possível sinonímia entre os termos utilizados. Prevalece que tais expressões têm significados distintos.

A despedida arbitrária, para essa vertente interpretativa, a teor da disposição do art. 165 da CLT, é aquela que não se fundamenta em motivo disciplinar, técnico, econômico ou financeiro, ou seja, em junto motivo objetivo. De outro lado, a despedida sem justa causa ocorre quando não se fundar em justo motivo subjetivo, isto é, em dispensa disciplinar (por justa causa), como, por exemplo, as hipóteses mencionadas no art. 482 da CLT.

Nesse sentido Leonardo Vieira Wandelli[762], esclarece,

"[...]Despedida arbitrária no direito brasileiro corresponde àquela já definida no art. 165 da CLT, introduzido pela Lei 6.514/77 'entendendo-se como tal a que não se fundar em motivo disciplinar, técnico, econômico ou financeiro', ao passo que despedida sem justa causa é aquela que não se funda especificamente em 'justa causa' disciplinar, relativa à conduta do empregado, como previsto no art. 482 da CLT, além de outros dispositivos esparsos, como os referidos nos arts. 158, 240, 432, 508, da CLT, 7º e 14 da Lei 7.783/89. Motivo técnico envolve as transformações e adaptações de ordem tecnológica ou organizacional no processo de trabalho da empresa. Motivo econômico refere-se aos fatores ambientais de mercado que afetem o processo produtivo. Motivo Financeiro refere-se à situação de disponibilidade de capital pela empresa. Trata-se, portanto, de conceitos concêntricos. Despedida arbitrária é sempre também sem justa causa (disciplinar), não se fundando, tampouco, em justo motivo objetivo (técnico, econômico ou financeiro). Daí decorre que toda despedida por justa causa (disciplinar) é não arbitrária, ao passo que uma despedida sem justa causa (disciplinar) pode ser arbitrária ou não-arbitrária, desde que, embora não haja o justo motivo subjetivo (disciplinar), haja justo motivo objetivo (técnico, econômico ou financeiro). O sentido da diferenciação constitucional implica no dever e direito de proteção frente a ambas as formas de despedida e não somente às arbitrárias, mais gravosas".

A estabilidade é um predicado legal que visa impedir as denominadas dispensas obstativas.

Nas lições da professora Maria Helena Diniz (in *Dicionário Jurídico*, v. 1, p. 196 apud Jorge Neto e Cavalcante, 2019)[763], a dispensa obstativa na seara trabalhista é definida como *"a rescisão do contrato pelo empregador, com a dispensa sem causa aparente do empregado, objetivando impedir que este venha a adquirir estabilidade"*.

Para Francisco Ferreira Jorge Neto e Jouberto de Quadros Pessoa Cavalcante a dispensa obstativa tem o escopo de valorizar os princípios basilares do Direito do Trabalho e combater possíveis fraudes cometidas pelos empregadores no momento da dispensa que tenham por objetivo atalhar ou inviabilizar a aquisição do direito à estabilidade – no sentido genérico da expressão, abrangendo, portanto, a estabilidade em sentido estrito e a garantia provisória de emprego:

"[...] A dispensa obstativa deverá ser reconhecida, valorizando-se os princípios básicos do Direito do Trabalho, para coibir a prática de atos fraudulentos do empregador que, ao dispensar seus empregados, em determinadas situações, evita que os mesmos adquiram o direito à estabilidade provisória. Quando o empregado está em vias de adquirir uma estabilidade provisória, a dispensa levada a efeito pelo empregador, de forma concreta, representa um empecilho à aquisição do direito, caracterizando-se dispensa obstativa".

Nesse sentido, o Tribunal Superior do Trabalho editou a Súmula 26 (cancelada) com o seguinte teor:

Súmula nº 26 do TST – ESTABILIDADE (cancelada) – Res. 121/2003, DJ 19, 20 e 21.11.2003 – Presume-se obstativa à estabilidade a despedida, sem justo motivo, do empregado que alcançar nove anos de serviço na empresa.

Verificada a dispensa obstativa, será declarada a nulidade do ato fraudulento com a consequente reintegração do empregado ou indenização, a depender do caso.

Etimologicamente a expressão "estabilidade" significa firmeza, imobilidade, estado de equilíbrio[764]. Do ponto de vista jurídico, a estabilidade representa a possibilidade de permanência do empregado no trabalho, mesmo contra a vontade do empregador. O empregador tem a obrigação de não fazer, isto é, de manter o emprego do trabalhador[765].

---

761 Art. 7º São direitos dos trabalhadores urbanos e rurais, além de outros que visem àmelhoria de sua condição social: I – relação de emprego protegida contra despedida arbitrária ou sem justa causa, nos termos de lei complementar, que preverá indenização compensatória, dentre outros direitos;

762 J. J. Gomes Canotilho...[et al.]; outros autores e coordenadores Ingo Wolfgang Sarlet, Lenio Luiz Streck, Gilmar Ferreira Mendes. Comentários à Constituição do Brasil. 2. ed. – São Paulo: Saraiva Educação, 2018.

763 Jorge Neto, Francisco Ferreira; Cavalcante, Jouberto de Quadros Pessoa. Direito do trabalho – 9. ed. – São Paulo: Atlas, 2019.

764 Instituto Antônio Houaiss de Lexicografia, [org.]; [diretores Antônio Houaiss, Mauro de Sales Villar, Francisco Manoel de Melo Franco]. Dicionário Houaiss Língua Portuguesa. – 1. ed. – São Paulo: Moderna, 2015.

765 MARTINS, Sergio Pinto. Direito do Trabalho. – 36. ed. – São Paulo: saraiva Educação, 2020.

A doutrina predominante dissocia a estabilidade da garantia provisória de empregado, baseando-se na compreensão que possuem acepções distintas.

Sergio Pinto Martins leciona que a

> *"[...] Estabilidade própria ou absoluta ocorre quando o empregador não pode dispensado o empregado, salvo nas hipóteses previstas em lei. Não há, portanto, uma estabilidade absoluta, pois a lei permite a dispensa em certos casos. [...] O direito é ao emprego, sem que haja o pagamento de indenização substitutiva – ressalvando a hipótese prevista no art. 496 da CLT. [...] A estabilidade imprópria ou relativa permite a dispensa do empregado, porém, há a necessidade do pagamento de indenização, de acordo com a previsão legal (...), um meio temporário de garantia de emprego. Dependendo das hipóteses o empregado pode até não ser reintegrado".*

Mauricio Godinho Delgado[766], por sua vez, esclarece que

> *"[...] Não obstante a forte proximidade entre as duas figuras, elas não se confundem. A estabilidade é, sem rodeios, permanente, criando uma quase-propriedade do emprego pelo trabalhador. Este preserva seu contrato de duração indeterminada de modo indefinido no tempo, até que fato excepcional e tipificado em lei surja, com força bastante para extinguir o pacto empregatício: por exemplo, a morte, o pedido de demissão pelo próprio obreiro, a extinção efetiva da empresa, ou, ainda, a resolução culposa do contrato, por justa causa operária. Em contrapartida, a estabilidade provisória, como a própria expressão indica, é de extensão apenas temporária, durando o restrito período de sua vigência estipulado pela ordem jurídica".*

O brilhante jurista Amauri Mascaro do Nascimento[767], defendia que a estabilidade "*no*" emprego, na acepção jurídica do termo,

> *"[...] subdivide-se em estabilidade definitiva e estabilidade transitória, aquela produzindo efeitos para toda a relação de emprego, esta somente enquanto persistir uma causa especial que a motiva. Em nosso país surgiu inicialmente a estabilidade definitiva, chamada decenal. Depois, desenvolveu-se a transitória, chamada provisória".*

Seguindo a mesma linha de entendimento a professora Carla Teresa Martins Romar[768], ensina que

> *"[...] A estabilidade no emprego subdivide-se em estabilidade definitiva e estabilidade provisória. A primeira produz efeitos para toda a relação de emprego; e da última decorrem as chamadas garantias provisórias de emprego, que se fundamentam em causas especiais que as motivam e somente persistem enquanto existirem referidas causas".*

É interessante a classificação adotada por Luciano Martinez [769]acerca da garantia provisória de emprego. Para o referido jurista a garantia provisória de emprego é subdividida em duas formulações protetivas ("básica" e a "especial"):

> *"[...] A garantia de emprego básica, também conhecida como garantia de emprego em sentido estrito, é mero entrave imposto ao desligamento. Ela funciona, como se verá em detalhes mais adiante, mediante desestímulos à atuação resilitória patronal. A garantia de emprego especial, também conhecida como estabilidade, por seu turno, é um verdadeiro obstáculo imposto ao desligamento. Ela, na verdade, impede o despedimento diante de algumas situações particulares".*

Acompanhamos a vertente interpretativa de que distingue a estabilidade da garantia provisória no emprego, posto que o constituinte originário não incorporou expressões vazias ou inúteis à Constituição Federal, mas, sim, expressões que possam distinguir valores, princípios e conceitos legais.

A estabilidade, portanto, é uma vantagem jurídica de caráter permanente conferida ao empregado em razão de uma circunstância tipificada em lei de caráter geral, que garante a manutenção do vínculo de emprego por tempo indefinido, sendo possível a sua dispensa, apenas nas hipóteses de falta grave, como ocorre com o decenal (art. 492 e seguintes da CLT).

De outro lado, a garantia provisória no emprego – também chamada de estabilidade provisória, estabilidade especial, estabilidade imprópria, estabilidade relativa ou garantia de emprego especial – é definida como uma vantagem jurídica de caráter transitório assegurada ao empregado decorrente de uma circunstância contratual ou pessoal do trabalhador, de caráter especial, garantindo a manutenção do contrato de trabalho por um tempo definido, independentemente da vontade do empregador. Podemos citar como exemplo o cipeiro (condição contratual) e a gestante (condição pessoal).

A estabilidade encontra amparo no princípio da justiça social, no princípio da continuidade da relação de emprego, e na justiça social.

Extrai-se dos ensinamentos do professor Sérgio Pinto Martins[770] que a estabilidade se baseia na segurança social resultante da "segurança no emprego".

Evidentemente, no momento em que a circunstância de caráter pessoal (subjetiva) ou contratual (objetiva) ou prevista em lei (legal) é implementada o trabalhador se encontra em situação de vulnerabilidade. E, em razão disso, precisa ter a segurança de que não perderá o seu emprego repentinamente, bem como a segurança do pagamento do seu salário para prover a própria subsistência e dos seus familiares.

---

766 DELGADO, Mauricio Godinho. Curso de direito do trabalho. – 18. ed.– São Paulo: LTr, 2019.

767 Nascimento, Amauri Mascaro. Curso de direito do trabalho. – 26. ed. – São Paulo: Saraiva, 2011.

768 Romar, Carla Teresa Martins. Direito do trabalho Esquematizado – 5. ed. – São Paulo: Saraiva Educação, 2018.

769 Ibidem. Martinez, 2020.

770 MARTINS, Sergio Pinto. Direito do Trabalho. – 36. ed. – São Paulo: saraiva Educação, 2020.

Se assim não fosse, o dirigente sindical, por exemplo, não teria a segurança necessária para defender combativamente os interesses da categoria profissional, visto que o receio de perder o emprego ou sofrer alguma retaliação seria um fator limitador da sua atuação sindical.

De igual maneira, as empregadas não cogitariam uma gestação ou adoção, diante da falta de segurança de recebimento o salário ou preservação do emprego. Não haveria tranquilidade econômica ou moral à trabalhadora ou trabalhador, nesta hipótese.

Também, não haveria segurança para o trabalhador com idade avançada, pois, se for dispensado, dificilmente conseguirá uma recolocação no mercado de trabalho, inviabilizando uma possível aposentadoria, por exemplo.

Daí podemos deduzir o fundamento e a importância da estabilidade ou garantia provisória de emprego.

A dispensa obstativa, arbitrária ou sem justa causa do trabalhador estável tem como consequência a nulidade do rompimento do contrato de trabalho, bem como a reintegração – com possibilidade de requerimento de liminar ou tutela de urgência, em conformidade com a lei –, bem como o pagamento dos salários do período de afastamento ou indenização substitutiva.

A esse respeito surgiu a controvérsia sobre a possibilidade (ou não) de o empregado aguardar o término do período de estabilidade para postular apenas a indenização correspondente.

Para uma corrente doutrinária essa atitude configura abuso do direito de ação, uma vez que a conduta do empregado – de aguardar o término do período de estabilidade para, então, ajuizar a ação – impede o empregador de proceder a reintegração, caracterizando um desinteresse do empregado em retornar ao trabalho, de forma que não teria direito à reintegração ou à indenização substitutiva[771].

Em sentido oposto, a corrente doutrinária e jurisprudencial dominante defende que inexiste abuso no direito de ação, caso o empregado deixe espere transcorrer o prazo da estabilidade para ajuizar a relação trabalhista, desde que respeitado o biênio para a propositura da demanda (art. 7º, XXIX, CF; art. 11 da CLT), hipótese em que terá direito à indenização substitutiva. Nesse sentido a OJ nº. 399 da SDI-1 do TST:

> *"OJ 399 SDI-1 do TST: ESTABILIDADE PROVISÓRIA. AÇÃO TRABALHISTA AJUIZADA APÓS O TÉRMINO DO PERÍODO DE GARANTIA NO EMPREGO. ABUSO DO EXERCÍCIO DO DIREITO DE AÇÃO. NÃO CONFIGURAÇÃO. INDENIZAÇÃO DEVIDA. (DEJT divulgado em 02, 03 e 04.08.2010) – O ajuizamento de ação trabalhista após decorrido o período de garantia de emprego não configura abuso do exercício do direito de ação, pois este está submetido apenas ao prazo prescricional inscrito no art. 7º, XXIX, da CF/1988, sendo devida a indenização desde a dispensa até a data do término do período estabilitário".*

Existe, ainda, uma corrente doutrinária intermediária[772] que defende a possibilidade do ajuizamento da demanda após o término do período estabilitário, sem que isso configure abuso de direito, de modo que a indenização está condicionada ao aceite do empregado em retornar ao trabalho, ou seja, ser reintegrado. Havendo recusa expressa e injustificada em juízo à proposta de retorno ao trabalho, não terá direito à indenização.

A súmula 396, Item I, do TST estabelece que terminado o período de estabilidade são devidos apenas o salário do período compreendido entre a data da dispensa e o fim do período de estabilidade, não sendo assegurada a reintegração no emprego.

> *Súmula nº 396 do TST. ESTABILIDADE PROVISÓRIA. PEDIDO DE REINTEGRAÇÃO. CONCESSÃO DO SALÁRIO RELATIVO AO PERÍODO DE ESTABILIDADE JÁ EXAURIDO. INEXISTÊNCIA DE JULGAMENTO "EXTRA PETITA" (conversão das Orientações Jurisprudenciais nºs 106 e 116 da SBDI-1) – Res. 129/2005, DJ 20, 22 e 25.04.2005) – I – Exaurido o período de estabilidade, são devidos ao empregado apenas os salários do período compreendido entre a data da despedida e o final do período de estabilidade, não lhe sendo assegurada a reintegração no emprego. II – Não há nulidade por julgamento "extra petita" da decisão que deferir salário quando o pedido for de reintegração, dados os termos do art. 496 da CLT.*

Numa leitura a contrário *sensu* a reintegração ao trabalho é possível apenas se a ação for proposta durante o período de estabilidade. Após o término do período

Decreto-Lei 5.452/1943

[771] Sergio Pinto Martins é adepto dessa corrente interpretativa, destacando que "O direito previsto na Constituição é ao emprego e não à indenização." MARTINS, Sergio Pinto. Direito do Trabalho. – 36. ed. – São Paulo: saraiva Educação, 2020.

[772] "Por outro lado, a jurisprudência da TRT da 4ª Região e da 12ª Regiões determina que a empregada gestante não terá direito à indenização do período de estabilidade caso recuse proposta do emprego: Súmula nº 99 do TRT da 4ª R. - GESTANTE. GARANTIA PROVISÓRIA NO EMPREGO. RECUSA À REINTEGRAÇÃO. A recusa injustificada da empregada gestante à proposta de retorno ao trabalho afasta o direito à indenização do período da garantia de emprego prevista no artigo 10, inciso II, alínea b, do ADCT, a partir da recusa. Súmula nº 87 do TRT da 12ª Região – ESTABILIDADE GESTANTE. REINTEGRAÇÃO. INDENIZAÇÃO SUBSTITUTIVA. I – Nos casos de dispensa sem justa causa, a propositura da ação após esgotado o período estabilitário não equivale à renúncia tácita, sendo devidos os salários e demais direitos correspondentes ao período da estabilidade, nos termos do item II da Súmula n.º 244 do TST. II – A negativa expressa e injustificada em juízo de retorno ao emprego configura renúncia ao direito à estabilidade prevista no art. 10, II, "b", do ADCT, ficando restrita a indenização respectiva ao valor dos salários vencidos e suas projeções até a data da recusa à reintegração.". CORREIA, Henrique. MIESSA, Élisson. Súmulas e OJs do TST comentadas e organizadas por assunto. – 8.ed. – Salvador: Juspodivm, p. 860.

estabilitário é devido apenas a indenização substitutiva (os salários entre a data da dispensa sem justa causa e o fim do período de estabilidade).

1. ESTABILIDADE DECENAL OU POR TEMPO DE SERVIÇO

A CLT, inicialmente, previa estabilidade para os empregados após 10 anos de tempo de serviço. Essa estabilidade é chamada decenal, prevista entre os artigos 492 a 500 da CLT.

A Lei Elói Chaves, Decreto nº 4.682/1923, no seu art. 42[773], instituiu a estabilidade para os trabalhadores ferroviários. Posteriormente esse direito foi conferido aos industriários e comerciários, pela Lei n. 62/35 em seu art. 10[774]. Transcorrido dez anos de prestação de serviços o empregado só poderia ser dispensado por justo motivo (art. 492 da CLT)[775]. Perceba que essa estabilidade não é temporária, mas, sim, por tempo indeterminado, de forma que a doutrina classifica como: estabilidade definitiva. Também, há menção da estabilidade decenal na Constituição Federal de 1937[776] e 1947[777], bem como na Lei nº 4.214/63[778].

Essa estabilidade não abrangia os empregados que ocupavam cargo de confiança imediata do empregador, diretorias ou gerência (art. 499, CLT). Contudo, caso o empregado deixasse de exercer o cargo de confiança e fosse detentor de estabilidade era assegurada a reversão ao cargo anteriormente ocupado.

Com surgimento do Fundo de Garantia do Tempo de Serviço (FGTS) em 1966 (Lei n. 5.107/66), o empregado poderia optar pela contratação que garantia a estabilidade decenal ou ser submetido ao sistema do FGTS.

> *Art. 1º Para garantia do tempo de serviço ficam mantidos os Capítulos V e VII do Título IV da Consolidação das Leis do Trabalho, assegurado, porém, aos empregados o direito de optarem pelo regime instituído na presente Lei.*
>
> *§ 1º O prazo para a opção é de 365 (trezentos e sessenta e cinco) dias, contados da vigência desta Lei para os atuais empregados, e da data da admissão ao emprego quanto aos admitidos a partir daquela vigência.*
>
> *§ 2º A preferência do empregado pelo regime desta Lei deve ser manifestada em declaração escrita, e, em seguida anotada em sua Carteira Profissional, bem como no respectivo livro ou ficha de registro.*
>
> *§ 3º Os que não optarem pelo regime da presente Lei, nos prazos previstos no § 1º, poderão fazê-lo, a qualquer tempo, em declaração homologada pela Justiça do Trabalho, observando-se o disposto no Art. 16.*
>
> *§ 4º O empregado que optar pelo regime desta lei, dentro do prazo estabelecido no § 1º e que não tenha movimentado a sua conta vinculada, poderá retratar-se desde que o faça no prazo de 365 dias a contar da opção, mediante declaração homologada pela Justiça do Trabalho, não se computando para efeito de contagem do tempo de serviço o período compreendido entre a opção e a retratação.*
>
> *§ 5º Não poderá retratar-se da opção exercida o empregado que transacionar com o empregador o direito à indenização correspondente ao tempo de serviço anterior à opção*
>
> *§ 6º Na hipótese da retratação, o valor da conta vinculada do empregado relativo ao período da opção será transferido para a conta v.*

Os empregados com contrato de trabalho em vigor na data da publicação da lei que instituiu do regime do FGTS, tiveram um ano (prazo de 365 dias) para aderir ao FGTS por meio de declaração escrita.

O empregado que aderiu ao regime do FGTS podia exercer o direito ao arrependimento, caso a retratação fosse realizada dentro do prazo estabelecido para a opção, e o empregado não tivesse realizado a movimentação dos valores depositados na sua conta vinculada. Como penalidade pela retratação, não se computava para efeito de contagem do tempo de serviço o período compreendido entre a opção e a retratação.

Após o prazo instituído na Lei n. 5.107/66, o empregado não podia se retratar, de modo que a opção caracterizava renúncia à estabilidade.

Em 5 de outubro de 1988, a promulgação da Constituição Federal *universalizou*[779] *o sistema do FGTS*, tendo se tornado obrigatório para todos os empregados

---

773 Decreto nº 4.682/1923, Art. 42: "Depois de 10 annos de serviços effectivo o empregado das empresas a que se refere a presente lei só poderá administrativo no caso de falta grave constatada em inquerito administrativo, presidido por um engenheiro da Inspectoria e Fiscalização das Estradas de Ferro".

774 Lei n. 62/35, Art. 10: Os empregados que ainda não gozarem da estabilidade que as leis sobre institutos de aposentadorias e pensões têm criado, desde que contem 10 anos de serviço efetivo no mesmo estabelecimento, nos termos desta Lei, só poderão ser demitidos por motivos devidamente comprovados de falta grave, desobediência, indisciplina ou causa de força maior, nos termos do art. 5º.

775 CLT, Art. 492: O empregado que contar mais de 10 (dez) anos de serviço na mesma empresa não poderá ser despedido senão por motivo de falta grave ou circunstância de força maior, devidamente comprovadas. Parágrafo único – Considera-se como de serviço todo o tempo em que o empregado esteja à disposição do empregador.

776 CF/37, Art. 137: A legislação do trabalho observará, além de outros, os seguintes preceitos: f) nas empresas de trabalho continuo, a cessação das relações de trabalho, a que o trabalhador não haja dado motivo, e quando a lei não lhe garanta, a estabilidade no emprego, cria-lhe o direito a uma indenização proporcional aos anos de serviço;

777 CF/46, Art. 157 – A legislação do trabalho e a da previdência social obedecerão nos seguintes preceitos, além de outros que visem a melhoria da condição dos trabalhadores: XII – estabilidade, na empresa ou na exploração rural, e indenização ao trabalhador despedido, nos casos e nas condições que a lei estatuir;

778 Lei nº 4.214/63, Art. 95: O trabalhador rural. que conte mais de dez anos de serviço efetivo no mesmo estabelecimento, não poderá ser despedido senão por motivo de falta grave ou cinscunstância de fôrça maior arts. 82 e 100. devidamente comprovadas. Parágrafo único Considera-se tempo de serviço todo aquêle em que o empregado esteja à disposição do empregador

779 DELGADO, Mauricio Godinho. Curso de direito do trabalho. – 18. ed.– São Paulo: LTr, 2019, pag. 1331.

(art. 7º, III, CF)[780]. Tempos depois, surgiu a Lei do FGTS (Lei 8.036/90).

Os trabalhadores que completaram 10 anos de serviço em 5.10.1988 adquiriram a estabilidade. Já aqueles que não completaram o tempo de serviço necessário não conseguiram fazer jus a tal direito, já que o regime do FGTS passou a ser obrigatório a todos os trabalhadores.

Nos dias de hoje é muito raro encontrar trabalhadores que são detentores da estabilidade decenal. O artigo 499, §3º, da CLT, estabelecia uma dura penalidade ao empregador que dispensasse o empregado com o fito de impedir a aquisição do tempo de serviço necessário à estabilidade, qual seja, o pagamento em dobro da indenização prescrita nos arts. 477 e 478 da CLT.

A esse respeito, a Súmula 26 do TST[781] assentou o entendimento de que o empregado decenal que possuía nove anos de serviços na empresa, faltando-lhe, portanto, um ano para alcançar a estabilidade, não podia ser dispensado pelo empregador, sob pena de presunção de que o empregador realizou a dispensa para impedir o empregado a adquirir o direito à estabilidade.

A dispensa do empregado decenal deve decorrer do cometimento de falta grave, apurada em inquérito judicial para apuração de falta grave. Portanto, não basta o cometimento da falta grave para o empregador efetuar a dispensa do empregado, sendo necessária a instauração (ou melhor, o ajuizamento) de inquérito judicial para apuração de falta grave para a validação da dispensa (art. 494 da CLT).

O empregador tem a faculdade de suspender o empregado. Optando pela suspensão, o empregador terá o prazo decadencial de 30 dias para ajuizar o inquérito judicial, nos termos da Súmula 403 do STF.

Luciano Martinez explica o fundamento para o prazo de ajuizamento do inquérito em caso de suspensão do empregado *"pode-se, então, perguntar: por que o prazo é de trinta dias para a instauração do inquérito judicial por falta grave? A resposta é simples. O prazo é este porque, nos moldes do art. 474 da CLT, 'a suspensão do empregado por mais de 30 dias consecutivos importa na rescisão injusta do contrato de trabalho'. Assim, superados trinta dias sem o ajuizamento do inquérito, o empregado estável, que não pode ser despedido sem justa causa, volta ao emprego".* [782]

Em caso de improcedência do inquérito judicial, sendo reconhecida a inexistência de falta grave praticada pelo empregado, o empregador terá que reintegrar o trabalhador ao serviço e a pagar-lhe os salários a que teria direito no período de afastamento (art. 495, CLT).

O pedido de demissão do empregado estável, por sua vez, só será válido quando feito com a assistência do respectivo Sindicato e, se não houver, perante autoridade local competente do Ministério do Trabalho e Previdência Social ou da Justiça do Trabalho (art. 500, CLT).

A força maior autoriza a dispensa do empregado estável, bem como o direito à indenização simples (art. 492 e 501, CLT). Na hipótese de a empresa encerrar a atividade, sem força maior, a indenização será em dobro (art. 497, CLT).

1.1. ESTABILIDADE DO SERVIDOR PÚBLICO CELETISTA (ART. 19 E DO ADCT E ART. 41 DA CF/88)

A partir da promulgação da Constituição Federal de 1988, a investidura em cargo ou emprego público passou a depender de aprovação prévia em concurso público de provas ou de provas e títulos, de acordo com a natureza e a complexidade do cargo ou emprego, na forma prevista em lei (art. 37, II, da CF). A única ressalva feita nesse dispositivo, a respeito da exigência do concurso público, é em relação aos cargos em comissão declarados em lei, de livre nomeação e exoneração.

O constituinte originário dispôs, também, no art. 19 do ADCT, que os servidores públicos da União, Estados, Distrito Federal e Municípios, da Administração direta, autárquica e das fundações públicas, em exercício na data da promulgação da Constituição, há pelo menos cinco anos continuados, e que não tenham sido admitidos por concurso público, são considerados estáveis no serviço público.

Esse dispositivo não fez qualquer menção do regime jurídico desses servidores, de modo que permanecem regidos pelo regime jurídico anterior, qual seja: o regime celetista, aplicando-se as regras da CLT.

Maria Sylvia Zanella Di Pietro[783], aponta que

> *"[...] na Constituição anterior, a exigência de concurso público somente se aplicava à investidura em cargo público e não em emprego público (art. 97, § 1º, na redação dada pela Emenda n. 1/69). Em consequência, havia, no quadro de servidores públicos, a categoria dos chamados servidores celetistas. Essa concessão de estabilidade não acarretou a mudança de regime jurídico, pois tais servidores continuaram submetidos à legislação trabalhista, porém, agora, com o benefício da estabilidade".*

Essa benesse se aplica apenas à administração direta, autárquica e fundacional, estando excluídos desta garantia os empregados de empresas públicas, sociedades

[780] CF/88, Art. 7º: São direitos dos trabalhadores urbanos e rurais, além de outros que visem à melhoria de sua condição social: III – fundo de garantia do tempo de serviço.

[781] *Súmula nº 26 do TST – ESTABILIDADE (cancelada) – Res. 121/2003, DJ 19, 20 e 21.11.2003 – Presume-se obstativa à estabilidade a despedida, sem justo motivo, do empregado que alcançar nove anos de serviço na empresa.*

[782] Ibidem. Martinez, 2020.

[783] J. J. Gomes Canotilho...[et al.]; outros autores e coordenadores Ingo Wolfgang Sarlet, Lenio Luiz Streck, Gilmar Ferreira Mendes. Comentários à Constituição do Brasil. 2. ed. – São Paulo: Saraiva Educação, 2018.

Decreto-Lei 5.452/1943

de economia e outras entidades sob controle direto ou indireto das entidades políticas, bem como os servidores das fundações com personalidade de direito privado.

Também, não se aplica a referida estabilidade aos militares, aos ocupantes de cargos exoneráveis *ad nutum (por decisão discricionária)* da autoridade administrativa competente e aos professores de nível universitário (§§ 2º e 3º do artigo 19 do ADCT).

O servidor público aprovado em concurso público após a promulgação da CF/88, sob o regime celetista, também terá direito à estabilidade art. 41 da CF, pois também são ocupantes de cargo público. O TST pacificou o entendimento nesse sentido, conforme súmula 390, item I[784].

Entretanto existe corrente doutrinária, no âmbito do Direito Administrativo, em sentido contrário, como defende a professora *Maria Sylvia Zanella Di Pietro*[785],

> *"Os servidores celetistas submetem-se às normas do artigo 7º da Constituição (que trata dos direitos sociais dos trabalhadores), em tudo o que não estiver derrogado pelo artigo 37. A eles não foi estendida a estabilidade prevista, no artigo 41, apenas para os servidores nomeados para cargos de provimento efetivo, assim entendidos os servidores estatutários. A proteção que a Constituição confere ao servidor celetista é a mesma que outorga ao trabalhador do setor privado. (...)Em decorrência da redação do artigo 41, caput, dada pela Emenda Constitucional n. 19/98, não tem qualquer sentido a Súmula n. 390, I, do Tribunal Superior do Trabalho, quando estabelece que "o servidor celetista da administração direta, autárquica ou fundacional é beneficiário da estabilidade prevista no artigo 41 da CF/1988". Esse entendimento já era difícil de ser aceito diante da redação original do artigo 41 da Constituição, mas chegou a ser adotado pelo Supremo Tribunal Federal, antes da Emenda Constitucional n. 19/98. A partir dessa Emenda, que só assegura estabilidade ao servidor nomeado para cargo de provimento efetivo, não mais se justifica a outorga de estabilidade ao servidor celetista, que é contratado (e não nomeado) para emprego (e não para cargo)".*

Prevalece, no entanto, o entendimento de que o servidor público celetista da Administração direta, autárquica e fundacional, terá direito a estabilidade do art. 41 da CF/88, excetuando-se os empregados de empresas públicas ou sociedades de economia mista.

No concerne às empresas estatais (empresas públicas e sociedades de economia mista), surgiu uma corrente intermediária que defende a mitigação do direito potestativo de dispensa do empregador, de forma que o empregado contratado por meio de concurso público não terá direito à estabilidade, mas também não poderá ser dispensado por mera liberalidade do empregador. Segundo os defensores dessa corrente, o empregado deve motivar o ato da dispensa[786]. Nesse sentido as ementas abaixo:

> *"RECURSO DE REVISTA. SERVIDOR PÚBLICO CELETISTA DA ADMINISTRAÇÃO DIRETA. DISPENSA IMOTIVADA NO CURSO DO ESTÁGIO PROBATÓRIO. Conforme jurisprudência sedimentada do Supremo Tribunal Federal e do Tribunal Superior do Trabalho, é nula a dispensa do **servidor público celetista da Administração Pública Direta não precedida de procedimento que observe as garantias de ampla defesa e contraditório**. Recurso de revista conhecido e provido" (RR-467530-13.1998.5.04.5555, 1ª Turma, Relator Ministro Walmir Oliveira da Costa, DEJT 22/06/2020).*
>
> *"RECURSO DE EMBARGOS REGIDO PELA LEI No 11.496/2007. JULGAMENTO ANTERIOR PELA SBDI-1. RECURSO EXTRAORDINÁRIO. DEVOLUÇÃO PARA EVENTUAL EMISSÃO DE JUÍZO DE RETRATAÇÃO (ART. 1.040, INCISO II, DO CPC; ART. 543-B, § 3º, DO CPC/1973). ECT. DISPENSA IMOTIVADA. IMPOSSIBILIDADE. OBSERVÂNCIA DO PRINCÍPIO Constitucional DA MOTIVAÇÃO. 1. O Supremo Tribunal Federal, no julgamento do **Recurso Extraordinário nº 589998, interposto pela Empresa Brasileira de Correios e Telégrafos, com repercussão geral (tema 131)**, fixou tese no sentido de que **"a Empresa Brasileira de Correios e Telégrafos – ECT tem o dever jurídico de motivar, em ato formal, a demissão de seus empregados" (DJE de 5.12.2018)**. 2. No caso dos autos, esta Eg. Subseção concluiu, com base no quadro fático do acórdão regional, transcrito pela Turma, que **a despedida do reclamante foi inválida, pois não foi formalmente motivada**. 3. Mantém-se o acórdão pelo qual se deu provimento ao recurso de embargos do reclamante, sem proceder-se ao juízo de retratação, nos termos do art. 1.030, inciso II, do CPC (art. 543-B, § 3º, do CPC/73). Devolvam-se os autos à Vice-Presidência desta Corte" (E-RR-ED-1813-26.2010.5.06.0000, Subseção I Especializada em Dissídios Individuais, Relator Ministro Alberto Luiz Bresciani de Fontan Pereira, DEJT 19/06/2020).*

---

784 **Súmula 390 do TST.** ESTABILIDADE. ARTIGO 41 DA CF/1988. CELETISTA. ADMINISTRAÇÃO DIRETA, AUTÁRQUICA OU FUNDACIONAL. APLICABILIDADE. EMPREGADO DE EMPRESA PÚBLICA E SOCIEDADE DE ECONOMIA MISTA. INAPLICÁVEL. I — O servidor público celetista da administração direta, autárquica ou fundacional é beneficiário da estabilidade prevista no artigo 41 da CF/1988. II — Ao empregado de empresa pública ou de sociedade de economia mista, ainda que admitido mediante aprovação em concurso público, não é garantida a estabilidade prevista no artigo 41 da CF/1988.

785 A referida jurista cita como defensores desse posicionamento *"Cármen Lúcia Antunes Rocha, Hely Lopes Meirelles, Diógenes Gasparini, Ivan Barbosa Rigolin, Odete Medauar, dentre outros"*. J. J. Gomes Canotilho...[et al.]; outros autores e coordenadores Ingo Wolfgang Sarlet, Lenio Luiz Streck, Gilmar Ferreira Mendes. Comentários à Constituição do Brasil. 2. ed. – São Paulo: Saraiva Educação, 2018, página 1889.

786 Informativo 63 do TST – Ação rescisória. Sociedade de economia mista. Demissão imotivada. Impossibilidade. Reintegração do empregado. Submissão aos princípios previstos no art. 37, caput, da CF. Regulamento interno. Necessidade de motivação. Adesão ao contrato de trabalho. Súmula nº 51 do TST. O STF, nos autos do RE nº 589998, estabeleceu que os empregados de sociedades de economia mista e de empresas públicas admitidos por concurso público somente poderão ser demitidos mediante a motivação do ato de dispensa, porquanto necessária a observação dos princípios constitucionais que regem a administração pública direta e indireta, previstos no art. 37, caput, da CF. Ademais, verificada, no caso, a existência de dispositivo de norma interna do Banestado prevendo a obrigatoriedade da motivação para dispensa de empregados, tal cláusula adere ao contrato de trabalho, impossibilitando a dispensa imotivada a teor do preconizado pela Súmula n.º 51 do TST. Com esses fundamentos, e não vislumbrando violação ao art. 173, § 1º, da CF, a SBDI-II, à unanimidade, negou provimento ao recurso ordinário por meio do qual se buscava reformar a decisão do TRT da 9ª Região que, ao julgar improcedente a ação rescisória, manteve o acórdão que determinou a reintegração do empregado do Banestado demitido imotivadamente. TST-RO-219-22.2012.5.09.0000, SBDI-II, rel. Min. Cláudio Mascarenhas Brandão, 15.10.2013.

A jurisprudência é firme, também, ao exigir motivação nas dispensas dos empregados dos conselhos de fiscalização do exercício profissional admitidos mediante concurso público, porquanto os conselhos de fiscalização profissional possuem natureza jurídica de direito público e devem observar os princípios conformadores da administração pública, inclusive no que se refere à necessidade de motivação. Percorramos o seguinte precedentes:

> *"EMBARGOS DE DECLARAÇÃO. RECURSO ORDINÁRIO. AÇÃO RESCISÓRIA. ART. 485, V, DO CPC/73. CONSELHO DE FISCALIZAÇÃO DO EXERCÍCIO PROFISSIONAL. NATUREZA JURÍDICA DE AUTARQUIA. DISPENSA IMOTIVADA. IMPOSSIBILIDADE. RECURSO EXTRAORDINÁRIO PROVIDO. OBSERVÂNCIA DA JURISPRUDÊNCIA DA SUPREMA CORTE. AFRONTA AOS ARTS. 37, CAPUT, II, E 41 DA CF/88. OCORRÊNCIA. No caso em exame, a Suprema Corte deu provimento ao Agravo em Recurso Extraordinário do autor para cassar o acórdão proferido por esta Subseção-2 e determinar o retorno dos autos a fim de que seja observada a premissa de que* ***é inviável a dispensa imotivada de servidor de Conselho de Fiscalização cujo ingresso se deu por meio de concurso público – sem a submissão ao processo administrativo (motivação).*** *O caso em tela refere-se a situação de extrema peculiaridade, porquanto o acórdão rescindendo refletia a jurisprudência deste Tribunal Superior à época, que, entretanto, já era contrária àquela emanada do Supremo Tribunal Federal. O entendimento consagrado no Pretório Excelso e ora adotado por este Tribunal Superior do Trabalho é que os* ***conselhos de fiscalização profissional possuem natureza jurídica de direito público e devem observar os princípios conformadores da administração pública, inclusive no que se refere à necessidade de motivação*** *para dispensa de seus empregados admitidos por meio de concurso público. Conclui-se, portanto, que o Tribunal Regional, ao considerar lícita a dispensa do reclamante, contratado pelo Conselho Regional de Fiscalização Profissional, após prévia aprovação em concurso público, sem instauração de processo administrativo, afrontou o artigo 37, caput e inciso II, da Constituição Federal/88. Precedentes específicos. Embargos de declaração acolhidos com efeito infringente e provido o recurso ordinário" (ED-RO-11300-79.2007.5.04.0000, Subseção II Especializada em Dissídios Individuais, Relatora Ministra Maria Helena Mallmann, DEJT 03/07/2020).*

2. GARANTIAS PROVISÓRIAS DE EMPREGO (ESTABILIDADES PROVISÓRIAS)

2.1. EMPREGADA GESTANTE

Historicamente as mulheres sofreram discriminações de toda sorte nas relações de trabalho como, pagamento menores de salário, dificuldade para inserção no mercado de trabalho, desrespeito às suas características físicas, falta de qualquer preocupação em relação à maternidade e à gestação, dentre outras violações à sua dignidade.

A partir disso surgiu para o Estado a necessidade de criação de normas de proteção ao trabalho da mulher, para proteger a dignidade das trabalhadoras, o mercado de trabalho, além de propiciar igualdade de direitos e obrigações em relação aos homens.

No âmbito internacional, uma das primeiras preocupações da Organização Internacional do Trabalho, após a sua criação em 1919, foi obter o compromisso dos Estados-membros para a preservação do emprego das mulheres antes e depois do parto – proteção à maternidade –, conforme se observa na Convenção nº. 3 da OIT[787], e aplicação das suas disposições no âmbito interno dos Estados.

No plano interno, o Brasil adotou diversas Convenções internacionais firmando esse compromisso, bem como regulamenta no âmbito constitucional e infraconstitucional, normas de proteção à empregada gestante, objetivando obstar a dispensa arbitrária ou sem justa causa.

A legislação constitucional e infraconstitucional assegura à empregada gestante a garantia provisória no emprego para protegê-la contra dispensa arbitrária ou sem justa causa.

O art. 7º, XVIII da CF, assegura à empregada gestante o direito à licença-maternidade pelo prazo de 120 dias, sem prejuízo do salário. Essa benesse é estendida à empregada que adotar ou obtiver guarda judicial para adotar (art. 71-A da Lei 8.213/1991), ou, ainda, ao cônjuge ou companheiro em caso de falecimento da empregada (ou empregado) que fizer jus ao salário-maternidade.

A licença-maternidade poderá ser prorrogada por mais 60 dias – podendo totalizar 180 dias – se o empregador participar do Programa Empresa Cidadã (Lei 11.770/08) e a empregada fizer a solicitação de prorrogação requeira até o final do primeiro mês após o parto. A prorrogação será concedida imediatamente após a fruição da licença-maternidade.

A participação da empresa no programa beneficia as duas partes do contrato de trabalho. O empregador

[787] Convenção nº 3 da OIT: A Conferência Geral da Organização Internacional do Trabalho da Liga das Nações, Convocada em Washington pelo Governo dos Estados Unidos da América, aos 29 de outubro de 1919; Depois de haver decidido adoptar diversas propostas relativas ao "emprego das mulheres antes ou depois do parto (inclusive a questão da indemnização de maternidade) questão comprehendida no terceiro ponto da ordem do dia da sessão da Conferencia effectuada em Washington, e; Depois de haver decidido fossem essas propostas redigidas sob a fórma de um projecto de convenção internacional, adopta o projecto de Convenção abaixo, sujeito á ratificação pelos membros da Organização Internacional do Trabalho, de conformidade com as disposições da Parte relativa ao Trabalho, do Tratado de Versalhes de 28 de junho de 1919 e do Tratado de Saint-Germain, de 10 de setembro de 1919.

receberá incentivos fiscais e a trabalhadora terá um tempo maior para cuidar do seu filho e recuperar-se do parto.

De acordo com o art. 10, II, b, do ADCT, é vedada a dispensa arbitrária ou sem justa causa da empregada gestante, desde a confirmação da gravidez até cinco meses após o parto.

O reconhecimento da estabilidade independe do conhecimento do estado gravídico pelo empregador (Súmula 244, I, TST), ou mesmo da própria gestante[788]. Há situações em que a empregada descobre o estado gravídico após o término do contrato de trabalho, fato que não inviabiliza o reconhecimento da estabilidade.

Na hipótese de a confirmação da gravidez ocorrer no curso do aviso prévio, trabalhado ou indenizado, a gestante terá direito à manutenção do vínculo empregatício (art. 391-A da CLT).

Antes da Lei 12.812/2013, que incluiu o art. 391-A à CLT, havia uma discussão doutrinária e jurisprudencial acerca da possibilidade (ou não) de concessão da estabilidade à gestante, caso a confirmação do estado gravídico se desse durante o aviso prévio.

Para uma corrente doutrinária o empregado a projeção do aviso prévio se limita a concessão das vantagens econômicas relativas ao aviso prévio (ou seja, o salário, os reflexos, e as verbas rescisórias). A descoberta do estado gravídico durante o aviso prévio não enseja o direito à estabilidade, sob pena de frustrar o exercício do direito potestativo do empregador de resilição do contrato de trabalho (de dispensar o empregado independentemente da sua concordância), ou obrigar o empregador a pagar os salários da empregada em um período que sequer estará trabalhando[789].

De outro lado, outros entendiam que a confirmação da gravidez durante o aviso prévio não afastaria o direito à estabilidade, eis que o aviso prévio integra o contrato de trabalho para todos os fins, de forma que o fim do contrato só se concretiza depois de expirado o aviso prévio. Inclusive, destacavam que a OJ 82 da SDI-1 do TST estabelece como "dies ad quem" do contrato de trabalho o último dia do aviso prévio, bem como para início da contagem do prazo prescricional (OJ 83 da SDI-1 do TST).

Acompanhamos o posicionamento que reconhece a garantia provisória de emprego à empregada gestante durante o aviso prévio, pois a estabilidade provisória tem o escopo de promover a proteção da dignidade, do bem-estar, da "segurança no emprego" e da maternidade.

Não obstante a luta histórica contra a discriminação às mulheres no local de trabalho e o esforço das instituições públicas para combater esses atos e promover a igualdade entre o homem e a mulher nas relações justrabalhistas, sabemos que essa luta não chegou ao fim. Se o vínculo empregatício for rompido a empregada certamente não conseguirá uma recolocação no mercado de trabalho enquanto estiver grávida, frustrando os fins da estabilidade no contrato de trabalho.

De mais a mais, a gestação é o momento de maior vulnerabilidade social da trabalhadora, sendo imperiosa a preservação do vínculo empregatício, possibilitando uma estabilização financeira e moral para que a trabalhadora tenha uma gravidez tranquila.

Argumenta-se, ainda, que o art. 487, §1º, da CLT prevê que o aviso prévio integra o contrato de trabalho para todos os fins, de modo que o último dia do contrato de trabalho será a data final do aviso prévio.

Existia dissenso, ainda, sobre o cabimento de garantia provisória à empregada gestante contratada mediante contrato de trabalho por tempo determinado.

O Tribunal Superior do Trabalho acreditava que a empregada gestante não tinha direito à estabilidade provisória na hipótese de admissão mediante contrato de experiência, visto que a extinção da relação de emprego, em face do término do prazo, não constitui dispensa arbitrária ou sem justa causa.

Em setembro de 2012 o TST mudou a compreensão sobre esse tema, reconhecendo o direito à estabilidade provisória prevista no art. 10, inciso II, alínea "b", do Ato das Disposições Constitucionais Transitórias, mesmo na hipótese de admissão mediante contrato por tempo determinado (Súmula 244, III, TST).

Diante disso surgiu o seguinte questionamento: qual é o efeito do reconhecimento da estabilidade no contrato a termo? O contrato deverá ser convertido em contrato por prazo indeterminado ou apenas a prorrogação do "dies ad quem" do contrato?

Prevaleceu o entendimento de que ocorrerá prorrogação do fim do contrato de trabalho a termo ("dies ad quem"), cujo prazo restante transcorrerá após o termo da estabilidade provisória, conforme precedente abaixo:

> *"RECURSO DE REVISTA – GESTANTE – ESTABILIDADE PROVISÓRIA – CONTRATO POR PRAZO DETERMINADO – COMPATIBILIDADE – EFEITOS DO RECONHECIMENTO DA ESTABILIDADE. Estabelece o art. 10, II, "b", do ADCT que é vedada a dispensa arbitrária ou sem justa causa da empregada gestante, desde a confirmação da gravidez até cinco meses após o parto. O único pressuposto para que a empregada tenha reconhecido seu direito à estabilidade provisória é o estado gravídico no momento da rescisão do contrato de trabalho, porque tal garantia visa à tutela*

---

788 SÚMULA N.º 59 do TRT da 12ª Região – **ESTABILIDADE DE GESTANTE.** I – Para fazer jus à garantia de emprego (art. 10, II, "b", do ADCT), basta que a empregada comprove que a concepção ocorreu durante a vigência do pacto laboral, sendo certo que o desconhecimento do fato por ela ou pelo empregador não afasta o seu direito.

789 TST-RR-1957/2003-067-15-00.0, Rel. Min. Ives Gandra Martins Filho, 4ª Turma, DJ de 10/8/07

do nascituro e o citado preceito constitucional não impõe nenhuma restrição quanto à modalidade do contrato de trabalho, se por prazo determinado, como é o contrato de experiência, ou por prazo indeterminado. Por conseguinte, a empregada admitida mediante contrato de experiência por prazo determinado tem direito à estabilidade provisória da gestante. Incidência da novel redação da Súmula nº 244, III, do TST. Registre-se, por fim, que o entendimento firmado por esta Turma julgadora é de que, nas hipóteses de reconhecimento de estabilidade em contrato por prazo determinado, ocorre a prorrogação do período contratual por força da norma constitucional, sendo certo, contudo, que essa circunstância não desnatura a índole do contrato de trabalho originalmente firmado entre as partes, qual seja, contrato por prazo determinado, cuja extinção ocorre com o advento do seu termo final. Recurso de revista conhecido e provido" (RR-2406-18.2011.5.02.0231, 7ª Turma, Relator Ministro Luiz Philippe Vieira de Mello Filho, DEJT 28/08/2015).

A estabilidade provisória não se aplica a todo e qualquer contrato a termo.

No julgamento do Incidente de Assunção de Competência nº IAC – 5639-31.2013.5.12.0051, o Tribunal Superior do Trabalho vetou o reconhecimento de estabilidade a uma empregada contratada em regime de trabalho temporário (Lei 6.019/74), conferindo efeito vinculante à decisão.

A princípio, o relator do caso, Ministro Vieira de Melo Filho, reconheceu a estabilidade à gestante, fundamentado que o limite temporal do contrato cede em face do bem jurídico maior assegurado pelo instituto da estabilidade – a vida da criança.

No entanto, prevaleceu a divergência aberta pela ministra Maria Cristina Peduzzi, no sentido de indeferir a estabilidade à empregada gestante nos contratos de trabalho temporários. A tese vencedora sustenta que no contrato de trabalho temporário não há uma expectativa de conversão em contrato por prazo indeterminado, posto que objetiva tão somente atender a situações excepcionais. Essa hipótese se equipara ao contrato de experiência, no qual, de forma diversa, há uma legítima expectativa de conversão em contrato por prazo determinado.

Outro argumento interessante destacado no julgado é que a ausência de direito à estabilidade não implica ausência de proteção à gestante e à maternidade, uma vez que a legislação previdenciária não deixa a gestante ou o nascituro desamparado (art. 11, I, "b", da Lei nº 8.213/1991.

Com a devida vênia, discordamos do posicionamento adotado pelo TST. É imperiosa a proteção integral da gestante – do ponto de vista econômico, assegurando o pagamento dos salários para conferir meios de subsistência à empregada e ao nascituro; do ponto de vista social, garantindo à trabalhadora a "segurança no emprego", isto é, a ausência de rompimento do vínculo empregatício; e do ponto de vista moral, subjetivamente falando, de modo a conferir à empregada a expectativa e a segurança de que não será dispensada de uma hora para outra.

A estabilidade provisória conferida à gestante visa não só a proteção à maternidade ou do nascituro, mas, também, a proteção do mercado de trabalho da mulher. A empregada tem o direito ao amparo legislativo integral, não só no âmbito previdenciário, com o pagamento de salário-maternidade, mas, também, no âmbito trabalhista, com a preservação do emprego, sob pena de configurar uma proteção deficiente[790] do bem jurídico tutelado às mulheres: proteção contra medidas discriminatórias; igualdade de tratamento em relação aos homens; proteção do mercado de trabalho das mulheres.

Partilhamos do entendimento de que deverá ser reconhecida a garantia provisória de emprego à gestante no contrato de trabalho temporário, o que implica na prorrogação do fim do contrato de trabalho a termo ("dies ad quem"). A principal expectativa da trabalhadora gestante é a preservação do emprego – sentir-se protegida diante da situação vulnerável que se encontra – e não a conversão do contrato a termo em prazo indeterminado, mantendo-se a expectativa de encerramento do contrato de trabalho após o término do período de estabilidade.

A empregada adotante que obtiver guarda provisória para esse fim, segundo parágrafo único do art. 391-A da CLT, terá direito à estabilidade provisória. Corrente doutrinária em sentido contrário defende a inaplicabilidade desta garantia à gestante, tendo em vista que o art. 10, II, b do ADCT não menciona a adotante, mas somente a gestante[791].

No que diz respeito ao natimorto e ao aborto, parcela da doutrina entende que não existe direito à estabilidade, por falta de previsão legal ou constitucional, situação que será concedido tão somente duas semas de licença remunerada, prevista no art. 395 da CLT[792].

Porém, o TST tem reconhecido o direito à gestante na hipótese do natimorto, pois a redação do art. 10, inciso II, alínea "b", do ADCT, não faz qualquer ressalva ao natimorto. Logo, é forçoso concluir que a garantia provisória ao emprego prevista no referido dispositivo não está condicionada ao nascimento com vida. Precedentes:

790 O princípio da proibição de proteção deficiente consiste na proibição do Estado ou da Lei apresentar proteção insuficiente em relação aos direitos e garantias fundamentais, impondo, portanto, ao Estado a adoção de todos os mecanismos disponíveis para a tutela e proteção dos direitos e garantias fundamentais.

791 "A mãe adotiva não tem direito à garantia de emprego, pois a alínea 'b' do inciso II do art. 10 do ADCT dispõe que a garantia da gestante é desde a confirmação da gravidez até cinco meses após o parto. O dispositivo faz referência à gestante e não à adotante. Mostra que só diz respeito À gestante, que pessoa que tem confirmada a gestação e que faz o parto. A adotante não tem tais características, nem precisa de prazo para a recuperação de seu corpo". MARTINS, Sergio Pinto. Direito do Trabalho. – 36. ed. – São Paulo: saraiva Educação, 2020.

792 MARTINS, Sergio Pinto. Direito do Trabalho. – 36. ed. – São Paulo: saraiva Educação, 2020.

I – AGRAVO DE INSTRUMENTO EM RECURSO DE REVISTA INTERPOSTO NA VIGÊNCIA DA LEI 13.467/2017. GESTANTE. NATIMORTO. ESTABILIDADE PROVISÓRIA. INDENIZAÇÃO SUBSTITUTIVA. Demonstrada transcendência social, ante a possível violação do art. 10, II, b, do ADCT, impõe-se o provimento do agravo de instrumento para determinar o processamento do recurso de revista. Agravo de instrumento provido. II – RECURSO DE REVISTA INTERPOSTO NA VIGÊNCIA DA LEI 13.467/2017. GESTANTE. NATIMORTO. ESTABILIDADE PROVISÓRIA. INDENIZAÇÃO SUBSTITUTIVA. O art. 10, inciso II, alínea b, do ADCT, ao prever a estabilidade "desde a confirmação da gravidez até cinco meses após o parto", não faz qualquer ressalva ao natimorto. Logo, é forçoso concluir que a garantia provisória ao emprego prevista no referido dispositivo não está condicionada ao nascimento com vida. Indenização substitutiva do período de estabilidade devida desde a data seguinte à dispensa até cinco meses após o parto. Recurso de revista conhecido e provido. (TST – RR: 10018800320165020023, Relator: Delaíde Miranda Arantes, Data de Julgamento: 12/06/2019, 2ª Turma, Data de Publicação: DEJT 14/06/2019)

ESTABILIDADE PROVISÓRIA. GESTANTE. ABORTO ESPONTÂNEO. O TST firmou o entendimento de que é garantida à empregada gestante a estabilidade provisória no emprego desde a concepção até cinco meses após o parto, inclusive do natimorto (parto ocorrido a partir da 23º semana de gestação). Em caso de aborto não criminoso (evento ocorrido até 22ª semana de gestação), a garantia no emprego se dá desde a concepção até duas semanas após o aborto, com fundamento no artigo 395 da CLT. (TRT18, RORSum – 0010496-89.2020.5.18.0122, Rel. PLATON TEIXEIRA DE AZEVEDO FILHO, 2ª TURMA, 02/06/2021)

ESTABILIDADE GESTANTE. NATIMORTO. O art. 10, II, b, do Ato das Disposições Constitucionais Transitórias dispõe que é vedada a dispensa arbitrária ou sem justa causa da empregada gestante desde a confirmação da gravidez até cinco meses após o parto. Mesmo em caso de nascimento de feto natimorto, a jurisprudência tem garantido a estabilidade gestacional à trabalhadora, sendo devida a indenização substitutiva do período de estabilidade devida desde a data seguinte à dispensa até cinco meses após o parto. (TRT12 – ROT – 0000086-71.2018.5.12.0004, Rel. LILIA LEONOR ABREU, 6ª Câmara, Data de Assinatura: 09/09/2020)

A empregada aprendiz, segundo o posicionamento majoritário do TST tem direito à estabilidade, considerando que constitui direito constitucional assegurado à empregada gestante e tem por maior finalidade a garantia do estado gravídico e de preservação da vida, independentemente do regime e da modalidade contratual[793]:

[...]"(...). 2. ESTABILIDADE PROVISÓRIA. GESTANTE. CONTRATO POR PRAZO DETERMINADO. APRENDIZAGEM. Na esteira do entendimento atual do TST, sedimentado na Súmula nº 244, item III, a estabilidade é garantida à gestante, mesmo quando sua admissão ocorreu por meio de contrato por prazo determinado, inclusive em se tratando de contrato de aprendizagem. Precedentes. Óbice da Súmula nº 333/TST e do art. 896, § 7º, da CLT. Agravo de instrumento conhecido e não provido." (AIRR – 180-16.2015.5.23.0037, Relatora Ministra: Dora Maria da Costa, Data de Julgamento: 18/05/2016, 8ª Turma, Data de Publicação: DEJT 20/05/2016)

"I – AGRAVO DE INSTRUMENTO EM RECURSO DE REVISTA. CONTRATO DE APRENDIZAGEM. ESTABILIDADE PROVISÓRIA. GESTANTE. Demonstrada possível violação do art. 10, II, "b", do Ato das Disposições Constitucionais Transitórias, impõe-se o provimento do agravo de instrumento para determinar o processamento do recurso de revista. Agravo de instrumento provido. II – RECURSO DE REVISTA. CONTRATO DE APRENDIZAGEM. ESTABILIDADE PROVISÓRIA. GESTANTE. O art. 10, II, "b", do ADCT, veda a dispensa arbitrária ou sem justa causa da empregada gestante, desde a confirmação da gravidez até cinco meses após o parto, não estabelecendo nenhuma restrição quanto à modalidade do contrato de trabalho, mormente porque destinado à proteção do nascituro. Assim é que o Tribunal Superior do Trabalho alterou o teor da Súmula 244, III, consolidando a jurisprudência da Corte acerca do referido dispositivo constitucional, ajustando-a, enfim, ao entendimento já pacificado no âmbito do Supremo Tribunal Federal. Precedentes. Recurso de revista conhecido e provido." (RR – 2326-39.2013.5.02.0084, Relatora Ministra: Delaíde Miranda Arantes, Data de Julgamento: 03/08/2016, 2ª Turma, Data de Publicação: DEJT 05/08/2016)

Na hipótese do contrato de estágio válido não haverá direito à estabilidade da gestante, considerando que esse direito é conferido apenas às empregadas, não se estendendo às estagiárias. Além disso, a Lei de Estágio (Lei 11.788/2008) não confere tal direito à estagiária.

A empregada doméstica, entretanto, terá direito a estabilidade provisória, tendo em vista expressa previsão legal[794].

A Reforma Trabalhista incluiu o art. 394-A à CLT, que passou a condicionar o afastamento da empregada gestante de atividades consideradas insalubres em grau médio ou mínimo ou durante o período de lactação, a apresentação de atestado médico. Contudo, o Plenário do Supremo Tribunal Federal (STF), por maioria de votos, julgou procedente a Ação Direta de Inconstitucionalidade (ADI) 5938 para declarar inconstitucionais trechos do art. 394-A da CLT que condicionava

793 Outros precedentes: AIRR – 10556-82.2015.5.03.0113, Relator Ministro: Mauricio Godinho Delgado, Data de Julgamento: 31/08/2016, 3ª Turma, Data de Publicação: DEJT 02/09/2016; AIRR – 24255-28.2014.5.24.0005, Relator Ministro: João Oreste Dalazen, Data de Julgamento: 02/03/2016, 4ª Turma, Data de Publicação: DEJT 11/03/2016; Ag-AIRR – 1337-16.2013.5.02.0025, Relator Ministro: Guilherme Augusto Caputo Bastos, Data de Julgamento: 28/09/2016, 5ª Turma, Data de Publicação: DEJT 30/09/2016; RR – 1834-47.2014.5.02.0202, Relator Ministro: Augusto César Leite de Carvalho, Data de Julgamento: 02/03/2016, 6ª Turma, Data de Publicação: DEJT 04/03/2016; RR – 1439-51.2012.5.04.0305, Relator Ministro: Cláudio Mascarenhas Brandão, Data de Julgamento: 09/03/2016, 7ª Turma, Data de Publicação: DEJT 18/03/2016; e RR – 20618-55.2014.5.04.0028, Relator Ministro: Márcio Eurico Vitral Amaro, Data de Julgamento: 28/09/2016, 8ª Turma, Data de Publicação: DEJT 30/09/2016.

794 Lei Complementar 150/2015, Art. 25: A empregada doméstica gestante tem direito a licença-maternidade de 120 (cento e vinte) dias, sem prejuízo do emprego e do salário, nos termos da Seção V do Capítulo III do Título III da Consolidação das Leis do Trabalho (CLT), aprovada pelo Decreto-Lei nº 5.452, de 1º de maio de 1943. Parágrafo único. A confirmação do estado de gravidez durante o curso do contrato de trabalho, ainda que durante o prazo do aviso prévio trabalhado ou indenizado, garante à empregada gestante a estabilidade provisória prevista na alínea "b" do inciso II do art. 10 do Ato das Disposições Constitucionais Transitórias.

o afastamento da gestante a apresentação de atestado de saúde, por afrontar a proteção constitucional à maternidade, à gestação, à saúde, à mulher, ao nascituro, aos recém-nascidos, ao trabalho e ao meio ambiente de trabalho equilibrado.

Outro ponto de divergência na doutrina e na jurisprudência é a possibilidade de o empregador exigir exame médico de gravidez à empregada no momento da admissão, durante o contrato, ou na rescisão contratual. A doutrina e a jurisprudência são unívocas no sentido de que não cabe a exigência do exame ou atestado de gravidez no momento da admissão ou durante o contrato de trabalho, haja vista a existência de expressa proibição legal nesse sentido (Lei 9.029/1995)[795]. Entretanto, no que se refere à exigência do exame de gravidez no momento da dispensa, existe divergência.

Para uma primeira corrente doutrinária é possível a exigência do teste de gravidez no momento da rescisão contratual, com base no princípio da segurança jurídica, para resguardar o direito à estabilidade.

Para o professor Henrique Correia[796],

> *"o empregador não poderá exigir que a empresa realize o teste de gravidez, uma vez que essa medida consistiria em violação ao direito à imunidade da empregada previsto no art. 5º, inciso, X, da CF/88. No entanto – esclarece que – é plenamente possível a solicitação para a realização dos exames no momento da dispensa da empregado. Eventual recursa da empregada impediria que a empregada ingressasse com ação exigindo indenização por danos morais, em razão de dispensa por discriminação, uma vez que a empresa tomou todas as medias necessárias para o direito da empregada gestante".*

Segundo a corrente doutrinária dominante, com a qual concordamos, o empregador não pode exigir o exame de gravidez em nenhuma hipótese, sob pena de violar o direito à intimidade da empregada e caracterizar medida discriminatória, na forma do art. 5º, V e X, CF e da Lei 9.029/1995.

Em última análise, um fato que gera muita polêmica é o da concepção anterior à data de admissão. Para a corrente dominante a empregada terá direito ao reconhecimento da estabilidade provisória, pois a estabilidade independe do conhecimento do estado gravídico pela empregada ou pelo empregador, pouco importando se a concepção tenha ocorrido antes da admissão na empresa, prevalecendo a proteção à maternidade e ao nascituro. Precedentes:

> *"RECURSO DE REVISTA INTERPOSTO SOB A ÉGIDE DA LEI Nº 13.015/14. ESTABILIDADE GESTANTE. CONTRATO POR TEMPO DETERMINADO. A empregada gestante tem direito à garantia de emprego prevista no art. 10, II, "b", do ADCT, inclusive na hipótese de admissão mediante contrato por tempo determinado, ainda que a concepção tenha ocorrido antes da contratação. Julgados. Recurso de revista conhecido e provido" (RR-1000179-34.2015.5.02.0381, 8ª Turma, Relator Ministro Marcio Eurico Vitral Amaro, DEJT 23/03/2018).*

> *"AGRAVO DE INSTRUMENTO EM RECURSO DE REVISTA. JUÍZO DE ADMISSIBILIDADE PELO TRIBUNAL DE ORIGEM. ALEGAÇÃO DE CERCEAMENTO DE DEFESA. AUSÊNCIA DE PREJUÍZO. I – A perplexidade da agravante com o despacho denegatório do recurso de revista, cujo teor lhe sugeriu afronta ao contraditório e ampla defesa, pode ser explicada pelo fato de não ter atentado que a admissibilidade de todo e qualquer recurso traduz mero juízo de prelibação, qualificado como decisão interlocutória e de conteúdo meramente declaratório. II – Não é outra a lição de Nelson Nery ao consignar que o juízo de admissibilidade, seja ele positivo ou negativo, tem natureza declaratória, de tal modo que o juiz ou tribunal ao declarar admissível ou inadmissível nada mais faz do que afirmar situação preexistente. III – Ovídio A. Baptista da Silva ensina que a admissibilidade do recurso pelo órgão jurisdicional inferior caracteriza-se como mero juízo de encaminhamento, assinaladamente provisório e precário, em virtude de caber ao juízo ad quem deliberar sobre o cabimento ou não do recurso aviado, quer tenha sido admitido, quer não o tenha sido. IV – Por conta dessa digressão jurídica, sobressai a evidência de a competência funcional para o examinar em profundidade, em sede de agravo de instrumento, caber prioritariamente ao TST. V – Daí ser absolutamente irrelevante a sua concisão ou a denúncia de ele consubstanciar cerceamento de defesa, inclusive por conta do direito exercido pela agravante de o atacar por meio do agravo de instrumento, devolvendo à soberana apreciação do TST a admissão ou não do recurso de revista então inadmitido, a infirmar, em definitivo, a alegada violação ao artigo 5º, incisos LIV e LV, da Constituição. ESTABILIDADE PROVISÓRIA DA EMPREGADA GESTANTE. CONTRATO DE EXPERIÊNCIA. GRAVIDEZ ANTERIOR À CONTRATAÇÃO. SÚMULA 244, III, E ORIENTAÇÃO JURISPRUDENCIAL 399 DA SBDI-1, AMBAS DO TST. I – O TRT da 17ª Região deu provimento ao recurso ordinário da agravada para reconhecer seu direito à estabilidade provisória gestacional até cinco meses após o parto, por entender que, embora essa tenha sido admitida em contrato de experiência, a garantia de emprego à mulher grávida é uma medida de proteção não à trabalhadora gestante especificamente, mas à maternidade e ao nascituro. II – Pois bem, é sabido que o contrato de experiência, modalidade de contrato por prazo determinado, consagrado na alínea "c" do § 2º do art. 443 da CLT, está sujeito à condição resolutiva, isto é, ao advento do termo final, no qual ele se extingue naturalmente, salvo manifestação do empregador no sentido de o prorrogar*

---

[795] Lei 9.029/1995, Art. 2º: Constituem crime as seguintes práticas discriminatórias: I – a exigência de teste, exame, perícia, laudo, atestado, declaração ou qualquer outro procedimento relativo à esterilização ou a estado de gravidez; II – a adoção de quaisquer medidas, de iniciativa do empregador, que configurem; a) indução ou instigamento à esterilização genética; b) promoção do controle de natalidade, assim não considerado o oferecimento de serviços e de aconselhamento ou planejamento familiar, realizados através de instituições públicas ou privadas, submetidas às normas do Sistema Único de Saúde (SUS). Pena: detenção de um a dois anos e multa. Parágrafo único. São sujeitos ativos dos crimes a que se refere este artigo: I – a pessoa física empregadora; II – o representante legal do empregador, como definido na legislação trabalhista; III – o dirigente, direto ou por delegação, de órgãos públicos e entidades das administrações públicas direta, indireta e fundacional de qualquer dos Poderes da União, dos Estados, do Distrito Federal e dos Municípios.

[796] CORREIA, Henrique. Direito do Trabalho. 4 ed. – Salvador: Juspodivm, 2018.

por uma única vez. III – Vale dizer ser da essência do contrato a prazo, modalidade em que se insere o contrato de experiência, a sua extinção ope judice, com o advento do termo final ou da condição resolutiva. IV – Daí se impõe a conclusão de não lhe serem aplicáveis o disposto no artigo 10, II, "b", do ADCT, considerando que o pressuposto do direito ali assegurado é o exercício do poder potestativo de resilição contratual, indiscernível na extinção dos contratos por prazo determinado. V – A adoção de tese contrária, de a vantagem prevista na norma dos atos das disposições constitucionais transitórias ser extensível à reclamante, implicaria a desnaturação do contrato a prazo por fato alheio à sua celebração e à vontade das partes que o firmaram, dando-lhes ultratividade incongruente com aquele preceito consolidado. VI – A despeito dessas considerações, o certo é que a nova redação dada ao item III da Súmula 244 do TST propugna "A empregada gestante tem direito à estabilidade provisória prevista no art. 10, inciso II, alínea "b", do Ato das Disposições Constitucionais Transitórias, mesmo na hipótese de admissão mediante contrato por tempo determinado". VII – Constituindo o contrato de experiência espécie do gênero contrato por prazo determinado, vê-se que a Corte local, ao reconhecer o direito à estabilidade provisória da gestante no curso do contrato de experiência, ainda que a concepção tenha ocorrido antes da contratação, decidiu não só em consonância com a nova redação do item III da Súmula nº 244/TST, como também em sintonia com a iterativa, notória e atual jurisprudência desta Corte em casos análogos. VIII – De outro lado, a teor da Orientação Jurisprudencial nº 399 da SBDI-1 deste Tribunal, não há abuso de direito quando a reclamação é ajuizada após o período de estabilidade. IX – Com isso, avulta a convicção de que o recurso de revista não desafia processamento, por óbice do artigo 896, § 7º, da CLT e da Súmula 333/TST, pela qual os precedentes desta Corte foram erigidos à condição de requisitos negativos de admissibilidade do apelo. X – Agravo de instrumento a que se nega provimento" (AIRR-1243-28.2015.5.17.0010, 5ª Turma, Relator Desembargador Convocado Roberto Nobrega de Almeida Filho, DEJT 01/09/2017).

"RECURSO DE REVISTA. CONTRATO DE EXPERIÊNCIA. GESTANTE. ESTABILIDADE PROVISÓRIA. CONCEPÇÃO ANTERIOR À ADMISSÃO. Nos termos da atual redação da Súmula nº 244, III, desta Corte Superior, a empregada gestante tem direito à estabilidade provisória prevista no art. 10, inciso II, alínea "b", do ADCT, mesmo na hipótese de admissão mediante contrato por tempo determinado, inclusive o contrato de experiência. O desconhecimento do estado gravídico pelo empregador ou mesmo pela empregada no momento da contratação, não afasta o direito à estabilidade provisória, porquanto a garantia constitucional tem o escopo, não apenas, da proteção objetiva da maternidade, mas, principalmente, do nascituro. Recurso de revista de que não se conhece" (RR-40500-14.2009.5.04.0372, 1ª Turma, Relator Ministro Walmir Oliveira da Costa, DEJT 21/08/2015).

Ainda, ressalta-se que a empregada gestante pode pedir demissão, desde que seja assistida por entidade sindical (art. 500, CLT).

Existe corrente doutrinária que defende a impossibilidade de anulação do pedido de demissão caso a empregada descubra a gravidez após a formalização do pedido de demissão, pois a ruptura do contrato de trabalho foi baseada na livre e desimpedida manifestação de vontade, consolidando o ato jurídico perfeito.

À luz das normas constitucionais e infraconstitucionais, é assegurada a concessão de licença-maternidade pelo prazo de 120 dias à empregada gestante ou adotante (art. 7º, XVIII, CF; art. 392 a 393 da CLT), como forma de proteção à trabalhadora e ao nascituro.

O Supremo Tribunal Federal, no bojo da Ação Direita de Inconstitucionalidade (ADI) n. 6327-DF, referendou a medida liminar concedida pelo Relator Min. Edson Fachin, com o escopo de atribuir interpretação conforme à Constituição ao artigo 392, § 1º, da CLT, assim como ao artigo 71 da Lei n.º 8.213/91 e, por arrastamento, ao artigo 93 do seu Regulamento (Decreto n.º 3.048/99), e assentar a necessidade de prorrogação do benefício de salário-maternidade, bem como fixar como termo inicial de contagem da duração da licença-gestante – de 120 dias –, nos casos graves de internação, a partir da alta hospitalar da criança ou de sua mãe, o que ocorrer por último, quando o período de internação exceder as duas semanas previstas no art. 392, § 2º, da CLT, e no art. 93, § 3º, do Decreto n.º 3.048/99. Em seu voto, o Relator destaca que o Estatuto da Primeira Infância (Lei n.º13.257/2016) preocupou-se com a alta hospitalar responsável, o estado puerperal, a amamentação, o desenvolvimento infantil, a criação de vínculos afetivos, a proteção qualificada da primeira infância, especialmente no período gestacional e pós-natal.

Com efeito, a contagem diferida da licença-maternidade e do salário-maternidade está adstrita à internação hospitalar greve, da mãe ou da criança, assim compreendida aquela que tiver duração superior a duas semanas. Trata-se de uma causa interruptiva da contagem do prazo da licença-gestante, sendo retomada a contagem do prazo desde o início. Em outras palavras, a internação hospitalar "zera" o prazo de licença-gestante, sendo reiniciado a partir da data da alta hospitalar, da mãe ou da criança, a que ocorrer por último.

2.2. DIRIGENTE SINDICAL

O dirigente sindical é o trabalhador eleito para exercer o cargo de direção e representação do sindicato da categoria profissional.

A Constituição Federal prevê estabilidade para o dirigente sindical para proteger não só o empregado eleito para esse cargo, mas também toda a categoria que ele representa, proporcionando uma tranquilidade e independência na defesa dos interesses dos trabalhadores (art. 8º, VIII, CF)[797].

[797] CF, art. 8º: VIII – é vedada a dispensa do empregado sindicalizado a partir do registro da candidatura a cargo de direção ou representação sindical e, se eleito, ainda que suplente, até um ano após o final do mandato, salvo se cometer falta grave nos termos da lei.

Sergio Pinto Martins [798]anota que

> *"O objetivo da garantia de emprego do dirigente sindical é evitar represálias por parte do empregador pelo fato de o dirigente postular diversos direitos para a categoria. A garantia também é, num sentido amplo, da categoria, de que uma pessoa possa negociar com o empregador, sem ser, por exemplo, dispensada".*

Gilberto Stürmer[799] pontua cirurgicamente que

> *[...] o **dirigente é o próprio sindicato** e, na obrigatória e incessante busca dos interesses da categoria, **é natural que em determinados momentos, a relação com o empregador fique estremecida.** Entendeu o legislador que um ano após o final do mandato é tempo suficiente para que eventuais rusgas ocorridas sejam amainadas." (grifo nosso).*

As posições antagônicas e os interesses diversos em algum momento podem colidir, gerando abalo na relação entre o empregado sindicalizado (dirigente sindical) e o empregador. Daí decorre o fundamento da estabilidade, para assegurar a manutenção do emprego e viabilizar a busca dos melhores interesses da categoria, sem receio de desagradar o empregador ou de se tornar vítima de represálias.

Demais a mais, a estabilidade após o termino do mandato é tempo suficiente para que eventuais ressentimentos entre o empregador e o empregado sejam abrandados ou superados.

O representante do sindicato patronal não tem direito a estabilidade, porquanto o texto constitucional confere proteção exclusivamente ao "empregado sindicalizado", representante da categoria profissional. Inexiste, ademais, conflito de interesses entre o representante do sindicato patronal e os empregadores.

A princípio a legislação conferia estabilidade ao dirigente sindical desde o registro da candidatura até o final do mandato (art. 25 da Lei 5.107/66)[800]. O Decreto 59.820/66 regulamentava a referida Lei, prevendo mandato de dois anos ao dirigente sindical[801].

O Decreto-lei 229/1967, alterou a CLT, para diminuir o prazo para a estabilidade do dirigente sindical, que tinha início a partir do momento do registro de sua candidatura até 90 (noventa) dias após o final do seu mandato[802].

O legislador, objetivando conferir uma maior proteção ao dirigente sindical, ampliou a estabilidade, através da Lei 5.911/73 que alterou a redação do §3º do art. 543 da CLT, passando a prever a estabilidade a partir do registro da candidatura e, se eleito, até 1 ano após o final do mandato, inclusive como suplente. Se o empregado não for eleito e não terá direito a estabilidade

Finalmente, a Lei nº 7.543, de 2.10.1986, conferiu a redação atual ao art. 543, §3º, da CLT, passando a abranger a proteção aos representantes de associação profissional[803]. Atualmente, o mandato do dirigente sindical é de 3 anos (515, b, da CLT).

A doutrina diverge sobre a possibilidade de deferimento da estabilidade em questão, ao dirigente eleito para sindicato sem formalização.

O posicionamento dominante na jurisprudência, alinhavado ao posicionamento do Supremo Tribunal Federal, é de que não basta o mero registro dos estatutos sindicais junto ao Cartório de Registro Civil de Pessoas Jurídicas, sendo necessário ao menos o formulado o requerimento junto ao Ministério do Trabalho e Emprego, pois a partir desse instante é que se instala a expectativa de aquisição da personalidade jurídica sindical. Nesse sentido a ementa abaixo:

> *[...]MANDADO DE SEGURANÇA. DEFERIMENTO DE TUTELA DE URGÊNCIA NA RECLAMAÇÃO TRABALHISTA ORIGINÁRIA PARA REINTEGRAÇÃO DOS RECLAMANTES AO EMPREGO. DISPENSAS, SEM JUSTA CAUSA, EFETUADAS NO DECORRER DA ALEGADA ESTABILIDADE PROVISÓRIA DOS SUPOSTOS DIRIGENTES SINDICAIS. AUSÊNCIA DE PROVA DO PEDIDO DE REGISTRO DO SINDICATO PERANTE O MINISTÉRIO DO TRABALHO E EMPREGO. REINTEGRAÇÃO LIMINAR INDEVIDA. 1. Cuida-se de mandado de segurança em que a empresa reclamada investe contra a decisão antecipatória, exarada na primeira instância, por meio da qual determinada a reintegração dos trabalhadores (Litisconsortes passivos) ao emprego, sob pena de multa, sob o fundamento de serem os operários detentores de estabilidade sindical. 2. A segurança foi concedida pela Corte de origem em face da ausência de comprovação de que fora formalizado pedido de concessão de registro sindical perante o Ministério do Trabalho e Emprego. 3. De fato, para efeito de reconhecimento da estabilidade provisória no emprego de que cuidam os arts. 8º, VIII, da Carta de 1988 e 543, § 3º, da CLT,* ***não basta o mero registro dos estatutos sindicais junto ao Cartório de Registro Civil de Pessoas***

798 MARTINS, Sergio Pinto. Direito do Trabalho. – 36. ed. – São Paulo: saraiva Educação, 2020.

799 J. J. Gomes Canotilho...[et al.]; outros autores e coordenadores Ingo Wolfgang Sarlet, Lenio Luiz Streck, Gilmar Ferreira Mendes. Comentários à Constituição do Brasil. 2. ed. – São Paulo: Saraiva Educação, 2018, página 1889.

800 Lei 5.107/66, Art. 25 É vedada a dispensa do empregado sindicalizado, a partir do momento do registro de sua candidatura a cargo de direção ou representação sindical, até o final do seu mandato, caso seja eleito, inclusive como suplente, salvo se cometer falta grave devidamente apurada nos têrmos da CLT.

801 Decreto 59.820/66, art. 40, §2º: Os representantes das categorias serão eleitos, cada um, pelas respectivas Confederações em conjunto, com mandato de 2 (dois) anos.

802 CLT, Art. 543§ 3º É vedada a dispensa do empregado sindicalizado, a partir do momento do registro de sua candidatura a cargo de direção ou representação sindical, até 90 (noventa) dias após o final do seu mandato, caso seja eleito, inclusive como suplente, salvo se cometer falta grave devidamente apurada nos têrmos desta Consolidação. (Redação dada pelo Decreto-lei nº 229, de 28.2.1967)

803 Art. 543, § 3º, CLT: Fica vedada a dispensa do empregado sindicalizado ou associado, a partir do momento do registro de sua candidatura a cargo de direção ou representação de entidade sindical ou de associação profissional, até 1 (um) ano após o final do seu mandato, caso seja eleito inclusive como suplente, salvo se cometer falta grave devidamente apurada nos termos desta Consolidação.

Jurídicas. O Excelso Supremo Tribunal Federal já decidiu que a estabilidade prevista no art. 8º, VIII, da Constituição Federal alcança o empregado eleito dirigente de sindicato em processo de obtenção do registro sindical. Desse modo, na linha da jurisprudência do STF e desta Corte, a estabilidade sindical apenas existirá a partir do instante em que formulado o requerimento junto ao Ministério do Trabalho e Emprego, pois a partir desse instante é que se instala a expectativa de aquisição da personalidade jurídica sindical. *No período anterior ao pedido de registro, apenas há uma associação civil, de caráter não sindical, ainda que a razão social adote a denominação "sindicato". 4. No caso examinado, inexistindo prova do pedido de registro do SINDIMETAL junto ao Ministério do Trabalho e Emprego, revela-se escorreita a conclusão regional de cassação da decisão antecipatória exarada pela autoridade judicial de primeira instância. Recurso ordinário conhecido e não provido. (RO – 293-31.2016.5.20.0000, Relatora Ministra: Maria Helena Mallmann, Data de Julgamento: 19/03/2019, Subseção II Especializada em Dissídios Individuais, Data de Publicação: DEJT 03/05/2019)*

"Estabilidade sindical provisória (CF, art. 8º, VII); reconhecimento da garantia aos diretores eleitos, na assembleia constitutiva da entidade sindical, desde, pelo menos, a data do pedido de registro no Ministério do Trabalho, o que não contraria a exigência deste, constante do art. 8º, I, da Constituição. 1. A constituição de um sindicato 'posto culmine no registro no Ministério do Trabalho (STF, MI 144, 3.8.92, Pertence, RTJ 147/868)' a ele não se resume: não é um ato, mas um processo. 2. Da exigência do registro para o aperfeiçoamento da constituição do sindicato, não cabe inferir que só a partir dele estejam os seus dirigentes ao abrigo da estabilidade sindical: é 'interpretação pedestre', que esvazia de eficácia aquela garantia constitucional, no momento talvez em que ela se apresenta mais necessária, a da fundação da entidade de classe." (STF-RE 205107, Rel. Min. Sepúlveda Pertence, Tribunal Pleno, julgado em 6/8/1998, DJ 25/9/1998)

O suplente do cargo de direção ou representação sindical também faz jus à estabilidade, estando limitada ao número de 7 membros titulares e 7 suplentes (Súmula 369, II, TST; art. 522, CLT).

Essa estabilidade abrange apenas os empregados que atuam na defesa da categoria.

Os membros do conselho fiscal e delegados sindicais estão excluídos dessa estabilidade (OJ 365, SDI, TST e OJ 369, SDI-I, TST), pois não representam a categoria profissional[804].

Para o jurista Luciano Martinez [805]

"[...] ***parece razoável a extensão da estabilidade sindical aos integrantes do conselho fiscal***, porque os integrantes do referido órgão consultivo e fiscalizador, se não protegidos pela estabilidade, podem ser pressionados pelos empregadores para atuar contra os interesses da entidade sindical a fim de objetar caprichosamente condutas administrativo-financeiras e de colocar sob suspeição contas legitimadas.".(grifos acrescidos)

Ao nosso sentir, data vênia o posicionamento contrário, não nos parece prudente reconhecer a estabilidade ao membro do conselho fiscal ou ao delegado sindical, pois não representam diretamente os interesses da categoria. Segundo a Constituição Federal é condição *"sine qua non"* a eleição ao "cargo de direção ou representação sindical", a fim de que seja reconhecida a estabilidade.

Eduardo Gabriel Saad, José Eduardo Duarte Saad e Ana Maria Saad C. Branco, ensinam que

[...] O exame atento do precitado dispositivo constitucional revela que ele tem por fim amparar o empregado eleito para o cargo de direção do sindicato representativo de sua categoria profissional. Consigna-se no retrocitado inciso VIII, do art. 8º da CF, que a estabilidade provisória é deferida ao empregado sindicalizado a partir do registro de sua candidatura a cargo de direção ou representação sindical [...]".

Para que seja possível a estabilidade, o empregado deve comunicar o registro da candidatura ao empregador.

Embora a estipula o prazo de 24 horas para comunicar o empregador, o Tribunal Superior do Trabalho entende que a comunicação é válida ainda que feita após esse prazo, desde que a ciência ao empregador ocorra na vigência do contrato de trabalho (Art. 543, §5º, CLT e Súmula 369, I, TST)

O registro da candidatura realizado durante o contrato por prazo determinado ou durante o período de aviso prévio não assegura a estabilidade – o fundamento é que as partes já sabem nessas situações do término do contrato de trabalho. (Súmula 369, V, do TST).

A legislação confere ao dirigente sindical a prerrogativa de não ser impedido de exercer a sua função; de não ser transferido para lugar que dificulte ou torne impossível o desempenho de suas atribuições sindicais.

O dirigente sindical só pode ser dispensado por falta grave mediante a apuração em inquérito judicial.

Esse inquérito é uma ação judicial a ser proposta na justiça do trabalho pelo empregador (art. 853, CLT), consubstanciando pressuposto para legitimar a dispensa do dirigente sindical. Sem a observância do inquérito para apuração da falta grave a dispensa é inválida.

O prazo decadencial para propositura dessa ação é de 30 dias a contar da suspensão do empregado. Caso não haja a suspensão do empregado, o inquérito deverá ser ajuizado em um prazo razoável, sob pena de caracterizar perdão tácito à falta grave cometida pelo empregado.

A improcedência do inquérito judicial implicará na reintegração do trabalhador afastado, bem como

---

[804] **Orientação Jurisprudencial 365 da SDI-1, TST.** ESTABILIDADE PROVISÓRIA. MEMBRO DE CONSELHO FISCAL DE SINDICATO. INEXISTÊNCIA. Membro de conselho fiscal de sindicato não tem direito à estabilidade prevista nos arts. 543, § 3º, da CLT e 8º, VIII, da CF/1988, porquanto não representa ou atua na defesa de direitos da categoria respectiva, tendo sua competência limitada à fiscalização da gestão financeira do sindicato (art. 522, § 2º, da CLT).
Orientação Jurisprudencial 369 da SDI-1, TST. ESTABILIDADE PROVISÓRIA. DELEGADO SINDICAL. INAPLICÁVEL. O delegado sindical não é beneficiário da estabilidade provisória prevista no art. 8º, VIII, da CF/1988, a qual é dirigida, exclusivamente, àqueles que exerçam ou ocupem cargos de direção nos sindicatos, submetidos a processo eletivo.

[805] Ibidem. Martinez, 2020.

o pagamento dos salários do período de afastamento, desde a data da suspensão até a reintegração, ou da primeira decisão que determinou a conversão da estabilidade em indenização. (Súmula 28, TST).

Havendo incompatibilidade de retorno ao trabalho em razão da animosidade entre as partes é possível converter essa reintegração em indenização (art. 496, CLT).

A doutrina não é unânime quanto às garantias de emprego que exigem o prévio ajuizamento do inquérito. Prevalece o entendimento, entretanto, que é necessário para a dispensa do dirigente sindical, membro do Conselho Nacional de Previdência Social, diretor de cooperativa e ao representante dos empregados membro da Comissão de Conciliação Prévia.

A dispensa arbitrária, sem justa causa ou sem o prévio ajuizamento de inquérito para apuração de falta grave, poderá ser questionada em relação trabalhista proposta pelo dirigente sindical, sendo possível, ainda, o pedido de medida liminar para reintegração ao trabalho (art. 659, X, da CLT).

2.3. EMPREGADO REPRESENTANTE DA CIPA

A Comissão Interna de Prevenção a Acidentes (CIPA) é composta de representantes dos empregados e dos empregadores e tem o objetivo de manter serviços especializados em segurança e em medicina do trabalho, prevenindo a ocorrência de acidentes.

Os representantes dos empregados são eleitos pelos demais trabalhadores da empresa e os representantes dos empregadores são indicados.

O representante dos empregados exercerá a função de vice-presidente da CIPA. Já o representante do empregador exercerá a função de presidente.

De acordo com o art. 10, II, "a", do ADCT da Constituição Federal é assegurada a garantia provisória de emprego ao *"empregado eleito para cargo de direção de comissões internas de prevenção de acidentes, desde o registro de sua candidatura até um ano após o final de seu mandato"*

O objetivo dessa instabilidade é possibilitar o desempenho do mandato de forma tranquila e sem perseguições e ingerências do empregador.

A duração do mandato será de 1 ano, sendo permitida uma reeleição (Art. 164, §3º, CLT).

O suplente do cargo de direção da CIPA também terá direito à estabilidade (Súmula 678, STF)[806].

Essa estabilidade é tida como objetiva, porque está ligada às funções exercidas pelo empregado na CIPA.

Por essa razão, havendo extinção do estabelecimento empresarial não é considerada arbitrária a dispensa do empregado, não sendo garantida a sua reintegração nessa situação (Súmula 339, TST)[807].

Existe posicionamento na jurisprudência no sentido de não caber a estabilidade, mesmo que não haja a extinção do estabelecimento comercial. O TRT da 5ª Região sedimentou o entendimento de que não cabe a estabilidade em caso de extinção apenas da atividade para qual a CIPA foi criada, conforme súmula 80:

> *Súmula nº 80 do TRT 5ª Região: GARANTIA PROVISÓRIA NO EMPREGO. MEMBRO DA CIPA. ENCERRAMENTO DA ATIVIDADE PRODUTIVA E MANUTENÇÃO DA ATIVIDADE ADMINISTRATIVA. EQUIVALÊNCIA À EXTINÇÃO DO ESTABELECIMENTO. A estabilidade provisória no emprego, garantida ao membro eleito da CIPA, constitui-se como garantia necessária ao exercício das suas funções em benefício do meio ambiente do trabalho. Por conseguinte, uma vez encerrada a atividade produtiva para qual a CIPA foi criada, permanecendo-se tão somente a atividade administrativa da empresa, não há razões para subsistir a estabilidade provisória do cipista. Inteligência da Súmula 339, II, do C. TST. (Resolução Administrativa nº 0035/2019 – Divulgada no Diário Eletrônico do TRT da 5ª Região, edições de 20, 21 e 22.08.2019, de acordo com o disposto no art. 187-B do Regimento Interno do TRT da 5ª Região).*

O representante dos empregados na CIPA não poderá ser dispensado sem justa causa ou arbitrariamente (art. 165, CLT). São consideradas arbitrária as dispensas que não forem fundamentadas em motivo disciplinar, técnico, econômico ou financeiro.

Mauricio Godinho Delgado[808] destaca que:

> *"[...] trata-se da dispensa que se baseia em motivo relevante: este pode ser disciplinar, como ocorre com a dispensa por justa causa, tipificada na CLT, e enquadrada como resolução contratual. Porém, tal motivo pode ser ainda de caráter técnico, econômico ou financeiro, segundo a Consolidação, casos em que a dispensa se enquadra como resilição do contrato de trabalho (resilição motivada, é claro)".*

Citamos como exemplo prático de motivação técnica para a rescisão do contrato é a contratação de um novo empregado tem conhecimento técnico específico determinada área de trabalho, que exija aperfeiçoamento e maior comprometimento, para atingir o nível de perfil esperado para desenvolvimento das atividades

806 Súmula 676, STF – A garantia da estabilidade provisória prevista no art. 10, II, "a", do Ato das Disposições Constitucionais Transitórias, também se aplica ao suplente do cargo de direção de comissões internas de prevenção de acidentes (CIPA).

807 Súmula nº 339 do TST – CIPA. SUPLENTE. GARANTIA DE EMPREGO. CF/1988. I – O suplente da CIPA goza da garantia de emprego prevista no art. 10, II, "a", do ADCT a partir da promulgação da Constituição Federal de 1988. II – A estabilidade provisória do cipeiro não constitui vantagem pessoal, mas garantia para as atividades dos membros da CIPA, que somente tem razão de ser quando em atividade a empresa. Extinto o estabelecimento, não se verifica a despedida arbitrária, sendo impossível a reintegração e indevida a indenização do período estabilitário.

808 DELGADO, Mauricio Godinho. Curso de direito do trabalho. — 18. ed.— São Paulo: LTr, 2019, pág. 1500.

laborais. Também, apontamos como exemplo prático de motivação financeira ou econômica a redução do quadro de funcionários.

Comprovada a arbitrariedade da dispensa ou a ausência de motivação, o empregado poderá ajuizar reclamação trabalhista e postular a reintegração.

2.4. EMPREGADO ACIDENTADO

A garantia provisória de emprego do empregado acidentado decorre da previsão constitucional disposta no art. 7º, XXVIII, da CF que assegura aos trabalhadores o direito ao "seguro contra acidentes de trabalho, a cargo do empregador, sem excluir a indenização a que este está obrigado, quando incorrer em dolo ou culpa".

Na mesma linha, o art. 201, §10, da CF/88 aduz sobre a necessidade de legislação para "a cobertura do risco de acidente do trabalho, a ser atendida concorrentemente pelo regime geral de previdência social e pelo setor privado".

No plano infraconstitucional, a Lei 8.213/1991 regula o acidente do trabalho entre o art. 19 e 23.

O art. 19 da Lei 8.213/1991 conceitua o acidente típico do trabalho como *"o que ocorre pelo exercício do trabalho a serviço da empresa ou pelo exercício do trabalho dos segurados referidos no inciso VII do art. 11 desta Lei [segurados especiais], provocando lesão corporal ou perturbação funcional que cause a morte ou a perda ou redução, permanente ou temporária, da capacidade para o trabalho".*

A empresa deverá adotar e implementar medidas coletivas e individuais de proteção e segurança à saúde dos trabalhadores.

Para a caracterização do acidente de trabalho é necessário haver *nexo causal* - a enfermidade se relacione com o exercício do trabalho - e incapacidade, isto é, a provocação de uma lesão ou perturbação funcional, que resulte na redução da capacidade para o trabalho de forma temporária ou permanente.

Também ocorrerá acidente de trabalho, de forma atípica, no caso de doença profissional e doença do trabalho (art. 20 da Lei 8.213/91). A primeira se caracteriza quando é produzida ou desencadeada pelo exercício do trabalho peculiar a determinada atividade e constante da respectiva relação elaborada pelo Ministério do Trabalho e Emprego e Ministério da Previdência Social Já a segunda hipótese, ocorre quando a doença é adquirida ou desencadeada em função de condições especiais em que o trabalho é desempenhado e tenha relação direta com esse trabalho, bem como esteja relacionado na lista elaborada pelo Ministérios do Trabalho, como, por exemplo a perda auditiva por exposição à ruído acima dos limites de tolerância, sem o uso de aparelho auricular.

Não se enquadra como acidente de trabalho a doença degenerativa; doença de determinado grupo etário; doença que não acarrete a incapacidade para o trabalho; e a doença endêmica adquirida por segurado habitante de região em que ela se desenvolva, exceto se demonstrado que resultou da exposição ou contato direto determinado pela natureza do trabalho (art. 20, §1º, da Lei 8.213/91).

De acordo com o art. 118 da Lei 8.213/91 o *"segurado que sofreu acidente do trabalho tem garantida, pelo prazo mínimo de doze meses, a manutenção do seu contrato de trabalho na empresa, após a cessação do auxílio-doença acidentário, independentemente de percepção de auxílio-acidente".*

A esse respeito o TST pacificou o entendimento de que esse dispositivo é constitucional (súmula nº 378, I, do TST). Também, estabeleceu critérios cumulativos para a concessão da estabilidade provisória: (i) o afastamento superior a 15 dias; e (ii) a percepção do auxílio-doença acidentário, *salvo se constatada, após a despedida, doença profissional que guarde relação de causalidade com a execução do contrato de emprego.*

O empregado contratado mediante contrato por prazo determinado também terá direito ao reconhecimento do acidente de trabalho e à estabilidade prevista em lei.

Algumas doenças ocupacionais não se manifestam de forma rápida, ao longo dos anos vão se alojar no organismo como por exemplo a lesão por esforço repetitivo.

Com a promulgação da lei complementar 150 de 2015 os empregados domésticos passaram a ter o reconhecimento ao direito a essa estabilidade conforme artigo 11, II e 18, §1º, da Lei 8.213 de 1991.

A legislação previdenciária prevê, ainda, hipóteses de acidente de trabalho por equiparação no art. 21 da Lei 8.213/91[809], como a concausa e acidentes sofridos

[809] Art. 21. Equiparam-se também ao acidente do trabalho, para efeitos desta Lei: I – o acidente ligado ao trabalho que, embora não tenha sido a causa única, haja contribuído diretamente para a morte do segurado, para redução ou perda da sua capacidade para o trabalho, ou produzido lesão que exija atenção médica para a sua recuperação; II – o acidente sofrido pelo segurado no local e no horário do trabalho, em conseqüência de: a) ato de agressão, sabotagem ou terrorismo praticado por terceiro ou companheiro de trabalho; b) ofensa física intencional, inclusive de terceiro, por motivo de disputa relacionada ao trabalho; c) ato de imprudência, de negligência ou de imperícia de terceiro ou de companheiro de trabalho; d) ato de pessoa privada do uso da razão; e) desabamento, inundação, incêndio e outros casos fortuitos ou decorrentes de força maior; III – a doença proveniente de contaminação acidental do empregado no exercício de sua atividade; IV – o acidente sofrido pelo segurado ainda que fora do local e horário de trabalho: a) na execução de ordem ou na realização de serviço sob a autoridade da empresa; b) na prestação espontânea de qualquer serviço à empresa para lhe evitar prejuízo ou proporcionar proveito; c) em viagem a serviço da empresa, inclusive para estudo quando financiada por esta dentro de seus planos para melhor capacitação da mão-de-obra, independentemente do meio de locomoção utilizado, inclusive veículo de propriedade do segurado; d) no percurso da residência para o local de trabalho ou deste para aquela, qualquer que seja o meio de locomoção, inclusive veículo de propriedade do segurado. § 1º Nos períodos destinados a refeição ou descanso, ou por ocasião da satisfação de outras necessidades fisiológicas, no local do trabalho ou durante este, o empregado é considerado no exercício do trabalho. § 2º Não é considerada agravação ou complicação de acidente do trabalho a lesão que, resultante de acidente de outra origem, se associe ou se superponha às conseqüências do anterior.

no local e horário de trabalho, e fora do local de trabalho, etc.

De acordo com o art. 21-A da Lei 8.213/91, o INSS poderá reconhecer a natureza acidentária da incapacidade se constatar ocorrência de nexo técnico epidemiológico entre o trabalho e o agravo, decorrente da relação entre a atividade da empresa ou do empregado doméstico e a entidade mórbida motivadora da incapacidade elencada na Classificação Internacional de Doenças (CID), em perícia médica administrativa.

Caso a empresa não reconheça a existência do nexo técnico epidemiológico, pode impugnar administrativamente, mediante a interposição de recurso, com efeito suspensivo, ao Conselho de Recursos da Previdência Social.

Ocorrendo o acidente de trabalho o empregador deverá emitir a comunicação (CAT) no dia útil subsequente ao acidente. Ocorrendo o falecimento do empregado, a comunicação deverá ser emitida imediatamente (art. 22 da Lei 8.213/91).

A Medida Provisória 927/20, traçou medidas de enfrentamento à pandemia do coronavírus, prevendo que a referida doença não pode ser considerada doença ocupacional.

Entretanto, o Supremo Tribunal Federal, ao referendar medida liminar em Ação Direta de Inconstitucionalidade, suspendeu a eficácia do art. 29 da MP 927/20, para entender o coronavírus poderá ser enquadrado como doença ocupacional.

Em 19/07/20, houve a revogação tácita da medida provisória, tendo em vista que o Senado Federal submeteu a medida à votação.

2.5. EMPREGADO MEMBRO DA COMISSÃO DE CONCILIAÇÃO PRÉVIA (CCP)

A comissão de conciliação prévia tem por objetivo tentar a conciliação entre empregados e empregadores. A composição da CCP é feita de forma paritária, ou seja, representante dos empregados por meio de votação secreta e dos empregadores indicados.

Apenas os representantes dos empregados, titulares e suplentes, possuem garantia provisória de emprego.

O início da estabilidade ocorre com a eleição do empregado e se estendendo até 1 ano após o mandato.

2.6. REPRESENTANTE DOS EMPREGADOS (REFORMA TRABALHISTA)

A Constituição estabelece que é obrigatório a eleição de representantes dos trabalhadores nas empresas com mais de 200 empregados, com a finalidade exclusiva de promover-lhes o entendimento direto com os empregadores.

Apesar da previsão constitucional, não havia sido legislação infraconstitucional regulamentado as atribuições e prerrogativas desses representantes. Com a Reforma Trabalhista finalmente essa comissão foi regulamentada.

O mandato dos membros da comissão de representantes dos empregados será de um ano (art. Art. 510-D da CLT), sem que isso implique na suspensão ou interrupção do contrato de trabalho, devendo o empregado permanecer no exercício de suas funções.

A estabilidade do representante dos empregados inicia com o registro da candidatura e termina um ano após o fim do mandato (art. 510-D, §3º, CLT). Esse trabalhador, tal como ocorre com o cipeiro, não poderá ser dispensado arbitrariamente, exceto se o empregador apresentar motivos disciplinares, técnicos, econômicos ou financeiros.

Aquele que exercer a função de representante dos empregados na comissão não poderá ser candidato nos dois períodos subsequentes

A comissão será composta de 3 membros nas empresas com mais de 200 e até 3 mil empregados; 5 membros, nas empresas com mais de 3 mil até 5 mil empregados; e 7 membros, nas empresas com mais de 5 mil empregados

Caso a empresa possua mais de um local de operação, em diferentes Estados da Federação, com funcionários prestando serviços nas unidades, será assegurada a eleição de uma comissão de representantes dos empregados por Estado ou no Distrito Federal.

As atribuições da comissão estão relacionadas no art. 510-B da CLT, *in verbis*:

> *Art. 510-B. A comissão de representantes dos empregados terá as seguintes atribuições: I – representar os empregados perante a administração da empresa; II – aprimorar o relacionamento entre a empresa e seus empregados com base nos princípios da boa-fé e do respeito mútuo; III – promover o diálogo e o entendimento no ambiente de trabalho com o fim de prevenir conflitos; IV – buscar soluções para os conflitos decorrentes da relação de trabalho, de forma rápida e eficaz, visando à efetiva aplicação das normas legais e contratuais; V – assegurar tratamento justo e imparcial aos empregados, impedindo qualquer forma de discriminação por motivo de sexo, idade, religião, opinião política ou atuação sindical; VI – encaminhar reivindicações específicas dos empregados de seu âmbito de representação; VII – acompanhar o cumprimento das leis trabalhistas, previdenciárias e das convenções coletivas e acordos coletivos de trabalho.*

As decisões da comissão de representantes dos empregados serão sempre colegiadas, observada a maioria simples e organizará a sua atuação de forma independente, sem a intervenção do empregador.

No que se refere à eleição, deverá ser convocada com antecedência mínima de 30 dias, a partir da data do término do mandato anterior. A convocação se dará por meio de edital, fixado na empresa, com ampla publicidade, para inscrição de candidatura.

Será formada comissão eleitoral, integrada por cinco empregados, não candidatos, para a organização e o acompanhamento do processo eleitoral, vedada a interferência da empresa e do sindicato da categoria.

Os empregados contratados mediante contrato por prazo determinado, com o contrato de trabalho suspenso ou, ainda, em período de aviso prévio, não poderão se candidatar para concorrer ao cargo na comissão de representantes dos empregados.

A votação será secreta, sendo eleito o empregado mais votado.

Se não houver candidatos suficientes, a comissão de representantes dos empregados poderá ser formada com número de membros inferior ao previsto no art. 510-A da CLT. Ou, ainda, caso não exista registro de candidaturas, será lavrada ata e convocada nova eleição no prazo de um ano.

2.7. MEMBROS DO CONSELHO NACIONAL DA PREVIDÊNCIA SOCIAL

Os representantes dos Trabalhadores, titulares e suplentes, têm estabilidade desde a nomeação até um ano após o mandato. Somente podendo ser dispensado por motivo de falta grave comprovada mediante processo judicial (inquérito para apuração de falta grave). Segundo a doutrina majoritária o inquérito é indispensável para dispensa do referido representante (art. 301 do Decreto nº. 3.048/1999 e art. 3º, §7º, da Lei 8.213/91).

2.8. MEMBROS DO CONSELHO CURADOR DO FGTS

Os representantes dos Trabalhadores, titulares e suplentes, têm estabilidade desde a nomeação até um ano após o mandato, somente podendo ser dispensado por motivo de falta grave, comprovada por processo sindical (art. 3º, §9º, da Lei 8.036/90).

2.9. DIRETORES DE SOCIEDADE COOPERATIVA

Os empregados que foram eleitos diretores de sociedade cooperativa não poderão ser dispensados, registro da candidatura até um ano após o término do mandato (art. 55, da lei 5.764/71).

Essa garantia provisória de emprego, não abrange os suplentes (OJ 253 da SDI-I do TST).

Prevalece o entendimento na doutrina que para dispensa desse empregado é necessário o ajuizamento de inquérito judicial para apuração de falta grave.

Art. 493 – Constitui falta grave a prática de qualquer dos fatos a que se refere o art. 482, quando por sua repetição ou natureza representem séria violação dos deveres e obrigações do empregado.

Art. 494 – O empregado acusado de falta grave poderá ser suspenso de suas funções, mas a sua despedida só se tornará efetiva após o inquérito e que se verifique a procedência da acusação.

Parágrafo único – A suspensão, no caso deste artigo, perdurará até a decisão final do processo.

Art. 495 – Reconhecida a inexistência de falta grave praticada pelo empregado, fica o empregador obrigado a readmiti-lo no serviço e a pagar-lhe os salários a que teria direito no período da suspensão.

Art. 496 – Quando a reintegração do empregado estável for desaconselhável, dado o grau de incompatibilidade resultante do dissídio, especialmente quando for o empregador pessoa física, o tribunal do trabalho poderá converter aquela obrigação em indenização devida nos termos do artigo seguinte.

Art. 497 – Extinguindo-se a empresa, sem a ocorrência de motivo de força maior, ao empregado estável despedido é garantida a indenização por rescisão do contrato por prazo indeterminado, paga em dobro.

Art. 498 – Em caso de fechamento do estabelecimento, filial ou agência, ou supressão necessária de atividade, sem ocorrência de motivo de força maior, é assegurado aos empregados estáveis, que ali exerçam suas funções, direito à indenização, na forma do artigo anterior.

Art. 499 – Não haverá estabilidade no exercício dos cargos de diretoria, gerência ou outros de confiança imediata do empregador, ressalvado o cômputo do tempo de serviço para todos os efeitos legais.

§ 1º – Ao empregado garantido pela estabilidade que deixar de exercer cargo de confiança, é assegurada, salvo no caso de falta grave, a reversão ao cargo efetivo que haja anteriormente ocupado.

§ 2º – Ao empregado despedido sem justa causa, que só tenha exercido cargo de confiança e que contar mais de 10 (dez) anos de serviço na mesma empresa, é garantida a indenização proporcional ao tempo de serviço nos termos dos arts. 477 e 478.

§ 3º – A despedida que se verificar com o fim de obstar ao empregado a aquisição de estabilidade sujeitará o empregador a pagamento em dobro da indenização prescrita nos arts. 477 e 478.

Art. 500 – O pedido de demissão do empregado estável só será válido quando feito com a assistência do respectivo Sindicato e, se não o houver, perante autoridade local competente do Ministério do Trabalho e Previdência Social ou da Justiça do Trabalho. (Revigorado com nova redação, pela Lei nº 5.584, de 26.6.1970)

COMENTÁRIOS (ARTS. 493 A 500)

1. JUSTA CAUSA E FALTA GRAVE

As expressões "justa causa" e "falta grave" são objeto de controvérsia na doutrina. Parte dos doutrinadores compreendem que são termos sinônimos, para expressar a ação ou omissão praticada em violação aos deveres objetivos do contrato de trabalho, mormente o dever de confiança e a boa-fé objetiva, o que inviabiliza a manutenção do contrato de trabalho. Essa é a posição de Luciano Martinez, vejamos: *"**entende-se por 'justa causa'**, portanto, **a falta grave tipificada em lei, invocada e provada pelo contratante lesionado, que, pela considerável extensão e nocividade, torna justificada e legitimada a ruptura imediata do contrato de emprego, levando o sujeito lesionador à assunção de perdas de natureza material ou imaterial**. Como uma verdadeira sanção material, a "justa causa" impõe ao operário, quando sujeito causador da falta grave, sensíveis perdas patrimoniais [...] Por outro lado, a 'justa causa' patronal, também conhecida como "despedida indireta", produzirá em favor do obreiro o direito de recebimento de todos os créditos próprios de uma despedida sem justa causa".*[810]

Também encontramos esse posicionamento nas lições de Amauri Mascaro do Nascimento: *"Justa causa é a ação ou omissão de um dos sujeitos da relação de emprego, ou de ambos, contrária aos deveres normais impostos pelas regras de conduta que disciplinam as suas obrigações resultantes do vínculo jurídico".*[811]

> Em direção oposta, Maurício Godinho Delgado entende que há distinções – do ponto de vista formal, subjetivo e material – aduzindo que *"a **falta grave** corresponde à justa causa que tenha de ser **apurada formalisticamente, por meio de ação judicial de inquérito,** nos moldes do **art. 494, caput, in fine, e arts. 853 a 855 da CLT**. Do ponto de vista formal, pelo menos, há clara diferença entre justa causa e falta grave. Do ponto de vista subjetivo, também há distinção entre as figuras. É que a falta grave **é própria ao empregado estável e àqueles empregados que tenham estabilidades provisórias mais acentuadas, cuja resolução contratual somente possa ser feita por meio de inquérito** judicial, em que se apure seu comportamento culposo, como se passa com o dirigente de entidades sindicais. [...] **A diferenciação material**, substantiva, se houver, **é apenas de intensidade:** pretende a ordem jurídica que **a justa causa apta a resolver**, culposamente, **o contrato de trabalho do empregado estável ou do dirigente sindical, seja intensamente grave**, quer por sua natureza, quer por sua repetição".*[812]

A doutrina faz outra interessante distinção: entre os termos "ato faltoso" e "justa causa". O primeiro vocábulo refere-se à infração – de per si –, ou seja, a conduta, a transgressão, a ação ou omissão, considerada grave e apta a ensejar a ruptura do contrato de trabalho. Já a segunda expressão concerne a uma das possíveis consequências da conduta grave.[813] Aliás, é a consequência mais severa gerada na relação jurídica laboral. Outras potenciais consequências oriundas do ato faltoso são: a advertência (verbal ou escrita) ou, ainda, a suspensão disciplinar, sem, necessariamente, acarretar a ruptura do vínculo contratual.

A caracterização da justa causa reclama a presença de alguns requisitos:

a) atualidade ou imediatidade

A aplicação da penalidade capital deve ser tempestivamente aplicada pelo empregador, o que significa dizer que o ato faltoso deve ser punido com brevidade, na mesma ocasião em que tiver sido cometido (ou em tempo razoável, a depender do caso concreto), sob pena de a inação do empregador ser considerado como uma espécie de perdão tácito.

Délio Maranhão afirmava que "uma falta conhecida e não punida é uma falta perdoada" *(apud Nascimento, 2011, p. 1212)*. Sem esse requisito o empregado ficaria exposto à eventuais arbitrariedades, como ameaças de dispensa ou pressões descabidas, baseadas em violações contratuais pretéritas.

A jurisprudência diverge quanto a aplicação da *imediatidade ou atualidade* às rescisões decorrente de falta grave praticada pelo empregador (rescisão indireta do contrato de trabalho).

Na seguinte ementa, o Tribunal Regional do Trabalho da 3ª Região se mostrou favorável à presença da imediatidade nas rescisões indiretas:

> *RESCISÃO INDIRETA. REQUISITOS. **Os mesmos requisitos exigidos do empregador para a caracterização da falta grave configuradora da justa causa para dispensa do trabalhador (artigo 482 da CLT) são também exigidos do empregado quando este vem a juízo pleitear a rescisão indireta do contrato de trabalho – artigo 483 da CLT. A falta alegada deve ser grave** o suficiente para impedir a continuação do vínculo, **além de atual, sob pena de caracterizar o perdão tácito**. Na espécie, **a permanência do autor no mesmo posto de trabalho durante nove meses após o evento que alega ter inviabilizado a continuidade do pacto evidencia a falta de atualidade da falta a obstar acolhimento do pleito de rescisão indireta.** (TRT-3 – RO: 00112173220195030142 MG 0011217-32.2019.5.03.0142, Relator: Maria Stela Alvares da S. Campos, Nona Turma, Data de Publicação: 09/09/2021).*

O Tribunal Superior do Trabalho, por outro lado, se posicionou pela prescindibilidade deste requisito. Vejamos:

> *RECURSO DE REVISTA INTERPOSTO SOB A ÉGIDE DA LEI N.º 13.015/2014. NULIDADE DO PEDIDO DE DEMISSÃO*

---

[810] *Martinez, op. cit, 2020.*

[811] Nascimento, op. cit., 1210.

[812] Delgado, op. cit., 2019, p.1420-1421.

[813] É o que diz Amauri Mascaro do Nascimento, escorado na doutrina de Wagner Giglio: *"O mesmo autor faz uma distinção entre o ato faltoso, 'a infração do empregado que, dentro de determinadas circunstâncias, justifica a rescisão contratual', e a justa causa, 'uma das consequências possíveis daquele', do ato faltoso. Em outras palavras, a justa causa é o ato faltoso revestido de maior gravidade e apto a produzir o despedimento do empregado sem os ônus normais" (in Curso de direito do trabalho, 2011, p. 1214-1215).*

. RESCISÃO INDIRETA. ASSÉDIO MORAL RECONHECIDO PELO TRT. IMEDIATIDADE. DESNECESSIDADE. A decisão regional está em desconformidade com o entendimento desta Corte Superior no sentido de ***que é desnecessária a aplicação do princípio da imediatidade nos casos de rescisão indireta pela falta grave do empregador****, consubstanciada no descumprimento regular das obrigações contratuais,* ***haja vista a condição de hipossuficiência do trabalhador.*** *Na hipótese, consignado pelo Tribunal Regional que o autor foi vítima de assédio moral, tanto é que o seu pedido de indenização por danos morais foi julgado procedente, e que tal conduta faltosa da empregadora se renovou mês a mês, não há que se falar em ausência de imediatidade.* ***Com efeito, a imediatidade no ajuizamento da reclamação trabalhista contra as graves infrações contratuais pelo empregador não é imprescindível para qu****e, nos termos e para os efeitos do artigo 483 da CLT,* ***se reconheça o direito do empregado de considerar rescindido o contrato de trabalho e pleitear a devida indenização****, pois,* ***em virtude de sua hipossuficiência, muitas vezes ele se vê na contingência de suportar situações que lhes são prejudiciais e gravosas para manter o seu emprego, fonte de sustento para si e seus familiares.*** *Dessa forma, desnecessário exigir a* ***atualidade*** *da* ***falta*** *patronal. Recurso de revista conhecido e provido. (TST – RR: 20685520145090001, Relator: Maria Helena Mallmann, Data de Julgamento: 27/10/2021, 2ª Turma, Data de Publicação: 03/11/2021)*

b) gravidade da conduta

A conduta praticada deve ser suficientemente grave, intensa, profunda, acentuada, de modo a frustrar a continuação do pacto laboral. As faltas superficiais, leves, ou incapazes de macular a fidúcia existente entre o empregador e o empregador, não aptas a ensejar a ruptura contratual por justa causa, ainda que sejam admitidas penalidades diversas, como, por exemplo a advertência ou a suspensão.

Segundo apreendemos das lições de Vólia Bomfim, a *"advertência, admoestação, censura ou repreensão [...] visa punir faltas leves e reprimir que aconteçam novamente"*. A autora acrescenta que a suspensão disciplinar tem lugar quando o empregado praticar faltas mais graves, *"não tão graves a ponto de acarretar a resolução do contrato e nem tão leves a ponto de ensejarem uma repreensão"*.[814]

Ao exigir a caracterização da gravidade do ato faltoso, o legislador restringe a aplicação da pena capital às condutas que efetivamente inviabilizam a continuidade da prestação dos serviços, haja vista que a legislação trabalhista foi sedimentada em preceitos privilegiam a conservação da relação de trabalho (princípio da continuidade da prestação de serviços), bem como confere ao empregador poderes e instrumentos para a penalização de comportamentos faltosos de menor gravidade, dentre eles a advertência, a suspensão disciplinar e a imposição de multa.

De mais a mais, as penalidades devem ser aplicadas de forma progressiva, escalonada, gradativa, sucessiva. O empregador deve buscar o ajustamento da conduta do trabalhador por meio da imposição de uma punição mais branda (advertência, suspensão ou multa), para, então, aplicar a penalidade máxima em caso de reincidência.

A respeito do tema, Maurício Godinho Delgado ressalta que *"a adoção de medidas punitivas em escala crescente transmite ao obreiro a clara noção do desajuste de seu comportamento, permitindo o melhor alcance de sua ressocialização laborativa. A gradação favorece, pois, em geral, o sentido didático do exercício punitivo. O critério pedagógico de gradação de penalidades não é, contudo, absoluto e nem universal — isto é, ele não se aplica a todo tipo de falta cometida pelo trabalhador. É possível a ocorrência de faltas que, por sua intensa e enfática gravidade, não venham ensejar qualquer viabilidade de gradação na punição a ser deferida, propiciando, assim, de imediato, a aplicação da pena máxima existente no Direito do Trabalho (dispensa por justa causa). [...] Essa gradação de penalidades, como visto, teria o objetivo de melhor propiciar o alcance dos fins pedagógicos do exercício do poder disciplinar, direcionando esse poder à meta de ajustar o trabalhador à dinâmica empregatícia, sem intuito preponderantemente punitivo, mas essencialmente educacional"*.[815]

Marcelo Moura aloca a gradação como um elemento circunstancial de aplicação das penalidades pelo empregador – o caráter pedagógico – explicando que a *"doutrina e jurisprudência vêm* ***substituindo o caráter punitivo*** *do poder disciplinar* ***por uma postura mais pedagógica na aplicação da punição. O poder disciplinar****, no lugar de se valer somente de reprimendas à conduta do empregado,* ***passa a ter o papel de alinhar o faltoso com a política empresarial****, para que este possa se reintegrar ao ambiente corporativo. Tal postura* ***exige do empregador tolerância quanto às faltas leves****, como atrasos e descumprimento de normas internas como uso do crachá,* ***esclarecendo o empregado da importância***

---

814 Bomfim, op. cit., 2017, p. 1046. Nesse sentido, colhemos os seguites arestos: JUSTA CAUSA. FALTA SEM GRAVIDADE SUFICIENTE PARA DEMONSTRAR A QUEBRA DA FIDÚCIA. EXCESSO PODER DIRETIVO. A falta indicada pela ré não é grave o suficiente para acarretar a quebra da fidúcia entre as partes. Tratando-se da penalidade máxima a ser aplicada ao trabalhador, obstando, inclusive, a percepção de vários direitos, deve ser relegada para hipóteses onde outras penalidades não são suficientes. [...] (TRT-1 – RO: 00109879620135010031 RJ, Relator: MARCOS PINTO DA CRUZ, Data de Julgamento: 29/08/2018, Segunda Turma, Data de Publicação: 06/09/2018); JUSTA CAUSA. GRAVIDADE DA FALTA PRATICADA. NÃO CONFIGURAÇÃO. VIOLAÇÃO AO PRINCÍPIO DA PROPORCIONALIDADE DAS PENAS. Não se reveste de gravidade a ensejar a dispensa por justa causa a conduta negligente do encarregado de setor que assina o recebimento de mercadorias sem a devida conferência, quando assoberbado pelo acúmulo aos misteres de encarregado de setor de funções estranhas às suas ordinárias atribuições (conferente e operador de empilhadeira). Recurso obreiro a que se dá parcial provimento. (Processo: ROT – 0000470-35.2014.5.06.0103, Redator: Jose Luciano Alexo da Silva, Data de julgamento: 25/05/2017, Quarta Turma, Data da assinatura: 25/05/2017)

815 Delgado, op. cit., 2019, p. 833.

do cumprimento das normas como instrumento de boa convivência. Somente após a ambientação *do empregado* ***e não atendendo às solicitações do empregador é que este passará ao segundo momento, mais enérgico, consistindo na aplicação de punições, tais como advertências e, por fim, a justa causa"***[816] ***(destaques acrescidos).***

Ainda no mesmo sentido, transcrevemos os seguintes julgados:

> JUSTA CAUSA. GRADAÇÃO DA PUNIÇÃO. Para a validação da ruptura contratual por justa causa há de ser observada a gradação da pena aplicada, sob pena de o poder disciplinar assegurado ao empregador se constituir, na verdade, em um poder arbitrário e exercido com rigor excessivo. (TRT-1 – RO: 00115489820145010027 RJ, Relator: ROGERIO LUCAS MARTINS, Data de Julgamento: 28/02/2018, Sétima Turma, Data de Publicação: 14/03/2018)
>
> RECURSO ORDINÁRIO. DISPENSA POR JUSTA CAUSA. GRADAÇÃO OBEDECIDA. MANUTENÇÃO. Em se tratando de alegação de justa causa, é do empregador o ônus de demonstrar o justo motivo demissional por ser fato obstativo do direito do trabalhador, e essa prova tem de ser robusta, razão por que, caso não se desvencilhe desse ônus, é forçoso afastar a justa causa, deferindo ao trabalhador os consectários da dispensa imotivada. No caso, foi observada plenamente a gradação na aplicação das penalidades antes de culminar com a demissão motivada pelos repetidos atrasos injustificados ao trabalho, motivo pelo qual mantenho a justa causa rescisória. Recurso ordinário desprovido. (Processo: RO – 0001661-96.2015.5.06.0001, Redator: Eduardo Pugliesi, Data de julgamento: 22/08/2018, Primeira Turma, Data da assinatura: 24/08/2018)

A gradação, como regra, deve ser observada pelo empregador. Todavia, se porventura a falta for suficientemente grave o trabalhador poderá ser dispensado sem o mesmo rigor.

Cabe sublinhar que o poder disciplinar do empregador alcança o comportamento pessoal, social e políticos do trabalhador, o que permite a aplicação de punições cometidas fora do ambiente laboral, sempre que violar as obrigações contratuais e legais. É com base nisso, que o empregador pode punir as condutas graves praticadas pelos empregados em rede social.[817]

c) Tipicidade (ou Taxatividade)

As condutas caracterizadoras da dispensa por justa causa deve estar prevista em lei.

d) Proporcionalidade

Significa que deve existir simetria entre a conduta praticada e a sansão imposta. As faltas leves ou médias devem ter uma punição mais transigente ou reclama um caráter pedagógico, permitindo o empregado realinhar a sua conduta. As punições exageradas, desequilibradas, não são admitidas.

A doutrina ponta que *"para faltas leves devem ser aplicadas punições brandas. Para faltas graves punições mais rigorosas"*.[818]

e) *non bis in idem*

Além dos requisitos acima, o empregador deverá aplicar uma penalidade para o mesmo ato faltoso. Em outros termos não é possível dupla reprimenda para um mesmo ato faltoso. Citamos como exemplo, a aplicação de advertência ao empregado em virtude do cometimento de um ato de improbidade, e, mais adiante, a imposição de dispensa por justa causa pautada no mesmo ato. Isso caracteriza bis in idem.

A CLT disciplina de forma A justa causa, via de regra, está disciplinada ao art. 482 da CLT, que assim dispõe: *"Art. 482 – Constituem justa causa para rescisão do contrato de trabalho pelo empregador: a) ato de improbidade; b) incontinência de conduta ou mau procedimento; c) negociação habitual por conta própria ou alheia sem permissão do empregador, e quando constituir ato de concorrência à empresa para a qual trabalha o empregado, ou for prejudicial ao serviço; d) condenação criminal do empregado, passada em julgado, caso não tenha havido suspensão da execução da pena; e) desídia no desempenho das respectivas funções; f) embriaguez habitual ou em serviço; g) violação de segredo da empresa; h) ato de indisciplina ou de insubordinação; i) abandono de emprego; j) ato lesivo*

---

[816] Moura, Marcelo. Curso de Direito do Trabalho. – 2. ed. – São Paulo: Saraiva, 2016.

[817] Para ilustrar, citamos os seguintes julgados: JUSTA CAUSA. MAU PROCEDIMENTO. FALTA GRAVE CONFIGURADA. Há de ser mantida a justa causa aplicada pelo empregador quando verificada a prática de conduta caracterizadora do mau procedimento, como a exposição pública em redes sociais de brincadeiras e local de trabalho, sobretudo em se tratamento de ambiente destinado à prestação de serviços ligados à saúde, ensejando o rompimento do pacto empregatício por quebra da fidúcia entre as partes contratantes, elementos intrínsecos e fundamentais à manutenção da relação de emprego. (TRT-3 – RO: 00108403720175030011 MG 0010840-37.2017.5.03.0011, Relator: Vitor Salino de Moura Eca, Data de Julgamento: 10/03/2021, Decima Turma, Data de Publicação: 15/03/2021.); JUSTA CAUSA. POSTAGEM DIFAMATÓRIA DA EMPRESA EM REDE SOCIAL. CONFIGURAÇÃO. Não se nega á reclamante o direito de expressar seus sentimentos, mas a mesma deve arcar com as consequências de suas manifestações. Em nome do direito à liberdade de expressão não se pode ofender ou denegrir a imagem de pessoas, físicas e jurídicas. Ao fazer a postagem "Hoje me senti num Tribunal julgada a prisão perpétua na MOPC liberdade nunca canta", a reclamante comparou a reclamada a um tribunal que lhe atribuiu injustamente a pena máxima de prisão pérpetua, privando-a da liberdade, apenas porque a empresa não concordou em demiti--la. Provimento negado. (TRT-2 10004454120195020038 SP, Relator: BEATRIZ HELENA MIGUEL JIACOMINI, 2ª Turma – Cadeira 5, Data de Publicação: 17/08/2020); JUSTA CAUSA. REDES SOCIAIS. Configurada perda de confiança na empregada pela postagem de fotos em redes sociais participando de festividades em período em que estaria com problemas de saúde, o que torna impossível a manutenção do liame empregatício. (TRT-4 – RO: 00220945220155040333, Data de Julgamento: 17/03/2017, 10ª Turma)

[818] Bomfim, 2017, p. 1052.

da honra ou da boa fama praticado no serviço contra qualquer pessoa, ou ofensas físicas, nas mesmas condições, salvo em caso de legítima defesa, própria ou de outrem; k) ato lesivo da honra ou da boa fama ou ofensas físicas praticadas contra o empregador e superiores hierárquicos, salvo em caso de legítima defesa, própria ou de outrem; l) prática constante de jogos de azar. m) perda da habilitação ou dos requisitos estabelecidos em lei para o exercício da profissão, em decorrência de conduta dolosa do empregado."

Como dito alhures, o empregador, como regra, pode encerrar livremente o contrato de trabalho unilateralmente, de modo que o empregado não poderá se opor à decisão. Inclusive, o artigo 477-A a da CLT, com acrescentando pela Reforma Trabalhista, reforça o direito potestativo conferido ao empregador, expandido o seu alcance para abranger as dispensas plúrimas e coletivas, sem a necessidade de prévia intervenção sindical, acordo ou convenção coletiva de trabalho.

O direito à dispensa não é absoluto. O Direito do Trabalho tem como valores e princípios fundantes a proteção do trabalhador, devido ao natural desequilíbrio contratual existente na relação de trabalho.

A Constituição Federal de 1988 veda a dispensa arbitrária ou sem justa causa (art. 7º, I, da CF). A despedida arbitrária é aquela que não se fundamenta em motivo disciplinar, técnico, econômico ou financeiro, ou seja, em junto motivo objetivo (art. 165 da CLT). A despedida sem justa causa caracteriza-se quando o trabalhador é despedido imotivadamente.

A lei prevê garante a estabilidade ao empregado em certas situações, de modo que o empregado não poderá ser dispensado arbitrariamente, ou sem justo motivo. A lei veda a chamada dispensa obstativa, isto é, as dispensas que rompem o vínculo contratual trabalhista, sem causa aparente, com o escopo de impedir a aquisição de estabilidade pelo empregado.[819]

A estabilidade pode ser definida como uma vantagem jurídica de caráter permanente conferida ao empregado em razão de uma circunstância tipificada em lei de caráter geral, que garante a manutenção do vínculo de emprego por tempo indefinido, sendo possível a sua dispensa, apenas nas hipóteses de falta grave, como ocorre com o decenal (art. 492 e seguintes da CLT). A garantia provisória no emprego (ou estabilidade provisória), por outro lado, é definida como uma vantagem jurídica de caráter transitório assegurada ao empregado decorrente de uma circunstância contratual ou pessoal do trabalhador, de caráter especial, garantindo a manutenção do contrato de trabalho por um tempo definido, independentemente da vontade do empregador. A exemplo, podemos citar o cipeiro (condição contratual) e a gestante (condição pessoal).[820]

2. INQUÉRITO JUDICIAL PARA APURAÇÃO DE FALTA GRAVE

A dispensa de alguns empregados detentores de estabilidade depende do prévio ajuizamento de inquérito judicial para apuração de falta grave.

O inquérito judicial para apuração de falta grave pode ser conceituado como ação de conhecimento, de natureza desconstitutiva (constitutivo-negativa), de rito especial, que tem por escopo a resolução de contrato individual de trabalho de um empregado portador de estabilidade (garantia de emprego), após a comprovação judicial de falta grave (justa causa) por ele cometida (conforme art. 494 e arts. 853 a 855 da CLT). Os estáveis abrangidos pela proteção do inquérito judicial para apuração de falta grave são:

I) estável decenal (Art. 492 da CLT)

II) dirigente sindical (Art. 8º, VIII, da CF; Súmula 379 do TST; Súmula 197 do STF)

III) diretor de sociedade cooperativa (Art. 55 da Lei n. 5.764/71; OJ-SDI1-253 TST)

IV) representante dos empregados membro do Conselho Curador do FGTS (Art. 3º, § 9º, da Lei n. 8.036/90)

V) representante dos empregados membro do Conselho Nacional da Previdência Social (Art. 3º, § 7º, da Lei n. 8.213/91)

VI) representante dos empregados membro da Comissão de Conciliação Prévia (Art. 625-B, § 1º, da CLT)

Conquanto haja dissenso doutrinário e jurisprudencial, com base numa interpretação sistemática, teleológica e analógica em cotejo com a estabilidade provisória (garantia de emprego) do dirigente sindical, prevalece o entendimento de que a estabilidade provisória dos representantes dos empregados membros da Comissão de Conciliação Prévia tem início no registro da candidatura. Ademais, gozam da proteção do inquérito judicial para apuração de falta grave.

Por outro lado, a jurisprudência entende a dispensa do cipeiro, da gestante e do empregado acidentado depende do prévio ajuizamento de inquérito judicial para apuraçõ de falta grave. Vejamos as ementas abaixo:

- **INQUÉRITO JUDICIAL PARA APURAÇÃO DE FALTA GRAVE. ESTABILIDADE GESTANTE. NÃO CABIMENTO.** Consoante disposição contida no artigo 494 da CLT, a qual preceitua que "o empregado acusado de falta grave poderá ser suspenso de suas funções, mas a sua despedida só se

[819] *Jorge Neto, op.cit., 2019.*

[820] Delgado, op. cit., 2019.

tornará efetiva após o inquérito em que se verifique a procedência da acusação", pode ser observado que essa estipulação, só é aplicável àqueles empregados detentores da estabilidade decenal a que alude o artigo 492 Consolidado e, também, aos dirigentes sindicais, por expressa previsão do artigo 543, § 3º, também da CLT. Assim, para a obreira detentora da estabilidade provisória em face do estado gravídico, não é necessário o inquérito, uma vez que tal dispositivo de lei não consigna, expressamente, a impossibilidade de dispensa da empregada se caracterizada a justa causa, bem como não estabelece a necessidade de inquérito judicial para apuração da falta grave cometida, razão porque deve ser extinto o processo sem julgamento do mérito, nos termos de art. 267, inciso IV, do CPC. Recurso conhecido e provido. (TRT-11 00113520110511100, Relator: Ormy da Conceição Dias Bentes)

- **INQUÉRITO JUDICIAL PARA APURAÇÃO DE FALTA GRAVE. MEMBRO DA CIPA. FALTA DE INTERESSE PROCESSUAL.** No caso de justa causa imputada ao empregado membro da CIPA, não existe interesse processual em acionar a via judicial, haja vista que o empregador pode, desde logo, decretar a ruptura do contrato sem necessidade de provimento jurisdicional constitutivo, cabendo-lhe somente, em caso de reclamação trabalhista, o ônus de provar os fatos que determinaram a despedida motivada, nos termos do parágrafo único do art. 165da CLT. (TRT-2 – RO: 1005020115020 SP 00001005020115020078 A28, Relator: ÁLVARO ALVES NÔGA, Data de Julgamento: 04/07/2013, 17ª TURMA, Data de Publicação: 15/07/2013)

Para a instauração do inquérito para apuração de falta grave contra empregado garantido com estabilidade, o empregador apresentará reclamação por escrito à Vara do Trabalho ou Juízo de Direito investido em matéria trabalhista, dentro de 30 (trinta) dias, contados da data da suspensão do empregado, conforme disposto no art. 853 da CLT.

A prévia suspensão do empregado é requisito para a propositura da ação de inquérito, vale dizer: trata-se de um pressuposto processual de validade do processo.

Contudo, vale dizer que há vertente interpretativa que defende que a suspensão prévia do empregado não é requisito do inquérito para apuração de falta grave, uma vez que se preferir, o empregador poderá ingressar com o inquérito sem a prévia suspensão do empregado (art. 494 da CLT). O empregado ficará suspenso até a decisão final do processo. A sua dispensa será efetivada se ocorrer a procedência da demanda, naturalmente, após o trânsito em julgado do feito.

Adotamos o entendimento de que suspensão do empregado é facultativa, ou seja, não é condição indispensável para o ajuizamento do inquérito judicial para apuração de falta grave, tendo em vista a interpretação literal do art. 494 da CLT.

O prazo para interposição do inquérito será de 30 dias. Este prazo tem natureza decadencial. Nesse sentido a Súmula 403 do STF: "É de decadência o prazo de trinta dias para instauração do inquérito judicial, a contar da suspensão, por falta grave, de empregado estável". Via de regra, esse prazo não se prorroga, nem suspende, por se tratar de um prazo decadencial. Nesse sentido, colhemos o seguinte julgado:

- INQUÉRITO JUDICIAL PARA APURAÇÃO DE FALTA GRAVE – PRAZO DECADENCIAL – SÚMULA 403 DO STF. Estabelecida a natureza decadencial do prazo de 30 dias para instauração do inquérito judicial, **significa dizer que aquele não se prorroga, nem se suspende.** Com isso, suspenso o contrato de trabalho do Reclamante no dia 30 de setembro de 2014 e distribuído o inquérito judicial para apuração de falta grave no dia 27 de novembro de 2014, foi extrapolado o prazo decadencial de 30 dias e, consequentemente, afasta-se a justa causa para julgar procedente o pedido de reintegração do Reconvinte, detentor de estabilidade sindical nos moldes do art. 543 § 3º da CLT. (TRT-1 – RO: 00016658120145010301 RJ, Relator: Jose Antonio Teixeira da Silva, Data de Julgamento: 22/08/2017, Oitava Turma, Data de Publicação: 20/09/2017)

Todavia, é preciso recordar que a Lei n. 14.010/2021, que instituiu o Regime Jurídico Emergencial e Transitório das relações jurídicas de Direito Privado (RJET) no período da pandemia do coronavírus (Covid-19), estabeleceu que os prazos prescricionais e decadenciais consideram impedidos ou suspensos, conforme o caso, a partir da entrada em vigor da lei até o dia 30 de outubro de 2020 (art. 3º). Pensamos que o prazo decadencial, no período pandêmico, pode ser considerado interrompido ou suspenso, porquanto foi um período totalmente atípico, nunca visto antes na história da humanidade. O isolamento social afetou todos os setores da sociedade, notadamente os serviços públicos, que tiveram que se adaptar para manter o funcionamento, prejudicando, em certa medida, a propositura de diversas demandas. Os fatores são múltiplos: econômicos, sociais, políticos, jurídicos, psíquicos, físicos, etc. Por isso, o legislador impôs a suspensão dos prazos em curso, tanto da prescrição quanto da decadência. A esse respeito, pensamos que períodos excepcionais merecem medidas excepcionais.

Caso o empregador opte por não suspender o estável, deverá este aforar o inquérito no menor prazo possível, tudo de modo a evitar a configuração de perdão tácito (ou renúncia ao direito do punir). Colacionamos o seguinte julgado sobre essa temática:

> INQUÉRITO JUDICIAL PARA APURAÇAO DE FALTA GRAVE. AUSÊNCIA DE IMEDIATICIDADE. PERDAO TÁCITO. CONFIGURAÇAO. Se, embora tivesse amplo conhecimento da falta cometida pelo empregado, a reclamada permaneceu inerte por extenso lapso de tempo sem qualquer justificativa plausível para sua inércia, restou maculado na situação o princípio da imediaticidade, dando ensejo à configuração do perdão tácito. (TRT-14 – RO: 21500 RO 0021500, Relator: JUIZA FEDERAL DO TRABALHO CONVOCADA ARLENE REGINA DO COUTO RAMOS, Data de Julgamento: 14/10/2010, SEGUNDA TURMA, Data de Publicação: DETRT14 n.0189, de 15/10/2010)

A petição inicial do inquérito deve ser escrita, não se admitindo a exordial verbal, acompanhada dos documentos em que se fundar. As partes são denominadas de requerente e requerido.

Proposta a ação de inquérito, o empregado (requerido) será notificado para comparecer em audiência, facultando-lhe apresentar contestação. Cada parte poderá apresentar até 6 testemunhas de cada parte. A decisão de improcedência do inquérito judicial para apuração de falta grave resultará na conversão da suspensão do contrato de trabalho em interrupção, hipótese em que o empregado fará jus à reintegração no emprego, bem como a todos os salários e demais vantagens do período de afastamento.

Ocorrendo, contudo, a procedência no pedido do inquérito judicial para apuração de falta grave, o contrato individual de trabalho consubstanciará rescindido na data da suspensão, se tiver havido prévia suspensão para ajuizamento do inquérito, ou na data da sentença, caso não tenha havido suspensão prévia do empregado.

3. REINTEGRAÇÃO E READMISSÃO

Caracterizada a dispensa arbitrária do empregado estável, este, deverá ser readmitido pelo empregador, sem prejuízo do pagamento dos salários no período de suspensão do contrato de trabalho (art. 495 da CLT). Em verdade, segundo a Vólia Bomfim, a readmissão é a *"**despedida é válida e a lei**, o contrato ou a vontade das partes **permitem o retorno do empregado ao emprego, através de um novo contrato de trabalho**, sem efeitos ex tunc, nem pagamentos retroativos. Os efeitos pecuniários e contratuais ocorrem a partir do efetivo retorno do empregado ou do momento determinado pela lei ou contrato"*.[821] A reintegração, por outro lado, é o retorno trabalhado ao emprego e função exercida, decorrente de uma dispensa considerada nula, na qual é devido o pagamento dos salários e vantagens do período de afastamento.[822]

Sendo inviável a recondução do empregado considerado estável ao trabalho anteriormente exercido, por alguma incompatibilidade resultante do ajuizamento da ação trabalhista, o juiz do trabalho poderá converter esta obrigação de fazer em indenização (art.496 da CLT).

O fechamento do estabelecimento empresarial assegura ao empregado estável o pagamento da indenização por rescisão do contrato por prazo indeterminado, paga em dobro, desde que não decorra de força maior (art. 498 da CLT).

O empregado que exerce cargo de confiança, com poderes de mando, está excluído da estabilidade, por se tratar de cargo equiparável à figura do empregado no ambiente de trabalho, sendo garantido o cômputo do tempo de serviço para todos os efeitos legais (art. 499 da CLT).

4. EXTINÇÃO DO CONTRATO DE TRABALHO POR INICIATIVA DO EMPREGADO: PEDIDO DE DEMISSÃO

O pedido de demissão é o requerimento realizado pelo trabalhador com vistas a rescindir o contrato de trabalho. Essa modalidade deve ser interpretada à luz do direito fundamental à liberdade de trabalho, ou seja, o empregado pode pedir demissão a qualquer momento, ainda que tenha estabilidade.

O pedido de demissão do empregado que goza de estabilidade somente é válido se ocorrer a participação do sindicato ou do Ministério do Trabalho (art. 500 da CLT). Para uma corrente, a participação somente é necessária para o estável decenal, uma vez que o artigo faz parte do capítulo que trata do decenal. Corrente doutrinária em sentido oposto defende a aplicação para qualquer estabilidade, nesse sentido a função social do contrato.

Depois da alteração do art. 477 da CLT (com redação dada pela Lei 13.467/2017), surgiu uma corrente doutrinária que passou a entender a desnecessidade da participação do sindicato para qualquer rescisão, uma vez que o dispositivo novo alterado não apresenta nenhuma exceção.

O pedido de demissão realizado por gestante que desconhecia o estado de gravidez na época do pedido é nulo?

A doutrina diverge sobre o assunto. Para uma primeira corrente, que prevalece, o ato é válido, uma vez que não há qualquer vício no pedido de demissão. Trata-se, segundo essa corrente, de um ato jurídico perfeito, inexistindo qualquer irregularidade cometida pelo empregador que gera a nulidade do pedido de demissão. Em contraponto, existe corrente em sentido contrário que defende a nulidade do pedido de demissão,

---

821 Bomfim, 2017, p. 1118.

822 Idem.

sob o argumento de que o trabalhador não poderia renunciar direitos que não sabia que possuía. Nesse sentido, a função social do contrato e da empresa, bem como a máxima eficácia da proteção à maternidade.

Em tal modalidade são devidas as seguintes verbas: saldo de salário, férias vencidas e proporcionais com 1/3, 13º vencido e proporcional. No tocante às férias, a Súmula 261 do TST garante o direito ainda que o empregado tenha menos de 1 (um) ano de contrato. Não há direito a sacar o FGTS, a indenização de 40% (quarenta por cento) do FGTS e ao seguro-desemprego. O aviso prévio, por fim, será fornecido pelo empregador.

▸ CAPÍTULO VIII
DA FORÇA MAIOR

Art. 501 – Entende-se como força maior todo acontecimento inevitável, em relação à vontade do empregador, e para a realização do qual este não concorreu, direta ou indiretamente.

§ 1º – A imprevidência do empregador exclui a razão de força maior.

§ 2º – À ocorrência do motivo de força maior que não afetar substâncialmente, nem for suscetível de afetar, em tais condições, a situação econômica e financeira da empresa não se aplicam as restrições desta Lei referentes ao disposto neste Capítulo.

Art. 502 – Ocorrendo motivo de força maior que determine a extinção da empresa, ou de um dos estabelecimentos em que trabalhe o empregado, é assegurada a este, quando despedido, uma indenização na forma seguinte:

I – sendo estável, nos termos dos arts. 477 e 478;

II – não tendo direito à estabilidade, metade da que seria devida em caso de rescisão sem justa causa;

III – havendo contrato por prazo determinado, aquela a que se refere o art. 479 desta Lei, reduzida igualmente à metade.

Art. 503 – É lícita, em caso de força maior ou prejuízos devidamente comprovados, a redução geral dos salários dos empregados da empresa, proporcionalmente aos salários de cada um, não podendo, entretanto, ser superior a 25% (vinte e cinco por cento), respeitado, em qualquer caso, o salário mínimo da região.

Parágrafo único – Cessados os efeitos decorrentes do motivo de força maior, é garantido o restabelecimento dos salários reduzidos.

Art. 504 – Comprovada a falsa alegação do motivo de força maior, é garantida a reintegração aos empregados estáveis, e aos não-estáveis o complemento da indenização já percebida, assegurado a ambos o pagamento da remuneração atrasada.

COMENTÁRIOS (ARTS. 501 A 504)

1. FORÇA MAIOR

A rescisão do contrato de trabalho por justo motivo é taxativamente prevista em lei, de modo que só é considerada justa causa a descrever como tal.

Diferentemente do caso fortuito, a força maior decorre do fato humano alheio à vontade das partes que interfere numa relação jurídica, não sendo possível evitá-lo.

O conceito de força maior está previsto no art. 501, caput, da CLT, caracterizado como "*todo acontecimento inevitável, em relação à vontade do empregador, e para a realização do qual este não concorreu, direta ou indiretamente*".

O §1º do art. 501 da CLT afirma que se houver imprevidência do empregador está excluída a forma maior.

Ocorrendo motivo de força maior que determine a extinção da empresa, ou de um dos estabelecimentos em que trabalhe o empregado, é assegurada a este, quando despedido, uma indenização.

Diante da força maior é lícito ao empregador prorrogar a jornada de trabalho para realizar ou concluir de serviço inadiável, ou serviço que possa acarretar prejuízo manifesto, conforme dispõe o art. 61 da CLT.

Há quem defenda que o caso fortuito não se enquadra na força maior trabalhista, pois não decorre de um ato oriundo da vontade humana.

De outro lado, existe quem defenda que tanto o caso fortuito quanto a força maior estão inseridos nas hipóteses do art. 501 da CLT.

1.1 ENQUADRAMENTO DO ESTADO DE CALAMIDADE PÚBLICA COMO HIPÓTESE DE FORÇA MAIOR

A pandemia do coronavírus causou, inegavelmente, uma profunda fenda na economia e nas relações de trabalho. A decretação do estado de calamidade pública, com o consequente isolamento social, repercutiu de imediato no comércio em geral, na indústria, no agronegócio, no setor de transporte, turismo etc. Levou à paralisação total ou parcial de diversas empresas, ao fechamento de diversos bares, restaurantes, shoppings centers, escritórios, financeiras, etc. Como consequência, acarretou a queda do faturamento dessas empresas.

As pequenas empresas foram as mais afetadas. Uma pesquisa realizada pelo Sebrae[823], revela que o

[823] http://agenciasebrae.com.br/sites/asn/uf/NA/pesquisa-do-sebrae-revela-que-89-dos-pequenos-negocios-ja-enfrentam-queda-no-faturamento,3776b1b5d5931710VgnVCM1000004c00210aRCRD [acessado em 04/03/2021]

faturamento mensal de 89% das pequenas empresas diminuiu, sendo certo que houve a redução de mais de 50% do faturamento na empresa de 63% dos entrevistados.

Para se ter uma ideia, segundo o relatório emitido pela OIT[824], calcula-se que a crise da COVID-19 faça desaparecer 6,7% das horas de trabalho no segundo trimestre de 2020, o que equivale a 195 milhões de trabalhadores em tempo integral. Mais de quatro em cada cinco pessoas (81%) das 3,3 bilhões que compõem a força de trabalho global estão sendo afetadas pelo fechamento total ou parcial do local de trabalho.

A OIT descreve a pandemia como *"a pior crise global desde a Segunda Guerra Mundial"*.

Refletindo sobre crise econômica, Amauri Mascaro do Nascimento[825] ensinava que:

> **"Crise econômica é um fenômeno episódico. Paradoxalmente, é episódico, mas convive com o direito do trabalho através dos tempos, de modo intermitente.** Tem várias dimensões. Anda de mãos dadas com as variações do sistema econômico mundial, nacional e empresarial e, por consequência, com o problema dos empregos e a necessidade da sua manutenção. Assim, é companheira, por mais que se queira evitá-la, do Direito do Trabalho. **É correta a *culpabilização* do Direito do Trabalho a respeito das consequências da crise econômica? Evidentemente, não.** Suas causas são outras, como ficou a todos evidente com a crise de 2009, que começou nos Estados Unidos da América, país no qual o ordenamento jurídico nem sequer é legislado — salvo raríssimas leis — e é fundamentalmente negociado entre os sindicatos e empresas.

Continua as suas reflexões indagando: o Direito do Trabalho brasileiro está preparado para enfrentar a crise econômica. Está preparado para proteger os empregos? É facultada a dispensa do empregado? Ou, ainda, se existem alternativas em substituição à dispensa dos trabalhadores?

O referido jurista reconhecia que era necessário aperfeiçoar o nosso sistema de leis, pois havia uma omissão a esse respeito. Vejamos:

> *"Não há diferença, em nossa lei, o que é grave omissão, entre dispensa por motivos econômicos e dispensa sem justa causa, porque aquela não é prevista, com o que a rescisão contratual por motivos econômicos é enquadrada como dispensa sem justa causa, com os mesmos ônus para a empresa e ressarcimentos para o empregado despedido[826]"*.

O nosso sistema legal não exige um exame da situação da empresa ou de motivo autorizador para a ruptura do contrato de trabalho, bastando a dispensa com ou sem justo motivo, assegurada eventuais indenizações em virtude da dispensa, mas, a rigor, sem qualquer garantia de emprego.

Vale ressaltar que a crise econômica ou sanitária não pode ser enquadrada como justa causa para a dispensa do empregado, isso porque as hipóteses de justa causa estão taxativamente previstas em lei, em especial no art. 482 e 483 da CLT, inexistindo qualquer permissivo legal enquadrando a crise sanitária ou econômica, como falta grave ou justo motivo para a rescisão do contrato de trabalho.

A rescisão do contrato de trabalho por justo motivo é taxativamente prevista em lei, de modo que só é considerada justa causa a descrever como tal.

Devido à crise humanitária e do potencial crise econômica, sem previsão de retomada do quadro de normalidade, passou a defender de forma tímida a possibilidade de enquadramento da situação como hipótese de força maior.

Diferentemente do caso fortuito, a força maior decorre do fato humano alheio à vontade das partes que interfere numa relação jurídica, não sendo possível evitá-lo.

O conceito de força maior está previsto no art. 501, caput, da CLT, caracterizado como *"todo acontecimento inevitável, em relação à vontade do empregador, e para a realização do qual este não concorreu, direta ou indiretamente"*.

O §1º do art. 501 da CLT afirma que se houver imprevidência do empregador está excluída a forma maior.

Ocorrendo motivo de força maior que determine a extinção da empresa, ou de um dos estabelecimentos em que trabalhe o empregado, é assegurada a este, quando despedido, uma indenização.

Diante da força maior é lícito ao empregador prorrogar a jornada de trabalho para realizar ou concluir de serviço inadiável, ou serviço que possa acarretar prejuízo manifesto, conforme dispõe o art. 61 da CLT.

Nesse aspecto, o Governo Federal decretou estado de calamidade pública e implementou uma série de medidas, através da edição de Decretos e Medidas Provisórias, para a preservação da economia, da renda e do emprego, dentre elas: a suspensão do contrato de trabalho; redução de jornada e dos salários e auxílio emergencial, conforme previsto nas Medidas provisórias 927 e 936.

Há quem defenda que o caso fortuito não se enquadra na força maior trabalhista, pois não decorre de um ato oriundo da vontade humana.

De outro lado, existe quem defenda que tanto o caso fortuito quanto a força maior estão inseridos nas hipóteses do art. 501 da CLT.

O grupo de estudos da Escola Judicial do TRT da 4ª Região, no Enunciado nº. 7, concluiu que a força maior

[824] https://www.ilo.org/brasilia/noticias/WCMS_741052/lang--pt/index.htm [acessado em 04/03/2021]

[825] Nascimento, Amauri Mascaro. Curso de direito do trabalho: história e teoria geral do direito do trabalho : relações individuais e coletivas do trabalho. – 26. ed. – São Paulo: Saraiva, 2011.

[826] Nascimento, Amauri Mascaro. Curso de direito do trabalho: história e teoria geral do direito do trabalho : relações individuais e coletivas do trabalho. – 26. ed. – São Paulo: Saraiva, 2011.

trabalhista abrange eventos imprevisíveis e inevitáveis oriundos da natureza (caso fortuito), e de fatos causados pela vontade humana (força maior em sentido estrito, como conflitos armados, greves gerais, ou convulsão social). Também, apontou no item VI do Enunciado 7 que ***"a crise de pandemia do COVID-19 constitui situação de força maior (ou caso fortuito), tendo o agente estatal sido movido por tal fator externo, não configurando "factum principis".*** [827]

Conforme destaca o jurista Mauricio Godinho Delgado "[...] a jurisprudência que não se enquadram no conceito de força maior fatores derivados de alterações da política econômica governamental. Tais fatores, sendo componentes comuns à dinâmica do mercado econômico, inscrevem-se no risco normal do empreendimento, a ser suportado pelo empregador (princípio da alteridade; art. 2º, caput, CLT)".[828]

A esse respeito o art. 1º, parágrafo único, da Medida Provisória 927 de 2020, previa que: *"O disposto nesta Medida Provisória se aplica durante o estado de calamidade pública reconhecido pelo Decreto Legislativo nº 6, de 2020, e, para fins trabalhistas, constitui hipótese de força maior, nos termos do disposto no art. 501 da Consolidação das Leis do Trabalho, aprovada pelo Decreto-Lei nº 5.452, de 1º de maio de 1943".*

Logo, concluímos que esse dispositivo da MP 927/2020 encerra qualquer discussão nesse sentido, na medida em que destaca que o estado de calamidade pública, previsto no Decreto 6 de 2020, para fins trabalhistas, constitui hipótese de força maior, nos termos do art. 501 da CLT.

CAPÍTULO IX
DISPOSIÇÕES ESPECIAIS

Art. 505 – São aplicáveis aos trabalhadores rurais os dispositivos constantes dos Capítulos I, II e VI do presente Título.

Art. 506 – No contrato de trabalho agrícola é lícito o acordo que estabelecer a remuneração in natura, contanto que seja de produtos obtidos pela exploração do negócio e não exceda de 1/3 (um terço) do salário total do empregado.

Art. 507 – As disposições do Capítulo VII do presente Título não serão aplicáveis aos empregados em consultórios ou escritórios de profissionais liberais.

Parágrafo único – (Revogado pela Lei nº 6.533, de 24.5.1978)

Art. 507-A. Nos contratos individuais de trabalho cuja remuneração seja superior a duas vezes o limite máximo estabelecido para os benefícios do Regime Geral de Previdência Social, poderá ser pactuada cláusula compromissória de arbitragem, desde que por iniciativa do empregado ou mediante a sua concordância expressa, nos termos previstos na Lei nº 9.307, de 23 de setembro de 1996. (Incluído pela Lei nº 13.467, de 2017)

Art. 507-B. É facultado a empregados e empregadores, na vigência ou não do contrato de emprego, firmar o termo de quitação anual de obrigações trabalhistas, perante o sindicato dos empregados da categoria. (Incluído pela Lei nº 13.467, de 2017)

Parágrafo único. O termo discriminará as obrigações de dar e fazer cumpridas mensalmente e dele constará a quitação anual dada pelo empregado, com eficácia liberatória das parcelas nele especificadas. (Incluído pela Lei nº 13.467, de 2017)

Art. 508 – (Revogado pela Lei nº 12.347, de 2010)

Art. 509 – (Revogado pela Lei nº 6.533, de 24.5.1978)

Art. 510 – Pela infração das proibições constantes deste Título, será imposta à empresa a multa de valor igual a 1 (um) salário mínimo regional, elevada ao dobro, no caso de reincidência, sem prejuízo das demais cominações legais. (Redação dada pela Lei nº 5.562, de 12.12.1968)

---

[827] Enunciado 07: FORÇA MAIOR E FACTUM PRINCIPIS TRABALHISTA. I – A força maior trabalhista, prevista no art. 501 da CLT, aí abrangidos os eventos imprevisíveis e inevitáveis oriundos da natureza (caso fortuito), e de fatos causados pela vontade humana (força maior em sentido estrito, como conflitos armados, greves gerais, ou convulsão social), depende de: a) fato inevitável; b) sem concorrência do empregador; c) imprevisível; d) suscetível de afetar substancialmente a situação econômica e financeira da empresa. II – A hipótese de força maior do art. 501 autoriza (arts. 59, caput, e 61, §1º, da CLT, especialmente quanto aos empregados de estabelecimentos de saúde, art. 26 da MP 927/2020) a extrapolação do limite de duas horas extras diárias sem negociação coletiva para os empregados necessários ao atendimento da situação de força maior. III – A hipótese de força maior do art. 501 não autoriza a dispensa do pagamento do adicional de horas extras (art. 61, §2º da CLT, não recepcionado pelo inciso XVI do art. 7º da Constituição), e não permite a redução de salários sem negociação coletiva (art. 503 da CLT), seja em razão de sua revogação por lei subsequente (art. 2º da Lei 4.923/65), seja pela não recepção em razão do art. 7º, VI, da CRFB. IV – Em caso de "extinção da empresa, ou de um dos estabelecimentos em que trabalhe o empregado" (art. 502 da CLT), hipótese especial de força maior, o empregador pagará por metade do aviso prévio indenizado (ou metade da indenização pela rescisão antecipada do contrato a termo, art. 479 da CLT), bem como metade da indenização compensatória de 40% sobre o FGTS. V – O fato do príncipe, previsto no art. 486 da CLT, pressupõe: a) paralisação temporária ou definitiva do estabelecimento; b) determinado por ato de escolha discricionária da autoridade de Estado e não por compelido por situação de força maior externa à Administração Pública. VI – A crise de pandemia do COVID-19 constitui situação de força maior (ou caso fortuito), tendo o agente estatal sido movido por tal fator externo, não configurando "factum principis".
Fonte:http://www.trt4.jus.br/portal/portal/EscolaJudicial/comunicacao/noticia/info/NoticiaWindow?cod=1604812&action=2&destaque=false [acessado em 04/03/2021]

[828] Mauricio Godinho Delgado. Curso de direito do trabalho. 18. ed.– São Paulo: LTr, 2019.

COMENTÁRIOS (ARTS. 505 A 510)

As normas reguladoras do trabalho rural estão disciplinadas na Lei n. 5.889/1973. Trabalhador rural é a pessoa física que presta serviços com habitualidade, onerosidade e subordinação, em propriedade rural ou prédio rústico (Art. 2º da Lei n. 5.889/73). As regras previstas na CLT são aplicáveis no âmbito das relações jurídicas empregatícias rurais, quando houver omissão na lei especial e compatibilidade de princípios e regras. Tanto a CLT, no art. 505, quando o art. 1º da Lei n. 5.889/73 estabelecem a incidência subsidiária da CLT ao trabalho rural. Isso decorre do preceito constitucional da igualdade, que buscou equiparar o trabalho rural ao trabalho urbano (art. 7º, caput, da CF).

O art. 9º da Lei n. 5.889/1973, prescreve que só poderão ser descontadas do empregado rural as, calculadas sobre o salário-mínimo, verbas relativas à morada (20%), fornecimento de alimentação (25%) e os adiantamentos em dinheiro. Trata-se, em verdade, do salário in natura, isto é, das parcelas pagas pelo empregador como contraprestação aos serviços prestados em utilidades. Nesse aspecto, também incende as regras da CLT, no que tange ao salário in natura, desde que compatível com o trabalho rural.

1. ARTISTAS

As profissões de Artistas e de técnico em espetáculos de diversões são regulamentadas pela Lei n. 6.533/78. O artista é conceituado *como "o profissional que cria, interpreta ou executa obra de caráter cultural de qualquer natureza, para efeito de exibição ou divulgação pública, através de meios de comunicação de massa ou em locais onde se realizam espetáculos de diversão pública"* (art. 2º, I, da Lei n. 6.533/78). Já o técnico em espetáculos de diversões aquele que *"mesmo em caráter auxiliar, participa, individualmente ou em grupo, de atividade profissional ligada diretamente à elaboração, registro, apresentação ou conservação de programas, espetáculos e produções"* (art. 2º, II, da Lei n. 6.533/78).

Os artistas podem desempenhar as suas atividades de forma autônoma ou subordinada. As regras contidas na CLT não serão aplicadas se não existir vínculo empregatício com o artista. Essa atividade pode ser exercida com autonomia, ou seja, sem subordinação. Do contrário, o artista pode ser contratado por prazo determinado ou indeterminado, devendo constar obrigatoriamente no contrato a qualificação do empregado e do empregador, a função a ser exercida e as respectivas obrigações, o nome do espetáculo (produção ou programa), a menção do nome do personagem, o local de atuação, a jornada de trabalho e intervalos, a remuneração, a forma de pagamento, o dia do descanso semanal remunerado, ajustes dobre viagens, eventuais trabalhos complementares, além da inclusão do nome do artista em cartazes e o número da respectiva carteira de trabalho (art. 10 da Lei n. 6.533/78). Se a contratação se der por prazo indeterminado, as partes devem ajustar adicional de deslocamento em caso de deslocamento para prestação de serviço fora da cidade ajustada no contrato de trabalho.

Os profissionais liberais têm como característica a o exercício da atividade com autonomia. São exemplos de profissionais autônomos os advogados, médicos, dentista, corretor, etc. Esses profissionais são enquadrados como trabalhadores "lato sensu" (em sentido amplo), porquanto não prestam serviços de forma subordinada, assumindo os riscos da atividade empreendida, bem como desfruta de plena liberdade para gerir o seu serviço.

2 . AUTÔNOMO EXCLUSIVO

A Reforma Trabalhista (Lei n. 13.467/2017) criou a figura do autônomo exclusivo, que mesmo exercendo as suas atividades de forma contínua, não será enquadrado como empregado, o que afasta os preceitos contidos na Consolidação das Leis do Trabalho. É necessário dizer que a Portaria n. 349/2018 do Ministério do Trabalho, autoriza o autônomo prestar serviços de qualquer natureza ao tomador dos serviços, e, ainda que exerça as suas atividades em benefício de apenas um tomador de serviços, isso não implica na caracterização de vínculo empregatício. Todavia, se estiver presente a subordinação jurídica, será reconhecido o vínculo empregatício (art. 1º, §5º, da Portaria n. 349/2018 do Ministério do Trabalho). É interessante notar que a portaria se refere à "subordinação jurídica", excluindo, em tese, as demais formas de subordinação para a caracterização do vínculo empregatício entre o profissional autônomo e o tomador de serviços.

É importante retomar, neste ponto, as lições de Mauricio Godinho Delgado que, com propriedade, pontifica que a subordinação pode ter as seguintes feições: a) ***Subordinação jurídica*** – aquela que deriva do contrato de trabalho e do poder de direção empresarial, resultante da relação de emprego; b) ***Subordinação econômica*** – coloca o empregador no vértice da pirâmide socioeconômica. Significa que o empregado é dependente economicamente do empregador. Essa definição é muito criticada pelos teóricos, já que em algumas situações o empregado é economicamente superior em relação ao empregador; c) ***Subordinação técnica*** – o empregador detém o conhecimento indispensável ao processo de produção em que se encontra inserido o empregado. Essa definição também é criticada pela doutrina, pois não representa uma correta visualização do processo organizativo, porquanto há processos produtivos que a tecnologia é adquirida e controlada pelo empresário, sem necessidade de um conhecimento intelectual sobre o objeto controlado[829]. Ainda, a ***subordinação*** pode ser analisada sob o prisma ***social***, isto é, pela posição social inferior do empregado em relação ao empregador – posição amplamente criticada.

E não para por aí. A subordinação pode ser classifica como: i) ***subordinação clássica ou tradicional***, caracterizada pela submissão do empregado ao poder de direção do empregador, manifestando-se na intensidade das ordens do empregador ao trabalhador; ii) ***subordinação objetiva***, a inserção do trabalhador nos fins e objetivos do empreendimento; iii) ***subordinação estrutural, organizacional ou reticular, caracterizada integração do empregado*** na dinâmica organizacional da empresa, independentemente de receber (ou não) ordens diretas do empregador. É comum em empresas multinacionais com estrutura hierárquica complexa.

A doutrina moderna aponta, ainda, a existência de mais duas espécies de subordinação: a) **"telessubordinação" ou "subordinação virtual"** – é aquela que decorre do teletrabalho. Trata-se de uma subordinação à distância, uma subordinação mais tênue do que a normal, uma subordinação indireta[830]; bb) ***"subordinação por algoritmo"*** **ou "subordinação jurídica disruptiva"** – consiste no vínculo jurídico, entre o empregado e o empregador, originado pelo uso de aparatos tecnológicos no processo produtivo, por meio do qual exerce a gestão, o controle e o poder disciplinar sobre a força de trabalho contratada.[831]

Compreendemos, data vênia entendimento em sentido contrário, que compete ao intérprete a aplicação da espécie de subordinação ao caso em concreto, mormente quando verificada uma clara tentativa de desvirtuar, impedir ou fraudar a aplicação dos preceitos contidos na CLT (art. 9º).

3. TRABALHADOR HIPERSSUFICIENTE

A Reforma Trabalhista (Lei n. 13.467/2017) criou a figura do trabalhador hiperssuficiente, disciplinado no art. 444, parágrafo único da CLT, segundo o qual é livre a estipulação das cláusulas do contrato de trabalho, quando o empregado for considerado como *"portador de diploma de nível superior e que perceba salário mensal igual ou superior a duas vezes o limite máximo dos benefícios do Regime Geral de Previdência Social"*

Para ser um trabalhador hipersuficiente precisa atender a dois requisitos cumulativos: a) Ser portador de diploma de nível superior; b) receber salário mensal igual ou superior ao dobro do teto previdenciário (RGPS).

A ideia básica é pautada no princípio da igualdade e da isonomia (art. 5º, I, CF), tratando desigualmente os desiguais na medida das suas desigualdades. O legislador entendeu que quanto maior for o estudo ou o salário do trabalhador, menor será a proteção. A proteção é inversamente proporcional ao estudo e ao salário do trabalhador.

A lei trouxe para o trabalhador hipersuficiente um maior poder de barganha, que envolve poder de contratação e negociação, que causou uma equivalência jurídica ao princípio da prevalência do negociado sobre o legislado (art. 611-A CLT). É um artigo do Direito Individual do Trabalho que faz remissão a um artigo do Direito Coletivo do Trabalho. A mesma força que tem o princípio da prevalência do negociado sobre o legislado teria o trabalhador hipersufiente na negociação.

O artigo 507-A da CLT (Lei 13.467/2017) fala da cláusula compromissória de arbitragem na solução dos conflitos individuais trabalhistas. No passado a posição amplamente majoritária rechaçava a arbitragem para conflitos individuais na área trabalhista. Para conflitos coletivos tinha autorização constitucional.

A Lei da Arbitragem é a Lei 9.307/96, que representou o grande marco de quando o Brasil começou a olhar com mais atenção os métodos alternativos de solução de conflitos, especialmente a arbitragem para conflitos individuais. Essa cláusula compromissória de arbitragem (gênero) não se confunde com compromisso arbitral. Ela significa algo antes do litígio, com base no artigo 4º da Lei 9.307/96. O compromisso arbitral é após o litígio (artigo 9º da Lei 9.307/96).

Muitos entendiam no passado que essa cláusula compromissória de arbitragem não seria possível porque impactava a renúncia prévia de direitos. A própria arbitragem, de acordo com alei, só era possível para conflitos envolvendo direitos patrimoniais.

A indisponibilidade dos direitos trabalhistas, a subordinação e o momento do contrato individual de trabalho possuem íntima relação. É um tripé. Divide em três grandes fases: a) 1 ª fase: antes da celebração do contrato individual de trabalho – constitui o momento de maior fragilidade do trabalhador, de forma que a indisponibilidade seria absoluta. O momento que antecede a celebração do contrato é o momento de maior fragilidade do trabalhador. Neste momento não teria margem para renúncia ou transação, ou seja, a subordinação é mais rígida. O Direito do Trabalho não pode permitir flexibilização nesta fase; b) 2ª fase: durante

829 Idem. Delgado, 2019.

830 Sergio Pinto Martins aduz que no teletrabalho "a subordinação acaba ficando mitigada. Em alguns casos, poderá se verificar muito mais autonomia do que subordinação. São diluídas as ordens de serviço. [...] Acaba criando a nova tecnologia uma nova forma de subordinação, pois o empregado pode até não ficar subordinado diretamente ao empregador, mas indiretamente. Passa a existir uma telessubordinação". (in Direito do Trabalho. 36.ed. – São Paulo: Saraiva Educação, 2020, p. 252).

831 Fausto Siqueira Gaia. Uberização do Trabalho. São Paulo, SP: Lumen Juris, 2019.

a vigência do contrato individual de trabalho. Nesse momento, ainda a subordinação é rígida, de forma que a renúncia e a transação são até possíveis, mas de maneira excepcional; c) 3ª fase: após a extinção do contrato individual de trabalho A renúncia e a transação apresentam maiores possibilidades de concretização, sem olvidar que a subordinação continua presente, ainda que de maneira rarefeita. Há maiores possibilidades de renúncia e transação, contudo, mesmo após o fim do contrato a subordinação ainda está presente.

A doutrina classifica os direitos trabalhistas indisponível em: a) direitos trabalhistas de indisponibilidade absoluta – esses direitos não comportam renúncia ou transação, de forma que o trabalhador não pode abrir mão. É como se fosse uma cláusula pétrea trabalhista. Seriam os direitos previstos na Constituição e as normas de higiene, saúde e segurança no trabalho; b) direitos de indisponibilidade relativa: são os direitos que admitem a negociação, desde que garantida uma contraprestação. Tal corrente prevalecia, entretanto, o novo § 2º do artigo 611-A da CLT, expressamente afasta o princípio em análise, prevendo que na negociação não há necessidade de garantir uma contraprestação.

Carlos Henrique Bezerra Leite critica essa disposição, aduzindo que *"na verdade, o legislador reformista, sob a alegação de que estes empregados são hipersuficientes econômicos, autorizou o empregador a transferir os riscos da sua atividade econômica com esse novo tipo de trabalhador, ficando este, a rigor, mais vulnerável e subjugado ao poder hierárquico e disciplinar do empregador, uma vez que poderá, inclusive, impor o compromisso arbitral, como meio de solução das controvérsias surgidas na relação empregatícia, autorizado pelo art. 507-A da CLT"*. O referido autor entende que o legislador reformista instituiu uma discriminação baseada exclusivamente no grau de instrução do trabalhador e na faixa salarial recebida, violando, na sua visão, os preceitos contidos no art. 1º, III e IV, 3º, IV, 7º, caput, e XXXII, da CF.[832]

A doutrina aponta, também que a instituição de cláusula compromissória de arbitragem, este ato será considerado nulo de pleno direito (CLT, art. 9º), por violar o princípio da indisponibilidade e irrenunciabilidade dos direitos do trabalhador.

Nesse sentido, o Enunciado n. 56 da 2ª Jornada de Direito Material e Processual do Trabalho, anota que a clausula compromissória de arbitragem não pode ser instituída no contrato individual de trabalho, tendo em vista que o direito do trabalho versa apenas de crédito de caráter alimentar, decorrente de relação de trabalho, sendo indisponíveis e inderrogáveis.

[832] Leite, op. cit., 2019.

4. TERMO DE QUITAÇÃO ANUAL DE OBRIGAÇÕES TRABALHISTA

A Reforma Trabalhista também instituiu a possibilidade de as partes, na relação jurídica trabalhista, firmar um termo de quitação anual de obrigações trabalhista, perante o sindicato dos empregados da categoria, no qual as partes descriminarão todas as obrigações cumpridas mensalmente, conferindo eficácia liberatória das parcelas nele especificadas. permitiu ao empregado e ao empregador (art. 507-B da CLT).

O empregado terá o auxílio do ente sindical para verificar eventuais inconsistências no termo de quitação, prestando a assistência jurídica no sentido de orientar os trabalhadores sobre possíveis irregularidades, permitindo ajustes, exclusão, ou ressalvas quanto as parcelas controvertidas, bem como a recusa na assinatura do termo.

Eficácia liberatória, segundo a doutrina, significa representa a *"intenção de oferecer quitação plena para todas as parcelas nele especificadas, não sendo possível discussões sobre eventuais diferenças ainda que no Judiciário"*.[833] Isso significa dizer que uma vez firmado esse termo, o empregado não poderá reclamar as parcelas que foram objeto do termo de quitação anual ao fim do contrato de trabalho.

A violação às normas contidas no Título IV, alusivas ao contrato individual do trabalho, resulta na imposição de penalidades administrativa (Art. 510 da CLT).

▸ TÍTULO IV-A
(INCLUÍDO PELA LEI Nº 13.467, DE 2017)
DA REPRESENTAÇÃO DOS EMPREGADOS

Art. 510-A. Nas empresas com mais de duzentos empregados, é assegurada a eleição de uma comissão para representá-los, com a finalidade de promover-lhes o entendimento direto com os empregadores. (Incluído pela Lei nº 13.467, de 2017)

§ 1º A comissão será composta: (Incluído pela Lei nº 13.467, de 2017)

I – nas empresas com mais de duzentos e até três mil empregados, por três membros; (Incluído pela Lei nº 13.467, de 2017)

II – nas empresas com mais de três mil e até cinco mil empregados, por cinco membros; (Incluído pela Lei nº 13.467, de 2017)

III – nas empresas com mais de cinco mil empregados, por sete membros. (Incluído pela Lei nº 13.467, de 2017)

[833] Martinez, op. cit., 2020.

§ 2º No caso de a empresa possuir empregados em vários Estados da Federação e no Distrito Federal, será assegurada a eleição de uma comissão de representantes dos empregados por Estado ou no Distrito Federal, na mesma forma estabelecida no § 1º deste artigo. (Incluído pela Lei nº 13.467, de 2017)

Art. 510-B. A comissão de representantes dos empregados terá as seguintes atribuições: (Incluído pela Lei nº 13.467, de 2017)

I – representar os empregados perante a administração da empresa; (Incluído pela Lei nº 13.467, de 2017)

II – aprimorar o relacionamento entre a empresa e seus empregados com base nos princípios da boa-fé e do respeito mútuo; (Incluído pela Lei nº 13.467, de 2017)

III – promover o diálogo e o entendimento no ambiente de trabalho com o fim de prevenir conflitos; (Incluído pela Lei nº 13.467, de 2017)

IV – buscar soluções para os conflitos decorrentes da relação de trabalho, de forma rápida e eficaz, visando à efetiva aplicação das normas legais e contratuais; (Incluído pela Lei nº 13.467, de 2017)

V – assegurar tratamento justo e imparcial aos empregados, impedindo qualquer forma de discriminação por motivo de sexo, idade, religião, opinião política ou atuação sindical; (Incluído pela Lei nº 13.467, de 2017)

VI – encaminhar reivindicações específicas dos empregados de seu âmbito de representação; (Incluído pela Lei nº 13.467, de 2017)

VII – acompanhar o cumprimento das leis trabalhistas, previdenciárias e das convenções coletivas e acordos coletivos de trabalho. (Incluído pela Lei nº 13.467, de 2017)

§ 1º As decisões da comissão de representantes dos empregados serão sempre colegiadas, observada a maioria simples. (Incluído pela Lei nº 13.467, de 2017)

§ 2º A comissão organizará sua atuação de forma independente. (Incluído pela Lei nº 13.467, de 2017)

Art. 510-C. A eleição será convocada, com antecedência mínima de trinta dias, contados do término do mandato anterior, por meio de edital que deverá ser fixado na empresa, com ampla publicidade, para inscrição de candidatura. (Incluído pela Lei nº 13.467, de 2017)

§ 1º Será formada comissão eleitoral, integrada por cinco empregados, não candidatos, para a organização e o acompanhamento do processo eleitoral, vedada a interferência da empresa e do sindicato da categoria. (Incluído pela Lei nº 13.467, de 2017)

§ 2º Os empregados da empresa poderão candidatar-se, exceto aqueles com contrato de trabalho por prazo determinado, com contrato suspenso ou que estejam em período de aviso prévio, ainda que indenizado. (Incluído pela Lei nº 13.467, de 2017)

§ 3º Serão eleitos membros da comissão de representantes dos empregados os candidatos mais votados, em votação secreta, vedado o voto por representação. (Incluído pela Lei nº 13.467, de 2017)

§ 4º A comissão tomará posse no primeiro dia útil seguinte à eleição ou ao término do mandato anterior. (Incluído pela Lei nº 13.467, de 2017)

§ 5º Se não houver candidatos suficientes, a comissão de representantes dos empregados poderá ser formada com número de membros inferior ao previsto no art. 510-A desta Consolidação. (Incluído pela Lei nº 13.467, de 2017)

§ 6º Se não houver registro de candidatura, será lavrada ata e convocada nova eleição no prazo de um ano. (Incluído pela Lei nº 13.467, de 2017)

Art. 510-D. O mandato dos membros da comissão de representantes dos empregados será de um ano. (Incluído pela Lei nº 13.467, de 2017)

§ 1º O membro que houver exercido a função de representante dos empregados na comissão não poderá ser candidato nos dois períodos subsequentes. (Incluído pela Lei nº 13.467, de 2017)

§ 2º O mandato de membro de comissão de representantes dos empregados não implica suspensão ou interrupção do contrato de trabalho, devendo o empregado permanecer no exercício de suas funções. (Incluído pela Lei nº 13.467, de 2017)

§ 3º Desde o registro da candidatura até um ano após o fim do mandato, o membro da comissão de representantes dos empregados não poderá sofrer despedida arbitrária, entendendo-se como tal a que não se fundar em motivo disciplinar, técnico, econômico ou financeiro. (Incluído pela Lei nº 13.467, de 2017)

§ 4º Os documentos referentes ao processo eleitoral devem ser emitidos em duas vias, as quais permanecerão sob a guarda dos empregados e da empresa pelo prazo de cinco anos, à disposição para consulta de qualquer trabalhador interessado, do Ministério Público do Trabalho e do Ministério do Trabalho. (Incluído pela Lei nº 13.467, de 2017)

COMENTÁRIOS (ARTS. 510-A A 510-D)

A Constituição estabelece que é obrigatório a eleição de representantes dos trabalhadores nas empresas com mais de 200 empregados, com a finalidade exclusiva de promover-lhes o entendimento direto com os empregadores. A regulamentação da matéria se deu através da Reforma Trabalhista, que acrescentou os arts. 510-A a 510-D à CLT.

O mandato dos membros da comissão de representantes dos empregados será de um ano (art. Art. 510-D da CLT), sem que isso implique na suspensão ou interrupção do contrato de trabalho, devendo o empregado permanecer no exercício de suas funções.

A estabilidade do representante dos empregados inicia com o registro da candidatura e termina um ano após o fim do mandato (art. 510-D, §3º, CLT). Esse trabalhador, tal como ocorre com o cipeiro, não poderá ser dispensado arbitrariamente, exceto se o empregador apresentar motivos disciplinares, técnicos, econômicos ou financeiros.

Aquele que exercer a função de representante dos empregados na comissão não poderá ser candidato nos dois períodos subsequentes

A comissão será composta de 3 membros nas empresas com mais de 200 e até 3 mil empregados; 5 membros, nas empresas com mais de 3 mil até 5 mil empregados; e 7 membros, nas empresas com mais de 5 mil empregados

Caso a empresa possua mais de um local de operação, em diferentes Estados da Federação, com funcionários prestando serviços nas unidades, será assegurada a eleição de uma comissão de representantes dos empregados por Estado ou no Distrito Federal.

As atribuições da comissão estão relacionadas no art. 510-B da CLT, *in verbis*:

> *Art. 510-B. A comissão de representantes dos empregados terá as seguintes atribuições: I – representar os empregados perante a administração da empresa; II – aprimorar o relacionamento entre a empresa e seus empregados com base nos princípios da boa-fé e do respeito mútuo; III – promover o diálogo e o entendimento no ambiente de trabalho com o fim de prevenir conflitos; IV – buscar soluções para os conflitos decorrentes da relação de trabalho, de forma rápida e eficaz, visando à efetiva aplicação das normas legais e contratuais; V – assegurar tratamento justo e imparcial aos empregados, impedindo qualquer forma de discriminação por motivo de sexo, idade, religião, opinião política ou atuação sindical; VI – encaminhar reivindicações específicas dos empregados de seu âmbito de representação; VII – acompanhar o cumprimento das leis trabalhistas, previdenciárias e das convenções coletivas e acordos coletivos de trabalho.*

As decisões da comissão de representantes dos empregados serão sempre colegiadas, observada a maioria simples e organizará a sua atuação de forma independente, sem a intervenção do empregador.

No que se refere à eleição, deverá ser convocada com antecedência mínima de 30 dias, a partir da data do término do mandato anterior. A convocação se dará por meio de edital, ficado fixado na empresa, com ampla publicidade, para inscrição de candidatura.

Será formada comissão eleitoral, integrada por cinco empregados, não candidatos, para a organização e o acompanhamento do processo eleitoral, vedada a interferência da empresa e do sindicato da categoria.

Os empregados contratados mediante contrato por prazo determinado, com o contrato de trabalho suspenso ou, ainda, em período de aviso prévio, não poderão se candidatar para concorrer ao cargo na comissão de representantes dos empregados.

A votação será secreta, sendo eleito o empregado mais votado.

Se não houver candidatos suficientes, a comissão de representantes dos empregados poderá ser formada com número de membros inferior ao previsto no art. 510-A da CLT. Ou, ainda, caso não exista registro de candidaturas, será lavrada ata e convocada nova eleição no prazo de um ano.

▸ TÍTULO V
DA ORGANIZAÇÃO SINDICAL

▸ CAPÍTULO I
DA INSTITUIÇÃO SINDICAL

▸ SEÇÃO I
DA ASSOCIAÇÃO EM SINDICATO

Art. 511. É lícita a associação para fins de estudo, defesa e coordenação dos seus interesses econômicos ou profissionais de todos os que, como empregadores, empregados, agentes ou trabalhadores autônomos ou profissionais liberais exerçam, respectivamente, a mesma atividade ou profissão ou atividades ou profissões similares ou conexas.

§ 1º A solidariedade de interesses econômicos dos que empreendem atividades idênticas, similares ou conexas, constitue o vínculo social básico que se denomina categoria econômica.

§ 2º A similitude de condições de vida oriunda da profissão ou trabalho em comum, em situação de emprego na mesma atividade econômica ou em atividades econômicas similares ou conexas, compõe a expressão social elementar compreendida como categoria profissional.

§ 3º Categoria profissional diferenciada é a que se forma dos empregados que exerçam profissões ou funções diferenciadas por força de estatuto profissional especial ou em consequência de condições de vida singulares. (Redação restabelecida pelo

Decreto-lei nº 8.987-A, de 1946) (Vide Lei nº 12.998, de 2014)

§ 4º Os limites de identidade, similaridade ou conexidade fixam as dimensões dentro das quais a categoria econômica ou profissional é homogênea e a associação é natural .

COMENTÁRIOS (ART. 511)

O Direito Coletivo é um complexo de institutos, princípios e regras que regulamentam os entes coletivos.

Nas palavras do jurista Mauricio Godinho Delgado[834], a partir de um critério misto, é possível definir *"Direito Coletivo do Trabalho como o complexo de institutos, princípios e regras jurídicas que regulam as relações laborais de empregados e empregadores e outros grupos jurídicos normativamente especificados, considerada sua ação coletiva, realizada autonomamente ou através das respectivas entidades sindicais"*.

A doutrina divergia quanto à nomenclatura utilizada. Para uma vertente interpretativa a denominação da matéria deveria ser enquadrada como Direito Sindical, uma vez que a presença das entidades sindicais, especialmente as obreiras, é determinante no cenário coletivo trabalhista. Outros, defendem a expressão Direito Social, mas é muito criticada, considerando que essa definição pode abranger não só o Direito do trabalho no âmbito individual, como também o Direito Previdenciário, ambiental e do consumidor que possuem grande impacto social. No entanto, prevaleceu a nomenclatura Direito Coletivo.

O Direito Coletivo não é uma ciência autônoma, mas, sim, um ramo do Direito do Trabalho, pois não possui normas próprias e previsão em grade curricular acadêmica. Apresenta funções gerais, que visam a melhoria das condições de trabalho e a manutenção dos direitos conquistados, além de funções específicas, gerando normas coletivas e pacificando os conflitos coletivos.

Os princípios que regem o Direito Coletivo são: a) princípio da liberdade associativa e sindical: é fragmentado no princípio da liberdade de associação (art. 5º, XVII, da CF) e no princípio da liberdade sindical (art. 8º, *caput*, CF). Paulo Gustavo Gonet Branco leciona que o princípio da liberdade de associação versa sobre a agremiação de várias pessoas *"para alcançar metas econômicas, para mútuo apoio, para fins religiosos, para promover interesses gerais ou da coletividade, ou para se fazerem ouvir, conferindo maior ímpeto à democracia participativa. Por isso mesmo, o direito de associação está vinculado ao preceito de proteção da dignidade da pessoa, aos princípios de livre-iniciativa, da autonomia da vontade e da garantia da liberdade de expressão"*.[835] Já o princípio da liberdade sindical, em síntese, consiste na proibição de interferência e intervenção do Estado na organização sindical; b) princípio da autonomia sindical: é a capacidade de autogestão dos entes sindicais, sem interferências do setor empresarial ou do próprio Estado; c) princípio da interferência sindical na normatização coletiva: a participação do sindicato nas negociações coletivas é obrigatória; d) princípio da equivalência dos contratantes: há um equilíbrio entre os sujeitos da relação jurídica coletiva; e) princípio da lealdade e transparência na negociação coletiva: significa que os sujeitos da relação jurídica coletiva devem agir com lisura, boa-fé, clareza ao pactuar o negócio jurídico coletivo; f) princípio da criatividade jurídica da negociação coletiva: representa a liberdade de estabelecer normas jurídicas autônomas, em consonância com a legislação trabalhista, para que sejam aplicadas precipuamente nas relações jurídicas laborais individuais; g) princípio da adequação setorial negociada: trata das possibilidades e limites das negociações coletivas, que deve respeito aos princípios e regras estabelecidos na legislação trabalhista[836].

No plano coletivo, o art. 8º da Constituição Federal de 1988 assegura a *"livre a associação profissional ou sindical"*.

O sindicato é conceituado como uma *"associação coletiva, de natureza privada, voltada à defesa e incremento de interesses coletivos profissionais e materiais de trabalhadores, sejam subordinados ou autônomos, e de empregadores"*[837].

José Claudio Monteiro de Brito Filho, escorado nas lições de Amauri Mascaro do Nascimento, explica que a expressão sindicato *"deriva de síndico que 'e a pessoa encarregada de representar interesses de um grupo', o que traz em mente, de imediato, os principais objetivos do sindicato, que são exatamente, a defesa e a coordenação dos interesses de um grupo"*.[838]

A função central do sindicato é representar os trabalhadores (categoria profissional) ou empregadores (categoria econômica) na defesa dos interesses coletivos da categoria, interesses individuais dos associados, bem como a regulação dos contratos individuais por meio de normas coletivas.

---

834 Ibidem. Delgado, 2019.

835 J. J. Gomes Canotilho...[et al.]; outros autores e coordenadores Ingo Wolfgang Sarlet, Lenio Luiz Streck, Gilmar Ferreira Mendes. – Comentários à Constituição do Brasil – 2. ed. – São Paulo: Saraiva Educação, 2018.

836 Delgado, 2019, p. 1565-1578

837 Delgado, 2019, p.1616

838 Britto Filho, José Claudio Monteiro de. Direito sindical. – 7ª ed. – São Paulo: LTr, 2018, p. 108.

1. ESTRUTURA SINDICAL BRASILEIRA

O Brasil adotou o sistema confederativo de representação sindical (art. 8º, IV, da CF). A estrutura sindical brasileira tem a seguinte composição: a) Sindicato: na base, respeitando a unicidade; b) Federações: em âmbito estadual, sendo composta por pelo menos 5 (cinco) sindicatos, nos termos do artigo 534 da CLT; c) Confederações: em âmbito nacional, com sede em Brasília, composta por pelo menos 3 (três) federações, conforme artigo 535 da CLT.

A Central Sindical não pertence diretamente à estrutura sindical brasileira, tendo em vista que não tem legitimidade para representar a categoria em negociação coletiva ou judicialmente (Lei 11.648/08).

O sindicato é organizado em a partir do sistema de categorias. A categoria econômica representa os interesses dos empregadores. A categoria profissional, de outro lado, representa os interesses dos empregados. São elas:

a) Categoria econômica – É a categoria composta por empregadores, em razão da solidariedade de interesses econômicos que dos que atuam em atividades idênticas, similares ou conexas, conforme artigo 511, § 1º, da CLT.

b) Categoria profissional – Consiste na categoria formada por empregados, em razão da situação de emprego na mesma atividade econômica similar ou conexa, conforme artigo 511, § 2º da CLT. O enquadramento sindical é feito conforme atividade preponderante do empregador (artigo 589 CLT).

c) Categoria profissional diferenciada – Consiste na categoria formada por trabalhadores que exerçam funções diferenciadas da preponderante e possuem regulamento profissional especial, ou seja, norma própria. Trata-se do chamado sindicato horizontal, sendo feito o enquadramento conforme a atividade dos colegas de trabalho.

Nos termos da OJ 36 da SDC, a categoria diferenciada é reconhecida por lei e não por decisão judicial.

O Tribunal Superior do Trabalho fixou o entendimento na Súmula 369, III do TST, que empregado de categoria diferenciada eleito dirigente sindical só goza de estabilidade se exercer na empresa atividade pertinente à categoria profissional do sindicato para o qual foi eleito dirigente. Ainda, o TST prevê na Súmula 374 que o empregado de categoria diferenciada não tem direito de exigir do empregador vantagens previstas em norma coletiva na qual a empresa não participou ou foi representada por seu órgão de classe.

Art. 512 – Somente as associações profissionais constituídas para os fins e na forma do artigo anterior e registradas de acordo com o art. 558 poderão ser reconhecidas como Sindicatos e investidas nas prerrogativas definidas nesta Lei.

COMENTÁRIOS (ART. 512)

1. LIBERDADE SINDICAL

A liberdade sindical possui amparo constitucional no artigo 8º, caput, I e V, que afirmam que é livre a associação profissional ou sindical. Sendo que, a lei não pode exigir autorização do Estado para a fundação do sindicato, ressalvado o registro no órgão competente. Nesse sentido, é vedada a interferência e a intervenção do Estado na organização sindical.

Ninguém será obrigado a filiar-se ou manter-se filiado ao sindicato. A liberdade sindical, nos termos do inciso VII, alcança também o aposentado. A Convenção nº 87 da OIT que não foi ratificada pelo Brasil, uma vez que defende a liberdade sindical plena, como, por exemplo, a previsão da pluralidade sindical, a não divisão por categorias e a vedação de qualquer cobrança de contribuição compulsória. O Brasil é obrigado a respeitar a liberdade sindical por ser país-membro da OIT, já que tal tema é um princípio fundamental da OIT, juntamente com abolição do trabalho infantil, eliminação de toda forma de trabalho forçado e o reconhecimento das negociações coletivas.

2. UNICIDADE SINDICAL

Nos termos do artigo 8º, II da CF/88 é vedada a criação de mais de um sindicato na mesma base territorial, que não pode ser inferior a um município. Trata-se da unicidade sindical, que veda a criação de mais de um sindicato dentro do mesmo município, ou seja, não é possível um sindicato de bairro. Entretanto, há possibilidade de um sindicato para mais de um município ou em âmbito estadual ou nacional.

Criado o sindicato, primeiro ele adquire a personalidade civil com registro no cartório de pessoa jurídica e posteriormente ele adquire a personalidade sindical com o registro no órgão do executivo. Nesse sentido, a Súmula 677 do STF estabelece que "até que lei venha a dispor a respeito, incumbe ao Ministério do Trabalho proceder ao registro das entidades sindicais e zelar pela observância do princípio da unicidade".

Art. 513. São prerrogativas dos sindicatos:

a) representar, perante as autoridades administrativas e judiciárias os interesses gerais da respectiva categoria ou profissão liberal ou interesses individuais dos associados relativos à atividade ou profissão exercida;

b) celebrar contratos coletivos de trabalho;

c) eleger ou designar os representantes da respectiva categoria ou profissão liberal;

d) colaborar com o Estado, como órgãos técnicos e consultivos, na estudo e solução dos problemas que se relacionam com a respectiva categoria ou profissão liberal;

e) impor contribuições a todos aqueles que participam das categorias econômicas ou profissionais ou das profissões liberais representadas.

Parágrafo único. Os sindicatos de empregados terão, outrossim, a prerrogativa de fundar e manter agências de colocação.

COMENTÁRIOS (ART. 513)

O sindicato é uma entidade associativa que representa os interesses da categoria econômica ou profissional, em questões judiciais ou administrativas (Art. 8º, II, da CF). Para tanto, a lei confere algumas prerrogativas ao sindicato dentre elas:

A primeira prerrogativa é a representação da categoria ou interesses individuais dos empregados, perante as autoridades administrativas e judiciárias os interesses gerais. A central sindical, embora não integre diretamente a estrutura sindical brasileira e não tenha tem legitimidade para representar a categoria em negociação coletiva ou judicialmente, a lei confere a prerrogativa para participar de negociações em fóruns, colegiados de órgãos públicos e demais espaços de diálogo social que possuam composição tripartite, nos quais estejam em discussão assuntos de interesse geral dos trabalhadores (Art. 1, II, Lei 11.648/08).

A segunda prerrogativa é a celebração de contratos coletivos de trabalho. No Direito Coletivo do Trabalho brasileiro a autonomia coletiva confere aos entes sindicais o poder criativo de normas jurídicas para incidir sobre os contratos individuais de trabalho (princípio da autonomia coletiva ou da criatividade das normas jurídicas), por meio de instrumentos de negociação coletiva, notadamente o acordo coletivo de trabalho e a convenção coletiva de trabalho. A nossa Constituição Federal reconhece as convenções e acordos coletivos de trabalho (art. 7º, XXVI, da CF) como um direito dos trabalhadores, como forma de aprimorar a sua condição social.

A Reforma Trabalhista instituiu a necessidade da mínima intervenção na autonomia da vontade coletiva (art. 8º, §3º, da CLT)[839]. Luciano Martinez[840] delineia que o "princípio da criatividade jurídica da negociação coletiva, os entes coletivos podem, ao lado das normas estatais, criar normas jurídicas pela materialização da negociação coletiva (acordo coletivo, convenção coletiva e contrato coletivo de trabalho), a qual é reconhecida pelo Estado".

A Reforma Trabalhista acrescentou o artigo 611-A e 611-B à CLT, estabelecendo a prevalência da negociação coletiva sobre a lei (princípio do negociado sobre o legislado). Nesse ponto, entendemos ser possível a criação de regras de proteção aos dados dos trabalhadores pelos entes coletivos, por meio de acordo ou convenção coletiva de trabalho, a fim de atender as especificidades da relação de trabalho no plano individual.

A negociação coletiva, por exemplo, poderia instituir a forma de obtenção do consentimento empregado, autorizar ou estabelecer parâmetros para o compartilhamento de dados entre empresas do mesmo grupo empresarial (tema que merece reflexão), regular o compartilhamento de dados com terceiros para a concessão de benefícios – como vale-transporte, vale-alimentação, plano de saúde, plano odontológico, seguro de vida ou contra acidentes, convênios instituições de cultura, lazer ou instituições de ensino, restaurantes, etc. -, tratar das normas de segurança dos dados pessoais sensíveis, com destaque para a biometria, utilizada em catracas de acesso aos prédios dos empregadores e para o registro da jornada de trabalho (ponto eletrônico).

Mas, é preciso deixar claro que o princípio da autonomia coletiva não é absoluto. Encontra limite no princípio da adequação setorial negociada, cujo a lei, sobretudo a Constituição Federal, impõe direitos e garantias mínimas ao trabalhador, que não podem ser menosprezados pelos entes coletivos.

Mauricio Godinho Delgado, sempre de forma brilhante, explica que *"a lógica e o sentido da ordem constitucional brasileira relativamente aos poderes e limites da negociação coletiva trabalhista: esta constitui veículo para o aperfeiçoamento da ordem jurídica, em harmonia aos princípios e regras constitucionais fundamentais — jamais um mecanismo para o desprestígio ou precarização dessa ordem jurídica e das relações socioeconômicas por ela regulamentadas".* [841]

Na mesma linha interpretativa o jurista Enoque Ribeiro dos Santos (apud Jorge Neto; Cavalcante, 2019), esclarece que *"o principal direito fundamental garantido pela nossa Constituição Federal de 1988 é o da dignidade da pessoa humana, que constitui o arcabouço para a fruição dos demais direitos individuais*

[839] Para Sergio Pinto Martins *"O §3º do art. 8º da CLT mostra a necessidade de se observar a autonomia coletiva, que é a forma de se aplicar o inciso XXVI da Constituição".* Adverte que *"a norma coletiva não pode dispor contra a lei ou estabelecer aquilo que só pode ser criado ou alterado por lei, como é o caso do tributo. A intervenção da Justiça do Trabalho nas normas coletivas deve ser mínima e não máxima".* Sergio Pinto Martins. Direito do Trabalho – 36ª ed. – São Paulo: Saraiva Educação, 2020

[840] Ibidem. Martinez. 2020

[841] Ibidem, Delgado, 2019

e coletivos, como podemos depreender do art. 1º da Carta Magna. Logo, o fundamento da dignidade humana pode ser considerado como o princípio nuclear para a hermenêutica de todos os direitos e garantias conferidos à pessoa. Metaforicamente, poderíamos visualizar esses direitos como eflúvios do espírito humano, enraizados e agregados intrinsecamente à nossa própria alma pelo simples fato de termos nascido na condição humana". [842]

O art. 611-B da CLT é uma das condicionantes legais da autonomia da vontade. Esse dispositivo indica um rol de temas que não podem ser objeto de exclusão ou redução por meio de negociação coletiva.

A terceira prerrogativa é a eleição ou designação dos representantes da respectiva categoria ou profissão liberal, notadamente o dirigente sindical que é eleito para exercer o cargo de direção e representação de sindicato profissional, inclusive como suplente (art. 8º, VIII, CF/88; art. 543 da CLT). O delegado sindical é uma função decorrente de designação pela diretoria do sindicato, não estando sujeito ao processo eletivo ou representando propriamente a categoria. São indicados pela diretoria do sindicato para defender os interesses da categoria perante no seu local de trabalho. Tem a função precípua de organizar, mobilizar os trabalhadores da categoria no local de trabalho, além de divulgar os materiais do sindicato aos trabalhadores; apontar as necessidades dos trabalhadores naquele local de trabalho; e representar a direção do sindicato junto aos trabalhadores, instituições públicas e eventos ***(OJ 369 da SDI-1 do TST)***.

A quarta prerrogativa é a colaboração com o Estado, como órgãos técnicos e consultivos, na estudo e solução dos problemas que se relacionam com a respectiva categoria ou profissão liberal.

A quinta prerrogativa é a imposição de contribuições a todos aqueles que participam das categorias econômicas ou profissionais ou das profissões liberais representadas. Existem quatro receitas que custeiam o sistema sindical brasileiro, possibilitando ao ente sindical exercer suas atribuições e prerrogativas em prol da defesa dos interesses da categoria: a) **contribuição sindical** é a fonte de custeio do sindicato, de caráter facultativo, exigindo autorização prévia e expressa dos empregados e associados para o recolhimento desta contribuição (art. 8º, IV da CF; arts. 545, 578, 579, 582, 583, 587 e 602 da CLT); b) **contribuição confederativa**, cuja finalidade é o custeio do sistema confederativo – formado pelo sindicato, federação e confederação – podendo ser compulsoriamente exigida dos empregados filiados ao sindicato, conforme Súmula Vinculante 40 do STF[843]. Nesse sentido o art. 8º, IV, da CF, o Precedente Normativo nº. 119 da SDC do TST e a Súmula 666 do STF; c) **contribuição assistencial ou taxa de reversão**, tem o objetivo de custear as despesas decorrentes da participação em negociações coletivas. Pode ser exigida apenas dos empregados filiados ao sindicato, tal como ocorre com a contribuição federativa (PN 119 da SDC do TST); d) **mensalidade sindical ou estatutária**, prevista no estatuto do sindicato com a finalidade de custear as atividades assistenciais e recreativas do sindicato. É cobrada apenas dos empregados filiados ao ente sindical (art. 458, *b*, da CLT).

Art. 514. São deveres dos sindicatos:

a) colaborar com os poderes públicos no desenvolvimento da solidariedade social;

b) manter serviços de assistência judiciária para os associados;

c) promover a conciliação nos dissídios de trabalho.

d) sempre que possível, e de acordo com as suas possibilidades, manter no seu quadro de pessoal, em convênio com entidades assistenciais ou por conta própria, um assistente social com as atribuições específicas de promover a cooperação operacional na empresa e a integração profissional na Classe.

Parágrafo único. Os sindicatos de empregados terão, outrossim, o dever de:

a) promover a fundação de cooperativas de consumo e de crédito;

b) fundar e manter escolas do alfabetização e prevocacionais.

COMENTÁRIOS (ART. 514)

O dever de colaboração sindical no desenvolvimento da solidariedade social tem a finalidade de promover o desenvolvimento do ser humano. Nas palavras de Amauri Mascaro do Nascimento a "atribuição que

[842] Francisco Ferreira Jorge Neto, Jouberto de Quadros Pessoa Cavalcante. Direito do trabalho.– 9. ed. – São Paulo: Atlas, 2019.

[843] Precedente Representativo no STF: "A questão a saber é se a denominada **contribuição confederativa, inscrita no art. 8º, IV, da CF/1988**, fixada pela assembleia geral, é devida pelos empregados não filiados ao sindicato. Noutras palavras, se apresenta ela caráter de compulsoriedade, vale dizer, se é obrigatório o seu pagamento por empregados não filiados ao sindicato. (...) Primeiro que tudo, é preciso distinguir a contribuição sindical, contribuição instituída por lei, de interesse das categorias profissionais — art. 149 da CF/1988 — com caráter tributário, assim compulsória, da denominada contribuição confederativa, instituída pela assembleia geral da entidade sindical — CF/1988, art. 8º, IV. A primeira, conforme foi dito, contribuição parafiscal ou especial, espécie tributária, é compulsória. **A segunda, entretanto, é compulsória apenas para os filiados do sindicato. [RE 198.092, voto do rel. min. Carlos Velloso, 2ª T, j. 27-8-1996, DJ de 11-10-1996.]**

lhe é conferida pela lei ou pelos estatutos, para prestar serviços aos seus representados, contribuindo para o desenvolvimento integral do ser humano".[844] Esse dever impõe ao sindicato a prestação de várias formas de assistência aos integrantes da categoria como, por exemplo, a assistência jurídica, a assistência na rescisão contratual, assistência na emissão da Comunicação de Acidente de Trabalho (CAT).

Maurício Godinho Delgado esclarece que a função assistencial "consiste na prestação de serviços a seus associados ou, de modo extensivo, em alguns casos, a todos os membros da categoria. Trata-se, ilustrativamente, de serviços educacionais, médicos, jurídicos e diversos outros". Entende que este dispositivo não foi recepcionado pela Constituição Federal, uma vez que essas atividades não são um dever do sindicato, mas, sim, funções e prerrogativas que podem (ou não) ser assumidas pelo sindicato. Na visão do referido autor é um mero dever de proteção[845].

Na mesma linha de entendimento, José Claudio Monteiro de Brito Filho aponta que a função assistencial "é importante elemento de apoio dos trabalhadores. Apenas não deve ser a principal – função – dentro da finalidade do sindicato (...), pois esta é cumprida de outras formas, por meio da gestão que as organizações sindicais fazem junto aos empregadores e ao Estado, em busca de melhores condições de vida e trabalho para aqueles que representam" e não por meio da prestação de serviços de responsabilidade de terceiros[846].

▶ SEÇÃO II DO RECONHECIMENTO E INVESTIDURA SINDICAL

Art. 515. As associações profissionais deverão satisfazer os seguintes requisitos para serem reconhecidas como sindicatos:

a) reunião de um terço, no mínimo, de empresas legalmente constituidas, sob a forma individual ou de sociedade, se se tratar de associação de empregadores; ou de um terço dos que integrem a mesma categoria ou exerçam a mesma profissão liberal se se tratar de associação de empregados ou de trabalhadores ou agentes autônomos ou de profissão liberal;

b) duração de 3 (três) anos para o mandato da diretoria;

c) exercício do cargo de presidente por brasileiro nato, e dos demais cargos de administração e representação por brasileiros.

Parágrafo único. O ministro do Trabalho, Indústria, e Comércio poderá, excepcionalmente, reconhecer como sindicato a associação cujo número de associados seja inferior ao terço a que se refere a alínea a.

Art. 516 – Não será reconhecido mais de um Sindicato representativo da mesma categoria econômica ou profissional, ou profissão liberal, em uma dada base territorial.

Art. 517. Os sindicatos poderão ser distritais, municipais, intermunicipais, estaduais e interestaduais. Excepcionalmente, e atendendo às peculiaridades de determinadas categorias ou profissões, o ministro do Trabalho, Indústria e Comércio poderá autorizar o reconhecimento de sindicatos nacionais.

§ 1º O ministro do Trabalho, Indústria e Comércio, outorgará e delimitará a base territorial do sindicato.

§ 2º Dentro da base territorial que lhe for determinada é facultado ao sindicato instituir delegacias ou secções para melhor proteção dos associados e da categoria econômica ou profissional ou profissão liberal representada.

Art. 518. O pedido de reconhecimento será dirigido ao ministro do Trabalho, Indústria e Comércio, instruido com exemplar ou cópia autenticada dos estatutos da associação.

§ 1º Os estatutos deverão conter:

a) a denominação e a sede da associação;

b) a categoria econômica ou profissional ou a profissão liberal cuja representação é requerida;

c) a afirmação de que a associação agirá como órgão de colaboração com os poderes públicos e as demais associações no sentido da solidariedade social e da subordinação dos interesses econômicos ou profissionais ao interesse nacional;

d) as atribuições, o processo eleitoral e das votações, os casos de perda de mandato e de substituição dos administradores;

e) o modo de constituição e administração do patrimônio social e o destino que lhe será dado no caso de dissolução;

f) as condições em que se dissolverá associação.

§ 2º O processo de reconhecimento será regulado em instruções baixadas pelo ministro do Trabalho, Indústria e Comércio.

Art. 519 – A investidura sindical será conferida sempre à associação profissional mais representativa, a juízo do Ministro do Trabalho, constituindo elementos para essa apreciação, entre outros:

a) o número de associados;

b) os serviços sociais fundados e mantidos;

c) o valor do patrimônio.

[844] Brito Filho, José Claudio Monteiro de. – Direito Sindical. – 7. Ed. – são Paulo: LTr, 2018, p.157.

[845] Delgado, 2019, p. 1607.

[846] Ibidem. Brito Filho, 2018, p. 158.

Art. 520. Reconhecida como sindicato a associação profissional, ser-lhe-á expedida carta de reconhecimento, assinada pelo ministro do Trabalho, Indústria e Comércio, na qual será especificada a representação econômica ou profissional conferida e mencionada a base territorial outorgada.

Parágrafo único. O reconhecimento investe a associação nas prerrogativas do art. 513 e a obriga aos deveres do art. 514, cujo inadimplemento a sujeitará às sanções desta lei.

COMENTÁRIOS (ARTS. 515 A 520)

1. RECONHECIMENTO E INVESTIDURA DO SINDICATO

Os artigos 515 e 516 da CLT não foram recepcionados pela Constituição Federal, no que se refere ao *reconhecimento* do sindicato pelo Estado, porquanto o art. 8º, I, da Lei Maior, veda a exigência de autorização do Estado para a fundação do sindicato. O constituinte originário repeliu a possibilidade de interferências do Estado no sindicalismo. Contudo, manteve o sistema de unicidade sindical, segundo o qual o Estado, por meio do extinto Ministério do Trabalho (atual Secretaria Especial de Previdência e Trabalho) realiza a validação do registro do sindicato, podendo negá-lo caso exista outra entidade sindical na mesma base territorial equivalente à área de um Município (art. 8ª, II, da CF).

O Brasil adotou o modelo do sistema do sindicato único, "organizado por categoria profissional ou diferenciada, com monopólio de representação na respectiva base territorial"[847]. Não elegeu o modelo da liberdade *sindical plena previsto na* Convenção 87 da Organização Internacional do Trabalho.

Criado o sindicato, primeiro ele adquire a personalidade civil com registro no cartório de pessoa jurídica e posteriormente ele adquire a personalidade sindical com o registro no órgão do executivo. Nesse sentido, a Súmula 677 do STF estabelece que "até que lei venha a dispor a respeito, incumbe ao Ministério do Trabalho proceder ao registro das entidades sindicais e zelar pela observância do princípio da unicidade"[848].

O sindicato terá que comprovar a existência do registro sindical junto ao extinto Ministério do Trabalho para demonstrar a aptidão para representar a categoria[849]. A criação de um novo sindicato numa determinada área territorial, por desdobramento de sindicato preexistente, não ofende a unicidade sindical, quando houver respeito aos requisitos legais e a abrangência territorial equivalente a um Município.[850]

A Constituição Federal também não recepcionou o trecho do art. 517 da CLT que possibilita o estabelecimento de base territorial distrital, inferior à área territorial estabelecida no art. 8º, II, da CF.

O requerimento de registro da entidade sindical é feito, atualmente, pelo Ministério da Economia – que absorveu as atribuições do extinto Ministério do Trabalho. A Portaria nº. 17.593, de 24 de julho de 2020, regula sobre os procedimentos administrativos para o registro de entidades sindicais pelo Ministério da Economia. Tem como diretriz a simplificação do atendimento às entidades sindicais, a presunção de boa-fé, a transparência, a racionalização dos métodos, a eliminação de formalidades e exigências cujo custo econômico ou social seja superior ao risco de fraude envolvido, além da aplicação de soluções tecnológicas que visem a simplificar processos e procedimentos de atendimento aos usuários dos serviços público.

De acordo o art. 4º da Portaria nº. 17.593/2020, para a avaliação da unicidade sindical, sindicato deverá apresentar o edital de convocação da assembleia geral de fundação ou ratificação de fundação – destacando-se a necessidade de descrição de toda a categoria e base territorial (municipal, intermunicipal, estadual, interestadual ou nacional); a ata da assembleia geral de fundação ou de ratificação de fundação com a descrição da categoria e da base territorial aprovada; a declaração da entidade de que os dirigentes foram regularmente eleitos; estatuto social, aprovado em assembleia geral e registrado em cartório, no qual deve constar, de forma objetiva a categoria e a base territorial pleiteada; e, o recolhimento das custas pertinentes.

Após o deferimento do registro, a Coordenação-Geral de Registro Sindical da Subsecretaria de Relações do Trabalho da Secretaria de Trabalho efetivará o cadastro ativo da entidade no Cadastro Nacional de Entidades Sindicais (CNES), cuja certidão sindical será disponibilizada através do sítio eletrônico do Ministério da Economia. O deferimento do registro sindical também possibilita o requerimento de expedição do

---

847 Delgado, 2019, p. 1597.

848 Vide precedentes do STF: Liberdade e unicidade sindical: competência para o registro de entidades sindicais (CF, art. 8º, I e II): recepção, pela CF/1988, da competência do Ministério do Trabalho para o registro. Esse registro é que propicia verificar se a unicidade sindical, limitação constitucional ao princípio da liberdade sindical, estaria sendo observada ou não, já que o Ministério do Trabalho é detentor das informações respectivas. [**RE 222.285 AgR**, rel. min. Carlos Velloso, j. 26-2-2002, 2ª T, *DJ* de 22-3-2002; **AI 789.108 AgR**, rel. min. Ellen Gracie, j. 5-10-2010, 2ª T, *DJE* de 28-10-2010]

849 Nesse sentido os seguintes julgados do STF: Rcl 4.990 AgR, rel. min. Ellen Gracie, j. 4-3-2009, P, DJE de 27-3-2009; ARE 697.852 AgR, rel. min. Cármen Lúcia, j. 30-10-2012, 2ª T, DJE de 21-11-2012.

850 Vide Precedente do STF: **AI 609.989 AgR**, rel. min. Ayres Britto, j. 30-8-2011, 2ª T, *DJE* de 17-10-2011.

código digital, indicando a regularidade do registro (art. 34 e 35 da Portaria nº. 17.593/2020)

JURISPRUDÊNCIA

▶ Incumbe ao sindicato comprovar que possui registro sindical junto ao Ministério do Trabalho e Emprego, instrumento indispensável para a fiscalização do postulado da unicidade sindical. O registro sindical é o ato que habilita as entidades sindicais para a representação de determinada categoria, tendo em vista a necessidade de observância do postulado da unicidade sindical. [Rcl 4.990 AgR, rel. min. Ellen Gracie, j. 4-3-2009, P, DJE de 27-3-2009.= ARE 697.852 AgR, rel. min. Cármen Lúcia, j. 30-10-2012, 2ª T, DJE de 21-11-2012]

▶ É pacífica a jurisprudência deste nosso Tribunal no sentido de que não implica ofensa ao princípio da unidade sindical a criação de novo sindicato, por desdobramento de sindicato preexistente, para representação de categoria profissional específica, desde que respeitados os requisitos impostos pela legislação trabalhista e atendida a abrangência territorial mínima estabelecida pela CF. [AI 609.989 AgR, rel. min. Ayres Britto, j. 30-8-2011, 2ª T, DJE de 17-10-2011.; Vide RE 202.097, rel. min. Ilmar Galvão, j. 16-5-2000, 1ª T, DJ de 4-8-2000; Vide RMS 21.305, rel. min. Marco Aurélio, j. 17-10-1991, P, DJ de 29-11-1991]

▶ Uma vez respeitada a unicidade quanto a certa base territorial, descabe impor exigências incompatíveis com a liberdade de associação. [RMS 21.053, rel. p/ o ac. min. Marco Aurélio, j. 24-11-2010, P, DJE de 25-3-2011.]

▶ O princípio da unicidade sindical, previsto no art. 8º, II, da CF, é a mais importante das limitações constitucionais à liberdade sindical.[RE 310.811 AgR, rel. min. Ellen Gracie, j. 12-5-2009, 2ª T, DJE de 5-6-2009.]

▶ Sindicato. Desmembramento. Alegação de afronta ao princípio da unicidade sindical. Improcedência. Caso em que determinada categoria profissional – até então filiada a sindicato que representava diversas categorias, em bases territoriais diferentes – forma organização sindical específica, em base territorial de menor abrangência. [RE 433.195 AgR, rel. min. Ayres Britto, j. 20-5-2008, 1ª ı, DJE de 19-9-2008; RMS 24.288 AgR, rel. min. Gilmar Mendes, j. 8-3-2016, 2ª T, DJE de 14-4-2016; RE 608.304 AgR, rel. min. Dias Toffoli, j. 28-8-2012, 1ª T, DJE de 13-9-2012;

▶ Sindicato: unicidade e desmembramento. O princípio da unicidade sindical (CF, art. 8º, II) não garante por si só ao sindicato a intangibilidade de sua base territorial; ao contrário, a jurisprudência do STF está consolidada no sentido da legitimidade constitucional do desmembramento territorial de um sindicato para constituir outro, por deliberação dos partícipes da fundação deste, desde que o território de ambos não se reduza a área inferior à de um Município (v.g., MS 21.080, Rezek, DJ de 1º-10-1993; RE 191.231, Pertence, DJ de 6-8-1999; RE 153.534, Velloso, DJ de 11-6-1999; RE 207.910 AgR, Maurício, DJ de 4-12-1998; RE 207.780, Galvão, DJ de 17-10-1997; RE 180.222, Galvão, DJ de 29-8-2000). No caso, o tribunal a quo assentou que não houve superposição sindical total, mas apenas um desmembramento que originou novas organizações sindicais regionais cuja área de atuação é menor do que a do agravante, o que não ofende a garantia constitucional da unicidade.

[RE 154.250 AgR, rel. min. Sepúlveda Pertence, j. 15-5-2007, 1ª T, DJ de 8-6-2007.]

= RE 573.533 AgR, rel. min. Ayres Britto, j. 14-2-2012, 2ª T, DJE de 19-3-2012

▶ A liberdade de associação, observada, relativamente às entidades sindicais, a base territorial mínima – a área de um Município –, é predicado do Estado Democrático de Direito. Recepção da CLT pela Carta da República de 1988, no que viabilizados o agrupamento de atividades profissionais e a dissociação, visando a formar sindicato específico.

[RMS 24.069, rel. min. Marco Aurélio, j. 22-3-2005, 1ª T, DJ de 24-6-2005.]

▶ Liberdade e unicidade sindical: competência para o registro de entidades sindicais (CF, art. 8º, I e II): recepção, pela CF/1988, da competência do Ministério do Trabalho para o registro. Esse registro é que propicia verificar se a unicidade sindical, limitação constitucional ao princípio da liberdade sindical, estaria sendo observada ou não, já que o Ministério do Trabalho é detentor das informações respectivas. [RE 222.285 AgR, rel. min. Carlos Velloso, j. 26-2-2002, 2ª T, DJ de 22-3-2002; AI 789.108 AgR, rel. min. Ellen Gracie, j. 5-10-2010, 2ª T, DJE de 28-10-2010

▶ Havendo identidade entre categoria de trabalhadores representados pelo autor e pelo réu e sendo idênticas também as bases territoriais de atuação de um e de outro sindicato, deve prevalecer o primeiro deles, dada a sua constituição anterior.

[RE 199.142, rel. min. Nelson Jobim, j. 3-10-2000, 2ª T, DJ de 14-12-2001.]

▶ Confederação Nacional de Saúde. Hospitais, estabelecimentos e serviços. CNS. Desmembramento da Confederação Nacional do Comércio. Alegada ofensa ao princípio da unicidade. Improcedência da alegação, posto que a novel entidade representa categoria específica, até então congregada por entidade de natureza eclética, hipótese em que estava fadada ao desmembramento, concretizado como manifestação da liberdade sindical consagrada no art. 8º, II, da CF. [RE 241.935 AgR, rel. min. Ilmar Galvão, j. 26-9-2000, 2ª T, DJ de 27-10-2000.] = RE 402.831 AgR, rel. min. Roberto Barroso, j. 3-3-2015, 1ª T, DJE de 17-3-2015

▶ Trabalhadores em postos de serviço de combustíveis e derivados de petróleo ("frentistas"). Organização em entidade própria, desmembrada da representativa da categoria dos trabalhadores no comércio de minérios e derivados de petróleo. Alegada ofensa ao princípio da unicidade sindical. Improcedência da alegação, posto que a novel entidade representa categoria específica que, até então, se achava englobada pela dos empregados congregados nos sindicatos filiados à Federação Nacional dos Trabalhadores no Comércio de Minérios e Derivados de Petróleo, hipótese em que o desmembramento, contrariamente ao sustentado no acórdão recorrido, constituía a vocação natural de cada classe de empregados, de per si, havendo sido exercida pelos "frentistas", no exercício da liberdade sindical consagrada no art. 8º, II, da Constituição. [RE 202.097, rel. min. Ilmar Galvão, j. 16-5-2000, 1ª T, DJ de 4-8-2000; Rcl 3.488, rel. min. Ayres Britto, j. 9-5-2006, 1ª T, DJ de 29-9-2006]

▶ Cisão de federações. Licitude, no caso de ficar evidenciada a diferenciação de interesses econômicos entre duas espécies de trabalhadores, mesmo sendo conexas (art. 511, § 1º, da CLT). (...) Inadmissibilidade da exigência de obediência às prescrições estatutárias da federação mais antiga, tendo em vista a garantia de liberdade de instituição da nova entidade (CF, art. 8º, II). [RE 217.328, rel. min. Octavio Gallotti, j. 21-3-2000, 1ª T, DJ de 9-6-2000.]

▶ Entidades sindicais constituídas numa mesma base territorial. (...) Conflito acertadamente resolvido pelo acórdão com base no princípio da anterioridade. [RE 209.993, rel. min. Ilmar Galvão, j. 15-6-1999, 1ª T, DJ de 22-10-1999.]

▶ Os princípios da unicidade e da autonomia sindical não obstam a definição, pela categoria respectiva, e o consequente desmembramento de área com a criação de novo sindicato, independentemente de aquiescência do anteriormente instituído, desde que não resulte, para algum deles, espaço inferior ao território de um Município (CF, art. 8º, II). [RE 227.642, rel. min. Octavio Gallotti, j. 14-12-1998, 1ª T, DJ de 30-4-1999.]

▶ Não se há de confundir a liberdade de associação, prevista de forma geral no inciso XVII do rol das garantias constitucionais, com a criação, em si, de sindicato. O critério da especificidade direciona à observação do disposto no inciso II do art. 8º da CF, no que agasalhada a unicidade sindical de forma mitigada, ou seja, considerada a área de atuação, nunca inferior à de um Município. [RE 207.858, rel. min. Marco Aurélio, j. 27-10-1998, 1ª T, DJ de 14-5-1999.]

▶ Não contraria o disposto no art. 8º, II, o acórdão que, em face da diversidade das categorias contempladas, admitiu a dualidade de sua representação sindical. [RE 178.045, rel. min. Octavio Gallotti, j. 3-3-1998, 1ª T, DJ de 3-4-1998.]

▶ A existência, na mesma base territorial, de entidades sindicais que representem estratos diversos da vasta categoria dos servidores públicos – funcionários públicos pertencentes à administração direta, de um lado, e empregados públicos vinculados a entidades paraestatais, de outro, cada qual com regime jurídico próprio – não ofende o princípio da unicidade sindical. [RE 159.228, rel. min. Celso de Mello, j. 23-8-1994, 1ª T, DJ de 27-10-1994.]

▶ Nem o princípio da unicidade sindical, nem o sistema confederativo, mantidos pela Constituição, impõem que os sindicatos se filiem à federação que pretenda abranger-lhe a categoria-base; por isso, nenhuma federação pode arrogar-se âmbito de representatividade maior que o resultante da soma das categorias e respectivas bases territoriais dos sindicatos que a ela se filiem.[MS 21.549, rel. min. Sepúlveda Pertence, j. 17-11-1993, P, DJ de 6-10-1995.]

▶ Mostra-se contrária ao princípio da unicidade sindical a criação de ente que implique desdobramento de categoria disciplinada em lei como única. Em vista da existência do Sindicato Nacional dos Aeronautas, a criação do Sindicato Nacional dos Pilotos da Aviação Civil não subsiste, em face da ilicitude do objeto.[RMS 21.305, rel. min. Marco Aurélio, j. 17-10-1991, P, DJ de 29-11-1991; Vide AI 609.989 AgR, rel. min. Ayres Britto, j. 30-8-2011, 2ª T, DJE de17-10-2011]

Art. 521 – São condições para o funcionamento do Sindicato:

a) proibição de qualquer propaganda de doutrinas incompatíveis com as instituições e os interesses da Nação, bem como de candidaturas a cargos eletivos estranhos ao sindicato.

b) proibição de exercício de cargo eletivo cumulativamente com o de emprego remunerado pelo sindicato ou por entidade sindical de grau superior;

c) gratuidade do exercício dos cargos eletivos.

d) proibição de quaisquer atividades não compreendidas nas finalidades mencionadas no art. 511, inclusive as de caráter político-partidário;

e) proibição de cessão gratuita ou remunerada da respectiva sede a entidade de índole político-partidária.

Parágrafo único. Quando, para o exercício de mandato, tiver o associado de sindicato de empregados, de trabalhadores autônomos ou de profissionais liberais de se afastar do seu trabalho, poderá ser-lhe arbitrada pela assembleia geral uma gratificação nunca excedente da importância de sua remuneração na profissão respectiva.

COMENTÁRIOS (ART. 521)

O artigo em análise estabelece algumas restrições que inviabilizam o funcionamento da atividade sindical. A finalidade primária do ente sindical deve ser a representação da categoria profissional ou econômica.

As condições para o funcionamento do sindicato, ou melhor, as proibições impostas no referido dispositivo, estão relacionadas a atividades alheias ao escopo sindical ou que embaraçam a persecução destas finalidades.

A proibição da entidade sindical de se envolver em atividade político-partidária justifica-se no fato de que esta atividade é tipicamente reservada aos partidos políticos (Lei 9.096/1995).

Eduardo Gabriel Saad elucida que "não se deve classificar como atividade política do sindicato, quando ele, como grupo de pressão, age junto ao Executivo ou Legislativo para obter alguma vantagem para a sua categoria pela decorrência da revogação ou da edição de alguma norma legal ou administrativa".[851]

A finalidade imperativa do sindicato deve ser a proteção dos interesses da categoria profissional ou econômica.

De mais a mais, proíbe a remuneração daquele que exerça o cargo de dirigente sindical. Isso significa que o cargo sindical, no Brasil, é exercido de forma gratuita. Como regra, os Estatutos do Sindicato preveem a possibilidade da assembleia geral estipular uma gratificação ao dirigente sindical eleito – e seu respectivo suplente – quando tiverem que se afastar do trabalho para o exercício do mandato. Também proíbe o exercício de cargo eletivo cumulativamente com o de emprego remunerado pelo sindicato ou por entidade sindical de grau superior, bem como veda a cessão gratuita ou remunerada da respectiva sede a entidade para atividades com finalidade política ou partidária.

▶ SEÇÃO III
DA ADMINISTRAÇÃO DO SINDICATO

Art. 522. A administração do sindicato será exercida por uma diretoria constituída no máximo de sete e no mínimo de três membros e de um Conselho Fiscal composto de três membros, eleitos esses órgãos pela Assembleia Geral. (Vide ADPF 276)

§ 1º A diretoria elegerá, dentre os seus membros, o presidente do sindicato.

§ 2º A competência do Conselho Fiscal é limitada à fiscalização da gestão financeira do sindicato.

§ 3º – Constituirão atribuição exclusiva da Diretoria do Sindicato e dos Delegados Sindicais, a que se refere o art. 523, a representação e a defesa dos interesses da entidade perante os poderes públicos e as empresas, salvo mandatário com poderes outorgados por procuração da Diretoria, ou associado investido em representação prevista em lei. (Incluído pelo Decreto-lei nº 9.502, de 23.7.1946)

[851] Saad, 2019, p. 900.

COMENTÁRIOS (ART. 522)

A organização interna do sindicato é regulada a partir do estatuto aprovado em assembleia geral. Os órgãos que compõem a estrutura interna do sindicato são: a) **Assembleia Geral** – é o órgão responsável pelas deliberações do sindicato, ocupando a maior posição na hierarquia interna; b) **Diretoria** – são os representantes eleitos em assembleia geral com a finalidade de administar o sindicato e representar os interesses da categoria. São conhecidos como dirigentes sindicais. A diretoria é composta de no mínimo 3 e no máximo 7 membros titulares (além dos suplentes, em número igual), conforme dispõe o art. 522 da CLT e a Súmula 369, II, do TST. A própria diretoria é responsável pela eleição do presidente do sindicato (art. 552, §1º, da CLT); c) **Conselho Fiscal** – é o órgão responsável pela fiscalização das contas e gastos do sindicato, formado por 3 membros eleitos pela assembleia geral (art. 552, §2º, da CLT).

A Orientação jurisprudencial nº 365 do TST estabelece que o membro do conselho fiscal de sindicato não tem direito à estabilidade prevista nos arts. 543, §3º, da CLT e no art. 8º, VIII, da CF, considerando que não representa ou atua na defesa dos direitos da categoria, mas, tão somente, na fiscalização da gestão financeira do sindicato.

Art. 523 – Os Delegados Sindicais destinados à direção das delegacias ou seções instituídas na forma estabelecida no § 2º do art. 517 serão designados pela diretoria dentre os associados radicados no território da correspondente delegacia.

COMENTÁRIOS (ART. 523)

O delegado sindical é o empregado indicado pela diretoria do sindicato, dentre os associados radicados no território da correspondente delegacia, para defender os interesses da categoria no local de trabalho. Tem a função precípua de organizar, mobilizar os trabalhadores da categoria no local de trabalho, além de divulgar os materiais do sindicato aos trabalhadores; apontar as necessidades dos trabalhadores naquele local; e representar a direção do sindicato junto aos trabalhadores, instituições públicas e eventos.

A função de delegado sindical é considerada meramente administrativa. Por isso, a estabilidade aplicável aos dirigentes sindicais (Art. 8º, VIII, da CF; art. 543, §3º e 4º, da CLT) não se estende ao delegado sindical, por se tratar de uma função decorrente de mera designação pela diretoria do sindicato, não estando sujeito ao processo eletivo ou representando propriamente a categoria.

Art. 524 – Serão sempre tomadas por escrutínio secreto, na forma estatutária, as deliberações da Assembleia Geral concernentes aos seguintes assuntos:

a) eleição de associado para representação da respectiva categoria prevista em lei;

b) tomada e aprovação de contas da diretoria;

c) aplicação do patrimônio;

d) julgamento dos atos da Diretoria, relativos a penalidades impostas a associados;

e) pronunciamento sobre relações ou dissídio de trabalho. Neste caso, as deliberações da Assembleia Geral só serão consideradas válidas quando ela tiver sido especialmente convocada para esse fim, de acordo com as disposições dos estatutos da entidade sindical. O quórum para validade da Assembleia será de metade mais um dos associados quites; não obtido esse quórum em primeira convocação, reunir-se-á a Assembleia em segunda convocação com os presentes, considerando-se aprovadas as deliberações que obtiverem 2/3 (dois terços) dos votos.

§ 1º – A eleição para cargos de diretoria e conselho fiscal será realizada por escrutínio secreto, durante 6 (seis) horas contínuas, pelo menos, na sede do Sindicato, na de suas delegacias e seções e nos principais locais de trabalho, onde funcionarão as mesas coletoras designadas pelos Delegados Regionais do Trabalho.

§ 2º – Concomitantemente ao término do prazo estipulado para a votação, instalar-se-á, em Assembleia Eleitoral pública e permanente, na sede do Sindicato, a mesa apuradora, para a qual serão enviadas, imediatamente, pelos presidentes das mesas coletoras, as urnas receptoras e as atas respectivas. Será facultada a designação de mesa apuradora supletiva sempre que as peculiaridades ou conveniências do pleito a exigirem.

§ 3º – A mesa apuradora será presidida por membro do Ministério Público do Trabalho ou pessoa de notória idoneidade, designado pelo Procurador-Geral da Justiça do Trabalho ou Procuradores Regionais.

§ 4º – O pleito só será válido na hipótese de participarem da votação mais de 2/3 (dois terços) dos associados com capacidade para votar. Não obtido esse coeficiente, será realizada nova eleição dentro de 15 (quinze) dias, a qual terá validade se nela tomarem parte mais de 50% (cinquenta por cento) dos referidos associados. Na hipótese de não ter sido alcançado, na segunda votação, o coeficiente exigido, será realizado o terceiro e último pleito, cuja validade dependerá do voto de mais de 40% (quarenta por cento) dos aludidos associados, proclamando o Presidente da mesa apuradora em qualquer dessas hipóteses os eleitos, os quais serão empossados automaticamente na data do término do mandato expirante, não tendo efeito suspensivo os protestos ou recursos oferecidos na conformidade da lei.

§ 5º – Não sendo atingido o coeficiente legal para eleição, o Ministério do Trabalho, Industria e Comercio declarará a vacância da administração, a partir do término do mandato dos membros em exercício, e designará administrador para o Sindicato, realizando-se novas eleições dentro de 6 (seis) meses.

COMENTÁRIOS (ART. 524)

O artigo em estudo determina que as decisões tomadas pela Assembleia Geral serão sempre tomadas por escrutínio secreto. Contudo, este dispositivo não foi recepcionado pela Constituição Federal de 1988 no que diz respeito à autorização do Ministério do Trabalho para determinar as essas coletoras de voto ou da ausência de alcance do coeficiente legal na eleição, ou a apuração de votos pelo Ministério Público do Trabalho, já que é vedada a interferência do poder público no ente sindical (art. 8º da CF).

A Assembleia Geral é o órgão máximo do sindicato responsável pelas deliberações do sindicato. Essas deliberações podem ou não ser tomadas mediante escrutínio secreto. A despeito da previsão legal, o sindicato poderá estabelecer as decisões que serão tomadas sob o manto do sigilo e aquelas que serão públicas.

Nesse ponto, Eduardo Gabriel Saad observa que "a vedação à ingerência do Poder Público se restringe à sua criação, à sua estrutura, deixando de lado a sus dinâmica".[852]

O processo eleitoral se inicia, a rigor, por meio da Assembleia eleitoral, em conformidade com o estatuto do sindicato.

A validade da eleição está condicionada à participação de mais de 2/3 (dois terços) dos associados com capacidade para votar. Não sendo alcançado este requisito, será realizada nova eleição dentro de 15 (quinze) dias, a qual terá validade se nela participar mais de 50% dos associados. Subsidiariamente, não tendo sido alcançada a participação mínima, na segunda votação, será realizado o último pleito, cuja validade dependerá do voto de mais de 40% dos associados.

O candidato que obtiver maioria absoluta dos votos será eleito para o cargo da diretoria e conselho fiscal (art. 531 da CLT).

[852] Saad, 2019, p. 904.

Art. 525 – É vedada a pessoas físicas ou jurídicas, estranhas ao Sindicato, qualquer interferência na sua administração ou nos seus serviços. (Redação dada pelo Decreto-lei nº 9.502, de 23.7.1946),

Parágrafo único – Estão excluídos dessa proibição:

a) os delegados do Ministério do Trabalho, Indústria e Comércio, especialmente designados pelo ministro ou por quem o represente;

b) os que, como empregados, exerçam cargos no Sindicato mediante autorização da Assembleia Geral.

COMENTÁRIOS (ART. 525)

A vedação de interferência sindical aplica-se às pessoas físicas, jurídicas e também ao Poder Público (art. 8º da CF).

Art. 526 – Os empregados do Sindicato serão nomeados pela diretoria respectiva ad referendum, da Assembleia Geral, não podendo recair tal nomeação nos que estiverem nas condições previstas nos itens II, IV, V, VI, VII e VIII do art. 530 e, na hipótese de o nomeador haver sido dirigente sindical, também nas do item I do mesmo artigo. (Redação dada pelo Decreto-lei nº 925, de 10.10.1969)

Parágrafo único.(revogado) (Redação dada pela Lei nº 11.295, de 2006)

§ 2º Aplicam-se ao empregado de entidade sindical os preceitos das leis de proteção do trabalho e de previdência social, inclusive o direito de associação em sindicato. (Incluído pela Lei nº 11.295, de 2006)

Art. 527. Na sede de cada sindicato haverá um livro de registro, autenticado pelo funcionário competente do Ministério do Trabalho, Indústria e Comércio, e do qual deverão constar:

a) tratando-se de sindicato de empregadores; a firma, individual ou coletiva, ou a denominação das empresas e sua sede, o nome, idade, estado civil, nacionalidade e residência dos respectivos sócios ou, em se tratando de sociedade por ações, dos diretores, bem como a indicação desses dados quanto ao sócio ou diretor que representar a empresa no sindicato;

b) tratando-se de sindicato de empregados ou de agentes ou trabalhadores autônomos ou de profissionais liberais, além do nome, idade, estado civil, nacionalidade, profissão ou função e residência de cada associado, o estabelecimento ou lugar onde exerce a sua profissão ou função, o número e a série da respectiva carteira profissional e o número da inscrição na instituição de previdência a que pertencer.

Art. 528 -Ocorrendo dissídio ou circunstâncias que perturbem o funcionamento de entidade sindical ou motivos relevantes de segurança nacional, o Ministro do Trabalho e Previdência Social poderá nela intervir, por intermédio de Delegado ou de Junta Interventora, com atribuições para administrá-la e executar ou propor as medidas necessárias para normalizar-lhe o funcionamento. (Redação dada pelo Decreto-lei nº 3, de 27.1.1966)

SEÇÃO IV
DAS ELEIÇÕES SINDICAIS

Art. 529 – São condições para o exercício do direito do voto como para a investidura em cargo de administração ou representação econômica ou profissional:

a) ter o associado mais de seis meses de inscrição no Quadro Social e mais de 2 (dois) anos de exercício da atividade ou da profissão; (Redação dada pelo Decreto-lei nº 8.080, 11.10.1945)

b) ser maior de 18 (dezoito) anos;

c) estar no gozo dos direitos sindicais.

Parágrafo único – É obrigatório aos associados o voto nas eleições sindicais. (Incluído pelo Decreto-lei nº 229, de 28.2.1967)

Art. 530 – Não podem ser eleitos para cargos administrativos ou de representação econômica ou profissional, nem permanecer no exercício dêsses cargos:

I – os que não tiverem definitivamente aprovadas as suas contas de exercício em cargos de administração;

II – os que houverem lesado o patrimônio de qualquer entidade sindical;

III – os que não estiverem, desde dois (2) anos antes, pelo menos, no exercício efetivo da atividade ou da profissão dentro da base territorial do sindicato, ou no desempenho de representação econômica ou profissional;

IV – os que tiverem sido condenados por crime doloso enquanto persistirem os efeitos da pena;

V – os que não estiverem no gôzo de seus direitos políticos;

VI – (Revogado pela Lei nº 8.865, de 29.3.1994)

VII – má conduta, devidamente comprovada;

VIII – (Revogado pela Lei nº 8.865, de 29.3.1994)

Parágrafo único. (Revogado pela Lei nº 2.693, de 23.12.1955)

Art. 531. Nas eleições para cargos de diretoria e do conselho fiscal serão considerados eleitos os candidatos que obtiverem maioria absoluta de votos em relação ao total dos associados eleitores.

§ 1º Não concorrendo à primeira convocação maioria absoluta de eleitores, ou não obtendo nenhum dos candidatos essa maioria, proceder-se-á à nova convocação para dia posterior, sendo então considerados eleitos os candidatos que obtiverem maioria dos eleitores presentes.

§ 2º Havendo somente uma chapa registada para as eleições, poderá a assembléia em última convocação ser realizada duas horas após à primeira convocação desde que do edital respectivo conste essa advertência.

§ 3º Concorrendo mais de uma chapa poderá o Ministério do Trabalho, Indústria e Comércio designar o presidente da sessão eleitoral, desde que o requeiram os associados que encabeçarem as respectivas chapas. (Redação dada pelo Decreto-lei nº 8.080, 11.10.1945)

§ 4º O ministro do Trabalho, Indústria e Comércio expedirá instruções regulando o processo das eleições.

Art. 532 – As eleições para a renovação da Diretoria e do Conselho Fiscal deverão ser procedidas dentro do prazo máximo de 60 (sessenta) dias e mínimo de 30 (trinta) dias, antes do término do mandato dos dirigentes em exercício. (Redação dada pelo Decreto-lei nº 8.080, 11.10.1945)

§ 1º Não havendo protesto na ata da assembléia eleitoral ou recurso interposto por algum dos candidatos, dentro de 15 dias a contar da data das eleições, a posse da diretoria eleita independerá, da aprovação das, eleições pelo Ministério do Trabalho, Indústria e Comercio. (Incluído pelo Decreto-lei nº 8.080, 11.10.1945)

§ 2º Competirá, à diretoria em exercício, dentro de 30 dias da realização das eleições" e não tendo havido recurso, dar publicidade ao resultado do pleito, fazendo comunicação ao órgão local do Ministério do Trabalho, Indústria e Comércio, da relação dos eleitos, com os dados pessoais de cada um e a designação da função que vai exercer. (Incluído pelo Decreto-lei nº 8.080, 11.10.1945)

§ 3º Havendo protesto na ata da assembléia eleitoral ou recurso interposto dentro de 15 dias da realização das eleições, competirá a diretoria em exercício encaminhar, devidamente instruído, o processo eleitoral ao órgão local do Ministério do Trabalho, Indústria e Comércio, que o encaminhará para decisão do Ministro de Estado. Nesta hipótese, permanecerão na administração até despacho final do processo a diretoria e o conselho fiscal que se encontrarem em exercício. (Incluído pelo Decreto-lei nº 8.080, 11.10.1945)

§ 4º Não se verificando as hipóteses previstas no parágrafo anterior, a posse da nova diretoria deverá se verificar dentro de 30 dias subsequentes ao término do mandato da anterior. (Incluído pelo Decreto-lei nº 8.080, 11.10.1945)

§ 5º – Ao assumir o cargo, o eleito prestará, por escrito e solenemente, o compromisso de respeitar, no exercício do mandato, a Constituição, as leis vigentes e os estatutos da entidade. (Incluído pelo Decreto-lei nº 229, de 28.2.1967)

COMENTÁRIOS (ARTS. 526 A 532)

Os artigos em exame interferem claramente na organização interna do sindicato, violando a liberdade sindical (art. 8º, CF). O estatuto do sindicato irá regulamentar as regras "*interna corporis*", os procedimentos e critérios para o exercício do direito do voto, investidura em cargo de administração ou representação sindical.

SEÇÃO V
DAS ASSOCIAÇÕES SINDICAIS DE GRAU SUPERIOR

Art. 533 – Constituem associações sindicais de grau superior as federações e confederações organizadas nos termos desta Lei.

COMENTÁRIOS (ART. 533)

O constituinte originário manteve o "sistema confederativo da representação sindical respectiva", nos termos do art. 8º, IV da Constituição Federal de 1988. O sistema confederativo subdivide a representação sindical em entidades sindicais de grau inferior (sindicatos) e entidades sindicais de grau superior (federações e confederações). A doutrina normalmente associa a estrutura sindical a uma pirâmide: os sindicatos estão na base; no centro, as federações; e no topo, as confederações[853]. O sindicato, portanto, está na base do sistema confederativo e as federações e confederações estão na parte superior.

As Centrais Sindicais, criadas pela Lei n. 11.648/2008, não compõem a estrutura do sistema sindical. Autua paralelamente às entidades representativas dos trabalhadores, com o objetivo de coordenar a representação dos trabalhadores por meio das organizações sindicais a ela filiadas e participar de negociações em fóruns, colegiados de órgãos públicos e demais espaços de diálogo social que possuam composição tripartite, nos quais estejam em discussão assuntos de interesse geral dos trabalhadores (art. 1º da Lei 11648/2008).

Por definição legal, as centrais sindicais são consideradas "a entidade associativa de direito privado composta por organizações sindicais de trabalhadores". Não existem, portanto, centrais sindicais de empregadores (ou de categorias econômicas).

Art. 534 – É facultado aos Sindicatos, quando em número não inferior a 5 (cinco), desde que representem a maioria absoluta de um grupo de atividades ou profissões idênticas, similares ou conexas, organizarem-se em federação. (Redação dada pela Lei nº 3.265, de 22.9.1957)

§ 1º – Se já existir federação no grupo de atividades ou profissões em que deva ser constituída a nova entidade, a criação desta não poderá reduzir a menos de 5 (cinco) o número de Sindicatos que àquela devam continuar filiados. (Incluído pela Lei nº 3.265, de 22.9.1957)

§ 2º – As federações serão constituídas por Estados, podendo o Ministro do Trabalho, Industria e Comercio autorizar a constituição de Federações interestaduais ou nacionais. (Parágrafo 1º renumerado pela Lei nº 3.265, de 22.9.1957)

§ 3º – É permitido a qualquer federação, para o fim de lhes coordenar os interesses, agrupar os Sindicatos de determinado município ou região a ela filiados; mas a união não terá direito de representação das atividades ou profissões agrupadas. (Parágrafo 2º renumerado pela Lei nº 3.265, de 22.9.1957)

Art. 535 – As Confederações organizar-se-ão com o mínimo de 3 (três) federações e terão sede na Capital da República.

§ 1º – As confederações formadas por federações de Sindicatos de empregadores denominar-se-ão: Confederação Nacional da Indústria, Confederação Nacional do Comércio, Confederação Nacional de Transportes Marítimos, Fluviais e Aéreos, Confederação Nacional de Transportes Terrestres, Confederação Nacional de Comunicações e Publicidade, Confederação Nacional das Empresas de Crédito e Confederação Nacional de Educação e Cultura.

§ 2º – As confederações formadas por federações de Sindicatos de empregados terão a denominação de: Confederação Nacional dos Trabalhadores na Indústria, Confederação Nacional dos Trabalhadores no Comércio, Confederação Nacional dos Trabalhadores em Transportes Marítimos, Fluviais e Aéreos, Confederação Nacional dos Trabalhadores em Transportes Terrestres, Confederação Nacional dos Trabalhadores em Comunicações e Publicidade, Confederação Nacional dos Trabalhadores nas

[853] Brito Filho, 201, p. 107.

Empresas de Crédito e Confederação Nacional dos Trabalhadores em Estabelecimentos de Educação e Cultura.

§ 3º – Denominar-se-á Confederação Nacional das Profissões Liberais a reunião das respectivas federações.

§ 4º – As associações sindicais de grau superior da Agricultura e Pecuária serão organizadas na conformidade do que dispuser a lei que regular a sindicalização dessas atividades ou profissões.

Art. 536 – (Revogado pelo Decreto-Lei nº 229, de 28.2.1967)

COMENTÁRIOS (ARTS. 534 A 536)

As federações são entidades de segundo grau ou de grau superior que é formada pela coligação de, no mínimo, cinco entidades sindicais que representem uma determinada categoria, com atividades idênticas, similares ou conexas. A base territorial abrange o âmbito estadual, com o propósito de coordenar os interesses, agrupar os sindicatos de determinado município ou região, a ela filiados.

No que se refere a unicidade sindical, a Federação, quando constituída por sindicatos, os quais não estejam filiados a nenhuma outra entidade do mesmo nível, é possível a coexistência de mais de uma Federação representando determinada categoria de trabalhadores, desde que cada ente federativo seja formado por entes sindicais diversos, respeitando o número mínimo previsto em lei e representem sindicatos de bases territoriais distintas, nos termos do dispositivo em análise. Nessa perspectiva, o julgado abaixo:

- REGISTRO DE ENTE CONFEDERATIVO. AUSÊNCIA DE CONFLITO DE REPRESENTATIVIDADE. ENTIDADES PATRONAIS. No Brasil, além da manutenção da unicidade sindical (CRFB, artigo 8º, incisos II, também permanece no modelo vigente a organização de trabalhadores por categoria profissional, conforme enquadramento definido pelos artigos 511 e 577 da CLT. Tais normas constitucionais e legais não se contrapõem. Ao contrário, devem ser lidas de forma dialógica, complementar e harmônica. A organização sindical brasileira rege-se, também, pelo princípio da especificidade, conforme artigos 511, 570 e 571, da CLT. Por essa razão, ainda que a confederação autora tenha sido originada em período pretérito ao da confederação demandada, não há inconstitucionalidade ou ilegalidade a ser reconhecida em relação ao deferimento do registro no órgão competente, porquanto esta última congrega Federações mais específicas, não havendo conflito a ser reconhecido. No caso das Federações, respeita-se a unicidade sempre que a federação mais moderna seja constituída por sindicatos os quais não estejam filiados a nenhuma outra entidade do mesmo nível. Em outras palavras, pode existir, sim, mais de uma Federação representando determinada categoria de trabalhadores, desde que cada ente federativo possua como filiados sindicatos diversos, no mínimo cinco (CLT, artigo 534). Em tais circunstâncias, não há ofensa ao princípio da unicidade sindical toda vez que as federações representem sindicatos de bases territoriais distintas. De igual modo, desde que as Federações fundadoras da entidade de âmbito superior (nível nacional) não sejam filiadas a qualquer outra Confederação, notadamente quando o ente sindical novo, este que pretende o reconhecimento de sua vida jurídica, congrega categoria econômica ou profissional mais específica, encontram-se aquelas Federações autorizadas constitucionalmente a criar essa mais recente entidade confederativa. Precedente da 2ª Turma do TRT 10 na mesma direção a seguir citado: "EMENTA 1.CONFEDERAÇÃO. CONTRAF E CONTEC. REGISTRO NO MINISTÉRIO DO TRABALHO. CONTROLE DO PRINCÍPIO DA UNICIDADE. O Quadro de Atividades e Profissões a que alude o art. 577 da CLT não mais se encontra em vigor ante o princípio da liberdade sindical, inciso I do art. 8º da CF/88, que encontra restrição apenas naquele outro que determina a unidade sindical na mesma base territorial, inciso II do art. 8º da CF/88. Assim, as confederações patronais e profissionais não estão limitadas àquelas descritas nos parágrafos primeiro e segundo do art. 535 da CLT, podendo, a teor do caput deste dispositivo, serem constituídas livremente, desde que sobre bases distintas de no mínimo três federações. A CONTRAF se encontra organizada sobre federações diferentes daquelas que formam a CONTEC, por isso não existe óbice a sua existência. O Ministério do Trabalho, na forma da Súmula 677 do STF, exerce o controle do princípio constitucional da unidade sindical ao decidir sobre pedido de registro sindical, devendo julgar as impugnações incidentes, a não ser que resulte evidente desrespeito ao princípio da unidade sindical. Neste caso deve paralisar o processo administrativo no aguardo de decisão judicial. Recursos voluntários e remessa oficial conhecidos, preliminares rejeitadas e, no mérito, providos para julgar improcedentes os pedidos formulados no mandamus". (Processo: 00337-2006-018-10-00-4 RO (Acordão 2ª Turma) Origem: 18ª Vara do Trabalho de BRASÍLIA/DF Juíz (a) da Sentença: Rossifran Trindade Souza Relator: JuizGilberto Augusto

Leitão Martins Revisor: Desembargador Brasilino Santos Ramos Redator: Juiz Gilberto Augusto Leitão Martins Julgado em: 21/11/2007 Publicado em: 14/12/2007 no DJ Recorrente: Confederação Nacional dos Trabalhadores no Ramo Financeiro - Contraf Advogado: Luís Antônio Castagna Maia Recorrente: União (Secretário Executivo do Ministério do Trabalho e Emprego) Advogado: Regina Andrade de Souza Barreto Recorrido: Os Mesmos Recorrido: Confederação Nacional dos Trabalhadores Nas Empresas de Crédito – Contec Advogado: Marcelo Luiz Ávila de Bessa Acordão do (a) Exmo (a) Juiz Gilberto Augusto Leitão Martins). Recurso conhecido e desprovido. (TRT-10 00009671120185100002 DF, Data de Julgamento: 04/11/2020, Data de Publicação: 10/11/2020)

As confederações são entidades de terceiro grau ou de grau superior, com extensão em âmbito nacional, composta de, no mínimo, três federações, com sede em Brasília.

A atuação das entidades sindicais de grau superior é residual e supletiva. Inexistindo entidade sindical numa determinada base territorial a categoria será representada pela federação e, na ausência desta, será representada pela confederação[854].

Parte da doutrina questiona o número mínimo de sindicato ou de federações para a formação das federações e confederações, respectivamente, sob o fundamento que caracteriza interferência e intervenção do Poder Público na estrutura sindical, o que seria indevida, de acordo com o preceito contido no art. 8º da CF.

Art. 537. O pedido de reconhecimento de uma federação será dirigido ao ministro do Trabalho, Indústria e Comércio, acompanhado de um exemplar dos respectivos estatutos e das cópias autenticadas das atas da assembléia de cada sindicato ou federação que autorizar a filiação.

§ 1º A organização das federações e confederações obedecerá às exigências contidas nas alíneas b e c do art. 515.

§ 2º A carta de reconhecimento das federações será expedida pelo ministro do Trabalho, Indústria e Comércio, na qual será especificada a coordenação econômica ou profissional conferida e mencionada a base territorial outorgada.

§ 3º O reconhecimento das confederações será feito por decreto do Presidente da República.

Art. 538 – A administração das federações e confederações será exercida pelos seguintes órgãos:

a) Diretoria;

b) Conselho de Representantes;

c) Conselho Fiscal.

§ 1º – A Diretoria será constituída no mínimo de 3 (três) membros e de 3 (três) membros se comporá o Conselho Fiscal, os quais serão eleitos pelo Conselho de Representantes com mandato por 3 (três) anos.

§ 2º – Só poderão ser eleitos os integrantes dos grupos das federações ou dos planos das confederações, respectivamente.

§ 3º – O Presidente da federação ou confederação será escolhido dentre os seus membros, pela Diretoria.

§ 4º – O Conselho de Representantes será formado pelas delegações dos Sindicatos ou das Federações filiadas, constituída cada delegação de 2 (dois) membros, com mandato por 3 (três) anos, cabendo 1 (um) voto a cada delegação.

§ 5º – A competência do Conselho Fiscal é limitada à fiscalização da gestão financeira.

Art. 539 – Para a constituição e administração das Federações serão observadas, no que for aplicável, as disposições das Seções II e III do presente Capítulo.

COMENTÁRIOS (ARTS. 537 A 539)

O registro das entidades sindicais, inclusive as de grau superior, é realizado perante o Ministério do Trabalho e Previdência (recriado pela MP n. 1.058/2021, convertida na Lei 14.261/2021). A Portaria nº. 17.593 de 24 de julho de 2020 dispõe sobre os procedimentos administrativos para o registro de entidades sindicais pelo Ministério da Economia, na forma prevista no Título V da CLT e da Súmula 677 do Supremo Tribunal Federal (STF).

A entidade sindical deverá apresentar o edital de convocação da assembleia geral de fundação ou ratificação de fundação – destacando-se a necessidade de descrição de toda a categoria e base territorial; a ata da assembleia geral de fundação ou de ratificação de fundação com a descrição da categoria e da base territorial aprovada; a declaração da entidade de que os dirigentes foram regularmente eleitos; estatuto social, aprovado em assembleia geral e registrado em cartório, no qual deve constar, de forma objetiva a categoria e a base territorial pleiteada; e, o recolhimento das custas pertinentes, a fim de que seja possível a averiguação do cumprimento da unicidade sindical (art. 4º a Portaria nº. 17.593/2020).

---

854 Martinez, 2020.

Sobre o tema, existe entendimento jurisprudencial no sentido de que é possível a coexistência de mais de uma Federação representando determinada categoria de trabalhadores quando constituída por sindicatos, os quais não estejam filiados a nenhuma outra entidade do mesmo nível, desde que cada ente federativo seja formado por entes sindicais diversos, seja respeitado o número mínimo previsto em lei e representem sindicatos de bases territoriais distintas.

Ocorrendo o deferimento de registro a Coordenação-Geral de Registro Sindical da Subsecretaria de Relações do Trabalho da Secretaria de Trabalho efetivará o cadastro da entidade no CNES (Cadastro Nacional de Entidades Sindicais), cuja certidão sindical será disponibilizada através do sítio eletrônico do Ministério da Economia. O deferimento do registro sindical também possibilita o requerimento de expedição do código digital, indicando a regularidade do registro (art. 34 e 35 da Portaria nº. 17.593/2020)

A estrutura interna da federação e das confederações são similares à estrutura dos sindicatos. São compostas de: a) **Assembleia Geral** – é o órgão responsável pelas deliberações do sindicato, ocupando a maior posição na hierarquia interna; b) **Diretoria** – são os representantes eleitos em assembleia geral com a finalidade de administrar o sindicato e representar os interesses da categoria. São conhecidos como dirigentes sindicais. A diretoria é composta de no mínimo 3 e no máximo 7 membros titulares (além dos suplentes, em número igual), conforme dispõe o art. 522 da CLT e a Súmula 369, II, do TST. A própria diretoria é responsável pela eleição do presidente do sindicato (art. 552, §1º, da CLT); c) **Conselho Fiscal** – é o órgão responsável pela fiscalização das contas e gastos do sindicato, formado por 3 membros eleitos pela assembleia geral (art. 552, § 2º, da CLT);

SEÇÃO VI
DOS DIREITOS DOS EXERCENTES DE ATIVIDADES OU PROFISSÕES E DOS SINDICALIZADOS

Art. 540. A tôda emprêsa, ou indivíduo que exerçam respectivamente atividade ou profissão, desde que satisfaçam as exigências desta lei, assiste o direito de ser admitido no sindicato da respectiva categoria.

§ 1º – Perderá os direitos de associado o sindicalizado que, por qualquer motivo, deixar o exercício de atividade ou de profissão.

§ 2º – Os associados de Sindicatos de empregados, de agentes ou trabalhadores autônomos e de profissões liberais que forem aposentados, estiverem em desemprego ou falta de trabalho ou tiverem sido convocados para prestação de serviço militar não perderão os respectivos direitos sindicais e ficarão isentos de qualquer contribuição, não podendo, entretanto, exercer cargo de administração sindical ou de representação econômica ou profissional.

Art. 541 – Os que exercerem determinada atividade ou profissão onde não haja Sindicato da respectiva categoria, ou de atividade ou profissão similar ou conexa, poderão filiar-se a Sindicato de profissão idêntica, similar ou conexa, existente na localidade mais próxima.

Parágrafo único – O disposto neste artigo se aplica aos Sindicatos em relação às respectivas federações, na conformidade do Quadro de Atividades e Profissões a que se refere o art. 577.

Art. 542. De todo o ato lesivo de direitos ou contrário a esta lei, emanado da Diretoria, do Conselho ou da Assembléia Geral da entidade sindical, poderá qualquer exercente de atividade ou profissão recorrer, dentro de 30 dias, para a autoridade competente do Ministério do Trabalho, Indústria e Comércio.

COMENTÁRIOS (ARTS. 540 A 542)

O princípio da liberdade associativa e da liberdade sindical tem esteio *democracia participativa, "preceito de proteção da dignidade da pessoa, aos princípios de livre-iniciativa, da autonomia da vontade e da garantia da liberdade de expressão"*.[855] Ninguém será obrigado a filiar-se ou manter-se filiado ao sindicato. A liberdade sindical, nos termos do inciso VII, do art. 8º da CF, alcança também o aposentado.

A Convenção nº 87 da OIT que não foi ratificada pelo Brasil, uma vez que defende a liberdade sindical plena, como, por exemplo, a previsão da pluralidade sindical, a não divisão por categorias e a vedação de qualquer cobrança de contribuição compulsória. O Brasil é obrigado a respeitar a liberdade sindical por ser país-membro da OIT, já que tal tema é um princípio fundamental da OIT, juntamente com abolição do trabalho infantil, eliminação de toda forma de trabalho forçado e o reconhecimento das negociações coletivas.

Os litígios envolvendo a representação sindical, entre sindicato, entre sindicatos e trabalhadores e entre sindicatos e empregadores podem ser dirimidos perante a Justiça do Trabalho (art. 114, III da CF/88). Consoante já lecionamos em outra obra, os conflitos intersindicais que tramitam perante a Justiça do Trabalho

[855] J. J. Gomes Canotilho...[et al.]; outros autores e coordenadores Ingo Wolfgang Sarlet, Lenio Luiz Streck, Gilmar Ferreira Mendes. – Comentários à Constituição do Brasil – 2. ed. – São Paulo: Saraiva Educação, 2018.

são: "*I – Dissídios entre dois ou mais sindicatos sobre a representação de categoria: a) os de representatividade; b) os declaratórios de vínculo jurídico-sindical entre sindicato e federação; c) os cautelares, objetivando sustar os efeitos de convenção coletiva de trabalho*". Já os conflitos intrassindicais são: "*II – Os dissídios envolvendo todas as questões do sindicato considerado em si mesmo ("interna corporis"): a) conflitos entre o sindicato e seus associados; b) conflitos entre sindicatos e terceiros, como, por exemplo, o sindicato em face do Cartório de Registro de Pessoas Jurídicas, bem como o sindicato contra o Ministério do Trabalho e Emprego, concernentes a questões sobre o registro sindical; c) conflitos sobre a legalidade de criação do sindicato, abrangendo ações que ventilem o registro sindical ou os atos constitutivos em cartório; d) conflitos sobre a convocação de Assembleia; e) conflitos sobre eleições sindicais; f) conflitos sobre cargos de direção (art. 522 da CLT e Súmula 187 do STF); g) conflitos sobre o registro da candidatura a cargo de dirigente sindical (vem prevalecendo o entendimento de que a Súmula n. 4 do S TJ, que estabelece a competência da Justiça Estadual para processar e julgar causa decorrente do processo eleitoral sindical, restou prejudicada com o advento da Reforma do Judiciário); h) ação do dirigente sindical em face da entidade sindical cujo objeto é o pagamento dos seus haveres trabalhistas e honorários*".[856]

Existe corrente doutrinária que defende a tese de que a Justiça do Trabalho somente tem competência para processar e julgar as ações envolvendo a representação sindical – em outras palavras, os litígios entre sindicatos pela representação da categoria e fixação de base territorial, por exemplo. Adota a teoria restritiva, de forma que entendem que a Justiça do Trabalho não é competente para julgar as controvérsias entre sindicatos e terceiros, nem mesmo aqueles surgidos entre empregados e empregadores envolvendo o exercício da representação sindical. Inversamente, existe vertente interpretativa que a advoga a tese de que a Justiça do Trabalho é competente para processar e julgar as ações sobre representação sindical e as demais demandas que versam sobre matéria sindical, ou seja, os dissídios entre sindicatos e empregados, ou entre sindicatos e empregadores.

Com efeito o empregado ou empregador tem o direito de ser admitido como associado da entidade sindical (art. 540 da CLT); o direito de se filiar a ente sindical similar, caso não haja sindicato da respectiva categoria (art. 541 da CLT); se contrapor a eventual ato lesivo de direitos da diretoria, do conselho ou assembleia (art. 542 da CLT)

Caso o empregado ou o empregador sejam impedidos de participar do sindicato, poderá ingressar com ação para questionar eventual arbitrariedade na decisão do sindicato perante a Justiça do Trabalho (art. 114, III da CF/88).

Art. 543 – O empregado eleito para cargo de administração sindical ou representação profissional, inclusive junto a órgão de deliberação coletiva, não poderá ser impedido do exercício de suas funções, nem transferido para lugar ou mister que lhe dificulte ou torne impossível o desempenho das suas atribuições sindicais.

§ 1º – O empregado perderá o mandato se a transferência fôr por êle solicitada ou voluntàriamente aceita.

§ 2º – Considera-se de licença não remunerada, salvo assentimento da emprêsa ou cláusula contratual, o tempo em que o empregado se ausentar do trabalho no desempenho das funções a que se refere êste artigo.

§ 3º – Fica vedada a dispensa do empregado sindicalizado ou associado, a partir do momento do registro de sua candidatura a cargo de direção ou representação de entidade sindical ou de associação profissional, até 1 (um) ano após o final do seu mandato, caso seja eleito inclusive como suplente, salvo se cometer falta grave devidamente apurada nos termos desta Consolidação.

§ 4º – Considera-se cargo de direção ou de representação sindical aquele cujo exercício ou indicação decorre de eleição prevista em lei.

§ 5º – Para os fins dêste artigo, a entidade sindical comunicará por escrito à emprêsa, dentro de 24 (vinte e quatro) horas, o dia e a hora do registro da candidatura do seu empregado e, em igual prazo, sua eleição e posse, fornecendo, outrossim, a êste, comprovante no mesmo sentido. O Ministério do Trabalho e Previdência Social fará no mesmo prazo a comunicação no caso da designação referida no final do § 4º.

§ 6º – A emprêsa que, por qualquer modo, procurar impedi que o empregado se associe a sindicato, organize associação profissional ou sindical ou exerça os direitos inerentes à condição de sindicalizado fica sujeita à penalidade prevista na letra a do art. 553, sem prejuízo da reparação a que tiver direito o empregado.

COMENTÁRIOS (ART. 543)

1. DIRIGENTE SINDICAL

O dirigente sindical é o trabalhador eleito para exercer o cargo de direção e representação do sindicato da categoria profissional.

---

[856] Pereira, Leone. Manual de Processo do Trabalho. – 5. ed. – São Paulo: Saraiva, 2018.

A Constituição Federal prevê estabilidade para o dirigente sindical para proteger não só o empregado eleito para esse cargo, mas também toda a categoria que ele representa, proporcionando uma tranquilidade e independência na defesa dos interesses dos trabalhadores (art. 8º, VIII, CF)[857].

Sergio Pinto Martins [858]anota que "o objetivo da garantia de emprego do dirigente sindical é evitar represálias por parte do empregador pelo fato de o dirigente postular diversos direitos para a categoria. A garantia também é, num sentido amplo, da categoria, de que uma pessoa possa negociar com o empregador, sem ser, por exemplo, dispensada".

Gilberto Stürmer[859] pontua cirurgicamente que "o **dirigente é o próprio sindicato** e, na obrigatória e incessante busca dos interesses da categoria, **é natural que em determinados momentos, a relação com o empregador fique estremecida.** Entendeu o legislador que um ano após o final do mandato é tempo suficiente para que eventuais rusgas ocorridas sejam amainadas".

As posições antagônicas e os interesses diversos em algum momento podem colidir, gerando abalo na relação entre o empregado sindicalizado (dirigente sindical) e o empregador. Daí decorre o fundamento da estabilidade, para assegurar a manutenção do emprego e viabilizar a busca dos melhores interesses da categoria, sem receio de desagradar o empregador ou de se tornar vítima de represálias.

Demais a mais, a estabilidade após o termino do mandato é tempo suficiente para que eventuais ressentimentos entre o empregador e o empregado sejam abrandados ou superados.

O representante do sindicato patronal não tem direito a estabilidade, porquanto o texto constitucional confere proteção exclusivamente ao "empregado sindicalizado", representante da categoria profissional. Inexiste, ademais, conflito de interesses entre o representante do sindicato patronal e os empregadores.

A princípio a legislação conferia estabilidade ao dirigente sindical desde o registro da candidatura até o final do mandato (art. 25 da Lei 5.107/66). O Decreto 59.820/66 regulamentava a referida Lei, prevendo mandato de dois anos ao dirigente sindical.

O Decreto-lei 229/1967, alterou a CLT, para diminuir o prazo para a estabilidade do dirigente sindical, que tinha início a partir do momento do registro de sua candidatura até 90 (noventa) dias após o final do seu mandato.

O legislador, objetivando conferir uma maior proteção ao dirigente sindical, ampliou a estabilidade, através da Lei 5.911/73 que alterou a redação do §3º do art. 543 da CLT, passando a prever a estabilidade a partir do registro da candidatura e, se eleito, até 1 ano após o final do mandato, inclusive como suplente. Se o empregado não for eleito e não terá direito a estabilidade

Finalmente, a Lei nº 7.543, de 2.10.1986, conferiu a redação atual ao art. 543, §3º, da CLT, passando a abranger a proteção aos representantes de associação profissional. Atualmente, o mandato do dirigente sindical é de 3 anos (515, b, da CLT).

A doutrina diverge sobre a possibilidade de deferimento da estabilidade em questão, ao dirigente eleito para sindicato sem formalização.

O posicionamento dominante na jurisprudência, alinhavado ao posicionamento do Supremo Tribunal Federal, é de que não basta o mero registro dos estatutos sindicais junto ao Cartório de Registro Civil de Pessoas Jurídicas, sendo necessário ao menos o formulado o requerimento junto ao Ministério do Trabalho e Emprego, pois a partir desse instante é que se instala a expectativa de aquisição da personalidade jurídica sindical. Nesse sentido a ementa abaixo:

- [...]MANDADO DE SEGURANÇA. DEFERIMENTO DE TUTELA DE URGÊNCIA NA RECLAMAÇÃO TRABALHISTA ORIGINÁRIA PARA REINTEGRAÇÃO DOS RECLAMANTES AO EMPREGO. DISPENSAS, SEM JUSTA CAUSA, EFETUADAS NO DECORRER DA ALEGADA ESTABILIDADE PROVISÓRIA DOS SUPOSTOS DIRIGENTES SINDICAIS. AUSÊNCIA DE PROVA DO PEDIDO DE REGISTRO DO SINDICATO PERANTE O MINISTÉRIO DO TRABALHO E EMPREGO. REINTEGRAÇÃO LIMINAR INDEVIDA. 1. Cuida-se de mandado de segurança em que a empresa reclamada investe contra a decisão antecipatória, exarada na primeira instância, por meio da qual determinada a reintegração dos trabalhadores (Litisconsortes passivos) ao emprego, sob pena de multa, sob o fundamento de serem os operários detentores de estabilidade sindical. 2. A segurança foi concedida pela Corte de origem em face da ausência de comprovação de que fora formalizado pedido de concessão de registro sindical perante o Ministério do Trabalho e Emprego. 3. De fato, para efeito de reconhecimento da estabilidade provisória no emprego de que cuidam os arts. 8º, VIII, da Carta de 1988 e 543, § 3º, da CLT, **não basta o mero registro dos estatutos sindicais junto ao Cartório de Registro**

Decreto-Lei 5.452/1943

[857] CF, art. 8º: VIII – é vedada a dispensa do empregado sindicalizado a partir do registro da candidatura a cargo de direção ou representação sindical e, se eleito, ainda que suplente, até um ano após o final do mandato, salvo se cometer falta grave nos termos da lei.

[858] MARTINS, Sergio Pinto. Direito do Trabalho. – 36. ed. – São Paulo: saraiva Educação, 2020.

[859] J. J. Gomes Canotilho...[et al.]; outros autores e coordenadores Ingo Wolfgang Sarlet, Lenio Luiz Streck, Gilmar Ferreira Mendes. Comentários à Constituição do Brasil. 2. ed. – São Paulo: Saraiva Educação, 2018, página 1889.

Civil de Pessoas Jurídicas. O Excelso Supremo Tribunal Federal já decidiu que a estabilidade prevista no art. 8º, VIII, da Constituição Federal alcança o empregado eleito dirigente de sindicato em processo de obtenção do registro sindical. Desse modo, na linha da jurisprudência do STF e desta Corte, a estabilidade sindical apenas existirá a partir do instante em que formulado o requerimento junto ao Ministério do Trabalho e Emprego, pois a partir desse instante é que se instala a expectativa de aquisição da personalidade jurídica sindical. No período anterior ao pedido de registro, apenas há uma associação civil, de caráter não sindical, ainda que a razão social adote a denominação "sindicato". 4. No caso examinado, inexistindo prova do pedido de registro do SINDIMETAL junto ao Ministério do Trabalho e Emprego, revela-se escorreita a conclusão regional de cassação da decisão antecipatória exarada pela autoridade judicial de primeira instância. Recurso ordinário conhecido e não provido. (RO – 293-31.2016.5.20.0000, Relatora Ministra: Maria Helena Mallmann, Data de Julgamento: 19/03/2019, Subseção II Especializada em Dissídios Individuais, Data de Publicação: DEJT 03/05/2019)

- "Estabilidade sindical provisória (CF, art. 8º, VII); reconhecimento da garantia aos diretores eleitos, na assembleia constitutiva da entidade sindical, desde, pelo menos, a data do pedido de registro no Ministério do Trabalho, o que não contraria a exigência deste, constante do art. 8º, I, da Constituição. 1. A constituição de um sindicato 'posto culmine no registro no Ministério do Trabalho (STF, MI 144, 3.8.92, Pertence, RTJ 147/868)' a ele não se resume: não é um ato, mas um processo. 2. Da exigência do registro para o aperfeiçoamento da constituição do sindicato, não cabe inferir que só a partir dele estejam os seus dirigentes ao abrigo da estabilidade sindical: é 'interpretação pedestre', que esvazia de eficácia aquela garantia constitucional, no momento talvez em que ela se apresenta mais necessária, a da fundação da entidade de classe." (STF-RE 205107, Rel. Min. Sepúlveda Pertence, Tribunal Pleno, julgado em 6/8/1998, DJ 25/9/1998)

O suplente do cargo de direção ou representação sindical também tem direito à garantia provisória no emprego, estando limitada ao número de 7 membros titulares e 7 suplentes (Súmula 369, II, TST; art. 522, CLT).

Essa estabilidade abrange apenas os empregados que atuam na defesa da categoria. Os membros do conselho fiscal e delegados sindicais estão excluídos dessa estabilidade (OJ 365, SDI, TST e OJ 369, SDI-I, TST), pois não representam a categoria profissional[860].

Para o jurista Luciano Martinez [861]

> "[...] ***parece razoável a extensão da estabilidade sindical aos integrantes* do conselho fiscal**, porque os integrantes do referido órgão consultivo e fiscalizador, se não protegidos pela estabilidade, podem ser pressionados pelos empregadores para atuar contra os interesses da entidade sindical a fim de objetar caprichosamente condutas administrativo-financeiras e de colocar sob suspeição contas legitimadas.".(grifos acrescidos)

Ao nosso sentir, data venia o posicionamento contrário, não nos parece prudente reconhecer a estabilidade ao membro do conselho fiscal ou ao delegado sindical, pois não representam diretamente os interesses da categoria. Segundo a Constituição Federal é condição *"sine qua non"* a eleição ao "cargo de direção ou representação sindical", a fim de que seja reconhecida a estabilidade

Eduardo Gabriel Saad, José Eduardo Duarte Saad e Ana Maria Saad C. Branco, ensinam que:

> *[...] O exame atento do precitado dispositivo constitucional revela que ele tem por fim amparar o empregado eleito para o cargo de direção do sindicato representativo de sua categoria profissional. Consigna-se no retrocitado inciso VIII, do art. 8º da CF, que a estabilidade provisória é deferida ao empregado sindicalizado a partir do registro de sua candidatura a cargo de direção ou representação sindical [...]".*

Para que seja possível a estabilidade, o empregado deve comunicar o registro da candidatura ao empregador.

Embora a estipula o prazo de 24 horas para comunicar o empregador, o Tribunal Superior do Trabalho entende que a comunicação é válida ainda que feita após esse prazo, desde que a ciência ao empregador ocorra na vigência do contrato de trabalho (Art. 543, §5º, CLT e Sumula 369, I, TST)

O registro da candidatura realizado durante o contrato por prazo determinado ou durante o período de aviso prévio não assegura a estabilidade – o fundamento é que as partes já sabem nessas situações do término do contrato de trabalho. (Súmula 369, V, do TST).

A legislação confere ao dirigente sindical a prerrogativa de não ser impedido de exercer a sua função; de não ser transferido para lugar que dificulte ou torne impossível o desempenho de suas atribuições sindicais.

---

[860] **Orientação Jurisprudencial 365 da SDI-1, TST.** ESTABILIDADE PROVISÓRIA. MEMBRO DE CONSELHO FISCAL DE SINDICATO. INEXISTÊNCIA. Membro de conselho fiscal de sindicato não tem direito à estabilidade prevista nos arts. 543, § 3º, da CLT e 8º, VIII, da CF/1988, porquanto não representa ou atua na defesa de direitos da categoria respectiva, tendo sua competência limitada à fiscalização da gestão financeira do sindicato (art. 522, § 2º, da CLT).

Orientação Jurisprudencial 369 da SDI-1, TST. ESTABILIDADE PROVISÓRIA. DELEGADO SINDICAL. INAPLICÁVEL. O delegado sindical não é beneficiário da estabilidade provisória prevista no art. 8º, VIII, da CF/1988, a qual é dirigida, exclusivamente, àqueles que exerçam ou ocupem cargos de direção nos sindicatos, submetidos a processo eletivo.

[861] Martinez, Luciano. Curso de direito do trabalho – 10. ed. – São Paulo: Saraiva Educação, 2019.

O dirigente sindical só pode ser dispensado por falta grave mediante a apuração em inquérito judicial.

Esse inquérito é uma ação judicial a ser proposta na justiça do trabalho pelo empregador (art. 853, CLT), consubstanciando pressuposto para legitimar a dispensa do dirigente sindical. Sem a observância do inquérito para apuração da falta grave a dispensa é inválida.

O prazo decadencial para propositura dessa ação é de 30 dias a contar da suspensão do empregado. Caso não haja a suspensão do empregado, o inquérito deverá ser ajuizado em um prazo razoável, sob pena de caracterizar perdão tácito à falta grave cometida pelo empregado.

A improcedência do inquérito judicial implicará na reintegração do trabalhador afastado, bem como o pagamento dos salários do período de afastamento, desde a data da suspensão até a reintegração, ou da primeira decisão que determinou a conversão da estabilidade em indenização. (Súmula 28, TST).

Havendo incompatibilidade de retorno ao trabalho em razão da animosidade entre as partes é possível converter essa reintegração em indenização (art. 496, CLT).

A doutrina não é unânime quanto as garantias de emprego que exigem o prévio ajuizamento do inquérito. Prevalece o entendimento, entretanto, que é necessário para a dispensa do dirigente sindical, membro do Conselho Nacional de Previdência Social, diretor de cooperativa e ao representante dos empregados membro da Comissão de Conciliação Prévia.

A dispensa arbitrária, sem justa causa ou sem o prévio ajuizamento de inquérito para apuração de falta grave, poderá ser questionada em relação trabalhista proposta pelo dirigente sindical, sendo possível, ainda, o pedido de medida liminar para reintegração ao trabalho (art. 659, X, da CLT).

Art. 544 – É livre a associação profissional ou sindical, mas ao empregado sindicalizado é assegurada, em igualdade de condições, preferência:

I – para a admissão nos trabalhos de emprêsa que explore serviços públicos ou mantenha contrato com os podêres públicos;

II – para ingresso em funções públicas ou assemelhadas, em caso de cessação coletiva de trabalho, por motivo de fechamento de estabelecimento;

III – nas concorrências para aquisição de casa própria, pelo Plano Nacional de Habitação ou por intermédio de quaisquer instituições públicas;

IV – nos loteamentos urbanos ou rurais, promovidos pela União, por seus órgãos de administração direta ou indireta ou sociedades de economia mista;

V – na locação ou compra de imóveis, de propriedade de pessoa de direito público ou sociedade de economia mista, quando sob ação de despêjo em tramitação judicial;

VI – na concessão de empréstimos simples concedidos pelas agências financeiras do Govêrno ou a êle vinculadas;

VII – na aquisição de automóveis, outros veículos e instrumentos relativos ao exercício da profissão, quando financiados pelas autarquias sociedades de economia mista ou agências financeiras do Govêrno;

VIII – (Revogado pela Lei nº 8.630, de 25.2.1993)

IX – na concessão de bolsas de estudo para si ou para seus filhos, obedecida a legislação que regule a matéria.

COMENTÁRIOS (ART. 544)

O princípio da liberdade associativa e sindical é fragmentado no princípio da liberdade de associação (art. 5º, XVII, da CF) e no princípio da liberdade sindical (art. 8º, *caput*, CF).

Paulo Gustavo Gonet Branco leciona que o princípio da liberdade de associação versa sobre a agremiação de várias pessoas *"para alcançar metas econômicas, para mútuo apoio, para fins religiosos, para promover interesses gerais ou da coletividade, ou para se fazerem ouvir, conferindo maior ímpeto à democracia participativa. Por isso mesmo, o direito de associação está vinculado ao preceito de proteção da dignidade da pessoa, aos princípios de livre-iniciativa, da autonomia da vontade e da garantia da liberdade de expressão"*.[862]

A liberdade sindical possui amparo constitucional no artigo 8º, caput, I e V, que afirmam que é livre a associação profissional ou sindical. Em síntese, consiste na proibição de interferência e intervenção do Estado na organização sindical, de forma que será inexigível a autorização do Estado para a fundação do sindicato, ressalvado o registro no órgão competente.

Ninguém será obrigado a filiar-se ou manter-se filiado ao sindicato. A liberdade sindical, nos termos do inciso VII, alcança também o aposentado. A Convenção nº 87 da OIT que não foi ratificada pelo Brasil, uma vez que defende a liberdade sindical plena, como, por exemplo, a previsão da pluralidade sindical, a não divisão por categorias e a vedação de qualquer cobrança de contribuição compulsória. O Brasil é obrigado a respeitar a liberdade sindical por ser país-membro da OIT, já que tal tema é um princípio fundamental da OIT, juntamente com abolição do trabalho infantil,

862 J. J. Gomes Canotilho...[et al.]; outros autores e coordenadores Ingo Wolfgang Sarlet, Lenio Luiz Streck, Gilmar Ferreira Mendes. – Comentários à Constituição do Brasil – 2. ed. – São Paulo: Saraiva Educação, 2018.

eliminação de toda forma de trabalho forçado e o reconhecimento das negociações coletivas.

Art. 545. Os empregadores ficam obrigados a descontar da folha de pagamento dos seus empregados, desde que por eles devidamente autorizados, as contribuições devidas ao sindicato, quando por este notificados. (Redação dada pela Lei nº 13.467, de 2017)

Parágrafo único – O recolhimento à entidade sindical beneficiária do importe descontado deverá ser feito até o décimo dia subseqüente ao do desconto, sob pena de juros de mora no valor de 10% (dez por cento) sobre o montante retido, sem prejuízo da multa prevista no art. 553 e das cominações penais relativas à apropriação indébita.

COMENTÁRIOS (ART. 545)

A Constituição Federal estabelece no art. 8º, inciso IV, preconiza que *"a assembléia geral fixará a contribuição que, em se tratando de categoria profissional, será descontada em folha, para custeio do sistema confederativo da representação sindical respectiva, independentemente da contribuição prevista em lei"*.

Na mesma linha, o art. 513 da CLT estabelece como prerrogativa dos sindicatos impor contribuições a todos aqueles que participam das categorias econômicas ou profissionais ou das profissões liberais representadas.

Existem quatro receitas que custeiam o sistema sindical brasileiro, possibilitando ao ente sindical exercer suas atribuições e prerrogativas em prol da defesa dos interesses da categoria: a) **contribuição sindical;** b) **contribuição confederativa;** c) **contribuição assistencial ou taxa de reversão;** d) **mensalidade sindical ou estatutária.**

A **contribuição sindical**, antes da Reforma Trabalhista era denominada de "imposto sindical", porquanto era obrigatória a todos os trabalhadores – empregados, avulsos, autônomos, profissionais liberais – e pelos empregadores, sendo descontada compulsoriamente dos salários dos trabalhadores, independentemente de autorização ou consentimento.

A contribuição sindical tinha natureza jurídica tributária. Este era o posicionamento inicial do Supremo Tribunal Federal.[863]

Com a Reforma Trabalhista (Lei nº. 13.467/2017), houve uma mudança de orientação e a contribuição deixou de ter caráter impositivo (obrigatório), passando a ter caráter facultativo, exigindo autorização prévia e expressa dos empregados e associados para o recolhimento desta contribuição.

O Enunciado nº. 38 (Enunciado Aglutinado nº 12 da Comissão 3) da 2ª Jornada de Direito Material e Processual do Trabalho da ANAMATRA, em contraponto às alterações promovidas na CLT pelo legislador reformista, entende que o exercício do poder de controle do empregador sobre o desconto da contribuição sindical viola a liberdade e a autonomia sindical, além da coibição aos atos antissindicais, na forma do caput do art. 8º da Constituição Federal e com o art. 1º da Convenção 98 da OIT. Entende, ainda, que os trabalhadores poderão conceder autorização coletiva prévia e expressa para a realização do desconto das contribuições sindicais e assistenciais, mediante Assembleia Geral convocada para essa finalidade específica, na forma do estatuto, independentemente se o trabalhador é sindicalizado ou não. A decisão da Assembleia Geral quanto a autorização coletiva se aplica a toda categoria.

A matéria foi objeto da Ação Direta de Inconstitucionalidade nº. 5.794, ajuizada pela Confederação Nacional dos Trabalhadores em Transporte Aquaviário e Outros, perante o Supremo Tribunal Federal, que sustentava a compulsoriedade da contribuição sindical, a violação da autonomia das organizações sindicais, retrocesso social ou atentado aos direitos dos trabalhadores, o que inviabilizaria a extinção da contribuição por meio de lei ordinária (Reforma Trabalhista, Lei nº 13.467/2017). Entretanto, o Plenário do STF, no mérito, julgou improcedente a ADI, reconhecendo a constitucionalidade das alterações promovidas pela Reforma Trabalhista (Lei nº. 13.467/2017). Vejamos:

– EMENTA: DIREITO CONSTITUCIONAL E TRABALHISTA. REFORMA TRABALHISTA. FACULTATIVIDADE DA CONTRIBUIÇÃO SINDICAL. CONSTITUCIONALIDADE. INEXIGÊNCIA DE LEI COMPLEMENTAR. DESNECESSIDADE DE LEI ESPECÍFICA. INEXISTÊNCIA DE OFENSA À ISONOMIA TRIBUTÁRIA (ART. 150, II, DA CRFB). COMPULSORIEDADE DA CONTRIBUIÇÃO SINDICAL NÃO PREVISTA NA CONSTITUIÇÃO (ARTIGOS 8º, IV, E 149 DA CRFB). NÃO-VIOLAÇÃOÀAUTONOMIADASORGANIZAÇÕESSINDICAIS (ART. 8º, I, DA CRFB). INOCORRÊNCIA DE RETROCESSO SOCIAL OU ATENTADO AOS DIREITOS DOS

[863] Segundo o posicionamento inicialmente adotado pelo STF: Descabe confundir filiação, sempre a depender da manifestação de vontade do prestador dos serviços ou da pessoa jurídica de direito privado que integre a categoria econômica, com o fenômeno da integração automática no âmbito da categoria. Por outro lado, sob a óptica da legislação comum, tem-se a alínea *e* do art. 513 da CLT, que revela serem prerrogativas dos sindicatos ***"impor contribuições a todos aqueles que participam das categorias econômicas ou profissionais ou das profissões liberais representadas". Vê-se que a imposição não se faz relativamente àqueles que hajam aderido, associando-se ao sindicato, mas também no tocante aos integrantes das categorias.*** **[RE 189.960, voto do rel. min. Marco Aurélio, j. 7-11-2000, 2ª T, *DJ* de 10-8-2001.]**

TRABALHADORES (ARTIGOS 1º, III E IV,5º, XXXV, LV E LXXIV, 6ºE 7ºDA CRFB). CORREÇÃO DA PROLIFERAÇÃO EXCESSIVADE SINDICATOS NO BRASIL. REFORMA QUE VISA AO FORTALECIMENTO DA ATUAÇÃO SINDICAL. PROTEÇÃO ÀS LIBERDADES DE ASSOCIAÇÃO, SINDICALIZAÇÃO E DE EXPRESSÃO (ARTIGOS 5º, INCISOS IV EXVII, E 8º, CAPUT, DA CRFB). GARANTIA DA LIBERDADE DE EXPRESSÃO (ART. 5º, IV, DA CRFB). AÇÕES DIRETAS DE INCONSTITUCIONALIDADE JULGADAS IMPROCEDENTES. AÇÃO DECLARATÓRIA DE CONSTITUCIONALIDADE JULGADA PROCEDENTE.1. À lei ordinária compete dispor sobre fatos geradores, bases de cálculo e contribuintes quanto à espécie tributária das contribuições, não sendo exigível a edição de lei complementar para a temática, ex vi do art.146, III, alínea 'a', da Constituição.2. A extinção de contribuição pode ser realizada por lei ordinária, em paralelismo à regra segundo a qual não é obrigatória a aprovação de lei complementar para a criação de contribuições, sendo certo que a Carta Magna apenas exige o veículo legislativo da lei complementar no caso das contribuições previdenciárias residuais, nos termos do art. 195, § 4º, da Constituição. Precedente (ADI 4697, Relator(a): Min. EDSON FACHIN, Tribunal Pleno, julgado em 06/10/2016).3. A instituição da facultatividade do pagamento de contribuições sindicais não demanda lei específica, porquanto o art. 150, § 6º, da Constituição trata apenas de "subsídio ou isenção, redução de base de cálculo, concessão de crédito presumido, anistia ou remissão", bem como porque a exigência de lei específica tem por finalidade evitar as chamadas "caudas legais" ou "contrabandos legislativos", consistentes na inserção de benefícios fiscais em diplomas sobre matérias completamente distintas, como forma de chantagem e diminuição da transparência no debate público, o que não ocorreu na tramitação da reforma trabalhista de que trata a Lei nº 13.467/2017. Precedentes (ADI 4033, Relator(a): Min. JOAQUIM BARBOSA, Tribunal Pleno, julgado em 15/09/2010; RE 550652 AgR, Relator(a): Min. RICARDO LEWANDOWSKI, Segunda Turma, julgado em 17/12/2013).4. A Lei nº 13.467/2017 emprega critério homogêneo e igualitário ao exigir prévia e expressa anuência de todo e qualquer trabalhador para o desconto da contribuição sindical, ao mesmo tempo em que suprime a natureza tributária da contribuição, seja em relação aos sindicalizados, seja quanto aos demais, motivos pelos quais não há qualquer violação ao princípio da isonomia tributária (art. 150, II, da Constituição), até porque não há que se invocar uma limitação ao poder de tributar para prejudicar o contribuinte, expandindo o alcance do tributo, como suporte à pretensão de que os empregados não-sindicalizados sejam obrigados a pagar a contribuição sindical.5. A Carta Magna não contém qualquer comando impondo a compulsoriedade da contribuição sindical, na medida em que o art. 8º, IV, da Constituição remete à lei a tarefa de dispor sobre a referida contribuição e o art. 149 da Lei Maior, por sua vez, limita-se a conferir à União o poder de criar contribuições sociais, o que, evidentemente, inclui a prerrogativa de extinguir ou modificar a natureza de contribuiçõesexistentes.6. A supressão do caráter compulsório das contribuições sindicais não vulnera o princípio constitucional da autonomia da organização sindical, previsto no art. 8º, I, da Carta Magna, nem configura retrocesso social e violação aos direitos básicos de proteção ao trabalhador insculpidos nos artigos 1º, III e IV, 5º, XXXV, LV e LXXIV, 6º e 7º daConstituição.7. A legislação em apreço tem por objetivo combater o problema da proliferação excessiva de organizações sindicais no Brasil, tendo sido apontado na exposição de motivos do substitutivo ao Projeto de Lei nº6.787/2016, que deu origem à lei ora impugnada, que o país possuía, até março de 2017, 11.326 sindicatos de trabalhadores e 5.186 sindicatos de empregadores, segundo dados obtidos no Cadastro Nacional de Entidades Sindicais do Ministério do Trabalho, sendo que, somente no ano de 2016, a arrecadação da contribuição sindical alcançou a cifra de R$ 3,96 bilhões de reais.8. O legislador democrático constatou que a contribuição compulsória gerava uma oferta excessiva e artificial de organizações sindicais, configurando uma perda social em detrimento dos trabalhadores, porquanto não apenas uma parcela dos vencimentos dos empregados era transferida para entidades sobre as quais eles possuíam pouca ou nenhuma ingerência, como também o número estratosférico de sindicatos não se traduzia em um correspondente aumento do bem-estar da categoria.9. A garantia de uma fonte de custeio, independentemente de resultados, cria incentivos perversos para uma atuação dos sindicatos fraca e descompromissada com os anseios dos empregados, de modo que a Lei nº 13.467/2017 tem por escopo o fortalecimento e a eficiência das entidades sindicais, que passam a ser orientadas pela necessidade de perseguir os reais interesses dos trabalhadores, a fim de atraírem cada vez mais filiados.10. Esta Corte já reconheceu que normas afastando o pagamento obrigatório da contribuição sindical não configuram indevida interferência na autonomia dos sindicatos: ADI 2522, Relator(a): Min. EROS GRAU, Tribunal Pleno, julgado em 08/06/2006.11. A Constituição consagra como direitos fundamentais as liberdades de associação, sindicalização e de expressão, consoante o disposto nos artigos 5º, incisos IV e XVII, e 8º, caput, tendo o legislador democrático decidido que a contribuição sindical, criada no período autoritário do estado novo, tornava nula a liberdade de associar-se asindicatos.12. O engajamento notório de entidades sindicais em atividades políticas, lançando e apoiando candidatos, conclamando protestos e mantendo estreitos laços com partidos políticos, faz com que a exigência de financiamento por indivíduos a atividades políticas com as quais não concordam, por meio de contribuições compulsórias a sindicatos, configure violação à garantia fundamental da liberdade de expressão, protegida pelo art. 5º, IV, da Constituição. Direito Comparado: Suprema Corte dos Estados Unidos, casos Janus v. American Federation of State, County, and Municipal Employees, Council 31 (2018) e Abood v. Detroit Boardof Education (1977).13. A Lei nº 13.467/2017 não compromete a prestação de assistência judiciária gratuita perante a Justiça Trabalhista, realizada pelos sindicatos inclusive quanto a trabalhadores não associados, visto que os sindicatos ainda dispõem de múltiplas formas de custeio, incluindo a contribuição confederativa (art. 8º, IV, primeira parte, da Constituição), a contribuição assistencial (art. 513, alínea 'e', da CLT) e outras contribuições instituídas em assembleia da categoria ou constantes de negociação coletiva, bem assim porque a Lei n.º 13.467/2017 ampliou as formas de financiamento da assistência jurídica prestada pelos sindicatos, passando a prever o direito dos advogados sindicais à percepção de honorários sucumbenciais(nova redação do art. 791-A, caput e § 1º, da CLT), e a própria Lei n.º5.584/70, em seu art. 17, já dispunha que, ante a inexistência de sindicato, cumpre à Defensoria Pública a prestação de assistência judiciária no âmbito trabalhista.14. A autocontenção judicial requer o respeito à escolha democrática do legislador, à míngua de razões teóricas ou elementos empíricos que tornem inadmissível a sua opção, plasmada na reforma trabalhistas ancionada pelo Presidente da República, em homenagem à presunção de constitucionalidade das leis e à luz dos artigos 5º, incisos IV e XVII, e 8º,caput, da Constituição, os quais garantem as liberdades de expressão, de associação e de sindicalização. 15. Ações Diretas de Inconstitucionalidade julgadas improcedentes e Ação Declaratória de Constitucionalidade julgada procedente para assentar a compatibilidade da Lei n.º 13.467/2017 com a Carta Magna. Vistos, relatados e discutidos estes autos, acordam os Ministros do Supremo Tribunal Federal, em Sessão Plenária, sob a Presidência da Senhora Ministra Cármen Lúcia, na conformidade da ata de julgamento e das notas taquigráficas, por maioria e nos termos do voto do Ministro Luiz Fux, que redigirá o acórdão, em julgar improcedentes os pedidos formulados nas ações diretas de inconstitucionalidade e procedente o pedido formulado na ação declaratória de constitucionalidade. Vencidos os Ministros Edson Fachin (Relator), Rosa Weber e Dias Toffoli. [STF – ADI 5.794, rel. p/ o ac. min. Luiz Fux, j. 29-6-2018, P, DJE de 23-4-2019].

– Henrique Correia pondera que a mudança promovida pela Reforma Trabalhista consiste em um *"avanço na legislação trabalhista, já que a contribuição sindical obrigatória é vista como um entrave ao princípio da liberdade sindical, pois atribui ao não sindicalizado, obrigação contrária à sua vontade. Esse é um dos pontos pelos quais o Brasil é criticado em razão da não ratificação da Convenção nº. 87 da OIT. Afinal, a doutrina normalmente associava a contribuição compulsória à acomodação dos sindicatos e à existência de mais de 16.000 sindicatos no Brasil"*[864].

De outro ângulo, Carlos Henrique Bezerra Leite tece críticas às alterações, anotando que *"Certamente, os sindicatos das categorias profissionais serão os mais prejudicados com a queda vertiginosa de arrecadação, o que implicará na redução da defesa dos direitos dos trabalhadores, porquanto dispõe o inciso III do art. 8º da CF que os sindicatos são instituições de defesa dos direitos e interesses coletivos e individuais da categoria, sendo que a contribuição sindical constitui elemento econômico imprescindível para o desempenho de tal missão constitucional"*.[865]

Eduardo Gabriel Saad, adota o entendimento de que a contribuição sindical manteve a natureza jurídica de tributo mesmo após a Reforma Trabalhista, afirmando que *"trata-se de uma contribuição especial autorizada pela Constituição. Conforme esclarece o Código Tributário Nacional, é irrelevante, para qualificar a natureza tributária da contribuição sindical, 'a destinação legal do produto da sua arrecadação' (art. 4º, II)"*. Acrescenta que *"a contribuição sindical, por sua natureza legal, é sempre compulsória"* e que a decisão do STF sobre a matéria contradiz à própria norma constitucional que impõe *"um sindicato único a todos os empregadores e empregados"*, vez que não foi adotado o pluralismo sindical pleno, previsto na Convenção 87 da OIT[866].

De nossa parte, entendemos que a contribuição sindical ocasionou um prejuízo à atividade sindical, notadamente à categoria representativa dos interesses dos empregados. A ausência de regras de transição causou uma abrupta queda de receita aos sindicatos, o que leva ao consequente enfraquecimento da atividade sindical.

A contribuição confederativa tem a finalidade de custear o sistema confederativo, formado pelos sindicatos, federações e confederações, podendo ser exigidas apenas dos empregados filiados ao sindicato, conforme

[864] CORREIA, 2018, p. 1657.
[865] Leite, 2019, p.1202-1203.
[866] Saad, 2019, p. 925.

Súmula Vinculante 40 do STF[867]. Nesse sentido o art. 8º, IV, da CF, o Precedente Normativo nº. 119 da SDC do TST e a Súmula 666 do STF.

A **contribuição assistencial ou taxa de reversão**, tem o objetivo de custear as despesas decorrentes da participação em negociações coletivas. Pode ser exigida apenas dos empregados filiados ao sindicato, tal como ocorre com a contribuição federativa (PN 119 da SDC do TST).

A **mensalidade sindical ou estatutária**, por fim, é estabelecida através do estatuto do sindicato. Visa o custeio das atividades assistenciais e recreativas do sindicato. É cobrada apenas dos empregados filiados ao ente sindical (art. 458, *b*, da CLT).

Art. 546 – Às empresas sindicalizadas é assegurada preferência, em igualdade de condições, nas concorrências para exploração de serviços públicos, bem como nas concorrências para fornecimento às repartições federais, estaduais e municipais e às entidades paraestatais.

Art. 547 – É exigida a qualidade de sindicalizado para o exercício de qualquer função representativa de categoria econômica ou profissional, em órgão oficial de deliberação coletiva, bem como para o gozo de favores ou isenções tributárias, salvo em se tratando de atividades não econômicas.

Parágrafo único. Antes da posse ou exercício das funções a que alude o artigo anterior ou de concessão dos favores será indispensável comprovar a sindicalização, ou oferecer prova, mediante certidão negativa no Departamento Nacional do Trabalho, no Distrito Federal, ou da autoridade regional do Ministério do Trabalho, Indústria e Comércio, nos Estados e no Território do Acre, de que não existe sindicato no local onde o interessado exerce a respectiva atividade ou profissão.

COMENTÁRIOS (ARTS. 546 E 547)

A redação do art. 546 da CLT está obsoleta, na medida em que os critérios para a contratação com a Administração Pública, via de regra, estão definidas na Lei n. 8.666/93, que trata da licitação e contratos da Administração Pública. ALei n. 14.133, de 1º de abril de 2021, chamada de "Nova Lei de Licitações e Contratos Administrativos" ou simplesmente "Nova Lei de Licitações", passou regulamentar as normas gerais de licitação e contratação para as Administrações Públicas diretas, autárquicas e fundacionais da União, dos Estados, do Distrito Federal e dos Municípios, abrangendo os órgão dos Poderes Legislativo, no desempenho da função administrativa, além dos fundos especiais e demais entidades controladas pela Administração Públicas. As empresas públicas, sociedades de economia mista e as suas subsidiárias estão excluídas do âmbito de aplicação da Nova Lei de Licitações, exceto no que diz respeito aos crimes praticados em licitações, disciplinados entre os art. 337-E e o art. 337-P do Código Penal, haja vista que estão sujeitas ao regime jurídico próprio das empresas privadas, inclusive no que diz respeito aos direitos e obrigações trabalhistas (art. 173, §1º, II, da CF).

A Nova Lei de Licitações entrou em vigor na data da sua publicação (1-4-2021), revogando, de imediato, os crimes e procedimentos prescritos na Lei 8.666/93, que foram substituídos por novos tipos penais (art. 337-E a art. 337-P do Código Penal) acrescentados pela novel legislação. No tocante às demais disposições, a Nova Lei de Licitações prevê uma *vacatio legis* de 2 (dois) anos para a revogação dos preceitos contidos na Lei nº 8.666, de 21 de junho de 1993, na Lei nº 10.520, de 17 de julho de 2002, e nos arts. 1º a 47-A da Lei nº 12.462, de 4 de agosto de 2011, contados da publicação oficial em comento.

Os serviços podem ser objeto de execução por terceiros, quando se tratar de atividades acessórias, instrumentais ou complementares aos assuntos que sejam relacionados à área de competência legal do órgão ou entidade contratante (art. 37, XXI, CF; art. 48 da Lei n. 14.133/2021), podendo contratar, inclusive, mais de uma empresa ou instituição para executar o mesmo serviços, desde que a contratação não resulte em perda de economia de escala, autorizando a terceirização da atividade-meio no âmbito da Administração Pública.

Como ensina Maria Sylvia Zanella Di Pietro, no contrato administrativo *"existe uma oferta feita, em geral, por meio do edital de licitação, a toda a coletividade; dentre os interessados que a aceitam e fazem a sua proposta (referente ao equilíbrio econômico do contrato), a Administração seleciona a que apresenta as condições mais convenientes para a celebração do ajuste"*[868].

A contratação pelos entes públicos é pautada na isonomia, na seleção da proposta mais vantajosa à administração pública, devendo ser observada a legalidade, a impessoalidade, a moralidade a igualdade, entre

---

[867] Precedente Representativo no STF: "A questão a saber é se a denominada **contribuição confederativa, inscrita no art. 8º, IV, da CF/1988**, fixada pela assembleia geral, é devida pelos empregados não filiados ao sindicato. Noutras palavras, se apresenta ela caráter de compulsoriedade, vale dizer, se é obrigatório o seu pagamento por empregados não filiados ao sindicato. (...) Primeiro que tudo, é preciso distinguir a contribuição sindical, contribuição instituída por lei, de interesse das categorias profissionais — art. 149 da CF/1988 — com caráter tributário, assim compulsória, da denominada contribuição confederativa, instituída pela assembleia geral da entidade sindical — CF/1988, art. 8º, IV. A primeira, conforme foi dito, contribuição parafiscal ou especial, espécie tributária, é compulsória. **A segunda, entretanto, é compulsória apenas para os filiados do sindicato. [RE 198.092, voto do rel. min. Carlos Velloso, 2ª T, j. 27-8-1996, DJ de 11-10-1996.]**

[868] Di Pietro, Maria Sylvia Zanella. Direito Administrativo. – 33. ed. – Rio de Janeiro: Forense, 2020.

outros princípios (art. 3º da Lei 866/93; art. 5º da Lei n. 14.133/2021).

O agente público não poderá impor qualquer tratamento diferenciado de natureza comercial, legal, trabalhista, previdenciária ou qualquer outra entre empresas brasileiras e estrangeiras (art. 3º, §2º, da Lei 8.666/93; art. 9º, II, da Lei 14.133/2021) para fins de participação no processo de contratação com o poder público, sob pena de violar os preceitos fundantes da licitação.

Com efeito, o empregador não pode estabelecer preferência para empresas sindicalizadas na contratação com o poder público, sob pena de constituir quebra do dever de isonomia, ou medida discriminatória, subversiva do processo licitatório. Está prejudicada, nesse aspecto, a previsão do art. 546 da CLT.

A exigência da qualidade de sindicalizado para ocupara cargos representativos da categoria (art. 547 da CLT) é tida controversa na doutrina. Parte dos estudiosos entendem que a exigência da sindicalização para ocupar cargo de representação da categoria econômica ou profissional é correta, na medida em que conhecem melhor a realidade e as necessidades da profissão.[869] Discordando dessa afirmação, Homero Batista assenta que *"denota conduta antissindical e de tratamento discriminatório em relação aos não sindicalizados. Não há menor chance de ele ter sido recepcionado pela CF/1998, cujo art. 8º, V, é enfático quando afirma que "ninguém será obrigado a filiar-se ou manter-se filiado a sindicato"*.[870]

Filiamo-nos à segunda corrente. Apesar de causar estranheza um trabalhador, sem vínculo associativo, possa ocupar uma função representativa da categoria econômica ou profissional, por aparentar falta engajamento, distância, ou desconhecimento das necessidades da categoria, é democrático e isonômico permitir que empregados não sindicalizados se candidatem ou exerçam cargos de direção, isso porque não é possível conferir tratamento desigual a sujeitos em patamares simétricos. Tanto o empregado sindicalizado quanto o empregado não sindicalizado pertencem à categoria, ainda que um deles não tenha vínculo direto com a entidade sindical. A distância ou proximidade do cotidiano sindical não justifica qualquer desigualação (art. 5º da CF). De mais a mais, o art. 8º, VIII, da CF, estabelece que é vedado a *"dispensa do empregado sindicalizado a partir do registro da candidatura a cargo de direção ou representação sindical e, se eleito, ainda que suplente, até um ano após o final do mandato, salvo se cometer falta grave nos termos da lei"*. Não é preciso estar vinculado ao sindicato – como um mero afiliado – no momento da candidatura, pois o empregador ou empregado se torna um membro efetivo do sindicato no momento da posse.

SEÇÃO VII
DA GESTÃO FINANCEIRA DO SINDICATO E SUA FISCALIZAÇÃO

Art. 548 – Constituem o patrimônio das associações sindicais:

a) as contribuições devidas aos Sindicatos pelos que participem das categorias econômicas ou profissionais ou das profissões liberais representadas pelas referidas entidades, sob a denominação de imposto sindical, pagas e arrecadadas na forma do Capítulo III deste Título;

b) as contribuições dos associados, na forma estabelecida nos estatutos ou pelas Assembléias Gerais;

c) os bens e valores adquiridos e as rendas produzidas pelos mesmos;

d) as doações e legados;

e) as multas e outras rendas eventuais.

Art. 549 – A receita dos sindicatos, federações e confederações só poderá ter aplicação na forma prevista nos respectivos orçamentos anuais, obedecidas as disposições estabelecidas na lei e nos seus estatutos.

§ 1º Para alienação, locação ou aquisição de bens imóveis, ficam as entidades sindicais obrigadas a realizar avaliação prévia pela Caixa Econômica Federal ou pele Banco Nacional da Habitação ou, ainda, por qualquer outra organização legalmente habilitada a tal fim.

§ 2º Os bens imóveis das entidades sindicais não serão alienados sem a prévia autorização das respectivas assembléias gerais, reunidas com a presença da maioria absoluta dos associados com direito a voto ou dos Conselhos de Representantes com a maioria absoluta dos seus membros.

§ 3º Caso não seja obtido o quorum estabelecido no parágrafo anterior, a matéria poderá ser decidida em nova assembléia geral, reunida com qualquer número de associados com direito a voto, após o transcurso de 10 (dez) dias da primeira convocação.

§ 4º Nas hipóteses previstas no § 2º e 3º a decisão somente terá validade se adotada pelo mínimo de 2/3 (dois terços) dos presentes, em escrutínio secreto.

§ 5º Da deliberação da assembléia geral, concernente à alienação de bens imóveis, caberá recurso voluntário, dentro do prazo de 15 (quinze) dias, ao Ministro do Trabalho, com efeito suspensivo.

§ 6º A venda do imóvel será efetuada pela diretoria da entidade, após a decisão da Assembléia Geral ou do Conselho de Representantes, mediante concorrência pública, com edital publicado no

---

869 Afirma o doutrinador que: *"parece-nos correta. Em verdade, só aqueles que pertencem ao quadro socal de um sindicato podem ter a oportunidade de conhecer todos os problemas e aspirações da profissão. Ademais, o ato de filiação é indicativo de bom grau de solidariedade."* Portanto, considera conciliável com o princípio da igualdade, estampado no art. 5º, I, da CF. (Saad, op. cit., 2019, p. 927).

870 Batista, op.cit., p. 439.

Diário oficial da União e na imprensa diária, com antecedência mínima de 30 (trinta) dias da data de sua realização.

§ 7º Os recursos destinados ao pagamento total ou parcelado dos bens imóveis adquiridos serão consignados, obrigatoriamente, nos orçamentos anuais das entidades sindicais.

Art. 550. Os orçamentos das entidades sindicais serão aprovados, em escrutínio secreto, pelas respectivas Assembléias Gerais ou Conselho de Representantes, até 30 (trinta) dias antes do início do exercício financeiro a que se referem, e conterão a discriminação da receita e da despesa, na forma das instruções e modelos expedidos pelo Ministério do Trabalho.

§ 1º Os orçamentos, após a aprovação prevista no presente artigo, serão publicados, em resumo, no prazo de 30 (trinta) dias, contados da data da realização da respectiva Assembléia Geral ou da reunião do Conselho de Representantes, que os aprovou, observada a seguinte sistemática:

a) no Diário oficial da União – Seção I – Parte II, os orçamentos das confederações, federações e sindicatos de base interestadual ou nacional;

b) no órgão de imprensa oficial do Estado ou Território ou jornal de grande circulação local, os orçamentos das federações estaduais e sindicatos distritais municipais, intermunicipais e estaduais.

§ 2º As dotações orçamentárias que se apresentarem insuficientes para o atendimento das despesas, ou não incluídas nos orçamentos correntes, poderão ser ajustadas ao fluxo dos gastos, mediante a abertura de créditos adicionais solicitados pela Diretoria da entidade às respectivas Assembléias Gerais ou Conselhos de Representantes, cujos atos concessórios serão publicados até o último dia do exercício correspondente, obedecida a mesma sistemática prevista no parágrafo anterior .

§ 3º Os créditos adicionais classificam-se em:

a) suplementares, os destinados a reforçar dotações alocadas no orçamento; e

b) especiais, os destinados a incluir dotações no orçamento, a fim de fazer face às despesas para as quais não se tenha cosignado crédito específico.

§ 4º A abertura dos créditos adicionais depende da existência de receita para sua compensação, considerando-se, para esse efeito, desde que não comprometidos:

a) o superavit financeiro apurado em balanço do exercício anterior;

b) o excesso de arrecadação, assim entendido o saldo positivo da diferença entre a renda prevista e a realizada, tendo-se em conta, ainda, a tendência do exercício; e

c) a resultante da anulação parcial ou total de dotações alocadas no orçamento ou de créditos adicionais abertos no exercício.

§ 5º Para efeito orçamentário e contábil sindical, o exercício financeiro coincidirá com o ano civil, a ele pertencendo todas as receitas arrecadadas e as despesas compromissadas.

Art. 551. Todas as operações de ordem financeira e patrimonial serão evidenciadas pelos registros contábeis das entidades sindicais, executados sob a responsabilidade de contabilista legalmente habilitado, em conformidade com o plano de contas e as instruções baixadas pelo Ministério do Trabalho.

§ 1º A escrituração contábil a que se refere este artigo será baseada em documentos de receita e despesa, que ficarão arquivados nos serviços de contabilidade, à disposição dos órgãos responsáveis pelo acompanhamento administrativo e da fiscalização financeira da própria entidade, ou do controle que poderá ser exercido pelos órgãos da União, em face da legislação específica.

§ 2º Os documentos comprobatórios dos atos de receita e despesa, a que se refere o parágrafo anterior, poderão ser incinerados, após decorridos 5 (cinco) anos da data de quitação das contas pelo órgão competente.

§ 3º É obrigatório o uso do livro Diário, encadernado, como folhas seguida e tipograficamente numeradas, para a escrituração, pelo método das partidas dobradas, diretamente ou por reprodução, dos atos ou operações que modifiquem ou venham a modificar a situação patrimonial da entidade, o qual conterá, respectivamente, na primeira e na última páginas, os termos de abertura e de encerramento.

§ 4º A entidade sindical que se utilizar de sistema mecânico ou eletrônico para sua escrituração contábil, poderá substituir o Diário e os livros facultativos ou auxiliares por fichas ou formulários contínuos, cujos lançamentos deverão satisfazer a todos os requisitos e normas de escrituração exigidos com relação aos livros mercantis, inclusive no que respeita a termos de abertura e de encerramento e numeração sequencial e tipográfica.

§ 5º Na escrituração por processos de fichas ou formulários contínuos, a entidade adotará livro próprio para inscrição do balanço patrimonial e da demonstração do resultado do exercício, o qual conterá os mesmos requisitos exigidos para os livros de escrituração.

§ 6º Os livros e fichas ou formulários contínuos serão obrigatoriamente submetidos a registro e autenticação das Delegacias Regionais do Trabalho localizadas na base territorial da entidade.

§ 7º As entidades sindicais manterão registro específico dos bens de qualquer natureza, de sua propriedade, em livros ou fichas próprias, que atenderão às mesmas formalidades exigidas para a livro Diário, inclusive no que se refere ao registro e autenticação da Delegacia Regional do Trabalho local.

§ 8º As contas dos administradores das entidades sindicais serão aprovadas, em escrutínio secreto, pelas respectivas Assembléias Gerais ou Conselhos de Representantes, com prévio parecer do Conselho Fiscal, cabendo ao Ministro do Trabalho estabelecer prazos e procedimentos para a sua elaboração e destinação.

Art. 552 – Os atos que importem em malversação ou dilapidação do patrimônio das associações ou entidades sindicais ficam equiparados ao crime de peculato julgado e punido na conformidade da legislação penal.

SEÇÃO VIII
DAS PENALIDADES

Art. 553 – As infrações ao disposto neste Capítulo serão punidas, segundo o seu caráter e a sua gravidade, com as seguintes penalidades:

a) multa de Cr$ 100 (cem cruzeiros) e 5.000 (cinco mil cruzeiros), dobrada na reincidência;

b) suspensão de diretores por prazo não superior a 30 (trinta) dias;

c) destituição de diretores ou de membros de conselho;

d) fechamento de Sindicato, Federação ou Confederação por prazo nunca superior a 6 (seis) meses;

e) cassação da carta de reconhecimento.

f) multa de 1/30 (um trinta avos) do salário mínimo regional, aplicável ao associado que deixar de cumprir sem causa justificada, o disposto no parágrafo único do artigo 529.

§ 1º – A imposição de penalidades aos administradores não exclui a aplicação das que este artigo prevê para a associação.

§ 2º – Poderá o Ministro do Trabalho e Previdência Social determinar o afastamento preventivo de cargo ou representação sindicais de seus exercentes, com fundamento em elementos constantes de denúncia formalizada que constituam indício veemente ou início de prova bastante do fato e da autoria denunciados.

Art. 554. Destituida a administração na hipótese da alínea c do artigo anterior, o ministro do Trabalho, Indústria e Comércio nomeará um delegado para dirigir a associação e proceder, dentro do prazo de 90 dias, em assembléia geral por ele convocada e presidida; à eleição dos novos diretores e membros do Conselho Fiscal.

Art. 555. A pena de cassação da carta de reconhecimento será imposta à entidade sindical:

a) que deixar de satisfazer as condições de constituição e funcionamento estabelecidas nesta Lei;

b) que se recusar ao cumprimento de ato do Presidente da República, no uso da faculdade conferida pelo art. 536;

c) que criar obstáculos à execução da política econômica adotada pelo Governo.

Art. 556. A cassação da carta de reconhecimento da entidade sindical não importará no cancelamento de seu registo, nem, consequentemente, a sua dissolução, que se processará de acordo com as disposições da lei que regulam a dissolução das associações civís.

Parágrafo único – No caso de dissolução, por se achar a associação incursa nas leis que definem crimes contra a personalidade internacional, a estrutura e a segurança do Estado e a ordem política e social, os seus bens, pagas as dívidas decorrentes das suas responsabilidades, serão incorporados ao patrimônio da União e aplicados em obras de assistência social.

Art. 557 – As penalidades de que trata o art. 553 serão impostas:

a) as das alíneas a e b, pelo diretor geral do Departamento Nacional do Trabalho, com recurso para o ministro de Estado;

b) as demais, pelo ministro de Estado.

§ 1º Quando se trata de associações de grau superior, as penalidades serão impostas pelo ministro de Estado, salvo se a pena for da cassação da carta de reconhecimento de confederação, caso em que a pena será imposta pelo Presidente da República.

§ 2º Nenhuma pena será imposta sem que seja assegurada defesa ao acusado.

COMENTÁRIOS (ARTS. 548 A 557)

A Constituição Federal estabelece no art. 8º, inciso IV, preconiza que *"a assembléia geral fixará a contribuição que, em se tratando de categoria profissional, será descontada em folha, para custeio do sistema confederativo da representação sindical respectiva, independentemente da contribuição prevista em lei"*.

Na mesma linha, o art. 513 da CLT estabelece como prerrogativa dos sindicatos impor contribuições a todos aqueles que participam das categorias econômicas ou profissionais ou das profissões liberais representadas.

Existem quatro receitas que custeiam o sistema sindical brasileiro, possibilitando ao ente sindical exercer suas atribuições e prerrogativas em prol da defesa dos interesses da categoria: a) **contribuição sindical;** b) **contribuição confederativa;** c) **contribuição assistencial ou taxa de reversão;** d) **mensalidade sindical ou estatutária.**

A **contribuição sindical**, antes da Reforma Trabalhista (Lei n. 13.467/2017) era denominada de "imposto sindical", porquanto era obrigatória a todos os trabalhadores – empregados, avulsos, autônomos, profissionais liberais – e pelos empregadores, sendo descontada compulsoriamente dos salários dos trabalhadores, independentemente de autorização ou consentimento.

A contribuição sindical tinha natureza jurídica tributária. Este era o posicionamento inicial do Supremo Tribunal Federal.[871] Com a Reforma Trabalhista (Lei nº. 13.467/2017), houve uma mudança de orientação e a contribuição deixou de ter caráter impositivo (obrigatório), passando a ter caráter facultativo, exigindo autorização prévia e expressa dos empregados e associados para o recolhimento desta contribuição.

O Enunciado nº. 38 (Enunciado Aglutinado nº 12 da Comissão 3) da 2ª Jornada de Direito Material e Processual do Trabalho da ANAMATRA, em contraponto às alterações promovidas na CLT pelo legislador reformista, entende que o exercício do poder de controle do empregador sobre o desconto da contribuição sindical viola a liberdade e a autonomia sindical, além da coibição aos atos antissindicais, na forma do caput do art. 8º da Constituição Federal e com o art. 1º da Convenção 98 da OIT. Entende, ainda, que os trabalhadores poderão conceder autorização coletiva prévia e expressa para a realização do desconto das contribuições sindicais e assistenciais, mediante Assembleia Geral convocada para essa finalidade específica, na forma do estatuto, independentemente se o trabalhador é sindicalizado ou não. A decisão da Assembleia Geral quanto a autorização coletiva se aplica a toda categoria.

A matéria foi objeto da Ação Direta de Inconstitucionalidade nº. 5.794, ajuizada pela Confederação Nacional dos Trabalhadores em Transporte Aquaviário e Outros, perante o Supremo Tribunal Federal, que sustentava a compulsoriedade da contribuição sindical, a violação da autonomia das organizações sindicais, retrocesso social ou atentado aos direitos dos trabalhadores, o que inviabilizaria a extinção da contribuição por meio de lei ordinária (Reforma Trabalhista, Lei nº 13.467/2017). Entretanto, o Plenário do STF, no mérito, julgou improcedente a ADI, reconhecendo a constitucionalidade das alterações promovidas pela Reforma Trabalhista (Lei nº. 13.467/2017).

Henrique Correia pondera que a mudança promovida pela Reforma Trabalhista consiste em um *"avanço na legislação trabalhista, já que a contribuição sindical obrigatória é vista como um entrave ao princípio da liberdade sindical, pois atribui ao não sindicalizado, obrigação contrária à sua vontade. Esse é um dos pontos pelos quais o Brasil é criticado em razão da não ratificação da Convenção nº. 87 da OIT. Afinal, a doutrina normalmente associava a contribuição compulsória à acomodação dos sindicatos e à existência de mais de 16.000 sindicatos no Brasil"*[872].

De outro ângulo, Carlos Henrique Bezerra Leite tece críticas às alterações, anotando que *"Certamente, os sindicatos das categorias profissionais serão os mais prejudicados com a queda vertiginosa de arrecadação, o que implicará na redução da defesa dos direitos dos trabalhadores, porquanto dispõe o inciso III do art. 8º da CF que os sindicatos são instituições de defesa dos direitos e interesses coletivos e individuais da categoria, sendo que a contribuição sindical constitui elemento econômico imprescindível para o desempenho de tal missão constitucional"*.[873]

Eduardo Gabriel Saad, adota o entendimento de que a contribuição sindical manteve a natureza jurídica de tributo mesmo após a Reforma Trabalhista, afirmando que *"trata-se de uma contribuição especial autorizada pela Constituição. Conforme esclarece o Código Tributário Nacional, é irrelevante, para qualificar a natureza tributária da contribuição sindical, 'a destinação legal do produto da sua arrecadação' (art. 4º, II)"*. Acrescenta que *"a contribuição sindical, por sua natureza legal, é sempre compulsória"* e que a decisão do STF sobre a matéria contradiz à própria norma constitucional que impõe *"um sindicato único a todos os empregadores e empregados"*, vez que não foi adotado o pluralismo sindical pleno, previsto na Convenção 87 da OIT[874].

De nossa parte, entendemos que a contribuição sindical ocasionou um prejuízo à atividade sindical,

[871] Segundo o posicionamento inicialmente adotado pelo STF: Descabe confundir filiação, sempre a depender da manifestação de vontade do prestador dos serviços ou da pessoa jurídica de direito privado que integre a categoria econômica, com o fenômeno da integração automática no âmbito da categoria. Por outro lado, sob a óptica da legislação comum, tem-se a alínea *e* do art. 513 da CLT, que revela serem prerrogativas dos sindicatos ***"impor contribuições a todos aqueles que participam das categorias econômicas ou profissionais ou das profissões liberais representadas". Vê-se que a imposição não se faz relativamente àqueles que hajam aderido, associando-se ao sindicato, mas também no tocante aos integrantes das categorias.*** **[RE 189.960, voto do rel. min. Marco Aurélio, j. 7-11-2000, 2ª T, *DJ* de 10-8-2001.]**

[872] CORREIA, 2018, p. 1657.

[873] Leite, 2019, p.1202-1203.

[874] Saad, 2019, p. 925.

Decreto-Lei 5.452/1943

notadamente à categoria representativa dos interesses dos empregados. A ausência de regras de transição causou uma abrupta queda de receita aos sindicatos, o que leva ao consequente enfraquecimento da atividade sindical.

A contribuição confederativa tem a finalidade de custear o sistema confederativo, formado pelos sindicatos, federações e confederações, podendo ser exigidas apenas dos empregados filiados ao sindicato, conforme Súmula Vinculante 40 do STF[875]. Nesse sentido o art. 8º, IV, da CF, o Precedente Normativo nº. 119 da SDC do TST e a Súmula 666 do STF.

A **contribuição assistencial ou taxa de reversão**, tem o objetivo de custear as despesas decorrentes da participação em negociações coletivas. Pode ser exigida apenas dos empregados filiados ao sindicato, tal como ocorre com a contribuição federativa (PN 119 da SDC do TST).

A **mensalidade sindical ou estatutária**, por fim, é estabelecida através do estatuto do sindicato. Visa o custeio das atividades assistenciais e recreativas do sindicato. É cobrada apenas dos empregados filiados ao ente sindical (art. 458, *b*, da CLT).

Essas receitas constituem o patrimônio das entidades sindicais (art. 548 da CLT). AS respectivas receitas poderão ser aplicadas na forma da lei. Os bens alienados devem ser previamente avaliados, a fim de evitar a venda por um preço ínfimo, de foram acarretar um prejuízo financeiro ao sindicato.

Os membros do conselho discal avaliarão as contas apresentadas pela Diretoria. A escrituração poderá ocorrer por meio mecânico ou eletrônico. O associado, membro da diretoria ou do conselho fiscal poderá impugnar a prestação de contas dos créditos, incluindo os suplementares (art. 550 da CLT).

As operações financeiras e patrimoniais serão fiscalizadas pelo Ministério do Trabalho. A malversação ou dilapidação patrimonial constitui crime de peculato, previsto no art. 312 do CP, tipificado da seguinte forma: ***"Apropriar-se o funcionário público de dinheiro, valor ou qualquer outro bem móvel, público ou particular, de que tem a posse em razão do cargo, ou desviá-lo, em proveito próprio ou alheio:*** *Pena – reclusão, de dois a doze anos, e multa. § 1º – Aplica-se a mesma pena, se o funcionário público, embora não tendo a posse do dinheiro, valor ou bem, o subtrai, ou concorre para que seja subtraído, em proveito próprio ou alheio, valendo-se de facilidade que lhe proporciona a qualidade de funcionário.§ 2º – Se o funcionário concorre culposamente para o crime de outrem: Pena – detenção, de três meses a um ano. § 3º – No caso do parágrafo anterior, a reparação do dano, se precede à sentença irrecorrível, extingue a punibilidade; se lhe é posterior, reduz de metade a pena imposta".*

O dirigente sindical foi equiparado ao servidor público para efeito de tipificação da apropriação indevida do patrimônio do sindicato (art.552 da CLT), na medida em que parte do patrimônio da entidade sindical era oriunda da contribuição sindical que tinha natureza jurídica tributária. Entretanto, como a natureza jurídica desta parcela foi modificada pela Reforma Trabalhista, não mais deve prevalecer tal equiparação, podendo ser enquadrado em tipo penal previsto no art. 168 do CP (apropriação indébita).

A dissolução a entidade sindical deve ocorrer por meio de ação judicial eventualmente proposta perante a Justiça do Trabalho (art. 114, III, da CF). A decisão de dissolução deve ser tomada em assembleia com a participação os associados. Aqueles que violarem as disposições previstas na CLT estará sujeito às penalidades administrativas, na forma do art. 553 a 557 da CLT).

SEÇÃO IX
DISPOSIÇÕES GERAIS

Art. 558 – São obrigadas ao registro todas as associações profissionais constituídas por atividades ou profissões idênticas, similares ou conexas, de acordo com o art. 511 e na conformidade do Quadro de Atividades e Profissões a que alude o Capítulo II deste Título. As associações profissionais registradas nos termos deste artigo poderão representar, perante as autoridades administrativas e judiciárias, os interesses individuais dos associados relativos à sua atividade ou profissão, sendo-lhes também extensivas as prerrogativas contidas na alínea "d" e no parágrafo único do art. 513.

§ 1º O registro a que se refere o presente artigo competirá às Delegacias Regionais do Ministério do Trabalho e Previdência Social ou às repartições autorizadas em virtude da lei.

§ 2º – O registro das associações far-se-á mediante requerimento, acompanhado da cópia autêntica dos estatutos e da declaração do número de associados, do patrimônio e dos serviços sociais organizados.

[875] Precedente Representativo no STF: "A questão a saber é se a denominada **contribuição confederativa, inscrita no art. 8º, IV, da CF/1988**, fixada pela assembleia geral, é devida pelos empregados não filiados ao sindicato. Noutras palavras, se apresenta ela caráter de compulsoriedade, vale dizer, se é obrigatório o seu pagamento por empregados não filiados ao sindicato. (...) Primeiro que tudo, é preciso distinguir a contribuição sindical, contribuição instituída por lei, de interesse das categorias profissionais — art. 149 da CF/1988 — com caráter tributário, assim compulsória, da denominada contribuição confederativa, instituída pela assembleia geral da entidade sindical — CF/1988, art. 8º, IV. A primeira, conforme foi dito, contribuição parafiscal ou especial, espécie tributária, é compulsória. **A segunda, entretanto, é compulsória apenas para os filiados do sindicato. [RE 198.092, voto do rel. min. Carlos Velloso, 2ª T, j. 27-8-1996, DJ de 11-10-1996.]**

§ 3º - As alterações dos estatutos das associações profissionais não entrarão em vigor sem aprovação da autoridade que houver concedido o respectivo registro.

Art. 559 – O Presidente da República, excepcionalmente e mediante proposta do Ministro do Trabalho, fundada em razões de utilidade pública, poderá conceder, por decreto, às associações civis constituídas para a defesa e coordenação de interesses econômicos e profissionais e não obrigadas ao registro previsto no artigo anterior, a prerrogativa da alínea "d" do art. 513 deste Capítulo.

Art. 560 – Não se reputará transmissão de bens, para efeitos fiscais, a incorporação do patrimônio de uma associação profissional ao da entidade sindical, ou das entidades aludidas entre si.

Art. 561 – A denominação "sindicato" é privativa das associações profissionais de primeiro grau, reconhecidas na forma desta Lei.

Art. 562 – As expressões "federação" e "confederação", seguidas da designação de uma atividade econômica ou profissional, constituem denominações privativas das entidades sindicais de grau superior.

Art. 563 - (Revogado pelo Decreto-lei nº 925, de 10.10.1969)

Art. 564 – Às entidades sindicais, sendo-lhes peculiar e essencial a atribuição representativa e coordenadora das correspondentes categorias ou profissões, é vedado, direta ou indiretamente, o exercício de atividade econômica.

Art. 565 – As entidades sindicais reconhecidas nos termos desta Lei não poderão filiar-se a organizações internacionais, nem com elas manter relações, sem prévia licença concedida por decreto do Presidente da República.

Art. 566 – Não podem sindicalizar-se os servidores do Estado e os das instituições paraestatais.

Parágrafo único – Excluem-se da proibição constante deste artigo os empregados das sociedades de economia mista, da Caixa Econômica Federal e das fundações criadas ou mantidas pelo Poder Público da União, dos Estados e Municípios.

Arts. 567 a 569. (Revogados pelo Decreto-Lei nº 229, de 28.2.1967)

COMENTÁRIOS (ARTS. 558 A 569)

O sindicato tem a prerrogativa de colaborar com o Estado, como órgãos técnicos e consultivos, na estudo e solução dos problemas que se relacionam com a respectiva categoria ou profissão liberal, bem como representar, perante as autoridades administrativas e judiciárias, os interesses individuais dos associados relativos à sua atividade ou profissão. Também cabe somente ao sindicato a prerrogativa do uso exclusivo do nome sindicato, que ocupa representação dos empregados e dos empregadores em primeiro grau, bem como as expressões "federação" e "confederação", para designar as entidades sindicais de grau superior (art. 561 e 562 da CLT). A atividade sindical é primordialmente representativa da categoria. Não exerce atividade econômica, nem visa o lucro, sendo vedado qualquer atividade nesse sentido (art. 564 da CLT).

As entidades sindicais podem se associar a outras, no âmbito internacional, fortalecendo as pautas reivindicatórias da categoria (art. 565 da CLT).

Os servidores públicos podem se sindicalizar, estatutários ou celetistas (art. 37, VI e VII, da CF), exceto os militares, na forma do art. 142, §3º, IV, da CF, porquanto as forças de segurança pública são pautadas na hierarquia e na disciplina, de forma que são proibidas a greve e a sindicalização, embora outros direitos sociais lhe sejam garantidos, a exemplo do salário, salário-família, férias anuais remuneradas, etc.

No julgamento dos MIs n. 670, 708 e 712, o Supremo Tribunal Federal, reconheceu o direito de greve aos servidores públicos civis., aplicando extensivamente a Lei n. 7.783/89, diante da omissão legislativa. Proibiu, entretanto, *"o exercício do direito de greve, sob qualquer forma ou modalidade, é vedado aos policiais civis e a todos os servidores públicos que atuem diretamente na área de segurança pública"*, conforme restou decidido no ARE n. 654.432, conforme tema n. 541.

CAPÍTULO II
DO ENQUADRAMENTO SINDICAL

Art. 570. Os sindicatos constituir-se-ão, normalmente, por categorias econômicas ou profissionais, específicas, na conformidade da discriminação do quadro das atividades e profissões a que se refere o art. 577 ou segundo as subdivisões que, sob proposta da Comissão do Enquadramento Sindical, de que trata o art. 576, forem criadas pelo ministro do Trabalho, Indústria e Comércio.

Parágrafo único – Quando os exercentes de quaisquer atividades ou profissões se constituírem, seja pelo número reduzido, seja pela natureza mesma dessas atividades ou profissões, seja pelas afinidades existentes entre elas, em condições tais que não se possam sindicalizar eficientemente pelo critério de especificidade de categoria, é-lhes permitido sindicalizar-se pelo critério de categorias similares ou conexas, entendendo-se como tais as que se acham compreendidas nos limites de cada grupo constante do Quadro de Atividades e Profissões.

Art. 571. Qualquer das atividades ou profissões concentradas na forma do parágrafo único do artigo anterior poderá dissociar-se do sindicato principal, formando um sindicato específico, desde que o novo sindicato, a juízo da Comissão do Enquadramento Sindical, ofereça possibilidade de vida associativa regular e de ação sindical eficiente.

Art. 572. Os sindicatos que se constituírem por categorias similares ou conexas, nos termos do parágrafo único do art. 570, adotarão denominação em que fiquem, tanto como possível, explicitamente mencionadas as atividades ou profissões concentradas, de conformidade com o quadro das atividades e profissões, ou se se tratar de subdivisões, de acordo com o que determinar a Comissão do Enquadramento Sindical.

Parágrafo único – Ocorrendo a hipótese do artigo anterior, o Sindicato principal terá a denominação alterada, eliminando-se-lhe a designação relativa à atividade ou profissão dissociada.

Art. 573 – O agrupamento dos Sindicatos em Federações obedecerá às mesmas regras que as estabelecidas neste Capítulo para o agrupamento das atividades e profissões em Sindicatos.

Parágrafo único – As Federações de Sindicatos de profissões liberais poderão ser organizadas independentemente do grupo básico da Confederação, sempre que as respectivas profissões se acharem submetidas, por disposições de lei, a um único regulamento.

Art. 574 – Dentro da mesma base territorial, as empresas industriais do tipo artesanal poderão constituir entidades sindicais, de primeiro e segundo graus, distintas das associações sindicais das empresas congêneres, de tipo diferente.

Parágrafo único. Compete à Comissão de Enquadramento Sindical definir, de modo genérico, com a aprovação do ministro do Trabalho, Indústria e Comércio, a dimensão e os demais característicos das empresas industriais de tipo artesanal.

Art. 575. O quadro de atividades e profissões será revisto de dois em dois anos, por proposta da Comissão do Enquadramento Sindical, para o fim de ajustá-lo às condições da estrutura econômica e profissional do país.

§ 1º – Antes de proceder à revisão do Quadro, a Comissão deverá solicitar sugestões às entidades sindicais e às associações profissionais.

§ 2º – A proposta de revisão será submetida à aprovação do Ministro do Trabalho, Industria e Comercio.

Art. 576 – A Comissão do Enquadramento Sindical será constituída pelo Diretor-Geral do Departamento Nacional do Trabalho, que a presidirá, e pelos seguintes membros:

I – 2 (dois) representantes do Departamento Nacional do Trabalho;

II – 1 (um) representante do Departamento Nacional de Mão-de-Obra;

III – 1 (um) representante do Instituto Nacional de Tecnologia, do Ministério da Indústria e do Comércio;

IV – 1 (um) representante do Instituto Nacional de Colonização e Reforma Agrária, do Ministério da Agricultura;

V – 1 (um) representante do Ministério dos Transportes;

VI – 2 (dois) representantes das categorias econômicas; e

VII – 2 (dois) representantes das categorias profissionais.

§ 1º – Os membros da CES serão designados pelo Ministro do Trabalho e Previdência Social, mediante.

a) indicação dos titulares das Pastas, quanto aos representantes dos outros Ministérios;

b) indicação do respectivo Diretor Geral, quanto ao do DNMO;

c) eleição pelas respectivas Confederações, em conjunto, quanto aos representantes das categorias econômicas e profissionais, de acôrdo com as instruções que forem expedidas pelo Ministro do Trabalho e Previdência Social.

§ 2º – Cada Membro terá um suplente designado juntamente com o titular.

§ 3º – Será de 3 (três) anos o mandato dos representantes das categorias econômica e profissional.

§ 4º – Os integrantes da Comissão perceberão a gratificação de presença que for estabelecida por decreto executivo.

§ 5º – Em suas faltas ou impedimentos o Diretor-Geral do DNT será substituído na presidência pelo Diretor substituto do Departamento ou pelo representante deste na Comissão, nesta ordem.

§ 6º – Além das atribuições fixadas no presente Capítulo e concernentes ao enquadramento sindical, individual ou coletivo, e à classificação das atividades e profissões, competirá também à CES resolver, com recurso para o Ministro do Trabalho e Previdência Social, tôdas as dúvidas e controvérsias concernentes à organização sindical.

Art. 577 – O Quadro de Atividades e Profissões em vigor fixará o plano básico do enquadramento sindical.

COMENTÁRIOS (ARTS. 570 A 577)

Os art. 570 a 577 da CLT regula o enquadramento sindical. Enquadrar significa encaixar, emoldurar, colocar, inserir, incluir, integrar, subsumir. O enquadramento sindical é inserção de um trabalhador em uma categoria profissional, com base na atividade econômica preponderante do empregador, observando-se, ainda, o local de prestação de serviços e a unicidade sindical.

Em outras linhas, para além da atividade preponderante do empregado, leva-se em conta para o enquadramento sindical o local onde o empregado prestava serviços ao empregador, bem como se a base territorial do ente sindical abrange a localidade de prestação de serviços do empregado. Nesse sentido citamos as ementas a baixo:

> ENQUADRAMENTO SINDICAL. PRINCÍPIO DA TERRITORIALIDADE. Em regra, o enquadramento sindical é determinado pela atividade econômica preponderante da empresa para a qual o empregado presta serviços, e não pela função por ele exercida (artigos 511, 570 e 577 da CLT), ressalvada a categoria profissional diferenciada (artigo 511, § 3º, da CLT), e observado o local em que ocorreu a prestação de serviços, em atenção aos princípios da territorialidade e unicidade sindical (artigo 8º, inciso II, da CR/88). E, ainda que se cogite da categoria diferenciada, como in casu, não se há falar em aplicabilidade dos instrumentos coletivos juntados pelo autor, pois abrangem base territorial diferente da localidade em que esteve lotado e prestou seus serviços (artigo 611/CLT). (TRT-3 – RO: 00103279620205030065 MG 0010327-96.2020.5.03.0065, Relator: Maria Lucia Cardoso Magalhaes, Data de Julgamento: 09/12/2021, Quarta Turma, Data de Publicação: 09/12/2021.)

> ENQUADRAMENTO SINDICAL. ATIVIDADE PREPONDERANTE DA EMPRESA. VINCULAÇÃO. O enquadramento sindical, em regra, obedece a atividade preponderante da empresa (artigo 570, da CLT). Os empregados vinculam-se, pois, ao segmento profissional correspondente àquela atividade econômica principal, salvo se integrarem categoria diferenciada (art. 511, parágrafo 3º, da CLT), o que não é o caso do Autor. (TRT18, ROT – 0010193-77.2021.5.18.0013, Rel. JOAO RODRIGUES PEREIRA, 1ª TURMA, 02/12/2021)

> ENQUADRAMENTO SINDICAL – O enquadramento sindical é determinado com base na atividade econômica do empregador, considerando-se também o local da prestação dos serviços (artigos 570 e 581 da CLT). (TRT-1 – RO: 01007481420195010263 RJ, Relator: CESAR MARQUES CARVALHO, Data de Julgamento: 10/11/2021, Terceira Turma, Data de Publicação: 23/11/2021)

Entretanto, há outros que se valem do critério da especificidade, de forma que a legitimidade da entidade sindical está atrelada à especificidade da representação da categoria. Aquela que melhor representa a categoria de forma mais específica, particularizada, individualizada, distintiva, exclusiva. Vemos o aresto a seguir:

> ENQUADRAMENTOSINDICAL. ATIVIDADE PREPONDERANTE DO EMPREGADOR. PRINCÍPIO DA ESPECIFICIDADE. O enquadramento sindical da categoria econômica observa, como regra geral, a atividade preponderante do empregador, conforme disposto nos artigos 511, 570 e 581, § 2º, todos da CLT, em razão do paralelismo simétrico e da bilateralidade do sistema, devendo ser observado, ainda, os princípios da unicidade sindical e territorialidade. **Há que ser considerado, também, o princípio da especificidade.** Assim, para conclusão acerca da representatividade sindical dos trabalhadores de determinada categoria profissional, **legitima-se a entidade que melhor representa a categoria mais específica**, nos termos e limites de formação da respectiva personalidade jurídica e outorga da carta de representação, em estrita observância do artigo 8º, incisos I, II e III, da Constituição Federal c/c artigo 570 da CLT. (TRT-1 – RO: 01010287820205010059 RJ, Relator: MARIA HELENA MOTTA, Data de Julgamento: 05/11/2021, Sexta Turma, Data de Publicação: 20/11/2021)

> Maurício Godinho Delgado, entretanto, defende que *"O ponto de agregação na categoria profissional é a similitude laborativa, em função da vinculação a empregadores que tenham atividades econômicas idênticas, similares ou conexas. [...] No campo temático do enquadramento sindical, a propósito, desponta como mais consentâneo com a Constituição da República o princípio da agregação, ao invés da diretriz civilista tradicional da especialização. A diretriz da especialização pode ser útil para a análise de certos aspectos de outras relações jurídicas, sendo inadequada, porém, senão incompatível, para a investigação da estrutura sindical mais legítima e representativa, apta a melhor realizar o critério da unicidade sindical determinado pela CF/88 (art. 8º, I e II) e concretizar a consistência representativa que têm de possuir os sindicatos (art. 8º, III e VI, CF/88)".*[876]

Assim, para a realização do enquadramento sindical é necessário verificar a a atividade preponderante exercida pelo empregador e o ente sindical que melhor represente os interesses do trabalhador.

CAPÍTULO III
DA CONTRIBUIÇÃO SINDICAL

SEÇÃO I
DA FIXAÇÃO E DO RECOLHIMENTO DO IMPOSTO SINDICAL

Art. 578. As contribuições devidas aos sindicatos pelos participantes das categorias econômicas ou profissionais ou das profissões liberais representadas pelas referidas entidades serão, sob a denominação de contribuição sindical, pagas, recolhidas e aplicadas na forma estabelecida neste Capítulo, desde que prévia e expressamente autorizadas. (Redação dada pela Lei nº 13.467, de 2017)

Art. 579. O desconto da contribuição sindical está condicionado à autorização prévia e expressa dos que participarem de uma determinada categoria econômica ou profissional, ou de uma profissão liberal, em favor do sindicato representativo da

[876] Delgado, 2019, p. 1593.

Decreto-Lei 5.452/1943

mesma categoria ou profissão ou, inexistindo este, na conformidade do disposto no art. 591 desta Consolidação. (Redação dada pela Lei nº 13.467, de 2017)

COMENTÁRIOS (ARTS. 578 E 579)

A Constituição Federal estabelece no art. 8º, inciso IV, preconiza que "*a assembléia geral fixará a contribuição que, em se tratando de categoria profissional, será descontada em folha, para custeio do sistema confederativo da representação sindical respectiva, independentemente da contribuição prevista em lei*".

Na mesma linha, o art. 513 da CLT estabelece como prerrogativa dos sindicatos impor contribuições a todos aqueles que participam das categorias econômicas ou profissionais ou das profissões liberais representadas.

Existem quatro receitas que custeiam o sistema sindical brasileiro, possibilitando ao ente sindical exercer suas atribuições e prerrogativas em prol da defesa dos interesses da categoria: a) **contribuição sindical;** b) **contribuição confederativa;** c) **contribuição assistencial ou taxa de reversão;** d) **mensalidade sindical ou estatutária.**

A **contribuição sindical**, antes da Reforma Trabalhista era denominada de "imposto sindical", porquanto era obrigatória a todos os trabalhadores – empregados, avulsos, autônomos, profissionais liberais – e pelos empregadores, sendo descontada compulsoriamente dos salários dos trabalhadores, independentemente de autorização ou consentimento.

A contribuição sindical tinha natureza jurídica tributária. Este era o posicionamento inicial do Supremo Tribunal Federal.[877]

Com a Reforma Trabalhista (Lei nº. 13.467/2017), houve uma mudança de orientação e a contribuição deixou de ter caráter impositivo (obrigatório), passando a ter caráter facultativo, exigindo autorização prévia e expressa dos empregados e associados para o recolhimento desta contribuição.

O Enunciado nº. 38 (Enunciado Aglutinado nº 12 da Comissão 3) da 2ª Jornada de Direito Material e Processual do Trabalho da ANAMATRA, em contraponto às alterações promovidas na CLT pelo legislador reformista, entende que o exercício do poder de controle do empregador sobre o desconto da contribuição sindical viola a liberdade e a autonomia sindical, além da coibição aos atos antissindicais, na forma do caput do art. 8º da Constituição Federal e com o art. 1º da Convenção 98 da OIT. Entende, ainda, que os trabalhadores poderão conceder autorização coletiva prévia e expressa para a realização do desconto das contribuições sindicais e assistenciais, mediante Assembleia Geral convocada para essa finalidade específica, na forma do estatuto, independentemente se o trabalhador é sindicalizado ou não. A decisão da Assembleia Geral quanto a autorização coletiva se aplica a toda categoria.

A matéria foi objeto da Ação Direta de Inconstitucionalidade nº. 5.794, ajuizada pela Confederação Nacional dos Trabalhadores em Transporte Aquaviário e Outros, perante o Supremo Tribunal Federal, que sustentava a compulsoriedade da contribuição sindical, a violação da autonomia das organizações sindicais, retrocesso social ou atentado aos direitos dos trabalhadores, o que inviabilizaria a extinção da contribuição por meio de lei ordinária (Reforma Trabalhista, Lei nº 13.467/2017). Entretanto, o Plenário do STF, no mérito, julgou improcedente a ADI, reconhecendo a constitucionalidade das alterações promovidas pela Reforma Trabalhista (Lei nº. 13.467/2017). Vejamos:

– EMENTA: DIREITO CONSTITUCIONAL E TRABALHISTA. REFORMA TRABALHISTA. FACULTATIVIDADE DA CONTRIBUIÇÃO SINDICAL. CONSTITUCIONALIDADE. INEXIGÊNCIA DE LEI COMPLEMENTAR. DESNECESSIDADE DE LEI ESPECÍFICA. INEXISTÊNCIA DE OFENSA À ISONOMIA TRIBUTÁRIA (ART. 150, II, DA CRFB). COMPULSORIEDADE DA CONTRIBUIÇÃO SINDICAL NÃO PREVISTA NA CONSTITUIÇÃO (ARTIGOS 8º, IV, E 149 DA CRFB). NÃO VIOLAÇÃOÀAUTONOMIADASORGANIZAÇÕESSINDICAIS (ART. 8º, I, DA CRFB). INOCORRÊNCIA DE RETROCESSO SOCIAL OU ATENTADO AOS DIREITOS DOS TRABALHADORES (ARTIGOS 1º, III E IV,5º, XXXV, LV E LXXIV, 6ºE 7ºDA CRFB). CORREÇÃO DA PROLIFERAÇÃO EXCESSIVADE SINDICATOS NO BRASIL. REFORMA QUE VISA AO FORTALECIMENTO DA ATUAÇÃO SINDICAL. PROTEÇÃO ÀS LIBERDADES DE ASSOCIAÇÃO, SINDICALIZAÇÃO E DE EXPRESSÃO (ARTIGOS 5º, INCISOS IV EXVII, E 8º, CAPUT, DA CRFB). GARANTIA DA LIBERDADE DE EXPRESSÃO (ART. 5º, IV, DA CRFB). AÇÕES DIRETAS DE INCONSTITUCIONALIDADE JULGADAS IMPROCEDENTES. AÇÃO DECLARATÓRIA DE CONSTITUCIONALIDADE JULGADA PROCEDENTE.1. À lei ordinária compete dispor sobre fatos geradores, bases de cálculo e contribuintes quanto

[877] Segundo o posicionamento inicialmente adotado pelo STF: Descabe confundir filiação, sempre a depender da manifestação de vontade do prestador dos serviços ou da pessoa jurídica de direito privado que integre a categoria econômica, com o fenômeno da integração automática no âmbito da categoria. Por outro lado, sob a óptica da legislação comum, tem-se a alínea *e* do art. 513 da CLT, que revela serem prerrogativas dos sindicatos ***"impor contribuições a todos aqueles que participam das categorias econômicas ou profissionais ou das profissões liberais representadas". Vê-se que a imposição não se faz relativamente àqueles que hajam aderido, associando-se ao sindicato, mas também no tocante aos integrantes das categorias.*** **[RE 189.960, voto do rel. min. Marco Aurélio, j. 7-11-2000, 2ª T, *DJ* de 10-8-2001.]**

à espécie tributária das contribuições, não sendo exigível a edição de lei complementar para a temática, ex vi do art.146, III, alínea 'a', da Constituição.2. A extinção de contribuição pode ser realizada por lei ordinária, em paralelismo à regra segundo a qual não é obrigatória a aprovação de lei complementar para a criação de contribuições, sendo certo que a Carta Magna apenas exige o veículo legislativo da lei complementar no caso das contribuições previdenciárias residuais, nos termos do art. 195, § 4º, da Constituição. Precedente (ADI 4697, Relator(a): Min. EDSON FACHIN, Tribunal Pleno, julgado em 06/10/2016).3. A instituição da facultatividade do pagamento de contribuições sindicais não demanda lei específica, porquanto o art. 150, § 6º, da Constituição trata apenas de "subsídio ou isenção, redução de base de cálculo, concessão de crédito presumido, anistia ou remissão", bem como porque a exigência de lei específica tem por finalidade evitar as chamadas "caudas legais" ou "contrabandos legislativos", consistentes na inserção de benefícios fiscais em diplomas sobre matérias completamente distintas, como forma de chantagem e diminuição da transparência no debate público, o que não ocorreu na tramitação da reforma trabalhista de que trata a Lei nº 13.467/2017. Precedentes (ADI 4033, Relator(a): Min. JOAQUIM BARBOSA, Tribunal Pleno, julgado em 15/09/2010; RE 550652 AgR, Relator(a): Min. RICARDO LEWANDOWSKI, Segunda Turma, julgado em 17/12/2013).4. A Lei nº 13.467/2017 emprega critério homogêneo e igualitário ao exigir prévia e expressa anuência de todo e qualquer trabalhador para o desconto da contribuição sindical, ao mesmo tempo em que suprime a natureza tributária da contribuição, seja em relação aos sindicalizados, seja quanto aos demais, motivos pelos quais não há qualquer violação ao princípio da isonomia tributária (art. 150, II, da Constituição), até porque não há que se invocar uma limitação ao poder de tributar para prejudicar o contribuinte, expandindo o alcance do tributo, como suporte à pretensão de que os empregados não-sindicalizados sejam obrigados a pagar a contribuição sindical.5. A Carta Magna não contém qualquer comando impondo a compulsoriedade da contribuição sindical, na medida em que o art. 8º, IV, da Constituição remete à lei a tarefa de dispor sobre a referida contribuição e o art. 149 da Lei Maior, por sua vez, limita-se a conferir à União o poder de criar contribuições sociais, o que, evidentemente, inclui a prerrogativa de extinguir ou modificar a natureza de contribuiçõesexistentes.6. A supressão do caráter compulsório das contribuições sindicais não vulnera o princípio constitucional da autonomia da organização sindical, previsto no art. 8º, I, da Carta Magna, nem configura retrocesso social e violação aos direitos básicos de proteção ao trabalhador insculpidos nos artigos 1º, III e IV, 5º, XXXV, LV e LXXIV, 6º e 7º daConstituição.7. A legislação em apreço tem por objetivo combater o problema da proliferação excessiva de organizações sindicais no Brasil, tendo sido apontado na exposição de motivos do substitutivo ao Projeto de Lei nº6.787/2016, que deu origem à lei ora impugnada, que o país possuía, até março de 2017, 11.326 sindicatos de trabalhadores e 5.186 sindicatos de empregadores, segundo dados obtidos no Cadastro Nacional de Entidades Sindicais do Ministério do Trabalho, sendo que, somente no ano de 2016, a arrecadação da contribuição sindical alcançou a cifra de R$ 3,96 bilhões de reais.8. O legislador democrático constatou que a contribuição compulsória gerava uma oferta excessiva e artificial de organizações sindicais, configurando uma perda social em detrimento dos trabalhadores, porquanto não apenas uma parcela dos vencimentos dos empregados era transferida para entidades sobre as quais eles possuíam pouca ou nenhuma ingerência, como também o número estratosférico de sindicatos não se traduzia em um correspondente aumento do bem-estar da categoria.9. A garantia de uma fonte de custeio, independentemente de resultados, cria incentivos perversos para uma atuação dos sindicatos fraca e descompromissada com os anseios dos empregados, de modo que a Lei nº 13.467/2017 tem por escopo o fortalecimento e a eficiência das entidades sindicais, que passam a ser orientadas pela necessidade de perseguir os reais interesses dos trabalhadores, a fim de atraírem cada vez mais filiados.10. Esta Corte já reconheceu que normas afastando o pagamento obrigatório da contribuição sindical não configuram indevida interferência na autonomia dos sindicatos: ADI 2522, Relator(a): Min. EROS GRAU, Tribunal Pleno, julgado em 08/06/2006.11. A Constituição consagra como direitos fundamentais as liberdades de associação, sindicalização e de expressão, consoante o disposto nos artigos 5º, incisos IV e XVII, e 8º, caput, tendo o legislador democrático decidido que a contribuição sindical, criada no período autoritário do estado novo, tornava nula a liberdade de associar-se asindicatos.12. O engajamento notório de entidades sindicais em atividades políticas, lançando e apoiando candidatos, conclamando protestos e mantendo estreitos laços com partidos políticos, faz com que a exigência de financiamento por indivíduos a atividades políticas com as quais não concordam, por meio de contribuições compulsórias a sindicatos, configure violação à garantia fundamental da liberdade de expressão, protegida pelo art. 5º, IV, da Constituição. Direito Comparado: Suprema Corte dos Estados

Unidos, casos Janus v. American Federation of State, County, and Municipal Employees, Council 31 (2018) e Abood v. Detroit Boardof Education (1977).13. A Lei nº 13.467/2017 não compromete a prestação de assistência judiciária gratuita perante a Justiça Trabalhista, realizada pelos sindicatos inclusive quanto a trabalhadores não associados, visto que os sindicatos ainda dispõem de múltiplas formas de custeio, incluindo a contribuição confederativa (art. 8º, IV, primeira parte, da Constituição), a contribuição assistencial (art. 513, alínea 'e', da CLT) e outras contribuições instituídas em assembleia da categoria ou constantes de negociação coletiva, bem assim porque a Lei n.º 13.467/2017 ampliou as formas de financiamento da assistência jurídica prestada pelos sindicatos, passando a prever o direito dos advogados sindicais à percepção de honorários sucumbenciais(nova redação do art. 791-A, caput e § 1º, da CLT), e a própria Lei n.º5.584/70, em seu art. 17, já dispunha que, ante a inexistência de sindicato, cumpre à Defensoria Pública a prestação de assistência judiciária no âmbito trabalhista.14. A autocontenção judicial requer o respeito à escolha democrática do legislador, à míngua de razões teóricas ou elementos empíricos que tornem inadmissível a sua opção, plasmada na reforma trabalhistas ancionada pelo Presidente da República, em homenagem à presunção de constitucionalidade das leis e à luz dos artigos 5º, incisos IV e XVII, e 8º,caput, da Constituição, os quais garantem as liberdades de expressão, de associação e de sindicalização.15. Ações Diretas de Inconstitucionalidade julgadas improcedentes e Ação Declaratória de Constitucionalidade julgada procedente para assentar a compatibilidade da Lei n.º 13.467/2017 com a Carta Magna. Vistos, relatados e discutidos estes autos, acordam os Ministros do Supremo Tribunal Federal, em Sessão Plenária, sob a Presidência da Senhora Ministra Cármen Lúcia, na conformidade da ata de julgamento e das notas taquigráficas, por maioria e nos termos do voto do Ministro Luiz Fux, que redigirá o acórdão, em julgar improcedentes os pedidos formulados nas ações diretas de inconstitucionalidade e procedente o pedido formulado na ação declaratória de constitucionalidade. Vencidos os Ministros Edson Fachin (Relator), Rosa Weber e Dias Toffoli. [STF – ADI 5.794, rel. p/ o ac. min. Luiz Fux, j. 29-6-2018, P, DJE de 23-4-2019].

– Henrique Correia pondera que a mudança promovida pela Reforma Trabalhista consiste em um *"avanço na legislação trabalhista, já que a contribuição sindical obrigatória é vista como um entrave ao princípio da liberdade sindical, pois atribui ao não sindicalizado, obrigação contrária à sua vontade. Esse é um dos pontos pelos quais o Brasil é criticado em razão da não ratificação da Convenção nº. 87 da OIT. Afinal, a doutrina normalmente associava a contribuição compulsória à acomodação dos sindicatos e à existência de mais de 16.000 sindicatos no Brasil"*[878].

De outro ângulo, Carlos Henrique Bezerra Leite tece críticas às alterações, anotando que *"Certamente, os sindicatos das categorias profissionais serão os mais prejudicados com a queda vertiginosa de arrecadação, o que implicará na redução da defesa dos direitos dos trabalhadores, porquanto dispõe o inciso III do art. 8º da CF que os sindicatos são instituições de defesa dos direitos e interesses coletivos e individuais da categoria, sendo que a contribuição sindical constitui elemento econômico imprescindível para o desempenho de tal missão constitucional"*.[879]

Eduardo Gabriel Saad, adota o entendimento de que a contribuição sindical manteve a natureza jurídica de tributo mesmo após a Reforma Trabalhista, afirmando que *"trata-se de uma contribuição especial autorizada pela Constituição. Conforme esclarece o Código Tributário Nacional, é irrelevante, para qualificar a natureza tributária da contribuição sindical, 'a destinação legal do produto da sua arrecadação' (art. 4º, II)"*. Acrescenta que *"a contribuição sindical, por sua natureza legal, é sempre compulsória"* e que a decisão do STF sobre a matéria contradiz à própria norma constitucional que impõe *"um sindicato único a todos os empregadores e empregados"*, vez que não foi adotado o pluralismo sindical pleno, previsto na Convenção 87 da OIT[880].

De nossa parte, entendemos que a contribuição sindical ocasionou um prejuízo à atividade sindical, notadamente à categoria representativa dos interesses dos empregados. A ausência de regras de transição causou uma abrupta queda de receita aos sindicatos, o que leva ao consequente enfraquecimento da atividade sindical.

A contribuição confederativa tem a finalidade de custear o sistema confederativo, formado pelos sindicatos, federações e confederações, podendo ser exigidas apenas dos empregados filiados ao sindicato, conforme Súmula Vinculante 40 do STF[881]. Nesse sentido o art.

---

878 CORREIA, 2018, p. 1657.

879 Leite, 2019, p.1202-1203.

880 Saad, 2019, p. 925.

881 Precedente Representativo no STF: "A questão a saber é se a denominada **contribuição confederativa, inscrita no art. 8º, IV, da CF/1988**, fixada pela assembleia geral, é devida pelos empregados não filiados ao sindicato. Noutras palavras, se apresenta ela caráter de compulsoriedade, vale dizer, se é obrigatório o seu pagamento por empregados não filiados ao sindicato. (...) Primeiro que tudo, é preciso distinguir a contribuição sindical, contribuição instituída por lei, de interesse das categorias profissionais — art. 149 da CF/1988 — com caráter tributário, assim compulsória, da denominada contribuição confederativa, instituída pela assembleia geral da entidade sindical — CF/1988, art. 8º, IV. A primeira, conforme foi dito, contribuição

8º, IV, da CF, o Precedente Normativo nº. 119 da SDC do TST e a Súmula 666 do STF.

A **contribuição assistencial ou taxa de reversão**, tem o objetivo de custear as despesas decorrentes da participação em negociações coletivas. Pode ser exigida apenas dos empregados filiados ao sindicato, tal como ocorre com a contribuição federativa (PN 119 da SDC do TST).

A **mensalidade sindical ou estatutária**, por fim, é estabelecida através do estatuto do sindicato. Visa o custeio das atividades assistenciais e recreativas do sindicato. É cobrada apenas dos empregados filiados ao ente sindical (art. 458, *b*, da CLT).

Art. 580. A contribuição sindical será recolhida, de uma só vez, anualmente, e consistirá:

I – Na importância correspondente à remuneração de um dia de trabalho, para os empregados, qualquer que seja a forma da referida remuneração;

II – para os agentes ou trabalhadores autônomos e para os profissionais liberais, numa importância correspondente a 30% (trinta por cento) do maior valor-de-referência fixado pelo Poder Executivo, vigente à época em que é devida a contribuição sindical, arredondada para Cr$ 1,00 (um cruzeiro) a fração porventura existente;

III – para os empregadores, numa importância proporcional ao capital social da firma ou empresa, registrado nas respectivas Juntas Comerciais ou órgãos equivalentes, mediante a aplicação de alíquotas, conforme a seguinte tabela progressiva:

	Classe de Capital	Alíquota
1.	até 150 vezes o maior valor-de-referência	0,8%
2.	acima de 150 até 1.500 vezes o maior valor-de-referência	0,2%
3.	acima de 1.500 até 150.000 vezes o maior valor-de-referência .	0,1%
4.	acima de 150.000 até 800.000 vezes o maior valor-de-referência	0,02%

§ 1º A contribuição sindical prevista na tabela constante do item III deste artigo corresponderá à soma da aplicação das alíquotas sobre a porção do capital distribuído em cada classe, observados os respectivos limites.

§ 2º Para efeito do cálculo de que trata a tabela progressiva inserta no item III deste artigo, considerar-se-á o valor de referência fixado pelo Poder Executivo, vigente à data de competência da contribuição, arredondando-se para Cr$1,00 (um cruzeiro) a fração porventura existente.

§ 3º – É fixada em 60% (sessenta por cento) do maior valor-de-referência, a que alude o parágrafo anterior, a contribuição mínima devida pelos empregadores, independentemente do capital social da firma ou empresa, ficando, do mesmo modo, estabelecido o capital equivalente a 800.000 (oitocentas mil) vezes o maior valor-de-referência, para efeito do cálculo da contribuição máxima, respeitada a Tabela progressiva constante do item III.

§ 4º Os agentes ou trabalhadores autônomos e os profissionais liberais, organizados em firma ou empresa, com capital social registrado, recolherão a contribuição sindical de acordo com a tabela progressiva a que se refere o item III.

§ 5º As entidades ou instituições que não estejam obrigadas ao registro de capital social, consideração, como capital, para efeito do cálculo de que trata a tabela progressiva constante do item III deste artigo, o valor resultante da aplicação do percentual de 40% (quarenta por cento) sobre o movimento econômico registrado no exercício imediatamente anterior, do que darão conhecimento à respectiva entidade sindical ou à Delegacia Regional do Trabalho, observados os limites estabelecidos no § 3º deste artigo.

§ 6º Excluem-se da regra do § 5º as entidades ou instituições que comprovarem, através de requerimento dirigido ao Ministério do Trabalho, que não exercem atividade econômica com fins lucrativos.

Art. 581. Para os fins do item III do artigo anterior, as empresas atribuirão parte do respectivo capital às suas sucursais, filiais ou agências, desde que localizadas fora da base territorial da entidade sindical representativa da atividade econômica do estabelecimento principal, na proporção das correspondentes operações econômicas, fazendo a devida comunicação às Delegacias Regionais do Trabalho, conforme localidade da sede da empresa, sucursais, filiais ou agências.

§ 1º Quando a empresa realizar diversas atividades econômicas, sem que nenhuma delas seja preponderante, cada uma dessas atividades será incorporada à respectiva categoria econômica, sendo a contribuição sindical devida à entidade sindical representativa da mesma categoria, procedendo-se, em relação às correspondentes sucursais, agências ou filiais, na forma do presente artigo.

§ 2º Entende-se por atividade preponderante a que caracterizar a unidade de produto, operação ou

parafiscal ou especial, espécie tributária, é compulsória. **A segunda, entretanto, é compulsória apenas para os filiados do sindicato. [RE 198.092, voto do rel. min. Carlos Velloso, 2ª T, j. 27-8-1996, DJ de 11-10-1996.]**

objetivo final, para cuja obtenção todas as demais atividades convirjam, exclusivamente em regime de conexão funcional.

Art. 582. Os empregadores são obrigados a descontar da folha de pagamento de seus empregados relativa ao mês de março de cada ano a contribuição sindical dos empregados que autorizaram prévia e expressamente o seu recolhimento aos respectivos sindicatos. (Redação dada pela Lei nº 13.467, de 2017)

§ 1º Considera-se um dia de trabalho, para efeito de determinação da importância a que alude o item I do Art. 580, o equivalente:

a) a uma jornada normal de trabalho, se o pagamento ao empregado for feito por unidade de tempo;

b) a 1/30 (um trinta avos) da quantia percebida no mês anterior, se a remuneração for paga por tarefa, empreitada ou comissão.

§ 2º Quando o salário for pago em utilidades, ou nos casos em que o empregado receba, habitualmente, gorjetas, a contribuição sindical corresponderá a 1/30 (um trinta avos) da importância que tiver servido de base, no mês de janeiro, para a contribuição do empregado à Previdência Social.

Art. 583. O recolhimento da contribuição sindical referente aos empregados e trabalhadores avulsos será efetuado no mês de abril de cada ano, e o relativo aos agentes ou trabalhadores autônomos e profissionais liberais realizar-se-á no mês de fevereiro, observada a exigência de autorização prévia e expressa prevista no art. 579 desta Consolidação. (Redação dada pela Lei nº 13.467, de 2017)

§ 1º – O recolhimento obedecerá ao sistema de guias, de acordo com as instruções expedidas pelo Ministro do Trabalho.

§ 2º – O comprovante de depósito da contribuição sindical será remetido ao respectivo Sindicato; na falta deste, à correspondente entidade sindical de grau superior, e, se for o caso, ao Ministério do Trabalho.

COMENTÁRIOS (ARTS. 582 E 583)

**Vide notas dos artigos 545 ou 578/579 da CLT.*

Art. 584. Servirá de base para o pagamento da contribuição sindical, pelos agentes ou trabalhadores autônomos e profissionais liberais, a lista de contribuintes organizada pelos respectivos sindicatos e, na falta destes, pelas federações ou confederações coordenadoras da categoria.

Art. 585. Os profissionais liberais poderão optar pelo pagamento da contribuição sindical unicamente à entidade sindical representativa da respectiva profissão, desde que a exerça, efetivamente, na firma ou empresa e como tal sejam nelas registrados.

Parágrafo único. Na hipótese referida neste artigo, à vista da manifestação do contribuinte e da exibição da prova de quitação da contribuição, dada por sindicato de profissionais liberais, o empregador deixará de efetuar, no salário do contribuinte, o desconto a que se refere o **Art. 582.**

Art. 586. A contribuição sindical será recolhida, nos meses fixados no presente Capítulo, à Caixa Econômica Federal ao Banco do Brasil S. A. ou aos estabelecimentos bancários nacionais integrantes do sistema de arrecadação dos tributos federais, os quais, de acordo com instruções expedidas pelo Conselho Monetário Nacional, repassarão à Caixa Econômica Federal as importâncias arrecadadas.

§ 1º Integrarão a rede arrecadadora as Caixas Econômicas Estaduais, nas localidades onde inexistam os estabelecimentos previstos no caput deste artigo.

§ 2º Tratando-se de empregador, agentes ou trabalhadores autônomos ou profissionais liberais o recolhimento será efetuado pelos próprios, diretamente ao estabelecimento arrecadador.

§ 3º A contribuição sindical devida pelos empregados e trabalhadores avulsos será recolhida pelo empregador e pelo sindicato, respectivamente.

Art. 587. Os empregadores que optarem pelo recolhimento da contribuição sindical deverão fazê-lo no mês de janeiro de cada ano, ou, para os que venham a se estabelecer após o referido mês, na ocasião em que requererem às repartições o registro ou a licença para o exercício da respectiva atividade. (Redação dada pela Lei nº 13.467, de 2017)

COMENTÁRIOS (ART. 587)

**Vide notas dos artigos 545 ou 578/579 da CLT.*

Art. 588. A Caixa Econômica Federal manterá conta corrente intitulada "Depósitos da Arrecadação da Contribuição Sindical", em nome de cada uma das entidades sindicais beneficiadas, cabendo ao Ministério do Trabalho científicá-la das ocorrências pertinentes à vida administrativa dessas entidades.

§ 1º Os saques na conta corrente referida no caput deste artigo far-se-ão mediante ordem bancária ou cheque com as assinaturas conjuntas do presidente e do tesoureiro da entidade sindical.

§ 2º A Caixa Econômica Federal remeterá, mensalmente, a cada entidade sindical, um extrato da respectiva conta corrente, e, quando solicitado, aos órgãos do Ministério do Trabalho.

Art. 589. Da importância da arrecadação da contribuição sindical serão feitos os seguintes créditos pela Caixa Econômica Federal, na forma das instruções que forem expedidas pelo Ministro do Trabalho:

I - para os empregadores:

a) 5% (cinco por cento) para a confederação correspondente;

b) 15% (quinze por cento) para a federação;

c) 60% (sessenta por cento) para o sindicato respectivo; e

d) 20% (vinte por cento) para a 'Conta Especial Emprego e Salário';

II - para os trabalhadores:

a) 5% (cinco por cento) para a confederação correspondente;

b) 10% (dez por cento) para a central sindical;

c) 15% (quinze por cento) para a federação;

d) 60% (sessenta por cento) para o sindicato respectivo; e

e) 10% (dez por cento) para a 'Conta Especial Emprego e Salário';

III e IV – (revogados); (Redação dada pela Lei nº 11.648, de 2008)

§ 1º O sindicato de trabalhadores indicará ao Ministério do Trabalho e Emprego a central sindical a que estiver filiado como beneficiária da respectiva contribuição sindical, para fins de destinação dos créditos previstos neste artigo.

§ 2º A central sindical a que se refere a alínea *b* do inciso II do caput deste artigo deverá atender aos requisitos de representatividade previstos na legislação específica sobre a matéria.

Art. 590. Inexistindo confederação, o percentual previsto no art. 589 desta Consolidação caberá à federação representativa do grupo.

§ 1º (Revogado). (Redação dada pela Lei nº 11.648, de 2008)

§ 2º (Revogado). (Redação dada pela Lei nº 11.648, de 2008)

§ 3º Não havendo sindicato, nem entidade sindical de grau superior ou central sindical, a contribuição sindical será creditada, integralmente, à 'Conta Especial Emprego e Salário'.

§ 4º Não havendo indicação de central sindical, na forma do § 1º do art. 589 desta Consolidação, os percentuais que lhe caberiam serão destinados à 'Conta Especial Emprego e Salário'

Art. 591. Inexistindo sindicato, os percentuais previstos na alínea *c* do inciso I e na alínea *d* do inciso II do caput do art. 589 desta Consolidação serão creditados à federação correspondente à mesma categoria econômica ou profissional.

Parágrafo único. Na hipótese do caput deste artigo, os percentuais previstos nas alíneas *a* e *b* do inciso I e nas alíneas *a* e *c* do inciso II do caput do art. 589 desta Consolidação caberão à confederação.

COMENTÁRIOS (ARTS. 588 A 591)

As contribuições sindicais têm a finalidade de fortalecer economicamente as categorias constituindo uma das principais receitas sindicais. Tem o escopo de fortalecer todo o sistema confederativo, formado pelos sindicatos das categorias profissionais e econômicas, em primeiro grau, atuando em uma determinada base territorial, equivalente a um Município (art. 8º, II, da CF). Em grau superior temos as federações (art. 534 da CLT) e confederações (art. 535 da CLT).

As centrais sindicais não pertencem à estrutura Sindical Brasileira. Estão regulamentadas na Lei 11.648/08. São entidades de representação geral dos trabalhadores com as atribuições de coordenar a representação dos trabalhadores por meio das organizações sindicais a ela filiadas e de participação nos fóruns, colegiados, órgãos públicos e demais espaços de diálogo social com composição tripartite, nos quais sejam discutidos temas de interesses dos trabalhadores. Representam exclusivamente os trabalhadores, inexistindo centrais sindicais representativa dos interesses da categoria econômica.

Todas essas atividades são custeadas pelas receitas auferidas pelas entidades sindicais sendo certo que os arts. 588 a 591 da CLT, indicam a forma de distribuição das importâncias arrecadadas a título de contribuição sindical.

SEÇÃO II
DA APLICAÇÃO DO IMPOSTO SINDICAL

Art. 592 – A contribuição sindical, além das despesas vinculadas à sua arrecadação, recolhimento e controle, será aplicada pelos sindicatos, na conformidade dos respectivos estatutos, usando aos seguintes objetivos:

I – Sindicatos de empregadores e de agentes autônomos:

a) assistência técnica e jurídica;

b) assistência médica, dentária, hospitalar e farmacêutica;

c) realização de estudos econômicos e financeiros;

d) agências de colocação;

e) cooperativas;

f) bibliotecas;

g) creches;

h) congressos e conferências;

i) medidas de divulgação comercial e industrial no País, e no estrangeiro, bem como em outras tendentes a incentivar e aperfeiçoar a produção nacional.

j) feiras e exposições;

l) prevenção de acidentes do trabalho;

m) finalidades desportivas.

II – Sindicatos de empregados:

a) assistência jurídica;

b) assistência médica, dentária, hospitalar e farmacêutica;

c) assistência à maternidade;

d) agências de colocação;

e) cooperativas;

f) bibliotecas;

g) creches;

h) congressos e conferências;

i) auxilio-funeral;

j) colônias de férias e centros de recreação;

l) prevenção de acidentes do trabalho;

m) finalidades deportivas e sociais;

n) educação e formação profissicinal.

o) bolsas de estudo.

III – Sindicatos de profissionais liberais:

a) assistência jurídica;

b) assistência médica, dentária, hospitalar e farmacêutica;

c) assistência à maternidade;

d) bolsas de estudo;

e) cooperativas;

f) bibliotecas;

g) creches;

h) congressos e conferências;

i) auxílio-funeral;

j) colônias de férias e centros de recreação;

l) estudos técnicos e científicos;

m) finalidades desportivas e sociais;

n) educação e formação profissional;

o) prêmios por trabalhos técnicos e científicos.

IV – Sindicatos de trabalhadores autônomos:

a) assistência técnica e jurídica;

b) assistência médica, dentária, hospitalar e farmacêutica;

c) assistência à maternidade;

d) bolsas de estudo;

e) cooperativas;

f) bibliotecas;

g) creches;

h) congressos e conferências;

i) auxílio-funeral;

j) colônias de férias e centros de recreação;

l) educação e formação profissional;

m) finalidades desportivas e sociais;

§ 1º A aplicação prevista neste artigo ficará a critério de cada entidade, que, para tal fim, obedecerá, sempre, às peculiaridades do respectivo grupo ou categoria, facultado ao Ministro do Trabalho permitir a inclusão de novos programas, desde que assegurados os serviços assistenciais fundamentais da entidade.

§ 2º Os sindicatos poderão destacar, em seus orçamentos anuais, até 20% (vinco por cento) dos recursos da contribuição sindical para o custeio das suas atividades administrativas, independentemente de autorização ministerial.

§ 3º O uso da contribuição sindical prevista no § 2º não poderá exceder do valor total das mensalidades sociais consignadas nos orçamentos dos sindicatos, salvo autorização expressa do Ministro do Trabalho.

Art. 593 – As percentagens atribuídas às entidades sindicais de grau superior e às centrais sindicais serão aplicadas de conformidade com o que dispuserem os respectivos conselhos de representantes ou estatutos.

Parágrafo único. Os recursos destinados às centrais sindicais deverão ser utilizados no custeio das atividades de representação geral dos trabalhadores decorrentes de suas atribuições legais.

Art. 594 – O "Fundo Social Sindical" será gerido e aplicado pela Comissão do Imposto Sindical em objetivos que atendam aos interesses gerais da organização sindical nacional ou à assistência social aos trabalhadores.

SEÇÃO III
DA COMISSÃO DO IMPOSTO SINDICAL

Arts. 595 a 597 – (Revogados pela Lei nº 4.589, de 11.12.1964)

SEÇÃO IV
DAS PENALIDADES

Art. 598 – Sem prejuízo da ação criminal e das penalidades previstas no art. 553, serão aplicadas multas de Cr$ 10,00 (dez cruzeiros) a Cr$ 10.000,00 (dez mil cruzeiros) pelas infrações deste Capítulo impostas no Distrito Federal pela autoridade competente de 1ª instância do Departamento Nacional do Trabalho e nos Estados e no Território do Acre pelas autoridades regionais do Ministério do Trabalho, Industria e Comercio.

Parágrafo único – A gradação da multa atenderá à natureza da infração e às condições sociais e econômicas do infrator.

Art. 599 – Para os profissionais liberais, a penalidade consistirá na suspensão do exercício profissional, até a necessária quitação, e será aplicada pelos órgãos públicos ou autárquicos disciplinadores das respectivas profissões mediante comunicação das autoridades fiscalizadoras.

Art. 600 – O recolhimento da contribuição sindical efetuado fora do prazo referido neste Capítulo, quando espontâneo, será acrescido da multa de 10% (dez por cento), nos 30 (trinta) primeiros dias, com o adicional de 2% (dois por cento) por mês subseqüente de atraso, além de juros de mora de 1 % (um por cento) ao mês e correção monetária, ficando, nesse caso, o infrator, isento de outra penalidade.

§ 1º – O montante das cominações previstas neste artigo reverterá sucessivamente:

a) ao Sindicato respectivo;

b) à Federação respectiva, na ausência de Sindicato;

c) à Confederação respectiva, inexistindo Federação.

§ 2º – Na falta de Sindicato ou entidade de grau superior, o montante a que alude o parágrafo precedente reverterá à conta "Emprego e Salário.

COMENTÁRIOS (ARTS. 592 A 600)

Os arts. 592 a 600 da CLT estabelecem que a contribuição sindical, em conformidade com o respectivo estatuto, será empregada para prover assistência técnica e jurídica, assistência médica, dentária, hospitalar, farmacêutica, creches, bibliotecas, congressos e conferências, colônias de férias e atividades de lazer, educação e formação profissional dos trabalhadores, etc (art. 592 da CLT).

Vinte por cento da receita será direcionada ao custeio das atividades administrativas. Os critérios de aplicação das contribuições sindicais pelas federações, confederações e contrais sindicais, serão definidas pelos respectivos conselhos ou estatutos (art. 593 da CLT). Também prevê a aplicação de multa e outras penalidades em caso de inadimplemento das contribuições sindicais.

SEÇÃO V
DISPOSIÇÕES GERAIS

Art. 601 – (Revogado pela Lei nº 13.467, de 2017)

Art. 602. Os empregados que não estiverem trabalhando no mês destinado ao desconto da contribuição sindical e que venham a autorizar prévia e expressamente o recolhimento serão descontados no primeiro mês subsequente ao do reinício do trabalho. (Redação dada pela Lei nº 13.467, de 2017)

Parágrafo único – De igual forma se procederá com os empregados que forem admitidos depois daquela data e que não tenham trabalhado anteriormente nem apresentado a respectiva quitação.

COMENTÁRIOS (ART. 602)

**Vide notas dos artigos 545 ou 578/579 da CLT.*

Art. 603 – Os empregadores são obrigados a prestar aos encarregados da fiscalização os esclarecimentos necessários ao desempenho de sua missão e a exibir-lhes, quando exigidos, na parte relativa ao pagamento de empregados, os seus livros, folhas de pagamento e outros documentos comprobatórios desses pagamentos, sob pena da multa cabível.

Art. 604 – *(Revogado pela Lei nº 13.467, de 2017)*

Art. 605 – As entidades sindicais são obrigadas a promover a publicação de editais concernentes ao recolhimento do imposto sindical, durante 3 (três) dias, nos jornais de maior circulação local e até 10 (dez) dias da data fixada para depósito bancário.

Art. 606 – Às entidades sindicais cabe, em caso de falta de pagamento da contribuição sindical, promover a respectiva cobrança judicial, mediante ação executiva, valendo como título de dívida a certidão expedida pelas autoridades regionais do Ministério do Trabalho e Previdência Social.

§ 1º O Ministro do Trabalho, Indústria e Comércio baixará as instruções regulando a expedição das certidões a que se refere o presente artigo das quais deverá constar a individualização de contribuinte, a indicação do débito e a designação da entidade a favor da qual será recolhida a importância de imposto, de acordo com o respectivo enquadramento sindical.

§ 2º – Para os fins da cobrança judicial do imposto sindical, são extensivos às entidades sindicais, com exceção do foro especial, os privilégios da Fazenda Pública, para cobrança da dívida ativa.

Art. 607 – É considerado como documento essencial ao comparecimento às concorrências públicas ou administrativas e para o fornecimento às repartições paraestatais ou autárquicas a prova da quitação do respectivo imposto sindical e a de recolhimento do imposto sindical, descontado dos respectivos empregados.

Art. 608 – As repartições federais, estaduais ou municipais não concederão registro ou licenças para funcionamento ou renovação de atividades aos estabelecimentos de empregadores e aos escritórios ou congêneres dos agentes ou trabalhadores autônomos e profissionais liberais, nem concederão alvarás de licença ou localização, sem que sejam exibidas as provas de quitação do imposto sindical, na forma do artigo anterior.

Parágrafo único – A não observância do disposto neste artigo acarretará, de pleno direito, a nulidade dos atos nele referidos, bem como dos mencionados no artigo 607.

Art. 609 – O recolhimento da contribuição sindical e todos os lançamentos e movimentos nas contas respectivas são isentos de selos e taxas federais, estaduais ou municipais.

Art. 610 – As dúvidas no cumprimento deste Capítulo serão resolvidas pelo Diretor-Geral do Departamento Nacional do Trabalho, que expedirá as instruções que se tornarem necessárias à sua execução.

COMENTÁRIOS (ARTS. 603 A 610)

Dada a importância da contribuição sindical na composição da receita do sistema confederativo, a lei confere aos entes sindicais a prerrogativa de designar encarregados para realizar a fiscalização do efetivo repasse das contribuições sindicais. O encarregado será responsável por examinar os seus livros, folhas de pagamento e outros documentos comprobatórios desses pagamentos das contribuições sociais, sob pena de aplicação de eventual multa. A fiscalização recairá exclusivamente na parte relativa ao pagamento das contribuições pelo empregado (art. 603 da CLT).

A Reforma Trabalhista (Lei n. 13.467/2017) revogou o art. 604 da CLT. Esse dispositivo previa que os trabalhadores autônomos e os profissionais liberais eram obrigados a prestar esclarecimentos aos encarregados da fiscalização, exibindo, quando solicitado, o comprovante de quitação do imposto sindical. Como a contribuição sindical deixou de ter caráter impositivo (obrigatório). A manutenção dessa norma violaria o princípio da livre associação e sindicalização, na medida em que o recolhimento da contribuição sindical passou a depender exclusivamente da vontade dos autônomos e profissionais liberais. Nesse sentido a Súmula Vinculante n. 40 do STF, a Súmula n. 666 do STF, a OJ n. 17 da SDC e o PN n. 119 do TST.

As entidades sindicais podem promover ação judicial cobrar as contribuições eventualmente inadimplidas, hipótese em que as entidades sindicais terão os mesmos privilégios conferidos à Fazenda Pública para cobrança da dívida ativa.

▸ TÍTULO VI
CONVENÇÕES COLETIVAS DE TRABALHO

Art. 611 – Convenção Coletiva de Trabalho é o acordo de caráter normativo, pelo qual dois ou mais Sindicatos representativos de categorias econômicas e profissionais estipulam condições de trabalho aplicáveis, no âmbito das respectivas representações, às relações individuais de trabalho.

§ 1º É facultado aos Sindicatos representativos de categorias profissionais celebrar Acordos Coletivos com uma ou mais emprêsas da correspondente categoria econômica, que estipulem condições de trabalho, aplicáveis no âmbito da emprêsa ou das acordantes respectivas relações de trabalho.

§ 2º As Federações e, na falta desta, as Confederações representativas de categorias econômicas ou profissionais poderão celebrar convenções coletivas de trabalho para reger as relações das categorias a elas vinculadas, inorganizadas em Sindicatos, no âmbito de suas representações.

COMENTÁRIOS (ART. 611)

O Direito Coletivo é um complexo de institutos, princípios e regras que regulamentam os entes coletivos.

Nas palavras do jurista Mauricio Godinho Delgado[882], a partir de um critério misto, é possível definir *"Direito Coletivo do Trabalho como o complexo de institutos, princípios e regras jurídicas que regulam as relações laborais de empregados e empregadores e outros grupos jurídicos normativamente especificados, considerada sua ação coletiva, realizada autonomamente ou através das respectivas entidades sindicais"*.

A doutrina divergia quanto à nomenclatura utilizada. Para uma vertente interpretativa a denominação da matéria deveria ser enquadrada como Direito Sindical, uma vez que a presença das entidades sindicais, especialmente as obreiras, é determinante no cenário coletivo trabalhista. Outros, defendem a expressão Direito Social, mas é muito criticada, considerando que

[882] Curso de direito do trabalho – Mauricio Godinho Delgado. 18. ed. São Paulo: LTr, 2019.

essa definição pode abranger não só o Direito do trabalho no âmbito individual, como também o Direito Previdenciário, ambiental e do consumidor que possuem grande impacto social. No entanto, prevaleceu a nomenclatura Direito Coletivo.

O Direito Coletivo não é uma ciência autônoma, mas, sim, um ramo do Direito do Trabalho, pois não possui normas próprias e previsão em grade curricular acadêmica. Apresenta funções gerais, que visam a melhoria das condições de trabalho e a manutenção dos direitos conquistados, além de funções específicas, gerando normas coletivas e pacificando os conflitos coletivos.

Os princípios que regem o Direito Coletivo são: a) princípio da liberdade associativa e sindical: é fragmentado no princípio da liberdade de associação (art. 5º, XVII, da CF) e no princípio da liberdade sindical (art. 8º, *caput*, CF). Paulo Gustavo Gonet Branco leciona que o princípio da liberdade de associação versa sobre a agremiação de várias pessoas *"para alcançar metas econômicas, para mútuo apoio, para fins religiosos, para promover interesses gerais ou da coletividade, ou para se fazerem ouvir, conferindo maior ímpeto à democracia participativa. Por isso mesmo, o direito de associação está vinculado ao preceito de proteção da dignidade da pessoa, aos princípios de livre-iniciativa, da autonomia da vontade e da garantia da liberdade de expressão"*.[883] Já o princípio da liberdade sindical, em síntese, consiste na proibição de interferência e intervenção do Estado na organização sindical; b) princípio da autonomia sindical: é a capacidade de autogestão dos entes sindicais, sem interferências do setor empresarial ou do próprio Estado; c) princípio da interferência sindical na normatização coletiva: a participação do sindicato nas negociações coletivas é obrigatória; d) princípio da equivalência dos contratantes: há um equilíbrio entre os sujeitos da relação jurídica coletiva; e) princípio da lealdade e transparência na negociação coletiva: significa que os sujeitos da relação jurídica coletiva devem agir com lisura, boa-fé, clareza ao pactuar o negócio jurídico coletivo; f) princípio da criatividade jurídica da negociação coletiva: representa a liberdade de estabelecer normas jurídicas autônomas, em consonância com a legislação trabalhista, para que sejam aplicadas precipuamente nas relações jurídicas laborais individuais; g) princípio da adequação setorial negociada: trata das possibilidades e limites das negociações coletivas, que deve respeito aos princípios e regras estabelecidos na legislação trabalhista[884].

O art. 7º, XXVI, da Carta Magna de 1988 reconhece as convenções e acordos coletivos de trabalho.

A negociação coletiva é conceituada, por Vólia Bomfim, como *"fonte de elaboração de normas positivadas, portanto, como fonte material, as negociações coletivas têm como função a criação, modificação ou supressão de condições de trabalho, isto é, sua função é normativa ou flexibilizadora. Além disso, se destina à composição de conflitos, logo, também tem função pacificadora, servindo de importante instrumento de redução das demandas judiciais e estabilidade social"*.[885]

Por definição legal a convenção coletiva de trabalho consiste no *"acordo de caráter normativo pelo qual dois ou mais sindicatos representativos de categorias econômicas e profissionais estipulam condições de trabalho aplicáveis, no âmbito das respectivas representações, às relações individuais de trabalho"* (art. 611, caput, da CLT). O acordo coletivo de trabalho, de outro lado, consubstancia na celebração de negociação coletiva entre sindicatos de categorias profissionais *"com uma ou mais empresas da correspondente categoria econômica, que estipulem condições de trabalho, aplicáveis no âmbito da empresa ou das acordantes respectivas relações de trabalho"* (art. 611, §1º, da CLT).

Vólia Bomfim define o acordo e a convenção coletiva de trabalho como *"um negócio jurídico extrajudicial"*, pactuado nesta ordem: entre o sindicato da categoria profissional e empresas; e, entre sindicatos da categoria profissional e econômica.[886]

A convenção coletiva de trabalho tem uma abrangência maior do que o acordo coletivo de trabalho, porquanto é aplicável a todos os integrantes da categoria. O acordo coletivo de trabalho, em contrapartida, tem aplicação restrita ao âmbito da empresa ou das empresas signatárias do acordo.

A natureza jurídica da negociação coletiva é controversa. A teoria adotada majoritariamente pela doutrina é a do ato ou contrato-regra (Deguit) enquadrando os instrumentos de negociação coletiva como legislação secundária, considerando que esses instrumentos são formados diretamente pelos interessados[887]. Maurício Godinho Delgado aponta que *"correspondem à noção de lei em sentido material, traduzindo ato-regra (Duguit) ou comando abstrato"*.[888] Homero Batista Mateus da Silva se vale da expressão *"corpo de contrato, alma de lei"* para se referir à natureza jurídica das normas coletivas, já que são formalmente um contrato entre duas entidades, cujo conteúdo tem uma carga de normatividade equivalente às leis[889].

Decreto-Lei 5.452/1943

---

883 J. J. Gomes Canotilho...[et al.]; outros autores e coordenadores Ingo Wolfgang Sarlet, Lenio Luiz Streck, Gilmar Ferreira Mendes. – Comentários à Constituição do Brasil – 2. ed. – São Paulo: Saraiva Educação, 2018.

884 Delgado, 2019, p. 1565-1578.

885 Bomfim, 2017, p. 1256.

886 Ibidem, p. 1268.

887 Ibidem, p. 1271

888 Delgado, 2019, p. 1652.

889 Silva, 2019.

A atuação das entidades sindicais de grau superior é residual e supletiva. Inexistindo entidade sindical numa determinada base territorial a categoria será representada pela federação e, na ausência desta, será representada pela confederação (art. 533 e seguintes da CLT)[890]. Por esta razão, o §2º, do art. 611 da CLT autoriza a celebração de convenção coletiva de trabalho por Federações e, na falta desta, as Confederações representativas de categorias econômicas ou profissionais, a fim de reger as relações das categorias a elas vinculadas, caso não exista sindicato que represente os interesses da categoria.

Art. 611-A. A convenção coletiva e o acordo coletivo de trabalho têm prevalência sobre a lei quando, entre outros, dispuserem sobre: (Incluído pela Lei nº 13.467, de 2017)

I – pacto quanto à jornada de trabalho, observados os limites constitucionais; (Incluído pela Lei nº 13.467, de 2017)

II – banco de horas anual; (Incluído pela Lei nº 13.467, de 2017)

III – intervalo intrajornada, respeitado o limite mínimo de trinta minutos para jornadas superiores a seis horas; (Incluído pela Lei nº 13.467, de 2017)

IV – adesão ao Programa Seguro-Emprego (PSE), de que trata a Lei nº 13.189, de 19 de novembro de 2015; (Incluído pela Lei nº 13.467, de 2017)

V – plano de cargos, salários e funções compatíveis com a condição pessoal do empregado, bem como identificação dos cargos que se enquadram como funções de confiança; (Incluído pela Lei nº 13.467, de 2017)

VI – regulamento empresarial; (Incluído pela Lei nº 13.467, de 2017)

VII – representante dos trabalhadores no local de trabalho; (Incluído pela Lei nº 13.467, de 2017)

VIII – teletrabalho, regime de sobreaviso, e trabalho intermitente; (Incluído pela Lei nº 13.467, de 2017)

IX – remuneração por produtividade, incluídas as gorjetas percebidas pelo empregado, e remuneração por desempenho individual; (Incluído pela Lei nº 13.467, de 2017)

X – modalidade de registro de jornada de trabalho; (Incluído pela Lei nº 13.467, de 2017)

XI – troca do dia de feriado; (Incluído pela Lei nº 13.467, de 2017)

XII – enquadramento do grau de insalubridade; (Incluído pela Lei nº 13.467, de 2017)

XIII – prorrogação de jornada em ambientes insalubres, sem licença prévia das autoridades competentes do Ministério do Trabalho; (Incluído pela Lei nº 13.467, de 2017)

XIV – prêmios de incentivo em bens ou serviços, eventualmente concedidos em programas de incentivo; (Incluído pela Lei nº 13.467, de 2017)

XV – participação nos lucros ou resultados da empresa. (Incluído pela Lei nº 13.467, de 2017)

§ 1º No exame da convenção coletiva ou do acordo coletivo de trabalho, a Justiça do Trabalho observará o disposto no § 3º do art. 8º desta Consolidação. (Incluído pela Lei nº 13.467, de 2017)

§ 2º A inexistência de expressa indicação de contrapartidas recíprocas em convenção coletiva ou acordo coletivo de trabalho não ensejará sua nulidade por não caracterizar um vício do negócio jurídico. (Incluído pela Lei nº 13.467, de 2017)

§ 3º Se for pactuada cláusula que reduza o salário ou a jornada, a convenção coletiva ou o acordo coletivo de trabalho deverão prever a proteção dos empregados contra dispensa imotivada durante o prazo de vigência do instrumento coletivo. (Incluído pela Lei nº 13.467, de 2017)

§ 4º Na hipótese de procedência de ação anulatória de cláusula de convenção coletiva ou de acordo coletivo de trabalho, quando houver a cláusula compensatória, esta deverá ser igualmente anulada, sem repetição do indébito. (Incluído pela Lei nº 13.467, de 2017)

§ 5º Os sindicatos subscritores de convenção coletiva ou de acordo coletivo de trabalho deverão participar, como litisconsortes necessários, em ação individual ou coletiva, que tenha como objeto a anulação de cláusulas desses instrumentos. (Incluído pela Lei nº 13.467, de 2017)

Art. 611-B. Constituem objeto ilícito de convenção coletiva ou de acordo coletivo de trabalho, exclusivamente, a supressão ou a redução dos seguintes direitos: (Incluído pela Lei nº 13.467, de 2017)

I – normas de identificação profissional, inclusive as anotações na Carteira de Trabalho e Previdência Social; (Incluído pela Lei nº 13.467, de 2017)

II – seguro-desemprego, em caso de desemprego involuntário; (Incluído pela Lei nº 13.467, de 2017)

III – valor dos depósitos mensais e da indenização rescisória do Fundo de Garantia do Tempo de Serviço (FGTS); (Incluído pela Lei nº 13.467, de 2017)

IV – salário mínimo; (Incluído pela Lei nº 13.467, de 2017)

V – valor nominal do décimo terceiro salário; (Incluído pela Lei nº 13.467, de 2017)

[890] Martinez, 2020.

VI – remuneração do trabalho noturno superior à do diurno; (Incluído pela Lei nº 13.467, de 2017)

VII – proteção do salário na forma da lei, constituindo crime sua retenção dolosa; (Incluído pela Lei nº 13.467, de 2017)

VIII – salário-família; (Incluído pela Lei nº 13.467, de 2017)

IX – repouso semanal remunerado; (Incluído pela Lei nº 13.467, de 2017)

X – remuneração do serviço extraordinário superior, no mínimo, em 50% (cinquenta por cento) à do normal; (Incluído pela Lei nº 13.467, de 2017)

XI – número de dias de férias devidas ao empregado; (Incluído pela Lei nº 13.467, de 2017)

XII – gozo de férias anuais remuneradas com, pelo menos, um terço a mais do que o salário normal; (Incluído pela Lei nº 13.467, de 2017)

XIII – licença-maternidade com a duração mínima de cento e vinte dias; (Incluído pela Lei nº 13.467, de 2017)

XIV – licença-paternidade nos termos fixados em lei; (Incluído pela Lei nº 13.467, de 2017)

XV – proteção do mercado de trabalho da mulher, mediante incentivos específicos, nos termos da lei; (Incluído pela Lei nº 13.467, de 2017)

XVI – aviso prévio proporcional ao tempo de serviço, sendo no mínimo de trinta dias, nos termos da lei; (Incluído pela Lei nº 13.467, de 2017)

XVII – normas de saúde, higiene e segurança do trabalho previstas em lei ou em normas regulamentadoras do Ministério do Trabalho; (Incluído pela Lei nº 13.467, de 2017)

XVIII – adicional de remuneração para as atividades penosas, insalubres ou perigosas; (Incluído pela Lei nº 13.467, de 2017)

XIX – aposentadoria; (Incluído pela Lei nº 13.467, de 2017)

XX – seguro contra acidentes de trabalho, a cargo do empregador; (Incluído pela Lei nº 13.467, de 2017)

XXI – ação, quanto aos créditos resultantes das relações de trabalho, com prazo prescricional de cinco anos para os trabalhadores urbanos e rurais, até o limite de dois anos após a extinção do contrato de trabalho; (Incluído pela Lei nº 13.467, de 2017)

XXII – proibição de qualquer discriminação no tocante a salário e critérios de admissão do trabalhador com deficiência; (Incluído pela Lei nº 13.467, de 2017)

XXIII – proibição de trabalho noturno, perigoso ou insalubre a menores de dezoito anos e de qualquer trabalho a menores de dezesseis anos, salvo na condição de aprendiz, a partir de quatorze anos; (Incluído pela Lei nº 13.467, de 2017)

XXIV – medidas de proteção legal de crianças e adolescentes; (Incluído pela Lei nº 13.467, de 2017)

XXV – igualdade de direitos entre o trabalhador com vínculo empregatício permanente e o trabalhador avulso; (Incluído pela Lei nº 13.467, de 2017)

XXVI – liberdade de associação profissional ou sindical do trabalhador, inclusive o direito de não sofrer, sem sua expressa e prévia anuência, qualquer cobrança ou desconto salarial estabelecidos em convenção coletiva ou acordo coletivo de trabalho; (Incluído pela Lei nº 13.467, de 2017)

XXVII – direito de greve, competindo aos trabalhadores decidir sobre a oportunidade de exercê-lo e sobre os interesses que devam por meio dele defender; (Incluído pela Lei nº 13.467, de 2017)

XXVIII – definição legal sobre os serviços ou atividades essenciais e disposições legais sobre o atendimento das necessidades inadiáveis da comunidade em caso de greve; (Incluído pela Lei nº 13.467, de 2017)

XXIX – tributos e outros créditos de terceiros; (Incluído pela Lei nº 13.467, de 2017)

XXX – as disposições previstas nos arts. 373-A, 390, 392, 392-A, 394, 394-A, 395, 396 e 400 desta Consolidação. (Incluído pela Lei nº 13.467, de 2017)

Parágrafo único. Regras sobre duração do trabalho e intervalos não são consideradas como normas de saúde, higiene e segurança do trabalho para os fins do disposto neste artigo. (Incluído pela Lei nº 13.467, de 2017)

COMENTÁRIOS (ARTS. 611-A E 611-B)

No Direito Comum os diplomas normativos são classificados hierarquicamente, segundo a sua maior ou menor extensão de eficácia e intensidade. No vértice da pirâmide hierárquica está a Constituição Federal e, abaixo, as demais normas infraconstitucionais.

O Direito do Trabalho, por seu turno, não adota o critério hierárquico – como regra – considerando que o princípio protetivo da norma mais favorável comina a aplicação da norma mais benéfica ao trabalhador quando existir mais de uma norma aplicável ao contrato individual de trabalho.

Nessa toada, Mauricio Godinho Delgado esclarece que *"o critério normativo hierárquico vigorante no Direito do Trabalho opera da seguinte maneira: a pirâmide normativa constrói-se de modo plástico e variável, elegendo a seu vértice dominante a norma que mais se aproxime do caráter teleológico do ramo justrabalhista. À medida que a matriz teleológica do Direito do Trabalho aponta na direção de conferir solução às relações empregatícias segundo um sentido social de restaurar, hipoteticamente, no plano jurídico, um equilíbrio não*

Decreto-Lei 5.452/1943

verificável no plano da relação econômico-social de emprego – objetivando, assim, a melhoria das condições socioprofissionais do trabalhador –, prevalecerá, tendencialmente, na pirâmide hierárquica, aquela norma que melhor expresse e responda a esse objetivo teleológico central justrabalhista". [891].

O princípio da *norma mais favorável ao trabalhador, portanto,* permite a aplicação ao caso concreto a norma que beneficia o trabalhador, independentemente da sua posição hierárquica.

A Reforma Trabalhista flexibilizou esse princípio, na medida em que passou a dispor que *"a convenção coletiva e o acordo coletivo de trabalho têm prevalência sobre a lei"* (art. 611-A da CLT), instituindo, portanto, um novo preceito: a prevalência do negociado sobre o legislado.

Luciano Martinez[892] delineia que o "princípio da criatividade jurídica da negociação coletiva, os entes coletivos podem, ao lado das normas estatais, criar normas jurídicas pela materialização da negociação coletiva (acordo coletivo, convenção coletiva e contrato coletivo de trabalho), a qual é reconhecida pelo Estado".

Mas, é preciso deixar claro que o princípio da autonomia coletiva não é absoluto. Encontra limite no princípio da adequação setorial negociada, cujo a lei, sobretudo a Constituição Federal, impõe direitos e garantias mínimas ao trabalhador, que não podem ser menosprezados pelos entes coletivos.

Mauricio Godinho Delgado pondera que *"a lógica e o sentido da ordem constitucional brasileira relativamente aos poderes e limites da negociação coletiva trabalhista: esta constitui veículo para o aperfeiçoamento da ordem jurídica, em harmonia aos princípios e regras constitucionais fundamentais — jamais um mecanismo para o desprestígio ou precarização dessa ordem jurídica e das relações socioeconômicas por ela regulamentadas".*[893]

Na mesma linha interpretativa o jurista Enoque Ribeiro dos Santos (apud Jorge Neto; Cavalcante, 2019), esclarece que *"o principal direito fundamental garantido pela nossa Constituição Federal de 1988 é o da dignidade da pessoa humana, que constitui o arcabouço para a fruição dos demais direitos individuais e coletivos, como podemos depreender do art. 1º da Carta Magna. Logo, o fundamento da dignidade humana pode ser considerado como o princípio nuclear para a hermenêutica de todos os direitos e garantias conferidos à pessoa. Metaforicamente, poderíamos visualizar esses direitos como eflúvios do espírito humano, enraizados e agregados intrinsecamente à nossa própria alma pelo simples fato de termos nascido na condição humana"*[894].

Os entes sindicais devem observar tanto o art. 611-A quanto o art. 611-B da CLT no momento da elaboração da norma coletiva, pois traçam quais são os objetos considerados lícitos e ilícitos no pacto coletivo.

O rol de matérias dispostas no art. 611-A é meramente exemplificativo. Arrola algumas hipóteses passíveis de negociação coletiva, com prevalência sobre a disposição legal, a exemplo, jornada de trabalho, banco de horas, regulamento empresarial. Teletrabalho; sobreaviso; troca do dia de feriado, etc.

As hipóteses previstas no art. 611-B da CLT, de outro lado, prevê taxativamente os conteúdos que não podem ser objeto de convenção ou acordo coletivo de trabalho, sob pena de nulidade absoluta. A disposição do artigo em análise basicamente reiterou o texto do art. 7º, da Constituição Federal, que estabelece um patamar civilizatório mínimo aos trabalhadores.

Essas balizas são conhecidas como limites da negociação coletiva ou princípio da adequação setorial negociada. Consoante os ensinamentos de Henrique Correia, *"Os instrumentos coletivos deveriam ter sempre a finalidade de buscar condições mais benéficas para o trabalhador. As normas prejudiciais só poderiam ser estipuladas de forma excepcional, na busca de interesses mais amplos para a categoria e nos casos previstos pelo legislador"*[895].

Dentre as vedações impostas pelo art. 611-B estão, exclusivamente, a supressão ou a redução de normas de identificação profissional, inclusive as anotações da CTPS; valor dos depósitos mensais ou da indenização rescisória do FGTS; salário mínimo; horas extras com adicional de, no mínimo, 50%; aposentadoria; adicional pelo desempenho de atividades penosas, insalubre ou perigosas; proibição de discriminação no tocante a salário e critérios de admissão do trabalhador com deficiência; direito de greve; liberdade de associação profissional ou sindical.

Chama atenção o fato de o legislador considerar que as regras de duração do trabalho e intervalos, quando disciplinados por acordo ou convenção coletiva de trabalho, não serão consideradas como normas de saúde, higiene e segurança do trabalho (Art. 611-B, da CLT).

O negociado sobre o legislado foi amplamente discutido e criticado na 2ª Jornada de Direito Material e Processual do Trabalho da ANAMATRA, notadamente no que diz respeito à flexibilização de normas de saúde, segurança e higiene do trabalho por meio de norma

891 Delgado, 2019.

892 Luciano Martinez. Curso de direito do trabalho – 10. ed. – São Paulo: Saraiva Educação, 2019.

893 Mauricio Godinho Delgado. Curso de direito do trabalho — 18. ed.— São Paulo: LTr, 2019.

894 Francisco Ferreira Jorge Neto, Jouberto de Quadros Pessoa Cavalcante. Direito do trabalho.– 9. ed. – São Paulo: Atlas, 2019.

895 Correia, 2018, p.1618.

coletiva. Ao final chegaram às seguintes conclusões, sedimentadas nos enunciados abaixo:

- 31. INSTRUMENTO COLETIVO E ANULAÇÃO DE CLÁUSULA COMPENSATÓRIA.
- I. Contrapartidas em sede de negociação coletiva. Exigência inerente à boa-fé objetiva. Impossibilidade de supressão por Lei. Inconstitucionalidade. disposição constante do artigo 611-A, § 2º, da CLT, não é compatível com os artigos 7º, XXVI e 8º, VI, da Constituição Federal, e tampouco com o artigo 5º da Convenção 154 da OIT. II. Negociação coletiva. Convenção coletiva de trabalho ou acordo coletivo de trabalho. Anulação de cláusula compensatória. Art. 611-A, § 4º da CLT. Havendo dúvida acerca da existência de cláusula compensatória em benefício de outra cláusula principal, aquela deverá permanecer no instrumento coletivo, mesmo na hipótese do art. 611-A, § 4º (1ª parte), em observância ao princípio da proteção ao trabalhador (in dubio pro operario).
- 32. NEGOCIADO SOBRE LEGISLADO: GRAUS DE INSALUBRIDADE. INSTITUCIONALIDADES, INCONVENCIONALIDADES, RETROCESSO SOCIAL. As disposições dos incisos XII e XIII do art. 611-A da CLT (possibilidade de enquadramento de trabalhadores em graus de insalubridade e de prorrogação de jornada em ambientes insalubres por meio de acordo ou convenção coletiva de trabalho) perfazem retrocesso social, com prejuízos à vida digna e à saúde do trabalhador, sendo incompatíveis com os artigos 3º, I e IV, 5º, XXIII, 6º, 7º, XXII, 170, III, 196 e 225 da Constituição Federal, com o art. 11, A, da Convenção 155 da OIT, com o art. 611-B, XVII, da CLT, e, no campo processual/decisório, com os artigos 1º, 8º e 489, § 2º, do CPC.
- 35. PREVALÊNCIA DO NEGOCIADO SOBRE O LEGISLADO E CONTROLE DE
- JORNADA DE TRABALHO. I. O registro de jornada de trabalho permanece obrigatório, nos termos do art. 74 da Consolidação das Leis do Trabalho. II. A mera previsão em acordo ou convenção coletiva de trabalho não basta para a validade do sistema de registro eletrônico de jornada de trabalho. Necessidade de prova da inviolabilidade e veracidade dos registros e possibilidade de extração de dados pela fiscalização do trabalho.
- 36. NEGOCIADO SOBRE LEGISLADO E REDUÇÃO SALARIAL. Negociação coletiva. Contrato individual de trabalho. Objeto ilícito. Salário mínimo normativo. Art. 611-B, IV, da CLT. As convenções coletivas, os acordos coletivos de trabalho e os acordos individuais de trabalho devem respeitar o salário mínimo normativo em qualquer modalidade de contratação, nos termos do art. 7º, inciso IV, da Constituição Federal.
- 40. PREVALÊNCIA DO NEGOCIADO SOBRE O LEGISLADO E CLÁUSULA RESTRITIVA DE MODALIDADES DE CONTRATAÇÃO EM INSTRUMENTO COLETIVO (TERCEIRIZAÇÃO, TELETRABALHO E TRABALHO INTERMITENTE). É válida cláusula de instrumento coletivo que restringe terceirização, teletrabalho ou trabalho intermitente.
- 46. NEGOCIADO SOBRE LEGISLADO E REMUNERAÇÃO POR PRODUTIVIDADE. IMPLANTAÇÃO DE MÉTODOS DE GESTÃO LESIVOS AO MEIO AMBIENTE LABORAL: IMPOSSIBILIDADE. Negociado sobre legislado. Remuneração por produtividade. Implantação de métodos de gestão lesivos ao meio ambiente laboral. Impossibilidade. A inserção da "remuneração por produtividade" no artigo 611-A, IX, da CLT, não pode ser compreendida de modo a permitir a implementação de métodos de gestão, de formas de organização do trabalho e de estruturas remuneratórias baseadas em metas e em resultados reconhecidamente relacionados ao aparecimento de doenças.
- 48. NEGOCIAÇÃO "IN PEJUS" E INCONVENCIONALIDADE DO ART. 611-A DA CLT. Negociação "in pejus". Inconvencionalidade. Efeitos paralisantes. A comissão de Expertos em Aplicação de Convênios e Recomendações da OIT (CEACR), no contexto de sua observação de 2017 sobre a aplicação, pelo Brasil, da Convenção 98 da OIT, reiterou que o objetivo geral das Convenções 98, 151 e 154 é a promoção da negociação coletiva para encontrar acordo sobre termos e condições de trabalho que sejam mais favoráveis que os previstos na legislação. Segundo a CEACR, um dispositivo legal que institui a derrogabilidade geral da legislação laboral por meio da negociação coletiva é contrário ao objetivo da promoção da negociação coletiva livre e voluntária prevista em tais convenções. O artigo 611-A da CLT "reformada" não é verticalmente compatível com a convenção 98 da OIT e remanesce formalmente inconvencional, circunstância que impede a sua aplicação, em virtude da eficácia paralisante irradiada pelas convenções.
- 10. PREVALÊNCIA DO NEGOCIADO SOBRE O LEGISLADO. DIREITOS INDISPONÍVEIS. NORMAS DE SAÚDE, SEGURANÇA E HIGIENE NO TRABALHO. Direitos trabalhistas garantidos por normas de ordem pública, relativos a medidas de higiene, saúde e segurança do trabalho, são infensos à redução ou supressão mediante negociação coletiva, consoante a interpretação conjunta dos incisos XXII e XXVI do art. 7º da Constituição. É, portanto, inconstitucional a previsão do art. 611-A, III e XII, da CLT (com a redação dada pela Lei 13.467/2017). O exercício da autonomia privada coletiva, mesmo com a expansão prevista no art. 611-A/CLT, está

limitado às questões concernentes aos interesses coletivos e individuais das categorias representadas, não sendo válida cláusula que precarize direitos sociais decorrentes de matérias constitucionalmente estabelecidas como de política de Estado, por serem de ordem pública e de interesse social.

- 11. CONTROLE DE CONSTITUCIONALIDADE E DE CONVENCIONALIDADE DO PARÁGRAFO ÚNICO DO ART. 611-B, DA CLT. Controle de constitucionalidade e de convencionalidade do parágrafo único, do art. 611-B da CLT. Busca da proteção do Trabalho como elemento de emancipação social e fonte de dignidade. Defesa da proteção à saúde do trabalhador. Regras sobre duração do trabalho e intervalos são consideradas normas de saúde, higiene e segurança do trabalho, nos termos dos arts. 1º, III e IV, 3º, IV, 7º, caput, XIII, XIV e XXII, 170, 196, 200, VIII e 225, caput, da Constituição Federal, arts. 3º, "e", 4º e 5º, da Convenção 155 da OIT.
- 12. INCONSTITUCIONALIDADE DO PARÁGRAFO ÚNICO DO ART. 611-B DA CLT. Saúde e segurança no trabalho. Negociado sobre o legislado: inconstitucionalidade do parágrafo único do art. 611-B da CLT. Revela-se inconstitucional esse dispositivo da Lei da Reforma Trabalhista que permite a flexibilização da jornada de trabalho e do intervalo intrajornada, por ofensa expressa à Constituição Federal, que assegura a todos os trabalhadores um ambiente laboral sadio, com jornada máxima e intervalos mínimos necessários, que permita o descanso e sua recuperação física, com a observância da redução dos riscos inerentes ao trabalho, conforme estabelecido no art. 7º, inciso XXII, visando a concretizar a Constituição, que tem como fundamentos da República a dignidade da pessoa humana e os valores sociais do trabalho, como estabelecido no art. 1º, incisos III e IV, da Carta Magna.

E mais. Conquanto o §3º, do art. 8º da CLT, estabeleça que a atuação da Justiça no Trabalho, na análise de acordo ou convenção coletiva de trabalho está restrita a verificação da observância ou não dos elementos essenciais do negócio jurídico, devendo intervir minimamente na autonomia da vontade coletiva, a constitucionalidade desse dispositivo é amplamente criticada pela doutrina. É válido dizer que o juiz não pode ser reduzido a um mero repetidor da lei, a avaliação dos instrumentos negociais coletivos deve ser ampla, afastando qualquer possibilidade de utilização desses instrumentos como meio de precarização ou supressão de direitos trabalhistas. Espera-se do juiz um papel ativo, aplicando, interpretando ou integrando a lei ao ordenamento jurídico, sempre que a situação assim o exigir.

Carlos Henrique Bezerra Leite anota que a Reforma Trabalhista pretende reduzir o juiz do trabalho "à velha e conhecida condição do 'juiz boca da lei' do Estado Liberal, incompatível, portanto, com o paradigma do Estado Democrático de Direito, que impõe aos magistrados o dever de observar sempre os valores e normas (princípios e regras) constitucionais, como, aliás, determina o art. 1º do CPC/2015"[896].

Nesse sentido, o Enunciado nº 2 da 2ª Jornada de Direito Material e Processual do Trabalho, que analisou largamente as alterações promovidas na CLT pela Reforma trabalhista (Lei 13.467/2017), considerou os §§ 2º e 3º do art. 8º da CLT inconstitucionais, por restringirem a interpretação e aplicação da lei de modo exclusivamente literal. Vejamos.

> *Enunciado nº 2: Os juízes do trabalho, à maneira de todos os demais magistrados, em todos os ramos do judiciário, devem cumprir e fazer cumprir a Constituição e as leis, o que importa no exercício do controle difuso de constitucionalidade e no controle de convencionalidade das leis, bem como no uso de todos os métodos de interpretação/aplicação disponíveis. Nessa medida: I. Reputa-se autoritária e antirrepublicana toda ação política, midiática, administrativa ou correicional que pretender imputar ao juiz do trabalho o "dever" de interpretar a lei 13.467/2017 de modo exclusivamente literal/gramatica. II. A interpretação judicial é atividade que tem por escopo o desvelamento do sentido e do alcance da lei trabalhista. É função primordial do Poder Judiciário Trabalhista julgar as relações de trabalho e dizer o direito no caso concreto, observando o objetivo da República Federativa do Brasil de construir uma sociedade mais justa e igualitária. Exegese dos artigos 1º, 2º, 3º, 5º, incisos XXXV, 60 e 93, IX e 114 da CBFB. Será inconstitucional qualquer norma que colime restringir a função jurisdicional de interpretação da lei ou imunizar o conteúdo dos acordos e convenções coletivas de trabalho da apreciação da Justiça do Trabalho, inclusive quanto à sua constitucionalidade, convencionalidade, legalidade e conformidade com a ordem pública social. Não se admite qualquer interpretação que possa elidir a garantia da inafastabilidade da jurisdição, ademais, por ofensa ao disposto no art. 114., I, da CF/88 e por incompatibilidade com os princípios da separação dos poderes, do acesso à justiça e da independência funcional.*

As lições de Luciano Martinez são precisas nesse ponto "o **magistrado**, a despeito da redação constante do § 3º do art. 8º da CLT reformada, **pode e deve realizar os controles de constitucionalidade e de convencionalidade das negociações coletivas nas situações em que for invocado a tanto. Será**, portanto, **antijurídico o comportamento negocial coletivo que vise aniquilar a intangível base de direitos essenciais construída** historicamente pelos trabalhadores"[897].

O referido autor arremata, dizendo que a intervenção mínima *"não significa 'jamais intervir', mas interceder o mínimo possível e suficiente, e sempre no sentido*

[896] Idem. Leite, 2019, p. 165.

[897] Idem, Martinez, 2020.

de promover e proteger as potencialidades da liberdade sindical, especialmente a autonomia da vontade coletiva dos entes sindicais, garantindo-se os direitos mínimos já conquistados e, por isso, absolutamente infensos à negociação. 'Intervir minimamente' não significa que o magistrado, uma vez chamado a corrigir iniquidades, as admita e foque o seu controle unicamente nos requisitos formais. Cabe-lhe, até mesmo no âmbito da verificação da 'conformidade dos elementos essenciais do negócio jurídico' — e no amplo espectro de sindicabilidade admitido pelo próprio art. 104 do Código Civil — declarar a invalidade de toda cláusula cujo objeto seja ilícito ou juridicamente impossível"[898].

Vemos, portanto, que a constitucionalidade do §3º, do art. 8º, bem como do permissivo legal de negociação coletiva sobre as normas de higiene, saúde e segurança do trabalho são duvidosas, na medida que evidencia violação à autonomia dos órgãos do Poder Judiciário, a independência judicial, a inafastabilidade do controle de jurisdição e o acesso à Justiça, bem como colocaria a integridade física e a saúde do trabalhador em risco.

Art. 612 – Os Sindicatos só poderão celebrar Convenções ou Acordos Coletivos de Trabalho, por deliberação de Assembléia Geral especialmente convocada para êsse fim, consoante o disposto nos respectivos Estatutos, dependendo a validade da mesma do comparecimento e votação, em primeira convocação, de 2/3 (dois terços) dos associados da entidade, se se tratar de Convenção, e dos interessados, no caso de Acôrdo, e, em segunda, de 1/3 (um têrço) dos mesmos. (Redação dada pelo Decreto-lei nº 229, de 28.2.1967)

Parágrafo único. O "quorum" de comparecimento e votação será de 1/8 (um oitavo) dos associados em segunda convocação, nas entidades sindicais que tenham mais de 5.000 (cinco mil) associados. (Incluído pelo Decreto-lei nº 229, de 28.2.1967)

Art. 613 – As Convenções e os Acordos deverão conter obrigatòriamente: (Redação dada pelo Decreto-lei nº 229, de 28.2.1967)

I – Designação dos Sindicatos convenentes ou dos Sindicatos e emprêsas acordantes; (Incluído pelo Decreto-lei nº 229, de 28.2.1967)

II – Prazo de vigência; (Incluído pelo Decreto-lei nº 229, de 28.2.1967)

III – Categorias ou classes de trabalhadores abrangidas pelos respectivos dispositivos; (Incluído pelo Decreto-lei nº 229, de 28.2.1967)

IV – Condições ajustadas para reger as relações individuais de trabalho durante sua vigência; (Incluído pelo Decreto-lei nº 229, de 28.2.1967)

V – Normas para a conciliação das divergências sugeridas entre os convenentes por motivos da aplicação de seus dispositivos; (Incluído pelo Decreto-lei nº 229, de 28.2.1967)

VI – Disposições sôbre o processo de sua prorrogação e de revisão total ou parcial de seus dispositivos; (Incluído pelo Decreto-lei nº 229, de 28.2.1967)

VII – Direitos e deveres dos empregados e emprêsas; (Incluído pelo Decreto-lei nº 229, de 28.2.1967)

VIII – Penalidades para os Sindicatos convenentes, os empregados e as emprêsas em caso de violação de seus dispositivos. (Incluído pelo Decreto-lei nº 229, de 28.2.1967)

Parágrafo único. As convenções e os Acordos serão celebrados por escrito, sem emendas nem rasuras, em tantas vias quantos forem os Sindicatos convenentes ou as emprêsas acordantes, além de uma destinada a registro. (Incluído pelo Decreto-lei nº 229, de 28.2.1967)

Art. 614 – Os Sindicatos convenentes ou as emprêsas acordantes promoverão, conjunta ou separadamente, dentro de 8 (oito) dias da assinatura da Convenção ou Acôrdo, o depósito de uma via do mesmo, para fins de registro e arquivo, no Departamento Nacional do Trabalho, em se tratando de instrumento de caráter nacional ou interestadual, ou nos órgãos regionais do Ministério do Trabalho e Previdência Social, nos demais casos. (Redação dada pelo Decreto-lei nº 229, de 28.2.1967)

§ 1º As Convenções e os Acôrdos entrarão em vigor 3 (três) dias após a data da entrega dos mesmos no órgão referido neste artigo. (Redação dada pelo Decreto-lei nº 229, de 28.2.1967)

§ 2º Cópias autênticas das Convenções e dos Acordos deverão ser afixados de modo visível, pelos Sindicatos convenentes, nas respectivas sedes e nos estabelecimentos das emprêsas compreendidas no seu campo de aplicação, dentro de 5 (cinco) dias da data do depósito previsto neste artigo. (Redação dada pelo Decreto-lei nº 229, de 28.2.1967)

§ 3º Não será permitido estipular duração de convenção coletiva ou acordo coletivo de trabalho superior a dois anos, sendo vedada a ultratividade. (Redação dada pela Lei nº 13.467, de 2017)

COMENTÁRIOS (ARTS. 612 A 614)

A celebração das normas coletivas está condicionada à prévia aprovação dos termos da negociação coletiva pela assembleia geral, mediante deliberação e votação, observando-se o quórum mínimo previsto nem lei. As deliberações, via de regra, são feitas mediante escrutínio secreto, com a participação dos trabalhadores interessados.

[898] Idem, Martinez, 2020.

Eduardo Saad explica que da *"assembleia podem tomar parte apenas os associados do sindicato, quando se tratar de convenção coletiva de trabalho, e, assim mesmo, quites com os cofres sociais (letra e do art. 524). Não há qualquer óbice legal à coleta de votos, nos locais de trabalho, se os associados forem bem informados sobre as propostas em debate. Em se tratando de acordo coletivo de trabalho, a assembleia geral extraordinária – também convocada pelo sindicato – será de todos os empregados da empresa ou empresas interessadas".*

Os aspectos procedimentais da assembleia geral extraordinária serão estipulados no estatuto do sindicato.

Durante o estado de calamidade pública decorrente da pandemia do novo coronavírus, os meios digitais e eletrônicos foram imprescindíveis para promover a continuidade de atividades empresariais, encontros, reuniões, atos processuais, etc. A Lei n. 14.020/2020, autorizou o uso dos meios eletrônicos para atendimento eventuais formalidades exigidas pela CLT em relação às normas coletivas, especialmente para a convocação, deliberação, decisão, formalização e publicidade de convenção coletiva ou acordo coletivo de trabalho (art. 17, II, da Lei n. 14.020/2020.

As normas coletivas devem especificar obrigatoriamente quem são os sindicatos ou empresas envolvidas na negociação coletiva, o prazo de vigência, as categorias contempladas pelo ajuste, as condições que vão reger as relações individuais, as regras para dirimiras divergências quanto a aplicação das suas cláusulas, direitos e deveres dos empregados e das empresas, além da penalidade em caso de descumprimento dos termos ajustados (Art. 613 da CLT).

Consoante o art. 513, "b" da CLT, o sindicato tem a **prerrogativa para a celebração de acordo ou convenção coletiva de trabalho.** A autonomia coletiva confere aos entes sindicais o poder criativo de normas jurídicas para incidir sobre os contratos individuais de trabalho (princípio da autonomia coletiva ou da criatividade das normas jurídicas), por meio de instrumentos de negociação coletiva, notadamente o acordo coletivo de trabalho e a convenção coletiva de trabalho.

A nossa Constituição Federal reconhece as convenções e acordos coletivos de trabalho (art. 7º, XXVI, da CF) como um direito dos trabalhadores, como forma de aprimorar a sua condição social.

Parte da doutrina entende que não houve a recepção dos arts. 612 e 613 da CLT, pela Constituição Federal de 1988, haja vista que caracteriza violação da liberdade sindical de organização. O estatuto do sindicato poderá estabelecer procedimentos e requisitos para a aprovação do acordo ou convenção coletiva de trabalho.

O art. 614 da CLT trata de uma questão relevantíssima e amplamente debatida pela doutrina e pela jurisprudência: o prazo de duração do acordo e da convenção coletiva de trabalho. Esse tema sempre foi controverso.

A redação anterior à Reforma Trabalhista (Lei n. 13.467/2017) estabelecia o prazo de vigência do instrumento de negociação coletiva de 2 anos.

Havia dúvidas na doutrina e na jurisprudência sobre a integração dos direitos previstos no instrumento de negociação coletiva no contrato individual de trabalho. Para uma primeira corrente, chamada de teoria da ultratividade plena ou absoluta, os direitos previstos em norma coletiva integram o contrato para sempre, independente de prazo ou de nova norma coletiva. Uma segunda vertente interpretativa, denominada de teoria da aderência limitada por revogação, defende que o direito previsto na negociação integra o contrato, mesmo após o seu prazo de vigência, até que outra norma venha modificar ou suprimir esse tal direito. Uma terceira corrente interpretativa surgiu, encampando a chamada teoria da aderência limitada pelo prazo, segundo a qual o direito previsto no instrumento de negociação coletiva integra o contrato apenas pelo prazo de vigência da norma, ou seja, apenas pelo prazo de 2 (dois) anos.

O Tribunal Superior do Trabalho ao enfrentar a matéria, sedimentou o entendimento, previsto na Súmula 277 do TST, de que *"As cláusulas normativas dos acordos coletivos ou convenções coletivas integram os contratos individuais de trabalho e somente poderão ser modificadas ou suprimidas mediante negociação coletiva de trabalho".*

Diversamente, o Supremo Tribunal Federal, concedeu medida cautelar na Arguição de Descumprimento de Preceito Fundamental (ADPF) n. 323, para suspender a aplicação da Súmula 277 do TST. O Ministro Relator, Gilmar Mendes, destacou que a incorporação das *"normas coletivas ao contrato individual de trabalho implica obstar novas negociações coletivas e estimular que o empregador dispense aqueles trabalhadores que tenham cláusulas incorporadas em seus contratos de trabalho".* Entendeu que a Corte trabalhista interpretou arbitrariamente a norma constitucional ao conferir nova redação à Súmula 277, violando os princípios da legalidade, da separação dos Poderes e da segurança jurídica. Deferiu, *ad referendum* do Pleno a suspensão de todos os processos em curso e dos efeitos de decisões judiciais proferidas no âmbito da Justiça do Trabalho sobre a aplicação da ultratividade, bem como das execuções já iniciadas.

A Reforma Trabalhista afastou qualquer dúvida sobre a matéria, já que proibiu expressamente a ultratividade dos acordos ou convenção coletiva. Assim, após o prazo legal, os instrumentos coletivos de trabalho não surtirão quaisquer efeitos sobre os contratos individuais de trabalho, sendo necessário um novo pacto coletivo.

Art. 615 – O processo de prorrogação, revisão, denúncia ou revogação total ou parcial de Convenção ou Acôrdo ficará subordinado, em qualquer caso, à aprovação de Assembléia Geral dos Sindicatos convenentes ou partes acordantes, com observância do disposto no art. 612. (Redação dada pelo Decreto-lei nº 229, de 28.2.1967)

§ 1º O instrumento de prorrogação, revisão, denúncia ou revogação de Convenção ou Acôrdo será depositado para fins de registro e arquivamento, na repartição em que o mesmo originariamente foi depositado observado o disposto no art. 614. (Incluído pelo Decreto-lei nº 229, de 28.2.1967)

§ 2º As modificações introduzidos em Convenção ou Acôrdo, por fôrça de revisão ou de revogação parcial de suas claúsulas passarão a vigorar 3 (três) dias após a realização de depósito previsto no § 1º. (Incluído pelo Decreto-lei nº 229, de 28.2.1967)

Art. 616 – Os Sindicatos representativos de categorias econômicas ou profissionais e as emprêsas, inclusive as que não tenham representação sindical, quando provocados, não podem recusar-se à negociação coletiva. (Redação dada pelo Decreto-lei nº 229, de 28.2.1967)

§ 1º Verificando-se recusa à negociação coletiva, cabe aos Sindicatos ou emprêsas interessadas dar ciência do fato, conforme o caso, ao Departamento Nacional do Trabalho ou aos órgãos regionais do Ministério do Trabalho e Previdência Social, para convocação compulsória dos Sindicatos ou emprêsas recalcitrantes. (Incluído pelo Decreto-lei nº 229, de 28.2.1967)

§ 2º No caso de persistir a recusa à negociação coletiva, pelo desatendimento às convocações feitas pelo Departamento Nacional do Trabalho ou órgãos regionais do Ministério de Trabalho e Previdência Social, ou se malograr a negociação entabolada, é facultada aos Sindicatos ou emprêsas interessadas a instauração de dissídio coletivo. (Incluído pelo Decreto-lei nº 229, de 28.2.1967)

§ 3º – Havendo convenção, acordo ou sentença normativa em vigor, o dissídio coletivo deverá ser instaurado dentro dos 60 (sessenta) dias anteriores ao respectivo termo final, para que o novo instrumento possa ter vigência no dia imediato a esse termo. (Redação dada pelo Decreto-lei nº 424, de 21.1.1969)

§ 4º – Nenhum processo de dissídio coletivo de natureza econômica será admitido sem antes se esgotarem as medidas relativas à formalização da Convenção ou Acordo correspondente. (Incluído pelo Decreto-lei nº 229, de 28.2.1967)

Art. 617 – Os empregados de uma ou mais emprêsas que decidirem celebrar Acôrdo Coletivo de Trabalho com as respectivas emprêsas darão ciência de sua resolução, por escrito, ao Sindicato representativo da categoria profissional, que terá o prazo de 8 (oito) dias para assumir a direção dos entendimentos entre os interessados, devendo igual procedimento ser observado pelas emprêsas interessadas com relação ao Sindicato da respectiva categoria econômica. (Redação dada pelo Decreto-lei nº 229, de 28.2.1967)

§ 1º Expirado o prazo de 8 (oito) dias sem que o Sindicato tenha se desincumbido do encargo recebido, poderão os interessados dar conhecimento do fato à Federação a que estiver vinculado o Sindicato e, em falta dessa, à correspondente Confederação, para que, no mesmo prazo, assuma a direção dos entendimentos. Esgotado êsse prazo, poderão os interessados prosseguir diretamente na negociação coletiva até final. (Incluído pelo Decreto-lei nº 229, de 28.2.1967)

§ 2º Para o fim de deliberar sôbre o Acôrdo, a entidade sindical convocará assembléia geral dos diretamente interessados, sindicalizados ou não, nos têrmos do art. 612. (Incluído pelo Decreto-lei nº 229, de 28.2.1967)

Art. 618 – As emprêsas e instituições que não estiverem incluídas no enquadramento sindical a que se refere o art. 577 desta Consolidação poderão celebrar Acôrdos Coletivos de Trabalho com os Sindicatos representativos dos respectivos empregados, nos têrmos dêste Título. (Redação dada pelo Decreto-lei nº 229, de 28.2.1967)

Art. 619. Nenhuma disposição de contrato individual de trabalho que contrarie normas de Convenção ou Acôrdo Coletivo de Trabalho poderá prevalecer na execução do mesmo, sendo considerada nula de pleno direito. (Redação dada pelo Decreto-lei nº 229, de 28.2.1967)

COMENTÁRIOS (ARTS. 615 A 619)

A Lei Fundamental de 1988 vedada a criação de mais de um sindicato na mesma base territorial (art. 8º, II da CF/88). A base territorial corresponde à área de um município. É o que a doutrina denomina de princípio da unicidade sindical.

Com base nessa premissa é possível afirmar que não é admitida a criação de um sindicato para atuar em um determinado bairro, ou zona municipal (Zona Sul do Município de São Paulo/SP, por exemplo). Admite-se, porém, a criação de um sindicato para atuar em mais de um município ou em âmbito estadual ou nacional.

Criado o sindicato, a aquisição da adquire a personalidade jurídica civil se dá com o registro no cartório de pessoa jurídica. Posteriormente, a personalidade sindical é adquirida com o registro no órgão do executivo. Nesse sentido, a Súmula 677 do STF estabelece que *"até que lei venha a dispor a respeito, incumbe ao Ministério do Trabalho proceder ao registro das entidades sindicais e zelar pela observância do princípio da unicidade".*

A diretoria poderá designar delegados sindicais para defender os interesses da categoria perante nos seu local de trabalho, com a atribuição precípua de organizar, mobilizar os trabalhadores da categoria no local de trabalho, além de divulgar os materiais do sindicato aos trabalhadores; apontar as necessidades dos trabalhadores naquele local de trabalho; e representar a direção do sindicato junto aos trabalhadores, instituições públicas e eventos.

A estabilidade aplicável aos dirigentes sindicais (Art. 8º, VIII, da CF; art. 543, §3º e 4º, da CLT) não se estende ao delegado sindical, por se tratar de uma função decorrente de mera designação pela diretoria do sindicato, não estando sujeito ao processo eletivo ou representando propriamente a categoria. A função de delegado sindical é considerada meramente administrativa.

A carta de outorga sindical e a necessidade de designação da autoridade administrativa consubstancia uma forma de intervenção indevida do Estado no ente sindical, o que é vedado pela legislação pátria (Art. 8º, I, CF; Súmula 677 do STF).

Art. 620. As condições estabelecidas em acordo coletivo de trabalho sempre prevalecerão sobre as estipuladas em convenção coletiva de trabalho. (Redação dada pela Lei nº 13.467, de 2017)

COMENTÁRIOS (ART. 620)

O Direito do Trabalho não adota o critério hierárquico das normas trabalhistas, haja vista que um dos pilares da matéria em estudo é o princípio da norma mais favorável que comina a aplicação da norma mais ao trabalhador quando existir mais de uma norma aplicável ao contrato individual de trabalho.

Nessa toada, Mauricio Godinho Delgado esclarece que *"o critério normativo hierárquico vigorante no Direito do Trabalho opera da seguinte maneira: a pirâmide normativa constrói-se de modo plástico e variável, elegendo a seu vértice dominante a norma que mais se aproxime do caráter teleológico do ramo justrabalhista. À medida que a matriz teleológica do Direito do Trabalho aponta na direção de conferir solução às relações empregatícias segundo um sentido social de restaurar, hipoteticamente, no plano jurídico, um equilíbrio não verificável no plano da relação econômico-social de emprego — objetivando, assim, a melhoria das condições socioprofissionais do trabalhador —, prevalecerá, tendencialmente, na pirâmide hierárquica, aquela norma que melhor expresse e responda a esse objetivo teleológico central justrabalhista".* [899].

O princípio da *norma mais favorável ao trabalhador, portanto,* permite a aplicação ao caso concreto a norma que beneficia o trabalhador, independentemente da sua posição hierárquica. Assim, se um benefício previsto no regulamento empresarial for mais vantajoso ao empregado do que aquele previsto em lei, o regulamento empresarial será aplicado ao contrato de trabalho.

A coexistência de mais de um instrumento coletivo de trabalho aplicável ao contrato individual de trabalho sempre suscitou dúvidas e discussões na doutrina e na jurisprudência. Surgiram três teorias que buscaram explicar quais cláusulas seriam aplicáveis ao contrato individual de trabalho: *"a) Teoria do Conglobamento: defende a aplicação do diploma normativo que, no conjunto de normas, forem mais favoráveis ao trabalhador, sem fracionar os institutos jurídicos. É a posição tradicional; b) Teoria da Acumulação ou da Atomização: defende a aplicação dos dois diplomas normativos, extraindo-se de cada um as regras mais favoráveis ao trabalhador, isoladamente consideradas. Perceba que um terceiro instrumento normativo será criado, formado pelo conjunto de regras jurídicas mais favoráveis ao trabalhador dos outros dois instrumentos. (...). c) Teoria do Conglobamento Mitigado, Orgânico, por Instituto, Intermediária ou da Incindibilidade dos Institutos: defende a criação de um terceiro diploma normativo, formado pelas regras jurídicas mais favoráveis ao trabalhador, respeitando-se a unidade do instituto ou matéria (critério da especialização) (...)".*[900]

A Reforma Trabalhista mitigou o princípio da norma mais favorável, de forma que os acordos coletivos de trabalho sempre prevalecerão sobre as convenções coletivas de trabalho. Vale ressaltar que o acordo coletivo de trabalho é mais específico do que as convenções coletivas de trabalho, tendo um grau de abstração menor, atendendo as necessidades dos trabalhadores no local de trabalho.

Art. 621. As Convenções e os Acordos poderão incluir entre suas cláusulas disposição sôbre a constituição e funcionamento de comissões mistas de consulta e colaboração, no plano da emprêsa e sôbre participação, nos lucros. Estas disposições mencionarão a forma de constituição, o modo de funcionamento e as atribuições das comissões, assim como o plano

[899] Delgado, 2019.
[900] Leone Pereira. Trabalhista. Coleção Prática Jurídica – 10.ed. -São Paulo: Saraiva Educação, 2020.

de participação, quando fôr o caso. (Redação dada pelo Decreto-lei nº 229, de 28.2.1967)

Art. 622. Os empregados e as emprêsas que celebrarem contratos individuais de trabalho, estabelecendo condições contrárias ao que tiver sido ajustado em Convenção ou Acôrdo que lhes fôr aplicável, serão passíveis da multa nêles fixada. (Redação dada pelo Decreto-lei nº 229, de 28.2.1967)

Parágrafo único. A multa a ser imposta ao empregado não poderá exceder da metade daquela que, nas mesmas condições seja estipulada para a emprêsa. (Redação dada pelo Decreto-lei nº 229, de 28.2.1967)

Art. 623. Será nula de pleno direito disposição de Convenção ou Acôrdo que, direta ou indiretamente, contrarie proibição ou norma disciplinadora da política econômico-financeira do Govêrno ou concernente à política salarial vigente, não produzindo quaisquer efeitos perante autoridades e repartições públicas, inclusive para fins de revisão de preços e tarifas de mercadorias e serviços. (Redação dada pelo Decreto-lei nº 229, de 28.2.1967)

Parágrafo único. Na hipótese dêste artigo, a nulidade será declarada, de ofício ou mediante representação, pelo Ministro do Trabalho e Previdência Social, ou pela Justiça do Trabalho em processo submetido ao seu julgamento. (Incluído pelo Decreto-lei nº 229, de 28.2.1967)

Art. 624. A vigência de cláusula de aumento ou reajuste salarial, que implique elevação de tarifas ou de preços sujeitos à fixação por autoridade pública ou repartição governamental, dependerá de prévia audiência dessa autoridade ou repartição e sua expressa declaração no tocante à possibilidade de elevação da tarifa ou do preço e quanto ao valor dessa elevação. (Redação dada pelo Decreto-lei nº 229, de 28.2.1967)

Art. 625. As controvérsias resultantes da aplicação de Convenção ou de Acôrdo celebrado nos têrmos dêste Título serão dirimidas pela Justiça do Trabalho. (Redação dada pelo Decreto-lei nº 229, de 28.2.1967)

COMENTÁRIOS (ARTS. 621 A 625)

O instrumento de negociação coletiva pode ser uma ferramenta útil para aproximar os trabalhadores dos empregadores. A lei permite a criação de comissões de consulta e colaboração no âmbito empresarial, bem como a regulação do seu funcionamento, viabilizando uma integração maior entre o empregado e o empregador. Permite a discussão de propostas de melhoria das condições de trabalho, dos processos produtivos, além da solução de problemas comuns – do ponto de vista do patrão e do empregado – evitando o surgimento de conflitos, tornando o ambiente de trabalho harmonioso.

De acordo com os art. 622 a 625 da CLT os instrumentos normativos contrários às políticas salariais são considerados nulos. Esses dispositivos foram editados em um período em que havia uma forte intervenção estatal nas relações coletivas. A doutrina aponta que era uma forma de colocar um freio à eventuais normas coletivas mais favoráveis aos empregados, gerando um efeito inflacionário indesejado. Parte da doutrina entende que não ocorreu a recepção de tais normas pela CF/88, porquanto o texto constitucional consagrou o princípio da valorização da negociação coletiva. Outros defendem a vigência da norma, pois esse normativo não representa uma interferência estatal no sindicato. Ainda que se considere em vigor, o art. 611-A da CLT, instituiu uma nova orientação, no sentido de que as normas coletivas terão prevalência sobre a lei (princípio do negociado sobre o legislado), especialmente quando dispuser sobre plano de cargos, salários e funções (art. 611-A, V, da CF).

▸ TÍTULO VI-A
(incluído pela Lei nº 9.958, de 12.1.2000)
DA COMISSÕES DE CONCILIAÇÃO PRÉVIA

Art. 625-A. As empresas e os sindicatos podem instituir Comissões de Conciliação Prévia, de composição paritária, com representante dos empregados e dos empregadores, com a atribuição de tentar conciliar os conflitos individuais do trabalho.

Parágrafo único. As Comissões referidas no caput deste artigo poderão ser constituídas por grupos de empresas ou ter caráter intersindical.

Art. 625-B. A Comissão instituída no âmbito da empresa será composta de, no mínimo, dois e, no máximo, dez membros, e observará as seguintes normas:

I – a metade de seus membros será indicada pelo empregador e outra metade eleita pelos empregados, em escrutínio,secreto, fiscalizado pelo sindicato de categoria profissional;

II – haverá na Comissão tantos suplentes quantos forem os representantes titulares;

III – o mandato dos seus membros, titulares e suplentes, é de um ano, permitida uma recondução.

§ 1º É vedada a dispensa dos representantes dos empregados membros da Comissão de Conciliação Prévia, titulares e suplentes, até um ano após o final do mandato, salvo se cometerem falta grave, nos termos da lei.

§ 2º O representante dos empregados desenvolverá seu trabalho normal na empresa afastando-se de suas atividades apenas quando convocado para atuar como conciliador, sendo computado como tempo de trabalho efetivo o despendido nessa atividade.

Art. 625-C. A Comissão instituída no âmbito do sindicato terá sua constituição e normas de funcionamento definidas em convenção ou acordo coletivo.

Art. 625-D. Qualquer demanda de natureza trabalhista será submetida à Comissão de Conciliação Prévia se, na localidade da prestação de serviços, houver sido instituída a Comissão no âmbito da empresa ou do sindicato da categoria.

§ 1º A demanda será formulada por escrito ou reduzida a termo por qualquer dos membros da Comissão, sendo entregue cópia datada e assinada pelo membro aos interessados. (Incluído pela Lei nº 9.958, de 12.1.2000) (Vide ADIN 2139) (Vide ADIN 2160) (Vide ADIN 2237)

§ 2º Não prosperando a conciliação, será fornecida ao empregado e ao empregador declaração da tentativa conciliatória frustrada com a descrição de seu objeto, firmada pelos membros da Comissão, que devera ser juntada à eventual reclamação trabalhista. (Incluído pela Lei nº 9.958, de 12.1.2000) (Vide ADIN 2139) (Vide ADIN 2160) (Vide ADIN 2237)

§ 3º Em caso de motivo relevante que impossibilite a observância do procedimento previsto no caput deste artigo, será a circunstância declarada na petição da ação intentada perante a Justiça do Trabalho. (Incluído pela Lei nº 9.958, de 12.1.2000) (Vide ADIN 2139) (Vide ADIN 2160) (Vide ADIN 2237)

§ 4º Caso exista, na mesma localidade e para a mesma categoria, Comissão de empresa e Comissão sindical, o interessado optará por uma delas submeter a sua demanda, sendo competente aquela que primeiro conhecer do pedido. (Incluído pela Lei nº 9.958, de 12.1.2000) (Vide ADIN 2139) (Vide ADIN 2160) (Vide ADIN 2237)

Art. 625-E. Aceita a conciliação, será lavrado termo assinado pelo empregado, pelo empregador ou seu proposto e pelos membros da Comissão, fornecendo-se cópia às partes.
Parágrafo único. O termo de conciliação é título executivo extrajudicial e terá eficácia liberatória geral, exceto quanto às parcelas expressamente ressalvadas.

Art. 625-F. As Comissões de Conciliação Prévia têm prazo de dez dias para a realização da sessão de tentativa de conciliação a partir da provocação do interessado.
Parágrafo único. Esgotado o prazo sem a realização da sessão, será fornecida, no último dia do prazo, a declaração a que se refere o § 2º do art. 625-D.

Art. 625-G. O prazo prescricional será suspenso a partir da provocação da Comissão de Conciliação Prévia, recomeçando a fluir, pelo que lhe resta, a partir da tentativa frustrada de conciliação ou do esgotamento do prazo previsto no art. 625-F.

Art. 625-H. Aplicam-se aos Núcleos Intersindicais de Conciliação Trabalhista em funcionamento ou que vierem a ser criados, no que couber, as disposições previstas neste Título, desde que observados os princípios da paridade e da negociação coletiva na sua constituição.

COMENTÁRIOS (ARTS. 625-A A 625-H)

A Lei 9.958 de 12 de janeiro 2000 alterou e acrescentou à Consolidação das Leis do Trabalho os artigos 625-A até 625-H, dispondo sobre as Comissões de Conciliação Prévia e permitindo a execução de título executivo extrajudicial na Justiça do Trabalho. Trata-se de um meio alternativo de solução de conflito de interesses nos contratos individuais de trabalho objetivando a autocomposição das partes, ou seja, a solução do conflito pelas próprias partes, sem a intervenção de terceiros.

Como ensina Mauricio Godinho Delgado a autocomposição "ocorre quando o conflito é solucionado pelas próprias partes, sem intervenção de outros agentes no processo de pacificação da controvérsia. (...) Na autocomposição não há, em tese, exercício de coerção pelos sujeitos envolvidos".[901]

A esse respeito, o professor Gustavo Filipe Barbosa Garcia destaca que nas relações individuais o sistema jurídico vigente possibilita a transação, no plano extrajudicial, entre o empregado e o empregador, perante as Comissões de Conciliação Prévia.[902]

A Reforma Trabalhista passou a admitir outras formas de solução de conflitos extrajudiciais no âmbito das relações individuais de trabalho: a) acordo extrajudicial entre empregado e empregador, sujeito à homologação da Justiça do Trabalho mediante processo de jurisdição voluntária (art. 652, "f", e arts. 855-B a 855-E, todos da CLT); b) arbitragem, nos casos envolvendo trabalhador hipersuficiente (art. 507-A da CLT).

No que se refere à Comissão de Conciliação Prévia, poderá ser instalada no âmbito empresarial ou dos sindicatos. Ainda, pode ser constituída por grupos de empresas ou ter caráter intersindical (mais de um sindicato), formada por representantes dos empregados e representantes dos empregadores, tendo, portanto, composição paritária (art. 625-A da CLT).

---

901 Delgado, 2019, p. 1732.

902 Gustavo Felipe Barbosa Garcia – Curso de Direito do Trabalho –11ª ed. – Rio de Janeiro: Forense, 2017.p. 407

A criação de núcleos intersindicais de conciliação trabalhista é regida por dois princípios: princípio da paridade e princípio da negociação coletiva (artigo 625-H da CLT), porquanto as regras de funcionamento são definidas em instrumentos de negociação coletiva (acordo ou convenção coletiva de trabalho), além de ter representantes dos empregados e dos empregadores. Em caso de existência simultânea de Comissão de Conciliação Prévia sindical o empregado poderá optar por uma delas.

Quando instituída no âmbito da empresa será composta de, no mínimo, dois e, no máximo, dez membros, sendo certo que a metade de seus membros (titulares e suplentes) serão indicados pelo empregador e outra metade eleita pelos empregados, por meio de votação secreta, sendo fiscalizado pelo sindicato de categoria profissional. O mandato será de um ano, sendo permitida uma recondução. Os representantes dos empregados na, titulares e suplentes, são detentores de garantia provisória até 1 ano após o final do mandato, sendo vedada a sua dispensa, exceto se cometer falta grave (art. 625-B, §2º, da CLT).

O referido artigo não estabelece o termo inicial ("dies a quo") da garantia provisória de emprego. A posição majoritária na doutrina é que o termo inicial se dá a partir do registro da candidatura.

Neste ponto, Luciano Martinez explica que *"Observe-se que a lei não revela a partir de quando tais sujeitos teriam iniciado a proteção contra a dispensa. A lógica e a experiência comum permitem, entretanto, conclusão no sentido de que, por tratar-se de* ***situação que envolve eleição****, a proteção terá início* ***a partir do registro da candidatura"***.[903]

Diversamente, Vólia Bomfim, tal como Sérgio Pinto Martins, defende que o início da garantia provisória se dá a partir da eleição e não da candidatura do empregado[904].

Outrossim, prevalece o entendimento de que há a necessidade de instauração de inquérito judicial para apuração de falta grave. Segundo Carlos Henrique Bezerra Leite "os empregados que atuarem nas Comissões de Conciliação Prévia, como titulares ou suplentes, terão os mesmos direitos dos dirigentes sindicais no que concerne à garantia provisória no emprego (CF, art. 8º, VIII). Logo, a dispensa de tais empregados está condicionada ao ajuizamento, pelo empregador, do inquérito judicial para a apuração de falta grave (CLT, arts. 494 e 853)".[905]

O §2º, do art. 625-B da CLT, dispõe que "o representante dos empregados desenvolverá seu trabalho normal na empresa, afastando-se de suas atividades apenas quando convocado para atuar como conciliador, sendo computado como tempo de trabalho efetivo o despendido nessa atividade". Prevalece o entendimento que trata-se de hipótese de interrupção do contrato de trabalho, pois o período é computado no tempo de serviço e o empregador está obrigado ao pagamento dos salários e dos depósitos do FGTS do período de afastamento do empregado para atuar perante a Comissão de Conciliação Prévia.

A parte poderá provocar Comissão de Conciliação prévia por escrito ou de forma verbal (por redução a termo), haja vista que se a legislação permite a reclamação trabalhista verbas e o *jus postulandi* nas demandas individuais trabalhistas, não faz sentido a exigência da provocação da Comissão de Conciliação Prévia apenas por escrito.

Feita a provocação da comissão, o prazo prescricional será suspenso (art. 625-G da CLT) e a sessão de tentativa de conciliação será realizada no prazo de 10 dias. Ocorrendo a conciliação, será lavrado entre as partes o termo assinado pelo empregado, pelo empregador (ou proposto) e pelos membros da Comissão, fornecendo-se cópia às partes. Esse termo é considerado um título executivo extrajudicial e terá eficácia liberatória geral, exceto quanto às parcelas expressamente ressalvadas.

Na hipótese de frustração da conciliação ou esgotamento do prazo legal para a realização da sessão de conciliação, será lavrada a declaração, sendo certo que o prazo prescricional volta a fluir pelo tempo restante (art. 625-G da CLT).

▶ TÍTULO VII
DO PROCESSO DE MULTAS ADMINISTRATIVAS

▶ CAPÍTULO I
DA FISCALIZAÇÃO, DA AUTUAÇÃO E DA IMPOSIÇÃO DE MULTAS

Art. 626 – Incumbe às autoridades competentes do Ministério do Trabalho, Industria e Comercio, ou àquelas que exerçam funções delegadas, a fiscalização do fiel cumprimento das normas de proteção ao trabalho.

Parágrafo único – Os fiscais dos Institutos de Seguro Social e das entidades paraestatais em geral dependentes do Ministério do Trabalho, Industria e Comercio serão competentes para a fiscalização a que se refere o presente artigo, na forma das instruções que forem expedidas pelo Ministro do Trabalho, Industria e Comercio.

Art. 627 – A fim de promover a instrução dos responsáveis no cumprimento das leis de proteção do trabalho, a fiscalização deverá observar o critério de dupla visita nos seguintes casos:

a) quando ocorrer promulgação ou expedição de novas leis, regulamentos ou instruções ministeriais, sendo que, com relação exclusivamente a esses atos, será feita apenas a instrução dos responsáveis;

[903] Martinez, 2020, p. 1334.
[904] Bomfim, 2017, p. 1159.
[905] Leite, 2019, p. 987.

b) em se realizando a primeira inspeção dos estabelecimentos ou dos locais de trabalho, recentemente inaugurados ou empreendidos.

Art. 627-A. Poderá ser instaurado procedimento especial para a ação fiscal, objetivando a orientação sobre o cumprimento das leis de proteção ao trabalho, bem como a prevenção e o saneamento de infrações à legislação mediante Termo de Compromisso, na forma a ser disciplinada no Regulamento da Inspeção do Trabalho. (Incluído pela Medida Provisória nº 2.164-41, de 2001)

Art. 628. Salvo o disposto nos arts. 627 e 627-A, a toda verificação em que o Auditor-Fiscal do Trabalho concluir pela existência de violação de preceito legal deve corresponder, sob pena de responsabilidade administrativa, a lavratura de auto de infração. (Redação dada pela Medida Provisória nº 2.164-41, de 2001)

§ 1º Ficam as emprêsas obrigadas a possuir o livro intitulado "Inspeção do Trabalho", cujo modêlo será aprovado por portaria Ministerial. (Incluído pelo Decreto-lei nº 229, de 28.2.1967)

§ 2º Nesse livro, registrará o agente da inspeção sua visita ao estabelecimento, declarando a data e a hora do início e término da mesma, bem como o resultado da inspeção, nêle consignando, se fôr o caso, tôdas as irregularidades verificadas e as exigências feitas, com os respectivos prazos para seu atendimento, e, ainda, de modo legível, os elementos de sua identificação funcional. (Incluído pelo Decreto-lei nº 229, de 28.2.1967)

§ 3º Comprovada má fé do agente da inspeção, quanto à omissão ou lançamento de qualquer elemento no livro, responderá êle por falta grave no cumprimento do dever, ficando passível, desde logo, da pena de suspensão até 30 (trinta) dias, instaurando-se, obrigatòriamente, em caso de reincidência, inquérito administrativo. (Incluído pelo Decreto-lei nº 229, de 28.2.1967)

§ 4º A lavratura de autos contra emprêsas fictícias e de endereços inexistentes, assim como a apresentação de falsos relatórios, constituem falta grave, punível na forma do § 3º. (Incluído pelo Decreto-lei nº 229, de 28.2.1967)

Art. 628-A. Fica instituído o Domicílio Eletrônico Trabalhista, regulamentado pelo Ministério do Trabalho e Previdência, destinado a: (Incluído pela Lei nº 14.261, de 2021)

I - cientificar o empregador de quaisquer atos administrativos, ações fiscais, intimações e avisos em geral; e (Incluído pela Lei nº 14.261, de 2021)

II - receber, por parte do empregador, documentação eletrônica exigida no curso das ações fiscais ou apresentação de defesa e recurso no âmbito de processos administrativos. (Incluído pela Lei nº 14.261, de 2021)

§ 1º As comunicações eletrônicas realizadas pelo Domicílio Eletrônico Trabalhista dispensam a sua publicação no Diário Oficial da União e o envio por via postal e são consideradas pessoais para todos os efeitos legais. (Incluído pela Lei nº 14.261, de 2021)

§ 2º A ciência por meio do sistema de comunicação eletrônica, com utilização de certificação digital ou de código de acesso, possuirá os requisitos de validade. (Incluído pela Lei nº 14.261, de 2021)

Art. 629 – O auto de infração será lavrado em duplicata, nos têrmos dos modelos e instruções expedidos, sendo uma via entregue ao infrator, contra recibo, ou ao mesmo enviada, dentro de 10 (dez) dias da lavratura, sob pena de responsabilidade, em registro postal, com franquia e recibo de volta. (Redação dada pelo Decreto-lei nº 229, de 28.2.1967)

§ 1º O auto não terá o seu valor probante condicionado à assinatura do infrator ou de testemunhas, e será lavrado no local da inspeção, salvo havendo motivo justificado que será declarado no próprio auto, quando então deverá ser lavrado no prazo de 24 (vinte e quatro) horas, sob pena de responsabilidade. (Redação dada pelo Decreto-lei nº 229, de 28.2.1967)

§ 2º Lavrado o auto de infração, não poderá êle ser inutilizado, nem sustado o curso do respectivo processo, devendo o agente da inspeção apresentá-lo à autoridade competente, mesmo se incidir em êrro. (Redação dada pelo Decreto-lei nº 229, de 28.2.1967)

§ 3º O infrator terá, para apresentar defesa, o prazo de 10 (dez) dias contados do recebimento do auto. (Redação dada pelo Decreto-lei nº 229, de 28.2.1967)

§ 4º O auto de infração será registrado com a indicação sumária de seus elementos característicos, em livro próprio que deverá existir em cada órgão fiscalizador, de modo a assegurar o contrôle do seu processamento. (Incluído pelo Decreto-lei nº 229, de 28.2.1967)

Art. 630. Nenhum agente da inspeção poderá exercer as atribuições do seu cargo sem exibir a carteira de identidade fiscal, devidamente autenticada, fornecida pela autoridade competente. (Redação dada pelo Decreto-lei nº 229, de 28.2.1967)

§ 1º É proibida a outorga de identidade fiscal a quem não esteja autorizado, em razão do cargo ou função, a exercer ou praticar, no âmbito da legislação trabalhista, atos de fiscalização. (Incluído pelo Decreto-lei nº 229, de 28.2.1967)

§ 2º – A credencial a que se refere êste artigo deverá ser devolvida para inutilização, sob as penas da lei em casos de provimentos em outro cargo público, exoneração ou demissão bem como nos de licenciamento por prazo superior a 60 (sessenta) dias e de suspensão do exercício do cargo. (Incluído pelo Decreto-lei nº 229, de 28.2.1967)

§ 3º – O agente da inspeção terá livre acesso a tôdas dependências dos estabelecimentos sujeitos ao regime da legislação, sendo as emprêsas, por seus dirigentes ou prepostos, obrigados a prestar-lhes os esclarecimentos necessários ao desempenho de suas atribuições legais e a exibir-lhes, quando exigidos, quaisquer documentos que digam respeito ao fiel cumprimento das normas de proteção ao trabalho. (Incluído pelo Decreto-lei nº 229, de 28.2.1967)

§ 4º – Os documentos sujeitos à inspeção deverão permanecer, sob as penas da lei nos locais de trabalho, sòmente se admitindo, por exceção, a critério da autoridade competente, sejam os mesmos apresentados em dia hora prèviamente fixados pelo agente da inspeção. (Incluído pelo Decreto-lei nº 229, de 28.2.1967)

§ 5º – No território do exercício de sua função, o agente da inspeção gozará de passe livre nas emprêsas de transportes, públicas ou privadas, mediante a apresentação da carteira de identidade fiscal. (Incluído pelo Decreto-lei nº 229, de 28.2.1967)

§ 6º – A inobservância do disposto nos §§ 3º, 4º e 5º configurará resistência ou embaraço à fiscalização e justificará a lavratura do respectivo auto de infração, cominada a multa de valor igual a meio (1/2) salário mínimo regional até 5 (cinco) vêzes êsse salário, levando-se em conta, além das circunstâncias atenuantes ou agravantes, a situação econômico-financeira do infrator e os meios a seu alcance para cumprir a lei. (Incluído pelo Decreto-lei nº 229, de 28.2.1967)

§ 7º – Para o efeito do disposto no § 5º, a autoridade competente divulgará em janeiro e julho, de cada ano, a relação dos agentes da inspeção titulares da carteira de identidade fiscal. (Incluído pelo Decreto-lei nº 229, de 28.2.1967)

§ 8º – As autoridades policiais, quando solicitadas, deverão prestar aos agentes da inspeção a assistência de que necessitarem para o fiel cumprimento de suas atribuições legais. (Incluído pelo Decreto-lei nº 229, de 28.2.1967)

Art. 631 – Qualquer funcionário público federal, estadual ou municipal, ou representante legal de associação sindical, poderá comunicar à autoridade competente do Ministério do Trabalho, Industria e Comercio as infrações que verificar.

Parágrafo único – De posse dessa comunicação, a autoridade competente procederá desde logo às necessárias diligências, lavrando os autos de que haja mister.

Art. 632 – Poderá o autuado requerer a audiência de testemunhas e as diligências que lhe parecerem necessárias à elucidação do processo, cabendo, porém, à autoridade, julgar da necessidade de tais provas.

Art. 633 – (Revogada pela Lei nº 13.874, de 2019)

Art. 634 – Na falta de disposição especial, a imposição das multas incumbe às autoridades regionais competentes em matéria de trabalho, na forma estabelecida por este Título.

Parágrafo único – A aplicação da multa não eximirá o infrator da responsabilidade em que incorrer por infração das leis penais.

§ 1º A aplicação da multa não eximirá o infrator da responsabilidade em que incorrer por infração das leis penais. (Redação dada pela Lei nº 13.467, de 2017)

§ 2º Os valores das multas administrativas expressos em moeda corrente serão reajustados anualmente pela Taxa Referencial (TR), divulgada pelo Banco Central do Brasil, ou pelo índice que vier a substituí-lo. (Incluído pela Lei nº 13.467, de 2017)

COMENTÁRIOS (ARTS. 626 A 634)

A Lei Maior estabelece que compete à União organizar, manter e executar a inspeção do trabalho (art. 21, inciso XXIV, da CF). A CLT trata da Fiscalização do Trabalho, da autuação e da imposição das multas (arts.626 a 642) em capítulo próprio. Estabelece condições para a efetiva fiscalização e desenvolvimento desta atividade, assegurando a aplicação das normas e a proteção dos trabalhadores no exercício da profissão.

O Decreto n. 10.854, de 10 de novembro de 2021, mais conhecido como Marco Regulatório Trabalhista Infralegal, regulamentou disposições relativas à legislação trabalhista e instituiu o Programa Permanente de Consolidação, Simplificação e Desburocratização das Normas Trabalhistas Infralegais e o Prêmio Nacional Trabalhista. Foram objeto de regulamentação o Livro de Inspeção do Trabalho Eletrônico – eLIT; a fiscalização das normas de proteção ao trabalho e de segurança e saúde no trabalho; as diretrizes para elaboração e revisão das normas regulamentadoras de segurança e saúde no trabalho; o certificado de aprovação do equipamento de proteção individual; entre outros assuntos (Decreto n. 10.854/2021).

A fiscalização passou a ser pautada no planejamento estratégicos do Ministério do Trabalho e Previdência e nas diretrizes e planejamento de inspeção estabelecidas pelas Subsecretarias de Inspeção do Trabalho, da Secretaria de Trabalho. A atividade dos Auditores-Fiscais do Trabalho será orientada, através de ordem de serviço (OS), por meio de registro eletrônico destinado a promover o comando das fiscalizações a serem realizadas, registrando as atividades em relatórios de inspeção ou atividades (art. 10 do Portaria n. 547/2021).

A fiscalização do cumprimento das normas de proteção ao trabalho e de saúde e segurança no trabalho compete exclusivamente aos Auditores-Fiscais do Trabalho do Ministério do Trabalho e Previdência , na forma do art. 16 do Decreto n. 10.854/2021.

A Subsecretaria de Inspeção do Trabalho (SIT), por sua vez, delega a coordenação e execução da atividade de fiscalização ao Departamento de Fiscalização do Trabalho (DEFIT), por meio de diferentes Divisões, vejamos: a) Divisão de Fiscalização de FGTS, contribuição social e contribuição sindical (DFGTS); b) Divisão de Fiscalização para a Erradicação do Trabalho Infantil e Promoção da Aprendizagem (DETIPA); c) Divisão de Fiscalização para inclusão de Pessoas com Deficiência e Combate à Discriminação no Trabalho (DPcD); d) Divisão de Fiscalização para Erradicação de Trabalho em Condições Análogas à de Escravo (DETRAE).

No âmbito estadual a atividade é supervisionada pelas Superintendências Regionais do Trabalho, subdivididas em Gerências e Agencias Regionais, no âmbito dos municípios, são órgãos responsáveis por fiscalizar o cumprimento das leis trabalhistas, através de Auditores Fiscais do Trabalho com poder de aplicar multas aos empregadores, bem como interditar estabelecimentos. A Portaria n. 548/2021, dispõe sobre a organização administrativa das unidades vinculadas ao Ministério do Trabalho e Previdência.

Os auditores fiscais do trabalho são regulamentados pelas Leis nº 10.593, de 6 de dezembro de 2002 e 11.457, de 16 de março de 2007. O servidor público ocupante deste cargo tem a atribuição de garantir, em todo o território nacional:

a) o cumprimento de disposições legais e regulamentares, inclusive as relacionadas à segurança e à medicina do trabalho, no âmbito das relações de trabalho e de emprego;

b) a verificação dos registros em CTPS (física e digital), objetivando a redução da informalidade;

c) a verificação do recolhimento e a constituição e o lançamento dos créditos referentes ao Fundo de Garantia do Tempo de Serviço (FGTS) e à contribuição previdenciárias, para aumentar a arrecadação;

d) cumprimento de acordos, convenções e contratos coletivos de trabalho;

e) o respeito aos acordos, tratados e convenções internacionais;

f) a lavratura de auto de apreensão e guarda de documentos, materiais, livros e assemelhados, para verificação da existência de fraude e irregularidades, bem como o exame da contabilidade das empresas;

g) a verificação do recolhimento e a constituição e o lançamento dos créditos decorrentes da cota-parte da contribuição sindical urbana e rural.

h) a verificação do cumprimento das normas que regem o trabalho do empregado doméstico, no âmbito do domicílio do empregador.

i) embargo de obra e interdição de setor de serviço e estabelecimento, quando verificado risco grave e iminente à saúde e segurança do trabalhador;

j) o combate às formas contemporâneas de trabalho escravo;

k) combate ao trabalho infantil;

l) promoção da inserção de pessoas com deficiência no mercado de trabalho.

As atribuições privativas do cargo de auditor fiscal do trabalho são regulamentadas pelo Poder Executivo – Ministério do Trabalho e Previdência, recriado pela MP n. 1.058/2021, convertida na Lei 14.261/2021 – podendo designar outras, desde que compatíveis com a atividade de auditoria e fiscalização.

O Decreto n. 10.854, de 10 de novembro de 2021, mais conhecido como Marco Regulatório Trabalhista Infralegal, regulamentou disposições relativas à legislação trabalhista e instituiu o Programa Permanente de Consolidação, Simplificação e Desburocratização das Normas Trabalhistas Infralegais e o Prêmio Nacional Trabalhista. Houve a consolidação e modificação de uma série de regras relacionadas à atividade fiscalizatória, especialmente a regulamentação o Livro de Inspeção do Trabalho Eletrônico – eLIT; a fiscalização das normas de proteção ao trabalho e de segurança e saúde no trabalho; as diretrizes para elaboração e revisão das normas regulamentadoras de segurança e saúde no trabalho; o certificado de aprovação do equipamento de proteção individual; entre outros assuntos (Decreto n. 10.854/2021).

A fiscalização passou a ser pautada no planejamento estratégicos do Ministério do Trabalho e Previdência e nas diretrizes e planejamento de inspeção estabelecidas pelas Subsecretarias de Inspeção do Trabalho, da Secretaria de Trabalho. A atividade dos Auditores-Fiscais do Trabalho será orientada, através de ordem de serviço (OS), por meio de registro eletrônico destinado a promover o comando das fiscalizações a serem realizadas, registrando as atividades em relatórios de inspeção ou atividades, conforme art. 10 do Portaria n. 547/2021 do Ministério do Trabalho e Previdência.

Também, a Portaria n. 667, de 8 de novembro de 2021, do Ministério do Trabalho e Previdência, regulamentou a organização e a tramitação dos processos administrativos de auto de infração e de notificação de débito do Fundo de Garantia do Tempo de Serviço (FGTS) e da Contribuição Social – na forma estabelecida pelo Título VII da Consolidação das Leis do Trabalho – CLT, aprovada pelo Decreto-Lei nº 5.452, de 1º de maio de 1943; o Sistema Eletrônico de Processo Administrativo Trabalhista, para a tramitação dos autos de infração, notificações de débito e atos processuais eletrônicos; a imposição de multas administrativas previstas na legislação trabalhista; a emissão da Certidão de Débitos Trabalhistas; o procedimento para autorização do saque de FGTS pelo empregador, quando recolhido a empregados não optantes; e os procedimentos administrativos de oferta de vista e cópia e de verificação anual dos processos físicos.

COMENTÁRIOS (ART. 628-A DA CLT)

1. DOMICÍLIO ELETRÔNICO TRABALHISTA

A Lei nº 14.261, de 16 de dezembro de 2021, resultante da conversão da Medida Provisória n. 1.058/2021 em lei, recriou o Ministério do Trabalho e Previdência e alterou a Consolidação das Leis do Trabalho para acrescentar o art. 628-A ao Capítulo I do Título VII do Diploma Consolidado, que trata do processo de fiscalização, autuação e da imposição de multas administrativas em caso de descumprimento das normas de proteção ao trabalho.

O novo dispositivo institui o chamado "Domicílio Eletrônico Trabalhista", que consiste em um ambiente eletrônico no qual o empregador tomará ciência dos atos administrativos, notificações, intimações, avisos em geral, além de permitir a apresentação de documentos, defesas e recursos administrativos aos órgãos administrativos competentes, integrantes do Ministério do Trabalho e Previdência. Faz parte de uma série de medidas adotadas para modernizar e simplificar o processo administrativo e fiscalizatório trabalhista, consagradas no Marco Regulatório Trabalhista Infralegal (Decreto n. 10.854/2021), uma espécie de microssistema em matéria em matéria de inspeção do trabalho.

A comunicação eletrônica, através do Domicílio Eletrônico Trabalhista, confere maior celeridade aos atos administrativos, rompendo os obstáculos naturais das notificações impressas como, por exemplo, a publicação no Diário da União e o envio por via postal. Surtirá os mesmos efeitos da comunicação pessoal para fins legais.

O empregador terá acesso ao sistema de comunicação eletrônica por meio do uso de certificado digital ou código de acesso, tomando ciência do teor do auto de infração e de notificação de débito do FGTS e da Contribuição Social, bem como do atos processuais eletrônicos praticados no Sistema Eletrônico de Processo Administrativo Trabalhista e imposição de multas administrativas, regulamentados pela Portaria n. 667, de 8 de novembro de 2021, do Ministério do Trabalho e Previdência.

Não se trata de uma novidade legislativa. O Domicílio Eletrônico Trabalhista estava inserido na Medida Provisória n. 905/2019, que instituía o Contrato Verde e Amarelo e promovia outras alterações no Texto Consolidado. Em seguida, no entanto, a referida norma foi revogada pela Medida Provisória n. 955, de 20 de abril de 2020, sob o argumento de que o Senado Federal não teria tempo suficiente para apreciar a matéria, antes do encerramento do prazo de vigência.

2. PRECEDENTES ADMINISTRATIVOS DA COORDENAÇÃO GERAL DE RECURSOS (CGR) DA SUBSECRETARIA DE INSPEÇÃO DO TRABALHO (SIT)

1. PRECEDENTE ADMINISTRATIVO N.º 1 FGTS. PARCELAMENTO. FALTA DE RECOLHIMENTO DO PERCENTUAL DE 8% SOBRE PARTE DA REMUNERAÇÃO DEVIDA. A comprovação do recolhimento das competências notificadas ou da concessão de parcelamento de débito efetivados antes da lavratura da notificação acarreta sua declaração de insubsistência. Já o simples pedido de parcelamento do débito junto à Caixa Econômica Federal – CEF, sem a formalização de sua concessão, não impede o ato fiscalizador, tampouco a lavratura da notificação de débito. REFERÊNCIA NORMATIVA: Art. 31, §1º da Portaria MTb n.º 148, de 25 de janeiro de 1996.

2. PRECEDENTE ADMINISTRATIVO N.º 2 AUTO DE INFRAÇÃO. LAVRATURA FORA DO LOCAL DE INSPEÇÃO. CONSEQÜÊNCIA. Não acarreta nulidade a falta de justificativa, no próprio auto de infração, do porquê de sua lavratura fora do local de inspeção, pois trata-se de formalidade que não é da essência do ato. Também a lavratura fora do prazo de 24 horas ou protocolo fora do prazo de 48 horas não acarretam nulidade, mas podem ensejar responsabilização administrativa do Auditor – Fiscal do Trabalho. REFERÊNCIA NORMATIVA: Art. 629, §1º da CLT. (Revogado pelo Ato Declaratório nº 05, de 27 de junho de 2002)

3. PRECEDENTE ADMINISTRATIVO N.º 3 FGTS. VALE-TRANSPORTE. FALTA DE RECOLHIMENTO DO PERCENTUAL DE 8% SOBRE PARTE DA REMUNERAÇÃO DEVIDA. O vale-transporte não terá natureza salarial, não se incorporará à remuneração para quaisquer efeitos e tampouco constituirá base de incidência do FGTS, desde que fornecido de acordo com o disposto no art. 2º, II da Lei nº 7418/85. O vale-transporte pago em dinheiro tem natureza salarial e repercussão no FGTS. REFERÊNCIA NORMATIVA: art. 2º e alíneas, da Lei n.º 7.418, de 16 de dezembro de 1985 e art. 5º e 6º Decreto n.º 95.247, de 17 de novembro de 1987.

4. PRECEDENTE ADMINISTRATIVO N.º 4 (Cancelado pelo Ato Declaratório SIT 15, de 2017). **FGTS. DEPÓSITO APÓS LAVRATURA DA**

NOTIFICAÇÃO PARA DEPÓSITO DO FGTS -NDFG. A defesa a auto de infração lavrado por deixar o empregador de efetuar os depósitos fundiários, com os acréscimos legais, após notificado pela fiscalização, deve limitar-se à comprovação de parcelamento ou pagamento correspondente. A discussão acerca do mérito sobre a existência ou acerto do débito apurado encerra-se com o processo de Notificação para Depósito do FGTS -NDFG que lhe deu origem. REFERÊNCIA NORMATIVA: Art. 23, § 1º, inciso V da Lei nº 8.036, de 11 de maio de 1990.

5. PRECEDENTE ADMINISTRATIVO Nº 5 (Cancelado pelo Ato Declaratório n.º 10, de 03 de agosto de 2009) SUCESSÃO TRABALHISTA. Não prospera a alegação de que a infração tenha ocorrido quando o vínculo de emprego existia com o empregador anterior. Caracterizada a sucessão, o novo empregador assume os ônus trabalhistas. REFERÊNCIA NORMATIVA : art. 448 da CLT.

6. PRECEDENTE ADMINISTRATIVO Nº 6 FGTS. GRATIFICAÇÃO. FALTA DE RECOLHIMENTO DO PERCENTUAL DE 8% SOBRE PARTE DA REMUNERAÇÃO DEVIDA. A gratificação, bem como comissões, percentagens ou abonos pagos pelo empregador, integram o salário. Consequentemente, são base de cálculo para o FGTS. REFERÊNCIA NORMATIVA: art. 457 e 458 da CLT; Lei nº 8.036/90, art. 15.

7. PRECEDENTE ADMINISTRATIVO Nº 7 RECURSO ADMINISTRATIVO. INTEMPESTIVIDADE. DEPÓSITO RECURSAL DENTRO DO PRAZO. Não é suficiente para o conhecimento do recurso a efetivação do depósito dentro do prazo legal. É necessário que também o recurso administrativo seja aviado no decêndio legal. REFERÊNCIA NORMATIVA: Art. 636 caput e § 1º da CLT e art. 33 da Portaria nº 148, de 25 de janeiro de 1996.

8. PRECEDENTE ADMINISTRATIVO Nº 8 REGISTRO. REPRESENTANTE COMERCIAL. Para a caracterização de atividade autônoma do representante comercial, é imprescindível a comprovação de sua inscrição no Conselho respectivo. REFERÊNCIA NORMATIVA: art. 41, caput da CLT.

9. PRECEDENTE ADMINISTRATIVO Nº 9 AUTORIZAÇÃO PARA O TRABALHO EM FERIADOS NACIONAIS E RELIGIOSOS VIA ACORDO COLETIVO OU CONVENÇÃO COLETIVA DE TRABALHO. NECESSIDADE DE PRÉVIA PERMISSÃO DA AUTORIDADE COMPETENTE EM MATÉRIA DE TRABALHO. Os acordos coletivos ou convenções coletivas de trabalho podem estabelecer as regras de remuneração e/ou compensação para o trabalho em dias feriados, mas não são instrumentos hábeis para afastar a competência da autoridade em matéria de trabalho para exercer o controle do trabalho em tais dias. REFERÊNCIA NORMATIVA: Art. 70 da CLT.

10. PRECEDENTE ADMINISTRATIVO Nº 10 JORNADA. TELEFONISTA DE MESA. Independente do ramo de atividade do empregador, aplica-se o disposto no art. 227 da CLT, e seus parágrafos, ao exercente das funções de telefonista: jornada de seis horas diárias. Inteligência do Enunciado nº 178 do Tribunal Superior do Trabalho – TST. REFERÊNCIA NORMATIVA: art. 227 da CLT.

11. PRECEDENTE ADMINISTRATIVO Nº 11 INSPEÇÃO DO TRABALHO. ROL NÃO TAXATIVO QUANTO AOS DOCUMENTOS NECESSÁRIOS À INSPEÇÃO DO TRABALHO. FITAS DO CAIXA BANCÁRIO. Fitas do caixa bancário são considerados documentos necessários à inspeção do trabalho. O sigilo das informações financeiras é da responsabilidade do Auditor-Fiscal do Trabalho, que também, por lei, deve guardar sigilo profissional. REFERÊNCIA NORMATIVA: art. 630, §§ 3º e 4º da CLT c/c art. 6º do Regulamento da Inspeção do Trabalho – RIT, aprovado pelo Decreto nº 55.841, de 15 de março de 1965.

12. PRECEDENTE ADMINISTRATIVO Nº 12 (Cancelado pelo inciso II do Ato Declaratório nº 06, de 16 de dezembro de 2002.) INSPEÇÃO DO TRABALHO. Notificação para apresentação de documentos em dia certo e hora incerta, caracteriza infração somente quando transcorrer completamente o dia sem a apresentação. REFERÊNCIA NORMATIVA: Art. 630, §§ 3º e 4º da CLT.

13. PRECEDENTE ADMINISTRATIVO Nº 13 INSPEÇÃO DO TRABALHO. EXIBIÇÃO DE DOCUMENTO INEXISTENTE. Desatendida pelo empregador obrigação legal cujo cumprimento se exterioriza em documento não apresentado, cabível a autuação específica e não por falta de apresentação de documentos. Isso porque é impossível a apresentação de documento que só existiria caso cumprida a obrigação. REFERÊNCIA NORMATIVA: Art. 630, §§ 3º e 4º da CLT. (Cancelado pelo inciso II do Ato Declaratório nº 06, de 16 de dezembro de 2002.)

14. PRECEDENTE ADMINISTRATIVO Nº 14 MULTA. VALOR SEM EXPRESSÃO ECONÔMICA. PROCESSAMENTO REGULAR OBRIGATÓRIO. A impossibilidade de impor multa ao infrator em virtude da desatualização ou inexpressividade de seu valor, não obsta o processamento regular do auto de infração e sua declaração de subsistência, uma vez que o instituto da reincidência e a possibilidade de ulterior atualização daquele valor impedem-lhe pronto arquivamento.

15. PRECEDENTE ADMINISTRATIVO Nº 15 SALÁRIO. EMPREGADOR E EQUIPARADOS. ENTIDADES SEM FINS LUCRATIVOS. PRAZO LEGAL. Equiparam-se ao empregador, para os efeitos da relação de emprego, as pessoas e entidades referidas no § 1º do art. 2º da CLT. A partir do momento em que a instituição sem fins lucrativos contrata empregados, assume todas as obrigações dessa relação jurídica, não podendo repassar aos seus empregados o risco de sua atividade. Os salários, portanto, devem ser pagos no prazo legal, sob pena de imposição de sanção administrativa. REFERÊNCIA NORMATIVA: Art. 2º, § 1º da CLT.

16. PRECEDENTE ADMINISTRATIVO Nº 16 (Cancelado pelo Ato Declaratório n.º 10, de 03 de agosto de 2009) INSPEÇÃO EM EMPRESAS SUJEITAS A DUPLA VISITA. CRITÉRIO PARA CONTAGEM DOS PRAZOS CONCEDIDOS. Quando aplicável a concessão do prazo para exibição de documentos, não inferior a dois nem superior a oito dias, sua contagem deve se dar com exclusão do dia do início e inclusão do dia do término, sendo irrelevante o horário em que se procedeu à notificação.

17. PRECEDENTE ADMINISTRATIVO Nº 17 DESCANSO. TRABALHO EM FERIADOS. DECISÃO JUDICIAL. São insubsistentes os autos lavrados contra empregadores amparados por decisão judicial que os permita manter trabalhadores em atividade em dias feriados.

18. PRECEDENTE ADMINISTRATIVO Nº 18 FGTS. NOTIFICAÇÃO PARA DEPÓSITO DO FGTS. NOTIFICAÇÃO PARA DEPÓSITO DO FGTS – NDFG. PAGAMENTOS POSTERIORES AO LEVANTAMENTO. A quitação de valores relativos a competências levantadas em Notificação para Depósito do FGTS – NDFG não acarreta sua improcedência. Cabe ao Agente Operador do Fundo, Caixa Econômica Federal – CEF deduzir os valores pagos a posteriori, quando da verificação de quitação do débito.

19. PRECEDENTE ADMINISTRATIVO Nº 19 FGTS. NOTIFICAÇÃO PARA DEPÓSITO DO FGTS – NDFG. PARCELAMENTO NÃO FORMALIZADO. Não obsta a lavratura da Notificação para Depósito do FGTS – -NDFG processo de parcelamento em andamento junto ao Agente Operador do Fundo, Caixa Econômica Federal CEF, ainda sem a devida formalização. REFERÊNCIA NORMATIVA: Art. 20, § 4º da IN/SIT/MTE nº 17, de 31 de julho de 2000.

20. PRECEDENTE ADMINISTRATIVO Nº 20 (Cancelado pelo Ato Declaratório n.º 10, de 03 de agosto de 2009) FGTS. NOTIFICAÇÃO PARA DEPÓSITO DO FGTS -NDFG. ÔNUS DA PROVA. Os documentos com os quais pretende o notificado fazer prova de suas alegações ou de quitação de débitos devem acompanhar a defesa. Descabe à Administração diligenciar em favor do notificado. REFERÊNCIA NORMATIVA: Art. 24 da Portaria/MTE nº 148, de 25 de janeiro de 1996.

21. PRECEDENTE ADMINISTRATIVO Nº 21 CTPS. INUTILIZAÇÃO. Ao lançar na Carteira de Trabalho e Previdência Social – CTPS anotações prejudiciais ao trabalhador, a empresa tornou aquele documento inútil para uso, mesmo que objetivamente apenas uma das folhas tenha sido inutilizada. Autuação procedente. REFERÊNCIA NORMATIVA: art. 52 CLT.

22. PRECEDENTE ADMINISTRATIVO Nº 22 INSPEÇÃO DO TRABALHO. LIVRE ACESSO. A prerrogativa do Auditor-Fiscal do Trabalho

– AFT de ter livre acesso a todas as dependências dos estabelecimentos sujeitos ao regime da legislação trabalhista compreende não só o direito de ingressar mas também o de permanecer no local, para o exercício de sua ação fiscal. REFERÊNCIA NORMATIVA: art. 630, § 3° da CLT.

23. **PRECEDENTE ADMINISTRATIVO N° 23 JORNADA. CONTROLE ALTERNATIVO**. Os sistemas alternativos de controle de jornada só podem ser utilizados quando autorizados por convenção ou acordo coletivo. REFERÊNCIA NORMATIVA: art. 7°, XXVI da Constituição Federal, art. 74, § 2° da CLT e Portaria n° 1.120, de 8 de novembro de 1995.

24. **PRECEDENTE ADMINISTRATIVO N° 24** (Cancelado pelo Ato Declaratório SIT 15, de 2017) **REGISTRO. AUTENTICAÇÃO DE LIVRO, FOLHA OU SISTEMA ELETRÔNICO**. Após a edição da Portaria nº 739, de 29 de agosto de 1997, descabe autuação por falta de autenticação do sistema de registro de empregados, no prazo legal, uma vez autorizada a autenticação pelo Auditor-Fiscal do Trabalho quando de sua visita fiscal. A partir da revogação do art. 42 da CLT, a obrigação legal de autenticação deixou de existir. REFERÊNCIA NORMATIVA: art. 42 da CLT, art. 2°, § 2° da Portaria n° 739, de 29 de agosto de 1997, e Lei nº 10.243, de 19 de Junho de 2001.

25. **PRECEDENTE ADMINISTRATIVO N° 25 GRATIFICAÇÃO NATALINA. PRAZO**. A lei dispõe que o prazo para pagamento da gratificação natalina é o dia 20 de dezembro de cada ano. Recaindo o dia 20 em domingo ou feriado, o pagamento deve ser antecipado. Não há que se falar em prorrogação para o primeiro dia útil subsequente. REFERÊNCIA NORMATIVA: art. 1° da Lei n° 4.749, de 12 de agosto de 1965.

26. **PRECEDENTE ADMINISTRATIVO N° 26 (Cancelado pelo Ato Declaratório n.° 10, de 03 de agosto de 2009)** JORNADA. TELEFONISTA. TELEMARKETING. Não se aplica ao operador de telemarketing a proteção especial prevista no art. 227 da CLT, uma vez que é ele um vendedor que busca o objetivo de seu trabalho utilizando-se de aparelho telefônico, diferentemente do telefonista, cuja função é receber e efetuar ligações.

27. **PRECEDENTE ADMINISTRATIVO Nº 27 RESCISÃO CONTRATUAL. HOMOLOGAÇÃO. ENTIDADES PÚBLICAS**. A União, os Estados e os Municípios, as autarquias e as fundações de direito público que não explorem atividade econômica não estão sujeitos à assistência mencionada no art. 477 da CLT, face à presunção de legitimidade de seus atos. REFERÊNCIA NORMATIVA: art. 1°, I do Decreto-Lei n° 779, de 21 de agosto de 1969 e art. 477 CLT.

28. **PRECEDENTE ADMINISTRATIVO N° 28 RESCISÃO CONTRATUAL. PAGAMENTO DE VERBAS FORA DO PRAZO LEGAL.** O pagamento da multa em favor do empregado não exime o autuado da multa administrativa, uma vez que são penalidades distintas: a primeira beneficia o empregado, enquanto a segunda destina-se ao Poder Público. REFERÊNCIA NORMATIVA: art. 477, § 8° da CLT.

29. **PRECEDENTE ADMINISTRATIVO N° 29 JORNADA. BANCÁRIOS. PRORROGAÇÃO DE JORNADA. INTERVALO PARA REPOUSO OU ALIMENTAÇÃO.** Ao estabelecer que a jornada normal de seis horas dos bancários poderá ser excepcionalmente prorrogada até oito horas diárias, observados os preceitos gerais sobre duração do trabalho, o art. 225 da CLT atraiu a incidência da regra do art. 71 do mesmo diploma, que prevê a obrigatoriedade de concessão de intervalo para repouso ou alimentação de, no mínimo uma e, no máximo, duas horas. REFERÊNCIA NORMATIVA: art. 71 e art. 225, ambos da CLT.

30. **PRECEDENTE ADMINISTRATIVO N° 30 JORNADA. PRORROGAÇÃO. CONVENÇÃO OU ACORDO COLETIVO.** A mera inserção em acordo ou convenção coletiva de cláusula com previsão de percentuais acima de cinquenta por cento para a remuneração das horas extraordinárias, por si só, não autoriza o elastecimento da jornada normal de trabalho. Imprescindível autorização expressa, pois o acessório, exigido pelo § 1° do art. 59, não substitui o principal, cuja obrigação decorre do caput. REFERÊNCIA NORMATIVANA: art. 59 da CLT.

31. **PRECEDENTE ADMINISTRATIVO Nº 31 JORNADA. PRORROGAÇÃO. NECESSIDADE IMPERIOSA.** I – Os serviços inadiáveis ou cuja inexecução possa acarretar prejuízos manifestos autorizam a prorrogação da jornada apenas até 12 horas, caracterizando-se como tais aqueles que, por impossibilidade decorrente de sua própria natureza, não podem ser paralisados num dia e retomados no seguinte, sem ocasionar prejuízos graves e imediatos. II – Se a paralisação é apenas inconveniente, por acarretar atrasos ou outros transtornos, a necessidade de continuação do trabalho não se caracteriza como imperiosa e o excesso de jornada não se justifica. REFERÊNCIA NORMATIVA: Art. 59, caput e art. 61 da Consolidação das Leis do Trabalho – CLT.

32. **PRECEDENTE ADMINISTRATIVO Nº 32 (Cancelado pelo Ato Declaratório n.° 10, de 03 de agosto de 2009)** PROCESSUAL. RECURSO INTEMPESTIVO. O recurso administrativo protocolizado fora do prazo não deve ter seu mérito analisado, uma vez que, ausente um dos pressupostos de sua admissibilidade, não pode ser conhecido. O mesmo se aplica à defesa intempestiva. REFERÊNCIA NORMATIVA: Art. 629, § 3º e 636 da Consolidação das Leis do Trabalho – CLT.

33. **PRECEDENTE ADMINISTRATIVO Nº 33 JORNADA. PRORROGAÇÃO. EFEITOS DO PAGAMENTO RELATIVO AO TRABALHO EXTRAORDINÁRIO**. O pagamento do adicional por serviço extraordinário não elide a infração pela prorrogação de jornada além dos limites legais ou convencionais, uma vez que o serviço extraordinário deve ser remunerado, independentemente de sua licitude. Isso porque as normas limitadoras da jornada visam a evitar males ao trabalhador, protegendo-lhe a saúde e o bem-estar, não se prestando a retribuição pecuniária como substituta da proteção ao bem jurídico. REFERÊNCIA NORMATIVA: Art. 59 da Consolidação das Leis do Trabalho – CLT.

Decreto-Lei 5.452/1943

34. **PRECEDENTE ADMINISTRATIVO Nº 34 FGTS. CESTA BÁSICA. FALTA DE RECOLHIMENO DO PERCENTUAL DE 8% SOBRE PARTE DA REMUNERAÇÃO DEVIDA**. O valor pago pelo empregador ao empregado a título de cesta básica ou outro fornecimento de alimentação realizado à margem do Programa de Alimentação do Trabalhador – PAT deve compor a base de cálculo do FGTS, pois se trata de salário in natura. REFERÊNCIA NORMATIVA: Art. 458 da Consolidação das Leis do Trabalho – CLT e Lei nº 6.321, de 14 de abril de 1976.

35. **PRECEDENTE ADMINISTRATIVO Nº 35 SALÁRIO. PAGAMENTO FORA DO PRAZO LEGAL. DIFICULDADES ECONÔMICAS**. Dificuldades econômicas do empregador, decorrentes de inadimplemento contratual de clientes, retração de mercado ou de outros transtornos inerentes à atividade empreendedora, não autorizam o atraso no pagamento de salários, uma vez que, salvo exceções expressamente previstas em lei, os riscos do negócio devem ser suportados exclusivamente pelo empregador. REFERÊNCIA NORMATIVA: Art. 2º e art. 459, §1º da Consolidação das Leis do Trabalho – CLT.

36. **PRECEDENTE ADMINISTRATIVO Nº 36 REGISTRO DE EMPREGADOS. EMPRESA PÚBLICA E SOCIEDADE DE ECONOMIA MISTA. AUTUAÇÃO CAPITULADA NO ART. 41 DA CONSOLIDAÇÃO DAS LEIS DO TRABALHO-CLT. LEGALIDADE**. I – A autuação por falta de registro de empregados em empresas públicas e sociedades de economia mista não contraria o dispositivo constitucional que veda a contratação sem prévia aprovação em concurso público, tampouco as reiteradas decisões judiciais que declaram a nulidade das contratações irregulares. II – Cabe ao Auditor-Fiscal do Trabalho verificar o cumprimento da obrigação legal de formalização do vínculo de emprego quando houver trabalho subordinado e, descumprida a norma, proceder à autuação por falta de registro, independentemente do motivo pelo qual o contrato não se formalizou ou da existência de efeitos contratuais de cunho material e patrimonial, questões cujo controle está afeto a outros órgãos do Executivo e ao Poder Judiciário. REFERÊNCIA NORMATIVA: Art. 2º, 3º, 41 e 626 da CLT; art. 37 e 173 da Constituição Federal de 1988.

37. **PRECEDENTE ADMINISTRATIVO Nº 37 RESCISÃO. AJUIZAMENTO DA AÇÃO DE CONSIGNAÇÃO FORA DO PRAZO LEGAL PARA PAGAMENTO DAS VERBAS RESCISÓRIAS**. A propositura fora do prazo legal de ação judicial de consignação em pagamento para pagamento das verbas rescisórias não afasta a mora da empresa autuada em relação ao prazo legal para cumprimento da obrigação. REFERÊNCIA NORMATIVA: Art. 477 da Consolidação das Leis do Trabalho – CLT.

38. PRECEDENTE ADMINISTRATIVO Nº 38 INSPEÇÃO DO TRABALHO. ACOMPANHAMENTO DA AÇÃO FISCAL POR REPRESENTANTES DOS TRABALHADORES. Os empregadores estão obrigados a franquear seus estabelecimentos à visita de representantes dos trabalhadores que acompanhem ação de inspeção trabalhista das condições de segurança e saúde do trabalhador. REFERÊNCIA NORMATIVA: Art. 200 da Consolidação das Leis do Trabalho – CLT e Portaria nº 3.214, de 08 de junho de 1978, Norma Regulamentadora – NR 1, item 1.7 alínea "d".

39. PRECEDENTE ADMINISTRATIVO Nº 39 EMPREGADOS EM TABELIONATOS. NATUREZA JURÍDICA DO VÍNCULO. É de natureza celetista o vínculo dos empregados em tabelionatos contratados após a edição da Lei nº 8.935, de 18 de novembro de 1994, bem como o dos servidores admitidos antes da Constituição Federal de 1988 em regime estatutário ou especial que tenham feito opção expressa pelo regime. REFERÊNCIA NORMATIVA: Art. 236 da Constituição Federal de 1988, Art. 32 do Ato das Disposições Constitucionais Transitórias, Lei nº 8.935, de 18 de novembro de 1994, Lei nº 9.534, de 10 de dezembro de 1997, Lei nº 9.812, de 10 de agosto de 1999.

40. PRECEDENTE ADMINISTRATIVO Nº 40 INSPEÇÃO DO TRABALHO. DOCUMENTOS SUJEITOS À FISCALIZAÇÃO. TRANSFERÊNCIA DE EMPREGADO. Os documentos sujeitos a inspeção devem permanecer no local de trabalho do empregado. Em caso de ser o empregado deslocado para prestar serviço em outro estabelecimento da empresa, devem acompanhá-lo para o novo local de trabalho o seu controle de jornada e seus registros funcionais, onde será anotada a respectiva transferência. REFERÊNCIA NORMATIVA: Art. 630, § 4º da Consolidação das Leis do Trabalho – CLT e Art. 3º da Portaria nº 1.121, de 8 de novembro de 1995.

41. PRECEDENTE ADMINISTRATIVO Nº 41 REMUNERAÇÃO. REPOUSO SEMANAL REMUNERADO. INCIDÊNCIA DO ADICIONAL NOTURNO. I – Cabível a repercussão do adicional noturno nos cálculos do repouso semanal remunerado de empregado que tem salário pago na base da unidade dia ou mensalistas e quinzenalistas cujo trabalho não seja exclusivamente noturno. II – Para os empregados mensalistas ou quinzenalistas que cumprem jornada exclusivamente noturna, o salário acrescido do adicional de 20% já inclui a remuneração do repouso. REFERÊNCIA NORMATIVA: Art. 73 da CLT; Art. 7º da Lei nº 605, de 5 de janeiro de 1949.

42. PRECEDENTE ADMINISTRATIVO Nº 42 JORNADA. OBRIGATORIEDADE DE CONTROLE. Os empregadores não sujeitos à obrigação legal de manter sistema de controle de jornada de seus empregados, mas que deles se utilizam de forma irregular, não são passíveis de autuação, uma vez ser impossível infringir norma que não se está obrigado a cumprir. No entanto, caso o Auditor-Fiscal do Trabalho tenha acesso a tal controle, poderá dele extrair elementos de convicção para autuação por outras infrações, que não a de manter sistema de controle de jornada. REFERÊNCIA NORMATIVA: Art. 74 da Consolidação das Leis do Trabalho – CLT.

43. PRECEDENTE ADMINISTRATIVO Nº 43 INSPEÇÃO DO TRABALHO. DOCUMENTOS SUJEITOS A INSPEÇÃO. APRESENTAÇÃO PARCIAL. A alegação em defesa de que não foi exibida ao Auditor-Fiscal do Trabalho apenas parte dos documentos mencionados no auto de infração acarreta a procedência total da autuação, uma vez que a infração ao art. 630 § 3º e 4º da Consolidação das Leis do Trabalho – CLT não comporta subsistência parcial. REFERÊNCIA NORMATIVA: Art. 630, §§ 3º e 4º da Consolidação das Leis do Trabalho – CLT.

44. PRECEDENTE ADMINISTRATIVO Nº 44 INSPEÇÃO DO TRABALHO. COMPETÊNCIA DOS AUDITORES-FISCAIS DO TRABALHO MÉDICOS E ENGENHEIROS. Os Auditores-Fiscais do Trabalho médicos e engenheiros têm competência para lavrar auto de infração capitulado no art. 41 da CLT, ao constatarem falta de registro de empregado. REFERÊNCIA NORMATIVA: Medida Provisória nº 2.175-29, de 24 de agosto de 2001.

45. PRECEDENTE ADMINISTRATIVO Nº 45 TRABALHO EM DOMINGOS E FERIADOS. COMÉRCIO VAREJISTA EM GERAL. I - O comércio varejista em geral, inclusive supermercados, pode manter trabalhadores laborando aos domingos, independentemente de convenção ou acordo coletivo e de autorização municipal, desde 09/11/97, data da introdução da autorização legislativa no ordenamento jurídico. II – Revogado pelo Ato Declaratório nº 7, de 12 de junho de 2003. III – Por sua vez, a abertura do comércio aos domingos é de competência municipal e a verificação do cumprimento das normas do município incumbe à fiscalização de posturas local. IV – Não tendo sido contemplado na lei permissivo para trabalho em feriados, permanecem aplicáveis as disposições contidas no Decreto nº 27.048, de 12 de agosto de 1949. REFERÊNCIA NORMATIVA: Art. 6º da Lei nº 10.101, de 19 de dezembro de 2000 e Decreto nº 27.048, de 12 de agosto de 1949. Precedente alterado pelo Ato Declaratório nº 7 de 12 de junho de 2003.

46. PRECEDENTE ADMINISTRATIVO Nº 46 (Cancelado pelo Ato Declaratório n.º 10, de 03 de agosto de 2009) JORNADA. DESCANSO SEMANAL REMUNERADO. PERIODICIDADE. O descanso semanal remunerado deve ser concedido ao trabalhador uma vez em cada semana, entendida esta como o período compreendido entre segunda-feira e domingo. Inexiste obrigação legal de concessão de descanso no dia imediatamente após o sexto dia de trabalho, sistema conhecido como de descanso hebdomadário. REFERÊNCIA NORMATIVA: Art. 11 do Decreto nº 27.048, de 12 de agosto de 1949.

47. PRECEDENTE ADMINISTRATIVO Nº 47 (Cancelado pelo Ato Declaratório n.º 10, de 03 de agosto de 2009) CONVENÇÃO E ACORDO COLETIVOS. HIERARQUIA DE NORMAS AUTÔNOMAS. TEORIA CUMULATIVA. Ao dispor que as condições estabelecidas em convenção coletiva, quando mais favoráveis, prevalecerão sobre as estipuladas em acordo, a CLT adotou a teoria cumulativa. Não haverá, portanto, prevalência de toda a convenção sobre o acordo, mas serão aplicadas as cláusulas mais favoráveis, independentemente de sua fonte. REFERÊNCIA NORMATIVA: Art. 620 da Consolidação das Leis do Trabalho – CLT.

48. PRECEDENTE ADMINISTRATIVO Nº 48 (Cancelado pelo Ato Declaratório n.º 10, de 03 de agosto de 2009) TRABALHO TEMPORÁRIO. CONTROLE DE JORNADA. RESPONSABILIDADE PELA INFRAÇÃO. Embora seja a tomadora quem usufrua da prestação de serviço temporário, o vínculo trabalhista e, portanto, a dependência jurídica, ocorrem em relação à empresa fornecedora de trabalho temporário, sendo esta parte legítima para suportar autuações por infração referente a jornada de trabalho. REFERÊNCIA NORMATIVA: Art. 2º da Consolidação das Leis do Trabalho – CLT.

49. PRECEDENTE ADMINISTRATIVO Nº 49 JORNADA. CONTROLE. GERENTES. O empregador não está desobrigado de controlar a jornada de empregado que detenha simples título de gerente, mas que não possua poderes de gestão nem perceba gratificação de função superior a 40% do salário efetivo. REFERÊNCIA NORMATIVA: Art. 62, II e parágrafo único e art. 72, § 2º da Consolidação das Leis do Trabalho – CLT.

50. PRECEDENTE ADMINISTRATIVO Nº 50 REMUNERAÇÃO. DIÁRIAS DE VIAGEM QUE EXCEDEM 50% DO SALÁRIO. NATUREZA JURÍDICA. É ônus do empregador afastar a presunção de que as diárias de viagem que excedam a 50% do salário do empregado têm natureza salarial, pela comprovação de que o empregado presta contas de suas despesas, recebendo os valores a título de ressarcimento. REFERÊNCIA NORMATIVA: Art. 457, § 2º da Consolidação das Leis do Trabalho – CLT e Instrução Normativa nº 8, de 1º de novembro de 1991. Publicado no D.O.U. de 22 de fevereiro de 2002.

51. PRECEDENTE ADMINISTRATIVO Nº 51 INSPEÇÃO DO TRABALHO. NOTIFICAÇÃO PARA APRESENTAÇÃO DE DOCUMENTOS. REVISÃO DO PRECEDENTE ADMINISTRATIVO Nº12. Notificação para apresentação de documentos em dia certo, sem indicação de hora, caracteriza infração somente quando transcorrer completamente o dia sem a devida apresentação. REFERÊNCIA NORMATIVA: Art. 630 § 4º, da C.L.T.

52. PRECEDENTE ADMINISTRATIVO Nº 52 INSPEÇÃO DO TRABALHO. NOTIFICAÇÃO PARA APRESENTAÇÃO DE DOCUMENTOS. A expressão "a partir de" constante da notificação para apresentação de documentos indica o horário a partir do qual, no dia assinalado, o Auditor-Fiscal comparecerá para inspecioná-los. Ao empregador cabe disponibilizar os documentos no dia assinalado e no horário constante da notificação e, a partir daquele horário, mantê-los disponíveis para exame. REFERÊNCIA NORMATIVA: Art. 630 § 4º, da C.L.T.

53. PRECEDENTE ADMINISTRATIVO Nº 53 EMBARAÇO OU RESISTÊNCIA. CAPITULAÇÃO E BASE LEGAL. O art. 630, § 6º é base legal para aplicação de sanção pela infração ao art. 630, §§ 3º, 4º e 5º, além de ser explicativo quanto à configuração de embaraço ou resistência. Embaraço e resistência não são infrações autônomas capituláveis no art. 630 § 6º, mas apenas circunstâncias que agravam a sanção. REFERÊNCIA NORMATIVA: Art. 630 da CLT e art. 5º da Lei nº 7.855, de 24 de outubro de 1989. Ato Declaratório n.º 06, de 16 de dezembro de 2002

54. PRECEDENTE ADMINISTRATIVO Nº 54 (Cancelado pelo Ato Declaratório SIT 15, de 2017) **FGTS. DEIXAR DE RECOLHER FGTS APÓS NOTIFICADO PELA FISCALIZAÇÃO.** Caracteriza-se a infração prevista no art. 23, § 1º, inciso V da Lei nº 8.036, de 11 de maio de 1990, a partir do momento em que se tornou definitiva decisão administrativa proferida em notificação de débito, sem que o notificado tenha recolhido o valor devido. REFERÊNCIA NORMATIVA: art. 23, § 1º, inciso V da Lei nº 8.036, de 11 de maio de 1990.

55. PRECEDENTE ADMINISTRATIVO Nº 55 JORNADA. FIXAÇÃO DE LIMITE ESPECIAL. TURNOS ININTERRUPTOS DE REVEZAMENTO. Para a caracterização de trabalho em turnos ininterruptos de revezamento é necessária a constante alternância de horários de trabalho. REFERÊNCIA NORMATIVA: Art. 58 da CLT; art. 7º, inciso XIV da Constituição Federal.

56. PRECEDENTE ADMINISTRATIVO Nº 56 AUTO DE INFRAÇÃO. PRESUNÇÃO DE VERACIDADE. A presunção de veracidade do auto de infração não desobriga o Auditor-Fiscal de demonstrar os fatos que o levaram a concluir pela existência do ilícito trabalhista. REFERÊNCIA NORMATIVA: Art. 9º, inciso IV, da Portaria nº148, de 25 de janeiro de 1996.

57. PRECEDENTE ADMINISTRATIVO Nº 57 CONTRIBUIÇÃO SINDICAL. Recolhida a contribuição sindical, descabe ao Auditor-Fiscal exigir recolhimento para outro sindicato, sob o fundamento de enquadramento sindical incorreto. É direito constitucionalmente assegurado a livre associação. REFERÊNCIA NORMATIVA: Art. 8º da Constituição Federal; art. 545 da CLT.

58. PRECEDENTE ADMINISTRATIVO Nº 58 FGTS. LEVANTAMENTO DE DÉBITO. CONTRATO COM A ADMINISTRAÇÃO PÚBLICA DECLARADO NULO. Procedente débito levantado referente a FGTS devido a trabalhador cujo contrato foi declarado nulo, com manutenção do direito ao salário, após 27/08/2001, data de introdução do art. 19-A na Lei nº 8.036, de 11 de maio de 1990, pela Medida Provisória nº 2. 164-41, de 24 de agosto de 2001. REFERÊNCIA NORMATIVA: Art. 19-A da Lei nº 8.036, de maio de 1990; art. 37 § 2º a Constituição Federal. 2 Ato Declaratório n.º 06, de 16 de dezembro de 2002.

59. PRECEDENTE ADMINISTRATIVO Nº 59 REGISTRO. CONTRATO DE TRABALHO. GRUPO ECONÔMICO. O trabalho prestado pelo empregado a várias empresas do mesmo grupo econômico configura apenas um contrato de trabalho, sendo desnecessário o registro do empregado em cada uma das empresas. Autuação improcedente. REFERÊNCIA NORMATIVA: Art. 2º, §2º e Art. 41 ambos da CLT.

60. PRECEDENTE ADMINISTRATIVO Nº 60 (Cancelado pelo Ato Declaratório n.º 10, de 03 de agosto de 2009) INSPEÇÃO DO TRABALHO. AUTUAÇÃO POR NÃO APRESENTAÇÃO DE DOCUMENTOS. IMPROCEDÊNCIA. REVISÃO DO PRECEDENTE Nº 13. É improcedente o auto de infração lavrado por falta de apresentação de documento que exteriorize o cumprimento de determinada obrigação quando: I – concomitantemente, tiver sido lavrado auto pelo descumprimento da obrigação específica; II – demonstrado pelo autuante, no corpo do auto de infração, o não cumprimento da referida obrigação. REFERÊNCIA NORMATIVA: Art. 630 §§ 3º e 4º , da C.L.T.

61. PRECEDENTE ADMINISTRATIVO Nº 61 ESTÁGIO. REQUISITOS LEGAIS. DESCUMPRIMENTO. I – A existência de termo de compromisso e a compatibilidade da jornada de estágio com o horário escolar do aluno não são elementos suficientes para a configuração da regularidade do contrato de estágio, uma vez que devem ser atendidos todos os requisitos legais, em especial a complementação do ensino e da aprendizagem. II – Os estágios devem ser planejados, executados, acompanhados e avaliados em conformidade com os currículos, programas e calendários escolares. III – Presentes os elementos da relação de emprego sob a roupagem do contrato de estágio, procede a descaracterização dessa contratação especial. REFERÊNCIA NORMATIVA: Lei nº 6.494/77 e Decreto nº 87.497/82

62. PRECEDENTE ADMINISTRATIVO Nº 62 SEGURANÇA E SAÚDE NO TRABALHO. AUTUAÇÃO. CAPITULAÇÃO LEGAL. Descabe autuação capitulada no art. 200 da CLT, uma vez que tal dispositivo não encerra qualquer comando dirigido ao empregador, mas apenas consigna autorização legal para expedição de normas pelo Ministério do Trabalho e Emprego. REFERÊNCIA NORMATIVA: Art. 200 da CLT.

63. PRECEDENTE ADMINISTRATIVO Nº 63 JORNADA. REDUÇÃO DO INTERVALO INTRAJORNADA. A existência de acordo coletivo com previsão de intervalo para repouso ou alimentação inferior ao limite mínimo legal não é suficiente para que seja considerada regular a jornada de trabalho. O acordo coletivo é apenas um dos requisitos para a imprescindível autorização, pelo Ministro do Trabalho e Emprego ou autoridade delegada, da redução do intervalo para menos de uma hora. REFERÊNCIA NORMATIVA: art. 71 da CLT e Portaria/MTb nº 3.116, de 5 de abril de 1989.

64. PRECEDENTE ADMINISTRATIVO Nº 64 PROCESSUAL. REVELIA. DIREITO DE DEFESA. A revelia na fase de defesa não tem como consequência a confissão ficta em relação à matéria de fato. O autuado pode, mesmo revel na fase de defesa, interpor recurso contra a decisão regional, inclusive com apresentação de documentos. REFERÊNCIA NORMATIVA: Art. 635 da CLT e art. 34 c/c art. 23 da Portaria nº 148, de 25 de janeiro de 1996.

65. PRECEDENTE ADMINISTRATIVO Nº 65 RURÍCULA. CONTRATO DE SAFRA. INDENIZAÇÃO AO TÉRMINO DO CONTRATO. FGTS, COMPATIBILIDADE. O art. 14 da Lei nº 5.889, de 8 de junho de 1973, foi recepcionado pela Constituição Federal de 1988, devendo tal indenização ser cumulada com o percentual do FGTS devido na dispensa. No contrato de safra se permite uma dualidade de regimes, onde o acúmulo de direitos corresponde a um plus concedido ao safrista. Não há que se falar, portanto, em bis in idem ao empregador rural. REFERÊNCIA NORMATIVA: 14 da Lei nº 5.889, de 8 de junho de 1973 e art. 13, inciso IX da Instrução Normativa/SIT nº 25, de 20 de dezembro de 2001.

66. PRECEDENTE ADMINISTRATIVO Nº 66 SEGURANÇA NO TRABALHO. CONSTRUÇÃO CIVIL. CAMPO DE APLICAÇÃO DA NR-18. Os comandos constantes da Norma Regulamentadora NR -18 não se dirigem exclusivamente aos empregadores cujo objeto social é a construção civil e que, portanto, enquadram-se nos Códigos de Atividade Específica constantes do Quadro I da Norma Regulamentadora – NR 4. As obrigações se estendem aos empregadores que realizem atividades ou serviços de demolição, reparo, pintura, limpeza e manutenção de edifícios em geral, de qualquer número de pavimentos ou tipo de construção, de urbanização e paisagismo, independentemente de seu objeto social. REFERÊNCIA NORMATIVA: Item 18.1.2 da Norma Regulamentadora NR-18.

67. PRECEDENTE ADMINISTRATIVO Nº 67 (Cancelado pelo Ato Declaratório n.º 10, de 03 de agosto de 2009) REMUNERAÇÃO. ADICIONAIS DE INSALUBRIDADE E DE TRABALHO EXTRAORDINÁRIO. BASE DE CÁLCULO. Descabe a integração do adicional de insalubridade na base de cálculo das horas extras, pois o de insalubridade é calculado sobre o salário mínimo e o adicional de hora extra sobre a hora normal, inexistindo repercussão de um sobre o outro. REFERÊNCIA NORMATIVA: Art. 59 – 1º e art. 192 da CLT.

68. PRECEDENTE ADMINISTRATIVO Nº 68 EMPREGADO SEM REGISTRO. ADOLESCENTE MENOR DE 16 ANOS. AUTUAÇÃO. I

– Improcede autuação por falta de registro de adolescente menor de 16 anos, uma vez que não se pode impor sanção ao empregador por descumprir formalidade de contratação de pessoa que, de acordo com disposição constitucional, não pode ser contratado como empregado. II – A infração portanto, não ocorreu ao dispositivo que determina o registro de empregado, mas ao dispositivo que proíbe o trabalho de menores de 16 anos, salvo na condição de aprendiz e a partir dos 14 anos. REFERÊNCIA NORMATIVA: Art. 7º, XXXIII da Constituição Federal, Art. 41 e 403 da CLT.

69. PRECEDENTE ADMINISTRATIVO Nº 69 EMPREGADO SEM REGISTRO. PARENTESCO COM O PROPRIETÁRIO DA EMPRESA. Parentesco entre empregador e empregado não é fato impeditivo da caracterização da relação laboral, cuja configuração se dá pela presença dos elementos contidos na lei. REFERÊNCIA NORMATIVA: Art. 3º da CLT.

70. PRECEDENTE ADMINISTRATIVO Nº 70 SEGURANÇA E SAÚDE NO TRABALHO. DIMENSIONAMENTO DOS SERVIÇOS ESPECIALIZADOS EM ENGENHARIA DE SEGURANÇA E EM MEDICINA DO TRABALHO – SESMT. ENQUADRADAMENTO NO CADASTRO NACIONAL DE ATIVIDADES ECONÔMICAS – CNAE. O dimensionamento do SESMT deve estar de acordo com o grau de risco da atividade efetivamente realizada no estabelecimento, que pode ser constatada em inspeção do trabalho. Irregular o dimensionamento que considerou o grau de risco correspondente ao CNAE declarado pelo empregador mas se mostrou inadequado ao risco constatado no local de trabalho. Autuação procedente. REFERÊNCIA NORMATIVA: Item 4.2 da Norma Regulamentadora NR-4.

71. PRECEDENTE ADMINISTRATIVO Nº 71 INSPEÇÃO DO TRABALHO. NOTIFICAÇÃO DE EMPRESAS AUTORIZADAS A CENTRALIZAR DOCUMENTOS. CRITÉRIO PARA CONTAGEM DOS PRAZOS CONCEDIDOS. REVISÃO DO PRECEDENTE ADMINISTRATIVO Nº 16. Quando aplicável concessão de prazo para exibição de documentos, não inferior a dois nem superior a oito dias, sua contagem deve se dar com exclusão do dia do início e inclusão do dia do término, sendo irrelevante o horário em que se procedeu à notificação. Desnecessária observância do prazo para as notificações posteriores à anteriormente emitida e não cumprida pelo administrado. Referência normativa: art. 3º Portaria 3.626/91 e art. 3º Portaria 41/2007.

72. PRECEDENTE ADMINISTRATIVO Nº 72 PROCESSUAL. NFGC/NRFC. COMPROVAÇÃO DE PAGAMENTO ANTERIOR. REVISÃO DO PRECEDENTE ADMINISTRATIVO Nº 20. É ônus do empregador apresentar as provas que demonstrem a inexistência do débito. Aquelas que comprovem recolhimentos de FGTS em datas anteriores à notificação devem ser consideradas para abatimento do valor levantado caso sejam apresentadas no prazo de defesa, no prazo de recurso ou mesmo após encerrado o trâmite processual, afim de dar certeza e liquidez ao débito a ser cobrado. Referência normativa: art. 23 e art. 33 da Portaria 148/96 e art. 53 da IN 25/2001. ad_20090803_10.doc

73. PRECEDENTE ADMINISTRATIVO Nº 73 JORNADA. TELEFONISTA. TELEMARKETING. REVISÃO DO PRECEDENTE ADMINISTRATIVO Nº 26. Estende-se ao operador de telemarketing a proteção prevista no art. 227 da CLT. O tempo de efetivo labor em teleatendimento deve ser de, no máximo, 6 horas diárias. Essa exigência não prejudica a existência de jornadas de duração superior, nos termos da legislação, desde que o restante da jornada seja ocupado com outras tarefas e que se respeitem as pausas obrigatórias diárias previstas no Anexo II da NR-17 e o limite semanal de 36 horas de teleatendimento/telemarketing. Referência normativa: art. 227 da CLT e itens 5.3 e 5.3.1 do Anexo II da NR -17 da Portaria nº 09, de 30/03/2007.

74. PRECEDENTE ADMINISTRATIVO Nº 74 PROCESSUAL. AUTO DE INFRAÇÃO. RECURSO INTEMPESTIVO. REVISÃO DO PRECEDENTE ADMINISTRATIVO Nº 32. O recurso administrativo interposto em processo originário de auto de infração protocolizado fora do prazo não deve ter seu mérito analisado, uma vez que, ausente um dos pressupostos de sua admissibilidade, não pode ser conhecido. O mesmo se aplica à defesa intempestiva. Referência normativa: art. 629, § 3º e 636 da CLT.

75. PRECEDENTE ADMINISTRATIVO Nº 75 INSPEÇÃO DO TRABALHO. AUTUAÇÃO POR NÃO APRESENTAÇÃO DE DOCUMENTOS. IMPROCEDÊNCIA. REVISÃO DO PRECEDENTE ADMINISTRATIVO Nº 60. O auto de infração lavrado por falta de apresentação de documentos será improcedente quando: I – for lavrado por descumprimento da obrigação específica; II – o próprio autuante demonstrar, no corpo do auto de infração, o não cumprimento da referida obrigação ou; III – por outro dado constante do processo, inclusive alegações da defesa, fique demonstrado que o fato gerador é o descumprimento da obrigação e não a ausência do documento relativo àquela obrigação. Referência normativa: Art. 630 §§ 3º e 4º, da CLT.

76. PRECEDENTE ADMINISTRATIVO Nº 76 ADICIONAL DE INSALUBRIDADE. REFLEXO SOBRE HORAS EXTRAS. REVISÃO DO PRECEDENTE ADMINISTRATIVO Nº 67. A remuneração do trabalho extraordinário realizado em condições insalubres deve ter como base de cálculo o salário normal acrescido do adicional de insalubridade. Referência Normativa: art. 59, §1º e art. 192 da CLT. 2 ad_20090803_10.doc

77. PRECEDENTE ADMINISTRATIVO Nº 77 PRESCRIÇÃO. PROCESSO ADMINISTRATIVO PARALISADO EM VIRTUDE DO DESAPARECIMENTO DOS AUTOS. O afastamento da prescrição administrativa de que trata a Lei nº 9.873/99 somente pode ocorrer nos casos expressamente previstos na legislação. Dessa forma, incide a prescrição prevista no art. 1º, §1º desta norma no processo administrativo paralisado em virtude do desaparecimento dos autos, tendo em vista que tal fato não se enquadra dentre as hipóteses de interrupção ou suspensão da prescrição previstas nessa lei. Referência Normativa: art. 2º e 3º da Lei 9.873/99.

78. PRECEDENTE ADMINISTRATIVO Nº 78 REGISTROS DE PONTO. MARCAÇÃO INCORRETA. DEFEITO EM RELÓGIO. FALHA DE SISTEMA. O controle de registro de jornada é responsabilidade do empregador. Assim sendo, se houve marcação incorreta do ponto, responde o autuado pela falta cometida, por culpa in vigilando, vez que o empregador é dotado legalmente de poder diretivo e disciplinar para cumprir e fazer cumprir as disposições do estatuto celetizado. Referência normativa: art. 74, §2º da CLT.

79. PRECEDENTE ADMINISTRATIVO Nº 79 INTERVALOS INTRA E INTERJORNADAS E DESCANSO SEMANAL. DESCUMPRIMENTO. NECESSIDADE IMPERIOSA. INAPLICABILIDADE ART. 61 DA CLT. A ocorrência de necessidade imperiosa não autoriza o descumprimento do intervalo mínimo de onze horas consecutivas para descanso entre duas jornadas de trabalho, tampouco a não concessão do descanso semanal de vinte e quatro horas consecutivas, ou ainda a não-concessão do intervalo mínimo intrajornada. Referência normativa: art. 66 e 67, caput e 71, caput, da CLT.

80. PRECEDENTE ADMINISTRATIVO Nº 80 VALE TRANSPORTE. NÃO CONCESSÃO PARA DESLOCAMENTO DO EMPREGADO NO PERÍODO DO INTERVALO INTRAJORNADA. INFRAÇÃO INEXISTENTE. Não se depreende da Lei nº 7.418/85, alterada pela Lei nº 7.619/87, que o empregador esteja obrigado ao fornecimento do vale-transporte para a ida e retorno do empregado à sua residência para refeição. Referência normativa: art. 4º da Lei nº 7.418/1985. 3 ad_20090803_10.doc

81. PRECEDENTE ADMINISTRATIVO Nº 81 REGIME DE COMPENSAÇÃO. JORNADA DE TRABALHO 12 X 36 HORAS. ADMISSIBILIDADE. Não obstante a limitação do art. 59, caput, da CLT, admite-se o regime de compensação 12 x 36, quando previsto em convenção coletiva e praticado em atividade que não exige esforço constante e intenso, devido às vantagens que proporciona ao trabalhador: descanso de 36 horas entre as jornadas, menor número de deslocamentos residência – trabalho – residência, duração do trabalho semanal inferior a 44 horas. Referência normativa: art. 7º, XIII da Constituição Federal.

82. PRECEDENTE ADMINISTRATIVO Nº 82 JORNADA. INTERVALO PARA REPOUSO E ALIMENTAÇÃO. NÃO CUMULATIVIDADE. Os intervalos para repouso e alimentação previstos no art. 71, caput e §1º não são cumulativos, inexistindo obrigação legal de concessão de dois intervalos. A expressão "trabalho contínuo" deve ser entendida como jornada diária e não como períodos individuais que antecedem ou sucedem o horário de repouso. Ainda que o segundo período da jornada diária do empregado, após o intervalo concedido, seja superior a seis horas, o empregador não está obrigado a conceder-lhe novo intervalo. Referência normativa: art. 71, caput e § 1º da CLT.

83. PRECEDENTE ADMINISTRATIVO Nº 83 (Cancelado pelo Ato Declaratório nº 16, de 18 de julho de 2018 (DOU 26/07/2018) **SALÁRIO MÍNIMO E PISO SALARIAL. APRENDIZES. APLICABILIDADE.** A lei garante ao aprendiz o direito ao salário mínimo, e não ao piso salarial, salvo quando lhe for expressamente assegurada condição mais favorável, seja pela lei, por contrato coletivo ou por liberalidade do empregador. Referência normativa: art. 7º, IV e V da CF e art. 428, § 2, da CLT.

84. PRECEDENTE ADMINISTRATIVO Nº 84 JORNADA. INTERVALO INTERJORNADAS DE 11 HORAS E DESCANSO SEMANAL DE 24 HORAS. O intervalo interjornada corresponde ao lapso temporal de 11 horas consecutivas que deve separar uma jornada e outra de trabalho. Tal intervalo não se confunde ou se compensa com o descanso semanal remunerado, de 24 horas consecutivas. Entre módulos semanais somam-se os dois intervalos: 11 horas (entre dias) e 24 horas (entre semanas), totalizando, pois, 35 horas. Referência normativa: art. 66 e art. 67 da CLT. 4 ad_20090803_10.doc

85. PRECEDENTE ADMINISTRATIVO Nº 85 PARENTESCO. RELAÇÃO DE EMPREGO. POSSIBILIDADE. A caracterização da relação de emprego pode ser estabelecida entre familiares, não sendo o parentesco fator impeditivo da configuração do vínculo empregatício. Referência normativa: art. 3º da CLT.

86. PRECEDENTE ADMINISTRATIVO Nº 86 SALÁRIO. PAGAMENTO POR DEPÓSITO BANCÁRIO. Se o salário é depositado em conta bancária, o comprovante de depósito substitui o recibo de pagamento. A empresa fica obrigada, apenas, a entregar ao trabalhador um contra-cheque ou demonstrativo de pagamento, em que se discriminem as parcelas salariais. Referência normativa: art. 464, parágrafo único da CLT.

87. PRECEDENTE ADMINISTRATIVO Nº 87 RESCISÃO. MULTAS PELO ATRASO. Duas consequências decorrem da inobservância ao § 6º do art. 477 da CLT, quais sejam, uma multa a título de penalidade pela irregularidade e outra multa em favor do empregado lesado, equivalente ao seu salário. Estatuindo a própria lei duas consequências pecuniárias, absolutamente distintas em termos de natureza jurídica, finalidade e destinatário, completamente descabida é a tese de improcedência do auto de infração por já ter sido recolhida a multa de um salário em favor do empregado. Referência normativa: art. 477, § 6º da CLT.

88. PRECEDENTE ADMINISTRATIVO Nº 88 INFRAÇÃO TRABALHISTA. REGULARIZAÇÃO APÓS A AUTUAÇÃO. A regularização, após a autuação, de situação irregular constatada durante fiscalização não descaracteriza a infração, tampouco acarreta a improcedência do auto.

89. PRECEDENTE ADMINISTRATIVO Nº 89 FGTS. ASSISTÊNCIA MÉDICA. NÃO INCIDÊNCIA. Não incide FGTS sobre parcela relativa a "assistência médica". Referência normativa: art. 458 da CLT.

90. PRECEDENTE ADMINISTRATIVO Nº 90 JORNADA. GERENTES E OCUPANTES DE CARGOS DE CONFIANÇA EM BANCOS. CONTROLE. Os gerentes ou ocupantes de cargos de confiança não estão dispensados do ponto, apesar de não terem direito à jornada de seis horas. Somente o gerente bancário com amplos poderes de mando e gestão – o gerente-geral – a quem todos os outros gerentes, direta ou indiretamente, estão subordinados, é que está dispensado do ponto, por força do art. 62, II, da CLT. Referência normativa: art. 224 e art. 62, II da CLT. 5 ad_20090803_10.doc

91. PRECEDENTE ADMINISTRATIVO Nº 91 (Cancelado pelo Ato Declaratório nº 17, de 15 de agosto de 2018 (D.O.U 20/08/2018) **NORMA REGULAMENTADORA Nº 1. DISPOSIÇÕES LEGAIS E REGULAMENTARES SOBRE SEGURANÇA E SAÚDE NO TRABALHO. ABRANGÊNCIA.** A competência da Inspeção do Trabalho consiste na verificação do cumprimento da legislação trabalhista. Medidas de proteção da saúde e segurança previstas em Instrução Técnica do Corpo de Bombeiros Militar, sem o correspondente específico na legislação trabalhista, mas que são aplicáveis e necessárias no ambiente de trabalho, devem ser previamente notificadas para cumprimento, em atenção ao dever de prever e controlar os riscos estabelecido na NR nº 9. Referência normativa: subitem 1.7, alínea "a" da NR nº 1 c/c subitem 9.1.1 da NR nº 9.

92. PRECEDENTE ADMINISTRATIVO Nº 92 AUTUAÇÃO. CITAÇÃO DE PELO MENOS UM EMPREGADO. DESNECESSIDADE. INFRAÇÃO À COLETIVIDADE DOS TRABALHADORES. Não é necessária citação de pelo menos um empregado em situação irregular na caracterização de infração que atinge a coletividade dos trabalhadores, pois todos aqueles que laboram no local de trabalho estão em situação irregular.

93. PRECEDENTE ADMINISTRATIVO Nº 93 PROGRAMA DE CONTROLE MÉDICO DE SAÚDE OCUPACIONAL – PCMSO. AÇÕES DE SAÚDE. AUTUAÇÃO. NECESSIDADE DE NOTIFICAÇÃO PRÉVIA. A autuação por ausência de ações de saúde no planejamento do PCMSO não previstas em Norma Regulamentadora, depende de notificação prévia que especifique as ações de saúde adequadas ao trabalho desenvolvido e ao ambiente laboral, tendo em vista a generalidade do dispositivo normativo. Referência normativa: subitem 7.4.6 da NR nº 7.

94. PRECEDENTE ADMINISTRATIVO Nº 94 PROGRAMA DE CONTROLE MÉDICO DE SAÚDE OCUPACIONAL – PCMSO. ELABORAÇÃO. MÉDICO DO TRABALHO NÃO INTEGRANTE DO SERVIÇO ESPECIALIZADO EM ENGENHARIA DE SEGURANÇA E EM MEDICINA DO TRABALHO. O PCMSO, desde que atendidos os requisitos normativos, pode ser elaborado por qualquer médico do trabalho, não havendo obrigatoriedade de ser integrante do SESMT, nem mesmo de ser empregado. Quando houver SESMT com médico, ele é quem deve coordenar e executar o PCMSO. 6 ad_20090803_10.doc

95. PRECEDENTE ADMINISTRATIVO Nº 95 PROGRAMA DE PREVENÇÃO DE RISCOS AMBIENTAIS – PPRA. RISCOS MECÂNICOS E ERGONÔMICOS. Os riscos mecânicos e ergonômicos não são de previsão obrigatória no PPRA. Referência normativa: subitem 9.1.5 da NR nº 9.

96. PRECEDENTE ADMINISTRATIVO Nº 96 (Cancelado pelo Ato Declaratório n.º 11, de 25 de novembro de 2009) COMISSÃO INTERNA DE PREVENÇÃO DE ACIDENTES – CIPA. ACOMPANHAR O CUMPRIMENTO DAS NORMAS REGULAMENTADORAS PELAS CONTRATADAS. O dever das contratantes de acompanhar o cumprimento das normas de segurança e saúde no trabalho pelas contratadas que atuam no seu estabelecimento significa a fiscalização e cobrança do cumprimento da Norma Regulamentadora nº 5 e não responsabilidade solidária pela infração. Referência normativa: item 5.50 da NR nº 5.

97. PRECEDENTE ADMINISTRATIVO Nº 97 COMISSÃO INTERNA DE PREVENÇÃO DE ACIDENTES – CIPA. DIMENSIONAMENTO. ATIVIDADE CONSIDERADA PARA DETERMINAÇÃO DO GRUPO. Para fins de dimensionamento de CIPA, a atividade considerada na determinação do grupo deve ser aquela efetivamente desenvolvida no estabelecimento, ainda que outro código de Classificação Nacional de Atividade Econômica conste do Cadastro Nacional de Pessoa Jurídica, mesmo que resulte no aumento ou redução do dimensionamento ou desobrigação de constituição da Comissão. Referência normativa: item 5.6 da NR nº 5.

98. PRECEDENTE ADMINISTRATIVO Nº 98 COMISSÃO INTERNA DE PREVENÇÃO DE ACIDENTES – CIPA. NÃO ADOÇÃO DAS RECOMENDAÇÕES DA CIPA. REGULAR FUNCIONAMENTO. A não adoção pelo empregador das recomendações da CIPA não significa infração ao dever de mantê-la em regular funcionamento.

99. PRECEDENTE ADMINISTRATIVO Nº 99 EQUIPAMENTO DE PROTEÇÃO INDIVIDUAL – EPI. UNIFORME. O uniforme simples não é considerado EPI, pois sua finalidade é servir de vestimenta para o trabalho e não proteger o trabalhador de acidentes ou exposição a agentes nocivos. O não fornecimento de uniforme pode configurar transferência indevida do custo da atividade econômica ao empregado e não infração à Norma Regulamentadora nº 6.

100. PRECEDENTE ADMINISTRATIVO Nº 100 SERVIÇO ESPECIALIZADO EM ENGENHARIA DE SEGURANÇA E EM MEDICINA DO TRABALHO. REGISTRO. ATUALIZAÇÃO. Tendo em vista que o SESMT é constituído de pessoas, a substituição de profissionais não significa mera atualização, mas constituição de novo SESMT, principalmente quando há redimensionamento do Serviço, que deve ser comunicado de imediato ao MTE como se de novo registro se tratasse. Interpretação do item 4.17 da NR nº 4.

101. PRECEDENTE ADMINISTRATIVO Nº 101FGTS. LEVANTAMENTO DE DÉBITO. ACORDOS JUDICIAIS. NÃO EXCLUSÃO DO DÉBITO. APLICAÇÃO A PARTIR DA IN 84/2010. NOTIFICAÇÕES DE DÉBITO LAVRADAS NA VIGÊNCIA DA IN 25/2001. I – Os valores de FGTS, pagos diretamente ao trabalhador em decorrência de acordo ou decisão judicial, em ação na qual a União e a CAIXA não foram chamadas para se manifestar, não devem ser excluídos das Notificações de Débito emitidas pelos Auditores-Fiscais do Trabalho a partir da Instrução Normativa nº 84/2010, pois seus atos não são alcançados pelos limites da coisa julgada feita pela sentença que homologou o acordo. II – Os valores de FGTS depositados na conta vinculada do trabalhador em decorrência de acordo ou decisão judicial devem ser considerados no levantamento de débito, quando anteriores à data de apuração do valor devido. III – As notificações de débito de FGTS emitidas na vigência da IN nº 25/2001, em que foram excluídos valores acordados judicialmente, devem ser analisadas conforme os procedimentos nela previstos, pois constituem atos administrativos praticados consoantes interpretação e normatização sobre o tema à época de sua emissão.

102. PRECEDENTE ADMINISTRATIVO Nº.102 (Aprovado pelo Ato Declaratório nº. 13, de 13 de julho de 2013) AUTO DE INFRAÇÃO. LOCAL DE LAVRATURA. O conceito de local de inspeção abrange aquele onde os Auditores Fiscais do Trabalho executam atos de inspeção e verificam os atributos trabalhistas por meio de análise de documentos ou sistemas informatizados, conforme procedimento de fiscalização previsto em normas expedidas pela autoridade nacional competente em matéria de inspeção do trabalho.

103. PRECEDENTE ADMINISTRATIVO Nº.103 (Aprovado pelo Ato Declaratório nº. 14, de 21 de janeiro de 2014) Interposição de embargos de declaração e outros recursos sem previsão expressa no Título VII da CLT. Inadmissibilidade. Os processos administrativos de autos de infrações e de notificações de débito de FGTS e CS estão sujeitos a duas instâncias administrativas: defesa e recurso. Após o encerramento do contencioso administrativo, não deverão ser conhecidos embargos de declaração ou outros recursos sem previsão expressa na legislação específica.

104. PRECEDENTE ADMINISTRATIVO Nº 104 SERVIÇOS NOTARIAIS E DE REGISTROS PÚBLICOS. VÍNCULO EMPREGATÍCIO. Nos Serviços Notariais e de Registro, regulamentados pela Lei nº 8.935, de 18 de novembro de 1994, considera-se empregador, para todos os efeitos, a pessoa física do seu respectivo Titular.

105. PRECEDENTE ADMINISTRATIVO Nº 105 PERÍODOS DE DESCANSO. SUPRESSÃO OU REDUÇÃO INDEVIDA. EFEITOS DO PAGAMENTO. O pagamento não elide a infração pela supressão ou pela redução indevida dos períodos de descanso, pois estes objetivam resguardar a saúde e o bem-estar do trabalhador, bens jurídicos que não se substituem pela mera retribuição pecuniária.

106. PRECEDENTE ADMINISTRATIVO Nº 106 PRAZOS PROCESSUAIS. CONTAGEM. Os prazos são contínuos e se contam com a exclusão do dia da notificação ou ciência e inclusão do dia do vencimento. Os prazos só se iniciam ou vencem no dia de expediente normal da Unidade onde tramitar o processo.

107. PRECEDENTE ADMINISTRATIVO Nº 107 RECURSO. EFEITO DEVOLUTIVO. O recurso devolverá à instância administrativa superior todas as questões suscitadas e discutidas no processo, inclusive seu conhecimento, ainda que não tenham sido solucionadas ou conhecidas de forma equivocada, desde que pertinentes à matéria impugnada.

108. PRECEDENTE ADMINISTRATIVO Nº 108 OCORRÊNCIA DE CIRCUNSTÂNCIA AGRAVANTE. I – A lavratura de auto de infração que caracteriza embaraço à ação fiscal, nas situações previstas no artigo 630, § 6º, da CLT, agrava a sanção das demais infrações ocorridas na mesma ação fiscal, quando expressamente previsto na base legal específica, exceto quanto aos autos lavrados em data anterior à ocorrência do embaraço, ainda que na mesma ação fiscal; II – Na situação prevista no item anterior, o agravamento da sanção específica fica condicionado à procedência do auto de embaraço; III – A eventual ocorrência de fraude, simulação, artifício, ardil, desacato e oposição, deverá ser informada de modo detalhado no histórico do auto de infração, quando estejam previstas como agravantes nas bases legais específicas;

109. PRECEDENTE ADMINISTRATIVO Nº 109 ACRÉSCIMO DE FATOS AO AUTO DE INFRAÇÃO, APÓS A LAVRATURA. VEDAÇÃO. I – A motivação do auto de infração deve ser mantida após a sua lavratura, sob pena de anulação em caso de alteração; II – É permitido o saneamento de elementos considerados não essenciais, assim entendidos aqueles que não alterem os fatos originalmente narrados pela autoridade fiscal, tal como ocorre no caso de correção da capitulação legal.

110. PRECEDENTE ADMINISTRATIVO Nº 110 MULTA PREVISTA NA LEI COMPLEMENTAR Nº 110/2001. NATUREZA JURÍDICA. PRESCRIÇÃO. I – Tem natureza sancionatória e não tributária nem moratória a multa prevista no artigo 3º da Lei Complementar nº 110/2001. II – Em razão do teor do item I, aplicam-se, ao processo administrativo de auto lavrado por infração à LC nº 110/2001, os prazos prescricionais previstos nos artigos 1º e 1º-A da Lei nº 9873/1999.

111. PRECEDENTE ADMINISTRATIVO Nº 111 FRAUDE AO SEGURO-DESEMPREGO. NÃO CARACTERIZAÇÃO. Não caracteriza fraude ao seguro-desemprego o recebimento de parcela sobre a qual o trabalhador já tinha adquirido o direito antes de obter o novo emprego.

112. PRECEDENTE ADMINISTRATIVO Nº 112 FGTS. INADIMPLÊNCIA DE RECOLHIMENTO FUNDIÁRIO E SONEGAÇÃO DE PARCELA QUE DEVE INTEGRAR A BASE DE CÁLCULO DO FGTS. DUPLA INFRAÇÃO. Por caracterizarem infrações distintas, não constituem "bis in idem" as autuações concomitantes pelo descumprimento dos incisos I e IV do artigo 23, § 1º, da Lei nº 8036/1990, quando o empregador deixar de declarar na folha de pagamento a parcela paga ou devida e também deixar de recolher o percentual do FGTS sobre ela incidente.

113. PRECEDENTE ADMINISTRATIVO Nº 113 NOTIFICAÇÃO DE DÉBITO. EMISSÃO DE TERMO DE RETIFICAÇÃO (TRET). EFEITOS DO JULGAMENTO. I – Terá decisão de procedência total a Notificação de Débito do FGTS/CS cujo valor tenha sido reduzido em decorrência de lavratura de Termo de Retificação (TRET), sem necessidade de recurso de ofício à Coordenação-Geral de Recursos. II – Nos casos em que a inclusão ou alteração de dados implique em reabertura de prazo para o exercício de defesa pelo notificado, o julgamento versará sobre o próprio TRET, vez que o ajuste, em tais circunstâncias, representa um documento substitutivo da Notificação original.

114. PRECEDENTE ADMINISTRATIVO Nº 114 FGTS. AUTO DE INFRAÇÃO (AI) LAVRADO POR DEIXAR DE RECOLHER FGTS APÓS NOTIFICADO PELA FISCALIZAÇÃO. I – Caracteriza-se a infração prevista no art. 23, § 1º, inciso V, da Lei nº 8.036, de 11 de maio de 1990, quando o administrado não quita nem formaliza o parcelamento do valor devido, dentro do prazo de dez dias após a ciência da decisão definitiva do processo de Notificação de débito que lhe deu origem. II – A discussão acerca do mérito sobre a existência ou acerto do débito apurado encerra-se com o processo de Notificação para Depósito do FGTS que lhe deu origem.

115. PRECEDENTE ADMINISTRATIVO Nº 115 SEGURO-DESEMPREGO. DESCUMPRIMENTO DE INSTRUÇÕES EXPEDIDAS PELO MINISTÉRIO DO TRABALHO. NOTIFICAÇÃO PARA COMPROVAÇÃO DO REGISTRO

DO EMPREGADO. I – A não prestação de informações necessárias ao sistema do seguro-desemprego nos termos e prazos fixados pelo Ministério do Trabalho caracteriza a infração. II – A não comunicação da admissão de empregado no prazo estipulado em notificação para comprovação do registro do empregado, lavrada em ação fiscal conduzida por um auditor fiscal do trabalho, descumpre instruções expedidas pelo Ministério do Trabalho, para fins de combate à fraude ao seguro-desemprego, ensejando infração ao disposto no art. 24 da lei 7.998/1990

116. PRECEDENTE ADMINISTRATIVO Nº 116 AUTOS DE INFRAÇÃO E NOTIFICAÇÃO DE DÉBITO. SUJEITO PASSIVO ENTE PÚBLICO. CIENTIFICAÇÃO POR MEIO DE VIA POSTAL. ADMISSIBILIDADE. A entrega de autos de infração e notificações de débito de FGTS e Contribuição Social deve ser preferivelmente efetuada, pessoalmente, ao representante do ente público intimado. Entretanto, é plenamente cabível no ordenamento jurídico brasileiro que a ciência da lavratura de autos de infração e notificações de débito seja realizada através de via postal realizada no endereço da pessoa jurídica de direito público.

117. PRECEDENTE ADMINISTRATIVO Nº 117 FORMALIZAÇÃO DE RECIBOS TRABALHISTAS. DATA PRÉ-ASSINALADA. A mera pré-assinalação da data não é elemento suficiente para caracterizar a infração por deixar de formalizar recibo que ateste o cumprimento de obrigação trabalhista.

118. PRECEDENTE ADMINISTRATIVO Nº 118 DUPLA VISITA. MATRIZ E FILIAIS. SUCESSÃO TRABALHISTA. GRUPO ECONÔMICO. I – Não se aplica o critério da dupla visita: a)À matriz e às filiais, desde que qualquer uma delas tenha sido anteriormente fiscalizada; b)À empresa sucessora, desde que a sucedida tenha sido anteriormente fiscalizada; II – Não se considera empreendimento recém-inaugurado a filial ou sucessora cuja matriz ou sucedida estejam em funcionamento há mais de 90 (noventa) dias. III – O critério da dupla visita será observado individualmente em relação a cada uma das empresas integrantes do grupo econômico.

119. PRECEDENTE ADMINISTRATIVO Nº 119 DESCUMPRIMENTO DE CLÁUSULAS DE CONVENÇÃO OU ACORDO COLETIVO DE TRABALHO. AUTUAÇÕES CAPITULADAS NO ART. 444 DA CLT. POSSIBILIDADE. Não constitui bis in idem a lavratura de autos de infração capitulados no art. 444 da CLT para cada uma das cláusulas de convenção ou acordo coletivo de trabalho violadas pelo empregador, uma vez que os fatos geradores das infrações são distintos entre si e oriundos de fonte autônoma do Direito.

120. PRECEDENTE ADMINISTRATIVO Nº 120 AUTO DE INFRAÇÃO. INTERRUPÇÃO DA CONTINUIDADE INFRACIONAL. NÃO OCORRÊNCIA DE BIS IN IDEM. I – Quando a mesma infração for renovada ou reiterada no decurso do tempo, mas constatada em uma única verificação, deverá ser objeto de um único auto de infração, independentemente do número de vezes ou de competências em que o fato tenha ocorrido. II – Em nova verificação, ainda que na mesma ação fiscal, é possível a lavratura de novo auto de infração em caso de reiteração da infração já autuada ou constatação de novas infrações ao mesmo preceito legal praticadas após a primeira verificação. III – Considera-se verificação a prática de atos próprios de fiscalização, tais como a lavratura de auto de infração, de termo de embargo/interdição, de notificação para apresentar documentos e afins.

121. PRECEDENTE ADMINISTRATIVO Nº 121 ANÁLISE DE PROCESSOS. AUTUAÇÃO POR NÃO APRESENTAÇÃO DE DOCUMENTOS. OMISSÃO DE JUNTADA DE AR E NAD. A falta de juntada do Aviso de Recebimento e da Notificação para Apresentação de Documentos ao auto de infração não constitui, por si só, motivo para sua nulidade, salvo disposição expressa em contrário, como no caso das fiscalizações indiretas.

122. PRECEDENTE ADMINISTRATIVO Nº 122 ANÁLISE DE PROCESSOS. AUTUAÇÃO BASEADA EXCLUSIVAMENTE EM ENTREVISTA DE EMPREGADO. A indicação de entrevista com empregados como único elemento de convicção do auto de infração não é, por si só, razão para a sua nulidade.

123. PRECEDENTE ADMINISTRATIVO Nº 123 ANÁLISE DE PROCESSOS. NÃO CITAÇÃO DE EMPREGADO EM SITUAÇÃO IRREGULAR. AUSÊNCIA DE PREJUÍZO AO CONTRADITÓRIO E AMPLA DEFESA. Cabe à autuada demonstrar eventual prejuízo ao contraditório e à ampla defesa decorrente da falta de indicação de empregado em situação irregular no auto de infração, de modo a justificar sua improcedência, salvo nos casos em que: I – a penalidade é calculada com base no número de empregados prejudicados; II – é indispensável para a subsunção do fato à norma.

124. PRECEDENTE ADMINISTRATIVO Nº 124 ANÁLISE DE PROCESSOS. ALEGAÇÕES RELATIVAS A OUTRA INFRAÇÃO AUTUADA. REMISSÃO À ANÁLISE FEITA EM PROCESSO CORRELATO. POSSIBILIDADE. Quando a defesa ou o recurso apresentar alegações relacionadas a outra infração autuada, o Analista poderá fazer remissão à análise já elaborada naquele processo correlato, indicando o respectivo número e situação atualizada de seu trâmite, complementando com eventuais questões específicas relativas ao processo em análise.

125. PRECEDENTE ADMINISTRATIVO Nº 125 ANÁLISE DE PROCESSOS. RECURSO. SANEAMENTO DO VÍCIO QUE LEVOU AO NÃO CONHECIMENTO DA DEFESA. ANÁLISE DOS ARGUMENTOS EM SEDE RECURSAL. Quando o recurso questionar o não conhecimento da defesa pela ausência de comprovação da legitimidade ou representação processual e sanear o vício existente, os argumentos da defesa deverão ser analisados em sede recursal, ainda que não tenham sido expressamente reiterados pelo recorrente.

126. PRECEDENTE ADMINISTRATIVO Nº 126 AUTUAÇÃO. OBRIGAÇÃO A CRITÉRIO DA AUTORIDADE COMPETENTE. ELEMENTOS PARA CONFIGURAÇÃO. Nos casos em que a Norma Regulamentadora estabelecer determinada obrigação a critério da autoridade competente, deverá o Auditor Fiscal do Trabalho demonstrar, no histórico do auto de infração, que promoveu a notificação do empregador, estabelecendo prazo e forma de cumprimento da obrigação, evidenciando os critérios adotados para defini-la.

127. PRECEDENTE ADMINISTRATIVO Nº 127 AUTUAÇÃO POR INFRAÇÕES DA MESMA NATUREZA EM ESTABELECIMENTOS DISTINTOS. BIS IN IDEM. NÃO CONFIGURAÇÃO. A lavratura de autos de infração com base no mesmo preceito legal, mas referentes a estabelecimentos distintos, não configura bis in idem. I – Considera-se estabelecimento cada uma das unidades da empresa funcionando em lugares diferentes, tais como: fábrica, refinaria, usina, escritório, loja, oficina, depósito, laboratório, salvo quando outro critério for adotado expressamente em norma específica. II – Para fins de aplicação da NR-18, a menor unidade admitida como estabelecimento é o canteiro de obras ou a sede da equipe, no caso de frentes de trabalho itinerantes.

128. PRECEDENTE ADMINISTRATIVO Nº 128 ANÁLISE DE PROCESSOS. TEORIA DA APARÊNCIA. CONHECIMENTO DE DEFESA E RECURSO ADMINISTRATIVO. Dispensa-se a juntada de documentos que comprovem a legitimidade do signatário quando a pessoa que assinou a defesa ou o recurso administrativo for a mesma que assinou documento emitido no curso da ação fiscal e que conste dos autos do processo administrativo em análise, ou correlatos.

CAPÍTULO II
DOS RECURSOS

Art. 635 – De tôda decisão que impuser multa por infração das leis e disposições reguladoras do trabalho, e não havendo forma especial de processo caberá recurso para o Diretor-Geral Departamento ou Serviço do Ministério do Trabalho e Previdência Social, que fôr competente na matéria. (Redação dada pelo Decreto-lei nº 229, de 28.2.1967)

Parágrafo único. As decisões serão sempre fundamentadas. (Incluído pelo Decreto-lei nº 229, de 28.2.1967)

Art. 636. Os recursos devem ser interpostos no prazo de 10 (dez) dias, contados do recebimento da notificação, perante autoridade que houver imposto a multa, a qual, depois de os informar encaminhá-los-á à autoridade de instância superior. (Redação dada pelo Decreto-lei nº 229, de 28.2.1967)

§ 1º – O recurso só terá seguimento se o interessado o instruir com a prova do depósito da multa. (Incluído pelo Decreto-lei nº 229, de 28.2.1967)

§ 2º – A notificação somente será realizada por meio de edital, publicada no órgão oficial, quando o infrator estiver em lugar incerto e não sabido. (Incluído pelo Decreto-lei nº 229, de 28.2.1967)

§ 3º – A notificação de que trata êste artigo fixará igualmente o prazo de 10 (dez) dias para que o infrator recolha o valor da multa, sob pena de cobrança executiva. (Incluído pelo Decreto-lei nº 229, de 28.2.1967)

§ 4º – As guias de depósito eu recolhimento serão emitidas em 3 (três) vias e o recolhimento da multa deverá preceder-se dentro de 5 (cinco) dias às repartições federais competentes, que escriturarão a receita a crédito do Ministério da Trabalho e Previdência Social. (Incluído pelo Decreto-lei nº 229, de 28.2.1967)

§ 5º – A segunda via da guia do recolhimento será devolvida pelo infrator à repartição que a emitiu, até o sexto dia depois de sua expedição, para a averbação no processo. (Incluído pelo Decreto-lei nº 229, de 28.2.1967)

§ 6º – A multa será reduzida de 50% (cinqüenta por cento) se o infrator, renunciando ao recurso a recolher ao Tesouro Nacional dentro do prazo de 10 (dez) dias contados do recebimento da notificação ou da publicação do edital. (Incluído pelo Decreto-lei nº 229, de 28.2.1967)

§ 7º – Para a expedição da guia, no caso do § 6º, deverá o infrator juntar a notificação com a prova da data do seu recebimento, ou a fôlha do órgão oficial que publicou o edital. (Incluído pelo Decreto-lei nº 229, de 28.2.1967)

Art. 637. De tôdas as decisões que proferirem em processos de infração das leis de proteção ao trabalho e que impliquem arquivamento dêstes, observado o disposto no parágrafo único do art. 635, deverão as autoridades prolatoras recorrer de ofício para a autoridade competente de instância superior. (Redação dada pelo Decreto-lei nº 229, de 28.2.1967)

Art. 638 – Ao Ministro do Trabalho, Industria e Comercio é facultado avocar ao seu exame e decisão, dentro de 90 (noventa) dias do despacho final do assunto, ou no curso do processo, as questões referentes à fiscalização dos preceitos estabelecidos nesta Consolidação.

CAPÍTULO III
DO DEPÓSITO, DA INSCRIÇÃO E DA COBRANÇA

Art. 639 – Não sendo provido o recurso, o depósito se converterá em pagamento.

Art. 640 – É facultado às Delegacias Regionais do Trabalho, na conformidade de instruções expedidas pelo Ministro de Estado, promover a cobrança amigável das multas antes encaminhamento dos processos à cobrança executiva. (Redação dada pelo Decreto-lei nº 229, de 28.2.1967)

Art. 641 – Não comparecendo o infrator, ou não depositando a importância da multa ou penalidade, far-se-á a competente inscrição em livro especial, existente nas repartições das quais se tiver originado a multa ou penalidade, ou de onde tenha provindo a reclamação que a determinou, sendo extraída cópia autentica dessa inscrição e enviada às autoridades competentes para a respectiva cobrança judicial, valendo tal instrumento como título de dívida líquida e certa.

Art. 642 – A cobrança judicial das multas impostas pelas autoridades administrativas do trabalho obedecerá ao disposto na legislação aplicável à cobrança da dívida ativa da União, sendo promovida, no Distrito Federal e nas capitais dos Estados em que funcionarem Tribunais Regionais do Trabalho, pela Procuradoria da Justiça do Trabalho, e nas demais localidades, pelo Ministério Público Estadual e do Território do Acre, nos termos do Decreto-Lei nº 960, de 17 de dezembro de 1938.

Parágrafo único. No Estado de São Paulo a cobrança continuará a cargo da Procuradoria do Departamento Estadual do Trabalho, na forma do convênio em vigor.

COMENTÁRIOS (ARTS. 635 A 642)

O Decreto n. 10.854, de 10 de novembro de 2021, mais conhecido como Marco Regulatório Trabalhista Infralegal, regulamentou disposições relativas à legislação trabalhista e instituiu o Programa Permanente de Consolidação, Simplificação e Desburocratização das Normas Trabalhistas Infralegais e o Prêmio Nacional Trabalhista. Foram objeto de regulamentação o Livro de Inspeção do Trabalho Eletrônico – eLIT; a fiscalização das normas de proteção ao trabalho e de segurança e saúde no trabalho; as diretrizes para elaboração e revisão das normas regulamentadoras de segurança e saúde no trabalho; o certificado de aprovação do equipamento de proteção individual; entre outros assuntos (Decreto n. 10.854/2021).

A fiscalização passou a ser pautada no planejamento estratégicos do Ministério do Trabalho e Previdência e nas diretrizes e planejamento de inspeção estabelecidas pelas Subsecretarias de Inspeção do Trabalho, da Secretaria de Trabalho. A atividade dos Auditores-Fiscais do Trabalho será orientada, através de ordem de serviço (OS), por meio de registro eletrônico destinado a promover o comando das fiscalizações a serem realizadas, registrando as atividades em relatórios de inspeção ou atividades (art. 10 do Portaria n. 547/2021).

A Portaria n. 667, de 8 de novembro de 2021, do Ministério do Trabalho e Previdência, regulamentou a organização e a tramitação dos processos administrativos de auto de infração e de notificação de débito do Fundo de Garantia do Tempo de Serviço (FGTS) e da Contribuição Social – na forma estabelecida pelo Título VII da Consolidação das Leis do Trabalho – CLT, aprovada pelo Decreto-Lei nº 5.452, de 1º de maio de 1943; o Sistema Eletrônico de Processo Administrativo Trabalhista, para a tramitação dos autos de infração, notificações de débito e atos processuais eletrônicos; a imposição de multas administrativas previstas na legislação trabalhista; a emissão da Certidão de Débitos Trabalhistas; o procedimento para autorização do saque de FGTS pelo empregador, quando recolhido a empregados não optantes; e os procedimentos administrativos de oferta de vista e cópia e de verificação anual dos processos físicos.

Em primeira instância, caberá às Unidades Regionais de Multas e Recursos, a organização e tramitação dos processos administrativos, no âmbito das unidades regionais descentralizadas de trabalho, vinculadas ao Ministério do Trabalho e Previdência. A Coordenação-Geral de Recursos será o órgão responsável, em segunda e última instância administrativa, pela organização e tramitação dos processos administrativos, no âmbito da Secretaria de Trabalho do Ministério do Trabalho e Previdência. O julgamento do processo compete em primeira instância, ao chefe da unidade regional de multas e recursos; e, em segunda instância, ao Coordenador-Geral de Recursos (art. 17 da Portaria n. 667, de 8 de novembro de 2021 do Ministério do Trabalho e Previdência). A autoridade competente para a imposição a multa é o chefe da unidade regional de multas e recursos. Nesse sentido o art. 20 do Decreto n. 10.854/2021).

Os interessados serão notificados de forma pessoal, por via posta, com aviso de recebimento ou outro meio que assegure a ciência do interessado, ou por publicação oficial.

O processo administrativo trabalhista tem início com o protocolo do auto de infração ou da notificação do débito. A parte apresentará defesa por escrito, instruída com o documento, no prazo de 10 dias, a contar do recebimento do auto de infração ou da notificação do débito (art. 26 da Portaria n. 667, de 8 de novembro de 2021 do Ministério do Trabalho e Previdência). Eventual revelia não implica na confissão quanto a matéria de fato, sendo admissível a interposição em face da decisão de primeira instância, inclusive com a apresentação de provas. É possível a determinação de diligências para a apuração dos fatos.

A autoridade de primeiro grau pode proferir decisão de procedência total, procedência parcial, improcedência, ou extinguir o processo administrativo, sem análise do mérito – em caso de prescrição, anistia, remissão ou decisão judicial transitada em julgado.

A decisão que julgar o auto de infração ou a notificação de débito total ou parcialmente procedente comporta o cabimento de recurso ao Coordenador-Geral de Recursos, no prazo de dez dias, na forma do art. 40 da Portaria n. 667, de 8 de novembro de 2021 do Ministério do Trabalho e Previdência.

O recurso será endereçado para a autoridade que julgou o auto de infração ou a notificação de débito, que fará o juízo de admissibilidade, sendo remetido posteriormente à Coordenação-Geral de Recursos para a análise de mérito e julgamento.

Com o transito em julgado, o auto de infração ou a notificação do débito será encaminhado à Procuradoria-Geral da Fazenda Nacional ou a outro órgão conveniado, responsável pela cobrança e inscrição em dívida ativa.

A judicialização do mérito do auto de infração ou notificação de débito, importa em renúncia ao direito discutir a questão no âmbito administrativo ou a desistência de eventuais defesas ou recursos apresentados.

TÍTULO VII-A
(INCLUÍDO PELA LEI Nº 12.440, DE 2011)
DA PROVA DE INEXISTÊNCIA DE DÉBITOS TRABALHISTAS

Art. 642-A. É instituída a Certidão Negativa de Débitos Trabalhistas (CNDT), expedida gratuita e eletronicamente, para comprovar a inexistência de débitos inadimplidos perante a Justiça do Trabalho. (Incluído pela Lei nº 12.440, de 2011)

§ 1º O interessado não obterá a certidão quando em seu nome constar: (Incluído pela Lei nº 12.440, de 2011)

I – o inadimplemento de obrigações estabelecidas em sentença condenatória transitada em julgado proferida pela Justiça do Trabalho ou em acordos judiciais trabalhistas, inclusive no concernente aos recolhimentos previdenciários, a honorários, a custas, a emolumentos ou a recolhimentos determinados em lei; ou (Incluído pela Lei nº 12.440, de 2011)

II – o inadimplemento de obrigações decorrentes de execução de acordos firmados perante o Ministério Público do Trabalho ou Comissão de Conciliação Prévia. (Incluído pela Lei nº 12.440, de 2011)

§ 2º Verificada a existência de débitos garantidos por penhora suficiente ou com exigibilidade suspensa, será expedida Certidão Positiva de Débitos Trabalhistas em nome do interessado com os mesmos efeitos da CNDT. (Incluído pela Lei nº 12.440, de 2011)

§ 3º A CNDT certificará a empresa em relação a todos os seus estabelecimentos, agências e filiais. (Incluído pela Lei nº 12.440, de 2011)

§ 4º O prazo de validade da CNDT é de 180 (cento e oitenta) dias, contado da data de sua emissão. (Incluído pela Lei nº 12.440, de 2011)

COMENTÁRIOS (ART. 642-A)

A Certidão Negativa de Débitos Trabalhista (CNDT) foi instituída pela Lei n. 12.440, de 2011, que acrescentou o art. 642-A à CLT, com a finalidade de compelir os devedores trabalhistas ao pagamento das dívidas existentes.

Sem a certidão negativa o executado não tem como fazer prova da inexistência de débitos trabalhistas perante terceiros, inviabilizando a participação em processo licitatório, porquanto deverá provar a regularidade fiscal e trabalhista, a teor do art. 29, V, da Lei n. 8.666/1993. A nova Lei de Licitação (Lei 14.133/2021), também exige a regularidade perante a Justiça do trabalho para se possível a habilitação no processo licitatório (art. 68 da Lei 14.133/2021).

Considerando que nem todos os devedores trabalhistas participam de processo licitatório, a medida não teve o efeito esperado. Homero Brito afirma que *"Talvez o CPC de 2015 tenha sido mais eficiente nesse assunto de meios indiretos de coerção, ao oficializar a possibilidade de inserção o nome do devedor nos cadastros particulares de inadimplentes (art. 782, §3º. Do CPC) e em procedimentos de protesto extrajudicial (art. 517 do CPC)"*.[906] O autor complementa dizendo que esse instituto foi incorporado ao processo do trabalho por força da Reforma Trabalhista (Lei n. 13.467/2017)

TÍTULO VIII
DA JUSTIÇA DO TRABALHO

CAPÍTULO I
INTRODUÇÃO

Art. 643 – Os dissídios, oriundos das relações entre empregados e empregadores bem como de trabalhadores avulsos e seus tomadores de serviços, em atividades reguladas na legislação social, serão dirimidos pela Justiça do Trabalho, de acordo com o presente Título e na forma estabelecida pelo processo judiciário do trabalho. (Redação dada pela Lei nº 7.494, de 17.6.1986)

§ 1º – As questões concernentes à Previdência Social serão decididas pelos órgãos e autoridades previstos no Capítulo V deste Título e na legislação sobre seguro social. (Vide Lei nº 3.807, de 1960)

§ 2º – As questões referentes a acidentes do trabalho continuam sujeitas a justiça ordinária, na forma do Decreto n. 24.637, de 10 de julho de 1934, e legislação subseqüente.

§ 3º A Justiça do Trabalho é competente, ainda, para processar e julgar as ações entre trabalhadores portuários e os operadores portuários ou o Órgão Gestor de Mão-de-Obra – OGMO decorrentes da relação de trabalho. (Incluído pela Medida Provisória nº 2.164-41, de 2001)

Art. 644 – São órgãos da Justiça do Trabalho: (Redação dada pelo Decreto-lei nº 9.797, de 9.9.1946)

a) o Tribunal Superior do Trabalho; (Redação dada pelo Decreto-lei nº 9.797, de 9.9.1946)

b) os Tribunais Regionais do Trabalho; (Redação dada pelo Decreto-lei nº 9.797, de 9.9.1946)

c) as Juntas de Conciliação e Julgamento ou os Juízos de Direito. (Redação dada pelo Decreto-lei nº 9.797, de 9.9.1946)

Art. 645 – O serviço da Justiça do Trabalho é relevante e obrigatório, ninguém dele podendo eximir-se, salvo motivo justificado.

Art. 646. Os orgãos da Justiça do Trabalho funcionarão perfeitamente coordenados, em regime de mútua colaboração, sob a orientação do presidente do Tribunal Superior do Trabalho.

[906] Batista, op. cit., p.517.

COMENTÁRIOS (ARTS. 643 A 646)

1. ORGANIZAÇÃO DA JUSTIÇA DO TRABALHO

A Justiça Nacional divide-se em Especial e Comum. A República Federativa do Brasil possui três Justiças Especiais ou Especializadas: Justiça do Trabalho, Justiça Eleitoral e Justiça Militar. A Justiça Comum apresenta a seguinte divisão: Justiça Federal e Justiça Estadual.

O art. 111 da CF/88 aduz que são órgãos da Justiça do Trabalho:

I) Tribunal Superior do Trabalho;

II) Tribunais Regionais do Trabalho; e

III) Juízes do Trabalho.

A Justiça do Trabalho possui três graus de jurisdição, a saber: a) "terceiro grau" de jurisdição trabalhista – representado pelo Tribunal Superior do Trabalho, composto pelos Ministros do TST; b) segundo grau de jurisdição trabalhista – representado pelos Tribunais Regionais do Trabalho, composto pelos Juízes dos TRTs; c) primeiro grau de jurisdição trabalhista: representado pelos Juízes do Trabalho, que atuam nas Varas do Trabalho.

Antes da Emenda Constitucional n. 24/99 o órgão de primeiro grau de jurisdição da Justiça do Trabalho era colegiado, formado por juízes leigos e juízes togados. Os juízes leigos eram escolhidos pelo sindicato da categoria profissional ou econômica – daí surgiu a expressão "**representação classista**" – para integrar o colegiado das extintas Juntas de Conciliação e Julgamento ou oficiar junto aos Tribunais Regionais do Trabalho ou no âmbito do TST.

A Emenda Constitucional n. 24/99 extinguiu a representação classista da Justiça do Trabalho em todos os graus de jurisdição trabalhista, de forma que a primeira instância deixou de ter composição colegiada, passando a ser integrada por um único juiz (juiz singular/ juiz do trabalho)[907]. Com isso as denominadas Juntas de Conciliação e Julgamento foram deixaram de existir e deram lugar às Varas do Trabalho.

De acordo com o art. 112 da CF "A lei criará varas da Justiça do Trabalho, podendo, nas comarcas não abrangidas por sua jurisdição, atribuí-la aos juízes de direito, com recurso para o respectivo Tribunal Regional do Trabalho".

Sendo assim, a criação das Varas do Trabalho depende de previsão em norma infraconstitucional, sendo possível a delegação da jurisdição trabalhista ao Juiz de Direito, integrante da Justiça Estadual Comum – habitualmente competente para apreciar. Essa investidura cessa quando a Vara do Trabalho for criada por lei ordinária[908].

Os **Juízes do Trabalho**, portanto, representam o primeiro grau de jurisdição da Justiça do Trabalho. É o responsável por processar e julgar os dissídios em primeiro grau de jurisdição. O ingresso na carreira, cujo cargo inicial será o de juiz substituto, mediante concurso público de provas e títulos, com a participação da Ordem dos Advogados do Brasil em todas as fases, exigindo-se do bacharel em direito, no mínimo, três anos de atividade jurídica e obedecendo-se, nas nomeações, à ordem de classificação (art. 93, I, CF).

Para assegurar o livre exercício da função, a Constituição Federal assegura as seguintes garantias: vitaliciedade, que, no primeiro grau, só será adquirida após dois anos de exercício, dependendo a perda do cargo, nesse período, de deliberação do tribunal a que o juiz estiver vinculado, e, nos demais casos, de sentença judicial transitada em julgado; inamovibilidade, salvo por motivo de interesse público; irredutibilidade de subsídio, ressalvado algumas situações previstas na CF (arts. 37, X e XI, 39, § 4º, 150, II, 153, III, e 153, § 2º, I).

Os juízes são impedidos, por expressa vedação legal, de: exercer, ainda que em disponibilidade, outro cargo ou função, salvo uma de magistério; receber, a qualquer título ou pretexto, custas ou participação em processo; dedicar-se à atividade político-partidária; receber, a qualquer título ou pretexto, auxílios ou contribuições de pessoas físicas, entidades públicas ou privadas, ressalvadas as exceções previstas em lei; exercer a advocacia no juízo ou tribunal do qual se afastou, antes de decorridos três anos do afastamento do cargo por aposentadoria ou exoneração.

No grau de jurisdição imediatamente seguinte está o **Tribunal Regional do Trabalho (TRT)**, órgão de segunda instância, integrante da Justiça do Trabalho (art. 115, CF).

Os TRTs compõem-se de, no mínimo, sete juízes, recrutados, quando possível, na respectiva região, e nomeados pelo Presidente da República dentre brasileiros com mais de trinta e menos de sessenta e cinco anos.

As características dos Tribunais Regionais do Trabalho são: a) são órgãos de segundo grau de jurisdição trabalhista; b) é composto de, no mínimo, 7 (sete) Juízes – advogados ou membros do Ministério Público do Trabalho, conforme a regra do quinto constitucional prevista no art. 94 da CF – recrutados, quando possível, na respectiva região, dentre brasileiros com mais de 30

[907] Nesse sentido, é o teor do art. 116 da CF: "Nas Varas do Trabalho, a jurisdição será exercida por um juiz singular".

[908] Súmula 10 do STJ: "Instalada a Junta de Conciliação e Julgamento, cessa a competência do Juiz de Direito em matéria trabalhista, inclusive para a execução das sentenças por ele proferidas".

(trinta) anos e menos de 65 (sessenta e cinco) anos; c) são nomeados pelo Presidente da República.

Nos termos do art. 674 da CLT, o território nacional é dividido em vinte e quatro Regiões:

- **TRT da 1ª Região**: Estado do Rio de Janeiro, com sede no Rio de Janeiro;
- **TRT da 2ª Região**: Estado de São Paulo (Capital; Região Metropolitana; Baixada Santista), com sede em São Paulo;
- **TRT da 3ª Região**: Estado de Minas Gerais, com sede em Belo Horizonte;
- **TRT da 4ª Região**: Estado do Rio Grande do Sul, com sede em Porto Alegre;
- **TRT da 5ª Região**: Estado da Bahia, com sede em Salvador;
- **TRT da 6ª Região**: Estado de Pernambuco, com sede em Recife;
- **TRT da 7ª Região**: Estado do Ceará, com sede em Fortaleza;
- **TRT da 8ª Região**: compreende os Estados do Pará e Amapá, com sede em Belém do Pará;
- **TRT da 9ª Região**: Estado do Paraná, com sede em Curitiba;
- **TRT da 10ª Região**: compreende Distrito Federal e o Estado do Tocantins, com sede em Brasília;
- **TRT da 11ª Região**: compreende os Estados do Amazonas e Roraima, com sede em Manaus;
- **TRT da 12ª Região**: Estado de Santa Catarina, com sede em Florianópolis;
- **TRT da 13ª Região**: Estado da Paraíba, com sede em João Pessoa;
- **TRT da 14ª Região**: compreende os Estados de Rondônia e Acre, com sede em Porto Velho;
- **TRT da 15ª Região**: Estado de São Paulo (cidades do interior), com sede em Campinas;
- **TRT da 16ª Região**: Estado do Maranhão, com sede em São Luiz;
- **TRT da 17ª Região**: Estado do Espírito Santo, com sede em Vitória;
- **TRT da 18ª Região**: Estado de Goiás, com sede em Goiânia;
- **TRT da 19ª Região**: Estado de Alagoas, com sede em Maceió;
- **TRT da 20ª Região**: Estado de Sergipe, com sede em Aracaju;
- **TRT da 21ª Região**: Estado do Rio Grande do Norte, com sede em Natal;
- **TRT da 22ª Região**: Estado do Piauí, com sede em Teresina;
- **TRT da 23ª Região**: Estado do Mato Grosso, com sede em Cuiabá;
- **TRT da 24ª Região**: Estado do Mato Grosso do Sul, com Sede em Campo Grande.

O **Tribunal Superior do Trabalho** (**TST**) é o órgão de cúpula da Justiça Especializada, regido pelo art. 111-A e seguintes da Constituição Federal. É composto de 27 ministros "escolhidos dentre brasileiros com mais de trinta e cinco anos e menos de sessenta e cinco anos, de notável saber jurídico e reputação ilibada, nomeados pelo Presidente da República após aprovação pela maioria absoluta do Senado Federal".

A função do TST é uniformizar a interpretação da legislação trabalhista dos órgãos que compõem a Justiça do Trabalho, bem como decidir em última instância as questões de ordem administrativa da Justiça do Trabalho.

São órgãos que compõem o TST: a) Tribunal Pleno; b) Órgão Especial; c) Seção Especializada em Dissídios Coletivos (SDC); d) Seção Especializada em Dissídios Individuais (SDI), dividida em Subseção I e Subseção II; e) 8 (oito) Turmas; f) Comissões Permanentes: de Regimento Interno; de Jurisprudência e Precedentes Normativos e de Documentação. Ainda, funciona junto ao TST a Escola Nacional de Formação e Aperfeiçoamento de Magistrados do Trabalho (ENAMAT), cabendo-lhe, dentre outras funções, regulamentar os cursos oficiais para o ingresso e promoção na carreira; e o Conselho Superior da Justiça do Trabalho, cabendo-lhe exercer, na forma da lei, a supervisão administrativa, orçamentária, financeira e patrimonial da Justiça do Trabalho de primeiro e segundo graus, como órgão central do sistema, cujas decisões terão efeito vinculante.

2. JURISDIÇÃO E COMPETÊNCIA

A jurisdição é a função do Estado de resolver os conflitos de interesse entre pessoas. A função jurisdicional é exercida pelo Poder Judiciário, a quem compete dizer o direito aplicável ao caso concreto[909].

É a medida, o limite, o fracionamento da jurisdição; é a divisão dos trabalhos perante os órgãos encarregados do exercício da função jurisdicional, cujo objetivo é a composição da lide e a pacificação social[910].

Para Antonio Carlos de Araujo CINTRA (apud Theodoro Júnior, 2015)[911] a jurisdição é "uma das funções do Estado, mediante a qual este se substitui aos titulares dos interesses em conflito para, imparcial-

909 Eduardo Arruda Alvim, Daniel Willian Granado e Eduardo Aranha Ferreira. Direito processual civil – 6. ed. – São Paulo: Saraiva Educação, 2019.

910 Idem. Leone Pereira, 2018.

911 Humberto Theodoro Júnior. Curso de Direito Processual Civil – vol. I. 56. ed. – Rio de Janeiro: Forense, 2015.

mente, buscar a pacificação do conflito que os envolve, com justiça".

Mauro Schiavi[912] conceitua a jurisdição como "a função estatal exercida pelos juízes e tribunais, encarregada de dirimir, de forma imperativa e definitiva, os conflitos de interesses, aplicando o direito a um caso concreto, pacificando o conflito".

A doutrina tradicional afirma que a competência é uma parcela da jurisdição, ou seja, representa a distribuição das atribuições da atividade jurisdicional entre os órgãos do Poder Público[913].

As regras de distribuição da competência são realizadas de diversas formas: Constituição Federal, leis de direito processual (processo civil, processo criminal ou processo do trabalho), leis esparsas e normas de organização judiciária (regimentos internos dos tribunais).

Dentre as várias classificações da jurisdição citamos as seguintes: a) competência da Justiça Comum; b) Competência da Justiça Especial; c) Competência em razão da matéria (ratione materiae): competência em razão da natureza da relação jurídica ou objetiva, e tem por parâmetro a natureza da relação jurídica controvertida; d) Competência em razão da pessoa (ratione personae): competência em razão da qualidade das partes envolvidas na relação jurídica controvertida, é aquela que tem por parâmetro certas qualidades das pessoas litigantes; e) Competência funcional: tem por parâmetro a natureza das funções exercidas pelo magistrado no processo, bem como das respectivas exigências especiais dessas funções. A competência funcional também é denominada de competência a interna, normalmente prevista na CLT e nos regimentos internos dos Tribunais Regionais e do Tribunal Superior do Trabalho; f) competência originária: define a qual o órgão compete a causa dentro de um mesmo tribunal, isto é, se a competência é de órgão superior ou ao inferior; g) competência interna: quando existem vários juízes numa mesma Vara ou Tribunal, define qual ou quais órgão é/serão competentes; h) competência recursal/hierárquica: é a definição do órgão competente para apreciar o recurso apresentado pelas partes, ou seja, o próprio órgão que decidiu originariamente ou de órgão hierarquicamente superior.

A Emenda Constitucional 45/2004, conhecida como Reforma do Judiciário, alterou as regras de competência material na Justiça do Trabalho, ampliando significativamente essas competências.

O artigo 114 da Constituição federal passou a ter a seguinte redação:

"Art. 114. Compete à Justiça do Trabalho processar e julgar: I – as ações oriundas da relação de trabalho, abrangidos os entes de direito público externo e da administração pública direta e indireta da União, dos Estados, do Distrito Federal e dos Municípios; II – as ações que envolvam exercício do direito de greve; III – as ações sobre representação sindical, entre sindicatos, entre sindicatos e trabalhadores, e entre sindicatos e empregadores; IV – os mandados de segurança, habeas corpus e habeas data, quando o ato questionado envolver matéria sujeita à sua jurisdição; V – os conflitos de competência entre órgãos com jurisdição trabalhista, ressalvado o disposto no art. 102, I, o; VI – as ações de indenização por dano moral ou patrimonial, decorrentes da relação de trabalho; VII – as ações relativas às penalidades administrativas impostas aos empregadores pelos órgãos de fiscalização das relações de trabalho; VIII – a execução, de ofício, das contribuições sociais previstas no art. 195, I, a, e II, e seus acréscimos legais, decorrentes das sentenças que proferir; IX – outras controvérsias decorrentes da relação de trabalho, na forma da lei. § 1º Frustrada a negociação coletiva, as partes poderão eleger árbitros. § 2º Recusando-se qualquer das partes à negociação coletiva ou à arbitragem, é facultado às mesmas, de comum acordo, ajuizar dissídio coletivo de natureza econômica, podendo a Justiça do Trabalho decidir o conflito, respeitadas as disposições mínimas legais de proteção ao trabalho, bem como as convencionadas anteriormente. § 3º Em caso de greve em atividade essencial, com possibilidade de lesão do interesse público, o Ministério Público do Trabalho poderá ajuizar dissídio coletivo, competindo à Justiça do Trabalho decidir o conflito".

A competência material da Justiça do Trabalho está centrada na relação de trabalho e outras controvérsias dela decorrentes.

A Reforma do Judiciário verticalizou a competência da Justiça do Trabalho, pois antes era direcionado à pessoa envolvida na relação jurídica submetida à apreciação jurisdicional, e agora voltado para a própria relação jurídico-processual.

Na redação anterior, o art. 114 da CF preconizava que *"Compete à Justiça do Trabalho conciliar e julgar os dissídios individuais e coletivos entre trabalhadores e empregadores, abrangidos os entes de direito público externo e da administração pública direta e indireta dos Municípios, do Distrito Federal, dos Estados e da União, e, na forma da lei, outras controvérsias decorrentes da relação de trabalho, bem como os litígios que tenham origem no cumprimento de suas próprias sentenças, inclusive coletivas".*

O verbete "conciliar" foi substituído pela expressão "processar", conferindo uma nova redação ao caput do art. 114 da CF.

Conquanto a expressão conciliar tenha sido retirada do art. 114 da Constituição Federal, a conciliação continua sendo uma característica da Justiça do Trabalho, notadamente no processo do trabalho, sendo, inclusive, um princípio do direito processual trabalhista.

Corroborando essa afirmação o art. 764 da CLT dispõe que "Os dissídios individuais ou coletivos submetidos à apreciação da Justiça do Trabalho serão sempre

Decreto-Lei 5.452/1943

[912] Mauro Schiavi. Manual de Direito Processual do Trabalho. 13ª ed. – São Paulo, LTr, 2018.

[913] Idem. Arruda Alvim, 2019.

sujeitos à conciliação", cabendo aos juízes e tribunais empregar esforços e persuasão para buscar uma solução conciliatória dos conflitos de interesses – tanto os dissídios individuais quanto os dissídios coletivos estão sujeitos à conciliação.

O juiz do trabalho busca a conciliação em diversos momentos processuais, em especial após a abertura processual e antes de encerrá-la, conforme determinam os arts. 847 e 850 da CLT. Mesmo depois de encerrado o juízo conciliatório, é lícito às partes celebrar acordo que ponha termo ao processo.

Reforçando esse argumento, vale lembrar que o legislador criou Comissões de Conciliação Prévia como forma alternativa de solução de conflitos, conforme estabelecido nos arts. 625-A a 625-H da CLT.

A razão para a substituição do termo conciliar por processar reside na ampliação da competência da Justiça do Trabalho para processar e julgar novas ações não suscetíveis de conciliação – v.g., mandados de segurança, habeas corpus, habeas data.

2.1. ANÁLISE DO INCISO I DO ART. 114 DA CONSTITUIÇÃO FEDERAL

A redação original do art. 114 da Constituição Federal conferiu a competência da Justiça do Trabalho conciliar e julgar os dissídios individuais e coletivos entre trabalhadores e empregadores, ou seja, apenas as relações de emprego e algumas relações de trabalho.

A Emenda Constitucional 45/2004 ampliou a competência da Justiça do Trabalho, ao estabelecer no art. 114, inciso I, da Lei Maior, a competência para processar e julgar *"as ações oriundas da relação de trabalho, abrangidos os entes de direito público externo e da administração pública direta e indireta da União, dos Estados, do Distrito Federal e dos Municípios"*.

O núcleo básico da relação jurídica no ramo trabalhista concentra-se na relação de trabalho, mais propriamente na relação de emprego.

A doutrina enxerga uma distinção entre os termos "relação de trabalho" e "relação de emprego".

A primeira expressão tem caráter genérico referindo-se a toda relação jurídica caracterizada por uma prestação de serviços consubstanciada no trabalho humano. Abrange, portanto, a relação de emprego, o trabalho autônomo, o trabalho eventual, o trabalho avulso, o trabalho rural, dentre outros.

Já a relação de emprego é uma espécie de relação de trabalho, pois a sua configuração depende da existência de alguns requisitos dispensáveis às demais relações de trabalho. É a modalidade de pactuação de trabalho mais relevante, sendo certo que as normas jurídicas foram construídas em torno da relação de emprego.

Délio Maranhão – citado pelo professor Carlos Henrique Bezerra Leite, em seu Curso de Direito do Trabalho -, distingue os termos da seguinte maneira:

> *"(...) relação jurídica de trabalho é a que resulta de um contrato de trabalho, denominando-se de relação de emprego quando se trata de um contrato de trabalho subordinado.".*

Os critérios para a caracterização da relação de emprego passam necessariamente pelo conceito de empregado e empregador. A esse respeito, o artigo 2º e 3º da CLT fornecem os elementos essenciais para a caracterização do vínculo empregatício.

> *Art. 2º – Considera-se empregador a empresa, individual ou coletiva, que, assumindo os riscos da atividade econômica, admite, assalaria e dirige a prestação pessoal de serviço.*
>
> *Art. 3º – Considera-se empregado toda pessoa física que prestar serviços de natureza não eventual a empregador, sob a dependência deste e mediante salário.*

Tais requisitos são conhecidos como elementos fático-jurídicos da relação de emprego. Dentre eles estão: (a) prestação de trabalho por uma pessoa física; (b) Pessoalidade; (c) não eventualidade; (d) onerosidade (e) subordinação.

Através desse elemento fático-jurídico o empregado está sujeito aos poderes diretivos do empregador, o que propicia a organização e direção da prestação pessoal de serviços por este.

Portanto, podemos dizer que com a Reforma, a Justiça do Trabalho passou a ter competência constitucional para processar e julgar relação de trabalho em sentido amplo – trabalho autônomo, eventual, avulso, empregados de cartórios extrajudiciais, etc.

Como destacado no Manual de Processo do Trabalho[914]:

> *"Na doutrina e jurisprudência trabalhistas encontramos três linhas de pensamento sobre a expressão "relação de trabalho" e seus reflexos no âmbito da competência material da Justiça do Trabalho: 1ª Corrente – o advento da Reforma do Judiciário (Emenda Constitucional n. 45, de 2004) não trouxe nenhuma inovação na temática da competência material da Justiça do Trabalho. A expressão "relação de trabalho" deve ser interpretada como sinônima de relação de emprego. Assim, compete à Justiça do Trabalho processar e julgar as ações oriundas da relação de emprego. 2ª Corrente – a Reforma do Judiciário representou, de fato, ampliação da competência material da Justiça do Trabalho. Não obstante, a referida ampliação foi mitigada ou relativizada, de forma que a Justiça Laboral apenas tem competência para processar e julgar, além da relação de emprego, relações de trabalho que apresentam semelhanças com a relação de emprego, tomando-se por base os requisitos da relação de emprego (elementos fático-jurídicos: pessoa natural, pessoalidade, não eventualidade, onerosidade e subordinação). Em suma, a Justiça Obreira tem competência para processar e julgar as seguintes relações de trabalho: trabalho autônomo, trabalho avulso, trabalho eventual, trabalho voluntário, estágio etc. De outra sorte, relações regidas por legislação específica, como a relação de consumo, não são de competência da*

[914] Leone Pereira. Manual de processo do trabalho – 5. ed. – São Paulo: Saraiva, 2018.

> *Justiça do Trabalho. É oportuno consignar que essa corrente sustenta a ideia de que a Justiça do Trabalho é uma Justiça Especial ou Especializada na estrutura do Judiciário Nacional. Assim, a ampliação da competência não poderá ter o condão de torná-la Justiça Comum. 3ª Corrente – com a Reforma, houve significativa ampliação da competência material da Justiça do Trabalho. Assim, a Justiça Laboral passou a ter competência para processar e julgar relação de trabalho em seu real sentido amplo, ou seja, qualquer relação jurídica pela qual uma pessoa natural se comprometa a prestar um serviço ou executar uma obra em prol de uma pessoa natural ou jurídica, englobando qualquer espécie de prestação de trabalho humano.*

A doutrina suscita que a competência da Justiça do Trabalho abrange a relação de consumo, relação de cobrança de honorários ou ações de natureza penal quando envolver crimes contra as relações de trabalho.

De acordo com o art. 2º do Código de Defesa do Consumidor (Lei 8.078/90), "Consumidor é toda pessoa física ou jurídica que adquire ou utiliza produto ou serviço como destinatário final".

Já o fornecedor é "toda pessoa física ou jurídica, pública ou privada, nacional ou estrangeira, bem como os entes despersonalizados, que desenvolvem atividade de produção, montagem, criação, construção, transformação, importação, exportação, distribuição ou comercialização de produtos ou prestação de serviços", conforme dispõe o art. 3º do mesmo Diploma Normativo.

A relação de consumo tem natureza biforme, isto é, sob a ótica do consumidor essa relação jurídica está protegida pelo código de defesa do consumidor e, de outro lado, há uma atividade tipicamente humana prestada pelo fornecedor em benefício do consumidor.

Mauro Schiavi entende que "[...] há relação de consumo de interesse para a competência da Justiça do Trabalho: quando há prestação pessoal de serviços por uma pessoa natural que coloca seus serviços no mercado de consumo e os executa de forma preponderantemente pessoal, sem vínculo empregatício, mediante remuneração, em prol de um consumidor, pessoa física ou jurídica, que é destinatária final desses serviços".

Significa dizer que nas situações em que a prestação de serviços por pessoa natural for o objeto central da relação de consumo, distanciando-se da relação de consumo propriamente dita, é possível o reconhecimento da competência material da Justiça do Trabalho.

Para essa vertente interpretativa seria possível defender a competência da Justiça do Trabalho quando um profissional liberal (pessoa física) prestar serviços em benefício de um cliente, ajustando como contraprestação uma remuneração ou honorários.

De outro lado, *Carlos Henrique Bezerra Leite*[915] *entende que a*

> *"[...] relação de trabalho e relação de consumo são inconfundíveis. Se, por exemplo, um médico labora como trabalhador autônomo em uma clínica médica especializada, recebendo honorários desta, e presta serviços ao paciente, teremos duas relações distintas: 'a) entre o médico (pessoa física) e a clínica (empresa tomadora de serviços) – há uma relação de trabalho, cuja competência para dirimir os conflitos dela oriundos é da Justiça do Trabalho; b) entre o médico (pessoa física fornecedora de serviços) e o paciente (consumidor de serviços) – há uma relação de consumo, pois o paciente aqui é a pessoa física que utiliza o serviço como destinatário final. A competência para apreciar e julgar as demandas oriundas desta relação de consumo é da Justiça Comum; c) entre o paciente – pessoa física tomadora de serviços – e a clínica – pessoa jurídica fornecedora de serviços, há uma relação de consumo, cabendo à Justiça comum dirimir o conflito'. Urge, pois, para a fixação da competência da Justiça do Trabalho, distinguir consumidor de tomador de serviços. Para tanto, devemos aplicar a definição do art. 2º do CDC, segundo o qual, consumidor 'é a pessoa física ou jurídica que adquire ou utiliza produto ou serviço como destinatário final'. Já o tomador, para os fins da relação de trabalho, é a pessoa física ou jurídica que utiliza os serviços prestados por um trabalhador autônomo não como destinatário final, mas, sim, como intermediário".*

Logo, segundo essa corrente doutrinária entende que a relação mantida entre o destinatário final da prestação de serviços e o prestador de serviços é enquadrada como relação de consumo.

No âmbito do Superior Tribunal de Justiça está pacificado o entendimento de que "Compete à Justiça Estadual processar e julgar a ação de cobrança ajuizada por profissional liberal contra cliente', na forma da Súmula 363.

Pensamos ser admissível o reconhecimento da competência material da Justiça do Trabalho nas ações ajuizadas por prestador pessoa natural ou pelo usuário final dos serviços, com base nos seguintes fundamentos:

> *"a) A Constituição Federal não exclui a competência da Justiça do Trabalho para as lides que envolvam relações de consumo; b) A relação de trabalho é gênero, do qual a relação de consumo que envolva a prestação de trabalho humano é espécie; c) O juiz do Trabalho, ao decidir uma relação de consumo que envolva prestação pessoal de trabalho, aplicará o CDC (Lei n. 8.078/90) e o Código Civil para dirimi-la e não o Direito do Trabalho; d) Na Justiça do Trabalho, não vigora o princípio protetor, próprio do Direito do Trabalho. Portanto, não há choque de princípios entre o Direito do Consumidor (que tutela a parte vulnerável da relação jurídica de consumo, que é o consumidor) e o Direito do Trabalho (que tutela a parte hipossuficiente da relação jurídica de trabalho, que é o trabalhador); e) Na relação de consumo, cujo trabalho é prestado por pessoa física, em muito se assemelha ao trabalho autônomo, porquanto a responsabilidade do profissional liberal é subjetiva. Portanto, resta mitigado o princípio da vulnerabilidade do consumidor (art. 14, § 4º, do*

915 Carlos Henrique Bezerra Leite. Curso de direito processual do trabalho – 16. ed. – São Paulo: Saraiva Educação, 2018.

CDC); f) A CLT, no art. 652, III, atribui competência à Justiça do Trabalho para dirimir controvérsias atinentes à pequena empreitada, que é nitidamente um contrato de consumo, já que o pequeno empreiteiro oferece seus serviços no mercado de consumo em geral; g) A Justiça do Trabalho saberá equalizar o Direito do Consumidor, que protege o destinatário dos serviços, e o prestador pessoa física, enquanto cidadão"[916].

De acordo com o art. 109, VI, da Constituição Federal, compete à Justiça Federal julgar os crimes contra a organização do trabalho.

A doutrina e a jurisprudência divergem sobre o tema. Existe corrente doutrinária que defende a **competência criminal da Justiça do Trabalho** oriunda da relação de trabalho, com base no art. 114 da CF.

Marcelo José Ferlin D'Ambroso (apud Bezerra Leite, 2018)[917], defensor da competência material criminal da Justiça do Trabalho, argumenta que:

> *[...] se o constituinte derivado de 2004 procurou abarcar todas as hipóteses decorrentes da relação de trabalho na órbita da Justiça especializada, não se vê, na nova redação do art. 114 da Constituição da República, justificativa que autorize o fracionamento da jurisdição para a hipótese. Como corolário lógico e natural da expressão da jurisdição atribuída à Justiça do Trabalho no citado art. 114, esta será competente tanto para a ação de natureza cível quanto para a de natureza criminal que nascem da relação de trabalho".*

Corrente doutrinária em sentido contrário defende que **a Justiça do Trabalho não tem competência de natureza criminal, isso porque** a Justiça do Trabalho não está preparada para recepcionar essa atribuição. A ampliação demasiada da competência material pode representar uma descaracterização da especialidade da Justiça do Trabalho, cujo eixo central é a relação de trabalho e não matérias penais.

Para o jurista *Mauro Schiavi* "tal competência não trará benefícios à Justiça do Trabalho e nem ao Processo do Trabalho, tampouco um maior cumprimento da Legislação Trabalhista, pois as vicissitudes enfrentadas pela Justiça Comum e pela Justiça Federal serão as mesmas enfrentadas pela Justiça do Trabalho. Além disso, a função da Justiça do Trabalho sempre foi a de facilitar o acesso do trabalhador à justiça, o que ficaria significativamente comprometido com a competência Criminal". [918]

Carlos Henrique Bezerra Leite[919], a despeito da existência das correntes doutrinárias acima, defende uma corrente intermediária, ao admitir

> *"[...]a competência da Justiça do Trabalho em matéria criminal se, nos termos do inciso IX, do art. 114 da CF, for editada lei dispondo em tal sentido. Vale dizer, não se extrai de imediato dos incisos I e II do art. 114 da CF a competência criminal da Justiça Obreira, pois se fosse essa a intenção do constituinte derivado de 2004, teria ele inserido expressamente tal competência no extenso e analítico rol do art. 114 da CF. Nada impede, porém, que o legislador ordinário, ao regulamentar o inciso IX do art. 114 da CF, possa fazê-lo. É preciso estar atento às peculiaridades do processo penal, uma vez que, neste, o papel do juiz é o de intervenção mínima na esfera da liberdade do indivíduo que comete crime, enquanto, no processo do trabalho, há importante intervenção do juiz na busca da realização dos direitos humanos fundamentais".*

Comungando do mesmo entendimento, Enoque Ribeiro sustenta que *"a competência da Justiça do Trabalho está pautada, como vimos, na relação de trabalho, não havendo espaço para apreciar e julgar questões imanentes ao poder punitivo do Estado. Ademais, a Justiça do Trabalho tem por primado garantir e propagar os direitos fundamentais, mormente os inerentes à dignidade do trabalhador, não estando afeita às matérias de cunho criminal".*[920]

O Supremo Tribunal Federal, no julgamento da ADI nº. 3.684-0, por unanimidade, deferiu medida cautelar com eficácia "ex tunc" para afastar a interpretação que confira à Justiça do Trabalho competência criminal. O Ministro Relator Cezar Peluso, destacou em seu voto que:

> *"[...] aparece intuitivo que, ao prever a competência da Justiça do Trabalho para o processo e julgamento de 'ações oriundas da relação de trabalho', o disposto no art. 114, inc. I, da Constituição da República, introduzido pela EC nº 45/2004, não compreende outorga de jurisdição sobre matéria penal, até porque, quando os enunciados da legislação constitucional e subalterna aludem, na distribuição de competências, a 'ações', sem o qualificativo de 'penais' ou 'criminais, a interpretação sempre excluiu o alcance teórico as ações que tenham caráter penal ou criminal. Perante essa técnica de redação, a qual não constitui mera tradição estilística, mas metódica calculada que responde a uma rigorosa racionalidade jurídica, o normativo emergente é de que, no âmbito da respectiva competência, entram apenas as ações destituídas de natureza pena. Não infirma, no caso, a menção ao habeas corpus, contida no texto do inc. IV, pois esse remédio processual constitucional pode, como sabe toda a gente, voltar-se contra atos ou omissões praticados no curso de processos e até procedimentos de qualquer natureza, e não apenas no bojo de investigações, inquéritos e ações penais. É que sua vocação constitucional está em prevenir ou remediar toda violências que, gravando a liberdade de locomoção, provenha de ato ilegal ou abusivo, cometido de qualquer autoridade e, até, em certas circunstâncias, de particular (art. 5º, inc. LXVIII). Mais do que natural, portanto, era de boa lógica jurídico-normativa fosse explicitada ou reconhecida à Justiça do Trabalho competência acessória para conhecer e julgar habeas corpus impetrado contra ato praticado por seus próprios órgãos, no exercício das competências não penais que lhe reservou a Constituição, ou a pretexto de exercê-las, segundo vem, aliás, da literalidade da cláusula final do inc. IV do art. 114 ("quando o ato*

916 Idem. Leone Pereira, 2018.

917 Idem. Leite, 2018.

918 Idem. Schiavi, 2018.

919 Idem. Bezerra Leite, 2018.

920 Santos, Enoque Ribeiro dos; Hajel Filho, Ricardo Antonio Bittar. Curso de direito processual do trabalho – 2. ed. – São Paulo: Atlas, 2018.

questionado envolver matéria sujeita à sua jurisdição"). Longe de infirmar a conclusão esboçada, aquela expressa menção do texto constitucional das competências ao instituto do habeas corpus constitui a prova decisiva e cabal de que a Constituição da República não dá à Justiça do Trabalho competência para o processo e julgamento de outras ações penais. Deveras, se, em preceito específico, lha atribuiu para julgar habeas corpus, é óbvio que lha negou para julgamento de todos os outros remédios e ações penais, pela razão manifestíssima de que, se a Constituição houvera outorgado à Justiça do Trabalho competência criminal ampla e inespecífica, de todo em todo fora ocioso e escusado que, em clausula textual, lhe previsse competência para apreciar habeas corpus. [...] A exegese das regras constitucionais de competência deve guiar-se sempre à luz da garantia do juiz natural e dos seus desdobramentos normativos. [...] Do exposto, defiro a liminar, para, com efeito ex tunc, atribuir interpretação conforme à Constituição da República a seu art. 114, incs. I, IV e IX, declarando, nos termos já enunciados, que, no âmbito de jurisdição da Justiça do Trabalho, não entra competência para processar e julgar ações penais".

Recentemente, em 11 de maio de 2020, o Supremo Tribunal Federal, ao apreciar o mérito do referido processo em sessão virtual, por maioria de votos, julgou procedente o pedido formulado na ação direta de inconstitucionalidade, de modo a conferir interpretação conforme à Constituição ao seu artigo 114, incisos I, IV e IX, na redação dada pela Emenda Constitucional nº 45, para afastar qualquer interpretação que entenda competir à Justiça do Trabalho processar e julgar ações penais, nos termos da medida cautelar anteriormente deferida pelo Plenário, nos termos do voto do Relator Ministro Gilmar Mendes, vencidos os Ministros Edson Fachin e Marco Aurélio, com o seguinte teor:

> *II – Da necessidade de se conferir interpretação conforme à Constituição. Conforme já decidido por este Tribunal ao conceder a medida cautelar com efeitos ex tunc, a divisão de competências entre os órgãos do Poder Judiciário operada pela Constituição Federal impede que seja conferida à Justiça do Trabalho jurisdição penal genérica. Assim, nesse ponto, entendo que a ação direta de inconstitucionalidade deve ser julgada procedente, confirmando-se a liminar anteriormente deferida. No que se refere à assunção de competência penal, friso que é inequívoca a incompetência da Justiça do Trabalho para julgar causas penais.[...] Quanto à possibilidade de a Justiça do Trabalho processar e julgar habeas corpus, recorde-se que esse remédio constitucional não é exclusivo do Direito Penal, sendo a Justiça trabalhista competente para processar e julgar habeas corpus, quando o ato questionado envolver matéria sujeita à sua jurisdição. [...] Acrescento, ainda, na linha do voto do Ministro Ricardo Lewandowski quando do deferimento da medida cautelar, que, durante os trabalhos e discussões no Congresso Nacional, o poder constituinte derivado nunca almejou conferir à Justiça do Trabalho competência criminal. Ante o exposto, julgo procedente o pedido, de modo a conferir interpretação conforme à Constituição ao seu artigo 114, incisos I, IV e IX, na redação dada pela Emenda Constitucional 45, para afastar qualquer interpretação que entenda competir à Justiça do Trabalho processar e julgar ações penais, nos termos da medida cautelar anteriormente deferida pelo Plenário. É como voto".*

Não obstante o voto vencedor acima transcrito, é importante destacar a divergência instaurada pelo Ministro Edson Fachin, que reconheceu a competência material da Justiça do Trabalho, sob os seguintes fundamentos:

> *[...] entendo que não se deve restringir o seu âmbito de proteção para excluir da competência da Justiça do Trabalho as ações criminais, desde que, por óbvio, sejam diretamente decorrentes da relação de trabalho. O argumento da necessidade de previsão constitucional expressa e explícita acerca da competência criminal, para que esta seja reconhecida, não impõe que se excluam as competências, como a da Justiça do Trabalho, para os crimes que ocorram no âmbito das relações, inequivocamente, submetidas à sua jurisdição. A norma constitucional deve ser interpretada de forma a cumprir, com a máxima eficácia possível, o conteúdo semântico mais amplo de sua prescrição, especialmente quando se está a interpretar regra de competência de uma Justiça Especializada que funciona, no Estado Democrático de Direito, como verdadeira garantia institucional dos direitos fundamentais sociais dos trabalhadores brasileiros. O princípio do juiz – e promotor – natural (artigo 5º, XXXVII e LIII, CRFB), bem como o princípio do devido processo legal (artigo 5º, LV, CRFB) exigem esforço hermenêutico no sentido de compreender a competência da Justiça do Trabalho na abrangência que o legislador constituinte assim estabeleceu. Ainda que tal dispositivo não tenha feito parte da redação originária do Texto Constitucional, a conhecida Reforma do Poder Judiciário, por meio da Emenda Constitucional n. 45/2004, trouxe-o para o seio da Constituição brasileira, de modo que, de onde vejo a controvérsia constitucional aqui instaurada, deve desembocar em solução que entregue a interpretação que mais prestigia a Constituição e o poder constituinte derivado, qual seja, aquela que reconhece competência criminal à Justiça Laboral. A Justiça Especializada trabalhista é dotada de todos os adequados e necessários requisitos para exercer a competência constitucional que lhe atribuiu o legislador constituinte derivado, pois que, se os fatos que ensejam o reconhecimento da tipicidade penal são praticados no bojo da relação de trabalho, são o juiz do trabalho e tribunais laborais, bem como os ministérios públicos respectivos, as instituições mais preparadas para o processo e julgamento de tais fatos, ainda que no exercício de competência tipicamente criminal. Aqui vale lembrar as lições da Professora Ada Pelegrini Grinover: "A pacificação é o escopo magno da jurisdição e, por consequência, de todo o sistema processual (uma vez que todo ele pode ser definido como a disciplina jurídica da jurisdição e seu exercício). É um escopo social, uma vez que se relaciona com o resultado do exercício da jurisdição perante a sociedade e sobre a vida gregária dos seus membros e felicidade pessoal de cada um". (CINTRA, A.C.A; GRINOVER, A.P.; DINAMARCO, C.R. Teoria Geral do Processo. São Paulo-SP. Editora Malheiros. 22ª Edição, 2006, p. 30). Conforme tenho sustentado, a Justiça do Trabalho, no Brasil, cumpre a importância missão constitucional de garantir aos trabalhadores brasileiros a concretização de direitos fundamentais que foram expressamente a eles destinados pelo constituinte de 1988. A dimensão criminal que decorre do máximo desrespeito às normas de conduta das relações sociais, que se perfazem em relações de trabalho, também deve ser submetida ao crivo da Justiça Especializada, especialmente naquelas situações em que o magistrado laboral, com sua competência plena, apresenta-se como o agente público dotado das melhores condições institucionais para avaliar tais condutas e estabelecer uma linha de política pública criminal adequada*

para a pacificação social nos ambientes laborais. Por essas razões, pedindo vênia a todos aqueles que perfilham compreensão diversa, voto pela improcedência do pedido de interpretação conforme, mantendo a redação conferida ao artigo 114, I, da Constituição da República, na amplitude em que o legislador constituinte derivado o fez, por meio da Emenda Constitucional n. 45/2004, para reconhecer, em seu âmbito semântico, a competência criminal da Justiça do Trabalho. É como voto".

Na visão do voto divergente, a interpretação semântica deve ser efetuada de forma a extrair máxima eficácia do texto constitucional. A interpretação ampla da redação do art. 114, I, IV e IX, da CF, não descaracterizaria a especialidade da Justiça do Trabalho, pois os crimes decorrem do desrespeito às normas de conduta das relações sociais, ou seja, são praticados no bojo da relação de trabalho. Por essa razão, também deve ser submetido ao crivo da Justiça do Trabalho.

E mais. A Justiça Laboral é estruturalmente preparada para cumprir essa atribuição conferida pelo legislador constituinte derivado, considerando que o juiz do trabalho e tribunais laborais, bem como os ministérios públicos respectivos, as instituições estão aptas e melhores preparadas para o processo e julgamento de tais fatos.

A segunda parte do art. 114, inc. I, da CF, abrange na competência da Justiça do Trabalho as relações de trabalho envolvendo os entes de direito público externo e da administração pública direta e indireta da União, dos Estados, do Distrito Federal e dos Municípios.

Os entes públicos de direito público externo são os Estados estrangeiros e todas as pessoas que forem regidas pelo direito internacional público (art. 42 do Código Civil).

Assim, caso um empregado seja contratado no Brasil por um consulado ou uma embaixada e não adimplir as verbas rescisórias, por exemplo, o empregado poderá ajuizar reclamação trabalhista perante a Justiça do Trabalho.

Os entes públicos de direito público externo não gozam de imunidade de jurisdição, isto é, privilégio diplomático em processo trabalhista, haja vista que a relação de trabalho é um ato de gestão, o que permite a sujeição à Justiça Especializada.

Ressalta-se que o ente os entes públicos de direito público externo não poderão sofrer atos constritivos, isso porque, gozam de imunidade executória, por questões de soberania. A via adequada para a satisfação do crédito do título executivo é através de apelos diplomáticos e as cartas rogatórias.

Excepcionalmente, a penhora poderá recair sobre os bens dos entes públicos externos se existir renúncia à prerrogativa da intangibilidade dos seus próprios bens ou se os bens, situados em território brasileiro, não tenham qualquer vinculação com as finalidades inerentes às atividades consulares ou diplomáticas.

O Tribunal Superior do Trabalho sedimentou o entendimento, na OJ 416 da SDI-1 do TST, de que "as organizações ou organismos internacionais gozam de imunidade absoluta de jurisdição quando amparados por norma internacional incorporada ao ordenamento jurídico brasileiro, não se lhes aplicando a regra do Direito Consuetudinário relativa à natureza dos atos praticados. Excepcionalmente, prevalecerá a jurisdição brasileira na hipótese de renúncia expressa à cláusula de imunidade jurisdicional".

No que se refere às pessoas jurídicas de direito público interno – União, Estados, Distrito Federal e os Territórios, Municípios, as autarquias, inclusive as associações públicas, as demais entidades de caráter público criadas por lei, conforme art. 41 do CC – estão inseridos na competência da Justiça do Trabalho os empregados públicos, também denominados de servidores públicos celetistas.

O Supremo Tribunal Federal, no julgamento da ADI 3.395-6, entendeu que o servidor público estatutário não está abrangido na competência material da Justiça do trabalho, isso porque a relação mantida com a Administração Pública tem natureza jurídico-administrativo, incumbindo à Justiça Comum processar e julgar esses litígios.

Outro tema que merece destaque é a previdência complementar privada, compreendida no plano de aposentadoria diverso do Regime Geral de Previdência Social (RGPS) ou do Regime Próprio de Previdência Social (RPPS), no qual o trabalhador verte mensalmente contribuição para pessoa jurídica de direito privado.

Para o Supremo Tribunal Federal cabe à Justiça Comum o julgar os processos decorrentes de contrato de previdência complementar privada, tendo em vista a da inexistência de relação trabalhista entre o beneficiário e a entidade fechada de previdência complementar, conforme restou decidido no RE nº 586.453 e 583.050. O Plenário modulou os efeitos da decisão de modo que os processos com sentença de mérito até 20.02.2013 continuaram tramitando perante a Justiça do Trabalho.

A decisão não foi unânime. O Ministro Joaquim Barbosa (atualmente aposentado) abriu a divergência defendendo a competência da Justiça do Trabalho nos casos de complementação de aposentadoria no âmbito da previdência privada quando a relação jurídica decorrer do contrato de trabalho, destacando que caberia ao juiz avaliar o caso concreto e determinar qual a competência: Justiça do Trabalho ou Justiça Comum.

Apesar do posicionamento do Supremo Tribunal Federal, a 8ª Turma do Tribunal Superior do Trabalho declarou a competência da Justiça do Trabalho para o julgamento do pedido de recolhimento das contribuições devidas à entidade de previdência privada, decorrente das diferenças salariais deferidas, sob os seguintes fundamentos:

- COMPETÊNCIA DA JUSTIÇA DO TRABALHO – CONTRIBUIÇÕES DEVIDAS À ENTIDADE DE PREVIDÊNCIA PRIVADA – PARCELAS DEFERIDAS EM JUÍZO a) Conhecimento O Tribunal Regional afirmou a incompetência desta Justiça Especializada para o julgamento do pedido de reflexos das parcelas deferidas em juízo na contribuição para a FORLUZ. [...]. Ressalvo meu posicionamento anterior, no sentido de reconhecer a competência da Justiça Comum para julgar processos referentes a contrato de previdência complementar privada, inclusive no tocante a reflexos de parcelas trabalhistas nas contribuições do empregador ao fundo de previdência, com fundamento no julgamento dos Recursos Extraordinários nos 586.453 e 583.050, respeitada a modulação de efeitos definida naquela oportunidade. De acordo com o entendimento do E. Supremo Tribunal Federal, a exclusão da competência da Justiça do Trabalho em relação aos planos de previdência privada de entidades instituídas e/ou patrocinadas pelo empregador decorria da interpretação do art. 202, § 2º, da Constituição da República, que afasta expressamente do contrato de trabalho inclusive as contribuições do empregador. No julgamento do E-ED-RR-103-18-57.2015.5.03.0018, no qual fiquei vencida, prevaleceu o entendimento quanto à inaplicabilidade da diretriz fixada pelo E. STF no julgamento do RE nº 586.453/SE, cuja incidência restringe-se às demandas ajuizadas contra entidades de previdência privada com a finalidade de obter os benefícios da complementação de aposentadoria. Eis o teor da ementa: EMBARGOS EM EMBARGOS DE DECLARAÇÃO EM RECURSO DE REVISTA – REGÊNCIA PELA LEI Nº 13.015/2014 – COMPETÊNCIA DA JUSTIÇA DO TRABALHO. CONTRIBUIÇÕES DEVIDAS A ENTIDADE FECHADA DE PREVIDÊNCIA PRIVADA. INCIDÊNCIA SOBRE PARCELAS PLEITEADAS NA EXORDIAL. Hipótese em que se postula o recolhimento das contribuições devidas a entidade fechada de previdência privada (PREVI), incidentes sobre os créditos trabalhistas pleiteados na exordial. Ação ajuizada exclusivamente em face do empregador, sem que conste da petição inicial qualquer pedido atinente à percepção de diferenças de complementação de aposentadoria. Inaplicabilidade da diretriz fixada pelo Supremo Tribunal Federal quando do julgamento do RE-586.453/SE, cuja incidência restringe-se às "(...) demandas ajuizadas contra entidades privadas de previdência com o propósito de obter complementação de aposentadoria (...)" (Tema de Repercussão Geral nº 190). Aplicação analógica da orientação cristalizada na Súmula Vinculante 53, segundo a qual "A competência da Justiça do Trabalho prevista no art. 114, VIII, da Constituição Federal alcança a execução de ofício das contribuições previdenciárias relativas ao objeto da condenação constante das sentenças que proferir e acordos por ela homologados". Precedentes desta Subseção. Recurso de embargos conhecido e provido. (E-ED-RR-10318-57.2015.5.03.0018, Relator Ministro Márcio Eurico Vitral Amaro, DEJT 23/2/2018) Curvo-me ao entendimento da C. SBDI-1, adotado por esta E. Turma, no sentido de ser da competência da Justiça do Trabalho o julgamento de lide envolvendo o pedido de recolhimento das contribuições devidas pelo empregador (patrocinador) à entidade de previdência privada, decorrente das diferenças salariais deferidas em juízo. Como visto, segundo a tese majoritária, o entendimento firmado pelo E. STF no julgamento dos Recursos Extraordinários nos 586.453 e 583.050 restringe-se à competência para apreciar as relações jurídicas em que se discute o benefício da complementação de aposentadoria, a ser pago pela entidade de previdência privada, não se estendendo às contribuições devidas pelo empregador. Cito julgados deste Colegiado, posteriores à decisão da C. SBDI-1, em que foi reconhecida a competência desta Justiça Especializada para o julgamento de controvérsia como a dos autos. PRECEDENTES. Conheço, por violação ao art. 114, IX, da Constituição da República. (TST – 8ª T. – ARR – 10141-47.2016.5.03.0022, Ministra-Relatora Maria Cristina Irigoyen Peduzzi, Publicado em 22/03/2019)

Portanto, na ótica do Tribunal Superior do Trabalho insere-se na competência material da Justiça do Trabalho as ações envolvendo a previdência complementar quando o empregador deixar de verter as contribuições à entidade de previdência privada.

2.2. ANÁLISE DO INCISO II DO ART. 114 DA CONSTITUIÇÃO FEDERAL

Segundo se observa da redação do inciso II do art. 114 da Constituição Federal as ações individuais ou coletivas relacionadas ao exercício do direito de greve são da competência da Justiça do Trabalho, seja de forma direta ou indireta.

O exercício do direito de greve está previsto no art. 9º da Constituição Federal que assim dispõe: *É assegurado o direito de greve, competindo aos trabalhadores decidir sobre a oportunidade de exercê-lo e sobre os interesses que devam por meio dele defender. § 1º A lei definirá os serviços ou atividades essenciais e disporá sobre o atendimento das necessidades inadiáveis da comunidade. § 2º Os abusos cometidos sujeitam os responsáveis às penas da lei".*

A Lei 7.783/89 regulamenta o exercício do direito de greve, define as atividades essenciais, regula o

Decreto-Lei 5.452/1943

atendimento das necessidades inadiáveis da comunidade, bem como outras providências.

A greve é definida como "a suspensão coletiva, temporária e pacífica, total ou parcial, de prestação pessoal de serviços a empregador" (art. 2º da Lei 7.783/89).

Luciano Martinez[921] conceitua a greve como "um direito fundamental que legitima a paralisação coletiva de trabalhadores realizada de modo concertado, pacífico e provisório, como instrumento anunciado de pressão para alcançar melhorias sociais ou para fazer com que aquelas conquistas normatizadas sejam mantidas e cumpridas".

A inobservância das normas contidas na Lei 7.783/89, bem como a manutenção da paralisação após a celebração de acordo, convenção ou decisão da Justiça do Trabalho, constitui abuso do direito de greve. Destarte, as ações inibitórias, ou seja, aquelas com o escopo de assegurar o exercício do direito de greve para a classe trabalhadora, ou as ações de reparações de dados ocasionados aos empregados, aos empregadores, estão englobadas na competência da justiça do trabalho.

Para o Supremo Tribunal Federal "O direito à greve não é absoluto, devendo a categoria observar os parâmetros legais de regência. (...) Descabe falar em transgressão à Carta da República quando o indeferimento da garantia de emprego decorre do fato de se haver enquadrado a greve como ilegal (RE 184.083, rel. min. Marco Aurélio, j. 7-11-2000, 2ª T, DJ de 18-5-2001)."

Também está inserido na competência da Justiça do Trabalho processar e julgar as ações possessórias que envolvam exercício do direito de greve: a) ação de reintegração de posse – no caso de perda total ou parcial da posse (esbulho); b) ação de manutenção de posse – qualquer ato impede o livre exercício da posse (turbação); c) ação de interdito proibitório – nas situações em que há ameaça de turbação ou de esbulho.

Nesse sentido, o Supremo Tribunal Federal sedimentou o seguinte entendimento: "A Justiça do Trabalho é competente para processar e julgar ação possessória ajuizada em decorrência do exercício do direito de greve pelos trabalhadores da iniciativa privada" (Súmula Vinculante 23 do STF).

Merece destacar que os servidores públicos civis, não obstante a omissão legal, gozam do direito ao exercício do direito de greve previsto na Lei 7.783/89, conforme restou decidido no julgamento do MI 708, Rel. para o Acórdão Min. Gilmar Mendes, Pleno, DJe 31.10.2008

- O Supremo também entende que o direto ao exercício do direito de greve não se estende aos policiais civis e todos os servidores públicos que atuem diretamente na área da segurança pública. A Suprema Corte ao apreciar o Recurso Extraordinário com Agravo nº. 654.432 – Tema 541 da repercussão geral – por maioria, deu provimento ao recurso e fixou a seguinte tese:
- "1 – O exercício do direito de greve, sob qualquer forma ou modalidade, é vedado aos policiais civis e a todos os servidores públicos que atuem diretamente na área de segurança pública. 2 – É obrigatória a participação do Poder Público em mediação instaurada pelos órgãos classistas das carreiras de segurança pública, nos termos do art. 165 do CPC, para vocalização dos interesses da categoria". Vencidos, no julgamento de mérito e na fixação da tese, os Ministros Edson Fachin (Relator), Rosa Weber e Marco Aurélio". (ARE 654.432, rel. p/ o ac. min. Alexandre de Moraes, j. 5-4-2017, P, DJE de 11-6-2018, Tema 541).

Subscrevemos o voto do Ministro Alexandre de Moraes no qual destaca que

> *"No exercício da segurança pública, manutenção da ordem pública e da paz social, não há possibilidade de complementação ou substituição das carreiras policiais pela atividade privada [...].Como compatibilizar o exercício dessa imprescindível, dignificante, honrosa, porém também penosa carreira de Estado com o exercício do Direito de Greve? Como compatibilizar que o braço armado do Estado mantenha as necessárias disciplina e hierarquia com o Direito de Greve, sem colocar em risco a segurança pública, a ordem e a paz social? Como compatibilizar a obrigatoriedade de os integrantes das carreiras policiais realizarem intervenções e prisões em situação de flagrância com o exercício do Direito de Greve? Como compatibilizar a continuidade do exercício integral das funções do Ministério Público e a continuidade da jurisdição criminal com o exercício do Direito de Greve pela Polícia Judiciária? Não é possível. Ninguém é obrigado a ingressar no serviço público, em especial nas carreiras policiais, ninguém é obrigado a exercer o que, particularmente, considero um verdadeiro sacerdócio, que é a carreira policial. Mas aqueles que permanecem sabem que a carreira policial é mais do que uma profissão, é o braço armado do Estado, responsável pela garantia da segurança interna, ordem pública e paz social. Não é possível que o braço armado do Estado queira fazer greve. O Estado não faz greve. O Estado em greve é anárquico. A Constituição não permite.*

Por se tratar de um braço do Estado, responsável pela manutenção da ordem pública e da paz social, acreditamos que é uma atividade essencialíssima e o exercício do direito de greve pode acarretar sérios danos ao Estado e à sociedade.

2.3. ANÁLISE DO INCISO III DO ART. 114 DA CONSTITUIÇÃO FEDERAL

Insere-se na competência da Justiça do Trabalho (art. 114, inc. III, da Constituição Federal) as lides intersindicais ou intrassindicais, ou seja, as ações sobre representação sindical, entre sindicatos, entre sindicatos e trabalhadores, e entre sindicatos e empregadores.

921 Luciano Martinez. Curso de direito do trabalho – 11. ed. – São Paulo: Saraiva Educação, 2020.

O termo "sindicatos" previsto no texto constitucional deve ser interpretado de forma ampla, abrangendo as federações, confederações e centrais sindicais.

Há corrente doutrinária que defende a competência da Justiça do Trabalho somente competência para processar e julgar as ações sobre representação sindical (disputa de base territorial ou de representação da categoria). Para outra corrente doutrinária a Justiça do Trabalho é competente para abranger as demandas sobre representação sindical, controvérsias entre sindicatos e empregados, entre sindicatos e empregadores.

Além disso, a Justiça do Trabalho é competente para apreciar os conflitos intersindicais (representatividade, vínculo jurídico-sindical entre sindicato e federação) e intrassindicais (os conflitos entre o sindicato e seus associados, entre sindicatos e terceiros, sobre criação do sindicato, registro sindical, convocação de Assembleia ou eleições sindicais, dentre outros), bem como os conflitos relacionados às contribuições sindicais.

2.4. ANÁLISE DO INCISO IV DO ART. 114 DA CONSTITUIÇÃO FEDERAL

De acordo com o art. 114, IV, da CF, a Justiça do Trabalho é competente para processar e julgar mandado de segurança, *habeas corpus* e *habeas data*, quando o ato questionado envolver matéria sujeita à sua jurisdição.

O mandado de segurança, previsto no art. 5º, LIX, CF e na Lei n. 12.016/2009, é uma garantia fundamental, com a finalidade de "proteger direito líquido e certo, não amparado por *habeas corpus* ou *habeas data*, sempre que, ilegalmente ou com abuso de poder, qualquer pessoa física ou jurídica sofrer violação ou houver justo receio de sofrê-la por parte de autoridade, seja de que categoria for e sejam quais forem as funções que exerça" (art. 1º da Lei n. 12.016/09).

O direito líquido e certo, conforme ensina o jurista Flávio Martins, "é aquele que pode ser comprovado de plano, por prova documental, ou seja, pode ser demonstrado no momento da inicial, independentemente de dilação probatória".

A Reforma do Judiciário (EC 45/2004) trouxe como novidade a possibilidade de impetração de mandado de segurança perante a Vara do Trabalho, ampliando a competência material da Justiça do Trabalho para alcançar os atos ilegais e o abuso de poder de outras autoridades, além das judiciárias trabalhistas.

Assim, tornou-se possível questionar os atos praticados por auditor fiscal do trabalho, delegado do trabalho, procurador do trabalho em inquéritos civis públicos e autoridades administrativas responsáveis pela análise do registro sindical, perante o juízo de primeiro grau trabalhista.

A competência funcional para processar e julgar o mandado perante da Justiça do Trabalho é atribuída da seguinte maneira: a) Vara do Trabalho, contra os atos praticados por auditores fiscais do trabalho, delegados do trabalho, etc.; b) Tribunal Regional do Trabalho – atos praticados por juiz do trabalho de primeiro grau, juiz de direito investido de jurisdição trabalhista, e atos praticados pelos integrantes do próprio Tribunal; c) Tribunal Superior do Trabalho – atos praticados pelos integrantes do Tribunal Superior.

O *habeas corpus* tem o objetivo de tutelar o direito de ir e vir.

A Constituição Federal estabelece que "sempre que alguém sofrer ou se achar ameaçado de sofrer violência ou coação em sua liberdade de locomoção, por ilegalidade ou abuso de poder" (art. 5º, LXVIII, da CF).

Gilmar Ferreira Mendes[922]*, ensina que a titularidade do habeas corpus* "haveria de ser, em princípio, a pessoa natural afetada por qualquer medida que restrinja ou ameace restringir a sua liberdade de locomoção. Nos termos do Código de Processo Penal (art. 654, *caput*), o *habeas corpus* pode ser impetrado, porém, por *qualquer pessoa*, advogado ou não, em seu favor ou de outrem, bem como pelo Ministério Público. Assim, as condições de titular do direito de *habeas corpus* (paciente) e impetrante não são necessariamente coincidentes".

Em matéria trabalhista, havia um forte dissenso doutrinário e jurisprudencial quanto à competência (ou não) da Justiça do Trabalho para processar e julgar esse remédio heroico. No âmbito do Supremo Tribunal Federal prevalecia o entendimento de que competia ao Tribunal Regional Federal processar e julgar o *habeas corpus* em face de ato praticado por juiz do trabalho.

No passado, o depositário considerado infiel poderia ter a sua liberdade tolhida pelo juiz do trabalho.

Contudo, a jurisprudência evoluiu e com base no Pacto de São José da Costa Rica, do qual o Brasil é signatário, entendeu-se que a prisão do depositário infiel – por dívida civil – é considerada ilegal violando frontalmente a Convenção Americana sobre Direitos Humanos.

Diante disso, o Supremo Tribunal Federal sumulou, com efeito vinculante, que é vedada a *prisão civil do depositário infiel, qualquer que seja a modalidade do depósito.*

Embora pouco usual, o habeas corpus poderá ser utilizado na Justiça do Trabalho sempre que ocorrer a restrição da liberdade de locomoção do empregado ou trabalhador por parte do empregador ou tomador dos serviços, como nos casos de servidão por dívida e movimento grevista.

[922] Gilmar Ferreira Mendes, Paulo Gustavo Gonet Branco. Curso de direito constitucional – 12. ed. – São Paulo: Saraiva, 2017.

Na história recente tivemos alguns casos emblemáticos envolvendo o manejo do habeas corpus na justiça do trabalho.

Em 2012 a Seção de Dissídios Individuais 2 do Tribunal Superior do Trabalho concedeu habeas corpus ao jogador de futebol Oscar dos Santos Emboaba Júnior, mais conhecido como Oscar, para romper o vínculo contratual com o São Paulo Futebol Clube. O relator do caso, Ministro Guilherme Caputo Bastos, destacou em seu voto que a decisão judicial:

- "[...] jamais poderá impor ao trabalhador o dever de empregar sua mão de obra a empregador ou em local que não deseje, sob pena de grave ofensa aos princípios da liberdade e da dignidade da pessoa humana e da autonomia da vontade, em torno dos quais é construído todo o ordenamento jurídico pátrio. Ademais, o prévio afastamento do empregado em caso de alegação de rescisão indireta configura exercício regular de um direito a ele garantido pela norma jurídica, ao passo que, eventual improcedência do seu pleito não acarreta o seu retorno ao antigo trabalho, mas dá ensejo, apenas, às consequências previstas em lei, quais sejam, a absolvição do empregador da falta a ele imputada e a conversão da rescisão indireta em pedido de demissão, com as respectivas consequências pecuniárias. [...] **a possibilidade de o empregado rescindir unilateralmente o seu contrato de trabalho, independentemente da configuração de justa causa do empregador, decorre da autonomia da vontade e de sua liberdade fundamental de escolha, não podendo ser tolhida sequer por decisão judicial**. [...] o próprio caput do artigo 28 da Lei nº 9.615/98, ao prever a pactuação de cláusula penal para hipóteses de rescisão unilateral do contrato de trabalho, autoriza ao atleta profissional se desligar da entidade desportiva a que vinculado mediante a contraprestação pecuniária previamente acordada. Acrescento que **a cláusula penal é uma compensação pecuniária pela rescisão unilateral do contrato e não uma condição essencial para tanto, sob pena de inviabilizar o distrato nos casos em que fixada em valores elevados,** tolhendo do empregado de suas liberdades fundamentais enquanto vigente o contrato de trabalho. **Logo, rescindido unilateralmente pelo atleta profissional o contrato de trabalho, surge, para ele, a obrigação de pagar a respectiva cláusula penal, somente**. O inadimplemento desta obrigação de pagar, por sua vez, **não autoriza à entidade desportiva prejudicada cobrar do devedor a prestação pessoal de serviços. Dito isso, tenho, em primeira análise, que a decisão judicial que determina o restabelecimento obrigatório do vínculo desportivo** com o SÃO PAULO FUTEBOL CLUBE, **em contrariedade à vontade do trabalhador, cerceia o seu direito fundamental de exercício da profissão**, razão pela qual **concedo a liminar em habeas corpus para autorizar o paciente a exercer livremente a sua profissão**, participando de jogos e treinamentos em qualquer localidade e para qualquer empregador, conforme sua livre escolha. (TST – HC – Seção de Dissídios Individuais 2, Relator Guilherme Caputo Bastos, 26.04.2012).

Posteriormente, mudando de orientação, o Tribunal Superior do Trabalho passou a entender que o habeas corpus não é o meio adequado para discutir situação que não implique pena privativa de liberdade, não servindo, portanto, para questionar a manutenção do vínculo empregatício. Vejamos a ementa abaixo:

> HABEAS CORPUS. ATLETA PROFISSIONAL. LIBERAÇÃO PARA EXERCÍCIO EM OUTRA AGREMIAÇÃO ESPORTIVA. AUSÊNCIA DE RESTRIÇÃO DO DIREITO PRIMÁRIO DE LIBERDADE DE LOCOMOÇÃO (DIREITO DE IR, VIR E PERMANECER). SUPERAÇÃO DA DOUTRINA BRASILEIRA DO HABEAS CORPUS. NÃO CABIMENTO. A Justiça do Trabalho tem competência constitucional para apreciação de habeas corpus, quando o ato questionado envolver matéria sujeita à sua jurisdição. Contudo, tal competência deve observar os limites de cabimento da referida ação constitucional garantidora de liberdades fundamentais, em respeito à instrumentalidade das ações constitucionais. A jurisprudência do Supremo Tribunal Federal e do Superior Tribunal de Justiça é firme no sentido de que o habeas corpus tem cabimento restrito à defesa da liberdade de locomoção primária, assim entendida como o direito de ir, vir e permanecer. Admissível, portanto, como meio de proteção de direitos que tenham na liberdade física condição necessária para o seu exercício. Precedentes do STF e do STJ. Contraria o entendimento majoritário dessas Cortes, portanto, a admissão de habeas corpus para discutir cláusula contratual de atleta profissional, com pedido de transferência imediata para outra agremiação desportiva e de rescisão indireta do contrato de trabalho, por não afetar restrição ou privação da liberdade de locomoção. Se a discussão afeta somente secundariamente a liberdade de locomoção, decorrente de liberdade de exercício de profissão ou trabalho, não cabe habeas corpus, caso em que o direito deve ser tutelado por outro meio admitido em Direito. Eventuais restrições do exercício de atividade por atleta profissional não autorizam a impetração de habeas corpus, porquanto não põem em risco a liberdade primária de ir, vir ou permanecer. Ademais, na hipótese dos autos, o habeas corpus foi utilizado como substitutivo de decisão a ser proferida na reclamatória trabalhista, âmbito apropriado para a análise probatória da alegação de descumprimento do contrato, uma vez que o paciente apresentou reclamatória trabalhista, cujo pedido de tutela de urgência de natureza antecipada foi indeferido e contra o qual impetrou mandado de segurança. O presente habeas corpus foi impetrado contra decisão em agravo regimental da Seção Especializada do Tribunal Regional, que cassou a liminar concedida no mandado de segurança. Habeas corpus extinto sem resolução de mérito, nos termos do artigo 485, IV, do CPC/2015. (TST – SDI-2 – HC – 1000678-46.2018.5.00.0000, Relator Ministro Alexandre Luiz Ramos, Publicado em 18/12/2018)

Outro caso que merece destaque é a retenção de passaporte do executado, com a finalidade de compelir o executado a satisfazer a execução.

O art. 139º, IV, do Código de Processo Civil autoriza o juiz a" determinar todas as medidas indutivas, coercitivas, mandamentais ou sub-rogatórias necessárias para assegurar o cumprimento de ordem judicial, inclusive nas ações que tenham por objeto prestação pecuniária". Em outras linhas, permite a adoção de medidas coercitivas atípicas para que o executado satisfaça o crédito exequendo como, por exemplo, o protesto da dívida perante o cartório competente, a suspensão do direito de dirigir (suspensão da Carteira Nacional de Habilitação), dentre outras.

Nessa toada a Subseção II Especializada em Dissídios Individuais (SDI-2) do Tribunal Superior do Trabalho, em sessão telepresencial realizada no dia 18/08/2018, decidiu conceder habeas corpus a um dos sócios de uma empresa, para determinar a devolução do seu passaporte, retido pelo juízo da execução de dívidas trabalhistas da empresa.

No julgamento prevaleceu a divergência aberta pelo ministro Vieira de Mello Filho, favorável ao cabimento parcial do *habeas corpus* em relação ao passaporte, que destacou a existência de precedentes no âmbito do Superior Tribunal de Justiça (STJ), que admite a impetração de *habeas corpus* no caso de retenção de passaporte, porque a medida limita efetivamente a locomoção do titular do documento[923].

A competência interna (funcional) para apreciar o *habeas corpus* na Justiça do Trabalho, é organizada da seguinte forma: a) Vara do Trabalho, contra ato de particular; b) TRT, contra ato de juiz do trabalho de primeira instância; c) TST, contra ato de Desembargadores dos TRTs; d) STF, contra atos dos Ministros do TST.

Ainda, a Justiça do Trabalho é competente para processar e julgar *habeas data* em matéria trabalhista. É um remédio constitucional que apresenta como objetivo viabilizar o conhecimento de informações relativas à pessoa do impetrante, constantes de registros ou banco de dados de entidades governamentais ou de caráter público; retificar dados, quando não se prefira fazê-lo por processo sigiloso, judicial ou administrativo; ou, promover a anotação nos assentamentos do interessado, de contestação ou explicação sobre dado verdadeiro, mas justificável e que esteja sob pendência judicial ou amigável.

Podemos citar como exemplo de hipóteses de cabimento de *habeas data* na Justiça do Trabalho, a pretensão do empregador em face do Ministério do Trabalho e Previdência – recriado pela MP n. 1.058/21 –, para ter acesso às informações no respectivo banco de dados, ou, ainda, o pedido de retificação de informação constante no banco de dados.

2.5. ANÁLISE DO INCISO V DO ART. 114 DA CONSTITUIÇÃO FEDERAL

Incumbe à Justiça do Trabalho processar e julgar os conflitos de competência entre órgãos com jurisdição trabalhista, ressalvado o disposto no art. 102, I, "o", da Constituição Federal (art. 114, V, CF).

Os conflitos de competência estão tipificados no art. 804 da CLT e no art. 66 do CPC. São classificados em conflito positivo de competência, ou seja, quando dois ou mais juízes se declaram competentes para julgar um mesmo feito, bem como conflito negativo de competência, quando dois ou mais juízes se consideram incompetentes, ou, ainda, quando dois ou mais juízes discente acerca da reunião ou separação de processos.

Segundo o art. 805 da CLT, o conflito de competência pode ser suscitado pelos juízes e tribunais do trabalho, pelo Ministério Público do Trabalho ou pela parte interessada. A parte que ofereceu exceção de incompetência não pode suscitar o conflito.

Existem algumas regras que buscam solucionar os conflitos de competência entre órgãos com jurisdição trabalhista. Vejamos:

ÓRGÃO COMPETENTE	**CONFLITO**	
TRT (art. 808, alínea *a*, da CLT)	Varas do Trabalho da mesma região	
TST (art. 808, alínea *b*, da CLT)	TRT	TRT
	Varas do Trabalho de regiões diversas	
	TRT	Vara do Trabalho a ele não vinculada
STJ (art. 105, I, alínea *d*, da CF)	TRT	TJ
	TRT	TRF
	Juiz do trabalho	Juiz de direito não investido em matéria trabalhista
	Juiz do trabalho	TJ
	Juiz do trabalho	TRF
	Juiz estadual	TRT
	Juiz federal	TRT
STF (art. 102, I, alínea *o*, da CF)	TST	Qualquer tribunal

[923] Fonte: https://www.tst.jus.br/web/guest/-/tst-admite-habeas-corpus-e-determina-devolu%C3%A7%C3%A3o-de-passaporte-retido-em-execu%C3%A7%C3%A3o?inheritRedirect=true [acessado em 08/03/2021]

A Súmula 420 do TST determina que não se configura conflito de competência entre TRT e Vara do Trabalho a ele vinculada, por tratar-se de competência funcional ou hierárquica.

2.6. ANÁLISE DO INCISO VI DO ART. 114 DA CONSTITUIÇÃO FEDERAL

A Reforma do Judiciário (EC 45/2004) inseriu na competência da Justiça do Trabalho as ações envolvendo dano patrimonial e moral decorrente da relação de trabalho, superando a divisão doutrinária e jurisprudencial a respeito do tema.

Antes da implementação da reforma o Tribunal Superior do trabalho já havia se posicionado no sentido de reconhecer a competência da Justiça do Trabalho para dirimir controvérsias referentes à indenização por dano moral, quando decorrente da relação de trabalho, conforme Súmula 392 (ex-OJ 327 da SDI-1 do TST).

O art. 5º, inciso IV e X da Constituição Federal estabelecem que é assegurado o direito de resposta, proporcional ao agravo, além da indenização por dano material, moral ou à imagem, bem como prevê a inviolabilidade da intimidade, a vida privada, a honra e a imagem das pessoas, assegurado o direito a indenização pelo dano material ou moral decorrente de sua violação.

Essa temática está ligada, no Direito Comum, à ideia de responsabilidade civil, ou seja, no dever de o agente causador de um dano reparar o prejuízo acarretado a outrem.

A responsabilidade civil está dividida em: a) responsabilidade contratual, violação de um mandamento previsto em contrato; b) responsabilidade extracontratual ou aquiliana, ligada à prática de uma conduta dolosa ou culposa que causa dano a outrem, por violação de um preceito legal.

Pablo Stolze Gagliano e Rodolfo Pamplona Filho [924] ensinam que:

> *"[...] quem infringe dever jurídico lato sensu fica obrigado a reparar o dano causado. Esse dever passível de violação, porém, pode ter como fonte tanto uma obrigação imposta por um dever geral do Direito ou pela própria lei quanto uma relação negocial preexistente, isto é, um dever oriundo de um contrato. O primeiro caso é conhecido como responsabilidade civil aquiliana, enquanto o segundo é a epigrafada responsabilidade civil contratual. E quais as diferenças básicas entre essas duas formas de responsabilização? Três elementos diferenciadores podem ser destacados, a saber, a necessária preexistência de um relação jurídica entre lesionado e lesionante; o ônus da prova quanto à culpa; e a diferença quanto à capacidade. Com efeito, para caracterizar a responsabilidade civil contratual, faz-se mister que a vítima e o autor do dano já tenham se aproximado anteriormente e se vinculado para o cumprimento de uma ou mais prestações, sendo a culpa contratual a violação de um dever de adimplir, que constitui justamente o objeto do negócio jurídico, ao passo que, na culpa aquiliana, viola-se um dever necessariamente negativo, ou seja, a obrigação de não causar dano a ninguém.*

Logo, quando há a violação da obrigação de não causar dano a outrem, haverá a responsabilidade aquiliana.

A responsabilidade extracontratual ou aquiliana está prevista no art. 186 a 188 e art. 927 e seguintes do Código Civil.

De acordo com o art. 186 do CC "aquele que, por ação ou omissão voluntária, negligência ou imprudência, violar direito e causar dano a outrem, ainda que exclusivamente moral, comete ato ilícito", devendo repará-lo, na forma do art. 927 do mesmo Diploma Normativo.

Daniel Sarmento[925] *leciona que* o "dano material é aquele dotado de imediata expressão econômica, devendo corresponder ao valor da reconstituição do bem patrimonial lesado pela ação do agente. Já o dano moral caracteriza-se por ser insuscetível de quantificação econômica. Ele pode estar relacionado à injusta provocação de dor e sofrimento à vítima, ou ao abalo da sua reputação no meio social, guardando estreita relação com a cláusula geral de tutela da personalidade humana".

Ainda, a jurisprudência ampliou as tutelas do direito da personalidade na medida em que distingue o dano moral do dano estético (Súmula 387 do STJ), ou seja, a conduta causa uma alteração morfológica, ofende a integridade física da vítima, a aparência estética. Alguns sustentam que a alteração morfológica interna também caracteriza dano estético.

Há uma polêmica envolvendo a competência das ações que versam sobre acidente de trabalho.

A as ações acidentárias promovidas pelo trabalhador, segurado obrigatório da Previdência Social, em face do Instituto Nacional do Seguro Social (INSS), será da competência da Justiça Comum Estadual, na forma do art. 109, I, da Constituição.

De outro lado, as ações promovidas pelo empregado em face do empregador, postulando indenização pelos danos materiais, morais ou estéticos sofridos em decorrência do acidente de trabalho, serão da competência da Justiça do Trabalho, na forma do art. 114, VI, da Constituição da República, a Súmula Vinculante 22 do STF e a Súmula 392 do TST.

Ainda, será da competência da Justiça do trabalho as ações ajuizadas pela viúva ou filho do empregado

924 Pablo Stolze Gagliano e Rodolfo Pamplona Filho. Manual de direito civil – São Paulo: Saraiva, 2017.

925 J. J. Gomes Canotilho; Ingo Wolfgang; Sarlet, Lenio Luiz Streck, Gilmar Ferreira Mendes. Comentários à Constituição do Brasil – 2. ed. – São Paulo: Saraiva Educação, 2018.

que faleceu em decorrência de acidente de trabalho. A doutrina denomina os danos daí decorrentes como dano em ricochete, reflexo ou indireto, conforme precedente abaixo:

- "[...]. AGRAVO DE INSTRUMENTO DOS RECLAMANTES. DANOS MORAIS REFLEXOS. ACIDENTE DO TRABALHO. LEGITIMIDADE ATIVA DA MÃE DO EMPREGADO SOBREVIVENTE. 1. O Tribunal Regional consignou que "a dor que a mãe da vítima possa experimentar vendo o filho mutilado no auge da vida merece respeito", mas lhe confere "legitimidade ativa para postular qualquer indenização na Justiça do Trabalho", pois "não há óbito". 2. Na hipótese, os pedidos formulados pela mãe do empregado dizem respeito ao suposto dano moral por ela experimentado em decorrência das lesões impostas ao seu filho, que foi vítima de acidente do trabalho. 3. Aparente violação do art. 17 do CPC, a ensejar o seguimento do recurso de revista. Agravo de instrumento conhecido e provido, no tema. DANOS MORAIS. QUANTUM INDENIZATÓRIO. PRINCÍPIOS DA RAZOABILIDADE E DA PROPORCIONALIDADE. ALEGAÇÃO DE INOBSERVÂNCIA NÃO DEMONSTRADA. PRETENSÃO DE MAJORAÇÃO DO VALOR NÃO ACOLHIDA. À luz dos critérios definidos na doutrina e na jurisprudência para a fixação do valor da indenização por danos morais e das particularidades do caso concreto, não se verifica a notória desproporcionalidade passível de ensejar a majoração do quantum indenizatório. Agravo de instrumento conhecido e não provido, no tema. RECURSO DE REVISTA DOS RECLAMANTES. DANOS MORAIS REFLEXOS. ACIDENTE DO TRABALHO. LEGITIMIDADE ATIVA DA MÃE DO EMPREGADO SOBREVIVENTE. 1. A Corte de origem consignou que "a dor que a mãe da vítima possa experimentar vendo o filho mutilado no auge da vida merece respeito", mas lhe confere "legitimidade ativa para postular qualquer indenização na Justiça do Trabalho", pois "não há óbito". 2. No caso, a mãe do empregado que sofreu acidente do trabalho, tendo as duas pernas amputadas, não está postulando direito alheio em nome próprio. 3. Os pedidos formulados por essa reclamante não dizem respeito aos danos causados ao empregado em decorrência do acidente do trabalho por ele sofrido, mas, sim, ao suposto dano moral por ela experimentado em decorrência das lesões impostas ao seu filho. 4. Trata-se, pois, de pretensão relacionada a dano reflexo ou em ricochete. 5. Nesse contexto, em que a mãe do empregado postula direito personalíssimo e autônomo, forçoso concluir pela sua legitimidade ativa, sendo irrelevante a circunstância de não se tratar de acidente do trabalho com óbito. Recurso de revista conhecido e provido. (TST – ARR 1000544-58.2016.5.02.0606, 1ª Turma, Ministro Relator HUGO CARLOS SCHEUERMANN, Data da Publicação 15/06/2020)

A Súmula 366 do STJ, cancelada em setembro de 2009, previa a competência da Justiça Comum Estadual. Entretanto, o Tribunal Superior do Trabalho, pacificou o entendimento de que se trata de competência material da Justiça do Trabalho, conforme a redação da Súmula 392 do TST.

Os processos com sentença na data da publicação da EC n. 45/2004 não estão abrangidos na competência da Justiça do Trabalho, conforme estampado na Súmula 367 do STJ e da Súmula Vinculante 22 do STF.

As ações regressivas ajuizadas pelo INSS em face do empregador negligente na observância das normas de segurança e saúde do trabalho, serão competentes à Justiça Comum Federal, nos termos do art. 109, I, da Constituição Cidadã de 1988 e do art. 120 da Lei n. 8.213/91.

2.7. ANÁLISE DO INCISO VII DO ART. 114 DA CONSTITUIÇÃO FEDERAL

Segundo o art. 114, VII, da CF, a Justiça do Trabalho é competente para as ações relativas às penalidades administrativas impostas aos empregadores pelos órgãos de fiscalização das relações de trabalho.

Os órgãos de fiscalização das relações de trabalho é o Ministério do Trabalho e Previdência (recriado pela MP n. 1.058/2021, convertida na Lei 14.261/2021).

Essa função, antes da Reforma do Judiciário, a competência era da Justiça Federal.

2.8. ANÁLISE DO INCISO VIII DO ART. 114 DA CONSTITUIÇÃO FEDERAL

Também, é da competência da Justiça do Trabalho a execução, de ofício, das contribuições sociais previstas no art. 195, I, a, e II, e seus acréscimos legais, decorrentes das sentenças que proferir.

Essa redação já existia antes da EC 45/04. A competência para a execução de ofício já havia sido ampliada pela EC 20/98.

Carlos Henrique Bezerra Leite faz apontamentos importantes a respeito da alteração produzida pela EC 45/04:

> *"A EC n. 45/2004 não alterou o conteúdo da norma que fixa a competência material executória da* Justiça do Trabalho para as contribuições previdenciárias. Apenas mudou a sua residência no mesmo art. 114 que, antes era o § 3º; agora, o inciso VIII. No que concerne ao novo Texto Constitucional (inciso VIII, art. 114 da CF), há algumas observações dignas de comentário. A primeira reside na interpretação da expressão "sentenças". Parece-nos que a mens legis aponta no seu sentido lato, nela se compreendendo

Decreto-Lei 5.452/1943

tanto os provimentos judiciais que resolvem o processo com apreciação da lide (procedência total ou parcial) quanto aqueles que culminam com o chamado "termo de conciliação", ao qual a lei trabalhista atribui a eficácia de decisão irrecorrível (CLT, art. 831, parágrafo único). A **segunda observação** concerne **ao verbo "executar, de ofício", que, a nosso sentir, deve ser entendido como "conduzir a execução", isto é, o juiz do trabalho assume uma posição proativa no processo, determinando a cobrança dos débitos em obediência aos ditames legais.** A execução previdenciária ex officio engloba os atos de quantificação da dívida, intimação para pagar no prazo, constrição (arresto, penhora), expropriação (hasta pública) e satisfação do exequente".

Antes, a Justiça do Trabalho exercia o papel de mera intermediadora, cumprindo-lhe comunicar a inadimplência à Previdência Social, mas, passou a exercer papel ativo, na medida em que têm permissão legal para executar os créditos previdenciários oriundos das sentenças que proferir ou dos acordos que homologar.

Ademais, a Lei n. 10.035, de 2000, alterou e acrescentou dispositivos à CLT para estabelecer os procedimentos, no âmbito da Justiça do Trabalho, de execução das contribuições devidas à Previdência Social.

As contribuições previdenciárias, portanto, serão executadas *ex officio* em virtude da prolação de sentença condenatória em pecúnia ou homologação de acordo, na forma do art. 114, VIII, da CF e art. 831 da CLT.

Merece destaque a alteração ocorrida no parágrafo único do art. 876 da CLT, de acordo com a dicção da Lei 11.457/2007, que possibilitou a execução de ofício das contribuições sociais decorrente de decisões meramente declaratórias, como, por exemplo, aquelas que reconhecem o vínculo empregatício.

O TST pacificou o entendimento de que a competência da Justiça do Trabalho quanto à execução das contribuições previdenciárias, limitada às sentenças condenatórias em pecúnia que proferir e sobre os valores objeto de acordo homologado que integrem o salário de contribuição (Súmula 368 do TST). Essa questão foi parar no STF que decidiu, no julgamento do RE 568.056, pela incompetência material da Justiça do Trabalho para execução, de ofício, das contribuições sociais no caso de decisões meramente declaratórias, destacando a necessidade de um título executivo para que seja possível à Justiça do Trabalho promover a execução das contribuições previdenciárias.

A Súmula Vinculante 53 do STF reforça esse entendimento, na medida em que estabelece que a competência da Justiça do Trabalho prevista no art. 114, VIII, da Constituição Federal alcança a execução de ofício das contribuições previdenciárias relativas ao objeto da condenação constante das sentenças que proferir e acordos por ela homologados.

A Reforma Trabalhista também alterou a redação de alguns dispositivos relacionados à competência da Justiça do Trabalho para executar de ofício as contribuições sociais previstas na alínea a do inciso I e no inciso II do art. 195 da Constituição Federal. Essa alteração foi uma "adequação" da redação do dispositivo legal ao entendimento já pacificado pelo STF na Súmula Vinculante 53. Vejamos a nova redação do parágrafo único do art. 876 da CLT:

> *"Parágrafo único. A Justiça do Trabalho executará, de ofício, as contribuições sociais previstas na alínea a do inciso I e no inciso II do caput do art. 195 da Constituição Federal, e seus acréscimos legais, relativas ao objeto da condenação constante das sentenças que proferir e dos acordos que homologar".*

A Reforma Trabalhista trouxe inegáveis reflexos previdenciários, resultado do diálogo entre essas duas importantes áreas jurídicas.

2.9. ANÁLISE DO INCISO IX DO ART. 114 DA CONSTITUIÇÃO FEDERAL

O art. 114, inciso IX da Constituição Federal estabelece que compete à Justiça do Trabalho dirimir "outras controvérsias decorrentes da relação de trabalho, na forma da lei".

Parte da doutrina entende que esse dispositivo é uma mera repetição do inciso I, que ampliou a competência da Justiça do Trabalho para julgar as controvérsias oriundas da relação trabalho em sentido amplo. De outro lado, há quem defenda que há uma harmonização entre os dispositivos.

Estêvão Mallet (apud Schiavi, 2018)[926] ensina que:

> *"A previsão de hipótese aberta de competência da Justiça do Trabalho, para julgamento de 'outras controvérsias decorrentes da relação de trabalho' conforme disposto em lei, nos termos do inciso IX, do art. 114, fica em grande medida esvaziada pela amplitude da regra do inciso I do mesmo dispositivo. Há, contudo, como dar sentido à norma, entendendo-se que, por meio da lei, cabe atribuir à Justiça do Trabalho outras competências ainda não contidas em nenhum dos incisos do novo art. 114. Um exemplo corresponde ao julgamento da legalidade dos atos administrativos relacionados com tomadores de serviços que não sejam, no caso, empregadores, hipóteses que, como dito anteriormente, não está compreendida no inciso VII e não pode ser estabelecida por meio de interpretação ampliativa ou corretiva".*

Nesse sentido Mauro Schiavi[927] entende que

> *"[...] a razão está com os que pensam que as ações oriundas da relação de trabalho envolvem diretamente os prestadores e tomadores de serviços e as ações decorrentes envolvem controvérsias paralelas, em que não estão diretamente envolvidos tomador e prestador, mas terceiros. Até mesmo a lei ordinária poderá dilatar a competência da Justiça do Trabalho para outras controvérsias que guardam nexo causal com o contrato de trabalho. Não Há contradição ou*

926 Idem. Schiavi, 2018.
927 Idem. Schiavi, 2018.

desnecessidade da existência do inciso, IX, pois o legislador, prevendo um maior crescimento da Justiça do Trabalho e maior desenvolvimento das relações laborais, deixou a cargo da lei ordinária futura dilatar a competência da Justiça do trabalho, desde que dentro dos parâmetros disciplinados pelos incisos I a VIII do art. 114 da CF.

Com base na segunda vertente doutrinária defende-se é possível atribuir novas competências à Justiça do Trabalho, por exemplo, a competência criminal da Justiça do Trabalho ou aplicar multas administrativas de ofício aos empregadores que descumprirem as normas de proteção do trabalho.

▸ CAPÍTULO II
DAS JUNTAS DE CONCILIAÇÃO E JULGAMENTO
(VIDE CONSTITUIÇÃO FEDERAL DE 1988)

▸ SEÇÃO I
DA COMPOSIÇÃO E FUNCIONAMENTO

Art. 647 – Cada Junta de Conciliação e Julgamento terá a seguinte composição:

a) um juiz do trabalho, que será seu Presidente;

b) dois vogais, sendo um representante dos empregadores e outro dos empregados.

Parágrafo único – Haverá um suplente para cada vogal.

Art. 648 – São incompatíveis entre si, para os trabalhos da mesma Junta, os parentes consangüíneos e afins até o terceiro grau civil. (Vide Constituição Federal de 1988)

Parágrafo único – A incompatibilidade resolve-se a favor do primeiro vogal designado ou empossado, ou por sorteio, se a designação ou posse for da mesma data.

Art. 649 – As Juntas poderão conciliar, instruir ou julgar com qualquer número, sendo, porém, indispensável a presença do Presidente, cujo voto prevalecerá em caso de empate.

§ 1º – No julgamento de embargos deverão estar presentes todos os membros da Junta.

§ 2º – Na execução e na liquidação das decisões funciona apenas o Presidente.

COMENTÁRIOS (ARTS. 647 A 649)

Antes da Emenda Constitucional n. 24/99 o órgão de primeiro grau de jurisdição da Justiça do Trabalho era colegiado, formado por juízes leigos e juízes togados. Os juízes leigos eram escolhidos pelo sindicato da categoria profissional ou econômica – daí surgiu a expressão "**representação classista**" – para integrar o colegiado das extintas Juntas de Conciliação e Julgamento ou oficiar junto aos Tribunais Regionais do Trabalho ou no âmbito do TST.

A Emenda Constitucional n. 24/99 extinguiu a representação classista da Justiça do Trabalho em todos os graus de jurisdição trabalhista, de forma que a primeira instância deixou de ter composição colegiada, passando a ser integrada por um único juiz (juiz singular/ juiz do trabalho)[928]. Com isso as denominadas Juntas de Conciliação e Julgamento foram deixaram de existir e deram lugar às Varas do Trabalho.

De acordo com o art. 112 da CF "A lei criará varas da Justiça do Trabalho, podendo, nas comarcas não abrangidas por sua jurisdição, atribuí-la aos juízes de direito, com recurso para o respectivo Tribunal Regional do Trabalho".

Sendo assim, a criação das Varas do Trabalho depende de previsão em norma infraconstitucional, sendo possível a delegação da jurisdição trabalhista ao Juiz de Direito, integrante da Justiça Estadual Comum – habitualmente competente para apreciar. Essa investidura cessa quando a Vara do Trabalho for criada por lei ordinária[929].

Os **Juízes do Trabalho**, portanto, representam o primeiro grau de jurisdição da Justiça do Trabalho. É o responsável por processar e julgar os dissídios em primeiro grau de jurisdição. O ingresso na carreira, cujo cargo inicial será o de juiz substituto, mediante concurso público de provas e títulos, com a participação da Ordem dos Advogados do Brasil em todas as fases, exigindo-se do bacharel em direito, no mínimo, três anos de atividade jurídica e obedecendo-se, nas nomeações, à ordem de classificação (art. 93, I, CF).

Para assegurar o livre exercício da função, a Constituição Federal assegura as seguintes garantias: vitaliciedade, que, no primeiro grau, só será adquirida após dois anos de exercício, dependendo a perda do cargo, nesse período, de deliberação do tribunal a que o juiz estiver vinculado, e, nos demais casos, de sentença judicial transitada em julgado; inamovibilidade, salvo por motivo de interesse público; irredutibilidade de subsídio, ressalvado algumas situações previstas na CF (arts. 37, X e XI, 39, § 4º, 150, II, 153, III, e 153, § 2º, I).

Os juízes são impedidos, por expressa vedação legal, de: exercer, ainda que em disponibilidade, outro cargo ou função, salvo uma de magistério; receber, a qualquer título ou pretexto, custas ou participação em processo; dedicar-se à atividade político-partidária; receber, a qualquer título ou pretexto, auxílios ou contribuições de pessoas físicas, entidades públicas ou privadas,

[928] Nesse sentido, é o teor do art. 116 da CF: "Nas Varas do Trabalho, a jurisdição será exercida por um juiz singular".

[929] Súmula 10 do STJ: "Instalada a Junta de Conciliação e Julgamento, cessa a competência do Juiz de Direito em matéria trabalhista, inclusive para a execução das sentenças por ele proferidas".

ressalvadas as exceções previstas em lei; exercer a advocacia no juízo ou tribunal do qual se afastou, antes de decorridos três anos do afastamento do cargo por aposentadoria ou exoneração.

SEÇÃO II

DA JURISDIÇÃO E COMPETÊNCIA DAS JUNTAS

Art. 650 – A jurisdição de cada Junta de Conciliação e Julgamento abrange todo o território da Comarca em que tem sede, só podendo ser estendida ou restringida por lei federal.

Parágrafo único. As leis locais de Organização Judiciária não influirão sôbre a competência de Juntas de Conciliação e Julgamento já criadas até que lei federal assim determine.

COMENTÁRIOS (ART. 650)

1. JURISDIÇÃO E COMPETÊNCIA

A jurisdição é a função do Estado de resolver os conflitos de interesse entre pessoas. A função jurisdicional é exercida pelo Poder Judiciário, a quem compete dizer o direito aplicável ao caso concreto[930].

É a medida, o limite, o fracionamento da jurisdição; é a divisão dos trabalhos perante os órgãos encarregados do exercício da função jurisdicional, cujo objetivo é a composição da lide e a pacificação social[931].

Para Antonio Carlos de Araujo CINTRA (apud Theodoro Júnior, 2015)[932] a jurisdição "uma das funções do Estado, mediante a qual este se substitui aos titulares dos interesses em conflito para, imparcialmente, buscar a pacificação do conflito que os envolve, com justiça".

Mauro Schiavi[933] conceitua a jurisdição como "a função estatal exercida pelos juízes e tribunais, encarregada de dirimir, de forma imperativa e definitiva, os conflitos de interesses, aplicando o direito a um caso concreto, pacificando o conflito".

A doutrina tradicional afirma que a competência é uma parcela da jurisdição, ou seja, representa a distribuição das atribuições da atividade jurisdicional entre os órgãos do Poder Público[934].

As regras de distribuição da competência são realizadas de diversas formas: Constituição Federal, leis de direito processual (processo civil, processo criminal ou processo do trabalho), leis esparsas e normas de organização judiciária (regimentos internos dos tribunais).

Dentre as várias classificações da jurisdição citamos as seguintes: a) competência da Justiça Comum; b) Competência da Justiça Especial; c) Competência em razão da matéria (ratione materiae): competência em razão da natureza da relação jurídica ou objetiva, e tem por parâmetro a natureza da relação jurídica controvertida; d) Competência em razão da pessoa (ratione personae): competência em razão da qualidade das partes envolvidas na relação jurídica controvertida, é aquela que tem por parâmetro certas qualidades das pessoas litigantes; e) Competência funcional: tem por parâmetro a natureza das funções exercidas pelo magistrado no processo, bem como das respectivas exigências especiais dessas funções. A competência funcional também é denominada de competência a interna, normalmente prevista na CLT e nos regimentos internos dos Tribunais Regionais e do Tribunal Superior do Trabalho; f) competência originária: define a qual o órgão compete a causa dentro de um mesmo tribunal, isto é, se a competência é de órgão superior ou ao inferior; g) competência interna: quando existem vários juízes numa mesma Vara ou Tribunal, define qual ou quais órgão é/serão competentes; h) competência recursal/hierárquica: é a definição do órgão competente para apreciar o recurso apresentado pelas partes, ou seja, o próprio órgão que decidiu originariamente ou de órgão hierarquicamente superior.

A Emenda Constitucional 45/2004, conhecida como Reforma do Judiciário, alterou as regras de competência material na Justiça do Trabalho, ampliando significativamente essas competências.

O artigo 114 da Constituição federal passou a ter a seguinte redação:

> *"Art. 114. Compete à Justiça do Trabalho processar e julgar: I – as ações oriundas da relação de trabalho, abrangidos os entes de direito público externo e da administração pública direta e indireta da União, dos Estados, do Distrito Federal e dos Municípios; II – as ações que envolvam exercício do direito de greve; III – as ações sobre representação sindical, entre sindicatos, entre sindicatos e trabalhadores, e entre sindicatos e empregadores; IV – os mandados de segurança, habeas corpus e habeas data, quando o ato questionado envolver matéria sujeita à sua jurisdição; V – os conflitos de competência entre órgãos com jurisdição trabalhista, ressalvado o disposto no art. 102, I, o; VI – as ações de indenização por dano moral ou patrimonial, decorrentes da relação de trabalho; VII – as ações relativas às penalidades administrativas impostas aos empregadores pelos órgãos de fiscalização das relações de trabalho; VIII – a execução, de ofício, das contribuições sociais previstas no art. 195, I, a, e II, e seus acréscimos legais, decorrentes das sentenças que proferir; IX – outras controvérsias decorrentes da relação de trabalho, na forma da lei. § 1º Frustrada a negociação coletiva, as partes poderão eleger árbitros. § 2º Recusando-se qualquer das partes à negociação coletiva ou à arbitragem, é facultado às mesmas, de comum acordo, ajuizar dissídio coletivo de natureza econômica, podendo a Justiça do*

---

930 Eduardo Arruda Alvim, Daniel Willian Granado e Eduardo Aranha Ferreira. Direito processual civil – 6. ed. – São Paulo: Saraiva Educação, 2019.

931 Idem. Leone Pereira, 2018.

932 Humberto Theodoro Júnior. Curso de Direito Processual Civil – vol. I. 56. ed. – Rio de Janeiro: Forense, 2015.

933 Mauro Schiavi. Manual de Direito Processual do Trabalho. 13ª ed. – São Paulo, LTr, 2018.

934 Idem. Arruda Alvim, 2019.

Trabalho decidir o conflito, respeitadas as disposições mínimas legais de proteção ao trabalho, bem como as convencionadas anteriormente. § 3º Em caso de greve em atividade essencial, com possibilidade de lesão do interesse público, o Ministério Público do Trabalho poderá ajuizar dissídio coletivo, competindo à Justiça do Trabalho decidir o conflito".

A competência material da Justiça do Trabalho está centrada na relação de trabalho e outras controvérsias dela decorrentes.

A Reforma do Judiciário verticalizou a competência da Justiça do Trabalho, pois antes era direcionado à pessoa envolvida na relação jurídica submetida à apreciação jurisdicional, e agora voltado para a própria relação jurídico-processual.

Na redação anterior, o art. 114 da CF preconizava que *"Compete à Justiça do Trabalho conciliar e julgar os dissídios individuais e coletivos entre trabalhadores e empregadores, abrangidos os entes de direito público externo e da administração pública direta e indireta dos Municípios, do Distrito Federal, dos Estados e da União, e, na forma da lei, outras controvérsias decorrentes da relação de trabalho, bem como os litígios que tenham origem no cumprimento de suas próprias sentenças, inclusive coletivas".*

O verbete "conciliar" foi substituído pela expressão "processar", conferindo uma nova redação ao caput do art. 114 da CF.

Conquanto a expressão conciliar tenha sido retirada do art. 114 da Constituição Federal, a conciliação continua sendo uma característica da Justiça do Trabalho, notadamente no processo do trabalho, sendo, inclusive, um princípio do direito processual trabalhista.

Corroborando essa afirmação o art. 764 da CLT dispõe que "Os dissídios individuais ou coletivos submetidos à apreciação da Justiça do Trabalho serão sempre sujeitos à conciliação", cabendo aos juízes e tribunais empregar esforços e persuasão para buscar uma solução conciliatória dos conflitos de interesses – tanto os dissídios individuais quanto os dissídios coletivos estão sujeitos à conciliação.

O juiz do trabalho busca a conciliação em diversos momentos processual, em especial após a abertura processual e antes de encerrá-la, conforme determinam os arts. 847 e 850 da CLT. Mesmo depois de encerrado o juízo conciliatório, é lícito às partes celebrar acordo que ponha termo ao processo.

Reforçando esse argumento, vale lembrar que o legislador criou Comissões de Conciliação Prévia como forma alternativa de solução de conflitos, conforme estabelecido nos arts. 625-A a 625-H da CLT.

A razão para a substituição do termo conciliar por processar reside na ampliação da competência da Justiça do Trabalho para processar e julgar novas ações não suscetíveis de conciliação – v.g., mandados de segurança, habeas corpus, habeas data.

Art. 651 – A competência das Juntas de Conciliação e Julgamento é determinada pela localidade onde o empregado, reclamante ou reclamado, prestar serviços ao empregador, ainda que tenha sido contratado noutro local ou no estrangeiro. (Vide Constituição Federal de 1988)

§ 1º – Quando for parte de dissídio agente ou viajante comercial, a competência será da Junta da localidade em que a empresa tenha agência ou filial e a esta o empregado esteja subordinado e, na falta, será competente a Junta da localização em que o empregado tenha domicílio ou a localidade mais próxima. (Redação dada pela Lei nº 9.851, de 27.10.1999) (Vide Constituição Federal de 1988)

§ 2º – A competência das Juntas de Conciliação e Julgamento, estabelecida neste artigo, estende-se aos dissídios ocorridos em agência ou filial no estrangeiro, desde que o empregado seja brasileiro e não haja convenção internacional dispondo em contrário. (Vide Constituição Federal de 1988)

§ 3º – Em se tratando de empregador que promova realização de atividades fora do lugar do contrato de trabalho, é assegurado ao empregado apresentar reclamação no foro da celebração do contrato ou no da prestação dos respectivos serviços.

COMENTÁRIOS (ART. 651)

O dispositivo em análise trata da Competência territorial, também denominada de competência em *"ratione loci"*, competência em razão do lugar ou em razão do foro. Representa a porção territorial conferida ao magistrado para que ele exerça a sua competência e, assim, solucione os respectivos conflitos de interesses.

A rigor, a competência territorial no processo do trabalho é definida de acordo com o local de prestação de serviços, sendo o empregado reclamante ou reclamado, independentemente do local da contratação (art. 651, *caput*, da CLT). Essa regra tem o escopo de facilitar o acesso do trabalhador ao Judiciário Trabalhista e facilitar a colheita de provas.

Trata-se de competência relativa, pois envolve apenas interesses das partes da relação jurídica processual. Por esta razão, a incompetência relativa não pode ser declarada de ofício pelo juiz, devendo ser suscitada pela parte interessada, nos moldes da Súmula 33 do STJ.

Com o devido respeito aos entendimentos em sentido contrário, ousamos discordar dos fundamentos ora apresentados. Nem sempre a localidade de prestação de serviços representa o melhor acesso à Justiça do Trabalho. Imagine uma situação em que o empregado foi contratado na localidade A para prestar serviços na localidade B, consideravelmente distante. Após anos de prestação de serviços, ele é despedido sem justa causa, sem que o empregador cumpra os seus deveres trabalhistas. Com muito custo, o empregado consegue retornar ao seu local de origem.

A pergunta é a seguinte: será que o local de prestação dos serviços é o melhor lugar para o ajuizamento da reclamação trabalhista?

Não é muito difícil concluir que nesse caso não. O foro do seu domicílio seria o local adequado, pois reduziria em muito os seus gastos com locomoção. Assim, facilitar, real e efetivamente, o acesso do trabalhador à Justiça do Trabalho é proporcionar-lhe a escolha do local do seu domicílio, da contratação ou da prestação de serviços, como melhor lhe aprouver.

Parte da doutrina e da jurisprudência fundamenta que a regra do art. 651, caput da CLT não pode induzir a soluções irracionais e contrárias aos princípios e regras do processo direito processual do trabalho, sobretudo o princípio da inafastabilidade da jurisdição e do amplo acesso do cidadão ao Poder Judiciário (art. 5º, XXXV, CF).

Em certas circunstâncias, a rigidez do art. 651, *caput*, da CLT, inviabilizaria o acesso do trabalhador ao Poder Judiciário. Contudo, o Tribunal Superior do Trabalho, progressivamente, vem firmando entendimento em sentido contrário, sob o argumento de que, embora os critérios da competência territorial possam ser flexibilizados, as regras do art. 651 da CLT prevalecem aos critérios objetivos na fixação da competência territorial (art. 651, *caput* e § 3º, da CLT), sendo admitido o ajuizamento da reclamação trabalhista no domicílio do reclamante, por exemplo, apenas quando: a) coincidir com o local da prestação de serviços, da contratação ou da arregimentação; b) se a reclamada possuir atuação em âmbito nacional; c) a empregadora encerrou as suas atividades na filial em que laborava o empregado. Vejamos os julgados abaixo:

- RECURSO DE REVISTA INTERPOSTOPELA RECLAMADA.INCOMPETÊNCIA TERRITORIAL. RECLAMAÇÃO TRABALHISTA AJUIZADA NO FORO DO DOMICÍLIO DO RECLAMANTE. NÃO COINCIDÊNCIA COM O LOCAL DA CONTRATAÇÃO E DA PRESTAÇÃO DOS SERVIÇOS.1. Trata-se de reclamatória trabalhista ajuizada no foro do domicílio do reclamante, Município de Rio Grande/RS, local diverso da sua contratação, Município de Macaé/RJ, e da prestação de serviços, diversas cidades localizadas na área da Bacia de Campos. 2.A controvérsia se refere justamente à competência territorial, isto é, a possibilidade de ajuizamento da reclamatória no foro do domicílio do reclamante, trabalhador marítimo, o qual, conforme suso mencionado, não corresponde ao local da sua contratação, tampouco da prestação dos serviços. 3. É consabido que a competência territorial no dissídio individual proveniente da relação de trabalho é disciplinada no art. 651 da CLT, sendo determinada, em regra, pelo local da prestação dos serviços, e, excepcionalmente, pelo local da contratação. 4. Por outro lado, os critérios alusivos à competência territorial têm sido flexibilizados pela jurisprudência trabalhista, em situações excepcionais, a fim de observar o princípio do acesso ao Poder Judiciário, insculpido no art. 5º, XXXV, da CF. 5.In casu, o Regional entendeu ser competente para o julgamento da presente demanda a 3ª Vara do Trabalho de Rio Grande/RS, local de domicílio do reclamante, ao fundamento de que não se mostrava razoável impor-lhe o deslocamento de mais de 2.100 quilômetros para a cidade de Macaé/RJ, local da contratação, para buscar a satisfação dos direitos postulados.6. Ora, não obstante os critérios alusivos à competência territorial possam ser flexibilizados, conforme supramencionado, na hipótese vertente não se divisa situação excepcional, tampouco dissídio individual atípico, capaz de amparar o deslocamento da competência para o domicílio do reclamante.7.Com efeito, além de o local da prestação de serviços e da contratação não coincidirem com o domicílio do reclamante, nem a reclamada ter atuação em âmbito nacional, o que daria suporte para o reconhecimento da competência territorial no domicílio do reclamante, nunca houve prestação de serviços no mencionado domicílio, a rechaçar o deslocamento da competência territorial.8.Logo, tendo em vista norma legal específica no Processo do Trabalho (CLT, art. 651, § 3º), não estando configurada hipótese que inviabilizaria o acesso do reclamante ao Poder Judiciário, acrescido ao fato de que, por ocasião da contratação, o reclamante se encontrava a trabalho no Rio de Janeiro, ou seja, na Unidade da Federação onde ocorreu a contratação, tem-se pela competência territorial o referido local e não o domicílio do reclamante, à luz do entendimento do órgão de uniformização jurisprudencial interna corporis desta Corte Superior, a SDI-1. Recurso de revista conhecido e provido. (TST-**RR – 20661-32.2013.5.04.0123, 8ª Turma, Relatora: Ministra Dora Maria da Costa, Publicado acórdão em 16/10/2020)**
- 1204-36.2013.5.15.0146, Rel. Min. José Roberto Freire Pimenta, SDI-1, DEJT de 31/10/2018)
- "EMBARGOS REGIDOS PELA LEI Nº 13.015/2014. COMPETÊNCIA TERRITORIAL. RECLAMAÇÃO TRABALHISTA AJUIZADA NO FORO DO DOMICÍLIO DO RECLAMANTE. LOCALIDADE DISTINTA DA DE CONTRATAÇÃO E PRESTAÇÃO DOS SERVIÇOS. Esta Subseção, no julgamento do Processo nº E-RR-73.36.2012.5.20.0012, em 30/3/2017, acórdão publicado no DEJT de 12/5/2017,

de relatoria do Ministro Cláudio Mascarenhas Brandão, decidiu, por maioria, vencido este Relator, que o foro do domicílio do empregado apenas será considerado competente, por lhe ser mais favorável que a regra do artigo 651 da CLT, nas hipóteses em que a empresa possua atuação nacional e, ao menos, a contratação ou arregimentação tenha ocorrido naquela localidade. Na hipótese, a Turma assentou que o quadro fático descrito nos autos não notícia que a reclamada tenha atuação fora do Estado do Rio de janeiro, sede da empresa, razão pela qual é competente para processar e julgar o feito o Juízo de Campos dos Goytacazes/RJ, local da prestação dos serviços, nos termos do artigo 651, caput, da CLT. Embargos conhecidos e desprovidos." (TST-E-RR-1204-36.2013.5.15.0146, Rel. Min. José Roberto Freire Pimenta, SDI-1, DEJT de 31/10/2018)

– A) AGRAVO DE INSTRUMENTOEMRECURSO DE REVISTA.INCOMPETÊNCIA TERRITORIAL. Diante da possível violação do art. 651, caput, da CLT, dá-se provimento ao agravo de instrumento para determinar o processamento do recurso de revista. Agravo de instrumento conhecido e provido. B) RECURSO DE REVISTA. INCOMPETÊNCIA TERRITORIAL.O entendimento prevalente nesta Corte é o de que, em relação aos dissídios individuais típicos, prevalecem os critérios objetivos na fixação da competência territorial, conforme o artigo 651, caput e § 3º, da CLT, sendo admitido o ajuizamento da reclamação trabalhista no domicílio do reclamante apenas se esse coincidir com o local da prestação de serviços, da contratação ou da arregimentação, ou se a reclamada possuir atuação em âmbito nacional, condições essas que não constam das premissas fáticas consignadas no acórdão regional. Diante desse contexto, o ajuizamento da reclamatória trabalhista em juízo diverso do local da contratação ou da prestação de serviços colide com as regras de fixação de competência trazidas pelo art. 651, capute § 3º, da CLT. Recurso de revista conhecido e provido. TST-**RR – 554-81.2018.5.19.0055, 8ª Turma, Relatora: Ministra Dora Maria da Costa, Publicado acórdão em 01/06/2020)**

– –"RECURSO DE EMBARGOS EM RECURSO DE REVISTA REGIDO PELA LEI Nº 13.015/2014. COMPETÊNCIA TERRITORIAL. RECLAMAÇÃO TRABALHISTA AJUIZADA EM LOCALIDADE DISTINTA DA CONTRATAÇÃO E PRESTAÇÃO DOS SERVIÇOS. TÉRMINO DAS ATIVIDADES DA FILIAL NA LOCALIDADE. PRINCÍPIOS DO ACESSO À JUSTIÇA, DO CONTRADITÓRIO E DA AMPLA DEFESA. DIREITOS DE ACESSO À JUSTIÇA E DE DEFESA. APLICAÇÃO DOS PRINCÍPIOS DA RAZOABILIDADE E PROPORCIONALIDADE. As normas definidoras da competência emanam do princípio da proteção que norteia o Direito do Trabalho e garantem a efetivação do princípio do livre acesso à Justiça, pois, no local onde prestou serviços, em regra, tem acesso com maior facilidade aos elementos de convicção necessários à demonstração do que efetivamente ocorreu durante a execução do contrato de trabalho. Da mesma forma e em linha de princípio, o empregador exerce plenamente o seu direito de defesa, com o acesso à documentação existente no estabelecimento vinculado à prestação de labor por parte do empregado. Contudo, há muito, esta Subseção firmou tese no sentido de relativizar -em casos excepcionais -a aplicação rígida de tais normas, a partir da interpretação conforme a Constituição do artigo 651 da CLT, nos casos em que a atribuição da competência ao foro da prestação dos serviços ou da contratação inviabiliza o exercício do direito de ação, garantia nela assegurada, desde que não cause prejuízo ao exercício do direito de defesa. E, nesse sentido, faz-se necessário interpretar a regra, não de forma literal, mas sistematicamente, de modo a concretizar os demais direitos e garantias fundamentais insculpidos no texto constitucional, na busca de solução para o que Norberto Bobbio denomina de antinomia, por ele conceituada como a 'situação que se verifica entre duas normas incompatíveis, pertencentes ao mesmo ordenamento e tendo o mesmo âmbito de validade'ou 'o encontro de duas normas que não podem ser ambas aplicadas'(BOBBIO, Norberto. Teoria do ordenamento jurídico. 2ª reimpr. Brasília: Polis; Universidade de Brasília, 1991. p. 88/91), o que também ocorre com direitos de igual dimensão. A solução para tais casos deve basear-se na aplicação dos princípios da proporcionalidade e razoabilidade, tal como autorizado no artigo 8º do CPC, a partir, o primeiro, dos subprincípios (a) da proporcionalidade em sentido estrito; (b) da adequação e (c) da exigibilidade ou máxima do meio mais suave. Portanto, há que se verificar a adequação dos meios utilizados para o atingimento dos fins pretendidos; a necessidade da utilização daqueles meios em detrimento de outro, menos gravoso, em seu lugar; e a efetiva razoabilidade da medida (proporcionalidade em sentido estrito), o que pode se aferido a partir da comparação entre as soluções original e a adotada no caso concreto para o atingimento dos objetivos fixados pelo legislador. O segundo, por sua vez, deve ser compreendido consoante assinala Luís Roberto Barroso (Interpretação e aplicação da Constituição. 4ª ed. São Paulo: Saraiva, 2002. p. 373), no sentido de ser 'um valioso instrumento de proteção dos direitos fundamentais e do interesse público, por permitir o controle da discricionariedade dos atos do Poder Público e por funcionar como medida com que uma norma deve ser interpretada no caso concreto para a melhor realização do fim constitucional nela embutido ou decorrente do sistema'. Diante do possível conflito entre o pleno exercício dos direitos de ação (autor) e defesa (réu) consolidou-se a jurisprudência no sentido de admitir que a regra do artigo 651 da CLT possa ser relativizada, nas hipóteses em que a empresa possua atuação nacional e, ao menos, a contratação ou arregimentação tenha ocorrido em local diverso daquele em que laborou o empregado. Desse modo, apenas quando a ré contratar e promover a prestação dos serviços em diferentes localidades do território nacional é possível a aplicação ampliativa do § 3º do artigo 651 da CLT e se permite ao autor o ajuizamento da ação no local do seu domicílio. Precedentes desta Subseção. Todavia, a presente hipótese possui peculiaridade atinente ao fato de a empresa haver encerrado as suas atividades na filial da cidade de Altamira/PA, mantendo-as apenas na cidade do Rio de Janeiro/RJ, o que justifica o acolhimento da tese recursal, no sentido da competência de uma das Varas do Trabalho da cidade de Uberlândia/MG. O Juízo competente não é aquele onde o empregado trabalhou, porque a própria ré não desejou isso, na medida em que escolheu e indicou o local de sua sede, conforme se verifica da peça de exceção de incompetência. A distinção autorizadora da aplicação do precedente da SDI-1 (E-RR-420-37.2012.5.04.0102, Relator Ministro: Renato de Lacerda Paiva, Subseção I Especializada em Dissídios Individuais, DEJT 06/03/2015) baseia-se no fato de a empresa promover atividades em âmbito nacional, o que autoriza o empregado optar pelo endereço em que reside. A solução centrou-se no ponto de equilíbrio entre o direito de amplo acesso à justiça e princípio do contraditório e da ampla defesa. Essa ponderação de regras e princípios é essencial para que a Constituição prevaleça sobre as normas infraconstitucionais. Assim, partindo dessa ratio decidendie amparado nos princípios mencionados, no caso concreto, a solução mais adequada e menos comprometedora do direito de defesa remete à rejeição da exceção, pois não há dúvida de que, atualmente, a empresa empregadora da autora não tem mais atividade em Altamira e a reclamante não reside mais nessa cidade. Essa ponderação de regras e princípios é essencial para que a Constituição prevaleça sobre as normas infraconstitucionais, sobretudo levando-se em consideração, no caso, a distância entre as cidades de Altamira e Uberlândia (2.264,3km); Altamira e Rio de Janeiro (3.059km); e Uberlândia e Rio de Janeiro (993,8km). Portanto, para a autora, o processamento do feito na cidade em que reside atualmente garante-lhe o acesso à justiça e, para a ré, a possibilidade de deslocamento até Uberlândia é mais fácil e seguramente menos onerosa do que para Altamira, principalmente porque suas atividades nesta cidade foram encerradas, pressuposto que legitimava a competência deste último local. Se a empresa tem sede no Rio de Janeiro, não se pode afirmar que está violado ou comprometido o seu direito de defesa se tivesse de se deslocar para Uberlândia, em detrimento de Altamira. Pelo contrário, além de ser muito mais próxima, os meios de mobilidade são muito mais favoráveis. De outra parte, acerca da necessidade de eventual produção de provas no local de trabalho, ambas as partes podem valer-se de instrumento processual adequado, qual seja, a carta precatória. Assim, plenamente possíveis a relativização da regra inserta no artigo 651 da CLT e o reconhecimento da competência do foro de domicílio da autora para processar e julgar a presente ação, em observância aos ditames previstos no artigo 5º, XXXV, da Constituição Federal. Recurso de embargos conhecido e provido." (TST-E-RR-11727-90.2015.5.03.0043, Rel. Min. Cláudio Mascarenhas Brandão, SDI-1, DEJT de 7/12/2018)

Nessa linha de pensamento o Professor Carlos Henrique Bezerra Leite, entende que se "o empregado tenha prestado serviços em diversos estabelecimentos da empresa e em locais diferentes do seu domicílio, a competência territorial da Vara do Trabalho deve ser fixada em razão do derradeiro lugar da prestação (execução) do serviço, e não de cada local dos estabelecimentos da empresa no qual tenha prestado serviços. Neste caso, pelas mesmas razões defendidas alhures, também pensamos que a competência territorial poderá ser a do foro do domicílio do empregado. O preceptivo em causa (CLT, art. 651, caput), ao contrário do que dispõe o seu § 2º, nada alude à pessoa do empregado, razão pela qual é de concluir que estão alcançados pela regra geral da competência territorial tanto os empregados brasileiros quanto os estrangeiros, desde que o serviço tenha sido ou esteja sendo prestado no Brasil".

Corrente doutrinária em sentido contrário, na qual destacamos o posicionamento do ilustre professor *Mauro Schiavi, leciona que "Em que pese o respeito que merecem os juristas acima mencionados, com eles não concordamos. Com efeito, se o reclamante trabalhou em vários locais, pensamos que a competência das Varas do Trabalho de cada local trabalhado é concorrente, já que todas as Varas são competentes, cabendo a escolha do local da propositura da ação ao reclamante, uma vez que a competência em razão do lugar se fixa tendo por escopo facilitar o acesso do trabalhador à Justiça. Portanto, no nosso sentir, a competência neste caso se dá pela prevenção, sendo competente a Vara do local em que a reclamatória foi proposta em primeiro lugar".*

Ainda sobre este tema, uma questão interessante surgiu no âmbito do TST: a competência territorial competente para apreciar os litígios nos casos em que o trabalhador é contratado por meio eletrônico, como, por exemplo, site eletrônico. O uso das tecnologias nas relações de trabalho são cada vez mais intenso – isso é inegável – gerando reflexos no Direito Material do Trabalho e também no Direito Processual do Trabalho.

Na visão do TST essas inovações tecnológicas disruptivas, no que diz respeito à necessidade de proximidade física entre os interlocutores – empregados e empregadores – relativizou o conceito de espaço e tempo, de forma que quando o processo seletivo é realizado integralmente de forma digital, é enquadrada na hipótese do art. 651, §3º da CLT, na qual o empregador promove a realização das atividades fora do lugar do contrato de trabalho, sendo competentes (concorrentes) os locais da celebração do contrato e da prestação de serviços. Porém, a Corte entendeu que neste caso, o trabalhador não poderá suportar o ônus de processual de se deslocar do seu domicílio até o local de prestação de serviços para propor a demanda trabalhista, sob pena de inviabilizar o amplo acesso à justiça, previsto no art.5º, XXXV, da CF. Vejamos o aresto abaixo:

- CONFLITO NEGATIVO DE COMPETÊNCIA. CONTRATAÇÃO POR MEIO TELEMÁTICO. PRÉ-CONTRATAÇÃO EFETUADA POR TERCEIROS. PONDERAÇÃO ENTRE OS PRINCÍPIOS DO ACESSO À JUSTIÇA E DA AMPLA DEFESA.ART. 651 DA CLT. AMOSTRA FRAGMENTÁRIA DA REALIDADE SOCIAL. TECNOLOGIAS DISRUPTIVAS.INAPLICABILIDADE DA REGRA GERAL. I. As normas de Processo do Trabalho positivadas na Consolidação das Leis do Trabalho, como toda e qualquer norma jurídica, devem ter em conta a ambiência e os dados reais do mundo, a fim de que não se mostrem insuficientes como instrumentos de operacionalização do direito por evidente descompasso ou não aderência à realidade fenomênica atual. O avanço tecnológico, as empresas virtuais, o trabalho sob demanda, a inteligência artificial, enfim a conjuntura disruptiva de certo ocasiona hodiernas vicissitudes no mundo do trabalho, refletindo nas demandas materialmente afetas à competência desta Justiça Especial, fazendo surgir para além das lacunas normativas, lacunas ontológicas e axiológicas. O direito tem o dever de acompanhar a modernização do modo de vida, decorrente da tecnologia, onde relações de trabalho são forjadas de maneira virtual a demonstrar que o foco da era moderna vem ganhando um redimensionamento, no qual se observa que a pessoalidade como elemento decisivo do contrato cede espaço para o objeto do contrato. II. Ora, se no campo do direito do trabalho o conceito de espaço e de tempo à disposição do empregador demanda novos significados, também haveria de se exigir no campo do direito processual uma nova compreensão do que seria local de trabalho, local da contratação ou mesmo local da prestação de serviços. Por esta razão, nos casos em que o postulado do acesso à justiça se mostra ameaçado em decorrência do custo econômico que recai sobre o demandante para ter a devida prestação jurisdicional por órgão cuja localidade distancia-se em muito de seu próprio domicílio, há registros doutrinários e jurisprudenciais no sentido de se excepcionar as regras objetivamente previstas no art. 651 caput e §3º da CLT, permitindo ao trabalhador demandar no juízo de seu domicílio. III. Nesses casos, há necessidade de adequação e de ponderação entre os princípios do acesso à justiça e da ampla defesa, normas fundantes da Constituição para permitir-lhes a compatibilidade sistêmica. IV. A melhor solução é aquela que otimizará o princípio do efetivo acesso à justiça, sem a necessidade de afastar o princípio do contraditório e da ampla defesa, pois ao se garantir o acesso efetivo à justiça, não se estará, necessariamente, no caso em exame, conferindo peso menor ao princípio do contraditório, mas apenas reafirmando que a decisão, como posta, realizará a norma principiológica na maior medida possível (mandamento de otimização).V. No caso concreto, extrai-se dos autos as seguintes informações incontroversas: (a) o reclamante, mesmo antes da contratação e após o fim do vínculo trabalhista, residia em Goiás; (b) o reclamante foi contratado por meios telemáticos, através de sítio eletrônico de intermediação de pré-contratação; (c) o reclamante fez os exames admissionais em Taguatinga-DF; (d) o contrato de trabalho foi efetivamente firmado em Recife/PE;(e)o reclamante prestou serviços de Técnico de Manutenção Hospitalar; e (f) a prestação de serviços ocorreu no município de Santa Cruz/RN, cuja jurisdição está abrangida pela comarca de Currais Novos/RN. VI. Demonstra-se, pois, insuficiente o exame da competência territorial pela interpretação literal do art. 651 da CLT, ainda a seleção de empregados por meios telemáticos reduz custos e amplia a área de atuação na captação de mão-de-obra específica para todo o território nacional ou mesmo para além de nossas fronteiras. Nesse quadrante, impende ao intérprete da norma ressignificá-la face à amplitude fenomênica responsável pela mutação do resultado do processo hermenêutico que deságua na norma. Evidencia-se, portanto, que, se a boa interpretação da norma perpassa pela inserção do intérprete no mundo e na percepção, o tanto quanto possível, da realidade que o permeia, à luz do princípio da razoabilidade na ponderação entre os postulados do acesso à justiça e da ampla defesa, a declaração da competência territorial da 7ª Vara do Trabalho de Brasília-DF é medida que se impõe. Isso porque, ao assim decidir, otimiza-se o acesso à Jurisdição para o trabalhador, diante do custo elevado que, de certo, viria pelo seu necessário deslocamento e eventual permanência à localidade sobremaneira distante de seu domicílio, sem que tal represente para o demandado barreira significativa à ampla defesa e ao contraditório. Afinal, não é razoável condicionar o exercício do direito de ação do empregado contratado por meios telemáticos, que realizou exames admissionais em Taguatinga/DF, firmou contrato em Recife/PE e prestou serviços em Santa Cruz/RN, ao deslocamento de centenas de quilômetros até a comarca de Currais Novos/RN. VII. Conflito de competência admitido para declarar competente o Juízo da 7ª Vara do Trabalho de Brasília-DF, suscitada, para proceder no processamento e julgamento do feito. (TST, **CCCiv – 232-81.2019.5.21.0019, Subseção II Especializada em Dissídios Individuais Relator: Ministro Evandro Pereira Valadão Lopes,** Publicado acórdão em 18/12/2020)

– Essa regra comporta exceções. A primeira exceção está disciplinada no § 1º do art. 651 da CLT, que dispõe que quando for parte de dissídio agente ou viajante comercial, a competência será da Vara do Trabalho em que a empresa tenha agência ou filial e a esta o empregado esteja subordinado e, na falta, será competente a Vara da localização em que o empregado tenha domicílio ou a localidade mais próxima.

Para não permanecer nenhuma dúvida, destacamos que a reclamação trabalhista somente poderá ser ajuizada no local onde o empregado tenha domicílio ou na localidade mais próxima, caso não haja agência ou filial ou na hipótese de ausência de subordinação do empregado a essa agência ou filial.

Consoante os ensinamentos do Professor Sergio Pinto Martins: *"somente será aplicada a orientação de que a ação deve ser proposta no local do domicílio do empregado ou na localidade mais próxima, quando o obreiro não esteja subordinado à agência ou filial. A lei indica essa orientação ao usar a expressão 'na falta'"*.

A segunda exceção refere-se à hipótese em que o empregador promove a realização de atividades fora do lugar do contrato de trabalho. O § 3º do art. 651 da CLT trata do empregador que promove atividades fora do lugar do contrato de trabalho. Podemos citar como grande exemplo o circo, que sabidamente desenvolve atividades em diferentes lugares. Nesses casos, a lei confere uma opção (faculdade) ao empregado, na medida em que ele poderá ajuizar a reclamação trabalhista: a) na Vara do Trabalho da celebração do contrato; ou b) na Vara do Trabalho do local de prestação dos serviços.

A terceira hipótese é a competência internacional da Justiça do Trabalho – dissídios ocorridos em agência ou filial no estrangeiro. Nesta situação o § 2º do art. 651 da CLT aduz que a competência das Varas do Trabalho estende-se aos dissídios ocorridos em agência ou filial no estrangeiro, desde que o empregado seja brasileiro e não haja convenção internacional dispondo em contrário.

Segundo o princípio da territorialidade, as normas de Direito do Trabalho, a rigor, têm aplicabilidade limitada ao território ou espaço geográfico do Estado que a criou.

Encontramos esses ensinamentos nas lições da professora Carla Tereza Martins Romar. Vejamos: *"Em razão da soberania estatal, o sistema de direito positivo de cada Estado é aplicável no espaço delimitado por suas fronteiras. Portanto, as normas jurídicas têm uma **vigência espacial, obrigando, como regra, somente no território nacional**. Trata -se do **princípio da territorialidade**"*[935].

No mesmo sentido Henrique Correia anota que *"a **eficácia territorial** da norma trabalhista consiste na sua aplicação em todo o território nacional"*[936].

De acordo com o art. 1º do decreto-Lei 4.657/1942 (Lei de Introdução às Normas do Direito Brasileiro – LINDB) a lei começará a vigorar ***em todo o país*** – isto é, no território nacional – 45 (quarenta e cinco) dias depois de oficialmente publicada, salvo disposição em contrário. E, quando admitida a lei brasileira nos Estados estrangeiros (extraterritorialidade), terá vigência 3 (três) meses depois de oficialmente publicada (§1º, do art. 1º, da LINDB).

A Convenção Internacional de Direito Privado de Havana (1928), conhecida como Código Bustamante, foi incorporada ao ordenamento jurídico interno pelo Decreto nº. 18.871 de 13 de agosto de 1929, regula que a legislação sobre acidentes de trabalho e proteção social do trabalhador será regulada pela legislação territorial (art. 198).

Baseando-se nessa convenção o Tribunal Superior do Trabalho (TST) sedimentou o entendimento de que a relação trabalhista deveria ser regida pelas normas vigentes no país em que o trabalhador prestava serviços – princípio da ***lex loci executionis***, também designado de princípio do local execução dos serviços ou princípio da territorialidade –, conforme redação

[935] Carla Teresa Martins Romar; coordenador Pedro Lenza. Direito do trabalho – 5. ed. – São Paulo: Saraiva Educação, 2018.

[936] Henrique Correia; Élisson Miessa. Súmulas e OJs do TST comentadas. 8. ed – Salvador: Juspodivm, 2018.

da Súmula 207[937]. Isso significa dizer que o empregado contratado no Brasil para prestar serviços no Chile, estaria subordinado à legislação trabalhista chilena, local de prestação do serviço.

Esse enunciado foi cancelado em abril de 2012, abrindo espaço para corrente doutrinária em sentido contrário, que defende a aplicação do princípio da norma mais favorável nessa hipótese.

Para essa corrente, majoritária, o empregado brasileiro contratado no Brasil para prestar serviços no exterior ou transferido para trabalhar no exterior, terá direito à aplicação da lei brasileira de proteção ao trabalho, naquilo que não for incompatível com a Lei 7.064/1982, quando mais favorável do que a legislação territorial estrangeira, no conjunto de normas e em relação a cada matéria (art. 3º, inciso II, da Lei 7.064/1982).

A coexistência de mais de uma norma aplicável ao contrato de trabalho, segundo os preceitos protetivos do Direito do Trabalho, conduz, a rigor, à aplicação da norma mais vantajosa ao trabalhador. Três teorias procuram informar os critérios de aplicação deste princípio[938]:

> *"a) Teoria do Conglobamento: defende a aplicação do diploma normativo que, no conjunto de normas, forem mais favoráveis ao trabalhador, sem fracionar os institutos jurídicos. É a posição tradicional; b) Teoria da Acumulação ou da Atomização: defende a aplicação dos dois diplomas normativos, extraindo-se de cada um as regras mais favoráveis ao trabalhador, isoladamente consideradas. Perceba que um terceiro instrumento normativo será criado, formado pelo conjunto de regras jurídicas mais favoráveis ao trabalhador dos outros dois instrumentos [...]; c) Teoria do Conglobamento Mitigado, Orgânico, por Instituto, Intermediária ou da Incindibilidade dos Institutos: defende a criação de um terceiro diploma normativo, formado pelas regras jurídicas mais favoráveis ao trabalhador, respeitando-se a unidade do instituto ou matéria (critério da especialização)".*

No que diz respeito ao marítimo e o trabalho desempenhado em aeronave, cuja atividade é desenvolvida com movimentação constante dos trabalhadores, não se fixando em um local de prestação de serviços, a professora Vólia Bomfim Cassar aponta que prevalece "*a lei do país da **bandeira, matrícula** ou **pavilhão** da embarcação ou aeronave, isto é, a nacionalidade de quem explora a atividade econômica*"[939], pois não é razoável a sujeição do armador a diversas leis trabalhistas, de países diferentes, ante a diversidade de origem dos seus empregados (tripulantes). Justifica tal posicionamento previsão do art. 274 e 282 do Código Bustamante (Convenção de Havana de 1928, retificada no âmbito Decreto nº. 18.871 de 13 de agosto de 1929)[940].

Contudo, a jurisprudência tem afastado a Convenção de Havana afastando a aplicação da lei trabalhista da bandeira navio ou aeronave ("lei do pavilhão", ou seja, a lei do local da matrícula da embarcação) aos tripulantes recrutados no Brasil ou embarcados para trabalhar a bordo de cruzeiros marítimos, em navio estrangeiro, cuja prestação de serviços se deu em águas territoriais de diversos países.

A 5ª Turma do Tribunal Superior do Trabalho (TST), no julgamento do recurso de revista autuado sob o nº. TST-RR-10285-19.2016.5.09.0001 (Informativo 204 do TST), sob a Relatoria do Ministro Douglas Alencar Rodrigues, entendeu que embora a Convenção de Havana contemple o princípio da territorialidade (***lex loci executionis)*** e o Brasil seja signatário da *Convenção das Nações Unidas sobre Direito do Mar*, a internalização dessas normas internacionais ao ordenamento jurídico pátrio "***não configuram, objetivamente, renúncia ao sistema jurídico nacional de proteção social dos trabalhadores****, notadamente em face do que se contém no § 2º do art. 5º da CF, segundo o qual 'Os direitos e garantias expressos nesta Constituição não excluem outros decorrentes do regime e dos princípios por ela adotados, ou dos tratados internacionais em que a República Federativa do Brasil seja parte'. **Ainda relevante notar que os direitos trabalhistas, como espécie de direitos humanos fundamentais, estão vinculados ao espectro de proteção presente no caput do art. 7º da CF, que consagra**, de modo expresso, o princípio da proibição do retrocesso, disso resultando que a mera incorporação de diplomas internacionais de conteúdo genérico – como no caso da Convenção das Nações Unidas sobre Direito do Mar – **não pode significar a exclusão dos direitos assegurados na legislação doméstica***".

Decreto-Lei 5.452/1943

---

937 Súmula 207 do TST: CONFLITOS DE LEIS TRABALHISTAS NO ESPAÇO. PRINCÍPIO DA "LEX LOCI EXECUTIONIS" (cancelada). A relação jurídica trabalhista é regida pelas leis vigentes no país da prestação de serviço e não por aquelas do local da contratação.

938 Leone Pereira. Trabalhista. Coleção Prática Jurídica – 10.ed. -São Paulo: Saraiva Educação, 2020.

939 Idem. Bomfim, 2014.

940 Decreto nº. 18.871 de 13 de agosto de 1929: Art. 274. A nacionalidade dos navios prova-se pela patente de navegação e a certidão do registro, e tem a bandeira como signal distinctivo apparente. Art. 275. A lei do pavilhão regula as formas de publicidade requeridas para a transmissão da propriedade de um navio. Art. 276. Á lei da situação deve submetter-se a faculdade de embargar e vender judicialmente um navio, esteja ou não carregado e despachado. Art. 277. Regulam-se pela lei do pavilhão os direitos dos credores, depois da venda do navio, e a extinção dos mesmos. Art. 278. A hypotheca maritima e os privilegios e garantias de caracter real, constituidos de accôrdo com a lei do pavilhão, têm offeitos extraterritoriaes, até nos paizes cuja legislação não conheça ou não regule essa hypotheca ou esses privilegios. Art. 279. Sujeitam-se tambem á lei do pavilhão os poderes e obrigações do capitão e a responsabilidade dos proprietarios e armadores pelos seus actos. Art. 280. O reconhecimento do navio, o pedido de pratico e a policia sanitaria dependem da lei territorial. Art. 281. As obrigações dos officiaes e gente do mar e a ordem interna do navio subordinam-se á lei do pavilhão. Art. 282. As precedentes disposições deste capitulo applicam-se tambem ás aeronaves.

Na visão do Tribunal Superior do Trabalho as regras internacionais devem se alinhar ao conjunto de direitos e garantias já consagrados na Constituição Federal. Acrescente-se que se aplica à controvérsia a Lei 7.064/82, editada muitos anos após a ratificação das Convenções, que garante expressamente a aplicação da legislação brasileira quando for mais favorável ao trabalhador contratado no Brasil para prestar serviços no exterior.

É válido ressaltar que o desrespeito às regras de competência territorial autoriza a parte reclamada apresentar exceção de incompetência relativa (exceção declinatória de foro), no prazo de cinco dias a contar da notificação, antes da audiência e em peça que sinalize a existência desta exceção (art. 800, da CLT). Do contrário, temos o fenômeno da prorrogação da competência, ou seja, o juiz inicialmente incompetente torna-se competente.

Art. 652. Compete às Varas do Trabalho: (Redação dada pela Lei nº 13.467, de 2017)

a) conciliar e julgar:

I – os dissídios em que se pretenda o reconhecimento da estabilidade de empregado;

II – os dissídios concernentes a remuneração, férias e indenizações por motivo de rescisão do contrato individual de trabalho;

III – os dissídios resultantes de contratos de empreitadas em que o empreiteiro seja operário ou artífice;

IV – os demais dissídios concernentes ao contrato individual de trabalho;

V - as ações entre trabalhadores portuários e os operadores portuários ou o Órgão Gestor de Mão-de-Obra – OGMO decorrentes da relação de trabalho;

b) processar e julgar os inquéritos para apuração de falta grave;

c) julgar os embargos opostos às suas próprias decisões;

d) impor multas e demais penalidades relativas aos atos de sua competência;

e) (Suprimida pelo Decreto-lei nº 6.353, de 20.3.1944)

f) decidir quanto à homologação de acordo extrajudicial em matéria de competência da Justiça do Trabalho.

Parágrafo único – Terão preferência para julgamento os dissídios sobre pagamento de salário e aqueles que derivarem da falência do empregador, podendo o Presidente da Junta, a pedido do interessado, constituir processo em separado, sempre que a reclamação também versar sobre outros assuntos.

COMENTÁRIOS (ART. 652)

O presente dispositivo trata da competência funcional da Vara do Trabalho. Repousa na natureza das funções exercidas pelo magistrado no processo, além das exigências especiais dessas funções. Ou seja, leva em consideração a função do órgão funcional.

Eduardo Arruda Alvin, ensina que a competência funcional pode ser vertical ou horizontal. A primeira, *"acontece quando se fala na competência dos tribunais para apreciar recursos. O juízo de primeiro grau tem competência originária para a causa, o tribunal tem competência para apreciar os recursos interpostos contra as decisões de primeiro grau"*[941]. Já a competência funcional horizontal ocorre quando se determina a expedição de carta precatória para a oitiva de uma testemunha domiciliada em outra jurisdição[942].

É competência funcional do órgão jurisdicional de primeira instância – o juiz do trabalho singular, lotado na Vara do Trabalho – a apreciação dos dissídios individuais decorrentes da relação de trabalho, na forma do art. 114 da CF. Naturalmente, inclui-se nesta competência, o exame dos litígios ajuizados pelos empregados visando o reconhecimento de estabilidade ou garantia provisória de emprego, sobre as parcelas contratuais e rescisórias.

Também, é de competência da Vara do Trabalho processar e julgar o inquérito judicial para apuração de falta grave, a demanda cabível para a ruptura de contrato individual de trabalho de um empregado portador de estabilidade ou garantia de emprego, após a comprovação judicial de falta grave por ele cometida, nos termos dos arts. 494, 853 a 855 da CLT.

Os embargos referidos na alínea "c" do artigo ora analisado, foram revogados pela Lei n. 5.442/1968, que conferiu nova redação ao art. 894 da CLT.

A Reforma Trabalhista (Lei n. 13.467/2017) introduziu à competência funcional da Vara do Trabalho para decidir quanto à homologação de acordo extrajudicial pactuado entre empregado e empregador. O procedimento para a homologação do acordo extrajudicial em matéria de competência da Justiça do Trabalho é disciplinado entre os artigos 855-B e o art. 855-E da CLT.

Art. 653 – Compete, ainda, às Juntas de Conciliação e Julgamento:

a) requisitar às autoridades competentes a realização das diligências necessárias ao esclarecimento

941 Alvim, Eduardo Arruda; Granado, Daniel Willian; Ferreira, Eduardo Aranha. Direito processual civil – 6. ed. – São Paulo: Saraiva Educação, 2019, p. 188.

942 Idem.

dos feitos sob sua apreciação, representando contra aquelas que não atenderem a tais requisições;

b) realizar as diligências e praticar os atos processuais ordenados pelos Tribunais Regionais do Trabalho ou pelo Tribunal Superior do Trabalho;

c) julgar as suspeições arguidas contra os seus membros;

d) julgar as exceções de incompetência que lhes forem opostas;

e) expedir precatórias e cumprir as que lhes forem deprecadas;

f) exercer, em geral, no interesse da Justiça do Trabalho, quaisquer outras atribuições que decorram da sua jurisdição.

SEÇÃO III
DOS PRESIDENTES DAS JUNTAS
(VIDE CONSTITUIÇÃO FEDERAL DE 1988)

Art. 654 – O ingresso na magistratura do trabalho far-se-á para o cargo de juiz do trabalho substituto. As nomeações subsequentes por promoção alternadamente, por antiguidade e merecimento.

§ 1º Nas 7ª e 8ª Regiões da Justiça do Trabalho, nas localidades fora das respectivas sedes, haverá suplentes de juiz do trabalho presidente de Junta, sem direito a acesso nomeados pelo Presidente da República, dentre brasileiros, bacharéis em direito, de reconhecida idoneidade moral, especializados em direito do trabalho, pelo período de 2 (dois) anos, podendo ser reconduzidos.

§ 2º Os suplentes de juiz do trabalho receberão, quando em exercício, vencimentos iguais aos dos juízes que substituírem.

§ 3º Os juízes substitutos serão nomeados após aprovação em concurso público de provas e títulos realizado perante o Tribunal Regional do Trabalho da Região, válido por 2 (dois) anos e prorrogável, a critério do mesmo órgão, por igual período, uma só vez, e organizado de acordo com as instruções expedidas pelo Tribunal Superior do Trabalho.

§ 4º Os candidatos inscritos só serão admitidos ao concurso após apreciação prévia, pelo Tribunal Regional do Trabalho da respectiva Região, dos seguintes requisitos:

a) idade maior de 25 (vinte e cinco) anos e menor de 45 (quarenta e cinco) anos;

b) idoneidade para o exercício das funções.

§ 5º O preenchimento dos cargos do presidente de Junta, vagos ou criadas por lei, será feito dentro de cada Região:

a) pela remoção de outro presidente, prevalecendo a antigüidade no cargo, caso haja mais de um pedido, desde que a remoção tenha sido requerida, dentro de quinze dias, contados da abertura da vaga, ao Presidente do Tribunal Regional, a quem caberá expedir o respectivo ato.

b) pela promoção de substituto, cuja aceitação será facultativa, obedecido o critério alternado de antigüidade e merecimento.

§ 6º Os juízes do trabalho, presidentes de Junta, juízes substitutos e suplentes de juiz tomarão posse perante o presidente do Tribunal da respectiva Região. Nos Estados que, não forem sede de Tribunal Regional do Trabalho, a posse dar-se-á perante o presidente do Tribunal de Justiça, que remeterá o têrmo ao presidente do Tribunal Regional da jurisdição do empossado. Nos Territórios a posse dar-se-á perante o presidente do Tribunal Regional do Trabalho da respectiva Região.

Art. 655 – Os Presidentes e os Presidentes substitutos tomarão posse do cargo perante o presidente do Tribunal Regional da respectiva jurisdição.

§ 1º Nos Estados em que não houver sede de Tribunais a posse dar-se-á perante o presidente do Tribunal de Apelação, que remeterá o respectivo termo ao presidente do Tribunal Regional da Jurisdição do empossado.

§ 2º Nos Territórios a posse dar-se-á perante a Juiz de Direito da capital, que procederá na forma prevista no § 1º.

Art. 656 – O Juiz do Trabalho Substituto, sempre que não estiver substituindo o Juiz-Presidente de Junta, poderá ser designado para atuar nas Juntas de Conciliação e Julgamento.

§ 1º – Para o fim mencionado no caput deste artigo, o território da Região poderá ser dividido em zonas, compreendendo a jurisdição de uma ou mais Juntas, a juízo do Tribunal Regional do Trabalho respectivo.

§ 2º – A designação referida no caput deste artigo será de atribuição do Juiz-Presidente do Tribunal Regional do Trabalho ou, não havendo disposição regimental específica, de quem este indicar.

§ 3º – Os Juízes do Trabalho Substitutos, quando designados ou estiverem substituindo os Juízes Presidentes de Juntas, perceberão os vencimentos destes.

§ 4º – O Juiz-Presidente do Tribunal Regional do Trabalho ou, não havendo disposição regimental específica, que este indicar, fará a lotação e a movimentação dos Juízes Substitutos entre as diferentes zonas da Região na hipótese de terem sido criadas na forma do § 1º deste artigo.

Art. 657 – Os Presidentes de Junta e os Presidentes Substitutos perceberão os vencimentos fixados em lei. (Redação dada pelo Decreto-Lei nº 8.737, de 1946) (Vide Constituição Federal de 1988)

Art. 658 – São deveres precípuos dos Presidentes das Juntas, além dos que decorram do exercício de sua função: (Redação dada pelo Decreto-lei nº 8.737, 19.1.1946) (Vide Constituição Federal de 1988)

a) manter perfeita conduta pública e privada; (Redação dada pelo Decreto-lei nº 8.737, 19.1.1946)

b) abster-se de atender a solicitações ou recomendações relativamente aos feitos que hajam sido ou tenham de ser submetidos à sua apreciação; (Redação dada pelo Decreto-lei nº 8.737, 19.1.1946)

c) residir dentro dos limites de sua jurisdição, não podendo ausentar-se sem licença do Presidente do Tribunal Regional; (Redação dada pelo Decreto-lei nº 8.737, 19.1.1946)

d) despachar e praticar todos os atos decorrentes de suas funções, dentro dos prazos estabelecidos, sujeitando-se ao desconto correspondente a 1 (um) dia de vencimento para cada dia de retardamento. (Incluído pelo Decreto-lei nº 8.737, de 19.1.1946)

Art. 659 – Competem privativamente aos Presidentes das Juntas, além das que lhes forem conferidas neste Título e das decorrentes de seu cargo, as seguintes atribuições: (Vide Constituição Federal de 1988)

I – presidir às audiências das Juntas; (Vide Constituição Federal de 1988)

II – executar as suas próprias decisões, as proferidas pela Junta e aquelas cuja execução lhes for deprecada; (Vide Constituição Federal de 1988)

III – dar posse aos vogais nomeados para a Junta, ao Secretário e aos demais funcionários da Secretaria; (Vide Constituição Federal de 1988)

IV – convocar os suplentes dos vogais, no impedimento destes;

V – representar ao Presidente do Tribunal Regional da respectiva jurisdição, no caso de falta de qualquer vogal a 3 (três) reuniões consecutivas, sem motivo justificado, para os fins do art. 727;

VI – despachar os recursos interpostos pelas partes, fundamentando a decisão recorrida antes da remessa ao Tribunal Regional, ou submetendo-os à decisão da Junta, no caso do art. 894; (Vide Constituição Federal de 1988)

VII – assinar as folhas de pagamento dos membros e funcionários da Junta;

VIII – apresentar ao Presidente do Tribunal Regional, até 15 de fevereiro de cada ano, o relatório dos trabalhos do ano anterior;

IX – conceder medida liminar, até decisão final do processo, em reclamações trabalhistas que visem a tornar sem efeito transferência disciplinada pelos parágrafos do artigo 469 desta Consolidação. (Incluído pela Lei nº 6.203, de 17.4.1975)

X – conceder medida liminar, até decisão final do processo, em reclamações trabalhistas que visem reintegrar no emprego dirigente sindical afastado, suspenso ou dispensado pelo empregador. (Incluído pela Lei nº 9.270, de 1996)

SEÇÃO IV
DOS VOGAIS DAS JUNTAS
(VIDE CONSTITUIÇÃO FEDERAL DE 1988)

Art. 660 – Os vogais das Juntas são designados pelo Presidente do Tribunal Regional da respectiva jurisdição. (Vide Constituição Federal de 1988)

Art. 661 – Para o exercício da função de vogal da Junta ou suplente deste são exigidos os seguintes requisitos: (Vide Constituição Federal de 1988)

a) ser brasileiro; (Redação dada pelo Decreto-lei nº 229, de 28.2.1967)

b) ter reconhecida idoneidade moral;

c) ser maior de 25 (vinte e cinco) anos e ter menos de 70 (setenta) anos; (Redação dada pelo Decreto-lei nº 229, de 28.2.1967)

d) estar no gozo dos direitos civis e políticos;

e) estar quite com o serviço militar;

f) contar mais de 2 (dois) anos de efetivo exercício na profissão e ser sindicalizado.

Parágrafo único – A prova da qualidade profissional a que se refere a alínea "f" deste artigo é feita mediante declaração do respectivo Sindicato.

Art. 662. A escolha dos vogais das Juntas e seus suplentes far-se-á dentre os nomes constantes das listas que, para esse efeito, forem encaminhadas pelas associações sindicais de primeiro grau ao presidente do Tribunal Regional. (Vide Constituição Federal de 1988)

§ 1º – Para esse fim, cada Sindicato de empregadores e de empregados, com base territorial extensiva à área de jurisdição da Junta, no todo ou em parte, procederá, na ocasião determinada pelo Presidente do Tribunal Regional, à escolha de 3 (três) nomes que comporão a lista, aplicando-se à eleição o disposto no art. 524 e seus §§ 1º a 3º. (Redação dada pela Lei nº 5.657, de 4.6.1971)

§ 2º Recebidas as listas pelo presidente do Tribunal Regional, designará este, dentro de cinco dias, os nomes dos vogais e dos respectivos suplentes, expedindo para cada um deles um título, mediante a apresentação do qual será empossado.

§ 3º Dentro de quinze dias, contados da data da posse, pode ser contestada a investidura do vogal ou do suplente, por qualquer interessado, sem efeito suspensivo, por meio de representação escrita, dirigida ao presidente do Tribunal Regional.

§ 4º – Recebida a contestação, o Presidente do Tribunal designará imediatamente relator, o qual, se houver necessidade de ouvir testemunhas ou de proceder a quaisquer diligências, providenciará para que tudo se realize com a maior brevidade, submetendo, por fim, a contestação ao parecer do Tribunal, na primeira sessão. (Redação dada pela Lei nº 2.244, de 23.6.1954)

§ 5º – Se o Tribunal julgar procedente a contestação, o Presidente providenciará a designação de novo vogal ou suplente. (Redação dada pelo Decreto-lei nº 229, de 28.2.1967)

§ 6º – Em falta de indicação pelos Sindicatos, de nomes para representantes das respectivas categorias profissionais e econômicas nas Juntas de Conciliação e Julgamento, ou nas localidades onde não existirem Sindicatos, serão esses representantes livremente designados pelo Presidente do Tribunal Regional do Trabalho, observados os requisitos exigidos para o exercício da função. (Parágrafo incluído pelo Decreto-lei nº 229, de 28.2.1967) (Vide Constituição Federal de 1988)

Art. 663 – A investidura dos vogais das Juntas e seus suplentes é de 3 (três) anos, podendo, entretanto, ser dispensado, a pedido, aquele que tiver servido, sem interrupção, durante metade desse período. (Redação dada pela Lei nº 2.244, de 23.6.1954) (Vide Constituição Federal de 1988)

§ 1º – Na hipótese da dispensa do vogal a que alude este artigo, assim como nos casos de impedimento, morte ou renúncia, sua substituição far-se-á pelo suplente, mediante convocação do Presidente da Junta. (Redação dada pela Lei nº 2.244, de 23.6.1954) (Vide Constituição Federal de 1988)

§ 2º – Na falta do suplente, por impedimento, morte ou renúncia serão designados novo vogal e o respectivo suplente, dentre os nomes constantes das listas a que se refere o art. 662, servindo os designados até o fim do período.

Art. 664 – Os vogais das Juntas e seus suplentes tomam posse perante o Presidente da Junta em que têm de funcionar. (Vide Constituição Federal de 1988)

Art. 665 – Enquanto durar sua investidura, gozam os vogais das Juntas e seus suplentes das prerrogativas asseguradas aos jurados.

Art. 666 – Por audiência a que comparecerem, até o máximo de 20 (vinte) por mês, os vogais das Juntas e seus suplentes perceberão a gratificação fixada em lei. (Vide Constituição Federal de 1988)

Art. 667 – São prerrogativas dos vogais das Juntas, além das referidas no art. 665: (Vide Constituição Federal de 1988)

a) tomar parte nas reuniões do Tribunal a que pertençam;

b) aconselhar às partes a conciliação;

c) votar no julgamento dos feitos e nas matérias de ordem interna do Tribunal, submetidas às suas deliberações;

d) pedir vista dos processos pelo prazo de 24 (vinte e quatro) horas;

e) formular, por intermédio do Presidente, aos litigantes, testemunhas e peritos, as perguntas que quiserem fazer, para esclarecimento do caso.

COMENTÁRIOS (ARTS. 653 A 667)

Antes da Emenda Constitucional n. 24/99 o órgão de primeiro grau de jurisdição da Justiça do Trabalho era colegiado, formado por juízes leigos e juízes togados. Os juízes leigos eram escolhidos pelo sindicato da categoria profissional ou econômica – daí surgiu a expressão "**representação classista**" – para integrar o colegiado das extintas Juntas de Conciliação e Julgamento ou oficiar junto aos Tribunais Regionais do Trabalho ou no âmbito do TST.

A Emenda Constitucional n. 24/99 extinguiu a representação classista da Justiça do Trabalho em todos os graus de jurisdição trabalhista, de forma que a primeira instância deixou de ter composição colegiada, passando a ser integrada por um único juiz (juiz singular/ juiz do trabalho)[943]. Com isso as denominadas Juntas de Conciliação e Julgamento foram deixaram de existir e deram lugar às Varas do Trabalho.

Os **Juízes do Trabalho**, portanto, representam o primeiro grau de jurisdição da Justiça do Trabalho. É o responsável por processar e julgar os dissídios em primeiro grau de jurisdição. O ingresso na carreira, cujo cargo inicial será o de juiz substituto, mediante concurso público de provas e títulos, com a participação da Ordem dos Advogados do Brasil em todas as fases, exigindo-se do bacharel em direito, no mínimo, três anos de atividade jurídica e obedecendo-se, nas nomeações, à ordem de classificação (art. 93, I, CF).

[943] Nesse sentido, é o teor do art. 116 da CF: "Nas Varas do Trabalho, a jurisdição será exercida por um juiz singular".

Para assegurar o livre exercício da função, a Constituição Federal assegura as seguintes garantias: vitaliciedade, que, no primeiro grau, só será adquirida após dois anos de exercício, dependendo a perda do cargo, nesse período, de deliberação do tribunal a que o juiz estiver vinculado, e, nos demais casos, de sentença judicial transitada em julgado; inamovibilidade, salvo por motivo de interesse público; irredutibilidade de subsídio, ressalvado algumas situações previstas na CF (arts. 37, X e XI, 39, § 4º, 150, II, 153, III, e 153, § 2º, I).

Os juízes são impedidos, por expressa vedação legal, de: exercer, ainda que em disponibilidade, outro cargo ou função, salvo uma de magistério; receber, a qualquer título ou pretexto, custas ou participação em processo; dedicar-se à atividade político-partidária; receber, a qualquer título ou pretexto, auxílios ou contribuições de pessoas físicas, entidades públicas ou privadas, ressalvadas as exceções previstas em lei; exercer a advocacia no juízo ou tribunal do qual se afastou, antes de decorridos três anos do afastamento do cargo por aposentadoria ou exoneração.

Foi reservada uma seção inteira pra tratar da investidura, atribuições e competência do juiz do trabalho (presidentes da extintas Juntas de Conciliação e Julgamento), do art. 654 ao art. 659 da CLT. O ingresso na magistratura, se dá na condição de juiz substituto, cuja atribuição principal é auxiliar o juiz do trabalho titular quando for convocado, para a realização de audiências, instrução processual, prolação de decisões, dentre outras tarefas. Após dois anos de exercício da função, são vitaliciados. Os seus vencimentos são fixados em lei (art. 657 da CLT).

São deveres dos juízes do trabalho: a) manter conduta irrepreensível na vida pública e particular; b) comparecer pontualmente à hora de iniciar-se o expediente ou a sessão, e não se ausentar injustificadamente antes de seu término; residir na sede da Comarca salvo autorização do órgão disciplinar a que estiver subordinado; tratar com os jurisdicionados com respeito; fiscalizar o trabalho realizado por seus subordinados; cumprir e fazer cumprir, com independência, serenidade e exatidão, as disposições legais e os atos de ofício; determinar as providências necessárias para que os atos processuais se realizem nos prazos legais, dentre outros. Nesse sentido o art. 658 da CLT.

As atribuições administrativas do magistrado estão discriminadas no art. 659 da CLT, como, por exemplo, dar posse aos secretários e demais funcionários e assinar as folhas de pagamento dos funcionários da Vara do Trabalho. Também, discrimina algumas competências jurisdicionais, dentre elas exercer a presidência das audiências perante a Vara do Trabalho; executas as próprias decisões; despachar os recursos interpostos pelas partes, fundamentando a decisão recorrida antes da remessa ao Tribunal Regional, ou submetendo-os à decisão da Junta, no caso do art. 894; conceder medida liminar, em reclamações trabalhistas que visem a tornar sem efeito transferência abusiva ou que visem reintegrar no emprego dirigente sindical afastado, suspenso ou dispensado pelo empregador.

Os art. 660 a 667 perderam a sua eficácia diante da Emenda Constitucional n. 24/1999, que extinguiu a representação classista da Justiça do Trabalho, com isso pôs um fim à figura do juiz vogal.

CAPÍTULO III
DOS JUÍZOS DE DIREITO

Art. 668 – Nas localidades não compreendidas na jurisdição das Juntas de Conciliação e Julgamento, os Juízos de Direito são os órgãos de administração da Justiça do Trabalho, com a jurisdição que lhes for determinada pela lei de organização judiciária local. (Vide Constituição Federal de 1988)

Art. 669 – A competência dos Juízos de Direito, quando investidos na administração da Justiça do Trabalho, é a mesma das Juntas de Conciliação e Julgamento, na forma da Seção II do Capítulo II.

§ 1º – Nas localidades onde houver mais de um Juízo de Direito a competência é determinada, entre os Juízes do Cível, por distribuição ou pela divisão judiciária local, na conformidade da lei de organização respectiva.

§ 2º – Quando o critério de competência da lei de organização judiciária for diverso do previsto no parágrafo anterior, será competente o Juiz do Cível mais antigo.

COMENTÁRIOS (ARTS. 668 E 669)

O juiz de direito integra a Justiça Comum Estadual. Os Estados membros são responsáveis pela organização da sua Justiça, baseando-se nos princípios previstos na constituição. A competência da Justiça Comum Estadual é residual, abarcando as matérias que não são de competência da Justiça Comum Federal (art. 109 da CF).

As matérias afetas à Justiça Especial, a rigor, estão excluídas da competência da Justiça Comum Estadual e Federal. Excepcionalmente, a jurisdição das varas da Justiça do Trabalho pode ser atribuída aos juízes de direito nas comarcas não alcançadas por sua jurisdição, com recurso para o respectivo Tribunal Regional do Trabalho (art. 112, CF).

Essa delegação de jurisdição se deu no período de organização e implementação da Justiça do Trabalho, após a Reforma do Judiciário, promovida pela EC 45/2004.

CAPÍTULO IV
DOS TRIBUNAIS REGIONAIS DO TRABALHO

SEÇÃO I
DA COMPOSIÇÃO E DO FUNCIONAMENTO

Art. 670 – Os Tribunais Regionais das 1ª e 2ª Regiões compor-se-ão de onze juízes togados, vitalícios, e de seis juízes classistas, temporários; os da 3ª e 4ª Regiões, de oito juízes togados, vitalícios, e de quatro classistas, temporários; os da 5ª e 6ª Regiões, de sete juízes togados, vitalícios e de dois classistas, temporários; os da 7ª e 8ª Regiões, de seis juízes togados, vitalícios, e de dois classistas, temporários, todos nomeados pelo Presidente da República. (Redação dada pela Lei nº 5.442, 24.5.1968)

§ 1º Há um primeiro suplente e um segundo suplente para o presidente e um suplente para cada vogal. (Incluído pelo Decreto-lei nº 9.398, de 21.6.1946) (Vide Decreto-Lei nº 9.519, de 1946)

§ 2º Nos Tribunais Regionais constituídos de seis ou mais juízes togados, e menos de onze, um dêles será escolhido dentre advogados, um dentre membros do Ministério Público da União junto à Justiça do Trabalho e os demais dentre juízes do Trabalho Presidente de Junta da respectiva Região, na forma prevista no parágrafo anterior. (Redação dada pela Lei nº 5.442, de 24.5.1968)

§ 3º (VETADO) (Incluído pela Lei nº 5.442, de 24.5.1968)

§ 4º Os juízes classistas referidos neste artigo representarão, paritàriamente, empregadores e empregados. (Incluído pela Lei nº 5.442, de 24.5.1968)

§ 5º Haverá um suplente para cada Juiz classista. (Incluído pela Lei nº 5.442, de 24.5.1968)

§ 6º Os Tribunais Regionais, no respectivo regimento interno, disporão sôbre a substituição de seus juízes, observados, na convocação de juízes inferiores, os critérios de livre escolha e antigüidade, alternadamente. (Incluído pela Lei nº 5.442, de 24.5.1968)

§ 7º Dentre os seus juízes togados, os Tribunais Regionais elegerão os respectivos Presidente e Vice-Presidente, assim como os Presidentes de Turmas, onde as houver. (Incluído pela Lei nº 5.442, de 24.5.1968)

§ 8º Os Tribunais Regionais da 1ª e 2ª Regiões dividir-se-ão em Turmas, facultada essa divisão aos constituídos de pelo menos, doze juízes. Cada turma se comporá de três juízes togados e dois classistas, um representante dos empregados e outro dos empregadores. (Incluído pela Lei nº 5.442, de 24.5.1968)

Art. 671 – Para os trabalhos dos Tribunais Regionais existe a mesma incompatibilidade prevista no art. 648, sendo idêntica a forma de sua resolução.

Art. 672 – Os Tribunais Regionais, em sua composição plena, deliberarão com a presença, além do Presidente, da metade e mais um, do número de seus juízes, dos quais, no mínimo, um representante dos empregados e outro dos empregadores.

§ 1º As Turmas somente poderão deliberar presentes, pelo menos, três dos seus juízes, entre êles os dois classistas. Para a integração dêsse quorum, poderá o Presidente de uma Turma convocar juízes de outra, da classe a que pertencer o ausente ou impedido.

§ 2º Nos Tribunais Regionais, as decisões tomar-se-ão pelo voto da maioria dos juízes presentes, ressalvada, no Tribunal Pleno, a hipótese de declaração de inconstitucionalidade de lei ou ato do poder público (artigo 111 da Constituição).

§ 3º O Presidente do Tribunal Regional, excetuada a hipótese de declaração de inconstitucionalidade de lei ou ato do poder público, sòmente terá voto de desempate. Nas sessões administrativas, o Presidente votará como os demais juízes, cabendo-lhe, ainda, o voto de qualidade.

§ 4º No julgamento de recursos contra decisão ou despacho do Presidente, do Vice-Presidente ou de Relator, ocorrendo empate, prevalecerá a decisão ou despacho recorrido.

Art. 673 – A ordem das sessões dos Tribunais Regionais será estabelecida no respectivo Regimento Interno.

COMENTÁRIOS (ARTS. 670 A 673)

Antes da Emenda Constitucional n. 24/99 os órgãos de primeiro e segundo grau de jurisdição da Justiça do Trabalho eram integrados por juízes leigos e juízes togados. Os juízes leigos eram escolhidos pelo sindicato da categoria profissional ou econômica – daí surgiu a expressão "**representação classista**" – para integrar o colegiado das extintas Juntas de Conciliação e Julgamento ou oficiar junto aos Tribunais Regionais do Trabalho ou ao Tribunal Superior do Trabalho.

A Emenda Constitucional n. 24/99 extinguiu a representação classista da Justiça do Trabalho em todos os graus de jurisdição trabalhista, de forma que os denominados os "ministros classistas" temporários do Tribunal Superior do Trabalho, dos Tribunais Regionais do Trabalho e das Juntas de Conciliação e Julgamento, com mandato em curso ao tempo da publicação da Emenda Constitucional 24, permaneceram no cargo até o cumprimento integral do tempo restante para o término do mandato.

O **Tribunal Regional do Trabalho (TRT),** órgão de segunda instancia, integrante da Justiça do Trabalho (art. 115, CF).

O **Tribunal Regional do Trabalho (TRT) é composto de,** no mínimo, sete juízes, recrutados, quando possível, na respectiva região, e nomeados pelo Presidente da República dentre brasileiros com mais de trinta e menos de sessenta e cinco anos.

As características dos Tribunais Regionais do Trabalho são: a) são órgãos de segundo grau de jurisdição trabalhista; b) é composto de, no mínimo, 7 (sete) Juízes – advogados ou membros do Ministério Público do Trabalho, conforme a regra do quinto constitucional prevista no art. 94 da CF – recrutados, quando possível, na respectiva região, dentre brasileiros com mais de 30 (trinta) anos e menos de 65 (sessenta e cinco) anos; c) são nomeados pelo Presidente da República.

Nos termos do art. 674 da CLT, o território nacional é dividido em vinte e quatro Regiões:

- **TRT da 1ª Região:** Estado do Rio de Janeiro, com sede no Rio de Janeiro;
- **TRT da 2ª Região:** Estado de São Paulo (Capital; Região Metropolitana; Baixada Santista), com sede em São Paulo;
- **TRT da 3ª Região:** Estado de Minas Gerais, com sede em Belo Horizonte;
- **TRT da 4ª Região:** Estado do Rio Grande do Sul, com sede em Porto Alegre;
- **TRT da 5ª Região:** Estado da Bahia, com sede em Salvador;
- **TRT da 6ª Região:** Estado de Pernambuco, com sede em Recife;
- **TRT da 7ª Região:** Estado do Ceará, com sede em Fortaleza;
- **TRT da 8ª Região:** compreende os Estados do Pará e Amapá, com sede em Belém do Pará;
- **TRT da 9ª Região:** Estado do Paraná, com sede em Curitiba;
- **TRT da 10ª Região:** compreende Distrito Federal e o Estado do Tocantins, com sede em Brasília;
- **TRT da 11ª Região:** compreende os Estados do Amazonas e Roraima, com sede em Manaus;
- **TRT da 12ª Região:** Estado de Santa Catarina, com sede em Florianópolis;
- **TRT da 13ª Região:** Estado da Paraíba, com sede em João Pessoa;
- **TRT da 14ª Região:** compreende os Estados de Rondônia e Acre, com sede em Porto Velho;
- **TRT da 15ª Região:** Estado de São Paulo (cidades do interior), com sede em Campinas;
- **TRT da 16ª Região:** Estado do Maranhão, com sede em São Luiz;
- **TRT da 17ª Região:** Estado do Espírito Santo, com sede em Vitória;
- **TRT da 18ª Região:** Estado de Goiás, com sede em Goiânia;
- **TRT da 19ª Região:** Estado de Alagoas, com sede em Maceió;
- **TRT da 20ª Região:** Estado de Sergipe, com sede em Aracaju;
- **TRT da 21ª Região:** Estado do Rio Grande do Norte, com sede em Natal;
- **TRT da 22ª Região:** Estado do Piauí, com sede em Teresina;
- **TRT da 23ª Região:** Estado do Mato Grosso, com sede em Cuiabá;
- **TRT da 24ª Região:** Estado do Mato Grosso do Sul, com Sede em Campo Grande.

A Resolução 104/2012 estabelece que os juízes em primeira instancia serão denominados de "Juiz Titular ou Substituto do Trabalho" e, em segunda instancia, recebem o título de "Desembargadores". A Lei Orgânica da Magistratura Nacional (Lei complementar 35/79), o art. 118, permite a convocação de juízes de primeiro grau de jurisdição para oficiar em segunda instancia, em caso de vaga ou afastamento por período 'superior a 30 dias.

A redação do art. 671 da CLT foi tacitamente pelo o art. 128 da LOMAN (Lei Orgânica da Magistratura Nacional – Lei Complementar n. 35/1979), que proíbe o assento mesma Turma, Câmara ou Seção, de cônjuges e parentes consanguíneos ou afins em linha reta, bem como em linha colateral até o terceiro grau. Esse dispositivo estabelece, ainda, que se ambos tiverem assento nas sessões do Tribunal Pleno ou órgão que o substituir, onde houver, o primeiro dos membros mutuamente impedidos, que votar, excluirá a participação do outro no julgamento.

O art. 672 da CLT segue a linha do preceito condito no art. 97 da Lei Fundamental que estabelece o voto da maioria absoluta dos membros do tribuna ou dos membro do órgão especial, é que poderá ser declarada a inconstitucionalidade de lei ou ato normativo emanado pelo Poder Público.

Os aspectos procedimentais das sessões de julgamento são disciplinados no Regimentos Interno dos Tribunais Regionais do Trabalho. Esses instrumentos são atos administrativos com caráter normativo.

▸ SEÇÃO II
DA JURISDIÇÃO E COMPETÊNCIA

Art. 674 – Para efeito da jurisdição dos Tribunais Regionais, o território nacional é dividido nas oito regiões seguintes: (Redação dada pela Lei nº 5.839, de 5.12.1972)

1ª Região – Estados da Guanabara, Rio de Janeiro e Espírito Santo;

2ª Região – Estados de São Paulo, Paraná e Mato Grosso;

3ª Região – Estados de Minas Gerais e Goiás e Distrito Federal;

4ª Região – Estados do Rio Grande do Sul e Santa Catarina;

5ª Região – Estados da Bahia e Sergipe;

6ª Região – Estados de Alagoas, Pernambuco, Paraíba e Rio Grande do Norte;

7ª Região – Estados do Ceará, Piauí e Maranhão;

8ª Região – Estados do Amazonas, Pará, Acre e Territórios Federais do Amapá, Rondônia e Roraima.

Parágrafo único. Os tribunais têm sede nas cidades: Rio de Janeiro (1ª Região), São Paulo (2ª Região), Belo Horizonte (3ª Região), Porto Alegre (4ª Região), Salvador (5ª Região), Recife (6ª Região), Fortaleza (7ª Região) e Belém (8ª Região). (Redação dada pela Lei nº 5.839, de 5.12.1972)

Art. 675 - (Revogado pela Lei nº 5.442, de 24.5.1968)

Art. 676 – O número de regiões, a jurisdição e a categoria dos Tribunais Regionais, estabelecidos nos artigos anteriores, somente podem ser alterados pelo Presidente da República.

Art. 677 – A competência dos Tribunais Regionais determina-se pela forma indicada no art. 651 e seus parágrafos e, nos casos de dissídio coletivo, pelo local onde este ocorrer.

COMENTÁRIOS (ARTS. 674 A 677)

Atualmente a Justiça do Trabalho está presente em todo o território nacional. A jurisdição em matéria trabalhista está dividida em vinte e quatro regiões. É possível, ainda, de acordo com o art. 115 da CF, o funcionamento descentralizado dos Tribunais Regionais do Trabalho, em Câmaras Regionais, para garantir ao jurisdicionado o amplo acesso à justiça.

Art. 678 – Aos Tribunais Regionais, quando divididos em Turmas, compete: (Redação dada pela Lei nº 5.442, de 24.5.1968)

I – ao Tribunal Pleno, especialmente: (Incluído pela Lei nº 5.442, de 24.5.1968)

a) processar, conciliar e julgar originàriamente os dissídios coletivos;

b) processar e julgar originàriamente:

1) as revisões de sentenças normativas;

2) a extensão das decisões proferidas em dissídios coletivos;

3) os mandados de segurança;

4) as impugnações à investidura de vogais e seus suplentes nas Juntas de Conciliação e Julgamento;

c) processar e julgar em última instância:

1) os recursos das multas impostas pelas Turmas;

2) as ações rescisórias das decisões das Juntas de Conciliação e Julgamento, dos juízes de direito investidos na jurisdição trabalhista, das Turmas e de seus próprios acórdãos;

3) os conflitos de jurisdição entre as suas Turmas, os juízes de direito investidos na jurisdição trabalhista, as Juntas de Conciliação e Julgamento, ou entre aquêles e estas;

d) julgar em única ou última instâncias:

1) os processos e os recursos de natureza administrativa atinentes aos seus serviços auxiliares e respectivos servidores;

2) as reclamações contra atos administrativos de seu presidente ou de qualquer de seus membros, assim como dos juízes de primeira instância e de seus funcionários.

II – às Turmas: (Incluído pela Lei nº 5.442, de 24.5.1968)

a) julgar os recursos ordinários previstos no art. 895, alínea a;

b) julgar os agravos de petição e de instrumento, êstes de decisões denegatórias de recursos de sua alçada;

c) impor multas e demais penalidades relativas e atos de sua competência jurisdicional, e julgar os recursos interpostos das decisões das Juntas dos juízes de direito que as impuserem.

Parágrafo único. Das decisões das Turmas não caberá recurso para o Tribunal Pleno, exceto no caso do item I, alínea "c", inciso 1, dêste artigo. (Incluído pela Lei nº 5.442, de 24.5.1968)

Art. 679 – Aos Tribunais Regionais não divididos em Turmas, compete o julgamento das matérias a que se refere o artigo anterior, exceto a de que trata o inciso I da alínea c do Item I, como os conflitos de jurisdição entre Turmas. (Redação dada pela Lei nº 5.442, de 24.5.1968)

Art. 680. Compete, ainda, aos Tribunais Regionais, ou suas Turmas: (Restabelecido com nova redação pela Lei nº 5.442, de 24.5.1968)

a) determinar às Juntas e aos juízes de direito a realização dos atos processuais e diligências necessárias ao julgamento dos feitos sob sua apreciação;

b) fiscalizar o comprimento de suas próprias decisões;

Decreto-Lei 5.452/1943

c) declarar a nulidade dos atos praticados com infração de suas decisões;

d) julgar as suspeições arguidas contra seus membros;

e) julgar as exceções de incompetência que lhes forem opostas;

f) requisitar às autoridades competentes as diligências necessárias ao esclarecimento dos feitos sob apreciação, representando contra aquelas que não atenderem a tais requisições;

g) exercer, em geral, no interêsse da Justiça do Trabalho, as demais atribuições que decorram de sua Jurisdição.

COMENTÁRIOS (ARTS. 678 A 680)

1. COMPETÊNCIA ORIGINÁRIA DOS TRIBUNAIS REGIONAIS DO TRABALHO

A jurisdição é a função do Estado de resolver os conflitos de interesse entre pessoas. A função jurisdicional é exercida pelo Poder Judiciário, a quem compete dizer o direito aplicável ao caso concreto[944].

É a medida, o limite, o fracionamento da jurisdição; é a divisão dos trabalhos perante os órgãos encarregados do exercício da função jurisdicional, cujo objetivo é a composição da lide e a pacificação social[945].

Para Antonio Carlos de Araujo CINTRA (apud Theodoro Júnior, 2015)[946] a jurisdição "uma das funções do Estado, mediante a qual este se substitui aos titulares dos interesses em conflito para, imparcialmente, buscar a pacificação do conflito que os envolve, com justiça".

Mauro Schiavi[947] conceitua a jurisdição como "a função estatal exercida pelos juízes e tribunais, encarregada de dirimir, de forma imperativa e definitiva, os conflitos de interesses, aplicando o direito a um caso concreto, pacificando o conflito".

A doutrina tradicional afirma que a competência é uma parcela da jurisdição, ou seja, representa a distribuição das atribuições da atividade jurisdicional entre os órgãos do Poder Público[948].

As regras de distribuição da competência são realizadas de diversas formas: Constituição Federal, leis de direito processual (processo civil, processo criminal ou processo do trabalho), leis esparsas e normas de organização judiciária (regimentos internos dos tribunais).

Dentre as várias classificações da jurisdição citamos as seguintes: a) competência da Justiça Comum; b) Competência da Justiça Especial; c) Competência **em razão da matéria** (ratione materiae): competência em razão da natureza da relação jurídica ou objetiva, e tem por parâmetro a natureza da relação jurídica controvertida; d) Competência **em razão da pessoa** (ratione personae): competência em razão da qualidade das partes envolvidas na relação jurídica controvertida, é aquela que tem por parâmetro certas qualidades das pessoas litigantes; e) Competência **funcional**: tem por parâmetro a natureza das funções exercidas pelo magistrado no processo, bem como das respectivas exigências especiais dessas funções. A competência funcional também é denominada de competência a interna, normalmente prevista na CLT e nos regimentos internos dos Tribunais Regionais e do Tribunal Superior do Trabalho; f) **competência originária:** define a qual o órgão compete a causa dentro de um mesmo tribunal, isto é, se a competência é de órgão superior ou ao inferior; g) competência interna: quando existem vários juízes numa mesma Vara ou Tribunal, define qual ou quais órgão é/serão competentes; h) **competência recursal/hierárquica**: é a definição do órgão competente para apreciar o recurso apresentado pelas partes, ou seja, o próprio órgão que decidiu originariamente ou de órgão hierarquicamente superior.

Como se denota a competência originária é aquela na qual a Constituição, a CLT, a lei ou o regimento interno dos tribunais, define qual o órgão jurisdicional será responsável pela apreciação do litígio. Alguns doutrinadores entendem que a competência funcional é sinonímia de competência originária.

O art. 111 da Constituição Federal preceitua que os órgãos integrantes da Justiça do Trabalho são o Tribunal Superior do Trabalho (TST), os Tribunais Regionais do Trabalho (TRTs) e os Juízes do Trabalho.

Os Tribunais Regionais do Trabalho, composto de, no mínimo, sete juízes, recrutados, quando possível, na respectiva região, e nomeados pelo Presidente da República dentre brasileiros com mais de trinta e menos de sessenta e cinco anos (art.115, CF). Na base hierárquica estão as Varas do Trabalho, cuja jurisdição será exercida por um juiz singular (art. 116, CF).

Segundo o art. 652 e 653 da CLT, compete originariamente às Varas do Trabalho (aos juízes do trabalho de primeira instância):

> *Art. 652. Compete às Varas do Trabalho:*
>
> *a) conciliar e julgar:*
>
> *I – os dissídios em que se pretenda o reconhecimento da estabilidade de empregado;*
>
> *II – os dissídios concernentes a remuneração, férias e indenizações por motivo de rescisão do contrato individual de trabalho;*
>
> *III – os dissídios resultantes de contratos de empreitadas em que o empreiteiro seja operário ou artífice;*
>
> *IV – os demais dissídios concernentes ao contrato individual de trabalho;*
>
> *V - as ações entre trabalhadores portuários e os operadores portuários ou o Órgão Gestor de Mão-de-Obra – OGMO decorrentes da relação de trabalho;*

944 Eduardo Arruda Alvim, Daniel Willian Granado e Eduardo Aranha Ferreira. Direito processual civil – 6. ed. – São Paulo: Saraiva Educação, 2019.

945 Idem. Leone Pereira, 2018.

946 Humberto Theodoro Júnior. Curso de Direito Processual Civil – vol. I. 56. ed. – Rio de Janeiro: Forense, 2015.

947 Mauro Schiavi. Manual de Direito Processual do Trabalho. 13ª ed. – São Paulo, LTr, 2018.

948 Idem. Arruda Alvim, 2019.

b) processar e julgar os inquéritos para apuração de falta grave;

c) julgar os embargos opostos às suas próprias decisões;

d) impor multas e demais penalidades relativas aos atos de sua competência;

e) (Suprimida pelo Decreto-lei nº 6.353, de 20.3.1944)

f) decidir quanto à homologação de acordo extrajudicial em matéria de competência da Justiça do Trabalho. (Incluído pela Lei nº 13.467, de 2017)

Parágrafo único – Terão preferência para julgamento os dissídios sobre pagamento de salário e aqueles que derivarem da falência do empregador, podendo o Presidente da Junta, a pedido do interessado, constituir processo em separado, sempre que a reclamação também versar sobre outros assuntos.

Art. 653 – Compete, ainda, às Juntas de Conciliação e Julgamento:

a) requisitar às autoridades competentes a realização das diligências necessárias ao esclarecimento dos feitos sob sua apreciação, representando contra aquelas que não atenderem a tais requisições;

b) realizar as diligências e praticar os atos processuais ordenados pelos Tribunais Regionais do Trabalho ou pelo Tribunal Superior do Trabalho;

c) julgar as suspeições arguidas contra os seus membros;

d) julgar as exceções de incompetência que lhes forem opostas;

e) expedir precatórias e cumprir as que lhes forem deprecadas;

f) exercer, em geral, no interesse da Justiça do Trabalho, quaisquer outras atribuições que decorram da sua jurisdição.

A competência originária dos Tribunais Regionais do Trabalho – atualmente divididos em 24 Regiões, na forma do art. 674 da CLT – estão elencadas no art. 678 e seguintes da CLT, *in verbis*:

Art. 678 – Aos Tribunais Regionais, quando divididos em Turmas, compete:

I – ao Tribunal Pleno, especialmente:

a) processar, conciliar e julgar ***originariamente*** *os* ***dissídios coletivos****;*

b) processar e julgar ***originariamente****:*

1) as revisões de sentenças normativas;

2) a extensão das decisões proferidas em dissídios coletivos;

3) os mandados de segurança;

4) as impugnações à investidura de vogais e seus suplentes nas Juntas de Conciliação e Julgamento;

c) processar e julgar em última instância:

1) os recursos das multas impostas pelas Turmas;

2) as ***ações rescisórias*** *das decisões das Juntas de Conciliação e Julgamento, dos juízes de direito investidos na jurisdição trabalhista, das Turmas e de seus próprios acórdãos;*

3) os conflitos de jurisdição entre as suas Turmas, os juízes de direito investidos na jurisdição trabalhista, as Juntas de Conciliação e Julgamento, ou entre aqueles e estas;

d) julgar em única ou última instâncias:

1) os processos e os recursos de natureza administrativa atinentes aos seus serviços auxiliares e respectivos servidores;

2) as reclamações contra atos administrativos de seu presidente ou de qualquer de seus membros, assim como dos juízes de primeira instância e de seus funcionários.

II – às Turmas:

a) ***julgar os recursos ordinários*** *previstos no art. 895, alínea a;*

b) julgar os ***agravos de petição e de instrumento****, estes de decisões denegatórias de recursos de sua alçada;*

c) impor multas e demais penalidades relativas e atos de sua competência jurisdicional, e julgar os recursos interpostos das decisões das Juntas dos juízes de direito que as impuserem.

Parágrafo único. Das decisões das Turmas não caberá recurso para o Tribunal Pleno, exceto no caso do item I, alínea "c", inciso 1, deste artigo.

Art. 679 – Aos Tribunais Regionais não divididos em Turmas, compete o julgamento das matérias a que se refere o artigo anterior, exceto a de que trata o inciso I da alínea c do Item I, como os conflitos de jurisdição entre Turmas.

Art. 680. Compete, ainda, aos Tribunais Regionais, ou suas Turmas:

a) determinar às Juntas e aos juízes de direito a realização dos atos processuais e diligências necessárias ao julgamento dos feitos sob sua apreciação;

b) fiscalizar o comprimento de suas próprias decisões;

c) declarar a nulidade dos atos praticados com infração de suas decisões;

d) julgar as suspeições arguidas contra seus membros;

e) julgar as exceções de incompetência que lhes forem opostas;

f) requisitar às autoridades competentes as diligências necessárias ao esclarecimento dos feitos sob apreciação, representando contra aquelas que não atenderem a tais requisições;

g) exercer, em geral, no interesse da Justiça do Trabalho, as demais atribuições que decorram de sua Jurisdição.

As atribuições e competências dos presidentes dos Tribunais Regionais estão definidas nos ant.682 da CLT[949].

[949] Art. 682 – Competem privativamente aos Presidentes dos Tribunais Regionais, além das que forem conferidas neste e no título e das decorrentes do seu cargo, as seguintes atribuições: II – designar os vogais das Juntas e seus suplentes; III – dar posse aos Presidentes de Juntas e Presidentes Substitutos, aos vogais e suplentes e funcionários do próprio Tribunal e conceder férias e licenças aos mesmos e aos vogais e suplentes das Juntas; IV – presidir às sessões do Tribunal; V – presidir às audiências de conciliação nos dissídios coletivos; VI – executar suas próprias decisões e as proferidas pelo Tribunal; VII – convocar suplentes dos vogais do Tribunal, nos impedimentos destes; VIII – representar ao Presidente do Tribunal Superior do Trabalho contra os Presidentes e os vogais, nos casos previstos no art. 727 e seu parágrafo único; IX – despachar os recursos interpostos pelas partes; X – requisitar às autoridades competentes, nos casos de dissídio coletivo, a força necessária, sempre que houver ame e perturbação da ordem; XI – exercer correição, pelo menos uma vez por ano, sobre as Juntas, ou parcialmente sempre que se fizer necessário, e solicitá-la, quando julgar conveniente, ao Presidente do Tribunal de Apelação relativamente aos Juízes de Direito investidos na administração da Justiça do Trabalho; XII – distribuir os feitos, designando os vogais que os devem relatar; XIII – designar, dentre os funcionários do Tribunal e das Juntas existentes em uma mesma localidade, o que deve exercer a função de distribuidor; XIV – assinar as folhas de pagamento dos vogais e servidores do Tribunal. § 1º – Na falta ou impedimento do Presidente da Junta e do substituto da mesma localidade, é facultado ao Presidente do Tribunal Regional designar substituto de outra localidade, observada a ordem de antiguidade entre os substitutos desimpedidos. § 2º – Na falta ou impedimento do Juiz classista da Junta e do respectivo suplente, é facultado ao Presidente do Tribunal Regional designar suplente de outra Junta, respeitada a categoria profissional ou econômica do representante e a ordem de antiguidade dos suplentes desimpedidos. § 3º – Na falta ou impedimento de qualquer Juiz representante classista e seu respectivo suplente, é facultado ao Presidente do Tribunal Regional designar um dos Juízes classistas de Junta de Conciliação e Julgamento para funcionar nas sessões do Tribunal, respeitada a categoria profissional ou econômica do representante.

O Tribunal Superior do Trabalho funciona em sua composição plena ou dividido em Órgão Especial, Seções, Subseções Especializadas e Turmas (art. 64 do Regimento Interno do TST). Cabe ao Tribunal Superior do Trabalho processar, conciliar e julgar, na forma da lei, em grau originário ou recursal ordinário ou extraordinário, as demandas individuais e os dissídios coletivos que excedam a jurisdição dos Tribunais Regionais, os conflitos de direito sindical, assim como outras controvérsias decorrentes de relação de trabalho, e os litígios relativos ao cumprimento de suas próprias decisões, de laudos arbitrais e de convenções e acordos coletivos (art. 74 do RI do TST).

2. ACOMPANHAMENTO DO PROCESSO NO TRIBUNAL E SUSTENTAÇÃO ORAL

O processamento das demandas perante os Tribunais Regionais se assemelha àquele previsto no Regimento Interno do TST.

Cada Tribunal Regional possui regramento interno próprio, cada qual com as suas peculiaridades. Recomendamos a leitura detida do regimento interno do tribunal em que atua habitualmente.

Os processos de competência do Tribunal, a rigor, serão distribuídos de acordo com a classe, competência e composição dos órgãos do tribunal, ordem cronológica do seu ingresso na Corte, observando-se o sorteio eletrônico, concorrendo ao sorteio todos os Desembargadores, excetuados os membros da direção. Da mesma forma, os recursos oriundos da primeira instância.

Atente-se para as regras de prevenção das ações ou recursos no âmbito do Tribunal Regional do Trabalho. No Tribunal Regional da 2ª Região o primeiro recurso conhecido e protocolado tornará prevento o órgão fracionário, dentro deste a cadeira do relator, para eventual recurso subsequente interposto no mesmo processo ou em processo conexo, assim definido em lei (art. 82 do RI).

Distribuída a ação de competência originária ou o recurso ordinário ao órgão interno competente, será designado um Desembargador-Relator à quem competirá, a rigor: a) presidir o andamento do processo no Tribunal; b) determinar providências ou diligências úteis à instrução do processo, inclusive fixando prazo para o seu cumprimento, que será o magistrado competente do tribunal ao órgão competente; c) determinar a emenda ou o indeferimento da petição inicial em processo de competência originária; d) solicitar manifestação do Ministério Público do Trabalho, quando entender necessária; e) deferir ou indeferir liminares em pedidos de tutela de urgência ou da evidência; f) homologar os acordos e desistências, ainda que o processo se encontre em Mesa para julgamento ou com execução provisória na Vara; g) assinar a passagem dos autos ao Revisor, com o relatório, dentro do prazo previsto no regimento interno (no TRT 2ª Região o prazo é de 60 dias).

O Desembargador-Revisor, de outro lado, terá a competência para propor ao Relator providências processuais úteis ao julgamento, solicitar a designação de data para o julgamento do processo no prazo previsto no regimento interno e, por fim, proferir voto imediatamente após haver votado o Relator.

O Ministério Público do Trabalho, através do Procurador do Trabalho, poderá ter vista de todos os processos judiciais tramitando no Tribunal especialmente quando figurar como parte qualquer pessoa jurídica de direito público, estado estrangeiro ou organismo Internacional, ou nos casos que envolvam interesses de incapazes, ou processos de competência originária do Tribunal, ou quando entender existente interesse público que justifique sua intervenção.

As principais prerrogativas conferidas ao Ministério Público do Trabalho nos Tribunais Regionais são: a) manifestar-se, de ofício ou não, verbalmente ou por escrito, quando reputar de interesse público ou relevante a matéria objeto do processo; b) oficiar nas sessões de julgamento do Tribunal, fazendo uso da palavra para manifestação sobre a matéria posta em julgamento, podendo pedir vista em qualquer momento, como também solicitar requisições ou diligências que entender necessárias; c) instaurar a instância em caso de greve; d) nas sessões judiciais do Tribunal, o representante do Ministério Público terá assento à direita do Presidente da sessão[950].

No que se refere ao julgamento dos recursos oriundos de primeiro grau de jurisdição, após a solicitação de inclusão do processo na pauta de julgamento pelo relator, a secretaria do órgão responsável pelo julgamento irá notificar as partes – recorrente, recorrido e terceiros interessados – sobre a data e horário da sessão de julgamento.

As partes poderão entregar memoriais por escrito para os desembargadores responsáveis pelo julgamento do recurso – Relator, Revisor, 3º Juiz – antes da sessão de julgamento no Tribunal.

Recomenda-se que a parte ou o seu advogado realize a entrega dos memoriais diretamente aos desembargadores responsáveis pelo caso, na semana da sessão de julgamento, evitando o protocolo.

A Lei 8.906/1994 (Estatuto da Advocacia) confere o direito ao advogado de "dirigir-se diretamente aos magistrados nas salas e gabinetes de trabalho, independentemente de horário previamente marcado ou

[950] Art. 85 do RI do TRT da 2ª Região.

outra condição, observando-se a ordem de chegada" (art. 7º, VIII).

Entretanto, a experiência tem nos mostrado que é aconselhável, sempre que possível, o agendamento de um horário para efetuar a entregar ou despachar os memoriais com os desembargadores, a fim de poupar-se de desencontros ou de longo tempo de espera.

Os memoriais devem conter: a) as principais teses e argumentos do caso concreto; b) uma exposição fática ou jurídica abreviada, pois, os argumentos substanciais já foram consignados no bojo das razões recursais; c) no máximo 3 ou 4 laudas; d) eventualmente, poderá instruí-lo com uma peça ou decisão relevante.

Deste modo, podemos concluir que os memoriais é uma peça simples, com argumentos concisos, cujo objetivo é a demonstração dos aspectos fáticos e jurídicos centrais das razões ou contrarrazões do recurso submetido a julgamento.

A sustentação oral consiste na exposição verbal das razões ou contrarrazões do recurso interposto. É uma poderosa ferramenta de persuasão que possibilita o convencimento dos julgadores sobre as razões fáticas ou jurídicas discutidas em sede recursal.

Antes do início da sessão de julgamento, como regra, a parte que pretender realizar a defesa oral das razões ou contrarrazões recursais deve se inscrever perante a secretaria do órgão interno responsável pelo julgamento (Turma, SDI, SDC, Pleno, Órgão Especial etc.). Somente os advogados regularmente constituídos podem realizar a sustentação oral. A procuração poderá ser apresentada antes da sessão de julgamento perante a secretaria do órgão julgador.

Instalada a sessão de julgamento, no dia designado, o Desembargador-Presidente do órgão competente realizará a abertura da sessão oportunidade em que os processos serão submetidos a julgamento na ordem da pauta, independentemente do comparecimento das partes ou de seus representantes legais. Normalmente, os processos com sustentação oral terão preferência na pauta de julgamento.

Apregoado o julgamento do feito, o Presidente da sessão irá chamar os patronos inscritos para sustentar oralmente a ocupar a tribuna. Após a leitura do relatório, o Presidente da sessão dará a palavra aos Advogados para debates, pelo prazo de 10 (dez) minutos a cada um, prorrogável por mais 5 (cinco) minutos quando a matéria for considerada relevante.

Se houver recurso de ambas as partes, o autor ou seu patrono falará primeiro. Havendo litisconsortes representados por mais de um Advogado, alguns regimentos internos estabelecem prazo diferenciado (em dobro ou distribuído proporcionalmente entre eles).

A boa atuação do(a) advogado(a) perante os Tribunais, notadamente na sustentação oral, depende do preparo do operador do direito, isso envolve o estudo detido dos fatos, da cronologia dos atos processuais praticados nos autos, dos termos da inicial, da defesa, dos documentos, perícias, depoimento das partes e principalmente depoimentos prestados pelas testemunhas.

A missão do advogado(a) é demonstrar que o direito foi aplicado de maneira correta ou incorreta ao caso concreto submetido à julgamento, apontando as provas (documental, pericial, testemunhas, etc.) que fundamentam a argumentação.

É aconselhável roteirizar a sustentação oral e manter um material de apoio (anotação, o recurso ou as contrarrazões, tablet, etc.).

O discurso poderá ser estruturado da seguinte forma:

i) **Saudações** – cumprimento dirigido aos julgadores (Relator, Revisor, Presidente da sessão e demais desembargadores presentes), advogados, serventuários e público em geral. Dirija-se sempre de maneira respeitosa aos juízes-desembargadores, chamando-os pelo nome de tratamento: "Vossa(s) Excelência(s)", Nobres Julgadores.

ii) **Prólogo ou Introdução** – uma breve digressão fática ou cronológica dos atos processuais que serão objeto da sustentação.

iii) **Fixação dos pontos e teses principais** – a indicação dos assuntos mais relevantes discutidos no recurso.

iv) **Argumentação e refutação de teses contrárias** – exposição dos argumentos demonstrando/provando por meio do apontamento de documentos, trechos dos depoimentos das partes ou das testemunhas, além de teses doutrinárias ou jurisprudenciais quando se tratar de matéria eminentemente de Direito.

v) **Conclusão** – requerimento de reforma, anulação ou manutenção da decisão recorrida.

Encerradas as exposições orais o processo será julgado pelo órgão competente, com os votos do Relator e dos demais Desembargadores do Trabalho.

Ao final da votação, o Presidente da sessão proclamará o resultado e o Desembargador do Trabalho que primeiramente tenha votado nos termos da conclusão vencedora ou o que tenha o voto mais prevalente dentre todos será designado para redigir o acórdão.

3. SESSÃO DE JULGAMENTO TELEPRESENCIAL

O isolamento social potencializou a utilização das tecnologias telemáticas e informatizadas no âmbito do Poder Judiciário brasileiro. Foram necessárias a utilização das ferramentas tecnológicas para viabilizar a continuidade da prestação jurisdicional (art. 93, XII, CF).

> *CF, Art. 93. Lei complementar, de iniciativa do Supremo Tribunal Federal, disporá sobre o Estatuto da Magistratura, observados os seguintes princípios: XII a atividade jurisdicional*

será ininterrupta, sendo vedado férias coletivas nos juízos e tribunais de segundo grau, funcionando, nos dias em que não houver expediente forense normal, juízes em plantão permanente;

O Conselho Nacional de Justiça expediu a Portaria 61 de 31/03/2020[951], de acordo com a Resolução nº 313, de 19 de março de 2020, para estabelecer critérios para o funcionamento dos serviços judiciários, durante o estado de calamidade pública com o objetivo de prevenir o contágio pelo Covid-19, bem como permitir a realização dos atos processuais por meio de videoconferência, principalmente as audiências de forma virtual, na forma dos artigos 236, § 3º; 385, § 3º; 453, § 1º e 461, § 2º, do CPC.

No âmbito do Tribunal Regional do Trabalho da 2ª Região vigora o Ato GP nº. 07, que disciplinava, no âmbito do Tribunal Regional do Trabalho da 2ª Região, a adoção de meios virtuais e telepresenciais para a realização de audiências e sessões de julgamento nas Varas, Turmas e Seções Especializadas, durante a vigência das medidas de isolamento social para a prevenção do contágio pelo coronavírus (COVID-19).

Esse ato foi posteriormente revogado pelo Ato GP nº. 08 que regulamenta a matéria atualmente.

Cada Tribunal Regional possui regulamentação específica sobre a matéria, sendo importante o estudo pormenorizado do regulamento.

No âmbito da jurisdição do TRT da 2ª Região as audiências e sessões virtuais foram permitidas a partir de 11 de maio de 2020, por meio de Plataforma Emergencial de Videoconferência

As sessões de julgamento e audiências telepresenciais têm valor jurídico equivalente às presenciais.

As partes, seus procuradores e o Ministério Público são intimados pelo magistrado, informando o dia e horário da sessão de julgamento, bem como será disponibilizado um link para acesso à sala virtual, sem necessidade de cadastramento prévio das partes ou procuradores.

O nome da sala geralmente indica o número da turma e a data da sessão de julgamento.

A inscrição para sustentação oral, nas sessões telepresenciais, em alguns tribunais, há a exigência de prévia manifestação de interesse por parte dos patronos nos autos ou através de procedimento específico.

No dia e horário designado para o início da sessão o secretário confirmará a conexão de todos os envolvidos. O advogado fica aguardando o início da sessão de julgamento em um lobby (sala de espera virtual), até que o secretário admita as partes para a realização da sessão virtual.

Eventual impossibilidade técnica ou de ordem prática para a realização da sessão telepresencial poderão ensejar sua suspensão e designação para nova data, quer por parte dos membros da Turma ou do Ministério Público do Trabalho, quer por advogados mediante pedido e por decisão fundamentada (art. 20, §1º, do Ato GP 08 do TRT-2).

Ocorrendo a interrupção durante a sustentação oral por dificuldade ou indisponibilidade tecnológica dos recursos utilizados, o julgamento do processo poderá ser interrompido, com novo pregão ao final da pauta estabelecida para a data, restituindo-se integralmente o prazo legal para sustentação oral (art. 20, §2º, do Ato GP 08 do TRT-2).

Durante o exercício da advocacia, ainda que em ambiente virtual, devemos agir com profissionalismo e empenhar as mesas boas práticas empregadas na audiência presencial, seja na vestimenta ou no trato com as autoridades.

▸ SEÇÃO III
DOS PRESIDENTES DOS TRIBUNAIS REGIONAIS

Art. 681 – Os presidentes e vice-presidentes dos Tribunais Regionais do Trabalho tomarão posse perante os respectivos Tribunais. (Redação dada pela Lei nº 6.320, de 5.4.1976)

Parágrafo único. (Revogado pela Lei nº 6.320, de 5.4.1976)

---

[951] Portaria Nº 61 de 31/03/2020 – O **PRESIDENTE DO CONSELHO NACIONAL DE JUSTIÇA**, no uso de suas atribuições legais e regimentais, **CONSIDERANDO** as disposições da Resolução CNJ nº 313, de 19 de março de 2020, que estabelece critérios para o funcionamento dos serviços judiciários, com o objetivo de prevenir o contágio pelo Covid-19;**CONSIDERANDO** as disposições do Código de Processo Civil, artigos 236, § 3º; 385, § 3º; 453, § 1º e 461, § 2º, que dispõem sobre a possibilidade da prática de atos processuais por meio de videoconferência, inclusive para a oitiva de partes e testemunhas; **CONSIDERANDO** a Resolução CNJ nº 105, de 6 de abril de 2010, que dispõe sobre a documentação dos depoimentos por meio do sistema audiovisual e realização de interrogatório e inquirição de testemunhas por videoconferência; **RESOLVE:** Art. 1º Instituir a Plataforma Emergencial de Videoconferência para a realização de audiências e sessões de julgamento nos órgãos do Poder Judiciário, no período de isolamento social provocado pela pandemia do Covid-19. Parágrafo único. O uso da Plataforma é facultativo aos tribunais e não exclui a utilização de outras ferramentas computacionais que impliquem o alcance do mesmo objetivo. Art. 2º A Plataforma estará disponível a todos os segmentos de Justiça, Juízos de Primeiro e Segundo Graus de jurisdição, bem como os tribunais superiores. Parágrafo único. O registro de interesse na utilização da Plataforma deverá ser realizado por intermédio de formulário eletrônico próprio disponível no Portal do CNJ na Internet. Art. 3º Todas as informações necessárias para utilização da Plataforma estarão disponíveis no endereço eletrônico <https://www.cnj.jus.br/plataforma-videoconferencia-nacional>. Art. 4º A Plataforma permitirá a gravação audiovisual do conteúdo da videoconferência, e seu armazenamento, caso desejado, poderá ocorrer no sistema denominado PJe Mídias. Parágrafo único. O armazenamento no PJe Mídias independe de qual seja o sistema de gestão processual atualmente instalado no tribunal de origem do órgão interessado na gravação da videoconferência. Art. 5º A Plataforma estará disponível durante todo o período especial da pandemia causada pelo Covid-19. Art. 6º Esta Portaria entra em vigor na data da sua publicação.

Art. 682 – Competem privativamente aos Presidentes dos Tribunais Regionais, além das que forem conferidas neste e no título e das decorrentes do seu cargo, as seguintes atribuições: (Redação dada pelo Decreto-lei nº 8.737, de 19.1.1946)

I – (revogado)

II – designar os vogais das Juntas e seus suplentes; (Redação dada pelo Decreto-lei nº 8.737, de 19.1.1946)

III – dar posse aos Presidentes de Juntas e Presidentes Substitutos, aos vogais e suplentes e funcionários do próprio Tribunal e conceder férias e licenças aos mesmos e aos vogais e suplentes das Juntas; (Redação dada pelo Decreto-lei nº 8.737, de 19.1.1946)

IV – presidir às sessões do Tribunal; (Redação dada pelo Decreto-lei nº 8.737, de 19.1.1946)

V – presidir às audiências de conciliação nos dissídios coletivos; (Redação dada pelo Decreto-lei nº 8.737, de 19.1.1946)

VI – executar suas próprias decisões e as proferidas pelo Tribunal; (Redação dada pelo Decreto-lei nº 8.737, de 19.1.1946)

VII – convocar suplentes dos vogais do Tribunal, nos impedimentos destes; (Redação dada pelo Decreto-lei nº 8.737, de 19.1.1946)

VIII – representar ao Presidente do Tribunal Superior do Trabalho contra os Presidentes e os vogais, nos casos previstos no art. 727 e seu parágrafo único; (Redação dada pelo Decreto-lei nº 8.737, de 19.1.1946)

IX – despachar os recursos interpostos pelas partes; (Redação dada pelo Decreto-lei nº 8.737, de 19.1.1946)

X – requisitar às autoridades competentes, nos casos de dissídio coletivo, a força necessária, sempre que houver ame e perturbação da ordem; (Redação dada pelo Decreto-lei nº 8.737, de 19.1.1946)

XI – exercer correição, pelo menos uma vez por ano, sobre as Juntas, ou parcialmente sempre que se fizer necessário, e solicitá-la, quando julgar conveniente, ao Presidente do Tribunal de Apelação relativamente aos Juízes de Direito investidos na administração da Justiça do Trabalho; (Redação dada pelo Decreto-lei nº 8.737, de 19.1.1946)

XII – distribuir os feitos, designando os vogais que os devem relatar; (Redação dada pelo Decreto-lei nº 8.737, de 19.1.1946)

XIII – designar, dentre os funcionários do Tribunal e das Juntas existentes em uma mesma localidade, o que deve exercer a função de distribuidor; (Redação dada pelo Decreto-lei nº 8.737, de 19.1.1946)

XIV – assinar as folhas de pagamento dos vogais e servidores do Tribunal. (Redação dada pelo Decreto-lei nº 8.737, de 19.1.1946)

§ 1º – Na falta ou impedimento do Presidente da Junta e do substituto da mesma localidade, é facultado ao Presidente do Tribunal Regional designar substituto de outra localidade, observada a ordem de antigüidade entre os substitutos desimpedidos. (Redação dada pelo Decreto-lei nº 8.737, de 19.1.1946)

§ 2º – Na falta ou impedimento do Juiz classista da Junta e do respectivo suplente, é facultado ao Presidente do Tribunal Regional designar suplente de outra Junta, respeitada a categoria profissional ou econômica do representante e a ordem de antigüidade dos suplentes desimpedidos. (Redação dada pelo Decreto-lei nº 8.737, de 19.1.1946)

§ 3º – Na falta ou impedimento de qualquer Juiz representante classista e seu respectivo suplente, é facultado ao Presidente do Tribunal Regional designar um dos Juízes classistas de Junta de Conciliação e Julgamento para funcionar nas sessões do Tribunal, respeitada a categoria profissional ou econômica do representante. (Incluído pela Lei nº 3.440, de 27.8.1958)

Art. 683 – Na falta ou impedimento dos Presidentes dos Tribunais Regionais, e como auxiliares destes, sempre que necessário, funcionarão seus substitutos. (Redação dada pelo Decreto-lei nº 8.737, de 19.1.1946)

§ 1º – Nos casos de férias, por 30 (trinta) dias, licença, morte ou renúncia, a convocação competirá diretamente ao Presidente do Tribunal Superior do Trabalho (Redação dada pelo Decreto-lei nº 8.737, de 19.1.1946)

§ 2º – Nos demais casos, mediante convocação do próprio Presidente do Tribunal ou comunicação do secretário deste, o Presidente Substituto assumirá imediatamente o exercício, ciente o Presidente do Tribunal Superior do Trabalho. (Redação dada pelo Decreto-lei nº 8.737, de 19.1.1946)

COMENTÁRIOS (ARTS. 681 A 683)

A posse do presidente e vice-presidente do Tribunal Regional do Trabalho é o ato solene no qual os desembargadores eleitos prestam o compromisso de desempenhar bem os deveres inerentes ao cargo, bem como de cumprir os preceitos contidos na Constituição Federal e nas leis do país. Esse ato ocorre no âmbito do próprio Tribunal Regional do Trabalho.

As competências do presidente dos Tribunais Regionais do Trabalho são: a) dar posse aos juízes do trabalho e aos substitutos, aos funcionários do próprio Tribunal, bem como conceder férias e licenças; b) presidir às sessões do Tribunal; c) presidir às audiências de conciliação nos dissídios coletivos; d) executar suas próprias decisões e as proferidas pelo Tribunal; e) convocar suplentes dos juízes do Tribunal, nos impedimentos destes; f) representar ao Presidente do Tribunal Superior do Trabalho contra os Presidentes; g) despachar os recursos interpostos pelas partes; h) requisitar às autoridades competentes, nos casos de dissídio coletivo, a força necessária, sempre que houver ame e perturbação da ordem; i) exercer correição, pelo menos uma vez por ano, sobre as Juntas, ou parcialmente sempre que se fizer necessário, e solicitá-la, quando julgar conveniente, ao Presidente do Tribunal de Apelação relativamente aos Juízes de Direito investidos na administração da Justiça do Trabalho; j) distribuir os feitos, designando os vogais que os devem relatar; k) designar, dentre os funcionários do Tribunal e das Juntas existentes em uma mesma localidade, o que deve exercer a função de distribuidor; l) assinar as folhas de pagamento dos juízes e servidores do Tribunal.

Sem prejuízo, é possível que o Regimento Interno atribua outras competências ao presidente.

Em caso de impedimento, os presidentes dos Tribunais Regionais são substituídos, como regra, pelo vice-presidente (administrativo ou judicial). O vice-presidente administrativo, por sua vez, pode ser substituído pelo vice-presidente judicial ou por pelo desembargador mais antigo que estiver em exercício. O mesmo ocorre com o Corregedor Regional, a exexplo do que prevê o art. 33 do Regimento Interno do TRTda 2ª Região.

SEÇÃO IV
DOS JUÍZES REPRESENTANTES CLASSISTAS DOS TRIBUNAIS REGIONAIS

Art. 684. Os Juízes representantes classistas dos Tribunais Regionais são designados pelo Presidente da República.

Parágrafo único – Aos Juízes representantes classistas dos empregados e dos empregadores, nos Tribunais Regionais, aplicam-se as disposições do art. 661. (Parágrafo 1º renumerado para parágrafo único pela Lei nº 5.442, de 24.5.1968)

Art. 685 – A escolha dos vogais e suplentes dos Tribunais Regionais, representantes dos empregadores e empregados, é feita dentre os nomes constantes das listas para esse fim encaminhadas ao Presidente do Tribunal Superior do Trabalho pelas associações sindicais de grau superior com sede nas respectivas Regiões.

§ 1º – Para o efeito deste artigo, o Conselho de Representantes de cada associação sindical de grau superior, na ocasião determinada pelo Presidente do Tribunal Superior do Trabalho, organizará, por maioria de votos, uma lista de 3 (três) nomes.

§ 2º – O Presidente do Tribunal Superior do Trabalho submeterá os nomes constantes das listas ao Presidente da República, por intermédio do Ministro da Justiça e Negócios Interiores. (Redação dada pela Lei nº 2.244, de 23.6.1954)

Art. 686. (Suprimido pelo Decreto-Lei nº 9.797, de 9.9.1946)

Art. 687 – Os vogais dos Tribunais Regionais tomam posse perante o respectivo Presidente.

Art. 688 – Aos juízes representantes classistas dos Tribunais Regionais aplicam-se as disposições do art. 663, sendo a nova escolha feita dentre os nomes constantes das listas a que se refere o art. 685, ou na forma indicada no art. 686 e, bem assim, as dos arts. 665 e 667.

Art. 689 – Por sessão a que comparecerem, até o máximo de quinze por mês, perceberão os Juízes representantes classistas e suplentes dos Tribunais Regionais a gratificação fixada em lei. (Redação dada pelo Decreto-lei nº 8.737, de 19.1.1946)

Parágrafo único – Os Juízes representantes classistas que retiverem processos além dos prazos estabelecidos no Regimento Interno dos Tribunais Regionais sofrerão automaticamente, na gratificação mensal a que teriam direito, desconto equivalente a 1/30 (um trinta avos) por processo retido. (Incluído pelo Decreto-lei nº 8.737, de 19.1.1946)

COMENTÁRIOS (ARTS. 684 A 689)

Conforme apontado em comentários anteriores, antes da Emenda Constitucional n. 24/99 o órgão de primeiro grau de jurisdição da Justiça do Trabalho era colegiado, formado por juízes leigos e juízes togados. Os juízes leigos eram escolhidos pelo sindicato da categoria profissional ou econômica – daí surgiu a expressão "representação classista" – para integrar o colegiado das extintas Juntas de Conciliação e Julgamento ou oficiar junto aos Tribunais Regionais do Trabalho ou no âmbito do TST.

A Emenda Constitucional n. 24/99 extinguiu a representação classista da Justiça do Trabalho em todos os graus de jurisdição trabalhista, de forma que a primeira instância deixou de ter composição colegiada, passando a ser integrada por um único juiz (juiz singular/ juiz do trabalho), e, no âmbito dos tribunais, restou assegurado o cumprimento dos mandatos dos ministros classistas temporários do Tribunal Superior do Trabalho e dos juízes classistas temporários dos Tribunais Regionais do Trabalho.

A partir daí, os Tribunais Regionais do Trabalho passaram a ser compostos de juízes nomeados pelo Presidente da República (Art. 115 da CF).

CAPÍTULO V
DO TRIBUNAL SUPERIOR DO TRABALHO

SEÇÃO I
DISPOSIÇÕES PRELIMINARES

Art. 690 – O Tribunal Superior do Trabalho, com sede na Capital da República e jurisdição em todo o território nacional, é a instância suprema da Justiça do Trabalho. (Redação dada pela Lei nº 2.244, de 23.6.1954)

Parágrafo único – O Tribunal funciona na plenitude de sua composição ou dividido em Turmas, com observância da paridade de representação de empregados e empregadores. (Redação dada pela Lei nº 2.244, de 23.6.1954)

Art. 691 – (Suprimido pelo Decreto-lei nº 8.737, de 19.1.1946)

Art. 692 - (Suprimido pelo Decreto-lei nº 8.737, de 19.1.1946)

SEÇÃO II
DA COMPOSIÇÃO E FUNCIONAMENTO DO TRIBUNAL SUPERIOR DO TRABALHO

Art. 693 – O Tribunal Superior do Trabalho compõe-se de dezessete juízes com a denominação de Ministros, sendo: (Redação dada pela Lei nº 5.442, de 24.5.1968) (Vide Constituição Federal)

a) onze togados e vitalícios, nomeados pelo Presidente da República, depois de aprovada a escolha pelo Senado Federal, dentre brasileiros natos, maiores de trinta e cinco anos, de notável saber jurídico e reputação ilibada; (Redação dada pela Lei nº 5.442, de 24.5.1968)

b) seis classistas, com mandato de três anos, em representação paritária dos empregadores e dos empregados, nomeados pelo Presidente da República de conformidade com o disposto nos §§ 2º e 3º dêste artigo. (Redação dada pela Lei nº 5.442, de 24.5.1968)

§ 1º – Dentre os Juízes Togados do Tribunal Superior do Trabalho, alheios aos interesses profissionais, serão eleitos o Presidente, o Vice-Presidente e o corregedor, além dos presidentes das turmas na forma estabelecida em seu regimento interno. (Redação dada pela Lei nº 2.244, de 23.6.1954)

§ 2º – Para nomeação trienal dos juízes classistas, o Presidente do Tribunal Superior do Trabalho publicará edital, com antecedência mínima de 15 (quinze) dias, convocando as associações sindicais de grau superior, para que cada uma, mediante maioria de votos do respectivo Conselho de Representantes, organize uma lista de três nomes, que será encaminhada, por intermédio daquele Tribunal, ao Ministro da Justiça e Negócios Interiores dentro do prazo que fôr fixado no edital. (Redação dada pela Lei nº 2.244, de 23.6.1954)

Art. 694 – Os juízes togados escolher-se-ão: sete, dentre magistrados da Justiça do Trabalho, dois, dentre advogados no efetivo exercício da profissão, e dois, dentre membros do Ministério Público da União junto à Justiça do Trabalho. (Restabelecido com nova redação dada pela Lei nº 5.442, de 24.5.1968) (Vide Constituição Federal de 1988)

Art. 695. (Suprimido pelo Decreto-lei nº 9.797, de 9.9.1946)

Art. 696. Importará em renúncia o não comparecimento do membro do Conselho, sem motivo justificado, a mais de três sessões ordinárias consecutivas. (Redação dada pelo Decreto-lei nº 8.737, de 19.1.1946)

§ 1º Ocorrendo a hipótese prevista neste artigo o Presidente do Tribunal comunicará imediatamente o fato ao Ministro da Justiça e Negócios Interiores, a fim de que seja feita a substituição do juiz renunciante, sem prejuízo das sanções cabíveis. (Incluído pela Lei nº 2.244, de 23.6.1954)

§ 2º Para os efeitos do parágrafo anterior, a designação do substituto será feita dentre os nomes constantes das listas de que trata o 2º do art. 693. (Incluído pela Lei nº 2.244, de 23.6.1954)

Art. 697 – Em caso de licença, superior a trinta dias, ou de vacância, enquanto não for preenchido o cargo, os Ministros do Tribunal poderão ser substituídos mediante convocação de Juízes, de igual categoria, de qualquer dos Tribunais Regionais do Trabalho, na forma que dispuser o Regimento do Tribunal Superior do Trabalho. (Redação dada pela Lei nº 6.289, de 11.12.1975)

Art. 698 - (Suprimido pelo Decreto-lei nº 8.737, de 19.1.1946)

Art. 699 – O Tribunal Superior do Trabalho não poderá deliberar, na plenitude de sua composição senão com a presença de pelo menos nove de seus juízes, além do Presidente. (Redação dada pela Lei nº 2.244, de 23.6.1954)

Parágrafo único. As turmas do Tribunal, compostas de 5 (cinco) juízes, só poderão deliberar com a presença de pelo menos, três de seus membros, além do respectivo presidente, cabendo também a este funcionar como relator ou revisor nos feitos que lhe forem distribuídos conforme estabelecer o regimento interno. (Incluído pela Lei nº 2.244, de 23.6.1954)

Art. 700 – O Tribunal reunir-se-á em dias previamente fixados pelo Presidente, o qual poderá, sempre que for necessário, convocar sessões extraordinárias. (Redação dada pelo Decreto-lei nº 8.737, de 19.1.1946)

Art. 701 – As sessões do Tribunal serão públicas e começarão às 14 (quatorze) horas, terminando às 17 (dezessete) horas, mas poderão ser prorrogadas pelo Presidente em caso de manifesta necessidade. (Redação dada pelo Decreto-lei nº 8.737, de 19.1.1946)

§ 1º – As sessões extraordinárias do Tribunal só se realizarão quando forem comunicadas aos seus membros com 24 (vinte e quatro) horas, no mínimo, de antecedência. (Redação dada pelo Decreto-lei nº 8.737, de 19.1.1946)

§ 2º – Nas sessões do Tribunal, os debates poderão tornar-se secretos, desde que, por motivo de interesse público, assim resolva a maioria de seus membros. (Redação dada pelo Decreto-lei nº 8.737, de 19.1.1946)

COMENTÁRIOS (ARTS. 690 A 701)

O Tribunal Superior do Trabalho (TST) é o órgão de cúpula da Justiça do Trabalho, integrante do Poder Judiciário, com sede em Brasília e jurisdição em todo o território nacional (art. 111-A da CF). É também denominado de "instância suprema da Justiça do Trabalho" ou de "terceiro grau de jurisdição trabalhista".

Tem como função a uniformizar a interpretação da legislação trabalhista dos órgãos que compõem a Justiça do Trabalho, bem como decidir em última instância as questões de ordem administrativa da Justiça do Trabalho.

O Tribunal Superior do Trabalho é composto de 27 (vinte e sete) Ministros, escolhidos entre brasileiros com mais de 35 (trinta e cinco) anos e menos de 65 (sessenta e cinco) anos, de notável saber jurídico e reputação ilibada, nomeados pelo Presidente da República, após aprovação pela maioria absoluta (sabatina) do Senado Federal.

Um quinto dos ministros do TST são escolhidos dentre advogados com mais de dez anos de efetiva atividade profissional e membros do Ministério Público do Trabalho com mais de dez anos de efetivo exercício. São indicados em lista sêxtupla pelos órgãos de representação das respectivas classes. Recebidas as indicações, o tribunal formará lista tríplice, enviando-a ao Poder Executivo, que, nos vinte dias subsequentes, escolherá um de seus integrantes para nomeação. Os demais, dentre juízes dos Tribunais Regionais do Trabalho, oriundos da magistratura da carreira, indicados pelo próprio Tribunal Superior.

O Tribunal Superior do Trabalho é composto do Tribunal Pleno, Órgão Especial, Seção Especializada em Dissídios Coletivos (SDC), Seção Especializada em Dissídios Individuais (SDI), dividida em Subseção I e Subseção II, 8 (oito) Turmas, Comissões Permanentes – de Regimento Interno, Jurisprudência, Precedentes Normativos e de Documentação (Art. 64 do Regimento Interno do TST).

A Presidência, a Vice-Presidência e a Corregedoria-Geral da Justiça do Trabalho são cargos de direção do Tribunal, preenchidos mediante eleição em que concorrem os Ministros mais antigos da Corte, em número correspondente ao total dos cargos de direção, separadamente e também nessa ordem, sendo vedada a reeleição a qualquer dos cargos (art. 30 do Regimento Interno do TST). Serão eleitos por 2 anos, mediante escrutínio secreto e pelo voto da maioria absoluta, em sessão extraordinária do Tribunal Pleno, a realizar-se nos 60 dias antecedentes ao término dos mandatos anteriores, e tomarão posse em sessão solene, na data marcada pelo Tribunal Pleno (art. 33 do Regimento Interno do TST).

A Escola Nacional da Magistratura funciona junto ao Tribunal Superior do Trabalho, cuja base é o aperfeiçoamento dos magistrados, conforme § 2º do art. 111-A da CF. Também funciona em sintonia com a Corte Superior, o Conselho Superior da Justiça do Trabalho encarregado da supervisão administrativa, orçamentária, financeira e patrimonial da Justiça do Trabalho, em todos os graus de jurisdição, como órgão central do sistema, cuja decisão tem efeito vinculante.

SEÇÃO III
DA COMPETÊNCIA DO CONSELHO PLENO
(Vide Lei 7.701, de 1988)

Art. 702 – Ao Tribunal Pleno compete: (Redação dada pela Lei nº 2.244, de 23.6.1954) (Vide Lei 7.701, de 1988)

I – em única instância: (Redação dada pela Lei nº 2.244, de 23.6.1954)

a) decidir sobre matéria constitucional, quando arguido, para invalidar lei ou ato do poder público; (Redação dada pela Lei nº 2.244, de 23.6.1954)

b) conciliar e julgar os dissídios coletivos que excedam a jurisdição dos Tribunais Regionais do Trabalho, bem como estender ou rever suas próprias decisões normativas, nos casos previstos em lei; (Redação dada pela Lei nº 2.244, de 23.6.1954)

c) homologar os acordos celebrados em dissídios de que trata a alínea anterior; (Redação dada pela Lei nº 2.244, de 23.6.1954)

d) julgar os agravos dos despachos do presidente, nos casos previstos em lei; (Redação dada pela Lei nº 2.244, de 23.6.1954)

e) julgar as suspeições arguidas contra o presidente e demais juízes do Tribunal, nos feitos pendentes de sua decisão; (Redação dada pela Lei nº 2.244, de 23.6.1954)

f) estabelecer ou alterar súmulas e outros enunciados de jurisprudência uniforme, pelo voto de pelo menos dois terços de seus membros, caso a mesma matéria já tenha sido decidida de forma idêntica por unanimidade em, no mínimo, dois terços das turmas em pelo menos dez sessões diferentes em cada uma delas, podendo, ainda, por maioria de dois terços de seus membros, restringir os efeitos daquela declaração ou decidir que ela só tenha eficácia a partir de sua publicação no Diário Oficial; (Redação dada pela Lei nº 13.467, de 2017)

g) aprovar tabelas de custas emolumentos, nos termos da lei; (Redação dada pela Lei nº 2.244, de 23.6.1954)

h) elaborar o Regimento Interno do Tribunal e exercer as atribuições administrativas previstas em lei, ou decorrentes da Constituição Federal.

II – em última instância: (Redação dada pela Lei nº 2.244, de 23.6.1954)

a) julgar os recursos ordinários das decisões proferidas pelos Tribunais Regionais em processos de sua competência originária; (Redação dada pela Lei nº 2.244, de 23.6.1954)

b) julgar os embargos opostos às decisões de que tratam as alíneas "b" e "c" do inciso I deste artigo; (Redação dada pela Lei nº 2.244, de 23.6.1954)

c) julgar embargos das decisões das Turmas, quando esta divirjam entre si ou de decisão proferida pelo próprio Tribunal Pleno, ou que forem contrárias à letra de lei federal; (Redação dada pelo Decreto-lei nº 229, de 28.2.1967)

d) julgar os agravos de despachos denegatórios dos presidentes de turmas, em matéria de embargos na forma estabelecida no regimento interno; (Redação dada pela Lei nº 2.244, de 23.6.1954)

e) julgar os embargos de declaração opostos aos seus acordãos. (Redação dada pela Lei nº 2.244, de 23.6.1954)

§ 1º Quando adotada pela maioria de dois terços dos juízes do Tribunal Pleno, a decisão proferida nos embargos de que trata o inciso II, alínea "c", deste artigo, terá força de prejulgado, nos termos dos §§ 2º e 3º, do art. 902. (Parágrafo incluído pela Lei nº 2.244, de 23.6.1954)

§ 2º É da competência de cada uma das turmas do Tribunal: (Parágrafo incluído pela Lei nº 2.244, de 23.6.1954)

a) julgar, em única instância, os conflitos de jurisdição entre Tribunais Regionais do Trabalho e os que se suscitarem entre juízes de direito ou juntas de conciliação e julgamento de regiões diferentes; (Alínea incluída pela Lei nº 2.244, de 23.6.1954)

b) julgar, em última instância, os recursos de revista interpostos de decisões dos Tribunais Regionais e das Juntas de Conciliação e julgamento ou juízes de direito, nos casos previstos em lei; (Alínea incluída pela Lei nº 2.244, de 23.6.1954)

c) julgar os agravos de instrumento dos despachos que denegarem a interposição de recursos ordinários ou de revista; (Alínea incluída pela Lei nº 2.244, de 23.6.1954)

d) julgar os embargos de declaração opostos aos seus acordaos; (Alínea incluída pela Lei nº 2.244, de 23.6.1954)

e) julgar as habilitações incidentes e arguições de falsidade, suspeição e outras nos casos pendentes de sua decisão. (Alínea incluída pela Lei nº 2.244, de 23.6.1954)

§ 3º As sessões de julgamento sobre estabelecimento ou alteração de súmulas e outros enunciados de jurisprudência deverão ser públicas, divulgadas com, no mínimo, trinta dias de antecedência, e deverão possibilitar a sustentação oral pelo Procurador-Geral do Trabalho, pelo Conselho Federal da Ordem dos Advogados do Brasil, pelo Advogado-Geral da União e por confederações sindicais ou entidades de classe de âmbito nacional. (Incluído dada pela Lei nº 13.467, de 2017)

§ 4º O estabelecimento ou a alteração de súmulas e outros enunciados de jurisprudência pelos Tribunais Regionais do Trabalho deverão observar o disposto na alínea *f* do inciso I e no § 3º deste artigo, com rol equivalente de legitimados para sustentação oral, observada a abrangência de sua circunscrição judiciária. (Incluído dada pela Lei nº 13.467, de 2017)

SEÇÃO IV
DA COMPETÊNCIA DA CÂMARA DE JUSTIÇA DO TRABALHO

Arts. 703 a 705 – (Suprimidos pelo Decreto-lei nº 8.737, de 19.1.1946)

SEÇÃO V
DA COMPETÊNCIA DA CÂMARA DE PREVIDÊNCIA SOCIAL

Art. 706 (Suprimido pelo Decreto-lei nº 8.737, de 19.1.1946)

SEÇÃO VI
DAS ATRIBUIÇÕES DO PRESIDENTE DO TRIBUNAL SUPERIOR DO TRABALHO

Art. 707 – Compete ao Presidente do Tribunal: (Redação dada pelo Decreto-lei nº 8.737, de 19.1.1946)

a) presidir às sessões do Tribunal, fixando os dias para a realização das sessões ordinárias e convocando as extraordinárias; (Redação dada pelo Decreto-lei nº 8.737, de 19.1.1946)

b) superintender todos os serviços do Tribunal; (Redação dada pelo Decreto-lei nº 8.737, de 19.1.1946)

c) expedir instruções e adotar as providências necessárias para o bom funcionamento do Tribunal e dos demais órgãos da Justiça do Trabalho; (Redação dada pelo Decreto-lei nº 8.737, de 19.1.1946)

d) fazer cumprir as decisões originárias do Tribunal, determinando aos Tribunais Regionais e aos demais órgãos da Justiça do Trabalho a realização dos atos processuais e das diligências necessárias; (Redação dada pelo Decreto-lei nº 8.737, de 19.1.1946)

e) submeter ao Tribunal os processos em que tenha de deliberar e designar, na forma do Regimento Interno, os respectivos relatores; (Redação dada pelo Decreto-lei nº 8.737, de 19.1.1946)

f) despachar os recursos interpostos pelas partes e os demais papéis em que deva deliberar; (Redação dada pelo Decreto-lei nº 8.737, de 19.1.1946)

g) determinar as alterações que se fizerem necessárias na lotação do pessoal da Justiça do Trabalho, fazendo remoções ex officio de servidores entre os Tribunais Regionais, Juntas de Conciliação e Julgamento e outros órgãos; bem como conceder as requeridas que julgar convenientes ao serviço, respeitada a lotação de cada órgão; (Redação dada pelo Decreto-lei nº 8.737, de 19.1.1946)

h) conceder licenças e férias aos servidores do Tribunal, bem como impor-lhes as penas disciplinares que excederem da alçada das demais autoridades; (Redação dada pelo Decreto-lei nº 8.737, de 19.1.1946)

i) dar posse e conceder licença aos membros do Tribunal, bem como conceder licenças e férias aos Presidentes dos Tribunais Regionais; (Redação dada pelo Decreto-lei nº 8.737, de 19.1.1946)

j) apresentar ao Ministro do Trabalho, Industria e Comercio, até 31 de março de cada ano, o relatório das atividades do Tribunal e dos demais órgãos da Justiça do Trabalho. (Redação dada pelo Decreto-lei nº 8.737, de 19.1.1946)

Parágrafo único – O Presidente terá 1 (um) secretário por ele designado dentre os funcionários lotados no Tribunal, e será auxiliado por servidores designados nas mesmas condições. (Redação dada pelo Decreto-lei nº 8.737, de 19.1.1946)

SEÇÃO VII
DAS ATRIBUIÇÕES DO VICE-PRESIDENTE

Art. 708 – Compete ao Vice-Presidente do Tribunal: (Redação dada pela Lei nº 2.244, de 23.6.1954)

a) substituir o Presidente e o Corregedor em suas faltas e impedimentos; (Redação dada pela Lei nº 2.244, de 23.6.1954)

b) (Suprimida pela Lei nº 2.244, de 23.6.1954):

Parágrafo único – Na ausência do Presidente e do Vice-Presidente, será o Tribunal presidido pelo Juiz togado mais antigo, ou pelo mais idoso quando igual a antigüidade. (Redação dada pela Lei nº 2.244, de 23.6.1954)

SEÇÃO VIII
DAS ATRIBUIÇÕES DO CORREGEDOR

Art. 709 – Compete ao Corregedor, eleito dentre os Ministros togados do Tribunal Superior do Trabalho: (Redação dada pelo Decreto-lei nº 229, de 28.2.1967)

I – Exercer funções de inspeção e correição permanente com relação aos Tribunais Regionais e seus presidentes; (Redação dada pelo Decreto-lei nº 229, de 28.2.1967)

II – Decidir reclamações contra os atos atentatórios da boa ordem processual praticados pelos Tribunais Regionais e seus presidentes, quando inexistir recurso específico; (Redação dada pelo Decreto-lei nº 229, de 28.2.1967)

III – (Revogado pela Lei nº 5.442, de 24.5.1968)

§ 1º – Das decisões proferidas pelo Corregedor, nos casos do artigo, caberá o agravo regimental, para o Tribunal Pleno. (Incluído pelo Decreto-lei nº 229, de 28.2.1967)

§ 2º – O Corregedor não integrará as Turmas do Tribunal, mas participará, com voto, das sessões do Tribunal Pleno, quando não se encontrar em correição ou em férias, embora não relate nem revise processos, cabendo-lhe, outrossim, votar em incidente de inconstitucionalidade, nos processos administrativos e nos feitos em que estiver vinculado por visto anterior à sua posse na Corregedoria. (Redação dada pela Lei nº 7.121, de 8.9.1983)

COMENTÁRIOS (ARTS. 702 A 709)

O Tribunal Pleno do Tribunal Superior do Trabalho é constituído da totalidade de seus Ministros, incluindo o Ministro-Presidente, ou de um quórum mínimo para o seu funcionamento.

Consoante dispõe o art. 75 da Regimento Interno do TST, compete ao Tribunal Pleno: *"Art. 75. Compete ao Tribunal Pleno: I – eleger, por escrutínio secreto, o Presidente e o Vice-Presidente do Tribunal Superior do Trabalho, o Corregedor -Geral da Justiça do Trabalho, os 7 (sete) Ministros para integrar o Órgão Especial, o Diretor, o Vice -Diretor e os membros do Conselho Consultivo da Escola Nacional de Formação e Aperfeiçoamento de Magistrados do Trabalho (ENAMAT), o diretor e os membros do Centro de Formação e Aperfeiçoamento de Assessores e Servidores do Tribunal Superior do Trabalho (CEFAST); os Ministros membros do Conselho Superior da Justiça do Trabalho (CSJT) e respectivos suplentes, os membros do Conselho Nacional de Justiça (CNJ) e o Ministro Ouvidor e seu substituto; II – dar posse aos membros eleitos para os cargos de direção do Tribunal Superior do Trabalho, aos Ministros nomeados para o Tribunal, aos membros da direção e do Conselho Consultivo da Escola Nacional de Formação e Aperfeiçoamento de Magistrados do Trabalho (ENAMAT) e do Centro de Formação e Aperfeiçoamento de Assessores e Servidores do Tribunal Superior do Trabalho (CEFAST); III – escolher os integrantes das listas para provimento das vagas de Ministro do Tribunal; IV – deliberar sobre prorrogação do prazo para a posse no cargo de Ministro do Tribunal Superior do Trabalho e o início do exercício; V – determinar a disponibilidade ou a aposentadoria de Ministro do Tribunal; VI – opinar sobre propostas de alterações da legislação trabalhista, inclusive processual, quando entender que deve manifestar-se oficialmente; VII – estabelecer ou alterar súmulas e outros enunciados de jurisprudência uniforme, pelo voto de pelo menos 2/3 (dois terços) de seus membros, caso a mesma matéria já tenha sido decidida de forma idêntica por unanimidade em, no mínimo, 2/3 (dois terços) das turmas, em pelo menos 10 (dez) sessões diferentes em cada uma delas, podendo, ainda, por maioria de 2/3 (dois terços) de seus membros, restringir os efeitos daquela declaração ou decidir que ela só tenha eficácia a partir de sua publicação no Diário Oficial; VIII – julgar os incidentes de assunção de competência e os incidentes de recursos repetitivos, afetados ao órgão; IX – decidir sobre a declaração de inconstitucionalidade de lei ou ato normativo do Poder Público, quando aprovada a arguição pelas Seções Especializadas ou Turmas; X – aprovar e emendar o Regimento Interno do Tribunal Superior do Trabalho; XI – processar e julgar as reclamações destinadas à preservação de sua competência e à garantia da autoridade de suas decisões e à observância obrigatória de tese jurídica firmada em decisão com eficácia de precedente judicial de cumprimento obrigatório, por ele proferida".*

O Regimento Interno também prescreve as competências do presidente do Tribunal no art. 41, e, as atribuições do vice-presidente no art. 42, do mesmo regimento.

▸ CAPÍTULO VI
DOS SERVIÇOS AUXILIARES DA JUSTIÇA DO TRABALHO

▸ SEÇÃO I
DA SECRETARIA DAS JUNTAS DE CONCILIAÇÃO E JULGAMENTO

(VIDE CONSTITUIÇÃO FEDERAL DE 1988)

Art. 710 – Cada Junta terá 1 (uma) secretaria, sob a direção de funcionário que o Presidente designar, para exercer a função de secretário, e que receberá, além dos vencimentos correspondentes ao seu padrão, a gratificação de função fixada em lei. (Redação dada pelo Decreto-lei nº 8.737, de 19.1.1946)

Art. 711 – Compete à secretaria das Juntas:

a) o recebimento, a autuação, o andamento, a guarda e a conservação dos processos e outros papéis que lhe forem encaminhados;

b) a manutenção do protocolo de entrada e saída dos processos e demais papéis;

c) o registro das decisões;

d) a informação, às partes interessadas e seus procuradores, do andamento dos respectivos processos, cuja consulta lhes facilitará;

e) a abertura de vista dos processos às partes, na própria secretaria;

f) a contagem das custas devidas pelas partes, nos respectivos processos;

g) o fornecimento de certidões sobre o que constar dos livros ou do arquivamento da secretaria;

h) a realização das penhoras e demais diligências processuais;

i) o desempenho dos demais trabalhos que lhe forem cometidos pelo Presidente da Junta, para melhor execução dos serviços que lhe estão afetos.

Art. 712 – Compete especialmente aos secretários das Juntas de Conciliação e Julgamento:

a) superintender os trabalhos da secretaria, velando pela boa ordem do serviço;

b) cumprir e fazer cumprir as ordens emanadas do Presidente e das autoridades superiores;

c) submeter a despacho e assinatura do Presidente o expediente e os papéis que devam ser por ele despachados e assinados;

d) abrir a correspondência oficial dirigida à Junta e ao seu Presidente, a cuja deliberação será submetida;

e) tomar por termo as reclamações verbais nos casos de dissídios individuais;

f) promover o rápido andamento dos processos, especialmente na fase de execução, e a pronta realização dos atos e diligências deprecadas pelas autoridades superiores;

g) secretariar as audiências da Junta, lavrando as respectivas atas;

h) subscrever as certidões e os termos processuais;

i) dar aos litigantes ciência das reclamações e demais atos processuais de que devam ter conhecimento, assinando as respectivas notificações;

j) executar os demais trabalhos que lhe forem atribuídos pelo Presidente da Junta.

Parágrafo único – Os serventuários que, sem motivo justificado, não realizarem os atos, dentro dos prazos fixados, serão descontados em seus vencimentos, em tantos dias quantos os do excesso.

COMENTÁRIOS (ARTS. 710 A 712)

Os servidores e órgãos auxiliares são responsáveis pela realização dos serviços burocráticos, documentação dos processos, atividades acessórias da Justiça do Trabalho, possibilitando, assim, o desempenho da atividade jurisdicional principal pelos órgãos da Justiça do Trabalho (juízes e Tribunais Trabalhistas): o processamento e o julgamento das demandas trabalhistas.

A Varas do Trabalho terá uma Secretaria, dirigida por um servidor designado pelo juiz do trabalho, chamado de diretor da Secretaria, que receberá uma gratificação de função fixada em lei, além dos vencimentos correspondentes (art. 710, CLT). O diretor tem como atribuição dirigir os demais servidores, sob a supervisão do juiz; praticar todos os atos processuais determinados pelo juiz do trabalho; realizar os atos processuais de sua competência, bem como desempenhar os atos burocráticos próprios das Secretarias (art. 712, CLT).

São atos próprios da Secretaria da Vara do Trabalho: a) o recebimento, a autuação, o andamento, a guarda e a conservação dos processos e outros papéis que lhe forem encaminhados; b) a manutenção do protocolo de entrada e saída dos processos e demais papéis; c) o registro das decisões; d) a informação às partes interessadas e seus procuradores, sobre o andamento dos processos; e) abrir vista dos processos às partes, na própria secretaria; f) o fornecimento de certidões; g) a realização das penhoras e demais diligências processuais; h) o desempenho dos demais trabalhos que lhe forem designados pelo juiz do trabalho; dentre outras.

▸ SEÇÃO II
DOS DISTRIBUIDORES

Art. 713 – Nas localidades em que existir mais de uma Junta de Conciliação e Julgamento haverá um distribuidor.

Art. 714 – Compete ao distribuidor:

a) a distribuição, pela ordem rigorosa de entrada, e sucessivamente a cada Junta, dos feitos que, para esse fim, lhe forem apresentados pelos interessados;

b) o fornecimento, aos interessados, do recibo correspondente a cada feito distribuído;

c) a manutenção de 2 (dois) fichários dos feitos distribuídos, sendo um organizado pelos nomes dos reclamantes e o outro dos reclamados, ambos por ordem alfabética;

d) o fornecimento a qualquer pessoa que o solicite, verbalmente ou por certidão, de informações sobre os feitos distribuídos;

e) a baixa na distribuição dos feitos, quando isto lhe for determinado pelos Presidentes das Juntas, formando, com as fichas correspondentes, fichários à parte, cujos dados poderão ser consultados pelos interessados, mas não serão mencionados em certidões.

Art. 715 – Os distribuidores são designados pelo Presidente do Tribunal Regional dentre os funcionários das Juntas e do Tribunal Regional, existentes na mesma localidade, e ao mesmo Presidente diretamente subordinados.

COMENTÁRIOS (ARTS. 713 A 715)

Distribuir significa repartir, espalhar, partilhar. O distribuidor é responsável pela repartição das demandas nos locais em que há mais de uma Vara do Trabalho (art. 713 da CLT). A distribuição será realizada de acordo com a ordem rigorosa de entrada das demandas, e, de forma sucessiva, para cada Vara do Trabalho. Fornecerá recibo correspondente a cada feito distribuído, informações sobre os feitos distribuídos, bem como a baixa na distribuição dos feitos, quando isto lhe for determinado pelo juiz do trabalho. São designados pelo presidente do Tribunal Regional.

▸ SEÇÃO III
DO CARTÓRIO DOS JUÍZOS DE DIREITO

Art. 716 – Os cartórios dos Juízos de Direito, investidos na administração da Justiça do Trabalho, têm, para esse fim, as mesmas atribuições e obrigações conferidas na Seção I às secretarias das Juntas de Conciliação e Julgamento.

Parágrafo único – Nos Juízos em que houver mais de um cartório, far-se-á entre eles a distribuição alternada e sucessiva das reclamações.

Art. 717 – Aos escrivães dos Juízos de Direito, investidos na administração da Justiça do Trabalho, competem especialmente as atribuições e obrigações dos secretários das Juntas; e aos demais funcionários dos cartórios, as que couberem nas respectivas funções, dentre as que competem às secretarias das Juntas, enumeradas no art. 711.

▸ SEÇÃO IV
DAS SECRETARIAS DOS TRIBUNAIS REGIONAIS

Art. 718 – Cada Tribunal Regional tem 1 (uma) secretaria, sob a direção do funcionário designado para exercer a função de secretário, com a gratificação de função fixada em lei. (Redação dada pelo Decreto-lei nº 8.737, de 19.1.1946)

Art. 719 – Competem à Secretaria dos Conselhos, além das atribuições estabelecidas no art. 711, para a secretaria das Juntas, mais as seguintes:

a) a conclusão dos processos ao Presidente e sua remessa, depois de despachados, aos respectivos relatores;

b) a organização e a manutenção de um fichário de jurisprudência do Conselho, para consulta dos interessados.

Parágrafo único – No regimento interno dos Tribunais Regionais serão estabelecidas as demais atribuições, o funcionamento e a ordem dos trabalhos de suas secretarias.

Art. 720 – Competem aos secretários dos Tribunais Regionais as mesmas atribuições conferidas no art. 712 aos secretários das Juntas, além das que lhes forem fixadas no regimento interno dos Conselhos.

COMENTÁRIOS (ARTS. 716 A 720)

Como anotado em linhas anteriores, o Juiz de Direito integra a Justiça Comum Estadual. Os Estados membros são responsáveis pela organização da sua Justiça, baseando-se nos princípios previstos na constituição. A competência da Justiça Comum Estadual é residual, abarcando as matérias que não são de competência da Justiça Comum Federal (art. 109 da CF).

Excepcionalmente, o Juiz de Direito pode ser investido em jurisdição típica da Justiça do Trabalho, conforme admite o art. 112, CF. Essa delegação de jurisdição se deu no período de organização e implementação da Justiça do Trabalho, após a Reforma do Judiciário, promovida pela EC 45/2004. Neste caso, não só o juiz, mas, também, os escrivães dos Juízos de Direito, investido em matéria trabalhista, compete as atribuições e obrigações dos secretários das Varas do Trabalho (Art. 717 da CLT).

No âmbito dos Tribunais Regionais também haverá uma Secretaria, sob a direção de um funcionário designado, competindo-lhe as funções típicas conferidas aos secretários das Varas do Trabalho (art. 718 a 720 da CLT).

▸ SEÇÃO V
DOS OFICIAIS DE DILIGÊNCIA

Art. 721 – Incumbe aos Oficiais de Justiça e Oficiais de Justiça Avaliadores da Justiça do Trabalho a realização dos atos decorrentes da execução dos julgados das Juntas de Conciliação e Julgamento e dos Tribunais Regionais do Trabalho, que lhes forem cometidos pelos respectivos Presidentes. (Redação dada pela Lei nº 5.442, de 24.5.1968)

§ 1º Para efeito de distribuição dos referidos atos, cada Oficial de Justiça ou Oficial de Justiça Avaliador funcionará perante uma Junta de Conciliação e Julgamento, salvo quando da existência, nos Tribunais Regionais do Trabalho, de órgão específico, destinado à distribuição de mandados judiciais. (Redação dada pela Lei nº 5.442, de 24.5.1968)

§ 2º Nas localidades onde houver mais de uma Junta, respeitado o disposto no parágrafo anterior, a atribuição para o cumprimento do ato deprecado ao Oficial de Justiça ou Oficial de Justiça Avaliador será transferida a outro Oficial, sempre que, após o decurso de 9 (nove) dias, sem razões que o justifiquem, não tiver sido cumprido o ato, sujeitando-se o serventuário às penalidades da lei. (Redação dada pela Lei nº 5.442, de 24.5.1968)

§ 3º No caso de avaliação, terá o Oficial de Justiça Avaliador, para cumprimento da ato, o prazo previsto no art. 888. (Redação dada pela Lei nº 5.442, de 24.5.1968)

§ 4º É facultado aos Presidentes dos Tribunais Regionais do Trabalho cometer a qualquer Oficial de Justiça ou Oficial de Justiça Avaliador a realização dos atos de execução das decisões dêsses Tribunais. (Redação dada pela Lei nº 5.442, de 24.5.1968)

§ 5º Na falta ou impedimento do Oficial de Justiça ou Oficial de Justiça Avaliador, o Presidente da Junta poderá atribuir a realização do ato a qualquer serventuário. (Redação dada pela Lei nº 5.442, de 24.5.1968)

COMENTÁRIOS (ART. 721)

O oficial de justiça é o auxiliar do juízo responsável por efetivar as ordens do juiz, realizando atividades preponderantemente externas, procedendo a citação, intimação, penhora, buscas, apreensões, realizar avaliações, etc. No passado, era conhecido como meirinho.[952] As atribuições do oficial de justiça estão disciplinadas no art. 154 do CPC: *"Incumbe ao oficial de justiça: I – fazer pessoalmente citações, prisões, penhoras, arrestos e demais diligências próprias do seu ofício, sempre que possível na presença de 2 (duas) testemunhas, certificando no mandado o ocorrido, com menção ao lugar, ao dia e à hora; II – executar as ordens do juiz a que estiver subordinado; III – entregar o mandado em cartório após seu cumprimento; IV – auxiliar o juiz na manutenção da ordem; V – efetuar avaliações, quando for o caso; VI – certificar, em mandado, proposta de autocomposição apresentada por qualquer das partes, na ocasião de realização de ato de comunicação que lhe couber".*

[952] Theodoro Júnior , op. cit., p. 671

CAPITULO VII
DAS PENALIDADES

SEÇÃO I
DO "LOCK-OUT" E DA GREVE

Art. 722 – Os empregadores que, individual ou coletivamente, suspenderem os trabalhos dos seus estabelecimentos, sem prévia autorização do Tribunal competente, ou que violarem, ou se recusarem a cumprir decisão proferida em dissídio coletivo, incorrerão nas seguintes penalidades:

a) multa de cinco mil cruzeiros a cinquenta mil cruzeiros; (Vide Leis nºs 6.986, de 1982 e 6.205, de 1975)

b) perda do cargo de representação profissional em cujo desempenho estiverem;

c) suspensão, pelo prazo de 2 (dois) a 5 (cinco) anos, do direito de serem eleitos para cargos de representação profissional.

§ 1º – Se o empregador for pessoa jurídica, as penas previstas nas alíneas "b" e "c" incidirão sobre os administradores responsáveis.

§ 2º – Se o empregador for concessionário de serviço público, as penas serão aplicadas em dobro. Nesse caso, se o concessionário for pessoa jurídica o Presidente do Tribunal que houver proferido a decisão poderá, sem prejuízo do cumprimento desta e da aplicação das penalidades cabíveis, ordenar o afastamento dos administradores responsáveis, sob pena de ser cassada a concessão.

§ 3º – Sem prejuízo das sanções cominadas neste artigo, os empregadores ficarão obrigados a pagar os salários devidos aos seus empregados, durante o tempo de suspensão do trabalho.

COMENTÁRIOS (ART. 722)

A Constituição Federal de 1988 assegura aos trabalhadores o exercício do direito de greve, competindo-lhes decidir a oportunidade de exercê-lo e os interesses que devem ser defendidos, conforme art. 9º.

A greve é definida como "a suspensão coletiva, temporária e pacífica, total ou parcial, de prestação pessoal de serviços a empregador" (art. 2º da Lei 7.783/89).

Luciano Martinez[953] conceitua a greve como "um direito fundamental que legitima a paralisação coletiva de trabalhadores realizada de modo concertado, pacífico e provisório, como instrumento anunciado de pressão para alcançar melhorias sociais ou para fazer com que aquelas conquistas normatizadas sejam mantidas e cumpridas".

A principal finalidade da greve é pressionar o empregador a negociar com o sindicato da categoria profissional melhores condições de trabalho e de remuneração.

O direito de greve é limitado, isso porque certas condutas praticadas durante o movimento paredista podem ser consideradas legítimas ou não; a legitimidade da greve está condicionada a certos atos preparatórios e existe certa restrição ao direito de greve em relação a determinadas categorias de trabalhadores. Nesse sentido, o Supremo Tribunal Federal já decidiu que *"O direito à greve não é absoluto, devendo a categoria observar os parâmetros legais de regência. (...) Descabe falar em transgressão à Carta da República quando o indeferimento da garantia de emprego decorre do fato de se haver enquadrado a greve como ilegal (RE 184.083, rel. min. Marco Aurélio, j. 7-11-2000, 2ª T, DJ de 18-5-2001)."*

A lei impõe a comunicação da decisão tomada pelos trabalhadores em Assembleia Geral no prazo de 48 horas antes do início do movimento grevista. Em serviços ou atividades essenciais os trabalhadores ou as entidades sindicais são obrigados a comunicar a decisão aos empregadores e aos usuários com antecedência mínima de 72 horas da paralisação (art. 13 da Lei de Greve).

As atividades essenciais estão previstas no artigo 10 da Lei de Greve (Lei nº 7783/89), cujo rol é taxativo: tratamento e abastecimento de água; produção e distribuição de energia elétrica, gás e combustíveis; assistência médica e hospitalar; distribuição e comercialização de medicamentos e alimentos; funerários; transporte coletivo; captação e tratamento de esgoto e lixo; telecomunicações; guarda, uso e controle de substâncias radioativas, equipamentos e materiais nucleares; processamento de dados ligados a serviços essenciais; controle de tráfego aéreo; compensação bancária. O primeiro limite está no aviso prévio aos empregadores de no mínimo 72 horas, o segundo tange ao mínimo de atendimento das atividades inadiáveis da comunidade.

A presença de um grupo de trabalhadores na porta do local de trabalho, objetivando convencer os demais empregados a aderir ao movimento grevista é denominado de *piquete*. Será considerado lícito quando os trabalhadores exercerem de forma pacífica, sem que haja o constrangimento dos direitos e garantias dos demais empregados, do empregador ou de terceiros. Do contrário, poderá ser ajuizada ação possessória perante a Justiça do Trabalho para declaração da abusividade da conduta dos grevistas (Súmula Vinculante 23 do STF).

Pertinentes são as observações de Eduardo Gabriel Saad sobre o assunto: "O bloqueio do acesso ao estabelecimento industrial ou comercial autoria o empregador a solicitar a quem de direito força policial para deixar

[953] Luciano Martinez. Curso de direito do trabalho – 11. ed. – São Paulo: Saraiva Educação, 2020.

livre a via pública aos trabalhadores que não desejarem participar da grave.[954]

O "*lock in*" caracteriza-se com o ingresso dos trabalhadores grevistas na empresa, mas para induzir os demais trabalhadores a paralisarem o serviço.

O "lockout", em contrapartida, corresponde ao fechamento provisório do estabelecimento comercial pelo empregado, com o escopo de frustrar as consecuções do movimento paredista.[955] Como regra, a greve suspende o contrato de trabalho. Entretanto, a paralisação da atividade pelo empregador é proibida pelo ordenamento jurídico vigente (art. 17 da Lei 7.783/89), de forma que o período de paralisação será tido como causa de interrupção do contrato de trabalho, gerando ao empregador o dever de arcar com os salários dos empregados referente ao período de greve (art. 17, parágrafo único, da Lei 7.783/89).

A inobservância das normas contidas na Lei 7.783/89, bem como a manutenção da paralisação após a celebração de acordo, convenção ou decisão da Justiça do Trabalho, constitui abuso do direito de greve.

Merece destacar que os servidores públicos civis, não obstante a omissão legal, gozam do direito ao exercício do direito de greve previsto na Lei 7.783/89, conforme restou decidido no julgamento do MI 708, Rel. para o Acórdão Min. Gilmar Mendes, Pleno, DJe 31.10.2008

O Supremo também entende que o direito ao exercício do direito de greve não se estende aos policiais civis e todos os servidores públicos que atuem diretamente na área da segurança pública. A Suprema Corte ao apreciar o Recurso Extraordinário com Agravo nº. 654.432 – Tema 541 da repercussão geral – por maioria, deu provimento ao recurso e fixou a seguinte tese:

- "O exercício do direito de greve, sob qualquer forma ou modalidade, é vedado aos policiais civis e a todos os servidores públicos que atuem diretamente na área de segurança pública. 2 – É obrigatória a participação do Poder Público em mediação instaurada pelos órgãos classistas das carreiras de segurança pública, nos termos do art. 165 do CPC, para vocalização dos interesses da categoria". Vencidos, no julgamento de mérito e na fixação da tese, os Ministros Edson Fachin (Relator), Rosa Weber e Marco Aurélio". (ARE 654.432, rel. p/ o ac. min. Alexandre de Moraes, j. 5-4-2017, P, DJE de 11-6-2018, Tema 541).

Subscrevemos o voto do Ministro Alexandre de Moraes no qual destaca que:

> *"No exercício da segurança pública, manutenção da ordem pública e da paz social, não há possibilidade de complementação ou substituição das carreiras policiais pela atividade privada [...].Como compatibilizar o exercício dessa imprescindível, dignificante, honrosa, porém também penosa carreira de Estado com o exercício do Direito de Greve? Como compatibilizar que o braço armado do Estado mantenha as necessárias disciplina e hierarquia com o Direito de Greve, sem colocar em risco a segurança pública, a ordem e a paz social? Como compatibilizar a obrigatoriedade de os integrantes das carreiras policiais realizarem intervenções e prisões em situação de flagrância com o exercício do Direito de Greve? Como compatibilizar a continuidade do exercício integral das funções do Ministério Público e a continuidade da jurisdição criminal com o exercício do Direito de Greve pela Polícia Judiciária? Não é possível. Ninguém é obrigado a ingressar no serviço público, em especial nas carreiras policiais, ninguém é obrigado a exercer o que, particularmente, considero um verdadeiro sacerdócio, que é a carreira policial. Mas aqueles que permanecem sabem que a carreira policial é mais do que uma profissão, é o braço armado do Estado, responsável pela garantia da segurança interna, ordem pública e paz social. Não é possível que o braço armado do Estado queira fazer greve. O Estado não faz greve. O Estado em greve é anárquico. A Constituição não permite.*

Por se tratar de um braço do Estado, responsável pela manutenção da ordem pública e da paz social, acreditamos que é uma atividade essencialíssima e o exercício do direito de greve pode acarretar sérios danos ao Estado e à sociedade.

Arts. 723 a 725 – (Revogados pela Lei nº 9.842, de 7.10.1999)

SEÇÃO II
DAS PENALIDADES CONTRA OS MEMBROS DA JUSTIÇA DO TRABALHO

Art. 726 – Aquele que recusar o exercício da função de vogal de Junta de Conciliação e Julgamento ou de Tribunal Regional, sem motivo justificado, incorrerá nas seguintes penas:

a) sendo representante de empregadores, multa de Cr$ 100,00 (cem cruzeiros) a Cr$ 1.000,00 (mil cruzeiros) e suspensão do direito de representação profissional por 2 (dois) a 5 (cinco) anos; (Vide Leis nºs 6.986, de 1982 e 6.205, de 1975)

b) sendo representante de empregados, multa de Cr$ 100,00 (cem cruzeiros) e suspensão do direito de representação profissional por 2 (dois) a 5 (cinco) anos. (Vide Leis nºs 6.986, de 1982 e 6.205, de 1975)

Art. 727 – Os vogais das Juntas de Conciliação e Julgamento, ou dos Tribunais Regionais, que faltarem a 3 (três) reuniões ou sessões consecutivas, sem motivo justificado, perderão o cargo, além de incorrerem nas penas do artigo anterior.

[954] Saad, 2019, p.1142.

[955] Nas palavras de Gustavo Filipe Barbosa Garcia o *lockout* é conceituado como "a paralisação das atividades, por iniciativa do empregador, com o objetivo de frustrar negociação ou dificultar o atendimento de reivindicações dos respectivos empregados" (in Curso de Direito do Trabalho, 2017).

Parágrafo único – Se a falta for de presidente, incorrerá ele na pena de perda do cargo, além da perda dos vencimentos correspondentes aos dias em que tiver faltado às audiências ou sessões consecutivas.

Art. 728 – Aos presidentes, membros, juízes, vogais, e funcionários auxiliares da Justiça do Trabalho, aplica-se o disposto no Título XI do Código Penal.

COMENTÁRIOS (ARTS. 726 A 728)

Os art. 726 a 728 da CLT estipulam penalidades contra os membros da Justiça do Trabalho. Esses dispositivos foram impactados pela Emenda Constitucional n. 24/99, que acabou com a representação classista na justiça do trabalho eliminando a possibilidade de investidura de juízes vogais. Assim, os art. 726 e 727 da CLT perderam a eficácia.

Já o art. 728 permanece em vigor. Estatui que os juízes e os auxiliares da justiça estão sujeitos aos crimes tipificados no Título XI do Código Penal, que prescreve os crimes contra a Administração Pública.

SEÇÃO III
DE OUTRAS PENALIDADES

Art. 729 – O empregador que deixar de cumprir decisão passada em julgado sobre a readmissão ou reintegração de empregado, além do pagamento dos salários deste, incorrerá na multa de Cr$ 10,00 (dez cruzeiros) a Cr$ 50,00 (cinquenta cruzeiros) por dia, até que seja cumprida a decisão. (Vide Leis nºs 6.986, de 1982 e 6.205, de 1975)

§ 1º – O empregador que impedir ou tentar impedir que empregado seu sirva como vogal em Tribunal de Trabalho, ou que perante este preste depoimento, incorrerá na multa de Cr$ 500,00 (quinhentos cruzeiros) a Cr$ 5.000,00 (cinco mil cruzeiros) (Vide Leis nºs 6.986, de 1982 e 6.205, de 1975)

§ 2º – Na mesma pena do parágrafo anterior incorrerá o empregador que dispensar seu empregado pelo fato de haver servido como vogal ou prestado depoimento como testemunha, sem prejuízo da indenização que a lei estabeleça.

Art. 730 – Aqueles que se recusarem a depor como testemunhas, sem motivo justificado, incorrerão na multa de Cr$ 50,00 (cinquenta cruzeiros) a Cr$ 500,00 (quinhentos cruzeiros). (Vide Leis nºs 6.986, de 1982 e 6.205, de 1975)

COMENTÁRIOS (ARTS. 729 E 730)

O juiz ou tribunal poderá determinar na fase cognitiva ou de execução – nesta, amparada por um título executivo – o cumprimento de uma obrigação de fazer à parte ou ao devedor. Como forma de forçar (coibir) o devedor a satisfazer uma determinada obrigação o juiz poderá fixar uma multa, denominada de *astreintes*.

Eduardo Arruda Alvim explica que *"Esse meio coercitivo tem origem no direito francês, que concebeu a figura das astreintes, que não é, propriamente, meio executivo (direto), mas um meio de pressionar o executado. Trata-se de criação jurisprudencial que visava romper com a antiga ideia, já referida anteriormente, de que não se poderia constranger o devedor pessoalmente ao cumprimento das obrigações de fazer e não fazer, o que recebeu resistência da doutrina francesa por ser entendida como contra legem, afinal o art. 1.142 do Código Civil de Napoleão dizia converter-se em perdas e danos a obrigação de fazer e não fazer inadimplida"*.[956]

Nesta toada, o artigo em exame permite ao juiz ou tribunal impor uma multa ao empregador, a fim de que atenda a determinação judicial para reintegrar ou readmitir o empregado, ou impeça ou tente impedir o depoimento do empregado, seja na qualidade de parte ou na condição de testemunha. Entendemos que este artigo trata de um rol meramente exemplificativo, sendo possível, ademais, a fixação desta penalidade em caso de determinação judicial para a anotação ou baixa da CTPS do empregado; expedição das guias para levantamento do FGTS ou do seguro desemprego; restabelecimento de plano de saúde; reintegrar liminarmente empregado estável ou com garantia provisória de emprego, por exemplo.

A adoção dessas medidas independe de requerimento das partes, conforme art. 536 e 537 do CPC, competindo ao magistrado, ao julgar o pedido , estabelecer os meios de cumprimento da decisão (art. 497, CPC)[957]. O valor deve ser adequado, de forma a constranger ao implemento da determinação, sob pena frustrar a natureza inibitória da penalidade.

Nelson Nery Jr. e Rosa Nery lecionam que *"O valor deve ser significativamente alto, justamente porque tem natureza inibitória. O juiz não deve ficar com receio de fixar o valor em quantia alta, pensando no pagamento. O objetivo das astreintes, especialmente, não é obrigar o réu a pagar o valor da multa, mas obrigá-lo a cumprir a obrigação na forma específica. A multa é apenas inibitória. Deve ser alta para que o devedor desista de seu intento de não cumprir a obrigação específica. Vale*

956 Alvim, Eduardo Arruda; Granado, Daniel Willian; Ferreira, Eduardo Aranha. Direito processual civil – 6. ed. – São Paulo: Saraiva Educação, 2019, p. 2000.

957 É essa também a posição de Marcela Moura: *"É permitida a cominação da multa de oficio, em reclamação trabalhista, independentemente de requerimento da parte nesse sentido, A fixação da multa ex officio está autorizada pela regra deste artigo – art. 729 da CLT – muito antes do CPC/73 estabelecer tal possibilidade no art. 461, §4º"*. (in Consolidação das Leis do Trabalho para concursos – 8ª Ed. – Salvador: Juspodivm, 2018.

dizer, o devedor deve sentir ser preferível cumprir a obrigação na forma específica a pagar o alto valor da multa fixada pelo juiz".[958]

De acordo com o art. 730 da CLT, o juiz também poderá impor multa à testemunha que for regularmente intimada para depor, mas se ausentar de forma injustificada.

JURISPRUDÊNCIA

NULIDADE POR CERCEAMENTO DE DEFESA. INDEFERIMENTO DE INTIMAÇÃO DE TESTEMUNHA AUSENTE. PRODUÇÃO DE PROVA DE FATO CONTROVERSO. Segundo preceitua o art. 825 da CLT, as testemunhas devem comparecer à audiência, em regra, independentemente de notificação ou intimação, e, em caso de seu não comparecimento, deve-se proceder à sua intimação, de ofício ou a requerimento da parte, sujeitando-se à condução coercitiva e às penalidades do art. 730 em caso de não atendimento à intimação. Nesse contexto, o indeferimento do pedido de adiamento da audiência a fim de que se proceda à intimação para oitiva da testemunha ausente caracteriza cerceamento do direito de defesa, sobretudo quando a questão controvertida é eminentemente fática. (TRT-3 – RO: 00118058220165030097 MG 0011805-82.2016.5.03.0097, Relator: Cesar Machado, Data de Julgamento: 12/02/2021, Sexta Turma, Data de Publicação: 18/02/2021.)

EMENTA: PRELIMINAR DE NULIDADE DA SENTENÇA. RITO SUMARÍSSIMO. INDEFERIMENTO DO PEDIDO DE ADIAMENTO DA AUDIÊNCIA PELO NÃO COMPARECIMENTO DE TESTEMUNHAS. CERCEAMENTO DE DEFESA. CONFIGURADO. Havendo regramento na CLT no sentido que "As testemunhas comparecerão a audiência independentemente de notificação ou intimação" (art. 825, caput) e "As que não comparecerem serão intimadas, ex officio ou a requerimento da parte, ficando sujeitas a condução coercitiva, além das penalidades do art. 730, caso, sem motivo justificado, não atendam à intimação" (parágrafo único), o indeferimento da intimação de testemunhas com as quais a parte pretendia comprovar a modalidade de trabalho configura cerceamento de defesa. Preliminar arguida pela parte reclamada acolhida, restando prejudicada a análise das demais razões recursais.
(TRT-10 – RO: 00014559020195100111 DF, Data de Julgamento: 07/10/2020, Data de Publicação: 13/11/2020

RECURSO ORDINÁRIO DA TESTEMUNHA. LITIGÂNCIA DE MÁ-FÉ. Não caracteriza má-fé da testemunha a não apresentação de documentos visando comprovar a sua ausência em audiência quando esses são solicitados quase dois anos após a realização da solenidade em que não compareceu. Recurso provido. RECURSO ADESIVO DO RECLAMADO. PRESCRIÇÃO TOTAL. PROMOÇÕES. As diferenças salariais postuladas, ainda que decorrentes de descumprimento de regulamento da empresa, constituem parcelas garantidas em lei (salário), de trato sucessivo, cuja exigibilidade se renova mês a mês, sujeitando-se, portanto, apenas à prescrição parcial.
(TRT-4 – ROT: 00215553720155040026, Data de Julgamento: 12/11/2020, 1ª Turma)

RECURSO ORDINÁRIO DA TESTEMUNHA. LITIGÂNCIA DE MÁ-FÉ. Não caracteriza má-fé da testemunha a não apresentação de documentos visando comprovar a sua ausência em audiência quando esses são solicitados quase dois anos após a realização da solenidade em que não compareceu. Recurso provido. RECURSO ADESIVO DO RECLAMADO. PRESCRIÇÃO TOTAL. PROMOÇÕES. As diferenças salariais postuladas, ainda que decorrentes de descumprimento de regulamento da empresa, constituem parcelas garantidas em lei (salário), de trato sucessivo, cuja exigibilidade se renova mês a mês, sujeitando-se, portanto, apenas à prescrição parcial.
– (TRT-4 – ROT: 00215553720155040026, Data de Julgamento: 12/11/2020, 1ª Turma)

Art. 731 – Aquele que, tendo apresentado ao distribuidor reclamação verbal, não se apresentar, no prazo estabelecido no parágrafo único do art. 786, à Junta ou Juízo para fazê-lo tomar por termo, incorrerá na pena de perda, pelo prazo de 6 (seis) meses, do direito de reclamar perante a Justiça do Trabalho.

Art. 732 – Na mesma pena do artigo anterior incorrerá o reclamante que, por 2 (duas) vezes seguidas, der causa ao arquivamento de que trata o art. 844.

COMENTÁRIOS (ARTS. 731 E 732)

Nos artigos 731 e 731 da CLT prevê duas situações que acarretam a extinção do feito sem resolução de mérito e, como consequência, impossibilita transitoriamente – pelo prazo de 6 meses – o ajuizamento de uma nova demanda trabalhista pelo reclamante.

A primeira hipótese, retratada no art. 731 da CLT, é o não comparecimento do reclamante à secretaria da Vara do Trabalho ou ao cartório do juízo de direito investido em matéria trabalhista, para reduzir a termo a reclamação trabalhista verbal ajuizada perante a Justiça do Trabalho (art. 840 da CLT). A reclamação trabalhista verbal tem fundamento nos princípios norteadores do Direito Processual do Trabalho, destacando-se, nesse aspecto, o princípio da simplicidade, informalidade e o *jus postulandi* (art. 791, *caput*, da CLT). Distribuida a reclamação verbal, o reclamante deverá, apresentar-se no prazo de 5 dias ao cartório ou à secretaria para reduzi-la a termo, do contrário, restará caracterizada a perempção, salvo nas hipóteses de força maior (art. 786 da CLT).

A segunda hipótese legal, disciplinada no art. 732 da CLT, ocorre quando o reclamante der causa a 2 arquivamentos seguidos por ausência à audiência inicial prevista no art. 844 da CLT. Enfatiza-se, nesta situação, que os arquivamentos devem ser consecutivos para a configuração da perempção.

No processo civil, a perempção advém da extinção do processo sem julgamento do mérito, por 3 (três) vezes, motivado pelo abandono da causa (art. 486, §3º, do CPC; art. 485, V, do CPC). Tem caráter definitivo, de forma que o autor ficará impedido de ajuizar nova ação, com o mesmo objeto, em face do réu.

A doutrina e jurisprudência divergem sobre a amplitude da perempção no processo do trabalho. Existem três interpretações acerca do tema. Para uma primeira corrente doutrinária, a perempção abrange qualquer

[958] Apud Alvim, 2019, p. 2002.

ação, de modo que o trabalhador não poderá ingressar com qualquer ação perante a Justiça do Trabalho (teoria ampliativa). Existe uma outra corrente que Outra corrente, restritiva, defende que a perempção abrange apenas o mesmo empregador e o mesmo objeto ou pedido (teoria restritiva). Para uma terceira corrente, intermediária, a perempção abrange apenas o mesmo empregador/tomador de serviços.

Por fim, há quem defende a inconstitucionalidade ou não recepção da perempção trabalhista. De acordo com essa corrente há ofensa ao artigo 5º, XXXV da CF/88 e artigo 3º, caput, do CPC/15 (Princípio do amplo acesso ao Poder Judiciário ou da Inafastabilidade da Jurisdição).

JURISPRUDÊNCIA

▶ PEREMPÇÃO. NÃO OCORRÊNCIA. Analisando-se sistematicamente os artigos 731, 732 e 844 da CLT, percebe-se claramente que a penalidade da perempção só é aplicada ao reclamante que, por duas vezes seguidas, não comparecer à audiência inaugural da reclamação, o que não ocorreu no presente caso, uma vez que as duas reclamações interpostas anteriormente pelo autor foram arquivadas por motivos diversos do acima exposto. Tal é o entendimento da atual, iterativa e notória jurisprudência do TST. [...] (TRT-7 – RO: 00020215820165070004 CE, Relator: FRANCISCO TARCISIO GUEDES LIMA VERDE JUNIOR, Data de Julgamento: 27/01/2020, 3ª Turma, Data de Publicação: 27/01/2020)

▶ PEREMPÇÃO. ARTIGOS 731 E 732, AMBOS DA CLT. HIPÓTESE CONFIGURADA. O instituto da perempção tem regramento próprio no processo trabalhista e consiste na perda do direito de ajuizar ação trabalhista pelo prazo de 6 meses em decorrência de 2 arquivamentos consecutivos ocorridos pela ausência injustificada do autor à audiência inaugural, nos termos dos art. 731 e 732 c/c art. 844, todos da CLT. **O direito de petição, consagrado constitucionalmente no art. 5º, XXXV, da CF, deve ser exercido de acordo com as normas procedimentais e, dessa forma, a restrição imposta não implica violação à ordem jurídica vigente.** (TRT da 3.ª Região; Processo: 0000192-13.2014.5.03.0137 RO; Data de Publicação: 12/08/2014; Órgão Julgador: Quinta Turma; Relator: Maria Cecilia Alves Pinto; Revisor: Marcus Moura Ferreira)

▶ RECURSO ORDINÁRIO. PEREMPÇÃO. CONFIGURAÇÃO. A perempção se configura quando o reclamante, por duas vezes seguidas e de forma injustificada, deixa de comparecer à audiência, dando causa ao arquivamento da reclamação trabalhista, caso em que fica impedido de intentar nova ação no prazo de seis meses, conforme o disposto nos artigos 731, 732 e 844 da CLT. **É certo que a penalidade de ordem processual prevista nos referidos dispositivos acaba por limitar o direito de ação, mas é justificável, pois evita a movimentação desnecessária da volumosa máquina judiciária.** (TRT-1 – RO: 01001724320175010343 RJ, Relator: FLAVIO ERNESTO RODRIGUES SILVA, Data de Julgamento: 17/07/2019, Décima Turma, Data de Publicação: 13/08/2019)

Art. 733 – As infrações de disposições deste Título, para as quais não haja penalidades cominadas, serão punidas com a multa de Cr$ 50,00 (cinquenta cruzeiros) a Cr$ 5.000,00 (cinco mil cruzeiros), elevada ao dobro na reincidência. (Vide Leis nºs 6.986, de 1982 e 6.205, de 1975)

▶ **CAPÍTULO VIII**
DISPOSIÇÕES GERAIS

Art. 734 – O ministro do Trabalho, Industria e Comercio, poderá rever, ex-officio, dentro do prazo de 30 (trinta) dias, contados de sua publicação no órgão oficial, ou mediante representação apresentada dentro de igual prazo: (Vide Leis nºs 3.807, de 1960 e 5.890, de 1973)

a) as decisões da Câmara da Previdência Social, quando proferidas pelo voto de desempate, ou que violarem disposições expressas de direito ou modificarem jurisprudência até então observada;

b) as decisões do presidente do Tribunal Nacional do Trabalho em matéria de previdência social.

Parágrafo único – O ministro do Trabalho, Industria e Comercio, poderá avocar ao seu conhecimento os assuntos de natureza administrativa referentes às instituições de previdência social, sempre que houver interesse público.

Art. 735 – As repartições públicas e as associações sindicais são obrigadas a fornecer aos Juízes e Tribunais do Trabalho e à Procuradoria da Justiça do Trabalho as informações e os dados necessários à instrução e ao julgamento dos feitos submetidos à sua apreciação.

Parágrafo único – A recusa de informações ou dados a que se refere este artigo, por parte de funcionários públicos, importa na aplicação das penalidades previstas pelo Estatuto dos Funcionários Públicos por desobediência.

COMENTÁRIOS (ARTS. 733 A 735)

A Medida Provisória n. 1.058/2021 recriou o Ministério do Trabalho e Previdência, cuja estrutura básica é formada pelo Conselho de Recursos da Previdência Social, Conselho Nacional de Previdência Social, Conselho Nacional de Previdência Complementar, Câmara de Recursos da Previdência Complementar, Conselho Nacional do Trabalho, Conselho Curador do Fundo de Garantia do Tempo de Serviço, Conselho Deliberativo do Fundo de Amparo ao Trabalhador e suas respectivas secretarias. A redação do art. 734 da CLT está prejudica, diante da nova estrutura do Ministério do Trabalho e Previdência, e a distribuição interna das competências.

Preconiza o art. 735 do CPC que o juiz do trabalho e a procuradoria podem solicitar informações ou dados necessários à instrução dos feitos submetidos à apreciação. O sindicato, as repartições públicas, quando provocados, devem apresentar as informações, bem como fornecer os dados necessários. As regras processuais conferem ao magistrado trabalhista poderes instrutórios, a fim de buscar a verdade dos fatos e formar a convicção acerca dos fatos que cercam o litígio (art. 370 do CPC) .

Humberto Teodoro Junior, afirma que *"processo moderno, deixou de ser simples árbitro diante do duelo judiciário travado entre os litigantes e assumiu poderes de iniciativa para pesquisar a verdade real e bem instruir a causa"*, acrescentando que *"no modelo de Estado Democrático de Direito adotado por nossa Constituição (que é o de um Estado democrático ativo), a busca da verdade é absolutamente essencial para que o processo possa atingir seus fins, entre os quais a correta atuação da vontade do direito objetivo nos casos concretos submetidos à apreciação do Poder Judiciário"*, o que justifica a concessão de amplos poderes instrutórios ao magistrado.[959]

O Ministério Público do Trabalho também detêm poderes de requisição (art. 129, VI, da CF), podem solicitar informações ou a exibição de documentos para instruir os procedimentos administrativos de sua competência – especialmente o inquérito civil.

▸ TÍTULO IX
DO MINISTÉRIO PÚBLICO DO TRABALHO

▸ CAPÍTULO I
DISPOSIÇÕES GERAIS

Art. 736 – O Ministério Público do Trabalho é constituído por agentes diretos do Poder Executivo, tendo por função zelar pela exata observância da Constituição Federal, das leis e demais atos emanados dos poderes públicos, na esfera de suas atribuições.

Parágrafo único – Para o exercício de suas funções, o Ministério Público do Trabalho reger-se-á pelo que estatui esta Consolidação e, na falta de disposição expressa, pelas normas que regem o Ministério Público Federal.

Art. 737 – O Ministério Público do Trabalho compõe-se da Procuradoria da Justiça do Trabalho e da Procuradoria da Previdência Social aquela funcionando como órgão de coordenação entre a Justiça do Trabalho e o Ministério do Trabalho, Industria e Comercio, ambas diretamente subordinadas ao Ministro de Estado. (Redação dada pelo Decreto-lei nº 8.737, de 19.1.1946)

Art. 738. Os procuradores, alem dos vencimentos fixados na tabela constante do decreto-lei nº 2.874, de 16 de dezembro de 1940, continuarão a perceber a percentagem de 8%, por motivo de cobrança da dívida ativa da União ou de multas impostas pelas autoridades administrativas e judiciárias do trabalho e da previdência social. (Vide Emenda Constitucional nº 1, de 1969)

Parágrafo único. Essa percentagem será calculada sobre as somas efetivamente arrecadadas e rateada de acordo com as instruções expedidas pelos respectivos procuradores gerais.

Art. 739 – Não estão sujeitos a ponto os procuradores-gerais e os procuradores.

▸ CAPÍTULO II
DA PROCURADORIA DA JUSTIÇA DO TRABALHO

▸ SEÇÃO I
DA ORGANIZAÇÃO

Art. 740 – A Procuradoria da Justiça do Trabalho compreende:

a) 1 (uma) Procuradoria-Geral, que funcionará junto ao Tribunal Superior do Trabalho;

b) 8 (oito) Procuradorias Regionais, que funcionarão junto aos Tribunais Regionais do Trabalho.

Art. 741 – As Procuradorias Regionais são subordinadas diretamente ao procurador-geral.

Art. 742 – A Procuradoria-Geral é constituída de 1 (um) procurador-geral e de procuradores.

Parágrafo único – As Procuradorias Regionais compõem-se de 1 (um) procurador regional, auxiliado, quando necessário, por procuradores adjuntos.

Art. 743 – Haverá, nas Procuradorias Regionais, substitutos de procurador adjunto ou, quando não houver este cargo, de procurador regional, designados previamente por decreto do Presidente da República, sem ônus para os cofres públicos.

§ 1º – O substituto tomará posse perante o respectivo procurador regional, que será a autoridade competente para convocá-lo.

§ 2º – O procurador regional será substituído em suas faltas e impedimentos pelo procurador adjunto, quando houver, e, havendo mais de um, pelo que for por ele designado.

§ 3º – O procurador adjunto será substituído, em suas faltas e impedimentos, pelo respectivo procurador substituto.

§ 4º – Será dispensado, automaticamente, o substituto que não atender à convocação, salvo motivo de doença, devidamente comprovada.

§ 5º – Nenhum direito ou vantagem terá o substituto além do vencimento do cargo do substituído e somente durante o seu impedimento legal.

Art. 744 – A nomeação do procurador-geral deverá recair em bacharel em ciências jurídicas e sociais,

[959] Theodoro, Junior, op. cit., p. 1279

que tenha exercido, por 5 (cinco) ou mais anos, cargo de magistratura ou de Ministério Público, ou a advocacia.

Art. 745 – Para a nomeação dos demais procuradores, atender-se-á aos mesmos requisitos estabelecidos no artigo anterior, reduzido a 2 (dois) anos, no mínimo, o tempo de exercício.

SEÇÃO II
DA COMPETÊNCIA DA PROCURADORIA-GERAL

Art. 746 – Compete à Procuradoria-Geral da Justiça do Trabalho: (Redação dada pelo Decreto-lei nº 8.737, de 19.1.1946)

a) oficiar, por escrito, em todos os processos e questões de trabalho de competência do Tribunal Superior do Trabalho; (Redação dada pelo Decreto-lei nº 8.737, de 19.1.1946)

b) funcionar nas sessões do mesmo Tribunal, opinando verbalmente sobre a matéria em debate e solicitando as requisições e diligências que julgar convenientes, sendo-lhe assegurado o direito de vista do processo em julgamento sempre que for suscitada questão nova, não examinada no parecer exarado; (Redação dada pelo Decreto-lei nº 8.737, de 19.1.1946)

c) requerer prorrogação das sessões do Tribunal, quando essa medida for necessária para que se ultime o julgamento; (Redação dada pelo Decreto-lei nº 8.737, de 19.1.1946)

d) exarar, por intermédio do procurador-geral, o seu "ciente" nos acórdãos do Tribunal; (Redação dada pelo Decreto-lei nº 8.737, de 19.1.1946)

e) proceder às diligências e inquéritos solicitados pelo Tribunal; (Redação dada pelo Decreto-lei nº 8.737, de 19.1.1946)

f) recorrer das decisões do Tribunal, nos casos previstos em lei; (Redação dada pelo Decreto-lei nº 8.737, de 19.1.1946)

g) promover, perante o Juízo competente, a cobrança executiva das multas impostas pelas autoridades administrativas e judiciárias do trabalho; (Redação dada pelo Decreto-lei nº 8.737, de 19.1.1946)

h) representar às autoridades competentes contra os que não cumprirem as decisões do Tribunal; (Redação dada pelo Decreto-lei nº 8.737, de 19.1.1946)

i) prestar às autoridades do Ministério do Trabalho, Industria e Comercio as informações que lhe forem solicitadas sobre os dissídios submetidos à apreciação do Tribunal e encaminhar aos órgãos competentes cópia autenticada das decisões que por eles devam ser atendidas ou cumpridas; (Redação dada pelo Decreto-lei nº 8.737, de 19.1.1946)

j) requisitar, de quaisquer autoridades, inquéritos, exames periciais, diligências, certidões e esclarecimentos que se tornem necessários no desempenho de suas atribuições; (Redação dada pelo Decreto-lei nº 8.737, de 19.1.1946)

l) defender a jurisdição dos órgãos da Justiça do Trabalho; (Incluído pelo Decreto-lei nº 8.737, de 19.1.1946)

m) suscitar conflitos de jurisdição. (Incluído pelo Decreto-lei nº 8.737, de 19.1.1946)

SEÇÃO III
DA COMPETÊNCIA DAS PROCURADORIAS REGIONAIS

Art. 747 – Compete às Procuradorias Regionais exercer, dentro da jurisdição do Tribunal Regional respectivo, as atribuições indicadas na Seção anterior.

SEÇÃO IV
DAS ATRIBUIÇÕES DO PROCURADOR-GERAL

Art. 748 – Como chefe da Procuradoria-Geral da Justiça do Trabalho, incumbe ao procurador-geral: (Redação dada pelo Decreto-lei nº 8.737, de 19.1.1946)

a) dirigir os serviços da Procuradoria-Geral, orientar e fiscalizar as Procuradorias Regionais, expedindo as necessárias instruções; (Redação dada pelo Decreto-lei nº 8.737, de 19.1.1946)

b) funcionar nas sessões do Tribunal Superior do Trabalho, pessoalmente ou por intermédio do procurador que designar; (Redação dada pelo Decreto-lei nº 8.737, de 19.1.1946)

c) exarar o seu "ciente" nos acórdãos do Tribunal; (Redação dada pelo Decreto-lei nº 8.737, de 19.1.1946)

d) designar o procurador que o substitua nas faltas e impedimentos e o chefe da secretaria da Procuradoria; (Redação dada pelo Decreto-lei nº 8.737, de 19.1.1946)

e) apresentar, até o dia 31 de março, ao Ministro do Trabalho, Industria e Comercio, relatório dos trabalhos da Procuradoria-Geral no ano anterior, com as observações e sugestões que julgar convenientes; (Redação dada pelo Decreto-lei nº 8.737, de 19.1.1946)

f) conceder férias aos procuradores e demais funcionários que sirvam na Procuradoria e impor-lhes penas disciplinares, observada, quanto aos procuradores, a legislação em vigor para o Ministério Público Federal; (Redação dada pelo Decreto-lei nº 8.737, de 19.1.1946)

g) funcionar em Juízo, em primeira instancia, ou designar os procuradores que o devam fazer; (Redação dada pelo Decreto-lei nº 8.737, de 19.1.1946)

h) admitir e dispensar o pessoal extranumerário da secretaria e prorrogar o expediente remunerado dos funcionários e extranumerários. (Redação dada pelo Decreto-lei nº 8.737, de 19.1.1946)

SEÇÃO V
DAS ATRIBUIÇÕES DOS PROCURADORES

Art. 749 – Incumbe aos procuradores com exercício na Procuradoria-Geral: (Redação dada pelo Decreto-lei nº 8.737, de 19.1.1946)

a) funcionar, por designação do procurador-geral, nas sessões do Tribunal Superior do Trabalho; (Redação dada pelo Decreto-lei nº 8.737, de 19.1.1946)

b) desempenhar os demais encargos que lhes forem atribuídos pelo procurador-geral. (Redação dada pelo Decreto-lei nº 8.737, de 19.1.1946)

Parágrafo único – Aos procuradores é facultado, nos processos em que oficiarem, requerer ao procurador-geral as diligências e investigações necessárias. (Redação dada pelo Decreto-lei nº 8.737, de 19.1.1946)

SEÇÃO VI
DAS ATRIBUIÇÕES DOS PROCURADORES REGIONAIS

Art. 750 – Incumbe aos procuradores regionais: (Redação dada pelo Decreto-lei nº 8.737, de 19.1.1946)

a) dirigir os serviços da respectiva Procuradoria; (Redação dada pelo Decreto-lei nº 8.737, de 19.1.1946)

b) funcionar nas sessões do Tribunal Regional, pessoalmente ou por intermédio do procurador adjunto que designar; (Redação dada pelo Decreto-lei nº 8.737, de 19.1.1946)

c) apresentar, semestralmente, ao procurador-geral, um relatório das atividades da respectiva Procuradoria, bem como dados e informações sobre a administração da Justiça do Trabalho na respectiva região; (Redação dada pelo Decreto-lei nº 8.737, de 19.1.1946)

d) requerer e acompanhar perante as autoridades administrativas ou judiciárias as diligências necessárias à execução das medidas e providências ordenadas pelo procurador-geral; (Redação dada pelo Decreto-lei nº 8.737, de 19.1.1946)

e) prestar ao procurador-geral as informações necessárias sobre os feitos em andamento e consultá-lo nos casos de dúvidas; (Redação dada pelo Decreto-lei nº 8.737, de 19.1.1946)

f) funcionar em juízo, na sede do respectivo Tribunal Regional; (Redação dada pelo Decreto-lei nº 8.737, de 19.1.1946)

g) exarar o seu "ciente" nos acórdãos do Tribunal; (Redação dada pelo Decreto-lei nº 8.737, de 19.1.1946)

h) designar o procurador que o substitua nas faltas e impedimentos e o secretário da Procuradoria. (Redação dada pelo Decreto-lei nº 8.737, de 19.1.1946)

Art. 751 – Incumbe aos procuradores adjuntos das Procuradorias Regionais: (Redação dada pelo Decreto-lei nº 8.737, de 19.1.1946)

a) funcionar por designação do procurador regional, nas sessões do Tribunal Regional; (Redação dada pelo Decreto-lei nº 8.737, de 19.1.1946)

b) desempenhar os demais encargos que lhes forem atribuídos pelo procurador regional. (Redação dada pelo Decreto-lei nº 8.737, de 19.1.1946)

SEÇÃO VII
DA SECRETARIA

Art. 752 – A secretaria da Procuradoria-Geral funcionará sob a direção de um chefe designado pelo procurador-geral e terá o pessoal designado pelo Ministro do Trabalho, Industria e Comercio .(Redação dada pelo Decreto-lei nº 8.737, de 19.1.1946)

Art. 753 – Compete à secretaria:

a) receber, registrar e encaminhar os processos ou papéis entrados;

b) classificar e arquivar os pareceres e outros papéis;

c) prestar informações sobre os processos ou papéis sujeitos à apreciação da Procuradoria;

d) executar o expediente da Procuradoria;

e) providenciar sobre o suprimento do material necessário;

f) desempenhar os demais trabalhos que lhes forem cometidos pelo procurador-geral, para melhor execução dos serviços a seu cargo.

Art. 754 – Nas Procuradorias Regionais, os trabalhos a que se refere o artigo anterior serão executados pelos funcionários para esse fim designados.

CAPÍTULO III
DA PROCURADORIA DE PREVIDÊNCIA SOCIAL

SEÇÃO I
DA ORGANIZAÇÃO

Art. 755 – A Procuradoria de Previdência Social compõe-se de um procurador geral e de procuradores.

Art. 756 – Para a nomeação do procurador geral e dos demais procuradores atender-se-á ao disposto nos arts. 744 e 745.

SEÇÃO II
DA COMPETÊNCIA DA PROCURADORIA

Art. 757 – Compete à Procuradoria da Previdência Social: (Redação dada pelo Decreto-lei nº 8.737, de 19.1.1946) (Vide Decreto Lei nº 72, de 1966)

a) oficiar, por escrito, nos processos que tenham de ser sujeitos à decisão do Conselho Superior de Previdência Social; (Redação dada pelo Decreto-lei nº 8.737, de 19.1.1946)

b) oficiar, por escrito, nos pedidos de revisão das decisões do mesmo Conselho; (Redação dada pelo Decreto-lei nº 8.737, de 19.1.1946)

c) funcionar nas sessões do mesmo Conselho, opinando verbalmente sobre a matéria em debate e solicitando as requisições e diligências que julgar convenientes, sendo-lhe assegurado o direito de vista do processo em julgamento, sempre que for suscitada questão nova, não examinada no parecer exarado; (Redação dada pelo Decreto-lei nº 8.737, de 19.1.1946)

d) opinar, quando solicitada, nos processos sujeitos à deliberação do Ministro de Estado, do Conselho Tecnico do Departamento Nacional de Previdência Social ou do Diretor do mesmo Departamento, em que houver matéria jurídica a examinar; (Redação dada pelo Decreto-lei nº 8.737, de 19.1.1946)

e) funcionar, em primeira instância, nas ações propostas contra a União, no Distrito Federal, para anulação de atos e decisões do Conselho Superior de Previdência Social ou do Departamento Nacional de Previdência Social, bem como do Ministro do Trabalho, Industria e Comercio, em materia de previdência social; (Redação dada pelo Decreto-lei nº 8.737, de 19.1.1946)

f) fornecer ao Ministério Público as informações por este solicitadas em virtude de ações propostas nos Estados e Territórios para execução ou anulação de atos e decições dos órgãos ou da autoridade a que se refere a alínea anterior; (Redação dada pelo Decreto-lei nº 8.737, de 19.1.1946)

g) promover em juízo, no Distrito Federal, qualquer procedimento necessário ao cumprimento das decisões do Conselho Superior de Previdência Social e do Departamento Nacional de Previdência Social, bem como do Ministro do Trabalho, Industria e Comercio, em matéria de previdência social; (Redação dada pelo Decreto-lei nº 8.737, de 19.1.1946)

h) recorrer das decisões dos órgãos e autoridades competentes em matéria de previdência social e requerer revisão das decisões do Conselho Superior de Previdência Social, que lhe pareçam contrárias à lei. (Incluído pelo Decreto-lei nº 8.737, de 19.1.1946)

SEÇÃO III
DAS ATRIBUIÇÕES DO PROCURADOR-GERAL

Art. 758 – Como chefe da Procuradoria da Previdência Social, incumbe ao Procurador-Geral: (Redação dada pelo Decreto-lei nº 8.737, de 19.1.1946) (Vide Decreto Lei nº 72, de 1966)

a) dirigir os serviços da Procuradoria, expedindo as necessárias instruções; (Redação dada pelo Decreto-lei nº 8.737, de 19.1.1946)

b) funcionar nas sessões do Conselho Superior de Previdência Social, pessoalmente ou por intermédio do procurador que designar; (Redação dada pelo Decreto-lei nº 8.737, de 19.1.1946)

c) designar o procurador que o substitua nas faltas e impedimentos e o chefe da Secretaria da Procuradoria; (Redação dada pelo Decreto-lei nº 8.737, de 19.1.1946)

d) conceder férias aos procuradores e demais funcionários lotados na Procuradoria e impor-lhes penas disciplinares, observada, quanto aos procuradores, a legislação em vigor para o Ministério Público Federal; (Redação dada pelo Decreto-lei nº 8.737, de 19.1.1946)

e) funcionar em juízo, em primeira instância, ou designar os procuradores que devam fazê-lo; (Redação dada pelo Decreto-lei nº 8.737, de 19.1.1946)

f) admitir e dispensar o pessoal extranumerário da Secretária e prorrogar o expediente renumerado dos funcionários e extranumerários; (Redação dada pelo Decreto-lei nº 8.737, de 19.1.1946)

g) apresentar, até 31 de março de cada ano, ao Ministro do Trabalho, Industria e Comercio, o relatório dos trabalhos da Procuradoria no ano anterior, com as observações e sugestões que julgar convenientes. (Redação dada pelo Decreto-lei nº 8.737, de 19.1.1946)

SEÇÃO IV
DAS ATRIBUIÇÕES DOS PROCURADORES

Art. 759 – Aos procuradores e demais funcionários incumbe desempenhar os encargos que lhes forem cometidos pelo procurador geral. (Vide Decreto Lei nº 72, de 1966)

Parágrafo único. Aos procuradores é facultado, nos processos em que oficiarem, requerer ao procurador geral as diligências e investigações necessárias.

SEÇÃO V
DA SECRETARIA

Art. 760 – A Procuradoria da Previdência Social terá uma Secretaria dirigida por um chefe designado pelo Procurador Geral. (Redação dada pelo Decreto-lei nº 8.737, de 19.1.1946) (Vide Decreto Lei nº 72, de 1966)

Art. 761 – A Secretaria terá o pessoal designado pelo Ministro do Trabalho, Industria e Comercio. (Redação dada pelo Decreto-lei nº 8.737, de 19.1.1946) (Vide Decreto Lei nº 72, de 1966)

Art. 762 – À Secretaria da Procuradoria de Previdência Social compete executar serviços idênticos aos referidos no art. 753. (Vide Decreto Lei nº 72, de 1966)

COMENTÁRIOS (ARTS. 736 A 762)

O Ministério Público é uma instituição da Justiça Pública, de caráter permanente, responsável defesa da ordem jurídica, do regime democrático e dos interesses sociais e individuais indisponíveis (art. 127 da CF e art. 176 do CPC). É uma função jurisdicional essencial ao Estado, isso porque, defende permanentemente os interesses coletivos da sociedade. Nas lições de José Frederico Marques encontramos a seguinte definição: *"órgão através do qual o Estado procura tutelar, com atuação militante, o interesse público e a ordem jurídica, na relação processual e nos procedimentos de jurisdição voluntária. Enquanto o juiz aplica imparcialmente o direito objetivo, para compor litígios e dar a cada um o que é seu, o Ministério Público procura defender o interesse público na composição da lide, a fim de que o Judiciário solucione esta secundum ius, ou administre interesses privados, nos procedimentos de jurisdição voluntária, com observância efetiva e real da ordem jurídica"*.[960] Ocupa a posição jurídica de *substituto processual* (art. 18), em razão dos fins institucionais ou de previsão legal. Ainda, poderá atuar como *custus legis* (fiscal da ordem jurídica), ou como parte.

O Ministério Público abrange o Ministério Público da União, composto pelo Ministério Público Federal, Ministério Público do Trabalho, Ministério Público Militar e Ministério Público do Distrito Federal e Territórios, assim como pelos Ministérios Públicos dos Estados. O controle da atuação administrativa e financeira do Ministério Público e do cumprimento dos deveres funcionais de seus Membros é realizado pelo Conselho Nacional do Ministério Público.

A atuação do Ministério Público é pautada nos princípios da unidade, indivisibilidade e independência funcional, o que significa dizer que todos os membros do Ministério Público integram um só órgão; um Membro de um dos ramos do Ministério Público pode ser substituído por outro membro do mesmo ramo; e, que inexiste relação de hierarquia entre os membros do Ministério Público, no que se refere à atividade finalísticas do órgão. A hierarquia existe somente no âmbito administrativo.

De acordo com o art. 17 da Lei Complementar 75, de 1993, os membros do Ministério Público das seguintes garantias: a) vitaliciedade, após dois anos de efetivo exercício, não podendo perder o cargo senão por sentença judicial transitada em julgado; b) inamovibilidade, salvo por motivo de interesse público, mediante decisão do Conselho Superior, por voto de dois terços de seus membros, assegurada ampla defesa. Possuem a prerrogativa institucional de sentar-se ao lado direito dos juízes singulares ou presidentes dos tribunais nos quais oficiem; usar vestes talares; ter ingresso e trânsito livres, em razão de serviço, em qualquer recinto público ou privado; a prioridade em qualquer serviço de transporte ou comunicação, público ou privado, no território nacional, quando em serviço de caráter urgente; porte de arma e carteira de identidade especial. Também são asseguradas garantias processuais aos membros do Ministério Público (art. 18, II, da LC 75/93).

As vedações estão previstas no art. 128, § 5º, II da CF/88, a saber: a) receber, a qualquer título e sob qualquer pretexto, honorários, percentagens ou custas processuais; b) exercer a advocacia; c) participar de sociedade comercial, na forma da lei; d) exercer, ainda que em disponibilidade, qualquer outra função pública, salvo uma de magistério; e) exercer atividade político-partidária; f) receber, a qualquer título ou pretexto, auxílios ou contribuições de pessoas físicas, entidades públicas ou privadas, ressalvadas as exceções previstas em lei.

O Ministério Público do Trabalho é responsável pela defesa dos interesses coletivos previsto na legislação trabalhista, perante a Justiça do Trabalho, competindo-lhe, na forma do art. 83 da LC n. 75/93: *a) promover as ações que lhe sejam atribuídas pela Constituição Federal e pelas leis trabalhistas; b) manifestar-se em qualquer fase do processo trabalhista, acolhendo solicitação do juiz ou por sua iniciativa, quando entender existente interesse público que justifique a intervenção; c) promover a ação civil pública no âmbito da Justiça do Trabalho, para defesa de interesses coletivos, quando desrespeitados os direitos sociais constitucionalmente garantidos; d) propor as ações cabíveis para declaração de nulidade de cláusula de contrato, acordo coletivo ou convenção coletiva que viole as liberdades individuais ou coletivas ou os direitos individuais indisponíveis dos trabalhadores; e) propor as ações necessárias à defesa dos direitos e interesses dos menores, incapazes e índios, decorrentes das relações de trabalho; f) recorrer das decisões da Justiça do Trabalho, quando entender necessário, tanto nos processos em que for parte, como naqueles em que oficiar como fiscal da lei, bem como pedir revisão dos Enunciados da Súmula de Jurisprudência do Tribunal Superior do Trabalho; g) funcionar nas sessões dos Tribunais Trabalhistas, manifestando-se verbalmente sobre a matéria em debate, sempre que entender necessário, sendo-lhe assegurado o direito de vista dos processos em julgamento, podendo solicitar as requisições e diligências que julgar convenientes; h) instaurar instância em caso de greve, quando a defesa da ordem jurídica ou o interesse público assim o exigir; i) promover ou participar da instrução e conciliação em dissídios decorrentes da paralisação de serviços de qualquer natureza, oficiando obrigatoriamente nos processos, manifestando sua concordância ou discordância, em eventuais acordos firmados antes da homologação, resguardado o direito*

960 Idem, p. 693.

de recorrer em caso de violação à lei e à Constituição Federal; j) promover mandado de injunção, quando a competência for da Justiça do Trabalho; k) atuar como árbitro, se assim for solicitado pelas partes, nos dissídios de competência da Justiça do Trabalho; l) requerer as diligências que julgar convenientes para o correto andamento dos processos e para a melhor solução das lides trabalhistas; m) intervir obrigatoriamente em todos os feitos nos segundo e terceiro graus de jurisdição da Justiça do Trabalho, quando a parte for pessoa jurídica de Direito Público, Estado estrangeiro ou organismo internacional.

Os órgãos do Ministério Público do Trabalho são: i) o Procurador-Geral do Trabalho; ii) o Colégio de Procuradores do Trabalho; iii) o Conselho Superior do Ministério Público do Trabalho; iv) a Câmara de Coordenação e Revisão do Ministério Público do Trabalho; v) a Corregedoria do Ministério Público do Trabalho; vi) os Subprocuradores-Gerais do Trabalho; vii) os Procuradores Regionais do Trabalho; e os Procuradores do Trabalho. O cargo inicial da carreira é o de Procurador do Trabalho e o do último nível o de Subprocurador-Geral do Trabalho, na forma do art. 86 da LC n. 75/93.

▸ TÍTULO X
DO PROCESSO JUDICIÁRIO DO TRABALHO

▸ CAPÍTULO I
DISPOSIÇÕES PRELIMINARES

Art. 763 – O processo da Justiça do Trabalho, no que concerne aos dissídios individuais e coletivos e à aplicação de penalidades, reger-se-á, em todo o território nacional, pelas normas estabelecidas neste Título.

COMENTÁRIOS (ART. 763)

Inicialmente, utilizava-se a expressão "Processo Judiciário do Trabalho" para se referir ao conjunto de regras que buscam a efetivação dos direitos individuais e coletivos e a pacificação dos conflitos oriundos da relação de trabalho. No entanto, a nomenclatura mais adequada para essa ciência jurídica, segundo a doutrina, é *Direito Processual do Trabalho.*[961]

O Direito Processual do Trabalho é o ramo da ciência jurídica que se constitui de um conjunto de princípios, regras, instituições e institutos próprios que regulam a aplicação do Direito do Trabalho às lides trabalhistas (relação de emprego e relação de trabalho), disciplinando as atividades da Justiça do Trabalho, dos operadores do Direito e das partes, nos processos individuais, coletivos e transindividuais do trabalho.

Sergio Pinto Martins conceitua como *"os conjuntos de princípios, regras e instituições, destinadas a regulamentar a atividade dos órgãos jurisdicionais na solução dos dissídios, individuais ou coletivos, sobre relação de trabalho".*[962]

Gustavo Filipe Barbosa Garcia leciona que o Direito Processual do Trabalho é *"o ramo do Direito que disciplina o processo do trabalho, o qual é o meio para a solução jurisdicional de conflitos trabalhistas. (...), portanto, está inserido na esfera do Direito objetivo e processual, por estabelecer a regulação da atividade processual que objetiva a pacificação de conflitos sociais relativos às relações individuais e coletivas de trabalho"*[963].

Podemos concluir, portanto, que o Direito Processual do Trabalho é o instrumento utilizado para dirimir os conflitos de interesse individuais, surgidos entre o trabalhador e o tomador de serviços, bem como solucionar os dissídios coletivos, como aqueles ocasionados entre sindicatos ou em caso de greve.

O Direito Processual do Trabalho é ramo do Direito Público, integrando o conjunto de princípios, regras, instituições e institutos próprios definidos em normas estatais cogentes, imperativas ou de ordem pública, de observância obrigatória.

Existe controvérsia na doutrina e na jurisprudência acerca da autonomia ou não do Direito Processual do Trabalho. Para uma primeira corrente doutrinária, denominada de monista, o Direito Processual é comum, abrange tanto o Direito Processual Civil, como também o Direito Processual do Trabalho, por exemplo. Segundo essa corrente interpretativa não há diferença substancial que justifique a autonomia, pois os princípios e regras do direito processual são comuns.[964]

Corrente doutrinária em sentido contrário, nominada de teoria dualista, defende que o direito processual do trabalho é uma ciência jurídica autônoma, apresentando características peculiares, notadamente um caráter protecionista, com o intuito de assegurar o efetivo acesso do trabalhador à Justiça do Trabalho. Nesse sentido são as lições de Carlos Henrique Bezerra

[961] Garcia, Gustavo Filipe Barbosa – Curso de direito processual do trabalho – 6ª ed. – Rio de Janeiro: Forense, 2017, p. 27.

[962] MARTINS, Sérgio Pinto. Direito Processual do Trabalho. – 42ª ed. – São Paulo: Saraiva Educacional, 2020. p. 60.

[963] Ibidem. Garcia, 2017, p. 28.

[964] Signatário desta corrente, *Valentin Carrion adverte que* "o direito processual do trabalho não é autônomo com referência ao processual civil e não surge do direito material laboral. O direito processual do trabalho não possui princípio próprio algum, pois todos os que o norteiam são do processo civil (oralidade, celeridade etc.); apenas deu (ou pretendeu dar) a alguns deles maior ênfase e relevo. O princípio de 'em dúvida pelo mísero' não pode ser levado a sério, pois, se se tratar de dúvida na interpretação dos direitos materiais, será uma questão de direito do trabalho e não de direito processual". (in *Comentários à Consolidação das Leis do Trabalho*. 41. ed. São Paulo: Saraiva, 2017, p. 702).

Leite ensina que o processo do trabalho possui autonomia legislativa, princípios e institutos próprios, autonomia didática e autonomia jurisdicional[965].

De nossa parte, entendemos que o processo do trabalho é **autônomo** em relação ao Direito Processual Civil, considerando que se trata de uma ciência extremamente complexa, e merece estudo cuidadoso, diferenciado e específico, atendendo-se às suas peculiaridades. Sublinhamos que as principais características que justificam a sua autonomia enquanto ramo da ciência jurídica são: a) o campo temático vasto e específico; b) teorias próprias; c) metodologia própria; d)) perspectivas e questionamentos específicos e próprios.

Os princípios peculiares do direito processual do trabalho são:

a) princípio da simplicidade – o processo do trabalho tem uma carga de formalidade menor em relação do processo civil, possibilitando uma fluidez maior da marca processual. É um procedimento menos burocrático. Os excessos do formalismo e da burocracia devem ser eliminados, na medida em que a busca da efetiva prestação jurisdicional e do acesso à ordem jurídica justa deve ser uma constante.

b) princípio da informalidade – os procedimentos trabalhistas não são tão solenes e rígidos quanto aos os procedimentos do processo civil, isso porque visam assegurar o pleno atendimento à justiça, mas sempre conforme os limites da lei. Nas palavras do professor Mauro Schiavi é um sistema processual *"mais simples e mais ágil do que o sistema do processo comum, com linguagem mais acessível ao cidadão não versando em direito, bem como a prática de atos processuais ocorre de forma mais simples e objetiva, propiciando maior participação das partes, celeridade no procedimento e maiores possibilidades de acesso à justiça ao trabalhador mais simples".*[966]

c) princípio do *jus postulandi* – representa a possibilidade de as partes (empregado e empregador) postularem pessoalmente na Justiça do Trabalho e acompanharem as suas reclamações até o final, sem necessidade de advogado, na forma do art. 791 da CLT.

d) princípio da oralidade – os atos processuais são praticados preponderantemente de forma oral. A exemplo, citamos a reclamação trabalhista verbal (art. 840, CLT); a apresentação da defesa de forma oral (art. 847 da CLT); o interrogatório e depoimento pessoal das partes em audiência (art. 848 da CLT); e a apresentação de razões finais orais em audiência (art. 850 da CLT). A oralidade tem como traço a imediatidade, concentração dos atos processuais em audiência (arts. 843 a 852 da CLT), identidade física do juiz, a irrecorribilidade imediata (direta ou em separado ou autônoma) das decisões interlocutórias, maiores poderes instrutórios ao juiz e maior interatividade entre o magistrado e as partes.

e) princípio da subsidiariedade – o Direito Processual Comum aplica-se ao processo do trabalho, de forma supletiva e subsidiária, quando houver omissão na CLT e compatibilidade de princípios e regras, na forma do arts. 769 e 889 da CLT e art. 15 do CPC. Na fase de execução, aplica-se primeiro a Lei de Execução Fiscal (Lei n. 6.830/80) e, sendo insuficientes os regramentos nela previstos, aplica-se o CPC.

f) princípio da celeridade – o processo deve apresentar uma razoável duração, sem demora. Em outras linhas, significa dizer que a solução dos conflitos de interesses e a entrega do bem da vida deve ser rápida, célere e efetiva.

g) princípio da conciliação – o processo do trabalho prioriza a autocomposição, como forma de solução dos conflitos de interesses, de forma que tanto os dissídios individuais quanto os dissídios coletivos submetidos à apreciação da Justiça do Trabalho estarão sujeitos à conciliação. No procedimento comum ordinário, a legislação trabalhista impõe dois momentos obrigatórios para a tentativa de conciliação: a primeira, após a abertura da audiência e antes da apresentação da defesa (art. 846 da CLT) e a segunda, após as razões finais e antes da sentença (art. 850 da CLT).

h) princípio do protecionismo – por este princípio, existe um desequilíbrio na relação jurídica processual entre o trabalhador e o tomador dos serviços. Esse desequilíbrio seria de ordem econômica, técnica e probatória, de forma que a lei assegura ao trabalhador *"algumas prerrogativas processuais para compensar eventuais entraves que enfrenta ao procurar a Justiça do Trabalho, devido a sua hipossuficiência econômica, e muitas vezes, à dificuldade em provar as suas alegações, pois, via de regra, os documentos da relação de emprego ficam na posse do empregador".*[967] Tem inspiração no princípio da proteção (tutelar, tuitivo ou protetivo) do Direito do Trabalho, que assegura uma superioridade jurídica ao empregado em face de uma clara desigualdade econômica entre o empregado e o empregador no plano dos fatos – na relação jurídica contratual.[968]

Além dos princípios específicos, existem princípios constitucionais e do direito processual comum aplicáveis aos processo do trabalho: i) Princípio do devido processo legal (art. 5º, LIV, CF); ii) Princípio do Juiz e Promotor Natural (art. 5º, LIII, CF); iii) Princípio da igualdade (art. 5º, caput", da CF; art. 139 do CPC); iv) Princípio da inafastabilidade do Poder Judiciário ou

[965] Ibidem. Leite, 2018.

[966] Schiavi, Mauro. Manual de direito processual do trabalho. – 13.ed. – São Paulo: LTr, 2018, p. 130-131.

[967] Schiavi, 2018, p.128.

[968] Delgado, 2019, p. 233.

Acesso à Justiça (art. 5º, XXXV, CF); v) Princípio do contrário e da ampla defesa (art. 5º, LV, da CF); vi) Princípio do duplo grau de jurisdição (art. 5º, LV, da CF); vii) Princípio do motivação das decisões judiciais (art. 93, IX, da CF; art. 489 do CPC; e art. 832 da CLT); viii) Princípio da publicidade (art. 93, IX, da CF; art. 189 do CPC); ix) Princípio da vedação da prova ilícita (art. 5º, LV, CF); x) Princípio do impulso oficial (art. 2º, CPC); xi) Princípio da lealdade e da boa-fé processual (art. 5º, CPC); xii) Princípio da cooperação ou da colaboração (art. 6º, CPC); xiii) Princípio da dignidade processual da pessoa humana (art. 8º, CPC); xiv) Princípio da territorialidade (art. 13, CPC); xv) Princípio da irretroatividade da lei processual/princípio da imediatidade ou da imediaticidade/princípio do isolamento dos atos processuais (art. 14, CPC); xvi) Princípio da aplicação supletiva e subsidiária do Código de Processo Civil aos processos trabalhistas, administrativos ou eleitorais (art. 15, CPC).

Art. 764 – Os dissídios individuais ou coletivos submetidos à apreciação da Justiça do Trabalho serão sempre sujeitos à conciliação.

§ 1º – Para os efeitos deste artigo, os juízes e Tribunais do Trabalho empregarão sempre os seus bons ofícios e persuasão no sentido de uma solução conciliatória dos conflitos.

§ 2º – Não havendo acordo, o juízo conciliatório converter-se-á obrigatoriamente em arbitral, proferindo decisão na forma prescrita neste Título.

§ 3º – É lícito às partes celebrar acordo que ponha termo ao processo, ainda mesmo depois de encerrado o juízo conciliatório.

COMENTÁRIOS (ART. 764)

O princípio da conciliação é marcante no processo do trabalho. O processo do trabalho prioriza a autocomposição, como forma de solução dos conflitos de interesses, de forma que tanto os dissídios individuais quanto os dissídios coletivos submetidos à apreciação da Justiça do Trabalho estarão sujeitos à conciliação.

Os juízes e Tribunais do Trabalho devem adotar sempre os seus bons ofícios e a persuasão para porpor uma solução conciliatória dos conflitos.

Existem três formas de solução de conflito. A primeira é a autotutela (autodefesa), ou seja, quando a parte faz justiça com as próprias mãos, prevalecendo a lei do mais forte sobre o sujeito mais fraco. É admitida em caráter excepcional, como, por exemplo, em caso de legítima defesa (Art. 482, "j" e "k", da CLT; art. 483, "f", da CLT). A segunda forma de solução de conflito é a autocomposição, considerada a melhor forma de solução dos conflitos, pois a solução é dada pelas próprias partes envolvidas, de forma amigável, sem o emprego da força. Exemplos: Comissão de Conciliação Prévia e mediação. A terceira forma de solução de conflito é a heterocomposição, ou seja, quando um terceiro, alheio à relação jurídica, tem poder de decisão sobre as partes, como ocorre na arbitragem, ou na submissão da divergência perante o Poder Judiciário.

No procedimento comum ordinário a legislação trabalhista impõe dois momentos obrigatórios para a tentativa de conciliação – a primeira, após a abertura da audiência e antes da apresentação da defesa (art. 846 da CLT); e a segunda, após as razões finais e antes da sentença (art. 850 da CLT). Apesar disso, é lícita a celebração de acordo pelas partes que ponha fim ao processo, mesmo depois de encerrado o juízo conciliatório.

Art. 765 – Os Juízos e Tribunais do Trabalho terão ampla liberdade na direção do processo e velarão pelo andamento rápido das causas, podendo determinar qualquer diligência necessária ao esclarecimento delas.

COMENTÁRIOS (ART. 765)

O processo se inicia por provocação da parte que apresenta uma pretensão em juízo, a rigor, resistida pela parte contrária. Após a quebra da inércia do processual ou de jurisdição, o processo se desenvolve por impulso oficial, de acordo com os ditames do art. 2º do Código de Processo Civil. Como adverte Eduardo Gabriel Saad, *"a figura do juiz, no processo, não tem a passividade que alguém possa imaginar, isto é, que só se movimenta, ou se manifesta, quando provocado pela parte. Dá-lhe a lei a faculdade de tomar a iniciativa, no sentido de determinar diligências ou de produzir provas que considerar indispensáveis ao aparecimento da verdade".*[969]

No mesmo sentido, Júlio Cesar Beber delineia que "embora inerte, a jurisdição não é inócua. O Estado é o maior interessado em que a ordem jurídica se realize de modo célere e efetivo. Desta forma, sendo dado início ao processo, o mesmo passa a ser desenvolvido por impulso oficial. O juiz é o primeiro interessado no andamento do processo e na justa composição do mesmo, o propulsionará até a sua extinção, independentemente da vontade das partes.

O juiz tem a prerrogativa legal de determinar a produção das provas que julgar pertinente para o julgamento do mérito (art. 370, CPC); indeferir os pedidos, perguntas, considerações, quesitos ou as provas impertinentes, desnecessária, inúteis ou meramente protelatórias (art. 370, §1º, CPC; art. 459, §2º, CPC; art. 464, §1º, CPC; art. 470, I, CPC).

969

A Reforma Trabalhista (Lei 13.467/2017) estabeleceu que a execução será promovida pelas partes, permitida a execução de ofício pelo juiz ou pelo Presidente do Tribunal apenas nos casos em que as partes não estiverem representadas por advogado. Traduz mais uma manifestação do princípio da majoração dos poderes do juiz do trabalho na direção do processo.

A doutrina moderna estabelece que o magistrado não pode se contentar com a verdade formal, ou seja, a verdade posta nos autos, mas deve buscar a verdade real, verificando os fatos tal como realmente ocorreu no mundo dos fatos, a fim de possibilitar a entrega da tutela jurisdicional de forma mais justa e equânime. Exige-se, portanto, um ativismo judicial, baseando-se na ampla liberdade na condução do processo para a determinação de qualquer diligência que seja necessária para o esclarecimento do conflito de interesses.

JURISPRUDÊNCIA

▶ CERCEAMENTO DO DIREITO DE PROVA. NULIDADE DA DECISÃO. Em conformidade com os artigos 370 do CPC/ 2015 e 765 da CLT, cabe ao juiz a direção do processo, podendo determinar as provas necessárias à instrução do feito, indeferindo aquelas inúteis ou meramente protelatórias. Contudo, demonstrado prejuízo à parte consubstanciado no cerceamento do direito de produção de prova, deve ser declarada a nulidade da sentença, com retorno dos autos à origem. (TRT-3 – RO: 00104403520205030070 MG 0010440-35.2020.5.03.0070, Relator: Antonio Carlos R.Filho, Data de Julgamento: 18/02/2021, Sétima Turma, Data de Publicação: 19/02/2021.)

▶ PRELIMINAR DE CERCEAMENTO DE DEFESA. NÃO OCORRÊNCIA. DESPROVIMENTO. Nos termos do art. 765, da CLT, o Juízo é o destinatário da prova e possui ampla liberdade na direção do processo, podendo dispensar quaisquer provas desnecessárias ou inúteis ao julgamento do feito, mormente quando restou fartamente demonstrado nos autos que foi assegurado, em momento processual oportuno, o direito de apresentação da prova oral pelas partes litigantes. Assim, impõe-se a rejeição da preliminar, não se caracterizando, portanto, cerceamento de defesa, nem ofensa aos princípios da ampla defesa, do contraditório, do devido processo legal ou da busca da verdade real. Preliminar rejeitada. [...]. (TRT-7 – RO: 00016164820195070026 CE, Relator: DURVAL CÉSAR DE VASCONCELOS MAIA, Data de Julgamento: 25/02/2021, 1ª Turma, Data de Publicação: 25/02/2021)

▶ PROSSEGUIMENTO DA EXECUÇÃO – SISTEMA SIMBA. Os resultados insatisfatórios dos procedimentos adotados na fase de execução justificam a tentativa de obtenção de informações mediante a utilização do Sistema de Investigação de Movimentações Bancárias – SIMBA. O Magistrado deve determinar a adoção das medidas legais que viabilizem a satisfação do crédito laboral. É de interesse da Justiça a efetivação do comando judicial de forma célere e eficaz, como se infere do disposto no artigo 765 da CLT. Recurso provido. (TRT-2 00015460720105020084 SP, Relator: ROSA MARIA VILLA, 2ª Turma – Cadeira 2, Data de Publicação: 25/02/2021)

▶ AGRAVO DE PETIÇÃO – OFÍCIO JUNTA COMERCIAL – Nos termos do artigo 765 da CLT, "os Juízos e Tribunais do Trabalho terão ampla liberdade na direção do processo e velarão pelo andamento rápido das causas, podendo determinar qualquer diligência necessária ao esclarecimento delas". Logo, pode o Juízo diligenciar no sentido de viabilizar a execução dos créditos deferidos, devendo agir para que ocorra o adimplemento dos valores apurados na demanda. Agravo procedente para determinar a realização de consulta e/ou expedição de ofício à Junta Comercial com o escopo de verificar eventuais alterações contratuais da empresa executada. (TRT-3 – AP: 00015119320125030134 MG 0001511-93.2012.5.03.0134, Relator: Marcio Jose Zebende, Data de Julgamento: 25/02/2021, Sétima Turma, Data de Publicação: 26/02/2021.)

▶ DIREITO PROCESSUAL DO TRABALHO. AGRAVO DE PETIÇÃO. MEDIDAS RESTRITIVAS DO ART. 139, IV, DO CPC. De acordo com o teor do artigo 139, IV do CPC/2015 poderá o Magistrado proceder com medidas restritivas no intuito de assegurar o melhor cumprimento das decisões, visando a efetividade da execução, no sentido de satisfazer o crédito exequendo. Assim, perfeitamente compatível com o art. 765 da CLT e aos princípios que norteiam o Direito do Trabalho, com previsão ainda na IN 39 do C. TST. Todavia tais medidas devem ser realizadas com cautela, devendo-se avaliar a adequação, necessidade e proporcionalidade. Agravo de Petição a que se Nega Provimento. (TRT-6 – AP: 00002650420175060005, Data de Julgamento: 03/03/2021, Primeira Turma, Data de Publicação: 04/03/2021)

▶ JUNTADA DO RECIBO DE ENTREGA DE EPI APÓS A ELABORAÇÃO DO LAUDO PERICIAL. POSSIBILIDADE. BUSCA DA VERDADE REAL. Se a conclusão alcançada no laudo pericial foi lastreada exclusivamente na falta de equipamentos de proteção individual, os recibos de entrega de EPI juntados após a elaboração do laudo pericial devem ser admitidos como meio de prova, mormente quando não encerrada a instrução processual. Isso porque, embora o magistrado não possa substituir as partes no encargo probatório que lhes compete, como ele é o destinatário final da prova e possui ampla liberdade na direção do processo (art. 765 da CLT), não pode simplesmente desprezar elemento probatório com potencial de influenciar o julgamento de dada questão, porquanto a busca da verdade real deve sempre nortear a entrega da prestação jurisdicional. (TRT-3 – RO: 00113053120185030134 MG 0011305-31.2018.5.03.0134, Relator: Cesar Machado, Data de Julgamento: 11/03/2021, Sexta Turma, Data de Publicação: 12/03/2021.)

Art. 766 – Nos dissídios sobre estipulação de salários, serão estabelecidas condições que, assegurando justos salários aos trabalhadores, permitam também justa retribuição às empresas interessadas.

COMENTÁRIOS (ART. 766)

Esse dispositivo versa sobre a estipulação salarial de forma equânime, seja em dissídios individuais ou em dissídios coletivos. Nestes, os Tribunais do Trabalho reanalisar os salários estipulados em instrumentos de negociação coletiva ou sentença normativa, a fim de que sejam justos e adequados. Nos dissídios individuais, em caso de omissão de estipulação do salário ou não havendo prova sobre a importância ajustada, o empregado terá direito a perceber salário igual ao daquela que, na mesma empresa, fizer serviço equivalente ou do que for habitualmente pago para serviço semelhante (art. 460 da CLT), possibilita ao juiz estipular uma justa retribuição às empresas interessadas.

Além das formas de integração citadas na LINDB, o art. 8º da CLT autoriza o Juiz do Trabalho utilizar a jurisprudência, equidade, princípios e normas específicas de Direito do Trabalho, dos usos, direito comparado.

Equidade é a ideia daquilo que é justo. Nas palavras de Tartuce, a equidade é vista como o uso do bom sendo, ou seja, a adaptação razoável da lei ao caso concreto.[970]

Decorre de previsão legal (equidade legal) ou de decisão do juiz na avaliação do caso concreto, quando a lei assim permitir (equidade judicial). Mencionamos os seguintes exemplos: i) a redução equitativa da cláusula penal quando a obrigação contratual for cumprida em parte (art. 412, CC); ii) a determinação do art. 140, § único do CPC de 2015, que permite o juiz decidir por equidade apenas nas hipóteses previstas em lei; iii) no procedimento sumaríssimo, a sentença mencionará os elementos de convicção do juízo, com o resumo dos fatos relevantes, dispensando-se o relatório, sendo autorizado ao magistrado adotar a decisão que reputar mais justa e equânime, tendido os fins sociais da lei e as exigências do bem comum, em caso de lacuna.

JURISPRUDÊNCIA

▶ ALTERAÇÃO PREJUDICIAL – AUMENTO DE INTENSIDADE DO TRABALHO Na forma do art. 766 da CLT "nos dissídios sobre estipulação de salários, serão estabelecidas condições que, assegurando justos salários aos trabalhadores, permitam também justa retribuição às empresas interessadas". Trata-se do princípio do salário justo. Se a empresa reduziu sua despesa com a demissão de um ou dois empregados, mas continuou com a mesma produtividade, a ponto de o autor passar a fazer tais tarefas, é direito do autor receber uma contraprestação proporcional. Caso contrário, restaria claro o enriquecimento sem causa do empregador. (TRT-1 – RO: 01005018620175010074 RJ, Relator: IVAN DA COSTA ALEMAO FERREIRA, Data de Julgamento: 06/11/2018, Nona Turma, Data de Publicação: 23/11/2018)

▶ ACÚMULO DE FUNÇÃO. MOTORISTA E COBRADOR. ALTERAÇÃO PREJUDICIAL. "Se a alteração contratual é prejudicial, com aumento de intensidade do trabalho, deve o empregado ser remunerado de forma justa e com a devida proporcionalidade. É o princípio do salário justo fixado por equidade consoante dispõem os artigos 8º e 766, ambos da CLT." (TRT-1 – RO: 01017572820175010571 RJ, Relator: VALMIR DE ARAUJO CARVALHO, Data de Julgamento: 29/05/2019, Segunda Turma, Data de Publicação: 08/06/2019)

▶ DISSÍDIO COLETIVO. REAJUSTE SALARIAL. PERDA DO PODER AQUISITIVO. LEI Nº 10.192/01 E ARTIGO 766 DA CLT. PODER NORMATIVO DA JUSTIÇA TRABALHO. A Justiça do Trabalho, no livre exercício de seu poder normativo, tem competência para definir salário de categoria profissional, cabendo-lhe sopesar aspectos objetivos para estipular justa remuneração para os trabalhadores, sem prejudicar retribuição para o empregador. (TRT-13 – DC: 00052001520145130000 0005200-15.2014.5.13.0000, Data de Julgamento: 31/07/2014, Tribunal Pleno, Data de Publicação: 21/08/2014)

▶ ACÚMULO DE FUNÇÃO. PLUS SALARIAL. ARBITRAMENTO. PODER--DEVER DO JUÍZO. Ocorrendo o acúmulo de funções, autorizado está o juiz, à luz do disposto nos arts. 460 e 766, ambos da CLT, a arbitrar alteração quantitativa de salário, visto que salário é a contraprestação de serviço (CLT, art. 457). (TRT-6 – RO: 00016807120125060013, Data de Julgamento: 30/09/2014, Segunda Turma)

▶ RECURSO ORDINÁRIO DO RECLAMANTE. ACÚMULO DE FUNÇÃO. Ocorrendo o acúmulo de funções, autorizado está o juiz, à luz do disposto nos artigos 460 e 766, ambos da CLT, a arbitrar alteração quantitativa de salário, uma vez que o salário é a contraprestação de serviço. Desse modo, o acréscimo salarial arbitrado pela sentença pelo acúmulo de funções, em 20% sobre o salário base do reclamante, é razoável e proporcional ao caso, suficiente para garantir ao autor a retribuição na justa medida do trabalho do qual se beneficiou a reclamada. (TRT-11 – AIRR: 00112206520135110015, Relator: ORMY DA CONCEICAO DIAS BENTES, Data de Julgamento: 30/10/2014, 3ª Turma, Data de Publicação: 05/11/2014)

▶ PAGAMENTO DA PARCELA DEDUZIDA DE FORMA DIVERSA. CUMPRIMENTO DA OBRIGAÇÃO PELO EMPREGADOR. APLICAÇÃO DO ART. 766 DA CLT. Tendo o efeito jurídico sido alcançado de forma matemática pelo empregador, ainda que de forma diversa da deduzida, tem-se como plenamente satisfeita a pretensão. Aplicação do art. 766 da CLT. (TRT-4 – RO: 00001243020135040021 RS 0000124-30.2013.5.04.0021, Relator: MARCOS FAGUNDES SALOMÃO, Data de Julgamento: 12/02/2014, 21ª Vara do Trabalho de Porto Alegre)

Art. 767 – A compensação, ou retenção, só poderá ser arguida como matéria de defesa

COMENTÁRIOS (ART. 767)

A compensação é uma forma de extinção das obrigações em que os titulares são ao mesmo tempo credores e devedores ao mesmo tempo. As dívidas se extinguem até o ponto em que se encontrarem (art. 368 do CC). Existem duas espécies de compensação: a) legal; b) convencional.

Pablo Stolze Gagliano e Rodolfo Pamplona Filho ensinam que "a compensação legal é a regra geral, exigindo, para sua configuração, o atendimento de diversos requisitos legais, o que apreciaremos nos tópicos a seguir. Nela, satisfeitos os requisitos da lei, o juiz apenas a reconhece, *declarando* a sua realização (já ocorrida no plano ideal), desde que provocado. Já a compensação convencional é decorrência direta da autonomia da vontade, não exigindo os mesmos requisitos para a compensação legal".[971]

São características da compensação: i) duas pessoas serem ao mesmo tempo credor e devedor uma da outra, as duas obrigações extinguem-se, até onde se compensarem; ii) a compensação efetua-se entre dívidas líquidas, vencidas e de coisas fungíveis; iii) trata-se de uma forma indireta de extinção das obrigações; iv) consubstancia uma espécie de defesa indireta de mérito (fato extintivo).

No Direito Processual do Trabalho, a compensação está regulamentada pelo art. 767 da CLT, A compensação ou a retenção poderá ser arguida somente como matéria de defesa. No processo do trabalho o termo "defesa" tem sentido amplo, abrangendo a contestação, exceção (de incompetência territorial, de impedimento e suspeição) e a reconvenção. A esse respeito, o Tribunal Superior do Trabalho fixou o entendimento na Súmula 48, de que a compensação só poderá ser arguida com

[970] Idem. Tartuce, 2020.

[971] Gagliano, Pablo Stolze; Pamplona Filho, Rodolfo Novo curso de direito civil, volume 2: obrigações /– 18.ed. – São Paulo: Saraiva, 2017.

a contestação. Ainda, estabeleceu na Súmula 18, que apenas as dívidas de natureza trabalhista poderão ser objeto de compensação.

Há controvérsia se há algum limite para a compensação no Processo do Trabalho, pois o art. 477, § 5º, da CLT estabelece que qualquer compensação no pagamento das verbas rescisórias não poderá exceder o equivalente a um mês de remuneração do empregado. O dissenso paira sobre a aplicabilidade deste dispositivo no âmbito da compensação perante o juiz do trabalho.

Pensamos que, não obstante a hipossuficiência do trabalhador e a natureza alimentar das verbas trabalhistas, não há limitação de compensação na Justiça do Trabalho, ficando ao encargo do magistrado trabalhista extinguir as dívidas até onde se compensarem[972].

É fundamental não confundir os institutos da compensação com o da dedução. A dedução representa a possibilidade do abatimento dos valores já pagos ao empregado, constantes no demonstrativo de pagamento de salário, termo de rescisão do contrato de trabalho ou outros recibos, do valor total da condenação judicial.[973]

A dedução trata-se de uma objeção processual (matéria de ordem pública), com base no princípio da vedação ao enriquecimento sem causa, de modo que o juiz deve conhecê-la de ofício. Também, pode ser alegada em qualquer momento processual, em qualquer tempo e grau de jurisdição, mas o ideal é a alegação na primeira oportunidade pela parte interessada.

O direito de retenção é a "*prerrogativa de o credor manter, sob sua posse direta, bem do devedor, até que este cumpra a prestação a que está obrigado. Cuida-se, em nossa visão, de um direito potestativo, por meio do qual o seu titular força o cumprimento de uma prestação que lhe é devida, mediante justificada negativa de devolução da coisa*".[974] Citamos como exemplo de retenção no âmbito trabalhista a recusa do empregado vendedor em devolver o celular, tablet, notebook ou palmtop da empresa enquanto o empregador não lhe pagar os salários atrasados; ou a possibilidade de o empregado reter parte do salário em caso de pedido de demissão sem aviso prévio do empregado.

JURISPRUDÊNCIA

▶ PARCELA "ITF" COMPENSAÇÃO. Inviável a compensação de parcela não arguida na defesa (CLT, art. 767, e Súmula 48 do TST), além de ser vedada a redução salarial (CF, art. 7º, inciso IV). Recursos conhecidos, com o provimento daquele interposto pela empregada. (TRT-10 – RO: 00010277620175100015 DF, Data de Julgamento: 11/03/2020, Data de Publicação: 24/03/2020)

▶ VERBAS. NATUREZA TRABALHISTA. QUITADAS A IDÊNTICO TÍTULO. COMPENSAÇÃO. Tendo em vista que a compensação fora arguida em defesa, merece ser provido o recurso, neste tópico, para o fim de determinar que se proceda, na liquidação, à compensação das verbas quitadas a idêntico título. (artigo 767 da CLT e Súmulas nº 18 e 48 do TST). [...] (TRT-7 – RO: 00006929520195070039 CE, Relator: REGINA GLAUCIA CAVALCANTE NEPOMUCENO, Data de Julgamento: 30/04/2020, 1ª Turma, Data de Publicação: 30/04/2020)

▶ RECURSO ORDINÁRIO. COMPENSAÇÃO DE VALORES. O instituto da compensação consiste em defesa indireta de extinção das obrigações, quando duas pessoas reúnem reciprocamente as qualidades de credor e devedor, (art. 368, do Código Civil) e somente se justifica havendo tese defensiva e provas de tais obrigações recíprocas capaz de dar suporte à pretensão da recorrente (art. 767, da CLT, c/c Súmulas 18 e 48 do C. TST). Está voltada à extinção de obrigações (art. 1009 do CCB), não havendo necessidade de que haja contrabalanço entre os títulos, porquanto, deve existir um valor a ser subtraído de outro, com o fim de contrabalançar uma dívida. [...]. (TRT-6 – RO: 00017068120175060017, Data de Julgamento: 26/05/2020, Segunda Turma)

▶ RECURSO ORDINÁRIO DO RECLAMADO. JORNADA. HORAS EXTRAS. CARGO DE CONFIANÇA BANCÁRIO. Hipótese em que o conjunto probatório não permite o enquadramento da autora na exceção do art. 224, § 2º, da CLT, ônus que recaía ao demandado por se tratar de fato impeditivo do direito da reclamante ao pagamento de horas extras (art. 818 da CLT e art. 373, inciso II, do CPC). O banco não demonstra a existência de poderes especiais de representação atribuídos à reclamante, sendo que a assinatura autorizada, ainda que acolhida, representaria elemento isolado, insuficiente para se demonstrar o efetivo exercício de atos tipicamente inerentes ao poder de direção e comando do empregador. Não há possibilidade de se estabelecer a compensação entre as horas extras deferidas e o valor da gratificação de função recebida pela autora, porquanto a gratificação destina-se à remuneração da maior responsabilidade das atribuições confiadas à trabalhadora, enquanto aquelas restringem-se ao tempo de labor superior à jornada normal. A compensação a que se refere o art. 767 da CLT exige a identidade de natureza jurídica das parcelas, de modo que inexiste contrariedade aos arts. 5º, caput e 7º, XXX da Constituição Federal, nem ao art. 884 do Código Civil. Apelo não provido. [...] (TRT-4 – ROT: 00209269320185040661, Data de Julgamento: 31/07/2020, 2ª Turma)

▶ DEDUÇÃO X COMPENSAÇÃO. O requerimento formulado pela executada de dedução de valores já quitados (horas extras) não se sujeita a preclusão. Isso porque a dedução pode ser deferida em qualquer fase processual, ao contrário da compensação que é matéria de defesa (artigo 767 da CLT c/c Súmula 48 do C. TST). Aplica-se, aqui, o princípio do non bis in idem e a vedação do enriquecimento sem causa. (TRT-3 – AP: 00103718820195030150 MG 0010371-88.2019.5.03.0150, Relator: Anemar Pereira Amaral, Data de Julgamento: 08/02/2021, Sexta Turma, Data de Publicação: 10/02/2021.)

▶ AGRAVO DE PETIÇÃO. DEDUÇÃO/COMPENSAÇÃO. Nos termos do artigo 767 da CLT, a compensação só pode ser arguida como matéria de defesa. Esse entendimento encontra amparo, também, na jurisprudência do TST, consolidada na Súmula nº 48, segundo a qual "A compensação só poderá ser arguida com a contestação". Além disso, a compensação em análise requer que seja permitida a dialética e estabelecido o contraditório, não cabendo ao juízo da execução limitar o título executivo condenatório, determinando compensação de parcela sob título diverso, sem assegurar à parte contrária o direito ao contraditório. Assim, tratando-se de lide que tramita na fase de execução, constata-se que foi ultrapassada essa fase processual, não sendo possível a compensação pretendida, por ausência de determinação expressa no título executivo. (TRT-1 – AP: 01005935520195010022 RJ, Relator: LEONARDO DA SILVEIRA PACHECO, Data de Julgamento: 24/02/2021, Sexta Turma, Data de Publicação: 27/02/2021)

[972] Marcelo Moura adota o mesmo entendimento: "O limite da compensação alegada na defesa não é o valor de uma remuneração mensal do empregado, como prevê a norma do art. 477, §5º, da CLT. Esta restrição só é aplicável na rescisão contratual e não para a alegação de defesa em juízo". (in Consolidação das Leis do Trabalho para concurso público – 8ª ed. – Juspodivm, 2018, p. 912).

[973] Schiavi, 2018, p. 670.

[974] Gagliano, Pablo Stolze; Pamplona Filho, Rodolfo. Manual de direito civil. São Paulo: Saraiva, 2017.

▶ DEDUÇÃO DE VERBAS PAGAS. AUSÊNCIA DE PEDIDO NA DEFESA E DE ORDEM NA DECISÃO EXEQUENDA. IMPOSSIBILIDADE. Nos termos do art. 767 da CLT, "A compensação, ou retenção, só poderá ser arguida como matéria de defesa", enquanto o § 1º do art. 879 estabelece que "Na liquidação, não se poderá modificar, ou inovar, a sentença liquidanda nem discutir matéria pertinente à causa principal". Se não houve pedido de compensação das verbas pagas na defesa, nem ordem nesse sentido na decisão exequenda, não há como alterar o título executivo judicial na fase de execução. (TRT-3 – AP: 00101836620175030053 MG 0010183-66.2017.5.03.0053, Relator: Manoel Barbosa da Silva, Data de Julgamento: 09/10/2020, Quinta Turma, Data de Publicação: 14/10/2020.)

▶ AGRAVO DE PETIÇÃO. ADIMPLEMENTO DE PARCELAS COM A MESMA NATUREZA DA GRATIFICAÇÃO INCORPORADA POR MEIO DE DECISÃO JUDICIAL. DEDUÇÃO. SIMPLES ABATIMENTO. POSSIBILIDADE. Diferentemente do que ocorre com a compensação, matéria de defesa (art. 767 da CLT), a dedução pode ser arguida até mesmo na fase executória, por meio de embargos à execução, sem ofensa à coisa julgada, pois o mero abatimento de valores já pagos a igual título impõe-se como medida de justiça (suum cuique tribuere – dar a cada um aquilo que é seu), repelindo o enriquecimento sem causa. Portanto, reconhecendo-se que as parcelas "051087 – Grat. Prov. Tempo Func. – GPTF", "051088 – Comple. Função Convencional"e"051003 – Gratificação de Função Conv.", adimplidas após a supressão da gratificação da função ocorrida em maio de 2013, possuem a mesma finalidade da gratificação incorporada na decisão exequenda, pois igualmente destinadas a remunerar a maior responsabilidade da função exercida pela reclamante, admite-se as respectivas deduções. Agravo de petição a que se dá provimento. (TRT-13 – AP: 00002726920165130026 0000272-69.2016.5.13.0026, Data de Julgamento: 08/09/2020, 2ª Turma, Data de Publicação: 15/09/2020)

▶ DIREITO PROCESSUAL DO TRABALHO. COMPENSAÇÃO. MATÉRIA DE DEFESA ART. 767, DA CLT. Estabelece o art. 767, da CLT, que "a compensação, ou retenção, só poderá ser argüida como matéria de defesa." Na medida em que a demandada apresentou sua contestação, mas dela não fez constar qualquer pretensão relacionada à compensação, indefere-se a pretensão recursal, no particular. (TRT-6 – RO: 00003583320185060004, Data de Julgamento: 05/05/2020, Terceira Turma)

Art. 768 – Terá preferência em todas as fases processuais o dissídio cuja decisão tiver de ser executada perante o Juízo da falência.

COMENTÁRIOS (ART. 768)

Empreender é correr riscos. O empreendimento está suscetível ao sucesso ou ao fracasso. É uma condição inata à atividade empresarial. O fracasso pode levar o empresário à insolvência, de forma que se tornará incapaz economicamente de suportar as obrigações existentes contra si.

A Lei 11.101, de 9 de fevereiro de 2005, regula a recuperação judicial, a extrajudicial e a falência do empresário e da sociedade empresária. A ***falência*** é a execução coletiva do empresário ou sociedade empresária insolvente, submetendo o patrimônio do insolvente a uma execução coletiva, por meio do concurso de credores. A recuperação empresarial, por sua vez, é subdividida em recuperação judicial e extrajudicial. A ***recuperação judicial ou extrajudicial*** tem por objetivo viabilizar a superação da situação de crise econômico-financeira do devedor, a fim de permitir a manutenção da fonte produtora, do emprego dos trabalhadores e dos interesses dos credores, promovendo, assim, a preservação da empresa, sua função social e o estímulo à atividade econômica (artigos 47 e 161 da Lei 11.101/05).

Segundo estabelecido no art. 76 da Lei n. 11.101/2005, *"O juízo da falência é indivisível e competente para conhecer todas as ações sobre bens, interesses e negócios do falido, ressalvadas as causas trabalhistas, fiscais e aquelas não reguladas nesta Lei em que o falido figurar como autor ou litisconsorte ativo".*

Trata-se do chamado juízo universal das falências. É definido como a *"aptidão atrativa do juízo falimentar, que passa a ser o juízo competente para processar e julgar todas as demandas de cunho patrimonial relativas ao devedor". Submete-se a universalidade de bens do devedor a um único juízo, evitando a dispersão do patrimônio.* [975]

Essa universalidade não é absoluta, isso poque a própria lei exclui as demandas trabalhistas, fiscais e aquelas não reguladas nesta Lei em que o falido figurar como autor ou litisconsorte ativo.

A ação trabalhista, na qual o falido figure como reclamado, terá preferência, considerando a premência na formação do crédito para posterior habilitação no juízo universal da falência.

A competência material da Justiça do Trabalho se esgota com a fixação do crédito, prevalecendo na doutrina que não é possível a execução da massa falida perante a Justiça do Trabalho.

Signatário dessa corrente, Mauro Schiavi argumenta que *"Não obstante as boas intenções dos que defendem que a execução em face da Massa Falida seja processada na Justiça do Trabalho, pensamos que esta não é a melhor interpretação, pois todo o esforço do processo falimentar converge para o pagamento de todos os credores ou ao menos o pagamento de uma boa parte do crédito para cada um. Prosseguindo-se a execução na esfera do Judiciário Trabalhista, tem-se a possibilidade de pagamento integral de boa parte dos processos que tramitam na Justiça do Trabalho, mas há o risco de ficar descoberto o crédito de inúmeros outros credores do falido, cujos processos tramitam no Juízo Falimentar. Desse modo, pensamos que a norma deve ser interpretada com bom-senso, razoabilidade e proporcionalidade. Portanto, julgamos ser mais razoável que o processo em face da massa falida tramite na Justiça do Trabalho até a fixação do crédito do reclamante em definitivo (julgamento final da liquidação). Após, deverá ser expedida certidão para habilitação no juízo universal".*[976]

[975] Cruz, André Santa. Direito Empresarial. 9. ed. – Rio de Janeiro: Forense; São Paulo: Método, 2019.

[976] Schiavi, op. cit., 2018, p. 1208-1209.

Nesse sentido, destacamos as seguintes ementas:

*AGRAVO DE INSTRUMENTO EM RECURSO DE REVISTA. EXECUÇÃO. RECURSO DE REVISTA INTERPOSTO NA VIGÊNCIA DA LEI Nº 13.015/2014. CRÉDITO EXTRACONCURSAL. EMPRESA EM RECUPERAÇÃO JUDICIAL. HABILITAÇÃO DO CRÉDITO. COMPETÊNCIADA JUSTIÇA DO TRABALHO LIMITADA À FASE DE LIQUIDAÇÃO. O Tribunal Regional negou provimento ao agravo de petição interposto pelo exequente, sob o fundamento de que, mesmo nos casos de condenação que tenha por objeto créditos extraconcursais em favor de empregados que prestaram serviços ao empregador após o deferimento do processamento de sua recuperação judicial (nos termos dos artigos 83 e 84 da Lei nº 11.101/2005), a competência do Juízo Trabalhista limita-se à quantificação e à habilitação dos créditos perante o Juízo da Recuperação Judicial. Com efeito, o artigo 84 da referida lei, que disciplina a recuperação judicial e extrajudicial e a falência do empresário e da sociedade empresária no País, apenas estabelece, para os casos dos créditos extraconcursais nascidos em data posterior à decretação da recuperação judicial, a sua precedência em relação a todos os demais créditos previstos em seu artigo 83, sem , contudo , implicar o deslocamento da competência do Juízo universal cível para a sua eventual satisfação (o qual, reitera-se, apenas deverá observar essa ordem de preferência no momento da satisfação daqueles créditos), como , aliás , expressamente decidido pelo Superior Tribunal de Justiça (constitucionalmente competente, nos precisos termos do artigo 105, inciso I, alínea d, da Norma Fundamental brasileira, para definir a competência dos órgãos jurisdicionais nacionais, nos casos de conflito de competência entre quaisquer tribunais, inclusive quando se tratar de juízos a ele não vinculados, como ocorre neste caso, que tramitou perante Vara do Trabalho do Tribunal Regional do Trabalho da 15ª Região), ao julgar o CC 145.027/ SC . Assim, deferido o processamento da recuperação judicial da devedora, **a competência da Justiça do Trabalho para executar créditos contra a empresa em recuperação judicial, tanto nos casos dos créditos trabalhistas relativos ao período anterior à referida recuperação judicial quanto nos casos daqueles constituídos depois da dessa, estende-se apenas até a individualização e a quantificação do crédito, após o que cabe ao credor habilitá-lo no Juízo Universal da Falência**. Agravo de instrumento desprovido . (TST – AIRR: 112960920185150046, Relator: Jose Roberto Freire Pimenta, Data de Julgamento: 06/10/2021, 2ª Turma, Data de Publicação: 08/10/2021)*

AGRAVO DE PETIÇÃO. PRELIMINAR DE MÉRITO. COMPETÊNCIA DA JUSTIÇA DO TRABALHO. EXECUÇÃO DE CRÉDITOS CONTRA EMPRESA em RECUPERAÇÃO JUDICIAL. A competência da Justiça do Trabalho é firmada pelo art. 114 da Constituição Federal vigente. Com efeito, o inciso I da referida norma estabelece tal competência para "as ações oriundas da relação de trabalho", sem qualquer distinção quanto à situação dos empregadores, nem mesmo em casos em que a empresa reclamada esteja em recuperação judicial. A atração exercida pelo juízo falimentar não faz sucumbir a competência da Justiça do Trabalho para julgar as reclamações trabalhistas propostas contra a massa falida ou empresa em recuperação judicial, até a apuração final do crédito obreiro. Inteligência dos arts. 768 c/c 449, da CLT. Por igual, o art. 6º, § 2º, da Lei nº 11.101/2005 excepciona da competência do juízo em que tramita a recuperação judicial as ações de natureza trabalhista tão e só até a apuração do respectivo crédito, a ser inscrito no quadro geral de credores pelo valor determinado em sentença trabalhista. Preliminar de mérito rejeitada. (TRT-7 – AP: 00009045920175070016 CE, Relator: DURVAL CÉSAR DE VASCONCELOS MAIA, Data de Julgamento: 11/03/2021, Seção Especializada II, Data de Publicação: 11/03/2021)

Com efeito, a demanda tramitará perante a Justiça do Trabalho até a consolidação do crédito, cabendo ao trabalhador proceder a posterior habilitação perante o juízo universal da falência.

Art. 769 – Nos casos omissos, o direito processual comum será fonte subsidiária do direito processual do trabalho, exceto naquilo em que for incompatível com as normas deste Título.

COMENTÁRIOS (ART. 769)

De acordo com o princípio da subsidiariedade, disciplinado no artigo em exame, o Direito Processual Comum aplica-se ao processo do trabalho, de forma supletiva e subsidiária, quando houver omissão na CLT e compatibilidade de princípios e regras.

Pressupõe o preenchimento de dois requisitos cumulativos: a) lacuna da CLT – quando o Diploma Consolidado for omisso quanto a determinado instituto jurídico de Direito Processual, bem como a legislação processual trabalhista esparsa, a exemplo da Lei 5.584/70; b) compatibilidade de princípios e regras – O direito processual comum deve se harmonizar aos princípios e regras de direito processual do trabalho.

Lacuna significa aquilo que falta em algo, omissão, erro, falha, brecha, um espaço em vão ou em branco[977]. Maria Helena Diniz [978]classifica as lacunas em:

> *"Lacuna normativa: ausência total de norma prevista para um determinado caso concreto. Lacuna ontológica: presença de norma para o caso concreto, mas que não tenha eficácia social. Lacuna axiológica: presença de norma para o caso concreto, mas cuja aplicação seja insatisfatória ou injusta. Lacuna de conflito ou antinomia: choque de duas ou mais normas válidas, pendente de solução no caso concreto. As antinomias serão estudadas oportunamente, em seção própria".*

O Decreto-Lei 4.657 de 4 de setembro de 1942, denominado de Lei de Introdução às Normas do Direito Brasileiro (LINDB), é uma norma de introdução às leis aplicável a todos os ramos do Direito. Tal Decreto impõe ao aplicador do direito o dever de corrigir os vazios normativos, valendo-se de métodos de integração, ou seja, preenchendo, completando, inteirando, ou complementando o vazio normativo.

---

[977] lacuna | s. f. – (latim lacuna, -ae, cisterna, fosso, charco, pântano, cavidade) -substantivo feminino. 1. Espaço em vão ou em branco. 2. Interrupção. 3. Intervalo. 4. Falta, omissão. [in Dicionário Priberam da Língua Portuguesa, 2008-2020, https://dicionario.priberam.org/lacuna (consultado em 20-01-2021)].

[978] Apud Tartuce, 2020.

Para Carla Romar a integração é necessária "*nos casos em que não se encontre uma norma jurídica específica que regule uma determinada relação jurídica, formando-se lacunas no sistema. Nestes casos, deve-se integrar as normas existentes por meio de métodos específicos, com a finalidade de solucionar o conflito decorrente do caso concreto*"[979].

De acordo com o arts. 4º e 5º do referido Decreto, o juiz decidirá o caso de acordo com a analogia, os costumes e os princípios gerais de direito quando a lei for omissa. No mesmo sentido, o art. 140 do Código de Processo Civil (CPC), preceitua que o juiz não poderá eximir-se de decidir sob a alegação de lacuna ou obscuridade no ordenamento jurídico (art. 140 do CPC).

A incompletude do sistema processual em decorrência das lacunas existentes no ordenamento processual justrabalhista é objeto de controvérsia na doutrina e na jurisprudência, notadamente em relação à aplicação das regras do Direito Processual Civil.

Há duas correntes doutrinárias que buscam traçar parâmetros de aplicação de tais regras ao processo do trabalho.

Uma primeira vertente interpretativa, denominada de Teoria Tradicional ou Restritiva, sustenta que a aplicação subsidiária das regras do Direito Processual Civil somente é possível na hipótese de lacuna na legislação processual trabalhista. Assim, a existência de omissão é condição imperativa para a aplicação subsidiária de tais regras ao processo do trabalho.

Outra linha teórica, nomeada de Teoria Moderna, Evolutiva, Ampliativa ou Sistemática, defende que a aplicação subsidiária do Direito Processual Civil ao Direito Processual do Trabalho é possível também nas hipóteses de lacunas ontológicas e axiológicas, ou seja, ainda que a CLT ou legislação processual trabalhista extravagante preveja norma específica reguladora do caso concreto, é cabível a aplicação subsidiária da norma do Processo Civil, se norma processual trabalhista estiver desatualizada ou se a respectiva aplicação mostrar-se injusta ou insatisfatória.

Pensamos que é válida a aplicação subsidiária das regras do Direito Processual Civil ao Direito Processual do Trabalho, ainda que haja norma processual trabalhista específica reguladora do caso concreto, notadamente quando as normas de direito processual trabalhista se mostrar desatualizada ou insuficiente. É necessária a busca constante pela efetividade do processo do trabalho, através do diálogo das fontes, a fim de que haja uma rápida entrega da prestação jurisdicional, observando-se, sempre, os princípios e regras do direito processual laboral.

De mais a mais, a redação do art. 15 do CPC, preceitua que "Na ausência de normas que regulem processos eleitorais, trabalhistas ou administrativos, as disposições deste Código lhes serão aplicadas supletiva e subsidiariamente".

A terminologia "supletivo" significa complementar, ajuntar, suprir, ou seja, aquilo que supre ou serve de suplemento.[980]

O Código de Processo Civil/2015, portanto, não apenas subsidiará a legislação processual trabalhista como também a complementará. A aplicação supletiva do referido Diploma, no entanto, deve estar em harmonia com os princípios e regras do processo do trabalho. O exegeta deve extrair o máximo dos benefícios do Código de Processo Civil de 2015, sem atingir os preceitos estruturantes do processo do trabalho.

O surgimento do Código de Processo Civil (Lei nº 13.105, de 17.03.2015) o Tribunal Superior do Trabalho enxergou a necessidade de posicionar-se, ainda que de forma não exaustiva, sobre as normas do Código de Processo Civil de 2015 aplicáveis e inaplicáveis ao Processo do Trabalho. Para tanto, editou a Instrução Normativa nº 39 de 15 de março de 2016 do TST.

▸ CAPÍTULO II
DO PROCESSO EM GERAL

▸ SEÇÃO I
DOS ATOS, TERMOS E PRAZOS PROCESSUAIS

Art. 770 – Os atos processuais serão públicos salvo quando o contrário determinar o interesse social, e realizar-se-ão nos dias úteis das 6 (seis) às 20 (vinte) horas.

Parágrafo único – A penhora poderá realizar-se em domingo ou dia feriado, mediante autorização expressa do juiz ou presidente.

COMENTÁRIOS (ART. 770)

A definição dos atos processuais é controversa na doutrina. Prevalece que os atos processuais são uma espécie de ato jurídico que objetivam à criação, modificação ou extinção da relação processual, praticadas,

[979] Carla Teresa Martins Romar. Direito do trabalho – 5. ed. – São Paulo: Saraiva Educação, 2018.

[980] **supletivo** | *adj.* | *adj. n. m.* | su·ple·ti·vo (latim *suppletus, -a, -um*, particípio passado de *suppleo, -ere*, completar, ajuntar, suprir + *-ivo*). *Adjetivo.* 1. Que supre ou serve de suplemento. = SUPLETÓRIO. 2. [Gramática] Que toma outro paradigma para completar as flexões de um paradigma defectivo (ex.: *formas supletivas*). *adjetivo e substantivo masculino.* 3. [Brasil] Diz-se de ou ensino destinado a completar a escolaridade de adultos no ensino básico ou secundário. **"supletivo"**, in Dicionário Priberam da Língua Portuguesa, 2008-2021, https://dicionario.priberam.org/supletivo [consultado em 15-03-2021].

a rigor, pelos sujeitos da relação processual (autor, réu, juiz, auxiliares da justiça e terceiro juridicamente interessado ou não).

Cassio Scarpinella Bueno leciona que os *"atos processuais devem ser compreendidos como todo o ato jurídico que tem significado para o, e no, processo, influenciando, por isso mesmo, a atuação do Estado-juiz ao longo de todo o procedimento"*.[981]

Para Francisco Ferreira Jorge Neto e Jouberto de Quadros Pessoa Cavalcante os *"Atos processuais são os atos praticados no curso do procedimento, visando ao início, movimentação e término da relação jurídica processual. Normalmente, os atos processuais são praticados pelas partes, juízes e seus auxiliares. Pode ocorrer que os mesmos também sejam realizados por outras pessoas, como é o caso de exibição de documentos ou coisas por terceiros, relatos testemunhais etc."*.[982]

Gustavo Filipe Barbosa Garcia esclarece que *"o ato processual é cada unidade do procedimento, o qual, ao ser realizado em contraditório, corresponde ao processo, enfocado em seu aspecto extrínseco. O conjunto de atos processuais, os quais são praticados no curso do procedimento, dá origem ao processo"*.[983]

Os princípios que regem os atos processuais são: a) *Princípio da instrumentalidade das formas ou da finalidade* – significa que os fins buscados no processo (a concessão da tutela jurisdicional) deve prevalecer sobre a forma com que os atos processuais são praticados. Noutras palavras, se o ato processual for praticado sem obediência a uma forma prevista em lei, mas atingir a sua finalidade, o juiz deverá preservá-lo. Nesse sentido os arts. 188 e 277 do CPC/2015; b) *Princípio da liberdade das formas*: os atos processuais podem ser praticados com liberdade de forma para a consecução da finalidade do processo, que é a entrega da prestação jurisdicional; c) *Princípio da publicidade*: os atos processuais, em regra são públicos, permitindo o controle e fiscalização da sociedade sobre as atividades do Poder Judiciário. Contudo, de forma excepcional, o processo tramitará em segredo de justiça, quando o interesse social assim o exigir ou, ainda, para preservar o direito constitucional à intimidade (art. 5º, LX, e 93, IX, da CF; art. 770 da CLT; arts. 11, 189 e 368 do CPC); d) *Princípio da documentação*: os atos processuais são documentados, a fim de que as informações relevantes e substanciais para o julgamento da lide perpetuem no tempo; e) *Princípio da obrigatoriedade do vernáculo*: os atos processuais devem ser praticados em idioma nacional (art. 192 do CPC).

O Código de Processo Civil de 2015 manteve o critério de classificação dos atos processuais do Código Alfredo Buzaid (de 1973). Adotou o critério subjetivo, sendo categorizados com base nos sujeitos que o praticam: a) as partes; b) atos dos órgãos jurisdicionais.

Os atos das partes são em declarações unilaterais ou bilaterais de vontade produzem imediatamente a constituição, modificação ou extinção de direitos processuais (art. 200 do CPC). Sobre esse aspecto, Marcus Vinicius Rios Gonçalves destaca que *"os atos unilaterais são os mais comuns no processo: correspondem àqueles que a parte prática sem necessitar da anuência da parte contrária"*.[984]

Os atos processuais do juiz estão arrolados no art. 203 do CPC que poderá proferir os seguintes pronunciamentos judiciais: i) sentença – definida com o ato processual com o condão de colocar fim ao processo ou a fase cognitiva, com base no art. 485 e 487 do CPC; b) decisão interlocutória – pronunciamentos judiciais proferidos no curso do processo, sem aptidão de colocar fim ao processo ou à fases cognitiva, mas, que gera um prejuízo ou gravame às partes; c) despacho – pronunciamentos judiciais com o fim de impulsionar o processo.

Os auxiliares da justiça também podem praticar atos ordinatórios – de mera movimentação – por determinação como, por exemplo, a publicação das decisões no diário oficial, juntada de documentos.

De acordo com o art. 770, caput, da CLT, no processo do trabalho, os atos processuais serão públicos, salvo quando o contrário determinar o interesse social, e realizar-se-ão nos dias úteis, das 6 às 20 horas. A penhora poderá se realizada no domingo ou dia feriado apenas quando houver autorização expressa do juiz do trabalho. O art. 216 do Código de Processo Civil de 2015 estabelece que, além dos declarados em lei, são feriados, para efeito forense, os sábados, os domingos e os dias em que não haja expediente forense.

Art. 771 – Os atos e termos processuais poderão ser escritos a tinta, datilografados ou a carimbo.

Art. 772 – Os atos e termos processuais, que devam ser assinados pelas partes interessadas, quando estas, por motivo justificado, não possam fazê-lo, serão firmados a rogo, na presença de 2 (duas) testemunhas, sempre que não houver procurador legalmente constituído.

[981] Bueno, Cassio Scarpinella. Manual de direito processual civil. – 6. ed. – São Paulo: Saraiva Educação, 2020, p. 375.

[982] Jorge Neto, Francisco Ferreira; Cavalcante, Jouberto de Quadros Pessoa. Direito Processual do Trabalho – 8. ed. – São Paulo: Atlas, 2019, p. 606.

[983] Garcia, Gustavo Filipe Barbosa Curso de direito processual do trabalho – 6ª ed. – Rio de Janeiro: Forense, 2017, p. 141.

[984] Gonçalves, Marcus Vinicius Rios. Direito processual civil – 10. ed. – São Paulo: Saraiva Educação, 2019, p. 503.

Art. 773 – Os termos relativos ao movimento dos processos constarão de simples notas, datadas e rubricadas pelos secretários ou escrivães.

COMENTÁRIOS (ARTS. 771 A 773)

Os termos são conceituados como "a redução a escrito de certos atos processuais praticados nos autos de um processo (ex.: termo da ata de audiência, termo da ata onde é realizado o julgamento, etc.)".[985] Representam a documentação dos atos processuais, com fundamento na segurança jurídica e na estabilidade das relações jurídicas e sociais.

Os termos processuais podem ser escritos a tinta, datilografados ou a carimbo, devendo ser assinado pelas partes. Caso as partes não possam fazê-lo, serão firmados a rogo, na presença de duas testemunhas, quando não houver mandatário representante constituído. Segundo o art. 209 do CPC, quando as partes não puderem assinar ou se recusarem a firmá-los, o escrivão ou o chefe de secretaria certificará a ocorrência.

A Lei nº. 11.419 de 19 de dezembro de 2006 instituiu a informatização do processo judicial e o uso de meio eletrônico na tramitação de processos judiciais, comunicação de atos e transmissão de peças processuais. Com isso, o envio de petições, recursos e os atos processuais em geral são praticados preponderantemente por meio eletrônico devidamente assinado eletronicamente pelo signatário (partes, juiz, auxiliares da justiça), conforme previsto no art. 2º do Diploma Normativo citado. A assinatura eletrônica é baseada em certificado digital emitido por Autoridade Certificadora credenciada, na forma de lei específica, ou mediante cadastro de usuário no Poder Judiciário, conforme disciplinado pelos órgãos respectivos. No mesmo sentido o art. 209, §1º do CPC e a Instrução Normativa nº. 30 do TST.

O objetivo do Tribunal Superior do Trabalho é a tramitação dos processos judiciais trabalhistas exclusivamente em meio eletrônico, e se tornar "o primeiro ramo do Poder Judiciário a ter a integralidade dos processos judiciais em meio eletrônico e a terminar de vez com os autos físicos ou digitalizados".[986] Com isso os atos e termos processuais passarão a ser realizados integralmente de forma digital.

Art. 774 – Salvo disposição em contrário, os prazos previstos neste Título contam-se, conforme o caso, a partir da data em que for feita pessoalmente, ou recebida a notificação, daquela em que for publicado o edital no jornal oficial ou no que publicar o expediente da Justiça do Trabalho, ou, ainda, daquela em que for afixado o edital na sede da Junta, Juízo ou Tribunal. (Redação dada pela Lei nº 2.244, de 23.6.1954)

Parágrafo único – Tratando-se de notificação postal, no caso de não ser encontrado o destinatário ou no de recusa de recebimento, o Correio ficará obrigado, sob pena de responsabilidade do servidor, a devolvê-la, no prazo de 48 (quarenta e oito) horas, ao Tribunal de origem. (Incluído pelo Decreto-lei nº 8.737, de 19.1.1946)

Art. 775. Os prazos estabelecidos neste Título serão contados em dias úteis, com exclusão do dia do começo e inclusão do dia do vencimento. (Redação dada pela Lei nº 13.467, de 2017)

§ 1º Os prazos podem ser prorrogados, pelo tempo estritamente necessário, nas seguintes hipóteses: (Incluído dada pela Lei nº 13.467, de 2017)

I – quando o juízo entender necessário; (Incluído dada pela Lei nº 13.467, de 2017)

II – em virtude de força maior, devidamente comprovada. (Incluído dada pela Lei nº 13.467, de 2017)

§ 2º Ao juízo incumbe dilatar os prazos processuais e alterar a ordem de produção dos meios de prova, adequando-os às necessidades do conflito de modo a conferir maior efetividade à tutela do direito. (Incluído dada pela Lei nº 13.467, de 2017)

Art. 775-A. Suspende-se o curso do prazo processual nos dias compreendidos entre 20 de dezembro e 20 de janeiro, inclusive. (Incluído dada pela Lei nº 13.545, de 2017)

§ 1º Ressalvadas as férias individuais e os feriados instituídos por lei, os juízes, os membros do Ministério Público, da Defensoria Pública e da Advocacia Pública e os auxiliares da Justiça exercerão suas atribuições durante o período previsto no **caput** deste artigo. (Incluído dada pela Lei nº 13.545, de 2017)

§ 2º Durante a suspensão do prazo, não se realizarão audiências nem sessões de julgamento. (Incluído dada pela Lei nº 13.545, de 2017)

COMENTÁRIOS (ARTS. 774 A 775-A)

O sistema processual estabelece prazos para cumprimento dos atos processuais pelas partes, juízes e auxiliares da justiça, a fim de efetivar o cumprimento o ideário da rápida entrega da prestação jurisdicional (princípio da celeridade e efetividade processual).

Segundo a melhor doutrina os atos processuais são classificados em: a) prazos legais – aqueles fixados em lei. A exemplo, o prazo legal de 8 dias para apresentação de razões e contrarrazões recursal, conforme dispõe o

985 Ibidem. MARTINS, 2020, p. 234.

986 Fonte: http://www.tst.jus.br/noticias/-/asset_publisher/89Dk/content/trts-devem-concluir-ate-maio-migracao-de-processos-fisicos--para-meio-digital [acessado em 15/03/2021]

art. 6º da Lei n. 5.584/70; b) prazos judiciais – aqueles fixados pelos juízes A exemplo, o prazo de 5 dias para a juntada de procuração ou apresentação de manifestação sobre o laudo pericial; c) prazos convencionais – são aqueles estipulado entre as partes; d) prazos dilatórios – aqueles que podem ser reduzidos ou prorrogados; e) prazos peremptórios – aqueles que não são passíveis de prorrogação, por se tratar de prazos estipulados por norma cogente, ou seja, de observância obrigatória. O juiz poderá, excepcionalmente, prorrogar o prazo peremptório se a comarca, seção ou subseção judiciária estiver situada em local de difícil transporte ou em caso de calamidade pública (art. 222 do CPC); f) prazos próprios – aqueles destinados às partes, cuja inobservância resultará na preclusão temporal; g) prazos impróprios – aqueles destinados aos juízes e seus respectivos auxiliares, cuja inobservância importa em consequências administrativas e disciplinares.

Como regra, os prazos previstos na CLT contam-se a partir da data em que for feita ou recebida pessoalmente a notificação da data em que for publicado o edital no jornal oficial, da data da publicação do expediente da Justiça do Trabalho ou da data em que for afixado o edital na sede da Vara, do Juízo ou do Tribunal.

A comunicação dos atos processuais será realizada da seguinte forma: i) **Citação** – o ato pelo qual são convocados o réu, o executado ou o interessado para integrar a relação processual (art. 238, CPC); ii) **Intimação** – o ato pelo qual se dá ciência a alguém dos atos e termos do processo (Art. 269, CPC). É direcionada a alguém, é um ato processual mais amplo do que a citação; iii) **Sistema de cartas:** precatória, para que órgão jurisdicional brasileiro pratique ou determine o cumprimento, na área de sua competência territorial, de ato relativo a pedido de cooperação judiciária formulado por órgão jurisdicional de competência territorial diversa (***Carta precatória – art. 236, CPC***); carta para juízo a ele vinculado, se o ato houver de se realizar fora dos limites territoriais do local de sua sede (***Carta de ordem – art. 237, I, do CPC***); para que órgão jurisdicional estrangeiro pratique ato de cooperação jurídica internacional, relativo a processo em curso perante órgão jurisdicional brasileiro (***Carta rogatória – art. 237, II, do CPC***).

A CLT traz a palavra notificação de maneira genérica (ampla), com o sentido de citação e intimação das partes. Justifica-se na origem administrativa da Justiça do Trabalho, que passou a integrar o Poder Judiciário apenas com o surgimento da Constituição Federal de 1946.

No processo do trabalho a notificação citatória (ou notificação inicial) do reclamado é realizada de forma automática pela via postal (art. 841 CLT). É *inicial*, porque se trata de uma citação, convocando o reclamado para integrar a relação jurídica processual; é *automática*, porque uma vez recebida e protocolada a reclamação, o secretário da Vara do Trabalho (auxiliar da Justiça), remeterá a segunda via da petição, ou do termo, ao reclamado, dentro de 48 horas, notificando-o ao mesmo tempo, para comparecer à audiência do julgamento, que será a primeira desimpedida, depois de 5 dias; é *postal*, porque é realizada pelos por registro postal, com aviso de recebimento (art. 841, §1º, CLT).

Sérgio Pinto Martins explica que *"Não existe, porém, citação com hora certa no processo do trabalho. Da citação postal passa-se diretamente para a citação por edital (§1º, art. 841 da CLT), sem se fazer a citação por hora certa de que fala o CPC (arts. 252 a 254), pois, inexiste imissão na CLT"*.[987]

A notificação citatória presume-se recebida no prazo de 48 horas a contar da sua postagem (Súmula 16 do TST). O não recebimento ou a entrega após o decurso do prazo constitui ônus da prova do destinatário. Prevalece o entendimento que basta a entrega da notificação no endereço da reclamada, não se exigindo a pessoalidade[988].

A Reforma Trabalhista alterou a redação do art. 775 da CLT, passando a prever a contagem dos prazos processuais em dias úteis, excluindo-se o dia do começo e incluindo o dia do vencimento. O ***dia do começo (ou início)*** do prazo, também denominado de dia da ciência ou do complemento, é a data em que a parte é cientificada da necessidade da prática de algum ato processual de *forma pessoal* ou a contar da *data da publicação* da notificação no diário oficial da justiça. O dia do ***início da contagem*** é o primeiro dia útil seguinte ao dia do começo do prazo (da data de recebimento ou publicação da notificação).

No processo eletrônico, o dia do início da contagem do prazo considera-se a partir da data da consulta eletrônica aos termos da intimação, conforme art. 5º, §1º, da Lei 11.419/2006. A prática dos atos processuais por meio eletrônico considera-se realizada no dia e hora do seu envio ao sistema do Poder Judiciário, do qual deverá ser fornecido protocolo eletrônico. Quando a petição eletrônica for enviada para atender prazo processual, serão consideradas tempestivas as transmitidas até as 24 horas do seu último dia (art. 3º da Lei 11.419/2006).

Se o dia do começo, o dia do início da contagem ou o dia do vencimento cair em dia não útil prorroga-se para o primeiro dia útil subsequente. O Tribunal Superior do Trabalho fixou o entendimento de que se a

---

987 Ibidem. MARTINS, 2020, p. 250.

988 Como leciona Mauro Schiavi, *"Na CLT, a citação não é pessoal, recebe o nome de notificação (Art. 841 da CLT) e é realizada pelo Diretor da Secretaria da Vara do Trabalho. Como regra geral é realizada por meio do Correio com aviso de recebimento (AR ou SEED)"*. (in Manual de Direito Processual do Trabalho, 2018, p. 641).

intimação for realizada na sexta-feira, ou a publicação com efeito de intimação for feita nesse dia, o prazo judicial será contado da segunda-feira imediata, inclusive, salvo se não houver expediente, caso em que fluirá no dia útil que se seguir, conforme preconiza a Súmula 1 do TST. Há posicionamento do STF no mesmo sentido, conforme a Súmula 310 do STF.

É válido ressaltar que a regra do art. 229 do CPC, que estabelece a contagem do prazo em dobro para todas as suas manifestações, aos litisconsortes que tiverem diferentes procuradores, não se aplica ao processo do trabalho, por incompatibilidade de princípios e regras (OJ 310 da SDI-1 do TST), especialmente o princípio da celeridade.

O Decreto-Lei 779 de 21 de agosto de 1969 fixou como prerrogativa processual aos entes de Direito Público, o prazo em quádruplo no que se refere ao interstício entre a data da notificação inicial (citação) e a data da realização da audiência, prevista no art. 841 da CLT - a audiência, portanto, deve ser realizada 20 dias após a notificação inicial - e o prazo em dobro para apresentar eventuais recursos.

No que se refere ao Ministério Público do Trabalho, o art. 180 do CPC estabelece o prazo em dobro para manifestar-se nos autos, que terá início a partir de sua intimação pessoal.

A Reforma Trabalhista também instituiu a possibilidade de dilação dos prazos processuais, pelo tempo estritamente necessário, quando o juiz julgar pertinente, ou em virtude de força maior devidamente comprovada, adequando-os às necessidades do conflito de modo a conferir maior efetividade da tutela do direito. (§§1º e 2º, do art. 775, CLT).

O art. 179 do CPC/73, prescrevia que *a superveniência de férias suspenderá o curso do prazo; o que lhe sobejar recomeçará a correr do primeiro dia útil seguinte ao termo das férias.*. Com o advento da Emenda Constitucional n. 45/2004 a atividade jurisdicional passou a ser ininterrupta, sendo vedadas férias coletivas nos juízos e tribunais de segundo grau. A partir daí, surgiu uma linha de entendimento, adotada pelo TST, de que as férias coletivas dos Ministros do Tribunal Superior do Trabalho suspendem os prazos recursais (Súmula 262, II, do TST).

O art. 220 do Código de Processo Civil de 2015, instituiu a suspensão do curso do prazo processual nos dias compreendidos entre 20 de dezembro e 20 de janeiro, inclusive. Com isso, surgiu divergência doutrinária e jurisprudencial acerca da aplicação do referido dispositivo (ou não) ao processo do trabalho. De um lado, parte da doutrina argumentava que o referido dispositivo não se aplicava ao processo do trabalho, porquanto alongava o curso do processo prejudicando a celeridade do processo do trabalho. De outro lado, havia os que argumentavam a possibilidade de aplicação, tendo em vista a ausência de prejuízo à duração razoável do processo, além de possibilitar o descanso dos advogados nesse período[989]. A Reforma Trabalhista encerrou essa discussão, na medida em que passou a prever expressamente a suspensão do curso do prazo processual entre os dias 20 de dezembro e 20 de janeiro, equiparando-se ao sistema processual civil.

Neste ponto, é válido dizer que na suspensão do prazo processual a contagem é paralisada, voltando a contar do ponto da paralização após o término do período de suspensão do prazo. De maneira diversa, na interrupção, o prazo é devolvido integralmente à parte, recomeçando a contagem a contar da cessação da causa da paralisação.

Ainda, havendo feriado local, compete à parte comprovar esses motivos que justificam a prorrogação do prazo recursal quando da interposição do recurso (Súmula 385 do TST; art. 1.003, § 6º, CPC). Com a alteração na Súmula em 2017 (Resolução 220/2017 do TST), compete ao relator conceder prazo de 5 (cinco) dias para que seja sanado o vício sob pena de não conhecimento do recurso por intempestividade (art. 932, § único, CPC). Esse mesmo raciocínio também é aplicável para feriados forenses.

Principais prazos no processo do trabalho	
Hipóteses	**Prazo**
Defesa escrita através do PJe (Art. 847, § único, CLT; art. 22 da Resolução nº. 185/2017) – Contestação e/ou Reconvenção, inclusive.	Até a realização da proposta de conciliação infrutífera em audiência.
Defesa oral (Art. 847, CLT) – Contestação e/ou Reconvenção, inclusive.	20 minutos
Razões finais (art. 850, CLT)	10 minutos
Duração da audiência	5 horas seguidas, salvo matéria urgente.
Notificação inicial do reclamado (art. 841, CLT)	48 horas
Devolução da Notificação inicial pelos Correios (art. 774, § único, CLT)	48 horas
Juntada da Ata de Julgamento (Art. 851, § 2. 0 , CLT)	48 horas
Garantia ou pagamento da execução Trabalhista (Art. 880, CLT)	48 horas

989 Ibidem. Schiavi, 2018, p. 493-494.

Principais prazos no processo do trabalho	
Hipóteses	**Prazo**
Interstício mínimo entre a notificação e a audiência (art. 841, CLT; art. 1. °, II, Decreto-lei 779/69)	- 5 dias, em regra - 20 dias, em se tratando da Fazenda Pública (prazo em quádruplo).
Redução a Termo da Reclamação Trabalhista Verbal (art. 786, CLT)	5 dias
Exceção de Incompetência Territorial (art. 800, CLT)	5 dias
Embargos de Declaração	5 dias
Embargos à Execução (art. 884, CLT)	5 dias
Recurso Ordinário	8 dias
Recurso de Revista	8 dias
Embargos no TST (art. 894, CLT)	8 dias
Agravo de Petição (Art. 897, "a", CLT)	8 dias
Agravo Regimental ou Interno (art. 1.021, CPC; art. 1º, §2º, da Instrução Normativa 39/2016)	8 dias
Agravo de Instrumento (Art. 897, "b", CLT)	8 dias
Recurso Extraordinário (art. 102, III, CF)	15 dias
Ajuizamento de Inquérito para apuração de Falta Grave (art. 853, CLT)	30 dias (contados da data da suspensão do empregado).
Perempção (arts. 731 e 732, CLT)	6 meses
Ação Rescisória (Art. 975, CPC e art. 836, CLT)	2 anos (contados do trânsito em julgado)
Prescrição para exigir dos créditos trabalhistas (art. 7º, XXIX, CF; art. 11 da CLT; Súmula 308 do TST)	- 5 anos anteriores à data do ajuizamento da ação (Prescrição Quinquenal); - 2 anos a contar da extinção do contrato de trabalho (Prescrição Bienal).
Fazenda Pública (art. 1º, Decreto-Lei 779/69)	- Prazo em dobro para recorrer; - 20 dias de interstício entre a notificação e a audiência (prazo em quadruplo).
Ministério Público do Trabalho (Art. 180, CPC)	Prazo em dobro, inclusive para recorrer.

Art. 776 – O vencimento dos prazos será certificado nos processos pelos escrivães ou secretários.

Art. 777 – Os requerimentos e documentos apresentados, os atos e termos processuais, as petições ou razões de recursos e quaisquer outros papéis referentes aos feitos formarão os autos dos processos, os quais ficarão sob a responsabilidade dos escrivães ou secretários.

Art. 778 – Os autos dos processos da Justiça do Trabalho, não poderão sair dos cartórios ou secretarias, salvo se solicitados por advogados regularmente constituído por qualquer das partes, ou quando tiverem de ser remetidos aos órgãos competentes, em caso de recurso ou requisição.

Art. 779 – As partes, ou seus procuradores, poderão consultar, com ampla liberdade, os processos nos cartórios ou secretarias.

COMENTÁRIOS (ARTS. 776 A 779)

Os atos processuais devem ser praticados pelos sujeitos processuais na forma estipulada em lei, pelo juiz ou convencionada entre as partes. O descumprimento do prazo processual poderá acarretar a preclusão, assim compreendida como *a perda da faculdade de praticar um determinado ato processual*

São espécies de preclusão: *i)* preclusão temporal – ocorre com a perda do prazo processual. Exemplo: O juiz que fixa o prazo de 5 dias para o autor se manifestar sobre a contestação e a parte não se manifesta no período determinado; ii) preclusão consumativa – caracteriza-se quando a parte já praticou o ato processual (ocorrendo a consumação do ato processual). Como regra, a apresentação de manifestação sobre o laudo pericial, impede uma nova manifestação da parte, pois o ato já foi praticado; iii) preclusão lógica – efetiva-se pela incompatibilidade entre um ato processual já praticado e outro a ser praticado. Citamos como exemplo a concordância com o encerramento da instrução processual e a pretensão posterior de oitiva de uma determinada testemunha; iv) preclusão *pro judicato* – o juiz do trabalho, ao proferir a sua decisão, não poderá revogá-la ou modificá-la, em respeito ao devido processo legal, contraditório e da ampla defesa, segurança jurídica e estabilidade das relações jurídicas e sociais; v) preclusão máxima: ocorre quando caracterizada a coisa julgada; vi) preclusão ordinatória: consiste na perda do direito de praticar o ato processual em decorrência de exercício irregular de um ato processual anterior.

Escoando-se o prazo processual, o secretário da Vara do Trabalho irá exarar certidão nos autos, indicando a data do vencimento do prazo processual e, eventualmente, a ausência de manifestação da parte regularmente intimada para tanto.

As petições, manifestações, requerimentos, recursos e os documentos protocolizados pelas partes, o laudo pericial, e outros documentos eventualmente juntados aos autos pelos auxiliares da Justiça, formam os autos dos processos judiciais. No passado, os autos físicos ficavam sob a guarda e responsabilidade da Secretaria da Vara do Trabalho. E não podiam ser retirados do cartório, exceto quando solicitado pelos advogados constituídos pelas partes, ou regularmente inscrito perante a Ordem dos Advogados do Brasil. O Estatuto da Advocacia (Lei 8.0906 de 4 de julho de 1994), em seu art. 7º, incisos XV e XVI, asseguram aos advogados o direito a ter vista dos processos judiciais ou administrativos de qualquer natureza, em cartório ou na repartição competente, ou retirá-los pelos prazos legais. Os processos finalizados poderão ser retirados, mesmo sem procuração, pelo prazo de 10 dias.

Nesse ponto, as partes, procuradores e terceiros interessados podem realizar visualizar e acompanhar a tramitação do processo judicial eletrônico através de consulta pública do PJe, cujo acesso será disponibilizado nos sítios do Conselho Superior da Justiça do Trabalho (CSJT) e dos Tribunais Regionais do Trabalho (TRTs) na rede mundial de computadores, conforme art. 3º da Resolução nº. 185 de 25 de março de 2017 do Conselho Superior da Justiça do Trabalho. Além disso, as partes ou terceiros interessados desassistidos de advogado poderão apresentar peças processuais e documentos em papel, segundo as regras ordinárias, nos locais competentes para recebê-los, que serão inseridos nos autos eletrônicos pela unidade judiciária, em arquivo eletrônico que utilize linguagem padronizada de marcação genérica (art. 4º da Resolução nº. 185/2017 do CSJT).

O advogado, por sua vez, realizará o credenciamento no PJe através de certificado digital e da remessa de formulário eletrônico disponibilizado no portal de acesso do PJe. Já a habilitação nos autos eletrônicos para representação das partes, tanto no polo ativo como no polo passivo, se dará mediante pedido específico de habilitação pelo advogado (art. 5º, caput e §5º, da Resolução nº. 185/2017 do CSJT).

Art. 780 – Os documentos juntos aos autos poderão ser desentranhados somente depois de findo o processo, ficando traslado.

Art. 781 – As partes poderão requerer certidões dos processos em curso ou arquivados, as quais serão lavradas pelos escrivães ou secretários. (Vide Leis nºs 409, de 1943 e 6.563, de 1978)

Parágrafo único – As certidões dos processos que correrem em segredo de justiça dependerão de despacho do juiz ou presidente.

Art. 782 – São isentos de selo as reclamações, representações, requerimentos. atos e processos relativos à Justiça do Trabalho.

COMENTÁRIOS (ARTS. 780 A 782)

As partes se valem de documentos públicos ou particulares para provar a verdade dos fatos em que se funda o pedido ou a defesa e influir na convicção do juiz (arts. 369 e 405 do CPC). Quando encartados aos autos, esses documentos integram o caderno processual e só poderão ser desentranhados, a rigor, após a finalização da ação judicial (art. 780, CLT).

Nos processos físicos, comumente as partes juntam documentos originais para demonstrar um determinado fato, especialmente o contrato de trabalho, termo de rescisão, demonstrativo de pagamento de salário (contracheque/holerite), ficha de registro de empregado, cartões de ponto, comprovantes de depósitos do FGTS, guias de recolhimentos das contribuições previdenciárias, dentre outros documentos. Ocorre que tais documentos são prova contemporânea do contrato de trabalho, salário recebido pelo empregado, para fins de aposentadoria, por exemplo, ou ainda, alguns deles devem ser mantidos sob a guarda do empregador por um determinado período por determinação legal. Por este motivo, ao final do processo esses documentos podem ser desentranhados dos autos do processo e devolvidos à parte interessada.

No processo digital essa disposição tem uma menor incidência, isso porque os documentos em papel são digitalizados e o arquivo eletrônico – em formato de *portable document format* (.pdf), padrão utilizado atualmente – é juntado ao processo (art. 12 da Resolução nº. 185/2017 do CSJT). Neste caso, as petições, manifestações e documentos são anexados automaticamente aos autos, independentemente de ato de servidor da justiça e, os documentos enviados sem observância às normas desta Resolução, poderão ser excluídos por expressa determinação do magistrado, com o registro respectivo, assinalando-se, se for o caso, novo prazo para a adequada apresentação da petição. Evidentemente, a parte poderá ser instada a exibir o documento que se encontre em seu poder pelo juiz para certificar a conformidade do documento eletrônico com o original (Art. 425, §§1º e 2º, CPP)[990].

[990] CPC, Art. 425. **Fazem a mesma prova que os originais**: I – as certidões textuais de qualquer peça dos autos, do protocolo das audiências ou de outro livro a cargo do escrivão ou do chefe de secretaria, se extraídas por ele ou sob sua vigilância e por ele subscritas; II – os traslados e as certidões extraídas por oficial público de instrumentos ou documentos lançados em suas notas; III – as reproduções dos documentos públicos, desde que autenticadas por oficial público ou conferidas em cartório com os respectivos originais; IV – as cópias reprográficas de peças do próprio processo judicial declaradas autênticas pelo advogado, sob sua responsabilidade pessoal, se não lhes for impugnada a autenticidade; V – os **extratos digitais** de bancos de dados públicos e privados, desde que atestado pelo seu emitente, sob as penas da lei, que as informações conferem com o que consta na origem; **VI – as reproduções digitalizadas de qualquer documento público ou particular, quando juntadas aos autos** pelos órgãos da justiça e seus auxiliares, pelo Ministério Público e seus auxiliares, pela Defensoria Pública e seus auxiliares, pelas procuradorias, pelas repartições públicas em geral, ressalvada a alegação motivada e fundamentada de adulteração. ***§ 1º Os originais dos documentos digitalizados mencionados no inciso VI deverão ser preservados pelo seu detentor até o final do prazo para propositura de ação rescisória. § 2º Tratando-se de cópia digital de título executivo extrajudicial ou de documento relevante à instrução do processo, o juiz poderá determinar seu depósito em cartório ou secretaria.***

A Carta Magna, ainda, assegura dentre os direitos e garantias fundamentais, a obtenção de certidões em repartições públicas, para defesa de direitos e esclarecimento de situações de interesse pessoal (art. 5º, XXXIV, "b", da CF). O Diploma Processual Civil, em seu artigo 152, atribui ao escrivão ou ao chefe de secretaria a incumbência de fornecer certidão de qualquer ato ou termo do processo, independentemente de despacho, observadas as disposições referentes ao segredo de justiça. Na Justiça do Trabalho, é atribuição do Diretor da Secretaria da Vara do Trabalho fornecer as certidões requisitadas pelas partes (art. 781 da CLT).

SEÇÃO II
DA DISTRIBUIÇÃO

Art. 783 – A distribuição das reclamações será feita entre as Juntas de Conciliação e Julgamento, ou os Juízes de Direito do Cível, nos casos previstos no art. 669, § 1º, pela ordem rigorosa de sua apresentação ao distribuidor, quando o houver.

Art. 784 – As reclamações serão registradas em livro próprio, rubricado em todas as folhas pela autoridade a que estiver subordinado o distribuidor.

Art. 785 – O distribuidor fornecerá ao interessado um recibo do qual constarão, essencialmente, o nome do reclamante e do reclamado, a data da distribuição, o objeto da reclamação e a Junta ou o Juízo a que coube a distribuição.

Art. 786 – A reclamação verbal será distribuída antes de sua redução a termo.

Parágrafo único – Distribuída a reclamação verbal, o reclamante deverá, salvo motivo de força maior, apresentar-se no prazo de 5 (cinco) dias, ao cartório ou à secretaria, para reduzi-la a termo, sob a pena estabelecida no art. 731.

Art. 787 – A reclamação escrita deverá ser formulada em 2 (duas) vias e desde logo acompanhada dos documentos em que se fundar.

Art. 788 – Feita a distribuição, a reclamação será remetida pelo distribuidor à Junta ou Juízo competente, acompanhada do bilhete de distribuição.

COMENTÁRIOS (ARTS. 783 A 788)

A distribuição ocorrerá de forma alternada e aleatória, sempre que houver mais de um juiz igualmente competente para processar e julgar a ação trabalhista. Tem a finalidade de evitar o conflito de competência entre dois ou mais juízes. A distribuição é feita de acordo com a ordem rigorosa de apresentação (protocolo) das ações trabalhistas, obedecendo-se o princípio do juiz natural, assegurando a imparcialidade do magistrado.

De acordo com o art. 285 do CPC aduz que a distribuição poderá ser, inclusive, de forma eletrônica. O distribuidor fornecerá à parte interessada um recibo de distribuição do feito (art. 785 da CLT). A lista de distribuição deverá ser publicada no Diário da Justiça.

Em relação à reclamação trabalhista verbal, primeiro ela será distribuída e, depois, reduzida a termo pelo secretário da Vara do Trabalho competente. Isto é, a parte reclamante se dirige ao distribuidor com os seus dados pessoais e da parte reclamada, a demanda é distribuída por sorteio, e, em seguida, a parte tem um prazo de 5 dias para se dirigir à Secretaria da Vara do Trabalho a fim de relatar os fatos que resultam o dissídio ao secretário ou escrivão, bem como indicar a qualificação e endereço da parte reclamada (art. 786 da CLT).

A reclamação trabalhista, verbal ou escrita, será formulada em duas vias. A contrafé (cópia autentica) da petição inicial será enviada à parte reclamada juntamente com a notificação inicial posta (art. 841 da CLT).

No trecho final do art. 787 da CLT lemos que a reclamação trabalhista deve estar acompanhada dos documentos que se fundam. De igual maneira, o art. 320 do CPC estabelece que a petição inicial deve estar instruída com os documentos indispensáveis à propositura da ação.

Marcelo Moura esclarece que este é *"um dos dispositivos legais mais descumpridos em juízo, seja pelas partes ou pelo próprio juiz. Fosse cumprida, rigorosamente, a regra legal, o reclamante teria que instruir a petição inicial com todos os documentos que fundamentassem seus pedidos, estando preclusa a oportunidade de produção desta prova após este momento, exceção feita somente para o documento novo"*.[991]

A ausência dos documentos necessários para a sua propositura da reclamação trabalhista levam à inépcia da petição inicial, na forma do art. 330, I, § 1º, I, do CPC[992]. O Tribunal Superior do Trabalho, na súmula 263, fixou o entendimento de que " (...) o indeferimento da petição inicial, por encontrar-se desacompanhada de documento indispensável à propositura da ação ou não preencher outro requisito legal, somente é cabível se, após intimada para suprir a irregularidade

[991] Ibidem. MOURA, 2018, p. 938.

[992] Nesse sentido é o posicionamento de Francisco Ferreira Jorge Neto e Jouberto de Quadros Pessoa Cavalcante: "A petição inicial trabalhista deverá estar acompanhada com os documentos necessários para a sua propositura (arts. 787, CLT, e 320, CPC), sob pena de sua inépcia (art. 330, I, § 1º, I). A título exemplificativo, se o autor solicita diferenças salariais pela aplicação da norma coletiva da categoria (acordo ou convenção coletiva de trabalho), tais instrumentos normativos deverão acompanhar a peça exordial" (in Direito Processual do Trabalho, 8. ed. – São Paulo: Atlas, 2019, p. 693).

em 15 (quinze) dias, mediante indicação precisa do que deve ser corrigido ou completado, a parte não o fizer (art. 321 do CPC de 2015)".

A distribuição poderá ser realizada livremente ou por dependência. A distribuição será livre quando a ação não tiver nenhuma relação com outra anteriormente ajuizada. A distribuição por dependência, de outro lado, se dará quando a ação tiver relação com outra anteriormente ajuizada.

Nos termos do art. 286 do CPC as ações serão distribuídas por dependência a) quando se relacionarem, por conexão ou continência, com outra já ajuizada; b) quando, tendo sido extinto o processo sem resolução de mérito, for reiterado o pedido, ainda que em litisconsórcio com outros autores ou que sejam parcialmente alterados os réus da demanda; c) quando houver ajuizamento de ações que possam gerar risco de prolação de decisões conflitantes ou contraditórias caso decididos separadamente, mesmo sem conexão entre eles (art. 55, § 3º, CPC).

As regras de distribuição por dependência são plenamente aplicáveis ao processo do trabalho por força do art. 769 da CLT e art. 15 do CPC.

SEÇÃO III
DAS CUSTAS E EMOLUMENTOS

Art. 789. Nos dissídios individuais e nos dissídios coletivos do trabalho, nas ações e procedimentos de competência da Justiça do Trabalho, bem como nas demandas propostas perante a Justiça Estadual, no exercício da jurisdição trabalhista, as custas relativas ao processo de conhecimento incidirão à base de 2% (dois por cento), observado o mínimo de R$ 10,64 (dez reais e sessenta e quatro centavos) e o máximo de quatro vezes o limite máximo dos benefícios do Regime Geral de Previdência Social, e serão calculadas: (Redação dada pela Lei nº 13.467, de 2017)

I – quando houver acordo ou condenação, sobre o respectivo valor; (Redação dada pela Lei nº 10.537, de 27.8.2002)

II – quando houver extinção do processo, sem julgamento do mérito, ou julgado totalmente improcedente o pedido, sobre o valor da causa; (Redação dada pela Lei nº 10.537, de 27.8.2002)

III – no caso de procedência do pedido formulado em ação declaratória e em ação constitutiva, sobre o valor da causa; (Redação dada pela Lei nº 10.537, de 27.8.2002)

IV – quando o valor for indeterminado, sobre o que o juiz fixar. (Redação dada pela Lei nº 10.537, de 27.8.2002)

§ 1º As custas serão pagas pelo vencido, após o trânsito em julgado da decisão. No caso de recurso, as custas serão pagas e comprovado o recolhimento dentro do prazo recursal. (Redação dada pela Lei nº 10.537, de 27.8.2002)

§ 2º Não sendo líquida a condenação, o juízo arbitrar-lhe-á o valor e fixará o montante das custas processuais. (Redação dada pela Lei nº 10.537, de 27.8.2002)

§ 3º Sempre que houver acordo, se de outra forma não for convencionado, o pagamento das custas caberá em partes iguais aos litigantes. (Redação dada pela Lei nº 10.537, de 27.8.2002)

§ 4º Nos dissídios coletivos, as partes vencidas responderão solidariamente pelo pagamento das custas, calculadas sobre o valor arbitrado na decisão, ou pelo Presidente do Tribunal. (Redação dada pela Lei nº 10.537, de 27.8.2002)

Art. 789-A. No processo de execução são devidas custas, sempre de responsabilidade do executado e pagas ao final, de conformidade com a seguinte tabela: (Incluído pela Lei nº 10.537, de 27.8.2002)

I – autos de arrematação, de adjudicação e de remição: 5% (cinco por cento) sobre o respectivo valor, até o máximo de R$ 1.915,38 (um mil, novecentos e quinze reais e trinta e oito centavos); (Incluído pela Lei nº 10.537, de 27.8.2002)

II – atos dos oficiais de justiça, por diligência certificada: (Incluído pela Lei nº 10.537, de 27.8.2002)

a. em zona urbana: R$ 11,06 (onze reais e seis centavos); (Incluído pela Lei nº 10.537, de 27.8.2002)

b. em zona rural: R$ 22,13 (vinte e dois reais e treze centavos); (Incluído pela Lei nº 10.537, de 27.8.2002)

III – agravo de instrumento: R$ 44,26 (quarenta e quatro reais e vinte e seis centavos); (Incluído pela Lei nº 10.537, de 27.8.2002)

IV – agravo de petição: R$ 44,26 (quarenta e quatro reais e vinte e seis centavos); (Incluído pela Lei nº 10.537, de 27.8.2002)

V – embargos à execução, embargos de terceiro e embargos à arrematação: R$ 44,26 (quarenta e quatro reais e vinte e seis centavos); (Incluído pela Lei nº 10.537, de 27.8.2002)

VI – recurso de revista: R$ 55,35 (cinqüenta e cinco reais e trinta e cinco centavos); (Incluído pela Lei nº 10.537, de 27.8.2002)

VII – impugnação à sentença de liquidação: R$ 55,35 (cinqüenta e cinco reais e trinta e cinco centavos); (Incluído pela Lei nº 10.537, de 27.8.2002)

VIII – despesa de armazenagem em depósito judicial – por dia: 0,1% (um décimo por cento) do valor da avaliação; (Incluído pela Lei nº 10.537, de 27.8.2002)

IX – cálculos de liquidação realizados pelo contador do juízo – sobre o valor liquidado: 0,5% (cinco décimos por cento) até o limite de R$ 638,46 (seiscentos e trinta e oito reais e quarenta e seis centavos). (Incluído pela Lei nº 10.537, de 27.8.2002)

COMENTÁRIOS (ARTS. 789 E 789-A)

A movimentação da máquina judiciária gera um ônus financeiro às partes. Consoante os ensinamento do jurista Humberto Teodoro Junior *"A prestação da tutela jurisdicional é serviço público remunerado, a não ser nos casos de miserabilidade, em que o Estado concede à parte o benefício da assistência judiciária"*.[993] Em virtude disso, a norma infraconstitucional estabelece a incumbência às partes de prover as despesas dos atos processuais.

A despesa processual são, portanto, os gastos necessários para que o processo cumpra os seus fins[994]. Nela estão compreendidas as custas, emolumentos, honorários periciais, multas, gastos com a notificação das partes (citação, penhora, cumprimento de mandado judicial), dentre outras despesas[995].

As custas processuais são definidas como despesas processuais obrigatórias. Tem natureza jurídica de tributo, sendo enquadrada como taxa, em decorrência dos serviços específicos e divisíveis prestados pelo Estado, nos exatos termos do art. 77 do Código Tributário Nacional.[996]

Na obra *(Direito Processual do Trabalho)* de Sergio Pinto Martins encontramos o mesmo entendimento. O prestigiado professor ensina "Custas são as despesas judiciais que a parte paga para postular em juízo em razão dos serviços prestados pelo Estado. [...] Sua natureza jurídica é de taxa. A espécie de taxa é de serviços, em razão dos serviços específicos e divisíveis efetivamente prestados pelo Estado (Art. 77 do CTN) àquele que se utilize do Poder Judiciário"[997].

No Processo Civil as partes devem antecipar o pagamento das despesas dos atos que realizarem ou requererem no processo, desde o início até a sentença final ou, na execução, até a satisfação do direito reconhecido no título (art. 82 do CPC). De maneira diversa, nos dissídios individuais, coletivos e nos procedimentos especiais (inquérito judicial para apuração de falta grave, ação de cumprimento, ação rescisória, ação de consignação em pagamento, ação anulatória, mandado de segurança, etc.) ajuizados perante a Justiça do Trabalho ou perante a Justiça Estadual, nos casos em que o Juiz de Direito estiver investido em matéria trabalhista, as custas referentes ao processo de conhecimento serão devidas em percentual de 2% (dois por cento), da seguinte forma:

a) Acordo homologado – Como regra, as custas serão devidas em partes iguais pelo reclamante e pelo reclamado, sobre o respectivo valor. É permitido aos litigantes, entretanto, ajustarem de forma diversa sobre o recolhimento das custas. Assim, as partes podem entabular, por exemplo, que o recolhimento das custas será efetuado integralmente pela parte reclamada. Neste ponto, é válido lembrar que a Justiça do Trabalho é competente para determinar o recolhimento das contribuições fiscais e previdenciárias decorrentes das sentenças condenatórias que proferir e aos valores objetos do acordo por ela homologados (art. 114, VII, VIII, da CF e Súmula 368, I do TST);

b) Decisão totalmente procedente – sobre o valor da condenação ou sobre o valor fixado pelo juiz quando o valor for indeterminado, hipótese em que as custas será devida pelo reclamado (parte vencida);

c) Decisão parcialmente procedente – As custas serão devidas exclusivamente pelo reclamado sobre o valor da condenação ou sobre o valor fixado pelo juiz quando o valor for indeterminado, pois, neste caso, o reclamado é considerado a parte vencida no litígio. Lado outro, o reclamante estará isento do recolhimento das custas por ser considerado parte vencedora no litígio, ainda que em parte;

d) Extinção do processo sem julgamento do mérito ou Decisão de total improcedência do pedido – As custas serão devidas exclusivamente pela parte reclamante, sobre o valor da causa. Ocorrerá a extinção do feito sem resolução de mérito, por exemplo, quando o processo for arquivado em virtude da ausência do reclamante à audiência inicial, inépcia da petição inicial, perempção, coisa julgada, incompetência absoluta, litispendência, na forma do art. 485 do CPC).

No caso das ações declaratórias ou constitutivas, as custas serão fixadas sobre o valor da causa. A ação declaratória é aquela na qual a parte visa afastar divergência sobre existência ou inexistência de uma determinada relação jurídica, como ocorre na reclamação trabalhista visando apenas o reconhecimento do vínculo empregatício e a anotação na carteira de trabalho para fins de prova junto à Previdência Social. Já a ação afirmativa é aquela em que a parte objetiva a criação, modificação ou extinção de uma relação jurídica, sem qualquer proveito econômico ou patrimonial. Diante da inexistência de condenação em pecúnia as custas baseiam-se no valor da causa.

Os dissídios envolvendo relação de trabalho, aplica-se a regra da sucumbência recíproca, caracterizada quando

---

993 Theodoro Júnior, Humberto. Curso de Direito Processual Civil – Teoria geral do direito processual civil – vol. I. – 56. ed. – Rio de Janeiro: Forense, 2015, p. 455.

994 A esse respeito, Rannan Thamay cita que *"segundo o princípio da causalidade, aquele que der causa à instauração da demanda ou do incidente processual deve arcar com as despesas deles decorrentes"*, na forma do Agravo Regimental no AREsp 603.593/RJ, de relatoria do Ministro Humberto Martins, julgado pela 2ª Turma do STJ em 2 de dezembro de 2014 (*DJe* 10-12-2014).

995 Nelson Nery Junior, 2015, p 467.

996 CTN, Art. 77. As taxas cobradas pela União, pelos Estados, pelo Distrito Federal ou pelos Municípios, no âmbito de suas respectivas atribuições, têm como fato gerador o exercício regular do poder de polícia, ou a utilização, efetiva ou potencial, de serviço público específico e divisível, prestado ao contribuinte ou posto à sua disposição. Parágrafo único. A taxa não pode ter base de cálculo ou fato gerador idênticos aos que correspondam a imposto nem ser calculada em função do capital das empresas.

997 Ibidem. Martins, 2020, p. 549-550.

as partes litigantes forem, em parte, vencidas e vencedoras. Em outras palavras, a ação é julgada parcialmente procedente, de forma que as despesas serão proporcionalmente distribuídas entre elas (art. 86 do CPC).

O valor mínimo das custas é de R$ 10,64. A Reforma Trabalhista fixou um patamar máximo às custas processuais, delimitando-as ao valor de no máximo 4 (quatro) vezes o teto dos benefícios do Regime Geral de Previdência Social.[998]

As custas serão pagas pela parte vencida, depois do trânsito em julgado da decisão. Se a parte vencida pretender interpor recurso em face da decisão que lhe foi desfavorável, deve efetuar o recolhimento das custas processuais e comprovar o recolhimento dentro do prazo recursal (art. 789, §1º, CLT).

A ausência do recolhimento das custas implica na deserção do recurso, exceto nas hipóteses de isenção previstas no art. 790-A da CLT.

Havendo o recolhimento insuficiente das custas processuais ou do depósito recursal, o recorrente deverá ser intimado para complementar e comprovar o valor devido, na forma do art. 1.007, §2º, do CPC.

As custas processuais são devidas também na fase de execução (art. 789-A da CLT). Será de responsabilidade do executado quando for vencido em algum ponto na execução. Tem por objetivo evitar a prática de atos protelatórios pelo empregado. Assim, por exemplo, se o executado opor embargos à execução ou apresentar algum recurso com a finalidade de postergar a satisfação do crédito ou obrigação executada, terá que pagar 44,26 a título de custas.

Art. 789-B. Os emolumentos serão suportados pelo Requerente, nos valores fixados na seguinte tabela: (Incluído pela Lei nº 10.537, de 27.8.2002)

I – autenticação de traslado de peças mediante cópia reprográfica apresentada pelas partes – por folha: R$ 0,55 (cinqüenta e cinco centavos de real); (Incluído pela Lei nº 10.537, de 27.8.2002)

II – fotocópia de peças – por folha: R$ 0,28 (vinte e oito centavos de real); (Incluído pela Lei nº 10.537, de 27.8.2002)

III – autenticação de peças – por folha: R$ 0,55 (cinqüenta e cinco centavos de real); (Incluído pela Lei nº 10.537, de 27.8.2002)

IV – cartas de sentença, de adjudicação, de remição e de arrematação – por folha: R$ 0,55 (cinqüenta e cinco centavos de real); (Incluído pela Lei nº 10.537, de 27.8.2002)

V – certidões – por folha: R$ 5,53 (cinco reais e cinqüenta e três centavos). (Incluído pela Lei nº 10.537, de 27.8.2002)

COMENTÁRIOS (ART. 789-B)

A melhor doutrina explica que *"a palavra emolumentos vem do latim emulumentum, que era a quantia paga ao moleiro para moer o grão; ganho, vantagem ou proveito. É um pagamento do serviço prestado pela repartição pública"*[999].

Os emolumentos, portanto, são despesas processuais devidas em razão da produção de cópia e autenticação de peças processuais, expedição de cartas de sentença e adjudicação, por exemplo.

Art. 790. Nas Varas do Trabalho, nos Juízos de Direito, nos Tribunais e no Tribunal Superior do Trabalho, a forma de pagamento das custas e emolumentos obedecerá às instruções que serão expedidas pelo Tribunal Superior do Trabalho. (Redação dada pela Lei nº 10.537, de 27.8.2002)

§ 1º Tratando-se de empregado que não tenha obtido o benefício da justiça gratuita, ou isenção de custas, o sindicato que houver intervindo no processo responderá solidariamente pelo pagamento das custas devidas. (Redação dada pela Lei nº 10.537, de 27.8.2002)

§ 2º No caso de não-pagamento das custas, far-se-á execução da respectiva importância, segundo o procedimento estabelecido no Capítulo V deste Título. (Redação dada pela Lei nº 10.537, de 27.8.2002)

§ 3º É facultado aos juízes, órgãos julgadores e presidentes dos tribunais do trabalho de qualquer instância conceder, a requerimento ou de ofício, o benefício da justiça gratuita, inclusive quanto a traslados e instrumentos, àqueles que perceberem salário igual ou inferior a 40% (quarenta por cento) do limite máximo dos benefícios do Regime Geral de Previdência Social. (Redação dada pela Lei nº 13.467, de 2017)

§ 4º O benefício da justiça gratuita será concedido à parte que comprovar insuficiência de recursos para o pagamento das custas do processo. (Incluído pela Lei nº 13.467, de 2017)

Art. 790-A. São isentos do pagamento de custas, além dos beneficiários de justiça gratuita: (Incluído pela Lei nº 10.537, de 27.8.2002)

I – a União, os Estados, o Distrito Federal, os Municípios e respectivas autarquias e fundações públicas

[998] A Portaria nº 477 de 12 de janeiro de 2021 da extinta Secretaria Especial de Previdência e Trabalho do Ministério da Economia estabeleceu que, a partir de 1º de janeiro de 2021, o limite máximo dos benefícios pagos pelo Instituto Nacional do Seguro Social (INSS) passa a ser de R$ 6.433,57 (em 2020, o teto era de R$ 6.101,06), conforme art. 2º da referida Portaria.

[999] Ibidem. Martins, 2020, p. 1123.

federais, estaduais ou municipais que não explorem atividade econômica; (Incluído pela Lei nº 10.537, de 27.8.2002)

II – o Ministério Público do Trabalho. (Incluído pela Lei nº 10.537, de 27.8.2002)

Parágrafo único. A isenção prevista neste artigo não alcança as entidades fiscalizadoras do exercício profissional, nem exime as pessoas jurídicas referidas no inciso I da obrigação de reembolsar as despesas judiciais realizadas pela parte vencedora. (Incluído pela Lei nº 10.537, de 27.8.2002)

COMENTÁRIOS (ARTS. 790 E 790-A)

A Constituição Federal de 1988 estabelece como garantia fundamental, no art. 5º, LXXIV, a assistência jurídica integral e gratuita, pelo Estado, aos que comprovarem insuficiência de recursos.

A previsão constitucional prevê o instituto jurídico da **assistência judiciária gratuita, segundo o qual, representa** o patrocínio gratuito da causa por um advogado custeado pelo Estado. Abrange o benefício da justiça gratuita também.

A distinção entre a assistência judiciária gratuita e o benefício da justiça gratuita é traçada por Gustavo Filipe Barbosa Garcia em suas lições: *"a concessão da assistência judiciária abrange a justiça gratuita. Vale dizer, o trabalhador que goza da assistência judiciária (prestada pelo sindicato de sua categoria profissional) também usufrui dos benefícios da justiça gratuita, de modo que está isento do pagamento das custas e demais despesas processuais. No entanto, pode perfeitamente ocorrer a hipótese em que o trabalhador não usufrua da assistência judiciária prestada pelo sindicato da categoria profissional, mas goze, apenas, da justiça gratuita por preencher os requisitos do § 3º do art. 790 da CLT (...)"*.

Os arts. 14 a 18 da Lei n. 5.584/70, albergam a assistência judiciária gratuita, preconizando que na Justiça do Trabalho, a assistência judiciária será prestada pelo Sindicato da categoria profissional a que o trabalhador pertencer, ainda que não seja filiado a entidade sindical, que receber salário igual ou inferior ao dobro do mínimo legal, ficando assegurado igual benefício ao trabalhador de maior salário, uma vez provado que sua situação econômica não lhe permite demandar sem prejuízo do sustento próprio ou da família.

É válido dizer que o atestado de pobreza não é mais obrigatório para a comprovação de miserabilidade do empregado, bastando a simples afirmação, pelo próprio empregado ou seu advogado, na própria petição inicial, de que o reclamante não está em condições de pagar as custas do processo e os honorários de advogados, sem prejuízo próprio ou de sua família, na forma dos arts. 98 a 102 do CPC, do art. 1º da Lei nº 7.115/83 e da OJ 304 da SDI-I do TST.

Vigorava no âmbito do Tribunal Superior do Trabalho o entendimento de que era desnecessária a outorga de poderes especiais ao advogado para firmar declaração de insuficiência econômica, destinada à concessão dos benefícios da justiça gratuita (OJ 331 da SDI-1 do TST). Com o surgimento do Novo Código de Processo Civil, a lei processual passou a impor a outorga de poderes especiais ao advogado para firmar declaração de hipossuficiência econômica, que deve constar de cláusula específica no instrumento de mandato (art. 105, CPC), o que motivou o cancelamento da OJ 331 da SDI-1 do TST.

O **benefício da justiça gratuita** representa, de outro lado, um conceito mais restrito, limitado à isenção das custas e despesas processuais.

A Reforma Trabalhista alterou a redação do §3º do art. 790, que permite ao magistrado do trabalho ou aos órgãos julgadores a conceder os benefícios da justiça gratuita àqueles que perceberem salário igual ou inferior a 40% do limite máximo dos benefícios do Regime Geral de Previdência Social.[1000]

Essa benesse poderá ser concedida de ofício (sem que a parte tenha requerido) ou mediante pedido firmado pela parte interessada ou seu respectivo procurador com poderes especiais. Pode ser requerido pela parte em qualquer tempo ou grau de jurisdição, desde que, na fase recursal, seja o requerimento formulado no prazo alusivo ao recurso, conforme o entendimento firmado na OJ 269, da SDI-I, do TST. No Código de Processo Civil encontramos disposição legal semelhante no art. 99, com o seguinte teor: *"O pedido de gratuidade da justiça pode ser formulado na petição inicial, na contestação, na petição para ingresso de terceiro no processo ou em recurso. § 1o Se superveniente à primeira manifestação da parte na instância, o pedido poderá ser formulado por petição simples, nos autos do próprio processo, e não suspenderá seu curso"*.

A doutrina e a jurisprudência divergem a respeito da possibilidade (ou não) de concessão dos benefícios da justiça gratuita ao empregador, notadamente quando se tratar de pessoa jurídica. Para uma corrente doutrinária, baseando-se numa interpretação literal do dispositivo da CLT, que faz menção ao termo "salário", seria aplicável somente ao trabalhador. Corrente em sentido diverso, defende a possibilidade de extensão da benesse ao empregador que demonstrar insuficiência

[1000] A Portaria nº 477 de 12 de janeiro de 2021 da extinta Secretaria Especial de Previdência e Trabalho do Ministério da Economia estabeleceu que, a partir de 1º de janeiro de 2021, o limite máximo dos benefícios pagos pelo Instituto Nacional do Seguro Social (INSS) passa a ser de R$ 6.433,57 (em 2020, o teto era de R$ 6.101,06), conforme art. 2º da referida Portaria.

de recurso. O Superior Tribunal de Justiça (STJ), em 1 de agosto de 2012, fixou o entendimento de que a pessoa jurídica, com ou sem fins lucrativos, faz jus aos benefícios da justiça gratuita quando demonstrar sua impossibilidade de arcar com os encargos processuais (Súmula 481 do TST). Esse tema foi pacificado com o surgimento do art. 98 do Novo CPC, que admitiu a concessão da justiça gratuita à pessoa natural ou jurídica, brasileira ou estrangeira, que demonstra a ausência de condições para pagar as custas e despesas processuais.

Mauro Schiavi anota, sobre o assunto, que "*o art. 14 da Lei n. 5.584/70 não veda que se conceda a Justiça Gratuita ao empregador, pois esta não se confunde com a assistência judiciária gratuita, que é mais ampla [...]. De outro lado, o § 3º do art. 790 da CLT não restringe o benefício da Justiça gratuita ao empregado*". Prossegue enfatizando dizendo que "*empregador não pagará as custas para recorrer, mas não ficará isento do depósito recursal, que não tem natureza jurídica de taxa processual e sim de um pressuposto objetivo do recurso, não estando englobado pelos benefícios da Justiça Gratuita*".[1001]

A doutrina processualista indica como momento adequado para requerer a gratuidade de justiça, aquele no qual a parte ingressa no processo ou oferece recurso, mas não impede que o requerimento seja realizado posteriormente, se a situação de miserabilidade surgir no curso do processo.[1002]

Os benefícios da justiça gratuita abrange as custas, emolumentos, honorários periciais e as demais despesas processuais. A Súmula 457 do TST impõe à União a responsabilidade pelo pagamento dos honorários de perito quando a parte sucumbente no objeto da perícia for beneficiária da assistência judiciária gratuita. Os honorários advocatícios, entretanto, não são considerados como despesa processual, de forma que não está contemplado nas benesses da gratuidade de justiça.

Consoante preconiza o art. 790 da CLT, cabe ao Tribunal Superior do Trabalho estabelecer a forma de recolhimento das custas e emolumentos dos processos que tramitam perante a Justiça do Trabalho. A Instrução Normativa nº 20 do TST passou a dispor sobre os procedimentos para o recolhimento de custas e emolumentos devidos à União no âmbito da Justiça do Trabalho. Estabeleceu que o pagamento das custas e dos emolumentos deverá ser realizado, exclusivamente, mediante Guia de Recolhimento da União -GRU Judicial, sob os seguintes códigos de arrecadação: códigos: *a) 18740-2 – STN – CUSTAS JUDICIAIS (CAIXA/BB); b) 18770-4 – STN – EMOLUMENTOS (CAIXA/BB).*

Em caso de recolhimento insuficiente das custas ou de equívoco no preenchimento da guia de custa, somente haverá deserção do recurso se, concedido o prazo de 5 (cinco) dias previsto nos §§ 2º e 7º, do art. 1.007 do CPC de 2015, a parte não sanar o vício ou atender a determinação para complemento e comprovação do recolhimento das custas.

Algumas pessoas foram isentadas do recolhimento das custas, dentre elas: a) o beneficiário da justiça gratuita, seja pessoa física ou jurídica, independentemente do polo ocupado na demanda trabalhista; b) as pessoas jurídicas de direito público interno, além das autarquias e fundações públicas que não explorem atividade econômica. A Empresa Brasileira de Correios e Telégrafos, mais conhecida como Correios, embora seja uma empresa pública, a lei lhe confere as prerrogativas processuais – incluindo a imunidade tributária, à execução por precatório, prerrogativas de foro, prazos e custas processuais – ínsitas à Fazenda Pública, de acordo com o entendimento fixado na OJ 247, II, da SDI-1 do TST; c) o Ministério Público do Trabalho.

A massa falida também estará isenta do recolhimento das custas – e do depósito recursal – em virtude de entendimento jurisprudencial, privilégio que não se estende às pessoas em recuperação judicial (Súmula 86 do TST).

Art. 790-B. A responsabilidade pelo pagamento dos honorários periciais é da parte sucumbente na pretensão objeto da perícia, ainda que beneficiária da justiça gratuita. (Redação dada pela Lei nº 13.467, de 2017)

§ 1º Ao fixar o valor dos honorários periciais, o juízo deverá respeitar o limite máximo estabelecido pelo Conselho Superior da Justiça do Trabalho. (Incluído pela Lei nº 13.467, de 2017)

§ 2º O juízo poderá deferir parcelamento dos honorários periciais. (Incluído pela Lei nº 13.467, de 2017)

§ 3º O juízo não poderá exigir adiantamento de valores para realização de perícias. (Incluído pela Lei nº 13.467, de 2017)

§ 4º Somente no caso em que o beneficiário da justiça gratuita não tenha obtido em juízo créditos capazes de suportar a despesa referida no **caput**, ainda que em outro processo, a União responderá pelo encargo. (Incluído pela Lei nº 13.467, de 2017)

1001 Ibidem. Schiavi, 2018, p. 408-409.

1002 Nesse sentido leciona Mauro Schiavi: *"O benefício da justiça gratuita deve ser requerido, como regra, na inicial ou na defesa, pois o requerimento está sujeito à impugnação pela parte contrária. Entretanto, a jurisprudência majoritária posicionou-se no sentido de que o requerimento pode ser formulado em qualquer fase do processo, pois a ruína financeira da parte pode ocorrer a qualquer momento" (in Manual de Direito Processual do Trabalho, 2018, p. 407).*

COMENTÁRIOS (ART. 790-B)

As partes têm o direito de empregar todos os meios legais, bem como os moralmente legítimos, ainda que não especificados, para provar a verdade dos fatos em que se funda o pedido ou a defesa e influir eficazmente na convicção do juiz. Dentre esses meios disponíveis às partes, está a prova pericial.

Eduardo Arruda Alvim define a prova pericial como *"a modalidade de prova que se faz necessária quando o juiz necessita de pessoas munidas de conhecimentos especiais (técnicos, como, por exemplo, agricultores e mecânicos, ou científicos, como, por exemplo, engenheiros e médicos), que possam informar ao juízo a ocorrência de determinados fatos, bem como acerca do significado desses mesmos fatos"*.[1003]

É, portanto, aquela que depende de prova técnica, científica ou técnica, por algum profissional especialista regularmente habilitado.

A prova pericial consistirá em: a) exame – quando a prova do fato depender de perícia médica ou inspeção sobre coisas móveis ou semovente; b) vistoria – traduz-se na realização de perícia sobre bens imóveis ou determinados lugares; c) avaliação – caracteriza-se pela estimação de valor de coisas, bens ou obrigações. É o que se extrai do art. 464, CPC.

O juiz nomeia o perito e fixará o prazo para entrega do laudo (art. 3º Lei 5.584/70). O art. 471 do CPC autoriza as partes, de comum acordo, escolher o perito, indicando-o mediante requerimento. Ocorre que esse dispositivo é inaplicável ao processo do trabalho, por incompatibilidade de princípios e regras.

Todavia, é possível às partes indicar os respectivos assistentes técnicos para acompanhar a realização da perícia, além de formular quesitos (perguntas sobre o objeto da perícia), na forma do art. 3º, § único, da Lei 5.584/70.

O juiz apreciará a prova pericial de forma livre e indicará na decisão as razões da formação de seu convencimento e os motivos que o levaram a considerar ou a deixar de considerar as conclusões do laudo (art. 479 do CPC). Poderá, ainda, determinar a realização de nova perícia quando a matéria não estiver suficientemente esclarecida. Essa determinação poderá ser de ofício ou a requerimento da parte (art. 480 do CPC). A nova perícia não invalida o laudo pericial anterior.

O artigo 195 da CLT prevê que o perito deve ser médico ou engenheiro do trabalho. Porém, a OJ 165 da SDI-1 prevê que o perito basta ter conhecimento técnico, ou seja, ser um profissional devidamente qualificado (Exemplo: fisioterapia).

A realização da prova pericial gera um ônus financeiro à parte vencida na pretensão objeto da perícia. A parte vencida é nominada pela lei de parte sucumbente, ou seja, aquela cujo o pedido formulado foi rejeitado. Neste aspecto, a Reforma Trabalhista (Lei 13.467/2017) manteve a responsabilidade pelo pagamento dos honorários periciais sob à parte sucumbente (vencida) na pretensão objeto da perícia, ainda que seja beneficiária da justiça gratuita.

Ao fixar o valor dos honorários periciais, o juiz do trabalho deverá respeitar o limite máximo estabelecido pelo Conselho Superior da Justiça do Trabalho, que estabelece no art. 3º da Resolução nº. 66/2010 o valor de honorários periciais limitado a R$ 1.000,00, levando, em consideração a complexidade da matéria, o grau de zelo profissional, o lugar e o tempo exigido para a prestação dos serviços e as peculiaridades regionais.

O juiz do trabalho poderá deferir parcelamento dos honorários periciais. Contudo, o legislador ordinário proibiu a exigência do adiantamento de valores para realização de perícias. Assentou-se na jurisprudência do TST a ilegalidade da exigência de depósito prévio para custeio dos honorários periciais, dada a incompatibilidade com o processo do trabalho, sendo cabível o mandado de segurança visando à realização da perícia, independentemente do depósito (OJ 98 da SDI-2 do TST).

Importante mencionar, ainda, que a Reforma trabalhista passou a prever que o beneficiário da justiça gratuita somente irá suportar as despesas dos honorários periciais caso não tenha obtido em juízo créditos capazes de satisfazer a referida despesa, ainda que em outro processo. Ocorreu, portanto, a mitigação dos mandamento da Súmula 457 do TST, de modo que a responsabilidade da União pelo pagamento dos honorários de perito quando a parte sucumbente no objeto da perícia, em se tratando de beneficiário da assistência judiciária gratuita, estará condicionada a ausência de obtenção de crédito capazes de satisfazer a referida despesa.

A responsabilidade pelo pagamento dos honorários do assistente técnico é de responsabilidade exclusiva da parte que o indicou, ainda que vencedora no objeto da perícia, porquanto a indicação do perito assistente é faculdade da parte (Súmula 341 do TST).

A constitucionalidade do dispositivo em análise foi objeto de discussão na 2ª Jornada Nacional de Direito Material e Processual do Trabalho. Os debatedores concluíram que o dispositivo violava frontalmente o direito fundamental à assistência judiciaria integral e gratuita,

[1003] Alvin, 2019, p. 880.

bem como a proteção ao salário, na medida em possibilita a *"utilização dos créditos trabalhistas reconhecidos e juízo para o pagamento das despesas do beneficiário da justiça gratuita com honorários" (Enunciado Aglutinado no 3 da Comissão 7).*

A discussão sobre a inconstitucionalidade não ficou circunscrita ao plano dos debates. O tema foi objeto da ADI n. 5.766, ajuizada pela Procuradoria Geral da República, julgada parcialmente procedente pelo Supremo Tribunal Federal, em 20.10.2021, assentando a inconstitucionalidade do arts. 790-B, caput e § 4º, e 791-A, § 4º, da Consolidação das Leis do Trabalho (CLT). Na mesma demanda, por maioria, julgou improcedente a ação no tocante ao art. 844, § 2º, da CLT, declarando-o constitucional.

▸ SEÇÃO IV
DAS PARTES E DOS PROCURADORES

Art. 791 – Os empregados e os empregadores poderão reclamar pessoalmente perante a Justiça do Trabalho e acompanhar as suas reclamações até o final.

§ 1º – Nos dissídios individuais os empregados e empregadores poderão fazer-se representar por intermédio do sindicato, advogado, solicitador, ou provisionado, inscrito na Ordem dos Advogados do Brasil.

§ 2º – Nos dissídios coletivos é facultada aos interessados a assistência por advogado.

§ 3º A constituição de procurador com poderes para o foro em geral poderá ser efetivada, mediante simples registro em ata de audiência, a requerimento verbal do advogado interessado, com anuência da parte representada. (Incluído pela Lei nº 12.437, de 2011)

COMENTÁRIOS (ART. 791)

As partes são os sujeitos da relação jurídica processual que ocupam o polo ativo e passivo do litígio. São denominados de autor e réu. O autor é aquele que postula uma tutela jurisdicional ao Estado-juiz, ocupando o polo ativo do litígio. Do lado oposto encontra-se o réu, também chamado de demandado, aquele contra quem é pleiteada a respectiva tutela.

Segundo Fredie Didier Junior, a *"Parte processual é aquela que está em uma relação jurídica processual, faz parte do contraditório, assumindo qualquer das situações jurídicas processuais, atuando com parcialidade e podendo sofrer alguma consequência com a decisão".*[1004]

No processo do trabalho o autor é conhecido como "reclamante" e o réu é chamado de "reclamado". As partes recebem essa nomenclatura em virtude da origem administrativa da Justiça do Trabalho, outrora vinculada ao Poder Executivo.

Os trabalhadores compareciam perante o Ministério do Trabalho e apresentavam uma reclamação administrativa, e não uma ação propriamente dita, por isso não se falava em autor e réu, mas, sim, em reclamante e reclamado.

A despeito disso, Sérgio Pinto Martins defende que *"o emprego das palavras reclamante e reclamado pode ser também creditado a tentativa de justificar a autonomia do processo do trabalho em relação ao processo civil, empregando-se, para tanto, termos próprios, em vez de autor e réu, que a meu ver são os mais adequados. [...] Entendo que os termos mais corretos são ação, autor e ré, de acordo com a teoria geral do processo. Somente situações diferenciadas é que se justificaria o uso de denominação própria, como nos dissídios coletivos e no inquérito para apuração de falta grave"*[1005].

Encontramos *denominações específicas* para autor e réu, como: requerente e requerido, no caso de inquérito judicial para apuração de falta grave; suscitante e suscitado, quando se tratar de dissídio coletivo; e exequente e executado, na fase ou processo de execução.

1. CAPACIDADE

Para que relação jurídica processual seja considerada válida e existente é imprescindível o preenchimento de alguns requisitos. Dentre os referidos elementos, as partes devem ter capacidade.

A doutrina processual divide a capacidade em:

i) **capacidade de ser parte (de direito, de gozo)**

É a aptidão para figurar no processo como autor ou como réu, ou seja, para ser parte. A pessoa física (ou natural), a pessoa jurídica e alguns entes despersonalizados (como, por exemplo, a massa falida e o espólio), são detentores desta capacidade.

ii) **Capacidade processual ou para estar em juízo – é conhecida como "capacidade de fato", "capacidade de exercício", "*legitimatio ad processum*"**

Consiste na aptidão para praticar atos processuais sem a necessidade de representação ou assistência, ou seja, a parte atua pessoalmente no âmbito processual.

A Constituição Federal autoriza o trabalho do menor a partir dos 16 anos, salvo na condição de aprendiz, a partir dos 14 anos (art. 7º, XXXIII).O trabalho do menor goza de uma proteção maior, para assegurar desenvolvimento físico, psíquico, moral, social, cultural,

1004 Didier Jr., Fredie. Curso de direito processual civil: Introdução ao direito processual civil, parte geral e processo de conhecimento I.- 17. ed. – Salvador: Ed. Juspodivm, 2015, p.287.

1005 Martins, 2020, p. 271.

assim como a saúde e a segurança do trabalhador infanto-juvenil (art. 3º do ECA; e art. 403, § único, da CLT)[1006], pois o legislador buscou a *proteção integral* da criança e do adolescente.

Para Octávio Bueno Magano (apud Jorge Neto e Cavalcante)[1007], "as normas de proteção são necessárias para que se possa assegurar ao menor o desenvolvimento '*físico, mental, moral, espiritual e social, de forma sadia e normal e em condições de liberdade e dignidade*', na medida em que tais normas se fundam em razões '*biológicas, psicológicas, morais e culturais, o que explica que nelas o interesse público claramente prevaleça sobre o privado e que sua classificação se faça no âmbito do direito tutelar do trabalho*'."

Como destacado pelos juristas Jorge Neto e Cavalcante[1008], escorados na doutrina da professora Alice Monteiro de Barros, "*A capacidade laboral plena é obtida aos 18 anos. 'Logo, no Direito do Trabalho, são absolutamente incapazes os menores de 16 anos, exceção feita ao aprendiz. Já os relativamente incapazes são os menores de 18 e maiores de 16 anos ou, se aprendizes, os menos de 16 e maiores de 14 anos (art. 1º Emenda Constitucional nº 20). O menor de 14 anos será sempre absolutamente incapaz*'."

O art. 149, II e §1º, do ECA, autoriza a participação da criança e do adolescente em evento artístico – na visão de alguns representa um "trabalho artístico" da criança ou do adolescente – mediante autorização judicial. A competência para a concessão desta autorização, conforme restou decidido liminarmente na ADI 5326, referendada pelo plenário do Supremo Tribunal Federal, é da Justiça Comum, especificamente da Vara da Infância e da Juventude.

A reclamação trabalhista movida pelo empregado menor de 18 anos será feita por seus representantes legais e, na falta destes: pelo Ministério Público do Trabalho; pelo sindicato; pelo Ministério Público Estadual; ou pelo curador nomeado em juízo (art. 793 da CLT).

Ainda sobre o tema, é válido dizer que a emancipação, disciplinada pelo Direito Civil, gera reflexos no Processo do Trabalho. A doutrina não é unânime sobre o assunto. Para uma primeira corrente doutrinária a emancipação não acarreta qualquer reflexo no processo do trabalho, justificando que as normas processuais trabalhistas são cogentes, imperativas e de ordem pública e, por se tratar de uma norma especial, a CLT se sobrepõe ao regramento disciplinado pelo Código Civil, considerando uma norma de caráter geral. Outra corrente doutrinária defende que a emancipação gera reflexos no Processo do Trabalho, com fundamento no princípio da unidade de interpretação do ordenamento jurídico, visto que haveria uma dissonância no ordenamento jurídico se permitisse ao menor emancipado a prática dos atos da vida civil, mas exigisse a assistência de seus representantes legais para o ingresso de reclamação trabalhista.

iii) Capacidade postulatória

Traduz-se na ideia da capacidade para postular em juízo. É atividade privativa da advocacia – mas, não exclusiva – conforme a Lei nº 8.906/94 (Estatuto da OAB). Em caráter excepcional, os sistemas processuais conferem capacidade postulatória às partes, por exemplo, para postular perante Juizado Especial Cível quando o valor da causa não exceder 20 salários mínimos; ou, ainda, para ingressar com ação perante a Justiça do Trabalho (*jus postulandi*).

2. *JUS POSTULANDI*

O *jus postulandi é a possibilidade de os* empregados e empregadores reclamarem pessoalmente perante a Justiça do Trabalho e acompanhar as suas reclamações até o final (art. 791, *caput*, e 839 da CLT).

A doutrina e a jurisprudência divergem sobre o alcance da expressão "até o final", usado no art. 791 da CLT no Processo do Trabalho. Segundo a interpretação dada por uma primeira vertente doutrinária o *jus postulandi* poderia ser exercido em todas as instâncias, baseando-se em uma interpretação gramatical ou literal. De outro lado, a corrente doutrinária majoritária compreende que o *jus postulandi está limitado à instância ordinária*, abrangendo o primeiro grau de jurisdição e os Tribunais Regionais, em sede de recurso ordinário ou agravo de petição, por exemplo.

As instâncias extraordinárias, responsáveis pela uniformização da jurisprudência, por se tratar de instâncias eminentemente técnicas, não estariam englobadas no *jus postulandi*, conforme previsto na Súmula 425.[1009]

3. MANDATO TÁCITO OU "APUD ACTA"

Tradicionalmente a constituição do advogado pelas partes ocorre através da procuração (mandato expresso).

1006 CLT, Art. 403. É proibido qualquer trabalho a menores de dezesseis anos de idade, salvo na condição de aprendiz, a partir dos quatorze anos. Parágrafo único. **O trabalho do menor não poderá ser realizado em locais prejudiciais à sua formação, ao seu desenvolvimento físico, psíquico, moral e social e em horários e locais que não permitam a frequência à escola.**

1007 Francisco Ferreira Jorge Neto, Jouberto de Quadros Pessoa Cavalcante. Direito do trabalho – 9. ed. – São Paulo: Atlas, 2019.

1008 Idem.

1009 Súmula 425 do TST: O *jus postulandi* das partes, estabelecido no art. 791 da CLT, limita-se às Varas do Trabalho e aos Tribunais Regionais do Trabalho, não alcançando a ação rescisória, a ação cautelar, o mandado de segurança e os recursos de competência do Tribunal Superior do Trabalho.

O Diploma Consolidado, no entanto, autoriza o mandato tácito, assim considerado como a situação processual pela qual um advogado, sem procuração (instrumento de mandato expresso) nos autos, comparecer pessoalmente em audiência trabalhista representando a parte, pratica atos processuais e seu nome consta na ata de audiência, estando apto a defender os interesses de seu cliente daquele momento em diante (art. 791, §3º).

Também é chamado de mandato apud acta. Nas palavras do professor Gustavo Filipe Barbosa Garcia, trata-se da situação em que a parte outorga expressamente o mandato *"nos próprios autos do processo judicial, constando de termo ou, de forma mais comum, na ata de audiência"*.[1010]

Segundo o Tribunal Superior do Trabalho reconhece a validade do mandato tácito, conforme a OJ 286 da SDI-I do TST.

A doutrina e a jurisprudência entendem que o advogado munido de mandato tácito goza apenas dos poderes para o foro em geral, não possuindo poderes específicos, nos termos do art. 105 do CPC/2015, de forma que poderá praticar a maioria dos atos processuais, como por exemplo apresentação de defesa, produção de provas e interpor recursos, porém, não poderá praticar atos específicos como confessar, transigir, desistir ou renunciar. Ainda, ficará impossibilitado de substabelecer o mandato (OJ 200 da SDI-1 do TST).

4. PROCURAÇÃO

A procuração é definida como o instrumento de mandato, representando a outorga de poderes do cliente ao advogado.

É válido dizer que o Tribunal Superior do Trabalho sumulou o entendimento de que "é inadmissível recurso firmado por advogado sem procuração juntada aos autos até o momento da sua interposição, salvo mandato tácito". O advogado poderá apresentar voluntariamente a procuração em até 5 dias após a interposição do recurso – prorrogável por igual período mediante despacho do juiz – ou, ainda, será intimado pelo relator ou órgão competente para sanar o vício de representação, sob pena da não conhecimento do recurso ou desentranhamento das contrarrazões (Súmula 383 do TST).

De mais a mais, a súmula 395 do TST considera válida a procuração com prazo determinado que contém cláusula estabelecendo a prevalência dos poderes para atuar até o final da demanda. Igualmente, são válidos os atos praticados pelo substabelecido, ainda que não haja, no mandato, poderes expressos para substabelecer, conforme disciplinado no art. 667, e parágrafos, do Código Civil.

A União, Estados, Municípios e Distrito Federal, suas autarquias e fundações públicas, quando representadas em juízo, ativa e passivamente, por seus procuradores, estão dispensadas da juntada de instrumento de mandato e de comprovação do ato de nomeação, sendo exigido, apenas, que o signatário ao menos declare-se exercente do cargo de procurador (Súmula 436 do TST).

5. SUBSTITUIÇÃO PROCESSUAL: SINDICATO

Substituição processual tem a mesma acepção de legitimidade extraordinária. A legitimidade "ad causam" é a parte apta a figurar numa determinada posição processual – como autor ou réu – coincidente com a situação legitimadora, *"decorrente de certa previsão legal, relativamente àquela pessoa e perante o respectivo objeto litigioso"*.[1011]

A legitimidade *ad causam* é classificada em legitimidade ordinária e legitimidade extraordinária. A legitimidade ordinária é a defesa de interesse próprio em juízo. A legitimidade extraordinária, de outro lado, também denominada de substituição processual ou legitimação autônoma, é a defesa de interesse jurídico de outro sujeito (interesse alheio) em nome próprio.

Fredie Didier Júnior leciona que *"Há legitimação extraordinária (substituição processual ou legitimação anômala) quando não houver correspondência total entre a situação legitimante e as situações jurídicas submetidas à apreciação do órgão julgador. Legitimado extraordinário é aquele que defende em nome próprio interesse de outro sujeito de direito"*.[1012]

Daniel Amorim Assumpção Neves explica há controvérsia doutrinária acerca da legitimidade extraordinária e a substituição processual, destacando que *"parcela da doutrina defende tratar-se do mesmo fenômeno, sendo substituto processual o sujeito que recebeu pela lei a legitimidade extraordinária de defender interesse alheio em nome próprio, outra parcela da doutrina entende que a substituição processual é uma espécie de legitimação processual"*.[1013]

A ausência da legitimidade configura carência da ação desencadeando a extinção do processo sem resolução de mérito, na forma do art. 485, VI, do CPC/2015.

No que se refere ao Processo do Trabalho, até o advento da Constituição Federal de 1988, a atuação

---

[1010] Garcia, Gustavo Filipe Barbosa. Curso de direito processual do trabalho – 6ª ed.– Rio de Janeiro: Forense, 2017, p. 172.

[1011] Ibidem. Didier Junior, 2015, p. 343.

[1012] Ibidem, p. 345.

[1013] Daniel Amorim Assumpção Neves. Manual de Direito Processual Civil. – 10ª.ed. – Salvador: Juspodivm, 2018, p. 136, do sindicato como substituto processual era restrita e limitada, sendo admitida apenas nas hipóteses expressamente previstas em lei, por exemplo, na ação de cumprimento (art. 872, parágrafo único, CLT). Após a promulgação da Constituição Federal de 1988, a defesa dos direitos e interesses coletivos ou individuais da categoria, inclusive em questões judiciais ou administrativas, passou a ser incumbência do sindicato (art. 8º, III, da CF).

Prevalece na doutrina e na jurisprudência que a atuação do sindicato como substituto processual é ampla e irrestrita, de forma que poderá ser exercida nas fases de conhecimento, liquidação ou execução. É dispensável o rol de todos os substituídos processuais. Os defensores dessa corrente argumentam que a substituição processual pelo sindicato facilita o acesso do trabalhador à Justiça do Trabalho; possibilita o acesso coletivo dos trabalhadores à Justiça do Trabalho, evitando o ajuizamento de várias ações individuais versando sobre o mesmo tema; promove a dignidade da pessoa humana, dos valores sociais do trabalho e da livre-iniciativa; evita decisões conflitantes sobre a mesma temática.

Existe entendimento consolidado no âmbito do TST de que o sindicato, na qualidade de substituto processual e autor da reclamação trabalhista, em cujos autos fora proferida a decisão rescindenda, possui legitimidade para figurar como réu na ação rescisória, sendo descabida a exigência de citação de todos os empregados substituídos, porquanto inexistente litisconsórcio passivo necessário, consoante ao entendimento da Súmula 406 do TST.

E mais, o TST entende que a ação movida por sindicato, na qualidade de substituto processual, interrompe a prescrição, ainda que tenha sido considerado parte ilegítima *ad causam* (OJ 359 da SDI-1 do TST).

Art. 791-A. Ao advogado, ainda que atue em causa própria, serão devidos honorários de sucumbência, fixados entre o mínimo de 5% (cinco por cento) e o máximo de 15% (quinze por cento) sobre o valor que resultar da liquidação da sentença, do proveito econômico obtido ou, não sendo possível mensurá-lo, sobre o valor atualizado da causa. (Incluído pela Lei nº 13.467, de 2017)

§ 1º Os honorários são devidos também nas ações contra a Fazenda Pública e nas ações em que a parte estiver assistida ou substituída pelo sindicato de sua categoria. (Incluído pela Lei nº 13.467, de 2017)

§ 2º Ao fixar os honorários, o juízo observará: (Incluído pela Lei nº 13.467, de 2017)

I – o grau de zelo do profissional; (Incluído pela Lei nº 13.467, de 2017)

II – o lugar de prestação do serviço; (Incluído pela Lei nº 13.467, de 2017)

III – a natureza e a importância da causa; (Incluído pela Lei nº 13.467, de 2017)

IV – o trabalho realizado pelo advogado e o tempo exigido para o seu serviço. (Incluído pela Lei nº 13.467, de 2017)

§ 3º Na hipótese de procedência parcial, o juízo arbitrará honorários de sucumbência recíproca, vedada a compensação entre os honorários. (Incluído pela Lei nº 13.467, de 2017)

§ 4º Vencido o beneficiário da justiça gratuita, desde que não tenha obtido em juízo, ainda que em outro processo, créditos capazes de suportar a despesa, as obrigações decorrentes de sua sucumbência ficarão sob condição suspensiva de exigibilidade e somente poderão ser executadas se, nos dois anos subsequentes ao trânsito em julgado da decisão que as certificou, o credor demonstrar que deixou de existir a situação de insuficiência de recursos que justificou a concessão de gratuidade, extinguindo-se, passado esse prazo, tais obrigações do beneficiário. (Incluído pela Lei nº 13.467, de 2017)

§ 5º São devidos honorários de sucumbência na reconvenção. (Incluído pela Lei nº 13.467, de 2017)

COMENTÁRIOS (ART. 791-A)

Os honorários advocatícios são definidos como a remuneração devida ao advogado em decorrência da prestação de serviços jurídicos. Tradicionalmente é dividido em três espécies: a) honorários contratuais: São aqueles valores ajustados entre o advogado e o cliente mediante contrato de prestação de serviços; b) honorários sucumbenciais: são aqueles fixados em decisão judicial (sentença ou acórdão) e devidos pela parte vencida (sucumbente) aos advogado da parte vencedora (art. 85, CPC); c) honorários por arbitramento: são aqueles fixados pelo magistrado, em ação própria, quando não há contrato de honorários estipulado entre o advogado e o seu respectivo constituinte, na forma do art. 22, §2º, da Lei 8.906/1994.

Nelson Nery Junior define a parte vencida como aquele que *"deixou de obter do processo tudo o que poderia ter conseguido"*.[1014]

A aplicação dos honorários advocatícios sucumbenciais no Processo do Trabalho era controversa. Prevaleceu o entendimento na doutrina e na jurisprudência que os honorários advocatícios no processo do trabalho não decorrem da mera sucumbência, já que a parte poderá postular em juízo independentemente

[1014] Nery Jr., Nelson, 2015, p. 477.

da representação por advogado, já que são detentoras do *jus postulandi* (art. 791, CLT). Exigiu-se, portanto, dois requisitos cumulativos: a) assistência por sindicato da categoria; b) percepção de salário inferior ao dobro do salário mínimo ou encontrar-se em situação econômica que não lhe permita demandar sem prejuízo do próprio sustento ou da respectiva família, na forma do art. 14, § 1º, da Lei n. 5.584/70 e da Súmula 219 do TST.

Existem outras situações previstas na jurisprudência consolidada que prescrevem a aplicação dos honorários advocatícios no processo do trabalho: i) na ação rescisória; ii) nas causas em que o ente sindical figure como substituto processual; iii) nas lides que versam sobre relação de trabalho (ou seja, não derivem da relação de emprego); iv) os honorários advocatícios são devidos em percentual de, no mínimo, 10% e, no máximo, 20% sobre o valor da condenação do proveito econômico obtido ou, não sendo possível mensurá-lo, sobre o valor atualizado da causa (CPC de 2015, art. 85, § 2º), nas hipóteses de assistência judiciária sindical ou de substituição processual sindical, salvo os processos em que a Fazenda Pública for parte; v) nas lides em que a Fazenda Pública for parte, os honorários advocatícios são devidos nos seguintes percentuais: a) mínimo de 10% e máximo de 20% sobre o valor da condenação ou do proveito econômico obtido até 200 salários-mínimos; b) mínimo de 8% e máximo de 10% sobre o valor da condenação ou do proveito econômico obtido acima de 200 salários-mínimos até 2.000 salários-mínimos; c) mínimo de 5% e máximo de 8% sobre o valor da condenação ou do proveito econômico obtido acima de 2.000 salários-mínimos até 20.000 salários-mínimos; d) mínimo de 3% e máximo de 5% sobre o valor da condenação ou do proveito econômico obtido acima de 20.000 salários-mínimos até 100.000 salários-mínimos; e) mínimo de 1% e máximo de 3% sobre o valor da condenação ou do proveito econômico obtido acima de 100.000 salários-mínimos.

Com a Reforma Trabalhista (Lei 13.467/2017), os honorários advocatícios sucumbenciais passaram a ser devidos em decorrência de mera sucumbência, isto é, a parte vencida deverá arcar com o pagamento dos honorários do advogado da parte vencedora. Consequentemente, o entendimento sumulado pelo Tribunal Superior do Trabalho está superado.

O novel art. 791-A da CLT preceitua que serão devidos honorários de sucumbência ao advogado, ainda que atue em causa própria, fixados entre o mínimo de 5% (cinco por cento) e o máximo de 15% (quinze por cento) sobre o valor que resultar da liquidação da sentença, do proveito econômico obtido ou, não sendo possível mensurá-lo, sobre o valor atualizado da causa. Tais honorários são devidos independentemente se a parte estiver assistida ou substituída pelo sindicato da categoria, ou se a Fazenda Pública for parte na lide.

Ocorrendo a sucumbência recíproca – ou seja, quando ambas as partes deixarem de ganhar alguma pretensão posta em juízo, como no caso de procedência parcial dos pedidos formulados numa determinada reclamação trabalhista – o juiz fixará os honorários devidos por cada parte, sendo vedada a compensação de honorários advocatícios.

O juiz deve fixar os honorários advocatícios levando em consideração o grau de zelo do profissional; o lugar de prestação do serviço; a natureza e a importância da causa; o trabalho realizado pelo advogado e o tempo exigido para o seu serviço.

Nesse aspecto, o beneficiário da justiça gratuita quando for a parte vencida e não tenha obtido em juízo créditos capazes de suportar a despesa, as obrigações decorrentes de sua sucumbência, ainda que em outro processo, os honorários advocatícios ficarão sob condição suspensiva de exigibilidade e somente poderão ser executadas se, nos dois anos subsequentes ao trânsito em julgado da decisão que as certificou, o credor demonstrar que deixou de existir a situação de insuficiência de recursos que justificou a concessão de gratuidade. Escoando-se este prazo a obrigação do beneficiário da justiça gratuita estará extinta.

Na reconvenção, ação proposta pelo réu (reclamado) em face do autor (reclamante), com pretensão própria, conexa à ação trabalhista principal ou com o fundamento posto na defesa (art. 343, CPC), também são devidos honorários de sucumbência, conforme determina o art. 85, §1º, do CPC.

A constitucionalidade do dispositivo em análise foi objeto de discussão na 2ª Jornada Nacional de Direito Material e Processual do Trabalho. Os debatedores concluíram que o dispositivo violava frontalmente o direito fundamental à assistência judiciaria integral e gratuita, bem como a proteção ao salário, na medida em possibilita a *"utilização dos créditos trabalhistas reconhecidos e juízo para o pagamento das despesas do beneficiário da justiça gratuita com honorários" (Enunciado Aglutinado no 3 da Comissão 7).*

A discussão sobre a inconstitucionalidade não ficou circunscrita ao plano dos debates. O tema foi objeto da ADI n. 5.766, ajuizada pela Procuradoria Geral da República, julgada parcialmente procedente pelo Supremo Tribunal Federal, em 20.10.2021, assentando a inconstitucionalidade do arts. 790-B, caput e § 4º, e 791-A, § 4º, da Consolidação das Leis do Trabalho (CLT). Na mesma demanda, por maioria, julgou improcedente a ação no tocante ao art. 844, § 2º, da CLT, declarando-o constitucional.

Art. 792 - (Revogado pela Lei nº 13.467, de 2017)

Art. 793. A reclamação trabalhista do menor de 18 anos será feita por seus representantes legais e, na falta destes, pela Procuradoria da Justiça do Trabalho, pelo sindicato, pelo Ministério Público estadual ou curador nomeado em juízo. (Redação dada pela Lei nº 10.288, de 2001)

COMENTÁRIOS (ART. 793)

A *capacidade de ser parte* (capacidade de direito ou de gozo) é a aptidão para integrar a relação jurídica processual como autor, réu ou terceiro interessado. É conferida a todos aqueles que detêm personalidade jurídica (art. 2º do Código Civil), bem como aos entes despersonalizados, como, por exemplo, a massa falida e o condomínio. Com efeito, mesmo os menores de 18 anos são possuidores de capacidade para ser parte.

A *capacidade processual* (capacidade para estar em juízo, ou capacidade de fato, ou capacidade de exercício, ou "*legitimatio ad processum"), de outro lado, representa a* aptidão para praticar atos processuais sem a necessidade de representação ou assistência, ou seja, a parte atua pessoalmente no âmbito processual.

Segundo a Constituição Federal é permitido o trabalho do menor a partir dos 16 anos, salvo na condição de aprendiz, a partir dos 14 anos (art. 7º, XXXIII). O trabalho do menor goza de uma proteção maior, para assegurar desenvolvimento físico, psíquico, moral, social, cultural, assim como a saúde e a segurança do trabalhador infantojuvenil (art. 3º do ECA; e art. 403, § único, da CLT)[1015], pois o legislador buscou a *proteção integral* da criança e do adolescente.

Como destacado pelos juristas Jorge Neto e Cavalcante[1016], escorados na doutrina da professora Alice Monteiro de Barros, "*A capacidade laboral plena é obtida aos 18 anos. 'Logo, no Direito do Trabalho, são absolutamente incapazes os menores de 16 anos, exceção feita ao aprendiz. Já os relativamente incapazes são os menores de 18 e maiores de 16 anos ou, se aprendizes, os menos de 16 e maiores de 14 anos (art. 1º Emenda Constitucional nº 20). O menor de 14 anos será sempre absolutamente incapaz'.*"

O art. 149, II e §1º, do ECA autoriza a participação da criança e do adolescente em evento artístico – na visão de alguns representa um "trabalho artístico" da criança ou do adolescente – mediante autorização judicial. A competência para a concessão desta autorização, conforme restou decidido liminarmente na ADI 5326, referendada pelo plenário do Supremo Tribunal federal, é da Justiça Comum, especificamente da Vara da Infância e da Juventude.

Como regra, apenas as pessoas maiores de 18 anos, plenamente capazes, podem estar em juízo perante a Justiça do Trabalho (art. 70 do CPC e art. 5º, *caput*, do CC). Os absolutamente incapazes serão representados, e os absolutamente incapazes assistidos, por seus respectivos representantes legais - pais, tutores ou curadores –, conforme art. 71 do CPC.

Carlos Henrique Bezerra Leite entende que "*Transplantando a norma constitucional para os domínios do direito material e processual do trabalho, parece-nos factível concluir que, antes dos 16 anos, o trabalhador adolescente será representado pelos pais ou tutores. Se tiver mais de 16 e menos de 18 anos, será assistido*".[1017]

No que tange a emancipação, existe controvérsia na doutrina e na jurisprudência. Parte da doutrina compreende que a emancipação não acarreta qualquer reflexo no processo do trabalho, justificando que as normas processuais trabalhistas são cogentes, imperativas e de ordem pública e, por se tratar de uma norma especial, a CLT se sobrepõe ao regramento disciplinado pelo Código Civil.

Outros entendem que a emancipação gera a capacidade processual plena. Nesse sentido, argumentam que o trabalhador "*adquire capacidade plena (por emancipação) para exercer todos os atos da vida civil, desde que tenha carteira de trabalho devidamente anotada e percebendo os direitos sociais trabalhistas correspondentes. Logo, além de poder celebrar e rescindir contrato de trabalho, adquirirá capacidade processual para demandar pessoalmente (jus postulandi) na Justiça do Trabalho ou contratar advogado para representá-lo*".[1018]

Neste aspecto, Mauro Schiavi defende que "desde que receba um salário mínimo e exista a relação de emprego, o menor de 18 anos e maior de 16 anos estará emancipado de pleno direito, inclusive para postular em juízo sem necessidade de representação ou assistência, independentemente de declaração judicial de emancipação".[1019]

O artigo em análise preconiza que a reclamação trabalhista movida pelo empregado menor de 18 anos

[1015] CLT, Art. 403. É proibido qualquer trabalho a menores de dezesseis anos de idade, salvo na condição de aprendiz, a partir dos quatorze anos. Parágrafo único. **O trabalho do menor não poderá ser realizado em locais prejudiciais à sua formação, ao seu desenvolvimento físico, psíquico, moral e social e em horários e locais que não permitam a frequência à escola.**

[1016] Idem.

[1017] Leite, Carlos Henrique Bezerra. Curso de direito processual do trabalho. – 16. ed. – São Paulo: Saraiva Educação, 2018, p. 478.

[1018] Ibidem. Leite, 2018, p. 479.

[1019] Ibidem. Schiavi, 2018, p.348.

será feita por seus representantes legais e, na falta destes: pelo Ministério Público do Trabalho; pelo sindicato; pelo Ministério Público Estadual; ou pelo curador nomeado em juízo (art. 793 da CLT).

Parcela da doutrina sustenta que o Ministério Público do trabalho deve intervir em todas as lides envolvendo o trabalhador menor, inclusive naquelas em que estiver assistido ou representado por seus representantes legais, atuando, nesses casos, como como fiscal da ordem jurídica, na forma do art. 178, II, do CPC. Não obstante, corrente interpretativa em sentido oposto, entende que a provocação do Ministério Público do Trabalho pelo magistrado deve se dar apenas quando houver conflito de interesses entre o menor e o seu representante.[1020]

▸ SEÇÃO IV-A
(INCLUÍDO PELA LEI Nº 13.467, DE 2017)
DA RESPONSABILIDADE POR DANO PROCESSUAL

Art. 793-A. Responde por perdas e danos aquele que litigar de má-fé como reclamante, reclamado ou interveniente. (Incluído pela Lei nº 13.467, de 2017)

Art. 793-B. Considera-se litigante de má-fé aquele que: (Incluído pela Lei nº 13.467, de 2017)

I – deduzir pretensão ou defesa contra texto expresso de lei ou fato incontroverso; (Incluído pela Lei nº 13.467, de 2017)

II – alterar a verdade dos fatos; (Incluído pela Lei nº 13.467, de 2017)

III – usar do processo para conseguir objetivo ilegal; (Incluído pela Lei nº 13.467, de 2017)

IV – opuser resistência injustificada ao andamento do processo; (Incluído pela Lei nº 13.467, de 2017)

V – proceder de modo temerário em qualquer incidente ou ato do processo; (Incluído pela Lei nº 13.467, de 2017)

VI – provocar incidente manifestamente infundado; (Incluído pela Lei nº 13.467, de 2017)

VII – interpuser recurso com intuito manifestamente protelatório. (Incluído pela Lei nº 13.467, de 2017)

Art. 793-C. De ofício ou a requerimento, o juízo condenará o litigante de má-fé a pagar multa, que deverá ser superior a 1% (um por cento) e inferior a 10% (dez por cento) do valor corrigido da causa, a indenizar a parte contrária pelos prejuízos que esta sofreu e a arcar com os honorários advocatícios e com todas as despesas que efetuou. (Incluído pela Lei nº 13.467, de 2017)

§ 1º Quando forem dois ou mais os litigantes de má-fé, o juízo condenará cada um na proporção de seu respectivo interesse na causa ou solidariamente aqueles que se coligaram para lesar a parte contrária. (Incluído pela Lei nº 13.467, de 2017)

§ 2º Quando o valor da causa for irrisório ou inestimável, a multa poderá ser fixada em até duas vezes o limite máximo dos benefícios do Regime Geral de Previdência Social. (Incluído pela Lei nº 13.467, de 2017)

§ 3º O valor da indenização será fixado pelo juízo ou, caso não seja possível mensurá-lo, liquidado por arbitramento ou pelo procedimento comum, nos próprios autos. (Incluído pela Lei nº 13.467, de 2017)

Art. 793-D. Aplica-se a multa prevista no art. 793-C desta Consolidação à testemunha que intencionalmente alterar a verdade dos fatos ou omitir fatos essenciais ao julgamento da causa. (Incluído pela Lei nº 13.467, de 2017)

Parágrafo único. A execução da multa prevista neste artigo dar-se-á nos mesmos autos. (Incluído pela Lei nº 13.467, de 2017)

COMENTÁRIOS (ARTS. 793-A A 793-D)

O Direito Processual do Trabalho é norteado pelo princípio da boa-fé processual. Traduz-se na necessidade de os litigantes agirem com ética, lealdade, probidade e respeito mútuo. Tem o objetivo de *"ensejar o curso natural do processo e levá-lo à consecução de seus objetivos: a prestação jurisdicional de modo célere, adequado, tempestivo e justo"*.[1021]

Este princípio está atrelado ao princípio da dignidade da pessoa humana, aos objetivos fundamentais da República Federativa do Brasil, notadamente a construção de uma sociedade livre, justa e solidária (art. 1, II, CF; art. 3º, I, da CF).

No plano infraconstitucional o Código de Processo Civil prevê expressamente que *"Aquele que de qualquer forma participa do processo deve comportar-se de acordo com a boa-fé"* (art. 5º do CPC). Significa que a parte tem o poder-dever de praticar os atos processuais com honestidade, lealdade.

Sobre a boa-fé processual, Daniel Amorim Assumpção Neves ensina que o processo assemelha-se a um jogo, e, por isso, *"é necessário que algumas regras sejam estabelecidas, aliás, como em qualquer outra atividade humana que coloque contentores frente a frente.* ***Os deveres de proceder com lealdade e com boa-fé****, presentes em diversos artigos do Código de Processo Civil,* ***prestam-se a evitar os exageros no exercício da ampla defesa, prevendo condutas que violam a boa-fé e lealdade processual*** *e indicando quais são as sanções*

[1020] Idem.

[1021] Ibidem. Leite, 2018, p. 99.

correspondentes. Como ensina a melhor doutrina, ainda que por vezes não se mostre fácil no caso concreto, ***deve existir uma linha de equilíbrio entre os deveres éticos e a ampla atuação na defesa de interesses.***[1022]

Com efeito, é dever daqueles que participem do processo a exposição dos fatos em juízo conforme a verdade; a formulação de pretensão ou defesa com o respectivo fundamento, a apresentação de provas úteis e necessárias; o cumprimento das decisões com exatidão, sem embaraços, inclusive as de natureza provisória; declarar ou atualizar o endereço que receberá as intimações; e não praticar inovação ilegal, tudo conforme os ditames do art. 77 e seguintes do CPC.

A prática de conduta desleal, improba, contraditória, atentatória contra a dignidade da justiça é censurada através da imposição de sanção ao longo do Diploma Processual. A exemplo, a imposição de multa decorrente da oposição de embargos de declaração manifestamente protelatório (art. 1.026, §§2º, 3º e 4º, do CPC). O legislador reservou uma seção, no Código de Processo Civil, para responsabilizar as partes que agirem de má-fé por dano processual, seja autor, réu ou interveniente (art. 79, CPC).

Nelson Nery Junior define o litigante de má-fé como *"a parte ou interveniente que, no processo, age de forma maldosa, com dolo ou culpa, causando dano processual à parte contrária. É o 'improbus litigator', que se utiliza de procedimentos escusos com o objetivo de vencer ou que, sabendo ser difícil ou impossível vencer, prolonga deliberadamente o andamento do processo procrastinando o feito".*[1023]

A litigância de má-fé está disciplinada nos **arts. 80 e 81 do Código de Processo Civil de 2015. Os referidos dispositivos indicam que são censuradas as seguintes condutas:** deduzir pretensão ou defesa contra texto expresso de lei ou fato incontroverso; alterar a verdade dos fatos; usar do processo para conseguir objetivo ilegal; opor resistência injustificada ao andamento do processo; proceder de modo temerário em qualquer incidente ou ato do processo; provocar incidente manifestamente infundado; e, interpor recurso com intuito manifestamente protelatório.

Como consequência, admite a imposição de multa pelo juiz, de ofício ou a requerimento, em percentual superior a 1% e inferior a 10% do valor corrigido da causa, além de indenizar a parte contrária pelos prejuízos que esta sofreu – prejuízo efetivo ou o que deixou de ganhar, em conformidade com o art. 389 do CC – e a arcar com os honorários advocatícios e todas as despesas que efetuou (art. 81, CPC). O valor irrisório (o valor não for suficiente para não for suficiente para desencorajar a práticas de novas condutas desleais) ou inestimável (de difícil mensuração pelo magistrado) a penalidade poderá ser estabelecida em até 10 salários mínimos.

Havendo mais de um litigante de má-fé, o juiz irá aplicar a penalidade de forma proporcional ao interesse na causa ou de forma solidária em caso de conluio para prejudicar a parte contrária.

A Reforma Trabalhista (Lei 13.467/2017) inseriu os arts. 793-A a 793-D à CLT, regulamentando a Responsabilidade por Dano Processual no Processo do Trabalho. Basicamente reiterou as disposições disciplinadas no Código de Processo Civil, notadamente as hipóteses caracterizadoras da litigância de má-fé.

Quando o valor da causa for irrisório ou inestimável a penalidade imposta pela CLT é mais severa, na medida em que a multa poderá atingir duas vezes o teto dos benefícios do Regime Geral de Previdência Social (art. 793-C, §2º, da CLT)[1024], portanto, em valor superior ao patamar máximo previsto no CPC (art. 81, §2º, do CPC).

A Reforma Trabalhista também permitiu a aplicação de multa à testemunha que intencionalmente alterar a verdade dos fatos ou omitir fatos essenciais ao julgamento da causa, sendo que a execução da multa prevista se dará nos mesmos autos (art. 793-D da CLT). Logo, além do crime de falso testemunho previsto no art. 342 do Código Penal, a testemunha também terá responsabilidade processual se não agir conforme a boa-fé processual.

Esta penalidade não se aplica ao advogado, isso porque não é considerado parte ou interveniente no processo. Cabe, porém, à Ordem dos Advogados do Brasil analisar a prática de eventual infração disciplinar – a apresentação de lide temerária – por meio de ação própria, na forma do art. 32, § único, da Lei 8.906/94 e da OJ 7 da SDI-1 do TST.

Nesse sentido tem se posicionado os Tribunais Trabalhistas, conforme ementas a seguir:

- LITIGÂNCIA DE MÁ-FÉ. CONDENAÇÃO DO ADVOGADO. INDEVIDA. Incabível a condenação solidária do advogado ao pagamento de multa por litigância de má-fé, sob pena de ofensa aos princípios do contraditório e ampla defesa e ao artigo 32 da Lei 8.906/94, já que a apuração de responsabilidade do profissional depende de ação própria. (TRT-1 – RO: 01008662920185010035 RJ, Relator: ALVARO LUIZ CARVALHO MOREIRA, Data de

[1022] Ibidem. Neves, 2018, p.208.

[1023] Nery Jr., 2015, p. 459.

[1024] A Portaria nº 477 de 12 de janeiro de 2021 da extinta Secretaria Especial de Previdência e Trabalho do Ministério da Economia estabeleceu que, a partir de 1º de janeiro de 2021, o limite máximo dos benefícios pagos pelo Instituto Nacional do Seguro Social (INSS) passa a ser de R$ 6.433,57 (em 2020, o teto era de R$ 6.101,06), conforme art. 2º da referida Portaria.

Julgamento: 14/07/2020, Quarta Turma, Data de Publicação: 24/07/2020)

- LITIGÂNCIA DE MÁ-FÉ. CONDENAÇÃO SOLIDÁRIA DO ADVOGADO DA PARTE. IMPOSSIBILIDADE. NECESSIDADE DE APURAÇÃO DE RESPONSABILIDADE em AÇÃO PRÓPRIA. A jurisprudência do TST é no sentido de que a responsabilidade do advogado, na hipótese de litigância de má-fé, deve ser apurada em ação própria, na esteira do que preconiza o art. 32, parágrafo único, do Estatuto da OAB (Lei 8.906/94), não podendo ser imposta nos próprios autos em que verificada a conduta. Recurso do advogado das reclamadas (terceiro interessado) conhecido e parcialmente provido. (TRT-7 – RO: 00011879120185070034, Relator: FRANCISCO JOSE GOMES DA SILVA, Data de Julgamento: 08/07/2020, 2ª Turma, Data de Publicação: 08/07/2020)
- EXERCÍCIO DA ADVOCACIA – LITIGÂNCIA DE MÁ-FÉ – Advogada e Advogado são indispensáveis à Administração da Justiça, e, no seu ministério privado, prestam serviço público, exercendo função social, prestando relevante serviço para o aprimoramento e acerto das decisões judiciais. Ademais, em processo judicial, na defesa dos interesses de seu constituinte, têm o poder-dever de aduzir todos os argumentos fáticos e jurídicos que possam contribuir para uma decisão favorável ao seu cliente, cabendo-lhe exercer o amplo direito de defesa, sendo certo que, no caso, a Advogada não praticou nenhum abuso ou excesso, na defesa de seu constituinte, apto à configuração da litigância de má-fé. (TRT-3 – RO: 00103482820205030112 MG 0010348-28.2020.5.03.0112, Relator: Luiz Otavio Linhares Renault, Data de Julgamento: 02/03/2021, Primeira Turma, Data de Publicação: 03/03/2021.)

E mais: existe entendimento jurisprudencial no sentido de reconhecer a legitimidade exclusiva do advogado para interpor recurso em face da decisão que o reputou como litigante de má-fé. Vejamos:

- **RECURSO DE REVISTA. LITIGÂNCIA DE MÁ-FÉ.** CONDENAÇÃO EXCLUSIVA DO PROCURADOR DO LITIGANTE. LEGITIMIDADE.O artigo 499 do CPC dispõe que "*o recurso pode ser interposto pela parte vencida, pelo terceiro prejudicado e pelo Ministério Público*". Sendo assim, **ausente a legitimidade do Autor para recorrer de decisão em que se condenou seu procurador ao pagamento da multa por litigância de má-fé.** Precedentes. II. Recurso de revista de que não se conhece. Processo: RR – 334-80.2013.5.18.0251 Data de Julgamento: 17/09/2014, Relator Ministro: Fernando Eizo Ono, 4ª Turma, Data de Publicação: DEJT 26/09/2014.
- **LITIGÂNCIA DE MÁ-FÉ – CONDENAÇÃO SOLIDÁRIA DOS ADVOGADOS – ILEGITIMIDADE DE PARTE.** 1. Consoante a diretriz do art. 6º do CPC, ninguém poderá pleitear, em nome próprio, direito alheio, salvo quando autorizado por lei. 2. Na hipótese vertente, o Reclamante se insurge contra a condenação solidária de seus patronos, alusiva à sanção por litigância de má-fé. 3. Ora, de acordo com a diretriz do dispositivo legal supramencionado e na esteira de precedente desta Corte Superior, o Recorrente é parte ilegítima para recorrer da mencionada condenação solidária, pois **o Reclamante não pode, em nome próprio, defender pretenso direito de seus advogados.** 4. Ademais, segundo o disposto no art. 499, -caput- e § 1º, do CPC, o recurso pode ser interposto pela parte vencida, pelo terceiro prejudicado e pelo Ministério Público, cumprindo ao terceiro demonstrar o nexo de interdependência entre o seu interesse de intervir e a relação jurídica submetida à apreciação judicial. 5. Como se observa, os advogados, na condição de terceiros prejudicados, possuem legitimidade para recorrer, mas não podem, por meio da parte, pretender modificação do julgado com o objetivo de isentá-los da condenação solidária. 6. Com efeito, na hipótese, o interesse defendido não é o da parte, mas sim dos advogados, de modo que aquela não tem legitimidade para se insurgir contra a decisão, sendo certo que se os causídicos não concordarem com decisão que poderá repercutir sobre os seus patrimônios pessoais, poderão, conforme já mencionado, na condição de terceiros prejudicados, recorrer em nome próprio, postulando a reforma do julgado. **Recurso de revista não conhecido.** ProcessoRR 1881008520035150067 188100-85.2003.5.15.0067, 4ª Turma, DJ 27/04/2007.Relator: Ives Gandra Martins Filho.

Nelson Nery Junior esclarece que "*A norma não sanciona o advogado da parte, de modo que se esta for reputada litigante de má-fé por conduta de seu advogado, terá de indenizar a parte contrária, podendo exercer o direito de regresso contra o advogado. Demandada em ação autônoma de indenização por litigância de má-fé por conduta de seu advogado, a parte poderá denunciá-lo à lide*".[1025]

A conduta das partes durante o curso do processo deve se pautar nos princípios da lealdade e da boa-fé, sob pena de aplicação da penalidade em discussão.

A doutrina diferencia a litigância de má-fé do assédio processual. Este é definido como o comportamento intencional de se procrastinar o andamento do processo, praticado por uma das partes, pelos auxiliares da

[1025] Ibidem. Nery Jr., 2015, p. 458.

justiça, juízes, promotores (procuradores do trabalho), *etc*. Tem o objetivo de impedir a entrega da prestação jurisdicional, ou seja é a prática de um conjunto de atos processuais de forma dolosa ou com culpa grave, visando atingir o trâmite processual e afrontar a ordem jurídica e a boa-fé processual, ocasionando lesão ao patrimônio material ou moral da vítima.

Schiavi anota que *"o assédio processual é conduta insidiosa, não prevista em lei, mas que tem por objetivo minar a resistência do litigante, atentando contra sua dignidade, desencorajando-o a litigar. São elementos do assédio processual: a) ato reiterado de um dos sujeitos do processo; b) o ato praticado não precisa ser necessariamente ilícito; c) estratégia perversa do agressor; d) tem por objetivo minar a dignidade e autoestima de uma das partes litigantes"*. [1026]

O combate a essa prática tutela os direitos fundamentais constitucionais, a dignidade da pessoa humana, o devido processo legal, o direito de ação, a efetividade do processo, a celeridade processual, o acesso à ordem jurídica justa, bem como os direitos da personalidade da vítima. Em vista disso, desencadeia o direito à reparação das lesões por meio de ação de indenização.

JURISPRUDÊNCIA

▶ RECURSO ORDINÁRIO EM AÇÃO RESCISÓRIA. CPC/1973. LITIGÂNCIA DE MÁ-FÉ. CONDENAÇÃO SOLIDÁRIA DE ADVOGADO. VIOLAÇÃO DO ART. 32 E PARÁGRAFO ÚNICO DA LEI Nº 8.906/94. No caso dos autos, embora não tenha mencionado o art. 32, parágrafo único, da Lei nº 8.906/94, houve explicitação da tese impugnada, o que afasta o óbice da Súmula nº 298, II, do TST e atende o item I do referido verbete. Conforme disposição do referido dispositivo legal, para que seja reconhecida a litigância de má-fé do advogado, por atos praticados em conjunto com a parte que representa, faz-se necessário o ajuizamento de ação própria, o que afasta a imposição de condenação na mesma ação em que praticados os atos reputados de má-fé. Precedentes. Recurso desprovido. [...]. (TST – RO: 54915820145150000, Relator: Maria Helena Mallmann, Data de Julgamento: 24/11/2020, Subseção II Especializada em Dissídios Individuais, Data de Publicação: 27/11/2020)

▶ RECURSO DE REVISTA – CONDENAÇÃO SOLIDÁRIA DO ADVOGADO – LITIGAÇÃO DE MÁ-FÉ. A previsão expressa no parágrafo único do art. 32 da Lei nº 8.906/94 é a de que a conduta temerária do advogado em juízo deve ser apurada em ação própria. Em se tratando, pois, de matéria que conta com regência específica, não cabe ao juízo, a despeito de positivada a litigação de má-fé, desconsiderar a disposição legal e impor de imediato ao profissional do Direito que protagoniza litigação temerária a responsabilidade solidária pelo pagamento da multa correspondente, mas apenas determinar a extração de peças e a respectiva remessa à Seccional da Ordem dos Advogados do Brasil, para as providências cabíveis. Portanto, a condenação do advogado à pena imposta ao litigante de má-fé e àquele que pratica ato atentatório à dignidade da Justiça deve observar o devido processo legal, sendo-lhe assegurados o contraditório e a ampla defesa. No feito em exame não foram observados tais preceitos, logo, a decisão regional incorreu em ofensa direta e literal a dispositivo da Constituição Federal, autorizando o conhecimento e provimento do recurso de revista, para determinar a exclusão da condenação solidária do advogado. Recurso de revista conhecido e provido. (TST – RR: 1096002619975150031, Relator: Luiz Philippe Vieira De Mello Filho, Data de Julgamento: 05/05/2010, 1ª Turma, Data de Publicação: 14/05/2010)

▶ LITIGÂNCIA DE MÁ-FÉ. CONDENAÇÃO DO ADVOGADO. INDEVIDA. Incabível a condenação solidária do advogado ao pagamento de multa por litigância de má-fé, sob pena de ofensa aos princípios do contraditório e ampla defesa e ao artigo 32 da Lei 8.906/94, já que a apuração de responsabilidade do profissional depende de ação própria. (TRT-1 – RO: 01008662920185010035 RJ, Relator: ALVARO LUIZ CARVALHO MOREIRA, Data de Julgamento: 14/07/2020, Quarta Turma, Data de Publicação: 24/07/2020)

▶ LITIGÂNCIA DE MÁ-FÉ. CONDENAÇÃO SOLIDÁRIA DO ADVOGADO DA PARTE. IMPOSSIBILIDADE. NECESSIDADE DE APURAÇÃO DE RESPONSABILIDADE em AÇÃO PRÓPRIA. A jurisprudência do TST é no sentido de que a responsabilidade do advogado, na hipótese de litigância de má-fé, deve ser apurada em ação própria, na esteira do que preconiza o art. 32, parágrafo único, do Estatuto da OAB (Lei 8.906/94), não podendo ser imposta nos próprios autos em que verificada a conduta. Recurso do advogado das reclamadas (terceiro interessado) conhecido e parcialmente provido. (TRT-7 – RO: 00011879120185070034, Relator: FRANCISCO JOSE GOMES DA SILVA, Data de Julgamento: 08/07/2020, 2ª Turma, Data de Publicação: 08/07/2020)

▶ EXERCÍCIO DA ADVOCACIA – LITIGÂNCIA DE MÁ-FÉ – Advogada e Advogado são indispensáveis à Administração da Justiça, e, no seu ministério privado, prestam serviço público, exercendo função social, prestando relevante serviço para o aprimoramento e acerto das decisões judiciais. Ademais, em processo judicial, na defesa dos interesses de seu constituinte, têm o poder-dever de aduzir todos os argumentos fáticos e jurídicos que possam contribuir para uma decisão favorável ao seu cliente, cabendo-lhe exercer o amplo direito de defesa, sendo certo que, no caso, a Advogada não praticou nenhum abuso ou excesso, na defesa de seu constituinte, apto à configuração da litigância de má-fé. (TRT-3 – RO: 00103482820205030112 MG 0010348-28.2020.5.03.0112, Relator: Luiz Otavio Linhares Renault, Data de Julgamento: 02/03/2021, Primeira Turma, Data de Publicação: 03/03/2021.)

▶ Litigância de má-fé. Condenação direta do Advogado. Não se admite a condenação direta tampouco solidária do procurador da parte por litigância de má-fé. Isso, em face do disposto no art. 32, parágrafo único, da Lei 8.906 /94, o qual é taxativo no sentido de que os atos do advogado praticados com dolo ou culpa, na hipótese de lide temerária, deverão ser apurados em ação própria, em virtude da garantia constitucional da ampla defesa. (TRT-2 00004930920115020002 SP, Relator: FLAVIO VILLANI MACEDO, 11ª Turma – Cadeira 3, Data de Publicação: 18/05/2020)

▶ LITIGÂNCIA DE MÁ-FÉ. RESPONSABILIZAÇÃO SOLIDÁRIA DO ADVOGADO. Nos termos do art. 16 do Código de Processo Civil, somente as partes, assim entendidas o autor, réu ou interveniente, em sentido amplo, estão sujeitos à multa e indenização em razão de danos processuais decorrentes da litigância de má-fé, conforme arts. 17 e 18 do mesmo diploma de lei. Eventual responsabilidade do advogado em razão de sua conduta não pode ser aferida nos próprios autos em que se deu a condenação por litigância de má-fé, sob pena de malferimento aos princípios do contraditório e ampla defesa, uma vez que o advogado está sujeito à observância do Estatuto da Advocacia, Lei nº 8.906/1994, que dispõe expressamente acerca de lide temerária e a responsabilidade processual em caso de dolo ou culpa do advogado, que deve ser apurada em ação própria. Recurso a que se dá provimento. (TRT-2 10004214320155020332 SP, Relator: PAULO JOSE RIBEIRO MOTA, 13ª Turma – Cadeira 3, Data de Publicação: 15/03/2016)

▶ LITIGÂNCIA DE MÁ-FÉ. ADVOGADO DO RECLAMANTE. MULTA EM BENEFÍCIO DO AUTOR. IMPOSSIBILIDADE. ERRO PROCESSUAL. A multa por litigância de má-fé prevista no art. 18 do CPC deve ser paga em favor da parte contrária, o que torna esdrúxula a determinação

[1026] Ibidem. Schiavi, 2018, p. 424.

de pagamento ao próprio constituinte do advogado contra quem foi imposta. Além disso, nos termos do art. 32, parágrafo único, da Lei nº 8.906/1994, "em caso de lide temerária, o advogado será solidariamente responsável com seu cliente, desde que coligado com este para lesar a parte contrária, o que será apurado em ação própria". No caso dos autos, a condenação do patrono do reclamante deu-se na própria reclamatória em que teria sido constatada a litigância de má-fé, em inobservância ao procedimento prescrito no dispositivo supramencionado. Recurso do autor provido parcialmente para excluir a respectiva multa. (TRT-13 – RO: 00015001720135130016 0001500-17.2013.5.13.0016, Data de Julgamento: 17/09/2013, 2ª Turma, Data de Publicação: 04/10/2013)

▶ LITIGÂNCIA DE MÁ-FÉ. ADVOGADO. CONDENAÇÃO. ART. 32, PARÁGRAFO ÚNICO, DA LEI 8.906/94. Conforme o disposto no art. 32, parágrafo único, da Lei 8.906/94, é vedada a condenação do advogado por litigância de má-fé no processo em que eventualmente fique constatada a deslealdade processual, devendo a conduta temerária ser apurada em ação própria. (TRT-3 – RO: 00119520920135030164 MG 0011952-09.2013.5.03.0164, Relator: Monica Sette Lopes, Data de Julgamento: 01/05/2014, Nona Turma, Data de Publicação: 02/05/2014. DEJT/TRT3/Cad.Jud. Página 349. Boletim: Não.)

▶ LITIGÂNCIA DE MÁ-FÉ – ADVOGADO – SOLIDARIEDADE As razões recursais são do Patrono da parte e devem estar estribadas no direito e na prova dos autos. Se extrapolam estes limites e tendem para a temerariedade da lide, o advogado deve responder solidariamente pela litigância de má-fé – artigo 18, §**, do CPC, na medida em que o mesmo tem o dever de proceder com lealdade e boa-fé – inciso II, do artigo 14, do CPC. [...] (TRT-15 – RO: 318 SP 000318/1999, Relator: LUIZ ANTONIO LAZARIM, Data de Publicação: 01/12/1999)

▶ RECURSO DE REVISTA. LITIGÂNCIA DE MÁ-FÉ. CONDENAÇÃO EXCLUSIVA DO PROCURADOR DO LITIGANTE. LEGITIMIDADE.O artigo 499 do CPC dispõe que "o recurso pode ser interposto pela parte vencida, pelo terceiro prejudicado e pelo Ministério Público". Sendo assim, ausente a legitimidade do Autor para recorrer de decisão em que se condenou seu procurador ao pagamento da multa por litigância de má-fé. Precedentes. II. Recurso de revista de que não se conhece. Processo: RR – 334-80.2013.5.18.0251 Data de Julgamento: 17/09/2014, Relator Ministro: Fernando Eizo Ono, 4ª Turma, Data de Publicação: DEJT 26/09/2014.

▶ **LITIGÂNCIA DE MÁ-FÉ – CONDENAÇÃO SOLIDÁRIA DOS ADVOGADOS – ILEGITIMIDADE DE PARTE.** 1. Consoante a diretriz do art. 6º do CPC, ninguém poderá pleitear, em nome próprio, direito alheio, salvo quando autorizado por lei. 2. Na hipótese vertente, o Reclamante se insurge contra a condenação solidária de seus patronos, alusiva à sanção por litigância de má-fé. 3. Ora, de acordo com a diretriz do dispositivo legal supramencionado e na esteira de precedente desta Corte Superior, o Recorrente é parte ilegítima para recorrer da mencionada condenação solidária, pois **o Reclamante não pode, em nome próprio, defender pretenso direito de seus advogados**. 4. Ademais, segundo o disposto no art. 499, -caput- e § 1º, do CPC, o recurso pode ser interposto pela parte vencida, pelo terceiro prejudicado e pelo Ministério Público, cumprindo ao terceiro demonstrar o nexo de interdependência entre o seu interesse de intervir e a relação jurídica submetida à apreciação judicial. 5. Como se observa, os advogados, na condição de terceiros prejudicados, possuem legitimidade para recorrer, mas não podem, por meio da parte, pretender modificação do julgado com o objetivo de isentá-los da condenação solidária. 6. Com efeito, na hipótese, o interesse defendido não é o da parte, mas sim dos advogados, de modo que aquela não tem legitimidade para se insurgir contra a decisão, sendo certo que se os causídicos não concordarem com decisão que poderá repercutir sobre os seus patrimônios pessoais, poderão, conforme já mencionado, na condição de terceiros prejudicados, recorrer em nome próprio, postulando a reforma do julgado. **Recurso de revista não conhecido.** ProcessoRR 1881008520035150067 188100-85.2003.5.15.0067, 4ª Turma, DJ 27/04/2007.Relator: Ives Gandra Martins Filho.

▶ ASSÉDIO PROCESSUAL. PROVA. INDENIZAÇÃO. CABIMENTO. Restando demonstrada nos autos a utilização sistemática e abusiva das faculdades processuais com o claro objetivo de procrastinar o andamento do feito, retardando a entrega da prestação jurisdicional, há que ser reconhecida a prática do assédio processual, garantindo ao prejudicado o direito a uma indenização pelos prejuízos advindos desta conduta. (TRT-5 – RecOrd: 00004938820125050196 BA 0000493-88.2012.5.05.0196, Relator: ELISA AMADO, 1ª. TURMA, Data de Publicação: DJ 31/10/2012.)

▶ ASSÉDIO PROCESSUAL. CARACTERIZAÇÃO. O assédio processual se caracteriza pelos atos praticados, dentro da relação jurídica processual, com o objetivo de retardar a prestação jurisdicional e prejudicar dolosamente a parte contrária, por meio do exercício abusivo do direito de petição, o qual pode ser materializado com a apresentação de impugnação e recursos infundados, sob a argumentação dissimulada de que está exercendo o seu direito ao devido processo legal, notadamente o do contraditório e o da ampla defesa. (TRT-12 – RO: 00003020320125120017 SC 0000302-03.2012.5.12.0017, Relator: VIVIANE COLUCCI, SECRETARIA DA 1A TURMA, Data de Publicação: 07/02/2013)

▶ ASSÉDIO PROCESSUAL. CARACTERIZADO. INDENIZAÇÃO. Viabilidade da configuração de ofício do reconhecimento de ato de improbidade processual caracterizador de assédio processual, fundamento da indenização respectiva em favor dos trabalhadores lesados com prática predatória das empresas. (TRT-4 – RO: 00012656120125040331 RS 0001265-61.2012.5.04.0331, Relator: VANIA MATTOS, Data de Julgamento: 22/08/2013, 1ª Vara do Trabalho de São Leopoldo)

▶ ASSÉDIO PROCESSUAL. CARACTERIZAÇÃO. Quem assedia processualmente está tentando causar um prejuízo à parte adversa, mesmo que disto não lhe advenha qualquer vantagem financeira. Usa o processo como instrumento de emulação, para desincentivar o exercício do direito de petição (e com ele, de outras reclamações), para deixar a parte adversa desesperada para que, fique mais influenciável a aceitar uma proposta mais desvantajosa ou mesmo como instrumento para uma vingança (a justiça que tarda é falha e, por vezes, fazê-la tardar é tornar estéril o provimento jurisdicional ou, reduzir o benefício que dele adviria). O processo, por si só, já traz uma carga de angústia, provocada tanto pela sensação de injustiça, quanto de incerteza, não sendo lícita ampliá-la artificiosamente. A produção de danos psíquicos ao assediado é identificada diante da ausência de crença na tutela do poder judiciário, ou no mínimo a infelicidade pessoal e angústia e reduziria a expectativa de uma vida mais feliz. Não é, contudo, o mero exercício do direito de resistir à pretensão ou o manejo de recursos que se traduz, por si só, em assédio processual. (TRT-12 – AP: 00007771320135120020 SC 0000777-13.2013.5.12.0020, Relator: JOSE ERNESTO MANZI, SECRETARIA DA 3A TURMA, Data de Publicação: 17/12/2014)

▶ ASSÉDIO PROCESSUAL. CARACTERIZAÇÃO. O assédio processual pode ser conceituado como a atuação desproporcional da parte que, por meio do abuso do direito de defesa (art. 197, CC), pratica atos atentatórios à dignidade da justiça (art. 600, CPC), inobservando os deveres das partes relacionados à lealdade e a boa-fé (arts. 14 a 18, CPC). Tais atos proporcionam excessiva demora na prestação jurisdicional com o propósito deliberado e ilícito de obstruir ou retardar a efetiva prestação jurisdicional e/ou prejudicar a parte ex-adversa. Uma vez não comprovado o abuso de direito de defesa imputado à Reclamada, não se há falar em indenização por assédio processual. (TRT-3 – RO: 00715201304303007 0000715-50.2013.5.03.0043, Relator: Sercio da Silva Pecanha, Oitava Turma, Data de Publicação: 11/10/2013,10/10/2013. DEJT. Página 115. Boletim: Sim.)

▶ RECURSO DA RECLAMADA: USO ABUSIVO DO DIREITO DE DEFESA. ASSÉDIO PROCESSUAL CONFIGURADO. Comprovada a utilização insistente, pela reclamada/recorrente, de expedientes que objetivaram o retardo da prestação jurisdicional, é de se entender ter havido afronta o princípio da razoável duração do processo inserto no art. 5º, LXXVIII, da Carta Política de 1988, ensejando a indenização por assédio processual. Recurso empresarial a que se nega provimento. (TRT-6 – RO: 00005822520155060020, Data de Julgamento: 29/05/2017, Terceira Turma)

▸ ASSÉDIO PROCESSUAL. AJUIZAMENTO DE SUCESSIVAS AÇÕES CONTRA O MESMO EMPREGADOR. O assédio processual caracteriza-se por ser um conjunto de atos processuais temerários, infundados ou despropositados com o intuito de procrastinar o andamento do feito, evitar o pronunciamento judicial, ou enganar o Juízo, com o fito de impedir o cumprimento ou a satisfação de um direito materialmente reconhecido e impingir constrangimentos à parte contrária. Conquanto o ajuizamento de variadas e sucessivas ações contra o mesmo empregador e relativas ao mesmo contrato de trabalho possa ser, em determinados casos, considerado comportamento abusivo da parte, tal fato, por si só, é insuficiente para ensejar a conclusão de que a parte esteja, de forma proposital, causando prejuízos ilegais à parte contrária, ainda mais quando a parte tenha obtido êxito nas demandas ajuizadas. (TRT-3 – RO: 00106811420195030015 MG 0010681-14.2019.5.03.0015, Relator: Ana Maria Amorim Reboucas, Data de Julgamento: 12/03/2020, Oitava Turma, Data de Publicação: 18/06/2020.)

▸ SEÇÃO V DAS NULIDADES

Art. 794 – Nos processos sujeitos à apreciação da Justiça do Trabalho só haverá nulidade quando resultar dos atos inquinados manifesto prejuízo às partes litigantes.

COMENTÁRIOS (ART. 794)

A nulidade processual é o instituto jurídico que representa a privação dos efeitos jurídicos de um ato processual.

Flávio Tartuce, apoiado nas lições da professora Maria Helena Diniz, define a nulidade como *"a sanção imposta pela lei que determina a privação de efeitos jurídicos do ato negocial, praticado em desobediência ao que a norma jurídica prescreve"*[1027].

Enoque Ribeiro dos Santos aponta que *"Ao se praticar um ato processual, busca-se obter um determinado resultado no processo. Porém, para que esse ato alcance os efeitos desejados, há de se respeitar as formas e/ou determinações cominadas em lei. Lembrando que uma eventual forma que foi desrespeitada não gerará nulidade se o ato cumpriu sua finalidade e não houve prejuízo para as partes"*.[1028]

Os atos processuais são gênero de atos jurídicos. Por esta razão, aplica-se às exigências de validade comuns a todos os atos: ante capaz, objeto lícito, possível, determinado ou determinável, e forma prescrição ou não defesa em lei (art. 104, CC). Neste diapasão, a escada ponteana – desenvolvida pelo ilustre jurista *Pontes de Miranda – analisa* os atos jurídicos sob três planos: a) Plano da existência (pressupostos de existência) – agente, vontade, objeto, e forma; b) Plano da validade (requisitos de validade) – capacidade do agente, liberdade da vontade ou consentimento, adequação das formas, e licitude, possibilidade ou determinalidade do objeto; c) condição, termo, consequências do inadimplemento negocial, e outros elementos.[1029] A falta desses elementos causa a nulidade dos atos jurídicos.

Tradicionalmente a doutrina classifica os vícios dos atos processuais em: a) atos inexistentes; b) atos absolutamente nulos (nulidade absoluta); c) atos relativamente nulos (nulidade relativa).

A doutrina cita, ainda, a existência de *atos meramente irregulares*, assim considerados aqueles *"praticados com infringência de alguma regra formal, sem, entretanto, sofrer qualquer restrição em sua eficácia normal"*[1030]

Os *atos inexistentes* são aqueles em que o ato processual não chega sequer a existir no ordenamento jurídico, considerando a gravidade do vício processual. Ocorre, por exemplo, quando alguém profere uma sentença, mesmo não tendo sido investido na função de magistrado. Este ato não se convalida e nem precisa ser invalidado.

Os *atos absolutamente nulos*, também conhecidos como nulidade absoluta, representa uma sanção (privação da validade) que atinge um interesse de ordem pública. O vício recai sobre os elementos essenciais do ato processual, inviabilizando, assim, a correção do defeito. Com base nisso, afirma-se que o vício é insanável, ou seja, insuscetível de convalidação. Devem ser conhecidas de ofício pelo juiz em qualquer tempo e grau de jurisdição. Exemplo: incompetência absoluta (art. 64 do CPC).

Os *atos relativamente nulos (nulidade relativa)* são aqueles que apresentam vício em sua formação, mas são capazes de produzir seus efeitos.

Humberto Teodoro Junior aduz, neste ponto, que *"O defeito, aqui, é muito mais leve do que o que se nota nos atos absolutamente nulos, por recair sobre interesses privados (disponíveis) do litigante; de modo que o ato é ratificável, expressa ou tacitamente, e, se a parte não postula sua anulação, é apto a produzir toda a eficácia a que se destinou. O silêncio da parte, portanto, é suficiente para convalidá-lo. Diz respeito a interesse apenas da parte, não afetando, por isso, a jurisdição"*.[1031]

A nulidade relativa envolve preceitos de ordem privada, suscetíveis de anulação de acordo com o interesse

[1027] Idem, Tartuce, 2020.
[1028] Santos, Enoque Ribeiro dos; Hajel Filho, Ricardo Antonio Bittar. Curso de direito processual do trabalho.– 2ª ed. – São Paulo: Atlas, 2018, p. 288.
[1029] Idem, Tartuce, 2020.
[1030] Ibidem. Teodoro Jr., 2015, p. 864.
[1031] Ibidem. Teodoro Jr., 2015, p. 868.

das partes. Representam vícios processuais menos graves. A falta de manifestação da parte interessada torna válido o ato processual inicialmente nulo. Citamos como exemplo, a incompetência relativa que depende de provocação da parte e não poderá ser declarada de ofício (Súmula 33 do STJ).

A nulidade será declarada somente quando resultar dos atos inquinados manifesto prejuízo às partes litigantes (**art. 794 da CLT**). Ou seja, segundo o princípio **do prejuízo ou da transcendência o ato processual deve acarretar um prejuízo às partes interessadas. Do contrário, não é possível sustentar a ocorrência da nulidade.**

Cassio Scarpinella Bueno afirma que "*Só há defeito no ato processual na medida em que a não observância da forma puder acarretar algum prejuízo no atingimento das finalidades do ato concretamente praticado ou prestes a sê-lo*". Explica que o art. 188, 277, 282 e 283 do CPC "*dão ensejo à formulação do 'princípio da instrumentalidade das formas', ou da 'finalidade" ou, ainda, 'do prejuízo', ao estabelecerem, com segurança, que não há invalidade no plano do processo pelo tão só descumprimento da forma. O que releva mais é verificar se e em que medida a finalidade do ato foi ou não alcançada e, por isto mesmo, constatar que o plano da eficácia do ato mitiga ou, quando menos, tende a mitigar, de alguma forma, eventuais defeitos derivados do plano da existência ou do plano da validade*".[1032]

Sendo assim, a nulidade só será declarada se resultar um prejuízo as partes interessadas. Se atingida a finalidade do ato processual, a forma pela qual foi praticado, como regra, não invalida este ato.

JURISPRUDÊNCIA

▶ NULIDADE DA CITAÇÃO. NOTIFICAÇÃO INICIAL ELETRÔNICA. DESTINATÁRIO ESTRANHO À LIDE. A citação válida é base para o exercício do contraditório e da ampla defesa, pois é a partir dela que a parte adversa toma conhecimento que, contra si, existe uma demanda judicial. Evidenciado nos autos que a notificação foi recebida por terceiro, uma vez que endereçada a e-mail do qual não se pode extrair qualquer vinculação com a empresa recorrente, tem-se por configurado vício apto a macular todo o processo, porquanto não aperfeiçoada a relação processual, impondo-se, por isso, a declaração de nulidade por violação dos princípios do contraditório e da ampla defesa previstos no art. 5º, LIV e LV da CF e art. 794 da CLT. Recurso provido. (TRT-23 – ROT: 00002053220205230141 MT, Relator: ELINEY BEZERRA VELOSO, Gab. Des. Eliney Bezerra Veloso, Data de Publicação: 14/03/2021)

▶ CITAÇÃO INVÁLIDA. CERCEIO AO DIREITO DE DEFESA. CONFIGURAÇÃO. A irregularidade de citação da reclamada para comparecer à audiência inaugural configura cerceio ao direito de defesa, maculando todos os atos processuais praticados posteriormente (art. 794 da CLT), impondo-se acolher a arguição de nulidade de citação e declarar nulos todos os atos praticados no processo, a partir da citação, determinando o retorno dos autos à origem. (TRT-3 – RO: 00107752420175030114 MG 0010775-24.2017.5.03.0114, Relator: Adriana Goulart de Sena Orsini, Data de Julgamento: 16/03/2021, Primeira Turma, Data de Publicação: 18/03/2021.)

▶ LAUDO PERICIAL. DOENÇA OCUPACIONAL. CERCEAMENTO DO DIREITO À PRODUÇÃO DE PROVA. NULIDADE PROCESSUAL CONFIGURADA. A doença degenerativa não exclui a possibilidade de classificação como patologia vinculada ao universo laboral, podendo a moléstia que acomete o autor ser caracterizada como de origem ocupacional caso se apure que foi desencadeada por condições especiais existentes nas atividades ou ambientes laborais. Seguindo essa linha de raciocínio, as causas para as doenças degenerativas são várias, não decorrendo apenas do processo natural de envelhecimento das pessoas. Assim, se a perícia realizada não leva em consideração tais aspectos e se apresenta inconsistente, ficando patente o prejuízo da parte, conforme artigos 794 e 795 da CLT, é de se declarar a nulidade do processo, com a reabertura da instrução processual de modo a possibilitar a realização de nova perícia médica. (TRT-3 – RO: 00107697120195030041 MG 0010769-71.2019.5.03.0041, Relator: Antonio Carlos R. Filho, Data de Julgamento: 18/02/2021, Sétima Turma, Data de Publicação: 22/02/2021. DEJT/TRT3/Cad.Jud. Página 1040. Boletim: Não.)

▶ PERÍCIA TÉCNICA. NULIDADE DO PROCESSADO. CERCEAMENTO DE DEFESA. O indeferimento de prova pericial complementar configura cerceamento de defesa, quando evidenciada a sua necessidade para a solução dos fatos controvertidos e demonstrado o prejuízo sofrido pela parte. Inteligência do art. 794 da CLT. O perito, como auxiliar do Juízo, deve prestar informações técnicas acerca da situação fática sob controvérsia, tendo por norte a norma regulamentar (no caso, a NR 16, Anexo nº 16, da Portaria MTE nº 3.214/1978), sem, entretanto, limitar ou restringir as respostas fornecidas à parte a partir da própria interpretação que lhe possa emprestar. Caberá exclusivamente ao Julgador decidir acerca da incidência dos dispositivos legais e normas regulamentares ao caso concreto. (TRT-4 – ROT: 00201773320175040234, Data de Julgamento: 01/03/2021, 4ª Turma)

▶ NULIDADE DO JULGADO. CERCEAMENTO DO DIREITO DE DEFESA. DISPENSA DE TESTEMUNHA. CONFIGURAÇÃO. Configura cerceio de defesa a dispensa da testemunha da parte quando a discussão dos autos envolve matéria fática acerca de horas extras. Tendo o juiz dispensado a oitiva da testemunha da reclamante e indeferido o pleito por falta de prova, cuja produção ele próprio impediu, materializou-se o prejuízo, a autorizar a nulidade do julgado, nos termos do art. 794 da CLT. Devem os autos retornar à instância de origem para reabertura processual de modo a ser ouvida a testemunha e prolatada nova sentença. (TRT-11 – RO: 00017403920175110010, Relator: FRANCISCA RITA ALENCAR ALBUQUERQUE, Data de Julgamento: 18/02/2021, 1ª Turma, Data de Publicação: 26/02/2021)

▶ NULIDADE PROCESSUAL. CERCEAMENTO DE DEFESA. CONTRADITA DE TESTEMUNHA. Caso em que não havia fundamento legal para o acolhimento da contradita, a teor do disposto no art. 829 da CLT, de modo que o indeferimento da oitiva da testemunha trazida pela reclamada caracterizou manifesto prejuízo processual, à luz do art. 794 da CLT. Recurso ordinário da reclamada provido. (TRT-4 – ROT: 00214688620165040401, Data de Julgamento: 26/02/2021, 7ª Turma)

▶ NULIDADE NÃO CONFIGURADA. AUSÊNCIA DE PREJUÍZOS. INTIMAÇÃO PESSOAL DA SENTENÇA. RECURSO ORDINÁRIO TEMPESTIVO. Nos moldes do art. 794 da CLT, só haverá nulidades quando dos atos inquinados resultar manifesto prejuízo às partes litigantes. In casu, apesar de não ter sido intimada pessoalmente da sentença prolatada, a Litisconsorte interpôs tempestivamente Recurso Ordinário, não restando comprovado qualquer prejuízo capaz de ensejar a nulidade processual. [...] (TRT-11 – RO: 00006036620195110005, Relator: JOSE DANTAS DE GOES, Data de Julgamento: 01/03/2021, 3ª Turma, Data de Publicação: 05/03/2021)

▶ NULIDADE DO PROCESSO. CERCEAMENTO DE DEFESA. INDEFERIMENTO DE REALIZAÇÃO DE PERÍCIA CONTÁBIL. Uma vez indeferida

[1032] Bueno, Cassio Scarpinella Manual de direito processual civil. – 6. ed. – São Paulo: Saraiva Educação, 2020.

a realização de perícia contábil e, sobrevindo sentença que indefere as pretensões da inicial por entender a Julgadora de origem não ter a trabalhadora se desincumbido do seu ônus da prova, entende-se estar estampada situação de nulidade do processo, incidindo no caso os artigos 794 da CLT e o 282, § 2º do NCPC. (TRT-4 – ROT: 00216737720175040661, Data de Julgamento: 18/03/2021, 6ª Turma)

▶ NULIDADE DO PROCESSO NÃO CONFIGURADA. AUSÊNCIA DE PREJUÍZO DA PARTE INTERESSADA. No processo do trabalho, somente se cogita da declaração de nulidade do processo quando houver manifesto prejuízo à parte interessado, nos termos do art. 794 da CLT. (TRT-4 – AP: 00204356820155040022, Data de Julgamento: 23/03/2021, Seção Especializada em Execução

▶ AUDIÊNCIA TELEPRESENCIAL. ALEGAÇÃO DE NULIDADE. IMPROCEDENTE. A realização da audiência telepresencial se dá em razão de situação absolutamente excepcional causada pela pandemia da COVID-19. O ato processual na forma de videoconferência tem por premissa maior a preservação à vida e à saúde (art. 5º, 6º e 196 da CF), aliados à necessidade da prestação jurisdicional e celeridade processual (art. 5, XXXV e LXXVIII da CF); tem por fundamento, ainda, o Ato Conjunto CSJT.GP.GVP.CGJT n.06/2020 e o Ato Conjunto n.5/2020 deste Regional. Outrossim, não houve, no caso, qualquer prejuízo às partes no curso da audiência, razão porque inexiste nulidade a ser declarada (Art. 794 da CLT). [...] (TRT-11 – RO: 00006041120205110007, Relator: ELEONORA DE SOUZA SAUNIER, Data de Julgamento: 29/03/2021, 2ª Turma, Data de Publicação: 29/03/2021)

Art. 795 – As nulidades não serão declaradas senão mediante provocação das partes, as quais deverão argüi-las à primeira vez em que tiverem de falar em audiência ou nos autos.

§ 1º – Deverá, entretanto, ser declarada ex officio a nulidade fundada em incompetência de foro. Nesse caso, serão considerados nulos os atos decisórios.

§ 2º – O juiz ou Tribunal que se julgar incompetente determinará, na mesma ocasião, que se faça remessa do processo, com urgência, à autoridade competente, fundamentando sua decisão.

COMENTÁRIOS (ART. 795)

A doutrina classifica os vícios dos atos processuais em: a) atos inexistentes: aqueles em que o ato processual não chega sequer a existir no ordenamento jurídico, considerando a gravidade do vício processual; b) atos absolutamente nulos (nulidade absoluta): uma sanção (privação da validade) que atinge um interesse de ordem pública. O vício recai sobre os elementos essenciais do ato processual, inviabilizando, assim, a correção do defeito; c) atos relativamente nulos (nulidade relativa): atos processuais que apresentam defeitos em sua formação, mas são capazes de produzir seus efeitos. Envolve preceitos de ordem privada, suscetíveis de anulação de acordo com o interesse das partes. Representam vícios processuais menos graves.

A doutrina cita, ainda, a existência de *atos meramente irregulares*, assim considerados aqueles *"praticados com infringência de alguma regra formal, sem, entretanto, sofrer qualquer restrição em sua eficácia normal"*[1033]

Segundo o princípio da preclusão ou da convalidação *"se as nulidades não forem invocadas no momento processual oportuno, haverá a convalidação do ato inválido, também chamada pela doutrina de preclusão de se invocar a nulidade"*.[1034]

A preclusão *é a perda da faculdade de praticar um ato processual. Subdivide-se em:*

i) preclusão temporal – traduz-se na perda do prazo processual;

ii) preclusão consumativa – ocorre quando há a prática e consumação do ato processual;

iii) preclusão lógica – efetiva-se pela incompatibilidade entre um ato processual já praticado e outro a ser praticado;

iv) preclusão *pro judicato* – o magistrado trabalhista, ao proferir a sua decisão, não poderá revogar ou modificar, com respeito insofismável aos princípios constitucionais fundamentais do devido processo legal, do contraditório e da ampla defesa, gerando segurança jurídica e estabilidade nas relações jurídicas e sociais;

v) preclusão máxima (coisa julgada): é a perda do prazo para a interposição de recurso em face de sentença transitada em julgado, terminativa (processual) ou definitiva (de mérito). Visa assegurar a segurança jurídica das decisões e da estabilidade das relações jurídicas e sociais (art. 5º, XXXVI, da CF; arts. 6º da LINDB e 836 da CLT);

vi) preclusão ordinatória: consiste na perda do direito de praticar o ato processual em decorrência de exercício irregular de um ato processual anterior como, por exemplo, a ausência de garantia do juízo ou de nomeação de bens à penhora (ato processual anterior), impede o recebimento dos embargos à execução.

As nulidades não serão declaradas, a não ser mediante provocação das partes, que deverão suscitá-las à primeira vez em que tiverem de falar em audiência ou nos autos (art. 795, CLT).

Se as nulidades não forem invocadas no momento processual oportuno, haverá a convalidação do ato inválido (o ato inicialmente defeituoso, será considerado válido).

Para evitar a preclusão do ato processual nulo, a doutrina criou a figura do "protesto nos autos" (conhecido como "protesto em audiência" ou protesto antipreclusivo), no qual a parte prejudicada solicita o registro do seu inconformismo na ata de audiência.

Nesse contexto, Mauro Schiavi pontifica que *"é prática costumeira incorporada ao Processo do Trabalho pela doutrina e pela jurisprudência o chamado*

[1033] Ibidem. Teodoro Jr., 2015, p. 864.

[1034] Schiavi, 2018, p. 510.

protesto, que tem suporte na interpretação sistemática dos arts. 794 e 795 da CLT, a fim de se evitar a preclusão das nulidades processuais. Desse modo, havendo uma decisão proferida no curso do processo que cause prejuízo à parte, mas não possa ser recorrível de imediato, a parte lesada deverá registrar os protestos a fim de evitar a preclusão da questão e eventual convalidação da nulidade".[1035]

O momento apropriado para apresentação dos protestos é no primeiro momento em que a parte prejudicada tiver de falar em audiência ou nos autos. A audiência é um momento processual importantíssimo no processo do trabalho, pois, nela, são praticados a maioria dos atos processuais, considerando o princípio da oralidade e da concentração dos atos processuais na audiência. Via de regra, na audiência, há tentativa de conciliação das partes, leitura da demanda proposta (situação incomum na praxe forense), apresentação da defesa de forma oral (ou escrita), instrução processual (depoimento pessoal do reclamante e do reclamado, oitiva das testemunhas, peritos e técnicos, se houver), razões finais de forma oral e, em seguida, uma nova tentativa de conciliação; e, por fim, se infrutífera a conciliação, os autos serão submetidos à julgamento.

Se a nulidade surgir no curso da audiência a parte prejudicada (ou seu respectivo advogado) imediatamente pedirá a palavra ao magistrado e requisitará que conste os seus "protestos" na ata de audiência, evitando, assim, a configuração da preclusão. Citamos como exemplo o indeferimento de oitiva de testemunha; o indeferimento de juntada de documento novo; indeferimento de realização de prova pericial (técnica ou médica). A figura em estudo é similar ao antigo recurso de agravo retido, cabível contra decisões interlocutórias, com previsão legal no art. 522 do Código de Processo Civil de 1973.

As nulidades originadas no curso do processo, em momento diverso da audiência, o protesto antipreclusivo deve ser efetuado na primeira oportunidade em que compete à parte falar nos autos, a exemplo, a ausência de intimação para manifestar-se acerca do laudo pericial juntado aos autos.

Sérgio Pinto Martins indica que *"o momento adequado de a parte falar sobre eventual nulidade é em audiência ou por ocasião das razões finais (art. 850 da CLT). Se for dada vista à parte dos autos em cartório, esse será o momento adequado de arguir a nulidade. Em segundo grau, o momento adequado é em preliminar de recurso"*. Acrescenta que *"Esses protestos são completamente irrelevantes, porque geralmente são desfundamentados, além de inexistir previsão na lei sobre tal veiculação de eventual nulidade. Na verdade pretende-se com os protesto estabelecer agravo nos autos do processo, que não mais existe (...)".*[1036]

Existe entendimento na jurisprudência no sentido de que o protesto deve ser renovado em alegações finais, sob pena de preclusão. Percorramos os arestos abaixo:

- NÃO CONHECIMENTO DE PARTE DO RECURSO ORDINÁRIO DA RECLAMADA – AUSÊNCIA DE RENOVAÇÃO DE PROTESTOS POR OCASIÃO DAS RAZÕES FINAIS. A reclamante, em contrarrazões, pugna pelo não conhecimento de parte do recurso ordinário da reclamada, porque a empresa não atentou para o que dispõe a norma contida no art. 795 da CLT, pois nas razões finais não renovou os protestos, o que significa que concordou com o encerramento da instrução, e no caso, com as provas produzidas. Assim, não havendo renovação dos protestos em sede de razões finais, encontra-se precluso o momento de arguir a nulidade processual. Dispõe o Art. 795 – *As nulidades não serão declaradas senão mediante provocação das partes, as quais deverão argüi-las à primeira vez em que tiverem de falar em audiência ou nos autos.* Como se observa, tal norma não impõe à parte a renovação dos protestos formulados em audiência contra o depoimento de testemunhas. Rejeito. (TRT-4 – RO: 00214660620175040006, Data de Julgamento: 11/07/2019, 3ª Turma).

No entanto, prevalece entendimento em sentido contrário. Vejamos:

- I – AGRAVO DE INSTRUMENTO. RECURSO DE REVISTA. LEI Nº 13.015/2014. INDEFERIMENTO DE PROVA TESTEMUNHAL. CERCEAMENTO DE DEFESA. PROTESTOS REGISTRADOS NA PRIMEIRA OPORTUNIDADE DE A PARTE FALAR AOS AUTOS. DESNECESSIDADE DE RENOVAÇÃO DOS PROTESTOS EM RAZÕES FINAIS. AUSÊNCIA DE PRECLUSÃO. Considerando que restou registrado no acórdão do TRT que houve protestos após o indeferimento da oitiva das testemunhas, é desnecessário que a insurgência da parte seja renovada em alegações finais. Demonstrada possível violação do art. 5º, LIV e LV, da CF, impõe-se o provimento do agravo de instrumento para determinar o processamento do recurso de revista. Agravo de instrumento provido. II – RECURSO DE REVISTA. LEI Nº 13.015/2014. NULIDADE POR NEGATIVA DE PRESTAÇÃO JURISDICIONAL. Em face do disposto no artigo 282, § 2º, do CPC/2015, deixa-se de analisar a alegada negativa de prestação jurisdicional. INDEFERIMENTO DE PROVA TESTEMUNHAL. CERCEAMENTO DE

[1035] Ibidem. Schiavi, 2018, p. 511.

[1036] Ibidem. Martins, 2020, p. 263-264.

DEFESA. PROTESTOS REGISTRADOS NA PRIMEIRA OPORTUNIDADE DE A PARTE FALAR AOS AUTOS. DESNECESSIDADE DE RENOVAÇÃO DOS PROTESTOS EM RAZÕES FINAIS. AUSÊNCIA DE PRECLUSÃO. A jurisprudência desta Corte pacificou-se no sentido de considerar desnecessário que a parte renove seus protestos em razões finais orais para que a matéria impugnada (nulidade) seja examinada pelo Tribunal Regional. Este entendimento decorre do fato de que o ato processual em questão, qual seja, as "razões finais" previstas no artigo 850 da CLT, consiste em mera faculdade da parte. Uma vez registrado no acórdão do TRT que houve protestos após o indeferimento da oitiva das testemunhas, é desnecessário que a insurgência da parte seja renovada em alegações finais, razão pela qual não há se falar em preclusão. Recurso de revista conhecido e provido. (TST – RR: 1739720165080007, Relator: Maria Helena Mallmann, Data de Julgamento: 06/11/2019, 2ª Turma, Data de Publicação: DEJT 22/11/2019)

– RECURSO DE REVISTA DO RECLAMANTE. 1. PRELIMINAR DE NULIDADE POR NEGATIVA DE PRESTAÇÃO JURISDICIONAL. O recurso de revista não preenche os requisitos previstos no art. 896 da CLT, pelo que se mostra inviável o seu conhecimento. Recurso de revista não conhecido no aspecto. 2. **PRELIMINAR DE NULIDADE POR CERCEAMENTO DO DIREITO DE DEFESA. INDEFERIMENTO DA OITIVA DE TESTEMUNHA. PROTESTO. PRECLUSÃO AFASTADA.** O processo do trabalho é regido pelos princípios da informalidade, conciliação, celeridade, simplicidade e oralidade, em absoluto comprometimento com a efetividade. Nesse contexto, vigora a regra da irrecorribilidade imediata das decisões interlocutórias, consagrada no art. art. 893, § 1º, da CLT (com os temperamentos interpretativos consubstanciados na Súmula 214/TST), que, **aliada à previsão do artigo 795 da CLT (que impõe às partes a necessidade de arguirem as nulidades na primeira oportunidade que tiverem de se pronunciar nos autos, sob pena de preclusão temporal), implicou, na prática, o surgimento da figura do protesto antipreclusivo, consubstanciado na insurgência ou manifestação formal e imediata, externada em audiência, em face de determinada decisão interlocutória (art. 203, CPC/2015). Nesse quadro, esta Corte Superior tem entendido que, uma vez apresentado o protesto em momento oportuno – no caso dos autos, se deu logo após o indeferimento da oitiva de testemunha, conforme se depreende do acórdão recorrido -, é despicienda sua reiteração ao final da instrução probatório ou em razões finais (que se trata de ato facultativo, consoante o art. 850 da CLT), pois a irresignação já fora externada e registrada, o que é suficiente para autorizar a devida insurgência em sede de recurso ordinário.** Precedentes. De par com isso, é notável o prejuízo sofrido pelo Reclamante, pois este teve o seu pleito de adicional de periculosidade indeferido com o argumento de que não se desvencilhou do ônus de comprovar, mediante prova oral, com qual habitualidade adentrava os recintos de risco da empresa. Assim, merece acolhida a nulidade por cerceamento de defesa suscitada. Prejudicado o exame dos temas remanescentes. Recurso de revista conhecido e parcialmente provido no aspecto. (RR – 89200-92.2009.5.15.0120, Relator Ministro: Mauricio Godinho Delgado, Data de Julgamento: 06/04/2016, 3ª Turma, Data de Publicação: DEJT 08/04/2016)

– "RECURSO DE REVISTA DA RECLAMANTE. RECURSO ANTERIOR À LEI Nº 13.015/2014. CONEXÃO E CONTINÊNCIA. INDEFERIMENTO. **PROTESTO EM AUDIÊNCIA NÃO RENOVADO EM RAZÕES FINAIS. PRECLUSÃO. INOCORRÊNCIA.** 1. O TRT reconheceu que, após o indeferimento de seu pedido de reunião de processos por conexão e continência, o reclamante protestou em audiência. Não obstante, entendeu que a questão relativa à conexão e continência estava preclusa porque, além de não ter havido a arguição expressa de nulidade processual em audiência, nas razões finais, apresentadas pela reclamante por memoriais, igualmente não houve menção à ocorrência de cerceamento de defesa. 2. **À luz da jurisprudência desta Corte, o registro de protestos em audiência mostra-se suficiente para afastar a preclusão, sendo desnecessária a renovação da insurgência em razões finais.** Precedentes. 3. **Nesse contexto, as exigências impostas no acórdão recorrido, relativas à arguição expressa de nulidade em audiência e de sua renovação em razões finais, quando já registrados os protestos naquela oportunidade, acarreta formalismo exacerbado e caracteriza má aplicação do art. 795 da CLT.** Recurso de revista conhecido e provido" (RR-1112-62.2012.5.09.0016, 1ª Turma, Relator Ministro Hugo Carlos Scheuermann, DEJT 23/11/2018).

Não seria o caso de se interromper a audiência que estiver sendo realizada para que a parte possa alegar a nulidade no seu processo. Normalmente, as partes fazem consignar na ata de audiência os seus protesto, quando o ato nulo é praticado em audiência, a fim de evitar a preclusão.

A convalidação ou preclusão da nulidade aplica-se somente aos atos relativamente nulos, ou seja, aqueles relativos a interesse particular das partes, que dependem de provocação do interessado. Os atos absolutamente nulos não se convalidam, pois cuidam-se de matérias de ordem pública, que devem ser reconhecidas de ofício ou a requerimento das partes em qualquer tempo ou grau de jurisdição, a exemplo, da hipótese indicada no §1º, do art. 795, da CLT, que trata da incompetência de foro – em realidade, da incompetência em razão da matéria, haja vista que a incompetência em razão do foro ou territorial é considerada ato processual relativamente nulo, dependendo de manifestação do interessado, ocorrendo a prorrogação da competência em caso de silêncio do interessado.

Renato Saraiva elucida que *"a redação do artigo mencionado é frágil, sendo desprovida de boa técnica legislativa. [...] quando o art. 795, §1º, consolidado, menciona a 'incompetência de foro', em verdade referiu-se à incompetência absoluta (seja em razão da matéria ou da pessoa), a qual pode ser declarada de ofício, e não à incompetência territorial (foro), que é relativa, dependendo de provocação do interessado"*.[1037]

Compartilhando da mesma interpretação, Homero Batista Mateus da Silva aclara que *"A expressão 'incompetência de foro', a que se refere o art. 795, § 1º, somente faz sentido se for entendida como incompetência absoluta ou material, porque somente essa enseja declaração de ofício pelo magistrado. Não faria sentido se fosse lida como incompetência territorial, pois colidiria com diversos outros elementos do processo do trabalho"*.[1038]

Nesta toada, a jurisprudência fixou entendimento:

- CONFLITO NEGATIVO DE COMPETÊNCIA – COMPETÊNCIA RELATIVA – DECLARAÇÃO DE OFÍCIO – IMPOSSIBILIDADE – Por aplicação dos artigos 64 e 65 do CPC, bem como do artigo 795, parágrafo 1º, da CLT, conforme a interpretação conferida pela Súmula 33 do STJ e pela OJ 149 da SDI-II do TST, o juiz não pode declarar a incompetência relativa de ofício, pois não pode conhecer de questões a cujo respeito a lei exige a iniciativa da parte. (TRT-3 – CC: 00113418720185030000 MG 0011341-87.2018.5.03.0000, Relator: Paulo Roberto de Castro, Data de Julgamento: 30/11/2018, 1ª Seção de Dissídios Individuais, Data de Publicação: 04/12/2018.)

A redação do §2º do art. 795 da CLT, preceitua que o juiz incompetente em razão da matéria deverá remeter os autos ao juiz competente, em atenção aos princípios da economia processual e efetividade da jurisdição. De igual maneira, o art. 64, § 3º, do CPC/2015, ao estabelecer que, caso seja reconhecida pelo magistrado a incompetência absoluta, os autos deverão ser remetidos ao juízo competente, tornando-se nulos apenas os atos decisórios.

[1037] Saraiva, Renato; Manfredini, Aryanna. – Curso de Direito Processual do Trabalho. – 13. Ed. – Salvador: Ed. Juspodivm, 2016, p.190.

[1038] Ibidem. Silva, 2018, p. 351.

JURISPRUDÊNCIA

▶ NULIDADE PROCESSUAL POR CERCEAMENTO DE DEFESA. AUSÊNCIA DE INTIMAÇÃO DA SENTENÇA PROFERIDA em AUDIÊNCIA. INOCORRÊNCIA. PRECLUSÃO. Havendo notificação regular do ente público, na pessoa de sua Procuradora Federal, acerca da designação de data da audiência, e sendo publicada a sentença naquela sessão, com a ciência do preposto, reputa-se regular a intimação, sendo desnecessária sua renovação pessoal. Além disso, a agravante não recorreu e, na fase executória apresentou embargos à execução sem questionar a nulidade do ato, pelo que reputa-se preclusa a discussão a respeito, seja por não arguida à primeira vez que a parte teve que falar nos autos (art. 795 da CLT), seja por ausência de cerceamento de defesa ou prejuízo (art. 794 da CLT). Aplicável ao caso o disposto no art. 1.003 e § 1º, do CPC. (TRT-11 – AP: 00010090620185110011, Relator: FRANCISCA RITA ALENCAR ALBUQUERQUE, Data de Julgamento: 11/03/2021, 1ª Turma, Data de Publicação: 18/03/2021)

▶ RECURSO DA RECLAMADA. 1. OITIVA DE TESTEMUNHA. INDEFERIMENTO. PROTESTO IMEDIATO. NÃO RENOVAÇÃO EM ALEGAÇÕES FINAIS. AUSÊNCIA DE PRECLUSÃO. Opondo-se, a parte, ao indeferimento de oitiva de testemunhas, com protestos em audiência, ainda que não renovados em alegações finais, perfaz iniciativa suficiente para afastar a preclusão da matéria. Inteligência do art. 795, da CLT 2. CERCEAMENTO DE DEFESA. NULIDADE DA SENTENÇA. Pretendia a produção de prova oral visando à comprovação de fatos que poderiam influenciar diretamente na decisão acerca do direito debatido, o indeferimento desta prova seguido de decisão pelo deferimento do pleito decorrente de ausência de produção probatória em tal sentido acarreta-lhe flagrante prejuízo, em razão do inequívoco cerceamento do seu direito de produção probatória. Recurso provido. (TRT-13 – RO: 00001940220205130005 0000194-02.2020.5.13.0005, Data de Julgamento: 09/03/2021, 1ª Turma, Data de Publicação: 16/03/2021)

▶ I – AGRAVO DE INSTRUMENTO. RECURSO DE REVISTA. LEI Nº 13.015/2014. INDEFERIMENTO DE PROVA TESTEMUNHAL. CERCEAMENTO DE DEFESA. PROTESTOS REGISTRADOS NA PRIMEIRA OPORTUNIDADE DE A PARTE FALAR AOS AUTOS. **DESNECESSIDADE DE RENOVAÇÃO DOS PROTESTOS EM RAZÕES FINAIS. AUSÊNCIA DE PRECLUSÃO.** Considerando que restou registrado no acórdão do TRT que houve protestos após o indeferimento da oitiva das testemunhas, é desnecessário que a insurgência da parte seja renovada em alegações finais. Demonstrada possível violação do art. 5º, LIV e LV, da CF, impõe-se o provimento do agravo de instrumento para determinar o processamento do recurso de revista. Agravo de instrumento provido. II – RECURSO DE REVISTA. LEI Nº 13.015/2014. NULIDADE POR NEGATIVA DE PRESTAÇÃO JURISDICIONAL. Em face do disposto no artigo 282, § 2º, do CPC/2015, deixa-se de analisar a alegada negativa de prestação jurisdicional. INDEFERIMENTO DE PROVA TESTEMUNHAL. CERCEAMENTO DE DEFESA. PROTESTOS REGISTRADOS NA PRIMEIRA OPORTUNIDADE DE A PARTE FALAR AOS AUTOS. DESNECESSIDADE DE RENOVAÇÃO DOS PROTESTOS EM RAZÕES FINAIS. AUSÊNCIA DE PRECLUSÃO. A jurisprudência desta Corte pacificou-se no sentido de considerar desnecessário que a parte renove seus protestos em razões finais orais para que a matéria impugnada (nulidade) seja examinada pelo Tribunal Regional. Este entendimento decorre do fato de que o ato processual em questão, qual seja, as "razões finais" previstas no artigo 850 da CLT, consiste em mera faculdade da parte. Uma vez registrado no acórdão do TRT que houve protestos após o indeferimento da oitiva das testemunhas, é desnecessário que a insurgência da parte seja renovada em alegações finais, razão pela qual não há se falar em preclusão. Recurso de revista conhecido e provido. (TST – RR: 1739720165080007, Relator: Maria Helena Mallmann, Data de Julgamento: 06/11/2019, 2ª Turma, Data de Publicação: DEJT 22/11/2019)

▶ RECURSO DE REVISTA DO RECLAMANTE. 1. PRELIMINAR DE NULIDADE POR NEGATIVA DE PRESTAÇÃO JURISDICIONAL. O recurso de revista não preenche os requisitos previstos no art. 896 da CLT, pelo que se mostra inviável o seu conhecimento. Recurso de revista não conhecido no aspecto. 2. PRELIMINAR DE NULIDADE POR

CERCEAMENTO DO DIREITO DE DEFESA. INDEFERIMENTO DA OITIVA DE TESTEMUNHA. PROTESTO. PRECLUSÃO AFASTADA. O processo do trabalho é regido pelos princípios da informalidade, conciliação, celeridade, simplicidade e oralidade, em absoluto comprometimento com a efetividade. Nesse contexto, vigora a regra da irrecorribilidade imediata das decisões interlocutórias, consagrada no art. art. 893, § 1º, da CLT (com os temperamentos interpretativos consubstanciados na Súmula 214/TST), que, **aliada à previsão do artigo 795 da CLT (que impõe às partes a necessidade de arguirem as nulidades na primeira oportunidade que tiverem de se pronunciar nos autos, sob pena de preclusão temporal), implicou, na prática, o surgimento da figura do protesto antipreclusivo, consubstanciado na insurgência ou manifestação formal e imediata, externada em audiência, em face de determinada decisão interlocutória (art. 203, CPC/2015). Nesse quadro, esta Corte Superior tem entendido que, uma vez apresentado o protesto em momento oportuno – no caso dos autos, se deu logo após o indeferimento da oitiva de testemunha, conforme se depreende do acórdão recorrido -, é despicienda sua reiteração ao final da instrução probatório ou em razões finais (que se trata de ato facultativo, consoante o art. 850 da CLT), pois a irresignação já fora externada e registrada, o que é suficiente para autorizar a devida insurgência em sede de recurso ordinário.** Precedentes. De par com isso, é notável o prejuízo sofrido pelo Reclamante, pois este teve o seu pleito de adicional de periculosidade indeferido com o argumento de que não se desvencilhou do ônus de comprovar, mediante prova oral, com qual habitualidade adentrava os recintos de risco da empresa. Assim, merece acolhida a nulidade por cerceamento de defesa suscitada. Prejudicado o exame dos temas remanescentes. Recurso de revista conhecido e parcialmente provido no aspecto. (RR – 89200-92.2009.5.15.0120, Relator Ministro: Mauricio Godinho Delgado, Data de Julgamento: 06/04/2016, 3ª Turma, Data de Publicação: DEJT 08/04/2016)

▸ "RECURSO DE REVISTA DA RECLAMANTE. RECURSO ANTERIOR À LEI Nº 13.015/2014. CONEXÃO E CONTINÊNCIA. INDEFERIMENTO. **PROTESTO EM AUDIÊNCIA NÃO RENOVADO EM RAZÕES FINAIS. PRECLUSÃO. INOCORRÊNCIA.** 1. O TRT reconheceu que, após o indeferimento de seu pedido de reunião de processos por conexão e continência, o reclamante protestou em audiência. Não obstante, entendeu que a questão relativa à conexão e continência estava preclusa porque, além de não ter havido a arguição expressa de nulidade processual em audiência, nas razões finais, apresentadas pela reclamante por memoriais, igualmente não houve menção à ocorrência de cerceamento de defesa. 2. À luz da jurisprudência desta Corte, o registro de protestos em audiência mostra-se suficiente para afastar a preclusão, sendo desnecessária a renovação da insurgência em razões finais. Precedentes. 3. Nesse contexto, as exigências impostas no acórdão recorrido, relativas à arguição expressa de nulidade em audiência e de sua renovação em razões finais, quando já registrados os protestos naquela oportunidade, acarreta formalismo exacerbado e caracteriza má aplicação do art. 795 da CLT. Recurso de revista conhecido e provido" (RR-1112-62.2012.5.09.0016, 1ª Turma, Relator Ministro Hugo Carlos Scheuermann, DEJT 23/11/2018).

▸ "I – AGRAVO DE INSTRUMENTO EM RECURSO DE REVISTA REGIDO PELA LEI 13.015/2014. CERCEAMENTO DE DEFESA. DECISÃO QUE NEGA EXPEDIÇÃO DE OFÍCIO. **DESNECESSIDADE DE RENOVAÇÃO DO PEDIDO EM RAZÕES FINAIS. AUSÊNCIA DE PRECLUSÃO.** Demonstrada possível violação do art. 5.º, LV da Constituição Federal, impõe-se o provimento do agravo de instrumento para determinar o processamento do recurso de revista. Agravo de instrumento provido. II – RECURSO DE REVISTA REGIDO PELA LEI 13.015/2014. CERCEAMENTO DE DEFESA. DECISÃO QUE NEGA EXPEDIÇÃO DE OFÍCIO. DESNECESSIDADE DE RENOVAÇÃO DO PEDIDO EM RAZÕES FINAIS. AUSÊNCIA DE PRECLUSÃO. Nos termos do art. 795 da CLT, o reclamante suscitou eventual nulidade em audiência. Esta Corte tem entendido que o momento oportuno para se arguir nulidade processual é a audiência de instrução e julgamento, por intermédio de protesto antipreclusivo, caso em que a parte não estará obrigada a renovar a arguição de nulidade em razões finais, mas apenas nas razões do recurso ordinário. Assim, não se operou a preclusão no caso, pois houve o protesto em momento oportuno. Precedentes. Neste enfoque, ao entender por preclusa a alegação da parte, vislumbra-se violação ao art. 5.º LV, da Constituição Federal, cabendo o retorno dos autos ao Tribunal de origem para prosseguir no exame da preliminar de cerceamento de defesa, realizando o juízo de admissibilidade da prova. Recurso de revista conhecido e provido" (RR-1001396-45.2015.5.02.0468, 2ª Turma, Relatora Ministra Delaíde Miranda Arantes, DEJT 26/04/2019).

▸ "I – AGRAVO DE INSTRUMENTO EM RECURSO DE REVISTA REGIDO PELA LEI 13.015/2014. CERCEAMENTO DE DEFESA. INDEFERIMENTO DE PROVA TESTEMUNHAL. PRECLUSÃO. Demonstrada possível violação do art. 5.º, LV da Constituição Federal, impõe-se o provimento do agravo de instrumento para determinar o processamento do recurso de revista. Agravo de instrumento provido. II – RECURSO DE REVISTA REGIDO PELA LEI 13.015/2014. CERCEAMENTO DE DEFESA. INDEFERIMENTO DE PROVA TESTEMUNHAL. PRECLUSÃO. Nos termos do art. 795 da CLT, a reclamada suscitou eventual nulidade em audiência, reiterando as razões do seu protesto em alegações finais remissivas. **Esta Corte tem entendido que o momento oportuno para se arguir nulidade processual é a audiência de instrução e julgamento, por intermédio de protesto antipreclusivo, caso em que a parte não estará obrigada a renovar a arguição de nulidade em razões finais, mas apenas nas razões do recurso ordinário.** Assim, não se operou a preclusão no caso, pois houve o protesto em momento oportuno. Precedentes. Neste enfoque, ao entender por preclusa a alegação da parte, vislumbra-se violação ao art. 5.º LV, da Constituição Federal, cabendo o retorno dos autos ao Tribunal de origem para prosseguir no exame da preliminar de cerceamento de defesa, realizando o juízo de admissibilidade da prova. Recurso de revista conhecido e provido" (RR-314-94.2016.5.12.0043, 2ª Turma, Relatora Ministra Delaide Miranda Arantes, DEJT 29/09/2017).

▸ RECURSO DE REVISTA. ACÓRDÃO PUBLICADO NA VIGÊNCIA DA LEI Nº 13.015/2014. NULIDADE. CERCEAMENTO DE DEFESA. EXPEDIÇÃO DE OFÍCIO. PROTESTOS EM AUDIÊNCIA. AUSÊNCIA DE RENOVAÇÃO DA ARGUIÇÃO DE NULIDADE NAS RAZÕES FINAIS. PRECLUSÃO. NÃO OCORRÊNCIA. É firme a jurisprudência desta Corte no sentido de que a ausência de renovação nas razões finais dos protestos realizados em audiência quanto ao indeferimento de produção de prova não configura preclusão do direito da parte de arguir a nulidade. Dessa forma, o Tribunal Regional, ao considerar necessária a expressa arguição da nulidade em sede de razões finais, mesmo já registrados os protestos em audiência, importou em ofensa ao art. 5º, inciso LV, da Constituição Federal. Recurso de revista conhecido e provido. (RR – 320-55.2014.5.09.0011, Relator Ministro: Breno Medeiros, Data de Julgamento: 21/03/2018, 5ª Turma, Data de Publicação: DEJT 23/03/2018)

▸ (...) 2. CERCEAMENTO DE DEFESA. INDEFERIMENTO DE OITIVA DE TESTEMUNHAS. PROTESTOS. RAZÕES FINAIS REMISSIVAS. PRECLUSÃO NÃO CONFIGURADA. TRANSCENDÊNCIA POLÍTICA CARACTERIZADA. De acordo com o art. 896-A da CLT, o Tribunal Superior do Trabalho, no recurso de revista, deve examinar previamente se a causa oferece transcendência com relação aos reflexos gerais de natureza econômica, política, social ou jurídica. No caso presente, a Reclamada pretendeu a oitiva de testemunha para comprovar o pagamento de salário e comissões "por fora". Conforme delineado no acórdão regional, formulou protesto na audiência e, sob o fundamento de que o protesto não foi renovado nas razões finais, o Tribunal Regional concluiu ter ocorrido a preclusão. Em situações como a dos autos, esta Corte tem jurisprudência no sentido de que a ausência de renovação explícita do protesto nas razões finais não configura preclusão. Encontrando-se a decisão regional em flagrante dissonância com a jurisprudência pacífica e reiterada desta Corte, resta divisada a transcendência política do debate proposto. Possível violação do artigo 5º, LV, da Constituição Federal. Agravo de instrumento conhecido e provido. II. RECURSO DE REVISTA. REGIDO PELAS LEIS 13.015/2014 E 13.467/2017. CERCEAMENTO DE DEFESA. INDEFERIMENTO DE OITIVA DE TESTEMUNHAS. PROTESTOS. RAZÕES FINAIS REMISSIVAS. PRECLUSÃO NÃO CONFIGURADA. TRANSCENDÊNCIA POLÍTICA CARACTERIZADA. Discute-se na espécie se há preclusão quando a parte, apesar de formular protesto em audiência pelo deferimento da oitiva de testemunhas, apresenta razões finais sem renová-lo. O TRT consignou expressamente que, "embora a recorrente, na audiência de fls. 207/208, tenha consignado" protestos "em relação ao indeferimento das provas que pretendia produzir, concordou com o encerramento da instrução processual, tendo sido suas razões finais remissivas, sem qualquer fundamentação da nulidade suscitada.". No entanto, o comando do art. 795 da CLT é o de que a parte deve arguir a nulidade na primeira vez em que tiver de falar, em audiência ou nos autos. Não há determinação para que, após insurgir-se em momento oportuno, a parte ratifique seu ato posteriormente. Desse modo, o Tribunal Regional, ao concluir pela configuração da preclusão, contrariou a atual, iterativa e notória jurisprudência do TST, restando caracterizada a transcendência política do debate proposto e, consequentemente, violação do artigo 5º, LV, da Constituição Federal. Transcendência política evidenciada. Recurso de revista conhecido e provido"(RR-1000222-04.2016.5.02.0003, 5ª Turma, Relator Ministro Douglas Alencar Rodrigues, DEJT 22/05/2020).

▶ ARGUIÇÃO DE NULIDADE. PRECLUSÃO. Em seguida à impugnação ao laudo pericial foi realizada audiência, mas a reclamada não invocou a nulidade, naquele ato, tendo concordado com o encerramento da instrução processual e em razões finais, nada mencionou sobre a ausência de remessa dos autos ao perito para manifestação quanto à impugnação. Não tendo a reclamada observado a regra do art. 795, da CLT, não há como se invocar a nulidade de que trata o art. 794, do mesmo Diploma Processual, eis que operada a preclusão. Alegação de nulidade rejeitada. (TRT-2 10005757820175020045 SP, Relator: JORGE EDUARDO ASSAD, 12ª Turma – Cadeira 3, Data de Publicação: 07/12/2020)

▶ RECURSO ORDINÁRIO INTERPOSTO PELA PRIMEIRA RECLAMADA. CERCEAMENTO DE DEFESA. Não tendo a recorrente, diante do encerramento da instrução processual, consignado o indispensável protesto antipreclusivo, na forma do artigo 795, da CLT, não há nulidade a declarar. Recurso desprovido. [...] (TRT-1 – RO: 01000580920195010061 RJ, Relator: ALEXANDRE TEIXEIRA DE FREITAS BASTOS CUNHA, Data de Julgamento: 15/09/2020, Oitava Turma, Data de Publicação: 19/09/2020)

▶ NULIDADE. AUSÊNCIA DE PROTESTOS. PRECLUSÃO. Nos termos do art. 795 da CLT, toda nulidade deve ser arguida pela parte à primeira oportunidade para falar em audiência ou se manifestar nos autos. O encerramento da instrução processual sem oposição de protestos configura, inexorável, a preclusão. (TRT-3 – RO: 00100536320205030185 MG 0010053-63.2020.5.03.0185, Relator: Danilo Siqueira de C. Faria, Data de Julgamento: 05/03/2021, Oitava Turma, Data de Publicação: 08/03/2021.)

▶ NULIDADE PROCESSUAL. PRECLUSÃO. As nulidades não serão declaradas senão mediante provocação das partes, as quais deverão argui-las à primeira vez em que tiverem de falar em audiência ou nos autos (CLT, art. 795), sob pena de preclusão. (TRT-3 – AP: 00111984620165030137 MG 0011198-46.2016.5.03.0137, Relator: Jose Marlon de Freitas, Data de Julgamento: 25/02/2021, Oitava Turma, Data de Publicação: 26/02/2021.)

▶ CONFLITO NEGATIVO DE COMPETÊNCIA – COMPETÊNCIA RELATIVA – DECLARAÇÃO DE OFÍCIO – IMPOSSIBILIDADE – Por aplicação dos artigos 64 e 65 do CPC, bem como do artigo 795, parágrafo 1º, da CLT, conforme a interpretação conferida pela Súmula 33 do STJ e pela OJ 149 da SDI-II do TST, o juiz não pode declarar a incompetência relativa de ofício, pois não pode conhecer de questões a cujo respeito a lei exige a iniciativa da parte. (TRT-3 – CC: 00113418720185030000 MG 0011341-87.2018.5.03.0000, Relator: Paulo Roberto de Castro, Data de Julgamento: 30/11/2018, 1ª Seção de Dissídios Individuais, Data de Publicação: 04/12/2018.)

▶ RECURSO ORDINÁRIO DO RECLAMANTE. EXPEDIÇÃO DE ALVARÁ PARA SAQUE DO FGTS. COVID-19. A pandemia resultante da COVID-19, doença causada pelo novo coronavírus, atinge o conjunto da sociedade, representando fato notório não apenas as suas graves consequências para a saúde pública, como o expressivo aumento das dificuldades também financeiras enfrentadas pela população. Nesse sentido, adota o Relator o entendimento de que, diante da indiscutível gravidade da situação vivenciada no País, e que motivou, inclusive, o reconhecimento do estado de calamidade pública e de emergência por parte do Governo Federal e do Congresso Nacional (conforme Portaria do Ministério da Saúde nº 188, de 3 de fevereiro de 2020; Lei nº 13.979, de 6 de fevereiro de 2020 e Decreto Legislativo nº 6, de 20 de março de 2020), encontra-se configurada hipótese que autoriza a aplicação da norma prevista no inciso XVI do artigo 20 da Lei 8.036/1990 para a movimentação da conta vinculada do trabalhador. Tratando-se o FGTS de garantia prevista no inciso III do artigo 7º da Constituição, justamente com o propósito principal de proteger o trabalhador em períodos nos quais não tem acesso à renda em decorrência do desemprego, haveria de ser acolhida a pretensão do demandante quanto à expedição de alvará para o saque dos valores existentes em sua conta vinculada no Fundo. Prevalência no Colegiado, contudo, da orientação de que a situação descrita nos autos não se insere nas disposições do artigo 114 da Constituição da República, sendo declarada, de ofício, a incompetência da Justiça do Trabalho para a apreciação do pedido, vencido, no aspecto, o Relator. Vistos, relatados e discutidos os autos. ACORDAM os Magistrados integrantes da 2ª Turma do Tribunal Regional do Trabalho da 4ª Região: por maioria, vencido o entendimento do Relator, declarar, de ofício, a incompetência absoluta da Justiça do Trabalho para processar e julgar pedido de expedição de alvará para o saque dos depósitos do FGTS, por motivo de calamidade pública atrelada à pandemia da COVID-19, sendo determinada a remessa dos autos à Justiça Federal, na forma do artigo 795, parágrafo 2º, da CLT e do artigo 64, parágrafo 3º, do CPC. (TRT-4 – ROT: 00203960720205040601, Data de Julgamento: 26/08/2020, 2ª Turma)

▶ INCOMPETÊNCIA DESTA ESPECIALIZADA. DECLARAÇÃO. REMESSA DOS AUTOS À JUSTIÇA COMPETENTE. ART. 765, PARÁGRAFO 2º, DA CLT E ART. 64, PARÁGRAFO 3º, DO CPC. Nos termos do art. 795, § 2º da CLT, o juiz ou Tribunal que se julgar incompetente determinará, na mesma ocasião, que se faça remessa do processo, com urgência, à autoridade competente, fundamentando a sua decisão. Outrossim, dispõe o art. 64, § 3º, CPC, de aplicação subsidiária nesta seara (art. 769 da CLT), que, caso a alegação de incompetência seja acolhida, os autos serão remetidos ao juízo competente. Considerando os dispositivos legais anteriores e que o Sistema de Processual Judicial Eletrônico desta Especializada não é compatível com aquele implantado nas diferenças esferas do judiciário, o que impossibilita a remessa dos autos eletrônicos ao Órgão Jurisdicional competente, o procedimento mais adequado ao caso é determinar o retorno dos autos à origem, a fim de seja efetivado o "download" dos autos em arquivo, no formato PDF, com sua remessa ao Juízo Distribuidor da Justiça Estadual Comum de Pouso Alegre/MG, por malote digital ou, caso isso não seja possível, que se proceda à reprodução impressa dos autos, com a sua remessa em meio físico. (TRT-3 – RO: 00110778420195030178 MG 0011077-84.2019.5.03.0178, Relator: Marcelo Lamego Pertence, Data de Julgamento: 13/08/2020, Sétima Turma, Data de Publicação: 18/08/2020. DEJT/TRT3/Cad.Jud. Página 1399. Boletim: Sim.)

Art. 796 – A nulidade não será pronunciada:

a) quando for possível suprir-se a falta ou repetir-se o ato;

b) quando argüida por quem lhe tiver dado causa.

COMENTÁRIOS (ART. 796)

Quando for possível suprir-se a falta ou repetir-se o ato a nulidade não será pronunciada (art. 796, *a*, da CLT). Representa a possibilidade de saneamento das nulidades ou da renovação dos atos processuais viciados, também denominada pela doutrina de princípio do saneamento das nulidades ou da renovação dos atos processuais viciados.

Segunda a doutrina este princípio tem o escopo de aproveitar ao máximo a relação jurídica processual, renovando os atos processuais defeituosos, sem a necessidade de extinção prematura do processo.

Sérgio Pinto Martins esclarece que *"O dispositivo adota o princípio do aproveitamento da parte válida do ato e da economia processual. [...] O juiz que indeferiu perguntas ou indeferiu a oitiva de testemunha, pode mandar fazê-las, repetindo o ato da audiência para esse fim"*[1039].

Outrossim, o princípio do interesse dispõe que a ninguém é lícito alegar ou se beneficiar da própria torpeza. Com base nisso, a nulidade não será pronunciada quando arguida por quem lhe tiver dado causa (art. 796, *b*, da CLT), ou seja, a decretação desta não pode ser requerida pela parte que lhe deu causa. Fundamenta-se na lealdade ou boa-fé processual[1040].

JURISPRUDÊNCIA

▶ CERCEAMENTO DE DIREITO. NÃO COMPARECIMENTO À PERÍCIA DESIGNADA. O cerceamento do direito fundamental à produção das provas necessárias à comprovação do direito vindicado em juízo ocorre quando o magistrado que preside a instrução deixa de observar as prescrições legais referentes ao devido processo legal. Dito isso, a não produção da prova pericial quanto a própria parte, injustificadamente, não compareceu à perícia médica designada, dando causa à sua não realização (art. 796, item b da CLT), não implica a aventada nulidade do processado. Recurso a que se nega provimento. (TRT-23 00001517620195230052 MT, Relator: AGUIMAR PEIXOTO, Gabinete da Presidência, Data de Publicação: 02/06/2020)

▶ AGRAVO DE PETIÇÃO. NULIDADE DE CITAÇÃO PARA AUDIÊNCIA INAUGURAL. ALEGAÇÃO PELA PARTE QUE LHE DEU CAUSA. NÃO RECONHECIMENTO. Verificando-se que foi a agravante quem deu causa ao vício de citação, por indicar seu endereço com divergências em diversos documentos, não cabe ser pronunciada essa nulidade, ante o disposto no art. 796, alínea b da CLT. (TRT-1 – AP: 01001791220195010037 RJ, Relator: TANIA DA SILVA GARCIA, Data de Julgamento: 14/07/2020, Quarta Turma, Data de Publicação: 23/07/2020)

▶ AGRAVO DE PETIÇÃO. NULIDADE DE CITAÇÃO. VEDAÇÃO DO COMPORTAMENTO CONTRADITÓRIO. As nulidades não podem ser arguidas por quem lhes deu causa, em manifesta conduta contraditória no processo e em prejuízo da boa-fé objetiva. No caso, tendo o executado provocado a exclusão de réu por ausência de personalidade jurídica, não lhe cabe arguir nulidade de citação em fase executória, sob a alegação de litisconsórcio necessário (art. 796, b da CLT). (TRT-23 00011973120115230101 MT, Relator: ROBERTO BENATAR, Gab. Des. Roberto Benatar, Data de Publicação: 21/08/2020)

▶ NULIDADE PROCESSUAL. CERCEAMENTO DE DEFESA NÃO CONFIGURADO. Nos termos do art. 796, b, da CLT, a nulidade não será pronunciada quando arguida por quem lhe tiver dado causa. Assim, não se reconhece nulidade processual por cerceamento de defesa em face da própria incúria da parte interessada que, ciente da renúncia de seu advogado, não constituiu novo representante ou promoveu a habilitação da outra advogada constante do instrumento de procuração. (TRT-3 – AP: 00108826020155030107 MG 0010882-60.2015.5.03.0107, Relator: Marco Antonio Paulinelli Carvalho, Data de Julgamento: 10/03/2021, Decima Primeira Turma, Data de Publicação: 11/03/2021.)

▶ NULIDADE PROCESSUAL. FALTA DE INTERESSE PROCESSUAL. PARTE QUE DEU CAUSA À FALTA DE CONTRADITÓRIO. A nulidade só pode ser decretada a requerimento da parte prejudicada e nunca por aquela que foi a sua causadora. No caso concreto, a alegada falta de intimação sobre os atos processuais decorreu da omissão da parte recorrente em informar o novo endereço nos autos, no exato instante em que revogou a procuração outorgada aos advogados que a representava, pelo que consideram-se válidas as comunicações para o endereço anterior. Exegese dos arts. 111, 274 e 276 do CPC e art. 796, al. b, da CLT. (TRT12 – AP – 0000562-18.2018.5.12.0002, Rel. NARBAL ANTONIO DE MENDONCA FILETI , 1ª Câmara , Data de Assinatura: 16/10/2020)

▶ RECURSO ORDINÁRIO. JULGAMENTO ULTRA PETITA. DESNECESSÁRIA A NULIFICAÇÃO DO JULGADO. EFEITO DEVOLUTIVO DO APELO. O recurso ordinário devolve ao Tribunal ad quem o conhecimento das matérias suscitadas e discutidas, consoante se depreende do artigo 1.013 do CPC/2015 e da Súmula 393 do TST, transferindo ao Tribunal toda a matéria discutida e decidida na lide, de forma que eventuais equívocos ou omissões do Juízo monocrático podem ser apontados pela parte recorrente e corrigidos por esta via. Não é essa causa, portanto, ensejadora da nulidade objetivada, porque é possível, sem a medida extrema perseguida, sanar-se o vício apontado, se for o caso, atendendo-se, inclusive, ao princípio da economia processual. No ponto, ressalto que, de acordo com o artigo 796, alínea a, da CLT, a nulidade não será pronunciada quando for possível suprir-se a falta ou repetir-se o ato. Recurso ordinário a que se nega provimento. (TRT-6 – RO: 00015704520165060009, Data de Julgamento: 20/08/2020, Quarta Turma)

Art. 797 – O juiz ou Tribunal que pronunciar a nulidade declarará os atos a que ela se estende.

Art. 798 – A nulidade do ato não prejudicará senão os posteriores que dele dependam ou sejam conseqüência.

COMENTÁRIOS (ARTS. 797 E 798)

O artigo em estudo indica que o juiz do trabalho ou o Tribunal, ao declarar a nulidade, deve especificar todos os atos processuais atingidos pela nulidade (**art. 797 da CLT**). Também, deve indicar as providências necessárias a fim de que sejam repetidos ou retificados (art. 282 do CPC). Trata-se do **princípio do aproveitamento dos atos processuais praticados ou da conservação dos atos processuais úteis**, isto é, significa dizer que a declaração da nulidade não pode se estender ou retroagir para anular atos válidos .

A nulidade **somente prejudicará os atos posteriores que dele dependam ou sejam consequência**

[1039] Ibidem. Martins, 2020, p. 265.

[1040] Para Carlos Henrique Bezerra Leite *"O princípio do interesse, portanto, constitui postulado ético do processo e corolário do princípio da boa-fé (NCPC, art. 5º), o qual não admite que alguém obtenha vantagem valendo-se de sua própria torpeza. Dito de outro modo, nenhum participante do processo poderá postular decretação de sua invalidade se ele mesmo lhe deu causa, pois, ao 'praticar o ato viciado, a parte vê logicamente preclusa a possibilidade de alegar vício a que deu causa (preclusão lógica)'" (in Curso de Direito Processual do Trabalho, 2018, p. 454-455)*

daquele ato (princípio da causalidade dos atos processuais). A pronúncia da nulidade de um ato processual **não atingirá os atos independentes.** A esse respeito o art. 281 do CPC dispõe que, anulado o ato, consideram-se de nenhum efeito todos os subsequentes, que dele dependam. Contudo, a nulidade de uma parte do ato não prejudicará as outras, que dela sejam independentes. Em outras palavras, o magistrado faz o isolamento dos atos processuais.

Neste ponto, válidas são as lições de Sergio Pinto Martins: "É a regra de que deve existir nexo de causalidade entre o ato tido por nulo e o subsequente para a nulidade do segundo ato processual".[1041]

JURISPRUDÊNCIA

▶ CERCEAMENTO DE DEFESA. CONFIGURAÇÃO. NULIDADE DA SENTENÇA. O devido processo legal (art. 5º, LIV, da CR), para que se torne efetivo, deve abranger o direito da parte de produzir as provas necessárias à plena elucidação da lide. Tal garantia, também derivada do princípio do contraditório e ampla defesa (art. 5º, LV, da CR), deve ser assegurada para que não se dê margem à alegação de cerceamento de defesa e à declaração de nulidade processual. Constitui ato privativo do Juiz a apreciação da admissibilidade ou da necessidade das provas requeridas, velando pela condução da instrução processual com foco no conhecimento da verdade (arts. 765 da CLT e 371 do CPC/15). Obstada, todavia, a faculdade da parte de produzir provas essenciais ao deslinde da controvérsia, impedindo a demonstração dos fatos alegados, deve ser reconhecido o cerceamento de defesa, em função do manifesto prejuízo imposto ao litigante (art. 794 da CLT), implicando a nulidade da decisão e a renovação de atos processuais, nos termos dos arts. 797 e 798 da CLT. (TRT-3 – RO: 00107111320185030006 MG 0010711-13.2018.5.03.0006, Relator: Marcelo Lamego Pertence, Data de Julgamento: 19/06/2020, Sétima Turma, Data de Publicação: 23/06/2020.)

▶ RECURSO ORDINÁRIO PATRONAL.CITAÇÃO INVÁLIDA. A ausência de citação válida implica em nulidade da sentença, nos termos do art. 280 do CPC. Provado que a intimação do litisconsorte para comparecimento à audiência inaugural foi entregue em endereço diverso, impende declarar a nulidade rocessual a partir da referida intimação e de todos os atos praticados a partir da intimação irregular, conforme arts, 794 e 797 da CLT. Apelo provido. (TRT-19 – RO: 00001739020205190059 0000173-90.2020.5.19.0059, Relator: Laerte Neves De Souza, Data de Publicação: 13/02/2021)

▶ RECURSO DO RECLAMANTE. PRELIMINAR DE NULIDADE DA SENTENÇA. CERCEAMENTO DE DEFESA. INEXISTÊNCIA. As nulidades no processo trabalhista seguem as normas prescritas nos artigos 794 a 798 da CLT. Na hipótese dos autos o Juiz sentenciante entendeu ser desnecessária a produção de mais prova documental, dado o conjunto probatório produzido nos autos, suficiente à formação do convencimento do magistrado. O indeferimento da prova está respaldado no poder do Magistrado de condução do processo, conforme disposto nos artigos 765 da CLT c/c 139 do CPC. Demais disso, contrariando a orientação do juízo sentenciante, o Autor produziu a prova que pretendia e que não foi extraída dos autos. Assim, não há que se falar em cerceamento de defesa pelo fato do Juiz de origem deferir a pretensão inicial sem considerar os documentos juntados. Preliminar rejeitada. [...] (TRT-10 – RO: 00014949120175100003 DF, Data de Julgamento: 11/11/2020, Data de Publicação: 14/11/2020)

1041 Ibidem. Martins, p. 266.

▶ SEÇÃO VI
DAS EXCEÇÕES

Art. 799 – Nas causas da jurisdição da Justiça do Trabalho, somente podem ser opostas, com suspensão do feito, as exceções de suspeição ou incompetência. (Redação dada pelo Decreto-lei nº 8.737, de 19.1.1946)

§ 1º – As demais exceções serão alegadas como matéria de defesa. (Redação dada pelo Decreto-lei nº 8.737, de 19.1.1946)

§ 2º – Das decisões sobre exceções de suspeição e incompetência, salvo, quanto a estas, se terminativas do feito, não caberá recurso, podendo, no entanto, as partes alegá-las novamente no recurso que couber da decisão final. (Redação dada pelo Decreto-lei nº 8.737, de 19.1.1946)

Art. 800. Apresentada exceção de incompetência territorial no prazo de cinco dias a contar da notificação, antes da audiência e em peça que sinalize a existência desta exceção, seguir-se-á o procedimento estabelecido neste artigo. (Redação dada pela Lei nº 13.467, de 2017)

§ 1º Protocolada a petição, será suspenso o processo e não se realizará a audiência a que se refere o art. 843 desta Consolidação até que se decida a exceção. (Incluído pela Lei nº 13.467, de 2017)

§ 2º Os autos serão imediatamente conclusos ao juiz, que intimará o reclamante e, se existentes, os litisconsortes, para manifestação no prazo comum de cinco dias. (Incluído pela Lei nº 13.467, de 2017)

§ 3º Se entender necessária a produção de prova oral, o juízo designará audiência, garantindo o direito de o excipiente e de suas testemunhas serem ouvidos, por carta precatória, no juízo que este houver indicado como competente. (Incluído pela Lei nº 13.467, de 2017)

§ 4º Decidida a exceção de incompetência territorial, o processo retomará seu curso, com a designação de audiência, a apresentação de defesa e a instrução processual perante o juízo competente. (Incluído pela Lei nº 13.467, de 2017)

Art. 801 – O juiz, presidente ou vogal, é obrigado a dar-se por suspeito, e pode ser recusado, por algum dos seguintes motivos, em relação à pessoa dos litigantes:

a) inimizade pessoal;

b) amizade íntima;

c) parentesco por consangüinidade ou afinidade até o terceiro grau civil;

d) interesse particular na causa.

Parágrafo único – Se o recusante houver praticado algum ato pelo qual haja consentido na pessoa do juiz, não mais poderá alegar exceção de suspeição, salvo sobrevindo novo motivo. A suspeição não será também admitida, se do processo constar que o recusante deixou de alegá-la anteriormente, quando já a conhecia, ou que, depois de conhecida, aceitou o juiz recusado ou, finalmente, se procurou de propósito o motivo de que ela se originou.

Art. 802 – Apresentada a exceção de suspeição, o juiz ou Tribunal designará audiência dentro de 48 (quarenta e oito) horas, para instrução e julgamento da exceção.

§ 1º – Nas Juntas de Conciliação e Julgamento e nos Tribunais Regionais, julgada procedente a exceção de suspeição, será logo convocado para a mesma audiência ou sessão, ou para a seguinte, o suplente do membro suspeito, o qual continuará a funcionar no feito até decisão final. Proceder-se-á da mesma maneira quando algum dos membros se declarar suspeito.

§ 2º – Se se tratar de suspeição de Juiz de Direito, será este substituído na forma da organização judiciária local.

COMENTÁRIOS (ARTS. 799 A 802)

EXCEÇÕES RITUAIS NA JUSTIÇA DO TRABALHO

A expressão "exceção" significa o desvio de uma regra ou de um padrão convencionalmente aceito. Juridicamente, a exceção pode ser estudada como sinônimo de defesa, utilizada para contrapor-se à demanda proposta; também poderá ser entendida como matéria de defesa ou como exceção ritual, isto é, uma defesa processual para corrigir vícios referente ao local de propositura da demanda, ou referente a (im)parcialidade do magistrado (suspeição ou impedimento).

Enoque Ribeiro dos Santos e Ricardo Antonio Bittar Hajel Filho[1042] ensinam que:

> *"Como sinônimo de defesa, abrangendo todas as suas modalidades (sentido amplo). Desse modo, exceção, como sinônimo de defesa, seria o direito constitucional do qual se acha investido o réu para obstar, por diversas maneiras, à ação que lhe foi movida. Contrapõe-se ao direito de ação. Exceções podem ser entendidas, também, como matérias de defesa que só podem ser conhecidas caso sejam suscitadas pelas partes (exemplo: o pagamento, a compensação). Em outras palavras, matérias não conhecíveis de ofício e que, alegadas a destempo, tornam-se preclusas. Podem ser entendidas como antônimo de objeção. Por fim, temos a exceção ritual, que é uma defesa processual, pois objetiva corrigir vícios que atingem o juízo (local) e o julgador (pessoa do magistrado). Logo, são defesas indiretas que não colocam termo ao processo, procurando sanar vícios relacionados aos pressupostos processuais. São as exceções de incompetência, de impedimento, de suspeição".*

A CLT prevê apenas duas espécies de exceções rituais: exceção de incompetência territorial e exceção de suspeição (art. 799 e seguintes). Existe uma lacuna quanto à exceção de impedimento. A CLT é o Decreto Lei 5.452/43, portanto foi inspirada no CPC de 1939 que também tinha lacuna quanto ao impedimento.

O artigo 801 da CLT traz as hipóteses de suspeição do magistrado: amizade, inimizade, interesse e parentesco. As causas subjetivas são enquadradas na hipótese de suspeição (amizade, inimizade e interesse). Contudo, o parentesco não é uma hipótese subjetiva, mas sim objetiva, portanto seria uma espécie de impedimento e não de suspeição, mas para a CLT é suspeição.

Na exceção de suspeição ou de impedimento o objetivo é o questionamento da imparcialidade do magistrado, viciando, assim, a entrega da prestação jurisdicional.

Atualmente prevalece o entendimento da aplicação subsidiária e supletiva dos artigos 144 a 146 do CPC/15. As hipóteses de impedimento, de natureza objetiva, estão arroladas no art. 144 do CPC. ***Existirá*** impedimento do juiz, sendo vedado o exercício das suas funções no processo:

a) em que interveio como mandatário da parte, oficiou como perito, funcionou como membro do Ministério Público ou prestou depoimento como testemunha;

b) de que conheceu em outro grau de jurisdição, tendo proferido decisão;

c) quando nele estiver postulando, como defensor público, advogado ou membro do Ministério Público, seu cônjuge ou companheiro, ou qualquer parente, consanguíneo ou afim, em linha reta ou colateral, até o terceiro grau, inclusive. Neste caso, o impedimento só se verifica quando o defensor público, o advogado ou o membro do Ministério Público já integrava o processo antes do início da atividade judicante do juiz. Também ocorrerá o impedimento no caso de mandato conferido a membro de escritório de advocacia que tenha em seus quadros advogado que individualmente ostente as referidas condições, ainda que não intervenha diretamente no processo;

d) quando for parte no processo ele próprio, seu cônjuge ou companheiro, ou parente, consanguíneo ou afim, em linha reta ou colateral, até o terceiro grau, inclusive;

e) quando for sócio ou membro de direção ou de administração de pessoa jurídica parte no processo;

[1042] Santos, Enoque Ribeiro dos. Curso de direito processual do trabalho – 2. ed. – São Paulo: Atlas, 2018.

VI – quando for herdeiro presuntivo, donatário ou empregador de qualquer das partes;

f) em que figure como parte instituição de ensino com a qual tenha relação de emprego ou decorrente de contrato de prestação de serviços;

g) em que figure como parte cliente do escritório de advocacia de seu cônjuge, companheiro ou parente, consanguíneo ou afim, em linha reta ou colateral, até o terceiro grau, inclusive, mesmo que patrocinado por advogado de outro escritório;

h) quando promover ação contra a parte ou seu advogado.

Já o art. 145 CPC dispõe sobre as hipóteses de suspeição (natureza subjetiva). Haverá suspeição do juiz quando: a) for amigo íntimo ou inimigo de qualquer das partes ou de seus advogados; b) receber presentes de pessoas que tiverem interesse na causa antes ou depois de iniciado o processo, que aconselhar alguma das partes acerca do objeto da causa ou que subministrar meios para atender às despesas do litígio; c) qualquer das partes for sua credora ou devedora, de seu cônjuge ou companheiro ou de parentes destes, em linha reta até o terceiro grau, inclusive; d) for interessado no julgamento do processo em favor de qualquer das partes.

O juiz não precisa expor as razões quando se declarar suspeito por motivo de foro íntimo (art. 145, §1º, CPC). Não será legítima a alegação de suspeição quando for provocada por quem a alega, ou ainda, quando a parte que a alega houver praticado ato que signifique manifesta aceitação.

No Processo do Trabalho, a exceção de incompetência relativa, também chamada de exceção declinatória de foro, é cabível quando há o descumprimento das normas processuais trabalhistas concernentes ao território, estampadas no art. 651 da CLT, que traz a competência territorial (ratione loci) da Justiça do Trabalho.

Carlos Henrique Bezerra Leite de forma clara explica que

> *"A expressão 'exceção de incompetência terminativa do feito' significa que, se o juiz acolhê-la, deverá remeter os autos para outro órgão jurisdicional diverso da Justiça do Trabalho. Noutro falar, a decisão que acolhe a 'exceção terminativa do feito', embora interlocutória, implica a 'terminação' (saída) do processo na Justiça do Trabalho e sua remessa a outro ramo do Judiciário".*

A Reforma Trabalhista trouxe a regulamentação procedimental da exceção de incompetência territorial, de forma que, nesse aspecto, fica afastada a aplicabilidade das regras contidas no Código de Processo Civil. Continua existindo, portanto, a exceção em estudo como peça autônoma, tendo a regra do art. 800 da CLT.

> *"Art. 800 da CLT: Apresentada exceção de incompetência territorial no prazo de cinco dias a contar da notificação, antes da audiência e em peça que sinalize a existência desta exceção, seguir-se-á o procedimento estabelecido neste artigo. § 1º Protocolada a petição, será suspenso o processo e não se realizará a audiência a que se refere o art. 843 desta Consolidação até que se decida a exceção. § 2º Os autos serão imediatamente conclusos ao juiz, que intimará o reclamante e, se existentes, os litisconsortes, para manifestação no prazo comum de cinco dias. § 3º Se entender necessária a produção de prova oral, o juízo designará audiência, garantindo o direito de o excipiente e de suas testemunhas serem ouvidos, por carta precatória, no juízo que este houver indicado como competente. § 4º Decidida a exceção de incompetência territorial, o processo retomará seu curso, com a designação de audiência, a apresentação de defesa e a instrução processual perante o juízo competente".*

De acordo com art. 1º, *caput*, da Instrução Normativa n. 39/2016 do TST, a aplicação subsidiária e supletiva do CPC/2015 ao processo do trabalho depende da existência de 2 (dois) requisitos cumulativos, quais sejam, lacuna na Consolidação das Leis do Trabalho e compatibilidade de princípios e regras, à luz dos arts. 769 e 889 da CLT e do art. 15 do novo CPC.

A exceção de incompetência territorial deve ser apresentada no prazo de cinco dias a contar da notificação, antes da audiência e em peça que sinalize a existência desta exceção, portanto, em peça autônoma.

Protocolada a petição, será suspenso o processo e não se realizará a audiência até que se decida a exceção.

O processo será imediatamente concluso ao juiz, que intimará o reclamante para manifestar-se no prazo de cinco dias. Se existirem litisconsortes também serão intimados para manifestarem-se no prazo de cinco dias, mas o prazo será comum.

O juiz poderá designar audiência para a produção de prova oral, se entender necessária, sendo possível o depoimento do excipiente e das suas testemunhas, inclusive, por meio de carta precatória.

Após a decisão da exceção de incompetência territorial, o processo retomará seu curso, com a designação de audiência, a apresentação de defesa e a instrução processual.

SEÇÃO VII
DOS CONFLITOS DE JURISDIÇÃO

Art. 803 – Os conflitos de jurisdição podem ocorrer entre:

a) Juntas de Conciliação e Julgamento e Juízes de Direito investidos na administração da Justiça do Trabalho;

b) Tribunais Regionais do Trabalho;

c) Juízos e Tribunais do Trabalho e órgãos da Justiça Ordinária;

d) Câmaras do Tribunal Superior do Trabalho. (Vide Decreto Lei 8.737, de 1946)

Art. 804 – Dar-se-á conflito de jurisdição:

a) quando ambas as autoridades se considerarem competentes;

b) quando ambas as autoridades se considerarem incompetentes.

Art. 805 – Os conflitos de jurisdição podem ser suscitados:

a) pelos Juízes e Tribunais do Trabalho;

b) pelo procurador-geral e pelos procuradores regionais da Justiça do Trabalho;

c) pela parte interessada, ou o seu representante.

Art. 806 – É vedado à parte interessada suscitar conflitos de jurisdição quando já houver oposto na causa exceção de incompetência.

Art. 807 – No ato de suscitar o conflito deverá a parte interessada produzir a prova de existência dele.

Art. 808 – Os conflitos de jurisdição de que trata o art. 803 serão resolvidos:

a) pelos Tribunais Regionais, os suscitados entre Juntas e entre Juízos de Direito, ou entre uma e outras, nas respectivas regiões;

b) pela Câmara de Justiça do Trabalho, os suscitados entre Tribunais Regionais, ou entre Juntas e Juízos de Direito sujeitos à jurisdição de Tribunais Regionais diferentes;

c) pelo Conselho Pleno, os suscitados entre as Câmaras de Justiça do Trabalho e de Previdência Social; (Vide Decreto Lei 9.797, de 1946)

d) pelo Supremo Tribunal Federal, os suscitados entre as autoridades da Justiça do Trabalho e as da Justiça Ordinária.

Art. 809 – Nos conflitos de jurisdição entre as Juntas e os Juízos de Direito observar-se-á o seguinte:

I – o juiz ou presidente mandará extrair dos autos as provas do conflito e, com a sua informação, remeterá o processo assim formado, no mais breve prazo possível, ao Presidente do Tribunal Regional competente;

II – no Tribunal Regional, logo que der entrada o processo, o presidente determinará a distribuição do feito, podendo o relator ordenar imediatamente às Juntas e aos Juízos, nos casos de conflito positivo, que sobrestejam o andamento dos respectivos processos, e solicitar, ao mesmo tempo, quaisquer informações que julgue convenientes. Seguidamente, será ouvida a Procuradoria, após o que o relator submeterá o feito a julgamento na primeira sessão;

III – proferida a decisão, será a mesma comunicada, imediatamente, às autoridades em conflito, prosseguindo no foro julgado competente.

Art. 810 – Aos conflitos de jurisdição entre os Tribunais Regionais aplicar-se-ão as normas estabelecidas no artigo anterior.

Art. 811 – Nos conflitos suscitados na Justiça do Trabalho entre as autoridades desta e os órgãos da Justiça Ordinária, o processo do conflito, formado de acordo com o inciso I do art. 809, será remetido diretamente ao presidente do Supremo Tribunal Federal.

Art. 812 – A ordem processual dos conflitos de jurisdição entre as Câmaras do Tribunal Superior do Trabalho será a estabelecida no seu regimento interno. (Vide Decreto Lei 9.797, de 1946)

COMENTÁRIOS (ARTS. 803 A 812)

O conflito de competência se caracteriza quando dois ou mais juízes ou tribunais se considerarem aptos (conflito positivo) ou inaptos (conflito negativo) para julgar a mesma causa (art. 66 do CPC). É o que diz Humberto Theodoro Junior: *"Há, pois, conflitos positivos e negativos. Quando os vários juízes se dão por competentes, o conflito é positivo. Ao contrário, quando os diversos juízes se recusam a aceitar a competência, cada um atribuindo a outrem a função jurisdicional, o caso é de conflito negativo".*[1043]

No âmbito do processo do trabalho, de acordo com o art. 805 da CLT, o conflito de competência pode ser suscitado pelos juízes e tribunais do trabalho, pelo Ministério Público do Trabalho ou pela parte interessada.

A parte que apresentar exceção de incompetência relativa não pode suscitar o conflito de competência, pois, se entende que a parte já teve a oportunidade de se manifestar à respeito da temática, ocorrendo, assim, a preclusão consumativa (Art. 952 do CPC). Entretanto, considerando que o conflito de competência eventualmente suscitado acarreta a suspensão da demanda, na forma do art. 955 do CPC, é possível que a parte, ao cabo da tramitação do conflito de competência, apresente exceção de incompetência na foram da lei.

Para a solução do conflito de competência entre órgãos com jurisdição trabalhista, devemos observar quatro regras:

- **1ª REGRA** – TRTs (art. 808, alínea a, da CLT), havendo conflito de competência: entre Varas do Trabalho da mesma região; Observação: lembre-se de que são expressões sinônimas Vara do Trabalho, juiz do trabalho e juiz de direito investido de jurisdição trabalhista

[1043] Theodoro, Junior, op. cit., p. 396

Decreto-Lei 5.452/1943

- **2ª REGRA** – TST (art. 808, alínea b, da CLT), havendo conflito de competência: entre TRTs; entre Varas do Trabalho de regiões diversas; entre TRT e Vara do Trabalho a ele não vinculada.
- **3ª REGRA** – STJ (art. 105, I, alínea d, da CF), havendo conflito de competência: entre TRT e TJ; entre TRT e TRF; entre juiz do trabalho e juiz de direito não investido na jurisdição trabalhista (juiz estadual ou juiz federal); entre juiz do trabalho e TJ; entre juiz do trabalho e TRF; entre juiz estadual e TRT; entre juiz federal e TRT.
- **4ª REGRA** – STF (art. 102, I, alínea o, da CF), havendo conflito entre o TST e qualquer tribunal.

SEÇÃO VIII
DAS AUDIÊNCIAS

Art. 813 – As audiências dos órgãos da Justiça do Trabalho serão públicas e realizar-se-ão na sede do Juízo ou Tribunal em dias úteis previamente fixados, entre 8 (oito) e 18 (dezoito) horas, não podendo ultrapassar 5 (cinco) horas seguidas, salvo quando houver matéria urgente.

§ 1º – Em casos especiais, poderá ser designado outro local para a realização das audiências, mediante edital afixado na sede do Juízo ou Tribunal, com a antecedência mínima de 24 (vinte e quatro) horas.

§ 2º – Sempre que for necessário, poderão ser convocadas audiências extraordinárias, observado o prazo do parágrafo anterior.

COMENTÁRIOS (ART. 813)

O vocábulo *audiência* significa o ato de prestar atenção a quem nos fala, de ouvir ou de escutar. No processo do Trabalho, a audiência é o ato processual no qual o juiz do trabalho, como regra, toma conhecimento do conflito de interesses posto em juízo, aproxima as partes para uma possível conciliação, recebe a defesa e, principalmente, escutar cada um dos litigantes, testemunhas e os auxiliares da justiça (peritos, tradutores), e, aqueles que se fizer necessário.

Mauro Schiavi define a audiência trabalhista como *"um ato formal, solene, que conta com o comparecimento das partes, advogados, funcionários da Justiça e do Juiz do Trabalho, em que são realizadas as tentativas de conciliação, o reclamado poderá apresentar sua resposta (contestação, exceção e reconvenção), se ouvem as partes e testemunhas e se profere a decisão"*.[1044]

A audiência se distingue da sessão. A sessão é a realização de várias audiências ou julgamentos, no qual são decididos diversos processos.[1045] As audiências podem ocorrer perante as Varas do Trabalho ou Juízos de Direito investidos em matéria trabalhista (em primeiro grau de jurisdição), ou nos Tribunais (segundo grau de jurisdição) para tentar a conciliação, por exemplo, em dissídios coletivos. As sessões são realizadas nos Tribunais para o julgamento de recursos; processos de sua competência originária (quer nos dissídios individuais, quer nos dissídios coletivos); eleger e investir seus membros, definir a composição e a competência interna de seus órgãos, etc.

As principais características das audiências trabalhistas:

i) publicidade – em regra, as audiências trabalhistas deverão ser públicas, tendo em vista que a Constituição Federal estabelece o princípio da publicidade dos atos processuais, em especial das audiências (art. 5º, LX, da CF);

ii) dias de realização – realizadas em dias úteis previamente fixados;

iii) local – será realizada na sede do Juízo ou Tribunal. Entretanto, em situações especiais podem ocorrer em outro local, devendo as partes serem intimadas com antecedência de 24 (vinte e quatro) horas, a exemplo da Semana da Conciliação ou da Justiça Itinerante;

iv) horário – entre 8 e 18 horas. A norma trabalhista impõe horário específico para a realização das audiências, e horário de caráter geral para a prática dos demais atos processuais (das 6 às 20 horas), conforme previsto no art. 770 da CLT;

v) limite temporal – não podem ultrapassar 5 horas seguidas, salvo quando houver matéria urgente.

É uma limitação destinada ao magistrado, que deverá organizar a pauta de audiência de modo a não ultrapassar o lapso temporal instituído no artigo em estudo. Tem a finalidade de evitar a fadiga mental e muscular dos sujeitos envolvidos no ato processual, notadamente o juiz do trabalho, preservando-se a qualidade da prestação jurisdicional, além de possibilitar a realização das demais tarefas atávicas à magistratura (despachos e julgamento das lides).

Signatário desta corrente interpretativa, Rodolfo Pamplona Filho destaca que "Não há falar que as cinco horas sejam o limite de cada uma das audiências do dia – que chegam a durar cinco horas –, dado que a vontade do legislador foi mencionar o horário 'das audiências', ou seja, de toda a sessão, daquelas designadas na pauta do dia"[1046].

Ainda, é válido dizer que há corrente doutrinária no sentido de que não se aplica ao processo do

[1044] Ibidem. Schiavi, 2018, p. 582.

[1045] Ibidem. Martins, 2020, p. 385.

[1046] Pamplona Filho, Rodolfo; Souza, Tercio Roberto Peixoto. Curso de direito processual do trabalho. – 2. ed. – São Paulo: Saraiva Educação, 2020.

trabalho, por incompatibilidade de princípios e regras, o regramento previsto no Direito Processual Comum que impõe a organização das pautas de audiências com observância do intervalo mínimo de 20 minutos entre uma audiência de conciliação e outra, e o intervalo de 1 hora entre as audiências de instrução e julgamento (arts. 334, §12, e 357, §9º, do CPC)[1047]. A finalidade desses dispositivos é possibilitar ao magistrado e aos seus auxiliares a preparação necessária para a realização da sessão – como, por exemplo, a organização da sala de audiência, dos recursos tecnológicos que serão utilizados durante o ato processual, além de permitir o estudo ou reanálise do contexto fático, jurídico e dos pontos controvertidos, facilitando a inquirição das partes, testemunhas, a práticas dos demais atos instrutórios e o julgamento do feito. Além disso, evita tumulto e que as audiências sejam marcadas para o mesmo horário[1048].

vi) tolerância de atraso do juiz do trabalho – a autoriza a retirada das partes, do local da audiência caso o juiz atrase por mais de 15 minutos após a hora marcada, devendo, no entanto, ocorrer a anotação do atraso no livro de registro das audiências. De outra sorte, a Consolidação das Leis do Trabalho é omissa em relação à tolerância que o juiz deverá dar ao atraso das partes em audiência. O TST fixou o entendimento de que não existe tolerância de atraso de qualquer das partes ao comparecimento em audiência, pois inexiste previsão legal tolerando atraso no horário de comparecimento da parte na audiência (OJ 245 da SDI-1 do TST).

Em regra, a ***audiência será UNA (contínua)***, prestigiando os princípios da celeridade, economia processual, simplicidade e concentração dos atos processuais em uma única audiência, conforme prevê o art. 849 da CLT. Contudo, o aludido dispositivo estabelece que, se não for possível concluí-la no mesmo dia, por motivo de força maior, o juiz do trabalho marcará a sua continuação para a primeira desimpedida, independentemente de nova notificação.

Na praxe forense é comum o fracionamento da audiência, considerando a ampla liberdade de condução do processo conferida ao magistrado trabalhista (Art. 765 da CLT). Poderá, ainda, ser convocada audiências extraordinárias (art. 813, § 2º, da CLT).

O fracionamento da audiência trabalhista costuma ser realizado da seguinte forma: a) ***audiência inicial, inaugural ou de conciliação*** – é caracterizada pela primeira tentativa de conciliação e apresentação da defesa, caso reste infrutífera a tentativa de acordo; b) ***audiência de instrução ou em prosseguimento*** – visa à colheita de provas orais (interrogatório, depoimento pessoal, oitiva de testemunhas, oitivas de peritos e assistentes técnicos); c) ***audiência de julgamento*** – para a prolação ou publicação da sentença.

Art. 814 – Às audiências deverão estar presentes, comparecendo com a necessária antecedência. os escrivães ou secretários .

COMENTÁRIOS (ART. 814)

A presença das partes é obrigatória na audiência trabalhista. Vigora no processo do trabalho o princípio do *jus postulandi* (art. 791 da CLT), segundo o qual as partes praticam os atos processuais pessoalmente, independentemente do comparecimento de seus representantes legais.

A teor do art. 843 da CLT, via de regra, a presença das partes na audiência é obrigatória. Excepcionalmente, *nos casos de Reclamatórias Plúrimas ou Ações de Cumprimento, o comparecimento dos empregados será dispensado, hipótese em que poderão fazer-se representar pelo Sindicato de sua categoria.*

As Reclamatórias Plúrimas são dissídios individuais em que há litisconsórcio ativo facultativo, ou seja, mais de um reclamante (art. 842 da CLT). Já a Ação de Cumprimento é a ação individual de conhecimento, de rito especial trabalhista, com natureza condenatória, ajuizada pelo empregado ou pelo sindicato, com a finalidade de cumprimento das cláusulas constantes dos acordos coletivos de trabalho, convenções coletivas de trabalho e sentenças normativas, com previsão no art. 872, parágrafo único, da CLT.

A lei admite a ausência ou substituição das partes em casos específicos (Arts. 791 e 843 da CLT).

Art. 815 – À hora marcada, o juiz ou presidente declarará aberta a audiência, sendo feita pelo secretário ou escrivão a chamada das partes, testemunhas e demais pessoas que devam comparecer. (Vide Leis nºs 409, de 1943 e 6.563, de 1978)

Parágrafo único – Se, até 15 (quinze) minutos após a hora marcada, o juiz ou presidente não houver comparecido, os presentes poderão retirar-se, devendo o ocorrido constar do livro de registro das audiências.

COMENTÁRIOS (ART. 815)

As partes são notificadas para comparecer pessoalmente à audiência no dia e horário designado para a

1047 Segundo o professor Homero Batista Mateus da Silva, adepto desta corrente interpretativa, anota que *"o processo comum parte da premissa de que nem todos os processos necessitem de audiência e não leva a oralidade ao grau máximo atingido pelo processo do trabalho, que deve ter maior maleabilidade para a adequação das pautas e gestão eficiente das Varas"* (in CLT Comentada. 2ª. ed. – São Paulo: Thomson Reuters Brasil, 2018).

1048 Ibidem. Nery Jr., 2015.

realização do ato processual. Na praxe forense, a data da audiência é marcada no momento da distribuição da ação trabalhista, ficando o reclamante, desde logo, intimado para comparecer à audiência no dia e horário designado, acompanhado de eventuais testemunhas. O reclamado, por sua vez, será notificado para comparecer à audiência por meio de registro postal (notificação postal automática), oportunidade em que poderá apresentar defesa, documento, bem como requerer a inquirição de testemunhas (art. 841 e 847 da CLT). Em caso de audiência em prosseguimento, as partes, testemunhas, peritos e demais sujeitos, poderão ser intimadas pessoalmente ou por intermédio dos seus respectivos advogados.

No dia e horário designado o juiz ou tribunal declarará aberta a audiência. O secretário de audiência realizará o chamamento das partes (também conhecido como pregão), a fim de que adentrem à sala de audiências, se identifiquem e sentem-se à mesa.

A lei impõe um prazo de 15 minutos de tolerância para o atraso do juiz (art. 815 da CLT), autorizando a retirada das partes do local da audiência caso seja extrapolado este limite. O atraso deve ser anotado no livro de registro das audiências.

A Consolidação das Leis do Trabalho, entretanto, é omissa em relação à tolerância que o juiz deverá dar ao atraso das partes em audiência. Nesse sentido, o TST fixou o entendimento de que inexiste previsão legal tolerando atraso no horário de comparecimento da parte na audiência (OJ 245 da SDI-1 do TST).

Art. 816 – O juiz ou presidente manterá a ordem nas audiências, podendo mandar retirar do recinto os assistentes que a perturbarem.

COMENTÁRIOS (ART. 816)

O poder de polícia é definido como *"a atividade do Estado consistente em limitar o exercício dos direitos individuais em benefício do interesse público"*.[1049]

Pela definição legal, preconizada no artigo 78 do Código Tributário Nacional, *"considera-se poder de polícia atividade da administração pública que, limitando ou disciplinando direito, interesse ou liberdade, regula a prática de ato ou abstenção de fato, em razão de interesse público concernente à segurança, à higiene, à ordem, aos costumes, à disciplina da produção e do mercado, ao exercício de atividades econômicas dependentes de concessão ou autorização do Poder Público, à tranquilidade pública ou ao respeito à propriedade e aos direitos individuais ou coletivos"*.

Tal poder é conferido ao juiz do trabalho para permitir a manutenção da ordem nas audiências e impedir a perturbação da tranquilidade durante o ato processual. Autoriza, portanto, a adoção de todas as providências necessárias, inclusive a retirada daquele que atrapalhar o andamento da audiência.

Segundo o art. 139, inciso VII, do CPC, o juiz dirigirá o processo, incumbindo-lhe exercer o poder de polícia, requisitando, quando necessário, força policial, além da segurança interna dos fóruns e tribunais. O art. 360 do mesmo Diploma Processual, dispõe que o juiz também poderá exercer o poder de polícia na audiência, para manter a ordem, o decoro, ordenar a retirada daqueles que se comportarem inconvenientemente da sala de audiência, requisitando a força policial quando necessário.

Nelson Nery Junior delineia que *"O dever de impor a ordem em audiência significa dever de exercer a autoridade para manter a tranquilidade da audiência e a boa execução dos trabalhos e segurança dos que estiverem presentes. Em razão disso, nada mais natural que possa o juiz determinar a retirada dos que não se comportarem [...]"*.[1050]

Renato Saraiva aduz que o juiz do trabalho exerce *"o denominado 'poder de polícia processual' objetivando manter a ordem, o decoro e a segurança nos recintos destinados às audiências e sessões dos tribunais"*.[1051]

O juiz tem o dever de tratar com urbanidade as partes, os advogados, os membros do Ministério Público e da Defensoria Pública e qualquer pessoa que participe do processo. Também, deve registrar em ata, com exatidão, todos os requerimentos apresentados em audiência (art. 360 do CPC).

Art. 817 – O registro das audiências será feito em livro próprio, constando de cada registro os processos apreciados e a respectiva solução, bem como as ocorrências eventuais.

Parágrafo único – Do registro das audiências poderão ser fornecidas certidões às pessoas que o requererem.

SEÇÃO IX
DAS PROVAS

Art. 818. O ônus da prova incumbe: (Redação dada pela Lei nº 13.467, de 2017)

I – ao reclamante, quanto ao fato constitutivo de seu direito; (Incluído pela Lei nº 13.467, de 2017)

II – ao reclamado, quanto à existência de fato impeditivo, modificativo ou extintivo do direito do reclamante. (Incluído pela Lei nº 13.467, de 2017)

1049 Ibidem. Pietro, Maria Sylvia Zanella Di, 2018, p.195

1050 Ibidem. Nery Jr., 2015, p. 1039.

1051 Saraiva, Renato; Manfredini, Aryanna. Curso de Direito Processual do Trabalho – 13. ed. – Salvador: Ed. Juspodivm, 2016. p.378-379.

§ 1º Nos casos previstos em lei ou diante de peculiaridades da causa relacionadas à impossibilidade ou à excessiva dificuldade de cumprir o encargo nos termos deste artigo ou à maior facilidade de obtenção da prova do fato contrário, poderá o juízo atribuir o ônus da prova de modo diverso, desde que o faça por decisão fundamentada, caso em que deverá dar à parte a oportunidade de se desincumbir do ônus que lhe foi atribuído. (Incluído pela Lei nº 13.467, de 2017)

§ 2º A decisão referida no § 1º deste artigo deverá ser proferida antes da abertura da instrução e, a requerimento da parte, implicará o adiamento da audiência e possibilitará provar os fatos por qualquer meio em direito admitido. (Incluído pela Lei nº 13.467, de 2017)

§ 3º A decisão referida no § 1º deste artigo não pode gerar situação em que a desincumbência do encargo pela parte seja impossível ou excessivamente difícil. (Incluído pela Lei nº 13.467, de 2017)

COMENTÁRIOS (ART. 818)

1. ÔNUS DA PROVA

A palavra prova é empregada corriqueiramente no sentido de demonstrar a veracidade de uma proposição ou de um fato. É o ato de comprovar algo.

Na acepção jurídica a prova é um instituto de natureza jurídica processual e tem como objetivo formar a convicção do juiz na busca da verdade real.

Nas palavras do jurista Enrico Túlio Liebman (apud Carlos Henrique Bezerra Leite, 2019)[1052], a as provas são "os meios que servem para dar conhecimento de um fato, e por isso a fornecer a demonstração e a formar a convicção da verdade do próprio fato; e chama-se instrução probatória a fase do processo dirigida a formar e colher as provas necessárias para essa finalidade".

O objeto da prova são os fatos, entretanto, nos termos do artigo 376 do CPC/15 o juiz pode exigir a prova do teor e vigência quando se tratar de direito estrangeiro, estadual, municipal ou consuetudinário.

No tocante a este último, cabe destacar a norma coletiva, que deve ser juntada pelo reclamante para fundamentar a sua pretensão. Corrente contrária, defende que a norma coletiva é comum às partes, portanto, se o reclamante não juntar e a reclamada não impugnar a existência, a pretensão é válida.

[1052] Idem. Leite, 2018.

2. PRINCÍPIOS SOBRE PROVA

Os princípios são as vigas mestras dos arcabouços normativos. No processo do trabalho, os principais princípios que orientam a atividade probatória são:

2.1. PRINCÍPIO DO CONTRADITÓRIO E AMPLA DEFESA

As partes têm o direito fundamental de se manifestarem reciprocamente sobre as provas apresentadas.

Esse princípio está estampado no art. 5º, LV da CF/88, que garante *"aos litigantes, em processo judicial ou administrativo, e aos acusados em geral são assegurados o contraditório e ampla defesa, com os meios e recursos a ela inerentes"*.

É garantido às partes o direito de apresentar as suas provas com paridade de armas, igualdade de oportunidades.

2.2. PRINCÍPIO DA UNIDADE DA PROVA

A prova deve ser apreciada pelo seu conjunto e não por parte.

Citamos como exemplo o depoimento de uma testemunha que faltar com a verdade em algum momento do depoimento. O juiz deve desconsiderar o depoimento como um todo.

2.3. PRINCÍPIO DA AQUISIÇÃO PROCESSUAL OU DA COMUNHÃO DAS PROVAS

A prova pertence ao processo e não à parte. Nesse sentido, é possível requerer a oitiva da testemunha trazida pela outra parte.

2.4. PRINCÍPIO DO LIVRE CONVENCIMENTO MOTIVADO

Esse princípio é utilizado no momento da valoração da prova.

Antigamente existia o sistema das ordálias divinas, que defendia que a prova era valorada, conforme a reação da parte em uma situação extrema.

Posteriormente, passou a ser utilizado o sistema da prova tarifada, da qual cada prova tinha o seu valor. Depois, prevaleceu o sistema do livre convencimento, que defendia que o magistrado tinha total liberdade na valoração da prova.

Por fim, para garantir a imparcialidade, prevaleceu o princípio do livre convencimento motivado.

2.5. PRINCÍPIO DA PRIMAZIA DA REALIDADE

Por esse princípio, a realidade prevalece em face da formalidade. Assim, a realidade dos fatos prevalece, por exemplo, sobre as anotações previstas na carteira de trabalho.

Nesse sentido, a Súmula nº 12 do TST estabelece que a anotação na carteira gera uma presunção relativa de veracidade, justamente porque é possível às partes produzir prova em contrário, a fim de demonstrar a que as anotações não correspondem ao que efetivamente ocorreu.

2.6. PRINCÍPIO DA APTIDÃO DA PROVA

A parte que tem melhor condição, isto é, maior facilidade de produzir a prova, a esta incumbirá o ônus probatório.

A esse respeito, corroborando o princípio da aptidão da prova, a Súmula 460 do TST entende que o empregador tem melhor condição para provar que o empregado não satisfaz os requisitos para o recebimento do vale-transporte ou, ainda, que não pretende fazer uso de tal benesse.

2.7. PRINCÍPIO DA VEDAÇÃO DA PROVA ILÍCITA

O artigo 5º, LVI, da CF/88 prevê que é vedada a utilização de prova obtida de forma ilícita.

Decorre de tal princípio a teoria dos frutos da árvore envenenada (teoria da prova ilícita derivada).

Há debate na doutrina quanto a aplicação do princípio em análise.

Para uma primeira corrente, através de uma interpretação literal não se admite nenhuma exceção, ou seja, a prova ilícita sempre será proibida.

Já para a segunda corrente, se o objeto da prova é lícito ela é válida, ainda que admitida de forma ilícita.

Uma terceira vertente interpretativa, cujo o entendimento é majoritário, deve ser utilizada a ponderação, de forma que a prova ilícita pode ser admitida quando for o único meio de provar o alegado e no caso concreto através de uma ponderação o magistrado constatar que o bem jurídico que deve ser provado deve ser melhor protegido do que o bem jurídico violado pela prova ilícita.

O STF defende tal corrente ao admitir válida a gravação clandestina, quando um dos interlocutores tem o conhecimento da gravação.

3. O QUE PROVAR?

3.1. OBJETO DA PROVA

Essa indagação refere-se ao objeto da prova. As partes devem concentrar os esforços para provar os fatos controvertidos, isto é, os fatos que são objeto de divergência entre as partes.

Como regra, apenas os fatos devem ser provados pelas partes, isso porque em nosso sistema processual presume-se que o magistrado é conhecedor do direito – "da mihi factum, dabo tibi jus", ou seja, dá-me os fatos, que lhe darei o direito.

Nas preclaras palavras de Alexandre Freitas Câmara *"Os fatos existem ou não existem, e isso é certo. (...) a prova não tem por fim criar a certeza dos fatos, mas a convicção do juiz sobre tal certeza. As alegações podem ou não coincidir com a verdade, e o que se quer com a produção da prova é exatamente convencer o juiz de que uma determinada alegação é verdadeira. Alegações sobre os fatos, pois, e não os fatos propriamente constituem o objeto da prova"*[1053].

Nem todas as alegações precisam ser provadas. Somente a alegação que se tornou controvertida, que seja relevante para a causa e que não diga respeito a fatos não notórios nem a fatos presumidos.

3.2. FATOS QUE NÃO DEPENDEM DE PROVA

Existem alguns fatos que não precisam ser provados.

O artigo 374 do CPC prevê que não depende de prova os seguintes fatos: i) Fato notório: é um fato de conhecimento de uma cultura mediana. Exemplo: É fato notório o abalo psicológico pela perda de um ente querido; ii) Fato confessado: É o alegado por uma parte e confirmado pela outra; iii) Fato incontroverso: É o fato alegado por uma parte e não negado pela outra; iv) Fato irrelevante: É aquele fato que não tem qualquer relação com o processo.

A presunção legal de veracidade ou de existência não precisam ser provados. Tal presunção pode ser relativa ou absoluta: a) absoluta (juris et jure) – é a presunção que não admite prova em contrário ao fato alegado, como, por exemplo, o impedimento do juiz é uma presunção absoluta de parcialidade; registro de penhora de imóveis gera presunção absoluta de conhecimento sobre a restrição imposta sobre o imóvel); b) relativa (juris tantum) – o fato alegado pode ser refutado por prova em sentido contrário, como ocorre no caso da súmula 74, II, do TST, segundo a qual a confissão ficta pode ser elidida por outras provas constantes nos autos.

4. ÔNUS DA PROVA

Inicialmente, cabe diferenciar ônus de obrigação. O primeiro é uma faculdade da parte. Já a obrigação é um dever. O ônus pode ser subjetivo, referente a quem deve provar, e objetivo com relação ao objeto da prova. A CLT durante muito tempo previu que o ônus da prova é de quem alega. A Reforma Trabalhista alterou o artigo 818 da CLT. Para prever que cabe ao reclamante o ônus de provar fato constitutivo e ao réu provar o fato impeditivo, modificativo e extintivo do direito. Nesse sentido, foi equiparada a CLT ao artigo 373 do CPC/15.

1053 CÂMARA, Alexandre Freitas. *Lições de direito processual civil.* 25. ed. São Paulo: Atlas, 2014. v. 1, p. 434-435.

Segundo as regras de distribuição do ônus da prova, extraída a partir da leitura desses dispositivos, o reclamante tem ônus processual da prova do fato constitutivo do seu direito e a reclamada, por sua vez, deve demonstrar os fatos impeditivos, modificativos ou extintivos do direito do reclamante.

A respeito do fato constitutivo, o jurista Daniel Amorim[1054] afirma que é o dever de ***"provar a matéria fática que traz em sua petição inicial e que serve como origem da relação jurídica deduzida em juízo".***

No que se refere ao ônus probatório do réu – aplicável ao processo do trabalho – o referido doutrinador, entende por fato impeditivo ***"aquele de conteúdo negativo, demonstrativo, de ausência de algum dos requisitos genéricos de validade do ato jurídico".***

Já o fato modificativo, para o doutrinador citado, ***"é aquele que altera apenas parcialmente o fato constitutivo, podendo ser alteração subjetiva, ou seja, referente aos sujeitos da relação jurídica (como ocorre, por exemplo, na cessão de crédito), ou objetiva, referente ao conteúdo da relação jurídica (como ocorre, por exemplo, na compensação parcial)".***

Por fim, conceitua o fato extintivo como aquele que ***"faz cessar a relação jurídica original".***

Citamos como exemplo de fato constitutivo, no processo do trabalho, o pedido de reconhecimento do vínculo empregatício em que o reclamante alega que trabalhava com pessoalidade, habitualidade, onerosidade e subordinação. Se a reclamada, em defesa, negar a existência da relação de emprego, o ônus da prova é do reclamante.

De outro lado, se a reclamada admitir que o reclamante prestou serviços – seja como autônomo, ou parceiro, ou voluntário, por exemplo – o ônus da prova será da reclamada, pois apresentou um fato impeditivo do direito do autor, atraindo para si o ônus da prova.

A súmula 212 do TST, ao analisar a carga probatória nesta situação, pacificou o entendimento de que ***"o ônus de provar o término do contrato de trabalho, quando negados a prestação de serviço e o despedimento, é do empregador, pois o princípio da continuidade da relação de emprego constitui presunção favorável ao empregado".***

Outro exemplo que podemos citar, é quando o reclamante postula diferenças salariais e a reclamada alega que o reclamante tem direito ao reajuste salarial, mas sustenta que esse reajuste está limitado a um período diverso do alegado pelo reclamante. Neste caso o ônus de provar a data do reajuste é da reclamada, pois alegou fato modificativo do direito do autor.

No que se refere ao fato extintivo, este, ocorrerá quando o reclamante alegar labor extraordinário e a reclamada admitir que o reclamante prestava serviços extraordinários, mas as horas extras foram pagas, o ônus de provar que as horas foram pagas é da reclamada, pois estaremos diante de um fato extintivo do direito do autor (pagamento).

A regra é simples: se a reclamada negar, o reclamante deve provar. Se ela não negar e alegar fato impeditivo, modificativo ou extintivo, o ônus passa a ser dela. Essa visão, representa a teoria estática da distribuição do ônus da prova.

Entretanto, o surgimento do Código de Processo Civil de 2015 representou uma mudança de paradigma em relação à distribuição do ônus da prova, na medida em que esse sistema passou a ser misto, sendo admitido ao juiz atribuir a carga dinâmica do ônus da prova ou distribuição dinâmica do ônus da prova.

Por carga dinâmica, se entende a atribuição diversa do ônus da prova, para a parte que tiver melhor condição de produzir as provas (conforme §1º, do art. 818, CLT).

Na praxe, o ônus da prova é muito debatido em casos relacionados ao vínculo empregatício, equiparação salarial, vale transporte, horas extras, diferenças de FGTS.

O Tribunal Superior do Trabalho, ao enfrentar o tema do ônus da prova, no que tange ao pedido de equiparação salarial, sedimentou o entendimento de que cabe ao empregador o ônus da prova do fato impeditivo, modificativo ou extintivo da equiparação salarial. Os fatos cuja prova cabe ao empregador são, por exemplo, a prestação de serviços pelo paradigma e o empregado paragonado em estabelecimentos distintos, ou, ainda, a ausência de trabalho de igual valor, demonstrando a diferença de produtividade ou perfeição técnica, etc.

Em relação ao vale transporte, durante muito tempo o TST entendeu que o encargo probatório do preenchimento dos requisitos para a percepção do vale transporte cabia ao empregado, conforme OJ 215 da SDI-1 do TST.

Esse normativo foi cancelado em 2011, sendo que o órgão de cúpula trabalhista, modificou o entendimento, passando a entender que esse encargo cabia ao empregador, tendo em vista de que há uma presunção (relativa) de que o empregado precisa do transporte coletivo para se deslocar da sua residência até o local de trabalho. Recentemente, o TST ratificou a referida mudança de entendimento na Súmula 460.

De igual maneira, o TST entende que cabe ao empregador o ônus da prova em relação à regularidade dos depósitos do FGTS, pois o pagamento é fato extintivo do direito do autor (Súmula 461, TST).

1054 Daniel Amorim Assumpção Neves. Manual de Direito Processual Civil. 10ª ed. – São Paulo: 2018

Em um dos acórdãos que deram origem à referida súmula[1055], destacou-se que o empregador é quem procede o recolhimento dos depósitos do FGTS, portanto, é quem detém melhor condição para provar a regularidade dos depósitos do FGTS.

Em 2020, o Supremo Tribunal federal decretou a suspensão do art. 29 da MP 927/2020, entendendo que o coronavírus, no contexto da relação empregatícia, pode ser considerada doença ocupacional, sendo dispensável a demonstração pelo empregado que o contágio se deu no ambiente de trabalho ou durante o desempenho das suas atribuições, sob pena de estarmos diante de uma prova diabólica, ou seja, impossível ou extremamente difícil de ser demonstrada pelo empregado.

5. INVERSÃO DO ÔNUS DA PROVA

O legislador, ao elaborar o Novo CPC de 2015 (art. 373, §§ 3º e 4º), optou pela adoção de um sistema misto de distribuição do ônus da prova, isso porque a carga estática, em algumas situações, representava uma injustiça às partes, que não conseguia se desincumbir do ônus probatório.

Sobre essa moderna teoria, o jurista Alexandre Freitas Câmara[1056], afirma que cabe ***"ao magistrado atribuir ônus da prova à parte que, no caso concreto, revele ter melhores condições de a produzir. Busca-se, com isso, permitir que o juiz modifique a distribuição do ônus da prova quando verifique que este impõe a uma das partes o ônus da prova "diabólica".***

Adotando a mesma linha, a Reforma trabalhista modificou o art. 818 da CLT passando a prever a inversão do ônus da prova ou a "distribuição diversa" do ônus da prova, passando a dispor que "Nos casos previstos em lei ou diante de peculiaridades da causa relacionadas à impossibilidade ou à excessiva dificuldade de cumprir o encargo nos termos deste artigo ou à maior facilidade de obtenção da prova do fato contrário, poderá o juízo atribuir o ônus da prova de modo diverso, desde que o faça por decisão fundamentada, caso em que deverá dar à parte a oportunidade de se desincumbir do ônus que lhe foi atribuído" (art. 818, §1º, da CLT). Essa decisão deverá ser proferida antes da abertura da instrução e, a requerimento da parte, implicará o adiamento da audiência e possibilitará provar os fatos por qualquer meio em direito admitido (art. 818, §2º, da CLT), não podendo gerar situação em que a desincumbência do encargo pela parte seja impossível ou excessivamente difícil (art. 818, §3º, da CLT).

A partir disso, é possível concluir que o cabimento da inversão do ônus de prova ocorrerá em três hipóteses: a) **Quando a lei expressamente autorizar** – A lei autoriza expressamente no art. 6º, VIII, do CDC a inversão do ônus da prova nas relações de consumo, para facilitar a defesa dos interesses do consumidor quando, a critério do juiz, for verossímil a alegação ou quando for ele hipossuficiente, segundo as regras ordinárias de experiências; b) **Quando existir uma impossibilidade ou excessiva dificuldade na produção da prova** – Os casos de assédio sexual é um clássico exemplo de impossibilidade ou extrema dificuldade na produção da prova. Normalmente o assediador comete os seus atos ilícitos na clandestinidade, longe dos olhos do empregador ou dos demais empregados, de modo que é praticamente impossível e extremamente difícil a demonstração do assédio pela vítima. Na praxe forense, o juiz do trabalho acaba invertendo o ônus da prova, atribuindo tal encargo ao empregador, que detém melhores condições para demonstrar a inexistência dos fatos; c) **Quando existir uma maior facilidade na produção da prova por uma das partes.**

A inversão do ônus da prova é uma faculdade do juiz e não depende da vontade das partes. Deve ocorrer na abertura da audiência, antes da instrução, para garantir que a parte cumpra com o ônus atribuído. Nesse sentido, o novo § 2º do artigo 818 da CLT, que prevê que a parte tem o direito inclusive de requerer o adiamento da audiência para produção da prova. Por fim, o § 3º do mesmo artigo prevê que não cabe a inversão do ônus de prova quando gera à parte uma situação em que a desincumbência do novo encargo seja impossível ou excessivamente difícil.

Art. 819 – O depoimento das partes e testemunhas que não souberem falar a língua nacional será feito por meio de intérprete nomeado pelo juiz ou presidente.

§ 1º – Proceder-se-á da forma indicada neste artigo, quando se tratar de surdo-mudo, ou de mudo que não saiba escrever.

§ 2º As despesas decorrentes do disposto neste artigo correrão por conta da parte sucumbente, salvo se beneficiária de justiça gratuita. (Redação dada pela Lei nº 13.660, de 2018)

Art. 820 – As partes e testemunhas serão inquiridas pelo juiz ou presidente, podendo ser reinquiridas, por seu intermédio, a requerimento dos vogais, das partes, seus representantes ou advogados.

Art. 821 – Cada uma das partes não poderá indicar mais de 3 (três) testemunhas, salvo quando se tratar de inquérito, caso em que esse número poderá ser

[1055] PROCESSO Nº TST-E-RR-136300-53.2007.5.04.0012 – http://aplicacao5.tst.jus.br/consultaunificada2/inteiroTeor.do?action=printInteiroTeor&format=html&highlight=true&numeroFormatado=E-RR%20-%20136300-53.2007.5.04.0012&base=acordao&rowid=AAANGhAAFAAAMufAAB&dataPublicacao=30/06/2015&localPublicacao=DEJT&query= (acessado em 27/06/2020)

[1056] Alexandre Freitas Câmara. Lições de direito processual civil. 25. ed. São Paulo: Atlas, 2014 elevado a 6 (seis). (Redação dada pelo Decreto-lei nº 8.737, de 19.1.1946)

COMENTÁRIOS (ARTS. 819 A 821)

O depoimento pessoal está previsto no art. 385 a 388 do CPC/2015. Consiste na declaração prestada pelas partes em juízo, durante a audiência de instrução. A finalidade do depoimento pessoal das partes é a obtenção da confissão quanto à matéria fática discutida na demanda. A parte interessada poderá requerer o depoimento pessoal da parte contrária se for do seu interesse ouvi-la. Também, poderá ser determinado o depoimento pessoal das partes de ofício pelo magistrado.

O depoimento pessoal das partes é prestado em audiência de instrução e julgamento, de forma que a ausência injustificada da parte intimada gera a confissão ficta dos fatos alegados pela parte adversa. No processo do trabalho, como regra, a audiência é UNA, isto é, contínua, e os atos processuais são concentrados na audiência (tentativa de conciliação, apresentação de defesa, instrução processual e o julgamento).

A ausência do empregado à audiência inicial ocasiona o arquivamento do processo, ou seja, a extinção do feito sem resolução de mérito, devendo arcar com as custas processuais, ainda que beneficiário da justiça gratuita (art. 844, § 2º, CLT). De outro lado, a ausência do reclamado, implica na revelia e confissão quanto à matéria fática (art. 844 da CLT).

O interrogatório é ato do juiz, podendo ser determinado de ofício, a qualquer momento durante o trâmite do processo. Destarte, quando o juiz entende que precisa esclarecer algum fato, pode requerer, de ofício, a oitiva das partes ou de uma delas. O não comparecimento ao interrogatório não gera confissão ficta, pois seu objetivo não é obter a confissão, mas sim elucidar os fatos para o magistrado formar sua convicção. Consequentemente, há de se distinguir depoimento pessoal de interrogatório.

O art. 848 da CLT utiliza a expressão "interrogatório". Em razão disso, alguns doutrinadores entendem que a CLT não permite o depoimento pessoal. A esse respeito, o TST fixou o entendimento de que é possível a prática do depoimento pessoal, determinando, inclusive, a aplicação da pena de confissão ficta para a parte que devidamente intimada não comparece à audiência para depor, conforme preconiza a Súmula 74 do TST[1057].

As principais situações que acarretam a confissão ficta são: a) quando a parte não refuta, em sua contestação, determinadas pretensões do reclamante, tornando os fatos incontroversos; b) quando a parte comparece para depor, mas se recusa a falar ou o faz por meio de evasivas (art. 385, § 1º, do CPC/2015); c) quando o preposto desconhece os fatos sobre os quais devia ter plena ciência.

O art. 388 do CPC aduz que a parte não é obrigada a depor sobre fatos: a) criminosos ou torpes que lhe forem imputados; b) a cujo respeito, por estado ou profissão, deva guardar sigilo; c) acerca dos quais não possa responder sem desonra própria, de seu cônjuge, de seu companheiro ou de parente em grau sucessível; d) que coloquem em perigo a vida do depoente ou cônjuge, de seu companheiro ou de parente.

Como regra, o magistrado interroga primeiro o autor e depois o réu. Porém, nada impede que o juiz modifique essa ordem em virtude do ônus da prova, já que é considerado como o diretor do processo (art. 765 da CLT).

A confissão pode ser judicial ou extrajudicial. A judicial é a produzida no curso do processo, obtida por meio do depoimento pessoal ou por escrito em uma petição, podendo ser espontânea ou provocada. Será espontânea quando realizada pela própria parte ou por representante com poder especial (a exemplo, o preposto). É provocada, a confissão realizada durante o depoimento pessoal, devendo ser registrada, conforme art. 390 do CPC/2015. A extrajudicial, de outro lado, é realizada fora do processo, mas nele deve produzir efeitos. Pode ser por escrito, em qualquer documento, ou verbal. Neste último caso, a confissão só terá eficácia nos casos em que a lei não exija prova literal.

Após o depoimento pessoal, as partes poderão se valer da prova testemunhal para se desincumbirem dos seus respectivos ônus probatórios (art. 818).

A prova testemunhal é um dos meios de provas mais importantes do processo do trabalho, considerando que o Direito do Trabalho é regido pelo princípio da primazia da realidade sobre a forma – no confronto entre a verdade real (realidade dos fatos) e a verdade formal, prevalecerá a primeira; por isso, o contrato de trabalho é conhecido como contrato-realidade. A maioria das controvérsias trabalhistas refere-se à matéria fática, v.g., o reconhecimento de vínculo empregatício, horas extras, equiparação salarial, justa causa, dano moral. É o meio de prova mais usual na Justiça do Trabalho.

Sergio Pinto Martins explica que *"normalmente é a única forma de as partes fazerem a prova de suas alegações, principalmente o reclamante que não tem acesso aos documento da empresa ou estes não retratam a realiza de do trabalho desempenhado pelo autor, como poderia ocorrer com os cartões de ponto"*. Avalia que a prova testemunhal *"é a pior prova que existe, sendo*

[1057] Súmula 74 do TST – Confissão. **I – Aplica-se a confissão à parte que, expressamente intimada com aquela cominação, não comparecer à audiência em prosseguimento, na qual deveria depor**. II ⊠ A prova pré-constituída nos autos pode ser levada em conta para confronto com a confissão ficta (arts. 442 e 443 do CPC de 2015 – art. 400, I, CPC de 1973), não implicando cerceamento de defesa o indeferimento de provas posteriores. III ⊠ A vedação à produção de prova posterior pela parte confessa somente a ela se aplica, não afetando o exercício, pelo magistrado, do poder/dever de conduzir o processo.

considerada a prostituta das provas, justamente por ser a mais insegura".[1058]

A prova testemunhal é sempre admissível, exceto nos casos em que a lei dispor de modo diverso (art. 442 do CPC), a exemplo, dos fatos já provados por documento ou confessados pela parte; ou, ainda, fatos que só por documento ou por exame pericial puderem ser provados.

Cada parte poderá indicar, como regra, até três testemunhas. No caso de inquérito para apuração de falta grave esse número é elevado para seis (art. 821 da CLT). Esse número é menor no procedimento sumaríssimo, de até duas testemunhas para cada parte, pois trata-se de um procedimento mais célere (art. 852-H, §2º, da CLT). No dissídio de alçada (procedimento sumário), previsto no art. 2º, §§ 3º e 4º, da Lei n. 5.584/70, a lei é omissa em relação ao número máximo de testemunhas, prevalecendo o entendimento de que aplica-se subsidiariamente a regra geral prevista na CLT (art. 821 da CL) ao procedimento sumário, podendo indicar no máximo três testemunhas.

O número máximo de testemunhas não é para cada fato, mas, sim, para todos os fatos controvertidos que as partes pretendem provar na demanda[1059].

No processo do trabalho, as partes normalmente indicam os meios de prova que pretendem produzir para provar a verdade dos fatos, na petição inicial e na defesa. Entretanto, os pontos controvertidos são fixados pelo juiz do trabalho em audiência, após a apresentação da defesa pela parte reclamada. Logo, na esfera trabalhista, o requerimento da prova testemunhal poderá ser requerido em audiência, após a oitiva das partes.[1060]

Primeiro, o juiz do trabalho inquire as testemunhas a rogo do reclamante a respeito da matéria de fato controvertida no processo. Depois, o colherá o depoimento das testemunhas a rogo do reclamado, podendo inverter a ordem de oitiva, a depender da dinâmica de distribuição do ônus probatório. É admitida uma nova oitiva das testemunhas – denominada de reinquirição – seja de ofício ou a requerimento das partes, seus representantes ou advogados (art. 820 da CLT).

Aplica-se ao processo do trabalho, de forma supletiva e subsidiária, o regramento sobre a acareação de testemunhas, disciplinado no art. 461, II, do CPC. Segundo este dispositivo, o juiz pode determinar a acareação, de ofício ou a requerimento da parte, a acareação de duas ou mais testemunhas ou de alguma delas com a parte, quando houver divergências em suas declarações e sobre o fato possa influir na decisão.

Humberto Theodoro Junior conceitua a acareação como a promoção do *"confronto pessoal numa só audiência, das pessoas que prestaram depoimentos contraditórios. É cabível também entre testemunhas e parte, mas não entre as duas partes"*.[1061] Ou seja, o juiz coloca os depoentes frente a frente com o fito de elucidar as divergências dos depoimentos ou declarações.

Todas as pessoas podem depor como testemunhas, exceto as incapazes, as impedidas e as suspeitas (arts. 829 da CLT e 447 do CPC).

i) São ***incapazes***: a) o interditado por enfermidade ou deficiência mental; b) aquele que, acometido por enfermidade ou retardamento mental, ao tempo em que ocorreram os fatos, não podia discerni-los, ou, ao tempo em que deve depor, não está habilitado a transmitir as percepções; c) o que tiver menos de 16 anos; d) o cego e o surdo, quando a ciência do fato depender dos sentidos que lhes faltam.

ii) São ***impedidos***: a) o cônjuge, o companheiro, o ascendente e o descendente em qualquer grau e o colateral, até o terceiro grau, de alguma das partes, por consanguinidade ou afinidade, salvo se o exigir o interesse público ou, tratando-se de causa relativa ao estado da pessoa, não se puder obter de outro modo a prova que o juiz repute necessária ao julgamento do mérito; b) o que é parte na causa; c) o que intervém em nome de uma parte, como o tutor, o representante legal da pessoa jurídica, o juiz, o advogado e outros que assistam ou tenham assistido as partes.

iii) A ***suspeição*** ocorre quando há: a) inimizade ou amizade íntima com a parte; b) interesse no litígio.

As causas de incapacidade e de impedimento são de ordem objetiva. As causas de suspeição, de outro lado, são de ordem subjetiva.

Existe divergência doutrinária e jurisprudencial no que tange a testemunha que litigou ou está litigando contra o mesmo empregador. Para uma vertente interpretativa o simples fato de estar litigando ou de ter litigado contra o mesmo empregador não torna suspeita a testemunha, isso porque a testemunha se compromete a dizer a verdade, sob pena de crime de falso testemunho do art. 342 do CP, além de haver uma certa dificuldade de produção probatória pelo empregado, tendo o empregador uma maior aptidão à produção probatória. Argumentam, ainda, que a testemunha tem o direito de postular em juízo, como qualquer cidadão, haja vista o princípio constitucional da inafastabilidade da jurisdição (art. 5º, XXXV, CF).

Corrente doutrinária em sentido contrário defende a tese de que haverá suspeição quando a testemunha já houver litigado ou estiver litigando contra o mesmo

[1058] Ibidem. Martins, 2020, p. 483.
[1059] Idem, 2020, p. 486.
[1060] Ibidem. Schiavi, 2018, p. 804.
[1061] Ibidem. Theodoro Junior, 2015, p.1143

empregador, não havendo isenção de depoimento dessas situações.

Todavia, se houver troca de favores entre a parte reclamante e a testemunha, estará configurada a suspeição da testemunha. Consoante as lições de Renato Saraiva, a troca de favores se caracteriza quando a testemunha tem interesse do resultado do litígio, v.g., geralmente quando *"o depoente já utilizou o reclamante como sua própria testemunha em outro processo, em geral postulando por meio do mesmo advogado, constituindo-se numa verdadeira troca de favores, retirando da testemunha a necessária isenção de ânimo para prestar o depoimento"*.[1062]

Antes de depor toda testemunha será qualificada pelo secretário de audiência, informando o nome, nacionalidade, profissão, idade, residência, e, quando empregada, o tempo de serviço prestado ao empregador (Art. 828, CLT). Também, prestará o compromisso de dizer a verdade. Na realidade, na praxe forense o juiz do trabalho adverte a testemunha que terá que dizer a verdade sobre aquilo que for perguntado, sob pena de incorrer em crime de falso testemunho (art. 342 do CP).

A testemunha que não estiver portando seus documentos de identificação poderá prestar depoimento? Uma primeira corrente doutrinária e jurisprudencial defende que não há necessidade de a testemunha portar ou exibir documento de identificação para que seja qualificada e, consequentemente, preste o seu testemunho sobre os fatos. Justifica-se que, na lei, não existe previsão legal nesse sentido. Em contrapartida, existe corrente que defende a obrigatoriedade de apresentação de documento de identificação. Para esta corrente, não há como realizar a qualificação da testemunha sem a apresentação dos documentos de identificação, o que inviabilizaria o depoimento da testemunha.

Signatário desta última corrente, Mauro Schiavi expõe que *"**A seriedade e a solenidade do ato de testemunhar exigem que a testemunha tenha documento, pois somente após a qualificação esta poderá responder pelo delito de falso testemunho.** Além disso, os anos de prática têm demonstrado que é conveniente sempre o Juiz do Trabalho ler o documento da testemunha antes do depoimento, podendo inclusive constatar, de ofício, eventuais incapacidade ou impedimento da testemunha, uma vez que são circunstâncias de caráter objetivo"*.[1063]

O momento adequado para se contrapor ao depoimento das testemunhas incapazes, impedidas ou suspeitas, é logo após a qualificação da testemunha e antes do início do depoimento, sob pena de preclusão. Essa arguição processual é denominada de *contradita, assim considerada a alegação processual da parte contrária de que a testemunha apresenta incapacidade, impedimento ou suspeição que impede ou prejudica a isenção do depoimento.*

A contradita está prevista expressamente no art. 457, §1º, do CPC, cujo teor transcrevemos: *"Art. 457. Antes de depor, a testemunha será qualificada, declarará ou confirmará seus dados e informará se tem relações de parentesco com a parte ou interesse no objeto do processo. § 1º **É lícito à parte contraditar a testemunha, arguindo-lhe a incapacidade, o impedimento ou a suspeição**, bem como, **caso a testemunha negue os fatos que lhe são imputados, provar a contradita com documentos ou com testemunhas, até 3 (três), apresentadas no ato e inquiridas em separado**"*.

O juiz poderá admitir o depoimento das testemunhas menores, incapazes, impedidas ou suspeitas, sendo atribuído a tais depoimentos o valor que possam merecer (art. 447, §§ 4º e 5º, do CPC).

No processo do trabalho a testemunha menor de 18 anos prestará o compromisso de dizer a verdade ou estará sujeita ao crime de falso testemunho? Existem três linhas de argumentação sobre o tema: a) Uma primeira corrente sustenta que a pessoa maior de 16 anos e menor de 18 anos poderá ser ouvida como mero informante, sem prestar qualquer compromisso legal de dizer a verdade, pois são considerados inimputáveis sob a ótica do Direito Penal. Logo, serão ouvidos apenas quando for estritamente necessário, caso a parte não tenha outra testemunha; b) Uma segunda vertente interpretativa defende que o menor de 18 anos não pode prestar depoimento, sob fundamento de ausência de capacidade penal. Todavia, a diferença dessa corrente para a anterior é a de que, nesta, o magistrado trabalhista não deve ouvir menores de 18 anos, mesmo na qualidade de mero informante; c) Outra corrente doutrinária defende que o maior de 16 anos e menor de 18 anos poderá ser ouvido como testemunha no Processo do Trabalho. A fundamentação dessa corrente é a capacidade para trabalhar a partir dos 16 anos prevista no art. 7º, XXXIII, da CF/88.

O depoimento das partes e testemunhas que não souberem falar a língua nacional será feito por meio de intérprete nomeado pelo juiz (art. 819 da CLT). O intérprete ou tradutor é um auxiliar da justiça responsável pela tradução de documento redigido em língua estrangeira ou de fazer com que o juiz compreenda o sentido da comunicação das partes ou testemunhas que não conhecerem o idioma nacional ou seja portador de deficiência auditiva que se comuniquem por meio de Língua Brasileira de Sinais, ou equivalente (art. 149 e art. 162 do CPC).

Nelson Nery Junior diferencia o intérprete do tradutor, traçando as seguintes diferenças: *"O intérprete é auxiliar do juiz (CPC 149) que, quanto à análise de*

[1062] Ibidem. Saraiva e Manfredini, 2016, p.359.
[1063] Ibidem. Schiavi, 2018, p. 801.

documento redigido em língua estrangeira (CPC 162 I), fornece subsídios linguísticos para espancar as dúvidas que, eventualmente, a tradução tenha ensejado (CPC 190, par.ún.). O tradutor é contratado pela parte para confeccionar versão de documento redigido em língua estrangeira e que deve ser juntado aos autos (CC 224; CPC 156; D 84451/80 3.º – documentos expedidos por autoridade estrangeira; LINDB 15 d – tradução de sentença estrangeira)".[1064]

O depoimento do surdo-mudo, ou de mudo que não saiba escrever será feito por meio de intérprete. Os honorários decorrentes da interpretação serão arcados pela parte sucumbente, exceto se for beneficiária da justiça gratuita.

Art. 822 – As testemunhas não poderão sofrer qualquer desconto pelas faltas ao serviço, ocasionadas pelo seu comparecimento para depor, quando devidamente arroladas ou convocadas.

Art. 823 – Se a testemunha for funcionário civil ou militar, e tiver de depor em hora de serviço, será requisitada ao chefe da repartição para comparecer à audiência marcada.

Art. 824 – O juiz ou presidente providenciará para que o depoimento de uma testemunha não seja ouvido pelas demais que tenham de depor no processo.

COMENTÁRIOS (ARTS. 822 A 824)

A testemunha arrolada pelas partes ou regularmente intimada para depor perante a Justiça do Trabalho não poderá sofrer quaisquer descontos em seus salários pelo empregador, conforme determina o art. 473, VIII, da CLT. Ao final da audiência, a testemunha poderá solicitar junto à secretaria da Vara do Trabalho, ou ao secretário de audiência, uma declaração informando o seu comparecimento e o período que permaneceu à disposição do juízo para depor.

O servidor público (civil ou militar) indicado como testemunha poderá comparecer espontaneamente para depor como testemunha, a convite da parte (art. 825). Todavia, caso não compareça espontaneamente, poderá ser intimada para comparecer à audiência no dia e na hora marcada. Para tanto, o juiz requisitará o comparecimento da testemunha ao chefe da repartição ou ao comando do corpo em que o servidor público (civil ou militar) estiver lotado, caso o depoimento seja em horário de serviço. Caso o depoimento seja realizado fora do horário de expediente, a requisição será dispensada.

O juiz do trabalho deve assegurar a incomunicabilidade das testemunhas, ou seja, as testemunhas devem ser ouvidas separadamente, sem que a outra saiba o teor do depoimento uma das outras.

Na praxe forense, iniciada a instrução processual, o magistrado determina a retirada do reclamado e todas as testemunhas presentes, tomando o depoimento pessoal do reclamante. Depois, determina o retorno da parte reclamada à sala de audiência e toma o seu depoimento pessoal. Ato contínuo, chama à sala de audiência as testemunhas arroladas pelo reclamante e, em seguida, as testemunhas arroladas ou convocadas pelo reclamado.

Nesse aspecto, uma grande controvérsia gira em torno das audiências virtuais. O Conselho Nacional de Justiça expediu a Portaria Nº 61 de 31/03/2020[1065], de acordo com a Resolução nº 313, de 19 de março de 2020, para estabelecer critérios para o funcionamento dos serviços judiciários, durante o estado de calamidade pública com o objetivo de prevenir o contágio pelo Covid-19, bem como permitir a realização dos atos processuais por meio de videoconferência, principalmente as audiências de forma virtual, na forma dos artigos 236, § 3º; 385, § 3º; 453, § 1º e 461, § 2º, do CPC.

No âmbito do Tribunal Regional do Trabalho da 2ª Região vigorou o Ato GP nº. 07, que disciplinava, no âmbito do Tribunal Regional do Trabalho da 2ª Região,

[1064] Ibidem. Nery Jr., 2015, p.688.

[1065] Portaria Nº 61 de 31/03/2020 – O **PRESIDENTE DO CONSELHO NACIONAL DE JUSTIÇA**, no uso de suas atribuições legais e regimentais, **CONSIDERANDO** as disposições da Resolução CNJ nº 313, de 19 de março de 2020, que estabelece critérios para o funcionamento dos serviços judiciários, com o objetivo de prevenir o contágio pelo Covid-19;**CONSIDERANDO** as disposições do Código de Processo Civil, artigos 236, § 3º; 385, § 3º; 453, § 1º e 461, § 2º, que dispõem sobre a possibilidade da prática de atos processuais por meio de videoconferência, inclusive para a oitiva de partes e testemunhas; **CONSIDERANDO** a Resolução CNJ nº 105, de 6 de abril de 2010, que dispõe sobre a documentação dos depoimentos por meio do sistema audiovisual e realização de interrogatório e inquirição de testemunhas por videoconferência; **RESOLVE:** Art. 1º Instituir a Plataforma Emergencial de Videoconferência para a realização de audiências e sessões de julgamento nos órgãos do Poder Judiciário, no período de isolamento social provocado pela pandemia do Covid-19. Parágrafo único. O uso da Plataforma é facultativo aos tribunais e não exclui a utilização de outras ferramentas computacionais que impliquem o alcance do mesmo objetivo. Art. 2º A Plataforma estará disponível a todos os segmentos de Justiça, Juízos de Primeiro e Segundo Graus de jurisdição, bem como os tribunais superiores. Parágrafo único. O registro de interesse na utilização da Plataforma deverá ser realizado por intermédio de formulário eletrônico próprio disponível no Portal do CNJ na Internet. Art. 3º Todas as informações necessárias para utilização da Plataforma estarão disponíveis no endereço eletrônico <https://www.cnj.jus.br/plataforma-videoconferencia-nacional>. Art. 4º A Plataforma permitirá a gravação audiovisual do conteúdo da videoconferência, e seu armazenamento, caso desejado, poderá ocorrer no sistema denominado PJe Mídias. Parágrafo único. O armazenamento no PJe Mídias independe de qual seja o sistema de gestão processual atualmente instalado no tribunal de origem do órgão interessado na gravação da videoconferência. Art. 5º A Plataforma estará disponível durante todo o período especial da pandemia causada pelo Covid-19. Art. 6º Esta Portaria entra em vigor na data da sua publicação.

a adoção de meios virtuais e telepresenciais para a realização de audiências e sessões de julgamento nas Varas, Turmas e Seções Especializadas, durante a vigência das medidas de isolamento social para a prevenção do contágio pelo coronavírus (COVID-19). Esse ato foi posteriormente revogado pelo Ato GP nº. 08 que regulamenta a matéria atualmente.

No referido Tribunal Regional as audiências e sessões virtuais foram permitidas a partir de 11 de maio de 2020, por meio de Plataforma Emergencial de Videoconferência. As sessões de julgamento e audiências telepresenciais têm valor jurídico equivalente às presenciais.

As partes, seus procuradores e o Ministério Público são intimados pelo magistrado, informando o dia e horário da audiência, bem como será disponibilizado um link para acesso à sala de audiência virtual, sem necessidade de cadastramento prévio das partes ou procuradores. O nome da sala será correspondente ao número do processo submetido à audiência.

No dia e horário designado para o início da audiência ou sessão, o Secretário confirmará a conexão de todos os envolvidos e informará o magistrado se todos estão presentes. As partes e as testemunhas, a rigor, ficam aguardando o início da audiência ou sessão em um lobby (sala de espera virtual), até que o secretário admita as partes para a realização da audiência.

Parte dos juristas defendem a inviabilidade da realização das audiências de instrução em ambientes virtuais, tendo em vista a fragilidade da incomunicabilidade das testemunhas (art. 456, CPC), pois não é possível assegurar a efetiva incomunicabilidade das testemunhas com terceiros. Argumentam, os defensores desta corrente, que a testemunha poderá se valer de roteiros, materiais de apoio, celulares, computadores ou outros aparelhos tecnológicos para manter-se em comunicação com terceiros, antes e durante o seu depoimento. De outro lado, há quem defenda a instrução processual mediante audiência virtual, argumentando que não é razoável esperar o fim do estado de calamidade pública para a realização destes atos. Ainda, sustentam que é dever das partes cooperar para a efetividade do processo (art. 6º, CPC), boa-fé e lealdade processual.

Na prática, o magistrado designa a audiência de instrução e julgamento, antes de iniciar o depoimento pede para o depoente mostrar as mãos, dar um giro no ambiente para certificar que não há ninguém, além do depoente, no local em que se encontra, bem como isola as outras testemunhas na sala de espera virtual (lobby) para que uma não escute o testemunho da outra, preservando, assim, a incomunicabilidade.

Embora existam críticas, as audiências e sessões virtuais facilitam a vida de todos os envolvidos na relação jurídica processual.

Pensamos que a medida deve ser mantida, após o período de calamidade pública, principalmente as audiências de conciliação, audiência inicial (para recebimento da defesa), audiência de processos que há a necessidade de designação de perícia – cuja instrução, a rigor, é postergada para depois da entrega do laudo pericial.

É inegável a economia de tempo ou despesas com o deslocamento e a alimentação para a realização das audiências. A falta de recursos financeiros das partes, por exemplo, impede, em muitos casos, a atuação dos seus advogados no âmbito dos Tribunais Superiores. A manutenção das sessões virtuais, neste caso, poderia viabilizar a atuação das partes nos julgamentos dos seus respectivos recursos ou a atuação dos seus patronos.

Outra medida que devemos refletir, é a possibilidade de implementação de audiências telepresenciais, assim consideradas aquelas em que alguns sujeitos processuais participam pessoalmente do ato e outros de forma remota/virtual. O Tribunal de Justiça do Estado do Ceará permite audiências telepresenciais.

A tecnologia deve ser vista como um instrumento para facilitar o acesso do cidadão ao Poder Judiciário (Art. 5º, XXXV, CF). Os Tribunais têm decidido nesse sentido, vejamos:

- PEDIDO DE PROVIDÊNCIAS. PLANTÃO EXTRAORDINÁRIO. SISTEMÁTICA DE SUSPENSÃO DE AUDIÊNCIAS POR VIDEOCONFERÊNCIA. SESSÃO VIRTUAL. MERO PEDIDO DO ADVOGADO DE UMA DAS PARTES. IMPOSSIBILIDADE E PEDIDO FORMULADO EM ACORDO PELAS PARTES. PRECEDENTES. **I – A mera solicitação de suspensão de audiência por videoconferência por uma das partes não é capaz de impedir a realização do ato, sob pena de prejuízo à celeridade e à razoável duração do processo** [sem destaque no original]. II – Sendo apresentado ao juízo requerimento de suspensão da audiência formulado em comum acordo pelas as partes, deverá o ato ser suspenso, conforme entendimento firmado nos autos do – PP 0003406-58.2020.2.00.0000. III – As decisões individuais em processos judiciais que eventualmente desrespeitem os normativos exarados por esta Corte devem ser combatidas em seus respectivos autos, assim como eventual excesso de magistrados quando da condução de processos nos quais se realizem audiências virtuais devem ser questionados individualmente no âmbito disciplinar. V – Recurso conhecido e parcialmente provido. (CNJ – Recurso Administrativo em PP 0004046-61.2020.2.00.0000 - Relatora Conselheira Maria Cristina Ziouva – 46ª Sessão Virtual Extraordinária – extraído do respectivo sítio eletrônico)

- Trata-se de mandado de segurança impetrado por **Samuel Pretto de Freitas – ME**, em face de ato do **Juiz da 1ª Vara do Trabalho de Lucas do Rio Verde**, nos autos da ação reclamatória n. 0000753-63.2019.5.23.0021, ajuizada pelo **Espólio de José Marins Duarte Filho**, que manteve a designação de audiência instrutória por meio de videoconferência. Pois bem. Narram os autos que a autoridade reputada coatora manteve designação de audiência de instrução por intermédio de videoconferência, não obstante a discordância manifestada pelo ora impetrante, com fundamento em dificuldades técnicas das testemunhas e riscos de manipulação inerentes à utilização de tal meio para a colheita de provas. Veja-se que a Resolução n. 314/2020 do CNJ previu que os processos deviam retomar sua marcha regularmente a partir de 4/5/2020, não obstante a excepcionalidade vivenciada em razão da pandemia do novo coronavírus (Covid-19), realizando-se os atos processuais por meio eletrônico ou virtual, salvo absoluta impossibilidade técnica ou prática, senão vejamos: [...] Entre tais atos a serem realizados por meio virtual ou telepresencial inserem-se as audiências, inclusive para oitiva de partes e testemunhas, conforme regulamentado pela Portaria Conjunta TRT CORREG GP N. 2/2020, com as alterações previstas na Portaria Conjunta TRT CORREG GP N. 4/2020 [...]. Portanto, não se pode postergar o prosseguimento da marcha processual para depois da normalização das atividades presenciais, de modo que necessária no atual quadrante a realização de audiências para oitiva de partes e testemunhas por videoconferência, salvo em caso de "absoluta impossibilidade técnica ou prática", o que não foi demonstrado no caso, competindo ao juiz nesse ínterim zelar pela idoneidade da prova produzida por meio telepresencial, mormente em relação à observância do princípio da incomunicabilidade. Não obstante a ausência de prova pré-constituida da alegada impossibilidade técnica, penso que a questão poderá ser melhor avaliada pelo magistrado por ocasião da audiência, quando estará à cavaleiro para sopesar adequadamente eventuais dificuldades reveladas pelos participantes na utilização da ferramenta de videoconferência. Registro, por oportuno, que a suspensão da audiência de instrução até que pudesse ser realizada de modo presencial poderia ser deliberada de comum acordo entre as partes, o que no entanto não foi alegado, tampouco provado no caso. Assim, não demonstrada a ocorrência de impossibilidade técnica ou prática à respectiva realização, correta a decisão do juízo que manteve a designação de audiência de instrução por videoconferência, o que a toda evidência não viola direito líquido e certo do impetrante. [...] Dessa forma, ausente o direito líquido e certo alegado, indefiro liminarmente a petição inicial do presente mandado de segurança, nos termos do art. 10 da Lei n. 12.016/09, julgando o processo extinto sem exame de mérito, com fundamento no art. 485, I do CPC. (TRT-23 00004248020205230000 MT, Relator: ROBERTO BENATAR, Data de Julgamento: 03/11/2020, Gab. Des. Roberto Benatar)

Outra questão polêmica, é sobre o uso de aparelho celular pelo advogado ou pela parte durante a audiência, por si só, representa a quebra do princípio da incomunicabilidade da testemunha.

A jurisprudência tem formado o entendimento de que o simples fato do uso do aparelho celular em audiência, não faz presumir que os advogados ou partes estejam em contato com as testemunhas que aguardam fora do recinto para serem ouvidas. Vejamos o aresto abaixo:

- PRELIMINAR DE NULIDADE DA SENTENÇA POR QUEBRA DO PRINCÍPIO DA INCOMUNICABILIDADE DAS TESTEMUNHAS. De acordo com o art. 456 do CPC, que segundo o art. 769 da CLT é aplicável subsidiariamente ao direito processual do trabalho, o juiz deve ouvir as testemunhas separadamente, e providenciará para que uma não ouça o depoimento das outras. Somente pela circunstância do uso do aparelho celular durante a audiência, não se pode presumir que os advogados estejam em contato com as testemunhas que aguardam fora do recinto para ser ouvidas e, por tal motivo, devam ter os depoimentos dispensados. A desconsideração de testemunhas fora das hipóteses legais pode acarretar o direito de prova, violando o disposto no art. 5º, LV, da Constituição Federal. Recurso ordinário conhecido e provido. (TRT-16 00179305820165160015 0017930-58.2016.5.16.0015, Relator: JOSE EVANDRO DE SOUZA, Data de Publicação: 08/05/2019)

Art. 826 – É facultado a cada uma das partes apresentar um perito ou tecnico. (Vide Lei nº 5.584, de 1970)

Art. 827 – O juiz ou presidente poderá argüir os peritos compromissados ou os técnicos, e rubricará, para ser junto ao processo, o laudo que os primeiros tiverem apresentado.

COMENTÁRIOS (ARTS. 826 E 827)

Prova pericial é o meio probatório utilizado sempre que houver a necessidade de conhecimentos técnicos especializados para a comprovação dos fatos alegados em juízo.

Eduardo Arruda Alvim define a prova pericial como *"a modalidade de prova que se faz necessária quando o juiz necessita de pessoas munidas de conhecimentos especiais (técnicos, como, por exemplo, agricultores e mecânicos, ou científicos, como, por exemplo, engenheiros e médicos), que possam informar ao juízo a ocorrência de determinados fatos, bem como acerca do significado desses mesmos fatos"*.[1066]

É, portanto, aquela que depende de prova técnica, científico ou técnico, por algum profissional especialista regularmente habilitado (art. 156 do CPC).

São espécies de prova pericial (art. 464 do CPC):

a) Exame: é a espécie de prova pericial que objetiva o exame de pessoa, semovente ou bem móvel, como, por exemplo, a realização de perícia médica para a verificação de existência de doença ocupacional incapacitante;

b) Vistoria: é a espécie de prova pericial que objetiva o exame de bens imóveis ou certos lugares, como ocorre na vistoria do ambiente de trabalho para apurar a existência de exposição a agente insalubre ou perigoso;

c) Avaliação: é a espécie de prova pericial que se propõe a estimar o valor de certos bens ou obrigações. Citamos como exemplo, a avaliação de bens penhorados.

Todavia, o juiz indeferirá a perícia quando: i) a prova do fato não depender de conhecimento especial de técnico; ii) for desnecessária em vista de outras provas produzidas; iii) a verificação for impraticável.

O juiz poderá, em substituição à perícia, de ofício ou a requerimento das partes, determinar a produção de prova técnica simplificada, quando o ponto controvertido for de menor complexidade.

A prova técnica simplificada consistirá apenas na inquirição de especialista, pelo juiz, sobre ponto controvertido da causa que demande especial conhecimento científico ou técnico.

De acordo com a Lei 5.584/1970, em seu art. 3º, os exames periciais serão realizados por perito único designado pelo Juiz, que fixará o prazo para entrega do laudo. O perito cumprirá o encargo que lhe foi designado, independentemente de termo de compromisso (Art. 466 do CPC). Os peritos estão sujeitos às causas de impedimento e suspeição, previstas no art. 148 do CPC.

O artigo 195 da CLT prevê que o perito deve ser médico ou engenheiro do trabalho. Porém, a OJ 165 da SDI-1 prevê que o perito basta ter conhecimento técnico, ou seja, ser um profissional devidamente qualificado (Exemplo: fisioterapia).

As partes podem indicar um assistente técnico, cujo laudo terá de ser apresentado no mesmo prazo assinado pelo perito, sob pena de desentranhamento dos autos. Os assistentes técnicos são de confiança da parte e não estão sujeitos a impedimento ou suspeição.

A realização da prova pericial gera um ônus financeiro à parte vencida na pretensão objeto da perícia. A parte vencida é nominada pela lei de parte sucumbente, ou seja, aquela cujo o pedido formulado foi rejeitado. Neste aspecto, a Reforma Trabalhista (Lei 13.467/2017) manteve a responsabilidade pelo pagamento dos honorários periciais sob à parte sucumbente (vencida) na pretensão objeto da perícia, ainda que seja beneficiária da justiça gratuita.

Ao fixar o valor dos honorários periciais, o juiz do trabalho deverá respeitar o limite máximo estabelecido pelo Conselho Superior da Justiça do Trabalho, que estabelece no art. 3º da Resolução nº. 66/2010 o valor de honorários periciais limitado a R$ 1.000,00, levando, em consideração a complexidade da matéria, o grau de zelo profissional, o lugar e o tempo exigido para a prestação dos serviços e as peculiaridades regionais.

O juiz do trabalho poderá deferir parcelamento dos honorários periciais. Contudo, o legislador ordinário proibiu a exigência do adiantamento de valores para realização de perícias. Assentou-se na jurisprudência do TST a ilegalidade da exigência de depósito prévio para custeio dos honorários periciais, dada a incompatibilidade com o processo do trabalho, sendo cabível o mandado de segurança visando a realização da perícia, independentemente do depósito (OJ 98 da SDI-2 do TST).

Importante mencionar, ainda, que a Reforma trabalhista passou a prever que o beneficiário da justiça gratuita somente irá suportar as despesas dos honorários periciais caso não tenha obtido em juízo créditos capazes de satisfazer a referida despesa, ainda que em outro processo. Ocorreu, portanto, a mitigação dos mandamento da Súmula 457 do TST, de modo que a responsabilidade da União pelo pagamento dos honorários de perito quando a parte sucumbente no objeto da perícia, em se tratando de beneficiário da assistência judiciária gratuita, estará condicionada a ausência de obtenção de crédito capazes de satisfazer a referida despesa.

A responsabilidade pelo pagamento dos honorários do assistente técnico é de responsabilidade exclusiva da parte que o indicou, ainda que vencedora no objeto da perícia, porquanto a indicação do perito assistente é faculdade da parte (Súmula 341 do TST).

Art. 828 – Toda testemunha, antes de prestar o compromisso legal, será qualificada, indicando o nome, nacionalidade, profissão, idade, residência, e, quando empregada, o tempo de serviço prestado ao empregador, ficando sujeita, em caso de falsidade, às leis penais.

[1066] Alvim, 2019, p. 880.

Parágrafo único – Os depoimentos das testemunhas serão resumidos, por ocasião da audiência, pelo secretário da Junta ou funcionário para esse fim designado, devendo a súmula ser assinada pelo Presidente do Tribunal e pelos depoentes.

Art. 829 – A testemunha que for parente até o terceiro grau civil, amigo íntimo ou inimigo de qualquer das partes, não prestará compromisso, e seu depoimento valerá como simples informação.

COMENTÁRIOS (ARTS. 828 E 829)

Antes de depor toda testemunha será qualificada pelo secretário de audiência, informando o nome, nacionalidade, profissão, idade, residência, e, quando empregada, o tempo de serviço prestado ao empregador (Art. 828, CLT). Também, prestará o compromisso de dizer a verdade. Na realidade, na praxe forense o juiz do trabalho adverte a testemunha que terá que dizer a verdade sobre aquilo que for perguntado, sob pena de incorrer em crime de falso testemunho (art. 342 do CP).

A testemunha que não estiver portando seus documentos de identificação poderá prestar depoimento? Uma primeira corrente doutrinária e jurisprudencial defende que não há necessidade de a testemunha portar ou exibir documento de identificação para que seja qualificada e, consequentemente, preste o seu testemunho sobre os fatos. Justifica que a lei não existe previsão legal na legislação processual nesse sentido. Em contrapartida, existe corrente defendendo a obrigatoriedade de apresentação de documento de identificação. Para esta corrente não há como realizar a qualificação da testemunha sem a apresentação dos documentos de identificação, o que inviabiliza o depoimento da testemunha.

Signatário desta última corrente, Mauro Schiavi expõe que *"**A seriedade e a solenidade do ato de testemunhar exigem que a testemunha tenha documento, pois somente após a qualificação esta poderá responder pelo delito de falso testemunho.** Além disso, os anos de prática têm demonstrado que é conveniente sempre o Juiz do Trabalho ler o documento da testemunha antes do depoimento, podendo inclusive constatar, de ofício, eventuais incapacidade ou impedimento da testemunha, uma vez que são circunstâncias de caráter objetivo".*[1067]

O momento adequado para se contrapor ao depoimento das testemunhas incapazes, impedidas ou suspeitas, é logo após a qualificação da testemunha e antes do início do depoimento, sob pena de preclusão. Essa arguição processual é denominada de *contradita, assim considerada a alegação processual da parte contrária de que a testemunha apresenta incapacidade, impedimento ou suspeição que impede ou prejudica a isenção do depoimento.*

A contradita está prevista expressamente no art. 457, §1º, do CPC, cujo teor transcrevemos: *"Art. 457. Antes de depor, a testemunha será qualificada, declarará ou confirmará seus dados e informará se tem relações de parentesco com a parte ou interesse no objeto do processo. § 1º **É lícito à parte contraditar a testemunha, arguindo-lhe a incapacidade, o impedimento ou a suspeição**, bem como, **caso a testemunha negue os fatos que lhe são imputados, provar a contradita com documentos ou com testemunhas, até 3 (três), apresentadas no ato e inquiridas em separado**".*

Os depoimentos das partes e das testemunhas serão resumidos e consignados na ata de audiência pelo secretário de audiência, designado para este fim. Ao final, o magistrado irá assinar (ainda que eletronicamente) a ata de audiência.

Todas as pessoas podem depor como testemunhas, exceto as incapazes, as impedidas e as suspeitas (arts. 829 da CLT e 447 do CPC).

- São ***incapazes***: a) o interditado por enfermidade ou deficiência mental; b) aquele que, acometido por enfermidade ou retardamento mental, ao tempo em que ocorreram os fatos, não podia discerni-los, ou, ao tempo em que deve depor, não está habilitado a transmitir as percepções; c) o que tiver menos de 16 anos; d) o cego e o surdo, quando a ciência do fato depender dos sentidos que lhes faltam.
- São ***impedidos***: a) o cônjuge, o companheiro, o ascendente e o descendente em qualquer grau e o colateral, até o terceiro grau, de alguma das partes, por consanguinidade ou afinidade, salvo se o exigir o interesse público ou, tratando-se de causa relativa ao estado da pessoa, não se puder obter de outro modo a prova que o juiz repute necessária ao julgamento do mérito; b) o que é parte na causa; c) o que intervém em nome de uma parte, como o tutor, o representante legal da pessoa jurídica, o juiz, o advogado e outros que assistam ou tenham assistido as partes.
- A ***suspeição*** ocorre quando há: a) inimizade ou amizade íntima com a parte; b) interesse no litígio.

As causas de incapacidade e de impedimento são de ordem objetiva. As causas de suspeição, de outro lado, são de ordem subjetiva.

Existe divergência doutrinária e jurisprudencial no que tange a testemunha que litigou ou está litigando contra o mesmo empregador. Para uma vertente interpretativa o simples fato de estar litigando ou de ter litigado contra o mesmo empregador não torna suspeita a testemunha, isso porque a testemunha se compromete a dizer a verdade, sob pena de crime de falso testemunho do art. 342 do CP, além de haver uma certa

[1067] Ibidem. Schiavi, 2018, p. 801.

dificuldade de produção probatória pelo empregado, tendo o empregador uma maior aptidão à produção probatória. Argumentam, ainda, que a testemunha tem o direito de postular em juízo, como qualquer cidadão, haja vista o princípio constitucional da inafastabilidade da jurisdição (art. 5º, XXXV, CF).

Corrente doutrinária em sentido contrário defende a tese de que haverá suspeição quando a testemunha já houver litigado ou estiver litigando contra o mesmo empregador, não havendo isenção de depoimento dessas situações.

Todavia, se houver troca de favores entre a parte reclamante e a testemunha, estará configurada a suspeição da testemunha. Consoante as lições de Renato Saraiva, a troca de favores se caracteriza quando a testemunha tem interesse do resultado do litígio, v.g., geralmente quando *"o depoente já utilizou o reclamante como sua própria testemunha em outro processo, em geral postulando por meio do mesmo advogado, constituindo-se numa verdadeira troca de favores, retirando da testemunha a necessária isenção de ânimo para prestar o depoimento"*.[1068]

O juiz poderá admitir o depoimento das testemunhas menores, incapazes, impedidas ou suspeitas, sendo atribuído a tais depoimentos o valor que possam merecer (art. 447, §§ 4º e 5º, do CPC).

Art. 830. O documento em cópia oferecido para prova poderá ser declarado autêntico pelo próprio advogado, sob sua responsabilidade pessoal.

Parágrafo único. Impugnada a autenticidade da cópia, a parte que a produziu será intimada para apresentar cópias devidamente autenticadas ou o original, cabendo ao serventuário competente proceder à conferência e certificar a conformidade entre esses documentos.

COMENTÁRIOS (ART. 830)

Documento conceituado como o meio probatório utilizado no processo para a prova material da existência de um fato.

O documento oferecido para prova somente era aceito se estivesse no original, em certidão autêntica, quando conferida a respectiva pública-forma ou em cópia perante o juiz ou tribunal, segundo redação anterior do art. 830 da CLT.

O advogado pode declarar a autenticidade do documento, sob a sua responsabilidade pessoal. Neste sentido, o art. 425, IV, do CPC, estabelece que as cópias reprográficas de peças do processo judicial declaradas autênticas pelo advogado, sob sua responsabilidade pessoal, fazem a mesma prova que os originais, se não lhes for impugnada a autenticidade.

O instrumento normativo em cópia não autenticada possui valor probante, desde que não haja impugnação ao seu conteúdo, eis que se trata de documento comum às partes, nos termos da OJ 36 da SDI-I do TST.

O momento processual adequado para apresentar os documentos pelo reclamante é reclamação trabalhista e pelo reclamado juntamente com a apresentação da defesa, em audiência, conforme se extrai do art. 787 e 845 da CLT e do art. 434 do CPC. Contudo, é lícito às partes, em qualquer tempo, juntar aos autos documentos novos, quando destinados a fazer prova de fatos ocorridos depois da apresentação da reclamação trabalhista ou da defesa, ou para contrapô-los aos que foram produzidos nos autos (art. 435 do CPC).

Na fase recursal, entretanto, só se justifica quando provado o justo impedimento para sua oportuna apresentação ou se referir a fato posterior à sentença, consoante a Súmula 8 do TST.

As partes poderão impugnar os documentos juntados aos autos, por meio de incidente de falsidade documental (art. 430 do CPC). A falsidade documental deve ser requerida na defesa, ou no prazo de 15 (quinze) dias, contado a partir da intimação da juntada do documento aos autos.

A parte que arguir a falsidade documental deverá apontar os motivos que fundamentam a sua pretensão, bem como os meios que pretende provar a alegação (art. 431 da CLT). Depois da manifestação da parte contrária, o juiz determinará a realização do exame pericial para aferir a autenticidade (ou não) do documento. Caso a parte que produziu o documento concordar em desentranhá-lo dos autos, não será realizado o exame pericial.

SEÇÃO X
DA DECISÃO E SUA EFICÁCIA

Art. 831 – A decisão será proferida depois de rejeitada pelas partes a proposta de conciliação.

Parágrafo único. No caso de conciliação, o termo que for lavrado valerá como decisão irrecorrível, salvo para a Previdência Social quanto às contribuições que lhe forem devidas. (Redação dada pela Lei nº 10.035, de 2000)

COMENTÁRIOS (ART. 831)

1. SENTENÇA

O vocábulo sentença tem origem no latim *sententia, sentire*, que significa sentimento. Daí porque alguns

[1068] Ibidem. Saraiva e Manfredini, 2016, p.359

autores afirmam que a sentença é o sentimento do juiz sobre o processo.[1069]

A sentença, por definição legal, é pronunciamento por meio do qual o juiz, com fundamento nos arts. 485 e 487 do CPC/2015, põe fim à fase cognitiva do procedimento comum, bem como extingue a execução (Art. 203 do CPC).

A sentença pode ser conceituada como o ato do juiz que representa a certificação do direito, no qual o juiz resolve a crise de certeza do processo, na fase cognitiva, ou extingue a execução.

Neste ponto, valiosas são as lições de Francisco Cavalcanti Pontes de Miranda, que definia a sentença como "a prestação do Estado, em virtude da obrigação assumida na relação jurídico-processual (processo), quando a parte ou as partes vierem a juízo, isto é, exercerem a pretensão à tutela jurídica".[1070]

Numa perspectiva moderna, Mauro Schiavi anota que a sentença "é ato judicial por meio do qual se opera o comando abstrato da lei às situações concretas, que se realiza mediante uma atividade cognitiva, intelectiva e lógica do juiz, como agente da jurisdição".

A sentença é tradicionalmente classificada em: a) terminativas (ou processuais): aquelas em que o juiz resolve o procedimento em 1º grau sem adentrar no mérito da causa (art. 485 do CPC); b) definitivas (ou de mérito): aquelas em que o juiz resolve o procedimento em 1º grau de jurisdição adentrando no mérito da causa (art. 487 do CPC).

No que tange aos seu conteúdo, a sentença é classificada em: i) declaratórias: aquelas em que o juiz se limita à declaração da existência ou da inexistência da relação jurídica, ou da autenticidade ou falsidade de documento, a exemplo, da sentença que reconhecimento o vínculo empregatício; ii) constitutivas: aquelas em que o juiz cria, modifica ou extingue uma relação jurídica, como no caso da decisão que julga procedente o pedido de rescisão indireta do contrato de trabalho (art. 483 da CLT); iii) condenatórias: aquelas em que juiz profere um comando condenatório ao réu, impondo-lhe uma obrigação de fazer, de não fazer, de entregar coisa ou de pagar quantia. (Ex.: condenação ao pagamento de horas extras); iv) mandamentais: aquelas em que o juiz impõe uma ordem de conduta, determinando a prática ou abstenção de um ato. Por exemplo, o mandado de segurança; v) executivas: aquelas em que o comando da sentença contém natureza executiva, não necessitando de uma fase de execução para a prática de atos concretos e satisfativos do direito do credor.

A sentença é norteada pelo princípio da legalidade, princípio do livre convencimento motivado (art. 371 do CPC e art. 765 da CLT), princípio da vinculação ao pedido (art. 141 e 492 do CPC) e princípio da fundamentação (Art. 93, IX, da CF e 832 da CLT).

Os elementos da sentença trabalhista, também denominados de pressupostos estruturais, são: o relatório, a fundamentação e a conclusão (art. 832 da CLT).

2. COISA JULGADA

A coisa julgada é a qualidade especial da sentença, que a torna imutável. Possui proteção constitucional e tem como objetivo a segurança jurídica. A teor do art. 5º, XXXVI, da CF e o art. 6º da LINDB preceituam que a lei não prejudicará o direito adquirido, o ato jurídico perfeito e a coisa julgada.

A coisa julgada (ou caso julgado) é compreendida como decisão judicial de que já não caiba recurso, ou a autoridade que torna imutável e indiscutível a decisão de mérito não mais sujeita a recurso (art. 502 do CPC).

Daniel Amorim Assumpção Neves anota que *"Majoritariamente, a doutrina pátria adota o entendimento de Liebman, afirmando que a coisa julgada é uma qualidade da sentença que torna seus efeitos imutáveis e indiscutíveis. Para essa parcela doutrinária, após o trânsito em julgado da sentença – ou acórdão – de mérito, os efeitos projetados no plano prático por essa decisão não mais poderão ser discutidos em outra demanda, ou mesmo pelo legislador, o que seria suficiente para concluir que tais efeitos não poderão ser modificados, estando protegidos pelo 'manto' da coisa julgada material. A intangibilidade das situações jurídicas criadas ou declaradas, portanto, seria a principal característica da coisa julgada material"*.[1071]

Humberto Theodoro Junior explica que há *"dois graus de coisa julgada, conforme a lição de Frederico Marques: a coisa julgada e a coisa soberanamente julgada, ocorrendo esta última quando se escoe o prazo decadencial de propositura da rescisória (art. 975),276 ou quando seja ela julgada improcedente"*.[1072]

A doutrina classifica a coisa julgada em:

a) **Coisa julgada formal**: é aquela que ocorre dentro do processo, ou seja, endoprocessual. Trata-se da preclusão máxima, impedindo qualquer debate dentro do processo. Ocorre para sentença sem resolução do mérito.

b) **Coisa julgada material**: é aquela que ocorre nas decisões com resolução do mérito e gera efeito para fora do processo. Evita qualquer nova discussão. É panprocessual. Há na doutrina quem classifica a coisa julgada também como soberana, quando já ultrapassado o prazo de 2 (dois) anos de uma coisa julgada material.

[1069] Ibidem. Schiavi, 2018, p.830.
[1070] Apud Theodoro Junior, 2015, p. 744.
[1071] Ibidem. Neves, 2018, p.879
[1072] Ibidem. Theodoro Junior, p.1589.

No que diz respeito ao alcance da coisa julgada, denominado pela doutrina de limites da coisa julgada, apresenta dois aspectos: objetivo e subjetivo.

O limite subjetivo da coisa julgada está disciplinado no art. 506 do CPC, que preceitua que a "sentença faz coisa julgada às partes entre as quais é dada, não prejudicando terceiros". Com efeito, a coisa julgada alcança, nas ações individuais, o autor e o réu (reclamante e reclamado). No âmbito coletivo, esse limite é mais amplo, podendo alcançar pessoas que não são partes diretamente, como por exemplo, prevê o artigo 103 do CDC/90.[1073] Tem, como regra, eficácia *inter partes*.

O limite objetivo da coisa julgada, de outro lado, diz respeito às balizas da coisa julgada em relação ao objeto discutido na demanda. Segundo o art. 503 do CPC "A decisão que julgar total ou parcialmente o mérito tem força de lei ***nos limites da questão principal expressamente decidida***". Já as questões prejudiciais, decididas de forma expressa e incidentalmente no processo, fará coisa julgada se: a) dessa resolução depender o julgamento do mérito; b) a seu respeito tiver havido contraditório prévio e efetivo (não se aplicando no caso de revelia); c) o juízo tiver competência em razão da matéria e da pessoa para resolvê-la como questão principal (art. 503, §1º, do CPC).

A denominada coisa julgada progressiva é aquela que ocorre em momento diferente. Como, por exemplo, no recurso parcial, ou seja, quando a parte pretende recorrer apenas de uma pretensão e não de toda a sentença. Nesse sentido, a Súmula 100, II, da TST, que apresenta como exceção a essa regra a hipótese de o recurso ter uma preliminar que torne nula toda a sentença.

Outro exemplo de coisa julgada progressiva é a previsão do artigo 356 do CPC, que trata do julgamento antecipado parcial de mérito. Tal dispositivo é aplicado na Justiça do Trabalho, conforme IN nº 39 do TST, que prevê inclusive o cabimento de recurso ordinário.

A coisa julgada progressiva autoriza a execução definitiva, bem como a contagem do prazo decadencial em momentos diversos.

É válido destacar que a doutrina e a jurisprudência admitem a relativização da coisa julgada material, quando se tratar de: a) Coisa julgada injusta: ocorre quando a coisa julgada não refletir a justiça, ou seja, está em descompasso com a lei; b) Coisa julgada inconstitucional: trata-se da relativização prevista no artigo 884, § 5º da CLT, que autoriza relativizar a coisa julgada quando se fundamenta em lei ou ato normativo, declarado inconstitucional pelo STF. Corrente minoritária defende que não cabe relativizar a coisa julgada, pois ofende a segurança jurídica.

3. ACORDO JUDICIAL

O Processo do Trabalho prestigia o princípio da conciliação. Prioriza a autocomposição como forma de solução dos conflitos de interesses, de forma que tanto os dissídios individuais quanto os dissídios coletivos submetidos à apreciação da Justiça do Trabalho estão sujeitos à conciliação. Os juízes e Tribunais do Trabalho devem empregar esforços para que ocorra uma solução conciliatória dos conflitos.

Existem três formas de solução de conflito. A primeira é a autotutela (autodefesa), ou seja, quando a parte faz justiça com as próprias mãos, prevalecendo a lei do mais forte sobre o sujeito mais fraco. É admitida em caráter excepcional, como, por exemplo, em caso de legítima defesa (Art. 482, "j" e "k", da CLT; art. 483, "f", da CLT). A segunda forma de solução de conflito é a autocomposição, considerada a melhor forma de solução dos conflitos, pois a solução é dada pelas próprias partes envolvidas, de forma amigável, sem o emprego da força. Exemplos: Comissão de Conciliação Prévia e mediação. A terceira forma de solução de conflito é a heterocomposição, ou seja, quando um terceiro, alheio à relação jurídica, tem poder de decisão sobre as partes, como ocorre na arbitragem, ou na submissão da divergência perante o Poder Judiciário.

No procedimento comum ordinário a legislação trabalhista impõe dois momentos obrigatórios para a tentativa de conciliação – a primeira, após a abertura da audiência e antes da apresentação da defesa (art. 846 da CLT); e a segunda, após as razões finais e antes da sentença (art. 850 da CLT). Nada obsta, entretanto, que o acordo seja celebrado após o trânsito em julgado da sentença ou após a elaboração dos cálculos de liquidação de sentença (art. 832, §6º, da CLT), hipótese em que não prejudicará os créditos da União.

[1073] **Art. 103. CDC** – "Nas ações coletivas de que trata este código, a sentença fará coisa julgada: I – erga omnes, exceto se o pedido for julgado improcedente por insuficiência de provas, hipótese em que qualquer legitimado poderá intentar outra ação, com idêntico fundamento valendo-se de nova prova, na hipótese do inciso I do parágrafo único do art. 81; II – ultra partes, mas limitadamente ao grupo, categoria ou classe, salvo improcedência por insuficiência de provas, nos termos do inciso anterior, quando se tratar da hipótese prevista no inciso II do parágrafo único do art. 81; III – erga omnes, apenas no caso de procedência do pedido, para beneficiar todas as vítimas e seus sucessores, na hipótese do inciso III do parágrafo único do art. 81. § 1° Os efeitos da coisa julgada previstos nos incisos I e II não prejudicarão interesses e direitos individuais dos integrantes da coletividade, do grupo, categoria ou classe. § 2° Na hipótese prevista no inciso III, em caso de improcedência do pedido, os interessados que não tiverem intervindo no processo como litisconsortes poderão propor ação de indenização a título individual. § 3° Os efeitos da coisa julgada de que cuida o art. 16, combinado com o art. 13 da Lei nº 7.347, de 24 de julho de 1985, não prejudicarão as ações de indenização por danos pessoalmente sofridos, propostas individualmente ou na forma prevista neste código, mas, se procedente o pedido, beneficiarão as vítimas e seus sucessores, que poderão proceder à liquidação e à execução, nos termos dos arts. 96 a 99. § 4º Aplica-se o disposto no parágrafo anterior à sentença penal condenatória."

O termo de conciliação valerá como decisão irrecorrível, exceto para a Previdência Social quanto às contribuições previdenciárias que lhe forem devidas. Significa dizer que uma vez homologado judicialmente o termo de acordo terá força de decisão irrecorrível. O trânsito em julgado, do termo conciliatório, ocorre na data da sua homologação judicial (Súmula 100, V, do TST).

O termo de conciliação só poderá ser impugnado através de ação rescisória (art. 966 do CPC).

Nos termos da Súmula 418 do TST, não há direito líquido e certo à homologação do acordo, não sendo cabível, portanto, mandado segurança ou recurso. Já no procedimento de homologação de acordo extrajudicial, previsto no 855-B e seguintes da CLT, da decisão que não homologa acordo cabe recurso ordinário, uma vez que é definitiva.

Na hipótese de constar quitação plena e ampla sem qualquer ressalva, o trabalhador não pode mais apresentar nenhuma ação trabalhista, salvo se o direito surgir após a conciliação (OJ 132 da SDI-2 do TST).

O CPC, no artigo 334, passou a regulamentar a audiência de mediação e conciliação, mediante requerimento das partes. O autor na inicial e o réu em manifestação anterior a contestação. O § 8º do artigo, prevê inclusive multa na hipótese do não comparecimento. Porém, a Instrução Normativa nº 39, no artigo 2º, IV, prevê que o dispositivo do CPC citado não se aplica na Justiça do Trabalho.

Art. 832 – Da decisão deverão constar o nome das partes, o resumo do pedido e da defesa, a apreciação das provas, os fundamentos da decisão e a respectiva conclusão.

§ 1º – Quando a decisão concluir pela procedência do pedido, determinará o prazo e as condições para o seu cumprimento.

§ 2º – A decisão mencionará sempre as custas que devam ser pagas pela parte vencida.

§ 3º As decisões cognitivas ou homologatórias deverão sempre indicar a natureza jurídica das parcelas constantes da condenação ou do acordo homologado, inclusive o limite de responsabilidade de cada parte pelo recolhimento da contribuição previdenciária, se for o caso. (Incluído pela Lei nº 10.035, de 2000)

§ 3º-A. Para os fins do § 3º deste artigo, salvo na hipótese de o pedido da ação limitar-se expressamente ao reconhecimento de verbas de natureza exclusivamente indenizatória, a parcela referente às verbas de natureza remuneratória não poderá ter como base de cálculo valor inferior: (Incluído pela Lei nº 13.876, de 2019)

I – ao salário-mínimo, para as competências que integram o vínculo empregatício reconhecido na decisão cognitiva ou homologatória; ou (Incluído pela Lei nº 13.876, de 2019)

II – à diferença entre a remuneração reconhecida como devida na decisão cognitiva ou homologatória e a efetivamente paga pelo empregador, cujo valor total referente a cada competência não será inferior ao salário-mínimo. (Incluído pela Lei nº 13.876, de 2019)

§ 3º-B Caso haja piso salarial da categoria definido por acordo ou convenção coletiva de trabalho, o seu valor deverá ser utilizado como base de cálculo para os fins do § 3º-A deste artigo. (Incluído pela Lei nº 13.876, de 2019)

§ 4º A União será intimada das decisões homologatórias de acordos que contenham parcela indenizatória, na forma do art. 20 da Lei nº 11.033, de 21 de dezembro de 2004, facultada a interposição de recurso relativo aos tributos que lhe forem devidos. (Redação dada pela Lei nº 11.457, de 2007) (Vigência)

§ 5º Intimada da sentença, a União poderá interpor recurso relativo à discriminação de que trata o § 3º deste artigo. (Incluído pela Lei nº 11.457, de 2007) (Vigência)

§ 6º O acordo celebrado após o trânsito em julgado da sentença ou após a elaboração dos cálculos de liquidação de sentença não prejudicará os créditos da União. (Incluído pela Lei nº 11.457, de 2007) (Vigência)

§ 7º O Ministro de Estado da Fazenda poderá, mediante ato fundamentado, dispensar a manifestação da União nas decisões homologatórias de acordos em que o montante da parcela indenizatória envolvida ocasionar perda de escala decorrente da atuação do órgão jurídico. (Incluído pela Lei nº 11.457, de 2007) (Vigência)

Art. 833 – Existindo na decisão evidentes erros ou enganos de escrita, de datilografia ou de cálculo, poderão os mesmos, antes da execução, ser corrigidos, ex officio, ou a requerimento dos interessados ou da Procuradoria da Justiça do Trabalho.

COMENTÁRIOS (ARTS. 832 E 833)

Os trâmites de instrução e julgamento serão resumidos em ata, de que constará, na íntegra, a decisão (art. 851 da CLT).

A ata será juntada ao processo pelo juiz do trabalho, devidamente assinada, no prazo improrrogável de 48 horas, contado da audiência de julgamento. Do contrário, o prazo para recurso será contado da data em que a parte receber a intimação da sentença (Súmula 30 do TST).

Os litigantes serão notificados pessoalmente da decisão, ou através do seu representante, na própria audiência (art. 852 da CLT). Em regra, a notificação da sentença é realizada na própria audiência (UMA, ou de instrução e julgamento), em conformidade com os princípios da celeridade e da economia processuais, bem como do *jus postulandi*, inerentes ao processo do trabalho. Contudo, é comum o magistrado designar uma audiência em prosseguimento, denominada de audiência de julgamento, e dispensar o comparecimento das partes. Neste caso, o prazo para recurso será contado da data da publicação da sentença, que ocorre na própria audiência de julgamento (Súmula 197 do TST).

Da decisão deverão constar o nome das partes, o resumo do pedido e da defesa, a apreciação das provas, os fundamentos da decisão, e a respectiva conclusão. Portanto, são elementos da sentença o relatório, a fundamentação e a conclusão (art. 832 da CLT).

O relatório conterá os nomes das partes, a identificação do caso, com a suma do pedido e da contestação, e o registro das principais ocorrências havidas no andamento do processo.

A fundamentação (ou motivação), representa o "coração da sentença", a parte mais importante, na qual o magistrado analisará as questões de fato e de direito. O artigo 489, § 1º do CPC/15 inovou ao apresentar um rol de hipóteses em que a sentença não é considerada fundamentada. O artigo 15 da IN nº 39 do TST prevê que o artigo se aplica na Justiça do Trabalho. Cabe destacar, que há na doutrina quem questiona o dispositivo, alegando que ofende o princípio da livre motivação do magistrado.

O dispositivo (ou conclusão), é a parte da sentença em que o juiz resolverá as questões principais que as partes lhe submeteram, aplicando o direito objetivo ao caso concreto para resolver a lide, atribuindo o direito material ao autor ou ao réu, solucionando a crise de certeza no processo. A doutrina classifica o dispositivo em direto ou indireto.

A sentença, segundo a doutrina, pode apresentar os seguintes vícios:

a) Sentença extra petita: ocorre quando o juiz decide algo diferente do que foi pedido. Ele não julga o pedido apresentado e decide um outro pedido.

b) Sentença ultra petita: ocorre quando o juiz defere algo a mais do que foi pedido. Ele julga o pedido apresentado e defere também um outro direito não pedido.

c) Sentença citra petita: ocorre quando o juiz deixa de julgar algo. Em tal hipótese, há debate se a parte pode ingressar com uma nova ação postulando o pedido que não foi apreciado.

Para uns, se aparte não apresentar embargos de declaração ou qualquer recurso da decisão omissa, ela transitou em julgado, ocorrendo a coisa julgada, impedindo qualquer novo debate. Nesse sentido OJ 41 da SDI-2 do TST.[1074]

Corrente contrária defende que é possível ajuizar uma nova ação, postulando o pedido que não foi apreciado, tendo em vista que a pretensão não fez parte dos limites objetivos da coisa julgada.

Além dos vícios mencionados, também poderá ocorrer a nulidade da sentença quando faltar algum dos requisitos ou ainda quando proferida por um juiz sem investidura.

O artigo 832, § 3º, da CLT prevê que o juiz deve discriminar a natureza das verbas, ou seja, destacar se salariais ou indenizatórias, para fins de recolhimento previdenciário. O § 5º do artigo 832 da CLT, prevê que a União deve ser intimada, podendo, inclusive, recorrer da natureza das verbas.

O artigo 833 da CLT prevê que na hipótese de erro na sentença, é possível a correção de ofício ou a requerimento da parte.

Art. 834 – Salvo nos casos previstos nesta Consolidação, a publicação das decisões e sua notificação aos litigantes, ou a seus patronos, consideram-se realizadas nas próprias audiências em que forem as mesmas proferidas.

Art. 835 – O cumprimento do acordo ou da decisão far-se-á no prazo e condições estabelecidas.

Art. 836. É vedado aos órgãos da Justiça do Trabalho conhecer de questões já decididas, excetuados os casos expressamente previstos neste Título e a ação rescisória, que será admitida na forma do disposto no Capítulo IV do Título IX da Lei nº 5.869, de 11 de janeiro de 1973 – Código de Processo Civil, sujeita ao depósito prévio de 20% (vinte por cento) do valor da causa, salvo prova de miserabilidade jurídica do autor. (Redação dada pela Lei nº 11.495, de 2007)

Parágrafo único. A execução da decisão proferida em ação rescisória far-se-á nos próprios autos da ação que lhe deu origem, e será instruída com o acórdão da rescisória e a respectiva certidão de trânsito em julgado. (Incluído pela Medida provisória nº 2.180-35, de 2001)

COMENTÁRIOS (ART. 836)

A ação rescisória teve a sua origem na *querela nullitatis*, que era o meio cabível para impugnar as sentenças

[1074] **OJ 41. SDI-2 – AÇÃO RESCISÓRIA. SENTENÇA "CITRA PETITA". CABIMENTO** – Revelando-se a sentença "citra petita", o vício processual vulnera os arts. 141 e 492 do CPC de 2015 (arts. 128 e 460 do CPC de 1973), tornando-a passível de desconstituição, ainda que não interpostos embargos de declaração."

Decreto-Lei 5.452/1943

nulas. Era utilizado com o intuito de impugnar a sentença nula transitada em julgado. O estudo do Direito evoluiu, de modo que os sistemas jurídicos passaram a se preocupar com a segurança jurídica, buscando a estabilidade das relações jurídicas e sociais. Neste cenário, o instituto da coisa julgada material ganhou enorme importância.

A Constituição Federal de 1988, prevê a coisa julgada no art. 5º, inciso XXXVI, sendo, inclusive, um direito fundamental. No âmbito infraconstitucional, está previsto na Lei de Introdução às Normas do Direito Brasileiro (LINDB), em seu art. 6º, que aplicável a todos os ramos da ciência jurídica.

A coisa julgada, em caráter excepcional, somente poderá ser desconstituída por intermédio do ajuizamento de ação rescisória, nas hipóteses taxativamente previstas em lei.

A ação rescisória é conceituada como a ação de procedimento especial que tem por escopo a desconstituição da coisa julgada material. Não se trata de um recurso, mas, sim, de uma ação de impugnação autônoma, eis que cria uma nova relação jurídica processual. Tem natureza desconstitutiva (constitutiva-negativa), pois tem por objetivo a desconstituição da coisa julgada material.

Possui as seguintes características:

a) Coisa julgada material

A ação rescisória somente é cabível em face da coisa julgada material, ou seja, da sentença com resolução do mérito.

Não cabe em face da coisa julgada formal. As questões processuais também poderão ensejar o ajuizamento de ação rescisória, nos termos da Súmula 412 do TST: *"Pode uma questão processual ser objeto de rescisão desde que consista em pressuposto de validade de uma sentença de mérito"*.

Outro requisito fundamental para possibilitar a ação rescisória, é a prova do trânsito em julgado da decisão rescindenda.

Nesse sentido, a Súmula 299 do TST fixou o entendimento de que é indispensável ao processamento da ação rescisória a prova do trânsito em julgado da decisão rescindenda. Admite-se, no entanto, ação rescisória contra a decisão transitada em julgado que, embora não seja de mérito, impeça: I – nova propositura da demanda; ou II – admissibilidade do recurso correspondente.

Ainda, a ação rescisória pode ter por objeto apenas 1 (um) capítulo da decisão.

b) Tipicidade

A ação rescisória somente é cabível nas hipóteses do artigo 966 do CPC/15. Trata-se de um rol exaustivo.

É cabível quando: i) se verificar que foi proferida por força de prevaricação, concussão ou corrupção do juiz; ii) for proferida por juiz impedido ou por juízo absolutamente incompetente; iii) resultar de dolo ou coação da parte vencedora em detrimento da parte vencida ou, ainda, de simulação ou colusão entre as partes, a fim de fraudar a lei; iv) ofender a coisa julgada; v) violar manifestamente norma jurídica; vi) for fundada em prova cuja falsidade tenha sido apurada em processo criminal ou venha a ser demonstrada na própria ação rescisória; vii) obtiver o autor, posteriormente ao trânsito em julgado, prova nova cuja existência ignorava ou de que não pôde fazer uso, capaz, por si só, de lhe assegurar pronunciamento favorável; viii) for fundada em erro de fato verificável do exame dos autos.

c) Prazo – O artigo 975 do CPC/15 prevê que ação rescisória possui prazo decadencial de 2 (dois) anos. Nesse sentido, a Súmula 100 do TST. O novo § 2º do artigo citado prevê que, na hipótese de ação rescisória com fundamento em prova nova, o prazo começa a contar a partir da descoberta da prova nova, observado o limite máximo de 5 (cinco) anos, contados do trânsito em julgado da última decisão proferida no processo. Ademais, o § 3º do mesmo artigo prevê que, na hipótese de simulação ou colusão, o prazo começa a contar para o MPT ou terceiro prejudicado a partir do momento em que tomam ciência da simulação ou colusão.

A Justiça do Trabalho possui inequívoca competência material para o processamento e julgamento da ação rescisória, conforme no art. 836, caput, da CLT.

No âmbito da sua competência funcional (hierárquica), a ação rescisória é de competência originária dos tribunais trabalhistas. Portanto, não é admissível o ajuizamento desta ação perante as Varas do Trabalho.

Caberá ação rescisória perante o Tribunal Regional do Trabalho (TRT) quando visar a rescisão de uma sentença de 1º grau de jurisdição ou acórdão do próprio TRT. A competência será do Tribunal Superior do Trabalho (TST) quando a decisão rescindenda é um acórdão do próprio TST, conforme previsto na Súmula 192 do TST.

A legitimidade para o ajuizamento da ação rescisória é de qualquer uma das partes do processo originário, ou o seu sucessor a título universal ou singular; do terceiro juridicamente interessado; e do Ministério Público (art. 967 do CPC).

Possui legitimidade passiva para a ação rescisória o autor e réu da ação originária.

A Súmula 406 do TST prevê que há litisconsórcio necessário no polo passivo entre autor e réu do processo originário, pois não se admite uma solução diferente para eles. O litisconsórcio somente é necessário no polo passivo, mas não no polo ativo, uma vez que a união entre os autores decorre da vontade das partes e não da necessidade.

O inciso II da Súmula citada, prevê que o sindicato, substituto processual no processo originário, tem legitimidade para atuar como réu na ação rescisória. Não existindo litisconsórcio entre o sindicato e os empregados substituídos, ficando dispensada a citação deles.

O artigo 968 do CPC/15 regulamenta os requisitos da petição inicial, cabendo destacar que, no tocante a causa de pedir, se o autor não mencionar qual é o inciso do artigo 966 que se fundamenta, ou ainda, se mencionar o inciso errado, não é inépcia, pois o juiz conhece o direito. Entretanto, na hipótese de usada a ação rescisória com fundamento no inciso V do 966, que trata da violação de norma jurídica, ao menos a norma alegada como violada deve ser citada. Nesse sentido, Súmula 408 do TST.

O artigo 968, I, do CPC/15 prevê que na ação rescisória o autor inicialmente vai pedir a rescisão do julgado e depois que seja proferido um novo julgamento. O primeiro pedido é o juízo rescindente e o segundo é o juízo rescisório.

A doutrina defende que, na hipótese de ação rescisória por violação à coisa julgada, somente vai ocorrer como pedido a rescisão do julgado e não que seja proferido novo julgamento, pois violaria também a coisa julgada.

A defesa na ação rescisória, de acordo com o artigo 970 do CPC, poderá ser apresentada em prazo não inferior a 15 (quinze) dias e nem superior a 30 (trinta) dias, cabendo ao relator fixar tal prazo. A ausência de contestação gera revelia, mas sem os efeitos e confissão, uma vez que o que se ataca na ação rescisória é a coisa julgada, ato oficial do Estado, não sujeito aos efeitos da confissão (Súmula 398 do TST).

Nos termos do artigo 972 do CPC, se necessária a produção da prova, o relator poderá delegar a competência expedindo carta de ordem para o órgão de primeiro grau que proferiu a decisão atacada, fixando prazo de 1 a 3 meses para o cumprimento (O CPC/73, sobre o tema, fixava prazo de 45 a 90 dias, bem como, utilizava a expressão "delegará").

Na ação rescisória sempre existiu direito aos honorários advocatícios sucumbenciais, conforme previsto na Súmula 219, II e IV do TST, que determina a aplicação dos artigos 85, 86, 87 e 90 do CPC/15. Ocorre que com a Reforma Trabalhista, no novo artigo 791-A passou a regulamentar os honorários sucumbenciais para qualquer ação, sendo que para parte da doutrina, o novo dispositivo da CLT citado deve ser aplicado na rescisória, já que se trata de uma regra específica dentro da Justiça do Trabalho. Corrente contrária sustenta que devem continuar a ser aplicados os artigos do CPC citado, uma vez que a rescisória é um procedimento especial previsto no Direito Comum.

A propositura da ação rescisória não impede o cumprimento da decisão rescindenda. Todavia, a parte poderá requerer a suspensão da decisão rescindenda por meio de tutela provisória.

A doutrina admite o ajuizamento de ação rescisória em face de ação rescisória, uma vez que a decisão proferida também poderá fazer coisa julgada material, sendo que poderá ser cabível uma nova rescisória, se essa coisa julgada da ação anterior se enquadrar em uma das hipóteses do 966 do CPC/15.

As peculiaridades quanto ao prazo de ajuizamento da ação rescisória estão previstas na Súmula 100 do TST.

CAPÍTULO III
DOS DISSÍDIOS INDIVIDUAIS

SEÇÃO I
DA FORMA DE RECLAMAÇÃO E DA NOTIFICAÇÃO

Art. 837 – Nas localidades em que houver apenas 1 (uma) Junta de Conciliação e Julgamento, ou 1 (um) escrivão do cível, a reclamação será apresentada diretamente à secretaria da Junta, ou ao cartório do Juízo.

Art. 838 – Nas localidades em que houver mais de 1 (uma) Junta ou mais de 1 (um) Juízo, ou escrivão do cível, a reclamação será, preliminarmente, sujeita a distribuição, na forma do disposto no Capítulo II, Seção II, deste Título.

COMENTÁRIOS (ARTS. 837 E 838)

As regras de distribuição na Justiça do Trabalho estão previstas nos arts. 783 a 788 da CLT.

A distribuição ocorre quando dois ou mais juízes da mesma localidade e categoria são igualmente competentes para processar e julgar a ação. Nos locais com apenas uma Vara do Trabalho (Vara Única) a reclamação será apresentada diretamente na Secretaria.

Tem o objetivo de evitar a competência cumulativa entre dois ou mais juízes. Deverá obedecer a ordem rigorosa de entrada, sendo processada de maneira sucessiva a cada Vara, em respeito ao princípio constitucional do juiz natural, que impede a escolha do magistrado pelas partes.

A distribuição será por dependência quando a ação tiver relação com outra anteriormente ajuizada. Serão distribuídas por dependência as causas de qualquer natureza (Art. 286 do CPC): a) quando se relacionarem, por conexão ou continência, com outra já ajuizada; b) quando, tendo sido extinto o processo sem resolução de mérito, for reiterado o pedido, ainda que em litisconsórcio com outros autores ou que sejam parcialmente alterados os réus da demanda; c) quando houver ajuizamento de ações que possam gerar risco de prolação de decisões conflitantes ou contraditórias caso decididos separadamente, mesmo sem conexão entre eles, nos termos do art. 55,§3º, do CPC.

Ocorrendo a intervenção de terceiro, reconvenção ou outra hipótese de ampliação objetiva do processo, o juiz, de ofício, mandará proceder à respectiva anotação pelo distribuidor.

Art. 839 – A reclamação poderá ser apresentada:

a) pelos empregados e empregadores, pessoalmente, ou por seus representantes, e pelos sindicatos de classe;

b) por intermédio das Procuradorias Regionais da Justiça do Trabalho.

Art. 840 – A reclamação poderá ser escrita ou verbal.

§ 1º Sendo escrita, a reclamação deverá conter a designação do juízo, a qualificação das partes, a breve exposição dos fatos de que resulte o dissídio, o pedido, que deverá ser certo, determinado e com indicação de seu valor, a data e a assinatura do reclamante ou de seu representante. (Redação dada pela Lei nº 13.467, de 2017)

§ 2º Se verbal, a reclamação será reduzida a termo, em duas vias datadas e assinadas pelo escrivão ou secretário, observado, no que couber, o disposto no § 1º deste artigo. (Redação dada pela Lei nº 13.467, de 2017)

§ 3º Os pedidos que não atendam ao disposto no § 1º deste artigo serão julgados extintos sem resolução do mérito. (Incluído pela Lei nº 13.467, de 2017)

COMENTÁRIOS (ART. 840)

1. PETIÇÃO INICIAL TRABALHISTA

A petição inicial é o ato processual praticado pelo autor com vistas a romper a inércia do Poder Judiciário, na qual pleiteia a tutela jurisdicional do seu direito com a entrega do bem da vida, trazendo os motivos fáticos e jurídicos que embasam essa pretensão e indicando em face de quem a atuação estatal é pretendida.

Para Enoque Ribeiro dos Santos a petição inicial é "O ato processual que aciona a atividade jurisdicional, inaugurando o processo, é a petição inicial. É por meio dela que há o exercício de ação em relação ao Estado-Juiz. Assim, tendo o Estado-Juiz o monopólio da jurisdição, deverá prestá-la regularmente quando provocado".

Mauro Schiavi [1075]esclarece que "Diante do princípio da inércia da jurisdição, a petição inicial é a peça formal de ingresso do demandante em juízo, em que apresenta seu pedido, declina a pessoa que resiste ao seu pedido, explica os motivos pelos quais pretende a atuação jurisdicional e pede ao Estado-Juiz a tutela do seu direito".

Humberto Theodoro Júnior (2016 apud Thamay, 2019)[1076], leciona que a petição inicial é "o veículo de manifestação formal da demanda é a petição inicial, que revela ao juiz a lide e contém o pedido da providência jurisdicional, frente ao réu, que o autor julga necessária para compor o litígio".

Marcus Vinicius Rios Gonçalves[1077], de forma clara define a petição inicial como "o ato que dá início ao processo, e define os contornos subjetivo e objetivo da lide, dos quais o juiz não poderá desbordar. É por meio dela que será possível apurar os elementos identificadores da ação: as partes, o pedido e a causa de pedir".

Os conceitos acima nos permitem concluir que a petição inicial possui as seguintes características:

(i) **é uma peça formal:** a formalidade da petição inicial é caracterizada pelos requisitos que deverão ser preenchidos pelo autor no momento da propositura da ação. Admite-se, no entanto, a propositura da demanda de forma verbal, haja vista o jus postulandi conferido às partes, a simplicidade e informalidade do processo do trabalho.

(ii) **define os limites objetivos da lide:** indica os fundamentos de fato e de direito que embasam a pretensão do autor, bem como os respectivos pedidos.

(iii) **define os limites subjetivos da lide:** indica os sujeitos da lide, o autor – aquele que pede a tutela jurisdicional – e o réu – aquele em face de quem a tutela jurisdicional é pretendida.

(iv) **quebra da inércia do Poder Judiciário:** a inércia do Poder Judiciário está atrelada ao princípio da imparcialidade do magistrado e seu objetivo é a preservação deste último. A petição inicial rompe a inércia.

A peça exordial é o ato processual mais importante para o autor[1078]. Permite a exata compreensão dos fundamentos fáticos e de direito ao magistrado e de quem são as partes integrantes da relação jurídica processual.

[1075] Mauro Schiavi. Manual de direito processual do trabalho. – 13. ed. – São Paulo: LTR, 2018.

[1076] Rennan Thamay. Manual de direito processual civil – 2. ed. – São Paulo: Saraiva Educação, 2019.

[1077] Marcus Vinicius Rios Gonçalves. Direito processual civil esquematizado – 10. ed. – São Paulo: Saraiva Educação, 2019. (Coleção esquematizado® / coordenador Pedro Lenza)

[1078] A esse respeito Carlos Henrique Bezerra Leite anota que "[...] a petição inicial é o veículo, o meio, o instrumento pelo qual o autor exerce o direito fundamental de acesso à justiça. Trata-se, pois, do ato processual mais importante para o exercício desse direito. Além disso, a petição inicial é pressuposto processual de existência da própria relação jurídica que se formará em juízo. Sem petição inicial, o processo não existe". (Carlos Henrique Bezerra Leite. Curso de direito processual do trabalho. – 16. ed. – São Paulo: Saraiva Educação, 2018).

Mauro Schiavi[1079] afirma que na praxe forense

> *"a experiência – como juiz do trabalho – tem-nos demonstrado que a inicial baliza os destinos do processo, pois uma petição inicial bem articulada possibilita o exercício do direito de defesa e a exata compreensão da lide pelo juiz".*

A coesão na narrativa fática e a aptidão da petição inicial, além de permitirem o contraditório e auxiliarem o magistrado na prolação da sentença, viabilizam a fluidez do procedimento, na medida que evitam entraves na marcha processual – como a correção ou complementação da causa de pedir ou pedido –, adiamento da audiência ou, ainda, a extinção do processo sem resolução de mérito.

A reclamatória trabalhista está prevista no art. 840 da CLT, *in verbis*, recentemente alterado pela Lei 13.467/2017 (Reforma Trabalhista):

> ***Art. 840 CLT** – "A reclamação poderá ser escrita ou verbal. § 1º Sendo escrita, a reclamação deverá conter a designação do juízo, a qualificação das partes, a breve exposição dos fatos de que resulte o dissídio, o pedido, que deverá ser certo, determinado e com indicação de seu valor, a data e a assinatura do reclamante ou de seu representante. § 2º Se verbal, a reclamação será reduzida a termo, em duas vias datadas e assinadas pelo escrivão ou secretário, observado, no que couber, o disposto no § 1º deste artigo. § 3º Os pedidos que não atendam ao disposto no § 1º deste artigo serão julgados extintos sem resolução do mérito.*

A reclamação trabalhista pode ser verbal ou escrita. Entretanto, algumas petições iniciais trabalhistas são obrigatoriamente escritas. Citamos os seguintes exemplos:

(a) Inquérito judicial para apuração de falta grave (Artigo 854 da CLT): É a ação ajuizada pelo empregador contra o empregado para apuração de falta grave.

(b) Dissídio coletivo (artigo 856 da CLT): é um processo destinado à solução de conflitos coletivos de trabalho, por meio do qual há pronunciamentos normativos estabelecendo novas condições de trabalho.

A reclamação escrita deverá ser formulada em 2 vias, acompanhada dos documentos aptos a demonstrar os fundamentos jurídicos do pedido, com base no art. 787 da CLT.

Francisco Ferreira Jorge Neto, Letícia Costa Mota e Jouberto de Quadros Pessoa Cavalcante[1080] afirmam que

> *"Os requisitos internos da petição inicial (escrita ou verbal) trabalhista são os seguintes: (a) a designação da vara do trabalho ou do juiz de direito, a quem for dirigida; (b) a qualificação do reclamante e do reclamado; (c) uma breve exposição dos fatos de que resulte o dissídio (causa de pedir); (d) o pedido; (e) a data e a assinatura do reclamante ou de seu representante".*

Independentemente da forma de apresentação da reclamação trabalhista (escrita ou verbal) deverá preencher certas condições do art. 840, §1º, da CLT para ser considerada válida.

Mauro Schiavi[1081] ensina que "Confrontando-se os requisitos da petição inicial com os do Processo Civil, constatamos que a CLT contém menos exigências que o CPC, para a inicial, pois não se exige que o reclamante apresente os fundamentos jurídico do pedido, o requerimento de produção de provas, e a opção do reclamante pela não realização de audiência de mediação ou conciliação."

Os requisitos da petição inicial trabalhista são mais brandos em relação àqueles previstos no art. 319 do CPC[1082]. Prevalece o entendimento da necessidade de indicação do valor da causa na reclamação trabalhista, pois o procedimento é definido com base no valor dado à causa.

2. RECLAMAÇÃO TRABALHISTA VERBAL

A reclamação trabalhista verbal consiste na possibilidade de o empregado, ou empregador, reclamar pessoalmente perante a Justiça do Trabalho, de forma oral, conforme previsto no art. 791, *caput*, da CLT. Tem fundamento nos princípios da simplicidade, informalidade, celeridade, economia processual, oralidade e do *jus postulandi*.

A reclamação trabalhista verbal será distribuída, antes da sua redução a termo (art. 786, CLT).

O reclamante deve se apresentar à secretaria da Vara do Trabalho, no prazo de cinco dias, para que a reclamação trabalhista seja reduzida a termo, salvo em caso de força maior[1083]. Caso o reclamante não compareça no prazo fixado em lei, ocorrerá a perempção (chamada de perempção provisória ou temporária), isto é, ficará impedido de reclamar em face do mesmo empregador pelo prazo de 6 meses (art. 731, CLT).

Na hipótese de o reclamante dar causa ao arquivamento da ação, por duas vezes seguidas, por ausência

[1079] Mauro Schiavi. Manual de direito processual do trabalho. – 13. ed. – São Paulo: LTR, 2018.

[1080] Francisco Ferreira Jorge Neto, Letícia Costa Mota, Jouberto de Quadros Pessoa Cavalcante (colaboração Cristiane Carlovich). Prática da reclamação trabalhista – 1. ed. – São Paulo: Atlas, 2017.

[1081] Mauro Schiavi. Manual de Direito Processual do Trabalho. – 13. ed. – São Paulo: LTR, 2018.

[1082] Art. 319 do CPC: A petição inicial indicará: I – o juízo a que é dirigida; II – os nomes, os prenomes, o estado civil, a existência de união estável, a profissão, o número de inscrição no Cadastro de Pessoas Físicas ou no Cadastro Nacional da Pessoa Jurídica, o endereço eletrônico, o domicílio e a residência do autor e do réu; III – o fato e os fundamentos jurídicos do pedido; IV – o pedido com as suas especificações; V – o valor da causa; VI – as provas com que o autor pretende demonstrar a verdade dos fatos alegados; VII – a opção do autor pela realização ou não de audiência de conciliação ou de mediação.

[1083] Na área trabalhista não há distinção de caso fortuito ou força maior do Direito Civil, é tudo força maior. A força maior está prevista no art. 501 a 504 da CLT.

à audiência (art. 844, CLT), também incorrerá na perempção (art. 732, CLT). É importante dizer que após a apresentação da contestação, quando adiada a instrução processual, não importa arquivamento do processo (Súmula 9 do TST).

De forma diversa, a perempção no processo civil é definitiva, se caracterizando quando o autor der causa por três vezes a extinção do processo sem resolução do mérito por abandono da causa (art. 486, §3º, CPC).

A doutrina e jurisprudência divergem sobre a amplitude da perempção trabalhista. Para uma primeira corrente a perempção abrange qualquer ação na Justiça do Trabalho (teoria ampliativa). De acordo com essa teoria, ocorrendo a perempção o reclamante fica impedido de promover a ação trabalhista em face de qualquer reclamado.

Outra corrente, restritiva, defende que a perempção abrange apenas o mesmo empregador e o mesmo objeto ou pedido (teoria restritiva). Para uma terceira corrente, intermediária, a perempção abrange apenas o mesmo empregador/tomador de serviços.

Por fim, há quem defende a inconstitucionalidade ou não recepção da perempção trabalhista. De acordo com essa corrente há ofensa ao artigo 5º, XXXV da CF/88 e artigo 3º, caput, do CPC/15 (Princípio do amplo acesso ao Poder Judiciário ou da Inafastabilidade da Jurisdição).

3. RECLAMAÇÃO TRABALHISTA ESCRITA

A reclamação trabalhista apresentada de forma escrita é mais comum na praxe forense.

Os requisitos da petição inicial trabalhista são classificados em: **(i) formais** – pode ser apresentada de forma verbal ou escrita; **(ii) estruturais ou intrínsecos** – previstos no art. 840, § 1º, da CLT, bem como aqueles previstos no art. 319 do CPC, aplicados de forma supletiva e subsidiária ao processo do trabalho; **(iii) externos ou extrínsecos** – imprescindíveis para a formação do convencimento do magistrado.

O art. 840, §1º, da CLT prevê os seguintes requisitos: **a) Endereçamento:** Menção do juízo a que é dirigida; **b) Qualificação das partes:** Reclamante/reclamado; **c) Breve exposição dos fatos de que resulte o dissídio; d) Pedidos; e) Data e assinatura do reclamante ou de seu representante.**

A Reforma Trabalhista trouxe a necessidade da liquidez do pedido, ou seja, a lei fala que o pedido tem que ser certo e determinado, indicando o valor. Há uma linha de entendimento que defende a inconstitucionalidade dessa exigência, tendo em vista os princípios informadores do processo do trabalho.

Nessa toada, a IN nº 41/2018 do TST explica que a exigência será por estimativa. Essa exigência foi inspirada no procedimento sumaríssimo[1084].

O artigo 840, § 3º da CLT diz que a ausência de liquidez do pedido resulta em extinção do pedido sem resolução do mérito.

Além disso, há uma linha de entendimento que sustenta a possibilidade de o juiz do trabalho determinar a emenda da inicial no caso de pedido ilíquido. O juiz, ao verificar que a petição inicial não preenche os requisitos dos art. 840, §1º, da CLT e do art. 319 do CPC, ou que apresenta defeitos e irregularidades capazes de dificultar o julgamento de mérito, determinará que o reclamante a emende ou a complete, no prazo de 15 dias, indicando com precisão o que deve ser corrigido ou completado, sob pena de indeferimento da petição inicial. Nesse sentido, as Súmulas 263 e 299, II, do TST.

Como dito acima, os requisitos da petição inicial trabalhista são menos formais se comparados aos previstos no Processo Civil. Não estão compreendidos nos requisitos previstos na CLT: (i) Fundamento jurídico do pedido; (ii) Valor da causa; e (iii) Protesto por provas.

O CPC/15 trouxe a extinção da exigência do requerimento de citação do réu. Também deveria ter eliminado o protesto por provas.

Sobre o fundamento jurídico do pedido, existe divergência quanto a necessidade de verificação desse requisito.

Para a teoria clássica ou tradicional esse requisito é desnecessário, fundamentado na interpretação gramatical ou literal do artigo 840, § 1º da CLT, bem como nos princípios informadores do processo do trabalho. De outro lado, a teoria moderna ou evolutiva defende a ideia da necessidade dos fundamentos jurídicos do pedido na petição inicial trabalhista, pois a causa de pedir é composta pelos fatos e os fundamentos jurídicos do pedido, bem como permite o devido processo legal, do contraditório e da ampla defesa (Artigo 5º, LIV e LV da CF/88 + Artigo 9º e 10º do CPC/15).

[1084] **Art. 852-B da CLT** – Nas reclamações enquadradas no procedimento sumaríssimo: I – o pedido deverá ser certo ou determinado e indicará o valor correspondente; II – não se fará citação por edital, incumbindo ao autor a correta indicação do nome e endereço do reclamado; III – a apreciação da reclamação deverá ocorrer no prazo máximo de quinze dias do seu ajuizamento, podendo constar de pauta especial, se necessário, de acordo com o movimento judiciário da Junta de Conciliação e Julgamento. § 1º O não atendimento, pelo reclamante, do disposto nos incisos I e II deste artigo importará no arquivamento da reclamação e condenação ao pagamento de custas sobre o valor da causa. § 2º As partes e advogados comunicarão ao juízo as mudanças de endereço ocorridas no curso do processo, reputando-se eficazes as intimações enviadas ao local anteriormente indicado, na ausência de comunicação.

No que tange ao valor da causa, previsto no art. 292 do CPC[1085], há quem aponte ser desnecessário esse requisito. Porém, prevalece o entendimento de que deve ser apontado na petição inicial, visto que é importante para a fixação do rito, das custas e despesas processuais e dos honorários advocatícios. A Reforma Trabalhista reforça a necessidade de que seja indicado o valor da causa.

No que se refere ao protesto por provas é exigido no art. 315 do CPC. Entretanto, é comum o requerimento na praxe forense trabalhista.

Em tese não há necessidade do seu requerimento, considerando que os princípios e valores constitucionais, especialmente o devido processo legal, o contraditório e a ampla defesa (art. 5º, LIV e LV da CF/88 e artigos 1º a 15 do CPC/15). O próprio sistema é obrigado a oportunizar a produção de provas. A prova é um ônus processual, uma faculdade processual, que pode acarretar consequências negativas à parte que, embora incumbida de produzir a prova, deixa de fazê-lo. Essa oportunidade é dada pelo sistema, independentemente da existência do protesto pela produção de provas.

O requerimento de citação do réu, no processo do trabalho, não é exigido, embora comum na prática.

Não obstante a exigência do art. 319, VII, do CPC, de indicar a opção pela realização ou não de audiência de conciliação ou de mediação, prevalece o entendimento de que é incompatível com o processo do trabalho, tendo em vista que a tentativa de conciliação é obrigatória no processo do trabalho (artigos 764, 846, 850 e 852-E da CLT).

A reclamação trabalhista escrita deverá vir acompanhada dos documentos necessários (art. 787 da CLT e art. 320 do CPC).

O processo do trabalho permite a aplicação do princípio da extrapetição ou da ultrapetição, é uma flexibilização do princípio da adstrição, permitindo ao magistrado julgar além dos limites objetivos da lide (causa de pedir e pedido), como, por exemplo, a aplicação *"ex officio"* da multa do art. 467 e 477 da CLT, juros, correção monetária e reflexos, dentre outros.

4. EMENDA DA PETIÇÃO INICIAL TRABALHISTA

O termo *emendar* significa corrigir, reformar, eliminar erros ou defeitos, fazer alterações. Consiste na correção da petição inicial, partindo da premissa de vício processual sanável.

A CLT é silente sobre a emenda da petição inicial. Aplica-se subsidiariamente a previsão do art. 321 do CPC:

> *Art. 321. O juiz, ao verificar que a petição inicial não preenche os requisitos dos arts. 319 e 320 ou que apresenta defeitos e irregularidades capazes de dificultar o julgamento de mérito, determinará que o autor, no prazo de 15 (quinze) dias, a emende ou a complete, indicando com precisão o que deve ser corrigido ou completado. Parágrafo único. Se o autor não cumprir a diligência, o juiz indeferirá a petição inicial.*

Nelson Nery Jr. e Rosa Nery (apud, Arruda Alvim, Granado e Ferreira, 2019)[1086] ensinam que *"Sendo possível a emenda da inicial, porque contém vício sanável, o juiz deve propiciá-la ao autor, sendo-lhe vedado indeferir, desde logo, a petição inicial. O indeferimento liminar do vestibular somente deve ser feito quando impossível a emenda, por exemplo, no caso de haver decadência do direito".*

Para que seja possível a emenda da petição inicial o vício processual deve ser sanável. Do contrário, o magistrado deve indeferir a petição inicial e extinguir o processo sem resolução do mérito.

A jurisprudência consolidada do TST reconhece a possibilidade de emenda da exordial trabalhista nas Súmulas 263 e 299, II, do TST:

> *Súmula nº 263 do TST – PETIÇÃO INICIAL. INDEFERIMENTO. INSTRUÇÃO OBRIGATÓRIA DEFICIENTE – Salvo nas hipóteses do art. 330 do CPC de 2015 (art. 295 do CPC de 1973), o indeferimento da petição inicial, por encontrar-se desacompanhada de documento indispensável à propositura da ação ou não preencher outro requisito legal, somente é cabível se, após intimada para suprir a irregularidade em 15 (quinze) dias, mediante indicação precisa do que deve ser corrigido ou completado, a parte não o fizer (art. 321 do CPC de 2015).*
>
> *Súmula nº 299 do TST – "AÇÃO RESCISÓRIA. DECISÃO RESCINDENDA. TRÂNSITO EM JULGADO. COMPROVAÇÃO. EFEITOS – I – É indispensável ao processamento da ação rescisória a prova do trânsito em julgado da decisão rescindenda.*

1085 **Art. 292 do CPC:** O valor da causa constará da petição inicial ou da reconvenção e será: I – na ação de cobrança de dívida, a soma monetariamente corrigida do principal, dos juros de mora vencidos e de outras penalidades, se houver, até a data de propositura da ação; II – na ação que tiver por objeto a existência, a validade, o cumprimento, a modificação, a resolução, a resilição ou a rescisão de ato jurídico, o valor do ato ou o de sua parte controvertida; III – na ação de alimentos, a soma de 12 (doze) prestações mensais pedidas pelo autor; IV – na ação de divisão, de demarcação e de reivindicação, o valor de avaliação da área ou do bem objeto do pedido; V – na ação indenizatória, inclusive a fundada em dano moral, o valor pretendido; VI – na ação em que há cumulação de pedidos, a quantia correspondente à soma dos valores de todos eles; VII – na ação em que os pedidos são alternativos, o de maior valor; VIII – na ação em que houver pedido subsidiário, o valor do pedido principal. § 1º Quando se pedirem prestações vencidas e vincendas, considerar-se-á o valor de umas e outras. § 2º O valor das prestações vincendas será igual a uma prestação anual, se a obrigação for por tempo indeterminado ou por tempo superior a 1 (um) ano, e, se por tempo inferior, será igual à soma das prestações. § 3º O juiz corrigirá, de ofício e por arbitramento, o valor da causa quando verificar que não corresponde ao conteúdo patrimonial em discussão ou ao proveito econômico perseguido pelo autor, caso em que se procederá ao recolhimento das custas correspondentes.

1086 Eduardo Arruda Alvim, Daniel Willian Granado e Eduardo Aranha Ferreira. Direito processual civil – 6. ed. – São Paulo: Saraiva Educação, 2019.

II – Verificando o relator que a parte interessada não juntou à inicial o documento comprobatório, abrirá prazo de 15 (quinze) dias para que o faça (art. 321 do CPC de 2015), sob pena de indeferimento. III – A comprovação do trânsito em julgado da decisão rescindenda é pressuposto processual indispensável ao tempo do ajuizamento da ação rescisória. Eventual trânsito em julgado posterior ao ajuizamento da ação rescisória não reabilita a ação proposta, na medida em que o ordenamento jurídico não contempla a ação rescisória preventiva. IV – O pretenso vício de intimação, posterior à decisão que se pretende rescindir, se efetivamente ocorrido, não permite a formação da coisa julgada material. Assim, a ação rescisória deve ser julgada extinta, sem julgamento do mérito, por carência de ação, por inexistir decisão transitada em julgado a ser rescindida.

Não é possível, no entanto, a emenda da petição inicial no mandado de segurança, conforme entendimento pacificado na Súmula 415 do TST, pois a prova deve estar pré-constituída:

Súmula nº 415 do TST – "MANDADO DE SEGURANÇA. PETIÇÃO INICIAL. ART. 321 DO CPC DE 2015. ART. 284 DO CPC DE 1973. INAPLICABILIDADE – Exigindo o mandado de segurança prova documental pré-constituída, inaplicável o art. 321 do CPC de 2015 (art. 284 do CPC de 1973) quando verificada, na petição inicial do "mandamus", a ausência de documento indispensável ou de sua autenticação.

A emenda da inicial decorre do princípio da instrumentalidade das formas ou da finalidade (Artigos 188 e 277 do CPC/15). Se houver um confronto entre a forma e a finalidade do ato, a finalidade do ato prevalece, pois é mais importante.

5. INDEFERIMENTO DA PETIÇÃO INICIAL TRABALHISTA

O indeferimento é a rejeição de plano (liminar) da petição inicial, haja vista a existência de vícios processuais insanáveis.

O art. 330 do CPC/15 preceitua que a petição inicial será indeferida nas seguintes hipóteses:

Art. 330. CPC/15 *– A petição inicial será indeferida quando: I – for inepta; II – a parte for manifestamente ilegítima; III – o autor carecer de interesse processual; IV – não atendidas as prescrições dos arts. 106 e 321. § 1º Considera-se inepta a petição inicial quando: I – lhe faltar pedido ou causa de pedir; II – o pedido for indeterminado, ressalvadas as hipóteses legais em que se permite o pedido genérico; III – da narração dos fatos não decorrer logicamente a conclusão; IV – contiver pedidos incompatíveis entre si. § 2º Nas ações que tenham por objeto a revisão de obrigação decorrente de empréstimo, de financiamento ou de alienação de bens, o autor terá de, sob pena de inépcia, discriminar na petição inicial, dentre as obrigações contratuais, aquelas que pretende controverter, além de quantificar o valor incontroverso do débito. § 3º Na hipótese do § 2º, o valor incontroverso deverá continuar a ser pago no tempo e modo contratados.*

Os exemplos mais comuns no processo do trabalho são de inépcia da petição inicial, parte manifestamente ilegítima e falta de interesse processual.

Haverá inépcia da petição inicial quando: (i) faltar pedido ou causa de pedir; (ii) o pedido for indeterminado, ressalvadas as hipóteses legais em que se permite o pedido genérico; (iii) da narração dos fatos não decorrer logicamente a conclusão; (iv) contiver pedidos incompatíveis entre si (art. 330, I, e §1º, do CPC)[1087].

A Reforma Trabalhista alterou a redação do art. 840 da CLT, passando a exigir a o pedido, certo, determinado e com indicação de seu valor (§1º), sob pena de extinção sem resolução do mérito (§3º).

6. ADITAMENTO DA PETIÇÃO INICIAL TRABALHISTA

Pelo dicionário a palavra *aditar* significa adicionar, acrescentar, aumentar.

O aditamento é a alteração do pedido ou da causa de pedir. Trata-se de alteração objetiva, ou seja, alteração dos elementos objetivos da ação.

O CPC prevê expressamente a possibilidade do aditamento subjetivo da petição inicial, nos artigos 338 e 339 do CPC[1088].

No processo do trabalho, isso diz respeito ao polo passivo da demanda, pois ocorre em audiência, dependendo da anuência do réu. Se o réu aceitar ocorrerá o adiamento da audiência, para permitir a elaboração da defesa em relação aos fatos novos alegados pelo autor. Do contrário, o juiz prosseguirá com a audiência e receberá a defesa.

[1087] Art. 330. A petição inicial será indeferida quando: I – for inepta; II – a parte for manifestamente ilegítima; III – o autor carecer de interesse processual; IV – não atendidas as prescrições dos arts. 106 e 321. § 1º Considera-se inepta a petição inicial quando: I – lhe faltar pedido ou causa de pedir; II – o pedido for indeterminado, ressalvadas as hipóteses legais em que se permite o pedido genérico; III – da narração dos fatos não decorrer logicamente a conclusão; IV – contiver pedidos incompatíveis entre si. § 2º Nas ações que tenham por objeto a revisão de obrigação decorrente de empréstimo, de financiamento ou de alienação de bens, o autor terá de, sob pena de inépcia, discriminar na petição inicial, dentre as obrigações contratuais, aquelas que pretende controverter, além de quantificar o valor incontroverso do débito. § 3º Na hipótese do § 2º, o valor incontroverso deverá continuar a ser pago no tempo e modo contratados.

[1088] Art. 338. CPC/15 – "Alegando o réu, na contestação, ser parte ilegítima ou não ser o responsável pelo prejuízo invocado, o juiz facultará ao autor, em 15 (quinze) dias, a alteração da petição inicial para substituição do réu. Parágrafo único. Realizada a substituição, o autor reembolsará as despesas e pagará os honorários ao procurador do réu excluído, que serão fixados entre três e cinco por cento do valor da causa ou, sendo este irrisório, nos termos do art. 85, § 8º.

Art. 339. CPC/15 – "Quando alegar sua ilegitimidade, incumbe ao réu indicar o sujeito passivo da relação jurídica discutida sempre que tiver conhecimento, sob pena de arcar com as despesas processuais e de indenizar o autor pelos prejuízos decorrentes da falta de indicação.

§ 1º O autor, ao aceitar a indicação, procederá, no prazo de 15 (quinze) dias, à alteração da petição inicial para a substituição do réu, observando-se, ainda, o parágrafo único do art. 338.

§ 2º No prazo de 15 (quinze) dias, o autor pode optar por alterar a petição inicial para incluir, como litisconsorte passivo, o sujeito indicado pelo réu."

Art. 841 – Recebida e protocolada a reclamação, o escrivão ou secretário, dentro de 48 (quarenta e oito) horas, remeterá a segunda via da petição, ou do termo, ao reclamado, notificando-o ao mesmo tempo, para comparecer à audiência do julgamento, que será a primeira desimpedida, depois de 5 (cinco) dias.

§ 1º – A notificação será feita em registro postal com franquia. Se o reclamado criar embaraços ao seu recebimento ou não for encontrado, far-se-á a notificação por edital, inserto no jornal oficial ou no que publicar o expediente forense, ou, na falta, afixado na sede da Junta ou Juízo.

§ 2º – O reclamante será notificado no ato da apresentação da reclamação ou na forma do parágrafo anterior.

§ 3º Oferecida a contestação, ainda que eletronicamente e, o reclamante não poderá, sem o consentimento do reclamado, desistir da ação. (Incluído pela Lei nº 13.467, de 2017)

COMENTÁRIOS (ART. 841)

A comunicação dos atos processuais será realizada das seguintes formas: i) **Citação** – o ato pelo qual são convocados o réu, o executado ou o interessado para integrar a relação processual (art. 238, CPC); ii) **Intimação** – o ato pelo qual se dá ciência a alguém dos atos e termos do processo (art. 269, CPC). É direcionada a alguém, é um ato processual mais amplo do que a citação; iii) **Sistema de cartas:** precatória, para que órgão jurisdicional brasileiro pratique ou determine o cumprimento, na área de sua competência territorial, de ato relativo a pedido de cooperação judiciária formulado por órgão jurisdicional de competência territorial diversa (***Carta precatória - art. 236, CPC***); carta para juízo a ele vinculado, se o ato houver de se realizar fora dos limites territoriais do local de sua sede (***Carta de ordem - art. 237, I, do CPC***); para que órgão jurisdicional estrangeiro pratique ato de cooperação jurídica internacional, relativo a processo em curso perante órgão jurisdicional brasileiro (***Carta rogatória - art. 237, II, do CPC***).

A CLT traz a palavra notificação de maneira genérica (ampla), com o sentido de citação e intimação das partes. Justifica-se na origem administrativa da Justiça do Trabalho, que passou a integrar o Poder Judiciário apenas com o surgimento da Constituição Federal de 1946.

No processo do trabalho a notificação citatória (ou notificação inicial) do reclamado é realizada de forma automática pela via postal (art. 841 CLT). É *inicial*, porque se trata de uma citação, convocando o reclamado para integrar a relação jurídica processual; é *automática*, porque uma vez recebida e protocolada a reclamação, o secretário da Vara do Trabalho (auxiliar da Justiça), remeterá a segunda via da petição, ou do termo, ao reclamado, dentro de 48 horas, notificando-o ao mesmo tempo, para comparecer à audiência do julgamento, que será a primeira desimpedida, depois de 5 dias; é *postal*, porque é realizada pelos por registro postal, com aviso de recebimento (art. 841, §1º, CLT).

Sérgio Pinto Martins explica que *"Não existe, porém, citação com hora certa no processo do trabalho. Da citação postal passa-se diretamente para a citação por edital (§1º, art. 841 da CLT), sem se fazer a citação por hora certa de que fala o CPC (arts. 252 a 254), pois, inexiste imissão na CLT"*.[1089]

A notificação citatória presume-se recebida no prazo de 48 horas a contar da sua postagem (Súmula 16 do TST). O não recebimento ou a entrega após o decurso do prazo constitui ônus da prova do destinatário. Prevalece o entendimento que basta a entrega da notificação no endereço da reclamada, não se exigindo a pessoalidade[1090].

A Reforma Trabalhista alterou a redação do art. 775 da CLT, passando a prever a contagem dos prazos processuais em dias úteis, excluindo-se o dia do começo e incluindo o dia do vencimento. O ***dia do começo (ou início)*** do prazo, também denominado de dia da ciência ou do complemento, é a data em que a parte é cientificada da necessidade da prática de algum ato processual de *forma pessoal* ou a contar da *data da publicação* da notificação no diário oficial da justiça. O dia do ***início da contagem*** é o primeiro dia útil seguinte ao dia do começo do prazo (da data de recebimento ou publicação da notificação).

No processo eletrônico, o dia do início da contagem do prazo é considerado a partir da data da consulta eletrônica aos termos da intimação, conforme art. 5º, §1º, da Lei 11.419/2006. A prática dos atos processuais por meio eletrônico considera-se realizada no dia e hora do seu envio ao sistema do Poder Judiciário, do qual deverá ser fornecido protocolo eletrônico. Quando a petição eletrônica for enviada para atender prazo processual, serão consideradas tempestivas as transmitidas até as 24 horas do seu último dia (art. 3º da Lei 11.419/2006).

Se o dia do começo, o dia do início da contagem ou o dia do vencimento cair em dia não útil prorroga-se para o primeiro dia útil subsequente. O Tribunal Superior do Trabalho fixou o entendimento de que se a intimação for realizada na sexta-feira, ou a publicação

[1089] Ibidem. MARTINS, 2020, p. 250.

[1090] Como leciona Mauro Schiavi, *"Na CLT, a citação não é pessoal, recebe o nome de notificação (Art. 841 da CLT) e é realizada pelo Diretor da Secretaria da Vara do Trabalho. Como regra geral é realizada por meio do Correio com aviso de recebimento (AR ou SEED)"*. (in Manual de Direito Processual do Trabalho, 2018, p. 641).

com efeito de intimação for feita nesse dia, o prazo judicial será contado da segunda-feira imediata, inclusive, salvo se não houver expediente, caso em que fluirá no dia útil que se seguir, conforme preconiza a Súmula 1 do TST. Há posicionamento do STF no mesmo sentido, conforme a Súmula 310 do STF.

É válido ressaltar que a regra do art. 229 do CPC, que estabelece a contagem do prazo em dobro para todas as suas manifestações, aos litisconsortes que tiverem diferentes procuradores, não se aplica ao processo do trabalho, por incompatibilidade de princípios e regras (OJ 310 da SDI-1 do TST), especialmente o princípio da celeridade.

O Decreto-Lei 779 de 21 de agosto de 1969 fixou como prerrogativa processual aos entes de Direito Público, o prazo em quádruplo no que se refere ao interstício entre a data da notificação inicial (citação) e a data da realização da audiência, prevista no art. 841 da CLT – a audiência, portanto, deve ser realizada 20 dias após a notificação inicial – e o prazo em dobro para apresentar eventuais recursos. O art. 180 do CPC estabelece o prazo em dobro para o Ministério Público se manifestar nos autos, que terá início a partir de sua intimação pessoal. Na prática, o juiz do trabalho determina a notificação pessoal da Fazenda Pública, com base no art. 765 da CLT e dos regimentos dos Tribunais.

O art. 841, § 1º, da CLT, se o reclamado criar embaraços ao recebimento da notificação postal, ou não for encontrado, far-se-á a notificação por edital, mediante jornal oficial ou aquele que publicar o expediente forense, ou, na falta, afixando-se na sede da Vara ou Juízo.

A desistência da ação, no processo do trabalho, poderá ser realizada pelo reclamante, sem o consentimento do reclamado, antes do oferecimento da contestação. Do contrário, a desistência dependerá da anuência da parte reclamada. É válido dizer que a contestação, a rigor, será oferecida de forma oral em audiência (art. 487 da CLT). Em se tratando de processo judicial eletrônico, a defesa será oferecida até a audiência.

Art. 842 – Sendo várias as reclamações e havendo identidade de matéria, poderão ser acumuladas num só processo, se se tratar de empregados da mesma empresa ou estabelecimento.

COMENTÁRIOS (ART. 842)

Ordinariamente a relação jurídica processual é composta somente de dois sujeitos: o autor e o réu, denominados no processo do trabalho de reclamante e reclamado, respectivamente.

O dispositivo em analise possibilita a pluralidade de sujeitos no polo ativo da ação trabalhista, o chamado o litisconsórcio ativo. Recebe também a designação de *"ações plúrimas"*, devido a multiplicidade de autores do polo ativo da demanda.

A doutrina processualista assenta que *"Os diversos litigantes, que se colocam do mesmo lado da relação processual, chamam-se litisconsortes. O que justifica o cúmulo subjetivo, in casu, é o direito material disputado tocar a mais de um titular ou obrigado, ou é a existência de conexão entre os pedidos formulados pelos diversos autores ou opostos aos diversos réus"*. Prossegue, dizendo que o litisconsórcio pode ser ativo ou passivo. O litisconsórcio ativo caracteriza-se quando houver pluralidade de sujeitos ocupando o polo ativo da demanda, isto é, vários autores. Já o litisconsórcio passivo se configura quando existir diversos réus, ocupando o polo passivo.[1091] É classificado como *facultativo* quando depender da vontade das partes ou *necessário* não puder ser dispensado, mesmo com a anuência das partes.

A pluralidade de reclamantes numa mesma demanda será admitida quando houver identidade de matéria e se tratar de empregados de uma mesma empresa ou estabelecimento. É classificado pela doutrina como um litisconsórcio ativo facultativo, pois depende da vontade dos litigantes (empregados) para a sua formação.

Mauro Schiavi defende que *"dispõe o referido dispositivo sobre o litisconsórcio ativo facultativo, pois a opção pelo litisconsórcio é faculdade dos trabalhadores. Em razão de o Processo do Trabalho, como regra, apresentar vários pedidos decorrentes de um mesmo contrato de trabalho, pensamos que o litisconsórcio ativo somente possa ser admitido quando houver identidade de matérias (causa de pedir) e identidade de pedidos. Caso contrário, haverá o comprometimento da rápida solução do processo e dificuldade na produção da prova"*.

Pensamos que as ações plúrimas, embora inusual, prestigiam o princípio da celeridade e da economia processual, evitando a demandas repetitivas e a sobrecarga do Poder Judiciário. Nessa demanda, os empregados podem ser representados pelo sindicato da categoria profissional, na forma do art. 843, caput, da CLT.

JURISPRUDÊNCIA

▶ EMENTA: RECLAMAÇÃO PLÚRIMA. LITISCONSÓRCIO ATIVO FACULTATIVO. IDENTIDADE DE MATÉRIA. MESMA DEMANDADA. POSSIBILIDADE. Na reclamação plúrima o pedido é apresentado por um grupo de trabalhadores, em litisconsórcio ativo facultativo, que reúnem várias reclamações em um só processo, em razão da identidade de matéria e repetição do demandado. O manejo deste tipo de ação deve ser prestigiado no âmbito desta Justiça do Trabalho, uma vez que se trata de importante ferramenta apta a contribuir na busca por um Poder Judiciário menos assoberbado de demandas e, consequentemente, mais célere. Recurso patronal a que se nega provimento, no particular. (TRT-18 – ROT: 00118972320195180005 GO 0011897-23.2019.5.18.0005, Relator: PLATON TEIXEIRA DE AZEVEDO FILHO, Data de Julgamento: 15/10/2020, 2ª TURMA)

[1091] Theodoro, Junior, op. cit., p. 552

▶ EXTINÇÃO DE AÇÃO PLÚRIMA SEM RESOLUÇÃO DO MÉRITO. AÇÕES INDIVIDUAIS AJUIZADAS POSTERIORMENTE. INEXISTÊNCIA DE PREVENÇÃO DO JUÍZO QUE DETERMINOU O DESMEMBRAMENTO DA AÇÃO. Tratando-se de ação plúrima desmembrada por ordem judicial não haverá prevenção do juízo que inicialmente a recebeu. Pacífico neste C. TRT-2, a teor do art. 112, § 3º das Normas da Corregedoria deste E. Regional, Provimento GP/CR nº 13/2006, que "serão objeto de livre distribuição as ações plúrimas desmembradas por ordem judicial. Recurso da reclamada a que se dá provimento para declarar a ausência de prevenção da 8ª Vara de Trabalho de Guarulhos para o julgamento desta ação e a nulidade do processado a partir da r. decisão de fls. id.67e4d93, exceto quanto a decisão de tutela provisória de urgência de id. e3f1ef5, nos termos do art. 64, § 4º do CPC/15, até que outra decisão seja proferida pelo Juízo competente, qual seja, o da 5ª Vara do Trabalho de Guarulhos. (TRT-2 10012093520205020315 SP, Relator: WALDIR DOS SANTOS FERRO, 18ª Turma - Cadeira 1, Data de Publicação: 17/08/2021)

▶ AÇÃO PLÚRIMA. COMPETÊNCIA TERRITORAL. Não é possível a reunião de ações quando, além da inexistência de uma origem comum para a lesão, há necessidade de produção de prova relativamente a cada um dos trabalhadores com realidades diversas. Assim, cada um das ações deve ser ajuizada no foro competente, não sendo possível a sua reunião. (TRT-3 - RO: 00349201404503000 MG 0000349-68.2014.5.03.0045, Relator: Lucas Vanucci Lins, Segunda Turma, Data de Publicação: 15/03/2019)

▶ AGRAVO DE PETIÇÃO. RECLAMAÇÃO PLÚRIMA. EXECUÇÃO CONTRA A FAZENDA PÚBLICA. FRACIONAMENTO. POSSIBILIDADE. CREDORES DIVERSOS. REFORMA DA SENTENÇA. O C. TST já se manifestou no sentido de entender que a vedação contida no § 8º do artigo 100 da Constituição Federal tem por escopo obstar a utilização de duas modalidades de execução em relação a um único débito, o que não ocorre no presente caso, pois aqui se está apenas considerando, individualmente, os valores devidos aos diversos reclamantes em uma ação plúrima, credores diversos, portanto. (TRT-20 00018477920135200008, Relator: FABIO TULIO CORREIA RIBEIRO, Data de Publicação: 30/11/2018)

▶ RECLAMATÓRIA PLÚRIMA. CABIMENTO. Entendimento majoritário da Turma, vencido o Relator, de que a necessidade de exame individualizado da situação dos reclamantes não obsta que se admita o litisconsórcio, nos moldes propostos. É irrelevante o fato de que o pedido demanda a consideração de características peculiares a cada contrato de trabalho e enseja repercussões específicas para cada um dos litisconsortes. Não há prejuízo à defesa e ao regular processamento do feito, pois o que releva é a origem comum do direito buscado e a identidade da matéria debatida, dizente aos reflexos de acréscimo salarial obtido em ação anterior. (TRT-4 - ROT: 00205887420195040018, Data de Julgamento: 03/09/2020, 4ª Turma)

▶ SEÇÃO II
DA AUDIÊNCIA DE JULGAMENTO

Art. 843 – Na audiência de julgamento deverão estar presentes o reclamante e o reclamado, independentemente do comparecimento de seus representantes salvo, nos casos de Reclamatórias Plúrimas ou Ações de Cumprimento, quando os empregados poderão fazer-se representar pelo Sindicato de sua categoria. (Redação dada pela Lei nº 6.667, de 3.7.1979)

§ 1º É facultado ao empregador fazer-se substituir pelo gerente, ou qualquer outro preposto que tenha conhecimento do fato, e cujas declarações obrigarão o proponente.

§ 2º Se por doença ou qualquer outro motivo poderoso, devidamente comprovado, não for possível ao empregado comparecer pessoalmente, poderá fazer-se representar por outro empregado que pertença à mesma profissão, ou pelo seu sindicato.

§ 3º O preposto a que se refere o § 1º deste artigo não precisa ser empregado da parte reclamada. (Incluído pela Lei nº 13.467, de 2017)

COMENTÁRIOS (ART. 843)

As partes deverão estar presentes pessoalmente na audiência trabalhista, pois vigora no processo do trabalho o princípio do *jus postulandi* (art. 791 da CLT). O reclamante e reclamado, devem comparecer independentemente de seus representantes legais.

Em casos excepcionais, a presença das partes é dispensada, como, nas reclamatórias plúrimas, em que há litisconsórcio ativo facultativo (art.842 da CLT) e nas ações de cumprimento, assim consideradas as ações individuais de conhecimento, de rito especial trabalhista, com natureza condenatória, ajuizadas pelo empregado ou pelo sindicato, com a finalidade de cumprimento das cláusulas constantes dos acordos coletivos de trabalho, convenções coletivas de trabalho e sentenças normativas, com previsão no art. 872, parágrafo único, da CLT.

É facultado ao empregador fazer-se substituir pelo gerente, ou qualquer outro preposto que tenha conhecimento do fato, e cujas declarações obrigarão o preponente. Basta o conhecimento do fato para que a pessoa seja nomeada como preposto, conforme a exigência prevista na CLT. Não se exige que o preposto tenha presenciado os fatos, podendo ter acesso aos fatos por informações fornecidas por terceiros.

As declarações do preposto vinculam o proponente (empregador). O desconhecimento dos fatos pelo preposto ensejará a confissão.

Antes da Reforma Trabalhista havia controvérsia doutrinária e jurisprudencial se o preposto tinha (ou não) que ostentar a qualidade de empregado. A CLT é omissa nesse aspecto. O TST fixou o entendimento, previsto na Súmula 377, de que o preposto deve ser empregado do reclamado, condição essa normalmente comprovada com a carta de preposição, exceto quando se tratar de empregador doméstico, micro ou pequeno empresário.

A Reforma Trabalhista instituiu o §3º ao art. 843 da CLT, passando a prever expressamente que o preposto não precisa ser empregado da parte reclamada. Está superado, portanto, o entendimento previsto na Súmula 377 do TST.

O empregado, por sua vez, caso não possa comparecer pessoalmente à audiência no dia em que ela foi designada, por doença ou por qualquer outro motivo relevante devidamente comprovado, poderá ser representado por outro empregado que pertença à mesma profissão, pelo sindicato ou pelo advogado (art. 843, § 2º, da CLT). Prevalece que essa substituição se presta tão somente para justificar a impossibilidade de comparecimento do empregado, de modo que outra data seja marcada para a realização da audiência (adiamento da audiência), evitando o arquivamento da reclamação trabalhista.

Art. 844 – O não-comparecimento do reclamante à audiência importa o arquivamento da reclamação, e o não-comparecimento do reclamado importa revelia, além de confissão quanto à matéria de fato.

§ 1º Ocorrendo motivo relevante, poderá o juiz suspender o julgamento, designando nova audiência. (Redação dada pela Lei nº 13.467, de 2017)

§ 2º Na hipótese de ausência do reclamante, este será condenado ao pagamento das custas calculadas na forma do art. 789 desta Consolidação, ainda que beneficiário da justiça gratuita, salvo se comprovar, no prazo de quinze dias, que a ausência ocorreu por motivo legalmente justificável. (Incluído pela Lei nº 13.467, de 2017)

§ 3º O pagamento das custas a que se refere o § 2º é condição para a propositura de nova demanda. (Incluído pela Lei nº 13.467, de 2017)

§ 4º A revelia não produz o efeito mencionado no **caput** deste artigo se: (Incluído pela Lei nº 13.467, de 2017)

I – havendo pluralidade de reclamados, algum deles contestar a ação; (Incluído pela Lei nº 13.467, de 2017)

II – o litígio versar sobre direitos indisponíveis; (Incluído pela Lei nº 13.467, de 2017)

III – a petição inicial não estiver acompanhada de instrumento que a lei considere indispensável à prova do ato; (Incluído pela Lei nº 13.467, de 2017)

IV – as alegações de fato formuladas pelo reclamante forem inverossímeis ou estiverem em contradição com prova constante dos autos. (Incluído pela Lei nº 13.467, de 2017)

§ 5º Ainda que ausente o reclamado, presente o advogado na audiência, serão aceitos a contestação e os documentos eventualmente apresentados. (Incluído pela Lei nº 13.467, de 2017)

COMENTÁRIOS (ART. 844)

1. AUSÊNCIA NA AUDIÊNCIA

1.1. RECLAMANTE

a) Audiência una/Inicial

Nos termos do artigo 844 da CLT, a ausência da reclamante vai gerar o arquivamento, sendo possível o reclamante ajuizar uma nova ação.

Entretanto, se ele der causa a um novo arquivamento, nos termos do artigo 732 da CLT vai ocorrer a perempção, ou seja, fica impedido de ajuizar uma nova ação pelo prazo de 6 (seis) meses. Durante tal período a prescrição flui normalmente. Para o CPC, conforme artigo 486, § 3º, a perempção é definitiva e ocorre após o terceiro arquivamento.

Há debate na doutrina se ocorrer o terceiro arquivamento na Justiça do Trabalho, para uns deve aplicar o CPC já que a CLT é omissa. Para corrente contrária, que prevalece, aplica-se uma nova perempção trabalhista, ou seja, a penalidade de 6 (seis) meses.

Por fim, conforme interpretação literal do artigo 731 da CLT, o reclamante fica impedido de ajuizar qualquer ação trabalhista. Corrente contrária, defende que seria somente contra a mesma reclamada.

A Reforma Trabalhista inovou no §2º do artigo 844 da CLT ao determinar que no arquivamento o reclamante será condenado em custas, ainda que tenha justiça gratuita, salvo se justificar o motivo da ausência no prazo de 15 (quinze) dias. O novo § 3º do mesmo artigo prevê que para ajuizar uma nova ação é obrigatório o recolhimento das custas da ação anterior.

A doutrina critica as alterações promovidas pela Reforma Trabalhista, por entender que tal dispositivo é inconstitucional, pois o artigo 5º, XXXIV, da CF/88 prevê que a justiça gratuita é integral. Ademais, exigir o recolhimento de custas para o ajuizamento de uma nova ação violaria o acesso à justiça e o direito de ação.

Nesse sentido, o enunciado aglutinado nº 6 da Comissão 7 da 2ª Jornada Nacional de Direito Material e Processual do Trabalho:

> ACESSO À JUSTIÇA. ART, 844, § 2o E § 3o, DA CLT. INCONSTITUCIONALIDADE. Viola o princípio de acesso à justiça a exigência de cobrança de custas de processo arquivado como pressuposto de novo ajuizamento. O princípio do acesso à justiça é uma das razões da própria existência da justiça do trabalho, o que impede a aplicação dessas regras, inclusive sob pena de esvaziar o conceito de gratuidade da justiça. (Enunciado Aglutinado no 6 da Comissão 7)

A discussão sobre a inconstitucionalidade não ficou circunscrita ao plano dos debates. O tema foi objeto da ADI n. 5.766, ajuizada pela Procuradoria Geral da República, julgada parcialmente procedente pelo Supremo Tribunal Federal, em 20.10.2021, assentando a inconstitucionalidade do arts. 790-B, caput e § 4º, e 791-A, § 4º, da Consolidação das Leis do Trabalho (CLT). Na mesma demanda, por maioria, julgou improcedente a ação no tocante ao art. 844, § 2º, da CLT, declarando-o constitucional.

Também há questionamento quanto ao prazo de 15 (quinze) dias, uma vez que, como ele é superior a 8 (oito) dias já ocorreu o trânsito em julgado da decisão de arquivamento.

Há quem defenda, portanto, que o prazo de 8 (oito) dias, para eventual recurso, deve começar a contar após o prazo de 15 (quinze) dias.

b) Audiência de instrução ou em prosseguimento

Nos termos das Súmulas 9 e Súmula 74 do TST, a ausência do reclamante vai gerar a confissão, presumindo-se verdadeiro o alegado pela parte contrária.

A prova pré-constituída pode ser admitida, não caracterizando cerceamento de defesa o indeferimento de provas posteriores. Tal limitação na produção de prova não se aplica ao juiz.

Nos termos da interpretação literal da Súmula 74 do TST e do § 1º do artigo 385 do CPC/15, para gerar o efeito de confissão para a parte ausente, é necessária a intimação pessoal da parte que faltou. Corrente contrária, defende como válida, a intimação apenas do advogado.

Nos termos do artigo 843, § 2º da CLT, se em razão de doença ou outro motivo poderoso o reclamante não conseguir comparecer à audiência, ele será representado por um colega de profissão ou pelo sindicato da categoria. Tal representação serve apenas para evitar o arquivamento ou a confissão.

2. RECLAMADA

a) Audiência una/Inicial

A ausência da reclamada vai gerar revelia e confissão, presumindo-se verdadeira a matéria de fato alegada pela outra parte, salvo as hipóteses do § 4º do mesmo artigo, em que há revelia, mas sem os efeitos de confissão.

O artigo 349 do CPC/15[1092] autoriza a possibilidade da produção da prova pelo revel, desde que compareça a tempo no processo.

A OJ 152 da SDI-1 do TST prevê que a pessoa jurídica de direito público se sujeita à revelia.

O novo § 5º do artigo 844 da CLT prevê que, ausente a reclamada, mas presente o advogado, o juiz deve receber a contestação e os documentos. Em tal hipótese não haverá mais revelia, pois tem defesa.

Prejudicada a Súmula 122 do TST[1093], que menciona que a presença do advogado, ainda que munido de procuração, não afastava revelia, salvo se justificada a ausência da parte.

Crítica a novidade legislativa defende que ela ofende o princípio da igualdade, já que para o reclamante não existe essa possibilidade de prática de ato pelo advogado, bem como pelo argumento que a CLT exige a presença das partes. Ademais, permitir só a prova documental gera debate quanto a não aplicação do sistema de tarifação de provas.

O artigo 843, § 1º, da CLT prevê que a reclamada pode ser representada em audiência por um gerente ou um preposto que tenha conhecimento dos fatos. O novo § 3º do artigo prevê que o preposto não precisa ser empregado (prejudicada a Súmula 377 do TST, que exige tal requisito).

Há debate na doutrina quanto ao advogado exercer o papel de preposto. O Estatuto da OAB veda tal possibilidade. Entretanto, se ocorrer a renúncia da procuração, há quem defenda que seja possível, pois impedimento não existiria mais.

Crítica a tal pensamento sustenta que mesmo com a renúncia, o advogado ainda se mantém procurador da parte por 10 (dez) dias.

b) Audiência de instrução

Nos termos da Súmula 74 do TST, a ausência da reclamada vai gerar a confissão quanto a matéria de fato, presumindo-se verdadeiro o alegado pela outra parte.

A prova pré-constituída pode ser admitida, não caracterizando cerceamento de defesa o indeferimento de provas posteriores. Tal limitação na produção de prova não se aplica ao juiz.

3. AUSÊNCIA DE AMBAS AS PARTES

Se nenhuma parte comparece à audiência de instrução é confissão recíproca. Como a confissão é ficta, o juiz deve julgar com base no ônus da prova. Vai analisar o ônus, as duas partes são confessas, perde quem tinha o ônus, quem tinha o dever de provar.

Imagine que o Reclamante pede vínculo de emprego e a reclamada nega. Na audiência de instrução não compareceu nenhuma das partes. O ônus de provar o vínculo é do reclamante.

a) Audiência UNA – Em tal situação vai ocorrer o arquivamento, uma vez que inicialmente se apura a presença da parte autora, para só depois verificar o réu.

b) Audiência de instrução – Na audiência de instrução vai ocorrer a confissão de ambas as partes. Em tal hipótese, o juiz vai julgar com base no ônus da prova, perdendo a parte que tinha o ônus e não cumpriu.

4. AUSÊNCIA DO ADVOGADO

Há debate na doutrina no tocante a ausência do advogado na audiência. Para uma primeira corrente, que prevalece, o juiz não deve adiar, tendo em vista

[1092] **Art. 349. CPC/15** – "Ao réu revel será lícita a produção de provas, contrapostas às alegações do autor, desde que se faça representar nos autos a tempo de praticar os atos processuais indispensáveis a essa produção."

[1093] Súmula nº 122 do TST – "REVELIA. ATESTADO MÉDICO – A reclamada, ausente à audiência em que deveria apresentar defesa, é revel, ainda que presente seu advogado munido de procuração, podendo ser ilidida a revelia mediante a apresentação de atestado médico, que deverá declarar, expressamente, a impossibilidade de locomoção do empregador ou do seu preposto no dia da audiência. (primeira parte – ex-OJ nº 74 da SBDI-1 – inserida em 25.11.1996; segunda parte – ex-Súmula nº 122 – alterada pela Res. 121/2003, DJ 21.11.2003)" a previsão do *jus postulandi* no artigo 791 da CLT. Ademais, não há previsão legal ou jurisprudencial que autorize o adiamento.

Corrente contrária defende que o juiz deve adiar para garantir a ampla defesa da parte e que não se aplica a regra do artigo 791 da CLT, uma vez que a parte, ao constituir um advogado, abdicou do *jus postulandi*, o qual deve ser uma opção do autor e réu e não uma imposição.

A IN nº 41 do TST prevê no artigo 12 que as novidades do artigo 844 da CLT somente serão exigidas para as ações ajuizadas após a Reforma Trabalhista. Já o § 1º do artigo 12 prevê que a novidade do § 3º do artigo 843 somente se aplica para as audiências que ocorrerem após a Reforma Trabalhista.

Art. 845 – O reclamante e o reclamado comparecerão à audiência acompanhados das suas testemunhas, apresentando, nessa ocasião, as demais provas.

Art. 846 – Aberta a audiência, o juiz ou presidente proporá a conciliação. (Redação dada pela Lei nº 9.022, de 5.4.1995)

§ 1º – Se houver acordo lavrar-se-á termo, assinado pelo presidente e pelos litigantes, consignando-se o prazo e demais condições para seu cumprimento. (Incluído pela Lei nº 9.022, de 5.4.1995)

§ 2º – Entre as condições a que se refere o parágrafo anterior, poderá ser estabelecida a de ficar a parte que não cumprir o acordo obrigada a satisfazer integralmente o pedido ou pagar uma indenização convencionada, sem prejuízo do cumprimento do acordo. (Incluído pela Lei nº 9.022, de 5.4.1995)

COMENTÁRIOS (ARTS. 845 E 846)

A dinâmica do Direito Processual do Trabalho exige a presença das partes em audiência, haja vista que na audiência, a rigor contínua (una), há uma alta concentração dos atos processuais: tentativa de conciliação, apresentação de defesa oral ou escrita, depoimento das partes, oitiva das testemunhas, apresentação de razões finais orais e a prolação da sentença. É nessa oportunidade em que o juiz do trabalho toma conhecimento dos fatos e das provas que vão desaguar na sentença.

Por isso, o dispositivo em análise impõe que as partes devem comparecer à audiência juntamente com as suas respectivas para produzir a prova relativa aos fatos controvertidos na reclamatória trabalhista.

A doutrina processual trabalhista indica que " *Formalmente, na esfera trabalhista, o momento de se requerer a prova testemunhal se dá, em audiência, após a oitiva das partes. Trata-se de direito processual fundamental da parte no processo. O indeferimento, pelo magistrado deve ser devidamente justificado, à luz da existência de provas suficientes já existentes nos autos, ou não houve controvérsia a ser provada, ou já tenha havido confissão da parte"*.[1094]

A testemunha que for convidada e não comparecer à audiência, deverá ser intimada pelo juiz do trabalho, a requerimento da parte, tendo em vista que no processo do trabalho não é obrigatória a apresentação de rol prévio de testemunhas, como ocorre no Direito Processual Civil (art. 450 do CPC), nem mesmo a comprovação da intimação da testemunha arrolada (art. 455 do CPC), exceto no procedimento sumaríssimo em que a legislação processual trabalhista impõe a prova do convite da testemunha que deixar de comparecer (art. 852-H, §3º, da CLT).

O indeferimento do pedido de intimação da testemunha para comparecer à audiência em prosseguimento e prestar testemunho acerca dos fatos sub judice, implica em cerceamento de defesa (art. 5º, LV, CF; art. 818 da CLT).

Nesse sentido os seguintes julgados:

> RECURSO DE REVISTA. CERCEAMENTO DO DIREITO DE DEFESA. AUDIÊNCIA EM PROSSEGUIMENTO. APRESENTAÇÃO DE ROL DE TESTEMUNHAS PELA RECLAMADA. NÃO COMPARECIMENTO DE DUAS DAS TRÊS TESTEMUNHAS NOTIFICADAS. INDEFERIMENTO DO PEDIDO DE ADIAMENTO DA AUDIÊNCIA. CONSTATAÇÃO DE PREJUÍZO. NULIDADE CARACTERIZADA. 1. Na hipótese dos autos, ao ser designada a realização de audiência em prosseguimento, as partes foram notificadas para a apresentação de rol de testemunhas, caso desejassem a intimação das mesmas. 2 . Apesar de arroladas pela parte e intimadas para comparecimento sob pena de condução coercitiva, duas das três testemunhas da reclamada não estiveram presentes na audiência em prosseguimento. 3 . Nesse cenário processual, em que a reclamada observou a determinação judicial de apresentação antecipada do rol de testemunhas, o indeferimento do pedido de adiamento da audiência para oitiva das duas testemunhas ausentes importa em cerceamento do direito de defesa. 4 . Assim, e considerando o prejuízo sofrido com o julgamento do feito em desfavor da parte que não teve viabilizada a produção da prova testemunhal requerida, forçoso decretar a nulidade arguida pela reclamada. Recurso de revista conhecido e provido. (TST – RR: 107036020155010050, Relator: Hugo Carlos Scheuermann, Data de Julgamento: 10/03/2021, 1ª Turma, Data de Publicação: 15/03/2021)

> PROCESSO DO TRABALHO. SUBSTITUIÇÃO DO ROL DE TESTEMUNHAS. O art. 451 do CPC não se aplica ao Processo do Trabalho. Isto porque na seara trabalhista não é ofertado rol de testemunhas, estando o reclamante livre para apresentar testemunhas na hora da audiência. (TRT-5 – RecOrd: 00009028420155050511 BA, Relator: PAULINO COUTO, 5ª. TURMA, Data de Publicação: DJ 17/09/2019.)

> PROCESSO DO TRABALHO. INEXIGÊNCIA DE ROL DE TESTEMUNHAS. NULIDADE PROCESSUAL. Não há no Direito Processual do Trabalho a obrigatoriedade de rol

[1094] Schiavi, op. cit, 2018.

de testemunhas pelas partes. Em não existindo norma legal – e o artigo 825, da CLT é claro e taxativo, não dando margem à aplicação subsidiária do processo comum -, a determinação de apresentação de rol de testemunhas, com cominação de pena de preclusão ou de oitiva somente daquelas que comparecerem em audiência, não encontra respaldo legal. Configurada pois a ofensa à magna garantia estabelecida no art. 5º, LV, da Constituição Federal, declara-se a nulidade do processado a partir da audiência de instrução, para o fim de reabertura da instrução probatória, permitindo-se ao autor produzir a prova testemunhal de seu interesse. Preliminar de nulidade acolhida. (TRT-2 10003275420195020074 SP, Relator: JANE GRANZOTO TORRES DA SILVA, 6ª Turma - Cadeira 1, Data de Publicação: 20/02/2020)

Portanto, o artigo em análise permite a formulação do pedido intimação da testemunha que eventualmente não comparecer à audiência, considerando a inexigência do rol de testemunhas no processo do trabalho.

De mais a mais, o princípio da conciliação norteia o processo do trabalho, na medida em que os dissídios submetidos à apreciação da Justiça do Trabalho estarão sempre sujeitos à conciliação, por ser considerada a melhor forma de solução do litígio. Os juízes e Tribunais do Trabalho devem empregar esforços para que ocorra uma solução conciliatória dos conflitos.

Existem três formas de solução de conflito. A primeira é a autotutela (autodefesa), ou seja, quando a parte faz justiça com as próprias mãos, prevalecendo a lei do mais forte sobre o sujeito mais fraco. É admitida em caráter excepcional, como, por exemplo, em caso de legítima defesa (Art. 482, "j" e "k", da CLT; art. 483, "f", da CLT). A segunda forma de solução de conflito é a autocomposição, considerada a melhor forma de solução dos conflitos, pois a solução é dada pelas próprias partes envolvidas, de forma amigável, sem o emprego da força

No procedimento comum ordinário a legislação trabalhista impõe dois momentos obrigatórios para a tentativa de conciliação - a primeira, após a abertura da audiência e antes da apresentação da defesa (art. 846 da CLT); e a segunda, após as razões finais e antes da sentença (art. 850 da CLT). Nada obsta, entretanto, que o acordo seja celebrado após o trânsito em julgado da sentença ou após a elaboração dos cálculos de liquidação de sentença (art. 832, §6º, da CLT), hipótese em que não prejudicará os créditos da União.

O termo de conciliação valerá como decisão irrecorrível, exceto para a Previdência Social quanto às contribuições previdenciárias que lhe forem devidas. Significa dizer que uma vez homologado judicialmente o termo de acordo terá força de decisão irrecorrível. O trânsito em julgado, do termo conciliatório, ocorre na data da sua homologação judicial (Súmula 100, V, do TST).O termo de conciliação só poderá ser impugnado através de ação rescisória (art. 966 do CPC).

Nos termos da Súmula 418 do TST, não há direito líquido e certo à homologação do acordo, não sendo cabível, portanto, mandado segurança ou recurso. Já no procedimento de homologação de acordo extrajudicial, previsto no 855-B e seguintes da CLT, da decisão que não homologa acordo cabe recurso ordinário, uma vez que é definitiva.

Na hipótese de constar quitação plena e ampla sem qualquer ressalva, o trabalhador não pode mais apresentar nenhuma ação trabalhista, salvo se o direito surgir após a conciliação (OJ 132 da SDI-2 do TST).

Art. 847 - Não havendo acordo, o reclamado terá vinte minutos para aduzir sua defesa, após a leitura da reclamação, quando esta não for dispensada por ambas as partes. (Redação dada pela Lei nº 9.022, de 5.4.1995)

Parágrafo único. A parte poderá apresentar defesa escrita pelo sistema de processo judicial eletrônico até a audiência. (Incluído pela Lei nº 13.467, de 2017)

COMENTÁRIOS (ART. 847)

1. DEFESA TRABALHISTA

A defesa do reclamado está fundamentada no princípio do devido processo legal, do contraditório e da ampla defesa (art. 5º, LIV e LV da CF/88)[1095].

A resposta do réu compreende o direito de apresentar defesa para resistir à pretensão formulada pelo autor, bem como um possível contra-ataque.

A esse respeito, Eduardo Arruda Alvim, Daniel Willian Granado e Eduardo Aranha Ferreira, advertem que *"a resposta do réu comporta as defesas opostas à ação ajuizada pelo autor e, também, um possível contra-ataque, consistente na propositura de reconvenção contra o autor.[...] Num sentido estritamente técnico, todavia, somente a matéria de defesa (processual e material) constitui, em essência, contestação. A reconvenção, consubstanciada na ação proposta pelo réu contra o autor no mesmo processo da ação originária, é modalidade de resposta que não necessariamente visa impugnar a ação ajuizada pelo autor".* [1096]

No mesmo sentido, Marcus Vinicius Rios Gonçalves explica de forma elucidativa que *"o réu pode apenas defender-se das alegações e das pretensões contidas na petição inicial. A peça de defesa por excelência é a*

[1095] Art. 5º CF/88 – (...) LIV – ninguém será privado da liberdade ou de seus bens sem o devido processo legal; LV – aos litigantes, em processo judicial ou administrativo, e aos acusados em geral são assegurados o contraditório e ampla defesa, com os meios e recursos a ela inerentes.

[1096] Eduardo Arruda Alvim, Daniel Willian Granado e Eduardo Aranha Ferreira. Direito processual civil. - 6. ed. - São Paulo: Saraiva Educação, 2019.

contestação. *Mas pode não se limitar a defender-se e contra-atacar, por meio de uma ação incidente autônoma, em que dirige pretensões contra o autor, apresentada na contestação, denominada **reconvenção**".* [1097]

A Consolidação das Leis do Trabalho regulamenta de forma precária as defesas nos arts. 847 e 799 a 802.

Como regra, no processo do trabalho, a defesa é apresentada em audiência, no prazo de 20 minutos, após a leitura da petição inicial (art. 847 da CLT).

Marcelo Moura leciona que *"o termo 'defesa', referido nesse artigo, é interpretado como 'resposta do réu', englobando, portanto, as exceções e a reconvenção".* [1098]

Enoque Ribeiro dos Santos e Ricardo Antonio Bittar Hajel Filho[1099], enfatizam que a CLT prevê a expressão "defesa" para abranger o direito de defesa em sentido amplo, conforme vemos na explicação elucidativa a seguir:

> ***"A norma consolidada não utiliza a nomenclatura contestação, mas sim a expressão defesa. [...] A resposta do réu pode ser de três espécies: contestação, exceção (sentido estrito) e reconvenção (não sendo esta uma defesa, mas ação típica do réu contra o autor do processo originário, uma espécie de contra-ataque). Esse direito de defesa, em sentido amplo, está consubstanciado nos princípios constitucionais do devido processo legal, da inafastabilidade da jurisdição, do contraditório e da ampla defesa".*** *(grifos acrescidos)*

A defesa da reclamada, portanto, compreende a contestação, exceção (de incompetência territorial, de suspeição ou impedimento) e reconvenção como medidas de resistência ou contra-ataque à pretensão apresentada pelo autor.

Como regra a defesa é apresentada em audiência, pois a defesa por excelência é a contestação, também denominada de "defesa" ou "resposta".

O art. 847 da CLT estabelece que aberta a audiência o juiz irá propor a conciliação às partes (1ª tentativa obrigatória de conciliação). Não sendo possível o acordo, o juiz lerá a petição inicial para as partes – na prática isso não ocorre – e, em seguida, a reclamada poderá aduzir a sua defesa, de forma oral, no prazo de 20 minutos.

O prazo para apresentação da defesa oral é improrrogável, de modo que o juiz caçará a palavra da reclamada após o esgotamento do tempo legal. Em outras palavras, o juiz do trabalho não poderá constar em ata de audiência os argumentos defensivos apresentados intempestivamente (fora do tempo estipulado em lei).

Na praxe forense a defesa é apresentada de forma escrita.

A Reforma Trabalhista inseriu o parágrafo único ao art. 847 da CLT, possibilitando a apresentação de defesa escrita pelo sistema de processo judicial eletrônico (PJe) até a audiência.

Existe divergência sobre a interpretação da expressão "até a audiência", pois é comum a pauta atrasar.

Diante disso, a doutrina questiona se a expressão "até a audiência" se refere ao horário da audiência. Essa expressão refere-se ao horário previamente designado para o início da audiência ou o horário que ela efetivamente começar? Ou seria até o momento designado na CLT para apresentação da defesa (após a primeira tentativa de conciliação/ leitura da reclamação)?

A Resolução nº. 185 de 24 de março de 2017 do Conselho Superior da Justiça do Trabalho, republicada pelo ato CSJT.GP,SG nº. 146/2020, que dispõe sobre a padronização do uso, governança, infraestrutura e gestão do Sistema Processo Judicial Eletrônico (PJe) instalado na Justiça do Trabalho e dá outras providências, rescreve em seu artigo 22, que a contestação ou a reconvenção e seus respectivos documentos deverão ser protocolados no PJe ***até a realização da proposta de conciliação infrutífera, sendo facultada a*** defesa oral, na forma do art. 847 da CLT.

Na notificação inicial, geralmente, é recomendado que a contestação ou a reconvenção e os documentos que as acompanham sejam protocolados no PJe com pelo menos 48h de antecedência da audiência. O réu poderá atribuir sigilo à contestação e à reconvenção, bem como aos documentos que as acompanham, devendo o magistrado retirar o sigilo caso frustrada a tentativa conciliatória.

2. CONTESTAÇÃO

A contestação é a principal modalidade de defesa do reclamado. Nela o réu, reclamado, apresenta os fundamentos de fato e direito para resistir à pretensão postulada pelo autor (reclamante).

Araken de Assis (apud Rennan Thamay, 2009)[1100], explica que *"a mais importante modalidade de resposta do réu é a contestação. Trata-se da resposta mais importante por ser através dela que o réu exerce seu direito de defesa. E é na contestação, então, que o réu apresentará toda a matéria de defesa que tenha para alegar em seu favor (art. 336). Significa isto dizer que na contestação o réu apresentará defesas processuais e defesas de mérito, suscitando razões de fato e de direito para impugnar a demanda proposta pelo autor, devendo, ainda, indicar as provas que pretende produzir (art. 336)".*

1097 Marcus Vinicius Rios Gonçalves. Direito processual civil esquematizado (coordenador Pedro Lenza) – 10. ed. – São Paulo: Saraiva Educação, 2019.

1098 Marcelo Moura. Consolidação das Leis do Trabalho para concursos. – 8. ed – Salvador: Juspodivm, 2018.

1099 Enoque Ribeiro dos Santos, Ricardo Antonio Bittar Hajel Filho. Curso de direito processual do trabalho. – 2. ed. – São Paulo: Atlas, 2018.

1100 Rennan Thamay. Manual de direito processual civil. – 2. ed. – São Paulo: Saraiva Educação, 2019.

Elpídio Donizetti[1101] ensina que a *"Contestação é a modalidade de resposta por meio da qual o réu impugna o pedido do autor ou apenas tenta desvincular-se do processo instaurado por ele (art. 335). [...] Com vistas a obter uma declaração de improcedência do pedido formulado na inicial, o réu impugna os fatos e fundamentos jurídicos que lastreiam a pretensão do autor".*

A CLT utiliza o termo "defesa" para se referir à contestação (art. 847, CLT). O Diploma Consolidado trata da contestação de forma precária, sendo necessária a aplicação, supletiva e subsidiária, do art. 335 e seguintes do CPC.

A contestação é regida por dois princípios:

A) Princípio da impugnação específica ou do ônus da impugnação especificada (art. 341 do CPC/15)[1102]

Por esse princípio a reclamada deverá impugnar especificadamente cada fato/pedido ventilado pelo reclamante na exordial. É a ideia de um *checklist*. A ausência de impugnação específica torna o fato incontroverso, havendo a presunção relativa de veracidade. Não cabe, portanto, a contestação por negação geral.

Existe uma corrente que sustenta a possibilidade do julgamento antecipado do pedido diante da ausência de impugnação específica. Essa corrente ganhou força com a edição do Ato conjunto do TST, CSJT e do Corregedor Geral da JT nº. 3, que regulamentou a possibilidade de aplicação do julgamento parcial de mérito no processo do trabalho.

> ***Ato conjunto nº. 3: Art. 1º*** *O juiz decidirá parcialmente o mérito, nas hipóteses do art. 356 do CPC/2015.*

Outros defendem que a ausência de impugnação específica resultaria na procedência do pedido. O fundamento legal seria o artigo 374, III, do CPC/15[1103]. Fato incontroverso resulta em desnecessidade de produção probatória.

Cabe ressaltar que, excepcionalmente, nas hipóteses do art. 341 do CPC, a parte poderá apresentar contestação por negativa geral: (i) advogado dativo; (ii) Curador especial; (iii) Defensoria Pública.

A figura do curador está prevista no artigo 793 da CLT, que cuida da reclamação trabalhista ajuizada por empregado menor de 18 (dezoito) anos.

O dispositivo legal trata de situações em que o reclamante tem capacidade de ser parte, mas não tem capacidade processual ou para estar em juízo.

Existem três capacidades estudadas na Teoria Geral do Processo:

i) **Capacidade de ser parte:** Capacidade genérica para figurar no processo como demandante ou demandado.

ii) **Capacidade processual para estar em juízo:** Aptidão para praticar atos sozinho. Para o menor, há a necessidade de representação processual em sentido amplo – pelo representante legal, MPT, sindicato, Ministério Público Estadual ou curador nomeado em juízo.

O artigo 341 do CPC/15 traz hipóteses de exceções objetivas, isto é, aquelas em que fatos não impugnados especificamente não resultarão em presunção relativa de veracidade.

Assim, não haverá presunção de veracidade quando não for admissível a confissão (a exemplo das normas de higiene saúde e segurança no trabalho), ou se a petição inicial não estiver acompanhada de instrumento que a lei considerar da substância do ato (v.g., a reclamação trabalhista desacompanhada de norma coletiva que fundamenta o pedido), ou se o fato não impugnado especificamente estiver em contradição com a defesa, considerada em seu conjunto.

Traz uma obrigação da petição inicial e a contestação serem analisadas em sua inteireza, por exemplo uma reclamação trabalhista com os seguintes pedidos:

Reclamante	Reclamada – Exemplo 1	Reclamada – Exemplo 2
Pedido	**Contestação**	**Contestação**
Reconhecimento do vínculo.	Contestação OK.	Não faz.
Verbas contratuais e resilitórias.	Não faz.	Contestação OK.

Reclamante pede reconhecimento do vínculo e pagamento de verbas contratuais e resilitórias. Pela impugnação específica a reclamada tem que contestar os dois pedidos.

As verbas contratuais e resilitórias são direitos que dizem respeito ao vínculo. Analisando a contestação em sua inteireza, o vínculo foi contestado, ainda que indiretamente. O inverso também é verdade. Se contesta o vínculo e não contesta as verbas contratuais e resilitórias, indiretamente as está contestando, pois a verba só existe se há o vínculo.

Tem que analisar toda a contestação, o conjunto. Não dá para aplicar presunção relativa de veracidade isoladamente.

[1101] Donizetti, Elpídio. Novo Código de Processo Civil Comentado – 3. ed. – São Paulo: Atlas, 2018.

[1102] ***Art. 341. CPC/15 – Incumbe também ao réu manifestar-se precisamente sobre as alegações de fato constantes da petição inicial, presumindo-se verdadeiras as não impugnadas, salvo se: I – não for admissível, a seu respeito, a confissão; II – a petição inicial não estiver acompanhada de instrumento que a lei considerar da substância do ato; III – estiverem em contradição com a defesa, considerada em seu conjunto. Parágrafo único. O ônus da impugnação especificada dos fatos não se aplica ao defensor público, ao advogado dativo e ao curador especial.***

[1103] Art. 374. CPC/15 – Não dependem de prova os fatos: (...) III – admitidos no processo como incontroversos;

Se não aplica a presunção relativa de veracidade, volta para o básico, que é o ônus da prova. Reclamante prova fato constitutivo e reclamada prova fato impeditivo, modificativo ou extintivo.

B) Princípio da eventualidade ou da concentração de defesas (Artigo 336 do CPC/15)[1104]

Por esse princípio caberá à reclamada alegar toda a matéria de defesa no bojo da contestação, sob pena de preclusão. Não admite, portanto, a contestação por etapas, sendo necessário apresentar toda a matéria de defesa, o que envolve três partes: (i) a defesa processual; (ii) a defesa indireta de mérito; (iii) a defesa direta de mérito.

2.1. DEFESA PROCESSUAL

A defesa processual são vícios processuais que inviabilizam o prosseguimento do processo. Estão previstas no art. 337 do CPC[1105] como preliminares de contestação.

Elpídio Donizetti[1106] esclarece que *"o réu pode apenas defender-se da relação que o vincula ao processo, ou da pretensão do autor. Em outras palavras, a defesa pode ser processual ou de mérito. (...) Quando o réu pretende apenas livrar-se do jugo da relação processual estabelecida no processo em curso ou adiar o desfecho da demanda, apresenta defesa processual (...)."*

A defesa processual pode ser dilatória ou peremptória. A primeira se dá quando não atinge a relação processual, mas apenas prorroga o seu término como, por exemplo, a inexistência ou nulidade de citação, a incompetência absoluta, inviabilizando temporariamente o desfecho do processo. Já as defesas peremptórias, fulminam a relação jurídica processual, se acolhidas. Temos como exemplo, a coisa julgada ou a litispendência.

A esse respeito, Humberto Theodoro Júnior[1107] ensina que *"São peremptórias as que, uma vez acolhidas, levam o processo à extinção, como a de inépcia da inicial, ilegitimidade de parte, litispendência, coisa julgada, perempção etc. (art. 485).108 Aqui, o vício do processo é tão profundo que o inutiliza como instrumento válido para obter a prestação jurisdicional. São dilatórias as defesas processuais que, mesmo quando acolhidas, não provocam a extinção do processo, mas apenas causam ampliação ou dilatação do curso do procedimento. Assim, quando se alega nulidade da citação, incompetência do juízo, conexão de causas, deficiência de representação da parte ou falta de autorização para a causa, ou ausência de caução ou de outra prestação que a lei exige como preliminar (art. 335, I, II, VIII, IX e XII), em todos esses casos a defesa provoca apenas uma paralisação temporária do curso normal do procedimento, enquanto o obstáculo processual não seja removido".*

As hipóteses mais comuns na Justiça do Trabalho são:

a) Inépcia da petição inicial (Artigo 330, I e § 1º e Artigo 485, I do CPC)[1108]

A inépcia leva ao indeferimento da petição inicial, que leva a extinção do processo sem resolução do mérito. Ocorrerá a inépcia quando faltar pedido ou causa de pedir, ou quando da narração dos fatos não decorrer logicamente a conclusão, ou, ainda, quando contiver pedidos incompatíveis entre si.

b) Incompetência absoluta

Toda a discussão da competência material da Justiça do Trabalho (Artigo 114 CF/88 – fruto da EC nº 45/04). Há três hipóteses de incompetência absoluta: (i) Quanto à matéria; (ii) Quanto à pessoa; (iii) Quanto à hierarquia funcional.

No processo do trabalho a incompetência relativa não é preliminar de contestação, pois possui regulamentação específica, devendo ser apresentada em uma peça autônoma, como veremos adiante (artigo 800 da CLT).

1104 Art. 336. CPC/15 – Incumbe ao réu alegar, na contestação, toda a matéria de defesa, expondo as razões de fato e de direito com que impugna o pedido do autor e especificando as provas que pretende produzir.

1105 *Art. 337. Incumbe ao réu, antes de discutir o mérito, alegar: I – inexistência ou nulidade da citação; II – incompetência absoluta e relativa; III – incorreção do valor da causa; IV – inépcia da petição inicial; V – perempção; VI – litispendência; VII – coisa julgada; VIII – conexão; IX – incapacidade da parte, defeito de representação ou falta de autorização; X – convenção de arbitragem; XI – ausência de legitimidade ou de interesse processual; XII – falta de caução ou de outra prestação que a lei exige como preliminar; XIII – indevida concessão do benefício de gratuidade de justiça. § 1º Verifica-se a litispendência ou a coisa julgada quando se reproduz ação anteriormente ajuizada. § 2º Uma ação é idêntica a outra quando possui as mesmas partes, a mesma causa de pedir e o mesmo pedido. § 3º Há litispendência quando se repete ação que está em curso. § 4º Há coisa julgada quando se repete ação que já foi decidida por decisão transitada em julgado. § 5º Excetuadas a convenção de arbitragem e a incompetência relativa, o juiz conhecerá de ofício das matérias enumeradas neste artigo. § 6º A ausência de alegação da existência de convenção de arbitragem, na forma prevista neste Capítulo, implica aceitação da jurisdição estatal e renúncia ao juízo arbitral.*

1106 Donizetti, Elpídio. Novo Código de Processo Civil Comentado – 3. ed. – São Paulo: Atlas, 2018.

1107 Theodoro Júnior, Humberto. Curso de Direito Processual Civil – Teoria geral do direito processual civil, processo de conhecimento e procedimento comum – vol. I. – 56. ed. – Rio de Janeiro: Forense, 2015.

1108 *Art. 330. CPC/15 – "A petição inicial será indeferida quando: I – for inepta; II – a parte for manifestamente ilegítima; III – o autor carecer de interesse processual; IV – não atendidas as prescrições dos arts. 106 e 321 . § 1º Considera-se inepta a petição inicial quando: I – lhe faltar pedido ou causa de pedir; II – o pedido for indeterminado, ressalvadas as hipóteses legais em que se permite o pedido genérico; III – da narração dos fatos não decorrer logicamente a conclusão; IV – contiver pedidos incompatíveis entre si. § 2º Nas ações que tenham por objeto a revisão de obrigação decorrente de empréstimo, de financiamento ou de alienação de bens, o autor terá de, sob pena de inépcia, discriminar na petição inicial, dentre as obrigações contratuais, aquelas que pretende controverter, além de quantificar o valor incontroverso do débito. § 3º Na hipótese do § 2º, o valor incontroverso deverá continuar a ser pago no tempo e modo contratados."*

2.2. DEFESA INDIRETA DE MÉRITO/DEFESA DE MÉRITO INDIRETA

Não se trata mais de vícios processuais. É comum encontrar na doutrina a expressão prejudicial de mérito, que não se confunde com preliminar.

Em um momento se alega defesa que representa um vício processual (preliminar), depois se ataca o mérito de maneira indireta (prejudicial de mérito) e de maneira direta.

Defesa indireta de mérito[1109] é aquela caracterizada quando a reclamada reconhece o fato constitutivo do direito do reclamante, mas alega a existência de fato impeditivo, modificativo ou extintivo.

2.3. DEFESA DIRETA DE MÉRITO/DEFESA DE MÉRITO DIRETA

Defesa direta de mérito é aquela em que a reclamada ataca frontalmente as teses ventiladas pelo reclamante na exordial. Nas palavras de Humberto Theodoro Júnior[1110] quando o "réu ataca o fato jurídico que constitui o mérito da causa (a sua *causa petendi*), tem-se a defesa chamada *de mérito*".

É oportuno consignar que o CPC traz exceções ao princípio da eventualidade, ou seja, a possibilidade de alegação superveniente de teses, após a apresentação da contestação (Artigo 342 do CPC/15).

2.3.1. COMPENSAÇÃO

A compensação, enquanto instituto jurídico, é estudada no Código Civil, na parte de Direito das Obrigações (Artigos 368 a 380 do CC/02).

A compensação é a forma indireta de extinção das obrigações, caracterizada quando duas pessoas são ao mesmo tempo credoras e devedoras uma da outra. Nesse contexto, as duas obrigações serão extintas até onde se compensarem.

De acordo com o Código Civil, a compensação efetua-se entre dívidas líquidas, vencidas e de coisas fungíveis.

No Direito Civil é uma forma indireta de extinção das obrigações. No Processo do Trabalho compensação representa um fato extintivo, trata-se de uma defesa indireta de mérito (Artigo 818, II, da CLT c.c art. 373, II, do CPC/15). Consubstancia um ônus da prova da reclamada.

O artigo 767 da CLT dispõe que a compensação só poderá ser arguida como matéria de defesa.

A expressão matéria de defesa é gênero. Defesa e contestação são palavras que não se confundem. Toda contestação é uma defesa, mas nem toda defesa é uma contestação. Há outras defesas além da contestação.

A expressão matéria de defesa gerou controvérsia doutrinária e jurisprudencial quanto a sua interpretação. Nesse contexto, veio a Súmula 48 do TST dispor que a compensação só poderá ser arguida na contestação. Isso afasta a reconvenção.

Essa Súmula é relativa ao CPC/73. Na época, a redação fazia sentido porque a reconvenção era uma peça autônoma, era outra defesa. Hoje é uma tese dentro da contestação. É possível que essa Súmula seja alterada ou adaptada à luz do Novo CPC.

A Súmula 18 do TST traz uma restrição a dívidas de natureza trabalhista.

A doutrina e a jurisprudência divergem caso o crédito do empregador seja maior do que o valor devido a título de verbas rescisórias. Para uma primeira corrente doutrinária deverá ocorrer a compensação integral na contestação. Outra corrente defende que deverá compensar uma parte na contestação e apresentar reconvenção para o adimplemento do valor remanescente. Uma terceira corrente doutrinária defende a que o meio processual para a compensação nesta hipótese não é a contestação, mas, sim, a reconvenção para a compensação do débito.

2.3.2. DEDUÇÃO

A dedução não se confunde com a compensação. É o instituto jurídico caracterizado quando houver a existência de um título trabalhista já pago pelo empregador.

Tabela comparativa entre compensação e dedução	
Compensação	**Dedução**
O juiz do trabalho não pode conhecer *ex officio*.	O juiz do trabalho deverá conhecer *ex officio*.
É alegada como matéria de defesa na contestação.	Princípio da vedação ao enriquecimento sem causa.
Depende de requerimento da parte interessada.	Juiz pronuncia de ofício. É matéria de ordem pública.

2.3.3. RETENÇÃO

É um instituto jurídico caracterizado pelo ato da parte em deter algo de forma legítima até que a outra parte cumpra sua obrigação.

Uma parte pratica a retenção até que a outra parte cumpra a obrigação. Fazendo uma comparação com Direito Civil seria como *"exceptio non adimpleti contractus"*

[1109] Humberto Theodoro Júnior ensina que "a defesa de mérito pode, também, ser indireta, quando, embora se reconheça a existência e eficácia do fato jurídico arrolado pelo autor, o réu invoca outro fato novo que seja impeditivo, modificativo ou extintivo do direito do autor (NCPC, art. 350). São exemplos de defesa indireta de mérito a prescrição e a compensação".(Theodoro Júnior, Humberto. Curso de Direito Processual Civil – Teoria geral do direito processual civil, processo de conhecimento e procedimento comum – vol. I. – 56. ed. – Rio de Janeiro: Forense, 2015.)

[1110] Theodoro Júnior, Humberto. Curso de Direito Processual Civil – Teoria geral do direito processual civil, processo de conhecimento e procedimento comum – vol. I. – 56. ed. – Rio de Janeiro: Forense, 2015.

(exceção do contrato não cumprido), que autoriza a retenção até que a outra parte cumpra a sua obrigação.

Está prevista no artigo 767 da CLT, que traz a ideia de que a retenção na Justiça do Trabalho somente poderá ser alegada como matéria de defesa (rechaça a possibilidade da pronúncia de ofício). Não cabe declaração "ex officio" pelo magistrado.

Citamos como exemplo as seguintes situações:

a) O empregador poderá reter o salário do empregado vendedor até que este devolva algum bem da empresa. Exemplo: mostruário de vendas, celular, notebook, veículo.

b) Artigo 455 da CLT c.c. a OJ 191 SDI-1 do TST – Contrato de empreitada, subempreitada e dono da obra. Diante da inexistência de previsão legal específica, o contrato de empreitada de construção civil entre o dono da obra e o empreiteiro não enseja responsabilidade solidária ou subsidiária nas obrigações trabalhistas contraídas pelo empreiteiro, salvo sendo o dono da obra uma empresa construtora ou incorporadora."

2.4. ASPECTOS PRÁTICOS

A apresentação da contestação pela parte reclamada, mesmo que por meio eletrônico, impede a desistência da ação pelo autor sem o consentimento da reclamada.

Nesse aspecto, há divergência doutrinária e jurisprudencial. Há quem entenda que, uma vez apresentada a defesa, ainda que antes da audiência, a parte não poderá desistir sem o consentimento da reclamada. De forma contrária, há vozes que defendem que o reclamante poderá desistir da audiência antes do recebimento da defesa pelo magistrado em audiência.

O Tribunal Superior do Trabalho, recentemente, decidiu que a juntada da contestação antes da audiência não impede a desistência da ação pelo trabalhador, pois o momento processual adequado para a apresentação da defesa é na audiência, após a tentativa de conciliação:

- AGRAVO. RECURSO DE REVISTA. ACÓRDÃO PUBLICADO NA VIGÊNCIA DA LEI Nº 13.015/2014. NULIDADE DA SENTENÇA. DESISTÊNCIA DO RECLAMANTE LOGO APÓS A JUNTADA DA CONTESTAÇÃO NO PJe. Constou da decisão agravada que, nos termos da interpretação sistemática das normas inseridas nos arts. 267, §4º, do CPC/73, 485, § 4º, do atual CPC, 847, caput, da CLT, o momento de apresentação da defesa é aquele que sucede à tentativa de acordo, sendo certo que a inserção da contestação no sistema eletrônico, de forma antecipada, não se presta à finalidade pretendida pela reclamada, até porque a aludida desistência foi apresentada antes do referido momento processual. Acrescente-se que ficara registrado no acórdão regional que a tese da reclamada, no sentido de que o reclamante teria prévio conhecimento do conteúdo da contestação, não fora provado nos autos, motivo pelo qual não se poderia presumir tal alegação e impor ao reclamante o prejuízo do não exercício do seu direito de desistência da ação, sob o jugo da concordância da reclamada. Além disso, ressaltou que o desentranhamento da defesa foi determinado de plano pelo magistrado em audiência que homologou o pedido de desistência independentemente da anuência da parte reclamada. Nesse contexto, para se chegar a conclusão contrária, como insiste a agravante, necessário seria o reexame do contexto fático probatório dos autos, procedimento este vedado em sede de recurso de revista por conta do que estabelece a Súmula 126 do TST. Considerando a improcedência do recurso, aplica-se à parte agravante a multa. (TST - **RR – 1120-71.2013.5.07.0012 – Relator Min.** BRENO MEDEIROS, **Publicado acórdão em 08/05/2020**)

Comungamos do posicionamento de que o momento apropriado para o recebimento da defesa é a audiência, após a primeira tentativa de conciliação, de forma que o reclamante poderá desistir da ação unilateralmente sem necessidade de consentimento da parte reclamada.

Outro tema de relevo que encontramos na praxe forense é sobre os equívocos cometidos em decorrência do uso da tecnologia.

As grandes corporações respondem a um elevado número de ações trabalhistas, o que exige uma integração e controle entre os setores da empresa para gerir os prazos e audiências nas ações trabalhistas. Mesmo assim, essas empresas estão suscetíveis ao cometimento de equívocos, como por exemplo a juntada de documentos, petições, recursos ou até mesmo defesas, relativos a outro processo.

Caso a reclamada junte ao processo a defesa referente a outro processo, e o preposto esteja presente na audiência, é possível a decretação da revelia ou da pena de confissão? Para uma corrente doutrinária e jurisprudencial a apresentação da defesa pela parte, implica na preclusão consumativa.

Humberto Theodoro Júnior[1111] explica que *"A preclusão é fato processual impeditivo que acarreta a perda de faculdade da parte. Pode decorrer simplesmente do transcurso do prazo legal (preclusão temporal); da incompatibilidade de um ato já praticado e outro que se deseje praticar (preclusão lógica); ou do fato de já ter sido utilizada a faculdade processual, com ou sem proveito para a parte (preclusão consumativa)"*.

Portanto, sempre que a parte praticar um ato processual ocorrerá a preclusão consumativa, de modo que não poderá repeti-lo.

Outra corrente defende, no entanto, que se trata de mera irregularidade formal, devidamente justificável,

[1111] Theodoro Júnior, Humberto. Curso de Direito Processual Civil – Teoria geral do direito processual civil, processo de conhecimento e procedimento comum – vol. I. – 56. ed. – Rio de Janeiro: Forense, 2015.

sendo certo que a aplicação da revelia seria desproporcional, com consequências danosas à reclamada. Argumentam que o juiz, nesta hipótese, pode autorizar a correção da irregularidade ou autorizar a apresentação da defesa de forma oral.

Nesse sentido colhemos o seguinte julgado:

– RECURSO DE REVISTA. NULIDADE. CERCEAMENTO DE DEFESA. COMPARECIMENTO DA PARTE RECLAMADA NA AUDIÊNCIA. APRESENTAÇÃO DE DEFESA RELATIVA A OUTRO PROCESSO. REVELIA E CONFISSÃO FICTA. EXCESSO DE RIGOR FORMAL. PROVIMENTO. Incontroverso nos autos que o reclamado compareceu à audiência em que deveria oferecer defesa. O egrégio Tribunal Regional, porém, manteve a sentença que aplicou o instituto da revelia, em razão da não apresentação de defesa adequada pelo réu na audiência (a contestação e documentos apresentados não se referiam à reclamante Thais Tayanne Carvalho Miranda, mas sim ao processo da funcionária Daniela das Graças Benevides). Indeferiu, por conseguinte, a posterior juntada de documentos e a produção de prova oral. É cediço, contudo, que no Processo do Trabalho a revelia não é caracterizada pela ausência de contestação, mas sim pela ausência do reclamado em juízo. O artigo 844 da CLT dispõe que o não comparecimento do reclamado à audiência importa em revelia. Ora, considerando que o reclamado compareceu à audiência inaugural, o **equívoco na apresentação de defesa relativa a processo movido por outro empregado, configurou, na oportunidade, mera irregularidade formal,** devidamente justificada pelo fato de que o reclamado tinha audiências marcadas para horários próximos. Diante da letra do artigo 844 da CLT, **tal equívoco é incapaz de provocar a revelia com a consequente confissão ficta, mormente porque, esclarecido que houve troca de peças de contestação,** poderia ter o juízo, inclusive, oportunizado a defesa oral do reclamado, na forma do artigo 847 da CLT. Ademais, no Processo do Trabalho vigoram os princípios da informalidade, da oralidade e da instrumentalidade das formas. Assim, uma mera irregularidade formal **não pode impor à parte penalidade tão pesada quanto a revelia, com as suas possíveis consequências, ficando configurado, na hipótese, evidente excesso de formalismo aplicado pelo juízo.** Dessa forma, o Tribunal Regional, ao entender presente a revelia, aplicando a confissão ficta ao réu, além de configurar excessivo rigor formal, implicou em afronta ao artigo 5º, LV, da Constituição Federal, por lhe cercear o direito de defesa. Recurso de revista de que se conhece e a que se dá provimento. (TST – RR – 2083-32.2012.5.10.0012 – 4ª Turma – Relator CAPUTO BASTOS – Publicado acórdão em 24/05/2019)

E não para por aí. Outra situação que ocorre muito na prática é a exigência de apresentação da contestação, no processo eletrônica, antes da audiência. O Tribunal Superior do Trabalho enfrentou esse tema entendeu que os avanços da informática em prol da celeridade jurisdicional não autorizam a imposição de ônus desproporcional ao previsto em lei, de forma que no processo do Trabalho, é a apresentação de defesa, em audiência (artigo 847 da CLT):

– RECURSO DE REVISTA INTERPOSTO EM FACE DE DECISÃO PUBLICADA A PARTIR DA VIGÊNCIA DA LEI Nº 13.015/2014. AUTOS ELETRÔNICOS. DETERMINAÇÃO PARA APRESENTAÇÃO DE CONTESTAÇÃO DIAS ANTES DA AUDIÊNCIA. DIFERENÇA ENTRE ATO DE SISTEMA E ATO PROCESSUAL EXIGÊNCIA NÃO PREVISTA EM LEI. APLICAÇÃO DA PENA DE REVELIA. CERCEAMENTO DE DEFESA. CARACTERIZAÇÃO. A gênese do ato processual – e, de resto, a sua própria conceituação – sofre substancial modificação no PJe-JT, ante a utilização de procedimentos automatizados, funcionalidade impensada na realidade do processo físico. Contudo, nem todo ato praticado no sistema, em que pese fazer parte dele enquanto tal, se converte em ato processual, a caracterizar distinção entre ato de sistema e ato de processo. Para a uniformização de tais parâmetros mostrou-se urgente a padronização das regulamentações editadas pelos diversos tribunais. Nesse sentido, destaca-se a Resolução nº 94, de 23/03/2012, do Conselho Superior da Justiça do Trabalho, que, no âmbito específico da Justiça do Trabalho, regulamentou o uso do sistema e definiu tratamento uniforme para diversas questões envolvendo o PJe-JT, matéria, hoje, regulamentada pela Resolução CSJT nº 185/2017. Também o Conselho Nacional de Justiça editou, em 18/12/2013, a Resolução nº 185, de conteúdo em muito semelhante à adotada nesta Justiça Especializada. Por tais resoluções, procurou-se uniformizar as regras disciplinadoras dos procedimentos e, com isso, evitar que os diversos TRTs, no âmbito de suas jurisdições, editassem, embora com idêntica finalidade, atos normativos variados. Igualmente necessária a ponderação de que os benefícios obtidos com os avanços da informática em prol da celeridade jurisdicional não autorizam que se imponha ônus desproporcional à parte, não previsto em lei, independentemente do polo processual que assuma na demanda. Na hipótese dos autos, verifica-se desvirtuamento das diretrizes traçadas, quando da determinação de que a ré apresentasse "contestação em 20 dias por meio eletrônico (PJe-JT) (....) sob pena de preclusão", em prejuízo do prazo mais elastecido, previsto na CLT. Embora amparada em norma regulamentar do Tribunal Regional (Orientação SECOR/GP n. 1, de 21.2.2014 – Boletim Interno – TRT 24, de 27.2.2014), a medida implica desrespeito à garantia processual já incorporada ao patrimônio jurídico processual da parte, uma vez que a regra, no processo do Trabalho, é a apresentação de defesa, em audiência (artigo 847 da CLT). Configurado, portanto, cerceamento de defesa, a justificar o reconhecimento de violação do artigo 5º, LV, da Constituição Federal. Recurso de revista de que se conhece e a que se dá provimento.

Não podemos esquecer que a Reforma Trabalhista acrescentou o parágrafo único ao art. 847 da CLT, que permite a apresentação da defesa escrita, no processo eletrônico, até a audiência, de forma que a exigência da apresentação da defesa antes da audiência se mostra contrária ao texto legal.

3. AUDIÊNCIA VIRTUAL

O isolamento social potencializou a utilização das tecnologias telemáticas e informatizadas no âmbito do Poder Judiciário brasileiro. Foram necessárias a utilização das ferramentas tecnológicas para viabilizar a continuidade da prestação jurisdicional (art. 93, XII, CF).

CF, Art. 93. Lei complementar, de iniciativa do Supremo Tribunal Federal, disporá sobre o Estatuto da Magistratura, observados os seguintes princípios: XII a atividade jurisdicional será ininterrupta, sendo vedado férias coletivas nos juízos e tribunais de segundo grau, funcionando, nos dias em que não houver expediente forense normal, juízes em plantão permanente;

O Conselho Nacional de Justiça expediu a Portaria Nº 61 de 31/03/2020[1112], de acordo com a Resolução nº 313, de 19 de março de 2020, para estabelecer critérios para o funcionamento dos serviços judiciários, durante o estado de calamidade pública com o objetivo de prevenir o contágio pelo Covid-19, bem como permitir a realização dos atos processuais por meio de videoconferência, principalmente as audiências de forma virtual, na forma dos artigos 236, § 3º; 385, § 3º; 453, § 1º e 461, § 2º, do CPC.

No âmbito do Tribunal Regional do Trabalho da 2ª Região vigorou o Ato GP nº. 07, que disciplinava, no âmbito do Tribunal Regional do Trabalho da 2ª Região, a adoção de meios virtuais e telepresenciais para a realização de audiências e sessões de julgamento nas Varas, Turmas e Seções Especializadas, durante a vigência das medidas de isolamento social para a prevenção do contágio pelo coronavírus (COVID-19). Esse ato foi posteriormente revogado pelo Ato GP nº. 08 que regulamenta a matéria atualmente.

Cada Tribunal Regional possui regulamentação específica sobre a matéria, sendo importante o estudo pormenorizado do regulamento.

No âmbito da jurisdição do TRT da 2ª Região as audiências e sessões virtuais foram permitidas a partir de 11 de maio de 2020, por meio de Plataforma Emergencial de Videoconferência

As sessões de julgamento e audiências telepresenciais têm valor jurídico equivalente às presenciais.

As partes, seus procuradores e o Ministério Público são intimados pelo magistrado, informando o dia e horário da audiência, bem como será disponibilizado um link para acesso à sala de audiência virtual, sem necessidade de cadastramento prévio das partes ou procuradores. O nome da sala será correspondente ao número do processo submetido à audiência.

No dia e horário designado para o início da audiência ou sessão, o Secretário confirmará a conexão de todos os envolvidos e informará o magistrado se todos estão presentes.

As partes, a rigor, ficam aguardando o início da audiência ou sessão em um lobby (sala de espera virtual), até que o secretário admita as partes para a realização da audiência.

Os magistrados estão dispensados do uso de toga nas audiências e sessões telepresenciais, sendo recomendável vestimentas condizentes com o decoro. O mesmo se aplica aos advogados. À distância ou não, devemos empenhar as mesas boas práticas empregadas na audiência presencial, seja na vestimenta ou no trato com as autoridades.

Existe uma discussão a respeito da realização da audiência virtual para a instrução processual. Alguns

1112 Portaria Nº 61 de 31/03/2020 – O **PRESIDENTE DO CONSELHO NACIONAL DE JUSTIÇA**, no uso de suas atribuições legais e regimentais, **CONSIDERANDO** as disposições da Resolução CNJ nº 313, de 19 de março de 2020, que estabelece critérios para o funcionamento dos serviços judiciários, com o objetivo de prevenir o contágio pelo Covid-19;**CONSIDERANDO** as disposições do Código de Processo Civil, artigos 236, § 3º; 385, § 3º; 453, § 1º e 461, § 2º, que dispõem sobre a possibilidade da prática de atos processuais por meio de videoconferência, inclusive para a oitiva de partes e testemunhas; **CONSIDERANDO** a Resolução CNJ nº 105, de 6 de abril de 2010, que dispõe sobre a documentação dos depoimentos por meio do sistema audiovisual e realização de interrogatório e inquirição de testemunhas por videoconferência; **RESOLVE:** Art. 1º Instituir a Plataforma Emergencial de Videoconferência para a realização de audiências e sessões de julgamento nos órgãos do Poder Judiciário, no período de isolamento social provocado pela pandemia do Covid-19. Parágrafo único. O uso da Plataforma é facultativo aos tribunais e não exclui a utilização de outras ferramentas computacionais que impliquem o alcance do mesmo objetivo. Art. 2º A Plataforma estará disponível a todos os segmentos de Justiça, Juízos de Primeiro e Segundo Graus de jurisdição, bem como os tribunais superiores. Parágrafo único. O registro de interesse na utilização da Plataforma deverá ser realizado por intermédio de formulário eletrônico próprio disponível no Portal do CNJ na Internet. Art. 3º Todas as informações necessárias para utilização da Plataforma estarão disponíveis no endereço eletrônico <https://www.cnj.jus.br/plataforma-videoconferencia-nacional>. Art. 4º A Plataforma permitirá a gravação audiovisual do conteúdo da videoconferência, e seu armazenamento, caso desejado, poderá ocorrer no sistema denominado PJe Mídias. Parágrafo único. O armazenamento no PJe Mídias independe de qual seja o sistema de gestão processual atualmente instalado no tribunal de origem do órgão interessado na gravação da videoconferência. Art. 5º A Plataforma estará disponível durante todo o período especial da pandemia causada pelo Covid-19. Art. 6º Esta Portaria entra em vigor na data da sua publicação.

juristas defendem a inviabilidade da realização das audiências de instrução em ambientes virtuais, tendo em vista a fragilidade da incomunicabilidade das testemunhas (art. 456, CPC), o acompanhamento dos depoimentos por quem não depôs (art. 386, §2º, CPC) ou a utilização de materiais de apoio, documentos ou roteiros, de modo a viciar os depoimentos.

Corrente em sentido contrário defende a realização das audiências, mesmo as de instrução e julgamento, tendo em vista que não é razoável esperar o fim do estado de calamidade pública para a realização destes atos. Ainda, sustentam que é dever das partes cooperar para a efetividade do processo (art. 6º, CPC), boa-fé e lealdade processual.

Na prática, o magistrado designa a audiência de instrução e julgamento, antes de iniciar o depoimento pede para o depoente mostrar as mãos, dar um giro no ambiente para certificar que não há ninguém, além do depoente, no local em que se encontra, bem como isola as outras testemunhas na sala de espera virtual (lobby) para que uma não escute o testemunho da outra, preservando, assim, a incomunicabilidade.

Embora existam críticas, as audiências e sessões virtuais facilitam a vida de todos os envolvidos na relação jurídica processual.

Pensamos que a medida deve ser mantida, após o período de calamidade pública, principalmente as audiências de conciliação, audiência inicial (para recebimento da defesa), audiência de processos que há a necessidade de designação de perícia – cuja instrução, a rigor, é postergada para depois da entrega do laudo pericial.

É inegável a economia de tempo ou despesas com o deslocamento e a alimentação para a realização das audiências. A falta de recursos financeiros das partes, por exemplo, impede em muitos casos a atuação dos seus advogados no âmbito dos Tribunais Superiores. A manutenção das sessões virtuais, neste caso, poderia viabilizar a atuação das partes nos julgamentos dos seus respectivos recursos ou a atuação dos seus patronos.

Outra medida que devemos refletir é a possibilidade de implementação de audiências telepresenciais, assim consideradas aquela em que alguns sujeitos processuais participam pessoalmente do ato e outros de forma remota/virtual. O Tribunal de Justiça do Estado do Ceará permite audiências telepresenciais.

A tecnologia deve ser vista como um instrumento para facilitar o acesso do cidadão ao Poder Judiciário (Art. 5º, XXXV, CF).

4. EXCEÇÕES RITUAIS NA JUSTIÇA DO TRABALHO

A expressão "exceção" significa o desvio de uma regra ou de um padrão convencionalmente aceito.

Juridicamente a exceção pode ser estudada como sinônimo de defesa, utilizada para contrapor-se à demanda proposta; também, poderá ser entendida como matéria de defesa, ou como exceção ritual, isto é, uma defesa processual, para corrigir vícios referente ao local de propositura da demanda, ou referente a (im)parcialidade do magistrado (suspeição ou impedimento).

Enoque Ribeiro dos Santos, Ricardo Antonio Bittar Hajel Filho [1113] ensinam que *"Como sinônimo de defesa, abrangendo todas as suas modalidades (sentido amplo). Desse modo, exceção, como sinônimo de defesa, seria o direito constitucional do qual se acha investido o réu para obstar, por diversas maneiras, à ação que lhe foi movida. Contrapõe-se ao direito de ação. Exceções podem ser entendidas, também, como matérias de defesa que só podem ser conhecidas caso sejam suscitadas pelas partes (exemplo: o pagamento, a compensação). Em outras palavras, matérias não conhecíveis de ofício e que, alegadas a destempo, tornam-se preclusas. Podem ser entendidas como antônimo de objeção. Por fim, temos a exceção ritual, que é uma defesa processual, pois objetiva corrigir vícios que atingem o juízo (local) e o julgador (pessoa do magistrado). Logo, são defesas indiretas que não colocam termo ao processo, procurando sanar vícios relacionados aos pressupostos processuais. São as exceções de incompetência, de impedimento, de suspeição".*

A CLT prevê apenas duas espécies de exceções rituais: exceção de incompetência territorial e exceção de suspeição (art. 799 e seguintes). Existe uma lacuna quanto à exceção de impedimento.

A CLT é o Decreto Lei 5.452/43, portanto foi inspirada no CPC de 1939, que também tinha lacuna quanto ao impedimento.

O artigo 801 da CLT traz as hipóteses de suspeição do magistrado: amizade, inimizade, interesse e parentesco.

As causas subjetivas são enquadradas na hipótese de suspeição (amizade, inimizade e interesse). Contudo, o parentesco não é uma hipótese subjetiva, mas sim objetiva, portanto seria uma espécie de impedimento e não de suspeição, mas para a CLT é suspeição.

Atualmente prevalece o entendimento da aplicação subsidiária e supletiva dos artigos 144 a 146 do CPC/15. O art. 144 CPC prevê as hipóteses de impedimento (natureza objetiva). Já o art. 145 CPC dispõe sobre as hipóteses de Suspeição (natureza subjetiva).

No Processo do Trabalho, a exceção de incompetência relativa, também chamada de exceção declinatória de foro, é cabível quando há o descumprimento das normas processuais trabalhistas concernentes ao

[1113] Santos, Enoque Ribeiro dos. Curso de direito processual do trabalho – 2. ed. – São Paulo: Atlas, 2018.

território, estampadas no art. 651 da CLT, que traz a competência territorial (*ratione loci*) da Justiça do Trabalho.

Carlos Henrique Bezerra Leite de forma clara explica que *"a expressão 'exceção de incompetência terminativa do feito' significa que, se o juiz acolhê-la, deverá remeter os autos para outro órgão jurisdicional diverso da Justiça do Trabalho. Noutro falar, a decisão que acolhe a 'exceção terminativa do feito', embora interlocutória, implica a 'terminação' (saída) do processo na Justiça do Trabalho e sua remessa a outro ramo do Judiciário".*[1114]

A Reforma Trabalhista trouxe a regulamentação procedimental da exceção de incompetência territorial, de forma que, nesse aspecto, fica afastada a aplicabilidade das regras contidas no Código de Processo Civil. Continua existindo, portanto, a exceção em estudo como peça autônoma, tendo regramento no art. 800 da CLT.

De acordo com art. 1º, *caput*, da Instrução Normativa n. 39/2016 do TST, a aplicação subsidiária e supletiva do CPC/2015 ao processo do trabalho depende da existência de 2 (dois) requisitos cumulativos, quais sejam, lacuna na Consolidação das Leis do Trabalho e compatibilidade de princípios e regras, à luz dos arts. 769 e 889 da CLT e do art. 15 do novo CPC.

A exceção de incompetência territorial deve ser apresentada no prazo de cinco dias a contar da notificação, antes da audiência e em peça que sinalize a existência desta exceção, portanto, em peça autônoma.

Protocolada a petição, será suspenso o processo e não se realizará a audiência até que se decida a exceção.

O processo será imediatamente concluso ao juiz, que intimará o reclamante para manifestar-se no prazo de cinco dias. Se existir litisconsorte, este também será intimado para manifestar-se no prazo de cinco dias, mas o prazo será comum.

O juiz poderá designar audiência para a produção de prova oral, se entender necessária, sendo possível o depoimento do excipiente e das suas testemunhas, inclusive, por meio de carta precatória.

Após a decisão da exceção de incompetência territorial, o processo retomará seu curso, com a designação de audiência, a apresentação de defesa e a instrução processual.

5. RECONVENÇÃO NA JUSTIÇA DO TRABALHO

A doutrina diz que a reconvenção vem do latim "*reconventio*" (voltar-se contra o autor na Justiça). É o contra-ataque do réu em face do autor na mesma relação jurídica processual.

João Monteiro (1912, p. 346 apud Theodoro Júnior, 2015)[1115] conceitua a reconvenção como "a ação do réu contra o autor, proposta no mesmo feito em que está sendo demandado".

Para Eduardo Arruda Alvim, Daniel Willian Granado e Eduardo Aranha Ferreira *"A reconvenção é uma nova ação dirigida pelo réu (reconvinte) contra o autor (reconvindo), no mesmo processo por este instaurado contra aquele. Trata-se de instituto que foi idealizado em atendimento ao princípio da economia processual, ensejando a tramitação e o julgamento conjunto de litígios conexos".* [1116]

A reconvenção, portanto, trata-se de um direito conferido ao réu para acionar o autor na mesma relação jurídica processual, tendo como fundamento o princípio da economia processual, já que as causas são conexas.

No que atina a natureza jurídica da reconvenção, há divergência na doutrina e na jurisprudência.

Para uma corrente, a reconvenção possui natureza jurídica de ação, por ser considerada uma ação autônoma na mesma relação jurídica processual (há um processo e duas ações), na forma dos artigos. Essa corrente possuía mais força no CPC anterior. Nessa época, essa posição tinha muita força porque antes a reconvenção era uma peça autônoma. Por isso fazia sentido toda a discussão do pedido contraposto na ação dúplice, pois em algumas ações não se precisava de reconvenção, pois era possível, na própria contestação, fazer o pedido. Sendo a reconvenção uma peça autônoma, justificava-se um processo com duas ações.

Mesmo com o advento do CPC é possível o ajuizamento de reconvenção como peça autônoma, sendo que o autor poderá deixar de apresentar contestação, por exemplo, e apenas reconvir. Isso decorre do princípio da autonomia da reconvenção (art. 343, § 6º, do CPC).

É possível a reconvenção como peça autônoma, mas é praticamente inviável, pois hoje a reconvenção é uma tese dentro da contestação. O entendimento desta corrente ainda existe, mas foi enfraquecido com o advento do CPC/15.

Existe outra corrente doutrinária, em sentido contrário, que defende a reconvenção como mero incidente processual. Essa tese foi reforçada pelo art. 343, caput do CPC[1117], já que a reconvenção deve ser ventilada como tese meritória da contestação.

1114 Idem. Leite, 2019.

1115 Theodoro Júnior, Humberto. Curso de Direito Processual Civil – Teoria geral do direito processual civil, processo de conhecimento e procedimento comum – vol. I. – 56. ed. – Rio de Janeiro: Forense, 2015.

1116 Eduardo Arruda Alvim, Daniel Willian Granado e Eduardo Aranha Ferreira. Direito processual civil– 6. ed. – São Paulo: Saraiva Educação, 2019.

1117 Art. 343. CPC/15 – "Na contestação, é lícito ao réu propor reconvenção para manifestar pretensão própria, conexa com a ação principal ou com o fundamento da defesa."

No processo civil as partes são denominadas de Réu-reconvinte e Autor-reconvindo. No processo do trabalho, por sua vez, as partes são denominadas de reclamada-reconvinte e reclamante-reconvindo.

4.1. REQUISITOS CUMULATIVOS DE ADMISSIBILIDADE DA RECONVENÇÃO NA JUSTIÇA DO TRABALHO

Ao longo da história do Processo do Trabalho, durante muitos anos, a reconvenção era incompatível com o processo do trabalho, pois era incompatível com os princípios informadores. Existia um raciocínio que perdurou por longos anos. A reconvenção na Justiça do Trabalho poderia trazer uma complexidade que se chocava com os princípios informadores do Processo do Trabalho. Atualmente, essa posição é minoritária. A ampla maioria da doutrina entende que a reconvenção é compatível com o processo do trabalho.

Para o manejo da reconvenção no Processo do Trabalho é necessária a observância dos seguintes requisitos:

a) O juiz deverá ser competente para a ação originária e a reconvenção;

b) Observância de procedimento adequado para a ação originária e a reconvenção – em tese, o procedimento adequado é o ordinário ou comum, por ser o mais completo e, portanto, o mais complexo. Prevalece o entendimento da incompatibilidade da reconvenção nos procedimentos trabalhistas céleres, pois existe incompatibilidade de princípios e regras. Os princípio e regras desses procedimentos não se coadunam com os princípios e regras da reconvenção. As ações que observam esses ritos são enquadradas como de natureza dúplice (sumários e sumaríssimo), que são aquelas em que o réu na contestação pode apresentar defesa e ataque (pedido contraposto). Nessas ações não há reconvenção, pois ela não é necessária.

c) A reconvenção deverá ser conexa com a ação originária ou com o fundamento de defesa

No que se refere às regras procedimentais da reconvenção na Justiça do Trabalho, é necessária a aplicação do artigo 343 do CPC/15 e realizar adaptações ao Processo do Trabalho, pois a CLT apresenta lacuna, de forma que a reconvenção será apresentada em audiência. Ainda, tendo em vista o princípio da oralidade, atávico ao processo do trabalho, é possível a apresentação da reconvenção de forma verbal ou escrita.

Hoje a reconvenção é apresentada dentro da contestação, é uma tese, mas é possível reconvenção com peça escrita. O art.343, § 6º, do CPC/15 traz o princípio da autonomia da reconvenção. O magistrado poderá julgar de forma antecipada a reconvenção, e prosseguir o feito em relação ao a reclamação trabalhista.

A decisão que indeferir a reconvenção, para uns, tem natureza jurídica de sentença, sendo possível a interposição de recurso ordinário no prazo de 8 (oito) dias (Artigo 203, § 1º, CPC/15, artigo 895, I, CLT e artigo 485, I do CPC/15). Trata-se de uma sentença terminativa ou processual. Para uma segunda corrente essa decisão possui natureza jurídica de decisão interlocutória, aplicando-se ao caso, o princípio da irrecorribilidade imediata, direta, em separado ou autônoma das decisões interlocutórias, na forma do art. 799, § 2º e 893, § 1º da CLT e Súmulas 214 e 414 do TST. Outra corrente doutrinária, defende a natureza jurídica híbrida, mista, atípica ou *sui generis*. É uma natureza jurídica intermediária entre a decisão interlocutória e a sentença. Isso resultou em uma sentença parcial. Não é propriamente uma sentença, nem uma decisão interlocutória. É um misto dos dois.

Proposta a reconvenção, o autor será intimado na pessoa de seu advogado para apresentar resposta no prazo de 15 (quinze) dias (art. 343, CPC)[1118].

Esse dispositivo é aplicável ao Processo do Trabalho com adaptações, na medida em que deve ser conjugado com o art. 841 da CLT, devendo ser respeitado o interstício mínimo de cinco dias entre a citação e a data da audiência, e não os 15 dias previstos no CPC. Além disso, o momento adequado para a apresentação da defesa é em audiência, após a primeira tentativa de conciliação ou da leitura da inicial, quando exigido pelas partes (art. 487 da CLT).

Art. 848 – Terminada a defesa, seguir-se-á a instrução do processo, podendo o presidente, ex officio ou a requerimento de qualquer juiz temporário, interrogar os litigantes.

§ 1º – Findo o interrogatório, poderá qualquer dos litigantes retirar-se, prosseguindo a instrução com o seu representante.

§ 2º – Serão, a seguir, ouvidas as testemunhas, os peritos e os técnicos, se houver.

Art. 849 – A audiência de julgamento será contínua; mas, se não for possível, por motivo de força maior, concluí-la no mesmo dia, o juiz ou presidente marcará a sua continuação para a primeira desimpedida, independentemente de nova notificação.

[1118] Art. 343. CPC/15 – "Na contestação, é lícito ao réu propor reconvenção para manifestar pretensão própria, conexa com a ação principal ou com o fundamento da defesa. § 1º Proposta a reconvenção, o autor será intimado, na pessoa de seu advogado, para apresentar resposta no prazo de 15 (quinze) dias."

COMENTÁRIOS (ARTS. 848 E 849)

Regra geral, nos termos da CLT, a audiência é UNA, ou seja, todos os atos ocorrem em um mesmo momento processual, entretanto a doutrina e a jurisprudência admite a seguinte divisão:

a) **Audiência inicial:** o juiz tenta o acordo e caso ele não ocorra recebe a defesa, depois tenta o acordo novamente.

Inicial → Acordo
→ Defesa
→ Acordo

b) **Audiência de instrução:** o juiz tenta o acordo e caso não ocorra inicia o depoimento pessoal das partes, depois ocorre oitiva das testemunhas e as razões finais. Após, tenta a conciliação novamente.

Instrução → Acordo
→ Depoimento Pessoal
→ Testemunha
→ Razões Finais
→ Acordo

c) **Audiência de julgamento:** o juiz profere a sentença.

Julgamento → Sentença

Dinâmica da audiência una

A) Pregão: Trata-se do ato processual de tornar a audiência pública. Possui previsão no artigo 815 da CLT ao afirmar que o juiz vai declarar aberta a audiência.

B) Acomodação das Partes na Sala de Audiência: O reclamante senta do lado esquerdo do juiz. Já a reclamada do lado direito. O MPT possui a prerrogativa de sentar ao lado direito do juiz, como parte ou fiscal da lei, conforme artigo 18, I, a da LC 75/93. O advogado tem a prerrogativa de permanecer na audiência inclusive em pé. Por fim, na hipótese de oposição, o oponente poderá sentar ao final da mesa ou no local que seria do reclamante.

C) Primeira tentativa de conciliação: Nos termos do artigo 846 da CLT, aberta a audiência o juiz vai tentar a conciliação.

D) Apresentação da Defesa: Não ocorrendo acordo, o juiz vai receber a defesa, que nos termos do artigo 847 da CLT pode ser escrita ou oral em 20 (vinte) minutos. O novo parágrafo único do artigo 847 prevê que no PJE a defesa deve ser juntada até a audiência, sendo considerado esse momento aquele em que a audiência efetivamente vai ocorrer e não o do horário exato marcado para a audiência. Por fim, o prazo de 20 (vinte) minutos é para cada reclamada, ou seja, se existir mais de uma, cada uma delas tem direito a 20 (vinte) minutos. A CLT não prevê prazo de réplica, ou seja, manifestação sobre defesa. O juiz poderá conceder a palavra para a parte autora ou seu representante para se manifestar oralmente ou conceder um prazo para apresentar réplica de forma escrita. Do contrário, a parte poderá se manifestar sobre a defesa e os documentos juntados pela reclamada em razões finais.

E) Depoimento Pessoal das partes: Após a defesa, o juiz vai colher o depoimento das partes, sendo primeiro o reclamante, depois a reclamada. Cabe destacar, que a teor do novo § 2º do artigo 775 da CLT o juiz pode inverter a ordem dos depoimentos, iniciando pela reclamada. A inversão da ordem de depoimento não se confunde com a inversão do ônus da prova. Após a oitiva das partes, qualquer dos litigantes poderá retirar-se, prosseguindo a instrução com o seu representante.

F) Oitiva das testemunhas: Inicialmente colhe o depoimento das testemunhas do autor e depois da reclamada, podendo também ocorrer a inversão da ordem. Não se aplica o parágrafo único do artigo 456 do CPC/15 que exige a concordância das partes, tendo em vista que o dispositivo da CLT citado não exige.

G) Oitiva dos Peritos e dos Assistentes técnicos: Em caso de necessidade de esclarecimentos sobre a perícia, o magistrado poderá ouvir os peritos e assistentes técnicos. Na praxe forense os esclarecimentos são prestados de forma escrita pelos peritos e as partes manifestam-se também por escrito.

H) Razões finais: Após a oitiva das testemunhas fica encerrada a instrução e, nos termos do artigo 850 da CLT, as partes poderão apresentar razões finais de forma oral no prazo de 10 (dez) minutos. A prática de forma escrita fica a critério do juiz.

I) Segunda tentativa de conciliação – Após as razões finais, o juiz tenta novamente o acordo, podendo nesse momento se manifestar mais sobre o resultado do processo. A segunda tentativa afasta eventual nulidade da falta da primeira.

J) Julgamento ou Sentença – Não ocorrendo a conciliação entre as partes, na segunda tentativa de conciliação, o juiz poderá proferir a sentença em audiência. Do contrário, designará audiência de julgamento, hipótese em que o comparecimento poderá ser dispensado pelo magistrado e a sentença será publicada no diário oficial.

Art. 850 – Terminada a instrução, poderão as partes aduzir razões finais, em prazo não excedente de 10 (dez) minutos para cada uma. Em seguida, o juiz ou presidente renovará a proposta de conciliação, e não se realizando esta, será proferida a decisão.

Parágrafo único – O Presidente da Junta, após propor a solução do dissídio, tomará os votos dos vogais e, havendo divergência entre estes, poderá desempatar ou proferir decisão que melhor atenda ao cumprimento da lei e ao justo equilíbrio entre os votos divergentes e ao interesse social.

COMENTÁRIOS (ART. 850)

1. CONCILIAÇÃO

A tentativa de acordo é obrigatória no início e no término da audiência. A falta da primeira tentativa é satisfeita pela segunda.

Nos termos do artigo 831, parágrafo único, da CLT o termo de conciliação é decisão irrecorrível para as partes, salvo para a Previdência Social, que poderá recorrer quanto ao recolhimento previdenciário.

Nesse sentido, não há que se falar em desistência ou renúncia pela parte após o acordo homologado. A Súmula 259 do TST prevê que somente através de ação rescisória é questionado o termo de conciliação pelas partes, uma vez que ele transita em julgado no momento da homologação, fazendo coisa julgada material.

Nos termos da Súmula 418 do TST, não há direito líquido e certo à homologação do acordo, não sendo cabível, portanto, mandado segurança ou recurso.

Já no procedimento de homologação de acordo extrajudicial, previsto no 855-B e seguintes da CLT, da decisão que não homologa acordo cabe recurso ordinário, uma vez que é definitiva.

Nos termos da OJ 132 da SDI-2 do TST, na hipótese de constar quitação plena e ampla sem qualquer ressalva, o trabalhador não pode mais apresentar nenhuma ação trabalhista, salvo se o direito surgir após a conciliação.

A conciliação pode ocorrer a qualquer momento do processo, inclusive após o trânsito em julgado da decisão. Nessa última hipótese, é necessário respeitar o percentual da natureza das parcelas previstas na sentença, conforme artigo 832, § 3º, da CLT.

Existe uma situação excepcional que merece reflexão: Se, em uma sentença, o juiz reconhece o vínculo empregatício, determina o pagamento do das verbas rescisórias, incluindo os depósitos do FGTS e etc., bem como estipula que 40% (quarenta por cento) da condenação tem natureza indenizatória e 60% (sessenta por cento) tem natureza salarial e, a parte apresenta recurso. Considerando essa situação hipotética, as parte as partes podem entabular um acordo, sem o reconhecimentod o vínculo empregatício, atribuindo natureza jurídica indenizatória às verbas nele discriminadas? Ou, as parte devem respeitar a natureza das verbas discriminadas na sentença?

Há divergência. Tem quem entenda que é possível homologar, pois a restrição se aplica quando há trânsito em julgado, o que não ocorreu neste caso. Se não tiver o trânsito em julgado ainda existe a *res dúbia*, ou seja, coisa duvidosa, ainda há divergência, portanto, é possível fazer o acordo nestes termos.

Por outro lado, há quem entenda que não. A partir do momento que tem a sentença já surgiu uma expectativa de direito para a Previdência, já existe um direito de terceiros e que, portanto, as partes não podem mais negociar direitos de terceiros.

O Novo CPC, no artigo 334, passou a regulamentar a audiência de mediação e conciliação, mediante requerimento das partes. O autor na inicial e o réu em manifestação anterior a contestação. O § 8º do artigo, prevê inclusive multa na hipótese do não comparecimento.

A Instrução Normativa nº 39, no artigo 2º, IV, prevê que o dispositivo do CPC citado não se aplica na Justiça do Trabalho. A Resolução 174 de 2016 do CSJT regulamenta o tema.

Art. 851 – Os tramites de instrução e julgamento da reclamação serão resumidos em ata, de que constará, na íntegra, a decisão. (Redação dada pelo Decreto-lei nº 8.737, de 19.1.1946)

§ 1º – Nos processos de exclusiva alçada das Juntas, será dispensável, a juízo do presidente, o resumo dos depoimentos, devendo constar da ata a conclusão do Tribunal quanto à matéria de fato. (Incluído pelo Decreto-lei nº 8.737, de 19.1.1946)

§ 2º – A ata será, pelo presidente ou juiz, junta ao processo, devidamente assinada, no prazo improrrogável de 48 (quarenta e oito) horas, contado da audiência de julgamento, e assinada pelos juízes classistas presentes à mesma audiência. (Parágrafo único renumerado e alterado pelo Decreto-lei nº 8.737, de 19.1.1946)

Art. 852 – Da decisão serão os litigantes notificados, pessoalmente, ou por seu representante, na própria audiência. No caso de revelia, a notificação far-se-á pela forma estabelecida no § 1º do art. 841.

SEÇÃO II-A
(INCLUÍDO PELA LEI Nº 9.957, DE 2000)
DO PROCEDIMENTO SUMARÍSSIMO

Art. 852-A. Os dissídios individuais cujo valor não exceda a quarenta vezes o salário mínimo vigente na data do ajuizamento da reclamação ficam submetidos ao procedimento sumaríssimo. (Incluído pela Lei nº 9.957, de 2000)

Parágrafo único. Estão excluídas do procedimento sumaríssimo as demandas em que é parte a Administração Pública direta, autárquica e fundacional. (Incluído pela Lei nº 9.957, de 2000)

Art. 852-B. Nas reclamações enquadradas no procedimento sumaríssimo: (Incluído pela Lei nº 9.957, de 2000)

I – o pedido deverá ser certo ou determinado e indicará o valor correspondente; (Incluído pela Lei nº 9.957, de 2000)

II – não se fará citação por edital, incumbindo ao autor a correta indicação do nome e endereço do reclamado; (Incluído pela Lei nº 9.957, de 2000) (Vide ADIN 2139) (Vide ADIN 2160) (Vide ADIN 2237)

III – a apreciação da reclamação deverá ocorrer no prazo máximo de quinze dias do seu ajuizamento, podendo constar de pauta especial, se necessário, de acordo com o movimento judiciário da Junta de Conciliação e Julgamento. (Incluído pela Lei nº 9.957, de 2000)

§ 1º O não atendimento, pelo reclamante, do disposto nos incisos I e II deste artigo importará no arquivamento da reclamação e condenação ao pagamento de custas sobre o valor da causa. (Incluído pela Lei nº 9.957, de 2000)

§ 2º As partes e advogados comunicarão ao juízo as mudanças de endereço ocorridas no curso do processo, reputando-se eficazes as intimações enviadas ao local anteriormente indicado, na ausência de comunicação. (Incluído pela Lei nº 9.957, de 2000)

Art. 852-C. As demandas sujeitas a rito sumaríssimo serão instruídas e julgadas em audiência única, sob a direção de juiz presidente ou substituto, que poderá ser convocado para atuar simultaneamente com o titular. (Incluído pela Lei nº 9.957, de 2000)

Art. 852-D. O juiz dirigirá o processo com liberdade para determinar as provas a serem produzidas, considerado o ônus probatório de cada litigante, podendo limitar ou excluir as que considerar excessivas, impertinentes ou protelatórias, bem como para apreciá-las e dar especial valor às regras de experiência comum ou técnica. (Incluído pela Lei nº 9.957, de 2000)

Art. 852-E. Aberta a sessão, o juiz esclarecerá as partes presentes sobre as vantagens da conciliação e usará os meios adequados de persuasão para a solução conciliatória do litígio, em qualquer fase da audiência. (Incluído pela Lei nº 9.957, de 2000)

Art. 852-F. Na ata de audiência serão registrados resumidamente os atos essenciais, as afirmações fundamentais das partes e as informações úteis à solução da causa trazidas pela prova testemunhal. (Incluído pela Lei nº 9.957, de 2000)

Art. 852-G. Serão decididos, de plano, todos os incidentes e exceções que possam interferir no prosseguimento da audiência e do processo. As demais questões serão decididas na sentença. (Incluído pela Lei nº 9.957, de 2000)

Art. 852-H. Todas as provas serão produzidas na audiência de instrução e julgamento, ainda que não requeridas previamente. (Incluído pela Lei nº 9.957, de 2000)

§ 1º Sobre os documentos apresentados por uma das partes manifestar-se-á imediatamente a parte contrária, sem interrupção da audiência, salvo absoluta impossibilidade, a critério do juiz. (Incluído pela Lei nº 9.957, de 2000)

§ 2º As testemunhas, até o máximo de duas para cada parte, comparecerão à audiência de instrução e julgamento independentemente de intimação. (Incluído pela Lei nº 9.957, de 2000)

§ 3º Só será deferida intimação de testemunha que, comprovadamente convidada, deixar de comparecer. Não comparecendo a testemunha intimada, o juiz poderá determinar sua imediata condução coercitiva. (Incluído pela Lei nº 9.957, de 2000)

§ 4º Somente quando a prova do fato o exigir, ou for legalmente imposta, será deferida prova técnica, incumbindo ao juiz, desde logo, fixar o prazo, o objeto da perícia e nomear perito. (Incluído pela Lei nº 9.957, de 2000)

§ 5º (VETADO) (Incluído pela Lei nº 9.957, de 2000)

§ 6º As partes serão intimadas a manifestar-se sobre o laudo, no prazo comum de cinco dias. (Incluído pela Lei nº 9.957, de 2000)

§ 7º Interrompida a audiência, o seu prosseguimento e a solução do processo dar-se-ão no prazo máximo de trinta dias, salvo motivo relevante justificado nos autos pelo juiz da causa. (Incluído pela Lei nº 9.957, de 2000)

Art. 852-I. A sentença mencionará os elementos de convicção do juízo, com resumo dos fatos relevantes ocorridos em audiência, dispensado o relatório. (Incluído pela Lei nº 9.957, de 2000)

§ 1º O juízo adotará em cada caso a decisão que reputar mais justa e equânime, atendendo aos fins sociais da lei e as exigências do bem comum. (Incluído pela Lei nº 9.957, de 2000)

§ 2º (VETADO) (Incluído pela Lei nº 9.957, de 2000)

§ 3º As partes serão intimadas da sentença na própria audiência em que prolatada. (Incluído pela Lei nº 9.957, de 2000)

COMENTÁRIOS (ARTS. 852-A A 852-I)

O processo é conceituado como o conjunto de atos processuais coordenados, que se sucedem no tempo, objetivando a entrega da prestação jurisdicional. É o instrumento da juri*sdição (caráter instrumental do processo)*. O processo não é um fim em si mesmo, mas, sim, o instrumento pelo qual o Estado aplica o direito material ao caso concreto para resolver a lide.

De outro prisma, procedimento é a forma pela qual o processo se desenvolve. Estudar procedimento significa analisar o *modo* pelo qual o processo *caminha* no tempo, de forma mais complexa ou mais singela.

Existem basicamente quatro procedimentos no Direito Processual do Trabalho:

i. procedimento sumário (dissídio de alçada): previsto no art. 2º, §§ 3º e 4º, da Lei n. 5.584/70, para os litígios cujo valor da causa não supere 2 (dois) salários mínimos. A fixação do rito ocorre no momento do ajuizamento da ação trabalhista. Prevalece o entendimento de que é constitucional a definição do rito tomando por base o valor do salário mínimo, nos termos da Súmula 356 do Tribunal Superior do Trabalho;

ii. procedimento sumaríssimo: fruto do advento da Lei n. 9.957/2000, que incluiu na CLT os arts. 852-A a 852-I, abrange os dissídios individuais cujo valor da causa não exceda 40 (quarenta) salários mínimos. Prevalece o entendimento na doutrina e na jurisprudência de que o advento do rito sumaríssimo não revogou o sumário. Por consectário, o procedimento sumaríssimo abarca os dissídios individuais cujo valor da causa seja superior a 2 salários mínimos e limitado a até 40 salários mínimos;

iii. procedimento ordinário (comum): para as demandas cujo valor da causa seja superior a 40 salários mínimos. As suas regras estão previstas basicamente na Consolidação das Leis do Trabalho e na legislação esparsa. É o mais completo/complexo, sendo aplicado de forma subsidiária aos demais;

iv. procedimentos especiais: abrange todas as ações que apresentam regras especiais. Temos ritos especiais tipicamente trabalhistas, como o inquérito judicial para apuração de falta grave de empregado estável, os dissídios coletivos e as ações de cumprimento, bem como procedimentos especiais constitucionais e cíveis admitidos na Justiça do Trabalho, como o mandado de segurança, o *habeas corpus*, o *habeas data*, a ação rescisória, a ação de consignação em pagamento, as ações possessórias, a ação de prestação de contas, a ação monitória etc.

Apresenta, portanto, um procedimento mais complexo e completo – o procedimento ordinário (comum) – e dois procedimentos céleres – o procedimento sumário e sumaríssimo.

O procedimento sumaríssimo é fruto da Lei n. 9.957/2000, que instituiu os arts. 852-A a 852-I na CLT. São objetivos do procedimento sumaríssimo a celeridade do processo, a efetividade, a simplificação do procedimento e a diminuição da dilação probatória.

As principais características do procedimento sumaríssimo são:

A) Valor da causa: conforme veremos a seguir, prevalece o entendimento na doutrina e na jurisprudência de que o advento do procedimento sumaríssimo não revogou o procedimento sumário.

Assim, os dissídios individuais cujo valor da causa supere 2 salários mínimos e não exceda a 40 vezes o salário mínimo vigente na data do ajuizamento da reclamação ficam submetidos ao procedimento sumaríssimo.

B) Partes: estão excluídas do procedimento sumaríssimo as demandas em que é parte a Administração Pública direta, autárquica e fundacional. Assim, quando for parte a Fazenda Pública (pessoas jurídicas de direito público interno – União, Estados, Municípios, Distrito Federal, autarquias e fundações públicas), não será admitido o procedimento sumaríssimo.

C) Requisitos específicos da reclamação trabalhista: além dos requisitos clássicos ou tradicionais (endereçamento, qualificação das partes, breve exposição dos fatos de que resulte o dissídio, pedido, data e assinatura do reclamante ou de seu representante), a petição inicial trabalhista deverá apresentar dois requisitos específicos no procedimento sumaríssimo: i) pedido líquido: o pedido deverá ser certo ou determinado e indicará o valor correspondente; ii) correta indicação do nome e endereço do reclamado: incumbe ao autor a correta indicação do nome e endereço do reclamado. Não é possível a citação por edital no rito sumaríssimo.

Caso o autor não preencha um desses requisitos específicos na inicial, a demanda será arquivada, e haverá a condenação do reclamante ao pagamento das custas processuais sobre o valor da causa.

D) Prazo para apreciação da reclamação: a apreciação da reclamação deverá ocorrer no prazo máximo de 15 dias do seu ajuizamento, podendo constar de pauta especial, se necessário, de acordo com o movimento judiciário da Vara do Trabalho.

E) Mudanças de endereço ocorridas no curso do processo: as partes e advogados comunicarão ao juízo as mudanças de endereço ocorridas no curso do processo, reputando-se eficazes as intimações enviadas ao local anteriormente indicado, na ausência de comunicação.

F) Audiência única: as demandas sujeitas a rito sumaríssimo serão instruídas e julgadas em audiência única, sob a direção de juiz presidente ou substituto, que poderá ser convocado para atuar simultaneamente com o titular. Assim, em tese, não será admitido o fracionamento das audiências, como é muito comum na praxe forense em relação ao procedimento ordinário.

G) Interrupção da audiência: interrompida a audiência, o seu prosseguimento e a solução do processo dar-se-ão no prazo máximo de 30 dias, salvo motivo relevante justificado nos autos pelo juiz da causa.

Pode ocorrer da necessidade excepcional de interrupção da audiência, como, por exemplo, necessidade de prova pericial, ou número excessivo de documentos. Nesse caso, o seu prosseguimento e a solução do processo deverão ocorrer no prazo máximo de 30 dias, salvo motivo relevante justificado nos autos pelo juiz da causa.

H) Conciliação em qualquer fase da audiência: aberta a sessão, o juiz esclarecerá as partes presentes sobre as vantagens da conciliação e usará os meios adequados de persuasão para a solução conciliatória do litígio, em qualquer fase da audiência. Dessa forma, no procedimento sumaríssimo não temos momentos processuais de tentativas obrigatórias de conciliação, como ocorre no rito ordinário.

I) Registro resumido na ata de audiência: na ata de audiência serão registrados resumidamente os atos essenciais, as afirmações fundamentais das partes e as informações úteis à solução da causa trazidas pela prova testemunhal.

J) Saneamento em audiência: serão decididos, de plano, todos os incidentes e exceções que possam interferir no prosseguimento da audiência e do processo. As demais questões serão decididas na sentença. O saneamento na própria audiência é fundamental para a celeridade processual e a efetividade do processo.

K) Liberdade do juiz na produção probatória: o juiz dirigirá o processo com liberdade para determinar as provas a serem produzidas, considerado o ônus probatório de cada litigante, podendo limitar ou excluir as que considerar excessivas, impertinentes ou protelatórias, bem como para apreciá-las e dar especial valor às regras de experiência comum ou técnica.

L) Provas em espécie: todas as provas serão produzidas na audiência de instrução e julgamento, ainda que não requeridas previamente. Neste ponto, é válido apontar que cada parte poderá apresentar até o máximo de duas testemunhas, que comparecerão à audiência de instrução e julgamento independentemente de intimação. S ó será deferida intimação de testemunha que, comprovadamente convidada, deixar de comparecer. A prova pericial, de outro lado, somente será realizada quando a prova do fato o exigir, ou for legalmente imposta, incumbindo ao juiz, desde logo, fixar o prazo, o objeto da perícia e nomear perito. As partes serão intimadas a manifestar-se sobre o laudo, no prazo comum de cinco dias.

P) Sentença: a sentença mencionará os elementos de convicção do juízo, com resumo dos fatos relevantes ocorridos em audiência, dispensado o relatório. O juízo adotará em cada caso a decisão que reputar mais justa e equânime, atendendo aos fins sociais da lei e às exigências do bem comum. As partes serão intimadas da sentença na própria audiência em que prolatada.

Q) Recursos: O recurso ordinário (art. 895, §§ 1º e 2º, da CLT) será imediatamente distribuído, uma vez recebido no Tribunal Regional do Trabalho; o relator deverá liberá-lo no prazo máximo de 10 dias. A Secretaria do Tribunal ou Turma deverá colocá-lo imediatamente em pauta para julgamento. Não existe, contudo, a figura do desembargador revisor.

O parecer do representante do Ministério Público do Trabalho será de forma oral, se este entender necessário o parecer, com registro na certidão. O acórdão consistirá apenas na certidão de julgamento, bastando a indicação do processo e da parte dispositiva, e das razões de decidir do voto prevalente; se a sentença for confirmada pelos próprios fundamentos, a certidão de julgamento, registrando tal circunstância, servirá de acórdão.

Em se tratando de recurso de revista (art. 896, § 9º, da CLT), nas causas sujeitas ao procedimento sumaríssimo, somente será admitido recurso de revista por contrariedade a súmula de jurisprudência uniforme do Tribunal Superior do Trabalho; ou a súmula vinculante do Supremo Tribunal Federal; e por violação direta da Constituição da República.

SEÇÃO III
DO INQUÉRITO PARA APURAÇÃO DE FALTA GRAVE

Art. 853 – Para a instauração do inquérito para apuração de falta grave contra empregado garantido com estabilidade, o empregador apresentará reclamação por escrito à Junta ou Juízo de Direito, dentro de 30 (trinta) dias, contados da data da suspensão do empregado.

Art. 854 – O processo do inquérito perante a Junta ou Juízo obedecerá às normas estabelecidas no presente Capítulo, observadas as disposições desta Seção.

Art. 855 – Se tiver havido prévio reconhecimento da estabilidade do empregado, o julgamento do inquérito pela Junta ou Juízo não prejudicará a execução para pagamento dos salários devidos ao empregado, até a data da instauração do mesmo inquérito.

COMENTÁRIOS (ARTS. 853 A 855)

O inquérito judicial para apuração de falta grave pode ser conceituado como ação de conhecimento, de natureza desconstitutiva (constitutivo-negativa), de rito especial, que tem por escopo a resolução de contrato individual de trabalho de um empregado portador de estabilidade (garantia de emprego), após a comprovação judicial de falta grave (justa causa) por ele cometida.

Tem previsão legal nos arts. 494, 853 a 855 da CLT.

Os estáveis abrangidos pela proteção do inquérito judicial para apuração de falta grave são:

VI) estável decenal (Art. 492 da CLT)

VII) dirigente sindical (Art. 8º, VIII, da CF; Súmula 379 do TST; Súmula 197 do STF)

VIII) diretor de sociedade cooperativa (Art. 55 da Lei n. 5.764/71; OJ-SDI1-253 TST)

IX) representante dos empregados membro do Conselho Curador do FGTS (Art. 3º, § 9º, da Lei n. 8.036/90)

X) representante dos empregados membro do Conselho Nacional da Previdência Social (Art. 3º, § 7º, da Lei n. 8.213/91)

XI) representante dos empregados membro da Comissão de Conciliação Prévia (Art. 625-B, § 1º, da CLT)

Conquanto haja dissenso doutrinário e jurisprudencial, com base numa interpretação sistemática, teleológica e analógica em cotejo com a estabilidade provisória (garantia de emprego) do dirigente sindical, prevalece o entendimento de que a estabilidade provisória dos representantes dos empregados membros da Comissão de Conciliação Prévia tem início no registro da candidatura. Ademais, gozam da proteção do inquérito judicial para apuração de falta grave.

Para a instauração do inquérito para apuração de falta grave contra empregado garantido com estabilidade, o empregador apresentará reclamação por escrito à Vara do Trabalho ou Juízo de Direito, dentro de 30 (trinta) dias, contados da data da suspensão do empregado, conforme disposto no art. 853 da CLT.

A prévia suspensão do empregado é requisito para a propositura da ação de inquérito, vale dizer: trata-se de um pressuposto processual de validade do processo.

Contudo, vale dizer que há vertente interpretativa que defende que a suspensão prévia do empregado não é requisito do inquérito para apuração de falta grave, uma vez que se preferir, o empregador poderá ingressar com o inquérito sem a prévia suspensão do empregado (art. 494 da CLT). O empregado ficará suspenso até a decisão final do processo. A sua dispensa será efetivada se ocorrer a procedência da demanda, naturalmente, após o transito em julgado do feito.

Adotamos o entendimento de que suspensão do empregado é facultativa, ou seja, não é condição indispensável para o ajuizamento do inquérito judicial para apuração de falta grave, tendo em vista a interpretação literal do art. 494 da CLT.

O prazo para interposição do inquérito será de 30 dias. Este prazo tem natureza decadencial. Nesse sentido a Súmula 403 do STF: "É de decadência o prazo de trinta dias para instauração do inquérito judicial, a contar da suspensão, por falta grave, de empregado estável".

A petição inicial do inquérito deve ser escrita, não se admitindo a exordial verbal, acompanhada dos documentos em que se fundar.

As partes são denominadas de requerente e requerido.

Proposta a ação de inquérito, o empregado (requerido) será notificado para comparecer em audiência, facultando-lhe apresentar contestação. Cada parte poderá apresentar até 6 testemunhas de cada parte.

A decisão de improcedência do inquérito judicial para apuração de falta grave resultará na conversão da suspensão do contrato de trabalho em interrupção, hipótese em que o empregado fará jus à reintegração no emprego, bem como a todos os salários e demais vantagens do período de afastamento.

Ocorrendo, contudo, a procedência no pedido do inquérito judicial para apuração de falta grave, o contrato individual de trabalho consubstanciará rescindido na data da suspensão, se tiver havido prévia suspensão para ajuizamento do inquérito, ou na data da sentença, caso não tenha havido suspensão prévia do empregado.

SEÇÃO IV
(INCLUÍDO PELA LEI Nº 13.467, DE 2017)
DO INCIDENTE DE DESCONSIDERAÇÃO DA PERSONALIDADE JURÍDICA

Art. 855-A. Aplica-se ao processo do trabalho o incidente de desconsideração da personalidade jurídica previsto nos arts. 133 a 137 da Lei nº 13.105, de 16 de março de 2015 – Código de Processo Civil. (Incluído pela Lei nº 13.467, de 2017)

§ 1º Da decisão interlocutória que acolher ou rejeitar o incidente: (Incluído pela Lei nº 13.467, de 2017)

I – na fase de cognição, não cabe recurso de imediato, na forma do § 1º do art. 893 desta Consolidação; (Incluído pela Lei nº 13.467, de 2017)

II – na fase de execução, cabe agravo de petição, independentemente de garantia do juízo; (Incluído pela Lei nº 13.467, de 2017)

III – cabe agravo interno se proferida pelo relator em incidente instaurado originariamente no tribunal. (Incluído pela Lei nº 13.467, de 2017)

§ 2º A instauração do incidente suspenderá o processo, sem prejuízo de concessão da tutela de urgência de natureza cautelar de que trata o art. 301 da Lei nº 13.105, de 16 de março de 2015 (Código de Processo Civil) (Incluído pela Lei nº 13.467, de 2017)

COMENTÁRIOS (ART. 855-A)

1. INCIDENTE DE DESCONSIDERAÇÃO DA PERSONALIDADE JURÍDICA

O ingresso do sócio na execução tem fundamento na teoria da desconsideração da personalidade jurídica, prevista inicialmente na Lei 3.708/1919 e posteriormente pelo Código Tributário Nacional (CTN) em seu artigo 135.

Existem, atualmente, duas teorias que justificam o ingresso do sócio nos autos:

i) Teoria Menor, em que a desconsideração da personalidade jurídica se dá pela simples prova de insolvência do devedor, fundamentada no art. 28 do Código de Defesa do Consumidor (CDC – Lei 8.078/1990) e no art. 4.0 da Lei de Crimes Ambientais (Lei 9.605/1998);

ii) Teoria Maior, na qual a desconsideração da personalidade jurídica será possível quando houver abuso da personalidade jurídica, caracterizado pelo desvio de finalidade ou pela confusão patrimonial, com fundamento no art. 50 do Código Civil.

Recentemente o art. 50 do código Civil foi alterado pela Lei 13.874/2019 (Lei da Liberdade Econômica), que endureceu as regras para desconsideração da personalidade jurídica com base na teoria maior.

O desvio de finalidade será caracterizado quando a pessoa jurídica é usada com o propósito de lesar credores e para a prática de atos ilícitos de qualquer natureza, não se configurando desvio de finalidade quando ocorrer a mera expansão ou a alteração da finalidade original da atividade econômica específica da pessoa jurídica, conforme preceituam os parágrafos 1º e 5º do art. 50 do CC.

A confusão patrimonial consiste na falta de divisão de fato entre o patrimônio do sócio e da sociedade empresária, restando caracterizada quando houver o cumprimento repetitivo pela sociedade de obrigações do sócio ou do administrador ou vice-versa, ou a transferência de ativos ou de passivos sem efetivas contraprestações (exceto os de valor proporcionalmente insignificante), ou, ainda, outros atos de descumprimento da autonomia patrimonial.

Antes da Reforma Trabalhista havia uma crítica enfática no que se refere a desconsideração da personalidade jurídica na Justiça do Trabalho, pois, num despacho com fundamento de poucas linhas, com base na teoria menor da desconsideração da personalidade jurídica, o magistrado incluía o sócio no polo passivo da execução. Diz-se, na praxe, que o sócio "dormia terceiro, e acordava como parte" na relação jurídica processual.

Alguns juristas defendiam uma maior rigidez para a inclusão do sócio no polo passivo da demanda.

De outro lado, outros que criticavam a denominada "cepecização" do processo do trabalho, ou seja, a aplicação demasiada das normas do Código de Processo Civil gerando uma ineficiência ao processo do trabalho. Nesse sentido, são as críticas do professor Homero Batista Matheus da Silva[1119]:

> *"Há um grande desalento nesse esforço todo empreendido para emprestar figuras do processo civil ao processo do trabalho – como o incidente de desconsideração de personalidade jurídica e a discussão sobre o grau de corresponsabilidade da sociedade, dos sócios atuais e dos sócios retirantes. Essa discussão parece acadêmica e revela desconhecimento do cotidiano forense: os estagiários, advogados, sindicalistas, prepostos, procuradores e magistrados, após pouco tempo de atuação autêntica nas lides trabalhistas, sabem muito bem que são as oficinas de fundo de quintal e os empreendimentos informais que dominam as questões controvertidas nas audiências trabalhistas e entravam o processo de execução. Isso sem falar nas Comarcas que lidam diretamente com a sazonalidade, como as cidades litorâneas, as zonas de predomínio rural ou as áreas em que a economia fica aquecida apenas em algumas semanas do ano, com festejos populares ou religiosos. Chega a ser caricato falar em incidente de desconsideração de pessoa jurídica para o empregado do quiosque de cachorro quente. Não vai nenhuma ironia nessa frase: apenas uma injeção de realidade para que o debate saia um pouco dos gabinetes palacianos. O processo do trabalho leva a fama de irresponsável e subversivo, mas ele nada mais é do que o anteparo do direito material do trabalho brasileiro, que convive com altos executivos e ampla atuação da economia informal. Querer que o processo do trabalho seja um apêndice do processo civil ignora completamente a realidade da nação desigual e complexa de que somos parte".*

Com o surgimento do Código de Processo Civil de 2015, o incidente de desconsideração da personalidade jurídica veio cumprir esse papel. Esse incidente é uma espécie de intervenção de terceiro.

A Instrução Normativa 39/2016 do TST, no art. 6º previa a aplicação do incidente de desconsideração da personalidade jurídica regulado no Código de Processo Civil (arts. 133 a 137) ao processo do trabalho.[1120]

Com a Reforma Trabalhista a CLT passou a prever expressamente o incidente de desconsideração da personalidade jurídica no art. 855-A, dirimindo

[1119] Ibidem. Silva, 2017.

[1120] *Art. 6º Aplica-se ao Processo do Trabalho o incidente de desconsideração da personalidade jurídica regulado no Código de Processo Civil (arts. 133 a 137), assegurada a iniciativa também do juiz do trabalho na fase de execução (CLT, art. 878). § 1º Da decisão interlocutória que acolher ou rejeitar o incidente: I – na fase de cognição, não cabe recurso de imediato, na forma do art. 893, § 1º da CLT; II – na fase de execução, cabe agravo de petição, independentemente de garantia do juízo; III – cabe agravo interno se proferida pelo Relator, em incidente instaurado originariamente no tribunal (CPC, art. 932, inciso VI). § 2º A instauração do incidente suspenderá o processo, sem prejuízo de concessão da tutela de urgência de natureza cautelar de que trata o art. 301 do CPC.*

as controvérsias em torno da possibilidade ou não de aplicação deste instrumento no processo do trabalho.

Posteriormente, o art. 6º da IN 39/2016 foi revogado pelo art. 21 da IN 41/2018 do TST e estabeleceu em seu art. 13 que a iniciativa do juiz no incidente de desconsideração da personalidade jurídica, a partir da reforma trabalhista, está limitada aos casos em que as partes não estiverem representadas por advogado.

De acordo com a nova sistemática do processo do trabalho, a instauração de do incidente de desconsideração da personalidade jurídica deve ser promovido, a rigor, a requerimento da parte, haja vista que o juiz não poderá atuar de ofício na fase executória.

O incidente de desconsideração é cabível em todas as fases do processo de conhecimento, no cumprimento de sentença e na execução fundada em título executivo extrajudicial (art. 134 do CPC), inclusive nas hipóteses de pedido de desconsideração inversa da personalidade jurídica.

Instaurado o incidente o processo principal será suspenso – sem prejuízo da possibilidade de concessão de eventual tutela de urgência, na forma do art. 301 do CPC – e o sócio ou a pessoa jurídica será citado para manifestar-se e requerer as provas cabíveis no prazo de 15 (quinze) dias.

Consagrou-se a exigência do contraditório e da ampla defesa – defendida pelos acadêmicos durante muito tempo – para a desconsideração da personalidade jurídica, evitando decisões surpresas e possibilitando a oposição dos sócios ou da sociedade empresária.

A decisão que acolhe ou rejeita o incidente tem natureza jurídica de decisão interlocutória (art. 893, §1º, da CLT). Se esta decisão for proferida na fase de conhecimento, não cabe recurso imediato, diante do princípio da irrecorribilidade imediata das decisões interlocutórias (art. 855-A, §1º, I, CLT), portanto, recorrível quando da decisão definitiva ou terminativa do processo principal.

Caso a decisão seja proferida na fase de execução, cabe agravo de petição, hipótese em que será dispensável a garantia do juízo para a admissão do agravo de petição.

Na hipótese de instauração do incidente em comento perante o tribunal, a decisão proferida pelo relator, que acolher ou rejeitar o incidente, comporta agravo interno (art. 1.021, CPC).

A instauração do incidente de desconsideração da personalidade jurídica, em qualquer uma dessas fases, ocasiona a suspensão do processo. Será permitido, contudo, o pedido de tutela de urgência de natureza cautelar para proceder o *"arresto, sequestro, arrolamento de bens, protesto contra alienação de bem e qualquer outra medida idônea para assegurar o direito posto a julgamento"*[1121].

2. DESCONSIDERAÇÃO INVERSA DA PERSONALIDADE JURÍDICA

A teoria inversa da desconsideração da personalidade jurídica representa a possibilidade de imputação da responsabilidade patrimonial à pessoa jurídica por obrigações contraídas pelos sócios.

Nelson Nery Junior e Rosa Nery (Comentários ao CPC/15, p.572 apud Saad, 2019, p. 1419) ensinam o pressuposto apto a legitimar a desconsideração inversa é *"que tenha havido desvio de bens de uma pessoa física para uma pessoa jurídica , sob a qual aquela detenha controle. Pressupõem-se que o desvio ocorra por abuso de direito ou fraude[...]"*.

Essa teoria aplica-se para impedir a ocultação patrimonial dos sócios com vistas a frustrar a satisfação dos direitos dos seus credores ou a utilização da pessoa jurídica como escudo para o inadimplemento das suas obrigações pessoais.

A esse respeito a jurisprudência tem adotado o entendimento de que a teoria da desconsideração inversa da personalidade jurídica tem aplicabilidade no processo do trabalho, por força do art. 769 e 880 da CLT e 15 do CPC. Vejamos:

- "AGRAVO DE INSTRUMENTO. EXECUÇÃO. LEI 13.467/2017. DESCONSIDERAÇÃO INVERSA DA PERSONALIDADE JURÍDICA. APLICAÇÃO NO PROCESSO DO TRABALHO. ILEGITIMIDADE PASSIVA. TRANSCENDÊNCIA. O processamento do recurso de revista na vigência da Lei 13.467/2017 exige que a causa ofereça transcendência com relação aos reflexos gerais de natureza econômica, política, social ou jurídica, a qual deve ser analisada de ofício e previamente pelo Relator (artigos 896-A, da CLT, 246 e 247 do RITST). **No caso o eg. TRT entendeu que a teoria da desconsideração inversa da personalidade jurídica é aplicável ao processo do trabalho, bem como que a mera indicação das recorrentes como responsáveis pelo adimplemento do crédito reconhecido ao reclamante autoriza sua inclusão no polo passivo da demanda.** As matérias debatidas não possuem transcendência econômica, política, jurídica ou social. Agravo de instrumento de que se conhece e a que se nega provimento porque não reconhecida a transcendência" (AIRR-10819-29.2015.5.03.0012, 6ª Turma, Relatora Desembargadora Convocada Cilene Ferreira Amaro Santos, DEJT 30/08/2019).

[1121] Ibidem. Saad, 2019, p. 1418.

- "[...]3 – GRUPO ECONÔMICO. NECESSIDADE DE EXAME DE MATÉRIA INFRACONSTITUCIONAL. Hipótese em que o Tribunal Regional manteve a executada no polo passivo da presente execução por entender que os fatos e provas dos autos comprovam a existência de grupo econômico. **Consignou que foi adotada a teoria da desconsideração inversa da personalidade jurídica, segundo a qual se atinge o patrimônio das empresas para satisfação das dívidas dos sócios**. Nesse contexto, da forma como proferida, não há de se falar em violação aos arts. 5.º, II, LIV e LV da Constituição Federal. Isso porque o exame da controvérsia em torno do grupo econômico esgota-se na interpretação da legislação infraconstitucional, de modo que eventual ofensa ao art. 5.º, II, LV e LIV, invocado pela recorrente somente se daria, quando muito, de forma indireta ou reflexa, o que não atende aos ditames do art. 896, § 2.º, da CLT. Recurso de revista não conhecido" (RR-161100-73.2002.5.07.0001, 2ª Turma, Relatora Ministra Delaide Miranda Arantes, DEJT 02/12/2016)".

A via adequada para a constatação da tentativa de ocultação patrimonial do sócio, através da transferência dos seus bens particulares para a pessoa jurídica, é o incidente de desconsideração da personalidade jurídica. Nesse sentido preceitua o art. 133, §2º, do CPC[1122].

3. RESPONSABILIDADE PATRIMONIAL DO SÓCIO NA EXECUÇÃO

A execução é a fase processual na qual se busca a satisfação de um título com força executiva, que não foi adimplido voluntariamente pelo devedor.

Mauro Schiavi[1123] ensina que *"a execução trabalhista consiste num conjunto de atos praticados na Justiça do Trabalho destinados à satisfação de uma obrigação consagrada num título executivo judicial ou extrajudicial, da competência da Justiça do Trabalho, não voluntariamente pelo devedor, contra a vontade do último"*.

Para Rodolfo Pamplona Filho e Tercio Roberto Peixoto Souza[1124] *"cabe ao processo executivo justamente a materialização, a efetivação do direito reconhecido por meio da atuação do Estado, inclusive, se necessário for, utilizando-se da força bruta"*.

Segundo Amauri Mascaro do Nascimento *(1978, p. 255, apud Saad, 2019, p. 1438)*[1125], *"o processo de execução no dissídio individual, (é) o conjunto de atos através dos quais o vencido é constrangido a cumprir o título executório judicial"*.

As denominações mais comuns encontradas na doutrina são de processo de execução, processo executivo, fase de execução – derivada do sincretismo processual – ou execução forçada.

A Reforma Trabalhista alterou o artigo 878 da CLT para prever que a execução será promovida pelas partes, sendo possível a atuação de ofício pelo juiz apenas quando as partes não estiverem representadas por advogado, ou seja, apenas o *jus postulandi*. Tal novidade, gera reflexos em toda execução, inclusive na desconsideração da pessoa jurídica.[1126]

A legitimidade ativa para promover a execução é das partes, assim consideradas como os sujeitos que figuram no título executivo como credor ou, ainda, quando a lei atribuir tal qualidade. Nesse aspecto, aplica-se ao processo do trabalho, de forma supletiva e subsidiária, a previsão do art. 778 do CPC. A lei admite que o espólio, os herdeiros ou os sucessores do exequente originário, o sub-rogado, o cessionário ou o Ministério Público poderão ser sujeitos ativos na execução.

No processo do trabalho é incontroversa a possibilidade de o espólio – formado pelo conjunto de bens do deixados pelo falecido – ou dos sucessores promover ou dar prosseguimento a execução em substituição ao exequente originário, bastando, para tanto, a habilitação autos, na forma do art. 687 e seguintes do CPC[1127].

Em parte, a doutrina e da jurisprudência é refratária quanto a aplicação da cessão ou sub-rogação do crédito trabalhista, eis que ocorreria a convolação da natureza do crédito executado em crédito de natureza civil, já que o terceiro, a rigor, é pessoa alheia à relação de trabalho[1128], não se enquadra em nenhum dos polos da relação processual trabalhista. Defendem que o cessionário detem apenas interesse econômico, não possuindo

[1122] Art. 133, CPC: [...] § 2º Aplica-se o disposto neste Capítulo à hipótese de desconsideração inversa da personalidade jurídica.

[1123] Mauro Schiavi. Manual de direito processual do trabalho. 13. Ed – São Paulo: LTr, 2018.

[1124] Curso de direito processual do trabalho / Rodolfo Pamplona Filho, Tercio Roberto Peixoto Souza. – 2. ed. – São Paulo: Saraiva Educação, 2020.

[1125] Eduardo Gabriel Saad, José Eduardo Duarte Saad, Ana Maria Saad Castelo Branco. CLT comentada – 51 ed. – LTr: 2019.

[1126] **Art. 878. CLT** – "A execução será promovida pelas partes, permitida a execução de ofício pelo juiz ou pelo Presidente do Tribunal apenas nos casos em que as partes não estiverem representadas por advogado. Parágrafo único. (Revogado). (Redação dada pela Lei nº 13.467, de 2017)"

[1127] Destacamos os seguintes dispositivos: Art. 687. A habilitação ocorre quando, por falecimento de qualquer das partes, os interessados houverem de suceder-lhe no processo. Art. 688. A habilitação pode ser requerida: I – pela parte, em relação aos sucessores do falecido; II – pelos sucessores do falecido, em relação à parte.

[1128] Mauro Schiavi defende a inaplicabilidade da cessão ou sub-rogação ao processo do trabalho. Francisco Antonio de Oliveira, Renato Saraiva, Manoel Antonio Teixeira Filho, Eduardo Gabriel Saad formam corrente doutrinária em sentido contrário, divergindo desse entendimento, apontando como fundamento o art. 109 do CPC, artigos 221, 286 e seguintes e 349 do Código Civil.

legitimidade ativa para integrar alide trabalhista, cabendo buscar o que entende de direito perante a Justiça Comum. O art. 100 da Consolidação dos Provimento da Corregedoria Geral da Justiça do Trabalho (CGJT), de 28 de outubro de 2008, reforçava esse agumento, pois vedava expressamente a aplicação da cessão de crédito, disciplinada no art. 286 do Código Civil, à Justiça do Trabalho. Entretanto, a Consoilidação dos Provimentos do CGJT foi atualizada Provimento n. 2 do CGJT, de 28 de julho de 2021, tendo suprimido o referido dispositivo, reascendendo o debate acerca da possibilidade (ou não) da cessão de crédito na Justiça do Trabalho.

A outra parte, advoga a tese de que a cassão de crédito tem eficácia perante terceiros, mormente quando firmada por instrumento público ou por instrumento particular (art. 654, parágrafo 1º, do Código Civil), o que permite ao novo titular do crédito (cessionário) prosseguir a busca pela satisfação do crédito. Fortalecendo esse argumento, o Supremo Triobunal Federal, no julgamento do Recurso Extraordinário n. 631.537 que versava sobre a natureza jurídica do precatório alimentar cedido por instrumento de cessão de crédito, por unanimidade, fixou a tese de que *"A cessão de crédito alimentício não implica a alteração da natureza" [RE* 631.537 – STF, Rel. Min. Marco Aurélio Mello, Plenário, Sessão Virtual de 15.5.2020 a 21.5.2020].

A esse respeito, há controvérsia na jurisprudência. Vejamos as seguintes ementas:

> AGRAVO DE PETIÇÃO DA REQUERENTE TATIANA SANTOS DA ROSA. CESSÃO DE CRÉDITOS. HABILITAÇÃO NO JUÍZO TRABALHISTA. DESCABIMENTO. Sendo a cessão de créditos incompatível com o processo trabalhista, ante a irrenunciabilidade do crédito trabalhista, e detendo a requerente apenas interesse econômico nesta demanda, não possui legitimidade ativa para integrar a lide, devendo buscar o cumprimento da obrigação junto ao juízo cível, onde firmado o acordo apresentado. Mantida a decisão da origem. (TRT-4 – AP: 00218601420165040211, Data de Julgamento: 20/03/2021, Seção Especializada em Execução)

> CESSÃO DE CRÉDITO – EFICÁCIA PERANTE TERCEIROS – ARTIGO 288 DO CÓDIGO CIVIL. De acordo com o artigo 288 do Código Civil, para que seja oponível perante terceiros, a cessão de créditos deve ser firmada por instrumento público ou por instrumento particular que atenda às exigências formais indicadas no parágrafo 1º do artigo 654 do Código Civil. (TRT-3 – AP: 00102804320205030156 MG 0010280-43.2020.5.03.0156, Relator: Maria Raquel Ferraz Zagari Valentim, Data de Julgamento: 03/02/2021, Decima Turma, Data de Publicação: 08/02/2021.)

> CESSÃO DO CRÉDITO TRABALHISTA. TERCEIRO QUE NÃO PARTICIPOU DA LIDE OU DA RELAÇÃO DE TRABALHO. INADMISSIBILIDADE. 1. O artigo 100 da Consolidação dos Provimentos da Corregedoria-Geral da Justiça do Trabalho, publicado no DEJT de 30/10/2008 (sem revogação expressa), estabelece que a cessão de crédito prevista no artigo 286 do CC, não se aplica na Justiça do Trabalho. É inadmissível a transferência dos créditos trabalhistas pelo credor a terceiro que não tem relação com o processo e tampouco figurou na relação jurídica de trabalho. É inválida, inclusive, autorização do empregado para que terceiro receba o crédito salarial. O único pagamento hábil a desonerar o devedor trabalhista é aquele feito diretamente ao próprio empregado (art. 464 da CLT). 2. Ainda que a cessão fosse admitida, o crédito mudaria de natureza, de trabalhista passa a civil, em razão da desvinculação da causa originária, que é a prestação de serviços ou relação de emprego. Cedido o crédito a terceiro, cessa a competência material da Justiça do Trabalho para executá-lo, pois a controvérsia não é oriunda ou decorrente da relação de trabalho (art. 114, I e IX, da CR88). Nesse sentido, o Provimento 06 da CGJT do TST, de 19.12.2020. No caso dos autos, constata-se a invalidade do negócio jurídico que teve como objetivo prejudicar o interesse de terceiros, com o aval da Justiça do trabalho. Logo, a juntada de documento informando a cessão dos créditos oriundos da presente execução a terceiro não envolvido na lide nem na relação de trabalho não tem o condão de interferir no regular processamento do feito. Invalidade da cessão de crédito reconhecida. [...] (TRT-15 – AP: 00950006419955150097 0095000-64.1995.5.15.0097, Relator: JOAO BATISTA MARTINS CESAR, 11ª Câmara, Data de Publicação: 05/10/2021)

> EMENTA: INCOMPETÊNCIA DA JUSTIÇA DO TRABALHO. CESSÃO DE CRÉDITO A FAVOR DO PATRONO DO EXEQUENTE. NOTA PROMISSÓRIA. DÍVIDA DE AGIOTAGEM. RESERVA DE CRÉDITO. Hipótese em que resta indene de dúvidas que os valores, cuja reserva pretende o patrono do recorrente, são oriundos de obrigações contraídas entre os atores envolvidos no âmbito da vida civil. Não é possível, assim, ao juiz do trabalho imiscuir-se no conteúdo dos títulos de natureza civil e determinar a reserva de crédito pretendida pelo causídico da parte, porquanto falece competência a esta Justiça Especializada para analisar o bojo dos títulos juntados pelo patrono, que deve buscar a satisfação do seu suposto crédito fora do âmbito da Justiça Especializada. RESERVA DE CRÉDITO DE NATUREZA ALIMENTAR PARA PAGAMENTO DE CRÉDITO DE NATUREZA DIVERSA ORIUNDO DE AÇÃO MOVIDA PELO EX-EMPREGADOR PARA RESSARCIMENTO DE PREJUÍZO CAUSADO PELO EX-EMPREGADO. Segundo entendimento consagrado no CPC de 2015, não ofende direito líquido e certo decisão que determina a reserva de crédito salarial para pagamento de crédito de natureza alimentar. No caso, todavia, não está caracterizada essa hipótese legal, uma vez que o crédito do ex-empregador não possui natureza alimentar, tratando-se de ação movida para ressarcimento de valores dos quais se apropriou o então empregado, dispensado por justa causa. Desta feita, não há falar em reserva de crédito obtido na ação movida pelo trabalhador para pagamento de 7ª e 8ª horas como extras, para os autos da ação movida pelo ex-empregador, por não se tratar, este último, de execução de crédito de natureza alimentar trabalhista, não estando a reserva inserida na excepcionalidade do artigo 833, § 2º, do CPC. Agravo de petição conhecido e parcialmente provido. (TRT-10 – AP: 00003049620145100812 DF, Data de Julgamento: 25/08/2021, Data de Publicação: 31/08/2021)

> CESSÃO DE CRÉDITO TRABALHISTA. POSSIBILIDADE. Não provado qualquer vício na cessão de crédito realizada pelo exequente, resta transferida ao cessionário

a titularidade do direito, nos termos do art. 286 do Código Civil e § 4º do art. 83 da Lei n. 11.101/2005, a quem compete daí por diante a persecução do respectivo recebimento, e não ao cedente, o qual não tem direito ao prosseguimento da execução trabalhista em relação ao crédito cedido. (TRT-23 – AP: 00000859220155230131 MT, Relator: AGUIMAR PEIXOTO, Gab. Des. Roberto Benatar, Data de Publicação: 18/06/2021)

Há debate quanto à atuação de ofício do magistrado na fase de execução. Para uma corrente, numa interpretação literal, o juiz só pode atuar de ofício quando as duas partes estiverem sem advogado.

Para outros autores, basta uma das partes não ter advogado. Tal interpretação é mais razoável, uma vez que vai de encontro com a busca da efetividade da execução, principalmente se é o exequente que está sem advogado.

O devedor pode tomar a iniciativa para se ver livre da prestação que lhe cabe, sendo-lhe facultada a possibilidade de pagamento imediato do débito (art. 878-A, CLT).

No polo passivo está a pessoa apontada no título executivo como devedor. A execução pode ser promovida também em face do espólio, dos herdeiros ou sucessores do devedor, do novo devedor que tenha assumido a obrigação do título judicial, do fiador do débito, do responsável por garantia real ao pagamento do débito, ou pelo responsável tributário (art. 779 do CPC e o art. 4º da Lei 6.830/80).

A responsabilidade pela satisfação da dívida civil é meramente patrimonial, não sendo possível a aplicação de punição sobre a pessoa do devedor como, por exemplo, a prisão por dívida, exceto no caso de débito voluntário e inescusável de alimentos (art. 5º, LXVII, CF, art. 789, CPC).

A responsabilidade patrimonial consiste na viabilidade de incidência dos atos executórios em face do conjunto de bens, a rigor, dotados de valor econômico, para a satisfação de um crédito ou bem da vida pretendido.

Daniel Amorim Assumpção Neves[1129] ensina que *"A responsabilidade patrimonial é indiscutivelmente instituto de direito processual, compreendida como a possibilidade de sujeição de um determinado patrimônio à satisfação do direito substancial do credor"*.

Manuel Antonio Teixeira Filho (2005, p. 247 apud Schiavi, 2018, p. 1141)[1130], delineia que:

> *"o conceito de patrimônio, com vistas à responsabilidade a que está submetido o devedor, pode ser tomado a Resenberg: 'é a soma das coisas que tem valor pecuniário e direitos do devedor, e compreende bens móveis e imóveis, créditos e outros direitos, também expectativas, sempre que sejam direitos subjetivamente disponíveis'. O conceito desse ilustre jurista tem o mérito de destacar que foram excluídos do campo da responsabilidade do devedor determinados bens, como os que não possuem valor econômico, além disso, há aqueles que a lei considera absolutamente impenhoráveis [...]".*

Os bens sem valor econômico ou aqueles considerados absolutamente impenhoráveis (art. 833, CPC; Lei 8.009/90) não podem ser objeto da persecução executória, estando excluídos do campo da responsabilidade patrimonial. Essa limitação legal visa garantir um mínimo existencial ao devedor, criando um núcleo patrimonial duro para a garantia da dignidade da pessoa humana.

A responsabilidade patrimonial primária pela satisfação do título executivo judicial ou extrajudicial é do devedor originário, sujeito passivo da execução.

Isso decorre da ideia de autonomia patrimonial das sociedades empresárias personificadas.

Ben-Hur Silveira Claus[1131] destaca que:

> *"[...] Sob o influxo do ideário do Liberalismo Econômico fundado pela Revolução Francesa de 1789, o engenho jurídico concebe então um ente abstrato que responderá com o próprio patrimônio pelas obrigações que venha a contrair perante terceiros (clientes, fornecedores, empregados, etc.), deixando a salvo o patrimônio individual da pessoa natural dos sócios integrantes desse sujeito coletivo. (...) A ideia de autonomia patrimonial está pressuposta na concepção da sociedade personificada [...]".*

A autonomia patrimonial permite à sociedade empresária cumprir um dos seus escopos: a função social da empresa, gerando empregos, riqueza, contribuindo para o desenvolvimento econômico, social e cultural, bem como a integração e cooperação social.

Entretanto, como advertido por Claus[1132], a autonomia patrimonial não pode servir de subterfúgio ou salvo-conduto para isentar os sócios das responsabilidades decorrentes dos atos empresariais ou de abusos da personalidade jurídica.

A partir dessa ideia a doutrina entende que é possível, em situações excepcionais, a responsabilização patrimonial dos sócios de forma secundária, isto é, mesmo que o sujeito não conste no título executivo, será responsável pela satisfação da dívida com o seu patrimônio.

A esse respeito Daniel Amorim Assumpção Neves[1133] destaca que *"É o patrimônio do devedor que geralmente responde por sua dívida, mas em algumas situações específicas, mesmo aquele que não participou*

[1129] Daniel Amorim Assumpção Neves. Manual de Direito Processual Civil. 10ª ed. – São Paulo: 2018

[1130] Mauro Schiavi. Manual de direito processual do trabalho. 13. Ed – São Paulo: LTr, 2018, p. 1141.

[1131] Ben-Hur Silveira Claus. A desconsideração inversa da personalidade jurídica na execução trabalhista e a pesquisa eletrônica de bens de executados. Revista Eletrônica nº. 156 do Tribunal Regional do Trabalho da 4ª Região. Publicado em maio de 2013.

[1132] Idem.

[1133] Daniel Amorim Assumpção Neves. Manual de Direito Processual Civil. 10ª ed. – São Paulo: 2018

da relação de direito material obrigacional se vê responsável por sua satisfação. Seguindo as lições de Liebman, a doutrina nacional qualifica tal situação como "responsabilidade executória secundária", prevista no art. 790 do Novo CPC. Dessa forma, a responsabilidade patrimonial do devedor é primária, enquanto nas situações previstas em lei, a responsabilidade do sujeito que não é obrigado (plano do direito material) é secundária".

A responsabilidade patrimonial ou executória secundária permite o alcance dos bens de pessoas que mantiveram ou mantêm relações jurídicas com o devedor, como, por exemplo, o sócio – incluindo o sócio retirante -, o sucessor empresarial, grupo econômico, etc.

3.1. BENS DOS SÓCIOS

Conquanto a regra seja a autonomia patrimonial da sociedade empresária, o patrimônio do sócio pode ser atingido pela execução, com base na responsabilidade patrimonial secundária.

O art. 790 do CPC estabelece que os bens dos sócios, nos termos da lei, estão sujeitos à execução. No mesmo sentido, o art. 1.023 do Código Civil[1134], topograficamente localizado no Livro II que regulamenta o Direito de Empresa, preconiza que nas relações mantidas com terceiros, se os bens da sociedade empresarial cobrir a dívida, os sócios respondem pelo saldo.

A pessoa jurídica responde aprioristicamente em relação aos titulares ou acionistas (art. 1.024, CC)[1135]. A figura da sociedade empresarial é descolada da figura dos sócios ou acionistas, existindo, a rigor, um "véu" (uma proteção) sobre a pessoa jurídica que impede a responsabilidade primária dos sócios.

Para o jurista Daniel Amorim Assumpção Neves[1136], existem

> *"[...] atualmente determinadas espécies de sociedade, nas quais o sócio responde com o seu patrimônio pelas dívidas da sociedade em qualquer situação de inadimplemento. É o caso da sociedade em nome coletivo (art. 1.039 do CC) e do sócio comanditado na sociedade em comandita simples (art. 1.045, caput, do CC). Ocorre, entretanto, que nesse caso não parece ser a responsabilidade dos sócios secundária, porque o texto legal é claro ao prever uma solidariedade passiva entre o sócio e a sociedade pelas dívidas contraídas por essa. Parece tratar-se, portanto, de responsabilidade primária subsidiária. O mesmo fenômeno verifica-se nas hipóteses de sociedade irregular e de sociedade de fato, nas quais a responsabilidade do sócio é solidária e ilimitada[...]" (grifos acrescidos).*

Havendo inadimplência da pessoa jurídica em relação ao crédito trabalhista, devidamente constituído através de título executivo judicial ou extrajudicial, e inexistindo bens da pessoa jurídica capazes de satisfazer a pretensão executória, será possível a execução do sócio.

Essa responsabilização independe da participação do sócio da relação jurídica processual na fase de conhecimento. Alguns doutrinadores entendem que essa ausência viola o princípio do devido processo legal, do contraditório e ampla defesa.

Segundo o entendimento dominante, no entanto, a ausência de participação dos responsáveis indiretos pela execução contraria o princípio do devido processo legal, do contraditório ou da ampla defesa, pois a lei confere instrumentos processuais defensivos para resistir à pretensão executória, como, por exemplo, os embargos de terceiro, embargos à execução, manifestação em incidente de desconsideração da personalidade jurídica, bem como os recursos inatos à fase de execução (agravo de petição, etc.).

O Tribunal Superior do Trabalho decidiu nesse sentido em julgados recentes:

- "[...] **CERCEAMENTO DO DIREITO DE DEFESA. INCLUSÃO DE SÓCIO NO POLO PASSIVO. GRUPO ECONÔMICO.** Não se há falar em cerceamento do direito de defesa se os elementos de prova foram suficientes para formar o convencimento do Juízo. Assim, tendo sido comprovados os fatos considerados importantes ao deslinde da controvérsia, não se há de falar em cerceamento do direito de defesa. **Outrossim, esta Corte Superior entende que não afronta os princípios da legalidade, do devido processo legal e do contraditório e da ampla defesa, a inclusão da agravante no polo passivo na fase de execução. Precedentes.** [...]. Agravo conhecido e desprovido" (Ag-AIRR-612-58.2014.5.02.0262, 3ª Turma, Relator Ministro Alexandre de Souza Agra Belmonte, DEJT 26/06/2020) (grifos acrescidos).
- "[...] PRETENSÃO RESCISÓRIA VOLTADA CONTRA SENTENÇA PROFERIDA NA FASE DE CONHECIMENTO. INCLUSÃO DO SÓCIO DA EMPRESA DEMANDADA NO POLO PASSIVO DA EXECUÇÃO TRABALHISTA. TERMO INICIAL DA CONTAGEM DO PRAZO DECADENCIAL PARA O AJUIZAMENTO DE AÇÃO RESCISÓRIA. DIA SUBSEQUENTE AO TRÂNSITO EM JULGADO DA SENTENÇA RESCINDENDA. ARTIGO 495 DO CPC DE 1973. SÚMULA 100, I, DO TST. DECADÊNCIA. CONFIGURAÇÃO. [...] Ora, **de acordo com a teoria da desconsideração da personalidade jurídica, o sócio, ao ser incluído no polo passivo da execução, recebe o processo no estado em que ele se encontra.** Tampouco incide

[1134] Art. 1.023, CC: Se os bens da sociedade não lhe cobrirem as dívidas, respondem os sócios pelo saldo, na proporção em que participem das perdas sociais, salvo cláusula de responsabilidade solidária.

[1135] Art. 1.024, CC: Os bens particulares dos sócios não podem ser executados por dívidas da sociedade, senão depois de executados os bens sociais.

[1136] Daniel Amorim Assumpção Neves. Manual de Direito Processual Civil. 10ª ed. – São Paulo: 2018

ao caso examinado, por analogia, a diretriz do item VI da Súmula 100 do TST, porque **a Autora, na condição de sócia da empresa executada, é parte passiva do processo principal e não terceira interessada na causa trabalhista**. Ademais, é evidente que o alegado equívoco na inclusão da Autora no polo passivo da execução, se existente, ocorreu em provimento diverso da sentença rescindenda e, por isso, não se expõe, nesse momento, ao corte rescisório. Finalmente, é **inexigível a citação dos sócios na fase de conhecimento, porque naquele momento processual eles não eram partes, nem estava caracterizada a insolvência da sociedade empresária.** Precedentes da SBDI-2 do TST. Recurso ordinário conhecido e não provido" (RO-6533-79.2013.5.15.0000, Subseção II Especializada em Dissídios Individuais, Relator Ministro Douglas Alencar Rodrigues, DEJT 11/10/2018).

Podemos concluir com tranquilidade que não há afronta aos princípios do devido processo legal ou do contraditório ou ampla defesa por ausência de participação dos sócios na fase cognitiva do processo, visto que o sócio dispõe de todos os meios de defesa na fase de execução.

A constituição da dívida trabalhista não se confunde com a responsabilidade patrimonial. A primeira, decorre da relação de direito material cujas partes em sentido material são o empregado e o empregador. A segunda, decorre da qualidade de sócio, acionista, administrador ou titular da empresa e da insolvência da sociedade empresária, o que retira, a princípio, a qualidade de parte.

Ademais, será possível a execução do sócio inclusive na recuperação judicial ou extrajudicial da empresa. Vejamos a ementa abaixo:

- "AGRAVOS DE INSTRUMENTO EM RECURSOS DE REVISTA INTERPOSTOS PELOS EXECUTADOS – ANÁLISE CONJUNTA. EXECUTADA EM RECUPERAÇÃO JUDICIAL. REDIRECIONAMENTO DA EXECUÇÃO AO SÓCIO. POSSIBILIDADE. A jurisprudência pacificada nesta Corte é a de que a falência ou a recuperação judicial determina limitação da competência trabalhista após os atos de liquidação dos eventuais créditos deferidos, não se procedendo aos atos tipicamente executivos, ressalvada a hipótese em que há a possibilidade de redirecionamento da execução a empresas componentes do grupo econômico, a devedores subsidiários ou mesmo a sócios da empresa falida ou em recuperação judicial, não sendo afetados os atos satisfativos pela competência do juízo universal falimentar. Agravos de instrumento conhecidos e não providos " (AIRR-1801-87.2013.5.02.0074, 8ª Turma, Relatora Ministra Dora Maria da Costa, DEJT 05/06/2020).

3.2. SÓCIO RETIRANTE

Durante muito tempo houve dissenso na doutrina e na jurisprudência sobre a possibilidade de responsabilização do sócio que se retirou da sociedade empresarial quanto aos créditos oriundos da relação de trabalho.

O artigo 1.003 e 1.032 do Código Civil estabelece que o sócio que se retirou da sociedade responde pelas dívidas da sociedade até dois anos a partir da data de averbação da retirada.[1137]

Parte dos doutrinadores entendiam que esse dispositivo era inaplicável ao processo do trabalho, por ausência de compatibilidade de princípios e regras. Os defensores dessa corrente entendiam que a prestação de serviços do empregado beneficiam diretamente a empresa e os seus respectivos sócios, de modo que não poderiam se eximir de tal responsabilidade. Além disso, sustentavam que o crédito decorrente da relação jurídica trabalhista tem como características a natureza jurídica alimentar, indisponível e irrenunciável.

Outros entendiam a possibilidade da aplicação do referido dispositivo. Esse era o posicionamento majoritário na jurisprudência.

- "AGRAVO DE INSTRUMENTO EM RECURSO DE REVISTA. RESPONSABILIDADE DO SÓCIO RETIRANTE. 1. Trata-se de Agravo de Instrumento objetivando o processamento de recurso de revista fundamentado na alínea "c" do art. 896 da Consolidação das Leis do Trabalho. 2. Dispõe o artigo 7°, XXIX, da Constituição da República: " Art. 7º São direitos dos trabalhadores urbanos e rurais, além de outros que visem à melhoria de sua condição social:(...) XXIX – ação, quanto aos créditos resultantes das relações de trabalho, com prazo prescricional de cinco anos para os trabalhadores urbanos e rurais, até o limite de dois anos após a extinção do contrato de trabalho ". In casu, consta no acórdão Regional que a ação principal foi ajuizada em 04 de maio de 2009. No entanto, não está registrado que o trabalhador intentou sua ação após o biênio previsto no artigo 7°, XXIX, da Constituição da República. Logo, não há que se falar em afronta a literalidade o mencionado dispositivo. **3. Consta, ainda, no acórdão Regional que, por alteração societária havida em 13 de janeiro de 2009, devidamente registrada junto ao órgão**

[1137] *Art. 1.003, CC: A cessão total ou parcial de quota, sem a correspondente modificação do contrato social com o consentimento dos demais sócios, não terá eficácia quanto a estes e à sociedade. Parágrafo único. Até dois anos depois de averbada a modificação do contrato, responde o cedente solidariamente com o cessionário, perante a sociedade e terceiros, pelas obrigações que tinha como sócio. Art. 1.032, CC: A retirada, exclusão ou morte do sócio, não o exime, ou a seus herdeiros, da responsabilidade pelas obrigações sociais anteriores,* ***até dois anos após averbada a resolução da sociedade;*** *nem nos dois primeiros casos, pelas posteriores e em igual prazo, enquanto não se requerer a averbação.*

competente, o Agravante retirou-se da empresa Reclamada, devendo responder pelo prazo de até dois anos a partir da averbação da alteração societária. O acórdão registra que " A ação principal foi ajuizada em 04 de maio de 2009. A demanda trabalhista pressupõe o período contratual em que o Agravante foi sócio.". 4. **Logo, reconhecida a responsabilidade do sócio retirante com amparo no artigo 1003, parágrafo único do Código Civil, não que se falar em ofensa direta ao artigo 7°, XXIX, da Constituição da República,** pois este dispositivo trata do prazo que dispõe o trabalhador para demandar em juízo após a extinção do seu contrato de trabalho, e não sobre o prazo em que deve ser responsabilizado o sócio retirante por débitos trabalhistas contraídos pela empresa cujo quadro societário integrava. Agravo de Instrumento não provido.[...](AIRR-95000-10.2009.5.02.0041, 1ª Turma, Relatora Desembargadora Convocada Luiza Lomba, DEJT 23/10/2015). (grifos acrescidos)

- "RECURSO DE REVISTA. EXECUÇÃO. NULIDADE DO V. ACÓRDÃO REGIONAL POR NEGATIVA DE PRESTAÇÃO JURISDICIONAL. Não demonstrado ausência de fundamentação do julgado, não se conhece do apelo. **Recurso de revista não conhecido. EX SÓCIO. RESPONSABILIDADE. LIMITAÇÃO TEMPORAL. 2 ANOS APÓS A AVERBAÇÃO NO CONTRATO SOCIAL. O eg. TRT entendeu que, da combinação da exegese dos arts. 1003, parágrafo único e 1032 do CC, extrai-se que cabe ao sócio retirante responsabilizar-se pelas obrigações sociais anteriores à sua retirada, sendo de até dois anos após esse evento o prazo para ser ajuizada a reclamação trabalhista.** A pretensão do reclamante está adstrita à interpretação realizada pelo eg. Tribunal Regional acerca do disposto no artigo 1032 do Código Civil, no tocante à responsabilidade do sócio quando de sua saída da sociedade, o que não impulsiona o conhecimento do apelo por afronta ao art. 5º, II, da Constituição Federal, pois o conhecimento do recurso de revista na atual fase está adstrito à violação direta e literal de dispositivo da Constituição Federal ou de lei federal. Se para analisar a violação do princípio da legalidade houver necessidade de interpretação de norma infraconstitucional, a provável violação será reflexa e não direta, a repelir o conhecimento do recurso de revista, como in casu. Recurso de revista não conhecido" (RR-119500-78.2008.5.15.0053, 6ª Turma, Relator Ministro Aloysio Correa da Veiga, DEJT 15/04/2014). (grifos acrescidos)

Esse dilema foi pacificado pela Reforma Trabalhista, na medida que passou a prever expressamente a responsabilidade do sócio retirante em relação às obrigações trabalhistas da sociedade empresária, no período em que atuou como sócio, somente nas ações que forem propostas até dois anos da data da averbação da retirada.

> *Art. 10-A. O sócio retirante responde subsidiariamente pelas obrigações trabalhistas da sociedade relativas ao período em que figurou como sócio,* ***somente em ações ajuizadas até dois anos depois de averbada a modificação do contrato****, observada a seguinte ordem de preferência: I – a empresa devedora; II – os sócios atuais; e III – os sócios retirantes. Parágrafo único. O sócio retirante responderá solidariamente com os demais quando ficar comprovada fraude na alteração societária decorrente da modificação do contrato.*

O referido dispositivo estabelece, ainda, um benefício de ordem para constrição de bens, no qual o patrimônio do sócio deve responder apenas se não houver bens da empresa devedora e dos atuais sócios da sociedade empresária.

E mais. Ressalvou, no parágrafo único do dispositivo em comento, a responsabilidade solidária com os demais sócios se configurada a fraude na alteração societária – uma atuação maliciosa do sócio, para frustrar a satisfação do crédito executado.

3.3. BENS DOS CÔNJUGES OU COMPANHEIROS

A regra estampada no art. 789 do CPC preconiza que o devedor responde com todos os seus bens para o cumprimento de suas obrigações, exceto aqueles que a lei reputar impenhorável, para assegurar a dignidade humana do devedor.

O art. 790 do CPC estabelece que os bens do cônjuge ou companheiro, nos casos em que seus bens próprios ou de sua meação respondem pela dívida, estão sujeitos à execução.

Numa primeira análise, se a dívida foi contraída por ambos os cônjuges ambos serão materialmente responsáveis pelo adimplemento do débito, sem qualquer discussão sobre a constrição dos bens do cônjuge ou companheiro para a satisfação do crédito executado. Podemos citar como exemplo a situação em que os cônjuges ou companheiros integram o quadro societário de uma determinada pessoa jurídica, realizado a contratação de um determinado empregado e se beneficiado da prestação dos serviços. Neste caso, indubitavelmente haverá a responsabilidade patrimonial secundária dos cônjuges ou companheiros, pois os dois são sócios da empresa.

De outro lado, quando apenas um dos consortes ou companheiros contrair a dívida ou for integrante do quadro societário de uma sociedade empresarial, é possível a responsabilização patrimonial do outro?

Francisco Antônio de Oliveira (2006, p.169 apud Schiavi, 2018, p 1167) ensina que

"Segundo o melhor entendimento, para que o cônjuge possa ter sucesso, é mister demonstrar que a dívida contraída pela sociedade (executada) não reverteu em prol da manutenção do sustento familiar, demonstrando, v.g., a existência de rendas outras que sirvam de suporte da manutenção da família. A contrário sensu deverão corresponder pelos créditos trabalhistas os bens do casal sempre que o cônjuge meeiro não demonstrar que a renda usufruída da sociedade não foi destinada à manutenção da família".

A ausência de reversibilidade dos frutos obtidos com a atividade empresarial, em prol da família do sócio, dificilmente irá ocorrer, tendo em vista que os sócios raramente deixam todo o lucro acumulado no negócio. Como regra, os sócios recebem pró-labore ou retiram periodicamente os lucros.

De mais a mais, dentre os deveres conjugais estão a mútua, o sustento, a guarda e a educação dos filhos, entre outros (art. 1.566, CC), presumindo-se que o sócio cumpria com tais deveres.

É importante destacar que os proventos decorrentes do trabalho pessoal de cada cônjuge, não estão englobados no patrimônio destinado à satisfação de eventual débito executado. Nesse sentido tem as ementas a seguir:

- RECURSO ORDINÁRIO EM AGRAVO REGIMENTAL EM MANDADO DE SEGURANÇA. ATO COATOR PROFERIDO NA VIGÊNCIA DO CPC DE 2015. BLOQUEIO EM CONTA-SALÁRIO, CONTA-POUPANÇA E APLICAÇÃO FINANCEIRA DO CÔNJUGE DO EXECUTADO. REGIME DE COMUNHÃO PARCIAL DE BENS. 1 – Hipótese em que a determinação de penhora, contida no ato coator proferido sob a vigência do CPC de 2015, recaiu sobre a conta-salário, conta-poupança e aplicação financeira do cônjuge do executado. 2 – Embora o art. 833, § 2º, do CPC de 2015 possibilite a penhora de salário e de quantia depositada em poupança para fins de pagamento de prestação alimentícia, o caso em exame ostenta uma peculiaridade, a saber, a penhora recaiu sobre bens do cônjuge do executado e, não, sobre os do próprio executado. 3 – De acordo com os documentos acostados aos autos, o executado e a impetrante são casados em regime de comunhão parcial de bens. Em sendo assim, a penhora não poderia ter recaído sobre a conta-salário, conta-poupança e aplicação financeira do cônjuge do executado, em virtude do art. 1.659, VI, do Código Civil, que excepciona os proventos decorrentes do trabalho pessoal de cada cônjuge da comunicação dentre os bens daqueles casados em regime de comunhão parcial. Recurso ordinário conhecido e provido. (TST-RO-80085-43.2017.5.22.0000 – Subseção II Especializada em Dissídios Individuais – Relatora: Ministra Delaíde Miranda Arantes – Publicado acórdão em 05/04/2019)

▸ CAPÍTULO III-A
(INCLUÍDO PELA LEI Nº 13.467, DE 2017)
DO PROCESSO DE JURISDIÇÃO VOLUNTÁRIA PARA HOMOLOGAÇÃO DE ACORDO EXTRAJUDICIAL

Art. 855-B. O processo de homologação de acordo extrajudicial terá início por petição conjunta, sendo obrigatória a representação das partes por advogado. (Incluído pela Lei nº 13.467, de 2017)

§ 1º As partes não poderão ser representadas por advogado comum. (Incluído pela Lei nº 13.467, de 2017)

§ 2º Faculta-se ao trabalhador ser assistido pelo advogado do sindicato de sua categoria. (Incluído pela Lei nº 13.467, de 2017)

Art. 855-C. O disposto neste Capítulo não prejudica o prazo estabelecido no § 6º do art. 477 desta Consolidação e não afasta a aplicação da multa prevista no § 8º art. 477 desta Consolidação. (Incluído pela Lei nº 13.467, de 2017)

Art. 855-D. No prazo de quinze dias a contar da distribuição da petição, o juiz analisará o acordo, designará audiência se entender necessário e proferirá sentença. (Incluído pela Lei nº 13.467, de 2017)

Art. 855-E. A petição de homologação de acordo extrajudicial suspende o prazo prescricional da ação quanto aos direitos nela especificados. (Incluído pela Lei nº 13.467, de 2017)

Parágrafo único. O prazo prescricional voltará a fluir no dia útil seguinte ao do trânsito em julgado da decisão que negar a homologação do acordo. (Incluído pela Lei nº 13.467, de 2017)

COMENTÁRIOS (ARTS. 855-B A 855-E)

A Reforma Trabalhista trouxe, nos arts. 855-B a 855-E da CLT, a previsão do Processo de Jurisdição Voluntária para Homologação de Acordo Extrajudicial. Visa desafogar o Poder judiciário diante do grande volume de processos, bem como prestigiar a autocomposição.

A jurisdição contenciosa é aquela em que o Estado visa pacificar os conflitos de interesses existente entre as partes. Pressupõe a existência de uma pretensão resistida a um direito, ou seja, uma lide. De outro lado, a jurisdição voluntária consiste em um negócio jurídico-processual, no qual o Poder Judiciário exerce a função de um mero gestor do interesse das partes.

Humberto Theodoro Junior[1138] explica que

[1138] Ibidem. Theodoro Junior, 2015, p. 208-209.

"Jurisdição contenciosa é a jurisdição propriamente dita, isto é, aquela função que o Estado desempenha na pacificação ou composição dos litígios. Pressupõe controvérsia entre as partes (lide), a ser solucionada pelo juiz. Na ordem constitucional, a justiça foi expressamente concebida como a prestadora da função jurisdicional necessária para tutelar os direitos lesados ou ameaçados de lesão (CF, art. 5º, XXXV). Assim, na base do processo, por meio do qual atua a jurisdição, nos moldes constitucionais, está sempre "um conflito de interesses", do qual decorre a pretensão deduzida em juízo, que, por sua vez revelará o litígio a ser composto pelo provimento jurisdicional. Mas ao Poder Judiciário são, também, atribuídas certas funções em que predomina o caráter administrativo e que são desempenhadas sem o pressuposto do litígio. Trata-se da chamada jurisdição voluntária, em que o juiz apenas realiza gestão pública em torno de interesses privados, como se dá nas nomeações de tutores, nas alienações de bens de incapazes, divórcio e separação consensuais etc. Aqui não há lide nem partes, mas apenas um negócio jurídico-processual envolvendo o juiz e os interessados". (grifos acrescidos)

A competência para processar e decidir quanto à homologação de acordo extrajudicial em matéria trabalhista é da Vara do Trabalho, em conformidade com o art. 652, "f", da CLT.

Este procedimento tem como característica a exigência da presença de advogado. Não se aplica, portanto, o princípio do *jus postulandi* previsto nos arts. 791 e 839, a, da CLT e na Súmula 425 do TST, pois visa evitar que os envolvidos não tenham prejuízo de ordem técnico-jurídica.

Cabe destacar, que o advogado não pode ser o mesmo para ambas as partes. Embora a lei não mencione, entendemos que esse impedimento também alcança os advogados do mesmo escritório, já que a finalidade da norma é evitar que as partes sejam representadas pelo mesmo advogado.

A lei autoriza a assistência por advogado do sindicato. Tal procedimento não prejudica o prazo de pagamento das verbas rescisórias, previsto no artigo 477, § 6º, da CLT.

O juiz, no prazo de 15 (quinze) dias, vai apreciar a pretensão, podendo designar audiência para homologar o acordo, quando entender necessário.

O procedimento suspende o prazo prescricional quanto aos direitos nele especificados.

Foi preservado o raciocínio jurídico previsto na Súmula 418 do TST, pelo qual a homologação do acordo constitui faculdade do juiz do trabalho, até por ser o diretor do processo (art. 765 da CLT). Logo, o juiz não é obrigado a homologar o acordo. Caso o acordo não seja homologado, as partes poderão se insurgir através de Recurso Ordinário (art. 895, I, do TST), considerando que se trata de uma decisão definitiva.

A lei não prevê o alcance da quitação no acordo extrajudicial, ficando a critério das partes e a homologação do juiz. O TST em recente decisão em turma, decidiu que não cabe homologação parcial, fazendo ressalva quanto a homologação. O juiz deve homologar integralmente o acordo ou não homologar.

Por fim, a lei não apresenta qualquer restrição quanto aos direitos que podem ser objeto do acordo. Há quem defenda que não cabe a utilização apenas para pagamento de verba rescisória.

CAPÍTULO IV
DOS DISSÍDIOS COLETIVOS

SEÇÃO I
DA INSTAURAÇÃO DA INSTÂNCIA

Art. 856 – A instância será instaurada mediante representação escrita ao Presidente do Tribunal. Poderá ser também instaurada por iniciativa do presidente, ou, ainda, a requerimento da Procuradoria da Justiça do Trabalho, sempre que ocorrer suspensão do trabalho.

Art. 857 – A representação para instaurar a instância em dissídio coletivo constitui prerrogativa das associações sindicais, excluídas as hipóteses aludidas no art. 856, quando ocorrer suspensão do trabalho. (Redação dada pelo Decreto-lei nº 7.321, de 14.2.1945)

Parágrafo único. Quando não houver sindicato representativo da categoria econômica ou profissional, poderá a representação ser instaurada pelas federações correspondentes e, na falta destas, pelas confederações respectivas, no âmbito de sua representação. (Redação dada pela Lei nº 2.693, de 23.12.1955)

Art. 858 – A representação será apresentada em tantas vias quantos forem os reclamados e deverá conter:

a) designação e qualificação dos reclamantes e dos reclamados e a natureza do estabelecimento ou do serviço;

b) os motivos do dissídio e as bases da conciliação.

Art. 859 – A representação dos sindicatos para instauração da instância fica subordinada à aprovação de assembléia, da qual participem os associados interessados na solução do dissídio coletivo, em primeira convocação, por maioria de 2/3 (dois terços) dos mesmos, ou, em segunda convocação, por 2/3 (dois terços) dos presentes. (Redação dada pelo Decreto-lei nº 7.321, de 14.2.1945)

Parágrafo único. Quando verbal, a representação será feita ao presidente do tribunal ou à Procuradoria da Justiça do Trabalho, sendo reduzida a termo pelo funcionário designado para esse fim. (Revogado pelo Decreto-lei nº 7.321, de 14.2.1945)

SEÇÃO II
DA CONCILIAÇÃO E DO JULGAMENTO

Art. 860 – Recebida e protocolada a representação, e estando na devida forma, o Presidente do Tribunal designará a audiência de conciliação, dentro do prazo de 10 (dez) dias, determinando a notificação dos dissidentes, com observância do disposto no art. 841.

Parágrafo único – Quando a instância for instaurada ex officio, a audiência deverá ser realizada dentro do prazo mais breve possível, após o reconhecimento do dissídio.

Art. 861 – É facultado ao empregador fazer-se representar na audiência pelo gerente, ou por qualquer outro preposto que tenha conhecimento do dissídio, e por cujas declarações será sempre responsável.

Art. 862 – Na audiência designada, comparecendo ambas as partes ou seus representantes, o Presidente do Tribunal as convidará para se pronunciarem sobre as bases da conciliação. Caso não sejam aceitas as bases propostas, o Presidente submeterá aos interessados a solução que lhe pareça capaz de resolver o dissídio.

Art. 863 – Havendo acordo, o Presidente o submeterá à homologação do Tribunal na primeira sessão.

Art. 864 – Não havendo acordo, ou não comparecendo ambas as partes ou uma delas, o presidente submeterá o processo a julgamento, depois de realizadas as diligências que entender necessárias e ouvida a Procuradoria. (Redação dada pelo Decreto-lei nº 8.737, de 19.1.1946)

Art. 865 – Sempre que, no decorrer do dissídio, houver ameaça de perturbação da ordem, o presidente requisitará à autoridade competente as providências que se tornarem necessárias.

Art. 866 – Quando o dissídio ocorrer fora da sede do Tribunal, poderá o presidente, se julgar conveniente, delegar à autoridade local as atribuições de que tratam os arts. 860 e 862. Nesse caso, não havendo conciliação, a autoridade delegada encaminhará o processo ao Tribunal, fazendo exposição circunstanciada dos fatos e indicando a solução que lhe parecer conveniente.

Art. 867 – Da decisão do Tribunal serão notificadas as partes, ou seus representantes, em registrado postal, com franquia, fazendo-se, outrossim, a sua publicação no jornal oficial, para ciência dos demais interessados.

Parágrafo único – A sentença normativa vigorará: (Incluído pelo Decreto-lei nº 424, de 21.1.1969)

a) a partir da data de sua publicação, quando ajuizado o dissídio após o prazo do art. 616, § 3º, ou, quando não existir acordo, convenção ou sentença normativa em vigor, da data do ajuizamento; (Incluída pelo Decreto-lei nº 424, de 21.1.1969)

b) a partir do dia imediato ao termo final de vigência do acordo, convenção ou sentença normativa, quando ajuizado o dissídio no prazo do art. 616, § 3º. (Incluída pelo Decreto-lei nº 424, de 21.1.1969)

SEÇÃO III
DA EXTENSÃO DAS DECISÕES

Art. 868 – Em caso de dissídio coletivo que tenha por motivo novas condições de trabalho e no qual figure como parte apenas uma fração de empregados de uma empresa, poderá o Tribunal competente, na própria decisão, estender tais condições de trabalho, se julgar justo e conveniente, aos demais empregados da empresa que forem da mesma profissão dos dissidentes.

Parágrafo único – O Tribunal fixará a data em que a decisão deve entrar em execução, bem como o prazo de sua vigência, o qual não poderá ser superior a 4 (quatro) anos.

Art. 869 – A decisão sobre novas condições de trabalho poderá também ser estendida a todos os empregados da mesma categoria profissional compreendida na jurisdição do Tribunal:

a) por solicitação de 1 (um) ou mais empregadores, ou de qualquer sindicato destes;

b) por solicitação de 1 (um) ou mais sindicatos de empregados;

c) ex officio, pelo Tribunal que houver proferido a decisão;

d) por solicitação da Procuradoria da Justiça do Trabalho.

Art. 870 – Para que a decisão possa ser estendida, na forma do artigo anterior, torna-se preciso que 3/4 (três quartos) dos empregadores e 3/4 (três quartos) dos empregados, ou os respectivos sindicatos, concordem com a extensão da decisão.

§ 1º – O Tribunal competente marcará prazo, não inferior a 30 (trinta) nem superior a 60 (sessenta) dias, a fim de que se manifestem os interessados.

§ 2º – Ouvidos os interessados e a Procuradoria da Justiça do Trabalho, será o processo submetido ao julgamento do Tribunal.

Art. 871 – Sempre que o Tribunal estender a decisão, marcará a data em que a extensão deva entrar em vigor.

COMENTÁRIOS (ARTS. 856 A 871)

Dissídio coletivo é uma ação coletiva de procedimento especial, proposta perante a Justiça do Trabalho, que visa a defesa de direitos e interesses de grupos ou categorias para a criação ou interpretação de normas coletivas, após a frustração total ou parcial da autocomposição dos interesses coletivos em negociação coletiva.

Gustavo Filipe Barbosa Garcia conceitua o dissídio coletivo como *"o processo judicial que tem como objetivo a pacificação do conflito coletivo de trabalho"*, indicando que o conflito coletivo de trabalho ocorre *"tem como objeto o interesse coletivo, isto é, comum a todos os integrantes do grupo, e, como sujeitos, um número indeterminado de trabalhadores, representados pela entidade sindical profissional, e um ou vários empregadores, representados ou não pela entidade sindical econômica"*.[1139]

Os dissídios coletivos são classificados em: a) dissídio coletivo natureza jurídica econômica ou de interesse – é uma ação constitutiva que tem o escopo de criar novos direitos para o grupo ou categoria por meio de uma sentença normativa. É expressão do Poder Normativo da Justiça do Trabalho (art. 114, §2º, da CF); b) dissídio coletivo de natureza jurídica ou de interpretação – é uma ação declaratória que objetiva a interpretação – por isso que é de categoria jurídica, pois apenas interpreta, e não cria qualquer direito – de norma coletiva ou de lei específica e relativa à categoria; c) dissídio coletivo de greve: objetiva solucionar a greve, pondo fim ao movimento paredista. Tem natureza jurídica mista. Em parte, é um dissídio de natureza econômica, pois visa a criação de direitos em prol da categoria profissional; de outra parte, tem características de dissídios coletivo de natureza jurídica, uma vez que pode declarar a abusividade ou não da greve.

Os processualistas afirmam que o dissídio de natureza econômica pode ser subdividido em: *"a) originários: quando se buscam normas para a categoria ainda não existentes (art. 867, a, da CLT). [...] b) de revisão: buscam alterar cláusulas fixadas na sentença normativa já fixadas pelo judiciário na sentença normativa (arts. 873 a 875 da CLT)"*.[1140]

Corroborando a classificação conferida pela doutrina, o art. 241 do Regimento Interno do TST preconiza que: *"Os dissídios coletivos podem ser: I – de natureza econômica, para a instituição de normas e condições de trabalho; II – de natureza jurídica, para interpretação de cláusulas de sentenças normativas, de instrumentos de negociação coletiva, acordos e convenções coletivas, de disposições legais particulares de categoria profissional ou econômica e de atos normativos; III – originários, quando inexistentes ou em vigor normas e condições especiais de trabalho, decretadas em sentença normativa; IV – de revisão, quando destinados a reavaliar normas e condições coletivas de trabalho preexistentes que se tornarem injustas ou ineficazes pela modificação das circunstâncias que as ditaram; V – de declaração sobre a paralisação do trabalho decorrente de greve"*.

Esta ação é de competência originária dos Tribunais. Significa que esta ação começa nos Tribunais (TRT ou TRT), tendo competência funcional para processar e julgar os dissídios coletivos (arts. 856 e 860 da CLT). Exclui-se, portanto, a competência da Vara do Trabalho para julgar o dissídio coletivo, incluindo o decorrente da deflagração de greve (PN n. 29 do TST).

Carlos Henrique Bezerra Leite adverte, entretanto, que *"juízes das Varas do Trabalho têm competência para processar e julgar "as ações que envolvam exercício do direito de greve" (CF, art. 114, II), como os interditos proibitórios que tenham pertinência com o exercício do direito de greve"*.[1141]

A Carta Constitucional, em seu art 114, §2º, com redação dada pela Emenda Constitucional n. 45/2004, exige o "comum acordo" para o ajuizamento do dissídio coletivo de natureza econômica.

Essa exigência é muito criticada pela doutrina e objeto de constantes questionamentos na jurisprudência. Parte da doutrina que tal exigência é inconstitucional, por violar o princípio da inafastabilidade do Poder Judiciário (Art. 5º, XXXV da CF), que consagra o acesso sempre que houver lesão ou ameaça a direito. Argumentam, ainda, o dissídio coletivo pressupõe a existência de uma lide – conflito de interesses qualificado por uma pretensão resistida. Indagam, diante disso, " *Como pode haver comum acordo para ajuizamento de dissídio, se este pressupõe o dissenso entre as partes?"*.[1142]

Outros, porém, argumentam que trata-se a exigência é constitucional, consubstanciando um pressuposto processual, que deve ser implementado antes do ajuizamento do dissídio coletivo de natureza econômica, sem o qual o processo será extinto sem resolução de mérito. Uma terceira linha de entendimento advoga que o comum acordo é um pressuposto processual, que não precisa necessariamente implementado no momento do ajuizamento do dissídio, podendo ser obtido *a posteriori*.

Esse debate chegou até o Supremo Tribunal Federal, através das ADIs 3.392, 3.423, 3.431, 3.432 e 3.520, e, em 29/05/2020, declarou a constitucionalidade do

1139 Garcia, Gustavo Filipe Barbosa. Curso de Direito Processual do Trabalho. – 6ª . – Rio de Janeiro: Forense, 2017.

1140 Schiavi, op. cit., 2018, p. 1400.

1141 Leite, Carlos Henrique Bezerra. Curso de Direito Processual do Trabalho. – 16. ed. – São Paulo: Saraiva Educação, 2018.

1142 Schiavi, 2018, p. 11042.

art. 114, §§ 2º e 3º, da Constituição Federal de 1988, fixando tese, com repercussão geral, nos seguintes termos: É constitucional a exigência de comum acordo entre as partes para ajuizamento de dissídio coletivo de natureza econômica, conforme o artigo 114, § 2º, da Constituição Federal, na redação dada pela Emenda Constitucional 45/2004" (Tema n. 841). Prestigiou-se o diálogo entre os entes coletivos. Esse entendimento foi reafirmado no Recurso Extraordinário n. 1.002.295, de Relatoria do Ministro Alexandre de Moraes, julgado em j. 22-9-2020, P, *DJE* de 13-10-2020, Tema 841.

O Tribunal Superior do Trabalho, alinhando-se ao posicionamento do Supremo Tribunal Federal, destacou a constitucionalidade da exigência do comum acordo. Vejamos a ementa abaixo:

> RECURSO ORDINÁRIO. DISSÍDIO COLETIVO DE NATUREZA ECONÔMICA. AUSÊNCIA DE COMUM ACORDO. EXTINÇÃO DO FEITO SEM RESOLUÇÃO DO MÉRITO. PROVIMENTO. Nos termos do § 2º do artigo 114 da Constituição Federal, é indispensável o comum acordo das partes para o ajuizamento do dissídio coletivo de natureza econômica, por se tratar de pressuposto de constituição e desenvolvimento válido e regular do **processo . Esta Corte Superior, ao interpretar o aludido dispositivo constitucional, posiciona-se no sentido de que é suficiente a concordância tácita do suscitado para o atendimento desse pressuposto.** Dessa forma, **não é necessária a apresentação de petição conjunta das partes, presumindo-se a anuência do suscitado, caso não seja apresentada objeção expressa na contestação**. Na hipótese , a egrégia Corte de origem afastou a preliminar em epígrafe, sob o fundamento de que a ausência de comum acordo entre as partes não pode funcionar como impedimento ao ajuizamento de dissídio coletivo, tendo em vista que, à época, ainda não havia decisão do excelso Supremo Tribunal Federal nas ADIs submetidas à sua apreciação. Destacou que o **§ 2º do artigo 114 da Constituição Federal estabelece uma mera faculdade para as partes e que, a despeito de se reconhecer que o "comum acordo" se trata de pressuposto de constituição e desenvolvimento válido e regular do processo, a extinção do feito traz mais prejuízo social do que o efetivo julgamento de mérito .** O entendimento desta Seção Especializada é no sentido de que a aludida **exigência, inserida § 2º do artigo 114 da Constituição Federal, consiste em pressuposto de constituição e desenvolvimento válido e regular do processo, não se tratando de mera faculdade dos entes coletivos, tal como registrado no acórdão recorrido.** Isso porque, a Justiça do Trabalho, no exercício do seu poder normativo, apenas será provocada em caso de não ser possível a composição do conflito, de forma consensual, pelas partes. **Privilegia-se, portanto, a negociação pelos próprios entes coletivos envolvidos, na medida em que melhor compreendem os interesses da categoria por eles representada.** [...] Assim, **faz-se necessário que haja o comum acordo das partes para a instauração do dissídio coletivo de natureza econômica, ainda que tácito**, nos termos da jurisprudência desta colenda Corte Superior. Nesse contexto, o Tribunal Regional, ao desconsiderar a necessidade do comum acordo, não decidiu amparado na norma constitucional reguladora, razão pela qual merece ser reformado o acórdão ora recorrido. Recurso ordinário de que se conhece e a que se dá provimento. (TST – ROT: 10007192720165020000, Relator: Guilherme Augusto Caputo Bastos, Data de Julgamento: 22/02/2021, Seção Especializada em Dissídios Coletivos, Data de Publicação: 03/03/2021)

Na linha da decisão das decisões retrocitadas o comum acordo das partes é indispensável o para o ajuizamento do dissídio coletivo de natureza econômica, sendo certo que se trata de um pressuposto de constituição e desenvolvimento válido e regular do **processo, que deve ser obtido antes do ajuizamento da demanda, admitindo-se, entretanto, o consentimento tácito.**

O comum acordo expresso é aquele em que o ente coletivo consente inequivocamente quanto a instauração de instancia, seja através da apresentação de declaração com a sua concordância, petição conjunta. O consentimento tácito é aquele não verbalizado, implícito, podendo ser demonstrado através de comportamentos que indicam a concordância com o ajuizamento do dissídio, a exemplo, a apresentação de defesa – sem a impugnação expressa quanto a falta do consentimento expresso – ou, o comparecimento à audiência, etc.

Proposto o dissídio coletivo, por meio de petição escrita, dirigida ao presidente do Tribunal, com a qualificação das partes, deve indicar as bases de conciliação, apresentando de maneira fundamentada as reivindicações da categoria **(art. 858 da CLT; OJ 32 da SDC do TST). Será designada audiência UNA, no prazo máximo de 10 dias, destinada à** conciliação e apresentação de defesa. Existindo acordo em audiência ele será submetido à homologação do colegiado. Não havendo acordo o dissídio será submetido a julgamento, sendo proferida, ao final, uma s**entença normativa.**

A despeito da denominação (sentença normativa), tem natureza jurídica de acórdão, pois se trata de uma decisão colegiada (art. 867, CLT). A sentença normativa cria direitos, isto é, é fonte de direitos.

SEÇÃO IV
DO CUMPRIMENTO DAS DECISÕES

Art. 872 – Celebrado o acordo, ou transitada em julgado a decisão, seguir-se-á o seu cumprimento, sob as penas estabelecidas neste Título.

Parágrafo único – Quando os empregadores deixarem de satisfazer o pagamento de salários, na conformidade da decisão proferida, poderão os empregados ou seus sindicatos, independentes de outorga de poderes de seus associados, juntando certidão de tal decisão, apresentar reclamação à Junta ou Juízo competente, observado o processo previsto no Capítulo II deste Título, sendo vedado, porém, questionar sobre a matéria de fato e de direito já apreciada na decisão. (Redação dada pela Lei nº 2.275, de 30.7.1954)

SEÇÃO V
DA REVISÃO

Art. 873 – Decorrido mais de 1 (um) ano de sua vigência, caberá revisão das decisões que fixarem condições de trabalho, quando se tiverem modificado as circunstâncias que as ditaram, de modo que tais condições se hajam tornado injustas ou inaplicáveis.

Art. 874 – A revisão poderá ser promovida por iniciativa do Tribunal prolator, da Procuradoria da Justiça do Trabalho, das associações sindicais ou de empregador ou empregadores interessados no cumprimento da decisão.

Parágrafo único – Quando a revisão for promovida por iniciativa do Tribunal prolator ou da Procuradoria, as associações sindicais e o empregador ou empregadores interessados serão ouvidos no prazo de 30 (trinta) dias. Quando promovida por uma das partes interessadas, serão as outras ouvidas também por igual prazo.

Art. 875 – A revisão será julgada pelo Tribunal que tiver proferido a decisão, depois de ouvida a Procuradoria da Justiça do Trabalho.

COMENTÁRIOS (ARTS. 872 A 875)

Poder normativo é a designação dada para a competência anômala para, em um dissídio coletivo de natureza econômica, criar direitos no âmbito das categorias econômicas e profissionais. É considerado anômalo, por não ser uma atividade substancialmente jurisdicional, porquanto o Poder Judiciário estaria exercendo típica atividade legislativa.

Conforme esclarece Gustavo Filipe Barbosa Garcia, *"Ao mesmo tempo em que ocorre a solução do conflito social, principal escopo da jurisdição, dá-se a fixação de norma jurídica, materializada na chamada sentença normativa".*[1143]

Esse poder é expresso através da denominada sentença normativa, uma decisão colegiada proferida no âmbito dos Tribunais, que coloca termo a um dissídio coletivo de natureza econômica, criando direitos aplicáveis no âmbito das relações de trabalho (art. 864 e 867 da CLT. Nesse sentido, o referido autor anota que "A chamada 'sentença' normativa, por seu turno, é proferida no dissídio coletivo (arts. 864 e 867 da CLT), o qual tem como objeto interesses gerais e abstratos das categorias envolvidas ou grupos de trabalhadores e empregador ou empregadores. Como os dissídios coletivos são de competência originária dos tribunais do trabalho, a rigor, a denominação deveria ser acórdão normativo".[1144]

Celebrado o acordo ou proferida a sentença normativa no bojo do dissídio coletivo, o empregador deve implementar as condições balizadas na decisão. Se as vantagens estabelecidas não forem implementadas, é possível o ajuizamento de uma ação de cumprimento, visando condenar o empregador a efetivar as condições estabelecida no acordo judicial ou na sentença normativa (art. 872 da CLT).

Não é necessário o trânsito em julgado da sentença normativa para o ajuizamento da ação de cumprimento (Súmula 246 do TST). Tanto o empregado quanto o ente sindical têm legitimidade para propor a ação de cumprimento (Súmula 286 do TST).

O prazo de prescricional da ação de cumprimento se inicia apenas a partir da data do trânsito em julgado da sentença normativa (Súmula 350 do TST).

Surgindo fato novo, a sentença normativa pode propor ação com o fito de revisar os termos do dissídio coletivo de natureza econômica. (Art. 873 a 875 do CLT).

CAPÍTULO V
DA EXECUÇÃO

SEÇÃO I
DAS DISPOSIÇÕES PRELIMINARES

Art. 876 – *As decisões passadas em julgado ou das quais não tenha havido recurso com efeito suspensivo; os acordos, quando não cumpridos; os termos de ajuste de conduta firmados perante o Ministério Público do Trabalho e os termos de conciliação firmados perante as Comissões de Conciliação Prévia serão executada pela forma estabelecida neste Capítulo.* (Redação dada pela Lei nº 9.958, de 12.1.2000)

Parágrafo único. A Justiça do Trabalho executará, de ofício, as contribuições sociais previstas na alínea a do inciso I e no inciso II do **caput** do art. 195 da Constituição Federal, *e seus acréscimos legais, relativas ao objeto da condenação constante das sentenças que proferir e dos acordos que homologar.* (Redação dada pela Lei nº 13.467, de 2017)

COMENTÁRIOS (ART. 876)

1. EXECUÇÃO

A execução é a fase processual na qual se busca a satisfação de um título com força executiva, que não foi adimplido voluntariamente pelo devedor.

[1143] Garcia, op. cit, 2017.

[1144] Idem.

Mauro Schiavi[1145] ensina que *"a execução trabalhista consiste num conjunto de atos praticados na Justiça do Trabalho destinados à satisfação de uma obrigação consagrada num título executivo judicial ou extrajudicial, da competência da Justiça do Trabalho, não voluntariamente pelo devedor, contra a vontade do último"*.

Para Rodolfo Pamplona Filho e Tercio Roberto Peixoto Souza[1146] *"cabe ao processo executivo justamente a materialização, a efetivação do direito reconhecido por meio da atuação do Estado, inclusive, se necessário for, utilizando-se da força bruta"*.

Segundo Amauri Mascaro do Nascimento *(1978,, p. 255 apud Saad, 2019, p. 1438)*[1147], *"o processo de execução no dissídio individual, (é) o conjunto de atos através dos quais o vencido é constrangido a cumprir o título executório judicial"*.

As denominações mais comuns encontradas na doutrina são de "processo de execução", "processo executivo", "fase de execução" – derivada do sincretismo processual – ou "execução forçada". Prevalece que a execução não é autônoma em relação ao processo de conhecimento, mas, sim, uma fase de um processo único, o que se denomina de sincretismo processual.

A Reforma Trabalhista alterou o artigo 878 da CLT para prever que a execução será promovida pelas partes, sendo possível a atuação de ofício pelo juiz apenas quando as partes não estiverem representadas por advogado, ou seja, apenas o *jus postulandi*. Tal novidade, gera reflexos em toda execução, inclusive na desconsideração da pessoa jurídica.[1148]

A legitimidade ativa para promover a execução é das partes, assim consideradas como os sujeitos que figuram no título executivo como credor ou, ainda, quando a lei atribuir tal qualidade. Nesse aspecto, aplica-se ao processo do trabalho, de forma supletiva e subsidiária, a previsão do art. 778 do CPC. A lei admite que o espólio, os herdeiros ou os sucessores do exequente originário, o sub-rogado, o cessionário ou o Ministério Público poderão ser sujeitos ativos na execução.

No processo do trabalho é incontroversa a possibilidade de o espólio – formado pelo conjunto de bens do deixados pelo falecido – ou dos sucessores promover ou dar prosseguimento a execução em substituição ao exequente originário, bastando, para tanto, a habilitação autos, na forma do art. 687 e seguintes do CPC[1149].

A doutrina, entretanto, é refratária quanto a aplicação da cessão ou sub-rogação do crédito trabalhista, eis que ocorreria a convolação da natureza do crédito executado em crédito de natureza civil, já que o terceiro, a rigor, é pessoa alheia à relação de trabalho[1150], não se enquadra em nenhum dos polos da relação processual trabalhista, escorando-se no Provimento 6 da Corregedoria Geral da Justiça do Trabalho (CGJT).

Há debate quanto à atuação de ofício do magistrado na fase de execução. Para uma corrente, numa interpretação literal, o juiz só pode atuar de ofício quando as duas partes estiverem sem advogado.

Para outros autores, basta uma das partes não ter advogado. Tal interpretação é mais razoável, uma vez que vai de encontro com a busca da efetividade da execução, principalmente se é o exequente que está sem advogado.

O devedor pode tomar a iniciativa para se ver livre da prestação que lhe cabe, sendo-lhe facultada a possibilidade de pagamento imediato do débito (art. 878-A, CLT).

No polo passivo está a pessoa apontada no título executivo como devedor. A execução pode ser promovida também em face do espólio, dos herdeiros ou sucessores do devedor, do novo devedor que tenha assumido a obrigação do título judicial, do fiador do débito, do responsável por garantia real ao pagamento do débito, ou pelo responsável tributário (art. 779 do CPC e o art. 4º da Lei 6.830/80).

A responsabilidade pela satisfação da dívida civil é meramente patrimonial, não sendo possível a aplicação de punição sobre a pessoa do devedor como, por exemplo, a prisão por dívida, exceto no caso de débito voluntário e inescusável de alimentos (art. 5º, LXVII, CF, art. 789, CPC).

A responsabilidade patrimonial consiste na viabilidade de incidência dos atos executórios em face do conjunto de bens, a rigor, dotados de valor econômico, para a satisfação de um crédito ou bem da vida pretendido.

1145 Mauro Schiavi. Manual de direito processual do trabalho. 13. Ed – São Paulo: LTr, 2018.

1146 Curso de direito processual do trabalho / Rodolfo Pamplona Filho, Tercio Roberto Peixoto Souza. – 2. ed. – São Paulo: Saraiva Educação, 2020.

1147 Eduardo Gabriel Saad, José Eduardo Duarte Saad, Ana Maria Saad Castelo Branco. CLT comentada – 51 ed. – LTr: 2019.

1148 **Art. 878. CLT** – "A execução será promovida pelas partes, permitida a execução de ofício pelo juiz ou pelo Presidente do Tribunal apenas nos casos em que as partes não estiverem representadas por advogado. Parágrafo único. (Revogado). (Redação dada pela Lei nº 13.467, de 2017)"

1149 Destacamos os seguintes dispositivos: Art. 687. A habilitação ocorre quando, por falecimento de qualquer das partes, os interessados houverem de suceder-lhe no processo. Art. 688. A habilitação pode ser requerida: I – pela parte, em relação aos sucessores do falecido; II – pelos sucessores do falecido, em relação à parte.

1150 Mauro Schiavi defende a inaplicabilidade da cessão ou sub-rogação ao processo do trabalho. Francisco Antonio de Oliveira, Renato Saraiva, Manoel Antonio Teixeira Filho, Eduardo Gabriel Saad formam corrente doutrinária em sentido contrário, divergindo desse entendimento, apontando como fundamento o art. 109 do CPC, artigos 221, 286 e seguintes e 349 do Código Civil.

Daniel Amorim Assumpção Neves[1151] ensina que *"A responsabilidade patrimonial é indiscutivelmente instituto de direito processual, compreendida como a possibilidade de sujeição de um determinado patrimônio à satisfação do direito substancial do credor"*.

Manuel Antonio Teixeira Filho (2005, p. 247 apud Schiavi, 2018, p. 1141)[1152], delineia que:

> *"o conceito de patrimônio, com vistas à responsabilidade a que está submetido o devedor, pode ser tomado a Resenberg: 'é a soma das coisas que tem valor pecuniário e direitos do devedor, e compreende bens móveis e imóveis, créditos e outros direitos, também expectativas, sempre que sejam direitos subjetivamente disponíveis'. O conceito desse ilustre jurista tem o mérito de destacar que foram excluídos do campo da responsabilidade do devedor determinados bens, como os que não possuem valor econômico, além disso, há aqueles que a lei considera absolutamente impenhoráveis [...]".*

Os bens sem valor econômico ou aqueles considerados absolutamente impenhoráveis (art. 833, CPC; Lei 8.009/90) não podem ser objeto da persecução executória, estando excluídos do campo da responsabilidade patrimonial. Essa limitação legal visa garantir um mínimo existencial ao devedor, criando um núcleo patrimonial duro para a garantia da dignidade da pessoa humana.

A responsabilidade patrimonial primária pela satisfação do título executivo judicial ou extrajudicial é do devedor originário, sujeito passivo da execução.

Isso decorre da ideia de autonomia patrimonial das sociedades empresárias personificadas.

Ben-Hur Silveira Claus[1153] destaca que:

> *"[...] Sob o influxo do ideário do Liberalismo Econômico fundado pela Revolução Francesa de 1789, o engenho jurídico concebe então um ente abstrato que responderá com o próprio patrimônio pelas obrigações que venha a contrair perante terceiros (clientes, fornecedores, empregados, etc.), deixando a salvo o patrimônio individual da pessoa natural dos sócios integrantes desse sujeito coletivo. (...) A ideia de autonomia patrimonial está pressuposta na concepção da sociedade personificada [...]".*

A autonomia patrimonial permite à sociedade empresária cumprir um dos seus escopos: a função social da empresa, gerando empregos, riqueza, contribuindo para o desenvolvimento econômico, social e cultural, bem como a integração e cooperação social.

Entretanto, como advertido por Claus[1154], a autonomia patrimonial não pode servir de subterfúgio ou salvo-conduto para isentar os sócios das responsabilidades decorrentes dos atos empresariais ou de abusos da personalidade jurídica.

A partir dessa ideia a doutrina entende que é possível, em situações excepcionais, a responsabilização patrimonial dos sócios de forma secundária, isto é, mesmo que o sujeito não conste no título executivo, será responsável pela satisfação da dívida com o seu patrimônio.

A esse respeito Daniel Amorim Assumpção Neves[1155] destaca que *"É o patrimônio do devedor que geralmente responde por sua dívida, mas em algumas situações específicas, mesmo aquele que não participou da relação de direito material obrigacional se vê responsável por sua satisfação. Seguindo as lições de Liebman, a doutrina nacional qualifica tal situação como "responsabilidade executória secundária", prevista no art. 790 do Novo CPC. Dessa forma, a responsabilidade patrimonial do devedor é primária, enquanto nas situações previstas em lei, a responsabilidade do sujeito que não é obrigado (plano do direito material) é secundária"*.

A responsabilidade patrimonial ou executória secundária permite o alcance dos bens de pessoas que mantiveram ou mantêm relações jurídicas com o devedor, como, por exemplo, o sócio – incluindo o sócio retirante -, o sucessor empresarial, grupo econômico, etc.

2. PRINCÍPIOS DA EXECUÇÃO

Os princípios basilares da execução no processo do trabalho são idênticos àqueles aplicáveis ao Processo do Trabalho, apresentando, no entanto, algumas peculiaridades. A doutrina tradicional entende que a execução trabalhista é regida pelos seguintes princípios:

a) Princípio da *"Nulla Executio Sine Título"* – A execução deve estar fundamentada em um título executivo (judicial ou extrajudicial). Sem o título não há execução. Como decorrência deste princípio, apenas os títulos executivos tipificados em lei podem ser suscetíveis de execução. A doutrina aponta que *"constitui 'numerus clausus', sendo, portanto, restritivo, o que impossibilita o operador do direito criar títulos executivos que não estejam previstos em lei"*.[1156] A lei prevê a criação de títulos por meio de processo de conhecimento – decisões passadas em julgada ou das quais não tenha recurso com efeito suspensivo; e, acordos

[1151] Daniel Amorim Assumpção Neves. Manual de Direito Processual Civil. 10ª ed. – São Paulo: 2018

[1152] Mauro Schiavi. Manual de direito processual do trabalho. 13. Ed – São Paulo: LTr, 2018, p. 1141.

[1153] Ben-Hur Silveira Claus. A desconsideração inversa da personalidade jurídica na execução trabalhista e a pesquisa eletrônica de bens de executados. Revista Eletrônica nº. 156 do Tribunal Regional do Trabalho da 4ª Região. Publicado em maio de 2013.

[1154] Idem.

[1155] Daniel Amorim Assumpção Neves. Manual de Direito Processual Civil. 10ª ed. – São Paulo: 2018

[1156] Idem. Neves, 2018, p. 1061-1062.

não cumpridos, conforme art. 876, art. 877 da CLT e art. 515 do CPC – denominados de títulos executivos judiciais. Também, prevê títulos extrajudiciais, aqueles documentos aos quais a lei confere força executiva.

b) Princípio da efetividade – compreende-se na prática de atos concretos buscando a materialização da obrigação posta no título executivo, a fim de que tal obrigação seja satisfeita. A execução deverá promover o máximo resultado plausível no menor tempo possível.

c) Princípio da humanização da execução – traduz-se na ideia de que a execução trabalhista não poderá atingir o patrimônio mínimo e essencial à subsistência do devedor e da sua família, preservando, assim, a dignidade da pessoa humana. Esse princípio é conhecido como princípio da dignidade da pessoa do executado ou princípio do não aviltamento do devedor. Com base nisso, a legislação processual estabelece a impenhorabilidade de certos bens do executado, como, por exemplo, o bem de família (art. art. 1º da Lei n. 8.009/90), e os bens listados no art. 833 do CPC.[1157]

d) Princípio da patrimonialidade – significa que a execução é um conjunto de atos processuais emanados pelo Estado com o escopo de incidir sobre os bens do devedor e não sobre a pessoa do inadimplente. O devedor responderá, portanto, com todos os seus bens presentes e futuros, para a satisfação de suas obrigações (art. 789 e 842 do CPC). A Constituição Federal prevê apenas duas situações em que poderá ocorrer a prisão civil por dívida: i) em caso de inadimplemento voluntário e inescusável de obrigação alimentícia; e b) no caso de depositário infiel. Ressalta-se, no entanto, que o Supremo Tribunal Federal entendeu que é ilícita a prisão civil de depositário infiel, qualquer que seja a modalidade do depósito, conforme previsto na Súmula Vinculante 25 do STF.

e) Princípio da execução de forma menos onerosa para o executado – representa a ideia de se o credor puder promover a execução por vários meios, o juiz determinará que ela seja processada pela forma menos gravosa para o executado (art. 805, *caput*, do CPC). Inclusive, o Diploma Processual preconiza que o executado (devedor) pode requerer a substituição do bem penhorado quando comprovar que lhe será menos onerosa e não ocasionará o prejuízo ao exequente (credor), nos termos do art. 847 do CPC. Este princípio é aplicado de forma mitigada no Processo do Trabalho, pois deverá ser analisado em conjunto com o princípio da primazia do credor trabalhista.

f) Princípio da primazia do credor trabalhista – Os atos processuais praticados na execução devem buscar a satisfação do título executivo.

g) Princípio do impulso oficial da execução trabalhista – Trata-se do início e processamento dos atos da execução trabalhista de ofício pelo juiz do trabalho. Tal princípio tem fundamento na efetividade do processo e acesso à ordem jurídica justa; natureza alimentar do crédito trabalhista; hipossuficiência do trabalhador; e no *jus postulandi.*

A Reforma Trabalhista modificou a redação do art. 878 da CLT, mitigando o impulso oficial. Como regra, a execução será promovida pelas partes, sendo admitida a execução de ofício pelo juiz ou pelo Presidente do Tribunal apenas nos casos em que as partes não estiverem representadas por advogado.

h) Princípio da limitação expropriatória – o devedor responderá com os seus bens até o limite da obrigação. Isto é, não haverá a necessidade de constrição e expropriação da totalidade dos bens do credor quando parte do patrimônio do executado for suficiente para satisfazer o crédito executado.

Segundo o art. 883 da CLT estabelece que *"Não pagando o executado, nem garantindo a execução, seguir-se-á penhora dos bens, tantos quantos bastem ao pagamento da importância da condenação, acrescida de custas e juros de mora, sendo estes, em qualquer caso, devidos a partir da data em que for ajuizada a reclamação inicial"*. No mesmo sentido o art. 831 e 899 do CPC.

i) Princípio do contraditório – Este princípio é suavizado na execução, considerando que não paira dúvida

---

[1157] "Art. 833. São impenhoráveis: I – os bens inalienáveis e os declarados, por ato voluntário, não sujeitos à execução; II – os móveis, os pertences e as utilidades domésticas que guarnecem a residência do executado, salvo os de elevado valor ou os que ultrapassem as necessidades comuns correspondentes a um médio padrão de vida; III – os vestuários, bem como os pertences de uso pessoal do executado, salvo se de elevado valor; IV – os vencimentos, os subsídios, os soldos, os salários, as remunerações, os proventos de aposentadoria, as pensões, os pecúlios e os montepios, bem como as quantias recebidas por liberalidade de terceiro e destinadas ao sustento do devedor e de sua família, os ganhos de trabalhador autônomo e os honorários de profissional liberal, ressalvado o § 2º; V – os livros, as máquinas, as ferramentas, os utensílios, os instrumentos ou outros bens móveis necessários ou úteis ao exercício da profissão do executado; VI – o seguro de vida; VII – os materiais necessários para obras em andamento, salvo se essas forem penhoradas; VIII – a pequena propriedade rural, assim definida em lei, desde que trabalhada pela família; IX – os recursos públicos recebidos por instituições privadas para aplicação compulsória em educação, saúde ou assistência social; X – a quantia depositada em caderneta de poupança, até o limite de 40 (quarenta) salários mínimos; XI – os recursos públicos do fundo partidário recebidos por partido político, nos termos da lei; XII – os créditos oriundos de alienação de unidades imobiliárias, sob regime de incorporação imobiliária, vinculados à execução da obra. **§ 1º** A impenhorabilidade não é oponível à execução de dívida relativa ao próprio bem, inclusive àquela contraída para sua aquisição. **§ 2º** O disposto nos incisos IV e X do *caput* não se aplica à hipótese de penhora para pagamento de prestação alimentícia, independentemente de sua origem, bem como às importâncias excedentes a 50 (cinquenta) salários mínimos mensais, devendo a constrição observar o disposto no art. 528, § 8º, e no art. 529, § 3º. **§ 3º** Incluem-se na impenhorabilidade prevista no inciso V do *caput* os equipamentos, os implementos e as máquinas agrícolas pertencentes a pessoa física ou a empresa individual produtora rural, exceto quando tais bens tenham sido objeto de financiamento e estejam vinculados em garantia a negócio jurídico ou quando respondam por dívida de natureza alimentar, trabalhista ou previdenciária".

sobre a titularidade do direito (material) discutido nos autos. A "crise de certeza" já foi resolvida no curso do processo de conhecimento. A doutrina ensina que "as oportunidades de resistência do devedor são reduzidas, comparando-as com as outras fases do processo".[1158]

j) Princípio da utilidade – A execução deve ser um instrumento útil para a satisfação do direito do credor. Não pode ser utilizada como meio de vingança, nem devem ser praticados atos processuais inúteis e contrários à celeridade e razoável duração do processo.

A Lei de Execução Fiscal (Lei 6.830/80), aplicável subsidiariamente à execução trabalhista, por força do art. 880 da CLT, preceitua no artigo 40 que o juiz suspenderá o curso da execução, enquanto não for localizado o devedor ou encontrados bens sobre os quais possa recair a penhora; após o decurso de 1 ano, sem que seja localizado o devedor ou encontrados bens penhoráveis, o juiz ordenará o arquivamento dos autos; e, os autos serão desarquivados a qualquer tempo quando forem encontrados o devedor ou seus bens.

k) Princípio da disponibilidade – significa que o credor tem a opção de desistir de toda a execução ou de algumas medidas executivas (art. 775 do CPC) a qualquer momento. Como regra, tal desistência, independerá de anuência do executado. Os efeitos da desistência serão produzidos após a sentença homologatória, nos termos do art. 200 do CPC.

l) Princípio da função social da execução trabalhista – traduz-se na ideia de que a execução trabalhista deve se pautar na entrega da prestação jurisdicional de forma célere, justa, respeitando a dignidade da pessoa do exequente e do executado.

3. TÍTULOS EXECUTIVOS

Com base no princípio da *"Nulla Executio Sine Título" – não há execução sem título* –, a execução deve estar fundamentada em um título executivo. A lei apresenta um rol *"numerus clausus" dos títulos executivos.*

Elpídio Donizetti conceitua o título executivo como o "documento previsto na lei como tal e que representa obrigação certa e líquida, a qual, uma vez inadimplida, possibilita o manejo da ação executiva".[1159] Esse título pode decorrer de um processo de conhecimento (título executivo judicial), ou, ainda, de documentos aos quais a lei confere força executiva (título executivo extrajudicial).

De acordo com o art. 783 do CPC prescreve que *a execução para cobrança de crédito fundar-se-á sempre em título de obrigação certa, líquida e exigível.* A obrigação certa representa a inexistência de "crise de certeza", ou seja, a impossibilidade de (re)discussão da matéria ventilada na fase de conhecimento, ou sobre a obrigação contida no título. A liquidez consiste na individualização do objeto da obrigação pelo próprio título – seja uma obrigação de dar, fazer, não fazer ou de pagar. Já a exigibilidade está atrelada à inexistência de condição ou termo, de forma que o exequente possa exigir o imediato cumprimento da prestação contida no título executivo.

O artigo em estudo (art. 876 da CLT) enumera os seguintes títulos executivos judiciais trabalhistas, a saber: i) sentença transitada em julgado – hipótese de execução definitiva; ii) sentença impugnada por recurso dotado apenas de efeito devolutivo – hipótese de execução provisória, cujos atos executórios são praticados até a penhora (art. 899, *caput*, CLT); iii) acordo judicial não cumprido (art. 831, § único, da CLT). Também, enumera como títulos executivos extrajudiciais trabalhistas: i) Termo de Ajuste de Conduta (TAC), também denominado de Termo de Ajustamento de Conduta (art. 5º, § 6º, da Lei n. 7.347/85), pactuado perante o Ministério Público do Trabalho, em inquérito civil público. Tal inquérito tem o escopo apurar infrações às normas trabalhistas, bem como obter elementos de prova para a propositura de ação civil pública; ii) Termo de Conciliação firmado perante a Comissão de Conciliação Prévia (art. 625-E, parágrafo único, da CLT).

Prevalece que o art. 876, *caput*, da CLT, é um rol meramente exemplificativo (*numerus apertus*), sendo aplicável ao processo do trabalho outros títulos executivos, com base no art. 114, I e IX da CF e nos princípios da efetividade, celeridade e razoável duração do processo e acesso à ordem jurídica justa. Nesse sentido, o art. 13 da Instrução Normativa n. 39/2016 do TST aduz que, por aplicação supletiva do art. 784, I (art. 15 do CPC/2015), o cheque e a nota promissória emitidos em reconhecimento de dívida inequivocamente de natureza trabalhista também são títulos extrajudiciais para efeito de execução perante a Justiça do Trabalho, na forma dos art. 876 e seguintes da CLT.

4. EXECUÇÃO DAS CONTRIBUIÇÕES PREVIDENCIÁRIAS

A Constituição Federal estabelece em seu art. 114, inciso VIII, estabelece que é competência da Justiça do Trabalho a execução, de ofício, das contribuições sociais previstas no art. 195, I, a, e II, e seus acréscimos legais, decorrentes das sentenças que proferir. Essa redação já existia antes da EC 45/04. A competência para a execução de ofício já havia sido ampliada pela EC 20/98.

Carlos Henrique Bezerra Leite faz apontamentos importantes a respeito da alteração produzida pela EC 45/04:

[1158] Ibidem. Schiavi, 2018, p.1114

[1159] Donizetti, Elpídio. Novo Código de Processo Civil Comentado - 3. ed. - São Paulo: Atlas, 2018.

Decreto-Lei 5.452/1943

> *"A EC n. 45/2004 não alterou o conteúdo da norma que fixa a competência material executória da* Justiça do Trabalho para as contribuições previdenciárias. Apenas mudou a sua residência no mesmo art. 114 que, antes era o § 3º; agora, o inciso VIII. No que concerne ao novo Texto Constitucional (inciso VIII, art. 114 da CF), há algumas observações dignas de comentário. A primeira reside na interpretação da expressão "sentenças". Parece-nos que a mens legis aponta no seu sentido lato, nela se compreendendo tanto os provimentos judiciais que resolvem o processo com apreciação da lide (procedência total ou parcial) quanto aqueles que culminam com o chamado "termo de conciliação", ao qual a lei trabalhista atribui a eficácia de decisão irrecorrível (CLT, art. 831, parágrafo único). A **segunda observação** concerne **ao verbo "executar, de ofício", que, a nosso sentir, deve ser entendido como "conduzir a execução", isto é, o juiz do trabalho assume uma posição proativa no processo, determinando a cobrança dos débitos em obediência aos ditames legais.** A execução previdenciária ex officio engloba os atos de quantificação da dívida, intimação para pagar no prazo, constrição (arresto, penhora), expropriação (hasta pública) e satisfação do exequente".

Antes a Justiça do Trabalho exercia o papel de mera intermediadora, cumprindo-lhe comunicar a inadimplência à Previdência Social, mas, passou a exercer papel ativo, na medida em que tem permissão legal para executar os créditos previdenciários oriundos das sentenças que proferir ou dos acordos que homologar.

Ademais, a Lei n. 10.035, de 2000, alterou e acrescentou dispositivos à CLT para estabelecer os procedimentos, no âmbito da Justiça do Trabalho, de execução das contribuições devidas à Previdência Social.

As contribuições previdenciárias, portanto, serão executadas *ex officio* em virtude da prolação de sentença condenatória em pecúnia ou homologação de acordo, na forma do art. 114, VIII, da CF e art. 831 da CLT.

Merece destaque a alteração ocorrida no parágrafo único do art. 876 da CLT, de acordo com a dicção da Lei 11.457/2007, que possibilitou a execução de ofício das contribuições sociais decorrente de decisões meramente declaratórias, como, por exemplo, aquelas que reconhecem o vínculo empregatício.

O TST pacificou o entendimento de que a competência da Justiça do Trabalho quanto à execução das contribuições previdenciárias, limitada às sentenças condenatórias em pecúnia que proferir e sobre os valores objeto de acordo homologado que integrem o salário de contribuição (Súmula 368 do TST). Essa questão foi parar no STF que decidiu, no julgamento do RE 568.056, pela incompetência material da Justiça do Trabalho para execução, de ofício, das contribuições sociais no caso de decisões meramente declaratórias, destacando a necessidade de um título executivo para que seja possível à Justiça do Trabalho promover a execução das contribuições previdenciárias.

A Súmula Vinculante 53 do STF reforça esse entendimento, na medida em que estabelece que a competência da Justiça do Trabalho prevista no art. 114, VIII, da Constituição Federal alcança a execução de ofício das contribuições previdenciárias relativas ao objeto da condenação constante das sentenças que proferir e acordos por ela homologados.

A Reforma Trabalhista também alterou a redação de alguns dispositivos relacionados à competência da Justiça do Trabalho para executar de ofício as contribuições sociais previstas na alínea a do inciso I e no inciso II do art. 195 da Constituição Federal. Essa alteração foi uma "adequação" da redação do dispositivo legal ao entendimento já pacificado pelo STF na Súmula Vinculante 53. Vejamos a nova redação do parágrafo único do art. 876 da CLT:

> *"Parágrafo único. A Justiça do Trabalho executará, de ofício, as contribuições sociais previstas na alínea a do inciso I e no inciso II do caput do art. 195 da Constituição Federal, e seus acréscimos legais, relativas ao objeto da condenação constante das sentenças que proferir e dos acordos que homologar".*

A Reforma Trabalhista trouxe inegáveis reflexos previdenciários, resultado do diálogo entre essas duas importantes áreas jurídicas.

Art. 877 – *É competente para a execução das decisões o Juiz ou Presidente do Tribunal que tiver conciliado ou julgado originariamente o dissídio.*

Art. 877-A – *É competente para a execução de título executivo extrajudicial o juiz que teria competência para o processo de conhecimento relativo à matéria. (Incluído pela Lei nº 9.958, de 25.10.2000)*

COMENTÁRIOS (ARTS. 877 E 877-A)

O art. 877 em análise preceitua que o juiz que tiver conciliado ou julgado o dissídio será competente para determinar o cumprimento do acordo ou da sentença. Trata-se de competência funcional para a fase de execução trabalhista.

Na hipótese de execução fundada em título executivo judicial, o juiz do trabalho será competente para a fase de execução trabalhista, em primeiro grau de jurisdição, nos dissídios que tiver julgado. O Tribunal Regional do Trabalho terá competência funcional para a execução trabalhista nos processos de sua competência originária. Aplica-se, aqui, o da *perpetuatio jurisdictionis, segundo o qual* a execução é processada onde tramitou o conhecimento (art. 43 e 312 do CPC)[1160].

[1160] **CPC: Art. 43.** *Determina-se a competência no momento do registro ou da distribuição da petição inicial, sendo irrelevantes as modificações do estado de fato ou de direito ocorridas posteriormente, salvo quando*

A competência é fixada no momento em que a ação é proposta, isto é, no momento em que a petição inicial é registrada ou distribuída, visando a estabilização do processo.

Conforme as lições de Humberto Theodoro Junior, o princípio da *perpetuatio iurisdictionis "é norma determinadora da inalterabilidade da competência objetiva, a qual, uma vez firmada, deve prevalecer durante todo o curso do processo"*.[1161]

Em se tratando de execução fundada em título executivo extrajudicial, a competência será da Vara do Trabalho ou Tribunal que tiver competência para o processo de conhecimento relativo à matéria, observando-se as regras de competência territorial disciplinada no art. 651 da CLT.

Art. 878. A execução será promovida pelas partes, permitida a execução de ofício pelo juiz ou pelo Presidente do Tribunal apenas nos casos em que as partes não estiverem representadas por advogado. (Redação dada pela Lei nº 13.467, de 2017)

Parágrafo único. (Revogado). (Redação dada pela Lei nº 13.467, de 2017)

Art. 878-A. Faculta-se ao devedor o pagamento imediato da parte que entender devida à Previdência Social, sem prejuízo da cobrança de eventuais diferenças encontradas na execução ex officio. (Incluído pela Lei nº 10.035, de 2000)

COMENTÁRIOS (ARTS. 878 E 878-A)

O art. 878 em análise dispõe sobre o princípio do impulso oficial da execução trabalhista. Por este princípio, o início e processamento dos atos da execução trabalhista serão promovidos de ofício pelo juiz do trabalho.

O princípio do impulso oficial é consagrado no art. 2º do CPC, dispondo que *"o processo começa por iniciativa da parte e se desenvolve por impulso oficial, salvo as exceções previstas em lei"*.

Segundo a doutrina o impulso oficial encontra amparo na efetividade do processo, no acesso à ordem jurídica justa, na natureza alimentar do crédito trabalhista, na hipossuficiência do trabalhador, bem como no princípio do *jus postulandi*. Neste sentido, o art. art. 765 da CLT estabelece que *"os Juízos e Tribunais do Trabalho* ***terão ampla liberdade na direção do processo e velarão pelo andamento rápido das causas, podendo determinar qualquer diligência necessária ao esclarecimento delas".***

Mauro Schiavi aponta que o princípio do impulso oficial é uma característica do protecionismo processual ao litigante mais fraco – o trabalhador – buscando compensar as desigualdades e *"assegurar-lhe algumas prerrogativas processuais para compensar eventuais entraves que enfrenta ao procurar a Justiça do Trabalho, em razão de sua hipossuficiência econômica"*.[1162]

Este princípio confere, portanto, a possibilidade de o juiz do trabalho promover a execução trabalhista independentemente de requerimento das partes, determinando a pesquisa, bloqueio online (de ativos financeiros, bens móveis e imóveis), penhora de bens, desconsideração da personalidade jurídica, além de outros meios diretos e indiretos de execução, a fim de compelir o executado a satisfazer o título executivo, sem que isso represente quebra da parcialidade do magistrado trabalhista.

A Reforma Trabalhista modificou a redação do art. 878 da CLT, mitigando o impulso oficial. A execução será promovida pelas partes, sendo admitida a execução de ofício pelo juiz ou pelo Presidente do Tribunal apenas nos casos em que as partes não estiverem representadas por advogado.

Com efeito, como regra, os legitimados devem promover a execução. Considera-se parte legítima aquele que consta no título executivo como credor ou devedor. A legitimidade ativa será daqueles que figuram no título executivo como credor. Já o legitimado passivo é a pessoa que figura no título executivo como devedor.

Neste ponto, é válido esclarecer que o Ministério Público do Trabalho também tem legitimidade para promover a execução forçada, nos processos de competência originária dos tribunais, em que atuou como parte ou *custos legis* (fiscal da lei).

O Diploma Processual Civil assevera, no art. 778, que podem promover a execução, em sucessão ao exequente originário: a) o Ministério Público, nos casos previstos em lei; b) o espólio, os herdeiros ou os sucessores do credor, sempre que, por morte deste, lhes for transmitido o direito resultante do título executivo; c) o cessionário, quando o direito resultante do título executivo lhe for transferido por ato entre vivos; d) o sub-rogado, nos casos de sub-rogação legal ou convencional.

Paira dúvida na doutrina e na jurisprudência sobre a aplicação subsidiária do referido dispositivo ao processo do trabalho.

Prevalece o entendimento de que o espólio – o conjunto de bens deixados por quem tenha falecido – é

suprimirem órgão judiciário ou alterarem a competência absoluta. **Art. 312.** *Considera-se proposta a ação quando a petição inicial for protocolada, todavia, a propositura da ação só produz quanto ao réu os efeitos mencionados no art. 240 depois que for validamente citado.*

[1161] Theodoro Junior, 2015, p. 338.

[1162] Schiavi, Mauro. Execução no processo do trabalho — 8. ed. — São Paulo: LTr, 2016, p.57.

parte legítima para prosseguir na execução, hipótese em que a execução será suspensa e o magistrado determinará a habilitação dos Sucessores (art. 110 do CPC).

Extrai-se das lições de Nelson Nery Junior que "*O princípio básico da sucessão por morte é o de que a medida da legitimação do sucessor é dada pela medida em que tenham sido transmitidos os direitos do de cujus (Ramos Méndez. Sucesión, p. 126). Enquanto não finalizado o inventário, o de cujus será substituído, na condição de parte, pelo espólio*".[1163]

No que diz respeito à cessão de crédito trabalhista, ou seja, a transferência do crédito trabalhista a um terceiro, parcela da doutrina considera admissível ao processo do trabalho, sob o argumento de que não revela qualquer prejuízo à execução. Existe dúvida, porém, quanto a natureza jurídica deste crédito. Para uma corrente doutrinária, a cessão de crédito não altera a natureza jurídica, de forma que a execução permanecerá sob a competência material da Justiça do Trabalho. Para outra, o crédito cedido convolar-se-á em crédito de natureza civil, pois se desprenderá de sua causa originária: a relação de emprego. Por esta razão, defendem a incompetência material da Justiça do Trabalho para prosseguir com a execução.[1164]

Também se admite a sub-rogação de crédito ao processo do trabalho – a transferência "ao novo credor todos os direitos, ações, privilégios e garantias do primitivo, em relação à dívida, contra o devedor principal e os fiadores" (art. 349, CC) – aplicando-se as considerações anteriores sobre a natureza jurídica do crédito sub-rogado e a competência da Justiça do Trabalho para o processamento da execução.

A CLT faculta ao devedor o início da execução trabalhista, efetuando o pagamento imediato da parte que entender devida (art. 878-A, CLT).

O polo passivo é ocupado por aquele contra o qual será promovida a execução: o devedor que consta no título executivo. Outras pessoas poderão figurar no polo passivo da execução, conforme determina o arts. 4º da Lei n. 6.830/80 e 779 do CPC/2015, entre elas: a) o espólio, os herdeiros ou os sucessores do devedor; b) novo devedor que assumiu, com o consentimento do credor, a obrigação resultante do título executivo; c) o fiador do débito constante em título extrajudicial; d) o responsável titular do bem vinculado por garantia real ao pagamento do débito; e) o responsável tributário, assim definido em lei; f) a massa falida, o síndico, o comissário, o liquidante, o inventariante e o administrador, nos casos de falência, concordata, liquidação, inventário, insolvência ou concurso de credores.[1165]

O empregador, a rigor, figura no polo passivo da execução trabalhista. Todavia, o polo passivo poderá ser ocupado pelo empregado, na hipótese de execução de honorários periciais, multa por litigância de má-fé, por exemplo.

Art. 879 – Sendo ilíquida a sentença exeqüenda, ordenar-se-á, previamente, a sua liquidação, que poderá ser feita por cálculo, por arbitramento ou por artigos. (Redação dada pela Lei nº 2.244, de 23.6.1954)

§ 1º – Na liquidação, não se poderá modificar, ou inovar, a sentença liquidanda nem discutir matéria pertinente à causa principal. (Incluído pela Lei nº 8.432, 11.6.1992)

§ 1º-A. A liquidação abrangerá, também, o cálculo das contribuições previdenciárias devidas. (Incluído pela Lei nº 10.035, de 2000)

§ 1º-B. As partes deverão ser previamente intimadas para a apresentação do cálculo de liquidação, inclusive da contribuição previdenciária incidente. (Incluído pela Lei nº 10.035, de 2000)

§ 2º Elaborada a conta e tornada líquida, o juízo deverá abrir às partes prazo comum de oito dias para impugnação fundamentada com a indicação dos itens e valores objeto da discordância, sob pena de preclusão. (Redação dada pela Lei nº 13.467, de 2017)

§ 3º Elaborada a conta pela parte ou pelos órgãos auxiliares da Justiça do Trabalho, o juiz procederá à intimação da União para manifestação, no prazo de 10 (dez) dias, sob pena de preclusão. (Redação dada pela Lei nº 11.457, de 2007) (Vigência)

§ 4º A atualização do crédito devido à Previdência Social observará os critérios estabelecidos na

---

1163 Nery Jr., 2015, p. 554.

1164 Ibidem, Schiavi, 2016, p. 111-112.

1165 Lei n. 6.830/80 "Art. 4º A execução fiscal poderá ser promovida contra: I – o devedor; II – o fiador; III – o espólio; IV – a massa; V – o responsável, nos termos da lei, por dívidas, tributárias ou não, de pessoas físicas ou pessoas jurídicas de direito privado; e VI – os sucessores a qualquer título. § 1º Ressalvado o disposto no art. 31, o síndico, o comissário, o liquidante, o inventariante e o administrador, nos casos de falência, concordata, liquidação, inventário, insolvência ou concurso de credores, se, antes de garantidos os créditos da Fazenda Pública, alienarem ou derem em garantia quaisquer dos bens administrados, respondem, solidariamente, pelo valor desses bens. § 2º À Dívida Ativa da Fazenda Pública, de qualquer natureza, aplicam-se as normas relativas à responsabilidade prevista na legislação tributária, civil e comercial. § 3º Os responsáveis, inclusive as pessoas indicadas no § 1º deste artigo, poderão nomear bens livres e desembaraçados do devedor, tantos quantos bastem para pagar a dívida. Os bens dos responsáveis ficarão, porém, sujeitos à execução, se os do devedor forem insuficientes à satisfação da dívida. § 4º Aplica-se à Dívida Ativa da Fazenda Pública de natureza não tributária o disposto nos arts. 186 e 188 a 192 do Código Tributário Nacional".
CPC, Art. 779. A execução pode ser promovida contra: I – o devedor, reconhecido como tal no título executivo; II – o espólio, os herdeiros ou os sucessores do devedor; III – o novo devedor que assumiu, com o consentimento do credor, a obrigação resultante do título executivo; IV – o fiador do débito constante em título extrajudicial; V – o responsável titular do bem vinculado por garantia real ao pagamento do débito; VI – o responsável tributário, assim definido em lei.

legislação previdenciária. (Incluído pela Lei nº 10.035, de 2000)

§ 5º O Ministro de Estado da Fazenda poderá, mediante ato fundamentado, dispensar a manifestação da União quando o valor total das verbas que integram o salário-de contribuição, na forma do art. 28 da Lei no 8.212, de 24 de julho de 1991, ocasionar perda de escala decorrente da atuação do órgão jurídico. (Incluído pela Lei nº 11.457, de 2007) (Vigência)

§ 6º Tratando-se de cálculos de liquidação complexos, o juiz poderá nomear perito para a elaboração e fixará, depois da conclusão do trabalho, o valor dos respectivos honorários com observância, entre outros, dos critérios de razoabilidade e proporcionalidade. (Incluído pela Lei nº 12.405, de 2011)

§ 7º A atualização dos créditos decorrentes de condenação judicial será feita pela Taxa Referencial (TR), divulgada pelo Banco Central do Brasil, conforme a Lei no 8.177, de 1o de março de 1991. (Incluído pela Lei nº 13.467, de 2017) (Vide ADC 58) (Vide ADC 59) (Vide ADI 6021) (Vide ADI 5867)

COMENTÁRIOS (ART. 879)

1. LIQUIDAÇÃO DE SENTENÇA TRABALHISTA

A liquidação de sentença trabalhista é definida como uma fase preparatória da execução trabalhista, de natureza constitutivo-integrativa, que tem por objetivo dar liquidez ao título executivo, trazendo um valor determinado ou uma prestação individualizada.

Para que o título executivo (judicial ou extrajudicial) seja exequível, a obrigação deve ser certa, líquida e exigível (arts. 509, § 2º, 513, 523, §§ 1º e 3º, 524, VII, e 783 do CPC). A certeza representa a existência da prestação que se quer ver realizada. A liquidez é a extensão e a determinação do objeto da prestação (*quantum debeatur*). A exigibilidade, de outro lado, traduz-se no poder de exigir o cumprimento da prestação devida.

Existe controvérsia sobre a natureza jurídica da liquidação de sentença. Vejamos as principais correntes doutrinárias: a) a primeira corrente doutrinária defende que se trata de uma ação autônoma, formando verdadeiro processo autônomo de liquidação; b) a segunda corrente interpretativa entende que representa um procedimento complementar da fase de conhecimento; c) a terceira corrente doutrinária, cujo entendimento tem prevalecido, sustenta que a liquidação de sentença uma fase preparatória ou preliminar da execução, um procedimento prévio da fase executiva; d) a quarta vertente interpretativa, entende que trata-se, em verdade, de um procedimento de natureza jurídica declaratória, pois a liquidação declara aquilo que se encontra implícito na sentença anterior; e) a quinta corrente doutrinária, sustenta que a liquidação de sentença tem natureza jurídica constitutivo-integrativa, pois não se limita a uma mera declaração, dando também uma certeza ao objeto da execução.

Pensamos que a liquidação de sentença não constitui um processo autônomo, mas, sim, mera fase preparatória ou preliminar da execução, uma vez que delimita o valor da condenação ou individualiza o objeto da prestação. Nesse passo, Marcelo Moura anota que *"a liquidação é procedimento preparatório à execução, que visa acertar os valores referentes à sentença condenatória ilíquida, razão pela qual o procedimento de liquidação se posiciona entre a fase de conhecimento e a execução propriamente dita, preparando esta última"*[1166]

2. ESPÉCIES DE LIQUIDAÇÃO DE SENTENÇA: CÁLCULO, ARBITRAMENTO E ARTIGOS

A liquidação de sentença, conforme preconizado no caput do presente dispositivo, pode ser dar por cálculo, por arbitramento ou por artigos.

A liquidação por cálculos é a espécie de liquidação que depende apenas da apresentação de cálculo aritmético pelo credor, instruindo o pedido do valor da condenação mediante memória discriminada e atualizada desse cálculo. É o método mais utilizado na praxe forense.

A CLT indica duas formas de liquidação por cálculos:

a) A primeira forma está prevista no art. 879, §2º, da CLT, segundo o qual o juiz determina a elaboração dos cálculos pelo calculista da Vara do Trabalho e, após a elaboração da conta e de tornada líquida, o juiz abre vistas às partes para se impugnar (ou concordar) com as cálculos, proferindo, em seguida, a sentença de liquidação. Antes, se necessário, nos termos do § 6º do mesmo artigo, poderá utilizar da perícia contábil. A redação anterior do no art. 879, §2º, da CLT, conferida pela Lei nº 8.432, 11.6.1992, estabelecia que o juiz do trabalho tinha a faculdade de conceder (ou não) vistas às partes para se manifestarem acerca do cálculo elaborado, no prazo sucessivo de 10 (dez) dias. Com a Reforma Trabalhista (Lei 13.467/2017) esse dispositivo foi alterado, de modo que a concessão de vistas às partes deixou de ser uma mera faculdade, passando a ser um dever do magistrado, que é obrigado abrir às partes prazo comum (e não mais sucessivo) de 8 dias para impugnação fundamentada do cálculo com

[1166] Ibidem. Moura, 2018, p. 1194.

a indicação dos itens e valores objeto da discordância, sob pena de preclusão.

b) A segunda forma de liquidação por cálculos está prevista no art. 879, §1º-B, da CLT. Após o trânsito em julgado da decisão o juiz intima as partes para apresentação dos cálculos. Primeiro o reclamante e depois a reclamada. Apresentado os cálculos, o juiz profere a sentença de liquidação, podendo determinar a perícia contábil, se julgar necessário (art. 879, § 6º, da CLT).

Em ambos procedimentos as partes serão intimadas para se manifestar ou apresentar cálculos, em homenagem ao princípio do contraditório e da ampla defesa (Art. 5º, LV da CF; art. 10 do CPC). Em caso de inércia, ocorrerá a preclusão temporal, de forma que não será permitida a impugnação posterior da sentença de liquidação quanto aos cálculos.

O juiz do trabalho nomeará um perito para a elaboração de cálculos complexos (art. 879, §6º, da CLT). Será fixado honorários periciais, suportados pela parte sucumbente, nos termos do art. 790-B da CLT.

Vejamos a ilustração abaixo:

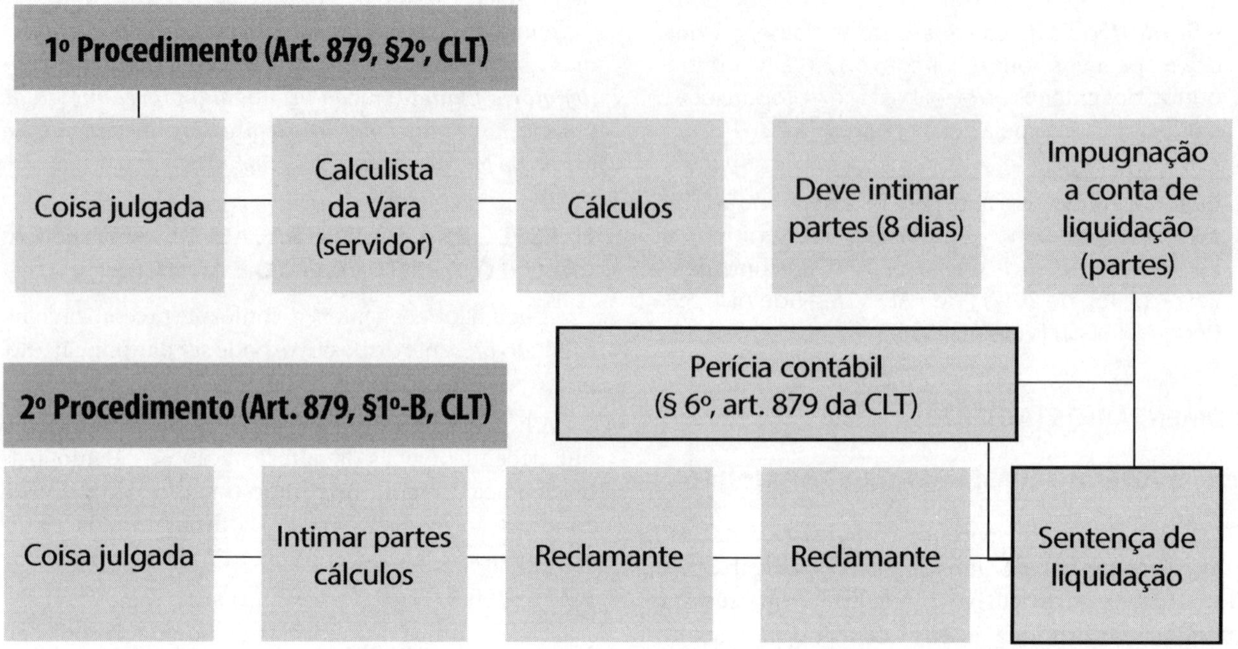

Quando, para elaborar a memória de cálculo, o credor depender de ato do devedor ou de terceiro, o juiz requisitará o fornecimento dos dados, fixando um prazo (art. 524, §§ 3º a 5º, do CPC), sob pena de crime de desobediência.

A liquidação por arbitramento é a espécie de liquidação que depende da realização de perícia, a exemplo do caso de liquidação que dependa da realização de perícia para a estipulação do salário do empregado que prestava serviços ao tomador sem o recebimento do salário e que teve o reconhecimento do vínculo empregatício pela Justiça do Trabalho.

Será realizada em três situações: a) quando determinada pela sentença; b) quando convencionada pelas partes; c) quando o exigir a natureza do objeto da liquidação.

Já a liquidação por artigos é a espécie de liquidação realizada quando o credor precisa alegar e provar fato novo para a determinação do valor da condenação.

Essa espécie de liquidação de sentença observará o procedimento comum (ordinário). O fato novo não representa a inovação na fase de liquidação. Deve-se observar os limites objetivos e subjetivos definidos na sentença liquidanda, sob pena de violar a coisa julgada material e o princípio da fidelidade à sentença exequenda (art. 879, §1º, da CLT, art. 509, §4º, do CPC e art. 5º, XXXVI, da CF).

3. CORREÇÃO MONETÁRIA DOS DÉBITOS TRABALHISTAS.

A Reforma Trabalhista inseriu o §7º ao art. 879 da CLT prescrevendo que a atualização dos créditos decorrentes de condenação judicial será feita pela Taxa Referencial (TR), divulgada pelo Banco Central do Brasil, conforme a Lei no 8.177, de 1º de março de 1991.

Entretanto, o Supremo Tribunal Federal, no Julgamento conjunto das Ações Declaratórias de Constitucionalidade (ADCs) nº 58 e 59 e das Ações Diretas de Inconstitucionalidade (ADIs) nº 5867 e 6021, decidiu que é inconstitucional a aplicação da Taxa Referencial (TR) para a correção monetária de débitos trabalhistas e de depósitos recursais no âmbito da Justiça do Trabalho. A Suprema Corte entendeu que devem ser aplicados o

Índice Nacional de Preço ao Consumidor Amplo Especial (IPCA-E), na fase pré-judicial, e, a partir da citação, a taxa Selic, conforme art. 406 do Código Civil, até que o Poder Legislativo regulamente a matéria.

O Tribunal, por maioria, modulou os efeitos da decisão, ao entendimento de que: *"(i) são reputados válidos e não ensejarão qualquer rediscussão (na ação em curso ou em nova demanda, incluindo ação rescisória) todos os pagamentos realizados utilizando a TR (IPCA-E ou qualquer outro índice), no tempo e modo oportunos (de forma extrajudicial ou judicial, inclusive depósitos judiciais) e os juros de mora de 1% ao mês, assim como devem ser mantidas e executadas as sentenças transitadas em julgado que expressamente adotaram, na sua fundamentação ou no dispositivo, a TR (ou o IPCA-E) e os juros de mora de 1% ao mês; (ii) os processos em curso que estejam sobrestados na fase de conhecimento (independentemente de estarem com ou sem sentença, inclusive na fase recursal) devem ter aplicação, de forma retroativa, da taxa Selic (juros e correção monetária), sob pena de alegação futura de inexigibilidade de título judicial fundado em interpretação contrária ao posicionamento do STF (art. 525, §§ 12 e 14, ou art. 535, §§ 5º e 7º, do CPC) e (iii) igualmente, ao acórdão formalizado pelo Supremo sobre a questão dever-se-á aplicar eficácia erga omnes e efeito vinculante, no sentido de atingir aqueles feitos já transitados em julgado desde que sem qualquer manifestação expressa quanto aos índices de correção monetária e taxa de juros (omissão expressa ou simples consideração de seguir os critérios legais)".*

SEÇÃO II
DO MANDADO E DA PENHORA

Art. 880. Requerida a execução, o juiz ou presidente do tribunal mandará expedir mandado de citação do executado, a fim de que cumpra a decisão ou o acordo no prazo, pelo modo e sob as cominações estabelecidas ou, quando se tratar de pagamento em dinheiro, inclusive de contribuições sociais devidas à União, para que o faça em 48 (quarenta e oito) horas ou garanta a execução, sob pena de penhora. *(Redação dada pela Lei nº 11.457, de 2007) (Vigência)*

§ 1º – O mandado de citação deverá conter a decisão exeqüenda ou o termo de acordo não cumprido.

§ 2º – A citação será feita pelos oficiais de diligência.

§ 3º – Se o executado, procurado por 2 (duas) vezes no espaço de 48 (quarenta e oito) horas, não for encontrado, far-se-á citação por edital, publicado no jornal oficial ou, na falta deste, afixado na sede da Junta ou Juízo, durante 5 (cinco) dias.

Art. 881. No caso de pagamento da importância reclamada, será este feito perante o escrivão ou secretário, lavrando-se termo de quitação, em 2 (duas) vias, assinadas pelo exeqüente, pelo executado e pelo mesmo escrivão ou secretário, entregando-se a segunda via ao executado e juntando-se a outra ao processo.

Parágrafo único – Não estando presente o exeqüente, será depositada a importância, mediante guia, em estabelecimento oficial de crédito ou, em falta deste, em estabelecimento bancário idôneo. *(Redação dada pela Lei nº 7.305, 2.4.1985)*

Art. 882. O executado que não pagar a importância reclamada poderá garantir a execução mediante depósito da quantia correspondente, atualizada e acrescida das despesas processuais, apresentação de seguro-garantia judicial ou nomeação de bens à penhora, observada a ordem preferencial estabelecida no art. 835 da Lei no 13.105, de 16 de março de 2015 – Código de Processo Civil. (Redação dada pela Lei nº 13.467, de 2017)

Art. 883. Não pagando o executado, nem garantindo a execução, seguir-se-á penhora dos bens, tantos quantos bastem ao pagamento da importância da condenação, acrescida de custas e juros de mora, sendo estes, em qualquer caso, devidos a partir da data em que for ajuizada a reclamação inicial. *(Redação dada pela Lei nº 2.244, de 23.6.1954)*

COMENTÁRIOS (ARTS. 880 A 883)

1. CITAÇÃO DO EXECUTADO

Iniciada a execução, o juiz determinara a expedição do mandado de citação, penhora e avaliação, com a conseguinte citação do executado para o cumprimento espontâneo da decisão, ou o acordo não cumprido, no prazo, modo e sob as cominações estabelecidas. A citação do executado poderá ser determinada pelo juiz ou requerida pelo legitimado ativo da execução.

A citação do executado será pessoal e realizada pelo oficial de justiça, conforme determina o art. 880, §2º, da CLT. Entretanto, essa exigência recebe críticas por parte da doutrina que defende dispensa da citação pessoal, destacando que *"O mais importante é a citação ser feita no endereço do executado, na execução a citação será feita em relação ao executado e não na pessoa de seu advogado, como se verifica do art. 880 da CLT" (Martins, 2020, p. 1040).*

Comungando desse entendimento, Mauro Schiavi leciona que o art. 880 da CLT *"não adotou a melhor técnica, pois a execução trabalhista, conforme já sedimentado em doutrina, em razão de título executivo judicial nunca foi, efetivamente, considerada um processo autônomo em relação ao processo de conhecimento. Parece-nos que o termo citação deve ser entendido como notificação. Tampouco a CLT menciona o termo citação (art. 841 da CLT) quando chama o réu a juízo, para, querendo, vir se defender na fase de conhecimento".*

Decreto-Lei 5.452/1943

Corrente doutrinária em sentido oposto defende que *"a citação do devedor na execução trabalhista, ao contrário do que ocorre no processo de cognição, é pessoal, sendo realizada pelos oficiais de justiça, estando a validade do ato subordinada à sua realização na pessoa do executado, ou de quem possua poderes expressos para recebê-la (Saraiva, 2016, p.554)".*

Conforme advertido por Marcelo Moura, existe corrente doutrinária que sustenta a existência de lacuna ontológica no art. 880 da CLT, justificando a aplicação subsidiaria do procedimento do CPC, de forma que o executado deve ser intimado para pagar o débito, no prazo de 15 (quinze) dias, através do seu advogado (art. 523 do CPC).[1131] Todavia, prevalece o entendimento de que o art. 523 do CPC é inaplicável ao processo do trabalho, pois a CLT não é omissa nesse aspecto.

Além disso, o Tribunal Superior do Trabalho fixou o entendimento de que a multa coercitiva prevista no art. 523, §1º, do CPC, é inaplicável ao processo do trabalho, nos termos da Instrução Normativa 39/2016 e da tese fixada no Incidente de Recursos Repetitivos IRR-1786-24.2015.5.04.000.[1132]

O executado terá o prazo de 48 horas para realizar o pagamento da condenação ou garantir a execução, sob pena de penhora. Caso o executado não seja encontrado, após ser procurado em duas oportunidades pelo oficial de justiça, no espaço de 48 horas, a citação será feita por edital, mediante publicação no jornal oficial ou, na falta deste, afixado na sede da Vara do Trabalho ou Juízo, durante cinco dias (art. 880, §3º, CLT).

Procedida a citação, o oficial de justiça aguardará o transcurso do prazo, e o executado poderá adotar as seguintes posturas:

a) pagar a dívida, sendo lavrado termo de quitação e resultando na extinção da execução – art. 881 da CLT;

b) garantir a execução mediante depósito da importância, atualizada e acrescida das despesas processuais;

c) garantir a execução mediante apresentação de seguro-garantia judicial (instituído pela Reforma Trabalhista);

d) garantir a execução mediante nomeação de bens à penhora, observada a ordem preferencial estabelecida no art. 835 do CPC/2015, como determina o art. 3°, XVI, da IN 39/2016, do TST.[1133]

e) inércia do devedor – não pagando, nem garantindo a execução, seguir-se-á a penhora dos bens, tantos quantos bastem ao pagamento da importância da condenação (princípio da limitação expropriatória), acrescida de custas e juros de mora (art. 883 da CLT).

Vejamos a ilustração abaixo:

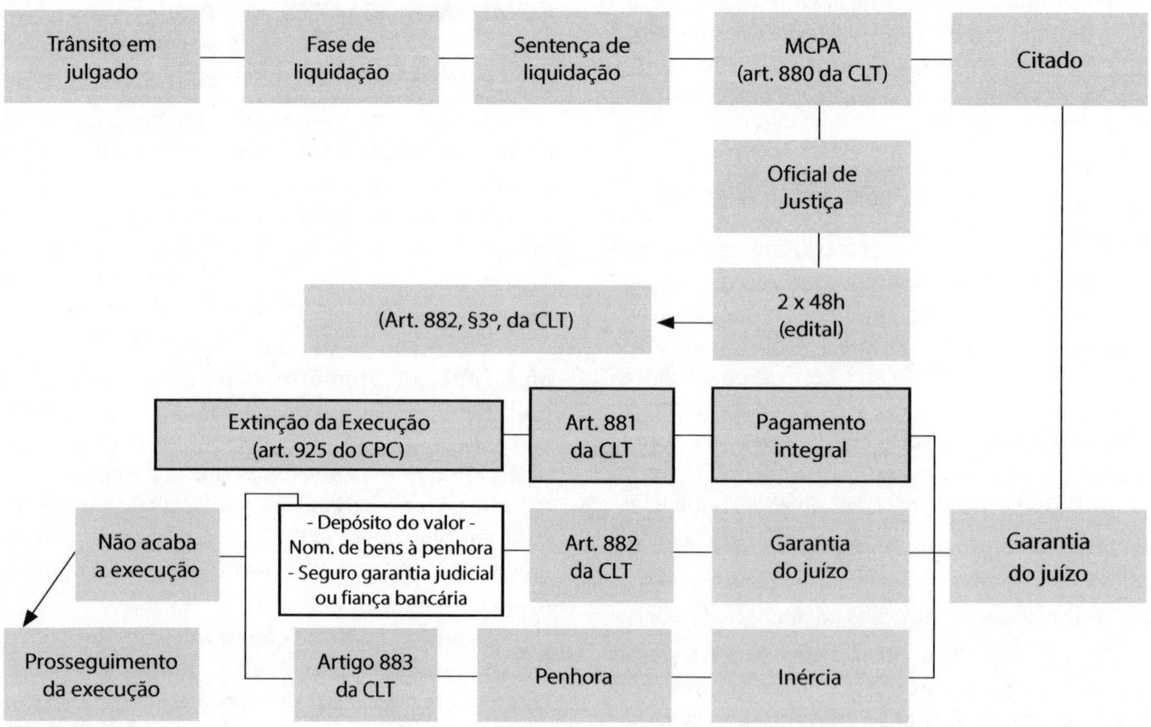

[1167] Ibidem. Moura, 2018, p. 1202.

[1168] RECURSO DE REVISTA INTERPOSTO PELA RECLAMADA EXECUTADA. APLICAÇÃO DO PRECEDENTE AO RECURSO DE REVISTA AFETADO. MULTA DO ART. 475-J DO CPC/73 (ART. 523, §1º, DO CPC/2015). INAPLICABILIDADE AO PROCESSO DO TRABALHO. CONHECIMENTO E PROVIMENTO. I. No Incidente de Recursos Repetitivos IRR-1786-24.2015.5.04.000, o Pleno deste Tribunal Superior uniformizou entendimento no sentido de que "a multa coercitiva do art. 523, § 1º, do CPC de 2015 (art. 475-J do CPC de 1973) não é compatível com as normas vigentes da CLT por que se rege o processo do trabalho, ao qual não se aplica". II. Ao entender aplicável ao Processo do Trabalho a multa do art. 475-J do CPC/73 (atual art. 523, § 1º, do CPC/2015), o Tribunal Regional decidiu em contrariedade à tese firmada no IRR-1786-24.2015.5.04.000, razão pela qual o provimento ao recurso de

2. PENHORA DE BENS

A penhora é definida como o *"primeiro ato por meio do qual o Estado põe em prática o processo de expropriação executiva. Tem ela a função de individualizar o bem, ou os bens, sobre os quais o ofício executivo deverá atuar para dar satisfação ao credor e submetê-los materialmente à transferência coativa"* (Theodoro Júnior, 2018).[1170]

Não ocorrendo o pagamento da importância executada, nem garantida a execução mediante depósito da quantia correspondente, seguro-garantia judicial ou nomeação de bens à penhora, o oficial de justiça procederá a penhora, levará os bens do executado à hasta pública, a fim de satisfazer o título executivo (882 da CLT).

Existem três teses que buscam explicar a natureza jurídica da penhora. A primeira tese afirma que a penhora tem natureza jurídica de medida cautelar. A segunda tese atribui a natureza jurídica de ato executivo, cujo escopo é a transferência forçada de bens do devedor. A terceira tese defende natureza jurídica mista e de efeitos conservatório, ou seja, tem o escopo de individualizar, apreender e depositar os bens do executado colocando-os à disposição do juízo, na forma do art. 838 e 339 do CPC.[1171]

O art. 835 do CPC estabelece quais são os bens suscetíveis de penhora, bem como a seguinte ordem de preferência: *"I – dinheiro, em espécie ou em depósito ou aplicação em instituição financeira; II – títulos da dívida pública da União, dos Estados e do Distrito Federal com cotação em mercado; III – títulos e valores mobiliários com cotação em mercado; IV – veículos de via terrestre; V – bens imóveis; VI – bens móveis em geral; VII – semoventes; VIII – navios e aeronaves; IX – ações e quotas de sociedades simples e empresárias; X – percentual do faturamento de empresa devedora; XI – pedras e metais preciosos; XII – direitos aquisitivos derivados de promessa de compra e venda e de alienação fiduciária em garantia; XIII – outros direitos"*.

A OJ 93 da SDI-2 do TST estabelece que *"é admissível a penhora sobre a renda mensal ou faturamento de empresa, limitada a percentual, que não comprometa o desenvolvimento regular de suas atividades, desde que não haja outros bens penhoráveis ou, havendo outros bens, eles sejam de difícil alienação ou insuficientes para satisfazer o crédito executado, na forma do art. 866 do CPC de 2015"*

De acordo com o art. 835, §1º do CPC, salvo a preferência quanto ao dinheiro, o restante da ordem poderá ser alterado, de acordo com as circunstâncias do caso concreto. A fiança bancária e o seguro garantia judicial equipara-se a dinheiro, desde que seja em valor não inferior ao débito e haja o acréscimo de 30% (trinta por cento).

A Reforma Trabalhista trouxe como novidade a possibilidade de garantia do juízo mediante *seguro-garantia judicial (art. 882 da CLT) no processo do trabalho, como expressão do princípio da execução menos gravosa ao devedor.* Diferentemente do Processo Civil, a CLT não condiciona o seguro garantia judicial ao acréscimo de 30% ao débito executado.

Evidentemente, a substituição não pode ocasionar prejuízo ao exequente, nem prejudicar a efetividade da execução trabalhista.

A penhora será realizada no local onde se encontram os bens do executado, ainda que estejam sob a guarda de terceiros (art. 845, CPC). O bem será apreendido e depositado em juízo (art. 839, CPC), ou, ainda, será nomeado um depositário para o bem. Cabe dizer que o Supremo Tribunal Federal entendeu que é ilícita a prisão civil de depositário infiel, qualquer que seja a modalidade do depósito, conforme previsto na Súmula Vinculante 25 do STF.

O Tribunal Superior do Trabalho firmou entendimento de que o encargo de depositário depende de anuência do nomeado, bem como a assinatura do Termo de Compromisso assentado no auto de penhora (OJ 89 da SDI-2 do TST).

Aplica-se ao processo do trabalho o art. 833 do CPC que impõe a impenhorabilidade dos seguintes bens: *I – os bens inalienáveis e os declarados, por ato voluntário, não sujeitos à execução; II – os móveis, os pertences e as utilidades domésticas que guarnecem a residência do executado, salvo os de elevado valor ou os que ultrapassem as necessidades comuns correspondentes a um médio padrão de vida; III – os vestuários, bem como os pertences de uso pessoal do executado, salvo se de elevado valor; IV – os vencimentos, os subsídios, os soldos, os salários, as remunerações, os proventos de aposentadoria, as pensões, os pecúlios e os montepios, bem como as quantias recebidas por liberalidade de terceiro e destinadas ao sustento do devedor e de sua família, os ganhos de trabalhador autônomo e os honorários de*

---

revista é medida que se impõe. III. Recurso de revista de que se conhece, por violação do art. 5º, LIV, da Constituição Federal e a que se dá provimento. (TST – IRR-1786-24.2015.5.04.000, Tribunal Pleno, Ministro Redator João Oreste DAlazen, Publicado acórdão em 30/11/2017)

1169 CPC, Art. 835. A penhora observará, preferencialmente, a seguinte ordem: I – dinheiro, em espécie ou em depósito ou aplicação em instituição financeira; II – títulos da dívida pública da União, dos Estados e do Distrito Federal com cotação em mercado; III – títulos e valores mobiliários com cotação em mercado; IV – veículos de via terrestre; V – bens imóveis; VI – bens móveis em geral; VII – semoventes; VIII – navios e aeronaves; IX – ações e quotas de sociedades simples e empresárias; X – percentual do faturamento de empresa devedora; XI – pedras e metais preciosos; XII – direitos aquisitivos derivados de promessa de compra e venda e de alienação fiduciária em garantia; XIII – outros direitos.

1170 Theodoro Júnior, Humberto, Curso de Direito Processual Civil – vol. III. 51. ed.– Rio de Janeiro: Forense, 2018.

1171 Idem. Theodoro Júnior, 2018, p. 486.

Decreto-Lei 5.452/1943

profissional liberal, ressalvado o § 2º; V – os livros, as máquinas, as ferramentas, os utensílios, os instrumentos ou outros bens móveis necessários ou úteis ao exercício da profissão do executado; VI – o seguro de vida; VII – os materiais necessários para obras em andamento, salvo se essas forem penhoradas; VIII – a pequena propriedade rural, assim definida em lei, desde que trabalhada pela família; IX – os recursos públicos recebidos por instituições privadas para aplicação compulsória em educação, saúde ou assistência social; X – a quantia depositada em caderneta de poupança, até o limite de 40 (quarenta) salários-mínimos; XI – os recursos públicos do fundo partidário recebidos por partido político, nos termos da lei; XII – os créditos oriundos de alienação de unidades imobiliárias, sob regime de incorporação imobiliária, vinculados à execução da obra".

O § 2º do artigo citado passou a autorizar a penhora de salário, bem como a caderneta de poupança, para pagamento de prestação alimentícia, independente da sua origem. Existe, porém, vertente interpretativa que considera possível a penhora de parte do salário, desde que o percentual afetado não comprometa o executado e de sua família. Portanto, seria uma relativização do princípio da impenhorabilidade absoluta do salário.[1172]

Ainda sob a égide do CPC de 1973, o TST fixou o entendimento de que *"Ofende direito líquido e certo decisão que determina o bloqueio de numerário existente em conta salário, para satisfação de crédito trabalhista, ainda que seja limitado a determinado percentual dos valores recebidos ou a valor revertido para fundo de aplicação ou poupança, visto que o art. 649, IV, do CPC de 1973 contém norma imperativa que não admite interpretação ampliativa, sendo a exceção prevista no art. 649, § 2º, do CPC de 1973 espécie e não gênero de crédito de natureza alimentícia, não englobando o crédito trabalhista".*

É válido dizer que no Processo do Trabalho também se aplica a impenhorabilidade do bem de família. Tal instituto possui duas regulamentações no ordenamento:

a) Bem de família voluntário, previsto no artigo 1.711 do CC/02, sendo ele instituído por ato dos cônjuges ou entidade familiar, mediante escritura pública ou testamento, limitado a um terço do patrimônio líquido existente à época da instituição.

b) Bem de família legal, com previsão na Lei 8.009/90, sendo ele aplicado de forma automática, ou seja, não precisa de qualquer ato da parte e busca proteger o imóvel utilizado para moradia, sendo que, na hipótese de mais de um imóvel será protegido o de menor valor. O conceito de impenhorabilidade de bem de família abrange também o imóvel pertencente a pessoas solteiras, separadas, divorciadas e viúvas (Súmula 364 do STJ), tendo em vista que o objetivo da norma é proteger o direito à moradia. A LC nº 150/2015 revogou o inciso I do artigo 3º da Lei do bem de família, afastando a possibilidade da penhora do imóvel para dívida do empregado doméstico. Há entendimento doutrinário minoritário que defende que é possível a penhora do bem de família quando for de um imóvel de elevado valor, desde que seja garantido o mínimo para o executado exercer seu direito à moradia.

Ressalta-se, por fim, que há entendimento firmado no âmbito do TST de que o bem de família é irrenunciável, sendo matéria de ordem pública.

Art. 883-A. *A decisão judicial transitada em julgado somente poderá ser levada a protesto, gerar inscrição do nome do executado em órgãos de proteção ao crédito ou no Banco Nacional de Devedores Trabalhistas (BNDT), nos termos da lei, depois de transcorrido o prazo de quarenta e cinco dias a contar da citação do executado, se não houver garantia do juízo. (Incluído pela Lei nº 13.467, de 2017)*

COMENTÁRIOS (ART. 883-A)

A Reforma Trabalhista sofreu influência do art. 517 do CPC, que possibilita o protesto da decisão judicial transitada em julgado depois de transcorrido o prazo para pagamento voluntário.

Em redação similar, o legislador incluiu o art. 883-A, prescrevendo que a decisão judicial transitada em julgado somente poderá ser levada a protesto, gerar inscrição do nome do executado em órgãos de proteção ao crédito ou no Banco Nacional de Devedores Trabalhistas (art. 642-A da CLT), nos termos da Lei, depois de transcorrido o prazo de 45 (quarenta e cinco) dias a contar da citação do executado, se não houver garantia do juízo.

O protesto tem como objetivo constituir o devedor em mora quanto à dívida reconhecida no título judicial, bem como constranger o devedor ao imediato pagamento do débito. É definido como um *"ato formal e solene pelo qual se prova a inadimplência e o descumprimento de obrigação originada em títulos*

1172 Mauro Schiavi é signatário desta corrente advertindo que *"à luz dos princípios da razoabilidade, da equidade da justiça no caso concreto, pensamos que a regra da impenhorabilidade absoluta do salário dever ser relativizada na execução trabalhista, uma vez que tanto o reclamante como o executado postulam verbas de índole alimentar: o exequente buscando a satisfação do seu direito e o executado visando a defesa da verba alimentar. Inegavelemente o Juiz do Trabalho está diante de dois males, prestigiar o credor trabalhista ou imunizar o salário do devedor do crédito trabalhista, devendo adotar a teoria do mal menor, constritando parte do salário do reclamado, em percentual que não atente contra a sua existência digna"* (in Manual de Direito Processual do Trabalho, 2018, p. 1291).

e outros documentos de dívida", conforme art. 1º da Lei nº. 9.492/97.

Compete privativamente ao Tabelião de Protesto de Títulos proceder o protocolo, a intimação, o acolhimento da devolução ou do aceite, o recebimento do pagamento, bem como lavrar e registrar o protesto ou acatar a desistência do credor em relação ao mesmo, proceder às averbações, prestar informações e fornecer certidões relativas a todos os atos praticados, nos termos do art. 3º da Lei nº. 9.492/97.

O protesto ocasiona a inscrição do nome do devedor junto aos órgãos de proteção de crédito (a exemplo do Serviço Central de Proteção ao Crédito – SCPC e do SERASA), lançando o seu nome na lista de inadimplentes, impedindo o acesso ao crédito, especialmente perante as instituições bancárias.

Ademais, será possível a inscrição do executado na lista do Banco Nacional de Devedores Trabalhistas (BNDT). A certidão de inexistência de débito trabalhista não será fornecida se o interessado possuir débitos previstos em sentenças ou acordos, inclusive recolhimentos, honorários, custas, emolumentos, bem como débitos perante o MPT ou CCP. O prazo de validade da certidão é de 180 (cento e oitenta) dias.

▸ SEÇÃO III
DOS EMBARGOS À EXECUÇÃO E DA SUA IMPUGNAÇÃO

Art. 884 – Garantida a execução ou penhorados os bens, terá o executado 5 (cinco) dias para apresentar embargos, cabendo igual prazo ao exeqüente para impugnação.

§ 1º – A matéria de defesa será restrita às alegações de cumprimento da decisão ou do acordo, quitação ou prescrição da divida.

§ 2º – Se na defesa tiverem sido arroladas testemunhas, poderá o Juiz ou o Presidente do Tribunal, caso julgue necessários seus depoimentos, marcar audiência para a produção das provas, a qual deverá realizar-se dentro de 5 (cinco) dias.

§ 3º – Somente nos embargos à penhora poderá o executado impugnar a sentença de liquidação, cabendo ao exeqüente igual direito e no mesmo prazo. *(Incluído pela Lei nº 2.244, de 23.6.1954)*

§ 4o Julgar-se-ão na mesma sentença os embargos e as impugnações à liquidação apresentadas pelos credores trabalhista e previdenciário. *(Redação dada pela Lei nº 10.035, de 2000)*

§ 5o Considera-se inexigível o título judicial fundado em lei ou ato normativo declarados inconstitucionais pelo Supremo Tribunal Federal ou em aplicação ou interpretação tidas por incompatíveis com a Constituição Federal. *(Incluído pela Medida provisória nº 2.180-35, de 2001)*

§ 6o A exigência da garantia ou penhora não se aplica às entidades filantrópicas e/ou àqueles que compõem ou compuseram a diretoria dessas instituições. *(Incluído pela Lei nº 13.467, de 2017)*

COMENTÁRIOS (ART. 884)

EMBARGOS À EXECUÇÃO

Os embargos à execução, também denominados de *embargos do devedor, embargos à penhora*, ou *embargos do executado*. É um dos meios de defesa do executado na execução trabalhista.

São definidos como *"a via principal para opor-se à execução forçada. Configuram eles incidentes em que o devedor, ou terceiro, procura defender-se dos efeitos da execução, não só visando evitar a deformação dos atos executivos e o descumprimento de regras processuais, como também resguardar direitos materiais supervenientes ou contrários ao título executivo, capazes de neutralizá-lo ou de reduzir-lhe a eficácia, como pagamento, novação, compensação, remissão, ausência de responsabilidade patrimonial etc."* (Theodoro Junior, 2018, p. 679).

A doutrina diverge sobre a natureza jurídica dos embargos à execução. Para uns tem natureza jurídica de mera defesa do devedor. Corrente em sentido contrário entende que os embargos à execução *"constituem ação de conhecimento incidental ao processo de execução. Em outras palavras, os embargos à execução se constituem numa verdadeira ação de cognição incidental à execução, assumindo o executado o polo ativo da relação jurídica (e o exequente o polo passivo), formulando pretensão consistente na anulação do processo de execução ou no desfazimento da eficácia do título executivo"* (Saraiva, 2016, p. 568).

Segundo o art. 884 da CLT, os embargos à execução devem ser opostos no prazo de cinco dias. Ao embargado (exequente) será conferido prazo idêntico, a fim de que ofereça a sua resposta. O início da contagem do prazo de cinco dias para a oposição dos embargos à execução, como adverte Carlos Henrique Bezerra Leite, se dá *"a partir do momento em que o executado toma ciência da formalização da penhora, com a assinatura do auto de depósito. Essa ciência ocorre quando o próprio executado assina o auto, se os bens ficarem sob sua guarda, como acontece na maioria dos casos, ou quando é intimado, nas demais hipóteses"*.[1173]

[1173] Ibidem, Leite, 2018, p.1313.

É pressuposto para a admissibilidade dos embargos a garantia do juízo ou a penhora de bens. A Reforma Trabalhista acrescentou o §6º ao art. 884 da CLT, dispensado a exigência da garantia do juízo, e prevendo a inaplicabilidade da penhora às entidades filantrópicas e/ou àqueles que compõem ou compuseram a diretoria dessas instituições.

Se a penhora não for realizada, ou se os bens nomeados pelo devedor não forem suficientes para satisfazer a o crédito do exequente, não se iniciará o prazo para oposição dos embargos à execução.

As matérias de defesa nos embargos à execução disciplinadas pelo art. 884, §1º, da CLT são meramente exemplificativas. Tal dispositivo prevê que o embargante poderá alegar o cumprimento da decisão ou do acordo, quitação ou prescrição da dívida.[1174]

Com efeito, prevalece o entendimento que as matérias arroladas no art. 525, §1º, do CPC são aplicáveis de forma supletiva e subsidiárias ao Processo do Trabalho.[1175] Também poderá ser objeto dos embargos à execução a sentença de liquidação (art. 884, § 3º, da CLT), isto é, a conta de liquidação, apontando as incorreções de cálculo homologado, bem como as matérias de ordem pública.

O § 5o do art. 884, da CLT admite, ainda, a impugnação de *"título judicial fundado em lei ou ato normativo declarados inconstitucionais pelo Supremo Tribunal Federal ou em aplicação ou interpretação tidas por incompatíveis com a Constituição Federal"*, isto é, o título fundado em norma declarada incompatível com a constituição pelo Supremo Tribunal Federal, em ações de controle concentrado com efeito erga omnes. No mesmo sentido, preceitua o art. 525, §§ 12 a 15 do CPC.

Por fim, poderá apresentar matérias de ordem pública.

▸ SEÇÃO IV
DO JULGAMENTO E DOS TRÂMITES FINAIS DA EXECUÇÃO

Art. 885 – Não tendo sido arroladas testemunhas na defesa, o juiz ou presidente, conclusos os autos, proferirá sua decisão, dentro de 5 (cinco) dias, julgando subsistente ou insubsistente a penhora.

Art. 886 – Se tiverem sido arroladas testemunhas, finda a sua inquirição em audiência, o escrivão ou secretário fará, dentro de 48 (quarenta e oito) horas, conclusos os autos ao juiz ou presidente, que proferirá sua decisão, na forma prevista no artigo anterior. (Vide Leis nºs 409, de 1943 e 6.563, de 1978)

§ 1º – Proferida a decisão, serão da mesma notificadas as partes interessadas, em registrado postal, com franquia.

§ 2º – Julgada subsistente a penhora, o juiz, ou presidente, mandará proceder logo à avaliação dos bens penhorados.

Art. 887 – A avaliação dos bens penhorados em virtude da execução de decisão condenatória, será feita por avaliador escolhido de comum acordo pelas partes, que perceberá as custas arbitradas pelo juiz, ou presidente do tribunal trabalhista, de conformidade com a tabela a ser expedida pelo Tribunal Superior do Trabalho.

§ 1º Não acordando as partes quanto à designação de avaliador, dentro de cinco dias após o despacho que o determinou a avaliação, será o avaliador designado livremente pelo juiz ou presidente do tribunal.

§ 2º Os servidores da Justiça do Trabalho não poderão ser escolhidos ou designados para servir de avaliador.

Art. 888 – Concluída a avaliação, dentro de dez dias, contados da data da nomeação do avaliador, seguir-se-á a arrematação, que será anunciada por edital afixado na sede do juízo ou tribunal e publicado no jornal local, se houver, com a antecedência de vinte (20) dias. (Redação dada pela Lei nº 5.584, de 26.6.1970)

§ 1º A arrematação far-se-á em dia, hora e lugar anunciados e os bens serão vendidos pelo maior lance, tendo o exeqüente preferência para a adjudicação. (Redação dada pela Lei nº 5.584, de 26.6.1970)

§ 2º O arrematante deverá garantir o lance com o sinal correspondente a 20% (vinte por cento) do seu valor. (Redação dada pela Lei nº 5.584, de 26.6.1970)

§ 3º Não havendo licitante, e não requerendo o exeqüente a adjudicação dos bens penhorados, poderão os mesmos ser vendidos por leiloeiro nomeado pelo Juiz ou Presidente. (Redação dada pela Lei nº 5.584, de 26.6.1970)

§ 4º Se o arrematante, ou seu fiador, não pagar dentro de 24 (vinte e quatro) horas o preço da

---

1174 Ibidem. Schiavi, 2018, p. 1331

1175 "CPC, Art. 525. [...] § 1º Na impugnação, o executado poderá alegar: I – falta ou nulidade da citação se, na fase de conhecimento, o processo correu à revelia; II – ilegitimidade de parte; III – inexequibilidade do título ou inexigibilidade da obrigação; IV – penhora incorreta ou avaliação errônea; V – excesso de execução ou cumulação indevida de execuções; VI – incompetência absoluta ou relativa do juízo da execução; VII – qualquer causa modificativa ou extintiva da obrigação, como pagamento, novação, compensação, transação ou prescrição, desde que supervenientes à sentença. [...]"

arrematação, perderá, em benefício da execução, o sinal de que trata o § 2º dêste artigo, voltando à praça os bens executados. (Redação dada pela Lei nº 5.584, de 26.6.1970)

Art. 889 – Aos trâmites e incidentes do processo da execução são aplicáveis, naquilo em que não contravierem ao presente Título, os preceitos que regem o processo dos executivos fiscais para a cobrança judicial da dívida ativa da Fazenda Pública Federal.

Art. 889-A. Os recolhimentos das importâncias devidas, referentes às contribuições sociais, serão efetuados nas agências locais da Caixa Econômica Federal ou do Banco do Brasil S.A., por intermédio de documento de arrecadação da Previdência Social, dele se fazendo constar o número do processo. (Incluído pela Lei nº 10.035, de 2000)

§ 1º Concedido parcelamento pela Secretaria da Receita Federal do Brasil, o devedor juntará aos autos a comprovação do ajuste, ficando a execução da contribuição social correspondente suspensa até a quitação de todas as parcelas. (Redação dada pela Lei nº 11.457, de 2007) (Vigência)

§ 2º As Varas do Trabalho encaminharão mensalmente à Secretaria da Receita Federal do Brasil informações sobre os recolhimentos efetivados nos autos, salvo se outro prazo for estabelecido em regulamento. (Redação dada pela Lei nº 11.457, de 2007) (Vigência)

SEÇÃO V
DA EXECUÇÃO POR PRESTAÇÕES SUCESSIVAS

Art. 890 – A execução para pagamento de prestações sucessivas far-se-á com observância das normas constantes desta Seção, sem prejuízo das demais estabelecidas neste Capítulo.

Art. 891 – Nas prestações sucessivas por tempo determinado, a execução pelo não-pagamento de uma prestação compreenderá as que lhe sucederem.

Art. 892 – Tratando-se de prestações sucessivas por tempo indeterminado, a execução compreenderá inicialmente as prestações devidas até a data do ingresso na execução.

CAPÍTULO VI
DOS RECURSOS

Art. 893 – Das decisões são admissíveis os seguintes recursos: (Redação dada pela Lei nº 861, de 13.10.1949)

I – embargos; (Redação dada pela Lei nº 861, de 13.10.1949)

II – recurso ordinário; (Redação dada pela Lei nº 861, de 13.10.1949)

III – recurso de revista; (Redação dada pela Lei nº 861, de 13.10.1949)

IV – agravo. (Redação dada pela Lei nº 861, de 13.10.1949)

§ 1º – Os incidentes do processo são resolvidos pelo próprio Juízo ou Tribunal, admitindo-se a apreciação do merecimento das decisões interlocutórias somente em recursos da decisão definitiva. (Parágrafo único renumerado pelo Decreto-lei nº 8.737, de 19.1.1946)

§ 2º – A interposição de recurso para o Supremo Tribunal Federal não prejudicará a execução do julgado. (Incluído pelo Decreto-lei nº 8.737, de 19.1.1946)

COMENTÁRIOS (ART. 893)

O recurso é o instrumento processual por meio do qual as partes – ou terceiro juridicamente interessado e o Ministério Público do Trabalho quando atua na qualidade de parte ou de custos legis – impugnam a decisão judicial, com o objetivo de anular, reformar ou integrar a decisão[1176].

Dentre os diversos conceitos de recurso, merece destaque a conceituação elaborada pelo Professor Carlos Henrique Bezerra Leite[1177]:

> *"A palavra recurso pode ser entendida em sentido amplo e em sentido restrito. **Em sentido amplo**, é um remédio, isto é, **um meio de proteger um direito**: ações, recursos processuais ou administrativos, exceções, contestações, reconvenção, medidas cautelares. **Em sentido restrito**, é a **provocação de um novo julgamento**, na mesma relação processual, da decisão pela mesma ou por outra autoridade judiciária superior" (grifos acrescidos).*

No que se refere a natureza jurídica dos recursos a doutrina e a jurisprudência é dividida.

Para uma corrente doutrinária o recurso possui natureza jurídica de ação autônoma de impugnação, isso porque, segundo a ótica dos defensores dessa interpretação, o direito de recorrer constitui um novo exercício do direito de ação, absolutamente independente da ação originada pela petição inicial, visando a obtenção de um novo título judicial constitutivo negativo, como ocorre, v.g., com a ação rescisória.

[1176] Essa definição de recurso foi conferida pelo Professor Marcelo Moura, que conceitua o recurso "como o meio de impugnação das decisões judiciais, posto à disposição da parte, de terceiro interessado, ou do Ministério Público, cujo o objetivo é reformar, anular ou integrar a decisão, modificando-a no mesmo processo em que a decisão é proferida, de acordo com o procedimento previsto legalmente" (Marcelo Moura. Consolidação das Leis do Trabalho para concursos. 8ª ed. Salvador: Juspodivm, 2018).

[1177] Leite, Carlos Henrique Bezerra Curso de Direito Processual do Trabalho. 16. ed. – São Paulo: Saraiva Educação, 2018.

A corrente doutrinária em sentido contrário defende que o recurso não é uma ação autônoma de impugnação, mas, sim, um prolongamento do exercício do direito de ação. Para os defensores dessa corrente, amplamente majoritária, o recurso é uma continuação da demanda, está inserido na marcha processual.

O art. 893 da CLT estabelece que "Das decisões são admissíveis os seguintes recursos: I – embargos; II – recurso ordinário; III – recurso de revista; IV – agravo".

Vale dizer que a CLT o rol de recursos abarcado pelo art. 893 da CLT é meramente exemplificativo, sendo possível a interposição de outros recursos no processo do trabalho. Nesse sentido, podemos verificar que existem outros dispositivos espalhados pela CLT referenciando o cabimento de recursos que sequer são regulamentados na CLT como, por exemplo, o Recurso Extraordinário (art. 893, §2º, CLT) ou o agravo regimental (art. 709, §1º, CLT).

A jurisprudência entende que é possível a aplicação subsidiária das regras do direito processual comum em caso de omissão e compatibilidade de princípios e regras, na forma do art. 796 da CLT.

Nessa toada, o (Novo) Código de Processo Civil estabelece em seu artigo 15 que ***"Na ausência de normas que regulem processos eleitorais, trabalhistas ou administrativos, as disposições deste Código lhes serão aplicadas supletiva e subsidiariamente".***

A doutrina entende que a expressão "fonte subsidiária" está relacionada como uma fonte secundária a ser aplicada apenas quando houver esgotamento da aplicação das normas contidas na CLT (fonte primária), ou seja, há uma completa omissão da CLT em relação determinado ato ou instituto processual – como ocorria, por exemplo, com a distribuição do ônus da prova em que se aplicava o art. 373 do CPC ou com o incidente de desconsideração da personalidade jurídica.

Já o termo "fonte supletiva" é compreendido como a possibilidade de importar uma determinada regra do direito processual comum, ainda que a CLT não seja omissa, dando celeridade a uma etapa do processo.

O Professor Homero Batista Mateus da Silva [1178]ensina que:

> *"O art. 15 do CPC/2015 se valeu, também, da noção de supletividade. Em verdade, a estratégia do legislador de 2015 de levar para o CPC o mesmo assunto tratado no art. 769 da CLT – a aplicação do direito processual comum ao processo do trabalho – causou grande repercussão, a começar pela própria conveniência de haver dois dispositivos análogos em diplomas processuais diferentes. Dada a redação mais minuciosa e o fato de se achar assentado em Lei específica, o art. 769 da CLT tem levado pequena vantagem nos debates acadêmicos como sendo o que melhor atende aos anseios da interpretação sistemática. No entanto, a presença da noção de supletividade no art. 15 chamou a atenção para um fato há muito tempo sustentado por alguns processualistas: em determinadas circunstâncias, seria razoável importar uma regra do processo comum, ainda que a CLT não seja omissa, mas quando essa aplicação pudesse agregar valor ao processo do trabalho, agilizando alguma etapa do procedimento. O exemplo mais citado é a multa de 10% sobre o valor da execução em caso de não haver pagamento voluntário pelo devedor (arts. 475-J, do CPC/1973; 523, § 1º, do CPC/2015): apesar da forte resistência a essa multa, rechaçada que foi pelo TST e outras instâncias decisórias, argumenta-se que ela teria a capacidade de alavancar algumas execuções e que os procedimentos dos arts. 882 e 884 da CLT já se acham muito superados. Seria o caso, portanto, de uma aplicação "complementar", "adicional", um reforço de posições ao processo do trabalho – e não meramente uma aplicação subsidiária, nos moldes clássicos, que pressupõe a anomia".*

Assim, é possível a aplicação do direito processual comum sempre que houver uma completa omissão no direito processual do trabalho ou quando existir previsão na CLT, mas o direito processual comum se mostrar mais efetivo que o processo do trabalho.

Dito isso, é possível, portanto, a utilização do recurso de Agravo Interno (art. 1.021 do CPC) em face das decisões monocráticas proferidas pelo relator denegatória de seguimento, para que o recurso tenha seu mérito apreciado pelo respectivo órgão colegiado, ou ainda, o Recurso Extraordinário, aplicando ao processo do trabalho as regras previstas no art. 1.029 e seguintes do CPC, com adaptações.

Os fundamentos da existência dos recursos são os seguintes: a) inconformismo da parte vencida, ou seja, é da natureza do ser humano não se conformar com um resultado negativo e querer uma nova oportunidade de apreciação da matéria; b) falibilidade humana, isto é, o juiz é um ser humano que também erra, podendo proferir decisões injustas ou não amparadas pelo ordenamento jurídico vigente; c) aprimoramento das decisões judiciais; d) forma de controle dos atos jurisdicionais pelas instâncias superiores, de modo que o juiz, ao prolatar a sua decisão, tenha o discernimento de que ela poderá ser apreciada por órgão colegiado superior, composto por magistrados mais experientes, evitando-se arbitrariedades.

1. PRINCÍPIOS QUE REGEM OS RECURSOS TRABALHISTAS

A) Princípio do duplo grau de jurisdição

Este princípio preconiza o controle das decisões judiciais oriundas das instâncias inferiores pelos órgãos superiores. Tal princípio estabelece a possibilidade ao jurisdicionado de submeter a decisão judicial impugnada a um novo julgamento, aprimorando, indubitavelmente, as decisões do Poder Judiciário.

[1178] Homero Batista Mateus da Silva. CLT comentada. 2ª ed. – São Paulo: Thomson Reuters Brasil, 2018.

B) Princípio da taxatividade, da legalidade ou da reserva legal

O princípio da taxatividade, da legalidade ou da reserva legal aduz que somente é possível o cabimento de um recurso que esteja previsto em lei, ou seja, na CLT ou na legislação extravagante.

O rol dos recursos trabalhistas é taxativo (numerus clausus), e não meramente exemplificativo (numerus apertus).

O sistema processual trabalhista brasileiro apresenta os seguintes recursos: a) embargos de declaração (art. 897-A da CLT); b) recurso ordinário (art. 895 da CLT); c) agravo de instrumento (art. 897, b, da CLT); d) agravo regimental (interno) (art. 1.021 do CPC); e) recurso de revista (arts. 896, 896-A, 896-B e 896-C da CLT); f) embargos no TST (art. 894 da CLT); g) recurso extraordinário (art. 102, III, da CF/88); h) recurso ordinário constitucional (art. 102, II, da CF/88); i) agravo de petição (art. 897, a, da CLT); j) recurso (pedido) de revisão (art. 2º, §§ 1º e 2º, da Lei n. 5.584/70); e k) recurso adesivo (art. 997 do CPC e Súmula 283 do TST).

O duplo grau de jurisdição obrigatório, também conhecido como reexame necessário, remessa *ex officio*, ou como recurso de ofício, consiste na condição de eficácia da sentença (art. 496 do CPC e Decreto-Lei n. 779/69

C) Princípio da unirrecorribilidade, singularidade ou unicidade recursal

Segundo a doutrina, traduz-se na ideia de que somente é cabível um único recurso específico para cada decisão.

D) Princípio da fungibilidade ou da conversibilidade recursal

O princípio da fungibilidade recursal consiste na conversão do recurso que foi interposto de forma incorreta naquele considerado adequado. Em outras palavras, o recorrente tem a possibilidade de interpor um recurso em vez de outro quando presentes alguns requisitos.

A doutrina menciona três requisitos ou pressupostos para a aplicação do referido princípio: i) inexistência de erro grosseiro ou de má-fé – o erro grosseiro existe quando a lei disciplina expressamente o recurso correto e a parte interpõe outro. Já a má-fé, observa-se que a parte interpõe sabidamente um recurso incabível com o intuito de procrastinar o trâmite processual ou atentar contra a boa ordem processual; ii) existência de dúvida objetiva em relação ao recurso cabível no caso concreto – a dúvida deve ser objetiva, ou seja, haver fundada controvérsia doutrinária e jurisprudencial sobre o recurso cabível para a decisão; iii) o recurso que foi interposto de forma errada deve observar o prazo do recurso corretamente cabível – a doutrina e a jurisprudência majoritária entendem que o prazo do recurso processualmente correto deverá ser observado.

E) Princípio da variabilidade recursal

Parte da doutrina processual trabalhista advoga a tese da possibilidade de o recorrente variar de recurso dentro do prazo legal. Dessa forma, seria possível o recorrente modificar o recurso interposto em determinado prazo, com o objetivo de interpor o recurso correto para a decisão. A interposição de outro recurso representaria a desistência tácita do primeiro.

2. PRAZOS RECURSAIS

O art. 6º da Lei n. 5.584/70 prevê que será de 8 dias o prazo para interpor e contra-arrazoar qualquer recurso. No mesmo sentido, vaticina o art. 1º, § 2º, da Instrução Normativa n. 39/2016 do TST. Vejamos os principais prazos abaixo:

Principais prazos recursais no processo do trabalho	
Hipóteses	**Prazo**
Recurso de revisão ou pedido de revisão (art. 2º, §§ 1º e 2º, da Lei n. 5.584/70)	48 horas
Embargos de Declaração	5 dias
Embargos à Execução (art. 884, CLT)	5 dias
Recurso Ordinário	8 dias
Recurso de Revista	8 dias
Embargos no TST (art. 894, CLT)	8 dias
Agravo de Petição (Art. 897, "a", CLT)	8 dias
Agravo Regimental ou Interno (art. 1.021, CPC; art. 1º, §2º, da Instrução Normativa 39/2016)	8 dias
Agravo de Instrumento (Art. 897, "b", CLT)	8 dias
Recurso Extraordinário (art. 102, III, CF)	15 dias
Fazenda Pública (art. 1º, Decreto-Lei 779/69)	- Prazo em dobro para recorrer; - 20 dias de interstício entre a notificação e a audiência (prazo em quadruplo).
Ministério Público do Trabalho (Art. 180, CPC)	Prazo em dobro, inclusive para recorrer.

3. IRRECORRIBILIDADE IMEDIATA/DIRETA/EM SEPARADO/AUTÔNOMA DAS DECISÕES INTERLOCUTÓRIAS

A decisão interlocutória, é definida como todo pronunciamento judicial de natureza decisória que não se enquadre no § 1º, conforme previsto no art. 203, § 2º, do CPC, a exemplo, da decisão que resolve uma exceção de incompetência relativa.

Segundo o §1º do art. 893 da CLT, as decisões interlocutórias são irrecorríveis de imediato, estabelecendo que a apreciação do merecimento das decisões interlocutórias somente em recurso da decisão definitiva.

Este princípio não é absoluto. A Súmula 214 do TST preconiza que: " Na Justiça do Trabalho, nos termos do art. 893, § 1º, da CLT, as decisões interlocutórias não ensejam recurso imediato, salvo nas hipóteses de decisão: a) de Tribunal Regional do Trabalho contrária à Súmula ou Orientação Jurisprudencial do Tribunal Superior do Trabalho; b) suscetível de impugnação mediante recurso para o mesmo Tribunal; c) que acolhe exceção de incompetência territorial, com a remessa dos autos para Tribunal Regional distinto daquele a que se vincula o juízo excepcionado, consoante o disposto no art. 799, § 2º, da CLT.

Art. 894. No Tribunal Superior do Trabalho cabem embargos, no prazo de 8 (oito) dias: (Redação dada pela Lei nº 11.496, de 2007)

I – de decisão não unânime de julgamento que: (Incluído pela Lei nº 11.496, de 2007)

a) conciliar, julgar ou homologar conciliação em dissídios coletivos que excedam a competência territorial dos Tribunais Regionais do Trabalho e estender ou rever as sentenças normativas do Tribunal Superior do Trabalho, nos casos previstos em lei; e (Incluído pela Lei nº 11.496, de 2007)

b) (VETADO)

II – das decisões das Turmas que divergirem entre si ou das decisões proferidas pela Seção de Dissídios Individuais, ou contrárias a súmula ou orientação jurisprudencial do Tribunal Superior do Trabalho ou súmula vinculante do Supremo Tribunal Federal. (Redação dada pela Lei nº 13.015, de 2014)

Parágrafo único. (Revogado). (Incluído pela Lei nº 13.015, de 2014)

§ 2º A divergência apta a ensejar os embargos deve ser atual, não se considerando tal a ultrapassada por súmula do Tribunal Superior do Trabalho ou do Supremo Tribunal Federal, ou superada por iterativa e notória jurisprudência do Tribunal Superior do Trabalho. (Incluído pela Lei nº 13.015, de 2014)

§ 3º O Ministro Relator denegará seguimento aos embargos: (Incluído pela Lei nº 13.015, de 2014)

I – se a decisão recorrida estiver em consonância com súmula da jurisprudência do Tribunal Superior do Trabalho ou do Supremo Tribunal Federal, ou com iterativa, notória e atual jurisprudência do Tribunal Superior do Trabalho, cumprindo-lhe indicá-la; (Incluído pela Lei nº 13.015, de 2014)

II – nas hipóteses de intempestividade, deserção, irregularidade de representação ou de ausência de qualquer outro pressuposto extrínseco de admissibilidade. (Incluído pela Lei nº 13.015, de 2014)

§ 4º Da decisão denegatória dos embargos caberá agravo, no prazo de 8 (oito) dias. (Incluído pela Lei nº 13.015, de 2014)

COMENTÁRIOS (ART. 894)

Antes da reforma oriunda da Lei n. 11.496/2007 havia três espécies de embargos no TST, quais sejam: a) os embargos de divergência; b) os embargos infringentes; c) os embargos de nulidade. Com a Reforma promovida pela Lei n. 11.496/2007, os embargos de nulidade foram revogados do sistema processual trabalhista, de forma que subsistem apenas duas espécies de embargos no TST: os embargos de divergência e os embargos infringentes.

Os embargos de nulidade eram cabíveis contra acórdão proferido pela Turma do Tribunal Superior do Trabalho, em grau de recurso de revista, que contrariasse lei federal ou a Constituição Federal. A Seção de Dissídios Individuais era o órgão jurisdicional competente para julgar o referido recurso.

Nos termos do art. 894, II, da CLT, das decisões das Turmas que divergirem entre si ou das decisões proferidas pela Seção de Dissídios Individuais, ou contrárias a súmula ou orientação jurisprudencial do Tribunal Superior do Trabalho ou súmula vinculante do Supremo Tribunal Federal cabem embargos.

Trata-se de um dos recursos trabalhistas de natureza extraordinária, ou seja, não admitem o reexame de fatos e provas (Súmula 126 do TST). Presta-se a uniformizar a jurisprudência.

Para melhor compreender as hipóteses de cabimento, elencamos abaixo de forma didática:

i) decisão de uma Turma do TST × decisão de outra Turma do TST;
ii) decisão de uma Turma do TST × decisão da SDI do TST;
iii) decisão de uma Turma do TST × Súmula do TST;
iv) decisão de uma Turma do TST × OJ do TST; e
v) decisão de uma Turma do TST × Súmula Vinculante do STF.

A divergência apta a ensejar os embargos deve ser atual, não se considerando tal a ultrapassada por súmula do Tribunal Superior do Trabalho ou do Supremo Tribunal Federal, ou superada por iterativa e notória jurisprudência do Tribunal Superior do Trabalho (art. 894, § 2º, da CLT; Súmula 333 do TST).

De mais a mais, o Ministro Relator denegará seguimento aos embargos se a decisão recorrida estiver em consonância com súmula da jurisprudência do Tribunal Superior do Trabalho ou do Supremo Tribunal Federal, ou com iterativa, notória e atual jurisprudência do Tribunal Superior do Trabalho, cumprindo-lhe indicá-la; e nas hipóteses de intempestividade, deserção, irregularidade de representação ou de ausência de qualquer outro pressuposto extrínseco de admissibilidade.

Haverá a necessidade de preenchimento do prequestionamento, conforme a Súmula 297 do TST.

Os embargos infringentes, por sua vez, são cabíveis de decisão não unânime de julgamento que conciliar, julgar ou homologar conciliação em dissídios coletivos que excedam a competência territorial dos Tribunais Regionais do Trabalho e estender ou rever as sentenças normativas do Tribunal Superior do Trabalho, nos casos previstos em lei (art. 894, I, a, da CLT).

Assim, somente são cabíveis embargos infringentes nos dissídios coletivos de competência originária do Tribunal Superior do Trabalho.

Art. 895 – Cabe recurso ordinário para a instância superior: (Vide Lei 5.584, de 1970)

I – das decisões definitivas ou terminativas das Varas e Juízos, no prazo de 8 (oito) dias; e (Incluído pela Lei nº 11.925, de 2009).

II – das decisões definitivas ou terminativas dos Tribunais Regionais, em processos de sua competência originária, no prazo de 8 (oito) dias, quer nos dissídios individuais, quer nos dissídios coletivos. (Incluído pela Lei nº 11.925, de 2009).

§ 1º – Nas reclamações sujeitas ao procedimento sumaríssimo, o recurso ordinário: (Incluído pela Lei nº 9.957, de 2000)

I – (VETADO). (Incluído pela Lei nº 9.957, de 2000)

II – será imediatamente distribuído, uma vez recebido no Tribunal, devendo o relator liberá-lo no prazo máximo de dez dias, e a Secretaria do Tribunal ou Turma colocá-lo imediatamente em pauta para julgamento, sem revisor; (Incluído pela Lei nº 9.957, de 2000)

III – terá parecer oral do representante do Ministério Público presente à sessão de julgamento, se este entender necessário o parecer, com registro na certidão; (Incluído pela Lei nº 9.957, de 2000)

IV – terá acórdão consistente unicamente na certidão de julgamento, com a indicação suficiente do processo e parte dispositiva, e das razões de decidir do voto prevalente. Se a sentença for confirmada pelos próprios fundamentos, a certidão de julgamento, registrando tal circunstância, servirá de acórdão. (Incluído pela Lei nº 9.957, de 2000)

§ 2º Os Tribunais Regionais, divididos em Turmas, poderão designar Turma para o julgamento dos recursos ordinários interpostos das sentenças prolatadas nas demandas sujeitas ao procedimento sumaríssimo. (Incluído pela Lei nº 9.957, de 2000)

COMENTÁRIOS (ART. 895)

1. RECURSO ORDINÁRIO

O recurso ordinário é o recurso mais conhecido e mais importante do Processo do Trabalho. Na praxe forense, é o recurso mais comum das bancas dos escritórios de advocacia. É considerado o "recurso de apelação" do Processo do Trabalho.

É indispensável a análise minuciosa da decisão terminativa ou definitiva proferida pelo magistrado de primeiro grau, a fim de possibilitar a devolução de todas as matérias – preliminares e meritórias – ao Tribunal Regional competente.

Élisson Miessa ensina que "A doutrina classifica os recursos quanto à sua natureza em: ordinários e extraordinários. Aqueles que visam à tutela do direito subjetivo, de modo que permitem a rediscussão ampla da matéria, seja de direito ou de fato. [...] Por outro lado, os recursos de natureza extraordinária fundam-se na tutela do direito objetivo, buscando a extada aplicação. Por visar à aplicação do direito, tais recursos impedem a verificação fática, inclusive o reexame de provas, ficando restritos à análise do direito"[1179].

O recurso ordinário está alocado entre os recursos de natureza ordinária, prestando-se, portanto, para rediscutir os fatos, as provas e a aplicação do direito na relação jurídica processual submetida ao crivo da Justiça Especializada.

Significa dizer que as partes podem, por exemplo, impugnar a avaliação do horário de trabalho realizado pelo empregado realizada pelo juiz de primeira instância; verificar se conduta do empregador caracteriza (ou não) alguma ofensa à honra ou a imagem do trabalhador; se a conduta do empregado configura (ou não) falta grave; se o indeferimento da produção de um meio de prova viola ou não as normas de direito processual.

De acordo com o art. 893 da CLT, **"Das decisões são admissíveis os seguintes recursos:** I – embargos;

[1179] Henrique Correia e Élisson Miessa. Sumulas e Orientação Jurisprudenciais do TST Comentadas. – 8ª ed. – Salvador: Juspodivm, 2018.

II – recurso ordinário; III – recurso de revista; IV – agravo".

O rol de recursos mencionados nesse dispositivo é meramente exemplificativo, na medida em que a Consolidação das Leis do Trabalho não prevê todos os recursos, de modo que o direito processual comum é aplicável ao direito processual do trabalho de forma supletiva e subsidiária (art. 769 da CLT e art. 15 do CPC).

Nesse sentido Marcelo Moura ensina que "O rol de recursos trabalhista constantes do art. 893, acima, não é exaustivo, porque a legislação processual trabalhista foi alterada ao longo do tempo, incluindo outros recursos"[1180].

Aplica-se, assim, ao processo do trabalho o Recurso Extraordinário (art. 1.029, CPC), o Recurso Ordinário Constitucional (arts. 102, II, e 105, II, da CF), além de outros previstos na legislação esparsa como o Recurso de Revisão ou Alçada (art. 2º da Lei 5.584/1970).

Parte da doutrina entende que o "nomen iuris" do recurso em estudo é inadequado, isso porque se assemelha ao Recurso Ordinário Constitucional previsto na Constituição Federal de 1988 (arts. 102, II, e 105, II), gerando confusão. Afirmam que o nome deve ser alterado para recurso de "apelação" – nomenclatura utilizada pelo Código de Processo Civil – tendo em vista que se assemelham em muitos aspectos[1181], notadamente para impugnar decisão definitiva ou terminativa proferida pelos magistrados de primeiro grau de jurisdição.

Carlos Henrique Bezerra Leite adverte que "o recurso ordinário não se presta apenas a atacar decisões do primeiro grau de jurisdição (sentenças), sendo também manejado para impugnar acórdãos proferidos pelos Tribunais Regionais do Trabalho nos processos de sua competência originária, tanto nas ações individuais (mandado de segurança, ação rescisória etc.) como nos dissídios coletivos e nas ações anulatórias de cláusulas de acordos e convenções coletivas de trabalho".

O recurso ordinário está previsto no art. 895 da CLT, cujo teor transcrevemos a seguir: "Cabe recurso ordinário para a instância superior: I – das decisões definitivas ou terminativas das Varas e Juízos, no prazo de 8 (oito) dias; e II – das decisões definitivas ou terminativas dos Tribunais Regionais, em processos de sua competência originária, no prazo de 8 (oito) dias, quer nos dissídios individuais, quer nos dissídios coletivos".

As decisões definitivas e terminativas do feito referidas no dispositivo retro citado são: a) a sentença, pronunciamento proferido pelo magistrado de primeiro grau de jurisdição com base no arts. 485 e 487 do CPC, colocando fim à fase cognitiva (art. 203, CPC); b) as decisões definitivas ou terminativas (em regra, acórdãos) proferidas pelos Tribunais Regionais do Trabalho em dissídios individuais ou coletivos de sua competência originária – ação rescisória, mandado de segurança, dissídio coletivo.

Sobre esse aspecto é importante dizer que a decisão definitiva é aquela que aprecia o mérito da demanda (art. 487, CPC), como, por exemplo, a decisão que reconhece a diferença salarial decorrente de equiparação salarial.

Já a decisão terminativa é aquela que apresenta um vício processual acarretado a extinção do feito sem resolução de mérito (art. 485, CPC)[1182], como ocorre nas decisões que acolhem o pedido de inépcia da petição inicial, ou litispendência, hipóteses em que o processo será julgado sem ter o mérito apreciado.

Muito se discute sobre a possibilidade ou não de aplicação do julgamento parcial de mérito, previsto no art. 356 do Código de Processo Civil, ao Direito Processual do Trabalho.

A redação do art. 356 do Código de Processo Civil alude que o "juiz decidirá parcialmente o mérito quando um ou mais dos pedidos formulados ou parcela deles mostrar-se incontroverso ou estiver em condições de imediato julgamento.

O julgamento parcial do mérito permite à parte liquidar ou executar, desde logo a obrigação reconhecida na decisão parcial de mérito (§2º do art. 356, CPC), tratando-se de execução provisória, convertida em execução definitiva após o trânsito em julgado (§3º do art. 356, CPC).

No Processo Civil a decisão parcial de mérito é impugnável através de agravo de instrumento (§5º do art. 356, CPC).

Diante disso, parcela da doutrina questiona a natureza jurídica desta decisão é interlocutória ou de sentença. Para uma corrente a decisão que julga parcialmente o mérito tem natureza jurídica de decisão interlocutória, sendo uma espécie diferenciada de antecipação de tutela. A opção do legislador pela utilização do agravo de instrumento – preterindo o recurso de apelação – seria um indicativo da natureza jurídica interlocutória da decisão parcial do mérito, pois, trata-se de via recursal específica para a impugnação de decisões interlocutórias, contrapondo-se aos princípios e regras do processo do trabalho (art. 893, §1º, CLT).

De outro lado, há quem defenda a aplicação do referido dispositivo ao processo do trabalho, entendendo

[1180] Marcelo Moura. Consolidação das Leis do Trabalho para concursos. 8. ed. – Salvador: Juspodivm, 2018.

[1181] Carlos Henrique Bezerra Leite. Curso de direito processual do trabalho– 16. ed. – São Paulo: Saraiva Educação, 2018.

[1182] Eduardo Arruda Alvim, Daniel Willian Granado e Eduardo Aranha Ferreira. Direito processual civil – 6. ed. – São Paulo: Saraiva Educação, 2019.

que trata-se de decisão definitiva parcial de mérito, cujo o julgamento se dá de forma antecipado, haja vista a inexistência de controvérsia quanto a um ou mais pedidos formulados ou parcela dele, bem como diante da aptidão do feito para o julgamento, isto é, não houver necessidade de produção de outras provas ou na hipótese de revelia em que não haja requerimento de produção de provas (art. 355 e 356 do CPC).

O Tribunal Superior do Trabalho ao analisar os dispositivos do Código de Processo Civil aplicáveis e inaplicáveis ao Processo do Trabalho filiou-se à segunda corrente, na medida em que entendeu pela compatibilidade do art. 356, §§ 1º a 4º, do CPC/2015 e a possibilidade de aplicação ao Processo do Trabalho, conforme o art. 5º da Instrução Normativa nº 39/2016 do TST.

Em seguida, o Conselho Superior da Justiça do Trabalho (CSJT) editou o Ato Conjunto nº. 3 de 10 de agosto de 2020, para dispor sobre o processamento dos feitos, no primeiro grau de jurisdição, nos casos de decisão parcial de mérito.

De acordo com o art. 2º do Ato Conjunto nº. 3/2020, a decisão parcial do mérito é impugnável por meio de recurso ordinário, aplicando-se as regras relativas ao preparo (pagamento das custas processuais e do depósito recursal).

O recurso ordinário e as contrarrazões serão apresentados nos autos principais, a fim de permitir a realização do juízo de admissibilidade recursal pelo magistrado primeiro grau de jurisdição (art. 2º, §1º, do Ato Conjunto nº. 3/2020) e a Secretaria da Vara do Trabalho autuará um processo suplementar, vinculado ao processo principal, com cópia integral do processo.

Se o juiz do trabalho negar seguimento ao recurso ordinário interposto em face da decisão parcial de mérito a parte poderá apresentar o recurso de agravo de instrumento (art. 897, "b", CLT) nos autos do processo principal (art. 3º do Ato Conjunto nº. 3/2020).

Na hipótese de reforma ou anulação da decisão parcial com a determinação de novo julgamento e o processo principal já tenha sido julgado, a nova decisão será proferida no processo suplementar no prazo de 10 dias. Do contrário, se o processo principal não tenha sido julgado, mas estiver apto para o julgamento, o juiz deverá extinguir o processo suplementar e determinar o traslado das peças inéditas para os autos do processo principal, para julgamento único (art. 6º e 8º do Ato Conjunto nº. 3/2020).

O julgamento parcial do mérito permite a execução provisória da decisão. Se a parte não apresentar qualquer recurso para impugnar o julgamento parcial de mérito, a parte poderá promover a execução definitiva do capítulo não impugnado em autos suplementares.

Vale ressaltar que a decisão interlocutória, a rigor, não comporta recurso imediato (art. 893, §1º, da CLT). Contudo, a decisão interlocutória que acolhe a exceção de incompetência territorial apresentada pela reclamada e determinará a remessa dos autos para Vara do Trabalho vinculada ao Tribunal Regional do Trabalho de outra região, comporta o cabimento de recurso ordinário, viabilizando a defesa da competência territorial da Vara do Trabalho (juízo excepcionado) na qual a reclamação trabalhista foi proposta (Súmula 214, "c", do TST).

Há uma vertente doutrinária que entende que tais decisões não são enquadradas como terminativas do feito e, por essa razão, não seria possível a interposição de recurso ordinário.

Nessa toada, Carlos Henrique Bezerra Leite defende que "Parece-me, porém, que a decisão interlocutória que acolhe exceção de incompetência em razão do lugar, arguida pela ré, e determina a remessa dos autos para outra Vara do Trabalho, ainda que vinculada a TRT de outra região, não desafiaria, de imediato, recurso ordinário, pois não é uma decisão terminativa do feito na Justiça do Trabalho".

O prazo para interposição do recurso de ordinário é de 8 dias úteis (art. 775, CLT e art. 6º da Lei 5.584/70). As partes serão intimadas das decisões, a rigor, nas próprias audiências em que forem proferidas, ou, no caso de revelia, a parte será intimada por notificação postal, na forma do arts. 834 e 852 da CLT.

Na hipótese de o juiz do trabalho prolatar a sentença em audiência UNA – em que todos os atos processuais são praticados em uma única audiência, sem fracionamento – o prazo recursal começa a fluir no dia seguinte, sendo certo que a decisão deverá ser juntada ao processo no prazo de 48 horas, do contrário, o prazo começa a fluir após a data em que a parte for intimada da sentença (Súmula 30 do TST).

O juiz do trabalho, no entanto, pode fracionar os atos processuais praticados em audiência em caso de força maior, marcando outra audiência para dar continuidade aos atos processuais (art. 849, CLT).

Depois de concluída a fase instrutória, da apresentação das razões finais pelas partes e rejeição da conciliação (2ª tentativa), o juiz do trabalho pode designar uma audiência em prosseguimento para proferir a sentença.

Se a parte não comparecer à audiência em prosseguimento, o prazo para recurso conta-se a partir da publicação da sentença (Súmula 197 do TST).

A interposição do recurso ordinário é realizada por simples petição dirigida ao juízo prolator da decisão – ao Juiz do Trabalho ou ao Juiz de Direito investido em matéria trabalhista, na hipótese do inciso I, ou ao Tribunal Regional, nos processos de sua competência originária.

Como regra, o recurso ordinário tem apenas o efeito devolutivo (art. 899, CLT), isto é, visa impugnar a decisão e possibilitar a revisão pelo Tribunal hierarquicamente superior ao juízo prolator da decisão. O efeito suspensivo – aquele que impede a eficácia da decisão impugnada, em outras palavras, impede a execução provisória da decisão – será concedido em caráter excepcional por meio de simples petição dirigida ao tribunal, às relações ou ao presidente ou vice-presidente do tribunal recorrido, na forma do art. 1.029, §5º, do CPC e da Súmula 414, I, do TST.

A admissibilidade do recurso ordinário, diferentemente do recurso de apelação no processo civil (art. 1.010, §3º, CPC e art. 2º, XI, IN 39/2016), é realizada em dois momentos (regra geral do **duplo juízo de admissibilidade**): a) pelo juízo prolator da decisão – chamado de juízo "a quo" – antes da remessa dos autos para o tribunal competente; b) pelo relator ou órgão colegiado do Tribunal – conhecido como juízo "ad quem" – quando da análise do recurso ordinário.

Marcelo Moura[1183] ensina que "a admissibilidade do recurso ordinária é feita, inicialmente, pelo juízo de primeira instância antes da remessa dos autos do processo para a segunda instância. Trata-se de juízo preliminar de admissibilidade do recurso e que não vincula o juízo próprio e definitivo que será realizado pelo órgão julgador competente: a turma do Tribunal Regional do Trabalho".

Assim, v.g., mesmo que o juiz de primeira instância reconheça a admissibilidade do recurso ordinário interposto em face da sentença o Tribunal Regional do Trabalho poderá inadmitir, não conhecer ou negar seguimento ao recurso pela ausência de preenchimento dos requisitos intrínsecos (subjetivos) ou extrínsecos (objetivos).

Dentre os pressupostos de admissibilidade se destaca o preparo, composto das custas e do depósito recursal.

A sistemática das custas no processo do trabalho é diferente do regramento adotado no direito processual civil. Neste, as custas são recolhidas no início, isto é, quando do ajuizamento da demanda e as despesas processuais ao longo da demanda. Já o processo do trabalho dispensa a antecipação do recolhimento das custas, sendo devidas e recolhidas vencida após o trânsito em julgado da decisão, ou quando da interposição do recurso, em percentual de 2% sobre o valor da condenação arbitrada pelo juiz ou sobre o valor da causa ou do acordo, a depender do caso concreto (art. 789, CLT).

A Reforma Trabalhista (Lei 13.467/2017) institui um teto para o recolhimento das custas, limitando-as em quatro vezes sobre o limite máximo dos benefícios do Regime Geral de Previdência Social, conforme previsto no "caput" do art. 789 da CLT.

Segundo a Portaria 3.659 de 10 de fevereiro de 2020, da Secretaria Especial de Previdência e Trabalho do Ministério da Economia, os benefícios do Regime Geral de Previdência Social estão limitados ao teto de R$ 6.101,06.

Sobrevindo eventual condenação, por exemplo, eventual recolhimento das custas estará limitado ao valor de R$ 24.406,40.

O depósito recursal está previsto no art. 899 da CLT. Tem como objetivo a garantia do juízo em benefício do empregado, ou seja, garantir a satisfação do crédito deferido em um título executivo – em regra judicial – em favor do empregado.

Assim, o empregado-recorrente sempre estará dispensado do recolhimento do depósito recursal.

Essa temática também sofreu alterações pela Reforma Trabalhista, dentre elas: i) o depósito recursal, antes depositado na conta do Fundo de Garantia do Tempo de Serviço (FGTS) vinculada ao trabalhador, passou a ser depositado em conta vinculada ao juízo e corrigido com os mesmos índices da poupança (§4º do art. 899, CLT); ii) o valor do depósito recursal será reduzido pela metade para entidades sem fins lucrativos, empregadores domésticos, microempreendedores individuais, microempresas e empresas de pequeno porte (§ 9º do art. 899, CLT); iii) são isentos do depósito recursal os beneficiários da justiça gratuita, as entidades filantrópicas e as empresas em recuperação judicial (§ 10 do art. 899, CLT); iv) o depósito recursal poderá ser substituído por fiança bancária ou seguro garantia judicial (§11 do art. 899, CLT).

O Tribunal Superior do Trabalho regulamenta o recolhimento do depósito recursal nas Instruções Normativas nº 3, 18, 31 e 36.

Em caso de recolhimento insuficiente do depósito recursal, somente haverá deserção do recurso se, concedido o prazo de 5 (cinco) dias previsto no § 2º do art. 1.007 do CPC de 2015, o recorrente não complementar e comprovar o valor devido, conforme inciso XIII da IN nº. 3 do TST.

Os depósitos judiciais na Justiça do Trabalho serão realizados em conta judicial, perante o Banco do Brasil S.A ou Caixa Econômica Federal, pelos seguintes meios: a) depósito direto em espécie ou cheque; b) boleto bancário; c) transferência eletrônica disponível (TED); d) penhora eletrônica de dinheiro (Sistema BACEN-JUD); e) cartão de crédito ou débito (art. 1º da IN 36/2012).

A guia de recolhimento ou boleto bancário deve conter informações que permitam a identificação do depósito e estar acompanhado do respectivo

[1183] Idem. Marcelo Moura, 2018.

comprovante de pagamento, para que seja considerado meio hábil para demonstrar a realização dos depósitos judicial e recursal.

2. RECURSO ORDINÁRIO NO PROCEDIMENTO SUMARÍSSIMO

O rito sumaríssimo foi instituído pela lei 9.957/2000 que acrescentou os artigos 852-A a 852-I à CLT.

Abrange os dissídios individuais cujo valor da causa seja superior a 2 (dois) salários mínimos e não supere 40 (quarenta) salários mínimos.

É o segundo rito mais célere do processo do trabalho. Apresenta características ainda mais simples e informal do que o rito ordinário, para conferir uma rápida solução ao litígio.

Seguindo essas premissas, o legislador acrescentou um procedimento mais simples para a tramitação do recurso ordinário no procedimento sumaríssimo (art. 895, §1º, CLT), conforme destacado no Manual de Processo do Trabalho[1184]:

> *"1ª) será **imediatamente distribuído**, uma vez recebido no Tribunal, devendo o **relator** liberá-lo no **prazo máximo de dez dias**, e a **Secretaria** do Tribunal ou Turma colocá-lo **imediatamente em pauta** para julgamento, **sem revisor**;*
>
> *2ª) terá **parecer oral** do representante do **Ministério Público** presente à sessão de julgamento, se este entender necessário o parecer, com registro na certidão;*
>
> *3ª) terá **acórdão** fundamentado apenas na certidão de julgamento, com a indicação suficiente do processo e parte dispositiva e das razões de decidir do voto prevalente. S e a sentença for confirmada pelos próprios fundamentos, a **certidão de julgamento**, registrando tal circunstância, servirá de acórdão;*
>
> *4ª) os **Tribunais Regionais**, divididos em Turmas, poderão designar **Turma** para o julgamento dos recursos ordinários interpostos das sentenças prolatadas nas demandas sujeitas ao procedimento sumaríssimo".*

3. CONTRARRAZÕES AO RECURSO ORDINÁRIO

A contrarrazão é o instrumento processual posto à disposição do recorrido para defender a manutenção da decisão recorrida.

O art. 900 da CLT preceitua que "Interposto o recurso, será notificado o recorrido para oferecer as suas razões, em prazo igual ao que tiver tido o recorrente".

Conquanto o art. 180 do NCPC e o Decreto-Lei 779/1969 estabeleçam o prazo em dobro para as pessoas jurídicas de direito público e Ministério Público do Trabalho recorrerem, prevalece que o prazo para as contrarrazões será idêntico para todos[1185].

A apresentação das contrarrazões não é um dever da parte recorrida, mas, sim, um ônus processual, no qual terá a oportunidade de consignar e devolver ao Tribunal os argumentos fáticos e jurídicos para manter os termos da decisão recorrida.

Esse instrumento processual é pouco explorado doutrinariamente, mas, tem uma enorme relevância prática, na medida em que contribui para a formação do convencimento do colegiado do Tribunal quanto ao acerto da decisão recorrida, bem como demonstrar eventual irregularidade no cumprimento dos requisitos de admissibilidade recursal, provocando a inadmissão do recurso apresentado pelo recorrente.

Além disso, as contrarrazões traduzem em expressão do princípio do contraditório e da ampla defesa (art. 5º, LV, CF), assegurado aos litigantes em processo judicial ou administrativo.

Gilmar Ferreira Mendes e Paulo Gustavo Gonet Branco [1186] explicam com eloquência que a paridade de armas decorre do

> *"– direito de informação (Recht auf Information), que obriga o órgão julgador a informar às partes os atos praticados no processo e sobre os elementos dele constantes;*
>
> *– direito de manifestação (Recht auf Äusserung), que assegura a possibilidade de manifestação, oralmente ou por escrito, sobre os elementos fáticos e jurídicos constantes do processo;*
>
> *– direito de ver seus argumentos considerados (Recht auf Berücksichtigung), que exige do julgador capacidade de apreensão e isenção de ânimo (Aufnahmefähigkeit und Aufnahmebereitschaft) para contemplar as razões apresentadas".*

As partes, portanto, devem ser informadas dos atos processuais praticados nos autos e ter a oportunidade de se manifestar sobre todos os elementos constantes no processo.

Aliás, a esse respeito, os artigos 9º e 10 do Código de Processo Civil deixam certo que o juiz não pode decidir, em grau algum de jurisdição, sem que uma das partes seja previamente ouvida, ainda que se trate de matéria sobre a qual deva conhecer de ofício, prestigiando, portanto, o contraditório e a ampla defesa.

O recorrido poderá apresentar em sede de contrarrazões ao recurso ordinário argumentos ou matérias de ordem pública eventualmente não reconhecidas pelo juízo prolator da decisão, apontamentos sobre a inobservância dos pressupostos de admissibilidade recursal – como, por exemplo, intempestividade, deserção, inadequação da via eleita para combater a decisão, ausência do cabimento de recurso, ilegitimidade, etc.

1184 Leone Pereira. Manual de processo do trabalho – 5. ed. – São Paulo: Saraiva, 2018.

1185 Esse é o entendimento defendido pelo professor Carlos Henrique Bezerra Leite que sustenta que *"o prazo de oito dias para contrarrazões seria idêntico para todos, inclusive para as pessoas jurídicas de direito público e Ministério Público do Trabalho".* (Carlos Henrique Bezerra Leite. Curso de direito processual do trabalho– 16. ed. – São Paulo: Saraiva Educação, 2018).

1186 Gilmar Ferreira Mendes, Paulo Gustavo Gonet Branco. Curso de direito constitucional – 12. ed. – São Paulo: Saraiva, 2017.

–, a fim de obstar o seguimento do recurso, bem como as matérias meritórias.

Comungando desse entendimento colhemos a seguinte ementa do Tribunal Superior do Trabalho:

- "[...] ARGUIÇÃO DE PRESCRIÇÃO EM CONTRARRAZÕES. A prescrição arguida em contrarrazões ao recurso ordinário deveria ter sido examinada pelo Tribunal Regional. Todavia, com fulcro no art. 515, §3º, do CPC (atual art. 1.013, §3º, do CPC/2015), deixa-se de determinar o retorno dos autos ao Tribunal "a quo", devendo esta Corte proceder ao seu imediato julgamento. A questão das diferenças de complementação de aposentadoria está pacificada neste Corte Superior, nos moldes da Súmula 326 e 327 do TST. In casu, tratando-se de diferenças de complementação de aposentadoria, oriundas de cálculos equivocados, incide a prescrição quinquenal parcial, nos moldes da Súmula 327 do TST, conforme decidido na sentença de primeiro grau, e não a prescrição total como quer a reclamada. Recurso de revista conhecido e parcialmente provido. [...] (TST – ARR: 20029820125020079, Relator Augusto César Leite de Carvalho, data de Publicação: DEJT 11/04/2017).
- RECURSO DE REVISTA DA FAZENDA PÚBLICA DO ESTADO DE SÃO PAULO. PRESCRIÇÃO BIENAL. ARGUIÇÃO NAS CONTRARRAZÕES AO RECURSO ORDINÁRIO. POSSIBILIDADE. Conforme se depreende do acórdão recorrido, o juízo de primeiro grau acolheu a prescrição parcial e julgou improcedente a reclamação. A reclamada, não possuindo interesse em recorrer – na medida em que a reclamação foi julgada improcedente -, renovou, nas contrarrazões ao recurso ordinário, a pretensão de ver declarada a prescrição bienal. Esta Corte, ao interpretar o dispositivo no art. 193 do Código Civil, pacificou o entendimento de que a prescrição poderá ser arguida até a instancia ordinária, nos termos da Súmula nº 153 do TST. Portanto, invocada ou renovada a arguição de prescrição em contrarrazões ao recurso ordinário, como no caso, deve ser a matéria apreciada pelo Tribunal Regional. Julgado. Recurso de revista que se dá provimento para determinar o retorno dos autos ao TRT de origem, para que prossiga o julgamento do feito, como entender de direito. Fica prejudicado o exame dos demais temas do recurso de revista. (TST – RR 2262000320075020077, Relatora Kátia Magalhães Arruda, 6ª Turma, Data de Julgamento: 28/09/2016)
- RECLAMADO REVEL. POSSIBILIDADE DE ARGUIÇAÕ DE PRESCRIÇÃO EM CONTRARRAZÕES. RECEBIMENTO DO PROCESSO NO ESTADO EM QUE SE ENCONTRA. ART. 322, PARÁGRAFO PUNICO DO CPC. Ausente o reclamado à audiência em que deveria ter apresentado defesa, resta caracterizada a revelia. Entretanto, pode o réu revel intervir no processo em qualquer fase, recebendo-o no estado em que se encontrar, a teor do art. 322, parágrafo único do CPC. Nesse contexto, se mostra possível que, em contrarrazões, o reclamado provoque o Tribunal a se manifestar a respeito da prescrição total, considerando o não esgotamento da instancia ordinária. (TRT-17, RO 01114-2013-121-17-00-6, Relator Desembargador Gerson Fernando da Sylveira Novais, DEJT 18/07/2014).

É pertinente, deste modo, o emprego de esforços da parte vencedora para defender a conservação dos fundamentos fáticos e jurídicos da decisão recorrida perante o Tribunal competente.

Art. 896 – Cabe Recurso de Revista para Turma do Tribunal Superior do Trabalho das decisões proferidas em grau de recurso ordinário, em dissídio individual, pelos Tribunais Regionais do Trabalho, quando: (Redação dada pela Lei nº 9.756, de 17.12.1998)

a) derem ao mesmo dispositivo de lei federal interpretação diversa da que lhe houver dado outro Tribunal Regional do Trabalho, no seu Pleno ou Turma, ou a Seção de Dissídios Individuais do Tribunal Superior do Trabalho, ou contrariarem súmula de jurisprudência uniforme dessa Corte ou súmula vinculante do Supremo Tribunal Federal; (Redação dada pela Lei nº 13.015, de 2014)

b) derem ao mesmo dispositivo de lei estadual, Convenção Coletiva de Trabalho, Acordo Coletivo, sentença normativa ou regulamento empresarial de observância obrigatória em área territorial que exceda a jurisdição do Tribunal Regional prolator da decisão recorrida, interpretação divergente, na forma da alínea a; (Redação dada pela Lei nº 9.756, de 1998)

c) proferidas com violação literal de disposição de lei federal ou afronta direta e literal à Constituição Federal. (Redação dada pela Lei nº 9.756, de 1998)

§ 1º O recurso de revista, dotado de efeito apenas devolutivo, será interposto perante o Presidente do Tribunal Regional do Trabalho, que, por decisão fundamentada, poderá recebê-lo ou denegá-lo. (Redação dada pela Lei nº 13.015, de 2014)

§ 1º-A. Sob pena de não conhecimento, é ônus da parte: (Incluído pela Lei nº 13.015, de 2014)

I – indicar o trecho da decisão recorrida que consubstancia o prequestionamento da controvérsia objeto do recurso de revista; (Incluído pela Lei nº 13.015, de 2014)

II – indicar, de forma explícita e fundamentada, contrariedade a dispositivo de lei, súmula ou orientação jurisprudencial do Tribunal Superior do Trabalho que conflite com a decisão regional; (Incluído pela Lei nº 13.015, de 2014)

III – expor as razões do pedido de reforma, impugnando todos os fundamentos jurídicos da decisão recorrida, inclusive mediante demonstração analítica de cada dispositivo de lei, da Constituição Federal, de súmula ou orientação jurisprudencial cuja contrariedade aponte. (Incluído pela Lei nº 13.015, de 2014)

IV – transcrever na peça recursal, no caso de suscitar preliminar de nulidade de julgado por negativa de prestação jurisdicional, o trecho dos embargos declaratórios em que foi pedido o pronunciamento do tribunal sobre questão veiculada no recurso ordinário e o trecho da decisão regional que rejeitou os embargos quanto ao pedido, para cotejo e verificação, de plano, da ocorrência da omissão. (Incluído pela Lei nº 13.467, de 2017)

§ 2º Das decisões proferidas pelos Tribunais Regionais do Trabalho ou por suas Turmas, em execução de sentença, inclusive em processo incidente de embargos de terceiro, não caberá Recurso de Revista, salvo na hipótese de ofensa direta e literal de norma da Constituição Federal. (Redação dada pela Lei nº 9.756, de 1998)

§ 3º (Revogado). (Redação dada pela Lei nº 13.467, de 2017)

§ 4º (Revogado). (Redação dada pela Lei nº 13.467, de 2017)

§ 5º (Revogado). (Redação dada pela Lei nº 13.467, de 2017)

§ 6º (Revogado). (Redação dada pela Lei nº 13.467, de 2017)

§ 7º A divergência apta a ensejar o recurso de revista deve ser atual, não se considerando como tal a ultrapassada por súmula do Tribunal Superior do Trabalho ou do Supremo Tribunal Federal, ou superada por iterativa e notória jurisprudência do Tribunal Superior do Trabalho. (Incluído pela Lei nº 13.015, de 2014)

§ 8º Quando o recurso fundar-se em dissenso de julgados, incumbe ao recorrente o ônus de produzir prova da divergência jurisprudencial, mediante certidão, cópia ou citação do repositório de jurisprudência, oficial ou credenciado, inclusive em mídia eletrônica, em que houver sido publicada a decisão divergente, ou ainda pela reprodução de julgado disponível na internet, com indicação da respectiva fonte, mencionando, em qualquer caso, as circunstâncias que identifiquem ou assemelhem os casos confrontados. (Incluído pela Lei nº 13.015, de 2014)

§ 9º Nas causas sujeitas ao procedimento sumaríssimo, somente será admitido recurso de revista por contrariedade a súmula de jurisprudência uniforme do Tribunal Superior do Trabalho ou a súmula vinculante do Supremo Tribunal Federal e por violação direta da Constituição Federal. (Incluído pela Lei nº 13.015, de 2014)

§ 10. Cabe recurso de revista por violação a lei federal, por divergência jurisprudencial e por ofensa à Constituição Federal nas execuções fiscais e nas controvérsias da fase de execução que envolvam a Certidão Negativa de Débitos Trabalhistas (CNDT), criada pela Lei nº 12.440, de 7 de julho de 2011. (Incluído pela Lei nº 13.015, de 2014)

§ 11. Quando o recurso tempestivo contiver defeito formal que não se repute grave, o Tribunal Superior do Trabalho poderá desconsiderar o vício ou mandar saná-lo, julgando o mérito.

§ 12. Da decisão denegatória caberá agravo, no prazo de 8 (oito) dias. (Incluído pela Lei nº 13.015, de 2014)

§ 13. Dada a relevância da matéria, por iniciativa de um dos membros da Seção Especializada em Dissídios Individuais do Tribunal Superior do Trabalho, aprovada pela maioria dos integrantes da Seção, o julgamento a que se refere o § 3º poderá ser afeto ao Tribunal Pleno. (Incluído pela Lei nº 13.015, de 2014)

§ 14. O relator do recurso de revista poderá denegar-lhe seguimento, em decisão monocrática, nas hipóteses de intempestividade, deserção, irregularidade de representação ou de ausência de qualquer outro pressuposto extrínseco ou intrínseco de admissibilidade. (Incluído pela Lei nº 13.467, de 2017)

COMENTÁRIOS (ART. 896)

Etimologicamente a palavra "revista" significa o ato ou efeito de examinar detidamente, de rever, de inspecionar ou de segunda vista.

No passado o recurso de revista já recebeu a denominação de recurso extraordinário, mas essa nomenclatura foi alterada pela Lei nº. 861/49. A partir disso, a doutrina entende que, guardadas as proporções, o recurso de revista equivale ao recurso extraordinário e ao recurso especial no processo civil, cuja natureza jurídica é extraordinária e tem por finalidade a uniformização da jurisprudência, afastando a disparidade de decisões judiciais em situações jurídicas iguais ou similares.

No sistema processual, as partes poderão discutir os fatos, as provas e o direito nas instâncias ordinárias – composta do juízo de primeiro grau e dos tribunais em instância recursal (juiz do trabalho e Tribunais

Regionais do Trabalho). Entretanto, existem instâncias superiores, cuja missão é assegurar a uniformidade das decisões em relação ao direito objetivo (matérias de direito material ou processual), não sendo possível o revolvimento de matérias de fato ou de direito (Súmula 126 do TST).

A esse respeito o Professor Homero Batista Mateus da Silva [1187] defende que

> *"Não se deve usar a expressão terceira instância ou terceiro grau de jurisdição. O Judiciário brasileiro se estrutura em duas instâncias, a original e a recursal, representadas pelas Varas e pelos TRTs. O TST e demais tribunais superiores exercem o posto de órgãos de uniformização de jurisprudência, de sobreposição aos tribunais, e as partes não têm assegurado o acesso a eles nem têm direito adquirido ao reexame do reexame".*

O jurista Vantuil Abdala (apud Carlos Henrique Bezerra Leite, 2018)[1188] explica que

> *"o nosso sistema processual é o do duplo grau de jurisdição. Nada impediria que o nosso legislador tivesse adotado três ou quatro instâncias; mas não o fez; adotou apenas duas instâncias ordinárias. Nós temos o juízo de primeiro grau e a instância recursal de segundo grau, e o processo naturalmente deveria acabar aí. Inobstante, existe no processo do trabalho o recurso para uma instância superior que se destina à proteção do direito objetivo e não do direito subjetivo; à regularidade da aplicação da norma jurídica, em primeiro lugar, e só em segundo plano o direito das partes; à uniformização da jurisprudência e não à justiça do caso concreto. Naturalmente, sendo esta uma instância extraordinária, e tendo este objetivo, para que o recurso possa ser conhecido há de se respeitarem estes pressupostos, ou seja, decisão que diverge de outra ou que ofenda a lei".*

Élisson Miessa [1189]destaca que

> *"a doutrina divide os recursos, levando em conta a sua fundamentação podendo ser de fundamentação livre ou vinculada. Os recursos de fundamentação livre são aqueles que não se ligam a determinados defeitos ou vícios das decisões, ou seja, a lei não exige que, no recurso, aponte-se especificamente determinado vício, havendo necessidade apenas de que a parte não se conforme com a decisão impugnada. É o que ocorre, por exemplo com o recurso ordinário. Já os recursos de fundamentação vinculada são aqueles que a lei exige que o recorrente indique algum vício específico na decisão impugnada, como ocorre com o recurso de revista que está vinculado à demonstração da divergência ou da violação literal de dispositivo de lei federal (...)".*

A partir disso é possível concluir que a natureza extraordinária do recurso de revista admite apenas a discussão de questões de direito, para que seja corrigida a decisão proferida em violação às normas constitucionais, legislação federal ou contrária à jurisprudência uniformizada pelos Tribunais. Também, podemos extrair o entendimento de que é um recurso de fundamentação vinculada, visto que a lei impõe a demonstração de um vício ou impugnação prevista no caput do art. 896 da CLT.

A doutrina destaca que existe uma distinção entre as terminologias "reexame de fatos e provas" e "valoração da prova". A esse respeito, observa Francisco Antônio de Oliveira, citado na obra do ilustre professor Eduardo Gabriel Saad (CLT Comentada. pag. 1630)[1190], que

> *"[...] Inicialmente, é de ter em mente que os recursos excepcionais não se prestam ao reexame da prova. Isso, todavia, não significa que não sirvam para propiciar nova valoração à prova. Existe uma sutileza que não deve passar despercebida entre o reexame da prova e a valoração da prova. Vale Aqui trazer à tona julgado do STF: 'Recurso Especial. Reexame da prova. Para efeito de cabimento o recurso especial. É necessário discernir entre a apreciação da prova e os créditos legais de sua valorização. No primeiro caso há pura operação mental de conta, peso e medida, à qual é imune o recurso. O segundo envolve a teoria do valor ou conhecimento, em operação que se apura se houve ou não a infração de algum princípio probatório' (RJT 56/65 – STF-RE 70.568/GB, Relato Ministro Barros Monteiro).*

Isso se justifica porque o objeto do recurso deve transpor o interesse individual da parte no litígio – que ficará em plano de fundo –, deve ser de relevância social, política, econômica ou jurídica, ou seja, é necessário que seja relevante, de grande importância, ultrapassando as balizas dos interesses das partes no litígio.

Atualmente, prevalece o entendimento do cabimento do recurso de revista, tanto para direito material quanto para direito processual.

Cabe dizer que o art. 791 da CLT autoriza o *jus postulandi* na Justiça do Trabalho, sendo possível o ajuizamento de ação e a interposição de recurso perante a Justiça do Trabalho, sem a necessidade de assistência de advogado. No entanto, essa capacidade postulatória, sem a assistência de um advogado, está limitada a instância ordinária, isto é, perante a Vara do Trabalho e o TRT não alcançando os recursos de natureza extraordinária (Recurso de Revista, Embargos no TST, Recurso Extraordinário), ou outros recursos de competência do TST, nem mesmo ação rescisória, ação cautelar ou mandado de segurança (Súmula 425 do TST).

Essa vedação jurisprudencial está lastreada no aspecto técnico do recurso de revista, cujo objetivo é: (i) a uniformização da jurisprudência dos Tribunais Trabalhistas; (ii) assegurar a autoridade de lei federal ou da Constituição Federal.

O STF entende que o cabimento do recurso extraordinário depende do exaurimento das instâncias da Justiça do Trabalho.

1187 Homero Batista Mateus da Silva. CLT comentada. 2ª ed. – São Paulo: Thomson Reuters Brasil, 2018.

1188 Leite, Carlos Henrique Bezerra Curso de Direito Processual do Trabalho. 16. ed. – São Paulo: Saraiva Educação, 2018.

1189 Élisson Miessa e Henrique Correia. Súmulas e Ojs do TST Comentadas e Organizadas por Assunto. 8ª ed. Salvador: Juspodivm, 2018

1190 Consolidação das Leis do Trabalho: Comentada. Eduardo Gabriel Saad, José Eduardo Duarte Saad, Ana Maria Saad Castelo Branco. 51 ed. – São Paulo: LTr, 2019.

Esse recurso tem amparo legal nos artigos 896, 896-A, 896-B e 896-C da CLT com os reflexos da Lei 13.015/2014 (nova lei dos recursos trabalhistas) e Lei 13.467/2017 (Reforma Trabalhista).

O recurso de revista deve ser interposto no prazo de 8 dias úteis, na forma do art. 896, "caput", da CLT combinado com art. 770 da CLT e art. 6º, da Lei 5.584/70. A parte recorrida pode apresentar contrarrazões (ao recurso de revista) no mesmo prazo (art. 900, CLT).

1. PRESSUPOSTOS DE ADMISSIBILIDADE RECURSAL GENÉRICOS

A admissibilidade dos recursos está condicionada à satisfação, pelo recorrente, de pressupostos (ou requisitos) previstos em lei para que o recurso interposto possa ser conhecido.

Os pressupostos objetivos/extrínsecos são: cabimento, adequação, tempestividade, preparo e regularidade de Representação). Já os pressupostos subjetivos/intrínseco (legitimidade, capacidade e interesse).

a) ***Legitimidade:*** A legitimidade recursal é a habilitação outorgada por lei àquele que tenha participado, como parte, do processo em primeiro grau de jurisdição, ainda que revel. Também possui legitimidade o Ministério Público do Trabalho, tanto nos processos em que figura como parte, como naqueles em que oficia como *custos legis*, segundo o disposto no art. 83, VI, da Lei Complementar n. 75/1993.

b) ***Capacidade:*** Não basta a legitimidade. É preciso, também, que o recorrente, no momento da interposição do recurso, seja plenamente capaz (CCB, arts. 3º, 4º e 5º). Trata-se da capacidade recursal.

c) ***Interesse:*** *significa que o recurso deve ser útil e necessário para o recorrente, de modo a melhorar a situação.*

No que se refere aos **pressupostos objetivos**:

a) **Cabimento:** o ato judicial atacado deve ser recorrível, pois o recurso somente será admitido, se inexistir, no ordenamento jurídico, óbice ao exercício do direito de recorrer.

b) **Adequação:** Não basta que o ato judicial atacado seja recorrível. É imprescindível que o recurso utilizado esteja em conformidade com a lei que estabelece determinados regramentos para possibilitar a impugnação da decisão judicial.

c) Tempestividade: O direito de recorrer deve ser exercitado no prazo legalmente fixado, razão pela qual os prazos para a interposição de recursos são peremptórios, ou seja, não podem as partes, por convenção, prorrogá-los ou alterá-los.

d) **Regularidade de representação**

e) Preparo: custas e/ou depósito recursal

O preparo é composto das custas e do depósito recursal, a depender da situação.

As *custas* têm natureza jurídica de taxa, espécie do gênero tributo, pois são valores pagos pela parte ao Estado em decorrência da prestação de um serviço público específico: a prestação jurisdicional.

As custas relativas ao processo trabalhista de conhecimento (art. 789, CLT), nos dissídios individuais e coletivos ou em quaisquer outras ações (ou procedimentos) de competência da Justiça do Trabalho incidirão na base de 2% (dois por cento), observado o mínimo de R$ 10,64 (dez reais e sessenta e quatro centavos)e o máximo de quatro vezes o limite máximo dos benefícios do Regime Geral de Previdência Social, e serão calculadas: (a)sobre o valor do acordo homologado ou da condenação; (b) sobre o valor da causa – quando houver extinção do processo sem resolução do mérito ou o pedido for julgado totalmente improcedente; (c) sobre o valor da causa – no caso de procedência do pedido formulado em ação declaratória e em ação constitutiva; (d) sobre o valor que o juiz fixar – quando o valor da causa for indeterminado.

As custas serão pagas pelo vencido, após o trânsito em julgado da decisão. No caso de recurso, as custas serão pagas e comprovado seu recolhimento dentro do prazo recursal.

Sempre que houver acordo (termo de conciliação), o pagamento das custas caberá em partes iguais aos litigantes, salvo ajuste em contrário. Todavia, caso seja estipulado no acordo que as custas serão de responsabilidade do empregado (ou trabalhador avulso), é facultado ao juiz isentá-lo da parte que lhe caiba (CLT, arts. 790, § 3º e 790-A, *caput*);

Nos dissídios coletivos, as partes vencidas responderão solidariamente pelas custas calculadas sobre o valor arbitrado pelo Tribunal (órgão colegiado) ou fixado pelo seu Presidente.

No recurso de revista as custas estarão dispensadas caso a parte já tenha recolhido quando da interposição do recurso ordinário ou esteja isenta de realizar tal recolhimento.

O depósito recursal, por sua vez, deve ser realizado em juízo, havendo situações que será reduzido pela metade (entidades sem fins lucrativos, empregadores domésticos, MEI, microempresas e EPP) e que o recolhimento é dispensado (beneficiários da justiça gratuita, as entidades filantrópicas e as empresas em recuperação judicial), na forma do art. 899 da CLT.

O valor do depósito recursal foi alterado recentemente pelo TST:

- R$ 10.059,15 – para interpor Recurso Ordinário;
- R$ 20.118,30 – Recurso de Revista e Embargos;

- R$ 20.118,30 – Ação rescisória.

A ideia do depósito recursal é desestimular a interposição de recurso e o pacto de acordo entre as partes.

2. PRESSUPOSTOS DE ADMISSIBILIDADE RECURSAL ESPECÍFICOS

Além dos pressupostos de admissibilidade genéricos, analisados anteriormente, o recurso de revista possui pressupostos de admissibilidade específicos, sem os quais o recurso não será conhecido. São eles: o prequestionamento e a transcendência.

A) PREQUESTIONAMENTO

O prequestionamento se configura quando a decisão impugnada aprecia expressamente a tese (também denominada de matéria ou questão) debatida nos autos. Essa será a tese apreciada pelo Tribunal Regional do Trabalho no bojo do recurso de revista, por isso, é imprescindível constar na decisão recorrida.

Nas palavras do professor Mauro Schiavi[1191], ***"o prequestionamento é próprio dos recursos de natureza extraordinária (especial, extraordinário e de revista), pois nos recursos de natureza ordinária (por exemplo, o recurso ordinário) o efeito devolutivo transfere ao tribunal todas as teses jurídicas invocadas pelas partes, ainda que a sentença não as tenha apreciado".***

O Tribunal Superior do Trabalho, após reiteradas decisões, na Súmula 297, apresentou uma definição do que representa o prequestionamento:

> Súmula nº 297 do TST – "PREQUESTIONAMENTO. OPORTUNIDADE. CONFIGURAÇÃO (nova redação) – Res. 121/2003, DJ 19, 20 e 21.11.2003 – I. **Diz-se prequestionada a matéria ou questão quando na decisão impugnada haja sido adotada, explicitamente, tese a respeito.**

O art. 896, § 1º-A, I, da CLT preconiza que a parte deve indicar o trecho da decisão recorrida que consubstancia o prequestionamento da controvérsia objeto do recurso de revista, sob pena de não ser admitido o recurso. Neste ponto, sugerimos ao operador do direito elaborar um quadro analítico da divergência, a fim de demonstrar de forma pormenorizada a existência do prequestionamento e da dissonância existente entre a decisão paradigma e a decisão recorrida.

A súmula 297 do TST também estabeleceu que na hipótese de omissão do acórdão do TRT no enfrentamento da questão ou matéria que será objeto do recurso de natureza extraordinária (no caso em tela o recurso de revista) a parte interessada deve opor embargos de declaração para que o Tribunal se manifeste sobre o tema, sob pena de preclusão. É necessário, contudo, que a matéria tenha sido abordada no recurso principal.

Uma vez apresentado os embargos declaratórios com a finalidade de prequestionar a matéria, o Tribunal deve se manifestar sobre eventual omissão. Do contrário, ocorrerá o chamado "prequestionamento ficto". A dupla omissão do Tribunal – primeiro, na análise do recurso principal, depois, na análise dos embargos de declaração – enseja o prequestionamento da matéria.

Segundo o art. 1.025 do NCPC *"consideram-se incluídos no acórdão os elementos que o embargante suscitou, para fins de pré-questionamento, ainda que os embargos de declaração sejam inadmitidos ou rejeitados, caso o tribunal superior considere existentes erro, omissão, contradição ou obscuridade"*. Esse dispositivo é aplicável de forma supletiva e subsidiária ao processo do trabalho por força do art. 769 da CLT e art. 15 do CPC, bem como pelo art. 9º da IN 39/2016 do TST.

O TST já vinha decidindo nesse sentido, pois havia sedimentado esse entendimento na OJ nº. 119 da SDI-1 do TST.

> **OJ 119. PREQUESTIONAMENTO INEXIGÍVEL. VIOLAÇÃO NASCIDA NA PRÓPRIA DECISÃO RECORRIDA. SÚMULA Nº 297 DO TST. INAPLICÁVEL** – É inexigível o prequestionamento quando a violação indicada houver nascido na própria decisão recorrida. Inaplicável a Súmula n.º 297 do TST.

Isso significa dizer que não haverá necessidade de prequestionar a matéria caso exista erro de procedimento (*error in procedendo*) ou de julgamento (*error in judicando*), desde que a violação à norma constitucional ou à lei federal tenha surgido quando da prolação do acórdão pelo Tribunal Regional e a tese tenha sido enfrentada explicitamente.

A ausência de referência do dispositivo legal não configura ausência de prequestionamento, isto é, não configura omissão do Tribunal, desde que tenha enfrentado expressamente a tese jurídica objeto de recurso, conforme a inteligência da OJ 118 da SDI-1 do TST.

B) TRANSCENDÊNCIA

A transcendência foi criada pela MP 2226/2001, que acrescentou o art. 896-A à CLT, com o objetivo de obstaculizar a admissão do recurso de revista.

> ***Art.896-A - O Tribunal Superior do Trabalho, no recurso de revista, examinará previamente se a causa oferece transcendência com relação aos reflexos gerais de natureza econômica, política, social ou jurídica.***

Inicialmente, incumbia ao Tribunal Superior do Trabalho definir o significado da transcendência.

Nunca se teve uma clara ideia do que é a transcendência. Etimologicamente, a transcendência significa alto que transcende, de grande relevância ou

[1191] Mauro Schiavi. Manual de Direito Processual do Trabalho. 13ª ed. São Paulo: LTR, 2018 importância. A doutrina equiparava a transcendência à repercussão geral do Recurso Extraordinário.

José Augusto Rodrigues Pinto, citado na obra do professor Mauro Schiavi[1192], ensina que: "*Transcendente é qualificativo do muito elevado, sublime a ponto de ser metafísico, levando o Direito a bordejar a ciência do suprassensível, o que já nos levou a pensar na transcendência como a relevância elevada ao cubo ou à 4ª potência. Por aí se imagine a carga de subjetivismo que está entregando aos magistrados incumbidos de declará-la totalmente incompatível com a imperiosa exigência de objetividade da Justiça e das declarações de convencimento dos juízes*".

Visando dar claridade ao assunto, a Reforma Trabalhista acrescentou 6 (seis) parágrafos ao art. 896-A da CLT, prescrevendo, a título exemplificativo – o que se apreende da expressão "entre outros" no §1º – que são indicadores de transcendência:

(i) **Econômica**: o elevado valor da causa;

(ii) Política: o desrespeito da instância recorrida à jurisprudência sumulada do Tribunal Superior do Trabalho ou do Supremo Tribunal Federal;

(iii) Social: a postulação, por reclamante-recorrente, de direito social constitucionalmente assegurado;

(iv) Jurídica: a existência de questão nova em torno da interpretação da legislação trabalhista.

Conquanto seja louvável a tentativa de aclarar o instituto jurídico em comento a doutrina ainda é muito refratária à transcendência. Há vozes na doutrina que criticam enfaticamente a transcendência a ponto de afirmar que equipara indevidamente o TST ao STF, dada a dificuldade de demonstração do cumprimento de requisito para ter o mérito do recurso apreciado, ou, ainda, que tal instituto se ocupa tão somente de atender aos interesses do TST e não aos jurisdicionados, impedindo a evolução da jurisprudência.

O relator pode negar seguimento ao recurso de revista que não demonstrar transcendência. Essa decisão comporta agravo desta decisão para o colegiado.

O advogado pode sustentar oralmente no julgamento do agravo para demonstrar a existência da transcendência, no prazo de 5 minutos. Sendo mantido a decisão denegatória, esta decisão será irrecorrível.

De outro lado, não comporta qualquer recurso a decisão proferida pelo relator, monocraticamente, que considerar inexistir a transcendência da matéria, ao analisar agravo de instrumento em recurso de revista.

O Presidente do Tribunal Regional – ou o Vice-Presidente, a depender do regimento interno do Tribunal Regional – ao analisar os pressupostos de admissibilidade recursal do recurso de revista, não pode analisar a existência (ou não) da transcendência, estando restrito a análise dos pressupostos intrínsecos e extrínsecos do recurso.

3. HIPÓTESES DE CABIMENTO

O caput do art. 896 da CLT estabelece que "Cabe Recurso de Revista para Turma do Tribunal Superior do Trabalho das decisões proferidas em grau de recurso ordinário, em dissídio individual, pelos Tribunais Regionais do Trabalho".

A interpretação que se apreende desse dispositivo é que o recurso de revista é cabível contra acórdãos proferidos pelos TRTs, nos dissídios individuais em grau de recurso ordinário.

Não é cabível, portanto, recurso de revista nos dissídios coletivos e nos processos de competência originária dos Tribunais Trabalhistas.

(i) Juízo *a quo* (1º Juízo de admissibilidade recursal) – Artigo 896, § 1º, da CLT

- ✓ TRT – Desembargador presidente.
- ✓ Na prática, existe Tribunal Regional que delega a atribuição para o vice-presidente, por meio do regimento interno.

(ii) Juízo *ad quem* (2º Juízo de admissibilidade recursal) -Artigo 896, caput, da CLT

De acordo com o artigo 111-A. CF/88, o Tribunal Superior do Trabalho compor-se-á de vinte e sete Ministros, escolhidos dentre brasileiros com mais de trinta e cinco anos e menos de sessenta e cinco anos, de notável saber jurídico e reputação ilibada, nomeados pelo Presidente da República após aprovação pela maioria absoluta do Senado Federal.

Um quinto dentre advogados com mais de dez anos de efetiva atividade profissional e membros do Ministério Público do Trabalho com mais de dez anos de efetivo exercício, e os demais dentre juízes dos Tribunais Regionais do Trabalho, oriundos da magistratura da carreira, indicados pelo próprio Tribunal Superior.

Junto ao Tribunal Superior do Trabalho funciona a Escola Nacional de Formação e Aperfeiçoamento de Magistrados do Trabalho (ENAMAT), cabendo-lhe, dentre outras funções, regulamentar os cursos oficiais para o ingresso e promoção na carreira, e o Conselho Superior da Justiça do Trabalho (CSJT), ao qual compete o exercício da supervisão administrativa, orçamentária, financeira e patrimonial da Justiça do Trabalho de primeiro e segundo graus, como órgão central do sistema, cujas decisões terão efeito vinculante.

Para que o recurso de revista seja viável é preciso o enquadramento em uma das alíneas do artigo 896 da

[1192] Mauro Schiavi. Manual de Direito Processual do Trabalho. 13ª ed. São Paulo: LTR, 2018.

CLT – ou em mais de uma alínea, a depender do caso em concreto.

ALÍNEA "A": DIVERGÊNCIA JURISPRUDENCIAL NA INTERPRETAÇÃO DE LEI FEDERAL.

A divergência jurisprudencial existe em quatro hipóteses:

Divergência jurisprudencial	
Acórdão do TRT que julgou recurso ordinário (pleno ou turma)	Acórdão da SDI-1 do TST
	Súmula do TST
	Súmula vinculante do STF

Na hipótese de o acórdão do TRT violar OJ caberá a interposição de recurso de revista?

Sim. É possível a interposição de recurso de revista ou de embargos em face de decisão em desacordo com as Orientações Jurisprudenciais do TST, conforme preconiza a OJ 291 da SDI-1 do TST.

Outro aspecto importante se refere a atualidade da divergência jurisprudêncial, a fim de que seja possível o cabimento do recurso de revista (Art. 896, §7º, CLT). Não será considerada divergência atual aquele que estiver ultrapassada por súmula, ou superada por iterativa e notória jurisprudência do Tribunal Superior do Trabalho. Nesse sentido a súmula 333 do TST.

Conforme determina a súmula 377 do TST, para a comprovação da divergência justificadora do recurso, é necessário que o recorrente junte certidão ou cópia autenticada do acórdão paradigma ou cite a fonte oficial ou o repositório autorizado em que foi publicado; e Transcreva, nas razões recursais, as ementas e/ou trechos dos acórdãos trazidos à configuração do dissídio, demonstrando o conflito de teses que justifique o conhecimento do recurso, ainda que os acórdãos já se encontrem nos autos ou venham a ser juntados com o recurso.

Na mesma toada, o art. 896, §§1º-A e 8º da CLT, que estabelece como pressuposto de admissibilidade, sob pena de não conhecimento, o ônus da parte indicar:

(a) o trecho da decisão recorrida que consubstancia o prequestionamento da controvérsia objeto do recurso de revista;

(b) indicar, de forma explícita e fundamentada, contrariedade a dispositivo de lei, súmula ou orientação jurisprudencial do Tribunal Superior do Trabalho que conflite com a decisão regional;

(c) expor as razões do pedido de reforma, impugnando todos os fundamentos jurídicos da decisão recorrida, inclusive mediante demonstração analítica de cada dispositivo de lei, da Constituição Federal, de súmula ou orientação jurisprudencial cuja contrariedade aponte; e,

(d) transcrever na peça recursal, no caso de suscitar preliminar de nulidade de julgado por negativa de prestação jurisdicional, o trecho dos embargos declaratórios em que foi pedido o pronunciamento do tribunal sobre questão veiculada no recurso ordinário e o trecho da decisão regional que rejeitou os embargos quanto ao pedido, para cotejo e verificação, de plano, da ocorrência da omissão.

(e) Quando o recurso fundar-se em dissenso de julgados, incumbe ao recorrente o ônus de produzir prova da divergência jurisprudencial, mediante certidão, cópia ou citação do repositório de jurisprudência, oficial ou credenciado, inclusive em mídia eletrônica, em que houver sido publicada a decisão divergente, ou ainda pela reprodução de julgado disponível na internet, com indicação da respectiva fonte, mencionando, em qualquer caso, as circunstâncias que identifiquem ou assemelhem os casos confrontados.

É possível a interposição do recurso de revista se o acórdão paradigma for do mesmo TRT? O tema foi pacificado pelo TST que entende não ser *"servível ao conhecimento de recurso de revista aresto oriundo de mesmo Tribunal Regional do Trabalho, salvo se o recurso houver sido interposto anteriormente à vigência da Lei nº 9.756/98"*.

Vale ressaltar que o artigo 926 do Novo CPC, passou a prever a necessidade de estabilidade da jurisprudência nos tribunais, através da edição de súmulas, devendo se ater às circunstâncias fáticas dos precedentes que motivaram sua criação.

ALÍNEA "B" DO ARTIGO 896 DA CLT:

A alínea "b" do art. 896 da CLT preceitua hipótese em que existe divergência jurisprudencial na interpretação de lei estadual, Convenção Coletiva de Trabalho (CCT), Acordo Coletivo de Trabalho (ACT), sentença normativa ou regulamento empresarial de observância obrigatória em área territorial que exceda a competência do TRT prolator da decisão recorrida.

Esse mesmo entendimento é encontrado na OJ 147 da SDI-1 do TST. Vejamos.

> ***OJ 147. SDI-1 do TST*** – *"LEI ESTADUAL, NORMA COLETIVA OU NORMA REGULAMENTAR. CONHECIMENTO INDEVIDO DO RECURSO DE REVISTA POR DIVERGÊNCIA JURISPRUDENCIAL (nova redação em decorrência da incorporação da Orientação Jurisprudencial nº 309 da SBDI-1) - Res. 129/2005, DJ 20, 22 e 25.04.2005 I – É inadmissível o recurso de revista fundado tão-somente em divergência jurisprudencial, se a parte não comprovar que a lei estadual, a norma coletiva ou o regulamento da empresa extrapolam o âmbito do TRT prolator da decisão recorrida.*
>
> *II – É imprescindível a arguição de afronta ao art. 896 da CLT para o conhecimento de embargos interpostos em face de acórdão de Turma que conhece indevidamente de recurso de revista, por divergência jurisprudencial, quanto a tema regulado por lei estadual, norma coletiva ou norma regulamentar de âmbito restrito ao Regional prolator da decisão."*

Para ilustrar, suponha que exista um regulamento empresarial a ser observado em uma empresa que tem sede em SP e filial em MG e o referido regulamento contém uma gratificação por assiduidade com base no salário (qual salário?). A dúvida quanto à base de cálculo resultou em diversas ações que chegaram no TRT. Um determinado empregado ajuizou demanda perante o TRT 2ª Região, que entendeu que a base de cálculo da gratificação deve ser baseada no salário mínimo. Entretanto, existe decisão do TRT 3ª Região, no sentido de que deve ser utilizado o salário contratual como base de cálculo para o regulamento da empresa em questão. Nesta situação o empregado pode interpor recurso de revista, haja vista a divergência na interpretação do regulamento empresarial que abrange a área territorial de mais de um Tribunal Regional do Trabalho.

ALÍNEA "C" DO ARTIGO 896 DA CLT

É cabível quando o acórdão do TRT em recurso ordinário viola a Constituição ou a lei federal. Porém, tem que ser uma afronta direta ou literal.

A doutrina majoritária entende que a expressão "lei federal" deve ser interpretada de forma ampliativa, de modo a abranger não somente as leis federais em sentido estrito, mas também as Medidas Provisórias, Decretos, Decretos-Lei.

Existe jurisprudência firmada no Tribunal Superior do Trabalho que não é possível o cabimento de recurso de revista em face de Portaria Ministerial por não se tratar de lei federal. A portaria não é lei, para fins de enquadramento para fim de admissibilidade do recurso de revista, na forma do disposto na alínea *c* do artigo 896 da Consolidação das Leis do Trabalho.

4. CABIMENTO DE RECURSO DE REVISTA NO PROCEDIMENTO SUMARÍSSIMO

É cabível recurso de revista no procedimento sumaríssimo?

Há três hipóteses de cabimento (art. 896, §9º, da CLT): quando o acórdão do TRT que julga o recurso ordinário viola a Constituição Federal, Súmula do TST ou Súmula vinculante do STF.

RECURSO DE REVISTA NO PROCEDIMENTO SUMARÍSSIMO: Hipóteses	
Acórdão do TRT que julgou recurso ordinário	CF
	Súmula do TST
	Súmula vinculante do STF
	Se viola lei federal não cabe, por ausência de previsão legal.

Art. 896-A – O Tribunal Superior do Trabalho, no recurso de revista, examinará previamente se a causa oferece transcendência com relação aos reflexos gerais de natureza econômica, política, social ou jurídica. (Incluído pela Medida Provisória nº 2.226, de 4.9.2001)

§ 1º São indicadores de transcendência, entre outros: (Incluído pela Lei nº 13.467, de 2017)

I – econômica, o elevado valor da causa; (Incluído pela Lei nº 13.467, de 2017)

II – política, o desrespeito da instância recorrida à jurisprudência sumulada do Tribunal Superior do Trabalho ou do Supremo Tribunal Federal; (Incluído pela Lei nº 13.467, de 2017)

III – social, a postulação, por reclamante-recorrente, de direito social constitucionalmente assegurado; (Incluído pela Lei nº 13.467, de 2017)

IV – jurídica, a existência de questão nova em torno da interpretação da legislação trabalhista. (Incluído pela Lei nº 13.467, de 2017)

§ 2º Poderá o relator, monocraticamente, denegar seguimento ao recurso de revista que não demonstrar transcendência, cabendo agravo desta decisão para o colegiado. (Incluído pela Lei nº 13.467, de 2017)

§ 3º Em relação ao recurso que o relator considerou não ter transcendência, o recorrente poderá realizar sustentação oral sobre a questão da transcendência, durante cinco minutos em sessão. (Incluído pela Lei nº 13.467, de 2017)

§ 4º Mantido o voto do relator quanto à não transcendência do recurso, será lavrado acórdão com fundamentação sucinta, que constituirá decisão irrecorrível no âmbito do tribunal. (Incluído pela Lei nº 13.467, de 2017)

§ 5º É irrecorrível a decisão monocrática do relator que, em agravo de instrumento em recurso de revista, considerar ausente a transcendência da matéria. (Incluído pela Lei nº 13.467, de 2017)

§ 6º O juízo de admissibilidade do recurso de revista exercido pela Presidência dos Tribunais Regionais do Trabalho limita-se à análise dos pressupostos intrínsecos e extrínsecos do apelo, não abrangendo o critério da transcendência das questões nele veiculadas. (Incluído pela Lei nº 13.467, de 2017)

COMENTÁRIOS (ART. 896-A)

1. TRANSCENDÊNCIA

A transcendência foi criada pela MP 2226/2001, que acrescentou o art. 896-A à CLT, com o objetivo de obstaculizar a admissão do recurso de revista.

Inicialmente, incumbia ao Tribunal Superior do Trabalho definir o significado da transcendência.

Nunca se teve uma clara ideia do que é a transcendência. Etimologicamente, a transcendência significa alto que transcende, de grande relevância ou importância. A doutrina equiparava a transcendência à repercussão geral do Recurso Extraordinário.

José Augusto Rodrigues Pinto, citado na obra do professor Mauro Schiavi[1193], ensina que: "*Transcendente é qualificativo do muito elevado, sublime a ponto de ser metafísico, levando o Direito a bordejar a ciência do suprassensível, o que já nos levou a pensar na transcendência como a relevância elevada ao cubo ou à 4ª potência. Por aí se imagine a carga de subjetivismo que está entregando aos magistrados incumbidos de declará-la totalmente incompatível com a imperiosa exigência de objetividade da Justiça e das declarações de convencimento dos juízes*".

Visando dar claridade ao assunto, a Reforma Trabalhista acrescentou 6 (seis) parágrafos ao art. 896-A da CLT, prescrevendo, a título exemplificativo – o que se apreende da expressão "entre outros" no §1º – que são indicadores de transcendência:

(v) **Econômica**: o elevado valor da causa;

(vi) Política: o desrespeito da instância recorrida à jurisprudência sumulada do Tribunal Superior do Trabalho ou do Supremo Tribunal Federal;

(vii) Social: a postulação, por reclamante-recorrente, de direito social constitucionalmente assegurado;

(viii) Jurídica: a existência de questão nova em torno da interpretação da legislação trabalhista.

Conquanto seja louvável a tentativa de aclarar o instituto jurídico em comento a doutrina ainda é muito refratária à transcendência. Há vozes na doutrina que criticam enfaticamente a transcendência a ponto de afirmar que equipara indevidamente o TST ao STF, dada a dificuldade de demonstração do cumprimento de requisito para ter o mérito do recurso apreciado, ou, ainda, que tal instituto se ocupa tão somente de atender aos interesses do TST e não aos jurisdicionados, impedindo a evolução da jurisprudência.

O relator pode negar seguimento ao recurso de revista que não demonstrar transcendência. Essa decisão comporta agravo desta decisão para o colegiado.

O advogado pode sustentar oralmente no julgamento do agravo para demonstrar a existência da transcendência, no prazo de 5 minutos. Sendo mantido a decisão denegatória, esta decisão será irrecorrível.

De outro lado, não comporta qualquer recurso a decisão proferida pelo relator, monocraticamente, que considerar inexistir a transcendência da matéria, ao analisar agravo de instrumento em recurso de revista.

O Presidente do Tribunal Regional – ou o Vice-Presidente, a depender do regimento interno do Tribunal Regional – ao analisar os pressupostos de admissibilidade recursal do recurso de revista, não pode analisar a existência (ou não) da transcendência, estando restrito a análise dos pressupostos intrínsecos e extrínsecos do recurso.

Art. 896-B. Aplicam-se ao recurso de revista, no que couber, as normas da Lei nº 5.869, de 11 de janeiro de 1973 (Código de Processo Civil), relativas ao julgamento dos recursos extraordinário e especial repetitivos. (Incluído pela Lei nº 13.015, de 2014)

Art. 896-C. Quando houver multiplicidade de recursos de revista fundados em idêntica questão de direito, a questão poderá ser afetada à Seção Especializada em Dissídios Individuais ou ao Tribunal Pleno, por decisão da maioria simples de seus membros, mediante requerimento de um dos Ministros que compõem a Seção Especializada, considerando a relevância da matéria ou a existência de entendimentos divergentes entre os Ministros dessa Seção ou das Turmas do Tribunal. (Incluído pela Lei nº 13.015, de 2014)

§ 1º O Presidente da Turma ou da Seção Especializada, por indicação dos relatores, afetará um ou mais recursos representativos da controvérsia para julgamento pela Seção Especializada em Dissídios Individuais ou pelo Tribunal Pleno, sob o rito dos recursos repetitivos. (Incluído pela Lei nº 13.015, de 2014)

§ 2º O Presidente da Turma ou da Seção Especializada que afetar processo para julgamento sob o rito dos recursos repetitivos deverá expedir comunicação aos demais Presidentes de Turma ou de Seção Especializada, que poderão afetar outros processos sobre a questão para julgamento conjunto, a fim de conferir ao órgão julgador visão global da questão. (Incluído pela Lei nº 13.015, de 2014)

§ 3º O Presidente do Tribunal Superior do Trabalho oficiará os Presidentes dos Tribunais Regionais do Trabalho para que suspendam os recursos interpostos em casos idênticos aos afetados como recursos repetitivos, até o pronunciamento definitivo do Tribunal Superior do Trabalho. (Incluído pela Lei nº 13.015, de 2014)

§ 4º Caberá ao Presidente do Tribunal de origem admitir um ou mais recursos representativos da controvérsia, os quais serão encaminhados ao Tribunal Superior do Trabalho, ficando suspensos os demais recursos de revista até o pronunciamento definitivo do Tribunal Superior do Trabalho. (Incluído pela Lei nº 13.015, de 2014)

1193 Mauro Schiavi. Manual de Direito Processual do Trabalho. 13ª ed. São Paulo: LTR, 2018

§ 5º O relator no Tribunal Superior do Trabalho poderá determinar a suspensão dos recursos de revista ou de embargos que tenham como objeto controvérsia idêntica à do recurso afetado como repetitivo. (Incluído pela Lei nº 13.015, de 2014)

§ 6º O recurso repetitivo será distribuído a um dos Ministros membros da Seção Especializada ou do Tribunal Pleno e a um Ministro revisor. (Incluído pela Lei nº 13.015, de 2014)

§ 7º O relator poderá solicitar, aos Tribunais Regionais do Trabalho, informações a respeito da controvérsia, a serem prestadas no prazo de 15 (quinze) dias. (Incluído pela Lei nº 13.015, de 2014)

§ 8º O relator poderá admitir manifestação de pessoa, órgão ou entidade com interesse na controvérsia, inclusive como assistente simples, na forma da Lei nº 5.869, de 11 de janeiro de 1973 (Código de Processo Civil). (Incluído pela Lei nº 13.015, de 2014)

§ 9º Recebidas as informações e, se for o caso, após cumprido o disposto no § 7º deste artigo, terá vista o Ministério Público pelo prazo de 15 (quinze) dias. (Incluído pela Lei nº 13.015, de 2014)

§ 10. Transcorrido o prazo para o Ministério Público e remetida cópia do relatório aos demais Ministros, o processo será incluído em pauta na Seção Especializada ou no Tribunal Pleno, devendo ser julgado com preferência sobre os demais feitos. (Incluído pela Lei nº 13.015, de 2014)

§ 11. Publicado o acórdão do Tribunal Superior do Trabalho, os recursos de revista sobrestados na origem: (Incluído pela Lei nº 13.015, de 2014)

I – terão seguimento denegado na hipótese de o acórdão recorrido coincidir com a orientação a respeito da matéria no Tribunal Superior do Trabalho; ou (Incluído pela Lei nº 13.015, de 2014)

II – serão novamente examinados pelo Tribunal de origem na hipótese de o acórdão recorrido divergir da orientação do Tribunal Superior do Trabalho a respeito da matéria. (Incluído pela Lei nº 13.015, de 2014)

§ 12. Na hipótese prevista no inciso II do § 11 deste artigo, mantida a decisão divergente pelo Tribunal de origem, far-se-á o exame de admissibilidade do recurso de revista. (Incluído pela Lei nº 13.015, de 2014)

§ 13. Caso a questão afetada e julgada sob o rito dos recursos repetitivos também contenha questão constitucional, a decisão proferida pelo Tribunal Pleno não obstará o conhecimento de eventuais recursos extraordinários sobre a questão constitucional. (Incluído pela Lei nº 13.015, de 2014)

§ 14. Aos recursos extraordinários interpostos perante o Tribunal Superior do Trabalho será aplicado o procedimento previsto no art. 543-B da Lei nº 5.869, de 11 de janeiro de 1973 (Código de Processo Civil), cabendo ao Presidente do Tribunal Superior do Trabalho selecionar um ou mais recursos representativos da controvérsia e encaminhá-los ao Supremo Tribunal Federal, sobrestando os demais até o pronunciamento definitivo da Corte, na forma do § 1º do art. 543-B da Lei nº 5.869, de 11 de janeiro de 1973 (Código de Processo Civil). (Incluído pela Lei nº 13.015, de 2014)

§ 15. O Presidente do Tribunal Superior do Trabalho poderá oficiar os Tribunais Regionais do Trabalho e os Presidentes das Turmas e da Seção Especializada do Tribunal para que suspendam os processos idênticos aos selecionados como recursos representativos da controvérsia e encaminhados ao Supremo Tribunal Federal, até o seu pronunciamento definitivo. (Incluído pela Lei nº 13.015, de 2014)

§ 16. A decisão firmada em recurso repetitivo não será aplicada aos casos em que se demonstrar que a situação de fato ou de direito é distinta das presentes no processo julgado sob o rito dos recursos repetitivos. (Incluído pela Lei nº 13.015, de 2014)

§ 17. Caberá revisão da decisão firmada em julgamento de recursos repetitivos quando se alterar a situação econômica, social ou jurídica, caso em que será respeitada a segurança jurídica das relações firmadas sob a égide da decisão anterior, podendo o Tribunal Superior do Trabalho modular os efeitos da decisão que a tenha alterado. (Incluído pela Lei nº 13.015, de 2014)

COMENTÁRIOS (ARTS. 896-B E 896-C)

O art. 896-B e 896-C da CLT foram inseridos pela Lei n. 13.015, de 2014, conhecida como "Nova Lei dos Recursos Trabalhistas", que incorporou ao processo do trabalho um microssistema de julgamento dos recursos repetitivos. Tais dispositivos também sofreram reflexos em decorrência da Reforma Trabalhista (Lei n. 13.467/2017).

Admitiu-se a aplicação subsidiaria das regras relativas ao julgamento dos recursos extraordinário e especial repetitivos, previstas no Código de Processo Civil de 1973, ao processo do trabalho. O julgamento de recurso extraordinário e especial repetitivo, A doutrina aponta que esse dispositivo era dispensável, na medida em que o art. 769 da CLT permite a aplicação supletiva e subsidiária do direito processual comum, quando houver lacuna na CLT e compatibilidade de princípios e regras.

Apesar de ter dito o óbvio, acreditamos que o legislador não quis deixar margem à interpretações equivocadas, especialmente porque poder-se-ia alegar a impossibilidade de aplicação do diploma processual comum, considerando que a CLT passou a ter um microssistema de recursos repetitivos próprio.

A instauração do incidente de demanda repetitiva será instaurado quando houver múltiplos recursos, versando sobre as mesmas questões de direito, seja de direito material ou direito processual, considerada relevante ou quando houver entendimento diversos entre os Ministros integrantes da Seção de Seção Especializada em Dissídios Individuais ou das Turmas do Tribunal (art. 896-C da CLT). A afetação – isto é, a submissão do recurso repetitivo à apreciação no incidente de resolução de demandas repetitivos, por conter a mesma matéria debatida – se dará por decisão da maioria simples dos membros da Seção Especializada em Dissídios Individuais ou ao Tribunal Pleno.

Art. 897 – Cabe agravo, no prazo de 8 (oito) dias: (Redação dada pela Lei nº 8.432, de 1992)

a) de petição, das decisões do Juiz ou Presidente, nas execuções; (Redação dada pela Lei nº 8.432, de 1992)

b) de instrumento, dos despachos que denegarem a interposição de recursos. (Redação dada pela Lei nº 8.432, de 1992)

§ 1º – O agravo de petição só será recebido quando o agravante delimitar, justificadamente, as matérias e os valores impugnados, permitida a execução imediata da parte remanescente até o final, nos próprios autos ou por carta de sentença. (Redação dada pela Lei nº 8.432, de 1992)

§ 2º – O agravo de instrumento interposto contra o despacho que não receber agravo de petição não suspende a execução da sentença. (Redação dada pela Lei nº 8.432, de 1992)

§ 3º Na hipótese da alínea *a* deste artigo, o agravo será julgado pelo próprio tribunal, presidido pela autoridade recorrida, salvo se se tratar de decisão de Juiz do Trabalho de 1ª Instância ou de Juiz de Direito, quando o julgamento competirá a uma das Turmas do Tribunal Regional a que estiver subordinado o prolator da sentença, observado o disposto no art. 679, a quem este remeterá as peças necessárias para o exame da matéria controvertida, em autos apartados, ou nos próprios autos, se tiver sido determinada a extração de carta de sentença. (Redação dada pela Lei nº 10.035, de 2000)

§ 4º – Na hipótese da alínea b deste artigo, o agravo será julgado pelo Tribunal que seria competente para conhecer o recurso cuja interposição foi denegada. (Incluído pela Lei nº 8.432, de 1992)

§ 5º Sob pena de não conhecimento, as partes promoverão a formação do instrumento do agravo de modo a possibilitar, caso provido, o imediato julgamento do recurso denegado, instruindo a petição de interposição: (Incluído pela Lei nº 9.756, de 1998)

I – obrigatoriamente, com cópias da decisão agravada, da certidão da respectiva intimação, das procurações outorgadas aos advogados do agravante e do agravado, da petição inicial, da contestação, da decisão originária, do depósito recursal referente ao recurso que se pretende destrancar, da comprovação do recolhimento das custas e do depósito recursal a que se refere o § 7º do art. 899 desta Consolidação; (Redação dada pela Lei nº 12.275, de 2010)

II – facultativamente, com outras peças que o agravante reputar úteis ao deslinde da matéria de mérito controvertida .(Incluído pela Lei nº 9.756, de 1998)

§ 6º O agravado será intimado para oferecer resposta ao agravo e ao recurso principal, instruindo-a com as peças que considerar necessárias ao julgamento de ambos os recursos. (Incluído pela Lei nº 9.756, de 1998)

§ 7º Provido o agravo, a Turma deliberará sobre o julgamento do recurso principal, observando-se, se for o caso, daí em diante, o procedimento relativo a esse recurso. (Incluído pela Lei nº 9.756, de 1998)

§ 8º Quando o agravo de petição versar apenas sobre as contribuições sociais, o juiz da execução determinará a extração de cópias das peças necessárias, que serão autuadas em apartado, conforme dispõe o § 3º, parte final, e remetidas à instância superior para apreciação, após contraminuta. (Incluído pela Lei nº 10.035, de 2000)

COMENTÁRIOS (ART. 897)

1. AGRAVO DE INSTRUMENTO

No Direito Processual Civil, o agravo de instrumento é o recurso cabível contra decisão interlocutória do magistrado. As decisões interlocutórias, no processo do trabalho, são irrecorríveis de imediato, conforme analisamos no art. 893, § 1º, da CLT.

A finalidade do agravo de instrumento no Processo do Trabalho é impugnar o despacho denegatório de seguimento do recurso no primeiro juízo de admissibilidade recursal (juízo a quo), no prazo de 8 dias, conforme preceitua o art. 897, "b", da CLT.

Se houver despacho denegatório de seguimento de recurso no segundo juízo de admissibilidade recursal (juízo ad quem), o recurso a ser interposto para o regular processamento do recurso denegado não é o agravo de instrumento, e sim o agravo regimental ou interno (art. 1.021 do CPC).

Na fase de conhecimento, o agravo de instrumento é isento de custas. Na fase de execução trabalhista, por outro lado, há necessidade de recolhimento de custas, no importe de R$ 44,26 (quarenta e quatro reais e vinte e seis centavos), nos seguintes termos do art. 789-A da CLT.

No ato de interposição do agravo de instrumento haverá a necessidade do depósito recursal, que corresponderá a 50% do valor do depósito do recurso ao qual se pretende destrancar.

Sobre essa temática, à luz do § 8º do art. 899 da CLT, com redação trazida pela Lei n. 13.015, de 21 de julho de 2014, quando o agravo de instrumento tem a finalidade de destrancar recurso de revista que se insurge contra decisão que contraria a jurisprudência uniforme do Tribunal Superior do Trabalho, consubstanciada nas suas súmulas ou em orientação jurisprudencial, não haverá obrigatoriedade de se efetuar o depósito recursal.

O agravo de instrumento deverá ser interposto perante o Órgão do Judiciário Trabalhista que denegou seguimento ao recurso (juízo a quo), responsável pelo primeiro juízo de admissibilidade recursal. O juiz poderá exercer o juízo de retratação ou de reconsideração pelo magistrado que denegou seguimento ao recurso. O juízo ad quem do agravo de instrumento é o órgão do Judiciário Trabalhista competente para o julgamento do recurso denegado.

A agravante deverá formar o respectivo instrumento, juntando as seguintes peças processuais obrigatórias: cópia da decisão agravada; cópia da certidão da respectiva intimação; cópia das procurações outorgadas aos advogados do agravante e do agravado; cópia da petição inicial; cópia da contestação; cópia da decisão originária; e cópia da comprovação do depósito recursal e do recolhimento das custas (art. 897, § 5º, I, da CLT). O agravante poderá juntar, ainda, outras peças que reputar úteis ao exame da matéria objeto do recurso. Tais peças são denominadas de facultativas.

Caso provido o agravo, a Turma deliberará sobre o julgamento do recurso principal.

2. AGRAVO DE PETIÇÃO

O agravo de petição é o recurso cabível em face das decisões proferidas nas execuções, no prazo de 8 dias, para minuta e contraminuta (art. 897, a e parágrafos, da CLT). Abrange as decisões terminativas (sem resolução do mérito) e definitivas (com resolução do mérito) proferidas na fase de execução trabalhista, abrangendo a liquidação. É chamada de "Recurso Ordinário da execução trabalhista".

O agravante deverá recolher o importe de R$ 44,26 (quarenta e quatro reais e vinte e seis centavos), conforme dispõe o art. 789-A, VI, da CLT. No que concerne ao depósito recursal, como ele tem por objetivo a garantia do juízo para futura execução por quantia a ser promovida pelo empregado exequente, o agravo de petição é isento, em regra, pois o juízo provavelmente já estará garantido.

Se o juízo ainda não estiver garantido, aí haverá a necessidade do recolhimento e da comprovação do depósito recursal, conforme dispõe a Súmula 128, II, do TST.

No primeiro grau de jurisdição trabalhista, o juízo a quo do agravo de petição será a Vara do Trabalho e o juízo ad quem, o Tribunal Regional do Trabalho. Se a execução estiver tramitando no segundo grau de jurisdição trabalhista, o juízo a quo do agravo de petição será o Tribunal Regional do Trabalho e o juízo ad quem, o próprio TRT, presidido pela autoridade recorrida.

O § 1º do art. 897 da CLT, o agravo de petição só será recebido se o agravante delimitar, justificadamente, as matérias e os valores impugnados, permitida a execução imediata da parte remanescente até o final, nos próprios autos ou por carta de sentença. Trata-se de pressuposto recursal específico do agravo de petição.

Art. 897-A. Caberão embargos de declaração da sentença ou acórdão, no prazo de cinco dias, devendo seu julgamento ocorrer na primeira audiência ou sessão subseqüente a sua apresentação, registrado na certidão, admitido efeito modificativo da decisão nos casos de omissão e contradição no julgado e manifesto equívoco no exame dos pressupostos extrínsecos do recurso. (Incluído pela Lei nº 9.957, de 2000)

§ 1º Os erros materiais poderão ser corrigidos de ofício ou a requerimento de qualquer das partes. (Redação dada pela Lei nº 13.015, de 2014)

§ 2º Eventual efeito modificativo dos embargos de declaração somente poderá ocorrer em virtude da correção de vício na decisão embargada e desde que ouvida a parte contrária, no prazo de 5 (cinco) dias. (Incluído pela Lei nº 13.015, de 2014)

§ 3º Os embargos de declaração interrompem o prazo para interposição de outros recursos, por qualquer das partes, salvo quando intempestivos, irregular a representação da parte ou ausente a sua assinatura.

COMENTÁRIOS (ART. 897-A)

Os embargos de declaração encontram respaldo legal no art. 897-A da CLT combinado com os arts. 1.022 a 1.026 do CPC.

Os embargos declaração são cabíveis em face de sentença ou acórdão, no prazo de cinco dias, para integrar ou complementar o julgado, sanando omissão, contradição ou obscuridade do julgado. A omissão se caracteriza quando o juiz não se pronunciar sobre questão processual relevante. A exemplo, citamos o juiz omisso em relação a algum pedido ou prova produzida nos autos.

O julgado contraditório é aquele em que o magistrado é ambíguo em sua decisão, v.g., quando a parte dispositiva (conclusiva) da sentença, contradiz a fundamentação.

Já a obscuridade, ocorre quando há dificuldade de entendimento do teor da decisão do juiz. Por esta razão, há um movimento moderno da doutrina em prol da simplificação da linguagem jurídica.

O CPC/2015, em seu art. 1.022, inciso III, trouxe outra modalidade de oposição de embargos declaratórios para aclarar a decisão, qual seja, corrigir erro material.

Ademais, é importante dizer que é pacífico o entendimento quanto ao cabimento dos embargos de declaração em relação às sentenças e aos acórdãos. Existe controvérsia, no entanto, quando se trata de decisões interlocutórias.

Prevalece o entendimento na doutrina e na jurisprudência de que são cabíveis os embargos de declaração em face de decisões interlocutórias, pois essas decisões têm conteúdo decisório, e podem apresentar omissão, contradição ou obscuridade, comportando clareza e esclarecimento.

Nesse sentido, aduz o art. 1.022, *caput*, do CPC/2015 que cabem embargos de declaração contra qualquer decisão judicial, o que sedimenta o entendimento acima consignado.

Os embargos de declaração também possuem efeito modificativo ou infringente, ou seja, quando o recurso apresentado tem a possibilidade jurídica de reformar o julgado. Isso ocorrerá quando a decisão for omissa, contraditória ou houver manifesto equívoco no exame dos pressupostos extrínsecos do recurso.

Sobre o manifesto equívoco no exame dos pressupostos extrínsecos do recurso é imprescindível identificar quais são os requisitos de admissibilidade extrínsecos (objetivos) dos recursos. São os requisitos de admissibilidade que dizem respeito aos aspectos formais e processuais da própria decisão impugnada ou do próprio recurso em si, como, por exemplo, a regularidade formal, o preparo, a tempestividade etc. Via de regra, os recursos passam por dois juízos de admissibilidade recursal (juízo *a quo* e juízo *ad quem*).

Caso haja um equívoco no juízo a quo, o recurso cabível será o agravo de instrumento, e se houver um equívoco no juízo ad quem, o recurso cabível será o agravo regimental. Todavia, se houver um manifesto equívoco no exame dos pressupostos extrínsecos do recurso, ou seja, um erro anormal ou crasso, dada a sua celeridade, são cabíveis os embargos de declaração com o objetivo de dar regular processamento ao recurso cuja interposição foi denegada.

Os embargos de declaração não serão submetidos ao duplo juízo de admissibilidade, pois são julgados pelo órgão prolator da decisão embargada (juiz ou tribunal). Isto é, há coincidência do único juízo de admissibilidade recursal com o juízo de mérito.

O recurso em análise pode apresentar função prequestionatória, objetivando a futura interposição de recursos de natureza extraordinária (recurso de revista, embargos no TST e recurso extraordinário).

Os recursos trabalhistas de natureza extraordinária são aqueles que não admitem a rediscussão de fatos e provas, mas somente discussões relativas à matéria de direito. É justamente o conteúdo da Súmula 126 do TST.

Há prequestionamento quando o tribunal se manifesta sobre matéria ou questão discutida em sede de recurso de natureza ordinária (Súmula 126 do TST). Com efeito, somente se admite recurso de natureza extraordinária se em sua decisão o magistrado se manifestou acerca da tese trazida a debate (Súmula 297 do TST).

De acordo com o TST, em caso de omissão do Tribunal, a parte interessada, desde que a matéria haja sido invocada no recurso principal, opor embargos declaratórios objetivando o pronunciamento sobre o tema, sob pena de preclusão.

Se mesmo diante da oposição de embargos declaratórios o Tribunal Regional permanecer omisso, considera-se prequestionada a questão jurídica invocada no recurso principal sobre a qual se omite o Tribunal de pronunciar tese (Súmula 297, III, do TST). Ocorre, neste caso, o prequestionamento ficto.

A oposição de embargos de declaração interrompe o prazo para a interposição de outros recursos, por qualquer das partes, de acordo com o art. 1.026, *caput*, do CPC. Ao final do período de interrupção, o prazo começa a contar do zero, reiniciando-se pela sua integralidade. Diferentemente, na suspensão, o prazo volta a correr de onde parou, reiniciando pelo restante.

Na hipótese de oposição de embargos de declaração com propósito protelatório, ou seja, atrasar ou embaraçar a marcha processual, o juiz ou tribunal poderá aplicar uma multa em percentual de 2 % sobre o valor atualizado da causa (art. 1.026, §2º, do CPC).

Na reiteração de embargos de declaração manifestamente protelatórios, a multa será elevada a até 10% sobre o valor atualizado da causa e, caso a parte pretenda interpor qualquer recurso, a interposição de qualquer recurso ficará condicionada ao depósito prévio do valor da multa, salvo se a parte recorrente for a Fazenda Pública ou beneficiário de gratuidade da justiça, que a recolherão a multa ao final (art. 1.026, §2º, do CPC).

Não serão admitidos novos embargos de declaração se os 2 anteriores tiverem sido considerados protelatórios.

Art. 898 – Das decisões proferidas em dissídio coletivo que afete empresa de serviço público, ou, em qualquer caso, das proferidas em revisão, poderão recorrer, além dos interessados, o Presidente do Tribunal e a Procuradoria da Justiça do Trabalho.

COMENTÁRIOS (ART. 898)

A teor do art. 898 da CLT, o Presidente do Tribunal e a Procuradoria da Justiça do Trabalho tem legitimidade, além dos interessado, podem recorrer das decisões proferidas em dissídio coletivo que afete empresa de serviço público.

Esse dispositivo não foi recepcionado pela Constituição Federal de 1988, por violar o princípio do juiz natural, assegurando que *"ninguém será processado nem sentenciado senão pela autoridade competente"* (Art. 5º, LIII, da CF). O dever de imparcialidade do juízo ou tribunal é um desdobramento desse princípio, o que significa dizer que o juiz deve se manter neutro em relação aos integrantes da relação jurídica processual, para que possa decidir a lide de forma justa, equitativa. No plano infraconstitucional, o art. 144 e seguintes do CPC, estabelece as hipóteses de impedimento e suspeição, ou seja, quando a parcialidade do magistrado estará comprometida.

Eduardo Arruda Alvin esclarece que *"impedimento e a suspeição são vícios que dizem com a imparcialidade do juiz. O impedimento é vício de ordem mais grave, vindo disciplinado no art. 144. De tão grave, não convalesce nem com o trânsito em julgado, rendendo ensejo à propositura de ação rescisória (art. 966, II). A suspeição (art. 145) é vício menos grave, convalescendo se não arguido oportunamente (dentro de 15 dias contados do fato que tiver gerado a suspeição, conforme o art. 146). Por isso mesmo, aliás, a suspeição, diferentemente do impedimento, que não convalesce, não se coloca no plano dos pressupostos processuais da validade"*.[1194]

Com efeito, o podemos afirmar que o Presidente do Tribunal não tem legitimidade para recorrer das decisões proferidas em dissídio coletivo, ainda que a empresa de serviços públicos figure em um dos polos da demanda, ou em qualquer dissídio coletivo de revisão. Acrescentamos que o sistema processual vigente prescreve a possibilidade de remessa necessária quando for proferida sentença contra a União, os Estados, o Distrito Federal, os Municípios e suas respectivas autarquias e fundações de direito público (art. 496, I, do CPC).

O Ministério Público do Trabalho, no entanto, embora não represente judicialmente os entes públicos, poderá interpor o recurso quando houver interesse público que justifique a sua atuação, na forma do art. 127 da CF.

[1194] Alvim, Eduardo Arruda. Direito processual civil. – 6. ed. – São Paulo: Saraiva Educação, 2019.

Art. 899 – Os recursos serão interpostos por simples petição e terão efeito meramente devolutivo, salvo as exceções previstas neste Título, permitida a execução provisória até a penhora. (Redação dada pela Lei nº 5.442, de 24.5.1968) (Vide Lei nº 7.701, de 1988)

§ 1º Sendo a condenação de valor até 10 (dez) vêzes o salário-mínimo regional, nos dissídios individuais, só será admitido o recurso inclusive o extraordinário, mediante prévio depósito da respectiva importância. Transitada em julgado a decisão recorrida, ordenar-se-á o levantamento imediato da importância de depósito, em favor da parte vencedora, por simples despacho do juiz. (Redação dada pela Lei nº 5.442, 24.5.1968)

§ 2º Tratando-se de condenação de valor indeterminado, o depósito corresponderá ao que fôr arbitrado, para efeito de custas, pela Junta ou Juízo de Direito, até o limite de 10 (dez) vêzes o salário-mínimo da região. (Redação dada pela Lei nº 5.442, 24.5.1968)

§ 3º - (Revogado pela Lei nº 7.033, de 5.10.1982)

§ 4º O depósito recursal será feito em conta vinculada ao juízo e corrigido com os mesmos índices da poupança. (Redação dada pela Lei nº 13.467, de 2017) (Vide ADC 58) (Vide ADC 59) (Vide ADI 6021) (Vide ADI 5867)

§ 5º (Revogado). (Redação dada pela Lei nº 13.467, de 2017)

§ 6º – Quando o valor da condenação, ou o arbitrado para fins de custas, exceder o limite de 10 (dez) vêzes o salário-mínimo da região, o depósito para fins de recursos será limitado a êste valor. (Incluído pela Lei nº 5.442, 24.5.1968)

§ 7º No ato de interposição do agravo de instrumento, o depósito recursal corresponderá a 50% (cinquenta por cento) do valor do depósito do recurso ao qual se pretende destrancar. (Incluído pela Lei nº 12.275, de 2010)

§ 8º Quando o agravo de instrumento tem a finalidade de destrancar recurso de revista que se insurge contra decisão que contraria a jurisprudência uniforme do Tribunal Superior do Trabalho, consubstanciada nas suas súmulas ou em orientação jurisprudencial, não haverá obrigatoriedade de se efetuar o depósito referido no § 7º deste artigo. (Incluído pela Lei nº 13.015, de 2014)

§ 9º O valor do depósito recursal será reduzido pela metade para entidades sem fins lucrativos, empregadores domésticos, microempreendedores individuais, microempresas e empresas de pequeno porte. (Incluído pela Lei nº 13.467, de 2017)

§ 10. São isentos do depósito recursal os beneficiários da justiça gratuita, as entidades filantrópicas e as empresas em recuperação judicial. (Incluído pela Lei nº 13.467, de 2017)

§ 11. O depósito recursal poderá ser substituído por fiança bancária ou seguro garantia judicial. (Incluído pela Lei nº 13.467, de 2017)

COMENTÁRIOS (ART. 899)

Segundo em análise, os recursos trabalhistas são dotados apenas do efeito devolutivo Permite extração da carta de sentença e o início da execução provisória, que no Processo do Trabalho vai até a penhora.

O depósito recursal tem o escopo de garantir uma futura execução em favor do empregado. Funda-se na natureza alimentar das verbas trabalhistas, o que denota o caráter de urgência da tutela jurisdicional, no jus postulandi, nos princípios da celeridade, da simplicidade, da informalidade e da oralidade, que vigoram no Direito Processual do Trabalho.

A natureza jurídica do depósito recursal é, portanto, híbrida ou mista, pois trata-se de um pressuposto recursal objetivo ou extrínseco e tem por objetivo a garantia do juízo em favor do empregado, para futura execução por quantia a ser promovida pelo empregado.

O recurso devolve ao tribunal o conhecimento da matéria impugnada. Em decorrência, graças ao seu efeito devolutivo, o julgamento se dará pelo órgão prolator competente, respeitados os limites das razões do recorrente.

O efeito devolutivo é analisado sob dois aspectos: a) Efeito devolutivo em extensão ou horizontal: significa que o órgão hierarquicamente superior competente para o julgamento do recurso está adstrito aos pedidos formulados nas razões recursais. A extensão da devolutividade é limitada por aquilo que é postulado no recurso; b) Efeito devolutivo em profundidade ou vertical: serão objeto de apreciação e julgamento pelo tribunal todas as questões suscitadas e discutidas no processo, ainda que a sentença não as tenha julgado por inteiro. Ademais, quando o pedido ou a defesa tiver mais de um fundamento, e o juiz acolher apenas um deles, o recurso devolverá ao tribunal o conhecimento dos demais (art. 1.013 do CPC).

Os recursos trabalhistas serão interpostos por simples petição. Não se exigem razões recursais que exponham a fundamentação, para a interposição dos recursos, bastando a petição de interposição, haja vista a simplicidade, informalidade, celeridade e o jus postulandi característicos do Processo do Trabalho.

Contudo, a necessidade do contraditório e da ampla defesa (art. 5º, LV, CF) impõe a necessidade de fundamentação nos recursos trabalhistas, de modo que o recorrido possa contra-arrazoar, e o tribunal analisar as razões de inconformismo. Nesse sentido, a Súmula 422 do TST, que não admite o recurso que apresenta fundamento ausente ou deficiente. Ademais, parcela da doutrina sustenta que a necessidade de fundamentação baseia-se na dialeticidade ou discursividade.

Os fundamentos são a natureza alimentar das verbas trabalhistas, que denotam urgência e o princípio da proteção do trabalhador hipossuficiente. É permitida a execução provisória, que vai até a penhora.

Além de ser um pressuposto, tem por objetivo a garantia do juízo em favor do empregado para futura execução por quantia. O empregado nunca faz depósito recursal, mas custas podem ser cobradas em duas situações: total improcedência e extinção do processo sem resolução do mérito. Quem faz depósito recursal é o empregador, quando há condenação em dinheiro. É o princípio do protecionismo processual ou da proteção temperada mitigada ou relativizada no Processo do Trabalho.

O empregador fará o depósito recursal, em havendo condenação em pecúnia (Súmula 161 do TST). A massa falida está dispensada do preparo (leia-se: custas e depósito recursal), conforme Súmula 86 do TST.

Com o advento da Lei n. 13.015/2014, tornou-se dispensável o depósito recursal, quando o agravo de instrumento tiver a finalidade de destrancar recurso de revista que se insurge contra decisão que contraria a jurisprudência uniforme do Tribunal Superior do Trabalho, consubstanciada nas suas súmulas ou em orientação jurisprudencial (art. 899, §8º, da CLT).

A Reforma Trabalhista também inseriu importantes modificações sobre o depósito recursal. O depósito recursal deixou de ser realizado na conta vinculada ao FGTS do empregado, passando a ser realizado em conta bancária vinculada ao juízo, além da devida correção de tais valores.

Do mesmo modo, instituiu que o valor do depósito recursal será reduzido pela metade, quando a parte recorrente for uma entidade sem fins lucrativos, empregadores domésticos, microempreendedores individuais, microempresas e empresas de pequeno porte (art. 899, §9º, da CLT). Ainda, permitiu a isenção do depósito recursal aos beneficiários da justiça gratuita, às entidades filantrópicas e às empresas em recuperação judicial (art. 899, §10, da CLT). É curioso destacar que, a empresa em recuperação judicial, embora esteja isenta do depósito recursal, é obrigada a recolher, eventualmente, as custas processuais, consoante o previsto na Súmula 86 do TST.

De mais a mais, é permitida a substituição do depósito recursal, por fiança bancária ou seguro garantia judicial (art. 899, §11, da CLT).

Art. 900 – Interposto o recurso, será notificado o recorrido para oferecer as suas razões, em prazo igual ao que tiver tido o recorrente.

Art. 901 – Sem prejuízo dos prazos previstos neste Capítulo, terão as partes vistas dos autos em cartório ou na secretaria.

Parágrafo único – Salvo quando estiver correndo prazo comum, aos procuradores das partes será permitido ter vista dos autos fora do cartório ou secretaria. (Incluído pela Lei nº 8.638, de 31.3.1993)

Art. 902 – (Revogado pela Lei nº 7.033, de 5.10.1982)

CAPÍTULO VII DA APLICAÇÃO DAS PENALIDADES

Art. 903. As penalidades estabelecidas no título anterior serão aplicadas pelo juiz, ou tribunal que tiver de conhecer da desobediência, violção recusa, falta, ou coação, ex-offício, ou mediante, representação de qualquer interessado ou da Procuradoria da Justiça do Trabalho. (Redação dada pela Decreto Lei nº 8.737, de 1946)

Art. 904 – As sanções em que incorrerem as autoridades da Justiça do Trabalho serão aplicadas pela autoridade ou Tribunal imediatamente superior, conforme o caso, ex officio, ou mediante representação de qualquer interessado ou da Procuradoria. (Redação dada pelo Decreto-lei nº 8.737, de 19.1.1946)

Parágrafo único. Tratando de membro do Tribunal Superior do Trabalho será competente para a imposição de execuções o Conselho Federal. (Parágrafo único renumerado do 1º pelo Decreto-lei nº 229, de 28.2.1967)

§ 2º (Revogado pelo Decreto-Lei nº 229, de 28.2.1967)

Art. 905 – Tomando conhecimento do fato imputado, o Juiz, ou Tribunal competente, mandará notificar o acusado, para apresentar, no prazo de 15 (quinze) dias, defesa por escrito.

§ 1º – É facultado ao acusado, dentro do prazo estabelecido neste artigo, requerer a produção de testemunhas, até ao máximo de 5 (cinco). Nesse caso, será marcada audiência para a inquirição.

§ 2º – Findo o prazo de defesa, o processo será imediatamente concluso para julgamento, que deverá ser proferido no prazo de 10 (dez) dias.

Art. 906 – Da imposição das penalidades a que se refere este Capítulo, caberá recurso ordinário para o Tribunal Superior, no prazo de 10 (dez) dias, salvo se a imposição resultar de dissídio coletivo, caso em que o prazo será de 20 (vinte) dias.

Art. 907 – Sempre que o infrator incorrer em pena criminal far-se-á remessa das peças necessárias à autoridade competente.

Art. 908 – A cobrança das multas estabelecidas neste Título será feita mediante executivo fiscal, perante o Juiz competente para a cobrança de dívida ativa da Fazenda Pública Federal.

Parágrafo único – A cobrança das multas será promovida, no Distrito Federal e nos Estados em que funcionarem os Tribunais Regionais pela Procuradoria da Justiça do Trabalho, e, nos demais Estados, de acordo com o disposto no Decreto-Lei nº 960, de 17 de dezembro de 1938.

CAPÍTULO VIII DISPOSIÇÕES FINAIS

Art. 909 – A ordem dos processos no Tribunal Superior do Trabalho será regulada em seu regimento interno.

Art. 910 – Para os efeitos deste Título, equiparam-se aos serviços públicos os de utilidade pública, bem como os que forem prestados em armazéns de gêneros alimentícios, açougues, padarias, leiterias, farmácias, hospitais, minas, empresas de transportes e comunicações, bancos e estabelecimentos que interessem à segurança nacional.

TÍTULO XI DISPOSIÇÕES FINAIS E TRANSITÓRIAS

Art. 911 – Esta Consolidação entrará em vigor em 10 de novembro de 1943.

Art. 912 – Os dispositivos de caráter imperativo terão aplicação imediata às relações iniciadas, mas não consumadas, antes da vigência desta Consolidação.

Art. 913 – O Ministro do Trabalho, Industria e Comercio expedirá instruções, quadros, tabelas e modelos que se tornarem necessários à execução desta Consolidação.

Parágrafo único – O Tribunal Superior do Trabalho adaptará o seu regimento interno e o dos Tribunais Regionais do Trabalho às normas contidas nesta Consolidação.

Art. 914 – Continuarão em vigor os quadros, tabelas e modelos, aprovados em virtude de dispositivos não alterados pela presente Consolidação.

Art. 915 – Não serão prejudicados os recursos interpostos com apoio em dispositivos alterados ou cujo prazo para interposição esteja em curso à data da vigência desta Consolidação.

Art. 916 – Os prazos de prescrição fixados pela presente Consolidação começarão a correr da data da vigência desta, quando menores do que os previstos pela legislação anterior.

Art. 917. O Ministro do Trabalho, Indústria e Comércio marcará prazo para adaptação dos atuais estabelecimentos às exigências contidas no capítulo "De Higiene e Segurança do Trabalho". Compete ainda àquela autoridade fixar os prazos dentro dos quais, em cada Estado, entrará em vigor a obrigatoriedade do uso da Carteira Profissional, para os atuais empregados. (Vide Decreto-Lei nº 229, de 1967)

Parágrafo único – O Ministro do Trabalho, Industria e Comercio fixará, para cada Estado e quando julgar conveniente, o início da vigência de parte ou de todos os dispositivos contidos no Capítulo "Da Segurança e da Medicina do Trabalho". (Redação dada pela Lei nº 6.514, de 22.12.1977) (Vide Decreto-Lei nº 229, de 1967)

Art. 918 – Enquanto não for expedida a Lei Orgânica da Previdência Social, competirá ao presidente do Tribunal Superior do Trabalho julgar os recursos interpostos com apoio no art. 1º, alínea "c", do Decreto-lei nº 3.710, de 14 de outubro de 1941, cabendo recurso de suas decisões nos termos do disposto no art. 734, alínea "b", desta Consolidação. (Vide Lei nº 3.807, de 1960)

Parágrafo único – Ao diretor do Departamento de Previdência Social incumbirá presidir as eleições para a constituição dos Conselhos Fiscais dos Institutos e Caixas de Aposentadoria e Pensões e julgar, com recurso para a instância superior, os recursos sobre matéria tecnico-administrativa dessas instituições. (Vide Lei nº 3.807, de 1960)

Art. 919 – Ao empregado bancário, admitido até a data da vigência da presente Lei, fica assegurado o direito à aquisição da estabilidade nos termos do art. 15 do Decreto nº 24.615, de 9 de julho de 1934.

Art. 920 – Enquanto não forem constituídas as confederações, ou, na falta destas, a representação de classes, econômicas ou profissionais, que derivar da indicação desses órgãos ou dos respectivos presidentes, será suprida por equivalente designação ou eleição realizada pelas correspondentes federações.

Art. 921 – As empresas que não estiverem incluídas no enquadramento sindical em que trata o art. 577 poderão firmar contratos coletivos de trabalho com os sindicatos representativos da respectiva categoria profissional.

Art. 922 – O disposto no art. 301 regerá somente as relações de empregos iniciadas depois da vigência desta Consolidação. (Incluído pelo Decreto-lei nº 6.353, de 20.3.1944)

ANEXO
QUADRO A QUE SE REFERE O ART. 577 DA CONSOLIDAÇÃO DAS LEIS DO TRABALHO

CONFEDERAÇÃO NACIONAL DA INDÚSTRIA	CONFEDERAÇÃO NACIONAL DOS TRABALHADORES NA INDÚSTRIA
1º GRUPO – Indústria da alimentação **Atividades ou categorias econômicas**	**1º GRUPO – Trabalhadores na indústria de alimentação Categorias profissionais**
Indústria do trigo Indústria do milho e da soja Indústria da mandioca	Trabalhadores na indústria do trigo, milho e mandioca
Indústria do arroz	Trabalhadores na indústria do arroz
Indústria do açúcar Indústria do açúcar de engenho	Trabalhadores na indústria do açúcar
Indústria de torrefação e moagem do café Industria de refinação do sal Indústria de panificação e confeitaria Indústria de produtos de cacau e balas Indústria do mate Indústria de laticínio e produtos derivados Indústria de massas alimentícias e biscoitos	Trabalhadores na indústria de torrefação ou moagem de café Trabalhadores na indústria da refinação do sal Trabalhadores na indústria de panificação e confeitaria Trabalhadores na indústria de produtos de cacau e balas Trabalhadores na indústria do mate Trabalhadores na indústria de laticínio e produtos derivados Trabalhadores na indústria de massas alimentícias e biscoitos
Indústria da cerveja de baixa fermentação Indústria da cerveja e de bebidas em geral	Trabalhadores na indústria de cerveja e bebidas em geral

CONFEDERAÇÃO NACIONAL DA INDÚSTRIA	CONFEDERAÇÃO NACIONAL DOS TRABALHADORES NA INDÚSTRIA
1º GRUPO – Indústria da alimentação **Atividades ou categorias econômicas**	**1º GRUPO – Trabalhadores na indústria de alimentação Categorias profissionais**
Indústria do vinho Indústria de águas minerais Indústria de azeite e óleos alimentícios Indústria de doces e conserves alimentícias Indústria de carnes e derivados Indústria do fio Indústria do fumo Indústria da imunização e tratamento de frutas	Trabalhadores na indústria do vinho Trabalhadores na indústria de águas minerais Trabalhadores na indústria do azeite e óleos alimentícios Trabalhadores na indústria de docas e conservas alimentícias Trabalhadores na indústria de cernes e derivados Trabalhadores na indústria de fio Trabalhadores na indústria do fumo Trabalhadores na indústria de imunização e tratamento de frutas
2 º GRUPO – Indústria do vestuário **Atividades ou categorias econômicas**	**2.º GRUPO – Trabalhadores nas indústrias do vestuário Categorias profissionais**
Indústria de calçados Indústria de camisas para homem e roupas brancas Indústria de alfaiataria e de confecção de roupas de homem Indústria de guarda-chuvas e bengalas Indústria de luvas, bolsas e peles de resguardo Indústria de pentes, botões e similares Indústria de chapéus Indústria de confecção de roupas e chapéus de senhora	Trabalhadores na indústria do calçado Oficiais alfaiates, costureiras a trabalhadores na indústria de confecção de roupas Trabalhadores na indústria de guarda-chuvas e bengalas Trabalhadores na indústria de luvas, bolsas e peles do resguardo Trabalhadores na indústria de pentes, botões e similares Trabalhadores na indústria de chapéus Trabalhadores na indústria de confecção de roupas e chapéus de senhora
3 º GRUPO – Indústrias da construção e do mobiliário Atividades ou categorias econômicas	**3 º GRUPO – Trabalhadores nas indústrias da construção e do mobiliário Categorias profissionais**
Indústria da construção civil Indústria de olaria Indústria do cimento, cal e gesso Indústria de ladrilhos hidráulicos e produtos de cimento Indústria da cerâmica para construção Indústria de mármores e granitos Indústria de pinturas, decorações, estuques e ornatos Indústria de serrarias, carpintarias e tanoarias Indústria da marcenaria (móveis da madeira) Indústria de móveis de junco a vime e de vassouras Indústria de cortinados e estofos	Trabalhadores na indústria da construção civil (pedreiros, carpinteiros, pintores e estucadores, bombeiros hidráulicos e trabalhadores em geral, de estradas, pontes, portos e canais) Trabalhadores na indústria de olaria Trabalhadores na indústria do cimento, cal a gesso Trabalhadores na indústria de ladrilhos hidráulicos e produtos de cimento Trabalhadores na industries de cerâmica para construção Trabalhadores na indústria de mármores e granitos Oficiais eletricistas Oficiais marceneiros e trabalhadores nas indústrias de serrarias e de moveis de madeira Trabalhadores na indústria de moveis de junco e vime e de vassouras.
4º GRUPO – Indústrias urbanas Atividades ou categorias econômicas	**4º GRUPO – Trabalhadores nas indústrias urbanas Categorias profissionais**
Indústria da purificação e distribuição de água Indústria de energia hidroelétrica Indústria da energia termoelétrica Indústria da produção do gás Serviços de esgotos	Trabalhadores na indústria da purificação e distribuição de água. Trabalhadores na indústria da energia hidroelétrica. Trabalhadores na indústria da energia termoelétrica. Trabalhadores na indústria da produção do gás. Trabalhadores em serviços de esgotos.
5º GRUPO – Indústrias extrativas Atividades ou categorias econômica	**5º GRUPO – Trabalhadores nas indústrias extrativas Categorias profissionais**
Indústria da extração do ouro e metais preciosos Indústria da extração do ferro e metais básicos Indústria da extração do carvão Indústria da extração de diamantes e pedras preciosas Indústria da extração dos mármores, calcáreos e pedreiras Indústria da extração de areias e barreiras Indústria da extração do sal Indústria da extração do petróleo Indústria da extração de madeiras Indústria da extração de resinas Indústria da extração da lenha Indústria da extração da borracha Indústria da extração de fibras vegetais e do descaroçamento do algodão Indústria da extração de óleos vegetais e animais	Trabalhadores na indústria da extração de ouro e metais preciosos. Trabalhadores na indústria da extração do ferro e metais básicos. Trabalhadores na indústria da extração do carvão. Trabalhadores na indústria da extração de diamantes e pedras preciosas. Trabalhadores na indústria da extração de mármores, calcáreos e pedreiras. Trabalhadores na indústria da extração de areias e barreiras. Trabalhadores na indústria da extração do sal. Trabalhadores na indústria do petróleo. Trabalhadores na indústria da extração de madeires, Trabalhadores na indústria da extração de resinas, Trabalhadores na indústria da extração da lenha. Trabalhadores na indústria da extração da borracha. Trabalhadores na indústria da extração de fibras vegetais e do descaroçamento do algodão. Trabalhadores na indústria da extração de óleos vegetais e animais.

CONFEDERAÇÃO NACIONAL DA INDÚSTRIA	CONFEDERAÇÃO NACIONAL DOS TRABALHADORES NA INDÚSTRIA
1º GRUPO – Indústria da alimentação **Atividades ou categorias econômicas**	**1º GRUPO – Trabalhadores na indústria de alimentação Categorias profissionais**
6º GRUPO – Indústria de fiação e tecelagem Atividades ou categorias econômicas	**6º GRUPO – Trabalhadores nas indústrias de fiação e tecelagem Categorias profissionais**
Indústria da cordoalha e estopa Indústria da malharia e meias Indústria de fiação e tecelagem em geral Indústria de especialidades testeis (passamanarias, rendas, tapetes)	Mestres e contramestres na indústria de fiação e tecelagem Trabalhadores na indústria de fiação e tecelagem
7º GRUPO – Indústria de artefatos de couro Atividades ou categorias econômicas	**7º GRUPO – Trabalhadores nas indústrias de artefatos de couro Categorias profissionais**
Indústria de curtimento de couros e de peles Indústria de malas e artigos de viagem Indústria de correias em geral e arreios	Trabalhadores na indústria de curtimento de couros e peles Trabalhadores na indústria de artefatos de couro
8º GRUPO – Indústria do artefatos do borracha Atividades ou categorias econômicas	**8º GRUPO – Trabalhadores nas indústrias de artefatos de borracha Categorias profissionais**
Indústria de artefatos de borracha	Trabalhadores na indústrias de artefatos de borracha
9 º GRUPO – Indústria de joalheria e lapidação de pedras preciosas Atividades ou categorias econômicas	**9º GRUPO - Trabalhadores nas industrias da joalheria e lapidação de pedras preciosas Categorias profissionais**
Indústria do joalheria e ourivesaria Indústria da lapidação de pedras preciosas	Oficiais joalheiros e ourives Oficiais lapidários.
10 º GRUPO – Indústrias químicas e farmacêuticas Atividades ou categorias econômicas	**10 º GRUPO – Trabalhadores nas Indústrias químicas e farmacêuticas Categorias profissionais**
Indústrias de produtos químicos para fins industriais Indústria de produtos farmacêuticos Indústria de preparação de óleos vegetais e animais Indústria de resinas sintéticas Indústria de perfumarias e artigos de toucador Indústria de sabão e velas Indústria da fabricação do álcool Indústria de explosivos Indústria de tintas e vernizes Indústria de fósforos Indústria de adubos e colas Indústria de formicidas e inseticidas Indústria de lavanderia e tinturaria do vestuário Indústria de destilação e refinação de petróleo Indústria de material plástico	Trabalhadores na indústria de produtos químicos para fins industriais Trabalhadores na indústria de produtos farmacêuticos Trabalhadores na preparação de óleos vegetais e animais Trabalhadores na indústria de resinas sintéticas Trabalhadores na indústria de perfumarias e artigos de toucador Trabalhadores na indústria de sabão e velas Trabalhadores na indústria de fabricação do álcool Trabalhadores na indústria de explosivos Trabalhadores na indústria de tintas e vernizes Trabalhadores na indústria de fósforos Trabalhadores na indústria de adubos e colas Trabalhadores na indústria de formicidas e inseticidas Trabalhadores na indústria de lavanderia e tinturaria do vestuário Trabalhadores na indústria de destilação e refinação de petróleo Trabalhadores na indústria de material plástico
11 º GRUPO – Indústrias do papel, papelão e cortiça Atividades ou categorias econômicas	**11 º GRUPO – Trabalhadores nas Indústrias do papel, papelão e cortiça Categorias profissionais**
Indústria do papel Indústria do papelão Indústria de cortiça Indústria de artefatos de papel, papelão e cortiça	Trabalhadores na indústria de papel, papelão e cortiça (Corrigido pelo Decreto Lei nº 6.353, de 1944) Trabalhadores na indústria de artefatos de papel, papelão e cortiça
12 º GRUPO – Indústrias gráficas Atividades ou categorias econômicas	**12 º GRUPO – Trabalhadores nas Indústrias gráficas Categorias profissionais**
Indústria da tipografia Indústria da gravura Indústria da encadernação	Oficiais gráficos Oficiais encadernadores
13 º GRUPO – Indústrias de vidros, cristais, espelhos, cerâmica de louça e porcelana Atividades ou categorias econômicas	**13 º GRUPO – Trabalhadores nas Indústrias de vidros, cristais, espelhos, cerâmica de louça e porcelana Categorias profissionais**

CONFEDERAÇÃO NACIONAL DA INDÚSTRIA	CONFEDERAÇÃO NACIONAL DOS TRABALHADORES NA INDÚSTRIA
1º GRUPO – Indústria da alimentação **Atividades ou categorias econômicas**	**1º GRUPO – Trabalhadores na indústria de alimentação Categorias profissionais**
Indústria de vidros e cristais planos Indústria de vidros e cristais ocos (frascos, garrafas, copos e similares Indústria de espelhos de polimento (lapidação de vidro) Indústria de cerâmica de louça de pó de pedra, da porcelana e da louça de barro	Trabalhadores na indústria de vidros, cristais e espelhos Trabalhadores na indústria de cerâmica de louça de pó de pedra, da porcelana e da louça de barro
14 º GRUPO – Indústrias metalúrgicas, mecânica e de material elétrico Atividades ou categorias econômicas	**14 º GRUPO – Trabalhadores nas Indústrias metalúrgicas, mecânica e de material elétrico Categorias profissionais**
Indústria do ferro (siderurgia) Indústria da fundição Indústria de artefatos de ferro e metais em geral Indústria da serralheria Indústria da mecânica Indústria da galvanoplastia e de niquelação Indústria de máquinas Indústria de cutelaria Indústria de balanças, pesos e medidas Indústria de funilaria Indústria de estamparia de metais Indústria de moveis de metal Indústria da construção e montagem de veículos Indústria de reparação de veículos e acessórios Indústria da construção naval Indústria de lâmpadas e aparelhos elétricos de iluminação Indústria de condutores elétricos e de trefilação Indústria de aparelhos elétricos e similares Indústria de aparelhos de radiotransmissão	Trabalhadores metalúrgicos (siderurgia e fundição) Trabalhadores em oficinas mecânicas Trabalhadores na indústria do material elétrico
15 º GRUPO – Indústrias de instrumentos musicais e brinquedos Atividades ou categorias econômicas	**15 º GRUPO – Trabalhadores nas Indústrias de instrumentos musicais e brinquedos Categorias profissionais**
Indústrias de instrumentos musicais Indústrias de brinquedos	Trabalhadores na indústria de instrumentos musicais Trabalhadores na indústria de brinquedos
CONFEDERAÇÃO NACIONAL DO COMÉRCIO	**CONFEDERAÇÃO NACIONAL DOS TRABALHADORES NO COMÉRCIO**
1 º GRUPO – Comércio atacadista **Atividades ou categorias econômicas**	**1 º GRUPO – Empregados no comércio** **Categorias profissionais**
Comércio atacadista de algodão e outras fibras vegetais Comércio atacadista de café Comércio atacadista de carnes frescas e congeladas Comércio atacadista de carvão vegetal e lenha Comércio atacadista de gêneros alimentícios Comércio atacadista de tecidos, vestuário e armarinho Comércio atacadista de louças, tintas e ferragens Comércio atacadista de maquinismos em geral Comércio atacadista de material de construção Comércio atacadista de material elétrico Comércio atacadista de minérios e combustíveis minerais Comércio atacadista de produtos químicos para a indústria e lavoura Comércio atacadista de drogas e medicamentos Comércio atacadista de pedras preciosas Comércio atacadista de joias e relógios Comércio atacadista de papel e papelão	Empregados no comércio (prepostos do comércio em geral) Empregados vendedores e viajantes do comércio Trabalhadores em empresas comerciais de minérios e combustíveis minerais

CONFEDERAÇÃO NACIONAL DA INDÚSTRIA	CONFEDERAÇÃO NACIONAL DOS TRABALHADORES NA INDÚSTRIA
1º GRUPO – Indústria da alimentação **Atividades ou categorias econômicas**	**1º GRUPO – Trabalhadores na indústria de alimentação Categorias profissionais**
2 º GRUPO – Comércio varejista **Atividades ou categorias econômicas**	
Lojistas do comércio (estabelecimentos de tecidos, de vestuário), adorno e acessórios, de objetos de arte, de louças finas, de ótica, de cirurgia, de papelaria e material de escritório, de livraria, de material fotográfico, de moveis e congêneres) Comércio varejista de carnes frescas Comércio varejista de gêneros alimentícios Comércio varejista de produtos farmacêuticos Comércio varejista de maquinismos, ferragens e tintas (utensílios e ferramentas) Comércio varejista de material elétrico Comércio varejista de automóveis e acessórios Comércio varejista de carvão vegetal e lenha Comércio varejista de combustíveis minerais Comércio de vendedores ambulantes (trabalhadores autônomos) Comércio varejista dos feirantes	Práticos de farmácia
3 º GRUPO – Agentes autônomos do comércio Atividades ou categorias econômicas	**2 º GRUPO – Empregados de agentes autônomos de comércio Categorias profissionais**
Corretores de mercadorias Corretores de navios Corretores de imóveis Despachantes aduaneiros Despachantes de estrada de ferro Leiloeiros Representantes comerciais Comissários e consignatários	Empregados de agentes autônomos do comércio
4 º GRUPO – Comércio armazenador **Atividades ou categorias econômicas**	**3 º GRUPO – Trabalhadores no comércio armazenador Categorias profissionais**
Trapiches Armazéns gerais (de café, algodão e outros produtos) Entreposto (de carnes, leite e outros produtos)	Trabalhadores no comércio armazenador (Trapiches, armazéns gerais e entrepostos) Carregadores e ensacadores de café Carregadores e ensacadores de sal
5 º GRUPO – Turismo e hospitalidade **Atividades ou categorias econômicas**	**4 º GRUPO – Empregados em Turismo e hospitalidade Categorias profissionais**
Empresa de turismo Hotéis e similares (restaurantes, pensões, bares, cafés, leiterias e confeitarias Hospitais, clínicas casa de saúde Casas de diversões Salões de barbeiros e de cabeleireiros, institutos de beleza e similares Empresas de compra e venda e de locação de imóveis Serviços de lustradores de calçados	Intérpretes e guias de turismo Empregados no comércio hoteleiro e similares (inclusive porteiros e cabineiros de edifícios) Enfermeiros e empregados em hospitais e casas de saúde, inclusive duchista e massagistas Empregados em casas de diversões Oficiais, barbeiros, cabeleireiros e similares Lustradores de calçados

CONFEDERAÇÃO NACIONAL DA INDÚSTRIA	CONFEDERAÇÃO NACIONAL DOS TRABALHADORES NA INDÚSTRIA
1º GRUPO – Indústria da alimentação **Atividades ou categorias econômicas**	**1º GRUPO – Trabalhadores na indústria de alimentação Categorias profissionais**
CONFEDERAÇÃO NACIONAL DOS TRANSPORTES MARÍTIMOS, FLUVIAIS E AÉREOS	**CONFEDERAÇÃO NACIONAL DOS TRABALHADORES EM TRANSPORTES MARÍTIMOS, FLUVIAIS E AÉREOS**
1 ° GRUPO – Empresa de navegação marítima e fluvial Atividades ou categorias econômicas	**1 ° GRUPO -Trabalhadores em transportes marítimos e fluviais Categorias profissionais**
Empresa de navegação marítima	Oficiais de náutica da Marinha Mercante Oficiais de máquinas da Marinha Mercante Comissários da Marinha Mercante Motoristas e condutores da Marinha Mercante Conferentes de carga da Marinha Mercante Práticos, arrais e mestres de cabotagem em transportes marítimos Contramestres, marinheiros e moços em transportes marítimos Radiotelegrafistas da Marinha Mercante Taifeiros, culinários e panificadores marítimos Foguistas na Marinha Mercante (inclusive carvoeiros) Médicos da Marinha Mercante Enfermeiros da. Marinha Mercante Empregados em escritórios das empresas de navegação marítima Mestres e encarregados de estaleiros das empresas de navegação marítima Operários navais (trabalhadores em estaleiros de navegação marítima e calafates navais) Carpinteiros navais
Empresa de navegação fluvial e lacustre Agências de navegação	Oficiais de náutica em transportes fluviais Oficiais de máquinas em transportes fluviais Comissários em transportes fluviais Motoristas e condutores em transportes fluviais Conferentes de carga em transportes fluviais Práticos, arrais e mestres de cabotagem em transportes fluviais Contramestres, marinheiros e moços em transportes fluviais Radiotelegrafistas em transportes fluviais Taifeiros, culinários e panificadores em transportes fluviais Foguistas em transportes fluviais (inclusive carvoeiros) Médicos em transportes fluviais Enfermeiros em transportes fluviais Empregados em escritórios das empresas de navegação fluvial Mestres e encarregados de estaleiros das empresas de navegação fluvial Operários fluviais (trabalhadores em estaleiros de navegação fluvial e calafates fluviais) Carpinteiros fluviais Enfermeiros da Marinho Mercante.
2 ° GRUPO – Empresas aeroviárias Atividades ou categorias econômicas	**2 ° GRUPO – Trabalhadores em transportes aéreos Categorias profissionais**
Empresas aeroviárias	Aeronautas Aeroviários

CONFEDERAÇÃO NACIONAL DA INDÚSTRIA	**CONFEDERAÇÃO NACIONAL DOS TRABALHADORES NA INDÚSTRIA**
1º GRUPO – Indústria da alimentação **Atividades ou categorias econômicas**	**1º GRUPO – Trabalhadores na indústria de alimentação Categorias profissionais**
3 º GRUPO – Empresários e administradores de portos Atividades ou categorias econômicas	**3 º GRUPO – Estivadores Categorias profissionais**
Empresários e administradores de portos Carregadores e transportadores de bagagem dos portos (trabalhadores autônomos)	Estivadores Trabalhadores em estiva de minérios
4 º GRUPO	**4 º GRUPO – Portuários** **Categorias profissionais**
	Trabalhadores nos serviços portuários Motoristas em guindastes dos portos Conferentes e consertadores de carga e descarga nos portos
CONFEDERAÇÃO NACIONAL DOS TRANSPORTES TERRESTRES	**CONFEDERAÇÃO NACIONAL DOS TRANSPORTES EM TRANSPORTES TERRESTRES**
1° GRUPO – Empresas ferroviárias Atividades ou categorias econômicas	**1° GRUPO -Trabalhadores ferroviários Categorias profissionais**
Empresas ferroviárias Carregadores e transportadores de bagagens em estações ferroviárias (trabalhadores autônomos)	Trabalhadores em empresas ferroviárias
2° GRUPO – Empresas de transportes rodoviárias Atividades ou categorias econômicas	**2° GRUPO -Trabalhadores em transportes rodoviárias Categorias profissionais**
Empresas de transportes de passageiros Empresas de veículos de carga Empresas de garagens Carregadores e transportadores de volumes de bagagens em geral (trabalhadores autônomos)	Empregados em escritórios de empresas de transportes rodoviárias Condutores de veículos rodoviários (inclusive ajudantes e carregadores, trocadores de ônibus, lavadores de automóveis)
3° GRUPO – Empresas de carrís urbanos (inclusive cabos aéreos Atividades ou categorias econômicas	**3° GRUPO – Trabalhadores em empresas de carrís urbanos (inclusive cabos aéreos) Categorias profissionais**
CONFEDERAÇÃO NACIONAL DE COMUNICAÇÕES E PUBLICIDADE	CONFEDERAÇÃO NACIONAL DOS TRABALHADORES EM TRANSPORTES TERRESTRES
1º GRUPO – Empresas de comunicações **Atividades ou categorias econômicas**	1º GRUPO – Trabalhadores em empresas de comunicações **Categorias profissionais**
Empresas telegráficas terrestres Empresas telegráficas submarinas Empresas rádio-telegráficas e radio-telefônicas Empresas telefônicas Empresas mensageiras	Trabalhadores em empresas telegráficas Trabalhadores em empresas rádio-telegráficas Trabalhadores em empresas radio-telefônicas Trabalhadores em empresas telefônicas Trabalhadores em empresas mensageiras
2º GRUPO – Empresas de publicidade **Atividades ou categorias econômica**	2º GRUPO – Trabalhadores em empresas de publicidade **Categorias profissionais**
Empresas de publicidade comercial (inclusive preparação de material para publicidade) Empresa de radiofusão	Agenciadores de publicidade e propagandistas Trabalhadores em empresas de radiodifusão
3º GRUPO – Empresas jornalísticas **Atividades ou categorias econômica**	3º GRUPO – Trabalhadores em empresas jornalísticas **Categorias profissionais**
Empresas proprietárias de jornais e revistas Distribuidores e vendedores de jornais e revistas (trabalhadores autônomos)	Jornalistas profissionais (redatores, repórteres, revisores, fotógrafos, etc.)

CONFEDERAÇÃO NACIONAL DA INDÚSTRIA	CONFEDERAÇÃO NACIONAL DOS TRABALHADORES NA INDÚSTRIA
1º GRUPO – Indústria da alimentação **Atividades ou categorias econômicas**	**1º GRUPO – Trabalhadores na indústria de alimentação Categorias profissionais**
CONFEDERAÇÃO NACIONAL DAS EMPRESAS DE CRÉDITO	CONFEDERAÇÃO NACIONAL DOS TRABALHADORES NAS EMPRESAS DE CRÉDITO
1º GRUPO – Estabelecimentos bancários **Atividades ou categorias econômicas**	1º GRUPO – Empregados em estabelecimentos bancários **Categorias profissionais**
Bancos Casas bancárias	Empregados em estabelecimentos bancários
2º GRUPO – Empresas de seguros privados e capitalização **Atividades ou categorias econômicas**	2º GRUPO – Empregados em empresas de seguros privados e capitalização **Categorias profissionais**
Empresas de seguros Empresas de capitalização	Empregados de empresas de seguros privados e capitalização
3º GRUPO – Agentes autônomos de seguros privados e de crédito **Atividades ou categorias econômicas**	3º GRUPO – Empregados de agentes autônomos de seguros privados e de crédito **Categorias profissionais**
Corretores de seguros e de capitalização Corretores de fundos públicos e câmbio	Empregados de agentes autônomos de seguros e de crédito
CONFEDERAÇÃO NACIONAL DE EDUCAÇÃO E CULTURA	CONFEDERAÇÃO NACIONAL DOS TRABALHADORES EM ESTABELECIMENTOS DE EDUCAÇÃO E CULTURA
1º GRUPO – Estabelecimentos de ensino **Atividades ou categorias econômicas**	1º GRUPO – Trabalhadores em estabelecimentos de ensino **Categorias profissionais**
Universidades e faculdades superiores reconhecidas Estabelecimentos de ensino de artes Estabelecimentos de ensino secundário e primário Estabelecimentos de ensino técnico-profissional	Professores do ensino superior Professores do ensino de arte Professores do ensino secundário e primário Mestres e contramestres de ensino técnico-profissional Auxiliares de administração escolar (empregados de estabelecimentos de ensino)
2º GRUPO – Empresa de difusão cultural e artística **Atividades ou categorias econômicas**	2º GRUPO – Trabalhadores em empresas de difusão cultural e artística **Categorias profissionais**
Empresas editoras de livros e publicações culturais Empresas teatrais Biblioteca Empresas de gravação de discos Empresas cinematográficas Empresas exibidoras cinematográficas Museus e laboratórios de pesquisas (tecnológicas) Empresas de orquestras Empresas artes plásticas Empresas de arte fotográfica	Empregados de empresas editoras de livros e publicações culturais Empregados de empresas teatrais e cinematográficas Cenógrafos e cenotécnicos Atores teatrais (inclusive corpos corais e bailados) Empregados de biblioteca Empregados em empresas de gravação de discos Atores cinematográficos Operadores cinematográficos Empregados de museus e laboratórios de pesquisas (tecnologistas) Músicos profissionais Artistas plásticos profissionais Fotógrafos profissionais
3º GRUPO – Estabelecimentos de cultura física **Atividades ou categorias econômicas**	3º GRUPO – Trabalhadores em estabelecimentos de cultura física **Categorias profissionais**
Estabelecimentos de esportes terrestres Estabelecimentos de esportes aquáticos Estabelecimentos de esportes aéreos	Atletas profissionais Empregados de clubes esportivos

CONFEDERAÇÃO NACIONAL DAS PROFISSÕES LIBERAIS
GRUPOS
1º Advogados
2º Médicos
3º Odontologistas
4º Médicos veterinários
5º Farmacêuticos
6º Engenheiros (civis, de minas, mecânicos, eletricistas, industriais, arquitetos e agrônomos)
7º Químicos (químicos industriais, químicos industriais agrícolas e engenheiros químicos)
8º Parteiros
9º Economistas
10º Atuários
11º Contábilistas
12º Professores (privados)
13º Escritores
14º Autores teatrais
15º Compositores artísticos, musicais e plásticos

Súmulas Vinculantes

+ As súmulas vinculantes estão previstas no art. 103-A da CF, acrescentado pela Emenda Constitucional n. 45, de 2004 (Reforma do Judiciário), e regulamentado pela Lei n. 11.417, de 19-12-2006.

1. Ofende a garantia constitucional do ato jurídico perfeito a decisão que, sem ponderar as circunstâncias do caso concreto, desconsidera a validez e a eficácia de acordo constante de termo de adesão instituído pela Lei Complementar n. 110/2001.

+ Vide art. 5.º, XXXVI, da CF.

2. É inconstitucional a lei ou ato normativo estadual ou distrital que disponha sobre sistemas de consórcios e sorteios, inclusive bingos e loterias.

+ *Vide* art. 22, XX, da CF.

3. Nos processos perante o Tribunal de Contas da União asseguram-se o contraditório e a ampla defesa quando da decisão puder resultar anulação ou revogação de ato administrativo que beneficie o interessado, excetuada a apreciação da legalidade do ato de concessão inicial de aposentadoria, reforma e pensão.

+ *Vide* arts. 5.º, LV, e 71, III, da CF.

4. Salvo nos casos previstos na Constituição, o salário mínimo não pode ser usado como indexador de base de cálculo de vantagem de servidor público ou de empregado, nem ser substituído por decisão judicial.

++ *Vide* Súmula 228 do TST.

+ *Vide* art. 7.º, IV, da CF.

5. A falta de defesa técnica por advogado no processo administrativo disciplinar não ofende a Constituição.

6. Não viola a Constituição o estabelecimento de remuneração inferior ao salário mínimo para as praças prestadoras de serviço militar inicial.

7. A norma do § 3.º do art. 192 da Constituição, revogada pela Emenda Constitucional n. 40/2003, que limitava a taxa de juros reais a 12% ao ano, tinha sua aplicação condicionada à edição de lei complementar.

8. São inconstitucionais o parágrafo único do art. 5.º do Decreto-Lei n. 1.569/1977 e os arts. 45 e 46 da Lei n. 8.212/1991, que tratam de prescrição e decadência de crédito tributário.

9. O disposto no art. 127 da Lei n. 7.210/1984 (Lei de Execução Penal) foi recebido pela ordem constitucional vigente, e não se lhe aplica o limite temporal previsto no *caput* do art. 58.

10. Viola a cláusula de reserva de plenário (CF, art. 97) a decisão de órgão fracionário de tribunal que, embora não declare expressamente a inconstitucionalidade de lei ou ato normativo do poder público, afasta sua incidência, no todo ou em parte.

11. Só é lícito o uso de algemas em casos de resistência e de fundado receio de fuga ou de perigo à integridade física própria ou alheia, por parte do preso ou de terceiros, justificada a excepcionalidade por escrito, sob pena de responsabilidade disciplinar, civil e penal do agente ou da autoridade e de nulidade da prisão ou do ato processual a que se refere, sem prejuízo da responsabilidade civil do Estado.

+ *Vide* arts. 1.º, III, 5.º, III, X e XLIX, da CF.

12. A cobrança de taxa de matrícula nas universidades públicas viola o disposto no art. 206, IV, da Constituição Federal.

13. A nomeação de cônjuge, companheiro ou parente em linha reta, colateral ou por afinidade, até o terceiro grau, inclusive, da autoridade nomeante ou de servidor da mesma pessoa jurídica investido em cargo de direção, chefia ou assessoramento, para o exercício de cargo em comissão ou de confiança ou, ainda, de função gratificada na administração pública direta e indireta em qualquer dos Poderes da União, dos Estados, do Distrito Federal e dos Municípios, compreendido o ajuste mediante designações recíprocas, viola a Constituição Federal.

+ *Vide* art. 37, *caput*, da CF.

14. É direito do defensor, no interesse do representado, ter acesso amplo aos elementos de prova que, já documentados em procedimento investigatório realizado por órgão com competência de polícia judiciária, digam respeito ao exercício do direito de defesa.

✦ *Vide* art. 5.º, LXIII, da CF.

15. O cálculo de gratificações e outras vantagens do servidor público não incide sobre o abono utilizado para se atingir o salário mínimo.

✦ *Vide* art. 7.º, IV, da CF.

16. Os arts. 7.º, IV, e 39, § 3.º (redação da EC 19/98), da Constituição, referem--se ao total da remuneração percebida pelo servidor público.

17. Durante o período previsto no parágrafo 1.º do art. 100 da Constituição, não incidem juros de mora sobre os precatórios que nele sejam pagos.

18. A dissolução da sociedade ou do vínculo conjugal, no curso do mandato, não afasta a inelegibilidade prevista no § 7.º do art. 14 da Constituição Federal.

19. A taxa cobrada exclusivamente em razão dos serviços públicos de coleta, remoção e tratamento ou destinação de lixo ou resíduos provenientes de imóveis, não viola o art. 145, II, da Constituição Federal.

20. A Gratificação de Desempenho de Atividade Técnico-Administrativa – GDATA, instituída pela Lei n. 10.404/2002, deve ser deferida aos inativos nos valores correspondentes a 37,5 (trinta e sete vírgula cinco) pontos no período de fevereiro a maio de 2002 e, nos termos do art. 5.º, parágrafo único, da Lei n. 10.404/2002, no período de junho de 2002 até a conclusão dos efeitos do último ciclo de avaliação a que se refere o art. 1.º da Medida Provisória n. 198/2004, a partir da qual passa a ser de 60 (sessenta) pontos.

21. É inconstitucional a exigência de depósito ou arrolamento prévios de dinheiro ou bens para admissibilidade de recurso administrativo.

✦ *Vide* art. 5.º, XXXIV, *a*, e LV, da CF.

22. A Justiça do Trabalho é competente para processar e julgar as ações de indenização por danos morais e patrimoniais decorrentes de acidente de trabalho propostas por empregado contra empregador, inclusive aquelas que ainda não possuíam sentença de mérito em primeiro grau quando da promulgação da Emenda Constitucional n. 45/04.

✦ *Vide* arts. 109, I, e 114, VI, da CF.

23. A Justiça do Trabalho é competente para processar e julgar ação possessória ajuizada em decorrência do exercício do direito de greve pelos trabalhadores da iniciativa privada.

✦ *Vide* art. 114, II, da CF.

24. Não se tipifica crime material contra a ordem tributária, previsto no art. 1.º, incisos I a IV, da Lei n. 8.137/90, antes do lançamento definitivo do tributo.

25. É ilícita a prisão civil de depositário infiel, qualquer que seja a modalidade do depósito.

✦✦ *Vide* art. 5.º, LXVII e § 2.º, da CF.

26. Para efeito de progressão de regime no cumprimento de pena por crime hediondo, ou equiparado, o juízo da execução observará a inconstitucionalidade do art. 2.º da Lei n. 8.072, de 25 de julho de 1990, sem prejuízo de avaliar se o condenado preenche, ou não, os requisitos objetivos e subjetivos do benefício, podendo determinar, para tal fim, de modo fundamentado, a realização de exame criminológico.

27. Compete à Justiça estadual julgar causas entre consumidor e concessionária de serviço público de telefonia, quando a ANATEL não seja litisconsorte passiva necessária, assistente, nem opoente.

28. É inconstitucional a exigência de depósito prévio como requisito de admissibilidade de ação judicial na qual se pretenda discutir a exigibilidade de crédito tributário.

29. É constitucional a adoção, no cálculo do valor de taxa, de um ou mais elementos da base de cálculo própria de determinado imposto, desde que não haja integral identidade entre uma base e outra.

30. (Até a data de fechamento desta edição o STF mantinha suspensa a publicação da Súmula Vinculante 30.)

31. É inconstitucional a incidência do Imposto sobre Serviços de Qualquer Natureza – ISS sobre operações de locação de bens móveis.

32. O ICMS não incide sobre alienação de salvados de sinistro pelas seguradoras.

33. Aplicam-se ao servidor público, no que couber, as regras do regime geral da previdência social sobre aposentadoria especial de que trata o art. 40, § 4.º, inciso III da Constituição Federal, até a edição de lei complementar específica.

34. A Gratificação de Desempenho de Atividade de Seguridade Social e do Trabalho – GDASST, instituída pela Lei n. 10.483/2002, deve ser estendida aos inativos no valor correspondente a 60 (sessenta) pontos, desde o advento da Medida Provisória n. 198/2004, convertida na Lei n. 10.971/2004, quando tais inativos façam jus à paridade constitucional (ECs n. 20/1998, 41/2003 e 47/2005).

35. A homologação da transação penal prevista no artigo 76 da Lei 9.099/1995 não faz coisa julgada material e, descumpridas suas cláusulas, retoma-se a situação anterior, possibilitando-se ao Ministério Público a continuidade da persecução penal mediante oferecimento de denúncia ou requisição de inquérito policial.

✦ A Lei n. 9.099, de 26-9-1995, dispõe sobre os Juizados Especiais Cíveis e Criminais e dá outras providências.

36. Compete à Justiça Federal comum processar e julgar civil denunciado pelos crimes de falsificação e de uso de documento falso quando se tratar de falsificação da Caderneta de Inscrição e Registro (CIR) ou de Carteira de Habilitação de Amador (CHA), ainda que expedidas pela Marinha do Brasil.

37. Não cabe ao Poder Judiciário, que não tem função legislativa, aumentar vencimentos de servidores públicos sob o fundamento de isonomia.

✦ *Vide* art. 37, X, da CF.

✦ *Vide* Súmula 339 do STF.

38. É competente o Município para fixar o horário de funcionamento de estabelecimento comercial.

✦ *Vide* art. 30, I, da CF.

39. Compete privativamente à União legislar sobre vencimentos dos membros das polícias civil e militar e do corpo de bombeiros militar do Distrito Federal.

✦ *Vide* art. 21, XIV, da CF.

40. A contribuição confederativa de que trata o art. 8.º, IV, da Constituição Federal, só é exigível dos filiados ao sindicato respectivo.

✦ *Vide* Súmula 666 do STF.

41. O serviço de iluminação pública não pode ser remunerado mediante taxa.

✦ *Vide* art. 145, II, da CF.

42. É inconstitucional a vinculação do reajuste de vencimentos de servidores estaduais ou municipais a índices federais de correção monetária.

✦ *Vide* arts. 30, I, e 37, XIII, da CF.

43. É inconstitucional toda modalidade de provimento que propicie ao servidor investir-se, sem prévia aprovação em concurso público destinado ao seu provimento, em cargo que não integra a carreira na qual anteriormente investido.

✦ *Vide* art. 37, II, da CF.

44. Só por lei se pode sujeitar a exame psicotécnico a habilitação de candidato a cargo público.

✦ *Vide* arts. 5.º, II, e 37, I, da CF.

45. A competência constitucional do Tribunal do Júri prevalece sobre o foro por prerrogativa de função estabelecido exclusivamente pela constituição estadual.

✦ *Vide* arts. 5.º, XXXVIII, *d*, e 125, § 1.º, da CF.

46. A definição dos crimes de responsabilidade e o estabelecimento das respectivas normas de processo e julgamento são da competência legislativa privativa da União.

✦ *Vide* arts. 22, I, e 85, parágrafo único, da CF.

47. Os honorários advocatícios incluídos na condenação ou destacados do montante principal devido ao credor consubstanciam verba de natureza alimentar cuja satisfação ocorrerá com a expedição de precatório ou requisição de pequeno valor, observada ordem especial restrita aos créditos dessa natureza.

✦✦ *Vide* art. 100, § 1.º, da CF.

✦✦ *Vide* arts. 22, § 4.º, e 23 do EAOAB.

48. Na entrada de mercadoria importada do exterior, é legítima a cobrança do ICMS por ocasião do desembaraço aduaneiro.

✦ *Vide* art. 155, § 2.º, IX, *a*, da CF.

49. Ofende o princípio da livre concorrência lei municipal que impede a instalação de estabelecimentos comerciais do mesmo ramo em determinada área.

50. Norma legal que altera o prazo de recolhimento de obrigação tributária não se sujeita ao princípio da anterioridade.

51. O reajuste de 28,86%, concedido aos servidores militares pelas Leis n. 8.622/1993 e 8.627/1993, estende-se aos servidores civis do poder executivo, observadas as eventuais compensações decorrentes dos reajustes diferenciados concedidos pelos mesmos diplomas legais.

52. Ainda quando alugado a terceiros, permanece imune ao IPTU o imóvel pertencente a qualquer das entidades referidas pelo art. 150, VI, *c*, da Constituição Federal, desde que o valor dos aluguéis seja aplicado nas atividades para as quais tais entidades foram constituídas.

53. A competência da Justiça do Trabalho prevista no art. 114, VIII, da Constituição Federal alcança a execução de ofício das contribuições previdenciárias relativas ao objeto da condenação constante das sentenças que proferir e acordos por ela homologados.

54. A medida provisória não apreciada pelo Congresso Nacional podia, até a Emenda Constitucional 32/2001, ser reeditada dentro do seu prazo de eficácia de trinta dias, mantidos os efeitos de lei desde a primeira edição.

✦✦ *Vide* art. 62, § 3.º, da CF.

55. O direito ao auxílio-alimentação não se estende aos servidores inativos.

✦ *Vide* art. 40, § 4.º, da CF.

56. A falta de estabelecimento penal adequado não autoriza a manutenção do condenado em regime prisional mais gravoso, devendo-se observar, nessa hipótese, os parâmetros fixados no RE 641.320/RS.

57. A imunidade tributária constante do art. 150, VI, d, da CF/88 aplica-se à importação e comercialização, no mercado interno, do livro eletrônico (e-book) e dos suportes exclusivamente utilizados para fixa-lo, como os leitores de livros eletrônicos (e-readers), ainda que possuam funcionalidades acessórias.

58. Inexiste direito a crédito presumido de IPI relativamente à entrada de insumos isentos, sujeitos à alíquota zero ou não tributáveis, o que não contraria o princípio da não cumulatividade.

Súmulas do Supremo Tribunal Federal

* *As Súmulas aqui constantes (até a de n. 621) foram promulgadas antes da Constituição Federal de 1988, que mudou a competência do STF.*

(*) De acordo com o art. 8.º da Emenda Constitucional n. 45, de 8-12-2004 (Reforma do Judiciário), as atuais súmulas do STF somente produzirão efeito vinculante após sua confirmação por dois terços de seus integrantes e publicação na

1. É vedada a expulsão de estrangeiro casado com brasileira, ou que tenha filho brasileiro dependente da economia paterna.

2. Concede-se liberdade vigiada ao extraditando que estiver preso por prazo superior a sessenta dias.

3. A imunidade concedida a deputados estaduais é restrita à Justiça do Estado.

✦✦ Súmula superada pela Constituição Federal de 1988, que tornou aplicáveis, sem restrições, aos das Assembleias Legislativas dos Estados e do Distrito Federal, as normas sobre imunidades parlamentares dos integrantes do Congresso Nacional.

4. *(Cancelada.)*

5. A sanção do projeto supre a falta de iniciativa do Poder Executivo.

6. A revogação ou anulação, pelo poder executivo, de aposentadoria, ou qualquer outro ato aprovado pelo tribunal de contas, não produz efeitos antes de aprovada por aquele tribunal, ressalvada a competência revisora do judiciário.

7. Sem prejuízo de recurso para o congresso, não é exequível contrato administrativo a que o tribunal de contas houver negado registro.

8. Diretor de sociedade de economia mista pode ser destituído no curso do mandato.

9. Para o acesso de auditores ao superior tribunal militar, só concorrem os de segunda entrância.

10. O tempo de serviço militar conta-se para efeito de disponibilidade e aposentadoria do servidor público estadual.

11. A vitaliciedade não impede a extinção do cargo, ficando o funcionário em disponibilidade, com todos os vencimentos.

12. A vitaliciedade do professor catedrático não impede o desdobramento da cátedra.

13. A equiparação de extranumerário a funcionário efetivo, determinada pela Lei n. 2.284, de 9-8-1954, não envolve reestruturação, não compreendendo, portanto, os vencimentos.

14. Não é admissível, por ato administrativo, restringir, em razão da idade, inscrição em concurso para cargo público.

✦ *Vide* Súmula 683 do STF.

15. Dentro do prazo de validade do concurso, o candidato aprovado tem direito à nomeação quando o cargo for preenchido sem observância da classificação.

16. Funcionário nomeado por concurso tem direito à posse.

17. A nomeação de funcionário sem concurso pode ser desfeita antes da posse.

18. Pela falta residual não compreendida na absolvição pelo Juízo Criminal, é admissível a punição administrativa do servidor público.

19. É inadmissível segunda punição de servidor público, baseada no mesmo processo em que se fundou a primeira.

20. É necessário processo administrativo com ampla defesa, para demissão de funcionário admitido por concurso.

21. Funcionário em estágio probatório não pode ser exonerado nem demitido sem inquérito ou sem as formalidades legais de apuração de sua capacidade.

22. O estágio probatório não protege o funcionário contra a extinção do cargo.

23. Verificados os pressupostos legais para o licenciamento da obra, não o impede a declaração de utilidade pública para desapropriação do imóvel, mas o valor da obra não se incluirá na indenização quando a desapropriação for efetivada.

24. Funcionário interino substituto é demissível, mesmo antes de cessar a causa da substituição.

25. A nomeação a termo não impede a livre demissão pelo Presidente da República, de ocupante de cargo dirigente de autarquia.
26. Os servidores do instituto de aposentadoria e pensões dos industriários não podem acumular a sua gratificação bienal com o adicional de tempo de serviço previsto no estatuto dos funcionários civis da União.
27. Os servidores públicos não têm vencimentos irredutíveis, prerrogativa dos membros do poder judiciário e dos que lhes são equiparados.
28. O estabelecimento bancário é responsável pelo pagamento de cheque falso, ressalvadas as hipóteses de culpa exclusiva ou concorrente do correntista.
29. Gratificação devida a servidores do sistema fazendário não se estende aos dos tribunais de contas.
30. Servidores de coletorias não têm direito à percentagem pela cobrança de contribuições destinadas à Petrobras.
31. Para aplicação da Lei n. 1.741, de 22-11-1952, soma-se o tempo de serviço ininterrupto em mais de um cargo em comissão.
32. Para aplicação da Lei n. 1.741, de 22-11-1952, soma-se o tempo de serviço ininterrupto em cargo em comissão e em função gratificada.
33. A Lei n. 1.741, de 22-11-1952, é aplicável às autarquias federais.
34. No Estado de São Paulo, funcionário eleito vereador fica licenciado por toda a duração do mandato.
35. Em caso de acidente do trabalho ou de transporte, a concubina tem direito de ser indenizada pela morte do amásio, se entre eles não havia impedimento para o matrimônio.
36. Servidor vitalício está sujeito à aposentadoria compulsória, em razão da idade.
37. Não tem direito de se aposentar pelo Tesouro Nacional o servidor que não satisfizer as condições estabelecidas na legislação do serviço público federal, ainda que aposentado pela respectiva instituição previdenciária, com direito, em tese, a duas aposentadorias.
38. Reclassificação posterior à aposentadoria não aproveita ao servidor aposentado.
39. À falta de lei, funcionário em disponibilidade não pode exigir, judicialmente, o seu aproveitamento, que fica subordinado ao critério de conveniência da administração.
40. A elevação da entrância da comarca não promove automaticamente o juiz, mas não interrompe o exercício de suas funções na mesma comarca.
41. Juízes preparadores ou substitutos não têm direito aos vencimentos da atividade fora dos períodos de exercício.
42. É legítima a equiparação de juízes do tribunal de contas, em direitos e garantias, aos membros do poder judiciário.
43. Não contraria a Constituição Federal o art. 61 da Constituição de São Paulo, que equiparou os vencimentos do Ministério Público aos da magistratura.
44. O exercício do cargo pelo prazo determinado na Lei n. 1.341, de 30-11951, art. 91, dá preferência para a nomeação interina de Procurador da República.
45. A estabilidade dos substitutos do Ministério Público Militar não confere direito aos vencimentos da atividade fora dos períodos de exercício.
46. Desmembramento de serventia de justiça não viola o princípio de vitaliciedade do serventuário.
47. Reitor de universidade não é livremente demissível pelo Presidente da República durante o prazo de sua investidura.
48. É legítimo o rodízio de docentes livres na substituição do professor catedrático.
49. A cláusula de inalienabilidade inclui a incomunicabilidade dos bens.
50. A lei pode estabelecer condições para a demissão de extranumerário.
51. Militar não tem direito a mais de duas promoções na passagem para a inatividade, ainda que por motivos diversos.
52. A promoção de militar, vinculada à inatividade, pode ser feita, quando couber, a posto inexistente no quadro.
53. A promoção de professor militar, vinculada à sua reforma, pode ser feita, quando couber, a posto inexistente no quadro.
54. A reserva ativa do magistério militar não confere vantagens vinculadas à efetiva passagem para a inatividade.
55. Militar da reserva está sujeito à pena disciplinar.
56. Militar reformado não está sujeito à pena disciplinar.
57. Militar inativo não tem direito ao uso do uniforme fora dos casos previstos em lei ou regulamento.
58. É válida a exigência de média superior a quatro para aprovação em estabelecimento de ensino superior, consoante o respectivo regimento.
59. Imigrante pode trazer, sem licença prévia, automóvel que lhe pertença desde mais de seis meses antes do seu embarque para o Brasil.

60. Não pode o estrangeiro trazer automóvel quando não comprovada a transferência definitiva de sua residência para o Brasil.

61. Brasileiro domiciliado no estrangeiro, que se transfere definitivamente para o Brasil, pode trazer automóvel licenciado em seu nome há mais de seis meses.

62. Não basta a simples estada no estrangeiro por mais de seis meses, para dar direito à trazida de automóvel com fundamento em transferência de residência.

63. É indispensável, para trazida de automóvel, a prova do licenciamento há mais de seis meses no país de origem.

64. É permitido trazer do estrangeiro, como bagagem, objetos de uso pessoal e doméstico, desde que, por sua quantidade e natureza, não induzam finalidade comercial.

65. A cláusula de aluguel progressivo anterior à Lei n. 3.494, de 19-12-1958, continua em vigor em caso de prorrogação legal ou convencional da locação.

66. É legítima a cobrança do tributo que houver sido aumentado após o orçamento, mas antes do início do respectivo exercício financeiro.

67. É inconstitucional a cobrança do tributo que houver sido criado ou aumentado no mesmo exercício financeiro.

68. É legítima a cobrança, pelos Municípios, no exercício de 1961, de tributo estadual, regularmente criado ou aumentado, e que lhes foi transferido pela Emenda Constitucional n. 5, de 21-11-1961.

69. A Constituição Estadual não pode estabelecer limite para o aumento de tributos municipais.

70. É inadmissível a interdição de estabelecimento como meio coercitivo para cobrança de tributo.

71. Embora pago indevidamente, não cabe restituição de tributo indireto.

✦✦ Súmula 546 do STF.

72. No julgamento de questão constitucional, vinculada a decisão do TSE, não estão impedidos os ministros do STF que ali tenham funcionado no mesmo processo ou no processo originário.

73. A imunidade das autarquias, implicitamente contida no art. 31, V, *a*, da Constituição Federal, abrange tributos estaduais e municipais.

✦✦ Refere-se à CF de 1946. *Vide* art. 150, VI, *a*, §§ 2.º e 3.º, da CF de 1988.

74. O imóvel transcrito em nome de autarquia, embora objeto de promessa de venda a particulares, continua imune de impostos locais.

75. Sendo vendedora uma autarquia, a sua imunidade fiscal não compreende o imposto de transmissão *inter vivos*, que é encargo do comprador.

76. As sociedades de economia mista não estão protegidas pela imunidade fiscal do art. 31, V, *a*, Constituição Federal.

77. Está isenta de impostos federais a aquisição de bens pela Rede Ferroviária Federal.

78. Estão isentas de impostos locais as empresas de energia elétrica, no que respeita às suas atividades específicas.

79. O Banco do Brasil não tem isenção de tributos locais.

80. Para a retomada de prédio situado fora do domicílio do locador, exige-se a prova da necessidade.

81. As cooperativas não gozam de isenção de impostos locais com fundamento na Constituição e nas Leis Federais.

82. São inconstitucionais o imposto de cessão e a taxa sobre inscrição de promessa de venda de imóvel, substitutivos do imposto de transmissão, por incidirem sobre ato que não transfere o domínio.

83. Os ágios de importação incluem-se no valor dos artigos importados para incidência do imposto de consumo.

84. Não estão isentos do imposto de consumo os produtos importados pelas cooperativas.

85. Não estão sujeitos ao imposto de consumo os bens de uso pessoal e doméstico trazidos, como bagagem, do exterior.

86. Não está sujeito ao imposto de consumo automóvel usado, trazido do exterior pelo proprietário.

87. Somente no que não colidirem com a Lei n. 3.244, de 14-8-1957, são aplicáveis acordos tarifários anteriores.

88. É válida a majoração da tarifa alfandegária, resultante da Lei n. 3.244, de 14-8-1957, que modificou o Acordo Geral sobre Tarifas Aduaneiras e Comércio (GATT), aprovado pela Lei n. 313, de 30-7-1948.

89. Estão isentas do imposto de importação frutas importadas da Argentina, do Chile, da Espanha e de Portugal, enquanto vigentes os respectivos acordos comerciais.

90. É legítima a lei local que faça incidir o imposto de indústrias e profissões com base no movimento econômico do contribuinte.

91. A incidência do imposto único não isenta o comerciante de combustíveis do imposto de indústrias e profissões.

92. É constitucional o art. 100, n. II, da Lei n. 4.563, de 20-2-1957, do Município de Recife, que faz variar o imposto de licença em função do aumento do capital do contribuinte.

93. Não está isenta do Imposto de Renda a atividade profissional do arquiteto.

94. É competente a autoridade alfandegária para o desconto, na fonte, do Imposto de Renda correspondente às comissões dos despachantes aduaneiros.

95. Para cálculo do imposto de lucro extraordinário, incluem-se no capital as reservas do ano-base, apuradas em balanço.

96. O imposto de lucro imobiliário incide sobre a venda de imóvel da meação do cônjuge sobrevivente, ainda que aberta a sucessão antes da vigência da Lei n. 3.470, de 28-11-1958.

97. É devida a alíquota anterior do imposto de lucro imobiliário, quando a promessa de venda houver sido celebrada antes da vigência da lei que a tiver elevado.

98. Sendo o imóvel alienado na vigência da Lei n. 3.470, de 28-11-1958, ainda que adquirido por herança, usucapião ou a título gratuito, é devido o imposto de lucro imobiliário.

99. Não é devido o imposto de lucro imobiliário, quando a alienação de imóvel adquirido por herança, ou a título gratuito, tiver sido anterior à vigência da Lei n. 3.470, de 28-11-1958.

100. Não é devido o imposto de lucro imobiliário, quando a alienação de imóvel, adquirido por usucapião, tiver sido anterior à vigência da Lei n. 3.470, de 28-11-1958.

101. O mandado de segurança não substitui a ação popular.

102. É devido o imposto federal do selo pela incorporação de reservas, em reavaliação de ativo, ainda que realizada antes da vigência da Lei n. 3.519, de 30-12-1958.

103. É devido o imposto federal do selo na simples reavaliação de ativo, realizada posteriormente à vigência da Lei n. 3.519, de 30-12-1958.

104. Não é devido o imposto federal do selo na simples reavaliação de ativo anterior à vigência da Lei n. 3.519, de 30-12-1958.

105. Salvo se tiver havido premeditação, o suicídio do segurado, no período contratual de carência, não exime o segurador do pagamento do seguro.

✦✦ *Vide* CC, arts. 797 e 798.

106. É legítima a cobrança de selo sobre registro de automóveis, na conformidade da legislação estadual.

107. É inconstitucional o imposto de selo de 3%, *ad valorem*, do Paraná, quanto aos produtos remetidos para fora do Estado.

108. É legítima incidência do imposto de transmissão *inter vivos* sobre o valor do imóvel ao tempo da alienação, e não da promessa, na conformidade da legislação local.

109. É devida a multa prevista no art. 15, § 6.º, da Lei n. 1.300, de 28-12-1950, ainda que a desocupação do imóvel tenha resultado da notificação e não haja sido proposta ação de despejo.

110. O imposto de transmissão *inter vivos* não incide sobre a construção, ou parte dela, realizada pelo adquirente, mas sobre o que tiver sido construído ao tempo da alienação do terreno.

111. É legítima a incidência do imposto de transmissão *inter vivos* sobre a restituição, ao antigo proprietário, de imóvel que deixou de servir à finalidade da sua desapropriação.

112. O imposto de transmissão *causa mortis* é devido pela alíquota vigente ao tempo da abertura da sucessão.

113. O imposto de transmissão *causa mortis* é calculado sobre o valor dos bens na data da avaliação.

114. O imposto de transmissão *causa mortis* não é exigível antes da homologação do cálculo.

115. Sobre os honorários do advogado contratado pelo inventariante, com a homologação do Juiz, não incide o imposto de transmissão *causa mortis*.

116. Em desquite ou inventário, é legítima a cobrança do chamado imposto de reposição quando houver desigualdade nos valores partilhados.

✦✦ A Lei n. 6.515, de 26-12-1977, substitui a expressão desquite por separação consensual ou separação judicial.

117. A lei estadual pode fazer variar a alíquota do imposto de vendas e consignações em razão da espécie do produto.

118. Estão sujeitas ao imposto de vendas e consignações as transações sobre minerais, que ainda não estão compreendidos na legislação federal sobre o imposto único.

119. É devido o imposto de vendas e consignações sobre a venda de cafés ao Instituto Brasileiro do Café, embora o lote, originariamente, se destinasse à exportação.

120. Parede de tijolos de vidro translúcido pode ser levantada a menos de metro e meio do prédio vizinho, não importando servidão sobre ele.

✦✦ *Vide* CC, arts. 1.301 e 1.302.

121. É vedada a capitalização de juros, ainda que expressamente convencionada.

122. O enfiteuta pode purgar a mora enquanto não decretado o comisso por sentença.

123. Sendo a locação regida pelo Decreto n. 24.150, de 20-4-1934, o locatário não tem direito à purgação da mora prevista na Lei n. 1.300, de 28-12-1950.

124. É inconstitucional o adicional do imposto de vendas e consignações cobrado pelo Estado do Espírito Santo sobre cafés da cota de expurgo entregues ao Instituto Brasileiro do Café.

125. Não é devido o imposto de vendas e consignações sobre a parcela do imposto de consumo que onera a primeira venda realizada pelo produtor.

126. É inconstitucional a chamada taxa de aguardente, do Instituto do Açúcar e do Álcool.

127. É indevida a taxa de armazenagem, posteriormente aos primeiros trinta dias, quando não exigível o imposto de consumo, cuja cobrança tenha motivado a retenção da mercadoria.

128. É indevida a taxa de assistência médica e hospitalar das instituições de previdência social.

129. Na conformidade da legislação local, é legítima a cobrança de taxas de calçamento.

130. A taxa de despacho aduaneiro (art. 66 da Lei n. 3.244, de 14-8-1957) continua a ser exigível após o Decreto Legislativo n. 14, de 25-8-1960, que aprovou alterações introduzidas no Acordo Geral sobre Tarifas Aduaneiras e Comércio (GATT).

131. A taxa de despacho aduaneiro (art. 66 da Lei n. 3.244, de 14-8-1957) continua a ser exigível após o Decreto Legislativo n. 14, de 25-8-1960, mesmo para as mercadorias incluídas na vigente lista III do Acordo Geral sobre Tarifas Aduaneiras e Comércio (GATT).

132. Não é devida a taxa de Previdência Social na importação de amianto bruto ou em fibra.

133. Não é devida a taxa de despacho aduaneiro na importação de fertilizantes e inseticidas.

134. A isenção fiscal para a importação de frutas da Argentina compreende a taxa de despacho aduaneiro e a taxa de previdência social.

135. É inconstitucional a taxa de eletrificação de Pernambuco.

136. É constitucional a taxa de estatística da Bahia.

137. A taxa de fiscalização da exportação incide sobre a bonificação cambial concedida ao exportador.

138. É inconstitucional a taxa contra fogo, do estado de Minas Gerais, incidente sobre prêmio de seguro contra fogo.

139. É indevida a cobrança do imposto de transação a que se refere a Lei n. 899, de 1957, art. 58, IV, letra *e*, do antigo Distrito Federal.

140. Na importação de lubrificantes é devida a taxa de Previdência Social.

141. Não incide a taxa de Previdência Social sobre combustíveis.

142. Não é devida a taxa de Previdência Social sobre mercadorias isentas do imposto de importação.

143. Na forma da lei estadual, é devido o imposto de vendas e consignações na exportação de café pelo Estado da Guanabara, embora proveniente de outro Estado.

144. É inconstitucional a incidência da taxa de recuperação econômica de Minas Gerais sobre contrato sujeito ao imposto federal do selo.

145. Não há crime quando a preparação do flagrante pela polícia torna impossível a sua consumação.

146. A prescrição da ação penal regula-se pela pena concretizada na sentença, quando não há recurso da acusação.

147. A prescrição de crime falimentar começa a correr da data em que deveria estar encerrada a falência, ou do trânsito em julgado da sentença que a encerrar ou que julgar cumprida a concordata.

148. É legítimo o aumento de tarifas portuárias por ato do Ministro da Viação e Obras Públicas.

149. É imprescritível a ação de investigação de paternidade, mas não o é a de petição de herança.

150. Prescreve a execução no mesmo prazo de prescrição da ação.

151. Prescreve em um ano a ação do segurador sub-rogado para haver indenização por extravio ou perda de carga transportada por navio.

152. (Revogada.)

153. Simples protesto cambiário não interrompe a prescrição.

✦ ✦ *Vide* art. 202, III, do CC.

154. Simples vistoria não interrompe a prescrição.

155. É relativa a nulidade do processo criminal por falta de intimação da expedição de precatória para inquirição de testemunha.

156. É absoluta a nulidade do julgamento pelo júri, por falta de quesito obrigatório.

157. É necessária prévia autorização do Presidente da República para desapropriação, pelos Estados, de empresa de energia elétrica.

158. Salvo estipulação contratual averbada no Registro Imobiliário, não responde o adquirente pelas benfeitorias do locatário.

159. Cobrança excessiva, mas de boa fé, não dá lugar às sanções do art. 1.531 do Código Civil.

✦ ✦ A referência é feita a dispositivo do CC de 1916. *Vide* art. 940 do Código vigente.

160. É nula a decisão do tribunal que acolhe contra o réu nulidade não arguida no recurso da acusação, ressalvados os casos de recurso de ofício.

161. Em contrato de transporte, é inoperante a cláusula de não indenizar.

✦ ✦ *Vide* CC, art. 734.

162. É absoluta a nulidade do julgamento pelo júri, quando os quesitos da defesa não precedem aos das circunstâncias agravantes.

163. Salvo contra a Fazenda Pública, sendo a obrigação ilíquida, contam-se os juros moratórios desde a citação inicial para a ação.

164. No processo de desapropriação, são devidos juros compensatórios desde a antecipada imissão de posse ordenada pelo Juiz por motivo de urgência.

165. A venda realizada diretamente pelo mandante ao mandatário não é atingida pela nulidade do art. 1.133, II, do Código Civil.

✦✦ A referência é feita a dispositivo do CC de 1916. Dispõe sobre a matéria atualmente o art. 497 do CC de 2002.

166. É inadmissível o arrependimento no compromisso de compra e venda sujeito ao regime do Decreto-lei n. 58, de 10-12-1937.

✦ O Decreto-lei n. 58, de 10-12-1937, dispõe sobre o loteamento e a venda de terrenos para pagamento em prestações.

167. Não se aplica o regime do Decreto-lei n. 58, de 10-12-1937, ao compromisso de compra e venda não inscrito no Registro Imobiliário, salvo se o promitente-vendedor se obrigou a efetuar o registro.

168. Para os efeitos do Decreto-lei n. 58, de 10-12-1937, admite-se a inscrição imobiliária do compromisso de compra e venda no curso da ação.

169. Depende de sentença a aplicação da pena de comisso.

170. É resgatável a enfiteuse instituída anteriormente à vigência do Código Civil.

✦✦ *Vide* CC, art. 2.038.

171. Não se admite, na locação em curso, de prazo determinado, a majoração de encargos a que se refere a Lei n. 3.844, de 15-12-1960.

172. Não se admite, na locação em curso, de prazo determinado, o reajustamento de aluguel a que se refere a Lei n. 3.085, de 29-12-1956.

173. Em caso de obstáculo judicial admite-se a purga da mora, pelo locatário, além do prazo legal.

174. Para a retomada do imóvel alugado, não é necessária a comprovação dos requisitos legais na notificação prévia.

175. Admite-se a retomada de imóvel alugado, para uso de filho que vai contrair matrimônio.

176. O promitente comprador, nas condições previstas na Lei n. 1.300, de 28-12-1950, pode retomar o imóvel locado.

177. O cessionário do promitente-comprador, nas mesmas condições deste, pode retomar o imóvel locado.

178. Não excederá de cinco anos a renovação judicial de contrato de locação, fundada no Decreto n. 24.150, de 20-4-1934.

✦✦ O Decreto n. 24.150, de 20-4-1934, foi revogado pela Lei n. 8.245, de 18-10-1991 (Lei de Locações).

179. O aluguel arbitrado judicialmente nos termos da Lei n. 3.085, de 2912-1956, art. 6.º, vigora a partir da data do laudo pericial.

180. Na ação revisional do art. 31 do Decreto n. 24.150, de 20-4-1934, o aluguel arbitrado vigora a partir do laudo pericial.

181. Na retomada, para construção mais útil de imóvel sujeito ao Decreto n. 24.150, de 20-4-1934, é sempre devida indenização para despesas de mudança do locatário.

182. Não impede o reajustamento do débito pecuário, nos termos da Lei n. 1.002, de 24-12-1949, a falta de cancelamento da renúncia à moratória da Lei n. 209, de 2-1-1948.

183. Não se incluem no reajustamento pecuário dívidas estranhas à atividade agropecuária.

184. Não se incluem no reajustamento pecuário dívidas contraídas posteriormente a 19-12-1946.

185. Em processo de reajustamento pecuniário, não responde a União pelos honorários do advogado do credor ou do devedor.

186. Não infringe a lei a tolerância da quebra de 1% no transporte por estrada de ferro, prevista no regulamento de transportes.

187. A responsabilidade contratual do transportador, pelo acidente com o passageiro, não é elidida por culpa de terceiro, contra o qual tem ação regressiva.

188. O segurador tem ação regressiva contra o causador do dano, pelo que efetivamente pagou, até o limite previsto no contrato de seguro.

189. Avais em branco e superpostos consideram-se simultâneos e não sucessivos.

190. O não pagamento de título vencido há mais de trinta dias sem protesto não impede a concordata preventiva.

✦✦ De acordo com a Lei de Falências, a concordata é substituída pela recuperação judicial e extrajudicial de empresas. *Vide* art. 48 da Lei n. 11.101, de 9-2-2005.

191. Inclui-se no crédito habilitado em falência a multa fiscal simplesmente moratória.

192. Não se inclui no crédito habilitado em falência a multa fiscal com efeito de pena administrativa.

193. Para a restituição prevista no art. 76, § 2.º, da Lei de Falências, conta-se o prazo de quinze dias da entrega da coisa e não da sua remessa.

✦✦ *Vide* art. 85, parágrafo único, da Lei n. 11.101, de 9-2-2005 (Lei de Falências).

194. É competente o Ministro do Trabalho para a especificação das atividades insalubres.

195. Contrato de trabalho para obra certa, ou de prazo determinado, transforma-se em contrato de prazo indeterminado quando prorrogado por mais de quatro anos.

196. Ainda que exerça atividade rural, o empregado de empresa industrial ou comercial é classificado de acordo com a categoria do empregador.

197. O empregado com representação sindical só pode ser despedido mediante inquérito em que se apure falta grave.

198. As ausências motivadas por acidente do trabalho não são descontáveis do período aquisitivo das férias.

199. O salário das férias do empregado horista corresponde à média do período aquisitivo, não podendo ser inferior ao mínimo.

200. Não é inconstitucional a Lei n. 1.530, de 26-12-1951, que manda incluir na indenização por despedida injusta parcela correspondente a férias proporcionais.

201. O vendedor pracista, remunerado mediante comissão, não tem direito ao repouso semanal remunerado.

202. Na equiparação de salário, em caso de trabalho igual, toma-se em conta o tempo de serviço na função e não no emprego.

203. Não está sujeita à vacância de 60 dias a vigência de novos níveis de salário mínimo.

204. Tem direito o trabalhador substituto, ou de reserva, ao salário mínimo no dia em que fica à disposição do empregador sem ser aproveitado na função específica; se aproveitado, recebe o salário contratual.

205. Tem direito a salário integral o menor não sujeito à aprendizagem metódica.

206. É nulo o julgamento ulterior pelo júri com a participação de jurado que funcionou em julgamento anterior do mesmo processo.

207. As gratificações habituais, inclusive a de Natal, consideram-se tacitamente convencionadas, integrando o salário.

208. O assistente do Ministério Público não pode recorrer extraordinariamente de decisão concessiva de *habeas corpus*.

209. O salário-produção, como outras modalidades de salário prêmio, é devido desde que verificada a condição a que estiver subordinado e não pode ser suprimido unilateralmente pelo empregador, quando pago com habitualidade.

210. O assistente do Ministério Público pode recorrer, inclusive extraordinariamente, na ação penal, nos casos dos arts. 584, § 1.º, e 598 do CPP.

211. Contra a decisão proferida sobre o agravo no auto do processo, por ocasião do julgamento da apelação, não se admitem embargos infringentes ou de nulidade.

212. Tem direito ao adicional de serviço perigoso o empregado de posto de revenda de combustível líquido.

213. É devido o adicional de serviço noturno, ainda que sujeito o empregado ao regime de revezamento.

214. A duração legal da hora de serviço noturno (52 minutos e 30 segundos) constitui vantagem suplementar que não dispensa o salário adicional.

215. Conta-se a favor de empregado readmitido o tempo de serviço anterior, salvo se houver sido despedido por falta grave ou tiver recebido a indenização legal.

216. Para decretação da absolvição de instância pela paralisação do processo por mais de trinta dias, é necessário que o autor, previamente intimado, não promova o andamento da causa.

217. Tem direito de retornar ao emprego, ou ser indenizado em caso de recusa do empregador, o aposentado que recupera a capacidade de trabalho dentro de cinco anos a contar da aposentadoria, que se torna definitiva após esse prazo.

218. É competente o juízo da Fazenda Nacional da capital do estado, e não o da situação da coisa, para a desapropriação promovida por empresa de energia elétrica, se a União Federal intervém como assistente.

219. Para a indenização devida a empregado que tinha direito a ser readmitido e não foi, levam-se em conta as vantagens advindas à sua categoria no período do afastamento.

220. A indenização devida a empregado estável, que não é readmitido ao cessar sua aposentadoria, deve ser paga em dobro.

221. A transferência de estabelecimento ou a sua extinção parcial, por motivo que não seja de força maior, não justifica a transferência de empregado estável.

222. O princípio da identidade física do juiz não é aplicável às Juntas de Conciliação e Julgamento da Justiça do Trabalho.

223. Concedida isenção de custas ao empregado, por elas não responde o Sindicato que o representa em juízo.

224. Os juros de mora, nas reclamações trabalhistas, são contados desde a notificação inicial.

225. Não é absoluto o valor probatório das anotações da Carteira Profissional.

226. Na ação de desquite, os alimentos são devidos desde a inicial e não da data da decisão que os concede.

227. A concordata do empregador não impede a execução de crédito nem a reclamação de empregado na Justiça do Trabalho.

✦✦ De acordo com a Lei de Falências, a concordata é substituída pela recuperação judicial e extrajudicial de empresas. *Vide* art. 48 da Lei n. 11.101, de 9-2-2005.

228. Não é provisória a execução na pendência de recurso extraordinário, ou de agravo destinado a fazê-lo admitir.

✦✦ *Vide* art. 995 do CPC.

✦ *Vide* art. 893, § 2.º, da CLT.

229. A indenização acidentária não exclui a do direito comum, em caso de dolo ou culpa grave do empregador.

230. A prescrição da ação de acidente do trabalho conta-se do exame pericial que comprovar a enfermidade ou verificar a natureza da incapacidade.

231. O revel, em processo cível, pode produzir provas desde que compareça em tempo oportuno.

232. Em caso de acidente do trabalho são devidas diárias até doze meses, as quais não se confundem com a indenização acidentária nem com o auxílio-enfermidade.

233. Salvo em caso de divergência qualificada (Lei n. 623, de 1949), não cabe recurso de embargos contra decisão que nega provimento a agravo ou não conhece de recurso extraordinário, ainda que por maioria de votos.

234. São devidos honorários de advogado em ação de acidente do trabalho julgada procedente.

235. É competente para a ação de acidente do trabalho a Justiça Cível comum, inclusive em segunda instância, ainda que seja parte autarquia seguradora.

✦✦ *Vide* arts. 109, I, e 114, VI, da CF.

✦✦ *Vide* Súmula Vinculante 22.

✦✦ *Vide* Súmula 501 do STF.

✦✦ *Vide* Súmula 15 do STJ.

236. Em ação de acidente do trabalho, a autarquia seguradora não tem isenção de custas.

237. O usucapião pode ser arguido em defesa.

238. Em caso de acidente do trabalho, a multa pelo retardamento da liquidação é exigível do segurador sub-rogado, ainda que autarquia.

239. Decisão que declara indevida a cobrança do imposto em determinado exercício não faz coisa julgada em relação aos posteriores.

240. O depósito para recorrer, em ação de acidente do trabalho, é exigível do segurador sub-rogado, ainda que autarquia.

241. A contribuição previdenciária incide sobre o abono incorporado ao salário.

242. O agravo no auto do processo deve ser apreciado, no julgamento da apelação, ainda que o agravante não tenha apelado.

243. Em caso de dupla aposentadoria, os proventos a cargo do IAPFESP não são equiparáveis aos pagos pelo Tesouro Nacional, mas calculados à baixa da média salarial dos últimos doze meses de serviço.

244. A importação de máquinas de costura está isenta do imposto de consumo.

245. A imunidade parlamentar não se estende ao corréu sem essa prerrogativa.

246. Comprovado não ter havido fraude, não se configura o crime de emissão de cheque sem fundos.

247. O relator não admitirá os embargos da Lei n. 623, de 19-2-1949, nem deles conhecerá o STF, quando houver jurisprudência firme do Plenário no mesmo sentido da decisão embargada.

248. É competente originariamente o STF, para mandado de segurança contra ato do TCU.

✦ *Vide* art. 102, I, *d*, da CF.

249. É competente o STF para a ação rescisória quando, embora não tendo conhecido do recurso extraordinário, ou havendo negado provimento a agravo, tiver apreciado a questão federal controvertida.

250. A intervenção da União desloca o processo do juízo cível comum para o fazendário.

251. Responde a Rede Ferroviária Federal S.A. perante o foro comum e não perante o juízo especial da Fazenda Nacional, a menos que a União intervenha na causa.

252. Na ação rescisória, não estão impedidos juízes que participaram do julgamento rescindendo.

253. Nos embargos da Lei n. 623, de 19-2-1949, no Supremo Tribunal Federal a divergência somente será acolhida se tiver sido indicada na petição de recurso extraordinário.

254. Incluem-se os juros moratórios na liquidação, embora omisso o pedido inicial ou a condenação.

255. Sendo ilíquida a obrigação, os juros moratórios, contra a Fazenda Pública, incluídas as autarquias, são contados do trânsito em julgado da sentença de liquidação.

256. É dispensável pedido expresso para condenação do réu em honorários, com fundamento nos arts. 63 ou 64 do CPC.

✦✦ A referência é feita ao CPC de 1939. *Vide* arts. 82, § 2.º, 84 e 85 do CPC.

257. São cabíveis honorários de advogado na ação regressiva do segurador contra o causador do dano.

258. É admissível reconvenção em ação declaratória.

259. Para produzir efeito em juízo não é necessária a inscrição, no Registro Público, de documentos de procedência estrangeira, autenticados por via consular.

260. O exame de livros comerciais, em ação judicial, fica limitado às transações entre os litigantes.

261. Para a ação de indenização, em caso de avaria, é dispensável que a vistoria se faça judicialmente.

262. Não cabe medida possessória liminar para liberação alfandegária de automóvel.

263. O possuidor deve ser citado pessoalmente para a ação de usucapião.

264. Verifica-se a prescrição intercorrente pela paralisação da ação rescisória por mais de cinco anos.

265. Na apuração de haveres, não prevalece o balanço não aprovado pelo sócio falecido, excluído ou que se retirou.

266. Não cabe mandado de segurança contra lei em tese.

267. Não cabe mandado de segurança contra ato judicial passível de recurso ou correição.

✦ *Vide* art. 5.º, II, da Lei n. 12.016, de 7-8-2009.

268. Não cabe mandado de segurança contra decisão judicial com trânsito em julgado.

269. O mandado de segurança não é substitutivo de ação de cobrança.

✦ *Vide* Súmula 271 do STF.

270. Não cabe mandado de segurança para impugnar enquadramento da Lei n. 3.780, de 12-7-1960, que envolva exame de prova ou de situação funcional complexa.

271. Concessão de mandado de segurança não produz efeitos patrimoniais em relação a período pretérito, os quais devem ser reclamados administrativamente ou pela via judicial própria.

✦ *Vide* Súmula 269 do STF.

272. Não se admite como ordinário recurso extraordinário de decisão denegatória de mandado de segurança.

273. Nos embargos da Lei n. 623, de 19-2-1949, a divergência sobre questão prejudicial ou preliminar, suscitada após a interposição do recurso extraordinário, ou do agravo, somente será acolhida se o acórdão-padrão for anterior à decisão embargada.

✦ *Vide* art. 1.043 do CPC.

✦ *Vide* Súmula 598 do STF.

274. (Revogada.)

275. Está sujeita a recurso *ex officio* sentença concessiva de reajustamento pecuário anterior à vigência da Lei n. 2.804, de 25-6-1956.

276. Não cabe recurso de revista em ação executiva fiscal.

277. São cabíveis embargos em favor da Fazenda Pública, em ação executiva fiscal, não sendo unânime a decisão.

278. São cabíveis embargos em ação executiva fiscal contra decisão reformatória da de primeira instância, ainda que unânime.

279. Para simples reexame de prova não cabe recurso extraordinário.

280. Por ofensa a direito local não cabe recurso extraordinário.

281. É inadmissível o recurso extraordinário quando couber, na Justiça de origem, recurso ordinário da decisão impugnada.

282. É inadmissível o recurso extraordinário quando não ventilada, na decisão recorrida, a questão federal suscitada.

283. É inadmissível o recurso extraordinário quando a decisão recorrida assenta em mais de um fundamento suficiente e o recurso não abrange todos eles.

284. É inadmissível o recurso extraordinário, quando a deficiência na sua fundamentação não permitir a exata compreensão da controvérsia.

285. Não sendo razoável a arguição de inconstitucionalidade, não se conhece do recurso extraordinário fundado na letra *c* do art. 101, III, da Constituição Federal.

✦✦ Refere-se à CF de 1946. *Vide* art. 102, III, *c*, da CF de 1988.

286. Não se conhece do recurso extraordinário fundado em divergência jurisprudencial, quando a orientação do Plenário do STF já se firmou no mesmo sentido da decisão recorrida.

287. Nega-se provimento ao agravo quando a deficiência na sua fundamentação, ou na do recurso extraordinário, não permitir exata compreensão da controvérsia.

288. Nega-se provimento a agravo para subida de recurso extraordinário, quando faltar no traslado o despacho agravado, a decisão recorrida, a petição de recurso extraordinário ou qualquer peça essencial à compreensão da controvérsia.

✦ *Vide* Súmula 639 do STF.

289. O provimento do agravo por uma das turmas do STF, ainda que sem ressalva, não prejudica a questão do cabimento do recurso extraordinário.

290. Nos embargos da Lei n. 623, de 19-2-1949, a prova de divergência far-se-á por certidão, ou mediante indicação do *Diário da Justiça* ou de repertório de jurisprudência autorizado, que a tenha publicado, com a transcrição do trecho que configure a divergência, mencionadas as circunstâncias que identifiquem ou assemelhem os casos confrontados.

✦ *Vide* art. 1.043 do CPC.

291. No recurso extraordinário pela letra *d* do art. 101, III, da Constituição, a prova do dissídio jurisprudencial far-se-á por certidão, ou mediante indicação do *Diário da Justiça* ou de repertório de jurisprudência autorizado, com a transcrição do trecho que configure a divergência, mencionadas as circunstâncias que identifiquem ou assemelhem os casos confrontados.

✦✦ Refere-se à CF de 1946.

t *Vide* art. 1.029, § 1.º, do CPC.

292. Interposto o recurso extraordinário por mais de um dos fundamentos indicados no art. 101, III, da Constituição, a admissão apenas por um deles não prejudica o seu conhecimento por qualquer dos outros.

✦✦ Refere-se à CF de 1946. *Vide* art. 102, III, da CF de 1988.

293. São inadmissíveis embargos infringentes contra decisão em matéria constitucional submetida ao Plenário dos Tribunais.

294. São inadmissíveis embargos infringentes contra decisão do STF em mandado de segurança.

✦ *Vide* art. 25 da Lei n. 12.016, de 7-8-2009.

✦ *Vide* Súmula 597 do STF.

✦ *Vide* Súmula 169 do STJ.

295. São inadmissíveis embargos infringentes contra decisão unânime do STF em ação rescisória.

296. São inadmissíveis embargos infringentes sobre matéria não ventilada pela turma no julgamento do recurso extraordinário.

297. Oficiais e praças das milícias dos Estados, no exercício de função policial civil, não são considerados militares para efeitos penais, sendo competente a Justiça comum para julgar os crimes cometidos por ou contra eles.

298. O legislador ordinário só pode sujeitar civis à Justiça Militar, em tempo de paz, nos crimes contra a segurança externa do País ou as instituições militares.

299. O recurso ordinário e o extraordinário interpostos no mesmo processo de mandado de segurança, ou de *habeas corpus*, serão julgados conjuntamente pelo Tribunal Pleno.

300. São incabíveis os embargos da Lei n. 623, de 19-2-1949, contra provimento de agravo para subida de recurso extraordinário.

301. *(Cancelada.)*

302. Está isenta da taxa de Previdência Social a importação de petróleo bruto.

303. Não é devido o imposto federal de selo em contrato firmado com autarquia anteriormente à vigência da Emenda Constitucional n. 5, de 21-11-1961.

304. Decisão denegatória de mandado de segurança, não fazendo coisa julgada contra o impetrante, não impede o uso da ação própria.

305. Acordo de desquite ratificado por ambos os cônjuges não é retratável unilateralmente.

306. As taxas de recuperação econômica e de assistência hospitalar de Minas Gerais são legítimas, quando incidem sobre matéria tributável pelo Estado.

307. É devido o adicional de serviço insalubre, calculado à base do salário mínimo da região, ainda que a remuneração contratual seja superior ao salário mínimo acrescido da taxa de insalubridade.

308. A taxa de despacho aduaneiro, sendo adicional do imposto de importação, não incide sobre borracha importada com isenção daquele imposto.

309. A taxa de despacho aduaneiro, sendo adicional do imposto de importação, não está compreendida na isenção do imposto de consumo para automóvel usado trazido do exterior pelo proprietário.

310. Quando a intimação tiver lugar na sexta-feira, ou a publicação com efeito de intimação for feita nesse dia, o prazo judicial terá início na segunda-feira imediata, salvo se não houver expediente, caso em que começará no primeiro dia útil que se seguir.

311. No típico acidente do trabalho, a existência de ação judicial não exclui a multa pelo retardamento da liquidação.

312. Músico integrante de orquestra da empresa, com atuação permanente e vínculo de subordinação, está sujeito à Legislação Geral do Trabalho e não à especial dos artistas.

313. Provada a identidade entre o trabalho diurno e o noturno, é devido o adicional quanto a este, sem a limitação do art. 73, § 3.º, da CLT, independentemente da natureza da atividade do empregador.

314. Na composição do dano por acidente do trabalho, ou de transporte, não é contrário à lei tomar para base da indenização o salário do tempo da perícia ou da sentença.

315. Indispensável o traslado das razões da revista para julgamento, pelo Tribunal Superior do Trabalho, do agravo para sua admissão.

316. A simples adesão à greve não constitui falta grave.

317. São improcedentes os embargos declaratórios, quando não pedida a declaração do julgado anterior em que se verificou a omissão.

318. É legítima a cobrança, em 1962, pela municipalidade de São Paulo, do imposto de indústrias e profissões, consoante as Leis n. 5.917 e 5.919, de 1961 (aumento anterior à vigência do orçamento e incidência do tributo sobre o movimento econômico do contribuinte).

319. O prazo do recurso ordinário para o STF, em *habeas corpus* ou mandado de segurança, é de cinco dias.

✦✦ *Vide* art. 1.003, § 5.º, do CPC.

320. A apelação despachada pelo juiz no prazo legal, não fica prejudicada pela demora da juntada por culpa do Cartório.

321. A constituição estadual pode estabelecer a irredutibilidade dos vencimentos do Ministério Público.

322. Não terá seguimento pedido ou recurso dirigido ao STF, quando manifestamente incabível, ou apresentado fora do prazo, ou quando for evidente a incompetência do tribunal.

323. É inadmissível a apreensão de mercadorias como meio coercitivo para pagamento de tributos.

324. A imunidade do art. 31, V, da CF, não compreende as taxas.

✦✦ Refere-se à CF de 1946. *Vide* art. 150, VI, da CF de 1988.

325. As emendas ao Regimento Interno do STF, sobre julgamento de questão constitucional, aplicam-se aos pedidos ajuizados e aos recursos interpostos anteriormente à sua aprovação.

326. É legítima a incidência do imposto de transmissão *inter vivos* sobre a transferência do domínio útil.

327. O direito trabalhista admite a prescrição intercorrente.

328. É legítima a incidência do imposto de transmissão *inter vivos* sobre a doação de imóvel.

329. O imposto de transmissão *inter vivos* não incide sobre a transferência de ações de sociedade imobiliária.

330. O STF não é competente para conhecer de mandado de segurança contra atos dos Tribunais de Justiça dos Estados.

✦ *Vide* Súmula 624 do STF.

331. É legítima a incidência do imposto de transmissão *causa mortis* no inventário por morte presumida.

332. É legítima a incidência do imposto de vendas e consignações sobre a parcela do preço correspondente aos ágios cambiais.

333. Está sujeita ao imposto de vendas e consignações a venda realizada por invernista não qualificado como pequeno produtor.

334. É legítima a cobrança, ao empreiteiro, do imposto de vendas e consignações, sobre o valor dos materiais empregados, quando a empreitada não for apenas de lavor.

335. É válida a cláusula de eleição do foro para os processos oriundos do contrato.

336. A imunidade da autarquia financiadora, quanto ao contrato de financiamento, não se estende à compra e venda entre particulares, embora constantes os dois atos de um só instrumento.

337. A controvérsia entre o empregador e o segurador não suspende o pagamento devido ao empregado por acidente do trabalho.

338. Não cabe ação rescisória no âmbito da Justiça do Trabalho.

339. Não cabe ao Poder Judiciário, que não tem função legislativa, aumentar vencimentos de servidores públicos, sob fundamento de isonomia.

✦✦ *Vide* Súmula Vinculante 37 do STF.

340. Desde a vigência do Código Civil, os bens dominicais, como os demais bens públicos, não podem ser adquiridos por usucapião.

✦✦ A referência é feita ao CC de 1916. *Vide* arts. 100, 101 e 102 do Código vigente.

341. É presumida a culpa do patrão ou comitente pelo ato culposo do empregado ou preposto.

342. Cabe agravo no auto do processo, e não agravo de petição, do despacho que não admite a reconvenção.

343. Não cabe ação rescisória por ofensa a literal disposição de lei, quando a decisão rescindenda se tiver baseado em texto legal de interpretação controvertida nos tribunais.

344. Sentença de primeira instância, concessiva de *habeas corpus* em caso de crime praticado em detrimento de bens, serviços ou interesses da União, está sujeita a recurso *ex officio*.

345. Na chamada desapropriação indireta, os juros compensatórios são devidos a partir da perícia, desde que tenha atribuído valor atual ao imóvel.

346. A Administração Pública pode declarar a nulidade dos seus próprios atos.

347. O Tribunal de Contas, no exercício de suas atribuições, pode apreciar a constitucionalidade das leis e dos atos do Poder Público.

348. É constitucional a criação de taxa de construção, conservação e melhoramento de estradas.

349. A prescrição atinge somente as prestações de mais de dois anos, reclamadas com fundamento em decisão normativa da Justiça do Trabalho, ou em convenção coletiva de trabalho, quando não estiver em causa a própria validade de tais atos.

350. O imposto de indústrias e profissões não é exigível de empregado, por falta de autonomia na sua atividade profissional.

351. É nula a citação por edital de réu preso na mesma unidade da Federação em que o Juiz exerce a sua jurisdição.

352. Não é nulo o processo penal por falta de nomeação de curador ao réu menor que teve a assistência de defensor dativo.

353. São incabíveis os embargos da Lei n. 623, de 19-2-1949, com fundamento em divergência entre decisões da mesma turma do STF.

354. Em caso de embargos infringentes parciais, é definitiva a parte da decisão embargada em que não houve divergência na votação.

355. Em caso de embargos infringentes parciais, é tardio o recurso extraordinário interposto após o julgamento dos embargos, quanto à parte da decisão embargada que não fora por eles abrangida.

356. O ponto omisso da decisão, sobre o qual não foram opostos embargos declaratórios, não pode ser objeto de recurso extraordinário, por faltar o requisito do prequestionamento.

357. É lícita a convenção pela qual o locador renuncia, durante a vigência do contrato, à ação revisional do art. 31 do Decreto n. 24.150, de 20-4-1934.

358. O servidor público em disponibilidade tem direito aos vencimentos integrais do cargo.

359. Ressalvada a revisão prevista em lei, os proventos da inatividade regulam-se pela lei vigente ao tempo em que o militar, ou o servidor civil, reuniu os requisitos necessários.

✦✦ Súmula com redação determinada pelo Recurso Extraordinário n. 72.509, de 14-2-1973.

360. Não há prazo de decadência para a representação de inconstitucionalidade prevista no art. 8.º, parágrafo único, da Constituição Federal.

✦✦ Refere-se à CF de 1946. *Vide* art. 34, V e VII, da CF.

361. No processo penal, é nulo o exame realizado por um só perito, considerando-se impedido o que tiver funcionado anteriormente na diligência de apreensão.

✦✦ *Vide* art. 159 do CPP.

362. A condição de ter o clube sede própria para a prática de jogo lícito, não o obriga a ser proprietário do imóvel em que tem sede.

363. A pessoa jurídica de direito privado pode ser demandada no domicílio da agência ou estabelecimento em que se praticou o ato.

364. Enquanto o Estado da Guanabara não tiver Tribunal Militar de segunda instância, o Tribunal de Justiça é competente para julgar os recursos das decisões da auditoria da Polícia Militar.

365. Pessoa jurídica não tem legitimidade para propor ação popular.

366. Não é nula a citação por edital que indica o dispositivo da lei penal, embora não transcreva a denúncia ou queixa, ou não resuma os fatos em que se baseia.

367. Concede-se liberdade ao extraditando que não for retirado do País no prazo do art. 16 do Decreto-lei n. 394, de 28-4-1938.

368. Não há embargos infringentes no processo de reclamação.

369. Julgados do mesmo tribunal não servem para fundamentar o recurso extraordinário por divergência jurisprudencial.

370. Julgada improcedente a ação renovatória da locação, terá o locatário, para desocupar o imóvel, o prazo de seis meses, acrescido de tantos meses quantos forem os anos da ocupação, até o limite total de dezoito meses.

371. Ferroviário, que foi admitido como servidor autárquico, não tem direito à dupla aposentadoria.

372. A Lei n. 2.752, de 10-4-1956, sobre dupla aposentadoria, aproveita, quando couber, a servidores aposentados antes de sua publicação.

373. Servidor nomeado após aprovação no curso de capacitação policial, instituído na Polícia do Distrito Federal, em 1941, preenche o requisito da nomeação por concurso a que se referem as Leis n. 705, de 16-51949, e 1.639, de 14-7-1952.

374. Na retomada para construção mais útil, não é necessário que a obra tenha sido ordenada pela autoridade pública.

375. Não renovada a locação regida pelo Decreto n. 24.150, de 20-4-1934, aplica-se o direito comum e não a legislação especial do inquilinato.

376. Na renovação de locação, regida pelo Decreto n. 24.150, de 20-4-1934, o prazo do novo contrato conta-se da transcrição da decisão exequenda no Registro de Títulos e Documentos; começa, porém, da terminação do contrato anterior, se esta tiver ocorrido antes do registro.

377. No regime de separação legal de bens, comunicam-se os adquiridos na constância do casamento.

378. Na indenização por desapropriação incluem-se honorários do advogado do expropriado.

379. No acordo de desquite não se admite renúncia aos alimentos, que poderão ser pleiteados ulteriormente, verificados os pressupostos legais.

380. Comprovada a existência de sociedade de fato entre os concubinos, é cabível sua dissolução judicial com a partilha do patrimônio adquirido pelo esforço comum.

381. Não se homologa sentença de divórcio obtida por procuração, em país de que os cônjuges não eram nacionais.

✦✦ Esta súmula foi publicada no *Diário da Justiça* de 8-5-1964, antes da promulgação da Lei do Divórcio no Brasil (Lei n. 6.515, de 26-12-1977).

382. A vida em comum sob o mesmo teto, *more uxorio*, não é indispensável à caracterização do concubinato.

383. A prescrição em favor da Fazenda Pública recomeça a correr, por dois anos e meio, a partir do ato interruptivo, mas não fica reduzida aquém de cinco anos, embora o titular do direito a interrompa durante a primeira metade do prazo.

384. A demissão de extranumerário do serviço público federal, equiparado a funcionário de provimento efetivo para efeito de estabilidade, é da competência do Presidente da República.

385. Oficial das Forças Armadas só pode ser reformado, em tempo de paz, por decisão de Tribunal Militar permanente, ressalvada a situação especial dos atingidos pelo art. 177 da Constituição de 1937.

386. Pela execução de obra musical por artistas remunerados é devido direito autoral, não exigível quando a orquestra for de amadores.

387. A cambial emitida ou aceita com omissões, ou em branco, pode ser completada pelo credor de boa-fé antes da cobrança ou do protesto.

388. (Revogada.)

389. Salvo limite legal, a fixação de honorários de advogado, em complemento da condenação, depende das circunstâncias da causa, não dando lugar a recurso extraordinário.

390. A exibição judicial de livros comerciais pode ser requerida como medida preventiva.

391. O confinante certo deve ser citado pessoalmente para a ação de usucapião.

392. O prazo para recorrer de acórdão concessivo de segurança conta-se da publicação oficial de suas conclusões, e não da anterior ciência à autoridade para cumprimento da decisão.

✦ *Vide* Lei n. 12.016, de 7-8-2009.

393. Para requerer revisão criminal o condenado não é obrigado a recolher-se à prisão.

394. *(Cancelada.)*

395. Não se conhece do recurso de *habeas corpus* cujo objeto seja resolver sobre o ônus das custas, por não estar mais em causa a liberdade de locomoção.

396. Para a ação penal por ofensa à honra, sendo admissível a exceção da verdade quanto ao desempenho de função pública, prevalece a competência especial por prerrogativa de função, ainda que já tenha cessado o exercício funcional do ofendido.

397. O poder de polícia da Câmara dos Deputados e do Senado Federal, em caso de crime cometido nas suas dependências, compreende, consoante o regimento, a prisão em flagrante do acusado e a realização do inquérito.

398. O Supremo Tribunal Federal não é competente para processar e julgar, originariamente, deputado ou senador acusado de crime.

399. Não cabe recurso extraordinário por violação de lei federal, quando a ofensa alegada for a regimento de Tribunal.

400. Decisão que deu razoável interpretação à lei, ainda que não seja a melhor, não autoriza recurso extraordinário pela letra *a* do art. 101, III, da Constituição Federal.

✦✦ Refere-se à CF de 1946. *Vide* art. 102, III, *a* e *b*, da CF.

401. Não se conhece do recurso de revista, nem dos embargos de divergência do processo trabalhista, quando houver jurisprudência firme do TST no mesmo sentido da decisão impugnada, salvo se houver colisão com a jurisprudência do STF.

402. Vigia noturno tem direito a salário adicional.

403. É de decadência o prazo de trinta dias para instauração do inquérito judicial, a contar da suspensão por falta grave de empregado estável.

404. Não contrariam a Constituição os arts. 3.º, 22 e 27 da Lei n. 3.244, de 14-8-1957, que definem as atribuições do Conselho de Política Aduaneira quanto à tarifa flexível.

405. Denegado o mandado de segurança pela sentença, ou no julgamento do agravo dela interposto, fica sem efeito a liminar concedida, retroagindo os efeitos da decisão contrária.

406. O estudante ou professor bolsista e o servidor público em missão de estudo satisfazem a condição da mudança de residência para o efeito de trazer automóvel do exterior, atendidos os demais requisitos legais.

407. Não tem direito ao terço de campanha o militar que não participou de operações de guerra, embora servisse na "zona de guerra".

408. Os servidores fazendários não têm direito a percentagem pela arrecadação de receita federal destinada ao banco nacional de desenvolvimento econômico.

409. Ao retomante que tenha mais de um prédio alugado, cabe optar entre eles, salvo abuso de direito.

410. Se o locador, utilizando prédio próprio para residência ou atividade comercial, pede o imóvel para uso próprio, diverso do que tem o por ele ocupado, não está obrigado a provar a necessidade, que se presume.

411. O locatário autorizado a ceder a locação pode sublocar o imóvel.

412. No compromisso de compra e venda com cláusula de arrependimento, a devolução do sinal por quem o deu, ou a sua restituição em dobro por quem a recebeu, exclui indenização maior a título de perdas e danos, salvo os juros moratórios e os encargos do processo.

413. O compromisso de compra e venda de imóveis, ainda que não loteados, dá direito à execução compulsória quando reunidos os requisitos legais.

414. Não se distingue a visão direta da oblíqua na proibição de abrir janela, ou fazer terraço, eirado, ou varanda, a menos de metro e meio do prédio de outrem.

415. Servidão de trânsito não titulada, mas tornada permanente, sobretudo pela natureza das obras realizadas, considera-se aparente, conferindo direito à proteção possessória.

416. Pela demora no pagamento do preço da desapropriação não cabe indenização complementar além dos juros.

417. Pode ser objeto de restituição, na falência, dinheiro em poder do falido, recebido em nome de outrem, ou do qual, por lei ou contrato, não tivesse ele a disponibilidade.

++ Esta súmula foi publicada no *Diário da Justiça* de 6-7-1964, antes da promulgação da Nova Lei de Falências (Lei n. 11.101, de 9-2-2005).

418. O empréstimo compulsório não é tributo, e sua arrecadação não está sujeita à exigência constitucional da prévia autorização orçamentária.

++ Refere-se à exigência prescrita no art. 21, § 2.º, II, da CF de 1967. *Vide* art. 148 da CF.

419. Os municípios têm competência para regular o horário do comércio local, desde que não infrinjam leis estaduais ou federais válidas.

420. Não se homologa sentença proferida no estrangeiro, sem prova do trânsito em julgado.

421. Não impede a extradição a circunstância de ser o extraditando casado com brasileira ou ter filho brasileiro.

422. A absolvição criminal não prejudica a medida de segurança, quando couber, ainda que importe privação da liberdade.

423. Não transita em julgado a sentença por haver omitido o recurso *ex officio*, que se considera interposto *ex lege*.

424. Transita em julgado o despacho saneador de que não houve recurso, excluídas as questões deixadas explícita ou implicitamente para a sentença.

425. O agravo despachado no prazo legal não fica prejudicado pela demora da juntada, por culpa do Cartório; nem o agravo entregue em Cartório no prazo legal, embora despachado tardiamente.

426. A falta do termo específico não prejudica o agravo no auto do processo, quando oportuna a interposição por petição ou no termo da audiência.

427. A falta de petição de interposição não prejudica o agravo no auto do processo tomado por termo.

428. Não fica prejudicada a apelação entregue em Cartório no prazo legal, embora despachada tardiamente.

429. A existência de recurso administrativo com efeito suspensivo não impede o uso do mandado de segurança contra omissão da autoridade.

++ *Vide* art. 5.º, I, da Lei n. 12.016, de 7-8-2009, que estabelece que não será concedido mandado de segurança contra ato do qual caiba recurso administrativo com efeito suspensivo, independentemente de caução.

430. Pedido de reconsideração na via administrativa não interrompe o prazo para o mandado de segurança.

431. É nulo o julgamento de recurso criminal na segunda instância sem prévia intimação ou publicação da pauta, salvo em *habeas corpus*.

432. Não cabe recurso extraordinário com fundamento no art. 101, III, *d*, da Constituição Federal, quando a divergência alegada for entre decisões da Justiça do Trabalho.

++ Refere-se à CF de 1946. *Vide* art. 102, III, da CF.

433. É competente o TRT para julgar mandado de segurança contra ato de seu presidente, em execução de sentença trabalhista.

434. A controvérsia entre seguradores indicados pelo empregador na ação de acidente do trabalho, não suspende o pagamento devido ao acidentado.

435. O imposto de transmissão *causa mortis*, pela transferência de ações, é devido ao Estado em que tem sede a companhia.

436. É válida a Lei n. 4.093, de 24-10-1959, do Paraná, que revogou a isenção concedida às cooperativas por lei anterior.

437. Está isenta da taxa de despacho aduaneiro a importação de equipamento para a indústria automobilística, segundo plano aprovado, no prazo legal, pelo órgão competente.

438. É ilegítima a cobrança, em 1962, da Taxa de Educação e Saúde, de Santa Catarina, adicional do imposto de vendas e consignações.

439. Estão sujeitos à fiscalização tributária ou previdenciária quaisquer livros comerciais, limitado o exame aos pontos objeto da investigação.

440. Os benefícios da legislação federal de serviços de guerra não são exigíveis dos estados, sem que a lei estadual assim disponha.

441. O militar, que passa à inatividade com proventos integrais, não tem direito às cotas trigésimas a que se refere o código de vencimentos e vantagens dos militares.

442. A inscrição do contrato de locação no Registro de Imóveis, para a validade da cláusula de vigência contra o adquirente do imóvel, ou perante terceiros, dispensa a transcrição no Registro de Títulos e Documentos.

443. A prescrição das prestações anteriores ao período previsto em lei não ocorre quando não tiver sido negado, antes daquele prazo, o próprio direito reclamado ou a situação jurídica de que ele resulta.

444. Na retomada para construção mais útil, de imóvel sujeito ao Decreto n. 24.150, de 20-4-1934, a indenização se limita às despesas de mudança.

445. A Lei n. 2.437, de 7-3-1955, que reduz prazo prescricional, é aplicável às prescrições em curso na data de sua vigência (1.º-1-1956), salvo quanto aos processos então pendentes.

446. Contrato de exploração de jazida ou pedreira não está sujeito ao Decreto n. 24.150, de 20-4-1934.

447. É válida a disposição testamentária em favor de filho adulterino do testador com sua concubina.

448. O prazo para o assistente recorrer supletivamente começa a correr imediatamente após o transcurso do prazo do Ministério Público.

✦✦ O Tribunal Pleno, no julgamento do HC 50.417 (*RTJ* 68/604), por maioria de votos, resolvendo questão de ordem, decidiu pela revisão preliminar da redação desta súmula.

449. O valor da causa na consignatória de aluguel corresponde a uma anuidade.

450. São devidos honorários de advogado sempre que vencedor o beneficiário de Justiça gratuita.

451. A competência especial por prerrogativa de função não se estende ao crime cometido após a cessação definitiva do exercício funcional.

452. Oficiais e praças do Corpo de Bombeiros do Estado da Guanabara respondem perante a Justiça Comum por crime anterior à Lei n. 427, de 11-10-1948.

453. Não se aplicam à segunda instância o art. 384 e parágrafo único do CPP, que possibilitam dar nova definição jurídica ao fato delituoso, em virtude de circunstância elementar não contida explícita ou implicitamente na denúncia ou queixa.

454. Simples interpretação de cláusulas contratuais não dá lugar a recurso extraordinário.

455. Da decisão que se seguir ao julgamento de constitucionalidade pelo Tribunal Pleno, são inadmissíveis embargos infringentes quanto à matéria constitucional.

456. O Supremo Tribunal Federal, conhecendo do recurso extraordinário, julgará a causa aplicando o direito à espécie.

457. O Tribunal Superior do Trabalho, conhecendo da revista, julgará a causa aplicando o direito à espécie.

458. O processo de execução trabalhista não exclui a remição pelo executado.

459. No cálculo da indenização por despedida injusta, incluem-se os adicionais ou gratificações que, pela habitualidade, se tenham incorporado ao salário.

460. Para efeito do adicional de insalubridade, a perícia judicial em reclamação trabalhista não dispensa o enquadramento da atividade entre as insalubres, que é ato da competência do Ministro do Trabalho e Previdência Social.

461. É duplo, e não triplo, o pagamento de salário nos dias destinados a descanso.

462. No cálculo da indenização por despedida injusta inclui-se, quando devido, o repouso semanal remunerado.

463. Para efeito de indenização e estabilidade, conta-se o tempo em que o empregado esteve afastado em serviço militar obrigatório, mesmo anteriormente à Lei n. 4.072, de 1.º-6-1962.

✦✦ Redação conforme publicação oficial. A data correta da Lei n. 4.072 é 16-6-1962.

464. No cálculo da indenização por acidente do trabalho incluise, quando devido, o repouso semanal remunerado.

465. O regime de manutenção de salário, aplicável ao (IAPM) e ao (IAPETC), exclui a indenização tarifada na lei de acidentes do trabalho, mas não o benefício previdenciário.

466. Não é inconstitucional a inclusão de sócios e administradores de sociedades e titulares de firmas individuais como contribuintes obrigatórios da Previdência Social.

467. A base do cálculo das contribuições previdenciárias, anteriormente à vigência da Lei Orgânica da Previdência Social, é o salário mínimo mensal, observados os limites da Lei n. 2.755/1956.

468. Após a EC n. 5, de 21-11-1961, em contrato firmado com a União, Estado, Município ou autarquia, é devido o imposto federal de selo pelo contratante não protegido pela imunidade, ainda que haja repercussão do ônus tributário sobre o patrimônio daquelas entidades.

469. A multa de cem por cento, para o caso de mercadoria importada irregularmente, é calculada à base do custo de câmbio da categoria correspondente.

470. O imposto de transmissão *inter vivos* não incide sobre a construção, ou parte dela, realizada, inequivocamente, pelo promitente-comprador, mas sobre o valor do que tiver sido construído antes da promessa de venda.

471. As empresas aeroviárias não estão isentas do imposto de indústrias e profissões.

472. A condenação do autor em honorários de advogado, com fundamento no art. 64 do CPC, depende de reconvenção.

✦✦ A referência é feita ao CPC de 1939. *Vide* arts. 82 a 85 e 90 a 95 do CPC.

✦ *Vide* arts. 186 e 927 do CC.

473. A administração pode anular seus próprios atos quando eivados de vícios que os tornam ilegais, porque deles não se originam direitos; ou revogá-los, por motivo de conveniência ou oportunidade, respeitados os direitos adquiridos e ressalvada, em todos os casos, a apreciação judicial.

474. Não há direito líquido e certo amparado pelo mandado de segurança, quando se escuda em lei cujos efeitos foram anulados por outra, declarada constitucional pelo STF.

475. A Lei n. 4.686, de 21-6-1965, tem aplicação imediata aos processos em curso, inclusive em grau de recurso extraordinário.

476. Desapropriadas as ações de uma sociedade, o poder desapropriante imitido na posse pode exercer, desde logo, todos os direitos inerentes aos respectivos títulos.

477. As concessões de terras devolutas situadas na faixa de fronteira, feitas pelos estados, autorizam, apenas, o uso, permanecendo o domínio com a União, ainda que se mantenha inerte ou tolerante, em relação aos possuidores.

478. O provimento em cargo de juízes substitutos do Trabalho deve ser feito independentemente de lista tríplice, na ordem de classificação dos candidatos.

479. As margens dos rios navegáveis são de domínio público, insuscetíveis de expropriação e, por isso mesmo, excluídas de indenização.

480. Pertencem ao domínio e administração da União, nos termos dos arts. 4.º, IV, e 186, da Constituição Federal de 1967, as terras ocupadas por silvícolas.

✦✦ *Vide* art. 231 da CF.

481. Se a locação compreende, além do imóvel, Fundo de Comércio, com instalações e pertences, como no caso de teatros, cinemas e hotéis, não se aplicam ao retomante as restrições do art. 8.º, e, parágrafo único, do Decreto n. 24.150, de 20 de abril de 1934.

✦✦ O Decreto n. 24.150, de 20-4-1934, foi revogado pela atual Lei de Locações

– Lei n. 8.245, de 18-10-1981.

482. O locatário, que não for sucessor ou cessionário do que o precedeu na locação, não pode somar os prazos concedidos a este, para pedir a renovação do contrato, nos termos do Decreto n. 24.150.

✦✦ O Decreto n. 24.150, de 20-4-1934, foi revogado pela atual Lei de Locações

– Lei n. 8.245, de 18-10-1981.

483. É dispensável a prova da necessidade, na retomada de prédio situado em localidade para onde o proprietário pretende transferir residência, salvo se mantiver, também, a anterior, quando dita prova será exigida.

484. Pode, legitimamente, o proprietário pedir o prédio para a residência de filho, ainda que solteiro, de acordo com o art. 11, III, da Lei n. 4.494, de 25-11-1964.

✦ Atualmente é a Lei n. 8.245, de 18-10-1991, que dispõe sobre locação de imóveis urbanos.

485. Nas locações regidas pelo Decreto n. 24.150, de 20 de abril de 1934, a presunção de sinceridade do retomante é relativa, podendo ser ilidida pelo locatário.

486. Admite-se a retomada para sociedade da qual o locador, ou seu cônjuge, seja sócio com participação predominante no capital social.

487. Será deferida a posse a quem evidentemente tiver o domínio, se com base neste for disputada.

✦✦ *Vide* CC, art. 1.210, § 2.º.

488. A preferência a que se refere o art. 9.º da Lei n. 3.912, de 3-7-1961, constitui direito pessoal. Sua violação resolve-se em perdas e danos.

489. A compra e venda de automóvel não prevalece contra terceiros de boa-fé, se o contrato não foi transcrito no Registro de Títulos e Documentos.

490. A pensão correspondente à indenização oriunda de responsabilidade civil deve ser calculada com base no salário mínimo vigente ao tempo da sentença e ajustar-se-á às variações ulteriores.

491. É indenizável o acidente que cause a morte de filho menor, ainda que não exerça trabalho remunerado.

492. A empresa locadora de veículos responde, civil e solidariamente com o locatário, pelos danos por este causados a terceiros, no uso do carro locado.

493. O valor da indenização, se consistente em prestações periódicas e sucessivas, compreenderá, para que se mantenha inalterável na sua fixação, parcelas compensatórias do imposto de renda, incidentes sobre os juros do capital gravado ou caucionado, nos termos dos arts. 911 e 912 do CPC.

++ A referência é feita ao CPC de 1939. *Vide* arts. 513 a 538 do CPC.

494. A ação para anular venda de ascendente a descendente, sem consentimento dos demais, prescreve em vinte anos, contados da data do ato, revogada a Súmula n. 152.

++ *Vide* CC, arts. 205 e 496.

495. A restituição em dinheiro da coisa vendida a crédito, entregue nos quinze dias anteriores ao pedido de falência ou de concordata, cabe, quando, ainda que consumida ou transformada, não faça o devedor prova de haver sido alienada a terceiro.

+ Esta súmula foi publicada no Diário da Justiça de 10-12-1969, antes da promulgação da Nova Lei de Falências (Lei n. 11.101, de 9-2-2005).

496. São válidos, porque salvaguardados pelas disposições constitucionais transitórias da Constituição Federal de 1967, os Decretos-leis expedidos entre 24 de janeiro e 15 de março de 1967.

497. Quando se tratar de crime continuado, a prescrição regula-se pela pena imposta na sentença, não se computando o acréscimo decorrente da continuação.

498. Compete à Justiça dos Estados, em ambas as instâncias, o processo e o julgamento dos crimes contra a economia popular.

499. Não obsta à concessão do *sursis*, condenação anterior à pena de multa.

500. Não cabe a ação cominatória para compelir-se o réu a cumprir obrigações de dar.

501. Compete à Justiça Ordinária Estadual o processo e o julgamento, em ambas as instâncias, das causas de acidente do trabalho ainda que promovidas contra a União, suas Autarquias, Empresas Públicas ou Sociedades de Economia Mista.

++ *Vide* arts. 109, I, e 114, VI, da CF.

++ *Vide* Súmula Vinculante 22.

++ *Vide* Súmula 235 do STF.

++ *Vide* Súmula 15 do STJ.

502. Na aplicação do art. 839, do CPC, com a redação da Lei n. 4.290, de 5-12-1963, a relação valor da causa e salário mínimo vigente na capital do Estado, ou do Território, para o efeito de alçada, deve ser considerada na data do ajuizamento do pedido.

++ A referência é feita ao CPC de 1939. *Vide* arts. 291 a 293 do CPC.

503. A dúvida suscitada por particular, sobre o direito de tributar manifestado por dois Estados, não configura litígio da competência originária do STF.

504. Compete à Justiça Federal, em ambas as instâncias, o processo e o julgamento das causas fundadas em contrato de seguro marítimo.

505. Salvo quando contrariarem a Constituição, não cabe recurso para o STF de quaisquer decisões da Justiça do Trabalho, inclusive dos presidentes de seus tribunais.

506. O agravo a que se refere o art. 4.º da Lei n. 4.348, de 26-6-1964, cabe, somente, do despacho do Presidente do Supremo Tribunal Federal que defere a suspensão da liminar, em mandado de segurança; não do que a denega.

507. A ampliação dos prazos a que se refere o art. 32 do Código de Processo Civil aplica-se aos executivos fiscais.

508. Compete à Justiça Estadual, em ambas as instâncias, processar e julgar as causas em que for parte o Banco do Brasil S/A.

509. A Lei n. 4.632, de 18-5-1965, que alterou o art. 64 do Código de Processo Civil, aplica-se aos processos em andamento, nas instâncias ordinárias.

510. Praticado o ato por autoridade no exercício de competência delegada, contra ela cabe o mandado de segurança ou a medida judicial.

511. Compete à Justiça Federal, em ambas as instâncias, processar e julgar as causas entre autarquias federais e entidades públicas locais, inclusive mandados de segurança, ressalvada a ação fiscal, nos termos da Constituição Federal de 1967, art. 119, § 3.º.

++ *Vide* art. 109 da CF.

512. Não cabe condenação em honorários de advogado na ação de mandado de segurança.

+ *Vide* Súmula 105 do STJ.

+ *Vide* art. 25 da Lei n. 12.016, de 7-8-2009.

513. A decisão que enseja a interposição de recurso ordinário ou extraordinário, não é a do plenário que resolve o incidente de inconstitucionalidade, mas a do órgão (Câmaras, grupos ou turmas) que completa o julgamento do feito.

514. Admite-se ação rescisória contra sentença transitada em julgado, ainda que contra ela não se tenham esgotado todos os recursos.

515. A competência para a ação rescisória não é do STF quando a questão federal, apreciada no recurso extraordinário ou no agravo de instrumento, seja diversa da que foi suscitada no pedido rescisório.

516. O Serviço Social da Indústria – SESI – está sujeito à jurisdição da Justiça Estadual.

517. As sociedades de economia mista só têm foro na Justiça Federal quando a União intervém como assistente ou opoente.

518. A intervenção da União, em feito já julgado pela segunda instância e pendente de embargos, não desloca o processo para o TFR.

519. Aplica-se aos executivos fiscais o princípio da sucumbência a que se refere o art. 64 do Código de Processo Civil.

✦✦ A referência é feita ao CPC de 1939. *Vide* arts. 82, § 2.º, e 85 do CPC.

520. Não exige a lei que, para requerer o exame a que se refere o art. 777 do CPP, tenha o sentenciado cumprido mais de metade do prazo da medida de segurança imposta.

✦ *Vide* art. 176 da Lei n. 7.210, de 11-7-1984.

521. O foro competente para o processo e julgamento dos crimes de estelionato, sob a modalidade da emissão dolosa de cheque sem provisão de fundos, é o do local onde se deu a recusa do pagamento pelo sacado.

522. Salvo ocorrência de tráfico para o exterior, quando então a competência será da Justiça Federal, compete à Justiça dos Estados o processo e julgamento dos crimes relativos a entorpecentes.

523. No processo penal, a falta de defesa constitui nulidade absoluta, mas a sua deficiência só o anulará se houver prova de prejuízo para o réu.

524. Arquivado o inquérito policial por despacho do juiz, a requerimento do promotor de Justiça, não pode a ação penal ser iniciada sem novas provas.

525. A medida de segurança não será aplicada em segunda instância, quando só o réu tenha recorrido.

526. Subsiste a competência do STF para conhecer e julgar a apelação nos crimes da Lei de Segurança Nacional, se houve sentença antes da vigência do AI n. 2.

527. Após a vigência do Ato Institucional n. 6, que deu nova redação ao art. 114, III, da Constituição Federal de 1967, não cabe recurso extraordinário das decisões do juiz singular.

528. Se a decisão contiver partes autônomas, a admissão parcial, pelo presidente do tribunal *a quo*, de recurso extraordinário que sobre qualquer delas se manifestar, não limitará a apreciação de todas pelo STF, independentemente de interposição de agravo de instrumento.

529. Subsiste a responsabilidade do empregador pela indenização decorrente de acidente do trabalho, quando o segurador, por haver entrado em liquidação, ou por outro motivo, não se encontrar em condições financeiras de efetuar, na forma da lei, o pagamento que o seguro obrigatório visava garantir.

530. Na legislação anterior ao art. 4.º da Lei n. 4.749, de 12-8-1965, a contribuição para a Previdência Social não estava sujeita ao limite estabelecido no art. 69 da Lei n. 3.807, de 26 de agosto de 1960, sobre o 13.º salário a que se refere o art. 3.º da Lei n. 4.281, de 8-11-1963.

531. É inconstitucional o Decreto n. 51.668, de 17-1-1963, que estabeleceu salário profissional para trabalhadores de transportes marítimos, fluviais e lacustres.

532. É constitucional a Lei n. 5.043, de 21-6-1966, que concedeu remissão das dívidas fiscais oriundas da falta de oportuno pagamento de selo nos contratos particulares com a Caixa Econômica e outras entidades autárquicas.

533. Nas operações denominadas crediários, com emissão de vales ou certificados para compras e nas quais, pelo financiamento, se cobram, em separado, juros, selos e outras despesas, incluir-se-á tudo no custo da mercadoria e sobre esse preço global calcular-se-á o imposto de vendas e consignações.

534. O imposto de importação sobre o extrato alcoólico de malte, como matéria-prima para fabricação de whisky, incide à base de 60%, desde que desembarcado antes do Decreto-lei n. 398, de 30-12-1968.

535. Na importação, a granel, de combustíveis líquidos é admissível a diferença de peso, para mais, até 4%, motivada pelas variações previstas no Decreto-lei n. 1.028, de 4-1-1939, art. 1.

536. São objetivamente imunes ao Imposto sobre Circulação de Mercadorias os produtos industrializados em geral, destinados à exportação, além de outros com a mesma destinação, cuja isenção a lei determinar.

537. É inconstitucional a exigência de imposto estadual do selo, quando feita nos atos e instrumentos tributados ou regulados por lei federal, ressalvado o disposto no art. 15, § 5.º, da Constituição Federal de 1946.

538. A avaliação judicial para o efeito do cálculo das benfeitorias dedutíveis do imposto sobre lucro imobiliário, independe do limite a que se refere a Lei n. 3.470, de 28-11-1958, art. 8.º, parágrafo único.

539. É constitucional a lei do município que reduz o imposto predial urbano sobre imóvel ocupado pela residência do proprietário que não possua outro.

540. No preço da mercadoria sujeita ao imposto de vendas e consignações, não se incluem as despesas de frete e carreto.

✦✦ Atualmente Imposto sobre Operações relativas à Circulação de Mercadorias e sobre Prestação de Serviços de Transporte Inte-restadual e Intermunicipal e de Comunicação – ICMS.

541. O imposto sobre vendas e consignações não incide sobre a venda ocasional de veículos e equipamentos usados, que não se insere na atividade profissional do vendedor e não é realizada com o fim de lucro, sem caráter, pois, de comercialidade.

✦✦ Atualmente Imposto sobre Operações relativas à Circulação de Mercadorias e sobre Prestação de Serviços de Transporte Inte-restadual e Intermunicipal e de Comunicação – ICMS.

542. Não é inconstitucional a multa instituída pelo Estado-membro, como sanção pelo retardamento do início ou da ultimação do inventário.

543. A Lei n. 2.975, de 27-11-1965, revogou apenas as isenções de caráter geral relativas ao imposto único sobre combustíveis, não as especiais por outras leis concedidas.

544. Isenções tributárias concedidas sob condição onerosa não podem ser livremente suprimidas.

545. Preços de serviços públicos e taxas não se confundem, porque estas, diferentemente daqueles, são compulsórias e têm sua cobrança condicionada à prévia autorização orçamentária, em relação à lei que as instituiu.

546. Cabe a restituição do tributo pago indevidamente, quando reconhecido por decisão que o contribuinte de jure não recuperou do contribuinte de facto o quantum respectivo.

547. Não é lícito à autoridade proibir que o contribuinte em débito adquira estampilhas, despache mercadorias nas alfândegas e exerça suas atividades profissionais.

548. É inconstitucional o Decreto-lei n. 643, de 19-6-1947, art. 4.º, do Paraná, na parte que exige selo proporcional sobre atos e instrumentos regulados por lei federal.

549. A Taxa de Bombeiros do Estado de Pernambuco é constitucional, revogada a Súmula 274.

550. A isenção concedida pelo art. 2.º da Lei n. 1.815, de 1953, às empresas de navegação aérea, não compreende a taxa de melhoramento de portos, instituída pela Lei n. 3.421, de 1958.

551. É inconstitucional a taxa de urbanização da Lei n. 2.320, de 20-12-1961, instituída pelo Município de Porto Alegre, porque seu fato gerador é o mesmo da transmissão imobiliária.

552. Com a regulamentação do art. 15 da Lei n. 5.316/67, pelo Decreto n. 71.037/72, tornou-se exequível a exigência da exaustão da via administrativa antes do início da ação de acidente do trabalho.

553. O Adicional ao Frete para Renovação da Marinha Mercante (AFRMM) é contribuição parafiscal, não sendo abrangido pela imunidade prevista na letra "d", inciso III, do art. 19 da Constituição Federal.

✦✦ Refere-se à Constituição de 1967, modificada pela Emenda Constitucional n. 1, de 17-10-1969.

554. O pagamento de cheque emitido sem provisão de fundos, após o recebimento da denúncia, não obsta ao prosseguimento da ação penal.

555. É competente o Tribunal de Justiça para julgar conflito de jurisdição entre Juiz de Direito do Estado e a Justiça Militar local.

556. É competente a Justiça Comum para julgar as causas em que é parte sociedade de economia mista.

557. É competente a Justiça Federal para julgar as causas em que são partes a COBAL e a CIBRAZEM.

558. É constitucional o art. 27 do Decreto-lei n. 898, de 29-9-1969.

559. O Decreto-lei n. 730, de 5-8-1969, revogou a exigência de homologação, pelo ministro da Fazenda, das resoluções do Conselho de Política Aduaneira.

✦✦ O Decreto-lei n. 730, de 5-8-1969, dispõe sobre o Conselho de Política Aduaneira.

560. A extinção de punibilidade pelo pagamento do tributo devido estende-se ao crime de contrabando ou descaminho, por força do art. 18, § 2.º, do Decreto-lei n. 157/67.

✦✦ O Decreto-lei n. 157, de 10-2-1967, concede estímulos fiscais à capitalização das empresas, reforça os incentivos à compra de ações, facilita o pagamento de débitos fiscais.

561. Em desapropriação, é devida a correção monetária até a data do efetivo pagamento da indenização, devendo proceder-se à atualização do cálculo ainda que por mais de uma vez.

562. Na indenização de danos materiais decorrentes de ato ilícito cabe a atualização de seu valor, utilizando-se, para esse fim, dentre outros critérios, os índices de correção monetária.

563. O concurso de preferência a que se refere o parágrafo único do art. 187 do CTN é compatível com o disposto no art. 9.º, I, da Constituição Federal.

✦✦ Refere-se à Constituição de 1967, modificada pela Emenda Constitucional n. 1, de 17-10-1969. *Vide* art. 19, III, da CF de 1988.

564. A ausência de fundamentação do despacho de recebimento de denúncia por crime falimentar enseja nulidade processual, salvo se já houver sentença condenatória.

565. A multa fiscal moratória constitui pena administrativa, não se incluindo no crédito habilitado em falência.

✦✦ O art. 83, VII, da Lei n. 11.101, de 9-2-2005 (Lei de Falências), inclui as multas contratuais e as penas pecuniárias por infração das leis penais ou administrativas, inclusive as multas tributárias, na ordem de classificação dos créditos na falência.

✦ *Vide* Súmula 192 do STF.

566. Enquanto pendente, o pedido de readaptação fundado em desvio funcional não gera direitos para o servidor, relativamente ao cargo pleiteado.

567. A Constituição, ao assegurar, no § 3.º do art. 102, a contagem integral do tempo de serviço público federal, estadual ou municipal para os efeitos de aposentadoria e disponibilidade não proíbe à União, aos Estados e aos Municípios mandarem contar, mediante lei, para efeito diverso, tempo de serviço prestado a outra pessoa de direito público interno.

568. A identificação criminal não constitui constrangimento ilegal, ainda que o indiciado já tenha sido identificado civilmente.

569. É inconstitucional a discriminação de alíquotas do Imposto de Circulação de Mercadorias nas operações interestaduais, em razão de o destinatário ser ou não contribuinte.

570. O imposto de circulação de mercadorias não incide sobre a importação de bens de capital.

571. O comprador de café ao IBC, ainda que sem expedição de nota fiscal, habilita-se, quando da comercialização do produto, ao crédito do ICM que incidiu sobre a operação anterior.

572. No cálculo do ICM devido na saída de mercadorias para o exterior, não se incluem fretes pagos a terceiros, seguros e despesas de embarque.

573. Não constitui fato gerador do ICM a saída física de máquinas, utensílios e implementos a título de comodato.

574. Sem lei estadual que a estabeleça, é ilegítima a cobrança do ICM sobre o fornecimento de alimentação e bebidas em restaurante ou estabelecimento similar.

575. À mercadoria importada de país signatário do (GATT), ou membro da (ALALC), estende-se a isenção do imposto de circulação de mercadorias concedida a similar nacional.

576. É lícita a cobrança do ICM sobre produtos importados sob o regime da alíquota zero.

577. Na importação de mercadorias do exterior, o fato gerador do ICM ocorre no momento de sua entrada no estabelecimento do importador.

578. Não podem os Estados, a título de ressarcimento de despesas, reduzir a parcela de 20% do produto da arrecadação do ICM, atribuída aos Municípios pelo art. 23, § 8.º, da Constituição Federal.

✦✦ Refere-se à Constituição de 1967, modificada pela Emenda Constitucional n. 1, de 17-10-1969. *Vide* art. 155, II, da CF.

579. A cal virgem e a hidratada estão sujeitas ao ICM.

580. A isenção prevista no art. 13, parágrafo único, do Decreto-lei n. 43/1966, restringe-se aos filmes cinematográficos.

581. A exigência de transporte em navio de bandeira brasileira, para efeito de isenção tributária, legitimou-se com o advento do Decreto-lei n. 666, de 2-7-1969.

582. É constitucional a Resolução n. 640/69, do Conselho de Política Aduaneira, que reduziu a alíquota do imposto de importação para a soda cáustica, destinada a zonas de difícil distribuição e abastecimento.

583. Promitente-comprador de imóvel residencial transcrito em nome de autarquia é contribuinte do imposto predial e territorial urbano.

584. Ao imposto de renda calculado sobre os rendimentos do ano-base, aplica-se a lei vigente no exercício financeiro em que deve ser apresentada a declaração.

585. Não incide o imposto de renda sobre a remessa de divisas para pagamento de serviços prestados no exterior, por empresa que não opera no Brasil.

586. Incide imposto de renda sobre os juros remetidos para o exterior, com base em contrato de mútuo.

587. Incide imposto de renda sobre o pagamento de serviços técnicos contratados no exterior e prestados no Brasil.

588. O imposto sobre serviços não incide sobre os depósitos, as comissões e taxas de desconto, cobrados pelos estabelecimentos bancários.

✦✦ *Vide* Súmula 424 do STJ.

589. É inconstitucional a fixação de adicional progressivo do imposto predial e territorial urbano em função do número de imóveis do contribuinte.

590. Calcula-se o imposto de transmissão *causa mortis* sobre o saldo credor da promessa de compra e venda de imóvel, no momento da abertura da sucessão do promitente-vendedor.

591. A imunidade ou a isenção tributária do comprador não se estende ao produtor, contribuinte do imposto sobre produtos industrializados.

592. Nos crimes falimentares, aplicam-se as causas interruptivas da prescrição previstas no Código Penal.

593. Incide o percentual do Fundo de Garantia do Tempo de Serviço (FGTS) sobre a parcela da remuneração correspondente a horas extraordinárias de trabalho.

594. Os direitos de queixa e de representação podem ser exercidos, independentemente, pelo ofendido ou por seu representante legal.

595. É inconstitucional a taxa municipal de conservação de estradas de rodagem, cuja base de cálculo seja idêntica à do imposto territorial rural.

596. As disposições do Decreto n. 22.626/33 não se aplicam às taxas de juros e aos outros encargos cobrados nas operações realizadas por instituições públicas ou privadas que integram o sistema financeiro nacional.

597. Não cabem embargos infringentes de acórdão que, em mandado de segurança, decidiu por maioria de votos a apelação.

+ *Vide* Súmula 294 do STF.
+ *Vide* Súmula 169 do STJ.
+ *Vide* art. 25 da Lei n. 12.016, de 7-8-2009.

598. Nos embargos de divergência não servem como padrão de discordância os mesmos paradigmas invocados para demonstrá-la, mas repelidos como não dissidentes no julgamento do recurso extraordinário.

599. *(Cancelada.)*

600. Cabe ação executiva contra o emitente e seus avalistas, ainda que não apresentado o cheque ao sacado no prazo legal, desde que não prescrita a ação cambiária.

601. Os arts. 3.º, II, e 55 da Lei Complementar n. 40/81 (Lei Orgânica do Ministério Público) não revogaram a legislação anterior que atribui a iniciativa para a ação penal pública, no processo sumário, ao juiz ou à autoridade policial, mediante Portaria ou Auto de Prisão em Flagrante.

602. Nas causas criminais, o prazo de interposição de Recurso Extraordinário é de 10 (dez) dias.

603. A competência para o processo e julgamento de latrocínio é do Juiz singular e não do Tribunal do Júri.

604. A prescrição pela pena em concreto é somente da pretensão executória da pena privativa de liberdade.

605. Não se admite continuidade delitiva nos crimes contra a vida.

606. Não cabe *habeas corpus* originário para o Tribunal Pleno de decisão de Turma, ou do Plenário, proferida em *habeas corpus* ou no respectivo recurso.

607. Na ação penal regida pela Lei n. 4.611/65, a denúncia, como substitutivo da Portaria, não interrompe a prescrição.

608. No crime de estupro, praticado mediante violência real, a ação penal é pública incondicionada.

609. É pública incondicionada a ação penal por crime de sonegação fiscal.

610. Há crime de latrocínio, quando o homicídio se consuma, ainda que não realize o agente a subtração de bens da vítima.

611. Transitada em julgado a sentença condenatória, compete ao Juízo das execuções a aplicação de lei mais benigna.

612. Ao trabalhador rural não se aplicam, por analogia, os benefícios previstos na Lei n. 6.367, de 19-10-1976.

613. Os dependentes de trabalhador rural não têm direito à pensão previdenciária, se o óbito ocorreu anteriormente à vigência da Lei Complementar n. 11/71.

614. Somente o procurador-geral da justiça tem legitimidade para propor ação direta interventiva por inconstitucionalidade de lei municipal.

615. O princípio constitucional da anualidade (§ 29 do art. 153 da CF) não se aplica à revogação de isenção do ICM.

++ Refere-se à CF de 1967. *Vide* art. 150, I e III, da CF.
+ *Vide* Súmula 544 do STF.

616. É permitida a cumulação da multa contratual com os honorários de advogado, após o advento do Código de Processo Civil vigente.

617. A base de cálculo dos honorários de advogado em desapropriação é a diferença entre a oferta e a indenização, corrigidas ambas monetariamente.

618. Na desapropriação, direta ou indireta, a taxa dos juros compensatórios é de 12% (doze por cento) ao ano.

+ *Vide* Súmula 408 do STJ.

619. A prisão do depositário judicial pode ser decretada no próprio processo em que se constituiu o encargo, independentemente da propositura de ação de depósito.

++ Súmula revogada em 3-12-2008, no julgamento do HC 92.566.

620. A sentença proferida contra Autarquias não está sujeita a reexame necessário, salvo quando sucumbente em execução de dívida ativa.

621. Não enseja embargos de terceiro à penhora a promessa de compra e venda não inscrita no registro de imóveis.

✦✦ *Vide* Súmula 84 do STJ.

622. Não cabe agravo regimental contra decisão do relator que concede ou indefere liminar em mandado de segurança.

✦ *Vide* art. 16 da Lei n. 12.016, de 7-8-2009.

623. Não gera por si só a competência originária do Supremo Tribunal Federal para conhecer do mandado de segurança com base no art. 102, I, *n*, da Constituição, dirigir-se o pedido contra deliberação administrativa do tribunal de origem, da qual haja participado a maioria ou a totalidade de seus membros.

624. Não compete ao Supremo Tribunal Federal conhecer originariamente de mandado de segurança contra atos de outros tribunais.

✦ *Vide* Súmula 330 do STF.

625. Controvérsia sobre matéria de direito não impede concessão de mandado de segurança.

626. A suspensão da liminar em mandado de segurança, salvo determinação em contrário da decisão que a deferir, vigorará até o trânsito em julgado da decisão definitiva de concessão da segurança ou, havendo recurso, até a sua manutenção pelo Supremo Tribunal Federal, desde que o objeto da liminar deferida coincida, total ou parcialmente, com o da impetração.

✦ *Vide* art. 15 da Lei n. 12.016, de 7-8-2009.

627. No mandado de segurança contra a nomeação de magistrado da competência do Presidente da República, este é considerado autoridade coatora, ainda que o fundamento da impetração seja nulidade ocorrida em fase anterior do procedimento.

628. Integrante de lista de candidatos a determinada vaga da composição de tribunal é parte legítima para impugnar a validade da nomeação de concorrente.

629. A impetração de mandado de segurança coletivo por entidade de classe em favor dos associados independe da autorização destes.

✦ *Vide* art. 21 da Lei n. 12.016, de 7-8-2009.

630. A entidade de classe tem legitimação para o mandado de segurança ainda quando a pretensão veiculada interesse apenas a uma parte da respectiva categoria.

✦ *Vide* art. 21 da Lei n. 12.016, de 7-8-2009.

631. Extingue-se o processo de mandado de segurança se o impetrante não promove, no prazo assinado, a citação do litisconsorte passivo necessário.

✦ *Vide* arts. 114 e 115 do CPC.

632. É constitucional lei que fixa o prazo de decadência para a impetração de mandado de segurança.

✦ *Vide* art. 23 da Lei n. 12.016, de 7-8-2009.

633. É incabível a condenação em verba honorária nos recursos extraordinários interpostos em processo trabalhista, exceto nas hipóteses previstas na Lei n. 5.584/70.

634. Não compete ao Supremo Tribunal Federal conceder medida cautelar para dar efeito suspensivo a recurso extraordinário que ainda não foi objeto de juízo de admissibilidade na origem.

635. Cabe ao Presidente do Tribunal de origem decidir o pedido de medida cautelar em recurso extraordinário ainda pendente do seu juízo de admissibilidade.

636. Não cabe recurso extraordinário por contrariedade ao princípio constitucional da legalidade, quando a sua verificação pressuponha rever a interpretação dada a normas infraconstitucionais pela decisão recorrida.

637. Não cabe recurso extraordinário contra acórdão de Tribunal de Justiça que defere pedido de intervenção estadual em Município.

638. A controvérsia sobre a incidência, ou não, de correção monetária em operações de crédito rural é de natureza infraconstitucional, não viabilizando recurso extraordinário.

639. Aplica-se a Súmula 288 quando não constarem do traslado do agravo de instrumento as cópias das peças necessárias à verificação da tempestividade do recurso extraordinário não admitido pela decisão agravada.

640. É cabível recurso extraordinário contra decisão proferida por juiz de primeiro grau nas causas de alçada, ou por turma recursal de juizado especial cível e criminal.

641. Não se conta em dobro o prazo para recorrer, quando só um dos litisconsortes haja sucumbido.

642. Não cabe ação direta de inconstitucionalidade de lei do Distrito Federal derivada da sua competência legislativa municipal.

643. O Ministério Público tem legitimidade para promover ação civil pública cujo fundamento seja a ilegalidade de reajuste de mensalidades escolares.

644. Ao titular do cargo de procurador de autarquia não se exige a apresentação de instrumento de mandato para representá-la em juízo.

✦✦ Súmula alterada pelo Tribunal Pleno, em sessão de 26-11-2003 (*DJU* de 9-12-2003).

645. É competente o Município para fixar o horário de funcionamento de estabelecimento comercial.

646. Ofende o princípio da livre concorrência lei municipal que impede a instalação de estabelecimentos comerciais do mesmo ramo em determinada área.

647. Compete privativamente à União legislar sobre vencimentos dos membros das polícias civil e militar do Distrito Federal.

648. A norma do § 3.º do art. 192 da Constituição, revogada pela EC 40/2003, que limitava a taxa de juros reais a 12% ao ano, tinha sua aplicabilidade condicionada à edição de lei complementar.

++ *Vide* Súmula Vinculante 7.

649. É inconstitucional a criação, por constituição estadual, de órgão de controle administrativo do poder judiciário do qual participem representantes de outros poderes ou entidades.

650. Os incisos I e XI do art. 20 da CF não alcançam terras de aldeamentos extintos, ainda que ocupadas por indígenas em passado remoto.

++ Súmula com redação retificada no Diário da Justiça de 29-10-2003.

651. A medida provisória não apreciada pelo Congresso Nacional podia, até a Emenda Constitucional n. 32/2001, ser reeditada dentro do seu prazo de eficácia de trinta dias, mantidos os efeitos de lei desde a primeira edição.

652. Não contraria a Constituição o art. 15, § 1.º, do Dl. 3.365/41 (Lei da Desapropriação por utilidade pública).

++ *Vide* art. 5.º, XXIV, da CF.

653. No Tribunal de Contas estadual, composto por sete conselheiros, quatro devem ser escolhidos pela Assembleia Legislativa e três pelo Chefe do Poder Executivo estadual, cabendo a este indicar um dentre auditores e outro dentre membros do Ministério Público, e um terceiro à sua livre escolha.

654. A garantia da irretroatividade da lei, prevista no art. 5.º, XXXVI, da Constituição da República, não é invocável pela entidade estatal que a tenha editado.

655. A exceção prevista no art. 100, *caput*, da Constituição, em favor dos créditos de natureza alimentícia, não dispensa a expedição de precatório, limitando-se a isentá-los da observância da ordem cronológica dos precatórios decorrentes de condenações de outra natureza.

656. É inconstitucional a lei que estabelece alíquotas progressivas para o imposto de transmissão *inter vivos* de bens imóveis – ITBI com base no valor venal do imóvel.

++ *Vide* arts. 145, § 1.º, e 156, II, da CF.

++ *Vide* Súmulas 110, 111, 326, 328 e 470 do STF.

657. A imunidade prevista no art. 150, VI, *d*, da CF abrange os filmes e papéis fotográficos necessários à publicação de jornais e periódicos.

658. São constitucionais os arts. 7.º da Lei n. 7.787/89 e 1.º da Lei n. 7.894/89 e da Lei n. 8.147/90, que majoraram a alíquota do Finsocial, quando devida a contribuição por empresas dedicadas exclusivamente à prestação de serviços.

659. É legítima a cobrança da COFINS, do PIS e do FINSOCIAL sobre as operações relativas a energia elétrica, serviços de telecomunicações, derivados de petróleo, combustíveis e minerais do País.

++ *Vide* arts. 155, § 3.º, e 195, *caput* e § 7.º, da CF.

660. Não incide ICMS na importação de bens por pessoa física ou jurídica que não seja contribuinte do imposto.

++ Texto republicado com o teor aprovado na Sessão Plenária de 24-9-2003 (*DJU* de 28-3-2006).

++ *Vide* art. 155, § 2.º, IX, *a*, da CF.

661. Na entrada de mercadoria importada do exterior, é legítima a cobrança do ICMS por ocasião do desembaraço aduaneiro.

++ *Vide* art. 155, § 2.º, IX, *a*, da CF.

662. É legítima a incidência do ICMS na comercialização de exemplares de obras cinematográficas, gravados em fitas de videocassete.

++ *Vide* art. 155, II, da CF.

663. Os §§ 1.º e 3.º do art. 9.º do DL 406/68 foram recebidos pela Constituição.

++ *Vide* art. 34, § 5.º, do ADCT.

664. É inconstitucional o inciso V do art. 1.º da Lei n. 8.033/90, que instituiu a incidência do imposto nas operações de crédito, câmbio e seguros – IOF sobre saques efetuados em caderneta de poupança.

++ A Resolução do Senado Federal n. 28, de 29-11-2007, suspende a execução do inciso V do art. 1.º da Lei n. 8.033, de 12-4-1990.

665. É constitucional a Taxa de Fiscalização dos Mercados de Títulos e Valores Mobiliários instituída pela Lei n. 7.940/89.

++ *Vide* art. 145, II e § 2.º, da CF.

666. A contribuição confederativa de que trata o art. 8.º, IV, da Constituição, só é exigível dos filiados ao sindicato respectivo.

++ *Vide* Súmula Vinculante 40.

667. Viola a garantia constitucional de acesso à jurisdição a taxa judiciária calculada sem limite sobre o valor da causa.

668. É inconstitucional a lei municipal que tenha estabelecido, antes da Emenda Constitucional 29/2000, alíquotas progressivas para o IPTU, salvo se destinada a assegurar o cumprimento da função social da propriedade urbana.

++ *Vide* arts. 145, § 1.º, 182, §§ 2.º e 4.º, da CF e art. 7.º da Lei n. 10.257, de 10-7-2001.

669. Norma legal que altera o prazo de recolhimento da obrigação tributária não se sujeita ao princípio da anterioridade.

✦✦ *Vide* art. 195, § 6.º, da CF.

670. O serviço de iluminação pública não pode ser remunerado mediante taxa.

✦✦ *Vide* art. 145, II, da CF.

671. Os servidores públicos e os trabalhadores em geral têm direito, no que concerne à URP de abril/maio de 1988, apenas ao valor correspondente a 7/30 de 16,19% sobre os vencimentos e salários pertinentes aos meses de abril e maio de 1988, não cumulativamente, devidamente corrigido até o efetivo pagamento.

672. O reajuste de 28,86%, concedido aos servidores militares pelas Leis n. 8.622/1993 e 8.627/1993, estende-se aos servidores civis do poder executivo, observadas as eventuais compensações decorrentes dos reajustes diferenciados concedidos pelos mesmos diplomas legais.

673. O art. 125, § 4.º, da Constituição, não impede a perda da graduação de militar mediante procedimento administrativo.

674. A anistia prevista no art. 8.º do Ato das Disposições Constitucionais Transitórias não alcança os militares expulsos com base em legislação disciplinar ordinária, ainda que em razão de atos praticados por motivação política.

675. Os intervalos fixados para descanso e alimentação durante a jornada de seis horas não descaracterizam o sistema de turnos ininterruptos de revezamento para o efeito do art. 7.º, XIV, da Constituição.

✦✦ *Vide* arts. 5.º, XXXVI, e 145 da CF.

676. A garantia da estabilidade provisória prevista no art. 10, II, *a*, do ADCT, também se aplica ao suplente do cargo de direção de comissões internas de prevenção de acidentes (CIPA).

677. Até que lei venha a dispor a respeito, incumbe ao Ministério do Trabalho proceder ao registro das entidades sindicais e zelar pela observância do princípio da unicidade.

678. São inconstitucionais os incisos I e III do art. 7.º da Lei n. 8.162/91, que afastam, para efeito de anuênio e de licença-prêmio, a contagem do tempo de serviço regido pela CLT dos servidores que passaram a submeter-se ao Regime Jurídico Único.

679. A fixação de vencimentos dos servidores públicos não pode ser objeto de convenção coletiva.

680. O direito ao auxílio-alimentação não se estende aos servidores inativos.

681. É inconstitucional a vinculação do reajuste de vencimentos de servidores estaduais ou municipais a índices federais de correção monetária.

682. Não ofende a Constituição a correção monetária no pagamento com atraso dos vencimentos de servidores públicos.

683. O limite de idade para a inscrição em concurso público só se legitima em face do art. 7.º, XXX, da Constituição, quando possa ser justificado pela natureza das atribuições do cargo a ser preenchido.

✦✦ *Vide* art. 27 da Lei n. 10.741, de 1.º-10-2003.

684. É inconstitucional o veto não motivado à participação de candidato a concurso público.

✦✦ *Vide* art. 7.º, XXX, da CF, e art. 27 da Lei n. 10.741, de 1.º-10-2003.

685. É inconstitucional toda modalidade de provimento que propicie ao servidor investir-se, sem prévia aprovação em concurso público destinado ao seu provimento, em cargo que não integra a carreira na qual anteriormente investido.

686. Só por lei se pode sujeitar a exame psicotécnico a habilitação de candidato a cargo público.

✦✦ *Vide* art. 7.º, XXX, da CF, e art. 27 da Lei n. 10.741, de 1.º-10-2003.

687. A revisão de que trata o art. 58 do Ato das Disposições Constitucionais Transitórias não se aplica aos benefícios previdenciários concedidos após a promulgação da Constituição de 1988.

688. É legítima a incidência da contribuição previdenciária sobre o 13.º salário.

✦✦ *Vide* art. 195, I, da CF.

689. O segurado pode ajuizar ação contra instituição previdenciária perante o juízo federal do seu domicílio ou nas varas federais da Capital do Estado-Membro.

690. Compete originariamente ao Supremo Tribunal Federal o julgamento de *habeas corpus* contra decisão de turma recursal de juizados especiais criminais.

✦✦ Súmula declarada superada pelo Tribunal Pleno, no julgamento do HC 86.834 (*DJ* de 9-3-2007).

✦✦ *Vide* art. 102, I, *i*, da CF e Lei n. 9.099, de 26-9-1995.

691. Não compete ao Supremo Tribunal Federal conhecer de *habeas corpus* impetrado contra decisão do Relator que, em *habeas corpus* requerido a tribunal superior, indefere a liminar.

✦✦ *Vide* art. 102, I, *i*, da CF.

692. Não se conhece de *habeas corpus* contra omissão de relator de extradição, se fundado em fato ou direito estrangeiro cuja prova não constava dos autos, nem foi ele provocado a respeito.

693. Não cabe *habeas corpus* contra decisão condenatória a pena de multa, ou relativo a processo em curso por infração penal a que a pena pecuniária seja a única cominada.

✦✦ *Vide* arts. 49 e s. do CP.

694. Não cabe *habeas corpus* contra a imposição da pena de exclusão de militar ou de perda de patente ou de função pública.

✦✦ *Vide* art. 92, I, do CP, e art. 647 do CPP.

695. Não cabe *habeas corpus* quando já extinta a pena privativa de liberdade.

✦✦ *Vide* art. 659 do CPP.

696. Reunidos os pressupostos legais permissivos da suspensão condicional do processo, mas se recusando o Promotor de Justiça a propô-la, o Juiz, dissentindo, remeterá a questão ao Procurador-Geral, aplicando-se por analogia o art. 28 do Código de Processo Penal.

✦✦ *Vide* art. 89 da Lei n. 9.099, de 26-9-1995.

697. A proibição de liberdade provisória nos processos por crimes hediondos não veda o relaxamento da prisão processual por excesso de prazo.

✦✦ Súmula prejudicada pela Lei n. 11.464, de 28-3-2007, que alterou a redação da Lei n. 8.072, de 25-7-1990, suprimindo a proibição da liberdade provisória nos crimes hediondos.

698. Não se estende aos demais crimes hediondos a admissibilidade de progressão no regime de execução da pena aplicada ao crime de tortura.

✦✦ Súmula prejudicada pela Lei n. 11.464, de 28-3-2007, que alterou a redação da Lei n. 8.072, de 25-7-1990, permitindo a progressão de regime nos crimes hediondos.

699. O prazo para interposição de agravo, em processo penal, é de cinco dias, de acordo com a Lei n. 8.038/90, não se aplicando o disposto a respeito nas alterações da Lei n. 8.950/94 ao Código de Processo Civil.

✦✦ *Vide* art. 28 da Lei n. 8.038, de 28-5-1990.

700. É de cinco dias o prazo para interposição de agravo contra decisão do juiz da execução penal.

✦✦ *Vide* art. 586 do CPP.

701. No mandado de segurança impetrado pelo Ministério Público contra decisão proferida em processo penal, é obrigatória a citação do réu como litisconsorte passivo.

702. A competência do Tribunal de Justiça para julgar Prefeitos restringe-se aos crimes de competência da Justiça comum estadual; nos demais casos, a competência originária caberá ao respectivo tribunal de segundo grau.

703. A extinção do mandato do Prefeito não impede a instauração de processo pela prática dos crimes previstos no art. 1.º do DL 201/67.

704. Não viola as garantias do juiz natural, da ampla defesa e do devido processo legal a atração por continência ou conexão do processo do corréu ao foro por prerrogativa de função de um dos denunciados.

✦✦ *Vide* art. 5.º, LIII, LIV e LV, da CF, e arts. 79 e 84 do CPP.

705. A renúncia do réu ao direito de apelação, manifestada sem a assistência do defensor, não impede o conhecimento da apelação por este interposta.

706. É relativa a nulidade decorrente da inobservância da competência penal por prevenção.

✦✦ *Vide* arts. 75, parágrafo único, e 83 do CPP.

707. Constitui nulidade a falta de intimação do denunciado para oferecer contrarrazões ao recurso interposto da rejeição da denúncia, não a suprindo a nomeação de defensor dativo.

✦✦ *Vide* art. 588 do CPP.

708. É nulo o julgamento da apelação se, após a manifestação nos autos da renúncia do único defensor, o réu não foi previamente intimado para constituir outro.

✦✦ *Vide* arts. 261 e 564, III, *c*, do CPP.

709. Salvo quando nula a decisão de primeiro grau, o acórdão que provê o recurso contra a rejeição da denúncia vale, desde logo, pelo recebimento dela.

710. No processo penal, contam-se os prazos da data da intimação, e não da juntada aos autos do mandado ou da carta precatória ou de ordem.

711. A lei penal mais grave aplica-se ao crime continuado ou ao crime permanente, se a sua vigência é anterior à cessação da continuidade ou da permanência.

✦✦ *Vide* art. 71 do CP.

712. É nula a decisão que determina o desaforamento de processo da competência do Júri sem audiência da defesa.

✦ *Vide* arts. 427 e 428 do CPP.

713. O efeito devolutivo da apelação contra decisões do Júri é adstrito aos fundamentos da sua interposição.

714. É concorrente a legitimidade do ofendido, mediante queixa, e do Ministério Público, condicionada à representação do ofendido, para a ação penal por crime contra a honra de servidor público em razão do exercício de suas funções.

✦✦ *Vide* arts. 138 a 145 do CP.

715. A pena unificada para atender ao limite de trinta anos de cumprimento, determinado pelo art. 75 do Código Penal, não é considerada para a concessão de outros benefícios, como o livramento condicional ou regime mais favorável de execução.

716. Admite-se a progressão de regime de cumprimento de pena ou a aplicação imediata de regime menos severo nela determinada, antes do trânsito em julgado da sentença condenatória.

✦✦ *Vide* art. 112 da Lei n. 7.210, de 11-7-1984.

717. Não impede a progressão de regime de execução da pena, fixada em sentença não transitada em julgado, o fato de o réu se encontrar em prisão especial.

✦✦ *Vide* art. 295 do CPP.

718. A opinião do julgador sobre a gravidade em abstrato do crime não constitui motivação idônea para a imposição de regime mais severo do que o permitido segundo a pena aplicada.

✦✦ *Vide* art. 33, § 2.º, do CP.

719. A imposição do regime de cumprimento mais severo do que a pena aplicada permitir exige motivação idônea.

✦✦ *Vide* art. 33, § 2.º, *c*, do CP.

720. O art. 309 do Código de Trânsito Brasileiro, que reclama decorra do fato perigo de dano, derrogou o art. 32 da Lei das Contravenções Penais no tocante à direção sem habilitação em vias terrestres.

721. A competência constitucional do Tribunal do Júri prevalece sobre o foro por prerrogativa de função estabelecido exclusivamente pela Constituição Estadual.

✦✦ *Vide* art. 5.º, XXXVIII, *d*, da CF.

722. São da competência legislativa da União a definição dos crimes de responsabilidade e o estabelecimento das respectivas normas de processo e julgamento.

723. Não se admite a suspensão condicional do processo por crime continuado, se a soma da pena mínima da infração mais grave com o aumento mínimo de um sexto for superior a um ano.

✦✦ *Vide* art. 89 da Lei n. 9.099, de 26-9-1995.

✦ *Vide* Súmula 243 do STJ.

724. Ainda quando alugado a terceiros, permanece imune ao IPTU o imóvel pertencente a qualquer das entidades referidas pelo art. 150, VI, *c*, da Constituição, desde que o valor dos aluguéis seja aplicado nas atividades essenciais de tais entidades.

725. É constitucional o § 2.º do art. 6.º da Lei n. 8.024/90, resultante da conversão da MPr 168/90, que fixou o BTN fiscal como índice de correção monetária aplicável aos depósitos bloqueados pelo Plano Collor I.

726. Para efeito de aposentadoria especial de professores, não se computa o tempo de serviço prestado fora da sala de aula.

727. Não pode o magistrado deixar de encaminhar ao Supremo Tribunal Federal o agravo de instrumento interposto da decisão que não admite recurso extraordinário, ainda que referente a causa instaurada no âmbito dos juizados especiais.

728. É de três dias o prazo para a interposição de recurso extraordinário contra decisão do Tribunal Superior Eleitoral, contado, quando for o caso, a partir da publicação do acórdão, na própria sessão de julgamento, nos termos do art. 12 da Lei n. 6.055/74, que não foi revogado pela Lei n. 8.950/94.

✦✦ *Vide* art. 1.003, § 5.º, do CPC.

729. A decisão na ADC-4 não se aplica à antecipação de tutela em causa de natureza previdenciária.

730. A imunidade tributária conferida a instituições de assistência social sem fins lucrativos pelo art. 150, VI, *c*, da Constituição, somente alcança as entidades fechadas de previdência social privada se não houver contribuição dos beneficiários.

731. Para fim da competência originária do Supremo Tribunal Federal, é de interesse geral da magistratura a questão de saber se, em face da LOMAN, os juízes têm direito à licença-prêmio.

✦✦ *Vide* art. 102, I, n, da CF.

732. É constitucional a cobrança da contribuição do salárioeducação, seja sob a Carta de 1969, seja sob a Constituição Federal de 1988, e no regime da Lei n. 9.424/96.

733. Não cabe recurso extraordinário contra decisão proferida no processamento de precatórios.

✦✦ *Vide* art. 100, § 2.º, da CF.

734. Não cabe reclamação quando já houver transitado em julgado o ato judicial que se alega tenha desrespeitado decisão do Supremo Tribunal Federal.

735. Não cabe recurso extraordinário contra acórdão que defere medida liminar.

✦✦ *Vide* art. 102, III, *a*, da CF.

736. Compete à Justiça do Trabalho julgar as ações que tenham como causa de pedir o descumprimento de normas trabalhistas relativas à segurança, higiene e saúde dos trabalhadores.

Súmulas do Superior Tribunal de Justiça

1. O foro do domicílio ou da residência do alimentando é o competente para a ação de investigação de paternidade, quando cumulada com a de alimentos.

2. Não cabe o *habeas data* (CF, art. 5.º, LXXII, *a*) se não houve recusa de informações por parte da autoridade administrativa.

3. Compete ao Tribunal Regional Federal dirimir conflito de competência verificado, na respectiva Região, entre Juiz Federal e Juiz Estadual investido de jurisdição federal.

4. Compete à Justiça Estadual julgar causa decorrente do processo eleitoral sindical.

5. A simples interpretação de cláusula contratual não enseja recurso especial.

6. Compete à Justiça Comum Estadual processar e julgar delito decorrente de acidente de trânsito envolvendo viatura de Polícia Militar, salvo se autor e vítima forem policiais militares em situação de atividade.

7. A pretensão de simples reexame de prova não enseja recurso especial.

8. Aplica-se a correção monetária aos créditos habilitados em concordata preventiva, salvo durante o período compreendido entre as datas de vigência da Lei n. 7.274, de 10-12-1984, e do Decreto-lei n. 2.283, de 27-2-1986.

   ✦✦ A Lei n. 11.101, de 9-2-2005, substitui a concordata pela recuperação judicial e extrajudicial do empresário e da sociedade empresária.

9. A exigência da prisão provisória, para apelar, não ofende a garantia constitucional da presunção de inocência.

   ✦✦ *Vide* Súmula 347 do STJ.

10. Instalada a Junta de Conciliação e Julgamento, cessa a competência do Juiz de Direito em matéria trabalhista, inclusive para a execução das sentenças por ele proferidas.

    ✦✦ Extinção das Juntas de Conciliação e Julgamento: Emenda Constitucional n. 24, de 9-12-1999.

11. A presença da União ou de qualquer de seus entes, na ação de usucapião especial, não afasta a competência do foro da situação do imóvel.

12. Em desapropriação, são cumuláveis juros compensatórios e moratórios.

13. A divergência entre julgados do mesmo Tribunal não enseja recurso especial.

14. Arbitrados os honorários advocatícios em percentual sobre o valor da causa, a correção monetária incide a partir do respectivo ajuizamento.

15. Compete à Justiça Estadual processar e julgar os litígios decorrentes de acidente do trabalho.

    ✦✦ *Vide* arts. 109, I, e 114, VI, da CF.

    ✦✦ *Vide* Súmula Vinculante 22 e Súmulas 235 e 501 do STF.

16. A legislação ordinária sobre crédito rural não veda a incidência da correção monetária.

17. Quando o falso se exaure no estelionato, sem mais potencialidade lesiva, é por este absorvido.

18. A sentença concessiva do perdão judicial é declaratória da extinção da punibilidade, não subsistindo qualquer efeito condenatório.

19. A fixação do horário bancário, para atendimento ao público, é da competência da União.

20. A mercadoria importada de país signatário do GATT é isenta do ICM quando contemplado com esse favor o similar nacional.

21. Pronunciado o réu, fica superada a alegação do constrangimento ilegal da prisão por excesso de prazo na instrução.

22. Não há conflito de competência entre o Tribunal de Justiça e Tribunal de Alçada do mesmo Estado-Membro.

    ✦✦ O art. 4.º da Emenda Constitucional n. 45, de 8-12-2004, estabelece a extinção dos tribunais de alçada, passando seus membros a integrar os Tribunais de Justiça dos respectivos Estados.

23. O Banco Central do Brasil é parte legítima nas ações fundadas na Resolução n. 1.154/86.

24. Aplica-se ao crime de estelionato, em que figure como vítima entidade autárquica da Previdência

Social, a qualificadora do § 3.º do art. 171 do Código Penal.

25. Nas ações da Lei de Falências o prazo para a interposição de recurso conta-se da intimação da parte.

26. O avalista do título de crédito vinculado a contrato de mútuo também responde pelas obrigações pactuadas, quando no contrato figurar como devedor solidário.

27. Pode a execução fundar-se em mais de um título extrajudicial relativos ao mesmo negócio.

28. O contrato de alienação fiduciária em garantia pode ter por objeto bem que já integrava o patrimônio do devedor.

29. No pagamento em juízo para elidir falência, são devidos correção monetária, juros e honorários de advogado.

30. A comissão de permanência e a correção monetária são inacumuláveis.

31. A aquisição, pelo segurado, de mais de um imóvel financiado pelo Sistema Financeiro da Habitação, situados na mesma localidade, não exime a seguradora da obrigação de pagamento dos seguros.

32. Compete à Justiça Federal processar justificações judiciais destinadas a instruir pedidos perante entidades que nela têm exclusividade de foro, ressalvada a aplicação do art. 15, II, da Lei n. 5.010/66.

33. A incompetência relativa não pode ser declarada de ofício.

34. Compete à Justiça Estadual processar e julgar causa relativa a mensalidade escolar, cobrada por estabelecimento particular de ensino.

35. Incide correção monetária sobre as prestações pagas, quando de sua restituição, em virtude da retirada ou exclusão do participante de plano de consórcio.

36. A correção monetária integra o valor da restituição, em caso de adiantamento de câmbio, requerida em concordata ou falência.

37. São cumuláveis as indenizações por dano material e dano moral oriundos do mesmo fato.

✦✦ *Vide* Súmula 624 do STJ.

38. Compete à Justiça Estadual Comum, na vigência da Constituição de 1988, o processo por contravenção penal, ainda que praticada em detrimento de bens, serviços ou interesse da União ou de suas entidades.

39. Prescreve em vinte anos a ação para haver indenização, por responsabilidade civil, de sociedade de economia mista.

✦✦ *Vide* CC, art. 205.

40. Para obtenção dos benefícios de saída temporária e trabalho externo, considera-se o tempo de cumprimento da pena no regime fechado.

41. O Superior Tribunal de Justiça não tem competência para processar e julgar, originariamente, mandado de segurança contra ato de outros tribunais ou dos respectivos órgãos.

42. Compete à Justiça Comum Estadual processar e julgar as causas cíveis em que é parte sociedade de economia mista e os crimes praticados em seu detrimento.

43. Incide correção monetária sobre dívida por ato ilícito a partir da data do efetivo prejuízo.

44. A definição, em ato regulamentar, de grau mínimo de disacusia, não exclui, por si só, a concessão do benefício previdenciário.

45. No reexame necessário, é defeso, ao Tribunal, agravar a condenação imposta à Fazenda Pública.

46. Na execução por carta, os embargos do devedor serão decididos no juízo deprecante, salvo se versarem unicamente vícios ou defeitos da penhora, avaliação ou alienação dos bens.

47. Compete à Justiça Militar processar e julgar crime cometido por militar contra civil, com emprego de arma pertencente à corporação, mesmo não estando em serviço.

48. Compete ao juízo do local da obtenção da vantagem ilícita processar e julgar crime de estelionato cometido mediante falsificação de cheque.

49. Na exportação de café em grão, não se inclui na base de cálculo do ICM a quota de contribuição, a que se refere o art. 2.º do Decreto-lei n. 2.295, de 21-11-86.

50. O Adicional de Tarifa Portuária incide apenas nas operações realizadas com mercadorias importadas ou exportadas, objeto do comércio de navegação de longo curso.

51. A punição do intermediador, no jogo do bicho, independe da identificação do "apostador" ou do "banqueiro".

52. Encerrada a instrução criminal, fica superada a alegação de constrangimento por excesso de prazo.

53. Compete à Justiça Comum Estadual processar e julgar civil acusado de prática de crime contra instituições militares estaduais.

54. Os juros moratórios fluem a partir do evento danoso, em caso de responsabilidade extracontratual.

55. Tribunal Regional Federal não é competente para julgar recurso de decisão proferida por juiz estadual não investido de jurisdição federal.

56. Na desapropriação para instituir servidão administrativa são devidos os juros compensatórios pela limitação de uso da propriedade.

57. Compete à Justiça Comum Estadual processar e julgar ação de cumprimento fundada em acordo ou convenção coletiva não homologados pela Justiça do Trabalho.

58. Proposta a execução fiscal, a posterior mudança de domicílio do executado não desloca a competência já fixada.

59. Não há conflito de competência se já existe sentença com trânsito em julgado, proferida por um dos juízos conflitantes.

60. É nula a obrigação cambial assumida por procurador do mutuário vinculado ao mutuante, no exclusivo interesse deste.

61. *(Cancelada.)*

62. Compete à Justiça Estadual processar e julgar o crime de falsa anotação na Carteira de Trabalho e Previdência Social, atribuído à empresa privada.

63. São devidos direitos autorais pela retransmissão radiofônica de músicas em estabelecimentos comerciais.

64. Não constitui constrangimento ilegal o excesso de prazo na instrução, provocado pela defesa.

65. O cancelamento, previsto no art. 29 do Decreto-lei n. 2.303, de 21-11-86, não alcança os débitos previdenciários.

66. Compete à Justiça Federal processar e julgar execução fiscal promovida por Conselho de fiscalização profissional.

67. Na desapropriação, cabe a atualização monetária, ainda que por mais de uma vez, independente do decurso de prazo superior a um ano entre o cálculo e o efetivo pagamento da indenização.

68. *(Cancelada.)*

69. Na desapropriação direta, os juros compensatórios são devidos desde a antecipada imissão na posse e, na desapropriação indireta, a partir da efetiva ocupação do imóvel.

70. Os juros moratórios, na desapropriação direta ou indireta, contam-se desde o trânsito em julgado da sentença.

71. O bacalhau importado de país signatário do GATT é isento do ICM.

72. A comprovação da mora é imprescindível à busca e apreensão do bem alienado fiduciariamente.

73. A utilização de papel-moeda grosseiramente falsificado configura, em tese, o crime de estelionato, da competência da Justiça Estadual.

74. Para efeitos penais, o reconhecimento da menoridade do réu requer prova por documento hábil.

75. Compete à Justiça Comum Estadual processar e julgar o policial militar por crime de promover ou facilitar a fuga de preso de estabelecimento penal.

76. A falta de registro do compromisso de compra e venda de imóvel não dispensa a prévia interpelação para constituir em mora o devedor.

77. A Caixa Econômica Federal é parte ilegítima para figurar no polo passivo das ações relativas às contribuições para o fundo PIS/PASEP.

78. Compete à Justiça Militar processar e julgar policial de corporação estadual, ainda que o delito tenha sido praticado em outra unidade federativa.

79. Os bancos comerciais não estão sujeitos a registro nos Conselhos Regionais de Economia.

80. A Taxa de Melhoramento dos Portos não se inclui na base de cálculo do ICM.

81. Não se concede fiança quando, em concurso material, a soma das penas mínimas cominadas for superior a dois anos de reclusão.

82. Compete à Justiça Federal, excluídas as reclamações trabalhistas, processar e julgar os feitos relativos a movimentação do FGTS.

83. Não se conhece do recurso especial pela divergência, quando a orientação do Tribunal se firmou no mesmo sentido da decisão recorrida.

84. É admissível a oposição de embargos de terceiro fundados em alegação de posse advinda do compromisso de compra e venda de imóvel, ainda que desprovido do registro.

✦✦ *Vide* Súmula 621 do STF.

85. Nas relações jurídicas de trato sucessivo em que a Fazenda Pública figure como devedora, quando não tiver sido negado o próprio direito reclamado, a prescrição atinge apenas as prestações vencidas antes do quinquênio anterior à propositura da ação.

86. Cabe recurso especial contra acórdão proferido no julgamento de agravo de instrumento.

87. A isenção do ICMS relativa às rações balanceadas para animais abrange o concentrado e o suplemento.

88. São admissíveis embargos infringentes em processo falimentar.

89. A ação acidentária prescinde do exaurimento da via administrativa.

90. Compete à Justiça Estadual Militar processar e julgar o policial militar pela prática do crime militar, e à Comum pela prática do crime comum simultâneo àquele.

91. *(Cancelada.)*

92. A terceiro de boa-fé não é oponível a alienação fiduciária não anotada no Certificado de Registro do veículo automotor.

93. A legislação sobre cédulas de crédito rural, comercial e industrial admite o pacto de capitalização de juros.

94. *(Cancelada.)*

95. A redução da alíquota do Imposto sobre Produtos Industrializados ou do Imposto de Importação não implica redução do ICMS.

96. O crime de extorsão consuma-se independentemente da obtenção da vantagem indevida.

97. Compete à Justiça do Trabalho processar e julgar reclamação de servidor público relativamente a vantagens trabalhistas anteriores à instituição do regime jurídico único.

98. Embargos de declaração manifestados com notório propósito de prequestionamento não têm caráter protelatório.

99. O Ministério Público tem legitimidade para recorrer no processo em que oficiou como fiscal da lei, ainda que não haja recurso da parte.

100. É devido o Adicional ao Frete para Renovação da Marinha Mercante na importação sob o regime de benefícios fiscais à exportação (BEFIEX).

101. A ação de indenização do segurado em grupo contra a seguradora prescreve em um ano.

102. A incidência dos juros moratórios sobre os compensatórios, nas ações expropriatórias, não constitui anatocismo vedado em lei.

103. Incluem-se entre os imóveis funcionais que podem ser vendidos os administrados pelas Forças Armadas e ocupados pelos servidores civis.

104. Compete à Justiça Estadual o processo e julgamento dos crimes de falsificação e uso de documento falso relativo a estabelecimento particular de ensino.

105. Na ação de mandado de segurança não se admite condenação em honorários advocatícios.

+ *Vide* Súmula 512 do STF.

106. Proposta a ação no prazo fixado para o seu exercício, a demora na citação, por motivos inerentes ao mecanismo da Justiça, não justifica o acolhimento da arguição de prescrição ou decadência.

107. Compete à Justiça Comum Estadual processar e julgar crime de estelionato praticado mediante falsificação das guias de recolhimento das contribuições previdenciárias, quando não ocorrente lesão à autarquia federal.

108. A aplicação de medidas socioeducativas ao adolescente, pela prática de ato infracional, é da competência exclusiva do juiz.

109. O reconhecimento do direito a indenização, por falta de mercadoria transportada via marítima, independe de vistoria.

110. A isenção do pagamento de honorários advocatícios, nas ações acidentárias, é restrita ao segurado.

111. Os honorários advocatícios, nas ações previdenciárias, não incidem sobre as prestações vencidas após a sentença.

++ Súmula com redação determinada pela Terceira Seção, em sessão ordinária de 27-9-2006 (*DJU* de 4-10-2006).

112. O depósito somente suspende a exigibilidade do crédito tributário se for integral e em dinheiro.

113. Os juros compensatórios, na desapropriação direta, incidem a partir da imissão na posse, calculados sobre o valor da indenização, corrigido monetariamente.

114. Os juros compensatórios, na desapropriação indireta, incidem a partir da ocupação, calculados sobre o valor da indenização, corrigido monetariamente.

115. Na instância especial é inexistente recurso interposto por advogado sem procuração nos autos.

116. A Fazenda Pública e o Ministério Público têm prazo em dobro para interpor agravo regimental no Superior Tribunal de Justiça.

117. A inobservância do prazo de 48 (quarenta e oito) horas, entre a publicação de pauta e o julgamento sem a presença das partes, acarreta nulidade.

118. O agravo de instrumento é o recurso cabível da decisão que homologa a atualização do cálculo da liquidação.

119. A ação de desapropriação indireta prescreve em 20 (vinte) anos.

120. O oficial de farmácia, inscrito no Conselho Regional de Farmácia, pode ser responsável técnico por drogaria.

121. Na execução fiscal o devedor deverá ser intimado, pessoalmente, do dia e hora da realização do leilão.

122. Compete à Justiça Federal o processo e julgamento unificado dos crimes conexos de competência federal e estadual, não se aplicando a regra do art. 78, II, *a*, do Código de Processo Penal.

123. A decisão que admite, ou não, o recurso especial deve ser fundamentada, com o exame dos seus pressupostos gerais e constitucionais.

124. A Taxa de Melhoramento dos Portos tem base de cálculo diversa do Imposto de Importação, sendo legítima a sua cobrança sobre a importação de mercadorias de países signatários do GATT, da ALALC ou ALADI.

125. O pagamento de férias não gozadas por necessidade do serviço não está sujeito à incidência do Imposto de Renda.

126. É inadmissível recurso especial, quando o acórdão recorrido assenta em fundamentos constitucional e infraconstitucional, qualquer deles suficiente, por si só, para mantê-lo, e a parte vencida não manifesta recurso extraordinário.

127. É ilegal condicionar a renovação da licença de veículo ao pagamento de multa, da qual o infrator não foi notificado.

128. Na execução fiscal haverá segundo leilão, se no primeiro não houver lanço superior à avaliação.

129. O exportador adquire o direito de transferência de crédito do ICMS quando realiza a exportação do produto e não ao estocar a matéria-prima.

130. A empresa responde, perante o cliente, pela reparação de dano ou furto de veículo ocorridos em seu estacionamento.

131. Nas ações de desapropriação incluem-se no cálculo da verba advocatícia as parcelas relativas aos juros compensatórios e moratórios, devidamente corrigidas.

132. A ausência de registro da transferência não implica a responsabilidade do antigo proprietário por dano resultante de acidente que envolva o veículo alienado.

133. A restituição da importância adiantada, à conta de contrato de câmbio, independe de ter sido a antecipação efetuada nos 15 (quinze) dias anteriores ao requerimento da concordata.

134. Embora intimado da penhora em imóvel do casal, o cônjuge do executado pode opor embargos de terceiro para defesa de sua meação.

135. O ICMS não incide na gravação e distribuição de filmes e videoteipes.

136. O pagamento de licença-prêmio não gozada por necessidade do serviço não está sujeito ao imposto de renda.

137. Compete à Justiça Comum Estadual processar e julgar ação de servidor público municipal, pleiteando direitos relativos ao vínculo estatutário.

138. O ISS incide na operação de arrendamento mercantil de coisas móveis.

139. Cabe à Procuradoria da Fazenda Nacional propor execução fiscal para cobrança de crédito relativo ao ITR.

140. Compete à Justiça Comum Estadual processar e julgar crime em que o indígena figure como autor ou vítima.

141. Os honorários de advogado em desapropriação direta são calculados sobre a diferença entre a indenização e a oferta, corrigidas monetariamente.

142. *(Cancelada.)*

143. Prescreve em 5 (cinco) anos a ação de perdas e danos pelo uso de marca comercial.

144. Os créditos de natureza alimentícia gozam de preferência, desvinculados os precatórios da ordem cronológica dos créditos de natureza diversa.

145. No transporte desinteressado, de simples cortesia, o transportador só será civilmente responsável por danos causados ao transportado quando incorrer em dolo ou culpa grave.

146. O segurado, vítima de novo infortúnio, faz jus a um único benefício somado ao salário de contribuição vigente no dia do acidente.

147. Compete à Justiça Federal processar e julgar os crimes praticados contra funcionário público federal, quando relacionados com o exercício da função.

148. Os débitos relativos a benefício previdenciário, vencidos e cobrados em juízo após a vigência da Lei n. 6.899/81, devem ser corrigidos monetariamente na forma prevista nesse diploma legal.

149. A prova exclusivamente testemunhal não basta à comprovação da atividade rurícola, para efeito da obtenção de benefício previdenciário.

✦✦ *Vide* Súmula 577 do STJ.

150. Compete à Justiça Federal decidir sobre a existência de interesse jurídico que justifique a presença, no processo, da União, suas autarquias ou empresas públicas.

✦ *Vide* Súmula 254 do STJ.

151. A competência para o processo e julgamento por crime de contrabando ou descaminho define-se pela prevenção do Juízo Federal do lugar da apreensão dos bens.

152. *(Cancelada.)*

153. A desistência da execução fiscal, após o oferecimento dos embargos, não exime o exequente dos encargos da sucumbência.

154. Os optantes pelo FGTS, nos termos da Lei n. 5.958, de 1973, têm direito à taxa progressiva dos juros, na forma do art. 4.º da Lei n. 5.107, de 1966.

155. O ICMS incide na importação de aeronave, por pessoa física, para uso próprio.

156. A prestação de serviço de composição gráfica, personalizada e sob encomenda, ainda que envolva fornecimento de mercadorias, está sujeita, apenas, ao ISS.

157. *(Cancelada.)*

158. Não se presta a justificar embargos de divergência o dissídio com acórdão de Turma ou Seção que não mais tenha competência para a matéria neles versada.

159. O benefício acidentário, no caso de contribuinte que perceba remuneração variável, deve ser calculado com base na média aritmética dos últimos doze meses de contribuição.

160. É defeso, ao Município, atualizar o IPTU, mediante decreto, em percentual superior ao índice oficial de correção monetária.

161. É da competência da Justiça Estadual autorizar o levantamento dos valores relativos ao PIS/PASEP e FGTS, em decorrência do falecimento do titular da conta.

162. Na repetição de indébito tributário, a correção monetária incide a partir do pagamento indevido.

163. O fornecimento de mercadorias com a simultânea prestação de serviços em bares, restaurantes e estabelecimentos similares constitui fato gerador do ICMS a incidir sobre o valor total da operação.

164. O prefeito municipal, após a extinção do mandato, continua sujeito a processo por crime previsto no art. 1.º do Decreto-lei n. 201, de 27 de fevereiro de 1967.

165. Compete à Justiça Federal processar e julgar crime de falso testemunho cometido no processo trabalhista.

166. Não constitui fato gerador do ICMS o simples deslocamento de mercadoria de um para outro estabelecimento do mesmo contribuinte.

167. O fornecimento de concreto, por empreitada, para construção civil, preparado no trajeto até a obra em betoneiras acopladas a caminhões, é prestação de serviço, sujeitando-se apenas à incidência do ISS.

168. Não cabem embargos de divergência, quando a jurisprudência do Tribunal se firmou no mesmo sentido do acórdão embargado.

169. São inadmissíveis embargos infringentes no processo de mandado de segurança.

✦ *Vide* Súmulas 294 e 597 do STF.

170. Compete ao juízo onde primeiro for intentada a ação envolvendo acumulação de pedidos, trabalhista e estatutário, decidi-la nos limites

171. Cominadas cumulativamente, em lei especial, penas privativa de liber dade e pecuniária, é defeso a substituição da prisão por multa. da sua jurisdição, sem prejuízo do ajuizamento de nova causa, com o pedido remanescente, no juízo próprio.

172. Compete à Justiça Comum processar e julgar militar por crime de abuso de autoridade, ainda que praticado em serviço.

173. Compete à Justiça Federal processar e julgar o pedido de reintegração em cargo público federal, ainda que o servidor tenha sido dispensado antes da instituição do Regime Jurídico Único.

174. *(Cancelada.)*

175. Descabe o depósito prévio nas ações rescisórias propostas pelo INSS.

176. É nula a cláusula contratual que sujeita o devedor à taxa de juros divulgada pela ANBID/CETIP.

177. O Superior Tribunal de Justiça é incompetente para processar e julgar, originariamente, mandado de segurança contra ato de órgão colegiado presidido por Ministro de Estado.

178. O INSS não goza de isenção do pagamento de custas e emolumentos, nas ações acidentárias e de benefícios propostas na Justiça Estadual.

✦ *Vide* Súmula 483 do STJ.

179. O estabelecimento de crédito que recebe dinheiro, em depósito judicial, responde pelo pagamento da correção monetária relativa aos valores recolhidos.

180. Na lide trabalhista, compete ao Tribunal Regional do Trabalho dirimir conflito de competência verificado, na respectiva região, entre Juiz Estadual e Junta de Conciliação e Julgamento.

181. É admissível ação declaratória, visando a obter certeza quanto à exata interpretação de cláusula contratual.

182. É inviável o agravo do art. 545 do CPC que deixa de atacar especificamente os fundamentos da decisão agravada.

✦✦ A referência é feita ao CPC de 1973. *Vide* art. 1.021 do CPC.

183. *(Cancelada.)*

184. A microempresa de representação comercial é isenta do imposto de renda.

185. Nos depósitos judiciais, não incide o Imposto sobre Operações Financeiras.

186. Nas indenizações por ato ilícito, os juros compostos somente são devidos por aquele que praticou o crime.

187. É deserto o recurso interposto para o Superior Tribunal de Justiça, quando o recorrente não recolhe, na origem, a importância das despesas de remessa e retorno dos autos.

188. Os juros moratórios, na repetição do indébito tributário, são devidos a partir do trânsito em julgado da sentença.

189. É desnecessária a intervenção do Ministério Público nas execuções fiscais.

190. Na execução fiscal, processada perante a Justiça Estadual, cumpre à Fazenda Pública antecipar o numerário destinado ao custeio das despesas com o transporte dos oficiais de justiça.

191. A pronúncia é causa interruptiva da prescrição, ainda que o Tribunal do Júri venha a desclassificar o crime.

192. Compete ao Juízo das Execuções Penais do Estado a execução das penas impostas a sentenciados pela Justiça Federal, Militar ou Eleitoral, quando recolhidos a estabelecimentos sujeitos à administração estadual.

193. O direito de uso de linha telefônica pode ser adquirido por usucapião.

194. Prescreve em 20 (vinte) anos a ação para obter, do construtor, indenização por defeitos da obra.

195. Em embargos de terceiro não se anula ato jurídico, por fraude contra credores.

196. Ao executado que, citado por edital ou por hora certa, permanecer revel, será nomeado curador especial, com legitimidade para apresentação de embargos.

197. O divórcio direto pode ser concedido sem que haja prévia partilha dos bens.

198. Na importação de veículo por pessoa física, destinado a uso próprio, incide o ICMS.

199. Na execução hipotecária de crédito vinculado ao Sistema Financeiro da Habitação, nos termos da Lei n. 5.741/71, a petição inicial deve ser instruída com, pelo menos, 2 (dois) avisos de cobrança.

200. O Juízo Federal competente para processar e julgar acusado de crime de uso de passaporte falso é o do lugar onde o delito se consumou.

201. Os honorários advocatícios não podem ser fixados em salários mínimos.

202. A impetração de segurança por terceiro, contra ato judicial, não se condiciona à interposição de recurso.

203. Não cabe recurso especial contra decisão proferida por órgão de segundo grau dos Juizados Especiais.

✦✦ Súmula com redação determinada pela Corte Especial do STJ, em sessão extraordinária de 23-5-2002 (*DJU* de 3-6-2002).

204. Os juros de mora nas ações relativas a benefícios previdenciários incidem a partir da citação válida.

205. A Lei n. 8.009, de 29 de março de 1990, aplica-se à penhora realizada antes de sua vigência.

206. A existência da vara privativa, instituída por lei estadual, não altera a competência territorial resultante das leis de processo.

207. É inadmissível recurso especial quando cabíveis embargos infringentes contra o acórdão proferido no tribunal de origem.

208. Compete à Justiça Federal processar e julgar prefeito municipal por desvio de verba sujeita a prestação de contas perante órgão federal.

209. Compete à Justiça Estadual processar e julgar prefeito por desvio de verba transferida e incorporada ao patrimônio municipal.

210. A ação de cobrança das contribuições para o FGTS prescreve em 30 (trinta) anos.

211. Inadmissível recurso especial quanto à questão que, a despeito da oposição de embargos declaratórios, não foi apreciada pelo tribunal *a quo*.

212. A compensação de créditos tributários não pode ser deferida em ação cautelar ou por medida liminar cautelar ou antecipatória.

✦✦ Súmula com redação determinada pela Primeira Seção, em sessão ordinária de 11-5-2005 (*DJU* de 23-5-2005).

213. O mandado de segurança constitui ação adequada para a declaração do direito à compensação tributária.

214. O fiador na locação não responde por obrigações resultantes de aditamento ao qual não anuiu.

✦ *Vide* arts. 366 e 835 do CC.

215. A indenização recebida pela adesão a programa de incentivo à demissão voluntária não está sujeita à incidência do imposto de renda.

216. A tempestividade de recurso interposto no Superior Tribunal de Justiça é aferida pelo registro no protocolo da Secretaria e não pela data da entrega na agência do correio.

217. *(Cancelada.)*

218. Compete à Justiça dos Estados processar e julgar ação de servidor estadual decorrente de direitos e vantagens estatutárias no exercício de cargo em comissão.

219. Os créditos decorrentes de serviços prestados à massa falida, inclusive a remuneração do síndico, gozam dos privilégios próprios dos trabalhistas.

220. A reincidência não influi no prazo da prescrição da pretensão punitiva.

221. São civilmente responsáveis pelo ressarcimento de dano, decorrente de publicação pela imprensa, tanto o autor do escrito quanto o proprietário do veículo de divulgação.

222. Compete à Justiça Comum processar e julgar as ações relativas à contribuição sindical prevista no art. 578 da CLT.

223. A certidão de intimação do acórdão recorrido constitui peça obrigatória do instrumento de agravo.

224. Excluído do feito o ente federal, cuja presença levara o Juiz Estadual a declinar da competência, deve o Juiz Federal restituir os autos e não suscitar conflito.

225. Compete ao Tribunal Regional do Trabalho apreciar recurso contra sentença proferida por órgão de primeiro grau da Justiça Trabalhista, ainda que para declarar-lhe a nulidade em virtude de incompetência.

226. O Ministério Público tem legitimidade para recorrer na ação de acidente do trabalho, ainda que o segurado esteja assistido por advogado.

227. A pessoa jurídica pode sofrer dano moral.

228. É inadmissível o interdito proibitório para proteção do direito autoral.

229. O pedido do pagamento de indenização à seguradora suspende o prazo de prescrição até que o segurado tenha ciência da decisão.

230. *(Cancelada.)*

231. A incidência da circunstância atenuante não pode conduzir à redução da pena abaixo do mínimo legal.

232. A Fazenda Pública, quando parte no processo, fica sujeita à exigência do depósito prévio dos honorários do perito.

233. O contrato de abertura de crédito, ainda que acompanhado de extrato da conta-corrente, não é título executivo.

234. A participação de membro do Ministério Público na fase investigatória criminal não acarreta seu impedimento ou suspeição para o oferecimento da denúncia.

235. A conexão não determina a reunião dos processos, se um deles já foi julgado.

236. Não compete ao Superior Tribunal de Justiça dirimir conflitos de competência entre juízos trabalhistas vinculados a Tribunais Regionais do Trabalho diversos.

237. Nas operações com cartão de crédito, os encargos relativos ao financiamento não são considerados no cálculo do ICMS.

238. A avaliação da indenização devida ao proprietário do solo, em razão de alvará de pesquisa mineral, é processada no Juízo Estadual da situação do imóvel.

239. O direito à adjudicação compulsória não se condiciona ao registro do compromisso de compra e venda no cartório de imóveis.

240. A extinção do processo, por abandono de causa pelo autor, depende de requerimento do réu.

241. A reincidência penal não pode ser considerada como circunstância agravante e, simultaneamente, como circunstância judicial.

242. Cabe ação declaratória para reconhecimento de tempo de serviço para fins previdenciários.

243. O benefício da suspensão do processo não é aplicável em relação às infrações penais cometidas em concurso material, concurso formal ou continuidade delitiva, quando a pena mínima cominada, seja pelo somatório, seja pela incidência da majorante, ultrapassar o limite de um (01) ano.

✦ *Vide* Súmula 723 do STF.

244. Compete ao foro do local da recusa processar e julgar o crime de estelionato mediante cheque sem provisão de fundos.

245. A notificação destinada a comprovar a mora nas dívidas garantidas por alienação fiduciária dispensa a indicação do valor do débito.

✦ *Vide* art. 2.º do Decreto-lei n. 911, de 1.º-10-1969.

246. O valor do seguro obrigatório deve ser deduzido da indenização judicialmente fixada.

✦ *Vide* Súmula 257 do STJ.

247. O contrato de abertura de crédito em conta corrente, acompanhado do demonstrativo de débito, constitui documento hábil para o ajuizamento de ação monitória.

248. Comprovada a prestação dos serviços, a duplicata não aceita, mas protestada, é título hábil para instruir pedido de falência.

249. A Caixa Econômica Federal tem legitimidade passiva para integrar processo em que se discute correção monetária do FGTS.

250. É legítima a cobrança de multa fiscal de empresa em regime de concordata.

251. A meação só responde pelo ato ilícito quando o credor, na execução fiscal, provar que o enriquecimento dele resultante aproveitou ao casal.

252. Os saldos das contas do FGTS, pela legislação infraconstitucional, são corrigidos em 42,72% (IPC) quanto às perdas de janeiro de 1989 e 44,80% (IPC) quanto às de abril de 1990, acolhidos pelo STJ os índices de 18,02% (LBC) quanto às perdas de junho de 1987, de 5,38% (BTN) para maio de 1990 e 7,00% (TR) para fevereiro de 1991, de acordo com o entendimento do STF (RE 226.855-7-RS).

253. O art. 557 do CPC, que autoriza o relator a decidir o recurso, alcança o reexame necessário.

✦✦ A referência é feita ao CPC de 1973. *Vide* arts. 932 e 1.021 do CPC.

254. A decisão do Juízo Federal que exclui da relação processual ente federal não pode ser reexaminada no Juízo Estadual.

✦ *Vide* Súmula 150 do STJ.

255. Cabem embargos infringentes contra acórdão, proferido por maioria, em agravo retido, quando se tratar de matéria de mérito.

256. *(Cancelada.)*

257. A falta de pagamento do prêmio do seguro obrigatório de Danos Pessoais Causados por Veículos Automotores de Vias Terrestres (DPVAT) não é motivo para a recusa do pagamento da indenização.

+ *Vide* Súmula 246 do STJ.

258. A nota promissória vinculada a contrato de abertura de crédito não goza de autonomia em razão da iliquidez do título que a originou.

259. A ação de prestação de contas pode ser proposta pelo titular de conta corrente bancária.

260. A convenção de condomínio aprovada, ainda que sem registro, é eficaz para regular as relações entre os condôminos.

261. A cobrança de direitos autorais pela retransmissão radiofônica de músicas, em estabelecimentos hoteleiros, deve ser feita conforme a taxa média de utilização do equipamento, apurada em liquidação.

262. Incide o imposto de renda sobre o resultado das aplicações financeiras realizadas pelas cooperativas.

263. *(Cancelada.)*

264. É irrecorrível o ato judicial que apenas manda processar a concordata preventiva.

++ A Lei n. 11.101, de 9-2-2005, substitui a concordata pela recuperação judicial e extrajudicial do empresário e da sociedade empresária.

265. É necessária a oitiva do menor infrator antes de decretar se a regressão da medida socioeducativa.

266. O diploma ou habilitação legal para o exercício do cargo deve ser exigido na posse e não na inscrição para o concurso público.

267. A interposição do recurso, sem efeito suspensivo, contra decisão condenatória não obsta a expedição de mandado de prisão.

268. O fiador que não integrou a relação processual na ação de despejo não responde pela execução do julgado.

269. É admissível a adoção do regime prisional semiaberto aos reincidentes condenados a pena igual ou inferior a 4 (quatro) anos se favoráveis as circunstâncias judiciais.

270. O protesto pela preferência de crédito, apresentado por ente federal em execução que tramita na Justiça Estadual, não desloca a competência para a Justiça Federal.

271. A correção monetária dos depósitos judiciais independe de ação específica contra o banco depositário.

272. O trabalhador rural, na condição de segurado especial, sujeito à contribuição obrigatória sobre a produção rural comercializada, somente faz jus à aposentadoria por tempo de serviço, se recolher contribuição facultativa.

273. Intimada a defesa da expedição da carta precatória, torna-se desnecessária intimação da data da audiência no juízo deprecado.

274. O ISS incide sobre o valor dos serviços de assistência médica, incluindo-se neles as refeições, os medicamentos e as diárias hospitalares.

275. O auxiliar de farmácia não pode ser responsável técnico por farmácia ou drogaria.

276. *(Cancelada.)*

277. Julgada procedente a investigação de paternidade, os alimentos são devidos a partir da citação.

++ *Vide* Súmula 621 do STJ.

278. O termo inicial do prazo prescricional, na ação de indenização, é a data em que o segurado teve ciência inequívoca da incapacidade laboral.

279. É cabível execução por título extrajudicial contra a Fazenda Pública.

280. O art. 35 do Decreto-lei n. 7.661, de 1945, que estabelece a prisão administrativa, foi revogado pelos incisos LXI e LXVII do art. 5.º da Constituição Federal de 1988.

++ O Decreto-lei n. 7.661, de 21-6-1945, foi revogado pela Lei n. 11.101, de 9-2-2005 (Lei de Falências).

281. A indenização por dano moral não está sujeita à tarifação prevista na Lei de Imprensa.

282. Cabe a citação por edital em ação monitória.

283. As empresas administradoras de cartão de crédito são instituições financeiras e, por isso, os juros remuneratórios por elas cobrados não sofrem as limitações da Lei de Usura.

284. A purga da mora, nos contratos de alienação fiduciária, só é permitida quando já pagos pelo menos 40% (quarenta por cento) do valor financiado.

285. Nos contratos bancários posteriores ao Código de Defesa do Consumidor incide a multa moratória nele prevista.

+ *Vide* Súmula 379 do STJ.

286. A renegociação de contrato bancário ou a confissão da dívida não impede a possibilidade de discussão sobre eventuais ilegalidades dos contratos anteriores.

287. A Taxa Básica Financeira (TBF) não pode ser utilizada como indexador de correção monetária nos contratos bancários.

✦ *Vide* Súmula 379 do STJ.

288. A Taxa de Juros de Longo Prazo (TJLP) pode ser utilizada como indexador de correção monetária nos contratos bancários.

✦ *Vide* Súmula 379 do STJ.

289. A restituição das parcelas pagas a plano de previdência privada deve ser objeto de correção plena, por índice que recomponha a efetiva desvalorização da moeda.

290. Nos planos de previdência privada, não cabe ao beneficiário a devolução da contribuição efetuada pelo patrocinador.

291. A ação de cobrança de parcelas de complementação de aposentadoria pela previdência privada prescreve em cinco anos.

✦ *Vide* Súmula 427 do STJ.

292. A reconvenção é cabível na ação monitória, após a conversão do procedimento em ordinário.

293. A cobrança antecipada do valor residual garantido (VRG) não descaracteriza o contrato de arrendamento mercantil.

✦ *Vide* Súmula 564 do STJ.

294. Não é potestativa a cláusula contratual que prevê a comissão de permanência, calculada pela taxa média de mercado apurada pelo Banco Central do Brasil, limitada à taxa de contrato.

295. A Taxa Referencial (TR) é indexador válido para contratos posteriores à Lei n. 8.177/91, desde que pactuada.

296. Os juros remuneratórios, não cumuláveis com a comissão de permanência, são devidos no período de inadimplência, à taxa média de mercado estipulada pelo Banco Central do Brasil, limitada ao percentual contratado.

297. O Código de Defesa do Consumidor é aplicável às instituições financeiras.

298. O alongamento de dívida originada de crédito rural não constitui faculdade da instituição financeira, mas, direito do devedor nos termos da lei.

299. É admissível a ação monitória fundada em cheque prescrito.

300. O instrumento de confissão de dívida, ainda que originário de contrato de abertura de crédito, constitui título executivo extrajudicial.

301. Em ação investigatória, a recusa do suposto pai a submeter-se ao exame de DNA induz presunção *juris tantum* de paternidade.

302. É abusiva a cláusula contratual de plano de saúde que limita no tempo a internação hospitalar do segurado.

303. Em embargos de terceiro, quem deu causa à constrição indevida deve arcar com os honorários advocatícios.

304. É ilegal a decretação da prisão civil daquele que não assume expressamente o encargo de depositário judicial.

✦✦ *Vide* art. 5.º, LXVII, da CF.

305. É descabida a prisão civil do depositário quando, decretada a falência da empresa, sobrevém a arrecadação do bem pelo síndico.

306. Os honorários advocatícios devem ser compensados quando houver sucumbência recíproca, assegurado o direito autônomo do advogado à execução do saldo sem excluir a legitimidade da própria parte.

307. A restituição de adiantamento de contrato de câmbio, na falência, deve ser atendida antes de qualquer crédito.

308. A hipoteca firmada entre a construtora e o agente financeiro, anterior ou posterior à celebração da promessa de compra e venda, não tem eficácia perante os adquirentes do imóvel.

309. O débito alimentar que autoriza prisão civil do alimentante é o que compreende as três prestações anteriores ao ajuizamento da execução e as que vencerem no curso do processo.

✦✦ Súmula com redação determinada pela Segunda Seção, na sessão ordinária de 22-3-2006.

310. O auxílio-creche não integra o salário de contribuição.

311. Os atos do presidente do tribunal que disponham sobre processamento e pagamento de precatório não têm caráter jurisdicional.

312. No processo administrativo para imposição de multa de trânsito, são necessárias as notificações da autuação e da aplicação da pena decorrente da infração.

313. Em ação de indenização, procedente o pedido, é necessária a constituição de capital ou caução fidejussória para a garantia de pagamento de pensão, independentemente da situação financeira do demandado.

314. Em execução fiscal, não localizados bens penhoráveis, suspende-se o processo por um ano, findo o qual se inicia o prazo da prescrição quinquenal intercorrente.

315. Não cabem embargos de divergência no âmbito do agravo de instrumento que não admite recurso especial.

316. Cabem embargos de divergência contra acórdão que, em agravo regimental, decide recurso especial.

317. É definitiva a execução de título extrajudicial, ainda que pendente apelação contra sentença que julgue improcedentes os embargos.

318. Formulado pedido certo e determinado, somente o autor tem interesse recursal em arguir o vício da sentença ilíquida.

319. O encargo de depositário de bens penhorados pode ser expressamente recusado.

320. A questão federal somente ventilada no voto vencido não atende ao requisito do prequestionamento.

321. *(Cancelada.)*

322. Para a repetição de indébito, nos contratos de abertura de crédito em conta-corrente, não se exige a prova do erro.

323. A inscrição do nome do devedor pode ser mantida nos serviços de proteção ao crédito até o prazo máximo de cinco anos, independentemente da prescrição da execução.

+ + Súmula com redação determinada pela Segunda Seção, na sessão ordinária de 25-11-2009.

+ *Vide* art. 43, §§ 1.º e 5.º, do CDC.

324. Compete à Justiça Federal processar e julgar ações de que participa a Fundação Habitacional do Exército, equiparada à entidade autárquica federal, supervisionada pelo Ministério do Exército.

325. A remessa oficial devolve ao Tribunal o reexame de todas as parcelas da condenação suportadas pela Fazenda Pública, inclusive dos honorários de advogado.

326. Na ação de indenização por dano moral, a condenação em montante inferior ao postulado na inicial não implica sucumbência recíproca.

327. Nas ações referentes ao Sistema Financeiro da Habitação, a Caixa Econômica Federal tem legitimidade como sucessora do Banco Nacional da Habitação.

328. Na execução contra instituição financeira, é penhorável o numerário disponível, excluídas as reservas bancárias mantidas no Banco Central.

329. O Ministério Público tem legitimidade para propor ação civil pública em defesa do patrimônio público.

330. É desnecessária a resposta preliminar de que trata o art. 514 do Código de Processo Penal, na ação penal instruída por inquérito policial.

331. A apelação interposta contra sentença que julga embargos à arrematação tem efeito meramente devolutivo.

332. A fiança prestada sem autorização de um dos cônjuges implica a ineficácia total da garantia.

333. Cabe mandado de segurança contra ato praticado em licitação promovida por sociedade de economia mista ou empresa pública.

334. O ICMS não incide no serviço dos provedores de acesso à Internet.

335. Nos contratos de locação, é válida a cláusula de renúncia à indenização das benfeitorias e ao direito de retenção.

336. A mulher que renunciou aos alimentos na separação judicial tem direito à pensão previdenciária por morte do ex-marido, comprovada a necessidade econômica superveniente.

337. É cabível a suspensão condicional do processo na desclassificação do crime e na procedência parcial da pretensão punitiva.

338. A prescrição penal é aplicável nas medidas socioeducativas.

339. É cabível ação monitória contra a Fazenda Pública.

340. A lei aplicável à concessão de pensão previdenciária por morte é aquela vigente na data do óbito do segurado.

341. A frequência a curso de ensino formal é causa de remição de parte do tempo de execução de pena sob regime fechado ou semiaberto.

342. No procedimento para aplicação de medida socioeducativa, é nula a desistência de outras provas em face da confissão do adolescente.

343. É obrigatória a presença de advogado em todas as fases do processo administrativo disciplinar.

344. A liquidação por forma diversa da estabelecida na sentença não ofende a coisa julgada.

345. São devidos honorários advocatícios pela Fazenda Pública nas execuções individuais de sentença proferida em ações coletivas, ainda que não embargadas.

346. É vedada aos militares temporários, para aquisição de estabilidade, a contagem em dobro de férias e licenças não gozadas.

347. O conhecimento de recurso de apelação do réu independe de sua prisão.

348. *(Cancelada.)*

349. Compete à Justiça Federal ou aos juízes com competência delegada o julgamento das execuções fiscais de contribuições devidas pelo empregador ao FGTS.

350. O ICMS não incide sobre o serviço de habilitação de telefone celular.

351. A alíquota de contribuição para o Seguro de Acidente do Trabalho (SAT) é aferida pelo grau de risco desenvolvido em cada empresa, individualizada pelo seu CNPJ, ou pelo grau de risco da atividade preponderante quando houver apenas um registro.

352. A obtenção ou a renovação do Certificado de Entidade Beneficente de Assistência Social (Cebas) não exime a entidade do cumprimento dos requisitos legais supervenientes.

353. As disposições do Código Tributário Nacional não se aplicam às contribuições para o FGTS.

354. A invasão do imóvel é causa de suspensão do processo expropriatório para fins de reforma agrária.

355. É válida a notificação do ato de exclusão do Programa de Recuperação Fiscal (Refis) pelo *Diário Oficial* ou pela internet.

356. É legítima a cobrança de tarifa básica pelo uso dos serviços de telefonia fixa.

357. (Revogada.)

358. O cancelamento de pensão alimentícia de filho que atingiu a maioridade está sujeito à decisão judicial, mediante contraditório, ainda que nos próprios autos.

359. Cabe ao órgão mantenedor do Cadastro de Proteção ao Crédito a notificação do devedor antes de proceder à inscrição.

360. O benefício da denúncia espontânea não se aplica aos tributos sujeitos a lançamento por homologação regularmente declarados, mas pagos a destempo.

361. A notificação do protesto, para requerimento de falência de empresa devedora, exige a identificação da pessoa que a recebeu.

362. A correção monetária do valor da indenização do dano moral incide desde a data do arbitramento.

363. Compete à Justiça estadual processar e julgar a ação de cobrança ajuizada por profissional liberal contra cliente.

364. O conceito de impenhorabilidade de bem de família abrange também o imóvel pertencente a pessoas solteiras, separadas e viúvas.

365. A intervenção da União como sucessora da Rede Ferroviária Federal S/A (RFFSA) desloca a competência para a Justiça Federal ainda que a sentença tenha sido proferida por Juízo estadual.

+ *Vide* Súmula 505 do STJ.

366. *(Cancelada.)*

367. A competência estabelecida pela EC n. 45/2004 não alcança os processos já sentenciados.

368. Compete à Justiça comum estadual processar e julgar os pedidos de retificação de dados cadastrais da Justiça Eleitoral.

369. No contrato de arrendamento mercantil (*leasing*), ainda que haja cláusula resolutiva expressa, é necessária a notificação prévia do arrendatário para constituí-lo em mora.

+ *Vide* arts. 394 a 401 do CC.

370. Caracteriza dano moral a apresentação antecipada de cheque pré-datado.

+ *Vide* art. 32 da Lei n. 7.357, de 2-9-1985, e art. 5.º, X, da CF.

371. Nos contratos de participação financeira para a aquisição de linha telefônica, o Valor Patrimonial da Ação (VPA) é apurado com base no balancete do mês da integralização.

372. Na ação de exibição de documentos, não cabe a aplicação de multa cominatória.

+ *Vide* arts. 844 e 845 do CPC.

373. É ilegítima a exigência de depósito prévio para admissibilidade de recurso administrativo.

+ *Vide* art. 5.º, XXXIV, *a*, e LV, da CF.

374. Compete à Justiça Eleitoral processar e julgar a ação para anular débito decorrente de multa eleitoral.

375. O reconhecimento da fraude à execução depende do registro da penhora do bem alienado ou da prova de má-fé do terceiro adquirente.

+ *Vide* arts. 792, IV, e 844 do CPC.

376. Compete a turma recursal processar e julgar o mandado de segurança contra ato de juizado especial.

377. O portador de visão monocular tem direito de concorrer, em concurso público, às vagas reservadas aos deficientes.

378. Reconhecido o desvio de função, o servidor faz jus às diferenças salariais decorrentes.

379. Nos contratos bancários não regidos por legislação específica, os juros moratórios poderão ser convencionados até o limite de 1% ao mês.

380. A simples propositura da ação de revisão de contrato não inibe a caracterização da mora do autor.

+ *Vide* arts. 394 a 401 do CC.

381. Nos contratos bancários, é vedado ao julgador conhecer, de ofício, da abusividade das cláusulas.

+ *Vide* art. 51 do CDC.

382. A estipulação de juros remuneratórios superiores a 12% ao ano, por si só, não indica abusividade.

383. A competência para processar e julgar as ações conexas de interesse de menor é, em princípio, do foro do domicílio do detentor de sua guarda.

+ *Vide* art. 147, I, da Lei n. 8.069, de 13-7-1990 (ECA).

384. Cabe ação monitória para haver saldo remanescente oriundo de venda extrajudicial de bem alienado fiduciariamente em garantia.

+ *Vide* arts. 1.102-A a 1.102-C do CPC.

385. Da anotação irregular em cadastro de proteção ao crédito, não cabe indenização por dano moral, quando preexistente legítima inscrição, ressalvado o direito ao cancelamento.

✦ *Vide* art. 43 do CDC.

386. São isentas de imposto de renda as indenizações de férias proporcionais e o respectivo adicional.

✦ *Vide* art. 146 da CLT.

387. É lícita a cumulação das indenizações de dano estético e dano moral.

388. A simples devolução indevida de cheque caracteriza dano moral.

389. A comprovação do pagamento do "custo do serviço" referente ao fornecimento de certidão de assentamentos constantes dos livros da companhia é requisito de procedibilidade da ação de exibição de documentos ajuizada em face da sociedade anônima.

390. Nas decisões por maioria, em reexame necessário, não se admitem embargos infringentes.

391. O ICMS incide sobre o valor da tarifa de energia elétrica correspondente à demanda de potência efetivamente utilizada.

392. A Fazenda Pública pode substituir a certidão de dívida ativa (CDA) até a prolação da sentença de embargos, quando se tratar de correção de erro material ou formal, vedada a modificação do sujeito passivo da execução.

393. A exceção de pré-executividade é admissível na execução fiscal relativamente às matérias conhecíveis de ofício que não demandem dilação probatória.

394. É admissível, em embargos à execução fiscal, compensar os valores de imposto de renda retidos indevidamente na fonte com os valores restituídos apurados na declaração anual.

✦✦ Republicada no *Diário da Justiça* eletrônico de 21-10-2009.

395. O ICMS incide sobre o valor da venda a prazo constante da nota fiscal.

396. A Confederação Nacional da Agricultura tem legitimidade ativa para a cobrança da contribuição sindical rural.

397. O contribuinte do IPTU é notificado do lançamento pelo envio do carnê ao seu endereço.

398. A prescrição da ação para pleitear os juros progressivos sobre os saldos de conta vinculada do FGTS não atinge o fundo de direito, limitando-se às parcelas vencidas.

399. Cabe à legislação municipal estabelecer o sujeito passivo do IPTU.

400. O encargo de 20% previsto no DL n. 1.025/1969 é exigível na execução fiscal proposta contra a massa falida.

401. O prazo decadencial da ação rescisória só se inicia quando não for cabível qualquer recurso do último pronunciamento judicial.

402. O contrato de seguro por danos pessoais compreende os danos morais, salvo cláusula expressa de exclusão.

403. Independe de prova do prejuízo a indenização pela publicação não autorizada de imagem de pessoa com fins econômicos ou comerciais.

✦ *Vide* art. 5.º, V e X, da CF, e arts. 186 e 927 do CC.

404. É dispensável o aviso de recebimento (AR) na carta de comunicação ao consumidor sobre a negativação de seu nome em bancos de dados e cadastros.

✦ *Vide* art. 43, § 2.º, do CDC.

405. A ação de cobrança do seguro obrigatório (DPVAT) prescreve em três anos.

✦ *Vide* art. 206, § 3.º, IX, do CC.

406. A Fazenda Pública pode recusar a substituição do bem penhorado por precatório.

407. É legítima a cobrança da tarifa de água fixada de acordo com as categorias de usuários e as faixas de consumo.

408. Nas ações de desapropriação, os juros compensatórios incidentes após a Medida Provisória n. 1.577, de 11-6-1997, devem ser fixados em 6% ao ano até 13-9-2001 e, a partir de então, em 12% ao ano, na forma da Súmula n. 618 do Supremo Tribunal Federal.

409. Em execução fiscal, a prescrição ocorrida antes da propositura da ação pode ser decretada de ofício (art. 219, § 5.º, do CPC).

✦✦ A referência é feita a dispositivos do CPC de 1973. Sem correspondência no CPC.

410. A prévia intimação pessoal do devedor constitui condição necessária para a cobrança de multa pelo descumprimento de obrigação de fazer ou não fazer.

✦ *Vide* art. 815 do CPC.

411. É devida a correção monetária ao creditamento do IPI quando há oposição ao seu aproveitamento decorrente de resistência ilegítima do Fisco.

412. A ação de repetição de indébito de tarifas de água e esgoto sujeita-se ao prazo prescricional estabelecido no Código Civil.

413. O farmacêutico pode acumular a responsabilidade técnica por uma farmácia e uma drogaria ou por duas drogarias.

414. A citação por edital na execução fiscal é cabível quando frustradas as demais modalidades.

415. O período de suspensão do prazo prescricional é regulado pelo máximo da pena cominada.

416. É devida a pensão por morte aos dependentes do segurado que, apesar de ter perdido essa qualidade, preencheu os requisitos legais para a obtenção de aposentadoria até a data do seu óbito.

417. Na execução civil, a penhora de dinheiro na ordem de nomeação de bens não tem caráter absoluto.

418. *(Cancelada.)*

419. Descabe a prisão civil do depositário judicial infiel.

420. Incabível, em embargos de divergência, discutir o valor de indenização por danos morais.

421. Os honorários advocatícios não são devidos à Defensoria Pública quando ela atua contra a pessoa jurídica de direito público à qual pertença.

✦✦ *Vide* Súmula 588 do STF.

422. O art. 6.º, *e*, da Lei n. 4.380/1964 não estabelece limitação aos juros remuneratórios nos contratos vinculados aos SFH.

423. A Contribuição para Financiamento da Seguridade Social – Cofins incide sobre as receitas provenientes das operações de locação de bens móveis.

424. É legítima a incidência do ISS sobre os serviços bancários congêneres da lista anexa ao DL n. 406/1968 e à LC n. 56/1987.

✦✦ *Vide* Súmula 588 do STF.

425. A retenção da contribuição para a seguridade social pelo tomador do serviço não se aplica às empresas optantes pelo Simples.

426. Os juros de mora na indenização do seguro DPVAT fluem a partir da citação.

427. A ação de cobrança de diferenças de valores de complementação de aposentadoria prescreve em cinco anos contados da data do pagamento.

✦ *Vide* Súmula 291 do STJ.

428. Compete ao Tribunal Regional Federal decidir os conflitos de competência entre juizado especial federal e juízo federal da mesma seção judiciária.

429. A citação postal, quando autorizada por lei, exige o aviso de recebimento.

430. O inadimplemento da obrigação tributária pela sociedade não gera, por si só, a responsabilidade solidária do sócio-gerente.

431. É ilegal a cobrança de ICMS com base no valor da mercadoria submetido ao regime de pauta fiscal.

432. As empresas de construção civil não estão obrigadas a pagar ICMS sobre mercadorias adquiridas como insumos em operações interestaduais.

433. O produto semielaborado, para fins de incidência de ICMS, é aquele que preenche cumulativamente os três requisitos do art. 1.º da Lei Complementar n. 65/1991.

434. O pagamento da multa por infração de trânsito não inibe a discussão judicial do débito.

435. Presume-se dissolvida irregularmente a empresa que deixar de funcionar no seu domicílio fiscal, sem comunicação aos órgãos competentes, legitimando o redirecionamento da execução fiscal para o sócio-gerente.

436. A entrega de declaração pelo contribuinte reconhecendo débito fiscal constitui o crédito tributário, dispensada qualquer outra providência por parte do fisco.

437. A suspensão da exigibilidade do crédito tributário superior a quinhentos mil reais para opção pelo Refis pressupõe a homologação expressa do comitê gestor e a constituição de garantia por meio do arrolamento de bens.

438. É inadmissível a extinção da punibilidade pela prescrição da pretensão punitiva com fundamento em pena hipotética, independentemente da existência ou sorte do processo penal.

439. Admite-se o exame criminológico pelas peculiaridades do caso, desde que em decisão motivada.

✦ *Vide* Súmula Vinculante 26.

✦ *Vide* art. 112 da Lei n. 7.210, de 11-7-1984.

440. Fixada a pena-base no mínimo legal, é vedado o estabelecimento de regime prisional mais gravoso do que o cabível em razão da sanção imposta, com base apenas na gravidade abstrata do delito.

441. A falta grave não interrompe o prazo para obtenção de livramento condicional.

442. É inadmissível aplicar, no furto qualificado, pelo concurso de agentes, a majorante do roubo.

443. O aumento na terceira fase de aplicação da pena no crime de roubo circunstanciado exige fundamentação concreta, não sendo suficiente para a sua exasperação a mera indicação do número de majorantes.

444. É vedada a utilização de inquéritos policiais e ações penais em curso para agravar a pena-base.

445. As diferenças de correção monetária resultantes de expurgos inflacionários sobre os saldos de FGTS têm como termo inicial a data em que deveriam ter sido creditadas.

446. Declarado e não pago o débito tributário pelo contribuinte, é legítima a recusa de expedição de certidão negativa ou positiva com efeito de negativa.

447. Os Estados e o Distrito Federal são partes legítimas na ação de restituição de imposto de renda retido na fonte proposta por seus servidores.

448. A opção pelo Simples de estabelecimentos dedicados às atividades de creche, pré-escola e ensino fundamental é admitida somente a partir de 24-10-2000, data de vigência da Lei n. 10.034/2000.

449. A vaga de garagem que possui matrícula própria no registro de imóveis não constitui bem de família para efeito de penhora.

450. Nos contratos vinculados ao SFH, a atualização do saldo devedor antecede sua amortização pelo pagamento da prestação.

451. É legítima a penhora da sede do estabelecimento comercial.

452. A extinção das ações de pequeno valor é faculdade da Administração Federal, vedada a atuação judicial de ofício.

453. Os honorários sucumbenciais, quando omitidos em decisão transitada em julgado, não podem ser cobrados em execução ou em ação própria.

✦ *Vide* arts. 82, § 2.º, e 85 do CPC.

454. Pactuada a correção monetária nos Contratos do SFH pelo mesmo índice aplicável à caderneta de poupança, incide a taxa referencial (TR) a partir da vigência da Lei n. 8.177/1991.

455. A decisão que determina a produção antecipada de provas com base no art. 366 do CPP deve ser concretamente fundamentada, não a justificando unicamente o mero decurso do tempo.

456. É incabível a correção monetária dos salários de contribuição considerados no cálculo do salário de benefício de auxílio-doença, aposentadoria por invalidez, pensão ou auxílio-reclusão concedidos antes da vigência da CF/1988.

457. Os descontos incondicionais nas operações mercantis não se incluem na base de cálculo do ICMS.

458. A contribuição previdenciária incide sobre a comissão paga ao corretor de seguros.

459. A Taxa Referencial (TR) é o índice aplicável, a título de correção monetária, aos débitos com o FGTS recolhidos pelo empregador mas não repassados ao fundo.

460. É incabível o mandado de segurança para convalidar a compensação tributária realizada pelo contribuinte.

461. O contribuinte pode optar por receber, por meio de precatório ou por compensação, o indébito tributário certificado por sentença declaratória transitada em julgado.

✦✦ *Vide* Súmula 625 do STJ.

462. Nas ações em que representa o FGTS, a CEF, quando sucumbente, não está isenta de reembolsar as custas antecipadas pela parte vencedora.

463. Incide imposto de renda sobre os valores percebidos a título de indenização por horas extraordinárias trabalhadas, ainda que decorrentes de acordo coletivo.

464. A regra de imputação de pagamentos estabelecida no art. 354 do Código Civil não se aplica às hipóteses de compensação tributária.

465. Ressalvada a hipótese de efetivo agravamento do risco, a seguradora não se exime do dever de indenizar em razão da transferência do veículo sem a sua prévia comunicação.

466. O titular da conta vinculada ao FGTS tem o direito de sacar o saldo respectivo quando declarado nulo seu contrato de trabalho por ausência de prévia aprovação em concurso público.

467. Prescreve em cinco anos, contados do término do processo administrativo, a pretensão da Administração Pública de promover a execução da multa por infração ambiental.

468. A base de cálculo do PIS, até a edição da MP n. 1.212/1995, era o faturamento ocorrido no sexto mês anterior ao do fato gerador.

469. *(Cancelada.)*

470. *(Cancelada.)*

471. Os condenados por crimes hediondos ou assemelhados cometidos antes da vigência da Lei n. 11.464/2007 sujeitam-se ao disposto no art. 112 da Lei n. 7.210/1984 (Lei de Execução Penal) para a progressão de regime prisional.

✦ *Vide* art. 2.º da Lei n. 8.072, de 25-7-1990.

✦ *Vide* Súmula Vinculante 26.

472. A cobrança de comissão de permanência – cujo valor não pode ultrapassar a soma dos encargos remuneratórios e moratórios previstos no contrato – exclui a exigibilidade dos juros remuneratórios, moratórios e da multa contratual.

473. O mutuário do SFH não pode ser compelido a contratar o seguro habitacional obrigatório com a instituição financeira mutuante ou com a seguradora por ela indicada.

474. A indenização do seguro DPVAT, em caso de invalidez parcial do beneficiário, será paga de forma proporcional ao grau da invalidez.

475. Responde pelos danos decorrentes de protesto indevido o endossatário que recebe por endosso translativo título de crédito contendo vício formal extrínseco ou intrínseco, ficando ressalvado seu direito de regresso contra os endossantes e avalistas.

476. O endossatário de título de crédito por endosso-mandato só responde por danos decorrentes de protesto indevido se extrapolar os poderes de mandatário.

477. A decadência do art. 26 do CDC não é aplicável à prestação de contas para obter esclarecimentos sobre cobrança de taxas, tarifas e encargos bancários.

478. Na execução de crédito relativo a cotas condominiais, este tem preferência sobre o hipotecário.

479. As instituições financeiras respondem objetivamente pelos danos gerados por fortuito interno relativo a fraudes e delitos praticados por terceiros no âmbito de operações bancárias.

480. O juízo da recuperação judicial não é competente para decidir sobre a constrição de bens não abrangidos pelo plano de recuperação da empresa.

481. Faz jus ao benefício da justiça gratuita a pessoa jurídica com ou sem fins lucrativos que demonstrar sua impossibilidade de arcar com os encargos processuais.

482. A falta de ajuizamento da ação principal no prazo do art. 806 do CPC acarreta a perda da eficácia da liminar deferida e a extinção do processo cautelar.

✦✦ A referência é feita a dispositivo do CPC de 1973. *Vide* art. 306 do CPC.

483. O INSS não está obrigado a efetuar depósito prévio do preparo por gozar das prerrogativas e privilégios da Fazenda Pública.

484. Admite-se que o preparo seja efetuado no primeiro dia útil subsequente, quando a interposição do recurso ocorrer após o encerramento do expediente bancário.

485. A Lei de Arbitragem aplica-se aos contratos que contenham cláusula arbitral, ainda que celebrados antes da sua edição.

486. É impenhorável o único imóvel residencial do devedor que esteja locado a terceiros, desde que a renda obtida com a locação seja revertida para a subsistência ou a moradia da sua família.

487. O parágrafo único do art. 741 do CPC não se aplica às sentenças transitadas em julgado em data anterior à da sua vigência.

✦✦ A referência é feita a dispositivo do CPC de 1973. *Vide* art. 535, § 5.º, do CPC.

488. O parágrafo 2.º do art. 6.º da Lei n. 9.469/97, que obriga à repartição dos honorários advocatícios, é inaplicável a acordos ou transações celebrados em data anterior à sua vigência.

489. Reconhecida a continência, devem ser reunidas na Justiça Federal as ações civis públicas propostas nesta e na Justiça estadual.

490. A dispensa de reexame necessário, quando o valor da condenação ou do direito controvertido for inferior a 60 salários mínimos, não se aplica a sentenças ilíquidas.

491. É inadmissível a chamada progressão *per saltum* de regime prisional.

492. O ato infracional análogo ao tráfico de drogas, por si só, não conduz obrigatoriamente à imposição de medida socioeducativa de internação do adolescente.

493. É inadmissível a fixação de pena substitutiva (art. 44 do CP) como condição especial ao regime aberto.

494. O benefício fiscal do ressarcimento do crédito presumido do IPI relativo às exportações incide mesmo quando as matérias-primas ou os insumos sejam adquiridos de pessoa física ou jurídica não contribuinte do PIS/PASEP.

495. A aquisição de bens integrantes do ativo permanente da empresa não gera direito a creditamento de IPI.

496. Os registros de propriedade particular de imóveis situados em terrenos de marinha não são oponíveis à União.

497. Os créditos das autarquias federais preferem aos créditos da Fazenda estadual desde que coexistam penhoras sobre o mesmo bem.

498. Não incide imposto de renda sobre a indenização por danos morais.

499. As empresas prestadoras de serviços estão sujeitas às contribuições ao SESC e SENAC, salvo se integradas noutro serviço social.

500. A configuração do crime do art. 244-B do ECA independe da prova da efetiva corrupção do menor, por se tratar de delito formal.

501. É cabível a aplicação retroativa da Lei n. 11.343/2006, desde que o resultado da incidência das suas disposições, na íntegra, seja mais favorável ao réu do que o advindo da aplicação da Lei n. 6.368/1976, sendo vedada a combinação de leis.

502. Presentes a materialidade e a autoria, afigura-se típica, em relação ao crime previsto no art. 184, § 2.º, do CP, a conduta de expor à venda CDs e DVDs "piratas".

503. O prazo para ajuizamento de ação monitória em face do emitente de cheque sem força executiva é quinquenal, a contar do dia seguinte à data de emissão estampada na cártula.

504. O prazo para ajuizamento de ação monitória em face do emitente de nota promissória sem força executiva é quinquenal, a contar do dia seguinte ao vencimento do título.

505. A competência para processar e julgar as demandas que têm por objeto obrigações decorrentes dos contratos de planos de previdência privada firmados com a Fundação Rede Ferroviária de Seguridade Social – REFER é da Justiça estadual.

506. A Anatel não é parte legítima nas demandas entre a concessionária e o usuário de telefonia decorrentes de relação contratual.

507. A acumulação de auxílio-acidente com aposentadoria pressupõe que a lesão incapacitante e a aposentadoria sejam anteriores a 11-11-1997, observado o critério do art. 23 da Lei n. 8.213/1991 para definição do momento da lesão nos casos de doença profissional ou do trabalho.

508. A isenção da Cofins concedida pelo art. 6.º, II, da LC n. 70/1991 às sociedades civis de prestação de serviços profissionais foi revogada pelo art. 56 da Lei n. 9.430/1996.

509. É lícito ao comerciante de boa-fé aproveitar os créditos de ICMS decorrentes de nota fiscal posteriormente declarada inidônea, quando demonstrada a veracidade da compra e venda.

510. A liberação de veículo retido apenas por transporte irregular de passageiros não está condicionada ao pagamento de multas e despesas.

511. É possível o reconhecimento do privilégio previsto no § 2.º do art. 155 do CP nos casos de crime de furto qualificado, se estiverem presentes a primariedade do agente, o pequeno valor da coisa e a qualificadora for de ordem objetiva.

512. *(Cancelada.)*

513. A *abolitio criminis* temporária prevista na Lei n. 10.826/2003 aplica-se ao crime de posse de arma de fogo de uso permitido com numeração, marca ou qualquer outro sinal de identificação raspado, suprimido ou adulterado, praticado somente até 23-10-2005.

514. A CEF é responsável pelo fornecimento dos extratos das contas individualizadas vinculadas ao FGTS dos Trabalhadores participantes do Fundo de Garantia do Tempo de Serviço, inclusive para fins de exibição em juízo, independentemente do período em discussão.

+ *Vide* art. 7.º, I, da Lei n. 8.036, de 11-5-1990.

515. A reunião de execuções fiscais contra o mesmo devedor constitui faculdade do Juiz.

516. A contribuição de intervenção no domínio econômico para o Incra (Decreto-Lei n. 1.110/1970), devida por empregadores rurais e urbanos, não foi extinta pelas Leis n. 7.787/1989, 8.212/1991 e 8.213/1991, não podendo ser compensada com a contribuição ao INSS.

517. São devidos honorários advocatícios no cumprimento de sentença, haja ou não impugnação, depois de escoado o prazo para pagamento voluntário, que se inicia após a intimação do advogado da parte executada.

518. Para fins do art. 105, III, *a*, da Constituição Federal, não é cabível recurso especial fundado em alegada violação de enunciado de súmula.

519. Na hipótese de rejeição da impugnação ao cumprimento de sentença, não são cabíveis honorários advocatícios.

520. O benefício de saída temporária no âmbito da execução penal é ato jurisdicional insuscetível de delegação à autoridade administrativa do estabelecimento prisional.

521. A legitimidade para a execução fiscal de multa pendente de pagamento imposta em sentença condenatória é exclusiva da Procuradoria da Fazenda Pública.

522. A conduta de atribuir-se falsa identidade perante autoridade policial é típica, ainda que em situação de alegada autodefesa.

523. A taxa de juros de mora incidente na repetição de indébito de tributos estaduais deve corresponder à utilizada para cobrança do tributo pago em atraso, sendo legítima a incidência da taxa Selic, em ambas as hipóteses, quando prevista na legislação local, vedada sua cumulação com quaisquer outros índices.

524. No tocante à base de cálculo, o ISSQN incide apenas sobre a taxa de agenciamento quando o serviço prestado por sociedade empresária de trabalho temporário for de intermediação, devendo, entretanto, englobar também os valores dos salários e encargos sociais dos trabalhadores por ela contratados nas hipóteses de fornecimento de mão de obra.

525. A Câmara de Vereadores não possui personalidade jurídica, apenas personalidade judiciária, somente podendo demandar em juízo para defender os seus direitos institucionais.

+ *Vide* art. 70 do CPC.

526. O reconhecimento de falta grave decorrente do cometimento de fato definido como crime doloso no cumprimento da pena prescinde do trânsito em julgado de sentença penal condenatória no processo penal instaurado para apuração do fato.

527. O tempo de duração da medida de segurança não deve ultrapassar o limite máximo da pena abstratamente cominada ao delito praticado.

+ *Vide* arts. 5.º, XLVII, *b*, e LXXV, da CF.

528. Compete ao juiz federal do local da apreensão da droga remetida do exterior pela via postal processar e julgar o crime de tráfico internacional.

✦✦ *Vide* art. 70 do CPP.

529. No seguro de responsabilidade civil facultativo, não cabe o ajuizamento de ação pelo terceiro prejudicado direta e exclusivamente em face da seguradora do apontado causador do dano.

✦✦ *Vide* art. 787 do CC.

530. Nos contratos bancários, na impossibilidade de comprovar a taxa de juros efetivamente contratada – por ausência de pactuação ou pela falta de juntada do instrumento aos autos –, aplica-se a taxa média de mercado, divulgada pelo Bacen, praticada nas operações da mesma espécie, salvo se a taxa cobrada for mais vantajosa para o devedor.

✦✦ *Vide* arts. 112, 122, 170, 406 e 591 do CC.

531. Em ação monitória fundada em cheque prescrito ajuizada contra o emitente, é dispensável a menção ao negócio jurídico subjacente à emissão da cártula.

✦✦ *Vide* arts. 1.102-A a 1.102-C do CPC.

532. Constitui prática comercial abusiva o envio de cartão de crédito sem prévia e expressa solicitação do consumidor, configurando-se ato ilícito indenizável e sujeito à aplicação de multa administrativa.

✦ *Vide* art. 39, II, do CDC.

533. Para o reconhecimento da prática de falta disciplinar no âmbito da execução penal, é imprescindível a instauração de procedimento administrativo pelo diretor do estabelecimento prisional, assegurado o direito de defesa, a ser realizado por advogado constituído ou defensor público nomeado.

✦✦ *Vide* art. 5.º, XXXV, da CF.

534. A prática de falta grave interrompe a contagem do prazo para a progressão de regime de cumprimento de pena, o qual se reinicia a partir do cometimento dessa infração.

535. A prática de falta grave não interrompe o prazo para fim de comutação de pena ou indulto.

✦✦ *Vide* Súmula 441 do STJ.

536. A suspensão condicional do processo e a transação penal não se aplicam na hipótese de delitos sujeitos ao rito da Lei Maria da Penha.

✦✦ *Vide* art. 226, § 8.º, da CF.

537. Em ação de reparação de danos, a seguradora denunciada, se aceitar a denunciação ou contestar o pedido do autor, pode ser condenada, direta e solidariamente junto com o segurado, ao pagamento da indenização devida à vítima, nos limites contratados na apólice.

538. As administradoras de consórcio têm liberdade para estabelecer a respectiva taxa de administração, ainda que fixada em percentual superior a dez por cento.

539. É permitida a capitalização de juros com periodicidade inferior à anual em contratos celebrados com instituições integrantes do Sistema Financeiro Nacional a partir de 31-3-2000 (MP n. 1.963-17/2000, reeditada como MP n. 2.170-36/2001), desde que expressamente pactuada.

✦✦ *Vide* art. 591 do CC.

540. Na ação de cobrança do seguro DPVAT, constitui faculdade do autor escolher entre os foros do seu domicílio, do local do acidente ou ainda do domicílio do réu.

541. A previsão no contrato bancário de taxa de juros anual superior ao duodécuplo da mensal é suficiente para permitir a cobrança da taxa efetiva anual contratada.

✦ *Vide* art. 591 do CC.

542. A ação penal relativa ao crime de lesão corporal resultante de violência doméstica contra a mulher é pública incondicionada.

543. Na hipótese de resolução de contrato de promessa de compra e venda de imóvel submetido ao Código de Defesa do Consumidor, deve ocorrer a imediata restituição das parcelas pagas pelo promitente comprador – integralmente, em caso de culpa exclusiva do promitente vendedor/construtor, ou parcialmente, caso tenha sido o comprador quem deu causa ao desfazimento.

✦ *Vide* art. 122 do CC.

✦ *Vide* art. 51, II e IV, do CDC.

544. É válida a utilização de tabela do Conselho Nacional de Seguros Privados para estabelecer a proporcionalidade da indenização do seguro DPVAT ao grau de invalidez também na hipótese de sinistro anterior a 16-12-2008, data da entrada em vigor da Medida Provisória n. 451/2008.

545. Quando a confissão for utilizada para a formação do convencimento do julgador, o réu fará jus à atenuante prevista no art. 65, III, *d*, do Código Penal.

✦✦ *Vide* Súmula 630 do STJ.

546. A competência para processar e julgar o crime de uso de documento falso é firmada em razão da entidade ou órgão ao qual foi apresentado o documento público, não importando a qualificação do órgão expedidor.

547. Nas ações em que se pleiteia o ressarcimento dos valores pagos a título de participação financeira do consumidor no custeio de construção de rede elétrica, o prazo prescricional é de vinte anos na vigência do Código Civil de 1916. Na vigência do Código Civil de 2002, o prazo é de cinco anos se houver previsão contratual de ressarcimento e de três anos na ausência de cláusula nesse sentido, observada a regra de transição disciplinada em seu art. 2.028.

✦ *Vide* arts. 206, § 3.º, IV, § 5.º, I, e 2.028 do CC.

548. Incumbe ao credor a exclusão do registro da dívida em nome do devedor no cadastro de inadimplentes no prazo de cinco dias úteis, a partir do integral e efetivo pagamento do débito.

✦ *Vide* art. 43, § 3.º, do CDC.

549. É válida a penhora de bem de família pertencente a fiador de contrato de locação.

550. A utilização de escore de crédito, método estatístico de avaliação de risco que não constitui banco de dados, dispensa o consentimento do consumidor, que terá o direito de solicitar esclarecimentos sobre as informações pessoais valoradas e as fontes dos dados considerados no respectivo cálculo.

551. Nas demandas por complementação de ações de empresas de telefonia, admite-se a condenação ao pagamento de dividendos e juros sobre capital próprio independentemente de pedido expresso. No entanto, somente quando previstos no título executivo, poderão ser objeto de cumprimento de sentença.

552. O portador de surdez unilateral não se qualifica como pessoa com deficiência para o fim de disputar as vagas reservadas em concursos públicos.

553. Nos casos de empréstimo compulsório sobre o consumo de energia elétrica, é competente a Justiça estadual para o julgamento de demanda proposta exclusivamente contra a Eletrobrás. Requerida a intervenção da União no feito após a prolação de sentença pelo juízo estadual, os autos devem ser remetidos ao Tribunal Regional Federal competente para o julgamento da apelação se deferida a intervenção.

554. Na hipótese de sucessão empresarial, a responsabilidade da sucessora abrange não apenas os tributos devidos pela sucedida, mas também as multas moratórias ou punitivas referentes a fatos geradores ocorridos até a data da sucessão.

555. Quando não houver declaração do débito, o prazo decadencial quinquenal para o Fisco constituir o crédito tributário conta-se exclusivamente na forma do art. 173, I, do CTN, nos casos em que a legislação atribui ao sujeito passivo o dever de antecipar o pagamento sem prévio exame da autoridade administrativa.

556. É indevida a incidência de imposto de renda sobre o valor da complementação de aposentadoria pago por entidade de previdência privada e em relação ao resgate de contribuições recolhidas para referidas entidades patrocinadoras no período de 1.º-1-1989 a 31-12-1995, em razão da isenção concedida pelo art. 6.º, VII, *b*, da Lei n. 7.713/1988, na redação anterior à que lhe foi dada pela Lei n. 9.250/1995.

557. A renda mensal inicial (RMI) alusiva ao benefício de aposentadoria por invalidez precedido de auxílio-doença será apurada na forma do art. 36, § 7.º, do Decreto n. 3.048/1999, observando-se, porém, os critérios previstos no art. 29, § 5.º, da Lei n. 8.213/1991, quando intercalados períodos de afastamento e de atividade laboral.

558. Em ações de execução fiscal, a petição inicial não pode ser indeferida sob o argumento da falta de indicação do CPF e/ou RG ou CNPJ da parte executada.

559. Em ações de execução fiscal, é desnecessária a instrução da petição inicial com o demonstrativo de cálculo do débito, por tratar-se de requisito não previsto no art. 6.º da Lei n. 6.830/1980.

560. A decretação da indisponibilidade de bens e direitos, na forma do art. 185-A do CTN, pressupõe o exaurimento das diligências na busca por bens penhoráveis, o qual fica caracterizado quando infrutíferos o pedido de constrição sobre ativos financeiros e a expedição de ofícios aos registros públicos do domicílio do executado, ao Denatran ou Detran.

561. Os Conselhos Regionais de Farmácia possuem atribuição para fiscalizar e autuar as farmácias e drogarias quanto ao cumprimento da exigência de manter profissional legalmente habilitado (farmacêutico) durante todo o período de funcionamento dos respectivos estabelecimentos.

562. É possível a remição de parte do tempo de execução da pena quando o condenado, em regime fechado ou semiaberto, desempenha atividade laborativa, ainda que extramuros.

563. O Código de Defesa do Consumidor é aplicável às entidades abertas de previdência complementar, não incidindo nos contratos previdenciários celebrados com entidades fechadas.

✦ *Vide* art. 3.º, § 2.º, do CDC.

✦ *Vide* Súmula 608 do STJ.

564. No caso de reintegração de posse em arrendamento mercantil financeiro, quando a soma da importância antecipada a título de valor residual garantido (VRG) com o valor da venda do bem ultrapassar o total do VRG previsto contratualmente, o arrendatário terá direito de receber a respectiva diferença, cabendo, porém, se estipulado no contrato, o prévio desconto de outras despesas ou encargos pactuados.

✦ *Vide* Súmula 293 do STJ.

565. A pactuação das tarifas de abertura de crédito (TAC) e de emissão de carnê (TEC), ou outra denominação para o mesmo fato gerador, é válida apenas nos contratos bancários anteriores ao início da vigência da ResoluçãoCMN n. 3.518/2007, em 30-4-2008.

566. Nos contratos bancários posteriores ao início da vigência da Resolução-CMN n. 3.518/2007, em 30-4-2008, pode ser cobrada a tarifa de cadastro no início do relacionamento entre o consumidor e a instituição financeira.

567. Sistema de vigilância realizado por monitoramento eletrônico ou por existência de segurança no interior de estabelecimento comercial, por si só, não torna impossível a configuração do crime de furto.

568. O relator, monocraticamente e no Superior Tribunal de Justiça, poderá dar ou negar provimento ao recurso quando houver entendimento dominante acerca do tema.

✦ *Vide* art. 105, III, *a* e *c*, da CF.

569. Na importação, é indevida a exigência de nova certidão negativa de débito no desembaraço aduaneiro, se já apresentada a comprovação da quitação de tributos federais quando da concessão do benefício relativo ao regime de *drawback*.

570. Compete à Justiça Federal o processo e julgamento de demanda em que se discute a ausência de ou o obstáculo ao credenciamento de instituição particular de ensino superior no Ministério da Educação como condição de expedição de diploma de ensino a distância aos estudantes.

571. A taxa progressiva de juros não se aplica às contas vinculadas ao FGTS de trabalhadores qualificados como avulsos.

572. O Banco do Brasil, na condição de gestor do Cadastro de Emitentes de Cheques sem Fundos (CCF), não tem a responsabilidade de notificar previamente o devedor acerca da sua inscrição no aludido cadastro, tampouco legitimidade passiva para as ações de reparação de danos fundadas na ausência de prévia comunicação.

✦ *Vide* art. 43 do CDC.

573. Nas ações de indenização decorrente de seguro DPVAT, a ciência inequívoca do caráter permanente da invalidez, para fins de contagem do prazo prescricional, depende de laudo médico, exceto nos casos de invalidez permanente notória ou naqueles em que o conhecimento anterior resulte comprovado na fase de instrução.

574. Para a configuração do delito de violação de direito autoral e a comprovação de sua materialidade, é suficiente a perícia realizada por amostragem do produto apreendido, nos aspectos externos do material, e é desnecessária a identificação dos titulares dos direitos autorais violados ou daqueles que os representem.

575. Constitui crime a conduta de permitir, confiar ou entregar a direção de veículo automotor a pessoa que não seja habilitada, ou que se encontre em qualquer das situações previstas no art. 310 do CTB, independentemente da ocorrência de lesão ou de perigo de dano concreto na condução do veículo.

576. Ausente requerimento administrativo no INSS, o termo inicial para a implantação da aposentadoria por invalidez concedida judicialmente será a data da citação válida.

577. É possível reconhecer o tempo de serviço rural anterior ao documento mais antigo apresentado, desde que amparado em convincente prova testemunhal colhida sob o contraditório.

✦✦ *Vide* Súmula 149 do STJ.

578. Os empregados que laboram no cultivo da cana-de-açúcar para empresa agroindustrial ligada ao setor sucroalcooleiro detêm a qualidade de rurícola, ensejando a isenção do FGTS desde a edição da Lei Complementar n. 11/1971 até a promulgação da Constituição Federal de 1988.

✦ A Lei Complementar n. 11, de 25-5-1971, institui o Programa de Assistência ao Trabalhador Rural (PRORURAL).

579. Não é necessário ratificar o recurso especial interposto na pendência do julgamento dos embargos de declaração, quando inalterado o resultado anterior.

✦✦ *Vide* art. 1.024, § 5.º, do CPC.

580. A correção monetária nas indenizações do seguro DPVAT por morte ou invalidez, prevista no § 7.º do art. 5.º da Lei n. 6.194/1974, redação dada pela Lei n. 11.482/2007, incide desde a data do evento danoso.

581. A recuperação judicial do devedor principal não impede o prosseguimento das ações e execuções ajuizadas contra terceiros devedores solidários ou coobrigados em geral, por garantia cambial, real ou fidejussória.

582. Consuma-se o crime de roubo com a inversão da posse do bem mediante emprego de violência ou grave ameaça, ainda que por breve tempo e em seguida à perseguição imediata ao agente e recuperação da coisa roubada, sendo prescindível a posse mansa e pacífica ou desvigiada.

583. O arquivamento provisório previsto no art. 20 da Lei n. 10.522/2002, dirigido aos débitos inscritos como dívida ativa da União pela Procuradoria-Geral da Fazenda Nacional ou por ela cobrados, não se aplica às execuções fiscais movidas pelos conselhos de fiscalização profissional ou pelas autarquias federais.

584. As sociedades corretoras de seguros, que não se confundem com as sociedades de valores mobiliários ou com os agentes autônomos de seguro privado, estão fora do rol de entidades constantes do art. 22, § 1.º, da Lei n. 8.212/1991, não se sujeitando à majoração da alíquota da Cofins prevista no art. 18 da Lei n. 10.684/2003.

585. A responsabilidade solidária do ex-proprietário, prevista no art. 134 do Código de Trânsito Brasileiro – CTB, não abrange o IPVA incidente sobre o veículo automotor, no que se refere ao período posterior à sua alienação.

586. A exigência de acordo entre o credor e o devedor na escolha do agente fiduciário aplica-se, exclusivamente, aos contratos não vinculados ao Sistema Financeiro da Habitação – SFH.

587. Para a incidência da majorante prevista no art. 40, V, da Lei n. 11.343/2006, é desnecessária a efetiva transposição de fronteiras entre estados da Federação, sendo suficiente a demonstração inequívoca da intenção de realizar o tráfico interestadual.

588. A prática de crime ou contravenção penal contra a mulher com violência ou grave ameaça no ambiente doméstico impossibilita a substituição da pena privativa de liberdade por restritiva de direitos.

589. É inaplicável o princípio da insignificância nos crimes ou contravenções penais praticados contra a mulher no âmbito das relações domésticas.

590. Constitui acréscimo patrimonial a atrair a incidência do imposto de renda, em caso de liquidação de entidade de previdência privada, a quantia que couber a cada participante, por rateio do patrimônio, superior ao valor das respectivas contribuições à entidade em liquidação, devidamente atualizadas e corrigidas.

591. É permitida a "prova emprestada" no processo administrativo disciplinar, desde que devidamente autorizada pelo juízo competente e respeitados o contraditório e a ampla defesa.

592. O excesso de prazo para a conclusão do processo administrativo disciplinar só causa nulidade se houver demonstração de prejuízo à defesa.

593. O crime de estupro de vulnerável se configura com a conjunção carnal ou prática de ato libidinoso com menor de 14 anos, sendo irrelevante eventual consentimento da vítima para a prática do ato, sua experiência sexual anterior ou existência de relacionamento amoroso com o agente.

594. O Ministério Público tem legitimidade ativa para ajuizar ação de alimentos em proveito de criança ou adolescente independentemente do exercício do poder familiar dos pais, ou do fato de o menor se encontrar nas situações de risco descritas no art. 98 do Estatuto da Criança e do Adolescente, ou de quaisquer outros questionamentos acerca da existência ou eficiência da Defensoria Pública na comarca.

595. As instituições de ensino superior respondem objetivamente pelos danos suportados pelo aluno/consumidor pela realização de curso não reconhecido pelo Ministério da Educação, sobre o qual não lhe tenha sido dada prévia e adequada informação.

++ *Vide* arts. 186 e 927 do CC.

++ *Vide* arts. 6.º, III, 14, *caput* e § 1.º, 20, *caput* e § 2.º, e 37, *caput* e §§ 1.º e 3.º, do CDC.

596. A obrigação alimentar dos avós tem natureza complementar e subsidiária, somente se configurando no caso de impossibilidade total ou parcial de seu cumprimento pelos pais.

++ *Vide* arts. 1.696 e 1.698 do CC.

597. A cláusula contratual de plano de saúde que prevê carência para utilização dos serviços de assistência médica nas situações de emergência ou de urgência é considerada abusiva se ultrapassado o prazo máximo de 24 horas contado da data da contratação.

598. É desnecessária a apresentação de laudo médico oficial para o reconhecimento judicial da isenção do imposto de renda, desde que o magistrado entenda suficientemente demonstrada a doença grave por outros meios de prova.

599. O princípio da insignificância é inaplicável aos crimes contra a administração pública.

600. Para a configuração da violência doméstica e familiar prevista no art. 5.º da Lei n. 11.340/2006 (Lei Maria da Penha) não se exige a coabitação entre autor e vítima.

+ *Vide* art. 226, § 8.º, da CF.

601. O Ministério Público tem legitimidade ativa para atuar na defesa dos direitos difusos, coletivos e individuais homogêneos dos consumidores, ainda que decorrentes da prestação de serviço público.

++ *Vide* arts. 127 e 129, III, da CF.

++ *Vide* arts. 81 e 82, I, do CDC.

602. O Código de Defesa do Consumidor é aplicável aos empreendimentos habitacionais promovidos pelas sociedades cooperativas.

603. *(Cancelada.)*

604. O mandado de segurança não se presta para atribuir efeito suspensivo a recurso criminal interposto pelo Ministério Público.

✦✦ *Vide* art. 5.º, LXIX, da CF.

605. A superveniência da maioridade penal não interfere na apuração de ato infracional nem na aplicabilidade de medida socioeducativa em curso, inclusive na liberdade assistida, enquanto não atingida a idade de 21 anos.

606. Não se aplica o princípio da insignificância a casos de transmissão clandestina de sinal de internet via radiofrequência, que caracteriza o fato típico previsto no art. 183 da Lei n. 9.472/1997.

607. A majorante do tráfico transnacional de drogas (art. 40, I, da Lei n. 11.343/2006) configura-se com a prova da destinação internacional das drogas, ainda que não consumada a transposição de fronteiras.

608. Aplica-se o Código de Defesa do Consumidor aos contratos de plano de saúde, salvo os administrados por entidades de autogestão.

✦ *Vide* Súmula 563 do STJ.

609. A recusa de cobertura securitária, sob a alegação de doença preexistente, é ilícita se não houve a exigência de exames médicos prévios à contratação ou a demonstração de má-fé do segurado.

✦✦ *Vide* arts. 765 e 766 do CC.

✦ *Vide* art. 51, IV, do CDC.

610. O suicídio não é coberto nos dois primeiros anos de vigência do contrato de seguro de vida, ressalvado o direito do beneficiário à devolução do montante da reserva técnica formada.

✦✦ *Vide* arts. 797, parágrafo único, e 798 do CC.

611. Desde que devidamente motivada e com amparo em investigação ou sindicância, é permitida a instauração de processo administrativo disciplinar com base em denúncia anônima, em face do poder-dever de autotutela imposto à Administração.

612. O certificado de entidade beneficente de assistência social (CEBAS), no prazo de sua validade, possui natureza declaratória para fins tributários, retroagindo seus efeitos à data em que demonstrado o cumprimento dos requisitos estabelecidos por lei complementar para a fruição da imunidade.

613. Não se admite a aplicação da teoria do fato consumado em tema de Direito Ambiental.

614. O locatário não possui legitimidade ativa para discutir a relação jurídico-tributária de IPTU e de taxas referentes ao imóvel alugado nem para repetir indébito desses tributos.

615. Não pode ocorrer ou permanecer a inscrição do município em cadastros restritivos fundada em irregularidades na gestão anterior quando, na gestão sucessora, são tomadas as providências cabíveis à reparação dos danos eventualmente cometidos.

616. A indenização securitária é devida quando ausente a comunicação prévia do segurado acerca do atraso no pagamento do prêmio, por constituir requisito essencial para a suspensão ou resolução do contrato de seguro.

✦✦ *Vide* art. 763 do CC.

617. A ausência de suspensão ou revogação do livramento condicional antes do término do período de prova enseja a extinção da punibilidade pelo integral cumprimento da pena.

✦✦ *Vide* art. 90 do CP.

618. A inversão do ônus da prova aplica-se às ações de degradação ambiental.

619. A ocupação indevida de bem público configura mera detenção, de natureza precária, insuscetível de retenção ou indenização por acessões e benfeitorias.

✦✦ *Vide* art. 191, parágrafo único, da CF.

✦ *Vide* arts. 1.208 e 1.255, *caput*, do CC.

620. A embriaguez do segurado não exime a seguradora do pagamento da indenização prevista em contrato de seguro de vida.

✦✦ *Vide* art. 768 do CC.

✦✦ *Vide* art. 54, §§ 3.º e 4.º, do CDC.

621. Os efeitos da sentença que reduz, majora ou exonera o alimentante do pagamento retroagem à data da citação, vedadas a compensação e a repetibilidade.

✦✦ *Vide* Súmula 277 do STJ.

622. A notificação do auto de infração faz cessar a contagem da decadência para a constituição do crédito tributário; exaurida a instância administrativa com o decurso do prazo para a impugnação ou com a notificação de seu julgamento definitivo e esgotado o prazo concedido pela Administração para o pagamento voluntário, inicia-se o prazo prescricional para a cobrança judicial.

623. As obrigações ambientais possuem natureza propter rem, sendo admissível cobrá-las do proprietário ou possuidor atual e/ou dos anteriores, à escolha do credor.

✦✦ *Vide* arts. 23, VI e VII, 24, VI e VIII, 186, II, e 225, § 1.º, I, da CF.

624. É possível cumular a indenização do dano moral com a reparação econômica da Lei n. 10.559/2002 (Lei da Anistia Política).

✦✦ *Vide* art. 5.º, V e X, da CF.

625. O pedido administrativo de compensação ou de restituição não interrompe o prazo prescricional para a ação de repetição de indébito tributário de que trata o art. 168 do CTN nem o da execução de título judicial contra a Fazenda Pública.

✦✦ *Vide* Súmula 461 do STJ.

626. A incidência do IPTU sobre imóvel situado em área considerada pela lei local como urbanizável ou de expansão urbana não está condicionada à existência dos melhoramentos elencados no art. 32, § 1.º, do CTN.

627. O contribuinte faz jus à concessão ou à manutenção da isenção do imposto de renda, não se lhe exigindo a demonstração da contemporaneidade dos sintomas da doença nem da recidiva da enfermidade.

628. A teoria da encampação é aplicada no mandado de segurança quando presentes, cumulativamente, os seguintes requisitos: a) existência de vínculo hierárquico entre a autoridade que prestou informações e a que ordenou a prática do ato impugnado; b) manifestação a respeito do mérito nas informações prestadas; e c) ausência de modificação de competência estabelecida na Constituição Federal.

629. Quanto ao dano ambiental, é admitida a condenação do réu à obrigação de fazer ou à de não fazer cumulada com a de indenizar.

✦✦ *Vide* arts. 186, II, e 225, § 3.º, da CF.

630. A incidência da atenuante da confissão espontânea no crime de tráfico ilícito de entorpecentes exige o reconhecimento da traficância pelo acusado, não bastando a mera admissão da posse ou propriedade para uso próprio.

631. O indulto extingue os efeitos primários da condenação (pretensão executória), mas não atinge os efeitos secundários, penais ou extrapenais.

✦✦ *Vide* arts. 5.º, XLIII, e 84, XII, da CF.

632. Nos contratos de seguro regidos pelo Código Civil, a correção monetária sobre a indenização securitária incide a partir da contratação até o efetivo pagamento.

633. A Lei n. 9.784/1999, especialmente no que diz respeito ao prazo decadencial para a revisão de atos administrativos no âmbito da Administração Pública federal, pode ser aplicada, de forma subsidiária, aos estados e municípios, se inexistente norma local e específica que regule a matéria.

✦ A Lei n. 9.784, de 29-1-1999, regula o processo administrativo no âmbito da Administração Pública Federal.

634. Na importação de veículo por pessoa física, destinado a uso próprio, incide o ICMS. Ao particular aplica-se o mesmo regime prescricional previsto na Lei de Improbidade Administrativa para o agente público.

635. Os prazos prescricionais previstos no art. 142 da Lei n. 8.112/1990 iniciam-se na data em que a autoridade competente para a abertura do procedimento administrativo toma conhecimento do fato, interrompem--se com o primeiro ato de instauração válido – sindicância de caráter punitivo ou processo disciplinar – e voltam a fluir por inteiro, após decorridos 140 dias desde a interrupção.

636. A folha de antecedentes criminais é documento suficiente a comprovar os maus antecedentes e a reincidência.

637. O ente público detém legitimidade e interesse para intervir, incidentalmente, na ação possessória entre particulares, podendo deduzir qualquer matéria defensiva, inclusive, se for o caso, o domínio.

✦✦ *Vide* art. 5.º, XXV, da CF.

✦✦ *Vide* art. 1.210, § 2.º, do CC.

✦✦ *Vide* art. 557 do CPC.

638. Na importação de veículo por pessoa física, destinado a uso próprio, incide o ICMS. É abusiva a cláusula contratual que restringe a responsabilidade de instituição financeira pelos danos decorrentes de roubo, furto ou extravio de bem entregue em garantia no âmbito de contrato de penhor civil.

✦✦ *Vide* art. 51, I, do CDC.

✦✦ *Vide* Súmula 297 do STJ.

639. Na importação de veículo por pessoa física, destinado a uso próprio, incide o ICMS Não fere o contraditório e o devido processo decisão que, sem ouvida prévia da defesa, determine transferência ou permanência de custodiado em estabelecimento penitenciário federal.

Súmulas do Tribunal Federal de Recursos

1. Ao servidor que se integrar, pelas chamadas clientelas originária ou secundária, no Plano de Classificação de Cargos, é vedado concorrer, pela denominação clientela geral, à inclusão em outra Categoria Funcional.
2. Nos termos do art. 3.º do Decreto-lei n. 730/69, pode a Comissão Executiva do Conselho de Política Aduaneira estabelecer preço de referência e baixar a respectiva resolução.
3. Não se aplica à admissão de pessoal pelo Banco Central do Brasil a norma do art. 1.º da Lei n. 6.334, de 1976, que fixa em 50 (cinquenta) anos o limite de idade para inscrição em concursos.
4. É compatível com o art. 19 do Código Tributário Nacional a disposição do art. 23 do Decreto-lei n. 37, de 18 de novembro de 1966.
5. A multa prevista no art. 60, I, da Lei n. 3.244, de 1957, na redação do art. 169 do Decreto-lei n. 37, de 1966, não se aplica ao caso de embarque da mercadoria no Exterior após o vencimento do prazo de validade da respectiva guia de importação.
6. A multa prevista no art. 60, I, da Lei n. 3.244, de 1957, na redação do art. 169 do Decreto-lei n. 37, de 1966, não se aplica ao caso de embarque da mercadoria no Exterior antes de emitida a guia de importação mas chegada ao território nacional depois da expedição do referido documento.
7. O art. 51 do Código da Propriedade Industrial (Lei n. 5.772, de 21-121971) também se aplica aos pedidos de privilégio.
   + O citado diploma foi revogado pela Lei n. 9.279, de 14-5-1996, que regula direitos e obrigações relativos à propriedade industrial.
8. Não constitui obstáculo à concessão da dupla aposentadoria de que trata a Lei n. 2.752, de 1958, art. 1.º e parágrafo único, em favor do ferroviário da Estrada de Ferro Central do Brasil, o fato de deter a condição de extranumerário da União Federal à data da autarquização da referida Estrada, e nessa situação ter sido posto à sua disposição, nela obtendo modificações e melhorias funcionais.
9. O aumento de 30% do Decreto-lei n. 1.348, de 1974, no que respeita aos funcionários aposentados anteriormente à implantação do Plano de Classificação de Cargos, incide sobre a totalidade dos respectivos proventos.
10. Considera-se como termo inicial dos prazos do art. 24 da Lei n. 5.772, de 21 de dezembro de 1971 (Código da Propriedade Industrial), para os depósitos anteriores a essa Lei, a data de sua vigência.
    + O citado diploma foi revogado pela Lei n. 9.279, de 14-5-1996, que regula direitos e obrigações relativos à propriedade industrial.
11. Nas readaptações de que tratam as Leis n. 3.780, de 1960, e 4.242, de 1963, não é exigível a prova de suficiência do art. 5.º do Decreto-lei n. 625, de 1969.
12. A regra do § 1.º do art. 15 da Lei n. 4.862, de 1965, somente se refere a decisões proferidas na instância administrativa.
13. A Justiça Federal é competente para o processo e julgamento da ação de usucapião, desde que o bem usucapiendo confronte com imóvel da União, au-tarquias ou empresas públicas federais.
14. O processo e julgamento de ação possessória relativa a terreno do domínio da União, autarquias e empresas públicas federais, somente são da competência da Justiça Federal, quando dela participar qualquer dessas entidades, como autora, ré, assistente ou opoente.
15. Compete à Justiça Federal julgar mandado de segurança contra ato que diga respeito ao ensino superior, praticado por dirigente de estabelecimento particular.
16. Compete à Justiça Estadual julgar mandado de segurança contra ato referente ao ensino de 1.º e 2.º graus e exames supletivos (Lei n. 5.692, de 1971), salvo se praticado por autoridade federal.

17. A competência para homologar opção de servidor da União, autarquias e empresas públicas federais, pelo FGTS, é do Juiz Federal.

18. O processo e julgamento das reclamações trabalhistas de que trata o art. 110 da Constituição competem ao Juiz Federal da Seção Judiciária onde o empregado prestar serviços (CLT, art. 651), embora o empregador tenha sede e foro noutra unidade da federação.

19. Compete ao Tribunal Federal de Recursos julgar conflito de jurisdição entre auditor militar e juiz de direito dos Estados em que haja Tribunal Militar Estadual (Constituição Federal, art. 192).

20. Compete à Justiça Militar Estadual processar e julgar os integrantes das polícias militares estaduais nos crimes militares (Código Penal Militar, art. 9.º).

21. Após a Emenda Constitucional n. 7, de 1977, a competência para o processo e julgamento das ações de indenização, por danos ocorridos em mercadorias, no transporte aéreo, é da Justiça comum estadual, ainda quando se discuta a aplicação da Convenção de Varsóvia relativamente ao limite da responsabilidade do transportador.

+ O Decreto n. 20.704, de 24-1-1931, promulga a Convenção de Varsóvia.

22. Compete à Justiça Federal processar e julgar contravenções penais praticadas em detrimento de bens, serviços ou interesses da União Autarquias e Empresas Públicas Federais.

23. O juízo da execução criminal é o competente para a aplicação de lei nova mais benigna a fato julgado por sentença condenatória irrecorrível.

24. A avaliação da indenização devida ao proprietário do solo, em razão de alvará de pesquisa mineral, é processada no juízo estadual da situação do imóvel.

+ O Decreto-lei n. 227, de 28-2-1967, estabelece o Código de Minas.

25. É aplicável a correção monetária, em razão da mora no pagamento de indenização decorrente de seguro obrigatório.

26. As portarias da SUNAB, que estabelecem tabelamento de preços, anteriores ao Decreto n. 75.730, de 14-5-75, não são inválidas.

27. É legítima a exigência do Adicional ao Frete para a Renovação da Marinha Mercante (AFRMM), em importação sob regime de drawback, realizada antes da vigência do Decreto-lei n. 1.626, de 1.º de junho de 1978.

29. Os certificados de quitação e de regularidade não podem ser negados, enquanto pendente de decisão, na via administrativa, o débito levantado.

30. Conexos os crimes praticados por policial militar e por civil, ou acusados estes como coautores pela mesma infração, compete à Justiça Militar estadual processar e julgar o policial militar pelo crime militar (CPM, art. 9.º) e à Justiça comum, o civil.

31. Compete à Justiça Estadual o processo e julgamento de crime de falsicação ou de uso de certificado de conclusão de curso de 1.º e 2.º graus, desde que não se refira a estabelecimento federal de ensino ou a falsidade não seja de assinatura de funcionário federal.

32. Na execução por carta (CPC, art. 747 c/c o art. 658), os embargos do devedor serão decididos no juízo deprecante, salvo se versarem unicamente vícios ou defeitos da penhora, avaliação ou alienação dos bens.

33. O juízo deprecado, na execução por carta, é o competente para julgar os embargos de terceiro, salvo se o bem apreendido foi indicado pelo juízo deprecante.

34. O duplo grau de jurisdição (CPC, art. 475, II) é aplicável quando se trata de sentença proferida contra a União, o Estado e o Município, só incidindo, em relação às autarquias, quando estas forem sucumbentes na execução da dívida ativa (CPC, art. 475, III).

++ Com a alteração determinada pela Lei n. 10.352, de 26-12-2001, a referência deve ser feita ao art. 475, I e II, do CPC.

35. Aos militares citados no art. 2.º da Lei n. 3.067, de 1956 (Polícia Militar e Corpo de Bombeiros), aplicam-se os critérios de promoção previstos no art. 33, § 2.º, da Lei n. 2.370, de 1954.

36. A promoção prevista no art. 33 da Lei n. 2.370, de 1954, não se acumula com a do art. 1.º da Lei n. 3.067, de 1956.

37. A aplicação, ao militar inativo, de novo código de vencimentos, mais favorável, impede a percepção cumulativa de vantagens previstas no código anterior, a menos que haja expressa ressalva na Lei nova.

38. Os Certificados de Quitação e de Regularidade de Situação não podem ser negados, se o débito estiver garantido por penhora regular (CTN, art. 206).

39. Não está sujeita ao Imposto de Renda a indenização recebida por pessoa jurídica, em decorrência de desapropriação amigável ou judicial.

40. A execução fiscal da Fazenda Pública federal será proposta perante o juiz de direito da comarca do domicílio do devedor, desde que não seja ela sede de vara da Justiça Federal.

41. O direito do servidor inativo à revisão de proventos prevista no art. 10 e seus parágrafos do

Decreto-lei n. 1.256, de 1973, só se integrou com a publicação do decreto de implantação do plano de classificação de cargos instituído pela Lei n. 5.645, de 1970, no órgão respectivo, e desde que tenha sido efetivada essa condicionante antes da revogação daqueles dispositivos pelo Decreto-lei n. 1.325, de 1974.

42. Salvo convenção das partes, o processo expropriatório não se suspende por motivo de dúvida fundada em domínio.

43. O direito de crédito a que se refere o art. 36 do RIPI, Decreto n. 70.162, de 18 de fevereiro de 1972, restringe-se às máquinas, aparelhos e equipamentos produzidos no País, não se estendendo a mercadorias importadas, de idêntica natureza, provenientes de país signatário do Acordo Geral de Tarifas e Comércio (GATT).

44. Ajuizada a execução fiscal anteriormente à falência, com penhora realizada antes desta, não ficam os bens penhorados sujeitos à arrecadação no juízo falimentar; proposta a execução fiscal contra a massa falida, a penhora far-se-á no rosto dos autos do processo da quebra, citando-se o síndico.

45. As multas fiscais, sejam moratórias ou punitivas, estão sujeitas à correção monetária.

46. Nos casos de devolução do depósito efetuado em garantia de instância e de repetição do indébito tributário, a correção monetária é calculada desde a data do depósito ou do pagamento indevido e incide até o efetivo recebimento da importância reclamada.

47. Cancelado o débito fiscal, a correção monetária, relativa à restituição da importância depositada em garantia de instância, incide a partir da data da efetivação do depósito.

48. Não cabem embargos infringentes a acórdão proferido em agravo de petição, em execução fiscal, após a vigência do Código de Processo Civil de 1973.

49. Compete à Justiça Estadual processar e julgar as causas em que são partes instituições financeiras em regime de liquidação extrajudicial,salvo se a União Federal, suas entidades autárquicas e empresas públicas forem interessadas na condição de autoras, rés, assistentes ou opoentes.

50. Tem direito, em tese, à aposentadoria pelo Tesouro Nacional o ferroviário da antiga "The Great Western of Brazil Railway Company Limited" que tenha nela ingressado antes da encampação, passando para Rede Ferroviária Federal na condição de servidor cedido.

51. Compete à Justiça Estadual decidir pedido de brasileira naturalizada para adicionar patronímico de companheiro brasileiro nato.

52. Compete à Justiça Federal o processo e julgamento unificado dos crimes conexos de competência federal e estadual, não se aplicando a regra do art. 78, II, a, do Código de Processo Penal.

53. Compete à Justiça Estadual processar e julgar questões pertinentes ao direito de família, ainda que estas objetivem reivindicação de benefícios previdenciários.

54. Compete à Justiça Estadual de primeira instância processar e julgar crimes de tráfico internacional de entorpecentes, quando praticado o delito em comarca que não seja sede de vara do juízo federal.

55. Compete à Justiça comum o julgamento de militar das Forças Armadas que, não se encontrando numa das situações previstas no art. 9.º do Código Penal Militar, praticar delito contra integrante da Polícia Militar em função policial civil.

56. Faz jus à aposentadoria estatutária o ferroviário servidor da administração direta que haja optado pelo regime da CLT após implementar 35 (trinta e cinco) anos de serviço efetivo.

57. É cabível a reversão da pensão previdenciária e daquela decorrente de ato ilícito aos demais beneficiários, em caso de morte do respectivo titular ou a sua perda por força de impedimento.

58. Não é absoluta a competência definida no art. 96, do Código de Processo Civil, relativamente à abertura de inventário, ainda que existente interesse de menor, podendo a ação ser ajuizada em foro diverso do domicílio do inventariado.

59. A autoridade fiscal de primeiro grau que expede a notificação para pagamento do tributo está legitimada passivamente para a ação de segurança, ainda que sobre a controvérsia haja decisão, em grau de recurso, de Conselho de Contribuintes.

60. Compete à Justiça Federal decidir da admissibilidade de mandado de segurança impetrado contra atos de dirigentes de pessoas jurídicas privadas, ao argumento de estarem agindo por delegação do poder público federal.

61. Para configurar a competência da Justiça Federal, é necessário que a União, entidade autárquica ou empresa pública federal, ao intervir como assistente, demonstre legítimo interesse jurídico no deslinde da demanda, não bastando a simples alegação de interesse na causa.

62. Compete à Justiça Federal processar e julgar ação de desapropriação promovida por concessionária de energia elétrica, se a União intervém como assistente.

63. A pensão de que trata o art. 242 da Lei n. 1.711, de 1952, não se confunde com a que decorre de filiação do falecido funcionário ao regime da previdência social (LOPS). É cabível sua cumulação, preenchidos os requisitos legais exigidos.

64. A mulher que dispensou, no acordo de desquite, a prestação de alimentos, conserva, não obstante, o direito à pensão decorrente do óbito do marido, desde que comprovada a necessidade do benefício.

65. Nas operações realizadas com a empresa Investors Overseas Services, é indevida a aplicação da multa aos investidores, cabendo a estes apenas o pagamento do Imposto do Selo.

+ Com a reforma tributária de 1965, o Imposto do Selo foi substituído pelo Imposto sobre Operações de Crédito, Câmbio e Seguro ou Relativas a Títulos ou Valores Mobiliários.

66. Compete à Justiça do Trabalho processar e julgar os litígios decorrentes das relações de trabalho entre os Municípios de Território Federal e seus empregados.

67. Compete à Justiça Federal processar e julgar os litígios decorrentes das relações de trabalho entre os Territórios Federais e seus empregados.

68. A correção monetária não incide nas aquisições de unidades residenciais do INPS, quando a opção de compra tiver sido anterior à vigência do Decreto-lei n. 19, de 1966, sendo irrelevantes, em face da Lei n. 5.049, de 1966, o valor ou a área do imóvel.

69. Incumbe ao expropriante pagar o salário do assistente técnico do expropriado.

70. Os juros moratórios, na desapropriação, fluem a partir do trânsito em julgado da sentença que fixa a indenização.

71. A correção monetária incide sobre as prestações de benefícios previdenciários em atraso, observado o critério do salário-mínimo vigente à época da liquidação da obrigação.

72. Compete à Justiça do Trabalho processar e julgar os litígios decorrentes das relações de trabalho entre as Fundações instituídas por lei federal e seus empregados.

73. Não cabe exigir dos municípios o certificado de quitação, ou de regularidade de situação.

74. Os juros compensatórios, na desapropriação, incidem a partir da imissão na posse e são calculados, até a data do laudo, sobre o valor simples da indenização e, desde então, sobre referido valor corrigido monetariamente.

75. Na desapropriação, a correção monetária prevista no § 2.º do art. 26 do Decreto-lei n. 3.365, de 1941, incide a partir da data do laudo de avaliação, observando-se a Lei n. 5.670, de 1971.

76. Em tema de Imposto de Renda, a desclassificação da escrita somente se legitima na ausência de elementos concretos que permitam a apuração do lucro real da empresa, não a justificando simples atraso na escrita.

77. Cabem embargos infringentes a acórdão não unânime proferido em remessa *ex officio* (Código de Processo Civil, art. 475).

78. Proposta a ação no prazo fixado para o seu exercício, a demora na citação, por motivos inerentes ao mecanismo da Justiça, não justifica o acolhimento da arguição de prescrição.

79. Não incide a contribuição previdenciária sobre a quantia paga a título de indenização de aviso prévio.

80. É legítima a cobrança da taxa de despacho aduaneiro de empresas de energia elétrica no período compreendido entre a vigência do Decreto-lei n. 37, de 1966, e a data da extinção do tributo.

+ +Extinta, desde janeiro de 1968, referida taxa.

81. Mármores e granitos afeiçoados ao emprego final, mediante processo de industrialização, estão sujeitos ao Imposto sobre Produtos Industrializados.

82. Compete à Justiça do Trabalho processar e julgar as reclamações pertinentes ao cadastramento no Plano de Integração Social (PIS) ou indenização compensatória pela falta deste, desde que não envolvam relações de trabalho dos servidores da União, suas autarquias e empresas públicas.

83. Compete à Justiça Federal processar e julgar reclamação trabalhista movida contra representação diplomática de país estrangeiro, inclusive para decidir sobre a preliminar de imunidade de jurisdição.

84. A aposentadoria assegurada no art. 197, letra *c*, da Constituição Federal, aos ex-combatentes, submete-se, quanto ao cálculo dos proventos, aos critérios da legislação previdenciária, ressalvada a situação daqueles que, na vigência da Lei n. 4.297, de 1963, preencheram as condições nela previstas.

85. A contribuição previdenciária da empresa, por serviços prestados pelo trabalhador autônomo, passou a ser devida a partir da vigência do Decreto-lei n. 959, de 13 de outubro de 1969.

86. Estendem-se às empresas de construção civil, que tenham aderido ao pro-grama de contenção de preços, os favores fiscais constantes do art. 35, § 2.º, da Lei n. 4.862, de 1965.

87. Compete à Justiça Comum estadual o processo e julgamento da ação de cobrança de contribuições sindicais.

88. Compete à Justiça do Trabalho o processo e julgamento de reclamação ajuizada contra a Rede Ferroviária Federal S/A por servidor cedido pela União Federal.

89. Compete à Junta de Conciliação e Julgamento, sediada em Comarca do interior, cumprir carta precatória expedida por Juiz Federal, em matéria trabalhista.

90. Ao servidor estatutário que optou pelo regime celetista, na forma da Lei n. 6.184, de 1974, é assegurado o direito à gratificação adicional por tempo de serviço correspondente aos períodos anteriores à opção.

91. O reajuste do abono de permanência, a partir da vigência do Decreto-lei n. 795, de 1969, obedece ao critério das variações do salário-mínimo.

92. O pagamento dos tributos, para efeito de extinção de punibilidade (Decreto-lei n. 157, de 1967, art. 18, § 2.º; STF, Súmula 560), não elide a pena de perdimento de bens autorizada pelo Decreto-lei n. 1.455, de 1976, art. 23.

✦✦Citada Súmula 560 do STF foi prejudicada pela Lei n. 9.610, de 27-5-1981.

93. A multa decorrente do atraso no pagamento das contribuições previdenciárias não é aplicável às pessoas de direito público.

94. Provadas as despesas com assistência médico-hospitalar prestada a segurado, vítima de acidente de trânsito, tem o INPS direito à sub-rogação perante a seguradora responsável pelo seguro obrigatório.

95. Compete ao Juiz Federal processar e julgar pedido de *habeas corpus* contra ato do secretário-geral do Ministério da Justiça que, no exercício de competência delegada pelo ministro de estado, decreta prisão administrativa.

96. As companhias distribuidoras de títulos e valores mobiliários estão sujeitas a registro nos Conselhos Regionais de Economia.

97. As resoluções do Conselho de Política Aduaneira, destinadas à fixação de pauta de valor mínimo, devem conter motivação expressa.

98. Compete à Justiça Federal processar e julgar os crimes praticados contra servidor público federal, no exercício de suas funções com estas relacionados.

99. A Fazenda Pública, nas execuções fiscais, não está sujeita a prévio depósito para custear despesas do avaliador.

100. O lucro obtido com a exportação de açúcar demerara, adquirido e exportado pelo Instituto do Açúcar e do Álcool, está isento do Imposto de Renda.

101. As multas fiscais não são dedutíveis como despesas operacionais, para fins do Imposto de Renda.

102. A regra inscrita no art. 205 da Constituição, com a redação da Emenda Constitucional n. 7, de 1977, não é de aplicabilidade imediata, porque dependente de lei regulamentadora.

103. Compete ao Tribunal Federal de Recursos processar e julgar, originariamente, mandado de segurança impetrado contra ato de órgão colegiado presidido por ministro de Estado.

104. A Lei n. 2.579, de 1955, somente ampara o ex-combatente que tenha servido no teatro de operações bélicas da Itália.

105. Aos prazos em curso no período compreendido entre 20 de dezembro e 6 de janeiro, na Justiça Federal, aplica-se a regra do art. 179 do Código de Processo Civil.

106. A seguradora não tem direito à restituição do Imposto sobre Produtos Industrializados, no caso de sinistro ocorrido com mercadorias, após a sua saída do estabelecimento produtor.

107. A ação de cobrança do crédito previdenciário contra a Fazenda Pública está sujeita à prescrição quinquenal estabelecida no Decreto n. 20.910, de 1932.

108. A constituição do crédito previdenciário está sujeita ao prazo de decadência de 5 (cinco) anos.

109. A desapropriação iniciada segundo o procedimento previsto no Decreto-lei n. 512, de 1969, prosseguirá na forma da Lei das Desapropriações por Utilidade Pública, no caso de manifesta discordância do expropriado com o preço oferecido.

110. Os juros compensatórios, na desapropriação, são calculados à taxa de 12% (doze por cento) ao ano.

111. Os embargos do devedor devem ser previamente preparados no prazo de 30 (trinta) dias, contado da intimação do despacho que determinar o seu pagamento.

112. Em execução fiscal, a responsabilidade pessoal do sócio-gerente de sociedade por quotas, decorrente de violação da lei ou excesso de mandato, não atinge a meação de sua mulher.

113. As netas maiores, órfãs de pai e mãe, só terão direito à pensão militar (Lei n. 3.765, de 1960, art. 7.º, inciso III) se forem inválidas ou interditas e não puderem prover a própria subsistência.

114. Compete à Justiça Comum Estadual processar e julgar as causas entre os sindicatos e seus associados.

115. Compete à Justiça Federal processar e julgar os crimes contra a organização do trabalho, quando tenham por objeto a organização geral do trabalho ou direitos dos trabalhadores considerados coletivamente.

116. O militar reformado ou transferido para a reserva a partir da vigência da Lei n. 4.902, de 1965, não faz jus à promoção ao posto ou graduação imediatos.

117. A regra do art. 236, § 2.º, do Código de Processo Civil, não incide quando o procurador da República funciona como advogado da União Federal, ressalvada a disposição inscrita no art. 25 da Lei n. 6.830, de 1980.

118. Na ação expropriatória, a revelia do expropriado não implica em aceitação do valor da oferta e, por isso, não autoriza a dispensa da avaliação.

119. A partir da vigência do Código de Processo Civil de 1973, é cabível a cumulação da multa contratual com honorários advocatícios na execução hipotecária, regida pela Lei n. 5.741, de 1971.

120. A decisão proferida em processo de retificação do registro civil, a fim de fazer prova junto à administração militar, não faz coisa julgada relativamente à União Federal, se esta não houver sido citada para o feito.

121. Não cabe mandado de segurança contra ato ou decisão, de natureza jurisdicional, emanado de relator ou presidente de turma.

122. A companheira, atendidos os requisitos legais, faz jus à pensão do segurado falecido, quer em concorrência com os filhos do casal, quer em sucessão a estes, não constituindo obstáculo a ocorrência do óbito antes da vigência do Decreto-lei n. 66, de 1966.

123. Nas readaptações previstas nas Leis 3.780, de 1960, e 4.242, de 1963, para o cargo de agente fiscal de tributos federais, não cabe distinguir entre fiscalização interna e externa, desde que as atribuições desempenhadas pelo readaptando correspondam as respectivas especificações de classe a época do desvio.

124. Prescreve em 20 (vinte) anos a ação do beneficiário, ou do terceiro sub-rogado nos direitos destes, fundada no seguro obrigatório de responsabilidade civil.

125. Compete à Justiça comum estadual processar e julgar ação penal instaurada em decorrência de acidente de trânsito envolvendo veículo da União, de autarquia ou de empresa pública federal.

126. Na cobrança de crédito previdenciário, proveniente da execução de contrato de construção de obra, o proprietário, dono da obra ou condômino de unidade imobiliária, somente será acionado quando não for possível lograr do construtor, através de execução contra ele intentada, a respectiva liquidação.

127. É legítima a exigência de exame psicotécnico, em concurso público para o ingresso na Academia Nacional de Polícia, ou prova interna para acesso, mesmo que o candadato a ele se tenha submetido, anteriormente, para o exercício de outro cargo policial.

128. As disposições da Lei 6.880, de 1980 (Estatuto dos Militares), não se aplicam as situações definidas antes de sua vigência (art. 157).

129. É exigível das autarquias o depósito previsto no art. 488, II, do Código de Processo Civil, para efeito de processamento da ação rescisória.

130. No cálculo do Imposto de Renda, não se inclui o ágio cambial pago na aquisição da moeda estrangeira a ser remetida para o Exterior a título de juros devidos.

131. A partir do exercício de 1967, o contribuinte do Imposto de Renda, para fazer jus à alíquota minorada de 3% (três por cento), prevista no art. 53 da Lei n. 4.504, de 1964, deverá comprovar o cadastramento do imóvel no INCRA.

132. Os fundos de reserva e os lucros suspensos, enquanto não distribuídos, integram o patrimônio da sociedade e devem ser considerados para efeito de tributação, ainda que pessoa pública detenha a maioria das ações do seu capital.

133. Compete à Justiça comum estadual processar e julgar prefeito municipal acusado de desvio de verba recebida em razão de convênio firmado com a União Federal.

134. Não cabe ação rescisória por violação de literal disposição de lei se, ao tempo em que foi prolatada a sentença rescindenda, a interpretação era controvertida nos tribunais, embora posteriormente se tenha fixado favoravelmente à pretensão do autor.

135. As alterações promovidas no grupo serviços auxiliares, com reflexos na estrutura da categoria de agente administrativo, não ensejam reparações funcionais ou pecuniárias aos servidores estatutários.

136. A correção monetária, na desapropriação, deve ser calculada com base na variação nominal das Obrigações do Tesouro Nacional (OTN).

137. A sentença que, em execução fiscal promovida por autarquia, julga extinto o processo, sem decidir o mérito (Código de Processo Civil, art.

267), não está sujeita ao duplo grau de jurisdição obrigatório.

138. A pena de perdimento de veículo, utilizado em contrabando ou descaminho, somente se justifica se demonstrada, em procedimento regular, a responsabilidade do seu proprietário na prática do ilícito.

139. Mercadoria estrangeira importada de países signatários do GA++ou do Tratado de Montevidéu, para a Zona Franca de Manaus, está isenta do pagamento do Adicional ao Frete para Renovação da Marinha Mercante – AFRMM.

140. As unidades hospitalares, com até 200 (duzentos) leitos, que possuam "dispensário de medicamentos", não estão sujeitas a exigência de manter farmacêutico.

141. Nas ações de desapropriação, computam-se, no cálculo da verba advocatícia, as parcelas relativas aos juros compensatórios e moratórios, devidamente corrigidas.

142. A limitação administrativa "non aedificandi" imposta aos terrenos marginais das estradas de rodagem, em zona rural, não afeta o domínio do proprietário, nem obriga a qualquer indenização.

143. Os serviços de composição e impressão gráficas, personalizados, previstos no art. 8.º, § 1.º, do Decreto-lei n. 406, de 1968, com as alterações introduzidas pelo Decreto-lei n. 834, de 1969, estão sujeitos apenas ao ISS, não incidindo o IPI.

144. Para que faça jus à isenção da quota patronal relativa às contribuições previdenciárias, é indispensável comprove a entidade filantrópica ter sido declarada de utilidade pública por decreto federal.

145. Extingue-se o processo de mandado de segurança, se o autor não promover, no prazo assinado, a citação do litisconsorte necessário.

146. A "quota de previdência" relativa aos serviços prestados pelos Estados, Municípios e suas autarquias incide sobre tarifas ou preços públicos, mesmo no regime anterior ao Decreto-lei n. 1.505, de 1976, não atingindo, porém, as taxas, entendidas estas na restrita acepção de espécie do gênero tributo.

147. É indispensável a instauração do procedimento administrativo, a que alude o art. 27 do Decreto-lei n. 1.455, de 1976, para aplicação da pena de perdimento de mercadorias importadas, cujo prazo de permanência em recintos alfandegados tenha-se expirado.

148. É competente a Justiça comum estadual para processar e julgar ação cível proposta contra o Escritório Central de Arrecadação e Distribuição – ECAD.

149. No ato de remoção *ex officio* do servidor público, é indispensável que o interesse da administração seja objetivamente demonstrado.

150. Compete à Justiça do Trabalho processar e julgar os litígios entre a administração direta ou indireta do Distrito Federal e os seus servidores, regidos pela legislação trabalhista.

151. É vedado, ao oficial médico da ativa, o exercício acumulado de cargo ou emprego público de médico civil.

152. Nas causas ajuizadas antes do advento da Lei n. 6.825, de 22.9.80, o valor da ORTN, para a fixação da alçada estabelecida no art. 4.º daquele diploma legal, é o da data da sua vigência.

153. Constituído, no quinquênio, através de auto de infração ou notificação de lançamento, o crédito tributário, não há falar em decadência, fluindo, a partir daí, em princípio, o prazo prescricional, que, todavia, fica em suspenso, até que sejam decididos os recursos administrativos.

154. A Fazenda Pública, nas execuções fiscais, não está sujeita a prévio depósito para custear despesas do oficial de justiça.

155. O "primeiro provimento" a que se refere o art. 3.º da Lei n. 6.732, de 1979, para efeito de incorporação dos quintos, há de ser entendido como a primeira investidura em cargo ou função de confiança, ainda que anterior ao Plano de Classificação de Cargos, instituído pela Lei n. 5.645, de 1970.

156. Sindicatos representativos de atividades econômicas ou profissionais idênticas, ou categoria econômica específica, podem organizar-se em federações.

157. A perda definitiva do vínculo com a administração pública federal, ou a passagem do servidor para a inatividade, faz cessar o direito à ocupação de imóvel funcional, em Brasília.

158. Compete à Justiça do Trabalho processar e julgar reclamação contra empresa privada contratada para a prestação de serviços à administração pública.

159. É legítima a divisão da pensão previdenciária entre a esposa e a companheira, atendidos os requisitos exigidos.

160. A suspeita de fraude na concessão de benefício previdenciário, não enseja, de plano, a sua suspensão ou cancelamento, mas dependerá de apuração em procedimento administrativo.

161. Não se inclui na base de cálculo do PIS a parcela relativa ao IPI.

162. É legitima a substituição da antiga diária de asilado concedida ao militar inativo, pelo auxílio-invalidez, desde que não importe em diminuição do total de seus proventos.

163. Nas relações jurídicas de trato sucessivo, em que a Fazenda Pública figure como devedora, somente prescrevem as prestações vencidas antes do quinquênio anterior à propositura da ação.

164. O gozo dos benefícios fiscais dos arts. 13 e 14, da Lei n.4.239, de 1963, até o advento do Decreto-lei n. 1.598, de 1977, não se restringia aos rendimentos industriais ou agrícolas do empreendimento.

165. A isenção do Imposto de Importação, concedida por Resolução do CPA, não exclui a mercadoria da alíquota minorada de 1% (um por cento), prevista na Lista Nacional Brasileira, para a Taxa de Melhoramento dos Portos.

166. Os Municípios não estão sujeitos ao recolhimento do salário-educação.

167. A contribuição previdenciária não incide sobre o valor da habitação fornecida por empresa agroindustrial, a título de liberalidade, a seus empregados, em observância a acordo coletivo de trabalho.

168. O encargo de 20% (vinte por cento), do Decreto-lei n. 1.025, de 1969, é sempre devido nas execuções fiscais da União e substitui, nos embargos, a condenação do devedor em honorários advocatícios.

169. Na comarca em que não foi criada Junta de Conciliação e Julgamento, é competente o Juiz de Direito para processar e julgar litígios de natureza trabalhista.

170. Não se extingue a pensão previdenciária, se do novo casamento não resulta melhoria na situação econômico-financeira da viúva, de modo a tornar dispensável o benefício.

171. No cálculo da renda mensal do benefício de aposentadoria-invalidez é considerado como de atividade o período em que o segurado tenha percebido auxílio-doença ou outra aposentadoria-invalidez.

172. As empresas distribuidoras de drogas, que não manipulem fórmulas nem forneçam medicamentos aos consumidores, não estão sujeitas a assistência técnica de farmacêutico.

173. O prazo de cento e oitenta dias, condição para a nova aquisição de moeda estrangeira, conta-se a partir da vigência da Resolução n. 760-82.

174. A partir da vigência do Decreto-lei n. 1.418, de 1975, o imposto de renda incide na fonte sobre a remessa de divisas para o exterior, em pagamento de serviços técnicos, de assistência técnica, administrativa e semelhantes, ali prestados por empresa estrangeira, sem prejuízo das isenções previstas no Decreto-lei n. 1.446, de 1976.

✦ O Decreto-lei n. 1.446, de 13-2-1976, foi revogado pelo Decreto-lei n. 2.433, de 19-5-1988.

175. A base de cálculo da contribuição FUNRURAL é o valor comercial da mercadoria, neste incluído o ICM, se devido.

176. O imposto de renda na fonte, relativo a rendimentos decorrentes da exploração de película cinematográfica estrangeira, incide sobre a participação líquida devida ao distribuidor estrangeiro.

177. A venda de álcool, pelo Instituto do Açúcar e do Álcool (IAA), não esta sujeita ao pagamento do ICM.

178. Resolvido o contrato de trabalho com a transferência do servidor do regime da CLT para o estatutário, em decorrência de lei, assiste-lhe o direito de movimentar a conta vinculada do FGTS.

179. Para os efeitos do art. 180, alínea *b*, da Lei 1.711-52, não é necessário que o servidor esteja no exercício do cargo em comissão ou da função gratificada, ao aposentar-se.

180. Compete à Justiça Federal processar e julgar pedidos de complementação de proventos da aposentadoria dos ferroviários cedidos à Rede Ferroviária Federal S/A. Imprópria a reclamação trabalhista para a espécie.

181. Cabe ao empregador, e não ao BNH ou IAPAS, o encargo de individualizar as contas vinculadas dos empregados, referentes ao FGTS.

182. É ilegítimo o lançamento do Imposto de Renda arbitrado com base apenas em extratos ou depósitos bancários.

183. Compete ao Juiz Federal do Distrito Federal processar e julgar mandado de segurança contra ato do Presidente do BNH.

184. Em execução movida contra sociedade por quotas, o sócio-gerente, citado em nome próprio, não tem legitimidade para opor embargos de terceiro, visando livrar da constrição judicial seus bens particulares.

185. Filhos solteiros maiores e inválidos, presumida a dependência econômica, têm direito a pensão previdenciária por morte do pai.

186. A prescrição de que trata o art. 110, § 1.º, do Código Penal é da pretensão punitiva.

187. O adicional de insalubridade incide sobre o salário-mínimo regional.

188. Na liquidação por cálculo do contador, a apelação da sentença homologatória ressente-se do pressuposto de admissibilidade, quando o apelante não tenha oferecido oportuna impugnação.

189. Proposta a execução fiscal, a posterior mudança de domicílio do executado não desloca a competência já fixada.

190. A intimação pessoal da penhora ao executado torna dispensável a publicação de que trata o art. 12 da Lei das Execuções Fiscais.

191. É compatível a exigência da contribuição para o PIS com o Imposto Único sobre Combustíveis e Lubrificantes.

192. O agente marítimo, quando no exercício exclusivo das atribuições próprias, não é considerado responsável tributário, nem se equipara ao transportador para efeitos do Decreto-lei n. 37, de 1966.

193. A majoração da alíquota do Adicional ao Frete para Renovação da Marinha Mercante não está sujeita ao princípio da anterioridade.

194. Os servidores previdenciários inscritos no Plano de Pecúlio Facultativo – PPF antes das alterações unilateralmente editadas pela Portaria MPAS n. 1.160, de 1978, têm direito, na aposentadoria, ao levantamento de 20% (vinte por cento) do pecúlio, independentemente de opção por acréscimo da contribuição.

195. O mandado de segurança não é meio processual idôneo para dirimir litígios trabalhistas.

196. Cabem embargos, e não agravo de petição, da sentença de liquidação no processo de execução trabalhista.

197. A pensão por morte de trabalhador rural, ocorrida após a entrada em vigor da Lei Complementar n. 11, de 1971, não requerida na via administrativa, é devida a partir da citação.

198. Atendidos os demais requisitos, é devida a aposentadoria especial, se perícia judicial constata que a atividade exercida pelo segurado é perigosa, insalubre ou penosa, mesmo não inscrita em Regulamento.

199. Compete à Justiça Militar Estadual processar e julgar os crimes cometidos por policial militar, mediante uso de arma da corporação, mesmo que se encontre no exercício de policiamento civil.

200. Compete à Justiça Federal processar e julgar o crime de falsificação ou de uso de documento perante a Justiça do Trabalho.

201. Não constitui obstáculo à conversão da aposentadoria comum, por tempo de serviço, em especial, o fato de o segurado haver se aposentado antes da vigência da Lei n. 6.887, de 1980.

202. Na desapropriação, pertence ao expropriado a correção monetária da oferta contabilizada pelo estabelecimento bancário.

203. O procedimento sumário previsto na Lei n. 1.508, de 1951, compreende também a iniciativa do Ministério Público para a ação penal, nas contravenções referentes à caça, conforme remissão feita pelo art. 34 da Lei n. 5.197, de 1967.

204. O fato de a Lei n. 6.439, de 1977, que instituiu o SINPAS, dizer que as entidades da Previdência Social têm sede e foro no Distrito Federal podendo, provisoriamente, funcionar no Rio de Janeiro, não importa em que as ações contra elas interpostas devam ser necessariamente ajuizadas nesta última cidade.

205. O reajuste semestral de salário não se aplica ao servidor público regido pela Consolidação das Leis do Trabalho.

206. O reajuste da base de cálculo de contribuições previdenciárias, instituído pelo art. 5.º e parágrafos da Lei n. 6.332, de 1976, não está sujeito ao princípio da anterioridade.

207. Nas ações executivas regidas pela Lei n. 5.741, de 1971, o praceamento do imóvel penhorado independe de avaliação.

208. A simples confissão da dívida, acompanhada do seu pedido de parcelamento, não configura denúncia espontânea.

209. Nas execuções fiscais da Fazenda Nacional, é legítima a cobrança cumulativa de juros de mora e multa moratória.

210. Na execução fiscal, não sendo encontrado o devedor, nem bens arrestáveis, é cabível a citação editalícia.

211. O Adicional ao Frete para Renovação da Marinha Mercante (AFRMM) não é devido na remessa de mercadoria nacional para a Zona Franca de Manaus.

212. A partir da vigência do Decreto-lei n. 1.820, de 1980, o servidor público celetista não tem direito à percepção de salário-mínimo profissional.

213. O exaurimento da via administrativa não é condição para a propositura de ação de natureza previdenciária.

214. A prestação de serviços de caráter continuado, em atividades de natureza permanente, com subordinação, observância de horário e normas de repartição, mesmo em Grupo-Tarefa, configura relação empregatícia.

215. Servidor contratado a título precário não pode concorrer a processo seletivo para ascensão funcional.

216. Compete à Justiça Federal processar e julgar mandado de segurança impetrado contra ato de autoridade previdenciária, ainda que localizada em comarca do interior.

217. No âmbito da Justiça Federal, aplica-se aos feitos trabalhistas o princípio da identidade física do Juiz.

218. A sentença, proferida em ação expropriatória à qual se tenha atribuído valor igual ou inferior a 50 (cinquenta) OTNs, não está sujeita ao duplo grau obrigatório, nem enseja recurso de apelação.

219. Não havendo antecipação de pagamento, o direito de constituir o crédito previdenciário extingue-se decorridos 5 (cinco) anos do primeiro dia do exercício seguinte àquele em que ocorreu o fato gerador.

220. As mercadorias oriundas do estrangeiro, com simples trânsito em porto nacional, destinadas a outro País, não estão sujeitas ao pagamento de Taxa de Melhoramento dos Portos (TMP).

221. A Taxa de Melhoramento dos Portos (TMP), referente a mercadoria oriunda do estrangeiro com trânsito em porto nacional e destinada a outro porto nacional, somente é devida no destino.

222. A prorrogação da jornada diária de trabalho não constitui alteração unilateral do contrato, desde que mantido o limite do horário semanal avençado.

223. O empregado, durante o desvio funcional, tem direito à diferença salarial, ainda que o empregador possua quadro de pessoal organizado em carreira.

224. O fato de não serem adjudicados bens que, levados a leilão, deixaram de ser arrematados, não acarreta a extinção do processo de execução.

225. É genérica a escolaridade de nível superior exigida do servidor que concorre, por aproveitamento, a primeira composição da categoria funcional de técnico de controle interno.

226. Na prorrogação da jornada de trabalho da mulher-bancária, até 8 (oito) horas diárias, não excedentes de 40 (quarenta) horas semanais (CLT, art. 225), com observância do disposto no art. 59 e seu § 1.º da CLT, é inaplicável a regra do art. 374 desse diploma legal.

227. A mudança de critério jurídico adotado pelo fisco não autoriza a revisão de lançamento.

228. É vedada a acumulação da pensão especial concedida pelo art. 30 da Lei 4.242, de 1963, com qualquer renda dos cofres públicos, inclusive benefício da Previdência Social, ressalvado o direito de opção, assegurado pela Lei 6.592, de 1978.

229. A mãe do segurado tem direito à pensão previdenciária, em caso de morte do filho, se provada a dependência econômica, mesmo não exclusiva.

230. No processo seletivo de ascensão funcional das entidades componentes do SINPAS, o servidor somente pode concorrer no âmbito da autarquia a que pertence.

231. O aeronauta em atividade profissional, após reunir as condições para aposentadoria especial por tempo de serviço, tem direito ao abono de permanência.

232. A pensão do art. 5.º, parágrafo único, da Lei n. 3.373, de 1958, ampara com exclusividade as filhas de funcionário público federal.

233. Compete à Justiça Comum Estadual processar e julgar o policial militar por crime de promover ou facilitar fuga de preso de cadeia pública.

234. Não cabe medida cautelar em ação rescisória para obstar os efeitos da coisa julgada.

235. A falta de peças de traslado obrigatório será suprida com a conversão do agravo de instrumento em diligência.

236. O empréstimo compulsório instituído pelo Decreto-lei n. 2.047, de 1983, não está sujeito ao princípio da anterioridade.

237. As empresas concessionárias de transporte coletivo urbano são obrigadas a conceder passe livre aos distribuidores de correspondência postal e telegráfica, quando em serviço.

238. A saída de veículo furtado para o exterior não configura o crime de descaminho ou contrabando, competindo à Justiça Comum Estadual o processo e julgamento dos delitos dela decorrentes.

239. É legitima a exigência de exame psicotécnico, em concurso público para o ingresso na Academia Nacional de Polícia, revogada a Súmula n. 127.

240. A intimação do representante judicial da Fazenda Pública, nos embargos à execução fiscal, será feita pessoalmente.

241. A extinção da punibilidade pela prescrição da pretensão punitiva prejudica o exame do mérito da apelação criminal.

242. O bem alienado fiduciariamente não pode ser objeto de penhora nas execuções ajuizadas contra o devedor fiduciário.

243. É vedada a acumulação da pensão especial concedida pelo art. 30 da Lei 4.242, de 1963, com qualquer renda dos cofres públicos, inclusive benefício da Previdência Social, ressalvado o direito de opção, revogada a Súmula n. 228.

244. A intervenção da União, suas Autarquias e Empresas Públicas em concurso de credores ou de

preferência não desloca a competência para a Justiça Federal.

245. Na execução de sentença, prevalece, para efeito da alçada recursal de que trata a Lei n. 6.825, de 1980, o valor apurado na liquidação.

246. A causa em que se discute matéria constitucional não está sujeita a alçada de que trata a Lei 6.825, de 1980.

247. Não constitui pressuposto da ação anulatória do débito fiscal o depósito de que cuida o art. 38 da Lei n. 6.830, de 1980.

248. O prazo da prescrição interrompido pela confissão e parcelamento da dívida fiscal recomeça a fluir no dia em que o devedor deixa de cumprir o acordo celebrado.

249. A reparação do dano não pode ser imposta como condição da suspensão da execução da pena.

250. Prescreve em cinco anos a ação revisional da reforma do militar, a contar da publicação do respectivo ato.

251. Os ferroviários provenientes da "The Leopoldina Railway Company Limited" são regidos pela CLT, pelo que não têm direito à dupla aposentadoria.

252. O § 3.º do art. 125 da Constituição Federal institui hipótese de competência relativa, pelo que não elide a competência concorrente da Justiça Federal.

✦ Refere-se à Constituição de 1969.

253. A companheira tem direito a concorrer com outros dependentes à pensão militar, sem observância da ordem de preferência.

254. Compete à Justiça Federal processar e julgar os delitos praticados por funcionário público federal, no exercício de suas funções e com estas relacionados.

255. Compete à Justiça Federal processar e julgar causa cujo objeto diga respeito a eleições sindicais.

256. A falta de impugnação dos embargos do devedor não produz, em relação à Fazenda Pública, os efeitos de revelia.

257. Não rendem juros os depósitos judiciais na Caixa Econômica Federal a que se referem o Decreto-lei n. 759, de 12-8-1969, art. 16, e o Decreto-lei n. 1.737, de 20-12-1979, art. 3.º.

258. Inclui-se na base de cálculo do PIS a parcela relativa ao ICM.

259. Não cabe agravo de instrumento em causa sujeita a alçada de que trata a Lei n. 6.825, de 1980, salvo se versar sobre valor da causa ou admissibilidade de recurso.

260. No primeiro reajuste do benefício previdenciário, deve-se aplicar o índice integral do aumento verificado, independentemente do mês da concessão, considerado, nos reajustes subsequentes, o salário-mínimo então atualizado.

261. No litisconsórcio ativo voluntário, determina-se o valor da causa, para efeito de alçada recursal, dividindo-se o valor global pelo número de litisconsortes.

262. Não se vincula ao processo o juiz que não colheu prova em audiência.

263. A produção antecipada de prova, por si só, não previne a competência da ação principal.

264. As cooperativas não estão sujeitas à tributação do Imposto de Renda por excesso de retirada de seus dirigentes.

265. No pagamento antecipado de débito oriundo de contrato de mútuo com garantia hipotecária, de que conste correção monetarial anual, o saldo devedor será atualizado de acordo com a variação da UPC.

Súmulas do Tribunal Superior do Trabalho

1. **Prazo judicial**

Quando a intimação tiver lugar na sexta-feira, ou a publicação com efeito de intimação for feita nesse dia, o prazo judicial será contado da segunda-feira imediata, inclusive, salvo se não houver expediente, caso em que fluirá no dia útil que se seguir.

✦ ✦ *Vide* art. 775 da CLT.

2. **Gratificação natalina**

(*Cancelada pela Resolução n. 121, de 28-10-2003.*)

3. **Gratificação natalina**

(*Cancelada pela Resolução n. 121, de 28-10-2003.*)

4. **Custas**

(*Cancelada pela Resolução n. 121, de 28-10-2003.*)

5. **Reajustamento salarial**

(*Cancelada pela Resolução n. 121, de 28-10-2003.*)

6. **Equiparação Salarial. Art. 461 da CLT.** (redação do item VI alterada na sessão do Tribunal Pleno realizada em 9-6-2015).

I – Para os fins previstos no § 2.º do art. 461 da CLT, só é válido o quadro de pessoal organizado em carreira quando homologado pelo Ministério do Trabalho, excluindo-se, apenas, dessa exigência o quadro de carreira das entidades de direito público da administração direta, autárquica e fundacional aprovado por ato administrativo da autoridade competente. (ex-Súmula n. 6 – alterada pela Res. 104/2000, *DJ* 20-122000).

II – Para efeito de equiparação de salários em caso de trabalho igual, conta-se o tempo de serviço na função e não no emprego. (ex-Súmula n. 135 – RA 102/1982, *DJ* 11-10-1982 e *DJ* 15-10-1982).

III – A equiparação salarial só é possível se o empregado e o paradigma exercerem a mesma função, desempenhando as mesmas tarefas, não importando se os cargos têm, ou não, a mesma denominação. (ex-OJ da SBDI-1 n. 328 – *DJ* 9-12-2003).

IV – É desnecessário que, ao tempo da reclamação sobre equiparação salarial, reclamante e paradigma estejam a serviço do estabelecimento, desde que o pedido se relacione com situação pretérita. (ex-Súmula n. 22 – RA 57/1970, DO-GB 27-11-1970).

V – A cessão de empregados não exclui a equiparação salarial, embora exercida a função em órgão governamental estranho à cedente, se esta responde pelos salários do paradigma e do reclamante. (ex--Súmula n. 111 – RA 102/1980, *DJ* 25-9-1980).

VI – Presentes os pressupostos do art. 461 da CLT, é irrelevante a circunstância de que o desnível salarial tenha origem em decisão judicial que beneficiou o paradigma, exceto:

a) se decorrente de vantagem pessoal ou de tese jurídica superada pela jurisprudência de Corte Superior;

b) na hipótese de equiparação salarial em cadeia, suscitada em defesa, se o empregador produzir prova do alegado fato modificativo, impeditivo ou extintivo do direito à equiparação salarial em relação ao paradigma remoto, considerada irrelevante, para esse efeito, a existência de diferença de tempo de serviço na função superior a dois anos entre o reclamante e todos os demais empregados paradigmas componentes da cadeia equiparatória, à exceção do paradigma imediato.

VII – Desde que atendidos os requisitos do art. 461 da CLT, é possível a equiparação salarial de trabalho intelectual, que pode ser avaliado por sua perfeição técnica, cuja aferição terá critérios objetivos. (ex-OJ da SBDI-1 n. 298 – *DJ* 11-8-2003).

VIII – É do empregador o ônus da prova do fato impeditivo, modificativo ou extintivo da equiparação salarial. (ex-Súmula n. 68 – RA 9/1977, *DJ* 11-2-1977).

IX – Na ação de equiparação salarial, a prescrição é parcial e só alcança as diferenças salariais vencidas no período de 5 (cinco) anos que precedeu o ajuizamento. (ex-Súmula n. 274 – alterada pela Res. 121/2003, *DJ* 21-11-2003).

X – O conceito de "mesma localidade" de que trata o art. 461 da CLT refere-se, em princípio, ao mesmo município, ou a municípios distintos que, comprovadamente, pertençam à mesma região metropolitana. (ex-OJ da SBDI-1 n. 252 – inserida em 13-3-2002).

✦✦ Redação determinada pela Resolução n. 198, de 9-6-2015.

✦ *Vide* art. 7.º, XXX, da CF.

✦ *Vide* art. 461 da CLT.

✦ *Vide* Súmulas 19 e 127 do TST.

✦ *Vide* OJs 379 e 418 SDI-1/TST.

7. **Férias**

A indenização pelo não deferimento das férias no tempo oportuno será calculada com base na remuneração devida ao empregado na época da reclamação ou, se for o caso, na da extinção do contrato.

✦ *Vide* art. 7.º, XVII, da CF.

✦ *Vide* arts. 145 a 147 da CLT.

8. **Juntada de documento**

A juntada de documentos na fase recursal só se justifica quando provado o justo impedimento para sua oportuna apresentação ou se referir a fato posterior à sentença.

✦ *Vide* OJs 76, 84 e 255, SDI-1/TST.

9. **Ausência do reclamante**

A ausência do reclamante, quando adiada a instrução após contestada a ação em audiência, não importa arquivamento do processo.

✦ *Vide* art. 844 da CLT.

10. Professor. Dispensa sem justa causa. Término do ano letivo ou no curso de férias escolares. Aviso prévio. (redação alterada em sessão do Tribunal Pleno realizada em 14-9-2012)

O direito aos salários do período de férias escolares assegurado aos professores (art. 322, *caput* e § 3.º, da CLT) não exclui o direito ao aviso prévio, na hipótese de dispensa sem justa causa ao término do ano letivo ou no curso das férias escolares.

✦✦ Redação determinada pela Resolução n. 185, de 14-9-2012.

✦ *Vide* art. 317 e ss. da CLT.

11. **Honorários de advogado**

(*Cancelada pela Resolução n. 121, de 28-10-2003.*)

12. **Carteira profissional**

As anotações apostas pelo empregador na carteira profissional do empregado não geram presunção *juris et de jure*, mas apenas *juris tantum*.

✦ *Vide* arts. 29 e 457 da CLT.

✦ *Vide* OJ 82 SDI-1/TST.

13. **Mora**

O só pagamento dos salários atrasados em audiência não ilide a mora capaz de determinar a rescisão do contrato de trabalho.

✦ *Vide* arts. 459 e 483 da CLT.

14. **Culpa recíproca**

Reconhecida a culpa recíproca na rescisão do contrato de trabalho (art. 484 da CLT), o empregado tem direito a 50% (cinquenta por cento) do valor do aviso prévio, do décimo terceiro salário e das férias proporcionais.

✦✦ Redação determinada pela Resolução n. 121, de 28-10-2003.

✦ *Vide* arts. 394 e 484 da CLT.

✦ *Vide* art. 18, § 2.º, da Lei n. 8.036, de 11-5-1990.

✦ *Vide* art. 93 do Decreto n. 3.048, de 6-5-1999.

15. **Atestado médico**

A justificação da ausência do empregado motivada por doença, para a percepção do salário-enfermidade e da remuneração do repouso semanal, deve observar a ordem preferencial dos atestados médicos estabelecida em lei.

16. **Notificação**

Presume-se recebida a notificação 48 (quarenta e oito) horas depois de sua postagem. O seu não recebimento ou a entrega após o decurso desse prazo constituem ônus de prova do destinatário.

✦✦ Redação determinada pela Resolução n. 121, de 28-10-2003.

✦ *Vide* arts. 831, 832, 834, 841, 850 e 852-I, § 3.º, da CLT.

✦ *Vide* art. 1.º do Decreto-Lei n. 779, de 21-8-1969.

17. **Adicional de insalubridade**

(*Cancelada pela Resolução n. 148, de 26-6-2008.*)

18. **Compensação**

A compensação, na Justiça do Trabalho, está restrita a dívidas de natureza trabalhista.

✦ *Vide* art. 767 da CLT.

✦ *Vide* arts. 38 e ss. do CC.

✦ *Vide* Súmula 48 do TST.

✦ *Vide* OJ 356 da SDI-1/TST.

19. **Quadro de carreira**

A Justiça do Trabalho é competente para apreciar reclamação de empregado que tenha por objeto direito fundado em quadro de carreira.

✦ *Vide* art. 461 da CLT.

✦ *Vide* Súmulas 6 e 127 do TST.

20. **Resilição contratual**

(*Cancelada pela Resolução n. 106, de 15-3-2001.*)

21. **Aposentadoria**

(*Cancelada pela Resolução n. 30, de 27-4-1994.*)

22. **Equiparação salarial**

(*Cancelada pela Resolução n. 129, de 5-4-2005.*)

23. **Recurso**

Não se conhece de recurso de revista ou de embargos, se a decisão recorrida resolver determinado item do pedido por diversos fundamentos e a jurisprudência transcrita não abranger a todos.

+ *Vide* arts. 896, §§ 1.º-A e 8.º, da CLT.

24. Serviço extraordinário

Insere-se no cálculo da indenização por antiguidade o salário relativo a serviço extraordinário, desde que habitualmente prestado.

25. Custas processuais. Inversão do ônus da sucumbência. (alterada a Súmula e incorporadas as Orientações Jurisprudenciais n. 104 e 186 da SBDI-1)

I – A parte vencedora na primeira instância, se vencida na segunda, está obrigada, independentemente de intimação, a pagar as custas fixadas na sentença originária, das quais ficara isenta a parte então vencida.

II – No caso de inversão do ônus da sucumbência em segundo grau, sem acréscimo ou atualização do valor das custas e se estas já foram devidamente recolhidas, descabe um novo pagamento pela parte ven-
cida, ao recorrer. Deverá ao final, se sucumbente, reembolsar a quantia. (ex-OJ n. 186 da SBDI-I)

III – Não caracteriza deserção a hipótese em que, acrescido o valor da condenação, não houve fixação ou cálculo do valor devido a título de custas e tampouco intimação da parte para o preparo do recurso, devendo ser as custas pagas ao final. (ex-OJ n. 104 da SBDI-I)

IV – O reembolso das custas à parte vencedora faz-se necessário mesmo na hipótese em que a parte vencida for pessoa isenta do seu pagamento, nos termos do art. 790-A, parágrafo único, da CLT.

++ Redação determinada pela Resolução n. 197, de 12-5-2015.

+ *Vide* art. 789 da CLT.

26. Estabilidade

(*Cancelada pela Resolução n. 121, de 28-10-2003.*)

27. Comissionista

É devida a remuneração do repouso semanal e dos dias feriados ao empregado comissionista, ainda que pracista.

+ *Vide* art. 478, § 4.º da CLT.

+ *Vide* OJ 397 SDI-1/TST.

28. Indenização

No caso de se converter a reintegração em indenização dobrada, o direito aos salários é assegurado até a data da primeira decisão que determinou essa conversão.

++ Redação determinada pela Resolução n. 121, de 28-10-2003.

+ *Vide* arts. 496 e 497 da CLT.

29. Transferência

Empregado transferido, por ato unilateral do empregador, para local mais distante de sua residência, tem direito a suplemento salarial correspondente ao acréscimo da despesa de transporte.

+ *Vide* art. 469 da CLT.

+ *Vide* OJ 113 SDI-1/TST.

+ *Vide* Lei n. 7.064, de 6-12-1982.

+ *Vide* Decreto n. 89.339, de 31-1-1984.

30. Intimação da sentença

Quando não juntada a ata ao processo em 48 horas, contadas da audiência de julgamento (art. 851, § 2.º, da CLT), o prazo para recurso será contado da data em que a parte receber a intimação da sentença.

+ *Vide* arts. 774, 775, 775-A, 834 e 893 da CLT.

+ *Vide* Súmula 1 do TST.

31. Aviso prévio

(*Cancelada pela Resolução n. 31, de 27-4-1994.*)

32. Abandono de emprego

Presume-se o abandono de emprego se o trabalhador não retornar ao serviço no prazo de 30 (trinta) dias após a cessação do benefício previdenciário nem justificar o motivo de não o fazer.

++ Redação determinada pela Resolução n. 121, de 28-10-2003.

+ *Vide* art. 482, I, da CLT.

33. Mandado de segurança. Decisão judicial transitada em julgado. Não cabe mandado de segurança de decisão judicial transitada em julgado.

+ *Vide* Lei n. 12.016, de 7-8-2009.

+ *Vide* OJ 99 SDI-1/TST.

34. Gratificação natalina

(*Cancelada pela Resolução n. 121, de 28-10-2003.*)

35. Depósito recursal. Complementação

(*Cancelada pela Resolução n. 121, de 28-10-2003.*)

36. Custas

Nas ações plúrimas, as custas incidem sobre o respectivo valor global.

+ *Vide* art. 789 da CLT.

37. Prazo

(*Cancelada pela Resolução n. 32, de 27-4-1994.*)

38. Recurso(Cancelada pela Resolução n. 121, de 28-10-2003.)

39. Periculosidade

Os empregados que operam em bomba de gasolina têm direito ao adicional de periculosidade (Lei n. 2.573, de 15-8-1955).

+ *Vide* art. 7.º, XXIII e XXXIII, da CF.

+ *Vide* art. 193 da CLT.

+ *Vide* Súmulas 132, 191 e 364 do TST.

40. Processo administrativo

(*Cancelada pela Resolução n. 121, de 28-10-2003.*)

41. Quitação

(*Cancelada pela Resolução n. 121, de 28-10-2003.*)

42. Recurso

(*Cancelada pela Resolução n. 121, de 28-10-2003.*)

43. Transferência

Presume-se abusiva a transferência de que trata o § 1.º do art. 469 da CLT, sem comprovação da necessidade do serviço.

+ *Vide* arts. 469 e 659, IX, da CLT.
+ *Vide* OJ 113 SDI-1/TST.
+ *Vide* Lei n. 7.064, de 6-12-1982.
+ *Vide* Decreto n. 89.339, de 31-1-1984.

44. Aviso prévio

A cessação da atividade da empresa, com o pagamento da indenização, simples ou em dobro, não exclui, por si só, o direito do empregado ao aviso prévio.

+ *Vide* art. 7.º, XXI, da CF.
+ *Vide* art. 487 e ss. da CLT.
+ *Vide* Lei 12.506, de 11-10-2011 (Aviso prévio).
+ *Vide* Súmula 441 do TST.

45. Serviço suplementar

A remuneração do serviço suplementar, habitualmente prestado, integra o cálculo da gratificação natalina prevista na Lei n. 4.090, de 13 de julho de 1962.

+ *Vide* art. 7º, XIII, da CF.
+ *Vide* art. 59 da CLT.
+ *Vide* Súmulas 199, 291 e 376 do TST.
+ *Vide* OJ 117 SDI-1/TST.

46. Acidente de trabalho

As faltas ou ausências decorrentes de acidente do trabalho não são consideradas para os efeitos de duração de férias e cálculo da gratificação natalina.

+ *Vide* art. 131 da CLT.
+ *Vide* Súmula 198 do STF.
+ *Vide* Súmula 378 do TST.

47. Insalubridade

O trabalho executado em condições insalubres, em caráter intermitente, não afasta, só por essa circunstância, o direito à percepção do respectivo adicional.

+ *Vide* art. 7.º, XXIII e XXXIII, da CF.
+ *Vide* art. 192 da CLT.
+ *Vide* OJs 47, 165 e 345 SDI-1/TST.

48. Compensação

A compensação só poderá ser arguida com a contestação.

+ *Vide* art. 767 da CLT.
+ *Vide* Súmula 18 do TST.
+ *Vide* OJ 325 SDI-1/TST.

49. Inquérito judicial

(*Cancelada pela Resolução n. 121, de 28-10-2003.*)

50. Gratificação natalina

A gratificação natalina, instituída pela Lei n. 4.090, de 13 de julho de 1962, é devida pela empresa cessionária ao servidor público cedido enquanto durar a cessão.

+ *Vide* art. 461 da CLT.
+ *Vide* Súmula 6 do TST.

51. Norma regulamentar

Vantagens e opção pelo novo regulamento. Art. 468 da CLT. (incorporada a Orientação Jurisprudencial n. 163 da SDI-1)

I – As cláusulas regulamentares, que revoguem ou alterem vantagens deferidas anteriormente, só atingirão os trabalhadores admitidos após a revogação ou alteração do regulamento. (ex--Súmula 51 – RA 41/1973, *DJ* 14-6-1973)

+ + *Vide* OJ 413 da SDI-1.

II – Havendo a coexistência de dois regulamentos da empresa, a opção do empregado por um deles tem efeito jurídico de renúncia às regras do sistema do outro. (ex-OJ 163 – inserida em 26-3-1999)

+ + Redação determinada pela Resolução n. 129, de 5-4-2005.
+ *Vide* art. 468 da CLT.
+ *Vide* Súmula 288 do TST.
+ *Vide* OJ 163 SDI-1/TST.

52. Tempo de serviço

O adicional de tempo de serviço (quinquênio) é devido, nas condições estabelecidas no art. 19 da Lei n. 4.345, de 26 de junho de 1964, aos contratados sob o regime da CLT, pela empresa a que se refere a mencionada lei, inclusive para o fim de complementação de aposentadoria.

53. Custas

O prazo para pagamento das custas, no caso de recurso, é contado da intimação do cálculo.

+ *Vide* art. 789 da CLT.
+ *Vide* OJ 148 SDI-1/TST.

54. Optante

Rescindindo por acordo seu contrato de trabalho, o empregado estável optante tem direito ao mínimo de 60% (sessenta por cento) do total da indenização em dobro, calculada sobre o maior salário percebido no emprego. Se houver recebido menos do que esse total, qualquer que tenha sido a forma de transação, assegura-se-lhe a complementação até aquele limite.

+ *Vide* art. 492 da CLT.

55. Financeiras

As empresas de crédito, financiamento ou investimento, também denominadas financeiras, equiparam-se aos estabelecimentos bancários para os efeitos do art. 224 da CLT.

+ *Vide* art. 224 da CLT.
+ *Vide* Súmulas 93, 117 e 119 do TST.

56. Balconista

(*Cancelada pela Resolução n. 121, de 28-10-2003.*)

57. Trabalhador rural

(*Cancelada pela Resolução n. 3, de 28-4-1993.*)

58. Pessoal de obras

Ao empregado admitido como pessoal de obras, em caráter permanente e não amparado pelo regime estatutário, aplica-se a legislação trabalhista.

+ *Vide* Súmula 363 do TST.
+ *Vide* OJs 51, 199 e 381 SDI-1/TST.

59. Vigia

(*Cancelada pela Resolução n. 121, de 28-10-2003.*)

60. Adicional noturno. Integração no salário e prorrogação em horário diurno. (incorporada a Orientação Jurisprudencial n. 6 da SDI-1)

I – O adicional noturno, pago com habitualidade, integra o salário do empregado para todos os efeitos. (ex-Súmula 60 – RA 105/1974, *DJ* 24-10-1974)

II – Cumprida integralmente a jornada no período noturno e prorrogada esta, devido é também o adicional quanto às horas prorrogadas. Exegese do art. 73, § 5.º, da CLT. (ex-OJ 6 – inserida em 25-11-1996)

++ Redação determinada pela Resolução n. 129, de 5-4-2005.
+ *Vide* art. 7.º, IX, da CF.
+ *Vide* arts. 73 e 611-B, VI, da CLT.

61. Ferroviário

Aos ferroviários que trabalham em estação do interior, assim classificada por autoridade competente, não são devidas horas extras (art. 243 da CLT).

+ *Vide* art. 243 da CLT.

62. Abandono de emprego

O prazo de decadência do direito do empregador de ajuizar inquérito em face do empregado que incorre em abandono de emprego é contado a partir do momento em que o empregado pretendeu seu retorno ao serviço.

+ *Vide* art. 482, I, da CLT.
+ *Vide* Súmula 32 do TST.

63. Fundo de garantia

A contribuição para o Fundo de Garantia do Tempo de Serviço incide sobre a remuneração mensal devida ao empregado, inclusive horas extras e adicionais eventuais.

+ *Vide* art. 7.º, III, da CF.
+ *Vide* Súmula 593 do STF.
+ *Vide* Súmulas 98 e 305 do TST.
+ *Vide* OJ 166 SDI-1/TST.
+ *Vide* Lei n. 8.036, de 11-5-1990.

64. Prescrição

(*Cancelada pela Resolução n. 121, de 28-10-2003.*)

65. Vigia

O direito à hora reduzida de 52 minutos e 30 segundos aplica-se ao vigia noturno.

66. Tempo de serviço

(*Cancelada pela Resolução n. 121, de 28-10-2003.*)

67. Gratificação. Ferroviário

Chefe de trem, regido pelo estatuto dos ferroviários (Decreto n. 35.530, de 19-9-1959), não tem direito à gratificação prevista no respectivo art. 110.

68. Prova

(*Cancelada pela Resolução n. 129, de 5-4-2005.*)

69. Rescisão do contrato

A partir da Lei n. 10.272, de 5 de setembro de 2001, havendo rescisão do contrato de trabalho e sendo revel e confesso quanto à matéria de fato, deve ser o empregador condenado ao pagamento das verbas rescisórias, não quitadas na primeira audiência, com acréscimo de 50% (cinquenta por cento).

++ Redação determinada pela Resolução n. 121, de 28-10-2003.
+ *Vide* art. 467 da CLT.

70. Adicional de periculosidade

O adicional de periculosidade não incide sobre os triênios pagos pela PETROBRAS.

+ *Vide* art. 7.º, XXIII e XXXIII, da CF.
+ *Vide* art. 193 da CLT.

71. Alçada

A alçada é fixada pelo valor dado à causa na data de seu ajuizamento, desde que não impugnado, sendo inalterável no curso do processo.

+ *Vide* Lei n. 5.584, de 26-6-1970.

72. Aposentadoria

O prêmio-aposentadoria instituído por norma regulamentar da empresa não está condicionado ao disposto no § 2.º do art. 14 da Lei n. 8.036, de 11 de maio de 1990.

++ Redação determinada pela Resolução n. 121, de 28-10-2003.
+ *Vide* Lei n. 8.036, de 11-5-1990.

73. Despedida. Justa causa

A ocorrência de justa causa, salvo a de abandono de emprego, no decurso do prazo do aviso prévio dado pelo empregador, retira do empregado qualquer direito às verbas rescisórias de natureza indenizatória.

++ Redação determinada pela Resolução n. 121, de 28-10-2003.

+ *Vide* art. 482 da CLT.

+ *Vide* Súmula 197 do STF.

74. Confissão

I – Aplica-se a confissão à parte que, expressamente intimada com aquela cominação, não comparecer à audiência em prosseguimento, na qual deveria depor. (ex-Súmula 74 – RA 69/1978, *DJ* 26-9-1978)

II – A prova pré-constituída nos autos pode ser levada em conta para confronto com a confissão ficta (arts. 442 e 443 do CPC de 2015 – art. 400, I, do CPC de 1973), não implicando cerceamento de defesa o indeferimento de provas posteriores. (ex-OJ 184 da SBDI-1 – inserida em 8-11-2000)

III – A vedação à produção de prova posterior pela parte confessa somente a ela se aplica, não afetando o exercício, pelo magistrado, do poder/dever de conduzir o processo.

++ Redação determinada pela Resolução n. 208, de 19-4-2016.

+ *Vide* art. 400 do CPC.

75. Ferroviário

(*Cancelada pela Resolução n. 121, de 28-10-2003.*)

76. Horas extras

(*Cancelada pela Resolução n. 121, de 28-10-2003.*)

77. Punição

Nula é a punição de empregado se não precedida de inquérito ou sindicância internos a que se obrigou a empresa por norma regulamentar.

78. Gratificação

(*Cancelada pela Resolução n. 121, de 28-10-2003.*)

79. Tempo de serviço

(*Cancelada pela Resolução n. 121, de 28-10-2003.*)

80. Insalubridade

A eliminação da insalubridade mediante fornecimento de aparelhos protetores aprovados pelo órgão competente do Poder Executivo exclui a percepção do respectivo adicional.

+ *Vide* art. 7.º, XXIII, da CF.

+ *Vide* art. 192 da CLT.

81. Férias

Os dias de férias gozados após o período legal de concessão deverão ser remunerados em dobro.

+ *Vide* art. 7.º, XVII, da CF.

+ *Vide* arts. 137 e 145 da CLT.

82. Assistência

A intervenção assistencial, simples ou adesiva, só é admissível se demonstrado o interesse jurídico e não o meramente econômico.

++ Redação determinada pela Resolução n. 121, de 28-10-2003.

+ *Vide* arts. 119 a 124 e 1.048 do CPC.

83. Ação rescisória. Matéria controvertida. (incorporada a Orientação Jurisprudencial n. 77 da SDI-2)

I – Não procede pedido formulado na ação rescisória por violação literal de lei se a decisão rescindenda estiver baseada em texto legal infraconstitucional de interpretação controvertida nos Tribunais (ex-Súmula 83 – Res. 121/2003, *DJ* 21-11-2003)

II – O marco divisor quanto a ser, ou não, controvertida, nos Tribunais, a interpretação dos dispositivos legais citados na ação rescisória é a data da inclusão, na Orientação Jurisprudencial do TST, da matéria discutida. (ex-OJ 77 – inserida em 13-3-2002)

++ Redação determinada pela Resolução n. 137, de 4-8-2005.

+ *Vide* art. 836 da CLT.

+ *Vide* arts. 966 a 975 do CPC.

+ *Vide* OJ 150 SDI-1/TST.

84. Adicional regional

O adicional regional, instituído pela Petrobras, não contraria o art. 7.º, XXXII, da CF/1988.

++ Redação determinada pela Resolução n. 121, de 28-10-2003.

+ *Vide* art. 7.º, XXXII, da CF.

+ *Vide* Súmula 374 do TST.

+ *Vide* OJ 383 da SDI-1/TST.

85. Compensação de jornada. (inserido o item VI)

I – A compensação de jornada de trabalho deve ser ajustada por acordo individual escrito, acordo coletivo ou convenção coletiva. (ex-Súmula 85 – primeira parte – alterada pela Res. 121/2003, *DJ* 21-11-2003)

II – O acordo individual para compensação de horas é válido, salvo se houver norma coletiva em sentido contrário. (ex-OJ 182 da SBDI-1 – inserida em 8-11-2000)

III – O mero não atendimento das exigências legais para a compensação de jornada, inclusive quando encetada mediante acordo tácito, não implica a repetição do pagamento das horas excedentes à jornada normal diária, se não dilatada a jornada máxima semanal, sendo devido apenas o respectivo adicional. (ex-Súmula 85 – segunda parte – alterada pela Res. 121/2003, *DJ* 21-11-2003)

IV – A prestação de horas extras habituais descaracteriza o acordo de compensação de jornada. Nesta hipótese, as horas que ultrapassarem a jornada semanal normal deverão ser pagas como horas extraordinárias e, quanto àquelas destinadas à compensação, deverá ser pago a mais apenas o adicional por trabalho extraordinário. (ex-OJ 220 da SBDI-1 – inserida em 20-6-2001)

V – As disposições contidas nesta súmula não se aplicam ao regime compensatório na modalidade "banco de horas", que somente pode ser instituído por negociação coletiva.

VI – Não é válido acordo de compensação de jornada em atividade insalubre, ainda que estipulado em norma coletiva, sem a necessária inspeção prévia e permissão da autoridade competente, na forma do art. 60 da CLT.

+ +Redação determinada pela Resolução n. 209, de 30-5-2016.

+ *Vide* arts. 59 e 59-B da CLT.

+ *Vide* OJ 323 SDI-I/TST.

+ *Vide* PN 68 e 87 do TST.

86. Deserção. Massa falida. Empresa em liquidação extrajudicial. (incorporada a Orientação Jurisprudencial n. 31 da SDI-1)

Não ocorre deserção de recurso da massa falida por falta de pagamento de custas ou de depósito do valor da condenação. Esse privilégio, todavia, não se aplica à empresa em liquidação extrajudicial. (primeira parte – ex-Súmula 86 – RA 69/1978, *DJ* de 26-9-1978; segunda parte – ex-OJ 31 – inserida em 14-3-1994)

+ +Redação determinada pela Resolução n. 129, de 5-4-2005.

+ *Vide* arts. 789 e 899, *caput* e § 10, da CLT.

+ *Vide* Lei n. 11.101, de 9-2-2005.

87. Previdência privada

Se o empregado, ou seu beneficiário, já recebeu da instituição previdenciária privada, criada pela empresa, vantagem equivalente, é cabível a dedução de seu valor do benefício a que faz jus por norma regulamentar anterior.

88. Jornada de trabalho. Intervalo entre turnos

(*Cancelada pela Resolução n. 42, de 8-2-1995.*)

89. Falta ao serviço

Se as faltas já são justificadas pela lei, consideram-se como ausências legais e não serão descontadas para o cálculo do período de férias.

+ *Vide* arts. 131 e 473 da CLT.

90. Horas *in itinere*. Tempo de serviço. (incorporadas as Súmulas 324 e 325 e as Orientações Jurisprudenciais ns. 50 e 236 da SDI-1)

I – O tempo despendido pelo empregado, em condução fornecida pelo empregador, até o local de trabalho de difícil acesso, ou não servido por transporte público regular, e para o seu retorno é computável na jornada de trabalho. (ex-Súmula 90 – RA 80/1978, *DJ* 10-11-1978)

II – A incompatibilidade entre os horários de início e término da jornada do empregado e os do transporte público regular é circunstância que também gera o direito às horas *in itinere*. (ex-OJ 50 – inserida em 1.º-2-1995)

III – A mera insuficiência de transporte público não enseja o pagamento de horas *in itinere*. (ex-Súmula 324 – RA 16/1993, *DJ* 21-12-1993)

IV – Se houver transporte público regular em parte do trajeto percorrido em condução da empresa, as horas *in itinere* remuneradas limitam-se ao trecho não alcançado pelo transporte público. (ex-Súmula 325 – RA 17/1993, *DJ* 21-12-1993)

V – Considerando que as horas *in itinere* são computáveis na jornada de trabalho, o tempo que extrapola a jornada legal é considerado como extraordinário e sobre ele deve incidir o adicional respectivo. (exOJ 236 – inserida em 20-6-2001)

+ +Redação determinada pela Resolução n. 129, de 5-4-2005.

+ *Vide* art. 58, § 2.º, da CLT.

91. Salário complessivo

Nula é a cláusula contratual que fixa determinada importância ou percentagem para atender englobadamente vários direitos legais ou contratuais do trabalhador.

+ *Vide* OJ 12 da SDI-1/TST.

92. Aposentadoria

O direito à complementação de aposentadoria, criado pela empresa, com requisitos próprios, não se altera pela instituição de benefício previdenciário por órgão oficial.

93. Bancário

Integra a remuneração do bancário a vantagem pecuniária por ele auferida na colocação ou na venda de papéis ou valores mobiliários de empresas pertencentes ao mesmo grupo econômico, se exercida essa atividade no horário e no local de trabalho e com o consentimento, tácito ou expresso, do banco empregador.

94. Horas extras

(*Cancelada pela Resolução n. 121, de 28-10-2003.*)

95. Prescrição trintenária. FGTS

(*Cancelada pela Resolução n. 121, de 28-10-2003.*)

96. Marítimo

A permanência do tripulante a bordo do navio, no período de repouso, além da jornada, não importa presunção de que esteja à disposição do empregador ou em regime de prorrogação de horário, circunstâncias que devem resultar provadas, dada a natureza do serviço.

97. Aposentadoria. Complementação

Instituída complementação de aposentadoria por ato da empresa, expressamente dependente de regulamentação, as condições desta devem ser observadas como parte integrante da norma.

✦ ✦ Redação determinada pela Resolução Administrativa n. 96, de 1980, *DJU*, de 11-9-1980.

98. FGTS. Indenização. Equivalência. Compatibilidade. (incorporada a Orientação Jurisprudencial n. 299 da SDI-1)

I – A equivalência entre os regimes do Fundo de Garantia do Tempo de Serviço e da estabilidade prevista na CLT é meramente jurídica e não econômica, sendo indevidos valores a título de reposição de diferenças. (ex-Súmula 98 – RA 57/1980, *DJ* 6-6-1980)

II – A estabilidade contratual ou a derivada de regulamento de empresa são compatíveis com o regime do FGTS. Diversamente ocorre com a estabilidade legal (decenal, art. 492 da CLT), que é renunciada com a opção pelo FGTS. (ex-OJ 299 – *DJ* 11-8-2003)

✦ ✦ Redação determinada pela Resolução n. 129, de 5-4-2005.

99. Ação rescisória. Deserção. Prazo. (incorporada a Orientação Jurisprudencial n. 117 da SDI-2)

Havendo recurso ordinário em sede de rescisória, o depósito recursal só é exigível quando for julgado procedente o pedido e imposta condenação em pecúnia, devendo este ser efetuado no prazo recursal, no limite e nos termos da legislação vigente, sob pena de deserção. (ex-Súmula 99 – RA 62/1980, *DJ* 11 de junho de 1980 e alterada pela Res. 110/2002, *DJ* 11-4-2002 e ex-OJ 117 – *DJ* 11-8-2003)

✦ ✦ Redação determinada pela Resolução n. 137, de 4-8-2005.

100. Ação rescisória. Decadência. (incorporadas as Orientações Jurisprudenciais ns. 13,16, 79, 102, 104, 122 e 145 da SDI-2)

I – O prazo de decadência, na ação rescisória, conta-se do dia imediatamente subsequente ao trânsito em julgado da última decisão proferida na causa, seja de mérito ou não. (ex-Súmula 100 – Res. 109/2001, *DJ* 18-4-2001)

II – Havendo recurso parcial no processo principal, o trânsito em julgado dá-se em momentos e em tribunais diferentes, contando-se o prazo decadencial para a ação rescisória do trânsito em julgado de cada decisão, salvo se o recurso tratar de preliminar ou prejudicial que possa tornar insubsistente a decisão recorrida, hipótese em que flui a decadência a partir do trânsito em julgado da decisão que julgar o recurso parcial. (ex-Súmula 100 – Res. 109/2001, *DJ* 18-4-2001)

III – Salvo se houver dúvida razoável, a interposição de recurso intempestivo ou a interposição de recurso incabível não protrai o termo inicial do prazo decadencial. (ex-Súmula 100 – Res. 109/2001, *DJ* 18-42001)

IV – O juízo rescindente não está adstrito à certidão de trânsito em julgado juntada com a ação rescisória, podendo formar sua convicção através de outros elementos dos autos quanto à antecipação ou postergação do *dies a quo* do prazo decadencial. (ex-OJ 102 – *DJ* 29-4-2003)

V – O acordo homologado judicialmente tem força de decisão irrecorrível, na forma do art. 831 da CLT. Assim sendo, o termo conciliatório transita em julgado na data da sua homologação judicial. (ex-OJ 104 – *DJ* 29-4-2003)

VI – Na hipótese de colusão das partes, o prazo decadencial da ação rescisória somente começa a fluir para o Ministério Público, que não interveio no processo principal, a partir do momento em que tem ciência da fraude. (ex-OJ 122 – *DJ* 11-8-2003)

VII – Não ofende o princípio do duplo grau de jurisdição a decisão do TST que, após afastar a decadência em sede de recurso ordinário, aprecia desde logo a lide, se a causa versar questão exclusivamente de direito e estiver em condições de imediato julgamento. (ex-OJ 79 – inserida em 13-3-2002)

VIII – A exceção de incompetência, ainda que oposta no prazo recursal, sem ter sido aviado o recurso próprio, não tem o condão de afastar a consumação da coisa julgada e, assim, postergar o termo inicial do prazo decadencial para a ação rescisória. (ex-OJ 16 – inserida em 20-92000)

IX – Prorroga-se até o primeiro dia útil, imediatamente subsequente, o prazo decadencial para ajuizamento de ação rescisória quando expira em férias forenses, feriados, finais de semana ou em dia em que não houver expediente forense. Aplicação do art. 775 da CLT. (ex-OJ 13 – inserida em 20-9-2000)

✦ ✦ *Vide* art. 775 da CLT, que sofreu alteração pela Lei n. 13.467, de 13-7-2017, em vigor 120 dias da sua publicação (*DOU* de 14-7-2017).

X – Conta-se o prazo decadencial da ação rescisória, após o decurso do prazo legal previsto para a interposição do recurso extraordinário, apenas quando esgotadas todas as vias recursais ordinárias. (ex-OJ 145
– DJ 10-1-2004)

✦ ✦ Redação determinada pela Resolução n. 137, de 4-8-2005.

✦ ✦ *Vide* art. 775 da CLT.

101. Diárias de viagem. Salário. (incorporada a Orientação Jurisprudencial n. 292 da SDI-1)

Integram o salário, pelo seu valor total e para efeitos indenizatórios, as diárias de viagem que excedam a 50% (cinquenta por cento) do salário do empregado, enquanto perdurarem as viagens. (Primeira parte – ex-Súmula 101 – RA 65/1980, *DJ* 18-6-1980; segunda parte – ex-OJ 292 – inserida em 11-8-2003)

✦✦ Redação determinada pela Resolução n. 129, de 5-4-2005.

102. Bancário. Cargo de confiança. (mantida)

I – A configuração, ou não, do exercício da função de confiança a que se refere o art. 224, § 2.º, da CLT, dependente da prova das reais atribuições do empregado, é insuscetível de exame mediante recurso de revista ou de embargos. (ex-Súmula n. 204 – alterada pela Res. 121/2003, *DJ* 21-11-2003)

II – O bancário que exerce a função a que se refere o § 2.º do art. 224 da CLT e recebe gratificação não inferior a um terço de seu salário já tem remuneradas as duas horas extraordinárias excedentes de seis (ex-Súmula 166 – RA 102/1982, *DJ* 11-10-1982 e *DJ* 15-10-1982)

III – Ao bancário exercente de cargo de confiança previsto no art. 224,

§ 2.º, da CLT são devidas as 7.ª e 8.ª horas, como extras, no período em que se verificar o pagamento a menor da gratificação de 1/3. (ex-OJ n. 288 da SBDI-1 – *DJ* 11-8-2003)

IV – O bancário sujeito à regra do art. 224, § 2.º, da CLT cumpre jornada de trabalho de 8 (oito) horas, sendo extraordinárias as trabalhadas além da oitava. (ex-Súmula n. 232 – RA 14/1985, *DJ* 19-9-1985)

V – O advogado empregado de banco, pelo simples exercício da advocacia, não exerce cargo de confiança, não se enquadrando, portanto, a hipótese do § 2.º do art. 224 da CLT. (ex-OJ n. 222 da SBDI-1 – inserida em 20-6-2001)

VI – O caixa bancário, ainda que caixa executivo, não exerce cargo de confiança. Se perceber gratificação igual ou superior a um terço do salário do posto efetivo, essa remunera apenas a maior responsabilidade do cargo e não as duas horas extraordinárias além da sexta. (ex-Súmula n. 102 – RA 66/1980, *DJ* 18-6-1980 e republicada *DJ* 14-7-1980) VII – O bancário excedente de função de confiança, que percebe a gratificação não inferior ao terço legal, ainda que norma coletiva contemple percentual superior, não tem direitos às sétima e oitava horas como extras, mas tão somente às diferenças de gratificação de função, se postuladas. (ex-OJ n. 15 da SBDI-1 – inserida em 14-3-1994).

✦✦ Redação mantida pela Resolução n. 174, de 24-5-2011.

103. Tempo de serviço. Licença-prêmio

(*Cancelada pela Resolução n. 121, de 28-10-2003.*)

104. Férias. Trabalhador rural

(*Cancelada pela Resolução n. 121, de 28-10-2003.*)

105. Funcionário público. Quinquênios

(*Cancelada pela Resolução n. 121, de 28-10-2003.*)

106. Aposentadoria. Ferroviário. Competência

(*Cancelada pela Resolução n. 157, de 31-8-2009.*)

107. Ação rescisória. Prova

(*Cancelada pelo Enunciado 299, na redação determinada pela Resolução n. 9, de 1989,* DJU *de 14-4-1989.*)

108. Compensação de horário. Acordo

(*Cancelada pela Resolução n. 85, de 13-8-1998.*)

109. Gratificação de função

O bancário não enquadrado no § 2.º do art. 224 da CLT, que receba gratificação de função, não pode ter o salário relativo a horas extraordinárias compensado com o valor daquela vantagem.

✦✦ Redação determinada pela Resolução Administrativa n. 97, de 10-9-1980.

✦ *Vide* art. 7.º, XVI, da CF.

✦ *Vide* arts. 59 e 224 da CLT.

✦ *Vide* OJ 379 SDI-1/TST.

110. Jornada de trabalho. Intervalo

No regime de revezamento, as horas trabalhadas em seguida ao repouso semanal de 24 horas, com prejuízo do intervalo mínimo de 11 horas consecutivas para descanso entre jornadas, devem ser remuneradas como extraordinárias, inclusive com o respectivo adicional.

✦ *Vide* art. 7.º, XIV e XVI, da CF.

✦ *Vide* arts. 59 e 66 da CLT.

111. Equiparação salarial

(*Cancelada pela Resolução n. 129, de 5-4-2005.*)

112. Trabalho noturno. Petróleo

O trabalho noturno dos empregados nas atividades de exploração, perfuração, produção e refinação do petróleo, industrialização do xisto, indústria petroquímica e transporte de petróleo e seus derivados, por meio de dutos, é regulado pela Lei n. 5.811, de 11 de outubro de 1972, não se lhe aplicando a hora reduzida de 52 minutos e 30 segundos prevista no art. 73, § 2.º, da CLT.

113. Bancário. Sábado. Dia útil

O sábado do bancário é dia útil não trabalhado, não dia de repouso remunerado. Não cabe a repercussão do pagamento de horas extras habituais em sua remuneração.

✦ *Vide* art. 224 da CLT.

114. Prescrição intercorrente

É inaplicável na Justiça do Trabalho a prescrição intercorrente.

✦✦ *Vide* Súmula 327 do STF (prescrição intercorrente).

✦ *Vide* art. 11-A da CLT.

✦ *Vide* Súmula 327 do STF.

115. Horas extras. Gratificações semestrais

O valor das horas extras habituais integra a remuneração do trabalhador para o cálculo das gratificações semestrais.

✦✦ Redação determinada pela Resolução n. 121, de 28-10-2003.

✦ *Vide* art. 7.º, XVI, da CF.

✦ *Vide* art. 59 da CLT.

116. Funcionário público. Cedido. Reajuste salarial

(*Cancelada pela Resolução n. 121, de 28-10-2003.*)

117. Bancário. Categoria diferenciada

Não se beneficiam do regime legal relativo aos bancários os empregados de estabelecimento de crédito pertencentes a categorias profissionais diferenciadas.

✦ *Vide* arts. 71, § 1.º e 224 da CLT.

✦ *Vide* Súmulas 264 e 291 do TST.

118. Jornada de trabalho. Horas extras

Os intervalos concedidos pelo empregador na jornada de trabalho, não previstos em lei, representam tempo à disposição da empresa, remunerados como serviço extraordinário, se acrescidos ao final da jornada.

✦ *Vide* arts. 4.º e 71 da CLT.

119. Jornada de trabalho

Os empregados de empresas distribuidoras e corretoras de títulos e valores mobiliários não têm direito à jornada especial dos bancários.

✦ *Vide* art. 7.º, XIII, da CF.

✦ *Vide* arts. 58 e ss. e art. 224 da CLT.

120. Equiparação salarial. Decisão judicial

(*Cancelada pela Resolução n. 129, de 5-4-2005.*)

121. Funcionário público. Gratificação de produtividade

(*Cancelada pela Resolução n. 121, de 28-10-2003.*)

122. Revelia. Atestado médico. (incorporada a Orientação Jurisprudencial n. 74 da SDI-1)

A reclamada, ausente à audiência em que deveria apresentar defesa, é revel, ainda que presente seu advogado munido de procuração, podendo ser ilidida a revelia mediante a apresentação de atestado médico, que deverá declarar, expressamente, a impossibilidade de locomoção do empregador ou do seu preposto no dia da audiência. (Primeira parte - ex-OJ 74 - inserida em 25-11-1996; segunda parte - ex-Súmula 122, redação dada pela Res. 121/2003, *DJ* 21-11-2003)

✦✦ Redação determinada pela Resolução n. 129, de 5-4-2005.

✦ *Vide* arts. 831, 832, 834, 850 e 852-I da CLT.

123. Competência. Art. 106 da CF

(*Cancelada pela Resolução n. 121, de 28-10-2003.*)

124. Bancário. Salário-hora. Divisor (alteração em razão do julgamento do processo TST-IRR-849-83.2013.5.03.0138)

I – o divisor aplicável para o cálculo das horas extras do bancário será:

a) 180, para os empregados submetidos à jornada de seis horas prevista no *caput* do art. 224 da CLT;

b) 220, para os empregados submetidos à jornada de oito horas, nos termos do § 2.º do art. 224 da CLT.

II – Ressalvam-se da aplicação do item anterior as decisões de mérito sobre o tema, qualquer que seja o seu teor, emanadas de Turma do TST ou da SBDI-I, no período de 27-9-2012 até 21-11-2016, conforme a modulação aprovada no precedente obrigatório firmado no Incidente de Recursos de Revista Repetitivos n. TST-IRR-849-83.2013.5.03.0138, *DEJT* 19-12-2016.

✦✦ Redação determinada pela Resolução n. 219, de 26-6-2017.

✦ *Vide* art. 224 da CLT.

125. Contrato de trabalho. Art. 479 da CLT

O art. 479 da CLT aplica-se ao trabalhador optante pelo FGTS admitido mediante contrato por prazo determinado, nos termos do art. 30, § 3.º, do Decreto n. 59.820, de 20 de dezembro de 1966.

✦✦ O Decreto n. 59.820, de 20-12-1966, foi revogado pelo Decreto n. 99.684, de 8-11-1990.

✦ *Vide* Lei n. 8.036, de 11-5-1990.

126. Recurso. Cabimento

Incabível o recurso de revista ou de embargos (arts. 896 e 894, *b*, da CLT) para reexame de fatos e provas.

✦ *Vide* art. 894, II, da CLT.

✦ *Vide* art. 896 da CLT.

127. Quadro de carreira

Quadro de pessoal organizado em carreira, aprovado pelo órgão competente, excluída a hipótese de equiparação salarial, não obsta reclamação fundada em preterição, enquadramento ou reclassificação.

✦ *Vide* art. 461 da CLT.

✦ *Vide* Súmulas 6 e 19 do TST.

128. Depósito recursal. (incorporadas as Orientações Jurisprudenciais ns. 139, 189 e 190 da SDI-1)

I – É ônus da parte recorrente efetuar o depósito legal, integralmente, em relação a cada novo recurso interposto, sob pena de deserção. Atingido o valor da condenação, nenhum depósito mais é exigido para qualquer recurso. (ex-Súmula 128, redação dada pela Res. 121/2003, *DJ* 21-11-2003, que incorporou a OJ 139 – inserida em 27-11-1998)

II – Garantido o juízo, na fase executória, a exigência de depósito para recorrer de qualquer decisão viola os incisos II e LV do art. 5.º da CF/1988. Havendo, porém, elevação do valor do débito, exige-se a complementação da garantia do juízo. (ex-OJ 189 – inserida em 8-11-2000)

III – Havendo condenação solidária de duas ou mais empresas, o depósito recursal efetuado por uma delas aproveita as demais, quando a empresa que efetuou o depósito não pleiteia sua exclusão da lide. (ex-OJ 190 – inserida em 8-11-2000)

✦✦ Redação determinada pela Resolução n. 129, de 5-4-2005.

✦ *Vide* art. 899 da CLT.

✦ *Vide* Súmula 245 do TST.

✦ *Vide* OJ 140 SDI-1/TST.

129. Contrato de trabalho. Grupo econômico

A prestação de serviços a mais de uma empresa do mesmo grupo econômico, durante a mesma jornada de trabalho, não caracteriza a coexistência de mais de um contrato de trabalho, salvo ajuste em contrário.

130. Adicional noturno

(*Cancelada pela Resolução n. 121, de 28-10-2003.*)

131. Salário mínimo. Vigência

(*Cancelada pela Resolução n. 121, de 28-10-2003.*)

132. Adicional de periculosidade. Integração. (incorporadas as Orientações Jurisprudenciais ns. 174 e 267 da SDI-1)

I – O adicional de periculosidade, pago em caráter permanente, integra o cálculo de indenização e de horas extras. (ex-prejulgado 3). (ex-Súmula 132 – RA 102/1982, *DJ* 11-10-1982/*DJ* 15-10-1982 e ex-OJ 267 –

inserida em 27-9-2002)

II – Durante as horas de sobreaviso, o empregado não se encontra em condições de risco, razão pela qual é incabível a integração do adicional de periculosidade sobre as mencionadas horas. (ex-OJ 174 – inserida em 8 de novembro de 2000)

✦✦ Redação determinada pela Resolução n. 129, de 5-4-2005.

✦ *Vide* art. 7.º, XXIII e XXXIII, da CF.

✦ *Vide* art. 193 da CLT.

✦ *Vide* Súmulas 191 e 364 do TST.

133. Embargos infringentes

(*Cancelada pela Resolução n. 121, de 28-10-2003.*)

134. Salário. Menor não aprendiz

(*Cancelada pela Resolução n. 121, de 28-10-2003.*)

135. Salário. Equiparação

(*Cancelada pela Resolução n. 129, de 5-4-2005.*)

136. Juiz. Identidade física

(*Cancelada pela Resolução n. 185, de 14-9-2012.*)

137. Adicional de insalubridade

(*Cancelada pela Resolução n. 121, de 28-10-2003.*)

138. Readmissão

Em caso de readmissão, conta-se a favor do empregado o período de serviço anterior, encerrado com a saída espontânea. Ex-prejulgado n. 9.

139. Adicional de insalubridade. (incorporada a Orientação Jurisprudencial

n. 102 da SDI-1)

Enquanto percebido, o adicional de insalubridade integra a remuneração para todos os efeitos legais. (ex-OJ 102 – inserida em 1.º-10-1997)

✦✦ Redação determinada pela Resolução n. 129, de 5-4-2005.

✦ *Vide* art. 7.º, XXIII e XXXIII, da CF.

✦ *Vide* arts. 192 e 457 da CLT.

140. Vigia

É assegurado ao vigia sujeito ao trabalho noturno o direito ao respectivo adicional. Ex-prejulgado n. 12.

✦ *Vide* art. 7.º, IX, da CF.

✦ *Vide* art. 73 da CLT.

✦ *Vide* Súmula 402 do STF.

✦ *Vide* Súmula 65 do TST.

✦ *Vide* PN 42 do TST.

141. Dissídio coletivo

(*Cancelada pela Resolução n. 121, de 28-10-2003.*)

142. Gestante. Dispensa

(*Cancelada pela Resolução n. 121, de 28-10-2003.*)

143. Salário profissional

O salário profissional dos médicos e dentistas guarda proporcionalidade com as horas efetivamente trabalhadas, respeitado o mínimo de 50 (cinquenta) horas mensais. Ex-prejulgado n. 15.

✦ *Vide* Lei n. 3.999, de 15-12-1961.

✦ Lei n. 12.842, de 10-7-2013 (Exercício da medicina).

144. Ação rescisória

(*Cancelada pela Resolução n. 121, de 28-10-2003.*)

145. Gratificação de Natal

(*Cancelada pela Resolução n. 121, de 28-10-2003.*)

146. Trabalho em domingos e feriados, não compensado

O trabalho prestado em domingos e feriados, não compensado, deve ser pago em dobro, sem prejuízo da remuneração relativa ao repouso semanal.

✦✦ Redação determinada pela Resolução n. 121, de 28-10-2003.

+ *Vide* art. 7.º, XV, da CF.
+ *Vide* arts. 67 e 385 da CLT.
+ *Vide* Lei n. 605, de 5-1-1949.

147. Férias. Indenização

(*Cancelada pela Resolução n. 121, de 28-10-2003.*)

148. Gratificação natalina

É computável a gratificação de Natal para efeito de cálculo de indenização. Ex-prejulgado n. 20.

+ *Vide* art. 7.º, VIII, da CF.
+ *Vide* Lei n. 4.090, de 13-7-1962.
+ *Vide* Lei n. 4.749, de 12-8-1965.
+ *Vide* Decreto n. 57.155, de 3-11-1965.
+ *Vide* OJ 181 SDI-1/TST.

149. Tarefeiro. Férias

A remuneração das férias do tarefeiro deve ser calculada com base na média da produção do período aquisitivo, aplicando-se-lhe a tarifa da data da concessão. Ex-prejulgado n. 22.

+ *Vide* art. 7.º, XVII, da CF.
+ *Vide* art. 142, § 2.º, da CLT.

150. Demissão. Incompetência da Justiça do Trabalho

(*Cancelada pela Resolução n. 121, de 28-10-2003.*)

151. Férias. Remuneração

(*Cancelada pela Resolução n. 121, de 28-10-2003.*)

152. Gratificação. Ajuste tácito

O fato de constar do recibo de pagamento de gratificação o caráter de liberalidade não basta, por si só, para excluir a existência de ajuste tácito. Ex-prejulgado n. 25.

+ *Vide* art. 457, § 1.º, da CLT.

153. Prescrição

Não se conhece de prescrição não arguida na instância ordinária. Ex-prejulgado n. 27.

+ *Vide* art. 7.º, XXIX, da CF.
+ *Vide* art. 11 da CLT.
+ *Vide* Súmulas 308, I, e 409 do TST.

154. Mandado de segurança

(*Cancelada pela Resolução n. 121, de 28-10-2003.*)

155. Ausência ao serviço

As horas em que o empregado falta ao serviço para comparecimento necessário, como parte, à Justiça do Trabalho não serão descontadas de seus salários. Ex-prejulgado n. 30.

+ *Vide* art. 822 da CLT.
+ *Vide* art. 463, parágrafo único, do CPC.

156. Prescrição. Prazo

Da extinção do último contrato começa a fluir o prazo prescricional do direito de ação em que se objetiva a soma de períodos descontínuos de trabalho. Ex-prejulgado n. 31.

+ *Vide* art. 7.º, XXIX, da CF.
+ *Vide* art. 11 da CLT.
+ *Vide* Súmula 308, I, do TST.

157. Gratificação

A gratificação instituída pela Lei n. 4.090, de 13 de julho de 1962, é devida na resilição contratual de iniciativa do empregado. Ex-prejulgado n. 32.

+ *Vide* art. 7.º, VIII, da CF.
+ *Vide* Lei n. 4.090, de 13-7-1962.
+ *Vide* Lei n. 4.749, de 12-8-1965.

158. Ação rescisória

Da decisão de Tribunal Regional do Trabalho, em ação rescisória, é cabível recurso ordinário para o Tribunal Superior do Trabalho, em face da organização judiciária trabalhista. Ex-prejulgado n. 35.

+ *Vide* arts. 836 e 895, II, da CLT.
+ *Vide* arts. 966 a 975 do CPC.
+ *Vide* Súmula 192 do TST.

159. Substituição de caráter não eventual e vacância do cargo. (incorporada a Orientação Jurisprudencial n. 112 da SDI-1)

I – Enquanto perdurar a substituição que não tenha caráter meramente eventual, inclusive nas férias, o empregado substituto fará jus ao salário contratual do substituído. (ex-Súmula 159 – Res. 121/2003, *DJ* 21-11-2003)

II – Vago o cargo em definitivo, o empregado que passa a ocupá-lo não tem direito a salário igual ao do antecessor. (ex-OJ 112 – inserida em 1.º-10-1997)

++ Redação determinada pela Resolução n. 129, de 5-4-2005.

160. Aposentadoria por invalidez

Cancelada a aposentadoria por invalidez, mesmo após cinco anos, o trabalhador terá direito de retornar ao emprego, facultado, porém, ao empregador, indenizá-lo na forma da lei. Ex-prejulgado n. 37.

+ *Vide* art. 475 da CLT.
+ *Vide* Súmula 440 do TST.
+ *Vide* OJ 375 SDI-1/TST.

161. Depósito. Condenação a pagamento em pecúnia

Se não há condenação a pagamento em pecúnia, descabe o depósito de que tratam os §§ 1.º e 2.º do art. 899 da CLT. Ex-prejulgado n. 39.

+ *Vide* art. 899 da CLT.
+ *Vide* Súmula 128 do TST.

162. Insalubridade

(*Cancelada pela Resolução n. 59, de 20-6-1996.*)

163. Aviso prévio. Contrato de experiência

Cabe aviso prévio nas rescisões antecipadas dos contratos de experiência, na forma do art. 481 da CLT. Ex-prejulgado n. 42.

✦ *Vide* art. 7.º, XXI, da CF.
✦ *Vide* arts. 487 e ss. da CLT.
✦ *Vide* Súmula 441 do TST.
✦ *Vide* Lei 12.506, de 11-10-2011 (Aviso prévio).

164. Procuração. Juntada

(*Cancelada pela Resolução n. 210, de 27-6-2016.*)

165. Depósito. Recurso. Conta vinculada

(*Cancelada pela Resolução n. 87, de 8-10-1998.*)

166. Bancário. Cargo de confiança. Jornada de trabalho

(*Cancelada pela Resolução n. 129, de 5-4-2005.*)

167. Vogal. Investidura. Recurso

(*Cancelada pela Resolução n. 121, de 28-10-2003.*)

168. Prescrição. Prestações periódicas. Contagem

(*Cancelada pelo Enunciado 294, Resolução n. 4, de 1989,* DJU *de 14-4-1989.*)

169. Ação rescisória. Justiça do Trabalho. Depósito prévio

(*Cancelada pela Resolução n. 121, de 28-10-2003.*)

170. Sociedade de economia mista. Custas

Os privilégios e isenções no foro da Justiça do Trabalho não abrangem as sociedades de economia mista, ainda que gozassem desses benefícios anteriormente ao Decreto-lei n. 779, de 21-8-1969. Ex-prejulgado n. 50.

✦ *Vide* arts. 789, 789-A e 789-B da CLT.
✦ *Vide* Decreto-Lei n. 779, de 21-8-1969.

171. Férias proporcionais. Contrato de trabalho. Extinção

Salvo na hipótese de dispensa do empregado por justa causa, a extinção do contrato de trabalho sujeita o empregador ao pagamento da remuneração das férias proporcionais, ainda que incompleto o período aquisitivo de 12 (doze) meses (art. 147 da CLT). Ex-prejulgado n. 51.

✦✦ Redação determinada pela Resolução n. 121, de 28-10-2003.
✦ *Vide* art. 7.º, XVII, da CF.
✦ *Vide* arts. 129 e ss. da CLT.
✦ *Vide* Súmula 261 do TST.

172. Repouso remunerado. Horas extras. Cálculo

Computam-se no cálculo do repouso remunerado as horas extras habitualmente prestadas. Ex-prejulgado n. 52.

✦ *Vide* art. 7.º, XV, da CF.
✦ *Vide* arts. 59 e 67 da CLT.
✦ *Vide* OJs 394 e 410 SDI-1/TST.
✦ *Vide* Lei n. 605, de 5-1-1949.

173. Salário. Empresa. Cessação de atividades

Extinto, automaticamente, o vínculo empregatício com a cessação das atividades da empresa, os salários só são devidos até a data da extinção. Ex-prejulgado n. 53.

✦ *Vide* Súmula 44 do TST.

174. Previdência. Lei n. 3.841/1960. Aplicação

(*Cancelada pela Resolução n. 121, de 28-10-2003.*)

175. Recurso adesivo. Art. 500 do CPC. Inaplicabilidade

(*Cancelada pela Resolução n. 121, de 28-10-2003.*)

✦✦ A referência é feita ao CPC de 1973. *Vide* art. 997 do CPC de 2015.

176. Fundo de garantia. Levantamento do depósito

(*Cancelada pela Resolução n. 130, de 5-5-2005.*)

177. Dissídio coletivo. Sindicato. Representação

(*Cancelada pela Resolução n. 121, de 28-10-2003.*)

178. Telefonista. Art. 227, e parágrafos, da CLT. Aplicabilidade

É aplicável à telefonista de mesa de empresa que não explora o serviço de telefonia o disposto no art. 227, e seus parágrafos, da CLT. Ex-prejulgado n. 59.

✦ *Vide* art. 227 da CLT.

179. Inconstitucionalidade. Art. 22 da Lei n. 5.107/1966

(*Cancelada pela Resolução n. 121, de 28-10-2003.*)

180. Ação de cumprimento. Substituição processual. Desistência

(*Cancelada pela Resolução n. 121, de 28-10-2003.*)

181. Adicional. Tempo de serviço. Reajuste semestral. Lei n. 6.708/1979

(*Cancelada pela Resolução n. 121, de 28-10-2003.*)

182. Aviso prévio. Indenização compensatória. Lei n. 6.708, de 30-10-1979 O tempo do aviso prévio, mesmo indenizado, conta-se para efeito da indenização adicional prevista no art. 9.º da Lei n. 6.708, de 30 de

outubro de 1979.

✦ *Vide* art. 7.º, XXI, da CF.
✦ *Vide* arts. 487 e ss. da CLT.
✦ *Vide* Lei 12.506, de 11-10-2011 (Aviso prévio).
✦ *Vide* Súmula 441 do TST.
✦ *Vide* OJ 82 SDI-1/TST.

183. Embargos. Recurso de revista. Despacho denegatório. Agravo de instrumento. Não cabimento

(*Cancelada pela Resolução n. 121, de 28-10-2003.*)

184. Embargos declaratórios. Omissão em recurso de revista. Preclusão

Ocorre preclusão se não forem opostos embargos declaratórios para suprir omissão apontada em recurso de revista ou de embargos.

- *Vide* art. 897-A da CLT.
- *Vide* arts. 1.022 a 1.026 do CPC.
- *Vide* Súmula 278 do TST.
- *Vide* OJs 142 e 192 SDI-1/TST.

185. Embargos sob intervenção do Banco Central. Liquidação extrajudicial. Juros. Correção monetária. Lei n. 6.024/1974

(Cancelada pela Resolução n. 121, de 28-10-2003.)

186. Licença-prêmio. Conversão em pecúnia. Regulamento da empresa

A licença-prêmio, na vigência do contrato de trabalho, não pode ser convertida em pecúnia, salvo se expressamente admitida a conversão no regulamento da empresa.

- ++ Redação determinada pela Resolução n. 121, de 28-10-2003.
- *Vide* Súmula 51 do TST.

187. Correção monetária. Incidência

A correção monetária não incide sobre o débito do trabalhador reclamante.

- *Vide* art. 879, § 7.º, da CLT.
- *Vide* art. 39 da Lei n. 8.177, de 1.º-3-1991.

188. Contrato de trabalho. Experiência. Prorrogação

O contrato de experiência pode ser prorrogado, respeitado o limite máximo de 90 (noventa) dias.

- *Vide* arts. 445, parágrafo único, e 451 da CLT.

189. Greve. Competência da Justiça do Trabalho. Abusividade

A Justiça do Trabalho é competente para declarar a abusividade, ou não, da greve.

- ++ Redação determinada pela Resolução n. 121, de 28-10-2003.
- *Vide* arts. 9.º e 114, II, da CF.
- *Vide* art. 14 da Lei n. 7.783, de 28-6-1989 (Direito de greve).

190. Poder normativo do TST. Condições de trabalho. Inconstitucionalidade. Decisões contrárias ao STF

Ao julgar ou homologar ação coletiva ou acordo nela havido, o Tribunal Superior do Trabalho exerce o poder normativo constitucional, não podendo criar ou homologar condições de trabalho que o Supremo Tribunal Federal julgue iterativamente inconstitucionais.

- *Vide* art. 114, § 2.º, da CF.

191. Adicional de periculosidade. Incidência. Base de cálculo. (cancelada a parte final da antiga redação e inseridos os itens II e III)

I – O adicional de periculosidade incide apenas sobre o salário básico e não sobre este acrescido de outros adicionais.

II – O adicional de periculosidade do empregado eletricitário, contratado sob a égide da Lei n. 7.369/1985, deve ser calculado sobre a totalidade das parcelas de natureza salarial. Não é válida norma coletiva mediante a qual se determina a incidência do referido adicional sobre o salário básico.

III – A alteração da base de cálculo do adicional de periculosidade do eletricitário promovida pela Lei n. 12.740/2012 atinge somente contrato de trabalho firmado a partir de sua vigência, de modo que, nesse caso, o cálculo será realizado exclusivamente sobre o salário básico, conforme determina o § 1.º do art. 193 da CLT.

- ++ Redação determinada pela Resolução n. 214, de 28-11-2016.
- *Vide* art. 7.º, XXIII e XXXIII, da CF.
- *Vide* art. 193, § 1.º, da CLT.
- *Vide* Súmulas 70, 132, 361, 364 do TST.
- *Vide* OJs 324 e 347 SDI-1/TST.

192. Ação rescisória. Competência. (atualizada em decorrência do CPC de 2015)

I – Se não houver o conhecimento de recurso de revista ou de embargos, a competência para julgar ação que vise a rescindir a decisão de mérito é do Tribunal Regional do Trabalho, ressalvado o disposto no item II.

II – Acórdão rescindendo do Tribunal Superior do Trabalho que não conhece de recurso de embargos ou de revista, analisando arguição de violação de dispositivo de lei material ou decidindo em consonância com súmula de direito material ou com iterativa, notória e atual jurisprudência de direito material da Seção de Dissídios Individuais (Súmula 333), examina o mérito da causa, cabendo ação rescisória da competência do Tribunal Superior do Trabalho. (ex-Súmula 192 – alterada pela Res. 121/2003, *DJ* 21-11-2003)

III – Sob a égide do art. 512 do CPC de 1973, é juridicamente impossível o pedido explícito de desconstituição de sentença quando substituída por acórdão do Tribunal Regional ou superveniente sentença homologatória de acordo que puser fim ao litígio.

IV – Na vigência do CPC de 1973, é manifesta a impossibilidade jurídica do pedido de rescisão de julgado proferido em agravo de instrumento que, limitando-se a aferir o eventual desacerto do juízo negativo de admissibilidade do recurso de revista, não substitui o acórdão regional, na forma do art. 512 do CPC. (ex-OJ 105 da SBDI-2 – *DJ* 29-4-2003)

V – A decisão proferida pela SBDI, em agravo regimental, calcada na Súmula 333, substitui acórdão de Turma do TST, porque emite juízo de mérito, comportando, em tese, o corte rescisório. (ex-OJ 133 da SBDI-2– *DJ* 4-5-2004).

✦✦Redação determinada pela Resolução n. 212, de 19-9-2016.

✦ *Vide* art. 836 da CLT.

✦ *Vide* arts. 966 a 975 do CPC.

✦ *Vide* Súmula 192 do TST.

193. Correção monetária. Juros. Cálculo. Execução de sentença. Pessoa jurídica de direito público

(Cancelada pela Resolução n. 105, de 7-12-2000.)

194. Ação rescisória. Justiça do Trabalho. Depósito prévio

(Cancelada pela Resolução n. 142, de 27-9-2007.)

195. Embargos. Agravo regimental. Cabimento

(Cancelada pela Resolução n. 121, de 28-10-2003.)

196. Recurso adesivo. Prazo

(Cancelada pela Resolução n. 121, de 28-10-2003.)

197. Prazo

O prazo para recurso da parte que, intimada, não comparecer à audiência em prosseguimento para a prolação da sentença conta-se de sua publicação.

✦ *Vide* art. 775 da CLT.

✦ *Vide* Súmula 1 do TST.

198. Prescrição

(Cancelada pelo Enunciado 294, Resolução n. 4, de 1989, DJU *de 14-4-1989.)*

199. Bancário. Pré-contratação de horas extras. (incorporadas as Orientações Jurisprudenciais ns. 48 e 63 da SDI-1)

I – A contratação do serviço suplementar, quando da admissão do trabalhador bancário, é nula. Os valores assim ajustados apenas remuneram a jornada normal, sendo devidas as horas extras com o adicional de, no mínimo, 50% (cinquenta por cento), as quais não configuram pré-contratação, se pactuadas após a admissão do bancário. (ex-Súmula 199, Res. 41/1995, *DJ* 17-2-1995 e ex-OJ 48 – inserida em 25-11-1996)

II – Em se tratando de horas extras pré-contratadas, opera-se a prescrição total se a ação não for ajuizada no prazo de cinco anos, a partir da data em que foram suprimidas. (ex-OJ 63 – inserida em 14-3-1994)

✦✦Redação determinada pela Resolução n. 129, de 5-4-2005.

✦ *Vide* art. 7.º, XVI e XXIX, CF.

✦ *Vide* arts. 11, 59 e 224 da CLT.

✦ *Vide* Súmulas 55, 109, 117 e 119 do TST.

200. Juros de mora. Incidência

Os juros de mora incidem sobre a importância da condenação já corrigida monetariamente.

✦ *Vide* arts. 879, § 7.º e 883, da CLT.

✦ *Vide* Súmulas 211 e 439 do TST.

✦ *Vide* art. 39, *caput* e § 1.º, da Lei n. 8.177, de 1.º-3-1991.

201. Recurso ordinário em mandado de segurança

Da decisão do Tribunal Regional do Trabalho em mandado de segurança cabe recurso ordinário, no prazo de 8 (oito) dias, para o Tribunal Superior do Trabalho, e igual dilação para o recorrido e interessados apresentarem razões de contrariedade.

✦ *Vide* arts. 895, II, e 900 da CLT.

✦ *Vide* Súmula 626 do STF.

✦ *Vide* Lei n. 12.016, de 7-8-2009.

202. Gratificação por tempo de serviço. Compensação

Existindo, ao mesmo tempo, gratificação por tempo de serviço outorgada pelo empregador e outra da mesma natureza prevista em acordo coletivo, convenção coletiva ou sentença normativa, o empregado tem direito a receber, exclusivamente, a que lhe seja mais benéfica.

✦ *Vide* art. 7.º, XXVI, da CF.

✦ *Vide* art. 457, § 1.º, da CLT.

✦ *Vide* Súmulas 203, 225 e 226 do TST.

203. Gratificação por tempo de serviço. Natureza salarial

A gratificação por tempo de serviço integra o salário para todos os efeitos legais.

✦ *Vide* art. 457, § 1.º, da CLT.

✦ *Vide* Súmula 202 do TST.

204. Bancário. Cargo de confiança. Caracterização

(Cancelada pela Resolução n. 129, de 5-4-2005.)

205. Grupo econômico. Execução. Solidariedade

(Cancelada pela Resolução n. 121, de 28-10-2003.)

206. FGTS. Incidência sobre parcelas prescritas

A prescrição da pretensão relativa às parcelas remuneratórias alcança o respectivo recolhimento da contribuição para o FGTS.

✦✦ Redação determinada pela Resolução n. 121, de 28-10-2003.

✦ *Vide* art. 7.º, XXIX, da CF.

✦ *Vide* art. 11 da CLT.

✦ *Vide* Súmulas 308, I, e 362 do TST.

207. Conflitos de leis trabalhistas no espaço. Princípio da *lex loci executionis*

(Cancelada pela Resolução n. 181, de 16-4-2012.)

208. Recurso de revista. Admissibilidade. Interpretação de cláusula de natureza contratual

(Cancelada pela Resolução n. 59, de 20-6-1996.)

209. Cargo em comissão. Reversão

(Cancelada pela Resolução n. 81, de 25-11-1985.)

210. Recurso de revista. Execução de sentença

(Cancelada pela Resolução n. 121, de 28-10-2003.)

211. Juros de mora e correção monetária. Independência do pedido inicial e do título executivo judicial

Os juros de mora e a correção monetária incluem-se na liquidação, ainda que omisso o pedido inicial ou a condenação.

✦ *Vide* arts. 879, § 7.º, e 883 da CLT.

✦ *Vide* Súmulas 200 e 439 do TST.

212. Despedimento. Ônus da prova

O ônus de provar o término do contrato de trabalho, quando negados a prestação de serviço e o despedimento, é do empregador, pois o princípio da continuidade da relação de emprego constitui presunção favorável ao empregado.

✦✦ *Vide* Enunciado n. 64 da 2.ª Jornada de Direito do Trabalho.

✦ *Vide* art. 818 da CLT.

✦ *Vide* art. 373 do CPC.

213. Embargos de declaração. Suspensão do prazo recursal

(Cancelada pela Resolução n. 46, de 6-4-1995.)

214. Decisão interlocutória. Irrecorribilidade

Na Justiça do Trabalho, nos termos do art. 893, § 1.º, da CLT, as decisões interlocutórias não ensejam recurso imediato, salvo nas hipóteses de decisão:

a) de Tribunal Regional do Trabalho contrária à Súmula ou Orientação Jurisprudencial do Tribunal Superior do Trabalho;

b) suscetível de impugnação mediante recurso para o mesmo Tribunal;

c) que acolhe exceção de incompetência territorial, com a remessa dos autos para Tribunal Regional distinto daquele a que se vincula o juízo excepcionado, consoante o disposto no art. 799, § 2.º, da CLT.

✦✦ Redação determinada pela Resolução n. 127, de 3 de março de 2005.

✦ *Vide* arts. 651, 799, § 2.º, 800 e 893, § 1.º, da CLT.

215. Horas extras não contratadas expressamente. Adicional devido

(Cancelada pela Resolução n. 28, de 27-4-1994.)

216. Deserção. Relação de empregados. Autenticação mecânica desnecessária

(Cancelada pela Resolução n. 87, de 8-10-1998.)

217. Depósito recursal. Credenciamento bancário. Prova dispensável O credenciamento dos bancos para o fim de recebimento do depósito recursal é fato notório, independendo da prova.

✦ *Vide* art. 899 da CLT.

✦ *Vide* art. 374, I, do CPC.

218. Recurso de revista. Acórdão proferido em agravo de instrumento É incabível recurso de revista interposto de acórdão regional prolatado em agravo de instrumento.

✦ *Vide* arts. 896 e 897, *b*, da CLT.

219. Honorários Advocatícios. Cabimento. (alterada a redação do item I e acrescidos os itens IV a VI na sessão do Tribunal Pleno realizada em 15-3-2016)

I – Na Justiça do Trabalho, a condenação ao pagamento de honorários advocatícios não decorre pura e simplesmente da sucumbência, devendo a parte, concomitantemente:

a) estar assistida por sindicato da categoria profissional;

b) comprovar a percepção de salário inferior ao dobro do salário mínimo ou encontrar-se em situação econômica que não lhe permita demandar sem prejuízo do próprio sustento ou da respectiva família (art. 14, § 1.º, da Lei n. 5.584/1970). (ex-OJ n. 305 da SBDI-I).

II – É cabível a condenação ao pagamento de honorários advocatícios em ação rescisória no processo trabalhista.

III – São devidos os honorários advocatícios nas causas em que o ente sindical figure como substituto processual e nas lides que não derivem da relação de emprego.

IV – Na ação rescisória e nas lides que não derivem de relação de emprego, a responsabilidade pelo pagamento dos honorários advocatícios da sucumbência submete-se à disciplina do Código de Processo Civil (arts. 85, 86, 87 e 90).

V – Em caso de assistência judiciária sindical ou de substituição processual sindical, excetuados os processos em que a Fazenda Pública for parte, os honorários advocatícios são devidos entre o mínimo de dez e o máximo de vinte por cento sobre o valor da condenação, do proveito econômico obtido ou, não sendo possível mensurá-lo, sobre o valor atualizado da causa (CPC de 2015, art. 85, § 2.º).

VI – Nas causas em que a Fazenda Pública for parte, aplicar-se-ão os percentuais específicos de honorários advocatícios contemplados no Código de Processo Civil.

✦✦ Redação determinada pela Resolução n. 204, de 15-3-2016.

✦✦ *Vide* art. 6.º da Instrução Normativa n. 41, de 21-6-2018.

✦ *Vide* art. 791-A da CLT.

✦ *Vide* Súmula 329 do TST.

220. Honorários advocatícios. Substituição processual

(Cancelada pela Resolução n. 55, de 11-4-1996.)

221. Recurso de revista. Violação de lei. Indicação de preceito. (cancelado o item II e conferida nova redação na sessão do Tribunal Pleno realizada em 14-9-2012)

A admissibilidade do recurso de revista por violação tem como pressuposto a indicação expressa do dispositivo de lei ou da Constituição tido como violado.

✦✦ Redação determinada pela Resolução n. 185, de 14-9-2012.

✦ *Vide* arts. 896, *c* e § 1.º-A, II e III, da CLT.

222. Dirigentes de associações profissionais. Estabilidade provisória

(*Cancelada pela Resolução n. 84, de 13-8-1998.*)

223. Prescrição. Opção pelo sistema do Fundo de Garantia do Tempo de Serviço. Termo inicial

(*Cancelada pela Resolução n. 121, de 28-10-2003.*)

224. Competência. Ação de cumprimento. Sindicato. Desconto assistencial

(*Cancelada pela Resolução n. 121, de 28-10-2003.*)

225. Repouso semanal. Cálculo. Gratificações por tempo de serviço e produtividade

As gratificações por tempo de serviço e produtividade, pagas mensalmente, não repercutem no cálculo do repouso semanal remunerado.

✦ *Vide* art. 7.º, XV, da CF.

✦ *Vide* arts. 67 e 457, § 1.º, da CLT.

✦ *Vide* Súmulas 202, 203 e 226 do TST.

✦ *Vide* Lei n. 605, de 5-1-1949.

226. Bancário. Gratificação por tempo de serviço. Integração no cálculo das horas extras

A gratificação por tempo de serviço integra o cálculo das horas extras.

✦ *Vide* art. 7.º, XVI, da CF.

✦ *Vide* Súmulas 202, 203 e 225 do TST.

✦ *Vide* arts. 59 e 457, § 1.º, da CLT.

227. Salário-família. Trabalhador rural

(*Cancelada pela Resolução n. 121, de 28-10-2003.*)

228. Adicional de Insalubridade. Base de Cálculo.

(redação alterada na sessão do Tribunal Pleno em 26-6-2008) – Res. 148/2008, *DJ* 4 e 7-7-2008

– Republicada *DJ* 8, 9 e 10-7-2008. Súmula cuja eficácia está suspensa por decisão liminar do Supremo Tribunal Federal

A partir de 9 de maio de 2008, data da publicação da Súmula Vinculante n. 4 do Supremo Tribunal Federal, o adicional de insalubridade será calculado sobre o salário básico, salvo critério mais vantajoso fixado em instrumento coletivo.

✦✦ Redação determinada pela Resolução n. 185, de 14-9-2012.

✦ *Vide* art. 7.º, IV e XXIII, da CF.

✦ *Vide* art. 192 da CLT.

✦ *Vide* Súmula Vinculante 4 do STF.

✦ *Vide* Súmulas 47 e 139 do TST.

229. Sobreaviso. Eletricitários

Por aplicação analógica do art. 244, § 2.º, da CLT, as horas de sobreaviso dos eletricitários são remuneradas à base de 1/3 sobre a totalidade das parcelas de natureza salarial.

✦✦ Redação determinada pela Resolução n. 121, de 28-10-2003.

✦ *Vide* art. 244 da CLT.

✦ *Vide* Súmula 132 do TST.

230. Aviso prévio. Substituição pelo pagamento das horas reduzidas da jornada de trabalho

É ilegal substituir o período que se reduz da jornada de trabalho, no aviso prévio, pelo pagamento das horas correspondentes.

✦ *Vide* art. 7, XXI, da CF.

✦ *Vide* art. 488 da CLT.

231. Quadro de carreira. Homologação pelo Conselho Nacional de Política Salarial. Eficácia

(*Cancelada pela Resolução n. 121, de 28-10-2003.*)

232. Bancário. Cargo de confiança. Jornada. Horas extras

(*Cancelada pela Resolução n. 129, de 5-4-2005.*)

233. Bancário. Chefe

(*Cancelada pela Resolução n. 121, de 28-10-2003.*)

234. Bancário. Subchefe

(*Cancelada pela Resolução n. 121, de 28-10-2003.*)

235. Distrito Federal e autarquias. Correção automática dos salários.

Inaplicabilidade da Lei n. 6.708/1979

(*Cancelada pela Resolução n. 121, de 28-10-2003.*)

236. Honorários periciais. Responsabilidade

(*Cancelada pela Resolução n. 121, de 28-10-2003.*)

237. Bancário. Tesoureiro

(*Cancelada pela Resolução n. 121, de 28-10-2003.*)

238. Bancário. Subgerente

(*Cancelada pela Resolução n. 121, de 28-10-2003.*)

239. Bancário. Empregado de empresa de processamento de dados.

(incorporadas as Orientações Jurisprudenciais ns. 64 e 126 da SDI-1)

É bancário o empregado de empresa de processamento de dados que presta serviço a banco integrante do mesmo grupo econômico, exceto quando a empresa de processamento de dados presta serviços a banco e a empresas não bancárias do mesmo grupo econômico ou a terceiros. (Primeira parte – ex-Súmula 239 – Res. 12/1985, *DJ* 9-12-1985; segunda parte – ex-OJs 64 – inserida em 13-9-1994 e 126 – inserida em 20-4-1998)

✦✦ Redação determinada pela Resolução n. 129, de 5-4-2005.

✦ *Vide* arts. 2.º, §§ 2.º e 3.º, e 224 e ss. da CLT.

✦ *Vide* Súmulas 102, 109, 113, 117, 119, 124 do TST.

240. Bancário. Gratificação de função e adicional por tempo de serviço O adicional por tempo de serviço integra o cálculo da gratificação prevista no art. 224, § 2.º, da CLT.

✦ *Vide* Súmulas 102, 109, 113, 117, 119, 124, 203, 225 e 226 do TST.

241. Salário-utilidade. Alimentação

O vale para refeição, fornecido por força do contrato de trabalho, tem caráter salarial, integrando a remuneração do empregado, para todos os efeitos legais.

✦✦ *Vide* OJ 413 da SDI-1/TST.

✦ *Vide* art. 457, § 2.º, da CLT.

242. Indenização adicional. Valor

A indenização adicional, prevista no art. 9.º da Lei n. 6.708, de 30-101979 e no art. 9.º da Lei n. 7.238, de 28-10-1984, corresponde ao salário mensal, no valor devido na data da comunicação do despedimento, integrado pelos adicionais legais ou convencionados, ligados à unidade de tempo mês, não sendo computável a gratificação natalina.

✦ *Vide* Lei n. 6.708, de 30-10-1979.

✦ *Vide* Lei n. 7.238, de 29-10-1984.

243. Opção pelo regime trabalhista. Supressão das vantagens estatutárias

Exceto na hipótese de previsão contratual ou legal expressa, a opção do funcionário público pelo regime trabalhista implica a renúncia dos direitos inerentes ao regime estatutário.

✦ *Vide* art. 10, II, *b*, do ADCT.

✦ *Vide* art. 391-A da CLT.

✦ *Vide* Lei Complementar n. 146, de 25-6-2014.

✦ *Vide* art. 25, parágrafo único, Lei Complementar n. 150, de 1.º-6-2015.

244. Gestante. Estabilidade provisória. (redação do item III alterada na sessão do Tribunal Pleno realizada em 14-9-2012)

I – O desconhecimento do estado gravídico pelo empregador não afasta o direito ao pagamento da indenização decorrente da estabilidade. (art. 10, II, *b*, do ADCT). (ex-OJ 88 – *DJ* 16-4-2004)

II – A garantia de emprego à gestante só autoriza a reintegração se esta se der durante o período de estabilidade. Do contrário, a garantia restringe-se aos salários e demais direitos correspondentes ao período de estabilidade. (ex-Súmula 244 – Res. 121/2003, *DJ* 21-11-2003)

III – A empregada gestante tem direito à estabilidade provisória prevista no art. 10, inciso II, alínea *b*, do Ato das Disposições Constitucionais Transitórias, mesmo na hipótese de admissão mediante contrato por tempo determinado.

✦✦ Redação determinada pela Resolução n. 185, de 14-9-2012.

✦✦ *Vide* art. 391-A da CLT.

245. Depósito recursal. Prazo

O depósito recursal deve ser feito e comprovado no prazo alusivo ao recurso. A interposição antecipada deste não prejudica a dilação legal.

✦ *Vide* art. 899 da CLT.

✦ *Vide* art. 1.º, IV, do Decreto-Lei n. 779, de 21-8-1969.

✦ *Vide* Súmulas 86, 128, 161, do TST.

✦ *Vide* OJ 140 SDI-1/TST.

246. Ação de cumprimento. Trânsito em julgado da sentença normativa

É dispensável o trânsito em julgado da sentença normativa para a propositura da ação de cumprimento.

✦ *Vide* art. 872 da CLT.

✦ *Vide* Súmulas 350 e 397 do TST.

247. Quebra de caixa. Natureza jurídica

A parcela paga aos bancários sob a denominação "quebra de caixa" possui natureza salarial, integrando o salário do prestador de serviços, para todos os efeitos legais.

✦ *Vide* arts. 224 e ss., e 457 da CLT.

✦ *Vide* Lei n. 8.036, de 11-5-1990.

248. Adicional de insalubridade. Direito adquirido

A reclassificação ou a descaracterização da insalubridade, por ato da autoridade competente, repercute na satisfação do respectivo adicional, sem ofensa a direito adquirido ou ao princípio da irredutibilidade salarial.

✦ *Vide* art. 7.º, XXII, da CF.

✦ *Vide* art. 190 da CLT.

✦ *Vide* NR 15.

249. Aumento salarial setorizado. Tabela única

(*Cancelada pela Resolução n. 121, de 28-10-2003.*)

250. Plano de classificação. Parcelas antiguidade e desempenho. Aglutinação ao salário

(*Cancelada pela Resolução n. 121, de 28-10-2003.*)

251. Participação nos lucros. Natureza salarial

(*Cancelada pela Resolução n. 33, de 4-5-1994.*)

252. Funcionário público. Cedido. Reajuste salarial

(*Cancelada pela Resolução n. 121, de 28-10-2003.*)

253. Gratificação semestral. Repercussões

A gratificação semestral não repercute no cálculo das horas extras, das férias e do aviso prévio, ainda que indenizados. Repercute, contudo, pelo seu duodécimo na indenização por antiguidade e na gratificação natalina.

✦✦ Redação determinada pela Resolução n. 121, de 28-10-2003.

✦ *Vide* art. 457 da CLT.

✦ *Vide* Lei n. 4.090, de 13-7-1962.

✦ *Vide* Lei n. 4.749, de 12-8-1965.

254. Salário-família. Termo inicial da obrigação

O termo inicial do direito ao salário-família coincide com a prova da filiação. Se feita em juízo, corresponde à data de ajuizamento do pedido, salvo se comprovado que anteriormente o empregador se recusara a receber a respectiva certidão.

+ *Vide* art. 7.º, XII, da CF.
+ *Vide* art. 65 da Lei n. 8.213, de 24-7-1991.

255. Substituição processual. Desistência
(*Cancelada pela Resolução n. 121, de 28-10-2003.*)

256. Contrato de prestação de serviços. Legalidade
(*Cancelada pela Resolução n. 121, de 28-10-2003.*)

257. Vigilante

O vigilante, contratado diretamente por banco ou por intermédio de empresas especializadas, não é bancário.

+ *Vide* art. 226 e 511, § 3.º, da CLT.
+ *Vide* Lei n. 7.102, de 20-6-1983.

258. Salário-utilidade. Percentuais

Os percentuais fixados em lei relativos ao salário *in natura* apenas se referem às hipóteses em que o empregado percebe salário mínimo, apurando-se, nas demais, o real valor da utilidade.

++ Redação determinada pela Resolução n. 121, de 28-10-2003.
+ *Vide* art. 7.º, IV, da CF.
+ *Vide* arts. 76 e ss. e 458 da CLT.
+ *Vide* OJ 18 da SDC.

259. Termo de conciliação. Ação rescisória

Só por ação rescisória é impugnável o termo de conciliação previsto no parágrafo único do art. 831 da CLT.

+ *Vide* art. 836 da CLT.
+ *Vide* arts. 502, 503 e 966 a 975 do CPC.
+ *Vide* Súmula 100 do TST.

260. Salário-maternidade. Contrato de experiência
(*Cancelada pela Resolução n. 121, de 28-10-2003.*)

261. Férias proporcionais. Pedido de demissão. Contrato vigente há menos de um ano

O empregado que se demite antes de completar 12 (doze) meses de serviço tem direito a férias proporcionais.

++ Redação determinada pela Resolução n. 121, de 28-10-2003.
+ *Vide* art. 7.º, XVII, da CF.
+ *Vide* arts. 129 e ss. da CLT.
+ *Vide* Súmula 171 do TST.

262. Prazo judicial. Notificação ou intimação em sábado. Recesso forense. (redação do item II alterada na sessão do Tribunal Pleno realizada em 19-5-2014)

I – Intimada ou notificada a parte no sábado, o início do prazo se dará no primeiro dia útil imediato e a contagem, no subsequente.

II – O recesso forense e as férias coletivas dos Ministros do Tribunal Superior do Trabalho suspendem os prazos recursais.

++ Redação determinada pela Resolução n. 194, de 19-5-2014.
++ *Vide* art. 775 da CLT.
+ Art. 62 da Lei n. 5.010, de 30-5-1966.
+ *Vide* arts. 3.º e 4.º, Lei n. 11.419, de 19-12-2006.

263. Petição inicial. Indeferimento. Instrução obrigatória deficiente Salvo nas hipóteses do art. 330 do CPC de 2015 (art. 295 do CPC de 1973), o indeferimento da petição inicial, por encontrar-se desacompanhada de documento indispensável à propositura da ação ou não preencher outro requisito legal, somente é cabível se, após intimada para suprir a irregularidade em 15 (quinze) dias, mediante indicação precisa do que deve ser corrigido ou completado, a parte não o fizer (art. 321 do CPC de 2015).

++ Redação determinada pela Resolução n. 208, de 19-4-2016.
+ *Vide* art. 330 do CPC.
+ *Vide* Súmula 415 do TST.

264. Hora suplementar. Cálculo

A remuneração do serviço suplementar é composta do valor da hora normal, integrado por parcelas de natureza salarial e acrescido do adicional previsto em lei, contrato, acordo, convenção coletiva ou sentença normativa.

+ *Vide* art. 7.º, XVI, da CF.
+ *Vide* arts. 59, § 1.º, 73 e 457 da CLT.
+ *Vide* Súmulas 60, I, 203, 340 do TST.

265. Adicional noturno. Alteração de turno de trabalho. Possibilidade de supressão

A transferência para o período diurno de trabalho implica a perda do direito ao adicional noturno.

+ *Vide* art. 7.º, IX, da CF.
+ *Vide* arts. 73 e 468 da CLT.
+ *Vide* Súmula 60 do TST.

266. Recurso de revista. Admissibilidade. Execução de sentença

A admissibilidade do recurso de revista interposto de acórdão proferido em agravo de petição, na liquidação de sentença ou em processo incidente na execução, inclusive os embargos de terceiro, depende de demonstração inequívoca de violência direta à Constituição Federal.

+ *Vide* art. 896, §§ 2.º e 10, da CLT.

267. Bancário. Valor do salário-hora. Divisor
(*Cancelada pela Resolução n. 121, de 28-10-2003.*)

268. Prescrição. Interrupção. Ação trabalhista arquivada

A ação trabalhista, ainda que arquivada, interrompe a prescrição somente em relação aos pedidos idênticos.

✦✦ Redação determinada pela Resolução n. 121, de 28-10-2003.
✦ *Vide* art. 7.º, XXIX, da CF.
✦ *Vide* art. 11, § 3.º, da CLT.
✦ *Vide* art. 202, parágrafo único, do CC.
✦ *Vide* Súmula 308, I, do TST.

269. Diretor eleito. Cômputo do período como tempo de serviço

O empregado eleito para ocupar cargo de diretor tem o respectivo contrato de trabalho suspenso, não se computando o tempo de serviço desse período, salvo se permanecer a subordinação jurídica inerente à relação de emprego.

✦ *Vide* arts. 471 e ss. da CLT.

270. Representação processual. Mandato expresso. Ausência de firma reconhecida

(Cancelada pela Resolução n. 49, de 24-8-1995.)

271. Substituição processual. Adicionais de insalubridade e de periculosidade

(Cancelada pela Resolução n. 121, de 28-10-2003.)

272. Agravo de instrumento. Traslado deficiente

(Cancelada pela Resolução n. 121, de 28-10-2003.)

273. Constitucionalidade. Decretos-leis ns. 2.012/1983 e 2.045/1983

(Cancelada pela Resolução n. 121, de 28-10-2003.)

274. Prescrição parcial. Equiparação salarial

(Cancelada pela Resolução n. 129, de 5-4-2005.)

275. Prescrição. Desvio de função e reenquadramento. (incorporada a Orientação Jurisprudencial n. 144 da SDI-1)

I – Na ação que objetive corrigir desvio funcional, a prescrição só alcança as diferenças salariais vencidas no período de 5 (cinco) anos que precedeu o ajuizamento. (ex-Súmula 275 – Res. 121/2003, *DJ* 21-11-2003)

II – Em se tratando de pedido de reenquadramento, a prescrição é total, contada da data do enquadramento do empregado. (ex-OJ 144 – inserida em 27-11-1998)

✦✦ Redação determinada pela Resolução n. 129, de 5-4-2005.
✦ *Vide* art. 7.º, XXIX, da CF.
✦ *Vide* arts. 11 e 461, § 2.º, da CLT.
✦ *Vide* Súmula 308, I, do TST.

276. Aviso prévio. Renúncia pelo empregado

O direito ao aviso prévio é irrenunciável pelo empregado. O pedido de dispensa de cumprimento não exime o empregador de pagar o respectivo valor, salvo comprovação de haver o prestador dos serviços obtido novo emprego.

✦ *Vide* art. 7.º, XXI, da CF.
✦ *Vide* art. 487, §§ 1.º e 2.º, da CLT.
✦ *Vide* PN 24 do TST.

277. Convenção coletiva de trabalho ou acordo coletivo de trabalho. Eficácia. Ultratividade. (redação alterada na sessão do Tribunal Pleno realizada em 14-9-2012)

As cláusulas normativas dos acordos coletivos ou convenções coletivas integram os contratos individuais de trabalho e somente poderão ser modificadas ou suprimidas mediante negociação coletiva de trabalho.

✦✦ *Vide* art. 614, § 3.º, da CLT.

278. Embargos de declaração. Omissão no julgado

A natureza da omissão suprida pelo julgamento de embargos declaratórios pode ocasionar efeito modificativo no julgado.

✦ *Vide* art. 897-A da CLT.
✦ *Vide* arts. 1.022 a 1.026 do CPC.
✦ *Vide* OJ 142 e 192 SDI-1/TST.

279. Recurso contra sentença normativa. Efeito suspensivo. Cassação A cassação de efeito suspensivo concedido a recurso interposto de sentença normativa retroage à data do despacho que o deferiu.

✦ *Vide* art. 867 da CLT.

280. Convenção coletiva. Sociedade de economia mista. Audiência prévia do órgão oficial competente

(Cancelada pela Resolução n. 2, de 1990, DJU *de 10-1-1991.)*

281. Piso salarial. Professores

(Cancelada pela Resolução n. 121, de 28-10-2003.)

282. Abono de faltas. Serviço médico da empresa

Ao serviço médico da empresa ou ao mantido por esta última mediante convênio compete abonar os primeiros 15 (quinze) dias de ausência ao trabalho.

✦ *Vide* art. 60, §§ 3.º e 4.º, Lei n. 8.213, de 24-7-1991.
✦ *Vide* art. 75, §§ 1.º e 2.º, do Decreto n. 3.048, de 6-5-1999.

283. Recurso adesivo. Pertinência no processo do trabalho. Correlação de matérias

O recurso adesivo é compatível com o processo do trabalho e cabe, no prazo de 8 (oito) dias, nas hipóteses de interposição de recurso ordinário, de agravo de petição, de revista e de embargos, sendo desnecessário que a matéria nele veiculada esteja relacionada com a do recurso interposto pela parte contrária.

✦ *Vide* art. 900 da CLT.
✦ *Vide* art. 997 do CPC.

284. Correção monetária. Empresas em liquidação. Lei n. 6.024/1974

(*Cancelada pela Resolução n. 121, de 28-10-2003.*)

285. Recurso de revista. Admissibilidade parcial pelo Juiz-Presidente do Tribunal Regional do Trabalho. Efeito

(*Cancelada pela Resolução n. 204, de 15-3-2016.*)

286. Sindicato. Substituição processual. Convenção e acordo coletivos

A legitimidade do sindicato para propor ação de cumprimento estende-

-se também à observância de acordo ou de convenção coletivos.

+ + Redação determinada pela Resolução n. 98, de 11-9-2000.

+ *Vide* art. 8.º, III, da CF.

+ *Vide* art. 872 da CLT.

+ *Vide* art. 3.º da Lei n. 8.073, de 30-7-1990.

287. Jornada de trabalho. Gerente bancário

A jornada de trabalho do empregado de banco gerente de agência é regida pelo art. 224, § 2.º, da CLT. Quanto ao gerente-geral de agência bancária, presume-se o exercício de encargo de gestão, aplicando-se-lhe o art. 62 da CLT.

+ + Redação determinada pela Resolução n. 121, de 28-10-2003.

+ *Vide* arts. 62, parágrafo único, e 224 da CLT.

+ *Vide* Súmula 102 do TST.

288. Complementação dos proventos da aposentadoria. (nova redação para o item I e acrescidos os itens III e IV em decorrência do julgamento do processo TST-E-ED-RR-235-20.2010.5.20.006 pelo Tribunal Pleno em 12-4-2016)

I – A complementação dos proventos de aposentadoria, instituída, regulamentada e paga diretamente pelo empregador, sem vínculo com as entidades de previdência privada fechada, é regida pelas normas em vigor na data de admissão do empregado, ressalvadas as alterações que forem mais benéficas (art. 468 da CLT).

II – Na hipótese de coexistência de dois regulamentos de planos de previdência complementar, instituídos pelo empregador ou por entidade de previdência privada, a opção do beneficiário por um deles tem efeito jurídico de renúncia às regras do outro.

III – Após a entrada em vigor das Leis Complementares n. 108 e 109, de 29-5-2001, reger-se-á a complementação dos proventos de aposentadoria pelas normas vigentes na data da implementação dos requisitos para obtenção do benefício, ressalvados o direito adquirido do participante que anteriormente implementara os requisitos para o benefício e o direito acumulado do empregado que até então não preenchera tais requisitos.

IV – O entendimento da primeira parte do item III aplica-se aos processos em curso no Tribunal Superior do Trabalho em que, em 12-4-2016, ainda não haja sido proferida decisão de mérito por suas Turmas e Seções.

+ + Redação determinada pela Resolução n. 207, de 12-4-2016.

+ *Vide* art. 468 da CLT.

+ *Vide* Súmula 51, I, do TST.

+ Lei Complementar n. 109/2001.

289. Insalubridade. Adicional. Fornecimento do aparelho de proteção. Efeito

O simples fornecimento do aparelho de proteção pelo empregador não o exime do pagamento do adicional de insalubridade. Cabe-lhe tomar as medidas que conduzam à diminuição ou eliminação da nocividade, entre as quais as relativas ao uso efetivo do equipamento pelo empregado.

+ *Vide* art. 7.º, XXII, XXIII e XXXIII, da CF.

+ *Vide* arts. 191, 192 e 482, *h*, da CLT.

290. Gorjetas. Natureza jurídica. Ausência de distinção quanto à forma de recebimento

(*Cancelada pela Resolução n. 121, de 28-10-2003.*)

291. Horas extras. Habitualidade. Supressão. Indenização. (nova redação em decorrência do julgamento do processo TSTIUJERR 10700-45.2007.5.22.0101)

A supressão total ou parcial, pelo empregador, de serviço suplementar prestado com habitualidade, durante pelo menos 1 (um) ano, assegura ao empregado o direito à indenização correspondente ao valor del (um) mês das horas suprimidas, total ou parcialmente, para cada ano ou fração igual ou superior a seis meses de prestação de serviço acima da jornada normal. O cálculo observará a média das horas suplementares nos últimos 12 (doze) meses anteriores à mudança, multiplicada pelo valor da hora extra do dia da supressão.

+ + Redação determinada pela Resolução n. 174, de 24-5-2011.

+ *Vide* art. 7.º, XVI, da CF.

+ *Vide* art. 59 da CLT.

292. Adicional de insalubridade. Trabalhador rural

(*Cancelada pela Resolução n. 121, de 28-10-2003.*)

293. Adicional de insalubridade. Causa de pedir. Agente nocivo diverso do apontado na inicial

A verificação mediante perícia de prestação de serviços em condições nocivas, considerado agente insalubre diverso do apontado na inicial, não prejudica o pedido de adicional de insalubridade.

+ *Vide* art. 7.º, XXIII, da CF.

+ *Vide* arts. 189 e ss. da CLT.

294. Prescrição. Alteração contratual. Trabalhador urbano

Tratando-se de ação que envolva pedido de prestações sucessivas decorrente de alteração do pactuado, a prescrição é total, exceto quando o direito à parcela esteja também assegurado por preceito de lei.

✦ *Vide* art. 7.º, XXIX, da CF.
✦ *Vide* art. 11, § 2.º, da CLT.

295. Aposentadoria espontânea. Depósito do FGTS. Período anterior à opção

(*Cancelada pela Resolução n. 152, de 17-11-2008.*)

296. Recurso. Divergência jurisprudencial. Especificidade. (incorporada a Orientação Jurisprudencial n. 37 da SDI-1)

I – A divergência jurisprudencial ensejadora da admissibilidade, do prosseguimento e do conhecimento do recurso há de ser específica, revelando a existência de teses diversas na interpretação de um mesmo dispositivo legal, embora idênticos os fatos que as ensejaram. (ex-Súmula 296 – Res. 6/1989, *DJ* 14-4-1989)

II – Não ofende o art. 896 da CLT decisão de Turma que, examinando premissas concretas de especificidade da divergência colacionada no apelo revisional, conclui pelo conhecimento ou desconhecimento do recurso. (ex-OJ 37 – inserida em 1.º-2-1995)

✦✦ Redação determinada pela Resolução n. 129, de 5-4-2005.
✦ *Vide* arts. 894 e 896 da CLT.
✦ *Vide* Súmulas 23, 333, 337 do TST.
✦ *Vide* OJ 219 SDI-1/TST.

297. Prequestionamento. Oportunidade. Configuração

1. Diz-se prequestionada a matéria ou questão quando na decisão impugnada haja sido adotada, explicitamente, tese a respeito.

2. Incumbe à parte interessada, desde que a matéria haja sido invocada no recurso principal, opor embargos declaratórios objetivando o pronunciamento sobre o tema, sob pena de preclusão.

3. Considera-se prequestionada a questão jurídica invocada no recurso principal sobre a qual se omite o Tribunal de pronunciar tese, não obstante opostos embargos de declaração.

✦✦ Redação determinada pela Resolução n. 121, de 28-10-2003.
✦ *Vide* arts. 896, § 1.º-A, I, e 897-A da CLT.
✦ *Vide* arts. 1.022 a 1.026 do CPC.
✦ *Vide* OJ 62, 118, 119, 151 e 256 SDI-1/TST.
✦ *Vide* Súmulas 98 e 211 do STJ.

298. Ação rescisória. Violação a disposição de lei. Pronunciamento explícito. (redação alterada pelo Tribunal Pleno na sessão realizada em 6-2-2012)

I – A conclusão acerca da ocorrência de violação literal a disposição de lei pressupõe pronunciamento explícito, na sentença rescindenda, sobre a matéria veiculada.

II – O pronunciamento explícito exigido em ação rescisória diz respeito à matéria e ao enfoque específico da tese debatida na ação, e não, necessariamente, ao dispositivo legal tido por violado. Basta que o
conteúdo da norma reputada violada haja sido abordado na decisão rescindenda para que se considere preenchido o pressuposto.

III – Para efeito de ação rescisória, considera-se pronunciada explicitamente a matéria tratada na sentença quando, examinando remessa de ofício, o Tribunal simplesmente a confirma.

IV – A sentença meramente homologatória, que silencia sobre os motivos de convencimento do juiz, não se mostra rescindível, por ausência de pronunciamento explícito.

V – Não é absoluta a exigência de pronunciamento explícito na ação rescisória, ainda que esta tenha por fundamento violação de dispositivo de lei. Assim, prescindível o pronunciamento explícito quando o vício nasce no próprio julgamento, como se dá com a sentença *extra*, *citra* e *ultra petita*.

✦✦ Redação determinada pela Resolução n. 177, de 6-2-2012.
✦ *Vide* art. 836 da CLT.
✦ *Vide* arts. 966 a 975 do CPC.
✦ *Vide* Súmulas 83, 100, 412 do TST.

299. Ação rescisória. Decisão rescindenda. Trânsito em julgado. Comprovação. Efeitos. (nova redação do item II em decorrência do CPC de 2015)

I – É indispensável ao processamento da ação rescisória a prova do trânsito em julgado da decisão rescindenda. (ex-Súmula n. 299 – Res 8/1989, *DJ* 14, 18 e 19-4-1989)

II – Verificando o relator que a parte interessada não juntou à inicial o documento comprobatório, abrirá prazo de 15 (quinze) dias para que o faça (art. 321 do CPC de 2015), sob pena de indeferimento. (ex-Súmula n. 299 – Res 8/1989, *DJ* 14, 18 e 19-4-1989)

III – A comprovação do trânsito em julgado da decisão rescindenda é pressuposto processual indispensável ao tempo do ajuizamento da ação rescisória. Eventual trânsito em julgado posterior ao ajuizamento da ação rescisória não reabilita a ação proposta, na medida em que o ordenamento jurídico não contempla a ação rescisória preventiva. (ex-OJ n. 106 da SBDI-2 – *DJ* 29-4-2003)

IV – O pretenso vício de intimação, posterior à decisão que se pretende rescindir, se efetivamente ocorrido, não permite a formação da coisa julgada material. Assim, a ação rescisória deve ser julgada extinta, sem julgamento do mérito, por carência de ação, por inexistir decisão transitada em julgado a ser rescindida. (ex-OJ n. 96 da SBDI-2 – inserida em 27-9-2002).

+ + Redação determinada pela Resolução n. 211, de 22-8-2016.

+ *Vide* arts. 831, parágrafo único, e 836 da CLT.

+ *Vide* arts. 966 a 975 do CPC.

+ *Vide* Súmulas 83, 100, 259 e 412 do TST.

300. Competência da Justiça do Trabalho. Cadastramento no PIS Compete à Justiça do Trabalho processar e julgar ações ajuizadas por empregados em face de empregadores relativas ao cadastramento no Programa de Integração Social (PIS).

+ *Vide* arts. 114 e 239 da CF.

+ *Vide* Lei Complementar n. 7, de 7-9-1970.

301. Auxiliar de laboratório. Ausência de diploma. Efeitos

O fato de o empregado não possuir diploma de profissionalização de auxiliar de laboratório não afasta a observância das normas da Lei n. 3.999, de 15 de dezembro de 1961, uma vez comprovada a prestação de serviços na atividade.

+ *Vide* Lei n. 3.999, de 15-12-1961.

302. Processo administrativo

(*Cancelada pela Resolução n. 121, de 28-10-2003.*)

303. Fazenda Pública. Reexame necessário (nova redação em decorrência do CPC de 2015)

I – Em dissídio individual, está sujeita ao reexame necessário, mesmo na vigência da Constituição Federal de 1988, decisão contrária à Fazenda Pública, salvo quando a condenação não ultrapassar o valor correspondente a:

a) 1.000 (mil) salários mínimos para a União e as respectivas autarquias e fundações de direito público;

b) 500 (quinhentos) salários mínimos para os Estados, o Distrito Federal, as respectivas autarquias e fundações de direito público e os Municípios que constituam capitais dos Estados;

c) 100 (cem) salários mínimos para todos os demais Municípios e respectivas autarquias e fundações de direito público.

II – Também não se sujeita ao duplo grau de jurisdição a decisão fundada em:

a) súmula ou orientação jurisprudencial do Tribunal Superior do Trabalho;

b) acórdão proferido pelo Supremo Tribunal Federal ou pelo Tribunal Superior do Trabalho em julgamento de recursos repetitivos;

c) entendimento firmado em incidente de resolução de demandas repetitivas ou de assunção de competência;

d) entendimento coincidente com orientação vinculante firmada no âmbito administrativo do próprio ente público, consolidada em manifestação, parecer ou súmula administrativa.

III – Em ação rescisória, a decisão proferida pelo Tribunal Regional do Trabalho está sujeita ao duplo grau de jurisdição obrigatório quando desfavorável ao ente público, exceto nas hipóteses dos incisos anteriores. (ex-OJ n. 71 da SBDI-1 – inserida em 3-6-1996)

IV – Em mandado de segurança, somente cabe reexame necessário se, na relação processual, figurar pessoa jurídica de direito público como parte prejudicada pela concessão da ordem. Tal situação não ocorre na hipótese de figurar no feito como impetrante e terceiro interessado pessoa de direito privado, ressalvada a hipótese de matéria administrativa. (ex-OJs n. 72 e 73 da SBDI-1 – inseridas, respectivamente, em 25-11-1996 e 3-6-1996).

+ + Redação determinada pela Resolução n. 211, de 22-8-2016.

+ *Vide* art. 496 do CPC.

+ *Vide* art. 1.º, V, do Decreto-Lei n. 779, de 21-8-1969.

304. Correção monetária. Empresas em liquidação. Art. 46 do ADCT/CF Os débitos trabalhistas das entidades submetidas aos regimes de intervenção ou liquidação extrajudicial estão sujeitos a correção monetária desde o respectivo vencimento até seu efetivo pagamento, sem interrupção ou suspensão, não incidindo, entretanto, sobre tais débitos, juros de mora.

+ *Vide* arts. 879, § 7.º, e 883 da CLT.

+ *Vide* Lei n. 11.101, de 9-2-2005.

305. Fundo de Garantia do Tempo de Serviço. Incidência sobre o aviso prévio

O pagamento relativo ao período de aviso prévio, trabalhado ou não, está sujeito à contribuição para o FGTS.

+ *Vide* arts. 487 e ss. da CLT.

+ *Vide* art. 15 da Lei n. 8.036, de 11-5-1990.

306. Indenização adicional. Pagamento devido com fundamento nos arts. 9.º da Lei n. 6.708/1979 e 9.º da Lei n. 7.238/1984 (*Cancelada pela Resolução n. 121, de 28-10-2003.*)

307. Juros. Irretroatividade do Decreto-lei n. 2.322, de 26 de fevereiro de 1987

A fórmula de cálculo de juros prevista no Decreto-lei n. 2.322, de 26 de fevereiro de 1987, somente é aplicável a partir de 27 de fevereiro de 1987. Quanto ao período anterior, deve-se observar a legislação então vigente.

308. Prescrição quinquenal (incorporada a Orientação Jurisprudencial n. 204 da SDI-1)

I – Respeitado o biênio subsequente à cessação contratual, a prescrição da ação trabalhista concerne às pretensões imediatamente anteriores a cinco anos, contados da data do ajuizamento da reclamação e, não, às anteriores ao quinquênio da data da extinção do contrato. (ex-OJ 204 – inserida em 8-11-2000)

II – A norma constitucional que ampliou o prazo de prescrição da ação trabalhista para 5 (cinco) anos é de aplicação imediata e não atinge pretensões já alcançadas pela prescrição bienal quando da promulgação da CF/1988. (ex-Súmula 308 – Res. 6/1992, *DJ* 5-11-1992)

✦✦ Redação determinada pela Resolução n. 129, de 5-4-2005.

✦ *Vide* art. 7.º, XXIX, da CF.

✦ *Vide* art. 11 da CLT.

309. Vigia portuário. Terminal privativo. Não obrigatoriedade de requisição

Tratando-se de terminais privativos destinados à navegação de cabotagem ou de longo curso, não é obrigatória a requisição de vigia portuário indicado por sindicato.

✦ *Vide* Lei n. 12.815, de 5-6-2013.

310. Substituição processual. Sindicato

(*Cancelada pela Resolução n. 119, de 25-9-2003.*)

311. Benefício previdenciário a dependente de ex-empregado. Correção monetária. Legislação aplicável

O cálculo da correção monetária incidente sobre débitos relativos a benefícios previdenciários devidos a dependentes de exempregado pelo empregador, ou por entidade de previdência privada a ele vinculada, será o previsto na Lei n. 6.899, de 8-4-1981.

✦ *Vide* art. 879, § 7.º, da CLT.

312. Constitucionalidade. Alínea *b* do art. 896 da CLT

É constitucional a alínea *b* do art. 896 da CLT, com a redação dada pela Lei n. 7.701, de 21 de dezembro de 1988.

✦✦ Atualmente a alínea *b* do art. 896 tem redação determinada pela Lei n. 9.756, de 17-12-1998.

✦ *Vide* art. 896, *b*, da CLT.

313. Complementação de aposentadoria. Proporcionalidade. Banespa A complementação de aposentadoria prevista no art. 106 e seus parágrafos, do Regulamento de Pessoal editado em 1965, só é integral para os empregados que tenham 30 (trinta) ou mais anos de serviços prestados exclusivamente ao Banco.

✦ *Vide* art. 468 da CLT.

✦ Lei Complementar n. 109/2001.

314. Indenização adicional. Verbas rescisórias. Salário corrigido

Se ocorrer a rescisão contratual no período de 30 (trinta) dias que antecede à data-base, observada a Súmula n. 182 do TST, o pagamento das verbas rescisórias com o salário já corrigido não afasta o direito à indenização adicional prevista nas Leis n. 6.708, de 30 de outubro de 1979, e 7.238, de 28 de outubro de 1984.

✦ *Vide* art. 487, § 1.º, da CLT.

✦ *Vide* Súmula 182 do TST.

✦ *Vide* Lei n. 6.708, de 30-10-1979.

✦ *Vide* Lei n. 7.238, de 29-10-1984.

315. IPC de março/1990. Lei n. 8.030, de 12 de abril de 1990 (Plano Collor). Inexistência de direito adquirido

A partir da vigência da Medida Provisória n. 154, de 15 de março de 1990, convertida na Lei n. 8.030, de 12 de abril de 1990, não se aplica o IPC de março de 1990, de 84,32% (oitenta e quatro vírgula trinta e dois por cento), para a correção dos salários, porque o direito ainda não se havia incorporado ao patrimônio jurídico dos trabalhadores, inexistindo ofensa ao inciso XXXVI do art. 5.º da CF/1988.

316. IPC de junho/1987. Decreto-lei n. 2.335/1987 (Plano Bresser).

Existência de direito adquirido

(*Cancelada pela Resolução n. 37, de 16-11-1994.*)

317. URP de fevereiro/1989. Lei n. 7.730/1989 (Plano Verão). Existência de direito adquirido

(*Cancelada pela Resolução n. 37, de 16-11-1994.*)

318. Diárias. Base de cálculo para sua integração no salário

Tratando-se de empregado mensalista, a integração das diárias no salário deve ser feita tomando-se por base o salário mensal por ele percebido e não o valor do dia de salário, somente sendo devida a referida integração quando o valor das diárias, no mês, for superior à metade do salário mensal.

✦ *Vide* art. 457, § 2.º, da CLT.

✦ *Vide* Súmula 101 do TST.

319. Reajustes salariais ("gatilhos"). Aplicação aos servidores públicos contratados sob a *égide* da legislação trabalhista

Aplicam-se aos servidores públicos, contratados sob o regime da CLT, os reajustes decorrentes da correção automática dos salários pelo mecanismo denominado "gatilho", de que tratam os Decretos-leis n. 2.284, de 10 de março de 1986, e 2.302, de 21 de novembro de 1986.

+ *Vide* Súmula 322 do TST.

320. Horas *in itinere*. Obrigatoriedade de cômputo na jornada de trabalho

O fato de o empregador cobrar, parcialmente ou não, importância pelo transporte fornecido, para local de difícil acesso ou não servido por transporte regular, não afasta o direito à percepção das horas *in itinere*.

+ *Vide* art. 58, § 2.º, da CLT.

321. Decisão administrativa. Recurso

(Cancelada pela Resolução n. 135, de 30-6-2005.)

322. Diferenças salariais. Planos econômicos. Limite

Os reajustes salariais decorrentes dos chamados "gatilhos" e URPs, previstos legalmente como antecipação, são devidos tão somente até a data-base de cada categoria.

+ *Vide* Súmula 319 do TST.

323. URP de abril e maio de 1988. Decreto-lei n. 2.425/1988

(Cancelada pela Resolução n. 38, de 16-11-1994.)

324. Horas *in itinere*. Enunciado n. 90. Insuficiência de transporte público

(Cancelada pela Resolução n. 129, de 5-4-2005.)

325. Horas *in itinere*. Enunciado n. 90. Remuneração em relação a trecho não servido por transporte público

(Cancelada pela Resolução n. 129, de 5-4-2005.)

326. Complementação de aposentadoria. Prescrição total. (nova redação) A pretensão à complementação de aposentadoria jamais recebida prescreve em 2 (dois) anos contados da cessação do contrato de trabalho.

++ Redação determinada pela Resolução n. 174, de 24-5-2011.

+ *Vide* art. 7.º, XXIX, da CF.

+ *Vide* art. 11 da CLT.

+ *Vide* Súmulas 92, 97, 288 e 327 do TST.

327. Complementação de aposentadoria. Diferenças. Prescrição parcial. (nova redação)

A pretensão a diferenças de complementação de aposentadoria sujeita-se à prescrição parcial e quinquenal, salvo se o pretenso direito decorrer de verbas não recebidas no curso da relação de emprego e já alcançadas pela prescrição, à época da propositura da ação.

++ Redação determinada pela Resolução n. 174, de 24-5-2011.

+ *Vide* art. 7.º, XXIX, da CF.

+ *Vide* art. 11 da CLT.

+ *Vide* Súmulas 92, 97, 288 e 326 do TST.

328. Férias. Terço constitucional

O pagamento das férias, integrais ou proporcionais, gozadas ou não, na vigência da CF/1988, sujeita-se ao acréscimo do terço previsto no respectivo art. 7.º, XVII.

+ *Vide* art. 7.º, XVII, da CF.

+ *Vide* arts. 129 e ss. da CLT.

329. Honorários advocatícios. Art. 133 da CF/1988

Mesmo após a promulgação da CF/1988, permanece válido o entendimento consubstanciado na Súmula n. 219 do Tribunal Superior do Trabalho.

++ *Vide* art. 6.º da Instrução Normativa n. 41, de 21-6-2018.

+ *Vide* art. 791-A da CLT.

+ *Vide* Súmula 219 do TST.

330. Quitação. Validade

A quitação passada pelo empregado, com assistência de entidade sindical de sua categoria, ao empregador, com observância dos requisitos exigidos nos parágrafos do art. 477 da CLT, tem eficácia liberatória emrelação às parcelas expressamente consignadas no recibo, salvo se oposta ressalva expressa e especificada ao valor dado à parcela ou parcelas impugnadas.

I – A quitação não abrange parcelas não consignadas no recibo de quitação e, consequentemente, seus reflexos em outras parcelas, ainda que essas constem desse recibo.

II – Quanto a direitos que deveriam ter sido satisfeitos durante a vigência do contrato de trabalho, a quitação é válida em relação ao período expressamente consignado no recibo de quitação.

++ Redação determinada pela Resolução n. 108, de 5-4-2001.

+ *Vide* art. 477, § 2.º, da CLT.

331. Contrato de prestação de serviços. Legalidade. (nova redação do item IV e inseridos os itens V e VI à redação)

I – A contratação de trabalhadores por empresa interposta é ilegal, formando-se o vínculo diretamente com o tomador dos serviços, salvo no caso de trabalho temporário (Lei n. 6.019, de 3-1-1974).

II – A contratação irregular de trabalhador, mediante empresa interposta, não gera vínculo de emprego com os órgãos da Administração Pública direta, indireta ou fundacional (art. 37, II, da CF/1988).

III – Não forma vínculo de emprego com o tomador a contratação de serviços de vigilância (Lei n. 7.102, de 20-6-1983) e de conservação e limpeza, bem como a de serviços especializados ligados à atividade-meio do tomador, desde que inexistente a pessoalidade e a subordinação direta.

IV – O inadimplemento das obrigações trabalhistas, por parte do empregador, implica a responsabilidade subsidiária do tomador dos serviços quanto àquelas obrigações, desde que haja participado da relação processual e conste também do título executivo judicial.

V – Os entes integrantes da Administração Pública direta e indireta respondem subsidiariamente, nas mesmas condições do item IV, caso evidenciada a sua conduta culposa no cumprimento das obrigações da Lei n. 8.666, de 21-6-1993, especialmente na fiscalização do cumprimento das obrigações contratuais e legais da prestadora de serviço como empregadora. A aludida responsabilidade não decorre de mero inadimplemento das obrigações trabalhistas assumidas pela empresa regularmente contratada.

VI – A responsabilidade subsidiária do tomador de serviços abrange todas as verbas decorrentes da condenação referentes ao período da prestação laboral.

++ Redação determinada pela Resolução n. 174, de 24-5-2011.

++ O STF julgou procedente a ADPF n. 324, de 30-8-2018 (*DOU* de 10-9-2018), assentando a "licitude da terceirização de atividade-fim ou meio", e esclarecendo que "a decisão deste julgamento não afeta os processos em relação aos quais tenha havido coisa julgada".

+ *Vide* Lei n. 6.019, de 3-1-1974.

+ *Vide* Lei n. 7.102, de 20-6-1983.

+ *Vide* Lei n. 8.666, de 21-6-1993.

332. Complementação de aposentadoria. Petrobras. Manual de pessoal. Norma programática

As normas relativas à complementação de aposentadoria, inseridas no Manual de Pessoal da Petrobras, têm caráter meramente programático, delas não resultando direito à referida complementação.

+ Lei Complementar n. 109/2001.

333. Recurso de revista. Conhecimento

Não ensejam recursos de revista decisões superadas por iterativa, notória e atual jurisprudência do Tribunal Superior do Trabalho.

++ Redação determinada pela Resolução n. 155, de 18-2-2009.

+ *Vide* art. 896, § 7.º, da CLT.

334. Competência. Ação de cumprimento. Sindicato. Desconto assistencial

(*Cancelada pela Resolução n. 59, de 20-6-1996.*)

335. Embargos para a Seção Especializada em Dissídios Individuais contra decisão em agravo de instrumento oposto a despacho denegatório de recurso de revista

(*Cancelada pela Resolução n. 121, de 28-10-2003.*)

336. Constitucionalidade. § 2.º do art. 9.º do Decreto-lei n. 1.971, de 30 de novembro de 1982

É constitucional o § 2.º do art. 9.º do Decreto-lei n. 1.971, de 30 de novembro de 1982, com a redação dada pelo Decreto-lei n. 2.100, de 28 de dezembro de 1983.

337. Comprovação de divergência jurisprudencial. Recursos de revista e de embargos. (incluído o item V)

I – Para comprovação da divergência justificadora do recurso, é necessário que o recorrente:

a) Junte certidão ou cópia autenticada do acórdão paradigma ou cite a fonte oficial ou o repositório autorizado em que foi publicado; e

b) Transcreva, nas razões recursais, as ementas e/ou trechos dos acórdãos trazidos à configuração do dissídio, demonstrando o conflito de teses que justifique o conhecimento do recurso, ainda que os acórdãos já se encontrem nos autos ou venham a ser juntados com o recurso. (ex-Súmula 337 – alterada pela Res. 121/2003, *DJ* 21-11-2003)

II – A concessão de registro de publicação como repositório autorizado de jurisprudência do TST torna válidas todas as suas edições anteriores. (ex-OJ 317 da SBDI-I – *DJ* 11-8-2003)

III – A mera indicação da data de publicação, em fonte oficial, de aresto paradigma é inválida para comprovação de divergência jurisprudencial, nos termos do item I, "a", desta súmula, quando a parte pretende demonstrar o conflito de teses mediante a transcrição de trechos que integram a fundamentação do acórdão divergente, uma vez que só se publicam o dispositivo e a ementa dos acórdãos.

IV – É válida para a comprovação da divergência jurisprudencial justificadora do recurso a indicação de aresto extraído de repositório oficial na internet, desde que o recorrente:

a) transcreva o trecho divergente;

b) aponte o sítio de onde foi extraído; e

c) decline o número do processo, o órgão prolator do acórdão e a data da respectiva publicação no *Diário Eletrônico da Justiça do Trabalho.*

V – A existência do código de autenticidade na cópia, em formato *pdf*, do inteiro teor do aresto paradigma, juntada aos autos, torna-a equivalente ao documento original e também supre a ausência de indicação da fonte oficial de publicação.

✦✦ Redação determinada pela Resolução n. 220, de 18-9-2017.

✦ *Vide* arts. 894 e 896 da CLT.

✦ *Vide* Súmulas 23, 296 e 333 do TST.

✦ *Vide* OJ 219 SDI-1/TST.

338. Jornada de trabalho. Registro. Ônus da prova. (incorporadas as Orientações Jurisprudenciais ns. 234 e 306 da SDI-1)

I – É ônus do empregador que conta com mais de 10 (dez) empregados o registro da jornada de trabalho na forma do art. 74, § 2.º, da CLT. A não apresentação injustificada dos controles de frequência gera presunção relativa de veracidade da jornada de trabalho, a qual pode ser elidida por prova em contrário. (ex-Súmula 338 – Res. 121, *DJ* 21-11-2003)

II – A presunção de veracidade da jornada de trabalho, ainda que prevista em instrumento normativo, pode ser elidida por prova em contrário. (ex-OJ 234 – inserida em 20-6-2001)

III – Os cartões de ponto que demonstram horários de entrada e saída uniformes são inválidos como meio de prova, invertendo-se o ônus da prova, relativo às horas extras, que passa a ser do empregador, prevalecendo a jornada da inicial se dele não se desincumbir. (ex-OJ 306 – *DJ* 11-8-2003)

✦✦ Redação determinada pela Resolução n. 129, de 5-4-2005.

✦ *Vide* arts. 74, § 2.º, e 818 da CLT.

✦ *Vide* art. 373 do CPC.

339. CIPA. Suplente. Garantia de emprego. CF/1988. (incorporadas as Orientações Jurisprudenciais ns. 25 e 329 da SDI-1)

I – O suplente da CIPA goza da garantia de emprego prevista no art. 10, II, *a*, do ADCT a partir da promulgação da Constituição Federal. (ex-Súmula 339 – Res. 39/1994, *DJ* 20-12-1994 e ex-OJ 25 – inserida em 29-3-1996)

II – A estabilidade provisória do cipeiro não constitui vantagem pessoal, mas garantia para as atividades dos membros da CIPA, que somente tem razão de ser quando em atividade a empresa. Extinto o estabelecimento, não se verifica a despedida arbitrária, sendo impossível a reintegração e indevida a indenização do período estabilitário. (ex-OJ 329 – *DJ* 9-12-2003)

✦✦ Redação determinada pela Resolução n. 129, de 5-4-2005.

✦ *Vide* art. 10, II, *a*, do ADCT.

✦ *Vide* arts. 164 e 165 da CLT.

✦ *Vide* NR 5.

340. Comissionista. Horas extras

O empregado, sujeito a controle de horário, remunerado à base de comissões, tem direito ao adicional de, no mínimo, 50% (cinquenta por cento) pelo trabalho em horas extras, calculado sobre o valor-hora das comissões recebidas no mês, considerando-se como divisor o número de horas efetivamente trabalhadas.

✦✦ Redação determinada pela Resolução n. 121, de 28-10-2003.

✦ *Vide* OJ 397 da SDI-1.

✦ *Vide* art. 7.º, XVI, da CF.

✦ *Vide* art. 59 da CLT.

341. Honorários do assistente técnico

A indicação do perito assistente é faculdade da parte, a qual deve responder pelos respectivos honorários, ainda que vencedora no objeto da perícia.

✦ *Vide* arts. 84 e 95 CPC.

342. Descontos salariais. Art. 462 da CLT

Descontos salariais efetuados pelo empregador, com a autorização prévia e por escrito do empregado, para ser integrado em planos de assistência odontológica, médico-hospitalar, de seguro, de previdência privada, ou de entidade cooperativa, cultural ou recreativo-associativa de seus trabalhadores, em seu benefício e de seus dependentes, não afrontam o disposto no art. 462 da CLT, salvo se ficar demonstrada a existência de coação ou de outro defeito que vicie o ato jurídico.

✦ *Vide* art. 462 da CLT.

✦ *Vide* OJ 160 SDI-1/TST.

343. Bancário. Hora de salário

(*Cancelada pela Resolução n. 185, de 14-9-2012.*)

344. Salário-família. Trabalhador rural

O salário-família é devido aos trabalhadores rurais somente após a vigência da Lei n. 8.213, de 24 de julho de 1991.

✦ *Vide* art. 7.º, XII, da CF.

✦ *Vide* art. 65 da Lei n. 8.213, de 24-7-1991.

345. BANDEPE. Regulamento Interno de Pessoal não confere estabilidade aos empregados

O Regulamento Interno de Pessoal (RIP) do Banco do Estado de Pernambuco – BANDEPE, na parte que trata de seu regime disciplinar, não confere estabilidade aos seus empregados.

346. Digitador. Intervalos intrajornada. Aplicação analógica do art. 72 da CLT

Os digitadores, por aplicação analógica do art. 72 da CLT, equiparam-se aos trabalhadores nos serviços de mecanografia (datilografia, escrituração ou cálculo), razão pela qual têm direito a intervalos de descanso de 10 (dez) minutos a cada 90 (noventa) de trabalho consecutivo.

✦ *Vide* art. 72 da CLT.

✦ *Vide* NR 17.

347. Horas extras habituais. Apuração. Média física

O cálculo do valor das horas extras habituais, para efeito de reflexos em verbas trabalhistas, observará o número de horas efetivamente prestadas e a ele aplica-se o valor do salário-hora da época do pagamento daquelas verbas.

✦ *Vide* art. 7.º, XVI, da CF.

✦ *Vide* art. 59, § 1.º, da CLT.

348. Aviso prévio. Concessão na fluência da garantia de emprego. Invalidade

É inválida a concessão do aviso prévio na fluência da garantia de emprego, ante a incompatibilidade dos dois institutos.

✦ *Vide* art. 7.º, XXI, da CF.

✦ *Vide* arts. 487 e ss. da CLT.

✦ *Vide* Súmula 441 do TST.

✦ *Vide* Lei n. 12.506, de 11-10-2011 (Aviso prévio).

349. Acordo de compensação de horário em atividade insalubre, celebrado por acordo coletivo. Validade

(Cancelada pela Resolução n. 174, de 24-5-2011.)

350. Prescrição. Termo inicial. Ação de cumprimento. Sentença normativa

O prazo de prescrição com relação à ação de cumprimento de decisão normativa flui apenas da data de seu trânsito em julgado.

✦ *Vide* art. 7.º, XXIX, da CF.

✦ *Vide* arts. 11, 867 e 872 da CLT.

351. Professor. Repouso semanal remunerado. Art. 7.º, § 2.º, da Lei n. 605, de 5 de janeiro de 1949, e art. 320 da CLT

O professor que recebe salário mensal à base de hora-aula tem direito ao acréscimo de 1/6 a título de repouso semanal remunerado, considerando-se para esse fim o mês de quatro semanas e meia.

✦ *Vide* arts. 317 e ss. da CLT.

352. Custas. Prazo para comprovação

(Cancelada pela Resolução n. 114, de 21-11-2002.)

353. Embargos. Agravo. Cabimento

Não cabem embargos para a Seção de Dissídios Individuais de decisão de Turma proferida em agravo, salvo:

a) da decisão que não conhece de agravo de instrumento ou de agravo pela ausência de pressupostos extrínsecos;

b) da decisão que nega provimento a agravo contra decisão monocrática do Relator, em que se proclamou a ausência de pressupostos extrínsecos de agravo de instrumento;

c) para revisão dos pressupostos extrínsecos de admissibilidade do recurso de revista, cuja ausência haja sido declarada originariamente pela Turma no julgamento do agravo;

d) para impugnar o conhecimento de agravo de instrumento;

e) para impugnar a imposição de multas previstas nos arts. 1.021, § 4.º, do CPC de 2015 ou 1.026, § 2.º, do CPC de 2015 (art. 538, parágrafo único, do CPC de 1973, ou art. 557, § 2.º, do CPC de 1973);

f) contra decisão de Turma proferida em agravo em recurso de revista, nos termos do art. 894, II, da CLT.

✦✦ Redação determinada pela Resolução n. 208, de 19-4-2016.

✦ *Vide* art. 894 da CLT.

354. Gorjetas. Natureza jurídica. Repercussões

As gorjetas, cobradas pelo empregador na nota de serviço ou oferecidas espontaneamente pelos clientes, integram a remuneração do empregado, não servindo de base de cálculo para as parcelas de aviso prévio, adicional noturno, horas extras e repouso semanal remunerado.

✦ *Vide* art. 457 da CLT.

355. CONAB. Estabilidade. Aviso DIREH n. 2, de 12 de dezembro de 1984 O aviso DIREH n. 2, de 12 de dezembro de 1984, que concedia estabilidade aos empregados da CONAB, não tem eficácia, porque não aprovado pelo Ministério ao qual a empresa se subordina.

356. Alçada recursal. Vinculação ao salário mínimo

O art. 2.º, § 4.º, da Lei n. 5.584, de 26 de junho de 1970, foi recepcionado pela CF/1988, sendo lícita a fixação do valor da alçada com base no salário mínimo.

✦ *Vide* art. 2.º da Lei n. 5.584, de 26-6-1970.

357. Testemunha. Ação contra a mesma reclamada. Suspeição

Não torna suspeita a testemunha o simples fato de estar litigando ou de ter litigado contra o mesmo empregador.

✦ *Vide* art. 821 da CLT.

✦ *Vide* art. 447 do CPC.

358. Radiologista. Salário profissional. Lei n. 7.394, de 29 de outubro de 1985

O salário profissional dos técnicos em radiologia é igual a 2 (dois) salários mínimos e não a 4 (quatro).

✦ *Vide* Lei n. 7.394, de 29-10-1985.

359. Substituição processual. Ação de cumprimento. Art. 872, parágrafo único, **da CLT. Federação. Legitimidade**

(Cancelada pela Resolução n. 121, de 28-10-2003.)

360. Turnos ininterruptos de revezamento. Intervalos intrajornada e semanal

A interrupção do trabalho destinada a repouso e alimentação, dentro de cada turno, ou o intervalo para repouso semanal, não descaracteriza o turno de revezamento com jornada de 6 (seis) horas previsto no art. 7.º, XIV, da CF/1988.

+ *Vide* art. 7.º, XIV e XV, da CF.
+ *Vide* arts. 67 e 71 da CLT.
+ *Vide* Súmula 423 do TST.
+ *Vide* Lei n. 605, de 5-1-1949.

361. Adicional de periculosidade. Eletricitários. Exposição intermitente O trabalho exercido em condições perigosas, embora de forma intermitente, dá direito ao empregado a receber o adicional de periculosidade de forma integral, porque a Lei n. 7.369, de 20 de setembro de 1985, não estabeleceu nenhuma proporcionalidade em relação ao seu pagamento.

+ *Vide* art. 7.º, XXIII e XXXIII, da CF.
+ *Vide* art. 193 da CLT.
+ *Vide* Súmulas 191 e 364 do TST.

362. FGTS. Prescrição (redação alterada na sessão do Tribunal Pleno realizada em 9-6-2015)

I – Para os casos em que a ciência da lesão ocorreu a partir de 13-112014, é quinquenal a prescrição do direito de reclamar contra o não recolhimento de contribuição para o FGTS, observado o prazo de dois anos após o término do contrato;

II – Para os casos em que o prazo prescricional já estava em curso em 13-11-2014, aplica-se o prazo prescricional que se consumar primeiro: trinta anos, contados do termo inicial, ou cinco anos, a partir de 1311-2014 (STF-ARE-709212/DF).

++ Redação determinada pela Resolução n. 198, de 9-6-2015.
+ *Vide* art. 7.º, XXIX, da CF.
+ *Vide* art. 11 da CLT.
+ *Vide* Súmula 308, I, do TST.

363. Contrato nulo. Efeitos

A contratação de servidor público, após a CF/1988, sem prévia aprovação em concurso público, encontra óbice no respectivo art. 37, II e § 2.º, somente lhe conferindo direito ao pagamento da contraprestação pactuada, em relação ao número de horas trabalhadas, respeitado o valor da hora do salário mínimo, e dos valores referentes aos depósitos do FGTS.

++ Redação determinada pela Resolução n. 121, de 28-10-2003.
+ *Vide* arts. 7.º, IV, e 37, II, e §§ 2.º da CF.
+ *Vide* art. 76 e ss. da CLT.
+ *Vide* Lei n. 8.036, de 11-5-1990.

364. Adicional de periculosidade. Exposição eventual, permanente e intermitente. (inserido o item II)

I – Tem direito ao adicional de periculosidade o empregado exposto permanentemente ou que, de forma intermitente, sujeita-se a condições de risco. Indevido, apenas, quando o contato dá-se de forma eventual, assim considerado o fortuito, ou o que, sendo habitual, dá-se por tempo extremamente reduzido. (ex-OJs da SBDI-1 n. 5 – inserida em 14-3-1994 – e 280 – *DJ* 11-8-2003).

II – Não é válida a cláusula de acordo ou convenção coletiva de trabalho fixando o adicional de periculosidade em percentual inferior ao estabelecido em lei e proporcional ao tempo de exposição ao risco, pois tal parcela constitui medida de higiene, saúde e segurança do trabalho, garantida por norma de ordem pública (arts. 7.º, XXII e XXIII, da CF e 193, § 1.º, da CLT).

++ Redação determinada pela Resolução n. 209, de 30-5-2016.
+ *Vide* art. 7.º, XXIII e XXXIII, da CF.
+ *Vide* arts. 193 e 611-B, XVIII, da CLT.
+ *Vide* Súmulas 191 e 361 do TST.

365. Alçada. Ação rescisória e mandado de segurança. (conversão das Orientações Jurisprudenciais ns. 8 e 10 da SDI-1)

Não se aplica a alçada em ação rescisória e em mandado de segurança. (ex-OJs 8 e 10, ambas inseridas em 1.º-2-1995)

+ *Vide* art. 836 da CLT.
+ *Vide* arts. 966 a 975 do CPC.
+ *Vide* Lei n. 12.016, de 7-8-2009.
+ *Vide* art. 2.º da Lei n. 5.584, de 26-6-1970.

366. Cartão de ponto. Registro. Horas extras. Minutos que antecedem e sucedem a jornada de trabalho.

Não serão descontadas nem computadas como jornada extraordinária as variações de horário do registro de ponto não excedentes de cinco minutos, observado o limite máximo de dez minutos diários. Se ultrapassado esse limite, será considerada como extra a totalidade do tempo que exceder a jornada normal, pois configurado tempo à disposição do empregador, não importando as atividades desenvolvidas pelo empregado ao longo do tempo residual (troca de uniforme, lanche, higiene pessoal, etc).

++ Redação determinada pela Resolução n. 197, de 12-5-2015.
+ *Vide* arts. 4.º, § 2.º, e 58, § 1.º, da CLT.

367. Utilidades *in natura*. Habitação. Energia elétrica. Veículo. Cigarro. Não integração ao salário. (conversão das Orientações Jurisprudenciais ns. 24, 131 e 246 da SDI-1)

I – A habitação, a energia elétrica e veículo fornecidos pelo empregador ao empregado, quando indispensáveis para a realização do trabalho, não têm natureza salarial, ainda que, no caso

Súmulas Vinculantes

de veículo, seja ele utilizado pelo empregado também em atividades particulares. (ex-OJs 131 – inserida em 20-4-1998 e ratificada pelo Tribunal Pleno em 7-12-2000, e 246 – inserida em 20-6-2001)

II – O cigarro não se considera salário utilidade em face de sua nocividade à saúde. (ex-OJ 24 – inserida em 29-3-1996)

✦ *Vide* art. 458 da CLT.

✦ *Vide* art. 28, § 9.º, da Lei n. 8.212, de 24-7-1991.

368. Descontos previdenciários. Imposto de renda. Competência. Responsabilidade pelo recolhimento. Forma de cálculo. Fato gerador. (aglutinada a parte final da Orientação Jurisprudencial n. 363 da SBDI-I à redação do item II e incluídos os itens IV, V e VI em sessão do tribunal pleno realizada em 26-6-2017)

I – A Justiça do Trabalho é competente para determinar o recolhimento das contribuições fiscais. A competência da Justiça do Trabalho, quanto à execução das contribuições previdenciárias, limita-se às sentenças condenatórias em pecúnia que proferir e aos valores, objeto de acordo homologado, que integrem o salário de contribuição. (ex-OJ n. 141 da SBDI-1 – inserida em 27-11-1998).

II – É do empregador a responsabilidade pelo recolhimento das contribuições previdenciárias e fiscais, resultantes de crédito do empregado oriundo de condenação judicial. A culpa do empregador pelo inadimplemento das verbas remuneratórias, contudo, não exime a responsabilidade do empregado pelos pagamentos do imposto de renda devido e da contribuição previdenciária que recaia sobre sua quota-parte. (ex-OJ n. 363 da SBDI-1, parte final).

III – Os descontos previdenciários relativos à contribuição do empregado, no caso de ações trabalhistas, devem ser calculados mês a mês, de conformidade com o art. 276, § 4.º, do Decreto n. 3.048/1999, que regulamentou a Lei n. 8.212/1991, aplicando-se as alíquotas previstas no art. 198, observado o limite máximo do salário de contribuição (ex-OJs n. 32 e 228 da SBDI-1 – inseridas, respectivamente, em 14-3-1994 e 20-6-2001).

IV – Considera-se fato gerador das contribuições previdenciárias decorrentes de créditos trabalhistas reconhecidos ou homologados em juízo, para os serviços prestados até 4-3-2009, inclusive, o efetivo pagamento das verbas, configurando-se a mora a partir do dia dois do mês seguinte ao da liquidação (art. 276, *caput*, do Decreto n. 3.048/1999). Eficácia não retroativa da alteração legislativa promovida pela Medida Provisória n. 449/2008, posteriormente convertida na Lei n. 11.941/2009, que deu nova redação ao art. 43 da Lei n. 8.212/91.

V – Para o labor realizado a partir de 5-3-2009, considera-se fato gerador das contribuições previdenciárias decorrentes de créditos trabalhistas reconhecidos ou homologados em juízo a data da efetiva prestação dos serviços. Sobre as contribuições previdenciárias não recolhidas a partir da prestação dos serviços incidem juros de mora e, uma vez apurados os créditos previdenciários, aplica-se multa a partir do exaurimento do prazo de citação para pagamento, se descumprida a obrigação, observado o limite legal de 20% (art. 61, § 2.º, da Lei n. 9.460/96).

VI – O imposto de renda decorrente de crédito do empregado recebido acumuladamente deve ser calculado sobre o montante dos rendimentos pagos, mediante a utilização de tabela progressiva resultante da multiplicação da quantidade de meses a que se refiram os rendimentos pelos valores constantes da tabela progressiva mensal correspondente ao mês do recebimento ou crédito, nos termos do art. 12-A da Lei n. 7.713, de 22-12-1988, com a redação conferida pela Lei n. 13.149/2015, observado o procedimento previsto nas Instruções Normativas da Receita Federal do Brasil.

✦✦ Redação determinada pela Resolução n. 219, de 26-6-2017.

✦ *Vide* art. 114, VIII, da CF.

✦ *Vide* art. 876, parágrafo único, da CLT.

✦ *Vide* Súmula Vinculante 53.

369. Dirigente sindical. Estabilidade provisória. (redação do item I alterada na sessão do Tribunal Pleno realizada em 14-9-2012)

I – É assegurada a estabilidade provisória ao empregado dirigente sindical, ainda que a comunicação do registro da candidatura ou da eleição e da posse seja realizada fora do prazo previsto no art. 543, § 5.º, da CLT, desde que a ciência ao empregador, por qualquer meio, ocorra na vigência do contrato de trabalho.

II – O art. 522 da CLT foi recepcionado pela Constituição Federal de 1988. Fica limitada, assim, a estabilidade a que alude o art. 543, § 3.º, da CLT a sete dirigentes sindicais e igual número de suplentes.

III – O empregado de categoria diferenciada eleito dirigente sindical só goza de estabilidade se exercer na empresa atividade pertinente à categoria profissional do sindicato para o qual foi eleito dirigente. (ex-OJ n. 145 da SBDI-1 – inserida em 27-11-1998)

IV – Havendo extinção da atividade empresarial no âmbito da base territorial do sindicato, não há razão para subsistir a estabilidade. (ex-OJ n. 86 da SBDI-1 – inserida em 28-4-1997)

V – O registro da candidatura do empregado a cargo de dirigente sindical durante o período de aviso prévio, ainda que indenizado, não lhe assegura a estabilidade, visto que inaplicável a regra do § 3.º do art. 543 da Consolidação das Leis do Trabalho. (ex-OJ n. 35 da SBDI-1 – inserida em 14-3-1994)

✦✦ Redação determinada pela Resolução n. 185, de 14-9-2012.

✦ *Vide* art. 8.º, VIII, da CF.

✦ *Vide* arts. 511 e 543 da CLT.

✦ *Vide* art. 487 da CLT.

✦ *Vide* Súmula 379 do TST.

370. **Médico e engenheiro. Jornada de trabalho. Leis ns. 3.999/1961 e 4.950/1966.** (conversão das Orientações Jurisprudenciais ns. 39 e 53 da SDI-1)

Tendo em vista que as Leis ns. 3.999/1961 e 4.950/1966 não estipulam a jornada reduzida, mas apenas estabelecem o salário mínimo da categoria para uma jornada de 4 horas para os médicos e de 6 horas para os engenheiros, não há que se falar em horas extras, salvo as excedentes à oitava, desde que seja respeitado o salário mínimo/horário das categorias. (ex-OJs 39 e 53 – inseridas respectivamente em 7-11-1994 e 29-4-1994)

✦ *Vide* art. 7.º, XIII e XVI, da CF.

✦ *Vide* arts. 58 e 59 da CLT.

✦ *Vide* Lei n. 3.999, de 15-12-196.

✦ *Vide* Lei n. 4.950-A, de 22-4-1966.

371. **Aviso prévio indenizado. Efeitos. Superveniência de auxílio-doença no curso deste.** (conversão das Orientações Jurisprudenciais ns. 40 e 135 da SDI-1)

A projeção do contrato de trabalho para o futuro, pela concessão do aviso prévio indenizado, tem efeitos limitados às vantagens econômicas obtidas no período de pré-aviso, ou seja, salários, reflexos e verbas rescisórias. No caso de concessão de auxílio-doença no curso do aviso prévio, todavia, só se concretizam os efeitos da dispensa depois de expirado o benefício previdenciário. (ex-OJs 40 e 135 – inseridas respectivamente em 28-11-1995 e 27-11-1998)

✦ *Vide* art. 7.º, XXI, da CF.

✦ *Vide* arts. 476 e 487 e ss. da CLT.

✦ *Vide* arts. 59 e ss. da Lei n. 8.213, de 24-7-1991.

✦ *Vide* Súmula 163 do TST.

372. **Gratificação de função. Supressão ou redução. Limites.** (conversão das Orientações Jurisprudenciais ns. 45 e 303 da SDI-1)

I – Percebida a gratificação de função por dez ou mais anos pelo empregado, se o empregador, sem justo motivo, revertê-lo a seu cargo efetivo, não poderá retirar-lhe a gratificação tendo em vista o princípio da estabilidade financeira. (ex-OJ 45 – inserida em 25-11-1996)

II – Mantido o empregado no exercício da função comissionada, não pode o empregador reduzir o valor da gratificação. (ex-OJ 303 – *DJ* 11-8-2003)

✦ *Vide* arts. 62, parágrafo único, e 468, §§ 1.º e 2.º, da CLT.

373. **Gratificação semestral. Congelamento. Prescrição parcial.** (conversão da Orientação Jurisprudencial n. 46 da SDI-1)

Tratando-se de pedido de diferença de gratificação semestral que teve seu valor congelado, a prescrição aplicável é a parcial. (ex-OJ 46 – inserida em 29-3-1996)

✦ *Vide* art. 7.º, XXIX, da CF.

✦ *Vide* art. 11, § 2.º, da CLT.

374. **Norma coletiva. Categoria diferenciada. Abrangência.** (conversão da Orientação Jurisprudencial n. 55 da SDI-1)

Empregado integrante de categoria profissional diferenciada não tem o direito de haver de seu empregador vantagens previstas em instrumento coletivo no qual a empresa não foi representada por órgão de classe de sua categoria. (ex-OJ 55 – inserida em 25-11-1996)

✦ *Vide* art. 7.º, XXVI, da CF.

✦ *Vide* arts. 511, § 3.º, e 611 da CLT.

375. **Reajustes salariais previstos em norma coletiva. Prevalência da legislação de política salarial.** (conversão da Orientação Jurisprudencial n. 69 da SDI-1 e da Orientação Jurisprudencial n. 40 da SDI-2)

Os reajustes salariais previstos em norma coletiva de trabalho não prevalecem frente à legislação superveniente de política salarial. (ex-OJs 69 da SDI-1 – inserida em 14-3-1994 e 40 da SDI-2 – inserida em 20-9-2000)

✦ *Vide* art. 623 da CLT.

376. **Horas extras. Limitação. Art. 59 da CLT. Reflexos.** (conversão das Orientações Jurisprudenciais ns. 89 e 117 da SDI-1)

I – A limitação legal da jornada suplementar a duas horas diárias não exime o empregador de pagar todas as horas trabalhadas. (ex-OJ 117– inserida em 20-11-1997)

II – O valor das horas extras habitualmente prestadas integra o cálculo dos haveres trabalhistas, independentemente da limitação prevista no *caput* do art. 59 da CLT. (ex-OJ 89 – inserida em 28-4-1997)

✦ *Vide* art. 7.º, XIII e XVI, da CF.

✦ *Vide* art. 59, *caput*, e § 1.º, da CLT.

377. Preposto. Exigência da condição de empregado

Exceto quanto à reclamação de empregado doméstico, ou contra micro ou pequeno empresário, o preposto deve ser necessariamente empregado do reclamado. Inteligência do art. 843, § 1.º, da CLT e do art. 54 da Lei Complementar n. 123, de 14 de dezembro de 2006. (ex-OJ n. 99 – inserida em 30-5-1997)

✦✦ Redação determinada pela Resolução n. 146, de 24-4-2008.

✦ *Vide* art. 843, §§ 1.º e 3.º, da CLT.

✦ *Vide* Súmula 122 do TST.

378. Estabilidade provisória. Acidente de trabalho. Art. 118 da Lei n. 8.213/91. (inserido o item III)

I – É constitucional o art. 118 da Lei n. 8.213/1991 que assegura o direito à estabilidade provisória por período de 12 meses após a cessação do auxílio-doença ao empregado acidentado. (ex-OJ 105 – inserida em 1.º-10-1997)

II – São pressupostos para a concessão da estabilidade o afastamento superior a 15 dias e a consequente percepção do auxílio-doença acidentário, salvo se constatada, após a despedida, doença profissional que guarde relação de causalidade com a execução do contrato de emprego. (Primeira parte – ex-OJ 230 – inserida em 20-6-2001)

III – O empregado submetido a contrato de trabalho por tempo determinado goza da garantia provisória de emprego, decorrente de acidente de trabalho, prevista no art. 118 da Lei n. 8.213/91.

✦✦ Redação determinada pela Resolução n. 185, de 14-9-2012.

✦ *Vide* arts. 131, III, e 476, da CLT.

✦ *Vide* arts. 19, 20, 21, 59, 60 e 118, da Lei n. 8.213, de 24-7-1991.

379. Dirigente sindical. Despedida. Falta grave. Inquérito judicial. Necessidade. (conversão da Orientação Jurisprudencial n. 114 da SDI-1)

O dirigente sindical somente poderá ser dispensado por falta grave mediante a apuração em inquérito judicial, inteligência dos arts. 494 e 543, § 3.º, da CLT. (ex-OJ 114 – inserida em 20-11-1997)

✦ *Vide* art. 8.º, VIII, da CF.

✦ *Vide* arts. 494, 543 § 3.º, 853 a 855, da CLT.

✦ *Vide* OJs 65 e 137 SDI-2/TST.

✦ *Vide* Súmulas 197 e 403 do STF.

380. Aviso prévio. Início da contagem. Art. 132 do Código Civil de 2002. (conversão da Orientação Jurisprudencial n. 122 da SDI-1)

Aplica-se a regra prevista no *caput* do art. 132 do Código Civil de 2002 à contagem do prazo do aviso prévio, excluindo-se o dia do começo e incluindo o do vencimento. (ex-OJ 122 – inserida em 20-4-1998)

✦ *Vide* arts. 487 e ss. da CLT.

✦ *Vide* art. 132 do CC.

✦ *Vide* Lei 12.506, de 11-10-2011 (Aviso prévio).

381. Correção monetária. Salário. Art. 459 da CLT. (conversão da Orientação Jurisprudencial n. 124 da SDI-1)

O pagamento dos salários até o 5.º dia útil do mês subsequente ao vencido não está sujeito à correção monetária. Se essa data limite for ultrapassada, incidirá o índice da correção monetária do mês subsequente ao da prestação dos serviços, a partir do dia 1.º. (ex-OJ 124 – inserida em 20-4-1998)

✦ *Vide* arts. 459 e 879, § 7.º, da CLT.

✦ *Vide* art. 39 da Lei n. 8.177, de 1.º-3-1991.

382. Mudança de regime celetista para estatutário. Extinção do contrato. Prescrição bienal. (conversão da Orientação Jurisprudencial n. 128 da SDI-1)

A transferência do regime jurídico de celetista para estatutário implica extinção do contrato de trabalho, fluindo o prazo da prescrição bienal a partir da mudança de regime. (ex-OJ 128 – inserida em 20-4-1998)

✦ *Vide* art. 7, XXIX, da CF.

✦ *Vide* art. 11 da CLT.

✦ Lei n. 6.184/1974.

✦ Lei n. 8.112/1990.

383. Recurso. Mandato. Irregularidade de Representação. CPC de 2015, arts. 104 e 76, § 2.º (nova redação em decorrência do CPC de 2015)

I – É inadmissível recurso firmado por advogado sem procuração juntada aos autos até o momento da sua interposição, salvo mandato tácito. Em caráter excepcional (art. 104 do CPC de 2015), admite-se que o advogado, independentemente de intimação, exiba a procuração no prazo de 5 (cinco) dias após a interposição do recurso, prorrogável por igual período mediante despacho do juiz. Caso não a exiba, considera-se ineficaz o ato praticado e não se conhece do recurso.

II – Verificada a irregularidade de representação da parte em fase recursal, em procuração ou substabelecimento já constante dos autos, o relator ou o órgão competente para julgamento do recurso designará prazo de 5 (cinco) dias para que seja sanado o vício. Descumprida a determinação, o relator não conhecerá do recurso, se a providência couber ao recorrente, ou determinará o desentranhamento das contrarrazões, se a providência couber ao recorrido (art. 76, § 2.º, do CPC de 2015).

✦✦ Redação determinada pela Resolução n. 210, de 27-6-2016.

✦ *Vide* art. 791, § 3.º, da CLT.

✦ *Vide* arts. 76, 104 e 111, parágrafo único, do CPC.

384. Multa convencional. Cobrança. (conversão das Orientações Jurisprudenciais ns. 150 e 239 da SDI-1)

I – O descumprimento de qualquer cláusula constante de instrumentos normativos diversos não submete o empregado a ajuizar várias ações, pleiteando em cada uma o pagamento da multa referente ao descumprimento de obrigações previstas nas cláusulas respectivas. (ex-OJ 150 – inserida em 27-11-1998)

II – É aplicável multa prevista em instrumento normativo (sentença normativa, convenção ou acordo coletivo) em caso de descumprimento de obrigação prevista em lei, mesmo que a norma coletiva seja mera repetição de texto legal. (ex-OJ 239 – inserida em 20-6-2001)

✦ *Vide* arts. 775, 897, *b*, e 897-A da CLT.

✦ *Vide* arta. 224, 932, parágrafo único, 1.003, § 6.º, e 1.021 do CPC.

385. Feriado local ou forense. Ausência de Expediente. Prazo recursal. Prorrogação. Comprovação. Necessidade. (alterada em decorrência do CPC de 2015)

I – Incumbe à parte o ônus de provar, quando da interposição do recurso, a existência de feriado local que autorize a prorrogação do prazo recursal (art. 1.003, § 6.º, do CPC de 2015). No caso de o recorrente alegar a existência de feriado local e não o comprovar no momento da interposição do recurso, cumpre ao relator conceder o prazo de 5 (cinco) dias para que seja sanado o vício (art. 932, parágrafo único, do CPC de 2015), sob pena de não conhecimento se da comprovação depender a tempestividade recursal.

II – Na hipótese de feriado forense, incumbirá à autoridade que proferir a decisão de admissibilidade certificar o expediente nos autos.

III – Admite-se a reconsideração da análise da tempestividade do recurso, mediante prova documental superveniente, em agravo de instrumento, agravo interno, agravo regimental, ou embargos de declaração, desde que, em momento anterior, não tenha havido a concessão de prazo para a comprovação da ausência de expediente forense.

✦✦ Redação determinada pela Resolução n. 220, de 18-9-2017.

386. Policial militar. Reconhecimento de vínculo empregatício com empresa privada. (conversão da Orientação Jurisprudencial n. 167 da SDI-1)

Preenchidos os requisitos do art. 3.º da CLT, é legítimo o reconhecimento de relação de emprego entre policial militar e empresa privada, independentemente do eventual cabimento de penalidade disciplinar prevista no Estatuto do Policial Militar. (ex-OJ 167 – inserida em 26-3-1999)

✦ *Vide* arts. 2.º e 3.º da CLT.

387. Recurso. Fac-símile. Lei n. 9.800/1999

I – A Lei n. 9.800, de 26-5-1999, é aplicável somente a recursos interpostos após o início de sua vigência (ex-OJ 194 da SBDI-1 – inserida em 8-11-2000).

II – A contagem do quinquídio para apresentação dos originais de recurso interposto por intermédio de fac-símile começa a fluir do dia subsequente ao término do prazo recursal, nos termos do art. 2.º da Lei n. 9.800, de 26-5-1999, e não do dia seguinte à interposição do recurso, se esta se deu antes do termo final do prazo. (ex-OJ 337 da SBDI-1 – primeira parte – *DJ* 4-5-2004)

III – Não se tratando a juntada dos originais de ato que dependa de notificação, pois a parte, ao interpor o recurso, já tem ciência de seu ônus processual, não se aplica a regra do art. 224 do CPC de 2015 (art. 184 do CPC de 1973) quanto ao *dies a quo*, podendo coincidir com sábado, domingo ou feriado. (ex-OJ 337 da SBDI-1 – *in fine* – *DJ* 4-5-2004)

IV – A autorização para utilização do fac-símile, constante do art. 1.º da Lei n. 9.800, de 26-5-1999, somente alcança as hipóteses em que o documento é dirigido diretamente ao órgão jurisdicional, não se aplicando à transmissão ocorrida entre particulares.

✦✦ Redação determinada pela Resolução n. 208, de 19-4-2016.

✦✦ *Vide* art. 775 da CLT.

✦ *Vide* arts. 774 e 775 da CLT.

✦ *Vide* art. 224 do CPC.

✦ *Vide* Lei n. 9.800, de 26-5-1999.

388. Massa falida. Arts. 467 e 477 da CLT. Inaplicabilidade. (conversão das Orientações Jurisprudenciais ns. 201 e 314 da SDI-1)

A Massa Falida não se sujeita à penalidade do art. 467 e nem à multa do § 8.º do art. 477, ambos da CLT. (ex-OJs 201 – *DJ* 11-8-2003 e 314 – *DJ* 8-11-2000)

+ *Vide* arts. 467 e 477 da CLT.
+ *Vide* Lei n. 11.101, de 9-2-2005.

389. Seguro-desemprego. Competência da Justiça do Trabalho. Direito à indenização por não liberação de guias. (conversão das Orientações Jurisprudenciais ns. 210 e 211 da SDI-1)

I – Inscreve-se na competência material da Justiça do Trabalho a lide entre empregado e empregador tendo por objeto indenização pelo não fornecimento das guias do seguro-desemprego. (ex-OJ 210 – inserida em 8-11-2000)

II – O não fornecimento pelo empregador da guia necessária para o recebimento do seguro--desemprego dá origem ao direito à indenização. (ex-OJ 211 – inserida em 8-11-2000)

+ *Vide* art. 7.º, II, da CF.
+ *Vide* art. 477, *caput*, e §§ 6.º e 10, da CLT.
+ *Vide* Lei n. 7.998, de 11-1-1990.

390. Estabilidade. Art. 41 da CF/1988. Celetista. Administração direta, autárquica ou fundacional. Aplicabilidade. Empregado de empresa pública e sociedade de economia mista. Inaplicável. (conversão das Orientações Jurisprudenciais ns. 229 e 265 da SDI-1 e da Orientação Jurisprudencial n. 22 da SDI-2)

I – O servidor público celetista da administração direta, autárquica ou fundacional é beneficiário da estabilidade prevista no art. 41 da CF/1988. (ex-OJ 265 da SDI-1 – inserida em 27-9-2002 e ex-OJ 22 da SDI-2 – inserida em 20-9-2000)

II – Ao empregado de empresa pública ou de sociedade de economia mista, ainda que admitido mediante aprovação em concurso público, não é garantida a estabilidade prevista no art. 41 da CF/1988. (ex-OJ 229 – inserida em 20-6-2001)

+ *Vide* arts. 37, II, 41 e 173, § 1.º, II, da CF.

391. Petroleiros. Lei n. 5.811/1972. Turno ininterrupto de revezamento. Horas extras e alteração da jornada para horário fixo. (conversão das Orientações Jurisprudenciais ns. 240 e 333 da SDI-1)

I – A Lei n. 5.811/72 foi recepcionada pela CF/88 no que se refere à duração da jornada de trabalho em regime de revezamento dos petroleiros. (ex-OJ 240 – inserida em 20-6-2001)

II – A previsão contida no art. 10 da Lei n. 5.811/1972, possibilitando a mudança do regime de revezamento para horário fixo, constitui alteração lícita, não violando os arts. 468 da CLT e 7.º, VI, da CF/1988. (exOJ 333 – *DJ* 9-12-2003)

+ *Vide* art. 7.º, VI, da CF.
+ *Vide* art. 468 da CLT.

392. Dano moral e material. Relação de trabalho. Competência da Justiça do Trabalho. (redação alterada na sessão do Tribunal Pleno realizada em 27-10-2015)

Nos termos do art. 114, inc. VI, da Constituição da República, a Justiça do Trabalho é competente para processar e julgar ações de indenização por dano moral e material, decorrentes da relação de trabalho, inclusive as oriundas de acidente de trabalho e doenças a ele equiparadas, ainda que propostas pelos dependentes ou sucessores do trabalhador falecido.

++ Redação determinada pela Resolução n. 200, de 27-10-2015.
+ *Vide* arts. 5.º, V e X, e 114, VI, da CF.
+ *Vide* arts. 223-A a 223-G da CLT.
+ *Vide* Súmula Vinculante 22.

393. Recurso ordinário. Efeito devolutivo em profundidade. Art. 1.013, § 1.º, do CPC de 2015. Art. 515, § 1.º, do CPC de 1973

I – O efeito devolutivo em profundidade do recurso ordinário, que se extrai do § 1.º do art. 1.013 do CPC de 2015 (art. 515, § 1.º, do CPC de 1973), transfere ao Tribunal a apreciação dos fundamentos da inicial ou da defesa, não examinados pela sentença, ainda que não renovados em contrarrazões, desde que relativos ao capítulo impugnado.

II – Se o processo estiver em condições, o tribunal, ao julgar o recurso ordinário, deverá decidir desde logo o mérito da causa, nos termos do § 3.º do art. 1.013 do CPC de 2015, inclusive quando constatar a omissão da sentença no exame de um dos pedidos.

++ Redação determinada pela Resolução n. 208, de 19-4-2016.
+ *Vide* art. 5.º, LIV e LV, da CF.
+ *Vide* art. 895 da CLT.
+ *Vide* art. 1.013 do CPC.

394. Fato superveniente. Art. 493 do CPC de 2015. Art. 462 do CPC de 1973

O art. 493 do CPC de 2015 (art. 462 do CPC de 1973), que admite a invocação de fato constitutivo, modificativo ou extintivo do direito, superveniente à propositura da ação, é aplicável de ofício aos processos em curso em qualquer instância trabalhista. Cumpre ao juiz ou tribunal ouvir as partes sobre o fato novo antes de decidir.

++ Redação determinada pela Resolução n. 208, de 19-4-2016.
+ *Vide* art. 818 da CLT.
+ *Vide* arts. 373 e 493 do CPC.

395. Mandato e substabelecimento. Condições de validade. (nova redação dos itens I e II e acrescido o item V em decorrência do CPC de 2015)

I – Válido é o instrumento de mandato com prazo determinado que contém cláusula estabelecendo a prevalência dos poderes para atuar até o final da demanda (§ 4.º do art. 105 do CPC de 2015). (ex-OJ n. 312 da SBDI-1 – *DJ* 11-8-2003)

II – Se há previsão, no instrumento de mandato, de prazo para sua juntada, o mandato só tem validade se anexado ao processo o respectivo instrumento no aludido prazo. (ex-OJ n. 313 da SBDI-1 – *DJ* 11-8-2003)

III – São válidos os atos praticados pelo substabelecido, ainda que não haja, no mandato, poderes expressos para substabelecer (art. 667, e parágrafos, do Código Civil de 2002). (ex-OJ n. 108 da SBDI-1 – inserida em 1-10-1997)

IV – Configura-se a irregularidade de representação se o substabelecimento é anterior à outorga passada ao substabelecente. (ex-OJ n. 330 da SBDI-1 – *DJ* 9-12-2003)

V – Verificada a irregularidade de representação nas hipóteses dos itens II e IV, deve o juiz suspender o processo e designar prazo razoável para que seja sanado o vício, ainda que em instância recursal (art. 76 do CPC de 2015).

+ + Redação determinada pela Resolução n. 211, de 22-8-2016.

+ *Vide* art. 791, § 3.º, da CLT.

+ *Vide* OJ 200 e 371 SDI-1/TST.

396. Estabilidade provisória. Pedido de reintegração. Concessão do salário relativo ao período de estabilidade já exaurido. Inexistência de julgamento *extra petita*. (conversão das Orientações Jurisprudenciais ns. 106 e 116 da SDI-1)

I – Exaurido o período de estabilidade, são devidos ao empregado apenas os salários do período compreendido entre a data da despedida e o final do período de estabilidade, não lhe sendo assegurada a reintegração no emprego. (ex-OJ 116 – inserida em 20-11-1997)

II – Não há nulidade por julgamento *extra petita* da decisão que deferir salário quando o pedido for de reintegração, dados os termos do art. 496 da CLT. (ex-OJ 106 – inserida em 1.º-10-1997)

+ *Vide* art. 8.º, VIII, da CF.

+ *Vide* art. 10, II, *a* e *b*, do ADCT.

+ *Vide* arts. 165, 391-A, 510-D, § 3.º, 543, § 3.º, da CLT.

+ *Vide* art. 118 da Lei n. 8.213, de 24-7-1991.

397. Ação rescisória. Art. 966, IV, do CPC de 2015. Art. 485, IV, do CPC de 1973. Ação de cumprimento. Ofensa à coisa julgada emanada de sentença normativa modificada em grau de recurso. Inviabilidade. Cabimento de mandado de segurança

Não procede ação rescisória calcada em ofensa à coisa julgada perpetrada por decisão proferida em ação de cumprimento, em face de a sentença normativa, na qual se louvava, ter sido modificada em grau de recurso, porque em dissídio coletivo somente se consubstancia coisa julgada formal. Assim, os meios processuais aptos a atacarem a execução da cláusula reformada são a exceção de pré-executividade e o mandado de segurança, no caso de descumprimento do art. 514 do CPC de 2015 (art. 572 do CPC de 1973). (ex-OJ 116 da SBDI-2 – *DJ* 11-8-2003)

+ + Redação determinada pela Resolução n. 208, de 19-4-2016.

+ *Vide* arts. 836, 867 e 872 da CLT.

+ *Vide* arts. 966 a 975 do CPC.

+ *Vide* OJ 131 SDI-2/TST.

+ *Vide* Lei n. 12.016, de 7-8-2009.

398. Ação rescisória. Ausência de defesa. Inaplicáveis os efeitos da revelia. (alterada em decorrência do CPC de 2015)

Na ação rescisória, o que se ataca é a decisão, ato oficial do Estado, acobertado pelo manto da coisa julgada. Assim, e considerando que a coisa julgada envolve questão de ordem pública, a revelia não produz confissão na ação rescisória. (ex-OJ n. 126 da SBDI-2 – *DJ* 9-12-2003)

+ + Redação determinada pela Resolução n. 219, de 26-6-2017.

+ *Vide* art. 844 da CLT.

+ *Vide* arts. 344 e ss. do CPC.

399. Ação rescisória. Cabimento. Sentença de mérito. Decisão homologatória de adjudicação, de arrematação e de cálculos. (conversão das Orientações Jurisprudenciais ns. 44, 45 e 85, primeira parte, da SDI-2)

I – É incabível ação rescisória para impugnar decisão homologatória de adjudicação ou arrematação. (ex-OJs 44 e 45 – ambas inseridas em 20-9-2000)

II – A decisão homologatória de cálculos apenas comporta rescisão quando enfrentar as questões envolvidas na elaboração da conta de liquidação, quer solvendo a controvérsia das partes quer explicitando, de ofício, os motivos pelos quais acolheu os cálculos oferecidos por uma das partes ou pelo setor de cálculos, e não contestados pela outra. (ex-OJ 85, primeira parte – inserida em 13-3-2002 e alterada em 26-11-2002)

+ *Vide* arts. 836, 879, 888 e 889 da CLT.

+ *Vide* arts. 966 a 975do CPC.

+ *Vide* Lei n. 6.830, de 22-9-1980.

400. Ação rescisória de ação rescisória. Violação manifesta de norma jurídica. Indicação da mesma norma jurídica apontada na rescisória primitiva. (mesmo dispositivo de lei sob o CPC de 1973)

Em se tratando de rescisória de rescisória, o vício apontado deve nascer na decisão rescindenda, não se admitindo a rediscussão do acerto do julgamento da rescisória anterior. Assim, não procede rescisória calcada no inciso V do art. 966 do CPC de 2015 (art. 485, V, do CPC de 1973) para discussão, por má aplicação da mesma norma jurídica, tida por violada na rescisória anterior, bem como para arguição de questões inerentes à ação rescisória primitiva. (ex-OJ 95 da SBDI-2 – inserida em 27-9-2002 e alterada – *DJ* 16-4-2004).

✦✦ Redação determinada pela Resolução n. 208, de 19-4-2016.

✦ *Vide* art. 836 da CLT.

✦ *Vide* arts. 966 a 975 do CPC.

401. Ação rescisória. Descontos legais. Fase de execução. Sentença exequenda omissa. Inexistência de ofensa à coisa julgada. (conversão da Orientação Jurisprudencial n. 81 da SDI-2)

Os descontos previdenciários e fiscais devem ser efetuados pelo juízo executório, ainda que a sentença exequenda tenha sido omissa sobre a questão, dado o caráter de ordem pública ostentado pela norma que os disciplina. A ofensa à coisa julgada somente poderá ser caracterizada na hipótese de o título exequendo, expressamente, afastar a dedução dos valores a título de imposto de renda e de contribuição previdenciária. (ex-OJ 81 – inserida em 13-3-2002)

✦ *Vide* arts. 836 e 879, § 1.º-A, da CLT,

✦ *Vide* arts. 502 e 966 a 975 do CPC.

✦ *Vide* Súmula 368 do TST.

✦ *Vide* art. 276 do Decreto n. 3.048, de 6-5-1999.

402. Ação rescisória. Prova nova. Dissídio coletivo. Sentença normativa.

(nova redação em decorrência do CPC de 2015)

I – Sob a vigência do CPC de 2015 (art. 966, inciso VII), para efeito de ação rescisória, considera-se prova nova a cronologicamente velha, já existente ao tempo do trânsito em julgado da decisão rescindenda, mas ignorada pelo interessado ou de impossível utilização à época, no processo.

II – Não é prova nova apta a viabilizar a desconstituição de julgado:

a) sentença normativa proferida ou transitada em julgado posteriormente à sentença rescindenda; b) sentença normativa preexistente à sentença rescindenda, mas não exibida no processo principal, em virtude de negligência da parte, quando podia e deveria louvar-se de documento já existente e não ignorado quando emitida a decisão rescindenda. (ex-OJ n. 20, da SBDI-2 – inserida em 20-9-2000).

✦✦ Redação determinada pela Resolução n. 217, de 17-4-2017.

✦ *Vide* arts. 836 e 867 da CLT.

✦ *Vide* arts. 966 a 975 do CPC.

403. Ação rescisória. Dolo da parte vencedora em detrimento da vencida. Art. 485, III, do CPC. (conversão das Orientações Jurisprudenciais ns. 111 e 125 da SDI-2)

I – Não caracteriza dolo processual, previsto no art. 485, III, do CPC, o simples fato de a parte vencedora haver silenciado a respeito de fatos contrários a ela, porque o procedimento, por si só, não constitui ardil do qual resulte cerceamento de defesa e, em consequência, desvie o juiz de uma sentença não condizente com a verdade. (ex-OJ 125 – *DJ* 9-12-2003)

II – Se a decisão rescindenda é homologatória de acordo, não há parte vencedora ou vencida, razão pela qual não é possível a sua desconstituição calcada no inciso III do art. 485 do CPC (dolo da parte vencedora em detrimento da vencida), pois constitui fundamento de rescindibilidade que supõe solução jurisdicional para a lide. (ex-OJ 111 – *DJ* 29-4-2003)

✦✦ As referências são feitas ao CPC de 1973. *Vide* arts. 966, III, e 966 do CPC de 2015.

✦ *Vide* arts. 831 e 836 da CLT.

✦ *Vide* arts. 487, III, 966 a 975 do CPC.

404. Ação rescisória. Fundamento para invalidar confissão. Confissão ficta. Inadequação do enquadramento no art. 485, VIII, do CPC de 1973

O art. 485, VIII, do CPC de 1973, ao tratar do fundamento para invalidar a confissão como hipótese de rescindibilidade da decisão judicial, referia-se à confissão real, fruto de erro, dolo ou coação, e não à confissão ficta resultante de revelia.

✦✦ Redação determinada pela Resolução n. 209, de 30-5-2016.

✦ *Vide* arts. 836 e 844 da CLT.

✦ *Vide* arts. 389, 966 a 975 do CPC.

405. Ação rescisória. Tutela provisória

Em face do que dispõem a MP 1.984-22/2000 e o art. 969 do CPC de 2015, é cabível o pedido de tutela provisória formulado na petição inicial de ação rescisória ou na fase recursal, visando a suspender a execução da decisão rescindenda.

✦✦ Redação determinada pela Resolução n. 208, de 19-4-2016.

✦ *Vide* art. 836 da CLT.

✦ *Vide* arts. 294 a 311 e 966 a 975 do CPC.

406. Ação rescisória. Litisconsórcio. Necessário no polo passivo e facultativo no ativo. Inexistente quanto aos substituídos pelo sindicato. (conversão das Orientações Jurisprudenciais ns. 82 e 110 da SDI-2)

I – O litisconsórcio, na ação rescisória, é necessário em relação ao polo passivo da demanda, porque supõe uma comunidade de direitos ou de obrigações que não admite solução díspar para os litisconsortes, em face da indivisibilidade do objeto. Já em relação ao polo ativo, o litisconsórcio é facultativo, uma vez que a aglutinação de autores se faz por conveniência e não, pela necessidade decorrente da natureza do litígio, pois não se pode condicionar o exercício do direito individual de um dos litigantes no processo originário à anuência dos demais para retomar a lide. (ex-OJ 82 – inserida em 13-3-2002)

II – O Sindicato, substituto processual e autor da reclamação trabalhista, em cujos autos fora proferida a decisão rescindenda, possui legitimidade para figurar como réu na ação rescisória, sendo descabida a exigência de citação de todos os empregados substituídos, porquanto inexistente litisconsórcio passivo necessário. (ex-OJ 110 – *DJ* 29-4-2003)

✦ *Vide* art. 8.º, III, da CF.

✦ *Vide* art. 513, *a*, 836 da CLT.

✦ *Vide* arts. 18, 113 a 118, 966 a 975 do CPC.

407. Ação rescisória. Ministério Público. Legitimidade *ad causam* prevista no art. 967, III, *a*, *b* e *c* do CPC de 2015. Art. 487, III, *a* e *b*, do CPC de 1973. Hipóteses meramente exemplificativas

A legitimidade *ad causam* do Ministério Público para propor ação rescisória, ainda que não tenha sido parte no processo que deu origem à decisão rescindenda, não está limitada às alíneas *a*, *b* e *c* do inciso III do art. 967 do CPC de 2015 (art. 487, III, *a* e *b*, do CPC de 1973), uma vez que traduzem hipóteses meramente exemplificativas. (ex-OJ 83 da SBDI-2 – inserida em 13-3-2002)

✦✦ Redação determinada pela Resolução n. 208, de 19-4-2016.

✦ *Vide* art. 836 da CLT.

✦ *Vide* arts. 966 a 975 do CPC.

✦ *Vide* art. 83 da Lei Complementar n. 75, de 20-5-1993.

408. Ação rescisória. Petição inicial. Causa de pedir. Ausência de capitulação ou capitulação errônea no art. 966 do CPC de 2015. Art. 485 do CPC de 1973. Princípio *iura novit curia*

Não padece de inépcia a petição inicial de ação rescisória apenas porque omite a subsunção do fundamento de rescindibilidade no art. 966 do CPC de 2015 (art. 485 do CPC de 1973) ou o capitula erroneamente em um de seus incisos. Contanto que não se afaste dos fatos e fundamentos invocados como causa de pedir, ao Tribunal é lícito emprestar-lhes a adequada qualificação jurídica (*iura novit curia*). No entanto, fundando-se a ação rescisória no art. 966, inciso V, do CPC de 2015 (art. 485, inciso V, do CPC de 1973), é indispensável expressa indicação, na petição inicial da ação rescisória, da norma jurídica manifestamente violada (dispositivo legal violado sob o CPC de 1973), por se tratar de causa de pedir da rescisória, não se aplicando, no caso, o princípio *iura novit curia*. (ex-OJs 32 e 33 da SBDI-2 – inseridas em 20-9-2000)

✦✦ Redação determinada pela Resolução n. 208, de 19-4-2016.

✦ *Vide* arts. 836 e 840, § 1.º, da CLT.

✦ *Vide* arts. 330, 966 a 975 do CPC.

409. Ação rescisória. Prazo prescricional. Total ou parcial. Violação do art. 7.º, XXIX, da CF/88. Matéria infraconstitucional. (conversão da Orientação Jurisprudencial n. 119 da SDI-2)

Não procede ação rescisória calcada em violação do art. 7.º, XXIX, da CF/88 quando a questão envolve discussão sobre a espécie de prazo prescricional aplicável aos créditos trabalhistas, se total ou parcial, porque a matéria tem índole infraconstitucional, construída, na Justiça do Trabalho, no plano jurisprudencial. (ex-OJ 119 – *DJ* 11-8-2003)

✦ *Vide* art. 7.º, XXIX, da CF.

✦ *Vide* arts. 11, § 2.º, e 836, da CLT.

✦ *Vide* arts. 966 a 975 do CPC.

410. Ação rescisória. Reexame de fatos e provas. Inviabilidade. (conversão da Orientação Jurisprudencial n. 109 da SDI-2)

A ação rescisória calcada em violação de lei não admite reexame de fatos e provas do processo que originou a decisão rescindenda. (ex-OJ 109 – *DJ* 29-4-2003)

✦ *Vide* art. 836 da CLT.

✦ *Vide* arts. 966 a 975 do CPC.

411. Ação rescisória. Sentença de mérito. Decisão de Tribunal Regional do Trabalho em agravo regimental confirmando decisão monocrática do relator que, aplicando a Súmula 83 do TST, indeferiu a petição inicial da ação rescisória. Cabimento. (conversão da Orientação Jurisprudencial n. 43 da SDI-2)

Se a decisão recorrida, em agravo regimental, aprecia a matéria na fundamentação, sob o enfoque das Súmulas 83 do TST e 343 do STF, constitui sentença de mérito, ainda que haja resultado no indeferimento da petição inicial e na extinção do processo sem julgamento do mérito. Sujeita-se, assim, à reforma pelo TST, a decisão do Tribunal que, invocando controvérsia na interpretação da lei, indefere a petição inicial de ação rescisória. (ex-OJ 43 – inserida em 20-9-2000)

+ *Vide* art. 836 da CLT.

+ *Vide* arts. 330, 966 a 975 e 1.021 do CPC.

+ *Vide* Súmula 343 do STF.

+ *Vide* Súmula 83 do TST.

412. Ação rescisória. Regência pelo CPC de 1973. Sentença de mérito. Questão processual. (nova redação em decorrência do CPC de 2015) Sob a égide do CPC de 1973, pode uma questão processual ser objeto de rescisão desde que consista em pressuposto de validade de uma sentença de mérito. (ex-OJ n. 46, da SBDI-2 – inserida em 20-9-2000)

++ Redação determinada pela Resolução n. 217, de 17-4-2017.

+ *Vide* art. 836 da CLT.

+ *Vide* arts. 489, 966 a 975 do CPC.

413. Ação rescisória. Sentença de mérito. Violação do art. 896, *a*, da CLT. (nova redação em decorrência do CPC de 2015)

É incabível ação rescisória, por violação do art. 896, *a*, da CLT, contra decisão transitada em julgado sob a égide do CPC de 1973 que não conhece de recurso de revista, com base em divergência jurisprudencial, pois não se cuidava de sentença de mérito (art. 485 do CPC de 1973). (ex-OJ 47 da SBDI-2 – inserida em 20-9-2000).

++ Redação determinada pela Resolução n. 209, de 30-5-2016.

+ *Vide* arts. 836 e 896, *a*, da CLT.

+ *Vide* arts. 966 a 975 do CPC.

414. Mandado de segurança. Tutela provisória concedida antes ou na sentença. (nova redação em decorrência do CPC de 2015)

I – A tutela provisória concedida na sentença não comporta impugnação pela via do mandado de segurança, por ser impugnável mediante recurso ordinário. É admissível a obtenção de efeito suspensivo ao recurso ordinário mediante requerimento dirigido ao tribunal, ao relator ou ao presidente ou ao vice-presidente do tribunal recorrido, por aplicação subsidiária ao processo do trabalho do artigo 1.029, § 5.º, do CPC de 2015.

II – No caso de a tutela provisória haver sido concedida ou indeferida antes da sentença, cabe mandado de segurança, em face da inexistência de recurso próprio.

III – A superveniência da sentença, nos autos originários, faz perder o objeto do mandado de segurança que impugnava a concessão ou o indeferimento da tutela provisória.

++ Redação determinada pela Resolução n. 217, de 17-4-2017.

+ *Vide* art. 5.º, LXIX e LXX, da CF.

+ *Vide* arts. 294 a 311, do CPC.

+ *Vide* Lei n. 12.016, de 7-8-2009.

415. Mandado de segurança. Petição inicial. Art. 321 do CPC de 2015. Art. 284 do CPC de 1973. Inaplicabilidade

Exigindo o mandado de segurança prova documental pré-constituída, inaplicável o art. 321 do CPC de 2015 (art. 284 do CPC de 1973) quando verificada, na petição inicial do *mandamus*, a ausência de documento indispensável ou de sua autenticação. (ex-OJ 52 da SBDI-2 – inserida em 20-9-2000)

++ Redação determinada pela Resolução n. 208, de 19-4-2016.

+ *Vide* art. 5.º, LXIX e LXX, da CF.

+ *Vide* art. 321 do CPC.

+ *Vide* Lei n. 12.016, de 7-8-2009.

416. Mandado de segurança. Execução. Lei n. 8.432/92. Art. 897, § 1.º, da CLT. Cabimento. (conversão da Orientação Jurisprudencial n. 55 da SDI-2)

Devendo o agravo de petição delimitar justificadamente a matéria e os valores objeto de discordância, não fere direito líquido e certo o prosseguimento da execução quanto aos tópicos e valores não especificados no agravo. (ex-OJ 55 – inserida em 20-9-2000)

+ *Vide* art. 5.º, LXIX, da CF.

+ *Vide* art. 897, *a* e § 1.º, da CLT.

+ *Vide* Lei n. 12.016, de 7-8-2009.

417. Mandado de segurança. Penhora em dinheiro. (alterado o item I, atualizado o item II e cancelado o item III, modulando-se os efeitos da presente redação de forma a atingir unicamente as penhoras em dinheiro em execução provisória efetivadas a partir de 18-3-2016, data de vigência do CPC de 2015)

I – Não fere direito líquido e certo do impetrante o ato judicial que determina penhora em dinheiro do executado para garantir crédito exequendo, pois é prioritária e obedece à gradação prevista no art. 835 do CPC de 2015 (art. 655 do CPC de 1973).

II – Havendo discordância do credor, em execução definitiva, não tem o executado direito líquido e certo a que os valores penhorados em dinheiro fiquem depositados no próprio banco, ainda que atenda aos requisitos do art. 840, I, do CPC de 2015 (art. 666, I, do CPC de 1973). (ex-OJ 61 da SBDI-2 – inserida em 20-9-2000).

++ Redação determinada pela Resolução n. 212, de 19-9-2016.

+ *Vide* art. 5.º, LXIX, da CF.

+ *Vide* arts. 880 e 883 da CLT.

+ *Vide* arts. 835 e 840 do CPC.

+ *Vide* Lei n. 12.016, de 7-8-2009.

418. Mandado de segurança visando à homologação de acordo. (nova redação em decorrência do CPC de 2015)

A homologação de acordo constitui faculdade do juiz, inexistindo direito líquido e certo tutelável pela via do mandado de segurança.

✦✦ Redação determinada pela Resolução n. 217, de 17-4-2017.

✦ *Vide* art. 5.º, LXIX, da CF.

✦ *Vide* art. 831, parágrafo único, da CLT.

✦ *Vide* art. 487, III, do CPC.

✦ *Vide* Lei n. 12.016, de 7-8-2009.

419. Competência. Embargos de terceiro. Execução por carta precatória. Juízo deprecado. (alterada em decorrência do CPC de 2015)

Na execução por carta precatória, os embargos de terceiro serão oferecidos no juízo deprecado, salvo se indicado pelo juízo deprecante o bem constrito ou se já devolvida a carta (art. 676, parágrafo único, do CPC de 2015).

✦✦ Redação determinada pela Resolução n. 212, de 19-9-2016.

✦ *Vide* arts. 674 e ss. do CPC.

✦ *Vide* OJ 54 SDI-2/TST.

420. Competência funcional. Conflito negativo. TRT e Vara do Trabalho de idêntica região. Não configuração. (conversão da Orientação Jurisprudencial n. 115 da SDI-2)

Não se configura conflito de competência entre Tribunal Regional do Trabalho e Vara do Trabalho a ele vinculada. (ex-OJ 115 – *DJ* 11-8-2003)

✦ *Vide* arts. 66 e 951 do CPC.

421. Embargos de declaração. Cabimento. Decisão monocrática do relator calcada no art. 932 do CPC de 2015. Art. 557 do CPC de 1973

I – Cabem embargos de declaração da decisão monocrática do relator prevista no art. 932 do CPC de 2015 (art. 557 do CPC de 1973), se a parte pretende tão somente juízo integrativo retificador da decisão e, não, modificação do julgado.

II – Se a parte postular a revisão no mérito da decisão monocrática, cumpre ao relator converter os embargos de declaração em agravo, em face dos princípios da fungibilidade e celeridade processual, submetendo-o ao pronunciamento do Colegiado, após a intimação do recorrente para, no prazo de 5 (cinco) dias, complementar as razões recursais, de modo a ajustá-las às exigências do art. 1.021, § 1.º, do CPC de 2015.

✦✦ Redação determinada pela Resolução n. 208, de 19-4-2016.

✦ *Vide* art. 897-A da CLT.

✦ *Vide* arts. 932, 1.021 e 1.022 a 1.026 do CPC.

422. Recurso. Fundamento ausente ou deficiente. Não conhecimento. (redação alterada, com inserção dos itens I, II e III)

I – Não se conhece de recurso para o Tribunal Superior do Trabalho se as razões do recorrente não impugnam os fundamentos da decisão recorrida, nos termos em que proferida.

II – o entendimento referido no item anterior não se aplica em relação à motivação secundária e impertinente, consubstanciada em despacho de admissibilidade de recurso ou em decisão monocrática.

III – Inaplicável a exigência do item I relativamente ao recurso ordinário da competência de Tribunal Regional do Trabalho, exceto em caso de recurso cuja motivação é inteiramente dissociada dos fundamentos da sentença.

✦✦ Redação determinada pela Resolução n. 199, de 9-6-2015.

✦ *Vide* arts. 895 e 896, § 1.º-A, da CLT.

423. Turno ininterrupto de revezamento. Fixação de jornada de trabalho mediante negociação coletiva. Validade. (conversão da Orientação Jurisprudencial n. 169 da SBDI-1)

Estabelecida jornada superior a seis horas e limitada a oito horas por meio de regular negociação coletiva, os empregados submetidos a turnos ininterruptos de revezamento não têm direito ao pagamento da 7.ª e 8.ª horas como extras.

✦ *Vide* art. 7.º, XIV e XXVI, da CF.

424. Recurso administrativo. Pressuposto de admissibilidade. Depósito prévio da multa administrativa. Não recepção pela Constituição Federal do § 1.º do art. 636 da CLT

O § 1.º do art. 636 da CLT, que estabelece a exigência de prova do depósito prévio do valor da multa cominada em razão de autuação administrativa como pressuposto de admissibilidade de recurso administrativo, não foi recepcionado pela Constituição Federal de 1988, ante a sua incompatibilidade com o inciso LV do art. 5.º.

✦ *Vide* art. 5.º, LV, da CF.

✦ *Vide* Súmula Vinculante 21.

425. *Jus postulandi* na Justiça do Trabalho. Alcance

O *jus postulandi* das partes, estabelecidos no art. 791 da CLT, limita-se às Varas do Trabalho e aos Tribunais Regionais do Trabalho, não alcançando a ação rescisória, a ação cautelar, o mandado de segurança e os recursos de competência do Tribunal Superior do Trabalho.

✦ *Vide* arts. 5.º, LIX, e 133 CF.

✦ *Vide* arts. 791, 836 e 893 e ss. da CLT.

✦ *Vide* arts. 305 e 966 a 975 do CPC.

✦ *Vide* Lei n. 12.016, de 7-8-2009.

426. **Depósito recursal. Utilização da guia GFIP. Obrigatoriedade**

Nos dissídios individuais o depósito recursal será efetivado mediante a utilização da Guia de Recolhimento do FGTS e Informações à Previdência Social – GFIP, nos termos dos §§ 4.º e 5.º do art. 899 da CLT, admitido o depósito judicial, realizado na sede do juízo e à disposição deste, na hipótese de relação de trabalho não submetida ao regime do FGTS.

✦✦ *Vide* art. 899 da CLT, que sofreu alteração pela Lei n. 13.467, de 13-7-2017.

✦ *Vide* art. 899, § 4.º, da CLT.

427. Intimação. Pluralidade de advogados. Publicação em nome de advogado diverso daquele expressamente indicado. Nulidade Havendo pedido expresso de que as intimações e publicações sejam realizadas exclusivamente em nome de determinado advogado, a comunicação em nome de outro profissional constituído nos autos é nula, salvo se constatada a inexistência de prejuízo.

✦ *Vide* art. 794 da CLT.

✦ *Vide* art. 77, V, e 272, § 5.º, do CPC.

428. **Sobreaviso. Aplicação analógica do art. 244, § 2.º da CLT.** (redação alterada na sessão do Tribunal Pleno realizada em 14-9-2012)

I – O uso de instrumentos telemáticos ou informatizados fornecidos pela empresa ao empregado, por si só, não caracteriza o regime de sobreaviso.

II – Considera-se em sobreaviso o empregado que, à distância e submetido a controle patronal por instrumentos telemáticos ou informatizados, permanecer em regime de plantão ou equivalente, aguardando a qualquer momento o chamado para o serviço durante o período de descanso.

✦✦ Redação determinada pela Resolução n. 185, de 14-9-2012.

✦ *Vide* arts. 6.º e 244, § 2.º, da CLT.

✦ *Vide* Súmula 229 do TST.

429. **Tempo à disposição do empregador. Art. 4.º da CLT. Período de descolamento entre a portaria e o local de trabalho**

Considera-se à disposição do empregador, na forma do art. 4.º da CLT, o tempo necessário ao deslocamento do trabalhador entre a portaria da empresa e o local de trabalho, desde que supere o limite de 10 (dez) minutos diários.

✦ *Vide* arts. 4.º, 58, 238 e 294, da CLT.

✦ *Vide* Súmula 366 do TST.

430. **Administração Pública Indireta. Contratação. Ausência de concurso público. Nulidade. Ulterior privatização. Convalidação. Insubsistência do vício**

Convalidam-se os efeitos do contrato de trabalho que, considerado nulo por ausência de concurso público, quando celebrado originalmente com ente da Administração Pública Indireta, continua a existir após a sua privatização.

✦ *Vide* arts. 37, II e § 2.º, e 173, § 1.º, II, da CF.

✦ *Vide* arts. 10, 448 e 448-A, da CLT.

✦ *Vide* Súmula 363 do TST.

431. Salário-hora. Empregado sujeito ao regime geral de trabalho (art. 58, *caput*, da CLT). 40 horas semanais. Cálculo. Aplicação do divisor 200. (redação alterada na sessão do Tribunal Pleno realizada em 14-9-2012)

Para os empregados a que alude o art. 58, caput, da CLT, quando sujeitos a 40 horas semanais de trabalho, aplica-se o divisor 200 (duzentos) para o cálculo do valor do salário-hora.

✦✦ Redação determinada pela Resolução n. 185, de 14-9-2012.

✦ *Vide* art. 7.º, XIII, da CF.

✦ *Vide* arts. 58 e 64 da CLT.

432. **Contribuição sindical rural. Ação de cobrança. Penalidade por atraso no recolhimento. Inaplicabilidade do art. 600 da CLT. Incidência do art. 2.º da Lei n. 8.022/1990**

O recolhimento a destempo da contribuição sindical rural não acarreta a aplicação da multa progressiva prevista no art. 600 da CLT, em decorrência da sua revogação tácita pela Lei n. 8.022, de 12 de abril de 1990.

✦ *Vide* arts. 545, 578, 579, 582 e 600, da CLT.

✦ Lei n. 8.022/1990.

433. **Embargos. Admissibilidade. Processo em fase de execução. Acórdão de turma publicado na vigência da Lei n. 11.496, de 26-6-2007. Divergência de interpretação de dispositivo constitucional**

A admissibilidade do recurso de embargos contra acórdão de Turma em recurso de revista em fase de execução, publicação na vigência da Lei n. 11.496, de 26-6-2007, condiciona-se à demonstração de divergência jurisprudencial entre Turmas ou destas e a Seção Especializada em Dissídios Individuais do Tribunal Superior do Trabalho em relação à interpretação de dispositivo constitucional.

✦ *Vide* art. 894, II, da CLT.

✦ *Vide* Súmula 458 do TST.

434. *(Cancelada pela Resolução n. 198, de 9-6-2015.)*

435. Decisão monocrática. Relator. Art. 932 do CPC de 2015. Art. 557 do CPC de 1973. Aplicação subsidiária ao processo do trabalho Aplica-se

subsidiariamente ao processo do trabalho o art. 932 do CPC

de 2015 (art. 557 do CPC de 1973).

✦✦ Redação determinada pela Resolução n. 208, de 19-4-2016.

✦ *Vide* arts. 932 e 1.021 do CPC.

436. Representação Processual. Procurador da União, Estados, Municípios e Distrito Federal, suas autarquias e fundações públicas. Juntada de instrumento de mandato. (conversão da Orientação Jurisprudencial n. 52 da SBDI-I e inserção do item II à redação)

I – A União, Estados, Municípios e Distrito Federal, suas autarquias e fundações públicas, quando representadas em juízo, ativa e passivamente, por seus procuradores, estão dispensadas da juntada de instrumento de mandato e de comprovação do ato de nomeação.

II – Para os efeitos do item anterior, é essencial que o signatário ao menos declare-se exercente do cargo de procurador, não bastando a indicação do número de inscrição na Ordem dos Advogados do Brasil.

✦ *Vide* art. 131 da CF.

✦ *Vide* arts. 75 e 105 do CPC.

✦ *Vide* Súmula 644 do STF.

437. Intervalo intrajornada para repouso e alimentação. Aplicação do art. 71 da CLT. (conversão das Orientações Jurisprudenciais n. 307, 342, 354, 380 e 381 da SBDI-1)

I – Após a edição da Lei n. 8.923/94, a não concessão ou a concessão parcial do intervalo intrajornada mínimo, para repouso e alimentação, a empregados urbanos e rurais, implica o pagamento total do período correspondente, e não apenas daquele suprimido, com acréscimo de, no mínimo, 50% sobre o valor da remuneração da hora normal de trabalho (art. 71 da CLT), sem prejuízo do cômputo da efetiva jornada de labor para efeito de remuneração.

II – É inválida cláusula de acordo ou convenção coletiva de trabalho contemplando a supressão ou redução do intervalo intrajornada porque este constitui medida de higiene, saúde e segurança do trabalho, garantido por norma de ordem pública (art. 71 da CLT e art. 7.º, XXII, da CF/1988), infenso à negociação coletiva.

III – Possui natureza salarial a parcela prevista no art. 71, § 4.º, da CLT, com redação introduzida pela Lei n. 8.923, de 27 de julho de 1994, quando não concedido ou reduzido pelo empregador o intervalo mínimo intrajornada para repouso e alimentação, repercutindo, assim, no cálculo de outras parcelas salariais.

IV – Ultrapassada habitualmente a jornada de seis horas de trabalho, é devido o gozo do intervalo intrajornada mínimo de uma hora, obrigando o empregador a remunerar o período para descanso e alimentação não usufruído como extra, acrescido do respectivo adicional, na forma prevista no art. 71, *caput* e § 4.º da CLT.

✦ *Vide* art. 7.º, XXII, da CF.

✦ *Vide* arts. 71, § 4.º, 611-A, III, e 611-B, parágrafo único, da CLT.

438. Intervalo para recuperação térmica do empregado. Ambiente artificialmente frio. Horas extras. Art. 253 da CLT. Aplicação analógica

O empregado submetido a trabalho contínuo em ambiente artificialmente frio, nos termos do parágrafo único do art. 253 da CLT, ainda que não labore em câmara frigorífica, tem direito ao intervalo intrajornada previsto no *caput* do art. 253 da CLT.

✦ *Vide* art. 7.º, XXII e XXIII, da CF.

✦ *Vide* arts. 192, 253 da CLT.

439. Danos morais. Juros de mora e atualização monetária. Termo inicial

Nas condenações por dano moral, a atualização monetária é devida a partir da data da decisão de arbitramento ou de alteração do valor.

Os juros incidem desde o ajuizamento da ação, nos termos do art. 883 da CLT.

✦ *Vide* art. 883 da CLT.

✦ *Vide* arts. 39, § 1.º, da Lei n. 8.177, de 1.º-3-1991.

✦ *Vide* Súmulas 200 e 211 do TST.

✦ *Vide* Súmula 224 do STF.

440. Auxílio-doença acidentário. Aposentadoria por invalidez. Suspensão do contrato de trabalho. Reconhecimento do direito à manutenção de plano de saúde ou de assistência médica

Assegura-se o direito à manutenção de plano de saúde ou de assistência médica oferecido pela empresa ao empregado, não obstante suspenso o contrato de trabalho em virtude de auxílio-doença acidentário ou de aposentadoria por invalidez.

✦ *Vide* arts. 471 e 475 da CLT.

441. Aviso prévio. Proporcionalidade

O direito ao aviso prévio proporcional ao tempo de serviço somente é assegurado nas rescisões de contrato de trabalho ocorridas a partir da publicação da Lei n. 12.506, em 13 de outubro de 2011.

✦ *Vide* art. 7.º, XXI, da CF.

✦ *Vide* arts. 487 e ss. da CLT.

✦ *Vide* Lei n. 12.506, de 11-10-2011 (Aviso prévio).

442. Procedimento sumaríssimo. Recurso de revista fundamentado em contrariedade a orientação

jurisprudencial. Inadmissibilidade. Art. 896, § 6.º, da CLT, acrescentado pela Lei n. 9.957, de 12-1-2000. (conversão da Orientação Jurisprudencial n. 352 da SBDI-1)

Nas causas sujeitas ao procedimento sumaríssimo, a admissibilidade de recurso de revista está limitada à demonstração de violação direta a dispositivo da Constituição Federal ou contrariedade a Súmula do Tribunal Superior do Trabalho, não se admitindo o recurso por contrariedade a Orientação Jurisprudencial deste Tribunal (Livro II, Título II, Capítulo III, do RITST), ante a ausência de previsão no art. 896, § 6.º, da CLT.

++ Com a nova redação dada pela Lei n. 13.015, de 21-7-2014, ao art. 896 da CLT, a remissão correta passa a ser para o § 9.º desse dispositivo.

+ *Vide* arts. 852-A e ss., e 896, § 9.º, da CLT.

443. Dispensa discriminatória. Presunção. Empregado portador de doença grave. Estigma ou preconceito. Direito à reintegração Presume-se discriminatória a despedida de empregado portador do vírus HIV ou de outra doença grave que suscite estigma ou preconceito. Inválido o ato, o empregado tem direito à reintegração no emprego.

+ *Vide* arts. 1.º, III e IV, e 5.º, *caput*, e 7.º, XXX, da CF.

+ *Vide* art. 4.º da Lei n. 9.029, de 13-4-1995.

444. Jornada de trabalho. Norma coletiva. Lei. Escala de 12 por 36. Validade

É válida, em caráter excepcional, a jornada de doze horas de trabalho por trinta e seis de descanso, prevista em lei ou ajustada exclusivamente mediante acordo coletivo de trabalho ou convenção coletiva de trabalho, assegurada a remuneração em dobro dos feriados trabalhados. O empregado não tem direito ao pagamento de adicional referente ao labor prestado na décima primeira e décima segunda horas.

+ *Vide* art. 7.º, XIII e XVI, da CF.

+ *Vide* arts. 59-A e 611-A, I, da CLT.

445. Inadimplemento de verbas trabalhistas. Frutos. Posse de má-fé. Art. 1.216 do Código Civil. Inaplicabilidade ao Direito do Trabalho

A indenização por frutos percebidos pela posse de má-fé, prevista no art. 1.216 do Código Civil, por tratar-se de regra afeta a direitos reais, mostra-se incompatível com o Direito do Trabalho, não sendo devida no caso de inadimplemento de verbas trabalhistas.

+ *Vide* art. 8.º, I, da CLT.

+ *Vide* art. 1.216 do CC.

446. Maquinista ferroviário. Intervalo intrajornada. Supressão parcial ou total. Horas extras devidas. Compatibilidade entre os arts. 71, § 4.º, e 238, § 5.º, da CLT

A garantia ao intervalo intrajornada, prevista no art. 71 da CLT, por constituir-se em medida de higiene, saúde e segurança do empregado, é aplicável também ao ferroviário maquinista integrante da categoria "c" (equipagem de trem em geral), não havendo incompatibilidade entre as regras inscritas nos arts. 71, § 4.º, e 238, § 5.º, da CLT.

+ *Vide* art. 7.º, XXII, da CF.

+ *Vide* arts. 71, § 4.º, e 238, § 5.º, da CLT.

+ *Vide* art. 611-A, III, da CLT.

447. Adicional de periculosidade. Permanência a bordo durante o abastecimento da aeronave. Indevido

Os tripulantes e demais empregados em serviços auxiliares de transporte aéreo que, no momento do abastecimento da aeronave, permanecem a bordo não têm direito ao adicional de periculosidade a que aludem o art. 193 da CLT e o Anexo 2, item 1, "c", da NR 16 do MTE.

+ *Vide* art. 7.º, XXIII, da CF.

+ *Vide* art. 193 da CLT.

+ *Vide* Súmula 364 do TST.

448. Atividade insalubre. Caracterização. Previsão na Norma Regulamentadora n. 15 da Portaria do Ministério do Trabalho n. 3.214/78. Instalações sanitárias. (conversão da Orientação Jurisprudencial n. 4 da SBDI-1 com nova redação do item II)

I – Não basta a constatação da insalubridade por meio de laudo pericial para que o empregado tenha direito ao respectivo adicional, sendo necessária a classificação da atividade insalubre na relação oficial elaborada pelo Ministério do Trabalho.

II – A higienização de instalações sanitárias de uso público ou coletivo de grande circulação, e a respectiva coleta de lixo, por não se equiparar à limpeza em residências e escritórios, enseja o pagamento de adicional de insalubridade em grau máximo, incidindo o disposto no Anexo 14 da NR-15 da Portaria do MTE n. 3.214/78 quanto à coleta e industrialização de lixo urbano.

+ *Vide* art. 7.º, XXIII, da CF.

+ *Vide* arts. 189 e ss. da CLT.

+ *Vide* Súmulas 139 e 248 do TST.

449. Minutos que antecedem e sucedem a jornada de trabalho. Lei n. 10.243, de 19-6-2001. Norma coletiva. Flexibilização. Impossibilidade.

(conversão da Orientação Jurisprudencial n. 372 da SBDI-1)

A partir da vigência da Lei n. 10.243, de 19-6-2001, que acrescentou o § 1.º ao art. 58 da CLT, não mais prevalece cláusula prevista em convenção ou acordo coletivo que elastece o limite de 5 minutos que antecedem e sucedem a jornada de trabalho para fins de apuração das horas extras.

- *Vide* art. 7.º, XXVI, da CF.
- *Vide* arts. 58, § 1.º, 74, § 2.º, 611-A e 611-B, da CLT.
- *Vide* Súmulas 366 e 429 do TST.

450. Férias. Gozo na época própria. Pagamento fora do prazo. Dobra devida. Arts. 137 e 145 da CLT. (conversão da Orientação Jurisprudencial n. 386 da SBDI-1)

É devido o pagamento em dobro da remuneração de férias, incluído o terço constitucional, com base no art. 137 da CLT, quando, ainda que gozadas na época própria, o empregador tenha descumprido o prazo previsto no art. 145 do mesmo diploma legal.

- *Vide* art. 7.º, XVII, da CF.
- *Vide* arts. 137 e 145 da CLT.

451. Participação nos lucros e resultados. Rescisão contratual anterior à data da distribuição dos lucros. Pagamento proporcional aos meses trabalhados. Princípio da isonomia. (conversão da Orientação Jurisprudencial n. 390 da SBDI-1)

Fere o princípio da isonomia instituir vantagem mediante acordo coletivo ou norma regulamentar que condiciona a percepção da parcela participação nos lucros e resultados ao fato de estar o contrato de trabalho em vigor na data prevista para a distribuição dos lucros. Assim, inclusive na rescisão contratual antecipada, é devido o pagamento da parcela de forma proporcional aos meses trabalhados, pois o ex-empregado concorreu para os resultados positivos da empresa.

- *Vide* arts. 5.º, *caput*, e 7.º, XI e XXVI, da CF.
- *Vide* art. 611-A, XV, da CLT.
- *Vide* Lei n. 10.101, de 19-12-2000.

452. Diferenças salariais. Plano de cargos e salários. Descumprimento. Critérios de promoção não observados. Prescrição parcial. (conversão da Orientação Jurisprudencial n. 404 da SBDI-1)

Tratando-se de pedido de pagamento de diferenças salariais decorrentes da inobservância dos critérios de promoção estabelecidos em Plano de Cargos e Salários criado pela empresa, a prescrição aplicável é a parcial, pois a lesão é sucessiva e se renova mês a mês.

- *Vide* art. 7.º, XXIX, da CF.
- *Vide* art. 11, § 2.º, da CLT.
- *Vide* Súmula 294 do TST.

453. Adicional de periculosidade. Pagamento espontâneo. Caracterização de fato incontroverso. Desnecessária a perícia de que trata o art. 195 da CLT. (conversão da Orientação Jurisprudencial n. 406 da SBDI-1)

O pagamento de adicional de periculosidade efetuado por mera liberalidade da empresa, ainda que de forma proporcional ao tempo de exposição ao risco ou em percentual inferior ao máximo legalmente previsto, dispensa a realização da prova técnica exigida pelo art. 195 da CLT, pois torna incontroversa a existência do trabalho em condições perigosas.

- *Vide* art. 7.º, XXIII, da CF.
- *Vide* arts. 193 e 195 da CLT.

454. Competência da Justiça do Trabalho. Execução de ofício. Contribuição social referente ao seguro de acidente de trabalho (SAT). Arts. 114, VIII, e 195, I, da Constituição da República. (conversão da Orientação Jurisprudencial n. 414 da SBDI-1)

Compete à Justiça do Trabalho a execução, de ofício, da contribuição referente ao Seguro de Acidente de Trabalho (SAT), que tem natureza de contribuição para a seguridade social (arts. 114, VIII, e 195, I, *a*, da CF), pois se destina ao financiamento de benefícios relativos à incapacidade do empregado decorrente de infortúnio no trabalho (arts. 11 e 22 da Lei n. 8.212/1991).

- *Vide* art. 114, VIII, e 195, I, *a*, da CF.
- *Vide* art. 876, parágrafo único, da CLT.
- *Vide* Súmula 368, I, do TST.

455. Equiparação salarial. Sociedade de economia mista. Art. 37, XIII, da CF/1988. Possibilidade. (conversão da Orientação Jurisprudencial n. 353 da SBDI-1 com nova redação)

À sociedade de economia mista não se aplica a vedação à equiparação prevista no art. 37, XIII, da CF/1988, pois, ao admitir empregados sob o regime da CLT, equipara-se a empregador privado, conforme disposto no art. 173, § 1.º, II, da CF/1988.

- *Vide* art. 37, XIII, e 173, § 1.º, II, da CF.
- *Vide* art. 461 da CLT.
- *Vide* Súmula 6 do TST.

456. Representação. Pessoa jurídica. Procuração. Invalidade. Identificação do outorgante e de seu representante. (inseridos os itens II e III em decorrência do CPC de 2015)

I – É inválido o instrumento de mandato firmado em nome de pessoa jurídica que não contenha, pelo menos, o nome do outorgante

Súmulas Vinculantes

e do signatário da procuração, pois estes dados constituem elementos que os individualizam.

II – Verificada a irregularidade de representação da parte na instância originária, o juiz designará prazo de 5 (cinco) dias para que seja sanado o vício. Descumprida a determinação, extinguirá o processo, sem resolução de mérito, se a providência couber ao reclamante, ou considerará revel o reclamado, se a providência lhe couber (art. 76, § 1.º, do CPC de 2015).

III – Caso a irregularidade de representação da parte seja constatada em fase recursal, o relator designará prazo de 5 (cinco) dias para que seja sanado o vício. Descumprida a determinação, o relator não conhecerá do recurso, se a providência couber ao recorrente, ou determinará o desentranhamento das contrarrazões, se a providência couber ao recorrido (art. 76, § 2.º, do CPC de 2015).

✦✦ Redação determinada pela Resolução n. 211, de 22-8-2016.

✦ *Vide* art. 791, § 1.º, da CLT.

✦ *Vide* arts. 103 a 105 do CPC.

457. Honorários periciais. Beneficiário da justiça gratuita. Responsabilidade da União pelo pagamento. Resolução n. 66/2010 do CSJT. Observância. (conversão da Orientação Jurisprudencial n. 387 da SBDI-1 com nova redação)

A União é responsável pelo pagamento dos honorários de perito quando a parte sucumbente no objeto da perícia for beneficiária da assistência judiciária gratuita, observado o procedimento disposto nos arts. 1.º, 2.º e 5.º da Resolução n. 66/2010 do Conselho Superior da Justiça do Trabalho – CSJT.

✦✦ *Vide* art. 790-B da CLT.

✦ *Vide* art. 790-B, § 4.º, da CLT.

458. Embargos. Procedimento sumaríssimo. Conhecimento. Recurso interposto após vigência da Lei n. 11.496, de 22-6-2007, que conferiu nova redação ao art. 894, da CLT. (conversão da Orientação Jurisprudencial n. 405 da SBDI-1 com nova redação)

Em causas sujeitas ao procedimento sumaríssimo, em que pese a limitação imposta no art. 896, § 6.º, da CLT à interposição de recurso de revista, admitem-se os embargos interpostos na vigência da Lei n. 11.496, de 22-6-2007, que conferiu nova redação ao art. 894 da CLT, quando demonstrada a divergência jurisprudencial entre Turmas do TST, fundada em interpretações diversas acerca da aplicação de mesmo dispositivo constitucional ou de matéria sumulada.

✦✦ Com a nova redação dada pela Lei n. 13.015, de 21-7-2014, ao art. 896 da CLT, a remissão correta passa a ser para o § 9.º desse dispositivo.

✦ *Vide* art. 894, II, e 896, § 9.º, da CLT.

459. Recurso de revista. Nulidade por negativa de prestação jurisdicional. (atualizada em decorrência do CPC de 2015)

O conhecimento do recurso de revista, quanto à preliminar de nulidade, por negativa de prestação jurisdicional, supõe indicação de violação do art. 832 da CLT, do art. 489 do CPC de 2015 (art. 458 do CPC de 1973) ou do art. 93, IX, da CF/1988.

✦✦ Redação determinada pela Resolução n. 219, de 26-6-2017.

✦ *Vide* art. 93, IX, da CF.

✦ *Vide* art. 832 da CLT.

✦ *Vide* art. 489 do CPC.

460. Vale-transporte. Ônus da prova

É do empregador o ônus de comprovar que o empregado não satisfaz os requisitos indispensáveis para a concessão do vale-transporte ou não pretenda fazer uso do benefício.

✦ *Vide* art. 818, II, da CLT.

✦ *Vide* art. 373, II, do CPC.

✦ *Vide* Lei n. 7.418, de 16-12-1985.

461. FGTS. Diferenças. Recolhimento. Ônus da prova

É do empregador o ônus da prova em relação à regularidade dos depósitos do FGTS, pois o pagamento é fato extintivo do direito do autor (art. 373, II, do CPC de 2015).

✦ *Vide* art. 7.º, III, da CF.

✦ *Vide* art. 818, II, da CLT.

✦ *Vide* art. 373, II, do CPC.

✦ *Vide* Lei n. 8.036, de 11-5-1990.

462. Multa do art. 477, § 8.º, da CLT. Incidência. Reconhecimento judicial da relação de emprego

A circunstância de a relação de emprego ter sido reconhecida apenas em juízo não tem o condão de afastar a incidência da multa prevista no art. 477, § 8.º, da CLT. A referida multa não será devida apenas quando, comprovadamente, o empregado der causa à mora no pagamento das verbas rescisórias.

✦ *Vide* arts. 2.º, 3.º e 477, §§ 6.º e 8.º, da CLT.

463. Assistência judiciária gratuita. Comprovação. (conversão da Orientação Jurisprudencial n. 304 da SBDI-I, com alterações decorrentes do CPC de 2015)

I – A partir de 26-6-2017, para a concessão da assistência judiciária gratuita à pessoa natural, basta a declaração de hipossuficiência econômica firmada pela parte ou por seu advogado, desde que munido de procuração com poderes específicos para esse fim (art. 105 do CPC de 2015);

II – No caso de pessoa jurídica, não basta a mera declaração: é necessária a demonstração cabal de impossibilidade de a parte arcar com as despesas do processo.

✦ *Vide* art. 790, §§ 3.º e 4.º, da CLT.

✦ *Vide* art. 105 do CPC

Orientações Jurisprudenciais do Tribunal Pleno do Tribunal Superior do Trabalho

1. **Precatório. Crédito trabalhista. Pequeno valor. Emenda Constitucional n. 37/02.**

   Há dispensa da expedição de precatório, na forma do art. 100, § 3.º, da CF/88, quando a execução contra a Fazenda Pública não exceder os valores definidos, provisoriamente, pela Emenda Constitucional n. 37/02, como obrigações de pequeno valor, inexistindo ilegalidade, sob esse prisma, na determinação de sequestro da quantia devida pelo ente público.

   + *Vide* art. 100, § 3.º, da CF.
   + *Vide* art. 87 do ADCT.

2. **Precatório. Revisão de cálculos. Limites da competência do presidente do TRT.**

   O pedido de revisão, em fase de precatório, previsto no art. 1.º-E da Lei n. 9.494/97, apenas poderá ser acolhido desde que: *a*) o requerente aponte e especifique claramente quais são as incorreções existentes nos cálculos, discriminando o montante que seria correto, pois do contrário a incorreção torna-se abstrata; *b*) o defeito nos cálculos esteja ligado à incorreção material ou à utilização de critério em descompasso com a lei ou com o título executivo judicial; e *c*) o critério legal aplicável ao débito não tenha sido objeto de debate na fase de conhecimento, nem na fase de execução.

   + *Vide* art. 100, § 6.º, da CF.
   + *Vide* art. 1.º-E da Lei n. 9.494, de 10-9-1997.

3. **Precatório. Sequestro. Emenda Constitucional 30/00. Preterição. ADI n. 1.662-8. Art. 100, § 2.º, da CF/88.**

   O sequestro de verbas públicas para satisfação de precatórios trabalhistas só é admitido na hipótese de preterição do direito de precedência do credor, a ela não se equiparando as situações de não inclusão da despesa no orçamento ou de não pagamento do precatório até o final do exercício, quando incluído no orçamento.

   + *Vide* art. 100, §§ 2.º e 6.º, da CF.
   + *Vide* art. 78 do ADCT.

4. **Mandado de segurança. Decisão de TRT. Incompetência originária do Tribunal Superior do Trabalho.**

   Ao Tribunal Superior do Trabalho não compete apreciar, originariamente, mandado de segurança impetrado em face de decisão do TRT.

   + *Vide* art. 7.º, LXIX, da CF.
   + *Vide* art. 678 da CLT.
   + *Vide* Lei n. 12.016, de 7-8-2009.

5. **Recurso ordinário. Cabimento.** (conversão da Orientação Jurisprudencial n. 70 da SDI-1)

   Não cabe recurso ordinário contra decisão em agravo regimental interposto em reclamação correicional ou em pedido de providência. (ex-OJ 70 – inserida em 13-9-1994)

   + *Vide* arts. 682, XI, 709, I e § 1.º, e 895 da CLT.

6. **Precatório. Execução. Limitação da condenação imposta pelo título judicial exequendo à data do advento da Lei n. 8.112, de 11 de dezembro de 1990.**

   Em sede de precatório, não configura ofensa à coisa julgada a limitação dos efeitos pecuniários da sentença condenatória ao período anterior ao advento da Lei n. 8.112, de 11 de dezembro de 1990, em que o exequente submetia-se à legislação trabalhista, salvo disposição expres-sa em contrário na decisão exequenda.

   + *Vide* art. 100 da CF.

7. Juros de mora. Condenação da Fazenda Pública. (nova redação)

   I – Nas condenações impostas à Fazenda Pública, incidem juros de mora segundo os seguintes critérios:

   a) 1% (um por cento) ao mês, até agosto de 2001, nos termos do § 1.º do art. 39 da Lei n. 8.177, de 1.º de março de 1991;

   b) 0,5% (meio por cento) ao mês, de setembro de 2001 a junho de 2009, conforme determina o art. 1.º-F da Lei n. 9.494, de 10 de setembro de 1997, introduzido pela Medida Provisória n. 2.180-35, de 24 de agosto de 2001.

II – A partir de 30 de junho de 2009, atualizam-se os débitos trabalhistas da Fazenda Pública, mediante a incidência dos índices oficiais de remuneração básica e juros aplicados à caderneta de poupança, por força do art. 5.º da Lei n. 11.960, de 29 de junho de 2009.

III – A adequação do montante da condenação deve observar essa limitação legal, ainda que em sede de precatório.

✦✦ Redação determinada pela Resolução n. 175, de 24-5-2011.

✦ *Vide* art. 39 da Lei n. 8.177, de 1.º-3-1991.

✦ *Vide* art. 1.º-F da Lei n. 9.494, de 10-9-1997.

✦ Lei n. 11.960/2009.

8. Precatório. Matéria administrativa. Remessa necessária. Não cabimento.

Em sede de precatório, por se tratar de decisão de natureza administrativa, não se aplica o disposto no art. 1.º, V, do Decreto-lei n. 779, de 21 de agosto de 1969, em que se determina a remessa necessária em caso de decisão judicial desfavorável a ente público.

✦ *Vide* art. 100 da CF.

✦ *Vide* art. 1.º, V, do Decreto-Lei n. 779, de 21-8-1969.

9. Precatório. Pequeno valor. Individualização do crédito apurado. Reclamação trabalhista plúrima. Execução direta contra a Fazenda Pública. Possibilidade.

Tratando-se de reclamações trabalhistas plúrimas, a aferição do que vem a ser obrigação de pequeno valor, para efeito de dispensa de formação de precatório e aplicação do disposto no § 3.º do art. 100 da CF/88, deve ser realizada considerando-se os créditos de cada reclamante.

✦ *Vide* art. 100, § 3.º, da CF.

✦ *Vide* arts. 78 e 87 do ADCT.

10. Precatório. Processamento e pagamento. Natureza administrativa. Mandado de segurança. Cabimento.

É cabível mandado de segurança contra atos praticados pela Presidência dos Tribunais Regionais em precatório em razão de sua natureza administrativa, não se aplicando o disposto no inciso II do art. 5.º da Lei n. 1.533, de 31 de dezembro de 1951.

✦ *Vide* art. 5.º, LXIX, e 100 da CF.

✦ *Vide* art. 5.º, II, da Lei n. 12.016, de 7-8-2009.

11. Recurso em matéria administrativa. Prazo. Órgão Colegiado. Oito dias. Art. 6.º da Lei n. 5.584, de 26 de junho de 1970.

Se não houver norma específica quanto ao prazo para interposição de recurso em matéria administrativa de decisão emanada de órgão Colegiado do Tribunal Regional do Trabalho, aplica-se, por analogia, regra geral dos prazos adotados na Justiça do Trabalho, ou seja, oito dias, conforme estabelecido no art. 6.º da Lei n. 5.584, de 26 de junho de 1970. O prazo de dez dias a que alude o art. 59 da Lei n. 9.784, de 29 de janeiro de 1999, aplica-se somente à interposição de recursos de decisões prolatadas monocraticamente.

✦ *Vide* art. 6.º da Lei n. 5.584, de 26-6-1970.

12. Precatório. Procedimento de natureza administrativa. Incompetência funcional do Presidente do TRT para declarar a inexigibilidade do título exequendo.

O Presidente do TRT, em sede de precatório, não tem competência funcional para declarar a inexigibilidade do título judicial exequendo, com fundamento no art. 884, § 5.º, da CLT, ante a natureza meramente administrativa do procedimento.

✦ *Vide* art. 100 da CF.

✦ *Vide* art. 884, § 5.º, da CLT.

13. Precatório. Quebra da ordem de precedência. Não demonstração da posição do exequente na ordem cronológica. Sequestro indevido.

É indevido o sequestro de verbas públicas quando o exequente/requerente não se encontra em primeiro lugar na lista de ordem cronológica para pagamento de precatórios ou quando não demonstrada essa condição.

✦ *Vide* art. 100, §§ 2.º e 6.º, da CF.

✦ *Vide* art. 78 do ADCT.

✦ *Vide* OJ 02, TP/OE do TST.

Orientações Jurisprudenciais da Seção de Dissídios Individuais 1 (SDI-1) do Tribunal Superior do Trabalho

1. *(Convertida na Orientação Jurisprudencial n. 110 da SDI-2 do TST.)*

2. *(Cancelada pela Resolução n. 148, de 26-6-2008.)*

3. *(Convertida na Orientação Jurisprudencial Transitória n. 33 da SDI-1 do TST.)*

4. *(Cancelada pela Resolução n. 194, de 19-5-2014, em decorrência de sua conversão na Súmula 448 do TST.)*

5. *(Convertida na Súmula 364 do TST.)*

6. *(Cancelada em decorrência da redação conferida à Súmula 60 do TST.)*

7. Advogado. Atuação fora da seção da OAB onde o advogado está inscrito. Ausência de comunicação. (Lei n. 4.215/63, § 2.º, art. 56.) Infração disciplinar. Não importa nulidade. Inserida em 29 de março de 1996 (inserido dispositivo)

A despeito da norma então prevista no art. 56, § 2.º, da Lei n. 4.215/63, a falta de comunicação do advogado à OAB para o exercício profissional em seção diversa daquela na qual tem inscrição não importa nulidade dos atos praticados, constituindo apenas infração disciplinar, que cabe àquela instituição analisar.

✦✦ Redação determinada pela Resolução n. 129, de 5-4-2005.

✦ *Vide* art. 10 da Lei n. 8.906, de 4-7-1994.

8. *(Convertida na Súmula 365 do TST.)*

9. *(Cancelada em decorrência da redação conferida à Súmula 303 do TST.)*

10. *(Convertida na Súmula 365 do TST.)*

11. *(Convertida na Súmula 356 do TST.)*

12. Anistia. Emenda Constitucional n. 26/85. Efeitos financeiros da promulgação. Inserida em 3 de junho de 1996 (nova redação)

Os efeitos financeiros decorrentes da anistia concedida pela Emenda Constitucional n. 26/85 contam-se desde a data da sua promulgação.

✦✦ Redação determinada pela Resolução n. 129, de 5-4-2005.

✦ *Vide* art. 8.º do ADCT.

13. APPA. Decreto-lei n. 779, de 21 de agosto de 1969. Depósito recursal e custas. Não isenção.

A Administração dos Portos de Paranaguá e Antonina – APPA, vinculada à Administração Pública indireta, não é isenta do recolhimento do depósito recursal e do pagamento das custas processuais por não ser beneficiária dos privilégios previstos no Decreto-lei n. 779, de 21 de agosto de 1969, ante o fato de explorar atividade econômica com fins lucrativos, o que descaracteriza sua natureza jurídica, igualando-a às empresas privadas.

✦✦ Republicada no *Diário Eletrônico da Justiça do Trabalho*, de 16-11-2010.

✦ *Vide* arts. 789 e 899 da CLT.

✦ *Vide* Decreto-Lei n. 779, de 21-8-1969.

14. Aviso prévio cumprido em casa. Verbas rescisórias. Prazo para pagamento. (Art. 477, § 6.º, *b*, da CLT.) Inserida em 25 de novembro de 1996 (título alterado e inserido dispositivo)

Em caso de aviso prévio cumprido em casa, o prazo para pagamento das verbas rescisórias é até o décimo dia da notificação de despedida.

✦✦ Redação determinada pela Resolução n. 129, de 5-4-2005.

✦✦ *Vide* art. 477, § 6.º, da CLT, que sofreu alteração pela Lei n. 13.467, de 13-7-2017, em vigor 120 dias da sua publicação (*DOU* de 14-7-2017).

Vide art. 7.º, XXI, da CF

✦ *Vide* arts. 477, § 6.º, e 487 e ss. da CLT.

✦ *Vide* Lei n. 12.506, de 11-10-2011 (Aviso prévio).

15. *(Cancelada em decorrência da redação conferida à Súmula 102 do TST.)*

16. Banco do Brasil. ACP. Adicional de caráter pessoal. Indevido. Inserida em 13 de fevereiro de 1995 (inserido dispositivo)

A isonomia de vencimentos entre servidores do Banco Central do Brasil e do Banco do Brasil, decorrente de sentença normativa, alcançou apenas os vencimentos e vantagens de caráter permanente. Dado o caráter personalíssimo do Adicional de Caráter Pessoal – ACP e não integrando a remuneração dos funcionários do Banco do Brasil, não foi ele contemplado na decisão normativa para efeitos de equiparação à tabela de vencimentos do Banco Central do Brasil.

✦✦ Redação determinada pela Resolução n. 129, de 5-4-2005.

✦ *Vide* art. 867 da CLT.

17. **Banco do Brasil. AP e ADI.**

Os adicionais AP, ADI ou AFR, somados ou considerados isoladamente, sendo equivalentes a 1/3 do salário do cargo efetivo (art. 224, § 2.º, da CLT), excluem o empregado ocupante de cargo de confiança do Banco do Brasil da jornada de 6 (seis) horas.

✦ *Vide* art. 224, § 2.º, da CLT.

18. **Complementação de aposentadoria. Banco do Brasil.** (redação do item I alterada em decorrência do julgamento dos processos TST-IUJ E-ED-RR-301900-52.2005.5.09.0661 e ERR 119900-56-1999.5.04.0751)

I – O valor das horas extras integra a remuneração do empregado para o cálculo da complementação de aposentadoria, desde que sobre ele incida a contribuição à Caixa de Previdência dos Funcionários do Banco do Brasil – PREVI, observado o respectivo regulamento no tocante à integração;

II – Os adicionais AP e ADI não integram o cálculo para a apuração do teto da complementação de aposentadoria; (ex-OJ n. 21 da SDI-1 – inserida em 13-2-1995)

III – No cálculo da complementação de aposentadoria deve-se observar a média trienal; (ex-OJs n. 19 e 289 ambas da SDI1 inseridas respectivamente em 5-6-1995 e 11-8-2003)

IV – A complementação de aposentadoria proporcional aos anos de serviço prestados exclusivamente ao Banco do Brasil somente se verifica a partir da Circular Funci n. 436/63; (ex-OJ n. 20 da SDI-1 inserida em 13-2-1995)

V – O telex DIREC do Banco do Brasil n. 5003/1987 não assegura a complementação de aposentadoria integral, porque não aprovado pelo órgão competente ao qual a instituição se subordina. (ex-OJ n. 136 da SDI-1 – inserida em 27-11-1998)

✦✦ Redação determinada pela Resolução n. 175, de 24-5-2011.

✦ *Vide* art. 202 da CF.

✦ *Vide* OJ 17 SDI-1/TST.

✦ *Vide* Súmula 288 do TST.

19. *(Cancelada em decorrência da redação conferida à Orientação Jurisprudencial n. 18 da SDI-1 do TST.)*

20. *(Cancelada em decorrência da redação conferida à Orientação Jurisprudencial n. 18 da SDI-1 do TST.)*

21. *(Cancelada em decorrência da redação conferida à Orientação Jurisprudencial n. 18 da SDI-1 do TST.)*

22. *(Convertida na Orientação Jurisprudencial Transitória n. 34 da SDI-1 do TST*

23. *(Convertida na Súmula 366 do TST.)*

24. *(Convertida na Súmula 367 do TST.)*

25. *(Cancelada em decorrência da redação conferida à Súmula 339 do TST.)*

26. Competência da Justiça do Trabalho. Complementação de pensão requerida por viúva de ex-empregado. Inserida em 1.º de fevereiro de 1995 (inserido dispositivo)

A Justiça do Trabalho é competente para apreciar pedido de complementação de pensão postulada por viúva de ex-empregado, por se tratar de pedido que deriva do contrato de trabalho.

✦✦ Redação determinada pela Resolução n. 129, de 5-4-2005.

✦ *Vide* art. 114, I, da CF.

✦ *Vide* arts. 643 e 652 da CLT.

27. *(Convertida na Súmula 355 do TST.)*

28. Correção monetária sobre as diferenças salariais. Universidades federais. Devida. Lei n. 7.596/87. Inserida em 14 de março de 1994 (nova redação)

Incide correção monetária sobre as diferenças salariais dos servidores das universidades federais, decorrentes da aplicação retroativa dos efeitos financeiros assegurados pela Lei n. 7.596/87, pois a correção monetária tem como escopo único minimizar a desvalorização da moeda em decorrência da corrosão inflacionária.

✦✦ Redação determinada pela Resolução n. 129, de 5-4-2005.

✦ Lei n. 7.596/1987.

29. *(Convertida na Orientação Jurisprudencial n. 148 da SDI-2 do TST.)*

30. (Convertida na Súmula 352 do TST.)

✦ A Súmula 352 do TST encontra-se revogada pela Resolução n. 114, de 21-11-2002.

31. *(Cancelada em decorrência da redação conferida à Súmula 86 do TST.)*

32. *(Convertida na Súmula 368 do TST.)*

33. **Deserção. Custas. Carimbo do banco. Validade.**

O carimbo do banco recebedor na guia de comprovação do recolhimento das custas supre a ausência de autenticação mecânica.

✦ *Vide* arts. 789 e 789-A da CLT.

34. *(Convertida na Súmula 369 do TST.)*

35. *(Convertida na Súmula 369 do TST.)*

36. Instrumento normativo. Cópia não autenticada. Documento comum às partes. Validade. Inserida em 25 de novembro de 1996 (título alterado e inserido dispositivo)

O instrumento normativo em cópia não autenticada possui valor probante, desde que não haja impugnação ao seu conteúdo, eis que se trata de documento comum às partes.

✦✦ Redação determinada pela Resolução n. 129, de 5-4-2005.

✦ *Vide* art. 7.º, XXVI, da CF.

✦ *Vide* arts. 611, *caput* e § 1.º, e 830 da CLT.

37. (Cancelada em decorrência da redação conferida à Súmula 296 do TST.)

38. Empregado que exerce atividade rural. Empresa de reflorestamento. Prescrição própria do rurícola. (Lei n. 5.889, de 8-6-1973, art. 10, e Decreto n. 73.626, de 12-2-1974, art. 2.º, § 4.º)

O empregado que trabalha em empresa de reflorestamento, cuja atividade está diretamente ligada ao manuseio da terra e de matéria-prima, é rurícola e não industriário, nos termos do Decreto n. 73.626, de 12 de fevereiro de 1974, art. 2.º, § 4.º, pouco importando que o fruto de seu trabalho seja destinado à indústria. Assim, aplica-se a prescrição própria dos rurícolas aos direitos desses empregados.

✦✦ Republicada no *Diário Eletrônico da Justiça do Trabalho*, de 16-11-2010.

✦ *Vide* art. 7.º, XXIX, da CF.

✦ *Vide* art. 11 da CLT.

✦ *Vide* art. 10 da Lei n. 5.889, de 8-6-1974 (Trabalho rural).

✦ *Vide* art. 2.º, § 4.º, do Decreto n. 73.626, de 12-2-1974.

39. (Convertida na Súmula 370 do TST.)

40. (Convertida na Súmula 371 do TST.)

41. Estabilidade. Instrumento normativo. Vigência. Eficácia. Preenchidos todos os pressupostos para a aquisição de estabilidade decorrente de acidente ou doença profissional, ainda durante a vi-

gência do instrumento normativo, goza o empregado de estabilidade

mesmo após o término da vigência deste.

✦ *Vide* art. 7.º, XXVI, da CF.

✦ *Vide* arts. 611, *caput*, e § 1.º, e 614, § 3.º, da CLT.

✦ *Vide* art. 118 da Lei n. 8.213, de 24-7-1991.

42. FGTS. Multa de 40%. Inserida em 25 de novembro de 1996 (nova redação em decorrência da incorporação das Orientações Jurisprudenciais ns. 107 e 254 da SDI-1)

I – É devida a multa do FGTS sobre os saques corrigidos monetariamente ocorridos na vigência do contrato de trabalho. Art. 18, § 1.º, da Lei n. 8.036/90 e art. 9.º, § 1.º, do Decreto n. 99.684/90. (ex-OJ 107 da SDI-1 – inserida em 1.º-10-1997)

II – O cálculo da multa de 40% do FGTS deverá ser feito com base no saldo da conta vinculada na data do efetivo pagamento das verbas rescisórias, desconsiderada a projeção do aviso prévio indenizado, por ausência de previsão legal. (ex-OJ 254 da SDI-1 – inserida em 13-3-2002)

✦✦ Redação determinada pela Resolução n. 129, de 5-4-2005.

✦ *Vide* art. 7.º, I, da CF.

✦ *Vide* art. 10, I, ADCT.

✦ *Vide* art. 18, § 1.º, da Lei n. 8.036, de 11-5-1990.

✦ *Vide* art. 9.º, § 1º, Decreto n. 99.684, de 8-11-1990.

43. Conversão de salários de Cruzeiros para Cruzados. Decreto-lei n. 2.284/1986. Inserida em 7 de novembro de 1994 (nova redação)

A conversão de salários de cruzeiros para cruzados, nos termos do Decreto-lei n. 2.284/1986, não afronta direito adquirido dos empregados.

✦✦ Redação determinada pela Resolução n. 129, de 5-4-2005.

✦ Decreto-Lei n. 2.284/86.

44. Gestante. Salário-maternidade.

É devido o salário-maternidade, de 120 (cento e vinte) dias, desde a promulgação da CF/88, ficando a cargo do empregador o pagamento do período acrescido pela Carta.

✦ *Vide* art. 7.º, XVIII, e 248 da CF.

✦ *Vide* art. 71 da Lei n. 8.213, de 24-7-1991.

45. (Convertida na Súmula 372 do TST.)

46. (Convertida na Súmula 373 do TST.)

47. Hora extra. Adicional de insalubridade. Base de cálculo.

A base de cálculo da hora extra é o resultado da soma do salário contratual mais o adicional de insalubridade.

✦✦ Redação determinada pela Resolução n. 148, de 26-6-2008.

✦ *Vide* art. 7.º, XVI e XXIII, da CF.

✦ *Vide* arts. 59, § 1.º, e 189 e ss. da CLT.

48. *(Cancelada em decorrência da redação conferida à Súmula 199 do TST.)*

49. *(Cancelada pela Resolução n. 175, de 24-5-2011, em decorrência da sua conversão na Súmula 428 do TST.)*

50. *(Cancelada em decorrência da redação conferida à Súmula 90 do TST.)*

51. Legislação eleitoral. Empresas públicas e sociedades de economia mista.

Aos empregados das empresas públicas e das sociedades de economia mista regidos pela CLT aplicam-se as vedações dispostas no art. 15 da Lei n. 7.773, de 8 de junho de 1989.

✦✦ Republicada no *Diário Eletrônico da Justiça do Trabalho*, de 16-11-2010.

+ *Vide* art. 173, § 1.º, II, da CF.
+ Lei n. 7.773/1989.

52. *(Cancelada pela Resolução n. 186, de 14-9-2012.)*

53. (Convertida na Súmula 370 do TST.)

54. **Multa. Cláusula penal. Valor superior ao principal.** Inserida em 30 de maio de 1994 (título alterado, inserido dispositivo e atualizada a legislação)

O valor da multa estipulada em cláusula penal, ainda que diária, não poderá ser superior à obrigação principal corrigida, em virtude daaplicação do art. 412 do Código Civil de 2002 (art. 920 do Código Civil de 1916).

++ Redação determinada pela Resolução n. 129, de 5-4-2005.
+ *Vide* art. 412 do CC.

55. (Convertida na Súmula 374 do TST.)

56. **Nossa Caixa Nosso Banco (Caixa Econômica do Estado de São Paulo). Regulamento. Gratificação especial e/ou anuênios.**

Direito reconhecido apenas àqueles empregados que tinham 25 (vinte e cinco) anos de efetivo exercício prestados exclusivamente à Caixa.

+ *Vide* art. 457, § 1.º, da CLT.

57. **PCCS. Devido o reajuste do adiantamento. Lei n. 7.686/88, art. 1.º.**

Inserida em 14 de março de 1994 (inserido dispositivo)

É devido o reajuste da parcela denominada "adiantamento do PCCS", conforme a redação do art. 1.º da Lei n. 7.686/88.

++ Redação determinada pela Resolução n. 129, de 5-4-2005.
+ Lei n. 7.686/1988.

58. Plano Bresser. IPC jun./1987. Inexistência de direito adquirido. Inserida em 10 de março de 1995 (inserido dispositivo)

Inexiste direito adquirido ao IPC de junho de 1987 (Plano Bresser), em face da edição do Decreto-lei n. 2.335/1987.

++ Redação determinada pela Resolução n. 129, de 5-4-2005.
+ Decreto-Lei n. 2.335/1987.
+ Lei n. 7.730/1989.

59. **Plano Verão. URP de fevereiro de 1989. Inexistência de direito adquirido.** Inserida em 13 de fevereiro de 1995 (inserido dispositivo) Inexiste direito adquirido à URP de fevereiro de 1989 (Plano Verão), em face da edição da Lei n. 7.730/89.

++ Redação determinada pela Resolução n. 129, de 5-4-2005.
+ Lei n. 7.730/1989.

60. **Portuários. Hora noturna. Horas extras. (Lei n. 4.860/1965, arts. 4.º e 7.º, § 5.º.)** Inserida em 28 de novembro de 1995 (nova redação em decorrência da incorporação da Orientação Jurisprudencial n. 61 da SDI-1)

I – A hora noturna no regime de trabalho no porto, compreendida entre dezenove horas e sete horas do dia seguinte, é de sessenta minutos.

II – Para o cálculo das horas extras prestadas pelos trabalhadores portuários, observar-se-á somente o salário básico percebido, excluídos os adicionais de risco e produtividade. (ex-OJ 61 da SDI-1 – inserida em 14-3-1994)

++ Redação determinada pela Resolução n. 129, de 5-4-2005.
+ *Vide* art. 7.º, IX, da CF.
+ *Vide* art. 73, *caput*, da CLT.
+ *Vide* Lei n. 12.815, de 5-6-2013.

61. *(Cancelada em decorrência da redação conferida à Orientação Jurisprudencial n. 60 da SDI-1 do TST.)*

62. **Prequestionamento. Pressuposto de admissibilidade em apelo de natureza extraordinária. Necessidade, ainda que se trate de incompetência absoluta.**

É necessário o prequestionamento como pressuposto de admissibilidade em recurso de natureza extraordinária, ainda que se trate de incompetência absoluta.

++ Republicada no *Diário Eletrônico da Justiça do Trabalho*, de 23-11-2010.
+ *Vide* art. 896, § 1.º-A, I, da CLT.
+ *Vide* Súmula 297 do TST.
+ *Vide* OJs 118, 119, 151 e 256 SDI-1/TST.

63. *(Cancelada em decorrência da redação conferida à Súmula 199 do TST.)*

64. *(Cancelada em decorrência da redação conferida à Súmula 239 do TST.)*

65. Professor adjunto. Ingresso no cargo de professor titular. Exigência de concurso público não afastada pela Constituição Federal de 1988 (CF/1988, arts. 37, II, e 206, V). Inserida em 30 de maio de 1994 (inserido dispositivo)O acesso de professor adjunto ao cargo de professor titular só pode ser efetivado por meio de concurso público, conforme dispõem os arts. 37, inciso II, e 206, inciso V, da CF/88.

++ Redação determinada pela Resolução n. 129, de 5-4-2005.
+ *Vide* arts. 37, II e § 2.º, e 206, V, da CF.
+ *Vide* arts. 317 a 322 da CLT.

66. (Convertida na Súmula 351 do TST.)

67. (Convertida na Súmula 358 do TST.)

68. (Convertida na Orientação Jurisprudencial Transitória n. 35 da SDI-1 do TST.)

69. (Convertida na Súmula 375 do TST.)

70. (Convertida na Orientação Jurisprudencial n. 5 do Tribunal Pleno do TST.)

71. (Cancelada em decorrência da redação conferida à Súmula 303 do TST.)

72. (Cancelada em decorrência da redação conferida à Súmula 303 do TST.)

73. (Cancelada em decorrência da redação conferida à Súmula 303 do TST.)

74. (Cancelada em decorrência da nova redação conferida à Súmula 122 do TST.)

75. Substabelecimento sem o reconhecimento de firma do substabelecente. Inválido (anterior à Lei n. 8.952/94). Inserida em 1.º de fevereiro de 1995 (inserido dispositivo)

Não produz efeitos jurídicos recurso subscrito por advogado com poderes conferidos em substabelecimento em que não consta o reconhecimento de firma do outorgante. Entendimento aplicável antes do advento da Lei n. 8.952/94.

✦✦ Redação determinada pela Resolução n. 129, de 5-4-2005.
✦ *Vide* art. 105 do CPC.
✦ *Vide* Súmulas 383 e 395 do TST.
✦ *Vide* OJ 371 SDI-1/TST.

76. Substituição dos avanços trienais por quinquênios. Alteração do contrato de trabalho. Prescrição total. CEEE. Inserida em 14 de março de 1994 (inserido dispositivo)

A alteração contratual consubstanciada na substituição dos avanços trienais por quinquênios decorre de ato único do empregador, momento em que começa a fluir o prazo fatal de prescrição.

✦✦ Redação determinada pela Resolução n. 129, de 5-4-2005.
✦ *Vide* art. 7.º, XXIX, da CF.
✦ *Vide* arts. 11 e 468 da CLT.

77. (Convertida na Súmula 357 do TST.)

78. (Convertida na Súmula 360 do TST.)

79. **URP de abril e maio de 1988. Decreto-lei n. 2.425/88.** (alterada em decorrência do julgamento do processo TST-RXOFROAS-573062/1999 pelo Tribunal Pleno – certidão de julgamento publicada no *DJ* 14-6-2005)

Existência de direito apenas ao reajuste de 7/30 (sete trinta avos) de 16,19% (dezesseis vírgula dezenove por cento), a ser calculado sobre o salário de março e incidente sobre o salário dos meses de abril e maio, não cumulativamente e corrigido desde a época própria até a data do efetivo pagamento.

✦ Ato Declaratório de 14 de junho de 1989.

80. (Convertida na Orientação Jurisprudencial n. 110 da SDI-2 do TST.)

81. (Convertida na Súmula 394 do TST.)

82. **Aviso prévio. Baixa na CTPS.**

A data de saída a ser anotada na CTPS deve corresponder à do término do prazo do aviso prévio, ainda que indenizado.

✦ *Vide* art. 7.º, XXI, da CF.
✦ *Vide* arts. 487 e ss. da CLT.
✦ *Vide* Súmulas 12 e 441 do TST.
✦ *Vide* Lei n. 12.506, de 11-10-2011 (Aviso prévio).

83. **Aviso prévio. Indenizado. Prescrição.**

A prescrição começa a fluir no final da data do término do aviso prévio. Art. 487, § 1.º, CLT.

✦ *Vide* art. 7.º, XXI e XXIX, da CF.
✦ *Vide* arts. 11 e 487 e ss. da CLT.
✦ *Vide* Súmula 308, I, do TST.

84. (Cancelada pela Resolução n. 186, de 14-9-2012.)

85. (Convertida na Súmula 363 do TST.)

86. (Convertida na Súmula 369 do TST.)

87. **Entidade pública. Exploração de atividade eminentemente econômica. Execução. Art. 883 da CLT.**

É direta a execução contra a APPA e MINASCAIXA (§ 1.º do art. 173, da CF/88).

✦✦ Redação determinada pela Comissão de Jurisprudência e de Precedentes Normativos, do TST, em 6-4-2004.
✦ *Vide* art. 173, § 1.º, II, da CF.
✦ *Vide* arts. 880 e ss. da CLT.

88. (Cancelada em decorrência da redação conferida à Súmula 244 do TST.)

89. (Convertida na Súmula 376 do TST.)

90. (Cancelada em decorrência da redação conferida ao art. 897 da CLT pela Lei n. 9.756/98.)

91. **Anistia. Art. 8.º, § 1.º, ADCT. Efeitos financeiros. ECT.**

Em 19 de maio de 1997, a SDI-Plena decidiu, pelo voto prevalente do Exmo. Sr. Presidente, que os efeitos financeiros da readmissão do empregado anistiado serão contados a partir do momento em que este manifestou o desejo de retornar ao trabalho e, na ausência de prova, da data do ajuizamento da ação.

✦ *Vide* art. 8.º do ADCT.
✦ *Vide* OJ 12 SDI-1/TST.

92. **Desmembramento de Municípios. Responsabilidade trabalhista.** Em caso de criação de novo município, por desmembramento, cada uma das novas entidades responsabiliza-se pelos direitos trabalhistas do empregado no período em que figurarem como real empregador.

✦ *Vide* art. 18, § 4.º, da CF.
✦ *Vide* arts. 10, 448 e 448-A da CLT.

93. (Cancelada em decorrência da redação conferida à Súmula 146 do TST pela Resolução n. 121/03.)

94. (Cancelada em decorrência da nova redação conferida à Súmula 221 do TST.)

95. **Embargos para SDI. Divergência oriunda da mesma Turma do TST. Inservível.**

Em 19 de maio de 1997, a SDI-Plena, por maioria, decidiu que acórdãos oriundos da mesma Turma, embora divergentes, não fundamentam divergência jurisprudencial de que trata a alínea *b*, do artigo 894 da Consolidação das Leis do Trabalho para embargos à Seção Especializada em Dissídios Individuais, Subseção I.

+ *Vide* art. 894, II, da CLT.

96. (Cancelada em decorrência da nova redação conferida à Súmula 159 do TST pela Resolução n. 121/03.)

97. Horas extras. Adicional noturno. Base de cálculo.

O adicional noturno integra a base de cálculo das horas extras prestadas no período noturno.

+ *Vide* art. 7.º, IX e XVI, da CF.
+ *Vide* arts. 59, § 1.º, e 73 da CLT.
+ *Vide* Súmula 264 do TST.

98. (Convertida na Orientação Jurisprudencial Transitória n. 36 da SDI-1 do TST.)

99. (Convertida na Súmula 377 do TST.)

100. Salário. Reajuste. Entes públicos. Inserida em 30 de maio de 1997 (título alterado e inserido dispositivo)

Os reajustes salariais previstos em legislação federal devem ser observados pelos Estados-membros, suas Autarquias e Fundações Públicas nas relações contratuais trabalhistas que mantiverem com seus empregados.

++ Redação determinada pela Resolução n. 129, de 5-4-2005.

+ *Vide* art. 22, I, da CF.

101. (Cancelada em decorrência da redação conferida à Súmula n. 28 do TST pela Resolução n. 121/03.)

102. (Cancelada em decorrência da redação conferida à Súmula 139 do TST.)

103. Adicional de insalubridade. Repouso semanal e feriados. Inserida em 1.º de outubro de 1997 (nova redação)

O adicional de insalubridade já remunera os dias de repouso semanal e feriados.

++ Redação determinada pela Resolução n. 129, de 5-4-2005.

+ *Vide* art. 7.º, XV e XXIII, da CF.
+ *Vide* arts. 67, 189 e ss. da CLT.
+ *Vide* Lei n. 605, de 5-1-1949.
+ *Vide* Súmula 225 do TST.

104. (Cancelada em decorrência da sua incorporação à nova redação da Súmula 25 do TST.)

105. (Convertida na Súmula 378 do TST.)

106. (Convertida na Súmula 396 do TST.)

107. (Cancelada em decorrência da redação conferida à Orientação Jurisprudencial n. 42 da SDI-1 do TST.)

108. (Convertida na Súmula 395 do TST.)

109. (Convertida na Orientação Jurisprudencial Transitória n. 37 da SDI-1 do TST.)

110. (Cancelada pela Resolução n. 212, 19-9-2016, do TST.)

111. Recurso de revista. Divergência jurisprudencial. Aresto oriundo do mesmo Tribunal Regional. Lei n. 9.756/1998. Inservível ao conhecimento. (nova redação)

Não é servível ao conhecimento de recurso de revista aresto oriundo de mesmo Tribunal Regional do Trabalho, salvo se o recurso houver sido interposto anteriormente à vigência da Lei n. 9.756/1998.

++ Redação determinada pela Resolução n. 129, de 5-4-2005.

+ *Vide* art. 896, *a* e *b*, da CLT.
+ *Vide* Súmula 337 do TST.

112. (Cancelada em decorrência da redação conferida à Súmula 159 do TST.)

113. Adicional de transferência. Cargo de confiança ou previsão contratual de transferência. Devido. Desde que a transferência seja provisória.

O fato de o empregado exercer cargo de confiança ou a existência de previsão de transferência no contrato de trabalho não exclui o direito ao adicional. O pressuposto legal apto a legitimar a percepção do mencionado adicional é a transferência provisória.

+ *Vide* arts. 62, II, e 469 da CLT.
+ *Vide* Súmula 43 do TST.

114. (Convertida na Súmula 379 do TST.)

115. (Convertida na Súmula 459 do TST.)

116. (Convertida na Súmula 396 do TST.)

117. (Convertida na Súmula 376 do TST.)

118. Prequestionamento. Tese explícita. Inteligência da Súmula 297. Havendo tese explícita sobre a matéria, na decisão recorrida, desnecessário contenha nela referência expressa do dispositivo legal para ter-se como prequestionado este.

+ *Vide* art. 896, § 1.º-A, I, da CLT.
+ *Vide* Súmula 297 do TST.
+ *Vide* OJs 62, 119, 151 e 256 SDI-1/TST.

119. Prequestionamento inexigível. Violação nascida na própria decisão recorrida. Súmula 297 do TST. Inaplicável.

É inexigível o prequestionamento quando a violação indicada houver nascido na própria decisão recorrida. Inaplicável a Súmula 297 do TST.

++ Republicada no *Diário Eletrônico da Justiça do Trabalho*, de 16-11-2010.

+ *Vide* art. 896, § 1.º-A, I, da CLT.
+ *Vide* Súmula 297 do TST.
+ *Vide* OJ 62, 118, 151 e 256 SDI-1/TST.

120. Recurso. Assinatura da petição ou das razões recursais. Art. 932, parágrafo único, do CPC de 2015. (alterada em decorrência do CPC de 2015)

I – Verificada a total ausência de assinatura no recurso, o juiz ou o relator concederá prazo de 5 (cinco) dias para que seja sanado o vício. Descumprida a determinação, o recurso será reputado inadmissível (art. 932, parágrafo único, do CPC de 2015).

II – É válido o recurso assinado, ao menos, na petição de apresentação ou nas razões recursais.

++ Redação determinada pela Resolução n. 212, de 19-9-2016.
+ *Vide* art. 896, § 11, da CLT.
+ *Vide* Súmula 383 do TST.

121. **Substituição processual. Diferença do adicional de insalubridade. Legitimidade.** Inserida em 20 de novembro de 1997 (nova redação) O sindicato tem legitimidade para atuar na qualidade de substituto processual para pleitear diferença de adicional de insalubridade.

++ Redação determinada pela Resolução n. 129, de 5-4-2005.
+ *Vide* art. 8.º, III, da CF.
+ *Vide* arts. 189 e ss. da CLT.
+ *Vide* art. 18 do CPC.
+ *Vide* art. 3.º da Lei n. 8.073, de 30-7-1990.
+ *Vide* OJ 359 SDI-1/TST.

122. (Convertida na Súmula 380 do TST.)

123. **Bancários. Ajuda-alimentação.**

A ajuda-alimentação prevista em norma coletiva em decorrência de prestação de horas extras tem natureza indenizatória e, por isso, não integra o salário do empregado bancário. Em 10 de fevereiro de 1998, a SDI-Plena, por maioria, decidiu que ajuda alimentação paga ao bancário, em decorrência de prestação de horas extras por prorrogação de jornada, tem natureza indenizatória e, portanto, não integrativa ao salário.

+ *Vide* arts. 457, § 2.º, e 458, *caput*, da CLT.
+ *Vide* Súmula 241 do TST.
+ *Vide* OJs 133 e 413 SDI-1/TST.

124. (Convertida na Súmula 381 do TST.)

125. **Desvio de função. Quadro de carreira.**

O simples desvio funcional do empregado não gera direito a novo enquadramento, mas apenas às diferenças salariais respectivas, mesmo que o desvio de função haja iniciado antes da vigência da CF/1988.

++ Redação determinada pelo TST em 13-3-2002.
+ *Vide* arts. 456, parágrafo único, e 468 da CLT.
+ *Vide* Súmula 275 do TST.
+ *Vide* Súmula 378 do STJ.
+ *Vide* Súmula 223 do TFR.

126. (Cancelada em decorrência da redação conferida à Súmula 239 do TST.)

127. **Hora noturna reduzida. Subsistência após a CF/88.**

O art. 73, § 1.º, da CLT, que prevê a redução da hora noturna, não foi revogado pelo inciso IX do art. 7.º da CF/88.

+ *Vide* art. 7.º, IX, da CF.
+ *Vide* art. 73, § 1.º, da CLT.
+ *Vide* OJ 395 SDI-1/TST.
+ *Vide* Súmula 214 da STF.

128. (Convertida na Súmula 382 do TST.)

129. **Prescrição. Complementação da pensão e auxílio-funeral.**

A prescrição extintiva para pleitear judicialmente o pagamento da complementação de pensão e do auxílio-funeral é de 2 (dois) anos, contados a partir do óbito do empregado.

+ *Vide* art. 7.º, XXIX, da CF.
+ *Vide* art. 11 da CLT.

130. Prescrição. Ministério Público. Arguição. *Custos legis*. Ilegitimidade. (atualizada em decorrência do CPC de 2015)

Ao exarar o parecer na remessa de ofício, na qualidade de *custos legis*, o Ministério Público não tem legitimidade para arguir a prescrição emfavor de entidade de direito público, em matéria de direito patrimonial.

++ Redação determinada pela Resolução n. 209, de 30-5-2016.
+ *Vide* art. 7.º, XXIX, da CF.
+ *Vide* art. 11 da CLT.
+ *Vide* art. 83 da Lei Complementar n. 75, de 20-5-1993.
+ *Vide* Súmula 308, I, do TST.
+ *Vide* OJ 273 SDI-1/TST.

131. (Convertida na Súmula 367 do TST.)

132. **Agravo regimental. Peças essenciais nos autos principais.** Inexistindo lei que exija a tramitação do agravo em autos apartados, tampouco previsão no Regimento Interno do Regional, não pode o Agravante ver-se apenado por não haver colacionado cópia de peças dos autos principais, quando o agravo deveria fazer parte dele.

+ *Vide* art. 1.021 do CPC.
+ *Vide* OJ 412 SDI-1/TST.

133. **Ajuda-alimentação. PAT. Lei n. 6.321/76. Não integração ao salário.** A ajuda-alimentação fornecida por empresa participante do programa de alimentação ao trabalhador, instituído pela Lei n. 6.321/1976, não tem caráter salarial. Portanto, não integra o salário para nenhum efeito legal.

+ *Vide* art. 457, § 2.º, da CLT.
+ *Vide* Lei n. 6.321, de 14-4-1976.
+ *Vide* Súmula 241 do TST.

134. **Autenticação. Pessoa jurídica de direito público. Dispensada. Medida Provisória n. 1.360, de 12 de março de 1996.**

São válidos os documentos apresentados, por pessoa jurídica de direito público, em fotocópia não autenticada, posteriormente à edição da Medida Provisória n. 1.360/1996 e suas reedições.

✦✦ A Medida Provisória n. 1.360, de 12-3-1996, foi convertida na Lei n.

10.522, de 19-7-2002.

✦ *Vide* art. 830 da CLT.

✦ *Vide* Súmula 436 do TST.

135. (Convertida na Súmula 371 do TST.)

136. (Cancelada em decorrência da redação conferida à Orientação Jurisprudencial n. 18 da SDI-1 do TST.)

137. (Convertida na Orientação Jurisprudencial Transitória n. 38 da SDI-1 do TST.)

138. Competência residual. Regime jurídico único. Limitação da execução. Inserida em 27 de novembro de 1998 (nova redação em decorrência da incorporação da Orientação Jurisprudencial n. 249 da SDI-1) Compete à Justiça do Trabalho julgar pedidos de direitos e vantagens previstos na legislação trabalhista referente a período anterior à Lei n. 8.112/90, mesmo que a ação tenha sido ajuizada após a edição da referida lei. A superveniência de regime estatutário em substituição ao celetista, mesmo após a sentença, limita a execução ao período celetista. (1.ª parte – ex-OJ 138 da SDI-1 – inserida em 27-11-1998; 2.ª parte – ex-OJ 249 – inserida em 13-3-2002)

✦✦ Redação determinada pela Resolução n. 129, de 5-4-2005.

✦ *Vide* art. 114, da CF.

✦ *Vide* Súmula 382 do TST.

139. (Cancelada em decorrência da nova redação conferida à Súmula 128 do TST.)

140. Depósito recursal e custas processuais. Recolhimento insuficiente. Deserção. (nova redação em decorrência do CPC de 2015)

Em caso de recolhimento insuficiente das custas processuais ou do depósito recursal, somente haverá deserção do recurso se, concedido o prazo de 5 (cinco) dias previsto no § 2.º do art. 1.007 do CPC de 2015, o recorrente não complementar e comprovar o valor devido.

✦✦ Redação determinada pela Resolução n. 217, de 17-4-2017.

✦ *Vide* arts. 789, 789-A e 899 da CLT.

✦ *Vide* art. 1.007, § 2.º, do CPC.

✦ *Vide* art. 10, parágrafo único, da Instrução Normativa n. 39, de 15-3-2016.

✦ *Vide* Súmulas 86 e 128 do TST.

✦ *Vide* OJ 33 SDI-1/TST

141. (Convertida na Súmula 368 do TST.)

142. Embargos de declaração. Efeito modificativo. Vista prévia à parte contrária (cancelado o item II em decorrência do CPC de 2015)

É passível de nulidade decisão que acolhe embargos de declaração com efeito modificativo sem que seja concedida oportunidade de manifestação prévia à parte contrária.

✦✦ Redação determinada pela Resolução n. 214, de 28-11-2016.

✦ *Vide* art. 5.º, LV, da CF.

✦ *Vide* art. 897-A, § 2.º, da CLT.

✦ *Vide* Súmula 278 do TST.

143. Empresa em liquidação extrajudicial. Execução. Créditos trabalhistas. Lei n. 6.024/74.

A execução trabalhista deve prosseguir diretamente na Justiça do Trabalho mesmo após a decretação da liquidação extrajudicial. Lei n. 6.830/80, arts. 5.º e 29, aplicados supletivamente (CLT, art. 889 e CF/88, art. 114).

✦ *Vide* art. 114 da CF.

✦ *Vide* arts. 5.º e 29 da Lei n. 6.830, de 22-9-1980.

✦ *Vide* Lei n. 11.101, de 9-2-2005.

✦ *Vide* OJ 408 SDI-1/TST.

144. (Cancelada em decorrência da redação conferida à Súmula 275 do TST.)

145. (Convertida na Súmula 369 do TST.)

146. (Convertida na Orientação Jurisprudencial Transitória n. 39 da SDI-1 do TST.)

147. Lei estadual, norma coletiva ou norma regulamentar. Conhecimento indevido do recurso de revista por divergência jurisprudencial (alínea *b* do art. 896 da CLT). Inserida em 27 de novembro de 1998 (nova redação em decorrência da incorporação da Orientação Jurisprudencial n. 309 da SDI-1)

I – É inadmissível o recurso de revista fundado tão somente em divergência jurisprudencial, se a parte não comprovar que a lei estadual, a norma coletiva ou o regulamento da empresa extrapolam o âmbito do TRT prolator da decisão recorrida. (ex-OJ 309 da SDI-1 – inserida em 11-8-2003)

II – É imprescindível a arguição de afronta ao art. 896 da CLT para o conhecimento de embargos interpostos em face de acórdão de Turma que conhece indevidamente de recurso de revista, por divergência jurisprudencial, quanto a tema regulado por lei estadual, norma coletiva ou norma regulamentar de âmbito restrito ao TRT prolator da decisão.

✦✦ Redação determinada pela Resolução n. 129, de 5-4-2005.

✦ *Vide* arts. 894, II, e 896, *b*, da CLT.

✦ *Vide* Súmula 337 do TST.

148. Lei n. 8.880/1994, art. 31. Constitucionalidade. Inserida em 27 de novembro de 1998 (nova redação)

É constitucional o art. 31 da Lei n. 8.880/1994, que prevê a indenização por demissão sem justa causa.

✦✦ Redação determinada pela Resolução n. 129, de 5-4-2005.

✦ Lei n. 8.889/1994.

149. *(Convertida na Súmula 383 do TST.)*

150. *(Convertida na Súmula 384 do TST.)*

151. Prequestionamento. Decisão regional que adota a sentença. Ausência de prequestionamento.

Decisão regional que simplesmente adota os fundamentos da decisão de primeiro grau não preenche a exigência do prequestionamento, tal como previsto na Súmula 297.

✦ *Vide* arts. 896, § 1-A, I, e 897-A da CLT.

✦ *Vide* arts. 1.022 a 1.026 do CPC.

✦ *Vide* OJs 62, 118, 119 e 256 SDI-1/TST.

✦ *Vide* Súmulas 98 e 211 do STJ.

152. Revelia. Pessoa jurídica de direito público. Aplicável (art. 844 da CLT). Inserida em 27 de novembro de 1998 (inserido dispositivo)Pessoa jurídica de direito público sujeita-se à revelia prevista no art. 844 da CLT.

✦✦ Redação determinada pela Resolução n. 129, de 5-4-2005.

✦ *Vide* art. 844 da CLT.

✦ *Vide* arts. 344 e ss. do CPC.

✦ *Vide* Decreto-Lei n. 779, de 21-8-1969.

✦ *Vide* Súmula 122 do TST.

153. *(Convertida na Orientação Jurisprudencial Transitória n. 57 da SDI-1 do TST.)*

154. *(Cancelada pela Resolução n. 158, de 13-10-2009.)*

155. *(Convertida na Orientação Jurisprudencial Transitória n. 40 da SDI-1 do TST.)*

156. *(Cancelada pela Resolução n. 175, de 24-5-2011, em decorrência da nova redação da Súmula 327 do TST.)*

157. *(Convertida na Orientação Jurisprudencial Transitória n. 41 da SDI-1 do TST.)*

158. Custas. Comprovação de recolhimento. DARF eletrônico. Validade. O denominado DARF Eletrônico é válido para comprovar o recolhimento de custas por entidades da administração pública federal, emitido

conforme a IN-SRF n. 162, de 4 de novembro de 1988.

✦✦ Instrução Normativa revogada pela Instrução n. 181, da Secretaria da Receita Federal, de 25-7-2002.

✦ *Vide* arts. 789 e 789-A da CLT.

✦ *Vide* arts. 188 e 277 do CPC.

159. Data de pagamento. Salários. Alteração.

Diante da inexistência de previsão expressa em contrato ou em instrumento normativo, a alteração de data de pagamento pelo empregador não viola o art. 468, desde que observado o parágrafo único, do art. 459, ambos da CLT.

✦ *Vide* arts. 459 e 468 da CLT.

✦ *Vide* PN 72 do TST.

160. Descontos salariais. Autorização no ato da admissão. Validade.

É inválida a presunção de vício de consentimento resultante do fato de ter o empregado anuído expressamente com descontos salariais na oportunidade da admissão. É de se exigir demonstração concreta do vício de vontade.

✦ *Vide* art. 462, *caput* e § 1.º, da CLT.

✦ *Vide* arts. 151 e ss. do CC.

✦ *Vide* Súmula 342 do TST.

✦ *Vide* OJ 18 da SDC.

161. *(Convertida na Súmula 385 do TST.)*

162. Multa. Art. 477 da CLT. Contagem do prazo. Aplicável o art. 132 do Código Civil de 2002. Inserida em 26 de março de 1999 (atualizada a legislação e inserido dispositivo)

A contagem do prazo para quitação das verbas decorrentes da rescisão contratual prevista no art. 477 da CLT exclui necessariamente o dia da notificação da demissão e inclui o dia do vencimento, em obediência ao disposto no art. 132 do Código Civil de 2002 (art. 125 do Código Civil de 1916).

✦✦ Redação determinada pela Resolução n. 129, de 5-4-2005.

✦ *Vide* art. 477, §§ 6.º e 8.º, da CLT.

✦ *Vide* art. 132 do CC.

✦ *Vide* Súmula 388 do TST.

✦ *Vide* OJ 238 SDI-1/TST.

163. *(Cancelada em decorrência da redação conferida à Súmula 51 do TST.)*

164. Oficial de justiça *ad hoc*. Inexistência de vínculo empregatício.

Inserida em 26 de março de 1999 (inserido dispositivo)

Não se caracteriza o vínculo empregatício na nomeação para o exercício das funções de oficial de justiça *ad hoc*, ainda que feita de forma reiterada, pois exaure-se a cada cumprimento de mandado.

✦✦ Redação determinada pela Resolução n. 129, de 5-4-2005.

✦ *Vide* arts. 2.º, 3.º e 721 da CLT.

165. Perícia. Engenheiro ou médico. Adicional de insalubridade e periculosidade. Válido. Art. 195, da CLT.O art. 195 da CLT não faz qualquer distinção entre o médico e o engenheiro para efeito de caracterização e classificação da insalubridade e periculosidade, bastando para a elaboração do laudo seja o profissional devidamente qualificado.

✦ *Vide* art. 7.º, XXIII, da CF.
✦ *Vide* arts. 189 e ss. da CLT.

166. *(Convertida na Orientação Jurisprudencial Transitória n. 42 da SDI-1 do TST.)*

167. *(Convertida na Súmula 386 do TST.)*

168. *(Convertida na Orientação Jurisprudencial Transitória n. 43 da SDI-1 do TST.)*

169. *(Convertida na Súmula 423 do TST.)*

170. *(Cancelada em decorrência da redação conferida à Orientação Jurisprudencial n. 4 da SDI-1 do TST.)*

171. Adicional de insalubridade. Óleos minerais. Sentido do termo manipulação.

Para efeito de concessão de adicional de insalubridade não há distinção entre fabricação e manuseio de óleos minerais – Portaria n. 3.214 do Ministério do Trabalho, NR 15, Anexo XIII.

✦ *Vide* art. 7.º, XXIII, da CF.
✦ *Vide* arts. 189 e ss. da CLT.

172. Adicional de insalubridade ou periculosidade. Condenação. Inserção em folha de pagamento.

Condenada ao pagamento do adicional de insalubridade ou periculosidade, a empresa deverá inserir, mês a mês e enquanto o trabalho for executado sob essas condições, o valor correspondente em folha de pagamento.

✦ *Vide* art. 7.º, XXIII, da CF.
✦ *Vide* arts. 189 e ss. da CLT.

173. Adicional de insalubridade. Atividade a céu aberto. Exposição ao sol e ao calor. (redação alterada na sessão do Tribunal Pleno realizada em 14-9-2012)

I – Ausente previsão legal, indevido o adicional de insalubridade ao trabalhador em atividade a céu aberto, por sujeição à radiação solar (art. 195 da CLT e Anexo 7 da NR 15 da Portaria n. 3214/78 do MTE).

II – Tem direito ao adicional de insalubridade o trabalhador que exerce atividade exposto ao calor acima dos limites de tolerância, inclusive em ambiente externo com carga solar, nas condições previstas no Anexo 3 da NR 15 da Portaria n. 3214/78 do MTE.

✦ *Vide* art. 7.º, XXIII, da CF.
✦ *Vide* arts. 189 e ss. da CLT.
✦ *Vide* Súmula 448, I, do TST.

174. *(Cancelada em decorrência da redação conferida à Súmula 132 do TST.)*

175. Comissões. Alteração ou supressão. Prescrição total. Inserida em 8 de novembro de 2000 (nova redação em decorrência da incorporação da Orientação Jurisprudencial n. 248 da SBDI-1)

A supressão das comissões, ou a alteração quanto à forma ou ao percentual, em prejuízo do empregado, é suscetível de operar a prescrição total da ação, nos termos da Súmula 294 do TST, em virtude de cuidar-se de parcela não assegurada por preceito de lei.

✦✦ Redação determinada pela Comissão de Jurisprudência e de Precedentes Normativos, do TST, em 18-11-2005.
✦ *Vide* art. 7.º, XXIX, da CF.
✦ *Vide* arts. 11, § 2.º, 457, § 1.º, 459 e 466 da CLT.
✦ *Vide* Súmula 294 do TST.
✦ *Vide* OJ 397 SDI-1/TST.

176. (Convertida na Orientação Jurisprudencial Transitória n. 44 da SDI-1 do TST.)

177. (Cancelada pelo Tribunal Pleno do TST, em sessão extraordinária de 25-10-2006.)

178. Bancário. Intervalo de 15 minutos. Não computável na jornada de trabalho. Inserida em 8 de novembro de 2000 (inserido dispositivo) Não se computa, na jornada do bancário sujeito a seis horas diárias detrabalho, o intervalo de quinze minutos para lanche ou descanso.

✦✦ Redação determinada pela Resolução n. 129, de 5-4-2005.
✦ *Vide* art. 71, § 2.º, da CLT.

179. *(Convertida na Orientação Jurisprudencial Transitória n. 77 da SDI-1 do TST.)*

180. *(Convertida na Orientação Jurisprudencial Transitória n. 45 da SDI-1 do TST.)*

181. Comissões. Correção monetária. Cálculo.

O valor das comissões deve ser corrigido monetariamente para em seguida obter-se a média para efeito de cálculo de férias, 13.º salário e verbas rescisórias.

✦ *Vide* arts. 457, § 1.º, 459 e 466 da CLT.

182. *(Cancelada em decorrência da redação conferida à Súmula 85 do TST.)*

183. *(Convertida na Orientação Jurisprudencial Transitória n. 46 da SDI-1 do TST.)*

184. (Cancelada em decorrência da redação conferida à Súmula 74 do TST.)

185. Contrato de trabalho com a Associação de Pais e Mestres – APM. Inexistência de responsabilidade solidária ou subsidiária do Estado. Inserida em 8 de novembro de 2000 (inserido dispositivo)

O Estado-Membro não é responsável subsidiária ou solidariamente com a Associação de Pais e Mestres pelos encargos trabalhistas dos empregados contratados por esta última, que deverão ser suportados integral e exclusivamente pelo real empregador.

✦✦ Redação determinada pela Resolução n. 129, de 5-4-2005.
✦ *Vide* art. 71, § 1.º, da Lei n. 8.666, de 21-6-1993.

186. (Cancelada em decorrência da sua incorporação à nova redação da Súmula 25 do TST.)

187. (Convertida na Orientação Jurisprudencial Transitória n. 47 da SDI-1 do TST.)

188. Decisão normativa que defere direitos. Falta de interesse de agir para ação individual.

Falta de interesse de agir para a ação individual, singular ou plúrima, quando o direito já foi reconhecido através de decisão normativa, cabendo, no caso, ação de cumprimento.

+ *Vide* art. 872 da CLT.
+ *Vide* art. 7.º, § 6.º, da Lei n. 7.701, de 21-12-1988.
+ *Vide* Súmulas 246 e 350 do TST.

189. *(Cancelada em decorrência da nova redação conferida à Súmula 128 do TST.)*

190. *(Cancelada em decorrência da redação conferida à Súmula 128 do TST.)*

191. Contrato de empreitada. Dono da obra de construção civil. Responsabilidade. (nova redação)

Diante da inexistência de previsão legal específica, o contrato de empreitada de construção civil entre o dono da obra e o empreiteiro não enseja responsabilidade solidária ou subsidiária nas obrigações trabalhistas contraídas pelo empreiteiro, salvo sendo o dono da obra uma empresa construtora ou incorporadora.

++ Redação determinada pela Resolução n. 175, de 24-5-2011.
+ *Vide* art. 455 da CLT.
+ *Vide* arts. 265 e 610 a 626 do CC.

192. Embargos declaratórios. Prazo em dobro. Pessoa jurídica de direito público. Decreto-lei n. 779/69.

É em dobro o prazo para a interposição de embargos declaratórios por Pessoa Jurídica de Direito Público.

+ *Vide* art. 897-A da CLT.
+ *Vide* arts. 1.022 a 1.026 do CPC.
+ *Vide* art. 1.º, III, do Decreto-Lei n. 779, de 21-8-1969.

193. *(Cancelada em decorrência da redação conferida à Súmula 6 do TST pela Resolução n. 104/00.)*

194. *(Convertida na Súmula 387 do TST.)*

195. Férias indenizadas. FGTS. Não incidência. Inserida em 8 de novembro de 2000 (inserido dispositivo)

Não incide a contribuição para o FGTS sobre as férias indenizadas.

++ Redação determinada pela Resolução n. 129, de 5-4-2005.
+ *Vide* art. 7.º, XVII, da CF.
+ *Vide* arts. 129 e ss. da CLT.
+ *Vide* art. 15 da Lei n. 8.036, de 11-5-1990

196. *(Cancelada em decorrência da redação conferida à Súmula 244 do TST.)*

197. (Cancelada em decorrência da redação conferida à Súmula 253 do TST pela Resolução n. 121/03.)

198. Honorários periciais. Atualização monetária.

Diferentemente da correção aplicada aos débitos trabalhistas, que têm caráter alimentar, a atualização monetária dos honorários periciais é fixada pelo art. 1.º da Lei n. 6.899/81, aplicável a débitos resultantes de decisões judiciais.

+ *Vide* art. 790-B da CLT.
+ Lei n. 6.899/1981.
+ *Vide* Súmula 457 do TST.
+ *Vide* OJ 98 SDI-2/TST.

199. Jogo do bicho. Contrato de trabalho. Nulidade. Objeto ilícito.

É nulo o contrato de trabalho celebrado para o desempenho de atividade inerente à prática do jogo do bicho, ante a ilicitude de seu objeto, o que subtrai o requisito de validade para a formação do ato jurídico.

++ Republicada no *Diário Eletrônico da Justiça do Trabalho*, de 16-11-2010.
+ *Vide* art. 104 do CC.

200. Mandato tácito. Substabelecimento inválido. Inserida em 8 de novembro de 2000 (inserido dispositivo)

É inválido o substabelecimento de advogado investido de mandato tácito.

++ Redação determinada pela Resolução n. 129, de 5-4-2005.
+ *Vide* OJ 286 SDI-1/TST.

201. *(Convertida na Súmula 388 do TST.)*

202. *(Convertida na Orientação Jurisprudencial Transitória n. 48 da SDI-1 do TST.)*

203. *(Convertida na Orientação Jurisprudencial Transitória n. 54 da SDI-1 do TST.)*

204. *(Cancelada em decorrência da redação conferida à Súmula 308 do TST.)*

205. *(Cancelada pela Resolução n. 156, de 23-4-2009.)*

206. Professor. Horas extras. Adicional de 50%.

Excedida a jornada máxima (art. 318 da CLT), as horas excedentes devem ser remuneradas com o adicional de, no mínimo, 50% (art. 7.º, XVI, CF/88).

+ *Vide* art. 7.º, XVI, da CF.
+ *Vide* art. 318 da CLT.

207. Programa de incentivo à demissão voluntária. Indenização. Imposto de renda. Não incidência. Inserida em 8 de novembro de 2000 A indenização paga em virtude de adesão a programa de incentivo à demissão voluntária não está sujeita à incidência do imposto de renda.

✦✦ Redação determinada pela Resolução n. 129, de 5-4-2005.

✦ *Vide* Súmula 215 do STJ.

✦ *Vide* OJs 270 e 356 SDI-1/TST.

✦ *Vide* OJ 19 SDI-2/TST.

208. Radiologista. Gratificação de raios X. Redução. Lei n. 7.923/89.

A alteração da gratificação por trabalho com raios X, de quarenta para dez por cento, na forma da Lei n. 7.923/89, não causou prejuízo ao trabalhador porque passou a incidir sobre o salário incorporado com todas as demais vantagens.

✦ *Vide* art. 457, § 1.º, da CLT.

✦ *Vide* Súmula 358 do TST.

209. (Cancelada em decorrência da redação conferida à Súmula 262 do TST.)

210. (Convertida na Súmula 389 do TST.)

211. (Convertida na Súmula 389 do TST.)

212. (Convertida na Orientação Jurisprudencial Transitória n. 49 da SDI-1 do TST.)

213. Telex. Operadores. Art. 227 da CLT. Inaplicável.

O operador de telex de empresa, cuja atividade econômica não se identifica com qualquer uma das previstas no art. 227 da CLT, não se beneficia de jornada reduzida.

✦ *Vide* art. 227 da CLT.

214. (Convertida na Orientação Jurisprudencial Transitória n. 58 da SDI-1 do TST.)

215. (Cancelada pela Resolução n. 175, de 24-5-2011.)

216. Vale-transporte. Servidor público celetista. Lei n. 7.418/85. Devido. Inserida em 8 de novembro de 2000 (inserido dispositivo)

Aos servidores públicos celetistas é devido o vale-transporte, instituído pela Lei n. 7.418/85, de 16 de dezembro de 1985.

✦✦ Redação determinada pela Resolução n. 129, de 5-4-2005.

✦ *Vide* art. 114, I, da CF.

✦ *Vide* Lei n. 7.418, de 16-12-1985 (vale-transporte).

✦ *Vide* OJ 247 SDI-2/TST.

✦ Concessão liminar STF ADIn 3396-6.

217. Agravo de instrumento. Traslado. Lei n. 9.756/98. Guia de custas e de depósito recursal.

Para a formação do Agravo de Instrumento, não é necessária a juntada de comprovantes de recolhimento de custas e de depósito recursal relativamente ao Recurso Ordinário, desde que não seja objeto de controvérsia no Recurso de Revista a validade daqueles recolhimentos.

✦ *Vide* art. 897, § 5.º, da CLT.

✦ *Vide* OJ 283, 285 e 286 SDI-1/TST.

218. (Cancelada em decorrência da sua incorporação à Orientação Jurisprudencial n. 241 da SDI-1 e posterior conversão na Orientação Jurisprudencial Transitória n. 55 da SDI-1 do TST.)

219. Recurso de revista ou de embargos fundamentado em Orientação Jurisprudencial do TST.

É válida, para efeito de conhecimento do recurso de revista ou de embargos, a invocação de Orientação Jurisprudencial do Tribunal Superior do Trabalho, desde que, das razões recursais, conste o seu número ou conteúdo.

✦ *Vide* arts. 894 e 896 da CLT.

✦ *Vide* Súmulas 23 e 126 do TST.

✦ *Vide* OJ Transitória 79 da SDI-1/TST.

220. *(Cancelada em decorrência da redação conferida à Súmula 85 do TST.)*

221. *(Convertida na Orientação Jurisprudencial Transitória n. 56 da SDI-1 do TST.)*

222. *(Cancelada em decorrência da redação conferida à Súmula 102 do TST.)*

223. *(Cancelada em decorrência da redação conferida à Súmula 85 do TST.)*

224. Complementação de aposentadoria. Reajuste. Lei n. 9.069, de 29 de junho de 1995.

I – A partir da vigência da Medida Provisória n. 542, de 30 de junho de 1994, convalidada pela Lei n. 9.069, de 29 de junho de 1995, o critério de reajuste da complementação de aposentadoria passou a ser anual e não semestral, aplicando-se o princípio *rebus sic stantibus* diante da nova ordem econômica.

II – A alteração da periodicidade do reajuste da complementação de aposentadoria – de semestral para anual –, não afeta o direito ao resíduo inflacionário apurado nos meses de abril, maio e junho de 1994, que deverá incidir sobre a correção realizada no mês de julho de 1995.

✦✦ Redação determinada pela Comissão de Jurisprudência e de Precedentes Normativos, em 14-9-2010.

✦ *Vide* Súmula 291 do STJ.

✦ *Vide* Súmulas 72, 92, 97, 288, 313, 327 e 322 do TST.

225. Contrato de concessão de serviço público. Responsabilidade trabalhista. Inserida em 20 de junho de 2001 e alterada pelo Tribunal Pleno, em 18 de abril de 2002 – MA 10.999/02 (nova redação).Celebrado contrato de concessão de serviço público em que uma empresa (primeira concessionária) outorga a outra (segunda concessionária), no todo ou em parte, mediante arrendamento ou qualquer outra forma contratual, a título transitório, bens de sua propriedade:

I – em caso de rescisão do contrato de trabalho após a entrada em vigor da concessão, a segunda concessionária, na condição de sucessora, responde pelos direitos decorrentes do contrato de trabalho, sem prejuízo da responsabilidade subsidiária da primeira concessionária pelos débitos trabalhistas contraídos até a concessão;

II – no tocante ao contrato de trabalho extinto antes da vigência da concessão, a responsabilidade pelos direitos dos trabalhadores será exclusivamente da antecessora.

++ Redação determinada pela Resolução n. 129, de 5-4-2005.

+ *Vide* arts. 10 e 448 da CLT.

+ *Vide* OJs 261, 441 e 408 SDI-1/TST.

226. Crédito trabalhista. Cédula de Crédito Rural. Cédula de Crédito Industrial. Penhorabilidade. Inserida em 20 de junho de 2001 (título alterado)

Diferentemente da cédula de crédito industrial garantida por alienação fiduciária, na cédula rural pignoratícia ou hipotecária o bem permanece sob o domínio do devedor (executado), não constituindo óbice à penhora na esfera trabalhista. (Decreto-lei n. 167/67, art. 69; CLT, arts. 10 e 30 e Lei n. 6.830/80).

++ Redação determinada pela Resolução n. 129, de 5-4-2005.

+ *Vide* art. 889 da CLT.

+ *Vide* arts. 799, I, 803 e 804 do CPC.

+ *Vide* arts. 5.º e 29 da Lei n. 6.830, de 22-9-1980 (Execução fiscal).

+ *Vide* OJs 153 e 343 SDI-1/TST.

+ *Vide* OJs 59 e 93 SDI-2/TST.

227. *(Cancelada pela Comissão de Jurisprudência e de Precedentes Normativos, do TST, em 18-11-2005.)*

228. (Convertida na Súmula 368 do TST.)

229. (Convertida na Súmula 390 do TST.)

230. (Convertida na Súmula 378 do TST.)

231. (Convertida na Orientação Jurisprudencial Transitória n. 50 da SDI-1 do TST.)

232. FGTS. Incidência. Empregado transferido para o exterior. Remuneração.

O FGTS incide sobre todas as parcelas de natureza salarial pagas ao empregado em virtude de prestação de serviços no exterior.

+ *Vide* art. 3.º da CLT.

+ *Vide* Súmula 593 do STF.

+ *Vide* Súmula 63 do TST.

233. Horas extras. Comprovação de parte do período alegado. Inserida em 20 de junho de 2001 (nova redação)

A decisão que defere horas extras com base em prova oral ou documental não ficará limitada ao tempo por ela abrangido, desde que o julgador fique convencido de que o procedimento questionado superou aquele período.

++ Redação determinada pela Resolução n. 129, de 5-4-2005.

+ *Vide* art. 7.º, XIII, da CF.

+ *Vide* arts. 57 a 75 e 818 da CLT.

+ *Vide* Súmulas 85 e 338 do TST.

+ *Vide* OJ 323 SDI-1/TST.

234. *(Cancelada em decorrência da redação conferida à Súmula 338 do TST.)*

235. Horas extras. Salário por produção. (redação alterada na sessão do Tribunal Pleno realizada em 16-4-2012)

O empregado que recebe salário por produção e trabalha em sobrejornada tem direito à percepção apenas do adicional de horas extras, exceto no caso do empregado cortador de cana, a quem é devido o pagamento das horas extras e do adicional respectivo.

++ Redação determinada pela Resolução n. 182, de 16-4-2012.

+ *Vide* art. 7.º, XVI, da CF.

+ *Vide* arts. 457, § 1.º, e 466 da CLT.

+ *Vide* OJ 397 SDI-1/TST.

236. (Cancelada em decorrência da redação conferida à Súmula 90 do TST.)

237. Ministério Público do Trabalho. Legitimidade para recorrer. Sociedade de economia mista. Empresa pública (incorporada à Orientação Jurisprudencial n. 338 da SBDI-I)

I – O Ministério Público do Trabalho não tem legitimidade para recorrer na defesa de interesse patrimonial privado, ainda que de empresas públicas e sociedades de economia mista.

II – Há legitimidade do Ministério Público do Trabalho para recorrer de decisão que declara a existência de vínculo empregatício com sociedade de economia mista ou empresa pública, após a Constituição Federal de 1988, sem a prévia aprovação em concurso público, pois é matéria de ordem pública.

++ Redação determinada pela Resolução n. 210, de 27-6-2016.

+ *Vide* art. 37, II, da CF.

+ *Vide* arts. 173 e 499, § 2.º, da CLT.

+ *Vide* art. 83, VI da Lei Complementar n. 75, de 20-5-1993.

+ *Vide* Súmulas 363 e 407 do TST.

238. Multa. Art. 477 da CLT. Pessoa jurídica de direito público. Aplicável. Inserida em 20 de junho de 2001 (inserido dispositivo)

Submete-se à multa do art. 477 da CLT a pessoa jurídica de direito público que não observa o prazo para pagamento das verbas rescisórias, pois nivela-se a qualquer particular, em direitos e obrigações, despojando-se do *jus imperii* ao celebrar um contrato de emprego.

++ Redação determinada pela Resolução n. 129, de 5-4-2005.

+ *Vide* art. 477, §§ 6.º e 8.º, da CLT.

+ *Vide* art. 132 do CC.

+ *Vide* Súmula 388 do TST.

+ *Vide* OJ 162 SDI-1/TST.

239. *(Convertida na Súmula 384 do TST.)*

240. *(Convertida na Súmula 391 do TST.)*

241. *(Convertida na Orientação Jurisprudencial Transitória n. 55 da SDI-1 do TST.)*

242. Prescrição total. Horas extras. Adicional. Incorporação.

Embora haja previsão legal para o direito à hora extra, inexiste previsão para a incorporação ao salário do respectivo adicional, razão pela qual deve incidir a prescrição total.

+ *Vide* art. 7.º, XVI e XXIX, da CF.
+ *Vide* arts. 11, 457 e 458 da CLT.

243. Prescrição total. Planos econômicos.

Aplicável a prescrição total sobre o direito de reclamar diferenças salariais resultantes de planos econômicos.

+ *Vide* art. 7.º, XXIX, da CF.
+ *Vide* art. 11 da CLT.

244. Professor. Redução da carga horária. Possibilidade.

A redução da carga horária do professor, em virtude da diminuição do número de alunos, não constitui alteração contratual, uma vez que não implica redução do valor da hora-aula.

+ *Vide* art. 7.º, VII, da CF.
+ *Vide* arts. 318 e 468 da CLT.
+ *Vide* OJ 358 SDI-1/TST.
+ *Vide* PN 78 do TST.

245. Revelia. Atraso. Audiência.

Inexiste previsão legal tolerando atraso no horário de comparecimento da parte à audiência.

+ *Vide* arts. 841, § 1.º, 843 a 845 e 852 da CLT.
+ *Vide* Súmulas 9, 69, 74 122 do TST.
+ *Vide* OJ 152 SDI-1/TST.

246. *(Convertida na Súmula 367 do TST.)*

247. Servidor público. Celetista concursado. Despedida imotivada. Empresa pública ou sociedade de economia mista. Possibilidade.

I – A despedida de empregados de empresa pública e de sociedade de economia mista, mesmo admitidos por concurso público, independe de ato motivado para sua validade;

II – A validade do ato de despedida da empregado de Empresa Brasileira de Correios e Telégrafos (ECT) está condicionada à motivação, por gozar a empresa do mesmo tratamento destinado à Fazenda Pública em relação à imunidade tributária e à execução por precatório, além das prerrogativas de foro, prazos e custas processuais.

++ Redação determinada pela Resolução n. 143, de 8-11-2007.
+ *Vide* arts. 7.º, I, e 144, I, da CF.
+ *Vide* OJ 216 SDI-1/TST.

248. *(Cancelada em decorrência da redação conferida à Orientação Jurisprudencial n. 175 da SDI-1 do TST.)*

249. *(Cancelada em decorrência da redação conferida à Orientação Jurisprudencial n. 138 da SDI-1 do TST.)*

250. (Convertida na Orientação Jurisprudencial Transitória n. 51 da SDI-1 do TST.)

251. Descontos. Frentista. Cheques sem fundos.

É lícito o desconto salarial referente à devolução de cheques sem fundos, quando o frentista não observar as recomendações previstas em instrumento coletivo.

+ *Vide* art. 462 da CLT.
+ *Vide* Súmula 342 do TST.
+ *Vide* OJ 160 SDI-1/TST.
+ *Vide* OJ 18 da SDC.
+ *Vide* PN 14 do TST.

252. *(Cancelada em decorrência da redação conferida à Súmula 6 do TST.)*

253. Estabilidade provisória. Cooperativa. Lei n. 5.764/71. Conselho fiscal. Suplente. Não assegurada.

O art. 55 da Lei n. 5.764/71 assegura a garantia de emprego apenas aos empregados eleitos diretores de Cooperativas, não abrangendo os membros suplentes.

+ *Vide* art. 543 da CLT.
+ *Vide* art. 55 da Lei n. 5.764, de 16-12-1971.
+ *Vide* Lei n. 12.690, de 19-7-2012.

254. (Cancelada em decorrência da redação conferida à Orientação Jurisprudencial n. 42 da SDI-1 do TST.)

255. Mandato. Contrato social. Desnecessária a juntada.

O art. 75, inciso VIII, do CPC de 2015 (art. 12, VI, do CPC de 1973) não determina a exibição dos estatutos da empresa em juízo como condição de validade do instrumento de mandato outorgado ao seu procurador, salvo se houver impugnação da parte contrária.

++ Redação determinada pela Resolução n. 208, de 19-4-2016.
+ *Vide* art. 75, VIII, do CPC.
+ *Vide* Súmulas 383 e 395 do TST.
+ *Vide* OJs 200, 349, 374 e 371 SDI-1/TST.

256. Prequestionamento. Configuração. Tese explícita. Súmula 297. Para fins do requisito do prequestionamento de que trata a Súmula 297, há necessidade de que haja, no acórdão, de maneira clara, elementos que levem à conclusão de que o Regional adotou uma tese contrária à lei ou à súmula.

+ *Vide* art. 896, § 1.º-A, I, da CLT.
+ *Vide* Súmula 98 do STJ.
+ *Vide* Súmulas 23 e 297 do TST.
+ *Vide* OJ 62, 118, 119 e 151 SDI-1/TST.

257. Recurso de revista. Fundamentação. Violação de lei. Vocábulo violação. Desnecessidade. (alterada em decorrência do inciso II do art. 894 da CLT, incluído pela Lei n. 11.496/2007)

A invocação expressa no recurso de revista dos preceitos legais ou constitucionais tidos como violados não significa exigir da parte a utilização das expressões "contrariar", "ferir", "violar", etc.

++ Redação determinada pela Resolução n. 182, de 16-4-2012.
+ *Vide* art. 896 da CLT.
+ *Vide* Súmulas 221 e 297 do TST.
+ *Vide* OJ 118 SDI-1/TST.

258. (Convertida na Súmula 364 do TST.)

259. Adicional noturno. Base de cálculo. Adicional de periculosidade. Integração. O adicional de periculosidade deve compor a base de cálculo do adicional noturno, já que também neste horário o trabalhador permanece sob as condições de risco.

+ *Vide* art. 7.º, IX, XXII e XXIII, da CF.
+ *Vide* arts. 73 e 193 a 197 da CLT.
+ *Vide* Súmula 373 do STF.
+ *Vide* Súmulas 19, 39, 60,132, 140, 191, 265, 361, 364 e 453 do TST.
+ *Vide* OJ 97, 345 e 385 SDI-1/TST.

260. Agravo de instrumento. Recurso de revista. Procedimento sumaríssimo. Lei n. 9.957/2000. Processos em curso.

I – É inaplicável o rito sumaríssimo aos processos iniciados antes da vigência da Lei n. 9.957/2000.

II – No caso de o despacho denegatório de recurso de revista invocar, em processo iniciado antes da Lei n. 9.957/2000, o § 6.º do art. 896 da CLT (rito sumaríssimo), como óbice ao trânsito do apelo calcado em divergência jurisprudencial ou violação de dispositivo infraconstitucional, o Tribunal superará o obstáculo, apreciando o recurso sob esses fundamentos.

++ A Lei n. 13.467, de 13-7-2017, em vigor 120 dias da sua publicação (*DOU* de 14-7-2017), revoga o § 6.º do art. 896 da CLT.
+ *Vide* art. 852-A, 896, § 9.º, e 897 da CLT.
+ *Vide* OJ 442 SDI-1/TST.

261. Bancos. Sucessão trabalhista.

As obrigações trabalhistas, inclusive as contraídas à época em que os empregados trabalhavam para o banco sucedido, são de responsabilidade do sucessor, uma vez que a este foram transferidos os ativos, as agências, os direitos e deveres contratuais, caracterizando típica sucessão trabalhista.

+ *Vide* art. 5.º, XXXVI, da CF.
+ *Vide* art. 832 da CLT.
+ *Vide* arts. 502 a 508 do CPC.
+ *Vide* OJ 58, 59 SDI-1/TST.
+ *Vide* OJs 35 e 157 SDI-2/TST.

262. Coisa julgada. Planos econômicos. Limitação à data-base na fase de execução.

Não ofende a coisa julgada a limitação à data-base da categoria, na fase executória, da condenação ao pagamento de diferenças salariais decorrentes de planos econômicos, quando a decisão exequenda silenciar sobre a limitação, uma vez que a limitação decorre de norma cogente. Apenas quando a sentença exequenda houver expressamente afastado a limitação à data-base é que poderá ocorrer ofensa à coisa julgada.

+ *Vide* art. 5.º, XXXVI, da CF.
+ *Vide* art. 832 da CLT.
+ *Vide* arts. 502 a 508 do CPC.
+ *Vide* Súmula 322 do TST.
+ *Vide* OJ 58, 59 SDI-1/TST.
+ *Vide* OJs 35 e 157 SDI-1/TST.

263. *(Cancelada pela Comissão de Jurisprudência e de Precedentes Normativos, do TST, em 10-9-2004.)*

264. Depósito recursal. PIS/PASEP. Ausência de indicação na guia de depósito recursal. Validade.

Não é essencial para a validade da comprovação do depósito recursal a indicação do número do PIS/PASEP na guia respectiva.

+ *Vide* art. 899, §§ 1.º e 4.º, da CLT.
+ *Vide* art. 1.007, § 7.º, do CPC.
+ *Vide* Súmulas 86, 99, 128, 161, 217, 245 e 426 do TST.
+ *Vide* OJs 33 e 140 SDI-1/TST.

265. (Convertida na Súmula 390 do TST.)

266. (Convertida na Súmula 369 do TST.)

267. (Cancelada em decorrência da redação conferida à Súmula 132 do TST.)

268. Indenização adicional. Leis n. 6.708/79 e 7.238/84. Aviso prévio. Projeção. Estabilidade provisória.

Somente após o término do período estabilitário é que se inicia a contagem do prazo do aviso prévio para efeito das indenizações previstas nos arts. 9.º da Lei n. 6.708/79 e 9.º da Lei n. 7.238/84.

+ *Vide* Lei n. 12.506, de 11-10-2011 (Aviso prévio).
+ *Vide* Súmulas 242, 276, 348, 380 e 441 do TST.
+ *Vide* PN 24 do TST.

269. Justiça gratuita. Requerimento de isenção de despesas processuais. Momento oportuno. (inserido item II em decorrência do CPC de 2015) I – O benefício da justiça gratuita pode ser requerido em qualquer tempo ou grau de jurisdição, desde que, na fase recursal, seja o requerimento formulado no prazo alusivo ao recurso;

II – Indeferido o requerimento de justiça gratuita formulado na fase recursal, cumpre ao relator fixar prazo para que o recorrente efetue o preparo (art. 99, § 7.º, do CPC de 2015).

++ Redação determinada pela Resolução n. 219, de 26-6-2017.

+ *Vide* art. 790, § 3.º, da CLT.

+ *Vide* OJs 304 e 331 SDI-1/TST.

270. Programa de Incentivo à Demissão Voluntária. Transação extrajudicial. Parcelas oriundas do extinto contrato de trabalho. Efeitos.

A transação extrajudicial que importa rescisão do contrato de trabalho ante a adesão do empregado a plano de demissão voluntária implica quitação exclusivamente das parcelas e valores constantes do recibo.

+ *Vide* Súmula 215 do STJ.

+ *Vide* OJs 207 e 356 SDI-1/TST.

+ *Vide* OJ 19 SDI-2/TST.

271. Rurícola. Prescrição. Contrato de emprego extinto. Emenda Constitucional n. 28/2000. Inaplicabilidade. Inserida em 27 de setembro de 2002 (alterada)

O prazo prescricional da pretensão do rurícola, cujo contrato de emprego já se extinguira ao sobrevir a Emenda Constitucional n. 28, de 26 de maio de 2000, tenha sido ou não ajuizada a ação trabalhista, prossegue regido pela lei vigente ao tempo da extinção do contrato de emprego.

++ Redação determinada pela Comissão de Jurisprudência e de Precedentes Normativos, do TST, em 18-11-2005.

+ *Vide* art. 7.º, XXIX, da CF.

+ *Vide* art. 11 da CLT.

+ *Vide* Súmula 308 do TST.

+ *Vide* OJ 417 SDI-1/TST.

272. Salário mínimo. Servidor. Salário-base inferior. Diferenças. Indevidas.

A verificação do respeito ao direito ao salário mínimo não se apura pelo confronto isolado do salário-base com o mínimo legal, mas deste com a soma de todas as parcelas de natureza salarial recebidas pelo empregado diretamente do empregador.

+ *Vide* arts. 7.º, IV, e 39, § 3.º, da CF.

+ *Vide* arts. 76 e ss. 457 e ss. da CLT.

+ *Vide* Súmulas 101, 241, 258, 318 e 319 do TST.

273. (Cancelada pela Resolução n. 175, de 24-5-2011.)

274. Turno ininterrupto de revezamento. Ferroviário. Horas extras. Devidas.

O ferroviário submetido a escalas variadas, com alternância de turnos, faz jus à jornada especial prevista no art. 7.º, XIV, da CF/88.

+ *Vide* art. 7.º, XIII, XIV e XVI, da CF.

+ *Vide* arts. 58 e ss. e 236 ss. CLT

+ *Vide* Súmula 675 do STF.

+ *Vide* Súmulas 360 e 423 do TST.

275. Turno ininterrupto de revezamento. Horista. Horas extras e adicional. Devidos.

Inexistindo instrumento coletivo fixando jornada diversa, o empregado horista submetido a turno ininterrupto de revezamento faz jus ao pagamento das horas extraordinárias laboradas além da 6.ª, bem como ao respectivo adicional.

+ *Vide* art. 7.º, XIII, XIV e XVI, da CF.

+ *Vide* Súmula 675 do STF.

+ *Vide* Súmulas 360 e 423 do TST.

+ *Vide* OJs 274, 360, 395 e 420 SDI-1/TST.

276. Ação declaratória. Complementação de aposentadoria.

É incabível ação declaratória visando a declarar direito à complementação de aposentadoria, se ainda não atendidos os requisitos necessários à aquisição do direito, seja por via regulamentar, ou por acordo coletivo.

+ *Vide* Súmula 417 do STJ.

+ *Vide* Súmulas 52, 92, 97, 288, 326 e 326 do TST.

277. Ação de cumprimento fundada em decisão normativa que sofreu posterior reforma, quando já transitada em julgado a sentença condenatória. Coisa julgada. Não configuração.

A coisa julgada produzida na ação de cumprimento é atípica, pois dependente de condição resolutiva, ou seja, da não modificação da decisão normativa por eventual recurso. Assim, modificada a sentença normativa pelo TST, com a consequente extinção do processo, sem julgamento do mérito, deve-se extinguir a execução em andamento, uma vez que a norma sobre a qual se apoiava o título exequendo deixou de existir no mundo jurídico.

+ *Vide* arts. 5.º, XXXVI, e 114, § 2.º, da CF.

+ *Vide* arts. 872 e ss. da CLT.

+ *Vide* Súmulas 246, 286, 350 e 397 do TST.

+ *Vide* OJ 188 SDI-1/TST.

278. Adicional de insalubridade. Perícia. Local de trabalho desativado. A realização de perícia é obrigatória para a verificação de insalubridade. Quando não for possível sua realização como em caso de fechamento da empresa, poderá o julgador utilizar-se de outros meios de prova.

+ *Vide* art. 7.º, XXIII, da CF.

+ *Vide* art. 195 da CLT.

+ *Vide* arts. 372 e 464 ss. do CPC.

+ *Vide* Súmula 460 do STF.
+ *Vide* Súmulas 293, 448 e 453 do TST.
+ *Vide* OJs 165 e 278 SDI-1/TST.

279. (Cancelada pela Resolução n. 214, de 28-11-2016.)

280. (Convertida na Súmula 364 do TST.)

281. (Convertida na Orientação Jurisprudencial Transitória n. 52 da SDI-1 do TST.)

282. Agravo de instrumento. Juízo de admissibilidade *ad quem*.

No julgamento de Agravo de Instrumento ao afastar o óbice apontado pelo TRT para o processamento do recurso de revista, pode o juízo *ad quem* prosseguir no exame dos demais pressupostos extrínsecos e intrínsecos do recurso de revista, mesmo que não apreciados pelo TRT.

+ *Vide* art. 897, *b*, da CLT.
+ *Vide* art. 1.042 e ss. do CPC.
+ *Vide* OJs 110, 217, 283, 284, 285, 286 e 374 SDI-1/TST.

283. Agravo de instrumento. Peças essenciais. Traslado realizado pelo agravado. Validade.

É válido o traslado de peças essenciais efetuado pelo agravado, pois sua regular formação incumbe às partes e não somente ao agravante.

+ *Vide* art. 897, *b*, da CLT.
+ *Vide* art. 1.042 e ss. do CPC.
+ *Vide* OJs 217, 282, 285 e 286 SDI-1/TST.

284. (Cancelada pela Resolução n. 217, de 17-4-2017.)

285. (Cancelada pela Resolução n. 217, de 17-4-2017.)

286. Agravo de instrumento. Traslado. Mandato tácito. Ata de audiência. Configuração.

I – A juntada da ata de audiência, em que consignada a presença do advogado, desde que não estivesse atuando com mandato expresso, torna dispensável a procuração deste, porque demonstrada a existência de mandato tácito.

II – Configurada a existência de mandato tácito fica suprida a irregularidade detectada no mandato expresso.

++ Redação determinada pela Resolução n. 167, de 26-4-2010.
+ *Vide* arts. 791 e 897, *b*, da CLT.
+ *Vide* arts. 1.042 e ss. do CPC.
+ *Vide* OJs 110, 200, 282 e 374 SDI-1/TST.

287. (Cancelada pela Resolução n. 219, de 26-6-2017.)

288. (Cancelada em decorrência da redação conferida à Súmula 102 do TST.)

289. (Cancelada em decorrência da redação conferida à Orientação Jurisprudencial n. 18 da SDI-1 do TST.)

290. (Cancelada pela Comissão de Jurisprudência e de Precedentes Normativos do TST em 30-6-2005.)

291. (Convertida na Orientação Jurisprudencial Transitória n. 53 da SDI-1 do TST.)

292. (Cancelada em decorrência da redação conferida à Súmula 101 do TST.)

293. (Cancelada em decorrência da redação conferida à letra f da Súmula 353 do TST.)

294. (Cancelada pela Resolução n. 194, de 19-5-2014, em decorrência de sua conversão na Orientação Jurisprudencial Transitória n. 78 da SDI-1 do TST.)

295. (Cancelada pela Resolução n. 194, de 19-5-2014, em decorrência de sua conversão na Orientação Jurisprudencial Transitória n. 79 da SDI-1 do TST.)

296. Equiparação salarial. Atendente e auxiliar de enfermagem. Impossibilidade.

Sendo regulamentada a profissão de auxiliar de enfermagem, cujo exercício pressupõe habilitação técnica, realizada pelo Conselho Regional de Enfermagem, impossível a equiparação salarial do simples atendente com o auxiliar de enfermagem.

+ *Vide* art. 7.º, XXX, XXXI e XXXII, da CF.
+ *Vide* arts. 5.º e 461 da CLT.
+ Convenção OIT 100.
+ *Vide* Súmula 202 do STF.
+ *Vide* Súmula 6 do TST.

297. Equiparação salarial. Servidor público da administração direta, autárquica e fundacional. Art. 37, XIII, da CF/1988.

O art. 37, XIII, da CF/1988 veda a equiparação de qualquer natureza para o efeito de remuneração do pessoal do serviço público, sendo juridicamente impossível a aplicação da norma infraconstitucional prevista no art. 461 da CLT quando se pleiteia equiparação salarial entre servidores públicos, independentemente de terem sido contratados pela CLT.

+ *Vide* arts. 7.º, XXX, XXXI e XXXII, 37, XXIII, e 142, § 3.º, VIII, da CF.
+ *Vide* arts. 5.º e 461 da CLT.
+ Convenção OIT 100.
+ *Vide* Súmula 202 do STF.
+ *Vide* Súmulas 6, 353 e 455 do TST.

298. (Cancelada em decorrência da redação conferida à Súmula 6 do TST.)

299. (Cancelada em decorrência da redação conferida à Súmula 98 do TST.)

300. Execução trabalhista. Correção monetária. Juros. Lei n. 8.177/91, art. 39, e Lei n. 10.192/01, art. 15. *DJ* 11 de agosto de 2003 (nova redação)

Não viola norma constitucional (art. 5.º, II e XXXVI) a determinação de aplicação da TRD como fator de correção monetária dos débitos trabalhistas, cumulada com juros de mora previstos no art. 39 da Lei n. 8.177/91 e convalidado pelo art. 15 da Lei n. 10.192/01.

✦✦ Redação determinada pela Resolução n. 129, de 5-4-2005.

✦ *Vide* art. 5.º, II e XXXVI, da CF.

✦ *Vide* Súmula 445 do STJ.

✦ *Vide* Súmulas 187, 211, 304 e 381 do TST.

✦ *Vide* OJ 42, 181, 198 e 302 SDI-1/TST.

301. (Cancelada pela Resolução n. 175, de 24-5-2011.)

302. FGTS. Índice de correção. Débitos trabalhistas.

Os créditos referentes ao FGTS, decorrentes de condenação judicial, serão corrigidos pelos mesmos índices aplicáveis aos débitos trabalhistas.

✦ *Vide* art. 7.º, III, da CF.

✦ *Vide* Súmulas 187, 211 e 381 do TST.

✦ *Vide* OJs 42 e 302 SDI-1/TST.

303. (Convertida na Súmula 372 do TST.)

304. (Cancelada pela Resolução n. 219, de 26-6-2017.)

305. (Cancelada em decorrência da sua incorporação à nova redação da Súmula 219 do TST.)

306. (Cancelada em decorrência da redação conferida à Súmula 338 do TST.)

307. (Convertida na Súmula 437 do TST.)

308. Jornada de trabalho. Alteração. Retorno à jornada inicialmente contratada. Servidor público.

O retorno do servidor público (administração direta, autárquica e fundacional) à jornada inicialmente contratada não se insere nas vedações do art. 468 da CLT, sendo a sua jornada definida em lei e no contrato de trabalho firmado entre as partes.

✦ *Vide* arts. 7.º, XIII, XV, XVI, e 39, § 3.º, da CF.

✦ *Vide* arts. 58 e ss. 468 do TST.

309. (Cancelada em decorrência da redação conferida à Orientação Jurisprudencial n. 147 da SDI-1 do TST.)

310. Litisconsortes. Procuradores distintos. Prazo em dobro. Art. 229, *caput* e §§ 1.º e 2.º, do CPC de 2015. Art. 191 do CPC de 1973. Inaplicável ao processo do trabalho.

Inaplicável ao processo do trabalho a norma contida no art. 229, *caput* e §§ 1.º e 2.º, do CPC de 2015 (art. 191 do CPC de 1973), em razão de incompatibilidade com a celeridade que lhe é inerente.

✦✦ Redação determinada pela Resolução n. 208, de 19-4-2016.

✦ *Vide* art. 5.º, LXXVIII, da CF.

✦ *Vide* arts. 113 e 229 do CPC.

311. (Convertida na Súmula 383 do TST.)

312. (Convertida na Súmula 395 do TST.)

313. (Convertida na Súmula 395 do TST.)

314. (Convertida na Súmula 388 do TST.)

315. (Cancelada pela Resolução n. 200, de 27-10-2015.)

316. Portuários. Adicional de risco. Lei n. 4.860/1965.

O adicional de risco dos portuários, previsto no art. 14 da Lei n. 4.860/1965, deve ser proporcional ao tempo efetivo no serviço considerado sob risco e apenas àqueles que prestam serviços na área portuária.

✦ *Vide* art. 7.º, XXIII, da CF.

✦ *Vide* arts. 154 e 192 e ss. CLT.

✦ *Vide* OJ 60 e 402 SDI-1/TST.

317. (Cancelada em decorrência da redação conferida à Súmula 337 do TST.)

318. Autarquia. Fundação pública. Legitimidade para recorrer. Representação processual. (incluído o item II e alterada em decorrência do CPC de 2015)

I – Os Estados e os Municípios não têm legitimidade para recorrer em nome das autarquias e das fundações públicas.

II – Os procuradores estaduais e municipais podem representar as respectivas autarquias e fundações públicas em juízo somente se designados pela lei da respectiva unidade da federação (art. 75, IV, do CPC de 2015) ou se investidos de instrumento de mandato válido.

✦✦ Redação determinada pela Resolução n. 220, de 18-9-2017.

✦ *Vide* arts. 70 e ss. do CPC.

✦ *Vide* Súmula 436 do TST.

✦ *Vide* OJs 52 e 6 SDI-1/TST.

319. Representação regular. Estagiário. Habilitação posterior.

Válidos são os atos praticados por estagiário se, entre o substabelecimento e a interposição do recurso, sobreveio a habilitação, do então estagiário, para atuar como advogado.

✦ *Vide* art. 791 da CLT.

✦ *Vide* art. 70 ss. do CPC.

✦ *Vide* art. 3.º, § 2.º, da Lei n. 8.906, de 4-7-1994 (Estatuto da Advocacia e OAB).

320. (Cancelada pela Comissão de Jurisprudência e de Precedentes Normativos, do TST, em 10-9-2004.)

321. Vínculo empregatício com a administração pública. Período anterior à CF/1988. *DJ* 11 de agosto de 2003 (nova redação)

Salvo os casos de trabalho temporário e de serviço de vigilância, previstos nas Leis ns. 6.019, de 3 de janeiro de 1974, e 7.102, de 20 de junho de 1983, é ilegal a contratação de trabalhadores por empresa interposta, formando-se o vínculo empregatício diretamente com o tomador dos serviços, inclusive ente público, em relação ao período anterior à vigência da CF/88.

++ Redação determinada pela Resolução n. 129, de 5-4-2005.
+ *Vide* art. 37, II e § 2.º, da CF.
+ *Vide* Súmula vinculante 43.
+ *Vide* Súmula 685 do STF.
+ *Vide* Súmula 33 do TST.
+ *Vide* OJ 383 SDI-1/TST.

322. Acordo coletivo de trabalho. Cláusula de termo aditivo prorrogando o acordo para prazo indeterminado. Inválida.

Nos termos do art. 614, § 3.º, da CLT, é de 2 anos o prazo máximo de vigência dos acordos e das convenções coletivas. Assim sendo, é inválida, naquilo que ultrapassa o prazo total de 2 anos, a cláusula de termo aditivo que prorroga a vigência do instrumento coletivo originário por prazo indeterminado.

+ *Vide* art. 7.º, XXVI, da CF.
+ *Vide* arts. 614, § 3.º, 868 da CLT.
+ *Vide* Súmula 277 do TST.

323. Acordo de compensação de jornada. "Semana espanhola". Validade. É válido o sistema de compensação de horário quando a jornada adotada é a denominada "semana espanhola", que alterna a prestação

de 48 horas em uma semana e 40 horas em outra, não violando os arts.

59, § 2.º, da CLT e 7.º, XIII, da CF/1988 o seu ajuste mediante acordo ou convenção coletiva de trabalho.

+ *Vide* art. 7.º, XIII, da CF.
+ *Vide* art. 59, §§ 2.º e 3.º, da CLT.
+ *Vide* Súmula 85 do TST.
+ *Vide* PN 87 do TST.

324. Adicional de periculosidade. Sistema elétrico de potência. Decreto n. 93.412/1986, art. 2.º, § 1.º.

É assegurado o adicional de periculosidade apenas aos empregados que trabalham em sistema elétrico de potência em condições de risco, ou que o façam com equipamentos e instalações elétricas similares, que ofereçam risco equivalente, ainda que em unidade consumidora de energia elétrica.

+ *Vide* art. 7.º, XXIII, da CF.
+ *Vide* art. 193 da CLT.
+ *Vide* NR-16 (atividades e operações perigosas).
+ *Vide* OJs 279 e 347 SDI-1/TST.

325. Aumento salarial concedido pela empresa. Compensação no ano seguinte em antecipação sem a participação do sindicato profissional. Impossibilidade.

O aumento real, concedido pela empresa a todos os seus empregados, somente pode ser reduzido mediante a participação efetiva do sindicato profissional no ajuste, nos termos do art. 7.º, VI, da CF/1988.

+ *Vide* art. 7.º, VI, da CF.
+ *Vide* art. 503 da CLT.

326. (Convertida na Súmula 366 do TST.)

327. (Convertida na Súmula 392 do TST.)

328. (Cancelada em decorrência da redação conferida à Súmula 6 do TST.)

329. (Cancelada em decorrência da redação conferida à Súmula 339 do TST.)

330. (Convertida na Súmula 395 do TST.)

331. (Cancelada pela Resolução n. 210, de 27-6-2016.)

332. Motorista. Horas extras. Atividade externa. Controle de jornada por tacógrafo. Resolução n. 816/1986 do CONTRAN.

O tacógrafo, por si só, sem a existência de outros elementos, não serve para controlar a jornada de trabalho de empregado que exerce atividade externa.

++ A Resolução CONTRAN n. 816, de 18-6-1986, foi revogada pela Resolução CONTRAN n. 92, de 4-5-1999.
+ *Vide* arts. 253-A e ss. CLT.
+ *Vide* Lei n. 12.009, de 29-7-2009 (exercício das aatividades profissionais em transporte de passageiros).
+ Lei n. 13.103/2015 (exercício da profissão de motorista).

333. (Convertida na Súmula 391 do TST.)

334. Remessa *ex officio*. Recurso de revista. Inexistência de recurso ordinário voluntário de ente público. Incabível.

Incabível recurso de revista de ente público que não interpôs recurso ordinário voluntário da decisão de primeira instância, ressalvada a hipótese de ter sido agravada, na segunda instância, a condenação imposta.

+ *Vide* art. 496 do CPC.
+ *Vide* Súmula 303 do TST.

335. Contrato nulo. Administração pública. Efeitos. Conhecimento do recurso por violação do art. 37, II e § 2.º, da CF/88.

A nulidade da contratação sem concurso público, após a CF/88, bem como a limitação de seus efeitos, somente poderá ser declarada por ofensa ao art. 37, II, se invocado concomitantemente o seu § 2.º, todos da CF/88.

+ *Vide* art. 37, II, § 2.º, da CF.
+ *Vide* Súmula vinculante 43.
+ *Vide* Súmula 685 do STF.
+ *Vide* Súmula 363 do TST.
+ *Vide* OJs 10 e 128 SDI-2/TST.

336. Embargos interpostos anteriormente à vigência da Lei n. 11.496/2007. Recurso não conhecido com base em orientação jurisprudencial. Desnecessário o exame das violações de lei e da Constituição Federal alegadas no recurso de revista. (redação alterada pelo Tribunal Pleno na sessão realizada em 6-2-2012)

Estando a decisão recorrida em conformidade com orientação jurisprudencial, desnecessário o exame das divergências e das violações de lei e da Constituição alegadas em embargos interpostos antes da vigência da Lei n. 11.496/2007, salvo nas hipóteses em que a orientação jurisprudencial não fizer qualquer citação do dispositivo constitucional.

✦✦ Redação determinada pela Resolução n. 178, de 6-2-2012.

✦ *Vide* art. 894 da CLT.

✦ *Vide* Súmulas 23, 126, 283, 337 e 353 do TST.

✦ *Vide* OJ 378 SDI-1/TST.

337. *(Convertida na Súmula 387 do TST.)*

338. *(Cancelada pela Resolução n. 210, de 27-6-2016.)*

339. Teto remuneratório. Empresa pública e sociedade de economia mista. Art. 37, XI, da CF/1988 (anterior à Emenda Constitucional n. 19/1998). *DJ* 4 de maio de 2004 (nova redação)

As empresas públicas e as sociedades de economia mista estão submetidas à observância do teto remuneratório previsto no inciso XI do art. 37 da CF/1988, sendo aplicável, inclusive, ao período anterior à alteração introduzida pela Emenda Constitucional n. 19/1998.

✦✦ Redação determinada pela Resolução n. 129, de 5-4-2005.

✦ *Vide* art. 37, XI, da CF.

✦ *Vide* Súmula 455 do TST.

✦ *Vide* OJ 247 SDI-1/TST.

340. *(Convertida na Súmula 393 do TST.)*

341. FGTS. Multa de 40%. Diferenças decorrentes dos expurgos inflacionários. Responsabilidade pelo pagamento.

É de responsabilidade do empregador o pagamento da diferença da multa de 40% sobre os depósitos do FGTS, decorrente da atualização monetária em face dos expurgos inflacionários.

✦ *Vide* art. 7.º, III, da CF.

✦ Lei Complementar n. 110/2001 (institui contribuições sociais, autoriza créditos de complementos de autorização monetária em contas vinculadas do FGTS).

✦ *Vide* Lei n. 8.036, de 11-5-1990 (FGTS).

✦ *Vide* Súmulas 206 e 362 do TST.

342. (Convertida na Súmula n. 437 do TST.)

343. Penhora. Sucessão. Art. 100 da CF/88. Execução.

É válida a penhora em bens de pessoa jurídica de direito privado, realizada anteriormente à sucessão pela União ou por Estado-membro, não podendo a execução prosseguir mediante precatório. A decisão que a mantém não viola o art. 100 da CF/88.

✦ *Vide* art. 100, da CF.

✦ *Vide* art. 97 do ADCT.

✦ *Vide* arts. 880 e ss. CLT.

344. FGTS. Multa de 40%. Diferenças decorrentes dos expurgos inflacionários. Prescrição. Termo inicial. (mantida)

O termo inicial do prazo prescricional para o empregado pleitear em juízo diferenças da multa do FGTS, decorrentes dos expurgos inflacionários, deu-se com a vigência da Lei Complementar n. 110, em 30 de junho de 2001, salvo comprovado trânsito em julgado de decisão proferida em ação proposta anteriormente na Justiça Federal, que reconheça o direito à atualização do saldo da conta vinculada.

✦✦ Redação mantida pela Resolução n. 175, de 24-5-2011.

✦ *Vide* art. 7.º, III, da CF.

✦ *Vide* Súmulas 206 e 362 do TST.

✦ *Vide* OJ 341 e 370 SDI-1/TST.

345. Adicional de periculosidade. Radiação ionizante ou substância radioativa. Devido.

A exposição do empregado à radiação ionizante ou à substância radioativa enseja a percepção do adicional de periculosidade, pois a regulamentação ministerial (Portarias do Ministério do Trabalho ns. 3.393, de 17-12-1987, e 518, de 7-4-2003), ao reputar perigosa a atividade, reveste-se de plena eficácia, porquanto expedida por força de delegação legislativa contida no art. 200, *caput*, e inciso VI, da CLT. No período de 12-12-2002 a 6-4-2003, enquanto vigeu a Portaria n. 496 do Ministério do Trabalho, o empregado faz jus ao adicional de insalubridade.

✦✦ A Portaria n. 3.393, de 17-12-1987, do Ministério do Trabalho, foi revogada pela Portaria n. 496, de 11-12-2002, do Ministério do Trabalho.

✦ *Vide* art. 7.º, XXIII, da CF.

✦ *Vide* arts. 193 e 200, parágrafo único, da CLT.

✦ *Vide* NR-16 (atividades e operações perigosas).

346. Abono previsto em norma coletiva. Natureza indenizatória. Concessão apenas aos empregados em atividade. Extensão aos inativos. Impossibilidade.

A decisão que estende aos inativos a concessão de abono de natureza jurídica indenizatória, previsto em norma coletiva apenas para os empregados em atividade, a ser pago de uma única vez, e confere natureza salarial à parcela, afronta o art. 7.º XXVI, da CF/88.

✦ *Vide* art. 7.º, XXVI, da CF.

✦ *Vide* arts. 611 e ss. CLT.

347. Adicional de periculosidade. Sistema elétrico de potência. Lei n. 7.369, de 20-9-1985, regulamentada pelo Decreto n. 93.412, de 14-10-1986. Extensão do direito aos cabistas, instaladores e reparadores de linhas e aparelhos em empresa de telefonia.

É devido o adicional de periculosidade aos empregados cabistas, instaladores e reparadores de linhas e aparelhos de empresas de telefonia, desde que, no exercício de suas funções, fiquem expostos a condições de risco equivalente ao do trabalho exercido em contato com sistema elétrico de potência.

✦ *Vide* art. 7.º, XXVII, da CF.
✦ *Vide* art. 193 da CLT.
✦ *Vide* Súmulas 229 e 361 do TST.
✦ *Vide* OJs 279 e 324 SDI-1/TST.

348. Honorários advocatícios. Base de cálculo. Valor líquido. Lei n. 1.060, de 5-2-1950.

Os honorários advocatícios, arbitrados nos termos do art. 11, § 1.º, da Lei n. 1.060, de 5-2-1950, devem incidir sobre o valor líquido da condenação, apurado na fase de liquidação de sentença, sem a dedução dos descontos fiscais e previdenciários.

✦ *Vide* arts. 82 e ss. CPC.
✦ *Vide* Súmulas 219 e 329 do TST.
✦ *Vide* OJ 304 SDI-1/TST.

349. Mandato. Juntada de nova procuração. Ausência de ressalva. Efeitos.

A juntada de nova procuração aos autos, sem ressalva de poderes conferidos ao antigo patrono, implica revogação tácita do mandato anterior.

✦ *Vide* arts. 103 e ss. CPC.
✦ *Vide* Súmula 395 do TST.
✦ *Vide* OJ 374 SDI-1/TST.

350. Ministério Público do Trabalho. Nulidade do contrato de trabalho não suscitada pelo ente público no momento da defesa. Arguição em parecer. Possibilidade.

O Ministério Público do Trabalho pode arguir, em parecer, na primeira vez que tenha de se manifestar no processo, a nulidade do contrato de trabalho em favor de ente público, ainda que a parte não a tenha suscitado, a qual será apreciada, sendo vedada, no entanto, qualquer dilação probatória.

✦✦ Redação determinada pela Resolução n. 162, de 16-11-2009.
✦ *Vide* arts. 736 e ss. CLT.
✦ *Vide* Lei Complementar n. 75, de 20-5-1993 (Estatuto do MPU).
✦ *Vide* Súmulas 164, 383, 395 e 407 do TST.

✦ *Vide* OJs 52, 110, 130 e 286, 331 e 371 SDI-1/TST.

351. *(Cancelada pela Resolução n. 163, de 16-11-2009.)*

352. *(Convertida na Súmula 442 do TST.)*

353. *(Cancelada pela Resolução n. 194, de 19-5-2014, em decorrência de sua conversão na Súmula 455 do TST.)*

354. *(Convertida na Súmula 437 do TST.)*

355. Intervalo interjornadas. Inobservância. Horas extras. Período pago como sobrejornada. Art. 66 da CLT. Aplicação analógica do § 4.º do art. 71 da CLT.

O desrespeito ao intervalo mínimo interjornadas previsto no art. 66 da CLT acarreta, por analogia, os mesmos efeitos previstos no § 4.º do art. 71 da CLT e na Súmula n. 110 do TST, devendo-se pagar a integralidade das horas que foram subtraídas do intervalo, acrescidas do respectivo adicional.

✦ *Vide* art. 7.º, XV, da CF.
✦ *Vide* arts. 66, 71, 229, 235, 308, 382 e 412 da CLT.
✦ *Vide* Súmulas 96, 110 e 437 do TST.

356. Programa de Incentivo à Demissão Voluntária (PDV). Créditos trabalhistas reconhecidos em juízo. Compensação. Impossibilidade.

Os créditos tipicamente trabalhistas reconhecidos em juízo não são suscetíveis de compensação com a indenização paga em decorrência de adesão do trabalhador a Programa de Incentivo à Demissão Voluntária (PDV).

✦ *Vide* OJ 270 SDI-1/TST.

357. (Convertida na Súmula 434 do TST.)

358. Salário mínimo e piso salarial proporcional à jornada reduzida. Empregado. Servidor público. (redação alterada na sessão do Tribunal Pleno realizada em 16-2-2016)

I – Havendo contratação para cumprimento de jornada reduzida, inferior à previsão constitucional de oito horas diárias ou quarenta e quatrosemanais, é lícito o pagamento do piso salarial ou do salário mínimo proporcional ao tempo trabalhado.

II – Na Administração Pública direta, autárquica e fundacional não é válida remuneração de empregado público inferior ao salário mínimo, ainda que cumpra jornada de trabalho reduzida. Precedentes do Supremo Tribunal Federal.

✦✦ Redação determinada pela Resolução n. 202, de 16-2-2016.
✦ *Vide* art. 7.º, IV e V, da CF.
✦ *Vide* arts. 58-A e 76 e ss. CLT.

359. Substituição processual. Sindicato. Legitimidade. Prescrição. Interrupção.

A ação movida por sindicato, na qualidade de substituto processual, interrompe a prescrição, ainda que tenha sido considerado parte ilegítima *ad causam*.

✦ *Vide* art. 8.º da CF.
✦ *Vide* arts. 511 e ss. CLT
✦ *Vide* Súmulas 286 e 406 do TST.
✦ *Vide* OJs 121 SDI-1/TST.

360. Turno ininterrupto de revezamento. Dois turnos. Horário diurno e noturno. Caracterização.

Faz jus à jornada especial prevista no art. 7.º, XIV, da CF/1988 o trabalhador que exerce suas atividades em sistema de alternância de turnos, ainda que em dois turnos de trabalho, que compreendam, no todo ou em parte, o horário diurno e o noturno, pois submetido à alternância de horário prejudicial à saúde, sendo irrelevante que a atividade da empresa se desenvolva de forma ininterrupta.

✦ *Vide* art. 7.º, XIII, XIV e XVI, da CF.
✦ *Vide* arts. 58 e ss. e 236 e ss. CLT
✦ *Vide* Súmula 675 do STF.
✦ *Vide* Súmulas 360 e 423 do TST.
✦ *Vide* OJs 274, 275, 395 e 420 SDI-1/TST.

361. Aposentadoria espontânea. Unicidade do contrato de trabalho. Multa de 40% do FGTS sobre todo o período.

A aposentadoria espontânea não é causa de extinção do contrato de trabalho se o empregado permanece prestando serviços ao empregador após a jubilação. Assim, por ocasião da sua dispensa imotivada, o empregado tem direito à multa de 40% do FGTS sobre a totalidade dos depósitos efetuados no curso do pacto laboral.

✦ *Vide* Súmula 160 do TST.

362. Contrato nulo. Efeitos. FGTS. Medida provisória n. 2.164-41, de 24 de agosto de 2001, e art. 19-A da Lei n. 8.036, de 11 de maio de 1990. Irretroatividade.

Não afronta o princípio da irretroatividade da lei a aplicação do art. 19-A da Lei n. 8.036, de 11-5-1990, aos contratos declarados nulos celebrados antes da vigência da Medida Provisória n. 2.164-41, de 24-8-2001.

✦ *Vide* Súmula do 466 do STJ.

363. (Cancelada pela Resolução n. 219, de 26-6-2017.)

364. Estabilidade. Art. 19 do ADCT. Servidor público de fundação regido pela CLT.

Fundação instituída por lei e que recebe dotação ou subvenção do Poder Público para realizar atividades de interesse do Estado, ainda que tenha personalidade jurídica de direito privado, ostenta natureza de fundação pública. Assim, seus servidores regidos pela CLT são beneficiários da estabilidade excepcional prevista no art. 19 do ADCT.

✦ *Vide* art. 19 do ADCT.

365. Estabilidade provisória. Membro de Conselho Fiscal de Sindicato. Inexistência.

Membro de Conselho Fiscal de sindicato não tem direito à estabilidade prevista nos arts. 543, § 3.º, da CLT e 8.º, VIII, da CF/1988, porquanto não representa ou atua na defesa de direitos da categoria respectiva, tendo sua competência limitada à fiscalização da gestão financeira do sindicato (art. 522, § 2.º, da CLT).

✦ *Vide* arts. 8.º e 543, § 3.º, da CLT.
✦ *Vide* Súmula 369 do TST.
✦ *Vide* OJ 369 SDI-1/TST.
✦ *Vide* OJ 137 SDI-2/TST.
✦ *Vide* PN 86 do TST.

366. Estagiário. Desvirtuamento do contrato de estágio. Reconhecimento do vínculo empregatício com a administração pública direta ou indireta. Período posterior à Constituição Federal de 1988. Impossibilidade.

Ainda que desvirtuada a finalidade do contrato de estágio celebrado na vigência da Constituição Federal de 1988, é inviável o reconhecimento do vínculo empregatício com ente da Administração Pública direta ou indireta, por força do art. 37, II, da CF/1988, bem como o deferimento de indenização pecuniária, exceto em relação às parcelas previstas na Súmula 363 do TST, se requeridas.

✦ *Vide* art. 37, II, e § 2.º, da CF.
✦ *Vide* Lei n. 11.788, de 25-9-2008 (Estágio de Estudantes)
✦ *Vide* Súmula Vinculante 43.
✦ *Vide* Súmula 685 do STF.
✦ *Vide* Súmula 363 do TST.
✦ *Vide* OJ 10 SDI-2/TST.

367. Aviso prévio de 60 dias. Elastecimento por norma coletiva. Projeção. Reflexos nas parcelas trabalhistas.

O prazo de aviso prévio de 60 dias, concedido por meio de norma coletiva que silencia sobre alcance de seus efeitos jurídicos, computa-se integralmente como tempo de serviço, nos termos do § 1.º do art. 487 da CLT, repercutindo nas verbas rescisórias.

✦✦ *Vide* Lei n. 12.506, de 11-10-2011, que dispõe sobre aviso prévio.
✦ *Vide* arts. 487 e ss. CLT
✦ *Vide* Lei n. 12.506, de 11-10-2011(Aviso prévio).
✦ *Vide* Súmulas 182 e 380 do TST.
✦ *Vide* OJs 14, 82, 83 e 268 SDI-1/TST.

368. Descontos previdenciários. Acordo homologado em juízo. Inexistência de vínculo empregatício. Parcelas indenizatórias. Ausência de discriminação. Incidência sobre o valor total.

É devida a incidência das contribuições para a Previdência Social sobre o valor total do acordo homologado em juízo, independentemente do reconhecimento de vínculo de emprego, desde que não haja discriminação das parcelas sujeitas à incidência da contribuição previdenciária, conforme parágrafo único do art. 43 da Lei n. 8.212, de 24-7-1991, e do art. 195, I, *a*, da CF/1988.

+ *Vide* Súmula 368 do TST.
+ *Vide* OJs 376 e 398 SDI-1/TST.

369. Estabilidade provisória. Delegado sindical. Inaplicável.

O delegado sindical não é beneficiário da estabilidade provisória prevista no art. 8.º, VIII, da CF/1988, a qual é dirigida, exclusivamente, àqueles que exerçam ou ocupem cargos de direção nos sindicatos, submetidos a processo eletivo.

+ *Vide* arts. 8.º e 543, § 3.º, da CLT.
+ *Vide* Súmula 369 do TST.
+ *Vide* OJ 365 SDI-1/TST.
+ *Vide* OJ 137 SDI-2.
+ *Vide* PN 86 do TST.

370. FGTS. Multa de 40%. Diferenças dos expurgos inflacionários. Prescrição. Interrupção decorrente de protestos judiciais.

O ajuizamento de protesto judicial dentro do biênio posterior à Lei Complementar n. 110, de 29 de junho de 2001, interrompe a prescrição, sendo irrelevante o transcurso de mais de dois anos da propositura de outra medida acautelatória, com o mesmo objetivo, ocorrida antes da vigência da referida lei, pois ainda não iniciado o prazo prescricional, conforme disposto na Orientação Jurisprudencial n. 344 da SBDI-1.

+ *Vide* art. 7.º, III, da CF.
+ *Vide* Lei n. 8.036, de 11-5-1990 (FGTS).
+ *Vide* Súmulas 206 e 362 do TST.
+ *Vide* OJ 341 e 344 SDI-1/TST.

371. Irregularidade de representação. Substabelecimento não datado. Inaplicabilidade do art. 654, § 1.º, do Código Civil

Não caracteriza a irregularidade de representação a ausência da data da outorga de poderes, pois, no mandato judicial, ao contrário do mandato civil, não é condição de validade do negócio jurídico. Assim, a data a ser considerada é aquela em que o instrumento for juntado aos autos, conforme preceitua o art. 409, IV, do CPC de 2015 (art. 370, IV, do CPC de 1973). Inaplicável o art. 654, § 1.º, do Código Civil.

++ Redação determinada pela Resolução n. 208, de 19-4-2016.
+ *Vide* arts. 103 e ss. 409, IV, do CPC.
+ *Vide* arts. 653 e ss. do CC.

372. (Convertida na Súmula 449 do TST.)

373. (Convertida na Súmula 456 do TST.)

374. Agravo de Instrumento. Representação Processual. Regularidade. Procuração ou substabelecimento com cláusula limitativa de poderes ao âmbito do Tribunal Regional do Trabalho.

É regular a representação processual do subscritor do agravo de instrumento ou do recurso de revista que detém mandato com poderes de representação limitados ao âmbito do Tribunal Regional do Trabalho, pois, embora a apreciação desse recurso seja realizada pelo Tribunal Superior do Trabalho, a sua interposição é ato praticado perante o Tribunal Regional do Trabalho, circunstância que legitima a atuação do advogado no feito.

+ *Vide* art. 897, b, da CLT.
+ *Vide* arts. 103 e ss. CPC.
+ *Vide* OJs 110, 282 a 286 SDI-1/TST.

375. Auxílio-doença. Aposentadoria por invalidez. Suspensão do contrato de trabalho. Prescrição. Contagem.

A suspensão do contrato de trabalho, em virtude da percepção do auxílio-doença ou da aposentadoria por invalidez, não impede a fluência da prescrição quinquenal, ressalvada a hipótese de absoluta impossibilidade de acesso ao Judiciário.

+ *Vide* art. 476 da CLT.

376. Contribuição Previdenciária. Acordo homologado em juízo após o trânsito em julgado da sentença condenatória. Incidência sobre o valor homologado.

É devida a contribuição previdenciária sobre o valor do acordo celebrado e homologado após o trânsito em julgado de decisão judicial, respeitada a proporcionalidade de valores entre as parcelas de natureza salarial e indenizatória deferidas na decisão condenatória e as parcelas objeto do acordo.

+ *Vide* art. 832, § 6.º, da CLT.
+ *Vide* Súmula 368 do TST.
+ *Vide* OJs 376, 398 SDI-1/TST.

377. *(Cancelada pela Resolução n. 204, de 15-3-2016.)*

378. Embargos. Interposição contra decisão monocrática. Não cabimento. Não encontra amparo no art. 894 da CLT, quer na redação anterior quer na redação posterior à Lei n. 11.496, de 22-6-2007, recurso de embargos interposto à decisão monocrática exarada nos moldes do art. 932 do CPC de 2015 (art. 557 do CPC de 1973), pois o comando legal restringe seu cabimento à pretensão de reforma de decisão colegiada proferida por Turma do Tribunal Superior do Trabalho.

✦✦ Redação determinada pela Resolução n. 208, de 19-4-2016.

✦ *Vide* art. 894 da CLT.

✦ *Vide* Súmulas 23, 126, 283, 337 e 353 do TST.

✦ *Vide* OJ 378 SDI-1/TST.

379. Empregado de Cooperativa de Crédito Bancário. Equiparação. Impossibilidade.

Os empregados de cooperativas de crédito não se equiparam a bancário, para efeito de aplicação do art. 224 da CLT, em razão da inexistência de expressa previsão legal, considerando, ainda, as diferenças estruturais e operacionais entre as instituições financeiras e as cooperativas de crédito. Inteligência das Leis n. 4.595, de 31-12-1964, e 5.764, de 16-12-1971.

✦✦ Retificada no *DEJT* de 29-3-2017.

✦ Lei n. 4.594/1994 (Profissão de corretor de seguros).

✦ *Vide* Lei n. 5.764, de 16-12-1971 (Política Nacional de Cooperativismo).

✦ *Vide* Lei n. 9.867, de 10-11-1999 (Criação e funcionamento de cooperativas sociais).

380. (Convertida na Súmula 437 do TST.)

381. (Convertida na Súmula 437 do TST.)

382. Juros de mora. Art. 1.º-F da Lei n. 9.494, de 10 de setembro de 1997. Inaplicabilidade à Fazenda Pública quando condenada subsidiariamente.

A Fazenda Pública, quando condenada subsidiariamente pelas obrigações trabalhistas devidas pela empregadora principal, não se beneficia da limitação dos juros, prevista no art. 1.º-F da Lei n. 9.494, de 10 de setembro de 1997.

✦ *Vide* art. 1º-F, da Lei n. 9.494, de 10-9-1997 (tutela antecipada contra a fazenda pública).

✦ *Vide* Súmulas 211, 304 e 307 do TST.

383. Terceirização. Empregados da empresa prestadora de serviços e da tomadora. Isonomia. Art. 12, *a*, da Lei n. 6.019, de 3 de janeiro de 1974. (mantida)

A contratação irregular de trabalhador, mediante empresa interposta, não gera vínculo de emprego com ente da Administração Pública, não afastando, contudo, pelo princípio da isonomia, o direito dos empregados terceirizados às mesmas verbas trabalhistas legais e normativas asseguradas àqueles contratados pelo tomador dos serviços, desde que presente a igualdade de funções. Aplicação analógica do art. 12, *a*, da Lei n. 6.019, de 3 de janeiro de 1974.

✦✦ Redação mantida pela Resolução n. 175, de 24-5-2011.

✦ *Vide* art. 37, II e § 2.º, da CF.

✦ *Vide* Súmula vinculante 43.

✦ *Vide* Súmula 685 do STF.

✦ *Vide* Súmula 331 do TST.

✦ *Vide* OJ 321 SDI-1/TST.

384. (Cancelada pela Resolução n. 186, de 14-9-2012.)

385. Adicional de periculosidade. Devido. Armazenamento de líquido inflamável no prédio. Construção vertical.

É devido o pagamento do adicional de periculosidade ao empregado que desenvolve suas atividades em edifício (construção vertical), seja em pavimento igual ou distinto daquele onde estão instalados tanques para armazenamento de líquido inflamável, em quantidade acima do limite legal, considerando-se como área de risco toda a área interna da construção vertical.

✦ *Vide* art. 7.º, XXIII, da CF.

✦ *Vide* art. 193 da CLT.

✦ *Vide* Súmulas 191 e 361 do TST.

386. (Cancelada pela Resolução n. 194, de 19-5-2014, em decorrência de sua conversão na Súmula 450 do TST.)

387. (Cancelada pela Resolução n. 194, de 19-5-2014, em decorrência de sua conversão na Súmula 457 do TST.)

388. Jornada 12x36. Jornada mista que compreenda a totalidade do período noturno. Adicional noturno. Devido.

O empregado submetido à jornada de 12 horas de trabalho por 36 de descanso, que compreenda a totalidade do período noturno, tem direito ao adicional noturno, relativo às horas trabalhadas após as 5 horas da manhã.

✦ *Vide* art. 7.º, IX e XXIII, da CF.

✦ *Vide* Súmulas 60, 65, 122, 130, 140, 172, 265, 354 e 391 do TST.

✦ *Vide* OJs 97, 127, 259, 360, 395 e 396 SDI-1/TST.

389. Multa prevista no art. 1.021, §§ 4.º e 5.º, do CPC de 2015. Art. 557, § 2.º, do CPC de 1973. Recolhimento. Pressuposto recursal. Beneficiário da justiça gratuita e Fazenda Pública. Pagamento ao final. (nova redação em decorrência do CPC de 2015)

Constitui ônus da parte recorrente, sob pena de deserção, depositar previamente a multa aplicada com fundamento nos §§ 4.º e 5.º, do art.1.021, do CPC de 2015 (§ 2.º do art. 557 do CPC de 1973), à exceção da Fazenda Pública e do beneficiário de justiça gratuita, que farão o pagamento ao final.

✦✦ Redação determinada pela Resolução n. 209, de 30-5-2016.

✦ *Vide* art. 1.021, §§ 4.º e 5.º, do CPC.

Súmulas Vinculantes

✦ *Vide* Lei n. 9.494, de 10-9-1997 (tutela antecipada contra a Fazenda Pública).

390. (Cancelada pela Resolução n. 194, de 19-5-2014, em decorrência de sua conversão na Súmula 451 do TST.)

391. Portuários. Submissão prévia de demanda a comissão paritária. Lei n. 8.630, de 25 de fevereiro de 1993. Inexigibilidade.

A submissão prévia de demanda a comissão paritária, constituída nos termos do art. 23 da Lei n. 8.630, de 25 de fevereiro de 1993 (Lei dos Portos), não é pressuposto de constituição e desenvolvimento válido e regular do processo, ante a ausência de previsão em lei.

✦ *Vide* art. 5.º, XXXV, da CF.

✦ *Vide* art. 37 da Lei n. 12.815, de 5-6-2013 (exploração direta e indireta pela União de portos e instalações portuárias e sobre as atividades dos operadores portuários).

392. Prescrição. Interrupção. Ajuizamento de protesto judicial. Marco inicial. (atualizada em decorrência do CPC de 2015) (republicada em razão de erro material)

O protesto judicial é medida aplicável no processo do trabalho, por força do art. 769 da CLT e do art. 15 do CPC de 2015. O ajuizamento da ação, por si só, interrompe o prazo prescricional, em razão da inaplicabilidade do § 2.º do art. 240 do CPC de 2015 (§ 2.º do art. 219 do CPC de 1973), incompatível com o disposto no art. 841 da CLT.

✦✦ Republicada pela Resolução n. 209, de 30-5-2016, em razão de erro material.

✦ *Vide* art. 7.º, XXIX, da CF.

✦ *Vide* arts. 11, 119, 149 e 440 da CLT.

✦ *Vide* arts. 189 e ss. e 202 do CC.

✦ *Vide* Súmula 404 do STF.

✦ *Vide* Súmulas 6, 62, 156, 326, 327, 350, 362 e 373 do TST.

✦ *Vide* OJs 38, 76, 83, 129, 130, 175, 242, 243, 271, 294, 361, 370, 401, 404 e 417 SDI-1/TST.

✦ *Vide* OJ Transitória 39 SDI-1/TST.

393. Professor. Jornada de trabalho especial. Art. 318 da CLT. Salário mínimo. Proporcionalidade.

A contraprestação mensal devida ao professor, que trabalha no limite máximo da jornada prevista no art. 318 da CLT, é de um salário mínimo integral, não se cogitando do pagamento proporcional em relação a jornada prevista no art. 7.º, XIII, da Constituição Federal.

✦ *Vide* arts. 318 e ss. CLT.

✦ *Vide* PN 31 e 78 do TST.

394. Repouso semanal remunerado – RSR. Integração das horas extras. Não repercussão no cálculo das férias, do décimo terceiro salário, do aviso prévio e dos depósitos do FGTS.

A majoração do valor do repouso semanal remunerado, em razão da integração das horas extras habitualmente prestadas, não repercute no cálculo das férias, da gratificação natalina, do aviso prévio e do FGTS, sob pena de caracterização de *bis in idem*.

✦ *Vide* art. 7.º, XV, da CF.

✦ *Vide* arts. 71, §§ 4.º e 5.º, 229, 235, 308, 382 e 412 da CLT.

395. Turno ininterrupto de revezamento. Hora noturna reduzida. Incidência.

O trabalho em regime de turnos ininterruptos de revezamento não retira o direito à hora noturna reduzida, não havendo incompatibilidade entre as disposições contidas nos arts. 73, § 1.º, da CLT e 7.º, XIV, da Constituição Federal.

✦ *Vide* art. 7.º, XIV, da CF.

✦ *Vide* Súmulas 320 e 423 do TST.

✦ *Vide* Súmulas 213, 214 e 675 do STF.

✦ *Vide* OJ 396 SDI-1/TST.

396. Turnos ininterruptos de revezamento. Alteração da jornada de 8 para 6 horas diárias. Empregado horista. Aplicação do divisor 180.

Para o cálculo do salário-hora do empregado horista, submetido a turnos ininterruptos de revezamento, considerando a alteração da jornada de 8 para 6 horas diárias, aplica-se o divisor 180, em observância ao disposto no art. 7.º, VI, da Constituição Federal, que assegura a irredutibilidade salarial.

✦ *Vide* art. 7.º, XIV, da CF.

✦ *Vide* Súmulas 320 e 423 do TST.

✦ *Vide* Súmulas 213, 214 e 675 do STF.

✦ *Vide* OJ 275 e 395 SDI-1/TST.

397. Comissionista misto. Horas extras. Base de cálculo. Aplicação da Súmula n. 340 do TST.

O empregado que recebe remuneração mista, ou seja, uma parte fixa e outra variável, tem direito a horas extras pelo trabalho em sobrejornada. Em relação à parte fixa, são devidas as horas simples acrescidas do adicional de horas extras. Em relação à parte variável, é devido somente o adicional de horas extras, aplicando-se à hipótese o disposto na Súmula n. 340 do TST.

✦ *Vide* art. 7.º, XIV, da CF.

✦ *Vide* arts. 58 e 457, § 1.º, da CLT.

✦ *Vide* Súmula 340 do TST.

398. Contribuição previdenciária. Acordo homologado em juízo sem reconhecimento de vínculo de emprego. Contribuinte individual. Recolhimento da alíquota de 20% a cargo do tomador e 11% a cargo do prestador de serviços.

Nos acordos homologados em juízo em que não haja o reconhecimento de vínculo empregatício, é devido o recolhimento da contribuição previdenciária, mediante a alíquota de 20% a cargo do tomador de serviços e de 11% por parte do prestador de serviços, na qualidade de contribuinte individual, sobre o valor total do acordo, respeitado o teto de contribuição. Inteligência do § 4.º do art. 30 e do inciso III do art. 22, todos da Lei n. 8.212, de 24 de julho de 1991.

✦ *Vide* arts. 22, III, e 30, § 4.º, Lei n. 8.212, de 24-7-1991 (organização da seguridade social e plano de custeio).

399. Estabilidade provisória. Ação trabalhista ajuizada após o término do período de garantia no emprego. Abuso do exercício do direito de ação. Não configuração. Indenização devida.

O ajuizamento de ação trabalhista após decorrido o período de garantia de emprego não configura abuso do exercício do direito de ação, pois este está submetido apenas ao prazo prescricional inscrito no art. 7.º, XXIX, da CF/1988, sendo devida a indenização desde a dispensa até a data do término do período estabilitário.

✦ *Vide* arts. 5.º, XXXVI, e 114, VIII, da CF.

✦ *Vide* art. 966, V, do CPC.

✦ *Vide* Súmula vinculante 53.

✦ *Vide* Súmula 368 do TST.

✦ *Vide* OJs 368, 398 e 400 SDI-1/TST.

400. Imposto de renda. Base de cálculo. Juros de mora. Não integração. Art. 404 do Código Civil brasileiro.

Os juros de mora decorrentes do inadimplemento de obrigação de pagamento em dinheiro não integram a base de cálculo do imposto de renda, independentemente da natureza jurídica da obrigação inadimplida, ante o cunho indenizatório conferido pelo art. 404 do Código Civil de 2002 aos juros de mora.

✦ O art. 404 do CC estabelece: "Art. 404. As perdas e danos, nas obrigações de pagamentos em dinheiro, serão pagas com atualização monetária segundo índices oficiais regularmente estabelecidos, abrangendo juros, custas e honorários de advogado, sem prejuízo da pena convencional".

✦ *Vide* art. 40 do CC.

✦ Art. 43, I, do CTN.

401. Prescrição. Marco inicial. Ação condenatória. Trânsito em julgado da ação declaratória com mesma causa de pedir remota ajuizada antes da extinção do contrato de trabalho.

O marco inicial da contagem do prazo prescricional para o ajuizamento de ação condenatória, quando advém a dispensa do empregado no curso de ação declaratória que possua a mesma causa de pedir remo-ta, é o trânsito em julgado da decisão proferida na ação declaratória e não a data da extinção do contrato de trabalho.

✦ *Vide* art. 7.º, XXIX, da CF.

✦ *Vide* arts. 11, 840 e 852-A, da CLT.

✦ *Vide* art. 319 do CPC.

✦ *Vide* Súmula 308 do TST.

402. Adicional de risco. Portuário. Terminal privativo. Arts. 14 e 19 da Lei n. 4.860, de 26 de novembro de 1965. Indevido. (mantida)

O adicional de risco previsto no artigo 14 da Lei n. 4.860, de 26 de novembro de 1965, aplica-se somente aos portuários que trabalham em portos organizados, não podendo ser conferido aos que operam terminal privativo.

✦✦ Redação mantida pela Resolução n. 175, de 24-5-2011.

✦ O art. 14 da Lei n. 4.860, de 26-11-1965, que dispõe sobre o regime de trabalho nos portos organizados, estabelece: "Art. 14. A fim de remunerar os riscos relativos à insalubridade, periculosidade e outros porventura existentes, fica instituído o 'adicional de riscos' de 40% (quarenta por cento) que incidirá sobre o valor do salário-hora ordinário do período diurno e substituirá todos aqueles que, com sentido ou caráter idêntico, vinham sendo pagos. § 1.º Este adicional somente será devido enquanto não forem removidas ou eliminadas as causas de risco. § 2.º Este adicional somente será devido durante o tempo efetivo no serviço considerado sob risco. § 3.º As Administrações dos Portos, no prazo de 60 (sessenta) dias, discriminarão, ouvida a autoridade competente, os serviços considerados sob risco. § 4.º Nenhum outro adicional será devido além do previsto neste artigo. § 5.º Só será devido uma única vez, na execução da mesma tarefa, o adicional previsto neste artigo, mesmo quando ocorra, simultaneamente, mais de uma causa de risco".

✦ *Vide* art. 7.º, XXXIV, da CF.

✦ *Vide* OJs 60 e 316 SDI-1/TST.

403. Advogado empregado. Contratação anterior a Lei n. 8.906, de 4 de julho de 1994. Jornada de trabalho mantida com o advento da Lei. Dedicação exclusiva. Caracterização.

O advogado empregado contratado para jornada de 40 horas semanais, antes da edição da Lei n. 8.906, de 4 de julho de 1994, está sujeito ao regime de dedicação exclusiva disposto no art. 20 da referida lei, pelo que não tem direito à jornada de 20 horas semanais ou 4 diárias.

✦ *Vide* art. 20 da Lei n. 8.906, de 4-7-1994 (Estatuto da Advocacia e OAB).

404. (Cancelada pela Resolução n. 194, de 19-5-2014, em decorrência de sua conversão na Súmula 452 do TST.)

405. (Cancelada pela Resolução n. 194, de 19-5-2014, em decorrência de sua conversão na Súmula 458 do TST.)

406. (Cancelada pela Resolução n. 194, de 19-5-2014, em decorrência de sua conversão na Súmula 453 do TST.)

407. Jornalista. Empresa não jornalística. Jornada de trabalho reduzida. Arts. 302 e 303 da CLT.

O jornalista que exerce funções típicas de sua profissão, independentemente do ramo de atividade do empregador, tem direito à jornada reduzida prevista no art. 303 da CLT.

✦ *Vide* arts. 303 e 304 da CLT.

408. Juros de mora. Empresa em liquidação extrajudicial. Sucessão trabalhista.

É devida a incidência de juros de mora em relação aos débitos trabalhistas de empresa em liquidação extrajudicial sucedida nos moldes dos arts. 10 e 448 da CLT. O sucessor responde pela obrigação do sucedido, não se beneficiando de qualquer privilégio a este destinado.

✦✦ *Vide* art. 448-A da CLT.

✦ *Vide* arts. 10 e 448 da CLT.

✦ *Vide* art. 60, parágrafo único, e 141, § 2.º, da Lei n. 11.101, de 9-2-2005.

✦ *Vide* Súmula 304 do TST.

✦ *Vide* OJs 92, 202, 261 e 441 SDI-1/TST.

409. Multa por litigância de má-fé. Recolhimento. Pressuposto recursal. Inexigibilidade. (nova redação em decorrência do CPC de 2015)

O recolhimento do valor da multa imposta como sanção por litigância de má-fé (art. 81 do CPC de 2015 – art. 18 do CPC de 1973) não é pressuposto objetivo para interposição dos recursos de natureza trabalhista.

✦✦ Redação determinada pela Resolução n. 209, de 30-5-2016.

✦ *Vide* arts. 80 e ss, 1.021, §§ 4.º e 5.º, e 1.026, §§ 2,º e 3.º, do CPC.

✦ *Vide* arts. 793-A e ss. da CLT.

410. Repouso semanal remunerado. Concessão após o sétimo dia consecutivo de trabalho. Art. 7.º, XV, da CF. Violação.

Viola o art. 7.º, XV, da CF a concessão de repouso semanal remunerado após o sétimo dia consecutivo de trabalho, importando no seu pagamento em dobro.

✦ *Vide* art. 7.º, XV, da CF.

✦ *Vide* arts. 71, § 4.º, 229, 235, 308, 382 e 412 da CLT.

✦ *Vide* art. 7.º da Lei n. 605, de 5-1-1949.

✦ *Vide* Súmulas 110 e 146 do TST.

411. Sucessão trabalhista. Aquisição de empresa pertencente a grupo econômico. Responsabilidade solidária do sucessor por débitos trabalhistas de empresa não adquirida. Inexistência.

O sucessor não responde solidariamente por débitos trabalhistas de empresa não adquirida, integrante do mesmo grupo econômico da empresa sucedida, quando, à época, a empresa devedora direta era solvente ou idônea economicamente, ressalvada a hipótese de má-fé ou fraude na sucessão.

✦ *Vide* arts. 2.º, § 2.º, 10, 448 da CLT.

✦ *Vide* art. 3.º, § 2.º, da Lei n. 5.889, de 8-6-1974 (Trabalho rural).

✦ *Vide* Súmulas 93, 129 e 239 do TST.

✦ *Vide* OJs 92, 261, 408 e 441 SDI-1/TST.

✦ ADIn 3.934-DF.

412. Agravo interno ou agravo regimental. Interposição em face de decisão colegiada. Não cabimento. Erro grosseiro. Inaplicabilidade do princípio da fungibilidade recursal. (nova redação em decorrência do CPC de 2015)

É incabível agravo interno (art. 1.021 do CPC de 2015, art. 557, § 1.º, do CPC de 1973) ou agravo regimental (art. 235 do RITST) contra decisão proferida por órgão colegiado. Tais recursos destinam-se, exclusivamente, a impugnar decisão monocrática nas hipóteses previstas. Inaplicável, no caso, o princípio da fungibilidade ante a configuração de erro grosseiro.

✦✦ Redação determinada pela Resolução n. 209, de 30-5-2016.

✦ *Vide* art. 1.021 do CPC.

413. Auxílio-alimentação. Alteração da natureza jurídica. Norma coletiva ou adesão ao PAT.

A pactuação em norma coletiva conferindo caráter indenizatório à verba "auxílio-alimentação" ou a adesão posterior do empregador ao Programa de Alimentação do Trabalhador – PAT – não altera a natureza salarial da parcela, instituída anteriormente, para aqueles empregados que, habitualmente, já percebiam o benefício, a teor das Súmulas n. 51, I, e 241 do TST.

✦ *Vide* Lei n. 6.321, de 14-4-1976 (Programa de Alimentação do Trabalhador).

✦ *Vide* Decreto n. 5, de 14-1-1991 (regulamenta a Lei 6.321/1976).

✦ *Vide* Súmulas 51, I, 178 e 241 do TST.

414. (Cancelada pela Resolução n. 194, de 19-5-2014, em decorrência de sua conversão na Súmula 454 do TST.)

415. Horas extras. Reconhecimento em juízo. Critério de dedução/ abatimento dos valores comprovadamente pagos no curso do contrato de trabalho.

A dedução das horas extras comprovadamente pagas daquelas reconhecidas em juízo não pode ser limitada ao mês de apuração, devendo ser integral e aferida pelo total das horas extraordinárias quitadas durante o período imprescrito do contrato de trabalho.

✦ *Vide* art. 7.º, XVI, da CF.

✦ *Vide* arts. 58 e ss. 767 da CLT.

✦ *Vide* Súmulas 18 e 48 do TST.

416. Imunidade de jurisdição. Organização ou organismo internacional. As organizações ou organismos internacionais gozam de imunidade absoluta de jurisdição quando amparados por norma internacional incorporada ao ordenamento jurídico brasileiro, não se lhes aplicando a regra do Direito Consuetudinário relativa à natureza dos atos praticados. Excepcionalmente, prevalecerá a jurisdição brasileira na hipótese de renúncia expressa à cláusula de imunidade jurisdicional.

+ Decreto-lei n. 19.841/1945 (Carta das Nações Unidas).
+ Decreto n. 56.435/1995 (Convenção de Viena sobre Relações Diplomáticas).
+ Decreto n. 61.078/1967 (convenção de Viena sobre relações consulares).

417. Prescrição. Rurícola. Emenda Constitucional n. 28, de 26-5-2000. Contrato de trabalho em curso.

Não há prescrição total ou parcial da pretensão do trabalhador rural que reclama direitos relativos a contrato de trabalho que se encontrava em curso à época da promulgação da Emenda Constitucional n. 28, de 26-5-2000, desde que ajuizada a demanda no prazo de cinco anos de sua publicação, observada a prescrição bienal.

+ *Vide* art. 7.º, XXIX, da CF.
+ *Vide* art. 11 da CLT.
+ *Vide* Lei n. 5.889, de 8-6-1974 (Trabalho rural).

418. Equiparação salarial. Plano de cargos e salários. Aprovação por instrumento coletivo. Ausência de alternância de critérios de promoção por antiguidade e merecimento.

Não constitui óbice à equiparação salarial a existência de plano de cargos e salários que, referendado por norma coletiva, prevê critério de promoção apenas por merecimento ou antiguidade, não atendendo, portanto, o requisito de alternância dos critérios, previsto no art. 461, § 2.º, da CLT.

+ *Vide* art. 7.º, XXX, XXXI e XXXII, da CF.
+ *Vide* arts. 5.º e 461 da CLT.
+ *Vide* Súmula 6 do TST.

419. (Cancelada pela Resolução n. 200, de 27-10-2015.)

420. Turnos ininterruptos de revezamento. Elastecimento da jornada de trabalho. Norma coletiva com eficácia retroativa. Invalidade. É inválido o instrumento normativo que, regularizando situações pretéritas, estabelece jornada de oito horas para o trabalho em turnos ininterruptos de revezamento.

+ *Vide* art. 7.º, XIV, da CF.
+ *Vide* Súmulas 360, 391 e 423 do TST.
+ *Vide* OJ 274, 275, 360, 396 e 395 da SDI-I.

421. Honorários advocatícios. Ação de indenização por danos morais e materiais decorrentes de acidente de trabalho ou de doença profissional. Ajuizamento perante a justiça comum antes da promulgação da Emenda Constitucional n. 45/2004. Posterior remessa dos autos à Justiça do Trabalho. Art. 85 do CPC de 2015. Art. 20 do CPC de 1973. Incidência.

A condenação em honorários advocatícios nos autos de ação de indenização por danos morais e materiais decorrentes de acidente de trabalho ou de doença profissional, remetida à Justiça do Trabalho após ajuizamento na Justiça comum, antes da vigência da Emenda Constitucional n. 45/2004, decorre da mera sucumbência, nos termos do art. 85 do CPC de 2015 (art. 20 do CPC de 1973), não se sujeitando aos requisitos da Lei n. 5.584/1970.

++ Redação determinada pela Resolução n. 208, de 19-4-2016.

+ *Vide* art. 5.º, V e X, da CF.
+ *Vide* arts. 85 e ss. do CPC.
+ *Vide* Lei n. 1.060, de 5-2-1950 (Assistência judiciária).
+ *Vide* Súmulas 219 e 329 do TST.
+ *Vide* OJ 348 da SDI-1/TST.

Orientações Jurisprudenciais Transitórias da Seção de Dissídios Individuais 1 (SDI-1) do Tribunal Superior do Trabalho

1. **FGTS. Multa de 40%. Complementação. Indevida.** Inserida em 2 de outubro de 1997 (título alterado e inserido dispositivo)

   A rescisão contratual operada antes da vigência da Constituição Federal de 1988, com o pagamento da multa sobre os depósitos do FGTS no percentual de 10%, é ato jurídico perfeito, não se admitindo retroatividade. Assim, indevido o deferimento da complementação, a título de diferenças de multa do FGTS, do percentual de 30%, referente ao período do primeiro contrato rescindido e pago de acordo com a norma vigente à época (Lei n. 5.107/66, art. 6.º).

   ✦✦ Redação determinada pela Resolução n. 129, de 5-4-2005.

2. **CSN. Licença remunerada.** Inserida em 2 de outubro de 1997

   É devido o valor das horas extras até então habitualmente prestadas.

3. **Súmula 337. Inaplicabilidade.** Inserida em 2 de outubro de 1997 (título alterado e inserido dispositivo)

   A Súmula 337 do TST é inaplicável a recurso de revista interposto anteriormente à sua vigência.

   ✦✦ Redação determinada pela Resolução n. 129, de 5-4-2005.

4. (Cancelada pela Resolução n. 175, de 24-5-2011.)

5. **Servita. Bonificação de assiduidade e produtividade paga semanalmente. Repercussão no repouso semanal remunerado. Inserida em 2 de outubro de 1997 (título alterado e inserido dispositivo)**

   O valor das bonificações de assiduidade e produtividade, pago semanalmente e em caráter permanente pela empresa Servita, visando incentivar o melhor rendimento dos empregados, possui natureza salarial, repercutindo no cálculo do repouso semanal remunerado.

   ✦✦ Redação determinada pela Resolução n. 129, de 5-4-2005.

6. **Adicional de produtividade. Decisão normativa. Vigência. Limitação. Inserida em 19 de outubro de 2000**

   O adicional de produtividade previsto na decisão normativa, proferida nos autos do Dissídio Coletivo n. DC-TST 6/1979, tem sua eficácia limitada à vigência do respectivo instrumento normativo.

7. **Banrisul. Complementação de aposentadoria. ADI e cheque-rancho. Não integração.** Inserida em 19 de outubro de 2000 (nova redação em decorrência da incorporação da Orientação Jurisprudencial Transitória n. 8 da SDI-1) As parcelas ADI e cheque-rancho não integram a complementação de aposentadoria dos empregados do Banrisul. (ex-OJ Transitória n. 8 da SDI-1 – inserida em 19-10-2000)

   ✦✦ Redação determinada pela Resolução n. 129, de 5-4-2005.

8. (Cancelada em decorrência da sua incorporação à Orientação Jurisprudencial Transitória n. 7 da SDI-1 do TST.)

9. **BNCC. Garantia de emprego. Não assegurada. Inserida em 19 de outubro de 2000**

   O Regulamento do BNCC não garante a estabilidade ao empregado nos moldes daquela prevista na CLT, mas apenas a garantia no emprego, ou seja, a garantia contra a despedida imotivada.

10. **BNCC. Juros. Súmula 304 do TST. Inaplicável. Inserida em 19 de outubro de 2000**

    A extinção do BNCC não foi decretada pelo Banco Central mas por deliberação de seus acionistas. Portanto, inaplicável a Súmula 304 do TST e, em seus débitos trabalhistas, devem incidir os juros de mora.

11. **Complementação de aposentadoria. CEAGESP. Inserida em 19 de outubro de 2000**

    Para o empregado se beneficiar da aposentadoria integral, prevista no § 1.º do art. 16 do Regulamento Geral n. 1/1963, da CEAGESP, o empregado deverá contar com 30 anos ou mais de efetivo serviço à CEAGESP.

12. **CSN. Adicional de insalubridade e de periculosidade. Salário complessivo. Prevalência do acordo**

coletivo. Inserida em 19 de outubro de 2000 (inserido dispositivo)

O pagamento do adicional de insalubridade e periculosidade embutido no salário contratual dos empregados da CSN não caracteriza a complessividade salarial, uma vez que essa forma de pagamento decorre de acordo coletivo há muitos anos em vigor.

✦✦ Redação determinada pela Resolução n. 129, de 5-4-2005.

13. **CSN. Licença remunerada. Aviso prévio. Concomitância. Possibilidade. Inserida em 19 de outubro de 2000**

Devido às circunstâncias especialíssimas ocorridas na CSN (Próspera), considera-se válida a concessão de aviso prévio durante o período da licença remunerada.

14. **Defensoria pública. Opção pela carreira. Inserida em 19 de outubro de 2000**

Servidor investido na função de defensor público até a data em que foi instalada a Assembleia Nacional Constituinte tem direito à opção pela carreira, independentemente de realização de concurso público (celetista ou estatutário), bastando que a opção tenha sido feita até a data *supra*.

15. **ENERGIPE. Participação nos lucros. Incorporação anterior à CF/1988. Natureza salarial. Inserida em 19 de outubro de 2000**

A parcela de participação nos lucros, incorporada ao salário do empregado anteriormente à CF/88, possui natureza salarial e gera reflexos em todas as verbas salariais.

16. **Agravo de instrumento interposto na vigência da Lei n. 9.756/98 e anteriormente à edição da Instrução Normativa n. 16/99 do TST. Traslado de peças. Obrigatoriedade. Inserida em 13 de fevereiro de 2001**

Não há como dizer que a exigência de traslado de peças necessárias ao julgamento de ambos os recursos (o agravo e o recurso principal) somente se tornou obrigatória após a edição da Instrução Normativa n. 16/99, pois trata-se apenas de meio destinado à interpretação acerca das novas exigências que se tornaram efetivas a partir da vigência da Lei n. 9.756/98.

17. **Agravo de instrumento interposto na vigência da Lei n. 9.756/98. Embargos declaratórios. Inserida em 13 de fevereiro de 2001**

Para comprovar a tempestividade do recurso de revista, basta a juntada da certidão de publicação do acórdão dos embargos declaratórios opostos perante o Regional, se conhecidos.

18. **Agravo de instrumento interposto na vigência da Lei n. 9.756/98. Peça indispensável. Certidão de publicação do acórdão regional. Necessária a juntada, salvo se nos autos houver elementos que atestem a tempestividade da revista. Inserida em 13 de fevereiro de 2001**

A certidão de publicação do acórdão regional é peça essencial para a regularidade do traslado do agravo de instrumento, porque imprescindível para aferir a tempestividade do recurso de revista e para viabilizar,
quando provido, seu imediato julgamento, salvo se nos autos houver elementos que atestem a tempestividade da revista.

19. **Agravo de instrumento. Interposto na vigência da Lei n. 9.756/98. Peças dispensáveis à compreensão da controvérsia. Desnecessária a juntada. Inserida em 13 de fevereiro de 2001**

Mesmo na vigência da Lei n. 9.756/98, a ausência de peças desnecessárias à compreensão da controvérsia, ainda que relacionadas no inciso I do § 5.º do art. 897 da CLT, não implica o não conhecimento do agravo.

20. **Agravo de instrumento. Ministério Público. Pressupostos extrínsecos. Inserida em 13 de fevereiro de 2001**

Para aferição da tempestividade do AI interposto pelo Ministério Público, desnecessário o traslado da certidão de publicação do despacho agravado, bastando a juntada da cópia da intimação pessoal na qual conste a respectiva data de recebimento (Lei Complementar n. 75/93, art. 84, IV).

21. **Agravo de instrumento. Traslado. Certidão. Instrução Normativa n. 6/96 do TST. Inserida em 13 de fevereiro de 2001**

Certidão do Regional afirmando que o AI está formado de acordo com IN 6/96 do TST não confere autenticidade às peças.

22. **(Convertida na Orientação Jurisprudencial n. 287 da SDI-1 do TST.)**

23. **Autenticação. Documento único. Cópia. Verso e anverso. Inserida em 13 de fevereiro de 2001**

Inexistindo impugnação da parte contrária, bem como o disposto no art. 795 da CLT, é válida a autenticação aposta em uma face da folha que contenha documento que continua no verso, por constituir documento único.

24. Abono. Complementação de aposentadoria. Reajuste. CVRD (Valia). ***DJ*** **9 de dezembro de 2003**

A Resolução n. 7/89 da CVRD, que instituiu o benefício "abono aposentadoria" (art. 6.º), determina que o reajuste seja feito na mesma época e com o mesmo índice aplicado pelo INSS ou observada a variação do IGP ou da OTN, aplicando-se o maior deles.

25. Banco Meridional. Complementação de aposentadoria. Reajustes. Extensão. ***DJ*** **9 de dezembro de 2003**

Os reajustes salariais concedidos sobre quaisquer parcelas aos empregados ativos devem ser estendidos aos inativos, com exclusão apenas das parcelas ressalvadas expressamente no Regulamento do Banco.

26. Banerj. Plano Bresser. Acordo coletivo de trabalho de 91. Não é norma programática. ***DJ*** **9 de dezembro de 2003**

É de eficácia plena e imediata o *caput* da cláusula 5.ª do Acordo Coletivo de Trabalho de 1991/1992 celebrado pelo Banerj contemplando o pagamento de diferenças salariais do Plano Bresser, sendo devido o percentual de 26,06% nos meses de janeiro a agosto de 1992, inclusive.

27. Banrisul. Gratificação jubileu. Prescrição. *DJ* 9 de dezembro de 2003 A Gratificação Jubileu, instituída pela Resolução n. 1.761/1967, 1.885/70, era que foi alterada, reduzindo-se o seu valor, pela Resolução n. devida a todo empregado que completasse 25, 30, 35 e 40 anos de serviço no Banco. Era vantagem a ser paga de uma única vez, na data da aposentadoria, fluindo desta data o prazo prescricional, sendo inaplicável a Súmula 294 do TST, que é restrito aos casos em que se postulam prestações sucessivas.

28. CDHU. Sucessão trabalhista. ***DJ*** **9 de dezembro de 2003**

Considerando a moldura fática delineada pelo Regional, conduz-se à ilação de que a CDHU foi a sucessora da CONESP, uma vez que ocupou os imóveis e assumiu os contratos anteriores, dando sequência às obras com o mesmo pessoal.

29. CEEE. Equiparação salarial. Quadro de carreira. Reestruturação em 1991. Válido. ***DJ*** **9 de dezembro de 2003**

O quadro de carreira implantado na CEEE em 1977 foi homologado pelo Ministério do Trabalho. A reestruturação procedida em 1991, mesmo não homologada, é válida.

30. Cisão parcial de empresa. Responsabilidade solidária. PROFORTE. ***DJ*** **9 de dezembro de 2003**

É solidária a responsabilidade entre a empresa cindida subsistente e aquelas que absorverem parte do seu patrimônio, quando constatada fraude na cisão parcial.

31. Planos Bresser e Verão. Acordo coletivo autorizando a quitação através da concessão de folgas remuneradas. Conversão em pecúnia após a extinção do contrato de trabalho. Inviabilidade. ***DJ*** **9 de dezembro de 2003**

Acordo coletivo celebrado entre as partes autorizando a quitação dos valores devidos a título de Planos Bresser e Verão em folgas remuneradas é válido. Incabível a conversão do valor correspondente às folgas remuneradas em pecúnia quando extinto o contrato de trabalho pelo advento de aposentadoria voluntária.

32. Complementação de aposentadoria. Banco do Brasil. Sucumbência. Inversão. ***DJ*** **10 de novembro de 2004**

Imposta condenação originária em diferenças de complementação de aposentadoria, por ocasião do julgamento de recurso de revista, imperativo o exame no acórdão, sob pena de negativa de prestação jurisdicional, de postulação aduzida em contestação e/ou em contrarrazões visando à limitação da condenação à média trienal e ao teto, matéria insuscetível de prequestionamento.

33. Adicional de insalubridade. Base de cálculo, na vigência do Decreto-lei n. 2.351/1987: piso nacional de salários. (conversão da Orientação Jurisprudencial n. 3 da SDI-1)

Na vigência do Decreto-lei n. 2.351/1987, o piso nacional de salários é a base de cálculo para o adicional de insalubridade. (exOJ 3 da SDI-1 – inserida em 14-3-1994)

++ O Decreto-lei n. 2.351, de 7-8-1987, foi revogado pela Lei n. 11.321, de 7-7-2006.

34. BRDE. Entidade autárquica de natureza bancária. Lei n. 4.595/1964, art. 17. Res. Bacen 469/1970, art. 8.º. CLT, art. 224, § 2.º. CF, art. 173, § 1.º. (conversão da Orientação Jurisprudencial n. 22 da SDI-1)

O Banco Regional de Desenvolvimento do Extremo Sul – BRDE é uma entidade autárquica de natureza bancária, e, como tal, submete-se ao art. 173, § 1.º, da Constituição Federal de 1988. Desta forma, sendo a natureza das atividades por ele exercidas similares às de qualquer instituição financeira, seus empregados são bancários, regendo-se pelas normas especiais a eles referentes, inclusive o art. 224 da CLT. (ex-OJ 22 da SDI-1 – inserida em 14-3-1994)

35. **Reajustes salariais. Bimestrais e quadrimestrais (Lei n. 8.222/1991). Simultaneidade inviável.** (conversão da Orientação Jurisprudencial n. 68 da SDI-1)

Nova antecipação bimestral, na mesma época do reajuste quadrimestral, constitui verdadeiro *bis in idem*, pois o bimestre anterior, que servia como base de cálculo, já teve o INPC considerado para fim do reajuste quadrimestral. (ex-OJ 68 da SDI-1 – inserida em 28-11-1995)

36. **Hora *in itinere*. Tempo gasto entre a portaria da empresa e o local do serviço. Devida. Açominas. (mantida)**

Configura-se como hora *in itinere* o tempo gasto pelo obreiro para alcançar seu local de trabalho a partir da portaria da Açominas. (ex-OJ n. 98 da SDI-1 – inserida em 30-5-1997)

✦✦ Redação mantida pela Resolução n. 175, de 24-5-2011.

37. **Minascaixa. Legitimidade passiva *ad causam* enquanto não concluído o procedimento de liquidação extrajudicial.** (conversão da Orientação Jurisprudencial n. 109 da SDI-1)

A Minascaixa tem legitimidade passiva *ad causam* para figurar nas demandas contra ela ajuizadas enquanto não tiver concluído o processo de liquidação extrajudicial ao qual se encontra submetida. (ex-OJ 109 da SDI-1 – inserida em 1.º-10-1997)

38. **Banco Meridional. Circular 34.046/1989. Dispensa sem justa causa.** (conversão da Orientação Jurisprudencial n. 137 da SDI-1)

A inobservância dos procedimentos disciplinados na Circular 34.046/1989 do Banco Meridional, norma de caráter eminentemente procedimental, não é causa para a nulidade da dispensa sem justa causa. (exOJ 137 da SDI-1 – inserida em 27-11-1998)

39. **FGTS. Opção retroativa. Concordância do empregador. Necessidade.** (conversão da Orientação Jurisprudencial n. 146 da SDI-1)

A concordância do empregador é indispensável para que o empregado possa optar retroativamente pelo sistema do Fundo de Garantia por Tempo de Serviço. (exOJ 146 da SDI-1 – inserida em 27-11-1998)

40. **Banrisul. Complementação de aposentadoria.** (conversão da Orientação Jurisprudencial n. 155 da SDI-1)

A Resolução n. 1.600/1964, vigente à época da admissão do empregado, incorporou-se ao contrato de trabalho, pelo que sua alteração não poderá prejudicar o direito adquirido, mesmo em virtude da edição da Lei n. 6.435/1977. Incidência das Súmulas 51 e 288. (ex-OJ 155 da SDI-1 – inserida em 26-3-1999)

41. **Complementação de aposentadoria. Fundação Clemente de Faria. Banco Real.** (conversão da Orientação Jurisprudencial n. 157 da SDI-1)
É válida a cláusula do Estatuto da Fundação Clemente de Faria que condicionou o direito à complementação de aposentadoria à existência de recursos financeiros, e também previa a suspensão, temporária ou definitiva, da referida complementação. (ex-OJ 157 da SDI-1 – inserida em 26-3-1999)

42. **Petrobras. Pensão por morte do empregado assegurada no manual de pessoal. Estabilidade decenal. Opção pelo regime do FGTS. (inserido item II à redação)**

I – Tendo o empregado adquirido a estabilidade decenal, antes de optar pelo regime do FGTS, não há como negar-se o direito à pensão, eis que preenchido o requisito exigido pelo Manual de Pessoal. (ex-OJ n. 166 da SDI-1 – inserida em 26-3-1999)

II – O benefício previsto no manual de pessoal da Petrobras, referente ao pagamento de pensão e auxílio-funeral aos dependentes do empregado que vier a falecer no curso do contrato de trabalho, não se estende à hipótese em que sobrevém o óbito do trabalhador quando já extinto o contrato de trabalho.

✦✦ Redação determinada pela Resolução n. 182, de 16-4-2012.

43. **SUDS. Gratificação. Convênio da União com Estado. Natureza salarial enquanto paga.** (conversão da Orientação Jurisprudencial n. 168 da SDI-1)

A parcela denominada "Complementação SUDS" paga aos servidores em virtude de convênio entre o Estado e a União Federal tem natureza salarial, enquanto paga, pelo que repercute nos demais créditos trabalhistas do empregado. (ex-OJ 168 da SDI-1 – inserida em 26-3-1999)

44. **Anistia. Lei n. 6.683/79. Tempo de afastamento. Não computável para efeito de indenização e adicional por tempo de serviço, licença-prêmio e promoção.** (conversão da Orientação Jurisprudencial n. 176 da SDI-1)

O tempo de afastamento do anistiado pela Lei n. 6.683/79 não é computável para efeito do pagamento de indenização por tempo de serviço, licença-prêmio e promoção. (ex-OJ 176 da SDI-1 – inserida em 8-11-2000)

45. Comissionista puro. Abono. Lei n. 8.178/1991. Não incorporação.

(conversão da Orientação Jurisprudencial n. 180 da SDI-1)

É indevida a incorporação do abono instituído pela Lei n. 8.178/1991 aos empregados comissionistas. (ex-OJ 180 da SDI-1 – inserida em 8-11-2000)

46. Complementação de aposentadoria. Banco Itaú. (conversão da Orientação Jurisprudencial n. 183 da SDI-1)

O empregado do Banco Itaú admitido na vigência da Circular BB-05/1966, que passou para a inatividade posteriormente à vigência da RP-40/1974, está sujeito ao implemento da condição "idade mínima de 55 anos". (ex-OJ 183 da SDI-1 – inserida em 8-11-2000)

47. Décimo terceiro salário. Dedução da 1.ª parcela. URV. Lei n. 8.880/1994. (conversão da Orientação Jurisprudencial n. 187 da SDI-1)

Ainda que o adiantamento do 13.º salário tenha ocorrido anteriormente à edição da Lei n. 8.880/1994, as deduções deverão ser realizadas considerando o valor da antecipação, em URV, na data do efetivo pagamento, não podendo a 2.ª parcela ser inferior à metade do 13.º salário, em URV. (ex-OJ 187 da SDI-1 – inserida em 8-11-2000)

48. Petromisa. Sucessão. Petrobras. Legitimidade. (conversão da Orientação Jurisprudencial n. 202 da SDI-1)

Em virtude da decisão tomada em assembleia, a Petrobras é a real sucessora da Petromisa, considerando que recebeu todos os bens móveis e imóveis da extinta Petromisa. (ex-OJ 202 da SDI-1 – inserida em 8-11-2000)

49. Serpro. Norma regulamentar. Reajustes salariais. Superveniência de sentença normativa. Prevalência. (conversão da Orientação Jurisprudencial n. 212 da SDI-1)

Durante a vigência do instrumento normativo, é lícita ao empregador a obediência à norma coletiva (DC 8948/1990) que alterou as diferenças interníveis previstas no Regulamento de Recursos Humanos. (exOJ 212 da SDI-1 – inserida em 8-11-2000)

50. Férias. Abono instituído por instrumento normativo e terço constitucional. Simultaneidade inviável. (conversão da Orientação Jurisprudencial n. 231 da SDI-1)

O abono de férias decorrente de instrumento normativo e o abono de 1/3 (um terço) previsto no art. 7.º, XVII, da CF/1988 têm idêntica natureza jurídica, destinação e finalidade, constituindo-se *bis in idem* seu pagamento simultâneo, sendo legítimo o direito do empregador de obter compensação de valores porventura pagos. (ex-OJ 231 da SDI-1– inserida em 20-6-2001)

51. Complementação de aposentadoria. Caixa Econômica Federal. Auxílio-alimentação. Supressão. Súmulas 51 e 288. (conversão da Orientação Jurisprudencial n. 250 da SDI-1)

A determinação de supressão do pagamento de auxílio-alimentação aos aposentados e pensionistas da Caixa Econômica Federal, oriunda do Ministério da Fazenda, não atinge aqueles ex-empregados que já percebiam o benefício. (ex-OJ 250 da SDI-1 – inserida em 13-3-2002)

52. Agravo de instrumento. Acórdão do TRT não assinado. Interposto anteriormente à Instrução Normativa n. 16/1999. (conversão da Orientação Jurisprudencial n. 281 da SDI-1)

Nos agravos de instrumento interpostos anteriormente à edição da Instrução Normativa n. 16/1999, a ausência de assinatura na cópia não a torna inválida, desde que conste o carimbo aposto pelo servidor certificando que confere com o original. (ex-OJ 281 da SDI-1 – inserida em 11-8-2003)

53. Custas. Embargos de terceiro. Interpostos anteriormente à Lei n. 10.537/2002. Inexigência de recolhimento para a interposição de agravo de petição. (conversão da Orientação Jurisprudencial n. 291 da SDI-1)

Tratando-se de embargos de terceiro, incidentes em execução, ajuizados anteriormente à Lei n. 10.537/2002, incabível a exigência do recolhimento de custas para a interposição de agravo de petição por falta de previsão legal. (ex-OJ 291 da SDI-1 – inserida em 11-8-2003)

54. Plano econômico (Collor). Execução. Correção monetária. Índice de 84,32%. Lei n. 7.738/89. Aplicável. (conversão da Orientação Jurisprudencial n. 203 da SDI-1)

Aplica-se o índice de 84,32%, relativo ao IPC de março de 1990, para a correção monetária do débito trabalhista, por ocasião da execução, nos termos da Lei n. 7.738/89. (ex-OJ 203 da SDI-1 – inserida em 8-11-2000)

55. **Plano Collor. Servidores celetistas do GDF. Legislação federal. Prevalência.** (conversão da Orientação Jurisprudencial n. 218 da SDI-1 e incorporada a Orientação Jurisprudencial n. 241 da SDI-1)

Inexiste direito adquirido às diferenças salariais de 84,32% do IPC de março de 1990 aos servidores celetistas da Administração Direta, Fundações e Autarquias do Distrito Federal. (ex-OJs 218 e 241 da SDI-1 – inseridas respectivamente em 2-4-2001 e 20-6-2001)

56. **Anistia. Lei n. 8.878/94. Efeitos financeiros devidos a partir do efetivo retorno à atividade. (conversão da Orientação Jurisprudencial**

n. 221 da SDI-1). Os efeitos financeiros da anistia concedida pela Lei n. 8.878/94 somente serão devidos a partir do efetivo retorno à atividade, vedada a re-muneração em caráter retroativo. (ex-OJ 221 da SDI-1 – inserida em 20-6-2001)

57. **Adicional de insalubridade. Deficiência de iluminamento. Limitação.** (conversão da Orientação Jurisprudencial n. 153 da SDI-1) Somente após 26 de fevereiro de 1991 foram, efetivamente, retiradas do mundo jurídico as normas ensejadoras do direito ao adicional de insalubridade por iluminamento insuficiente no local da prestação de serviço, como previsto na Portaria n. 3.751/1990 do Ministério do Trabalho. (ex-OJ 153 da SDI-1 – inserida em 26-3-1999)

58. **URP's de junho e julho de 1988. Suspensão do pagamento. Data-base em maio. Decreto-lei n. 2.425/1988. Inexistência de violação a direito adquirido. (conversão da Orientação Jurisprudencial n. 214 da SDI-1)**

O Decreto-lei n. 2.425, de 7 de abril de 1988, não ofendeu o direito adquirido dos empregados com data-base em maio, pelo que não fazem jus às URP's de junho e julho de 1988. (ex-OJ 214 da SDI-1 – inserida em 8-11-2000)

59. **Interbras. Sucessão. Responsabilidade.**

A Petrobras não pode ser responsabilizada solidária ou subsidiariamente pelas obrigações trabalhistas da extinta Interbras, da qual a União é a real sucessora, nos termos do art. 20 da Lei n. 8.029, de 12 de abril de 1990 (atual art. 23 em face da renumeração dada pela Lei n. 8.154, de 28-12-1990).

60. **Adicional por tempo de serviço. Base de cálculo. Salário-base. Art. 129 da Constituição do Estado de São Paulo. (republicada em decorrência de erro material)**

O adicional por tempo de serviço – quinquênio –, previsto no art. 129 da Constituição do Estado de São Paulo, tem como base de cálculo o vencimento básico do servidor público estadual, ante o disposto no art. 11 da Lei Complementar do Estado de São Paulo n. 712, de 12-4-1993.

✦✦ Republicada no *Diário Eletrônico da Justiça do Trabalho* de 11-4-2011.

61. **Auxílio cesta-alimentação previsto em norma coletiva. CEF. Cláusula que estabelece natureza indenizatória à parcela. Extensão aos aposentados e pensionistas. Impossibilidade.**

Havendo previsão em cláusula de norma coletiva de trabalho de pagamento mensal de auxílio cesta-alimentação somente a empregados em atividade, dando-lhe caráter indenizatório, é indevida a extensão desse benefício aos aposentados e pensionistas. Exegese do art. 7.º, XXVI, da Constituição Federal.

62. **PETROBRAS. Complementação de aposentadoria. Avanço de nível. Concessão de parcela por acordo coletivo apenas para os empregados da ativa. Extensão para os inativos. Art. 41 do Regulamento do Plano de Benefícios da Petros.**

Ante a natureza de aumento geral de salários, estende-se à complementação de aposentadoria dos ex-empregados da Petrobras benefício concedido indistintamente a todos os empregados da ativa e estabelecido em norma coletiva, prevendo a concessão de aumento de nível salarial – "avanço de nível" –, a fim de preservar a paridade entre ativos e inativos assegurada no art. 41 do Regulamento do Plano de Benefícios da Fundação Petrobras de Seguridade Social – Petros.

63. **PETROBRAS. Complementação de aposentadoria. Integralidade. Condição. Idade mínima. Lei n. 6.435, de 15 de julho de 1977.** Os empregados admitidos na vigência do Decreto n. 81.240, de 20 de janeiro de 1978, que regulamentou a Lei n. 6.435, de 15 de julho de 1977, ainda que anteriormente à alteração do Regulamento do Plano de Benefícios da Petros, sujeitam-se à condição "idade mínima de 55 anos" para percepção dos proventos integrais de complementação de aposentadoria.

64. **PETROBRAS. Parcelas gratificação contingente e participação nos resultados deferidas por norma coletiva a empregados da ativa. Natureza jurídica não salarial. Não integração na complementação de aposentadoria.**

As parcelas gratificação contingente e participação nos resultados, concedidas por força de acordo coletivo a empregados da Petrobras em atividade, pagas de uma única vez, não integram a complementação de aposentadoria.

65. Representação judicial da União. Assistente jurídico. Apresentação do ato de designação.

A ausência de juntada aos autos de documento que comprove a designação do assistente jurídico como representante judicial da União (art. 69 da Lei Complementar n. 73, de 10-2-1993) importa irregularidade de representação.

66. SPTRANS. Responsabilidade subsidiária. Não configuração. Contrato de concessão de serviço público. Transporte coletivo.

A atividade da São Paulo Transportes S/A – SPTrans de gerenciamento e fiscalização dos serviços prestados pelas concessionárias de transporte público, atividade descentralizada da Administração Pública, não se confunde com a terceirização de mão de obra, não se configurando a responsabilidade subsidiária.

67. TELEMAR. Privatização. Plano de incentivo à rescisão contratual (PIRC). Previsão de pagamento da indenização com redutor de 30%. Aplicação limitada ao período da reestruturação.

Não é devida a indenização com redutor de 30%, prevista no Plano de Incentivo à Rescisão Contratual da Telemar, ao empregado que, embora atenda ao requisito estabelecido de não haver aderido ao PIRC, foi despedido em data muito posterior ao processo de reestruturação da empresa, e cuja dispensa não teve relação com o plano.

68. Banco do Estado de São Paulo S.A. – Banespa. Convenção coletiva. Reajuste salarial. Superveniência de acordo em dissídio coletivo. Prevalência.

O acordo homologado no Dissídio Coletivo n. TST – DC – 810.905/2001.3, que estabeleceu a garantia de emprego aos empregados em atividade do Banco do Estado de São Paulo S.A. – Banespa e que, portanto, não se aplica aos empregados aposentados, prevalece sobre a fixação do reajuste salarial previsto na convenção coletiva firmada entre a Federação Nacional dos Bancos – Fenaban e os sindicatos dos bancários, ante a consideração do conjunto das cláusulas constantes do acordo e em respeito às disposições dos arts. 5.º, XXXVI, e 7.º, XXVI, da CF/1988.

69. Banco do Brasil. Complementação de aposentadoria. Alteração do Plano de Cargos Comissionados. Extensão aos inativos.

As alterações na estrutura do Plano de Cargos Comissionados do Banco do Brasil, introduzidas pelas Cartas Circulares DIREC/FUNCI 96/0904 e 96/0957, dentre as quais a substituição do Abono de Função e Representação (AFR) pelo Adicional de Função (AF) e pelo Adicional Temporário de Revitalização (ATR), não autorizam o pagamento de diferenças de complementação de aposentadoria aos inativos por só abrangerem os empregados em atividade, bem como em razão de o Plano de Incentivo à Aposentadoria da época do jubilamento não conter previsão de aplicação de eventual alteração na estrutura dos cargos comissionados àqueles que se aposentassem.

70. Caixa Econômica Federal. Bancário. Plano de Cargos em Comissão. Opção pela jornada de oito horas. Ineficácia. Exercício de funções meramente técnicas. Não caracterização de exercício de função de confiança.

Ausente a fidúcia especial a que alude o art. 224, § 2.º, da CLT, é ineficaz a adesão do empregado à jornada de oito horas constante do Plano de Cargos em Comissão da Caixa Econômica Federal, o que importa no retorno à jornada de seis horas, sendo devidas como extras a sétima e a oitava horas laboradas. A diferença de gratificação de função recebida em face da adesão ineficaz poderá ser compensada com as horas extraordinárias prestadas.

71. Empresa Brasileira de Correios e Telégrafos – ECT. Plano de cargos e salários. Progressão horizontal por antiguidade. Necessidade de deliberação da diretoria para comprovar o efetivo cumprimento dos requisitos do PCCS. Condição puramente potestativa para a concessão da promoção. Invalidade.

A deliberação da diretoria da Empresa Brasileira de Correios e Telégrafos – ECT, prevista no Plano de Carreira, Cargos e Salários como requisito necessário para a concessão de progressão por antiguidade, por setratar de condição puramente potestativa, não constitui óbice ao deferimento da progressão horizontal por antiguidade aos empregados, quando preenchidas as demais condições dispostas no aludido plano.

72. PETROBRAS. Domingos e feriados trabalhados. Regime de turnos ininterruptos de revezamento. Pagamento em dobro concedido por liberalidade do empregador. Incorporação ao

contrato de trabalho. Supressão unilateral. Acordo coletivo posterior que valida a supressão. Retroação da norma coletiva. Impossibilidade.

O pagamento em dobro, concedido por liberalidade da empresa, dos domingos e feriados trabalhados de forma habitual pelo empregado da Petrobras submetido ao regime de turnos ininterruptos de revezamento não pode ser suprimido unilateralmente, pois é vantagem incorporada ao contrato de trabalho, nos termos do art. 468 da CLT. Assim, o acordo coletivo, posteriormente firmado, somente opera efeitos a partir da data de sua entrada em vigor, sendo incabível a utilização da norma coletiva para regular situação pretérita.

73. **Volkswagen do Brasil Ltda. Participação nos lucros e resultados. Pagamento mensal em decorrência de norma coletiva. Natureza indenizatória.**

A despeito da vedação de pagamento em periodicidade inferior a um semestre civil ou mais de duas vezes no ano cível, disposta no art. 3.º, § 2.º, da Lei n. 10.101, de 19 de dezembro de 2000, o parcelamento em prestações mensais da participação nos lucros e resultados de janeiro de 1999 a abril de 2000, fixado no acordo coletivo celebrado entre o Sindicato dos Metalúrgicos do ABC e a Volkswagen do Brasil Ltda., não retira a natureza indenizatória da referida verba (art. 7.º, XI, da CF), devendo prevalecer a diretriz constitucional que prestigia a autonomia privada coletiva (art. 7.º, XXVI, da CF).

74. **Hospital de Clínicas de Porto Alegre. Custas processuais. Recolhimento. Isenção. Art. 15 da Lei n. 5.604, de 2 de setembro de 1970.**

A isenção tributária concedida pelo art. 15 da Lei n. 5.604, de 2 de setembro de 1970, ao Hospital de Clínicas de Porto Alegre compreende as custas processuais, por serem estas espécie do gênero tributo.

75. **Parcela "sexta parte". Art. 129 da Constituição do Estado de São Paulo. Extensão aos empregados de sociedade de economia mista e empresa pública. Indevida.**

A parcela denominada "sexta parte", instituída pelo art. 129 da Constituição do Estado de São Paulo, é devida apenas aos servidores estaduais, celetistas e estatutários da Administração Pública direta, das fundações e das autarquias, conforme disposição contida no art. 124 da Constituição Estadual, não se estendendo aos empregados de sociedade de economia mista e de empresa pública, integrantes da Administração Pública indireta, submetidas ao regime jurídico próprio das empresas privadas, nos termos do art. 173, § 1.º, II, da Constituição Federal.

76. **Complementação de aposentadoria. Integralidade. Empregado do Estado de São Paulo admitido antes da Lei Estadual n. 200, de 13 de maio de 1974. Implementação do requisito relativo aos 30 anos de serviço efetivo. Incidência da Súmula 288 do TST.**

É assegurado o direito à percepção de complementação de aposentadoria integral ao ex-empregado do Estado de São Paulo que, admitido anteriormente ao advento da Lei Estadual n. 200, de 13 de maio de 1974, implementou 30 anos de serviço efetivo, ante a extensão das regras de complementação de aposentadoria previstas na Lei Estadual n. 1.386, de 19 de dezembro de 1951. Incidência da Súmula n. 288 do TST.

+ A Lei n. 200, de 13-5-1974, do Estado de São Paulo, revoga leis que concedem complementação de aposentadoria, pensões e outras vantagens, de qualquer natureza, aos empregados sob regime da legislação trabalhista.
+ A Lei n. 1.386, de 19-12-1951, do Estado de São Paulo, foi revogada pela Lei n. 12.497, de 26-12-2006.

77. **BNDES. Arts. 224 a 226 da CLT. Aplicável a seus empregados. (conversão da Orientação Jurisprudencial n. 179 da SBDI-1)**

Até o advento da Lei n. 10.556, de 13 de novembro de 2002, era aplicável aos empregados do BNDES a jornada de trabalho dos bancários prevista nos arts. 224 a 226 da CLT.

78. **Embargos à SDI contra decisão em Recurso de Revista não conhecido quanto aos pressupostos intrínsecos. Recurso interposto antes da vigência da Lei n. 11.496, de 22-6-2007, que conferiu nova redação ao art. 894 da CLT. Necessária a indicação expressa de ofensa ao art. 896 da CLT. (conversão da Orientação Jurisprudencial n. 294 da SBDI-1 com nova redação)**

Para a admissibilidade e conhecimento de embargos, interpostos antes da vigência da Lei n. 11.496/2007, contra decisão mediante a qual não foi conhecido o recurso de revista pela análise dos pressupostos intrínsecos, necessário que a parte embargante aponte expressamente a violação ao art. 896 da CLT.

79. **Embargos. Recurso interposto antes da vigência da Lei n. 11.496, de 22-6-2007, que conferiu nova redação ao art. 894 da CLT. Revista não conhecida por má aplicação de súmula ou de orientação jurisprudencial. Exame do mérito pela SDI. (conversão da Orientação**

Jurisprudencial n. 295 da SBDI-1 com nova redação)

A SDI, ao conhecer dos embargos, interpostos antes da vigência da Lei n. 11.496/2007, por violação do art. 896 – por má aplicação de súmula ou de orientação jurisprudencial pela Turma –, julgará desde logo o mérito, caso conclua que a revista merecia conhecimento e que a matéria de fundo se encontra pacificada neste Tribunal.

Orientações Jurisprudenciais da Seção de Dissídios Individuais 2 (SDI-2) do Tribunal Superior do Trabalho

1. *(Convertida na Súmula 405 do TST.)*

2. **Ação rescisória. Adicional de insalubridade. Base de cálculo. Salário mínimo. Cabível.**

Viola o art. 192 da CLT decisão que acolhe pedido de adicional de insalubridade com base na remuneração do empregado.

+ + Mantida pela Resolução n. 148, de 26-6-2008.
+ *Vide* art. 5.º, XXXVI, da CF.
+ *Vide* art. 836 da CLT.
+ *Vide* arts. 996 e ss. do CPC.

3. *(Convertida na Súmula 405 do TST.)*

4. **Ação rescisória. Banco do Brasil. Adicional de caráter pessoal. ACP.** Procede, por ofensa ao art. 5.º, inciso XXXVI, da CF/88, o pedido de rescisão de julgado que acolheu adicional de caráter pessoal em favor de empregado do Banco do Brasil S.A.

+ *Vide* art. 5.º, XXXVI, da CF.
+ *Vide* art. 836 da CLT.
+ *Vide* arts. 996 e ss. CPC
+ *Vide* OJ 16 SDI-1/TST.

5. **Ação rescisória. Banco do Brasil. AP e ADI. Horas extras. Súmula 83 do TST. Aplicável.**

Não se acolhe pedido de rescisão de julgado que deferiu a empregado do Banco do Brasil S.A. horas extras após a sexta, não obstante o pagamento dos adicionais AP e ADI, ou AFR quando a decisão rescindenda for anterior à Orientação Jurisprudencial n. 17, da Seção de Dissídios Individuais do TST (7-11-1994). Incidência das Súmulas 83 do TST e 343 do STF.

+ *Vide* art. 5.º, XXXVI, da CF.
+ *Vide* art. 836 da CLT.
+ *Vide* arts. 996 e ss. do CPC.
+ *Vide* Súmula 83 do TST.
+ *Vide* Súmula 343 do STF.
+ *Vide* OJ 17 SDI-1/TST.

6. **Ação rescisória. Cipeiro suplente. Estabilidade. ADCT da CF/88, art. 10, II, a. Súmula 83 do TST. Inserida em 20 de setembro de 2000 (nova redação)**

Rescinde-se o julgado que nega estabilidade a membro suplente de CIPA, representante de empregado, por ofensa ao art. 10, II, *a*, do ADCT da CF/88, ainda que se cuide de decisão anterior à Súmula 339 do TST. Incidência da Súmula 83 do TST.

+ + Redação determinada pela Resolução n. 137, de 4-8-2005.
+ *Vide* art. 10, II, *a*, do ADCT.
+ *Vide* arts. 165 e 836 do TST.
+ *Vide* arts. 996 e ss. do CPC.
+ *Vide* Súmula 676 do STF.
+ *Vide* Súmulas 83 e 339 do TST.

7. Ação rescisória. Competência. Criação de Tribunal Regional do Trabalho. Na omissão da lei, é fixada pelo art. 678, I, *c*, item 2, da CLT. Inserida em 20 de setembro de 2000 (nova redação)

A Lei n. 7.872/89 que criou o Tribunal Regional do Trabalho da 17.ª Região não fixou a sua competência para apreciar as ações rescisórias de decisões oriundas da 1.ª Região, o que decorreu do art. 678, I, *c*, item 2, da CLT.

+ + Redação determinada pela Resolução n. 137, de 4-8-2005.
+ *Vide* art. 114 da CF.
+ *Vide* arts. 674, 678 e 836 da CLT.
+ *Vide* arts. 966 e ss. do CPC.

8. **Ação rescisória. Complementação de aposentadoria. Banespa. Súmula 83 do TST.** Inserida em 20 de setembro de 2000 (nova redação) Não se rescinde julgado que acolheu pedido de complementação de aposentadoria integral em favor de empregado do Banespa, antes da Súmula 313 do TST, em virtude da notória controvérsia jurisprudencial então reinante. Incidência da Súmula 83 do TST.

+ + Redação determinada pela Resolução n. 137, de 4-8-2005.
+ *Vide* art. 10, II, *a*, do ADCT.
+ *Vide* arts. 165 e 836 da CLT.
+ *Vide* arts. 966 e ss. do CPC.
+ *Vide* Súmula 676 do STF.
+ *Vide* Súmulas 83 e 313 do TST.

9. **Ação rescisória. CONAB. Aviso DIREH n. 2/1984. Súmula 83 do TST. Aplicável.**

Não se rescinde julgado que reconheceu garantia de emprego com base no Aviso DIREH n. 2/1984 da CONAB, antes da Súmula 355 do TST, em virtude da notória controvérsia jurisprudencial então reinante. Incidência da Súmula 83 do TST.

✦ *Vide* art. 836 da CLT.
✦ *Vide* arts. 966 e ss. do CPC.
✦ *Vide* Súmulas 83 e 355 do TST.

10. Ação rescisória. Contrato nulo. Administração pública. Efeitos. Art. 37, II e § 2.º, da CF/88.

Somente por ofensa ao art. 37, II e § 2.º, da CF/88, procede o pedido de rescisão de julgado para considerar nula a contratação, sem concurso público, de servidor, após a CF/88.

✦ *Vide* art. 37, II, e § 2.º, da CF.
✦ *Vide* art. 836 da CLT.
✦ *Vide* arts. 966 e ss. do CPC.
✦ *Vide* Súmulas 683, 684 e 686 do STF.
✦ *Vide* OJ 383 SDI-1/TST.

11. Ação rescisória. Correção monetária. Lei n. 7.596/87. Universidades federais. Implantação tardia do plano de classificação de cargos. Violação de Lei. Súmula 83 do TST. Aplicável.

Não se rescinde julgado que acolhe pedido de correção monetária decorrente da implantação tardia do plano de classificação de cargos de universidade federal previsto na Lei n. 7.596/87, à época em que era controvertida tal matéria na jurisprudência. Incidência da Súmula 83 do TST.

✦ *Vide* art. 836 da CLT.
✦ *Vide* arts. 966 e ss. do CPC.
✦ *Vide* Súmula 83 do TST.

12. Ação rescisória. Decadência. Consumação antes ou depois da edição da Medida Provisória n. 1.577/97. Ampliação do prazo.

I – A vigência da Medida Provisória n. 1.577/97 e de suas reedições implicou o elastecimento do prazo decadencial para o ajuizamento da ação rescisória a favor dos entes de direito público, autarquias e fundações públicas. Se o biênio decadencial do art. 495 do CPC de 1973 findou após a entrada em vigor da referida medida provisória, e até sua suspensão pelo STF em sede liminar de ação direta de inconstitucionalidade (ADI 1.753-2), tem-se como aplicável o prazo decadencial elastecido à rescisória. (ex-OJ 17 da SDI-2 – inserida em 20-9-2000)

I – A regra ampliativa do prazo decadencial para a propositura de ação rescisória em favor de pessoa jurídica de direito público não se aplica se, ao tempo em que sobreveio a Medida Provisória n. 1.577/97, já se exaurira o biênio do art. 495 do CPC de 1973. Preservação do direito adquirido da parte à decadência já consumada sob a égide da lei velha. (ex-OJ 2 da SDI-2 – inserida em 20-9-2000)

✦✦ Redação determinada pela Resolução n. 208, de 19-4-2016.
✦ *Vide* art. 836 da CLT.
✦ *Vide* arts. 975 e 966 e ss. do CPC.
✦ *Vide* Súmula 651 do STF.

13. (Cancelada em decorrência da redação conferida à Súmula 100 do TST.)

14. (Cancelada em decorrência da redação conferida à Súmula 100 do TST.)

15. (Cancelada em decorrência da redação conferida à Súmula 100 do TST.)

16. (Cancelada em decorrência da redação conferida à Súmula 100 do TST.)

17. (Cancelada em decorrência da sua incorporação à Orientação Jurisprudencial n. 12 da SDI-2 do TST.)

18. Ação rescisória. Decadência. União. Lei Complementar n. 73/93, art. 67. Lei n. 8.682/93, art. 6.º.

O art. 67 da Lei Complementar n. 73/93 interrompeu todos os prazos, inclusive o de decadência, em favor da União no período compreendido entre 14 de fevereiro de 1993 e 14 de agosto de 1993.

✦ *Vide* art. 836 da CLT.
✦ *Vide* arts. 966 e ss. do CPC.
✦ *Vide* art. 207 do CC.

19. Ação rescisória. Desligamento incentivado. Imposto de renda. Abono pecuniário. Violação de Lei. Súmula 83 do TST. Aplicável.

Havendo notória controvérsia jurisprudencial acerca da incidência de imposto de renda sobre parcela paga pelo empregador (*abono pecuniário*) a título de *desligamento incentivado*, improcede pedido de rescisão do julgado. Incidência da Súmula 83 do TST.

✦ *Vide* art. 836 da CLT.
✦ *Vide* arts. 996 e ss. do CPC.
✦ *Vide* Súmula 215 do STF.
✦ *Vide* OJ 207 SDI-1/TST.

20. (Convertida na Súmula 402 do TST.)

21. Ação rescisória. Duplo grau de jurisdição. Trânsito em julgado. Inobservância. Decreto-lei n. 779/69, art. 1.º, V. Incabível. Inserida em 20 de setembro de 2000 (nova redação)

É incabível ação rescisória para a desconstituição de sentença não transitada em julgado porque ainda não submetida ao necessário duplo grau de jurisdição, na forma do Decreto-lei n. 779/69. Determina-se que se oficie ao Presidente do TRT para que proceda à avocatória do processo principal para o reexame da sentença rescindenda.

✦✦ Redação determinada pela Resolução n. 137, de 4-8-2005.

✦ *Vide* art. 836 da CLT.

✦ *Vide* arts. 496 e 996 e ss. do CPC.

✦ *Vide* Súmula 423 do STF.

22. (Convertida na Súmula 390 do TST.)

23. Ação rescisória. Estabilidade. Período pré-eleitoral. Violação de Lei. Súmula 83 do TST. Aplicável.

Não procede pedido de rescisão de sentença de mérito que assegura ou nega estabilidade pré-eleitoral, quando a decisão rescindenda for anterior à Orientação Jurisprudencial n. 51, da Seção de Dissídios Individuais do TST (25 de novembro de 1996). Incidência da Súmula 83 do TST.

✦ *Vide* art. 173, § 1.º, II, da CF.

✦ *Vide* art. 836 da CLT.

✦ *Vide* arts. 996 e ss. do CPC.

✦ *Vide* Súmula 83 do TST.

✦ *Vide* OJ 51 SDI-1/TST.

24. Ação rescisória. Estabilidade provisória. Reintegração em período posterior. Direito limitado aos salários e consectários do período da estabilidade.

Rescinde-se o julgado que reconhece estabilidade provisória e determina a reintegração de empregado, quando já exaurido o respectivo período de estabilidade. Em juízo rescisório, restringe-se a condenação quanto aos salários e consectários até o termo final da estabilidade.

✦ *Vide* arts. 996 e ss. do CPC.

✦ *Vide* Súmulas 244 e 396 do TST.

25. Ação rescisória. Regência pelo CPC de 1973. Expressão "lei" do art. 485, V, do CPC de 1973. Não inclusão do ACT, CCT, portaria, regulamento, súmula e orientação jurisprudencial de tribunal. (atualizada em decorrência do CPC de 2015)

Não procede pedido de rescisão fundado no art. 485, V, do CPC de 1973 quando se aponta contrariedade à norma de convenção coletiva de trabalho, acordo coletivo de trabalho, portaria do Poder Executivo, regulamento de empresa e súmula ou orientação jurisprudencial de tribunal. (ex-OJ 25 da SDI-2, inserida em 20-9-2000 e ex-OJ 118 da SDI-2, *DJ* 11-8-2003).

✦✦ Redação determinada pela Resolução n. 212, de 19-9-2016.

26. Ação rescisória. Gratificação de nível superior. SUFRAMA.

A extensão da gratificação instituída pela SUFRAMA aos servidores celetistas exercentes de atividade de nível superior não ofende as disposições contidas nos arts. 37, XIII, e 39, § 1.º, da CF/88.

27. *(Cancelada em decorrência da redação conferida à Súmula 219 do TST.)*

28. *(Cancelada pela Resolução n. 149, de 17-11-2008.)*

29. *(Cancelada em decorrência da redação conferida à Súmula 83 do TST.)*

30. Ação rescisória. Multa. Art. 920 do Código Civil de 1916 (art. 412 do Código Civil de 2002). Inserida em 20 de setembro de 2000 (nova redação em decorrência da incorporação da Orientação Jurisprudencialn. 31 da SDI-2)

Não se acolhe, por violação do art. 920 do Código Civil de 1916 (art. 412 do Código Civil de 2002), pedido de rescisão de julgado que:

a) em processo de conhecimento, impôs condenação ao pagamento de multa, quando a decisão rescindenda for anterior à Orientação Jurisprudencial n. 54 da Subseção I Especializada em Dissídios Individuais do TST (30 de maio de 1994), incidindo o óbice da Súmula 83 do TST; (ex-OJ 30 da SDI-2 inserida em 20-9-2000)

b) em execução, rejeita-se limitação da condenação ao pagamento de multa, por inexistência de violação literal. (ex-OJ 31 da SDI-2 – inserida em 20-9-2000)

✦✦ Redação determinada pela Resolução n. 137, de 4-8-2005.

✦ *Vide* art. 412 do CC.

✦ *Vide* Súmula 83 do TST.

✦ *Vide* OJ 59 SDI-1/TST.

31. *(Cancelada em decorrência da sua incorporação à Orientação Jurisprudencial n. 30 da SDI-2 do TST.)*

32. *(Convertida na Súmula 408 do TST.)*

33. *(Convertida na Súmula 408 do TST.)*

34. Ação rescisória. Planos econômicos.

I – O acolhimento de pedido em ação rescisória de plano econômico, fundada no art. 485, inciso V, do CPC de 1973 pressupõe, necessariamente, expressa invocação na petição inicial de afronta ao art. 5.º, inciso XXXVI, da Constituição Federal de 1988. A indicação de ofensa literal a preceito de lei ordinária atrai a incidência da Súmula 83 do TST e Súmula 343 do STF.

II – Se a decisão rescindenda é posterior à Súmula 315 do TST (Res. 07, *DJ* 22-9-1993), inaplicável a Súmula 83 do TST.

✦✦ Redação determinada pela Resolução n. 208, de 19-4-2016.

✦ *Vide* art. 5.º, XXXVI, da CF.

✦ *Vide* art. 836 da CLT.

✦ *Vide* arts. 996 e ss. do CPC.

✦ *Vide* Súmulas 83 e 315 do TST.

35. Ação rescisória. Planos econômicos. Coisa julgada. Limitação à data-base na fase de execução.

Não ofende a coisa julgada a limitação à data-base da categoria, na fase executória, da condenação ao pagamento de diferenças salariais decorrentes de planos econômicos, quando a decisão exequenda silenciar sobre a limitação, uma vez que a limitação decorre de norma cogente. Apenas quando a sentença exequenda houver expressamente afastado a limitação à data-base é que poderá ocorrer ofensa à coisa julgada.

+ *Vide* art. 5.º, XXXVI, da CF.
+ *Vide* Súmula 322 do TST.
+ *Vide* OJs 58, 59 e 157 SDI-1/TST.
+ *Vide* OJ 157 SDI-2/TST.

36. (Cancelada em decorrência da redação conferida à Súmula 298 do TST.)

37. (Cancelada em decorrência da redação conferida à Súmula 83 do TST.)

38. Ação rescisória. Professor-adjunto. Ingresso no cargo de professor-titular. Exigência de concurso público (Lei n. 7.596/87, Decreto n. 94.664/87 e art. 206, V, CF/88).

A assunção do professor-adjunto ao cargo de professor-titular de universidade pública, sem prévia aprovação em concurso público, viola o art. 206, V, da Constituição Federal. Procedência do pedido de rescisão do julgado.

+ *Vide* arts. 37, II, e 206, V, da CF.
+ *Vide* OJ 65 SDI-1/TST.

39. Ação rescisória. Reajustes bimestrais e quadrimestrais. Lei n. 8.222/91. Súmula 83 do TST. Aplicável.

Havendo controvérsia jurisprudencial à época, não se rescinde decisão que aprecia a possibilidade de cumulação das antecipações bimestrais e reajustes quadrimestrais de salário previstos na Lei n. 8.222/91. Incidência da Súmula 83 do TST.

+ *Vide* Súmula 83 do TST.
+ *Vide* OJ Transitória 35 SDI-1/TST.

40. (Convertida na Súmula 375 do TST.)

41. Ação rescisória. Sentença *citra petita*. Cabimento.

Revelando-se a sentença *citra petita*, o vício processual vulnera os arts. 141 e 492 do CPC de 2015 (arts. 128 e 460 do CPC de 1973), tornando-a passível de desconstituição, ainda que não interpostos embargos de declaração.

++ Redação determinada pela Resolução n. 208, de 19-4-2016.
+ *Vide* arts. 141 e 492 do CPC.
+ *Vide* Súmulas 298 do TST.

42. (Cancelada em decorrência da redação conferida à Súmula 192 do TST.)

43. (Convertida na Súmula 411 do TST.)

44. (Convertida na Súmula 399 do TST.)

45. (Convertida na Súmula 399 do TST.)

46. (Convertida na Súmula 412 do TST.)

47. (Convertida na Súmula 413 do TST.)

48. (Cancelada em decorrência da redação conferida à Súmula 192 do TST.)

49. (Cancelada em decorrência da conversão da tese mais abrangente da Orientação Jurisprudencial n. 116 na Súmula 397 do TST.)

50. (Convertida na Súmula 414 do TST.)

51. (Convertida na Súmula 414 do TST.)

52. (Convertida na Súmula 415 do TST.)

53. Mandado de segurança. Cooperativa em liquidação extrajudicial. Lei n. 5.764/71, art. 76. Inaplicável. Não suspende a execução.

A liquidação extrajudicial de sociedade cooperativa não suspende a execução dos créditos trabalhistas existentes contra ela.

+ *Vide* OJ 143 SDI-1/TST.

54. Mandado de segurança. Embargos de terceiro. Cumulação. Penhora. Incabível.

Ajuizados embargos de terceiro (art. 674 do CPC de 2015 – art. 1.046 do CPC de 1973) para pleitear a desconstituição da penhora, é incabível mandado de segurança com a mesma finalidade.

++ Redação determinada pela Resolução n. 208, de 19-4-2016.
+ *Vide* art. 5.º, LXIX, da CF.
+ *Vide* arts. 674 e 831 do CPC.
+ *Vide* Lei n. 12.016, de 7-8-2009.

55. (Convertida na Súmula 416 do TST.)

56. Mandado de segurança. Execução. Pendência de recurso extraordinário.

Não há direito líquido e certo à execução definitiva na pendência de recurso extraordinário, ou de agravo de instrumento visando a destrancá-lo.

+ *Vide* art. 5.º, LXIX, da CF.
+ *Vide* art. 893, § 2.º, da CLT.
+ *Vide* arts. 520 e ss. do CPC.
+ *Vide* Lei n. 12.016, de 7-8-2009.
+ *Vide* Súmula 228 do STF.

57. Mandado de segurança. INSS. Tempo de serviço. Averbação e/ou reconhecimento.

Conceder-se-á mandado de segurança para impugnar ato que determina ao INSS o reconhecimento e/ou averbação de tempo de serviço.

+ *Vide* art. 5.º, LXIX, da CF.
+ *Vide* art. 893, § 2.º, da CLT.
+ *Vide* arts. 520 e ss. do CPC.
+ *Vide* Lei n. 12.016, de 7-8-2009.
+ *Vide* Súmula 228 do STF.

58. (Convertida na Súmula 414 do TST.)

59. Mandado de segurança. Penhora. Carta de fiança bancária. Seguro garantia judicial. (nova redação em decorrência do CPC de 2015)

A carta de fiança bancária e o seguro garantia judicial, desde que em valor não inferior ao do débito em execução, acrescido de trinta por cento, equivalem a dinheiro para efeito da gradação dos bens penhoráveis, estabelecida no art. 835 do CPC de 2015 (art. 655 do CPC de 1973).

✦✦ Redação determinada pela Resolução n. 209, de 30-5-2016.

✦ *Vide* art. 5.º, LXIX, da CF.

✦ *Vide* art. 893, § 2.º, da CLT.

✦ *Vide* art. 520, *caput* e IV, do CPC.

✦ *Vide* Lei n. 12.016, de 7-8-2009.

✦ *Vide* Súmula 228 do STF.

60. (Convertida na Súmula 417 do TST.)

61. (Convertida na Súmula 417 do TST.)

62. (Convertida na Súmula 417 do TST.)

63. Mandado de segurança. Reintegração. Ação cautelar.

Comporta a impetração de mandado de segurança o deferimento de reintegração no emprego em ação cautelar.

✦ *Vide* art. 5.º, LXIX, da CF.

✦ *Vide* arts. 294 e ss. do CPC.

✦ *Vide* Lei n. 12.016, de 7-8-2009.

64. Mandado de segurança. Reintegração liminarmente concedida. Não fere direito líquido e certo a concessão de tutela antecipada para reintegração de empregado protegido por estabilidade provisória de-corrente de lei ou norma coletiva.

✦ *Vide* art. 5.º, LXIX, da CF.

✦ *Vide* art. 659, IX e X, da CF.

✦ *Vide* arts. 300 e 311 do CPC.

✦ *Vide* art. 19 da Lei n. 12.016, de 7-8-2009.

✦ *Vide* OJ 142 SDI-2/TST.

65. Mandado de segurança. Reintegração liminarmente concedida. Dirigente sindical.

Ressalvada a hipótese do art. 494 da CLT, não fere direito líquido e certo a determinação liminar de reintegração no emprego de dirigente sindical, em face da previsão do inciso X do art. 659 da CLT.

✦ *Vide* arts. 5.º, LXIX, e 8.º, VIII, da CF.

✦ *Vide* arts. 543 e 659, X, da CLT.

✦ *Vide* arts. 300 e 311 do CPC.

✦ *Vide* art. 19 da Lei n. 12.016, de 7-8-2009.

✦ *Vide* Súmulas 197 e 403 do STF.

✦ *Vide* Súmulas 369, 379 e 396 do TST.

✦ *Vide* OJs 365 e 369 SDI-1/TST.

✦ *Vide* OJs 65, 137 e 142 da SDI-2/TST.

66. Mandado de segurança. Sentença homologatória de adjudicação. Incabível. (atualizado o item I e incluído o item II em decorrência do CPC de 2015)

I – Sob a égide do CPC de 1973 é incabível o mandado de segurança contra sentença homologatória de adjudicação, uma vez que existe meio próprio para impugnar o ato judicial, consistente nos embargos à adjudicação (CPC de 1973, art. 746).

II – Na vigência do CPC de 2015 também não cabe mandado de segurança, pois o ato judicial pode ser impugnado por simples petição, na forma do artigo 877, *caput*, do CPC de 2015.

✦✦ Redação determinada pela Resolução n. 212, de 19-9-2016.

✦ *Vide* art. 5.º, LXIX, da CF.

✦ *Vide* art 897, *a*, da CLT.

✦ *Vide* art. 877, *caput*, § 1.º e ss., do CPC.

✦ *Vide* art. 5.º, II, da Lei n. 12.016, de 7-8-2009.

67. Mandado de segurança. Transferência. Art. 659, IX, da CLT.

Não fere direito líquido e certo a concessão de liminar obstativa de transferência de empregado, em face da previsão do inciso IX do art. 659 da CLT.

✦ *Vide* art. 5.º, LXIX, da CF.

✦ *Vide* arts. 469 e 659, IX, da CLT.

✦ *Vide* arts. 300 e 311 do CPC.

✦ *Vide* art. 19 da Lei n. 12.016, de 7-8-2009.

✦ *Vide* Súmula 29 do TST.

✦ *Vide* Súmula 221 do STF.

✦ *Vide* OJ 113 SDI-1/TST.

68. Antecipação de tutela. Competência. Inserida em 20 de setembro de 2000 (nova redação)

Nos Tribunais, compete ao relator decidir sobre o pedido de antecipação de tutela, submetendo sua decisão ao Colegiado respectivo, independentemente de pauta, na sessão imediatamente subsequente.

✦✦ Redação determinada pela Resolução n. 137, de 4-8-2005.

✦ *Vide* art. 895, II, da CLT.

✦ *Vide* arts. 996 e ss., 1.021 do CPC.

✦ *Vide* Lei n. 12.016, de 7-8-2009.

69. Fungibilidade recursal. Indeferimento liminar de ação rescisória ou mandado de segurança. Recurso para o TST. Recebimento como agravo regimental e devolução dos autos ao TRT.

Recurso ordinário interposto contra despacho monocrático indeferitório da petição inicial de ação rescisória ou de mandado de segurança pode, pelo princípio de fungibilidade recursal, ser recebido como agravo regimental. Hipótese de não conhecimento do recurso pelo TST e devolução dos autos ao TRT, para que aprecie o apelo como agravo regimental.

✦ *Vide* art. 836 da CLT.
✦ *Vide* arts. 932, 996 e ss., e 1.021 do CPC.
✦ *Vide* art. 10, § 1.º, da Lei n. 12.016, de 7-8-2009.

70. Ação rescisória. Regência pelo CPC de 1973. Manifesto e inescusável equívoco no direcionamento. Inépcia da inicial. Extinção do processo (atualizada em decorrência do CPC de 2015)

Sob a égide do CPC de 1973, o manifesto equívoco da parte em ajuizar ação rescisória no TST para desconstituir julgado proferido pelo TRT, ou vice-versa, implica a extinção do processo sem julgamento do mérito por inépcia da inicial.

✦✦ Redação determinada pela Resolução n. 220, de 18-9-2017.
✦ *Vide* art. 836 da CLT.
✦ *Vide* arts. 485, VI, 968, §§ 5.º e 6.º, 996 do CPC.
✦ *Vide* Súmula 192 do TST.

71. Ação rescisória. Salário profissional. Fixação. Múltiplo de salário mínimo. Art. 7.º, IV, da CF/88.

A estipulação do salário profissional em múltiplos do salário mínimo não afronta o art. 7.º, IV, da Constituição Federal de 1988, só incorrendo em vulneração do referido preceito constitucional a fixação de correção automática do salário pelo reajuste do salário mínimo.

✦✦ Redação determinada pela Comissão de Jurisprudência e de Precedentes Normativos em 16-11-2004.
✦ *Vide* art. 7.º, IV, da CF.
✦ *Vide* arts. 76 a 126 da CLT.
✦ *Vide* art. 966, V, do CPC.
✦ *Vide* Súmula vinculante 4.

72. (Cancelada em decorrência da redação conferida à Súmula 298 do TST.)

73. (Convertida na Súmula 453 do TST.)

74. (Convertida na Súmula 421 do TST.)

75. (Cancelada em decorrência da redação conferida à Súmula 298 do TST.)

76. Ação rescisória. Ação cautelar proposta sob a vigência do CPC de 1973. Suspensão da execução. Juntada de documento indispensável. Possibilidade de êxito na rescisão do julgado (atualizada em decorrência do CPC de 2015)

É indispensável a instrução da ação cautelar proposta sob a vigência do CPC de 1973 com as provas documentais necessárias à aferição da plausibilidade de êxito na rescisão do julgado. Assim sendo, devem vir junto com a inicial da cautelar as cópias da petição inicial da ação rescisória principal, da decisão rescindenda, da certidão do trânsito em julgado da decisão rescindenda e informação do andamento atualizado da execução.

✦✦ Redação determinada pela Resolução n. 220, de 18-9-2017.
✦ *Vide* art. 836 da CLT.
✦ *Vide* arts. 294, parágrafo único, e 969 do CPC.
✦ *Vide* Súmula 405 do TST.
✦ *Vide* OJ 107 e 131 SDI-2/TST.

77. (Cancelada em decorrência da redação conferida à Súmula 83 do TST.)

78. Ação rescisória. Cumulação sucessiva de pedidos. Rescisão da sentença e do acórdão. Ação única. Art. 326 do CPC de 2015. Art. 289 do CPC de 1973.

É admissível o ajuizamento de uma única ação rescisória contendo mais de um pedido, em ordem sucessiva, de rescisão da sentença e do acórdão. Sendo inviável a tutela jurisdicional de um deles, o julgador está obrigado a apreciar os demais, sob pena de negativa de prestação jurisdicional.

✦✦ Redação determinada pela Resolução n. 208, de 19-4-2016.
✦ *Vide* art. 836 da CLT.
✦ *Vide* arts. 292, 326 e 996, § 3.º, do CPC.

79. (Cancelada em decorrência da redação conferida à Súmula 100 do TST.)

80. Ação rescisória. Decadência. Dies a quo. Recurso deserto. Súmula 100 do TST.

O não conhecimento do recurso por deserção não antecipa o *dies a quo* do prazo decadencial para o ajuizamento da ação rescisória, atraindo, na contagem do prazo, a aplicação da Súmula 100 do TST.

✦ *Vide* art. 836 da CLT.
✦ *Vide* arts. 292, 326 e 996 do CPC.

81. (Convertida na Súmula 401 do TST.)

82. (Convertida na Súmula 406 do TST.)

83. (Convertida na Súmula 407 do TST.)

84. Ação rescisória. Ausência da decisão rescindenda e/ou da certidão de seu trânsito em julgado devidamente autenticadas. Concessão de prazo para complementação da documentação. (alterada em decorrência do CPC de 2015)

São peças essenciais para o julgamento da ação rescisória a decisão rescindenda e/ou a certidão do seu trânsito em julgado, devidamente autenticadas, à exceção de cópias reprográficas apresentadas por pessoa jurídica de direito público, a teor do art. 24 da Lei n. 10.522/2002, ou declaradas autênticas pelo advogado na forma do artigo 830 da CLT com a redação dada pela Lei n. 11.925/2009. Em fase recursal, verificada a ausência de qualquer delas, cumpre ao Relator do recurso ordinário conceder o prazo de 5 (cinco) dias ao recorrente para que seja complementada a documentação exigível, nos termos do art. 932, parágrafo único, do CPC de 2015.

✦✦ Redação determinada pela Resolução n. 220, de 18-9-2017.

+ *Vide* art. 836 da CLT.
+ *Vide* arts. 316, 317, 485 e 966 a 975 do CPC.
+ *Vide* Súmulas 100 e 158 do TST.

85. (Cancelada – 1.ª parte convertida na Súmula 399 e parte final incorporada à redação da Súmula 298 do TST.)

86. (Convertida na Súmula 414 do TST.)

87. (Cancelada pela Resolução n. 137, de 4-8-2005.)

88. Mandado de segurança. Valor da causa. Custas processuais. Cabimento.

Incabível a impetração de mandado de segurança contra ato judicial que, de ofício, arbitrou novo valor à causa, acarretando a majoração das custas processuais, uma vez que cabia à parte, após recolher as custas, calculadas com base no valor dado à causa na inicial, interpor recurso ordinário e, posteriormente, agravo de instrumento no caso de o recurso ser considerado deserto.

+ *Vide* art. 292, § 2.º, do CPC.
+ *Vide* art. 2.º da Lei n. 5.584, de 26-6-1970 (Processo do trabalho e assistência judiciária).

89. Habeas corpus. Depositário. Termo de depósito não assinado pelo paciente. Necessidade de aceitação do encargo. Impossibilidade de prisão civil.

A investidura no encargo de depositário depende da aceitação do nomeado que deve assinar termo de compromisso no auto de penhora, sem o que, é inadmissível a restrição de seu direito de liberdade.

+ *Vide* Súmula Vinculante 25.
+ *Vide* OJ 143 e 156 SDI-2/TST.

90. (Convertida na Súmula 422 do TST.)

91. Mandado de segurança. Autenticação de cópias pelas Secretarias dos Tribunais Regionais do Trabalho. Requerimento indeferido. Art. 789, § 9.º, da CLT.

Não sendo a parte beneficiária da assistência judiciária gratuita, inexiste direito líquido e certo à autenticação, pelas Secretarias dos Tribunais, de peças extraídas do processo principal, para formação do agravo de instrumento.

+ *Vide* arts. 897, § 5.º, I e II, da CLT.
+ *Vide* OJ Transitória 19 SDI-1/TST.

92. Mandado de segurança. Existência de recurso próprio.

Não cabe mandado de segurança contra decisão judicial passível de reforma mediante recurso próprio, ainda que com efeito diferido.

+ *Vide* art. 5.º da Lei n. 12.016, de 7-8-2009.
+ *Vide* Súmula 414 do TST.

93. Penhora sobre parte da renda de estabelecimento comercial. Possibilidade. (alterada em decorrência do CPC de 2015)

Nos termos do art. 866 do CPC de 2015, é admissível a penhora sobre a renda mensal ou faturamento de empresa, limitada a percentual, que não comprometa o desenvolvimento regular de suas atividades, desde que não haja outros bens penhoráveis ou, havendo outros bens, eles sejam de difícil alienação ou insuficientes para satisfazer o crédito executado.

++ Redação determinada pela Resolução n. 220, de 18-9-2017.
+ *Vide* art. 884 da CLT.
+ *Vide* Súmula 417 do TST.
+ *Vide* OJ 266 SDI-1/TST.

94. Ação rescisória. Colusão. Fraude à lei. Reclamatória simulada extinta.

A decisão ou acordo judicial subjacente à reclamação trabalhista, cuja tramitação deixa nítida a simulação do litígio para fraudar a lei e prejudicar terceiros, enseja ação rescisória, com lastro em colusão. No juízo rescisório, o processo simulado deve ser extinto.

+ *Vide* arts. 966, III, e 967, III, *b*, do CPC.
+ *Vide* Súmula 100, VI, do TST.
+ *Vide* OJ 154 e 158 SDI-1/TST.

95. (Convertida na Súmula 400 do TST.)

96. (Cancelada em decorrência da redação conferida à Súmula 299 do TST.)

97. Ação rescisória. Violação do art. 5.º, II, LIV e LV, da Constituição Federal. Princípios da legalidade, do devido processo legal, do contraditório e da ampla defesa.

Inserida em 27 de setembro de 2002 e alterada em 25 de abril de 2003

– *DJ* de 9 de maio de 2003 (nova redação)

Os princípios da legalidade, do devido processo legal, do contraditório e da ampla defesa não servem de fundamento para a desconstituição de decisão judicial transitada em julgado, quando se apresentam sob a forma de pedido genérico e desfundamentado, acompanhando dispositivos legais que tratam especificamente da matéria debatida, estes sim, passíveis de fundamentarem a análise do pleito rescisório.

++ Redação determinada pela Resolução n. 137, de 4-8-2005.
+ *Vide* art. 966, V, do CPC.
+ *Vide* Súmulas 298 e 400 do TST.

98. Mandado de segurança. Cabível para atacar exigência de depósito prévio de honorários periciais. Inserida em 27 de setembro de 2002 (nova redação)

Súmulas Vinculantes

É ilegal a exigência de depósito prévio para custeio dos honorários periciais, dada a incompatibilidade com o processo do trabalho, sendo cabível o mandado de segurança visando à realização da perícia, independentemente do depósito.

✦✦ Redação determinada pela Resolução n. 137, de 4-8-2005.

✦ *Vide* art. 790-B da CLT.

✦ *Vide* Súmulas 341 e 457 do TST.

99. Mandado de segurança. Esgotamento de todas as vias processuais disponíveis. Trânsito em julgado formal. Descabimento. Esgotadas as vias recursais existentes, não cabe mandado de segurança.

✦ *Vide* art. 966 do CPC.

✦ *Vide* Súmula 100 do TST.

100. Recurso ordinário para o TST. Decisão de TRT proferida em agravo regimental contra liminar em ação cautelar ou em mandado de segurança. Incabível.

Não cabe recurso ordinário para o TST de decisão proferida pelo Tribunal Regional do Trabalho em agravo regimental interposto contra despacho que concede ou não liminar em ação cautelar ou em mandado de segurança, uma vez que o processo ainda pende de decisão definitiva do Tribunal *a quo*.

✦ *Vide* Súmula 214 do TST.

101. Ação rescisória. Inciso IV do art. 966 do CPC de 2015. Art. 485, IV, do CPC de 1973. Ofensa à coisa julgada. Necessidade de fixação de tese na decisão rescindenda.

Para viabilizar a desconstituição do julgado pela causa de rescindibilidade do inciso IV do art. 966 do CPC de 2015 (inciso IV do art. 485 do CPC de 1973), é necessário que a decisão rescindenda tenha enfrentado as questões ventiladas na ação rescisória, sob pena de inviabilizar o cotejo com o título executivo judicial tido por desrespeitado, de modo a se poder concluir pela ofensa à coisa julgada.

✦✦ Redação determinada pela Resolução n. 208, de 19-4-2016.

✦ *Vide* art. 966, IV, do CPC.

✦ *Vide* OJ 277 SDI-1/TST.

✦ *Vide* OJ 157 SDI-2/TST.

102. (Cancelada em decorrência da redação conferida à Súmula 100 do TST.)

103. Ação rescisória. Contradição entre fundamentação e parte dispositiva do julgado. Cabimento. Erro de fato.

É cabível a rescisória para corrigir contradição entre a parte dispositiva do acórdão rescindendo e a sua fundamentação, por erro de fato na retratação do que foi decidido.

✦ *Vide* art. 966, VIII, do CPC.

✦ *Vide* OJ 136 SDI-2/TST.

104. (Cancelada em decorrência da redação conferida à Súmula 100 do TST.)

105. (Cancelada em decorrência da redação conferida à Súmula 192 do TST.)

106. (Cancelada em decorrência da redação conferida à Súmula 299 do TST.)

107. Ação rescisória. Decisão rescindenda de mérito. Sentença declaratória de extinção de execução. Satisfação da obrigação. Embora não haja atividade cognitiva, a decisão que declara extinta a execução, nos termos do art. 924, incisos I a IV c/c art. 925 do CPC de 2015 (art. 794 c/c art. 795 do CPC de 1973), extingue a relação processual e a obrigacional, sendo passível de corte rescisório.

✦✦ Redação determinada pela Resolução n. 208, de 19-4-2016.

✦ *Vide* arts. 924, 925 e 969 do CPC.

✦ *Vide* Súmula 100 do TST.

✦ *Vide* OJ 76 SDI-2/TST.

108. (Convertida na Súmula 404 do TST.)

109. (Convertida na Súmula 410 do TST.)

110. (Convertida na Súmula 406 do TST.)

111. (Convertida na Súmula 403 do TST.)

112. Ação rescisória. Violação de lei. Decisão rescindenda por duplo fundamento. Impugnação parcial.

Para que a violação da lei dê causa à rescisão de decisão de mérito alicerçada em duplo fundamento, é necessário que o Autor da ação rescisória invoque causas de rescindibilidade que, em tese, possam infirmar a motivação dúplice da decisão rescindenda.

✦ *Vide* art. 966, V, do CPC.

✦ *Vide* Súmulas 83, 298, 400 e 408 do TST.

113. (Cancelada pela Resolução n. 220, de 18-9-2017.)

114. (Convertida na Súmula 419 do TST.)

115. (Convertida na Súmula 420 do TST.)

116. (Convertida na Súmula 397 do TST.)

117. (Cancelada em decorrência da redação conferida à Súmula 99 do TST.)

118. (Cancelada em decorrência da sua incorporação à Orientação Jurisprudencial n. 25 da SDI-2 do TST.)

119. (Convertida na Súmula 409 do TST.)

120. (Convertida na Súmula 418 do TST.)

121. (Convertida na Súmula 405 do TST.)

122. (Cancelada em decorrência da redação conferida à Súmula 100 do TST.)

123. Ação rescisória. Interpretação do sentido e alcance do título executivo. Inexistência de ofensa à coisa julgada. DJ 11 de agosto de 2003 (título alterado)

O acolhimento da ação rescisória calcada em ofensa à coisa julgada supõe dissonância patente entre as decisões exequenda e rescindenda, o que não se verifica quando se faz necessária a interpretação do título executivo judicial para se concluir pela lesão à coisa julgada.

✦✦Redação determinada pela Resolução n. 137, de 4-8-2005.

✦ *Vide* art. 966, IV, do CPC.

✦ *Vide* Súmula 397 do TST.

✦ *Vide* OJ 277 SDI-1/TST.

✦ *Vide* OJ 101 e 157 SDI-2/TST.

124. Ação rescisória. Art. 966, inciso II, do CPC de 2015. Art. 485, inciso II, do CPC de 1973. Arguição de incompetência absoluta. Prequestionamento inexigível.

Na hipótese em que a ação rescisória tem como causa de rescindibilidade o inciso II do art. 966 do CPC de 2015 (inciso II do art. 485 do CPC de 1973), a arguição de incompetência absoluta prescinde de prequestionamento.

✦✦Redação determinada pela Resolução n. 208, de 19-4-2016.

✦ *Vide* art. 966, II, do CPC.

125. (Convertida na Súmula 403 do TST.)

126. (Convertida na Súmula 398 do TST.)

127. Mandado de segurança. Decadência. Contagem. Efetivo ato coator. Na contagem do prazo decadencial para ajuizamento de mandado de segurança, o efetivo ato coator é o primeiro em que se firmou a tese

hostilizada e não aquele que a ratificou.

✦ *Vide* art. 5.º, LXIX e LXX, da CF.

✦ *Vide* Súmulas 271 e 625 do STF.

✦ *Vide* Súmula 460 do STJ.

128. Ação rescisória. Concurso público anulado posteriormente. Aplicação da Súmula 363 do TST.

O certame público posteriormente anulado equivale à contratação realizada sem a observância da exigência contida no art. 37, II, da Constituição Federal de 1988. Assim sendo, aplicam-se à hipótese os efeitos previstos na Súmula 363 do TST.

✦ *Vide* art. 37, II, da CF.

✦ *Vide* art. 966, V, do CPC.

✦ *Vide* Súmula 363 do TST.

✦ *Vide* OJ 135 SDI-2/TST.

129. Ação anulatória. Competência originária.

Em se tratando de ação anulatória, a competência originária se dá no mesmo juízo em que praticado o ato supostamente eivado de vício.

✦ *Vide* arts. 393, 657, parágrafo único, e 966, § 4.º, do CPC.

✦ *Vide* art. 138 do CC.

130. Ação civil pública. Competência. Local do dano. Lei n. 7.347/85, art. 2.º. Código de Defesa do Consumidor, art. 93. (redação alterada na sessão do Tribunal Pleno realizada em 14-9-2012)

I – A competência para a Ação Civil Pública fixa-se pela extensão do dano.

II – Em caso de dano de abrangência regional, que atinja cidades sujeitas à jurisdição de mais de uma Vara do Trabalho, a competência será de qualquer das Varas das localidades atingidas, ainda que vinculadas a Tribunais Regionais do Trabalho distintos.

III – Em caso de dano de abrangência suprarregional ou nacional, há competência concorrente para a Ação Civil Pública das Varas do Trabalho das sedes dos Tribunais Regionais do Trabalho.

IV – Estará prevento o juízo a que a primeira ação houver sido distribuída.

✦✦Redação determinada pela Resolução n. 186, de 14-9-2012.

✦ *Vide* art. 81 do CDC.

131. Ação rescisória. Ação cautelar para suspender execução da decisão rescindenda. Pendência de trânsito em julgado da ação rescisória principal. Efeitos.

A ação cautelar não perde o objeto enquanto ainda estiver pendente o trânsito em julgado da ação rescisória principal, devendo o pedido cautelar ser julgado procedente, mantendo-se os efeitos da liminar eventualmente deferida, no caso de procedência do pedido rescisório ou, por outro lado, improcedente, se o pedido da ação rescisória principal tiver sido julgado improcedente.

✦ *Vide* arts. 968 e 969 do CPC.

132. Ação rescisória. Acordo homologado. Alcance. Ofensa à coisa julgada.

Acordo celebrado – homologado judicialmente – em que o empregado dá plena e ampla quitação, sem qualquer ressalva, alcança não só o objeto da inicial, como também todas as demais parcelas referentes ao extinto contrato de trabalho, violando a coisa julgada, a propositura de nova reclamação trabalhista.

✦ *Vide* art. 966, III, do CPC.

✦ *Vide* Súmulas 100, V e VI, e 403 do TST.

✦ *Vide* OJs 94 e 154 SDI-2/TST.

133. (Cancelada em decorrência da redação conferida à Súmula 192 do TST.)

134. Ação rescisória. Decisão que declara preclusa a oportunidade de impugnação da sentença de liquidação. Produção de coisa julgada formal. Irrescindibilidade. (alterada em decorrência do CPC de 2015)

A decisão proferida em embargos à execução ou em agravo de petição que apenas declara preclusa a oportunidade de impugnação da sentença de liquidação não é rescindível, em virtude de produzir tão somente coisa julgada formal.

✦✦Redação determinada pela Resolução n. 220, de 18-9-2017.

✦ *Vide* Súmula 192 do TST.

135. Ação rescisória. Violação do art. 37, caput, da CF/88. Necessidade de prequestionamento.

A ação rescisória calcada em violação do art. 37, *caput*, da Constituição Federal, por desrespeito ao princípio da legalidade administrativa exige que ao menos o princípio constitucional tenha sido prequestionado na decisão.

✦ *Vide* art. 37, II, da CF.

✦ *Vide* art. 966, V, do CPC.

✦ *Vide* Súmula 363 do TST.

✦ *Vide* OJ 128 SDI-2/TST.

136. Ação rescisória. Erro de fato. Caracterização.

A caracterização do erro de fato como causa de rescindibilidade de decisão judicial transitada em julgado supõe a afirmação categórica e indiscutida de um fato, na decisão rescindenda, que não corresponde à realidade dos autos. O fato afirmado pelo julgador, que pode ensejar ação rescisória calcada no inciso VIII do art. 966 do CPC de 2015 (inciso IX do art. 485 do CPC de 1973), é apenas aquele que se coloca como premissa fática indiscutida de um silogismo argumentativo, não aquele que se apresenta ao final desse mesmo silogismo, como conclusão decorrente das premissas que especificaram as provas oferecidas, para se concluir pela existência do fato. Esta última hipótese é afastada pelo § 1.º do art. 966 do CPC de 2015 (§ 2.º do art. 485 do CPC de 1973), ao exigir que não tenha havido controvérsia sobre o fato e pronunciamento judicial esmiuçando as provas.

✦✦Redação determinada pela Resolução n. 208, de 19-4-2016.

✦ *Vide* art. 966, VIII, do CPC.

✦ *Vide* OJ 103 SDI-2/TST.

137. Mandado de segurança. Dirigente sindical. Art. 494 da CLT. Aplicável.

Constitui direito líquido e certo do empregador a suspensão do empregado, ainda que detentor de estabilidade sindical, até a decisão final do inquérito em que se apure a falta grave a ele imputada, na forma do art. 494, *caput* e parágrafo único, da CLT.

✦ *Vide* art. 966, VIII, do CPC.

✦ *Vide* OJ 103 SDI-2/TST.

✦ *Vide* Súmulas 197 e 403 do STF.

✦ *Vide* Súmulas 62, 77 e 379 do TST.

138. (Cancelada pelo Tribunal Pleno, em sessão extraordinária, realizada no dia 4-5-2006.)

139. (Convertida na Súmula 414 do TST.)

140. Mandado de segurança contra liminar, concedida ou denegada em outra segurança. Incabível (Art. 8.º da Lei n. 1.533/51).

Não cabe mandado de segurança para impugnar despacho que acolheu ou indeferiu liminar em outro mandado de segurança.

✦ *Vide* Súmula 414 do TST.

✦ *Vide* OJ 142 da SDI-2/TST.

141. (Convertida na Súmula 418 do TST.)

142. Mandado de segurança. Reintegração liminarmente concedida. Inexiste direito líquido e certo a ser oposto contra ato de Juiz que, antecipando a tutela jurisdicional, determina a reintegração do em-

pregado até a decisão final do processo, quando demonstrada a razoa-

bilidade do direito subjetivo material, como nos casos de anistiado pela Lei n. 8.878/94, aposentado, integrante de comissão de fábrica, dirigente sindical, portador de doença profissional, portador de vírus HIV ou detentor de estabilidade provisória prevista em norma coletiva.

✦ *Vide* Súmula 414 do TST.

✦ *Vide* OJ 140 SDI-2/TST.

143. Habeas corpus. Penhora sobre coisa futura e incerta. Prisão. Depositário infiel.

Não se caracteriza a condição de depositário infiel quando a penhora recair sobre coisa futura e incerta, circunstância que, por si só, inviabiliza a materialização do depósito no momento da constituição do paciente em depositário, autorizando-se a concessão de *habeas corpus* diante da prisão ou ameaça de prisão que sofra.

✦✦Redação determinada pela Resolução n. 151, de 17-11-2008.

✦ *Vide* Súmula vinculante 25.

✦ *Vide* OJs 89 e 156 SDI-2/TST.

144. Mandado de segurança. Proibição de prática de atos futuros. Sentença genérica. Evento futuro. Incabível.

O mandado de segurança não se presta à obtenção de uma sentença genérica, aplicável a eventos futuros, cuja ocorrência é incerta.

✦✦Redação determinada pela Resolução n. 137, de 4-8-2005.

✦ *Vide* art. 5.º, LXIX e LXX, da CF.

✦ *Vide* art. 1.º da Lei n. 12.016, de 7-8-2009.

145. (Cancelada em decorrência da redação conferida à Súmula 100 do TST.)

146. Ação rescisória. Início do prazo para apresentação da contestação. Art. 774 da CLT.

A contestação apresentada em ação rescisória obedece à regra relativa à contagem de prazo constante do art. 774 da CLT, sendo inaplicável o art. 231 do CPC de 2015 (art. 241 do CPC de 1973).

✦✦ Redação determinada pela Resolução n. 208, de 19-4-2016.

✦ *Vide* arts. 774 e 775 da CLT.

✦ *Vide* art. 2.º, II, da Instrução Normativa n. 39, de 15-3-2016.

147. (Cancelada pela Resolução n. 142, de 27-9-2007.)

148. Custas. Mandado de segurança. Recurso ordinário. Exigência do pagamento. (conversão da Orientação Jurisprudencial n. 29 da SDI-1) É responsabilidade da parte, para interpor recurso ordinário em mandado de segurança, a comprovação do recolhimento das custas processuais no prazo recursal, sob pena de deserção.

✦ *Vide* art. 789 da CLT.

149. Conflito de competência. Incompetência territorial. Hipótese do art. 651, § 3.º, da CLT. Impossibilidade de declaração de ofício de incompetência relativa.

Não cabe declaração de ofício de incompetência territorial no caso do uso, pelo trabalhador, da faculdade prevista no art. 651, § 3.º, da CLT. Nessa hipótese, resolve-se o conflito pelo reconhecimento da competência do juízo do local onde a ação foi proposta.

✦ *Vide* art. 651 da CLT.

150. Ação rescisória. Regência pelo CPC de 1973. Decisão rescindenda que extingue o processo sem resolução de mérito por acolhimento de coisa julgada. Conteúdo meramente processual. Impossibilidade jurídica do pedido. (atualizada em decorrência do CPC de 2015)

Reputa-se juridicamente impossível o pedido de corte rescisório de decisão que, reconhecendo a existência de coisa julgada, nos termos do art. 267, V, do CPC de 1973, extingue o processo sem resolução de mérito, o que, ante o seu conteúdo meramente processual, a torna insuscetível de produzir a coisa julgada material.

✦✦ Redação determinada pela Resolução n. 212, de 19-9-2016.

✦ *Vide* arts. 966, IV, e 967 do CPC.

✦ *Vide* Súmula 192 do TST.

151. Ação rescisória e mandado de segurança. Procuração. Poderes específicos para ajuizamento de reclamação trabalhista. Irregularidade de representação processual. Fase recursal. Vício processual sanável. (nova redação em decorrência do CPC de 2015)

A procuração outorgada com poderes específicos para ajuizamento de reclamação trabalhista não autoriza a propositura de ação rescisória e mandado de segurança. Constatado, todavia, o defeito de representação processual na fase recursal, cumpre ao relator ou ao tribunal conceder prazo de 5 (cinco) dias para a regularização, nos termos da Súmula n. 383, item II, do TST.

✦✦ Redação determinada pela Resolução n. 211, de 22-8-2016.

✦ *Vide* Súmulas 383, 395 e 436 do TST.

152. Ação rescisória e mandado de segurança. Recurso de revista de acórdão regional que julga ação rescisória ou mandado de segurança. Princípio da fungibilidade. Inaplicabilidade. Erro grosseiro na interposição do recurso.

A interposição de recurso de revista de decisão definitiva de Tribunal Regional do Trabalho em ação rescisória ou em mandado de segurança, com fundamento em violação legal e divergência jurisprudencial e remissão expressa ao art. 896 da CLT, configura erro grosseiro, insuscetível de autorizar o seu recebimento como recurso ordinário, em face do disposto no art. 895, *b*, da CLT.

✦ *Vide* arts. 895, II, e 896, *caput* da CLT.

153. Mandado de segurança. Execução. Ordem de penhora sobre valores existentes em conta salário. Art. 649, IV, do CPC de 1973. Ilegalidade. (atualizada em decorrência do CPC de 2015)

Ofende direito líquido e certo decisão que determina o bloqueio de numerário existente em conta salário, para satisfação de crédito trabalhista, ainda que seja limitado a determinado percentual dos valores recebidos ou a valor revertido para fundo de aplicação ou poupança, visto que o art. 649, IV, do CPC de 1973 contém norma imperativa que não admite interpretação ampliativa, sendo a exceção prevista no art. 649, § 2.º, do CPC de 1973 espécie e não gênero de crédito de natureza alimentícia, não englobando o crédito trabalhista.

✦✦ Redação determinada pela Resolução n. 220, de 18-9-2017.

✦✦ *Vide* art. 833, IV, e § 2.º do CPC.

154. Ação rescisória. Acordo prévio ao ajuizamento da reclamação. Quitação geral. Lide simulada. Possibilidade de rescisão da sentença homologatória de acordo apenas se verificada a existência de vício de consentimento.

A sentença homologatória de acordo prévio ao ajuizamento de reclamação trabalhista, no qual foi conferida quitação geral do extinto contrato, sujeita-se ao corte rescisório tão somente se verificada a existência de fraude ou vício de consentimento.

✦ *Vide* arts. 966, III, e 967, III, *b*, do CPC.

✦ *Vide* Súmula 100, VI, do TST.

✦ *Vide* OJs 94 e 158 SDI-2/TST.

155. (Cancelada pela Resolução n. 206, de 12-4-2016.)

156. Habeas corpus originário do TST. substituto de recurso ordinário em habeas corpus. Cabimento contra decisão definitiva proferida por Tribunal Regional do Trabalho.

É cabível ajuizamento de *habeas corpus* originário no Tribunal Superior do Trabalho, em substituição de recurso ordinário em *habeas corpus*, de decisão definitiva proferida por Tribunal Regional do Trabalho, uma vez que o órgão colegiado passa a ser a autoridade coatora no momento em que examina o mérito do *habeas corpus* impetrado no âmbito da Corte local.

✦ *Vide* Súmula Vinculante 25.

✦ *Vide* OJs 143 e 156 SDI-2/TST.

157. Ação rescisória. Decisões proferidas em fases distintas de uma mesma ação. Coisa julgada. Não configuração.

A ofensa à coisa julgada de que trata o inciso IV do art. 966 do CPC de 2015 (inciso IV do art. 485 do CPC de 1973) refere-se apenas a relações processuais distintas. A invocação de desrespeito à coisa julgada formada no processo de conhecimento, na correspondente fase de execução, somente é possível com base na violação do art. 5.º, XXXVI, da Constituição da República.

✦✦ Redação determinada pela Resolução n. 208, de 19-4-2016.

✦ *Vide* art. 966, IV, do CPC.

✦ *Vide* Súmula 397 do TST.

✦ *Vide* OJ 277 SDI-1/TST.

✦ *Vide* OJs 101 e 123 SDI-2/TST.

158. Ação rescisória. Declaração de nulidade de decisão homologatória de acordo em razão de colusão (art. 485, III, do CPC). Multa por litigância de má-fé. Impossibilidade.

A declaração de nulidade de decisão homologatória de acordo, em razão da colusão entre as partes (art. 485, III, do CPC), é sanção suficiente em relação ao procedimento adotado, não havendo que ser aplicada a multa por litigância de má-fé.

✦✦ A referência é feita ao CPC de 1973. *Vide* art. 966, III, do CPC de 2015.

✦ *Vide* arts. 996, III e 967, III, *b*, do CPC.

✦ *Vide* Súmula 100, VI, do TST.

✦ *Vide* OJs 94 e 154 SDI-2/TST.

Orientações Jurisprudenciais da Seção de Dissídios Coletivos (SDC) do Tribunal Superior do Trabalho

1. *(Cancelada pela Comissão de Jurisprudência e de Precedentes Normativos, do TST, em 29-4-2004.)*

2. **Acordo homologado. Extensão a partes não subscreventes. Inviabilidade.**

   É inviável aplicar condições constantes de acordo homologado nos autos de dissídio coletivo, extensivamente, às partes que não o subscreveram, exceto se observado o procedimento previsto no art. 868 e seguintes, da CLT.

   ✦ *Vide* arts. 863, 864 e 868 da CLT.

3. **Arresto. Apreensão. Depósito. Pretensões insuscetíveis de dedução em sede coletiva.**

   São incompatíveis com a natureza e finalidade do dissídio coletivo as pretensões de provimento judicial de arresto, apreensão ou depósito.

   ✦ *Vide* art. 301 do CPC.

4. *(Cancelada pela Comissão de Jurisprudência e de Precedentes Normativos, do TST, em 26-9-2006.)*

5. Dissídio coletivo. Pessoa jurídica de direito público. Possibilidade jurídica. Cláusula de natureza social. (redação alterada na sessão do Tribunal Pleno realizada em 14-9-2012)

   Em face de pessoa jurídica de direito público que mantenha empregados, cabe dissídio coletivo exclusivamente para apreciação de cláusulas de natureza social. Inteligência da Convenção n. 151 da Organização Internacional do Trabalho, ratificada pelo Decreto Legislativo n. 206/2010.

   ✦✦ Redação determinada pela Resolução n. 186, de 14-9-2012.

   ✦ *Vide* arts. 37 a 41 e 163 a 169 da CF.

6. *(Cancelada pela Seção de Dissídios Coletivos, do TST, em 10-8-2000.)*

7. **Dissídio coletivo. Natureza jurídica. Interpretação de norma de caráter genérico. Inviabilidade.**

   Não se presta o dissídio coletivo de natureza jurídica à interpretação de normas de caráter genérico, a teor do disposto no art. 313, II, do RITST.

8. **Dissídio coletivo. Pauta reivindicatória não registrada em ata. Causa de extinção.**

   A ata da assembleia de trabalhadores que legitima a atuação da entidade sindical respectiva em favor de seus interesses deve registrar, obrigatoriamente, a pauta reivindicatória, produto da vontade expressa da categoria.

   ✦ *Vide* arts. 857 a 859 da CLT.

9. **Enquadramento sindical. Incompetência material da justiça do trabalho.**

   O dissídio coletivo não é meio próprio para o sindicato vir a obter o reconhecimento de que a categoria que representa é diferenciada, pois esta matéria – enquadramento sindical – envolve a interpretação de norma genérica, notadamente do art. 577 da CLT.

   ✦ *Vide* art. 114 da CF.

10. **Greve abusiva não gera efeitos.**

    É incompatível com a declaração de abusividade de movimento grevista o estabelecimento de quaisquer vantagens ou garantias a seus partícipes, que assumiram os riscos inerentes à utilização do instrumento de pressão máximo.

    ✦ *Vide* Lei n 7.783, de 28-6-1989 (Direito de greve).

11. **Greve. Imprescindibilidade de tentativa direta e pacífica da solução do conflito. Etapa negocial prévia.**

    É abusiva a greve levada a efeito sem que as partes hajam tentado, direta e pacificamente, solucionar o conflito que lhe constitui o objeto.

    ✦ *Vide* Lei n. 7.783, de 28-6-1989 (Direito de greve).

12. *(Cancelada pela Resolução n. 166, de 26-4-2010.)*

13. *(Cancelada pela Comissão de Jurisprudência e de Precedentes Normativos, do TST, em 9-10-2003.)*

14. *(Cancelada pela Comissão de Jurisprudência e de Precedentes Normativos, do TST, em 13-11-2003.)*

15. **Sindicato. Legitimidade *ad processum*. Imprescindibilidade do registro no Ministério do Trabalho.**

A comprovação da legitimidade *ad processum* da entidade sindical se faz por seu registro no órgão competente do Ministério do Trabalho, mesmo após a promulgação da Constituição Federal de 1988.

+ *Vide* art. 8.º da CF.
+ *Vide* art. 511 da CLT.

16. Taxa de homologação de rescisão contratual. Ilegalidade.

É contrária ao espírito da lei (art. 477, § 7.º, da CLT) e da função precípua do Sindicato a cláusula coletiva que estabelece taxa para homologação de rescisão contratual, a ser paga pela empresa a favor do sindicato profissional.

++ A Lei n. 13.467, de 13-7-2017, em vigor 120 dias da sua publicação (*DOU* de 14-7-2017), revoga o § 7.º do art. 477 da CLT.
+ *Vide* Súmula 330 do TST.

17. Contribuições para entidades sindicais. Inconstitucionalidade de sua extensão a não associados.

As cláusulas coletivas que estabeleçam contribuição em favor de entidade sindical, a qualquer título, obrigando trabalhadores não sindicalizados, são ofensivas ao direito de livre associação e sindicalização, constitucionalmente assegurado, e, portanto, nulas, sendo passíveis de devolução, por via própria, os respectivos valores eventualmente descontados.

+ *Vide* art. 8.º, IV, da CF.
+ *Vide* arts. 462 e 545 da CLT.
+ *Vide* Súmula 666 do STF.
+ *Vide* PN 119 do TST.

18. Descontos autorizados no salário pelo trabalhador. Limitação máxima de 70% (setenta por cento) do salário-base.

Os descontos efetuados com base em cláusula de acordo firmado entre as partes não podem ser superiores a 70% (setenta por cento) do salário base percebido pelo empregado, pois deve-se assegurar um mínimo de salário em espécie ao trabalhador.

+ *Vide* art. 7.º, VI, da CF.
+ *Vide* art. 468, *caput* e § 1.º, da CLT.

19. Dissídio coletivo contra empresa. Legitimação da entidade sindical. Autorização dos trabalhadores diretamente envolvidos no conflito.

A legitimidade da entidade sindical para a instauração da instância contra determinada empresa está condicionada à prévia autorização dos trabalhadores da suscitada diretamente envolvidos no conflito.

++ Republicada no *Diário Eletrônico da Justiça do Trabalho*, de 16-11-2010.
+ *Vide* arts. 857 e 859 da CLT.
+ *Vide* OJ 8, 22 e 28 da SDC.

20. Empregados sindicalizados. Admissão preferencial. Condição violadora do art. 8.º, V, da CF/88.

Viola o art. 8.º, V, da CF/88 cláusula de instrumento normativo que estabelece a preferência, na contratação de mão de obra, do trabalhador sindicalizado sobre os demais.

++ Republicada no *Diário Eletrônico da Justiça do Trabalho*, de 16-11-2010.
+ *Vide* arts. 5.º, XX e 8.º, V, da CF.

21. (Cancelada pela Comissão de Jurisprudência e de Precedentes Normativos, do TST, em 13-11-2003.)

22. Legitimidade *ad causam* do sindicato. Correspondência entre as atividades exercidas pelos setores profissional e econômico envolvidos no conflito. Necessidade.

É necessária a correspondência entre as atividades exercidas pelos setores profissional e econômico, a fim de legitimar os envolvidos no conflito a ser solucionado pela via do dissídio coletivo.

++ Republicada no *Diário Eletrônico da Justiça do Trabalho*, de 16-11-2010.
+ *Vide* art. 859, *caput*, da CLT.
+ *Vide* OJs 8, 19 e 28 da SDC.

23. Legitimidade *ad causam*. Sindicato representativo de segmento profissional ou patronal. Impossibilidade.

A representação sindical abrange toda a categoria, não comportando separação fundada na maior ou menor dimensão de cada ramo ou empresa.

+ *Vide* art. 8.º, II e VI, da CF.

24. (Cancelada pela Comissão de Jurisprudência e de Precedentes Normativos, do TST, em 31-3-2004.)

25. Salário normativo. Contrato de experiência. Limitação. Tempo de serviço. Possibilidade.

Não fere o princípio da isonomia salarial (art. 7.º, XXX, da CF/88) a previsão de salário normativo tendo em vista o fator tempo de serviço.

+ *Vide* art. 7.º, XXX, da CF.
+ *Vide* art. 461, § 1.º, da CLT.

26. Salário normativo. Menor empregado. Art. 7.º, XXX, da CF/88. Violação.

Os empregados menores não podem ser discriminados em cláusula que fixa salário mínimo profissional para a categoria.

+ *Vide* art. 7.º, XXX, da CF.
+ *Vide* art. 461, *caput*, da CLT.

27. Custas. Ausência de intimação. Deserção. Caracterização.

A deserção se impõe mesmo não tendo havido intimação, pois incumbe à parte, na defesa do próprio interesse, obter os cálculos necessários para efetivar o preparo.

✦ *Vide* Súmula 25 do TST.

28. Edital de convocação da AGT. Publicação. Base territorial. Validade.

O edital de convocação para a AGT deve ser publicado em jornal que circule em cada um dos municípios componentes da base territorial.

✦ *Vide* art. 859, *caput*, da CLT.

✦ *Vide* OJs 8, 19, 22 e 28 da SDC.

29. Edital de convocação e ata da assembleia geral. Requisitos essenciais para instauração de dissídio coletivo.

O edital de convocação da categoria e a respectiva ata da AGT constituem peças essenciais à instauração do processo de dissídio coletivo.

✦ *Vide* art. 859, *caput*, da CLT.

✦ *Vide* OJs 8, 19, 22 e 28 da SDC.

30. Estabilidade da gestante. Renúncia ou transação de direitos constitucionais. Impossibilidade.

Nos termos do art. 10, II, *a*, do ADCT, a proteção à maternidade foi erigida à hierarquia constitucional, pois retirou do âmbito do direito potestativo do empregador a possibilidade de despedir arbitrariamente a empregada em estado gravídico. Portanto, a teor do artigo 9.º da CLT, torna-se nula de pleno direito a cláusula que estabelece a possibilidade de renúncia ou transação, pela gestante, das garantias referentes à manutenção do emprego e salário.

✦✦ Republicada no *Diário Eletrônico da Justiça do Trabalho*, de 19-9-2011.

✦ *Vide* art. 10, II, *b*, do ADCT.

✦ *Vide* art. 500 da CLT.

✦ *Vide* Súmulas 244 e 287 do TST.

31. Estabilidade do acidentado. Acordo homologado. Prevalência. Impossibilidade. Violação do art. 118, Lei n. 8.213/91.

Não é possível a prevalência de acordo sobre legislação vigente, quando ele é menos benéfico do que a própria lei, porquanto o caráter imperativo dessa última restringe o campo de atuação da vontade das partes.

✦ *Vide* Súmula 378 do TST.

32. Reivindicações da categoria. Fundamentação das cláusulas. Necessidade. Aplicação do PN 37 do TST.

É pressuposto indispensável à constituição válida e regular da ação coletiva a apresentação em forma clausulada e fundamentada das reivindicações da categoria, conforme orientação do item VI, *e*, da IN 4/93.

✦ *Vide* PN 37 do TST.

33. *(Cancelada pela Resolução n. 137, de 4-8-2005.)*

34. Acordo extrajudicial. Homologação. Justiça do Trabalho. Prescindibilidade.

É desnecessária a homologação, por tribunal trabalhista, do acordo extrajudicialmente celebrado, sendo suficiente, para que surta efeitos, sua formalização perante o Ministério do Trabalho (art. 614 da CLT e art. 7.º, inciso XXVI, da Constituição Federal).

✦ *Vide* art. 7.º, XXVI, da CF.

✦ *Vide* art. 614 da CLT.

35. Edital de convocação da AGT. Disposição estatutária específica. Prazo mínimo entre a publicação e a realização da assembleia. Observância obrigatória.

Se os estatutos da entidade sindical contam com norma específica que estabeleça prazo mínimo entre a data de publicação do edital convocatório e a realização da assembleia correspondente, então a validade desta última depende da observância desse interregno.

✦ *Vide* art. 8.º da CF.

36. Empregados de empresa de processamento de dados. Reconhecimento como categoria diferenciada. Impossibilidade.

É por lei e não por decisão judicial, que as categorias diferenciadas são reconhecidas como tais. De outra parte, no que tange aos profissionais da informática, o trabalho que desempenham sofre alterações, de acordo com a atividade econômica exercida pelo empregador.

✦ *Vide* art. 511, § 3.º, da CLT.

37. *(Cancelada pela Comissão de Jurisprudência e de Precedentes Normativos, do TST, em 26-9-2006.)*

38. Greve. Serviços essenciais. Garantia das necessidades inadiáveis da população usuária. Fator determinante da qualificação jurídica do movimento.

É abusiva a greve que se realiza em setores que a lei define como sendo essenciais à comunidade, se não é assegurado o atendimento básico das necessidades inadiáveis dos usuários do serviço, na forma prevista na Lei n. 7.783/89.

✦ *Vide* art. 9.º, § 1.º, da CF.

✦ *Vide* arts. 9.º e 10 da Lei n. 7.783, de 28-6-1989 (Direito de greve).

Precedentes Normativos em Dissídios Coletivos do Tribunal Superior do Trabalho

1. *(Cancelado pela Resolução n. 86, de 8-10-1998.)*
2. *(Cancelado pela Resolução n. 86, de 8-10-1998.)*
3. *(Cancelado pela Resolução n. 81, de 13-8-1998.)*
4. *(Cancelado pela Resolução n. 81, de 13-8-1998.)*
5. **Anotações de Comissões**

   O empregador é obrigado a anotar, na CTPS, o percentual das comissões a que faz jus o empregado.

   + *Vide* arts. 459 e 479 da CLT.
   + *Vide* Súmulas 27 e 340 do TST.
   + *Vide* OJ 180 e 397 da SDII.
   + *Vide* PN 15 e 97 do TST.

6. **Garantia de salário no período de amamentação**

   É garantido às mulheres, no período de amamentação, o recebimento do salário, sem prestação de serviços, quando o empregador não cumprir as determinações dos §§ 1.º e 2.º do art. 389 da CLT.

   + *Vide* arts. 389 e 396 da CLT.
   + *Vide* PN 2 do TST.

7. *(Cancelado pela Resolução n. 81, de 13-8-1998.)*
8. **Atestados de afastamento e salários**

   O empregador é obrigado a fornecer atestados de afastamento e salários ao empregado demitido.

9. *(Cancelado pela Resolução n. 86, de 8-10-1998.)*
10. **Banco do Brasil como parte em dissídio coletivo no TRT**

    Os Tribunais Regionais do Trabalho são incompetentes para processar e julgar Dissídios Coletivos em que sejam partes o Banco do Brasil S.A. e entidades sindicais dos bancários.

    ++ Redação determinada pela Resolução n. 86, de 8-10-1998.
    + *Vide* arts. 8.º e 114, III, da CF.
    + *Vide* art. 678 da CLT.

11. *(Cancelado pela Resolução n. 86, de 8-10-1998.)*
12. *(Cancelado pela Resolução n. 81, de 13-8-1998.)*
13. *(Cancelado pela Resolução n. 86, de 8-10-1998.)*
14. **Desconto no salário**

    Proíbe-se o desconto no salário do empregado dos valores de cheques não compensados ou sem fundos, salvo se não cumprir as resoluções da empresa.

    + *Vide* art. 7.º, VI, da CF.
    + *Vide* OJ 251 SDI-1/TST.

15. **Comissão sobre cobrança**

    Se não obrigado por contrato a efetuar cobranças, o vendedor receberá comissões por esse serviço, respeitadas as taxas em vigor para os demais cobradores.

    + *Vide* arts. 459 e 479 da CLT.
    + *Vide* Súmulas 27 e 340 do TST.
    + *Vide* OJs 180 e 397 SDI-1/TST.
    + *Vide* PN 5 e 97 do TST.

16. *(Cancelado pela Resolução n. 86, de 8-10-1998.)*
17. *(Cancelado pela Resolução n. 86, de 8-10-1998.)*
18. *(Cancelado pela Resolução n. 86, de 8-10-1998.)*
19. *(Cancelado pela Resolução n. 81, de 13-8-1998.)*
20. **Empregado rural. Contrato escrito**

    Sendo celebrado contrato por tarefa, parceria ou meação, por escrito, obriga-se o empregador a fornecer uma via deste ao empregado, devidamente datada e assinada pelas partes.

    + *Vide* art. 505 da CLT.
    + *Vide* Lei n. 5.889, de 8-6-1974 (Trabalho rural).
    + Lei n. 11.718, de 20-6-2008 (Previdência do trabalhador rural).

21. *(Cancelado pela Resolução n. 86, de 8-10-1998.)*
22. **Creche**

    Determina-se a instalação de local destinado à guarda de crianças em idade de amamentação, quando existentes na empresa mais de 30 (trinta) mulheres maiores de 16 (dezesseis) anos, facultado o convênio com creches.

    + *Vide* arts. 389 e 396 da CLT.
    + *Vide* PN 6 do TST.

23. *(Cancelado pela Resolução n. 86, de 8-10-1998.)*
24. **Dispensa do aviso prévio**

O empregado despedido fica dispensado do cumprimento do aviso prévio quando comprovar a obtenção de novo emprego, desonerando a empresa do pagamento dos dias não trabalhados.

+ *Vide* art. 7.º, XXI, da CF.
+ *Vide* art. 487 da CLT.
+ *Vide* Lei n. 12.506, de 11-10-2011(Aviso prévio).
+ *Vide* Súmula 276 do TST.

25. *(Cancelado pela Resolução n. 81, de 13-8-1998.)*

26. *(Cancelado pela Resolução n. 86, de 8-10-1998.)*

27. *(Cancelado pela Resolução n. 86, de 8-10-1998.)*

28. *(Cancelado pela Resolução n. 81, de 13-8-1998.)*

29. **Greve. Competência dos Tribunais para declará-la abusiva** Compete aos Tribunais do Trabalho decidir sobre o abuso do direito de greve.

+ *Vide* arts. 9.º e 114, II, da CF.
+ *Vide* Lei n. 7.783, de 28-6-1989 (Direito de greve).
+ *Vide* Súmula vinculante 23.

30. *(Cancelado pela Resolução n. 81, de 13-8-1998.)*

31. **Professor (janelas)**

Os tempos vagos (janelas) em que o professor ficar à disposição do curso serão remunerados como aula, no limite de 1 (uma) hora diária por unidade.

+ *Vide* art. 320 da CLT.
+ *Vide* Súmula 351, TST
+ *Vide* OJ 393 SDI-1/TST.

32. **Jornada do estudante**

Proíbe-se a prorrogação da jornada de trabalho do empregado estudante, ressalvadas as hipóteses dos arts. 59 e 61 da CLT.

+ *Vide* arts. 59, 61, 404, 413 e 413 da CLT.

33. *(Cancelado pela Resolução n. 81, de 13-8-1998.)*

34. **Empregado rural. Moradia**

Ao empregado que residir no local de trabalho fica assegurada a moradia em condições de habitabilidade, conforme exigências da autoridade local.

+ *Vide* art. 505 da CLT.
+ *Vide* Lei n. 5.889, de 8-6-1974 (Trabalho rural).
+ Lei n. 11.718, de 20-6-2008 (Previdência do trabalhador rural).

35. *(Cancelado pela Resolução n. 81, de 13-8-1998.)*

36. *(Cancelado pela Resolução n. 81, de 13-8-1998.)*

37. **Dissídio coletivo. Fundamentação de cláusulas. Necessidade**

Nos processos de dissídio coletivo só serão julgadas as cláusulas fundamentadas na representação, em caso de ação originária, ou no recurso.

+ *Vide* arts. 8.º e 114, III, da CF.
+ *Vide* art. 678 da CLT.

38. *(Cancelado pela Resolução n. 86, de 8-10-1998.)*

39. *(Cancelado pela Resolução n. 86, de 8-10-1998.)*

40. *(Cancelado pela Resolução n. 81, de 13-8-1998.)*

41. **Relação nominal de empregados**

As empresas encaminharão à entidade profissional cópia das guias de contribuição sindical e assistencial, com a relação nominal dos respectivos salários, no prazo máximo de 30 (trinta) dias após o desconto.

+ *Vide* Súmula 368 do TST.

42. **Seguro obrigatório**

Institui-se a obrigação do seguro, por acidente ou morte, para empregados que transportem valores ou exerçam as atividades de vigia ou vigilante.

+ *Vide* art. 458, § 2.º, da CLT.
+ *Vide* PN 84 e 112 do TST.

43. *(Cancelado pela Resolução n. 81, de 13-8-1998.)*

44. *(Cancelado pela Resolução n. 86, de 8-10-1998.)*

45. *(Cancelado pela Resolução n. 81, de 13-8-1998.)*

46. *(Cancelado pela Resolução n. 81, de 13-8-1998.)*

47. **Dispensa de empregado**

O empregado despedido será informado, por escrito, dos motivos da dispensa.

+ *Vide* arts. 2.º e 482 da CLT.

48. (Cancelado pela Resolução n. 125, de 2-9-2004.)

49. *(Cancelado pela Resolução n. 81, de 13-8-1998.)*

50. **Empregado rural. Defensivos agrícolas**

O empregador rural é obrigado a possuir o receituário agronômico de defensivos agrícolas e a observar as medidas de prevenção nele contidas.

+ *Vide* art. 505 da CLT.
+ *Vide* Lei n. 5.889, de 8-6-1974 (Trabalho rural).

51. *(Cancelado pela Resolução n. 81, de 13-8-1998.)*

52. **Recebimento do PIS**

Garante-se ao empregado o recebimento do salário do dia em que tiver de se afastar para recebimento do PIS.

+ *Vide* Lei Complementar n. 7, de 7-9-1970 (programa de integração social).

53. **Empregado rural. Rescisão do contrato de trabalho do chefe de família**

A rescisão do contrato de trabalho rural, sem justa causa, do chefe da unidade familiar é extensiva à esposa, às filhas solteiras e aos filhos até 20 (vinte) anos de idade, que exerçam atividades na propriedade, mediante opção destes.

+ *Vide* art. 505 da CLT.
+ *Vide* Lei n. 5.889, de 8-6-1974 (Trabalho rural).

54. *(Cancelado pela Resolução n. 86, de 8-10-1998.)*

55. Jornalista. Contrato de trabalho

O empregador é obrigado a mencionar no contrato de trabalho o órgão de imprensa no qual o jornalista vai trabalhar.

+ *Vide* art. 302 da CLT.
+ *Vide* OJ 407 da SDII.
+ *Vide* PN 122 do TST.

56. Constitucionalidade

São constitucionais os Decretos-leis ns. 2.012/83, 2.024/83 e 2.045/83.

57. *(Cancelado pela Resolução n. 81, de 13-8-1998.)*

58. Salário. Pagamento ao analfabeto

O pagamento de salário ao empregado analfabeto deverá ser efetuado na presença de 2 (duas) testemunhas.

+ *Vide* arts. 17, § 2.º, 464 e 477, § 4.º, da CLT.

59. Empregado rural. Aferição das balanças

O instrumento de peso e medida, utilizado pelos empregadores para aferição das tarefas no regime de produção, deverá ser conferido pelo INPM.

+ *Vide* art. 505 da CLT.
+ *Vide* Lei n. 5.889, de 8-6-1974 (Trabalho rural).

60. Empregado rural. Latão de café

O latão de café terá capacidade de 60 litros e será padronizado de acordo com as normas do INPM.

+ *Vide* art. 505 da CLT.
+ *Vide* Lei n. 5.889, de 8-6-1974 (Trabalho rural).

61. Cobrança de títulos

Salvo disposição contratual, é vedado ao empregador responsabilizar o empregado pelo inadimplemento do cliente, até mesmo quanto a títulos.

+ *Vide* art. 7.º, VI, da CF.
+ *Vide* OJ 251 SDI-1/TST.

62. Empregado rural. Conservação das casas

Os empregadores são responsáveis pelos reparos nas residências que cedam aos empregados rurais, desde que os danos não decorram de culpa destes.

+ *Vide* art. 505 da CLT.
+ *Vide* Lei n. 5.889, de 8-6-1974 (Trabalho rural).

63. Empregado rural. Ficha de controle da produção

Quando da colheita, o café será entregue na lavoura ou no monte, fornecendo-se ao trabalhador uma ficha com o valor da respectiva produção.

+ *Vide* art. 505 da CLT.
+ *Vide* Lei n. 5.889, de 8-6-1974 (Trabalho rural).

64. Empregado rural. Horário e local de condução

Fornecendo o empregador condução para o trabalho, informará ele aos empregados, previamente, os locais e horários do transporte.

+ *Vide* art. 505 da CLT.
+ *Vide* Lei n. 5.889, de 8-6-1974 (Trabalho rural).

65. Empregado rural. Pagamento de salário

O pagamento do salário será efetuado em moeda corrente e no horário de serviço, para isso permitido o seu prolongamento até duas horas após o término da jornada de trabalho.

+ *Vide* art. 505 da CLT.
+ *Vide* Lei n. 5.889, de 8-6-1974 (Trabalho rural).

66. Garrafas "bicadas"

Constituem ônus do empregador aceitar a devolução de garrafas *bicadas* e o extravio de engradados, salvo se não cumpridas as disposições contratuais pelo empregado.

+ *Vide* art. 2.º da CLT.

67. Remuneração por produção

Quando o serviço for contratado por produção, a remuneração não poderá ser inferior à diária correspondente ao salário normativo.

+ *Vide* art. 505 da CLT.
+ *Vide* Lei n. 5.889, de 8-6-1974 (Trabalho rural).

68. Empregado rural. Faltas ao serviço. Compras

Autoriza-se o chefe de família, se empregado rural, a faltar ao serviço um dia por mês ou meio dia por quinzena, para efetuar compras, sem remuneração ou mediante compensação de horário, mas sem prejuízo do repouso remunerado, desde que não tenha falta injustificada durante o mês.

+ *Vide* Lei n. 5.889, de 8-6-1974 (Trabalho rural).

69. Empregado rural. Pagamento de dia não trabalhado

O empregado rural fará jus ao salário do dia, quando comparecer ao local de prestação de serviço ou ponto de embarque, se fornecida condução pelo empregador, e não puder trabalhar em consequência de chuva ou de outro motivo alheio à sua vontade.

+ *Vide* art. 505 da CLT.
+ *Vide* Lei n. 5.889, de 8-6-1974 (Trabalho rural).

70. Licença para estudante

Concede-se licença não remunerada nos dias de prova ao empregado estudante, desde que avisado o patrão com 72 (setenta e duas) horas de antecedência e mediante comprovação.

+ *Vide* arts. 402 e 428 da CLT.

71. Empregado rural. Transporte. Condições de segurança

Quando fornecidos pelo empregador, os veículos destinados a transportar trabalhadores rurais deverão satisfazer as condições de segurança e comodidade, sendo proibido o carregamento de ferramentas soltas junto às pessoas conduzidas.

+ *Vide* art. 505 da CLT.
+ *Vide* Lei n. 5.889, de 8-6-1974 (Trabalho rural).

72. Multa. Atraso no pagamento de salário

Estabelece-se multa de 10% (dez por cento) sobre o saldo salarial, na hipótese de atraso no pagamento de salário até 20 (vinte) dias, e de 5% (cinco por cento) por dia no período subsequente.

+ *Vide* art. 7.º, X, da CF.
+ *Vide* art. 459 da CLT.
+ *Vide* Súmulas 381 e 445 do TST.
+ *Vide* OJ 159 SDI-1/TST.

73. Multa. Obrigação de fazer

Impõe-se multa, por descumprimento das obrigações de fazer, no valor equivalente a 10% (dez por cento) do salário básico, em favor do empregado prejudicado.

74. (Cancelado pela Resolução n. 82, de 13-8-1998.)

75. *(Cancelado pela Resolução n. 81, de 13-8-1998.)*

76. *(Cancelado pela Resolução n. 81, de 13-8-1998.)*

77. Empregado transferido. Garantia de emprego

Assegura-se ao empregado transferido, na forma do art. 469 da CLT, a garantia de emprego por 1 (um) ano após a data da transferência.

+ *Vide* arts. 469 e 470 da CLT.
+ *Vide* Súmula 221 do STF.

78. Professor. Redução salarial não configurada

Não configura redução salarial ilegal a diminuição de carga horária motivada por inevitável supressão de aulas eventuais ou de turmas.

+ *Vide* art. 7.º, X, da CF.
+ *Vide* art. 318 da CLT.
+ *Vide* PN 31 do TST.

79. Trabalhador temporário. Descanso semanal

Concede-se ao trabalhador temporário o acréscimo de 1/6 ao seu salário diário, correspondente ao descanso semanal remunerado, por aplicação analógica do art. 3.º da Lei n. 605/49.

+ *Vide* Lei n. 6.019, de 3-1-1974 (trabalho temporário).

80. Serviço militar. Garantia de emprego ao alistando

Garante-se o emprego do alistando, desde a data da incorporação no serviço militar até 30 dias após a baixa.

+ *Vide* arts. 4.º, § 1.º e 472 da CLT.
+ *Vide* Súmula 463 do TST.

81. Atestados médicos e odontológicos

Assegura-se eficácia aos atestados médicos e odontológicos fornecidos por profissionais do sindicato dos trabalhadores, para o fim de abono de faltas ao serviço, desde que existente convênio do sindicato com a Previdência Social, salvo se o empregador possuir serviço próprio ou conveniado.

+ *Vide* Súmulas 15 e 282 do TST.

82. Dissídio coletivo. Garantia de salários e consectários

Defere-se a garantia de salários e consectários ao empregado despedido sem justa causa, desde a data do julgamento do dissídio coletivo até 90 dias após a publicação do acórdão, limitado o período total a 120 dias.

83. Dirigentes sindicais. Frequência livre

Assegura-se a frequência livre dos dirigentes sindicais para participarem de assembleias e reuniões sindicais devidamente convocadas e comprovadas, sem ônus para o empregador.

++ Redação determinada pela Resolução n. 123, de 24-6-2004.

+ *Vide* art. 8.º, VIII, da CF.
+ *Vide* art. 54 da CLT.
+ *Vide* Súmula 369 do TST.

84. Seguro de vida. Assalto

Institui-se a obrigação do seguro de vida, em favor do empregado e seus dependentes previdenciários, para garantir a indenização nos casos de morte ou invalidez permanente, decorrentes de assalto, consumado ou não, desde que o empregado se encontre no exercício das suas funções.

+ *Vide* art. 458, § 2.º, da CLT.
+ *Vide* PN 42 e 122 do TST.

85. Garantia de emprego. Aposentadoria voluntária

Defere-se a garantia de emprego, durante os 12 (doze) meses que antecedem a data em que o empregado adquire direito à aposentadoria voluntária, desde que trabalhe na empresa há pelo menos 5 (cinco) anos. Adquirido o direito, extingue-se a garantia.

86. Representantes dos trabalhadores. Estabilidade no emprego

Nas empresas com mais de 200 (duzentos) empregados é assegurada a eleição direta de um representante, com as garantias do art. 543, e seus parágrafos, da CLT.

+ *Vide* art. 10, II, *a*, do ADCT.
+ *Vide* arts. 165 e 494 da CLT.

87. **Trabalhos em domingos e feriados. Pagamento dos salários**

É devida a remuneração em dobro do trabalho em domingos e feriados não compensados, sem prejuízo do pagamento do repouso remunerado, desde que, para este, não seja estabelecido outro dia pelo empregador.

+ *Vide* art. 7.º, XV, da CF.
+ *Vide* art. 67 da CLT.
+ *Vide* Súmula 146 do TST.

88. *(Cancelado pela Resolução n. 81, de 13-8-1998.)*

89. **Reembolso de despesas**

Defere-se o reembolso das despesas de alimentação e pernoite a motorista e ajudante, quando executarem tarefas a mais de 100 (cem) km da empresa.

90. *(Cancelado pela Resolução n. 81, de 13-8-1998.)*

91. **Acesso de dirigente sindical à empresa**

Assegura-se o acesso dos dirigentes sindicais às empresas, nos intervalos destinados a alimentação e descanso, para desempenho de suas funções, vedada a divulgação de matéria político-partidária ou ofensiva.

+ *Vide* art. 8.º, VIII, da CF.
+ *Vide* art. 543 da CLT.

92. **Garantia de repouso remunerado. Ingresso com atraso**

Assegura-se o repouso remunerado ao empregado que chegar atrasado, quando permitido seu ingresso pelo empregador, compensado o atraso no final da jornada de trabalho ou da semana.

Vide Lei n. 605, de 5-1-1949 (repouso semanal remunerado).

93. **Comprovante de pagamento**

O pagamento do salário será feito mediante recibo, fornecendo-se cópia ao empregado, com a identificação da empresa, e do qual constarão a remuneração, com a discriminação das parcelas, a quantia líquida paga, os dias trabalhados ou o total da produção, as horas extras e os descontos efetuados, inclusive para a Previdência Social, e o valor correspondente ao FGTS.

+ *Vide* arts. 439 e 464 da CLT.

94. *(Cancelado pela Resolução n. 81, de 13-8-1998.)*

95. **Abono de falta para levar filho ao médico**

Assegura-se o direito à ausência remunerada de 1 (um) dia por semestre ao empregado, para levar ao médico filho menor ou dependente previdenciário de até 6 (seis) anos de idade, mediante comprovação no prazo de 48 (quarenta e oito) horas.

96. *(Cancelado pela Resolução n. 81, de 13-8-1998.)*

97. **Proibição de estorno de comissões**

Ressalvada a hipótese prevista no art. 7.º da Lei n. 3.207/57, fica vedado às empresas o desconto ou estorno das comissões do empregado, incidentes sobre mercadorias devolvidas pelo cliente, após a efetivação de venda.

+ *Vide* arts. 459 e 479 da CLT.
+ *Vide* Súmulas 27 e 340 do TST.
+ *Vide* OJs 180 e 397 SDI-1/TST.
+ *Vide* PN 5 e 15 do TST.

98. **Retenção da CTPS. Indenização**

Será devida ao empregado a indenização correspondente a 1 (um) dia de salário, por dia de atraso, pela retenção de sua carteira profissional após o prazo de 48 (quarenta e oito) horas.

+ *Vide* art. 53 da CLT.

99. *(Cancelado pela Resolução n. 81, de 13-8-1998.)*

100. **Férias. Início do prazo de gozo**

O início das férias, coletivas ou individuais, não poderá coincidir com sábado, domingo, feriado ou dia de compensação de repouso semanal.

+ *Vide* art. 7.º, XVII, da CF.
+ *Vide* arts. 129, 130, 134 e 136 da CLT.
+ *Vide* Súmulas 7 e 450 do TST.

101. *(Cancelado pela Resolução n. 81, de 13-8-1998.)*

102. **Assistência jurídica aos vigias**

A empresa prestará assistência jurídica a seu empregado que, no exercício da função de vigia, praticar ato que o leve a responder a ação penal.

103. **Gratificação de caixa**

Concede-se ao empregado que exercer permanentemente a função de caixa a gratificação de 10% (dez por cento) sobre seu salário, excluídos do cálculo adicionais, acréscimos e vantagens pessoais.

+ *Vide* art. 224 da CLT.
+ *Vide* Súmula 102 do TST.

104. **Quadro de avisos**

Defere-se a afixação, na empresa, de quadro de avisos do sindicato, para comunicados de interesse dos empregados, vedados os de conteúdo político-partidário ou ofensivo.

105. **Anotação na carteira profissional**

As empresas ficam obrigadas a anotar na carteira de trabalho a função efetivamente exercida pelo empregado, observada a Classificação Brasileira de Ocupações (CBO).

+ *Vide* art. 29, § 2.º, da CLT.
+ *Vide* Súmula 12 do TST.

106. Empregado rural. Atividade insalubre. Fornecimento de leite

Os empregadores que se dedicarem à pecuária leiteira fornecerão, diariamente, 1 (um) litro de leite aos trabalhadores que exerçam atividades insalubres.

+ *Vide* art. 505 da CLT.
+ *Vide* Lei n. 5.889, de 8-6-1974 (Trabalho rural).

107. Empregado rural. Caixa de medicamentos

Nos locais de trabalho no campo serão mantidos pelo empregador medicamentos e materiais de primeiros socorros.

+ *Vide* art. 505 da CLT.
+ *Vide* Lei n. 5.889, de 8-6-1974 (Trabalho rural).

108. Empregado rural. Abrigo no local de trabalho

Os empregadores rurais ficam obrigados a construir abrigos rústicos, nos locais de trabalho, para proteção de seus empregados.

+ *Vide* art. 505 da CLT.
+ *Vide* Lei n. 5.889, de 8-6-1974 (Trabalho rural).

109. Desconto-moradia

Autoriza-se o desconto da moradia fornecida ao empregado somente quando o imóvel tiver o habite-se concedido pela autoridade competente.

+ *Vide* arts. 458 e 505 da CLT.
+ *Vide* Lei n. 5.889, de 8-6-1974 (Trabalho rural).
+ *Vide* Lei Complementar n. 150, de 1.º-6-2015 (doméstico).

110. Empregado rural. Ferramentas. Fornecimento pelo empregador Serão fornecidas gratuitamente, pelo empregador, as ferramentas necessárias à execução do trabalho.

+ *Vide* art. 505 da CLT.
+ *Vide* Lei n. 5.889, de 8-6-1974 (Trabalho rural).

111. Relação de empregados

Obriga-se a empresa a remeter ao sindicato profissional, uma vez por ano, a relação dos empregados pertencentes à categoria.

112. Jornalista. Seguro de vida

Institui-se a obrigação do seguro de vida em favor de jornalista designado para prestar serviço em área de risco.

+ *Vide* OJ 407 da SDI – I.
+ *Vide* PN 42 e 84 do TST.

113. Transporte de acidentados, doentes e parturientes

Obriga-se o empregador a transportar o empregado, com urgência, para local apropriado, em caso de acidente, mal súbito ou parto, desde que ocorram no horário de trabalho ou em consequência deste.

114. *(Cancelado pela Resolução n. 81, de 13-8-1998.)*

115. Uniformes

Determina-se o fornecimento gratuito de uniformes, desde que exigido seu uso pelo empregador.

116. Férias. Cancelamento ou adiantamento

Comunicado ao empregado o período do gozo de férias individuais ou coletivas, o empregador somente poderá cancelar ou modificar o início previsto se ocorrer necessidade imperiosa e, ainda assim, mediante o ressarcimento, ao empregado, dos prejuízos financeiros por este comprovados.

117. Pagamento do salário com cheque

Se o pagamento do salário for feito em cheque, a empresa dará ao trabalhador o tempo necessário para descontá-lo, no mesmo dia.

+ *Vide* art. 463 da CLT.
+ *Vide* Súmula 91 do TST.
+ *Vide* PN 65 do TST.

118. Quebra de material

Não se permite o desconto salarial por quebra de material, salvo nas hipóteses de dolo ou recusa de apresentação dos objetos danificados, ou ainda, havendo previsão contratual, de culpa comprovada do empregado.

+ *Vide* art. 462, § 1.º, da CLT.
+ *Vide* PN 14 do TST.

119. Contribuições sindicais – inobservância de preceitos constitucionais A Constituição da República, em seus arts. 5.º, XX, e 8.º, V, assegura o direito de livre associação e sindicalização. É ofensiva a essa modalidade de liberdade cláusula constante de acordo, convenção coletiva ou sentença normativa estabelecendo contribuição em favor de entidade sindical a título de taxa para custeio do sistema confederativo, assistencial, revigoramento ou fortalecimento sindical e outras da mesma espécie, obrigando trabalhadores não sindicalizados. Sendo nulas as estipulações que inobservem tal restrição, tornam-se passíveis de devolução os valores irregularmente descontados.

++ Redação determinada pela Resolução n. 82/1998 (*DJU* de 20-8-1998).

+ *Vide* arts. 462 e 545 da CLT.

120. Sentença normativa. Duração. Possibilidade e limites.

A sentença normativa vigora, desde seu termo inicial até que sentença normativa, convenção coletiva de trabalho ou acordo coletivo de trabalho superveniente produza sua revogação, expressa ou tácita, respeitado, porém, o prazo máximo legal de quatro anos de vigência.

+ *Vide* art. 868, parágrafo único, da CLT.

EDITORA
*Jus*PODIVM
www.editorajuspodivm.com.br

Impresso por:

Docuprint
CNPJ 01.036.332/0001-99